Haritz/Menner/Bilitewski
Umwandlungssteuergesetz

Umwandlungssteuergesetz

Kommentar

Herausgegeben von

Dr. Stefan Menner
LL.M, Rechtsanwalt, Fachanwalt für Steuerrecht und Steuerberater

Andrea Bilitewski
Steuerberaterin und Wirtschaftsprüferin

Bearbeitet von

Dr. Stefan Menner, LL. M., Rechtsanwalt, FAfStR und Steuerberater in Frankfurt/M.; *Dipl.-Kffr. Andrea Bilitewski,* Steuerberaterin und Wirtschaftsprüferin in Hamburg; *Dr. Thomas Asmus,* Rechtsanwalt und Steuerberater in Berlin; *Dr. Ulrike Bär,* LL. M., Dipl.-Finanzwirtin (FH), Rechtsanwältin und FAfStR in Köln; *Roman Bärwaldt,* Rechtsanwalt und Notar in Berlin; *Dr. Stefan Behrens,* Rechtsanwalt, FAfStR und Steuerberater in Frankfurt/M.; *Dr. Michael Bohnhardt,* LL. M., Rechtsanwalt und Steuerberater in Frankfurt/M.; *Jürgen Börst,* Rechtsanwalt, FAfStR und Steuerberater in Frankfurt/M.; *Prof. Dr. Norbert Dautzenberg,* Hochschule Rhein-Waal, Kleve; *Tobias Geerling,* Rechtsanwalt und Steuerberater in München; *Dr. Kai Greve,* Rechtsanwalt, FAfStR in Hamburg; *Florian Merkle,* Rechtsanwalt und Steuerberater in Köln; *Olaf Mertgen,* Rechtsanwalt, FAfStR und Steuerberater in Frankfurt/M.; *Achim Schroer,* Rechtsanwalt und Steuerberater in Düsseldorf; *Dipl.-Kfm. Gerhard Slabon,* Rechtsanwalt und Notar, Steuerberater in Paderborn; *Dr. Arndt Stengel,* Rechtsanwalt in Frankfurt/M.; *Martin Werneburg,* Rechtsanwalt und Steuerberater in Berlin; *Thomas Wisniewski,* Rechtsanwalt, FAfStR in Berlin

5., neu bearbeitete Auflage 2019

C.H.BECK

Zitiervorschlag
Haritz/Menner/Bilitewski/*Bearbeiter* UmwStG § 1 Rn. 1

www.beck.de

ISBN 978 3 406 72409 1

Wilhelmstraße 9, 80801 München

Druck und Bindung: Beltz Bad Langensalza GmbH
Neustädter Straße 1–4, 99947 Bad Langensalza

Satz: Druckerei C. H. Beck Nördlingen

Gedruckt auf säurefreiem, alterungsbeständigem Papier
(hergestellt aus chlorfrei gebleichtem Zellstoff)

Vorwort zur 5. Auflage

Es ist erneut vollbracht! Nach fast zwei Jahren Vorbereitung können wir jetzt die 5. Auflage vorlegen. In einem weiter komplexer werdenden steuerlichen Umfeld blieb und bleibt die Herausforderung, der Dogmatik und Klarheit zum Durchbruch zu verhelfen.

Wesentliche gesetzliche Änderungen haben sich seit der 4. Auflage nicht ergeben. Allerdings wurde durch das StÄndG 2015 v. 2.11.2005 (BGBl. I 2015, 1834) in Bezug auf die Einbringung von Betrieben, Teilbetrieben und Mitunternehmeranteilen und in Bezug auf den Anteilstausch die Möglichkeit des sog. Buchwertverkaufs durch Ergänzung von § 20 Abs. 2 S. 2 und § 21 Abs. 1 S. 2 jeweils um eine Voraussetzung erweitert. Danach ist, wenn der Umwandlungsbeschluss nach dem 31.12.2014 erfolgt bzw. der Einbringungsvertrag nach dem 31.12.2014 geschlossen worden ist bzw. wird (vgl. § 27 Abs. 14), das Bewertungswahlrecht nur gegeben, soweit der gemeine Wert von sonstigen Gegenleistungen, die neben dem neuen Anteil bzw. neben den neuen (Gesellschafts-)Anteilen gewährt werden, nicht mehr beträgt als

a) 25 Prozent des Buchwerts des eingebrachten Betriebsvermögens bzw. der eingebrachten Anteile oder
b) EUR 500.000, höchstens jedoch den Buchwert des eingebrachten Betriebsvermögens bzw. der eingebrachten Anteile.

Außerdem gab es einige wichtige Urteile, die die Rechtsentwicklung geprägt haben. Exemplarisch zu nennen ist in diesem Zusammenhang das BFH-Urteil I R 48/15 v. 24.1.2018 (up-stream merger führt zur Anteilsveräußerung am übertragenden Rechtsträger), das zu den Urteilen zu rechnen ist, die die Definition der Anteilsveräußerung in Umwandlungsfällen prägen.

Detlef Haritz hat sich entschieden, mit dieser Auflage aus der Kommentierung auszuscheiden und die Herausgeberschaft abzugeben. Als Detlef Haritz 1996 die 1. Auflage der Kommentierung fertigstellte, sagte Dolf Weber, Gründungspartner von Pünder, Volhard, Weber & Axster und von Anfang an Förderer der Kommentierung: „Damit hat er sein Meisterstück vorgelegt". Der andauernde Erfolg der Kommentierung, seine Anerkennung in Theorie und Praxis und insbesondere die Berücksichtigung in der Rechtsprechung des Bundesfinanzhofes geben Dolf Weber Recht. Die Herausgeber und Autoren danken Detlef Haritz herzlich für seinen unermüdlichen Einsatz und wünschen ihm alles erdenklich Gute für die Zukunft. Er wird der Kommentierung sehr fehlen!

Besonders erfreulich ist, dass wir unsere langjährige Mitautorin Andrea Bilitewski als neue Mitherausgeberin gewinnen konnten. Als Autoren treten Ulrike Bär, Florian Merkle, Olaf Mertgen und Martin Werneburg neu hinzu, die wir herzlich begrüßen. Aus dem Kreis der Autoren ausgeschieden sind Josef Brinkhaus, Jan H. Grabbe, Ralf Schlößer und Nico Schley. Den ausscheidenden Mitautoren danken wir für ihre langjährige tatkräftige Unterstützung.

Die Herausgeber danken Frau Sabrina Böcking und Herrn Dr. Thomas Aichberger für das Lektorat.

Frankfurt/Hamburg im April 2019 *Dr. Stefan Menner* und *Andrea Bilitewski*

Bearbeiterverzeichnis

Dr. Thomas Asmus	§§ 15, 16
Roman Bärwaldt	§ 11
Dr. Stefan Behrens	§ 21
Andrea Bilitewski	§§ 22, 23, 25
Dr. Michael Bohnhardt	§§ 4, 18
Jürgen Börst	§ 7
Olaf Mertgen	§ 3
Dr. Norbert Dautzenberg	Einführung C
Tobias Geerling	Anhang „Sitzverlegung“, Anhang § 40 KStG aF
Dr. Kai Greve	§§ 8–10
Martin Werneburg	Einführung B, §§ 1, 5, 6, 27, 28, Anhang § 21 aF
Dr. Stefan Menner	§ 20
Dr. Ulrike Bär / Florian Merkle	§ 24
Achim Schroer	§ 13
Gerhard Slabon	§ 2
Dr. Arndt Stengel	Einführung A
Thomas Wisniewski	§§ 12, 19

Autorenverzeichnis

Dr. Thomas Asmus, Rechtsanwalt und Steuerberater, ist Partner bei lindenpartners in Berlin. Sein Tätigkeitsschwerpunkt liegt in der steuerlichen und gesellschaftsrechtlichen Beratung bei Transaktionen, Unternehmensrestrukturierungen und -finanzierungen. Ferner berät er bei der Konzeption von AIF und ICO.

Dr. Ulrike Bär, LL. M. (Tax), Dipl.-Finanzwirt (FH), Rechtsanwältin und Fachanwältin für Steuerrecht, ist Counsel im Kölner Büro der internationalen Sozietät Osborne Clarke. Einer ihrer Arbeitsschwerpunkte liegt auf dem Gebiet der steuerlichen und gesellschaftsrechtlichen Beratung von Unternehmen und Freiberuflern, insbesondere bei Unternehmensnachfolgen und Umstrukturierungen.

Roman Bärwaldt, Rechtsanwalt und Notar, ist Partner bei Taylor Wessing in Berlin. Sein Tätigkeitsschwerpunkt ist die gesellschaftsrechtliche Beratung bei und die notarielle Betreuung von Gesellschaftsgründungen, Beitritten zu Gesellschaften durch strategische oder Finanzinvestoren, Unternehmenskäufen (zT mit immobilienrechtlichen Bezügen) sowie Unternehmensumstrukturierungen.

Dr. Stefan Behrens, Rechtsanwalt, Fachanwalt für Steuerrecht und Steuerberater, ist Partner bei Clifford Chance in Frankfurt am Main. Dr. Behrens ist spezialisiert auf die steuerliche Beratung von Unternehmenskäufen und -umstrukturierungen, Immobilieninvestments, insbesondere Grunderwerbsteuer, Fondsstrukturierungen und die Führung von Finanzgerichtsprozessen.

Dipl.-Kffr. Andrea Bilitewski, Wirtschaftsprüferin und Steuerberaterin, ist Partnerin im Bereich M&A Tax bei Deloitte in Hamburg. Ihr Arbeitsschwerpunkt liegt in der Beratung von Kapital- und Personengesellschaften in allen handels- und steuerrechtlichen Fragestellungen im Rahmen von nationalen und grenzüberschreitenden Umstrukturierungen. Frau Bilitewski hat bereits mehrfach als Autorin an der Veröffentlichung von Fachbüchern und Kommentierungen mitgewirkt.

Dr. Michael Bohnhardt, LL. M., Rechtsanwalt und Steuerberater, ist Counsel bei Clifford Chance in Frankfurt am Main. Sein Tätigkeitsschwerpunkt liegt in der steuerlichen Strukturierung von Transaktionen, der steuerlichen Beratung von Finanzdienstleistern, der umsatzsteuerlichen Beratung und der steuerlichen Unternehmens-Compliance.

Jürgen Börst, Rechtsanwalt, Steuerberater und Fachanwalt für Steuerrecht, ist bei Weil, Gotshal & Manges LLP in Frankfurt am Main tätig. Er berät Mandanten in unternehmenssteuerlichen und rechtlichen Fragen bei Transaktionen im nationalen und internationalen Bereich.

Prof. Dr. Norbert Dautzenberg, ist Dozent an der Hochschule Rhein-Waal, Kleve..

Tobias Geerling, Rechtsanwalt und Steuerberater, bei Weil, Gotshal & Manges LLP in München.

Dr. Kai Greve, Rechtsanwalt, Fachanwalt für Steuerrecht, ist Partner bei Taylor Wessing in Hamburg. Sein Arbeitsschwerpunkt liegt in der steuer- und gesellschaftsrechtlichen (Um-)Strukturierung von Unternehmen und der Unternehmensnachfolge. Dr. Greve ist u. a. Co-Autor bei Engl, Formularbuch Umwandlungen.

Dr. Stefan Menner, LL. M., Rechtsanwalt, Fachanwalt für Steuerrecht und Steuerberater, ist Partner bei Clifford Chance in Frankfurt am Main. Seine Tätigkeitsschwerpunkte liegen in der Beratung deutscher und ausländischer Mandanten auf dem Gebiet des nationalen und internationalen Steuerrechts. Insbesondere hat Dr. Menner sich auf das Gebiet der steuerlichen Unternehmens-Compliance, auf die Umstrukturierung von Unternehmen sowie auf die steuerliche Beratung im Zusammenhang mit Outsourcing-Projekten spezialisiert.

Autorenverzeichnis

Florian Merkle, Rechtsanwalt und Steuerberater ist Senior Associate im Kölner Büro der internationalen Sozietät Osborne Clarke. Einer seiner Arbeitsschwerpunkte ist die steuerliche und gesellschaftsrechtliche Beratung von Unternehmen und Freiberuflern, insbesondere bei Unternehmensnachfolgen und Umstrukturierungen.

Olaf Mertgen, Rechtsanwalt, Steuerberater und Fachanwalt für Steuerrecht, ist Partner bei Clifford Chance in Frankfurt am Main. Er ist auf die Beratung auf dem Gebiet des nationalen und internationalen Steuerrechts spezialisiert. Seine Tätigkeitsschwerpunkte liegen im Bereich der M&A- und Immobilientransaktionen sowie im Bereich der Um- und Restrukturierung.

Dipl.-Finanzwirt Achim Schroer, Rechtsanwalt und Steuerberater, ist Partner bei der BDO AG, Wirtschaftsprüfungsgesellschaft. Er ist Leiter der Rechts- und Steuerabteilung am Standort Düsseldorf und verantwortet dort schwerpunktmäßig den Bereich Transaktionsbesteuerung. In diesem Zusammenhang begleitet er Unternehmenskäufe und Umwandlungen in steuerlicher und gesellschaftsrechtlicher Hinsicht.

Dipl.-Kfm. Gerhard Slabon ist Rechtsanwalt und Notar, Fachanwalt für Erbrecht und Steuerberater. Er ist in eigener Kanzlei mit den Beratungsschwerpunkten Erbrecht und Unternehmensnachfolge in Paderborn tätig.

Dr. Arndt Stengel, Rechtsanwalt, ist Partner bei Milbank, Tweed, Hadley & McCloy LLP in Frankfurt. Er berät bei Transaktionen und Umstrukturierungen vor allem börsennotierte Gesellschaften, Investmentbanken und Investoren. Er hat sich auf Umwandlungen, Übernahmen, Unternehmenskäufe und internationale Joint Ventures spezialisiert. Dr. Stengel hat vielfach zum Gesellschaftsrecht veröffentlicht und ist Mitherausgeber eines Kommentars zum Umwandlungsgesetz.

Martin Werneburg ist Rechtsanwalt und Steuerberater bei Flick Gocke Schaumburg in Berlin. Einer seiner Arbeitsschwerpunkte liegt in der gesellschafts- und steuerrechtlichen Beratung von Unternehmenstransaktionen und -umstrukturierungen.

Thomas Wisniewski, Rechtsanwalt und Fachanwalt für Steuerrecht, ist Partner bei lindenpartners in Berlin. Er berät insbesondere zum Unternehmenssteuerrecht, einschließlich Umwandlungssteuerrecht und Konzernsteuerrecht sowie zu Steuerthemen rund um die Immobilie.

Inhaltsverzeichnis

Inhaltsverzeichnis

Vierter Teil.
Aufspaltung, Abspaltung und Vermögensübertragung (Teilübertragung)

Fünfter Teil.
Gewerbesteuer

Sechster Teil.
Einbringung von Unternehmensteilen in eine Kapitalgesellschaft oder Genossenschaft und Anteilstausch

Siebter Teil.
Einbringung eines Betriebs, Teilbetriebs oder Mitunternehmeranteils in eine Personengesellschaft

Achter Teil.
Formwechsel einer Personengesellschaft in eine Kapitalgesellschaft oder Genossenschaft

Neunter Teil.
Verhinderung von Missbräuchen

Zehnter Teil.
Anwendungsvorschriften und Ermächtigung

Anhang

Abkürzungs- und Literaturverzeichnis

aA	anderer Ansicht
aaO	am angegebenen Ort
abl.	ablehnend
ABl.	Amtsblatt der Europischen Gemeinschaften
Abs.	Absatz
Abschn.	Abschnitt
A/D/S (Bearbeiter in)	Adler/Düring/Schmaltz, Rechnungslegung und Prüfung der Unternehmen, 6. Auflage 1995
aE	am Ende
AEUV	Vertrag über die Arbeitsweise der Europäischen Union (vorher: EG-Vertrag)
aF	alte Fassung
AfA	Absetzung für Abnutzung
AG	Aktiengesellschaft
AK	Anschaffungskosten
AktG	Aktiengesetz
Alt.	Alternative
allg.	allgemein
allgM	allgemeine Meinung
aM	andere(r) Meinung
AmtlBegr	Amtliche Begründung
AnfG	Anfechtungsgesetz
Anh.	Anhang
Anm.	Anmerkung
AO	Abgabenordnung
arg. e contrario	argumentum e contrario (Umkehrschluss)
Art.	Artikel(n)
AStG	Außensteuergesetz
Az.	Aktenzeichen
BauGB	Baugesetzbuch
Baumbach/Hopt (Bearbeiter in)	Baumbach/Hopt, Kommentar zum Handelsgesetzbuch, 38. Auflage 2014
Baumbach/Hueck (Bearbeiter in)	Baumbach/Hueck, GmbH-Gesetz, 21. Auflage 2017
BaWü	Baden-Württemberg
Bay	bayerisch
BayLfSt	Bayerisches Landesamt für Steuern
BB	Betriebs-Berater (Zeitschrift)
BBK	Buchführung, Bilanz, Kostenrechnung – Zeitschrift für das gesamte Rechnungswesen
BeBiKo (Bearbeiter in)	Beck'scher Bilanzkommentar, 11. Auflage 2018
BeckHdB GmbH (Bearbeiter in)	Beck'sches Handbuch der GmbH, 5. Auflage 2014
BeckHdB PersGes. (Bearbeiter in)	Beck'sches Handbuch der Personengesellschaften, 4. Auflage 2014
BeckNotar-HdB (Bearbeiter in)	Beck'sches Notarhandbuch, 6. Auflage 2015
BeckRS	Rechtsprechungsdatenbank Beck-online
Begr.	Begründung
BegrUmwG	Entwurf eines Gesetzes zur Bereinigung des Umwandlungsrechts, BR-Drs. 75/94; BT-Drs. 12/6699
BegrUmwStG aF	Entwurf eines Gesetzes zur Änderung des Umwandlungssteuergesetzes, BR-Drs. 132/94; BT-Drs. 12/6885 (beide Drs. gleichlautend)
Beil.	Beilage

Abkürzungs- und Literaturverzeichnis

BergbauRatG	Gesetz zur Förderung der Rationalisierung im Steinkohlenbergbau
BewG	Bewertungsgesetz
BFH	Bundesfinanzhof
BFHE	Sammlung der Entscheidungen des Bundesfinanzhofs
BFH/NV	Sammlung amtlich nicht veröffentlichter Entscheidungen des Bundesfinanzhofs
Bunjes (Bearbeiter in)	Bunjes, Kommentar zum Umsatzsteuergesetz, 17. Auflage 2018
BGB	Bürgerliches Gesetzbuch
Blumenberg/Schäfer	Blumenberg/Schäfer, Das SEStEG. Steuer- und gesellschaftsrechtliche Erläuterungen und Gestaltungshinweise, 2007
BMF	Bundesministerium der Finanzen
Bordewin/Brandt (Bearbeiter in)	Bordewin/Brandt, Kommentar zum Einkommensteuergesetz (Loseblatt) – Sonderdruck zu § 24 UmwStG, Februar 2009
Boruttau (Bearbeiter in)	Boruttau, Grunderwebsteuergesetz, Kommentar, 19. Auflage 2019
BRat	Bundesrat
BR-Drs.	Bundesrats-Drucksache
BReg.	Bundesregierung
bspw.	beispielsweise
BStBl. (I-III)	Bundessteuerblatt (Teile I–III)
BTag	Bundestag
BT-Ausschuss	Ausschuss des Deutschen Bundestags
BT-Drs.	Bundestags-Drucksache
BT-Drs. 16/2710	Gesetzesentwurf SEStEG v. 25.9.2006, BT-Drs. 16/2710
BFW (Bearbeiter in)	Budde/Förschle/Winkeljohann, Sonderbilanzen, 5. Auflage 2016
BuW	Betrieb und Wirtschaft
BV	Betriebsvermögen
BVerfG	Bundesverfassungsgericht
BW	Buchwert
Carlé/Korn/Stahl/Strahl	Carlé/Korn/Stahl/Strahl, Umwandlungen – Der neue Umwandlungssteuer-Erlass, 2. Auflage 2012
Corp.	corporation (US-amerikanische Körperschaft)
Dautzenberg, EG-Unternehmensbesteuerung	Dautzenberg, Unternehmensbesteuerung im EG-Binnenmarkt. Problembereiche und Perspektiven, 1997
DB	Der Betrieb (Zeitschrift)
Dehmer, Betriebsaufspaltung	Dehmer, Die Betriebsaufspaltung, 2. Auflage 1987
Dehmer, Erlaß	Dehmer, Umwandlungssteuer-Erlaß, 1998
Der Konzern	Der Konzern (Zeitschrift)
ders.	derselbe
dh	das heißt
dies.	dieselbe(n)
D/P/M (Bearbeiter in)	Dötsch/Pung/Möhlenbrock (Hrsg.), Die Körperschaftsteuer, Kommentar (Loseblatt)
D/P/P/M (Bearbeiter in)	Dötsch/Patt/Pung/Möhlenbrock, Kommentar zum Umwandlungssteuerrecht, 7. Auflage 2012
DNotZ	Deutsche Notar-Zeitschrift (Zeitschrift)
DStR	Deutsches Steuerrecht (Zeitschrift)
DStRE	DStR-Entscheidungsdienst (Beilage zu DStR)
DStZ	Deutsche Steuer-Zeitung (Zeitschrift)
EAS	Express-Antwort-Service der österreichen Finanzverwaltung
EAV	Ergebnisabführungsvertrag
ebd.	ebenda
EDV	Elektronische Datenverarbeitung
EFG	Entscheidungen der Finanzgerichte (Zeitschrift)

eG	eingetragene Genossenschaft
EG	Europäische Gemeinschaft; iVm Artikel-Angabe: Vertrag zur Gründung der Europäischen Gemeinschaft
EGBGB-E	Einführungsgesetz zum BGB (Entwurf)
EGGmbHG	Einführungsgesetz zum Gesetz betreffend die Gesellschaften mit beschränkter Haftung
EGV	*Vertrag zur Gründung der Europäischen Gemeinschaft,* siehe jetzt AEUV
EGHGB	Einführungsgesetz zum Handelsgesetzbuch
Eidenmüller (Bearbeiter in)	Eidenmüller, Ausländische Kapitalgesellschaften im deutschen Recht, 2004
EK	Eigenkapital
ErbStR	Erbschaftsteuerrichtlinien
ErbStRG	Erbschaftsteuerreformgesetz v. 24.12.2008 (BGBl. I 2008, 3018)
E&Y (Bearbeiter in)	Ernst & Young (Hrsg.), Körperschaftsteuergesetz, Kommentar (Loseblatt)
ESt	Einkommensteuer
EStB	Der Ertrag-Steuer-Berater (Zeitschrift)
EStDV	Einkommensteuer-Durchführungsverordnung
EStG	Einkommensteuergesetz
estl	einkommensteuerlich
estpfl	einkommensteuerpflichtig
EStR	Einkommensteuer-Richtlinien
EU	Europäische Union
EuGH	Europäischer Gerichtshof
EuZW	Europäische Zeitschrift für Wirtschaftsrecht (Zeitschrift)
eV	eingetragener Verein
EWG	Europäische Wirtschaftsgemeinschaft
EWIV	Europäische Wirtschaftliche Interessenvereinigung
EWIV-Ausführungsgesetz	Gesetz zur Ausführung der EWG-Verordnung über die Europäische Wirtschaftliche Interessenvereinigung v. 14.4.1988 (BGBl. I 1988, 514)
EWIV-VO	Verordnung (EWG) 2137/85 des Rates vom 25. Juli 1985 über die Schaffung einer Europäischen wirtschaftlichen Interessenvereinigung (EWIV), ABl. EG L 199/1 v. 31.7.1985
EWR	Europäischer Wirtschaftsraum
EWRA, EWR-Abkommen	Abkommen über den Europäischen Wirtschaftsraum ABl. 1995 L 83/49 v. 13.4.1995
EWS	Europäisches Wirtschafts- und Steuerrecht (Zeitschrift)
EZ	Erhebungszeitraum
f.	folgende
ff.	fortfolgende
FG	Finanzgericht
FGO	Finanzgerichtsordnung
FGS/BDI	FGS/BDI (Hrsg.), Der Umwandlungssteuer-Erlass 2011
FinMin	Finanzministerium
FinVerw	Finanzverwaltung
F/W/B (Bearbeiter in)	Flick/Wassermeyer/Baumhoff, Kommentar zum Außensteuerrecht (Loseblatt)
F/M (Bearbeiter in)	Frotscher/Maas, Kommentar zum Körperschaftsteuergesetz und Umwandlungssteuergesetz (Loseblatt)
Fn.	Fußnote
FR	Finanzrundschau (Zeitschrift)
Frotscher	Frotscher, Umwandlungssteuer-Erlass 2011
FusionsRL	Fusionsrichtlinie (Richtlinie 2009/133/EG des Rates v. 19. Oktober 2009, ABl. EG Nr. L 310 S. 34)
FS	Festschrift
GA	Generalanwalt am Europäischen Gerichtshof
GAV	Gewinnabführungsvertrag

GbR	Gesellschaft bürgerlichen Rechts
GenG	Genossenschaftsgesetz
GewKapSt	Gewerbekapitalsteuer
GewSt	Gewerbesteuer
GewStG	Gewerbesteuergesetz
gewstl	gewerbesteuerlich
gewstpfl	gewerbesteuerpflichtig
GewStR	Gewerbesteuer-Richtlinien
ggf	gegebenenfalls
G/K/T (Bearbeiter in)	Goutier/Knopf/Tulloch, Kommentar zum Umwandlungsrecht, 1996
glA	gleicher Ansicht
Glade/Steinfeld	Glade/Steinfeld, Kommentar zum Umwandlungssteuergesetz 1977, 3. Auflage 1980
Glanegger/Güroff (Bearbeiter in)	Glanegger/Güroff, Gewerbesteuergesetz, Kommentar, 8. Auflage 2017
GmbH	Gesellschaft mit beschränkter Haftung
GmbHG	Gesetz betreffend die Gesellschaften mit beschränkter Haftung
GmbHR	GmbH-Rundschau (Zeitschrift)
GoB	Grundsätze ordnungsmäßiger Buchführung
Gosch (Bearbeiter in)	Gosch, Körperschaftsteuergesetz, Kommentar, 3. Auflage 2015
GPR	Zeitschrift für Gemeinschaftsprivatrecht
Gräber FGO (Bearbeiter in)	Gräber, Kommentar zur Finanzgerichtsordnung, 7. Auflage 2015
Grabitz/Hilf (Bearbeiter in)	Grabitz/Hilf, Das Recht der Europäischen Union (Loseblatt)
GrCh	Charta der Grundrechte
Grds, grds	Grundsatz, grundsätzlich
GrESt	Grunderwerbsteuer
GrEStG	Grunderwerbsteuergesetz
Groeben/Schwarze/Hatje	Europäisches Unionsrecht, Kommentar, 7. Auflage 2014
GrS	Großer Senat
hA	herrschende Ansicht
Haase/Hruschka	Umwandlungssteuergesetz, Kommentar, 2012
Herzig, Instrumente steuerorientierter Umstrukturierung (Bearbeiter in)	Herzig, Steuerorientierte Umstrukturierung von Unternehmen, 1997
Herzig, Organschaft (Bearbeiter in)	Herzig, Organschaft: Laufende und aperiodische Besteuerung, nationale und internationale Aspekte, Hinweise zum EU-Recht, 2003
HessFG	Hessisches Finanzgericht
HGB	Handelsgesetzbuch
H/H/R (Bearbeiter in)	Herrmann/Heuer/Raupach, Kommentar zum Einkommensteuergesetz und Körperschaftsteuergesetz (Loseblatt)
HK	Herstellungskosten
hL	herrschende Lehre
hM	herrschende Meinung
HS	Halbsatz
Hüffer/Koch	Hüffer/Koch Gesellschaftsrecht, 13. Auflage 2018
idF	in der Fassung
idR	in der Regel
IDW (Bearbeiter in)	IDW (Hrsg.), Reform des Umwandlungsrechts, Vorträge und Diskussionen im Rahmen des IDW-Umwandlungssymposiums am 8./9. Oktober 1992, 1993
IDW-Fachnachrichten	IDW-Fachnachrichten. Aktuelle Informationen des IDW für seine Mitglieder (Zeitschrift)
iE	im Ergebnis

iHd, iHv	in Höhe des/der; in Höhe von
Inc.	corporation (US-amerikanische Körperschaft)
INF	Die Information über Steuer und Wirtschaft (Zeitschrift)
inl	inländisch
insb	insbesondere
InsO	Insolvenzordnung
Intertax	International Tax Review (Zeitschrift); seit 1962, früher: Europäische Steuerzeitung
InvZulG	Investitionszulagengesetz
iSd, iSv	im Sinne des/der, im Sinne von
IStR	Internationales Steuerrecht (Zeitschrift)
iVm	in Verbindung mit
IWB (Fach, Gruppe)	Internationale Wirtschafts-Briefe (Zeitschrift)
JbFfStR	Jahrbuch der Fachanwälte für Steuerrecht
jPdöR	juristische Person(en) des öffentlichen Rechts
JR	Juristische Rundschau (Zeitschrift)
JStG	Jahressteuergesetz
jur	juristisch
JZ	Juristenzeitung (Zeitschrift)
Kallmeyer (Bearbeiter in)	Kallmeyer, Umwandlungsgesetz, Kommentar, 6. Auflage 2017
Kap	Kapitel
KapErhStG	Gesetz über die steuerrechtlichen Maßnahmen bei Erhöhung des Nennkapitals aus Gesellschaftsmitteln (Kapitalerhöhungs-Steuergesetz)
KapESt	Kapitalertragsteuer
KapGes	Kapitalgesellschaft
Kapp/Ebeling (Bearbeiter in)	Kapp/Ebeling, Kommentar zum Erbschaftsteuer- und Schenkungsteuergesetz (Loseblatt)
KFR	Kommentierte Finanzrechtsprechung (Loseblatt), nwb-Verlag
KG	Kommanditgesellschaft
KGaA	Kommanditgesellschaft auf Aktien
Kirchhof/Söhn (Bearbeiter in)	Kirchhof/Söhn, Kommentar zum Einkommensteuergesetz (Loseblatt)
KiSt	Kirchensteuer
Kj	Kalenderjahr
Klein (Bearbeiter in)	Klein, Kommentar zur Abgabenordnung, 14. Auflage 2018
Klein/Müller/Lieber	Änderung der Unternehmensform, 11. Auflage 2017
Kluge, Internationales Steuerrecht	Kluge, Das Internationale Steuerrecht. Gemeinschaftsrecht, Außensteuerrecht, Abkommensrecht, 4. Auflage 2000
Koenig (Bearbeiter in)	Koenig, Abgabenordnung, Kommentar, 3. Auflage 2014
koord.	koordiniert
Knobbe-Keuk	Knobbe-Keuk, Bilanz- und Unternehmenssteuerrecht, 9. Auflage 1993
KÖSDI	Kölner Steuerdialog (Zeitschrift)
K/P/R/K (Bearbeiter in)	Klingebiel/Patt/Rasche/Krause, Umwandlungssteuerrecht, 4. Auflage 2016
krit.	kritisch
Kroatien-Steueranpassungsgesetz	Gesetz zur Anpassung des nationalen Steuerrechts an den Beitritt Kroatiens zur EU und zur Änderung weiterer steuerlichen Vorschriften v. 25.7.2014, BGBl. I S. 1266
KSt	Körperschaftsteuer
KStG	Körperschaftsteuergesetz
kstl	körperschaftsteuerlich
kstpfl	körperschaftsteuerpflichtig
KStR	Körperschaftsteuer-Richtlinien
KWG	Kreditwesengesetz

Lademann (Bearbeiter in)	Lademann, Kommentar zum Körperschaftsteuergesetz (Loseblatt)
Lange (Bearbeiter in)	Lange, Personengesellschaften im Steuerrecht, 2008
L/B/M (Bearbeiter in)	Littmann/Bitz/Meincke, Das Einkommensteuerrecht, Kommentar (Loseblatt)
Lenski/Steinberg	Lenski/Steinberg, Gewerbesteuergesetz, Kommentar (Loseblatt)
Limmer (Bearbeiter in)	Limmer, Handbuch der Unternehmensumwandlung, 5. Auflage 2019
Lit.	Literatur
Ltd.	Limited Company (GmbH nach dem Recht des Vereinigten Königreichs)
Lüdicke/Sistermann (Bearbeiter in)	Lüdicke/Sistermann, Unternehmensteuerrecht, 2. Auflage 2018
Lutter (Bearbeiter in)	Lutter, Umwandlungsgesetz, Kommentar mit systematischer Darstellung des Umwandlungssteuerrechts, 5. Auflage 2014
LwAnpG	Landwirtschaftsanpassungsgesetz
mE	meines Erachtens
Meyer-Scharenberg, Steuergestaltung	Meyer-Scharenberg, Steuergestaltung durch Umwandlung, 1990
MittBayNot	Mitteilungen des Bayerischen Notarvereins, der Notarkasse und der Landesnotarkammer Bayern (Zeitschrift)
MoMiG	Gesetz zur Modernisierung des GmbH-Rechts und zur Bekämpfung von Missbräuchen
Mössner (Bearbeiter in)	Mössner, Steuerrecht international tätiger Unternehmen, 5. Auflage 2018
MüKoAktG (Bearbeiter in)	Münchener Kommentar zum Aktiengesetz
Münch. Hdb. AktG (Bearbeiter in)	Münchener Anwaltshandbuch Aktienrecht, 3. Auflage 2018
Münch. Hdb. GmbH (Bearbeiter in)	Münchener Anwaltshandbuch des GmbH-Rechts
Mutter-TochterRL	Richtlinie 2011/96/EU des Rates vom 30. November 2011 über das gemeinsame Steuersystem der Mutter- und Tochtergesellschaften verschiedener Mitgliedstaaten, ABl. L 345 5.8
mwN	mit weiteren Nachweisen
nF	neue Fassung
NJW	Neue Juristische Wochenschrift (Zeitschrift)
Nr.	Nummer(n)
nrkr.	nicht rechtskräftig
NV	Naamlose Vennootschap (niederländische oder belgische Aktiengesellschaft)
NWB	Neue Wirtschafts-Briefe für Steuer und Wirtschaftsrecht (Zeitschrift)
NZG	Neue Zeitschrift für Gesellschaftsrecht (Zeitschrift)
OECD-MA	OECD-Musterabkommen (2010)
OFD	Oberfinanzdirektion
o. g.	oben genannte(r)
OHG	offene Handelsgesellschaft
ÖStZ aktuell	Österreichische Steuerzeitung (Zeitschrift)
Palandt (Bearbeiter in)	Palandt, Kommentar zum BGB, 78. Auflage 2019
PartGes	Partnerschaftsgesellschaft
PartGG	Gesetz über Partnerschaftsgesellschaften Angehöriger Freier Berufe (Partnerschaftsgesellschaftsgesetz)
PersGes	Personengesellschaft
PIStB	Praxis Internationale Steuerberatung (Zeitschrift)
P/R/A	Patt/Rupp/Aßmann, Der neue Umwandlungssteuererlass, 2011
PwC (Bearbeiter in)	PricewaterhouseCoopers AG (Hrsg.), Reform des Umwandlungssteuerrechts. Auswirkungen des SEStEG auf Reorganisationen und internationale Entstrickungen, 2007

Rau/Dürrwächter (Bearbeiter in)	Rau/Dürrwächter/Flick/Geist, Kommentar zum Umsatzsteuergesetz (Loseblatt)
RegE SEStEG	Regierungsentwurf SEStEG
REIT	Real Estate Investment Trust(s)
REITG	Gesetz über deutsche Immobilien-Aktiengesellschaften mit börsennotierten Anteilen
R/H/vL (Bearbeiter in)	Rödder/Herlinghaus/van Lishaut, Umwandlungssteuergesetz, Kommentar, 2. Auflage 2013
RIW	Recht der internationalen Wirtschaft (Zeitschrift)
rkr.	rechtskräftig
RL	Richtlinie
Rössler/Troll (Bearbeiter in)	Rössler/Troll, Bewertungsgesetz, Kommentar (Loseblatt)
Rowedder (Bearbeiter in)	Rowedder/Schmidt-Leithoff, Gesetz betreffend die Gesellschaften mit beschränkter Haftung (GmbHG), Kommentar, 6. Auflage 2017
Rs.	Rechtssache
Rspr.	Rechtsprechung
RStBl.	Reichssteuerblatt
Rz.	Randziffer(n)
s.	siehe
S	Seite; iVm §§-Angabe: Satz
s. a.	siehe auch
S. A.	Société Anonyme, französische Körperschaft, entspricht der deutschen Aktiengesellschaft
S. à. r. l.	Société à Responsabilité Limitée, luxemburgische Körperschaft, entspricht der deutschen GmbH
SARL	Société à Responsabilité Limitée, französische Körperschaft, entspricht der deutschen GmbH
SBB (Bearbeiter in)	Sagasser/Bula/Brünger (Hrsg.), Umwandlungen, 5. Auflage 2017
SCE	Societas Cooperativa Europaea (Europäische Genossenschaft)
SCE-VO	Verordnung (EG) Nr. 1435/2003 des Rates v. 22. Juli 2003 über das Statut der Europäischen Genossenschaft (SCE) (ABl. EU Nr. L 207 S. 1)
Schaumburg/Rödder Unternehmensteuerreform (Bearbeiter in)	Schaumburg/Rödder, Unternehmensteuerreform 2008, Gesetze, Materialien, Erläuterungen, 2007
Schmidt (Bearbeiter in)	Schmidt, Einkommensteuergesetz, Kommentar, 37. Auflage 2018
Schmidt/Müller/Stöcker Die Organschaft	Schmidt/Müller/Stöcker, Die Organschaft, Körperschaftsteuerrecht, Gewerbesteuerrecht, Umsatzsteuerrecht, 2008
Schmitt/Schloßmacher	Umwandlungssteuererlass UmwStE 2011
Schneider/Rouff/Sistermann (S/R/S)	Umwandlungssteuer-Erlass 2011
SE	Societas Europaea (Europäische Gesellschaft)
Semler/Stengel (Bearbeiter in)	Semler/Stengel, Umwandlungsgesetz mit Spruchverfahrensgesetz, 4. Auflage 2017
SEStEG	Gesetz über steuerliche Begleitmaßnahmen zur Einführung der Europäischen Gesellschaft und zur Änderung weiterer steuerrechtlicher Vorschriften
SHS (Bearbeiter in)	Schmitt/Hörtnagl/Stratz, Umwandlungsgesetz, Umwandlungssteuergesetz, 8. Auflage 2018
Sölch/Ringleb (Bearbeiter in)	Sölch/Ringleb, Kommentar zum Umsatzsteuergesetz (Loseblatt)
SolZ	Solidaritätszuschlag
SonderBV	Sonderbetriebsvermögen
Spahlinger/Wegen (Bearbeiter in)	Spahlinger/Wegen, Internationales Gesellschaftsrecht in der Praxis, 2005

SpTrUG .... Gesetz über die Spaltung der von der Treuhandanstaltverwalteten Unternehmen (Spaltungsgesetz)
s. r. o. .... společnost s ručením omezeným (tschechische GmbH)
StBAG .... Steuerbeamten-Ausbildungsgesetz
StBerG .... Steuerbereinigungsgesetz
Stbg .... Die Steuerberatung (Zeitschrift)
StbJb .... Steuerberater-Jahrbuch
StBp .... Die steuerliche Betriebsprüfung (Zeitschrift)
StE .... Steuer-Eildienst (Zeitschrift; früher DStZ/E)
StEntlG .... Steuerentlastungsgesetz
Steueranwalt .... Steueranwalt (Zeitschrift)
StMBG .... Gesetz zur Bekämpfung des Mißbrauchs und zur Bereinigung des Steuerrechts
stpfl., StPfl. .... steuerpflichtig; Steuerpflicht, Steuerpflichtiger
str. .... strittig
Streck (Bearbeiter in) ... Streck, Kommentar zum Körperschaftsteuergesetz, 9. Auflage 2018
StSenkG .... Steuersenkungsgesetz
stRspr .... ständige Rechtsprechung
StuSt .... Steuer und Studium (Zeitschrift)
StuW .... Steuer und Wirtschaft (Zeitschrift)
StVj. .... Steuerliche Vierteljahreszeitschrift

Troll/Gebel/Jülicher (Bearbeiter in) .... Troll/Gebel/Jülicher, Erbschaftsteuer- und Schenkungsteuergesetz, Kommentar (Losebelatt)
Tz. .... Textziffer(n)

ua .... und andere
uam .... und anderes mehr
Ubg .... Die Unternehmensbesteuerung (Zeitschrift)
umstr .... umstritten
UmwÄndG .... Gesetz zur Änderung des Umwandlungsgesetzes, des Partnerschaftsgesellschaftsgesetzes und anderer Gesetze
UmwG .... Umwandlungsgesetz
UmwG-E .... Entwurf eines Zweiten Gesetzes zur Änderung des Umwandlungsgesetzes vom 24.4.2007 (BGBl. I 2007, 542)
UmwStE .... Umwandlungssteuer-Erlass 2011 (BMF-Schreiben vom 11.11.2011, BStBl. I 2011, 1314)
UmwStE 1998 .... Umwandlungssteuer-Erlass 1998 (BMF-Schreiben vom 25.3.1998, BStBl. I 1998, 268)
UmwStG .... Umwandlungssteuergesetz
UmwStG aF .... UmStG in der bis zum 12.12.2006 geltenden Fassung
UmwStG-E .... Regierungsentwurf SEStEG
UntStRefG .... Unternehmensteuerreformgesetz 2008
UR .... Umsatzsteuer-Rundschau (Zeitschrift)
Urt. .... Urteil
USt .... Umsatzsteuer
UStG .... Umsatzsteuergesetz

v .... vom
vEK .... verwendbares Eigenkapital
Vfg. .... Verfügung
vGA .... verdeckte Gewinnausschüttung
vgl .... vergleiche
vH .... vom Hundert
Vogel/Lehner (Bearbeiter in) .... Vogel/Lehner, Doppelbesteuerungsabkommen, 6. Auflage 2015
VSt .... Vermögensteuer
VvaG .... Versicherungsverein auf Gegenseitigkeit
VZ .... Veranlagungszeitraum

Wassermeyer (Bearbeiter in)	Wassermeyer, Doppelbesteuerung, Kommentar (Loseblatt)
Wassermeyer/Andresen/Ditz (Bearbeiter in)	Wassermeyer/Andresen/Ditz (Hrsg.), Betriebsstätten-Handbuch, 2. Auflage 2017
Wassermeyer/Mayer/Rieger, FS für Siegfried Widmann	Wassermeyer/Mayer/Rieger (Hrsg.), Umwandlungen im Zivil- und Steuerrecht. Festschrift für Siegfried Wimann, 2000
WG	Wirtschaftsgut (Wirtschaftsgüter)
W/H/S/S (Bearbeiter in)	Willemsen/Hohenstatt/Schweibert/Seibt, Umstrukturierung und Übertragung von Unternehmen, Arbeitsrechtliches Handbuch, 5. Auflage 2016
WiB	Wirtschaftsrechtliche Beratung (Zeitschrift)
Wicke	Wicke, Gesetz betreffend die Gesellschaft mit beschränkter Haftung (GmbHG), 3. Auflage 2016
Winkeljohann/Fuhrmann	Handbuch Umwandlungssteuerrecht, Kommentar für die praktische Fallbearbeitung, 2007
Winnefeld, Bilanz-Handbuch	Winnefeld, Bilanz-Handbuch, 5. Auflage 2015
Wj	Wirtschaftsjahr
W/M (Bearbeiter in)	Widmann/Mayer, Umwandlungsrecht, Kommentar zur Umwandlung von Unternehmungen nach neuestem Handels- und Steuerrecht (Loseblatt)
WPg	Die Wirtschaftsprüfung (Zeitschrift)
zB	zum Beispiel
ZEV	Zeitschrift für Erbrecht und Vermögensnachfolge (Zeitschrift)
ZIP	Zeitschrift für Wirtschaftsrecht (Zeitschrift)
zT	zum Teil
zust.	zustimmend
zutr.	zutreffend
ZW	Zwischenwert
zzgl.	zuzüglich
zZt.	zur Zeit

TEXTE

1. Umwandlungssteuergesetz[1)] (UmwStG)

Vom 7. Dezember 2006 (BGBl. I S. 2782)

Geändert durch Unternehmensteuerreformgesetz 2008 vom 14.8.2007 (BGBl. I S. 1912), Jahressteuergesetz 2008 (JStG 2008) vom 20.12.2007 (BGBl. I S. 3150), Jahressteuergesetz 2009 (JStG 2009) vom 19.12.2008 (BGBl. I S. 2794), Wachstumsbeschleunigungsgesetz vom 22.12.2009 (BGBl. I S. 3950), Gesetz zur Umsetzung des EUGH-Urteils vom 20. Oktober 2011 in der Rechtssache C-284/09 vom 21.3.2013 (BGBl. I S. 561), Amtshilferichtlinie-Umsetzungsgesetz vom 26.6.2013 (BGBl. I S. 1809), Kroatien-Steueranpassungsgesetz vom 25.7.2014 (BGBl. I S. 1266) und Steueränderungsgesetz 2015 vom 2.11.2015 (BGBl. I S. 1834)

Im Folgenden ist der aktuelle Gesetztestext abgedruckt.

Frühere Fassungen sind im Kommentarteil bei den jeweiligen Paragraphen im Änderungsnachweis wiedergegeben.

Erster Teil. Allgemeine Vorschriften

§ 1 Anwendungsbereich und Begriffsbestimmungen

(1) [1]Der Zweite bis Fünfte Teil gilt nur für

1. die Verschmelzung, Aufspaltung und Abspaltung im Sinne der §§ 2, 123 Abs. 1 und 2 des Umwandlungsgesetzes von Körperschaften oder vergleichbare ausländische Vorgänge sowie des Artikels 17 der Verordnung (EG) Nr. 2157/2001 und des Artikels 19 der Verordnung (EG) Nr. 1435/2003;
2. den Formwechsel einer Kapitalgesellschaft in eine Personengesellschaft im Sinne des § 190 Abs. 1 des Umwandlungsgesetzes oder vergleichbare ausländische Vorgänge;
3. die Umwandlung im Sinne des § 1 Abs. 2 des Umwandlungsgesetzes, soweit sie einer Umwandlung im Sinne des § 1 Abs. 1 des Umwandlungsgesetzes entspricht sowie
4. die Vermögensübertragung im Sinne des § 174 des Umwandlungsgesetzes vom 28. Oktober 1994 (BGBl. I S. 3210, 1995 I S. 428), das zuletzt durch Artikel 10 des Gesetzes vom 9. Dezember 2004 (BGBl. I S. 3214) geändert worden ist, in der jeweils geltenden Fassung.

[2]Diese Teile gelten nicht für die Ausgliederung im Sinne des § 123 Abs. 3 des Umwandlungsgesetzes.

(2) [1]Absatz 1 findet nur Anwendung, wenn

1. beim Formwechsel der umwandelnde Rechtsträger oder bei den anderen Umwandlungen die übertragenden und die übernehmenden Rechtsträger nach den Rechtsvorschriften eines Mitgliedstaats der Europäischen Union oder eines Staates, auf den das Abkommen über den Europäischen Wirtschaftsraum Anwendung findet, gegründete Gesellschaften im Sinne des Artikels 54 des Vertrags über die Arbeitsweise der Europäischen Union oder des Artikels 34 des Abkommens über den Europäischen Wirtschaftsraum sind, deren Sitz und Ort der Geschäftsleitung sich innerhalb des Hoheitsgebiets eines dieser Staaten befinden oder

---

[1)] Das UmwStG ist als Art. 6 des SEStEG v. 7.12.2006 (BGBl. I S. 2782, ber. I 2007 S. 68) verkündet worden und gem. Art. 14 dieses Gesetzes am 13.12.2006 in Kraft getreten.
Zur Anwendung siehe § 27.

2. übertragender Rechtsträger eine Gesellschaft im Sinne der Nummer 1 und übernehmender Rechtsträger eine natürliche Person ist, deren Wohnsitz oder gewöhnlicher Aufenthalt sich innerhalb des Hoheitsgebiets eines der Staaten im Sinne der Nummer 1 befindet und die nicht auf Grund eines Abkommens zur Vermeidung der Doppelbesteuerung mit einem dritten Staat als außerhalb des Hoheitsgebiets dieser Staaten ansässig angesehen wird.

[2]Eine Europäische Gesellschaft im Sinne der Verordnung (EG) Nr. 2157/2001 und eine Europäische Genossenschaft im Sinne der Verordnung (EG) Nr. 1435/2003 gelten für die Anwendung des Satzes 1 als eine nach den Rechtsvorschriften des Staates gegründete Gesellschaft, in dessen Hoheitsgebiet sich der Sitz der Gesellschaft befindet.

(3) Der Sechste bis Achte Teil gilt nur für

1. die Verschmelzung, Aufspaltung und Abspaltung im Sinne der §§ 2 und 123 Abs. 1 und 2 des Umwandlungsgesetzes von Personenhandelsgesellschaften und Partnerschaftsgesellschaften oder vergleichbare ausländische Vorgänge;
2. die Ausgliederung von Vermögensteilen im Sinne des § 123 Abs. 3 des Umwandlungsgesetzes oder vergleichbare ausländische Vorgänge;
3. den Formwechsel einer Personengesellschaft in eine Kapitalgesellschaft oder Genossenschaft im Sinne des § 190 Abs. 1 des Umwandlungsgesetzes oder vergleichbare ausländische Vorgänge;
4. die Einbringung von Betriebsvermögen durch Einzelrechtsnachfolge in eine Kapitalgesellschaft, eine Genossenschaft oder Personengesellschaft sowie
5. den Austausch von Anteilen.

(4) [1]Absatz 3 gilt nur, wenn

1. der übernehmende Rechtsträger eine Gesellschaft im Sinne von Absatz 2 Satz 1 Nr. 1 ist und
2. in den Fällen des Absatzes 3 Nr. 1 bis 4
   a) beim Formwechsel der umwandelnde Rechtsträger, bei der Einbringung durch Einzelrechtsnachfolge der einbringende Rechtsträger oder bei den anderen Umwandlungen der übertragende Rechtsträger
      aa) eine Gesellschaft im Sinne von Absatz 2 Satz 1 Nr. 1 ist und, wenn es sich um eine Personengesellschaft handelt, soweit an dieser Körperschaften, Personenvereinigungen, Vermögensmassen oder natürliche Personen unmittelbar oder mittelbar über eine oder mehrere Personengesellschaften beteiligt sind, die die Voraussetzungen im Sinne von Absatz 2 Satz 1 Nr. 1 und 2 erfüllen, oder
      bb) eine natürliche Person im Sinne von Absatz 2 Satz 1 Nr. 2 ist
      oder
   b) das Recht der Bundesrepublik Deutschland hinsichtlich der Besteuerung des Gewinns aus der Veräußerung der erhaltenen Anteile nicht ausgeschlossen oder beschränkt ist.

[2]Satz 1 ist in den Fällen der Einbringung eines Betriebs, Teilbetriebs oder Mitunternehmeranteils in eine Personengesellschaft nach § 24 nicht anzuwenden.

(5) Soweit dieses Gesetz nichts anderes bestimmt, ist

1. Richtlinie 2009/133/EG[1)]
   die Richtlinie 2009/133/EG des Rates vom 19. Oktober 2009 über das gemeinsame Steuersystem für Fusionen, Spaltungen, Abspaltungen, die Einbringung von Unternehmensteilen und den Austausch von Anteilen, die Gesellschaften verschiedener Mitgliedstaaten betreffen, sowie für die Verlegung des Sitzes einer Europäischen Gesellschaft oder einer Europäischen Genossenschaft von einem Mitgliedstaat in einen anderen Mitgliedstaat (ABl. L 310 vom 25.11.2009, S. 34), die zuletzt durch die Richtlinie 2013/13/EU

[1)] Fusions-Richtlinie, nachfolgend abgedruckt unter **Texte 2.**

(ABl. L 141 vom 28.5.2013, S. 30) geändert worden ist, in der zum Zeitpunkt des steuerlichen Übertragungsstichtags jeweils geltenden Fassung;
2. Verordnung (EG) Nr. 2157/2001
die Verordnung (EG) Nr. 2157/2001 des Rates vom 8. Oktober 2001 über das Statut der Europäischen Gesellschaft (SE) (ABl. EG Nr. L 294 S. 1), zuletzt geändert durch die Verordnung (EG) Nr. 885/2004 des Rates vom 26. April 2004 (ABl. EU Nr. L 168 S. 1), in der zum Zeitpunkt des steuerlichen Übertragungsstichtags jeweils geltenden Fassung;
3. Verordnung (EG) Nr. 1435/2003
die Verordnung (EG) Nr. 1435/2003 des Rates vom 22. Juli 2003 über das Statut der Europäischen Genossenschaften (SCE) (ABl. EU Nr. L 207 S. 1) in der zum Zeitpunkt des steuerlichen Übertragungsstichtags jeweils geltenden Fassung;
4. Buchwert
der Wert, der sich nach den steuerrechtlichen Vorschriften über die Gewinnermittlung in einer für den steuerlichen Übertragungsstichtag aufzustellenden Steuerbilanz ergibt oder ergäbe.

§ 2 Steuerliche Rückwirkung

(1) [1]Das Einkommen und das Vermögen der übertragenden Körperschaft sowie des übernehmenden Rechtsträgers sind so zu ermitteln, als ob das Vermögen der Körperschaft mit Ablauf des Stichtags der Bilanz, die dem Vermögensübergang zu Grunde liegt (steuerlicher Übertragungsstichtag), ganz oder teilweise auf den übernehmenden Rechtsträger übergegangen wäre. [2]Das Gleiche gilt für die Ermittlung der Bemessungsgrundlagen bei der Gewerbesteuer.

(2) Ist die Übernehmerin eine Personengesellschaft, gilt Absatz 1 Satz 1 für das Einkommen und das Vermögen der Gesellschafter.

(3) Die Absätze 1 und 2 sind nicht anzuwenden, soweit Einkünfte auf Grund abweichender Regelungen zur Rückbeziehung eines in § 1 Abs. 1 bezeichneten Vorgangs in einem anderen Staat der Besteuerung entzogen werden.

(4)[1)] [1]Der Ausgleich oder die Verrechnung eines Übertragungsgewinns mit verrechenbaren Verlusten, verbleibenden Verlustvorträgen, nicht ausgeglichenen negativen Einkünften, einem Zinsvortrag nach § 4h Absatz 1 Satz 5 des Einkommensteuergesetzes und einem EBITDA-Vortrag nach § 4h Absatz 1 Satz 3 des Einkommensteuergesetzes (Verlustnutzung) des übertragenden Rechtsträgers ist nur zulässig, wenn dem übertragenden Rechtsträger die Verlustnutzung auch ohne Anwendung der Absätze 1 und 2 möglich gewesen wäre. [2]Satz 1 gilt für negative Einkünfte des übertragenden Rechtsträgers im Rückwirkungszeitraum entsprechend. [3]Der Ausgleich oder die Verrechnung von positiven Einkünften des übertragenden Rechtsträgers im Rückwirkungszeitraum mit verrechenbaren Verlusten, verbleibenden Verlustvorträgen, nicht ausgeglichenen negativen Einkünften und einem Zinsvortrag nach § 4h Absatz 1 Satz 5 des Einkommensteuergesetzes des übernehmenden Rechtsträgers ist nicht zulässig. [4]Ist übernehmender Rechtsträger eine Organgesellschaft, gilt Satz 3 auch für einen Ausgleich oder eine Verrechnung beim Organträger entsprechend. [5]Ist übernehmender Rechtsträger eine Personengesellschaft, gilt Satz 3 auch für einen Ausgleich oder eine Verrechnung bei den Gesellschaftern entsprechend. [6]Die Sätze 3 bis 5 gelten nicht, wenn übertragender Rechtsträger und übernehmender Rechtsträger vor Ablauf des steuerlichen Übertragungsstichtags verbundene Unternehmen im Sinne des § 271 Absatz 2 des Handelsgesetzbuches sind.

[1)] Zur erstmaligen Anwendung von § 2 Abs. 4 bzw. zur Nichtgeltung siehe § 27 Abs. 9, zur Anwendung von Satz 1 siehe § 27 Abs. 10, zur Anwendung der Sätze 3 bis 6 siehe § 27 Abs. 12.

Zweiter Teil. Vermögensübergang bei Verschmelzung auf eine Personengesellschaft oder auf eine natürliche Person und Formwechsel einer Kapitalgesellschaft in eine Personengesellschaft

§ 3 Wertansätze in der steuerlichen Schlussbilanz der übertragenden Körperschaft

(1) [1]Bei einer Verschmelzung auf eine Personengesellschaft oder natürliche Person sind die übergehenden Wirtschaftsgüter, einschließlich nicht entgeltlich erworbener und selbst geschaffener immaterieller Wirtschaftsgüter, in der steuerlichen Schlussbilanz der übertragenden Körperschaft mit dem gemeinen Wert anzusetzen. [2]Für die Bewertung von Pensionsrückstellungen gilt § 6a des Einkommensteuergesetzes.

(2) [1]Auf Antrag können die übergehenden Wirtschaftsgüter abweichend von Absatz 1 einheitlich mit dem Buchwert oder einem höheren Wert, höchstens jedoch mit dem Wert nach Absatz 1, angesetzt werden, soweit

1. sie Betriebsvermögen der übernehmenden Personengesellschaft oder natürlichen Person werden und sichergestellt ist, dass sie später der Besteuerung mit Einkommensteuer oder Körperschaftsteuer unterliegen, und
2. das Recht der Bundesrepublik Deutschland hinsichtlich der Besteuerung des Gewinns aus der Veräußerung der übertragenen Wirtschaftsgüter bei den Gesellschaftern der übernehmenden Personengesellschaft oder bei der natürlichen Person nicht ausgeschlossen oder beschränkt wird und
3. eine Gegenleistung nicht gewährt wird oder in Gesellschaftsrechten besteht.

[2]Der Antrag ist spätestens bis zur erstmaligen Abgabe der steuerlichen Schlussbilanz bei dem für die Besteuerung der übertragenden Körperschaft zuständigen Finanzamt zu stellen.

(3) [1]Haben die Mitgliedstaaten der Europäischen Union bei Verschmelzung einer unbeschränkt steuerpflichtigen Körperschaft Artikel 10 der Richtlinie 2009/133/EG[1)] anzuwenden, ist die Körperschaftsteuer auf den Übertragungsgewinn gemäß § 26 des Körperschaftsteuergesetzes um den Betrag ausländischer Steuer zu ermäßigen, der nach den Rechtsvorschriften eines anderen Mitgliedstaats der Europäischen Union erhoben worden wäre, wenn die übertragenen Wirtschaftsgüter zum gemeinen Wert veräußert worden wären. [2]Satz 1 gilt nur, soweit die übertragenen Wirtschaftsgüter einer Betriebsstätte der übertragenden Körperschaft in einem anderen Mitgliedstaat der Europäischen Union zuzurechnen sind und die Bundesrepublik Deutschland die Doppelbesteuerung bei der übertragenden Körperschaft nicht durch Freistellung vermeidet.

§ 4 Auswirkungen auf den Gewinn des übernehmenden Rechtsträgers

(1) [1]Der übernehmende Rechtsträger hat die auf ihn übergegangenen Wirtschaftsgüter mit dem in der steuerlichen Schlussbilanz der übertragenden Körperschaft enthaltenen Wert im Sinne des § 3 zu übernehmen. [2]Die Anteile an der übertragenden Körperschaft sind bei dem übernehmenden Rechtsträger zum steuerlichen Übertragungsstichtag mit dem Buchwert, erhöht um Abschreibungen, die in früheren Jahren steuerwirksam vorgenommen worden sind, sowie um Abzüge nach § 6b des Einkommensteuergesetzes und ähnliche Abzüge, höchstens mit dem gemeinen Wert, anzusetzen. [3]Auf einen sich daraus ergebenden Gewinn finden § 8b Abs. 2 Satz 4 und 5 des Körperschaftsteuergesetzes sowie § 3 Nr. 40 Satz 1 Buchstabe a Satz 2 und 3 des Einkommensteuergesetzes Anwendung.

[1)] Fusions-Richtlinie, nachfolgend abgedruckt unter **Texte 2.**

(2) [1]Der übernehmende Rechtsträger tritt in die steuerliche Rechtsstellung der übertragenden Körperschaft ein, insbesondere bezüglich der Bewertung der übernommenen Wirtschaftsgüter, der Absetzungen für Abnutzung und der den steuerlichen Gewinn mindernden Rücklagen. [2]Verrechenbare Verluste, verbleibende Verlustvorträge, vom übertragenden Rechtsträger nicht ausgeglichene negative Einkünfte, ein Zinsvortrag nach § 4h Absatz 1 Satz 5 des Einkommensteuergesetzes und ein EBITDA-Vortrag nach § 4h Absatz 1 Satz 3 des Einkommensteuergesetzes gehen nicht über.[1)] [3]Ist die Dauer der Zugehörigkeit eines Wirtschaftsguts zum Betriebsvermögen für die Besteuerung bedeutsam, so ist der Zeitraum seiner Zugehörigkeit zum Betriebsvermögen der übertragenden Körperschaft dem übernehmenden Rechtsträger anzurechnen. [4]Ist die übertragende Körperschaft eine Unterstützungskasse, erhöht sich der laufende Gewinn des übernehmenden Rechtsträgers in dem Wirtschaftsjahr, in das der Umwandlungsstichtag fällt, um die von ihm, seinen Gesellschaftern oder seinen Rechtsvorgängern an die Unterstützungskasse geleisteten Zuwendungen nach § 4d des Einkommensteuergesetzes; § 15 Abs. 1 Satz 1 Nr. 2 Satz 2 des Einkommensteuergesetzes gilt sinngemäß. [5]In Höhe der nach Satz 4 hinzugerechneten Zuwendungen erhöht sich der Buchwert der Anteile an der Unterstützungskasse.

(3) Sind die übergegangenen Wirtschaftsgüter in der steuerlichen Schlussbilanz der übertragenden Körperschaft mit einem über dem Buchwert liegenden Wert angesetzt, sind die Absetzungen für Abnutzung bei dem übernehmenden Rechtsträger in den Fällen des § 7 Abs. 4 Satz 1 und Abs. 5 des Einkommensteuergesetzes nach der bisherigen Bemessungsgrundlage, in allen anderen Fällen nach dem Buchwert, jeweils vermehrt um den Unterschiedsbetrag zwischen dem Buchwert der einzelnen Wirtschaftsgüter und dem Wert, mit dem die Körperschaft die Wirtschaftsgüter in der steuerlichen Schlussbilanz angesetzt hat, zu bemessen.

(4) [1]Infolge des Vermögensübergangs ergibt sich ein Übernahmegewinn oder Übernahmeverlust in Höhe des Unterschiedsbetrags zwischen dem Wert, mit dem die übergegangenen Wirtschaftsgüter zu übernehmen sind, abzüglich der Kosten für den Vermögensübergang und dem Wert der Anteile an der übertragenden Körperschaft (Absätze 1 und 2, § 5 Abs. 2 und 3). [2]Für die Ermittlung des Übernahmegewinns oder Übernahmeverlusts sind abweichend von Satz 1 die übergegangenen Wirtschaftsgüter der übertragenden Körperschaft mit dem Wert nach § 3 Abs. 1 anzusetzen, soweit an ihnen kein Recht der Bundesrepublik Deutschland zur Besteuerung des Gewinns aus einer Veräußerung bestand. [3]Bei der Ermittlung des Übernahmegewinns oder des Übernahmeverlusts bleibt der Wert der übergegangenen Wirtschaftsgüter außer Ansatz, soweit er auf Anteile an der übertragenden Körperschaft entfällt, die am steuerlichen Übertragungsstichtag nicht zum Betriebsvermögen des übernehmenden Rechtsträgers gehören.

(5) [1]Ein Übernahmegewinn erhöht sich und ein Übernahmeverlust verringert sich um einen Sperrbetrag im Sinne des § 50c des Einkommensteuergesetzes, soweit die Anteile an der übertragenden Körperschaft am steuerlichen Übertragungsstichtag zum Betriebsvermögen des übernehmenden Rechtsträgers gehören. [2]Ein Übernahmegewinn vermindert sich oder ein Übernahmeverlust erhöht sich um die Bezüge, die nach § 7 zu den Einkünften aus Kapitalvermögen im Sinne des § 20 Abs. 1 Nr. 1 des Einkommensteuergesetzes gehören.

(6)[2)] [1]Ein Übernahmeverlust bleibt außer Ansatz, soweit er auf eine Körperschaft, Personenvereinigung oder Vermögensmasse als Mitunternehmerin der Personengesellschaft entfällt. [2]Satz 1 gilt nicht für Anteile an der übertragenden Gesellschaft, die die Voraussetzungen des § 8b Abs. 7 oder des Abs. 8 Satz 1 des Körperschaftsteuergesetzes erfüllen. [3]In den Fällen des Satzes 2 ist der Übernahmeverlust bis zur Höhe der Bezüge im Sinne

[1)] Zur erstmaligen Anwendung von § 4 Abs. 2 Satz 2 in dieser Fassung siehe § 27 Abs. 10.

[2)] Zur erstmaligen Anwendung von § 4 Abs. 6 Satz 4 bis 6 siehe § 27 Abs. 8.

des § 7 zu berücksichtigen. [4]In den übrigen Fällen ist er in Höhe von 60 Prozent, höchstens jedoch in Höhe von 60 Prozent der Bezüge im Sinne des § 7 zu berücksichtigen; ein danach verbleibender Übernahmeverlust bleibt außer Ansatz. [5]Satz 4 gilt nicht für Anteile an der übertragenden Gesellschaft, die die Voraussetzungen des § 3 Nr. 40 Satz 3 und 4 des Einkommensteuergesetzes erfüllen; in diesen Fällen gilt Satz 3 entsprechend. [6]Ein Übernahmeverlust bleibt abweichend von den Sätzen 2 bis 5 außer Ansatz, soweit bei Veräußerung der Anteile an der übertragenden Körperschaft ein Veräußerungsverlust nach § 17 Abs. 2 Satz 6 des Einkommensteuergesetzes nicht zu berücksichtigen wäre oder soweit die Anteile an der übertragenden Körperschaft innerhalb der letzten fünf Jahre vor dem steuerlichen Übertragungsstichtag entgeltlich erworben wurden.

(7)[1)] [1]Soweit der Übernahmegewinn auf eine Körperschaft, Personenvereinigung oder Vermögensmasse als Mitunternehmerin der Personengesellschaft entfällt, ist § 8b des Körperschaftsteuergesetzes anzuwenden. [2]In den übrigen Fällen ist § 3 Nr. 40 sowie § 3c des Einkommensteuergesetzes anzuwenden.

§ 5 Besteuerung der Anteilseigner der übertragenden Körperschaft

(1) Hat der übernehmende Rechtsträger Anteile an der übertragenden Körperschaft nach dem steuerlichen Übertragungsstichtag angeschafft oder findet er einen Anteilseigner ab, so ist sein Gewinn so zu ermitteln, als hätte er die Anteile an diesem Stichtag angeschafft.

(2) Anteile an der übertragenden Körperschaft im Sinne des § 17 des Einkommensteuergesetzes, die an dem steuerlichen Übertragungsstichtag nicht zu einem Betriebsvermögen eines Gesellschafters der übernehmenden Personengesellschaft oder einer natürlichen Person gehören, gelten für die Ermittlung des Gewinns als an diesem Stichtag in das Betriebsvermögen des übernehmenden Rechtsträgers mit den Anschaffungskosten eingelegt.

(3) [1]Gehören an dem steuerlichen Übertragungsstichtag Anteile an der übertragenden Körperschaft zum Betriebsvermögen eines Anteilseigners, ist der Gewinn so zu ermitteln, als seien die Anteile an diesem Stichtag zum Buchwert, erhöht um Abschreibungen sowie um Abzüge nach § 6b des Einkommensteuergesetzes und ähnliche Abzüge, die in früheren Jahren steuerwirksam vorgenommen worden sind, höchstens mit dem gemeinen Wert, in das Betriebsvermögen des übernehmenden Rechtsträgers überführt worden. [2]§ 4 Abs. 1 Satz 3 gilt entsprechend.

§ 6 Gewinnerhöhung durch Vereinigung von Forderungen und Verbindlichkeiten

(1) [1]Erhöht sich der Gewinn des übernehmenden Rechtsträgers dadurch, dass der Vermögensübergang zum Erlöschen von Forderungen und Verbindlichkeiten zwischen der übertragenden Körperschaft und dem übernehmenden Rechtsträger oder zur Auflösung von Rückstellungen führt, so darf der übernehmende Rechtsträger insoweit eine den steuerlichen Gewinn mindernde Rücklage bilden. [2]Die Rücklage ist in den auf ihre Bildung folgenden drei Wirtschaftsjahren mit mindestens je einem Drittel gewinnerhöhend aufzulösen.

(2) [1]Absatz 1 gilt entsprechend, wenn sich der Gewinn eines Gesellschafters des übernehmenden Rechtsträgers dadurch erhöht, dass eine Forderung oder Verbindlichkeit der übertragenden Körperschaft auf den übernehmenden Rechtsträger übergeht oder dass infolge des Vermögensübergangs eine Rückstellung aufzulösen ist. [2]Satz 1 gilt nur für Gesellschafter, die im Zeitpunkt der Eintragung des Umwandlungsbeschlusses in das öffentliche Register an dem übernehmenden Rechtsträger beteiligt sind.

[1)] Zur erstmaligen Anwendung von § 4 Abs. 7 Satz 2 siehe § 27 Abs. 8.

(3) [1]Die Anwendung der Absätze 1 und 2 entfällt rückwirkend, wenn der übernehmende Rechtsträger den auf ihn übergegangenen Betrieb innerhalb von fünf Jahren nach dem steuerlichen Übertragungsstichtag in eine Kapitalgesellschaft einbringt oder ohne triftigen Grund veräußert oder aufgibt. [2]Bereits erteilte Steuerbescheide, Steuermessbescheide, Freistellungsbescheide oder Feststellungsbescheide sind zu ändern, soweit sie auf der Anwendung der Absätze 1 und 2 beruhen.

§ 7 Besteuerung offener Rücklagen

[1]Dem Anteilseigner ist der Teil des in der Steuerbilanz ausgewiesenen Eigenkapitals abzüglich des Bestands des steuerlichen Einlagekontos im Sinne des § 27 des Körperschaftsteuergesetzes, der sich nach Anwendung des § 29 Abs. 1 des Körperschaftsteuergesetzes ergibt, in dem Verhältnis der Anteile zum Nennkapital der übertragenden Körperschaft als Einnahmen aus Kapitalvermögen im Sinne des § 20 Abs. 1 Nr. 1 des Einkommensteuergesetzes zuzurechnen. [2]Dies gilt unabhängig davon, ob für den Anteilseigner ein Übernahmegewinn oder Übernahmeverlust nach § 4 oder § 5 ermittelt wird.

§ 8 Vermögensübergang auf einen Rechtsträger ohne Betriebsvermögen

(1) [1]Wird das übertragene Vermögen nicht Betriebsvermögen des übernehmenden Rechtsträgers, sind die infolge des Vermögensübergangs entstehenden Einkünfte bei diesem oder den Gesellschaftern des übernehmenden Rechtsträgers zu ermitteln. [2]Die §§ 4, 5 und 7 gelten entsprechend.

(2) In den Fällen des Absatzes 1 sind § 17 Abs. 3 und § 22 Nr. 2 des Einkommensteuergesetzes nicht anzuwenden.

§ 9 Formwechsel in eine Personengesellschaft

[1]Im Falle des Formwechsels einer Kapitalgesellschaft in eine Personengesellschaft sind die §§ 3 bis 8 und 10 entsprechend anzuwenden. [2]Die Kapitalgesellschaft hat für steuerliche Zwecke auf den Zeitpunkt, in dem der Formwechsel wirksam wird, eine Übertragungsbilanz, die Personengesellschaft eine Eröffnungsbilanz aufzustellen. [3]Die Bilanzen nach Satz 2 können auch für einen Stichtag aufgestellt werden, der höchstens acht Monate vor der Anmeldung des Formwechsels zur Eintragung in ein öffentliches Register liegt (Übertragungsstichtag); § 2 Absatz 3 und 4 gilt entsprechend.[1)]

§ 10[2)] *(aufgehoben)*

Dritter Teil. Verschmelzung oder Vermögensübertragung (Vollübertragung) auf eine andere Körperschaft

§ 11 Wertansätze in der steuerlichen Schlussbilanz der übertragenden Körperschaft

(1) [1]Bei einer Verschmelzung oder Vermögensübertragung (Vollübertragung) auf eine andere Körperschaft sind die übergehenden Wirtschaftsgüter, einschließlich nicht entgeltlich erworbener oder selbst geschaffener immaterieller Wirtschaftsgüter, in der steuerlichen

---

[1)] Zur erstmaligen Anwendung von Satz 3 in dieser Fassung siehe § 27 Abs. 10.

[2)] Zur letztmaligen Anwendung von § 10 bzw. zur Weiteranwendung siehe § 27 Abs. 6. Bisherige Textfassung von § 10 siehe im Kommentarteil.

Schlussbilanz der übertragenden Körperschaft mit dem gemeinen Wert anzusetzen. [2]Für die Bewertung von Pensionsrückstellungen gilt § 6a des Einkommensteuergesetzes.

(2) [1]Auf Antrag können die übergehenden Wirtschaftsgüter abweichend von Absatz 1 einheitlich mit dem Buchwert oder einem höheren Wert, höchstens jedoch mit dem Wert nach Absatz 1, angesetzt werden, soweit

1. sichergestellt ist, dass sie später bei der übernehmenden Körperschaft der Besteuerung mit Körperschaftsteuer unterliegen und
2. das Recht der Bundesrepublik Deutschland hinsichtlich der Besteuerung des Gewinns aus der Veräußerung der übertragenen Wirtschaftsgüter bei der übernehmenden Körperschaft nicht ausgeschlossen oder beschränkt wird und
3. eine Gegenleistung nicht gewährt wird oder in Gesellschaftsrechten besteht.

[2]Anteile an der übernehmenden Körperschaft sind mindestens mit dem Buchwert, erhöht um Abschreibungen sowie um Abzüge nach § 6b des Einkommensteuergesetzes und ähnliche Abzüge, die in früheren Jahren steuerwirksam vorgenommen worden sind, höchstens mit dem gemeinen Wert, anzusetzen. [3]Auf einen sich daraus ergebenden Gewinn findet § 8b Abs. 2 Satz 4 und 5 des Körperschaftsteuergesetzes Anwendung.

(3) § 3 Abs. 2 Satz 2 und Abs. 3 gilt entsprechend.

§ 12 Auswirkungen auf den Gewinn der übernehmenden Körperschaft

(1) [1]Die übernehmende Körperschaft hat die auf sie übergegangenen Wirtschaftsgüter mit dem in der steuerlichen Schlussbilanz der übertragenden Körperschaft enthaltenen Wert im Sinne des § 11 zu übernehmen. [2]§ 4 Abs. 1 Satz 2 und 3 gilt entsprechend.

(2) [1]Bei der übernehmenden Körperschaft bleibt ein Gewinn oder ein Verlust in Höhe des Unterschieds zwischen dem Buchwert der Anteile an der übertragenden Körperschaft und dem Wert, mit dem die übergegangenen Wirtschaftsgüter zu übernehmen sind, abzüglich der Kosten für den Vermögensübergang, außer Ansatz. [2]§ 8b des Körperschaftsteuergesetzes ist anzuwenden, soweit der Gewinn im Sinne des Satzes 1 abzüglich der anteilig darauf entfallenden Kosten für den Vermögensübergang, dem Anteil der übernehmenden Körperschaft an der übertragenden Körperschaft entspricht. [3]§ 5 Abs. 1 gilt entsprechend.

(3) Die übernehmende Körperschaft tritt in die steuerliche Rechtsstellung der übertragenden Körperschaft ein; § 4 Abs. 2 und 3 gilt entsprechend.

(4) § 6 gilt sinngemäß für den Teil des Gewinns aus der Vereinigung von Forderungen und Verbindlichkeiten, der der Beteiligung der übernehmenden Körperschaft am Grund- oder Stammkapital der übertragenden Körperschaft entspricht.

(5) Im Falle des Vermögensübergangs in den nicht steuerpflichtigen oder steuerbefreiten Bereich der übernehmenden Körperschaft gilt das in der Steuerbilanz ausgewiesene Eigenkapital abzüglich des Bestands des steuerlichen Einlagekontos im Sinne des § 27 des Körperschaftsteuergesetzes, der sich nach Anwendung des § 29 Abs. 1 des Körperschaftsteuergesetzes ergibt, als Einnahme im Sinne des § 20 Abs. 1 Nr. 1 des Einkommensteuergesetzes.

§ 13 Besteuerung der Anteilseigner der übertragenden Körperschaft

(1) Die Anteile an der übertragenden Körperschaft gelten als zum gemeinen Wert veräußert und die an ihre Stelle tretenden Anteile an der übernehmenden Körperschaft gelten als mit diesem Wert angeschafft.

(2) [1]Abweichend von Absatz 1 sind auf Antrag die Anteile an der übernehmenden Körperschaft mit dem Buchwert der Anteile an der übertragenden Körperschaft anzusetzen, wenn

1. das Recht der Bundesrepublik Deutschland hinsichtlich der Besteuerung des Gewinns aus der Veräußerung der Anteile an der übernehmenden Körperschaft nicht ausgeschlossen oder beschränkt wird oder
2. die Mitgliedstaaten der Europäischen Union bei einer Verschmelzung Artikel 8 der Richtlinie 2009/133/EG[1)] anzuwenden haben; in diesem Fall ist der Gewinn aus einer späteren Veräußerung der erworbenen Anteile ungeachtet der Bestimmungen eines Abkommens zur Vermeidung der Doppelbesteuerung in der gleichen Art und Weise zu besteuern, wie die Veräußerung der Anteile an der übertragenden Körperschaft zu besteuern wäre. [2]§ 15 Abs. 1a Satz 2 des Einkommensteuergesetzes ist entsprechend anzuwenden.

[2]Die Anteile an der übernehmenden Körperschaft treten steuerlich an die Stelle der Anteile an der übertragenden Körperschaft. [3]Gehören die Anteile an der übertragenden Körperschaft nicht zu einem Betriebsvermögen, treten an die Stelle des Buchwerts die Anschaffungskosten.

§ 14 *(weggefallen)*

Vierter Teil. Aufspaltung, Abspaltung und Vermögensübertragung (Teilübertragung)

§ 15 Aufspaltung, Abspaltung und Teilübertragung auf andere Körperschaften

(1) [1]Geht Vermögen einer Körperschaft durch Aufspaltung oder Abspaltung oder durch Teilübertragung auf andere Körperschaften über, gelten die §§ 11 bis 13 vorbehaltlich des Satzes 2 und des § 16 entsprechend. [2]§ 11 Abs. 2 und § 13 Abs. 2 sind nur anzuwenden, wenn auf die Übernehmerinnen ein Teilbetrieb übertragen wird und im Falle der Abspaltung oder Teilübertragung bei der übertragenden Körperschaft ein Teilbetrieb verbleibt. [3]Als Teilbetrieb gilt auch ein Mitunternehmeranteil oder die Beteiligung an einer Kapitalgesellschaft, die das gesamte Nennkapital der Gesellschaft umfasst.

(2) [1]§ 11 Abs. 2 ist auf Mitunternehmeranteile und Beteiligungen im Sinne des Absatzes 1 nicht anzuwenden, wenn sie innerhalb eines Zeitraums von drei Jahren vor dem steuerlichen Übertragungsstichtag durch Übertragung von Wirtschaftsgütern, die kein Teilbetrieb sind, erworben oder aufgestockt worden sind. [2]§ 11 Abs. 2 ist ebenfalls nicht anzuwenden, wenn durch die Spaltung die Veräußerung an außenstehende Personen vollzogen wird. [3]Das Gleiche gilt, wenn durch die Spaltung die Voraussetzungen für eine Veräußerung geschaffen werden. [4]Davon ist auszugehen, wenn innerhalb von fünf Jahren nach dem steuerlichen Übertragungsstichtag Anteile an einer an der Spaltung beteiligten Körperschaft, die mehr als 20 Prozent der vor Wirksamwerden der Spaltung an der Körperschaft bestehenden Anteile ausmachen, veräußert werden. [5]Bei der Trennung von Gesellschafterstämmen setzt die Anwendung des § 11 Abs. 2 außerdem voraus, dass die Beteiligungen an der übertragenden Körperschaft mindestens fünf Jahre vor dem steuerlichen Übertragungsstichtag bestanden haben.

(3)[2)] Bei einer Abspaltung mindern sich verrechenbare Verluste, verbleibende Verlustvorträge, nicht ausgeglichene negative Einkünfte, ein Zinsvortrag nach § 4h Absatz 1

[1)] Fusions-Richtlinie, nachfolgend abgedruckt unter **Texte 2.**

[2)] Zur erstmaligen Anwendung von § 15 Abs. 3 in dieser Fassung siehe § 27 Abs. 10.

Satz 5 des Einkommensteuergesetzes und ein EBITDA-Vortrag nach § 4h Absatz 1 Satz 3 des Einkommensteuergesetzes der übertragenden Körperschaft in dem Verhältnis, in dem bei Zugrundelegung des gemeinen Werts das Vermögen auf eine andere Körperschaft übergeht.

§ 16 Aufspaltung oder Abspaltung auf eine Personengesellschaft

[1] Soweit Vermögen einer Körperschaft durch Aufspaltung oder Abspaltung auf eine Personengesellschaft übergeht, gelten die §§ 3 bis 8, 10 und 15 entsprechend. [2] § 10 ist für den in § 40 Abs. 2 Satz 3 des Körperschaftsteuergesetzes bezeichneten Teil des Betrags im Sinne des § 38 des Körperschaftsteuergesetzes anzuwenden.

Fünfter Teil. Gewerbesteuer

§ 17 *(weggefallen)*

§ 18 Gewerbesteuer bei Vermögensübergang auf eine Personengesellschaft oder auf eine natürliche Person sowie bei Formwechsel in eine Personengesellschaft

(1) [1] Die §§ 3 bis 9 und 16 gelten bei Vermögensübergang auf eine Personengesellschaft oder auf eine natürliche Person sowie bei Formwechsel in eine Personengesellschaft auch für die Ermittlung des Gewerbeertrags. [2] Der maßgebende Gewerbeertrag der übernehmenden Personengesellschaft oder natürlichen Person kann nicht um Fehlbeträge des laufenden Erhebungszeitraums und die vortragsfähigen Fehlbeträge der übertragenden Körperschaft im Sinne des § 10a des Gewerbesteuergesetzes gekürzt werden.

(2) [1] Ein Übernahmegewinn oder Übernahmeverlust ist nicht zu erfassen. [2] In Fällen des § 5 Abs. 2 ist ein Gewinn nach § 7 nicht zu erfassen.

(3)[1)] [1] Wird der Betrieb der Personengesellschaft oder der natürlichen Person innerhalb von fünf Jahren nach der Umwandlung aufgegeben oder veräußert, unterliegt ein Aufgabe- oder Veräußerungsgewinn der Gewerbesteuer, auch soweit er auf das Betriebsvermögen entfällt, das bereits vor der Umwandlung im Betrieb der übernehmenden Personengesellschaft oder der natürlichen Person vorhanden war. [2] Satz 1 gilt entsprechend, soweit ein Teilbetrieb oder ein Anteil an der Personengesellschaft aufgegeben oder veräußert wird. [3] Der auf den Aufgabe- oder Veräußerungsgewinnen im Sinne der Sätze 1 und 2 beruhende Teil des Gewerbesteuer-Messbetrags ist bei der Ermäßigung der Einkommensteuer nach § 35 des Einkommensteuergesetzes nicht zu berücksichtigen.

§ 19 Gewerbesteuer bei Vermögensübergang auf eine andere Körperschaft

(1) Geht das Vermögen der übertragenden Körperschaft auf eine andere Körperschaft über, gelten die §§ 11 bis 15 auch für die Ermittlung des Gewerbeertrags.

(2) Für die vortragsfähigen Fehlbeträge der übertragenden Körperschaft im Sinne des § 10a des Gewerbesteuergesetzes gelten § 12 Abs. 3 und § 15 Abs. 3 entsprechend.

[1)] Zur erstmaligen Anwendung von § 18 Abs. 3 siehe § 27 Abs. 7.

Sechster Teil. Einbringung von Unternehmensteilen in eine Kapitalgesellschaft oder Genossenschaft und Anteilstausch

§ 20 Einbringung von Unternehmensteilen in eine Kapitalgesellschaft oder Genossenschaft

(1) Wird ein Betrieb oder Teilbetrieb oder ein Mitunternehmeranteil in eine Kapitalgesellschaft oder eine Genossenschaft (übernehmende Gesellschaft) eingebracht und erhält der Einbringende dafür neue Anteile an der Gesellschaft (Sacheinlage), gelten für die Bewertung des eingebrachten Betriebsvermögens und der neuen Gesellschaftsanteile die nachfolgenden Absätze.

(2) [1] Die übernehmende Gesellschaft hat das eingebrachte Betriebsvermögen mit dem gemeinen Wert anzusetzen; für die Bewertung von Pensionsrückstellungen gilt § 6a des Einkommensteuergesetzes. [2] Abweichend von Satz 1 kann das übernommene Betriebsvermögen auf Antrag einheitlich mit dem Buchwert oder einem höheren Wert, höchstens jedoch mit dem Wert im Sinne des Satzes 1, angesetzt werden, soweit

1. sichergestellt ist, dass es später bei der übernehmenden Körperschaft der Besteuerung mit Körperschaftsteuer unterliegt,
2. die Passivposten des eingebrachten Betriebsvermögens die Aktivposten nicht übersteigen; dabei ist das Eigenkapital nicht zu berücksichtigen,
3. das Recht der Bundesrepublik Deutschland hinsichtlich der Besteuerung des Gewinns aus der Veräußerung des eingebrachten Betriebsvermögens bei der übernehmenden Gesellschaft nicht ausgeschlossen oder beschränkt wird und
4. der gemeine Wert von sonstigen Gegenleistungen, die neben den neuen Gesellschaftsanteilen gewährt werden, nicht mehr beträgt als
   a) 25 Prozent des Buchwerts des eingebrachten Betriebsvermögens oder
   b) 500 000 Euro, höchstens jedoch den Buchwert des eingebrachten Betriebsvermögens.

[3] Der Antrag ist spätestens bis zur erstmaligen Abgabe der steuerlichen Schlussbilanz bei dem für die Besteuerung der übernehmenden Gesellschaft zuständigen Finanzamt zu stellen. [4] Erhält der Einbringende neben den neuen Gesellschaftsanteilen auch sonstige Gegenleistungen, ist das eingebrachte Betriebsvermögen abweichend von Satz 2 mindestens mit dem gemeinen Wert der sonstigen Gegenleistungen anzusetzen, wenn dieser den sich nach Satz 2 ergebenden Wert übersteigt.[1)]

(3) [1] Der Wert, mit dem die übernehmende Gesellschaft das eingebrachte Betriebsvermögen ansetzt, gilt für den Einbringenden als Veräußerungspreis und als Anschaffungskosten der Gesellschaftsanteile. [2] Ist das Recht der Bundesrepublik Deutschland hinsichtlich der Besteuerung des Gewinns aus der Veräußerung des eingebrachten Betriebsvermögens im Zeitpunkt der Einbringung ausgeschlossen und wird dieses auch nicht durch die Einbringung begründet, gilt für den Einbringenden insoweit der gemeine Wert des Betriebsvermögens im Zeitpunkt der Einbringung als Anschaffungskosten der Anteile. [3] Soweit neben den Gesellschaftsanteilen auch andere Wirtschaftsgüter gewährt werden, ist deren gemeiner Wert bei der Bemessung der Anschaffungskosten der Gesellschaftsanteile von dem sich nach den Sätzen 1 und 2 ergebenden Wert abzuziehen. [4] Umfasst das eingebrachte Betriebsvermögen auch einbringungsgeborene Anteile im Sinne von § 21 Abs. 1 in der Fassung der Bekanntmachung vom 15. Oktober 2002 (BGBl. I S. 4133, 2003 I S. 738), geändert durch Artikel 3 des Gesetzes vom 16. Mai 2003 (BGBl. I S. 660), gelten die erhaltenen Anteile insoweit auch als einbringungsgeboren im Sinne von § 21 Abs. 1 in der Fassung der Bekanntmachung vom 15. Oktober 2002 (BGBl. I S. 4133, 2003 I S. 738), geändert durch Artikel 3 des Gesetzes vom 16. Mai 2003 (BGBl. I S. 660).

---

1) Zur erstmaligen Anwendung von § 20 Abs. 2 in dieser Fassung siehe § 27 Abs. 14.

(4) [1]Auf einen bei der Sacheinlage entstehenden Veräußerungsgewinn ist § 16 Abs. 4 des Einkommensteuergesetzes nur anzuwenden, wenn der Einbringende eine natürliche Person ist, es sich nicht um die Einbringung von Teilen eines Mitunternehmeranteils handelt und die übernehmende Gesellschaft das eingebrachte Betriebsvermögen mit dem gemeinen Wert ansetzt. [2]In diesen Fällen ist § 34 Abs. 1 und 3 des Einkommensteuergesetzes nur anzuwenden, soweit der Veräußerungsgewinn nicht nach § 3 Nr. 40 Satz 1 in Verbindung mit § 3c Abs. 2 des Einkommensteuergesetzes teilweise steuerbefreit ist.

(5) [1]Das Einkommen und das Vermögen des Einbringenden und der übernehmenden Gesellschaft sind auf Antrag so zu ermitteln, als ob das eingebrachte Betriebsvermögen mit Ablauf des steuerlichen Übertragungsstichtags (Absatz 6) auf die Übernehmerin übergegangen wäre. [2]Dies gilt hinsichtlich des Einkommens und des Gewerbeertrags nicht für Entnahmen und Einlagen, die nach dem steuerlichen Übertragungsstichtag erfolgen. [3]Die Anschaffungskosten der Anteile (Absatz 3) sind um den Buchwert der Entnahmen zu vermindern und um den sich nach § 6 Abs. 1 Nr. 5 des Einkommensteuergesetzes ergebenden Wert der Einlagen zu erhöhen.

(6) [1]Als steuerlicher Übertragungsstichtag (Einbringungszeitpunkt) darf in den Fällen der Sacheinlage durch Verschmelzung im Sinne des § 2 des Umwandlungsgesetzes der Stichtag angesehen werden, für den die Schlussbilanz jedes der übertragenden Unternehmen im Sinne des § 17 Abs. 2 des Umwandlungsgesetzes aufgestellt ist; dieser Stichtag darf höchstens acht Monate vor der Anmeldung der Verschmelzung zur Eintragung in das Handelsregister liegen. [2]Entsprechendes gilt, wenn Vermögen im Wege der Sacheinlage durch Aufspaltung, Abspaltung oder Ausgliederung nach § 123 des Umwandlungsgesetzes auf die übernehmende Gesellschaft übergeht. [3]In anderen Fällen der Sacheinlage darf die Einbringung auf einen Tag zurückbezogen werden, der höchstens acht Monate vor dem Tag des Abschlusses des Einbringungsvertrags liegt und höchstens acht Monate vor dem Zeitpunkt liegt, an dem das eingebrachte Betriebsvermögen auf die übernehmende Gesellschaft übergeht. [4]§ 2 Abs. 3 und 4 gilt entsprechend.[1)]

(7) § 3 Abs. 3 ist entsprechend anzuwenden.

(8)[2)] Ist eine gebietsfremde einbringende oder erworbene Gesellschaft im Sinne von Artikel 3 der Richtlinie 2009/133/EG[3)] als steuerlich transparent anzusehen, ist auf Grund Artikel 11 der Richtlinie 2009/133/EG[3)] die ausländische Steuer, die nach den Rechtsvorschriften des anderen Mitgliedstaats der Europäischen Union erhoben worden wäre, wenn die einer in einem anderen Mitgliedstaat belegenen Betriebsstätte zuzurechnenden eingebrachten Wirtschaftsgüter zum gemeinen Wert veräußert worden wären, auf die auf den Einbringungsgewinn entfallende Körperschaftsteuer oder Einkommensteuer unter entsprechender Anwendung von § 26 des Körperschaftsteuergesetzes und von den §§ 34c und 50 Absatz 3 des Einkommensteuergesetzes anzurechnen.

(9)[4)] Ein Zinsvortrag nach § 4h Absatz 1 Satz 5 des Einkommensteuergesetzes und ein EBITDA-Vortrag nach § 4h Absatz 1 Satz 3 des Einkommensteuergesetzes des eingebrachten Betriebs gehen nicht auf die übernehmende Gesellschaft über.

§ 21 Bewertung der Anteile beim Anteilstausch

(1) [1]Werden Anteile an einer Kapitalgesellschaft oder einer Genossenschaft (erworbene Gesellschaft) in eine Kapitalgesellschaft oder Genossenschaft (übernehmende Gesellschaft) gegen Gewährung neuer Anteile an der übernehmenden Gesellschaft eingebracht (Anteilstausch), hat die übernehmende Gesellschaft die eingebrachten Anteile mit dem gemeinen

---

[1)] Zur erstmaligen Anwendung von § 20 Abs. 6 Satz 4 bzw. zur Nichtgeltung siehe § 27 Abs. 9.
[2)] Zur erstmaligen Anwendung von § 20 Abs. 8 in dieser Fassung siehe § 27 Abs. 13.
[3)] Fusions-Richtlinie, nachfolgend abgedruckt unter **Texte 2.**
[4)] Zur erstmaligen Anwendung von § 20 Abs. 9 in dieser Fassung siehe § 27 Abs. 10.

Wert anzusetzen. [2]Abweichend von Satz 1 können die eingebrachten Anteile auf Antrag mit dem Buchwert oder einem höheren Wert, höchstens jedoch mit dem gemeinen Wert, angesetzt werden, wenn

1. die übernehmende Gesellschaft nach der Einbringung auf Grund ihrer Beteiligung einschließlich der eingebrachten Anteile nachweisbar unmittelbar die Mehrheit der Stimmrechte an der erworbenen Gesellschaft hat (qualifizierter Anteilstausch)und soweit
2. der gemeine Wert von sonstigen Gegenleistungen, die neben den neuen Anteilen gewährt werden, nicht mehr beträgt als
   a) 25 Prozent des Buchwerts der eingebrachten Anteile oder
   b) 500 000 Euro, höchstens jedoch den Buchwert der eingebrachten Anteile.

[3]§ 20 Absatz 2 Satz 3 gilt entsprechend. [4]Erhält der Einbringende neben den neuen Gesellschaftsanteilen auch sonstige Gegenleistungen, sind die eingebrachten Anteile abweichend von Satz 2 mindestens mit dem gemeinen Wert der sonstigen Gegenleistungen anzusetzen, wenn dieser den sich nach Satz 2 ergebenden Wert übersteigt.[1)]

(2) [1]Der Wert, mit dem die übernehmende Gesellschaft die eingebrachten Anteile ansetzt, gilt für den Einbringenden als Veräußerungspreis der eingebrachten Anteile und als Anschaffungskosten der erhaltenen Anteile. [2]Abweichend von Satz 1 gilt für den Einbringenden der gemeine Wert der eingebrachten Anteile als Veräußerungspreis und als Anschaffungskosten der erhaltenen Anteile, wenn für die eingebrachten Anteile nach der Einbringung das Recht der Bundesrepublik Deutschland hinsichtlich der Besteuerung des Gewinns aus der Veräußerung dieser Anteile ausgeschlossen oder beschränkt ist; dies gilt auch, wenn das Recht der Bundesrepublik Deutschland hinsichtlich der Besteuerung des Gewinns aus der Veräußerung der erhaltenen Anteile ausgeschlossen oder beschränkt ist. [3]Auf Antrag gilt in den Fällen des Satzes 2 unter den Voraussetzungen des Absatzes 1 Satz 2 der Buchwert oder ein höherer Wert, höchstens der gemeine Wert, als Veräußerungspreis der eingebrachten Anteile und als Anschaffungskosten der erhaltenen Anteile, wenn

1. das Recht der Bundesrepublik Deutschland hinsichtlich der Besteuerung des Gewinns aus der Veräußerung der erhaltenen Anteile nicht ausgeschlossen oder beschränkt ist oder
2. der Gewinn aus dem Anteilstausch auf Grund Artikel 8 der Richtlinie 2009/133/EG[2)] nicht besteuert werden darf; in diesem Fall ist der Gewinn aus einer späteren Veräußerung der erhaltenen Anteile ungeachtet der Bestimmungen eines Abkommens zur Vermeidung der Doppelbesteuerung in der gleichen Art und Weise zu besteuern, wie die Veräußerung der Anteile an der erworbenen Gesellschaft zu besteuern gewesen wäre; § 15 Abs. 1a Satz 2 des Einkommensteuergesetzes ist entsprechend anzuwenden.

[4]Der Antrag ist spätestens bis zur erstmaligen Abgabe der Steuererklärung bei dem für die Besteuerung des Einbringenden zuständigen Finanzamt zu stellen. [5]Haben die eingebrachten Anteile beim Einbringenden nicht zu einem Betriebsvermögen gehört, treten an die Stelle des Buchwerts die Anschaffungskosten. [6]§ 20 Abs. 3 Satz 3 und 4 gilt entsprechend.

(3) [1]Auf den beim Anteilstausch entstehenden Veräußerungsgewinn ist § 17 Abs. 3 des Einkommensteuergesetzes nur anzuwenden, wenn der Einbringende eine natürliche Person ist und die übernehmende Gesellschaft die eingebrachten Anteile nach Absatz 1 Satz 1 oder in den Fällen des Absatzes 2 Satz 2 der Einbringende mit dem gemeinen Wert ansetzt; dies gilt für die Anwendung von § 16 Abs. 4 des Einkommensteuergesetzes unter der Voraussetzung, dass eine im Betriebsvermögen gehaltene Beteiligung an einer Kapitalgesellschaft eingebracht wird, die das gesamte Nennkapital der Kapitalgesellschaft umfasst. [2]§ 34 Abs. 1 des Einkommensteuergesetzes findet keine Anwendung.

[1)] Zur erstmaligen Anwendung von § 21 Abs. 1 in dieser Fassung siehe § 27 Abs. 14.
[2)] Fusions-Richtlinie, nachfolgend abgedruckt unter **Texte 2.**

§ 22[1)] Besteuerung des Anteilseigners

(1) [1]Soweit in den Fällen einer Sacheinlage unter dem gemeinen Wert (§ 20 Abs. 2 Satz 2) der Einbringende die erhaltenen Anteile innerhalb eines Zeitraums von sieben Jahren nach dem Einbringungszeitpunkt veräußert, ist der Gewinn aus der Einbringung rückwirkend im Wirtschaftsjahr der Einbringung als Gewinn des Einbringenden im Sinne von § 16 des Einkommensteuergesetzes zu versteuern (Einbringungsgewinn I); § 16 Abs. 4 und § 34 des Einkommensteuergesetzes sind nicht anzuwenden. [2]Die Veräußerung der erhaltenen Anteile gilt insoweit als rückwirkendes Ereignis im Sinne von § 175 Abs. 1 Satz 1 Nr. 2 der Abgabenordnung. [3]Einbringungsgewinn I ist der Betrag, um den der gemeine Wert des eingebrachten Betriebsvermögens im Einbringungszeitpunkt nach Abzug der Kosten für den Vermögensübergang den Wert, mit dem die übernehmende Gesellschaft dieses eingebrachte Betriebsvermögen angesetzt hat, übersteigt, vermindert um jeweils ein Siebtel für jedes seit dem Einbringungszeitpunkt abgelaufene Zeitjahr. [4]Der Einbringungsgewinn I gilt als nachträgliche Anschaffungskosten der erhaltenen Anteile. [5]Umfasst das eingebrachte Betriebsvermögen auch Anteile an Kapitalgesellschaften oder Genossenschaften, ist insoweit § 22 Abs. 2 anzuwenden; ist in diesen Fällen das Recht der Bundesrepublik Deutschland hinsichtlich der Besteuerung des Gewinns aus der Veräußerung der erhaltenen Anteile ausgeschlossen oder beschränkt, sind daneben auch die Sätze 1 bis 4 anzuwenden. [6]Die Sätze 1 bis 5 gelten entsprechend, wenn[2)]

1. der Einbringende die erhaltenen Anteile unmittelbar oder mittelbar unentgeltlich auf eine Kapitalgesellschaft oder eine Genossenschaft überträgt,
2. der Einbringende die erhaltenen Anteile entgeltlich überträgt, es sei denn, er weist nach, dass die Übertragung durch einen Vorgang im Sinne des § 20 Absatz 1 oder § 21 Absatz 1 oder auf Grund vergleichbarer ausländischer Vorgänge zu Buchwerten erfolgte und keine sonstigen Gegenleistungen erbracht wurden, die die Grenze des § 20 Absatz 2 Satz 2 Nummer 4 oder die Grenze des § 21 Absatz 1 Satz 2 Nummer 2 übersteigen,
3. die Kapitalgesellschaft, an der die Anteile bestehen, aufgelöst und abgewickelt wird oder das Kapital dieser Gesellschaft herabgesetzt und an die Anteilseigner zurückgezahlt wird oder Beträge aus dem steuerlichen Einlagekonto im Sinne des § 27 des Körperschaftsteuergesetzes ausgeschüttet oder zurückgezahlt werden,
4. der Einbringende die erhaltenen Anteile durch einen Vorgang im Sinne des § 21 Absatz 1 oder einen Vorgang im Sinne des § 20 Absatz 1 oder auf Grund vergleichbarer ausländischer Vorgänge zum Buchwert in eine Kapitalgesellschaft oder eine Genossenschaft eingebracht hat und diese Anteile anschließend unmittelbar oder mittelbar veräußert oder durch einen Vorgang im Sinne der Nummern 1 oder 2 unmittelbar oder mittelbar übertragen werden, es sei denn, er weist nach, dass diese Anteile zu Buchwerten übertragen wurden und keine sonstigen Gegenleistungen erbracht wurden, die die Grenze des § 20 Absatz 2 Satz 2 Nummer 4 oder die Grenze des § 21 Absatz 1 Satz 2 Nummer 2 übersteigen (Ketteneinbringung),
5. der Einbringende die erhaltenen Anteile in eine Kapitalgesellschaft oder eine Genossenschaft durch einen Vorgang im Sinne des § 20 Absatz 1 oder einen Vorgang im Sinne des § 21 Absatz 1 oder auf Grund vergleichbarer ausländischer Vorgänge zu Buchwerten einbringt und die aus dieser Einbringung erhaltenen Anteile anschließend unmittelbar oder mittelbar veräußert oder durch einen Vorgang im Sinne der Nummern 1 oder 2 unmittelbar oder mittelbar übertragen werden, es sei denn, er weist nach, dass die Einbringung zu Buchwerten erfolgte und keine sonstigen Gegenleistungen erbracht wurden, die die Grenze des § 20 Absatz 2 Satz 2 Nummer 4 oder die Grenze des § 21 Absatz 1 Satz 2 Nummer 2 übersteigen, oder

---

1) Zur Nichtanwendung von § 22 siehe § 27 Abs. 4.

2) Zur erstmaligen Anwendung von § 22 Absatz 1 Satz 6 Nummer 2, 4 und 5 in dieser Fassung siehe § 27 Abs. 14.

6. für den Einbringenden oder die übernehmende Gesellschaft im Sinne der Nummer 4 die Voraussetzungen im Sinne von § 1 Abs. 4 nicht mehr erfüllt sind.

[7] Satz 4 gilt in den Fällen des Satzes 6 Nr. 4 und 5 auch hinsichtlich der Anschaffungskosten der auf einer Weitereinbringung dieser Anteile (§ 20 Abs. 1 und § 21 Abs. 1 Satz 2) zum Buchwert beruhenden Anteile.

(2) [1] Soweit im Rahmen einer Sacheinlage (§ 20 Abs. 1) oder eines Anteilstausches (§ 21 Abs. 1) unter dem gemeinen Wert eingebrachte Anteile innerhalb eines Zeitraums von sieben Jahren nach dem Einbringungszeitpunkt durch die übernehmende Gesellschaft unmittelbar oder mittelbar veräußert werden und soweit beim Einbringenden der Gewinn aus der Veräußerung dieser Anteile im Einbringungszeitpunkt nicht nach § 8b Abs. 2 des Körperschaftsteuergesetzes steuerfrei gewesen wäre, ist der Gewinn aus der Einbringung im Wirtschaftsjahr der Einbringung rückwirkend als Gewinn des Einbringenden aus der Veräußerung von Anteilen zu versteuern (Einbringungsgewinn II); § 16 Abs. 4 und § 34 des Einkommensteuergesetzes sind nicht anzuwenden. [2] Absatz 1 Satz 2 gilt entsprechend. [3] Einbringungsgewinn II ist der Betrag, um den der gemeine Wert der eingebrachten Anteile im Einbringungszeitpunkt nach Abzug der Kosten für den Vermögensübergang den Wert, mit dem der Einbringende die erhaltenen Anteile angesetzt hat, übersteigt, vermindert um jeweils ein Siebtel für jedes seit dem Einbringungszeitpunkt abgelaufene Zeitjahr. [4] Der Einbringungsgewinn II gilt als nachträgliche Anschaffungskosten der erhaltenen Anteile. [5] Sätze 1 bis 4 sind nicht anzuwenden, soweit der Einbringende die erhaltenen Anteile veräußert hat; dies gilt auch in den Fällen von § 6 des Außensteuergesetzes vom 8. September 1972 (BGBl. I S. 1713), das zuletzt durch Artikel 7 des Gesetzes vom 7. Dezember 2006 (BGBl. I S. 2782) geändert worden ist, in der jeweils geltenden Fassung, wenn und soweit die Steuer nicht gestundet wird. [6] Sätze 1 bis 5 gelten entsprechend, wenn die übernehmende Gesellschaft die eingebrachten Anteile ihrerseits durch einen Vorgang nach Absatz 1 Satz 6 Nr. 1 bis 5 weiter überträgt oder für diese die Voraussetzungen nach § 1 Abs. 4 nicht mehr erfüllt sind. [7] Absatz 1 Satz 7 ist entsprechend anzuwenden.

(3) [1] Der Einbringende hat in den dem Einbringungszeitpunkt folgenden sieben Jahren jährlich spätestens bis zum 31. Mai den Nachweis darüber zu erbringen, wem mit Ablauf des Tages, der dem maßgebenden Einbringungszeitpunkt entspricht,

1. in den Fällen des Absatzes 1 die erhaltenen Anteile und die auf diesen Anteilen beruhenden Anteile und
2. in den Fällen des Absatzes 2 die eingebrachten Anteile und die auf diesen Anteilen beruhenden Anteile

zuzurechnen sind. [2] Erbringt er den Nachweis nicht, gelten die Anteile im Sinne des Absatzes 1 oder des Absatzes 2 an dem Tag, der dem Einbringungszeitpunkt folgt oder der in den Folgejahren diesem Kalendertag entspricht, als veräußert.

(4) Ist der Veräußerer von Anteilen nach Absatz 1

1. eine juristische Person des öffentlichen Rechts, gilt in den Fällen des Absatzes 1 der Gewinn aus der Veräußerung der erhaltenen Anteile als in einem Betrieb gewerblicher Art dieser Körperschaft entstanden,
2. von der Körperschaftsteuer befreit, gilt in den Fällen des Absatzes 1 der Gewinn aus der Veräußerung der erhaltenen Anteile als in einem wirtschaftlichen Geschäftsbetrieb dieser Körperschaft entstanden.

(5) Das für den Einbringenden zuständige Finanzamt bescheinigt der übernehmenden Gesellschaft auf deren Antrag die Höhe des zu versteuernden Einbringungsgewinns, die darauf entfallende festgesetzte Steuer und den darauf entrichteten Betrag; nachträgliche Minderungen des versteuerten Einbringungsgewinns sowie die darauf entfallende festgesetzte Steuer und der darauf entrichtete Betrag sind dem für die übernehmende Gesellschaft zuständigen Finanzamt von Amts wegen mitzuteilen.

(6) In den Fällen der unentgeltlichen Rechtsnachfolge gilt der Rechtsnachfolger des Einbringenden als Einbringender im Sinne der Absätze 1 bis 5 und der Rechtsnachfolger der übernehmenden Gesellschaft als übernehmende Gesellschaft im Sinne des Absatzes 2.

(7) Werden in den Fällen einer Sacheinlage (§ 20 Abs. 1) oder eines Anteilstauschs (§ 21 Abs. 1) unter dem gemeinen Wert stille Reserven auf Grund einer Gesellschaftsgründung oder Kapitalerhöhung von den erhaltenen oder eingebrachten Anteilen oder von auf diesen Anteilen beruhenden Anteilen auf andere Anteile verlagert, gelten diese Anteile insoweit auch als erhaltene oder eingebrachte Anteile oder als auf diesen Anteilen beruhende Anteile im Sinne des Absatzes 1 oder 2 (Mitverstrickung von Anteilen).

§ 23[1)] Auswirkungen bei der übernehmenden Gesellschaft

(1) Setzt die übernehmende Gesellschaft das eingebrachte Betriebsvermögen mit einem unter dem gemeinen Wert liegenden Wert (§ 20 Abs. 2 Satz 2, § 21 Abs. 1 Satz 2) an, gelten § 4 Abs. 2 Satz 3 und § 12 Abs. 3 erster Halbsatz entsprechend.

(2) [1]In den Fällen des § 22 Abs. 1 kann die übernehmende Gesellschaft auf Antrag den versteuerten Einbringungsgewinn im Wirtschaftsjahr der Veräußerung der Anteile oder eines gleichgestellten Ereignisses (§ 22 Abs. 1 Satz 1 und Satz 6 Nr. 1 bis 6) als Erhöhungsbetrag ansetzen, soweit der Einbringende die auf den Einbringungsgewinn entfallende Steuer entrichtet hat und dies durch Vorlage einer Bescheinigung des zuständigen Finanzamts im Sinne von § 22 Abs. 5 nachgewiesen wurde; der Ansatz des Erhöhungsbetrags bleibt ohne Auswirkung auf den Gewinn. [2]Satz 1 ist nur anzuwenden, soweit das eingebrachte Betriebsvermögen in den Fällen des § 22 Abs. 1 noch zum Betriebsvermögen der übernehmenden Gesellschaft gehört, es sei denn, dieses wurde zum gemeinen Wert übertragen. [3]Wurden die veräußerten Anteile auf Grund einer Einbringung von Anteilen nach § 20 Abs. 1 oder § 21 Abs. 1 (§ 22 Abs. 2) erworben, erhöhen sich die Anschaffungskosten der eingebrachten Anteile in Höhe des versteuerten Einbringungsgewinns, soweit der Einbringende die auf den Einbringungsgewinn entfallende Steuer entrichtet hat; Satz 1 und § 22 Abs. 1 Satz 7 gelten entsprechend.

(3) [1]Setzt die übernehmende Gesellschaft das eingebrachte Betriebsvermögen mit einem über dem Buchwert, aber unter dem gemeinen Wert liegenden Wert an, gilt § 12 Abs. 3 erster Halbsatz entsprechend mit der folgenden Maßgabe:

1. Die Absetzungen für Abnutzung oder Substanzverringerung nach § 7 Abs. 1, 4, 5 und 6 des Einkommensteuergesetzes sind vom Zeitpunkt der Einbringung an nach den Anschaffungs- oder Herstellungskosten des Einbringenden, vermehrt um den Unterschiedsbetrag zwischen dem Buchwert der einzelnen Wirtschaftsgüter und dem Wert, mit dem die Kapitalgesellschaft die Wirtschaftsgüter ansetzt, zu bemessen.
2. Bei den Absetzungen für Abnutzung nach § 7 Abs. 2 des Einkommensteuergesetzes tritt im Zeitpunkt der Einbringung an die Stelle des Buchwerts der einzelnen Wirtschaftsgüter der Wert, mit dem die Kapitalgesellschaft die Wirtschaftsgüter ansetzt.

[2]Bei einer Erhöhung der Anschaffungskosten oder Herstellungskosten auf Grund rückwirkender Besteuerung des Einbringungsgewinns (Absatz 2) gilt dies mit der Maßgabe, dass an die Stelle des Zeitpunkts der Einbringung der Beginn des Wirtschaftsjahrs tritt, in welches das die Besteuerung des Einbringungsgewinns auslösende Ereignis fällt.

(4) Setzt die übernehmende Gesellschaft das eingebrachte Betriebsvermögen mit dem gemeinen Wert an, gelten die eingebrachten Wirtschaftsgüter als im Zeitpunkt der Einbringung von der Kapitalgesellschaft angeschafft, wenn die Einbringung des Betriebsvermögens im Wege der Einzelrechtsnachfolge erfolgt; erfolgt die Einbringung des Betriebsvermögens im Wege der Gesamtrechtsnachfolge nach den Vorschriften des Umwandlungsgesetzes, gilt Absatz 3 entsprechend.

---

1) Zur Nichtanwendung von § 23 siehe § 27 Abs. 4.

(5) Der maßgebende Gewerbeertrag der übernehmenden Gesellschaft kann nicht um die vortragsfähigen Fehlbeträge des Einbringenden im Sinne des § 10a des Gewerbesteuergesetzes gekürzt werden.

(6) § 6 Abs. 1 und 3 gilt entsprechend.

Siebter Teil. Einbringung eines Betriebs, Teilbetriebs oder Mitunternehmeranteils in eine Personengesellschaft

§ 24 Einbringung von Betriebsvermögen in eine Personengesellschaft

(1) Wird ein Betrieb oder Teilbetrieb oder ein Mitunternehmeranteil in eine Personengesellschaft eingebracht und wird der Einbringende Mitunternehmer der Gesellschaft, gelten für die Bewertung des eingebrachten Betriebsvermögens die Absätze 2 bis 4.

(2) [1]Die Personengesellschaft hat das eingebrachte Betriebsvermögen in ihrer Bilanz einschließlich der Ergänzungsbilanzen für ihre Gesellschafter mit dem gemeinen Wert anzusetzen; für die Bewertung von Pensionsrückstellungen gilt § 6a des Einkommensteuergesetzes. [2]Abweichend von Satz 1 kann das übernommene Betriebsvermögen auf Antrag mit dem Buchwert oder einem höheren Wert, höchstens jedoch mit dem Wert im Sinne des Satzes 1, angesetzt werden, soweit

1. das Recht der Bundesrepublik Deutschland hinsichtlich der Besteuerung des eingebrachten Betriebsvermögens nicht ausgeschlossen oder beschränkt wird und
2. der gemeine Wert von sonstigen Gegenleistungen, die neben den neuen Gesellschaftsanteilen gewährt werden, nicht mehr beträgt als
   a) 25 Prozent des Buchwerts des eingebrachten Betriebsvermögens oder
   b) 500 000 Euro, höchstens jedoch den Buchwert des eingebrachten Betriebsvermögens.

[3]§ 20 Abs. 2 Satz 3 gilt entsprechend. [4]Erhält der Einbringende neben den neuen Gesellschaftsanteilen auch sonstige Gegenleistungen, ist das eingebrachte Betriebsvermögen abweichend von Satz 2 mindestens mit dem gemeinen Wert der sonstigen Gegenleistungen anzusetzen, wenn dieser den sich nach Satz 2 ergebenden Wert übersteigt.[1)]

(3) [1]Der Wert, mit dem das eingebrachte Betriebsvermögen in der Bilanz der Personengesellschaft einschließlich der Ergänzungsbilanzen für ihre Gesellschafter angesetzt wird, gilt für den Einbringenden als Veräußerungspreis. [2]§ 16 Abs. 4 des Einkommensteuergesetzes ist nur anzuwenden, wenn das eingebrachte Betriebsvermögen mit dem gemeinen Wert angesetzt wird und es sich nicht um die Einbringung von Teilen eines Mitunternehmeranteils handelt; in diesen Fällen ist § 34 Abs. 1 und 3 des Einkommensteuergesetzes anzuwenden, soweit der Veräußerungsgewinn nicht nach § 3 Nr. 40 Satz 1 Buchstabe b in Verbindung mit § 3c Abs. 2 des Einkommensteuergesetzes teilweise steuerbefreit ist. [3]In den Fällen des Satzes 2 gilt § 16 Abs. 2 Satz 3 des Einkommensteuergesetzes entsprechend.

(4) § 23 Abs. 1, 3, 4 und 6 gilt entsprechend; in den Fällen der Einbringung in eine Personengesellschaft im Wege der Gesamtrechtsnachfolge gilt auch § 20 Abs. 5 und 6 entsprechend.

(5)[2)] Soweit im Rahmen einer Einbringung nach Absatz 1 unter dem gemeinen Wert eingebrachte Anteile an einer Körperschaft, Personenvereinigung oder Vermögensmasse innerhalb eines Zeitraums von sieben Jahren nach dem Einbringungszeitpunkt durch die übernehmende Personengesellschaft veräußert oder durch einen Vorgang nach § 22 Absatz 1 Satz 6 Nummer 1 bis 5 weiter übertragen werden und soweit beim Einbringenden

---

[1)] Zur erstmaligen Anwendung von § 24 Abs. 2 in dieser Fassung siehe § 27 Abs. 14.

[2)] Zur Nichtanwendung von § 24 Abs. 5 siehe § 27 Abs. 4; zur Anwendung von Abs. 5 in dieser Fassung siehe auch § 27 Abs. 11.

der Gewinn aus der Veräußerung dieser Anteile im Einbringungszeitpunkt nicht nach § 8b Absatz 2 des Körperschaftsteuergesetzes steuerfrei gewesen wäre, ist § 22 Absatz 2, 3 und 5 bis 7 insoweit entsprechend anzuwenden, als der Gewinn aus der Veräußerung der eingebrachten Anteile auf einen Mitunternehmer entfällt, für den insoweit § 8b Absatz 2 des Körperschaftsteuergesetzes Anwendung findet.

(6)[1] § 20 Abs. 9 gilt entsprechend.

Achter Teil. Formwechsel einer Personengesellschaft in eine Kapitalgesellschaft oder Genossenschaft

§ 25 Entsprechende Anwendung des Sechsten Teils

[1] In den Fällen des Formwechsels einer Personengesellschaft in eine Kapitalgesellschaft oder Genossenschaft im Sinne des § 190 des Umwandlungsgesetzes vom 28. Oktober 1994 (BGBl. I S. 3210, 1995 I S. 428), das zuletzt durch Artikel 10 des Gesetzes vom 9. Dezember 2004 (BGBl. I S. 3214) geändert worden ist, in der jeweils geltenden Fassung oder auf Grund vergleichbarer ausländischer Vorgänge gelten §§ 20 bis 23 entsprechend. [2] § 9 Satz 2 und 3 ist entsprechend anzuwenden.

Neunter Teil. Verhinderung von Missbräuchen

§ 26 *(weggefallen)*

Zehnter Teil. Anwendungsvorschriften und Ermächtigung

§ 27 Anwendungsvorschriften

(1) [1] Diese Fassung des Gesetzes ist erstmals auf Umwandlungen und Einbringungen anzuwenden, bei denen die Anmeldung zur Eintragung in das für die Wirksamkeit des jeweiligen Vorgangs maßgebende öffentliche Register nach dem 12. Dezember 2006 erfolgt ist. [2] Für Einbringungen, deren Wirksamkeit keine Eintragung in ein öffentliches Register voraussetzt, ist diese Fassung des Gesetzes erstmals anzuwenden, wenn das wirtschaftliche Eigentum an den eingebrachten Wirtschaftsgütern nach dem 12. Dezember 2006 übergegangen ist.

(2) [1] Das Umwandlungssteuergesetz in der Fassung der Bekanntmachung vom 15. Oktober 2002 (BGBl. I S. 4133, 2003 I S. 738), geändert durch Artikel 3 des Gesetzes vom 16. Mai 2003 (BGBl. I S. 660), ist letztmals auf Umwandlungen und Einbringungen anzuwenden, bei denen die Anmeldung zur Eintragung in das für die Wirksamkeit des jeweiligen Vorgangs maßgebende öffentliche Register bis zum 12. Dezember 2006 erfolgt ist. [2] Für Einbringungen, deren Wirksamkeit keine Eintragung in ein öffentliches Register voraussetzt, ist diese Fassung letztmals anzuwenden, wenn das wirtschaftliche Eigentum an den eingebrachten Wirtschaftsgütern bis zum 12. Dezember 2006 übergegangen ist.

(3) Abweichend von Absatz 2 ist

1. § 5 Abs. 4 für einbringungsgeborene Anteile im Sinne von § 21 Abs. 1 mit der Maßgabe weiterhin anzuwenden, dass die Anteile zu dem Wert im Sinne von § 5 Abs. 2 oder Abs. 3 in der Fassung des Absatzes 1 als zum steuerlichen Übertragungsstichtag in das Betriebsvermögen des übernehmenden Rechtsträgers überführt gelten,

[1] Zur erstmaligen Anwendung von § 24 Abs. 6 siehe § 27 Abs. 5.

2. § 20 Abs. 6 in der am 21. Mai 2003 geltenden Fassung für die Fälle des Ausschlusses des Besteuerungsrechts (§ 20 Abs. 3) weiterhin anwendbar, wenn auf die Einbringung Absatz 2 anzuwenden war,
3. § 21 in der am 21. Mai 2003 geltenden Fassung *ist* für einbringungsgeborene Anteile im Sinne von § 21 Abs. 1, die auf einem Einbringungsvorgang beruhen, auf den Absatz 2 anwendbar war, weiterhin anzuwenden. [2]Für § 21 Abs. 2 Satz 1 Nr. 2 in der am 21. Mai 2003 geltenden Fassung gilt dies mit der Maßgabe, dass eine Stundung der Steuer gemäß § 6 Abs. 5 des Außensteuergesetzes in der Fassung des Gesetzes vom 7. Dezember 2006 (BGBl. I S. 2782) unter den dort genannten Voraussetzungen erfolgt, wenn die Einkommensteuer noch nicht bestandskräftig festgesetzt ist; § 6 Abs. 6 und 7 des Außensteuergesetzes ist entsprechend anzuwenden.

(4) Abweichend von Absatz 1 sind §§ 22, 23 und 24 Abs. 5 nicht anzuwenden, soweit hinsichtlich des Gewinns aus der Veräußerung der Anteile oder einem gleichgestellten Ereignis im Sinne von § 22 Abs. 1 die Steuerfreistellung nach § 8b Abs. 4 des Körperschaftsteuergesetzes in der am 12. Dezember 2006 geltenden Fassung oder nach § 3 Nr. 40 Satz 3 und 4 des Einkommensteuergesetzes in der am 12. Dezember 2006 geltenden Fassung ausgeschlossen ist.

(5) [1]§ 4 Abs. 2 Satz 2, § 15 Abs. 3, § 20 Abs. 9 und § 24 Abs. 6 in der Fassung des Artikels 5 des Gesetzes vom 14. August 2007 (BGBl. I S. 1912) sind erstmals auf Umwandlungen und Einbringungen anzuwenden, bei denen die Anmeldung zur Eintragung in das für die Wirksamkeit des jeweiligen Vorgangs maßgebende öffentliche Register nach dem 31. Dezember 2007 erfolgt ist. [2]Für Einbringungen, deren Wirksamkeit keine Eintragung in ein öffentliches Register voraussetzt, ist diese Fassung des Gesetzes erstmals anzuwenden, wenn das wirtschaftliche Eigentum an den eingebrachten Wirtschaftsgütern nach dem 31. Dezember 2007 übergegangen ist.

(6) [1]§ 10 ist letztmals auf Umwandlungen anzuwenden, bei denen der steuerliche Übertragungsstichtag vor dem 1. Januar 2007 liegt. [2]§ 10 ist abweichend von Satz 1 weiter anzuwenden in den Fällen, in denen ein Antrag nach § 34 Abs. 16 des Körperschaftsteuergesetzes in der Fassung des Artikels 3 des Gesetzes vom 20. Dezember 2007 (BGBl. I S. 3150) gestellt wurde.

(7) § 18 Abs. 3 Satz 1 in der Fassung des Artikels 4 des Gesetzes vom 20. Dezember 2007 (BGBl. I S. 3150) ist erstmals auf Umwandlungen anzuwenden, bei denen die Anmeldung zur Eintragung in das für die Wirksamkeit der Umwandlung maßgebende öffentliche Register nach dem 31. Dezember 2007 erfolgt ist.

(8) § 4 Abs. 6 Satz 4 bis 6 sowie § 4 Abs. 7 Satz 2 in der Fassung des Artikels 6 des Gesetzes vom 19. Dezember 2008 (BGBl. I S. 2794) sind erstmals auf Umwandlungen anzuwenden, bei denen § 3 Nr. 40 des Einkommensteuergesetzes in der durch Artikel 1 Nr. 3 des Gesetzes vom 14. August 2007 (BGBl. I S. 1912) geänderten Fassung für die Bezüge im Sinne des § 7 anzuwenden ist.

(9) [1]§ 2 Abs. 4 und § 20 Abs. 6 Satz 4 in der Fassung des Artikels 6 des Gesetzes vom 19. Dezember 2008 (BGBl. I S. 2794) sind erstmals auf Umwandlungen und Einbringungen anzuwenden, bei denen der schädliche Beteiligungserwerb oder ein anderes die Verlustnutzung ausschließendes Ereignis nach dem 28. November 2008 eintritt. [2]§ 2 Abs. 4 und § 20 Abs. 6 Satz 4 in der Fassung des Artikels 6 des Gesetzes vom 19. Dezember 2008 (BGBl. I S. 2794) gelten nicht, wenn sich der Veräußerer und der Erwerber am 28. November 2008 über den später vollzogenen schädlichen Beteiligungserwerb oder ein anderes die Verlustnutzung ausschließendes Ereignis einig sind, der übernehmende Rechtsträger dies anhand schriftlicher Unterlagen nachweist und die Anmeldung zur Eintragung in das für die Wirksamkeit des Vorgangs maßgebende öffentliche Register bzw. bei Einbringungen der Übergang des wirtschaftlichen Eigentums bis zum 31. Dezember 2009 erfolgt.

(10) § 2 Absatz 4 Satz 1, § 4 Absatz 2 Satz 2, § 9 Satz 3, § 15 Absatz 3 und § 20 Absatz 9 in der Fassung des Artikels 4 des Gesetzes vom 22. Dezember 2009 (BGBl. I S. 3950) sind erstmals auf Umwandlungen und Einbringungen anzuwenden, deren steuerlicher Übertragungsstichtag in einem Wirtschaftsjahr liegt, für das § 4h Absatz 1, 4 Satz 1 und Absatz 5 Satz 1 und 2 des Einkommensteuergesetzes in der Fassung des Artikels 1 des Gesetzes vom 22. Dezember 2009 (BGBl. I S. 3950) erstmals anzuwenden ist.

(11) Für Bezüge im Sinne des § 8b Absatz 1 des Körperschaftsteuergesetzes aufgrund einer Umwandlung ist § 8b Absatz 4 des Körperschaftsteuergesetzes in der Fassung des Artikels 1 des Gesetzes vom 21. März 2013 (BGBl. I S. 561) abweichend von § 34 Absatz 7a Satz 2 des Körperschaftsteuergesetzes bereits erstmals vor dem 1. März 2013 anzuwenden, wenn die Anmeldung zur Eintragung in das für die Wirksamkeit des jeweiligen Vorgangs maßgebende öffentliche Register nach dem 28. Februar 2013 erfolgt.

(12) [1] § 2 Absatz 4 Satz 3 bis 6 in der Fassung des Artikels 9 des Gesetzes vom 26. Juni 2013 (BGBl. I S. 1809) ist erstmals auf Umwandlungen und Einbringungen anzuwenden, bei denen die Anmeldung zur Eintragung in das für die Wirksamkeit des jeweiligen Vorgangs maßgebende öffentliche Register nach dem 6. Juni 2013 erfolgt. [2] Für Einbringungen, deren Wirksamkeit keine Eintragung in ein öffentliches Register voraussetzt, ist § 2 in der Fassung des Artikels 9 des Gesetzes vom 26. Juni 2013 (BGBl. I S. 1809) erstmals anzuwenden, wenn das wirtschaftliche Eigentum an den eingebrachten Wirtschaftsgütern nach dem 6. Juni 2013 übergegangen ist.

(13) § 20 Absatz 8 in der am 31. Juli 2014 geltenden Fassung ist erstmals bei steuerlichen Übertragungsstichtagen nach dem 31. Dezember 2013 anzuwenden.

(14) § 20 Absatz 2, § 21 Absatz 1, § 22 Absatz 1 Satz 6 Nummer 2, 4 und 5 sowie § 24 Absatz 2 in der am 6. November 2015 geltenden Fassung sind erstmals auf Einbringungen anzuwenden, wenn in den Fällen der Gesamtrechtsnachfolge der Umwandlungsbeschluss nach dem 31. Dezember 2014 erfolgt ist oder in den anderen Fällen der Einbringungsvertrag nach dem 31. Dezember 2014 geschlossen worden ist.

§ 28 Bekanntmachungserlaubnis

Das Bundesministerium der Finanzen wird ermächtigt, den Wortlaut dieses Gesetzes und der zu diesem Gesetz erlassenen Rechtsverordnungen in der jeweils geltenden Fassung satzweise nummeriert mit neuem Datum und in neuer Paragraphenfolge bekannt zu machen und dabei Unstimmigkeiten im Wortlaut zu beseitigen.

2. Richtlinie 2009/133/EG des Rates vom 19. Oktober 2009 über das gemeinsame Steuersystem für Fusionen, Spaltungen, Abspaltungen, die Einbringung von Unternehmensteilen und den Austausch von Anteilen, die Gesellschaften verschiedener Mitgliedstaaten betreffen, sowie für die Verlegung des Sitzes einer Europäischen Gesellschaft oder einer Europäischen Genossenschaft von einem Mitgliedstaat in einen anderen Mitgliedstaat

Vom 19. Oktober 2009 (ABl. EG Nr. L 310 S. 34)

Geändert durch ÄndRL 2013/13/EU vom 13.5.2013 (Abl. Nr. L 141 S. 30)

Kapitel I. Allgemeine Vorschriften

Art. 1 **[Anwendungsbereich]**

Jeder Mitgliedstaat wendet diese Richtlinie auf folgende Vorgänge an:

a) Fusionen, Spaltungen, Abspaltungen, die Einbringung von Unternehmensteilen und den Austausch von Anteilen, wenn daran Gesellschaften aus zwei oder mehr Mitgliedstaaten beteiligt sind;

b) Verlegungen des Sitzes einer Europäischen Gesellschaft (Societas Europaea – SE) im Sinne der Verordnung (EG) Nr. 2157/2001 des Rates vom 8. Oktober 2001 über das Statut der Europäischen Gesellschaft (SE)[1] oder einer Europäischen Genossenschaft (SCE) im Sinne der Verordnung (EG) Nr. 1435/2003 des Rates vom 22. Juli 2003 über das Statut der Europäischen Genossenschaft (SCE)[2] von einem Mitgliedstaat in einen anderen.

Art. 2 **[Definitionen]**

Im Sinne dieser Richtlinie ist

a) „Fusion“ der Vorgang, durch den

i) eine oder mehrere Gesellschaften zum Zeitpunkt ihrer Auflösung ohne Abwicklung ihr gesamtes Aktiv- und Passivvermögen auf eine bereits bestehende Gesellschaft gegen Gewährung von Anteilen am Gesellschaftskapital der anderen Gesellschaft an ihre eigenen Gesellschafter und gegebenenfalls einer baren Zuzahlung übertragen; letztere darf 10 % des Nennwerts oder – bei Fehlen eines solchen – des rechnerischen Werts dieser Anteile nicht überschreiten;

ii) zwei oder mehrere Gesellschaften zum Zeitpunkt ihrer Auflösung ohne Abwicklung ihr gesamtes Aktiv- und Passivvermögen auf eine von ihnen gegründete Gesellschaft gegen Gewährung von Anteilen am Gesellschaftskapital der neuen Gesellschaft an ihre eigenen Gesellschafter und gegebenenfalls einer baren Zuzahlung übertragen; letztere darf 10 % des Nennwerts oder – bei Fehlen eines solchen – des rechnerischen Werts dieser Anteile nicht überschreiten;

iii) eine Gesellschaft zum Zeitpunkt ihrer Auflösung ohne Abwicklung ihr gesamtes Aktiv- und Passivvermögen auf die Gesellschaft überträgt, die sämtliche Anteile an ihrem Gesellschaftskapital besitzt;

---

[1] **Amtl. Anm.:** ABl. L 294 vom 10.11.2001, S. 1.

[2] **Amtl. Anm.:** ABl. L 207 vom 18.8.2003, S. 1.

b) „Spaltung“ der Vorgang, durch den eine Gesellschaft zum Zeitpunkt ihrer Auflösung ohne Abwicklung ihr gesamtes Aktiv- und Passivvermögen auf zwei oder mehr bereits bestehende oder neu gegründete Gesellschaften gegen Gewährung von Anteilen am Gesellschaftskapital der übernehmenden Gesellschaften an ihre eigenen Gesellschafter, und gegebenenfalls einer baren Zuzahlung, anteilig überträgt; letztere darf 10% des Nennwerts oder – bei Fehlen eines solchen – des rechnerischen Werts dieser Anteile nicht überschreiten;
c) „Abspaltung“ der Vorgang, durch den eine Gesellschaft, ohne sich aufzulösen, einen oder mehrere Teilbetriebe auf eine oder mehr bereits bestehende oder neu gegründete Gesellschaften gegen Gewährung von Anteilen am Gesellschaftskapital der übernehmenden Gesellschaften an ihre eigenen Gesellschafter, und gegebenenfalls einer baren Zuzahlung, anteilig überträgt, wobei mindestens ein Teilbetrieb in der einbringenden Gesellschaft verbleiben muss; die Zuzahlung darf 10% des Nennwerts oder – bei Fehlen eines solchen – des rechnerischen Werts dieser Anteile nicht überschreiten;
d) „Einbringung von Unternehmensteilen“ der Vorgang, durch den eine Gesellschaft, ohne aufgelöst zu werden, ihren Betrieb insgesamt oder einen oder mehrere Teilbetriebe in eine andere Gesellschaft gegen Gewährung von Anteilen am Gesellschaftskapital der übernehmenden Gesellschaft einbringt;
e) „Austausch von Anteilen“ der Vorgang, durch den eine Gesellschaft am Gesellschaftskapital einer anderen Gesellschaft eine Beteiligung, die ihr die Mehrheit der Stimmrechte verleiht, oder – sofern sie die Mehrheit der Stimmrechte bereits hält – eine weitere Beteiligung dadurch erwirbt, dass die Gesellschafter der anderen Gesellschaft im Austausch für ihre Anteile Anteile am Gesellschaftskapital der erwerbenden Gesellschaft und gegebenenfalls eine bare Zuzahlung erhalten; letztere darf 10% des Nennwerts oder – bei Fehlen eines Nennwerts – des rechnerischen Werts der im Zuge des Austauschs ausgegebenen Anteile nicht überschreiten;
f) „einbringende Gesellschaft“ die Gesellschaft, die ihr Aktiv- und Passivvermögen überträgt oder einen oder mehrere Teilbetriebe einbringt;
g) „übernehmende Gesellschaft“ die Gesellschaft, die das Aktiv- und Passivvermögen oder einen oder mehrere Teilbetriebe von der einbringenden Gesellschaft übernimmt;
h) „erworbene Gesellschaft“ die Gesellschaft, an der beim Austausch von Anteilen eine Beteiligung erworben wurde;
i) „erwerbende Gesellschaft“ die Gesellschaft, die beim Austausch von Anteilen eine Beteiligung erwirbt;
j) „Teilbetrieb“ die Gesamtheit der in einem Unternehmensteil einer Gesellschaft vorhandenen aktiven und passiven Wirtschaftsgüter, die in organisatorischer Hinsicht einen selbständigen Betrieb, d. h. eine aus eigenen Mitteln funktionsfähige Einheit, darstellen;
k) „Sitzverlegung“ der Vorgang, durch den eine SE oder eine SCE ihren Sitz von einem Mitgliedstaat in einen anderen Mitgliedstaat verlegt, ohne dass dies zu ihrer Auflösung oder zur Gründung einer neuen juristischen Person führt.

Art. 3 [Begriff der Gesellschaft]

Im Sinne dieser Richtlinie ist eine „Gesellschaft eines Mitgliedstaats“ jede Gesellschaft,
a) die eine der im Anhang I Teil A aufgeführten Formen aufweist;
b) die nach dem Steuerrecht eines Mitgliedstaats als in diesem Mitgliedstaate ansässig und nicht aufgrund eines Doppelbesteuerungsabkommens mit einem Drittstaat als außerhalb der Gemeinschaft ansässig angesehen wird; und
c) die ferner ohne Wahlmöglichkeit einer der in Anhang I Teil B aufgeführten Steuern oder irgendeiner Steuer, die eine dieser Steuern ersetzt, unterliegt, ohne davon befreit zu sein.

Kapitel II. Regeln für Fusionen, Spaltungen, Abspaltungen, die Einbringung von Unternehmensteilen und den Austausch von Anteilen

Art. 4 [Stille Reserven]

(1) Die Fusion, Spaltung oder Abspaltung darf keine Besteuerung des Veräußerungsgewinns auslösen, der sich aus dem Unterschied zwischen dem tatsächlichen Wert des übertragenen Aktiv- und Passivvermögens und dessen steuerlichem Wert ergibt.

(2) Für die Zwecke dieses Artikels gilt als

a) „steuerlicher Wert" der Wert, auf dessen Grundlage ein etwaiger Gewinn oder Verlust für die Zwecke der Besteuerung des Veräußerungsgewinns der einbringenden Gesellschaft ermittelt worden wäre, wenn das Aktiv- und Passivvermögen gleichzeitig mit der Fusion, Spaltung oder Abspaltung, aber unabhängig davon, veräußert worden wäre;

b) „übertragenes Aktiv- und Passivvermögen" das Aktiv- und Passivvermögen der einbringenden Gesellschaft, das nach der Fusion, Spaltung oder Abspaltung tatsächlich einer Betriebsstätte der übernehmenden Gesellschaft im Mitgliedstaat der einbringenden Gesellschaft zugerechnet wird und zur Erzielung des steuerlich zu berücksichtigenden Ergebnisses dieser Betriebsstätte beiträgt.

(3) Findet Absatz 1 Anwendung und betrachtet ein Mitgliedstaat eine gebietsfremde einbringende Gesellschaft aufgrund seiner Beurteilung ihrer juristischen Merkmale, die sich aus dem Recht, nach dem sie gegründet wurde, ergeben, als steuerlich transparent und besteuert daher die Gesellschafter nach ihrem Anteil an den ihnen zuzurechnenden Gewinnen der einbringenden Gesellschaft im Zeitpunkt der Zurechnung, so besteuert dieser Mitgliedstaat Veräußerungsgewinne, die sich aus der Differenz zwischen dem tatsächlichen Wert des eingebrachten Aktiv- und Passivvermögens und dessen steuerlichem Wert ergeben, nicht.

(4) Die Absätze 1 und 3 finden nur dann Anwendung, wenn die übernehmende Gesellschaft neue Abschreibungen und spätere Wertsteigerungen oder Wertminderungen des übertragenen Aktiv- und Passivvermögens so berechnet, wie die einbringende Gesellschaft sie ohne die Fusion, Spaltung oder Abspaltung berechnet hätte.

(5) Darf die übernehmende Gesellschaft nach dem Recht des Mitgliedstaats der einbringenden Gesellschaft neue Abschreibungen und spätere Wertsteigerungen oder Wertminderungen des übertragenen Aktiv- und Passivvermögens abweichend von Absatz 4 berechnen, so findet Absatz 1 keine Anwendung auf das Vermögen, für das die übernehmende Gesellschaft von diesem Recht Gebrauch macht.

Art. 5 [Rückstellungen, Rücklagen]

Die Mitgliedstaaten treffen die notwendigen Regelungen, damit die von der einbringenden Gesellschaft unter völliger oder teilweiser Steuerbefreiung zulässigerweise gebildeten Rückstellungen oder Rücklagen – soweit sie nicht von Betriebsstätten im Ausland stammen – unter den gleichen Voraussetzungen von den im Mitgliedstaat der einbringenden Gesellschaft gelegenen Betriebsstätten der übernehmenden Gesellschaft ausgewiesen werden können, wobei die übernehmende Gesellschaft in die Rechte und Pflichten der einbringenden Gesellschaft eintritt.

Art. 6 [Übernahme von Verlusten]

Wenden die Mitgliedstaaten für den Fall, dass die in Artikel 1 Buchstabe a genannten Vorgänge zwischen Gesellschaften des Mitgliedstaats der einbringenden Gesellschaft erfolgen, Vorschriften an, die die Übernahme der bei der einbringenden Gesellschaft steuerlich noch nicht berücksichtigten Verluste durch die übernehmende Gesellschaft gestatten, so dehnen sie diese Vorschriften auf die Übernahme der bei der einbringenden Gesellschaft steuerlich noch nicht berücksichtigten Verluste durch die in ihrem Hoheitsgebiet gelegenen Betriebsstätten der übernehmenden Gesellschaft aus.

Art. 7 [Kapitalbeteiligung]

(1) Wenn die übernehmende Gesellschaft am Kapital der einbringenden Gesellschaft eine Beteiligung besitzt, so unterliegen die bei der übernehmenden Gesellschaft möglicherweise entstehenden Wertsteigerungen beim Untergang ihrer Beteiligung am Kapital der einbringenden Gesellschaft keiner Besteuerung.

(2) Die Mitgliedstaaten können von Absatz 1 abweichen, wenn der Anteil der übernehmenden Gesellschaft am Kapital der einbringenden Gesellschaft weniger als 15 % beträgt.

Ab 1. Januar 2009 beträgt der Mindestanteil 10 %.

Art. 8 [Zuteilung von Kapitalanteilen]

(1) Die Zuteilung von Anteilen am Gesellschaftskapital der übernehmenden oder erwerbenden Gesellschaft an einen Gesellschafter der einbringenden oder erworbenen Gesellschaft gegen Anteile an deren Gesellschaftskapital aufgrund einer Fusion, einer Spaltung oder des Austauschs von Anteilen darf für sich allein keine Besteuerung des Veräußerungsgewinns dieses Gesellschafters auslösen.

(2) Die Zuteilung von Anteilen am Gesellschaftskapital der übernehmenden Gesellschaft an einen Gesellschafter der einbringenden Gesellschaft aufgrund einer Abspaltung darf für sich allein keine Besteuerung des Veräußerungsgewinns dieses Gesellschafters auslösen.

(3) Betrachtet ein Mitgliedstaat einen Gesellschafter aufgrund seiner Beurteilung von dessen juristischen Merkmalen, die sich aus dem Recht, nach dem dieser gegründet wurde, ergeben, als steuerlich transparent und besteuert daher die an diesem Gesellschafter beteiligten Personen nach ihrem Anteil an den ihnen zuzurechnenden Gewinnen des Gesellschafters im Zeitpunkt der Zurechnung, so besteuert dieser Mitgliedstaat den Veräußerungsgewinn dieser Personen aus der Zuteilung von Anteilen am Gesellschaftskapital der übernehmenden oder erwerbenden Gesellschaft an den Gesellschafter nicht.

(4) Die Absätze 1 und 3 finden nur dann Anwendung, wenn der Gesellschafter den erworbenen Anteilen keinen höheren steuerlichen Wert beimisst, als den in Tausch gegebenen Anteilen unmittelbar vor der Fusion, der Spaltung oder dem Austausch der Anteile beigemessen war.

(5) Die Absätze 2 und 3 finden nur dann Anwendung, wenn der Gesellschafter der Summe der erworbenen Anteile und seiner Anteile an der einbringenden Gesellschaft keinen höheren steuerlichen Wert beimisst, als den Anteilen an der einbringenden Gesellschaft unmittelbar vor der Abspaltung beigemessen war.

(6) Die Anwendung der Absätze 1, 2 und 3 hindert die Mitgliedstaaten nicht, den Gewinn aus einer späteren Veräußerung der erworbenen Anteile in gleicher Weise zu besteuern wie den Gewinn aus einer Veräußerung der vor dem Erwerb vorhandenen Anteile.

(7) Für die Zwecke dieses Artikels ist der „steuerliche Wert" der Wert, auf dessen Grundlage ein etwaiger Gewinn oder Verlust für die Zwecke der Besteuerung des Veräußerungsgewinns eines Gesellschafters ermittelt würde.

(8) Darf ein Gesellschafter nach dem Recht seines Wohnsitzstaats oder Sitzstaats eine von den Absätzen 4 und 5 abweichende steuerliche Behandlung wählen, so finden die Absätze 1, 2 und 3 keine Anwendung auf die Anteile, für die der Gesellschafter von diesem Recht Gebrauch macht.

(9) Die Absätze 1, 2 und 3 hindern die Mitgliedstaaten nicht, eine bare Zuzahlung aufgrund einer Fusion, einer Spaltung, einer Abspaltung oder eines Austausches von Anteilen an die Gesellschafter zu besteuern.

Art. 9 [Regeln für die Einbringung von Unternehmensteilen]

Die Artikel 4, 5 und 6 gelten entsprechend für die Einbringung von Unternehmensteilen.

Kapitel III. Sonderfall der Einbringung einer Betriebsstätte

Art. 10 [Einbringung einer Betriebsstätte]

(1) Wenn sich unter den bei einer Fusion, Spaltung, Abspaltung oder Einbringung von Unternehmensteilen eingebrachten Wirtschaftsgütern eine in einem anderen Mitgliedstaat als dem der einbringenden Gesellschaft liegende Betriebsstätte befindet, so verzichtet der Mitgliedstaat der einbringenden Gesellschaft endgültig auf seine Rechte zur Besteuerung dieser Betriebsstätte.

Der Mitgliedstaat der einbringenden Gesellschaft kann bei der Ermittlung des steuerbaren Gewinns dieser Gesellschaft frühere Verluste dieser Betriebsstätte, die von dem in diesem Mitgliedstaat steuerbaren Gewinn der Gesellschaft abgezogen wurden und noch nicht ausgeglichen worden sind, hinzurechnen.

Der Mitgliedstaat, in dem sich die Betriebsstätte befindet, und der Mitgliedstaat der übernehmenden Gesellschaft wenden auf diese Einbringung die Bestimmungen dieser Richtlinie an, als ob der Mitgliedstaat der Betriebsstätte mit dem Mitgliedstaat der einbringenden Gesellschaft identisch wäre.

Dieser Absatz gilt auch für den Fall, dass die Betriebsstätte in dem Mitgliedstaat gelegen ist, in dem die übernehmende Gesellschaft ansässig ist.

(2) Abweichend von Absatz 1 ist der Mitgliedstaat der einbringenden Gesellschaft, sofern er ein System der Weltgewinnbesteuerung anwendet, berechtigt, die durch die Fusion, Spaltung, Abspaltung oder Einbringung von Unternehmensteilen entstehenden Veräußerungsgewinne der Betriebsstätte zu besteuern, vorausgesetzt, er rechnet die Steuer, die ohne die Bestimmungen dieser Richtlinie auf diese Veräußerungsgewinne im Staat der Betriebsstätte erhoben worden wäre, in gleicher Weise und mit dem gleichen Betrag an, wie wenn diese Steuer tatsächlich erhoben worden wäre.

Kapitel IV. Sonderfall steuerlich transparenter Gesellschaften

Art. 11 [Sonderfall steuerlich transparenter Gesellschaften]

(1) Betrachtet ein Mitgliedstaat eine gebietsfremde einbringende oder erworbene Gesellschaft aufgrund seiner Beurteilung ihrer juristischen Merkmale, die sich aus dem Recht, nach dem sie gegründet wurde, ergeben, als steuerlich transparent, so ist er berechtigt, die Bestimmungen dieser Richtlinie bei der Besteuerung der Veräußerungsgewinne eines unmittelbaren oder mittelbaren Gesellschafters dieser Gesellschaft nicht anzuwenden.

(2) Macht ein Mitgliedstaat von seinem Recht gemäß Absatz 1 Gebrauch, so rechnet er die Steuer, die ohne die Bestimmungen dieser Richtlinie auf die Veräußerungsgewinne der steuerlich transparenten Gesellschaft erhoben worden wäre, in gleicher Weise und mit dem gleichen Betrag an, wie wenn diese Steuer tatsächlich erhoben worden wäre.

(3) Betrachtet ein Mitgliedstaat eine gebietsfremde übernehmende oder erwerbende Gesellschaft aufgrund seiner Beurteilung ihrer juristischen Merkmale, die sich aus dem Recht, nach dem sie gegründet wurde, ergeben, als steuerlich transparent, so ist er berechtigt, Artikel 8 Absätze 1, 2 und 3 nicht anzuwenden.

(4) Betrachtet ein Mitgliedstaat eine gebietsfremde übernehmende Gesellschaft aufgrund seiner Beurteilung ihrer juristischen Merkmale, die sich aus dem Recht, nach dem sie gegründet wurde, ergeben, als steuerlich transparent, so kann er jedem unmittelbaren oder mittelbaren Gesellschafter die gleiche steuerliche Behandlung zuteil werden lassen, wie wenn die übernehmende Gesellschaft in seinem Gebiet ansässig wäre.

Kapitel V. Regeln für die Sitzverlegung einer SE oder einer SCE

Art. 12 [Besteuerung bei Sitzverlegung]

(1) Wenn

a) eine SE oder SCE ihren Sitz von einem Mitgliedstaat in einen anderen verlegt, oder
b) eine SE oder SCE, die in einem Mitgliedstaat ansässig ist, infolge der Verlegung ihres Sitzes von diesem Mitgliedstaat in einen anderen Mitgliedstaat ihren Steuersitz in diesem Mitgliedstaat aufgibt und in einem anderen Mitgliedstaat ansässig wird,

darf diese Verlegung des Sitzes oder die Aufgabe des Steuersitzes in dem Mitgliedstaat, aus dem der Sitz verlegt wurde, keine Besteuerung des nach Artikel 4 Absatz 1 berechneten Veräußerungsgewinns aus dem Aktiv- und Passivvermögen einer SE oder SCE auslösen, das in der Folge tatsächlich einer Betriebsstätte der SE bzw. der SCE in dem Mitgliedstaat, von dem der Sitz verlegt wurde, zugerechnet bleibt, und das zur Erzielung des steuerlich zu berücksichtigenden Ergebnisses beiträgt.

(2) Absatz 1 findet nur dann Anwendung, wenn die SE bzw. die SCE neue Abschreibungen und spätere Wertsteigerungen oder Wertminderungen des Aktiv- und Passivvermögens, das tatsächlich dieser Betriebsstätte zugerechnet bleibt, so berechnet, als habe keine Sitzverlegung stattgefunden, oder als habe die SE oder SCE ihren steuerlichen Sitz nicht aufgegeben.

(3) Darf die SE bzw. die SCE nach dem Recht des Mitgliedstaats, aus dem der Sitz verlegt wurde, neue Abschreibungen oder spätere Wertsteigerungen oder Wertminderungen des in jenem Mitgliedstaat verbleibenden Aktiv- und Passivvermögens abweichend von Absatz 2 berechnen, so findet Absatz 1 keine Anwendung auf das Vermögen, für das die Gesellschaft von diesem Recht Gebrauch macht.

Art. 13 [Rückstellungen bei Sitzverlegung]

(1) Wenn

a) eine SE oder SCE ihren Sitz von einem Mitgliedstaat in einen anderen verlegt oder
b) eine SE oder SCE, die in einem Mitgliedstaat ansässig ist, infolge der Verlegung ihres Sitzes von diesem Mitgliedstaat in einen anderen Mitgliedstaat ihren Steuersitz in diesem Mitgliedstaat aufgibt und in einem anderen Mitgliedstaat ansässig wird,

treffen die Mitgliedstaaten die erforderlichen Maßnahmen, um sicherzustellen, dass Rückstellungen und Rücklagen, die von der SE oder SCE vor der Verlegung des Sitzes ordnungsgemäß gebildet wurden und ganz oder teilweise steuerbefreit sind sowie nicht aus

Betriebsstätten im Ausland stammen, von einer Betriebsstätte der SE oder SCE im Hoheitsgebiet des Mitgliedstaats, von dem der Sitz verlegt wurde, mit der gleichen Steuerbefreiung übernommen werden können.

(2) Insofern als eine Gesellschaft, die ihren Sitz innerhalb des Hoheitsgebietes eines Mitgliedstaats verlegt, das Recht hätte, steuerlich noch nicht berücksichtigte Verluste vor- oder rückzutragen, gestattet der betreffende Mitgliedstaat auch der in seinem Hoheitsgebiet gelegenen Betriebsstätte der SE oder SCE, die ihren Sitz verlegt, die Übernahme der steuerlich noch nicht berücksichtigten Verluste der SE bzw. der SCE, vorausgesetzt, die Vor- oder Rückübertragung der Verluste wäre für ein Unternehmen, das weiterhin seinen Sitz oder seinen steuerlichen Sitz in diesem Mitgliedstaat hat, zu vergleichbaren Bedingungen möglich gewesen.

Art. 14 [Gesellschafterbesteuerung bei Sitzverlegung]

(1) Die Verlegung des Sitzes einer SE bzw. einer SCE darf für sich allein keine Besteuerung des Veräußerungsgewinns der Gesellschafter auslösen.

(2) Die Anwendung des Absatzes 1 hindert die Mitgliedstaaten nicht, den Gewinn aus einer späteren Veräußerung der Anteile am Gesellschaftskapital der ihren Sitz verlegenden SE bzw. SCE zu besteuern.

Kapitel VI. Schlussbestimmungen

Art. 15 [Anwendungsvorbehalte]

(1) Ein Mitgliedstaat kann die Anwendung der Artikel 4 bis 14 ganz oder teilweise versagen oder rückgängig machen, wenn eine der in Artikel 1 genannten Vorgänge

a) als hauptsächlichen Beweggrund oder als einen der hauptsächlichen Beweggründe die Steuerhinterziehung oder -umgehung hat; vom Vorliegen eines solchen Beweggrundes kann ausgegangen werden, wenn der Vorgang nicht auf vernünftigen wirtschaftlichen Gründen – insbesondere der Umstrukturierung oder der Rationalisierung der beteiligten Gesellschaften – beruht;

b) dazu führt, dass eine an dem Vorgang beteiligte Gesellschaft oder eine an dem Vorgang nicht beteiligte Gesellschaft die Voraussetzungen für die bis zu dem Vorgang bestehende Vertretung der Arbeitnehmer in den Organen der Gesellschaft nicht mehr erfüllt.

(2) Absatz 1 Buchstabe b ist so lange und so weit anwendbar, wie auf die von dieser Richtlinie erfassten Gesellschaften keine Vorschriften des Gemeinschaftsrechts anwendbar sind, die gleichwertige Bestimmungen über die Vertretung der Arbeitnehmer in den Gesellschaftsorganen enthalten.

Art. 16 [Bericht der Mitgliedstaaten]

Die Mitgliedstaaten teilen der Kommission den Wortlaut der wichtigsten innerstaatlichen Vorschriften mit, die sie auf dem unter diese Richtlinie fallenden Gebiet erlassen.

Art. 17 [Aufhebung der RL 90/434/EWG; Bezugnahmen]

Die Richtlinie 90/434/EWG, in der Fassung der in Anhang II Teil A aufgeführten Rechtsakte, wird unbeschadet der Verpflichtung der Mitgliedstaaten hinsichtlich der in Anhang II Teil B genannten Fristen für die Umsetzung in innerstaatliches Recht und für die Anwendung aufgehoben.

Bezugnahmen auf die aufgehobene Richtlinie gelten als Bezugnahmen auf die vorliegende Richtlinie und sind nach Maßgabe der Entsprechungstabelle in Anhang III zu lesen.

Art. 18 [Inkrafttreten]

Diese Richtlinie tritt am zwangisten Tag nach ihrer Veröffentlichung im Amtsblatt der Europäischen Union in Kraft.

Art. 19 [Adressaten]

Diese Richtlinie ist an die Mitgliedstaaten gerichtet.

Anhang I

[Gesellschaftsarten; Steuerarten]

Teil A. Liste der Gesellschaften im Sinne von Artikel 3 Buchstabe a

a) Die gemäß der Verordnung (EG) Nr. 2157/2001 und der Richtlinie 2001/86/EG des Rates vom 8. Oktober 2001 zur Ergänzung des Statuts der Europäischen Gesellschaft hinsichtlich der Beteiligung der Arbeitnehmer[1] gegründeten Gesellschaften (SE) sowie die gemäß der Verordnung (EG) Nr. 1435/2003 und der Richtlinie 2003/72/EG des Rates vom 22. Juli 2003 zur Ergänzung des Statuts der Europäischen Genossenschaft hinsichtlich der Beteiligung der Arbeitnehmer[2] gegründeten Genossenschaften (SCE);
b) die Gesellschaften belgischen Rechts mit der Bezeichnung „société anonyme"/„naamloze vennootschap", „société en commandite par actions"/„commanditaire vennootschap op aandelen", „société privée à responsabilité limitée"/„besloten vennootschap met beperkte aansprakelijkheid", „société coopérative à responsabilité limitée"/„coöperatieve vennootschap met beperkte aansprakelijkheid", „société coopérative à responsabilité illimitée"/„coöperatieve vennootschap met onbeperkte aansprakelijkheid", „société en nom collectif"/„vennootschap onder firma", „société en commandite simple"/„gewone commanditaire vennootschap", öffentliche Unternehmen, die eine der genannten Rechtsformen angenommen haben und andere nach belgischem Recht gegründete Gesellschaften, die der belgischen Körperschaftsteuer unterliegen;
c) Gesellschaften bulgarischen Rechts mit der Bezeichnung: „събирателното дружество", „командитното дружество", „дружеството с ограничена отговорност", „акционерното дружество", „командитното дружество с акции", „кооперации", „кооперативни съюзи" und „държавни предприятия", die nach bulgarischem Recht gegründet wurden und gewerbliche Tätigkeiten ausüben;
d) die Gesellschaften tschechischen Rechts mit der Bezeichnung „akciová společnost" und „společnost s ručením omezeným";
e) die Gesellschaften dänischen Rechts mit der Bezeichnung „aktieselskab" und „anpartsselskab"; weitere nach dem Körperschaftsteuergesetz steuerpflichtige Unternehmen, soweit ihr steuerbarer Gewinn nach den allgemeinen steuerrechtlichen Bestimmungen für „aktieselskaber" ermittelt und besteuert wird;
f) die Gesellschaften deutschen Rechts mit der Bezeichnung „Aktiengesellschaft", „Kommanditgesellschaft auf Aktien", „Gesellschaft mit beschränkter Haftung", „Versicherungsverein auf Gegenseitigkeit", „Erwerbs- und Wirtschaftsgenossenschaft", „Betriebe gewerblicher Art von juristischen Personen des öffentlichen Rechts" und andere nach deutschem Recht gegründete Gesellschaften, die der deutschen Körperschaftsteuer unterliegen;
g) die Gesellschaften estnischen Rechts mit der Bezeichnung „täisühing", „usaldusühing", „osaühing", „aktsiaselts" und „tulundusühistu";
h) nach irischem Recht gegründete oder eingetragene Gesellschaften, gemäß dem Industrial and Provident Societies Act eingetragene Körperschaften, gemäß den Building Societies ACTS gegründete „building societies" und „trustee savings banks" im Sinne des Trustee Savings Banks Act von 1989;

---

[1] **Amtl. Anm.:** ABl. L 294 vom 10.11.2001, S. 22.
[2] **Amtl. Anm.:** ABl. L 207 vom 18.8.2003, S. 25.

i) die Gesellschaften griechischen Rechts mit der Bezeichnung „ανώνυμη εταιρεία“ und „εταιρεία περιορισμένης ευθύνης (Ε.Π.Ε.)“;
j) die Gesellschaften spanischen Rechts mit der Bezeichnung „sociedad anónima“, „sociedad comanditaria por acciones“ und „sociedad de responsabilidad limitada“ sowie die öffentlich-rechtlichen Körperschaften, deren Tätigkeit unter das Privatrecht fällt;
k) die Gesellschaften französischen Rechts mit der Bezeichnung „société anonyme“, „société en commandite par actions“ und „société à responsabilité limitée“, „sociétés par actions simplifiées“, „sociétés d'assurances mutuelles“, „caisses d'épargne et de prévoyance“, „sociétés civiles“, die automatisch der Körperschaftsteuer unterliegen, „coopératives“, „unions de coopératives“, die öffentlichen Industrie- und Handelsbetriebe und -unternehmen und andere nach französischem Recht gegründete Gesellschaften, die der französischen Körperschaftsteuer unterliegen;
ka) die Gesellschaften kroatischen Rechts mit der Bezeichnung „dioničko društvo“ oder „društvo s ograničenom odgovornošću“ und andere nach kroatischem Recht gegründete Gesellschaften, die der kroatischen Gewinnsteuer unterliegen;
l) die Gesellschaften italienischen Rechts mit der Bezeichnung „società per azioni“, „società in accomandita per azioni“, „società a responsabilità limitata“, „società cooperative“, „società di mutua assicurazione“ sowie öffentliche und private Körperschaften, deren Tätigkeit ganz oder überwiegend handelsgewerblicher Art ist;
m) die nach zyprischem Recht gegründeten Gesellschaften: „εταιρείες“ gemäß der Begriffsbestimmung in den Einkommensteuergesetzen;
n) die Gesellschaften lettischen Rechts mit der Bezeichnung „akciju sabiedrība“ und „sabiedrība ar ierobežotu atbildību“;
o) die nach litauischem Recht gegründeten Gesellschaften;
p) die Gesellschaften luxemburgischen Rechts mit der Bezeichnung „société anonyme“, „société en commandite par actions“, „société à responsabilité limitée“, „société coopérative“, „société coopérative organisée comme une société anonyme“, „association d'assurances mutuelles“, „association d'épargne-pension“, „entreprise de nature commerciale, industrielle ou minière de l'État, des communes, des syndicats de communes, des établissements publics et des autres personnes morales de droit public“ sowie andere nach luxemburgischem Recht gegründete Gesellschaften, die der luxemburgischen Körperschaftsteuer unterliegen;
q) die Gesellschaften ungarischen Rechts mit der Bezeichnung „közkereseti társaság“, „betéti társaság“, „közös vállalat“, „korlátolt felelősségű társaság“, „részvénytársaság“, „egyesülés“, „közhasznú társaság“ und „szövetkezet“;
r) die Gesellschaften maltesischen Rechts mit der Bezeichnung „Kumpaniji ta' Responsabilita Limitata“ und „Soċjetajiet en commandite li l-kapital tagħhom maqsum f'azzjonijiet“;
s) die Gesellschaften niederländischen Rechts mit der Bezeichnung „naamloze vennootschap“, „besloten vennootschap met beperkte aansprakelijkheid“, „open commanditaire vennootschap“, „coöperatie“, „onderlinge waarborgmaatschappij“, „fonds voor gemene rekening“, „vereniging op coöperatieve grondslag“ und „vereniging welke op onderlinge grondslag als verzekeraar of kredietinstelling optreedt“ sowie andere nach niederländischem Recht gegründete Gesellschaften, die der niederländischen Körperschaftsteuer unterliegen;
t) die Gesellschaften österreichischen Rechts mit der Bezeichnung „Aktiengesellschaft“, „Gesellschaft mit beschränkter Haftung“ und „Erwerbs- und Wirtschaftsgenossenschaft“;
u) die Gesellschaften polnischen Rechts mit der Bezeichnung „spółka akcyjna“ und „spółka z ograniczoną odpowiedzialnością“;
v) die nach portugiesischem Recht gegründeten Handelsgesellschaften und zivilrechtlichen Handelsgesellschaften sowie andere nach portugiesischem Recht gegründete juristische Personen, die Industrie- oder Handelsunternehmen sind;
w) Gesellschaften rumänischen Rechts mit der Bezeichnung: „societăţi pe acţiuni“, „societăţi în comandită pe acţiuni“ und „societăţi cu răspundere limitată“;
x) die Gesellschaften slowenischen Rechts mit der Bezeichnung „delniška družba“, „komanditna družba“ und „družba z omejeno odgovornostjo“;
y) die Gesellschaften slowakischen Rechts mit der Bezeichnung „akciová spoločnosť“, „spoločnosť s ručením obmedzeným“ und „komanditná spoločnosť“;
z) die Gesellschaften finnischen Rechts mit der Bezeichnung „osakeyhtiö“/„aktiebolag“, „osuuskunta“/„andelslag“, „säästöpankki“/„sparbank“ und „vakuutusyhtiö“/„försäkringsbolag“;
aa) die Gesellschaften schwedischen Rechts mit der Bezeichnung „aktiebolag“, „bankaktiebolag“ „försäkringsaktiebolag“, „ekonomiska föreningar“, „sparbanker“, „ömsesidiga försäkringsbolag“;
ab) die nach dem Recht des Vereinigten Königreichs gegründeten Gesellschaften.

Teil B. Liste der Steuern im Sinne von Artikel 3 Buchstabe c

- vennootschapsbelasting/impôt des sociétés in Belgien,
- корпоративен данък in Bulgarien,
- daň z příjmů právnických osob in der Tschechischen Republik,
- selskabsskat in Dänemark,
- Körperschaftsteuer in Deutschland,
- tulumaks in Estland,
- corporation tax in Irland,
- φόρος εισοδήματος νομικών προσώπων κερδοσκοπικού χαρακτήρα in Griechenland,
- impuesto sobre sociedades in Spanien,
- impôt sur les sociétés in Frankreich,
- porez na dobit in Kroatien,
- imposta sul reddito delle società in Italien,
- φόρος εισοδήματος in Zypern,
- uzņēmumu ienākuma nodoklis in Lettland,
- pelno mokestis in Litauen,
- impôt sur le revenu des collectivités in Luxemburg,
- társasági adó in Ungarn,
- taxxa fuq l-income in Malta,
- vennootschapsbelasting in den Niederlanden,
- Körperschaftsteuer in Österreich,
- podatek dochodowy od osób prawnych in Polen,
- imposto sobre o rendimento das pessoas colectivas in Portugal,
- impozit pe profit in Rumänien,
- davek od dobička pravnih oseb in Slowenien,
- dan z príjmov právnických osôb in der Slowakei,
- yhteisöjen tulovero/inkomstskatten för samfund in Finnland,
- statlig inkomstskatt in Schweden,
- corporation tax im Vereinigten Königreich.

Anhang II

[Aufhebungen; Fristen]

Teil A. Aufgehobene Richtlinie mit Liste ihrer nachfolgenden Änderungen (gemäß Artikel 17)

Richtlinie 90/434/EWG des Rates (ABl. L 225 vom 20.8.1990, S. 1).	
Beitrittsakte von 1994 Anhang I Nr. XI. B. I.2 (ABl. C 241 vom 29.8.1994, S. 196).	
Beitrittsakte von 2003 Anhang II Nr. 9.7 (ABl. L 236 vom 23.9.2003, S. 559).	
Richtlinie 2005/19/EG des Rates (ABl. L 58 vom 4.3.2005, S. 19).	
Richtlinie 2006/98/EG des Rates (ABl. L 363 vom 20.12.2006, S. 129).	nur Nummer 6 des Anhangs

Teil B. Fristen für die Umsetzung in innerstaatliches Recht und für die Anwendung (gemäß Artikel 17)

Richtlinie	Umsetzungsfrist	Datum der Anwendung
90/434/EWG	1. Januar 1992	1. Januar 1993[1]
2005/19/EG	1. Januar 2006[2] 1. Januar 2007[3]	–
2006/98/EG	1. Januar 2007	–

Anhang III

Entsprechungstabelle

Richtlinie 90/434/EWG	Vorliegende Richtlinie
Artikel 1	*Artikel 1*
Artikel 2 Buchstabe a erster Gedankenstrich	Artikel 2 Buchstabe a Ziffer i
Artikel 2 Buchstabe a zweiter Gedankenstrich	Artikel 2 Buchstabe a Ziffer ii
Artikel 2 Buchstabe a dritter Gedankenstrich	Artikel 2 Buchstabe a Ziffer iii
Artikel 2 Buchstabe b	Artikel 2 Buchstabe b
Artikel 2 Buchstabe ba	Artikel 2 Buchstabe c
Artikel 2 Buchstabe c	Artikel 2 Buchstabe d
Artikel 2 Buchstabe d	Artikel 2 Buchstabe e
Artikel 2 Buchstabe e	Artikel 2 Buchstabe f
Artikel 2 Buchstabe f	Artikel 2 Buchstabe g
Artikel 2 Buchstabe g	Artikel 2 Buchstabe h
Artikel 2 Buchstabe h	Artikel 2 Buchstabe i
Artikel 2 Buchstabe i	Artikel 2 Buchstabe j
Artikel 2 Buchstabe j	Artikel 2 Buchstabe k
Artikel 3 Buchstabe a	Artikel 3 Buchstabe a
Artikel 3 Buchstabe b	Artikel 3 Buchstabe b
Artikel 3 Buchstabe c einleitender Satz zu Absätzen 1 und 2	Artikel 3 Buchstabe c
Artikel 3 Buchstabe c Absatz 1 erster bis siebenundzwanzigster Gedankenstrich	Anhang I Teil B
Artikel 4 Absatz 1 Unterabsatz 1	Artikel 4 Absatz 1
Artikel 4 Absatz 1 Unterabsatz 2	Artikel 4 Absatz 2
Artikel 4 Absatz 2	Artikel 4 Absatz 3
Artikel 4 Absatz 3	Artikel 4 Absatz 4

[1] **Amtl. Anm.:** Betrifft ausschließlich die Portugiesische Republik.
[2] **Amtl. Anm.:** Bezüglich der in Artikel 2 Absatz 1 der Richtlinie genannten Bestimmungen.
[3] **Amtl. Anm.:** Bezüglich der in Artikel 2 Absatz 2 der Richtlinie genannten Bestimmungen.

Richtlinie 90/434/EWG	Vorliegende Richtlinie
Artikel 4 Absatz 4	Artikel 4 Absatz 5
Artikel 5 und 6	Artikel 5 und 6
Artikel 7 Absatz 1	Artikel 7 Absatz 1
Artikel 7 Absatz 2 Unterabsatz 1	Artikel 7 Absatz 2 Unterabsatz 1
Artikel 7 Absatz 2 Unterabsatz 2 Satz 1	–
Artikel 7 Absatz 2 Unterabsatz 2 Satz 2	Artikel 7 Absatz 2 Unterabsatz 2
Artikel 8, 9 und 10	Artikel 8, 9 und 10
Artikel 10a	*Artikel 11*
Artikel 10b	*Artikel 12*
Artikel 10c	*Artikel 13*
Artikel 10d	*Artikel 14*
Artikel 11	*Artikel 15*
Artikel 12 Absatz 1	–
Artikel 12 Absatz 2	–
Artikel 12 Absatz 3	*Artikel 16*
–	*Artikel 17*
–	*Artikel 18*
Artikel 13	*Artikel 19*
Anhang	Anhang I Teil A
–	Anhang II
–	Anhang III

EINFÜHRUNG

Übersicht

A. Zivilrecht der Umwandlung

I. Allgemeines zum Umwandlungsgesetz

Das Umwandlungssteuerrecht regelt die steuerliche Behandlung von Unternehmensumstrukturierungen. Zivilrechtlich können Strukturänderungen durch Umwandlungen nach dem UmwG, durch Einbringungsvorgänge, Kapitalerhöhungen gegen Sacheinlage, Realteilungen oder Anwachsungen erreicht werden. Die Rechtsgrundlagen der letztgenannten Strukturmaßnahmen haben sich zum großen Teil seit Jahrzehnten kaum geändert und finden sich im bürgerlichen Recht und im Gesellschaftsrecht. Das Zivilrecht der Unternehmensumwandlung wurde dagegen im Jahre 1994 mit dem UmwG neu geordnet 1 und erweitert. Es bildet die zivilrechtliche Grundlage der Mehrzahl der umwandlungssteuerlich relevanten Typen von Strukturmaßnahmen.

2 Das UmwG trat am 1.1.1995 als Art. 1 des Gesetzes zur Bereinigung des Umwandlungsrechts in Kraft. Das UmwG vereinigt rechtsbereinigend und systematisierend die vormals im UmwG 1969, Aktiengesetz, Kapitalerhöhungsgesetz, Genossenschaftsgesetz und Versicherungsaufsichtsgesetz getroffenen Regelungen.

3 Die durch das UmwG eingeführte Möglichkeit der Unternehmensspaltung hat allerdings enttäuscht. Das UmwG bringt kaum Erleichterungen im Vergleich zu Hilfskonstruktionen im Wege der Einzelrechtsnachfolge, da die Regelung mit Vorschriften zum Schutz der Gläubiger und der Anteilseigner überfrachtet wurde und zudem das Steuerrecht in § 15 UmwStG Hindernisse errichtet.

1. Aufteilung nach Umwandlungsarten

4 Das UmwG ist in sieben Bücher unterteilt. Das 1. Buch beschränkt sich auf die Vorschrift des § 1 UmwG. Als mögliche Arten einer Umwandlung sind nach § 1 I UmwG die Verschmelzung, die Spaltung in den drei Varianten der Aufspaltung, Abspaltung und Ausgliederung, weiterhin die Vermögensübertragung und der Formwechsel vorgesehen.

5 Das 2. Buch enthält in den §§ 2–122l UmwG die Vorschriften über die Verschmelzung, das 3. Buch in den §§ 123–173 UmwG Regelungen über die Spaltung. Im 4. Buch befinden sich in den §§ 174–189 UmwG die Vorschriften zur Vermögensübertragung. Das 5. Buch regelt in §§ 190–304 UmwG die Umwandlung durch Formwechsel. Das 6. Buch enthält in den §§ 313–316 UmwG Vorschriften für Straftaten und Zwangsgelder. Im 7. Buch befinden sich in den §§ 317–325 UmwG Übergangs- und Schlussvorschriften. Letztere betreffen arbeitsrechtliche Bestimmungen.

6 Das Spruchverfahrensneuordnungsgesetz v. 12.6.2003 fasste die im ehemals 6. Buch des UmwG, AktG und FGG verstreuten Vorschriften des Spruchverfahrens im Spruchverfahrensgesetz (SpruchG) zusammen.

2. Untergliederung der Bücher

7 Im 2. bis 5. Buch sind für jede Umwandlungsart zunächst die allen Rechtsformen gemeinsamen Vorschriften in einem allgemeinen Teil zusammengefasst. Ein besonderer Teil enthält jeweils die individuell abweichenden und ergänzenden Bestimmungen, die nur für einzelne Rechtsformen relevant sind. Dabei kommen die Vorschriften des allgemeinen Teils und die für jede Rechtsform geltenden Bestimmungen des besonderen Teils nebeneinander zur Anwendung. Durch diese „Baukastentechnik" (BegrUmwG, BT-Drs. 12/6699, 79) kann bei einem Vorgang, an dem Rechtsträger verschiedener Rechtsformen beteiligt sind, eine sonst notwendige ausführliche Einzelregelung vermieden werden. Auch zwischen den Büchern wird vielfach – jedoch ausdrücklich – verwiesen (*Stengel* in Semler/Stengel UmwG Einl. A Rn. 51 ff.).

3. Anwendungsbereich

8 Dem Gesetz liegt der gesellschaftsrechtliche Grundsatz des Typenzwangs zugrunde. Die Aufzählung der Umwandlungsarten ist daher abschließend. Alle vom UmwG nicht behandelten Umwandlungsarten bedürfen einer ausdrücklichen gesetzlichen Regelung (§ 1 II UmwG). Da die speziellen Regelungen des UmwG die Möglichkeiten des allgemeinen Gesellschaftsrechts erweitern und nicht ersetzen sollen, kommt die analoge Anwendung von Schutzvorschriften des UmwG auf Strukturänderungen außerhalb dessen Anwendungsbereichs nicht in Betracht (str., ebenso *Bermel* in G/K/T § 1 UmwG Rn. 47 ff.; *Heckschen* in Widmann/Mayer UmwG § 1 Rn. 404; *Stengel* in Semler/Stengel UmwG § 1 Rn. 63 ff.; *Heckschen* DB 1998, 1385, 1386; *Hoger/Lieder* ZHR 180, 632 ff.; aA *Kallmeyer* in Kallmeyer UmwG § 1 Rn. 20; *Drygala* in Lutter UmwG § 1 Rn. 60).

Umwandlungsähnliche Vorgänge außerhalb des UmwG bleiben jedoch statthaft, sofern sie auf Einzelrechtsnachfolge oder dem Prinzip der An- und Abwachsung nach § 738 BGB beruhen (BegrUmwG, BT-Drs. 12/6699, 80). In der Anwendung der allgemeineren Regeln liegt keine Umgehung der spezielleren Vorschriften des UmwG (LG Hamburg v. 21.1.1997, DB 1997, 516). Auf diesem Weg können deshalb wirtschaftlich Umwandlungen erreicht werden, die vom UmwG nicht vorgesehen sind (zB der „Formwechsel" einer Stiftung in eine GmbH). 9

Das UmwG erfasst als Umwandlungsobjekte ausdrücklich nur **Rechtsträger mit Sitz im Inland** (§ 1 I UmwG). Unter „Rechtsträgern" (einem der Rechtssprache der DDR entlehnten Wort) sind die im Rechtsverkehr auftretenden juristischen Einheiten zu verstehen, ohne dass es darauf ankommt, ob ein Unternehmen im betriebswirtschaftlichen oder im rechtlichen Sinn betrieben wird. 10

Der Gesetzgeber hat durch das Zweite Gesetz zur Änderung des UmwG v. 19.4.2007 die Zehnte gesellschaftsrechtliche Richtlinie v. 26.10.2005 (Verschmelzungsrichtlinie) in nationales Recht umgesetzt, indem er die **grenzüberschreitende Verschmelzung von Kapitalgesellschaften** in den §§ 122a ff. UmwG geregelt hat (dazu umfassend: Beck'sches Handbuch Umwandlungen international, S 59 ff.; *Drygala/v. Bressensdorf* NZG 2016, 1161 ff.). An einer solchen Verschmelzung können als übertragende, übernehmende oder neue Gesellschaften gemäß § 122b UmwG nur Kapitalgesellschaften beteiligt sein, die nach dem Recht eines Mitgliedstaats der Europäischen Union oder eines anderen Vertragsstaats des EWR-Abkommens gegründet worden sind und ihren satzungsmäßigen Sitz, ihre Hauptverwaltung oder ihre Hauptniederlassung in einem Mitgliedstaat der Europäischen Union oder einem anderen Vertragsstaat des EWR-Abkommens haben; vom Anwendungsbereich ausgenommen sind Organismen für gemeinsame Anlagen in Wertpapieren (OGAW) und Genossenschaften (*Müller* NZG 2006, 286).

Bedauerlicherweise hat es der Gesetzgeber bei der Umsetzung der Richtlinie belassen. 11 Insbesondere wurden keine Regelungen für grenzüberschreitende Spaltungen und grenzüberschreitende Verschmelzungen von Personengesellschaften getroffen, so dass es für diese Fälle bei der bisherigen Rechtsunsicherheit bleibt (vgl. RegBegr, BR-Drs. 548/06, 20). Grenzüberschreitende Spaltungen lassen sich verwirklichen, indem nach einer Spaltung zur Neugründung im Inland die übernehmende Gesellschaft im Wege der grenzüberschreitenden Verschmelzung ins Ausland verschmolzen wird (ausführlich zur grenzüberschreitenden Spaltung von Kapitalgesellschaften *Kleba* RNotZ 2016, 273 ff.). Grenzüberschreitende Verschmelzungen von Personengesellschaften sind im Wege der Anwachsung möglich.

Der EuGH hat es in seiner VALE-Entscheidung für unvereinbar mit EU-Recht erklärt, 12 wenn die Behörden und Gerichte eines Mitgliedstaats eine Verlegung des statutarischen Sitzes ins EU-Ausland unter Annahme einer ausländischen Rechtsform verwehren, obwohl im Inland ein Formwechsel vorgesehen ist (EuGH v. 12.7.2012, NJW 2012, 2715 – „VALE"). Zuvor hatte er bereits in seiner Cartesio-Entscheidung Regelungen der Mitgliedstaaten für EU-rechtswidrig erklärt, die bei einer grenzüberschreitenden Verlegung des Satzungssitzes durch Formwechsel in eine ausländische Gesellschaft im Inland von einer Auflösung und Liquidation ausgehen (EuGH v. 16.12.2008, NJW 2009, 569 – *Cartesio*). Das gilt auch dann, wenn nur der satzungsmäßige Sitz, nicht aber die Hauptverwaltung ins Ausland verlegt wird (EuGH v. 25.10.2017, NZG 2017, 1308 ff. – *Polbud,* mit Anm. *Wachter*).

Dementsprechend können Gesellschaften innerhalb der Europäischen Union ihren Sitz 13 von einem Mitgliedstaat in einen anderen verlegen, sofern sie sich nach dem Recht des Zuzugsstaats dort konstituieren. Damit ist ein Formwechsel in die ausländische Rechtsform verbunden, und zwar nicht durch Auflösung und Abwicklung einer Rechtsperson und Gründung einer neuen Rechtsperson, sondern durch identitätswahrenden Formwechsel. Das ergibt sich aus dem Wortlaut der *VALE*-Entscheidung und wurde in der Folge nicht bestritten (vgl. *Hushahn* RNotZ 2014, 137; *Wicke* DStR 2012, 1756; *Kindler* EuZW 2012, 888).

14 Grenzüberschreitende Sitzverlegungen sind inzwischen etablierte Praxis. Das OLG Nürnberg entschied bereits 2013 in diesem Sinn (OLG Nürnberg NZG 2014, 349). Bereits 2014 wurde eine Checkliste des Amtsgerichts Charlottenburg veröffentlicht, die aufführt, was ein Registergericht bei einer grenzüberschreitenden Heraus- und Hineinverlegung des Sitzes zu beachten hat (*Melchior* GmbHR 2014, R311-R312). Es handelt sich um eine Mischung aus Anforderungen an die SE-Sitzverlegung und Anforderungen an die grenzüberschreitende Verschmelzung.

15 Auch wenn die direkte Anwendung von EuGH-Entscheidungen und Hilfskonstruktionen eine Erleichterung bringt, ist davon auszugehen, dass die ausdrückliche Beschränkung des § 1 I UmwG auf inländische Rechtsträger gegen die europäische Niederlassungsfreiheit verstößt (*Drinhausen* in Semler/Stengel, UmwG Einl. C Rn. 32 m. w. N.). Der EuGH (13.12.2005, BB 2006, 11 – *Sevic*) hat entschieden, dass grenzüberschreitende Umwandlungen wichtige Modalitäten der Niederlassungsfreiheit darstellen (*Teichmann* ZGR 2011, 639; *Klein* RNotZ 2007, 575 f.; *Drinhausen/Keinath* BB 2006, 725; vgl. dazu auch EuGH 16.12.2008, NJW 2009, 569 – *Cartesio*; *Feldhaus* BB 2017, 2819 ff.; *Kindler* NZG 2018, 1 ff.; *Deck* GPR 2018, 8 ff.).

4. Mischumwandlungen

a) Kombination verschiedener Rechtsträger

16 An Verschmelzungen und Spaltungen können, mangels abweichender Bestimmungen, Unternehmensträger verschiedener Rechtsformen beteiligt sein (§§ 3 IV, 124 II UmwG; *Stengel* in Semler/Stengel UmwG § 3 Rn. 51 ff. und *Schwanna* in Semler/Stengel UmwG § 124 Rn. 12). Verschmelzung und Spaltung bewirken in diesem Fall gleichzeitig eine Änderung der Rechtsform, ohne dass zusätzlich die Vorschriften über den Formwechsel anzuwenden wären.

b) Werbende und aufgelöste oder nicht entstandene Rechtsträger

17 Grundsätzlich können nur werbende Rechtsträger an Umwandlungen teilnehmen.

18 Aufgelöste Rechtsträger können jedoch als übertragende Rechtsträger an einer Verschmelzung oder Spaltung beteiligt sein oder einen Formwechsel vornehmen, sofern die Fortsetzung noch beschlossen werden könnte (§§ 3 III, 124 II, 191 III UmwG). Die Fassung eines Fortsetzungsbeschlusses ist daher grundsätzlich nicht erforderlich. Die Fortsetzung kann nur beschlossen werden, sofern keine Pflicht besteht, einen Insolvenzantrag zu stellen (BayObLG v. 4.2.1998, NZG 1998, 465) und mit der Verteilung des Vermögens an die Anteilsinhaber noch nicht begonnen worden ist. Soweit vertreten wird, dass sie auch als übernehmender Rechtsträger beteiligt sein können (*Marsch-Barner* in Kallmeyer UmwG § 3 Rn. 26; *Stratz* in SHS UmwG § 3 Rn. 47 ff.; *Wachter* NZG 2015, 860 f.), widerspricht dies dem Umkehrschluss aus dem Gesetzeswortlaut, der nur die Beteiligung als übertragender Rechtsträger zulässt (*Drygala* in Lutter UmwG § 3 Rn. 31; *Stengel* in Semler/Stengel UmwG § 3 Rn. 45 ff.).

19 Es ist umstritten, ob eine Vorgesellschaft an einer Umwandlung beteiligt sein kann. Da bis auf die Sonderregelung des § 3 III UmwG nur bestehende Rechtsträger an Umwandlungen beteiligt werden können, ist die Umwandlungsfähigkeit der Vorgesellschaft zu verneinen (*Drygala* in Lutter UmwG § 3 Rn. 7; *Marsch-Barner* in Kallmeyer UmwG § 3 Rn. 10; *Stengel* in Semler/Stengel UmwG § 3 Rn. 48; im Ergebnis ebenso, aber mit anderer Begründung *Pentz* in MüKoAktG § 41 Rn. 82; aA *Bayer* ZIP 1997, 1613, 1614; *Laumann* in G/K/T § 191 UmwG Rn. 19 ff.).

c) Kombination von Umwandlungsarten

20 Nach den Gesetzesmaterialien soll das UmwG die Kombination verschiedener Umwandlungsarten in einem Umwandlungsvorgang ermöglichen. Dies kann komplexe Um-

strukturierungen mit einer einzigen Prüfung, Versammlung der Anteilsinhaber je beteiligtem Rechtsträger usw. erheblich vereinfachen und beschleunigen.

Dem UmwG ist aber nicht eindeutig zu entnehmen, inwieweit es diese Möglichkeiten eröffnet. Verschmelzung und Spaltung werden kombiniert in der Figur der Spaltung zur Aufnahme (*Kallmeyer* DB 1995, 81; *Stengel* in Semler/Stengel UmwG § 1 Rn. 72; *Heckschen* in Beck Notarhdb. D IV. Rn. 155), wenn zB der von der A-AG ausgegliederte Teil von der bestehenden B-AG aufgenommen wird. Die sog. „verschmelzende Spaltung" ist zumindest wegen der dabei auftretenden verfahrensrechtlichen Schwierigkeiten unzulässig (*Drygala* in Lutter UmwG § 3 Rn. 41; *Stengel* in Semler/Stengel UmwG § 1 Rn. 73 ff.). Dabei würde in dem genannten Beispiel die B-AG gleichzeitig mit der C-AG verschmolzen. Einfacher und geradliniger ist es im Beispielsfall, wenn A-AG zur Aufnahme von C-AG ausgliedert und parallel dazu B-AG auf C-AG verschmolzen wird. 21

Ob demgegenüber eine Kombination der verschiedenen Spaltungs(-unter)arten möglich ist, kann dem Wortlaut des § 123 IV UmwG, wonach die Spaltung auch durch gleichzeitige Übertragung auf bestehende und neue Rechtsträger erfolgen kann, nicht eindeutig entnommen werden (*Teichmann* in Lutter UmwG § 123 Rn. 30). Die Kombination von Aufspaltung und Abspaltung oder Ausgliederung ist unzulässig, da der übertragende Rechtsträger erlischt (*Geck* DStR 1995, 417; *Stengel* in Semler/Stengel UmwG § 1 Rn. 79; *Teichmann* in Lutter UmwG § 123 Rn. 30). Eine Verbindung von Abspaltung und Ausgliederung ist hingegen möglich, da diese Kombination weder gegen das Analogieverbot des § 1 II UmwG verstößt noch die Interessen von Anteilseigner und Gläubiger gefährdet (str., wie hier *Geck* DStR 1995, 417; *Sickinger* in Kallmeyer UmwG § 123 Rn. 13; *Stengel* in Semler/Stengel UmwG § 1 Rn. 76 ff.; *Teichmann* in Lutter UmwG § 123 Rn. 30; aA *Hörtnagl* in SHS UmwG § 123 Rn. 17). 22

II. Umwandlungsarten

1. Verschmelzung

Das 2. Buch regelt die Verschmelzung (§§ 2–122l UmwG). Bei der Verschmelzung handelt es sich um die Übertragung des gesamten Vermögens eines oder mehrerer Rechtsträger auf einen anderen, entweder schon bestehenden durch Aufnahme (§§ 2 Nr. 1, 4–35 UmwG) oder durch Neugründung (§§ 2 Nr. 2, 36–38 UmwG) entstehenden Rechtsträger, im Wege der Gesamtrechtsnachfolge unter Auflösung ohne Abwicklung. Dabei wird den Anteilsinhabern (Gesellschaftern, Aktionären, Mitgliedern, Partnern) der übertragenden Rechtsträger im Wege des Anteilstauschs eine Beteiligung an dem übernehmenden oder neuen Rechtsträger gewährt. 23

Verschmelzungsfähige Rechtsträger sind alle Personenhandelsgesellschaften (auch EWIV, da auf sie die Vorschriften der OHG Anwendung finden; dies ist mittlerweile allgemeine Meinung, *Heckschen* in Widmann/Mayer UmwG § 1 Rn. 60 ff.), Partnerschaftsgesellschaften, Kapitalgesellschaften, eingetragene Genossenschaften, eingetragene Vereine, genossenschaftliche Prüfungsverbände und Versicherungsvereine auf Gegenseitigkeit (§ 3 I UmwG). Übertragende Rechtsträger können zudem wirtschaftliche Vereine sein (§ 3 II Nr. 1 UmwG). Natürliche Personen können als Alleingesellschafter einer Kapitalgesellschaft deren Vermögen übernehmen (§ 3 II Nr. 2 UmwG). Eingetragene Vereine können nur Übernehmer sein, wenn auch der übertragende Rechtsträger ein eingetragener Verein ist. Sonst ist eine Verschmelzung nur zur Neugründung möglich (§ 99 II UmwG; *Neumayer/Schulz* DStR 1996, 872; *Marsch-Barner* in Kallmeyer UmwG § 3 Rn. 14; *Heckschen* in Beck Notarhdb. D IV. Rn. 112). 24

Die Europäische Gesellschaft (SE) ist grundsätzlich sowohl als übertragender als auch als übernehmender Rechtsträger verschmelzungsfähig. Die Neugründung einer SE im Wege der Verschmelzung kann aber nur nach den Bestimmungen der SE-VO erfolgen (*Drygala* 25 in Lutter UmwG § 3 Rn. 18 ff.; *Marsch-Barner* in Kallmeyer UmwG § 3 Rn. 11). Entsprechendes gilt für die Europäische Genossenschaft (SCE), die mit Ausnahme der Verschmelzung zur Neugründung einer SCE als übertragender oder übernehmender Rechtsträger an einer Verschmelzung beteiligt sein kann (*Fronhöfer* in Widmann/Mayer UmwG § 3 Rn. 36.1 ff.).

26 Die durch das MoMiG in § 5a GmbHG geschaffene **Unternehmergesellschaft (UG, haftungsbeschränkt)** ist Unterform der GmbH. Wegen des Verbots der Sacheinlage (§ 5a II 2 GmbHG) ist hinsichtlich der Verschmelzungsfähigkeit zu unterscheiden. Keine Besonderheiten ergeben sich, wenn die UG (haftungsbeschränkt) als übertragender Rechtsträger einer Verschmelzung durch Aufnahme oder Neugründung auftritt (*Gößl* MittBayNot 2011, 438, 439; *Tettinger* Der Konzern 2008, 75, 76; *Weber* BB 2009, 842, 846 f.; *Gasteyer* NZG 2009, 1364, 1367; *Stengel* in Semler/Stengel UmwG § 3 Rn. 20a; *Marsch-Barner* in Kallmeyer UmwG § 3 Rn. 9; *Drygala* in Lutter UmwG § 3 Rn. 12; *Simon* in Kölner Komm. UmwG § 3 Rn. 21). Ihr Vermögen wird dann als Ganzes auf einen anderen Rechtsträger übertragen. Bedeutung erlangt das Sacheinlageverbot, wenn die UG (haftungsbeschränkt) übernehmender Rechtsträger sein soll. Aus dem Verbot der Sachgründung folgt kein grundsätzliches Verbot der Sachkapitalerhöhung (str.; wie hier BGH v. 19.4.2011, DNotZ 2011, 705, 706; *Heinemann* NZG 2008, 820, 821; *Klose* GmbHR 2009, 294, 295 ff.; *Gasteyer* NZG 2009, 1364, 1367; *Berninger* GmbHR 2010, 63, 66; *Gößl* MittBayNot 2011, 438; *Stengel* in Semler/Stengel UmwG § 3 Rn. 20a; *Marsch-Barner* in Kallmeyer UmwG § 3 Rn. 9; aA *Gehrlein* Der Konzern 2007, 771, 779; *Weber* BB 2009, 842, 847; *Heckschen* in Widmann/Mayer UmwG § 1 Rn. 48.2.).

27 Für die Verschmelzung durch Aufnahme ist danach zu unterscheiden, ob das Stammkapital der Gesellschaft zur Durchführung der Umwandlung auf wenigstens 25.000 € erhöht wird oder nicht. Ansonsten würde eine nachträgliche Sachkapitalerhöhung anders behandelt als die bei Gründung einer GmbH unzweifelhaft zulässige gemischte Bar- und Sachgründung, ohne dass dafür ein sachlicher Grund ersichtlich wäre (*Klose* GmbHR 2009, 294, 296; *Gasteyer* NZG 2009, 1364, 1367; *Berninger* GmbHR 2010, 63, 66, 68). Wird die Grenze von 25.000 € nicht erreicht, ist die Verschmelzung auf eine bestehende UG (haftungsbeschränkt) unzulässig (*Meister* NZG 2008, 767 f.; *Heinemann* NZG 2008, 820, 821; *Tettinger* Der Konzern 2008, 75, 77; *Gasteyer* NZG 2009, 1364, 1367 f.; *Berninger* GmbHR 2010, 63, 68; *Gößl* MittBayNot 2011, 438, 440; *Stengel* in Semler/Stengel UmwG § 3 Rn. 20a; *Marsch-Barner* in Kallmeyer UmwG § 3 Rn. 9; aA *Hennrichs* NZG 2009, 1161, 1162 ff.; *Drygala* in Lutter UmwG § 3 Rn. 13). Wird aber das Stammkapital zur Durchführung der Verschmelzung auf 25.000 € oder mehr erhöht oder findet eine Kapitalerhöhung nach § 54 nicht statt, kann die UG (haftungsbeschränkt) übernehmender Rechtsträger einer Verschmelzung durch Aufnahme sein (*Gasteyer* NZG 2009, 1364, 1367; *Gößl* MittBayNot 2011, 438, 440; *Marsch-Barner* in Kallmeyer UmwG § 3 Rn. 9; *Drygala* in Lutter UmwG § 3 Rn. 13; *Simon* in Kölner Komm. UmwG § 3 Rn. 21; aA *Heckschen* Das MoMiG in der notariellen Praxis Rn. 240). Sie wird dann ipso iure zur „vollwertigen" GmbH (§ 5a V GmbHG). Anders zu bewerten ist die Fähigkeit der UG (haftungsbeschränkt), übernehmender Rechtsträger einer Verschmelzung zur Neugründung zu sein. Hier steht das Verbot der Sacheinlage entgegen (*Gößl* MittBayNot 2011, 438, 439 f.).

28 Zumindest seit der Umsetzung der Verschmelzungsrichtlinie sind **grenzüberschreitende Verschmelzungen** von Kapitalgesellschaften zulässig (zum vorherigen Streitstand vgl. *Klein* RNotZ 2007, 567). Der Gesetzgeber hat in den §§ 122a–122l UmwG die Besonderheiten der grenzüberschreitenden Verschmelzung geregelt, während im Übrigen die Vorschriften für die innerstaatliche Verschmelzung entsprechend anwendbar sind (*Drinhausen* in Semler/Stengel UmwG §§ 122a ff.).

2. Spaltung

Das 3. Buch regelt die Spaltung (§§ 123–173 UmwG) in drei Varianten. 29

a) Aufspaltung

Die Aufspaltung (§ 123 I UmwG) ist das Spiegelbild der Verschmelzung: Ein Rechtsträger teilt sein ganzes Vermögen unter Auflösung ohne Abwicklung auf und überträgt die Teile jeweils als Gesamtheit im Wege der Sonderrechtsnachfolge (sog. partielle Gesamtrechtsnachfolge) auf zwei oder mehrere bestehende (Aufspaltung zur Aufnahme) oder neugegründete (Aufspaltung zur Neugründung) Rechtsträger. Die Beteiligung an den übernehmenden oder neuen Rechtsträgern fällt den Anteilsinhabern des sich aufspaltenden Rechtsträgers zu.

b) Abspaltung

Dagegen bleibt bei der Abspaltung (§ 123 II UmwG) der übertragende, sich spaltende 30
Rechtsträger als Rumpfunternehmen bestehen und überträgt wiederum im Wege der Sonderrechtsnachfolge einen oder mehrere Teile seines Vermögens jeweils als Gesamtheit auf einen oder mehrere andere, bereits bestehende (Abspaltung zur Aufnahme) oder neugegründete (Abspaltung zur Neugründung) Rechtsträger. Auch hier erhalten die Anteilsinhaber des sich spaltenden Rechtsträgers eine Beteiligung an dem übernehmenden oder neuen Rechtsträger.

Bei der Anmeldung der Abspaltung zum Register hat das Vertretungsorgan des Rechts- 31
trägers, aus dem heraus abgespalten wird, zu erklären, dass das Stammkapital des übertragenden Rechtsträgers auch nach der Spaltung durch das Gesellschaftsvermögen gedeckt ist (§ 140 UmwG). Die Erklärung ist strafbewehrt (§ 313 II UmwG). Die Gläubiger sollen so vor einer Auszehrung des Gesellschaftsvermögens geschützt werden.

c) Ausgliederung

Die Ausgliederung (§ 123 III UmwG) entspricht der Abspaltung, jedoch mit dem 32
Unterschied, dass die Anteile an den übernehmenden (Ausgliederung zur Aufnahme) oder neuen (Ausgliederung zur Neugründung) Rechtsträgern in das Vermögen des Rumpfunternehmens fallen.

d) Abgrenzung zur Realteilung

Die im UmwG enthaltenen Vorschriften über die Spaltung greifen nur dann ein, wenn 33
sich das Leitungsorgan des sich spaltenden Rechtsträgers für den Weg des UmwG entscheidet, also die Vorteile der Gesamtrechts-/Sonderrechtsnachfolge in Anspruch nehmen will. Als Alternative kann auf die Realteilung durch Einbringung im Wege der Einzelrechtsnachfolge und anschließender Übertragung der erworbenen Gesellschaftsanteile zurückgegriffen werden (dazu unten Rn. 70). Es besteht grundsätzlich keine Verpflichtung zur Anwendung des Umwandlungsrechts.

e) Spaltungsfähige Rechtsträger

Welche Rechtsträger spaltungsfähig sind, hängt von der Spaltungsart ab. Bei einer Auf- 34
oder Abspaltung können als übertragende, übernehmende oder neue Rechtsträger alle Personenhandelsgesellschaften (auch EWIV), Partnerschaftsgesellschaften, Kapitalgesellschaften (grds auch Europäische Gesellschaft (SE) mit Ausnahme der Spaltung zur Neugründung auf eine SE, *Sickinger* in Kallmeyer UmwG § 124 Rn. 1; *Teichmann* in Lutter UmwG § 124 Rn. 5 ff.), eingetragenen Genossenschaften (grundsätzlich auch Europäische Genossenschaft (SCE) mit Ausnahme der Spaltung zur Neugründung auf eine SCE), eingetragenen Vereine, genossenschaftlichen Prüfungsverbände und Versicherungsvereine auf Gegenseitigkeit beteiligt sein, wirtschaftliche Vereine dagegen nur als übertragende Rechtsträger (§§ 124 I, 3 I UmwG). Das Gleiche gilt für die Ausgliederung, doch sind als übertragende Rechtsträger dann auch wirtschaftliche Vereine, Einzelkaufleute, Stiftungen und Gebiets-

körperschaften sowie deren Zusammenschlüsse, die nicht selbst Gebietskörperschaften sind, spaltungsfähig (§§ 124 I, 3 I UmwG). Für die Beteiligungsfähigkeit der UG (haftungsbeschränkt) gelten sinngemäß die zur Verschmelzungsfähigkeit dargestellten Grundsätze (s. oben Rn. 27a; vgl. auch *Schwanna* in Semler/Stengel UmwG § 124 Rn. 8a).

f) Bezeichnung der Gegenstände der Spaltung

35 Die an einer Spaltung beteiligten Gegenstände gehen im Wege der Sonderrechtsnachfolge auf den übernehmenden Rechtsträger über. § 126 I Nr. 9 UmwG ordnet entsprechend dem sachenrechtlichen Bestimmtheitsgrundsatz (§ 126 II 1 UmwG) die genaue Bezeichnung und Aufteilung der Gegenstände des Aktiv- und Passivvermögens, die an jeden der übernehmenden Rechtsträger übertragen werden, sowie der übergehenden Betriebe und Betriebsteile unter Zuordnung zu den übernehmenden Rechtsträgern an. Die Anforderungen ergeben sich nach § 126 II 1 UmwG aus den allgemeinen Vorschriften für die Übertragung von Gegenständen im Wege der Einzelrechtsnachfolge. Für Grundstücke und Rechte an Grundstücken ist § 28 GBO zu beachten (§ 126 II 2 UmwG). Im Übrigen kann nach § 126 II 3 UmwG auf Urkunden wie Bilanzen und Inventare Bezug genommen werden (zur genauen Bezeichnung: *Sickinger* in Kallmeyer UmwG § 126 Rn. 19 ff.; *Schröer* in Semler/Stengel UmwG § 126 Rn. 61 ff.).

36 Werden im Spaltungsvertrag Gegenstände übersehen und können auch nicht durch Auslegung zugeordnet werden, so hängt ihr Schicksal von der gewählten Spaltungsart ab. Bei Abspaltung oder Ausgliederung bleiben sie im Vermögen der Restgesellschaft. Bei einer Aufspaltung ist dies nicht möglich. Ist daher bei einer Aufspaltung ein aktiver Vermögensgegenstand im Vertrag keinem der übernehmenden Rechtsträger zugeteilt worden, so wird dieser Mangel dadurch geheilt, dass der Vermögensgegenstand allen übernehmenden Rechtsträgern verhältnismäßig zugeteilt wird; bei Unaufteilbarkeit erfolgt eine verhältnismäßige Verteilung des Wertes, § 131 III UmwG. Bei Zustimmung aller beteiligten Rechtsträger ist auch Bruchteilseigentum oder eine gesamthänderische Berechtigung an den übersehenen Gegenständen möglich (str., ebenso *Leonard* in Semler/Stengel UmwG § 131 Rn. 70 Fn. 255; aA, wonach nicht das Einverständnis aller erforderlich sei *Sickinger* in Kallmeyer UmwG § 131 Rn. 23; *Teichmann* in Lutter UmwG § 131 Rn. 109). Für „vergessene" Passiva besteht gesamtschuldnerische Haftung (§ 133 I UmwG). In der Praxis können diese Vorschriften Schwierigkeiten verursachen oder nicht den Parteiabsichten entsprechen. Daher wird in den Spaltungsvertrag regelmäßig eine Regelung zu nicht zugewiesenen Gegenstände aufgenommen, insbesondere wenn ein Betrieb oder Teilbetrieb übertragen wird (*Sickinger* in Kallmeyer UmwG § 126 Rn. 20).

g) Übertragbarkeit

37 Bis zum Zweiten Gesetz zur Änderung des UmwG v. 19.4.2007 blieben gemäß § 132 S 1 UmwG die allgemeinen Vorschriften, welche die Übertragbarkeit eines bestimmten Gegenstands ausschließen oder an bestimmte Voraussetzungen knüpfen oder nach denen die Übertragung eines bestimmten Gegenstandes einer staatlichen Genehmigung bedarf, durch die Wirkung der Eintragung nach § 131 UmwG (das ist unter anderem der Vermögensübergang im Wege der partiellen Gesamtrechtsnachfolge) unberührt. Diese Regelung wurde in Wissenschaft und Praxis als „Spaltungsbremse" kritisiert und nun vom Gesetzgeber ersatzlos gestrichen (vgl. BegrRegE, BT-Drs. 16/2919, 19), was in der Literatur ob der erhofften Rechtssicherheit begrüßt wurde (*Mayer/Weiler* MittBayNot 2007, 368, 372 f.; *Bayer/Schmidt* NZG 2006, 841, 845; *Drinhausen* BB 2006, 2313, 2315 f.; *Handelsrechtsausschuss des DAV,* NZG 2006, 737, 743; *Kallmeyer* GmbHR 2006, 418, 421; *Müller* NZG 2006, 491, 493).

38 Die Gesamtrechtsnachfolge bei Verschmelzung und Spaltung soll damit denselben Grundsätzen unterworfen sein (vgl. BegrRegE, BT-Drs. 16/2919, 19). Von der Rechtsnachfolge bleiben in beiden Fällen ausschließlich höchstpersönliche Rechte und Pflichten ausgenommen; alle anderen Gegenstände gehen über.

Ob und inwieweit ein durch den Rechtsübergang betroffener Dritter, der sich durch die Gesamtrechtsnachfolge einem neuen Vertragspartner gegenübersieht, diesen Zustand akzeptieren muss oder sich dagegen durch Kündigung, Rücktritt, Berufung auf den Wegfall der Geschäftsgrundlage wehren kann, ergibt sich aus den insoweit geltenden allgemeinen Vorschriften (vgl. BegrRegE, BT-Drs. 16/2919, 19). Hier wird vieles von den Regelungen sowie der Art und Natur des betreffenden Vertrags und den Verhältnissen der beteiligten Parteien abhängen (*Müller* NZG 2006, 491). Der Dritte ist zudem durch die §§ 133 f. UmwG, insbesondere durch die gesamtschuldnerische Haftung aller an der Spaltung beteiligten Rechtsträger, geschützt. Bei Arbeitsverträgen ist der Arbeitnehmer zusätzlich durch §§ 324 UmwG, 613a BGB geschützt (s. unten Rn. 211 ff.). **39**

(einstweilen frei) **40–44**

h) Nicht-verhältniswahrende Spaltung

Bei der Aufspaltung und Abspaltung werden die Anteilsinhaber der übertragenden Gesellschaft im gleichen Verhältnis Anteilsinhaber der übernehmenden Gesellschaft. Es kann sinnvoll sein, hiervon abzuweichen, etwa um den Betriebsteil A auf den einen und den Betriebsteil B auf den anderen Gesellschafter zu übertragen und so Gesellschaftergruppen oder Familienstämme auseinanderzusetzen. Einer solchen nicht-verhältniswahrenden Spaltung müssen alle Anteilsinhaber zustimmen (§ 128 UmwG). **45**

3. Vermögensübertragung

Das 4. Buch regelt die Vermögensübertragung (§§ 174–189 UmwG) in den Varianten Vollübertragung (§ 174 I UmwG) und Teilübertragung (§ 174 II UmwG). Ihre Konstruktion entspricht bei der Vollübertragung der Verschmelzung, bei der Teilübertragung der Spaltung. Die Gegenleistung für die Anteile an dem übertragenden Rechtsträger besteht jedoch nicht in Anteilen an dem übernehmenden oder neuen Rechtsträger, sondern in einer Gegenleistung anderer Art, insbesondere einer Zahlung (*Rödder* in R/H/vL Einf. UmwSt-Recht Rn. 21). **46**

Die beteiligungsfähigen Rechtsträger und die Möglichkeit der Vermögensübertragung werden in §§ 175, 185 UmwG eng begrenzt. Die Vermögensübertragung ist danach nur möglich von einer Kapitalgesellschaft auf die öffentliche Hand und zwischen Versicherungsunternehmen. Sie ist somit praktisch weitgehend irrelevant; auf sie wird daher in der Folge nicht eingegangen. Eine Vermögensübertragung zur Neugründung gibt es nicht. Die errichtende Vermögensübertragung ist im UmwG nicht enthalten. **47**

4. Formwechsel

Beim Formwechsel des 5. Buches (§§ 190–304 UmwG) ändern sich lediglich die Rechtsform und die Struktur des Rechtsträgers. Seine wirtschaftliche und rechtliche Identität bleibt dagegen – im Gegensatz zu den anderen Übertragungsvorgängen – gewahrt; es findet **keine Vermögensübertragung** statt. In der Regel bleibt auch der Kreis der Anteilsinhaber in unverändertem Verhältnis erhalten. **48**

Die umwandlungsfähigen Rechtsträger sind abschließend festgelegt. Ihre Form wechseln können Personenhandelsgesellschaften (auch EWIV, *Schwanna* in Semler/Stengel UmwG § 191 Rn. 11), Partnerschaftsgesellschaften, Kapitalgesellschaften (auch Europäische Gesellschaft (SE), *Meister/Klöcker* in Kallmeyer UmwG § 191 Rn. 5; ebenso die UG (haftungsbeschränkt), vgl. dazu *Schwanna* in Semler/Stengel UmwG § 191 Rn. 4), eingetragene Genossenschaften (auch Europäische Genossenschaft (SCE)), rechtsfähige Vereine, Versicherungsvereine auf Gegenseitigkeit sowie Körperschaften und Anstalten öffentlichen Rechts (§ 191 I UmwG). Als Rechtsformen, in die gewechselt werden kann, werden die Gesellschaft bürgerlichen Rechts, Personenhandelsgesellschaften (auch EWIV, *Bärwaldt* in Semler/Stengel UmwG § 197 Rn. 16), Partnerschaftsgesellschaften, Kapitalgesellschaften und eingetragene Genossenschaft und Partnerschaft enumerativ aufgeführt (§ 191 II **49**

UmwG). Bei den Personenhandelsgesellschaften und der Partnerschaftsgesellschaft ist die Umwandlung auf den Wechsel in eine Kapitalgesellschaft oder eingetragene Genossenschaft beschränkt (§§ 214, 225a UmwG). Beim Formwechsel in eine Partnerschaftsgesellschaft müssen schließlich alle Anteilsinhaber im Zeitpunkt des Wirksamwerdens natürliche Personen sein, die einen freien Beruf ausüben. Der Formwechsel in eine UG (haftungsbeschränkt) scheidet wegen des Sacheinlageverbots (§ 5a II 2 GmbHG) aus (*Tettinger* Der Konzern 2008, 75, 77; *Meister* NZG 2008, 767, 768; *Berninger* GmbHR 2010, 63, 67; *Schwanna* in Semler/Stengel UmwG § 191 Rn. 14; *Heckschen* in Widmann/Mayer UmwG § 1 Rn. 48.4; *Meister/Klöcker* in Kallmeyer UmwG § 191 Rn. 8; *Decher/Hoger* in Lutter UmwG § 191 Rn. 5; *Drygala* in Lutter UmwG § 3 Rn. 12).

50 Vom Grundsatz der identischen Beteiligung kann durch Zustimmung aller betroffenen Anteilsinhaber abgewichen werden, so dass es zu einem nicht-verhältniswahrenden Formwechsel kommen kann. Auch ein einvernehmlich herbeigeführter Mitgliederwechsel im Zeitpunkt der Eintragung ist statthaft (str., ebenso *Bärwaldt* in Semler/Stengel UmwG § 194 Rn. 7 ff.; *Decher/Hoger* in Lutter UmwG § 202 Rn. 15; vgl. auch BGH v. 2.12.1994, ZIP 1995, 422, 425 zum konzeptionell vergleichbaren LwAnpG; aA *Meister/Klöcker* in Kallmeyer UmwG § 194 Rn. 25 und § 202 Rn. 29 ff.).

51 Das UmwG erlaubt im Gegensatz zum früheren Recht die Umwandlung einer **Kapitalgesellschaft in eine Kapitalgesellschaft & Co. KG.** Das lässt sich bereits dem Gesetzestext entnehmen. Auch die Gesetzesbegründung ist eindeutig. Wer den nicht-verhältniswahrenden Formwechsel ablehnt, muss sicherstellen, dass eine GmbH bereits Gesellschafter des sich umwandelnden Rechtsträgers ist. Die künftige Komplementär-GmbH muss dann der umzuwandelnden GmbH als Gesellschafter beitreten, wobei nichts dagegen spricht, dass sie ihren Vermögensanteil nur treuhänderisch für einen späteren Kommanditisten hält (*Meister/Klöcker* in Kallmeyer UmwG § 191 Rn. 14). Umstritten ist der umgekehrte Formwechsel von einer GmbH & Co. KG in eine Kapitalgesellschaft, wenn die Komplementär-GmbH keine Kapitalbeteiligung hält. Vorgeschlagen wird die (treuhänderische) Übertragung eines Zwergkapitalanteils an der formwechselnden Personengesellschaft auf die Komplementärin vor dem Formwechsel mit Rückübertragung nach dem Formwechsel (*Meister/Klöcker* in Kallmeyer UmwG § 191 Rn. 14). Die Variante ist den außerhalb des UmwG bestehenden Möglichkeiten dann vorzuziehen, wenn die Komplementär-GmbH für andere Zwecke bestehen bleiben soll. Einfacher als der Formwechsel ist sonst die Anwachsung der Kommanditbeteiligungen an die Komplementär-GmbH, indem die Kommanditbeteiligungen in die GmbH eingebracht werden (dazu unten Rn. 60 ff.).

52 Die Umwandlung einer Kapitalgesellschaft auf ihren Alleingesellschafter regelt das UmwG richtigerweise nicht als Formwechsel, sondern als Verschmelzung (§ 3 II Nr. 2 UmwG). Dies ist nach mittlerweile allgemeiner Ansicht auch möglich, wenn der Alleingesellschafter Nichtkaufmann ist.

53 Die Umwandlung eines einzelkaufmännischen Unternehmens in eine Kapitalgesellschaft ist systematisch konsequent als Ausgliederung aus dem Vermögen des Einzelkaufmanns und nicht als Formwechsel ausgestaltet (*Meister/Klöcker* in Kallmeyer UmwG § 191 Rn. 3).

5. Umstrukturierungen außerhalb des UmwG

54 Erfasst das UmwG eine Umstrukturierungsmaßnahme nicht, so ist das UmwG aufgrund des Analogieverbots des § 1 II UmwG unanwendbar (s. Rn. 8).

55 Auch nach Inkrafttreten des UmwG bleibt es den Unternehmen allerdings unbenommen, sich der bislang verwendeten Umstrukturierungsmethoden zu bedienen.

56 Es bestehen folgende Möglichkeiten:

- Jede Verschmelzung, an der nicht mehr als eine Kapitalgesellschaft und sonst nur Personengesellschaften beteiligt sind, ist durch Anwachsung realisierbar.
- Die Anwachsung ermöglicht auch den Formwechsel von einer Personengesellschaft in eine Kapitalgesellschaft.

- Eine Personengesellschaft kann in eine Personengesellschaft anderer Rechtsform durch Änderung des Gesellschaftsvertrags und Eintragung in das Handelsregister formgewechselt werden.
- Eine Kapitalgesellschaft kann durch grenzüberschreitende Sitzverlegung innerhalb der Europäischen Union in eine ausländische Kapitalgesellschaft formgewechselt werden (vgl. oben Ziff. II.3).
- Das wirtschaftliche Ergebnis aller Arten von Spaltung lässt sich durch Veräußerung oder Einbringung im Wege der Einzelrechtsnachfolge erreichen.

a) Anwachsung als Alternative zu Formwechsel und Verschmelzung von Personengesellschaften

Personengesellschaften können unter Ausnutzung des Anwachsungsprinzips umstrukturiert werden. **Anwachsung** bedeutet, dass der Gesellschaftsanteil des ausscheidenden Gesellschafters auf die oder den verbleibenden Gesellschafter unmittelbar im Verhältnis zur bisherigen Beteiligung übergeht, dh anwächst, soweit keine abweichende Vereinbarung vorliegt (§ 738 BGB, §§ 105 III, 161 II HGB). Auch wenn weitere Gesellschafter der Gesellschaft beitreten, sind Einzelübertragungen nicht erforderlich. Die Alleingesellschafterin kann auch eine Kapitalgesellschaft sein, so dass im Wege der Anwachsung die Umwandlung einer Personen- in eine Kapitalgesellschaft erreicht werden kann. Man unterscheidet zwischen dem Austritts- und dem Übertragungsmodell. 57

Beim **Austrittsmodell** wird die Verschmelzung zweier Gesellschaften dadurch erreicht, dass die übernehmende Gesellschaft Gesellschafterin der übertragenden Personengesellschaft wird und alle Altgesellschafter ausscheiden. Damit erlischt die übertragende Gesellschaft und die übernehmende Gesellschaft wird im Wege der Gesamtrechtsnachfolge (§§ 738 BGB, 105 III, 161 II HGB) Alleineigentümerin des Gesamthandsvermögens. Die Parteien können dabei den Austritt der übrigen Gesellschafter mit oder ohne Abfindung vereinbaren. Letzteres wird regelmäßig der Fall sein, wenn die austretenden Gesellschafter am übernehmenden Rechtsträger im gleichen Verhältnis beteiligt sind. Einer Liquidation der übertragenden Gesellschaft bedarf es nicht. 58

Hauptanwendungsfall ist der Austritt aller Kommanditisten aus einer GmbH & Co. KG mit der Absicht, dass die Kommanditanteile bei der Komplementär-GmbH anwachsen. Dadurch wird die KG beendet, und ihre Geschäfte werden durch die übernehmende GmbH fortgeführt. Im Anschluss daran ist (lediglich deklaratorisch) die Beendigung der Gesellschaft und die Fortführung durch die übernehmende GmbH in das Handelsregister einzutragen. 59

Beim **Übertragungsmodell** erwirbt die übernehmende Gesellschaft sämtliche Anteile an der übertragenden Personengesellschaft entweder gegen Zahlung eines Kaufpreises oder gegen Gewährung von Gesellschaftsanteilen an der übernehmenden Gesellschaft. Letztere wird alleinige Gesellschafterin der übertragenden Personengesellschaft, die aus diesem Grund erlischt. Die übernehmende Gesellschaft wird Gesamtrechtsnachfolgerin, da das Vermögen der übertragenden Gesellschaft dem ihren anwächst. 60

Der Formwechsel durch Einbringung außerhalb des UmwG wird zB als Hilfskonstruktion für die Umstrukturierung einer Gesellschaft bürgerlichen Rechts in eine Kapitalgesellschaft verwendet, da sie vom UmwG nicht vorgesehen wird. Die Gesellschafter gründen eine Kapitalgesellschaft oder erwerben an einer solchen Gesellschaft Anteile. Anschließend wird ein Einbringungsvertrag geschlossen, kraft dessen die BGB-Gesellschafter alle Anteile an der Gesellschaft bürgerlichen Rechts auf die neue Gesellschaft übertragen; die neue Gesellschaft wird Gesamtrechtsnachfolgerin. 61

Die Anwachsung wird für die Verschmelzung von Personengesellschaften auch nach Erlass des UmwG in den Fällen bevorzugt angewandt, in denen sich die Gesellschafter über die Art und Weise der Durchführung der Umstrukturierung einig sind. Sie bietet einen erheblichen Zeit- und Kostenvorteil. Zum einen ist das Modell technisch einfach zu handhaben. Zum anderen muss der Gesellschafterbeschluss der Personengesellschaft nicht 62 notariell beurkundet werden. Soweit auf eine Kapitalgesellschaft angewachsen wird, ist zudem keine Werthaltigkeitsprüfung durch den Registerrichter erforderlich. Der Austritt der Gesellschafter kann auch formlos vereinbart werden. Ihre Löschung im Handelsregister ist lediglich deklaratorischer Natur.

63 Für die ausgeschiedenen Gesellschafter einer Personenhandelsgesellschaft gilt die fünfjährige Nachhaftung (§§ 159, 160 HGB), die auch bei Anwendung des UmwG (§ 45 UmwG) eingreift.

b) Fakultative Eintragung ins Handelsregister und Änderung des Gesellschaftsvertrags von Personengesellschaften als Alternative zum Formwechsel

64 Für eine kleingewerbetreibende oder nur eigenes Vermögen verwaltende BGB-Gesellschaft gibt es eine weitere Möglichkeit, sich außerhalb des UmwG in eine andere Personengesellschaft umzuwandeln. Sie kann sich fakultativ als OHG in das Handelsregister eintragen lassen (§§ 2, 105 II HGB). Für die Eintragung als KG ist zusätzlich noch die Änderung des Gesellschaftsvertrags erforderlich.

65 Eine KG kann in eine OHG formwechseln und umgekehrt, indem der Gesellschaftsvertrag geändert wird und die neuen Haftungsverhältnisse zum Handelsregister angemeldet werden. Die Gesamthand bleibt dieselbe.

c) Einbringung als Alternative zur Ausgliederung

66 Außerhalb des UmwG kann die formwechselnde Umstrukturierung von Gesellschaften oder Einzelunternehmen auch durch Einbringung der übertragenden Gesellschaft als Sacheinlage in eine Kapitalgesellschaft erreicht werden. Dies geschieht bei Gründung oder durch eine Kapitalerhöhung. Für die verschiedenen Übertragungsvorgänge müssen die Formvorschriften des allgemeinen Zivilrechts beachtet werden.

67 Der Vorteil der Ausgliederung durch Einbringung liegt zum einen darin, dass sie bei der übertragenden Gesellschaft nur ausnahmsweise eine Gesellschafterversammlung erfordert. Dies ist der Fall, wenn die Umstrukturierung der Gesellschaft Veränderungen nach sich zieht, die denjenigen zumindest nahe kommen, welche allein durch eine Satzungsänderung herbeigeführt werden können (BGH v. 26.4.2004, NZG 2004, 575 – *Gelatine;* v. 25.2.1982, BGHZ 83, 122 – *Holzmüller*).

68 Zum anderen lassen sich die Formalien des Spaltungsrechts vermeiden. Will die Geschäftsführung einer GmbH einen Betriebsteil auf eine Tochtergesellschaft ausgliedern, muss sie zwar Zustimmungsvorbehalte in der Satzung beachten und deshalb die Gesellschafterversammlung damit befassen. Doch bedarf deren Beschluss idR nur dann der Beurkundung, wenn darin eine Satzungsänderung liegt oder Grundstücke oder GmbH-Geschäftsanteile übertragen werden (§§ 311b BGB, 15, 53 II GmbHG). Eines Spaltungsberichts oder einer Vorlage an den Betriebsrat bedarf es nicht. Schließlich führt die fünfjährige gesamtschuldnerische Haftung der Spaltgesellschaften zu einer strukturellen Benachteiligung der Spaltung gegenüber der Einbringung (*Sickinger* in Kallmeyer UmwG § 123 Rn. 17).

69 Die Praxis wählt daher regelmäßig den einfacheren und oftmals kostengünstigeren Weg der Einbringung, um eine Ausgliederung zu verwirklichen. Das UmwG wird dann angewendet, wenn die partielle Gesamtrechtsnachfolge entscheidend ist (zB eine Vielzahl oder bestimmte für die Gesellschaft günstige und langfristige Verträge übergeleitet werden müssen). Außerdem ermöglicht § 24 UmwStG die **steuerliche Rückwirkung** bei der Ausgliederung in eine Personengesellschaft nur bei Anwendung des Umwandlungsrechts, nicht aber bei Einbringung von Einzelwirtschaftsgütern.

d) Realteilung als Alternative zur Abspaltung aus Personengesellschaften

70 Als Alternative zur Spaltung von Personengesellschaften nach dem UmwG kann auf die Realteilung (oder zweistufige Spaltung) durch Übertragung im Wege der Einzelrechtsnachfolge auf der Grundlage der bürgerlich-rechtlichen Vorschriften und anschließende

Übertragung der erworbenen Gesellschaftsanteile zurückgegriffen werden (*Kallmeyer* in Kallmeyer UmwG § 123 Rn. 26).

Mangels abweichender Vereinbarung wird bei Auflösung einer Personengesellschaft eine Liquidation durchgeführt (§§ 145, 161 II HGB). Abweichend kann auch die Realteilung beschlossen werden. Bei der Realteilung wird das Gesamthandsvermögen auseinandergesetzt und im Wege der Einzelübertragung verteilt. Soweit nichts anderes vereinbart ist, werden die einzelnen materiellen und immateriellen Wirtschaftsgüter nach ihrem Wert im Verhältnis der handelsrechtlichen Gewinne auf den oder die ausscheidenden Gesellschafter und die verbleibende Gesellschaft aufgeteilt. **71**

Da die Gesellschafter zumeist funktionsfähige Nachfolgeunternehmen erhalten sollen, ist eine Aufteilung genau entsprechend den Kapitalanteilen der Gesellschafter häufig nicht möglich. In diesem Fall kann vereinbart werden, dass der zu viel erhaltende Gesellschafter an den weniger erhaltenden Gesellschafter einen **sog. Spitzenausgleich** aus seinem Privatvermögen zahlt. Die Zahlung führt bei einer Realteilung mit Buchwertfortführung zu einer partiellen Gewinnrealisierung. Bei Auflösung der stillen Reserven wird dagegen der Aufgabegewinn des Ausgleichsverpflichteten durch die Zahlung des Ausgleichs verringert. **72**

(einstweilen frei) **73–80**

III. Umwandlungsvorgang

Bei allen Umwandlungsvorgängen nach dem UmwG läuft das Verfahren ähnlich ab. Im Wesentlichen ergeben sich fünf Hauptschritte: Rechtsgeschäftliche Grundlage, Bericht, Prüfung, Beschlussfassung und Eintragung im Register. Der Ablauf von einigen Grundtypen wird unter Rn. 251 ff. ausführlicher dargestellt. **81**

1. Rechtsgeschäftliche Grundlage

a) Verschmelzungs-/Spaltungsvertrag, Spaltungsplan, Entwurf des Formwechselbeschlusses

Als rechtsgeschäftliche Grundlage für die Verschmelzung dient ein notariell beurkundeter Verschmelzungsvertrag. Grundlage einer Spaltung ist ein Spaltungs- und Übernahmevertrag (Spaltung zur Aufnahme) oder ein Spaltungsplan (Spaltung zur Neugründung). Den Vertrag oder Spaltungsplan schließen die Rechtsträger, vertreten durch ihre vertretungsberechtigten Organe, ab. Beim Formwechsel tritt an die Stelle eines Vertrags oder Plans der Entwurf des Umwandlungsbeschlusses. **82**

Für die genannten Rechtsakte wird jeweils ein bestimmter Mindestinhalt vorgeschrieben (§§ 5 I und II, 37, 122c II, 126 I und II, 135 I, 194 I UmwG; zusätzliche Anforderungen in §§ 40, 46, 80, 110, 118, 125 UmwG). Der Verschmelzungs- oder Spaltungsvertrag bzw. Spaltungsplan müssen demzufolge Regelungen zu Namen oder Firma und Sitz der beteiligten Rechtsträger, zu Vermögensübertragung, Umtauschverhältnis, Einzelheiten der Anteilsübertragung, Beginn des Bezugsrechts, Umwandlungsstichtag, etwaigen Sonderrechten und Sondervorteilen sowie zu den Umwandlungsfolgen für die Arbeitnehmer und ihre Vertretungen enthalten. Im Folgenden wird kurz auf einige Probleme in der Praxis eingegangen.

b) Umwandlungsstichtag

Im Verschmelzungsvertrag enthalten ist auch der Verschmelzungsstichtag (allgemein: Umwandlungsstichtag), von dem an die Geschäfte des Überträgers als für Rechnung des Übernehmers vorgenommen gelten. Da die steuerliche Rückwirkungsfiktion des § 2 I UmwStG nicht voraussetzt, dass auch die gesellschaftsrechtlichen Wirkungen am steuerlichen Übertragungsstichtag vorliegen (UmwStE 2011 Rn. 02.11), ist auch eine rückwirkende Verschmelzung zur Aufnahme möglich, selbst wenn der übernehmende Rechtsträger am steuerrechtlichen Übertragungsstichtag zivilrechtlich noch nicht existiert hat. **83**

c) Arbeitsrechtliche Angaben

84 Die Folgen der Umwandlung für die Arbeitnehmer und ihre Vertretungen sowie die insoweit vorgesehenen Maßnahmen sind als Pflichtangaben in den Umwandlungsvertrag aufzunehmen (§§ 5 I Nr. 9, 122c II Nr. 4 und 10, 126 I Nr. 11, 194 I Nr. 7 UmwG). Inhalt und Umfang dieser Angaben bereiten in der Praxis erhebliche Schwierigkeiten, weil es bislang an klaren Vorgaben der Rspr. fehlt (*Simon* in Semler/Stengel UmwG § 5 Rn. 76). Insbesondere ist streitig, ob nur die unmittelbaren oder auch die mittelbaren arbeitsrechtlichen Folgen und insoweit vorgesehenen Maßnahmen zu den notwendigen arbeitsrechtlichen Angaben gehören (*Drygala* in Lutter UmwG § 5 Rn. 103 ff.; *Simon* in Semler/Stengel UmwG § 5 Rn. 81 ff.). Nach richtiger Auffassung sind nur die Folgen und Maßnahmen, die in einem unmittelbaren zeitlichen, organisatorischen und inhaltlichen Zusammenhang mit der Umwandlung stehen, darzustellen. Der Sinn und Zweck arbeitsrechtlicher Angaben im Umwandlungsvertrag erschöpft sich nämlich allein darin, den Betriebsrat möglichst frühzeitig über die im Zusammenhang mit der Umwandlung bevorstehenden arbeitsrechtlichen Folgen und Maßnahmen zu informieren, um eine möglichst sozialverträgliche Durchführung des Umwandlungsvorgangs zu ermöglichen (vgl. OLG Düsseldorf v. 15.5.1998, NZA 1998, 766, 767). Allerdings reicht es zur Beschreibung der arbeitsrechtlichen Folgen und Maßnahmen nicht aus, lediglich abstrakt einzelne Gesetzesvorschriften anzugeben (OLG Düsseldorf v. 15.5.1998, NZA 1998, 766 f.). Vielmehr sind Angaben zu allen arbeitsrechtlichen Bereichen zu machen, die im Einzelfall ernsthaft in Betracht kommen, wobei die Darstellung der wesentlichen Gesichtspunkte ausreicht (*Hausch* RNotZ 2007, 308, 324; *Blechmann* NZA 2005, 1143, 1146; *Joost* ZIP 1995, 976, 986). Hierzu gehört insbesondere die Mitteilung über den Übergang der Arbeitsverhältnisse sowie die Fortgeltung oder Ablösung von Tarifverträgen und Betriebsvereinbarungen. Ferner sind Angaben über den Fortbestand bzw. die Auflösung von Arbeitnehmervertretungen (Betriebsrat, mitbestimmter Aufsichtsrat) erforderlich.

85 Zum Teil wird vertreten, dass die arbeitsrechtlichen Angaben im Umwandlungsvertrag entbehrlich sind, wenn die beteiligten Unternehmen keine Betriebsräte haben (LG Stuttgart v. 11.12.1995, WiB 1996, 994 mit krit. Anm. *Trölitzsch;* aA *Pfaff* BB 2002, 1604, 1605 ff.). Die Praxis wird sich hierauf nicht verlassen können, weil das Gesetz die arbeitsrechtlichen Angaben nicht von der Existenz von Betriebsräten abhängig macht und auch ein mitbestimmter Aufsichtsrat und die Anteilseigner ein Interesse an Informationen über die Auswirkungen der Umwandlung auf die Arbeitnehmer haben können (vgl. *Bayer* ZIP 1997, 1613, 1618). Sind in den am Umwandlungsvorgang beteiligten Unternehmen keine Betriebsräte gebildet worden, so entfällt lediglich die Verpflichtung zur rechtzeitigen Zuleitung des Umwandlungsvertrags bzw. dessen Entwurfs (dazu Rn. 224 ff.). Für diesen Fall wird teilweise eine eidesstattliche Versicherung der Geschäftsleitung über das Fehlen von Betriebsräten für notwendig erachtet (AG Duisburg v. 4.1.1996, GmbHR 1996, 372).

d) Auslandsbeurkundung

86 Die Rspr. zur notariellen Form von im Ausland beurkundeten Umwandlungsverträgen ist uneinheitlich. Das LG Augsburg (v. 4.6.1996, DB 1996, 1666) hielt die Beurkundung eines Verschmelzungsvertrags durch einen Notar in Zürich für unzulässig, das OLG München (v. 19.11.1997, BB 1998, 119) und das LG Kiel (v. 25.4.1997, BB 1998, 120) betrachteten die Beurkundung eines Unternehmenskaufvertrag durch einen Notar in Basel und eines Verschmelzungsvertrags in Österreich als zulässig. Der BGH hat in einer älteren Entscheidung (v. 16.2.1981, DB 1981, 983) zwar ausgeführt, dass auch ausländische Notare im Bereich des Gesellschaftsrechts das Beurkundungserfordernis erfüllen können, soweit diese nach Vorbild und Stellung im Rechtsleben eine der Tätigkeit des deutschen Notars entsprechende Funktion ausüben und das Verfahrensrecht der Beurkundung den wesentlichen Grundsätzen des deutschen Beurkundungsrechts entspricht. Im Einzelnen ist jedoch vieles streitig (*Thorn* in Palandt Art. 11 EGBGB Rn. 9 ff.; *Drygala* in Lutter UmwG § 6 Rn. 8 ff.; *Schröer* in Semler/Stengel UmwG § 6 Rn. 15 ff.).

Im Ergebnis kann daher nicht zu einer Auslandsbeurkundung geraten werden (*Goette* DStR 1996, 709; *Goette* MittRhNotK 1997, 1; *Hellwig* RWS-Forum Gesellschaftsrecht 1997, 285; aA *Reuter* BB 1998, 116; *Sick/Schwarz* NZG 1998, 540). Es empfiehlt sich die vorherige Abstimmung mit dem zuständigen Registerrichter, weil er die Verschmelzung bei Formfehlern nicht eintragen wird, die erfolgte Eintragung andererseits etwaige Formfehler heilt (*Schröer* in Semler/Stengel UmwG § 6 Rn. 17; *Zimmermann* in Kallmeyer UmwG § 6 Rn. 11). Die „Beurkundungsflucht" in das benachbarte Ausland geht auf die in Deutschland wesentlich höheren Notargebühren zurück, die enorme Kosten verursachen können. Seit April 1997 gilt eine Erleichterung durch § 39 V KostO (bis FGG-RG Abs. 4), der den Kostenwert auf maximal 5 Mio. € begrenzt, so dass die Nettogebühr 15 114 € nicht übersteigt. **87**

2. Bericht

Unabhängig von der Rechtsform der beteiligten Rechtsträger ist nach §§ 8 I, 36 I, 122e, 127, 135 I, 192 I UmwG von den Vertretungsorganen aller an einer Umwandlung beteiligten Rechtsträger ein Bericht (Verschmelzungs-, Spaltungs- oder Umwandlungsbericht) zu erstatten. Der Bericht hat die Umwandlung und ihre Einzelheiten zu erläutern und zu begründen. Er soll den Anteilsinhabern eine Grundlage für ihre Entscheidung über die Umwandlung geben und ihnen dafür hinreichende, plausible Informationen zur Verfügung stellen. Er soll ausführlich sein und ist schriftlich abzufassen. Der Bericht kann von den Vertretungsorganen der an der Umwandlung beteiligten Rechtsträger auch gemeinsam erstattet werden (§ 8 I 1 HS 2 UmwG). **88**

Der Bericht ist nicht erforderlich, wenn sämtliche Anteilsinhaber aller beteiligten Rechtsträger in notarieller Form darauf verzichten oder wenn sich alle Anteile des übertragenden Rechtsträgers in der Hand des übernehmenden Rechtsträgers befinden (§§ 8 III, 127 S 2, 192 II 1 UmwG). Außer bei börsennotierten Gesellschaften wird fast immer auf die Abfassung eines Berichts verzichtet. Bei der Verschmelzung oder beim Formwechsel von Personenhandelsgesellschaften bedarf es keines Verschmelzungs- bzw. Umwandlungsberichts, wenn alle Gesellschafter zur Geschäftsführung berechtigt sind (§§ 41, 215 UmwG). **89**

(einstweilen frei) **90–101**

3. Prüfung der Umwandlung

Nach § 9 I UmwG sind der Verschmelzungsvertrag oder Spaltungsplan bzw. Spaltungsvertrag, und dabei insbesondere die Angemessenheit des Umtauschverhältnisses der Anteile und der Gegenleistung, einer Rechtmäßigkeitsprüfung zu unterziehen (zum Prüfungsgegenstand: *Drygala* in Lutter UmwG § 9 Rn. 9ff; *Zeidler* in Semler/Stengel UmwG § 9 Rn. 14 ff.). Nicht Prüfungsgegenstand ist die Zweckmäßigkeit der Umwandlung, da deren Kontrolle den Anteilsinhabern obliegt (*Drygala* in Lutter UmwG § 9 Rn. 12; *Zeidler* in Semler/Stengel UmwG § 9 Rn. 16). Beim Formwechsel beschränkt sich die Umwandlungsprüfung auf die Angemessenheit der Barabfindung ausscheidender Anteilseigner. **102**

Die Umwandlungsprüfung ist von unabhängigen Sachverständigen durchzuführen, die auf Antrag des Vertretungsorgans ausschließlich vom Gericht bestellt werden (§ 10 UmwG); die früher mögliche Bestellung der Verschmelzungsprüfer durch das Vertretungsorgan wurde abgeschafft, um dem Eindruck der Parteinähe der Prüfer entgegenzuwirken (*Drygala* in Lutter UmwG § 10 Rn. 3; *Lanfermann* in Kallmeyer UmwG § 10 Rn. 1). Als Prüfer können nur die in § 319 I HGB genannten Personen – also Wirtschaftsprüfer und Wirtschaftsprüfungsgesellschaften, für mittlere und kleine GmbHs daneben auch vereidigte Buchprüfer – tätig werden (§ 11 I UmwG). Die Prüfer haben ihr Ergebnis in einem schriftlichen Bericht zusammenzufassen (§ 12 I 1 UmwG). **103**

Die Prüfung ist unter bestimmten Voraussetzungen entbehrlich, so zB bei der Ausgliederung (§ 125 S 2 UmwG) oder dann, wenn alle Anteilsinhaber aller beteiligten Rechts- **104** träger darauf verzichten (§§ 9 III, 8 III UmwG). Außerdem entfällt die Prüfung bei Verschmelzung mit einer 100%-igen Tochtergesellschaft (§ 9 II UmwG; zur Entbehrlichkeit der Prüfung: *Lanfermann* in Kallmeyer UmwG § 9 Rn. 38 ff.; *Zeidler* in Semler/Stengel UmwG § 9 Rn. 49 ff.). Da die Anteilsinhaber in aller Regel auf die Umwandlungsprüfung verzichten, wird sie ebenso wie der Bericht nur bei börsennotierten Gesellschaften relevant.

105 Ferner sind bei Verschmelzung und Spaltung zur Neugründung sowie beim Formwechsel die für die neue Rechtsform geltenden Gründungsvorschriften anzuwenden (§ 197 UmwG), die teilweise eine Gründungsprüfung vorschreiben (zB § 33 AktG; vgl. *Drygala* in Lutter UmwG § 9 Rn. 8).

4. Beschluss der Anteilsinhaber

a) Vorbereitung der Beschlussfassung

106 Den Anteilsinhabern müssen in bestimmten Fällen der Verschmelzung und Spaltung mit der Einberufung der Versammlung Unterlagen zur Verfügung gestellt werden, und zwar der Umwandlungsvertrag (oder -plan) sowie der Umwandlungsbericht (§§ 42, 47, 61, 63, 78, 82, 111 f., 121, 125 UmwG). Gleichzeitig sind weitere Unterlagen offen zu legen (§§ 49 II, 121, 125 UmwG). Als weiterer Schritt sind dann in der Versammlung selbst die vorhandenen Unterlagen auszulegen (§§ 64 I, 78, 125 UmwG). Der Umwandlungsvertrag (oder -plan) bzw. dessen Entwurf muss einen Monat vor Beschlussfassung dem Betriebsrat zugeleitet werden (§ 5 III UmwG, vgl. Rn. 224 ff.).

107 Beim Formwechsel ist den Anteilsinhabern die Umwandlung als Beschlussgegenstand schriftlich anzukündigen und der Umwandlungsbericht sowie ein Abfindungsangebot bekannt zu machen, wobei nach der Rechtsform des umzuwandelnden Rechtsträgers differenziert wird (§§ 216, 230, 231, 239, 260, 274, 283, 292, 299, 300 UmwG). Auch hier gilt die Vorlagepflicht an den Betriebsrat (§ 194 II UmwG, vgl. Rn. 224 ff.).

b) Beschlussfassung allgemein

108 Die Anteilsinhaber aller beteiligten Rechtsträger müssen der Umwandlung durch Beschluss zustimmen. Der Beschluss kann bei allen Umwandlungsarten nur in einer Versammlung der Anteilsinhaber gefasst werden (§§ 13 I 2, 125, 193 I 2 UmwG).

c) Zustimmungserfordernisse

109 Die Anteilsinhaber beschließen bei allen Umwandlungsarten idR mit der für Änderungen des Gesellschaftsvertrags vorgeschriebenen Mehrheit, mindestens jedoch mit 75% der abgegebenen Stimmen (§ 43 II 2 UmwG).

110 Ggf. bedarf es darüber hinaus der Zustimmung von Anteilsinhabern mit Sonderrechten (§ 13 UmwG). Die wichtigste Fallgruppe findet sich in § 13 II UmwG. Jeder einzelne Anteilsinhaber muss zustimmen, wenn die Abtretung von der Zustimmung aller, aller übrigen Anteilsinhaber oder von einem mit allen vorhandenen Stimmen zu fassendem Beschluss abhängt oder die Übertragung sogar vollständig ausgeschlossen ist. Denn Sonderrechte des Anteilsinhabers dürfen nicht ohne dessen Einverständnis beeinträchtigt werden. Dies gilt unabhängig davon, ob der Gesellschaftsvertrag des übernehmenden Rechtsträgers entsprechende Vinkulierungsrechte einräumt (*Zimmermann* in Kallmeyer UmwG § 13 Rn. 22 f.). Bei der GmbH, deren Geschäftsanteile idR vinkuliert sind, führt das aber nur dann dazu, dass Umwandlungsbeschlüsse nur einstimmig gefasst werden können, wenn die Vinkulierung keine allgemeine Abtretungsbeschränkung, sondern ein individuelles Sonderrecht ist (str., *Heckschen* in Widmann/Mayer UmwG § 13 Rn. 172; *Stratz* in SHS UmwG § 13 Rn. 62; aA, wonach § 13 II UmwG analog anzuwenden sei *Gehling* in Semler/Stengel UmwG § 13 Rn. 35 ff.; *Drygala* in Lutter UmwG § 13 Rn. 28 f.).

111 Wenn in der AG Sonderbeschlüsse der stimmberechtigten Aktionäre jeder Gattung gefordert sind (§ 65 II UmwG), muss von der Hauptversammlung zusätzlich ein Mehrheitsbeschluss gefasst werden (LG Hamburg v. 5.3.1996, EWiR 1996, 377 mit Anm. *Timm; Diekmann* in Semler/Stengel UmwG § 65 Rn. 25). Darüber hinaus müssen nach § 50 II UmwG alle Gesellschafter zustimmen, deren bisherige besondere Rechte durch die Umwandlung beeinträchtigt würden. Gem. § 51 I UmwG gelten wegen des Haftungsrisikos für die Anteilsinhaber der übernehmenden GmbH verschärfte Zustimmungserfordernisse, wenn auf deren Geschäftsanteile noch nicht alle zu leistenden Einlagen in voller Höhe bewirkt sind.

d) Keine sachliche Rechtfertigung des Beschlusses

Zu den sachlichen Anforderungen an den Umwandlungsbeschluss (bzw. seiner materiellen Rechtfertigung) hat sich der Gesetzgeber einer Regelung enthalten. Eine materielle Rechtfertigung im Interesse der Gesellschaft nach den Kriterien der Geeignetheit, Erforderlichkeit und Verhältnismäßigkeit ist nicht erforderlich, weil die Zulässigkeit der Umwandlung vom Gesetz vorausgesetzt wird (hM, *Gehling* in Semler/Stengel UmwG § 13 Rn. 23; vgl. grundlegend BGH v. 13.3.1978, BGHZ 71, 40, 45 – *Kali & Salz*). Das UmwG schützt die Minderheitsgesellschafter durch Aufstellung von Zustimmungserfordernissen, Austrittsrecht gegen Abfindung und Spruchverfahren ausreichend und macht eine darüber hinausgehende richterrechtliche Schaffung ungeschriebener Tatbestandsmerkmale entbehrlich. 112

Zur Beherrschung von Extremfällen genügen die Bindung an Recht und Gesetz (§ 134 BGB), die guten Sitten (§ 138 BGB), die Satzung und die Treuepflicht des (Mehrheits-) Gesellschafters gegenüber der Gesellschaft und den Mitgesellschaftern. Bei Personengesellschaften stellt sich wegen des Einstimmigkeitsprinzips die Frage nach ausreichendem Minderheitenschutz idR erst gar nicht. Sind Mehrheitsentscheidungen vorgesehen, greifen der Bestimmtheitsgrundsatz, die Kernbereichslehre und die Treubindung der Gesellschafter ausgleichend ein (*Binnewies* GmbHR 1997, 727). 113

e) Form des Beschlusses

Für den Beschluss ist die notarielle Beurkundung vorgeschrieben (§§ 13 III, 125, 176 I, 177 I, 193 III UmwG; §§ 36, 37 BeurkG; dazu auch oben Rn. 86). Zustimmungserklärungen müssen als Willenserklärungen im Verfahren nach §§ 8 ff. BeurkG beurkundet werden (*Gehling* in Semler/Stengel UmwG § 13 Rn. 48). 114

f) Konzernverschmelzung auf Aktiengesellschaft

Bei einer Verschmelzung durch Aufnahme ist ein Hauptversammlungsbeschluss der übernehmenden AG entbehrlich, wenn ihr mindestens 90 % des Grund- oder Stammkapitals der Kapitalgesellschaft gehören, die aufgenommen werden soll (§ 62 I UmwG; vgl. *Diekmann* in Semler/Stengel UmwG § 62 Rn. 8 ff.; *Grunewald* in Lutter UmwG § 62 Rn. 4 ff.). Erforderlich ist der Beschluss allerdings dann, wenn Minderheitsaktionäre der übernehmenden AG, deren Grundkapital mindestens 5 % erreicht, auf eine Einberufung der Hauptversammlung bestehen (§ 62 II UmwG; vgl. *Diekmann* in Semler/Stengel UmwG § 62 Rn. 26 ff.; *Marsch-Barner* in Kallmeyer UmwG § 62 Rn. 20 ff). 115

Befinden sich alle Anteile am Stamm- oder Grundkapital der übertragenden Kapitalgesellschaft in der Hand der übernehmenden Aktiengesellschaft, ist auch ein Beschluss des Anteilsinhabers der übertragenden Kapitalgesellschaft nicht erforderlich (§ 62 IV 1 UmwG; eingefügt durch das 3. UmwÄndG v. 11.7.2011, BGBl. I 2011, 1338; vgl. auch *Diekmann* in Semler/Stengel UmwG § 62 Rn. 32a). Davon unberührt bleiben die Bekanntmachungspflicht nach § 61 UmwG, das Informationsrecht der Aktionäre der übernehmenden Gesellschaft und das Minderheitenrecht nach § 62 II UmwG (BegrRegE, BT-Drs. 17/3122, 12). 116

Ein Verschmelzungsbeschluss bei der übertragenden Aktiengesellschaft ist zudem entbehrlich, wenn zwar noch keine 100%ige Beteiligung besteht, ihre Hauptversammlung aber über einen umwandlungsrechtlichen *Squeeze-out* iSv § 62 V 1 UmwG beschlossen hat 117 und dieser Beschluss mit einem Vermerk nach § 62 V 7 UmwG in das Handelsregister eingetragen wurde (§ 62 IV 2 UmwG; vgl. zum umwandlungsrechtlichen *Squeeze-out* unten Rn. 275 ff.).

5. Anmeldung und Eintragung der Umwandlung

118 Die Umwandlung, insbesondere der Vermögensübergang bzw. beim Formwechsel das Fortbestehen in der neuen Rechtsform, wird mit der Eintragung im zuständigen Register (Handels-, Genossenschafts-, Vereins- oder Partnerschaftsregister) wirksam (§§ 20, 131, 202 UmwG).

a) Anmeldung

119 Die Anmeldung zum Handels-, Genossenschafts-, Vereins- oder Partnerschaftsregister nehmen die Vertretungsorgane jeder beteiligten Gesellschaft in vertretungsberechtigter Zahl (§ 16 I 1 UmwG), nunmehr elektronisch und in öffentlich beglaubigter Form vor (§§ 12 HGB, 157 GenG, 77 BGB; §§ 129 BGB, 39 ff. BeurkG; vgl. *Schwanna* in Semler/Stengel UmwG § 16 Rn. 2 ff.; *Zimmermann* in Kallmeyer UmwG § 16 Rn. 2 ff.). Es ist auch eine Erklärung abzugeben, dass gegen den Verschmelzungsbeschluss kein Klageverfahren anhängig ist (sog. Negativerklärung, § 16 II UmwG). Eine solche Erklärung ist nicht erforderlich, wenn die Anteilsinhaber durch notariell beurkundete Erklärung auf die Klage verzichtet haben (§ 16 II 2 UmwG, vgl. *Decher* in Lutter UmwG § 16 Rn. 12 ff.; *Schwanna* in Semler/Stengel UmwG § 16 Rn. 13 ff.). Schließlich kann auch ein rechtskräftiger Beschluss des Gerichts, das mit der Anfechtungsklage befasst ist, vorgelegt werden, der sog. Unbedenklichkeitsbeschluss, wonach die Anfechtung die Eintragung nicht hindert (§ 16 III UmwG; zu den Einzelheiten unten Rn. 189).

120 Als Anlagen zur Registeranmeldung sind der Umwandlungsvertrag und die Niederschriften der Umwandlungsbeschlüsse nebst etwaigen Zustimmungserklärungen einzureichen, ferner der Umwandlungsbericht bzw. entsprechende Verzichtserklärungen, ein etwa erforderlicher Prüfungsbericht sowie der Nachweis über die Zuleitung des Vertrags oder Entwurfs an den Betriebsrat (§§ 17 I, 125, 199 UmwG). Besteht kein Betriebsrat, ist es ausreichend, dies in der Anmeldung zu erwähnen (str., *Decher* in Lutter UmwG § 17 Rn. 4; *Fronhöfer* in Widmann/Mayer UmwG § 17 Rn. 32; *Zimmermann* in Kallmeyer UmwG § 17 Rn. 3; krit. *Schwanna* in Semler/Stengel UmwG § 17 Rn. 10; aA, wonach eine eidesstattliche Versicherung erforderlich sei, AG Duisburg v. 4.1.1996, GmbHR 1996, 372). Bei übertragenden Gesellschaften ist zusätzlich eine höchstens acht Monate alte Schlussbilanz beizufügen (§ 17 II UmwG; zur Schlussbilanz: *Decher* in Lutter UmwG § 17 Rn. 7 ff.; *Schwanna* in Semler/Stengel UmwG § 17 Rn. 13 ff.).

121 Das Registergericht überprüft die übermittelten Dokumente auf ihre Vollständigkeit und formale Richtigkeit. Nach allgemeiner Auffassung hat das Gericht zudem ein materielles Prüfungsrecht, das sich indirekt aus § 398 FamFG ergibt (*Decher* in Lutter UmwG § 19 Rn. 4 f.; *Schwanna* in Semler/Stengel UmwG § 19 Rn. 5; *Zimmermann* in Kallmeyer UmwG § 19 Rn. 5). Ob es aber auch die Eintragung bei Vorliegen eines Mangels ablehnen darf, hängt von der Art des Mangels ab. Verstößt der Vertrag gegen inhaltlich zwingende gesetzliche Vorschriften, die öffentliche Interessen verletzen können, so darf das Gericht die Eintragung verweigern. Dabei spielt es keine Rolle, ob es sich um anfechtbare oder nichtige Beschlussmängel handelt (str., *Decher* in Lutter UmwG § 19 Rn. 5). Das Registergericht darf die Eintragung unstreitig nicht verweigern, wenn es die Umwandlung für wirtschaftlich unzweckmäßig oder das Umtauschverhältnis für unangemessen hält; Letzteres ist ausschließlich im Spruchverfahren (§ 14 II UmwG) zu prüfen (*Zimmermann* in Kallmeyer UmwG § 19 Rn. 5).

b) Eintragung

122 Auf die Prüfung der Anmeldung folgt die Eintragung (§ 19 UmwG). Die Verschmelzung ist zunächst bei der übertragenden Gesellschaft einzutragen. Anschließend wird bei der

übernehmenden Gesellschaft eingetragen, aber erst nach Eintragung einer etwaigen Kapitalerhöhung zur Durchführung der Verschmelzung (§ 53 UmwG für die GmbH, § 66 UmwG für die AG und KGaA). Bei der Spaltung wird zunächst beim aufnehmenden Rechtsträger eingetragen (§ 130 I UmwG). Die Eintragungen sind mit dem Vermerk zu versehen, dass die Verschmelzung erst mit der Eintragung im Register des übernehmenden Rechtsträgers bzw. die Spaltung erst mit Eintragung im Register des übertragenden Rechtsträgers wirksam wird (Vorläufigkeitsvermerk), sofern die Eintragungen in den Registern aller beteiligten Rechtsträger nicht am selben Tag erfolgen (*Schwanna* in Semler/Stengel UmwG § 130 Rn. 8 ff.; *Mayer/Weiler* DB 2007, 1235).

Die unterschiedliche Reihenfolge der Anmeldungen und Eintragungen soll gewährleisten, dass die Beteiligten über die Umwandlungsvorgänge rechtzeitig unterrichtet werden, dass ein einheitlicher Zeitpunkt auch für solche Fälle festgelegt wird, in denen mehrere Unternehmensträger an dem Umwandlungsvorgang beteiligt sind, und dass aus dem Umwandlungsvorgang nicht Unternehmensträger hervorgehen können, denen das erforderliche Vermögen fehlt. **123**

(einstweilen frei) **124–134**

IV. Rechtsfolgen

Bei den Rechtsfolgen nimmt der Formwechsel eine Sonderrolle ein, da keine Vermögensübertragung stattfindet. Deshalb werden zunächst die Rechtsfolgen von Verschmelzung und Spaltung, anschließend die des Formwechsels dargestellt. **135**

1. Rechtsfolgen der Verschmelzung und Spaltung

a) Vermögensübergang

Bei der Verschmelzung geht das Vermögen der übertragenden Rechtsträger einschließlich der Verbindlichkeiten im Wege der rechtsgeschäftlichen Gesamtrechtsnachfolge auf den übernehmenden oder neuen Rechtsträger über (§§ 20 I Nr. 1, 36 I 2 UmwG). Gegenstand des Übergangs ist also nicht ein „Unternehmen", sondern das Vermögen des Rechtsträgers. Die Gesamtrechtsnachfolge erfasst auch das im Ausland belegene Vermögen des übertragenden Rechtsträgers. Sollte die ausländische Rechtsordnung auf die Einhaltung der Ortsform *(lex rei sitae)* bestehen, empfiehlt es sich, vor der Eintragung einen gesonderten Veräußerungs- und Übertragungsvertrag abzuschließen, der den Vorschriften des Ortsrechts genügt (*Grunewald* in Lutter UmwG § 20 Rn. 11; *Leonard/Simon* in Semler/Stengel UmwG § 20 Rn. 10). Zum Übergang einzelner Rechte und Pflichten, insbesondere zu Rechtsverhältnissen mit Dritten vgl. die Kommentarliteratur (*Grunewald* in Lutter UmwG § 20 Rn. 12 ff.; *Leonard/Simon* in Semler/Stengel UmwG § 20 Rn. 12 ff.; *Marsch-Barner* in Kallmeyer UmwG § 20 Rn. 6 ff.; *Vossius* in Widmann/Mayer UmwG § 20 Rn. 68.1 ff.). **136**

Bei der Spaltung gehen durch den Spaltungsvertrag oder -plan bestimmte Aktiva und Passiva entsprechend der dort vorgesehenen Aufteilung jeweils als Gesamtheit im Wege der teilweisen Gesamtrechtsnachfolge (Sonderrechtsnachfolge) auf den übernehmenden oder neuen Rechtsträger über (§§ 131 I Nr. 1, 135 I UmwG). **137**

b) Erlöschen ohne Liquidation

Bei Verschmelzung und Aufspaltung erlöschen die übertragenden Rechtsträger ohne Liquidation (§§ 20 I Nr. 2, 36 I 1, 131 I Nr. 2 UmwG; vgl. *Grunewald* in Lutter UmwG § 20 Rn. 58; *Leonard/Simon* in Semler/Stengel UmwG § 20 Rn. 73; *Marsch-Barner* in Kallmeyer UmwG § 20 Rn. 28; *Mösinger* GWR 2017, 463). **138**

c) Anteilserwerb kraft Gesetzes

Bei Verschmelzung, Aufspaltung und Abspaltung werden die Anteilsinhaber des übertragenden Rechtsträgers Anteilsinhaber des oder der übernehmenden oder neuen Rechts- **139** träger (§§ 20 I Nr. 3 S 1 HS 1, 36 I 1, 131 I Nr. 3 UmwG). Der Erwerb der Mitgliedschaftsrechte erfolgt kraft Gesetzes, ohne dass die Anteilsinhaber dabei mitwirken müssten (*Leonard/Simon* in Semler/Stengel UmwG § 20 Rn. 74 ff.; *Marsch-Barner* in Kallmeyer UmwG § 20 Rn. 29 ff.). Die Anteile, die an die neuen Anteilsinhaber zu gewähren sind, können sich im Vermögen eines der übertragenden Rechtsträger befunden haben, vom übernehmenden Rechtsträger als eigene Anteile gehalten werden oder durch Kapitalerhöhung neu geschaffen worden sein. Handelt es sich um Anteile, die der übertragende Rechtsträger vor der Umwandlung innehatte, so erhält sie der neue Anteilsinhaber ohne Durchgangserwerb des übernehmenden Rechtsträgers (*Grunewald* in Lutter UmwG § 20 Rn. 60; *Leonard/Simon* in Semler/Stengel UmwG § 20 Rn. 74). Ist bei einer Verschmelzung eine Kapitalerhöhung notwendig, um die Anteile ausgeben zu können, besteht entsprechend dem Beteiligungsverhältnis der übernehmenden an der übertragenden Gesellschaft ein Kapitalerhöhungsverbot (§§ 54, 68 UmwG: „soweit"). Im Fall einer 100%-Beteiligung der übernehmenden an der übertragenden Gesellschaft besteht also ein vollständiges Erhöhungsverbot (*Reichert* in Semler/Stengel UmwG § 54 Rn. 6; *Winter/Vetter* in Lutter UmwG § 54 Rn. 19). Kein Kapitalerhöhungsverbot besteht bei der Verschmelzung von 100%igen Schwestergesellschaften (*Reichert* in Semler/Stengel UmwG § 54 Rn. 6). Eine Ausnahme von dem Grundsatz, dass die Anteilsinhaber des übertragenden Rechtsträgers Anteilsinhaber des übernehmenden Rechtsträgers werden, besteht, wenn der übernehmende Rechtsträger Anteilsinhaber des übertragenden Rechtsträgers ist. Damit wird der unerwünschte Erwerb eigener Anteile vermieden (§§ 20 I Nr. 3 S 1 HS 2, 131 I Nr. 3 HS 2 UmwG; vgl. *Grunewald* in Lutter UmwG § 20 Rn. 63 ff.; *Leonard/Simon* in Semler/Stengel UmwG § 20 Rn. 76 f.). Der Erwerb ist ebenfalls ausgeschlossen für die eigenen Anteile des übertragenden Rechtsträgers. Möglich ist auch, dass der Erwerb der Anteile am übernehmenden Rechtsträger durch die Anteilseigner eines übertragenden Rechtsträgers ausgeschlossen wird (*Leonard/Simon* in Semler/Stengel UmwG § 20 Rn. 78 f.; *Marsch-Barner* in Kallmeyer UmwG § 20 Rn. 30).

140 Entsprechendes gilt für die Spaltung zur Aufnahme (§ 125 S 1 UmwG). Bei Verschmelzung und Spaltung zur Neugründung stellt sich das Problem hingegen nicht.

d) Heilung

141 Mängel der notariellen Beurkundung des Umwandlungsvertrags oder -plans und erforderlicher Zustimmungs- oder Verzichtserklärungen werden durch Eintragung in das jeweilige Register geheilt (§ 20 I Nr. 4 UmwG; vgl. *Grunewald* in Lutter UmwG § 20 Rn. 73 f.; *Leonard/Simon* in Semler/Stengel UmwG § 20 Rn. 82 f.). Sonstige Mängel der Umwandlung lassen die Wirkungen der Eintragung unberührt (§ 20 II UmwG; vgl. *Leonard/Simon* in Semler/Stengel UmwG § 20 Rn. 84 ff.; *Marsch-Barner* in Kallmeyer UmwG § 20 Rn. 33 ff.).

2. Rechtsfolgen des Formwechsels

142 Der formwechselnde Rechtsträger besteht in der im Umwandlungsbeschluss bestimmten Rechtsform weiter (§ 202 I Nr. 1 UmwG). Die Identität des Rechtsträgers wird durch den Formwechsel nicht berührt. Es ändert sich also nur das Rechtskleid und die Struktur, und damit insbesondere die Art der Beteiligung (§ 202 I Nr. 2 UmwG). Schwierigkeiten entstehen bei der Umwandlung einer oder in eine GmbH & Co. KG mit Komplementär-GmbH ohne Kapitalbeteiligung. Es wird vorgeschlagen, der Komplementär-GmbH den Aus- und Eintritt gleichzeitig mit dem Formwechsel der KG oder Kapitalgesellschaft zu ermöglichen (dazu oben Rn. 51). Auch beim Formwechsel ist die Heilung von Mängeln durch konstitutive Registereintragung vorgesehen (§ 202 I Nr. 3 UmwG).

143–145 *(einstweilen frei)*

V. Interessenschutz

1. Schutz der Anteilsinhaber

a) Spruchverfahren

Die Anteilsinhaber übertragender oder an einem Formwechsel beteiligter Rechtsträger haben die Möglichkeit, die Angemessenheit der neuen Beteiligung sowie den Wert der neuen Mitgliedschaft oder der Gegenleistung mit dem Ziel einer Verbesserung als Ersatz für das ausgeschlossene Anfechtungsrecht in einem gerichtlichen Spruchverfahren nachprüfen zu lassen (§ 1 Nr. 4 SpruchG, §§ 15, 34, 122h, 122i, 176–181, 184, 186, 196, 212 UmwG). Zuständig ist das Landgericht und dort, soweit vorhanden, die Kammer für Handelssachen (§ 2 SpruchG). Antragsberechtigt sind die jeweils materiell anspruchsberechtigten Anteilsinhaber gemäß §§ 15, 34, 122h, 122i, 176–181, 184, 186, 196 und 212 UmwG (§ 3 Nr. 3 SpruchG), Antragsgegner sind die übernehmenden oder neuen Rechtsträger oder die Rechtsträger neuer Rechtsform (§ 5 Nr. 4 SpruchG). Das Gericht entscheidet durch einen mit Gründen versehenen Beschluss (§ 11 SpruchG), der für und gegen alle wirkt (§ 13 SpruchG). **146**

b) Barabfindung

Erklärt ein Anteilsinhaber gegen den Umwandlungsbeschluss seinen Widerspruch zur Niederschrift des den Beschluss beurkundenden Notars (§ 29 I 1 UmwG), ist ihm der Erwerb seiner Anteile oder Mitgliedschaften gegen eine angemessen Barabfindung anzubieten (§§ 29, 34, 122i UmwG bei der Verschmelzung; §§ 125 S 1, 29, 34 UmwG bei der Auf- und Abspaltung; §§ 176–181, 184, 186, 188, 189 UmwG bei der Vermögensübertragung; § 212 UmwG beim Formwechsel). **147**

Das in bar zu zahlende Abfindungsangebot muss bereits im Umwandlungsvertrag, -plan oder Beschlussentwurf vorgesehen sein (§ 29 I 1 UmwG). Es ist durch den Umwandlungsprüfer auf Angemessenheit hin zu untersuchen (§ 30 II UmwG) und kann nur binnen einer Frist von zwei Monaten angenommen werden (§ 31 UmwG). Eine Zwangsabfindung in bar ohne Zustimmung des betroffenen Anteilsinhabers ist nicht möglich. **148**

Ein Barabfindungsangebot ist nicht notwendig, wenn schon vor Fassung des Beschlusses aufgrund entsprechender Verzichtserklärungen der Anteilsinhaber feststeht, dass kein Anteilsinhaber auszutreten beabsichtigt (*Grunewald* in Lutter UmwG § 29 Rn. 19; *Kalss* in Semler/Stengel UmwG § 29 Rn. 27; *Marsch-Barner* in Kallmeyer UmwG § 29 Rn. 17). Ebenso überflüssig ist ein Abfindungsangebot, wenn eine 100%-ige Tochter- auf ihre Muttergesellschaft verschmilzt, da das Angebot nicht relevant werden kann (*Grunewald* in Lutter UmwG § 29 Rn. 20; *Kalss* in Semler/Stengel UmwG § 29 Rn. 23; *Marsch-Barner* in Kallmeyer UmwG § 29 Rn. 17). **149**

c) Bare Zuzahlung

Ein Anteilsinhaber des übertragenden Rechtsträgers kann auch einen Anspruch gegen den übernehmenden Rechtsträger auf bare Zuzahlung haben (§§ 15 I, 54 IV, 122h, 85, 196 UmwG), der vom Angebot der Barabfindung zu unterscheiden ist. Eine bare Zuzahlung erhalten die Anteilsinhaber des übertragenden Rechtsträgers, die nicht aus der Gesellschaft ausscheiden, deren Anteile aber zu niedrig bemessen worden sind oder die Mitgliedschaft beim übernehmenden Rechtsträger keinen ausreichenden Gegenwert darstellt (*Marsch-Barner* in Kallmeyer UmwG § 15 Rn. 2). Es ist unerheblich, ob der Anteilsinhaber dem Umwandlungsbeschluss widersprochen bzw. gegen ihn gestimmt hat (*Marsch-Barner* in Kallmeyer UmwG § 15 Rn. 5). **150**

Die Regelung betrifft nur individuelle Nachteile. Benachteiligungen, die alle Gesellschafter in gleichem Maße berühren, können keinen Anspruch auf bare Zuzahlung auslösen (*Bärwaldt* in Semler/Stengel UmwG § 196 Rn. 13; *Decher/Hoger* in Lutter UmwG § 196 Rn. 11). **151**

2. Schutz der Inhaber von Sonderrechten

152 Den Inhabern von Sonderrechten in einem übertragenden Rechtsträger, die kein Stimmrecht innehaben und daher auf die Umwandlungsentscheidung keinen Einfluss nehmen können (insbesondere Inhaber von Anteilen ohne Stimmrecht, von Wandelschuldverschreibungen, von Gewinnschuldverschreibungen und von Genussrechten), wird ein Verwässerungsschutz gewährt (§§ 23, 36 I 1, 125, 133 II, 135 I, 204 UmwG). Ihnen müssen am übernehmenden oder neuen Rechtsträger wirtschaftlich mindestens gleichwertige Rechte gewährt werden (*Kalss* in Semler/Stengel UmwG § 23 Rn. 4 ff.; *Marsch-Barner* in Kallmeyer UmwG § 23 Rn. 2 ff.). Bei Abspaltung und Ausgliederung kann dies auch im verbleibenden Rumpfunternehmen geschehen (§ 133 II 2 UmwG).

3. Gläubigerschutz

Zum Schutz der Interessen der vorhandenen Gläubiger lässt das Gesetz die Vermögensmasse unverändert, auf die diese Gläubiger vor der Umwandlung Zugriff hatten.

a) Sicherheitsleistung

153 Unter bestimmten Voraussetzungen räumt das Gesetz den Gläubigern der an der Umwandlung beteiligten Rechtsträger das Recht ein, Sicherheit zu verlangen (§§ 22, 122j, 133 I 2, 204 UmwG). Damit wird das Vertrauen der Gläubiger darauf geschützt, dass das zum Zeitpunkt der Umwandlung zur Verfügung stehende Vermögen der übertragenden bzw. übernehmenden Gesellschaft zur Erfüllung ihrer Forderungen ausreicht. Dieser Anspruch muss innerhalb von sechs Monaten (bei der grenzüberschreitenden Verschmelzung innerhalb von zwei Monaten, § 122j UmwG) nach Bekanntmachung der Eintragung nach Grund und Höhe schriftlich angemeldet sein (§ 22 I UmwG). Die Forderung muss rechtswirksam entstanden sein (str. ist, ob auch befristete und bedingte Ansprüche zur Forderung der Sicherheiten berechtigen; vgl. *Grunewald* in Lutter UmwG § 22 Rn. 7; *Seulen* in Semler/Stengel UmwG § 22 Rn. 10 f.). Der Gläubiger muss glaubhaft machen, dass die Erfüllung seiner Forderung durch die Verschmelzung gefährdet wird. Da die abstrakte Gefährdung aufzugreifen bereits Regelungszweck der Vorschrift ist, hat der Gläubiger eine konkrete Gefährdung nachzuweisen (BGH v. 26.4.2002, NJW 2002, 2168, 2169; LG Köln v. 30.1.2004, Der Konzern 2004, 806, 807; *Marsch-Barner* in Kallmeyer UmwG § 22 Rn. 7; *Simon,* Der Konzern 2004, 191, 195). Daher ist die Pflicht zur Sicherheitsleistung praktisch wenig relevant.

154 Kein Recht, eine Sicherheitsleistung zu verlangen, haben bei einer nicht grenzüberschreitenden Umwandlung die Gläubiger, die im Fall der Insolvenz ein Recht auf vorzugsweise Befriedigung aus der Deckungsmasse haben, welche nach gesetzlicher Vorschrift zu ihrem Schutz errichtet ist und staatlicher Überwachung unterliegt (§ 22 II UmwG). Diese Gläubiger sind bereits ausreichend gesichert (*Grunewald* in Lutter UmwG § 22 Rn. 26). Dazu zählen vor allem Versicherungsgläubiger der Lebens-, Kranken- und Unfallversicherung (§§ 77, 79 VAG; vgl. *Seulen* in Semler/Stengel UmwG § 22 Rn. 59; *Marsch-Barner* in Kallmeyer UmwG § 22 Rn. 9). Gläubiger, die bereits Befriedigung verlangen können, haben ebenfalls kein Recht auf Sicherheitsleistung.

155 Art und Weise der Sicherheitsleistung bestimmen sich nach §§ 232 ff. BGB. Die Höhe bemisst sich nach dem zu sichernden Recht, wobei aber auch das konkrete Risiko zu berücksichtigen ist (*Seulen* in Semler/Stengel UmwG § 22 Rn. 48 ff.; *Marsch-Barner* in Kallmeyer UmwG § 22 Rn. 12).

b) Beibehaltung der Haftungsgrundlage

156 Bei der Verschmelzung bleiben den Gläubigern die Vermögensgegenstände des übertragenden Rechtsträgers als Haftungsmasse erhalten, da die Verbindlichkeiten mit den Aktiva übergehen. Anders verhält es sich bei der Spaltung, welche die Möglichkeit eröffnet, Aktiva und Passiva zu trennen. Die Spaltung kann das Verhältnis zwischen Aktiva und

Passiva verändern und damit zu einer Gefährdung der Gläubiger führen. Deshalb tritt bei der Spaltung neben die Pflicht zur Sicherheitsleistung (§ 133 I 2 UmwG) die Anordnung der gesamtschuldnerischen Haftung aller an der Spaltung beteiligten Rechtsträger (§ 133 I 1 UmwG), bei der Abspaltung und Ausgliederung also auch des verbleibenden Rumpfunternehmens. Erfasst werden alle Verbindlichkeiten, die vor dem Wirksamwerden der Spaltung entstanden sind. Die gesamtschuldnerische Haftung gilt für fünf Jahre ab Wirksamwerden der Spaltung, bei Betriebsrentenansprüchen für zehn Jahre (§§ 133 Abs. 3 und 4 UmwG).

Aus der gesamtschuldnerischen Haftung allein ergeben sich keine bilanziellen Folgen (*Schwab* in Lutter UmwG § 133 Rn. 85). Die Verbindlichkeit des übertragenden Rechtsträgers ist nur bei dem Rechtsträger zu passivieren, dem diese Verbindlichkeit im Spaltungs- und Übernahmevertrag bzw. im Spaltungsplan zugewiesen worden ist (§§ 251, 268 VII, 284 I HGB), nicht auch bei dem Mithaftenden. Mithaften kann bei der Aufspaltung der übernehmende oder neue Rechtsträger, bei der Ausgliederung oder Abspaltung der übertragende Rechtsträger. Der Mithaftende muss erst dann passivieren, wenn der Gläubiger seinen Anspruch geltend macht oder die Inanspruchnahme unmittelbar droht (*Seulen* in Semler/Stengel UmwG § 133 Rn. 69; *Lanfermann* in Kallmeyer UmwG § 133 Rn. 13). 157

Beim Formwechsel werden die Identität und somit auch das Vermögen des formwechselnden Rechtsträgers gewahrt. Die Zugriffsmasse für die Gläubiger verändert sich also nicht. Beim Formwechsel von Personenhandelsgesellschaften stellt § 224 UmwG klar, dass die Ansprüche der Gläubiger der Gesellschaft gegen einen ihrer Gesellschafter aus Verbindlichkeiten der formwechselnden Gesellschaft aufgrund persönlicher Haftung (§ 128 HGB) nicht angetastet werden. 158

4. Organhaftung

Pflichtwidrig handelnde Mitglieder der Organe der an der Umwandlung beteiligten Rechtsträger haften den Anteilsinhabern und Gläubigern unmittelbar auf Schadensersatz (§§ 25–27, 36 I 1, 125, 176 I, 177 I, 205 f. UmwG). 159

Wurde die Sorgfaltspflicht durch die Verwaltungsträger des übertragenden Rechtsträgers verletzt, gilt dieser Rechtsträger auch nach der Umwandlung als fortbestehend (§ 25 II UmwG). Insoweit durchbricht das Gesetz den Grundsatz, dass der übertragende Rechtsträger mit der Eintragung der Verschmelzung erlischt (*Grunewald* in Lutter UmwG § 25 Rn. 34). Der Anspruchsinhaber muss nur seinen Schaden und die Verursachung durch die Verschmelzung nachweisen. Bei Nachweis der Beachtung ihrer Sorgfaltspflicht können sich die Verwaltungsträger aber entlasten (*Vossius* in Widmann/Mayer UmwG § 25 Rn. 29 ff.). Der Anspruch verjährt fünf Jahre nach Eintragung der Verschmelzung in das Register des übernehmenden Rechtsträgers (§ 25 III UmwG). 160

Für die Geltendmachung des Anspruchs müssen folgende Besonderheiten beachtet werden: Der Schadensersatz kann nur durch einen besonderen Vertreter realisiert werden, der auf Antrag eines Anteilsinhabers oder Gläubigers durch das Gericht des übertragenden Rechtsträgers bestellt wird (§ 26 I 1, 2 UmwG). Die Antragsberechtigung besteht nicht, wenn bei dem übernehmenden Rechtsträger Befriedigung erlangt werden kann (§§ 26 I 3, 27 UmwG). Der Vertreter fordert nach seiner Bestellung die Gläubiger auf, ihre Ansprüche binnen einer angemessenen Frist von mindestens einem Monat anzumelden (§ 26 II UmwG). 161

5. Kapitalschutz

Bei Kapitalgesellschaften muss ein bestimmtes Kapital als Mindestzugriffsmasse für die Gläubiger aufgebracht werden. Das Gesellschaftsrecht schützt mindestens dieses Kapital (bei der AG das gesamte Vermögen) vor einer Rückzahlung an die Gesellschafter. 162

a) Anwendung der Gründungsvorschriften

163 Dieser Schutz wird im UmwG dadurch gewährleistet, dass in den Fällen der Neugründung von Rechtsträgern im Wege der Verschmelzung durch Neugründung und der Spaltung zur Neugründung (§§ 36 II 1, 78, 125, 135 II, 158 UmwG) grundsätzlich die Vorschriften des Gründungsrechts auf die neuen Rechtsträger anwendbar sind. Das UmwG ordnet jedoch in den §§ 39 ff. UmwG rechtsformspezifische Änderungen an, wodurch die Gründungsvorschriften teilweise (§§ 58 I, 67, 75 I, 78, 138, 159 UmwG) abgeschwächt werden (*Bärwaldt* in Semler/Stengel UmwG § 36 Rn. 18 ff.).

164 Erleichternd bestimmen etwa §§ 58 II, 75 II UmwG, dass ein Sachgründungs- bzw. Gründungsbericht und die Gründungsprüfung für eine im Zuge der Verschmelzung neugegründete GmbH bzw. AG entbehrlich sind, wenn der übertragende Rechtsträger eine Kapitalgesellschaft oder eine eingetragene Genossenschaft ist. Das gilt hingegen nach §§ 138, 142, 144 UmwG nicht in einigen Fällen der Spaltung, weil hier Aktiva und Passiva weitgehend beliebig verteilt werden und der übernehmenden Kapitalgesellschaft wertmäßig nicht ausreichende Vermögensgegenstände zugeteilt werden könnten (*Schwab* in Lutter UmwG § 142 Rn. 5).

b) Kapitalerhöhung einer übernehmenden Kapitalgesellschaft

165 Übernimmt eine Kapitalgesellschaft einen anderen Rechtsträger ganz oder teilweise, wird idR eine Kapitalerhöhung erforderlich. Sie muss vor Eintragung der Umwandlung durchgeführt sein (§§ 53, 66, 78, 125, 176 I, 177 I UmwG). Eine Kapitalerhöhung ist ausdrücklich entbehrlich, wenn eine 100%ige Tochter auf ihre Mutter verschmilzt. Dies schlägt sich auch in einem Kapitalerhöhungsverbot (§§ 54 I 1 Nr. 1, 68 I 1 Nr. 1 UmwG) nieder. In bestimmten Fällen besteht ein Wahlrecht bezüglich der Kapitalerhöhung (§§ 54 I 2, 68 I 2 UmwG). In den übrigen Fällen können die Anteilsinhaber darauf verzichten, neue Anteile zu erhalten (§ 54 I 3, 68 I 3 UmwG).

166 Eine Anteilsgewährung hat aufgrund gesetzlicher Anordnung auch bei der Vermögensübertragung zu unterbleiben. Es muss jedoch eine Gegenleistung, die nicht aus Anteilen oder Mitgliedschaften besteht, gewährt werden (§ 174 I UmwG).

167 Handelt es sich bei dem übertragenden Rechtsträger um eine Personenhandelsgesellschaft, eine Partnerschaftsgesellschaft oder einen rechtsfähigen Verein, so muss nach § 69 I UmwG bei Umwandlung auf eine AG oder eine KGaA eine Sacheinlagenprüfung gemäß § 183 III UmwG dann stattfinden, wenn die Buchwerte des übergehenden Vermögens aufgestockt werden oder Bedenken gegen die Werthaltigkeit des übergehenden Vermögens bestehen. Zweifel können angebracht sein, wenn zB der Verschmelzungsprüfungsbericht nicht vorgelegt wird oder keine Stellungnahme zum Wert des Unternehmensvermögens enthält (*Grunewald* in Lutter § 69 UmwG Rn. 11).

168 Die Anwendung der Sachgründungsvorschriften führt auch dazu, dass die Aufnahme von Gesellschaftern mit einem Nettowert, der negativ ist oder hinter dem Kapitalerhöhungsbetrag zurückbleibt, die Zuzahlungspflicht der Gesellschafter der übertragenden Gesellschaft nach sich zieht. Die Zuzahlung muss so bemessen sein, dass sie einen Negativwert ausgleicht und den Kapitalerhöhungsbetrag abdeckt (*Ihrig* GmbHR 1995, 622).

c) Kapitalherabsetzung einer übertragenden Gesellschaft

169 Spaltet eine Kapitalgesellschaft einen Vermögensteil ab, so kann es erforderlich werden, das Stamm- oder Grundkapital herabzusetzen, da das verbleibende Vermögen der Rumpfgesellschaft das nominale Kapital nicht mehr deckt (*Priester* in Lutter UmwG § 139 Rn. 3). Das ist durch vereinfachte Kapitalherabsetzung möglich (§§ 139, 145 UmwG). Sie muss wie die Kapitalerhöhung vor Durchführung der Abspaltung in das Register eingetragen werden.

170 Die Regeln über die vereinfachte Kapitalherabsetzung wurden als §§ 58a bis 58f GmbHG auch für die GmbH eingeführt. Die vereinfachte Kapitalherabsetzung unterscheidet sich von der ordentlichen Kapitalherabsetzung durch die geringere Ausprägung des

Gläubigerschutzes (insbesondere entfällt das Sperrjahr). Bei der Verweisung in § 139 S 1 UmwG auf die §§ 58a ff. GmbHG handelt es sich um eine Rechtsfolgenverweisung. Wertminderungen und sonstige Verluste müssen daher nicht ausgeglichen sowie Kapitalrücklagen nicht aufgelöst werden. Würde man eine Rechtsgrundverweisung annehmen, wäre eine vereinfachte Kapitalherabsetzung nur möglich, wenn bei der übertragenden Gesellschaft aufgrund eingetretener Verluste eine Unterbilanz vorliegt (*Sickinger* in Kallmeyer UmwG § 139 Rn. 2; *Priester* in Lutter UmwG § 139 Rn. 5; *Reichert* in Semler/Stengel UmwG § 139 Rn. 6; aA *Hörtnagl* in SHS UmwG § 139 Rn. 8; *Mayer* in Widmann/Mayer UmwG § 139 Rn. 23 f.).

Nach den §§ 140, 148 UmwG muss das Leitungsorgan der Rumpfgesellschaft bei der Anmeldung der Abspaltung oder Ausgliederung gegenüber dem Registergericht am Sitz der übertragenden Gesellschaft erklären, dass das im Gesellschaftsvertrag der übertragenden GmbH vorgesehene Stammkapital weiter durch die Aktiva gedeckt ist. Die Richtigkeit der Angaben, die dieser Erklärung zugrunde liegen, ist strafbewehrt (§ 313 II UmwG). **171**

d) Auflösung der Kapitalbindung bei Neugründung

Bei der Verschmelzung und der Aufspaltung zur Neugründung ist es möglich, dass die neugegründeten Gesellschaften ein erheblich niedrigeres Stamm- oder Grundkapital erhalten als die Altgesellschaften (*Bärwaldt* in Semler/Stengel UmwG § 36 Rn. 18). Durch Umwandlungsvorgänge können damit die Vorschriften der Kapitalherabsetzung außer Kraft gesetzt werden (*Mayer* in Widmann/Mayer UmwG § 36 Rn. 60). **172**

e) Kapitalbindung beim Formwechsel

Beim Formwechsel sollen den Kapitalschutz die für die neue Rechtsform geltenden Gründungsvorschriften übernehmen, soweit die Regelungen über den Formwechsel nichts anderes vorschreiben (§ 197 UmwG). Der Formwechsel wird damit als Umgründung charakterisiert, aber nur soweit es eines Schutzes vor der Umgehung der Gründungsvorschriften im Kapitalgesellschaftsrecht bedarf. Da es für Personengesellschaften keine zwingenden Kapitalaufbringungsregeln gibt, ist § 197 S 1 UmwG auf den Formwechsel in eine Personengesellschaft nicht anwendbar (*Decher/Hoger* in Lutter UmwG § 197 Rn. 7). **173**

Die Kapitalgrundlage der Gesellschaft in neuer Rechtsform wird durch Sachwerte dargestellt, und zwar durch das Reinvermögen der Gesellschaft alter Rechtsform (*Priester* in DNotZ 1995, 427, 451). Daher sind beim Formwechsel in die Kapitalgesellschaft die Sachgründungsvorschriften anzuwenden (§§ 220 I, 264 III UmwG für den Formwechsel in eine Kapitalgesellschaft; § 245 I 2 UmwG für den Formwechsel einer GmbH in eine AG oder KGaA; umgekehrt dagegen nicht, § 245 IV UmwG). Im Sachgründungsbericht beim Formwechsel in eine GmbH oder eine KGaA sind nach § 220 II UmwG zusätzlich der bisherige Geschäftsverlauf und die Lage des formwechselnden Rechtsträgers darzulegen. **174**

Das UmwG regelt nicht, auf welche Weise das Reinvermögen ermittelt werden soll. In Frage kommen die fortgeführten Buchwerte, die Verkehrswerte und die Liquidationswerte. Da der Formwechsel konzeptionell mit einer Sachgründung vergleichbar ist, ist beim Formwechsel auch auf den Verkehrswert abzustellen (hM, *Schlitt* in Semler/Stengel UmwG § 220 Rn. 13). Streitig ist, ob beim Formwechsel in die Kapitalgesellschaft die Einlagen vollständig erbracht sein müssen. Auch wenn der Formwechsel wie eine Sachgründung behandelt wird, verlangt der Schutzzweck des § 197 UmwG keine strengeren Anforderungen als die Gründung. Ein Volleinzahlungsgebot besteht mithin nicht (*Decher/Hoger* in Lutter UmwG § 197 Rn. 14; *Blasche* in Kallmeyer UmwG § 220 Rn. 10; *Schlitt* in Semler/Stengel UmwG § 220 Rn. 16; aA *Joost* in Lutter UmwG § 220 Rn. 15 f.). **175**

(einstweilen frei) **176–185**

VI. Anfechtung des Umwandlungsbeschlusses und Überwindung der Registersperre

1. Form- und Fristanforderungen

186 Klagen gegen die Wirksamkeit des Umwandlungsbeschlusses können nach den §§ 14 I, 36 I, 125, 135 I UmwG nur innerhalb der allgemeinen Ausschlussfrist von einem Monat nach Beschlussfassung erhoben werden, und zwar ohne Rücksicht auf den geltend gemachten Mangel. Leider ist, ebenso wie sonst im Gesellschaftsrecht, zur Erhebung der Anfechtungsklage keine Mindestbeteiligung vorgesehen.

2. Ausschluss des Anfechtungsrechts

187 Ausgeschlossen bleibt die Klage gegen den Umwandlungsbeschluss eines übertragenden Rechtsträgers wegen zu niedriger Bemessung des Umtauschverhältnisses der Anteile oder mangelnden Gegenwerts der Mitgliedschaft bei dem übernehmenden Rechtsträger (§ 14 II, 36 I, 125, 135 I UmwG); dem Anteilsinhaber verbleibt aber die Möglichkeit eines Antrags auf Ausgleich durch bare Zuzahlung (§§ 15, 122h UmwG). Weshalb die Anteilsinhaber des übernehmenden Rechtsträger nicht ebenso gestellt werden, sondern die Umwandlung wegen unrichtigen Umtauschverhältnisses anfechten können (*Marsch-Barner* in Kallmeyer UmwG § 14 Rn. 16), bleibt unerfindlich. Darin liegt einer der gravierendsten Mängel des UmwG. Ausgeschlossen ist die Klage ferner bei nicht ordnungsgemäß angebotenen oder zu niedrig bemessenen Abfindungsangeboten (§§ 32, 36 I, 122i, 125, 135 I UmwG).

3. Registersperre

188 Nach § 16 II UmwG führt die Erhebung der Klage gegen den Verschmelzungsbeschluss zu einer Registersperre: Das Registergericht darf die Umwandlung nicht eintragen, bis die Anfechtungsklage rechtskräftig entschieden ist oder die Eintragung in einem sog. Unbedenklichkeitsverfahren freigegeben wurde (§§ 16 Abs. 2 und 3, 125, 198 Abs. 3 UmwG). Um die Eintragung von Umwandlungsvorgängen im Handelsregister zu beschleunigen, verzichten die Gesellschafter deshalb regelmäßig auf das Anfechtungsrecht.

4. Unbedenklichkeitsverfahren

a) Regelungsgegenstand

189 Die Registersperre kann durch ein gerichtliches Eilverfahren, das sog. Unbedenklichkeitsverfahren (§§ 16 III, 36 I, 125, 135 I UmwG), überwunden werden, so dass der Umwandlungsvorgang durch Klagen, insbesondere „räuberischer" Anteilsinhaber, nicht unnötig in die Länge gezogen wird. Denn Verzögerungen können wegen ihrer wirtschaftlichen und steuerlichen Folgen zu großen Verlusten führen, dementsprechend hoch ist das Erpressungspotential.

190 Auf Antrag des betroffenen Rechtsträgers stellt das für die anhängige Anfechtungsklage zuständige Prozessgericht fest, ob die Klage der Eintragung ins Register entgegensteht. Durch das Gesetz zur Umsetzung der Aktionärsrechterichtlinie v. 30.7.2009 (BGBl. I 2009, 2479) wurde die Regelung des Unbedenklichkeitsverfahrens in § 16 III UmwG grundlegend geändert. Nach der Neufassung von § 16 III 3 UmwG ergeht ein Unbedenklichkeitsbeschluss, wenn (1.) die Klage unzulässig oder offensichtlich unbegründet ist (Aussichtslosigkeit), (2.) der Kläger nicht innerhalb einer Woche nachweist, dass er seit Bekanntmachung der Einberufung der Hauptversammlung einen anteiligen Betrag von mindestens 1 000 € hält (Bagatellquorum) oder (3.) das alsbaldige Wirksamwerden der Verschmelzung nach freier Überzeugung des Gerichts gegenüber dem Aufschubinteresse

der Antragsgegner vorrangig erscheint (Interessenabwägung). Im Unterschied zur bisherigen Fassung des Gesetzestextes ist im Rahmen der Interessenabwägung jetzt ergänzend die besondere Schwere des Rechtsverstoßes zu prüfen (zweistufige Prüfung). Liegt ein solcher besonders gravierender Rechtsverstoß vor, hat eine Freigabe auch bei einem überwiegenden Vollzugsinteresse des Antragstellers zu unterbleiben.

Grundsätzlich ist eine mündliche Verhandlung durchzuführen. In dringlichen Fällen 191 kann das Gericht auch ohne mündliche Verhandlung schriftlich entscheiden (§ 16 III 4 UmwG). Der Beschluss soll spätestens drei Monate nach Antragstellung ergehen; Verzögerung der Entscheidung sind durch unanfechtbaren Beschluss zu begründen (§ 16 III 5 UmwG). Anders als nach § 16 III 6 UmwG aF ist der Beschluss nach der neuen Fassung in § 16 III 9 UmwG unanfechtbar.

b) Unzulässigkeit und offensichtliche Unbegründetheit

Was die offensichtlich unbegründete Klageerhebung angeht, ist spätestens seit der Klar- 192 stellung in den Gesetzesmaterialien zum UMAG gesichert, dass es ausreicht, wenn sich mit hoher Sicherheit die Unbegründetheit der Klage vorhersagen lässt (*Decher* in Lutter UmwG § 16 Rn. 43).

Es kommt nicht darauf an, welcher Prüfungsaufwand erforderlich ist, um die Unbe- 193 gründetheit der Klage festzustellen. Maßgeblich ist das Maß der Sicherheit, mit der sich die Unbegründetheit der Anfechtungsklage ermitteln lässt (OLG Düsseldorf v. 11.8.2006, ZIP 2007, 380; OLG Frankfurt v. 8.2.2006, ZIP 2006, 370; *Schwanna* in Semler/Stengel UmwG § 16 Rn. 31).

c) Rechtsmissbrauch

Ein Sonderfall der offensichtlich unbegründeten Klage ist die rechtsmissbräuchlich er- 194 hobene Anfechtungsklage. Die Rspr. des BGH zu rechtsmissbräuchlichen Anfechtungsklagen im Aktienrecht stellt an den Missbrauch so hohe Anforderungen, dass damit hier wenig gewonnen ist. Eine Klage ist danach rechtsmissbräuchlich, wenn mit ihr bezweckt wird, die Gesellschaft in grob eigennütziger Weise zu einer Leistung zu bewegen, auf die der Kläger keinen Anspruch hat und auch billigerweise nicht erheben kann (BGH v. 22.5.1989, BGHZ 107, 296). Indizwirkung hat die Bereitschaft des klagenden Anteilsinhabers, sich die Klage von der Gesellschaft oder Dritten zu einem völlig unverhältnismäßigen Preis abkaufen zu lassen (OLG Frankfurt v. 22.12.1995, ZIP 1996, 379). Eine missbräuchliche Absicht kann ebenso daraus hergeleitet werden, dass derselbe Anteilsinhaber mehrere gleichartige Klagen gegen verschiedene Rechtsträger führt oder er seine Beteiligung kurzfristig erworben hat. Routinierten Klägern ist diese Indizwirkung bekannt. Sie haben ihr Vorgehen längst darauf eingestellt (*Riegger/Schockenhoff* ZIP 1997, 2105, 2108).

d) Interessenabwägung

Die größte praktische Bedeutung kommt der Interessenabwägung zu. Selbst wenn die 195 Klage gewisse Erfolgsaussichten hat, kann unverzüglich eingetragen werden. Dem Gericht muss im Einzelfall das alsbaldige Wirksamwerden der Umwandlung vorrangig erscheinen, weil die vom Antragsteller dargelegten wesentlichen Nachteile für die an der Umwandlung beteiligten Rechtsträger und ihre Anteilsinhaber die Nachteile für den oder die Antragsgegner überwiegen. Ob die Erfolgsaussichten der Klage bei der Abwägung berücksichtigt werden müssen oder können, ist umstritten. Wenn die offensichtliche Unbegründetheit zur Überwindung der Registersperre führt, muss es bei der Wahrscheinlichkeit des Erfolgs umgekehrt sein: Steht der Erfolg der gegen den Beschluss gerichteten Klage für das Gericht fest, scheidet ein Unbedenklichkeitsbeschluss aus (wohl OLG Frankfurt v. 22.8.2000, ZIP 2000, 1928; *Schwanna* in Semler/Stengel UmwG § 16 Rn. 40; aA *Decher* in Lutter UmwG § 16 Rn. 50, 59; *Fronhöfer* in Widmann/Mayer UmwG § 16 Rn. 160).

196 Wann Mängel schwerwiegend sind, kann anhand der im Aktienrecht bekannten Unterscheidung zwischen Nichtigkeits- und Anfechtungsgründen beurteilt werden (*Fronhöfer* in Widmann/Mayer UmwG § 16 Rn. 173 ff.). Bei nur leichten Verfahrensmängeln wird das Aufschubinteresse nur gering zu bewerten sein (*Riegger/Schockenhoff* ZIP 1997, 2105, 2109 ff.).

197 Betrachtet man die Anforderungen der bereits ergangenen Gerichtsentscheidungen an die Glaubhaftmachung wesentlicher Nachteile, so lässt sich die folgende Tendenz ausmachen: am niedrigsten sind die Anforderungen bei einer Verschmelzung (OLG Frankfurt v. 22.12.1995, ZIP 1996, 379, 381), gefolgt von der Spaltung (OLG Stuttgart v. 17.12.1996, ZIP 1997, 75, 77; zum erstinstanzlichen Beschluss des *LG Heilbronn* v. 2.8.1996, der auf Grund eines geringfügigen Aktienbesitzes des Anfechtungsklägers ein überwiegendes Vollzugsinteresse bejaht hat, krit. *Bayer/Schmitz-Riol* EWiR 1997, 43 f.). Am schwersten sind die Nachteile eines Aufschubs beim Formwechsel darzulegen (LG Hanau v. 5.10.1995, ZIP 1995, 1820, 1821; dazu *Veil* ZIP 1996, 1065, 1070 f.; LG Wiesbaden v. 5.2.1997, DB 1997, 671; s. auch OLG Frankfurt v. 9.6.1997, ZIP 1997, 1291, 1292).

198 Bei der Geltendmachung der wesentlichen Nachteile kann der Anfechtungskläger nicht die Interessen der nicht klagenden Anteilseigner mit ins Feld führen, die zumeist der Maßnahme zugestimmt haben werden. Nur die Nachteile aller Anfechtungskläger sind in die Abwägung einzubeziehen. Es ist – entgegen der hM (*Decher* in Lutter UmwG § 16 Rn. 27) – deshalb richtig, bei der Abwägung zu berücksichtigen, in welcher Höhe der oder die Anfechtungskläger Anteile halten (*Schwanna* in Semler/Stengel UmwG § 16 Rn. 37 mit Fn. 187).

e) Wirkung des Unbedenklichkeitsbeschlusses

199 Ist ein Unbedenklichkeitsbeschluss ergangen, ist das Registergericht daran gebunden; der Registerrichter kann die Eintragung aus einem der mit der Klage geltend gemachten Gründe nicht verweigern. Der Beschluss hindert es jedoch nicht, im Übrigen eine eigenständige Prüfung der formellen und materiellen Rechtmäßigkeit der Anmeldung und ihrer Anlagen durchzuführen und die Eintragung wegen etwaiger unheilbarer Mängel abzulehnen (*Marsch-Barner* in Kallmeyer UmwG § 16 Rn. 34 f.).

200 Die Umwandlung wird mit ihrer Eintragung auf der Grundlage des Unbedenklichkeitsbeschlusses wirksam. Insofern wird die in der Hauptsache angestrengte Anfechtungsklage vorweggenommen (*Riegger/Schockenhoff* ZIP 1997, 2105, 2107). Sind der Umwandlungsbeschluss und die individuellen Zustimmungs- bzw. Verzichtserklärungen nicht notariell beurkundet worden, kommt der Registereintragung heilende Wirkung zu. Etwaige materielle Mängel werden durch die Eintragung zwar nicht geheilt, doch es entsteht eine Rückabwicklungssperre, dh die Wirksamkeit eingetragener Umwandlungen wird durch Mängel des Umwandlungsvorgangs nicht berührt (§§ 20 II, 131 II, 202 III UmwG). Sollte sich herausstellen, dass die Klage doch begründet war, ist der Rechtsträger, der den Unbedenklichkeitsbeschluss erwirkt hat, dem Anfechtungskläger gegenüber gem. § 16 III 10 UmwG verschuldensunabhängig zum Schadensersatz verpflichtet. Dieser Anspruch ist auf den Schaden beschränkt, der dem Kläger aufgrund der Eintragung der Umwandlung entstanden ist. Das Gesetz stellt klar, dass der Schadensersatzanspruch nicht auf die Beseitigung der Wirkungen der Eintragung der Umwandlung ins Register gerichtet werden kann (§ 16 III 10, 2. HS UmwG).

201 § 16 III UmwG ist auf andere Sachverhalte, etwa auf Beherrschungs- und Gewinnabführungsverträge, wegen des geltenden Analogieverbots nicht entsprechend anwendbar (LG Hanau v. 5.10.1995, ZIP 1995, 1820, 1822; offengelassen bei *Marsch-Barner* in Kallmeyer UmwG § 16 Rn. 55).

202–209 *(einstweilen frei)*

VII. Arbeitsrechtliche Sonderregeln

Umwandlungsvorgänge können erhebliche Auswirkungen auf die Arbeitnehmer und deren Vertretungen in den beteiligten Unternehmen haben. Zum Schutz der Arbeitnehmer und deren Vertretungen vor nachteiligen Folgen wurden in den §§ 322 ff. UmwG umwandlungsspezifische Sonderregelungen aufgenommen. 210

1. Individualarbeitsrecht

a) Übergang von Arbeitsverhältnissen

Durch die verschiedenen Umwandlungsvorgänge gehen die beim übertragenden Rechtsträger bestehenden Arbeitsverhältnisse kraft Gesetzes im Wege der Gesamtrechtsnachfolge auf den übernehmenden Rechtsträger über (§§ 20 I Nr. 1, 131 I Nr. 1 UmwG). Dies gilt grundsätzlich auch im Fall der Spaltung, und zwar auf der Grundlage der Festlegungen im Spaltungs- und Übernahmevertrag bzw. im Spaltungsplan (§§ 126 I Nr. 2 und 9, 136 UmwG) und der Eintragung im Handelsregister (§ 131 I Nr. 1 UmwG). Im Fall des Formwechsels findet aufgrund der Rechtsidentität kein Übergang statt (*Olbertz* GWR 2017, 314). 211

§ 613a BGB iVm § 324 UmwG findet als Auffangtatbestand Anwendung, soweit der Spaltungs- und Übernahmevertrag die Arbeitsverhältnisse nicht entsprechend dem bisherigen schwerpunktmäßigen Tätigkeitsbereich dem abgespaltenen Betriebsteil und dem verbleibenden Betrieb zuordnet (*Dehmer* § 131 UmwG Rn. 51 ff.; aA *Wlotzke* DB 1995, 43). Lassen sich **Arbeitnehmer,** die regelmäßig in mehreren Betriebsabteilungen oder in übergeordneten Funktionen eingesetzt werden (Springer, Verwaltungs- und Stabsfunktionen) **nicht eindeutig einem Betrieb oder Betriebsteil zuordnen,** so empfiehlt sich der Abschluss eines Interessenausgleichs (§§ 111, 112 BetrVG). Gem. § 323 II UmwG können in einem Interessenausgleich diejenigen Arbeitnehmer namentlich bezeichnet werden, die nach der Spaltung einem bestimmten Betrieb oder Betriebsteil zugeordnet werden sollen; hierbei kann die vereinbarte Zuordnung der Arbeitnehmer durch die Arbeitsgerichte nur auf grobe Fehlerhaftigkeit überprüft werden. Ein solcher Interessenausgleich kann allerdings nur abgeschlossen werden, wenn die Spaltung des Unternehmens auf betrieblicher Ebene zugleich eine Betriebsänderung, zB eine Betriebsspaltung (§ 111 S 2 Nr. 3 BetrVG), nach sich zieht. 212

Der Übergang eines Betriebs oder Betriebsteils führt nicht dazu, dass Arbeitnehmer gegen ihren Willen auf einen neuen Rechtsträger übergeleitet werden können. Auch bei Umwandlungen steht Arbeitnehmern grundsätzlich das von der Rspr. im Zusammenhang mit § 613a BGB entwickelte Widerspruchsrecht zu. Die Ausübung des Widerspruchsrechts führt dazu, dass das Arbeitsverhältnis bei dem übertragenden Rechtsträger verbleibt. Da dies bei der Verschmelzung nicht möglich ist, besteht im Fall der Verschmelzung kein Widerspruchsrecht (BAG NZA 2008, 815, 816 f.,; str, vgl. *Simon* in Semler/Stengel UmwG § 324 UmwG Rn. 51). 213

b) Kündigungsschutz bei Spaltung

Der Umwandlungsvorgang selbst begründet kein Kündigungsrecht des übertragenden oder des übernehmenden Rechtsträgers (vgl. § 613a IV 1 BGB iVm § 324 UmwG). Für den Fall der Spaltung soll sich die kündigungsrechtliche Stellung eines Arbeitnehmers für die Dauer von zwei Jahren ab dem Zeitpunkt ihres Wirksamwerdens nicht verschlechtern (§ 323 I UmwG). Damit soll insbesondere sichergestellt werden, dass Arbeitnehmer weiterhin in den Geltungsbereich des Kündigungsschutzgesetzes fallen, auch wenn die betriebliche Größenordnung des § 23 KSchG als Folge der Spaltung unterschritten wird. Das bedeutet aber nicht, den Arbeitnehmer nach der Spaltung noch für zwei Jahre so zu stellen, 214 als sei es nicht zu einer Spaltung gekommen, zB bei der Frage einer Weiterbeschäftigungsmöglichkeit oder der sozialen Auswahl (*Simon* in Semler/Stengel UmwG § 323 Rn. 5 ff.).

c) Sonderregelung für Betriebsaufspaltung

215 Aus steuerlichen Gründen wird häufig eine sog. Betriebsaufspaltung vorgenommen, also die Aufspaltung eines Unternehmens in eine Anlagegesellschaft und eine Betriebsgesellschaft. Dies kann vor allem für die Arbeitnehmer der Betriebsgesellschaft zu Risiken führen. Die Verlagerung des Vermögens auf die Besitzgesellschaft verringert die bei der Betriebsgesellschaft vorhandene Haftungsmasse. Für den Fall, dass die Betriebsaufspaltung durch Spaltung vollzogen wird und an beiden Unternehmen im Wesentlichen dieselben Personen beteiligt sind, trifft das UmwG eine besondere Regelung:

216 Nach § 134 I UmwG haftet die Besitzgesellschaft gesamtschuldnerisch neben der Anlagegesellschaft für diejenigen Sozialplanansprüche der Arbeitnehmer der Betriebsgesellschaft, die innerhalb von fünf Jahren nach der Spaltung begründet werden. Soweit Ansprüche auf betriebliche Altersversorgung nach dem Betriebsrentengesetz betroffen sind, ist die Haftung auf Ansprüche beschränkt, die vor der Spaltung begründet worden sind (§ 134 II UmwG). Diese Ansprüche verjähren zehn Jahre nach Eintragung der Spaltung (§ 134 III iVm § 133 III 2 UmwG).

2. Betriebsverfassung

a) Organe der Betriebsverfassung

217 Die Organe der Betriebsverfassung (Betriebsrat, Wirtschaftsausschuss) bleiben von gesellschaftsrechtlichen Umwandlungsvorgängen idR unberührt. Zu Änderungen kann es allenfalls kommen, wenn neben dem Umwandlungsvorgang zugleich die Organisationsstruktur des Betriebs bzw. der Betriebe verändert wird. Dies ist häufig im Zusammenhang mit der Spaltung von Unternehmen der Fall. Insbesondere zur Verhinderung eines betriebsratslosen Zustandes nach einer Unternehmens- und Betriebsspaltung enthält das UmwG Sonderregelungen:

b) Übergangsmandat bei Spaltung

218 Werden Betriebsteile infolge einer Spaltung oder Teilübertragung verselbstständigt, hat der Betriebsrat ein Übergangsmandat. Der Betriebsrat des ursprünglichen Betriebs vertritt die Interessen der Arbeitnehmer in den abgespalteten Betriebsteilen für eine Übergangszeit weiter (§ 23a BetrVG), um die Kontinuität der Interessenvertretung zu gewährleisten. Dieses Mandat ist befristet bis zur Wahl eines eigenen Betriebsrats in den betroffenen Betriebsteilen, längstens aber bis sechs Monate nach der Spaltung oder Teilübertragung. Die Frist beginnt mit Eintragung der Spaltung oder Teilübertragung in das Register des übertragenden Rechtsträgers (§ 131 I UmwG).

219 Kommt es nach einer Spaltung mittelbar zu einer Zusammenfassung von Betriebsteilen zu einem neuen Betrieb, so liegt das Übergangsmandat gem. § 21a BetrVG bei dem Betriebsrat des größten Betriebsteils.

220 § 21a I 2 BetrVG stellt klar, dass die Hauptaufgabe eines Übergangsbetriebsrats darin besteht, unverzüglich Wahlvorstände zu bestellen, damit in den abgespaltenen Betriebsteilen alsbald neue Betriebsräte gewählt werden können.

c) Sonderregelung für gemeinsamen Betrieb

221 Führen die an einer Spaltung oder Teilübertragung beteiligten Rechtsträger einen Betrieb gemeinsam, gilt dieser als Betrieb im KSchG (§ 322 UmwG). Für die Feststellung, ob ein gemeinsamer Betrieb vorliegt, sind die betriebsverfassungsrechtlichen Grundsätze heranzuziehen (*Joost* in Lutter UmwG § 322 Rn. 7 ff.). Die gemeinsame Nutzung der Betriebsmittel, die gemeinsame räumliche Unterbringung, die Verknüpfung der Arbeitsabläufe und das Vorhandensein gemeinsamer Betriebseinrichtungen sind Kriterien, die für das Vorliegen eines gemeinsamen Betriebs sprechen (*Simon* in Semler/Stengel UmwG

§ 322 Rn. 5). Für das Vorliegen eines gemeinsamen Betriebs trägt der Arbeitnehmer die Beweislast, wobei ihm hierbei die gesetzliche Vermutung des § 1 II BetrVG nicht zugutekommt (hM, *Simon* in Semler/Stengel UmwG § 322 Rn. 7).

d) Fortgeltung der Rechte des Betriebsrats

Durch Tarifvertrag oder Betriebsvereinbarung kann bei einer Spaltung mit gleichzeitiger Betriebsspaltung die Fortgeltung der (Beteiligungs-) Rechte des Betriebsrats für die aus der Spaltung hervorgegangenen Betriebe vereinbart werden (§ 325 II UmwG). 222

e) Fortgeltung von Betriebsvereinbarungen

Sofern sich im Zusammenhang mit dem Umwandlungsvorgang die betriebsverfassungsrechtlichen Strukturen der Rechtsträger nicht verändern, gelten die bisherigen Betriebsvereinbarungen unmittelbar und zwingend fort (§ 77 IV 1 BetrVG). Der übernehmende Rechtsträger tritt kraft gesetzlich angeordneter Gesamtrechtsnachfolge in die Rechtsposition des übertragenden Rechtsträgers ein. Sofern es im Zusammenhang mit dem Umwandlungsvorgang auch zu einer Spaltung des Betriebes kommt, ist zu unterscheiden: Für den abspaltenden Betrieb, der seine Identität wahrt, gelten die Betriebsvereinbarungen weiter. Für den abgespaltenen Betriebsteil gelten die Betriebsvereinbarungen nicht normativ weiter. Die Rechte und Pflichten aus Betriebsvereinbarungen werden aber kraft Transformation Inhalt des einzelnen Arbeitsverhältnisses (§ 613a I 2 BGB, § 324 UmwG). Wird für den abgespaltenen Betriebsteil ein neuer Betriebsrat gewählt, so kann dieser ablösende Betriebsvereinbarungen abschließen. Im Übrigen gelten die Betriebsvereinbarungen auch dann weiter, wenn die Rechtsträger nach der Spaltung einen gemeinsamen Betrieb führen. 223

f) Unterrichtung der Betriebsräte

Gem. § 5 III UmwG ist der Verschmelzungsvertrag oder sein Entwurf den zuständigen Betriebsräten (sofern er gebildet ist: dem Gesamtbetriebsrat, regelmäßig nicht dem Konzernbetriebsrat; *Drygala* in Lutter UmwG § 5 Rn. 144) der beteiligten Rechtsträger zuzuleiten. Dies gilt kraft Verweisung für alle Umwandlungsfälle gleichermaßen (§§ 126 III, 176 f., 194 II UmwG). Eine Zuleitungspflicht besteht nur, wenn ein Betriebsrat vorhanden ist (allgM, *Schröer* in Semler/Stengel UmwG § 5 Rn. 148). Während bei der Errichtung neuer Rechtsträger durch die Umwandlung nur der Betriebsrat des übertragenden Unternehmens zuständig ist, ist bei Vermögensübertragungen zwischen bestehenden Rechtsträgern der Vertrag zusätzlich dem Betriebsrat des übernehmenden Unternehmens zuzuleiten (*Melchior* GmbHR 1996, 833, 834). 224

Spätestens einen Monat (zur Bestimmung der Frist gem. §§ 187 ff. BGB vgl. *Müller-Eising/Bert* DB 1996, 1398 und *Drygala* in Lutter UmwG § 5 Rn. 147 f.) vor der Zustimmung der Anteilseigner ist der Umwandlungsvertrag zuzuleiten. Die frühzeitige Unterrichtung soll der Sozialverträglichkeit des Umwandlungsvorgangs dienen. Unter „Entwurf" des Umwandlungsvertrags ist nicht eine beliebige vorläufige Fassung zu verstehen, sondern eine vollständige Fassung des Vertrags. Mit Zuleitung des Entwurfs wird der Beschlussgegenstand verbindlich festgelegt. Die Frist wird aber nicht erneut in Lauf gesetzt, wenn sich beim vorgelegten Entwurf bis zur Beurkundung kleinere, redaktionelle Änderungen oder Ergänzungen ergeben (*Melchior* GmbHR 1996, 833, 836; *Müller* DB 1997, 713). So löst die Streichung eines Satzes über die Vergütung der Aufsichtsratsmitglieder, der noch in dem Betriebsrat zugeleiteten Entwurf enthalten war, keine erneute Zuleitungspflicht aus (OLG Naumburg v. 6.2.1997, DB 1997, 466, 467). Die Beachtung von § 5 III UmwG wird dadurch gewährleistet, dass bei der Anmeldung der Umwandlung zum Register ein Nachweis über die rechtzeitige Zuleitung an den Betriebsrat beizufügen ist. Die Art und Weise des Nachweises wird vom Gesetz offengelassen. Da dieser Nachweis vom Gesetz als Anlage zur Anmeldung in das Register bezeichnet wird, muss er jedoch in schriftlicher Form abgefasst sein (*Fronhöfer* in Widmann/Mayer UmwG § 17 Rn. 8). Es ist daher zu 225 empfehlen, sich durch den Betriebsrat eine Empfangsbestätigung erteilen zu lassen (*Drygala* in Lutter UmwG § 5 Rn. 150).

226 Ein **Verzicht des Betriebsrats auf Unterrichtung** ist im UmwG nicht geregelt, ebenso wenig eine einvernehmliche Kürzung der Frist. Nach hM kann der Betriebsrat zwar auf die Einhaltung der Frist verzichten, ein gänzlicher Verzicht ist hingegen nicht möglich (OLG Naumburg v. 17.3.2003, NZG 2004, 734; *Drygala* in Lutter UmwG § 5 Rn. 148).

227 Abgesehen von der umwandlungsgesetzlichen Zuleitungspflicht können zusätzlich weitere Unterrichtungspflichten von Arbeitnehmervertretungen bestehen.

228 In Betrieben mit idR mehr als 20 wahlberechtigten Arbeitnehmern bestehen im Fall einer Betriebsänderung Unterrichtungs- und Beratungspflichten gegenüber dem zuständigen Betriebsrat (§ 111 BetrVG). Die Unterrichtungs- und Beratungspflicht entsteht aber nur, wenn – neben dem Umwandlungsvorgang – zugleich die betriebliche Organisation wesentlich geändert wird. Dies ist etwa anzunehmen im Fall einer Betriebsspaltung oder Verschmelzung von Betrieben (§ 111 S 3 Nr. 3 BetrVG). Im Fall einer Betriebsänderung müssen Arbeitgeber und Betriebsrat über das Ob, Wann und Wie der Maßnahmen beraten und eine Einigung versuchen **(sog. Interessenausgleich)**. Zum Ausgleich der wirtschaftlichen Nachteile ist ferner ein Sozialplan aufzustellen (§ 112 I 2 BetrVG).

229 Die Notwendigkeit eines Einigungsversuchs über eine Betriebsänderung ist bei der zeitlichen Planung des Umwandlungsvorgangs zu berücksichtigen. Wird das Interessenausgleichsverfahren nicht ordnungsgemäß durchgeführt, steht den Arbeitnehmern ein sogenannter Nachteilsausgleich zu (§ 113 BetrVG). Das bedeutet, dass den Arbeitnehmern wirtschaftliche Nachteile im Zusammenhang mit der Betriebsänderung auszugleichen sind. Des Weiteren kann der Betriebsrat bei Nichteinhaltung des Interessenausgleichsverfahrens uU im einstweiligen Rechtsschutz eine Untersagungsverfügung erwirken.

230 Unabhängig vom Vorliegen einer Betriebsänderung ist der Wirtschaftsausschuss über eine bevorstehende Umwandlung unter Vorlage der erforderlichen Unterlagen zu unterrichten (§ 106 III Nr. 8 BetrVG). Der Ausschuss ist in Unternehmen mit in der Regel mehr als 100 Arbeitnehmern entweder als selbstständiges Organ oder als Ausschuss des Betriebsrats einzurichten. Der Umfang dieser Unterrichtungspflicht ist zwar noch nicht geklärt, doch empfiehlt es sich wegen der Funktion des Ausschusses, inhaltlich § 5 III UmwG zu folgen (*Röder/Göpfert* BB 1997, 2105).

3. Tarifvertrag

231 Die Folgen von Umwandlungsvorgängen auf die Weitergeltung von Tarifverträgen hängen unter anderem davon ab, auf welcher rechtlichen Grundlage die Tarifbindung beruht. Sind die am Umwandlungsvorgang beteiligten Rechtsträger jeweils Mitglied im selben Arbeitgeberverband, so gelten die Tarifverträge kollektivrechtlich fort (§§ 3, 4 TVG). Das Gleiche gilt, wenn die beteiligten Rechtsträger in den Geltungsbereich eines für allgemeinverbindlich erklärten Tarifvertrags fallen (§ 5 TVG). Hat der übertragende Rechtsträger unmittelbar mit der Gewerkschaft einen Tarifvertrag abgeschlossen (sog. Haustarifvertrag), so gelten dessen Bestimmungen für die Arbeitnehmer des übertragenden Rechtsträgers bei der Verschmelzung kraft Gesamtrechtsnachfolge gem. § 20 I Nr. 1 UmwG weiter (BAG v. 4.7.2007 NZA 2008, 307, 310; BAG v. 24.6.1998 NZA 1998, 1346; *Joost* in Lutter UmwG § 324 Rn. 33).

232 Soweit die normativen Bestimmungen von Tarifverträgen nicht durch Gesamtrechtsnachfolge oder aufgrund beiderseitiger Tarifgebundenheit weiter gelten, greifen die subsidiär anwendbaren Bestimmungen für den Fall eines Betriebsübergangs ein (§ 613a I 2 bis 4 BGB, § 324 UmwG). Danach werden die Rechte und Pflichten aus Tarifverträgen grundsätzlich Inhalt der einzelnen Arbeitsverträge **(sog. Transformation)**. Etwas anderes gilt dann, wenn die Bestimmungen eines anderen Tarifvertrages bei dem übernehmenden Rechtsträger die Rechte und Pflichten aus den übergehenden Arbeitsverhältnissen ab-

ändern (§ 613a I 3 BGB, § 324 UmwG). Die Regelungen des bisherigen Tarifvertrags werden in diesem Fall aber nur dann abgelöst, wenn die übergehenden Arbeitnehmer Mitglied in der Gewerkschaft sind, die für den übernehmenden Rechtsträger einen Tarifvertrag abgeschlossen hat (*Joost* in Lutter UmwG § 324 Rn. 38; *Willemsen* in Kallmeyer UmwG § 324 Rn. 26).

Vor Ablauf eines Jahres nach der Eintragung der Umwandlung können die Rechte und Pflichten aus den im Zeitpunkt des Übergangs bestehenden Arbeitsverhältnissen im Fall der Transformation von Tarifnormen nur dann geändert werden, wenn der Tarifvertrag nicht mehr gilt oder bei fehlender beiderseitiger Tarifgebundenheit im Geltungsbereich eines anderen Tarifvertrags dessen Anwendung zwischen dem übernehmenden Rechtsträger und dem Arbeitnehmer vereinbart wird (§ 613a I 4 BGB, § 324 UmwG). **233**

Häufig finden Tarifverträge beim übertragenden Rechtsträger kraft einzelvertraglicher Inbezugnahme Anwendung. In diesem Fall sind die Tarifbestimmungen Inhalt des Arbeitsvertrages. Sie gelten bei Umwandlungsvorgängen unmittelbar im Wege der Gesamtrechtsnachfolge weiter. Etwas anderes gilt jedoch dann, wenn der übernehmende Rechtsträger in den Anwendungsbereich eines anderen Tarifvertrages fällt und die vertragliche Bezugnahmeklausel lediglich auf die Tarifverträge verweisen wollte, die für den jeweiligen Betriebsinhaber Anwendung finden. Dies ist durch Auslegung im Einzelfall festzustellen (*Simon* in Semler/Stengel UmwG § 324 Rn. 26 ff.). **234**

4. Mitbestimmung

a) Beibehaltung der Mitbestimmung

Das UmwG ändert das Mitbestimmungsrecht selbst nicht, es ist also mitbestimmungsneutral. Im Einzelfall können sich Umwandlungen dennoch sowohl als mitbestimmungsförderlich wie mitbestimmungsschädlich erweisen (*Bartodziej* ZIP 1994, 580 ff.; *Bermel* in G/K/T § 325 Rn. 7; *Joost* in Lutter UmwG § 325 Rn. 1 ff.). So sind bei Spaltung, Formwechsel oder Teilübertragung Verluste an Mitbestimmungsrechten auf Unternehmerebene möglich. Dieser Fall tritt ein, wenn der aus der Umwandlung hervorgehende Rechtsträger nicht der Mitbestimmung unterliegt, insbesondere bei einem Formwechsel oder einer Verschmelzung auf eine Personengesellschaft oder Unterschreitung des Schwellenwerts (*Bermel* in G/K/T § 325 Rn. 7; vgl. ausführlich zum Formwechsel *Olbertz* GWR 2017, 315 f.). **235**

Mit § 325 I 1 UmwG wird eine auf fünf Jahre befristete Beibehaltung der Mitbestimmung gesetzlich angeordnet. Die Regelung betrifft mitbestimmte Unternehmen, bei denen durch Abspaltung oder Ausgliederung die in den Mitbestimmungsgesetzen festgelegten Arbeitnehmerzahlen unterschritten werden. Voraussetzung ist aber, dass bei der betreffenden Gesellschaft nach der Spaltung die Zahl der Arbeitnehmer nicht auf weniger als ein Viertel der jeweiligen Mindestzahl absinkt (§ 325 I 2 UmwG). **236**

Nach § 325 II UmwG wird für den Bereich der betrieblichen Mitbestimmung lediglich die Rechtslage festgeschrieben, wie sie sich schon teils ausdrücklich aus geltenden Vorschriften wie § 38 I 3 BetrVG, teils aus der Rspr. des BAG ergibt. Danach können bei einer Betriebsaufspaltung durch Spaltung oder Teilübertragung eines Rechtsträgers, die sich durch Wegfall der gesetzlichen Voraussetzungen ergebenden Beschränkungen der Rechte und Beteiligungsrechte des Betriebsrats durch Betriebsvereinbarungen oder Tarifverträge kompensiert werden (*Simon* in Semler/Stengel UmwG § 325 Rn. 27 ff.). In der Praxis ist zu beachten, dass ein Wechsel des Mitbestimmungsstatuts regelmäßig erst nach der Durchführung des sogenannten Statusverfahrens (§§ 97 ff. AktG) möglich ist (§ 96 II AktG). Etwas anderes gilt im Fall der Verschmelzung für Aufsichtsräte eines übertragenden Rechtsträgers. Mit dessen Existenz erlischt auch das Amt der Mitglieder des Aufsichtsrats. **237**

b) Mitbestimmter Aufsichtsrat bei Formwechsel

238 Bei einem Formwechsel ist die Amtszeit für die bisherigen Mitglieder eines mitbestimmten Aufsichtsrats in dem Rechtsträger neuer Rechtsform bis zum Ablauf ihrer ursprünglichen Wahlperiode verlängert (§ 203 UmwG). Der Aufsichtsrat der neuen Rechtsform muss in gleicher Weise gebildet und zusammengesetzt werden wie bei dem formwechselnden Rechtsträger. Eine Amtskontinuität besteht zB beim Formwechsel einer KGaA in eine AG und umgekehrt sowie beim Formwechsel einer GmbH in eine AG, KGaA oder eG und umgekehrt, soweit die Gesellschaft mehr als 500 oder mehr als 2000 Arbeitnehmer beschäftigt (§ 1 DrittelbG, § 1 I MitbestG; vgl. *Decher/Hoger* in Lutter UmwG § 203 Rn. 2).

239–250 *(einstweilen frei)*

VIII. Darstellung von Grundtypen

Im Folgenden wird der Ablauf des Umwandlungsverfahrens anhand von Grundtypen beispielhaft dargestellt. Die gewählte zeitliche Abfolge und Form ist nicht in allen Einzelheiten zwingend vorgeschrieben.

1. Verschmelzung von Tochter- auf Mutter-GmbH durch Aufnahme

251 In der Praxis entfällt ein großer Teil von Verschmelzungen auf Umstrukturierungen im Konzerninnenbereich. Dazu gehört insbesondere der Fall, dass der übernehmenden GmbH alle Anteile der übertragenden GmbH gehören. Für das Verfahren gelten verschiedene Erleichterungen.

252 Ab dem für die Verschmelzung beabsichtigten Stichtag wird von der Geschäftsführung der übertragenden GmbH die Schlussbilanz vorbereitet. Ca. fünf bis sechs Wochen vor dem Beurkundungstermin wird im Regelfall ein Rechtsanwalt oder Notar mit der Vorbereitung des Verschmelzungsvertrags und des Verschmelzungsbeschlusses beauftragt. Hat keine der Gesellschaften einen Betriebsrat, so kann ein wesentlich kürzerer Zeitraum für den Auftrag angesetzt werden.

253 Der Verschmelzungsvertrag muss einen bestimmten Mindestinhalt aufweisen. Zunächst sind Name bzw. Firma und Sitz der an der Verschmelzung beteiligten Rechtsträger (§ 5 I Nr. 1 UmwG) und der Gegenstand der Verschmelzung aufzunehmen, also die Übertragung des Vermögens als Ganzes (§§ 2–35, 46 ff. UmwG). Der Verschmelzung muss die Schlussbilanz der übertragenden GmbH zugrunde gelegt werden, üblicherweise die Bilanz des letzten Jahresabschlusses. Der Verschmelzungsstichtag, dh der Tag, ab welchem der Geschäftsbetrieb der übertragenden GmbH als auf Rechnung der übernehmenden GmbH geführt gilt, ist aufzunehmen. Das ist üblicherweise der erste Tag des laufenden Geschäftsjahrs. Es besteht ein Kapitalerhöhungsverbot (§ 54 I 1 Nr. 1 UmwG), weshalb auch keine Angaben zur Anteilsgewährung (§ 5 I Nr. 2–5 UmwG) in den Vertrag aufgenommen werden müssen (§ 5 II UmwG).

254 Auf die Angaben zu den individual- und kollektivarbeitsrechtlichen Folgen der Verschmelzung (§ 5 I Nr. 9 UmwG) kann nicht verzichtet werden. Für den Fall, dass keine weiteren unmittelbaren Folgen für die Arbeitnehmer beabsichtigt sind, genügt eine formelhafte Klausel, aber nicht das bloße Zitat der gesetzlichen Vorschriften. Schließlich wird die Kosten- und Steuerlast der beteiligten GmbHs geregelt.

255 Mindestens einen Monat vor dem Beurkundungstermin muss der Entwurf des Verschmelzungsvertrags den Betriebsräten zugeleitet werden. Die Wahrung der Frist ist bei Eintragung der Verschmelzung in die Handelsregister der beteiligten Rechtsträger dem Registergericht nachzuweisen. Es empfiehlt sich daher, sich den Empfang der Benachrichtigung bestätigen zu lassen.

Die Gesellschafter sind an sich spätestens mit der Einberufung der die Verschmelzung beschließenden Gesellschafterversammlung (§ 49 UmwG) von der bevorstehenden Verschmelzung zu unterrichten, wobei der Verschmelzungsvertrag als Anlage beizufügen ist (§ 47 UmwG). Diese Vorschriften sind jedoch dispositiv. Es wird daher praktisch immer auf sämtliche Förmlichkeiten verzichtet. **256**

Spätestens kurz vor dem Beurkundungstermin wird die Schlussbilanz durch den Geschäftsführer der übertragenden GmbH unterzeichnet und (bei nicht kleinen Kapitalgesellschaften iSd § 267 I HGB) vom Abschlussprüfer testiert. Daraufhin schließt die Geschäftsführung beider Gesellschaften den Verschmelzungsvertrag ab. Anschließend werden die Zustimmungsbeschlüsse der beiden GmbHs durch die Geschäftsführung der übernehmenden Gesellschaft und die Gesellschafter der übertragenden GmbH eingeholt. Eine Erleichterung des Verfahrens besteht darin, dass gem. § 8 III 1 2. Alt. UmwG kein Verschmelzungsbericht und gem. § 9 II UmwG keine Verschmelzungsprüfung erforderlich sind, da sich alle Anteile des übertragenden Rechtsträgers in der Hand des übernehmenden Rechtsträgers befinden. Die Verschmelzungsprüfung kann dennoch von jedem Gesellschafter innerhalb einer Frist von einer Woche nach Erhalt der in § 47 UmwG genannten Unterlagen verlangt werden (§ 48 UmwG). Klarstellend kann in den Beschluss aufgenommen werden, dass eine Verschmelzungsprüfung nicht verlangt wird. In derselben Urkunde verzichten die Gesellschafter auf die Erhebung von Anfechtungsklagen. Durch Erteilung von Vollmachten kann das Verfahren weiter vereinfacht werden. **257**

Anschließend sind die Handelsregisteranmeldungen beider Gesellschaften durch ihre Geschäftsführer zu unterzeichnen. Danach, aber nicht später als acht Monate nach dem Schlussbilanzstichtag (§ 17 II 4 UmwG), reicht der Notar die Anmeldungen ein. Der Anmeldung der übertragenden GmbH beigefügt werden müssen der Verschmelzungsvertrag, die Niederschriften der Verschmelzungsbeschlüsse, ein Nachweis über die rechtzeitige Zuleitung zum Betriebsrat sowie die Schlussbilanz der übertragenden GmbH. Beim Handelsregister der übernehmenden Gesellschaft sind bis auf die Schlussbilanz (vgl. § 17 II 1 UmwG) die gleichen Anlagen einzureichen. Einige Wochen später wird die Verschmelzung eingetragen, zuerst in das Handelsregister des Sitzes der übertragenden Tochter-GmbH. Mit der anschließenden Eintragung in das Handelsregister des Sitzes der übernehmenden Mutter-GmbH wird die Verschmelzung wirksam (§§ 19, 20 UmwG). **258**

2. Formwechsel einer GmbH in eine Aktiengesellschaft

Wird eine GmbH in eine Aktiengesellschaft umgewandelt, zB um die Börseneinführung vorzubereiten, so ist der technische Ablauf sehr ähnlich: **259**

Sechs bis sieben Wochen vor dem Beurkundungstermin (wenn kein Betriebsrat besteht, auch wesentlich kurzfristiger) wird der Rechtsanwalt oder Notar beauftragt, die Umwandlung vorzubereiten. Ist der Entwurf des Formwechselbeschlusses vorbereitet, wird er an den Betriebsrat übermittelt. In aller Regel sind sich sämtliche Gesellschafter über die Umwandlung in die AG einig. Sie werden deshalb auf Form- und Fristbestimmungen der Einladung zur Gesellschafterversammlung ebenso verzichten wie auf den Umwandlungsbericht, die Barabfindung oder die Klage gegen den Umwandlungsbeschluss.

Da die Gründungsvorschriften des AktG anwendbar sind, erfordert der Formwechsel dennoch einen gewissen technischen Aufwand. So ist ein externer Gründungsprüfer zu bestellen (§ 33 II Nr. 4 AktG), was für gewöhnlich zu Beginn des Vorgangs geschieht. Zum Beurkundungstermin wird dann ggf. das Kapital der GmbH erhöht. Die Gesellschafter beschließen in derselben Gesellschafterversammlung über den Formwechsel. Anschließend unterzeichnen sie den Gründungsbericht. Im selben Termin findet idR die erste Aufsichtsratssitzung statt, und der Vorstand wird bestellt. Der Gründungsprüfungsbericht von Vorstand und Aufsichtsrat (§ 33 I AktG) kann daraufhin ebenso unterzeichnet werden wie die Handelsregisteranmeldungen. **259a**

259b Nach Einzahlung der neuen Stammeinlage wird die Handelsregisteranmeldung für die Kapitalerhöhung eingereicht, danach die Handelsregisteranmeldung samt Gründungsunterlagen für den Formwechsel. Bis dahin kann auch der Gründungsprüfungsbericht des externen Gründungsprüfers vorgelegt werden. Einige Wochen später werden die Maßnahmen ins Handelsregister eingetragen.

259c Es kommt vor, dass die Gesellschafter in derselben Gesellschafterversammlung noch Maßnahmen für die AG beschließen wollen, zB eine Kapitalerhöhung der AG, ein bedingtes Kapital für einen Aktienoptionsplan usw. Erst mit Eintragung des Formwechsels wird die Gesellschaft jedoch eine AG, so dass bei enger Betrachtung fraglich ist, ob solche Beschlüsse im Vorgriff möglich sind. Streng genommen werden diese Beschlüsse nicht in einer „Hauptversammlung" gefasst, und die Gesellschaft untersteht nach wie vor den Regeln des GmbHG und nicht des AktG. Andererseits erscheint die Abhaltung einer weiteren Versammlung als unnötige Förmelei. Die Praxis behilft sich, indem die Beschlüsse zwar vorbereitet, aber von Vertretern (zB Angestellten des beurkundenden Notars) erst dann beurkundet werden, wenn der Formwechsel ins Handelsregister eingetragen worden ist.

3. Verschmelzung zweier Publikums-Aktiengesellschaften

260 Das volle Spektrum umwandlungsrechtlicher Kompliziertheit bleibt den Publikumsgesellschaften vorbehalten. Die Kosten und Mühen von Umwandlungsberichten und -prüfungen werden von den Beteiligten nur dann hingenommen, wenn sie unvermeidbar sind. Sieht man einmal von Publikums-Personengesellschaften ab, handelt es sich um Aktiengesellschaften, die in aller Regel börsennotiert sind. Die Rechtsanwendung begegnet hier demselben Phänomen wie bei anderen Strukturmaßnahmen von Publikumsgesellschaften: Eine Gruppe von derzeit etwa 12 bis 15 Personen, die aus unterschiedlichen Gründen und in unterschiedlicher Weise an beinahe jeder Publikums-AG eine oder ganz wenige Aktien halten, fechten in wechselnder Zusammensetzung praktisch jede Umstrukturierungsmaßnahme an, deren Anfechtung nicht völlig aussichtslos ist. Für das Umwandlungsrecht hat das zur Folge, dass aus Vorsichtsgründen die Anforderungen an den Umwandlungsbericht, die Einladung zur Hauptversammlung und die Beantwortung von Fragen der Aktionäre immer höher gesteckt werden und derzeit im internationalen Vergleich ohne Beispiel sind.

a) Struktur der Verschmelzung

261 Zunächst werden regelmäßig Vorüberlegungen zur Vorgehensweise angestellt, die nicht selten schriftlich fixiert werden, zB in einer Art Vorvertrag (häufig als Zusammenführungsvereinbarung bezeichnet).

262 Bei der Verschmelzung zweier deutscher Aktiengesellschaften ist zivilrechtlich vor allem die Frage zu entscheiden, ob zur Aufnahme oder zur Neugründung verschmolzen wird. Drei Faktoren bestimmen den Entscheidungsprozess:

- Die Übertragung von Grundstücken bei einer Verschmelzung ist grunderwerbsteuerpflichtig. Ginge es nur darum, müsste stets die Gesellschaft mit weniger Grundbesitz auf diejenige mit mehr Grundbesitz verschmolzen werden. Eine Verschmelzung zur Neugründung käme dann nicht in Betracht.
- Die übernehmende Gesellschaft wird in der Öffentlichkeit als die stärkere, „überlebende" Einheit wahrgenommen. Aufgrund der Gesamtrechtsnachfolge und der Möglichkeit der übernehmenden Gesellschaft, ihre Satzung einschließlich des Namens anlässlich der Verschmelzung zu ändern, ist diese Wahrnehmung unbegründet. Sie spielt dennoch eine große Rolle bei der Entscheidungsvorbereitung.
- Die Aktionäre der übertragenden Gesellschaft können die Verschmelzung wegen eines fehlerhaften Umtauschverhältnisses nicht anfechten, sondern werden vom Gesetz auf das Spruchstellenverfahren verwiesen. Die Aktionäre der übernehmenden Gesellschaft haben

diese Anfechtungsmöglichkeit. Ginge es nur darum, müsste stets zur Neugründung verschmolzen werden, um Anfechtungsrisiken möglichst gering zu halten.

b) Unternehmensbewertung und Verschmelzungsprüfung

Es sind regelmäßig die Abschlussprüfer der Gesellschaften, die mit der Unternehmensbewertung zur Ermittlung des Umtauschverhältnisses beauftragt werden. Die Bewertung ist ein Gemeinschaftsprodukt beider Wirtschaftsprüfungsgesellschaften. Parallel dazu kann ein *Due Diligence Review* durchgeführt werden, also eine Unternehmensprüfung durch wechselseitige Gewährung von Einsicht in finanzielle und rechtliche Verhältnisse des Unternehmens. Das aus der Unternehmensbewertung abgeleitete Umtauschverhältnis ist der eigentliche Prüfungsgegenstand der Verschmelzungsprüfung. Der Verschmelzungsprüfer wird von beiden Parteien gemeinsam dem Gericht vorgeschlagen und vom Gericht bestellt. Von der Möglichkeit, zwei Verschmelzungsprüfer für die Unternehmen einzeln bestellen zu lassen oder den Verschmelzungsprüfer durch den Vorstand selbst zu bestellen, wird kein Gebrauch gemacht. 263

c) Schlussbilanz, Verschmelzungsstichtag

Der Verschmelzung wird zumeist die Bilanz des Jahresabschlusses der übertragenden Gesellschaft als Schlussbilanz zugrunde gelegt. Das ermöglicht es, die Verschmelzungsbeschlüsse in den ordentlichen Hauptversammlungen der Gesellschaften fassen zu lassen. Ist, wie meistens, das Geschäftsjahr das Kalenderjahr, so kann die Verschmelzung steuerlich, bilanziell und für Zwecke der Gewinnverteilung auf den 1. 1. des Jahres zurückwirken, sofern sie bis zum 31. 8. zum Handelsregister angemeldet wird. Die Daten des Jahresabschlusses spielen auch eine Rolle für die Unternehmensbewertung, doch ist diese zukunftsgerichtet und basiert auf den Erträgen der Folgejahre, die auf einen früheren Zeitpunkt (idR den der Verschmelzungshauptversammlung) abdiskontiert werden. 264

d) Verschmelzungsvertrag

Der Verschmelzungsvertrag, über den die Hauptversammlungen der beteiligten Gesellschaften abstimmen, besteht zum großen Teil aus Standardformulierungen. 265

Die Parteien werden sich häufig auf Empfehlungen geeinigt haben, wie die Gremien der zusammengeführten Gesellschaft besetzt werden sollen. Darin liegt kein „besonderer Vorteil", der gem. § 5 I Nr. 8 UmwG im Verschmelzungsvertrag erwähnt werden müsste. Verliert dagegen ein Vorstandsmitglied im Zuge der Verschmelzungspläne seine Position und erhält es eine Abfindung, so könnte darin ein besonderer Vorteil gesehen werden.

Zum Standardrepertoire gehört auch eine Regelung, wonach sich der Verschmelzungsstichtag automatisch um ein Jahr verschiebt, wenn die Verschmelzung bis zum Frühjahr des Folgejahrs noch nicht eingetragen sein sollte. Damit soll erreicht werden, dass in diesem Fall die Dividende aus dem Gewinn für das Jahr, in dem über die Verschmelzung beschlossen wurde, bezahlt werden kann. Entsprechendes gilt für die Folgejahre. Allerdings ist diese Vertragsklausel noch nicht Gegenstand einer obergerichtlichen Entscheidung geworden.

e) Verschmelzungsbericht

Der Verschmelzungsbericht wird von den Parteien gemeinsam erstattet. Die Erstellung separater Berichte würde zusätzlichen Aufwand, vor allem aber das Risiko inhaltlicher Abweichungen mit sich bringen. Durch die hohen Anforderungen von Gesetz (gem. § 8 I Nr. 1 UmwG hat der Bericht „ausführlich" zu sein) und Rspr. an die Berichterstattung gerät der Bericht regelmäßig zu einem Buch, dessen Inhalt der durchschnittliche Aktionär zu erfassen kaum noch in der Lage ist. 266

f) Aufsichtsratssitzung

Sechs bis acht Wochen vor der Hauptversammlung wird der Aufsichtsrat mit der Verschmelzung befasst. Zwar sieht das Gesetz nicht vor, dass die Aufsichtsräte der beteiligten Unternehmen der Verschmelzung zustimmen müssen. Der Aufsichtsrat bereitet jedoch die 267

Hauptversammlung vor, indem er gemeinsam mit dem Vorstand zu den einzelnen Tagesordnungspunkten Empfehlungen abgibt (§ 124 III 1 AktG). Bis zum Zeitpunkt der Einladung dieser Aufsichtsratssitzung müssen der Entwurf des Verschmelzungsvertrags, der Verschmelzungsbericht, der Bericht des Verschmelzungsprüfers sowie die Tagesordnung der Hauptversammlung vorliegen. Auf derselben Aufsichtsratssitzung wird zumeist der Jahresabschluss festgestellt, so dass auch der Inhalt der Schlussbilanz feststeht.

g) Einladung und Auslegen von Unterlagen

268 Im Anschluss an die Zustimmung ihrer Aufsichtsräte laden die Gesellschaften zu ihrer Hauptversammlung ein. Mit der Bekanntmachung der Tagesordnung im Bundesanzeiger müssen die in § 63 I UmwG aufgeführten Unterlagen in den Geschäftsräumen der an der Verschmelzung beteiligten Gesellschaften ausgelegt werden, anschließend auch während der Hauptversammlung (§ 64 I 1 UmwG).

h) Hauptversammlung

269 In der Hauptversammlung hat der Vorstand den Verschmelzungsvertrag zu erläutern, über jede wesentliche Änderung des Vermögens der Gesellschaft zu unterrichten und den Aktionären Auskunft zu geben (§ 64 UmwG). Die Verschmelzungshauptversammlungen dauern viele Stunden, da die bereits erwähnte kleine Gruppe von Aktionären mit unzähligen Fragen versucht, Anfechtungsklagen vorzubereiten. Antwortet der Vorstand nicht, setzt dies nach hM einen Anfechtungsgrund, soweit die erfragte Information aus Sicht eines objektiv urteilenden Aktionärs für das Abstimmungsverhalten relevant war (BGH v. 22.5.1989, BGHZ 107, 296, 307; v. 15.6.1992, BGHZ 119, 1, 18 f.). Richtigerweise sollte die verweigerte, obwohl geschuldete Auskunft die Anfechtung nur ermöglichen, wenn die verweigerte Auskunft potenziell kausal für das Beschlussergebnis war (so die ältere Rspr., vgl. RG v. 12.6.1941, RGZ 167, 165), etwa dann, wenn die erforderliche Mehrheit von 75 % des bei Beschlussfassung vertretenen Kapitals nur knapp erreicht wurde.

i) Anfechtungsklagen und Unbedenklichkeitsverfahren

270 Einen Monat nach den Hauptversammlungen stellt sich in aller Regel heraus, dass erwartungsgemäß ein kleiner Teil derjenigen Aktionäre, die in der Hauptversammlung Widerspruch zur Niederschrift des protokollierenden Notars erklärt haben, Anfechtungsklage erhoben hat. Das Unbedenklichkeitsverfahren (§ 16 III UmwG) muss durchlaufen werden. Anschließend kann die Verschmelzung eingetragen werden. Wenn die beteiligten Gesellschaften nicht im Unbedenklichkeitsverfahren obsiegen, ist die Verschmelzung gescheitert und muss ggf. unter Vermeidung des oder der Fehler wiederholt werden (so geschehen bei einigen Formwechseln). Den Ausgang der Anfechtungsklage abzuwarten, kommt nicht in Betracht: Das Verfahren währt mindestens drei, eher fünf Jahre, obwohl zumeist nur Rechtsfragen entschieden werden müssen. Damit nimmt das Unbedenklichkeitsverfahren für beide Parteien die Hauptsache vorweg.

j) Aktienumtausch

271 Im Anschluss an die Eintragung übergibt die übernehmende Gesellschaft die neuen Aktien und die im Verschmelzungsvertrag gegebenenfalls festgesetzte bare Zuzahlung an den Umtauschtreuhänder, dh an eine im Verschmelzungsvertrag hierfür vorgesehene Bank (§ 71 UmwG). Die Aktien werden in das Treuhänderdepot eingebucht. Ggf. werden die Meldungen der Optionsstellen eingeholt, ob noch weitere Aktien aus bedingtem Kapital der übertragenden Gesellschaft ausgegeben worden sind. Die Optionsstellen müssen auch sicherstellen, dass bis zur Veröffentlichung einer Mitteilung an die Inhaber von Optionsscheinen keine Ausübungserklärungen bearbeitet werden. Der Treuhänder zeigt dann die Übergabe der Aktien und Barzuzahlungen dem Registergericht des übertragenden Rechtsträgers an (§ 71 I 2 UmwG).

272 Der Treuhänder veranlasst die Übertragung der neuen Aktien auf die Aktionäre der übertragenden Aktiengesellschaft. Girosammelverwahrte Aktien werden vom Depot des

Treuhänders auf das Depot der Aktionäre umgebucht, ohne dass es einer Mitwirkung der Aktionäre bedarf (*Diekmann,* in Semler/Stengel UmwG § 72 Rn. 7).

(einstweilen frei) **273, 274**

4. Exkurs: Umwandlungsrechtlicher Squeeze-out

Mit dem Dritten Gesetz zur Änderung des Umwandlungsgesetzes v. 11.7.2011 **275**
(BGBl. I 2011, 1338) hat der Gesetzgeber § 62 V UmwG eingefügt. Die Vorschrift regelt eine auf Konzernverschmelzungen beschränkte Sonderform des aktienrechtlichen *Squeeze-out.* Soweit die Vorschrift keine abweichenden Regelungen enthält, gelten nach § 62 V 8 UmwG die §§ 327a ff. AktG. Wesentliche Abweichung im Vergleich zu den Ausschlussmöglichkeiten nach §§ 327a ff. AktG und §§ 39a ff. WpÜG ist die Absenkung der Beteiligungsschwelle auf 90 % des Grundkapitals.

a) Zusammenhang zwischen Squeeze-out und Konzernverschmelzung

Die Neuregelung ermöglicht es der mit 90 % am Grundkapital einer Tochter-AG **276**
beteiligten AG (Hauptaktionärin), die verbliebenen Minderheitsaktionäre auszuschließen, um anschließend eine Konzernverschmelzung unter den erleichterten Bedingungen durchzuführen, die bei einer 100%igen Beteiligung bestehen (vgl. etwa §§ 8 III 1 2. Alt., 9 II, III, 62 I 1, IV 2 UmwG). Zwischen dem *Squeeze-out* und der Konzernverschmelzung muss ein enger zeitlicher und sachlicher Zusammenhang bestehen. Der Übertragungsbeschluss nach § 327a I 1 AktG ist daher innerhalb von drei Monaten nach Abschluss des Verschmelzungsvertrages zu fassen (§ 62 V 1 UmwG). Der Vertrag muss bereits einen Hinweis auf den geplanten Minderheitsausschluss enthalten (§ 62 V 2 UmwG).

b) Ablauf

Die beteiligten Rechtsträger schließen zunächst, vertreten durch den jeweiligen Vor- **277**
stand, den notariell zu beurkundenden Verschmelzungsvertrag ab, der einen Hinweis auf den *Squeeze-out* enthält. Für die Dauer eines Monats ist der Vertrag neben weiteren Unterlagen zur Einsicht der Aktionäre auszulegen (§ 62 V 3, III UmwG). Zusammen mit den übrigen in § 327c III AktG genannten Unterlagen hat auch die Tochter-AG den Vertrag bzw. seinen Entwurf auszulegen (§ 62 V 5 UmwG). Die Hauptversammlung der Tochter-AG beschließt innerhalb von drei Monaten nach Abschluss des Verschmelzungsvertrages über den Ausschluss der Minderheitsaktionäre. Ist der Beschluss mit der Mehrheit der abgegebenen Stimmen gefasst (§ 133 AktG), meldet der Vorstand der Gesellschaft ihn zur Eintragung im Handelsregister an. Der Verschmelzungsvertrag bzw. sein Entwurf sind in ausgefertigter oder öffentlich beglaubigter Form beizufügen (§ 62 V 6 UmwG). Dadurch erhält der Registerrichter die Möglichkeit, das Vorliegen der Voraussetzungen von § 62 V UmwG zu prüfen, insbesondere die Einhaltung der Dreimonatsfrist. Zur Verknüpfung von *Squeeze-out* und Konzernverschmelzung ist die Eintragung des Übertragungsbeschlusses im Register der Tochter-AG mit dem Vermerk zu versehen, dass er erst gleichzeitig mit der Eintragung der Verschmelzung im Register des Sitzes der übernehmenden Mutter-AG wirksam wird (§ 62 V 7 UmwG). Die Anteile der Minderheit gehen mit Eintragung der Verschmelzung jedoch nicht für eine juristische Sekunde auf die Mutter-AG über, sondern gleichzeitig mit der Handelsregistereintragung unter (str. wie hier *Austmann* NZG 2011, 684, 688; *Kiefner/Brügel* AG 2011, 525, 528; aA *Neye/Kraft* NZG 2011, 681, 683). Bei der anschließenden Durchführung der Verschmelzung kann in beiden Rechtsträgern auf einen Verschmelzungsbeschluss verzichtet werden (§ 62 I 1, IV 2 UmwG). Die Vertretungsorgane der beteiligten AGen brauchen zudem keinen Verschmelzungsbericht zu erstatten (§ 8 III 1 2. Alt. UmwG). Schließlich entfällt die Erforderlichkeit der Verschmelzungsprüfung durch einen oder mehrere sachverständige Prüfer (§ 9 II, III UmwG).

B. Prinzipien der Bilanzierung bei Umwandlung

I. Umwandlungsmotive

1 Das Bedürfnis der Wirtschaft zur Neuordnung gesellschaftsrechtlicher Strukturen hat vielfältige Ursachen. Die Hauptmotive liegen im betriebswirtschaftlichen, steuerrechtlichen und allgemein rechtlichen Bereich. Betriebswirtschaftliche Überlegungen können die vollständige oder teilweise Reorganisation von Unternehmensgruppen zur effizienteren Nutzung und Kombination der Produktionsfaktoren durch veränderte Zusammenfassung von Betrieben, Unternehmen oder Unternehmensteilen erfordern. Betriebsabläufe sollen flüssiger und kostengünstiger gemacht werden. Die Änderung steuerrechtlicher oder sonstiger rechtlicher Rahmenbedingungen spielt als Motiv für Umwandlungen oftmals ebenfalls eine wesentliche Rolle.

2 Beispielhaft herausgegriffene Umwandlungsmotive sind ua.

- Hebung von **Synergieeffekten,** indem verschiedene bislang rechtlich selbstständige Rechtsträger (durch Verschmelzung) zu einer rechtlichen Einheit zusammengeführt werden. Solche Synergieeffekte können sowohl auf der Produktionsseite wie auch der Vertriebsseite auftreten. Darüber hinaus können Verwaltungs- und Stabsaufgaben gestrafft werden.
- Reorganisation der Unternehmensstruktur im Anschluss oder im Vorfeld von Erwerb oder Verkauf von Unternehmen, Beteiligungen, Betrieben und Betriebsteilen;
- Umwandlungen zur **Optimierung von Finanzierungsstrukturen,** beispielhaft sei hier der Fall erwähnt, dass der erwerbende Rechtsträger mit dem erworbenen verschmolzen wird, um die Finanzierungsverbindlichkeiten für den Erwerb des Targets mit den Assets des Targets in eine betriebliche Einheit zusammenzuführen.
- Auch **Steueroptimierungsziele** können Umwandlungsmotiv sein. Beispielhaft sei hier erwähnt, dass Personengesellschaften als Konzernspitze mit einer Vielzahl von in- und ausländischen Beteiligungen an Kapitalgesellschaften und einem hohen Thesaurierungsbedarf in der steuerlichen Belastung ungünstiger abschneiden, als ein Konzern mit einer Kapitalgesellschaftsspitze. Hier bietet es sich zumindest an, die in- und ausländischen Beteiligungen an Kapitalgesellschaften in einer Zwischenholding, die als Kapitalgesellschaft organisiert ist, zu bündeln.
- Begründung von **joint ventures.** Die Zusammenführung von betrieblichen Einheiten oder Beteiligungen in ein Gemeinschaftsunternehmen verschiedener Obergesellschaften soll häufig auch ohne (wesentliche) Steuerbelastungen erreicht werden. Auch in diesem Zusammenhang sind die im Umwandlungsgesetz vorgesehenen Gestaltungsalternativen von Bedeutung.
- Auch die den Unternehmer persönlich oft drückende Frage, wie die in Zukunft drohende **Erbschaftsteuerbelastung** verringert werden kann, erfordert häufig Umstrukturierungsschritte, die nur mit Hilfe des UmwStG ertragsteuerneutral gestaltet werden können.

3 Diese Motive für Umwandlungen, die möglichst ertragsteuerneutral erfolgen sollten, sind nunmehr zusätzlich überlagert durch die Mobilität von Unternehmen im EU/EWR-Rechtsraum, sei es durch Sitzverlegung oder sei es durch Umwandlung, insbesondere Verschmelzung, über die Grenze.

II. Geschichte

4 Das UmwStG 1934 (RGBl. I 1934, 572; 354), das Umwandlungssteuerrecht der DM-Bilanzgesetze 1950 (BGBl. I 1950, 811) sowie das UmwStG 1957 (BGBl. I 1957, 1713) regelten lediglich die Umwandlungen von Kapitalgesellschaften. Das **UmwStG 1934**

ermöglichte ein fast uneingeschränktes Bewertungswahlrecht der übertragenden Kapitalgesellschaft. Sie konnte in ihrer steuerlichen Umwandlungsbilanz Wirtschaftsgüter bis zum Teilwert aufstocken oder bis auf Null abstocken. Auf einen Aufstockungsgewinn wurde nur zu einem Drittel KSt erhoben. Ein durch Abstockung entstehender Verlust war nicht abziehbar. Die übernehmende Kapitalgesellschaft musste die von der übertragenden Kapitalgesellschaft in der Umwandlungsbilanz angesetzten Werte fortführen.

Nach dem Umwandlungssteuerrecht der **DM-Bilanzgesetze 1950** durfte die über- 5
tragende Kapitalgesellschaft die Wirtschaftsgüter in ihrer Umwandlungsbilanz mit den Werten ansetzen, die sich nach den für die steuerliche Gewinnermittlung geltenden allgemeinen Vorschriften ergaben. Ein Übertragungsgewinn wurde nicht besteuert. Die übernehmende Kapitalgesellschaft hatte die Werte fortzuführen, die die übertragende Kapitalgesellschaft in ihrer Umwandlungsbilanz angesetzt hatte. Ein Übernahmegewinn wurde dadurch vermieden, daß die übernehmende Kapitalgesellschaft berechtigt war, in ihrer DM-Eröffnungsbilanz die Beteiligung an der übertragenden Kapitalgesellschaft mit dem Wert anzusetzen, mit dem die übertragende Kapitalgesellschaft ihre Wirtschaftsgüter in ihrer DM-Eröffnungsbilanz ausgewiesen hatte. Da im Ergebnis weder der Übertragungs- noch der Übernahmegewinn besteuert wurden, konnte also steuerneutral umgewandelt werden.

Nach dem **UmwStG 1957** durfte die übertragende Kapitalgesellschaft den Buchwert 6
ansetzen. Die übernehmende Kapitalgesellschaft hatte die von der übertragenden Kapitalgesellschaft in der Umwandlungsbilanz angesetzten Werte zu übernehmen. Entstand ein Übernahmegewinn (Wert des übernommenen Vermögens höher als der Buchwert der untergehenden Beteiligung), so hatte die übernehmende Kapitalgesellschaft ein Wahlrecht: Sie konnte den Übernahmegewinn mit einem ermäßigten Steuersatz von 15 vH bei der ESt und von 20 vH bei der KSt versteuern oder den Übernahmegewinn dadurch neutralisieren, daß sie die übernommenen Buchwerte auf den Buchwert der untergegangenen Beteiligung abstockte. Entstand ein Übernahmeverlust, war die übernehmende Kapitalgesellschaft verpflichtet, die übernommenen Buchwerte auf den Buchwert der untergegangenen Beteiligung aufzustocken. Im Ergebnis war also auch nach dem UmwStG 1957 eine erfolgsneutrale Umwandlung von Kapitalgesellschaften möglich.

Anders als die früheren Regelungen des Umwandlungssteuerrechts regelte das **UmwStG** 7
1969 nicht nur die Umwandlung von Kapitalgesellschaften, sondern auch die Verschmelzung von Kapitalgesellschaften und die Einbringung von Betrieben, Teilbetrieben und Mitunternehmeranteilen in eine Kapitalgesellschaft und in eine Personengesellschaft. Das UmwStG 1969 bot den Unternehmen erstmals auch die Möglichkeit, die Rechtsform zu wechseln, ohne dass dabei bedeutende steuerliche Gewinne entstehen mussten.

Die Regelungen über die Einbringung von Betrieben, Teilbetrieben und Mitunterneh- 8
meranteilen in eine Kapitalgesellschaft bzw. Personengesellschaft stimmten im Wesentlichen mit denjenigen im UmwStG 1977 und denjenigen im UmwStG 1995 überein (vgl. §§ 20 f. und 24 f. aF).

Bei der Umwandlung von Kapitalgesellschaften hatte die übertragende Gesellschaft in ihrer Umwandlungsbilanz die Werte anzusetzen, die sich nach den für die steuerliche Gewinnermittlung geltenden allgemeinen Vorschriften ergaben. Die übernehmende Gesellschaft war an diese Werte gebunden. Ein eventuell entstehender Übernahmegewinn blieb bei der Gewinnermittlung der übernehmenden Gesellschaft unberücksichtigt. Ab 1973 galt diese Regelung nur, wenn die übertragende Gesellschaft eine schachtelprivilegierte Kapitalgesellschaft war, also nur dann, wenn auf eine Kapitalgesellschaft umgewandelt wurde, die vor Umwandlung mindestens zwölf Monate lang an der übertragenden Kapitalgesellschaft mindestens zu einem Viertel beteiligt gewesen war. Für alle anderen Umwandlungen galt ab 1973 folgende Regelung: Es wurde der außerhalb der Bilanz der übernehmenden Gesellschaft bzw. der übernehmenden natürlichen Person zu errechnende Übernahmegewinn (Teilwerte in Umwandlungsbilanz der übertragenden Gesellschaft ./. Buchwert der untergehenden Beteiligung) ermittelt. Hierauf wurde bei natürlichen Personen ESt in Höhe von einem Drittel des durchschnittlichen Steuersatzes und bei nicht schachtelprivilegierten Kapitalgesellschaften eine KSt von 16 vH erhoben.

9 Im Rahmen der Körperschaftsteuerreform 1976 wurde das UmwStG 1969 durch das **UmwStG 1977** ersetzt. Die §§ 1–19 UmwStG 1977 galten – im Gegensatz zum UmwStG 1969 – für alle Fälle, in denen das Vermögen durch Gesamtrechtsnachfolge auf den übernehmenden Rechtsträger überging. Außerdem stellte das UmwStG 1977 sicher, daß nach dem Inkrafttreten der Körperschaftsteuerreform bei der Umwandlung und Verschmelzung von Körperschaften keine doppelte steuerliche Belastung des Gewinns bei der Gesellschaft und der Ausschüttung beim Anteilseigner entstand.

Darüber hinaus wurde die Schlussbesteuerung beim Vermögensübergang durch Gesamtrechtsnachfolge (Umwandlung und Verschmelzung) erstmals zusammengefaßt im UmwStG 1977 geregelt. Die §§ 38 und 42 KStG aF enthielten ergänzende Vorschriften zur Gliederung des vEK. Die steuerlichen Folgen eines Vermögensübergangs durch Gesamtrechtsnachfolge waren zuvor nicht im UmwStG 1969, sondern in § 15 KStG 1975 geregelt. Das UmwStG 1969 regelte lediglich ausgewählte Fälle der Umwandlung und Verschmelzung. Im übrigen enthielt es Regelungen für Einbringungsfälle.

10 Die Anpassung des Umwandlungssteuerrechts an die Körperschaftsteuerreform 1976 galt allgemein als gelungen. Die bald laut werdende Kritik hinsichtlich der materiellen Regelungen läßt sich wie folgt zusammenfassen:

– Aufdeckung stiller Reserven bei Umwandlung von Kapitalgesellschaften in Personengesellschaften:
  Die Umwandlung einer Kapitalgesellschaft in eine Personengesellschaft war nach dem UmwStG 1977 nicht steuerneutral möglich. Bei der übertragenden Kapitalgesellschaft vorhandene stille Reserven waren zwingend (Teilwertansatz) aufzudecken. Der Übertragungsgewinn war zwar bei der Kapitalgesellschaft in der Regel steuerfrei (§ 4 UmwStG 1977). Bei den Gesellschaftern der Personengesellschaft waren die stillen Reserven aber als Übernahmegewinn zu besteuern (§ 5 UmwStG 1977). Konnte der Übernahmegewinn bei den Gesellschaftern der Personengesellschaft nicht der ESt oder KSt unterworfen werden, hatte die Kapitalgesellschaft den Übertragungsgewinn zu besteuern (§ 13 II UmwStG 1977). Es bestand eine „steuerliche Einbahnstraße“: Sie führte ohne Steuerbelastung in die Kapitalgesellschaft hinein, aber nicht ohne Steuerbelastung wieder heraus.
– Fehlende gesetzliche Regelung für Spaltungen:
  Die Spaltung von Körperschaften war bis zum UmwG 1995 handelsrechtlich nur im Wege der Einzelrechtsnachfolge möglich. Das Steuerrecht enthielt keine gesetzliche Regelung für steuerneutrale Spaltungen. Lediglich aus Billigkeitsgründen ließ die FinVerw. die Steuerneutralität zu und behandelte die Spaltung von Körperschaften als einheitlichen Gesamtvorgang (BMF v. 9.1.1992, BStBl. I 1992, 47).
– Kein Verlustübergang bei Umwandlungsfällen:
  DieVerschmelzung einer Körperschaft auf eine andere Körperschaft war zwar nach dem UmwStG 1977 ohne Aufdeckung der stillen Reserven möglich. Bestehende Verlustvorträge gingen aber bei der Verschmelzung nicht auf die andere Körperschaft über.

11 Das **UmwStG 1995** hat anfangs – in sehr großzügiger Weise – die Umwandlung von Kapitalgesellschaften in Personengesellschaften ermöglicht, wobei im Wesentlichen die Anschaffungskosten für die Beteiligung an der übertragenden Kapitalgesellschaft in abschreibungsfähiges Potential bei der Personengesellschaft transferiert werden konnte. Zudem war anfangs auch die Verlustübertragung von einer übertragenden Kapitalgesellschaft auf eine übernehmende Kapitalgesellschaft ohne sehr einengende Restriktionen möglich. Auf Betreiben der FinVerw. wurde dies jedoch in den Jahren nach 1995 schrittweise zurückgenommen.

12 Drei wesentliche Umstände führten dazu, dass das UmwStG 1995 ab der Jahrtausendwende als nicht zeitgemäß galt:

– Aufgrund des EuGH Urt. v. 6.6.2000 – C 35/98, Slg. I 4071 – *Verkooijen* wurde das **körperschaftsteuerliche Anrechnungsverfahren,** das Deutschland national unter Ausschluss ausländischer Anteilseigner praktizierte, als von den Spitzen der FinVerw. im BMF als nicht mehr haltbar erkannt. Das körperschaftsteuerliche Anrechnungsverfahren wurde durch das Halbeinkünfteverfahren und die Regelungen des § 8b KStG ersetzt. Dies erforderte einige Umstellungen im UmwStG und in diesem Zusammenhang auch ein Überdenken des bisher praktizierten Systems der einbringungsgeborenen Anteile iSd § 21 UmwStG 1995. Die Einbringungsgeborenheit bzw. wesentliche Teile der Rechtsfolgen der Einbringungsgeborenheit entfielen nach Ablauf von sieben Jahren.
– Die gesellschaftsrechtlichen Möglichkeiten, die sich aus der SE-VO und der SCE-VO der EG ergaben, führten spätestens ab 2001 dazu, dass die von der FinVerw. so gesehene Begrenzung auf nationale Rechtsvorgänge des UmwStG nicht mehr haltbar war. Damit entstand der – bislang negierte – Zwang, tatsächlich die **Fusions-RL** in vollem Umfang in nationales Recht umzusetzen. In die gleiche Richtung drängte die Richtlinie 2005/56/EG des Europäischen Parlaments und des Rates vom 26.10.2005 über die Verschmelzung von Kapitalgesellschaften aus verschiedenen Mitgliedstaaten den deutschen Steuergesetzgeber.
– Schließlich bestand auch die Gefahr, dass bestimmte Regelungen des deutschen UmwStG 1995 nicht dauerhaft der gemeinschaftsrechtlich verpflichteten **Rechtsprechung des EuGH** widerstehen können. Angefangen von dem europarechtswidrigen Ausschluss der Steuerneutralität von Verschmelzungen auf Gesellschafterebene, wenn im EU-Ausland Kapitalgesellschaften miteinander verschmolzen werden, die inländische deutsche Anteilseigner haben (§ 13 UmwStG 1995), bis hin zu den auch EG/EU-Ausländer benachteiligenden Vorschriften des § 20 III UmwStG 1995 und § 21 II Nr. 2 UmwStG 1995. Bei letzteren Vorschriften liegt der Verstoß gegen die Niederlassungsfreiheit schon vor dem Hintergrund des EuGH Urt. v. 11.3.2004 – *Lasteyrie du Saillant,* DStR 2004, 551) auf der Hand.

Mit dem UmwStG 2006 wurde versucht, diese europarechtswidrigen Beschränkungen 13
zu beheben und das deutsche Umwandlungssteuerrecht mit den europäischen Grundfreiheiten und der Fusions-RL kompatibel zu machen.

III. Umwandlung als Veräußerung und Anschaffung

1. Veräußerungsvorgänge

Als Grundsatz formuliert die FinVerw. in UmwStE, Rn. 00.02 die These, Umwand- 14
lungen und Einbringungen würden auf der Ebene des übertragenden Rechtsträgers sowie des übernehmenden hinsichtlich des übertragenen Vermögens steuerlich Veräußerungs- und Anschaffungsvorgänge darstellen. Die These der Veräußerung ist in ihren Konsequenzen im Rahmen der §§ 22 I 6, 15 II 3, 4 und 18 III praktisch von Bedeutung.

Zweifelsfrei wird bei Verschmelzungen, Spaltungen und Einbringungsvorgängen zivil- 15
rechtlich Vermögen übertragen (nicht beim Formwechsel). Ob eine solche **Übertragung** stets zugleich eine steuerliche **Veräußerung** darstellt, wird unter dem Gesichtspunkt in Frage gestellt, dass eine Veräußerung eine **entgeltliche** Übertragung des wirtschaftlichen Eigentums an Wirtschaftsgütern auf eine andere natürliche oder juristische Person voraussetze (*Hageböke* Ubg 2011, 689; *Hageböke/Schmidt-Fehrenbacher* FGS/BDI zu Rn. 00.02). Dieses Kriterium sei bei **Einbringungen** durch die Gewährung von Gesellschafterrechten stets erfüllt, jedoch nicht bei Verschmelzungen oder Spaltungen, soweit gesellschaftsrechtlich und steuerlich zulässig keine neuen Anteile an dem übernehmenden Rechtsträger gewährt werden. Daher ist allerdings zu beachten, dass im Regelfall nicht nur eine Gegenleistung („Entgelt") in Form von Gesellschaftsrechten, sondern auch in Form der Übernahme von Verbindlichkeiten des übertragenden Rechtsträgers durch den übernehmenden

erfolgt. Theoretisch denkbar ist zwar ein vollständig eigenkapitalfinanzierter übertragender Rechtsträger (bei Verschmelzungen) oder ein eigenkapitalfinanzierter Teilbetrieb (bei Spaltungen), praktisch jedoch irrelevant.

16 Beim **Formwechsel** geht die FinVerw gem. UmwStE Rn. 00.02 ebenfalls von Veräußerungsvorgängen aus. Dies ist beim Formwechsel einer Personen- in eine Kapitalgesellschaft deshalb zutreffend, weil es steuerlich – entgegen dem Zivilrecht – um einen tauschähnlichen entgeltlichen Rechtsträgerwechsel handelt (BFH v. 19.10.2005 – I R 38/04, BStBl. II 2006, 568). Der Formwechsel von der Kapitalgesellschaft in die Personengesellschaft bzw. auf eine natürliche Person ist hingegen entsprechend einer Verschmelzung ausgestaltet. § 9 fingiert durch die entsprechende Anwendung der §§ 3 bis 8 und 10 einen Vermögensübergang. Für diesen Vermögensübergang gilt das zu Rn. 15 Gesagte, die Übernahme von Verbindlichkeiten ist (Teil-)Entgelt und damit ist der Vermögensübergang aus Sicht der übertragenden Kapitalgesellschaft als Veräußerungsvorgang einzustufen.

2. Anschaffung/Anschaffungskosten

17 Handelsrechtlich liegt – jedenfalls bei **Verschmelzungen** und **Spaltungen** – eine Anschaffung des übernehmenden Rechtsträgers mit der Folge von Anschaffungskosten nach §§ 255 HGB, 24 UmwG vor. Es ist also nach den Aufwendungen zu fragen, die geleistet werden, um einen Vermögensgegenstand zu erwerben. Die Kritik, bei neu gewährten Anteilen an dem übernehmenden Rechtsträger wende dieser nichts aus seinem Vermögen auf, da die neuen Anteile originär in der Hand des Gesellschafters aufgrund der Kapitalerhöhung entstehen, wird im Ergebnis dadurch entkräftet, dass der BFH nunmehr steuerlich präzisiert, die Anschaffungskosten beständen nicht in der Gewährung von neuen Gesellschaftsrechten, sondern aus der Sicht des übernehmenden Rechtsträgers liege das Anschaffungsgeschäft in der Hingabe der Einlageforderung gegen den Empfang des Sachwerts. Es handele sich um einen tauschähnlichen Vorgang (BFH v. 24.4.2007 – I R 35/05, BStBl. II 2008, 253). Im Ergebnis kommt dies allerdings auf dasselbe hinaus, denn die Aufwendungen iSd § 255 HGB des übernehmenden Rechtsträgers berechnen sich nur scheinbar nach dem Wert der emittierten neuen Anteile – und sowieso nicht nach deren Nominalbetrag –, weil ansonsten die Dimension der übernommenen Verbindlichkeiten ausgeblendet wird. Tatsächlich wird man auf den Verkehrswert des eingebrachten Vermögens blicken und unter Berücksichtigung der übernommenen Verbindlichkeiten dann einen Wert der neuen Anteile ermitteln. Fehlt es zulässigerweise an der Ausgabe neuer Anteile, gilt die Präzisierung in der BFH-Rechtsprechung erst recht. Gleiches gilt für **Einbringungen.**

18 Hinsichtlich von rechtsformkreuzenden **Formwechseln** ergibt sich der Anschaffungsvorgang und damit die Frage nach Anschaffungskosten bereits aus der steuerlichen Fiktion des Veräußerungsvorgangs, der insoweit die Anschaffung indiziert.

3. Ebene der Anteilseigner

19 Die im UmwStE Rn. 00.03 S. 1 aufgestellte These, auf der Ebene der Anteilseigner einer übertragenden Körperschaft sei die Umwandlung ebenfalls als Veräußerungs- und Anschaffungsvorgang der Anteile zum gemeinen Wert zu beurteilen, vermag nicht zu überzeugen. Es ist hier erst einmal festzuhalten, dass der vorzitierte Satz sich nur auf den Fall von Verschmelzungen bzw. Spaltungen von Kapitalgesellschaften auf andere Kapitalgesellschaften bezieht, also auf den Anwendungsbereich von § 13. Dort wird aber in Abs. 1 angeordnet, dass die Anteile an der übertragenden Körperschaft als zum gemeinen Wert veräußert **gelten** und die an ihre Stelle tretenden Anteile an der übernehmenden Körperschaft als mit diesem Wert angeschafft **gelten.** Wenn es bereits laut UmwStE Rn. 00.03 Fakt sein sollte, dass eine Veräußerung und eine Anschaffung vorliegen, bedurfte es keiner gesetzlichen Fiktion („gelten") mehr.

Die Veräußerungs- und Anschaffungsthese hat daher eher das Ziel, in den Fällen der zulässigen Buchwert-/Anschaffungskostenfortführung des § 13 II die Bedeutung der gesetzlichen Formulierung in dessen S. 2, „die Anteile an der übernehmenden Körperschaft treten steuerlich an die Stelle der Anteile an der übertragenden Körperschaft" abzuschwächen. Denn ein „an die Stelle treten" schließt begrifflich gerade einen Anschaffungsvorgang aus, der zudem – jedenfalls nach dem Gesetzestext – nur ein fingierter ist. Konsistent wäre die Vorschrift nur, wenn es in § 13 II 2 heißen würde, „die Anteile treten ansonsten steuerlich an die Stelle ...". Dann wäre das Verhältnis von Veräußerung/Anschaffung zu einem an die Stelle treten geklärt. Die Inkonsistenz der gesetzlichen Formulierung wird nicht durch die These der FinVerw. behoben, sondern nur zu weiteren Auslegungsstreitigkeiten führen. **20**

Weitere Zielsetzung der These der FinVerw. in UmwStE Rn. 00.03 dürfte durch deren S. 2 Ausdruck gefunden haben, wonach auch bei einem Up-Stream-Merger ein Veräußerungs- und Anschaffungsgeschäft vorliege. **21**

Eine (partielle) Aufwärtsverschmelzung hat aber nichts mit dem Regelungsgehalt von § 13 zu tun, sondern wirft die Frage auf, ob der übernehmende Rechtsträger die ihm gehörenden Anteile an dem übertragenden Rechtsträger als Anschaffungskosten für das auf ihn übergehende Vermögen des übertragenden Rechtsträgers aufwendet. Dies ist zu bejahen. Die notwendige erfolgswirksame Ausbuchung der durch die Verschmelzung untergehenden Beteiligung (BFH v. 14.6.1984 – I R 79/80, BStBl. II 1985, 64) indiziert Anschaffungsaufwendungen. **22**

IV. Bilanzierungsfragen im UmwStG

Um die europarechtliche Kompatibilität herzustellen, musste auch der bisher von der FinVerw. verfolgte Gedanke der Maßgeblichkeit der Handelsbilanz für die Steuerbilanz in Umwandlungsfällen aufgehoben werden. **23**

1995 wurden parallel das Umwandlungsgesetz (UmwG) und das Umwandlungssteuergesetz (UmwStG 1995) verabschiedet. Die Bewertungsregelungen in beiden Gesetzen waren nicht aufeinander abgestimmt. Hinzu kam, dass bei Einbringungen von bestimmten qualifizierten Vermögensteilen – Betrieb, Teilbetrieb, Mitunternehmeranteil oder mehrheitsvermittelnde Beteiligung an einer Kapitalgesellschaft – das UmwG nicht zwingend Anwendung fand, sondern die zivilrechtliche Übertragung eines solchen Vermögensteils auf eine Kapitalgesellschaft oder eine Mitunternehmerschaft gem. §§ 20, 24 UmwStG auch im Wege der Einzelrechtsnachfolge vorgenommen werden konnte. **24**

Der Gesetzgeber hat deshalb mit dem 2006 neu gefassten Umwandlungssteuergesetz auch die Bewertungsvorschriften grundlegend umgestaltet und hierbei insbesondere den Maßgeblichkeitsgrundsatz aufgegeben. **25**

1. Verschmelzung und Spaltung von Kapitalgesellschaften

a) Handelsrechtliche Bewertungsvorschriften

Bei der Verschmelzung und Auf- und Abspaltung von Kapitalgesellschaften auf andere Rechtsträger – seien dies Kapitalgesellschaften oder Personengesellschaften – finden sich die entscheidenden handelsrechtlichen Bewertungsvorschriften in **§§ 17 II, 24 UmwG.** **26**

Der Anmeldung der Verschmelzung oder Spaltung beim Handelsregister der übertragenden Kapitalgesellschaft ist nach § 17 II UmwG eine Bilanz beizufügen, die auf einen höchstens acht Monate vor der Anmeldung liegenden Stichtag aufgestellt worden ist. Das Gesetz definiert diese Bilanz als Schlussbilanz, für sie gelten die Vorschriften über die Jahresbilanz und deren Prüfung entsprechend. Ein über dem Buchwert liegender Wertansatz für Vermögensgegenstände ist daher nur sehr begrenzt möglich. Die Bilanzierung selbst geschaffener immaterieller Vermögensgegenstände ist ausgeschlossen. In der Schluss- **27** bilanz werden die Vermögensgegenstände mit den Anschaffungs- oder Herstellungskosten vermindert um Abschreibungen angesetzt. Nur soweit Gründe für außerplanmäßige Abschreibungen entfallen sind, ist eine Wertaufholung bis zur Höhe der historischen Anschaffungs- oder Herstellungskosten zulässig, wobei jedoch planmäßige Abschreibungen zu berücksichtigen sind (§§ 253, 280 HGB).

28 § 24 UmwG bestimmt die Wertansätze der Vermögensgegenstände beim übernehmenden Rechtsträger – sei er Kapitalgesellschaft oder Personengesellschaft. Der nicht auf den ersten Blick einleuchtende Wortlaut des § 24 UmwG ist dahingehend zu lesen, dass es sich bei dem Übergang des Vermögens des übertragenden Rechtsträgers auf den übernehmenden Rechtsträger bei diesem um einen Anschaffungsvorgang handelt. Entsprechend ist das übergehende Vermögen mit den Anschaffungskosten im Sinne des § 255 Abs. 1 HGB beim übernehmenden Rechtsträger – unabhängig von der Bewertung in der Schlussbilanz beim übertragenden – zu bewerten **(Neubewertungsmethode).**

29 Alternativ zu der Bewertung mit den Anschaffungskosten besagt dann § 24 UmwG, dass als Anschaffungskosten auch die in der Schlussbilanz eines übertragenden Rechtsträgers angesetzten Werte angesetzt werden können **(Buchwertfortführungsmethode).**

30 Bei der Neubewertung zu Anschaffungskosten ist zu klären, welche **Aufwendungen im Sinne von § 255 I HGB** dem übernehmenden Rechtsträger anlässlich der Verschmelzung/Spaltung entstehen. Zu diesen Aufwendungen zählt in erster Linie die den Gesellschaftern des übertragenden Rechtsträgers gewährte Gegenleistung in Form von neu gewährten Gesellschaftsrechten bzw. bei einem (partiellen) Up-Stream-Merger der Wegfall der gesellschaftsrechtlichen Beteiligung an dem übertragenden Rechtsträger, wie sie beim übernehmenden existiert. Hinzukommt, dass für den übernehmenden Rechtsträger mit der Verschmelzung/Spaltung zwingend die Übernahme der Verbindlichkeiten des übertragenden Rechtsträgers verbunden ist. Auch die dadurch eintretende Belastung des Vermögens des übernehmenden Rechtsträgers gehört zu dessen Aufwendungen für den Erwerb der übergehenden Vermögensgegenstände.

31 Hinsichtlich der Bewertung der im Rahmen einer Verschmelzung/Spaltung neu ausgegebenen Anteile hat man sich an dem durch eine Unternehmensbewertung ermittelten Wert dieser Anteile zu orientieren und nicht an deren Nennwert. Bei Anwendung der Neubewertungsmethode sind auch die beim übertragenden Rechtsträger bislang nicht bilanzierten selbst geschaffenen immateriellen Vermögensgegenstände einschließlich eines **Firmen- und Geschäftswertes** beim übernehmenden Rechtsträger zu bilanzieren.

32 Bei der eingeräumten Wahlmöglichkeit der handelsrechtlichen Buchwertfortführung nach § 24 UmwG, die nur einheitlich angewandt werden kann, stellt sich das Problem der Ermittlung der Anschaffungs- oder Herstellungskosten nach § 255 HGB nicht, sondern diese sind vorgegeben durch die handelsrechtliche Schlussbilanz des übertragenden Rechtsträgers.

33 Die **Kompetenz zur Ausübung des** in § 24 UmwG niedergelegten **Wahlrechts** liegt bei den zuständigen Organen des übernehmenden Rechtsträgers. Dies ist bei einer GmbH und bei einer Personengesellschaft in der Regel die Gesellschafterversammlung, bei einer AG sind es Vorstand und Aufsichtsrat, es sei denn in dem Verschmelzungsvertrag wurde vertraglich vereinbart, wie die Wahlrechte auszuüben sind.

b) Steuerliche Rechtslage UmwStG 1995

34 Im UmwStG 1995 wurde – wie auch im UmwStG 2006 – unterschieden, ob das Vermögen der übertragenden Kapitalgesellschaft auf eine Personengesellschaft oder auf eine andere Kapitalgesellschaft durch Verschmelzung oder Spaltung übergeht. Die einschlägigen Vorschriften der §§ 3 und 11 I UmwStG 1995 sind aber in Grundzügen vergleichbar. Sie besagen – vereinfacht ausgedrückt –, dass die übertragende Kapitalgesellschaft das übergehende Betriebsvermögen in der steuerlichen Schlussbilanz mit dem Buchwert oder einem höheren Wert ansetzen kann. Der übernehmende Rechtsträger – sei er eine Kapitalgesellschaft oder Personengesellschaft – ist gem. §§ 4 I, 12 I UmwStG

1995 an die Werte aus der steuerlichen Schlussbilanz der übertragenden Körperschaft gebunden.

Während handelsrechtlich, wie vorstehend dargestellt, die Möglichkeit der Neubewertung nach § 24 UmwG besteht und zwar auf der Ebene des übernehmenden Rechtsträgers, ist nach dem Wortlaut der §§ 3, 4 I, 11 I, 12 I UmwStG 1995 gerade keine Wahlmöglichkeit auf der Ebene des übernehmenden Rechtsträgers eröffnet, sondern allein auf der Ebene der übertragenden Kapitalgesellschaft. **35**

Die FinVerw. hatte aus dieser komplexen Rechtslage die Schlussfolgerung gezogen, dass der übertragende Rechtsträger wegen des angeblich bestehenden Maßgeblichkeitsgrundsatzes nicht von den in §§ 3 und 11 I UmwStG 1995 bestehenden Wahlmöglichkeiten Gebrauch machen kann, weil insoweit die **steuerbilanzielle Bewertung** beim übertragenden Rechtsträger **determiniert** sei **durch** die bei ihm nach § 17 II UmwG aufzustellende **handelsrechtliche Schlussbilanz** (UmwStE 1998 Rn. 03.01 und 11.01). **36**

Der **BFH** ist in seinem Urt. v. 5.6.2007 – I R 97/06, DStR 2007, 1767 dem entgegengetreten und judiziert, dass die Ausübung des umwandlungssteuerrechtlichen Wahlrechts nicht in Übereinstimmung mit den handelsrechtlichen Vorgaben ausgeübt werden muss. Zwar bestimme § 5 I 2 EStG, dass steuerliche Wahlrechte bei der Gewinnermittlung in Übereinstimmung mit der handelsrechtlichen Bilanz auszuüben sind. Dieser Grundsatz der Maßgeblichkeit gelte aber für steuerliche Schlussbilanzen gerade nicht. Vielmehr enthalte das in § 11 I 2 UmwStG 1995 (wie auch in § 3 UmwStG 1995) der übertragenden Körperschaft eingeräumte Bewertungswahlrecht eine **Durchbrechung des Maßgeblichkeitsgrundsatzes** in Gestalt einer speziellen und damit jenem Grundsatz vorgehenden gesetzlichen Regelung. Die Auffassung der FinVerw. lasse die steuerlich explizit eröffneten Wahlrechte in §§ 3 I und 11 I 2 UmwStG 1995 faktisch leer laufen. **37**

Nachdem das UmwStG 1995 für Umwandlungen ab Dezember 2006 keine Anwendung findet, hat die FinVerw. das Urteil nunmehr akzeptiert; s. OFD Frankfurt v. 13.3.2008, GmbHR 2008, 672. Sie macht jedoch die Einschränkung, dass nur ein Bewertungswahlrecht, nicht ein Ansatzwahlrecht in der steuerlichen Schlussbilanz bestehe und somit selbst geschaffene immaterielle Wirtschaftsgüter nicht angesetzt werden dürften. **38**

c) Steuerrechtliche Rechtslage aufgrund des UmwStG 2006

Die §§ 3 und 11 UmwStG 2006 wurden konzeptionell neu gefasst. Die Vorschriften besagen jetzt – vereinfacht zusammengefasst –, dass bei einer Verschmelzung/Spaltung einer Kapitalgesellschaft auf eine andere Kapitalgesellschaft oder eine Personengesellschaft die übergehenden Wirtschaftsgüter bei der übertragenden Kapitalgesellschaft mit dem gemeinen Wert anzusetzen sind. Dies bezieht sich auch auf nicht entgeltlich erworbene und selbst geschaffene immaterielle Wirtschaftsgüter. Unter bestimmten Voraussetzungen, die im Wesentlichen sichern sollen, dass das deutsche Besteuerungsrecht für die übergehenden Wirtschaftsgüter nicht verloren geht, können die übergehenden Wirtschaftsgüter in der Schlussbilanz beim übertragenden Rechtsträger auch mit dem Buchwert oder einem höheren Wert angesetzt werden. Die bislang von der FinVerw apostrophierte Maßgeblichkeit der handelsrechtlichen Schlussbilanz nach § 17 II UmwG für die steuerliche Schlussbewertung nach §§ 3, 11 UmwStG entfällt. In der Begründung des SEStEG heißt es in diesem Zusammenhang ausdrücklich, dass die strikte Anknüpfung der Umwandlungsvorgänge an die **Maßgeblichkeit** der Handelsbilanz für die Steuerbilanz **aufgehoben** wird. Erleichtert wird damit im Ergebnis die zutreffende Darstellung der Beteiligungsverhältnisse bei Verschmelzungen/Spaltungen auf der Ebene des jeweiligen übernehmenden Rechtsträgers. Die Neukonzeption bietet zugleich einen Ausgleich für die im UmwStG 2006 entfallende Möglichkeit, nicht ausgenutzte Verlustvorträge des übertragenden Rechtsträgers auf den übernehmenden Rechtsträger übergehen zu lassen. **39**

Wird von der steuerlichen Möglichkeit der Neubewertung nach §§ 3, 11 UmwStG 2006 Gebrauch gemacht, ist dies kein Präjudiz für die Wahlmöglichkeit nach § 24 UmwG auf der Ebene des übernehmenden Rechtsträgers. Nur rein steuerlich ist der übernehmen- **40** de Rechtsträger an die Werte aus der steuerlichen Schlussbilanz gebunden, §§ 4, 12 I UmwStG 2006.

d) Auswirkungen beim Gesellschafter der übertragenden Kapitalgesellschaft

41 Der Gesellschafter der übertragenden Kapitalgesellschaft tauscht bei einer Verschmelzung/Spaltung seine bisherigen Anteile an dem übertragenden Rechtsträger gegen solche des übernehmenden Rechtsträgers. Nach wohl hM besteht beim Erwerb von Anteilen an Kapitalgesellschaften oder Personengesellschaften im Tausch gegen Hingabe eigener Beteiligungen **handelsrechtlich** ein Wahlrecht. Die Anschaffungskosten der erworbenen Beteiligung können mit dem Zeitwert der hingegebenen Beteiligung oder deren Buchwert oder alternativ deren Buchwert zuzüglich der durch den Tausch verursachten Ertragsteuern angesetzt werden. Die Obergrenze bildet der Zeitwert der erworbenen Beteiligung (*Schubert/Gadek* in BeBiKo § 255 Rn. 40). Ein Zwang zur Gewinnrealisierung wird deshalb verneint, weil dem bilanzierenden Gesellschafter durch den Anlagetausch keine für eine Gewinnausschüttung zur Verfügung stehenden Mittel zufließen.

42 Für die Besteuerung des Gesellschafters bei Verschmelzung/Spaltung auf eine andere Kapitalgesellschaft gilt § 13 UmwStG 2006. Nach dessen Abs. 1 gelten die Anteile an der übertragenden Körperschaft als zum gemeinen Wert veräußert und die an ihre Stelle tretenden Anteile an der übernehmenden Körperschaft als mit diesem Wert angeschafft. Die hier normierte steuerliche Gewinnrealisierung wird jedoch durch Abs. 2 eingeschränkt, wenn das Recht der Bundesrepublik Deutschland hinsichtlich der Besteuerung des Gewinns aus der Veräußerung der Anteile an der übernehmenden Körperschaft nicht ausgeschlossen oder beschränkt wird oder auf den Verschmelzungs-/Spaltungsvorgang die steuerliche Fusions-RL anzuwenden ist. Unter diesen Voraussetzungen ist somit die Steuerneutralität der Verschmelzung/Spaltung gewährleistet.

43 Unter der Rechtslage des UmwStG 2006 sind nunmehr auch weltweite Verschmelzungsvorgänge von § 13 UmwStG 2006 erfasst. Dies ergibt sich nicht direkt aus dem Text des Umwandlungssteuergesetzes, sondern aus § 12 II 2 KStG. Damit ist die Beschränkung der Wirkungen des § 13 UmwStG 1995 auf rein inländische Vorgänge, die von der FinVerw. gegen alle Kritik (*Haritz/Homeister* FR 2001, 941) verteidigt wurde, gefallen.

44 Bei Vermögensübergang auf eine Personengesellschaft bestimmt das Kapitalkonto des Gesellschafters der Personengesellschaft steuerlich die Anschaffungskosten des Gesellschafters. Beim Weg von der Kapitalgesellschaft in die Personengesellschaft greift die Besteuerung des Gesellschafters nach § 4 iVm §§ 6 und 7 UmwStG 2006 ein. Anschaffungskosten sind unter steuerlichen Gesichtspunkten dann nicht mehr gesondert zu ermitteln.

2. Einbringungen in Kapitalgesellschaften

45 Der Begriff der Einbringung ist ein rein steuerrechtlicher. Zivilrechtlich kann es sich hierbei um einen Umwandlungsvorgang iSd UmwG handeln (zB Verschmelzung einer Kommanditgesellschaft auf eine GmbH) oder aber um Vermögensübergänge mit Einzelrechtsnachfolge (zB Abtretung einer Kommanditbeteiligung an eine GmbH). Vorausgesetzt wird jeweils, dass neue Anteile an dem übernehmenden Rechtsträger gewährt werden.

a) Handelsrechtliche Bewertung

46 Soweit eine Einbringung ein umwandlungsrechtlicher Vorgang iSd UmwG ist, zB die Verschmelzung einer Kommanditgesellschaft auf eine GmbH, gelten die oben unter Anm. 19 ff. dargestellten Erläuterungen entsprechend.

47 Soweit die Einbringung auf einer Einzelrechtsnachfolge beruht, geht die wohl hM handelsrechtlich davon aus, dass Tauschgrundsätze, wie sie vorstehend unter Rn. 41 dargestellt wurden, anzuwenden sind.

b) Steuerrechtliche Bestimmungen im UmwStG 1995

Bei Einbringungen qualifizierter Vermögensteile – Betrieb, Teilbetrieb, Mitunternehmeranteil oder mehrheitsvermittelnde Beteiligung – galt nach dem § 20 II UmwStG 1995 im Grundsatz das Maßgeblichkeitsprinzip. Die handelsrechtliche Bewertung bei der übernehmenden Kapitalgesellschaft bestimmt den steuerlichen Bewertungsansatz bei ihr und ist damit gleichzeitig ausschlaggebend für eine mögliche Gewinnverwirklichung beim Einbringenden gem. § 20 IV UmwStG 1995. 48

Die Maßgeblichkeit der handelsbilanziellen Bilanzierung beim übernehmenden Rechtsträger für die steuerliche Bilanzierung beim übernehmenden Rechtsträger und folgerichtig auch für die steuerliche Gewinnverwirklichung beim Übertragenden war auf Grundlage von Verwaltungsanweisungen der FinVerw. etwas abgeschwächt worden (UmwStE 1998 Rn. 20.27 ff.). So war u. a. die steuerliche Buchwertfortführung abweichend von Handelsbilanzansätzen dann erlaubt, wenn gesellschaftsrechtlich Kapitalerhöhungen aus dem Grunde notwendig waren, um die Beteiligungsverhältnisse zutreffend wiederzugeben. 49

Die Maßgeblichkeit in solchen Einbringungsfällen war weiterhin dadurch durchlöchert, dass der BFH entschieden hat: Sind Mitunternehmeranteile Einbringungsgegenstand, so hat die handelrechtliche Bilanzierung bei der aufnehmenden Kapitalgesellschaft keine Bedeutung iSd Maßgeblichkeitsprinzips. Wird ein Mitunternehmeranteil eingebracht und übernimmt demzufolge die aufnehmende Kapitalgesellschaft die Mitunternehmerstellung des einbringenden bisherigen Mitunternehmers, wird das maßgebliche Bewertungswahlrecht nicht in der Steuerbilanz der aufnehmenden Kapitalgesellschaft, sondern in derjenigen des eingebrachten Personengesellschaftsanteils (Mitunternehmeranteil) ausgeübt (BFH v. 30.4.2003 – I R 102/01, BStBl. II 2004, 804). 50

Unzulänglich war die Konzeption des § 20 UmwStG 1995 **im Hinblick auf ausländische Mitunternehmer** von Personengesellschaften. Solchen Gesellschaftern war es aufgrund von § 20 III UmwStG 1995 verwehrt, zur Buchwertfortführung zu optieren, was für Einbringende aus anderen EU-/EWR-Ländern unter dem Gesichtspunkt der Niederlassungs- und Kapitalverkehrsfreiheiten des AEU/EG-Vertrages diskriminierend wirkte. 51

Das System der Einbringung von qualifizierten Unternehmensteilen in Kapitalgesellschaften war zudem gekennzeichnet durch die **Verdoppelung stiller Reserven.** Die steuerliche Buchwertfortführung führte sowohl auf der Ebene der Kapitalgesellschaft, in die das Vermögen eingebracht wurde, als auch auf der Ebene des Gesellschafters, der einbringungsgeborene Anteile im Sinne von § 21 UmwStG 1995 erhielt, zur Bildung steuerpflichtiger stiller Reserven. Auch dies war bereits seit längerem von der EG-Kommission gesehen worden und führte am 17.10.2003 zu einem Vorschlag für eine Richtlinie des Rates zur Änderung der FusionsRL (*Haritz* GmbHR 2004, 889). Dieser Vorschlag ist zwar letztendlich nicht umgesetzt worden, zeigte aber, dass sich das deutsche Konzept einer Verdoppelung der stillen Reserven im europarechtlichen Kontext nicht würde halten können. 52

c) Umwandlungssteuergesetz 2006

Auch für Einbringungsfälle ist der zuvor bestehende Maßgeblichkeitsgrundsatz durch das SEStEG aufgehoben worden. In der Begründung heißt es: Der Buchwertansatz in der Steuerbilanz ist auch dann zulässig, wenn das eingebrachte Betriebsvermögen in der Handelsbilanz mit einem höheren Wert angesetzt wird. Der **Maßgeblichkeitsgrundsatz** des § 5 I 2 EStG ist **nicht zu beachten.** 53

Daher ist allein die steuerliche Bilanzierung beim übernehmenden Rechtsträger – sofern es sich um die qualifizierten Einbringungsgegenstände Betrieb, Teilbetrieb oder Mitunternehmeranteil handelt – für die steuerliche Gewinnverwirklichung beim Einbringenden maßgeblich, § 20 III UmwStG 2006. Der übernehmende Rechtsträger hat das eingebrachte Betriebsvermögen zwar im Grundsatz mit dem gemeinen Wert anzusetzen. Es besteht aber das Wahlrecht nach § 20 II 2 UmwStG 2006, auch die Buchwerte fortzusetzen, wenn bestimmte Voraussetzungen erfüllt sind, die sich dadurch zusammenfassen 54 lassen, dass das Besteuerungsrecht der Bundesrepublik Deutschland am eingebrachten Betriebsvermögen aufrechterhalten sein muss.

55 Auch die EU-rechtswidrige Begrenzung des Kreises derjenigen, die Einbringungen steuerneutral vollziehen können, auf solche, bei denen das Besteuerungsrecht der Bundesrepublik Deutschland hinsichtlich des Gewinns aus einer Veräußerung der dem Einbringenden gewährten Gesellschaftsanteile nicht ausgeschlossen ist, ist jedenfalls für einbringende EU-/EWR-Rechtsträger entfallen.

56 Zwar bleibt es weiterhin dabei, dass die steuerliche Bewertungsentscheidung auf der Ebene der übernehmenden Gesellschaft die steuerlichen Auswirkungen beim Einbringenden bestimmen, aber die entfallene Maßgeblichkeit der Handelsbilanz des übernehmenden Rechtsträger für die steuerliche Bilanzierung bei diesem erleichtert die Gestaltung. Um vor ungewollten Steuerfolgen geschützt zu sein, sind die jeweils Einbringenden weiterhin darauf angewiesen, sich in den jeweiligen Einbringungsverträgen zusichern zu lassen, wie die steuerliche Behandlung beim übernehmenden Rechtsträger erfolgen soll (s. dazu auch BFH-Beschluss v. 19.12.2007 – I R 11/05, Konzern 2008, 244).

3. Qualifizierter Anteilstausch

57 Noch etwas komplizierter ist die Bewertung bei mehrheitsvermittelnden Anteilen auf der Ebene des übernehmenden, aber auch auf der Ebene des übertragenden Rechtsträgers.

58 Sind Einbringungsgegenstand mehrheitsvermittelnde Anteile – sog. qualifizierter Anteilstausch iSd § 21 II 2 –, sind die eingebrachten Anteile mit ihrem gemeinen Wert beim Übernehmenden steuerlich zu bilanzieren. Jedoch können die eingebrachten Anteile beim übernehmenden Rechtsträger auf Antrag auch mit dem Buchwert oder einem höheren Wert, höchstens jedoch mit dem gemeinen Wert angesetzt werden.

59 Zwar gilt nach § 21 II 1 UmwStG 2006 grundsätzlich auch hier, dass der Wert, mit dem die übernehmende Gesellschaft die eingebrachten Anteile ansetzt, für den Einbringenden als Veräußerungspreis der eingebrachten Anteile und als Anschaffungskosten der erhaltenen Anteile gilt. Dies gilt wiederum nicht, wenn die Bundesrepublik Deutschland nach der Einbringung für die eingebrachten Anteile das Besteuerungsrecht verliert oder es eingeschränkt wird. Bei Einbringungen in ausländische übernehmende Rechtsträger wäre daher stets der gemeine Wert auf der Ebene des Einbringenden anzusetzen.

60 Auf Antrag wird jedoch der Einbringende wiederum privilegiert und kann auf seiner Ebene die Buchwertfortführung in Anspruch nehmen, wenn das Recht der Bundesrepublik Deutschland für die im Austausch **erhaltenen** Anteile nicht ausgeschlossen oder beschränkt wird oder Art. 8 der FusionsRL anzuwenden ist.

61 Dadurch, dass letztendlich darauf abgestellt wird, ob **das Besteuerungsrecht für die erhaltenen Anteile,** aber nicht für die eingebrachten Anteile, **bestehen bleibt,** relativiert sich der Bewertungsansatz auf der Ebene des übernehmenden Rechtsträgers stark.

62 Auch das Problem einbringungsgeborener Anteile iSd § 21 UmwStG 1995 ist jedenfalls für Einbringungsvorgänge unter der Herrschaft des SEStEG im Grundsatz gelöst, nur für alt-einbringungsgeborene Anteile bestehen Probleme fort. Dies ist besonders relevant im 7-Jahres-Zeitraum der fortwirkenden § 8b IV KStG aF und § 3 Nr. 40 S. 3 und 4 EStG aF, aber abgeschwächt auch darüber hinaus (zu Einzelheiten s. *Haritz* GmbHR 2007, 169).

4. Formwechsel einer Personengesellschaft in eine Kapitalgesellschaft

63 Bei einem Formwechsel einer Personenhandelsgesellschaft in eine Kapitalgesellschaft gilt § 24 UmwG nicht. Aus der Sicht des Handelsrechts liegen kein Rechtsträgerwechsel und damit keine Anschaffung vor. Bei einem Formwechsel ist mangels Rechtsträgerwechsel **handelsrechtlich** eine **Buchwertfortführung** bei der aus dem Formwechsel hervorgehenden Kapitalgesellschaft **zwingend.** Unter dem Eindruck dieser handelsrechtlichen Bestimmungen hatte die FinVerw. angeordnet, dass auch steuerlich allein die Buchwertfortführung in Betracht komme (UmwStE 1998 Rn. 20.31). Für die Rechtslage unter dem UmwStG 1995 hat der BFH die Annahme der FinVerw. verworfen. Der BFH stützt sich dabei im Wesentlichen auf zwei Argumente (BFH v. 19.10.2005 – I R 38/2004, DStR 2006, 271):

§ 25 S. 1 UmwStG 1995 verweist auf § 20 II UmwStG 1995, wonach der übernehmenden Gesellschaft die Möglichkeit eingeräumt wird, die übernommenen Wirtschaftsgüter mit Werten zwischen dem Buchwert und dem Teilwert steuerlich anzusetzen. Die Verweisung ist vorbehaltlos und durchbricht gegebenenfalls entgegenstehende handelsrechtlich gebotene bzw. zwingende Wertansätze. **64**

§ 25 S. 1 iVm § 20 II UmwStG 1995 liegt die Annahme zugrunde, dass – abweichend vom Handelsrecht – steuerlich ein tauschähnlicher entgeltlicher Rechtsträgerwechsel stattfindet. Bereits bei einem Formwechsel, der steuerlich nach § 25 UmwStG 1995 zu behandeln war, ist daher das Maßgeblichkeitsgebot der Steuerbilanz für die Handelsbilanz durch die Rechtsprechung durchbrochen gewesen. **65**

Diese Durchbrechung gilt unter der Herrschaft des UmwStG 2006 nunmehr erst recht, nachdem auch für Einbringungsfälle grundsätzlich die Maßgeblichkeit entfallen ist.

C. Europarechtliche Grundlagen des Umwandlungssteuerrechts

I. Grundsätzliches zu den europäischen Hintergründen

1. Notwendigkeit, europäische Hintergründe zu kennen

Mehrere Arten europäischer Einflüsse. Das deutsche UmwStG ist in mehrfacher Hinsicht durch europäische Vorgaben determiniert. Diese beziehen sich nicht auf isolierte einzelne Vorschriften oder Teilbereiche des Gesetzes, sie können vielmehr flächendeckend in mehr oder minder starker Intensität auf Inhalt oder Auslegung einer jeden Bestimmung Einfluss nehmen. Da sich die europäischen Vorgaben gegenüber entgegen stehenden Einflüssen, insbesondere auch gegenüber einem ggf. sogar ausdrücklich feststellbaren historischen Willen des Gesetzgebers (vgl. Anm. 25), durchsetzen, griffe jede Beschäftigung mit dem UmwStG zu kurz, würde man sich nicht auch mit den europäischen Vorgaben für das UmwStG und den systematischen Hintergründen auseinandersetzen, warum und wie diese sich auf deutsches Steuerrecht auswirken können. **1**

Grundsätzlich unendlich viele relevante Rechtstexte. Es ist nicht notwendig, dass die europäischen Vorgaben, an denen das deutsche UmwStG sich messen lassen muss, sich ihrerseits ausdrücklich auf Umwandlungen und/oder das Steuerrecht beziehen müssten. Da es dem deutschen Gesetzgeber vielmehr ganz generell untersagt ist, mit Hilfe des deutschen UmwStG (oder irgendeines anderen „nationalen" Gesetzes) die Wirkungen irgendwelcher, auch ganz allgemein gehaltener, europäischer Vorschriften zu beeinträchtigen, muss im UmwStG im Endeffekt auf jegliche europarechtliche Bestimmung Rücksicht genommen werden – egal, aus welchem Rechtsgebiet sie stammt oder wie allgemein oder speziell sie formuliert ist. Diese Aufgabe ist naturgemäß für den nationalen Gesetzgeber nicht vollständig erfüllbar, da die Menge denkbarer europäischer Vorschriften theoretisch unendlich groß ist (es können ja stets neue geschaffen werden). Darin liegt der eigentliche Reiz des europäischen Rechts für die steuerliche Beratung; ist es doch gelegentlich möglich, bislang vom deutschen Steuergesetzgeber übersehene europarechtliche Restriktionen ausfindig zu machen, die sich positiv für den Mandanten auswirken könnten und es möglich machen könnten, eine gegenüber der Sicht der Gesetzesverfasser und der Verwaltung (noch) günstigere Behandlung durchzusetzen. Insbesondere hat sich als wichtig erwiesen, neben dem Text der Fusionsrichtlinie auch die EU-Grundfreiheiten in den Blick zu nehmen, denn die Mitgliedstaaten müssen sich bei der Nutzung der Besteuerungsmöglichkeiten, die ihnen die Fusionsrichtlinie lässt, im Rahmen der Grundfreiheiten bewegen. **2**

Beispiele:

1) Der Einfluss der EU-Grundfreiheiten hat dazu geführt, dass zwar die EWR-Staaten nicht an die Fusionsrichtlinie gebunden sind, die EU-Staaten aber eine an einer Fusion, Spaltung, Anteilstausch etc. beteiligte EWR-Gesellschaft nicht anders behandeln dürfen als eine Gesellschaft aus der EU, denn ist es ihnen verboten, Gesellschaften aus dem EWR gegenüber EU-Gesellschaften in gleicher Lage zu diskriminieren (EuGH vom 8.11.2007, C-379/05, Amurta; EuGH vom 11.6.2009, Rs. C-521/07, Kommission./. Niederlande).
2) Die Fusionsrichtline der EU erlaubt es den Mitgliedstaaten der EU, die stillen Reserven in einer Betriebsstätte einer Schlussbesteuerung zu unterziehen, wenn diese Betriebsstätten durch eine Umstrukturierung aus der unbeschränkten Steuerpflicht eines Staates ausscheiden. Weil aber eine Umstrukturierung einer solchen Betriebsstätte innerstaatlich nicht zu einer sofortigen Besteuerung führen würde, gebietet es die Niederlassungsfreiheit, von diesem Recht in der mildesten möglichen Form Gebrauch zu machen, da es ansonsten zu einer nicht gerechtfertigten Diskriminierung zwischen innerstaatlichem und grenzüberschreitendem Vorgang käme. Daher ist es aus EU-rechtlichen Gründen zwingend erforderlich, in einem solchen Fall bei der Erhebung der Steuern für diese stillen Reserven eine Stundung oder eine äquivalente Maßnahme zu gewähren.
3) Ebenso kann sich eine Gesellschaftsform, die im Anhang der EU-Steuerrichtlinien nicht als begünstigt genannt ist (im Beispiel: im Anhang der Mutter-Tochter-Richtlinie) zwar nicht auf die betreffende Richtlinie berufen, aber immerhin weiterhin Gleichbehandlung mit der steuerlichen Behandlung gleichartiger Rechtsformen des betreffenden inländischen Rechts verlangen, denn das Diskriminierungsverbot der Niederlassungsfreiheit gilt weiterhin unverändert auch dort, wo die betreffende EU-Steuerrichtlinie schweigt (vgl. u. a. EuGH vom 18.6.2009, Rs. C-303/07, Aberdeen Property Oy).

Dass prinzipiell sehr viele europäische Rechtstexte einschlägig sein könnten, bringt es mit sich, dass die Rechtsprechung des EuGH umfassend verfolgt werden sollte, damit man auf Rechtsquellen, aus denen steuerliche Rechtsfolgen ableitbar sein könnten, rechtzeitig aufmerksam wird.

Beispiele:

1) Unter diesem Gesichtspunkt liegt auf der Hand, dass insbesondere die Rechtsprechung zur Charta der Grundrechte aufmerksam verfolgt werden sollte oder auch die Entscheidungen zum strafrechtlichen Verbot der Doppelbestrafung.
2) Ebenso langfristig von Interesse sein können Regelungen, bei denen die Regelungen von Assoziationsabkommen mit Nicht-EU-Ländern wie Tunesien oder Lissabon vor dem Hintergrund der Kapitalverkehrsfreiheit geprüft werden oder steuerliche Folgen aus der Niederlassungsfreiheit im Freizügigkeitsabkommen der EU mit der Schweiz (dort allerdings nur für natürliche Personen) hergeleitet werden.

3 **Konsequenzen für die steuerberatenden Berufe.** Für die steuerberatenden Berufe bedeutet diese „offene Flanke“ des UmwStG, dass der Umgang mit den europäischen Aspekten des UmwStG in hohem Maße von der Eigenverantwortung des Berufsträgers geprägt sein muss: Es reicht nicht aus, nur vorhandene Literatur zu europäischen Aspekten nachzuvollziehen, sondern die dahinter stehende Logik muss verstanden werden, damit im Bedarfsfall die eigene Kreativität sich entfalten kann, um Ansatzpunkte für neue, dem Mandanten günstige Sichtweisen der europäischen Aspekte erkennen zu können. Angesichts der Tatsache, dass es in Umwandlungsfällen regelmäßig um erhebliche Summen geht, dürfte dem Berater eine Suche nach solchen Ansatzpunkten idR auch zugemutet werden können. Da allerdings Kreativität ein nicht planbarer Prozess ist, wird diese Verpflichtung nicht so weit reichen, dass man als Berater für das Übersehen eines möglicherweise aus der Rückschau nahe liegenden Gedankens haftbar gemacht werden könnte, sofern immerhin eine gedankliche Auseinandersetzung mit der Thematik nachweisbar ist.

4 **Umgang mit EU-Recht in gerichtlichen Auseinandersetzungen.** Kommt es auf EU-Recht an, ist bei allen neu auftauchenden Fragen damit zu rechnen, dass die Finanzverwaltung – trotz ihrer unbestrittenen Verpflichtung, EU-Recht vorrangig zu befolgen – sich auf den Standpunkt stellen wird, die Rechtsansicht des Stpfl bzw seiner Vertreter sei unzutreffend. Daher ist es im Ernstfall auch wichtig, sich mit der Frage auseinander-

zusetzen, wie man sein Anliegen ggf vor dem EuGH überzeugend vertritt. Der verstorbene Gert Saß hat hierzu einmal im persönlichen Gespräch die Ansicht vertreten, dass es in der Regel wenig bringe, sich in den Feinheiten des individuellen Falles zu verlieren; vielmehr solle man versuchen, den Richtern aufzuzeigen, dass der Fall große Implikationen für das EU-Recht insgesamt habe und dass man, wenn man den Argumenten der Gegenseite Recht geben würde, dadurch letztendlich weite Teile der Errungenschaften des Binnenmarktes in der Praxis zur Makulatur werden lassen würde. Diese Empfehlung erscheint auch heute immer noch überzeugend.

2. Arten europäischer Einflüsse auf das UmwStG

Übersicht. Europäische Einflüsse zeigen sich an mehreren Punkten: Bei der Abfassung der Gesetzestexte (zB Pflicht, auf Vorgaben aus EU-Richtlinien Rücksicht zu nehmen), bei der anschließenden Auslegung der Texte (zB Pflicht zur gemeinschaftskonformen Auslegung deutscher Gesetzestexte und dabei auch zur Berücksichtigung der im Unionsrecht einschlägigen, gegenüber dem nationalen Recht anders gewichteten Auslegungsmethoden, Anm. 40 ff.) und auch bei der Durchsetzung der europäischen Vorgaben (Einschaltung des EuGH in den Instanzenweg, Anm. 40 ff.), mögliche Ablaufhemmungen für Einspruchs- und Klagefristen, Verlängerung des Rechtswegs durch Regressansprüche gegen den Staat trotz Rechtskraft richterlicher Falschurteile bei hinreichend qualifizierter Verletzung der gemeinschaftsrechtlichen Verpflichtungen im ersten Rechtsweg). Zum besseren Verständnis all dieser Einflüsse ist es sinnvoll, erst die allgemeinen Grundsätze über die Auslegungsmethoden und die Grundsätze zur Durchsetzung von EU-Recht (Unionsrecht) zu erläutern, da sich ansonsten die Ausführungen zu den einzelnen Vorgaben materiell-rechtlicher Art nicht immer hinreichend verstehen lassen würden. 5

(einstweilen frei) 6

a) Anwendungsvorrang des Unionsrechts

aa) Rechtliche Fundierung. Rechtsgrundlage für die gesamte Dogmatik rund um die europäischen Vorgaben für das UmwStG ist letztlich die Vorschrift des Art. 4 III Unterabs. 2 und 3 EUV (= früher Art. 10 EG). Demnach sind die Mitgliedstaaten verpflichtet, alle Maßnahmen zu ergreifen, um den Zielen und den Maßnahmen der Europäischen Union zum Erfolg zu verhelfen, und – für die Praxis wichtiger – sämtliche Maßnahmen zu unterlassen, die die Ziele der Gemeinschaft und die Wirkung ihrer Maßnahmen in irgendeiner Weise beeinträchtigen könnten (Grundsatz der Gemeinschaftstreue, seit der Umbenennung in EU besser: Grundsatz der Unionstreue). 7

Interpretation. Hieraus folgern der EuGH und die allgemein herrschende Lehre, dass es einem Mitgliedstaat der EU rechtlich nicht mehr möglich ist, in seinem internen Bereich irgendeine Vorschrift weiterhin zur Anwendung zu bringen, die einer europarechtlichen Bestimmung oder Maßnahme widerspricht. Damit weicht die europarechtliche Rechtslage grundlegend von der üblichen völkerrechtlichen Rechtslage ab, wonach ein Staat normalerweise durch einen völkerrechtlichen Vertrag zwar eine vertragliche Verpflichtung eingeht, es aber weiterhin seiner eigenen souveränen Entscheidung überlassen bleibt, wie weit er die übernommene Verpflichtung durch seine eigene Gesetzgebung dann letztendlich tatsächlich erfüllt oder aber (etwa durch Erlass von abweichenden Sonderregelungen) doch vertragswidrig handelt. Dafür, in Art. 4 III EUV eine Absprache der Mitgliedstaaten dahingehend zu sehen, den Europäischen Verträgen eine über dieses übliche völkerrechtliche Ausmaß hinausgehende Bindungswirkung zu verleihen, kann man ins Feld führen, dass nur diese Interpretation erklären kann, warum die Vorschrift überhaupt in den Vertrag aufgenommen wurde; eine bloße Verpflichtung, den Vertrag einzuhalten (im rein völkerrechtlichen Sinne) wäre nämlich eine Trivialität, die man – wie das Beispiel praktisch aller anderen völkerrechtlichen Verträge zeigt – nicht ausdrücklich normieren würde. Entscheidend ist jedoch vor allem, dass die Bundesrepublik Deutschland und alle anderen Mitglied- 8 staaten bei mehreren Änderungsverträgen alle nicht geänderten Passagen der Europäischen Verträge regelmäßig als fortgeltend bestätigt haben, ohne bei einer solchen Gelegenheit jemals einen Vorbehalt gegen die Interpretation der Gemeinschaftstreue (Unionstreue) durch den EuGH anzumelden; diese war jedoch allen Handelnden bekannt. Spätestens damit muss die Interpretation des EuGH vom Vorrang des Gemeinschaftsrechts als hinreichend parlamentarisch gebilligt gelten.

9 **Vorrang des EU-Rechts vor Verfassungsrecht.** Aus der Pflicht der Mitgliedstaaten zur Unionstreue folgt somit, dass jegliche nationale Vorschrift, die einer EU-rechtlichen Bestimmung entgegenwirkt, im internen Recht insoweit nicht mehr angewandt werden darf, selbst wenn der Gesetzgeber sie (noch) nicht geändert hat. Dieser Vorrang des Unionsrechts vor nationalem Recht gilt nach herrschender Lehre auch vor nationalem Verfassungsrecht, da sich ansonsten ein Mitgliedstaat seinen unionsrechtlichen Verpflichtungen relativ einfach entziehen könnte: Er müsste sich nur dazu entschließen, seine Verfassung entsprechend zu ändern (oder bestehende Hindernisse in seiner Verfassung nicht zu beseitigen), und wäre prompt von der Verpflichtung entbunden, einer EU-rechtlichen Vorgabe nachzukommen, während alle anderen Mitgliedstaaten weiterhin gebunden wären, dieser Vorgabe nachzukommen. Ein solcher Zustand kann juristisch nicht angehen. Auch diese Schlussfolgerung aus Art. 4 III EUV ist nicht nur logisch, sondern im deutschen Verfassungsrecht abgesichert, da Art. 23 GG die Übertragung von Hoheitsrechten auf die EU billigt, ohne dass der Verfassungsgeber der bei seiner Abfassung allseits bekannten Lehre vom Vorrang des EU-Rechts vor Verfassungsrecht widerspricht; lediglich für jede weitere Übertragung neuer Kompetenzen auf die EU wurden in Art. 23 GG verfahrensrechtliche Anforderungen aufgestellt. Die Bundesrepublik hat somit durch den Beitritt zur E(W)G bzw. EU vormals ihr selbst zustehende Souveränitätsrechte jetzt effektiv auf die EU übertragen, so dass sie diese Souveränitätsrechte seitdem nicht mehr besitzt. Sie könnte die betreffenden Souveränitätsrechte rechtlich nur durch einen Austritt aus der EU wieder erlangen; allerdings ist Souveränität im Völkerrecht eine Tatsachenfrage (die Unabhängigkeit von Staaten wird nicht gewährt, sondern ihr Bestehen wird anerkannt), und inwieweit eine solche Möglichkeit heutzutage überhaupt noch realisierbar wäre, ist – wie die Probleme rund um den britischen Austritt illustrieren – schon für Gebiete in einer Randlage der EU fraglich.

10 **Vorrang vor Steuerrecht.** Da insbesondere Steuergesetze das menschliche Verhalten umfassend steuern können (eine Tatsache, die § 3 AO für Steuervorschriften ausdrücklich anerkennt), ließe sich die Wirkung unionsrechtlicher Vorschriften durch die Setzung geeigneter steuerlicher Anreize (bzw. steuerlicher Abschreckungsmechanismen) beliebig aushöhlen, wenn die Verpflichtung, im Rahmen der Unionstreue bei Erlass und Anwendung der nationalen Gesetze alles zu vermeiden, was den Zielen der EU oder der Wirkung einer ihrer Maßnahmen nachteilig sein könnte, nicht auch im Rahmen des Steuerrechts uneingeschränkt zu beachten wäre. Diese Schlussfolgerung ist sachlich vollkommen zwingend und in Deutschland verfassungsrechtlich vollkommen unproblematisch, da der Bundesgesetzgeber die Europäischen Verträge in dieser Interpretation seitdem mehrmals durch Änderungs- und Beitrittsverträge bestätigt und sogar der Aufnahme von Passagen in den Vertragstext zugestimmt hat, die ohne die Lehre vom Vorrang des Vertrages auch vor Steuerrecht gar nicht zu verstehen wären (zB Art. 65 AEUV = früherer Art. 58 EG und die Protokollerklärung dazu).

11 **Situation im EWR.** Durch das Abkommen über den Europäischen Wirtschaftsraum (EWRA) werden zahlreiche (aber nicht alle) unionsrechtliche Bestimmungen auch auf das Gebiet der drei nicht zur EU gehörenden EWR-Staaten Island, Liechtenstein und Norwegen erstreckt. Soweit die Vorschriften auf den EWR erstreckt worden sind (wie zB die europäischen Grundfreiheiten, die SE-Verordnung oder die gesellschaftsrechtlichen Richtlinien über Verschmelzungen und Spaltungen), gelten alle Grundsätze über den Vorrang des EU-Rechts in genau derselben Weise wie innerhalb der EU (Art. 3 und 6 EWRA). Dies ist auch in der Praxis dieser Staaten anerkannt, insbesondere auch hinsichtlich des

Vorrangs vor dem nationalen Steuerrecht. Unterschiede können sich lediglich daraus ergeben, dass nach den vertraglichen Regelungen im EWR-Abkommen einige EU-rechtliche Bestimmungen für das Gebiet des übrigen EWR nicht gelten. Da insbesondere die Diskriminierungsverbote auch für EWR-Gesellschaften und EWR-Bürger gelten, führt das dazu, dass die EU-Staaten die Vorgaben der Fusionsrichtlinie (und sicherlich auch anderer Richtlinien) auch für Beteiligte aus dem EWR anwenden müssen, obwohl die EWR-Staaten selbst ihrerseits an die steuerlichen Richtlinien der EU nicht gebunden sind; dies hat der EuGH bestätigt (EuGH v. 19.7.2012 – C-48/11 – A Oy). Die vom EuGH regelmäßig angeführte Möglichkeit, dass es im Steuerrecht gegenüber den drei EWR-Staaten unter Umständen deswegen eine nicht vergleichbare Situation geben könnte, weil die EU-Amtshilferegelungen gegenüber den EWR-Staaten nicht gelten und somit die Informationen über die Gegebenheiten im anderen Staat nicht immer nachprüfbar seien, ist zumindest für die Bundesrepublik nicht gegeben, da Deutschland mit allen EWR-Staaten vergleichbare Regelungen über Amtshilfe in den DBA und in internationalen Abkommen geschlossen hat.

Situation gegenüber Drittstaaten. Gegenüber Drittstaaten ist EU-Recht nur anwendbar, wenn dies die Verträge ausdrücklich so anordnen (Kapitalverkehrsfreiheit) oder aber mit dem betreffenden Drittstaat entsprechende völkerrechtliche Verträge der EU bestehen (besonders: Schweiz; aber auch oft: Assoziationsabkommen). Steuerlich ist die Geltung der Kapitalverkehrsfreiheit durch eine Stillstandsklausel eingeschränkt (Art. 64 AEUV), die allerdings nur für Direktinvestitionen und einiges andere gilt, jedoch nicht für Portfolioinvestitionen. – Soweit eine EU-Vorschrift sich dem Grunde nach auf einen Drittstaaten-Sachverhalt als anwendbar erweist, ist in der Rechtsprechung des EuGH das Bemühen spürbar, im Einzelfall zu dem Ergebnis zu kommen, dass keine verbotene Diskriminierung oder Beschränkung vorliegt; mit dieser Tendenz ist sicherlich auch in Zukunft weiter zu rechnen. Jedoch ist das zur „Rettung" ungünstiger Rechtsvorschriften für Sachverhalte vorgebrachte Argument, die Gesamtsituation sei steuerlich nicht hinreichend vergleichbar, weil es innerhalb der EU weitreichende Amtshilferegelungen gebe, gegenüber dem Drittstaat aber nicht, in Zukunft gegenüber Deutschland zumindest weniger überzeugend als bisher, seitdem sich die internationale Zusammenarbeit zunehmend intensiviert und insbesondere auch Deutschland dem multilateralen Abkommen von 1988 beigetreten ist. 11a

Situation nach dem britischen Austritt aus der EU. Schwierig erscheint die Beurteilung der Rechtslage in Bezug auf Großbritannien. Klar ist, dass es im Vereinigten Königreich einen Vorrang des EU-Rechts nach dem britischen Austritt nicht mehr geben wird; jedoch sollen EU-rechtliche Normen und auf EU-Richtlinien zurückgehende Regelungen solange weiterhin gelten, bis sie vom britischen Parlament durch andere Regelungen ersetzt werden, damit keine Regelungslücke eintritt. Ob das bedeuten kann, dass britische Gerichte bereit sein könnten, auch die Folgerungen aus der Rechtsprechung zu den Grundfreiheiten als Schranken für die Interpretation oder Anwendung britischer Steuergesetze anzuwenden, bis im Einzelfall eine ausdrückliche Änderung erfolgt, ist dagegen mindestens sehr zweifelhaft. – Innerhalb der verbleibenden EU-Staaten wird die Rechtslage komplexer sein: a) Soweit EU-Recht unmittelbar gilt und auf „EU-Staaten" Bezug nimmt, ist damit ab dem britischen Austritt Großbritannien und Nordirland nicht mehr erfasst, sofern nicht ein Austrittsabkommen doch noch anderes festschreiben sollte (Stand: November 2018). – b) Geht es um Richtlinienrecht wie z. B. im Fall der Fusionsrichtlinie, dann fällt mit dem Wegfall der britischen Mitgliedschaft vermutlich in den allermeisten Fällen die verbindliche EU-Vorgabe fort, die betreffenden Vorteile den Gesellschaften des Vereinigten Königreichs zu gewähren. Da es aber hier letztlich auf die nationalen Umsetzungsgesetze ankommt (und die Richtlinie auch nicht verbietet, gegenüber anderen Ländern ähnlich großzügige Regelungen zu etablieren), können die Regelungen der Fusionsrichtlinie theoretisch in dem einen oder anderen EU-Staat auch einstweilen weiter fortbestehen: Verlangt der Wortlaut eines nationalen Gesetzes, dass es sich 11b um eine Gesellschaft „aus einem EU-Staat oder EWR-Staat" handelt, sind britische Gesellschaften automatisch aus dem Anwendungsbereich herausgefallen (= das ist die Rechtslage in Deutschland, vgl. § 1 UmwStG); würde das nationale Gesetz dagegen nur aufzählen, welche Gesellschaften welcher Länder sich auf die Begünstigungen berufen können, würde die Begünstigung für britische Gesellschaften fortgelten, solange britische Gesellschaften nicht durch eine Gesetzesänderung aus der betreffenden Liste gestrichen werden.

12 **bb) Natur des Anwendungsvorrangs als Auslegungsregel bei widersprüchlichen Anordnungen des Gesetzgebers. Systematische Stellung des Anwendungsvorrangs.** Die Unionstreue beinhaltet mit der Verpflichtung, dem EU-Recht widersprechendes Recht unangewendet zu lassen, auch eine Konfliktlösungsregel zur Auflösung von Widersprüchen zwischen divergierenden gesetzlichen Vorschriften: Ordnet nämlich ein „nationales" Gesetz ein bestimmtes Verhalten an, eine unionsrechtliche Bestimmung aber ein davon abweichendes, anderes Vorgehen, so ist der unionsrechtlichen Vorgabe zu folgen, soweit der Widerspruch reicht. Der Anwendungsvorrang des Unionsrechts hat somit für die Anwendung geltenden Rechts eine ebensolche Funktion wie die klassischen Regeln, dass eine spätere gesetzliche Regelung sich gegenüber einer davon abweichenden älteren Regelung durchsetzt (lex-posterior-Regel) und dass die speziellere gesetzliche Regelung den Vorzug bekommen soll vor der allgemeiner gehaltenen (lex-specialis-Regel).

13 **Funktionsweise.** Die nationale Vorschrift wird also nicht etwa „nichtig", sondern beide Vorschriften bleiben gleichermaßen gültig. Soweit sich der Inhalt der beiden, gleichermaßen gültigen gesetzlichen Vorschriften allerdings widerspricht, muss der Rechtsanwender eine Entscheidung darüber treffen, welcher der beiden Anordnungen des Gesetzgebers er vorrangig folgen will. Dafür bedarf es im Rechtsstaat einer von der juristischen Methodenlehre oder aber sogar vom Gesetzgeber abgesicherten Regel, damit die Rechtsanwendung nicht willkürlich ausfallen kann; als diese Regel fungiert im Falle von Konflikten zwischen nationalen und unionsrechtlichen Vorschriften die Lehre vom Anwendungsvorrang des Unionsrechts:

Beispiel 1: Eine französische Kapitalgesellschaft bezieht eine Dividende aus einer deutschen AG (Streubesitz). Nach deutschem Recht ist eine Kapitalertragsteuer von 25 % einzubehalten (§ 43 EStG), die endgültig wird (§ 32 KStG). Nach spezialgesetzlicher Regelung im DBA lässt sich diese Belastung noch um 10 % auf 15 % absenken.

Nach den Bestimmungen der Kapitalverkehrsfreiheit im AEUV (Art. 63 AEUV = früherer Art. 56 ff. EG) darf eine französische Kapitalgesellschaft freilich nicht höher besteuert werden, als dies bei einer deutschen Kapitalgesellschaft in gleicher Lage der Fall wäre (Diskriminierungsverbot). Eine deutsche Kapitalgesellschaft, die eine Dividende einer deutschen AG beziehen würde, wurde dagegen früher auch bei Streubesitz letztendlich keiner Steuerbelastung unterworfen (§ 8b I KStG a. F.).

Damit ordneten EStG und DBA an, eine Steuer von 15 % zu erheben, das EU-Recht aber, sich maximal auf einen Betrag von Null Euro zu beschränken.

In dieser Situation war der EU-rechtlichen Anweisung mehr zu folgen als der „nationalen": Die Finanzverwaltung hatte die Steuerbelastung für die französische Gesellschaft also auf Null Euro festzusetzen.

(Dass EStG und DBA leges speciales darstellten, während die Kapitalverkehrsfreiheit eine ausgesprochen allgemeine gesetzliche Bestimmung darstellte, spielt keine Rolle: Denn nach dem ausdrücklichen Willen des Gesetzgebers – deutsches Zustimmungsgesetz zu den Europäischen Verträgen und damit auch zu Art. 4 III EUV – ist bei Konflikten zwischen EU-Recht und nationalem Recht gerade nicht der lex-specialis-Regel zu folgen, sondern der EU-rechtlichen Bestimmung, auch wenn sie allgemeiner Natur ist, Vorrang zu gewähren. – Ebenso ist es irrelevant, dass sich Deutschland und Frankreich im DBA auf eine vom Unionsrecht abweichende Bestimmung geeinigt haben und diese Regelung beanspruchen kann, eine speziellere völkerrechtliche Regelung zu sein; denn nach ausdrücklicher Bestimmung in Art. 351 AEUV hat das Unionsrecht vor allen anderen Verträgen zwischen den Mitgliedstaaten den Vorrang.)

Ebenso ist darauf hinzuweisen, dass das Unionsrecht hier keinesfalls die Besteuerung von Dividenden verbietet; sobald Deutschland also für Dividenden an deutsche Kapitalgesellschaften eine Steuerpflicht einführte (z. B. für Beteiligungsquoten unter 10 %), durfte es diese Besteuerung dann für die Zukunft auch bei Dividendenzahlungen an Gesellschaften im Gebiet der EU oder des EWR durchführen, weil das EU-Recht ja nur die „Nicht-Diskriminierung" verlangte (daher so geschehen mit der Einführung des § 8b IV KStG ab 2013).

Beispiel 2: Bei einer Fusion von zwei Kapitalgesellschaften erhalten die Anteilseigner der rechtlich untergehenden Gesellschaft gegen Hergabe ihrer Anteile an der alten Gesellschaft Anteile an dem Rechtsträger, der das Vermögen ihrer bisherigen Gesellschaft im Zuge der Fusion übernimmt. Es liegt also wirtschaftlich zwar keine Änderung der Verhältnisse, formal aber ein Tauschvorgang vor. Ein solcher Tauschvorgang ist gemäß § 6 VI EStG ein gewinnrealisierender Vorgang.

Bei einer Fusion zweier deutscher Gesellschaften war nach alter Rechtslage aufgrund einer Sonderbestimmung (UmwStG 1995) auf eine Besteuerung dieses nur formal vorhandenen Gewinns zu verzichten (§ 13 UmwStG 1995). Für Fusionen zwischen zwei Gesellschaften niederländischen Rechts hätte diese Regelung ausdrücklich nicht gegolten (§ 1 UmwStG 1995), so dass es bei § 6 VI EStG geblieben wäre und nach nationalem deutschen Steuerrecht die Versteuerung der stillen Reserven in den Anteilen somit zwingend angeordnet war.

Jedoch enthielt das Unionsrecht in Gestalt der Bestimmungen über die Niederlassungsfreiheit (Art. 49 AEUV = früherer Art. 43 ff. EG) und die Kapitalverkehrsfreiheit (Art. 63 AEUV = früherer Art. 56 ff. EG) Bestimmungen, wonach die Beteiligung an ausländischen Kapitalgesellschaften auf keinen Fall ungünstiger behandelt werden durfte als eine Beteiligung an einer deutschen Gesellschaft unter gleichen Umständen. Die Fusion zweier Gesellschaften niederländischen Rechts ist ein Vorgang, der inhaltlich mit der Fusion zweier deutscher Gesellschaften vergleichbar ist; auch die steuerlichen Gegebenheiten auf Ebene des einzelnen Aktionärs unterscheiden sich nicht. Damit ergibt sich aus dem Gemeinschaftsrecht die Anordnung, bei der Fusion den Anteilseigner nicht ungünstiger zu besteuern, als dies bei einer Fusion deutscher Gesellschaften der Fall gewesen wäre.

Somit ordnet eine gesetzliche Vorschrift, nämlich § 6 VI EStG an, die stillen Reserven aus dem Umtausch der Anteile zu besteuern, eine andere, nämlich Art. 49, 63 AEUV iVm dem Zustimmungsgesetz zu den EU-Verträgen, an, eine Besteuerung ebenso zu unterlassen, wie es bei einer Fusion deutscher Gesellschaften der Fall wäre. Es ist unmöglich für den Rechtsanwender, diesen beiden gleichermaßen rechtlich gültigen, aber widersprüchlichen Befehlen des deutschen Gesetzgebers gleichermaßen zu folgen; einer der beiden Anordnungen muss also ohnehin der Vorzug gegeben werden. Gemäß der Lehre vom Anwendungsvorrang muss man sich in einem solchen Konflikt dafür entscheiden, der EU-rechtlichen Vorgabe zu folgen: Folglich war eine Besteuerung des Anteilseigners bei einer solchen Fusion niederländischer Gesellschaften ebenso (unter Zugrundelegung der Buchwertfortführung) zu unterlassen wie im Falle einer deutschen Fusion.

Welche Konsequenzen es hat, dass der Anwendungsvorrang des Unionsrechts nur eine Konfliktlösungsregel darstellt und die dem Unionsrecht widersprechenden nationalen Regelungen nicht etwa ganz oder teilweise „nichtig" werden, wird verständlich, sobald der Anwendungsbereich der nationalen und der gemeinschaftsrechtlichen Bestimmung auseinander fallen:

Beispiel 2, Variante: Es handele sich nicht um eine Fusion zwischen zwei Gesellschaften niederländischen Rechts, sondern um eine zwischen zwei amerikanischen Gesellschaften, von denen die eine dem fraglichen deutschen Aktionär bisher zu 100 % gehört hat.

In diesem Fall ordnet § 6 VI EStG nach wie vor die Besteuerung des Tauschgewinns an, die Kapitalverkehrsfreiheit des AEU-Vertrages ist dagegen nicht einschlägig: 100 %-Beteiligungen fallen sachlich im AEUV unter die Vorschriften zur Niederlassungsfreiheit; diese räumt der Vertrag über die Arbeitsweise der EU (AEUV) nicht für US-amerikanische Gesellschaften ein. Damit ergibt sich ein Nebeneinander von zwei gesetzlichen Vorschriften, von denen die eine eine Besteuerung anordnet, die andere aber gar nicht einschlägig ist. Ein Konflikt dazwischen ergibt sich diesmal folglich nicht: Der Anordnung aus dem EStG ist daher jetzt uneingeschränkt zu folgen (es sei denn, anderswo im deutschen Recht fände sich eine weitere Vorschrift, die auch noch einschlägig wäre und es erlaubt, auf die sofortige Versteuerung der stillen Reserven in den Anteilen zu verzichten).

Vergleichbarkeit zum Nebeneinander von DBA und EStG/KStG. Die rechtliche 14
Lage ist dem Nebeneinander von DBA-Vorschriften und „normalen" nationalen Steuervorschriften vollkommen vergleichbar:

Beispiel 3: Ein Steuerpflichtiger hat ein Welteinkommen von 500 000 € erzielt, von denen allerdings 490 000 € aus einer Betriebsstätte in Frankreich stammen.

Das EStG ordnet an, dass das gesamte Welteinkommen der deutschen Steuer zu unterwerfen ist (§ 2 EStG). Das einschlägige DBA sieht dagegen eine Befreiung der 490 000 € vor.

Zwischen den beiden gesetzlichen Vorschriften besteht insofern ein inhaltlicher Widerspruch, als es unmöglich ist, beiden gleichzeitig vollständig Folge zu leisten. Der Widerspruch ist vom Rechtsanwender zwangsläufig irgendwie zu lösen. Als Regel stellt die juristische Methodenlehre hier u. a. die lex-specialis-Regel zur Verfügung, wonach dem DBA als speziellerer Vorschrift der Vorrang zu geben ist, soweit der Widerspruch reicht. Dieser Regel ist hier auch eindeutig zu folgen (§ 2 AO). Da das EStG einen Steueranspruch auf 500 000 € etabliert, der für 490 000 € durch das DBA wieder aufgehoben wird, bleiben somit nur 10 000 € tatsächlich steuerpflichtig.

Beide Vorschriften sind in Deutschland gleichermaßen gültige gesetzliche Vorschriften (EStG bzw. Zustimmungsgesetz zum DBA). Die Verwaltung in Deutschland ist an Gesetz und Recht gebunden (Art. 20 III GG). Dies verpflichtet zur Beachtung aller geltenden Normen. Damit ist es nicht möglich, eine der beiden Normen einfach zu ignorieren. Die Auflösung des Konfliktes zwischen den beiden widersprüchlichen Normen hat vielmehr von Amts wegen nach den juristischen Regeln für solche Normenkonflikte zu erfolgen. Ein Beamter, der sich einfach weigern würde, das DBA zur Kenntnis zu nehmen, würde seine Dienstpflichten in besonders schwerer Weise verletzen.

Der einzige Unterschied zur Anwendung von DBA-Recht und EU-Recht liegt darin, dass der Gesetzgeber beim Konflikt mit EU-Recht eine andere Konfliktlösungsregel vorgeschrieben hat als im Falle der DBA:

Beispiel 4: In Beispiel 1 (Dividendenzahlung an französische Mutterkapitalgesellschaft) verlangte das EStG/KStG, dass die Erhebung einer Kapitalertragsteuer von 25 % für die beschränkt steuerpflichtige ausländische Gesellschaft zu einer endgültigen Steuerbelastung führte, das EU-rechtliche Diskriminierungsverbot der Kapitalverkehrsfreiheit verlangte dagegen, dass die Belastung nicht über das hinausgehen dürfte, was eine inländische Gesellschaft zu tragen hätte, also Null (§ 8b I KStG).

Zwischen diesen beiden Vorschriften bestand insofern ein inhaltlicher Widerspruch, als man nicht beiden gesetzlichen Anordnungen gleichzeitig Folge leisten konnte. Ein solcher Widerspruch kann nur durch eine Auslegungsregelung gelöst werden. In Frage käme, das EStG/KStG als lex specialis anzusehen gegenüber der EU-rechtlichen Bestimmung, aber auch, der EU-rechtlichen Norm den Vorrang zu geben. Der Gesetzgeber hat im Zustimmungsgesetz zu den EU-Verträgen ausdrücklich eine eigene Auslegungsregel normiert (Art. 4 III EUV); hiernach ist in solchen Fällen vorrangig der EU-Norm zu folgen.

Beide Vorschriften sind gleichermaßen gültige deutsche gesetzliche Vorschriften (EStG/KStG bzw. Zustimmungsgesetz zum EU-Vertrag). Die Verwaltung ist nach Art. 20 GG somit verpflichtet, diese Vorschriften beide von Amts wegen anzuwenden. Der Konflikt zwischen beiden Normen ist von Amts wegen zu lösen, und zwar gemäß der vom Gesetzgeber vorgegebenen juristischen Regel (Art. 4 III EUV). Ein Beamter, der sich weigert, eine der beiden einschlägigen Normen überhaupt zur Kenntnis zu nehmen (Kapitalverkehrsfreiheit), verletzt seine Dienstpflichten in besonders schwerer Weise, weil er glaubt, einzelne gesetzliche Vorschriften nicht befolgen zu dürfen – und somit seine Pflicht nach Art. 20 III GG verletzt. Ebenso krass verletzt der Beamte seine Pflichten, wenn er die Bestimmung des EU-Rechts zwar formal zur Kenntnis nimmt, sich aber weigert, den vollen Sinn dieser Bestimmung entsprechend der juristischen Methodenlehre und der Erkenntnisse aus der Rechtsprechung durch Auslegung zu ermitteln; denn dazu, einer gesetzlichen Vorschrift dadurch die Gefolgschaft zu verweigern, dass er sich weigert, ihren Inhalt zu ermitteln, ist ein Beamter ebenfalls nicht berechtigt.

15 **Keine „Verwerfung" nationalen Rechts durch die Verwaltung nötig.** Hieraus ergibt sich, dass die in Verwaltungskreisen nach wie vor verbreitete Ansicht, ein Finanzbeamter müsse im Zweifelsfall stets der steuerrechtlichen Bestimmung folgen, solange der EuGH diese nicht für unionsrechtswidrig erklärt habe, falsch ist. Richtig ist in der Tat, dass die Verwaltung an Recht und Gesetz gebunden ist und nicht in eigener Machtvollkommenheit gesetzliche Vorschriften für unverbindlich erklären kann (kein „Verwerfungsrecht" der Verwaltung). Dies kann vielmehr nur das BVerfG. Gerade die Tatsache, dass die Verwaltung nicht befugt ist, einzelne gesetzliche Vorschriften von sich aus zu ignorieren, zwingt die Verwaltung aber, alle Bestimmungen, die das Zustimmungsgesetz zu den Europäischen Verträgen für Deutschland zu geltendem Recht erklärt hat, ebenfalls zur Kenntnis zu nehmen und anzuwenden. Dabei sind Konflikte zwischen widersprüchlichen Befehlen des Gesetzgebers – im Leben des Juristen Alltagsgeschäft – zwangsläufig zu lösen, und zwar entsprechend dem Willen des Gesetzgebers, nicht entsprechend eigenem gusto. Hier ist also die Auslegungsregel des Art. 4 III EUV (Anwendungsvorrang) anzuwenden,

weil der Gesetzgeber dies für solche Konflikte ausdrücklich vorgeschrieben hat. Ein Finanzbeamter, der glaubt, er dürfe Bestimmungen des EStG/KStG nicht von sich aus zugunsten europäischer Bestimmungen hintanstellen, begeht also genau die Amtspflichtverletzung, die er eigentlich vermeiden möchte, denn er verwirft eigenmächtig einzelne Entscheidungen des deutschen Gesetzgebers als für die Verwaltung unverbindlich, ohne dazu vom BVerfG ermächtigt zu sein. Für den beliebten Kunstgriff, dem EU-Recht gegenüber Lippenbekenntnisse zu leisten und anschließend unsubstantiiert die Vermutung aufzustellen, zwischen der EU-rechtlichen Norm und der steuerlichen Vorschrift gebe es im konkreten Fall ganz gewiss keinen inhaltlichen Widerspruch und daher könne man weiterhin der steuerlichen Norm guten Gewissens folgen, kann nichts anderes gelten. – Letztlich unternimmt ein Mitarbeiter der öffentlichen Verwaltung, der versucht, EU-Recht – unter welchem Vorwand auch immer – im Alltag unangewendet zu lassen, einen Versuch, die verfassungsrechtliche Ordnung der Bundesrepublik Deutschland auszuhöhlen; denn er setzt damit sein eigenes Ermessen dahingehend, was der Gesetzgeber zu tun und zu lassen hätte, an die Stelle der konkreten Vorgaben des Gesetzgebers und negiert damit implizit sowohl die Gewaltenteilung als änderungsfesten Kern eines demokratischen Staatswesens nach Art. 79 GG als auch den Grundsatz der Gesetzesbindung der Verwaltung. Äußerungen teils führender Beamter der Finanzverwaltung dahingehend, man werde dem EuGH „ohnehin nicht folgen", seine Urteile „unterlaufen" oder man habe „dem EuGH gedroht", wie sie immer wieder kolportiert werden, sind daher unter dem Gesichtspunkt der Loyalitätspflicht der Beamten zur Verfassung mehr als bedenklich und sollten sowohl im öffentlichen Raum als auch im internen Kreis der Verwaltung aufhören.

Ursache von Missverständnissen. In der Praxis lässt sich dennoch sehr häufig das **16**
Phänomen beobachten, dass die Mitglieder der Finanzverwaltung – auch wenn sie auf die Existenz von im Einzelfall einschlägigen europarechtlichen Bestimmungen hingewiesen worden sind – sich so verhalten, als müssten sie dennoch den steuerlichen Bestimmungen im „nationalen" Gesetz bei der Rechtsanwendung einen Vorzug geben. Eine tiefere Ursache hierfür dürfte darin liegen, dass die einschlägigen europarechtlichen Bestimmungen oft sehr allgemein gehaltene Bestimmungen sind (zB die europäischen Grundfreiheiten), während die einschlägigen Regelungen des „nationalen" Steuerrechts oft ganz spezifisch für das gerade relevante Steuerproblem konzipiert worden sind. Es stoßen also idR eine lex generalis (die europäische Norm) und eine lex specialis (die steuerliche Regelung) aufeinander. Das verführt natürlich gerade den methodisch gut geschulten Juristen zu dem Schluss, hier müsse der Entscheidung des Gesetzgebers im nationalen Steuergesetz als lex specialis dann auch in irgendeiner Weise eine besondere Beachtung zukommen. Dass hier zwar tatsächlich ein Konflikt zwischen einer lex generalis und einer lex specialis vorliegt, dieser Konflikt aber zugleich ein Nebeneinander einer lex superior und einer lex inferior darstellt und deswegen die lex-specialis-Regel als Konfliktlösungsregel gar nicht einschlägig ist, erreicht zumindest das Unterbewusstsein der zur Entscheidung berufenen Personen oft genug nicht.

Eine weitere Ursache für die Schwierigkeiten, auf die man üblicherweise stößt, wenn **17**
man die Beachtung vorrangiger EU-Vorschriften in der Praxis durchsetzen möchte, ist die immer noch weit verbreitete Unkenntnis von der Bedeutung der wichtigsten EU-rechtlichen Bestimmungen und vor allem auch der für ihre Auslegung wichtigen Methoden.

(einstweilen frei) **18, 19**

b) Auslegungsregeln für Unionsrecht

Einführung. Die Methoden zur Auslegung des Unionsrechts sind grundsätzlich den **20**
gängigen juristischen Methoden verwandt, die aus dem deutschen Recht bekannt sind. Ihre Gewichtung ist im Unionsrecht jedoch eine völlig andere, da einige Methoden einen wesentlich geringeren, andere einen wesentlich höheren Stellenwert einnehmen, als aus dem nationalen Recht gewohnt. Daher kommen Rechtsanwender, die mit der ihnen aus dem nationalen Kontext vertrauten Denkweise an unionsrechtliche Normen herangehen,

oft genug nicht zu unionsrechtlich akzeptablen Ergebnissen; ebenso haben sie oft erhebliche Schwierigkeiten, die Logik von Entscheidungen des EuGH innerlich nachzuvollziehen.

21 **Auslegung nach dem Wortlaut fast unwichtig.** Im Unionsrecht ist die Auslegung nach dem Wortlaut zwar grundsätzlich weiterhin Ausgangspunkt der Beschäftigung mit dem juristischen Text, jedoch muss jede Beschäftigung mit einer unionsrechtlichen Norm berücksichtigen, dass es von jeder Norm verschiedene Sprachfassungen gibt, die allesamt gleichwertig sind und per definitionem alle dasselbe aussagen (müssen). Es verbietet sich daher von allein, sich für die Auslegung auf eine einzige Sprachfassung zu stützen (zB die deutsche). Vielmehr muss ermittelt werden, welches die gemeinsame Aussage sein könnte, die letztlich von allen Sprachfassungen umschrieben wird. Es versteht sich daher von selbst, dass es ein juristischer Kunstfehler ersten Ranges wäre, sich bei der Auslegung einer europäischen Norm allein anhand der deutschen Sprachfassung eine Meinung zu bilden, ohne diesen ersten Eindruck vom (möglicherweise) Gemeinten anschließend anhand weiterer Sprachfassungen zu überprüfen (so schon EuGH v. 6.10.1982 *Cilfit* DVBl. 1983, 267 Rz. 18). Man wird in der Praxis also den eigenen Eindruck mindestens durch „Querlesen" der englischen und der französischen Fassung auf elementare Plausibilität hin zu prüfen haben. Erst recht verbietet sich jede vertiefte Diskussion über die Feinheiten einer deutschsprachigen Formulierung und die damit – für den deutschen Fachmann – zusammen hängenden Assoziationen. Zugleich leuchtet aber auch angesichts von 24 Amtssprachen unmittelbar ein, dass es für den Rechtsanwender ein Ding der Unmöglichkeit wäre, der Auslegung eine Wortlautanalyse in all diesen Sprachen zugrunde zu legen. – Um die unterschiedliche Stellung des Wortlauts für die Auslegung zu begreifen, ist es hilfreich, sich die unterschiedliche Situation des Gesetzgebers vor Augen zu halten und was der Respekt vor dem Gesetzgeber dahingehend jeweils verlangt: 1) im nationalen Rahmen, wo die Beteiligten die verwendete Sprache in allen Feinheiten hinreichend kennen, gebietet es der Respekt vor dem Gesetzgeber, davon auszugehen, dass solche Feinheiten wie, ob „ein" Wohnsitz verlangt wird oder „der" Wohnsitz, den Beteiligten bewusst waren und daher Konsequenzen für die Auslegung haben können (bzw müssen). – 2) im europarechtlichen Rahmen dagegen ist davon auszugehen, dass jeweils 95 % der Abgeordneten, Kommissionsmitglieder oder anderweitigen Entscheidungsträger jeweils mindestens 95 % der verwendeten Textfassungen nicht verstanden oder nicht einmal verwendet haben; in einem solchen Kontext VERBIETET es dann aber der Respekt vor dem Gesetzgeber sogar, den Mitgliedern der gesetzgebenden Körperschaften zu unterstellen, jegliche Feinheit des Wortlautes einer oder gar mehrerer Sprachfassungen wäre von den zur Entscheidung berufenen Personen bewusst gesehen und gewollt gewesen.

22 **Auslegung sogar gegen den Wortlaut denkbar.** Es ist sogar mit einer gewissen Wahrscheinlichkeit mit der Möglichkeit zu rechnen, dass sich gar keine Möglichkeit findet, das vom Gesetzgeber Gewollte in 24 Sprachen gleichermaßen so hinreichend genau zu umschreiben, dass sich nicht doch letzten Endes in mindestens einer Sprachfassung beim Leser das Gefühl einer gewissen Diskrepanz zwischen gewählter Formulierung und gemeintem Inhalt einstellen wird. Es ist daher sogar eine Auslegung denkbar, die mit dem Wortlaut der einen oder anderen Sprachfassung nur schwer oder sogar gar nicht zur Deckung zu bringen sein könnte.

23 **Autonomie der Begriffe.** Methodisch fehlerhaft wäre es erst recht, bei der Suche nach dem Inhalt von Begriffen einer unionsrechtlichen Norm auf das zurückzugreifen, was derselbe Ausdruck im deutschen Recht bedeutet (vgl. EuGH v. 6.10.1982 *Cilfit* DVBl. 1983, 267 Rz. 19). Die Unterstellung, dass der europäische Gesetzgeber, also mithin die Vertreter von 27 oder 28 europäischen Staaten, den Willen gehabt hätte, damit genau diejenige Vorstellung zu verbinden, die einem deutschen Fachkundigen aus dem deutschen Rechtskreis bekannt wäre, wäre an Absurdität nicht zu überbieten. Vielmehr muss als Axiom gelten, dass der Inhalt von nicht ausdrücklich definierten Ausdrücken im Unionsrecht nicht aus dem Rückgriff auf „nationales" Hintergrundwissen ermittelt werden kann,

sondern nur durch selbstständige Überlegungen auf unionsrechtlicher Basis – so dünn sie auch immer sein mag – gefunden werden kann. Es wäre also beispielsweise ein mehr als peinlicher Missgriff, wollte man daraus, dass der europäische Gesetzgeber in der steuerlichen FusionsRL den Begriff des Teilbetriebs verwendet hat und diesen sogar ähnlich wie im nationalen deutschen Steuerrecht definiert hat, schlussfolgern, dadurch seien auch die im deutschen Steuerrecht mit diesem Begriff durch Rechtsprechung und Lehre verknüpften Einzelheiten in das Unionsrecht mit übernommen worden. (Solche Fehlschlüsse relativieren sich übrigens meist schon kurz nach dem ersten Blick in eine andere Sprachfassung; niemand wird ernsthaft behaupten wollen, mit dem Ausdruck „branche d´activité„ oder „branch" sei das gemeint, was der BFH im deutschen Steuerrecht zu einem „Teilbetrieb" erklärt.)

Wortlaut nur Ausgangspunkt der Auslegung. Aus diesen Gründen muss die Aus- 24
legung nach dem Wortlaut im EU-Recht ganz zwangsläufig auf eine untergeordnete Rolle reduziert werden. Sie kann mehr oder minder nur den ersten Ausgangspunkt auf der Suche nach dem wirklichen Sinn der gesetzlichen Vorschrift bilden. Dies widerspricht nicht dem gebotenen Respekt vor dem Gesetzgeber und seinen Formulierungskünsten: Im EU-Recht unterschreiben letztlich alle Mitglieder der gesetzgebenden Organe Rechtsakte, die sie in 95% ihres Umfangs (= nämlich in allen Sprachfassungen außer ihrer eigenen) unmöglich in allen Schattierungen verstehen können; das macht zusätzlich plausibel, warum es auch den Intentionen des Gesetzgebers nicht entsprechen könnte, dem Wortlaut eine ausschlaggebende Stellung für das Verständnis einer Norm einzuräumen. Im nationalstaatlichen Rahmen, wo die gesetzgebenden Organe nur über eine einzige Formulierung beraten und deren Feinheiten prinzipiell jedem Mitwirkenden zugänglich sein könnten, herrschen einfach andere Gegebenheiten.

**So gut wie keine Bedeutung der historischen Auslegungsmethode, praktisch 25
gar keine Bedeutung der Gesetzesmaterialien.** Zur Behebung von Zweifeln bedient man sich im Rahmen des nationalen Rechts häufig der Gesetzesmaterialien und ähnlicher Hintergrundinformationen, um den Willen der am Gesetzgebungsprozess beteiligten Personen (und damit mutmaßlich auch den Willen des Gesetzgebers selbst) zu erhellen. Dieser Methode liegt letztlich die Annahme zugrunde, dass von allen Menschen ja gerade die Verfasser des Gesetzestextes und die Mitwirkenden am Gesetzgebungsprozess die präzisesten Vorstellungen darüber gehabt haben müssten, was mit dem Gesetz gewollt war und was nicht. Diese normalerweise einleuchtende Annahme ist jedoch dann nicht plausibel, wenn das letztendliche Ziel der gesetzgeberischen Maßnahmen darin besteht, die bestehenden grundlegenden historischen Verhältnisse grundlegend zu verändern und auf lange Sicht durch einen Zustand zu ersetzen, der historisch so grundlegend ohne Vorbilder ist, dass man das angestrebte Ergebnis des Gesamtprozesses nur als „offen", „eine immer engere Union" und als „Gebilde eigener Art" umschreiben kann. In diesem Fall ist die Annahme, ein in einem strikt nationalstaatlichen Rahmen aufgewachsener Jurist zB der 1960er Jahre habe sich auf Basis seiner eigenen Lebensumwelt und seiner eigenen historisch gewachsenen Vorstellungen bereits eine ernst zu nehmende Vorstellung davon machen können, wie der von ihm gewollte funktionsfähige europäische Gemeinsame Markt tatsächlich beschaffen sein müsste, vernünftigerweise weniger plausibel zu nennen als die Annahme, dass jemand aus den 1990er Jahren eher in der Lage sein sollte, die Erfordernisse des gewollten Zustands zu erkennen. Es ist daher durchaus methodisch einleuchtend, wenn der EuGH es idR umso kategorischer ablehnt, die Vorstellungen der historischen Akteure bei der Auslegung einer Norm zu berücksichtigen, je grundlegender diese Norm ist. Europäische Normen werden daher eher dynamisch ausgelegt. Ergänzend untermauert der EuGH die Doktrin von der weitgehenden Irrelevanz des Willens der Akteure und von Gesetzesmaterialien auch mit dem Prinzip der Rechtsstaatlichkeit, wonach es im Rechtsstaat nicht angehe, wenn der Sinn eines Gesetzes sich gar nicht aus dem Gesetzestext selbst ermitteln lasse, sondern erst unter Heranziehung von Zusatzinformationen aus nicht allgemein zugänglichen Quellen.

26 **Dominierende Stellung der teleologischen Methode.** Angesichts der weitgehenden Unbrauchbarkeit der beiden vorgenannten Auslegungsmethoden erklärt sich von selbst, warum bei der Auslegung von EU-Recht methodisch der Schwerpunkt auf der Auslegung gemäß der Zielsetzung liegt und liegen muss (teleologische Methode). (Das erklärt übrigens auch, warum der europäische Gesetzgeber mittlerweile dazu übergegangen ist, seine Zielsetzungen beim Erlass einer neuen Rechtsnorm mit oft seitenlangen Präambeln zu dokumentieren.)

27 **Grundlegende Axiome.** Im Rahmen der teleologischen Auslegung kommt zwei wesentlichen Grundannahmen eine zentrale Funktion zu.

28 **Auslegung zur Maximierung des „effet utile".** Das erste Axiom lautet: Die europäischen Rechtsvorschriften sind ernst gemeint; folglich ist jede Ausdeutung als nicht überzeugend zu verwerfen, die dazu führen könnte, dass eine Norm in der Lebenswirklichkeit flächendeckend oder in einem wesentlichen Teilbereich der denkbaren Fallkonstellationen keine effektive Wirkung entfalten könnte (Lehre vom notwendigen effet utile einer Vorschrift). Dieses Axiom erklärt, warum Entscheidungen des EuGH oft genug erst dann verständlich werden, wenn man sich vor Augen hält, wozu eine anderweitige Entscheidung – bei ganz konsequenter Anwendung einer solchen Entscheidung und ihrer Logik – letztendlich hätte führen können oder müssen. Rechtsfindung geschieht daher im europäischen Rahmen ausgesprochen oft dadurch, dass zunächst herausgearbeitet wird, wie sehr die anderen denkbaren Interpretationen einer Vorschrift den Zielsetzungen dieser Vorschrift oder den übergeordneten Zielsetzungen der europäischen Integration schaden würden und deswegen abgelehnt werden müssen – so dass nur noch die vom Gericht vertretene Auslegung verantwortbar bleibt.

29 **Konsequenzen für die Präsentation von Fällen vor dem EuGH.** Diese spezielle Rolle des „effet utile" für die Auslegung des Europarechts darf auch bei Diskussionen um die richtige Auslegung von Rechtsvorschriften vor dem EuGH nicht unterschätzt werden. Wer dort – entsprechend klassischer „nationaler" Vorgehensweise – seinen Standpunkt mit zahlreichen Fundstellen aus bisherigen Urteilen belegt, läuft ein beträchtliches Risiko, seinen Fall trotz allem zu verlieren, wenn die vertretenen Ansichten – wie oft in EuGH-Fällen – einfach „unüblich" wirken. Erheblich steigen können die Chancen für den eigenen Standpunkt, wenn es gelingt, den Richtern des Gerichtshofs zu verdeutlichen, dass es hier nicht nur um einen einzelnen Aspekt geht, sondern dass es geradezu unübersehbare Weiterungen nach sich ziehen würde, nachgeradezu das gesamte Unionsrecht in wichtigen Bereichen zur Makulatur degenerieren könnte, würde man dem Standpunkt der Gegenseite recht geben. Gelingt dies nicht oder nicht hinreichend deutlich, besteht die reale Gefahr, dass die Richter gerade bei steuerlichen Fällen die systematischen Zusammenhänge verkennen und ihrerseits zu sehr an Formalia haften. Es kann dann im Extremfall zu krassen Fehlurteilen kommen. Vgl. hierzu die Entscheidung Scheuten Solar Technology (EuGH v. 21.7.2011 – C-397/09, BStBl. II 2012, 528), wo der Gerichtshof nicht berücksichtigt hat, dass die Erlaubnis an die Mitgliedstaaten, eine Zahlung, die man beim Empfänger nicht besteuern darf, beim Zahlenden zur nichtabziehbaren Ausgabe zu erklären, die unionsrechtlich vorgesehene Verbindlichkeit einer Richtlinie zur faktischen Unverbindlichkeit mutieren lässt, weil beide Vorgehensweisen wirtschaftlich identisch sind (zumal wenn, wie bei dieser konkreten Richtlinie immer vorausgesetzt, die beiden Beteiligten auch noch untereinander wirtschaftlich verbunden sind!).

30 **Auslegung „in dubio pro libertate".** Das zweite Axiom, das der Auslegung europäischer Normen öfters zugrunde liegt, besteht darin, dass der Sinn der gesamten europäischen Gesetzgebung jedenfalls nach dem zugrunde liegenden Auftrag der Gründungsverträge der Fortentwicklung der europäischen Einigung dienen soll; also ist es begründbar, sich bei der Auswahl zwischen mehreren gleichermaßen denkbaren Auslegungsergebnissen im Zweifel für dasjenige zu entscheiden, das der Verwirklichung der europäischen Ideale am meisten dient.

Würdigung aus der Sicht des Maastricht-Urteils des BVerfG. Gegenüber der teilweise als extensiv empfundenen Rechtsfortbildung durch den EuGH hat das BVerfG bekanntlich in seinem Urteil zum Vertrag von Maastricht gewisse Vorbehalte angemeldet und geäußert, bei Überschreiten gewisser Grenzen seien Urteile des EuGH von der Zustimmung des deutschen Gesetzgebers nicht mehr gedeckt und darauf basierende gemeinschaftsrechtliche Handlungen in Deutschland aus verfassungsrechtlichen Gründen nicht verbindlich. Bei näherer Lektüre, insbesondere nach Nachschlagen der seinerzeit vom BVerfG als Beleg für akzeptable Rechtsfortbildung durch den EuGH zitierten früheren Urteile, stellt man jedoch fest, dass der Vorbehalt des BVerfG sich nur darauf bezieht, dass es dem EuGH nicht gestatten will, durch großzügige Auslegung der Gründungsverträge aus dem Text des EG-Vertrages Übertragungen von Rechtsetzungsbefugnissen an die Gemeinschaft herzuleiten, an die der Bundesgesetzgeber bei seiner Zustimmung zu den Verträgen nicht gedacht haben konnte (vgl. BVerfG v. 12.10.1993 EWS 1993 Beil. 11 S. 19; und das dort zitierte Urteil BVerfG v. 8.4.1987 UR 1987, 355 ff.; ferner *Dautzenberg* EG-Unternehmensbesteuerung, S. 114 f.). Die Kritik geht also dahin, dass die EU-Organe sich nicht durch eine nicht erwartbare weite Auslegung der Verträge Kompetenzen zusprechen dürfen, die die Mitgliedstaaten ihnen keineswegs übertragen wollten, als sie den Verträgen zustimmten. Dagegen sieht das BVerfG eine extensive Auslegung bestehender Bestimmungen dort als unproblematisch an, wo die EU aufgrund der bestehenden Verträge ohnehin unstreitig die Befugnis hätte, entsprechende Vorschriften zu erlassen. Denn insoweit hat der Bundesgesetzgeber einem Verlust seiner Souveränität bereits unzweifelhaft zugestimmt. Da aber die EU durch Art. 115 AEUV (= früherer Art. 94 EG) unzweifelhaft die Befugnis hat, auch das Steuerrecht der Mitgliedstaaten zu harmonisieren, begegnet eine Auslegung bestehender Vorschriften, die daraus implizite Vorgaben für das Steuerrecht herleitet, keinerlei Bedenken, da insoweit die Organe der EU keine neuen, ihnen noch nicht zustehenden Kompetenzen an sich ziehen, sondern sie lediglich vom EuGH darüber aufgeklärt werden, dass sie – bei konsequenter Anwendung der von ihnen bereits erlassenen Vorschriften – von dieser Rechtsetzungsbefugnis implizit bereits in gewissem Umfang Gebrauch gemacht haben. Daran ändert sich auch durch das Lissabon-Urteil des BVerfG nichts: Auch dort geht es dem Gericht **nur** darum, der Übertragung **weiterer** Kompetenzen auf die EU Grenzen zu ziehen und insb. die Entwicklung hin zu einer „Kompetenz-Kompetenz" zu verhindern). 31

Beispiel: Die EU hätte unzweifelhaft die Befugnis, eine grenzüberschreitende Verschmelzung von AG durch Richtlinien zu ermöglichen.

Betroffene Politiker und Fachleute glaubten lange Zeit mehrheitlich, die Gemeinschaft habe von dieser Befugnis noch keinerlei Gebrauch gemacht, es sei noch der Erlass entsprechender Richtlinien erforderlich. Der EuGH entschied aufgrund seiner Auslegungsmethodik, dass sich das Recht auf eine grenzüberschreitende Verschmelzung mit einer Kapitalgesellschaft eines anderen Mitgliedstaates unter bestimmten Umständen bereits aus den bestehenden Regelungen des Vertrages selbst, insbesondere dem Diskriminierungsverbot aus der Passage über die Niederlassungsfreiheit, herleiten lasse (EuGH v. 13.12.2005 *SEVIC Systems* DStR 2006, 49).

Durch die Feststellung, dass das Problem nicht mehr gelöst werden muss, sondern bereits gelöst ist, sind die Kompetenzen des deutschen Staates nicht beeinträchtigt, denn dieser hat insoweit bereits auf seine Souveränitätsrechte verzichtet. In seinen Rechten verletzt fühlen könnte sich durch eine solche Auslegung höchstens eines der Organe der EU, dessen Mitwirkung ansonsten bei einer neuen Rechtsetzungsmaßnahme noch erforderlich gewesen wäre und das demzufolge möglicherweise an Einflussmöglichkeiten verliert. Rechtsschutz gegen eine Beeinträchtigung der Rechte von EU-Organen zu gewähren, wäre aber nicht Sache des BVerfG, sondern des EuGH. – Dass sich die Vorstellungen beteiligter Politiker über die wahre Rechtslage als falsch erweisen, ist überraschend, kommt aber auch im nationalen Rahmen häufiger vor und ist juristisch kein taugliches Argument.

Verfassungsrechtliche Probleme böte die Auslegungsmethodik also nur dann, wenn mit ihrer Hilfe **neue Befugnisse** für die Rechtsetzung der Gemeinschaft erschlossen werden würden, von denen man nicht mehr annehmen könnte, dass der Bundesgesetzgeber die Möglichkeit einer solchen Entwicklung anlässlich der letzten Zustimmung zu einer Ver- 32 tragsaktualisierung (oder zu einem früheren Zeitpunkt) zumindest stillschweigend gebilligt hätte. Entsprechende Beispiele sind im Steuerrecht wegen der unstreitig vorhandenen Harmonisierungsmöglichkeiten und der Tatsache, dass der Bundesgesetzgeber eine auch das Steuerrecht betreffende Auslegung schon bestehender Normen der Europäischen Verträge zumindest bei den letzten Zustimmungsgesetzen gekannt hat, nur schwer vorstellbar:

Beispiel: Gesetzt den Fall, die Organe der EU beschlössen durch Richtlinien gemäß Art. 115 AEUV (= früherer Art. 94 EG) nicht nur eine Angleichung der KSt, sondern auch, dass das Aufkommen dieser harmonisierten KSt anschließend der EU zustehen solle. Da eine eigene Steuerhoheit der EU aber nach den Verträgen bislang nicht besteht, wäre eine Feststellung des EuGH, durch die eine solche durch eine Auslegung von Vertragsvorschriften auf einmal hergeleitet werden würde, nach den Kriterien des Maastricht-Urteils für Deutschland tatsächlich unbeachtlich.

Das heißt übrigens NICHT, dass diese Grenzen nicht durch weitere Änderungen der Europäischen Verträge mit Zustimmung des deutschen Parlaments verändert werden könnten. Insbesondere erscheinen die Grenzen für eine weitere Harmonisierung, die das BVerfG in seiner Lissabon-Entscheidung für eine weitere Übertragung deutscher Kompetenzen zur EU aufgestellt hat, als nicht hinreichend durchdacht und auf Dauer zumindest in wichtigen Teilbereichen nicht haltbar.

Beispiel 1: Der deutsche Urlauber D wird im Urlaub im EU-Staat X von einem Räuber überfallen und bedroht. D könnte sich wehren, müsste dafür aber ein (mitgeführtes) Messer benutzen und den Räuber verletzen, evtl. könnte es für diesen zu schweren gesundheitlichen Schäden kommen. D wird das nur tun dürfen, wenn das Notwehrrecht ihm das erlaubt; wenn das nicht der Fall ist, müsste er den Angriff dulden.

Wäre D in den USA, so wüsste er aufgrund der Presseberichte über einige Fälle, dass ihn in einigen Bundesstaaten bereits das bloße Gefühl, bedroht zu sein, berechtigen würde, den Angreifer straffrei zu töten. Wäre D in Deutschland, so wüsste er, dass seine Reaktion auf keinen Fall „unverhältnismäßig" sein dürfte und dass er aller Wahrscheinlichkeit nach sehr genau überlegen muss, wie er reagiert. Wie die Rechtslage in X ist, kann D nicht wissen, da er dessen Notwehrrecht nicht gelernt hat und auch nicht lernen musste; D kann auch keine Auskunft von einem Anwalt einholen, denn sein Anwalt ist erstens Deutscher und kennt die Rechtslage in X auch nicht, und zweitens hat D in einer Notwehrlage dazu auch keine Zeit. Daraus folgt, dass der Urlauber D im anderen EU-Land faktisch nur die Möglichkeit hat, sich entweder „auf Verdacht zu wehren" und eine Haftstrafe wegen Körperverletzung usw. zu riskieren, oder aber den rechtswidrigen Angriff hinzunehmen, um sich nicht dem Risiko einer eigenen Bestrafung auszusetzen – solch eine Lage des Einzelnen auf Dauer zu dulden, dürfte aber kaum rechtsstaatlich sein.

Beispiel 2: Die Schülerin S erkundigt sich vor Antritt einer Klassenfahrt bei dem deutschen Polizisten, ob Pfefferspray im Ausland A vielleicht eine verbotene Waffe sei oder ob man so etwas zur Selbstverteidigung mit sich führen dürfte. Der Polizist bejaht, dass der Besitz in A erlaubt sei. Nach Ankunft in A fällt S aber einer dortigen Polizeistreife auf und verbringt eine unangenehme Nacht auf der Polizeiwache, da der bloße Besitz dort eben doch verboten ist. Auch eine solche Situation, in denen jemand seine eigenen Rechte praktisch mit zumutbaren Mitteln nicht feststellen kann, lässt die Rechtsstaatlichkeit auf Dauer zur Makulatur verkommen, und auch das zeigt, dass sich die vom BVerfG aufgestellte Behauptung, das Strafrecht dürfe in der EU keinesfalls harmonisiert werden, als lebensfremd erweist und ihrerseits den änderungsfesten Kernbestand des Grundgesetzes – die Rechtsstaatlichkeit nämlich – im Kern bedroht.

33 Nach diesen Kriterien erweist sich die Auslegungsmethodik des EuGH also in den hier interessierenden Fällen – Herleitung von Vorgaben aus Vertrag und bestehenden Richtlinien für die Gestaltung des Umwandlungssteuergesetzes – als **verfassungsrechtlich vollkommen unproblematisch** (so schon *Kirchhof* JbFfSt 1994/95, 27/30 f., 39 f.).

34 *(einstweilen frei)*

c) Durchsetzung europäischen Rechts

35 **aa) Relevante Arten von Unionsrecht. Gemeinschaftsrecht und Unionsrecht.** Das Recht der EU zerfiel früher in das im EG-Vertrag normierte oder auf seiner Grundlage erlassene Recht der EG (Gemeinschaftsrecht) und das auf der Grundlage der Bestimmun-

gen des Vertrages über die EU erlassene Recht (Unionsrecht). Seit der Fusion von EG und EU zur EU durch den Vertrag von Lissabon mit Wirkung ab 2009 hat sich diese Differenzierung erledigt; es wird daher zurecht nur noch von „Unionsrecht" gesprochen. Das Unionsrecht besteht aus den Bestimmungen des Vertrages selbst (Primärrecht), den von der EU als supranationaler Körperschaft mit anderen Institutionen oder Staaten geschlossenen völkerrechtlichen Verträgen (Völkervertragsrecht der EU) und den von den Organen der EU aufgrund der von den Gründungsverträgen eingeräumten Befugnisse erlassenen Rechtsakten (Sekundärrecht).

Arten von Sekundärrecht. Als Sekundärrecht kommen vor allem Verordnungen, Richtlinien und Beschlüsse (früher bezeichnet als: Entscheidungen) in Frage. Verordnungen gelten unmittelbar in jedem Mitgliedstaat, es bedarf zu ihrer vollen Wirksamkeit also keiner weiteren Handlung des nationalen Gesetzgebers; vielmehr sind sie ihrer Wirkung nach einem Gesetz vollständig vergleichbar. Richtlinien dagegen haben ausdrücklich nicht die Wirkung eines Gesetzes, sondern stellen nur eine Anweisung an die Mitgliedstaaten dar, ihre gesetzlichen Bestimmungen in einer vorgegebenen Frist entsprechend den Vorgaben der Richtlinie zu ändern. Beschlüsse sind Einzelfallentscheidungen der EU-Organe, soweit sie als Verwaltungsbehörde fungieren (vergleichbar also in etwa einem Verwaltungsakt). Als relevant für das UmwStG erkannt worden sind bisher nur diverse Bestimmungen aus dem Primärrecht und verschiedene Richtlinien. 36

Unterschied zwischen Richtlinien und Gesetzen. Eine „Richtlinie" stellt – im Gegensatz zur EU-Verordnung – ausdrücklich keine gesetzliche Vorschrift dar. Sofern sie vorsieht, dass ein Staat für seine Bürger bestimmte Rechte und Pflichten etablieren soll, werden diese Rechte und Pflichten also nicht schon durch die Richtlinie selbst geschaffen, sondern erst durch das Gesetz, mit dem (und in der Art und Weise, wie) der nationale Gesetzgeber die Anweisungen der Richtlinie umsetzt. Dass eine Richtlinie nach ihrer Definition selbst gerade noch keine gesetzliche Vorschrift darstellt, bedeutet konsequenterweise auch, dass von einem Bürger nicht verlangt werden kann, dass er von dem Inhalt einer Richtlinie schon vor ihrer Umsetzung Kenntnis genommen haben müsste; denn eine Richtlinie ist ihrer Natur nach gerade nicht geeignet, irgendwelche Pflichten für den Einzelnen zu schaffen. 37

Verbindlichkeit der Richtlinie für den Staat. Eine Richtlinie verpflichtet jedoch den „Staat", also – nach der klassischen Staatsauffassung – Gesetzgeber, Verwaltung und Gerichtsbarkeit. Jede der drei staatlichen Gewalten hat die Vorgaben in einer Richtlinie also im Rahmen ihrer Aufgabenerfüllung zu befolgen. 38

bb) Unmittelbare Richtlinienwirkung. Sieht eine Richtlinie vor, dass ein Staat seinen Bürgern bestimmte Rechte oder Vergünstigungen einräumen muss, und unterlässt der nationale Gesetzgeber es, dieser Verpflichtung nachzukommen, bestehen die betreffenden Rechte bei formaler Betrachtung bis zu einer späteren Änderung der Gesetze tatsächlich nicht. Es widerspräche jedoch elementaren Grundsätzen des Rechts, wenn ein Staat, der sich durch die Nichtumsetzung oder Falschumsetzung einer Richtlinie rechtswidrig verhalten hat, deswegen nicht nur ungestraft bliebe, sondern aus dieser Rechtsverletzung in seinen Rechtsbeziehungen gegenüber unbeteiligten Dritten auch noch Vorteile ziehen könnte. Aus diesem Grund ist europarechtlich unbestritten, dass ein Mitgliedstaat Rechte (zB Steuervergünstigungen), die er einem seiner Bürger aufgrund einer Richtlinie einräumen muss, auch dann schon zugestehen muss, wenn er die Vorgaben der Richtlinie in seine nationalen Gesetze nicht, nicht rechtzeitig oder nicht richtig umgesetzt hat. Da in einem solchen Fall die Richtlinie Rechtswirkungen hervorbringt, wie es sonst nur gesetzliche Vorschriften können, hat sich für diesen Effekt das Schlagwort von der „unmittelbaren Wirkung" von Richtlinien eingebürgert. Dieses Schlagwort ist insofern irreführend, als auch eine nicht umgesetzte Richtlinie keinen vollen gesetzesgleichen Charakter erhält: Ihr noch nicht umgesetzter Inhalt entfaltet Wirkungen lediglich in den Rechtsbeziehungen zu dem Rechtsverletzter selbst (= dem in der Umsetzung säumigen Staat), nicht aber gegen- 39 über Dritten. Ebenso liegt auf der Hand, dass die Nichtumsetzung einer Richtlinie nur vom Bürger zulasten des Staates, nicht aber vom Staat zulasten des Bürgers geltend gemacht werden kann: Da dem Bürger aus der Nichtumsetzung der Richtlinie keine eigene Pflichtverletzung zur Last gelegt werden kann, bleibt es dabei, dass Pflichten für ihn nur aus den geltenden staatlichen Gesetzen erwachsen können. – Zu beachten ist, dass all diese Feinheiten beim Umgang mit EU-Verordnungen nicht gelten, denn EU-Verordnungen stellen bereits selbst voll gültige gesetzliche Vorschriften dar, die ohne jede weitere Maßnahme sofort Rechte und Pflichten für den Einzelnen begründen können.

40 **cc) Vorabentscheidungsersuchen an den EuGH. Zuständige Gerichte.** Europäisches Recht ist aufgrund des Zustimmungsgesetzes zugleich deutsches Recht und damit von allen Behörden und Gerichten von Amts wegen anzuwenden. Hält sich ein Betroffener durch die Entscheidung einer deutschen Behörde für in seinen Rechten verletzt, so hat er daher auch dann, wenn die Klage sich auf eine Verletzung europäischer Rechtsvorschriften stützt, seine Klage vor den regulären deutschen Gerichten anhängig zu machen, in Steuerfragen also vor dem Finanzgericht.

41 **Vorabentscheidungsersuchen an den EuGH.** Eine einheitliche Rechtsetzung für Europa oder eine Angleichung des Rechts in Europa durch Richtlinien wäre jedoch sinnlos, sofern nicht verfahrensmäßig gesichert wäre, dass die Rechtsvorschriften im Anschluss an ihre Vereinheitlichung nicht anschließend wieder unterschiedlich angewandt werden können. Zu diesem Zweck überträgt Art. 267 AEUV (= früherer Art. 234 EG) dem EuGH eine Art Auslegungsmonopol für das Unionsrecht und schaltet ihn zur Beurteilung der europarechtlichen Fragen in einer Art Gutachterfunktion in die vor den nationalen Gerichten laufenden Gerichtsverfahren ein: Hält ein nationales Gericht Europarecht für die Entscheidung über ein bei ihm anhängiges Verfahren für entscheidungserheblich, so sieht der AEUV vor, dass das Gericht das vor ihm anhängige Verfahren aussetzen und dem EuGH die Frage unterbreiten kann, wie die einschlägige europarechtliche Vorschrift richtigerweise zu verstehen ist, vor allem auch in Hinblick auf die Gegebenheiten des vorliegenden Falls. Der EuGH entscheidet in einem solchen Vorabentscheidungsverfahren also nicht selbst darüber, wie der anhängige Fall konkret zu lösen ist, sondern darüber, wie die ihm benannten europarechtlichen Vorschriften richtig auszulegen sind.

42 **Charakter einer EuGH-Entscheidung.** Daraus ergibt sich auch, dass eine Entscheidung des EuGH im Vorabentscheidungsverfahren auch in formaler Hinsicht keine bloße Einzelfallentscheidung darstellt, sondern eine verbindliche, allgemeingültige Äußerung über das richtige Verständnis einer bestimmten unionsrechtlichen Vorschrift, die die geltende Rechtslage grundsätzlich mit Wirkung gegenüber jedermann klar stellt. Von einer EuGH-Entscheidung abzuweichen, ist daher nur unter den selben Bedingungen möglich wie denen, unter denen man von der Ungültigkeit einer europarechtlichen Norm ausgehen kann – nämlich keinesfalls ohne erneute Befragung des EuGH.

43 **Vorlagepflicht und Vorlagewahlrecht.** Die Einschaltung des EuGH in das Verfahren „kann" nach dem Wortlaut des Art. 267 II AEUV von jedem Gericht beschlossen werden. Von einem letztinstanzlichen Gericht muss dagegen jede europarechtliche Frage, die sich als entscheidungserheblich erweist, dem EuGH vorgelegt werden (Art. 267 III AEUV).

44 **Zeitpunkt des Vorlagebeschlusses.** Das Gericht „kann" nach Art. 267 II AEUV vorlegen, ohne dass diese Entscheidung nach Art. 267 AEUV auf ein bestimmtes Verfahrensstadium begrenzt wäre. Es wird lediglich erwartet, dass das Vorlageersuchen in einem Stadium beschlossen wird, in dem das Verfahren bereits so weit gediehen ist, dass sich erkennen lässt, inwieweit die Antwort des EuGH für die Entscheidung über das Verfahren tatsächlich erheblich sein kann. Einen spätest möglichen Vorlagezeitpunkt normiert Art. 267 dagegen nicht; hieraus hat der EuGH gefolgert, dass es dem FG bis zuletzt möglich bleibt, eine Vorlage zu beschließen. Da nach den allgemeinen Regeln (Vorrang des Unionsrechts) die Wirkung dieser unionsrechtlichen Bestimmung nicht durch nationale Regeln eingeschränkt werden kann, muss ein eventueller Konflikt mit § 126 FGO, der

das FG im zweiten Rechtszug strikt an die im ersten Rechtszug geäußerten Ansichten des BFH binden will, eindeutig zugunsten eines fortbestehenden Vorlagerechts des FG gelöst werden (Anwendungsvorrang des Art. 267 AEUV gegenüber der nationalen Vorschrift des § 126 FGO). Der EuGH hat zwar in späteren Entscheidungen zum allgemeinen Verfahrensrecht angedeutet, dass auch Art. 267 AEUV selbstverständlich (stillschweigend) das Recht des Gerichts beinhaltet, das Verfahren nach ordnungsmäßigen Grundsätzen zu führen, die – da sie irgendwie ja festgelegt werden müssen – zwangsläufig bislang nur auf nationaler Ebene festlegbar sind. Freilich hat der EuGH in früheren Entscheidungen ausdrücklich mit Bezug auf § 126 FGO festgestellt, dass jedenfalls § 126 FGO das Vorlagerecht eines FG im zweiten Rechtszug nicht einschränken kann (vgl. EuGH v. 16.1.1974 *Rheinmühlen-Düsseldorf*, bestätigt durch EuGH v. 12.2.1974 *Rheinmühlen-Düsseldorf II;* beide Entscheidungen online einsehbar unter www.curia.eu). Nach allgemeinen Grundsätzen ist es mitgliedstaatlichen Gerichten aber unter keinen Umständen gestattet, von einer einmal vom EuGH gefällten Entscheidung abzuweichen, ohne den EuGH zuvor mit der betreffenden Rechtsfrage erneut befasst zu haben. Somit kann nach gegenwärtigem Stand ein FG auch dann noch über eine Vorlage an den EuGH beschließen, wenn der Fall zuvor bereits dem BFH vorgelegen hatte und dieser die Entscheidungserheblichkeit einer europäischen Vorschrift übersehen oder falsch beurteilt hatte. – Anderslautende Entscheidungen des BFH wären, weil es hier um die Entscheidung über die Reichweite von Art. 267 AEUV und somit über die Auslegung von Unionsrecht geht, rechtlich unbeachtlich; denn dem BFH als einem letztinstanzlichen Gericht ist es von Amts wegen verwehrt, sich über unionsrechtliche Fragen eigenständige Ansichten zu bilden, sofern diese nicht ohnehin irrelevant sein sollten (s. Anm. 43, 50). Die Kritik an der Rechtsprechung des EuGH (*Ruban* in Gräber § 126 FGO Anm. 17) überzeugt deshalb nicht.

Maßstäbe für die Ausübung des Vorlageermessens durch die Untergerichte. Das Vorlagerecht der FG ist nach Art. 267 AEUV ein Wahlrecht. Ob das Recht zur Vorlage ausgeübt wird oder nicht, kann jedoch in einer rechtsstaatlichen Ordnung unmöglich in einem völlig freien Ermessen des Gerichts stehen. Vielmehr wird man verlangen müssen, dass das Gericht sich bei einer Entscheidung, von einer Vorlage in dieser Instanz noch abzusehen, von sachgerechten Erwägungen, insbesondere wohl vom Zweck des Wahlrechts, leiten lässt. Dabei wird man sich vor Augen halten müssen, dass ein bloßes Vorlage*wahlrecht* für ein Untergericht immer dann rechtsstaatlich uneingeschränkt berechtigt ist, wenn sich in einer höheren Instanz noch herausstellen könnte, dass es für die richtige Entscheidung über den Fall in Wahrheit letztlich gar nicht die vom Untergericht thematisierte europarechtliche Frage ankäme, sondern auf einen völlig anderen, rein national geregelten Aspekt; eine Nichtvorlage würde in einem solchen Fall dem EuGH ein letztendlich unnötiges Verfahren ersparen und auch den Prozessparteien dienlich sein können, weil es einen Verfahrensschritt (noch) einspart, der sich möglicherweise noch als unnötig herausstellen könnte. 45

Beispiel: Ein Untergericht habe einen Fall zu entscheiden, bei dem der Stpfl. seine Argumentation allein mit europarechtlichen Argumenten begründen kann. Europarecht scheint hier somit tatsächlich entscheidungsrelevant zu sein; das Untergericht *dürfte* somit ein Vorabentscheidungsersuchen an den EuGH beschließen (Art. 267 II AEUV).

Besteht in dem konkreten Fall jedoch noch die Möglichkeit, dass zB die Klage – bei richtiger Auslegung der AO – eigentlich von vornherein als unzulässig abzuweisen gewesen wäre, dann würde sich in der nächsten Instanz herausstellen, dass die dem EuGH vorgelegte Rechtsfrage für die Entscheidung über das Verfahren bei richtiger Würdigung dann eben doch gar nicht bedeutsam gewesen wäre. Es wäre dann also kein Ermessensfehlgebrauch, mit Hinblick auf diese Möglichkeit in der unteren Instanz auf die Vorlage an den EuGH noch zu verzichten.

Anders wären die Möglichkeiten des Untergerichts zur Ermessensausübung dagegen zu beurteilen, wenn die Entscheidungserheblichkeit einer unionsrechtlichen Norm klar auf der Hand läge und jede alternative Behandlung des Falles, die diesen ohne Bemühung unionsrechtlicher Bestimmungen lösen könnte, nach menschlichem Ermessen ausgeschlos- 46 sen wäre. In diesem Falle durchaus denkbar, dass es zu einer Ermessensreduzierung auf Null (Pflicht zur Vorlage) kommen könnte.

47 **Stand der Rechtsprechung zu der Frage.** Die Frage, ob das Vorlageermessen eines nicht letztinstanzlichen Gerichts sich auf Null reduzieren kann bzw. nach welchen Kriterien überhaupt ein Untergericht sein Vorlageermessen ausüben muss, ist dem EuGH bislang nicht vorgelegt worden. Es geht dabei jedoch inhaltlich um eine Frage, wie die Bestimmungen des Art. 267 AEUV über das Vorlagewahlrecht richtig zu interpretieren sind. Somit kommt die Befugnis, diese Frage verbindlich zu entscheiden, nach der Rechtsordnung der Verträge allein dem EuGH zu. Äußerungen in Urteilen des BFH zu der Frage, wann vorgelegt werden muss und wann nicht, sind somit rechtlich ohne Bedeutung.

48 **Vorlagepflicht der letztinstanzlichen Gerichte.** Letztinstanzliche Gerichte *müssen* dem EuGH jede für das bei ihnen anhängige Verfahren entscheidungserhebliche Frage des Gemeinschaftsrechts vorlegen (Art. 267 III AEUV). Voraussetzung für die Vorlagepflicht ist also, dass a) die Entscheidung des Gerichts über den anhängigen Fall von der betreffenden gemeinschaftsrechtlichen Vorschrift abhängt (Entscheidungserheblichkeit), und dass b) sich hinsichtlich dessen, was diese Vorschrift aussagt, für das Gericht eine Frage stellt.

49 **Ausnahmen von der Vorlagepflicht.** Nach dem Wortlaut des Vertrages und der Rechtsprechung des EuGH kann somit ein letztinstanzliches Gericht eine Vorlage an den EuGH genau dann unterlassen, wenn es a) die Auffassung vertritt, dass es für die Entscheidung über den Fall auf den Inhalt der unionsrechtlichen Vorschrift nicht ankommt (dann muss die Entscheidung schon aus anderen, überhaupt nicht mit dem EU-Recht zusammenhängenden Gründen getroffen werden), oder wenn b) eine Frage sich nicht mehr stellt, weil der EuGH die Frage bereits entschieden hat, oder wenn das Gericht c) der Meinung ist, dass der Inhalt der unionsrechtlichen Bestimmung dermaßen klar ist, dass sich hinsichtlich ihrer Bedeutung ebenfalls keine Frage mehr stellt, die man noch durch Befragung des EuGH klären müsste. Gerade dieser letztgenannte Punkt wird in der Praxis von den Gerichten immer wieder benutzt, sich der Vorlagepflicht an den EuGH mit dem (meist fadenscheinigen) Argument zu entziehen, am richtigen Inhalt der unionsrechtlichen Bestimmung könne es keinen vernünftigen Zweifel geben. Der EuGH hat jedoch in seiner ständigen Rechtsprechung klar gestellt (seit dem Urteil v. 6.10.1982 *Cilfit* DVBl. 1983, 267), dass ein Gericht nur dann davon ausgehen darf, dass eine Bestimmung so hinreichend klar ist, dass sich hinsichtlich ihres Inhalts keine Frage mehr stellt, wenn es zu der Überzeugung gelangt ist, dass auch der EuGH und die Gerichte aller anderen Mitgliedstaaten sich in der Beurteilung dieser Rechtsfrage einig sein würden (das folgt aus EuGH v. 6.10.1982 *Cilfit* DVBl. 1983, 267 Tz. 21). Eine solche Überzeugung ist bei ordnungsgemäßem Vorgehen jedenfalls nicht ohne umfangreichste Recherche über die Rechtsprechung und Literatur in sämtlichen Mitgliedstaaten zu gewinnen, und angesichts der Tatsache, dass man hierfür eine profunde Kenntnis von mittlerweile 27–28 Rechtsordnungen haben müsste, darf man getrost den Schluss ziehen, dass ein Jurist eine solche Gewissheit über die denkbaren Auffassungen all seiner Amtskollegen in Europa heute nicht mehr behaupten können wird, ohne schon allein durch diese Behauptung unseriös zu wirken. (Man bedenke in diesem Zusammenhang nur die alte Volksweisheit: „Zwei Juristen – drei Meinungen").

50 **Konsequenzen für die Bedeutung von BFH-Äußerungen zum Europarecht.** Angesichts der Tatsache, dass letztinstanzliche Gerichte jeden europarechtlichen Aspekt, der in irgendeiner Weise entscheidungserheblich werden könnte, dem EuGH zur Vorabentscheidung überweisen müssen, ist ein letztinstanzliches Gericht wie etwa der BFH von Amts wegen nicht in der Lage, über den Inhalt des Unionsrechts jemals eine Äußerung treffen zu können, die in irgendeiner Weise rechtlich eine eigenständige Relevanz haben könnte. Der BFH kann vielmehr nur bestehende Äußerungen des EuGH wiederholen oder sich zu Fragen äußern, die so trivial sind, dass die Antwort ohnehin auf der Hand liegt; in allen anderen Fällen verletzt er entweder seine Vorlagepflicht, wenn er sich selbst äußert, anstatt eine Vorlage an den EuGH einzuleiten, oder aber es handelt sich um ein

reines obiter dictum, das hier dann aber im Gegensatz zu sonst die Besonderheit hätte, keinerlei Schlüsse auf die zukünftige Rechtsentwicklung zu ermöglichen, da es nämlich von einem nicht zur Entscheidung dieser Rechtsfrage berufenen Gremium stammt. Angesichts dieser rechtlichen Gegebenheiten ist die Tatsache, dass die FinVerw. gelegentliche eigene Thesen des BFH zum Unionsrecht im BStBl. veröffentlicht und ihnen dadurch eine gewisse Verbindlichkeit für die Angehörigen der Verwaltung zu verleihen versucht, ausgesprochen kritisch zu sehen. Entscheidungserhebliches kann der BFH zum Unionsrecht nur dort von sich geben, wo er sich darauf beschränkt, reine Tatsachenwürdigungen vorzunehmen, also beispielsweise festzustellen, inwieweit bestimmte Normen des deutschen Rechts den vom EuGH vorgegebenen Kriterien für Vereinbarkeit oder Unvereinbarkeit mit den Vorgaben der EU entsprechen oder nicht (wenn diese Kriterien zuvor von der Rechtsprechung des EuGH schon hinreichend geklärt worden sind).

Folgen bei Verletzung der Vorlagepflicht. Eine pflichtwidrige Nichtvorlage durch ein letztinstanzliches Gericht stellt grds. immer eine Vertragsverletzung dar. Von der Möglichkeit, ein offizielles Vertragsverletzungsverfahren gegen die Bundesrepublik Deutschland einzuleiten, sieht die EU-Kommission jedoch bislang regelmäßig ab; ein solches Vorgehen könnte die Rechtskraft des gefällten Urteils auch nicht mehr beseitigen. Die im nationalen deutschen Verfassungsrecht vorgesehene Möglichkeit, das ohne Einschaltung des EuGH ergangene Urteil wegen Entziehung des gesetzlichen Richters aufheben zu lassen, weil der EuGH hinsichtlich der unionsrechtlichen Vorfragen der „gesetzliche Richter" iSd GG ist, besteht aber nur dann, wenn eine so offenkundige und schwere Verletzung der Verfahrensvorschriften vorliegt, dass sich die Nichteinschaltung des EuGH nach objektiven Gesichtspunkten nicht mehr als Irrtum, sondern als Willkürakt darstellt; denn nach den Maßstäben der deutschen Verfassung wird man seinem gesetzlichen Richter nicht immer schon dann „entzogen", wenn ein anderer Richter sich irrtümlich für zuständig hält. Daher sind nach dem deutschen Verfahrensrecht die Beteiligten einer höchstrichterlichen Entscheidung ohne Einschaltung des EuGH dann idR schutzlos ausgeliefert, wenn das Gericht die Befolgung der Vorlagepflicht nicht einfach verweigert, sondern sich lediglich über die Zuständigkeiten irrt, indem es beispielsweise davon ausgeht, die Rechtslage entspreche so „klar" seiner eigenen Ansicht, dass es einer Einschaltung des EuGH nicht mehr bedürfe. Diese Rechtsschutzlücke hat vergleichsweise zahlreiche Urteile deutscher Gerichte ermöglicht, in denen das Gericht die europarechtlichen Fragen selbst entscheidet und eine Vorlage an den EuGH unterlässt, obwohl seine eigene Ansicht allenfalls eine der denkbaren oder sogar plausiblen, keinesfalls aber die einzig mögliche Entscheidung der betreffenden Rechtsfrage war. – Eine solche Rechtslage macht es verständlich, dass der EuGH schon seit 1996 darauf besteht, dass es grds. möglich sein muss, einen Mitgliedstaat für die Verletzung des Unionsrechts durch ein Gericht schadensersatzpflichtig zu machen. Unklarheiten bestehen lediglich noch hinsichtlich des genauen Umfangs und der genauen Voraussetzungen eines solchen Schadensersatzanspruchs (EuGH v. 5.3.1996 *Brasserie du Pêcheur* NJW 1996, 1267 Tz. 31–34). 51

Keine Vorlagemöglichkeit im Verwaltungsverfahren. Vorlagebeschlüsse an den EuGH dürfen nach Art. 267 AEUV nur von einem Gericht beschlossen werden. Einer Verwaltungsbehörde oder aber einer nur als „Gericht" bezeichneten Instanz, die in Wahrheit aber nur die Funktionen einer Verwaltungsbehörde wahrnimmt (zB Registergericht), steht die Möglichkeit zur Vorlage an den EuGH daher nicht offen; diese Institutionen sind darauf angewiesen, sich durch eigene Recherchen eine fundierte Meinung über die wahre Rechtslage zu bilden und diese von Amts wegen anzuwenden. Gelingt es einem Betroffenen nicht, eine Behörde von der Richtigkeit seines unionsrechtlichen Standpunkts zu überzeugen, bleibt also nur der Weg vor ein Gericht, um die Rechtslage klären zu lassen. Dazu ist es in den meisten Fällen aber erforderlich, den strittigen Sachverhalt erst zu verwirklichen, da es ansonsten keinen Steuerbescheid (oder sonstigen Verwaltungsakt) geben wird, gegen den überhaupt eine Klage erhoben werden könnte. Angesichts der erheblichen Summen, um die es gerade in UmwSt-Fällen regelmäßig gehen wird, wird die 52

Praxis ein solches Prozessrisiko jedoch meist scheuen; das erklärt, warum europarechtliche Hintergründe gerade im UmwSt-Bereich oft noch sehr ungeklärt geblieben sind.

53 **Ausweg: Klage gegen (ungünstige) verbindliche Auskunft.** Ein gangbarer Weg, das Prozessrisiko zu minimieren, tut sich jedoch auf, wenn es möglich ist, die Teile des Sachverhaltes, die strittig sind, in einem Mitgliedstaat der EU zu verwirklichen, in dem der Steuerpflichtige nicht nur ein Anrecht darauf besitzt, über die steuerliche Behandlung einer geplanten Gestaltung vorab eine verbindliche Auskunft einzuholen, sondern gegen den Inhalt der erhaltenen Auskunft anschließend auch vor Gericht Klage erheben kann; denn vom Zeitpunkt der Klageerhebung an ist mit der Angelegenheit nunmehr ein „Gericht" befasst, das den Fall seinerseits, da nunmehr ein echter Rechtsstreit gegeben ist, konsequenterweise auch dem EuGH vorlegen kann. Diese Möglichkeit, die unionsrechtliche Situation verbindlich klären zu lassen, ohne zuvor den Sachverhalt „auf gut Glück" schon verwirklichen zu müssen, besteht mindestens in Schweden. Sie wird dort, auch wenn das Abwarten einer gerichtlichen Entscheidung vor Verwirklichung des Sachverhaltes sicherlich unattraktiv scheint, offenbar auch zumindest im Umfeld des Umwandlungssteuerrechts mit einer gewissen Häufigkeit genutzt; dies lässt die Tatsache, dass sich verschiedene EuGH-Verfahren zum schwedischen Steuerrecht auf verbindliche Auskünfte auf Steuerfolgen von Umstrukturierungen und ähnlichen Fragen beziehen, zumindest vermuten. – Dass sich dieses Vorgehen in Deutschland nach Einführung des Rechts auf verbindliche Auskunft (§ 89 II AO) ebenfalls praktizieren lassen wirdist wahrscheinlich, da die verbindliche Auskunft als Verwaltungsakt anerkannt worden ist. – Günstig wäre ein Klagerecht gegen eine verbindliche Auskunft auch für den Fiskus, der dann bei ihm unliebsamen höchstrichterlichen Entscheidungen noch eine verhältnismäßig zeitnahe Möglichkeit zu gesetzgeberischen Reaktionen hätte.

54 **dd) Unionsrechtskonforme Auslegung nationalen Rechts. Grundsatz.** Nach EU-rechtlicher Lehre sind auch nationale Vorschriften im Zweifel so auszulegen, wie es den Zielen der EU am meisten dienlich ist (Art. 4 III AEUV). Das kommt nicht nur bei Vorschriften in Betracht, die der Umsetzung unionsrechtlicher Vorgaben dienen, sondern könnte unter besonderen Umständen auch bei anderen Bestimmungen erforderlich werden.

55 **Häufigster Fall: Richtlinienkonforme Auslegung.** Besonders stark ausgeprägt ist diese Verpflichtung naturgemäß bei solchen nationalen Gesetzen, die die Umsetzung einer EU-Richtlinie in nationales Recht vornehmen, weil die Vereinheitlichung/Angleichung nationaler Vorschriften, die durch den Erlass einer Richtlinie erreicht werden soll, nicht erreichbar wäre, wenn nach der Umsetzung jeder Mitgliedstaat die Vorschriften anschließend wieder unterschiedlich interpretieren könnte; dann wäre durch die Vereinheitlichung der Texte letztlich nichts gewonnen. Daher ist bei allen Passagen des UmwStG, die die Vorgaben einer EU-Richtlinie umsetzen, der deutsche Gesetzestext so zu verstehen, wie es die Richtlinie vorgibt. Ist seinerseits unklar, wie die Richtlinie auszulegen ist, muss vorab die Richtlinie ausgelegt werden; hierfür ist dann der EuGH einzuschalten (Vorabentscheidung, s. Anm. 40 ff.).

56 **Unionsrechtskonforme Auslegung kraft autonomer Verweisung des nationalen Gesetzgebers auf unionsrechtliche Begriffe.** Eine besondere Problematik stellt sich hinsichtlich der Verpflichtung zur gemeinschaftskonformen Auslegung nationalen Rechts dort, wo das deutsche Recht ein und dieselbe Regelung oder dieselbe Formulierung benutzt, um einerseits Sachverhalte zu regeln, die unter eine EU-Richtlinie fallen, und andererseits solche, bei denen das nicht der Fall ist. In solchen Fällen ist der deutsche Gesetzgeber nämlich hinsichtlich der Gestaltung der nicht durch die Richtlinie geregelten Fälle in seiner Entscheidung völlig frei gewesen, hinsichtlich der von der Richtlinie erfassten Fälle aber nicht. Im UmwStG wäre das etwa überall der Fall, wo für rein nationale Umwandlungen (= nicht von der steuerlichen FusionsRL erfasst) und für grenzüberschreitende Fälle (= erfasst) derselbe Gesetzestext oder dieselbe gesetzliche Formulierung benutzt

wird. In diesem Fall wäre der deutsche Staat unstreitig verpflichtet, die Auslegung des Gesetzes für die grenzüberschreitenden Fälle in jedem Fall entsprechend den Vorgaben der Richtlinie vorzunehmen. Im rein nationalen Fall wäre der deutsche Gesetzgeber dagegen hinsichtlich des Inhalts der Bestimmungen (und damit auch hinsichtlich ihrer Auslegung) frei. Allerdings besteht natürlich die Möglichkeit, dass der deutsche Gesetzgeber sich in einer solchen Konstellation freiwillig dazu entschließt, für nationale Vorgänge dasselbe vorschreiben zu wollen wie für die unionsrechtlich vorgeprägten grenzüberschreitenden Konstellationen. Dann müsste der Rechtsanwender letztlich für die Entscheidung über die richtige Auslegung in einem nationalen Fall zunächst einmal in Erfahrung bringen, wie die Vorschrift in einem analogen grenzüberschreitenden Fall richtig zu verstehen wäre. Folglich würde von diesem Moment an die Frage, wie ein analoger grenzüberschreitender Fall nach der Richtlinie zu behandeln wäre, entscheidungserheblich – mit der Folge, dass die Vorlagepflicht bzw. das Vorlagerecht an den EuGH ausgelöst werden würde. Der EuGH wäre nach seiner ständigen Rechtsprechung verpflichtet, die Fragen nach der richtigen Auslegung der unionsrechtlichen Vorschriften in einer solchen Konstellation dann auch zu beantworten (vgl. EuGH v. 17.7.1997 C-28/95 *Leur-Bloem* DB 1997, 1851). Entscheidend ist, dass die Frage nach der Relevanz des Unionsrechts in einem solchen Fall in zwei Schritten zu beantworten ist: Zunächst ist zu fragen, ob die deutschen Vorschriften tatsächlich richtig dahingehend zu verstehen sind, dass der nationale und der grenzüberschreitende Fall nach den gleichen Regeln zu behandeln sind. Diese Frage kann und muss der Rechtsanwender allein nach nationalen Kriterien entscheiden, und diese spezielle Frage ist auch jeder Beurteilung durch den EuGH entzogen, weil es sich hier um eine Frage nach dem Inhalt des frei regelbaren nationalen Rechts handelt. Daraus ergibt sich zugleich, dass in diesem Punkt die Ansicht eines Untergerichts, die Vorschriften seien wegen der gleichen Formulierungen tatsächlich in beiden Fällen gleich auszulegen, von der Revision durchaus später verworfen werden könnte; im Hinblick darauf eine Vorlage an den EuGH in dieser Instanz (noch) zu unterlassen, könnte man daher nicht als ermessensfehlerhaft bezeichnen. Ist dagegen erst einmal festgestellt, dass der deutsche Gesetzgeber den innerstaatlichen und den grenzüberschreitenden Fall gleich behandelt sehen wollte, besteht an der Entscheidungserheblichkeit der Richtlinienvorgaben auch für den rein nationalen Fall keinerlei Zweifel mehr.

Praxisrelevanz unionsrechtskonformer Auslegung auch nicht direkt unions- 57
rechtlich geregelter Fälle. In der Praxis wird man davon ausgehen müssen, dass es höchst verwunderlich wäre, wenn ein und dieselbe Stelle des Gesetzes unterschiedlich zu verstehen wäre, je nachdem, ob sie auf einen grenzüberschreitenden oder einen innerstaatlichen Fall anzuwenden wäre; der Grundsatz, dass im Rechtsstaat das Gesetz für alle Betroffenen gleich ist, würde nämlich einen recht fragwürdigen Inhalt bekommen, wenn der Gesetzestext pro forma zwar für jedermann gleich bliebe, er aber je nach Situation völlig unterschiedlich gelesen werden dürfte. Es spricht somit einiges dafür, dass man an Stellen des UmwStG, in denen von der FusionsRL geregelte Fälle und rein innerstaatliche Fälle gemeinsam geregelt werden, automatisch davon ausgehen muss, dass eine parallele Behandlung beider Fallkonstellationen gewollt ist – mit der Folge, dass dann auch für einen rein innerstaatlichen Fall die Verpflichtung entsteht, die Formulierungen des Gesetzes richtlinienkonform auszulegen.

Darüber hinausgehend sollte man bei der Auslegung des UmwStG auch die gängige Vermutung berücksichtigen, dass der Gesetzgeber dann, wenn er innerhalb ein und desselben Gesetzes denselben Begriff an mehreren Stellen verwendet, an allen diesen Stellen damit auch denselben Begriffsinhalt verbinden will. Die gegenteilige Vermutung würde voraussetzen, dass der Gesetzgeber sich nicht die Mühe gemacht hätte, Unterschiedliches auch durch unterschiedliche Formulierungen kenntlich machen zu wollen, und dies ist eine Annahme, die sich mit dem gebotenen Respekt vor dem Gesetzgeber nur in Ausnahmefällen vertragen dürfte.

Beispiel: Das Wort „Teilbetrieb" findet sich im EStG (§ 16 EStG) und im UmwStG, und zwar dort sowohl im Zusammenhang mit innerstaatlichen Umstrukturierungen als auch mit grenzüberschreitenden Fallkonstellationen.

Die Annahme, dass der Gesetzgeber mit dem Wort „Teilbetrieb" im UmwStG an allen Stellen denselben Begriffsinhalt gemeint hat, ist wesentlich wahrscheinlicher, als dass er innerhalb ein und desselben Gesetzestextes mit diesem Ausdruck einmal den „Teilbetrieb im Sinne der FusionsRL" und ein anderes Mal den „Teilbetrieb im Sinne des § 16 EStG" gemeint hätte, ohne das kenntlich zu machen.

58 **ee) Verfahrensrechtliche Auswirkungen. Grundsätzliche Kompetenz der EU auch für das Verfahrensrecht vorhanden, lediglich bislang weitgehend ungenutzt.** Die Notwendigkeit, dem Unionsrecht in der staatlichen Rechtsordnung der Mitgliedstaaten zur uneingeschränkten Geltung zu verschaffen, strahlt nicht nur auf die Auslegung geltender Vorschriften aus (Rn. 54 ff.), sondern an einigen Punkten auch auf das Verfahrensrecht. In diesem Zusammenhang findet sich in der Literatur zwar relativ oft die Behauptung, der EU-Vertrag habe keine Auswirkungen auf das Verfahrensrecht; diese Behauptung ist aber nichts als eine irreführende und ungenaue Faustregel. Dass es eine Kompetenz der EU zur Harmonisierung auch verfahrensrechtlicher Fragen gibt, zeigt Art. 115 AEUV, der ausdrücklich zur Angleichung aller Rechts- und Verwaltungsvorschriften ermächtigt, soweit sie sich hinderlich für den gemeinsamen Markt auswirken. Die EU hat von dieser und ähnlichen Kompetenzen auch ohne Beanstandung Gebrauch machen können, wie zB die Einführung einer einheitlichen USt-Erklärung in einem einzigen Mitgliedstaat mit Wirkung für und gegen sämtliche EU-Staaten in einigen Fällen (Anbieter elektronischer Dienstleistungen mit Sitz in Drittstaaten, vgl. § 18 Abs. 4c UStG 2003, Generalisierung dieses Mini-One-Shop-Verfahrens für alle Internetumsätze an privat ab 2015, Ausweitung auf weitere Dienstleistungen und Versandhandelsumsätze in einigen Jahren) ohne Weiteres belegt; im Übrigen stellt natürlich die in Art. 267 AEUV normierte Vorlageverpflichtung der Gerichte ein exzellentes Beispiel für eine ganz eindeutig verfahrensrechtliche Regelung sogar im Primärrecht selbst dar. Richtig ist daher einzig und allein, dass die EU zwar grundsätzlich eine Regelungsbefugnis auch für verfahrensrechtliche Fragen besitzt, die Verträge und die Durchführungsbestimmungen idR bisher weitgehend bisher hiervon keinen Gebrauch machen und daher die Mitgliedstaaten frei sind, die verfahrensrechtlichen Bestimmungen überall dort frei festzulegen, wo es unionsrechtliche Bestimmungen (noch) nicht gibt.

59 **Existenz ungeschriebener Grenzen der mitgliedstaatlichen Verfahrensautonomie.** Gäbe es gegenwärtig noch überhaupt keine Grenzen für die Gestaltungsfreiheit der Mitgliedstaaten im Verfahrensrecht, ließe sich die Verbindlichkeit europäischer Vorgaben für die Mitgliedstaaten jedoch nahezu flächendeckend mit verfahrensrechtlichen Tricks aushebeln.

Beispiel: Eine ausländische Kapitalgesellschaft ist mit den von ihr aus Deutschland bezogenen Dividenden grundsätzlich ebenso steuerfrei wie eine deutsche Gesellschaft (§ 8b I KStG), so dass eine Diskriminierung formal nicht vorliegt, aber es wird der ausländischen Gesellschaft verwehrt, eine KSt-Erklärung abzugeben, so dass die einbehaltene Kapitalertragsteuer bei ihr einen definitiven Charakter erhält (§ 32 KStG), was bei der inländischen Gesellschaft nicht der Fall wäre.

Daraus wird (zu Recht) gefolgert, dass es ungeschriebene implizite Grenzen der mitgliedstaatlichen Verfahrensautonomie auch dort geben muss, wo sie mangels unionsrechtlicher Harmonisierung scheinbar noch uneingeschränkt besteht. Letztlich ist die dahinter stehende Logik keine andere als diejenige, mit der das Vorhandensein materiell-rechtlicher Schranken für die Gestaltung des nationalen Ertragsteuerrechts aus dem Vertrag abgeleitet wird: Daraus, dass der Vertrag als solcher ernst gemeint ist, ergibt sich zwangsläufig, dass Gestaltungsmöglichkeiten, die wichtige Bestimmungen des Vertrages faktisch zur Makulatur werden lassen oder zur Unverbindlichkeit degradieren könnten, mit ihm unvereinbar sein müssen.

Allgemeiner Inhalt dieser Grenzen. Der EuGH umschreibt die ungeschriebenen Grenzen der Verfahrensautonomie der Mitgliedstaaten in ständiger Rechtsprechung dergestalt, dass a) die Bestimmungen des Verfahrensrechts nicht dazu führen dürfen, dass das Gemeinschaftsrecht in der Lebenswirklichkeit seine Wirksamkeit verliert (Effektivitätsgrundsatz), und dass b) die Bestimmungen des nationalen Verfahrensrechts für die Behandlung unionsrechtlich geregelter Fragen nicht ungünstiger ausgestaltet sein dürfen als für die Behandlung vergleichbarer national geregelter Fragen (Grundsatz der Nichtdiskriminierung im Verfahrensrecht, „Äquivalenzgrundsatz"). 60

Übertragbarkeit von Präzedenzentscheidungen? Sofern der EuGH in einem Einzelfall diese Grundsätze näher zu präzisieren hat und seine Argumentation dabei auf dem Nichtdiskriminierungsgrundsatz beruht, beruht eine solche Entscheidung auf dem Vergleich mit der konkreten Behandlung anderer, vergleichbarer Fälle im Verfahrensrecht des jeweils betroffenen Landes und lässt sich daher idR nur auf Deutschland übertragen, sofern das deutsche Verfahrensrecht seinerseits mit dem ausländischen, vom EuGH verworfenen Recht wenigstens in groben Zügen inhaltlich vergleichbar ist. Beruht dagegen eine Entscheidung auf dem Effektivitätsgrundsatz, kommen Schlussfolgerungen auch für das deutsche Verfahrensrecht eher in Frage; Voraussetzung hierfür ist lediglich, dass sich die Lebenswirklichkeit in Deutschland und dem Staat, für den die Vorabentscheidung ergangen ist, nicht gerade im entscheidenden Punkt fundamental unterscheiden. Generell lässt sich der allgemeine Eindruck gewinnen, dass der EuGH bei der Verwerfung nationaler Verfahrensvorschriften zurückhaltender geworden ist; seine Toleranz ist jedoch nach wie vor dann erschöpft, wo eine Duldung nationaler Verfahrensvorschriften den Weg zu einem generellen Unterlaufen des Unionsrechts durch die Verwaltung öffnen würde. 61

Emmott-Entscheidung des EuGH. In der steuerrechtlichen Diskussion berühmt geworden ist vor allem die Entscheidung Emmott des EuGH (EuGH v. 25.7.1991 *Emmott* Slg. 1991, I-4269) zu einer sozialrechtlichen Frage aus Irland. Damals hatte der irische Staat Frau Emmott – vereinfacht dargestellt – zunächst eine Gleichbehandlung bei der Berechnung ihrer Rente mit dem Hinweis abgelehnt, erst müsse für einen Antrag ihrerseits die Anpassung der irischen Gesetze an die unionsrechtlichen Vorgaben abgewartet werden, nach erfolgter Umsetzung sollte dann aber ein Antrag auf rückwirkende Erhöhung ihrer Rente für die verflossenen Zeiträume mit dem Argument abgelehnt werden, für einen Antrag auf Erhöhung der Rente für zurück liegende Zeiträume sei es nunmehr verfahrensrechtlich zu spät. Dieses bei natürlicher Betrachtung eminent gegen Treu und Glauben verstoßende Verhalten führte den EuGH zu der Schlussfolgerung, dass es den ungeschriebenen Grundsätzen des (Unions-)Rechts widerspreche, wenn ein Staat zunächst durch die Nichtanpassung seiner Gesetzestexte an die unionsrechtlichen Vorgaben einen Betroffenen über die wahre Rechtslage täuscht und sich dann später darauf beruft, er hätte seine Klage wesentlich früher einlegen müssen; der EuGH kam daher zu der Feststellung, eine Klagefrist dürfe erst dann anlaufen, wenn die Anpassung der nationalen Rechtslage an die Vorgaben des Unionsrechts erfolgt sei. Bei Übertragung auf das Steuerrecht würde das bedeuten, dass die Klagefrist für Fälle, bei denen sich die Argumentation auf die Nichtanpassung des UmwStG an die FusionsRL bis zum 31.12.2006 stützt, nicht vor dem 1.1.2007 zu laufen begonnen hätte, und dass vermutlich sogar auch der Beginn der Einspruchsfrist, weil sie zwingende Voraussetzung für eine Klage darstellt, erst mit diesem Datum zu laufen begonnen hätte. 62

Spätere Distanzierungen des EuGH von „Emmott". Wegen der doch erheblichen denkbaren Breitenwirkung der Emmott-Entscheidung hat der EuGH die Grundsätze dieses Urteils in späteren Fällen jedoch stets sehr restriktiv angewandt und sich offensichtlich darum bemüht, deren Folgewirkungen einzudämmen (dazu ausdrücklich Generalanwalt *Ruiz-Jarabo Colomer* Schlussanträge v. 11.12.2003 *Reicheio Cash & Carry* Slg. 2004, I-06051 Fußnote 54). In mindestens einer späteren Entscheidung hat sogar der Gerichtshof selbst angedeutet, dass er „Emmott" auf eine Einzelfallentscheidung in einem besonderen Fall reduziert sehen möchte (EuGH v. 28.11.2000 *Roquette Frères SA*. Slg. 2001, I-10465 63

Tz. 34). Daher wird man bei der Frage, ob Einsprüche gegen einen Steuerbescheid in Umwandlungsfällen dann, wenn unionsrechtliche Gesichtspunkte bei der Begründung die ausschlaggebende Rolle spielen, heutzutage vermutlich besser daran tun, allein auf die allgemeinen Grundsätze des Gemeinschaftsrechts ohne Bezug zur Emmott-Entscheidung zu rekurrieren. So etwas wie eine Festsetzungsfrist hat der EuGH im Übrigen bereits deutlich akzeptiert (vgl. auch hierzu EuGH v. 28.11.2000 *Roquette Frères SA*. Slg. 2001, I-10465).

64 **Zum Effektivitätsgrundsatz.** Da das Steuerverfahrensrecht für unionsrechtlich geregelte Fallkonstellationen bei Umwandlungen (wie auch sonst) dasselbe ist wie für rein national geregelte Fragen, stellt der Grundsatz der Nichtdiskriminierung unionsrechtlicher Ansprüche durch das Verfahrensrecht für Einwendungen gegen das deutsche Steuerverfahrensrecht mit seinen Einspruchs- und Klagefristen von vornherein argumentativ keine taugliche Basis dar. Man wird höchstens mit dem Effektivitätsgrundsatz argumentieren können. Hierbei wird man der Tatsache Rechnung tragen müssen, dass tiefere Kenntnisse des Unionsrechts in Deutschland nach wie vor nicht verbreitet sind; sofern es also nicht im Gesetzeswortlaut oder wenigstens in allgemein bekannten Verwaltungsanweisungen deutliche Hinweise auf die mögliche Existenz unionsrechtlicher Ansprüche für den Steuerpflichtigen gibt, wird man den Steuerpflichtigen idR um jede Chance zur Durchsetzung seiner unionsrechtlichen Ansprüche bringen, wenn man von ihm verlangt, innerhalb einer Einspruchsfrist von nur einem Monats nach Bekanntgabe seines Bescheides von den unionsrechtlichen Zweifeln Kenntnis zu erlangen und/oder innerhalb dieser Frist einen Berater zu finden, der überhaupt in der Lage ist, die möglichen unionsrechtlichen Bedenken zu erkennen (zum Vergleich: Der BFH hat höchstrichterlich bestätigt, dass man von einem Rechtsanwalt, der nicht tatsächlich auf dem Gebiet des Steuerrechts tätig sei, nicht einmal erwarten könne, dass er die Existenz von besonderen Fristen für die Antragsveranlagung eines Arbeitnehmers kennen müsse – BFH v. 22.5.2006 DStR 2006, 1648 –; angesichts dessen wäre es jedoch aberwitzig, von einem „normalen" Steuerberater zu erwarten, dass er unionsrechtliche Chancen seines Mandanten erkennen können müsste, ebenso wie es auch unzumutbar wäre, von dem Mandanten zu erwarten, er müsse auf die Idee kommen können, dass er einen „unionsrechtlich kundigen" Berater bräuchte). Folglich spricht Einiges dafür, dass die Einspruchsfrist für die Geltendmachung unionsrechtlich begründeter Ansprüche zwar nicht-diskriminierend ist, aber dazu führt, dass das **Unionsrecht** im Gros der denkbaren Fälle seiner praktischen Wirksamkeit nahezu vollständig beraubt wird (Verstoß gegen den Effektivitätsgrundsatz). ME wäre beiden Seiten – sowohl der FinVerw., die kein Interesse daran haben kann, dass der EuGH in einem Vorlageverfahren dazu verleitet wird, „Emmott" eben doch noch einmal zu bestätigen, als auch dem Steuerpflichtigen, der eine längere Frist braucht – dadurch hinreichend gedient, verspätetes Erkennen unionsrechtlicher Bedenken durch einen Betroffenen oder seinen Berater stets dahingehend zu werten, dass die Versäumnis der Einspruchsfrist als „unverschuldet" iSd § 110 AO anzusehen ist (das entspricht im Übrigen dem Weg, den der BFH auch für das Nichterkennen der Frist für die Antragsveranlagung durch den unkundigen Rechtsanwalt im zitierten Verfahren DStR 2006, 1648 beschritten hat und ist deswegen im Prinzip auch schon vom Grundsatz der Nichtdiskriminierung unionsrechtlicher Ansprüche im Verfahrensrecht – Äquivalenzgrundsatz – her geboten). Mit der dann geltenden Frist von einem Jahr (§ 110 III AO) müsste die Praxis leben können.

65 **Unionsrechtliche Verpflichtung zur Durchbrechung der Bestandskraft unionsrechtswidriger Bescheide?** In der Rs. *Kühne & Heitz* (EuGH v. 13.1.2004 NVwZ 2004, 459 Tz. 28) hat der EuGH eine Verpflichtung der Mitgliedstaaten festgestellt, eine bestandskräftige Entscheidung, zu der bereits eine höchstrichterliche, aber unter Verletzung der Vorlagepflicht ergangene Entscheidung vorliegt, später dennoch wieder zu ändern, wenn ein Verstoß gegen das Unionsrecht vorliegt und die Behörde nach nationalem Recht noch befugt ist, diese Entscheidung zurückzunehmen (vgl. *Schnitger* Grundfreiheiten, S. 150 ff.). Da der EuGH seine Ausführungen auf den Fall beschränkt, dass es im nationalen

Verfahrensrecht eine entsprechende Änderungsmöglichkeit bereits gibt, und er dann lediglich verlangt, dass diese Möglichkeit dann auch zur vollen Durchsetzung des Unionsrechts von den Behörden genutzt werden muss, schafft die Entscheidung *Kühne & Heitz* keine zusätzliche Sanktionskategorie für die Verletzung des Unionsrechts, sondern entspricht prinzipiell nur den Anforderungen, die sich aus der Verpflichtung zur unionsrechtskonformen Auslegung des bestehenden nationalen Rechts ohnehin ergeben.

Unionsrechtskonforme Auslegung des § 172 AO? Für das Ertragsteuerrecht wirft 66 die Entscheidung *Kühne & Heitz* allerdings die Frage auf, wie bei Bescheiden, deren Inhalt gegen das Unionsrecht verstößt, die verfahrensrechtliche Öffnungsklausel in § 172 I 1 Nr. 2d AO auszulegen ist: Bekanntlich dürfen und müssen nach dieser Klausel auch bestandskräftige Bescheide geändert werden, „soweit dies sonst gesetzlich zugelassen ist“. Klar ist, dass diese Klausel sich nicht allein auf anderweitige Bestimmungen der AO bezieht, sondern die Vorschriften der AO auch für Änderungsvorschriften in anderen Gesetzen öffnet. Somit stellt sich die Frage, ob das Zustimmungsgesetz zu den EU-Verträgen und die im EU-Recht implizit enthaltenen Grundsätze des Unionsrechts als ein solches anderes Gesetz angesehen werden können und bereits selbst eine ausreichende gesetzliche Grundlage bilden, um eine Änderung der Bestandskraft als „sonst gesetzlich zugelassen“ ansehen zu können. Das von vornherein auszuschließen aufgrund der Vorstellung, die Verträge bzw. das Zustimmungsgesetz dazu seien eine andere Art von Gesetz, als dies der AO normalerweise vorschwebt, würde wohl der Verpflichtung zuwiderlaufen, unionsrechtliche Bestimmungen verfahrensrechtlich nicht anders zu behandeln als Bestimmungen des vergleichbaren nationalen Rechts. Damit läuft letztlich alles auf die Frage hinaus, ob a) § 172 I 1 Nr. 2d AO nicht nur Regelungen erfasst, die eine Änderung ausdrücklich erlauben, sondern auch solche, die dies stillschweigend tun (= eine Frage der Auslegung des nationalen Rechts), und b) ob die in den Grundsätzen des Gemeinschaftsrechts enthaltene Verpflichtung, unionsrechtswidrige Bescheide dann zu korrigieren, wenn dies möglich ist, so zu verstehen ist, dass sie eine solche Änderung kategorisch immer dann gebietet, wenn das nationale Verfahrensrecht sie nicht ausschließt (= eine Frage nach dem Inhalt des Unionsrechts, also vorlagebedürftig).

Beurteilung. Letztlich geht die Tendenz des EuGH gegenwärtig eher dahin, Grund- 67 satzentscheidungen zum Verfahrensrecht möglichst zu vermeiden, da verfahrensrechtliche Entscheidungen meist unübersehbare Breitenwirkungen entfalten. Andererseits muss für den Respekt des EuGH vor dem nationalen Verfahrensrecht dort eine Grenze gegeben sein, wo das Verfahrensrecht besonders schwerwiegende Verstöße des Staates gegen das Unionsrecht faktisch unangreifbar macht und die Betroffenen keine (realistische) Chance hatten, sich hiergegen rechtzeitig zu wehren – oder sie diese Chance zwar, wie gesetzlich verlangt, genutzt haben, ihnen die Erfüllung all ihrer verfahrensrechtlichen Verpflichtungen deshalb nichts genutzt hatte, weil die staatlichen Organe nicht in kompetenter Weise darauf reagierten. So lag letztlich der Fall in *Kühne & Heitz,* wo der Betroffene gegen den unrichtigen Bescheid geklagt hatte, das zur Entscheidung berufene letztinstanzliche Gericht aber seine Vorlagepflicht an den EuGH verletzt und aus eigener Machtvollkommenheit (falsch) entschieden hatte; hier wurde dem Geschädigten, nachdem ein entsprechendes EuGH-Urteil in einem anderen Fall bekannt geworden war, der Anspruch zugebilligt, dass sein Bescheid unter Ausnutzung aller Möglichkeiten des nationalen Verfahrensrecht noch korrigierbar sein müsse. Es spricht daher Einiges dafür, dass eine Verpflichtung, auch § 172 I 1 Nr. 2d AO unionsrechtskonform auszulegen, jedenfalls dann bestehen könnte, wenn a) der Betroffene alles ihm Zumutbare getan hat, die ursprüngliche, falsche Entscheidung anzufechten, und b) die gerichtliche Entscheidung über den Fall unter Verletzung der Vorlagepflicht zustande gekommen war. Dabei werden Fälle, die besonders schwerwiegende finanzielle Folgen haben (wie es im UmwSt-Recht häufig gerade der Fall ist!), sicherlich größere Erfolgsaussichten besitzen als Auseinandersetzungen um eher alltägliche Beträge. Vorstellbar wäre eine erfolgreiche Berufung auf *Kühne & Heitz* in Kombination mit § 172 AO meines Erachtens etwa in folgendem Beispiel:

(Rein fiktives) Beispiel: Die Meyer GmbH habe es bereits im Jahr 1999 geschafft, eine grenzüberschreitende Fusion mit der französischen Schulze S. A. im Handelsregister eintragen zu lassen. Die deutsche Finanzbehörde habe es aber abgelehnt, diese grenzüberschreitende Fusion nach den Bestimmungen der FusionsRL steuerneutral zu behandeln, und zwar aufgrund der – seinerzeit in Finanzverwaltungskreisen beliebten – Ansicht, es habe in Wahrheit gar keine echte Fusion gegeben, denn einen solchen Vorgang gebe es gesellschaftsrechtlich nicht; der Registerrichter habe das deutsche Handelsrecht lediglich falsch angewandt, und seine Rechtsansicht sei für eine deutsche Finanzbehörde nicht bindend.

Variante 1: Die Meyer GmbH habe bis zum BFH geklagt, und der BFH solle noch vor der *SEVIC*-Entscheidung entschieden haben, das Finanzamt habe Recht. Als die Meyer GmbH später von der *SEVIC*-Entscheidung erfährt, verlangt sie vom Finanzamt, die ursprüngliche Steuerfestsetzung unter Hinweis auf § 172 AO zu ändern; der AEUV sei eine Rechtsquelle, durch die „sonst gesetzlich zugelassen" sei, den Bescheid zu ändern. Die Festsetzungsfrist ist noch nicht abgelaufen. → Der Erfolg eines solchen Ansinnens erscheint immerhin möglich.

Variante 2: Die Meyer GmbH hat ursprünglich Einspruch eingelegt, ihn aber zurückgezogen, als sie aus Vorträgen, Veröffentlichungen etc. den Eindruck gewonnen hatte, ihre Ansicht habe keine hinreichende Aussicht auf Akzeptanz durch die deutsche Gerichtsbarkeit.

→ Das Problem, das man sich scheinbarer Aussichtslosigkeit der eigenen Rechtsansicht gegenüber sieht, existiert auch sonst in nahezu jeglichem Stadium einer gerichtlichen Auseinandersetzung mit den Behörden in mehr oder minder starkem Maße. Wer hier aufgibt, verliert generell seinen Anspruch, auch und gerade in vergleichbaren Verfahren über Fragen nationalen Rechts. Es verletzt also jedenfalls nicht den Äquivalenzgrundsatz (verfahrensrechtliche Nichtdiskriminierung unionsrechtlicher Ansprüche), wenn diese Entscheidung bestandskräftig bleibt. → Die Erfolgsaussichten, den Fall aus unionsrechtlichen Gründen wieder aufrollen zu können, dürften wesentlich schwächer sein als in Variante 1.

68 **Beachtung der unionsrechtlichen Vorgaben durch den BFH.** Der BFH gibt durch die Entscheidung vom 20.5.2012 – I R 73/10, zu erkennen, dass er die Verpflichtung, die Bestimmungen der AO unionsrechtskonform auszulegen und anzuwenden, auch bei der Auslegung von § 172 ff. AO grundsätzlich beachten will (Anerkennung eines ausländischen Steuerbescheids als widerstreitender Steuerbescheid § 174 AO.

69 **ff) Staatshaftung. Staatshaftung bei Verletzungen durch staatliche Institutionen, auch durch Gerichte.** Letztlich aus den allgemeinen Grundgedanken des Rechts hat der EuGH bereits 1991 hergeleitet, dass der Staat dann, wenn er durch einen Verstoß gegen das Unionsrecht jemanden schädigt, den hieraus entstehenden Schaden zu ersetzen hat (EuGH v. 19.11.1991 *Francovich* NJW 1992, 165; *Schnitger* Grundfreiheiten, S. 156 ff.). 1996 hat er dann klar gestellt, dass dieser Anspruch nicht nur Rechtsverstöße von Seiten der staatlichen Behörden betrifft, sondern auch von Seiten des Gesetzgebers und der Gerichte; denn verpflichtet aus den EU-Verträgen sei der „Staat" insgesamt, und zum „Staat" gehörten auch Parlamente und Gerichte (EuGH v. 5.3.1996 verb. *Brasserie du Pêcheur* und *Factortame III,* NJW 1996, 1267).

70 **Hinreichend qualifizierter Verstoß.** Der Gerichtshof hat allerdings in diesem Zusammenhang ausgeführt, dass eine Staatshaftung nur für einen Verstoß in Frage komme, der **„hinreichend qualifiziert"** (zu verstehen als: hinreichend deutlich und unentschuldbar) anzusehen sei; daraus muss man den Gegenschluss ziehen, dass Fehler, die bei einer normalen Amtsführung jederzeit unterlaufen können und vor allem in einer falschen, aber immerhin seinerzeit vertretbaren Ermessenausübung bestehen, keinen Haftungsanspruch auslösen werden. Für Gerichtsentscheidungen bedeutet dies beispielsweise, dass eine Haftung eines Gerichtes für ein unter unionsrechtlichen Gesichtspunkten falsches Urteil nicht schon dann in Betracht zu ziehen sein dürfte, wenn ein Gericht eine unionsrechtliche Problematik nicht gesehen oder sie falsch gewürdigt hat, sondern wenn dem Gericht ein aus fachlicher Sicht eindeutiger und nicht vertretbarer Fehler unterlaufen ist. Als solche Fehler wird man wohl in jedem Falle ansehen müssen: a) das nicht von einer ausdrücklichen Änderung der Rechtsprechung durch den EuGH gedeckte Abweichen von einer früheren, dem Gericht bekannten Entscheidung des EuGH zu dieser oder einer sehr ähnlichen Fragestellung, b) den Verzicht auf eine Vorlage, obwohl das Gericht die mögliche

Entscheidungserheblichkeit einer unionsrechtlichen Frage erkannt hatte oder hätte erkennen müssen. Ob ein „hinreichend qualifizierter" Verstoß darin lag, dass der deutsche Gesetzgeber die Bestimmungen der EU-FusionsRL über grenzüberschreitende Fusionen und Spaltungen nicht in deutsches Recht umgesetzt hatte, weil er in der Vorstellung befangen war, ein solcher Vorgang sei ohnehin nicht möglich, könnte eine spannende Frage werden. Denn einerseits war die Ansicht des deutschen Staates nicht von vornherein abwegig. Andererseits aber war die Tatsache, dass es die entsprechenden grenzüberschreitenden Umstrukturierungsvorgänge gesellschaftsrechtlich noch nicht gab, auch dem Unionsgesetzgeber bei Erlass der steuerlichen FusionsRL geläufig, und er hat in voller Kenntnis dieser Tatsache dennoch die Umsetzung der Richtlinie in vollem Umfang bis zum 31.12.1991 angeordnet; somit hat sich der deutsche Staat mit der seinerzeitigen Nichtumsetzung der entsprechenden Richtlinienpassagen jedenfalls klar und eindeutig über eine deutlich von seinem Standpunkt abweichende gegenteilige Vorgabe des Unionsgesetzgebers hinweggesetzt; das aber spricht normalerweise dafür, die „hinreichende Qualifizierung" des Verstoßes bejahen zu können.

Schadenminderungspflicht. Ein Schadensersatzanspruch gegen den Staat darf von den 71
Mitgliedstaaten jedoch verringert oder ganz verweigert werden, wenn der Betroffene nicht alles ihm Zumutbare getan hat, um den Schaden so gering wie möglich werden zu lassen. Dies wird in Auseinandersetzungen um die richtige steuerliche Behandlung einer Umstrukturierung wohl im Normalfall bedeuten, dass der Betroffene erfolglos von allen Rechtsmitteln Gebrauch gemacht haben muss, bevor ein Schadensersatzanspruch ernsthaft in Erwägung gezogen werden kann. Angesichts der üblicherweise sehr großen finanziellen Folgen einer Umstrukturierung zumindest in grenzüberschreitenden Fällen würde man auch erwarten können, dass die betroffenen Unternehmen sich in besonders qualifiziertem Umfang beraten lassen mussten; dann aber ist im Prinzip davon auszugehen, dass die Berater den Verstoß gegen das Unionsrecht, der ja besonders qualifiziert sein muss, normalerweise bereits im Verfahren bei der Finanzgerichtsbarkeit hätten erkennen müssen. Somit bleibt im Bereich des Umwandlungssteuerrechts für eine Schadensersatzpflicht des Staates für einen Verstoß gegen das EU-Recht von vornherein nur ein sehr geringer denkbarer Anwendungsbereich (vgl. allgemein auch *Schnitger* Grundfreiheiten, S. 154 ff.), hier vermutlich nur ein Schaden aufgrund einer pflichtwidrig unterlassenen Vorlage an den EuGH.

(einstweilen frei) 72–74

II. Materiell für das deutsche UmwStG relevante unionsrechtliche Bestimmungen

1. Überblick

Einschlägige Bestimmungen. Relevant für das deutsche UmwStG erscheinen grund- 75
sätzlich die Vorschriften des EU- und des AEU-Vertrages selbst, die steuerliche FusionsRL von 1990 (mit Änderungen von 2005 und durch die Beitrittsverträge, neu gefasst als Richtlinie 2009/133/EG v. 19.10.2009) und diejenigen Vorschriften des Sekundärrechts, die zur Harmonisierung des Gesellschaftsrechts erlassen worden sind (zB SE-Verordnung, VerschmelzungsRL, etc.)

2. Primärrecht

Literaturhinweise: Zur Bedeutung der Grundfreiheiten für das deutsche Ertragsteuerrecht: *Kluge* Internationales Steuerrecht 4. A. 2000; *Cordewener* Europäische Grundfreiheiten und nationales Steuerrecht 4. A. 2000; *Schnitger* Grenzen der Einwirkung der Grundfreiheiten des EG-Vertrages auf das Ertragsteuerrecht, 2006.

Zur Methodik, wie man gerade durch Umstrukturierungen als Modellfall nach dem Vorliegen von Beschränkungen und Diskriminierungen fahnden kann: vgl. *Dautzenberg* EG-Unternehmensbesteuerung im EG-Binnenmarkt, 1997.

Lenz/Borchardt EU- und EG-Vertrag; *von der Groeben ua* EU-/EG-Vertrag; *Streinz* EUV und EGV; *Callies/Ruffert* EUV und EGV.

a) Einschlägige Bestimmungen des Vertrages

76 **Nur wenige Bestimmungen der Europäischen Verträge potenziell einschlägig.** Von denjenigen Bestimmungen der Verträge selbst, die unmittelbare Gesetzeskraft besitzen, können für die Unternehmensbesteuerung idR das Subventionsverbot (Beihilfeverbot), das sonstige Wettbewerbsrecht und die europäische Grundfreiheiten Bedeutung gewinnen.

77 **Beihilfeverbot hier nicht einschlägig.** Das Subventionsverbot ist für Unternehmen insofern besonders gefährlich, als ein Verzicht auf die Erhebung einer Steuer bei Unternehmen, die ansonsten eine Steuerlast zu tragen hätten, ohne Genehmigung der zugrunde liegenden Subventionsvorschrift durch die EU nichtig ist und das Unionsrecht die Staaten regelmäßig dazu zwingt, eine unter Verletzung des Subventionsverbots gewährte Steuervergünstigung auch dann noch rückgängig zu machen, wenn die betreffenden Steuerbescheide nach nationalem Verfahrensrecht bereits bestandskräftig sein sollten. Hinsichtlich des UmwStG dürfte diese Gefahr jedoch insofern bedeutungslos sein, als sich die Steuerstundungsregelungen des **UmwStG** bei richtiger Würdigung der wirtschaftlichen Zusammenhänge gerade **nicht als Steuervergünstigung** darstellen, sondern das Oberziel der deutschen Ertragsbesteuerung – Besteuerung nach Maßgabe der Leistungsfähigkeit – für Umstrukturierungsfälle sachgerecht umsetzen. Eine bloße Änderung der Rechtsformen und Strukturen begründet für sich alleine ja gerade keine wirtschaftliche Leistungsfähigkeit, die zur Steuerzahlung befähigen könnte, und dem muss vernünftigerweise Rechnung getragen werden. Darüber hinaus hat ja der europäische Gesetzgeber, soweit dies in seine Regelungskompetenz fiel (für grenzüberschreitende Vorgänge), durch den Erlass der steuerlichen FusionsRL selbst anerkannt, dass in dem Verzicht auf die sofortige Besteuerung stiller Reserven und der Verwirklichung einer möglichst weit reichenden Steuerneutralität keine Vergünstigung, sondern eine systemgerechte Regelung liegt. Insoweit dürfte das Risiko, dass eine Steuerstundungsregelung im „nationalen" Bereich des UmwStG gegen das Beihilfeverbot verstoßen könnte, praktisch gleich Null sein. (Eine Beihilfe kann es hingegen sein, wenn eine nicht-steuerneutrale Regelung, also eine gewinnrealisierende Behandlung eines Umstrukturierungsvorgangs unter – im Vergleich zum normalen Steuersystem – „zu günstigen" Bedingungen angeboten wird, vgl. EuGH v. 21.6.2012 – Rs. 452/10 P – BNP Paribas u. a.).

78 **Auch übriges Wettbewerbsrecht steuerlich nicht von Interesse.** Ebenfalls kaum relevant dürften Fragen des übrigen Wettbewerbsrechts der EU sein (zB Fusionskontrolle), da die Möglichkeit, dass eine Fusion zweier europäischer Unternehmen entgegen einem Verbot der zuständigen Fusionskontrollbehörden vollzogen werden könnte, nicht vorstellbar erscheint. Somit wird man auch eine Diskussion, inwieweit eine steuerneutrale Behandlung solcher Vorgänge nach dem UmwStG unter solchen Umständen ein Verstoß gegen das Gebot der Unionstreue sein könnte, als verzichtbar ansehen können. Lediglich in dem Fall, dass zwei Unternehmen aus Drittstaaten sich – gesellschaftsrechtlich ungehindert – entgegen dem Willen der Brüsseler Kartellbehörden zu einem marktbeherrschenden Konzern zusammen schließen würden und von einer solchen Fusion auch in Europa belegenes Vermögen betroffen wäre (zB Anteile der in Europa befindlichen Gesellschafter solcher Gesellschaften), könnte ernsthaft daran gedacht werden, ob es ein Verstoß gegen Unionsrecht sein könnte, eine solche Fusion steuerlich ungehindert zu ermöglichen.

79 *(einstweilen frei)*

b) Europäische Grundfreiheiten

80 **aa) Einschlägige Bestimmungen und deren Anwendungsbereich. Europäische Grundfreiheiten.** Als Hauptansatzpunkt für (stillschweigende) primärrechtliche Vorgaben

für die Besteuerung von Umstrukturierungen kristallisieren sich somit die sog. europäischen „Grundfreiheiten" heraus, die im AEU-Vertrag mit unmittelbarer gesetzlicher Wirkung verbürgt sind. Einschlägig werden davon vor allem die Niederlassungsfreiheit sein und die Kapitalverkehrsfreiheit.

Niederlassungsfreiheit. Die Niederlassungsfreiheit (Art. 49 ff. AEUV) verbrieft das Recht, in anderen Mitgliedstaaten ungehindert eine unternehmerische Betätigung auszuüben; der Inhaber eines Unternehmens hat dabei das Recht, nach eigenem Ermessen frei zu entscheiden, ob er im anderen Mitgliedstaat über die Begründung einer Hauptniederlassung, einer Zweitniederlassung (= die im Europarecht zunehmend benutzte Alternativformulierung für „Zweigniederlassung", vermutlich um deutlich zu machen, dass es nicht nur um im Handelsregister eintragungspflichtige Niederlassungen gehen soll), einer Tochtergesellschaft oder über die Einschaltung von Agenturen aktiv werden will. Seine freie Wahl zwischen diesen Alternativen darf nicht ohne einen zwingenden Grund eingeschränkt werden („Gleichbehandlungsgebot" für Betriebsstätten und Tochtergesellschaften). 81

Inhaltliche Verbindung zu Umstrukturierungen. Es ist selbstverständlich, dass der Unternehmer zu seiner Hauptniederlassung, Zweitniederlassung oder Tochtergesellschaft im anderen Mitgliedstaat nicht nur durch Neugründung gelangen darf, sondern auch durch den Erwerb schon bestehender unternehmerischer Gebilde. Durch diese Überlegung wird der Zusammenhang zwischen grenzüberschreitenden Umstrukturierungsvorgängen und der Niederlassungsfreiheit offensichtlich. (Das gilt auch für die Spaltung von grenzüberschreitenden Unternehmensstrukturen, weil dies einerseits die letzte Phase der Existenz einer grenzüberschreitenden Unternehmung darstellt und von daher noch geschützt ist, und andererseits in einem solchen Vorgang oft genug die Gründung mindestens eines neuen, selbständigen Unternehmens zu sehen ist.) 82

Inhaltlicher Bezug zu Sitzverlegungen. Aus der Erlaubnis, seine Hauptniederlassung in einem anderen Staat der EU nehmen zu dürfen, lässt sich folgern, dass die Niederlassungsfreiheit einem Unternehmer offensichtlich auch das Recht zu einer Sitzverlegung garantieren muss. Denn ansonsten stünde diese Alternative für alle diejenigen Unternehmer, die sich vor der erstmaligen Nutzung der Niederlassungsfreiheit im eigenen Heimatstaat bereits unternehmerisch etabliert haben, nicht mehr offen (und da das in der Praxis die weitaus überwiegende Mehrheit darstellt, wäre die Niederlassungsfreiheit bei anderer Auslegung somit in diesem Punkt illusorisch). Damit ist auch die Verlegung des Unternehmenssitzes in ein anderes Land der EU von der Niederlassungsfreiheit geschützt. Dabei ist allerdings zu differenzieren zwischen der Verlegung des satzungsmäßigen Sitzes der juristischen Person in ein anderes Land (die bislang gesellschaftsrechtlich noch nicht möglich ist, da die nötigen Vorschriften zur Koordinierung der beiden beteiligten Rechtsordnungen noch fehlen) und einer Verlegung der Hauptverwaltung (Hauptniederlassung, Ort der Geschäftsleitung) in einen anderen Mitgliedstaat. – Die Verlegung der Hauptverwaltung in einen anderen Mitgliedstaat darf der Gründungsstaat einer juristischen Person nach der Rspr. des EuGH v. 27.9.1988 in der Rs. *Daily Mail* (NJW 1989, 2186) zum Anlass nehmen, der Gesellschaft die Rechtsfähigkeit zu entziehen, er ist jedoch nicht gezwungen, dies zu tun; diese Ansicht ist als heute noch gültig bestätigt worden durch die neuere EuGH-Entscheidung v. 16.12.2008 *Cartesio* C-210/06. Die anderen Mitgliedstaaten jedenfalls müssen die Entscheidung des Gründungsstaates über Fortbestand oder Auflösung der fraglichen juristischen Person anerkennen. Daraus folgt, dass dann, wenn der Staat, in dem eine Gesellschaft ihren satzungsmäßigen Sitz hat (Gründungsstaat) dieser den Wegzug der Hauptverwaltung in ein anderes Land gesellschaftsrechtlich gestattet, alle übrigen Mitgliedstaaten dies zu respektieren und den Vorgang als ein von der Niederlassungsfreiheit geschütztes Geschehen zu behandeln haben. – In letzter Zeit deutet sich auch an, dass sich selbst die Verlegung des satzungsmäßigen Sitzes über eine Diskriminierungsargumentation schon aufgrund der Niederlassungsfreiheit erreichen lassen kann: Ermöglicht das Gesellschaftsrecht eines Landes nämlich innerstaatlich die Umwandlung einer 83

Kapitalgesellschaft einer Art (z.B: GmbH) in eine Kapitalgesellschaft anderer Art (z. B. AG) durch reinen Formwechsel UND erlaubt es ebenso auch die Verlegung des satzungsmäßigen Sitzes einer Kapitalgesellschaft von einem Ort an einen anderen, dann wäre es eine Diskriminierung, die Kombination beider Vorgänge – Umwandlung einer deutschen GmbH nicht in eine deutsche, sondern in eine niederländische AG (also eine N.V) und Verlegung des satzungsmäßigen Sitzes an das neue zuständige Register in den Niederlanden -abzulehnen, sofern für diese Ablehnung kein zwingender Rechtfertigungsgrund vorliegt; den wird es i. d. R. wegen der Vergleichbarkeit der Lage kaum geben können.

84 **Kapitalverkehrsfreiheit.** Die Kapitalverkehrsfreiheit (Art. 65 ff. AEUV) verbrieft das Recht, grenzüberschreitend ungehindert Kapital anlegen und nachfragen zu können. Sofern also ein Anleger sich an einem Unternehmen in einem anderen Mitgliedstaat als Kapitalanleger (zB Aktionär) beteiligt, machen sowohl der Anleger (als Kapitalanbieter) als auch das betroffene Unternehmen (als Kapitalnachfrager) von ihren Rechten aus der Kapitalverkehrsfreiheit Gebrauch.

85 **Unterschiedlicher Anwendungsbereich dieser beiden Grundfreiheiten.** Die Abgrenzung zwischen Niederlassungsfreiheit und Kapitalverkehrsfreiheit ist von praktischer Bedeutung, da in einigen Fällen der Anwendungsbereich der beiden Grundfreiheiten nicht gleich ist.

86 **Anwendungsbereich der Niederlassungsfreiheit.** Die Niederlassungsfreiheit steht nach den Verträgen nur den Staatsangehörigen der EU-Staaten zu (Art. 49 AEUV) sowie den nach dem Recht eines Mitgliedstaates gegründeten Gesellschaften mit Erwerbszweck (Art. 54 AEUV). Als „Gesellschaften" gelten dabei nicht nur die Kapitalgesellschaften, sondern auch die Personenhandelsgesellschaften und sogar die Gesellschaften bürgerlichen Rechts. Die nach dem Recht eines EU-Staates gegründeten Gesellschaften sind eigenständige Träger aller Rechte aus der Niederlassungsfreiheit, darauf, wer an diesen Gesellschaften beteiligt ist, kommt es nicht an; grundsätzlich kann also eine nach deutschem Recht gegründete Personengesellschaft zB auch dann den vollen Schutz der Niederlassungsfreiheit für sich beanspruchen, wenn alle ihre Gesellschafter Mexikaner sind.

87 **Geltung für den EWR und für Drittstaaten.** Gegenüber Drittstaaten gilt die Niederlassungsfreiheit normalerweise nicht. Die Niederlassungsfreiheit ist durch den EWR-Vertrag auch auf die Staaten Island, Liechtenstein und Norwegen ausgedehnt worden. Es ist der EU außerdem rechtlich möglich, die Bestimmungen über die Niederlassungsfreiheit durch den Abschluss von Assoziationsabkommen (Kooperationsabkommen etc.) auch auf andere Staaten auszudehnen; dies ist jedoch nicht der Regelfall, sondern eher die Ausnahme und muss für jedes einzelne Abkommen individuell nachgeprüft werden. Im Verhältnis zur Schweiz regelt das Abkommen über die Freizügigkeit (1998) die Niederlassungsfreiheit jedenfalls nicht ausdrücklich für juristische Personen, sondern nur für „Selbständige". Gegenüber Großbritannien ist die zukünftige Rechtslage nach dem Austritt aus der EU unklar; vermutlich wird hier von EU-Seite keine Niederlassungsfreiheit mehr gelten, wenn nicht noch in einem Austrittsabkommen ausnahmsweise anderes festgeschrieben werden sollte.

88 **Anwendungsbereich der Kapitalverkehrsfreiheit.** Die Kapitalverkehrsfreiheit ist, anders als die Niederlassungsfreiheit, nach Art. 65 AEUV ausdrücklich auch im Verhältnis zu Drittstaaten garantiert: Somit dürfen die EU-Staaten auch die Anlage von Kapital in Drittstaaten oder die Anlage von Kapital in der EU durch Drittstaatenangehörige nicht beschränken. Diese Grundfreiheit ist für EU-interne Kapitalströme erst Mitte 1990, im Verhältnis zu Drittstaaten sogar erst mit Anfang 1994 hergestellt worden. Der AEU-Vertrag erlaubt den Mitgliedstaaten und der Gemeinschaft sogar, im Verhältnis zu Drittländern für Direktinvestitionen und einige andere Formen der Kapitalanlage in Drittländern solche Beschränkungen des Kapitalverkehrs noch beizubehalten, die Ende 1993 bereits bestanden haben (ausführlich zum Begriff des „Bestehens" in diesem Kontext *Schnitger* Grundfreiheiten, S. 133 ff.). Da Direktinvestitionen jedoch nur vorliegen, wenn eine Kapitalbeteiligung dem Anleger die Möglichkeit geben kann, sich tatsächlich an der

Verwaltung der Gesellschaft oder deren Kontrolle zu beteiligen, und dem Ziel dient, dauerhafte Wirtschaftsbeziehungen zwischen dem Anleger und der Gesellschaft zu schaffen (EuGH v. 12.12.2006 *Test Claimants in the FII Group Litigation* BFH/NV 2007 Beil. 4, 173 Rz. 180 ff., Rz. 196; zuvor schon *Schnitger* aaO S. 131 f.) sind Portfolioanleger (Streubesitz) auch dann, wenn sie nur Staatsangehörige von Nicht-EU-Staaten sind, vollständig von der Kapitalverkehrsfreiheit geschützt. Beispielsweise eine Nichteinbeziehung von deutschen Kleinaktionären US-amerikanischer Gesellschaften in eine Regelung über die steuerneutrale Behandlung von Fusionen oder des Austauschs von Anteilen wäre also, wenn es auf der Anteilseignerebene für die Fusion inländischer Gesellschaften eine solche Steuerstundungsregelung gibt, vor dem Hintergrund der Kapitalverkehrsfreiheit zumindest problematisch, vermutlich rechtswidrig. Für Anleger aus dem EWR (Island, Liechtenstein, Norwegen) gilt ohnehin nach dem EWR-Vertrag eine vollständige Gleichstellung mit den Angehörigen der übrigen EU-Staaten; die Einschränkung, dass dies für Liechtenstein wegen des „anderen rechtlichen Rahmens" nicht gilt, weil Liechtenstein den anderen Mitgliedstaaten keine Amtshilfe leistet, ist für Deutschland mit dem Inkrafttreten des DBA Deutschland-Liechtenstein entfallen, weil dieses DBA eine weitreichende Amtshilfe vorsieht (2013).

Inhaltliche Abgrenzung zwischen den beiden Freiheiten. Bei Anteilseignern von 89
Kapitalgesellschaften überschneidet sich der sachliche Anwendungsbereich von Niederlassungs- und Kapitalverkehrsfreiheit. Nach der mittlerweile st. Rspr. des EuGH ist eine Beteiligung, mit der ein Aktionär aufgrund der Beteiligungsquote oder sonstiger Rechte einen tatsächlichen Einfluss auf das unternehmerische Handeln der Gesellschaft ausüben kann, der Niederlassungsfreiheit zuzurechnen, während Beteiligungen, die eine solche Möglichkeit zur Einflussnahme nicht eröffnen, der Kapitalverkehrsfreiheit zuzuordnen sind.

bb) Überblick über inhaltliche Vorgaben der Grundfreiheiten. Diskriminie- 90
rungs- und Beschränkungsverbot. Niederlassungsfreiheit und Kapitalverkehrsfreiheit haben, ebenso wie die anderen Grundfreiheiten, eine parallele Struktur. Sie verbieten es kategorisch, die Personen, die von einer der Grundfreiheiten Gebrauch machen, aufgrund ihrer Staatsangehörigkeit zu diskriminieren (Diskriminierungsverbot), und sie untersagen allgemein jede Maßnahme, die die Möglichkeiten zur Nutzung der betreffenden Grundfreiheiten ungerechtfertigt beschränken würde (Beschränkungsverbot). Im Text des AEUV ist im speziellen Fall der Kapitalverkehrsfreiheit nur ein Beschränkungsverbot ausdrücklich normiert; aus systematischer Sicht stellt eine Diskriminierung nur einen speziellen Unterfall einer verbotenen Beschränkung dar, so dass jedes Beschränkungsverbot automatisch auch ein Diskriminierungsverbot umfasst. In der Textpassage zur Niederlassungsfreiheit wird dagegen beispielhaft gerade das Recht auf Nichtdiskriminierung gegenüber dem Inländer ausdrücklich erwähnt, während sich der Charakter als Beschränkungsverbot nur stillschweigend aus dem Sinn der Vorschrift ergibt (ein „Recht" auf freie Niederlassung zu gewähren, macht nur Sinn, wenn ein solches Recht nicht beliebig entzogen werden kann, seine Beschränkung also offenbar verboten sein muss).

Anwendungsvorrang vor entgegenstehenden Vorschriften. Da es sich um Primär- 91
recht der EU handelt, können die in den Grundfreiheiten getroffenen Anordnungen des Gesetzgebers trotz der sehr allgemein gehaltenen Natur der Grundfreiheiten nicht von spezialgesetzlichen Vorschriften des nationalen Rechts oder auch des Sekundärrechts der EU verdrängt werden; denn diese Bestimmungen haben den rechtlich niedrigeren Rang und können das höherrangige Recht des Vertragstextes daher nicht einschränken. Somit muss auch eine im nationalen Steuerrecht normierte Anweisung, in einer bestimmten Höhe Steuern zu erheben, gegenüber der Weisung der Grundfreiheiten, die freie Niederlassung und die Kapitalverkehrsfreiheit nicht zu beeinträchtigen, zurückstehen, wenn und soweit die Anweisung, die Steuer zu erheben, auf diese Grundfreiheiten einschränkend wirken könnte.

92 **Zulässigkeit von Eingriffen in die Grundfreiheiten.** Zulässig sind diskriminierende oder beschränkende Eingriffe in eine Grundfreiheit nur ausnahmsweise dann, wenn (und nur solange, wie) sie von den Verträgen entweder ausdrücklich oder stillschweigend zugelassen sind („gerechtfertigte" Beschränkungen bzw. „gerechtfertigte" Diskriminierungen).

93 **Zweischrittige Prüfung.** Ob eine spezialgesetzliche nationale Vorschrift oder eine Vorschrift des Sekundärrechts der EU mit den Grundfreiheiten vereinbar ist oder nicht, ist also in zwei Schritten zu prüfen: Zunächst ist festzustellen, ob eine Anordnung des Gesetzgebers sich überhaupt beschränkend auf die Möglichkeiten zur Nutzung einer Grundfreiheit auswirken könnte (Schritt 1: Frage nach dem Vorliegen einer Beschränkung). Liegt eine Beschränkung tatsächlich vor, ist danach in einem zweiten Schritt zu überprüfen, ob die Beschränkung als zulässig angesehen werden kann oder nicht (Schritt 2: Frage nach dem Vorliegen einer Rechtfertigung für die Beschränkung).

94 **cc) Kriterien für das Vorliegen einer Beschränkung. Begriff der „Beschränkung".** Eine „Beschränkung" ist nach st. Rspr. (zB EuGH v. 30.11.1995 *Gebhard* NJW 1996, 579 Tz. 37) jede Maßnahme, die die Nutzung einer Grundfreiheit „behindert oder weniger attraktiv macht".

95 **Nicht völlig geklärte Maßstäbe.** Hinsichtlich der Frage, im Vergleich zu welchem Zustand das „Weniger" an Attraktivität ggf. zu messen ist, hat der EuGH sich bislang in der Rechtsprechung nicht definitiv festgelegt. Dieser Aspekt ist insofern wichtig, weil natürlich jede Erhebung einer Steuer auf eine Tätigkeit diese Tätigkeit weniger attraktiv machen wird, als dies ohne Erhebung dieser Steuer der Fall wäre (mit der Ausnahme der Steuersparmodelle); also könnte man bei einer extensiven Auslegung im Extremfall jegliche grenzüberschreitende Steuervorschrift in einem potenziellen Spannungsverhältnis zu den Grundfreiheiten sehen – mit der dogmatischen Folge, dass sich bei absolut jeder solchen Vorschrift die Frage nach der Rechtfertigung stellen würde (die dann allerdings auch in den allermeisten Fällen ebenso automatisch als gegeben unterstellt werden müsste).

96 **Stand der Frage.** Unstreitig ist in der Rspr. des EuGH eine Maßnahme jedenfalls dann immer begrifflich als „Beschränkung" einzuordnen, wenn sie dazu beiträgt, dass im Endeffekt ein grenzüberschreitender Vorgang ungünstiger behandelt wird als der vergleichbare Vorgang in einem reinen Inlandsfall. Die Möglichkeit, dass bestimmte (aber nicht alle!) Eingriffe und Auflagen, wenn sie immerhin nicht-diskriminierend sind, nicht schon automatisch unter den Begriff „Beschränkung" subsumiert werden sollen, ergibt sich aus der Rs. *Keck* (EuGH v. 24.11.1993 *Keck und Mithouard* NJW 1994, 121). Die genaue Abgrenzung ist im Einzelfall aber noch unklar. Seit der Entscheidung des EuGH v. 6.12.2007 *Columbus Container Services* C-298/05 dürfte jetzt allerdings feststehen, dass die Steuerfolgen, die nicht über die Steuerfolgen im vergleichbaren Inlandsfall hinausgehen, zumindest im Regelfall schon begrifflich keine „Beschränkung" genannt werden können (das hat Folgen, weil Regeln, die erst gar keine „Beschränkung" sind, auch nicht „gerechtfertigt" werden müssen). Das ist seitdem fast durchgehend so bestätigt worden. – Zu näheren begrifflichen Differenzierungen und einem Überblick vgl. *Schnitger* Grundfreiheiten, S. 167 ff. (170), 234 ff.

97 **Vermutlich geringe Bedeutung der Problematik für Fragen des UmwStG.** In den für das Umwandlungssteuerrecht typischen Fällen wird es auf diese dogmatische Frage jedoch idR kaum ankommen, weil die Erhebung einer vollen regulären Steuerlast im Falle einer grenzüberschreitenden Umwandlung die anvisierte Umstrukturierung in den allermeisten Fällen nicht lediglich „weniger attraktiv machen" würde, sondern effektiv verhindern würde, so dass das Vorliegen einer Beschränkung schon allein deswegen begrifflich zu bejahen wäre (vgl. erste Alternative der EuGH-Definition).

98 **Zufügung von *Nachteilen*.** Unabdingbare Voraussetzung dafür, dass eine spezialgesetzliche Maßnahme als „Beschränkung" einer Grundfreiheit einzustufen ist (und deswegen bei fehlender Rechtfertigung im Konfliktfall zugunsten der Grundfreiheiten unangewendet

bleiben muss), ist allerdings, dass sich die fragliche Maßnahme für den Betroffenen im konkreten Fall nachteilig auswirkt: Eine Bevorzugung gegenüber dem normalen Zustand wäre für den Betroffenen nämlich kein Anlass, auf die Nutzung seiner Grundfreiheiten zu verzichten, und könnte daher auch nicht als Eingriff in die vom EU-Recht zugestandenen Rechte begriffen werden.

Begriff des Nachteils. Damit wird die Frage, ob eine bestimmte staatliche Maßnahme sich tatsächlich nachteilig auswirkt, zu einer Kernfrage. Sie lässt sich jedoch wegen des von der Rechtsprechung aufgestellten **Kompensationsverbots** einfach beantworten: Nachteile dürfen nicht gedanklich mit Vorteilen „saldiert" werden, die a) der Betroffene in Zusammenhang mit anderen Regelungen erfahren könnte oder b) andere Betroffene durch die fragliche Regelung erfahren könnten (vgl. Anm. 205). 99

Bloße Unterschiedlichkeit der Gesetze verschiedener Staaten kein „Nachteil" iSd Diskriminierungs- und Beschränkungsverbote. Keine Benachteiligung liegt dagegen vor, wenn der angebliche Nachteil nur darin besteht, dass die Gesetze eines Mitgliedstaates einen bestimmten Vorgang steuerlich ungünstiger behandeln, als die Gesetze eines anderen Staates dies tun würden. Solange nämlich die Gesetzgebungshoheit für eine bestimmte Sachfrage innerhalb der EU nicht zentralisiert ist und die Inhalte der Einzelregelungen nicht harmonisiert worden sind, stellt die Existenz von Unterschieden zwischen den verschiedenen Rechtsordnungen keine Beeinträchtigung der Rechte des Einzelnen dar, sondern liegt in der Natur der Sache. 100

Umfassende Schutzwirkung der Grundfreiheiten. Denkbar ist, dass jemand zwar nicht mit Nachteilen für sich selbst, aber mit Nachteilen für seine Geschäftspartner, seine Tochtergesellschaften, seine Verwandten etc. rechnen muss, wenn er von seinen Grundfreiheiten Gebrauch macht. Da die Schutzwirkung der Grundfreiheiten umfassend angelegt ist, werden auch solche indirekten Erschwernisse als Beschränkungen begriffen, und es entsteht sogar aus den Grundfreiheiten heraus für die betroffenen Geschäftspartner, Tochtergesellschaften etc. ein eigenes Recht, sich gegen die Anwendung der für sie nachteiligen Regelung unter Hinweis auf die darin liegende Beeinträchtigung der Grundfreiheiten eines anderen zur Wehr zu setzen. 101

Kompensationsverbot. Bei der Beurteilung der Frage, ob eine bestimmte Regel sich nachteilig (beschränkend) auf die Möglichkeiten zur Nutzung einer europäischen Grundfreiheit auswirken kann oder nicht, dürfen nach ständiger Rechtsprechung nur die Effekte dieser Regelung in die Betrachtung einbezogen werden. Eine „Rechtfertigung" von Nachteilen durch den Hinweis darauf, der Betreffende erfahre anderweitig Bevorzugungen, die die Nachteile per Saldo ausgleichen würden, scheidet daher aus. Dagegen müssen Vorteile, die dieselbe Regelung mit sich bringt, selbstverständlich in die Beurteilung einbezogen werden, um zu beurteilen, ob die Regelung als solche wirklich beschränkend wirken kann oder nicht. Es kann nämlich zB nicht angehen, die Steuerfreiheit von Erträgen als einen Vorteil zu bewerten, der mit der Nichtabzugsfähigkeit der zugehörigen Aufwendungen nichts zu tun habe, und unter solchen Umständen dann die Nichtgewährung eines Betriebsausgabenabzugs einseitig als Nachteil zu werten. 102

Kohärenzgrundsatz. Dadurch wird es für die Beurteilung der Tatsache, ob eine Regelung die Nutzung einer Grundfreiheit für den Betroffenen tatsächlich „weniger attraktiv" macht, entscheidend, wann man von nur einer einzigen Regelung ausgehen muss, deren Wirkungen insgesamt betrachtet werden müssen, und wann man statt dessen von zwei unterschiedlichen Maßnahmen ausgehen muss, die nichts miteinander zu tun haben und bei deren Würdigung daher die Nachteile der einen nicht unter Hinweis auf die Vorteile bei der anderen gerechtfertigt werden können. Der EuGH hat bei den Auseinandersetzungen um die EU-Kompatibilität nationaler Steuernormen diese Überlegung unter dem Schlagwort in die Diskussion eingeführt, ein Mitgliedstaat müsse selbstverständlich weiterhin das Recht haben, seine gesetzlichen Normen „kohärent" anwenden zu dürfen. Aus der späteren Rechtsprechung konkretisiert sich das Gemeinte dahingehend, dass mehrere Regelungselemente, die in einem zwingenden inneren Zusammenhang 103 stehen (also in 100% der denkbaren Fälle gemeinsam zur Anwendung kommen müssen), auch gemeinsam beurteilt werden müssen (so dass die Vorteile der einen Teilregelung mit den Nachteilen der anderen Teilregelung gemeinsam betrachtet werden müssen, um festzustellen, ob es sich insgesamt um eine Benachteiligung handelt oder nicht; „Kohärenz" bedeutet im Wortsinn nichts anderes als „(innerer) Zusammenhalt"), während Regelungen, von denen es denkbar ist, dass eine ohne die andere angewandt werden könnte, auch getrennt voneinander betrachtet werden müssen.

104 **Einzelfallbetrachtung.** Das Verbot, die europäischen Grundfreiheiten zu beschränken, beansprucht Geltung nicht als generelle Leitlinie für die staatliche Gesetzgebung, sondern für jeden einzelnen Fall. Daher kann eine Beeinträchtigung dieser Rechte durch eine ganz bestimmte Regelung in einem einzelnen Fall nicht unter Hinweis darauf gerechtfertigt werden, dass dieselbe Regelung sich in anderen Fällen (oder sogar der Mehrzahl aller Fälle) aber nicht nachteilig, sondern vorteilhaft wirkt. Das entspricht dem „gesunden Menschenverstand", sobald man die Grundfreiheiten als „Rechte" begreift, die den Betroffenen zustehen; denn müssten sie nur allgemein, aber nicht in jedem Einzelfall, beachtet wären, würde es sich nicht mehr um „Rechte", sondern um bloße Programmsätze für die weitere staatliche Gesetzgebung handeln. Die Verpflichtung, Beschränkungen in jedem einzelnen Fall zu unterlassen, bildet den theoretischen Hintergrund für zumindest einen Teil des Kompensationsverbots (Anm. 99, 102).

105 **Irrelevanz der gesetzgeberischen Motive.** Ebenso wenig kann es nach der Rechtsprechung des EuGH bei der Diskussion darüber, ob eine bestimmte Regelung sich nachteilig auf die Attraktivität der Grundfreiheiten auswirken kann oder nicht, eine Rolle spielen, dass diese Nachteile vom jeweiligen Gesetzgeber nicht bewusst gewollt waren. Ausreichend dafür, dass eine Regelung das Kriterium der Nachteiligkeit erfüllt, ist, dass Nachteile vorhanden sind oder zu befürchten sind, nicht, ob sie auch gewollt waren.

106 **dd) Kriterien für das Vorliegen einer verbotenen oder erlaubten Beschränkung. Zulässigkeit einer Beschränkung.** Verboten ist eine „Beschränkung" nach dem AEU-Vertrag nur, soweit nicht vom Vertrag Ausnahmen gestattet werden. Solche Ausnahmen können zum einen im Vertragstext durch ausdrückliche Sonderregelungen niedergelegt sein (zB in Art. 64 AEUV). Zum anderen erkennt der EuGH darüber hinaus im Vertragstext auch eine stillschweigende Erlaubnis für solche Beschränkungen der Grundfreiheiten, die aus zwingenden Gründen notwendig und dadurch gerechtfertigt erscheinen.

107 **Kriterien für eine „gerechtfertigte" Beschränkung.** Als vom Vertragstext stillschweigend gestattet kann eine beschränkend wirkende Maßnahme nach der Rechtsprechung des EuGH nur dann anerkannt werden, wenn **vier** Kriterien gleichzeitig erfüllt sind (vgl. EuGH v. 30.11.1995 *Gebhard* NJW 1996, 579 Tz. 37 und die seitdem st. Rspr.):

108 **Kriterium Nr. 1: Legitimes Ziel.** Eine Maßnahme kann nur zulässig sein, wenn sie ein legitimes Ziel des Allgemeininteresses verwirklichen will. Welche Zielsetzungen ein Gesetzgeber (der nationale oder der Unionsgesetzgeber) anstreben will, bleibt ihm grundsätzlich selbst überlassen. Die Maßnahme darf aber nicht ausgerechnet darauf abzielen, die Zielsetzungen der EU zu konterkarieren oder das volle Wirksamwerden eines ihrer Maßnahmen zu verhindern. Nach diesen Maßstäben wäre somit die Erhebung von Steuern definitiv ein legitimes Ziel, der Schutz der Wirtschaft vor ausländischer Konkurrenz als Ziel einer ganz speziellen Steuernorm dagegen eindeutig illegitim (die angestrebte Marktabschottung torpediert die volle Verwirklichung eines Binnenmarktes!).

109 **Kriterium Nr. 2: Eignung zur Erreichung dieses Ziels.** Eine Maßnahme kann nur dann wegen des mit ihr angestrebten legitimen Ziels gerechtfertigt sein, wenn sie überhaupt geeignet ist, dieses Ziel auch zu erreichen. Ansonsten ließe sich bereits durch die bloße Behauptung, eine Maßnahme solle dem legitimen Ziel X dienen (auch wenn sie dies „leider" nicht wirklich tue...), jegliche beschränkend wirkende Maßnahme rechtfertigen, und ein solcher Zustand würde den Grundfreiheiten jeden Verpflichtungscharakter für die

Mitgliedstaaten nehmen. Im Übrigen verdient eine zur Erreichung ihrer Ziele nicht geeignete Maßnahme auch ohnehin keinen Bestandsschutz.

Kriterium Nr. 3. Erforderlichkeit. Erlaubt kann eine beschränkend wirkende Maß- 110
nahme außerdem nur dann sein, wenn sie nicht über das unbedingt erforderliche Ausmaß an Eingriffen hinausgeht. Zur Beurteilung dieser Frage stellt die Rechtsprechung ebenfalls auf den Einzelfall ab: Im Steuerrecht hat dies Bedeutung vor allem für die häufigen Anti-Missbrauchs-Vorschriften. Hier sieht der EuGH (zu Recht!) die Anwendung einer Anti-Missbrauchs-Bestimmung auf den konkreten Einzelfall als nicht mehr sachlich gerechtfertigt (und damit nicht mehr von den Grundfreiheiten stillschweigend gestattet) an, wenn der Steuerpflichtige den Nachweis erbringen konnte – oder es sonst auf anderen Wegen unstreitig ist –, dass in seinem konkreten Fall kein Missbrauchsfall vorliegen kann.

Kriterium Nr. 4: Nicht-diskriminierende Vorgehensweise. Eine beschränkend 111
wirkende Norm, mit der der Gesetzgeber ein bestimmtes Problem lösen will, kann aus der Sicht des nationalen Rechtssystems nicht wirklich zwingend erforderlich sein, wenn das Ziel der Norm zwar legitim ist und die ergriffene Maßnahme bei objektiver Beurteilung sich auch als geeignet und erforderlich darstellt, derselbe Gesetzgeber aber an anderer Stelle unter vergleichbaren Umständen das identische Problem wesentlich großzügiger behandelt. Die Behauptung, eine bestimmte Maßnahme sei zwar beschränkend, aber als sachlich erforderlich gerechtfertigt und daher zulässig, lässt sich also insbesondere widerlegen durch: a) den Nachweis, dass im Vergleich zu dem fraglichen grenzüberschreitenden Vorgang derselbe Vorgang in einem rein innerstaatlichen Kontext günstiger behandelt wird, obwohl die Umstände im Wesentlichen vergleichbar sind (Diskriminierung des grenzüberschreitenden Vorgangs gegenüber dem innerstaatlichen), oder b) den Nachweis, dass im Vergleich zu einem Betroffenen mit ausländischer Staatsangehörigkeit ein inländischer Steuerpflichtiger unter vergleichbaren Umständen günstiger gestellt ist (Diskriminierung nach der Staatsangehörigkeit). – Die letztgenannte Konstellation illustriert übrigens, warum in der heutigen europarechtlichen Dogmatik das Diskriminierungsverbot aufgrund der Staatsangehörigkeit nur noch als ein Spezialfall der Beschränkungsverbote angesehen wird.

Vergleichbarkeit der Lage. Der Nachweis, dass eine Regelung diskriminierend wirkt, 112
setzt voraus, dass man zwei Situationen miteinander vergleicht, die hinsichtlich aller sonst relevanten Umstände tatsächlich vergleichbar sind. Denn eine Maßnahme ist nur dann diskriminierend, wenn Gleiches ungleich oder Ungleiches in sachwidriger Weise gleich behandelt wird, denn wer Dinge, die in dem entscheidenden Punkte ungleich sind, auch tatsächlich ungleich behandelt, diskriminiert nicht, sondern differenziert in sachgerechter Weise. Folglich dreht sich jedes Verfahren vor dem EuGH, bei dem die Beweisführung sich auf Diskriminierungsargumente stützt, im Kern letztendlich um die Frage, zwischen welchen Situationen eine hinreichend große Vergleichbarkeit der Lage besteht und nach welchen Kriterien sich allgemein beurteilen lässt, wann von einer Vergleichbarkeit oder einer entscheidungsrelevanten Unterschiedlichkeit der Situationen gesprochen werden kann. Die Rechtsprechung des EuGH differenziert dabei oft begrifflich danach, ob die Lage „vergleichbar" ist oder ob es – bei vergleichbarer Lage – einen Aspekt gibt, der eine Ungleichbehandlung rechtfertigt. Diese beiden Begriffe lassen sich jedoch nicht klar gegeneinander abgrenzen, und das liegt auch in der Natur der Sache, denn wo vollständige Vergleichbarkeit aller relevanten Umstände gegeben ist, dort kann es keinen Aspekt mehr geben, der eine Ungleichbehandlung rechtfertigen könnte (ausgenommen den Fall einer ausdrücklich vereinbarten Ausnahme im Text der Europäischen Verträge), und wo es noch mindestens einen Unterschied gibt, der noch eine Ungleichbehandlung sachlich rechtfertigt, dort kann dann logischerweise eine Vergleichbarkeit der Umstände auch nicht in jeder entscheidungsrelevanten Hinsicht gegeben sein.

Grundsätze zur Vergleichbarkeit. Für die Frage, ob eine Maßnahme ein Problem in 113
verbotener Weise diskriminierend angeht, kommt es für die Suche nach vergleichbaren Situationen natürlich darauf an, wo das gleiche Problem in anderem Kontext ebenfalls auftritt. Daraus folgt, dass die Vergleichbarkeit der Lage in Hinblick auf das zugrunde

liegende Problem beurteilt werden muss (= die Zielsetzung der gesetzlichen Regelung); wo dasselbe Problem nicht ebenfalls existiert, existiert auch keine Vergleichbarkeit. Dieser Gedanke führt automatisch zu der Konsequenz, dass Vergleichbarkeit auch dort nicht mehr existiert, wo grenzüberschreitend ein Problem aus Gründen, die der einzelne Staat nicht zu vertreten hat, bereits nicht mehr existiert, während Vergleichbarkeit dort sehr wohl gegeben ist, wo das Problem im grenzüberschreitenden Kontext in der Realität tatsächlich in demselben Ausmaß vorzufinden ist wie im innerstaatlichen Kontext.

Beispiel: In der Rs. *Manninen* (EuGH v. 7.9.2004 IStR 2004, 680) ging es darum, dass der finnische Staat in seinem internen KSt-System den Anteilseignern für Dividendeneinkünfte aus inländischen Gesellschaften eine KSt-Gutschrift einräumte, er eine identische KSt-Gutschrift für Dividenden aus schwedischen Gesellschaften aber verweigerte.

Der EuGH stellte zunächst fest, dass das Problem, das die steuerliche Regelung über die Gewährung über eine KSt-Gutschrift im finnischen System lösen sollte, die wirtschaftliche Doppelbelastung der Gewinne einer Kapitalgesellschaft mit KSt und ESt sei. Er stellte ferner fest, dass dieses Problem in gleicher Weise sowohl bei Dividenden aus Finnland wie auch bei Dividenden aus Schweden gegeben sei; also sei im Grundsatz von einer Vergleichbarkeit der Lage auszugehen. Allerdings hätte Finnland nicht von einer Vergleichbarkeit der Lage ausgehen müssen, wenn das Problem der wirtschaftlichen Doppelbesteuerung schon von Schweden gelöst worden wäre. Das macht Sinn: Denn von jemandem zu verlangen, ein Problem zu lösen, das schon ohnehin längst nicht mehr existiert, wäre nicht etwa gerecht, sondern schlechterdings unsinnig. Also kann der Hinweis des EuGH in der Rs. *Manninen,* dass es manchmal zur Beurteilung der Vergleichbarkeit (auch) darauf ankommen kann, ob das fragliche Problem möglicherweise schon durch die Verhältnisse im anderen Staat gelöst worden ist, im Prinzip niemanden überraschen.

114 **Beweislast.** Sofern das Vorliegen einer sachlichen Rechtfertigung für eine Beschränkung nicht offenkundig ist, liegt die Beweislast dafür, dass es für eine Beschränkung eine sachliche Rechtfertigung gibt, die den genannten vier Kriterien genügt, beim Staat. Der EuGH verwirft in mittlerweile st. Rspr. gerade auch Beschränkungen steuerlicher Art als ungerechtfertigt, für die eine Rechtfertigung nicht vorgetragen worden ist, ohne von Amts wegen nach denkbaren Rechtfertigungsgründen zu suchen.

115 **Zeitpunkt für die Nennung der Rechtfertigungsgründe.** Inwiefern die üble Angewohnheit der meisten Steuerverwaltungen, auf die Grundfreiheiten geschützte Einsprüche gegen Steuerbescheide zunächst gerne mit der pauschalen Floskel, die fragliche Vorschrift sei gerechtfertigt, abzulehnen, ohne die angeblichen Rechtfertigungsgründe in der Einspruchsentscheidung überhaupt namhaft zu machen, europarechtlich geduldet werden kann, ist unklar. Auf der Hand liegt, dass eine Prozesstaktik der Verwaltungen, beschränkende Maßnahmen in nicht nachvollziehbarer Weise pauschal als gerechtfertigt zu bezeichnen, aber keine nachprüfbare Argumentation dafür zu benennen, einen Großteil der Betroffenen einem nicht mehr kalkulierbaren Prozessrisiko aussetzen und dementsprechend von jedem Versuch zur gerichtlichen Durchsetzung ihrer Rechte abhalten würde. Damit liegt ebenso auf der Hand, dass das Unionsrecht eine solche Vorgehensweise unmöglich zu einer flächendeckenden Praxis werden lassen darf, weil damit die Wirkung der Grundfreiheiten in der Lebenswirklichkeit in der Mehrzahl der Fälle von den Verwaltungen ungestraft durchbrochen werden könnte. Jedoch ist eine frühere Äußerung des EuGH, wonach die Verwaltung einem Betroffenen die Gründe für einen Eingriff in seine Grundfreiheiten in vollem Umfang mitteilen muss, damit dieser in den Stand versetzt wird, die Chancen eines gerichtlichen Vorgehens in voller Kenntnis der für die Entscheidung der Behörde maßgeblichen Umstände abzuwägen, bislang im Steuerrecht zu wenig beachtet worden (EuGH v. 15.10.1987 *Heylens* Slg. 1984 I-04097 Tz. 15 und Folgerechtsprechung).

116 **Unionsrechtliche Präklusion von Rechtfertigungsgründen bei verspäteter Nennung?** Ebenso hat der EuGH es bisher umgangen, zu der Frage Stellung zu nehmen, ob man aus grundsätzlichen Erwägungen heraus für alle Argumente, die eine nationale Steuerverwaltung zur Rechtfertigung einer beschränkend wirkenden Steuerregelung erst spät ins Verfahren einbringt, eine Präklusion aussprechen könne oder gar müsse. Es ist auch zu

erwarten, dass der EuGH es noch so lange wie möglich vermeiden wird, zu dieser Frage Stellung zu nehmen: Denn einerseits hätte ein Urteil, das die Existenz einer solchen Verpflichtung bejaht, unabsehbare Folgewirkungen, andererseits aber würde ein Urteil, das die Existenz einer solchen Verpflichtung definitiv ausschließt, von den Verwaltungen zahlreicher Mitgliedstaaten ohne Zweifel als Freibrief für prozesstaktische Maßnahmen verstanden werden und daher die faktische Wirksamkeit des EU-Rechts jedenfalls in all denjenigen Fällen zur Makulatur werden lassen, in denen die Betroffenen bekanntermaßen ein nicht kalkulierbares Prozessrisiko scheuen.

Identisches Ergebnis erreichbar durch unionsrechtskonforme Auslegung von 117
§ 79b II FGO? Unter methodischen Gesichtspunkten eine davon ganz verschiedene Frage ist es, inwiefern deutsche Finanzgerichte bei unionsrechtskonformer Anwendung (Art. 4 III EUV; vgl. Anm. 54 ff.) des § 79b II FGO bei tatsächlichem Vorliegen einer Beschränkung berechtigt oder gar verpflichtet sein könnten, den Vertretern der Finanzbehörde für die Nennung der Rechtfertigungsgründe, die diesen Eingriff angeblich rechtfertigen, eine Frist zu setzen. Klar ist, dass jedenfalls aus der Sicht des Unionsrechts die Gründe, die den Gesetzgeber motiviert haben, eine Beschränkung vorzusehen, als solche eine „Tatsache" darstellen; eine Rechtsfrage ist lediglich die Frage, ob dieser oder jener konkrete Grund tatsächlich unter den unionsrechtlichen Begriff „Rechtfertigungsgrund" subsumiert werden kann oder nicht. Klar ist außerdem, dass das Gericht bei der Durchführung des Verfahrens die aus dem EU-Recht fließenden Rechte des Klägers in größtmöglichem Umfang schützen muss, also sein Ermessen im Zweifel so ausüben muss, dass einem prozesstaktischen Vorgehen der Finanzbehörden zulasten des Klägers ein Riegel vorgeschoben wird. Schließlich und endlich müsste in Fällen, in denen die angefochtene Maßnahme eindeutig unter den Begriff der „Beschränkung" zu subsumieren ist, in die Überlegungen des Gerichtes wohl auch einfließen, dass es zur Amtspflicht der Finanzbehörde gehört hätte, die steuerliche Bestimmung nur dann anzuwenden, wenn sie wusste, dass es Rechtfertigungsgründe tatsächlich gab. Diese positive Kenntnis von der Existenz von Rechtfertigungsgründen wird aber kaum haben können, wer die in Frage kommenden Gründe nicht einmal nennen kann; somit wäre die mangelnde Bereitschaft oder Fähigkeit der Finanzbehörde, die Rechtfertigungsgründe für eine Beschränkung auf Anfrage sofort zu benennen, immerhin ein deutliches Indiz dafür, dass die Behörde entweder Prozesstaktik zulasten des Klägers betreiben will (das hätte der Richter aus unionsrechtlichen Gründen wohl zu unterbinden) oder aber zumindest beim Erlass der fraglichen Einspruchsentscheidung die angeblichen „Gründe" noch gar nicht kannte (und das wäre immerhin der Nachweis dafür, dass es sich um eine Willkürentscheidung gehandelt haben müsste, bei der die Behörde von der Existenz einer Rechtfertigung in Wahrheit gar nichts wusste, sondern nur auf die Möglichkeit einer eventuellen Existenz einer solchen Rechtfertigung spekulierte – Entscheidungen auf dem Gebiet der staatlichen Eingriffsverwaltung zu dulden, bei denen die an „Gesetz und Recht" gebundene Behörde einen Umstand, der ihr Handeln legitimieren könnte, aber nicht einmal kennt, sondern sie nur auf dessen mögliche Existenz spekuliert, ohne zur Zeit der Entscheidung bereits wenigstens eine konkrete Vorstellung davon zu haben, welches dieser Umstand denn sein könnte, wäre aber nicht nur unionsrechtlich ein Freibrief zum beliebigen Bruch der europarechtlichen Verpflichtungen, sondern auch rechtsstaatlich höchst bedenklich!).

Vorlagebedürftigkeit der Frage. Eine Entscheidung zu der Frage steht einstweilen 118
aus. Stellt sie sich irgendwann in einem konkreten Verfahren, wäre sie wohl vorlagebedürftig, da bislang zwar anerkannt ist, dass man nach einer vom beklagten Staat nicht vorgetragenen Rechtfertigung auch nicht forschen muss (seit EuGH v. 14.12.2000 *Amid* IStR 2001, 86, im Gefolge der Schlussanträge von *GA Alber* v. 8.6.2000 Slg. 2000 I-11619 zu dieser Rs., dort Tz. 12 und 37), seitdem aber noch nicht vom EuGH geklärt worden ist, wie mit einem Rechtfertigungsargument zu verfahren ist, das nach anfänglichem Schweigen im Extremfall erstmals vor dem EuGH dann schließlich noch überraschend vorgetragen wird. Würde die Frage aufgeworfen, wäre spätestens der BFH verpflichtet, den EuGH

zu fragen, wie das Unionsrecht in dieser Hinsicht auszulegen ist und welche Folgen das für nationale Regeln wie § 79b II FGO hat, denn sollte es hinsichtlich einer Präklusion von Rechtfertigungsargumenten eine Ermessensreduzierung auf Null geben können, könnte das FG durch die Berücksichtigung entsprechenden Vorbringens der Finanzbehörde einen Verfahrensfehler begangen haben, auf dem die Entscheidung auch inhaltlich beruhen könnte.

119 **Beweisanforderungen für das Kriterium „Nichtdiskriminierung".** Da der Gesetzgeber sich normalerweise hüten wird, gemeinschaftsrechtlich illegitime Ziele als Motiv seiner Gesetzgebung nachweisbar zu dokumentieren (Ausnahme: § 2a EStG aF vor 2008), gesetzgeberische Maßnahmen zur Erreichung ihres Ziels selten schlichtweg ungeeignet sind (insoweit also eine Rarität: § 8 Nr. 7 GewStG vor 2008, vgl. EuGH v. 26.10.1999 *Eurowings* IStR 1999, 691) und dem Gesetzgeber hinsichtlich der Erforderlichkeit ein Ermessensspielraum zukommt, ist der Dreh- und Angelpunkt für die Auseinandersetzung um das Vorliegen oder Nichtvorliegen einer verbotenen Beschränkung idR das Kriterium der nichtdiskriminierenden Vorgehensweise. Hierauf angesprochen, bringt die FinVerw. zur Verteidigung einer beschränkenden Regelung häufig ein oder mehrere Beispiele, bei denen keine diskriminierende Vorgehensweise zu erkennen ist, und betrachtet dies dann als Nachweis für nichtdiskriminierendes Vorgehen. Jedoch reicht es zum Nachweis der nichtdiskriminierenden Vorgehensweise nicht aus, dass es eine Konstellation vergleichbarer Umstände gibt, bei denen von einer diskriminierenden Behandlung nicht gesprochen werden kann, sondern es darf keine vergleichbare Konstellation geben, im Vergleich zu der die Behandlung des von den Grundfreiheiten geschützten grenzüberschreitenden Falles sich als diskriminierend herausstellen würde. Somit darf die FinVerw. eines Mitgliedstaates sich nicht bereits allein deshalb für berechtigt halten, eine beschränkende Steuerregelung auf einen grenzüberschreitenden Fall weiterhin anzuwenden, weil es ihr gelungen ist, einen möglichen Vergleichsfall zu finden, in dem die Regelung tatsächlich nicht diskriminierend wirkt. Vielmehr müsste sie, falls der Steuerpflichtige einen anderen Vergleichsfall vorgebracht hat, im Vergleich zu welchem eine diskriminierende Vorgehensweise behauptet wird, inhaltlich darauf eingehen, ob die Regelung unter Berücksichtigung dieser alternativen Vergleichsmöglichkeit noch als in vollem Umfang nichtdiskriminierend angesehen werden kann oder nicht und die dazu vom Steuerpflichtigen vorgebrachte Argumentation widerlegen, anstatt auf andere Vergleichsmöglichkeiten auszuweichen.

120 **ee) Anwendung dieser Grundgedanken auf Umstrukturierungsfälle. Umstrukturierungen als Gegenstand der Niederlassungsfreiheit.** Wird die Betriebsstätte eines europäischen Unternehmens in einem anderen Land in eine Tochtergesellschaft umgewandelt, lässt sich dieser Vorgang unter das vom Wortlaut der Niederlassungsfreiheit verbriefte Recht der Unternehmen subsumieren, in anderen Mitgliedstaaten Tochtergesellschaften zu errichten. Im umgekehrten Fall (Umwandlung einer Tochtergesellschaft in eine bloße Zweigniederlassung des Mutterunternehmens) entscheidet sich das Unternehmen dazu, das im Wortlaut der Niederlassungsvorschriften ebenfalls erwähnte Recht zu nutzen, Zweigniederlassungen zu errichten. Auch der Sinn der Niederlassungsfreiheit gebietet es, diese Vorgänge als Wahrnehmung des Niederlassungsrechts zu begreifen, denn gäbe es kein unmittelbar aus der Niederlassungsfreiheit abgeleitetes Recht darauf, Betriebsstätten in Tochtergesellschaften und Tochtergesellschaften in bloße Zweigniederlassungen umzuwandeln, wäre in all den Fällen, in denen Unternehmen ihre Auslandsniederlassungen typischerweise nicht neu gründen, sondern üblicherweise nur als Ganzes erwerben können, stets eine der beiden von der Niederlassungsfreiheit zur Auswahl gestellten Betätigungsformen für das handelnde Unternehmen auf Dauer blockiert; die von der Niederlassungsfreiheit eingeräumten Rechte wären also in einem deutlichen Ausmaß (Hälfte!) und dauerhaft reduziert, ein Zustand, den das Unionsrecht vernünftigerweise nicht hinnehmen kann. Somit ist zumindest für den Vorgang der Ausgliederung und den Vorgang der Aufnahme in die Muttergesellschaft nahe liegend, dass diese Vorgänge in den Schutzbereich der Nieder-

lassungsfreiheit fallen (müssen). Gleiches gilt aber auch, wenn bestehende Unternehmen gespalten werden, weil zumindest einer der abgespaltenen Teile ein neues Unternehmen darstellt und dessen nunmehrige Gesellschafter das Recht haben müssen, dieses Unternehmen in einem für sie „anderen" Mitgliedstaat zu betreiben. Ebenso liegt es nahe, dass das Eingehen von Unternehmensverbindungen durch Anteilstausch sich ebenfalls als Anwendungsfall der Niederlassungsfreiheit begreifen lässt, denn im Zuge eines grenzüberschreitenden Anteilstauschs erwirbt mindestens ein Teil der Anteilseigner ein grenzüberschreitend aktives Unternehmen und macht somit entweder von seinem Recht auf eigene unternehmerische Betätigung (Niederlassungsfreiheit) oder von seinem Recht auf freien Kapitalverkehr (Kapitalanlage in grenzüberschreitendem Rahmen) Gebrauch. Mit ähnlichen Überlegungen lässt sich aufzeigen, dass auch alle anderen Umstrukturierungsvorgänge sich als Ausübung der Niederlassungsfreiheit oder Kapitalverkehrsfreiheit begreifen lassen.

Schutz durch die Grundfreiheiten. Aus der Einschlägigkeit der Grundfreiheiten für Umstrukturierungsfälle folgt unmittelbar, dass solche Vorgänge nicht behindert werden dürfen, soweit der Gesetzgeber dies vermeiden kann; denn es greift das Beschränkungsverbot, das dem Gesetzgeber verbietet, die Nutzung der Niederlassungsfreiheit und der in ihr enthaltenen Möglichkeiten ungerechtfertigt zu beschränken. Es ist lediglich denkbar, dass eine bestimmte Art der Umstrukturierung gegenwärtig grenzüberschreitend aus rein gesellschaftsrechtlichen Gründen noch nicht verwirklicht werden kann, weil der Gesetzgeber hierzu zuvor erst noch bestimmte technische Fragen regeln müsste und er dies bislang noch nicht getan hat (so läge der Fall zB hinsichtlich der grenzüberschreitenden Verlegung des satzungsmäßigen Sitzes zB einer deutschen Aktiengesellschaft); in einem solchen Fall läuft die Niederlassungsfreiheit in diesem Punkte noch leer, weil sie faktisch noch nicht genutzt werden kann. Sofern sich aber die bestehenden technischen Schwierigkeiten bereits durch das Zusammenwirken der für innerstaatliche Fälle bestehenden Regeln mit dem Diskriminierungsverbot lösen lassen, ist die betreffende grenzüberschreitende Umstrukturierung bereits gesellschaftsrechtlich zu ermöglichen (zB EuGH v. 13.12.2005 *Sevic Systems* DStR 2006, 49). Kann eine bestimmte Art der Umstrukturierung aber erst einmal im grenzüberschreitenden Rahmen technisch verwirklicht werden, so darf sie auch durch steuerliche Bestimmungen nicht mehr ungerechtfertigt beeinträchtigt werden. Die grundsätzliche Zurückhaltung des EuGH in Bezug auf den Gründungsstaat einer juristischen Person bei EuGH v. 27.9.1988 *Daily Mail* NJW 1989, 2186, scheint mit dem Urteil *Sevic* auf unauffällige Weise überwunden worden zu sein: Denn der in *Daily Mail* aufgestellte Grundsatz, da die Bedingungen zur Schaffung juristischer Personen noch nicht harmonisiert seien, sei es beim damaligen Stand des Gemeinschaftsrechts dem Gründungsstaat einer juristischen Person unbenommen, zu entscheiden, unter welchen Bedingungen er deren Rechtsfähigkeit fortbestehen lassen wolle oder nicht, ist mit der Entscheidung bei *Sevic,* wonach die Nichtzulassung einer grenzüberschreitenden Fusion diskriminierend sein könne, unvereinbar. Würde das Gedankengut aus *Daily Mail* noch uneingeschränkt fortgelten, hätte Deutschland nämlich das Recht in Anspruch nehmen können, auf den Wunsch einer deutschen Gesellschaft damit zu reagieren, diese Gesellschaft löschen zu dürfen; es wurde aber vom EuGH dazu verpflichtet, die grenzüberschreitende Fusion zuzulassen. Ein uneingeschränktes Recht des Gründungsstaates einer juristischen Person, die Bedingungen für die rechtliche Weiterexistenz dieser juristischen Person selbst ohne Rücksicht auf die Grundfreiheiten festlegen zu dürfen, gibt es also spätestens seit der *Sevic*-Entscheidung nicht mehr. Entscheidungen aus jüngerer Zeit, wonach eine Gesellschaft sich zumindest unter bestimmten Umständen unter Verlegung ihres Satzungssitzes in eine vergleichbare Rechtsform ihres neuen Sitzlandes umwandeln darf, unterstreichen diesen Eindruck. 121

Beschränkende Wirkung von Steuern. Dass die Erhebung von Steuern die Vornahme einer Umstrukturierung beschränken kann, liegt hinsichtlich der Ertragsteuern wegen der Höhe der Belastungen von vornherein auf der Hand. Die indirekten Steuern dagegen erreichen ihrer Höhe nach idR kein von vornherein prohibitives Ausmaß; hier 122 kann man daher in Betracht ziehen, dass, sofern die betreffenden indirekten Steuern auch bei dem entsprechenden innerstaatlichen Vorgang erhoben werden würden, weder eine wirkliche Behinderung einer solchen Umstrukturierung noch eine Behandlung vorliegt, die die Nutzung der Niederlassungsfreiheit „weniger" attraktiv macht, und daher das Vorliegen einer Beschränkung möglicherweise auch in Abrede stellen. Somit kann zwar nicht für indirekten Steuern, aber für die direkten Steuern auf einen Umstrukturierungsvorgang festgehalten werden, dass diese sich als Beschränkung der Niederlassungsfreiheit darstellen und daher nur insoweit zulässig sein können, wie ihre Erhebung als „gerechtfertigt" angesehen werden kann.

123 **Rechtfertigungsmöglichkeiten.** Die Erhebung von Steuern zur Finanzierung der staatlichen Ausgaben stellt mit Sicherheit ein legitimes Ziel dar, und es dürfte idR auch schwierig sein, nachzuweisen, dass die Erhebung von Steuern auf stille Reserven anlässlich eines Rechtsträgerwechsels im Steuersystem eines Mitgliedstaates nicht aus irgendwelchen mit dem System verbundenen Gründen auch erforderlich sein könnte. Man kann jedoch aus dem Kriterium der Erforderlichkeit immerhin die Schlussfolgerung ableiten, dass jedenfalls eine sofortige Besteuerung anlässlich der Umstrukturierung über das Ausmaß des Erforderlichen insoweit hinausgehen wird, als dem Fiskus eine spätere Erhebung derselben Steuern noch ohne definitiven Verlust an Besteuerungspotenzial möglich bleibt. Einen solchen primärrechtlichen Zwang zum aufgeschobenen Vollzug der Besteuerung, wo eine sofortige Besteuerung technisch vermeidbar ist, hat der EuGH beispielsweise in der Entscheidung v. 11.3.2004 *Hughes de Lasteyrie du Saillant* IStR 2004, 236, bereits gesehen (dort für den Fall des Wegzugs eines Unternehmers ins Ausland). Das würde bedeuten, dass aus den Grundfreiheiten selbst für grenzüberschreitende Umstrukturierungen bereits ein Postulat nach so weit wie möglich steuerneutraler Behandlung folgt. Als juristisch elegantester Ansatzpunkt dafür, eine Steuererhebung auf einen Umstrukturierungsvorgang unter Berufung auf die Grundfreiheiten als unzulässig einstufen zu können, muss jedoch auch in diesen Fällen wieder das Kriterium der Nichtdiskriminierung angesehen werden: Wird der vergleichbare Vorgang im innerstaatlichen Rahmen in der Rechtsordnung eines Mitgliedstaates ohne die sofortige Erhebung von direkten Steuern ermöglicht, ist das ein hinreichender Beweis dafür, dass eine solche Steuererhebung auch im vergleichbaren grenzüberschreitenden Fall nicht zwingend und damit europarechtlich unzulässig wäre (hierzu passend EuGH v. 19.7.2012 – C-48/11 – *A Oy*). Würde man übrigens die Erhebung indirekter Steuern, die auch im innerstaatlichen Fall erhoben werden, auf einen grenzüberschreitenden Umstrukturierungsvorgang trotz des in der vorangehenden Anmerkung Gesagten begrifflich dennoch als Beschränkung einstufen wollen, würde man dennoch im zweiten Schritt – da die ersten drei Zulässigkeitskriterien auch hier kaum einen Angriffspunkt bieten dürften – beim Nachweis der Unzulässigkeit an der fehlenden Möglichkeit scheitern, eine diskriminierende Behandlung im Vergleich zum Inlandsfall nachzuweisen.

124 **Anwendbarkeit im Verhältnis zu Unternehmen aus Drittstaaten.** Da die Niederlassungsfreiheit auch gegenüber den drei EWR-Staaten Island, Liechtenstein und Norwegen gilt, gilt das aus der Niederlassungsfreiheit ableitbare Gebot, Unternehmen aus diesen drei Staaten nicht in vermeidbarer Weise durch steuerliche Bestimmungen an der Verwirklichung einer grenzüberschreitenden Umstrukturierung zu hindern, für die Mitgliedstaaten der EU auch dann, wenn nicht (nur) EU-Unternehmen, sondern (auch) Unternehmen aus den drei genannten EWR-Staaten an einem grenzüberschreitenden Umstrukturierungsvorgang beteiligt sind. Gerechtfertigt ist eine Besteuerung zumindest bei den Ertragsteuern auch dann also nur noch insoweit, als sie entweder a) durch eine Sonderregelung der Verträge oder des EWR-Vertrages ausdrücklich zugelassen ist oder b) eine günstigere steuerliche Behandlung im System der Besteuerung des betreffenden Landes nicht verwirklicht werden kann.

125 **Argumente dafür, Steuerneutralität auch den Gesellschaften aus dem EWR zu gewähren.** Da jedoch durch die Regelungen, die die Mitgliedstaaten aufgrund der FusionsRL in ihren Steuersystemen etablieren mussten, der Nachweis dafür erbracht ist,

dass eine günstige, nämlich weitgehend steuerneutrale, Behandlung der fraglichen Umstrukturierung durchaus realisierbar ist, ist den Mitgliedstaaten das letztgenannte Argument als Grund für eine beschränkende Besteuerung letztlich abgeschnitten. Wenn ein EU-Mitgliedstaat für eine Umstrukturierung, an der ein Unternehmen aus dem EWR beteiligt ist, also nicht eine ebenso günstige steuerliche Behandlung gewährt wie für eine unter Beteiligung von EU-Unternehmen, lässt sich der Vorwurf einer verbotenen Beschränkung (hier speziell: einer diskriminierenden Behandlung des EWR-Unternehmens aufgrund seiner Staatsangehörigkeit) nur noch mit dem Argument abwehren, es gebe eine Sonderregelung in den Verträgen, die dies erlaube.

Argumente gegen Steuerneutralität auch für EWR-Gesellschaften. Eine Sonderregelung, wie sie in Anm. 125 verlangt wird, könnte darin gesehen werden, dass jedenfalls die Nichtanwendung der FusionsRL im EWR-Vertrag selbst stillschweigend vereinbart worden ist. Das könnte die diskriminierende Behandlung der Umstrukturierungen unter Beteiligung von EWR-Unternehmen rechtfertigen. 126

Abwägung; Entscheidung des EuGH. Dagegen, in der Nichtübernahme der FusionsRL in den EWR-Vertrag eine ausreichende Sonderregelung zu sehen, spricht allerdings wiederum, dass zwar die Geltung der spezifischen Richtlinien über das Steuerrecht im EWR-Vertrag nicht vereinbart wurde, der Vertrag aber die Grundfreiheiten grundsätzlich auch für das Gebiet des Steuerrechts in Kraft setzt. Das würde dann bedeuten, dass jeder Staat der EU und des EWR verpflichtet wäre, für grenzüberschreitende Umstrukturierungen, an denen EWR-Unternehmen beteiligt sind, die in seinem eigenen Recht vorgesehenen Vergünstigungen zu gewähren; dies wären für die EU-Staaten zugleich in den meisten Konstellationen die Bestimmungen, die sie aufgrund der FusionsRL zu schaffen verpflichtet waren, für die EWR-Staaten dagegen allein die von ihnen ohne EU-rechtliche Vorgaben autonom geschaffenen steuerlichen Bestimmungen über die Behandlung von Umstrukturierungen. Die Entscheidung hängt letztlich daran, ob man die EWR-vertragliche Sonderregelung, die FusionsRL nicht in das Geflecht des EWR-Vertrags zu übernehmen, eng oder weit interpretiert. – Der EuGH hat die Frage dahingehend entschieden, dass die EU-Staaten die Gesellschaften aus dem EWR in den Genuss der von der FusionsRL vorgegebenen Rechte bringen müssen; eine Ausnahme gelte nur für Staaten, bei denen der rechtliche Rahmen wegen fehlender Amtshilfe unterschiedlich sei (gemeint: Liechtenstein, das allerdings gegenüber Deutschland ab Inkrafttreten des neuen DBA Amtshilfe leisten wird, insoweit also nicht mehr abweichend behandelt werden darf). Vgl. EuGH v. 19.7.2012 – C-48/11 – *A Oy*). 127

Die Grundsätze der Grundfreiheiten gleichwohl auf einen hypothetischen EWR-Staat nicht anzuwenden, solange dieser Staat beim Austausch von Auskünften nicht kooperiert, kann jedenfalls nicht in pauschaler Form angehen, denn ein Mitgliedstaat kann nicht im Alleingang die Geltung der Grundfreiheiten für einen Mitgliedstaat des EWR umfassend aushebeln, obwohl die Verträge deren Geltung vorsehen. Freilich hat der EuGH anerkannt, dass es möglich sein könnte, gegenüber einem Drittstaat schärfere Bestimmungen als gegenüber einem EU-Staat anzuwenden, wenn die FinVerw. aus diesem Staat keine Informationen erlangen kann. Das setzt aber voraus, dass der Erhalt solcher Kontrolldaten aus dem Ausland für das konkrete Sachproblem tatsächlich eine Rolle spielt. Inwieweit es aber erforderlich sein sollte, über das Geschehen in einem EWR-Staat Informationen zu haben, um die Buchwertfortführung für in Deutschland belegenes Vermögen zu gewähren, dürfte zumindest in den meisten Fällen nicht unmittelbar auf der Hand liegen. – Aus deutscher Sicht ist das Problem jedoch, nach dem Inkrafttreten des DBA Liechtenstein nicht mehr relevant, weil Deutschland nunmehr mit allen EWR-Staaten einen entsprechenden Auskunftsaustausch pflegt. 128

c) Charta der Grundrechte

129 **Neuentwicklung.** Durch den Vertrag von Lissabon neu hinzugetreten zum Primärrecht ist die Charta der Grundrechte der Union (Charta der Grundrechte der Europäischen Union vom 14.12.2007, konsolidierte Fassung in ABl. 2010 Nr. C 83).

130 **Anwendungsbereich.** Die Grundrechtecharta (GrCh) hat nur dort Relevanz, wo Unionsrecht einschlägig ist, also für die Organe der EU immer, für die Mitgliedstaaten dagegen nur soweit, wie diese zur Durchführung des Unionsrechts tätig werden (Art. 51 GrCh). Damit füllt die Grundrechtecharta eine Rechtsschutzlücke aus, denn weil die Verfassungen der Mitgliedstaaten auch gegenüber einfachen Rechtsakten der Union rechtlich nachrangig sind, konnten (und können) die Grundrechtekataloge in den Verfassungen der Einzelstaaten keinen wirksamen Schutz gegen Hoheitsakte der EU vermitteln. Die Charta wurde geschaffen, um diese rechtliche Lücke zu schließen; nachdem der EuGH zuvor nur unter Hinweis auf die gemeinsamen Rechtstraditionen der Mitgliedstaaten die (stillschweigende) Existenz bestimmter Grundrechte im (damaligen) Gemeinschaftsrecht gefolgert hatte, hat die Charta also im Wesentlichen den bisher unterstellten impliziten Grundrechtsschutz im Gemeinschaftsrecht durch einen explizit formulierten Grundrechtskatalog im Unionsrecht ersetzt. – Entsprechend dieser Historie und entsprechend der etablierten Lehre, dass ein nationaler Grundrechtsschutz überall dort nicht möglich ist, wo Unionsrecht einschlägig ist, erklärt der EuGH die Charta überall dort für einschlägig, wo ein Mitgliedstaat unionsrechtlichen Vorgaben folgt (EuGH v. 26.10.2013 – C-617/10 – Akerberg Fransson; vgl. aber auch z. B. EuGH v. 6.3.2014 – Siragusa). Der Zusammenhang eines mitgliedstaatlichen Handelns mit dem Unionsrecht muss freilich hinreichend eng sein, es reicht also z. B. nicht aus, dass ein Rechtsgebiet zum EU-Recht lediglich benachbart ist (EuGH v. 6.3.2014 – Siragusa, Rz. 24). – Diese Abgrenzung der Anwendungsbereiche der Charta ist sachlich vollkommen überzeugend, die Kritik des BVerfG, der Anwendungsbereich sei zu weit gezogen, vermag nicht zu überzeugen.

131 **Ausnahmen.** Ursprünglich haben sich sowohl das Vereinigte Königreich als auch Polen ausbedungen, dass für sie die Charta einstweilen keine Bindungswirkung entfaltet. Die Einführung einer ähnlichen Ausnahme für Tschechien war zwischenzeitlich im Gespräch. – Daher müsste es für diese beiden Mitgliedstaaten dabei bleiben, dass diese bei der Durchführung des Unionsrechts nur an die früher vom EuGH hergeleiteten gemeinsamen Verfassungstraditionen der Mitgliedstaaten gebunden sind. Nach dem britischen Austritt ist diese Besonderheit nur noch für Polen relevant.

132 **Bedeutung für das UmwStG.** Nach dem Gesagten erfolgt im Bereich des Umwandlungssteuerrecht der Grundrechtsschutz nach der Charta (und nur nach dieser!), soweit eine Fallkonstellation unter die Vorgaben der Fusionsrichtlinie fällt oder die Niederlassungsfreiheit oder Kapitalverkehrsfreiheit einschlägig ist, während der Grundrechtsschutz sich nach dem Grundgesetz richtet, soweit dies im konkreten Anwendungsfall nicht der Fall ist.

133 **Relevante Grundrechte.** Die Charta verbrieft u. a. die Berufsfreiheit (Art. 15 GrCh), die unternehmerische Freiheit (Art. 16 GrCh), das Eigentumsrecht (Art. 17 GrCh), die Gleichheit vor dem Gesetz (Art. 20 GrCh), Nichtdiskriminierung nach verschiedenen Kriterien (Art. 21 GrCh). Verfahrensrechtlich wichtig sein könnten das Recht auf gute Verwaltung (Art. 41 GrCh, mit dem Recht auf rechtliches Gehör, Zugang zu Akten und Verpflichtung der Verwaltung, ihre Entscheidungen zu begründen) und auf Zugang zu Dokumenten (Art. 42 GrCh) sowie das Recht auf wirksame Rechtsbehelfe (Art. 47 GrCh).

134 **Unmittelbare Konsequenzen für das Umwandlungssteuerrecht.** Fragen, bei denen die Grundrechtecharta unmittelbar zu Veränderungen bisheriger Rechtsansichten zum UmwStG beitragen könnte, sind bisher nicht erkennbar.

135–139 *(einstweilen frei)*

III. Steuerliche FusionsRL

1. Allgemeines

Steuerliche FusionsRL. Direkte Vorgaben zur Gestaltung der deutschen Steuerregelungen für Umwandlungen macht bislang vor allem die steuerliche FusionsRL 90/434/EG von 1990, materiell geändert 2005 und redaktionell mehrfach ergänzt durch die Beitrittsverträge mit neuen Staaten. Aktuell gültig ist die Neufassung v. 19.10.2009: „Richtlinie 2009/133/EG des Rates vom 19. Oktober 2009 über das gemeinsame Steuersystem für Fusionen, Spaltungen, Abspaltungen, die Einbringung von Unternehmensteilen und den Austausch von Anteilen, die Gesellschaften verschiedener Mitgliedstaaten betreffen, sowie für die Verlegung des Sitzes einer Europäischen Gesellschaft oder einer Europäischen Genossenschaft von einem Mitgliedstaat in einen anderen Mitgliedstaat, *Amtsblatt Nr. L 310 vom 25/11/2009 S. 0034 – 0046*“ 140
(vorne abgedruckt unter „Texte 2“).

Zielsetzung der Richtlinie. Die Richtlinie nennt in der Präambel als ihr Ziel die Förderung echter binnenmarktähnlicher Verhältnisse, zu deren Herstellung die in ihr geregelten Umstrukturierungsvorgänge gelegentlich von steuerlichen Erschwernissen ungehindert durchführbar sein müssten. Der Sache nach geht es, was die Richtlinie in dieser Klarheit nicht ausspricht, bei allen in der Richtlinie erfassten Vorgängen stets um spezielle Formen, die Niederlassungsfreiheit auszuüben (vgl. Anm. 120). Bei der Auslegung der Richtlinie wird somit im Zweifel besonders darauf zu achten sein, welches Verständnis der Regelungen der Verwirklichung der Niederlassungsfreiheit am meisten dient. 141

Nachrangigkeit gegenüber dem Recht der Grundfreiheiten. Da die EU-Organe zwar aufgrund der im EU-Vertrag vorgesehenen Befugnisse Richtlinien erlassen dürfen, diese Richtlinien aber ihrerseits nicht den Inhalt des Vertrages abändern können, kann auch die FusionsRL die Mitgliedstaaten nicht dazu ermächtigen, vertragswidrig zu handeln. Die Vorgaben aus der Niederlassungsfreiheit und den übrigen Grundfreiheiten bleiben also neben den Vorgaben der FusionsRL in vollem Umfang verbindlich. Die Mitgliedstaaten haben in ihrer jeweiligen Rechtsordnung also nach wie vor dafür Sorge zu tragen, dass es unter keinen Umständen dazu kommen kann, dass eine grenzüberschreitende Umstrukturierung innerhalb der EU steuerlich ohne ausreichende Rechtfertigung ungünstiger behandelt werden könnte, als dies bei dem entsprechenden innerstaatlichen Vorgang unter vergleichbaren Umständen der Fall wäre. 142

Konsequenzen für die Nutzung von Wahlrechten. Dies ist auch zu beachten, sofern die FusionsRL den Mitgliedstaaten irgendwelche Wahlrechte bei der Umsetzung einräumt: Diese dürfen keinesfalls in einer Art und Weise genutzt werden, die zu einem letztendlich diskriminierenden Zustand führen könnte. Die Wahlmöglichkeiten, die die Richtlinie einem Mitgliedstaat einräumt, können also von den Lösungen, die dieser Staat für sonstige Umstrukturierungen (oder andere vergleichbare Vorgänge) gewählt hat, im Zusammenwirken mit den Diskriminierungs- und Beschränkungsverboten der Grundfreiheiten eingeschränkt werden. Vgl. zur parallelen Situation bei der Mutter-Tochter-Richtlinie: EuGH v. 18.9.2003 *Bosal* IStR 2003, 666 Tz. 26 und EuGH v. 23.2.2006 *Keller Holding* IStR 2006, 235 Tz. 45. – Daraus ist beispielsweise abzuleiten, dass die von der FusionsRL gegebene Erlaubnis, beim Ausscheiden einer ausländischen Betriebsstätte aus der unbeschränkten Steuerpflicht des bisherigen Heimatstaates der Eigentümergesellschaft durch Umstrukturierung oder Sitzverlegung dieser Gesellschaft eine Schlussbesteuerung der stillen Reserven dieser Auslandsbetriebsstätte vorzunehmen, keinesfalls bedeutet, dass man diese Schlussbesteuerung sofort, ohne Gewährung einer Steuerstundung, vornehmen dürfte. 143

(einstweilen frei) 144, 145

2. Grundprinzip der FusionsRL

146 **Steuerneutralität.** Grundprinzip der FusionsRL ist die Steuerneutralität: Die Vornahme der in den FusionsRL geregelten Vorgänge soll keine vorzeitige Steuerzahlung auslösen, aber auch keinen endgültigen Steuervorteil ermöglichen. Vielmehr soll – insbesondere hinsichtlich der stillen Reserven – auf der Gesellschaftsebene die Nachfolgegesellschaft so weit wie möglich in die steuerliche Ausgangsposition der Vorgängergesellschaft(en) eintreten (Buchwertfortführung) und auf der Anteilseignerebene der Anteil an der „neuen“ Gesellschaft steuerlich möglichst weiter so behandelt werden wie der an der „alten“ Gesellschaft. Dazu, wie dies technisch gesichert werden soll, macht die FusionsRL jeweils nähere Vorgaben.

147 **Deklaratorische und konstitutive Inhalte der Richtlinie.** Wie die allgemeinen Ausführungen zu den Grundfreiheiten zeigen, ergibt sich die Verpflichtung zu einer möglichst günstigen steuerlichen Behandlung und weitgehend auch das Gebot der Steuerneutralität bereits aus der Logik der Niederlassungsfreiheit. Einzelne Bestimmungen der Richtlinie stellen daher nur klar, was ohnehin gilt, und haben damit einen nur deklaratorischen Charakter. Ein Beispiel dafür bildet Art. 6 FusionsRL, der nur die selbstverständlichen Folgen des europarechtlichen Diskriminierungsverbots für die Fortführung von Verlustvorträgen festhält. Andere Bestimmungen haben dagegen einen echten Regelungsgehalt, weil sie technische Detailfragen einer Lösung zuführen, die sich möglicherweise nicht oder jedenfalls aufgrund der bisherigen EuGH-Rechtsprechung noch nicht unmittelbar mit Hilfe der Grundfreiheiten selbst klären lassen. Als Beispiel hierfür kann man etwa auf Art. 7 FusionsRL verweisen.

148, 149 *(einstweilen frei)*

3. Geographischer, sachlicher und persönlicher Anwendungsbereich der FusionsRL (Art. 1–3 FusionsRL)

a) Geographischer Anwendungsbereich

150 **Geltung nur für die EU-Staaten, nicht für den EWR.** Die FusionsRL gilt nur im Gebiet der EU, nicht dagegen in den übrigen Staaten des EWR (Island, Liechtenstein und Norwegen). Zu der Problematik, dass Unternehmen aus dem EWR, die an einer Umstrukturierung im EU-Gebiet beteiligt sind, aufgrund der in der auch für sie geltenden Niederlassungsfreiheit enthaltenen Diskriminierungsverbote im Gebiet der EU Gleichbehandlung mit EU-Unternehmen beanspruchen können, siehe oben Anm. 124 ff.

151 Das **Zinsabkommen der EU mit der Schweiz** aus dem Jahre 2004 (v. 26.10.2004, in Kraft seit 1.7.2005; vgl. ebendort insbesondere Art. 15) dehnt zwar den Regelungsbereich der übrigen ertragsteuerlichen Richtlinien, dh der Mutter-Tochter-Richtlinie (Richtlinie 2011/96/EU des Rates vom 30. November 2011 über das gemeinsame Steuersystem der Mutter- und Tochtergesellschaften verschiedener Mitgliedstaaten, Neufassung der ursprünglichen RL 90/435/EWG) und der Richtlinie über Zinsen und Lizenzgebühren im Konzern (2003/49/EG), auf Unternehmen aus der Schweiz aus, nicht aber auch den Anwendungsbereich der FusionsRL. Dem lag möglicherweise die Vorstellung zugrunde, dass grenzüberschreitende Fusionen und Spaltungen zwischen Unternehmen aus der EU und Schweizer Unternehmen aus gesellschaftsrechtlichen Gründen gar nicht möglich sind (was gegenwärtig auch noch zutreffend sein dürfte). Jedoch ließen sich grenzüberschreitend zwischen Unternehmen der EU und Schweizer Unternehmen jedenfalls die in der FusionsRL geregelten Vorgänge der grenzüberschreitenden Einbringung und des grenzüberschreitenden Anteilstauschs verwirklichen. Es hätte sich daher rechtspolitisch durchaus angeboten, durch das Zinsabkommen Unternehmen aus der Schweiz auch in den Anwendungsbereich der FusionsRL aufzunehmen. Dass dies nicht geschehen ist, ist auch insoweit bedauerlich, weil dadurch auch schweizer Aktionäre, die an fusionierenden Kapitalgesellschaften in der EU Anteile halten, nicht automatisch in den Genuss der Buchwertfort-

führung auf Anteilseignerebene kommen. In der Anbindung der Schweiz an die EU durch bilaterale Verträge klafft an dieser Stelle also eine Lücke, die sich für eine Integration der Schweiz ins Netzwerk der europäischen Wirtschaftsbeziehungen durchaus als hinderlich erweisen könnte.

(einstweilen frei) **152**

b) Sachlicher Anwendungsbereich (erfasste Umstrukturierungsvorgänge)

Überblick. Die FusionsRL beansprucht Geltung nicht für alle denkbaren „Umstrukturierungsvorgänge", sondern nur für solche Vorgänge, die ausdrücklich in der Richtlinie genannt sind. Darunter fallen sowohl Vorgänge, bei denen die rechtliche Existenz eines oder mehrerer juristischer Personen verändert werden und es daher bei formaler Betrachtung zu einem Übergang von Vermögenswerten auf einen aus formaler Sicht anderen Eigentümer als zuvor kommen kann (Liste in Art. 1 Buchst. a FusionsRL), als auch Vorgänge, bei denen sich nur einzelne gesellschaftsrechtliche Merkmale verändern, die rechtliche Identität der betreffenden juristischen Person aber ebenso unverändert bleibt wie die Eigentumsverhältnisse an sämtlichen Vermögenswerten dieser Person (Liste der erfassten Vorgänge in Art. 1 Buchst. b FusionsRL). Gegenwärtig gehören zur ersten Kategorie (nur) Fusionen, Spaltungen, Abspaltungen, Einbringungen von Unternehmensteilen und der Anteilstausch, zur zweiten Kategorie (nur) die Sitzverlegung bei Europäischen Gesellschaften (SE) und Europäischen Genossenschaften (SCE). Um über die Anwendbarkeit oder Nichtanwendbarkeit der Richtlinie zu entscheiden, ist es somit notwendig, dass diese Schlüsselbegriffe exakt definiert werden. Dies geschieht in Art. 2 FusionsRL. **153**

aa) Fusion. Arten. Als „Fusion" erkennt die Richtlinie drei verschiedene Umstrukturierungsvorgänge an, nämlich die Fusion durch Aufnahme (Übertragung des Vermögens mindestens einer Gesellschaft auf eine andere, bereits bestehende Gesellschaft), die Fusion durch Neugründung (Übertragung des Vermögens von mindestens zwei Gesellschaften auf eine durch diesen Vorgang neu gegründete Gesellschaft) und den „upstream-merger", eine Sonderform der Fusion durch Aufnahme (Übertragung des Vermögens einer Gesellschaft auf ihre 100%-ige Muttergesellschaft). Gemeinsam ist allen drei Fusionsformen, dass die Übertragung des Vermögens einer Gesellschaft auf eine andere „ihr gesamtes Aktiv- und Passivvermögen" umfassen muss, und dass diese Vermögensübertragung nicht etwa durch eine reguläre Liquidation mit Auskehrung der Erlöse, sondern „im Zeitpunkt ihrer Auflösung ohne Abwicklung" erfolgen muss, mithin durch Gesamtrechtsnachfolge. **154**

Gegenleistungen. Zwingende Voraussetzung für die Anerkennung eines Vorgangs als Fusion iSd Richtlinie ist außerdem, dass die übernehmende Gesellschaft für die Übernahme der Vermögenswerte eine Gegenleistung erbringen muss, und zwar – da die übertragende Gesellschaft untergeht – an die Gesellschafter der übertragenden Gesellschaft. Diese Gegenleistung muss aus Anteilsrechten an der übernehmenden Gesellschaft bestehen; ggf. darf auch eine bare Zuzahlung geleistet werden, die aber maximal 10% des Nennwerts oder rechnerischen Werts der neu ausgegebenen Anteilsrechte betragen darf. Lediglich beim „upstream-merger" wird von der Forderung nach einer Gegenleistung für die Vermögensübernahme abgesehen, da bei dieser Sonderform der Verschmelzung eine solche Regelung mangels außen stehender Anteilseigner sinnlos wäre. **155**

Einzelfälle: Wenn bei einem Anteilstausch die Begrenzung der Gegenleistung auf 10% des Nennwerts verletzt wird, wenn im Zusammenhang mit einer solchen Umstrukturierung vereinbart wird, im Anschluss daran später eine massive Ausschüttung von Rücklagen aus dem Vermögen der Gesellschaft vornehmen zu lassen, ist das keine Verletzung der 10%-Grenze; allerdings kann sich dann die Frage stellen, inwieweit ein Missbrauch der Richtlinienbestimmungen vorliegt (EuGH v. 5.7.2007 *Kofoed* DStRE 2008, 419). **156**

Verhältnis zu anderen Regelungen. a) Die hier geregelten drei Formen der „Fusion" entsprechen exakt den handelsrechtlichen Definitionen in der betreffenden gesellschaftsrechtlichen Regelung (= Richtlinie 2005/56/EG v. 26.10.2005 über die Verschmelzung **157**

von Kapitalgesellschaften aus verschiedenen Mitgliedstaaten, ABl. Nr. L 310, S. 1 ff.); die begriffliche Trennung zwischen „Verschmelzung" (= Handelsrecht) und „Fusion" (= Steuerrecht) ist eine Besonderheit der deutschen Sprachfassung und findet sich zB in der englischen Sprachfassung nicht („merger"). Zukünftige Entscheidungen des EuGH zum Verschmelzungsbegriff im Handelsrecht dürften also ohne Weiteres auf die Auslegung der steuerlichen FusionsRL übertragbar sein. Hinzuweisen ist allerdings auf die Besonderheit, dass die steuerliche FusionsRL nur die Definition des Umstrukturierungsvorgangs selbst aus dem Handelsrecht übernimmt, zumindest aber nicht ausdrücklich zur Voraussetzung macht, dass auch alle weiteren in den handelsrechtlichen Regelungen vorgeschriebenen Formalitäten für eine Verschmelzung tatsächlich eingehalten worden sind. Sind bei der Durchführung einer Verschmelzung insoweit Fehler gemacht worden, würde die Frage, ob deswegen automatisch schon keine „Fusion" iSd steuerlichen Bestimmungen mehr vorliegt, also zumindest dem EuGH vorzulegen sein. – b) Hinzuweisen ist ferner darauf, dass die Definition der „Fusion" in der steuerlichen Richtlinie nicht explizit auf grenzüberschreitende Verschmelzungen bezogen ist, vielmehr findet sich eine in allen entscheidenden Punkten inhaltsgleiche Definition auch in Art. 3 und 4 der 3. gesellschaftsrechtlichen Richtlinie (nationale Verschmelzungen). Eine rein nationale Verschmelzung zwischen zwei Gesellschaften, die nach dem Gesellschaftsrecht desselben Mitgliedstaates gegründet sind, wird also nicht bereits durch die hier getroffene Begriffsabgrenzung aus dem Anwendungsbereich ausgeschlossen; dies geschieht vielmehr erst an anderer Stelle, nämlich in Art. 3 iVm Art. 1 FusionsRL (sofern die hierzu übliche Auslegung richtig sein kann; dazu später).

158 *(einstweilen frei)*

159 **bb) Spaltung und Abspaltung. Grundsatz.** „Spaltung" ist nach der steuerlichen FusionsRL der Vorgang, durch den eine Gesellschaft zum Zeitpunkt ihrer Auflösung (= also nicht im Wege der Liquidation!) ihr gesamtes Aktiv- und Passivvermögen auf zwei oder mehr Gesellschaften überträgt; diese Gesellschaften können bereits bestehende Gesellschaften sein oder solche, die im Zuge der Spaltung erst neu gegründet werden. Zwingende Voraussetzung ist wiederum, dass die Gesellschaften, die die Vermögenswerte übernehmen, an die Gesellschafter der aufgelösten Gesellschaft Anteile als Abfindung übertragen. Eine ggf. gewährte bare Zuzahlung darf auch hier 10% des Nennwerts oder des rechnerischen Wertes dieser als Gegenleistung ausgegebenen Anteile nicht überschreiten. – „Abspaltung" ist dagegen der Vorgang, bei dem eine Gesellschaft lediglich einen oder mehrere Teilbetriebe auf eine oder mehrere andere Gesellschaften überträgt, aber selbst nicht untergeht, sondern ihrerseits mindestens einen Teilbetrieb behält. Wie auch bei der Spaltung dürfen die Gesellschaften, denen die Teilbetriebe durch Abspaltung übertragen werden, sowohl neu gegründete als auch schon bestehende Gesellschaften sein, und auch hier müssen die Gesellschaften, denen das Vermögen übertragen wird, als Gegenleistung Anteile an sich und ggf. eine auf maximal 10% des Nennwertes (oder rechnerischen Werts) dieser Anteile begrenzte Zuzahlung an die Gesellschafter der Altgesellschaft übertragen. – Zu möglichen Problemen der 10%-Grenze vgl. oben Rn. 155 f.

160 **Teilbetriebsbedingung.** Die Richtlinie besteht darauf, dass bei einer Abspaltung die Verteilung des Vermögens dergestalt erfolgen muss, dass das Vermögen in Form intakter Teilbetriebe auf die beteiligten Gesellschaften verteilt werden muss, während bei der Spaltung (= Aufspaltung) eine solche Bedingung aber nicht existiert. Daraus folgt, dass bei einer Spaltung das Vermögen der aufgespaltenen Gesellschaft offensichtlich ohne eine solche Einschränkung verteilt werden darf. – Für Einzelheiten zum EU-rechtlichen Teilbetriebsbegriff vgl. Rn. 166.

161 *(einstweilen frei)*

162 **cc) Einbringung. Definition.** Eine Einbringung liegt nach der FusionsRL immer dann vor, wenn eine Gesellschaft ihren gesamten Betrieb oder aber einen oder mehrere Teilbetriebe in eine andere Gesellschaft gegen Gewährung von Gesellschaftsrechten einbringt, aber selbst weiterhin bestehen bleibt.

Handelsrechtliche Vorgänge. Hinsichtlich der handelsrechtlichen Wege, auf denen eine steuerlich anzuerkennende Einbringung erfolgen kann, macht die FusionsRL keinerlei Vorgaben. 163

Abgrenzung zu anderen Vorgängen. Der hauptsächliche Unterschied zur Abspaltung liegt darin, dass die als Abfindung für die Übertragung des Vermögens von der empfangenden Gesellschaft zu gewährenden Anteile im Falle der Abspaltung den Gesellschaftern der Gesellschaft gewährt werden müssen, die das Vermögen übertragen hat, während sie im Falle der Einbringung der einbringenden Gesellschaft selbst zustehen. Außerdem sind im Rahmen der Gegenleistung Zuzahlungen zusätzlich zur Gewährung von Anteilsrechten nicht erwähnt und daher eindeutig nicht zugelassen. 164

Teilbetriebsbedingung. Hinzuweisen ist darauf, dass die Gesellschaft, wenn sie nicht ihr gesamtes Vermögen ohne jede Ausnahme im Wege der Einbringung auf die andere Gesellschaft überträgt, nur Vermögenswerte übertragen darf, die einen oder mehrere Teilbetriebe bilden. Es wird aber ausdrücklich nicht verlangt, dass auch das Vermögen, das sie in einem solchen Fall nicht einbringt, sondern für sich selbst zurückbehält, dann ebenfalls einen Teilbetrieb bilden müsste (so auch EuGH vom 15.1.2002 *Andersen og Jensen* IStR 2002, 94 Rz. 28). 165

Teilbetriebsbegriff. „Teilbetrieb" ist nach der FusionsRL die Gesamtheit der in einem Unternehmensteil einer Gesellschaft vorhandenen aktiven und passiven Wirtschaftsgüter, die in organisatorischer Hinsicht einen selbständigen Betrieb, dh eine aus eigenen Mitteln funktionsfähige Einheit, darstellen. Diesen Begriff entsprechend der Rspr. des BFH zu § 16 EStG auszulegen, verbietet sich aus allgemeinen gesetzessystematischen Gründen; vielmehr ist der Begriff autonom europarechtlich auszulegen. In der Ursprungsfassung der KapitalverkehrsteuerRL aus dem Jahre 1969 findet sich in Art. 7 (dort gestrichen mit Wirkung ab 1984) ebenfalls ein Teilbetriebsbegriff unter der Bezeichnung „Zweig der Tätigkeit"; auch dieser Teilbetriebsbegriff bezieht sich auf Vermögenseinheiten, die im Zuge von Umstrukturierungen (dort speziell: Einbringungen) steuerlich begünstigt werden sollen. In der französischen Sprachfassung wird für den Teilbetriebsbegriff der KapitalverkehrsteuerRL und denjenigen der FusionsRL derselbe Ausdruck verwendet („branche d´activité„). Dies unterstreicht den Eindruck, dass es sich in beiden Richtlinien um dasselbe handelt. Entscheidungen des EuGH dazu, wann ein Teilbetrieb („Tätigkeitszweig") iSd Art. 7 aF der KapitalverkehrsteuerRL vorliegt und wann nicht, können somit auch Aufschluss geben über den Inhalt des Teilbetriebsbegriffs der FusionsRL. – Dagegen ist fraglich, ob sich auch aus Art. 19 der MehrwertsteuerRL (Übertragung des Gesamtvermögens oder „Teilvermögens" eines Unternehmens, im Deutschen: § 1 I a UStG) Rückschlüsse gewinnen lassen könnten; die Formulierungen weichen hier gegenüber dem Sprachgebrauch der FusionsRL vergleichsweise deutlich ab. – **Gerichtsentscheidungen:** EuGH v. 15.1.2002 *Andersen og Jensen* IStR 2002, 94 (zur FusionsRL); v. 13.10.1992 *Europartner* (zur KapitalverkehrsteuerRL). 166

(einstweilen frei) 167

dd) Anteilstausch. Definition. Anteilstausch ist der Vorgang, dass eine Gesellschaft die Mehrheit an einer anderen Gesellschaft dadurch erwirbt oder ausbaut, dass sie von den Gesellschaftern der anderen Gesellschaft deren Anteile gegen Ausgabe von Anteile an ihr selbst erwirbt; eine ggf. zusätzlich zu der Ausgabe der Anteile vorgenommene bare Zuzahlung ist auf maximal 10 % des Nennwerts oder rechnerischen Wertes der ausgegebenen Anteile begrenzt (Art. 2 Buchst. d FusionsRL). – Die FusionsRL definiert den Vorgang des Anteilstauschs aus der Sicht der Gesellschaft, die im Zuge des Anteilstausches die Anteile an der anderen Gesellschaft erhält. Aus der Perspektive der Gesellschafter, die ihre bisherigen Anteile gegen Anteile an der erwerbenden Gesellschaft tauschen, stellt sich der Anteilstausch dagegen gesellschaftsrechtlich als eine Einbringung dieser Anteile in die erwerbende Gesellschaft dar. 168

169 **Abgrenzungsfragen.** Die 10%-Grenze für Zuzahlungen ist auch dann eingehalten, wenn nur eine geringere Zuzahlung geleistet wird, im Anschluss an die Umstrukturierung dann aber beschlossen wird, eine massive Auskehrung von Rücklagen der erworbenen Gesellschaft vorzunehmen; allerdings stellt sich dann die Frage, ob ein Missbrauch der FusionsRL vorliegt. Dies ist vom nationalen Gericht zu beurteilen (EuGH v. 5.7.2007 *Kofoed* DStRE 2008, 419, vgl. Anm. 156).

170 **Vergleich mit der Einbringung von Unternehmensteilen.** Der wesentliche Unterschied des Geschehens beim Anteilstausch zur Einbringung liegt demnach letztlich nur darin, dass a) beim Anteilstausch keine Teilbetriebe eingebracht werden, sondern Anteile an einer Kapitalgesellschaft, b) als einbringende Person nicht nur eine Kapitalgesellschaft, sondern jedermann in Betracht kommt.

171 *(einstweilen frei)*

172 **ee) Sitzverlegung.** Gemeint ist die **Verlegung des satzungsmäßigen Sitzes.** Die FusionsRL definiert die Sitzverlegung als den Vorgang, durch den der „Sitz" von einem Mitgliedstaat in einen anderen verlegt wird, ohne dass dies zur Auflösung der Gesellschaft oder zur Gründung einer neuen juristischen Person führt. Nach offiziellem deutschen Sprachgebrauch bezeichnet man damit nur den in der Satzung festgelegten Sitz (vgl. § 11 AO), auch wenn der Terminus Sitzverlegung im Schrifttum auch benutzt wird, um die Probleme im Zusammenhang mit einer bloßen Verlegung des Verwaltungssitzes (bzw. Orts der Geschäftsleitung, § 10 AO) zu bezeichnen. Die anderen Sprachfassungen bestätigen diesen Eindruck (auch das englische „registered office" bezeichnet die offizielle Firmenanschrift, nicht die tatsächliche Hauptverwaltung). Für die Rechtsformen SE und SCE spielt diese Frage übrigens keine besondere Rolle, weil SE und SCE ihren Verwaltungssitz stets am selben Ort unterhalten müssen wie ihren satzungsmäßigen Sitz und ggf. beides gemeinsam verlegen müssen.

173 **Begrenzung auf SE und SCE.** Der Bezug auf die Verlegung des Satzungssitzes erklärt, warum die Definition der Richtlinie eine Sitzverlegung ausdrücklich nur für SE und SCE erfasst („der Vorgang, durch den eine SE oder eine SCE … ihren Sitz … verlegt"). Für andere Rechtsformen ist eine Verlegung des satzungsmäßigen Sitzes in einen anderen Mitgliedstaat nämlich bisher nicht durch EU-Richtlinien geregelt, auch wenn sich zunehmend die Ansicht durchsetzt, dass eine Verlegung des satzungsmäßigen Sitzes ins Ausland zugleich mit einem Formwechsel in die vergleichbare Rechtsform des Aufnahmestaates in vielen Fällen eigentlich schon aufgrund der unmittelbaren Wirkung der Regelungen über die Niederlassungsfreiheit erreichbar sein sollte.

174 **Kritik.** Die Begriffsabgrenzung der Richtlinie ist in mehrfacher Hinsicht unzweckmäßig:

175 **Erster Kritikpunkt: Unverständliche Auswahl der begünstigten Rechtsvorgänge:** Es ist seit dem Urteil *Sevic* (EuGH v. 13.12.2005 *Sevic Systems* DStR 2006, 49) durchaus nicht ausgeschlossen, dass nicht nur eine grenzüberschreitende Fusion gesellschaftsrechtlich bereits allein auf Grundlage der nationalen Bestimmungen in Verbindung mit dem Diskriminierungsverbot aus der Niederlassungsfreiheit rechtlich verwirklicht werden kann, sondern mit derselben Logik auch eine Verlegung des satzungsmäßigen Sitzes in einen anderen Mitgliedstaat verlangt werden könnte. Könnte auf diesem Wege aber zB die Sitzverlegung einer österreichischen GmbH nach Deutschland durchgesetzt werden, bestünde keinerlei erkennbarer sachlicher Grund, warum man die von der FusionsRL für die Sitzverlegung einer SE oder SCE vorgesehene Regelung nicht auch auf die Verlegung des Sitzes einer solchen anderen Rechtsform anwenden sollte. Aufgrund der Tatsache, dass die Sitzverlegung dann eine Nutzungsform der Niederlassungsfreiheit darstellen würde und die Niederlassungsfreiheit jede nicht gerechtfertigte Beschränkung verbietet, könnte man die Erstreckung der Begünstigungen für die Sitzverlegung möglicherweise allein schon aufgrund des Primärrechts mit Hinweis auf zwei wesentliche Argumente fordern: a) die in der FusionsRL genannte Regelung ist Beweis genug dafür, dass es technisch möglich ist,

den Vorgang einer Sitzverlegung in dem hier geregelten Ausmaß steuerneutral zu behandeln; damit kann bei anderen Rechtsformen, bei denen die steuerliche Situation anlässlich einer Sitzverlegung dieselbe ist, eine strengere Behandlung nicht mehr „erforderlich" sein (Rechtfertigungskriterium Nr. 3 für eine Beschränkung – Erforderlichkeit – somit widerlegt); b) für die unterschiedliche Behandlung der Sitzverlegung bei SE und SCE einerseits und anderen Kapitalgesellschaften andererseits ist keinerlei einleuchtender sachlicher Grund erkennbar (Rechtfertigungskriterium Nr. 4 – Nichtdiskriminierende Behandlung – ist also ebenfalls widerlegt). – Die Chancen dafür, dass der EuGH diese Schlussfolgerungen anerkennt, sind durch das EuGH-Urteil v. 16.12.2008 *Cartesio* C-210/06 zunächst gesunken; dort gestand der Gerichtshof dem Gründungsstaat einer Gesellschaft das Recht zu, die Verlegung des Satzungssitzes in einen anderen Staat nach eigenem Gusto zu unterbinden. Wieder gestiegen sind die Chancen auf die Anerkennung des Rechts auf eine grenzüberschreitende Sitzverlegung auch für andere Gesellschaftsformen als SE und SCE dagegen durch die Entscheidung Polbud (EuGH vom 25.10.2017, Rs. C-106/16).

Zweiter Kritikpunkt: Satzungsmäßiger Sitz international-steuerrechtlich eigentlich ungeeigneter Anknüpfungspunkt: Steuerlich werden die Probleme der sog. „Sitzverlegungen" primär nicht durch die Verlegung des satzungsmäßigen Sitzes ausgelöst, sondern eher durch die Verlegung des Verwaltungssitzes (Ort der Geschäftsleitung), da es der Ort der Geschäftsleitung ist, an den die Regelungen des internationalen Steuerrechts über die Ansässigkeit vorrangig anknüpfen. Die Lösungen, die die Richtlinie für die Verlegung des Satzungssitzes einführt, eignen sich auch in vollem Umfang zur Lösung der steuerlichen Probleme der Verlegung des Verwaltungssitzes (und dienen ja auch tatsächlich dazu, da bei SE und SCE die Sitzverlegung immer auch automatisch zur Verwaltungssitzverlegung führt). Zu einer solchen Verlegung des Verwaltungssitzes in ein anderes Land gibt es jedoch seit der Verwerfung der Sitztheorie in Europa (EuGH v. 9.3.1999 C-212/97 *Centros* Slg. 1999 I-01459; v. 5.11.2002 C-208/00 *Überseering* IStR 2002, 809; v. 30.9.2003 *Inspire Art* NJW 2003, 3331) zahlreiche Möglichkeiten. Die Verlegung der Hauptverwaltung eines Unternehmens in einen anderen Mitgliedstaat ist auch ein Recht, das den Unternehmen (und damit auch den Kapitalgesellschaften, Art. 48 EG) ausdrücklich vom AEUV garantiert ist (Art. 49 EG, vgl. Anm. 121). Da für dieses Recht ein Beschränkungsverbot gilt (Teil der Niederlassungsfreiheit!), besteht auch eine primärrechtliche Verpflichtung, den Vorgang in den Genuss der günstigsten im Steuersystem eines Staates denkbaren Behandlung kommen zu lassen. Es war daher unsachgemäß, den Vorgang der Verwaltungssitzverlegung (Verlegung des Geschäftsleitungsorts) aus dem Anwendungsbereich der FusionsRL auszuklammern, obwohl die Lösungen für die Sitzverlegung auch hierfür geeignet gewesen wären. Die Richtlinie sollte daher entsprechend ausgeweitet werden. – Bis dahin ist nicht unwahrscheinlich, dass die Anwendung entsprechender Vergünstigungen für eine Verlegung des Ortes der Geschäftsleitung bereits heute auf Grundlage des Primärrechts gefordert werden kann. Bei entsprechenden Plänen sollte in einem von dem Vorgang betroffenen Mitgliedstaat vorab eine verbindliche Auskunft über die steuerneutrale Behandlung eingeholt und bei ablehnendem Bescheid gegen eine solche Auskunft Klage erhoben werden, um den Weg zum EuGH beschreiten zu können (möglich zB, soweit Schweden betroffen ist, vermutlich aber auch hier in Deutschland als Weg gangbar im Einvernehmen mit dem FA, wenn nämlich das FA zu einer verbindlichen Auskunft bewegt werden kann, gegen die dann geklagt werden kann). Ersatzweise könnte auch der Weg gewählt werden, die Rechtslage vorab durch Gründung einer „Testkapitalgesellschaft" mit geringem Kapital und Vermögen (zB gemäß britischem Recht) und eine Verwaltungssitzverlegung mit geringen steuerlichen Auswirkungen einen Präzedenzfall tatsächlich zu verwirklichen, um Rechtssicherheit zu erlangen. 176

Alternativen. De lege lata können die Schwierigkeiten einer Verlegung von satzungsmäßigem Sitz und/oder Verwaltungssitz umgangen werden, wenn die Gesellschafter der Kapitalgesellschaft (oder einer davon) in dem Land, in das sie die Gesellschaft umziehen lassen möchten, eine weitere Kapitalgesellschaft gründen (mit geringem Mindestkapital 177 möglich) und die bisherige Gesellschaft dann mit dieser Gesellschaft auf eine neue Gesellschaft mit Satzungssitz und Verwaltungssitz im gewünschten Land grenzüberschreitend verschmelzen. Da durch diese Konstruktion („unechte Sitzverlegung") das gewünschte Ergebnis nicht mehr in Form einer Sitzverlegung, sondern einer Fusion erreicht wird, ist die Anwendbarkeit der FusionsRL dann in jedem Fall garantiert.

178 *(einstweilen frei)*

c) Persönlicher Anwendungsbereich

179 **aa) Gesellschaften. Nur Kapitalgesellschaften.** Als „Gesellschaften", auf die sich eine Fusion, eine Spaltung, eine Einbringung oder ein Anteilstausch beziehen können, kommen nur Gesellschaften mit ganz bestimmten Rechtsformen in Frage, die im Anhang zur Richtlinie abschließend aufgeführt worden sind. Es handelt sich sämtlich um Kapitalgesellschaften oder sonstige juristische Personen, die nach dem Recht ihres Gründungsstaates als Körperschaftsteuersubjekte anzusehen sind. – Dass andere Rechtsformen **nicht** erfasst sind, bestätigt (zur analogen Situation bei der Mutter-Tochter-Richtlinie) die EuGH-Entscheidung v. 18.6.2009 C-303/07 *Aberdeen Property Fininvest Alpha Oy.*

180 **Transparente Gesellschaften.** Nach herrschender Ansicht ist es möglich, dass eine Gesellschaft, die nach dem Recht ihres Gründungsstaates als Kapitalgesellschaft einzustufen ist, nach dem Steuerrecht eines anderen betroffenen Mitgliedstaates als transparent einzustufen ist. Für diesen Fall sorgt Art. 4 III FusionsRL vor, indem auch für einen solchen Fall eine Besteuerung von Veräußerungsgewinnen (dann bei den Gesellschaftern) unterbunden wird. Jedoch stellt sich die Frage, ob es diesen Fall in der Wirklichkeit tatsächlich geben kann: Die Niederlassungsfreiheit verpflichtet, wie man seit den Entscheidungen des EuGH im Gefolge von Centros weiß (vgl. oben Anm. 176), die Mitgliedstaaten dazu, die von anderen EU-Staaten gegründeten juristischen Personen als solche, also als Kapitalgesellschaften, anzuerkennen. Die Rechtsfähigkeit einer juristischen Person eines anderen EU-Staates als solche zu negieren, ist nicht einmal rechtfertigungsfähig (Entscheidung Inspire Art, vgl. Anm. 176). Daher spricht einiges dafür, dass auch das Vorgehen, eine juristische Person eines anderen EU-Landes selbst als „transparent" zu besteuern, mit dem Primärrecht unvereinbar ist, denn die Entscheidung, das Einkommen einer ausländischen Gesellschaft nicht als ihres, sondern als Einkommen ihrer Gesellschafter anzusehen, bevor eine Ausschüttung stattgefunden hat, stellt gerade jene Negation der zivilrechtlichen Eigenständigkeit der Gesellschaft dar, die vom EuGH gerade untersagt wird. – Jedoch ist es selbstverständlich immerhin denkbar, dass eine Gesellschaft freiwillig sich als transparent besteuern lassen könnte, und somit ist zumindest für diesen Fall die Erstreckung der FusionsRL auf solche Gesellschaften eine sinnvolle Abrundung des Schutzbereiches der Richtlinie. – Man beachte aber, dass Gesellschaften, die in ihrem *Gründungsstaat* steuerlich als Personengesellschaften (= transparent) besteuert werden, nicht erfasst werden.

181 **Ausklammerung der Personengesellschaften.** Nach Art. 54 AEUV steht die Niederlassungsfreiheit jedoch ebenso wie den Kapitalgesellschaften auch den Personengesellschaften zu, sofern sie nach dem Zivilrecht eines EU-Staates gegründet worden sind. Diese Gesellschaften vom Anwendungsbereich der FusionsRL auszunehmen, kann daher nur soweit überzeugen, wie bei einer Einbeziehung der Personenunternehmen in den Regelungsbereich der Richtlinie besondere Probleme zu erwarten gewesen wären, die man mit den dort gefundenen Regelungen allein noch nicht lösen könnte. Solche Probleme dürften vor allem dort denkbar sein, wo die von einer Personenunternehmung erzielten Gewinne der Einkommensteuer unterliegen; denn dann stellt sich zusätzlich zu den „normalen" Sachproblemen im Zusammenhang mit den in der FusionsRL geregelten Umstrukturierungsvorgängen auch noch die besondere Problematik, wie man beim Entstehen einer weiteren Rechtsträgerebene (vgl. Art. 8 FusionsRL) oder dem Wegfall einer rechtlichen Ebene (vgl. Art. 7 FusionsRL) die KSt- und die ESt-Ebene in systemverträglicher Weise aufeinander abstimmen kann. Diese Problematik aber lässt sich nicht regeln ohne Rücksicht auf das im jeweiligen Staat allgemein geltende KSt-System (Regelung des Zusammen-

wirkens von KSt und ESt), und da diese Systeme gegenwärtig EU-weit noch alles andere als harmonisiert sind, wird man die Ausklammerung der Personengesellschaften insoweit als durch besondere Sachprobleme gerechtfertigt ansehen dürfen.

Kritik. Nicht vertretbar dürfte dagegen eine Ausklammerung der Personengesellschaften aus dem persönlichen Anwendungsbereich der Richtlinie sein, soweit trotz dieser Rechtsform der KSt-Sektor nicht verlassen wird. Für die Nichteinbeziehung einer GmbH & Co KG, bei der alle Gesellschafter selbst Kapitalgesellschaften sind, besteht sachlich kein einleuchtender Grund; ferner ist wohl auch schwer vermittelbar, warum bei einer Beteiligung einer Personengesellschaft an einer der in der FusionsRL geregelten Umstrukturierung die dortigen Regelungen nicht wenigstens bei der Besteuerung derjenigen Gesellschafter, die ihrerseits Kapitalgesellschaften sind und der KSt unterliegen, geboten sein sollen. Es erscheint durchaus denkbar, dass bei zielkonformer Auslegung der Richtlinie auch schon heute etwa im Falle einer Beteiligung einer Personenhandelsgesellschaft, die steuerlich transparent behandelt wird (Mitunternehmerprinzip), auch für die Frage, ob an einer Umstrukturierung, an der diese Personengesellschaft beteiligt ist, konsequenterweise nicht auf diese Gesellschaft, sondern auf ihre einzelnen Gesellschafter abgestellt werden muss. 182

Abgeschlossener Katalog von Rechtsformen. Selbst innerhalb der KSt-Subjekte umfasst die Richtlinie jedoch nicht alle juristischen Personen gleichermaßen, sondern es wird verlangt, dass die von der FusionsRL begünstigten Gesellschaften eine Rechtsform aufweisen müssen, die im Anhang zur Richtlinie ausdrücklich genannt wird. Damit wird zunächst erreicht, dass jede nach dem Recht eines Nicht-EU-Landes gegründete juristische Person von den Vorzügen der Richtlinie a priori ausgeschlossen bleiben muss (was hinsichtlich der Gesellschaften, deren satzungsmäßiger Sitz in einem Land des übrigen EWR liegt, eine verdeckte Diskriminierung nach der Staatsangehörigkeit darstellt, die nur gerechtfertigt sein kann, falls in der Nichtübernahme des Regelungsgehalts der FusionsRL in den EWR-Vertrag eine ausdrückliche Billigung einer solchen Diskriminierung gesehen werden kann, vgl. Anm. 124 ff.; dies hat der EuGH kürzlich verneint, vgl. EuGH v. 19.7.2012 – C-48/11 – A Oy). Darüber hinaus ist jedoch kein nachvollziehbarer Grund vorhanden, warum, falls es auch Rechtsformen, die nicht im Anhang aufgeführt sind, zB einmal gelingen sollte, grenzüberschreitend zu fusionieren, diesen speziellen juristischen Personen dann die Vorzüge der Richtlinie verweigert werden sollten; zusätzliche steuerliche Probleme, die den Ausschluss rechtfertigen könnten, sind nicht erkennbar. Aus diesem Grund lässt sich möglicherweise die Nichtgewährung der Richtlinienvorteile für die in der Richtlinie aufgeführten juristischen Personen, die ebenfalls KSt-Subjekte sind, aber nicht im Anhang ausdrücklich genannt sind, ebenfalls unter Hinweis auf die Implikationen des in den Grundfreiheiten enthaltenen Gebots, Niederlassungsvorgänge in nicht-diskriminierender Weise zu behandeln, bereits heute rechtlich angreifen. 183

Ausweitung des Katalogs der Rechtsformen bei der Änderung 2005. Vor dem Hintergrund der in der vorigen Anm. geschilderten Umstände ist der Katalog der von der Richtlinie erfassten Rechtsformen bei der Änderung der Richtlinie im Jahre 2005 erheblich ausgeweitet worden. Eine Reihe von Mitgliedstaaten – darunter Deutschland – hat die Gelegenheit genutzt, die Liste seiner Gesellschaften, die als KSt-Subjekte in Frage kommen, um eine Generalklausel zu ergänzen, wonach nicht nur die ausdrücklich genannten, sondern auch alle anderen Rechtsformen, die der KSt unterliegen, Gesellschaften iSd Richtlinie darstellen sollen. Dadurch ist die Problematik für Gesellschaften, die nach dem Recht dieser Staaten gegründet worden sind, entschärft worden; für Gesellschaften aus Staaten, die keine solche Generalklausel in ihre Liste begünstigter Rechtsformen aufgenommen haben, besteht sie dagegen weiter (und dürfte insbesondere dann relevant werden, falls diese Staaten in ihrem Zivilrecht in Zukunft einmal zusätzliche, neuartige Formen von Rechtsformen schaffen sollten). 184

(einstweilen frei) 185

186 **bb) Ansässigkeit in einem Mitgliedstaat; Beteiligung von „Gesellschaften aus zwei oder mehr Mitgliedstaaten". Richtlinientext.** Art. 3 Buchst. b FusionsRL verlangt, dass eine „Gesellschaft eines Mitgliedstaates", die sich gemäß den Bestimmungen der Richtlinie umstrukturieren will, „nach dem Steuerrecht eines Mitgliedstaats als in *diesem* Staate ansässig" (Hervorhebung nicht im Original) anzusehen sein muss und „nicht aufgrund eines Doppelbesteuerungsabkommens mit einem dritten Staat als außerhalb der Gemeinschaft ansässig angesehen wird". Durch diese Klausel werden vor allem Gesellschaften, die ihren Ort der Geschäftsleitung in einem Drittstaat haben, vom Anwendungsbereich der Richtlinie ausgeschlossen (vgl. Art. 4 III OECD-MA). Die Klausel hat gewisse inhaltliche Parallelen zur Regelung der Niederlassungsfreiheit als Grundfreiheit im AEUV, denn auch nach dem Primärrecht sind Gesellschaften dann nicht berechtigt, die Niederlassungsfreiheit geltend zu machen, wenn sie zwar nach dem Recht eines Mitgliedstaates gegründet, aber außerhalb der EU ansässig sind (*Schnitger* Grundfreiheiten, S. 81 ff.); etwaige Grundsatzentscheidungen zur Frage der Ansässigkeit innerhalb der EU iSd Vorschriften über die freie Niederlassung (Art. 49 AEUV) geben somit möglicherweise auch Hinweise auf die Auslegung der Ansässigkeitsklausel in der Richtlinie.

187 **Zuordnung einer jeden Gesellschaft zu einem bestimmten Mitgliedstaat.** Die eigentliche Funktion des Art. 3 Buchst. b FusionsRL liegt jedoch darin, dass jede Gesellschaft über das Kriterium der Ansässigkeit einem bestimmten Mitgliedstaat zugeordnet wird. Dabei richtet sich die Verbindung zwischen einer Gesellschaft und „ihrem" Mitgliedstaat offensichtlich nicht nach gesellschaftsrechtlichen Kriterien, sondern nach dem Steuerrecht, denn sie muss „nach dem Steuerrecht" als „in diesem Staate ansässig" angesehen werden. Dagegen wird nicht verlangt, dass sie auch eine Rechtsform nach dem Recht dieses Staates aufweisen müsste, sondern nur irgendeine unter den vom Anhang zugelassenen Rechtsformen aller EU-Staaten (vgl. Art. 3 Buchst. a FusionsRL). Sich bei der Zuordnung zu einem Mitgliedstaat nicht nach der Staatsangehörigkeit der Gesellschaft (Sitz), sondern nach steuerlichen Kriterien zu richten, führt auch zu sinnvolleren Ergebnissen.

188 **Bedeutung dieser Zuordnung.** Die Zuordnung ist insbesondere deshalb von Bedeutung, weil die Bestimmungen der FusionsRL bei allen Vorgängen außer der Sitzverlegung nur dann gelten sollen, wenn „Gesellschaften aus zwei oder mehr Mitgliedstaaten" beteiligt sind (Art. 1 Buchst. a FusionsRL). Ergäbe sich also, dass die an einer Umstrukturierung beteiligten Gesellschaften nach den Kriterien der FusionsRL sämtlich als im selben Staate „ansässig" anzusehen wären, so würde die Richtlinie folglich nicht anwendbar sein.

189 **Auslegung des Begriffs „Ansässigkeit".** Nicht eindeutig erkennbar ist jedoch, ob sich die steuerliche Verbindung zwischen der Gesellschaft und einem Staat danach richten soll, ob sie in diesem Staat unbeschränkt steuerpflichtig ist oder mit dem Begriff tatsächlich die „Ansässigkeit" im Sinne des Sprachgebrauchs der Doppelbesteuerungsabkommen gemeint sein soll. Der deutsche Wortlaut spricht für Letzteres, und die letztgenannte Auslegung hätte auch den Vorzug, dass sie die Fälle minimiert, in denen eine Gesellschaft aufgrund der genannten Kriterien in zwei Staaten gleichzeitig als „Gesellschaft dieses Staates" angesehen werden müsste. Jedoch muss man bedenken, dass beispielsweise in der englischen Sprache eine ähnlich scharfe begriffliche Trennung zwischen dem Begriff der unbeschränkter Steuerpflicht im nationalen Steuerrecht und dem abkommensrechtlichen Begriff der Ansässigkeit nicht existiert (beides ist „residence"), und dass man auch dann, wenn man den Begriff hier analog dem Sprachgebrauch der DBA auslegt, nicht zu einem Ergebnis gelangen kann, wonach eine und dieselbe Gesellschaft innerhalb der EU nur in einem einzigen Land ansässig sein könnte. Eine Gesellschaft mit Sitz in den Niederlanden und Geschäftsleitungsort in Deutschland wäre zwar im Verhältnis zwischen Deutschland und allen weiteren Staaten und ebenso im Verhältnis zwischen Deutschland und den Niederlanden in Deutschland „ansässig" (Art. 4 III OECD-MA), für das Verhältnis aller anderen Staaten zu den Niederlanden bliebe sie aber dennoch abkommensrechtlich eine in den Niederlanden ansässige Gesellschaft (Art. 4 I OECD-MA).

Problematik doppelt ansässiger Gesellschaften. Zuordnungsprobleme ergeben sich hauptsächlich bei den sog. „doppelt ansässigen" Gesellschaften (Sitz in Staat A, Geschäftsleitung in Staat B). Hierbei bereiten die unterschiedlichen denkbaren Konstellationen Probleme unterschiedlicher Intensität: 190

Beispiel 1: Fusion zweier Gesellschaften A und B:
Gesellschaft A ist nach niederländischem Recht gegründet (Satzungssitz in den Niederlanden), auch der Verwaltungssitz liegt in den Niederlanden. Rechtsform ist „B. V." (= im Anhang genannt, also von der Richtlinie erfasst). Gesellschaft A ist nach Art. 3b FusionsRL eindeutig eine Gesellschaft „der Niederlande".

Gesellschaft B sei ebenfalls eine nach niederländischem Recht gegründete Gesellschaft (= Satzungssitz in den Niederlanden). Die Rechtsform sei „N. V.", also im Anhang genannt und daher unproblematisch. Der Ort der Geschäftsleitung liege jedoch in Deutschland. Gibt man, wie Art. 3b FusionsRL es nahe legt, steuerlichen Kriterien die ausschlaggebende Funktion für die Zuordnung zu einem Mitgliedstaat, ist Gesellschaft B trotz ihrer niederländischen Rechtsform für Zwecke der FusionsRL eine „deutsche" Gesellschaft.

Der persönliche Anwendungsbereich der Richtlinie ist damit eröffnet („deutsche" und „niederländische" Gesellschaft, Art. 1 FusionsRL also erfüllt), ebenso der sachliche Anwendungsbereich (die gesellschaftsrechtlich schon allein nach niederländischem Gesellschaftsrecht durchführbare Verschmelzung der beiden Kapitalgesellschaften erfüllt die Vorgaben des Fusionsbegriffs der FusionsRL, nämlich eine Übertragung des gesamten Aktiv- und Passivvermögens „ohne Abwicklung" auf die Nachfolgegesellschaft).

Fazit:
Hier liegt ein Fusionsvorgang vor, der in mehreren Staaten Steuerfolgen auslöst; die Zuordnung der Gesellschaften A und B zu zwei verschiedenen Mitgliedstaaten macht die Richtlinie anwendbar, diese Auslegung ist zur optimalen Verwirklichung der Niederlassungsfreiheit auch geboten, sie ist daher im Zweifel auch geboten.

Beispiel 2: Gesellschaften A und B sind beide nach niederländischem Recht in der Rechtsform einer „B. V." gegründet (= Rechtsformen gemäß Anhang zur FusionsRL). Ihren Ort der Geschäftsleitung haben jedoch beide Gesellschaften in der Bundesrepublik. Die Gesellschaften fusionieren auch hier gemäß niederländischem Gesellschaftsrecht, und auch dieses Mal erfüllt diese Fusion alle gesellschaftsrechtlichen Anforderungen der FusionsRL („ohne Abwicklung" wird das gesamte Aktiv- und Passivvermögen übertragen).

Problematik:
Es ist unstreitig, dass diese Fusion als solche sowohl in Deutschland als auch in den Niederlanden Steuerfolgen auslösen kann, weil die Gesellschaften grundsätzlich in beiden Staaten Vermögenswerte besitzen können.

Die beiden Gesellschaften sind jedoch entweder beide in Deutschland ansässig oder beide in den Niederlanden ansässig (wenn der Sitz ausschlaggebend wäre). Das Ergebnis, dass eine Fusion von Gesellschaften aus „zwei" Mitgliedstaaten vorläge, ließe sich nur erreichen, wenn man die Möglichkeit zuließe, dass ein und dieselbe Gesellschaft gleichzeitig „Gesellschaft zweier Mitgliedstaaten" zugleich sein könnte; dafür spricht im Wortlaut des Art. 3 FusionsRL nichts.

Das einzige Argument, eine so weitgehende Auslegung des Begriffs „Gesellschaft eines Mitgliedstaates" zu wählen, wäre, dass hier offensichtlich Bedarf an einer Rechtsgrundlage für eine steuerneutrale Fusion besteht, bei anderer Auslegung aber ein Schutz durch die Richtlinie aber nicht zu erreichen wäre. Dass der relativ verzweifelte Schritt, Art. 3 FusionsRL in dieser Weise über den eigentlichen Wortlaut hinaus auszudehnen, trotz allem zur Lösung der Probleme nicht einmal ausreichend wäre, zeigt das folgende Beispiel Nr. 3.

Beispiel 3: Eine deutsche GmbH A und eine deutsche GmbH B haben beide ihren Sitz und ihren Ort der Geschäftsleitung innerhalb Deutschlands. Sie sollen jedoch beide über unselbstständige Zweigniederlassungen auf französischem bzw. niederländischem Boden verfügen.

Es ist daher unbestreitbar, dass die Fusion zwischen den beiden GmbH (die alle sachlichen Anforderungen an eine „Fusion" iSd FusionsRL erfüllt, obwohl sie allein nach deutschem Gesellschaftsrecht durchgeführt werden kann) erhebliche grenzüberschreitende Steuerprobleme auslöst und folglich im Prinzip des Schutzes durch die FusionsRL bedarf.

Die beiden Gesellschaften können jedoch nach den Kriterien des Art. 3b FusionsRL eindeutig beide nur dem deutschen Staat als Ansässigkeitsland zugeordnet werden.

Es scheidet also jede Möglichkeit aus, die fragliche Fusion als Fusion von „Gesellschaften aus zwei oder mehr Mitgliedstaaten" einstufen zu können.

191 **Fazit: Konzeptioneller Fehler des Unionsgesetzgebers.** Es bleibt letztlich nur die Erkenntnis, dass es Umstrukturierungsvorgänge mit grenzüberschreitenden Auswirkungen gibt, die zwar vom sachlichen Anwendungsbereich der FusionsRL erfasst werden könnten, aber aufgrund der Regelung des persönlichen Anwendungsbereichs von den Wirkungen der Richtlinie ausgeschlossen sind. Da es keinen sinnvollen Grund dafür gibt, warum einige Umstrukturierungen vom Anwendungsbereich der Richtlinie erfasst sein sollten, andere dagegen nicht, obwohl es in allen Fällen um Konstellationen geht, die in den Anwendungsbereich der Niederlassungsfreiheit fallen (grenzüberschreitende Bezüge in allen Konstellationen vorhanden!), bleibt nur die Schlussfolgerung, dass dem Unionsgesetzgeber bei der Konzeption der Richtlinienregelungen ein gedanklicher Fehler unterlaufen ist: der Fall, dass auch eine scheinbar „nationale" Fusion grenzüberschreitende Wirkungen haben könnte, sobald nur eine der beiden beteiligten Gesellschaften eine Niederlassung im Ausland besitzt, ist offenbar übersehen worden.

192 **Abhilfe.** Lässt sich ein Umstrukturierungsvorgang nach den Maßstäben des Art. 3 FusionsRL nicht als Vorgang zwischen Gesellschaften „aus zwei oder mehr Mitgliedstaaten" darstellen, sind die betroffenen Gesellschaften im schlimmsten Falle darauf angewiesen, in jedem Mitgliedstaat, in dem sie Vermögen besitzen, die Anwendung der dort für „nationale" Umstrukturierungsmaßnahmen geltenden Regeln nach Maßgabe der EU-rechtlichen Diskriminierungsverbote zu erkämpfen. Da das kaum zumutbar erscheint, muss der Ausweg in der Praxis wohl statt dessen darin bestehen, den Umfang der geplanten Umstrukturierungsmaßnahmen auszuweiten und zusätzlich noch eine weitere Gesellschaft, die ihre Ansässigkeit eindeutig in einem anderen Mitgliedstaat hat als die übrigen, in das Geschehen einzubeziehen, um so die erforderliche Beteiligung von „Gesellschaften aus zwei oder mehr Mitgliedstaaten" herzustellen. Hierzu reicht eine kleine Gesellschaft mit geringem Vermögen (im Extremfall 1 €) vollständig aus, solange nur der Vorwurf des Missbrauchs ausgeschlossen werden kann; dies sollte man sich ggf. vorab bestätigen lassen.

193, 194 *(einstweilen frei)*

4. Lösungsgrundsätze der FusionsRL für die Sachprobleme Behandlung stiller Reserven

a) Einführung in die Problemstrukturen

195 **Gewinnrealisierungsproblematik als Gemeinsamkeit.** Bei allen in der Richtlinie geregelten Vorgänge stellt sich das Problem, dass das Steuerrecht der Mitgliedstaaten den jeweiligen Umstrukturierungsvorgang zum Anlass nehmen könnte, die in den Vermögenswerten liegenden stillen Reserven aufzudecken und die Versteuerung vorzusehen. Die Anlässe hierfür können unterschiedlich sein (bei den „normalen" Umstrukturierungsvorgängen die formale Übertragung der Vermögenswerte auf einen rechtlich neuen Eigentümer bzw. der Umtausch der „alten" Anteilsrechte gegen bei formaler Betrachtung andere Vermögenswerte, nämlich die Anteile an der „neuen" Gesellschaft; bei der Sitzverlegung die denkbare Entstrickung von Vermögenswerten auf der Gesellschaftsebene oder eine Entstrickung der Anteile auf Anteilseignerebene); die Problematik bleibt jedoch stets dieselbe: eine mögliche Aufdeckung der stillen Reserven mit der Folge der Steuerpflicht aus Anlass der betreffenden Umstrukturierung.

196 **Bedarf für Lösungen auf zwei Ebenen.** Wegen des Trennungsprinzips spiegelt sich der Wert des Gesamtvermögens einer Kapitalgesellschaft rechtlich stets auf zwei Ebenen wider: im gemeinen Wert des Eigentums an den einzelnen Aktiva und Passiva inkl. Firmenwert auf der Ebene der Gesellschaft und andererseits auf der Anteilseignerebene im Wert des Eigentums an der Gesellschaft. Diese beiden Ebenen werden steuerlich getrennt der Besteuerung unterworfen, und daher gibt es, soll eine Umstrukturierung ohne steuerliche Folgen bleiben, sowohl auf der Gesellschaftsebene wie auch auf der Anteilseignerebene Bedarf für eine Lösung, die eine sofortige Versteuerung der jeweiligen stillen Reserven verhindert. Im Normalfall ist es daher erforderlich, aber auch ausreichend, für

jede dieser beiden Ebenen einen Mechanismus zu finden, der eine sofortige Versteuerung verhindert, zugleich aber keine definitiven Nachteile für den Fiskus mit sich bringt.

Sonderproblematik 1: Entstehen oder Wegfall einer rechtlichen Ebene. Anspruchsvoll wird die Problematik erst dann, wenn sich durch die Art der Umstrukturierung die Zahl der rechtlichen Ebenen ändert, also entweder eine rechtliche Trennung zwischen einer Gesellschafts- und einer Anteilseignerebene neu geschaffen wird (so bei Einbringungsvorgängen) oder zwei bislang rechtlich getrennte Ebenen nunmehr zu einer zusammenfallen, weil eine bislang vorhandene zivilrechtliche Trennung zwischen einer Kapitalgesellschaft und ihren Anteilseignern nunmehr aufgehoben wird (so zB bei Verschmelzung auf eine Muttergesellschaft der Fall). 197

Sonderproblematik 2: Unterschiedliche Ansichten über das Vorhandensein einer rechtlichen Trennung (Transparenzproblem). Eine weitere Komplizierung der Problematik kann darin liegen, dass die rechtliche Einstufung einer speziellen Rechtsform als eigenständiges Steuersubjekt (oder nicht) im Steuerrecht der einzelnen Mitgliedstaaten nicht stets zum selben Ergebnis führt (Qualifikationskonflikt). Es ist daher denkbar, dass eine „Gesellschaft", die unter die Richtlinie fällt, aus der Sicht eines Staates ein rechtliches selbständiges Steuersubjekt bildet (mit der Folge, dass Gesellschafts- und Anteilseignerebene aus der Sicht dieses Staates getrennt zu beurteilen sind), dieselbe Gesellschaft aber aus der Sicht eines anderen Staates wie eine Mitunternehmerschaft zu beurteilen ist (mit der Folge, dass zwischen Gesellschafts- und Anteilseignerebene keine rechtliche Trennung existiert, sondern die Aktiva und Passiva anteilig unmittelbar der Ebene der Anteilseigner zugerechnet werden). Wo diese Problematik auftaucht, bedarf sie selbstverständlich ebenfalls einer Lösung. Es sollte auch in dieser Situation vorgeschrieben werden, dass eine Besteuerung so weit wie möglich zu unterbleiben hat. Ob dieses Problem in der Praxis allerdings einen breiteren Anwendungsbereich haben kann, ist fraglich, denn nach der Rechtsprechung des EuGH zum Gesellschaftsrecht muss jeder Staat der EU eine von einem anderen EU-Staat gegründete Kapitalgesellschaft anerkennen, und zwar „als Kapitalgesellschaft". Es kommt nämlich einer Negierung der Niederlassung gleich, eine ausländische Kapitalgesellschaft nicht als rechtsfähiges Gebilde anzuerkennen (EuGH v. 5.11.2002 *Überseering* IStR 2002, 809 Tz. 81). Also ist zu vermuten, dass auch derjenige Staat, der zwar nicht die rechtliche Eigenständigkeit der ausländischen juristischen Person formal negiert, aber die zivilrechtlich entscheidende Konsequenz aus der Existenz dieser eigenständigen juristischen Person steuerrechtlich nicht zur Kenntnis nehmen will – nämlich die Tatsache, dass die Aktiva und Passiva der Gesellschaft rechtlich allein nur noch ihr gehören und keinesfalls mehr dem Gesellschafter –, durch ein solches Vorgehen die Niederlassungsfreiheit als solche in einem wichtigen Kernpunkt negiert. Also spricht einiges dafür, dass der Fall einer „Transparenz" von Gesellschaften, die nach ihrem Gründungsstatut als Kapitalgesellschaften konzipiert sind, aus unionsrechtlichen Gründen eigentlich gar nicht eintreten darf, jedenfalls dann nicht, wenn die Gesellschaft und ihre Gesellschafter einer solchen Art und Weise der Besteuerung nicht freiwillig zugestimmt haben. 198

Ferner sei darauf hingewiesen, dass die Umschreibung, dass eine ausländische juristische Person von einem Staat für Zwecke der Besteuerung als transparent angesehen wird, möglicherweise auch die Bestimmungen über eine Hinzurechnungsbesteuerung mit abdecken könnte; in diesem Fall wären die Bestimmungen der FusionsRL automatisch auch im Rahmen einer Hinzurechnungsbesteuerung zu beachten. Auch dieses Problem hat an praktischer Relevanz freilich verloren, seitdem der EuGH in der Rs. *Cadbury Schweppes* (EuGH v. 12.9.2006 IStR 2006, 670) entschieden hat, dass eine Hinzurechnungsbesteuerung bei einer nach dem Recht eines EU- oder EWR-Staates gegründeten Kapitalgesellschaft ohnehin nur noch dann erlaubt ist, wenn sich diese Gesellschaft als „rein künstliche Konstruktion" begreifen lässt. Darüber hinaus hat die Frage, ob die Steuerneutralität einer Umstrukturierung auch bei der Hinzurechnungsbesteuerung beachtet werden muss, natürlich durch die flächendeckende Einführung einer Hinzurechnungsbesteuerung in der EU durch die ATAD-Richtlinie an Bedeutung gewonnen.

199 **Denkbare Fälle der Sonderproblematik 2:** Eine Divergenz in der Beurteilung kann auf jeder der beiden Ebenen auftauchen (Gesellschafts- und Anteilseignerebene), da die verschiedenen Staaten aufgrund der Unterschiedlichkeit ihrer nationalen steuerlichen Maßstäbe sowohl die steuerliche Eigenständigkeit der „Gesellschaft" als auch diejenige des „Anteilseigners" (wenn dieser selbst wieder eine „Gesellschaft" sein sollte) unterschiedlich beurteilen könnten. Außerdem ist das Phänomen sowohl in der Variante denkbar, dass der Tätigkeitsstaat die Gesellschaft als eigenständig ansieht, der Herkunftsstaat sie dagegen als transparent einstuft, als auch in der Variante, dass der Tätigkeitsstaat die Gesellschaft als transparent (Mitunternehmerschaft) einstuft und der Herkunftsstaat in ihr ein eigenständiges Steuersubjekt sieht. Die erstgenannte Variante (Herkunftsstaat ist es, der Mitunternehmerprinzip anwenden will) kann im Rahmen der FusionsRL übrigens bei all den Punkten, an denen die Richtlinie eine „Gesellschaft" als Voraussetzung verlangt, im Normalfall nicht vorkommen, da in den Katalog der erfassten Gesellschaftsformen im Anhang zur FusionsRL nur solche Rechtsformen aufgenommen werden, die ihr Gründungsstaat auch als eigenständige KSt-Subjekte beurteilt. Dies gilt jedoch schon dann nicht mehr, wenn eine Gesellschaft nach dem Recht eines Mitgliedstaates entsprechend einer im Anhang genannten Rechtsform gegründet ist, sie aber ihren Verwaltungssitz bzw. Ort der Geschäftsleitung in einem anderen Mitgliedstaat hat und daher steuerlich einen anderen Ansässigkeitsstaat als ihren Gründungsstaat hat: In diesem Fall ist nicht bereits automatisch ausgeschlossen, dass auch einmal der Ansässigkeitsstaat eine Gesellschaft als transparent beurteilen könnte. Letztlich müssen daher für alle denkbaren vier Fallkonstellationen Lösungen gefunden werden.

200 **Kombination mit Sonderproblematik 1:** Es ist zu beachten, dass das Transparenzproblem (Qualifikationskonflikte) natürlich auch hinsichtlich derjenigen Vorgänge auftauchen kann, bei denen eine Gesellschaftsebene zusätzlich geschaffen wird oder eine vorhandene Gesellschaftsebene beseitigt wird (obige Sonderproblematik 1). In diesem Fall sorgt der Qualifikationskonflikt dafür, dass aus der Sicht des einen der beteiligten Staates eine steuerrechtliche Ebene mehr entsteht (bzw. entfällt), während aus der Sicht des anderen Staates die Zahl der Ebenen gleich bleibt. Auch diese Divergenzen in der Beurteilung der Sachverhalte dürfen nicht zu sinnwidrigen Ergebnissen führen und bedürfen daher einer Regelung, die eine möglichst günstige, aber sachgerechte steuerliche Behandlung sicherstellt.

201 **Konsequenzen.** Diese steuersystematischen Zwänge bedeuten nichts anderes, als dass die FusionsRL letztlich sowohl für die Vermögensebene als auch für die Ebene der Gesellschafter ergänzend auch Mechanismen zur Verfügung stellen muss, nach denen die mit den Umstrukturierungsvorgängen verbundenen Probleme in Hinblick auf die Besteuerung der stillen Reserven gelöst werden können, wenn es um steuerlicher Sicht nicht mehr um eine Kapitalgesellschaft, sondern um eine Personengesellschaft geht. Das aber macht es dann nicht mehr verständlich, warum die Lösungsmechanismen dann nicht allgemein für alle entsprechenden Umstrukturierungsvorgänge zwischen Personengesellschaften zur Verfügung gestellt werden. Zumindest dann, wenn nämlich der Gesellschafter einer als „transparent" eingestuften Gesellschaft selbst nicht mehr seinerseits wiederum der KSt, sondern der ESt unterliegt, wäre es offensichtlich, dass die betreffenden Lösungsmechanismen auch zur Abwicklung entsprechender Umstrukturierungen zwischen Personengesellschaften mit einkommensteuerpflichtigen Gesellschaftern geeignet sein müssten.

202 **Sonderproblematik 3:** Es ist außerdem häufig zu erwarten, dass infolge einer Umstrukturierungsmaßnahme die bisherige unbeschränkte Steuerpflicht einer Person endet und der Rechtsträger, dem das Vermögen der Person nachher zuzurechnen ist, nur noch beschränkt steuerpflichtig sein wird. Sofern für die unbeschränkte Steuerpflicht das Welteinkommensprinzip maßgeblich ist, für die beschränkte Steuerpflicht aber nur das Territorialitätsprinzip (was der Regelfall ist), verliert der Staat, in dem bisher die unbeschränkte Steuerpflicht bestand, endgültig die Möglichkeit, die zukünftigen Gewinne des fraglichen Unternehmens aus dem Ausland seiner Besteuerung zu unterwerfen. Dies erscheint insbesondere dann problematisch, wenn solche Gewinne schon in Form stiller Reserven

latent vorhanden und lediglich noch nicht realisiert worden sind; denn in einem solchen Fall könnte eine Umstrukturierungsmaßnahme gezielt als Anreiz genutzt werden, diese stillen Reserven aus der Steuerhoheit des heimischen Fiskus zu entfernen. Folglich ist es unumgänglich, dass der Unionsgesetzgeber auch für den Verlust von Besteuerungsrechten in einem solchen Fall eine Lösung vorsehen muss, die einerseits einen endgültigen Verlust an Besteuerungspotenzial vermeidet, andererseits aber den Betrag der zu erhebenden Steuern auf jenes Ausmaß begrenzt, das auch ohne die Umstrukturierungsmaßnahme aktuell oder später angefallen wäre. Allerdings wären Steueransprüche auf die fraglichen stillen Reserven natürlich bei normalen Verlauf der Dinge, also ohne eine Umstrukturierung, ohnehin nur in demjenigen Maße angefallen, wie die im Ausland belegenen Gewinne nicht nach einem DBA von der Besteuerung hätten freigestellt werden müssen oder der darauf entstehende Steueranspruch nicht durch Anrechnung der dem ausländischen Staat zustehenden Steuern hätte gekürzt werden müssen. Also bietet es sich für den Unionsgesetzgeber als sachgerechte Grundidee zur Lösung dieser Problematik an, den Staaten, die durch die Beendigung einer unbeschränkten Steuerpflicht Ansprüche auf stille Reserven in anderen Staaten verlieren, eine abschließende Besteuerung dieser Reserven zwar im Grundsatz zu gestatten, sie zugleich aber zu verpflichten, ihren Steueranspruch in genau dem Maße durch Freistellung zu begrenzen oder durch Anrechnung derjenigen Steuern zu kürzen, die im betreffenden Ausland im Verlauf der späteren Entwicklung angefallen wären, wenn es nicht zu einer Änderung der Steuerhoheitsverhältnisse gekommen wäre. – Beurteilung dieser Lösung: Diese Lösung ist insoweit sachgerecht, weil sie sicherstellt, dass der anlässlich der „Entstrickung" des Vermögens denkbare Steueranspruch jedenfalls keinen höheren absoluten Betrag annehmen kann, als dies ohne Umstrukturierung im weiteren Verlauf der Zeit der Fall gewesen wäre. – Kritikpunkte: 1) Wirtschaftlich ungünstig wirkt der Lösungsansatz sich aber dahingehend aus, dass die Umstrukturierung nunmehr dazu führt, dass diese Steuern auf einen Schlag fällig werden, auch wenn sie im normalen Verlauf des Geschehens erst im Laufe der Zeit angefallen wären. In diesem zeitlichen Vorziehen des Steueranspruchs liegt eine beschränkende Wirkung, und diese kann, da es um Vorgänge im Rahmen der Niederlassungsfreiheit geht, nur dann EU-rechtskonform sein, wenn sich dieser Effekt als unbedingt erforderlich rechtfertigen lässt (kumulativ zu erfüllendes Rechtfertigungskriterium Nr. 3 im Rahmen der Beschränkungsverbote, s. Anm. 110). Das ist jedoch nicht der Fall, sofern der Heimatstaat seinen Steueranspruch technisch auch in einer Art und Weise realisieren könnte, die die Pflicht zur Steuerzahlung erst über die nächsten Jahre verteilt entstehen lässt. Eine technische Möglichkeit hierzu existiert jedoch, und zwar in Form der „Merkpostenmethode", wie Deutschland sie zB im „Betriebsstättenerlass" für die Behandlung von stillen Reserven in Wirtschaftsgütern vorgeschrieben hatte, die (im dortigen Fall: durch Verbringung ins Ausland) aus der deutschen Steuerhoheit ausscheiden. Selbst die gegenwärtige Nachfolgevariante der Merkpostenmethode, § 4g EStG, ist eine mildere Form der Steuererhebung als eine sofortige Versteuerung, und auch diese Besteuerungstechnik ließe sich auf das hier vorliegende Sachproblem ohne Weiteres übertragen. Da nun aber die von einer Richtlinie über das Steuerrecht eingeräumten Befugnisse zur Besteuerung nur konform zu den Vorgaben des Primärrechts ausgeübt werden dürfen, wird man von den Mitgliedstaaten verlangen dürfen, dass sie ihr von der FusionsRL zugestandenes Recht, eine Schlussbesteuerung der aus ihrer Steuerhoheit ausscheidenden stillen Reserven in anderen Ländern vornehmen zu dürfen, nur in der Weise ausüben dürfen, dass eine sofortige Pflicht zur Steuerzahlung vermieden wird und eine Zahlungspflicht nur sukzessive eintritt, analog zu dem zeitlichen Anfall der Steuerzahlungsverpflichtungen, die sich ohne eine Umstrukturierung ergeben hätte. Vgl. dazu jetzt auch EuGH vom 23.11.2017, Rs. C-292/16, A Oy – 2) Zu beachten ist außerdem, dass der Unionsgesetzgeber übersehen hat, dass die stillen Reserven, für die dem „alten" Heimatstaat ein Recht zur Schlussbesteuerung zugestanden wird, nach der Umstrukturierung ebenfalls wieder von der unbeschränkten Steuerpflicht eines in einem anderen Land beheimateten Unternehmens erfasst werden könnten. Die unrealisierten stillen Reserven könnten also a) nach der Umstrukturierung in einem neuen Staat zusätzlich steuerverhaftet werden; es ist aber nicht gesichert, dass der „neue" Staat der unbeschränkten Steuerpflicht neben den Steuern des Belegenheitsstaates auch die im Rahmen der „Schlussbesteuerung" gezahlten Steuern des „alten" Heimatstaates der Unternehmung auf seine eigenen Steueransprüche anrechnet; folglich kann es insoweit zu einer ungemilderten Doppelbesteuerung kommen; – oder b) die stillen Reserven im ausländischen Staaten könnten nach der Umstrukturierung einem neuen Rechtsträger zugerechnet werden, der in demselben Land unbeschränkt steuerpflichtig sein könnte, wie es vor der Umstrukturierung der „alte" Rechtsträger war; in einem solchen Fall wäre die Vornahme einer Schlussbesteuerung sachlich gar nicht gerechtfertigt, weil die stillen Reserven in dem im Ausland belegenen Vermögen gar nicht aus der Besteuerungshoheit des bisherigen Sitzstaates herausfallen würden. Es sollte folglich versucht werden, diese beiden Effekte jeweils durch eine zweckgerichtete Auslegung der jeweiligen Richtlinienpassagen so weit wie möglich zu vermeiden.

203, 204 *(einstweilen frei)*

b) Stille Reserven auf der Gesellschaftsebene

205 **Betriebsstättenprinzip.** Nach den im internationalen Steuerrecht üblichen Gepflogenheiten ist bei Gesellschaften, die grenzüberschreitend Vermögen besitzen, das Vermögen einer jeden Betriebsstätte in demjenigen Staat zu versteuern, in dem die jeweilige Betriebsstätte belegen ist (Stammhausvermögen also im Sitzstaat, Betriebsstättenvermögen im Betriebsstättenstaat).

206 **Konsequenzen für die Verwirklichung einer Steuerneutralität.** Eine Aufdeckung und Versteuerung stiller Reserven anlässlich einer Umstrukturierung lässt sich also nur vermeiden, wenn für alle Staaten, in denen eine Betriebsstätte (einerlei, ob Stammhaus oder Zweigniederlassung) vorhanden ist, gleichermaßen vorgeschrieben wird, dass eine Besteuerung der stillen Reserven bei der Gesellschaft, der diese Vermögenswerte bislang gehört haben, zu unterbleiben hat.

207 **Fundstellen.** Diese Anordnung trifft die FusionsRL je nach Konstellation des jeweiligen Falles in den Art. 4, 10, 12 FusionsRL; Art. 11 FusionsRL enthält Ausnahmen für transparente Gesellschaften.

208 **Grundprinzip.** Allen Betriebsstättenstaaten wird vorgeschrieben, dass sie die Umstrukturierung nicht zum Anlass nehmen dürfen, die Differenz zwischen dem „tatsächlichen Wert des … Aktiv- und Passivvermögens" und seinem „steuerlichen Wert" (= Buchwert) zu besteuern (Art. 4 I FusionsRL). Zugleich muss die Person, der die fraglichen Vermögenswerte gehören, die Abschreibungen und späteren Veräußerungsgewinne oder Veräußerungsverluste jedoch nach denselben Regeln berechnen, nach denen sie auch ohne Vornahme der Umstrukturierung weiterhin zu berechnen gewesen wären (Art. 4 III FusionsRL).

209 **Technik.** Die Verwirklichung dieser beiden Anforderungen kann buchhalterisch durch die Technik der Buchwertfortführung gesichert werden. Da die Richtlinie sich jedoch nur hinsichtlich der Zielsetzung äußert, nicht aber eine bestimmte buchhalterische Technik vorschreibt, kann ein Mitgliedstaat auch eine andere Buchhaltungstechnik vorschreiben, die zum selben Ergebnis führt, zB die Aufstockung der Aktiva auf den tatsächlichen Wert auf der Aktivseite in Verbindung mit dem Ausweis eines zugehörigen Wertberichtigungspostens in Höhe der unrealisierten stillen Reserven auf der Passivseite („Neubewertungsmethode"). Eine solche alternative Technik (zB insb. die „Merkpostenmethode") kann flexibler sein, da sie es auch erlauben würde, Steuerneutralität zu wahren, wenn zu einem späteren Zeitpunkt einmal das Besteuerungsrecht zB durch Verbringung eines Wirtschaftsgutes sich verlagern sollte. Voraussetzung für die Zulässigkeit einer solchen Alternativtechnik ist lediglich, dass sie in jedem zukünftigen Jahr die Zielvorgaben aus Art. 4 I und III FusionsRL nicht nur in pauschaler Form, sondern bei jedem einzelnen Wirtschaftsgut individuell korrekt verwirklichen kann. – Soweit im Folgenden von „Buchwertfortfüh-

rung" gesprochen wird, gelten die Ausführungen jeweils sinngemäß für die übrigen buchhalterischen Alternativtechniken gleichermaßen. Zur Kritik an der Buchwertfortführung bzw. der mit ihr verbundenen Betriebsstättenbedingung (Anm. 213) vgl. unten Anm. 214.

Buchwertfortführung bei transparenten Gesellschaften. Es ist denkbar, dass der **210**
Staat, in dem eine Betriebsstätte belegen ist, die Gesellschaft, der das Betriebsstättenvermögen bislang gehörte, nach seinem eigenen Steuerrecht nicht als eigenständiges Körperschaftsteuersubjekt, sondern als transparent beurteilt. In einem solchen Fall bildet aus seiner Sicht nicht diese Gesellschaft, sondern anteilig die einzelnen Gesellschafter das Gewinnermittlungssubjekt. Konsequenterweise muss das Recht, die bisherigen Buchwerte fortzuführen, dann also den Gesellschaftern zugestanden werden (Art. 4 III FusionsRL). Da jeder Staat der EU als „Gesellschaft" nur diejenigen Rechtsformen zur Aufnahme in den Anhang der FusionsRL angemeldet hat, die nach seinem eigenen Steuerrecht eigenständige KSt-Subjekte darstellen, ist dieser Fall nur dann denkbar, wenn die fragliche Gesellschaft nicht nach dem Gesellschaftsrecht desjenigen Staates gegründet ist, in dem die fragliche Betriebsstätte sich befindet; das erklärt, warum der Text der Richtlinie sich bei der Regelung für transparente Gesellschaften auf „gebietsfremde" Gesellschaften bezieht. Es muss sich nämlich nicht um „Gesellschaften eines anderen Mitgliedstaates" handeln, also um das, was die Richtlinie als Ausdruck verwendet, wenn es um den steuerlichen Heimatstaat geht; hier dagegen kommt es darauf an, dass die gesellschaftsrechtliche Rechtsform fremd sein muss. Naturgemäß kann es vorkommen, dass nach dem Steuerrecht des jeweiligen Staates zwar die „alte" Gesellschaft als transparent eingestuft wird, die „neue" Rechtsträgerin des Vermögens nach der Umstrukturierung aus seiner Sicht aber körperschaftsteuerlich tatsächlich eine eigenständige Einheit bildet. In diesem Fall würde sich der Effekt der Umstrukturierungsmaßnahme aus der steuerlichen Sicht des fraglichen Staates als eine Art von „Einbringung" dieser Vermögenswerte in eine Kapitalgesellschaft darstellen; beim Gesellschafter würden „Anteilsrechte" an die Stelle der bisherigen anteiligen Eigentumsrechte an den einzelnen Wirtschaftsgütern treten. Es wäre steuersystematisch erforderlich, in diesem Fall auch Steuerforderungen aus der Zuteilung der Anteilsrechte gegen den Gesellschafter so weit wie möglich auszuschließen. Dies lässt sich in der Tat aus der Richtlinie herleiten, und zwar sowohl aus Art. 4 III als auch aus Art. 8 I FusionsRL, allerdings modifiziert Art. 11 I und II FusionsRL die Steuerneutralität dahingehend, dass der Staat des Gesellschafters dann auf den Wertzuwachs aus der Zuteilung der Anteilsrechte denjenigen Betrag als Steuer erheben darf, der sich ohne Steuerneutralität des Vorgangs und bei gleichzeitiger Anwendung der Anrechnungsmethode ergeben hätte.

Alternative steuerliche Behandlung. Die Mitgliedstaaten müssen zwar den von der **211**
Umstrukturierung betroffenen Unternehmen die Buchwertfortführung für das Vermögen der in ihrem jeweiligen Gebiet belegenen Betriebsstätten anbieten, behalten aber das Recht, eine alternative steuerliche Behandlung zu erlauben. Entscheidend ist allein, dass das Unternehmen die Möglichkeit hat, eine freie Wahl zwischen der Buchwertfortführung und der angebotenen Alternativbehandlung zu treffen (Wahlrechtscharakter der Buchwertfortführung, Art. 4 IV FusionsRL). Die steuerneutrale Behandlung (Buchwertfortführung) kann nur verweigert werden für diejenigen Teile des Vermögens, für die der nach der Umstrukturierung steuerlich relevante Eigentümer die Bedingungen – Berechnung der Abschreibungen, Wertveränderungen etc. nach Maßgabe der bisherigen Verhältnisse – nicht erfüllt. Daraus folgt, dass die Wahl zwischen der Buchwertfortführung und den von einem Mitgliedstaat angebotenen Alternativmethoden grundsätzlich für jedes einzelne Wirtschaftsgut getroffen werden kann. Die Richtlinie macht jedoch keinerlei Vorgaben darüber, wie solche dem Unternehmen angebotenen steuerlichen Alternativen aussehen müssen und an welche Bedingungen sie geknüpft werden müssten; daraus folgt, dass die Mitgliedstaaten in der Gestaltung dieser Alternativmethoden (zB Ansatz eines Zwischenwertes oder des Teilwertes) vollkommen frei sind und das entsprechende Angebot beispielsweise dann auch von der Bedingung abhängig machen dürfen, dass das Unternehmen diese Methoden entweder für das gesamte Unternehmensvermögen nutzt oder gar nicht.

212 **Grenzen für alternativ angebotene steuerliche Vorgehensweisen.** 1) Um eine alternative steuerliche Behandlung (etwa Zwischenwertansatz, Teilwertansatz) für ein Unternehmen interessanter werden zu lassen als die Steuerneutralität, muss der Gesetzgeber des jeweiligen Staates mit einem solchen Alternativangebot normalerweise irgendwelche steuerlichen Vorzüge verbinden, die sich bei einem „normalen" Verlauf der Geschehnisse (ohne Umstrukturierung) nicht erzielen lassen würden, beispielsweise ein reduzierter Steuersatz für die aufgelösten stillen Reserven, die Möglichkeit, ansonsten verfallende Verlustvorträge zur Verrechnung der Gewinne zu nutzen, etc. Eine solche Vorteilhaftigkeit des steuerlichen Alternativangebots findet dort ihre Grenzen, wo der angebotene Steuervorteil sich als eine staatliche Beihilfe für die betroffenen Unternehmen begreifen lassen könnte; in einem solchen Fall kollidiert das Alternativregime nämlich mit dem primärrechtlichen **Beihilfenverbot** des AEUV und ist rechtswidrig, wenn es nicht von der EU-Kommission als zulässige Beihilfe ausdrücklich genehmigt worden ist. Den Charakter einer „Beihilfe" hat eine Steuerregelung für Unternehmen dann, wenn sie gegenüber dem „normalen" Steuerregime vorteilhaft ist (dürfte bei Alternativangeboten zur Buchwertfortführung immer der Fall sein, da sie sonst für niemanden interessant sein dürften) und sich die Regelung als „selektive" Förderung einzelner Unternehmen oder einzelner Gruppen von Unternehmen ansehen lässt. Die neuere Rechtsprechung zu steuerlichen Beihilfen sieht dies schon dann als gegeben an, wenn nicht wirklich alle Unternehmen des betreffenden Staates faktisch die Möglichkeit haben, die Vergünstigung auch tatsächlich in Anspruch zu nehmen. So ist eine Steuervergünstigung für Auslandsinvestitionen vom EuGH als „selektiver" Steuervorteil für einige Unternehmen eingestuft worden, da zwar alle Unternehmen die theoretische Möglichkeit haben, Auslandsinvestitionen vorzunehmen, dies aber nicht für alle Unternehmen tatsächlich im Bereich des Möglichen oder gar wirtschaftlich Wünschenswerten liege. Das aber reiche zu der Feststellung aus, dass die fragliche Förderung nicht wirklich allen Unternehmen offen stehe. Die Grenzziehung zur verbotenen Beihilfe erscheint bei solchen steuerlichen Alternativangeboten also eher schwierig; daran ändert es nichts, dass bislang im Hinblick auf solche Angebote wie einen reduzierten Steuersatz, Zwischenwert- oder Teilwertansatzmöglichkeiten niemand ernsthaft daran gedacht hat, das Verfahren als Beihilfegewährung zu beanstanden (vgl. aber zu einem ausländischen Beispiel EuGH v. 21.6.2012 – C-452/10 P – BNP Paribas u. a.). Die Geschichte der letzten Jahre zeigt hinlänglich, dass sich die Einstufung steuerlicher Regelungen durch die Europäische Kommission ggf. sehr schnell verschärfen kann. Insbesondere dann, wenn eine Umstrukturierung auch in Hinblick auf die Erlangung einer vorteilhafteren steuerlichen Position gerichtet ist (zB „Aufstockungs- und Abschreibungsmodelle"), ist eine Gefährdung nicht auszuschließen. In diesem Zusammenhang stets zu beachten ist, dass ein Vertrauensschutz gegen eine Verpflichtung, verbotswidrig erhaltene Steuervergünstigungen trotz Bestandskraft der entsprechenden Steuerbescheide zurückzahlen zu müssen, überhaupt nur in Betracht kommen kann, wenn die fragliche Beihilferegelung bei der Kommission überhaupt jemals zur Prüfung angemeldet worden war. Da das hinsichtlich der Regelungen des UmwStG bislang niemals erfolgt sein dürfte, ließe sich Vertrauensschutz im Einzelfall daher wohl nur durch eine individuelle Anfrage an die für das Beihilfewesen zuständige Stelle der EU Kommission letztendlich sichern: Eine Auskunft, wonach eine Aufstockung auf Zwischenwerte oder Teilwerte oder (in anderen Staaten denkbar) eine sofortige Versteuerung der stillen Reserven zu einem stark ermäßigten Steuersatz EU-rechtlich nicht als Beihilfe eingeschätzt wird, dürfte einer späteren Forderung der Kommission, den Steuervorteil zu annullieren, zumindest im konkreten Einzelfall später entgegenstehen. – 2) Dass eventuelle steuerliche Alternativangebote zur Buchwertfortführung allen ausländischen Rechtsträgern aus der EU oder dem EWR in genau demselben Maße angeboten werden müssen wie inländischen Unternehmen, folgt aus dem **Diskriminierungsverbot** (Niederlassungsfreiheit, Kapitalverkehrsfreiheit) und dürfte heutzutage ohnehin selbstverständlich sein.

213 **Von der Steuerneutralität begünstigte Vermögenswerte (Betriebsstättenbedingung).** Die FusionsRL begrenzt die Verpflichtung, die Möglichkeit zur Buchwertfortfüh-

rung einzuräumen, jeweils auf dasjenige Vermögen, das nach erfolgter Umstrukturierung in demselben Staat, der bislang steuerberechtigt war, tatsächlich einer Betriebsstätte zuzurechnen ist (und zur Erzielung des steuerlichen Ergebnisses dieser Betriebsstätte beiträgt, also offenbar nicht steuerbefreit sein darf). Dem liegt offenbar der Gedanke zugrunde, dass wegen der allgemeinen Üblichkeit des Betriebsstättenprinzips nur bei solchem Vermögen in allen Staaten gesichert ist, dass auch nach der Umstrukturierung weiterhin ein Besteuerungsrecht erhalten bleibt.

Kritik: Diese Abgrenzung ist zu eng, zB bleiben stille Reserven in einem Grundstück auch dann, wenn es nicht zu einer Betriebsstätte gerechnet wird, in dem Belegenheitsstaat dieses Grundstücks auf jeden Fall weiterhin steuerverhaftet (vgl. Art. 6, 13 OECD-MA). Angemessener wäre es daher gewesen, wenn der Gemeinschaftsgesetzgeber die Betriebsstättenbedingung durch eine Formulierung allgemeiner Art ersetzt hätte, wonach eine Versteuerung der stillen Reserven zu unterbleiben hätte, für die das Besteuerungsrecht nicht durch die Umstrukturierung entfällt. **Rechtslage hinsichtlich des nicht erfassten Vermögens, für das ebenfalls kein Steuerhoheitswechsel eintritt:** Die FusionsRL kann den Mitgliedstaaten keine steuerliche Behandlung gestatten, die den EU-Grundfreiheiten zuwiderläuft. Sofern die Richtlinie also keine Buchwertfortführung ausdrücklich anordnet, sind die Mitgliedstaaten in ihrer Steuergesetzgebung also nicht automatisch frei, sondern müssen die Anforderungen der EU-Grundfreiheiten so weit wie möglich aus eigenem Antrieb heraus zu verwirklichen suchen. Eine sofortige Besteuerung von Vermögenswerten, die die Betriebsstättenbedingung nicht erfüllen, wirkt beschränkend; daher hat sie jedenfalls zu unterbleiben, soweit sie nicht erforderlich ist; das ist hinsichtlich der Vermögenswerte, für die die Besteuerungshoheit unverändert erhalten bleibt, der Fall. Nachteilig ist in solchen Fällen freilich, dass die Unternehmen damit rechnen müssen, die Buchwertfortführung für solche Vermögenswerte unter Berufung auf das Beschränkungsverbot (Niederlassungsfreiheit) selbst gerichtlich durchfechten zu müssen. 214

Vermögenswerte, für die abkommensrechtlich ein Steuerhoheitswechsel eintritt. Es ist theoretisch denkbar, dass im Gefolge einer Umstrukturierung das Besteuerungsrecht für einzelne Vermögensgegenstände dem bisher steuerberechtigten Staat verloren geht und auf einen anderen Staat „überspringt". Diese Möglichkeit ist überall dort theoretisch gegeben, wo das Recht, die entsprechenden Vermögenswerte zu besteuern, an die Ansässigkeit des Eigentümers gebunden ist. Solche Vermögensgegenstände sind nach der FusionsRL automatisch nicht von dem Wahlrecht zur Buchwertfortführung erfasst, weil die FusionsRL nur für Betriebsstättenvermögen Geltung beansprucht und ein Steuerhoheitswechsel bei Betriebsstättenvermögen aufgrund des Betriebsstättenprinzips nicht eintreten kann. Art. 4 FusionsRL greift somit nicht. 215

Kritik. Eine sofortige Versteuerung der stillen Reserven wäre jedoch auch hier nur dann zu rechtfertigen, wenn sie „erforderlich" wäre, um einen Verlust an Besteuerungspotenzial für den Staat zu verhindern. In einem Fall mit paralleler Problemstruktur (Wegzugsbesteuerung für Anteile, EuGH v. 11.3.2004 *Hughes de Lasteyrie du Saillant* IStR 2004, 236) hat der EuGH es vielmehr als normal (und im konkreten Fall nicht einmal hinreichend gerechtfertigt) angesehen, die Höhe der stillen Reserven in dem Zeitpunkt, in dem das Besteuerungsrecht verloren geht, lediglich festzustellen und eine Zahlungspflicht erst später eintreten zu lassen, und zwar im Zeitpunkt der Realisation. § 6 AStG 2007 hat diesen Gedankengang für den Fall der Wegzugsbesteuerung bei natürlichen Personen auch bereits für das deutsche Steuerrecht als praktikabel anerkannt. Dieses Gedankengut wird man aber auf die Behandlung stiller Reserven in Wirtschaftsgütern, die infolge einer Umstrukturierungsmaßnahme aus der bisherigen Steuerhoheit ausscheiden, sinngemäß übertragen dürfen. Zur technischen Umsetzung lässt sich ohne Schwierigkeiten die sog. „Merkpostenmethode" einsetzen (näheres bei *Dautzenberg* Unternehmensbesteuerung im EG-Binnenmarkt, S. 248 ff.). Dass es zumindest in bestimmten Fällen rechtswidrig ist, wenn ein Staat auf die Nichtbesteuerung stiller Reserven in einem bestimmten Wirtschaftsgut nur dann verzichtet, wenn die aufgedeckten stillen Reserven auf ein neues Wirtschaftsgut übertragen 216 werden, das wiederum in diesem Staat belegen sein muss, bestätigt EuGH v. 18.1.2006 Rs. C-104/05. Im Wesentlichen wird man die Anwendbarkeit der Regeln der ATAD-Richtlinie zur „Exit-Besteuerung" von Vermögen verlangen dürfen.

217 **Wirtschaftliche Bedeutung der Problematik.** Anzumerken ist, dass die gesamte Problematik des Steuerhoheitswechsels in der Praxis eher selten auftauchen wird, denn in der Praxis wird jegliches Vermögen eines Unternehmens in der Regel auf jeden Fall irgendeiner seiner Niederlassungen (entweder Stammhaus oder Zweigniederlassung) tatsächlich zuzurechnen sein; die Problematik, dass Besteuerungsrechte verloren gehen können, wird also im Wesentlichen nur dann in Frage kommen, wenn eine Gesellschaft so wenig ortsgebundene Substanz besitzt, dass nach der Umstrukturierung am bisherigen Standort keine Niederlassung mehr zurück bleibt. Im Wesentlichen trifft das daher Holdings ohne Büros und Personal, wo das Problem durch Gestaltungen vermeidbar erscheint. Existenziell aber trifft die Problematik möglicherweise diejenigen Branchen, bei denen das Betriebsstättenprinzip gemäß der Sonderregelung des Art. 8 OECD-MA nicht gilt (Luftfahrt, Schifffahrt), denn diesen Branchen wird durch das alleinige Beharren auf der Betriebsstättenbedingung die Nutzung der Niederlassungsfreiheit durch Umstrukturierungen in einem grenzüberschreitenden Rahmen faktisch vollständig verwehrt.

218, 219 *(einstweilen frei)*

c) Stille Reserven auf der Anteilseignerebene

220 **Grundsatz.** Auf der Ebene der Anteilseigner soll eine Umstrukturierung zu keiner Realisierung stiller Reserven führen dürfen, die in den bisherigen Anteilen vorhanden sind. Jedoch soll der Fiskus das Recht haben, die fraglichen stillen Reserven später bei der Berechnung des Veräußerungsgewinns mit in die Berechnung einzubeziehen, wenn der Anteilseigner die Anteile (Sitzverlegung) bzw. die als Ersatz für die bisherigen Anteile erhaltenen Anteile (übrige Umstrukturierungsvorgänge) tatsächlich veräußert. Es soll also auch auf der Anteilseignerebene Buchwertfortführung – oder eine gleichwertige Technik – praktiziert werden.

221 **Fundstellen.** Je nachdem, welcher Umstrukturierungsvorgang einschlägig ist, wird diese Behandlung durch Art. 8, 9, 14 FusionsRL vorgeschrieben.

222 **„Transparente Gesellschaft" als Gesellschafter.** Ist der Anteilseigner eine Gesellschaft, die aus der Sicht des Staates, der für die Besteuerung der Anteile zuständig ist, nicht ein eigenständiges KSt-Subjekt darstellt (Personengesellschaft, „Mitunternehmerschaft" u. ä.), so werden die Anteile aus der Sicht dieses Staates anteilig den Gesellschaftern dieses Anteilseigners steuerlich zugerechnet. Es liegt auf der Hand, dass die Buchwertfortführung dann den einzelnen Gesellschaftern dieser Anteilseignergesellschaft angeboten werden sollte (Art. 8 III FusionsRL).

223 **Wahlrechtscharakter.** Auch auf der Anteilseignerebene soll es den Mitgliedstaaten gestattet sein, den Anteilseignern nach deren Wahl auch eine andere steuerliche Behandlung anzubieten. Dies spiegelt sich in der Vorschrift wider, dass die Gewährung der Steuerneutralität nur dann verpflichtend sein soll, wenn der Gesellschafter den Anteilen nach der Umstrukturierung keinen höheren steuerlichen Wert zumisst als früher (Art. 8 VIII FusionsRL).

224 **Zuzahlungen.** Zuzahlungen, die ein Anteilseigner anlässlich einer Umstrukturierung dafür erhält, dass seine „alten" Anteile in „neue" umgetauscht werden müssen (und das Umtauschverhältnis nicht exakt so gestaltet werden kann, dass sich jeder Wertverlust vermeiden lässt), dürfen sofort besteuert werden (Art. 8 IX FusionsRL). Das ist sachgerecht, da der Anteilseigner insoweit diesen Teil seines Anteilsvermögens tatsächlich durch Veräußerung realisiert hat.

225 **Fortbestehen des Besteuerungsrechts als Voraussetzung?** 1) Systematik der Richtlinie: Nach der Richtlinie müsste es eigentlich eine stillschweigende Voraussetzung für die Gewährung eines Steueraufschubs durch Buchwertfortführung auf Anteilseignerebene sein, dass das Besteuerungsrecht für die Anteile dem bisher steuerberechtigten Staat nicht ver-

loren geht. Das ließe sich daraus erschließen, dass die Umstrukturierung lediglich „für sich allein“ gesehen keine Besteuerung der stillen Reserven auslösen darf (Art. 8 II, 14 I FusionsRL). – Nach den üblichen Regeln der DBA steht das Besteuerungsrecht für Anteile an Kapitalgesellschaften dem steuerlichen Ansässigkeitsstaat des jeweiligen Anteilseigners zu. Daher lässt sich ein Steueraufschub durch Buchwertfortführung in solchen Fällen regelmäßig verwirklichen, ohne dass der Fiskus die Möglichkeit zur späteren Besteuerung der fraglichen Reserven verliert. Besteht kein DBA mit dem Staat des Anteilseigners, kann es für das Vorhandensein eines Steueranspruchs auf die stillen Reserven in den Anteilen darauf ankommen, ob nach der Umstrukturierung noch eine unbeschränkte oder beschränkte Steuerpflicht besteht, die die fraglichen Anteile mit umfasst. Ein Wegfall der Steuerpflicht ist insbesondere dann denkbar, wenn der Anteilseigner ohnehin (nur) im Ausland lebt und daher nur der beschränkten Steuerpflicht unterfällt, nunmehr aber die Gesellschaft, an die Anteile gehalten werden, aufhört, „inländisch“ zu sein, so dass die Anteile nicht mehr an einer „inländischen“ Gesellschaft bestehen. Bei einem solchen Fortfall des Besteuerungsrechts wird der fragliche Staat Steuern grundsätzlich erheben dürfen; allerdings wird die Logik der Grundfreiheiten verlangen, dass der Besteuerungseingriff zur Sicherung der eigenen Rechte nicht strenger ausfällt als notwendig. Das zwänge zur Festschreibung der vorhandenen stillen Reserven und Stundung bis zur tatsächlichen späteren Veräußerung der Anteile, da eine solche Maßnahme technisch umsetzbar ist und einen milderen Eingriff darstellt als eine Pflicht zur sofortigen Zahlung. – 2) Interpretation durch den EuGH: Die Ansicht, dass beim Wegfall der Besteuerung die Höhe der stillen Reserven in den Anteilen festgeschrieben werden darf, dann aber ein Aufschub der Besteuerung gewährt werden muss bis zur späteren tatsächlichen Veräußerung, hat der EuGH bestätigt in der Entscheidung Rs. C-327/16, Jakob.

Verhältnis zu den DBA-Bestimmungen. Die einschlägigen Passagen der Richtlinie 226
sagen aus, dass die Richtlinie eine spätere Besteuerung der stillen Reserven, die im Zeitpunkt der Umstrukturierung in den Anteilsrechten vorhanden sind, nicht ausschließt. Andere Rechtsvorschriften können zum Zeitpunkt der späteren Veräußerung also sehr wohl eine Steuererhebung wirksam verhindern. Eine Ermächtigung zum „Treaty-Override“ hinsichtlich der DBA erteilen Art. 8, 9 und 14 FusionsRL also nicht. (Zur nach der FusionsRL selbst eigentlich fehlenden Verpflichtung, die stillen Reserven steuerlich zu verschonen, sofern bereits durch die Umstrukturierung selbst das Besteuerungsrecht entfällt, aber auch zur primärrechtlich motivierten Kritik daran, vgl. Anm. 213 ff.). Andererseits untersagt die Richtlinie einen solchen Treaty-Override aber auch nicht; da die Zustimmungsgesetze zu den DBA den Rang von normalem nationalem Recht haben, können die Mitgliedstaaten dieses Recht überall dort verletzen, wo EU-Recht nicht entgegensteht (in diesem Sinne EuGH vom 22.3.2018, Jacob).

Anspruchsberechtigte Anteilseigner. Die FusionsRL macht hinsichtlich der Natio- 227
nalität oder Ansässigkeit der Anteilseigner, die eine Buchwertfortführung hinsichtlich ihrer Anteilsrechte verlangen dürfen, keinerlei Einschränkungen. Soweit es nach der Richtlinie geht, haben also auch Anteilseigner aus Nicht-EU-Staaten Anspruch darauf, dass ihnen anlässlich einer Umstrukturierung das Recht auf Buchwertfortführung angeboten wird. Da die Richtlinie allerdings natürlich nur für die EU-Staaten bindende Vorgaben machen kann, läuft dieses Recht freilich überall dort leer, wo eine Besteuerung der Anteilsrechte nicht den EU-Staaten, sondern einem Drittstaat zusteht. Stehen einem EU-Staat ausnahmsweise aber gegenüber einem Anteilseigner aus einem Drittstaat einmal konkrete Besteuerungsrechte zu, so hat er diesem die Buchwertfortführung zu gewähren.

Beispiel: Anteilseigner A hat seinen Wohnsitz in Monaco. Er ist zu 10% an der Brau SE beteiligt, einer Limonadenfabrikationsgesellschaft, die bislang ihren Sitz in München hat. Dieser Sitz wird nunmehr nach Frankreich verlegt.

Die Anteilsrechte des A sind bislang in Deutschland im Rahmen der beschränkten Steuerpflicht steuerverhaftet, da es sich um Anteile an einer „inländischen“ Gesellschaft handelt. Deutschland hat dem A Buchwertfortführung anzubieten. Allerdings ist dann auch (was völkerrechtlich möglich ist, da kein DBA entgegensteht) hinsichtlich der Reserven in den fraglichen Anteilen, die sich schon in der Zeit gebildet hatten, als die SE noch „deutsch" war, eine fortgeführte beschränkte Steuerpflicht möglich (Art. 14 II FusionsRL).

Bei anderen Umstrukturierungsvorgängen, etwa einer grenzüberschreitenden Fusion der Brau SE auf eine Nachfolgegesellschaft in Frankreich, wäre die Einführung einer solchen „verlängerten" beschränkten Steuerpflicht für die fraglichen Voraussetzung für den deutschen Gesetzgeber sogar EU-rechtlich zwingend, weil die FusionsRL dies als eine zwingende Voraussetzung der Buchwertfortführung ansieht (vgl. Art. 8 IV FusionsRL).

228, 229 *(einstweilen frei)*

d) Untergang von Anteilsrechten infolge einer Umstrukturierung (Art. 7 FusionsRL)

230 **Problematik.** Bestimmte Umstrukturierungsvorgänge zeichnen sich dadurch aus, dass die bisherige rechtliche Trennung zwischen einem Gesellschafter und seiner Gesellschaft von nun an aufgehoben wird. In diesem Fall gehen die bisher vorhandenen Anteilsrechte als eigenständige Wirtschaftsgüter rechtlich unter, und der Gesellschafter erwirbt stattdessen unmittelbares Eigentum an den Aktiva und Passiva der früheren Gesellschaft (ggf. anteilig). Die Buchwerte der Anteilsrechte und die anteiligen Buchwerte der jeweiligen Aktiva und Passiva werden sich jedoch idR nicht entsprechen. Es kommt also in der steuerlichen Gewinnermittlung des Gesellschafters durch die „Ausbuchung" der Anteilsrechte mit ihrem bisherigen steuerlichen Wert und die „Einbuchung" der Buchwerte der ihm nunmehr rechtlich selbst gehörenden anteiligen Aktiva und Passiva zum Entstehen einer Differenz, die entweder positiv (= Übernahmegewinn; Buchwert des zufließenden Vermögens > bisheriger Buchwert der Anteile) oder negativ (= Übernahmeverlust; Buchwert des Vermögens bisheriger Buchwert der Anteile) ausfallen kann. Die Richtlinie wäre unvollständig, würde sie für dieses Problem keine Regelung bereitstellen.

231 **Analogie zum Fall der Liquidation und Kapitalherabsetzung.** Grundsätzlich stünde den Anteilseignern einer Gesellschaft alternativ zu einer Umstrukturierung der Weg offen, deren Vermögenswerte an die „neue" Gesellschaft zu verkaufen und sich die dabei erzielten Veräußerungserlöse anschließend als Dividenden ausschütten zu lassen. Unterbliebe jegliche Umstrukturierungsmaßnahme, würde die sämtliche Vermögenssubstanz der Tochterunternehmung im Laufe der weiteren Zukunft ohnehin irgendwann in Form von Dividenden an den Anteilseigner ausgekehrt werden, spätestens im Zuge einer Liquidation. Eine steuerneutrale Behandlung einer Umstrukturierung ist also nur dann gewährleistet, wenn der Übernahmegewinn einer Muttergesellschaft nach denselben Regeln behandelt wird, wie sie für die laufende Vereinnahmung von Dividenden aus der fraglichen Tochtergesellschaft gelten müssten.

232 **Schachtelprivileg für Übernahmegewinn.** Die FusionsRL schreibt vor diesem Hintergrund für den Spezialfall, dass eine „Gesellschaft" an einer anderen „Gesellschaft" beteiligt ist und im Zuge der Umstrukturierung die Anteilsrechte rechtlich untergehen, vor, dass die entsprechende Wertsteigerung keiner Besteuerung unterliegt. Zwingend vorgeschrieben ist dies allerdings nur beim Vorliegen derjenigen Beteiligungsquoten, bei denen auch die Mutter-Tochter-Richtlinie der Gemeinschaft eine Besteuerung von Dividendenausschüttungen bei der Mutter begrenzen würde, also dann, wenn die Muttergesellschaft eine Beteiligungsquote von 10 % (ab 1.1.2009; zuvor in den Jahren 2007–2008 15 %) besitzt.

233 **Transparente Gesellschaften.** Auch hier ist wieder der Fall zu bedenken, dass eine der beiden „Gesellschaften" nach dem Recht eines der beiden betroffenen Staaten als transparent angesehen werden könnte. Hier ist zu entscheiden danach, ob dies auf die Untergesellschaft oder die Obergesellschaft zutrifft.

Hält eine Obergesellschaft Anteilsrechte an einer Untergesellschaft und ist diese Untergesellschaft zwar nach ihrem Gründungsstatut eine Kapitalgesellschaft, wird aber aus der Sicht des für die Besteuerung ihres Anteilseigners, der Obergesellschaft also, zuständigen

Fiskus als Mitunternehmerschaft eingestuft, dann existieren aus der Sicht des Fiskus der Obergesellschaft steuerrechtlich überhaupt keinerlei Anteile als eigenständige Wirtschaftsgüter. Das Problem, das Art. 7 FusionsRL anspricht, kann dann also im Staat des Anteilseigners („Obergesellschaft") steuerrechtlich dann gar nicht vorkommen. Eine Sonderregelung ist insoweit dann also nicht erforderlich.

Hält dagegen eine Obergesellschaft Anteile an einer Untergesellschaft und ist die Obergesellschaft zwar eine Kapitalgesellschaft, aber nach dem für ihre Besteuerung einschlägigen Steuerrecht als transparent anzusehen, dann existieren sehr wohl Anteile an der Untergesellschaft. Bei einer Verschmelzung oder einem anderweitigen Fortfall der rechtlichen Trennungsebene zwischen der Ober- und der Untergesellschaft fallen diese Anteilsrechte an der Tochtergesellschaft als Wirtschaftsgut bei der Obergesellschaft – bzw., wegen der transparenten Beurteilung der Obergesellschaft: anteilig beim einzelnen Gesellschafter – dann auch tatsächlich fort, und es tritt ein anteiliges Eigentum der Gesellschafter der Obergesellschaft an den sämtlichen Aktiva und Passiva der Untergesellschaft an deren Stelle. Also ist grundsätzlich ein Vermögenszugang aus der Vermögensübernahme und ein Vermögensabgang aus dem Wegfall der (anteiligen) Anteilsrechte aus der Tochtergesellschaft bei jedem Gesellschafter der Obergesellschaft vorhanden, und eigentlich sollte man sich dann zu einer steuerneutralen Behandlung des Vorgangs daran orientieren, wie eine anteilige Auskehrung dieser Vermögenswerte aus der Tochtergesellschaft an die Obergesellschaft bei jedem Gesellschafter anteilig behandelt worden wäre. Das würde bedeuten, dass die Regel des Art. 7 FusionsRL, wonach ein Übernahmegewinn keine Besteuerung auslösen darf, für diesen Fall modifiziert werden müsste. Das geschieht jedoch innerhalb der Richtlinie anscheinend nicht (Art. 11 FusionsRL erwähnt keinerlei Ausnahme von Art. 7 FusionsRL für eine transparente „übernehmende" Gesellschaft).

Übernahmeverluste. Zur Behandlung von Übernahmeverlusten äußert die Richtlinie sich nicht; in deren Behandlung sind die Mitgliedstaaten also offenbar frei. **234**

(einstweilen frei) **235–239**

e) Entstehen zusätzlicher Anteilsrechte durch eine Einbringung von Teilbetrieben oder Anteilsrechten (Art. 9 FusionsRL)

Problematik. Nach einem Einbringungsvorgang sind die ursprünglichen wirtschaftlichen Werte anschließend quasi rechtlich in zweifacher Form vorhanden: auf der Ebene der Gesellschaft in Form der eingebrachten, ursprünglichen Wirtschaftsgüter, auf der Ebene des Einbringenden (nunmehrigen Anteilseigners) in Form der neu ausgegebenen Anteilsrechte. Es tritt also im Gegensatz zu früher, als die Wirtschaftsgüter unmittelbar dem Einbringenden gehörten, eine zweite Ebene hinzu. Also müssen anschließend im Rahmen der steuerlichen Gewinnermittlung von nun an auf zwei Ebenen sachgerechte steuerliche Wertansätze festgelegt werden, während zuvor nur ein einziger steuerlicher Wertansatz (nämlich der der eingebrachten Wirtschaftsgüter) existierte. Wie der Wertansatz für die zweite, neu hinzugetretene Ebene sachgerecht festgelegt werden sollte, stellt daher ein zusätzliches Problem dar. **240**

Kein Lösungsansatz in der Richtlinie. Bei einer Einbringung von Unternehmensteilen ordnet die Richtlinie an, dass der ursprüngliche Buchwert weiterhin bei den ursprünglichen Aktiva und Passiva fortgeführt werden soll; dazu, wie die Anteile bewertet werden müssen, die der Einbringende im Gegenzug erhält, äußert sie sich dagegen ausdrücklich nicht (analoge Geltung des Art. 4 FusionsRL, aber nicht des Art. 8 FusionsRL bei Einbringung von Unternehmensteilen, vgl. Art. 9 FusionsRL). Bei einer Einbringung von Anteilsrechten unter den von der Richtlinie gesetzten Bedingungen („Anteilstausch") gilt dagegen, dass die Buchwerte auf der Anteilseignerebene fortgeführt werden müssen (die „neuen" Anteile werden also mit dem bisherigen steuerlichen Wert der „alten" angesetzt, Art. 8 I FusionsRL), während die Richtlinie dieses Mal dazu schweigt, wie die „alten" Anteile auf der Ebene der Gesellschaft, in die sie gerade eingebracht worden sind, anzusetzen sein sollten. Gemeinsam ist diesen beiden scheinbar unterschiedlichen Teilrege- **241**

lungen für Einbringung von Unternehmensteilen und von Anteilsrechten (Anteilstausch), dass die zwingende Buchwertfortführung jeweils auf derjenigen Ebene vorgeschrieben wird, auf der es vor und nach der Einbringung ein Besteuerungsrecht für dasselbe Land gibt.

242 **Verdopplung stiller Reserven versus Ansatz zum aktuellen Wert.** Als alternative Ansatzmöglichkeiten bieten sich in den ungeregelten Fällen jeweils erneut die Übernahme des bisherigen Buchwertes an oder aber ein Ansatz mit dem aktuellen Wert. Bei der ersten Alternative werden durch die Einbringung die bislang vorhandenen stillen Reserven anschließend doppelt erfasst, nämlich auf der Ebene der Gesellschaft und auf der Ebene des Anteilseigners; eine solche Verdoppelung stiller Reserven ist eine effektive Zusatzbelastung in jedem Steuersystem, in dem die KSt nicht nur vorübergehenden Charakter hat (vgl. das frühere deutsche Vollanrechnungssystem), sondern ganz oder teilweise definitiv wirkt. Der Vorteil ist jedoch, dass nach der Einbringung aufgrund dieser Bewertung auf keiner der zwei Ebenen ein Verkauf durchgeführt werden kann, ohne dass die stillen Reserven automatisch mit steuerlicher Wirkung aufgedeckt werden würden. Bei der zweiten Alternative bleibt die Gesamthöhe der stillen Reserven dagegen unverändert, allerdings gibt es hier nach der Einbringung stets eine der beiden Ebenen, auf der die Vermögenswerte nunmehr zu aktuellen Werten bewertet sind – sofern also nach dem Einbringungsvorgang ein Verkaufsvorgang auf „dieser" Ebene durchgeführt wird, können die wirtschaftlichen Werte in voller Höhe realisiert werden, ohne unmittelbare Steuerzahlungen auszulösen. Es liegt nahe, dass eine solche Möglichkeit, in Kombination mit einer zuvor durchzuführenden Einbringung Vermögenswerte einschließlich stiller Reserven zu realisieren, den Veräußerungsgewinn im Zusammenhang damit aber steuerlich mit Null berechnen zu können, dem Fiskus als gefährliche Missbrauchsmöglichkeit erscheinen kann. Das kann ein nachvollziehbares Motiv für einen Mitgliedstaat bilden, einen Ansatz der vor der Einbringung vorhandenen Buchwerte auf beiden Ebenen zu fordern (also Verdoppelung der stillen Reserven). Allerdings müssen die Mitgliedstaaten in dieser Frage die Vorgaben der EU-Grundfreiheiten einhalten, und eine Verdoppelung stiller Reserven wird man unter Umständen als „Beschränkung" klassifizieren können (an dieser Einstufung könnte ein Mitgliedstaat möglicherweise vorbei kommen, falls es für rein nationale Vorgänge derselben Art ebenfalls eine Verdopplung stiller Reserven gibt). Diese Lösung kann dann also nur dann von den Mitgliedstaaten gewählt werden, wenn sie nicht über das „erforderliche" Ausmaß hinaus geht. Das aber dürfte der Fall sein, denn aufgrund der Anti-Missbrauchs-Regelung in der Richtlinie hätten die Mitgliedstaaten in konkreten Missbrauchsfällen die Möglichkeit, rückwirkend die Vergünstigungen der Richtlinie für den fraglichen Einbringungsvorgang zu verweigern; ein solcher Eingriff ist in jedem Falle milder als eine generelle Erhöhung der Gesamtsteuerlast durch eine Verdoppelung stiller Reserven.

243, 244 *(einstweilen frei)*

f) Betriebsstätten in anderen Staaten als dem Sitzstaat des Unternehmens

245 **Grundsätzliche Problematik.** Hat ein Unternehmen eine Betriebsstätte außerhalb seines eigenen Sitzstaates, so ist eine solche Betriebsstätte grundsätzlich in zwei Staaten steuerlich verhaftet: Im Belegenheitsstaat (im Rahmen der dortigen beschränkten Steuerpflicht) und im Sitzstaat des Unternehmens (im Rahmen seiner unbeschränkten Steuerpflicht). Hier müssen also so weit wie möglich steuerneutrale Lösungen für zwei Staaten gleichzeitig gefunden werden, wenn eine Umstrukturierung tatsächlich ohne vermeidbare steuerlichen Lasten durchzuführen sein soll.

246 **Regelung für den Belegenheitsstaat der Betriebsstätte.** Dass in einem solchen Fall der Belegenheitsstaat der Betriebsstätte die Buchwerte der bisherigen Wirtschaftsgüter fortzuführen hat, ist keine Besonderheit (Art. 10 I Unterabs. 1 FusionsRL).

247 **Regelung für den Sitzstaat des (bisherigen) Eigentümerunternehmens.** Der Sitzstaat des Unternehmens kann die aus seiner Hoheit ausscheidenden stillen Reserven einer Besteuerung unterwerfen, muss aber eine fiktive Anrechnung von Steuern des Belegen-

heitsstaates auf seine eigene Steuerforderung vornehmen (Art. 10 II FusionsRL). – Bei der Realisierung des Steueranspruchs durch den Sitzstaat sind allerdings die Vorgaben der Grundfreiheiten zusätzlich zu den Vorgaben der Richtlinie zu beachten, d. h. die Art und Weise der Steuererhebung darf nicht über das Maß an beschränkenden Wirkungen hinausgehen, das zur Wahrung der Steueransprüche erforderlich ist; daraus ergibt sich, dass die Besteuerung dieser stillen Reserven durch den Sitzstaat nicht ohne eine Steuerstundung oder einen ähnlichen Mechanismus erfolgen darf (vgl. EuGH vom 23.11.2017, Rs. C-292/16, A Oy)

Sonderfälle. Darauf hinzuweisen ist, dass eine entsprechende Regelung für den Fall der Sitzverlegung einer SE oder SCE offenbar fehlt, obwohl hier dasselbe Problem durchaus auftauchen kann (vgl. Art. 12, 13 FusionsRL, die sich hierzu nicht äußern!). **248**

Art. 11 I, II FusionsRL scheint sich seiner systematischen Stellung nach auf dieselbe Problematik zu beziehen, sofern eine der beteiligten Gesellschaften als transparent angesehen werden sollte.

Kritik: Es ist nicht einzusehen, warum die Bestimmungen nur für Vermögen gelten, das in einem anderen Staat der EU liegt (nicht aber auch für solches im EWR oder einem Drittstaat; auch das kann von der Schutzwirkung der Grundfreiheiten indirekt erfasst sein, vgl. zB *Schnitger* Grundfreiheiten, S. 112 ff.), und warum nur Vermögen einer Betriebsstätte, nicht aber zB auch ausländische Grundstücke, die nicht zu einer Betriebsstätte gehören, von der Regelung erfasst sind. **249**

(einstweilen frei) **250**

g) Regelungen über weitere steuerliche Vorteile

Rückstellungen und steuerfreie Rücklagen dürfen unter denselben Bedingungen wie bisher nach der Umstrukturierung vom neuen Rechtsträger fortgeführt werden (Art. 5, Art. 10 I Unterabs. 3, Art. 10c I FusionsRL). **251**

Verlustvorträge sind in Art. 6, Art. 13 II FusionsRL und – indirekt – Art. 10 I Unterabs. 3 FusionsRL angesprochen. Die Regelung geht nicht über Selbstverständliches, nämlich über die Beachtung des gemeinschaftsrechtlichen Diskriminierungsverbotes, hinaus. **252**

Verluste aus einer ausländischen Betriebsstätte im Sitzstaat des (bisherigen) Rechtsträgers. Ein früher bei der steuerlichen Gewinnermittlung im Sitzstaat des Unternehmens gewährter Verlustabzug für Verluste aus einer ausländischen Betriebsstätte darf aus Anlass der Umstrukturierung durch Hinzurechnung entsprechender Gewinne wirtschaftlich storniert werden. Interessanterweise ist nicht daran gedacht worden, diese Erlaubnis auf diejenigen Konstellationen zu begrenzen, in denen die Auslandsbetriebsstätte, aus der der Verlust stammt, aus der eigenen Steuerhoheit ausscheidet und nicht etwa auf einen Rechtsträger übergeht, der ebenfalls wiederum im Inland unbeschränkt steuerpflichtig ist (vgl. Art. 10 Abs. 1 Unterabs. 2 FusionsRL). **253**

(einstweilen frei) **254**

h) Anti-Missbrauchsbestimmungen

Die Vorteile der Richtlinie können versagt werden, wenn der hauptsächliche Beweggrund für die Vornahme einer Umstrukturierung steuerlicher Natur war („Steuerhinterziehung oder -umgehung") oder wenn infolge einer Umstrukturierung irgendeine Gesellschaft anschließend nicht mehr die Voraussetzungen für die Mitbestimmung der Arbeitnehmer in den Organen der Gesellschaft erfüllt (Art. 11 FusionsRL). Es handelt sich um ein Wahlrecht, von dem die Mitgliedstaaten entweder Gebrauch machen können oder auch nicht. **255**

Anwendbarkeit. Der Begriff des „Missbrauchs" steht hier in einem gemeinschaftsrechtlichen Text und darf daher nur europaweit einheitlich ausgelegt werden. Berufen zur Auslegung ist letztlich nur der EuGH. Das bedeutet, dass Anti-Missbrauchs-Regelungen somit in zwei Stufen auf ihre Zulässigkeit geprüft werden müssen: Zunächst, ob aus **256**

unionsrechtlicher Sicht überhaupt ein „Missbrauch“ vorliegt (Beurteilung nach den Maßstäben des EuGH), sodann, ob sich der nationale Gesetzgeber auch dazu entschlossen hat, diesen speziellen Missbrauch auch tatsächlich bekämpfen zu wollen (Frage des nationalen Rechts, zuständig also zB BFH). Liegt nach unionsrechtlichen Maßstäben erst gar kein Missbrauch vor, scheidet jede Anwendung einer Anti-Missbrauchs-Maßnahme von vornherein aus, da dann ein Abweichen von den Richtlinienvorgaben unionsrechtlich gar nicht erst erlaubt ist und ggf. die sog. „unmittelbare Richtlinienwirkung“ zugunsten des betroffenen Steuerpflichtigen zum Zuge kommt.

257 **Rechtsprechung.** Der EuGH legt in st. Rspr. Wert darauf, dass Maßnahmen zur Bekämpfung eines Missbrauchs im Steuerrecht nicht über das zur Bekämpfung von Missbräuchen erforderliche Ausmaß hinausgehen dürfen. Er leitet daraus her, dass die Anwendung von typisierenden Missbrauchsbestimmungen zwar im Normalfall zulässig ist, nicht aber in Fällen, in denen es sich offensichtlich nicht um einen Missbrauch handelt, und dass eine Anti-Missbrauchs-Regelung dem Betroffenen niemals die Möglichkeit zum Nachweis, dass in seinem konkreten Fall kein Missbrauchsfall gegeben ist, abschneiden darf.

258 **Einzelfälle.** Das Argument, die Muttergesellschaft werde durch die Beseitigung der Eigenständigkeit der Existenz einer Tochtergesellschaft Verwaltungskosten sparen, hat der EuGH nicht als ausreichendes Argument gelten lassen, um den Vorwurf abzuwehren, eine geplante Fusion strebe im Wesentlichen nur steuerliche Vorteile an (EuGH v. 10.11.2011 – C-126/10 – Foggia). Das leuchtet insofern ein, als dieser spezielle Effekt mit jeder Fusion eintritt: bei jeder Fusion fällt einer der beiden Jahresabschlüsse inkl Prüfungskosten etc. für die Zukunft fort; hätte man das Argument als ausreichendes Motiv anerkannt, wäre also die Anti-Missbrauchs-Klausel in Zukunft bei *jeder* Fusion (zu) einfach widerlegbar gewesen. Das aber hätte die Anti-Missbrauchs-Klausel für Fusionen im Endeffekt aufgehoben, und ein solches Auslegungsergebnis wäre daher zurecht nicht tragbar gewesen.

KOMMENTAR

Erster Teil. Allgemeine Vorschriften

§ 1 Anwendungsbereich und Begriffsbestimmungen

(1) [1]Der Zweite bis Fünfte Teil gilt nur für

1. die Verschmelzung, Aufspaltung und Abspaltung im Sinne der §§ 2, 123 Abs. 1 und 2 des Umwandlungsgesetzes von Körperschaften oder vergleichbare ausländische Vorgänge sowie des Artikels 17 der Verordnung (EG) Nr. 2157/2001 und des Artikels 19 der Verordnung (EG) Nr. 1435/2003;
2. den Formwechsel einer Kapitalgesellschaft in eine Personengesellschaft im Sinne des § 190 Abs. 1 des Umwandlungsgesetzes oder vergleichbare ausländische Vorgänge;
3. die Umwandlung im Sinne des § 1 Abs. 2 des Umwandlungsgesetzes, soweit sie einer Umwandlung im Sinne des § 1 Abs. 1 des Umwandlungsgesetzes entspricht sowie
4. die Vermögensübertragung im Sinne des § 174 des Umwandlungsgesetzes vom 28. Oktober 1994 (BGBl. I S. 3210, 1995 I S. 428), das zuletzt durch Artikel 10 des Gesetzes vom 9. Dezember 2004 (BGBl. I S. 3214) geändert worden ist, in der jeweils geltenden Fassung.

[2]Diese Teile gelten nicht für die Ausgliederung im Sinne des § 123 Abs. 3 des Umwandlungsgesetzes.

(2) [1]Absatz 1 findet nur Anwendung, wenn

1. beim Formwechsel der umwandelnde Rechtsträger oder bei den anderen Umwandlungen die übertragenden und die übernehmenden Rechtsträger nach den Rechtsvorschriften eines Mitgliedstaats der Europäischen Union oder eines Staates, auf den das Abkommen über den Europäischen Wirtschaftsraum Anwendung findet, gegründete Gesellschaften im Sinne des Artikels 54 des Vertrags über die Arbeitsweise der Europäischen Union[1)] oder des Artikels 34 des Abkommens über den Europäischen Wirtschaftsraum sind, deren Sitz und Ort der Geschäftsleitung sich innerhalb des Hoheitsgebiets eines dieser Staaten befinden oder
2. übertragender Rechtsträger eine Gesellschaft im Sinne der Nummer 1 und übernehmender Rechtsträger eine natürliche Person ist, deren Wohnsitz oder gewöhnlicher Aufenthalt sich innerhalb des Hoheitsgebiets eines der Staaten im Sinne der Nummer 1 befindet und die nicht auf Grund eines Abkommens zur Vermeidung der Doppelbesteuerung mit einem dritten Staat als außerhalb des Hoheitsgebiets dieser Staaten ansässig angesehen wird.

[2]Eine Europäische Gesellschaft im Sinne der Verordnung (EG) Nr. 2157/2001 und eine Europäische Genossenschaft im Sinne der Verordnung (EG) Nr. 1435/2003 gelten für die Anwendung des Satzes 1 als eine nach den Rechtsvorschriften des Staates gegründete Gesellschaft, in dessen Hoheitsgebiet sich der Sitz der Gesellschaft befindet.

(3) Der Sechste bis Achte Teil gilt nur für

1. die Verschmelzung, Aufspaltung und Abspaltung im Sinne der §§ 2 und 123 Abs. 1 und 2 des Umwandlungsgesetzes von Personenhandelsgesellschaften und Partnerschaftsgesellschaften oder vergleichbare ausländische Vorgänge;

2. die Ausgliederung von Vermögensteilen im Sinne des § 123 Abs. 3 des Umwandlungsgesetzes oder vergleichbare ausländische Vorgänge;
3. den Formwechsel einer Personengesellschaft in eine Kapitalgesellschaft oder Genossenschaft im Sinne des § 190 Abs. 1 des Umwandlungsgesetzes oder vergleichbare ausländische Vorgänge;
4. die Einbringung von Betriebsvermögen durch Einzelrechtsnachfolge in eine Kapitalgesellschaft, eine Genossenschaft oder Personengesellschaft sowie
5. den Austausch von Anteilen.

(4) [1]Absatz 3 gilt nur, wenn

1. der übernehmende Rechtsträger eine Gesellschaft im Sinne von Absatz 2 Satz 1 Nr. 1 ist und
2. in den Fällen des Absatzes 3 Nr. 1 bis 4
   a) beim Formwechsel der umwandelnde Rechtsträger, bei der Einbringung durch Einzelrechtsnachfolge der einbringende Rechtsträger oder bei den anderen Umwandlungen der übertragende Rechtsträger
      aa) eine Gesellschaft im Sinne von Absatz 2 Satz 1 Nr. 1 ist und, wenn es sich um eine Personengesellschaft handelt, soweit an dieser Körperschaften, Personenvereinigungen, Vermögensmassen oder natürliche Personen unmittelbar oder mittelbar über eine oder mehrere Personengesellschaften beteiligt sind, die die Voraussetzungen im Sinne von Absatz 2 Satz 1 Nr. 1 und 2 erfüllen, oder
      bb) eine natürliche Person im Sinne von Absatz 2 Satz 1 Nr. 2 ist
      oder
   b) das Recht der Bundesrepublik Deutschland hinsichtlich der Besteuerung des Gewinns aus der Veräußerung der erhaltenen Anteile nicht ausgeschlossen oder beschränkt ist.

[2]Satz 1 ist in den Fällen der Einbringung eines Betriebs, Teilbetriebs oder Mitunternehmeranteils in eine Personengesellschaft nach § 24 nicht anzuwenden.

(5) Soweit dieses Gesetz nichts anderes bestimmt, ist

1. [2)]Richtlinie 2009/133/EG
   die Richtlinie 2009/133/EG des Rates vom 19. Oktober 2009 über das gemeinsame Steuersystem für Fusionen, Spaltungen, Abspaltungen, die Einbringung von Unternehmensteilen und den Austausch von Anteilen, die Gesellschaften verschiedener Mitgliedstaaten betreffen, sowie für die Verlegung des Sitzes einer Europäischen Gesellschaft oder einer Europäischen Genossenschaft von einem Mitgliedstaat in einen anderen Mitgliedstaat (ABl. EU Nr. L 310 S. 34), die zuletzt durch die Richtlinie 2013/13/EU des Rates vom 13. Mai 2013 (ABl. EU Nr. L 141 S. 30) geändert worden ist, in der zum Zeitpunkt des steuerlichen Übertragungsstichtags jeweils geltenden Fassung;
2. Verordnung (EG) Nr. 2157/2001
   die Verordnung (EG) Nr. 2157/2001 des Rates vom 8. Oktober 2001 über das Statut der Europäischen Gesellschaft (SE) (ABl. EG Nr. L 294 S. 1), zuletzt geändert durch die Verordnung (EG) Nr. 885/2004 des Rates vom 26. April 2004 (ABl. EU Nr. L 168 S. 1), in der zum Zeitpunkt des steuerlichen Übertragungsstichtags jeweils geltenden Fassung;
3. Verordnung (EG) Nr. 1435/2003
   die Verordnung (EG) Nr. 1435/2003 des Rates vom 22. Juli 2003 über das Statut der Europäischen Genossenschaften (SCE) (ABl. EU Nr. L 207 S. 1) in der zum Zeitpunkt des steuerlichen Übertragungsstichtags jeweils geltenden Fassung;
4. Buchwert
   der Wert, der sich nach den steuerrechtlichen Vorschriften über die Gewinn-

ermittlung in einer für den steuerlichen Übertragungsstichtag aufzustellenden Steuerbilanz ergibt oder ergäbe.

[1] Verweis geändert durch AmtshilfeRLUmsG v. 26.6.2013 (BGBl. I, 1809). Die aF lautete: „des Artikels 48 des Vertrags zur Gründung der Europäischen Gemeinschaft".

[2] § 1 Abs. 5 Nr. 1 an neue FusionsRL angepasst durch Gesetz vom 25.7.2014 (BGBl. I, 1266). Die aF lautete:

„Richtlinie 90/434/EWG

die Richtlinie 90/434/EWG des Rates vom 23. Juli 1990 über das gemeinsame Steuersystem für Fusionen, Spaltungen, die Einbringung von Unternehmensanteilen und den Austausch von Anteilen, die Gesellschaften verschiedener Mitgliedstaaten betreffen (ABl. EG Nr. L 225 S. 1), zuletzt geändert durch die Richtlinie 2005/19/EG des Rates vom 17. Februar 2005 (ABl. EU Nr. L 58 S. 19), in der zum Zeitpunkt des steuerlichen Übertragungsstichtags jeweils geltenden Fassung;"

Übersicht

I. Allgemeine Erläuterungen

1. Gliederung des Gesetzes

1 Das UmwStG in seinem materiellen Kernbereich untergliedert sich faktisch in zwei große Bereiche. In der Gesetzesbegründung wird in diesem Zusammenhang von dem Umwandlungsteil und dem Einbringungsteil gesprochen. Der Umwandlungsteil umfasst die §§ 3 bis 19. Zusätzlich gilt § 2. Der Einbringungsteil umfasst die §§ 20 bis 25. Zusätzlich gilt § 2 mit Modifikationen. § 1 enthält sachliche und persönliche Anwendungsregelungen, während § 27 die zeitliche Anwendung des Gesetzes insgesamt bestimmt. § 28 ist als reine Ermächtigungsregelung inhaltlich unbedeutsam.

2 Anders als im Umwandlungssteuergesetz 1995 erstrecken sich die Anwendungsregelungen des § 1 I–IV nun auf alle vom Gesetz geregelten Fälle.

3 Die durch die Vorgaben der EU erzwungene Öffnung des deutschen Umwandlungssteuerrechts für grenzüberschreitende Umstrukturierungen brachte das Bedürfnis mit sich, den Kreis der jeweils in solche Umstrukturierungen einbezogenen Rechtsträger spezifisch zu definieren. Ein wesentlicher Zweck der § 1 I–IV ist daher, zu bestimmen, welche Rechtsträger an bestimmten Umstrukturierungen in der Form teilnehmen können, dass das Gesetz und damit mögliche Steuererleichterungen Anwendung finden. In teilweiser Umsetzung der europarechtlichen Vorgaben geht § 1 mittlerweile über den Anwendungsbereich des UmwG hinaus. Während das UmwG auf nationale Umwandlungen und grenzüberschreitende Verschmelzungen von KapGes innerhalb der EU/EWR beschränkt ist, enthält § 1 bereits steuerliche Vorgaben für grenzüberschreitende Umwandlungen, für die umwandlungsrechtlich noch keine Regelungen bestehen.

2. Keine Begrenzung auf unbeschränkt steuerpflichtige Körperschaften

4 § 1 V UmwStG 1995 grenzte die Anwendung der dortigen §§ 3 bis 19 auf unbeschränkt steuerpflichtige Körperschaften ein. Die Eingrenzung ist mit dem gegenwärtigen § 1 entfallen und durch ein differenziertes System von Anwendungsvorschriften ersetzt worden.

5 Auch ohne die FusionsRL (Einzelheiten Einf. C Rn. 140) wäre der deutsche Gesetzgeber verpflichtet gewesen, die Begrenzung des Anwendungsbereichs des UmwStG auf unbeschränkt Körperschaftsteuerpflichtige aufzuheben. Dies dokumentiert sich in dem *Sevic*-Urteil des EuGH (EuGH 13.12.2005 – C-411/03, GmbHR 2006, 140). Dort wird festgehalten, dass Art. 49 und 54 AEUV (zuvor Art. 43 und 48 EG) nationalen (deutschen) Regelungen entgegenstehen, die eine Verschmelzung nur dann erlauben, wenn beide an der Verschmelzung beteiligten Gesellschaften ihren Sitz in Deutschland haben. Damit ist auch die Begrenzung im UmwStG – im früheren § 1 V UmwStG 1995 – gemeinschaftsrechtswidrig. Es bedurfte in diesem Zusammenhang auch nicht der Verabschiedung der handelsrechtlichen Verschmelzungsrichtlinie (2005/56/EG) v. 15.12.2005 oder der Änderung der FusionsRL am 17.2.2005 (2005/19/EG, jetzt RL 2009/133/EG), um die Einengung der Umwandlungsmöglichkeiten auf unbeschränkt Körperschaftsteuerpflichtige obsolet zu machen. Der EuGH führte hierzu aus:

> „Wenn gemeinschaftsrechtliche Harmonisierungsvorschriften zur Erleichterung grenzüberschreitender Verschmelzung auch gewiss hilfreich wären, so sind sie doch keine Vorbedingung für die Durchführung der in Art. 43 und 48 verankerten Niederlassungsfreiheit …" (EuGH 13.12.2005 – C-411/03, GmbHR 2006, 140 – *Sevic*).

6 Aus dem *Sevic*-Urteil folgt weiterhin, dass selbst in den Fällen, in denen europarechtlich bislang keine konkretisierten Vorgaben bestehen, gesellschaftsrechtlich Umwandlungen dann zulässig sind und nicht verwehrt werden dürfen, wenn eine solche Umwandlung unter Einbezug von Gesellschaften aus den anderen Mitgliedsstaaten oder des EWR-

Raums denjenigen Umwandlungsformen entsprechen, die das deutsche UmwG eröffnet. Auch steuerrechtlich dürfen solche Umwandlungen dann nicht stärker besteuert werden, als dies der Fall wäre, wenn ein solcher Vorgang rein innerstaatlich in Deutschland erfolgen würde. Hierbei sind aber die Grenzen zu beachten, die sich beispielsweise in dem Betriebsstättenvorbehalt des Art. 4 II lit. b) FusionsRL niederschlagen.

3. Umwandlungsteil und Einbringungsteil

Die Gesetzesbegründung spricht von einem Umwandlungsteil, gemeint ist der 2. bis 7
5. Teil des Gesetzes. Mit dieser Begrifflichkeit ist aber keineswegs ausgeschlossen, dass steuerliche Einbringungsfälle, wie sie in §§ 20–25 geregelt sind und die auch den Formwechsel in die Kapitalgesellschaft hinein mit umfassen, ebenfalls Umwandlungsvorgänge im engeren Sinne sind, also solche Vorgänge, wie sie idealtypisch im deutschen UmwG normiert sind. Einbringungsvorgänge brauchen jedoch keine Umwandlungen im vorbeschriebenen engeren Sinne zu sein.

II. Begriffsbestimmungen

1. Begriffsbestimmungen in § 1 V

a) Fusions-RL

Das Gesetz nimmt an verschiedenen Stellen Bezug auf die steuerliche Fusionsrichtlinie, 8
Richtlinie 90/434/EWG des Rates v. 23.7.1990, die bedeutsam durch die Richtlinie 2005/19/EG des Rates v. 17.2.2005 geändert wurde und bestimmt, dass diese Richtlinie in der zum Zeitpunkt eines steuerlichen Übertragungsstichtags jeweils geltenden Fassung anzuwenden ist, also idF der RL 2009/133/EG.

b) SE-VO

In § 1 V Nr. 2 wird auf die Verordnung des Rates v. 8.10.2001 über das Statut der 9
Europäischen Gesellschaft (SE) unter Berücksichtigung der Änderungsfassungen Bezug genommen und angeordnet, dass die SE-VO in der zum Zeitpunkt des steuerlichen Übertragungsstichtags jeweils geltenden Fassung anzuwenden ist (VO geändert am 13.5.2013, ABl. Nr. L 158,1). Die SE-VO findet auch für die EWR-Staaten Island, Liechtenstein und Norwegen Anwendung (Beschluss des Gemeinsamen EWR-Ausschusses Nr. 93/2002 v. 25.6.2002 zur Änderung des EWR-Abkommens, ABl. Nr. L 266 v. 3.10.2002, S. 69).

c) SCE-VO

In § 1 V Nr. 3 wird auf die Begriffsbestimmung hinsichtlich der Verordnung Nr. 1435/ 10
2003 des Rates v. 22.7.2003 über das Statut der Europäischen Genossenschaft (SCE) Bezug genommen, und zwar in der zum Zeitpunkt des steuerlichen Übertragungsstichtages jeweils geltenden Fassung. Die SCE-VO findet auch für die in Rn. 9 genannten EWR-Staaten Anwendung (EWR-Ausschuss Nr. 15/2004 v. 6.2.2004, ABl. Nr. L 116 v. 22.4.2004, S. 68)

d) Buchwert

Die Begriffsbestimmung in § 1 V Nr. 4 knüpft erkennbar an Art. 4 II lit. a) FusionsRL 11
an. Dort heißt es:

„Für die Zwecke dieses Artikels gilt als „steuerlicher Wert“ der Wert, auf dessen Grundlage ein 12
etwaiger Gewinn oder Verlust für die Zwecke der Besteuerung des Veräußerungsgewinns der einbringenden Gesellschaft ermittelt worden wäre, wenn das Aktiv- und Passivvermögen gleichzeitig mit der Fusion, Spaltung oder Abspaltung, aber unabhängig davon, veräußert worden wäre.“

Auch Art. 8 VII FusionsRL enthält eine ähnliche, jedoch im Wortlaut etwas abweichen- 13
de Definition des steuerlichen Werts.

14 Von besonderer Bedeutung für den Anteilstausch ist, dass der Buchwert auch derjenige ist, der sich aus einer zum steuerlichen Übertragungsstichtag aufzustellenden Steuerbilanz ergäbe. Damit ist auch nicht betrieblich verstricktes Vermögen von dem Buchwertbegriff mit umfasst, wenn es geeigneter Einbringungsgegenstand ist. Dies betrifft Anteile, die im Rahmen des Anteilstausches nach § 21 eingebracht werden, ohne dass sie Betriebsvermögen des Einbringenden darstellen. In UmwStE Rn. 01.57 bemüht sich die FinVerw, den Buchwert durch eine Bewertungsobergrenze, nämlich den gemeinen Wert, einzuschränken. Dies korrespondiert nicht mit den Wahlrechten in § 6 I Nr. 1, 2 EStG, nach denen der dort definierte Teilwert angesetzt werden kann, nicht aber muss.

2. Umwandlungs- und Einbringungsvorgänge

a) Verschmelzung oder vergleichbare ausländische Vorgänge

15 § 1 I 1 Nr. 1 spricht von der Verschmelzung iSd § 2 UmwG von Körperschaften oder vergleichbaren ausländischen Vorgängen. § 2 UmwG enthält eine allgemeine Beschreibung der Verschmelzung, die über den eigentlichen Anwendungsbereich des § 2 UmwG nunmehr steuerlich auch international von Bedeutung ist. Danach sind wesentliche Kriterien der Verschmelzung:

16
- Übertragung des Vermögens des übertragenden Rechtsträgers als Ganzes
- durch Rechtsgeschäft bzw. gesellschaftsrechtlichen Organisationsakt
- Auflösung ohne Abwicklung des übertragenden Rechtsträgers
- alternativ: Aufnahme des übergehenden Vermögens bei einem bestehenden Rechtsträger oder bei dem durch Neugründung entstehenden übernehmenden Rechtsträger
- Gewährung von Anteilen (oder Mitgliedschaften) des übernehmenden oder neuen Rechtsträgers an die Anteilsinhaber des/der übertragenden Rechtsträger(s), soweit nicht gesetzlich ausgeschlossen oder abdingbar.

17 Das vorgenannte Kriterium „Auflösung ohne Abwicklung" ist von besonderer Bedeutung bei der Abgrenzung einer Verschmelzung zum Anteilstausch. Beim Anteilstausch gehen die Anteile an der erworbenen Gesellschaft – vgl. § 21 I 1 – gerade nicht unter.

18 Im nationalen Recht ist die Verschmelzung als Gesamtrechtsnachfolge ausgestaltet. Um als Verschmelzung auf Grund vergleichbarer ausländischer Vorgänge angesehen zu werden, ist es ausreichend, dass die vorgenannten Kriterien erfüllt sind, nicht zwingend zu erfüllen ist jedoch das Merkmal der Gesamtrechtsnachfolge. Zwar finden sich in den meisten europäischen Rechtsordnungen Rechtsinstitute, die der deutschen Gesamtrechtsnachfolge ähneln oder sogar eine identische Bedeutung haben, ob dies durchgängig der Fall ist, ist jedoch fraglich. Sofern Mitgliedsstaaten die RL 78/855 EWG in nationales Recht umgesetzt haben, ist auf Grund von Art. 19 I dieser RL die Gesamtrechtsnachfolge rechtlich im jeweiligen nationalen Recht verankert – jedenfalls für Aktiengesellschaften. Auch die anderen – zum großen Teil – zwingenden Vorschriften des UmwG, die bei der Durchführung einer Verschmelzung beachtet werden müssen, wenn es sich um einen rein nationalen Rechtsvorgang handelt oder um eine Verschmelzung auf Grund der in nationales Recht umgesetzten Richtlinie 2005/56/EG des Europäischen Parlaments und des Rates v. 26.10.2005 (ABl. EU L 310 v. 25.11.2005, EG-Verschmelzungsrichtlinie), sind nicht notwendig zu erfüllen, damit das Kriterium eines vergleichbaren ausländischen Vorgangs erfüllt ist. Entscheidend ist die Vergleichbarkeit des wirtschaftlichen Ergebnisses. Ohne rechtliche Fundierung ist UmwStE Rn. 01.25, der fordert, dass ein nach ausländischem Umwandlungsrecht abgewickelter Vorgang nur dann ein vergleichbarer sei, wenn er auch nach den Regeln des deutschen UmwG wirksam hätte abgewickelt werden können.

19 Die vorgenannte EG-Verschmelzungsrichtlinie bezieht sich neben Kapitalgesellschaften auch auf Genossenschaften. Die Bundesregierung hat nicht von der Opt-Out-Möglichkeit des Art. 3 II der EG-Verschmelzungsrichtlinie Gebrauch gemacht, so dass Genossenschaften im Rahmen der SCE-VO (Rn. 10) verschmolzen werden können.

Die Begriffsbestimmung „Verschmelzung" iSd § 2 UmwG oder auf Grund vergleichbarer ausländischer Vorgänge, wie er in § 1 I und III benutzt wird, ist weit und nicht auf dem Raum der EU und der EWR-Staaten begrenzt – die Einschränkungen des Anwendungsbereichs des Gesetzes erfolgen erst in § 1 II und IV. 20

Keinen ausdrücklichen Bezug nimmt § 1 I 1 Nr. 1 hinsichtlich des Begriffes der Verschmelzung auf Art. 2 lit. a) FusionsRL, in dem der Begriff der „Fusion" synonym mit Verschmelzung benutzt wird. Es sind jedoch keine bedeutsamen Unterschiede zwischen Art. 2 lit. a) Fusions-RL und § 2 UmwG zu konstatieren. 21

Verschmelzungen iSd Art. 17 der SE-VO und des Art. 19 der SCE-VO sind ebenfalls erfasst. Diese Verordnungen stellen – anders als Richtlinien, die der Umsetzung bedürfen – direkt anwendbares Recht dar. Eine Prüfungskompetenz, ob die dort vorgegebenen Verschmelzungsmöglichkeiten vergleichbar zu § 2 UmwG sind, steht der FinVerw nicht zu. 22

UmwStE Rn. 01.20 ff. befasst sich ausführlich mit ausländischen Vorgängen. Hierbei ist die verfolgte Tendenz fraglich, der FinVerw einen möglichst großen Beurteilungsspielraum zu eröffnen und über die Vergleichbarkeitsprüfung steuerliche Schranken zu errichten. 23

Richtig ist die Aussage, dass ein ausländischer Vorgang auch dann gegeben ist, wenn es sich allein um ausländische Rechtsträger handelt, die an der Verschmelzung beteiligt sind, diese aber im Inland unbeschränkt steuerpflichtig sind (UmwStE Rn. 01.22). Deutlich über ihre Kompetenzen hinaus agiert die FinVerw jedoch, indem sie grenzüberschreitende Verschmelzungen von Kapitalgesellschaften nach §§ 122a ff. UmwG als ausländische Vorgänge deklariert, bei denen ihr ein Prüfungsrecht zustehe. Dem ist nicht zu folgen. Denn Verschmelzungen von Kapitalgesellschaften nach § 122a ff. UmwG dürften unter § 2 UmwG fallen und damit inländischem Recht unterworfen sein (W/M § 1 UmwStG Rn. 60; *Frotscher* in Frotscher/Maas § 1 Rn. 40). Zudem stellt sich „Hauptgefahr" aus Sicht der FinVerw bei solchen Verschmelzungen unter Beteiligung deutscher Kapitalgesellschaften nicht – nämlich die Überschreitung der 10%-Zuzahlungsgrenze. Denn jedenfalls bei GmbH und AG als beteiligte Rechtsträger verbieten § 54 IV und § 68 III UmwG höhere Zuzahlungen. Die 10%-Grenze bezieht sich auf das neu gewährte Nennkapital/Grundkapital der übernehmenden Gesellschaft und liegt bei erheblichen stillen Reserven der übernehmenden Gesellschaft deshalb oft deutlich niedriger als 10% des Marktwerts der neu gewährten Geschäftsanteile. 24

Im Falle einer reinen Auslands-EU-Verschmelzung mit inländischen Anteilseignern ist eine Gefahr der „Erschleichung" von Steuervorteilen durch eine höhere Zuzahlungsquote als 10% faktisch irrelevant, weil die Zuzahlung auf Empfängerebene steuerliches Ergebnis generiert, das nicht unter die Privilegierung von § 13 fällt. Selbst wenn bei rein ausländischen Verschmelzungen der übertragende Rechtsträger inländische Tochterkapitalgesellschaften hat, droht im Regelfall kein Verlust deutschen Besteuerungssubstrats, weil die üblichen DBA das Besteuerungsrecht dem EU-Ausland zuweisen. Es bleibt somit nur der Fall einer deutschen Betriebsstätte einer EU-ausländischen übertragenden Gesellschaft als denkbare Besteuerungslücke für die „Vorsorge" der FinVerw und ihr daraus resultierendes Bestreben, sich ein materielles Prüfungsrecht anzueignen. Angesichts der üblichen kapitalgesellschaftsbasierten Organisationsstruktur ausländischer Unternehmensgruppen dürfte die 10%-Zuzahlungsgrenze im UmwStE (s. u. a. UmwStE Rn. 01.25, 01.40) nur selten zur Anwendung kommen – zumal in UmwStE Rn. 01.40 ein deutliches Überschreiten der 10%-Zuzahlungsgrenze gefordert wird, um zu einem Indiz für fehlende Vergleichbarkeit zu gelangen. 25

Die Dauer der **Rückbeziehungsmöglichkeit** nach abweichendem ausländischen Gesellschaftsrecht stellt nach Auffassung der FinVerw kein Merkmal dar, das der Vergleichbarkeit mit deutschen Umwandlungen entgegensteht (UmwStE Rn. 01.41). Zudem werden Besteuerungsausfälle, die bei abweichenden steuerlichen Rückwirkungszeiträumen denkbar sind, durch § 2 III verhindert. Es bleibt aber darauf hinzuweisen, dass nach Ansicht der FinVerw die Achtmonatsfrist nach deutschem UmwG iVm § 2 nicht überschritten werden darf (UmwStE Rn. 02.07, 02.08, 09.02). Damit wird man in der Praxis leben 26 können, jedenfalls dann, wenn die deutschen Steuerrechtsunterworfenen hinreichend Einfluss auf die Gestaltung eines ausländischen Umwandlungsvorgangs nehmen können.

27 Problematisch sind jene Fälle, in denen ein solcher Einfluss fehlt, zB bei einem deutschen Minderheitsgesellschafter einer EU-Auslandsverschmelzung. Wenn bei einem solchen deutschen Steuerpflichtigen die im Ausland zulässige Rückwirkungsmöglichkeit Anlass für eine generelle Versagung der Anwendung des UmwStG geben würde, widerspräche dies fairen Umgangsregeln und dürfte im Ergebnis einen Verstoß gegen die Kapitalverkehrsfreiheit darstellen.

b) Aufspaltung und Abspaltung iSd § 123 I und II UmwG oder vergleichbare ausländische Vorgänge

28 Sowohl in § 1 I 1 Nr. 1 wie in § 1 III Nr. 1 wird der Terminus „Aufspaltung und Abspaltung iSd § 123 I und II UmwG" genannt. Die Strukturmerkmale der Auf- und Abspaltung entsprechen weitgehend denjenigen der Verschmelzung:

- Übertragung von Vermögensteilen des übertragenden Rechtsträgers auf den oder die übernehmenden oder neuen Rechtsträger,
- auf Grund eines Rechtsgeschäfts bzw. gesellschaftsrechtlichen Organisationsakts,
- bei Aufspaltung keine Abwicklung des übertragenden Rechtsträgers, jedoch dessen Auflösung,
- gegen Gewährung von Anteilen oder Mitgliedschaftsrechten des übernehmenden bzw. neuen Rechtsträgers an die Anteilsinhaber des übertragenden Rechtsträgers, soweit nicht gesetzlich ausgeschlossen oder abdingbar.

29 Im deutschen Umwandlungsrecht sind die Auf- und Abspaltung als (partielle) Gesamtrechtsnachfolge ausgestaltet. Auch hier ist fraglich, ob vergleichbare ausländische Vorgänge ebenfalls auf dem Prinzip der Gesamtrechtsnachfolge beruhen müssen (vgl. hierzu Rn. 18)

30 Von der Auf- und Abspaltung zu unterscheiden ist die Ausgliederung. Die Ausgliederung unterfällt zwar nach § 123 III UmwG auch dem Spaltungsrecht, wird aber steuerrechtlich als Einbringungsvorgang gewertet. Vergleichbare ausländische Vorgänge s. auch Rn. 18 ff.

c) Formwechsel

31 Der Formwechsel wird in § 1 I 1 Nr. 2 und § 1 III Nr. 3 genannt, einmal als Formwechsel einer Kapitalgesellschaft in eine Personengesellschaft und weiterhin als Formwechsel einer Personengesellschaft in eine Kapitalgesellschaft oder Genossenschaft jeweils basierend auf § 190 I UmwG oder vergleichbaren ausländischen Vorgängen. § 190 I UmwG beschränkt sich darauf, zu bestimmen, dass ein Rechtsträger durch einen Formwechsel eine andere Rechtsform erhalten kann. Das UmwStG regelt nur den so genannten rechtsformkreuzenden Formwechsel: Aus der Kapitalgesellschaft in die Personengesellschaft, aus der Personengesellschaft in die Kapitalgesellschaft bzw. Genossenschaft. Nicht geregelt, weil steuerlich irrelevant, ist der Formwechsel von einer Form der Kapitalgesellschaft in eine andere, also zB von der GmbH in die AG. Ebenfalls steuerlich irrelevant sind Strukturveränderungen von einer Ausprägung einer Personengesellschaft in eine andere. Solche Strukturveränderungen können bedingt sein durch die Änderung des Gesellschaftsvertrages, durch den Wechsel eines Vollhafters in den Status eines beschränkt haftenden Gesellschafters wird eine oHG zu einer KG. Sie können auch bedingt sein durch schlichte Veränderungen des Geschäftsumfangs: Der Geschäftsumfang einer GbR wächst dermaßen an, dass sie sich als oHG darstellt.

32 Wesentliches Merkmal des Formwechsels ist die rechtliche Kontinuität des Rechtsträgers vor und nach dem Formwechsel. Es erfolgt gerade kein (zivilrechtlicher) Vermögensübergang – sei es im Wege der Gesamtrechtsnachfolge oder der Einzelrechtsnachfolge – von einem Rechtsträger auf einen anderen. Während das deutsche UmwG den Formwechsel ausdrücklich als Umwandlungsvorgang begreift, ist dies international nicht zwingend der Fall. In anderen Rechtsordnungen kann es sich bei einem in Deutschland als Formwechsel begriffenen Vorgang auch um eine schlichte Vertragsänderung des rechtsformwechselnden Rechtsträgers handeln (*Hahn* GmbHR 2006, 617).

Der Formwechsel einer Aktiengesellschaft in eine SE nach Art. 2 IV iVm Art. 37 SE-VO bzw. einer Genossenschaft in eine SCE nach Art. 2 iVm 35 SCE-VO wird im Gesetz nicht ausdrücklich geregelt, denn es besteht kein Regelungsbedarf, da es sich hierbei nicht um rechtsformkreuzende Formwechsel handelt. 33

d) Umwandlung iSd § 1 II UmwG

§ 1 II UmwG bestimmt, dass nicht im UmwG geregelte Umwandlungen nur möglich sind, wenn sie durch ein anderes Bundesgesetz oder ein Landesgesetz ausdrücklich vorgesehen sind. Hierbei ist eine Vergleichbarkeitsprüfung zwingend vorgesehen. Der durch Bundes- oder Landesgesetz bestimmte Vorgang muss einer der Umwandlungsarten des § 1 I UmwG in seinen Strukturmerkmalen entsprechen. Wesentlicher Anwendungsbereich des § 1 II UmwG sind Strukturveränderungen von öffentlich-rechtlichen Kreditinstituten oder Eigenbetrieben. Zur Anwendung des UmwStG auf solche Umwandlungen s. UmwStE Rn. 01.07 sowie OFD Frankfurt/M. v. 24.2.2003, DB 2003, 637, letzterer Erlass speziell für die Verschmelzung von Sparkassen. Weiterhin OFD Hannover v. 27.12.2002 S 1978 – 87 – StH 233/S 1978 – 43 – StO 215 und OFD Hannover v. 30.1.2007, DB 2007, 604. 34

e) Vermögensübertragung iSd § 174 UmwG

Die in § 174 geregelte Voll- bzw. Teilübertragung von Vermögen gegen Gewährung einer Gegenleistung, die nicht in Anteilen oder Mitgliedschaften besteht, hat durch den Numerus clausus der an Vermögensübertragungen beteiligten Rechtsträger (§ 175 UmwG) einen begrenzten Anwendungsbereich. Auf Grund der beteiligten Rechtsträger einer Vermögensübertragung findet sich in § 1 I 1 Nr. 4 auch kein Bezug auf vergleichbare ausländische Vorgänge. 35

f) Ausgliederung iSd § 123 III UmwG

Die Ausgliederung ist ein Unterfall der Spaltung, unterscheidet sich von der Spaltung aber gerade dadurch, dass der übertragende Rechtsträger durch Vollzug der Ausgliederung an dem übernehmenden Rechtsträger beteiligt wird. Steuerrechtlich gesehen ist die Ausgliederung ein Unterfall der Einbringung im weiteren Sinne. Wenn § 1 III Nr. 4 von „Einbringung von Betriebsvermögen durch Einzelrechtsnachfolge" spricht, so kann dies als Einbringung im engeren Sinne bezeichnet werden, weil hier der originär steuerrechtliche Begriff der Einbringung verknüpft wird mit der zivilrechtlichen Transaktionsweise. Die Ausgliederung nach dem UmwG erfolgt als Unterfall der Einbringung im weiteren Sinne im Wege der Gesamtrechtsnachfolge. Einer Ausgliederung vergleichbare ausländische Vorgänge müssen nicht zwingend mit dem Prinzip der Gesamtrechtsnachfolge verknüpft sein. 36

Im Übrigen sei angemerkt: Auch der in § 21 geregelte Anteilstausch kann – muss jedoch nicht – zivilrechtlich als Ausgliederung ausgestaltet sein. 37

g) Einbringung durch Einzelrechtsnachfolge

§ 1 III Nr. 4 benutzt den Begriff der Einbringung. Einbringungsgegenstand ist Betriebsvermögen. Der Übertragungsweg ist durch Einzelrechtsnachfolge bestimmt. Aufnehmender Rechtsträger kann sowohl eine Kapitalgesellschaft, eine Genossenschaft wie auch eine Personengesellschaft sein. Der Begriff der Einbringung wird hier verknüpft mit dem Übertragungsweg der Einzelrechtsnachfolge. Da auch Ausgliederungen und der Anteilstausch iSd § 21 Einbringungen im steuerrechtlichen Sinne sind, kann § 1 III Nr. 4 nur als Einbringung im engeren Sinne verstanden werden. Der Begriff der Einbringung im weiteren Sinne umfasst auch die Ausgliederung. Der Einbringungsbegriff in §§ 20, 21 und 24 ist nicht auf den Einbringungsbegriff aus Abs. 3 Nr. 4 begrenzt. 38

h) Anteilstausch

39 Der Austausch von Anteilen findet in § 1 III Nr. 5 keine nähere Definition. Diese findet sich vielmehr in § 21 I 1. Der Anteilstausch ist eine Unterform der Einbringung, sei es im Wege der Einzelrechtsnachfolge oder der Ausgliederung. Der Anteilstausch ist definiert durch den Einbringungsgegenstand: Anteile an einer Kapitalgesellschaft oder Genossenschaft. Er ist weiterhin definiert durch die übernehmende Gesellschaft, die eine Kapitalgesellschaft oder Genossenschaft sein muss. Weiteres Merkmal des Anteilstausches ist die Gewährung neuer Anteile an der übernehmenden Gesellschaft.

3. Beteiligte Rechtsträger

a) Kapitalgesellschaft

40 Der Begriff der Kapitalgesellschaft im UmwStG entspricht der Definition im KStG. Dort ist nunmehr der Begriff der Kapitalgesellschaft internationalisiert. Kapitalgesellschaften sind insbes. die Europäische Gesellschaft mit Sitz in Deutschland, Aktiengesellschaften, Kommanditgesellschaften auf Aktien, Gesellschaften mit beschränkter Haftung und alle im Typ vergleichbaren ausländischen Gesellschaften. Eine Hilfestellung bei der Einordnung ausländischer Gesellschaften bieten Tabellen 1 und 2 zum BMF-Schreiben v. 24.12.1999, BStBl. I 1999, 1076 ff., insbes. S. 1114 und 1119. Grundlegend für den Rechtstypenvergleich: RFH Venezuela-Urteil v. 12.2.1930, RStBl. 1930, 444. Es kommt auf die Einordnung eines Rechtsträgers nach deutschen Kriterien an, nicht auf die steuerliche Qualifikation im fremden Ansässigkeitsstaat. Als Kriterium für die Einordnung als Kapitalgesellschaft gelten die beschränkte Gesellschafterhaftung und fehlende Nachschusspflicht der Gesellschafter, die Existenz der Gesellschaft unabhängig von einem (wechselnden) Gesellschafterbestand, Übertragbarkeit einer Beteiligung und Fremdorganschaft (*Lemaitre/Schnittker/Siegel* GmbHR 2004, 618). Für Besonderheiten bei der US-LLC s. BMF v. 19.3.2004, BStBl. I 411, geändert durch BMF v. 26.9.2014, BStBl. I 1258.

b) Körperschaft

41 Der Begriff der Körperschaft wird vom Gesetz nicht definiert, sondern knüpft an den Regelungsinhalt des KStG an. Unter Körperschaften sind daher alle Rechtsträger zu subsumieren, die der (deutschen) KSt bzw. entsprechender ausländischer Steuer unterliegen. Auf jeden Fall sind Körperschaften diejenigen Rechtsträger, die im Anhang zur FusionsRL in der Liste der unter Art. 3 lit. a) fallenden Gesellschaften aufgezählt sind.

c) Gesellschaft iSd Art. 54 AEUV, zuvor Art. 48 EG

42 In § 1 II 1 Nr. 1 wird bestimmt, dass Abs. 1 nur Anwendung findet, wenn bei einem Formwechsel der umwandelnde Rechtsträger oder bei den anderen Umwandlungen die übertragenden und die übernehmenden Rechtsträger nach den Rechtsvorschriften eines Mitgliedsstaates der Europäischen Union gegründete Gesellschaften iSd Art. 54 AEUV, zuvor Art. 48 des Vertrags zur Gründung der Europäischen Gemeinschaft sind, deren Sitz und Ort der Geschäftsleitung sich innerhalb des Hoheitsgebietes eines dieser Staaten befinden.

43 Art. 54 AEUV lautet:

> „Für die Anwendung dieses Kapitels stehen die nach den Rechtsvorschriften eines Mitgliedsstaats gegründeten Gesellschaften, die ihren satzungsmäßigen Sitz, ihre Hauptverwaltung oder ihre Hauptniederlassung innerhalb der Union haben, den natürlichen Personen gleich, die Angehörige der Mitgliedsstaaten sind. Als Gesellschaften gelten die Gesellschaften des bürgerlichen Rechts und des Handelsrechts einschließlich der Genossenschaften und die sonstigen juristischen Personen des öffentlichen und privaten Rechts mit Ausnahme derjenigen, die keinen Erwerbszweck verfolgen."

44 Das Kapitel des Vertrages über die Arbeitsweise der Europäischen Union, auf das sich Art. 54 AEUV bezieht, ist das Kapitel über das Niederlassungsrecht, das die Art. 49–55 AEUV umfasst. In Art. 49 AEUV wird die Niederlassungsfreiheit von Staatsangehörigen

eines Mitgliedsstaates im Hoheitsgebiet eines anderen Mitgliedsstaates normiert. Diese Niederlassungsfreiheit erstreckt sich auch auf die Gründung von Agenturen, Zweigniederlassungen oder Tochtergesellschaften durch Angehörige eines Mitgliedsstaates in dem Hoheitsgebiet eines anderen Mitgliedsstaates. Die Niederlassungsfreiheit umfasst auch die Aufnahme und Ausübung selbstständiger Erwerbstätigkeiten sowie die Gründung und Leitung von Unternehmen.

Juristische Person/Gesellschaft. Der Begriff der „Gesellschaft" steht in Art. 54 AEUV synonym mit dem Begriff der „juristischen Person". Dieser Begriff ist gemeinschaftsrechtlich zu verstehen und nicht aus dem nationalen (deutschen) Gesellschaftsrecht heraus zu interpretieren. Gesellschaften sind daher alle juristischen Personen des jeweils nationalen Rechts und darüber hinaus alle Personenvereinigungen, die gegenüber ihren Mitgliedern insoweit verselbstständigt sind, dass sie im Rechtsverkehr unter eigenem Namen handeln können. Letzteres macht die Personenhandelsgesellschaften – OHG, KG – nach § 24 I HGB und auch die GbR zu Gesellschaften (s. BGH v. 29.1.2001 II ZR 331/00, ZIP 2001, 330). 45

Gründung der Gesellschaft. Eine solche Gesellschaft muss nach den Rechtsvorschriften eines Mitgliedsstaates der EU gegründet sein. Diese Regelung findet sich sowohl in Art. 54 I AEUV wie in § 1 II 1 Nr. 1. Ist eine Gesellschaft wirksam gegründet, so steht fest, dass sie Subjekt der Niederlassungsfreiheit sein kann und damit auch in das UmwStG einbezogen ist. Es kommt allein auf die wirksame Gründung an; Art. 54 AEUV und im Anschluss daran das deutsche UmwStG verweist nicht darauf, ob die Gesellschaft nach jeweils mitgliedsstaatlichem Recht fortexistiert (*Forsthoff* in Grabitz/Hilf/Nettesheim, Das Recht der Europäischen Union, Art. 54 AEUV Rn. 11). 46

Sitz der Gesellschaft. Der Sitz der Gesellschaft muss sich ebenfalls innerhalb eines der Mitgliedsstaaten befinden. Hierbei ist jedoch nicht Voraussetzung, dass der Gründungsstaat und der Sitzstaat identisch sein müssen (Begründung: Referentenentwurf zu § 1 II). Nach der Rspr. dient der Sitz einer Gesellschaft dazu – ebenso, wie die Staatsangehörigkeit bei natürlichen Personen –, ihre Zugehörigkeit zur Rechtsordnung eines Mitgliedsstaates zu bestimmen (EuGH v. 28.1.1986 – 270/38, Slg. 1986, 273, 304 Rn. 18 – *Kom/Frankreich;* 13.7.1993 – C-330/91, Slg. 1993, I-4017, 4043 Rn. 13 – *Commerzbank;* v. 9.3.1999 – C-212/97, Slg. 1999, I-1459, 1491 Rn. 20 – *Centros*). 47

In Art. 54 I AEUV wird das Kriterium des Sitzes der Gesellschaft alternativ zu den beiden anderen Anknüpfungspunkten – Hauptverwaltung oder Hauptniederlassung innerhalb der Gemeinschaft – genannt. Die Gemeinschaftsrechtszugehörigkeit einer Gesellschaft ergibt sich daraus, wenn nur eines der Kriterien – satzungsmäßiger Sitz, Hauptverwaltung oder Hauptniederlassung innerhalb der Gemeinschaft – verwirklicht ist. Im Rahmen des Art. 54 AEUV kann es daher zu einer Mehrstaatenanknüpfung kommen. Dies ist jedoch unschädlich für die Feststellung, ob eine Gesellschaft gemeinschaftszugehörig ist (*Forsthoff* in Grabitz/Hilf/Nettesheim, Das Recht der Europäischen Union, Art. 54 AEUV Rn. 15). Angesichts der Streichung von § 4a II GmbHG aF und § 5 II AktG aF durch das MOMiG wird zukünftig häufiger die Situation auftreten, dass Sitzstaat und Staat der Geschäftsleitung nicht identisch sind. Dieses zulässige Auseinanderfallen von Sitz und Geschäftsleitung wird in § 1 II 1 Nr. 1 nicht genügend antizipiert. 48

Ort der Geschäftsleitung. Der Begriff der Geschäftsleitung ist definiert in § 10 AO. Danach ist die Geschäftsleitung der Mittelpunkt der geschäftlichen Oberleitung. Nach § 1 II 1 Nr. 1 muss sich auch der Ort der Geschäftsleitung innerhalb des Hoheitsgebietes eines Mitgliedsstaates/EWR-Staates befinden. Hier ist also kumulativ Voraussetzung zur Anwendung des Gesetzes, dass sich Sitz und Ort der Geschäftsleitung innerhalb der Mitgliedsstaaten/EWR-Staaten befinden. Dadurch besteht eine Diskrepanz zu Art. 54 AEUV. Zudem harmoniert die kumulative Anknüpfung nicht mit § 1 I KStG, wonach sich unbeschränkte Steuerpflicht entweder aus dem Ort der Geschäftsleitung oder dem Sitz im Inland ergibt. Weiterhin zeichnet sich eine Diskrepanz zu Art. 3 FusionsRL ab. Die dort benutzte Definition einer „Gesellschaft eines Mitgliedsstaates" ist zwar nicht identisch mit 49 derjenigen des Art. 54 AEUV. Dort wird aber – neben anderen Kriterien – nur vorausgesetzt, dass eine Gesellschaft iSd Art. 3 FusionsRL nach dem Steuerrecht eines Mitgliedsstaates als in diesem Staat ansässig und nicht auf Grund eines Doppelbesteuerungsabkommens mit einem dritten Staat als außerhalb der Gemeinschaft ansässig angesehen wird. Wenn das nationale (deutsche) Steuerrecht alternativ Sitz oder Geschäftsleitung als Anknüpfungspunkt für die unbeschränkte Steuerpflicht betrachtet, so ist die kumulative Anforderung in § 1 II 1 Nr. 1 jedenfalls für diejenigen Gesellschaften, die eine im Anhang zur FusionsRL aufgeführte Form ausweisen und ferner ohne Wahlmöglichkeiten einer jeweiligen nationalen Steuer unterliegen, die der deutschen KSt entspricht, nicht richtlinienkonform.

50 **Gesellschafterstellung unerheblich.** Im Rahmen der Definition einer Gesellschaft iSd Art. 54 AEUV ist es unerheblich, wer Gesellschafter einer solchen Gesellschaft ist. Dies gilt auch für § 1 II; der Gesellschafterkreis der beteiligten Rechtsträger hat keine Bedeutung für die Anwendung der Vorschriften der §§ 3 bis 19. Anderes gilt im Fall von Vorgängen, die unter den Einbringungsteil – §§ 20 ff. – fallen (s. Rn. 59).

51 **Gesellschaft iSd Art. 34 EWRA.** Die Anwendungsvorschrift des § 1 II 1 Nr. 1 umfasst ebenfalls Rechtsträger, die nach den Rechtsvorschriften eines Staates, auf den das Abkommen über den Europäischen Wirtschaftsraum Anwendung findet, gegründet wurden und unter Art. 34 EWRA fallen und deren Sitz und Ort der Geschäftsleitung sich innerhalb des Hoheitsgebietes eines Mitgliedsstaates der EU oder eines anderen Staates, auf den das EWRA Anwendung findet, befinden.

52 Art. 34 EWRA lautet:

> „Für die Anwendung dieses Kapitels stehen die nach den Rechtsvorschriften eines EG-Mitgliedsstaates oder eines EFTA-Staates gegründeten Gesellschaften, die ihren satzungsmäßigen Sitz, ihre Hauptverwaltung oder ihre Hauptniederlassung im Hoheitsgebiet der Vertragsstaaten haben, den natürlichen Personen gleich, die Angehörige der EG-Mitgliedsstaaten oder der EFTA-Staaten sind.
>
> Als Gesellschaften gelten die Gesellschaften des bürgerlichen Rechts und des Handelsrechts einschließlich der Genossenschaften und die sonstigen juristischen Personen des öffentlichen und privaten Rechts mit Ausnahme derjenigen, die keinen Erwerbszweck verfolgen."

53 Das Kapitel, in dem Art. 34 EWRA steht, ist das über das Niederlassungsrecht. Es umfasst Art. 31 bis 35 EWRA. Zu den Staaten, die unter das EWRA fallen, gehören alle Mitgliedsstaaten der EU und die Republik Island, das Fürstentum Liechtenstein, das Königreich Norwegen, nicht jedoch die Schweizerische Eidgenossenschaft.

54 Art. 31 EWRA, der die Niederlassungsfreiheit normiert, lautet:

> „(1) Im Rahmen dieses Abkommens unterliegt die freie Niederlassung von Staatsangehörigen eines EG-Mitgliedsstaates oder eines EFTA-Staates im Hoheitsgebiet eines dieser Staaten keinen Beschränkungen. Das gilt gleichermaßen für die Gründung von Agenturen, Zweigniederlassungen oder Tochterunternehmen durch Angehörige eines EG-Mitgliedsstaates oder eines EFTA-Staates, die im Hoheitsgebiet eines dieser Staaten ansässig sind.
>
> Vorbehaltlich des Kapitel 4 umfasst die Niederlassungsfreiheit die Aufnahme und Ausübung selbstständiger Erwerbstätigkeiten sowie die Gründung und Leitung von Unternehmen, insbes. von Gesellschaften im Sinne des Artikel 34 Absatz 2 nach den Bestimmungen des Aufnahmestaats für seine Angehörigen.
>
> (2) Die besonderen Bestimmungen über das Niederlassungsrecht sind in den Anhängen VIII bis XI enthalten."

55 Auf die Ausführungen in Rn. 39 zu Art. 54 AEUV wird verwiesen.

56 Die Fusions-RL hat hinsichtlich anderer EWR-Staaten, die nicht Mitglieder der EU sind, keinen direkten Anwendungsbereich. Art. 34 EWRA führt jedoch dazu, dass Gesellschaften aus den anderen EWR-Staaten mit Gesellschaften aus den Mitgliedsländern gleich zu behandeln sind. Sofern Gesellschaften iSd Art. 34 EWRA, die nach dem Recht eines anderen EWR-Staates gegründet wurden, strukturell den Gesellschaften iSd Art. 3 FusionsRL entsprechen, sind diese Gesellschaften deshalb gleich zu behandeln mit Gesellschaften, die in dem Anhang zu Art. 3 FusionsRL aufgeführt sind. Soweit das Gesetz

Einschränkungen vorsieht, die gegen die FusionsRL verstoßen, ist eine solche Einschränkung auch im Verhältnis zu den strukturell vergleichbaren Gesellschaften aus anderen EWR-Staaten unwirksam.

d) Natürliche Person iSd § 1 II 1 Nr. 2

Von einer natürlichen Person wird in § 1 II 1 Nr. 2 gefordert, dass sie ihren Wohnsitz 57
oder gewöhnlichen Aufenthalt innerhalb des Hoheitsgebietes eines der EU/EWR-Staaten hat und nicht auf Grund eines DBA mit einem dritten Staat als außerhalb des Hoheitsgebietes dieser Staaten ansässig angesehen wird.

Im Rahmen des Umwandlungsteiles des Gesetzes ist der Fall der Verschmelzung einer 58
Kapitalgesellschaft auf ihren alleinigen Gesellschafter (§ 3 II Nr. 2 UmwG) der Anwendungsfall, in dem eine einzelne natürliche Person als übernehmender Rechtsträger von Bedeutung ist. Keine Auswirkung hat die Vorschrift auf Gesellschafter von Körperschaften, die in Umwandlungen iSd Abs. 1 einbezogen sind.

Im Rahmen des Einbringungsteils des Gesetzes wird in § 1 IV 1 Nr. 2 lit. a) bb) die 59
Definition von Abs. 2 wieder aufgegriffen und zielt hier auf eine weitergehende Einschränkung der an Einbringungen Beteiligten ab. Jedoch ist in den meisten Fällen der einschränkende Charakter der Bestimmung wieder durchbrochen:

§ 1 IV 2 bestimmt, dass S. 1 in den Fällen des § 24 nicht anzuwenden ist. Daher kann 60
die Einbringung in eine Personengesellschaft (gemeint ist Mitunternehmerschaft) auch durch in Drittstaaten ansässige natürliche Personen erfolgen, und Einbringungen nach § 24 durch Personengesellschaften aus EU/EWR-Staaten, an denen wiederum Drittstaaten angehörige natürliche Personen beteiligt sind, werden nicht vom Anwendungsbereich des Gesetzes ausgeschlossen.

§ 1 IV 1 Nr. 2 lit. b) lässt die Beteiligung von Drittstaaten angehörigen natürlichen 61
Personen zu, wenn hinsichtlich von erhaltenen Anteilen das Recht der Bundesrepublik Deutschland zur Besteuerung des Gewinns aus der Veräußerung nicht ausgeschlossen oder beschränkt ist. Von Bedeutung ist diese Regelung insbes. bei der Einbringung von Unternehmensteilen durch eine Personengesellschaft mit Drittstaaten-Mitunternehmern, wenn die erhaltenen Anteile im inländischen Betriebsvermögen der einbringenden Personengesellschaft steuerlich verhaftet werden. Auch bei Einbringung eines Teilbetriebes einer inländischen Betriebsstätte eines Drittstaatangehörigen greift die Vorschrift ein, wenn die erhaltenen Anteile dem Betriebsvermögen der fortbestehenden inländischen Betriebsstätte zuzuordnen sind oder ein deutsches Besteuerungsrecht aus § 49 I Nr. 2 lit. e) EStG folgt, das nicht durch ein DBA aufgehoben ist (*Förster/Wendtland* BB 2007, 632; *Dötsch/Pung* DB 2006, 2763).

e) Personengesellschaft/Personenhandelsgesellschaft

Soweit Umwandlungen auf der Basis des UmwG oder vergleichbarer ausländischer Vor- 62
schriften vorgenommen werden, ergibt sich aus den jeweiligen danach anzuwendenden Vorschriften, wer unter den Begriff der Personengesellschaft oder Personenhandelsgesellschaft fällt.

Beim Formwechsel nach §§ 190 ff. UmwG und entspr. § 9 können daher Gesellschaften 63
bürgerlichen Rechts, Personenhandelsgesellschaften oder Partnerschaftsgesellschaften Rechtsträger neuer Rechtsform sein. An Verschmelzungen nach deutschem UmwG können hingegen Gesellschaften bürgerlichen Rechts nicht teilnehmen, sondern nur Personenhandelsgesellschaften oder Partnerschaftsgesellschaften.

Bei Einbringungen nach § 24 ist hingegen der Begriff der Personengesellschaft iSv 64
Mitunternehmerschaft auszulegen.

f) Genossenschaft

Der Begriff der Genossenschaft ist nicht allein durch das deutsche Genossenschaftsrecht 65
definiert, sondern umfasst auch alle entsprechenden Rechtsträger in den anderen EU/EWR-Staaten, vgl. hierzu auch die SCE-VO.

III. Einzelerläuterungen

1. § 1 I und II: Umwandlungsteil

66 Zu den Begriffen
- Verschmelzung, s. Rn. 15 f.
- Auf- und Abspaltung, s. Rn. 23 f.
- vergleichbare ausländische Vorgänge, s. Rn. 18
- Art. 17 SE-VO, s. dort
- Art. 19 SCE-VO, s. dort
- Formwechsel, s. Rn. 26 f.
- Umwandlung iSd § 1 II, s. Rn. 29
- Vermögensübertragung, s. Rn. 30
- Ausgliederung, s. Rn. 31
- Gesellschaft iSd Art. 54 AEUV, s. Rn. 37 f.
- Gesellschaft iSd Art. 34 EWRA, s. Rn. 46 f.
- natürliche Person (iSd § 1 II 1 Nr. 2), s. Rn. 52 f.
- SE-VO, s. Rn. 9
- SCE-VO, s. Rn. 10

2. § 1 III und IV: Einbringungsteil

a) Zu den Begriffen

67 – Umwandlungsmöglichkeiten, s. Rn. 8 ff.
- Personengesellschaft/Personenhandelsgesellschaft, s. Rn. 57 f.
- Einbringung von Betriebsvermögen: Es muss sich um gewerbliches, freiberufliches oder land- und forstwirtschaftliches Betriebsvermögen handeln, nicht um – nach deutschen Kriterien – Privatvermögen.
- Einbringung durch Einzelrechtsnachfolge, s. Rn. 33

68 *(einstweilen frei)*

b) **Austausch von Anteilen** (zum Begriff s. Rn. 34)

69 – Weder die Anteile an der erworbenen Gesellschaft (dh. die eingebrachten) noch die Anteile an der übernehmenden Gesellschaft (die erhaltenen Anteile) müssen zu einem Betriebsvermögen gehören. Dies ergibt sich bereits aus der differenzierten Ausgestaltung von § 1 III Nr. 4 und 5.

70 – Einbringender beim Anteilstausch kann jeder Anteilseigner sein, es besteht hier keine Begrenzung auf EU/EWR-Staaten angehörige Gesellschaften oder in diesen Staaten ansässige Personen. Dies ergibt sich aus § 1 IV 1 Nr. 2.

71 – Übernehmender Rechtsträger: Kapitalgesellschaft oder Genossenschaft, die eine Gesellschaft iSd § 1 II 1 Nr. 1 ist, arg. § 21 I iVm § 1 IV 1 Nr. 1.

72 – Eingebrachte Anteile an der erworbenen Kapitalgesellschaft oder Genossenschaft können jegliche Anteile sein, es besteht keine Begrenzung auf Gesellschaften aus EU/EWR-Staaten.

73 – S. im Übrigen die Erläuterungen zu § 21.

74 *(einstweilen frei)*

c) Formwechsel

75 – Im Einbringungsteil ist nur der Formwechsel von der Personengesellschaft in eine Kapitalgesellschaft oder Genossenschaft geregelt.

76 – Die Gesellschafter der formwechselnden Personengesellschaft müssen – auch soweit sie wiederum indirekt über weitere Personengesellschaften beteiligt sind – die Vorausset-

zungen von § 1 II 1 Nr. 1 und 2 erfüllen, dh. sie müssen EU/EWR-Gesellschafter sein. Zudem muss die formwechselnde Personengesellschaft selbst eine EU/EWR-Gesellschaft sein. Diese beiden Voraussetzungen entfallen jedoch, wenn gem. § 1 IV 1 Nr. 2 lit. b) das Recht der Bundesrepublik Deutschland hinsichtlich der Besteuerung des Gewinns aus der Veräußerung der erhaltenen Anteile an der aus dem Formwechsel hervorgehenden Kapitalgesellschaft/Genossenschaft nicht ausgeschlossen oder beschränkt ist.

– Aus diesem Formwechsel hervorgehender Rechtsträger muss Gesellschaft iSd § 1 II 1 Nr. 1 sein, arg. § 1 IV 1 Nr. 1. **77**

(einstweilen frei) **78**

d) Ausgliederung

– Bei einer Ausgliederung auf eine Kapitalgesellschaft oder Genossenschaft (Einbringung nach § 20 von dort genanntem Betriebsvermögen, die kein Anteilstausch iSd § 21 ist) muss der übernehmende Rechtsträger eine Gesellschaft iSd § 1 II 1 Nr. 1 sein. **79**

– Bei einer Ausgliederung von in § 24 genanntem Betriebsvermögen auf eine Personengesellschaft gibt es keine Beschränkung hinsichtlich des übernehmenden Rechtsträgers. **80**

– Wer als Ausgliedernder in Betracht kommt, ergibt sich aus § 123 III UmwG und den entsprechenden ausländischen Vorschriften, ohne dass dies auf Rechtsvorschriften begrenzt ist, die in EU/EWR-Staaten gelten. Die Einschränkung in § 1 IV 1 Nr. 2 lit. a) iVm aa) oder bb) auf natürliche Personen iSd § 1 II 1 Nr. 2 (in den Staaten der EU/EWR steuerlich ansässig) und EU/EWR-Gesellschaften iSd § 1 II 1 Nr. 1 (mit dem Durchgreifen auf Gesellschafter von Personengesellschaften) gilt nicht für die Ausgliederung, sondern nur bei Einbringungen im Wege der Einzelrechtsnachfolge. **81**

(einstweilen frei) **82**

e) Einbringung im Wege der Einzelrechtsnachfolge ohne Anteilstausch

– Bei Einbringung (im Wege der Einzelrechtsnachfolge von in § 20 genanntem Betriebsvermögen, also nicht bei Anteilstausch) in eine Kapitalgesellschaft oder Genossenschaft muss sowohl der übernehmende Rechtsträger eine Gesellschaft iSd § 1 II 1 Nr. 1 sein, als auch der Einbringende die Kriterien nach § 1 IV 1 Nr. 2 erfüllen, also selbst steuerlich in den Staaten des EU/EWR-Raums ansässig sein, oder das Besteuerungsrecht hinsichtlich des Gewinns aus der Veräußerung am übernehmenden Rechtsträger (Kapitalgesellschaft oder Genossenschaft) darf für die Bundesrepublik Deutschland nicht ausgeschlossen oder beschränkt sein. Ist Einbringender eine EU/EWR-Personengesellschaft, kommen Steuervergünstigungen nach § 20 nur insoweit zur Anwendung, als die an der Personengesellschaft beteiligten einkommen- oder körperschaftsteuerpflichtigen Gesellschafter ebenfalls die Voraussetzungen von § 1 II 1 Nr. 1 oder 2 erfüllen. Ist einer der Einbringenden, sei er direkt oder über eine Personengesellschaft beteiligt, in einem Drittstaat ansässig, so ist das Kriterium des § 1 IV 1 Nr. 2 lit. b) maßgeblich: Das Besteuerungsrecht der Bundesrepublik Deutschland am Gewinn aus der Veräußerung an den erhaltenen Anteilen darf nicht ausgeschlossen oder beschränkt sein. Keine Beschränkung des deutschen Steuerrechts liegt vor, wenn ein Veräußerungsgewinn nur gem. § 49 EStG besteuert wird. Auch Steuerbefreiungen, wie § 8b KStG oder § 3 Nr. 40 EStG, stellen keine Beschränkung dar. Selbst das Unterschreiten der 1%-Schwelle des § 17 EStG ist wegen § 17 VI Nr. 1 EStG irrelevant. Weist ein DBA durch seine Verteilungsnorm oder eine Freistellungsverpflichtung das Besteuerungsrecht an den erhaltenen Anteilen dem Drittstaat zu, ist das Recht der Bundesrepublik Deutschland hinsichtlich der Besteuerung des Gewinns aus der Veräußerung der erhaltenen Anteile ausgeschlossen. Problematisch ist das Kriterium der Beschränkung. Hier ist an abkommensrechtliche oder innerstaatliche Anrechnungsverpflichtungen zu denken. Diese sind insbes. in dem Falle von Relevanz, dass ein im Drittstaat ansässiger Unternehmer eine Betriebsstätte in **83**

Deutschland unterhält und aus dieser Betriebsstätte heraus einen Teilbetrieb in eine ausländische EU/EWR-Kapitalgesellschaft im Wege der Einzelrechtsnachfolge überträgt. Stellt man sich wie *Patt* in D/P/P/M § 20 Rn. 15, und *Mutscher* IStR 2007, 802, auf den Standpunkt, dass es hinsichtlich von Beschränkungen allein auf abstrakte Anrechnungsverpflichtungen unter Berücksichtigung des innerstaatlichen und internationalen Steuerrechts der Bundesrepublik Deutschland ankommt, so hätte dies zur Folge, dass in dem vorstehenden Beispielsfall wohl stets § 1 IV 1 Nr. 1 lit. b) eine Anwendung des Gesetzes ausschließt.

84 – Bei Einbringung in Personengesellschaften entfallen hingegen die engen vorgenannten Voraussetzungen, § 1 IV 2. Sowohl der Einbringende wie auch die Personengesellschaft müssen nicht in EU/EWR-Staaten steuerlich ansässig sein.

IV. Hybride Umwandlungen

1. Vorbemerkung

85 Im UmwG wird der Kreis der Rechtsträger, die an Umwandlungen beteiligt sein können, für die jeweilige Umwandlungsart genau bezeichnet. Aus der Rechtsform des jeweiligen Rechtsträgers – soweit es sich um deutsche handelt – kann im Allgemeinen darauf geschlossen werden, ob der Rechtsträger körperschaftsteuerpflichtig ist oder ob dessen Gesellschafter die Einkünfte zu versteuern haben. Der Rückschluss von der Rechtsform des Rechtsträgers auf dessen Besteuerung ist jedoch bei atypisch gestalteten Innengesellschaften und Treuhandverhältnissen problematisch. Besondere Probleme wirft zudem die Rechtsform der KGaA dann auf, wenn der oder die Komplementäre am Vermögen der KGaA beteiligt sind.

2. Atypisch gestaltete Innengesellschaft

86 Die **atypisch stille Gesellschaft** ist die bedeutsamste atypisch gestaltete Innengesellschaft. Zivilrechtlich tritt allein der Inhaber des Handelsgeschäfts nach außen auf, dennoch liegt steuerlich eine Mitunternehmerschaft vor (BFH v. 10.8.1994 BStBl. II 1995, 171). Das Betriebsvermögen der aus dem Inhaber des Handelsgeschäfts und dem stillen Gesellschafter bestehenden Mitunternehmerschaft umfasst das Betriebsvermögen des Inhabers des Handelsgeschäfts und das Sonderbetriebsvermögen des stillen Gesellschafters (*Wacker* in Schmidt § 15 Rn. 348).

87 **Übertragende Körperschaft** im Rahmen der §§ 3–19 kann auch eine Kapitalgesellschaft sein, an der ein Dritter atypisch still beteiligt ist. Die atypisch stille Gesellschaft setzt sich – vorbehaltlich anderer Regelungen durch die an der Umwandlung Beteiligten – bei dem übernehmenden Rechtsträger fort. Die Umwandlung vollzieht sich – unter der Voraussetzung der Buchwertfortführung – auch für den atypisch still Beteiligten steuerneutral. Denn der „Tausch“ der Mitunternehmerstellung an dem übertragenden Rechtsträger in eine Mitunternehmerstellung beim übernehmenden Rechtsträger wird von § 24 erfasst.

Auch für eine Kapitalgesellschaft & atypisch Still als **übernehmenden Rechtsträger** im Rahmen einer Verschmelzung einer Kapitalgesellschaft auf diesen übernehmenden Rechtsträger (ebenso bei Auf- oder Abspaltung aus einer Kapitalgesellschaft auf diesen übernehmenden Rechtsträger) sind §§ 11–13 und nicht §§ 3 ff., 16 anzuwenden. Denn bei diesen Umwandlungsvorgängen findet ein Vermögensübergang in einem ersten Schritt in das Vermögen des Inhabers des Handelsgeschäfts, der Kapitalgesellschaft ist, statt und in einem zweiten Schritt eine (steuerneutrale) „Einbringung“ in die Mitunternehmerschaft der Kapitalgesellschaft & atypisch Still. Der zweite Schritt ist schon deshalb als steuerneutral zu werten, weil das im Rahmen der Verschmelzung/Spaltung im ersten Schritt übergehende Vermögen einen Betrieb/Teilbetrieb darstellen dürfte.

3. Treuhandverhältnisse

88 Aufgrund der im Ertragsteuerrecht geltenden wirtschaftlichen Betrachtungsweise sind bei Treuhandverhältnissen die Wirtschaftsgüter grds. dem Treugeber zuzurechnen (§ 39 II Nr. 1 S. 2 AO). Ist der übertragende Rechtsträger Treuhänder eines Dritten, so unterliegt das Treuhandvermögen nicht den steuerlichen Regeln über die Wertansätze in der steuerlichen Schlussbilanz. Ist der übertragende Rechtsträger Treugeber, ist das Treuhandvermögen in die steuerliche Schlussbilanz einzubeziehen.

89 Darüber hinaus sind Sonderkonstellationen denkbar, in denen Personengesellschaften steuerlich nicht als Rechtsträger anerkannt werden. Dies ist nach BFH v. 3.2.2010 DStR 2010, 743, 745 dann der Fall, wenn bei einer Zweipersonengesellschaft der Kommanditist seine Beteiligung treuhänderisch für den Komplementär hält, nicht jedoch im umgekehrten Fall.

90 Beim **Formwechsel** auf eine Personengesellschaft nach § 9 muss die Personengesellschaft auch steuerlich als solche nach der Umwandlung anerkannt sein. Konstellationen, bei denen nach der Umwandlung steuerlich keine Personengesellschaft besteht, sondern eine Betriebsstätte eines einzelnen Anteilseigners, erlauben nicht die Anwendung des § 9. Folglich stellt sich die Frage, ob § 3 II 1 mit der Buchwertfortführungsmöglichkeit Anwendung finden kann (ablehnend OFD Nds. v. 7.2.2014 DStR 2014, 533). Faktisch handelt es sich jedoch um eine Verschmelzung iSd §§ 2, 3 II Nr. 2 UmwG, wenn der wirtschaftliche Alleineigentümer eine natürliche Person ist, oder um eine Verschmelzung von zwei Kapitalgesellschaften, wenn der wirtschaftliche Alleineigentümer eine solche ist. Die Diskrepanz zwischen der zivilrechtlichen Ausgestaltung – Formwechsel – und der wirtschaftlichen steuerlichen Betrachtung lässt sich aber überbrücken, wenn die entsprechenden steuerlichen Vorschriften analog angewandt werden. Hierfür spricht die Vergleichbarkeit der steuerlichen Sachverhalte.

4. KGaA

91 Im UmwStE findet sich keine Regelung für die KGaA, die sowohl übertragender als auch übernehmender Rechtsträger sein kann. Grundsätzlich ist die KGaA nach § 3 I Nr. 2 UmwG eine Kapitalgesellschaft und gem. § 1 Nr. 1 KStG körperschaftsteuerpflichtig. Der persönlich haftende Gesellschafter einer KGaA unterliegt nach § 278 II AktG jedoch dem Recht der KG und ist steuerlich wie ein Mitunternehmer zu behandeln (BFH v. 21.6.1989 BStBl. II 881). Dies hat besondere Bedeutung bei **vermögensbeteiligten Komplementären,** denen nicht nur eine (gewinnabhängige) Haftungs- und Tätigkeitsvergütung zusteht, sondern die eine originäre Gewinnbeteiligung deshalb beziehen, weil sie Vermögenseinlagen nach § 281 II AktG geleistet haben. Die Rechtsform der KGaA mit vermögensbeteiligtem Komplementär hat an Aktualität dadurch gewonnen, dass der BGH die Streitfrage, wer Komplementär sein kann, in der Weise beantwortet hat, dass auch eine GmbH oder GmbH & Co. KG diese Funktion übernehmen kann (BGH v. 24.2.1997 DStR 1997, 1012).

92 Der Mitunternehmerstellung des Komplementärs entspricht, dass bei Umwandlungsvorgängen unter Beteiligung der KGaA teils die für Kapitalgesellschaften, teils die für Mitunternehmerschaften geltenden umwandlungssteuerrechtlichen Vorschriften anzuwenden sind (so auch das BMF in den nicht offiziell veröffentlichten Entwürfen zum UmwStE 1998). Dies bedeutet, dass die Umwandlung unter Beteiligung einer KGaA mit vermögensbeteiligtem Komplementär als Mischumwandlung anzusehen ist (dazu *Haritz* DStR 1996, 1192):

- Bei einer Verschmelzung einer Kapitalgesellschaft auf eine KGaA, bei der nur neue Aktien ausgegeben werden, sind §§ 11 ff. anzuwenden. Gleiches gilt für Ab- und Aufspaltung aus einer Kapitalgesellschaft auf eine KGaA, wenn nur neue Aktien ausgegeben werden.

- Anderes gilt jedoch bei einem (partiellen) Up-Stream Merger einer Tochter-Kapitalgesellschaft auf eine KGaA mit vermögensbeteiligtem Komplementär. Denn insoweit geht Vermögen auch auf den Mitunternehmer/Komplementär über. Dies führt partiell zur Anwendung von §§ 3 ff.
- Bei der Verschmelzung einer KGaA auf eine andere Kapitalgesellschaft sind partiell die §§ 11–13 und partiell die §§ 20 ff. anzuwenden.

93 Aufgrund der im UmwStE unterlassenen Ausführungen zur KGaA empfiehlt sich jedoch die Einholung einer verbindlichen Auskunft. Zu beachten ist, dass gesellschaftsrechtlich nicht beliebig eine Vermögensbeteiligung des Komplementärs durch Umwandlung begründet werden kann und daher Umwegkonstruktionen notwendig sind.

V. Nicht von § 1 erfasste Vorgänge

1. Umwandlungen nach dem UmwG

94 Für einen **Formwechsel** von einer AG, KGaA, GmbH oder eG in die jeweils andere Rechtsform, von einem VVaG in eine AG, von einem eV oder wirtschaftlichen Verein in die Rechtsform der AG, KGaA oder eG sowie von einer Anstalt oder Körperschaft des öffentlichen Rechts in die Rechtsform der AG, KGaA oder GmbH besteht kein Bedürfnis einer steuerlichen Regelung. Die jeweilige Körperschaft bleibt unter Aufrechterhaltung der Körperschaftsteuerpflicht als Rechtsträger neuer Form erhalten.

2. Nicht vom UmwG erfasste Vorgänge

95 Eine **Strukturveränderung bei Personengesellschaften** (ohne Veränderung des Gesellschafterbestandes), zB von der GbR zur OHG, ist steuerlich irrelevant und wird daher nicht vom Gesetz erfasst.

96 **Liquidation** von Kapitalgesellschaften oder Personengesellschaften und die Übertragung von einzelnen Wirtschaftsgütern an Dritte sind nicht durch das Gesetz geregelt.

97 Die nach früherem Recht mögliche Begründung einer (echten) **Betriebsaufspaltung** durch Überführung eines Teils des Anlagevermögens und des Umlaufvermögens aus dem Betrieb einer Personengesellschaft oder eines Einzelunternehmers in eine Betriebskapitalgesellschaft unter Verbleib wesentlicher Betriebsgrundlagen bei dem Übertragenden stellt keinen Fall dar, der im Gesetz geregelt war oder ist, sondern beruhte auf der Rspr. und Verwaltungsgrundsätzen. Gleiches gilt für die umgekehrte Betriebsaufspaltung, bei der eine Kapitalgesellschaft ihr Vermögen teils an eine Personengesellschaft überträgt, teils zur Nutzung überlässt oder bei der eine Betriebspersonengesellschaft parallel zu einem Besitzunternehmen in der Rechtsform einer Kapitalgesellschaft unterhalten wird.

98 **Drittstaatenumwandlungen** (s dazu *Möhlenbrock* in D/P/M § 1 UmwStG Rn. 181 ff.) fallen nicht unter das UmwStG. Für bestimmte Fallkonstellationen eröffnet § 12 II KStG die Möglichkeit steuerneutraler Gestaltung, sofern die dort genannten Voraussetzungen erfüllt sind.

99 Für **Sitzverlegungen** gilt § 12 III KStG bzw. § 4 I 3 EStG, jedoch mit den Besonderheiten für SE und SCE in § 4 I 5 EStG iVm § 12 I KStG und § 15 I a EStG.

VI. Wirkung des Gesetzes

1. Vom Gesetz erfasste Steuern

100 Das UmwStG regelt die Auswirkung von Umwandlungen und Einbringungen – sofern die jeweiligen Tatbestandsvoraussetzungen erfüllt sind – für Zwecke der ESt, KSt und GewSt (UmwStE Rn. 01.01). Die nicht mehr erhobene VSt ist zwar noch Gegenstand der gesetzlichen Regelung in § 2 I, jedoch praktisch nicht von Bedeutung.

Das UmwStG verdrängt – sofern seine jeweiligen Tatbestandsvoraussetzungen erfüllt sind – andere ertragsteuerliche Regelungen wie zB § 6 III–VII EStG oder die Realteilungsvorschrift in § 16 III und V. **101**

2. Nicht vom Gesetz erfasste Steuern

Das UmwStG gilt nicht für die GrESt und USt (UmwStE Rn. 01.01). **102**

Für Zwecke der GrESt gelten Übertragungen von inländischen Grundstücken auf übernehmende Rechtsträger als Erwerb iSd § 1 I Nr. 3 GrEStG. Ein Formwechsel löst hingegen keine GrESt aus (zu Einzelheiten: Koordinierter Ländererlass v. 12.12.1997, DStR 1998, 82 idF v. 31.1.2000, DStR 2000, 284). **103**

Für Zwecke der USt wird regelmäßig von einer fehlenden Steuerbarkeit gem. § 1 I a UStG ausgegangen werden können, wenn das übergehende Vermögen einen Betrieb oder Teilbetrieb darstellt. Beim Anteilstausch (Anteile an Kapitalgesellschaften) und bei Einbringungen von Anteilen an Personengesellschaften greift die Steuerbefreiungsvorschrift des § 4 Nr. 8f) UStG ein. **104**

3. Auswirkungen von Umwandlungen/Einbringungen auf Steuerschuldverhältnisse und die steuerliche Situation des Übertragenden

In den Fällen, in denen eine Umwandlung mit einer Gesamtrechtsnachfolge verbunden ist, gehen die Forderungen und Schulden aus dem Steuerschuldverhältnis gem. § 45 I AO auf den Rechtsnachfolger über, wenn die Steuer infolge einer Tatbestandsverwirklichung durch den Rechtsvorgänger entstanden ist. Eine Festsetzung oder Fälligkeit ist nicht erforderlich, ebenso wenig der Ablauf des Veranlagungs- oder Voranmeldungszeitraums. Liegt keine Gesamtrechtsnachfolge vor – so insbes. bei Einbringungen im Wege der Einzelrechtsnachfolge, bei Abspaltungen oder Ausgliederungen, bei denen nur eine partielle Gesamtrechtsnachfolge möglich ist –, kann sich zwar auf Grund zivil- oder steuerrechtlicher Bestimmungen ein gesamtschuldnerisches Verhältnis der an den Vorgängen beteiligten Rechtsträger ergeben, jedoch erfolgt kein Übergang des Steuerschuldverhältnisses auf den übernehmenden Rechtsträger. Soll im Innenverhältnis zwischen übertragendem und übernehmendem Rechtsträger (nicht im Verhältnis zum Steuergläubiger, dem Fiskus) vereinbart werden, dass bestimmte Steuerlasten vom übernehmenden Rechtsträger wirtschaftlich zu tragen sind, so muss der übernehmende Rechtsträger handels- wie steuerrechtlich gebildete Rückstellungen zugewiesen bekommen, ohne damit selbst Steuerschuldner zu werden (BFH v. 5.11.09 – IV R 29/08, DB 2010, 94). **105**

Bei einer Aufspaltung geht der übertragende Rechtsträger unter. (Partieller) Rechtsnachfolger sind zumindest zwei übernehmende Rechtsträger. Das Steuerschuldverhältnis kann nicht beim übertragenden Rechtsträger bleiben. In entsprechender Anwendung des § 45 I AO sind die übernehmenden Rechtsträger gemeinsam Gesamtrechtsnachfolger. Steuerbescheide, die den übertragenden Rechtsträger betreffen, sind allen übernehmenden Rechtsträgern bekannt zu geben (*Hörtnagl* in SHS § 1 UmwStG Rn. 149). **106**

Insbesondere bei Einbringungen gehen keine Steuerschuldverhältnisse mit über, denn bei Einbringungen bleibt der einbringende Rechtsträger bestehen. Die steuerlichen Folgen der Einbringung treffen den Einbringenden und nicht denjenigen Rechtsträger, in den eingebracht wird, oder gar das eingebrachte Vermögen. **107**

Die steuerliche Verknüpfung zwischen der Rechtsposition, wie sie beim übertragenden Rechtsträger bestand, mit den Rechtspositionen, wie sie beim übernehmenden Rechtsträger auf Grund der Umwandlung/Einbringung entstehen, ergibt sich iÜ nicht aus der Gesamtrechtsnachfolge. Verknüpfungen bestehen nur dann und insoweit, wie das Gesetz dies im Einzelnen vorschreibt. So beispielsweise in §§ 4 II, 12 III oder 23. Der Grund hierfür ist: Die Vermögensübertragung im Rahmen der Umwandlung/Einbrin- **108** gung stellt einen Veräußerungsvorgang bzw. Anschaffungsvorgang dar (*Hörtnagl* in SHS § 1 UmwStG Rn. 147). Auch der (rechtsformkreuzende) Formwechsel wird jedenfalls für die vom UmwStG erfassten Steuerarten als Veräußerungs-/Anschaffungsvorgang gewertet.

§ 2 Steuerliche Rückwirkung

(1) [1]**Das Einkommen und das Vermögen der übertragenden Körperschaft sowie des übernehmenden Rechtsträgers sind so zu ermitteln, als ob das Vermögen der Körperschaft mit Ablauf des Stichtags der Bilanz, die dem Vermögensübergang zu Grunde liegt (steuerlicher Übertragungsstichtag), ganz oder teilweise auf den übernehmenden Rechtsträger übergegangen wäre.** [2]**Das Gleiche gilt für die Ermittlung der Bemessungsgrundlagen bei der Gewerbesteuer.**

(2) **Ist die Übernehmerin eine Personengesellschaft, gilt Absatz 1 Satz 1 für das Einkommen und das Vermögen der Gesellschafter.**

(3) **Die Absätze 1 und 2 sind nicht anzuwenden, soweit Einkünfte auf Grund abweichender Regelungen zur Rückbeziehung eines in § 1 Abs. 1 bezeichneten Vorgangs in einem anderen Staat der Besteuerung entzogen werden.**

(4)[1)] [1]**Der Ausgleich oder die Verrechnung eines Übertragungsgewinns mit verrechenbaren Verlusten, verbleibenden Verlustvorträgen, nicht ausgeglichenen negativen Einkünften, einem Zinsvortrag nach § 4h Absatz 1 Satz 5 des Einkommensteuergesetzes und einem EBITDA-Vortrag nach § 4h Absatz 1 Satz 3 des Einkommensteuergesetzes (Verlustnutzung) des übertragenden Rechtsträgers ist nur zulässig, wenn dem übertragenden Rechtsträger die Verlustnutzung auch ohne Anwendung der Absätze 1 und 2 möglich gewesen wäre.** [2]**Satz 1 gilt für negative Einkünfte des übertragenden Rechtsträgers im Rückwirkungszeitraum entsprechend.** [3]**Der Ausgleich oder die Verrechnung von positiven Einkünften des übertragenden Rechtsträgers im Rückwirkungszeitraum mit verrechenbaren Verlusten, verbleibenden Verlustvorträgen, nicht ausgeglichenen negativen Einkünften und einem Zinsvortrag nach § 4h Absatz 1 Satz 5 des Einkommensteuergesetzes des übernehmenden Rechtsträgers ist nicht zulässig.** [4]**Ist übernehmender Rechtsträger eine Organgesellschaft, gilt Satz 3 auch für einen Ausgleich oder eine Verrechnung beim Organträger entsprechend.** [5]**Ist übernehmender Rechtsträger eine Personengesellschaft, gilt Satz 3 auch für einen Ausgleich oder eine Verrechnung bei den Gesellschaftern entsprechend.** [6]**Die Sätze 3 bis 5 gelten nicht, wenn übertragender Rechtsträger und übernehmender Rechtsträger vor Ablauf des steuerlichen Übertragungsstichtags verbundene Unternehmen im Sinne des § 271 Absatz 2 des Handelsgesetzbuches sind.**

[1)] § 2 IV Sätze 1 und 2 eingefügt durch JStG 2009 v. 19.12.2008 (BGBl. I 2008, 2794). Zur Anwendung s. § 27 IX.

§ 2 IV 1 geändert durch Gesetz v. 22.12.2009 (BGBl. I, 3950).

Die aF lautete: „Der Ausgleich oder die Verrechnung eines Übertragungsgewinns mit verrechenbaren Verlusten, verbleibenden Verlustvorträgen, nicht ausgeglichenen negativen Einkünften und einem Zinsvortrag nach § 4h Abs. 1 Satz 2 des Einkommensteuergesetzes (Verlustnutzung) des übertragenden Rechtsträgers sind nur zulässig, wenn dem übertragenden Rechtsträger die Verlustnutzung auch ohne Anwendung der Absätze 1 und 2 möglich gewesen wäre." Zur Anwendung s. § 27 X.

§ 2 IV 3–6 neu eingefügt durch AmtshilfeRLUmsG v. 26.6.2013 (BGBl. I, 1809). Zur Anwendung s. § 27 XII.

Übersicht

I. Allgemeine Erläuterungen

1. Regelungszweck

1 Die Regelungen des § 2 sind mit „Steuerliche Rückwirkung“ überschrieben. Ihr Sinn erschließt sich am einfachsten durch einen Blick auf die handelsrechtlichen Wirkungen der Umwandlung sowie auf die Abgrenzung der Steuerpflicht der übertragenden Körperschaft und des übernehmenden Rechtsträgers, die ohne Regelung einer Rückwirkungsfiktion gelten würde.

2 **Die dinglichen Wirkungen einer Umwandlung** treten mit Eintragung in das maßgebliche Register (Handels- oder Genossenschaftsregister der übertragenden Körperschaft – § 131 I UmwG; § 176 III 1 UmwG; § 177 II 1 iVm § 176 III 1 UmwG – oder des übernehmenden Rechtsträgers – § 20 I UmwG) ein. Nach der Konzeption des UmwG vollzieht sich ein Vermögensübergang stets im Wege der (ggf. partiellen) **Gesamtrechts-**

nachfolge. Dies ist die „Wirkung" der Registereintragung. Im Rahmen der (partiellen) Gesamtrechtsnachfolge geht das Vermögen des übertragenden Rechtsträgers als Ganzes (einschließlich der Verbindlichkeiten) auf den übernehmenden Rechtsträger über (für die Verschmelzung: § 20 I Nr. 1 UmwG; für die Spaltung: § 131 I UmwG; für die Vollübertragung des Vermögens: § 176 III 1 UmwG; für die Teilübertragung: §§ 177 II 1 iVm 176 III 1 UmwG). Bis zu diesem Zeitpunkt des dinglichen Übergangs verbleibt das Vermögen in der übertragenden Körperschaft. Diese müsste daher nach allgemeinen Grundsätzen auch den damit erwirtschafteten Gewinn versteuern. Da zum Zeitpunkt des (ggf. teilweisen) Übergangs des Vermögens, und damit des Übergangs der Steuerpflicht, die Steuerlast zu ermitteln wäre, müsste die Körperschaft demnach auf den Tag der Registereintragung eine Steuerbilanz aufstellen. Der übernehmende Rechtsträger müsste zu diesem Zeitpunkt die Übernahme als Geschäftsvorfall buchen oder, falls er mit der Übernahme erst entsteht, eine Eröffnungsbilanz aufstellen.

3 **Notwendigkeit steuerlicher Rückbeziehung.** Die dargestellte Sachlage, die ohne die Regelung des § 2 gelten würde, ist mit den folgenden Nachteilen verbunden: Zum einen kann der Zeitpunkt der Registereintragung von den Beteiligten nicht beeinflusst werden. Für sie bestünde daher die Ungewissheit, auf welchen Tag ein Inventar und eine Bilanz aufzustellen wären. Zum anderen gehen die unternehmerischen Chancen und Risiken regelmäßig früher über, denn die Beteiligten haben zwingend (vgl. Rn. 43) einen Zeitpunkt zu vereinbaren, von dem an die Geschäfte der übertragenden Körperschaft für Rechnung des übernehmenden Rechtsträgers geführt werden (UmwG: Verschmelzung § 5 I Nr. 6; Spaltung § 126 I Nr. 6; Vollübertragung § 176 iVm § 5 I Nr. 6; Teilübertragung § 177 iVm § 126 Nr. 6).

Freie Wählbarkeit des steuerlichen Umwandlungsstichtages. Nach wohl hA in der Lit. (*Sagasser/Bula* Teil K Rn. 5; *Hörtnagl* in SHS § 2 UmwG Rn. 37) und nach Auffassung der FinVerw (UmwStE Rn. 02.02) hat die Bestimmung des Umwandlungsstichtages zur Folge, dass eine Schlussbilanz iSd § 17 II UmwG auf den Schluss des Tages, der dem Umwandlungsstichtag vorausgeht, aufzustellen ist (vgl. auch FG Köln v. 26.10.2004 1 K 5286/00, DStRE 2005, 890, und BFH v. 24.4.2008 IV R 69/05, GmbHR 2008, 1051). Diese Auffassung hat jedoch keine gesetzliche Grundlage. Insbesondere ist die von der FinVerw zur Begründung angeführte Verweisung auf § 17 II UmwG unzutreffend (ebenso *Müller* in Kallmeyer § 17 UmwG Rn. 3; vgl. auch *Dötsch* in D/J/P/W § 2 UmwStG Rn. 33). Der gem. § 5 I Nr. 6 UmwG zu benennende Verschmelzungsstichtag ist frei wählbar (BegrUmwG zu § 5 I Nr. 5, 6; vgl. auch BFH v. 7.7.2010 – I R 96/08, BStBl. II 2011, 467). Der Registeranmeldung ist gem. § 17 II 1, 4 UmwG eine Bilanz beizufügen, die nicht älter als 8 Monate ist. Der Gesetzesbegründung ist zu entnehmen, dass der Übertragerin mit der 8-Monats-Frist eine Erleichterung insoweit gewährt werden sollte, als sie ihre ordentliche Jahresbilanz zur Registeranmeldung verwenden kann (BegrUmwG zu § 17: „Die Bilanz des letzten Geschäftsjahres kann auch als Umwandlungsschlussbilanz verwendet werden"). Eine zeitliche Verknüpfung von Verschmelzungsstichtag und Schlussbilanzstichtag sieht das UmwG nicht vor, insbes. ist es nicht erforderlich, dass auch der Verschmelzungsstichtag maximal 8 Monate vor der Anmeldung liegt (vgl. *Müller* in Kallmeyer § 17 UmwG Rn. 3; *Frotscher* in F/M § 2 UmwStG Rn. 31). Gesetzliches Indiz für eine Pflicht zur Aufstellung einer Bilanz auf den Tag vor dem Verschmelzungsstichtag könnte allenfalls der Klammerzusatz in § 17 II UmwG sein („Schluss"-Bilanz). Es ist jedoch davon auszugehen, dass sich der Gesetzgeber der üblichen Methodik zur Abfassung von Gesetzestexten bedient hat und § 17 II 1 UmwG demgemäß eine Legaldefinition des parenthesierten Begriffs „Schlussbilanz" enthält. Diese Schlussbilanz ist also nichts anderes und nicht mehr als die zur Anmeldung beigefügte Bilanz. Darüber hinausgehende Auslegungen lässt das Gesetz nicht zu. Gem. § 2 I 1 ist zwar der Ablauf des Stichtags der Schlussbilanz für die Bestimmung des steuerlichen Übertragungsstichtags entscheidend. Die Anordnung einer steuerlichen Rückwirkung vermag jedoch die handelsrechtlichen Umwandlungsvorschriften nicht einzuschränken.

In der Praxis wird aus Zweckmäßigkeits-, insbes. Kostengründen, idR in der Weise verfahren, dass der Verschmelzungsstichtag auf den dem ordentlichen Bilanzstichtag folgenden Tag bestimmt wird. Zwingend ist dies aber nicht, so dass auch andere Gestaltungen möglich sind. Die dem Vermögensübergang zugrunde liegende handelsrechtliche Schlussbilanz und die Steuerbilanz auf den steuerlichen Übertragungsstichtag werden jedoch in aller Regel auf einen identischen Stichtag aufgestellt (so *Dötsch* in D/P/M § 2 UmwStG Rn. 25).

Fiktion des Vermögensüberganges. Um einer unbefriedigenden Situation – Auseinanderfallen des Zeitpunkts des dinglichen Übergangs des Vermögens und des wirtschaftlichen Übergangs des Vermögens sowie der Ungewissheit darüber, wann die Registereintragung und damit der dingliche Übergang erfolgen wird – abzuhelfen, enthält § 2 für Steuerzwecke eine Fiktion des Vermögensübergangs auf einen Zeitpunkt, der von diesem tatsächlichen dinglichen Übergang abweicht, der jedoch den wirtschaftlichen Übergang der Chancen und Risiken des mit dem Vermögen geführten Geschäfts markiert und auf den idR bereits nach handelsrechtlichen Vorschriften eine Bilanz aufgestellt wird. (Zum gesetzgeberischen Ziel des § 2 UmwStG 1957, eine weitere Bilanz überflüssig zu machen und die hiermit verbundenen Schwierigkeiten zu beseitigen, bereits BFH v. 20.3.1964 BStBl. III 1964, 294; sowie BFH v. 17.1.2018 BStBl. II 2018, 449). 4

Dies geschieht in der Weise, dass nach § 2 für die Steuern auf Vermögen, Einkommen und Gewerbeertrag das Einkommen und Vermögen von übertragender Körperschaft und übernehmendem Rechtsträger so zu ermitteln sind, als ob das Vermögen (ganz oder teilweise) mit Ablauf des Stichtages der Bilanz übergegangen wäre, die dem Vermögensübergang zugrunde liegt. Zwar ist dem Wortlaut nicht eindeutig zu entnehmen, ob der Begriff Vermögensübergang hier den wirtschaftlichen (vereinbarten) Übergang der unternehmerischen Chancen und Risiken oder den dinglichen (Registereintragung) Übergang von Aktiva und Passiva bezeichnet. Hierauf kommt es indessen nicht an, da die Handelsbilanz, die das übergehende Vermögen abgrenzt und die idR auf den zwingend zu vereinbarenden Zeitpunkt des Übergangs des Geschäfts der übertragenden Körperschaft einschließlich der hiermit verbundenen Chancen und Risiken aufgestellt wird, zugleich die dem Antrag auf Registereintragung beizufügende Bilanz ist (näher hierzu unten Rn. 40); insofern ist sie die sowohl dem „wirtschaftlichen" als auch dem dinglichen Vermögensübergang „zugrunde" liegende Bilanz. Nur zur Klarstellung sei darauf hingewiesen, dass auch der wirtschaftliche Übergang des Geschäfts erst dann endgültig wirksam wird, wenn die Registereintragung erfolgt. Handelsrechtlich bleibt die übertragende Körperschaft bis zu diesem Zeitpunkt bestehen. 5

2. Begriffsbestimmungen/Relevante Stichtage

a) Bilanz, die dem Vermögensübergang zugrunde liegt

Damit ist die handelsrechtliche Schlussbilanz des übertragenden Rechtsträgers nach § 17 II UmwG gemeint, die auch als Umwandlungsbilanz bezeichnet wird. Der Stichtag für diese Umwandlungsbilanz ist handelsrechtlich frei wählbar, vgl. Rn. 49. 6

b) Handelsrechtlicher Umwandlungsstichtag

Damit ist der Tag gemeint, von dem an die Handlungen des übertragenden Rechtsträgers als für Rechnung des übernehmenden Rechtsträgers vorgenommen gelten (s. zB § 5 I Nr. 6 UmwG). Dies ist idR der Tag, der dem steuerlichen Übertragungsstichtag unmittelbar nachfolgt. 7

c) Steuerlicher Übertragungsstichtag

Damit ist der Tag gemeint, der idR dem Tag des handelsrechtlichen Umwandlungsstichtages unmittelbar vorangeht und auf den der übertragende Rechtsträger idR die Schlussbilanz aufstellt. 8

9 **Beispiel** (nach UmwStE Rn. 0202; zur Kritik s. Rn. 3):

Schlussbilanz = Umwandlungsbilanz	31.12.01
(handelsrechtlicher) Umwandlungsstichtag	1.1.02
steuerlicher Übertragungsstichtag	31.12.01

10–14 *(einstweilen frei)*

3. Anwendungsbereich

15 § 2 gilt für Fälle der Verschmelzung, Aufspaltung, Abspaltung und Vermögensübergang. Die Rückwirkungsfiktion des § 2 gilt hingegen nicht für Fälle der Einbringung nach §§ 20, 24. Insoweit bestehen mit § 20 VI und 24 IV iVm § 20 VI eigenständige Rückbeziehungsregelungen. Hieran ändert auch die Neufassung des UmwStG durch das SEStEG nichts (*Hörtnagl* in *SHS* § 2 UmwStG, Rn. 3). Zwar war in der früheren Gesetzesfassung der erste Teil mit „Vorschriften für den zweiten bis siebten Teil" überschrieben und war demzufolge nicht auf Fälle der Einbringung nach §§ 20, 24 anzuwenden. Die Gesetzesmaterialen enthalten jedoch keinen Hinweis auf eine bewusste Änderung der materiellen Rechtslage (für eine subsidiäre Anwendung des § 2 auf Ausgliederungen nach § 123 III UmwG *Stengel* DB 2008, 2329). Weiter gilt § 2 nicht für den Formwechsel; hier schafft § 9 S 3 eine eigene Rückbeziehungsregelung.

16 In die Regelungen des zweiten bis fünften Teils ist § 2 I mit der Wirkung hineinzulesen, dass, soweit dort von einer steuerlichen Schlussbilanz der übertragenden Körperschaft gesprochen wird (§§ 3 I 1, 4 I, III, 9 S 1 iVm 4 I, 11 I, 12 I iVm 4 I, 15 I iVm 11 I), diese **steuerliche Schlussbilanz auf den steuerlichen Übertragungsstichtag** aufgestellt sein muss.

17 Dagegen ist der Inhalt des in § 20 VI für die Umwandlungen auf eine Kapitalgesellschaft gegen Gewährung von Gesellschaftsanteilen verwendeten Begriffs „steuerlicher Übertragungsstichtag" nicht mit demjenigen des § 2 I 1 identisch. § 20 VI hat jedoch für die von ihm erfassten Umwandlungen im Wesentlichen die gleiche Wirkung wie § 2 I (§ 20 Rn. 585 ff.; zur Anwendung des § 20 VI auf den Formwechsel einer Personengesellschaft in eine Kapitalgesellschaft vgl. § 25 Rn. 50). Anders als § 2 I, der die steuerliche Rückwirkung auf den Stichtag der dem Vermögensübergang zugrunde liegenden Bilanz (der allerdings handelsrechtlich frei bestimmt werden darf, hierzu Rn. 49) zwingend vorschreibt, räumt § 20 VI ein Wahlrecht ein, ob die Umwandlung für Steuerzwecke rückbezogen werden soll (§ 20 Rn. 585 ff.).

18–25 *(einstweilen frei)*

II. Erläuterungen zu § 2 I und II

1. Sachlicher Geltungsbereich der Fiktion

a) Steuerarten

26 Gem. § 2 I 1 gilt die steuerliche Rückwirkung für die Ermittlung von Einkommen und Vermögen und somit für **Steuern auf Einkommen,** also ESt, KSt (einschließlich der zugehörigen Steuern, also KiSt und SolZ), **GewSt und Vermögen,** also GrSt (früher: VSt und GewerbeKapSt), nicht jedoch für Verkehrsteuern, also GrESt und USt.

27 **Anwendbarkeit der Rückwirkungsfiktion auf die ErbSt/Schenkungsteuer.** Tritt im Rückwirkungszeitraum ein Erbfall ein, so ist fraglich, ob Anteile an der übertragenden Kapitalgesellschaft oder eine Beteiligung an dem übernehmenden Rechtsträger Gegenstand der ErbSt sind. Nach der zutreffenden Auffassung der Rspr. ist die Fiktion des § 2 als Spezialvorschrift allein auf die Frage der Ermittlung des Vermögens (und des Einkommens) beschränkt. Für die zivilrechtliche Vorfrage, was Gegenstand der Zuwendung war, gilt sie nicht (BFH v. 4.7.1984 BStBl. II 1984, 773; OFD Koblenz v. 23.12.1996 GmbHR 1997, 471; UmwStE Rn. 01.01; R 34 ErbStR; *van Lishaut* in R/H/vL § 2 Rn. 10; *Felix/Stahl*

DStR 1986 Heft 3 Beihefter Abschn. B I 3 aE; aA *Hörtnagl* in SHS § 2 UmwStG Rn. 36; *Hübl* in H/H/R § 2 UmwStG 1977 Rn. 34; *Widmann* in W/M, § 2 UmwStG Rn. 85 ff.; *Dehmer* § 2 UmwStG Rn. 23; *Lüdicke* ZEV 1995, 135; *Knopf/Söffing* BB 1995, 853; differenzierend nach dem Zeitpunkt des Erbfalls *v. Rechenberg* GmbHR 1998, 978). Die zivilrechtliche Natur dessen, was zugewendet wird, kann im Rahmen der Rückwirkung nicht gestaltet werden, weil sich die Frage, was Gegenstand der Zuwendung ist, ausschließlich nach den tatsächlichen Verhältnissen zum Zeitpunkt der Steuerentstehung (§§ 9, 11 ErbStG) richtet. War die Umwandlung zum Zeitpunkt des Erbfalls bereits beschlossen und zur Eintragung im Handelsregister angemeldet, ist Gegenstand der Zuwendung bereits der umgewandelte Rechtsträger, da der Erbe hier gerade nicht rückwirkend über den Gegenstand der Zuwendung disponiert. In diesem Fall hat bereits der Erblasser alle rechtlich erforderlichen Schritte zum Vollzug der Umwandlung unternommen (vgl. *v. Rechenberg* GmbHR 1998, 978). Dies gilt umso mehr, wenn zu diesem Zeitpunkt darüber hinaus bereits das wirtschaftliche Eigentum der übertragenden Körperschaft auf die übernehmende Personengesellschaft übergegangen ist (vgl. dazu Rn. 45). Jedenfalls in diesem Fall ist auch für Zwecke der ErbSt bereits von der Zuwendung von Anteilen an dem übernehmenden Rechtsträger auszugehen.

Lösungsmöglichkeit: Aufschiebend bedingte Schenkung. Falls im Einzelfall im zeitlichen Zusammenhang mit einer Umwandlung die Zuwendung von Anteilen an der übertragenden Kapitalgesellschaft nachteilig sein sollte, sollte die Schenkung aufschiebend bedingt auf den Zeitpunkt der Eintragung der Umwandlung erfolgen, soweit diese Konstruktion im Einzelfall nicht anderen Gestaltungszielen widerspricht; (bei aufschiebend bedingten Schenkungen entsteht die Steuer mit dem Eintritt der Bedingung, vgl. *Gebel* in TGJ ErbStG, § 9 Rn. 86). Diese Konstruktion hilft freilich nicht im Erbfalle. 28

Haltefrist nach ErbStG in Umwandlungsfällen. Die frühere Problematik im Rahmen der ErbSt, wonach die erbschaftsteuerlichen Vergünstigungen wegfielen, wenn innerhalb der Behaltensfrist Vermögen der Kapitalgesellschaft auf eine Personengesellschaft, eine natürliche Person oder eine andere Körperschaft nach den Vorschriften der §§ 3 bis 16 UmwStG übertragen wird, wurde durch das Erbschaftsteuerreformgesetz 2009 deutlich entschärft. Nicht die Umwandlung als solche ist begünstigungsschädlich, sondern erst die (anschließende) Veräußerung (vgl. koordinierte Ländererlasse v. 22.6.2017 BStBl 2017 I S. 902, Abschn. 13a 12 Abs. 3). 29

Maßgeblicher Stichtag. Im Falle einer Umwandlung nach dem Erwerb ist für Übertragungsfälle vor dem Inkrafttreten des Erbschaftsteuerreformgesetzes 2009 (hier gilt allein das alte Recht) fraglich, ob es für die Bestimmung der Haltefrist auf den Umwandlungsstichtag, auf den Tag der Beschlussfassung über die Umwandlung oder aber auf den Tag der Handelsregistereintragung ankommt. Stellt man rein auf die zivilrechtliche Lage ab, müsste es auf den Tag der Eintragung ankommen, da erst zu diesem Zeitpunkt die Umwandlung zivilrechtlich wirksam wird. Andererseits soll es im Rahmen der ebenfalls nach § 13a V Nr. 4 ErbStG schädlichen Kapitalherabsetzung für die Bestimmung der Haltefrist auf den Tag des Herabsetzungsbeschlusses ankommen (so *Kapp/Ebeling* § 13a ErbStG Rn. 68), obwohl die Kapitalherabsetzung zivilrechtlich erst mit der Eintragung ins Handelsregister wirksam wird, § 54 III GmbHG. In der Gestaltungsberatung ist daher aus Vorsichtsgründen anzuraten, den Umwandlungsbeschluss möglichst erst nach Ablauf der Haltefrist nach dem Erwerb zu fassen. 30

Gewerbesteuer. Gem. § 2 II 2 gilt die Rückwirkung auch für die Ermittlung der Bemessungsgrundlage bei der GewSt und somit für die Steuern auf Gewerbekapital (abgeschafft durch Gesetz zur Fortsetzung der Unternehmenssteuerreform v. 29.10.1997 (BGBl. I 1997, 2590) mit Wirkung ab Erhebungszeitraum 1998 und Gewerbeertrag (vgl. FG Nürnberg v. 12.2.1998 GmbHR 1998, 851). 31

Verkehrsteuern. Die steuerliche Rückwirkung gilt nicht für Verkehrsteuern, wie etwa die **GrESt** (BFH v. 15.5.1974 BFHE 112, 312) oder die **USt** (allgemeine Meinung, vgl. nur BFH v. 20.3.1964 BStBl. III 1964, 293; *Geck* DStR 1995, 420;). Die übertragende 32

Körperschaft bleibt daher bis zum dinglichen Vermögensübergang (Eintragung) weiter zur Abgabe von Umsatzsteuervoranmeldungen und -erklärungen verpflichtet. Bis zur Handelsregistereintragung bleibt die übertragende Körperschaft Arbeitgeber, so dass sie bis zum Zeitpunkt der Eintragung die LSt und die Sozialabgaben für ihre Arbeitnehmer abzuführen hat. Die steuerliche Rückwirkung greift nicht für die LSt und die Sozialabgaben, denn die Vorschrift des § 2 bezieht sich nur auf solche Steuern, für die der übertragende Rechtsträger auch Steuerschuldner ist. Für die **Investitionszulage** nach dem InvZulG ist ausschließlich die handelsrechtliche Regelung maßgebend, wonach die übertragende Körperschaft erst mit der Eintragung der Verschmelzung erlischt (§ 20 I Nr. 2 UmwG). Die Rückwirkungsfiktion des § 2 I ist für Zwecke der Investitionszulage nicht anwendbar (BFH v. 7.4.1989 BStBl. II 1989, 805).

b) Umwandlungstatbestände, Vermögensübergang als Voraussetzung von § 2 I

33 § 2 I knüpft an das Vorliegen eines **Vermögensübergangs** an. Er gilt daher schon seinem Wortlaut nach nur für solche Umwandlungen, bei denen nicht lediglich ein „Wechsel des Rechtskleides" stattfindet (ausführlich zum „Rechtskleidwechsel" *Bärwaldt/Schabacker* ZIP 1998, 1293). Für den **Formwechsel** einer Kapitalgesellschaft in eine Personengesellschaft enthält § 9 jedoch eine Bilanzierungspflicht, die steuerrechtlich einen Wechsel der Vermögens- und Ergebniszuordnung unterstellt. § 9 S 3 beinhaltet eine eigene Regelung zur steuerlichen Rückwirkung des Formwechsels. **Teilübertragungen von Personengesellschaften auf Körperschaften** und Ausgliederungen unterfallen der Regelung des § 20 VII (oben Rn. 15, § 20 Rn. 585 ff.). Für die Fälle der **Einbringung in Personengesellschaften iSv § 24** wird auf § 20 V, VI verwiesen.

2. Personaler Geltungsbereich der Fiktion

34 § 2 I ordnet die steuerliche Rückwirkung für die Ermittlung des Einkommens und des Vermögens sowohl für die **übertragende Körperschaft** als auch für den **übernehmenden Rechtsträger** an. Die Regelung des § 2 II, die die Vorschrift des § 2 I auf das Einkommen und Vermögen der **Gesellschafter einer übernehmenden Personengesellschaft** erstreckt, hat nur klarstellende Funktion, denn bereits aus § 15 I 1 Nr. 2 EStG ergibt sich die Steuerpflicht der Gesellschafter einer Personengesellschaft (*Dötsch* in D/P/M § 2 UmwStG Rn. 68). Für die GewSt gilt § 2 I GewStG mit der Folge, dass die Personengesellschaft selbst Steuerschuldner ist (*Hörtnagl* in SHS § 2 UmwStG Rn. 93).

35 Die Rückwirkungsfiktion des § 2 ist auch anzuwenden bei Umwandlungen auf einen Rechtsträger, der zum steuerlichen Übertragungsstichtag zivilrechtlich noch nicht existent ist, aber im Rahmen der Umwandlung – **Umwandlung zur Neugründung** – gegründet wird. Denn die steuerliche Rückwirkungsfiktion setzt nicht voraus, dass auch die gesellschaftsrechtlichen Voraussetzungen am steuerlichen Übertragungsstichtag vorliegen (UmwStE Rn. 02.11; *Haritz* GmbHR 1997, 590; *Dötsch* in D/P/M § 2 UmwStG Rn. 37).

36 Die Rückwirkungsfiktion des § 2 gilt auch für im Rahmen der Umwandlung **neu eintretende Gesellschafter** (*Jorde/Wetzel* BB 1996, 1249; *Hörtnagl* in SHS § 2 UmwStG Rn. 106; *Frotscher* in F/M § 2 UmwStG Rn. 70). Der Anteilserwerb auf Seiten des Erwerbers wird auf den steuerlichen Übertragungsstichtag zurückbezogen (vgl. UmwStE Rn. 02.21 f.).

37 Dagegen **gilt § 2 nicht für solche Gesellschafter, die** zwischen dem steuerlichen Übertragungsstichtag und der Eintragung der Umwandlung **(Rückwirkungszeitraum) ausscheiden,** da für diese – mangels Beteiligung an der Umwandlung, die erst mit Eintragung wirksam wird – eine Rückbeziehung der Umwandlungsfolgen nicht in Betracht kommt. Die im Rückwirkungszeitraum ausscheidenden Gesellschafter scheiden aus einer zivilrechtlich noch bestehenden Körperschaft aus und sind auch steuerlich im Rückwirkungszeitraum als Anteilseigner der übertragenden Körperschaft zu behandeln (vgl. UmwStE Rn. 02.19; *Hörtnagl* in SHS § 2 UmwStG Rn. 99). Bis zur Registereintragung

der Umwandlung gelten diese als Gesellschafter des übertragenden Rechtsträgers. Zahlungen an den ausscheidenden Gesellschafter wie zB Gehalt, Miete oder Darlehenszinsen stellen allerdings in vollem Umfang Betriebsausgaben der übernehmenden Personengesellschaft dar (UmwStE Rn. 02.26). Gewinnausschüttungen an ausscheidende Gesellschafter gelten – unabhängig vom Zeitpunkt des Gewinnausschüttungsbeschlusses – als solche der übertragenden Körperschaft (*Hörtnagl* in SHS § 2 Rn. 103). Die Nichtgeltung der Fiktion des § 2 für im Rückwirkungszeitraum ausscheidende Gesellschafter führt bei einer Umwandlung einer Kapitalgesellschaft in eine Personengesellschaft dazu, dass der aus der übertragenden Kapitalgesellschaft ausscheidende Gesellschafter nicht eine Mitunternehmerbeteiligung veräußert, sondern einen Anteil an einer Kapitalgesellschaft (BFH v. 5.11.2008 – IV B 51/08, BFH/NV 2008, 2057). Der Veräußerungsgewinn ist beim ausscheidenden Anteilseigner nach den für die Veräußerung von Anteilen an Körperschaften geltenden steuerlichen Vorschriften zu behandeln (UmwStE Rn. 02.20). Ein Veräußerungsgewinn fällt daher im dem Veranlagungszeitraum an, in dem die Veräußerung tatsächlich stattfindet.

Ausscheiden gegen Barabfindung. Auch für den Fall, dass der betreffende Gesell- 38
schafter gegen Barabfindung nach §§ 29, 207 UmwG, uU erst **nach Eintragung der Umwandlung, ausscheidet,** hat sich die FinVerw der zutreffenden Auffassung (*Haritz/Slabon* GmbHR 1997, 401) angeschlossen, wonach in einem solchen Fall die Fiktion des § 2 I auch keine Geltung beanspruchen kann (UmwStE Rn. 02.19). Eine Geltung der Rückwirkungsfiktion hätte zu einer nicht zu rechtfertigenden Benachteiligung von gegen Barabfindung ausscheidenden Minderheitsaktionären, also insbes. nicht wesentlich Beteiligten, die ihre Beteiligung im Privatvermögen halten, geführt. Denn diese Minderheitsaktionäre würden dann zwar zunächst an der Umwandlung teilnehmen, wegen der Regelung des § 7 sind sie jedoch von der Ermittlung des Übernahmegewinns oder -verlusts ausgeschlossen. Stattdessen bekämen sie das auf sie anteilig entfallende verwendbare Eigenkapital als Einkünfte aus Kapitalvermögen zugerechnet und hätten dies – unabhängig von der Höhe der Anschaffungskosten – zu versteuern. Die spätere Abfindungszahlung wäre als Veräußerung einer Mitunternehmerbeteiligung steuerpflichtig. Offenbar wegen dieser Wertungswidersprüche hat die FinVerw ihre Ansicht nicht aufrechterhalten. In UmwStE Rn. 02.19 ist ausdrücklich bestimmt, dass im Falle des Ausscheidens eines Gesellschafters gegen Barabfindung die Rückwirkungsfiktionen des § 2 I nicht gelten. Zwar scheide der abgefundene Anteilseigner handelsrechtlich erst nach der Handelsregistereintragung aus dem bereits bestehenden übernehmenden Rechtsträger aus, steuerlich sei der ausscheidende Anteilseigner allerdings so zu behandeln, als ob er aus dem übertragenden Rechtsträger ausscheide. Die in diesem Punkt vom Handelsrecht abweichende steuerliche Behandlung entspricht der Wertung in § 5 I (*Haritz/Slabon* GmbHR 1997, 403). Danach gelten die Anteile von gegen Barabfindung ausscheidende Anteilseigner als am steuerlichen Übertragungsstichtag als angeschafft (vgl. hierzu auch *Hörtnagl* in SHS § 2 UmwStG Rn. 100 und *van Lishaut* in R/H/vL § 2 Rn. 91).

(einstweilen frei) 39

3. Handelsrechtlicher Stichtag und steuerlicher Übertragungsstichtag

Nach der Legaldefinition in § 2 I ist steuerlicher Übertragungsstichtag der Stichtag der Bilanz, die dem Vermögensübergang zugrunde liegt.

a) Relevante Bilanz

Bei dieser dem Vermögensübergang zugrunde liegenden Bilanz handelt es sich um die 40
nach **§ 17 II UmwG aufzustellende handelsrechtliche Schlussbilanz** (BFH, Urt. v. 24.4.2008 – IV R 69/05, GmbHR 2008, 1051). Dies gilt für die Verschmelzung, auf die § 17 II UmwG direkt anzuwenden ist, ebenso wie für die Spaltung gem. § 125 iVm § 17 II UmwG, für die Vermögensübertragung gem. § 176 iVm § 17 II UmwG und die

Teilübertragung gem. § 177 UmwG iVm §§ 125, 17 II UmwG. Diese Bilanz nach § 17 II UmwG ist die mit dem Antrag auf Eintragung zum zuständigen Register des übertragenden Rechtsträgers einzureichende Bilanz. Sie liegt idR sowohl dem wirtschaftlichen Vermögensübergang, dh dem Übergang der mit der Führung des Geschäfts der übertragenden Körperschaft verbundenen Chancen und Risiken, als auch dem dinglichen Vermögensübergang zugrunde.

41 Für den **Formwechsel,** bei dem handelsrechtlich ein Vermögensübergang nicht stattfindet, ist steuerlich die Bilanz nach **§ 9 S 3** maßgeblich (vgl. oben Rn. 15).

42 In Abgrenzung zu der oben als relevante Bilanz definierten handelsrechtlichen Schlussbilanz des übertragenden Rechtsträgers, bei der es sich um die letzte Gewinnermittlungsbilanz des übertragenden Rechtsträgers handelt, stellt die sog. Übertragungsbilanz die steuerliche Schlussbilanz des übertragenden Rechtsträgers dar, die nach den durch das UmwStG zugelassenen Aufstockungen entsteht. Letztere dient damit der Erfassung des steuerpflichtigen Übertragungsgewinns.

b) Stichtag der relevanten Bilanz

43 Diese relevante Bilanz ist als Schlussbilanz – von Ausnahmefällen abgesehen – zugleich die letzte Bilanz der übertragenden Körperschaft, denn danach führt diese bis zum Vollzug der Umwandlung ihre Geschäfte für Rechnung des übernehmenden Rechtsträgers. Der Stichtag des wirtschaftlichen Übergangs des Geschäfts ist nach den Regelungen des UmwG zwingend zu vereinbaren: § 5 I Nr. 6 UmwG (Verschmelzungsstichtag); § 126 I Nr. 6 UmwG (Spaltungsstichtag); für die Vollübertragung gilt § 176 iVm § 5 I Nr. 6 UmwG und für die Teilübertragung § 177 iVm § 126 Nr. 6 UmwG. Dort ist er definiert als der **Zeitpunkt, „von dem an die Handlungen des übertragenden Rechtsträgers als für Rechnung des übernehmenden Rechtsträgers vorgenommen gelten".** Bis zum Umwandlungsstichtag führt der übertragende Rechtsträger sein Unternehmen auf eigene Rechnung. Ab dem vereinbarten Stichtag gilt die obige Fiktion; dh es wird angenommen, dass das Unternehmen für Rechnung des übernehmenden Rechtsträgers geführt worden sei.

44 **Damit entfällt** allerdings **nicht die handelsrechtliche Pflicht zur Rechnungslegung.** Erst die Registereintragung bewirkt konstitutiv den zivilrechtlichen Übergang der Vermögensgegenstände und Schulden vom übertragenden auf den übernehmenden Rechtsträger. Bis zum Zeitpunkt der Eintragung sind somit von beiden Rechtsträgern die Rechnungslegungsvorschriften zu beachten (*Hörtnagl* in SHS § 17 UmwG Rn. 67), mit der Folge, dass – zivilrechtlich – der übertragende Rechtsträger bis zum Zeitpunkt der Registereintragung die Erträge erwirtschaftet und die anfallenden Aufwendungen zu tragen hat. Ist die Umwandlung durch die konstitutive Registereintragung dann auch zivilrechtlich vollzogen und wirksam, endet die Rechnungslegungspflicht des übertragenden Rechtsträgers. Die bis dahin getrennt geführte Buchhaltung ist ab diesem Zeitpunkt vom übernehmenden Rechtsträger zu übernehmen (vgl. *Hörtnagl* in SHS § 17 UmwG Rn. 83). Ist die Registereintragung zum nachfolgenden Bilanzstichtag nach dem steuerlichen Übertragungsstichtag noch nicht erfolgt, führt dies dazu, dass auf diesen Stichtag beide an der Umwandlung beteiligten Rechtsträger einen handelsrechtlichen Jahresabschluss aufzustellen haben (*Rödder/Stangl* in R/H/vL Anh. 1 Rn. 3).

45 **Übergang des wirtschaftlichen Eigentums.** Falls bereits zum Zeitpunkt des Abschlussstichtages des übernehmenden Rechtsträgers das **wirtschaftliche Eigentum** an dem übergehenden Vermögen auf den übernehmenden Rechtsträger **übergegangen** ist, kann der übernehmende Rechtsträger **schon vor der Eintragung der Umwandlung die übergehenden Vermögensgegenstände** und Schulden in seinem Jahresabschluss **ansetzen** und Aufwendungen und Erträge als eigene verbuchen. Der Übergang des wirtschaftlichen Eigentums ist nach HFA 2/1997 WPg 1997, 236 f. (vgl. dazu auch *Tischer* WPg 1996, 745 ff.; zustimmend *Hörtnagl* in SHS § 17 UmwG Rn. 74; *Rödder/Stangl* in R/H/vL Anh. 1 Rn. 1) unter **vier Voraussetzungen** anzunehmen, die kumulativ vorliegen müssen:

(1) Bis zum Abschlussstichtag (des übernehmenden Rechtsträgers) muss ein Verschmelzungsvertrag formwirksam abgeschlossen sein; außerdem müssen die Verschmelzungsbeschlüsse sowie ggf. die Zustimmungserklärung der Anteilseigner gem. § 13 UmwG vorliegen. Steht eine dieser Voraussetzungen am Abschlussstichtag noch aus, liegt – unabhängig vom festgestellten Verschmelzungsstichtag – das wirtschaftliche Eigentum am Abschlussstichtag weiter beim übertragenden Rechtsträger. Die Beschlussfassung im neuen Geschäftsjahr ist ein wertbegründendes Ereignis, dem unabhängig vom festgestellten Verschmelzungsstichtag keine werterhellende Bedeutung über die Verhältnisse zum Abschlussstichtag beizumessen ist.

(2) Der vereinbarte Verschmelzungsstichtag muss vor dem Abschlussstichtag liegen oder mit diesem zusammenfallen.

(3) Der Verschmelzungsvertrag muss bis zur Beendigung der Aufstellung des Jahresabschlusses eingetragen sein oder es muss mit an Sicherheit grenzender Wahrscheinlichkeit davon ausgegangen werden können, dass die Eintragung erfolgen wird.

(4) Es muss faktisch sichergestellt sein, dass der übertragende Rechtsträger nur im Rahmen eines ordnungsmäßigen Geschäftsgangs oder mit Einwilligung des übernehmenden Rechtsträgers über die Vermögensgegenstände verfügen kann.

Steuerliche Rückwirkung. Unabhängig von der handelsrechtlichen Rechtslage, nach der die Rechnungslegungspflicht des übertragenden Rechtsträgers erst nach der Eintragung der Umwandlung im Handelsregister bzw. mit Übergang des wirtschaftlichen Eigentums auf den übernehmenden Rechtsträger endet, bewirkt die Fiktion des § 2 I, dass im Innenverhältnis alle Handlungen des übertragenden Rechtsträgers als für Rechnung des übernehmenden Rechtsträger vorgenommen gelten. **Aus steuerlicher Sicht** werden also alle Umwandlungsfolgen auf den steuerlichen Übertragungsstichtag zurückbezogen, mit der Folge, dass alle Geschäftsvorfälle steuerlich bereits beim übernehmenden Rechtsträger zu erfassen sind (vgl. UmwStE Rn. 02.12). 46

Der Stichtag der dem Vermögensübergang zugrunde liegenden Bilanz (Stichtag der handelsrechtlichen Schlussbilanz) ist idR mit dem steuerlichen Übertragungsstichtag identisch (BFH v. 22.9.1999 BStBl. II 2000, 2). Nicht identisch sind dagegen der steuerliche und der handelsrechtliche Übertragungs- bzw. Umwandlungsstichtag (vgl. *Thiel u. a.* GmbHR 1998, 400; UmwStE Rn. 02.01), da nach dem Wortlaut des § 2 I der steuerliche Übertragungsstichtag immer einen Tag vor dem handelsrechtlichen Schlussbilanzstichtag liegt (vgl. *Bien* DStR 1998 Beilage Heft 17, 5). Wird zB als handelsrechtlicher Umwandlungsstichtag der 1.1.2014 gewählt, ist steuerlicher Übertragungsstichtag nach Auffassung der FinVerw in jedem Fall am Ende des 31.12.2013, also 24:00 Uhr (so auch *van Lishaut* in R/H/vL § 2 Rn. 20). Stimmt in diesem Fall das Wirtschaftsjahr mit dem Kalenderjahr überein, bedeutet dies, dass der Übertragungsgewinn und das Übernahmeergebnis dem Veranlagungsjahr 2013 zugerechnet werden. Im Falle der Verschmelzung zur Neugründung ist erster und einziger zu erfassender Geschäftsvorfall des übernehmenden Rechtsträgers im Veranlagungsjahr 2013 die Umwandlung (UmwStE Rn. 02.12). Ist der steuerliche Übertragungsstichtag im Jahr 2014 gewünscht, um das Übertragungs- und Übernahmeergebnis im Jahr 2014 wirksam werden zu lassen, sollte sicherheitshalber als handelsrechtlicher Umwandlungsstichtag zB der 2.1.2014 gewählt werden (*Bien* DStR 1998 Beilage Heft 17, 5). Dann muss allerdings nach Auffassung der FinVerw (zur Kritik s. Rn. 3) die relevante Bilanz (handelsrechtliche Schlussbilanz des übertragenden Rechtsträgers) auf den 1.1.2014 aufgestellt werden, mit der Folge eines 24-Stunden-Rumpfgeschäftsjahres (falls das Wirtschaftsjahr dem Kalenderjahr entspricht). Eine Vereinfachungsregel sieht UmwStE hierzu nicht vor. Nach Auffassung des FG Köln (v. 26.10.2004 1 K 5286/00, DStRE 2005, 890) muss der Stichtag der Schlussbilanz nach § 17 II UmwG und damit der steuerliche Übertragungsstichtag hingegen nicht zwingend das Ende eines Tages sein. Wird danach bei einer Verschmelzung zweier Kapitalgesellschaften auf eine Personengesellschaft als Umwandlungszeitpunkt der 1.1., 00:05 Uhr, 47 angegeben, müssen die steuerlichen Wirkungen der Umwandlung im laufenden Jahr und nicht im Vorjahr erfasst werden. Vgl. auch BGH v. 13.2.2008 GmbHR 2008, 1055. Voraussetzung ist jedoch, dass überhaupt eine (weitere) Schlussbilanz auf den anderen Stichtag vorgelegt wird. Nach Auffassung des BFH (BFH v. 13.2.2008 GmbHR 2008, 1055) ist die mit der Anmeldung zum Handelsregister eingereichte Bilanz jedenfalls dann für die Bestimmung des steuerlichen Übertragungsstichtags maßgeblich, wenn später keine Schlussbilanz des übertragenden Rechtsträgers auf einen anderen Zeitpunkt vorgelegt wird und handelsrechtlich auch nicht vorgelegt werden muss und wenn zwischen den Stichtagen der betreffenden Schlussbilanzen keine Geschäftsvorfälle stattgefunden haben.

48 **Ist der steuerliche Übertragungsstichtag nicht mit dem Ende des Wirtschaftsjahres der übertragenden Körperschaft identisch,** so entsteht für diese ein verkürztes Wirtschaftsjahr, also ein **Rumpfwirtschaftsjahr** (BFH v. 21.12.2005 BStBl. II 2006, 469). Für diese Abweichung vom regelmäßigen Wirtschaftsjahr ist keine Genehmigung gem. § 7 IV 3 KStG erforderlich (vgl. *Frotscher* in F/M § 2 UmwStG Rn. 34), weil keine dort vorausgesetzte „Umstellung" erfolgt, die begrifflich die Fortsetzung des Gewerbebetriebs voraussetzt (im Ergebnis ebenso *Dötsch* in D/P/M § 2 UmwStG Rn. 34). Für den übernehmenden Rechtsträger ergeben sich keine das Wirtschaftsjahr betreffenden Besonderheiten. Denn soweit der übernehmende Rechtsträger nicht erst im Zuge der Umwandlung entsteht, ist die Umwandlung für ihn lediglich ein Geschäftsvorfall in dem Wirtschaftsjahr, in dem der steuerliche Übertragungsstichtag liegt. Entsteht der übernehmende Rechtsträger erst durch die Umwandlung, so ergibt sich für ihn allerdings ein verkürztes erstes Wirtschaftsjahr, beginnend mit dem steuerlichen Übertragungsstichtag bis zum Ende seines ordentlichen Wirtschaftsjahres.

c) Wahlfreiheit in Bezug auf den steuerlichen Übertragungsstichtag

49 Der Stichtag nach §§ 5 I Nr. 6, 126 I Nr. 6 UmwG und damit der **Stichtag der Schlussbilanz nach § 17 II UmwG** (ggf. iVm §§ 176; 177 UmwG) kann von den Beteiligten **handelsrechtlich frei gewählt** werden (*Dötsch* in D/P/M § 2 UmwStG Rn. 33; *Hörtnagl* in SHS § 2 UmwStG Rn. 19). Durch die Verknüpfung in § 2 I disponieren sie bei der Wahl des Umwandlungsstichtages nach Auffassung der FinVerw (zur Kritik s. Rn. 3) zugleich über den steuerlichen Übertragungsstichtag, denn mit der Wahl des Umwandlungsstichtages ist zugleich der Tag der Aufstellung der Schlussbilanz des übertragenden Rechtsträger auf den Tag vor dem Umwandlungsstichtag und damit gleichzeitig der steuerliche Übertragungsstichtag festgelegt. Die Wahl eines anderen steuerlichen Übertragungsstichtages als den Tag, auf den die Umwandlungsbilanz aufzustellen ist, ist angeblich nicht möglich (UmwStE Rn. 02.02). Bei der Vereinbarung des Verschmelzungs- oder Spaltungsstichtags bzw. des Stichtags für die Vermögensübertragung müssen folglich die steuerlichen Folgen bereits mitbedacht werden, denn nach § 2 I ist der steuerliche Übertragungsstichtag zwingend der Tag vor dem handelsrechtlich gewählten Umwandlungsstichtag. Die Regelung des § 2 weicht insofern von § 20 VI ab, die über ob und wann der Rückbeziehung Wahlfreiheit gewähren, weil bei den dort erfassten Umwandlungstatbeständen die Anknüpfung an einen handelsrechtlich vereinbarten Stichtag nicht möglich ist.

d) Handelsrecht bestimmt zeitliche Grenze der Rückwirkung

50 § 2 lehnt sich allein an die handelsrechtliche Regelung an. Das UmwG schreibt im Hinblick auf das Alter der einzureichenden Schlussbilanz vor, dass die Umwandlung nur eingetragen werden darf, wenn diese Bilanz auf einen **höchstens 8 Monate** vor der Anmeldung liegenden Stichtag aufgestellt worden ist, § 17 II 4 UmwG. Dabei kommt es auf den rechtzeitigen Eingang beim zuständigen Register an (*Hörtnagl* in SHS § 17 UmwG Rn. 44 f.).

51 **Fristberechnung.** Die 8-Monats-Frist verlängert sich auch dann nicht, wenn das Fristende auf einen Samstag, Sonntag oder Feiertag fällt; es handelt sich nicht um eine Frist

iSv § 186 BGB, mit der Folge, dass auch § 193 BGB nicht gilt (*Hörtnagl* in SHS § 17 UmwG Rn. 43). Eine aA vertritt offenbar das *OLG Köln* (Beschl. v. 22.6.1998 GmbHR 1998, 1085). Danach handelt es sich bei der 8-Monats-Frist um eine Frist iSv § 186 BGB mit der Folge der Anwendbarkeit der §§ 187 bis 193 BGB. In dem vom OLG Köln zu entscheidenden Fall wurde als Übertragungsstichtag der 28.2. gewählt; nach Ansicht des Gerichts endet die Frist für diesen Fall am 28.10. und nicht erst am 31.10.

Zuständiges Registergericht. Weiter ist zu beachten, dass die Ausschlussfrist der Vorschrift des § 17 II 4 UmwG nur für die Einreichung zum Register des Sitzes der übertragenden Gesellschaft gilt (LG Frankfurt/Main GmbHR 1996, 542; *Dötsch* in D/P/M § 2 UmwStG Rn. 20). Nicht erforderlich ist, dass auch die Anmeldung der Umwandlung zum Register des Sitzes der übernehmenden Gesellschaft innerhalb der 8 Monate erfolgt. Freilich wird auch diese Anmeldung idR zeitnah erfolgen, da die Umwandlung erst mit Eintragung in das Register des übernehmenden Rechtsträgers zivilrechtliche Wirksamkeit erlangt. 52

Folgen einer Fristüberschreitung. Der zum alten Recht entwickelte handelsrechtliche Grundsatz, wonach eine geringfügige Überschreitung der 8-Monats-Frist unschädlich ist (*Glade* NWB Fach 18, 3386; zum alten Recht OLG Oldenburg v. 17.6.1993 BB 1993, 1630 mwN), kann angesichts der weitreichenden Folgen im Steuerrecht keine Geltung mehr beanspruchen. Jede, auch noch so geringe Fristüberschreitung ist schädlich (*Dötsch* in D/J/P/W § 2 UmwStG Rn. 20; *Hörtnagl* in SHS § 17 UmwG Rn. 43; *van Lishaut* in R/H/vL § 2 Rn. 24; aA LG Frankfurt/M. Beschl. v. 30.1.1998 3 – 11 T 85/97, GmbHR 1998, 379). Aus der engen Verknüpfung zwischen Steuerrecht und Handelsrecht folgt aber, dass, soweit das Gericht aufgrund einer älteren Bilanz tatsächlich einträgt und damit die Umwandlung handelsrechtlich wirksam wird (§ 20 II UmwG), die steuerlichen Rückwirkungsfolgen eintreten (*Dötsch* in D/P/M § 2 UmwStG Rn. 20; *van Lishaut* in R/H/vL § 2 Rn. 24). Denn für die Rückwirkungsfiktion kommt es allein auf einen handelsrechtlich wirksamen dinglichen Vermögensübergang an. Der UmwStE behandelt den Aspekt der wirksamen Eintragung aufgrund einer Bilanz, die älter als 8 Monate ist, nicht. 53

Für den **Formwechsel** ist § 9 S 3 maßgeblich, der entsprechend § 17 II 4 UmwG bestimmt, dass die nach steuerrechtlichen Regeln aufzustellende Bilanz (§ 9 S 2) nicht älter als 8 Monate sein darf.

e) Wirkung der Fiktion mit Ablauf des steuerlichen Übertragungsstichtages

Die Fiktion des § 2 I bewirkt, dass das Vermögen der übertragenden Körperschaft mit Ablauf des steuerlichen Übertragungsstichtages dem übernehmenden Rechtsträger zugerechnet wird. Damit endet die Steuerpflicht des übertragenden Rechtsträgers und es beginnt gleichzeitig die Steuerpflicht des übernehmenden Rechtsträgers hinsichtlich des übernommenen Betriebs oder Teilbetriebs. Auf den Zeitpunkt der Registereintragung kommt es nicht an. Scheitert die Umwandlung allerdings, zB aufgrund unheilbarer Eintragungshindernisse, begründet dies eine Änderungsmöglichkeit der – gem. § 165 AO – vorläufig festgesetzten Steuern; dabei gilt hinsichtlich der Festsetzungsverjährung § 171 VIII AO. 54

4. Kettenumwandlung

Finden mehrere Umwandlungsvorgänge in sich überscheidenden Rückwirkungszeiträumen statt, spricht man von einer Kettenumwandlung (hierzu *Dötsch* in D/J/P/W § 2 UmwStG Rn. 38 ff.). Im Fall einer solchen Kettenumwandlung kann die Anwendung des § 2 UmwStG Probleme bereiten. 55

Unterschiedliche Stichtage. Unterscheiden sich die steuerlichen Übertragungsstichtage der mehreren Umwandlungen, so ist eine Kettenumwandlung in der Reihenfolge der steuerlichen Übertragungsstichtage zu beurteilen (*Dötsch* in D/P/M § 2 UmwStG Rn. 38; *Hörtnagl* in SHS § 2 UmwStG Rn. 27 ff.). Wird beispielsweise eine Kapitalgesellschaft auf 56 eine andere Kapitalgesellschaft verschmolzen (erster Umwandlungsvorgang) und wird die aufnehmende Kapitalgesellschaft (im Rückwirkungszeitraum des ersten Umwandlungsvorgangs) in eine Personengesellschaft formgewechselt zu einem steuerlichen Übertragungsstichtag zeitlich nach dem des ersten Umwandlungsvorgangs, vollziehen sich die Umwandlungen steuerlich fiktiv zum jeweiligen Zeitpunkt. Also zunächst die Verschmelzung der beiden Kapitalgesellschaften und danach der Formwechsel der (verschmolzenen) Kapitalgesellschaft in die Personengesellschaft.

Liegt der steuerliche Übertragungsstichtag der zweiten Umwandlung zeitlich vor dem ersten Umwandlungsvorgang, ist in dem Beispiel für den ersten Umwandlungsvorgang für steuerliche Zwecke von einem unmittelbaren Übergang des Vermögens der ersten Kapitalgesellschaft auf die Personengesellschaft auszugehen (*Dötsch* in D/P/M § 2 UmwStG Rn. 38; *Hörtnagl* in SHS § 2 UmwStG Rn. 32).

57 **Identische Stichtage.** Sind identische Stichtage gegeben, vollziehen sich die mehreren Umwandlungen zeitgleich (*Hörtnagl* in SHS § 2 UmwStG Rn. 33). Teilweise wird den Beteiligten ein Wahlrecht eingeräumt, in welcher Reihenfolge sie die mehreren Umwandlungen behandelt wissen wollen (*Widmann* in W/M § 2 UmwStG Rn. 240; *Frotscher* in F/M § 2 UmwStG Rn. 47). Teilweise wird auf die zeitliche Reihenfolge der Vertragsabschlüsse abgestellt (*Dötsch* in D/P/M § 2 UmwStG Rn. 39).

58–60 *(einstweilen frei)*

III. Besondere Problembereiche

1. Geschäftsvorfälle im Rückwirkungszeitraum zwischen steuerlichem Übertragungsstichtag und Eintragung der Umwandlung

Zwischen dem steuerlichen Übertragungsstichtag und der Eintragung der Umwandlung führt die übertragende Körperschaft die Geschäfte für Rechnung des übernehmenden Rechtsträgers. Das Ergebnis aller Geschäftsvorfälle in diesem Zeitraum ist folglich durch den übernehmenden Rechtsträger zu übernehmen. Reine **Innenvorgänge** zwischen der übertragenden Körperschaft und dem übernehmenden Rechtsträger sind zu eliminieren.

Folgende Vorgänge können problematisch sein:

a) Gewinnausschüttungen der übertragenden Körperschaft

61 Im Hinblick auf **Gewinnausschüttungen der übertragenden Körperschaft** ist zunächst danach zu differenzieren, ob diese Gewinnausschüttungen vor (unten Rn. 62 ff.) oder nach (unten Rn. 67 ff.) dem steuerlichen Übertragungsstichtag beschlossen wurden. In beiden Fällen ist auch von Bedeutung, wann die Ausschüttung tatsächlich erfolgt. Außerdem ergeben sich unterschiedliche Probleme je nach dem, ob der übernehmende Rechtsträger eine Kapitalgesellschaft, eine Personengesellschaft oder eine natürliche Person ist.

62 **aa) Ordentliche Gewinnausschüttungen, die vor dem steuerlichen Übertragungsstichtag beschlossen wurden, verdeckte Gewinnausschüttungen und Vorabausschüttungen.** Ist die **vor dem steuerlichen Übertragungsstichtag beschlossene** ordentliche Gewinnausschüttung oder eine andere Ausschüttung vor dem steuerlichen Übertragungsstichtag bereits **abgeflossen,** ergeben sich keine Besonderheiten. Diese Gewinnausschüttungen sind in der Bilanz der übertragenden Körperschaft zu berücksichtigen.

63 **Vor dem steuerlichen Übertragungsstichtag beschlossene Gewinnausschüttungen, die noch nicht ausgeschüttet** worden sind, sind ebenfalls steuerlich noch bei der untergehenden Körperschaft zu erfassen. Es erfolgt mithin keine Umdeutung nach § 2 I in Entnahmen bei der übernehmenden Personengesellschaft. Die Ausschüttungsverbindlichkeit ist als Schuldposten in der steuerlichen Übertragungsbilanz der übertragenden Körperschaft anzusetzen (UmwStE Rn. 02.27). Die Ausschüttungen gelten unabhängig von ihrer

tatsächlichen Auszahlung als am steuerlichen Übertragungsstichtag erfolgt. Der tatsächliche Abfluss der Gewinnausschüttung beim übernehmenden Rechtsträger stellt dann lediglich eine erfolgsneutrale Erfüllung der – als Schuldposten übernommenen – Ausschüttungsverbindlichkeit dar.

Handelt es sich bei der Gewinnausschüttung um eine **Vorabausschüttung** für das Wirtschaftsjahr, in dem der steuerliche Übertragungsstichtag liegt oder um eine **verdeckte Gewinnausschüttung** in diesem Wirtschaftsjahr, so gilt das eben Gesagte entsprechend (*van Lishaut* in R/H/vL § 2 Rn. 61). 64

Diese Grundsätze gelten sowohl bei **Umwandlungen auf Körperschaften** als auch bei solchen auf Personengesellschaften bzw. natürliche Personen. Bei ersteren ist jedoch zu beachten, dass die Eigenkapitalverringerung in Folge der verdeckten Gewinnausschüttung oder der Vorabausschüttung im Wirtschaftsjahr, in dem der steuerliche Übertragungsstichtag liegt, bereits bei der übertragenden Körperschaft zu berücksichtigen ist (*Dötsch* in D/P/M § 2 UmwStG Rn. 58; a. A. UmwStE Rn. 02.27; vgl. hierzu auch *Schmitt/Schloßmacher,* UmwStE, S. 67). 65

Für **Gesellschafter der übernehmenden Personengesellschaft,** die vor Eintragung der Umwandlung oder als der Umwandlung widersprechende Gesellschafter gegen Barabfindung erst nach der Eintragung **ausscheiden,** gilt § 2 nicht (UmwStE Rn. 02.19; s. auch Rn. 37 f.). Für die vor dem steuerlichen Übertragungsstichtag beschlossenen Gewinnausschüttungen folgt aber hieraus keine Besonderheit gegenüber den in der übernehmenden Personengesellschaft verbleibenden Gesellschaftern, weil die Gewinnausschüttung als Schuldposten in der Schlussbilanz der übertragenden Kapitalgesellschaft berücksichtigt ist. Die übertragende Körperschaft hat die KapESt abzuführen. 66

bb) Ordentliche Gewinnausschüttungen, die nach dem steuerlichen Übertragungsstichtag beschlossen werden. Im Rückwirkungszeitraum, dh in der Zeit zwischen dem steuerlichen Übertragungsstichtag und der Handelsregisteranmeldung beschlossene offene Gewinnausschüttungen bzw. vorgenommene Vorabausschüttungen und verdeckte Ausschüttungen werden – sofern die Ausschüttungen an Anteilseigner erfolgen, die Gesellschafter des übernehmenden Rechtsträgers werden – so behandelt, als hätte der übernehmende Rechtsträger sie vorgenommen Dies gilt für den Fall einer Körperschaft als übernehmender Rechtsträger als auch im Falle einer Personengesellschaft (*Dötsch* in D/P/M § 2 UmwStG Rn. 59; *van Lishaut* in R/H/vL § 2 Rn. 63; *Widmann* in W/M § 2 UmwStG Rn. 168; UmwStE Rn. 02.31; vgl. auch *Schmitt/Schloßmacher,* UmwStE, S. 70). Für diese im Rückwirkungszeitraum beschlossenen Gewinnausschüttungen ist in der steuerlichen Übertragungsbilanz kein Passivposten zu bilden (UmwStE Rn. 02.31 f.). Sie sind in der Schlussbilanz der übertragenden Körperschaft nicht zu berücksichtigen und unterliegen auch nicht der KSt (so schon FG Düsseldorf v. 12.4.1989 EFG 1989, 427, rkr). Erfolgt dann die im Rückwirkungszeitraum beschlossene Ausschüttung, bei der die Rückwirkungsfiktion des § 2 I gilt, stellt diese Ausschüttung bei dem übernehmenden Rechtsträger einen gewinnneutralen Vorgang dar, gleich ob der übernehmende Rechtsträger eine Personengesellschaft (dann Entnahme, vgl. *Dötsch* in D/P/M § 2 UmwStG Rn. 59) oder eine Kapitalgesellschaft (dann Gewinnausschüttung) ist (vgl. UmwStE Rn. 02.32). 67

Gewinnausschüttungen an ausscheidende Gesellschafter des übernehmenden Rechtsträgers unterliegen nicht der Rückwirkungsfiktion des § 2, dh sie sind noch der übertragenden Körperschaft zuzurechnen, UmwStE Rn. 02.33). Die zugeflossenen Mittel gehören bei der Ermittlung der ESt dieser Gesellschafter zu der Einkunftsart, der sie vor dem steuerlichen Übertragungsstichtag angehörten und unterliegen für die übertragende Körperschaft der KSt. Die durch die Gewinnausschüttung eintretende Vermögensminderung ist in der steuerlichen Übertragungsbilanz durch Bildung eines passiven Korrekturpostens zu kompensieren. Erfolgt später die Ausschüttung, ist diese mit dem gebildeten Korrekturposten zu verrechnen (*Dötsch* in D/P/M § 2 UmwStG Rn. 60). Bei den – 68 ausscheidenden – Anteilseignern führen die Ausschüttungen zu Einkünften aus Kapitalvermögen.

69 *(einstweilen frei)*

b) Lieferungen und Leistungen zwischen der übertragenden Körperschaft und dem übernehmenden Rechtsträger

70 Wenn zwischen der übertragenden Körperschaft und dem übernehmenden Rechtsträger Lieferungen und Leistungen zwischen dem steuerlichen Übertragungsstichtag und der Registereintragung ausgetauscht werden, so stehen sich beide als selbständige Rechtssubjekte gegenüber, weil zivilrechtlich die Umwandlung erst mit der Eintragung wirksam wird. Allerdings führt in diesem Zeitraum die übertragende Körperschaft die Geschäfte für den übernehmenden Rechtsträger (oben Rn. 43). Daher stellen diese Vorgänge im Rückwirkungszeitraum **steuerrechtlich rein innerbetriebliche Vorgänge** dar (UmwStE Rn. 02.13; kritisch und differenzierend *Dötsch* in D/P/M § 2 UmwStG Rn. 44 f.). Sie sind in der Bilanz des übernehmenden Rechtsträgers, die auf den der Eintragung der Umwandlung folgenden Bilanzstichtag aufgestellt wird, zu eliminieren (*Widmann* in W/M § 2 UmwStG Rn. 260; *Jorde/Wetzel* BB 1996, 1248 f.). Dies gilt unabhängig davon, ob eine Körperschaft, eine Personengesellschaft oder eine natürliche Person übernehmender Rechtsträger ist. Bei **Teilübertragung** gilt dieser Grundsatz freilich nur, soweit diese Lieferungen und Leistungen dem übertragenen Vermögen zugerechnet werden können.

c) Zahlungen an Gesellschafter der übertragenden Körperschaft im Rückwirkungszeitraum

71 **Zahlungen an einen Gesellschafter der übertragenden Körperschaft,** wie Gehälter, Miet-, Pacht- und Darlehenszinsen oder Aufsichtsratsvergütungen (hierzu auch unten Rn. 73 f.), sind bei einer Umwandlung auf eine Personengesellschaft und soweit der jeweilige Gesellschafter auch Gesellschafter der übernehmenden Personengesellschaft oder als natürliche Person selbst übernehmender Rechtsträger ist, Gewinnanteile iSv § 15 I Nr. 2 EStG (vgl. UmwStE Rn. 02.36), wenn sie für Zeiträume **nach dem steuerlichen Übertragungsstichtag** entrichtet werden. Für die übertragende Körperschaft stellen diese Zahlungen keine Betriebsausgaben dar. Handelt es sich bei dem übernehmenden Rechtsträger um eine Körperschaft, tritt eine Umqualifizierung ein (*Hörtnagl* in SHS § 2 UmwStG Rn. 49). Die Zahlungen stellen wegen der Rückwirkungsfiktion bereits Betriebsausgaben der übernehmenden Körperschaft dar (*Frotscher* in F/M § 2 UmwStG Rn. 76). Zahlungen an ausscheidende Gesellschafter stellen dagegen bei der übernehmenden Personengesellschaft in vollem Umfang Betriebsausgaben dar (*Widmann* in W/M § 2 UmwStG Rn. 106). Falls die Zahlungen unangemessen hoch sind, sind die Grundsätze der verdeckten Gewinnausschüttung nach der Regelung des § 8 III 2 KStG zu beachten (*Frotscher* in F/M § 2 UmwStG Rn. 77).

Werden die Zahlungen für Zeiträume **vor dem steuerlichen Übertragungsstichtag** geleistet, so sind sie bereits in der Schlussbilanz der übertragenden Körperschaft als Schuldposten anzusetzen. Insoweit entsteht aus der späteren Zahlung keine steuerliche Umqualifizierung.

72 Bestehen am Übertragungsstichtag **Forderungen der Gesellschafter gegen die übertragende Körperschaft aufgrund schuldrechtlicher Vereinbarung** (Miet-, Gehalts-, Zinsforderungen), gelten diese mit dem Ablauf des steuerlichen Übertragungsstichtages als befriedigt, falls Übernehmerin eine Personengesellschaft oder eine natürliche Person ist (vgl. *Jorde/Wetzel* BB 1997, 1248; so auch *Hörtnagl* in SHS § 2 UmwStG Rn. 56). In Höhe der am Übertragungsstichtag bestehenden Forderung wird eine Einlage des Gesellschafters fingiert, was auf der Ebene der übertragenden Körperschaft zur Eliminierung der entsprechenden Verbindlichkeit führt.

d) Aufsichtsratsvergütungen, die von der übertragenden Körperschaft geleistet werden

Bis zur Eintragung der Umwandlung besteht die übertragende Körperschaft mit allen ihren gesellschaftsrechtlichen Organen fort. Soweit sie einen Aufsichtsrat besitzt, der aus Personen besteht, die nicht Gesellschafter und Mitunternehmer der übernehmenden Personengesellschaft werden, ist im Hinblick auf zwischen dem steuerlichen Übertragungsstichtag und der Eintragung anfallende **Aufsichtsratsvergütungen** zu beachten, dass diese nicht dem Abzugsverbot des § 10 Nr. 4 KStG unterliegen (wonach die Hälfte dieser Vergütungen nicht abziehbar ist), wenn der übernehmende Rechtsträger nicht körperschaftsteuerpflichtig ist (UmwStE Rn. 02.37). Es gilt die Rückwirkungsfiktion des § 2 I. 73

Eine Aufsichtsratsvergütung ist daher bei der übernehmenden Personengesellschaft bzw. bei der übernehmenden natürlichen Person gewinnmindernde Betriebsausgabe, soweit sie für den Zeitraum zwischen dem steuerlichen Übertragungsstichtag und der Eintragung an eine Person gezahlt wird, die nicht Gesellschafter der übernehmenden Personengesellschaft oder die übernehmende natürliche Person ist. Ist ein Empfänger zugleich Gesellschafter des übernehmenden Rechtsträgers oder die übernehmende natürliche Person, sind diese Zahlungen Entnahmen (vgl. UmwStE Rn. 02.37). Scheidet der Gesellschafter im Rückwirkungszeitraum aus, stellen die Aufsichtsratsvergütungen wiederum Betriebsausgaben dar, die der Empfänger als Einkünfte iSv § 18 I Nr. 3 EStG zu versteuern hat. 74

e) Pensionszusagen zugunsten von Gesellschaftern

Zuführungen zu Pensionsrückstellungen nach dem steuerlichen Übertragungsstichtag zugunsten eines Gesellschafters der übertragenden Körperschaft, der zugleich Gesellschafter der übernehmenden Personengesellschaft ist, mindern den Gewinn bei einer übernehmenden Personengesellschaft nicht, sondern sind Vergütungen zugunsten des Gesellschafters gem. § 15 I 1 Nr. 2 EStG (UmwStE Rn. 06.06). Die Umwandlung führt jedoch nicht dazu, dass eine Pensionsrückstellung, die zulässigerweise vor dem steuerlichen Übertragungsstichtag durch die Körperschaft zugunsten eines Gesellschafters gebildet wurde, aufzulösen ist (BFH v. 22.6.1977 BStBl. II 1977, 798; UmwStE Rn. 06.06). Bei einer Umwandlung auf eine natürliche Person ist die Pensionsrückstellung zugunsten dieser natürlichen Person jedoch ertragswirksam aufzulösen (UmwStE Rn. 06.07). Hierbei kann gem. § 6 in Höhe der Pensionsrückstellung eine Rücklage gebildet werden Diese Rücklage ist in den drei Wirtschaftsjahren, die auf das Wirtschaftsjahr folgen, in dem der steuerliche Übertragungsstichtag liegt, zu mindestens je einem Drittel gewinnerhöhend aufzulösen. 75

Führt der übernehmende Gesellschafter die Versicherung im Falle der Rückdeckungsversicherung fort, so geht der Versicherungsanspruch auf den Gesellschafter über und wird dadurch Privatvermögen. Die Übernahme hat dabei mit dem Teilwert zu erfolgen. Wird die Rückdeckungsversicherung von der übertragenden Körperschaft gekündigt, ist der Rückkaufswert mit dem Rückdeckungsanspruch zu verrechnen. Ein eventueller Restbetrag ist ergebniswirksam aufzulösen (vgl. UmwStE Rn. 06.08). 76

2. Gewerbesteuer

Die Gewerbesteuerpflicht der übertragenden Körperschaft endet mit Ablauf des steuerlichen Übertragungsstichtages. Entsteht bei der Umwandlung ein Übertragungsgewinn bei der übertragenden Körperschaft, so ist die hierauf entfallende GewSt in der steuerlichen Übertragungsbilanz der übertragenden Körperschaft zu passivieren. 77

(einstweilen frei) 78–80

3. Anerkennung und Zurechnung von Organschaftsverhältnissen bei Umwandlungen

Besondere Fragen zur steuerlichen Rückwirkung stellen sich hinsichtlich der Anerkennung, der Weiterführung und der Begründung von **Organschaftsverhältnissen.** Hierbei geht es zum einen um Konstellationen, in denen zwischen übertragender Körperschaft und übernehmendem Rechtsträger zum Zeitpunkt der Umwandlung ein Ergebnisabführungsvertrag besteht (unten Rn. 81). Zum anderen ist danach zu unterscheiden, ob der Organträger (unten Rn. 82 ff.) oder die Organgesellschaft (unten Rn. 86 ff.) umgewandelt wird.

a) Ergebnisabführungsvertrag zwischen übertragender Körperschaft und übernehmendem Rechtsträger

81 Ein **laufender** auf mindestens 5 Jahre abgeschlossener **Ergebnisabführungsvertrag** zwischen der übertragenden Körperschaft und dem übernehmenden Rechtsträger entfaltet seine Wirkung für das laufende Wirtschaftsjahr (ggf. ein Rumpfwirtschaftsjahr, hierzu Rn. 48; R 60 II 2 KStR), das mit dem steuerlichen Übertragungsstichtag endet. Die Wirkungen des Ergebnisabführungsvertrages fallen auch dann nicht für die Vergangenheit weg, wenn er bis zum steuerlichen Übertragungsstichtag noch **keine fünf Jahre durchgeführt** wurde, weil die Umwandlung als wichtiger Grund iSv § 14 I Nr. 3 S 2 KStG anzusehen ist (UmwStE Org. 11). Schädlich ist dagegen die Umwandlung des Organträgers auf die Organgesellschaft (*Widmann* in W/M § 2 UmwStG Rn. 126) War bei Abschluss des Ergebnisabführungsvertrages zwischen der übertragenden Körperschaft und dem übernehmenden Rechtsträger die **Umwandlung innerhalb des 5-Jahres-Zeitraumes bereits abzusehen,** liegt ein wichtiger Grund jedoch nur dann vor, wenn der Gewinnabführungsvertrag durch Verschmelzung oder Spaltung der Organgesellschaft beendet wird (R 60 VI 4 KStR).

Zur Frage der Wirkung von Ergebnisabführungsverträgen bei einem dreistufigen Konzern vgl. *Fey/Kraft/Neyer* DB 1998, 2555.

b) Umwandlung des Organträgers

82 In Fällen, in denen die übertragende Körperschaft **Organträger einer dritten** (vom übernehmenden Rechtsträger verschiedenen) **Organgesellschaft** ist, wird das Organschaftsverhältnis zwischen Organgesellschaft und übernehmendem Rechtsträger erstmals mit Wirkung für das anschließende Wirtschaftsjahr der Organgesellschaft anerkannt, wenn der (steuerliche) Übertragungsstichtag auf den letzten Tag des laufenden Wirtschaftsjahres der Organgesellschaft fällt (UmwStE Org. 02). Fällt der steuerliche Übertragungsstichtag auf einen früheren Tag des laufenden Wirtschaftsjahrs der Organgesellschaft, ist das Organschaftsverhältnis für dieses Wirtschaftsjahr anzuerkennen und in der Folge das Ergebnis der Organgesellschaft dem übernehmenden Rechtsträger zuzurechnen.

83 Die **Mindestlaufzeit** von 5 Jahren gem. § 14 I Nr. 3 KStG wird durch Zusammenrechnung der Laufzeiten des bisherigen und des neuen Organträgers ermittelt, wenn der Ergebnisabführungsvertrag fortbesteht. Hier kann es sich aus Sicherheitsgründen empfehlen, den Ergebnisabführungsvertrag zwischen der Organgesellschaft und dem neuen Organträger zu bestätigen, und dabei alle für den Neuabschluss notwendigen Formalien einzuhalten. Die im Rückwirkungszeitraum noch im Verhältnis zum übertragenden Rechtsträger bestehende finanzielle Eingliederung wird rückwirkend dem übernehmenden Rechtsträger zugerechnet, um die Voraussetzungen des § 14 I Nr. 3 KStG zu erfüllen (UmwStE Org. 02, S 3).

84 Durch eine **Abspaltung oder Ausgliederung,** bei der der Organträger bestehen bleibt, wird der Ergebnisabführungsvertrag und mithin die bestehende körperschaftsteuerliche Organschaft nicht berührt. Wird der Organträger **aufgespalten,** treten die übernehmenden Rechtsträger nach Maßgabe des Spaltungsplans in den Ergebnisabführungsvertrag ein. Ein **Formwechsel** des Organträgers berührt die bestehende Organschaft nicht.

Soll zum übernehmenden Rechtsträger **erstmals** ein **Organschaftsverhältnis** begründet werden, so ist dies bereits mit Wirkung zum Beginn des Wirtschaftsjahres der Organgesellschaft möglich, das nach dem steuerlichen Übertragungsstichtag beginnt. Nach dem Wegfall der wirtschaftlichen und organisatorischen Eingliederung als Voraussetzung für die Organschaft, genügt allein die finanzielle Eingliederung (§ 14 I Nr. 1 KStG). Die finanzielle Eingliederung besteht aufgrund der Rückwirkung bereits ab dem steuerlichen Übertragungsstichtag (entgegen UmwStE Org. 03: BFH v. 17.9.2003, BStBl. II 2004, 543 (Nichtanwendungserlass, BMF BStBl. I 2004, 549); BFH Urteil vom 28.7.2010 – I R 89/09, BStBl. II 2011, 528 und BFH Urteil vom 28.7.2010 – I R 111/09, BFH/NV 2011, 67; *Hörtnagl* in SHS § 17 UmwG Rn. 16; *Herlinghaus* in R/H/vL Anh. 3 Rn. 57). 85

c) Umwandlung der Organgesellschaft

In Fällen, in denen die übertragende Körperschaft **Organgesellschaft eines dritten** (vom übernehmenden Rechtsträger verschiedenen) **Organträgers** ist und das Vermögen der Organgesellschaft im Wege der **Verschmelzung** auf einen übernehmenden Rechtsträger übergeht, wird die Organschaft zum Übertragungsstichtag beendet (UmwStE Org. 21). 86

Für den Fall, dass der steuerliche Übertragungsstichtag vor dem Ende des Wirtschaftsjahres der Organgesellschaft liegt, endet die Organschaft bereits mit Ablauf des vorhergehenden Wirtschaftsjahres der Organgesellschaft. Denn § 14 I Nr. 3 S 1 KStG verlangt die Durchführung des Ergebnisabführungsvertrages während seiner gesamten Geltungsdauer, die die Abführung des Ergebnisses zum Ende der Abrechnungsperiode mit einbezieht. Da dieses Ende der Abrechnungsperiode durch den früheren Übertragungsstichtag nicht mehr erreicht wird, wird die Organschaft bereits zum vorhergehenden Wirtschaftsjahr der Organgesellschaft beendet. 87

Allerdings kann die übernehmende Kapitalgesellschaft ab dem steuerlichen Übertragungsstichtag als Organgesellschaft anerkannt werden. Dazu müssen die Eingliederungsvoraussetzungen erfüllt sein und ein (neu abzuschließender) Ergebnisabführungsvertrag vorliegen (UmwStE Org. 21). Vgl. Rn. 85. 88

Bei der **Abspaltung oder Ausgliederung** bleibt die Organgesellschaft bestehen; ein bestehender Ergebnisabführungsvertrag und eine bestehende Organschaft werden nicht berührt. Bei der **Aufspaltung** der Organgesellschaft endet der Ergebnisabführungsvertrag; für die Anerkennung einer Übernehmerin als Organgesellschaft gelten dieselben Voraussetzungen wie im Falle der Verschmelzung (UmwStE Org. 17 iVm Org. 22). 89

Ein **Formwechsel** der Organgesellschaft in eine andere Kapitalgesellschaft berührt die bestehende Organschaft nicht; bei einem Formwechsel der Organgesellschaft in eine Personengesellschaft endet das Organschaftsverhältnis, da als Organgesellschaft nur eine Kapitalgesellschaft in Betracht kommt. 90

(einstweilen frei) 91–100

IV. Erläuterungen zu § 2 III

1. Regelungszweck und Anwendungsbereich

Der Anwendungsbereich des UmwStG erstreckt sich nunmehr nicht mehr allein auf Umwandlungen unter Beteiligung ausschließlich inländischer Rechtsträger. Der Anwendungsbereich des UmwStG wurde durch das SEStEG auf Rechtsträger erweitert, die in einem (oder verschiedenen) Mitgliedsstaaten der Europäischen Union und des Europäischen Wirtschaftsraums (EU-/EWR-Staat) ansässig sind. Durch eine unterschiedliche Ausgestaltung der Regelungen zur steuerlichen Rückbeziehung der Umwandlung in den verschiedenen Rechtsordnungen der an der (grenzüberschreitenden) Umwandlung beteiligten Rechtsträger ist es möglich, dass insbes. bei unterschiedlich langen Rückbeziehungszeiträumen unversteuerte Einkünfte entstehen. 101

102 Nach der Gesetzesbegründung soll durch die Regelung des § 2 III bei Umwandlungen mit Auslandsberührung, bei denen die Regelung zur steuerlichen Rückwirkung nach § 2 ggf. mit abweichenden Regelungen anderer Staaten zusammentreffen, das Entstehen von unbesteuerten weißen Einkünften verhindert werden (vgl. Gesetzesbegründung v. 25.9.2006 zu § 2, BT-Drucks. 16/2710, 36).

103 Die Regelung des § 2 III gilt für alle Teile des UmwStG. Zunächst aufgrund der systematischen Stellung für Fälle der Verschmelzung, Aufspaltung, Abspaltung und Vermögensübergang, sowie aufgrund ausdrücklicher Verweisung auch für den Formwechsel (§ 9), für Fälle der Einbringung in eine Körperschaft (§ 20 VI 4) und in eine Personengesellschaft (§ 24 IV mit § 20 VI 4). Der Anwendungsbereich des § 2 III ist allein bei Umwandlungen unter Beteiligung eines ausländischen Rechtsträgers eröffnet. In reinen Inlandfällen kommt § 2 III nicht zur Anwendung.

2. Voraussetzungen

Nach § 2 III sind die Absätze 1 und 2 des § 2 nicht anzuwenden, soweit Einkünfte auf Grund abweichender Regelungen zur Rückbeziehung eines Umwandlungsvorgangs in einem anderen Staat der Besteuerung entzogen werden. Voraussetzung ist mithin eine **Besteuerungslücke.**

104 **Hinausverschmelzung.** Weiße Einkünfte können dann entstehen, wenn ein inländischer Rechtsträger auf einen ausländischen Rechtsträger übertragen wird, und das Steuerrecht des Ansässigkeitsstaates des übernehmenden EU-/EWR-Rechtsträgers entweder keinen oder einen kürzeren Rückbeziehungszeitraum als Deutschland gewährt (*Dötsch* in D/P/M § 2 UmwStG Rn. 78; *Winkeljohann/Fuhrmann* Handbuch Umwandlungssteuerrecht, 2007, S. 723 f.). Wird zB eine deutsche GmbH auf eine ausländische EU-/EWR-Kapitalgesellschaft verschmolzen und beträgt die Rückwirkung nach ausländischem Recht lediglich 5 Monate, ergäbe sich folgende Situation: Nach § 2 I ist aus deutscher Sicht eine steuerliche Rückwirkung von bis zu acht Monaten möglich. Das auf den Rückwirkungszeitraum (8 Monate) entfallende Ergebnis wird so aus deutscher Sicht der übernehmenden Körperschaft zugerechnet. Ist der Rückwirkungszeitraum im Ansässigkeitsstaat der aufnehmenden Körperschaft kürzer als acht Monate, wird nach ausländischem Recht allein das auf den kürzeren Rückbeziehungszeitraum (5 Monate) entfallende Ergebnis der übernehmenden Körperschaft zugerechnet. Das auf den Zeitraum zwischen steuerlichen Übertragungsstichtag nach nationalem Recht und dem (späteren) Übertragungsstichtag nach dem Recht des Ansässigkeitsstaates der aufnehmenden Körperschaft entfallende Ergebnis (also hier das Ergebnis eines Zeitraum von 3 Monaten) bliebe unversteuert (*Dötsch* in D/P/M § 2 UmwStG Rn. 84).

105 **Hineinverschmelzung** Im umgekehrten Fall, in dem ein ausländischer EU-/EWR-Rechtsträger auf einen deutschen Rechtsträger umgewandelt wird, kann es – jedenfalls auf Grund unterschiedlicher Rückwirkungszeiträume – zu keinen Besteuerungslücken kommen. In einem solchen Fall kommt es zur Bestimmung des steuerlichen Übertragungsstichtages auf den Stichtag der Bilanz nach dem ausländischen Gesellschaftsrecht an. Maßgeblich ist also das Recht des Staates, in dem der übertragende Rechtsträger ansässig ist (vgl. Gesetzesbegründung v. 25.9.2006 zu § 2, BT-Drucks. 16/2710 S. 36). Dies hat zur Folge, dass unabhängig von der Länge des Rückwirkungszeitraums nach EU-/EWR-Recht, immer auf den Rückwirkungszeitraum nach ausländischem Recht abgestellt wird (*Frotscher* in F/M § 2 UmwStG Rn. 117). Damit ist die Länge des Rückwirkungszeitraums nach deutschem Recht stets identisch mit der Länge des Rückwirkungszeitraums im Ansässigkeitsstaat des EU-/EWR-Rechträgers (*Winkeljohann/Fuhrmann* Handbuch Umwandlungssteuerrecht, 2007, S. 725; *Rödder/ Schumacher* DStR 2006, 1525, 1529).

106 **Besteuerungslücke übereinstimmender Rückwirkungszeiträume.** § 2 III hat auch dort Bedeutung, wo zwar die Rückwirkungszeiträume nach deutschem Recht und nach dem Recht im Ansässigkeitsstaat des ausländischen EU-/EWR-Rechtsträgers iden-

tisch sind, jedoch aufgrund abweichender Beurteilung von Geschäftsvorfällen im Rückwirkungszeitraum eine Besteuerungslücke entsteht (*Dötsch* in D/P/M § 2 UmwStG Rn. 81; *van Lishaut* in R/H/vL § 2 Rn. 107). Bei der Anwendung der Vorschrift des § 2 III sind die Worte *„in einem ausländischen Staat"*, trotz der insoweit unklaren Fassung des Gesetzes nicht auf die Wendung *„der Besteuerung entzogen"*, sondern auf die Wendung *„Regelungen zur Rückbeziehung eines in § 1 Abs. 1 bezeichneten Vorgangs"* zu beziehen (*Dötsch* in D/P/M § 2 UmwStG Rn. 78a). Ziel des Gesetzes ist die Verhinderung weißer Einkünfte in beiden von der grenzüberschreitenden Umwandlung betroffen Staaten (vgl. Gesetzesbegründung v. 25.9.2006 zu § 2, BT-Drucks. 16/2710, 36), und nicht nur die Verhinderung weißer Einkünfte in Deutschland.

Doppelbesteuerung. Für den Fall, dass aufgrund unterschiedlicher Regelungen zur 107
steuerlichen Rückwirkung in den an der grenzüberschreitenden Umwandlung beteiligten Rechtsordnungen eine Doppelbesteuerung entsteht, enthält § 2 III keine Regelung. Eine solche Doppelbesteuerung kann beispielsweise im Fall der Hinausverschmelzung dann entstehen, wenn ein inländischer Rechtsträger auf einen ausländischen Rechtsträger übertragen wird, und das Steuerrecht des Ansässigkeitsstaates des übernehmenden EU-/EWR-Rechtsträgers einen längeren Rückbeziehungszeitraum als Deutschland gewährt (vgl. *Winkeljohann/Fuhrmann* Handbuch Umwandlungssteuerrecht, 2007, S. 724 f.; *Rödder/Schumacher* DStR 2006, 1525, 1529). In einem solchen Fall wird das auf den Zeitraum zwischen dem steuerlichen Übertragungsstichtag nach nationalem Recht und dem (früheren) Übertragungsstichtag nach dem Recht des Ansässigkeitsstaat des aufnehmenden Rechtsträgers entfallende Ergebnis sowohl in Deutschland, als auch in dem ausländischen Staat erfasst. Nach der Gesetzesbegründung dient die Neuregelung in § 2 III allein dem Zweck, Besteuerungslücken zu vermeiden, und nicht dazu, Doppelbesteuerungen auszuschließen (*Winkeljohann/Fuhrmann* Handbuch Umwandlungssteuerrecht, 2007, S. 725).

3. Rechtsfolge

§ 2 III ordnet als Rechtsfolge die Nichtanwendung der Abs. 1 und 2 an, *soweit* Einkünfte 108
auf Grund abweichender Regelungen zur Rückbeziehung eines Umwandlungsvorgangs in einem anderen Staat der Besteuerung entzogen werden. Ergibt sich die Besteuerungslücke im Falle einer Hinausverschmelzung aus der unterschiedlichen Dauer der Rückwirkungszeiträume nach deutschem Recht und nach dem Recht im Ansässigkeitsstaat des ausländischen EU-/EWR-Rechtsträgers, so ist der Rückwirkungszeitraum nach deutschem Recht entsprechend dem (kürzeren) Rückwirkungszeitraum nach Recht im Ansässigkeitsstaat des ausländischen EU-/EWR-Rechtsträgers begrenzt (*Dötsch* in D/P/M § 2 UmwStG Rn. 84; *van Lishaut* in R/H/vL § 2 Rn. 105; *Winkeljohann/Fuhrmann* Handbuch Umwandlungssteuerrecht, 2007, S. 727). Soweit weiße Einkünfte trotz identischer Rückwirkungszeiträume, jedoch aufgrund abweichender Beurteilung von Geschäftsvorfällen im Rückwirkungszeitraum entstehen, muss der (inländische) übertragende Rechtsträger die betreffenden Wirtschaftsgüter mit dem gemeinen Wert zum steuerlichen Übertragungsstichtag ansetzen (*van Lishaut* in R/H/vL § 2 Rn. 104), bzw. den entsprechenden Geschäftsvorfall noch in seiner steuerlichen Schlussbilanz erfassen.

V. Erläuterungen zu § 2 IV

Regelungszweck und Anwendungsbereich. Mit der durch das Jahressteuergesetz 109
2009 eingeführten und durch Gesetz vom 22.12.2009 um den EBITDA-Vortrag erweiterten § 2 IV Sätze 1 bis 2 UmwStG soll ein Ausgleich oder die Verrechnung des Übertragungsgewinns mit Verlusten und Verlustvorträgen des übertragenden Rechtsträgers nur zulässig sein, wenn dem übertragenden Rechtsträger die Verlustnutzung auch ohne die Rückwirkungsfiktion möglich gewesen wäre. § 2 Abs. 4 Satz 1 betrifft den übertragenden

Rechtsträger und setzt einen Übertragungsgewinn voraus (*van Lishaut* in R/H/vL § 2 Rn. 113). Nach der Gesetzesbegründung soll mit der Regelung verhindert werden, dass aufgrund der steuerlichen Rückwirkungsfiktion gestalterisch eine Verlustnutzung, ein Erhalt des Zinsvortrages oder der Erhalt eines EBITDA-Vortrages erreicht werden kann, obwohl der Verlust-, Zins- oder EBITDA-Vortrag wegen § 8c KStG bereits untergegangen ist. Die Vorschrift greift insbes. in Fällen, in denen Anteile an dem übertragenden Rechtsträger im Rückwirkungszeitraum unter Aufdeckung der stillen Reserven übertragen werden (vgl. hierzu *Sistermann/Brinkmann* DStR 2008, 2455 ff.). Im Kern soll die Regelung des § 2 IV UmwStG verhindern, dass die Rückwirkungsfiktion genutzt wird, um einen bereits nach § 8c KStG untergegangenen Verlust wieder zu beleben. Zu vergleichen ist also die Möglichkeit der Verlustnutzung mit und ohne der Wirkungen der Rückwirkungsfiktion (*Dötsch* in D/P/M § 2 UmwStG Rn. 96; *van Lishaut* in R/H/vL § 2 Rn. 111). Durch die Einführung der Verschonungsregelung in § 8c Abs. 1 S 6 bis 8 KStG ist allerdings der Anwendungsbereich des Abs. 4 wieder eingeschränkt worden. Danach ist eine Verlustnutzung in Höhe der im Inland steuerverhafteten stillen Reserven möglich. Somit läuft die Regelung des Abs. 4 weitgehend leer (vgl. *Dötsch* in D/P/M § 2 UmwStG Rn. 92).

110 Die Vorschrift des § 2 IV UmwStG erfasst also Fälle, in denen im Rückwirkungszeitraum ein nach § 8c KStG schädliches Ereignis eingetreten ist. Der schädliche Beteiligungserwerb ist als ungeschriebenes Tatbestandsmerkmal in § 2 IV UmwStG hineinzulesen (*Dötsch* in D/P/M § 2 UmwStG Rn. 99; so auch *van Lishaut* in R/H/vL § 2 Rn. 116). Erwirbt eine Kapitalgesellschaft im Rückwirkungszeitraum 100 % der Anteile einer Ziel-Kapitalgesellschaft, die über Verlustvorträge verfügt, und soll diese Ziel-Kapitalgesellschaft auf die Muttergesellschaft auf einen steuerlichen Stichtag vor dem Anteilserwerb verschmolzen werden, so kann dieser Verlustvortrag nicht mit einem Übertragungsgewinn, der beim Ansatz der übergehenden Wirtschaftsgüter mit dem gemeinen Wert entstehen würde, ausgeglichen werden.

Wird hingegen eine 100%ige Tochtergesellschaft auf die Muttergesellschaft verschmolzen und bestehen die Anteile seit Gründung, bleibt die Verlustnutzung durch Verrechnung mit einem Übertragungsgewinn möglich. Ein iSv § 8c KStG schädlicher Beteiligungserwerb fehlt; die Rückwirkungsfiktion schafft keine zusätzliche Verlustnutzungsmöglichkeit (vgl. *Frotscher* in F/M § 2 UmwStG Rn. 151).

111 Zu beachten ist, dass die Wirkungen der steuerlichen Rückwirkung im Übrigen, selbst bei Eingreifen des § 2 IV UmwStG, nicht betroffen sind (vgl. *Sistermann/Brinkmann* DStR 2008, 2455). Ob die Regelung auch für negative Gewerbeerträge bei der GewSt gilt erscheint fraglich, vgl. *Dötsch* in D/P/M § 2 UmwStG Rn. 95). Angesichts des gesetzgeberischen Ziels, Besteuerungslücken zu schließen, dürfte Abs. IV auch im Bereich der Gewerbesteuer anwendbar sein. Schließlich gilt die Regelung des § 2 UmwStG im Übrigen auch für die GewSt (vgl. *Melan/Wecke*, DB 2014, 1447).

112 Die Regelung des § 2 IV UmwStG ist erstmals für Umwandlungen und Einbringungsvorgänge anzuwenden, bei denen der schädliche Beteiligungserwerb nach dem 28.11.2008 erfolgt ist. Vgl. im Übrigen Rn. 59 ff. zu § 27.

113 Durch das Amtshilferichtlinie-Umsetzungsgesetz (AmtshilfeRLUmsG) vom 26.6.2013 (BGBl. I 2013, 1809) wurde § 2 IV UmwStG erweitert. Ziel des Gesetzgebers war dabei, Gestaltungen zu verhindern, bei denen eine Gewinngesellschaft auf eine Verlustgesellschaft verschmolzen wird (vgl. ausführlich *Behrendt/Klages* BB 2013, 1815); hier geht der steuerliche Verlustvortrag des übernehmenden Rechtsträgers (der Verlustgesellschaft) nicht unter. Ein Gestaltungsmissbrauch iSv § 42 AO ist – in Fällen vor Inkrafttreten der Neuregelung – nicht gegeben, vgl. FG Hessen v. 29.11.2017 – 4 K 127/15 – BeckRS 2017, 143559 (Rev. BFH I R 2/18). Gleiches gilt selbstverständlich für die im Jahr der Umwandlung im Rückwirkungszeitraum entstandenen laufenden Verluste des übernehmenden Rechtsträgers.

Wird eine Gesellschaft mit hohen stillen Reserven auf eine Verlustgesellschaft verschmolzen und im Rückwirkungszeitraum die mit stillen Reserven behafteten Wirtschaftsgüter verkauft, so liegt ein laufender Gewinn vor, der unter Geltung der Rückwirkungsfiktion bereits bei der Verlustgesellschaft angefallen wäre. Genau solche Gestaltungen, die nach Auffassung des Gesetzgebers u. a. von Banken modellhaft betrieben worden sind, sollen ausgeschlossen werden.

Ob die Neuregelung geeignet ist, solche Modelle tatsächlich einzudämmen, kann zweifelhaft sein; werden die mit stillen Reserven behafteten Wirtschaftsgüter erst nach der zivilrechtlichen Wirksamkeit der Umwandlung verkauft, geht die Regelung ins Leere (vgl. *van Lishaut* in R/H/vL § 2 Rn. 132 sowie *Dötsch* in D/P/M § 2 UmwStG Rn. 106; *Frotscher* in F/M § 2 UmwStG Rn. 180). **114**

Andererseits schießt die Neuregelung deutlich über das Ziel hinaus, trifft sie doch auch Gestaltungen, in denen die Verschmelzung gerade nicht zu dem Zweck erfolgt, Verluste zu „monetarisienen" (*van Lishaut* in R/H/vL § 2 Rn. 130). Wird eine Gewinngesellschaft aus rein organisatorischen bzw. wirtschaftlichen Gründen auf eine Verlustgesellschaft verschmolzen, können nach der Neuregelung die im Rückwirkungszeitraum entstandenen operativen Gewinne der Gewinngesellschaft nicht mit den operativen Verlusten der Verlustgesellschaft verrechnet werden (vgl. *van Lishaut* in R/H/vL § 2 Rn. 133 und *Behrendt/Klages* BB 2013, 1815, 1817). Im Ergebnis versteuert die Verlustgesellschaft den von der Gewinngesellschaft zugerechneten Gewinn ohne ihn mit den eigenen Verlusten ausgleichen zu können; die Verluste sind jedoch vortragsfähig.

Sätze 4 und 5 des § 2 IV UmwStG erstreckt die Wirkung des Satz 3 auch auf die Fälle. in denen übernehmender Rechtsträger eine Organgesellschaft oder Personengesellschaft ist.

Zweiter Teil. Vermögensübergang bei Verschmelzung auf eine Personengesellschaft oder auf eine natürliche Person und Formwechsel einer Kapitalgesellschaft in eine Personengesellschaft

§ 3 Wertansätze in der steuerlichen Schlussbilanz der übertragenden Körperschaft

(1) [1]Bei einer Verschmelzung auf eine Personengesellschaft oder natürliche Person sind die übergehenden Wirtschaftsgüter, einschließlich nicht entgeltlich erworbener und selbst geschaffener immaterieller Wirtschaftsgüter, in der steuerlichen Schlussbilanz der übertragenden Körperschaft mit dem gemeinen Wert anzusetzen. [2]Für die Bewertung von Pensionsrückstellungen gilt § 6a des Einkommensteuergesetzes.

(2) [1]Auf Antrag können die übergehenden Wirtschaftsgüter abweichend von Absatz 1 einheitlich mit dem Buchwert oder einem höheren Wert, höchstens jedoch mit dem Wert nach Absatz 1, angesetzt werden, soweit

1. **sie Betriebsvermögen der übernehmenden Personengesellschaft oder natürlichen Person werden und sichergestellt ist, dass sie später der Besteuerung mit Einkommensteuer oder Körperschaftsteuer unterliegen, und**
2. **das Recht der Bundesrepublik Deutschland hinsichtlich der Besteuerung des Gewinns aus der Veräußerung der übertragenen Wirtschaftsgüter bei den Gesellschaftern der übernehmenden Personengesellschaft oder bei der natürlichen Person nicht ausgeschlossen oder beschränkt wird und**
3. **eine Gegenleistung nicht gewährt wird oder in Gesellschaftsrechten besteht.**

[2]Der Antrag ist spätestens bis zur erstmaligen Abgabe der steuerlichen Schlussbilanz bei dem für die Besteuerung der übertragenden Körperschaft zuständigen Finanzamt zu stellen.

(3) [1]Haben die Mitgliedstaaten der Europäischen Union bei Verschmelzung einer unbeschränkt steuerpflichtigen Körperschaft Artikel 10 der Richtlinie 2009/133/EG[1)] anzuwenden, ist die Körperschaftsteuer auf den Übertragungsgewinn gemäß § 26 des Körperschaftsteuergesetzes um den Betrag ausländischer Steuer zu ermäßigen, der nach den Rechtsvorschriften eines anderen Mitgliedstaats der Europäischen Union erhoben worden wäre, wenn die übertragenen Wirtschaftsgüter zum gemeinen Wert veräußert worden wären. [2]Satz 1 gilt nur, soweit die übertragenen Wirtschaftsgüter einer Betriebsstätte der übertragenden Körperschaft in einem anderen Mitgliedstaat der Europäischen Union zuzurechnen sind und die Bundesrepublik Deutschland die Doppelbesteuerung bei der übertragenden Körperschaft nicht durch Freistellung vermeidet.

[1)] Richtlinienbezeichnung geändert durch Gesetz vom 25.7.2014 (BGBl. I, 1266). Die aF lautete: „Richtlinie 90/434/EWG".

Übersicht

I. Allgemeines

1. Das UmwStG 1977

Nach dem UmwStG 1977 war die Umwandlung einer Kapitalgesellschaft in eine Personengesellschaft oder auf eine natürliche Person idR nicht steuerneutral möglich (anders als Vermögensübergänge auf eine Kapitalgesellschaft). Man sprach daher von der Einbahnstraße im Umwandlungsrecht (*Krebs* in IDW Reform, S 241 f.). Die übertragende Körperschaft hatte in ihrer steuerlichen Schlussbilanz die nach den steuerlichen Vorschriften über 1 die Gewinnermittlung auszuweisenden Wirtschaftsgüter (also ohne Geschäfts- oder Firmenwert sowie selbstgeschaffene immaterielle Wirtschaftsgüter) mit dem Teilwert anzusetzen. Der aus der Aufdeckung der stillen Reserven resultierende **Übertragungsgewinn** unterlag der GewSt, nicht jedoch der KSt (§§ 4, 18 UmwStG 1977). Die nach Ansatz der Teilwerte in der Schlussbilanz verbleibenden **Verluste** des übertragenden Rechtsträgers gingen nicht auf den übernehmenden Rechtsträger über (zu § 10d EStG vgl BFH v 29.10.1986 – I R 202/82, BStBl. II 1986, 308; v 8.4.1964 BStBl. III 1964, 306).

Die Gesellschafter der übernehmenden Personengesellschaft bzw. die übernehmende natürliche Person hatten den **Übernahmegewinn** zu versteuern (§ 5 UmwStG 1977); dieser bestand in der Differenz zwischen dem Buchwert der Anteile an der übertragenden Körperschaft und dem Wert, mit dem die übergegangenen Wirtschaftsgüter anzusetzen waren (Teilwert), zuzüglich der anrechenbaren KSt und einem Sperrbetrag iSd § 50c EStG. Zur gewstl Behandlung vgl § 18 II UmwStG 1977.

2. Das UmwStG 1995

2 Das UmwStG 1995 gewährte der übertragenden Kapitalgesellschaft erstmals ein Wahlrecht, die auszuweisenden Wirtschaftsgüter in der steuerlichen Schlussbilanz zum Buchwert, Teilwert oder zu einem Zwischenwert anzusetzen (zu den str. Einzelfragen vgl 2. Aufl. § 3 Rn. 38). Die übernehmende Personengesellschaft hatte die in der steuerlichen Schlussbilanz der übertragenden Körperschaft angesetzten Wirtschaftsgüter mit dem dort gewählten Wert in ihr Buchwerk zu übernehmen, § 4 I UmwStG 1995.

Bei Buchwertfortführung entstand somit auf der Ebene der übertragenden Körperschaft kein **Übertragungsgewinn.** Setzte die übertragende Körperschaft den Teil- oder einen Zwischenwert an, wurde der entstehende Übertragungsgewinn nicht mehr steuerfrei gestellt. Dies galt sowohl für die KSt als auch – wie auch schon nach dem UmwStG 1977 – für die GewSt.

Wie nach dem UmwStG 1977 gingen bestehende **Verlustvorträge** iSd § 10d EStG der übertragenden Körperschaft nicht auf die übernehmende Personengesellschaft über (s. aber 2. Aufl. § 4 Rn. 183). Steuerlich konnten sich derartige Verlustvorträge nur indirekt als „Übernahmeverlust" auswirken.

3 Bei der **Ermittlung des Übernahmeergebnisses** auf der Ebene der übernehmenden Personengesellschaft war zwischen den in den einzelnen Wirtschaftsgütern der übertragenden Körperschaft enthaltenen stillen Reserven und den sog. offenen Reserven zu unterscheiden. Die in den einzelnen Wirtschaftsgütern enthaltenen **stillen Reserven** wurden bei Buchwertfortführung auf der Ebene der übernehmenden Personengesellschaft nicht aufdeckt.

4 **Offene Reserven** sind der Teil des Eigenkapitals, der nicht zum Nennkapital zu rechnen ist. Unter Geltung des Anrechnungsverfahrens zählten zu den offenen Reserven weiterhin Rücklagen, die in Nennkapital verwandelt wurden, § 29 III KStG aF. Unter **Übernahmegewinn** war die Differenz zwischen dem Buchwert der Anteile an der übertragenden Körperschaft und dem nach § 4 I UmwStG 1995 anzusetzenden Wert der übergegangenen Wirtschaftsgüter zu verstehen. Ein so entstandener Übernahmegewinn hing deshalb von den Anschaffungskosten der Anteile ab und hat, unter der Voraussetzung der Buchwertfortführung bei dem übertragenden Rechtsträger, im Regelfall nur die bei der Kapitalgesellschaft gebildeten offenen Reserven umfasst. Etwas anderes ergab sich dann, wenn entweder der Beteiligungsansatz an der übertragenden Körperschaft vor der Umwandlung auf den niedrigeren Teilwert abgeschrieben wurde oder die Beteiligung nicht zum Nennwert des gezeichneten Kapitals erworben wurde.

Zu den Besonderheiten unter Geltung des Anrechnungsverfahrens vgl 2. Aufl. § 3 Rn. 2, § 4 Rn. 100 ff.).

5 Ein **Übernahmeverlust** konnte zB bei Erwerb der Anteile an der übertragenden Körperschaft kurz vor einer Umwandlung entstehen, da dann der Buchwert der Anteile

(Anschaffungskosten) idR auch die stillen Reserven der Körperschaft einschließlich eines Geschäfts- oder Firmenwerts widerspiegelt. In Höhe des Übernahmeverlustes waren die Buchwerte der übernommenen Wirtschaftsgüter in der Bilanz der übernehmenden Personengesellschaft bis zu den jeweiligen Teilwerten gleichmäßig aufzustocken („step up"). Ein darüber hinausgehender Übernahmeverlust war zunächst als Anschaffungskosten übernommener immaterieller Wirtschaftsgüter einschließlich eines Geschäfts- oder Firmenwertes zu aktivieren; ein danach verbleibender Betrag minderte früher den laufenden Gewinn der Personengesellschaft, war aber seit dem Gesetz zur Fortsetzung der Unternehmenssteuerreform v 29.10.1997 (BGBl. I 1997, 2590) ebenfalls zu aktivieren und auf 15 Jahre abzuschreiben (§§ 4 VI, 27 III UmwStG 1995). Durch die Wertaufstockung bzw. Aktivierung der Wirtschaftsgüter entstand bei der Personengesellschaft ein höheres Abschreibungspotential, das zB zur Finanzierung des Kaufpreises der Körperschaft genutzt werden konnte. Seit dem Gesetz zur Fortsetzung der Unternehmenssteuerreform v 29.10.1997 war zu beachten, dass die steuerliche Nutzung des Übernahmeverlustes zur Wertaufstockung bzw. Aktivierung der Wirtschaftsgüter insoweit ausgeschlossen war, als der Übernahmeverlust auf einem negativen Wert des übergegangenen Vermögens beruhte, § 4 V 1 UmwStG 1995 (die in §§ 4 V, 5, 12 II, III 2 im Rahmen dieses Gesetzes eingeführten steuerverschärfenden Maßnahmen sind formell verfassungswidrig, jedoch nicht nichtig, da der Verfassungsverstoß nicht „evident" ist, s. BVerfG v 15.1.2008 DStR 2008, 556 zu § 12 II 4 UmwStG 1995; *Desens* NJW 2008, 2892). Mit dem Steuersenkungsgesetz v 23.10.2000 (BGBl. I 2000, 1433) wurde die Möglichkeit der Buchwertaufstockung und der Aktivierung des Verlustes abgeschafft. Ein Übernahmeverlust blieb nunmehr außer Ansatz, § 4 IV UmwStG 1995 idF des StSenkG v 23.10.2000.

Im Ergebnis wurde durch das UmwStG 1995 die **Besteuerung der stillen Reserven zeitlich hinausgeschoben,** indem die Kapitalgesellschaft die Möglichkeit erhielt, die Wirtschaftsgüter in ihrer steuerlichen Schlussbilanz nicht – wie nach dem UmwStG 1977 – mit den Teilwerten, sondern mit ihren Buchwerten anzusetzen, und die Personengesellschaft die in der Übertragungsbilanz der Kapitalgesellschaft angesetzten Werte in ihrer Übernahmebilanz fortführen durfte. Auf diese Weise wurde die spätere Besteuerung der stillen Reserven faktisch gewährleistet. Eine Notwendigkeit, die stillen Reserven bereits zum Zeitpunkt der Umwandlung zu besteuern, bestand daher nicht mehr (vgl *Krebs* BB 1994, 2116). Zur **gewstl. Behandlung** von Übernahmegewinn und -verlust im UmwStG 1995 s. 2. Aufl. § 18 Rn. 17 f. 6

3. Das UmwStG 2006

Das UmwStG 2006 hat einen gegenüber dem UmwStG 1995 **erweiterten Anwendungsbereich.** Unter Berücksichtigung der Vorgaben durch die FusionsRL erfasst der Anwendungsbereich des UmwStG nun auch grenzüberschreitende Vorgänge mit Beteiligung von Rechtsträgern aus Mitgliedstaaten der EU und des EWR. Weiterhin wird jedoch an gesellschaftsrechtliche Umwandlungsvorgänge angeknüpft. 7

Auf Grund des erweiterten Anwendungsbereichs wird das bisherige Ansatz- und Bewertungswahlrecht nur gewährt, wenn weitere Voraussetzungen, insbesondere die inländische Steuerverhaftung, erfüllt sind. Um die Besteuerung der stillen Reserven sicherzustellen, sind die Wirtschaftsgüter in der Schlussbilanz des übertragenden Rechtsträgers **grundsätzlich mit dem gemeinen Wert** anzusetzen (Grundregel). Soweit die Besteuerung der stillen Reserven im Inland gesichert ist und keine Gegenleistung gewährt wird, kann **auf Antrag der Buchwert oder ein Zwischenwert,** höchstens jedoch der gemeine Wert, in der Schlussbilanz angesetzt werden. 8

Die Übernehmerin ist weiterhin an den **Ansatz in der Schlussbilanz** der übertragenden Körperschaft **gebunden,** § 4 I. Anders als bisher sind jedoch die Anteile an der übertragenden Körperschaft, die bereits von der Überträgerin gehalten werden, um steuerwirksam vorgenommene **Teilwertabschreibungen** und sonstige Abzüge, zB nach § 6b 9

EStG, bis zur Höhe des gemeinen Wertes **aufzuholen** und als laufender Gewinn zu versteuern. Wie bisher tritt die Übernehmerin in die steuerliche Rechtsstellung der Überträgerin ein. Die Höhe der Abschreibungen bei Aufdeckung stiller Reserven ist weiterhin in § 4 III geregelt. **Verlustvorträge,** verrechenbare Verluste und noch nicht ausgeglichene negative Einkünfte (Eintritt in laufende Verluste war nach Ansicht des BFH v 31.5.2005 I R 68/03, BStBl. II 2006, 380 bisher möglich) **gehen nicht** auf die Übernehmerin **über.**

10 Bisher wurde der **Übernahmegewinn oder -verlust** aus dem Unterschiedsbetrag zwischen den individuellen Anschaffungskosten der Anteile an der übertragenden Gesellschaft bzw. deren Buchwert und dem übergehenden Vermögen der Überträgerin ermittelt. Lediglich bei nicht wesentlichen Beteiligungen (keine Beteiligung iSd § 17 EStG) kam es zu einer § 20 I 1 Nr. 2 EStG nachgebildeten Besteuerung. Für diese Gesellschafter wurde kein Übernahmeergebnis ermittelt, sodass eine Berücksichtigung ihrer Anschaffungskosten auf die Beteiligung steuerlich nicht geltend gemacht werden konnte. Die auf diese Gesellschafter entfallenden offenen Rücklagen wurden als Einkünfte aus Kapitalvermögen nach § 20 I 1 Nr. 1 EStG erfasst, ohne dass es zu einem Geldfluss kam.

11 Nunmehr werden die **offenen Rücklagen** der übertragenden Gesellschaft (Eigenkapital ./. Bestand des Einlagekontos) allen Anteilseignern entsprechend ihrer Beteiligung als Einnahmen aus Kapitalvermögen nach § 20 I Nr. 1 EStG zugerechnet, unabhängig davon, ob für die Anteilseigner nach §§ 4, 5 ein Übernahmeergebnis ermittelt wird.

12 In den Fällen, in denen ein Übernahmeergebnis zu ermitteln ist, führt dies zu einer Aufteilung des bisherigen Übernahmeergebnisses in zwei Bestandteile, die unterschiedlich zu besteuern sind. Die offenen Rücklagen (Gewinnrücklagen) werden gemäß § 7 als **fiktive Gewinnausschüttung** besteuert und unterliegen daher auch der KapESt. Auf diese fiktive Gewinnausschüttung sind §§ 3 Nr. 40, 32d EStG und § 8b KStG anwendbar. Die fiktive Gewinnausschüttung wird bei der Ermittlung des Übernahmeergebnisses mindernd berücksichtigt, sodass in die Ermittlung des Übernahmeergebnisses nur das übrige übergehende Vermögen (Nennkapital, Kapitalrücklage) der Überträgerin einbezogen wird. Mit Ausnahme von Gründungsgesellschaftern dürfte es daher regelmäßig zu einem Übernahmeverlust kommen (*Dötsch/Pung* DB 2006, 2710; *Müller/Maiterth* WPg 2007, 253). Das Übernahmeergebnis ist auf Grund der ggf unterschiedlich hohen Anschaffungskosten/Buchwerte der Beteiligung bei den Gesellschaftern gesellschafterbezogen zu ermitteln. Hintergrund dieser Aufspaltung des Übernahmeergebnisses ist eine Angleichung an die Besteuerung einer Liquidation einer Körperschaft, da das UmwStG die Umwandlung einer Körperschaft in eine Personengesellschaft oder auf eine natürliche Person wie eine Liquidation zu den in der steuerlichen Schlussbilanz angesetzten Werten behandelt (*Dötsch/Pung* DB 2006, 2710).

13 Die Besteuerung der offenen Rücklagen und damit verbunden der Einbehalt von KapESt dürfte sowohl für inländische (*Förster/Felchner* DB 2006, 1074) als auch für ausländische Gesellschafter als „Umwandlungsbremse" wirken (zum Verdacht der Europarechtswidrigkeit *Damas* DStZ 2007, 132; *Körner* IStR 2006, 111: Verstoß gegen FusionsRL; *Nakhai* IWB Fach 11A, 1120 unter Verweis auf EuGH v 14.12.2006 – C-170/05, NJW 2007, 3559; aA *Pung/Werner* in D/P/M § 7 UmwStG Rn. 19). Nach § 32 V KStG idF des Gesetzes zur Umsetzung des EuGH-Urteils vom 20.10.2011 in der Rechtssache C-284/09 vom 21.3.2013, BGBl. I 2013, 561) können sich bestimmte EU- oder EWR-Kapitalgesellschafter unter den dort genannten Voraussetzungen die Kapitalertragsteuer erstatten lassen; dies gilt auch für Kapitalertragsteuer auf fiktive Gewinnausschüttungen iSd § 7. Für fiktive Gewinnausschüttungen nach dem 28.2.2013 (maßgeblich ist der Ablauf des steuerlichen Übertragungsstichtags, UmwStE Rn. 07.07) setzt die Erstattungsmöglichkeit bzw. die Geltung des § 8b KStG eine Beteiligung von 10% am Nennkapital voraus. Darüber hinaus führt die Aufspaltung des Übernahmeergebnisses zu einer weiteren Verkomplizierung des UmwStG.

14 Der **Übernahmegewinn** bleibt bei Körperschaften nicht mehr wie bisher außer Ansatz, sondern unterliegt § 8b KStG, sodass 5% als nicht abzugsfähige Betriebsausgaben der

Besteuerung unterliegen. Die Mindestbeteiligungsschwelle von 10 % am Nennkapital nach § 8b IV KStG idF des Gesetzes zur Umsetzung des EuGH-Urteils vom 20.10.2011 in der Rechtssache C-284/09 vom 21.3.2013, BGBl. I 2013, 561, gilt insoweit – konsequenterweise – nicht. Bei natürlichen Personen sind § 3 Nr. 40 S 1 und 2 EStG sowie § 3c EStG anzuwenden, § 4 VII.

Ein **Übernahmeverlust** bleibt grundsätzlich außer Ansatz, soweit er auf Körperschaften entfällt, sodass sich für Körperschaften insoweit keine Änderung ergibt, § 4 VI. Sonderregelungen greifen jedoch ein, wenn die Voraussetzungen des § 8b VII, VIII 1 KStG erfüllt sind. In diesen Fällen kann der Übernahmeverlust bis zur Höhe der fiktiven Gewinnausschüttung nach § 7 berücksichtigt werden. In allen übrigen Fällen (insbesondere natürliche Personen) ist der Übernahmeverlust zur Hälfte, jedoch höchstens bis zur anteiligen fiktiven Gewinnausschüttung nach § 7, zu berücksichtigen. Der Übernahmeverlust bleibt jedoch außer Ansatz, soweit der übernehmende Rechtsträger die Anteile innerhalb der letzten fünf Jahre vor dem steuerlichen Übertragungsstichtag erworben hat oder die Voraussetzungen des § 17 II 5 EStG erfüllt sind. 15

(einstweilen frei) 16–19

II. Anwendungsbereich

1. Persönlicher und sachlicher Anwendungsbereich

a) Übertragender Rechtsträger

Als übertragende Rechtsträger kommen beim Formwechsel oder anderen Umwandlungen nur die in § 1 II 1 Nr. 1 aufgezählten oder vergleichbare ausländische Rechtsträger in Betracht. Bei ausländischen Rechtsträgern ist die Vergleichbarkeit anhand eines Typenvergleichs vorzunehmen (§ 1 Rn. 40; UmwStE Rn. 01.27; *Birkmeier* in R/H/vL § 3 Rn. 9; *Bilitewski* FR 2007, 61; *Dötsch/Pung* DB 2006, 2704). Der übertragende Rechtsträger muss eine **Körperschaft** sein, die nach den Rechtsvorschriften eines Mitgliedstaates der **EU** oder eines Staates, auf den das **EWRA** Anwendung findet, gegründete wurde. Darüber hinaus muss es sich um eine Gesellschaft iSd Art. **54 AEUV** oder des Art. **34 EWRA** handeln, deren **Sitz** und Ort der **Geschäftsleitung** (doppelter Gemeinschaftsbezug) sich innerhalb des Hoheitsgebietes eines dieser Staaten befindet. Zum EWR gehören neben den 28 EU-Mitgliedstaaten Norwegen, Liechtenstein und Island. 20

Gesellschaften iSd Art. 54 AEUV oder des Art. 34 EWRA (die beiden Vorschriften sind wortgleich) sind alle **Gesellschaften** des **bürgerlichen Rechts** und des **Handelsrechts** einschließlich der Genossenschaften und der sonstigen juristischen Personen des öffentlichen und privaten Rechts. Ausgenommen sind Gesellschaften, die keinen Erwerbszweck verfolgen. Juristische Personen des öffentlichen Rechts erfüllen mit ihren Betrieben gewerblicher Art (BgA; §§ 1 I Nr. 6, 4 KStG) regelmäßig einen Erwerbszweck; der BgA gilt insofern als Gesellschaft (UmwStE Rn. 01.50). 21

Die Gesellschaft muss nicht mehr in ihrem Gründungsstaat ansässig sein. Ausreichend ist die **Gründung** in und nach dem Recht eines EU-/EWR-Staates sowie die Belegenheit des Sitzes und des Ortes der Geschäftsleitung im Hoheitsgebiet eines EU-/EWR-Staates. Sitz und Ort der Geschäftsleitung können in verschiedenen EU-/EWR-Staaten belegen sein (UmwStE Rn. 01.49; glA *Birkmeier* in R/H/vL § 3 Rn. 17). Auf die Ansässigkeit und den Status der Gesellschafter einer solchen Gesellschaft kommt es nicht an (§ 1 Rn. 50; *Lemaitre/Schönherr* GmbHR 2007, 173; *Möhlenbrock/Pung* in D/P/M § 3 UmwStG Rn. 7; *Schnitter* in F/D § 3 UmwStG Rn. 29). 22

Der doppelte Gemeinschaftsbezug muss spätestens im **Zeitpunkt** der zivilrechtlichen Wirksamkeit der Umwandlung vorliegen; auf die Verhältnisse zum uU zeitlich davor liegenden steuerlichen Übertragungsstichtag (§ 2 UmwStG) kommt es – entgegen der Ansicht der FinVerw, die nur bei Gründung in der Zwischenzeit und bei der Verschmelzung zur Neugründung eine Ausnahme machen möchte (UmwStE Rn. 01.52) – nicht an, § 1 II 2 Nr. 1 UmwStG („beim", glA *Birkmeier* in R/H/vL § 3 Rn. 18; *Schnitter* in F/D § 3 UmwStG Rn. 56).

Eine **Liste** der Körperschaften der EU, die als übertragende Rechtsträger in Betracht kommen, ist als Anhang zu Art. 3 FusionsRL eingefügt.

23 Die **SE** und **SCE** gelten als nach den Rechtsvorschriften des Staates gegründete Gesellschaften, in dessen Hoheitsgebiet sich ihr Sitz befindet, § 1 II 2.

24 Der übertragende Rechtsträger muss Rechtsfähigkeit besitzen, was grds eine Eintragung in ein Handelsregister voraussetzt. Eine **Vorgründungsgesellschaft** oder **Vorgesellschaft** sind daher nicht umwandlungsfähig (*Möhlenbrock/Pung* in D/P/M § 3 Rn. 11; *Schmitt* in SHS § 3 Rn. 12). Die Einbeziehung **aufgelöster Rechtsträger** richtet sich nach § 3 III UmwG.

25 Die **Kommanditgesellschaft auf Aktien (KGaA)** wird steuerlich als Kapitalgesellschaft behandelt, § 1 I Nr. 1 KStG. Der persönlich haftende Gesellschafter wird allerdings wie ein Mitunternehmer besteuert (BFH v 8.2.1984 – I R 11/80, BStBl. II 1984, 381 (382); v 21.6.1989 – X R 14/88, BStBl. II 1989, 881 (884)), wobei die KGaA den Gewinnanteil des Komplementärs nach § 9 I Nr. 1 KStG abziehen kann. Die Umwandlung einer KGaA hat daher eine Mischumwandlung zur Folge, dh beim Komplementär wird die Einbringung einer „Als-ob-Personengesellschaft" in eine Personengesellschaft nach § 24 UmwStG angenommen. Soweit die Kommanditaktionäre betroffen sind, sind die §§ 3–10 UmwStG anzuwenden (§ 1 Rn. 91 ff.; glA *Schmitt* in SHS § 3 Rn. 10; *Möhlenbrock/Pung* in D/P/M § 3 Rn. 18: „Mischumwandlung").

26 Auch für die Fälle der sog. **Betriebsaufspaltung,** in denen regelmäßig das Betriebsunternehmen eine Kapitalgesellschaft ist und die wesentlichen Betriebsgrundlagen von einer Einzelperson oder einer Personengesellschaft an die Betriebskapitalgesellschaft zur Nutzung überlassen werden, gilt nichts anderes. Die Betriebsaufspaltung wird häufig als „Doppelunternehmen" bezeichnet (vgl *Wacker* in Schmidt § 15 Rn. 800). Im Falle der Betriebskapitalgesellschaft gilt jedoch diese und nicht das „Doppelunternehmen" als übertragender Rechtsträger. Gehören die Anteile an einer Betriebskapitalgesellschaft im Falle der Betriebsaufspaltung zum Sonderbetriebsvermögen des Besitzunternehmens, so greift die Einlagefiktion des § 5 III. Auf die Einlagefiktion des § 5 II kann es in diesen Fällen nicht ankommen, da die Anteile an der übertragenden Körperschaft zum Betriebsvermögen – Sonderbetriebsvermögen – gehören und somit nicht Anteile iSd § 17 EStG sein können (Rn. 66). Anderes gilt bei einer rein „kapitalistischen" Betriebsaufspaltung (beide Unternehmen sind Kapitalgesellschaften, vgl *Wacker* in Schmidt § 15 Rn. 863), soweit Anteile an der umzuwandelnden Körperschaft im Privatvermögen liegen.

27–29 *(einstweilen frei)*

b) Übernehmender Rechtsträger

30 Als übernehmender Rechtsträger kommen Personengesellschaften und natürliche Personen in Betracht.

31 **aa) Natürliche Person.** Eine natürliche Person kann – ungeachtet der Überschrift zum zweiten Teil des UmwStG – gemäß §§ 3 II Nr. 2, 120 ff. UmwG iVm § 1 II Nr. 2 nur im Falle der Verschmelzung einer Kapitalgesellschaft auf ihren **Alleingesellschafter** als aufnehmender Rechtsträger fungieren. Darüber hinaus findet das UmwStG nur Anwendung, wenn die natürliche Person innerhalb der **EU** oder des **EWR ansässig** ist, dh ihren Wohnsitz oder gewöhnlichen Aufenthalt in einem dieser Staaten hat. Ist die natürliche Person auf Grund eines DBA mit einem Drittstaat als außerhalb des Hoheitsgebietes der EU oder EWR-Staaten ansässig anzusehen, ist das UmwStG nicht anwendbar, § 1 II Nr. 2.

32 Die Stellung als Alleingesellschafter beurteilt sich allein nach **handelsrechtlichen Grundsätzen.** Treuhänderisch für andere Personen gehaltene Anteile sind daher dem

Treuhänder zuzurechnen (*Stratz* in SHS § 120 Rn. 8). Zu den Freiberuflern sowie Land- und Forstwirten s. Rn. 39, zur Vermögensverwaltung Rn. 43.

bb) Personengesellschaft. Die übernehmende Gesellschaft muss eine nach den Rechtsvorschriften eines EU-Mitgliedstaates oder eines EWR-Staates gegründete (Personen-)Gesellschaft iSd Art. 54 AEUV oder Art. 34 EWRA sein, deren Sitz und Ort der Geschäftsleitung innerhalb eines dieser Staaten liegt, § 1 II 1 Nr. 1 (Rn. 20, 22). Auf die Ansässigkeit der Gesellschafter der Personengesellschaft kommt es nicht an (Rn. 45). 33

GbR. Nur im Rahmen eines Formwechsels kommt eine Gesellschaft bürgerlichen Rechts als übernehmender Rechtsträger gemäß § 191 II Nr. 1 UmwG, § 1 I 1 Nr. 2 in Betracht (zur Rechtsfähigkeit der GbR BGH v 29.1.2001 NJW 2001, 1056). Bei einer Verschmelzung oder Spaltung kommt hingegen nur eine eintragungsfähige Personengesellschaft (OHG, KG) als übernehmender Rechtsträger in Frage (§§ 3, 124 I UmwG; §§ 1 ff., 105, 161 II HGB; § 1 I 1 Nr. 1). 34

GmbH & Co. KG. Die GmbH & Co. KG wird im UmwG nicht ausdrücklich aufgeführt. Grundsätzlich ist aber nach dem UmwG die Umwandlung einer Kapitalgesellschaft in eine Personenhandelsgesellschaft möglich (§§ 3, 191, 228 UmwG). Die GmbH & Co. KG stellt eine Personenhandelsgesellschaft dar. Zudem schließt das UmwStG, anders als noch § 1 II UmwStG 1977, Personenhandelsgesellschaften, an denen eine Kapitalgesellschaft als Gesellschafter beteiligt ist, nicht als übernehmende Rechtsträger von der Umwandlung aus. Daraus kann gefolgert werden, dass der Gesetzgeber diese Einschränkung bewusst nicht im Umwandlungsrecht weitergeführt hat und somit auch die Umwandlung in eine GmbH & Co. KG ermöglichen wollte. Gleiches gilt für die weiteren „gemischten" Personenhandelsgesellschaften, wie zB AG & Co. KG und Stiftung & Co. KG (glA *Möhlenbrock/Pung* in D/P/M § 3 UmwStG Rn. 17). 35

GmbH & atypisch Still. Handelsrechtlich ist die GmbH & atypisch Still als reine Innengesellschaft und nicht als Personenhandelsgesellschaft zu qualifizieren (*Schmidt* Gesellschaftrecht § 52 II 2e). Voraussetzung für die Anwendbarkeit des zweiten Teils des UmwStG auf Umwandlungen ist gemäß § 1, dass der übernehmende Rechtsträger in den abschließenden Regelungen der §§ 3 bzw. 191 II UmwG zur Umwandlung zugelassen ist. Für die Verschmelzung ergibt sich dies aus § 3 UmwG iVm § 1 I 1 Nr. 1. Für die Spaltung ist dies aus § 124 UmwG, § 1 I 1 Nr. 1 herzuleiten. Im Fall des Formwechsels gilt § 191 II UmwG iVm § 1 I 1 Nr. 1. Die GmbH & atypisch Still ist in §§ 3, 191 II UmwG nicht ausdrücklich aufgeführt. Handelsrechtlich kann somit keine Umwandlung auf eine GmbH & atypisch Still erfolgen. Es kommt bei einer Umwandlung als übernehmender Rechtsträger daher nur der Inhaber des Handelsgeschäfts, also die GmbH, in Betracht. Für die steuerliche Behandlung bedeutet dies, dass §§ 11–13 und nicht §§ 3 ff., 16 anzuwenden sind (§ 1 Rn. 87; glA *Birkmeier* in R/H/vL § 3 Rn. 37; *Möhlenbrock/Pung* in D/P/M § 3 UmwStG Rn. 17). 36

Treuhandschaft. Ist übernehmender Rechtsträger eine Personengesellschaft (einschließlich GmbH & Co. KG), steht die Treuhänderstellung eines oder mehrerer Gesellschafter einer steuerneutralen Umwandlung grundsätzlich nicht entgegen. Die Zurechnung der steuerlichen Folgen beim Treugeber setzt voraus, dass der Treugeber als Mitunternehmer der Personengesellschaft anzusehen ist. Abweichend von der zivilrechtlichen Beurteilung werden gemäß § 39 II Nr. 2 AO die Einkünfte aus dem Treugut idR dem Treugeber als wirtschaftlichem Eigentümer zugerechnet. Dies gilt jedenfalls dann, wenn der Treugeber **Mitunternehmerrisiko** trägt und **Mitunternehmerinitiative** entfaltet (BFH v 24.5.1977 – IV R 47/76, BStBl. II 1977, 737). Steht dem Treugeber im Innenverhältnis der anteilige Gewinn zu, hat er den anteiligen Verlust zu tragen und steht ihm im Falle der Beendigung des Treuhandverhältnisses die Kommanditbeteiligung bzw. bei Ausscheiden des Treuhänders oder Auflösung der KG ein Anteil an den stillen Reserven und dem Firmenwert zu, so trägt er Mitunternehmerrisiko (BFH v 10.12.1992 XI R 45/88, BStBl. II 1993, 538). Mitunternehmerinitiative entfaltet der Treugeber immer dann, wenn 37 er dem Treuhänder konkrete Anweisungen für die Ausübung der Gesellschafterrechte geben kann (BFH v 25.6.1984 GrS 4/82, BStBl. II 1984, 750).

38 **Kommanditgesellschaft auf Aktien (KGaA).** Die KGaA gilt als Kapitalgesellschaft. Nur insoweit, als ein Vermögensübergang in die Vermögenseinlage des Komplementärs vorliegt, sind die §§ 3–10 anzuwenden und zwar unabhängig von der Rechtsform des Komplementärs, s. § 1 Rn. 91 ff.

39 **Freiberufler/Land- und Forstwirte.** Als übernehmende Rechtsträger kommen auch Freiberufler bzw. Zusammenschlüsse von Freiberuflern in einer Personengesellschaft in Betracht (vgl UmwStE Rn. 03.15). Bei Spaltung und Verschmelzung gilt dies nur, soweit die übernehmende Personengesellschaft als OHG oder KG (einschließlich GmbH & Co. KG) eintragungsfähig ist. Eine Freiberufler-Kapitalgesellschaft kann zudem gemäß § 3 II Nr. 2 UmwG auf den freiberuflich tätigen Alleingesellschafter verschmolzen werden. Im Rahmen des Formwechsels kommt als übernehmender Rechtsträger auch eine GbR in Betracht. Land- und Forstwirte sind ebenfalls als übernehmende Rechtsträger denkbar. Sowohl Land- und Forstwirte als auch Freiberufler verfügen über Betriebsvermögen iSd § 3 (§§ 2 II, 4 I EStG).

40 **Partnerschaftsgesellschaft.** Seit Inkrafttreten des UmwÄndG (BGBl. I 1998, 1878) am 1.8.1998 sind auch Partnerschaftsgesellschaften umwandlungsfähige Rechtsträger iSd §§ 3, 124, 191 UmwG und §§ 3 ff. (vgl *Schmitt* in SHS § 3 Rn. 14 f.).

41 **Europäische Wirtschaftliche Interessenvereinigung (EWIV).** Eine EWIV wird im EStG steuerlich wie eine OHG behandelt (vgl EStH 15.8 (1)). Gemäß § 1 EWIV-Ausführungsgesetz (BGBl. I 1988, 514) gilt eine inländische EWIV als Handelsgesellschaft iSd HGB; auf sie sind neben dem EWIV-Ausführungsgesetz die Vorschriften über die OHG entsprechend anzuwenden. Hieraus schließt die hM, dass die EWIV auch im UmwStG als Personenhandelsgesellschaft zu behandeln und damit aufnahmefähiger Rechtsträger iSd §§ 3 ff. ist (*Schmitt* in SHS § 3 Rn. 14; *Schmidt* Gesellschaftsrecht § 66 I; *Möhlenbrock/Pung* in D/P/M § 3 Rn. 16). Nach aA ist die EWIV nur einer Handels-, nicht einer Personenhandelsgesellschaft gleichgestellt, auf die §§ 3 ff. im Hinblick auf die bloße Rechtsfolgenverweisung auf das Recht der OHG in § 1 EWIV-Ausführungsgesetz, die Zwecksetzung der EWIV und die mögliche Fremdorganschaft nicht anwendbar sind (*Vossius* in W/M § 191 UmwG Rn. 8 ff.). Folgte man dieser Ansicht, wäre eine Verschmelzung oder Spaltung auf eine EWIV nicht zu Buchwerten möglich. Da die EWIV estl wie eine OHG besteuert wird, könnten die übergehenden stillen Reserven auch nicht der KSt unterliegen (vgl § 11 I 1 Nr. 1). Obgleich die EWIV durch die Ausgestaltung ihrer Organe gemäß Art. 16 EWIV-VO strukturell eher einer Kapitalgesellschaft als einer Personengesellschaft nahe steht (vgl *Meyer-Landrut,* 35; LG Frankfurt v 8.1.1991, BB 1991, 496), ist die estl Einordnung als OHG/Personenhandelsgesellschaft mit der hM konsequent auch im UmwStG anwendbar (glA *Birkmeier* in R/H/vL § 3 Rn. 38; vgl auch UmwStE Rn. 01.05, wonach die Umwandlungsfähigkeit einer EWIV der einer OHG entspricht). Dem steht auch das Analogieverbot des § 1 II UmwG nicht entgegen (ebenso *Stratz* in SHS § 191 UmwG Rn. 10). Der Gesetzgeber hat in § 1 EWIV-Ausführungsgesetz zum Ausdruck gebracht, dass die für die OHG geltenden Rechtsvorschriften direkt auf die EWIV anwendbar sind. Hierfür spricht zudem, dass der Gesetzgeber in Kenntnis der hM das UmwG in dieser Frage nicht geändert hat.

42 **Partenreederei.** Die bei Gründung vor dem 25.4.2013 für den gemeinschaftlichen Betrieb eines Schiffes in §§ 489 ff. HGB (idF bis zum Gesetz zur Reform des Seehandelsrechts vom 20.4.2013, BGBl. I S 831) zugelassene Rechtsform der Partenreederei ist nicht umwandlungsfähig iSd UmwG (*Schmitt* in SHS § 3 UmwStG Rn. 18). Auch wenn die GbR-Vorschriften subsidiär anzuwenden sind (BGH v 25.3.1991, DStR 1991, 987) und sie einkommensteuerlich den Personenhandelsgesellschaften „weitgehend gleichgestellt" ist (BFH v 10.7.1980 IV R 12/80, BStBl. II 1981, 90; *Wacker* in Schmidt § 15 EStG Rn. 374), stellt sie eine eigene Gesellschaftsform dar (vgl § 489 II HGB), die – wohl mangels praktischen Bedürfnisses (*Heckschen* in W/M § 1 UmwG Rn. 84) – nicht in den

Katalog umwandlungsfähiger Rechtsträger in §§ 3, 124, 191 UmwG aufgenommen wurde.

Vermögensverwaltung. Der bloße Umstand, dass eine natürliche Person oder eine Personengesellschaft lediglich Einkünfte aus Vermietung und Verpachtung erzielt oder Einkünfte aus der privaten Vermögensverwaltung erwirtschaftet, schließt sie zivilrechtlich nicht vom Kreis der übernehmenden Rechtsträger aus. In diesen Fällen ist, im Gegensatz zu den freiberuflichen Einkünften sowie den Einkünften aus Land- und Forstwirtschaft, die „Einkunftsquelle" grundsätzlich nicht steuerverstrickt. Das Vermögen der übertragenden Körperschaft geht somit nicht in ein „Betriebsvermögen" des Übernehmers über (zur Behandlung s. § 8 Rn. 31 ff.). Daher ist die Möglichkeit der optionalen Buchwertfortführung nach § 3 Abs. 2 ausgeschlossen; die übergehenden Wirtschaftsgüter sind mit dem gemeinen Wert anzusetzen (Rn. 110). 43

Bei sog. **Zebragesellschaften,** das sind nicht-gewerbliche Personengesellschaften, deren Anteile teils im Privat-, teils im Betriebsvermögen gehalten werden, werden zunächst auf Ebene der Gesellschaft die Einkunftsart und die Höhe der (Überschuss-)Einkünfte ermittelt. Für Zwecke der Besteuerung des Gesellschafters erfolgt erst auf Ebene des jeweils betrieblich beteiligten Gesellschafters letztendlich die Qualifikation und die Ermittlung der Einkünfte aus Gewerbebetrieb (BFH v 11.4.2005 – GrS 2/02, BStBl. II 2005, 1648; *Wacker* in Schmidt § 15 Rn. 200 ff. mwN; aA *Dürrschmidt/Friedrich-Fache* DStR 2005, 1516; *Marchal* DStZ 2005, 861). Für die Anwendung des § 3 kommt es jedoch nicht (mehr) darauf an, ob die übergehenden Wirtschaftsgüter bei der Übernehmerin zu Betriebsvermögen werden (glA *Birkmeier* in R/H/vL § 3 Rn. 31; anders noch UmwStG 1995: 2. Aufl. Rn. 31). Zum Wertansatz vgl Rn. 108. 44

Ausländische Anteilseigner. Sind auf Seiten der übernehmenden Personengesellschaft ausländische Anteilseigner beteiligt, so findet § 3 ohne Weiteres Anwendung. Nach § 1 kommt es nur auf das Gründungsrecht des übernehmenden Rechtsträgers (EU oder EWR) sowie auf dessen Sitz und Ort der Geschäftsleitung an (§ 1 Rn. 46; *Birkemeier* in R/H/vL § 3 Rn. 45). Nur für den sechsten und achten Teil des UmwStG ist eine Einschränkung des Anwendungsbereichs auf Personengesellschafen, deren Gesellschafter ausschließlich in der EU oder dem EWR ansässig sind, vorgesehen. Daher können auch Personengesellschaften, deren Gesellschafter in einem Drittstaat ansässig sind, an einer Verschmelzung nach § 3, die ggf nach § 3 II begünstigt ist, teilnehmen (glA *Dötsch/Pung* DB 2006, 2704 Fn. 15; *Lemaitre/Schönherr* GmbHR 2007, 173 Fn. 5). Das Wahlrecht nach § 3 II kann bei der übertragenden Körperschaft jedoch insbesondere nur dann ausgeübt werden, wenn die übergehenden Wirtschaftsgüter in das Betriebsvermögen der übernehmenden Personengesellschaft übergehen und die Besteuerung der stillen Reserven in Deutschland sichergestellt ist. Dies ist insbesondere dann der Fall, wenn die übergehenden Wirtschaftsgüter in einer inländischen Betriebsstätte verbleiben (Rn. 120; so auch im UmwStG 1995, dazu ausführlich *Thiel* und *Rödder* in Schaumburg/Piltz Int. UmwStR, 28, 47; zur DBA-rechtlichen Einordnung der Einkünfte *Wassermeyer* in Schaumburg/Piltz Int. UmwStR, 122). 45

Aufgelöste Rechtsträger. Aufgelöste Personenhandelsgesellschaften können als übernehmende Rechtsträger im Rahmen einer Umwandlung fortgesetzt werden, wenn ihre Fortsetzung beschlossen werden könnte. Für übertragende Rechtsträger ist dies in §§ 3 III, 124 II, 191 III UmwG ausdrücklich geregelt. Entsprechendes gilt für die Übernahme durch aufgelöste Personenhandelsgesellschaften, da das Fehlen einer ausdrücklichen gesetzlichen Regelung für übernehmende Rechtsträger nicht auf ein Verbot schließen lassen kann (ebenso *Schmitt* in SHS § 3 Rn. 16). Außer im Fall einer Vollbeendigung können aufgelöste Rechtsträger fortgesetzt werden und somit auch andere Rechtsträger aufnehmen. Zur Fortsetzungsfähigkeit aufgelöster Personenhandelsgesellschaften s. *Roth* in Baumbach/Hopt § 131 HGB Rn. 29 ff. 46

(einstweilen frei) 47–49

c) Übertragungsvorgänge

50 § 3 findet Anwendung auf:

- die **Verschmelzung** durch Neugründung sowie durch Aufnahme (§ 1 I Nr. 1),
- den **Formwechsel** (§§ 1 I Nr. 2, 9),
- die **Auf- und Abspaltung,** jeweils durch Neugründung und Aufnahme (§§ 1 I Nr. 1, 16).

Bei **inländischen Rechtsvorgängen** findet § 3 Anwendung, wenn die genannten Übertragungsvorgänge solche der §§ 2 ff., 123 ff., 190 ff. UmwG sind, § 1 I 1 Nr. 1 bis 3.

Die §§ 3 ff. sind jedoch nicht – auch nicht entsprechend – auf die Fälle der Ausgliederung anzuwenden (§§ 123 III UmwG, 1 I 2).

51 Bei **ausländischen Vorgängen** gilt § 3, wenn dieser Vorgang mit den o. g. Vorgängen vergleichbar ist. Als ausländisch gelten Vorgänge, bei denen das deutsche Umwandlungsgesetz kollisionsrechtlich auf den übertragenden und den übernehmenden Rechtsträger (bzw. auf den formgewechselten Rechtsträger) keine Anwendung findet, ferner grenzüberschreitende Umwandlungsvorgänge unter Beteiligung von Rechtsträgern, die dem deutschen Gesellschaftsstatut unterliegen, und laut UmwStE Rn. 01.21 auch eine grenzüberschreitende Verschmelzung nach § 122a UmwG. Ein Vorgang gilt auch dann als ausländisch (mit der Folge, dass die Vergleichbarkeit zu prüfen ist), wenn nach ausländischem Recht errichtete Rechtsträger in Deutschland unbeschränkt steuerpflichtig sind, zB weil sie ihren Geschäftsleitungsort ins Inland verlegt haben. Für die Vergleichbarkeit prüft die FinVerw insbesondere, ob die Rechtsträger mit den nach Umwandlungsgesetz umwandlungsfähigen Rechtsträger vergleichbar sind (Rechtstypenvergleich), sowie die Rechtsnatur und Rechtsfolgen des Umwandlungsvorgangs (UmwStE Rn. 01.24). Ausführlich zur Vergleichbarkeit der hier in Frage stehenden Übertragungsvorgänge § 1 Rn. 15 ff. (Verschmelzung), 28 ff. (Auf- und Abspaltung), 31 ff. (Formwechsel).

52–54 *(einstweilen frei)*

2. Zeitlicher Anwendungsbereich

55 Zum zeitlichen Anwendungsbereich vgl die Kommentierung zu § 27.

56–59 *(einstweilen frei)*

3. Übergehendes Vermögen

a) Übertragung des gesamten Vermögens

60 Zwar setzt § 3 nicht mehr expresis verbis den Übergang des gesamten Vermögens der übertragenden Körperschaft voraus, jedoch ist Voraussetzung der Anwendung des § 3 eine Verschmelzung nach den §§ 2 ff. UmwG oder ein vergleichbarer ausländischer Vorgang, §§ 3 I, 1 I Nr. 1.

61 Mit Eintragung der Verschmelzung nach § 2 ff. UmwG in das Handelsregister geht das gesamte Vermögen des übertragenden Rechtsträgers im Wege der Gesamtrechtsnachfolge auf den Übernehmer über, § 20 I Nr. 1 UmwG, sodass im Falle der Verschmelzung sowie des Formwechsels das **gesamte Vermögen** der übertragenden Körperschaft auf die übernehmende Personengesellschaft oder die übernehmende Einzelperson übergehen muss. Im Falle der Auf- und Abspaltung muss das gesamte, dem Teilbetrieb zuzuordnende Vermögen übergehen. Anderenfalls wäre der Zugang zu dem Wahlrecht des § 3 II nicht eröffnet.

62 Soweit Wirtschaftsgüter der übertragenden Kapitalgesellschaft/des Teilbetriebes – dies ist vor allem bei Auslandsvermögen denkbar – nicht an der Umwandlung teilnehmen sollen, sind sie im Rahmen der Umwandlung nach den allgemeinen Regeln zu übertragen. Entscheidend ist das Vermögen der übertragenden Körperschaft am **steuerlichen Übertragungsstichtag** gemäß § 2 I. Dabei ist zu beachten, dass auch Vorgänge nach dem steuerlichen Übertragungsstichtag, wie zB Ausschüttungen der übertragenden Gesellschaft, rückwirkend Einfluss auf die Übertragungsbilanz und damit auf das Vermögen der über-

tragenden Gesellschaft haben können (§ 2 Rn. 61 ff.; UmwStE Rn. 02.01 ff., 02.09 ff.; 02.25 ff.).

63 § 3 setzt allerdings nicht voraus, dass das Vermögen in einem **„Betrieb"** besteht (*Widmann* in W/M § 3 Rn. 12). Dies hat jedoch nur Bedeutung für Verschmelzungen einer lediglich vermögensverwaltenden Kapitalgesellschaft auf eine gewerblich tätige Personengesellschaft. Als Betrieb kann jeder „selbständige Organismus" des Wirtschaftslebens bezeichnet werden (*Wacker* in Schmidt § 16 Rn. 91). Soweit eine Kapitalgesellschaft lediglich Grundbesitz oder Kapitalvermögen verwaltet, fehlt es uU an einem „selbständigen Organismus". Dennoch ist die Verschmelzung auf eine gewerblich tätige Personengesellschaft ohne Weiteres möglich. Für den Fall, dass die Übernehmerin lediglich vermögensverwaltend tätig wird, s. Rn. 43. In Spaltungsfällen findet das Wahlrecht nach § 3 II gemäß § 16 nur dann Anwendung, wenn Gegenstand der Vermögensübertragung ein **Teilbetrieb** ist. Zwar setzt § 16 seinem Wortlaut nach lediglich voraus, dass Vermögen im Wege der Auf- oder Abspaltung von einer Körperschaft auf eine Personengesellschaft übergeht. Der Vermögensbegriff des § 16 setzt jedoch – wie sich aus der Verweisung auf § 15 ergibt – voraus, dass es sich bei dem übergehenden Vermögen um einen Teilbetrieb handelt, wobei im Fall der Abspaltung zusätzlich auch das zurückbleibende Vermögen zu einem Teilbetrieb gehören muss, vgl § 16 Rn. 12, 16; UmwStE Rn. 16.02.

64 Auch ein Übergang von Teilen des Vermögens in das Gesamthandsvermögen der Personengesellschaft und von anderen Teilen des Vermögens in das **Sonderbetriebsvermögen** einzelner Gesellschafter ist nach § 3 nicht denkbar. Steuerlich differenziert ist die Vermögensübertragung in den Fällen der Betriebsaufspaltung zu beurteilen:

b) Betriebsaufspaltung

65 Wird bei einer Betriebsaufspaltung die Betriebskapitalgesellschaft in eine Personengesellschaft umgewandelt, so bedeutete dies nach älterer Rechtsauffassung, dass die Betriebsaufspaltung endete und das der Betriebspersonengesellschaft überlassene Vermögen der Besitzpersonengesellschaft insoweit zum Sonderbetriebsvermögen der Betriebsgesellschaft wurde, als nach der Umwandlung die am Besitzunternehmen Beteiligten auch an der übernehmenden Personengesellschaft beteiligt sind (ausführlich 2. Aufl. Rn. 34 f.).

66 Nunmehr räumt die Rspr. den Grundsätzen der **Betriebsaufspaltung Vorrang** vor den Grundsätzen zum Sonderbetriebsvermögen (§ 15 I 1 Nr. 2 S. 1 EStG) in den Fällen einer horizontalen Betriebsaufspaltung, mithin bei ganz oder teilweise gesellschafteridentischen Schwesterpersonengesellschaften, ein. Dies bedeutet, dass das Vermögen der Besitzpersonengesellschaft bei fortdauernder sachlicher und personeller Verflechtung erst gar nicht mehr in Sonderbetriebsvermögen der Betriebspersonengesellschaft umqualifiziert wird (zur Bilanzierungskonkurrenz bei ganz oder teilweise gesellschafteridentischen für Schwesterpersonengesellschaften: BFH v 16.6.1994 – IV R 48/93, BStBl. II 1996, 82; v 22.11.1994 – VIII R 63/93, BStBl. II 1996, 93; bei atypisch stillen Gesellschaften: BFH v 26.11.1996 – VIII R 42/94, BStBl. II 1998, 328; zu Bruchteilsgemeinschaften ohne Gesamthandsvermögen: BFH v 29.8.2001 – VIII R 34/00, BFH/NV 2002, 185; v 18.8.2005 – IV R 59/04, BStBl. II 2005, 830; zum speziellen Vorrang der Betriebsaufspaltung vor dem Institut des Sonderbetriebsvermögens bei Personengesellschaften: BFH v 23.4.1996 – VIII R 13/95, BStBl. II 1998, 325; v 24.11.1998 – VIII R 61/97, BStBl. II 1999, 483; v 30.8.2007 – IV R 50/05, BStBl. II 2008, 129). Für Fälle der vertikalen Betriebsaufspaltung, mithin bei Nutzungsüberlassungen einer Personengesellschaft an ihre Tochterpersonengesellschaft, verbleibt es allerdings beim Vorrang des Instituts des Sonderbetriebsvermögens vor der Betriebsaufspaltung (*Wollgarten* in Breithaupt/Otterbach Kompendium Gesellschaftsrecht § 2 Rn. 735, 738; *Levedag* in Münchener Handbuch des Gesellschaftsrechts, Band 2, § 57 Rn. 148). Der Auffassung der Rspr. hat sich die FinVerw mit Wirksamkeit für alle nach dem 31.12.1998 beginnenden Wirtschaftsjahre uneingeschränkt angeschlossen (BMF v 28.4.1998, BStBl. I 1998, 583 mit Übergangsregelungen unter 4.; EStH 15.7 (4) „Mitunternehmerische Betriebsaufspaltung" sowie EStH 15.8 (1)

„Vermietung zwischen Schwester-Personengesellschaften"; zu früheren Vorbehalten bei eigenwirtschaftlichem Interesse der Gesellschafter der Besitzgesellschaft s. BMF v 18.1.1996, BStBl. I 1996, 86). Diese oben dargestellten Grundsätze gelten unabhängig davon, ob die Besitzpersonengesellschaft – vorbehaltlich der personellen und sachlichen Verflechtung – originär vermögensverwaltend, gewerblich geprägt, gewerblich infiziert oder gewerblich tätig ist (zB Grundstücks-GbR, Bruchteilsgemeinschaft, vgl BMF v 28.4.1998, BStBl. I 1998, 583; *Wacker* in Schmidt § 15 Rn. 858; *Brandenberg* FR 1997, 89; *Kloster/Kloster* GmbHR 2000, 111 und BB 2001, 1449; insgesamt aA *Söffing* BB 1997, 339 f. und DStR 2001, 158). Die Rechtsfolgen soll folgendes Beispiel erläutern:

Beispiel: A, B und C haben ein Grundstück mit aufstehendem Gebäude an die C-GmbH vermietet, an der sie zu je 1/3 beteiligt sind. Die C-GmbH hat einen Teilbetrieb X sowie einen Teilbetrieb Y. Das Grundstück mit aufstehendem Gebäude stellt eine wesentliche Betriebsgrundlage des Teilbetriebes X dar. Im Rahmen der Spaltung der C-GmbH geht das Vermögen des Teilbetriebes X auf A und B, das Vermögen des Teilbetriebes Y auf C über. A und B führen eine gewerbliche OHG fort, während C ein Einzelunternehmen begründet.

Neue Ansicht zum **Beispiel:** Die Grundstücksgemeinschaft bleibt auch nach Umwandlung der Betriebsgesellschaft personell und sachlich mit der Betriebsgesellschaft verflochten. A, B und C erzielen aus der Vermietung weiterhin gewerbliche Einkünfte. Für A und B liegt mangels Übertragung eines Wirtschaftsgutes kein Fall des § 6 V 3 Nr. 1 Alt. 2 EStG vor. Die auf C entfallenden stillen Reserven sind mangels Entnahme ebenfalls nicht aufzudecken. Unabhängig von der oben dargestellten Änderung der Rechtsprechung zu Fällen der horizontalen Betriebsaufspaltung lässt sich die Steuerneutralität mittels Umwandlung der Grundstücks-GbR in eine gewerblich geprägte Personengesellschaft iSd § 15 III Nr. 2 EStG zu erreichen.

67–69 *(einstweilen frei)*

III. Grundregel für Schlussbilanz

1. Keine Maßgeblichkeit

70 Für die **handelsrechtliche Schlussbilanz** der übertragenden Körperschaft (§ 17 II UmwG) gelten bei Verschmelzung die allgemeinen Vorschriften der §§ 238 ff., 264 ff. HGB. Handelsrechtlich besteht daher hinsichtlich der Bewertung der Vermögensgegenstände in der Schlussbilanz kein Wahlrecht der übertragenden Körperschaft (vgl BR-Drs. 75/94; Begr zu § 17 UmwG, *Hörtnagl* in SHS § 17 UmwG Rn. 31); die Vermögensgegenstände sind mit den Buchwerten anzusetzen (*Bogenschütz/Schmidt* in HdU ErgB Kap. Q Rn. 168; im Gegensatz zur früher nach § 4 II UmwG 1969 möglichen Vermögensbilanz vgl *Dehmer* 1. Aufl. § 4 UmwG Rn. 7; *Herzig* FR 1997, 125). Ein über dem Buchwert liegender Wertansatz ist handelsrechtlich lediglich im Rahmen der Wertaufholungsrechte (§ 253 V HGB) zulässig (vgl *Hörtnagl* in SHS § 17 UmwG Rn. 31).

71 Dagegen sieht § 3 I 1 grundsätzlich einen Ansatz der Wirtschaftsgüter in der steuerlichen Schlussbilanz der übertragenden Körperschaft zum **gemeinen Wert** vor. Nur unter den besonderen Voraussetzungen des § 3 II ist der Ansatz der Buchwerte oder von Zwischenwerten auf Antrag möglich.

72 Der Gesetzgeber schließt im Rahmen des neuen UmwStG 2006 die Anwendung des Maßgeblichkeitsgrundsatzes aus (BT-Drs. 16/2710, 37; *Haritz* DStR 2006, 979; *Dötsch/Pung* DB 2006, 2706; *Lemaitre/Schönherr* GmbHR 2007, 174; *Rödder/Schumacher* DStR 2006, 1528) und erkennt damit die **Eigenständigkeit der umwandlungssteuerrechtlichen Ansatz- und Bewertungswahlrechte** an. Die Abbildung von Umwandlungsvorgängen erfolgt daher steuerbilanziell unabhängig von der Handelsbilanz (*Bilitewski* FR 2007, 62). Auch die FinVerw geht zum UmwStG 2006 ausdrücklich von der Eigenständigkeit der steuerlichen Schlussbilanz aus (UmwStE Rn. 03.01 und 03.04).

73 Durch das Bilanzrechtsmodernisierungsgesetz (BilMoG) v 25.5.2009 (BGBl. I 2009, 1102) wurde der Grundsatz der Maßgeblichkeit der Handels- für die Steuerbilanz erheblich

eingeschränkt. Nach dem **Maßgeblichkeitsgrundsatz** waren steuerliche Wahlrechte bei der Gewinnermittlung in Übereinstimmung mit der handelsrechtlichen Jahresbilanz auszuüben (§ 5 I 2 EStG aF). Die bisher von der FinVerw zum UmwStG 1995 vertretene Ansicht (UmwStE 1998 Rn. 03.01, 11.01; OFD Münster v 28.8.2006 BB 2006, 2130), dass auch im UmwStG der Grundsatz der formellen Maßgeblichkeit der Handelsbilanz für die Steuerbilanz gemäß § 5 I 2 EStG aF anzuwenden sei, war mit dem Gesetzeswortlaut und Gesetzeszweck unvereinbar (so die hA *Haritz* DStR 2006, 979; *Trossen* FR 2006, 617 ff.; *Haritz/Menner* BB 1998, 1085; *Schulte* NJW 1998, 3605; BFH v 19.10.2005 – I R 38/04, BStBl. II 2006, 568: keine Maßgeblichkeit im Rahmen von § 25 aF; v 5.6.2007 – I R 97/06, BStBl. II 2008, 650: zu § 11 aF; ausführlich zur Problematik 2. Aufl. § 3 Rn. 50 f.). Der Gesetzgeber hätte sonst eine praktisch inhaltsleere Norm erlassen (*Thiel u. a.* GmbHR 1998, 397, 402; *Mentel* DStR 1998 Beilage Heft 17, 9). Nach entsprechenden Urteilen des BFH zu § 11 UmwStG 1995 (v 5.6.2007 – I R 97/06, BStBl. II 2008, 650) und zu § 25 UmwStG 1995 (v 19.10.2005 – I R 38/04, BStBl. II 2006, 568) hatte sich die FinVerw auch im Rahmen des § 3 UmwStG 1995 der hA angeschlossen (OFD Frankfurt v 13.3.2008 DB 2008, 948; OFD Rheinland v 25.2.2008 BB 2008, 608).

Nach der Auffassung der FinVerw zum UmwStG 1995 (UmwStE 1998 Rn. 03.02, 11.02; vgl *Dötsch* u. a. DB 1998 Beilage Nr. 7, 7) kam es in der ersten regulären Steuerbilanz nach der Umwandlung zu einer erfolgswirksamen Aufstockung beim Übernehmer, wenn in der (Übernahme-)Handelsbilanz nach § 24 UmwG Werte angesetzt wurden, die über den Wertansätzen in der Schlussbilanz der übertragenden Körperschaft liegen (sog. phasenverschobene Wertaufholung, *Rödder* DB 1998, 999, ausführlich 2. Aufl. Rn. 59 ff.). **74**

Die Auffassung der FinVerw zum UmwStG 1995 war bereits an ihrem Standort als Relikt der noch im Entwurf des BMFE vertretenen „diagonalen Maßgeblichkeit“ (dazu 2. Aufl. Rn. 56) zu erkennen. Sie entbehrte einer gesetzlichen Grundlage (*Dehmer* Erlaß Tz 03.02; *Mentel* DStR 1998 Beilage Nr. 17, 9 f. mwN) und widersprach dem Willen des Gesetzgebers (vgl BReg. u. BR in BT-Drs. 12/7263, Anl. 2, 3; ausführliche Kritik dieser Ansicht in der 2. Aufl. Rn. 62). Die Ansicht der FinVerw wurde daher zu Recht abgelehnt (hM; zB *Dötsch/Pung* in D/P/P/M § 3 UmwStG (SEStEG) Rn. 27; *Teiche* DStR 2008, 1762). **75**

(einstweilen frei) **76**

Mit Inkrafttreten des BilMoG am 29.5.2009 ist **§ 5 I 2 EStG aF aufgehoben** worden. Seit diesem Zeitpunkt findet der Maßgeblichkeitsgrundsatz daher unstreitig keine Anwendung mehr. Ausgehend von der Eigenständigkeit der Übertragungsbilanz nach § 3 hat die FinVerw die phasenverschobene Wertaufholung aufgegeben. Sie erkennt nunmehr die Ausübung steuerlicher Wahlrechte auch an den nachfolgenden Bilanzstichtagen – unabhängig von der handelsrechtlichen Jahresbilanz – an (UmwStE Rn. 03.10, 04.04; *Stimpel* GmbHR 2012, 123; *Möhlenbrock/Pung* in D/P/M § 3 UmwStG Rn. 57). **77**

Der Wertansatz in der steuerlichen Schlussbilanz erfolgt ebenso unabhängig von einem ggf abweichenden Wertansatz der übergehenden Wirtschaftsgüter in einer nach **ausländischem** Recht erstellten (Handels-)**Bilanz** (*Trossen* FR 2006, 619). **78**

Allerdings sollen nach Verwaltungsauffassung in der ersten folgenden Schlussbilanz des Übernehmers die Ansatz- und Bewertungsvorschriften nach § 5 EStG zu beachten sein. Soweit Verbindlichkeiten und Rückstellungen, die nach § 3 I mit ihrem gemeinen Wert angesetzt wurden, nach § 5 EStG nicht passiviert werden dürfen, führt dies zu einem Gewinn. Dies widerspricht der Anordnung nach § 4 II 1, wonach der Übernehmer die Wertansätze fortzuführen hat (*Stimpel* GmbHR 2012, 113; vgl hierzu näher § 4 Rn. 97). **79**

2. Aufstellungspflicht

Unabhängig von einer inländischen StPfl. (§§ 1, 2 KStG) oder einer inländischen Buchführungspflicht (§ 5 I EStG, §§ 141 ff. AO) hat die übertragende Körperschaft, die in den sachlichen Anwendungsbereich des UmwStG gelangt, eine steuerliche Schlussbilanz auf **80** den Übertragungsstichtag aufzustellen (BT-Drs. 16/2710, 37; UmwStE Rn. 03.01; *Rödder/Schumacher* DStR 2006, 1529 f.; *Schaflitzl/Widmayer* BB Special 8–2006, 41). Die Vorlage und damit die **Pflicht zur Aufstellung einer Schlussbilanz** nach deutschem Steuerrecht ist nur dann nicht erforderlich, wenn die Schlussbilanz für deutsche Besteuerungszwecke nicht benötigt wird (UmwStE Rn. 03.01). Nach der BegrUmwStG zu § 3 soll insbesondere bei der Verschmelzung auf eine Personengesellschaft oder eine natürliche Person die Erstellung einer steuerlichen Schlussbilanz der übertragenden Körperschaft – unabhängig von deren inländischer StPfl. – für die inländische Besteuerung von Bedeutung sein, wenn ein Mitunternehmer der übernehmenden Personengesellschaft oder die übernehmende natürliche Person in der Bundesrepublik Deutschland der unbeschränkten oder beschränkten StPfl. unterliegt (BT-Drs. 16/2710, 37; UmwStE Rn. 03.02; *Lemaitre/Schönherr* GmbHR 2007, 173 f.). Die Aufstellung einer Schlussbilanz ist insbesondere auch bei einer im Inland belegenen Betriebsstätte der übertragenden Körperschaft erforderlich (*Lemaitre/Schönherr* GmbHR 2007, 173 f.). Liegen außer der inländischen Betriebsstätte keine weiteren inländischen Anknüpfungspunkte vor, dh handelt es sich um eine reine Auslandsumwandlung, genügt es, wenn nur das inländische Betriebsstättenvermögen in die Schlussbilanz aufgenommen wird, da nur insoweit die Bilanz für Besteuerungszwecke erforderlich ist (*Lemaitre/Schönherr* GmbHR 2007, 183; *Möhlenbrock/Pung* in D/P/M § 3 UmwStG Rn. 115). Abweichend von der bisherigen Praxis sieht die FinVerw in der Übertragungsbilanz gemäß § 3 eine eigenständige Bilanz, die neben die reguläre Steuerbilanz tritt (UmwStE Rn. 03.01; so auch FG Baden-Württemberg v. 21.6.2016 – 11 K 1536/14, EFG 2016, 1571 Rev. anhängig, BFH X R 23/16). Praktisch wird dies bei der Frage, ob das Wahlrecht nach § 3 II (fristgemäß) ausgeübt wurde, vgl hier Rn. 102.

81 Die steuerliche Schlussbilanz der übertragenden Körperschaft ist Ausgangsbasis für den Wertansatz der übergehenden Wirtschaftsgüter in der Steuerbilanz der übernehmenden Personengesellschaft oder der übernehmenden natürlichen Person und damit für die Ermittlung und Besteuerung des **Übernahmegewinns der Mitunternehmer** in der Personengesellschaft oder der natürlichen Person erforderlich. Dazu folgendes Beispiel:

Beispiel: Die in London gegründete und dort ansässige Körperschaft, die A-Ltd., deren Gesellschafter ausschließlich in Großbritannien ansässige natürliche Personen sind, wird auf eine deutsche Personengesellschaft, die B-KG, verschmolzen. Mitunternehmer der B-KG sind die Gesellschafter der A-Ltd. sowie D, der in Deutschland seinen Wohnsitz und gewöhnlichen Aufenthalt hat und mit 0,5 % als Komplementär an der B-KG beteiligt ist.

Der Anwendungsbereich des § 3 ist erfüllt. Obwohl die A-Ltd. nicht der deutschen Besteuerung und auch nicht einer deutschen Buchführungspflicht unterliegt, hat sie eine steuerliche Schlussbilanz nach deutschem Steuerrecht zu erstellen, da diese für die Besteuerung des D und der britischen Gesellschafter in Deutschland erforderlich ist, insbesondere für die Ermittlung und Besteuerung eines eventuellen Übernahmegewinns auf Ebene der B-KG und damit ihrer Mitunternehmer.

82 Unklar ist, welche Rechtsfolgen sich ergeben, wenn der übertragende Rechtsträger keine steuerliche Schlussbilanz einreicht. Relevant wird dies vor allem dann, wenn die übertragende Gesellschaft – wie im Beispiel – im Ausland ansässig ist. In diesem Fall fehlt es an einer Grundlage für die Wertverknüpfung in der Übernahmebilanz der Personengesellschaft, die für die Berechnung der im Inland steuerpflichtigen Mitunternehmer erforderlich ist. Der Wertansatz des Vermögens der übertragenden Gesellschaft ist in einem solchen Fall – unter Berücksichtigung des Antragswahlrechts gemäß § 3 II – vom Finanzamt zu schätzen (*Schmitt/Schloßmacher* UmwStE 2011, S. 79 f.; vgl auch § 4 Rn. 43; aA *van Lishaut* in R/H/vL UmwStG § 4 Rn. 28: stets gemeiner Wert).

83, 84 *(einstweilen frei)*

3. Ansatz und Bewertung

85 Die durch die Umwandlung von der Körperschaft auf die Personengesellschaft oder die natürliche Person übergehenden Wirtschaftsgüter einschließlich nicht entgeltlich erworbener und selbst geschaffener immaterieller Wirtschaftsgüter sind mit dem gemeinen Wert anzusetzen, § 3 I 1.

a) Ziel des Gesetzgebers

Die Bewertung mit dem gemeinen Wert führt zu einer Realisierung und damit zur Besteuerung der stillen Reserven. Mit der grundsätzlichen Bewertung mit dem gemeinen Wert möchte der Gesetzgeber auch bei grenzüberschreitenden Umwandlungen die **Besteuerung der stillen Reserven im Inland sicherstellen.** Das Besteuerungsrecht Deutschlands hinsichtlich der Veräußerungsgewinne aus den auf die übernehmende Gesellschaft übertragenen Wirtschaftsgütern kann durch grenzüberschreitende Umwandlungen verloren gehen oder zumindest eingeschränkt werden. Vgl zum Verlust oder zur Einschränkung des inländischen Besteuerungsrechts Rn. 117. 86

b) Anzusetzende Wirtschaftsgüter

Aus der definitiven Formulierung „sind anzusetzen" ergibt sich, dass **alle Wirtschaftsgüter,** die zum Vermögen der übertragenden Kapitalgesellschaft gehören, anzusetzen sind. Erfasst werden alle aktiven und passiven Wirtschaftsgüter, die bilanzierungsfähig sind. Es besteht bei Anwendung des § 3 I kein Ansatzwahlrecht, sondern eine Ansatzpflicht (*Maier* in Schneider/Ruoff/Sistermann, UmwStE 2011, H 3.10). Diese umfasst insbesondere auch nicht entgeltlich erworbene und selbst geschaffene **immaterielle Wirtschaftsgüter** (Rn. 192), obwohl für diese – sofern sie dem Anlagevermögen zuzuordnen sind – grundsätzlich nach § 5 II EStG ein **Aktivierungsverbot** (dazu *Weber-Grellet* in Schmidt § 5 Rn. 161 f.) besteht. Nach der FinVerw ist die steuerliche Schlussbilanz nach § 3 I 1 eine eigenständige Bilanz und von der Gewinnermittlung iSd § 4 I, § 5 I EStG zu unterscheiden (UmwStE Rn. 03.01; krit. *Kutt/Carstens* in FGS/BDI UmwStE 2011, S 131 f.). § 3 stellt dabei eine eigene steuerliche Ansatz- und Bewertungsvorschrift dar (UmwStE Rn. 03.04). Ein vorhandener (originärer) Geschäfts- oder Firmenwert, selbst geschaffene Patente oder andere immaterielle Wirtschaftsgüter sind daher in der steuerlichen Schlussbilanz anzusetzen, wenn der Ansatz der Wirtschaftsgüter nach § 3 I erfolgt (glA *Möhlenbrock/Pung* in D/P/M § 3 UmwStG Rn. 34; UmwStE Rn. 03.04 und 03.05). Zum Ansatz und zur Bewertung bei Anwendung des § 3 II vgl Rn. 132 ff. Nach der FinVerw sind auch solche passiven Wirtschaftsgüter anzusetzen, für die nach § 5 EStG ein **Passivierungsverbot** gilt, also Drohverlustrückstellungen oder bedingte Verbindlichkeiten (UmwStE Rn. 03.06). In der Steuerbilanz des übernehmenden Rechtsträgers zum nächsten Bilanzstichtag sollen laut FinVerw (UmwStE Rn. 04.16) die Ansatzverbote wieder greifen, dh Drohverlustrückstellungen würden gewinnerhöhend wieder ausgebucht; eine Ausnahme soll für den Geschäfts- und Firmenwert gelten, der laut FinVerw als angeschafft gilt. Im Zusammenspiel können diese Regelungen zu einem (untergehenden) Verlust bei der übertragenden Körperschaft und einem steuerpflichtigen Auflösungsgewinn beim übernehmenden Rechtsträger führen. Die Auffassung der FinVerw ist **abzulehnen,** da sie Aktiva und Passiva grundlos unterschiedlich behandelt, der Anschaffungsthese widerspricht und im Übrigen das Leistungsfähigkeitsprinzip verletzt (*Stadler/Elser/Bindl* DB 2012, Beilage 1, 14). Konsequent erscheint es demgegenüber, dass der übernehmende Rechtsträger aktive wie passive Wirtschaftsgüter auch in der Folgezeit fortführt (vgl § 4 Rn. 97 f.). 87

Ebenso sind alle Wirtschaftsgüter zu aktivieren, die bereits vollständig (Buchwert null) bzw. auf einen Erinnerungswert abgeschrieben sind (*Trossen* FR 2006, 619); dies gilt auch für geringwertige Wirtschaftsgüter. 88

c) Bewertung

Die anzusetzenden Wirtschaftsgüter sind in der steuerlichen Schlussbilanz der übertragenden Kapitalgesellschaft grundsätzlich mit dem gemeinen Wert nach den Verhältnissen zum steuerlichen Übertragungsstichtag anzusetzen. 89

90 **aa) Gemeiner Wert. Gemeiner Wert** ist gemäß § 9 II BewG der Preis, der im **gewöhnlichen Geschäftsverkehr** nach der Beschaffenheit des Wirtschaftsgutes bei einer (Einzel-)Veräußerung zu erzielen wäre. Dabei sind alle Umstände, die den Preis beeinflussen, zu berücksichtigen; allerdings bleiben ungewöhnliche oder persönliche Verhältnisse unberücksichtigt. Insbesondere mit dem Wirtschaftsgut verbundene stille Lasten sind daher bei der Bewertung zu berücksichtigen. Der Begriff des gemeinen Werts im Steuerrecht entspricht im Wesentlichen dem Begriff des **Verkehrswerts** (vgl zB § 194 BauGB; *Halaczinsky* in Rössler/Troll § 9 Rn. 1). Im Gegensatz zum Teilwert nach § 6 I Nr. 1 S 3 EStG, der zur Bewertung eines Wirtschaftsgutes von der Allokation eines Teils eines fiktiven Gesamtkaufpreises für das gesamte Unternehmen von einer Unternehmensfortführung ausgeht (Beschaffungsmarkt), wird beim gemeinen Wert eine **(Einzel-)Veräußerung des Wirtschaftsgutes** (Absatzmarkt) fingiert. Daher enthält der gemeine Wert im Gegensatz zum Teilwert auch einen Gewinnaufschlag, da der Wert aus dem gewöhnlichen Geschäftsverkehr, dh dem Handel zu verstehen ist (*Biliteswki* FR 2007, 59). Ausführlich zu möglichen Unterschieden zwischen dem gemeinen Wert und dem Teilwert *Birkemeier* in R/H/vL § 3 Rn. 66 ff.; *Schnitter* in F/D § 3 UmwStG Rn. 94. Zur Frage der Bewertung eines Geschäftswertes mit dem gemeinen Wert vgl Rn. 193.

91 Die Bewertung mit dem gemeinen Wert führt zur Realisierung der vorhandenen stillen Reserven. Soweit der dadurch entstehende Übertragungsgewinn nicht mit vorhandenen Verlustvorträgen verrechnet werden kann, kann sich eine höhere **fiktive Gewinnausschüttung** nach § 7 oder ein höherer **Übertragungsgewinn** ergeben (vgl Rn. 145). Darüber hinaus erhöht die Aufdeckung der stillen Reserven das Übernahmeergebnis (vgl § 4 Rn. 225 ff.).

92 Häufig liegt der gemeine Wert unter dem **Teilwert,** da er ein Einzelveräußerungspreis ist (*Ehmcke* in Blümich § 6 EStG Rn. 30) und das einzelne Wirtschaftsgut – insbesondere bei betriebsnotwendigem Anlagevermögen – häufig für das Unternehmen einen höheren Wert besitzt, als er im Falle einer Veräußerung erzielt werden kann (*Hohenlohe/Rautenstrauch/Adrian* GmbHR 2006, 624; vgl RFH v 30.11.1927, RFHE 22, 211).

93 Grundsätzlich sind die einzelnen übergehenden Wirtschaftsgüter zu bewerten. Bei Umwandlungsvorgängen ist jedoch regelmäßig eine Bewertung von **Sachgesamtheiten** (Betrieb, Teilbetrieb) erforderlich (*Birkemeier* in R/H/vL § 3 Rn. 70 f.; *Rödder/Schumacher* DStR 2006, 1527; *Dötsch/Pung* DB 2006, 2705, entspr. Begr zu § 6 EStG BT-Drs. 16/2710, 28). Entsprechend verlangt die FinVerw, dass die Bewertung nach § 3 I 1 nicht bezogen auf jedes einzelne Wirtschaftsgut, sondern bezogen auf die Gesamtheit der übergehenden aktiven und passiven Wirtschaftsgüter erfolgt (UmwStE Rn. 03.07). Dies kann aus der Gesetzesformulierung „sind die übergehenden Wirtschaftsgüter, (…) mit dem gemeinen Wert anzusetzen“ abgeleitet werden. Anders noch in § 3 UmwStG 1995, dort war von „Teilwerten der einzelnen Wirtschaftsgüter“ die Rede. Eine entsprechende Formulierung, die eine strikte Einzelbewertung – unabhängig von Sachgesamtheiten – vorsieht, kann § 3 I nicht entnommen werden und würde insbesondere im Zusammenhang mit immateriellen Wirtschaftsgütern zu Problemen führen (Rn. 194). Der gemeine Wert der Sachgesamtheit ist deren fiktiver Veräußerungspreis, wobei alle Umstände iSd § 9 II 2 BewG, die den Preis beeinflussen, zu berücksichtigen sind. Nach Ansicht der FinVerw ist der gemeine Wert vorrangig aus Verkäufen abzuleiten; sofern dies – wie häufig – nicht möglich ist, soll der gemeine Wert anhand eines allgemein anerkannten ertragswert- oder zahlungsstromorientierten Verfahrens ermittelt werden, das ein gedachter Erwerber des Betriebs der übertragenden Körperschaft bei der Bemessung des Kaufpreises zu Grunde legen würde (UmwStE Rn. 03.07 unter Verweis auf § 109 I 2 iVm § 11 II BewG; zum Umfang des Verweises auf § 11 II BewG vgl *Kutt/Carstens* in FGS/BDI UmwStE 2011, S 134 ff. mwN). Der ermittelte Gesamtwert für die Sachgesamtheit ist auf die einzelnen Wirtschaftsgüter der Sachgesamtheit nach dem Verhältnis ihres jeweiligen Teilwerts zur Summe der Teilwerte zu verteilen (UmwStE Rn. 03.09: analog § 6 I Nr. 7 EStG). Bei Sachgesamtheiten entspricht die Verteilung des Gesamtwertes demnach der Methode bei

der Teilwertermittlung. Unterschiede ergeben sich jedoch bei der Ermittlung des Gesamtwertes.

Zu den Sachgesamtheiten gehören auch die bisher nicht bilanzierten immateriellen Wirtschaftsgüter wie ein selbst geschaffener Firmenwert (Rn. 192 ff.; *Birkemeier* in R/H/vL § 3 Rn. 71; *Rödder/Schumacher* DStR 2006, 1527; *Dötsch/Pung* DB 2006, 2705); zur Problematik der Sonderregelung für Pensionsrückstellungen s. Rn. 95.

Der gemeine Wert kann nicht aus **Abfindungszahlungen** an ausscheidende Gesell- 94
schafter abgeleitet werden: Häufig sollen durch die Abfindungszahlungen in erster Linie die mit einem Spruchstellenverfahren verbundenen Kosten und Unsicherheiten vermieden werden. Darüber hinaus ist die Ermittlung der Abfindung wegen der aus zivilrechtlichen Gründen zu berücksichtigenden Wachstumschancen zukunftsbezogen, während die Bewertung in der Übertragungsbilanz auf einen zurückliegenden Stichtag abstellt (*Glade/Steinfeld* § 3 Rn. 373).

bb) Sonderfall Pensionsrückstellungen. Nach § 3 I 2 sind übergehende Pensions- 95
rückstellungen auch in der steuerlichen Schlussbilanz nach § 6a EStG und damit mit dem Teilwert zu bewerten (zu den Einzelheiten Rn. 201; *Weber-Grellet* in Schmidt § 6a Rn. 51 ff.). Die den Pensionsrückstellungen immanenten stillen Lasten bleiben daher grundsätzlich bei der Bewertung unberücksichtigt (*Maier* in Schneider/Ruoff/Sistermann UmwStE 2011, H 3.26). Bei der Bewertung von Sachgesamtheiten ist eine Berücksichtigung dieser stillen Lasten im Rahmen der Bewertung des Geschäfts- oder Firmenwertes möglich (Rn. 194; *Rödder/Schumacher* DStR 2006, 1527; *Dötsch/Pung* DB 2006, 2705 Fn. 21; *Bodden* FR 2007, 69; aA FinVerw in UmwStE Rn. 03.08). Ist jedoch der Geschäfts- oder Firmenwert (ohne diese stillen Lasten) nicht ausreichend hoch, um die stillen Lasten zu kompensieren, kann es zu einer höheren Besteuerung als bei tatsächlicher Veräußerung kommen (krit. zur Sonderreglung für Pensionsrückstellungen *Rödder/Schumacher* DStR 2006, 1527 und DStR 2006, 1489; *Schulze zur Wiesche* WPg 2007, 163 f.).

Zwar ist § 6a EStG eine Ansatz- und Bewertungsvorschrift (BFH v 19.8.1998 – I R 92/ 96
95, BStBl. II 1999, 387). Jedoch enthält § 3 I 2 ausschließlich einen Verweis auf die **Bewertung:** „für die Bewertung“. *Benecke* in PwC Rn. 1019 geht daher davon aus, dass auch Pensionsrückstellungen dem Grunde nach anzusetzen sind, für die nach § 6a EStG, zB mangels Einhaltung des Schriftformerfordernisses iSd § 6a I Nr. 3 EStG, ein Passivierungsverbot besteht. Allerdings ist der Verweis auf § 6a EStG umfassend und nicht nur auf die Bewertungsvorschrift § 6a III EStG beschränkt. Daher sind für Pensionsrückstellungen abweichend von § 3 I 1 auch die Ansatzregelungen aus § 6a I, II EStG zu beachten (glA *Möhlenbrock/Pung* in D/P/M § 3 UmwStG Rn. 48).

Etwas anderes dürfte lediglich bei Altfällen, dh bei Pensionszusagen, die vor dem 1.1.1987 gewährt wurden, gelten. Für diese Altzusagen besteht ein Passivierungswahlrecht, dh ein Ausweis in der Steuerbilanz kann unterbleiben, falls auch in der Handelsbilanz die Pensionsrückstellung nicht passiviert ist. Bei Neuzusagen ergibt sich nach § 249 I 1 HGB iVm Art. 28 I 1 EGHGB e contrario eine Passivierungspflicht für die Handelsbilanz und über den Maßgeblichkeitsgrundsatz auch für die Steuerbilanz (*Weber-Grellet* in Schmidt § 6a Rn. 3; EStR 6a Abs. 1). Im Rahmen der Übertragungsbilanz gilt jedoch – unter Beachtung des § 6a EStG – nach § 3 I 1 eine Ansatzpflicht. Insoweit, als ein Passivierungswahlrecht besteht und ein Ansatz nach § 6a EStG zulässig ist, sind die Pensionsverpflichtungen im Rahmen einer Rückstellung zwingend anzusetzen.

(einstweilen frei) 97–99

IV. Ausnahme: Wahlrechte in der Schlussbilanz

1. Anwendungsbereich

100 Abweichend von der Grundregel in § 3 I, nach der in der Schlussbilanz alle Wirtschaftsgüter mit dem gemeinen Wert anzusetzen sind, dürfen auf Antrag nach § 3 II einheitlich die Buchwerte der übergehenden Wirtschaftsgüter beibehalten werden, wenn die Voraussetzungen des § 3 I 1 Nr. 1–3 erfüllt sind. Anstelle der Buchwerte kann auch der Ansatz eines Wertes, der zwischen dem Buchwert und dem gemeinen Wert der Wirtschaftsgüter liegt, zulässig sein, sog. Zwischenwertansatz.

a) Antrag

101 Die Fortführung der Buchwerte oder der Ansatz von Zwischenwerten wird nur auf Antrag gewährt. Der formlose Antrag ist vom Stpfl. selbst, dh vom **übertragenden Rechtsträger** (BT-Drs. 16/2710, 37) bzw. dessen Rechtsnachfolger (UmwStE Rn. 03.28 f.; ausführlich dazu *Birkemeier* in R/H/vL § 3 Rn. 140 f.; *Maier* in Schneider/Ruoff/Sistermann UmwStE 2011, H 3.66 f.) zu stellen.

Der Antrag ist beim Finanzamt zu stellen, das für die Besteuerung der übertragenden Körperschaft zuständig ist. **Örtlich zuständig** ist daher regelmäßig das Finanzamt, in dessen Bezirk sich die Geschäftsleitung der übertragenden Körperschaft befindet, § 20 I AO. Dies soll nach UmwStE Rn. 03.27 auch dann gelten, wenn zum übergehenden Vermögen der übertragenden Körperschaft Beteiligungen an in- oder ausländischen Mitunternehmerschaften gehören. Ist der übertragende Rechtsträger im Inland beschränkt oder unbeschränkt stpfl., ist nach der Eintragung der Verschmelzung regelmäßig das Finanzamt der Übernehmerin zuständig (FG Nürnberg v 27.11.1984, EFG 1985, 273 – rkr.; ausführlich zur örtlichen Zuständigkeit bei den einzelnen Umwandlungsarten *Birkemeier* in R/H/vL § 3 Rn. 143). Hierbei kommt es verfahrensrechtlich zu einem Zuständigkeitswechsel gemäß § 26 AO (*Schmitt/Schloßmacher* UmwStE 2011, S 98). Bei ausländischen Gesellschaften, die eine oder mehrere **inländische Betriebsstätten** haben, ist das Finanzamt örtlich zuständig, in dessen Bezirk sich die (wertvollste) Betriebsstätte befindet, § 18 I Nr. 2, § 20 III, IV AO (glA *Birkemeier* in R/H/vL § 3 Rn. 143). Hat die ausländische übertragende Kapitalgesellschaft jedoch keine inländische Betriebsstätte, gibt es keine Regelung – weder im UmwStG noch in der AO –, welches inländische Finanzamt (örtlich) zuständig ist. Nach zutreffender Auffassung der FinVerw ist in diesem Fall das Finanzamt zuständig, das für die gesonderte und einheitliche Feststellung der Einkünfte der übernehmenden Personengesellschaft iSd § 18 I AO zuständig ist (UmwStE Rn. 03.27; glA *Möhlenbrock/Pung* in D/P/M, § 3 UmwStG, Rn. 71; *Lemaitre/Schönherr* GmbHR 2007, 174; *Schmitt/Schloßmacher* UmwStE 2011, S 98). Sofern auch die Personengesellschaft über keinen Anknüpfungspunkt im Inland verfügt, ist auf das für die inländischen Gesellschafter zuständige Finanzamt abzustellen (§ 18 II AO). Der Antrag ist dann bei dem Finanzamt zu stellen, in dessen Bezirk die Beteiligten mit den insgesamt höchsten Anteilen, der Treuhänder oder eine andere Person, die die Interessen der inländischen Beteiligten vertritt, ansässig sind (UmwStE Rn. 03.27 mit einem Verweis auf die BMF v 11.12.1989, BStBl. I 1989, 470, sowie v 2.1.2001, BStBl. I 2001, 40). Sofern nur ein inländischer Gesellschafter vorhanden ist oder auf eine natürliche Person verschmolzen wird, ist für die Antragsstellung das für sie zuständige Finanzamt iSd § 19 oder 20 AO zuständig (UmwStE Rn. 03.27).

102 **Zeitlich** muss der Antrag bis spätestens zur erstmaligen **Abgabe** der steuerlichen **Schlussbilanz** beim zuständigen Finanzamt gestellt werden. Der Antrag bedarf keiner besonderen **Form** (zu möglichen Alternativen *Kutt/Carstens* in FGS/BDI, UmwStE 2011, S 156), ist bedingungsfeindlich und unwiderruflich (UmwStE Rn. 03.28; zur Unwiderruflichkeit krit. *Maier* in Schneider/Ruoff/Sistermann UmwStE 2011, H 3.76). Unzulässig ist

danach insbesondere ein Antrag, der den Ansatz der übergehenden Wirtschaftgüter von einem vorhandenen Verlustvortrag abhängig macht (*Schmitt/Schloßmacher* UmwStE 2011, S 99, unzulässiger „bedingter" Antrag; aA wohl *Kutt/Carstens* in FGS/BDI UmwStE 2011, S 145, sofern die Höhe der aufzudeckenden stillen Reserven von einem noch festzustellenden Verlustvortrag abhängig gemacht wird). Die FinVerw sieht in der Übertragungsbilanz gemäß § 3 eine eigenständige Bilanz (neben der regulären Steuerbilanz), vgl Rn. 80. Soweit in Ausübung des Wahlrechts gemäß § 3 II Buchwerte fortgeführt werden, kann nach Auffassung der FinVerw die gesonderte Aufstellung einer steuerlichen Schlussbilanz durch die Verwendung der Steuerbilanz iSd §§ 4 I, 5 I EStG ersetzt werden, vorausgesetzt, dass **ausdrücklich** erklärt wird, dass diese Bilanz gleichzeitig die steuerliche Schlussbilanz sein soll und sie der steuerlichen Schlussbilanz entspricht (UmwStE Rn. 03.01, 03.29 und S. 02 zu Übergangsregelungen für konkludente Anträge bis zum 31.12.2011; vgl Bsp. für eine entsprechende Erklärung bei *Kutt/Carstens* in FGS/BDI UmwStE 2011, S 125). Dies weicht von der bisherigen Praxis ab, wonach auch eine konkludente Ausübung des Wahlrechts durch (bloße) Abgabe der Steuerbilanz anerkannt wurde (*Maier* in Schneider/Ruoff/Sistermann UmwStE 2011, H 3.3). Ohne ausdrückliche Erklärung würde nach Auffassung der FinVerw das Antragswahlrecht des § 3 II noch nicht als ausgeübt gelten können (krit. *Stimpel* GmbHR 2012, 123). Teilw. wird es demgegenüber für möglich gehalten, die Übergangsrechnung nach § 60 II 1 EStDV bzw. eine reine Steuererklärung als Schlussbilanz einzureichen (*Kutt/Carstens* in FGS/BDI UmwStE 2011, S 125). Bei einem Zwischenwertansatz ist allerdings stets (ausdrücklich) anzugeben, inwieweit die stillen Reserven aufzudecken sind. Hierzu kann die konkrete Höhe oder ein Prozentsatz der aufgedeckten stillen Reserven angegeben werden (UmwStE Rn. 03.30; zur Prozentangabe krit. *Schießl* UmwStE 2011, S 99; zur Beachtung möglicher stiller Lasten *Maier* in Schneider/Ruoff/Sistermann UmwStE 2011, H 3.77, 3.78). Mit Einreichung der Schlussbilanz (bzw. einer ausdrücklichen Erklärung) gilt der Antrag als gestellt (BT-Drs. 16/2710, 37; hM *Schaflitzl/Widmayer* BB Special 8–2006, 40; *Lemaitre/Schönherr* GmbHR 2007, 174; *Dötsch/Pung* DB 2006, 2708; aA *Widmann* in W/M § 20 Rn. 434; hierzu krit. *Stümper/Walter* GmbHR 2008, 1148). Wird der Antrag vor der Einreichung der Schlussbilanz gestellt, kann er bis zur Einreichung der Schlussbilanz nach allgemeinen Grundsätzen noch geändert werden (glA *Schnitter* in F/D § 3 UmwStG Rn. 117; **aA** FinVerw, UmwStE Rn 03.29; *Möhlenbrock/Pung* in D/P/M § 3 UmwStG Rn. 65; *Schmitt* in SHS § 3 Rn. 72). Eine spätere Änderung der Wertansätze ist nicht zulässig (BFH v 25.4.2006 – VII R 52/04, BStBl. II 2006, 847 zu § 24 UmwStG 1977; *Schaflitzl/Widmayer* BB Special 8–2006, 40), ausgenommen es handelt sich um eine Bilanzberichtigung. Eine Berichtigung der steuerlichen Schlussbilanz ist vorzunehmen, wenn sich bspw. aufgrund einer späteren Betriebsprüfung ergibt, dass die gemeinen Werte oder Buchwerte höher bzw. niedriger als die von der übertragenden Körperschaft angesetzten Werte sind (UmwStE Rn. 03.30). Dies soll nach Auffassung der FinVerw nicht bei Ansatz eines Zwischenwertes gelten, soweit dieser Wert über dem Buchwert und unter dem gemeinen Wert liegt (UmwStE Rn. 03.30; krit. *Maier* in Schneider/Ruoff/Sistermann UmwStE 2011, H 3.79; ähnlich *Kutt/Carstens* in FGS/BDI UmwStE 2011, S 157). Insbesondere wenn stille Reserven in einer bestimmten (beschränkten) Höhe aufgedeckt werden sollen, um Verlustvorträge der übertragenden Körperschaft zu nutzen, bietet es sich in der Praxis an, einen Zwischenwert (knapp) unterhalb des gemeinen Werts zu wählen, um unerwartete Steuerlasten in dem Fall zu vermeiden, dass sich später ein höherer gemeiner Wert herausstellt. Zur Möglichkeit einer Irrtumsanfechtung vgl *Schmitt/Schloßmacher* UmwStE 2011, S 100.

Die Wirtschaftsgüter müssen vom übertragenden Rechtsträger **einheitlich** mit dem **103**
Buchwert oder einem Zwischenwert angesetzt werden. Im Gegensatz zur Prüfung der Voraussetzungen des § 3 II 1, die bezogen auf jeden einzelnen an der steuerlichen Rückwirkungsfiktion beteiligten Anteilseigner der übertragenden Körperschaft erfolgt (UmwStE Rn. 03.11; vgl Rn. 135 ff.), ist daher der Antrag gesellschaftseinheitlich zu stellen (BT-Drs. 16/2710, 37; UmwStE Rn. 03.13, 03.28; *Förster/Felchner* DB 2006, 1073; *Schulze zur*

Wiesche WPg 2007, 164). Dem einheitlichen Antrag steht nicht entgegen, dass zum Teil Wirtschaftsgüter mit dem gemeinen Wert in der steuerlichen Schlussbilanz anzusetzen sind, weil insoweit die Voraussetzungen des § 3 II 1 Nr. 1 oder 2 nicht gegeben sind (UmwStE Rn. 03.13). Zum Problem der erstmaligen Verstrickung ausländischen Vermögens in Deutschland Rn. 172 ff.

104, 105 *(einstweilen frei)*

b) Betriebsvermögen beim Übernehmer (§ 3 II 1 Nr. 1 Alt. 1)

106 Ein vom gemeinen Wert abweichender Wertansatz ist nur dann möglich, wenn die übergehenden Wirtschaftsgüter bei der übernehmenden Personengesellschaft oder natürlichen Person Betriebsvermögen werden, § 3 II 1 Nr. 1.

107 **aa) Betriebsvermögen.** Unbeachtlich ist, ob das Betriebsvermögen des übernehmenden Rechtsträgers im In- oder Ausland belegen ist (UmwStE Rn. 03.15). Zum Betriebsvermögen zählt neben dem Vermögen der Gewerbetreibenden auch das Vermögen der Land- und Forstwirte sowie der Freiberufler, §§ 13, 15, 18 EStG (vgl Rn. 39). Betriebsvermögen ist auch dann gegeben, wenn es sich bei der Übernehmerin um eine **gewerblich geprägte Personengesellschaft** iSd § 15 III Nr. 2 EStG handelt (UmwStE Rn. 03.15: in der Regel Betriebsvermögen, ausgenommen zB bei privater Nutzung).

Bei einer Personengesellschaft als Übernehmerin kann Betriebsvermögen auch dann vorliegen, wenn nach § 15 III Nr. 1 EStG (sog. **Abfärbung**) die Personengesellschaft auch eine (mehr als äußerst geringfügige) gewerbliche Tätigkeit ausübt oder an einer gewerblichen Personengesellschaft beteiligt ist (*Wacker* in Schmidt § 15 Rn. 188 ff.). In diesen Fällen wird die gesamte Tätigkeit der Personengesellschaft als gewerblich qualifiziert und es wird Betriebsvermögen angenommen.

108 **bb) Zebragesellschaft.** Ist die übernehmende Personengesellschaft eine sog. Zebragesellschaft (Rn. 44), gehen die Wirtschaftsgüter nicht in das Betriebsvermögen der Übernehmerin über, da diese eine vermögensverwaltende Personengesellschaft ist. Soweit die Anteile an der übernehmenden Personengesellschaft im Privatvermögen gehalten werden, scheidet danach ein Buch- oder Zwischenwertansatz aus. Nach Auffassung der FinVerw (UmwStE Rn. 03.16) soll dies jedoch auch insofern gelten, als Anteile im Betriebsvermögen gehalten werden. Dies überzeugt nicht: Soweit die Anteile im Betriebsvermögen gehalten werden, erfolgt keine Steuerentstrickung der „Einkunftsquelle". § 3 II bleibt somit für die übertragende Körperschaft anwendbar; auf Ebene der Gesellschafter der (übernehmenden) Zebragesellschaft ist die Anwendung des § 8 teleologisch auf im Privatvermögen gehaltene Anteile zu reduzieren. Der Wortlaut von § 3 II ist zu allgemein: Die Zebragesellschaft hat zwar kein (eigenes) Betriebsvermögen, die Besteuerung der stillen Reserven ist dennoch gesichert, soweit die Anteile an der Zebragesellschaft in Betriebsvermögen gehalten werden (glA *Möhlenbrock* in D/P/M § 8 UmwStG Rn. 11; *Schmitt* in S/H/S § 8 Rn. 10; *Schießl* UmwStE 2011, S 166 f.; *Maier* in Schneider/Ruoff/Sistermann UmwStE 2011, H 3.39; aA s. § 8 Rn. 46; *Birkemeier* in R/H/vL § 3 Rn. 93; *Trossen* in R/H/vL § 8 Rn. 52 f.: keine teleologische Reduktion, da die Sperrfrist des § 18 III nicht anwendbar ist).

109 Die Voraussetzungen für § 3 II sind bei jedem einzelnen Anteilseigner der übertragenden Körperschaft zu prüfen, der an der steuerlichen Rückwirkungsfiktion beteiligt ist **(gesellschafterbezogene Betrachtung);** für die Betriebsvermögenseigenschaft iSd § 3 II 1 Nr. 1 wird auf die übernehmende Personengesellschaft abgestellt (UmwStE Rn. 03.11).

110 **cc) Vermögensverwaltung.** Ein Ansatz der Buch- oder Zwischenwerte ist ausgeschlossen, wenn der übernehmende Rechtsträger eine **vermögensverwaltende Personengesellschaft** (Rn. 43) ist. Diese erzielt keine gewerblichen, freiberuflichen oder land- und forstwirtschaftlichen Einkünfte und hat daher kein Betriebsvermögen. Entsprechend ist bei der Bewertung der übergehenden Wirtschaftsgüter in der Schlussbilanz der übertragenden Körperschaft zwingend der gemeine Wert anzusetzen. Nach Auffassung der FinVerw ist in einem solchen Fall auch der Geschäfts- oder Firmenwert in der steuerlichen Schlussbilanz anzusetzen, selbst wenn der Betrieb der übertragenden Körperschaft nicht fortgeführt wird (UmwStE Rn. 03.14; *Maier* in Schneider/Ruoff/Sistermann UmwStE 2011, H 3.40).

Abzugrenzen ist dies von dem Fall, dass ausländische Anteilseigner an einer inländischen übertragenden Körperschaft beteiligt sind, die keine originären betrieblichen Einkünfte erzielt, dh vermögensverwaltend tätig ist, das Vermögen bei der übernehmenden Personengesellschaft jedoch aufgrund einer gesetzlichen Fiktion als Betriebsvermögen gilt. Bei Spaltung und Verschmelzung ist dieser Fall nur denkbar, wenn die inländische Personengesellschaft als Personengesellschaft (GmbH & Co. KG) eintragungsfähig ist (§§ 1 ff., 105, 161 II HGB). Beim Formwechsel ist gemäß § 191 II Nr. 1 UmwG auch eine GbR denkbar. 111

Dies soll folgendes Beispiel verdeutlichen:

Beispiel: An der deutschen A-GmbH sind die niederländische B-B. V. sowie die niederländische C-B. V. zu je 50% beteiligt. Die A-GmbH hält und vermietet ausschließlich inländische Gebäude. Die A-GmbH wird nunmehr in eine Personengesellschaft, bestehend aus der B-B. V. und der C-B. V., umgewandelt, die selbst weder gewerblich tätig noch gewerblich geprägt ist.

Nach der Umwandlung erzielen sowohl die B-B. V. als auch die C-B. V. aufgrund gesetzlicher Fiktion gewerbliche Einkünfte (§ 49 II I Nr. 2 Buchst. f S 1 Doppelbuchst. aa, S 2 EStG idF des JStG 2009 v 19.12.2008, BGBl. I 2009, 2794). Im Falle der Veräußerung der Gebäude unterliegt der Veräußerungsgewinn gemäß § 49 I Nr. 2 Buchst. f S 1 Doppelbuchst. aa, S 2 EStG der deutschen Besteuerung. Der Gewinn wird nach § 4 I oder III EStG ermittelt (BMF v 16.5.2011, BStBl. I 2011, 530 Rn. 6 ff.).

Bei enger am Wortlaut orientierter Auslegung findet § 3 II auf den vorliegenden Fall keine Anwendung, da die Gebäude auf Ebene der Personengesellschaft nicht in ein inländisches Betriebsvermögen übergehen. Sofern man jedoch – gegen die FinVerw (vgl Rn. 108) – bei vermögensverwaltenden (Zebra-) Personengesellschaften eine Verstrickung auf Gesellschafterebene für ausreichend hält, sind entsprechend der Zielsetzung des § 3 und in teleologischer Reduktion des § 8 die vorliegenden Fälle analog zu § 3 II zu behandeln. Nach der ratio des § 3 ist in den Fällen keine Buchwertfortführung zuzulassen, in denen die übernehmende Personengesellschaft lediglich Vermögensverwaltung betreibt und somit die „Einkunftsquelle" steuerentstrickt wird. Im Rahmen des Anwendungsbereiches des § 49 I Nr. 2 Buchst. f S 2 EStG erfolgt jedoch keine Steuerentstrickung der Einkunftsquelle. Es besteht somit kein Bedürfnis, die stillen Reserven bereits bei Umwandlung in eine (vermögensverwaltende) Personengesellschaft aufzudecken (glA *Benecke* in PwC Rn. 1039).

dd) Privatvermögen. Die Fortführung der Buchwerte oder der Ansatz von Zwischenwerten scheidet insoweit aus, als die Wirtschaftsgüter in das Privatvermögen einer **natürlichen Person** übergehen. Die gilt auch für sog. gesamthänderisch gebundenes Privatvermögen (*Birkemeier* in R/H/vL § 3 Rn. 90). 112

ee) Zeitpunkt. § 3 II enthält keine Aussage darüber, zu welchem Zeitpunkt das Betriebsvermögen bei der Übernehmerin vorliegen muss. Entscheidender Zeitpunkt ist der steuerliche Übertragungsstichtag, da an diesem Tag steuerlich die Wirtschaftsgüter übergehen und bewertet werden (UmwStE Rn. 03.11; glA *Möhlenbrock/Pung* in D/P/M § 3 UmwStG Rn. 78; aA *Schmitt* in SHS § 3 Rn. 20: Eintragung der Umwandlung in das Register). 113

c) Spätere Besteuerung (§ 3 II 1 Nr. 1 Alt. 2)

Der Ansatz von Buch- oder Zwischenwerten ist ausgeschlossen, wenn nicht sichergestellt ist, dass die übergehenden Wirtschaftsgüter bei der Übernehmerin der Besteuerung mit in- oder (vergleichbarer) ausländischer ESt oder KSt unterliegen. Auf eine spätere Besteuerung 114 mit GewSt kommt es nicht an, sodass es zu einer gewstfreien Entstrickung für gewstl. Zwecke kommen kann (UmwStE Rn. 03.17).

Ist einer der **Gesellschafter** der übernehmenden Personengesellschaft persönlich von der ESt oder KSt befreit, ist insoweit die Buchwertfortführung bzw. der Zwischenwertansatz ausgeschlossen **(gesellschafterbezogenen Betrachtung),** als seine vermögensmäßige Beteiligung an den Wirtschaftsgütern der übernehmenden Personengesellschaft reicht.

115 Ausweislich der Gesetzesbegründung (BT-Drs. 16/2710, 37) sind die übergehenden Wirtschaftsgüter in der Schlussbilanz der übertragenden Gesellschaft zwingend mit dem gemeinen Wert anzusetzen, wenn die übernehmende **natürliche Person** persönlich von der ESt befreit ist. Im EStG gibt es jedoch – anders als im KStG – keine persönliche Steuerbefreiung für natürliche Personen. Allerdings kann es ggf im Ausland persönliche Befreiungen geben.

Bei inländischen **Körperschaften** als Gesellschafter der übernehmenden Personengesellschaft ist die Buchwertfortführung daher insbesondere insoweit ausgeschlossen, als diese nach § 5 I KStG oder als REIT nach § 16 I 1 REITG von der KSt befreit sind (UmwStE Rn. 03.17; *Trossen* FR 2006, 620). Soweit die übergehenden Wirtschaftsgüter jedoch auf einen stpfl. wirtschaftlichen Geschäftsbetrieb einer steuerbefreiten Körperschaft entfallen, ist die inländische Besteuerung sichergestellt. Bis zum Inkrafttreten des InvStG 2018 waren auch inländische Investmentvermögen nach § 11 I 2 InvStG aF von der KSt befreit, so dass die Beteiligung eines inländischen Investmentvermögens an einer übernehmenden Personengesellschaft insoweit zwingend zur Aufdeckung stiller Reserven geführt hat (vgl UmwStE Rn. 03.17). Gemäß § 6 InvStG 2018 unterliegen Investmentfonds nunmehr jedoch mit ihren inländischen Beteiligungseinnahmen, inländischen Immobilienerträgen und sonstigen inländischen Einkünften der KSt. Soweit somit aufgrund der gesetzlichen Neuregelung eine Besteuerung sichergestellt ist, ist die Buchwertfortführung nicht mehr ausgeschlossen. Dies gilt insbesondere für Immobilienfonds (glA *Bünning*, BB 2017, 1066).

116 Es ist nicht erforderlich, dass die übertragenen Wirtschaftsgüter später der **deutschen** ESt oder KSt unterliegen. Ausreichend ist die Besteuerung mit einer der deutschen ESt bzw. KSt vergleichbaren **ausländischen** Steuer (UmwStE Rn. 03.17; *Möhlenbrock/Pung* in D/P/M § 3 UmwStG Rn. 82; aA *Widmann* in W/M § 3 Rn. R 63.2). Auf die Höhe der auf die übertragenen Wirtschaftsgüter anzuwendenden Steuer kommt es nicht an. Die Besteuerung ist auch dann iSv § 3 II 1 Nr. 1 Alt. 2 sichergestellt, wenn zB auf Grund von Verlustvorträgen keine Steuer erhoben wird. Vgl zum Ganzen auch § 20 Rn. 238 ff.

d) Keine Einschränkung der Veräußerungsgewinnbesteuerung der übergegangenen Wirtschaftsgüter (§ 3 II 1 Nr. 2)

117 Buchwertfortführung oder der Ansatz von Zwischenwerten ist nur möglich, soweit das **inländische Besteuerungsrecht** hinsichtlich des Gewinns aus einer späteren Veräußerung der übertragenen Wirtschaftsgüter **nicht ausgeschlossen oder beschränkt** wird (keine sog. Entstrickung). Diese Steuerverhaftungsbedingung muss im **Zeitpunkt** des steuerlichen Übertragungsstichtags erfüllt sein. Ist Übernehmerin eine Personengesellschaft, ist die Voraussetzung bei jedem Gesellschafter der übernehmenden Gesellschaft **(gesellschafterbezogene Prüfung)** bezogen auf die jeweils übergehenden Wirtschaftsgüter **(objektbezogene Prüfung)** zu prüfen und nur insoweit eine Buchwertfortführung oder der Zwischenwertansatz möglich, als diese Voraussetzungen erfüllt sind, § 3 II 1 Nr. 2. Dabei ist auf die Gesellschafter der übernehmenden Personengesellschaft abzustellen, auch wenn diese nicht an der übertragenden Kapitalgesellschaft beteiligt sind (*Lemaitre/Schönherr* GmbHR 2007, 174). Ähnlich wie bei der „Sicherstellung der späteren Besteuerung" (§ 3 II 1 Nr. 1 Alt. 2) wird bei der Entstrickung allein auf die ESt bzw. KSt abgestellt, wohingegen eine (allein) gewstliche Entstrickung unschädlich ist (UmwStE Rn. 03.18; *Schmitt/Schloßmacher* UmwStE 2011, S 91).

aa) Einschränkung oder Ausschluss. Eine Einschränkung oder ein Ausschluss des deutschen Besteuerungsrechts an den übertragenen Wirtschaftsgütern setzt voraus, dass vor der Übertragung ein Besteuerungsrecht an den Wirtschaftsgütern bestanden hat (BT-Drs. 16/2710, 37; UmwStE Rn. 03.19; *Frotscher* IStR 2006, 67; *Förster/Felchner* DB 2006, 1077, 1078 Fn. 35). Keine Einschränkung des Besteuerungsrechts liegt daher vor, wenn vor einer Verschmelzung Deutschland auf Grund eines DBA durch Anwendung der Freistellungsmethode auf sein Besteuerungsrecht an den stillen Reserven verzichtet hat und nach der Verschmelzung diese Methode auch weiterhin Anwendung findet (*Trossen* FR 2006, 620). Eine Einschränkung liegt jedoch dann vor, wenn auf Grund eines DBA (Aktivitätsvorbehalt) oder einer vergleichbaren Regelung wie zB § 20 II AStG das deutsche Besteuerungsrecht zwar erhalten bleibt, jedoch anstelle der vor der Umwandlung anzuwendenden Anrechnung ausländischer Steuern nach der Umwandlung die Doppelbesteuerung durch Freistellung vermieden wird. Die FinVerw behandelt dabei – unter Verweis auf andere Entstrickungstatbestände (§ 4 I 4 EStG und § 12 I 2 KStG) – auch den Fall als Ausschluss bzw. Beschränkung, dass sich die Zuordnung eines Wirtschaftsguts von einer inländischen zu einer ausländischen Betriebsstätte ändert (UmwStE Rn. 03.18; krit. *Kutt/Carstens* in FGS/BDI UmwStE 2011, S 145; ähnlich *Schießl* UmwStE 2011, S 169). 118

Wird durch die Umwandlung die Anwendung der **Hinzurechnungsbesteuerung** nach §§ 7 ff. AStG ausgeschlossen, weil zB eine Verschmelzung von einem Land mit niedriger Besteuerung iSd AStG in ein Land mit nicht niedriger Besteuerung erfolgt, liegt keine Beschränkung des Besteuerungsrechts vor (so ausdrücklich die Begründung zu einer älteren Entwurfsfassung (Diskussionsentwurf) v 19.9.2005, die in die finale Gesetzesbegründung nicht aufgenommen wurde; glA *Rödder/Schumacher* DStR 2006, 1527; *Lemaitre/Schönherr* GmbHR 2007, 175; *Voß* BB 2006, 414; unklar *Schaflitzl/Widmayer* BB Special 8–2006, 41). Das AStG begründet kein eigenes Besteuerungsrecht, sondern erhöht das stpfl. Einkommen inländischer Gesellschafter einer ausländischen Zwischengesellschaft. Führt die Umwandlung aber nunmehr dazu, dass eine Hinzurechnungsbesteuerung nicht mehr möglich ist, geht dadurch kein Besteuerungsrecht verloren, denn die bisherige niedrige Besteuerung entfällt nunmehr bzw. eine ausländische Zwischengesellschaft liegt nicht mehr vor. 119

bb) Steuerverhaftung. Die Steuerverhaftungsbedingung ist regelmäßig dann erfüllt, wenn das übergehende Vermögen nach der Übertragung eine **inländische Betriebsstätte** der Übernehmerin bildet (und im Falle von beschränkt stpfl. Gesellschaftern der übernehmenden Personengesellschaft oder einer natürlichen Person das Betriebsstättenprinzip im entsprechenden DBA vorgesehen ist) (*Bodden* FR 2007, 68 Fn. 29; *Biliteuski* FR 2007, 61; *Hohenlohe/Rautenstrauch/Adrian* GmbHR 2006, 625). Auch wenn es sich um inländisches Grundvermögen handelt (und im Fall von beschränkt stpfl. Gesellschaftern oder natürlichen Personen im DBA das Belegenheitsprinzip vorgesehen ist), ist regelmäßig die Steuerverhaftungsbedingung erfüllt (*Biliteuski* FR 2007, 61). 120

Laut FinVerw soll eine grenzüberschreitende Umwandlung die abkommensrechtliche Zuordnung selbst nicht ändern; vielmehr sollen die allgemeinen Zuordnungsgrundsätze nach den Betriebsstätten-Verwaltungsgrundsätzen (BMF v 24.12.1999, BStBl. I 1999, 1076) gelten (UmwStE Rn. 03.20). Bei einer Verschmelzung ins Ausland können sich Probleme ergeben, wenn die übertragende Gesellschaft über Beteiligungen oder immaterielle Wirtschaftsgüter (insbesondere Geschäfts- und Firmenwert) verfügt. Diese sind regelmäßig dem **Stammhaus** und nicht der Betriebsstätte zuzuordnen (BMF v 24.12.1999, BStBl. I 1999, 1076, zuletzt geändert durch BMF v 26.9.2014, BStBl. I 2014, 1258; *Rödder/Schumacher* DStR 2006, 1488; BFH v 17.12.2003 – I R 47/02, BFH/NV 2004, 771; krit. *Blumers* DB 2006, 856; *Kutt/Carstens* in FGS/BDI UmwStE 2011, S 147; *Stadler/Elser/Bindl* DB 2012 Beilage 1, Rn. 14). Durch die Verschmelzung ins Ausland würden diese Wirtschaftsgüter auf das ausländische Stammhaus übergehen. Soweit hierdurch das Besteuerungsrecht Deutschlands eingeschränkt wird (zB durch DBA), sind diese 121

Wirtschaftsgüter mit dem gemeinen Wert anzusetzen. Im Falle einer solchen Entstrickung im Rahmen des UmwStG kann die daraus resultierende Steuerbelastung nicht – wie etwa im Falle der Zuordnung eines Wirtschaftsgutes zu einer EU-Betriebsstätte – durch die Bildung einer Rücklage nach § 4g EStG verhindert werden (*Billitewski* FR 2007, 62; *Dötsch/Pung* DB 2006, 2705).

122 Bei einer Verschmelzung (Formwechsel) einer inländischen Kapitalgesellschaft, die ausländisches Vermögen (Auslandsbetriebsstätte) hat, auf (in) eine inländische Personengesellschaft, ist – unter der Annahme, dass alle Gesellschafter unbeschränkt stpfl. sind (inländische Umwandlung mit Auslandsbezug) – die Steuerverhaftungsbedingung grundsätzlich sowohl für das inländische als auch für das ausländische Vermögen erfüllt. Besteht kein DBA oder ein DBA mit Anrechnungsmethode, wird das Besteuerungsrecht nicht eingeschränkt oder ausgeschlossen. Besteht ein DBA mit Freistellungsmethode, wird das Besteuerungsrecht ebenfalls nicht eingeschränkt oder ausgeschlossen, da auch bisher kein Besteuerungsrecht bestanden hat, vgl Rn. 120 (zu denkbaren Fallkonstellationen von Umwandlungsvorgängen mit und ohne Aus- oder Inlandsbezug vgl § 20 Rn. 269 ff.; *Möhlenbrock/Pung* in D/P/M § 3 UmwStG Rn. 99 ff.; *Birkemeier* in R/H/vL § 3 Rn. 104 ff.).

e) Keine oder nur Gesellschaftsrechte als Gegenleistung (§ 3 II 1 Nr. 3)

123 Nach § 3 II 1 Nr. 3 UmwStG ist die Fortführung der Buchwerte nur insoweit zulässig, als für die Übertragung keine Gegenleistung gewährt wird oder diese nur aus Gesellschaftsrechten besteht. Eine entsprechende Voraussetzung war bisher nur in § 11 I 1 Nr. 2 UmwStG 1995 vorgesehen. Zu der Frage, inwieweit die Voraussetzungen des § 3 mit den zivilrechtlichen Voraussetzungen der Verschmelzung nach § 2 UmwG in Einklang zu bringen sind, vgl § 11 Rn. 52.

124 Unschädlich ist die **Gewährung von Gesellschaftsrechten.** Der Wortlaut des Gesetzes ist insoweit missverständlich, als nicht konkretisiert wird, dass die Gesellschaftsrechte solche sein müssen, die **an der übernehmenden Gesellschaft** bestehen (glA *Schnitter* in F/D § 3 UmwStG Rn. 185). Die Voraussetzung ist daher nicht erfüllt, wenn als Gegenleistung Beteiligungen, die die übernehmende Gesellschaft an Dritten hält, erbracht werden. Zwar besteht auch in diesem Fall die Gegenleistung in Gesellschaftsrechten, jedoch ergibt sich aus § 2 UmwG bzw. der entsprechenden ausländischen Vorschrift iVm § 1 I 1 Nr. 1, dass es sich um Gesellschaftsrechte an der übernehmenden Gesellschaft handeln muss.

125 Die **Herkunft** der Gesellschaftsrechte ist unerheblich. Es kann sich dabei um neue Gesellschaftsrechte im Rahmen eines Eintritts in die übernehmende (Personen-)Gesellschaft handeln (*Roth* in Baumbach/Hopt § 105 HGB Rn. 67 f.) oder um Gesellschaftsanteile, die von den Altgesellschaftern der übernehmenden Gesellschaft übertragen werden (*Roth* in Baumbach/Hopt § 105 HGB Rn. 69 ff.).

126 Als **Gegenleistung** iSd § 3 II 1 Nr. 3 können nur solche Leistungen angesehen werden, die von der übernehmenden Personengesellschaft oder natürlichen Person an die bisherigen Inhaber von Rechten an der übertragenden Körperschaft erfolgen. Dies ergibt sich aus der Legaldefiniton der Verschmelzung in § 2 UmwG. Darüber hinaus sind ebenfalls Leistungen von und/oder an diesen nahestehende Personen mit einzubeziehen (UmwStE Rn. 03.21; zustimmend *Maier* in Schneider/Ruoff/Sistermann UmwStE 2011, H 3.52). Zu den schädlichen Gegenleistungen gehören insbesondere **bare Zuzahlungen** an die Gesellschafter der übertragenden Gesellschaft, die als Gesellschafter in der Gesellschaft verbleiben. Barabfindungen an Gesellschafter, die der Verschmelzung widersprechen und nicht an der Übertragung teilnehmen, sind keine Gegenleistung iSd § 3 II 1 Nr. 3, da es sich hierbei um eine Veräußerung der Anteile des ausscheidenden Gesellschafters handelt, die nach allgemeinen Grundsätzen zu besteuern sind (UmwStE Rn. 03.22; *Birkemeier* in R/H/vL § 3 Rn. 111; *Dötsch* in D/P/M § 11 UmwStG Rn. 104; *Schmitt* in SHS § 3 Rn. 108; *Schmitt/Schloßmacher* UmwStE 2011, S 93; *Bien ua* DStR Beilage 17/98, 24; *Schießl* UmwStE 2011, S 172). Ebenso sind bare Zuzahlungen an die übertragende Körperschaft keine Gegenleistung in diesem Sinne (*Dötsch* in

D/P/M § 11 UmwStG Rn. 106; aA *Schmitt* in SHS § 3 Rn. 108; *Thiel ua* GmbHR 1998, 397).

Neben baren Zuzahlungen ist auch die Gewährung von Gesellschafterdarlehen oder die Einräumung von **Darlehenskonten** schädlich (vgl UmwStE Rn. 03.21). Die Gewährung oder Erhöhung von Eigenkapitalkonten bei der übernehmenden Personengesellschaft ist jedoch unschädlich. Es ergeben sich in diesem Zusammenhang nunmehr die gleichen Abgrenzungsfragen wie bei § 24 (§ 24 Rn. 77). Wie aus dem Verweis in Rn. 03.21 auf Rn. 24.11 des UmwStE wohl zu schließen ist, qualifiziert die FinVerw – wie bei § 24 – Entnahmen, die im zeitlichen Zusammenhang mit der Umwandlung erfolgen, als schädliche Zuzahlungen, wenn die Einlage in das Betriebsvermögen ebenfalls in einem zeitlichen Zusammenhang mit der Umwandlung erfolgt (*Möhlenbrock/Pung* in D/P/M § 3 UmwStG Rn. 122; *Maier* in Schneider/Ruoff/Sistermann UmwStE 2011, H 3.54; krit. *Kutt/Carstens* in FGS/BDI UmwStE 2011, S 151). Als Entnahme, die keine (schädliche) Gegenleistung iSd § 3 II 1 Nr. 3 darstellt, beurteilt die FinVerw dagegen den Fall, dass der übernehmende Rechtsträger die auf die Einnahmen iSd § 7 entfallende KapESt entrichtet (UmwStE Rn. 03.21; glA *Schießl* UmwStE 2011, S 171). 127

(einstweilen frei) 128, 129

2. Ansatz und Bewertung

a) Keine Maßgeblichkeit

Der Ansatz und die Bewertung der übergehenden Wirtschaftsgüter erfolgt in der steuerlichen Schlussbilanz **unabhängig** vom Ansatz und der Bewertung in der **Handelsbilanz** (UmwStE Rn. 03.10). Das Maßgeblichkeitsprinzip findet keine Anwendung (Rn. 72 f.). 130

Soweit die Voraussetzungen des § 3 II erfüllt sind, steht der übertragenden Körperschaft ein **Bewertungswahlrecht** hinsichtlich der übergehenden Wirtschaftsgüter zu. Sie kann einheitlich die Buchwerte fortführen, einen Zwischenwertansatz wählen oder alle stillen Reserven durch den Ansatz der gemeinen Werte (§ 3 I) aufdecken (*Lemaitre/Schönherr* GmbHR 2007, 174). 131

b) Ansatz

Das Wahlrecht nach § 3 II beinhaltet nicht nur ein Bewertungswahlrecht, sondern regelt auch den Kreis der anzusetzenden Wirtschaftsgüter. Auf Grund des Verweises in § 3 II („abweichend von Absatz 1") umfasst der Begriff der „übergehenden Wirtschaftsgüter" auch die in § 3 I 1 genannten **immateriellen Wirtschaftsgüter,** für die steuerlich grundsätzlich ein Aktivierungsverbot besteht (§ 5 II EStG; glA *Schnitter* in F/D § 3 UmwStG Rn. 86 f.; *Birkemeier* in R/H/vL § 3 Rn. 58; *Dörfler/Wittkowski* GmbHR 2007, 352; *Schmitt* in SHS § 3 Rn. 47). Dafür spricht – wie auch bei § 3 UmwStG 1995 (dazu 2. Aufl. Rn. 38, 101 ff. mwN; **aA** UmwStE 1998 Rn. 03.07) –, dass sich aus dem Wortlaut nicht ergibt, dass nur die Wirtschaftsgüter angesetzt werden können, die nach den steuerlichen Gewinnermittlungsvorschriften angesetzt werden dürfen. Angesetzt werden können die „übergehenden Wirtschaftsgüter" und damit auch die nach § 5 II EStG nicht aktivierbaren immateriellen Wirtschaftsgüter, da auch sie Wirtschaftsgüter sind, die übergehen. 132

Werden die übergehenden Wirtschaftsgüter mit einem über dem Buchwert liegenden Wert angesetzt, sind daher auch nicht entgeltlich erworbene und selbst geschaffene (immaterielle) Wirtschaftsgüter in der steuerlichen Schlussbilanz (anteilig, soweit die Aufdeckung der stillen Reserven reicht) anzusetzen (vgl auch UmwStE Rn. 03.06, wonach die steuerlichen Ansatzverbote des § 5 EStG für die Schlussbilanz nur dann gelten sollen, soweit die *Buchwerte* fortgeführt werden; aA *Lemaitre/Schönherr* GmbHR 2007, 174: kein entsprechender Zusatz wie in § 3 I). Einem Wahlrecht dergestalt, dass der Stpfl. wählen kann, ob er immaterielle Wirtschaftsgüter, für die grds § 5 II EStG gilt, ansetzt oder nicht, steht die Anordnung entgegen, dass das Wahlrecht einheitlich auszuüben ist (zur selektiven Auf- 133 stockung einzelner Wirtschaftsgüter vgl Rn. 147, sowie unter Geltung des UmwStG 1995 2. Aufl. Rn. 64 ff.).

c) Buchwert

134 Soweit die Voraussetzungen des § 3 II erfüllt sind, können einheitlich die Buchwerte der übergehenden Wirtschaftsgüter fortgeführt werden. Nach der Legaldefinition in § 1 V Nr. 4 ist **Buchwert** der Wert, der sich nach den steuerrechtlichen Vorschriften über die Gewinnermittlung im Zeitpunkt der Übertragung aufzustellenden Steuerbilanz ergibt oder sich ergeben würde (§ 1 Rn. 11 ff.). Nach Auffassung der FinVerw ist der Buchwertansatz jedoch ausgeschlossen, wenn der gemeine Wert der Sachgesamtheit geringer als die Summe der Buchwerte der übergehenden Wirtschaftsgüter ist (**gemeiner Wert** als **Wertobergrenze,** UmwStE Rn. 03.12; zu möglichen Auswirkungen vgl *Maier* in Schneider/Ruoff/Sistermann UmwStE 2011, H 3.34). In der Praxis zwingt dieser Ansatz (ggf verbunden mit dem Passivierungsgebot von Drohverlustrückstellungen und bedingten Verbindlichkeiten, vgl Rn. 87) in vielen Fällen, in denen eine Buchwertfortführung gewollt ist, eine Bewertung durchzuführen, um unerwartete Steuerfolgen auszuschließen. Die Auffassung der FinVerw ist abzulehnen, weil sie mit dem Wortlaut des § 3 II 1 nicht vereinbar ist. Denn die Vorschrift bestimmt den gemeinen Wert der übergehenden Wirtschaftsgüter nur in dem Fall als Obergrenze, dass ein über dem Buchwert liegender Wert (Zwischenwert) angesetzt wird („mit dem Buchwert oder einem *höheren* Wert, *höchstens* jedoch"). Dass der gemeine Wert bei Ausübung des Bewertungswahlrechts in jedem Falle – damit auch bei reiner Buchwertfortführung – die Obergrenze darstellen soll, ist mit dem Gesetz daher nicht vereinbar (glA *Neu/Schiffers/Watermeyer* GmbHR 2011, 729, 732; *Kutt/Carstens* in FGS/BDI UmwStE 2011, S 141).

135 Die Wirtschaftsgüter müssen **einheitlich** mit dem Buchwert oder Zwischenwert angesetzt werden (Rn. 103), dh ein selektiver Ansatz von Buchwerten, Zwischenwerten oder gemeinen Werten der einzelnen Wirtschaftsgüter ist nicht (mehr) möglich (*Schmitt* in SHS § 3 Rn. 57; *Möhlenbrock/Pung* in D/P/M § 3 UmwStG Rn. 128). Zur Möglichkeit der sog. selektiven Aufstockung im UmwStG 1995 vgl Rn. 147 sowie 2. Aufl. Rn. 64 ff.

136 **Abweichungen** vom einheitlichen Ansatz können sich ergeben, soweit bei einzelnen Gesellschaftern der übernehmenden Gesellschaft die Voraussetzungen des § 3 II nicht vorliegen oder wenn Gegenleistungen gewährt werden, die nicht in Gesellschaftsrechten bestehen. In diesen Fällen kann nur insoweit der Buch- oder ein Zwischenwert (bei allen Wirtschaftsgütern einheitlich) angesetzt werden, als die Gesellschafter entsprechend ihren Beteiligungen die Voraussetzungen des § 3 II erfüllen, sog. **anteiliger Buchwertansatz** (*Möhlenbrock/Pung* in D/P/M § 3 UmwStG Rn. 130; *Förster/Felchner* DB 2006, 1073; *Dötsch/Pung* DB 2006, 2708). Ein nur anteiliger Buchwertansatz kann demnach einschlägig sein, soweit einzelne Gesellschafter der übernehmenden Personengesellschaft persönlich steuerbefreit sind, die deutsche Besteuerung des Veräußerungsgewinns bei diesen durch die Umwandlung ausgeschlossen oder eingeschränkt wird oder den Gesellschaftern eine andere Gegenleistung als Gesellschaftsrechte an der übernehmenden Personengesellschaft gewährt wird (vgl jedoch Rn. 137 zu den verschiedenen Ansätzen, ob anteilige oder die Gesamt-Buchwerte dem Wert der anderen Gegenleistung zugeordnet werden).

137 Entsprechend der **Beteiligungsquote** der Gesellschafter, für die die Voraussetzungen des § 3 II nicht erfüllt sind, sind die Wirtschaftsgüter mit dem gemeinen Wert anzusetzen (*Schmitt* in SHS § 3 Rn. 84). Der in der Schlussbilanz anzusetzende Wert ergibt sich aus der anteilig möglichen Buchwertfortführung einerseits und dem anteiligen Ansatz des gemeinen Wertes der Wirtschaftsgüter (*Hohenlohe/Rautenstrauch/Adrian* GmbHR 2006, 625). Soweit eine nicht in Gesellschaftsrechten bestehende Gegenleistung gewährt wird, sollen laut FinVerw zwingend stille Reserven aufzudecken sein, und zwar in Höhe der Differenz des Werts dieser Gegenleistung und den **anteiligen Buchwerten,** wobei sich der anteilige Buchwert nach dem Verhältnis des Werts der Gesellschaftsrechte zum Wert der anderen Gegenleistung bestimmt (vgl Berechnungsbeispiel in UmwStE Rn. 03.23).

Der BFH hat demgegenüber in vergleichbaren Regelungszusammenhängen den Wert der anderen Gegenleistung ins Verhältnis zum **Gesamt-Buchwert** gestellt (BFH v 10.7.1986 – IV R 12/81, BStBl. II 1986, 811; v 22.9.1994 – IV R 61/93, BStBl. II 1995, 367; v 21.6.2012 – IV R 1/08, DStR 2012, 1500; v 19.9.2012 – IV R 11/12, DStR 2012, 2051). Nach diesem Ansatz sind stille Reserven nur insoweit aufzudecken, als der Wert der anderen Gegenleistung den Gesamt-Buchwert übersteigt (so auch *Kutt/Carstens* in FGS/BDI UmwStE 2011, S 151 f.; *Schießl* UmwStE 2011, Rn. 174).

d) Zwischenwert

Soweit die Voraussetzungen des § 3 II erfüllt sind, können die übergehenden Wirtschaftsgüter einheitlich mit einem Wert angesetzt werden, der zwischen dem Buchwert und dem gemeinen Wert liegt, sog. Zwischenwert. Auf Grund der gesetzlichen Anordnung, dass das Wahlrecht einheitlich auszuüben ist, ist eine selektive Aufstockung nicht mehr möglich (Rn. 147). **138**

Wählt die übertragende Körperschaft den Ansatz von Zwischenwerten, sind die Buchwerte einheitlich, dh **gleichmäßig und verhältnismäßig aufzustocken** (UmwStE Rn. 03.25). Dieses Vorgehen entspricht der sog. **zweistufigen Stufentheorie** (*Siegel* DStR 1991, 1478; zu den verschiedenen Formen der Stufentheorie *Dörfler/Wittkowski* GmbHR 2007 358), wonach die stillen Reserven gleichmäßig sowohl bei allen bisher aktivierten als auch bei den bisher nicht aktivierten immateriellen Wirtschaftsgütern (einschließlich Firmen- oder Geschäftswert) aufzudecken sind (glA *Patt* in D/P/M § 20 UmwStG Rn. 206 f.; *Dötsch/Stimpel* in D/P/M § 11 UmwStG § 11 Rn. 29; *Schnitter* in F/D § 3 UmwStG Rn. 126; iE ebenso *Birkemeier* in R/H/vL § 3 Rn. 126 f.). Die stillen Reserven sind im Verhältnis des gemeinen Wertes des Einzelwirtschaftsgutes zum gemeinen Wert der gesamten übergehenden Wirtschaftsgüter aufzudecken (*Birkemeier* in R/H/vL § 3 Rn. 127; *Schnitter* in F/D § 3 UmwStG Rn. 127; vgl RFH v 14.1.1942, RStBl. 1942, 315; BFH v 22.6.1965, BStBl. III 1965, 483). **139**

Die bereits von der FinVerw zum UmwStG 1995 vertretene Auffassung, dass die stillen Reserven nach der **sog. modifizierten Stufentheorie** (dh zunächst gleichmäßige Aufdeckung der stillen Reserven in den bilanzierten und nicht bilanzierten Wirtschaftsgütern bis zum gemeinen Wert (UmwStG 1995: Teilwert) und erst dann die Aufdeckung stiller Reserven im Rahmen eines Firmen- oder Geschäftswerts) aufzustocken sind, ist mit dem aktuellen UmwStE aufgegeben worden. Nach UmwStE Rn. 03.26 iVm 03.23 und 03.24 erfolgt die Aufstockung hinsichtlich aller aktivierter und nicht aktivierter Wirtschaftsgüter – einschließlich des Geschäfts- bzw. Firmenwertes – (anteilig) **einheitlich** (Übergangsregelung in UmwStE Rn. S 03). Soweit teilw. die Gegenauffassung vertreten wird (*Kutt/Carstens* in FGS/BDI UmwStE 2011, S 154; *Geberth* DB 2011, Heft 22/M 1; *Schießl* UmwStE 2011, Rn. 176 f.), kann dem auf Grund des eindeutigen Wortlauts des § 3 II nicht gefolgt werden. Die übergehenden Wirtschaftsgüter sind einheitlich anzusetzen. Auch der Firmen- oder Geschäftswert ist ein (immaterielles) Wirtschaftsgut, das auf die Übernehmerin übergeht. Daher sind auch die in diesem Wirtschaftsgut vorhandenen stillen Reserven gleichmäßig aufzudecken (glA zu § 20 *Patt* in D/P/M § 20 UmwStG Rn. 207; *Herlinghaus* in R/H/vL § 20 Rn. 177; aA *Bodden* FR 2007, 68; allgemein zur modifizierten Stufentheorie vgl BFH v 14.6.1994 – VIII R 37/93, BStBl. II 1995, 246; *Herzig* DB 1990, 133; *Hörger/Stobbe* DStR 1991, 1231; zur Vorgehensweise vgl *Widmann* in W/M § 3 Rn. R 442 ff.). **140**

Insoweit die Voraussetzungen des § 3 II nicht erfüllt sind, ist zwingend der gemeine Wert anzusetzen **(anteiliger Zwischenwertansatz).** Der im Ergebnis in der Schlussbilanz anzusetzende Wert liegt dann zwischen dem gewählten Zwischenwert und dem gemeinen Wert. Der anteilige Zwischenwert liegt daher zwischen dem anteiligen Buchwert und dem gemeinen Wert. Dazu folgendes Beispiel: **141**

Beispiel: Die A-GmbH hält ausschließlich eine Immobilie, deren Buchwert 100 und deren gemeiner Wert 200 beträgt. Die A-GmbH wird auf die B-KG verschmolzen. Nach der Verschmelzung sind vier Gesellschafter an der B-KG zu gleichen Teilen beteiligt. Hinsichtlich der Beteiligung eines Gesellschafters sind nicht alle Voraussetzungen des § 3 II erfüllt (zB persönliche Steuerbefreiung). Die A-GmbH wählt den Ansatz von Zwischenwerten und möchte stille Reserven in Höhe von 40 aufdecken. Insoweit jedoch die Voraussetzungen für den Zwischenwertansatz nicht erfüllt sind (¼), ist der gemeine Wert anzusetzen. In der Schlussbilanz der A-GmbH ist das Grundstück mit einem Wert von 155 anzusetzen (¾ × 140 + ¼ × 200). Möchte die A-GmbH in der Schlussbilanz einen Wert von 140 ansetzen, muss ein Zwischenwertansatz gewählt werden, der nur stille Reserven in Höhe von 20 aufdeckt (¾ × 120 + ¼ × 200). Der geringste Wertansatz der Immobilie in der steuerlichen Schlussbilanz ist der anteilige Buchwert. Dieser beträgt 125 (¾ × 100 + ¼ × 200).

142–144 *(einstweilen frei)*

e) Aufdeckung stiller Reserven zur Nutzung von Verlustvorträgen

145 Grundsätzlich ist es für die übertragende Körperschaft vorteilhaft, soweit wie möglich die **Buchwerte fortzuführen** (*Schaflitzl/Widmayer* BB Special 8–2006, 41). Die (teilweise) Aufdeckung stiller Reserven löst einen höheren, kstpfl. und gewstpfl. Übertragungsgewinn sowie eine höhere fiktive Gewinnausschüttung nach § 7 UmwStG aus. Letzteres folgt daraus, dass der durch die Aufdeckung entstehende Ertrag (abzgl. der darauf entfallenden Steuerbelastung) die offenen Rücklagen erhöht (*Müller/Maiterth* WPg 2007, 252; *Förster/Felchner* DB 2006, 1073; zur fiktiven Gewinnausschüttung § 7 Rn. 65 ff.). Diese unterliegt bei allen Anteilseignern nach § 7 der Besteuerung. Ebenso erhöht sich durch die Aufstockung der Buchwerte das Übernahmeergebnis; bei dessen Ermittlung werden allerdings die Bezüge nach § 7 ergebnismindernd berücksichtigt, § 4 V 2 (§ 4 Rn. 278 f.).

146 Vorhandene verrechenbare Verluste, **Verlustvorträge,** nicht ausgeglichene negative Einkünfte (dazu gehören auch Verluste aus dem laufenden Geschäftsjahr, BT-Drs. 16/2710, 38) sowie der Zinsvortrag nach § 4h EStG gehen nicht auf die Übernehmerin über, sondern mit der Umwandlung unter, § 4 II 2 (§ 4 Rn. 200 ff.). Durch die (teilweise) Aufdeckung von stillen Reserven in der steuerlichen Schlussbilanz können Verlustvorträge genutzt und in **Abschreibungspotential** bei der Übernehmerin umgewandelt werden (*Lemaitre/Schönherr* GmbHR 2007, 176). Die Übertragung ist die letzte Möglichkeit, diese Verluste noch zu nutzen (*Schaflitzl/Widmayer* BB Special 8–2006, 41; *Braun/Troost* DStR 2004, 1864 f.; krit. *Förster/Felchner* DB 2006, 1073). Allerdings ist bei der Nutzung von vorhandenen Verlustvorträgen die Mindestbesteuerung nach § 10d II EStG zu beachten, sodass es trotz ausreichend hoher Verlustvorträge zu einer Besteuerung des Übertragungsgewinns kommen kann. Darüber hinaus ist zu beachten, dass die Wahl eines optimalen Zwischenwertes häufig schwierig ist, da die Höhe des gewstl Verlustvortrags aufgrund gewstl Hinzurechnungen (§ 8 GewStG) idR niedriger sein dürfte als der kstl Verlustvortrag. Auch wirkt sich die Aufdeckung stiller Reserven auf die Besteuerung der Anteilseigener nach § 7 und den Übernahmegewinn aus. Zur Neufassung des § 2 IV durch das JStG 2009, durch die die Möglichkeit, den Übertragungsgewinn mit verrechenbaren Verlusten oder Verlustvorträgen des übertragenden Rechtsträgers zu verrechnen, erheblich eingeschränkt worden ist, vgl § 2 Rn. 109 ff. und § 20 Rn. 607 ff.

147 Im UmwStG 1995 bestand nach umstrittener Auffassung auch die Möglichkeit, nur in einzelnen Wirtschaftsgütern die stillen Reserven aufzudecken (sog. selektive Aufstockung, vgl 2. Aufl. Rn. 64 ff.). Auf Grund der nunmehr ausdrücklichen Vorschrift in § 3 II 1, dass die Wirtschaftsgüter nur einheitlich mit dem Buch- oder Zwischenwert angesetzt werden können, ist eine **selektive Aufstockung** im Rahmen der steuerlichen Schlussbilanz nicht mehr möglich. Allerdings kann die Aufstockung der stillen Reserven in einzelnen Wirtschaftsgütern durch Veräußerung oder durch Ausgliederung einzelner Wirtschaftsgüter erreicht werden (*Haritz/Slabon* FR 1997, 172 f.; *Widmann* in W/M § 3 Rn. R 454 f.).

148, 149 *(einstweilen frei)*

V. Anrechnung fiktiver ausländischer Steuern

Ist im Rahmen einer Verschmelzung oder Spaltung einer unbeschränkt stpfl. Körperschaft Art. 10 FusionsRL anzuwenden (Hinaus-Verschmelzung bzw. Hinaus-Spaltung), kann die KSt auf den Übertragungsgewinn (Rn. 230) durch Anrechnung einer fiktiven ausländischen Steuer gemäß § 26 KStG gemindert werden, § 3 III 1. Die Anrechnung fiktiver Steuern ist jedoch nur möglich, soweit die übergehenden Wirtschaftsgüter einer **Betriebsstätte** der übertragenden Körperschaft zuzurechnen sind, die in einem anderen **EU-Mitgliedstaat** belegen ist und Deutschland die Doppelbesteuerung bei der übertragenden Körperschaft nicht durch Anwendung der Freistellungsmethode vermeidet, § 3 III 2 (UmwStE Rn. 03.31). In diesem Fall sind die Wirtschaftsgüter, die der ausländischen Betriebsstätte zuzurechnen sind, mit dem gemeinen Wert anzusetzen (BT-Drs. 16/2710, 38; *Möhlenbrock/Pung* in D/P/M § 3 UmwSt Rn. 157 ff.), da das Besteuerungsrecht Deutschlands insoweit eingeschränkt wird. Zur Vorgehensweise im Einzelnen vgl § 20 Rn. 695. 150

Die Anrechnung fiktiver ausländischer Steuer ist daher insbesondere in den Fällen des **§ 20 II AStG** von Bedeutung (*Rödder/Schumacher* DStR 2006, 1530), zB im Zusammenhang mit dem Protokoll Nr. 8 zu Art. 24 DBA-Portugal, da idR die jeweiligen DBA die Freistellungsmethode für die in Mitgliedstaaten belegenen Betriebsstätten vorsehen (*Möhlenbrock/Pung* in D/P/M § 3 UmwStG Rn. 157 ff.). Eine Anrechnung findet auch dann statt, wenn das DBA für Betriebsstättengewinne grds zwar die Freistellungsmethode vorsieht, diese aber unter einem sog. Aktivitätsvorbehalt steht und dieser Vorbehalt im konkreten Fall nicht erfüllt ist (*Maier* in Schneider/Ruoff/Sistermann UmwStE 2011, H 3.81, 3.82). 151

Der **anrechenbare Steuerbetrag** ergibt sich unter Anwendung der ausländischen Rechtsvorschriften unter der Annahme einer Veräußerung der Wirtschaftsgüter der übergehenden Betriebsstätte zum gemeinen Wert. Zur Ermittlung des anrechenbaren Steuerbetrags soll nach Auffassung die FinVerw regelmäßig ein Auskunftsersuchen nach § 117 AO an den ausländischen Betriebsstättenstaat erforderlich sein (UmwStE Rn. 03.32). 152

Räumt der Betriebsstättenstaat der übertragenden Gesellschaft anlässlich der Umwandlung ein Wahlrecht zur Aufdeckung der stillen Reserven der Betriebsstätte ein und kommt es zu einer Besteuerung der aufgedeckten stillen Reserven, richtet sich die Anrechnung einer **tatsächlich erhobenen Steuer** nach den allgemeinen Vorschriften des § 26 KStG (BT-Drs. 16/2710, 38; *Schnitter* in F/D § 3 UmwStG Rn. 228). 153

(einstweilen frei) 154–159

VI. Einzelfälle der Bilanzierung

1. Ausländisches Vermögen

Bereits vor der Erweiterung des Anwendungsbereichs des UmwStG und der Einführung einer Pflicht zur Erstellung einer steuerlichen Schlussbilanz nach deutschem Steuerrecht (Rn. 80) war allgemein anerkannt, dass jegliches Vermögen – und damit auch ausländisches Vermögen – der übertragenden Körperschaft **in der Schlussbilanz anzusetzen** ist (so bereits zum UmwStG 1995 2. Aufl. Rn. 78 ff.; UmwStE 1998 Rn. 03.05). Grundsätzlich ist das ausländische Vermögen nach § 3 I mit dem gemeinen Wert anzusetzen (Rn. 89). Buchwertfortführung oder der Ansatz von Zwischenwerten ist insoweit möglich, als die Voraussetzungen des § 3 II erfüllt sind, dh soweit das ausländische Vermögen Betriebsvermögen der übernehmenden Personengesellschaft oder der übernehmenden natürlichen Person wird (Rn. 106), die spätere Besteuerung mit ESt oder KSt sichergestellt ist (Rn. 114), das Besteuerungsrecht Deutschlands an den 160

Gewinnen aus der Veräußerung der übergehenden Wirtschaftsgüter nicht eingeschränkt wird (Rn. 117) und keine Gegenleistung gewährt wird, die nicht in Gesellschaftsrechten besteht (Rn. 123).

161 Die Fortführung der Buchwerte für das ausländische Vermögen kann aber fraglich sein, wenn das ausländische Vermögen nicht von der Gesamtrechtsnachfolge erfasst wird.

a) Übergang des Vermögens mit engem Bezug zur Umwandlung

162 Diese zivilrechtliche Frage richtet sich nach der **lex rei sitae** (*Widmann* in W/M § 3 Rn. 89). Erkennt das Recht des ausländischen Staates den Vermögensübergang im Wege der Gesamtrechtsnachfolge nicht an, so ist eine Einzelrechtsübertragung erforderlich, die sich nach ausländischem Recht richtet.

163 Damit die Möglichkeit der Buchwertfortführung oder eines (anteiligen) Zwischenwertansatzes bei ausländischem Vermögen der übertragenden Kapitalgesellschaft nicht daran scheitert, dass das ausländische Recht den Vermögensübergang im Wege der Gesamtrechtsnachfolge nicht anerkennt, war nach der schon zum UmwStG 1977 vertretenen hM auf folgende Grundsätze abzustellen: Erfolgt die Übertragung des in dem ausländischen Staat belegenen Vermögens innerhalb des achtmonatigen Zeitraums zwischen dem Umwandlungsstichtag und der Anmeldung des Umwandlungsbeschlusses, geschieht dies in ausreichender „gewisser **zeitlicher Nähe**" zum Umwandlungsvorgang (vgl *Dötsch/Pung* in D/P/P/M § 3 UmwStG (SESTEG) Rn. 42; *Widmann* in W/M § 3 Rn. R 90; *Schmitt* in SHS § 3 Rn. 93). Auch dann, wenn die Übertragung des ausländischen Vermögens erst nach Anmeldung oder nachfolgender Eintragung des Umwandlungsbeschlusses erfolgt, kann dennoch ein enger Bezug zur Umwandlung gesehen werden, wenn die Übertragung zeitnah stattfindet (ebenso *Dötsch* BB 1998, 1031; *Schmitt* in SHS § 3 Rn. 93; *Widmann* in W/M § 3 Rn. R 89). Weder der Acht-Monatszeitraum noch die Eintragung des Umwandlungsbeschlusses sind als Ausschlusstatbestände für den Übergang ausländischen Vermögens im Zuge der Umwandlung geeignet. Der Acht-Monatszeitraum greift lediglich für die steuerliche Rückwirkungsfiktion. Die Eintragung des Umwandlungsbeschlusses mag in Einzelfällen überhaupt erst Voraussetzung dafür sein, ausländisches Betriebsvermögen auf den neuen Rechtsträger zu übertragen. Der neue Rechtsträger entsteht uU erst mit der Eintragung. In allen Fällen, in denen die notwendige Einzelübertragung ausländischen Vermögens in engem Zusammenhang mit dem Umwandlungsvorgang steht, ist auch das ausländische Vermögen in die Regelungen des UmwStG mit einzubeziehen (*Dötsch* BB 1998, 1031) und folglich eine Weiterführung von Buchwerten möglich (glA *Möhlenbrock/Pung* in D/P/M § 3 UmwStG Rn. 111). Zur ggf erforderlichen Anrechnung fiktiver Steuern nach § 3 III vgl Rn. 150 ff.

b) Vermögen geht nicht mit engem Bezug zur Umwandlung über

164 Wird das ausländische Betriebsvermögen nicht (oder nicht zeitnah) wirksam auf die übernehmende Personengesellschaft oder natürliche Person übertragen, besteht die übertragende Körperschaft insoweit fort, als sie trotz der Umwandlung noch immer über Vermögen verfügt. In diesen Fällen hat eine Nachtragsliquidation zu erfolgen. Für den Fall, dass eine ausländische Betriebsstätte verselbstständigt wird und ihr Vermögen nicht auf die Übernehmerin übergeht, wird die Auffassung vertreten, dass sich die Besteuerungsfolgen nach den Regelungen über die Wegzugsbesteuerung (§ 12 KStG) richten (*Dötsch/Pung* in D/P/P/M § 3 UmwStG (SESTEG) Rn. 42; *Widmann* in W/M § 3 Rn. R 119 und R 337). Dem ist jedoch nur unter der Voraussetzung zuzustimmen, dass die geschäftliche Oberleitung ebenfalls in dem Belegenheitsstaat der „Betriebsstätte" erfolgt. Soweit dies nicht der Fall ist, erfolgt die Besteuerung erst im Rahmen der Vollbeendigung der übertragenden Körperschaft. Soweit die FusionsRL umgesetzt worden ist, dürfte sich dieses Problem jedoch nicht mehr stellen.

c) Besteuerung

165 Ausländisches Vermögen des übertragenden Rechtsträgers, das auf die übernehmende Personengesellschaft oder natürliche Person im Rahmen der Umwandlung übergeht, ist grundsätzlich nach § 3 I mit dem **gemeinen Wert** anzusetzen. Unabhängig vom Besteuerungsrecht der Bundesrepublik Deutschland können die übergehenden Wirtschaftsgüter aber auch einheitlich (inländische und ausländische Wirtschaftsgüter) mit dem **Buchwert** oder einem **Zwischenwert** angesetzt werden (*Förster/Felchner* DB 2006, 1077 f.; zum UmwStG 1995: UmwStE 1998 Rn. 03.05; vgl *Widmann* in W/M § 3 Rn. R 95 f., R 333), soweit die Voraussetzungen des § 3 II erfüllt sind (Rn. 100 ff.). Dies ist insbesondere dann der Fall, wenn eine ausländische Betriebsstätte vorliegt, die sich in einem Staat befindet, bei dem das einschlägige DBA die Freistellungsmethode für Betriebsstätteneinkünfte vorsieht. Gleiches gilt, wenn nur unbeschränkt stpfl. Gesellschafter vorhanden sind (*Möhlenbrock/Pung* in D/P/M § 3 UmwStG Rn. 103). Dies fußt auf dem vorbehaltlosen Wortlaut von § 3 und dem Grundsatz, dass für die Bewertung ausländischen Betriebsstättenvermögens in einer inländischen Steuerbilanz deutsches Steuerrecht maßgeblich ist (*Dötsch* BB 1998, 1032). Der Übertragungsgewinn, der durch den Ansatz eines über dem Buchwert liegenden Wertes entsteht, unterliegt der deutschen Besteuerung mit KSt in Bezug auf die aufgedeckten stillen Reserven, die auf das ausländische Vermögen entfallen, nur, wenn der Bundesrepublik Deutschland das Besteuerungsrecht hieran zusteht (*Schmitt* in SHS § 3 Rn. 114; *Möhlenbrock/Pung* in D/P/M § 3 UmwStG Rn. 112 f.; *Widmann* in W/M § 3 Rn. R 336). Dazu s. sogleich Rn. 167 ff. Für den Fall der Beteiligung an einer Kapitalgesellschaft s. Rn. 176.

166 Zwar sollte vorzugsweise die steuerliche Bewertung der Wirtschaftsgüter im Falle eines (auch) **ausländischen Besteuerungsrechts korrespondierend mit der Gewinnrealisierung** im Ausland (bei Gewinnrealisierung im Ausland Ansatz der gemeinen Werte; keine Gewinnrealisierung im Ausland, dann Fortführung der Buchwerte; bei ausländischen Wahlrechten korrespondierende Ansätze im Inland) erfolgen, allerdings ist ausweislich der Gesetzesbegründung (BT-Drs. 16/2710, 38) der Ansatz in der steuerlichen Schlussbilanz unabhängig vom ggf abweichenden Ansatz der übergehenden Wirtschaftsgüter nach ausländischem Recht. Gegen eine Bindung an den ausländischen Wertansatz spricht auch der Grundsatz, dass der Gewinn ausländischer Betriebsstätten für deutsche Steuerzwecke regelmäßig nur nach den Grundsätzen des deutschen Steuerrechts zu ermitteln ist (*Förster/Felchner* DB 2006, 1077 f.; BMF v 24.12.1999, BStBl. I 1999, 1076 Rn. 2.1). Die Wahlrechtsausübung hat aber stets einheitlich zu erfolgen.

167 Das Besteuerungsrecht steht nicht allein der Bundesrepublik Deutschland, sondern insb in folgenden Fällen (auch) dem Belegenheits- oder Betriebsstättenstaat zu: Für Übertragungsgewinne aus Betriebsstätten, Mitgliedschaften an transparenten ausländischen Personengesellschaften bzw. unbeweglichem Vermögen besteht in DBA-Fällen nach Art. 7, 6 (beim Formwechsel ggf Art. 21 II) iVm Art. 23 A OECD-MA regelmäßig ein alleiniges Besteuerungsrecht des anderen Staates (*Wassermeyer* in Schaumburg/Piltz IntUmwStR, S 124; *Engl* in Schaumburg/Piltz IntUmwStR, S 79); in Nicht-DBA-Fällen steht das Besteuerungsrecht beiden Staaten zu, wobei eine Doppelbesteuerung im Inland unter den Voraussetzungen des § 26 KStG durch Anrechnung ausländischer Steuern verringert bzw. vermieden wird (*Dötsch* BB 1998, 1031). Vergleichbares kann für DBA-Fälle gelten, soweit Aktivitätserfordernisse nicht erfüllt sind (zB Art. 24 I Nr. 1a DBA-Schweiz; vgl *Engl* in Schaumburg/Piltz IntUmwStR, S 80).

168 **aa) Nicht-DBA-Fall/DBA mit Anrechnungsmethode.** Im **Nicht-DBA-Fall/DBA mit Anrechnungsmethode** kann es zu einer **Doppelbesteuerung** kommen, soweit die Umwandlung im Ausland zu einer dort stpfl. Gewinnrealisierung führt und die übertragende Körperschaft die Wirtschaftsgüter in der inländischen Übertragungsbilanz dennoch zu Buch- oder Zwischenwerten bewertet. In diesem Fall spiegelt die inländische Steuerbilanz die ausländische Gewinnrealisierung nicht wider und ein späterer, im Inland

stpfl. Realisationsvorgang würde erneut der Besteuerung (diesmal im Inland) unterliegen (glA *Möhlenbrock/Pung* in D/P/M § 3 UmwStG Rn. 112). Im Inland entsteht bei Buchwertfortführung kein und bei Zwischenwertansatz nur insoweit ein (stpfl.) Übertragungsgewinn, als stille Reserven aufgedeckt werden. Dadurch ist die Anrechnung der ausländischen Steuern im Hinblick auf § 26 KStG bzw. Art 23 B OECD-MA gefährdet, weil zumindest insoweit keine oder weniger stpfl. Einkünfte vorliegen.

169 Um eine Anrechnung der ausländischen Steuer erreichen zu können, müssen die stillen Reserven der übergehenden Wirtschaftsgüter in der steuerlichen Schlussbilanz aufgedeckt werden. Bei der Übernehmerin würden die Wirtschaftsgüter dann mit dem entsprechenden gemeinen Wert oder Zwischenwert in der Übernahmebilanz aufzunehmen sein (step-up). Folglich würde sich dann der Übernahmegewinn erhöhen bzw. der Übernahmeverlust verringern.

170 **bb) DBA mit Freistellungsmethode.** Auch im Fall von **DBA mit Freistellungsmethode** können sich **Doppelbesteuerungsproblematiken** ergeben, wenn der ausländische Betriebsstättenstaat die Umwandlung als Gewinnrealisierungsvorgang behandelt und die stillen Reserven in der Betriebsstätte besteuert (*Förster/Felchner* DB 2006, 1078). In der Übertragungsbilanz und damit korrespondierend in der Bilanz der Übernehmerin (§ 4 Rn. 35, 52) können die Buchwerte, Zwischenwerte oder die gemeinen Werte angesetzt werden. Auf Grund der im DBA vereinbarten Freistellungsmethode wird der Gewinn, der je nach Wertansatz aus der Aufdeckung der stillen Reserven, die auf das ausländische Betriebsvermögen entfallen, entsteht, in Deutschland nicht besteuert (*Widmann* in W/M § 3 Rn. 97; *Schmitt* in SHS § 3 Rn. 114; *Möhlenbrock/Pung* in D/P/M § 3 UmwStG Rn. 112). Allerdings wird für Zwecke der Ermittlung des Übernahmegewinns nach § 4 IV UmwStG das Betriebsstättenvermögen mit dem gemeinen Wert angesetzt, um die Besteuerung der stillen Reserven, die in der untergehenden Beteiligung an der übertragenden Körperschaft enthalten sind, sicherzustellen, § 4 IV 2 (§ 4 Rn. 241 f.). Für die Bewertung in der Bilanz der übernehmenden Personengesellschaft oder natürlichen Person bleibt es jedoch bei der Bindung an den Wertansatz in der steuerlichen Schlussbilanz der übertragenden Körperschaft (*Förster/Felchner* DB 2006, 1077; *Dötsch/Pung* DB 2006, 2711). Zur Behandlung des Übernahmegewinnes bei ausländischem Vermögen und weiteren steuerlichen Konsequenzen der Umwandlung s. § 4 Rn. 87 ff.; *Dötsch* DB 2006, 2710; *Förster/Felchner* DB 2006, 1077 ff.

171 **cc) Entstrickungsvorbehalt.** Zwar kann der deutsche Fiskus durch die Umwandlung das **Besteuerungsrecht verlieren** (vgl Art. 7 OECD-MA), wenn tatsächlich zu einer ausländischen Betriebsstätte gehörende Wirtschaftsgüter (mit stillen Reserven) auf einen beschränkt stpfl. Gesellschafter mit Wohnsitz in einem Nicht-DBA-Staat übertragen werden oder wenn ein im Ausland belegener Teilbetrieb abgespalten wird (*Wassermeyer* in Schaumburg/Piltz IntUmwStR, S 123, 126). Auf Grund des nunmehr in § 3 II 1 enthaltenen Entstrickungsvorbehaltes und des zwingenden Ansatzes mit dem gemeinen Wert von Betriebsstättenvermögen, das nach DBA freigestellt ist, ist die Besteuerung der stillen Reserven im Inland jedoch sichergestellt und zwar unabhängig davon, ob Deutschland ein unmittelbares Besteuerungsrecht (kein DBA oder DBA mit Anrechnungsmethode) oder nur ein mittelbares Besteuerungsrecht (über die Anteile an der übertragenden Gesellschaft) hatte (*Förster/Felchner* DB 2006, 1072/1077 f.; *Dötsch/Pung* DB 2006, 2704/2710 f.; anders noch im UmwStG 1995 als Folge eines fehlenden Entstrickungsvorbehaltes: vgl 2. Aufl. Rn. 87 mwN).

172 **dd) Verstrickungsproblematik.** Durch den Umwandlungsvorgang kann es auch zu einer erstmaligen Verstrickung von stillen Reserven im Inland kommen. Eine erstmalige Verstrickung erfolgt zB bei einer Inlandsumwandlung mit Auslandsbezug (Betriebsstätte in Staat mit DBA-Freistellung) durch die Anwendung des Progressionsvorbehalts bei natürlichen Personen (Variante 1) oder bei einer Verschmelzung einer ausländischen Körperschaft

auf eine Personengesellschaft mit in Deutschland unbeschränkt stpfl. Gesellschaftern, wenn ausländisches Betriebsstättenvermögen übergeht und in dem entsprechenden DBA die Freistellungsmethode für die Betriebsstätteneinkünfte nicht vorgesehen ist (Variante 2; *Schaflitzl/Widmayer* BB Special 8–2006, 40; *Lemaitre/Schönherr* GmbHR 2007, 175; *Schnitter* in F/D § 3 UmwStG Rn. 172). Die allgemeine Verstrickungsregelung (§ 4 I 7 iVm § 6 I Nr. 5a EStG) schreibt die Bewertung mit dem gemeinen Wert – und zwar unabhängig vom Wertansatz im Betriebsstättenstaat – vor. Dies ist systemgerecht, da die Bundesrepublik Deutschland bis zur Verstrickung kein Besteuerungsrecht hat und ihr daher auch eine Besteuerung der in diesem Zeitraum entstandenen stillen Reserven nicht zusteht (glA *Rödder/Schumacher* DStR 2006, 1486; *Stadler/Elser* BB Special 8–2006, 23).

Im **UmwStG** findet sich **keine Regelung** für umwandlungsbedingte Steuerverstrickungen. Wählt der übertragende Rechtsträger die Fortführung der Buchwerte, ist der übernehmende Rechtsträger an diesen Wertansatz gebunden. Die in dem ausländischen Betriebsstättenvermögen enthaltenen und erstmals steuerverstrickten stillen Reserven werden durch die einheitliche Buchwertfortführung nicht aufgedeckt und können im Falle einer späteren Realisation der inländischen Besteuerung unterliegen (Variante 2) oder im Rahmen des Progressionsvorbehaltes berücksichtigt werden (Variante 1). Im Fall von Betriebsstättenvermögen, für das Deutschland vor der Umwandlung kein Besteuerungsrecht hatte (DBA mit Freistellung; Variante 1), kann es sogar zu einer doppelten Erfassung der erstmals steuerverstrickten stillen Reserven kommen (Übernahmegewinn und spätere Veräußerung). 173

Um diese **(doppelte) Erfassung** der in der ausländischen Betriebsstätte bis zur Verstrickung aufgebauten stillen Reserven zu **vermeiden,** wird vertreten, dass im Falle der erstmaligen Verstrickung von Wirtschaftsgütern diese mit dem gemeinen Wert anzusetzen sind (*Schaflitzl/Widmayer* BB Special 8–2006, 40; *Förster/Felchner* DB 2006, 1080; *Schnitter* in F/D § 3 UmwStG Rn. 172). Dabei wird auf die allgemeine Verstrickungsregelung verwiesen. Eine Anwendung dieser Regelung ist jedoch nicht möglich. Die Verstrickung erfolgt erstmalig auf Ebene der übernehmenden Personengesellschaft oder natürlichen Person. Diese ist nach § 4 I 1 an die Wertansätze in der steuerlichen Schlussbilanz gebunden. Zwar kann in Einzelfällen abweichend vom Ansatz in der Übertragungsbilanz eine Bewertung mit dem gemeinen Wert vorzunehmen sein, § 4 IV 2. Dies gilt jedoch nur für die Ermittlung des Übernahmeergebnisses, nicht jedoch für den Bilanzansatz bei der Übernehmerin. Auf Ebene der übertragenden Gesellschaft ist die Anwendung der allgemeinen Verstrickungsregelung nicht möglich, da auf dieser Ebene noch keine Verstrickung erfolgt. Die übertragende Gesellschaft hat für in- und ausländisches Betriebsvermögen einheitlich Buchwerte, Zwischenwerte oder den gemeinen Wert anzusetzen. Kommt es im Rahmen einer Umwandlung zu einer Verstrickung, werden die stillen Reserven vollständig steuerverstrickt; ein auf das erstmalig verstrickte Vermögen isolierter Ansatz der gemeinen Werte ist nicht möglich (glA *Lemaitre/Schönherr* GmbHR 2007, 175; *Rödder* in R/H/vL Einf. zu § 3 Rn. 106; *Dötsch/Pung* DB 2006, 2710 f.; *Möhlenbrock/Pung* in D/P/M § 3 UmwStG Rn. 112: nur im Billigkeitswege denkbar). 174

ee) Hinzurechnung nach § 2a III EStG aF. Bei der Umwandlung von Kapitalgesellschaften mit ausländischen Betriebsstätten ist darauf zu achten, dass in früheren Jahren nach § 2a III EStG aF abgezogene Verluste bei Übertragungsgewinnen eine Hinzurechnung nach § 2a III 3 EStG aF auslösen (BT-Drs. 16/2710, 38; *Hohenlohe/Rautenstrauch/Adrian* GmbHR 2006, 625 f.; die zeitliche Begrenzung bis zum VZ 2008 wurde mit dem JStG 2008 v 20.12.2007, BGBl. I 2007, 3150 aufgehoben). 175

Ein zum Zeitpunkt der Umwandlung existenter vortragsfähiger Verlustabzug nach § 2a EStG geht nach § 4 II 1 unter (*Hohenlohe/Rautenstrauch/Adrian* GmbHR 2006, 625 f.; *Rödder/Schumacher* DStR 2006, 1488/1530; so bereits im UmwStG 1995 vgl 2. Aufl. Rn. 88).

2. Beteiligungen

a) Kapitalgesellschaften

176 **aa) Bewertung.** Werden die Wirtschaftsgüter in der Übertragungsbilanz mit dem gemeinen Wert oder einem Zwischenwert angesetzt, ist der gemeine Wert einer Beteiligung an einer Kapitalgesellschaft nach den folgenden Maßstäben zu bestimmen:

177 Beteiligungen an **börsennotierten** Kapitalgesellschaften sind mit den Kurswerten der Aktien anzusetzen (BFH v 26.7.1974 – III R 16/73, BStBl. II 1974, 656; v 23.2.1977 – II R 63/70, BStBl. II 1977, 427; v 1.10.2001 – II B 109/00, BFH/NV 2002, 319; *Eisele* in Rössler/Troll § 11 BewG Rn. 11; vgl auch BVerfG v 27.4.1999, ZIP 1999, 1436 zur Abfindung von Minderheitsgesellschaftern).

178 Für **nicht notierte Anteile** sind die für die Veräußerung von Anteilen kurz vor der Umwandlung erzielten Verkaufspreise maßgebend (sog. Vergleichswertmethode; UmwStE Rn. 03.07; *Knittel* in Gürschinger/Stenger BewG § 9 Rn. 39 ff.). Ist eine derartige Wertermittlung nicht möglich, muss der gemeine Wert anhand eines allgemein anerkannten ertragswert- oder zahlungsstromorientierten Verfahrens (zB discounted cash flow Verfahren, IDW S 1) ermittelt werden. Hierbei verweist die FinVerw auf die Regelungen nach §§ 109, 11 II BewG (UmwStE Rn. 03.07).

179 Bei der Ermittlung des Wertes der Beteiligung ist auch der selbstgeschaffene Firmenwert der Kapitalgesellschaft, an der die Beteiligung besteht, zu berücksichtigen (*Widmann* in W/M § 3 Rn. R 342; teilweise aA *Felix/Stahl* DStR 1986 Beihefter zu Heft 3, C I 1c, die in entsprechender Anwendung des § 290 HGB originäre immaterielle Wirtschaftsgüter zumindest bei einer Mehrheitsbeteiligung ausnehmen wollen).

180 **bb) Besteuerung.** Ist die übertragende Körperschaft an einer anderen Körperschaft beteiligt, so bleibt ein Übertragungsgewinn, der dadurch entsteht, dass hinsichtlich der Beteiligung ein über dem Buchwert liegender Wertansatz in der steuerlichen Schlussbilanz gewählt wird oder zwingend vorzunehmen ist, unter den Voraussetzungen des § 8b KStG steuerfrei.

181 Die Steuerfreiheit ergibt sich aus der entsprechenden Anwendung des **§ 8b II KStG** (*Kutt/Carstens* in FGS/BDI UmwStE 2011, S 137; *Möhlenbrock/Pung* in D/P/M § 3 UmwStG Rn. 141; *Bodden* FR 2007, 69; *Förster/Felchner* DB 2006, 1073; *Widmann* in W/M § 3 Rn. 549; *Engl* in Schaumburg/Piltz IntUmwStR, S 87 ff.; **aA** *Dötsch* BB 1998, 1030; *Dötsch ua* DB 1998 Beilage Nr. 7, 9). Mit Aufgabe des Maßgeblichkeitsgrundsatzes im Rahmen des UmwStG sollte die Ansicht der FinVerw, wonach § 8b KStG keine Anwendung finde (UmwStE 1998 Rn. 03.11), überholt sein. Dies gilt auch deswegen, weil die FinVerw Umwandlungen (auch) seitens des übertragenden Rechtsträgers als Veräußerungsvorgang behandelt (UmwStE Rn. 00.02). Bereits unter der alten Rechtslage war aber die Steuerfreiheit anzuwenden, da Gewinne durch den Ansatz eines über dem Buchwert liegenden Werts den Veräußerungsgewinnen gleichgestellt werden müssen, weil auch die Verschmelzung gegen Gewährung von Gesellschaftsrechten einen tauschähnlichen Vorgang darstellt und damit einer rechtsgeschäftliche Veräußerung gleichzustellen ist (BFH v 16.5.2002 – III R 45/98 BStBl. II 2003, 10; v 17.9.2003 – I R 97/02, BStBl. II 2004, 686). Hinsichtlich der Verschmelzung von Kapitalgesellschaften nach § 11, Spaltungen nach § 15 sowie in den Fällen einer Gewinnrealisierung ohne Veräußerung von einbringungsgeborenen Anteilen des § 21 Abs. 2 UmwStG 1995 ließ die FinVerw (BMF v 28.4.2003, BStBl. I 2003, 292 Rn. 19, 23) ebenfalls die Anwendung von § 8b II KStG zu. Für einen Einbringungsgewinn wird es im UmwStE ausdrücklich bestätigt (vgl Rn. 20.25).

Ausnahmen von der Steuerfreiheit ergeben sich bei sog. Streubesitzbeteiligungen (unter 10 %, § 8b IV KStG idF des Gesetzes zur Umsetzung des EuGH-Urteils vom 20. Oktober 2011 in der Rechtssache C-284/09 vom 21.3.2013, BGBl. I 2013, 561), bei einbringungsgeborenen Anteilen (§ 8b IV KStG aF), bei teilwertabgeschriebenen Anteilen (§ 8b II 4

KStG) sowie in den Fällen des § 8b VII, VIII KStG. Im Falle einer Steuerfreiheit gelten 5 % des Übertragungsgewinns als nicht abzugsfähige Betriebsausgaben, § 8b III KStG.

Auf Grundlage der früheren **gegenteiligen Ansicht der FinVerw** in UmwStE 1998 Rn. 03.11 ließen sich die Konsequenzen durch Vorfeldgestaltungen beherrschen (*Widmann* in W/M § 3 Rn. 550; *Schaumburg* GmbHR 1996, 420; *Engl* in Schaumburg/Piltz IntUmwStR, S 98): 182

- Veräußerung der Beteiligungen an die Übernehmerin und damit nach § 8b II begünstigte Realisierung der stillen Reserven,
- steuerfreies „Umhängen" der Beteiligungen an eine unbeschränkt stpfl. Schwesterkapitalgesellschaft oder
- Aufspaltung der Kapitalgesellschaft in eine Schachtel-Holding-GmbH mit der Beteiligung an der ausländischen Kapitalgesellschaft (steuerfreie Aufdeckung der stillen Reserven, §§ 11 I, 15 I iVm § 8b II KStG) und einer umzuwandelnden GmbH mit dem restlichen Betriebsvermögen;
- alternativ dazu schlägt *Engl* die Umwandlung der Kapitalgesellschaft in/auf eine GmbH & atypisch Still vor (in Schaumburg/Piltz IntUmwStR, S 106, 109).

Die zweite und dritte Alternative sichern zudem die andernfalls im Rahmen der Umwandlung auf eine Personengesellschaft wegfallenden nationalen und internationalen Schachtelprivilegien und Quellensteuervorteile (bei der letzten Alternative ist dies str., s. *Engl* in Schaumburg/Piltz IntUmwStR, S 98 ff.; BMF v 23.7.1990, BStBl. I 1990, 364; anders noch koordinierte Ländererlasse v 13.11.1989, BStBl. I 1989, 452 Rn. 2).

b) Mitunternehmerschaften

Beteiligungen an Mitunternehmerschaften sind mit dem Wert zu berücksichtigen, der auf die übertragende Körperschaft entfällt, wenn das Vermögen der Personengesellschaft nach den Grundsätzen des § 3 angesetzt wird (*Widmann* in W/M § 3 Rn. R 345). Dies gilt für Beteiligungen an der übernehmenden Personengesellschaft wie auch an anderen Mitunternehmerschaften. Aus Vereinfachungsgründen ist dabei die Bewertung der Beteiligung mit dem auf die Kapitalgesellschaft entfallenden **Kapitalkonto der Personengesellschaft** zulässig (sog. Spiegelbildmethode, vgl *Maier* in Schneider/Ruoff/Sistermann, UmwStE 2011, H 3.29; ausdrücklich UmwStE Rn. 03.10 für den Fall des Buchwertansatzes des Mitunternehmeranteils, unter Berücksichtigung etwaiger Ergänzungs- und Sonderbilanzen). 183

Soweit hierbei in den Wirtschaftsgütern der Personengesellschaft liegende stille Reserven aufgedeckt werden, hat die Aufstockung in der für die Kapitalgesellschaft aufgestellten **Ergänzungsbilanz** der Personengesellschaft zu erfolgen (BFH v 30.4.2003 – I R 102/01, BStBl. II 2004, 804; *Widmann* in W/M § 3 Rn. R 346; *Thiel ua* GmbHR 1998, 406; aA *Dehmer* Erlaß Rn. 03.10: Aufstockung in Ergänzungsbilanz oder Übertragungsbilanz). Allerdings wirkt sich die Aufstockung der Wirtschaftsgüter in der Ergänzungsbilanz im Ergebnis auch auf den Ansatz in der Übertragungsbilanz aus, da der Wertansatz in der Steuerbilanz vom Wert des Wirtschaftsgutes bei der PersGes und etwaigen Ergänzungsbilanzen bestimmt wird (*Rödder* DB 1992, 956; *Wacker* in Schmidt § 15 EStG Rn. 460; zur Frage der Bilanzierung von Beteiligungen an PersGes und deren Einordnung vgl *Reiß* in Kirchof § 15 EStG Rn. 338 ff. mwN). 184

Selbstgeschaffene **immaterielle Wirtschaftsgüter** und ein originärer Geschäfts- oder Firmenwert sind im Falle der Bewertung der Wirtschaftsgüter mit dem gemeinen Wert oder Zwischenwert (anteilig) anzusetzen (Rn. 87, 132, 192 ff.; *Widmann* in W/M § 3 Rn. R 346; UmwStE Rn. 03.04, 03.05). 185

3. Übergang inländischen Vermögens auf eine ausländische Betriebsstätte

Geht inländisches Vermögen im Rahmen der Umwandlung auf eine nach DBA im Inland steuerbefreite ausländische Betriebsstätte über (sog. ungebundenes Vermögen), so ist 186 die Steuerverhaftungsbedingung nach § 3 II 1 Nr. 2 nicht erfüllt und die Wirtschaftsgüter sind mit dem gemeinen Wert anzusetzen (*Förster/Felchner* DB 2006, 1078; *Schaflitzl/Widmayer* BB Special 8–2006, 42; *Bilitewski* FR 2007, 61).

4. Ausstehende Einlagen der Anteilseigner

187 Ausstehende Einlagen sind einerseits reine Wertberichtigungsposten zum Grund- oder Stammkapital und als solche keine verkehrsfähigen, zu bilanzierenden „Wirtschaftsgüter" (so UmwStE 1998 Rn. 03.12 in Bezug auf die nicht eingeforderten ausstehenden Einlagen; *Glade/Steinfeld* § 3 Rn. 379). Andererseits begründen sie eine echte **Forderung** der übertragenden Gesellschaft gegen ihren Gesellschafter, auf welche die Gesellschaft nicht verzichten, die aber abgetreten, verpfändet und gepfändet werden kann und die durch Gesamtrechtsnachfolge auf die übernehmende Gesellschaft übergeht. Ausstehende Einlagen bilden daher – unabhängig davon, ob sie eingefordert wurden oder nicht – ein verkehrs-, also **bilanzierungsfähiges Wirtschaftsgut;** die Einlagenforderung ist daher in der steuerlichen Schlussbilanz anzusetzen (glA *Schmitt* in SHS § 3 Rn. 116; *Widmann* in W/M § 3 Rn. R 145; *Birkemeier* in R/H/vL § 3 Rn. 78 „Ausstehende Einlagen"; *Dehmer* Erlaß Rn. 03.12 mwN); **aA die FinVerw,** die sowohl eingeforderte als auch nicht eingeforderte ausstehende Einlagen (soweit diese nicht bereits nach § 272 I 3 HGB vom gezeichneten Kapital abgesetzt wurden) vom gezeichneten Kapital absetzt (sog. **Nettoausweis;** UmwStE Rn. 03.05; krit. *Maier* in Schneider/Ruoff/Sistermann, UmwStE 2011, H 3.13; *Schmitt/Schloßmacher* UmwStE 2011, Rn. 03.05) und korrespondierend bei der Ermittlung des Übernahmeergebnisses die Anschaffungskosten der untergehenden Anteile um ausstehenden Einlagen mindern möchte (UmwStE Rn. 04.31; *Möhlenbrock/Pung* in D/P/M § 3 UmwStG Rn. 140; *Schnitter* in F/D § 3 UmwStG Rn. 193).

Dies gilt auch für Einlagenforderungen gegen die übernehmende Personengesellschaft/natürliche Person (glA *Schmitt* in SHS § 3 Rn. 116; *Widmann* in W/M § 3 Rn. R 145), da eine Konfusion iSd § 6 erst unmittelbar nach Eintragung der Umwandlung (Verschmelzung, Abspaltung) ins Handelsregister wirksam werden kann (*Birkemeier* in R/H/vL § 3 Rn. 78 „Ausstehende Einlagen").

5. Eigene Anteile

188 Nach § 271 Ia HGB idF des **Bilanzrechtsmodernisierungsgesetzes** sind eigene Anteile stets vom Nennkapital bzw. den freien Rücklagen „passivisch" abzusetzen. Dies gilt kraft materieller Maßgeblichkeit (§ 5 I 1 EStG) auch steuerlich. Seit Geltung des Bilanzrechtsmodernisierungsgesetzes stellt sich daher die Frage des Ansatz eigener Anteile nicht mehr. Bis zur Geltung des Bilanzrechtsmodernisierungsgesetzes (v 25.5.2009, BGBl. I 2009, 1102) galt: Eigene Anteile der übertragenden Kapitalgesellschaft gehen mit der Umwandlung unter. Sie verlieren zum Übertragungsstichtag ihren Wert. Sie sind deshalb in der steuerlichen Schlussbilanz **nicht mehr anzusetzen** (BFH v 28.10.1964 – IV 208/64 U, BStBl. III 1965, 59; *Schmitt* in SHS § 3 Rn. 121; *Streck/Posdziech* GmbHR 1995, 273; *Möhlenbrock/Pung* in D/P/M § 3 UmwStG Rn. 143; UmwStE Rn. 03.05).

189 Ein Ansatz in der Schlussbilanz verstieße gegen den Grundsatz, bei Bilanzaufstellung alle wertaufhellenden Umstände zu berücksichtigen, die für die Verhältnisse am Bilanzstichtag von Bedeutung sind (vgl H 5.2 EStH 2008 „GoB"; BFH v 20.8.2003 – I R 49/02, BStBl. II 2004, 941).

190 Der Wegfall des bisherigen Wertansatzes der eigenen Anteile führt zu einem **buchmäßigen Verlust.** Er ist dem Gewinn außerhalb der Bilanz der Kapitalgesellschaft wieder hinzuzurechnen oder über die Rücklage für eigene Anteile gewinnneutral auszubuchen (*Möhlenbrock/Pung* in D/P/M § 3 UmwStG Rn. 143; *Widmann* in W/M § 3 Rn. R 142; UmwStE 1998 Rn. 04.19; aA *Glade/Steinfeld* § 3 Rn. 398). Auch der während des Bestehens der Kapitalgesellschaft durch die Vernichtung eigener Anteile entstehende buch-

mäßige Verlust berührt als gesellschaftsrechtlicher Vorgang nicht das Ergebnis der steuerlichen Einkommensermittlung (vgl RFH v 25.4.1939, RStBl. 1939, 923).

Die durch die Ausbuchung der eigenen Anteile bei der übertragenden Kapitalgesellschaft hervorgerufene Minderung des Vermögens ist beim **steuerlichen Einlagekonto** (§ 27 KStG) abzusetzen (*Birkemeier* in R/H/vL § 3 Rn. 78 „Eigene Anteile"; *Schmitt* in SHS § 3 Rn. 121; *Widmann* in W/M § 3 Rn. R 142; aA *Glade/Steinfeld* § 3 Rn. 398). 191

6. Immaterielle Wirtschaftsgüter, insbesondere Firmenwerte

a) Ansatz und Bewertung mit dem gemeinen Wert

Werden die Wirtschaftsgüter in der steuerlichen Schlussbilanz mit dem gemeinen Wert angesetzt, sind auch **alle immateriellen Wirtschaftsgüter** anzusetzen und mit dem gemeinen Wert zu bewerten. Dies gilt unabhängig davon, ob es sich um erworbene **(derivativer Geschäfts- oder Firmenwert),** selbstgeschaffene oder bereits abgeschriebene immaterielle Wirtschaftsgüter handelt. Auch ein Aktivierungsverbot nach § 5 II steht einem Ansatz und der Bewertung mit dem gemeinen Wert nicht entgegen, § 3 I 1 (Rn. 87). 192

Die **Ermittlung des gemeinen Wertes** von immateriellen Wirtschaftsgütern kann problematisch sein. Sie ergibt sich – mangels eigenständiger Definition im UmwStG – aus § 9 BewG. Der gemeine Wert ist ein (Einzel-)Veräußerungspreis (Rn. 90). Bei einigen immateriellen Wirtschaftsgütern, wie zB **Lizenzen, Marken oder Geschmacksmustern,** die regelmäßig im gewöhnlichen Geschäftsverkehr veräußert werden, kann ein Einzelveräußerungspreis uU noch ermittelt werden. Wie jedoch der gemeine Wert eines Geschäftswertes unter Annahme einer Einzelveräußerung ermittelt werden soll, ist unklar. Die Einzelveräußerung eines Geschäftswertes ohne Veräußerung der Wirtschaftsgüter, die den Betrieb ausmachen, ist praktisch kaum vorstellbar. 193

Die Einzelbewertung eines **Geschäftswertes** mit dem gemeinen Wert erscheint nicht passend und wäre praktisch nicht umsetzbar (*Bodden* FR 2007, 69 sowie *Schnitter* in F/D § 3 UmwStG Rn. 102 schlagen daher (contra legem) eine Bewertung mit dem Teilwert vor; aA *Widmann* in W/M § 3 Rn. R 522). Das übergehende Vermögen ist als **Sachgesamtheit** mit dem gemeinen Wert zu bewerten (*Rödder/Schumacher* DStR 2006, 1527; *Dötsch/Pung* DB 2006, 2708; *Birkemeier* in R/H/vL § 3 Rn. 69). Der so ermittelte Wert ist dann nach dem Verhältnis von derer Teilwerten (UmwStE Rn. 03.09) auf die einzelnen Wirtschaftsgüter – auch auf die, für die nach § 5 II EStG ein Aktivierungsverbot besteht – zu verteilen, dh die einzelnen Wirtschaftsgüter sind mit ihrem gemeinen Wert anzusetzen. Die Differenz zum gemeinen Wert der Sachgesamtheit ist der „gemeine Wert" des Geschäfts- oder Firmenwertes (*Möhlenbrock/Pung* in D/P/M UmwStG § 3 Rn. 34). Nach Ansicht der FinVerw sind sämtliche aktiven und passiven Wirtschaftsgüter anzusetzen (s. UmwStE Rn. 03.04). Daraus folgt, dass separat neben dem Firmenwert stille Lasten als Passivposten zu berücksichtigen sind (*Möhlenbrock/Pung* in D/P/M UmwStG § 3 Rn. 36). 194

Die Möglichkeit des Ansatzes selbstgeschaffener immaterieller Wirtschaftsgüter kann beispielsweise für umwandlungsbereite Biotechnologie- oder Software-Unternehmen wichtig sein, deren wesentliche Wirtschaftsgüter in den ersten Jahren aus den Mitarbeiterleistungen bestehen, ohne dass sie nennenswerte stille Reserven in den materiellen Vermögensgegenständen bilden können. 195

b) Buchwertfortführung

Werden nach § 3 II in der steuerlichen Schlussbilanz die Buchwerte fortgeführt, scheidet der Ansatz von immateriellen Wirtschaftsgütern, für die nach § 5 II ein Aktivierungsverbot gilt, aus. Nach § 1 V Nr. 4 ist Buchwert der Wert, der sich nach den steuerrechtlichen Vorschriften über die Gewinnermittlung in einer für den steuerlichen Übertragungsstichtag aufzustellenden Schlussbilanz ergibt oder ergäbe. Durch den Verweis auf die steuerrechtlichen Vorschriften ist das **Aktivierungsverbot des § 5 II EStG** auch in der Schlussbilanz 196 zu beachten, wenn die Buchwerte fortgeführt werden. Die Buchwerte der immaterielle Wirtschaftsgüter, die bereits zulässiger Weise in der Bilanz angesetzt wurden, werden fortgeführt.

c) Zwischenwertansatz

197 Im Falle des Ansatzes der Zwischenwerte und der damit verbundenen teilweisen Aufdeckung stiller Reserven sind **auch immaterielle Wirtschaftsgüter,** für die außerhalb der Übertragungsbilanz das Aktivierungsverbot des § 5 II EStG gilt, anzusetzen (vgl UmwStE Rn. 03.25; glA *Bodden* FR 2007, 69; *Birkemeier* in R/H/vL § 3 Rn. 127; *Schnitter* in F/D § 3 UmwStG Rn. 126; aA *Lemaitre/Schönherr* GmbHR 2007, 174).

198 § 3 II bezieht sich nicht (wie etwa noch im UmwStG 1977) auf die Vorschriften über die steuerliche Gewinnermittlung (anders bei Buchwertfortführung, vgl Rn. 134). Ein Verbot des Ansatzes originärer immaterieller Wirtschaftsgüter ist in § 3 II nicht vorgesehen. Die Formulierung „angesetzt werden" bezieht sich ausdrücklich auf **alle Wirtschaftsgüter** des übergehenden Vermögens, ohne Beschränkung auf die nach allgemeinen Vorschriften zur steuerlichen Gewinnermittlung anzusetzenden Wirtschaftsgüter. Dafür spricht auch der Verweis auf § 3 I. Die Abweichung von § 3 I bezieht sich ausschließlich auf den geänderten Wertansatz (BT-Drs. 16/2710, 37). Der Umfang der übergehenden Wirtschaftsgüter ändert sich nicht. Der Zusatz in § 3 I 1, „einschließlich nicht entgeltlich erworbener und selbstgeschaffener immaterieller Wirtschaftsgüter", ist nur klarstellend (Rn. 87, 132). Auch immaterielle Wirtschaftsgüter sind, unabhängig vom Aktivierungsverbot des § 5 II, vom Begriff der „übergehenden Wirtschaftsgüter" erfasst.

199 Soweit stille Reserven durch den Ansatz der Zwischenwerte aufgedeckt werden, gilt dies auch für immaterielle Wirtschaftsgüter. Die Aufstockung erfolgt gleichmäßig und verhältnismäßig bei allen übergehenden Wirtschaftsgütern einschließlich der bisher nicht aktivierten immateriellen Wirtschaftsgüter (Rn. 138 ff.).

7. Gesellschafterabfindungen

200 Widerspricht ein Anteilsinhaber formwirksam dem Verschmelzungsbeschluss des übertragenden Rechtsträgers, so hat ihm der übernehmende Rechtsträger für den Erwerb der Anteile oder Mitgliedschaften eine angemessene Barabfindung anzubieten: §§ 29–31 UmwG (Verschmelzung durch Aufnahme), § 36 UmwG (Verschmelzung durch Neugründung). Der Anspruch auf Barabfindung richtet sich nicht gegen den übertragenden, sondern **gegen den übernehmenden Rechtsträger** (§ 29 I 1 UmwG). Er kann daher nicht in der steuerlichen Schlussbilanz des übertragenden Rechtsträgers berücksichtigt werden (*Schmitt* in SHS § 3 UmwStG Rn. 111). Die Abfindung gilt nicht als andere Gegenleistung iSd § 3 II 1 Nr. 3 (UmwStE Rn. 03.22; hier Rn. 126). Die Abfindungsverbindlichkeit vermindert vielmehr den Übernahmegewinn bzw. erhöht den Übernahmeverlust, da sie zu den Anschaffungskosten der von dem ausscheidenden Gesellschafter erworbenen Anteile gehört (§ 4 Rn. 73).

8. Pensionsrückstellungen

201 Wie bereits unter Geltung des UmwStG 1977 (zum UmwStG 1995 vgl 2. Aufl. Rn. 106), enthält § 3 I 2 den Hinweis, dass für die Bewertung von Pensionsrückstellungen (UmwStG 1977: Pensionsverpflichtungen, dazu *Glade/Steinfeld* § 3 Rn. 374) **§ 6a EStG** gilt, dh unabhängig vom Ansatz der Wirtschaftsgüter in der steuerlichen Schlussbilanz (gemeiner Wert, Zwischenwert, Buchwert) sind Pensionsverpflichtungen nach § 6a III, IV EStG mit dem Teilwert zu bewerten (Rn. 95). Dabei ist insbesondere die Sonderregelung zur Ermittlung des Teilwerts einer Pensionsrückstellung zu beachten, § 6a III 2 EStG.

202 Bei **Nichtgesellschaftern,** die weiterhin für die Gesellschaft tätig sind, richtet sich die Ermittlung des Teilwerts nach § 6a III Nr. 1 EStG. Die Pensionsrückstellung ist durch die

übernehmende Personengesellschaft fortzuführen und kann dort auch – bei Bedarf – aufgestockt werden. Für Nichtgesellschafter, deren Dienstverhältnis mit dem Übertragungsstichtag endet, ist der Teilwert gemäß § 6a III Nr. 2 EStG zu ermitteln.

Für **Gesellschafter,** die weiterhin für die Gesellschaft tätig sind, ist der Teilwert der Pensionsrückstellungen ebenfalls nach § 6a III Nr. 2 EStG zu ermitteln. 203

Pensionszusagen an Gesellschafter einer Personengesellschaft sind steuerlich als bloße Gewinnverteilungsabreden anzusehen. Die Pensionsrückstellung ist grundsätzlich in der Gesamthandsbilanz gewinnmindernd zu erfassen und korrespondierend eine gewinnerhöhende Forderung in der Sonderbilanz des begünstigten Gesellschafters zu erfassen (BFH v 30.3.2006 – IV R 25/04, BStBl. II 2008, 171; § 4 Rn. 77).

Die Pensionsrückstellung ist nicht im Rahmen der Umwandlung aufzulösen bzw. es ist keine gewinnerhöhende Forderung einzustellen (BFH v 22.6.1977 – I R 8/75, BStBl. II 1977, 798). Die für den Gesellschafter der übertragenden Kapitalgesellschaft bestehende Pensionsrückstellung kann zwar fortgeführt werden; die Übertragung der Pensionsrückstellung auf die übernehmende Personengesellschaft ist aber im Rahmen des § 6a III Nr. 2 EStG als Beendigung des Dienstverhältnisses zu qualifizieren (vgl BFH v 16.2.1967 – IV R 62/66, BStBl. III 1967, 222; *Götz* DStR 1998, 1947 mwN).

Pensionsrückstellungen **mindern** grundsätzlich sowohl den **Übertragungs- als auch den Übernahmegewinn.** Übertragungs- und Übernahmegewinn können also dadurch gemindert werden, dass vor der Umwandlung – in zulässiger Höhe – Pensionszusagen an die Gesellschafter gegeben werden. Soweit nicht passivierungsfähige Pensionszusagen bestehen, weil die Voraussetzungen des § 6a I Nr. 2 oder Nr. 3 EStG nicht vorliegen, ist zu erwägen, vor dem Umwandlungsstichtag diese Voraussetzungen zu erfüllen, um mit den dann zu bildenden Rückstellungen eventuelle Erträge aus der Auflösung stiller Reserven zu kompensieren (*Glade/Steinfeld* § 3 Rn. 374). Die Pensionsrückstellung für Gesellschafter muss zwingend vor der Umwandlung gebildet werden, da dies nach der Umwandlung nicht mehr zulässig ist. Zuführungen nach dem steuerlichen Übertragungsstichtag, die durch die Gesellschafterstellung veranlasst sind, sind Vergütungen der Personengesellschaft an ihren Gesellschafter gemäß § 15 I 1 Nr. 2 EStG (UmwStE 1998 Rn. 06.03; *Götz* DStR 1998, 1948). 204

Besonderheiten ergeben sich hinsichtlich der Pensionsrückstellungen bei der Verschmelzung einer Kapitalgesellschaft **auf eine natürliche Person.** Durch die Verschmelzung fallen Pensionsverpflichtung und Pensionsanwartschaft in der Hand der natürlichen Person zusammen. Pensionsverpflichtung und Pensionsanwartschaft erlöschen daher zivilrechtlich (**Konfusion**). Durch den Wegfall der Pensionsverpflichtung entsteht steuerlich ein Übernahmefolgegewinn, der jedoch erst bei der übernehmenden Person zu berücksichtigen ist (UmwStE Rn. 06.07). 205

Dieser kann zwar zunächst durch Bildung einer **steuerfreien Rücklage** nach § 6 I steuerlich neutralisiert werden; die Rücklage ist aber in den auf ihre Bildung folgenden drei Wirtschaftsjahren mindestens zu je 1/3 gewinnerhöhend aufzulösen, § 6 I 2 (§ 6 Rn. 13 f.). Der Rückstellungsbetrag unterliegt also auf drei Jahre verteilt der ESt und der GewSt. Die GewSt-Befreiung gemäß § 18 II greift nicht ein, da der Begriff „Übernahmegewinn" nicht auch Übernahmefolgegewinne erfasst (UmwStE Rn. 06.02; *Widmann* in W/M § 18 Rn. 115; *Schmitt* in SHS § 18 Rn. 28; noch aA 2. Aufl. Rn. 110). 206

Zur Vermeidung einer Gewinnrealisierung bei Verschmelzung auf eine natürliche Person sind folgende **Gestaltungen** denkbar: 207

- Es wird eine weitere Person in die umzuwandelnde Kapitalgesellschaft aufgenommen, sodass nach der Umwandlung kein Einzelunternehmen entsteht, sondern eine Personengesellschaft, welche die Pensionsrückstellung fortführen kann.
- Abschluss einer Direktversicherung. Der Vorgang wird erfolgsneutral bei der übertragenden Körperschaft behandelt, da dem Ertrag aus der Auflösung der Pensionsverpflichtung der Aufwand aus der Zahlung an die Direktversicherung oder Zuführung zu

Verbindlichkeiten gegenüber der Direktversicherung gegenübersteht. Der Anspruch gegenüber der Direktversicherung ist grundsätzlich nicht zu aktivieren (R 4b Abs. 3 EStR 2012).

- Die Übertragung der Pensionsverpflichtung auf ein anderes Unternehmen des Gesellschafters. Die Übertragung ist sowohl bei der übertragenden Körperschaft als auch bei dem anderen, nunmehr pensionsverpflichteten Unternehmen des Gesellschafters erfolgsneutral, wenn sie gegen Abfindung erfolgt. Bei der übertragenden Körperschaft steht dem Ertrag aus der Auflösung der Pensionsrückstellung der Aufwand aus der Abfindungszahlung an das andere, nunmehr pensionsverpflichtete Unternehmen des Gesellschafters gegenüber.
- Verzicht auf den Pensionsanspruch gegen Abfindung. Die Abfindungszahlung führt jedoch zu einem stpfl. Zufluss beim Gesellschafter.

Die Maßnahme muss vor der Umwandlung durchgeführt werden, da sich die gewinnerhöhende Auflösung der Pensionsrückstellung nach erfolgter Umwandlung nicht mehr verhindern lässt (vgl *Meyer-Scharenberg* Steuergestaltung, S 294 f.).

208 Hat die Kapitalgesellschaft eine **Rückdeckungsversicherung** abgeschlossen, die von der übernehmenden Personengesellschaft fortgeführt wird, führt diese auch den am steuerlichen Übertragungsstichtag bestehenden Rückdeckungsanspruch fort. Spätere Beitragszahlungen sind jedoch gemäß § 15 I 1 Nr. 2 EStG keine Betriebsausgaben (*Schmitt* in SHS § 4 Rn. 39). Wird im Falle eines Vermögensübergangs auf eine natürliche Person eine Rückdeckungsversicherung von dem übernehmenden Gesellschafter fortgeführt, erfolgt grundsätzlich eine Bewertung mit dem Teilwert und Übergang der Rückdeckungsversicherung in das Privatvermögen des Gesellschafters; im Falle einer Kündigung durch die übertragende Kapitalgesellschaft ist danach der Rückdeckungsanspruch unter Verrechnung des Rückkaufwertes ergebniswirksam aufzulösen (UmwStE Rn. 06.08; *Pung/Werner* in D/P/M § 4 UmwStG Rn. 74).

9. Umwandlungskosten

209 Die steuerliche Behandlung der Umwandlungskosten war im UmwStG 1977 und 1995 gesetzlich nicht geregelt (in handelsbilanzieller Hinsicht s. *Orth* GmbHR 1998, 512).

210 Im UmwStG 2006 findet sich in § 4 IV 1 eine Regelung zur Behandlung von Umwandlungskosten bei der Übernehmerin, jedoch keine Regelung für die übertragende Gesellschaft oder zur Frage der Zuordnung von Kosten. Nach § 4 IV 1 sind die Umwandlungskosten der Übernehmerin bei der Ermittlung des **Übernahmeergebnisses** ergebnismindernd zu berücksichtigen (BT-Drs. 16/2710, 39; § 4 Rn. 243). Entgegen der Gesetzesbegründung handelt es sich hierbei nicht um eine klarstellende Regelung, da bisher die Umwandlungskosten als laufende Betriebsausgaben abgezogen werden konnten (*Pung/Werner* in D/P/M § 4 UmwStG Rn. 46; hier Rn. 212 f.). Aufgrund der Einbeziehung der Regelung in § 4 (Auswirkungen auf den Gewinn des übernehmenden Rechtsträgers) und des Fehlens einer entsprechenden Regelung hinsichtlich der Kosten in § 3 wird nur die Behandlung – nicht aber die Zuordnung – der Kosten der Übernehmerin geregelt (glA *Schaflitzl/Widmayer* BB Special 8–2006, 44; *Möhlenbrock/Pung* in D/P/M § 3 UmwStG Rn. 152). Daher bleibt es hinsichtlich der Zuordnung der Kosten der Übertragung bei den bisherigen Grundsätzen.

211 Für Verschmelzungen nach dem **UmwStG 1977** hat die Rspr. folgende **Grundsätze** aufgestellt, die, wenngleich weitergehend, großenteils mit der Auffassung der FinVerw übereinstimmten (BFH v 15.10.1997 – I R 22/96, BStBl. II 1998, 168; v 22.4.1998 – I R 83/96, BStBl. II 1998, 698; BMF v 15.4.1986, BStBl. I 1986, 164 Rn. 21 u. 22; ausführlich zur Diskussion in der Lit. *Widmann* in W/M § 3 Rn. R 168 ff.; *Neumann* DStR 1997, 2041; *Schumacher* DStR 2004, 590; *Mühle* DStZ 2006, 67; *Stimpel* GmbHR 2012, 199):

- Die Zuordnung verschmelzungsbedingter Kosten richtet sich nach dem objektiven Veranlassungsprinzip; die Beteiligten haben kein Zuordnungswahlrecht.

– Die GrESt gehört zu den Anschaffungskosten bei dem übernehmenden Unternehmen; der übertragende Rechtsträger darf dafür keine Rückstellungen bilden.
– Dem übertragenden Unternehmen sind die mit seiner Gesellschaftsform zusammenhängenden Kosten zuzuordnen und als laufende Betriebsausgaben abzugs- oder rückstellungsfähig.
– Die dem übernehmenden Unternehmen zuzuordnenden Kosten mindern den laufenden Gewinn, soweit sie nicht, wie zB die GrESt, als objektbezogene Anschaffungskosten zu aktivieren sind (nunmehr bei Ermittlung des Übernahmegewinns zu berücksichtigen, § 4 IV 1).
– Die steuerliche Berücksichtigung der Aufwendungen wird nicht durch § 3c EStG ausgeschlossen, da die Verschmelzungskosten weder als durch den Verschmelzungsgewinn veranlasst anzusehen sind noch mit ihm in einem unmittelbaren wirtschaftlichen Zusammenhang stehen (nunmehr bei Ermittlung des Übernahmegewinns zu berücksichtigen, § 4 IV 1).

Die Auffassung der FinVerw zum **UmwStG 1995** war – soweit sie von den vorgenannten Grundsätzen abweicht – nicht unmissverständlich formuliert (UmwStE 1998 Rn. 03.13 u. 04.43: „Jeder der Beteiligten hat die auf ihn *entfallenden* Kosten selbst zu tragen. Die bei der Übernehmerin *angefallenen* Kosten der Vermögensübertragung (Umwandlungskosten) sind Betriebsausgaben." (aus UmwStE 1998 Rn. 04.43, Hervorhebung vom Verfasser)). Entgegen der Rechtsprechung sollten objektbezogene Kosten wie die GrESt wie andere Umwandlungskosten als laufende Betriebsausgaben vollumfänglich abzugsfähig sein (*Pung/Werner* in D/P/M § 4 UmwStG Rn. 47). Dadurch war die Frage der vertraglichen Kostenübernahme erheblich entschärft worden (*Gosch* DStR 1998, 1421; *Orth* GmbHR 1998, 516). Zudem entfiel ein wichtiges Argument gegen die Zulässigkeit der vertraglichen Verlagerung der Verkehrssteuern (wie der GrESt) auf die übertragende Körperschaft, demzufolge anderenfalls eine nicht gewünschte Verwandlung aktivierungspflichtiger Anschaffungskosten in sofort abziehbaren Aufwand möglich werde (vgl *Meyer-Scharenberg* Steuergestaltung, S 314 mwN). 212

Nunmehr folgt die FinVerw auch der Auffassung des BFH, wonach aufgrund einer Verschmelzung anfallende objektbezogene Umwandlungskosten bei dem übernehmenden Rechtsträger stets als Anschaffungsnebenkosten aktivierungspflichtig sind (BMF v. 18.1.2010, BStBl. I 2010, 70; UmwStE Rn. 03.05 unter „Rückstellung für Grunderwerbsteuer"). Dies soll selbst dann gelten, wenn zB der übertragende und der übernehmende Rechtsträger vereinbart haben, die GrESt jeweils zur Hälfte zu übernehmen (BMF v 18.1.2010, BStBl. I 2010, 70). Eine Ausnahme dazu bildet die im Rahmen einer Verschmelzung nach § 1 III GrEStG anfallende GrESt, die nicht zu Anschaffungskosten führt (BFH 20.4.2011, I R 2/10, BStBl. II 2011, 761, BFH/NV 2011, 1419). Es handelt sich vielmehr um Umwandlungskosten nach § 4 IV 1 (*Schnitter* in F/D § 4 UmwStG, Rn. 171; *Pung/Werner* in D/P/M § 4 UmwStG, Rn. 47). 213

Durch die **neue Regelung in § 4 IV 1,** nach der die Übertragungskosten der Übernehmerin bei der Ermittlung des Übernahmeergebnisses zu berücksichtigen sind, hat die Zuordnung wieder an wirtschaftlicher Bedeutung gewonnen. Bei der Überträgerin sind die Kosten in vollem Umfang als Betriebsausgaben abzugsfähig, wohingegen bei der Übernehmerin die Kosten beim Übernahmeergebnis zu berücksichtigen sind. Im Falle eines Übernahmegewinns sind nach § 4 VII die Vorschriften nach § 8b KStG bzw. § 3 Nr. 40 EStG und damit auch § 3c EStG anzuwenden. Ergibt sich ein Übernahmeverlust, bleibt dieser außer Ansatz, soweit er auf eine Körperschaft, Personenvereinigung oder Vermögensmasse entfällt und die nach § 7 zu berücksichtigenden Bezüge übersteigt, § 4 VI (§ 4 Rn. 290 ff.). Im Ergebnis sind daher die Kosten der Übernehmerin für den Vermögensübergang nicht oder nur zu 40 % abzugsfähig (*Dötsch/Pung* DB 2006, 2707; *Hohenlohe/Rautenstrauch/Adrian* GmbHR 2006, 626). 214

215 Für die steuerliche Wirksamkeit **vertraglicher Kostenübernahmeregelungen** deutet die Formulierung im UmwStE 1998 Rn. 03.13, 04.43 (Rn. 212) eine Anerkennung an, ohne sie deutlich auszusprechen. Aus dem nur zur GrESt ergangenen Urteil folgt jedenfalls nicht, dass Umwandlungskosten grundsätzlich in der Sphäre des übernehmenden Rechtsträgers entstehen (so aber *Thiel ua* GmbHR 1998, 397/406 und *Strahl* KÖSDI 1998, 11730).

Da das Gesetz keine Regelung trifft, wie Umwandlungskosten zuzuordnen sind, sollten derartige Klauseln auch steuerlich bis zur **Grenze** einer **verdeckten Gewinnausschüttung** anerkannt werden (vgl *Glade/Steinfeld* Rn. 429; *Neumann* DStR 1997, 2041; differenzierend *Meyer-Scharenberg* Steuergestaltung, S 313 f.; *Schmitt* in SHS § 3 Rn. 136: keine willkürliche Zuordnung; aA BFH v 22.4.1998 – I R 83/96, BStBl. II 1998, 698; *Widmann* in W/M § 3 Rn. 173 ff., *Möhlenbrock/Pung* in D/P/M § 3 UmwStG Rn. 152, welche die Zuordnung der Umwandlungskosten nach „objektiven" Veranlassungsgrundsätzen regeln wollen). Die übertragende Kapitalgesellschaft soll nur solche Umwandlungskosten abziehen können, die sich aus ihrem Rechtskleid „Kapitalgesellschaft" ergeben. Vertragliche Vereinbarungen, welche die Kostentragungspflicht erweitern, sollen nicht anerkannt werden.

216 Treffen die an der Umwandlung beteiligten Parteien **keine** oder nur eine **unvollständige Regelung** zu der Frage, wer die Umwandlungskosten zu tragen hat, so sind die Umwandlungskosten wie folgt aufzuteilen:

Umwandlungskosten, die dem **übertragenden Rechtsträger** zuzuordnen sind:

- Beratungs-, Notar- und Gerichtsgebühren für Umwandlungsbeschluss, Umwandlungsverträge, Zustimmungserklärungen etc.;
- Rechtsanwalts- und Steuerberatungsaufwand zur Umwandlung, Kosten für Bilanzerstellung, Abschlussprüfungen, Register- und Veröffentlichungskosten, Kosten einer Hauptversammlung, auf der dem Verschmelzungsvertrag zugestimmt wird, Kosten der Löschung, Ermittlung und Bekanntmachung des Abfindungsangebots (vgl *Widmann* in W/M § 3 UmwStG Rn. 175).

217 Der **übernehmenden Personengesellschaft bzw. natürlichen Person** sind zuzurechnen:

- Kosten der Abfindung ausscheidender Gesellschafter (zur Aktivierung s. § 5 Rn. 39), Kosten für Registereintragung der Personengesellschaft, Kosten für Grundbucheintragung, Neuerteilung/Umschreibung von Konzessionen, Notar- und Gerichtsgebühren, soweit sie die Eintragung der Personengesellschaft und ihrer Firma betreffen, sowie die durch die Umwandlung ausgelöste GrESt, Kosten für Bestellung von Sicherheitsleistungen (vgl *Widmann* in W/M § 3 Rn. 176).

218 Soweit die **übertragende Kapitalgesellschaft** die Umwandlungskosten trägt, sind sie als Betriebsausgaben sofort abzugsfähig oder ergebnismindernd zurückzustellen (*Möhlenbrock/Pung* in D/P/M § 3 UmwStG Rn. 153; *Widmann* in W/M § 3 Rn. 175, 185; *Schumacher* DStR 2004, 590; *Schmitt* in SHS § 3 Rn. 137). Die FinVerw hat sich hierzu im UmwStE, anders als im UmwStE 1998 (Rn. 03.13), wonach Umwandlungskosten Betriebsausgaben darstellen, nicht geäußert.

219 Umwandlungsbedingte Aufwendungen des **übernehmenden Rechtsträgers** sind nach § 4 IV bei der Ermittlung des Übernahmeergebnisses abzuziehen. Dies gilt jedoch nicht für „objektbezogene" Kosten (also für die Anschaffungs- und Anschaffungsnebenkosten iSd allgemeinen Steuerrechts) wie die GrESt, die zu aktivieren sind (BFH v 15.10.1997 – I R 22/96, BStBl. II 1998, 168; BMF v 18.1.2010, BStBl. I, 70; UmwStE Rn. 03.05; *Pung/Werner* in D/P/M § 4 UmwStG Rn. 47; § 4 Rn. 245).

220 Ein **Formwechsel** ist grundsätzlich nicht grestpfl. (BFH v 4.12.1996 – II B 116/96, BStBl. II 1997, 661; koord. Ländererlaß Bay. FinMin. v 12.12.1997 36 – S 4521 – 16/154 – 60799, GrEStK Karte 1/1.1.3 B = Lexinform Dok.-Nr. 0165031). Er kann jedoch unter Hinzutreten besonderer Umstände ggf grestpfl. werden, wenn es zB aufgrund des Ausscheidens eines Gesellschafters anlässlich des Formwechsels zu einer Anteilsvereinigung kommt.

§ 3c EStG steht einem Abzug der Umwandlungskosten bei der übertragende Körperschaft nicht entgegen, da deren Umwandlungskosten laufende Betriebsausgaben darstellen und mithin von der Ebene des Übertragungsgewinns zu trennen sind (aA für Umwandlungskosten, die auf nicht der inländischen Besteuerung unterfallendes Vermögen entfallen *Thiel ua* GmbHR 1998, 397/407 unter Hinweis auf UmwStE 1998 Rn. 03.05). 221

Soweit bei dem übertragenden Rechtsträger Aufwendungen (durch Bildung von Rückstellungen) entstehen, die nicht dem übertragenden Rechtsträger zuzurechnen sind, besteht die Gefahr **verdeckter Gewinnausschüttungen** bzw. des **Gestaltungsmissbrauchs** gemäß § 42 AO (offengelassen in BFH v 15.10.1997 – I R 22/96, BStBl. II 1998, 168 mwN). Nach der hier vertretenen Auffassung besteht diese Gefahr, wenn Aufwand geltend gemacht wird, 222

– den der übernehmende Rechtsträger nach der vertraglichen Vereinbarung zu tragen hat. Folgt man der Auffassung, dass Vereinbarungen über die Kostentragungspflicht grundsätzlich nicht anzuerkennen sind, besteht immer dann die Gefahr einer verdeckten Gewinnausschüttung, wenn von der übertragenden Kapitalgesellschaft Kosten getragen werden, die „objektiv" dem übernehmenden Rechtsträger zuzurechnen sind (so *Widmann* in W/M § 3 Rn. 182 ff.; krit. *Glade/Steinfeld* Rn. 429) oder
– der ohne vertragliche Vereinbarung dem übernehmenden Rechtsträger zuzurechnen ist.

10. Änderungen der Ansätze in der steuerlichen Schlussbilanz

Nachträgliche Änderungen der Ansätze in der steuerlichen Schlussbilanz (zur Zulässigkeit Rn. 102) führen aufgrund der zwingenden Wertverknüpfung in § 4 I zu korrespondierenden Änderungen in der Übernahmebilanz des übernehmenden Rechtsträgers (*Möhlenbrock/Pung* in D/P/M § 3 UmwStG Rn. 156; *Pung/Werner* in D/P/M § 4 UmwStG Rn. 8; UmwStE 1998 Rn. 03.14; *Widmann* in W/M § 3 Rn. R 320). Die Änderungspflicht ist nicht auf Betriebsprüfungen beschränkt; eine etwaige Änderung erfolgt nach § 175 I Nr. 2 AO. 223

11. Steuernachforderungen

Ergeben sich aufgrund einer Betriebsprüfung oder aus anderen Gründen später Steuernachforderungen zum Nachteil der übertragenden Körperschaft, sind diese zu Lasten der Wirtschaftsjahre zu passivieren, zu denen sie wirtschaftlich gehören (UmwStE 1998 Rn. 03.15). Von einer Änderung der Handelsbilanz sollte aber abgesehen werden, um unlösbare Konflikte beim übernehmenden Rechtsträger zu vermeiden (zB Wegfall der für die Feststellung der geänderten Handelsbilanzen zuständigen Organe der übertragenden Gesellschaft, *Dehmer* Erlaß Rn. 03.15; aA jedoch UmwStE 1998 Rn. 03.15). Steuerlich mindert sich das in der Übertragungsbilanz ausgewiesene übergehende Vermögen. 224

12. KSt-Erhöhung und KSt-Guthaben

Mit dem JStG 2008 wurde eine letztmalige Feststellung der EK-02-Bestände auf den 31.12.2006 eingeführt (§ 10 Rn. 3). Die darauf entfallende **KSt-Erhöhung** ist in zehn gleichen Jahresbeträgen von 2008 an zu entrichten. Sie ist als Verbindlichkeit (auch in der Schlussbilanz) zu passivieren und verringert das übergehende Vermögen. Zur Sonderregelung für bestimmte Wohnungsbauunternehmen vgl § 10 Rn. 4. 225

Bereits mit dem SEStEG wurde das System der KSt-Minderung durch eine ratierliche Auszahlung des **KSt-Guthabens** ersetzt (§ 10 Rn. 2). Das KSt-Guthaben war letztmals auf den 31.12.2006 (oder auf den davor liegenden Übertragungsstichtag, wenn die Eintragung nach dem 12.12.2006 erfolgt, § 37 V KStG; vgl *Möhlenbrock/Pung* in D/P/M § 3 UmwStG Rn. 147 f.; *Schnitter* in F/D § 3 UmwStG Rn. 212 f.) festzustellen und wird über zehn gleiche Jahresbeträge von 2008 an ausgezahlt. Der Auszahlungsanspruch ist (auch in der Schlussbilanz) als Forderung zu aktivieren und erhöht das übergehende Vermögen. 226

227 Der Auszahlungsanspruch aus dem KSt-Guthaben und die Verbindlichkeit aus der KSt-Erhöhung beeinflussen die Höhe der Einnahmen iSd § 7 sowie das Übernahmeergebnis iSd § 4 IV (*Birkemeier* in R/H/vL § 3 Rn. 78 „KSt-Erhöhung", „KSt-Guthaben").

13. Forderungen und Verbindlichkeiten gegenüber dem übernehmenden Rechtsträger

228 Forderungen und Verbindlichkeiten des übertragenden Rechtsträgers gegenüber dem übernehmenden Rechtsträger erlöschen grundsätzlich mit deren Übergang im Wege der **Konfusion.** Unabhängig davon sind sie in der steuerlichen Schlussbilanz (noch) anzusetzen (UmwStE Rn. 03.05). Soweit zuvor eine Wertberichtigung der Forderungen erfolgt war, ist ggf eine Zuschreibung gemäß § 6 I Nr. 2 S 3 iVm Nr. 1 S 4 EStG zu prüfen (*Schmitt/Schloßmacher* UmwStE 2011, S 82).

229 *(einstweilen frei)*

VII. Übertragungsgewinn

230 Der durch die Aufdeckung der stillen Reserven entstehende Übertragungsgewinn unterliegt den allgemeinen Grundsätzen und damit grundsätzlich in voller Höhe der **KSt** und der **GewSt** (*Müller/Maiterth* WPg 2007, 252; *Birkemeier* in R/H/vL § 3 Rn. 156; *Möhlenbrock/Pung* in D/P/M § 3 UmwStG Rn. 4; *Pung* in D/P/M § 18 UmwStG Rn. 4 ff.). Im Einzelfall können jedoch die stillen Reserven steuerbefreit sein, zB wenn sie auf Anteile an Kapitalgesellschaften entfallen, § 8b KStG (Rn. 180), oder wenn Deutschland auf Grund von Doppelbesteuerungsabkommen (Rn. 170) auf sein Besteuerungsrecht verzichtet hat (*Förster/Felchner* DB 2006, 1073; *Lemaitre/Schönherr* GmbHR 2007, 175; *Birkemeier* in R/H/vL § 3 Rn. 156).

§ 4 Auswirkungen auf den Gewinn des übernehmenden Rechtsträgers

(1) [1]**Der übernehmende Rechtsträger hat die auf ihn übergegangenen Wirtschaftsgüter mit dem in der steuerlichen Schlussbilanz der übertragenden Körperschaft enthaltenen Wert im Sinne des § 3 zu übernehmen.** [2]**Die Anteile an der übertragenden Körperschaft sind bei dem übernehmenden Rechtsträger zum steuerlichen Übertragungsstichtag mit dem Buchwert, erhöht um Abschreibungen, die in früheren Jahren steuerwirksam vorgenommen worden sind, sowie um Abzüge nach § 6b des Einkommensteuergesetzes und ähnliche Abzüge, höchstens mit dem gemeinen Wert, anzusetzen.** [3]**Auf einen sich daraus ergebenden Gewinn finden § 8b Abs. 2 Satz 4 und 5 des Körperschaftsteuergesetzes sowie § 3 Nr. 40 Satz 1 Buchstabe a Satz 2 und 3 des Einkommensteuergesetzes Anwendung.**

(2) [1]**Der übernehmende Rechtsträger tritt in die steuerliche Rechtsstellung der übertragenden Körperschaft ein, insbesondere bezüglich der Bewertung der übernommenen Wirtschaftsgüter, der Absetzungen für Abnutzung und der den steuerlichen Gewinn mindernden Rücklagen.** [2]**Verrechenbare Verluste, verbleibende Verlustvorträge, vom übertragenden Rechtsträger nicht ausgeglichene negative Einkünfte, ein Zinsvortrag nach § 4h Absatz 1 Satz 5 des Einkommensteuergesetzes und ein EBITDA-Vortrag nach § 4h Absatz 1 Satz 3 des Einkommensteuergesetzes gehen nicht über.**[1)] [3]**Ist die Dauer der Zugehörigkeit eines Wirtschaftsguts zum Betriebsvermögen für die Besteuerung bedeutsam, so ist der Zeitraum seiner Zugehörigkeit zum Betriebsvermögen der übertragenden Körperschaft dem übernehmenden Rechtsträger anzurechnen.** [4]**Ist die übertragende Körperschaft eine Unterstützungskasse, erhöht sich der laufende Gewinn**

des übernehmenden Rechtsträgers in dem Wirtschaftsjahr, in das der Umwandlungsstichtag fällt, um die von ihm, seinen Gesellschaftern oder seinen Rechtsvorgängern an die Unterstützungskasse geleisteten Zuwendungen nach § 4d des Einkommensteuergesetzes; § 15 Abs. 1 Satz 1 Nr. 2 Satz 2 des Einkommensteuergesetzes gilt sinngemäß. [5]In Höhe der nach Satz 4 hinzugerechneten Zuwendungen erhöht sich der Buchwert der Anteile an der Unterstützungskasse.

(3) **Sind die übergegangenen Wirtschaftsgüter in der steuerlichen Schlussbilanz der übertragenden Körperschaft mit einem über dem Buchwert liegenden Wert angesetzt, sind die Absetzungen für Abnutzung bei dem übernehmenden Rechtsträger in den Fällen des § 7 Abs. 4 Satz 1 und Abs. 5 des Einkommensteuergesetzes nach der bisherigen Bemessungsgrundlage, in allen anderen Fällen nach dem Buchwert, jeweils vermehrt um den Unterschiedsbetrag zwischen dem Buchwert der einzelnen Wirtschaftsgüter und dem Wert, mit dem die Körperschaft die Wirtschaftsgüter in der steuerlichen Schlussbilanz angesetzt hat, zu bemessen.**

(4) **[1]Infolge des Vermögensübergangs ergibt sich ein Übernahmegewinn oder Übernahmeverlust in Höhe des Unterschiedsbetrags zwischen dem Wert, mit dem die übergegangenen Wirtschaftsgüter zu übernehmen sind, abzüglich der Kosten für den Vermögensübergang und dem Wert der Anteile an der übertragenden Körperschaft (Absätze 1 und 2, § 5 Abs. 2 und 3). [2]Für die Ermittlung des Übernahmegewinns oder Übernahmeverlusts sind abweichend von Satz 1 die übergegangenen Wirtschaftsgüter der übertragenden Körperschaft mit dem Wert nach § 3 Abs. 1 anzusetzen, soweit an ihnen kein Recht der Bundesrepublik Deutschland zur Besteuerung des Gewinns aus einer Veräußerung bestand. [3]Bei der Ermittlung des Übernahmegewinns oder des Übernahmeverlusts bleibt der Wert der übergegangenen Wirtschaftsgüter außer Ansatz, soweit er auf Anteile an der übertragenden Körperschaft entfällt, die am steuerlichen Übertragungsstichtag nicht zum Betriebsvermögen des übernehmenden Rechtsträgers gehören.**

(5) **[1]Ein Übernahmegewinn erhöht sich und ein Übernahmeverlust verringert sich um einen Sperrbetrag im Sinne des § 50c des Einkommensteuergesetzes, soweit die Anteile an der übertragenden Körperschaft am steuerlichen Übertragungsstichtag zum Betriebsvermögen des übernehmenden Rechtsträgers gehören. [2]Ein Übernahmegewinn vermindert sich oder ein Übernahmeverlust erhöht sich um die Bezüge, die nach § 7 zu den Einkünften aus Kapitalvermögen im Sinne des § 20 Abs. 1 Nr. 1 des Einkommensteuergesetzes gehören.**

(6) **[1]Ein Übernahmeverlust bleibt außer Ansatz, soweit er auf eine Körperschaft, Personenvereinigung oder Vermögensmasse als Mitunternehmerin der Personengesellschaft entfällt. [2]Satz 1 gilt nicht für Anteile an der übertragenden Gesellschaft, die die Voraussetzungen des § 8b Abs. 7 oder des Abs. 8 Satz 1 des Körperschaftsteuergesetzes erfüllen. [3]In den Fällen des Satzes 2 ist der Übernahmeverlust bis zur Höhe der Bezüge im Sinne des § 7 zu berücksichtigen. [4]In den übrigen Fällen ist er in Höhe von 60 Prozent, höchstens jedoch in Höhe von 60 Prozent der Bezüge im Sinne des § 7 zu berücksichtigen; ein danach verbleibender Übernahmeverlust bleibt außer Ansatz.[2)] [5]Satz 4 gilt nicht für Anteile an der übertragenden Gesellschaft, die die Voraussetzungen des § 3 Nr. 40 Satz 3 und 4 des Einkommensteuergesetzes erfüllen; in diesen Fällen gilt Satz 3 entsprechend.[3)] [6]Ein Übernahmeverlust bleibt abweichend von den Sätzen 2 bis 5[4)] außer Ansatz, soweit bei Veräußerung der Anteile an der übertragenden Körperschaft ein Veräußerungsverlust nach § 17 Abs. 2 Satz 6[4)] des Einkommensteuergesetzes nicht zu berücksichtigen wäre oder soweit die Anteile an der übertragenden Körperschaft innerhalb der letzten fünf Jahre vor dem steuerlichen Übertragungsstichtag entgeltlich erworben wurden.**

(7) [1]**Soweit der Übernahmegewinn auf eine Körperschaft, Personenvereinigung oder Vermögensmasse als Mitunternehmerin der Personengesellschaft entfällt, ist § 8b des Körperschaftsteuergesetzes anzuwenden.** [2]**In den übrigen Fällen ist § 3 Nr. 40 sowie § 3c des Einkommensteuergesetzes anzuwenden.**[5)]

[1)] § 4 II 2 neu gefasst durch UntStRefG 2008 v. 14.8.2007 (BGBl. I 2007, 1912).
Die aF lautete: „Verrechenbare Verluste, verbleibende Verlustvorträge oder vom übertragenden Rechtsträger nicht ausgeglichene negative Einkünfte gehen nicht über."
Zur Anwendung s. § 27 V.
§ 4 II 2 erneut geändert durch Wachstumsbeschleunigungsgesetz v. 22.12.2009 (BGBl. I 2009, 3950).
Die aF lautete: „Verrechenbare Verluste, verbleibende Verlustvorträge, vom übertragenden Rechtsträger nicht ausgeglichene negative Einkünfte und ein Zinsvortrag nach § 4h Abs. 1 Satz 2 des Einkommensteuergesetzes gehen nicht über."
Zur Anwendung s. § 27 X.

[2)] § 4 VI 4 neu gefasst durch JStG 2009 v. 19.12.2008 (BGBl. I 2008, 2794).
Die aF lautete: „In den übrigen Fällen ist er zur Hälfte, höchstens in Höhe der Hälfte der Bezüge im Sinne des § 7 zu berücksichtigen; ein danach verbleibender Übernahmeverlust bleibt außer Ansatz."
Zur Anwendung s. § 27 VIII.

[3)] § 4 VI 5 neu eingefügt durch JStG 2009 v. 19.12.2008 (BGBl. I 2008, 2794). Der bisherige Satz 5 ist nun Satz 6.
Zur Anwendung s. § 27 VIII.

[4)] In § 4 VI 6 (bisheriger Satz 5) wurde durch das JStG 2009 v. 19.12.2008 (BGBl. I 2008, 2794) die Angabe „Sätzen 2 bis 4" durch die Angabe „Sätzen 2 bis 5" und die Angabe „§ 17 Abs. 2 Satz 5" durch die Angabe „§ 17 Abs. 2 Satz 6" ersetzt.
Zur Anwendung s. § 27 VIII.

[5)] In § 4 VII 2 wurde durch das JStG 2009 v. 19.12.2008 (BGBl. I 2008, 2794) die Angabe „Satz 1 und Satz 2" gestrichen.
Zur Anwendung s. § 27 VIII.

Übersicht

I. Allgemeines

1. Bedeutung der Vorschrift

In § 4 sind die **Auswirkungen auf den Gewinn des übernehmenden Rechtsträgers** 1 im Falle der Verschmelzung einer Körperschaft auf eine PersGes oder natürliche Person geregelt. Mit der Verschmelzung endet die Körperschaftsteuerpflicht des übertragenden Rechtsträgers und wird durch eine grds davon abweichende Besteuerung bei der übernehmenden PersGes bzw. natürlichen Person ersetzt. Eine übernehmende natürliche Person unterliegt der ESt, während bei einer übernehmenden PersGes der Gewinn gesondert und einheitlich festgestellt wird (§ 180 I Nr. 2a AO) und der jeweilige Gewinnanteil beim Gesellschafter der individuellen Besteuerung unterliegt (KSt oder ESt, Transparenzprinzip).

Die Gesellschaft ist nicht selbst Einkommensteuersubjekt, vielmehr ist sie lediglich Subjekt der Einkünftequalifikation und -ermittlung (*Riedel* Ubg 2018, 148). Mit der Verschmelzung der Körperschaft fällt ein eigenständiges Steuersubjekt weg (Trennungsprinzip in Bezug auf die Körperschaft und den Anteilseigner; *Hey* in Tipke/Lang § 11 Rn. 1, 2).

2 Während in § 9 I aF (vor SEStEG) die entsprechende Anwendung von § 4 bei dem Vermögensübergang von einer Körperschaft auf eine natürliche Person als deren alleiniger Gesellschafter angeordnet war, ist dies mit dem SEStEG entfallen, weil seitdem die §§ 3 ff. auf den **Vermögensübergang auf eine natürliche Person** direkt Anwendung finden (*Hagemann/Jakob/Ropohl/Viebrock* NWB-Sonderheft 1/2007, 13). Aufgrund der Verweisung in § 8 I 2 gilt § 4 entsprechend auch bei einem Vermögensübergang auf einen Rechtsträger ohne BV. Die Vorschrift findet weiterhin Anwendung bei einem Formwechsel einer KapGes in eine PersGes (§ 9) und bei der Spaltung einer Körperschaft auf eine PersGes (§ 16). Zu den unter § 3 fallenden Umwandlungsmöglichkeiten und den beteiligten Rechtsträgern vgl im Einzelnen § 3 Rn. 20 ff.

3 Bei einer Verschmelzung braucht die übernehmende PersGes nicht an der übertragenden Körperschaft beteiligt zu sein. Es kann eine Beteiligung bestehen, sie ist jedoch nicht Voraussetzung dafür, dass handels- wie steuerrechtlich eine Verschmelzung durchgeführt werden kann. Der in § 4 IV 1 geregelte **Grundfall** der Ermittlung des **Übernahmegewinns** basiert auf der Annahme, dass eine **100 %-Beteiligung des übernehmenden Rechtsträgers** (PersGes oder natürliche Person) an der übertragenden Körperschaft besteht (Rn. 229).

4 Neben der Verschmelzung einer Körperschaft auf eine bestehende PersGes (§ 2 Nr. 1 UmwG) ist auch eine Verschmelzung auf eine erst **durch** die **Umwandlung entstehende PersGes** möglich (§ 2 Nr. 2 UmwG). Es handelt sich um eine Verschmelzung durch Neugründung, an der zwei oder mehrere übertragende Rechtsträger beteiligt sind. Auf diesen Vorgang findet § 4 jedoch nur dann Anwendung, soweit einer der übertragenden Rechtsträger eine Körperschaft ist.

5–9 *(einstweilen frei)*

2. Regelungsinhalt

10 § 4 umfasst fünf wesentliche Regelungsbereiche:

- Die **Wertverknüpfung** zwischen den Werten der in der steuerlichen Schlussbilanz der übertragenden Körperschaft ausgewiesenen WG und den Werten, mit denen der übernehmende Rechtsträger (PersGes oder natürliche Person) die auf ihn übergegangenen WG anzusetzen hat, ist in § 4 I 1 normiert (Rn. 35 ff.).
- Der Wertansatz der Anteile an der übertragenden Körperschaft beim übernehmenden Rechtsträger und die Behandlung eines sich daraus ergebenden Gewinns (sog. **Beteiligungskorrekturgewinn**) beim übernehmenden Rechtsträger bestimmt sich nach § 4 I 2 und 3 (Rn. 100 ff.).
- Bestimmungen über den **Eintritt** des übernehmenden Rechtsträgers **in die Rechtsstellung** der übertragenden Körperschaft hinsichtlich der Anwendung steuerlicher Regelungen finden sich in § 4 II (Rn. 140). Dort finden sich auch Regelungen zur Behandlung vorhandener Verluste (Rn. 200).
- Bestimmungen über die weiteren **Abschreibungen** der übergegangenen WG bei Ansatz des gemeinen Wertes oder eines Zwischenwertes sind in § 4 III niedergelegt (Rn. 160).
- Die Ermittlung und steuerliche Behandlung des Übernahmegewinns oder Übernahmeverlusts sind in § 4 IV bis VII geregelt (Rn. 225 ff.).

11 Das zu besteuernde Übernahmeergebnis wird in eine fiktive Ausschüttung der offenen Rücklagen nach § 7 (Kapitalertrag nach § 20 I Nr. 1 EStG mit Einbehalt von KapESt; **Dividendenteil**) und in einen Übernahmegewinn oder -verlust aufgespalten (*Ott* StuB 2007, 163; **Veräußerungsteil**). Dieser Veräußerungsteil ist gedanklich der Erlös aus der tauschähnlichen Hingabe der Anteile an der übertragenden Körperschaft gegen die übernommenen WG (*Frotscher* UmwSt-Erlass 2011 zu Rn. 04.23). Die Aufspaltung in den Dividenden- und Veräußerungsteil hat ihre Ursache in der ursprünglich getrennten Besteuerung der KapGes und ihrer Anteilseigner, die bei der Verschmelzung auf eine Ebene zusammengeführt werden muss (*Desens* FR 2008, 943, 944; vgl Rn. 1). Der Übernahmegewinn oder -verlust wird um die Bezüge nach § 7 gemindert bzw. erhöht (§ 4 V 2). Damit wird eine doppelte Besteuerung der offenen Rücklagen der übertragenden KapGes, die keine Einlagen darstellen, bei den Anteilseignern der übertragenden KapGes verhindert (*Hagemann/Jakob/Ropohl/Viebrock* NWB-Sonderheft 1/2007, 16).

Seit dem SEStEG ist neu, dass die Besteuerung nach § 7 (fiktive Ausschüttung und 12 Besteuerung der offenen Rücklagen) für alle Anteilseigner erfolgt und nicht nur für Anteilseigner, die ihre Anteile im Privatvermögen halten und bei denen es sich nicht um Anteile iSv § 17 EStG handelt (so aber noch § 7 aF; vgl § 7 Rn. 2). Der Anwendungsbereich des § 7 wurde damit erheblich erweitert. Dabei ist zu berücksichtigen, dass durch die Absenkung der relevanten Beteiligungsgrenze des § 17 EStG auf mittlerweile 1% (durch StSenkG v. 23.10.2000 BGBl. I 2000, 1433) in der Vergangenheit eine gegenläufige Tendenz gegeben war und die meisten Anteilseigner dem § 7 aF nicht mehr unterfielen.

Im Gegensatz zur Besteuerung der offenen Rücklagen nach § 7 wird ein Übernahme- 13 gewinn oder -verlust nach § 4 IV bis VII für Anteilseigner mit Anteilen, die nicht steuerverhaftet sind (also im Privatvermögen gehaltene Anteile, die nicht unter § 17 EStG fallen), nicht ermittelt (*Haisch* Ubg 2009, 96, 97). Für diese Anteilseigner erfolgt damit nur eine Besteuerung nach § 7 (UmwStE Rn. 04.25).

(einstweilen frei) 14–19

3. Gesetzesänderungen seit 1995 bis zum SEStEG

a) Gesetz v. 29.10.1997

§ 4 V und VI 2 wurden durch das Gesetz zur Fortsetzung der Unternehmenssteuerre- 20 form v. 29.10.1997 (BGBl. I 1997, 2590) neu gefasst. Soweit negatives Buchvermögen bei der übertragenden Körperschaft bestand, blieb ein Übernahmeverlust außer Ansatz; ein nach Aktivierung von stillen Reserven verbleibender Übernahmeverlust konnte nicht mehr als sofortiger Verlustabzug geltend gemacht werden. Diese Änderung war erstmals auf Umwandlungsvorgänge anwendbar, deren Eintragung im Handelsregister nach dem 5.8.1997 beantragt wurde, s. § 27 III idF des Gesetzes zur Finanzierung eines zusätzlichen Bundeszuschusses zur gesetzlichen Rentenversicherung v. 19.12.1997 (BGBl. I 1997, 3121); zum Problem der Verfassungsmäßigkeit dieses Gesetzes BFH v. 29.4.2008 – I R 103/01, BStBl. II 2008, 723; zum Problem der formellen Verfassungsgemäßheit des Gesetzes zur Fortsetzung der Unternehmenssteuerreform vgl BVerfG v. 15.1.2008 – 2 BvL 12/01, DStR 2008, 556.

b) Gesetz v. 22.12.1999

Durch das Steuerbereinigungsgesetz 1999 v. 22.12.1999 (BGBl. I 1999, 2601) wurden 21 § 4 II 1, 2 neugefasst. Satz 1 wurde als Generalklausel gestaltet, Satz 2 sollte „klarstellen“, dass auch der Übergang von Verlusten nach §§ 2a, 10d, 15 IV und 15a EStG ausgeschlossen ist (BR-Drs. 475/99 (Beschluss), 22; s. dazu 2. Aufl. Rn. 183).

c) Gesetz v. 23.10.2000

Durch das Steuersenkungsgesetz – StSenkG – v. 23.10.2000 (BGBl. I 2000, 1433) 22 wurden § 4 V und VI neu gefasst, sowie § 4 VII angefügt. Die Änderung diente im Wesentlichen der Anpassung an das Halbeinkünfteverfahren. In § 4 V entfiel die Erhöhung um die anzurechnende KSt. Ein Sperrbetrag gemäß § 50c EStG erhöhte weiterhin das Übernahmeergebnis (*Pung* DB 2000, 1835/1836; *Klingberg* in Blümich § 4 Rn. 8). In § 4 VI wurde geregelt, dass Übernahmeverluste keine Berücksichtigung mehr finden (*Jorde/Götz* BB 2001, 1655/1657). Vorher war es möglich gewesen, die BW der WG in Höhe des Übernahmeverlusts aufzustocken und dadurch neues Abschreibungspotential zu schaffen (*Pung* DB 2000, 1835). Das sog. Umwandlungsmodell ist infolge der Nichtberücksichtigung des Übernahmeverlusts gegenstandslos geworden (*Kempermann* FR 2008, 774). Durch den neuen Abs. 7 sollte der Übernahmegewinn wie eine Ausschüttung behandelt werden, indem bestimmt wurde, dass der Übernahmegewinn außer Ansatz blieb, soweit er auf eine Körperschaft, Personenvereinigung oder Vermögensmasse entfiel, und in allen anderen Fällen zur Hälfte angesetzt wurde (*Pung* DB 2000, 1835).

d) Gesetz v. 20.12.2001

23 Durch das Steueränderungsgesetz 2001 – StÄndG 2001 v. 20.12.2001 – (BGBl. I 2001, 3794) wurde in § 4 II 2 das Wort „Verlustabzug" durch das Wort „Verlustvortrag" ersetzt. Dabei handelte es sich um eine redaktionelle Änderung (BT-Drs. 14/6877, 30).

4. Novellierung durch das SEStEG und spätere Änderungen

a) Gesetz v. 7.12.2006 (SEStEG)

24 Durch das SEStEG v. 7.12.2006 (BGBl. I 2006, 2782) wurde § 4 umfassend geändert. So wurde der Anwendungsbereich des § 4 II 2 auf laufende Verluste des übertragenden Rechtsträgers erweitert (Rn. 204). Ebenso neu geregelt wurde die Ermittlung des Übernahmeergebnisses in den Abs. 4 bis 7. So ist nach Ausdehnung des Anwendungsbereiches des § 7, der nun eine Besteuerung offener Rücklagen der Anteilseigner unabhängig von der Ermittlung eines Übernahmeergebnisses vorsieht, das Übernahmeergebnis gemäß Abs. 5 zu mindern. Der Gesetzgeber will durch die Trennung des Kapitalertrages iSd § 7 iVm § 20 I Nr. 1 EStG und ein entsprechend gekürztes Übernahmeergebnis das deutsche Recht auf einen KapESt-Abzug auch gegenüber ausländischen Gesellschaftern sicherstellen (BT-Drs. 16/2710, 40). Weitere Änderungen ergeben sich im Hinblick auf die Anteile an der übertragenden Körperschaft. Soweit steuerwirksame Abschreibungen stattgefunden haben, werden diese wieder korrigiert (Beteiligungskorrekturgewinn, § 4 I 2, 3; Rn. 100 ff.). Der Abzug von Kosten für den Vermögensübergang ist in § 4 IV 1, die Berücksichtigung von stillen Reserven in steuerfrei gestellten Auslandsvermögen ist in § 4 IV 2 und die Berücksichtigung des Übernahmeverlusts ist in § 4 VI neu geregelt worden. Darüber hinaus wird in § 4 VI und VII nun ausdrücklich auf die entsprechenden Vorschriften in § 8b KStG und § 3 Nr. 40 EStG Bezug genommen.

b) Gesetz v. 14.8.2007

25 Im Zuge der Einführung der Zinsschranke durch das Unternehmensteuerreformgesetz 2008 v. 14.8.2007 (BGBl. I 2007, 1912) wurde § 4 II 2 insoweit ergänzt, dass auch ein Zinsvortrag nach § 4h I 2 EStG aF (nun § 4h I 5 EStG; Rn. 29) nicht übergeht.

c) Gesetz v. 19.12.2008

26 Durch das Jahressteuergesetz 2009 v. 19.12.2008 (BGBl. I 2008, 2794) wurde die Berücksichtigung eines Übernahmeverlusts an den Übergang vom Halbeinkünfteverfahren zum Teileinkünfteverfahren angepasst. Folglich ist ein Übernahmeverlust iHv 60 % berücksichtigungsfähig (BT-Drs. 16/11108, 33). Zudem wurde ein neuer Satz 5 eingefügt, der sicherstellen soll, dass eine Berücksichtigung des Übernahmeverlusts in voller Höhe des Betrags der Bezüge iSd § 7 erfolgen kann, soweit er auf Anteile entfällt, die bei Kredit- und Finanzdienstleistungsinstituten dem Handelsbuch zuzurechnen sind oder die von Finanzunternehmen iSd Gesetzes über das Kreditwesen mit dem Ziel des kurzfristigen Eigenhandelserfolgs erworben worden sind (BT-Drs. 16/11108, 33). In dem neuen Satz 6 (früher Satz 5) wurde die Angabe „§ 17 II 5" durch „§ 17 II 6" ersetzt und damit der bisher falsche Verweis berichtigt.

27 In § 4 VII 2 wurde die hälftige Steuerbefreiung des Übernahmegewinns in den Fällen des kurzfristigen Eigenhandels von Banken und Finanzdienstleistern und bei alten sog. einbringungsgeborenen Anteilen durch das Jahressteuergesetz 2009 gestrichen, indem der bisherige Verweis auf § 3 Nr. 40 S 1 und 2 EStG durch einen Verweis auf § 3 Nr. 40 EStG ausgeweitet wurde. Ausweislich der Gesetzesbegründung soll es sich dabei um eine Klarstellung handeln (BT-Drs. 16/11108, 33).

Diese Änderungen in § 4 sind gemäß § 27 erstmals auf Umwandlungen anzuwenden, 28
bei denen § 3 Nr. 40 EStG in der durch Art. 1 Nr. 3 des Gesetzes vom 14.8.2007 (Rn. 25) geänderten Fassung für die Bezüge iSd § 7 anzuwenden ist (vgl § 27 VIII).

d) Gesetz v. 22.12.2009

Durch das Wachstumsbeschleunigungsgesetz v. 22.12.2009 (BGBl. I 2009, 3950) wird 29
nun auch ein EBITDA-Vortrag vom Übergang auf den übernehmenden Rechtsträger ausgeschlossen (Neufassung des § 4 II 2). Der EBITDA-Vortrag unterliegt damit den gleichen Regelungen wie ein Zinsvortrag.

Eine zusätzliche redaktionelle Änderung erfuhr die Vorschrift dadurch, dass in Bezug auf den Zinsvortrag nicht mehr auf § 4h I 2 EStG, sondern nun auf § 4h I 5 EStG verwiesen wird. Dies resultiert aus der Neufassung des § 4h I EStG.

(einstweilen frei) 30–34

II. Ansatz der übergegangenen Wirtschaftsgüter gemäß § 4 I 1 (Wertverknüpfung)

1. Bedeutung der Regelung

Der übernehmende Rechtsträger (PersGes oder natürliche Person) hat die auf ihn 35
übergegangenen WG mit den in der **steuerlichen Schlussbilanz** der übertragenden Körperschaft **enthaltenen Werten** zu übernehmen (Grundsatz der Wertverknüpfung bzw. Buchwertverknüpfung im weiteren Sinne). Diese Wertverknüpfung ist eine materiellrechtliche Bindung, aber keine verfahrensrechtliche Verknüpfung im Wege eines Grundlagenbescheides (BFH v. 21.10.2014 – I R 1/13, BFH/NV 2015, 690; so auch BFH v. 16.12.2014 – VIII R 45/12, BStBl. II 2015, 759; krit. *Brühl/Weiss* Ubg 2017, 629, 635). Nach Auffassung der FinVerw ist die steuerliche Schlussbilanz eine eigenständige Bilanz neben der Gewinnermittlung (UmwStE Rn. 03.01 Abs. 1; § 3 Rn. 72; zustimmend *Schmitt/Schloßmacher* UmwStE 2011, S 79; abl. *Stimpel* GmbHR 2012, 123). Zum Begriff der „Wirtschaftsgüter" in diesem Regelungszusammenhang, vgl Rn. 66. Die Übernahme erfolgt mit Wirkung zum steuerlichen Übertragungsstichtag (UmwStE Rn. 04.01).

§ 4 regelt die Rechtsfolgen einer Verschmelzung bei der Gewinnermittlung des über- 36
nehmenden Rechtsträgers. Deshalb ergeben sich folgende Besonderheiten: Soweit der übernehmende Rechtsträger eine natürliche Person ist, wird für steuerliche Zwecke lediglich eine Bilanz aufgestellt, in die dann entsprechend die Werte aus der Schlussbilanz der übertragenden Körperschaft übernommen werden müssen (zur Frage, ob eine gesonderte Übernahmebilanz aufzustellen ist, Rn. 42).

Soweit der übernehmende Rechtsträger eine PersGes ist, kann in der bilanziellen Dar- 37
stellung insoweit abgewichen werden, als die Wertverknüpfung sich nicht allein in der **Gesamthandsbilanz** der übernehmenden PersGes niederschlägt, sondern **auch Ergänzungsbilanzen** einbezogen werden. Voraussetzung ist, dass sich hieraus keine Auswirkungen auf die Ermittlung des Übernahmegewinns sowie auf die Gewinnermittlung der folgenden Perioden ergeben. Die Bestimmung ist deshalb wie folgt zu lesen: Die übernehmende PersGes hat die auf sie übergegangenen WG mit dem in der steuerlichen Schlussbilanz der übertragenden Körperschaft enthaltenen Wert in ihre Gesamthandsbilanz sowie in die Ergänzungsbilanzen ihrer Gesellschafter zu übernehmen (Rn. 395 ff.). Zur Notwendigkeit der Einbeziehung von Ergänzungsbilanzen in Sonderfällen vgl Rn. 421.

Der Grundsatz der **Wertverknüpfung in § 4 I 1** ist von der auf Antrag bestehenden 38
Möglichkeit der **Buchwertfortführung** in § 3 zu unterscheiden. Nach § 3 I 1 sind die übergehenden WG in der steuerlichen Schlussbilanz der übertragenden KapGes mit dem

gemeinen Wert anzusetzen. In § 3 II wird der übertragenden KapGes unter definierten Voraussetzungen auf Antrag ein Wahlrecht eingeräumt, die übergehenden WG in der steuerlichen Schlussbilanz mit dem (bisherigen) BW oder einem höheren Wert (ZW, aber max. gemeiner Wert) anzusetzen (s. § 3 Rn. 100 ff.). BW ist der Wert, der sich nach den steuerrechtlichen Vorschriften über die Gewinnermittlung ergibt. Die gemeinen Werte der einzelnen WG dürfen nicht überschritten werden. Unabhängig davon, wie die übertragende Körperschaft ihr Wahlrecht ausübt, besteht jedenfalls zwischen den Wertansätzen in der steuerlichen Schlussbilanz gemäß § 3 und den Wertansätzen in der Steuerbilanz des übernehmenden Rechtsträgers zwingend eine Wertverknüpfung (*Klingberg* in Blümich § 4 Rn. 15). Diese Wertverknüpfung kann eine Buchwertverknüpfung im engeren Sinne darstellen, wenn die übertragende Körperschaft die Buchwertfortführung im Rahmen des § 3 beantragt hat. Entscheidet sich die übertragende Körperschaft jedoch dazu, nicht die BW fortzuführen, sondern Aufstockungen vorzunehmen, so handelt es sich nicht mehr um eine Buchwertverknüpfung im engeren Sinne, sondern nur noch um eine Verknüpfung zwischen der steuerlichen Schlussbilanz, die bereits Werte beinhaltet, die über den früheren BW liegen und den Werten der WG, wie sie bei der übernehmenden PersGes oder natürlichen Person eingebucht werden (Buchwertverknüpfung im weiteren Sinne). Entscheidend für die Wertverknüpfung nach § 4 I 1 ist der tatsächliche Ansatz in der Schlussbilanz der übertragenden KapGes, auch wenn dies einer vertraglichen Vereinbarung widerspricht (BFH v. 20.8.2015 – IV R 34/12, GmbHR 2015, 1334, 1336; so bereits Vorinstanz FG Hamburg v. 25.7.2012 – 6 K 91/11).

39 Durch die Wertverknüpfung wird die **spätere** steuerliche **Erfassung der stillen Reserven** sichergestellt, soweit diese nicht im Rahmen der Aufstockungsmöglichkeit des § 3 bilanziert bzw. aufgedeckt wurden (*Schnitter* in F/D § 4 Rn. 25). Während bei § 3 aF (vor SEStEG) die Sicherstellung der späteren Besteuerung der stillen Reserven – anders als in § 11 I 1 Nr. 1 aF – nicht Tatbestandsmerkmal war (*Schaumburg* FR 1995, 211, 213; aA *Blumers/Beinert* DB 1995, 1043 Fn. 10), ist diese Sicherstellung mittlerweile nach § 3 II eine Voraussetzung für den Ansatz des BW oder eines ZW (BT-Drs. 16/2710, 27). Soweit durch einen BW-Ansatz stille Reserven auf die PersGes übergehen, werden sie dort erst bei Veräußerungen der WG oder bei Veräußerungen von MU-Anteilen oder bei Aufgabe der PersGes aufgedeckt und versteuert (*Kamchen/Kling* NWB 2017, 1896, 1902).

40 Der Ansatz eines ZW oder des gemeinen Wertes bei der übertragenden Körperschaft führt zu einer **Realisierung von stillen Reserven.** Der entstehende Gewinn erhöht das Einkommen der Körperschaft in dem Jahr der Aufstockung und unterliegt der KSt und im Grundsatz der GewSt (§ 3 Rn. 230; § 18 Rn. 43). Der Gewinn kann damit auch mit vorhandenen steuerlichen **Verlustvorträgen** der übertragenden Körperschaft verrechnet werden (vgl zu den Einschränkungen in § 2 IV durch das Jahressteuergesetz 2009 v. 19.12.2008 BGBl. I 2008, 2794, das Wachstumsbeschleunigungsgesetz v. 22.12.2009 BGBl. I 2009, 3950 und durch das AmtshilfeRLUmsG v. 26.6.2013 BGBl. I 2013, 1809, Rn. 210 und § 2 Rn. 109 ff.). Dies hat den Vorteil, dass die Verlustvorträge vor deren ansonsten zwangsweise eintretendem Untergang im Rahmen der Umwandlung gemäß § 4 II 2 noch genutzt werden können (*Stimpel* GmbH-StB 2008, 74, 75; vgl Rn. 200 ff.). Hierbei ist jedoch einerseits zu beachten, dass der Übertragungsgewinn grundsätzlich auch der GewSt unterliegt und die gewstl und kstl Verlustvorträge regelmäßig nicht in gleicher Höhe bestehen (*Ott* StuB 2007, 163, 164), das Wertansatzwahlrecht aber einheitlich ausgeübt werden muss (§ 18 Rn. 112). Zum anderen ist die Mindestbesteuerung (§ 10d II EStG, § 10a GewStG) zu bedenken. Der BFH hatte die Mindestbesteuerung im Grundsatz gebilligt, sofern nicht ein sog. Definitiveffekt eintritt (BFH v. 22.8.2012 – I R 9/11, BStBl. II 2013, 512; hiergegen ist unter dem Az. 2 BvR 2998/12 eine Verfassungsbeschwerde anhängig; s. a. BFH v. 26.2.2014 – I R 59/12, BStBl. II 2014, 1016 – Normenkontrollverfahren beim BVerfG 2 BvL 19/14; zur GewSt vgl § 18 Rn. 112). Zweifel hatte der BFH zuvor bereits in einem AdV-Verfahren geäußert (BFH v. 26.8.2010 – I B 49/10, BStBl. II 2011, 826), woraufhin die FinVerw in bestimmten Fällen auf Antrag Aussetzung der Vollziehung gewähren wird (BMF v. 19.10.2011 BStBl. I 2011, 974; OFD Frankfurt/M v. 30.3.2016, S 2745a A-5-St 51). Zwar wird von dem BMF-Schreiben die Umwandlung einer KapGes in eine PersGes nicht erfasst, sollte aber aufgrund der Vergleichbarkeit mit einbezogen werden (*Kahle/Hiller/Vogel* FR 2012, 789, 798). Durch die Aufstockung erhöht sich im Grundsatz beim übernehmenden Rechtsträger das Abschreibungspotential aber auch das Übernahmeergebnis (Rn. 203). Hier sollte bei der Entscheidung über die Ausübung des Wahlrechts darauf geachtet werden, dass das Aufstockungspotential nicht zwangsweise im Wesentlichen auf nicht planmäßig abschreibbare WG entfällt.

Die Wertverknüpfung beinhaltet des Weiteren, dass **nachträgliche Änderungen der** 41 **Wertansätze** in der steuerlichen Schlussbilanz der übertragenden Körperschaft ebenfalls beim Ansatz der übergehenden WG bei dem übernehmenden Rechtsträger zu berücksichtigen sind (*Widmann* in W/M § 4 Rn. 815). Solche Änderungen können sich insb aufgrund einer Außenprüfung ergeben. Die Änderung der Schlussbilanz wird über § 175 I 1 Nr. 2 AO beim übernehmenden Rechtsträger nachvollzogen. Die Bindung des übernehmenden Rechtsträgers an die Werte der Schlussbilanz gemäß § 4 I ist eine materiellrechtliche. An einer verfahrensrechtlichen Verknüpfung im Wege eines Grundlagenbescheides bei der übertragenden Gesellschaft fehlt es (vgl Rn. 35). Mit der Steuerfestsetzung bei der übernehmenden Gesellschaft wird weder festgestellt noch unterstellt, in welcher Weise das Ansatzwahlrecht ausgeübt worden ist; es wird dort nur auf der Grundlage des tatsächlich erfolgten Ansatzes die Steuer festgesetzt. Der übernehmende Rechtsträger kann auch nicht unter Hinweis auf die Übernahme der Schlussbilanzwerte der übertragenden Gesellschaft als sog. Drittbetroffene ein Klagerecht geltend machen (BFH v. 19.12.2012 – I R 5/12, BFH/NV 2013, 743; *Pung/Werner* in D/P/M § 4 Rn. 8; aA aber *Brühl/Weiss* Ubg 2017, 629, 635). Der übernehmende Rechtsträger kann jedoch entsprechenden Rechtsschutz gegen eine abweichende Festsetzung im Rahmen seiner eigenen Gewinnermittlung bzw. gesonderten und einheitlichen Gewinnfeststellung in Anspruch nehmen (BFH v. 10.9.2015 – IV R 49/14, BStBl. II 2016, 722; BFH v. 6.6.2013 – I R 36/12, BFH/NV 2014, 74; *Koch* BB 2013, 2603, 2604). Die Veränderung des Wertansatzes der WG beim übernehmenden Rechtsträger führt zu einer Änderung des Übernahmegewinns bzw. Übernahmeverlusts. Soweit die Bilanz der übertragenden Körperschaft nicht mehr geändert werden kann (vgl EStH 4.4), werden die erforderlichen Änderungen aufgrund des Bilanzenzusammenhanges unter den allgemeinen Voraussetzungen in der ersten berichtigungsfähigen Bilanz des übernehmenden Rechtsträgers vorgenommen (*Schmitt* in SHS § 4 Rn. 26).

Eine gesonderte **Übernahmebilanz** ist vom übernehmenden Rechtsträger nicht auf- 42 zustellen (*Widmann* in W/M § 4 Rn. 24). Sofern der übernehmende Rechtsträger neu gegründet wird, muss er eine Eröffnungsbilanz auf den steuerlichen Übertragungsstichtag aufstellen (UmwStE Rn. 04.03). Diese dient dann auch als Übernahmebilanz (*Schnitter* in F/D § 4 Rn. 46). Bei einem zum Übertragungsstichtag bereits bestehenden übernehmenden Rechtsträger stellt der Vermögensübergang einen laufenden Geschäftsvorfall dar (UmwStE Rn. 04.03; *van Lishaut* in R/H/vL § 4 Rn. 7; *Schulze zur Wiesche* StBP 2012, 246, 249). Insofern ist eine (Übernahme-)Bilanz nur aufzustellen, wenn der steuerliche Übertragungsstichtag auf den Bilanzstichtag des übernehmenden Rechtsträgers fällt. Diese Schlussbilanz des übernehmenden Rechtsträgers ist dann gleichzeitig die Übernahmebilanz. Sofern der übernehmende Rechtsträger nicht bilanziert, ergibt sich aus § 4 keine Verpflichtung, eine Bilanz aufzustellen oder zukünftig zu bilanzieren (BFH v. 5.11.2015 – III R 12/13, BStBl. II 2016, 420; a. A. *Staats* in Lademann § 4 Rn. 18). Die Pflicht zur Aufstellung einer Eröffnungsbilanz besteht lediglich beim Formwechsel, § 9 S 2 (§ 9 Rn. 37; BFH v. 5.11.2015 – III R 13/13, BStBl. II 2016, 468).

Besonderheiten ergeben sich, wenn faktisch keine Schlussbilanz vom übertragenden 43 Rechtsträger aufgestellt wird, obwohl dies erforderlich wäre. Die FinVerw hält eine Schlussbilanz lediglich dann für nicht erforderlich, wenn sie nicht für inländische Besteuerungszwecke benötigt wird (UmwStE Rn. 03.02 S 1). Sofern aber die übertragende

Körperschaft, ein Mitunternehmer der übernehmenden PersGes oder die übernehmende natürliche Person im Inland stpfl. sind, ist eine steuerliche Schlussbilanz von Bedeutung und damit erforderlich (UmwStE Rn. 03.02 S 2). Im Fall einer umzuwandelnden ausländischen KapGes könnte ein einzelner deutscher Minderheitsgesellschafter die Aufstellung einer steuerlichen Schlussbilanz auf Ebene der ausländischen KapGes nicht durchsetzen. Vor diesem Hintergrund sollte das Antragswahlrecht nach § 3 II ausnahmsweise von dem deutschen Gesellschafter ausgeübt werden können, wobei das Finanzamt den Wertansatz auf dieser Basis schätzen muss (*Klein* in Klein/Müller/Lieber, Änderung der Unternehmensform 2012, Rn. 838).

44 *(einstweilen frei)*

2. Keine Wertverknüpfung im Handelsrecht

45 Der steuerliche Grundsatz der Wertverknüpfung zwischen der steuerlichen Schlussbilanz der übertragenden Körperschaft nach § 3 und dem Wertansatz zu Zwecken der Gewinnermittlung bei dem übernehmenden Rechtsträger nach § 4 I hat keine Parallele im Handelsrecht. Für die **handelsrechtliche** Schlussbilanz des übertragenden Rechtsträgers gelten die **allgemeinen Vorschriften über die Jahresbilanz** gemäß § 17 II 2 UmwG. Auf Bewertungsfragen sind somit die §§ 252 ff. HGB anzuwenden (*Fronhöfer* in W/M § 17 UmwG Rn. 61, 67). Nach § 253 I 1 HGB ist der Wertansatz nach oben durch die historischen AK (vermindert um Abschreibungen) begrenzt. Eine Aufstockung auf höhere Zeitwerte durch Aufdeckung stiller Reserven ist damit grundsätzlich ausgeschlossen. In der Schlussbilanz der übertragenden Körperschaft sind also im Regelfall zwingend die BW fortzuführen (*Priester* in Lutter § 24 UmwG Rn. 15; *Winnefeld* Bilanz-Handbuch, Kapitel N Rn. 227).

46 Die **Bewertung** der übergehenden Vermögensgegenstände (WG) **beim aufnehmenden Rechtsträger** ist handelsrechtlich in § 24 UmwG geregelt. Hiernach steht dem übernehmenden Rechtsträger bei Verschmelzungen und Spaltungen ein Wahlrecht zu. Er kann die Vermögensgegenstände zu AK ansetzen oder die in der Schlussbilanz des übertragenden Rechtsträgers angesetzten BW fortführen (*Bula/Thees* in SBB § 10 Rn. 93; *Kamchen/Kling* NWB 2017, 1896, 1899). Die fortgeführten BW sind nur fiktive AK (*Moszka* in Semler/Stengel § 24 UmwG Rn. 29). Bei BW-Fortführung hat die Umwandlung regelmäßig eine Auswirkung auf das Ergebnis, weil die BW beim übertragenden Rechtsträger idR nicht identisch mit den AK des übernehmenden Rechtsträgers sind (*Hörtnagl* in SHS § 24 UmwG Rn. 16, 75 ff.). Ein Ansatz der AK gewährleistet, dass die Vermögensübertragung grds ergebnisneutral ist (*Bula/Thees* in SBB § 10 Rn. 88). Als AK sind die Aufwendungen zu betrachten, die der übernehmende Rechtsträger für den Erwerb der übernommenen Vermögensgegenstände tätigt (*Moszka* in Semler/Stengel § 24 UmwG Rn. 29). Der übernehmende Rechtsträger kann somit in seiner Handelsbilanz stille Reserven aufdecken, soweit hierfür AK vorliegen. Dies schließt die Aufstockung immaterieller Vermögensgegenstände einschließlich eines Firmen- oder Geschäftswerts mit ein (*Bula/Thees* in SBB § 10 Rn. 116; *Winnefeld* Bilanz-Handbuch, Kapitel N Rn. 238). Ausgeschlossen ist nur die handelsbilanzielle Aufdeckung stiller Reserven, die die AK des übernehmenden Rechtsträgers überschreiten.

47 Es besteht **keine Bilanzkontinuität** zwischen dem übertragenden und dem übernehmenden Rechtsträger. Vielmehr können die Vermögensgegenstände, einschließlich der bisher nicht bilanzierten, neu bewertet werden. Während die übertragende Körperschaft handelsrechtlich zwingend grundsätzlich nur die BW in ihrer Schlussbilanz ansetzen darf, ist dem übernehmenden Rechtsträger eine Wertaufstockung bis zur Höhe der AK und damit verbunden die Schaffung von handelsrechtlichem Abschreibungspotential erlaubt. Auf den Formwechsel ist § 24 UmwG jedoch nicht anwendbar (*Klingberg* in Blümich § 4 Rn. 14).

48–51 *(einstweilen frei)*

3. Keine Maßgeblichkeit der Handelsbilanz für den steuerlichen Wertansatz

a) Übernehmender Rechtsträger

Der übernehmende Rechtsträger hat die auf ihn übergegangenen WG mit dem in der steuerlichen Schlussbilanz der übertragenden Körperschaft enthaltenen Wert zu übernehmen (§ 4 I 1). Der Grundsatz der **Wertverknüpfung** gilt zwingend und unabhängig von der Ausübung des handelsbilanziellen Wahlrechts gemäß § 24 UmwG (*Raab* in Lippross/Seibel § 4 Rn. 6). 52

Aufgrund der Anknüpfung an die steuerliche Schlussbilanz sind damit sowohl die Ansätze in der handelsrechtlichen Schlussbilanz der übertragenden Körperschaft, als auch die handelsrechtlichen Ansätze in der Bilanz des übernehmenden Rechtsträgers unbeachtlich.

b) Übertragende Körperschaft

Auch bei der übertragenden Körperschaft ist der Grundsatz der **Maßgeblichkeit** der Handelsbilanz für die Steuerbilanz gemäß § 5 I EStG insoweit für Zwecke des Umwandlungssteuerrechts **durchbrochen** (*Trossen* FR 2006, 617, 619). Dies war in der Vergangenheit umstritten. 53

Nach zutr. Meinung galt das von § 3 eingeräumte Wahlrecht für den Ansatz in der steuerlichen Schlussbilanz (Buch-, Zwischenwert oder gemeiner Wert bzw. damals Teilwert) bereits vor der Neuregelung durch das SEStEG unabhängig von dem Ansatz in der Handelsbilanz (vgl *Haritz* DStR 2006, 977, 979; BFH v. 5.6.2007 – I R 97/06, BStBl. II 2008, 650 zu § 11 aF). 54

Die FinVerw hatte dagegen den Grundsatz der Maßgeblichkeit der Handelsbilanz für die Steuerbilanz nach § 5 I EStG zunächst bejaht und damit in der steuerlichen Übertragungsbilanz nur die in der Handelsbilanz zulässigen Werte angesetzt (UmwStE 1998 Rn. 03.01; OFD Münster v. 28.8.2006, DB 2006, 1928; OFD Rheinland v. 15.1.2007, DB 2007, 491). Da handelsrechtlich im Grundsatz keine Aufstockung in der Übertragungsbilanz möglich ist (vgl Rn. 45), sollte auch steuerrechtlich keine Aufstockung in Betracht kommen. Zu einer Aufstockung konnte es nach Ansicht der FinVerw nur kommen, wenn die Übernehmerin in der handelsrechtlichen Übernahmebilanz nach § 24 UmwG höhere Werte als in der Schlussbilanz der übertragenden Körperschaft angesetzt hatte, weil dann der Maßgeblichkeitsgrundsatz an dem der Umwandlung folgenden Bilanzstichtag zu beachten war: In der Steuerbilanz der Übernehmerin waren die Werte erfolgswirksam bis zur Höhe der AK und HK aufzustocken (sog. **phasenverschobene Wertaufholung;** UmwStE 1998 Rn. 03.02). Die damit aus Sicht der FinVerw verbundene Gewinnrealisierung durch Aufstockung war systemwidrig und hatte keine gesetzliche Grundlage (2. Auflage Rn. 29). Die phasenverschobene Wertaufholung ist nach neuem Recht nicht mehr anzuwenden (*Behrens* BB 2009, 318 ff.; *Pung/Werner* in D/P/M § 4 Rn. 10). Überraschenderweise taucht das Problem der phasenverschobenen Wertaufholung nun mit dem UmwStE 2011 im Zusammenhang mit erstmals in der Schlussbilanz beim Ansatz des gemeinen Wertes oder eines ZW aktivierten oder passivierten WG neu auf, vgl Rn. 98 f. 55

Der BFH hat die Ansicht der FinVerw zur Geltung der Maßgeblichkeit abgelehnt (BFH v. 5.6.2007 – I R 97/06, BStBl. II 2008, 650 zu § 11 aF; v. 19.10.2005 – I R 38/04, BStBl. II 2006, 568 zu § 25 aF). Der Ansicht des BFH hat sich die FinVerw nun auch im Hinblick auf § 3 angeschlossen (UmwStE Rn. 04.04; zuvor bereits OFD Frankfurt v. 13.3.2008, DB 2008, 948; OFD Rheinland v. 25.2.2008, BB 2008, 608). Es wurde klargestellt, dass steuerliche Wahlrechte unabhängig von der handelsrechtlichen Jahresbilanz ausgeübt werden können (UmwStE Rn. 04.04). 56

Jedenfalls mit dem SEStEG hat sich die Streitfrage über die Maßgeblichkeit erledigt. Der Grundsatz der Maßgeblichkeit der Handelsbilanz für die Steuerbilanz wurde für den übertragenden Rechtsträger ausdrücklich aufgegeben (BT-Drs. 16/2710, 37; *Stimpel* GmbH-StB 2008, 74, 75). Damit ist der Wertansatz der WG in der Schlussbilanz der übertragenden 57

Körperschaft unabhängig von dem Ansatz in der Handelsbilanz (*Rödder/Schumacher* DStR 2007, 369, 372) und die stillen Reserven können unabhängig von den handelsrechtlichen Wertansätzen aufgedeckt werden. Aufgrund der ausdrücklichen Erwähnung gilt dies auch für nicht entgeltlich erworbene und selbst geschaffene immaterielle WG (*Hohenlohe/Rautenstrauch/Adrian* GmbHR 2006, 623, 624; *Rödder/Schumacher* DStR 2007, 369, 372; so auch OFD Frankfurt/M v. 13.3.2008, DB 2008, 948, aber offen gelassen in OFD Frankfurt/M v. 22.1.2009, KSt-Kartei Hessen UmwStG Karte 31). Eine weitere Änderung des Maßgeblichkeitsprinzips erfolgte durch das BilMoG, indem in § 5 I 1 EStG ein Vorbehalt hinsichtlich der Ausübung steuerlicher Wahlrechte aufgenommen wurde (vgl *Dörfler/Adrian* DB 2009 Beil. 5 zu Heft 23 S 58).

58–64 *(einstweilen frei)*

4. Einzelfälle der Bilanzierung und Gewinnermittlung

a) Allgemeines

65 Gemäß § 4 I hat der übernehmende Rechtsträger die auf ihn **übergegangenen WG** mit dem in der steuerlichen Schlussbilanz der übertragenden Körperschaft enthaltenen Wert zu übernehmen. Der Begriff der übergegangenen WG in § 4 I bezieht sich auf alle WG, die in der steuerlichen Schlussbilanz der übertragenden Körperschaft gemäß § 3 angesetzt worden sind, sei es, dass sie in den früheren Steuerbilanzen der übertragenden Körperschaft bereits angesetzt waren, sei es, dass sie erstmals im Rahmen der Schlussbilanz als Folge der Buchwertaufstockung angesetzt wurden (zu WG, welche entgegen § 5 EStG in der Schlussbilanz angesetzt wurden, zB Drohverlustrückstellungen, vgl Rn. 97). Eine Unterscheidung zwischen übergegangenen WG einerseits und übernommenen immateriellen WG andererseits, wie sie noch in § 4 VI idF UmwStG 1995 gemacht wurde (zur Kompensation eines ansonsten entstehenden Übernahmeverlusts, vgl Rn. 286), wird nicht mehr vorgenommen, weil die Berücksichtigung von Übernahmeverlusten durch das StSenkG v. 23.10.2000 entfallen ist (Rn. 22). Soweit die übertragende Körperschaft an einer PersGes beteiligt ist und die Verschmelzung zum ZW oder gemeinen Wert durchgeführt wird, ist der Aufstockungsbetrag in einer Ergänzungsbilanz bei dieser PersGes auszuweisen (UmwStE Rn. 04.17). Zur möglichen Beteiligung der übertragenden Körperschaft an der übernehmenden PersGes vgl Rn. 415.

66 Zwar erfasst § 4 I nach seinem Wortlaut nur „Wirtschaftsgüter". Die Regelung muss aber entsprechend auch auf sonstige Bilanzpositionen angewendet werden (zB Rechnungsabgrenzungsposten, Sammelposten gemäß § 6 IIa EStG, Rücklagen, vgl *van Lishaut* in R/H/vL § 4 Rn. 14; UmwStE Rn. 04.01).

b) Forderungen und Verbindlichkeiten

67 Soweit zwischen der übertragenden KapGes und dem übernehmenden Rechtsträger gegenseitige Forderungen und Verbindlichkeiten bestehen, gehen diese zunächst auf den übernehmenden Rechtsträger über (*Klingberg* in Blümich § 4 Rn. 18). Durch den Übergang vereinigen sich die Forderung und die Schuld in einer Person; damit erlischt das Schuldverhältnis im Wege der **Konfusion.** Dieses zivilrechtliche Erlöschen vollzieht sich erst **nach** dem **Übertragungsstichtag.**

68 Die bilanziellen Auswirkungen aus dem Erlöschen von Forderungen und Verbindlichkeiten berühren nicht den Übernahmegewinn/-verlust. Soweit sich durch die Konfusion ein Gewinn ergibt (zB wurde eine Forderung gegenüber der übertragenden Gesellschaft in der Bilanz des übernehmenden Rechtsträgers wertberichtigt), liegt ein **laufender Gewinn** vor (Übernahmefolgegewinn), der mit Ablauf des steuerlichen Übertragungsstichtages entsteht (UmwStE Rn. 04.26 und 06.01). Dieser Gewinn kann in eine Rücklage nach § 6 I eingestellt werden (zu Einzelheiten § 6 Rn. 13 f.). Zu der Frage, ob ein solcher Übernahmefolgegewinn nur dann stpfl. ist, wenn sich die Forderungsabschreibung ganz oder zum Teil steuerlich ausgewirkt hat, vgl FG BaWü v. 21.6.2016 – 11 K 1536/14, EFG 2016,

1571, Rev. X R 23/16; *Graw* EFG 2016, 1571). Soweit sich ein Verlust aus der Konfusion ergibt (zB wurde in der Bilanz der übertragenden Gesellschaft eine Verbindlichkeit gegenüber dem übernehmenden Rechtsträger abgezinst), stellt dies einen laufenden Verlust dar.

c) Geschäfts- und Firmenwert

Neben einem **entgeltlich erworbenen Geschäfts- oder Firmenwert** kann auch ein Geschäfts- oder Firmenwert, der nicht von der übertragenden Körperschaft derivativ erworben wurde, in der steuerlichen Schlussbilanz der übertragenden Körperschaft angesetzt werden. Zum bisherigen Streitstand, ob ein solcher Ansatz unmittelbar nur beim Ansatz der übergehenden WG in der Schlussbilanz mit dem gemeinen Wert zulässig ist und ob beim Zwischenwertansatz die Stufentheorie oder die **modifizierte Stufentheorie** gilt, vgl 3. Auflage § 3 Rn. 138 ff. Indem die FinVerw seit dem UmwStE 2011 die Anwendung eines einheitlichen Prozentsatzes für die Auflösung der stillen Reserven fordert (UmwStE Rn. 03.25 S 2), wird die Stufentheorie nun auch nicht mehr von ihr vertreten (*Stimpel* GmbHR 2012, 123, 126). 69

Dabei ist zu beachten, dass der erstmalige Ansatz eines originären Geschäfts- oder Firmenwerts bei der übertragenden Körperschaft infolge des Ansatzwahlrechts nach § 3 dazu führt, dass nach hier vertretener Auffassung der originäre Geschäfts- oder Firmenwert **gesondert** in der Schlussbilanz **ausgewiesen** wird, es also nicht zu einer Aufstockung eines ggf bereits ausgewiesenen derivativen Geschäfts- oder Firmenwerts kommt (*Schmitt* in SHS § 4 Rn. 91; *Schnitter* in F/D § 4 Rn. 122a; *Schmitt/Schloßmacher* UmwStE 2011, S 110; abl. zur sog. Einheitstheorie *Anzinger* in H/H/R § 7 EStG Rn. 201; BFH v. 20.11.2006 – VIII R 47/05, BStBl. II 2008, 69; aA UmwStE Rn. 04.10; *Kulosa* in Schmidt § 6 Rn. 313 – Einheitstheorie). Zur weiteren Abschreibung eines in der Schlussbilanz erstmals angesetzten originären Firmenwertes s. Rn. 164. Die FinVerw möchte den derivativen und originären Geschäfts- bzw. Firmenwert zusammenfassen und einheitlich auf 15 Jahre abschreiben (UmwStE Rn. 04.10). Da die Nutzungsdauer des derivativen Geschäfts- oder Firmenwerts durch die Umwandlung nicht verlängert wird, ist dem nicht zu folgen (*Fuhrmann* in Carlé/Korn/Stahl/Strahl UmwStE, S 43). 70

Abhängig davon, ob und in welcher Höhe ein originärer Geschäfts- oder Firmenwert von der übertragenden Körperschaft angesetzt wurde, ist dieser Ansatz von dem übernehmenden Rechtsträger gemäß § 4 I zu übernehmen. Derivativ von dem übertragenden Rechtsträger erworbene Geschäfts- und Firmenwerte sind ebenfalls mit dem in der steuerlichen Schlussbilanz angesetzten Wert zu übernehmen. 71

d) Abfindungen an ausscheidende Gesellschafter

Die Verpflichtung zur Zahlung einer Abfindung an einen ausscheidenden Gesellschafter der übertragenden Körperschaft ist weder in der handelsrechtlichen noch in der steuerrechtlichen Schlussbilanz der übertragenden Körperschaft zu bilanzieren. Der **Abfindungsanspruch** richtet sich nicht gegen die übertragende Körperschaft, sondern **gegen den übernehmenden Rechtsträger** gemäß §§ 29 I 1, 36 I UmwG. 72

Damit kann die Abfindungsverbindlichkeit nicht bereits in der Schlussbilanz der übertragenden KapGes enthalten sein und somit ist eine entsprechende Verpflichtung auch nicht gemäß § 4 I zu übernehmen. Die Abfindungsverbindlichkeiten haben vielmehr Einfluss auf die Ermittlung des Übernahmeergebnisses nach § 4 IV (Rn. 365 f.). Bei Abfindung eines ausscheidenden Anteilseigners wird der übernehmende Rechtsträger so behandelt, als hätte er die Anteile am steuerlichen Übertragungsstichtag angeschafft (§ 5 I). Der BW der Anteile iSd § 4 IV erhöht sich um die Abfindungszahlungen. Hinsichtlich der Abfindungszahlungen handelt es sich nicht um Minderungen des laufenden Gewinns, sondern um Minderungspositionen für das Übernahmeergebnis: Ein Übernahmegewinn wird niedriger, ein Übernahmeverlust erhöht sich. Bezüglich des Gesellschafters, der in der Zeit zwischen Übertragungsstichtag und Eintragung der Umwandlung ausscheidet, ist zu beachten, dass dieser als Anteilseigner der übertragenden KapGes behandelt wird. Die 73

Rückwirkungsfiktion gilt für ihn nicht (UmwStE Rn. 02.17 ff.; *Fuhrmann* in Carlé/Korn/Stahl/Strahl UmwStE, S 65).

e) Gewinnausschüttungen

74 Gewinnausschüttungen der übertragenden KapGes sind vorliegend von Bedeutung, wenn sowohl der Gewinnverteilungsbeschluss als auch der Abfluss im **steuerlichen Rückwirkungszeitraum** erfolgt, oder zwar der Gewinnverteilungsbeschluss vor dem steuerlichen Übertragungsstichtag liegt, die Gewinnausschüttung jedoch noch nicht abgeflossen ist. Sofern eine Gewinnausschüttung vor dem steuerlichen Übertragungsstichtag beschlossen und abgeflossen ist, hat sie das Vermögen der übertragenden KapGes bereits gemindert (UmwStE Rn. 02.25), sodass sich für den übernehmenden Rechtsträger keine Folgen ergeben. Im Übrigen sind drei Fälle zu unterscheiden:

- Gewinnausschüttungsbeschluss vor dem steuerlichen Übertragungsstichtag, Zahlung nach dem steuerlichen Übertragungsstichtag (Rn. 75)
- Gewinnausschüttungsbeschluss im Rückwirkungszeitraum, Zahlung an verbleibende Gesellschafter (Rn. 76)
- Gewinnausschüttungsbeschluss im Rückwirkungszeitraum, Zahlung an im Rückwirkungszeitraum ausgeschiedene Gesellschafter (Rn. 76).

75 Für vor dem steuerlichen Übertragungsstichtag beschlossene aber noch nicht abgeflossene Gewinnausschüttungen hat die übertragende KapGes eine Verbindlichkeit auszuweisen (UmwStE Rn. 02.27). Diese **Ausschüttungsverbindlichkeit** wird steuerneutral vom übernehmenden Rechtsträger übernommen (Buchwertverknüpfung, Rn. 35). Wenn die übernehmende PersGes die Verbindlichkeit erfüllt, stellt dies bei ihr einen erfolgsneutralen Vorgang dar (UmwStE Rn. 02.30). Eine solche vor dem steuerlichen Übertragungsstichtag beschlossene Gewinnausschüttung ist regelmäßig steuerlich nachteilig, wenn ein Übernahmeverlust aus der Umwandlung erwartet wird, weil dieser im Grundsatz unbeachtlich ist, während die Gewinnausschüttung gemäß den allgemeinen Regelungen versteuert wird (*Fuhrmann* in Carlé/Korn/Stahl/Strahl UmwStE, S 66).

76 Für im steuerlichen Rückwirkungszeitraum beschlossene Gewinnausschüttungen muss differenziert werden, ob es sich um **Gewinnausschüttungen an ausscheidende oder an nicht ausscheidende Gesellschafter** handelt (UmwStE Rn. 02.31 ff.; keine solche Differenzierung befürwortend *Pung/Werner* in D/P/M § 4 Rn. 105).

Ausscheidende Gesellschafter werden nicht von der Rückwirkungsfiktion des § 2 I erfasst, Gewinnausschüttungen werden deshalb noch der übertragenden KapGes zugerechnet (*Raab* in Lippross/Seibel § 4 Rn. 8). In der steuerlichen Schlussbilanz ist ein **passiver Korrekturposten** zu bilden, der wie eine Ausschüttungsverbindlichkeit zu behandeln ist und der vom übernehmenden Rechtsträger übernommen wird. Die dadurch eingetretene bilanzielle Vermögensminderung bei der übertragenden KapGes ist außerhalb der Bilanz zu korrigieren, so dass der steuerliche Gewinn der KapGes nicht gemindert wird (UmwStE Rn. 02.31). Unabhängig von der außerbilanziellen Korrektur wird das von der übertragenden KapGes übergehende Vermögen durch den Korrekturposten gemindert. Hierdurch ergibt sich eine Minderung des Übernahmeergebnisses.

Im Gegensatz dazu werden **nicht ausscheidende Gesellschafter** von der Rückwirkungsfiktion des § 2 I erfasst. Die Gewinnausschüttung gilt als vom übernehmenden Rechtsträger vorgenommen und stellt damit eine **Entnahme** dar. Folglich ist ein gewinnneutraler Vorgang gegeben; ein Passivposten ist nicht zu bilden (UmwStE Rn. 02.32; *Schlösser/Reichl/Rapp* in SBB § 11 Rn. 342).

f) Pensionsrückstellungen

77 Aufwendungen einer KapGes aufgrund einer Pensionszusage an den Gesellschafter-Geschäftsführer mindern grundsätzlich den Gewinn und das kstl Einkommen. Pensionszusagen an Gesellschafter einer PersGes sind dagegen als bloße **Gewinnverteilungsabrede** anzusehen, die den steuerlichen Gewinn der Gesellschaft nicht beeinflussen darf (BFH v.

14.2.2006 – VIII R 40/03, BStBl. II 2008, 182; *Wacker* in Schmidt § 15 Rn. 585). Trotzdem hat eine PersGes, ebenso wie eine KapGes, für eine ihrem Gesellschafter erteilte Pensionszusage eine Rückstellung zu bilden. Der begünstigte Gesellschafter der PersGes hat aber in seiner Sonderbilanz in Höhe seiner Pensionsansprüche gegen die PersGes eine Forderung auszuweisen (*Ley* KÖSDI 2008, 16204, 16205; BFH v. 30.3.2006 – IV R 25/04, BStBl. II 2008, 171; BMF v. 29.1.2008 BStBl. I 2008, 317 Rn. 3).

Durch eine Umwandlung geht die Pensionszusage, die eine KapGes ihrem Gesellschaf- 78
ter-Geschäftsführer erteilt hat, grundsätzlich auf die übernehmende PersGes über (im Regelfall im Wege der Gesamtrechtsnachfolge; *Dommermuth* NWB Fach 18, 4319, 4322 f.; *Fuhrmann* DStZ 2015, 425/426). Vor diesem Hintergrund sind die bisher zugunsten der bisherigen Anteilseigner (jetzige Gesellschafter der übernehmenden PersGes) durch die übertragende Körperschaft zulässigerweise gebildeten Pensionsrückstellungen bei der Verschmelzung **nicht** gewinnerhöhend **aufzulösen,** sondern grundsätzlich fortzuführen (UmwStE Rn. 06.04 f.). Denn insoweit liegt keine Gewinnverteilung in der PersGes vor. Das Gleiche gilt beim Formwechsel nach § 9 und bei einer Spaltung nach § 16.

Die auf die übernehmende PersGes übergegangene und nicht aufgelöste **Pensionsrück-** 79
stellung ist jährlich um den **Zinsanteil** des Rechnungszinsfußes von 6 % nach § 6a III 3 EStG zu erhöhen. Insoweit ist die jährliche Zuführung eine steuerlich abzugsfähige Betriebsausgabe (FG Köln v. 22.5.2007 – 8 K 1874/06, EFG 2008, 871; *Widmann* in W/M § 6 Rn. 90; *Neumann* GmbHR 2002, 996, 997; *Fuhrmann* in Carlé/Korn/Stahl/Strahl UmwStE, S 69; wohl auch UmwStE Rn. 06.06 wonach nur Zuführungen, die ihren Grund in einem fortbestehenden Dienstverhältnis haben, als Sondervergütungen zu berücksichtigen sind). Ein Ausgleich in der Sonder-GuV eines MU ist somit nicht vorzunehmen (*Otto* in Blomeyer/Rolfs/Otto Betriebsrentengesetz Steuerrecht Rn. F 358). Darüber hinaus sind Aufstockungsbeträge abzugsfähig, die wegen der Anpassung der Pensionsansprüche an eine veränderte wirtschaftliche Lage erforderlich werden (*Knobbe-Keuk* § 11 IV 4; aA *Widmann* in W/M § 6 Rn. 90). Voraussetzung hierfür ist, dass eine Anpassungsklausel bereits vor der Umwandlung vereinbart worden war oder die Voraussetzungen des § 16 BetrAVG erfüllt sind. Auf beherrschende Gesellschafter (Mehrheitsgesellschafter) ist das Gesetz zur Verbesserung der betrieblichen Altersversorgung (BetrAVG) jedoch nicht anwendbar (*Rolfs* in Blomeyer/Rolfs/Otto Betriebsrentengesetz § 17 BetrAVG Rn. 87), so dass bei diesen eine entsprechende Anpassungsklausel erforderlich ist. Gleiches gilt für Minderheitsgesellschafter mit Leitungsmacht, also für Gesellschafter mit nicht ganz unbedeutendem Anteilsbesitz (ab ca. 10 %), die gemeinsam mit anderen geschäftsführenden Gesellschaftern über die Mehrheit verfügen (Zusammenrechnung; *Schipp* in Henssler/Willemsen/Kalb Arbeitsrecht § 17 BetrAVG Rn. 11; *Rolfs* in Blomeyer/Rolfs/Otto Betriebsrentengesetz § 17 BetrAVG Rn. 93 ff.).

Nach einer Auffassung führt die Umwandlung in den Fällen, in denen der Gesellschafter 80
am steuerlichen Übertragungsstichtag das **Pensionsalter noch nicht erreicht** hat, idR zu einer Gewinnerhöhung, da die bei der übertragenden Körperschaft gebildete Pensionsrückstellung in diesem Fall höher ist als der Barwert des bis zum steuerlichen Übertragungsstichtag erdienten Anspruchs. Während die Pensionsrückstellung bei der übertragenden KapGes mit dem Teilwert nach § 6a III S 2 Nr. 1 EStG zu bewerten und mit diesem Wert auch zunächst auf die übernehmende PersGes übergeht, soll die Pensionsrückstellung künftig (wegen der angenommenen Beendigung des Dienstverhältnisses) mit dem Anwartschaftsbarwert nach § 6a III S 2 Nr. 2 EStG zu bewerten sein (FG Köln v. 22.5.2007 – 8 K 1874/06, EFG 2008, 871; *Ott* StuB 2008, 615, 616; *Steierberg* in Haase/Hruschka § 4 Rn. 37). Dieser Anwartschaftsbarwert ist im Regelfall niedriger, woraus sich ein Übernahmefolgegewinn ergibt, der gemäß § 6 I verteilt werden kann (*Fuhrmann/Demuth* KÖSDI 2006, 15082, 15084; *Steierberg* in Haase/Hruschka § 4 Rn. 37). Dies wird damit begründet, dass aus steuerlicher Sicht das Dienstverhältnis beendet und eine Mitunternehmerstellung begründet wird (*Ott* StuB 2007, 331).

81 Dieser Auffassung ist jedenfalls für den Fall nicht zu folgen, in dem die PersGes die volle Pensionsverpflichtung der KapGes übernimmt und unverändert fortführt. Nach hier vertretener Auffassung hat die PersGes die Pensionsrückstellung in diesem Fall **weiterhin gemäß § 6a III S 2 Nr. 1 EStG** mit dem Teilwert **zu bewerten** (UmwStE Rn. 06.05; BayLfSt v. 23.10.2009, DStR 2009, 2318; *Dommermuth* in H/H/R § 6a EStG Rn. 26, 109; *Früchtl* in Eisgruber § 4 Rn. 25). Damit kann sich kein Übernahmefolgegewinn ergeben, weil die Pensionsrückstellung nicht teilweise aufgelöst werden muss.

82 **Zuführungen zu der Pensionsrückstellung** nach dem steuerlichen Übertragungsstichtag, die durch die Gesellschafterstellung veranlasst sind, sind als Vergütung der PersGes an ihren Gesellschafter iSd § 15 I 1 Nr. 2 EStG nicht gewinnmindernd zu berücksichtigen (UmwStE Rn. 06.06; vgl auch BMF v. 29.1.2008 BStBl. I 2008, 317; *Sievert/Kardekewitz* Ubg 2008, 617). Zwar hat die Gesellschaft in der Gesellschaftsbilanz (Gesamthandsbilanz) die Pensionsrückstellung zu erhöhen, gleichzeitig hat der aus der Zusage begünstigte Gesellschafter gemäß § 15 I 1 Nr. 2 EStG in seiner Sonderbilanz eine Forderung auf künftige Pensionsleistungen zu aktivieren. Diese Forderung entspricht der Höhe der bei der Gesellschaft passivierten Pensionsverpflichtung (korrespondierende Bilanzierung; BMF v. 29.1.2008 BStBl. I 2008, 317 Rn. 3, 5; *Feldgen* StuB 2015, 864/865; *Kahle* BB 2018, 747/749 f.).

83 Im Falle des **Vermögensübergangs auf eine natürliche Person** ist eine Pensionsrückstellung bei der übernehmenden natürlichen Person erfolgswirksam aufzulösen (UmwStE Rn. 06.07), weil die Pensionsverpflichtung durch Konfusion erlischt (*Heger* in Blümich § 6a EStG Rn. 558). Es entsteht ein Übernahmefolgegewinn (*Feldgen* StuB 2015, 864/867). Die Folgen der Auflösung können bei der natürlichen Person nach Maßgabe des § 6 I durch Verteilung gemildert werden (*Ott* StuB 2009, 923; UmwStE Rn. 06.07).

84 Für eine bestehende **Rückdeckungsversicherung** gilt das Vorstehende entsprechend. Beim Vermögensübergang auf eine PersGes geht diese mit dem Schlussbilanzwert über, sofern sie nicht vorher von der übertragenden KapGes gekündigt wird. Sofern beim Vermögensübergangs auf eine natürliche Person die Rückdeckungsversicherung von der übernehmenden natürlichen Person fortgeführt wird, geht der Versicherungsanspruch (Rückdeckungsanspruch) auf diese über und wird Privatvermögen (Entnahme zum Teilwert, UmwStE Rn. 06.08).

g) Eigene Anteile der übertragenden Körperschaft

85 In der Vergangenheit wurde handelsrechtlich in Bezug auf eigene Anteile einer KapGes danach unterschieden, ob diese zur Einziehung bestimmt waren oder nicht. Nicht zur Einziehung bestimmte eigene Anteile waren als WG zu aktivieren (*Weber-Grellet* in Schmidt § 5 Rn. 270 „Eigene Anteile"). Auch die FinVerw folgte dieser Auffassung (BMF v. 2.12.1998 BStBl. I 1998, 1509). Mit der Umwandlung verloren eigene Anteile der übertragenden Körperschaft jedoch ihren Wert. Die Entwertung trat noch im Vermögen der übertragenden Körperschaft ein (§ 3 Rn. 188). Die eigenen Anteile waren daher **nicht** mehr **in der steuerlichen Schlussbilanz** gemäß § 3 zu erfassen. Zum sich daraus ergebenden Verlust bei der übertragenden KapGes vgl § 3 Rn. 190 und UmwStE Rn. 04.32. In die Ermittlung des Übernahmegewinns beim übernehmenden Rechtsträger wurden die eigenen Anteile nicht einbezogen, da sie nicht Bestandteil der übergegangenen WG waren (der BW des übergehenden BV war entsprechend gemindert; vgl Rn. 238; UmwStE Rn. 04.33).

Durch das BilMoG v. 25.5.2009 (BGBl. I 2009, 1102) hat sich die handelsrechtliche Bilanzierung eigener Anteile geändert. Gemäß § 272 Ia HGB idF des BilMoG sind eigene Anteile von dem Posten „Gezeichnetes Kapital" offen abzusetzen (*Weber-Grellet* in Schmidt § 5 Rn. 270 „Eigene Anteile"). Die steuerliche Behandlung des Erwerbs eigener Anteile war seit dieser Neuregelung durch das BilMoG zunächst umstritten. Die FinVerw wendete das BMF-Schreiben v. 2.12.1998 (BStBl. I 1998, 1509) nicht mehr an und hatte ihre bisherige Auffassung aufgegeben (BMF v. 10.8.2010 BStBl. I 2010, 659). Eine Ersatzregelung wurde durch die FinVerw jedoch erst mit BMF-Schreiben v. 27.11.2013 BStBl. I 2013, 1615 geschaffen. Die FinVerw schließt sich der wirtschaftlichen Betrachtung des Handelsrechts an (BMF v. 27.11.2013 BStBl. I 2013, 1615, Rn. 8). Auch nach überwiegender Meinung in der Lit. sind aufgrund des Maßgeblichkeitsgrundsatzes die eigenen Anteile auch in der Steuerbilanz nicht zu aktivieren (*Winkeljohann/Buchholz* in BeBiKo, § 274 HGB Rn. 219; *Blaas/Sommer* in Schneider/Ruoff/Sistermann UmwStE 2011 Rn. H 4.96; *Bruckmeier/Zwirner/Künkele* DStR 2010, 1640, 1642; *Lechner/Haisch* Ubg 2010, 691, 693 mwN; so im Ergebnis auch UmwStE Rn. 03.05; aA *Breuninger/Müller* GmbHR 2011, 10, 13; *Wiese/Lukas* GmbHR 2014, 238, 240 – soweit die Anteile zur Weiterveräußerung erworben werden). Diesbezüglich ändert sich damit durch das BilMoG jedenfalls beim übernehmenden Rechtsträger nichts (*Frotscher* UmwSt-Erlass 2011 zu Rn. 04.33).

h) Kosten der Verschmelzung

Dazu Rn. 243 ff. sowie § 3 Rn. 209 ff. 86

i) Ausländisches Vermögen

Hinsichtlich des Auslandsvermögens der übertragenden Körperschaft, das Vermögen 87 des übernehmenden Rechtsträgers wird, ist für Zwecke der Ermittlung des Übertragungsgewinns nach § 3 – Aufstockung auf den gemeinen Wert oder Wahlrecht zur Buchwertfortführung bzw. zum Ansatz von ZW – zu unterscheiden, ob die Bundesrepublik Deutschland das **Besteuerungsrecht** über das ausländische Vermögen hat oder nicht. Außerdem ist zu prüfen, ob der ausländische Staat den Vermögensübergang als stpfl. Übertragung von Vermögen einer Besteuerung unterwirft (Einzelheiten bei § 3 Rn. 160 ff.).

Die übertragende Körperschaft kann, sofern die Voraussetzungen des § 3 II 1 erfüllt sind, 88 in der Schlussbilanz die BW, gemeinen Werte oder ZW ansetzen, die jeweils nach deutschen steuerlichen Bilanzierungsgrundsätzen zu ermitteln sind (*Blöchle/Weggenmann*, IStR 2008, 87, 91; a. A. *Schaflitzl/Widmayer* BB Special 8, 2006, 36, 40, 44, wonach die nicht dem deutschen Besteuerungsrecht unterliegenden Wirtschaftgüter in der steuerlichen Schlussbilanz stets mit dem gemeinen Wert anzusetzen sind). Die in der Schlussbilanz der übertragenden Körperschaft getroffene Entscheidung hinsichtlich des Wertansatzes des ausländischen Vermögens gilt auch für die Anwendung des § 4 I. Dies hat Folgen für die Ermittlung des Übernahmeergebnisses nach § 4 IV bis VII (Rn. 235 f.).

Nach teilweise vertretener Meinung soll in Fällen, in denen durch den Umwandlungs- 89 vorgang **das dt. Besteuerungsrecht erstmals begründet** wird, beim übernehmenden Rechtsträger § 4 I 8 EStG iVm § 6 I Nr. 5a EStG anzuwenden sein (vgl *Widmann* in W/M § 3 Rn. R 65.1). Da die Buchwertverknüpfung nach § 4 I insoweit außer Kraft gesetzt wäre, kann dieser Auffassung nicht gefolgt werden (*Lemaitre/Schönherr* GmbHR 2007, 173, 175; *Pung/Werner* in D/P/M § 4 Rn. 12). Ausnahmsweise kann § 4 I 8 iVm § 6 I Nr. 5a EStG anwendbar sein, wenn der übertragende Rechtsträger eine steuerliche Schlussbilanz für inländische Besteuerungszwecke nicht benötigt und nicht erstellt (*Klingberg* in Blümich § 4 UmwStG Rn. 17).

Bei der Ermittlung des Gewinns nach § 4 IV, V ist Auslandsvermögen mit einzubeziehen 90 (*Widmann* in W/M § 4 Rn. 19). Das Auslandsvermögen kann daher einer der Faktoren sein, die zu einem **Übernahmegewinn** beitragen. Ein Übernahmegewinn ist – auch soweit er auf Auslandsvermögen entfällt, das nicht der deutschen Besteuerung unterliegt – der Übernahmegewinnbesteuerung unterworfen, denn der Übernahmegewinn wird als betrieblicher Gewinn (§§ 13, 15, 18 EStG) des übernehmenden Rechtsträgers qualifiziert, der daraus resultiert, dass der Wert der übergegangenen WG höher ist als der BW der Anteile an der übertragenden Körperschaft. Ausländisches Vermögen kann auch zu einem **Übernahmeverlust** beitragen. Der Übernahmeverlust bleibt jedoch gemäß Abs. 6 (teilweise) außer Ansatz.

91 **Beratungshinweis:** Im Auslandsvermögen vorhandene stille Reserven werden – auch soweit sie nicht nach § 3 aufgedeckt und damit zu offenen werden – durch den zwingenden Ansatz mit dem gemeinen Wert gemäß § 4 IV 2 (soweit an ihnen kein deutsches Besteuerungsrecht bestand) von der deutschen Übernahmegewinnbesteuerung erfasst (Rn. 241). Damit hat die nach altem Recht noch bestehende Möglichkeit, keine Buchwertaufstockung im Rahmen des § 3 vorzunehmen, um die Belastung durch einen Übernahmegewinn bei Vorliegen ausländischen Vermögens so niedrig wie möglich zu halten (vgl *Widmann* in W/M § 3 Rn. 99), keinen Bestand mehr. Jedoch kann es weiter angezeigt sein, Auslandsvermögen zuvor auf ausländische Tochter-KapGes auszugliedern.

92 *(einstweilen frei)*

j) Körperschaftsteuerguthaben

93 Seit dem Systemwechsel vom Anrechnungsverfahren zum Halbeinkünfteverfahren wurde eine Verschmelzung auf eine PersGes u. a. auch genutzt, um vorhandenes KSt-Guthaben nach § 10 aF (idF durch das UntStFG v. 20.12.2001 BGBl. I 2001, 3858) zu realisieren. Dieser Verschmelzungsgrund ist mittlerweile entfallen.

94 Gemäß § 37 IV KStG wird ein Körperschaftsteuerguthaben letztmalig auf den 31.12.2006 ermittelt. Ein entsprechender Anspruch auf **Auszahlung des Körperschaftsteuerguthabens** in zehn Jahresraten entstand mit Ablauf des 31.12.2006 (§ 37 V 1, 2 KStG). Dieser unverzinsliche Auszahlungsanspruch war bei der übertragenden Körperschaft mit dem **Barwert** zu aktivieren, wobei der Barwert aufgrund des Marktzinses am Bilanzstichtag zu ermitteln war (§ 253 IV HGB idF BilMoG – vorher § 253 III HGB aF, § 5 EStG; *Förster/Felchner* DStR 2007, 280, 282). Der in der steuerlichen Schlussbilanz der übertragenden Körperschaft enthaltene Auszahlungsanspruch geht auf den übernehmenden Rechtsträger über. Der Anspruch auf ratierliche Auszahlung des Körperschaftsteuerguthabens steht somit dem übernehmenden Personenunternehmen zu.

95 Der jährliche Ertrag in Höhe des Zinsanteils (Wertberichtigung durch ratierliche Auszahlung des KSt-Guthabens und verringerte Abzinsung des Restanspruches) gehörte bei der übertragenden Körperschaft nicht zu den Einkünften iSd EStG (§ 37 VII 1 KStG; BMF v. 14.1.2008 BStBl. I 2008, 280; BFH v. 15.7.2008 – I B 16/08, BStBl. II 2008, 886). Diese Steuerneutralität gilt jedoch nicht für die übernehmende natürliche Person bzw. für die Gesellschafter der übernehmenden PersGes (vgl Rn. 144). Bei diesen stellen diese **Erträge stpfl. Bezüge** nach § 20 I Nr. 1 EStG dar, die der KapESt iHv 25 % (bis 31.12.2008 iHv 20 %) unterliegen (*Beutel/Ruoff/Tommaso/Sistermann/Schneider* in Lüdicke/Sistermann § 12 Rn. 341; *Dötsch* in D/P/M § 37 KStG Rn. 130; aA FG Köln v. 16.6.2016 – 15 K 3894/12, DStRE 2017, 1291 Rev. I R 56/16; *Förster/Felchner* DStR 2007, 280, 283; *Stalbold* EFG 2016, 1924). Zwar könnte wegen des Grundsatzes der Gesamtrechtsnachfolge vertreten werden, dass § 37 VII KStG auch in Bezug auf die übernehmende natürliche Person bzw. für die Gesellschafter der übernehmenden PersGes anwendbar sein sollte, jedoch dürfte dagegen der Wortlaut von § 37 VII KStG sprechen, der ausdrücklich nur Körperschaften erfasst (vgl. FG Düsseldorf v. 20.11.2018 – 13 K 2486/17 E).

k) Aufsichtsratsvergütung

96 Bei der übertragenden KapGes unterliegen Aufsichtsratsvergütungen der Abzugsbeschränkung des § 10 Nr. 4 KStG (hälftige Nichtabziehbarkeit). Diese Abzugsbeschränkung gilt nicht für Aufsichtsratsvergütungen für den **Rückwirkungszeitraum,** weil diese steuerlich als von dem übernehmenden Rechtsträger geleistet gelten (so noch UmwStE 1998 Rn. 02.42). Damit stellen diese Aufsichtsratsvergütungen **abzugsfähige Betriebsausgaben** dar. An Mitunternehmer des übernehmenden Rechtsträgers geleistete Vergütungen sind jedoch als Entnahme zu behandeln. Nunmehr vertritt die FinVerw entgegen dem Gesetzeswortlaut (*Schmitt/Schloßmacher* UmwStE 2011, S 75) die Auffassung, dass solche Aufsichtsratsvergütungen für den Rückwirkungszeitraum steuerlich weiterhin vom

übertragenden Rechtsträger geleistet werden (UmwStE Rn. 02.37 Abs. 1 S 1) um sodann einzuschränken, dass § 10 Nr. 4 KStG bei der Umwandlung in eine PerGes nicht anzuwenden sei (UmwStE Rn. 02.37 Abs. 1 S 4).

l) Wirtschaftsgüter, die entgegen § 5 EStG in der Schlussbilanz angesetzt wurden (zB Drohverlustrückstellungen)

Setzt die übertragende Körperschaft in der steuerlichen Schlussbilanz die übergehenden WG mit einem ZW oder dem gemeinen Wert an, gelten für diese Schlussbilanz die steuerlichen Ansatzverbote des § 5 EStG nicht (vgl UmwStE Rn. 03.06; § 3 Rn. 70 ff.). Dies gilt beispielsweise für Drohverlustrückstellungen (*Schmitt/Schloßmacher* UmwStE 2011, S 112), oder selbstgeschaffene immaterielle WG des Anlagevermögens (*Kutt/Carstens* in FGS/BDI, UmwSt-Erlass 2011, 167). Die Verpflichtung des übernehmenden Rechtsträgers zum Ansatz der übergegangenen WG mit dem Wert aus der steuerlichen Schlussbilanz bezieht sich auch auf solche aktiven und passiven WG, die in der steuerlichen Schlussbilanz entgegen § 5 EStG angesetzt wurden. Der übernehmende Rechtsträger hat diese Bilanzansätze zu übernehmen. 97

Nach Auffassung der FinVerw bereits vor der Einfügung von § 5 VII EStG (zu § 5 VII EStG, Rn. 99) soll jedoch zu den folgenden Bilanzstichtagen wieder die Grundregel des § 5 EStG gelten, was zur Folge hat, dass die betreffenden Bilanzpositionen ertragswirksam aufzulösen wären (UmwStE Rn. 04.16 S 1 iVm Rn. 03.06). Dieser Auffassung der FinVerw kann aber nicht gefolgt werden. Sie steht im Widerspruch zur BFH-Rspr. (*Kotyrba/Scheunemann* BB 2012, 223, 224; *Schell/Krohn* DB 2012, 1057, 1059). Die FinVerw geht selbst davon aus, dass die Umwandlung steuerlich einen Anschaffungsvorgang darstellt (UmwStE Rn. 00.02). Nach dem Grundsatz der Neutralität von Anschaffungsvorgängen kann § 5 EStG die umwandlungssteuerlichen Vorschriften an den folgenden Bilanzstichtagen nicht überlagern (*Steierberg* in Haase/Hruschka § 4 Rn. 55). Dies entspricht auch der Rspr. des BFH, wonach betriebliche Verbindlichkeiten, welche beim Veräußerer aufgrund von Rückstellungsverboten in der Steuerbilanz nicht bilanziert worden sind, beim Erwerber, der die Verbindlichkeit im Zuge eines Betriebserwerbs übernommen hat, keinem Passivierungsverbot unterworfen, sondern als ungewisse Verbindlichkeit auszuweisen und von ihm auch an den nachfolgenden Bilanzstichtagen nach § 6 I Nr 3 EStG mit ihren AK oder höheren Teilwert zu bewerten sind (BFH v. 16.12.2009 – I R 102/08, BStBl. II 2011, 566 und nachfolgend BFH v. 14.12.2011 – I R 72/10, DStR 2012, 452 sowie BFH v. 12.12.2012 – I R 69/11, BStBl. II 2017, 1232; *Stadler/Elser/Bindl* DB 2012 Beil. 1 zu Heft 2 S 14, 16). Dieser Auffassung des BFH hatte sich die FinVerw ursprünglich lediglich für den Fall der Schuldfreistellung, aber nicht für den Fall der Schuldübernahme angeschlossen (vgl BMF v. 24.6.2011 BStBl. I 2011, 627, Rn. 6–8, mittlerweile aufgehoben durch BMF v. 30.11.2017 BStBl. I 2017, 1619). Sodann ist nicht verständlich, warum die FinVerw beispielsweise beim Geschäfts- oder Firmenwert eine andere Auffassung vertritt und einen erstmals in der Schlussbilanz angesetzten originären Firmenwert auf 15 Jahre abschreiben will (UmwStE Rn. 04.16 S 2 iVm Rn. 04.10). Insofern müssten Aktiv- und Passivposten gleich behandelt werden (*Stimpel* GmbHR 2012, 123, 127). 98

Zu beachten ist jedoch, dass durch das AIFM-Steuer-Anpassungsgesetz – AIFM-StAnpG – v. 18.12.2013 (BGBl. I 2013, 4318) die Rechtsprechung des BFH zur Passivierungspflicht bei Verpflichtungsübernahmen durch Einfügung von § 4f und § 5 VII EStG gesetzlich eingeschränkt wurde. Gemäß § 5 VII EStG hat der Erwerber einer Verpflichtung, die beim ursprünglich Verpflichteten Ansatzverboten, -beschränkungen oder Bewertungsvorbehalten unterlegen hat, zu den auf die Übernahme folgenden Abschlussstichtagen die Verpflichtung so zu bilanzieren, wie sie beim ursprünglich Verpflichteten ohne Übernahme zu bilanzieren wäre. Gleiches gilt für den Rechtsnachfolger des Erwerbers. Diese Neuregelung durch § 5 VII ist nach Auffassung der FinVerw sowohl auf die Schuldfreistellung, als auch auf Schuldübernahmen anwendbar (vgl BMF v. 30.11.2017 BStBl. I 2017, 1619, Rn. 5 ff. und Rn. 23 ff.). Kritisch zur Neuregelung beispielsweise *Fuhrmann* 99

DB 2014, 9, 15. Nicht abschließend geklärt ist, ob diese Regelung auch bei Vorgängen nach dem UmwStG anwendbar ist, da eine Änderung des UmwStG bisher unterblieben ist. Während sich in § 4f I EStG noch die Einschränkung finden lässt, dass die Aufwandsverteilung nach § 4f EStG unterbleibt, wenn die Schuldübernahme im Rahmen einer Veräußerung oder Aufgabe des ganzen Betriebes oder des gesamten Mitunternehmeranteils erfolgt, findet sich eine solche Einschränkung bei § 5 VII EStG nicht, sodass die generelle Auffassung der FinVerw, dass die Umwandlung steuerlich einen Anschaffungs- und damit auch einen Veräußerungsvorgang darstellt (vgl UmwStE Rn. 00.02), nicht weiterhilft. Vielmehr kommt bereits in der Gesetzesbegründung zum Ausdruck, dass selbst diese bei § 4f EStG eingreifende Ausnahmeregelung nicht gelten soll, wenn die unternehmerische Tätigkeit aufgrund von Umwandlungsvorgängen nach dem UmwStG in anderer Rechtsform oder durch einen anderen Rechtsträger fortgesetzt wird (BR-Drs. 740/13, 76). Insoweit muss davon ausgegangen werden, dass die Regelung des § 5 VII EStG beim übernehmenden Rechtsträger an den folgenden Bilanzstichtagen anzuwenden ist (so auch BMF v. 30.11.2017 BStBl. I 2017, 1619, Rn. 19 ausdrücklich zur Verlustverteilung nach § 4f I EStG; *Klingberg* in Blümich § 4 Rn. 18; *Pung/Werner* in D/P/M § 4 Rn. 11a; *Adrian/Fey* StuB 2014, 53, 58; vgl zu § 12 *Riedel* FR 2014, 6, 13; *Rödder* in R/H/vL § 12 Rn. 24d; a. A. *Staats* in Lademann § 4 Rn. 32; *Schnitter* in F/D § 4 Rn. 27; *Schmitt* in SHS, § 4 Rn. 12a; *Bolik/Selig-Kraft* NWB 2018, 851, die das UmwStG als lex specialis ansehen). Die Neuregelung ist erstmals auf Wj anwendbar, die nach dem 28.11.2013 enden, wobei auf Antrag auch eine Anwendung auf frühere Wj möglich ist (§ 52 XIVa EStG aF bzw § 52 IX EStG idF des Kroatien-Steueranpassungsgesetzes v. 25.7.2014 BGBl. I 2014, 1266).

III. Ansatz der Anteile an der übertragenden Körperschaft und Beteiligungskorrekturgewinn, § 4 I 2, 3

1. Allgemeiner Anwendungsbereich

100 Im Grundfall der Verschmelzung einer Körperschaft auf den Anteilseigner (übernehmender Rechtsträger, *Up-Stream-Merger*) fallen dessen Anteile an der übertragenden Körperschaft mit Wirksamwerden der Umwandlung weg. Nach dem im Rahmen des SEStEG neu eingefügten § 4 I 2 ist zu prüfen, ob eine Buchwertaufstockung der Anteile an dem übertragenden Rechtsträger vorzunehmen ist. Soweit der übernehmende Rechtsträger in Bezug auf die Anteile an der übertragenden Körperschaft in der Vergangenheit **steuerwirksame Abwertungen** (zB Teilwertabschreibungen, Abzüge nach § 6b EStG) vorgenommen hat, sollen diese Abwertungen durch einen ggf. veränderten Wertansatz und einen daraus folgenden **Beteiligungskorrekturgewinn** im Zusammenhang mit der Umwandlung wieder korrigiert werden (*Hagemann/Jakob/Ropohl/Viebrock* NWB-Sonderheft 1/2007, 16). Nach § 4 I 2 sind bei dem übernehmenden Rechtsträger die Anteile an der übertragenden Körperschaft mit dem BW, **erhöht** um Abschreibungen, die in den früheren Jahren steuerwirksam vorgenommen worden sind (**steuerwirksame Teilwertabschreibungen,** Rn. 101), sowie um **Abzüge nach § 6b EStG** und ähnliche Abzüge anzusetzen. Die Anteile sind dabei höchstens mit dem gemeinen Wert anzusetzen (UmwStE Rn. 04.05; vgl Rn. 105). Diese in § 4 I 2 geregelte Korrektur mit dem daraus ggf. resultierenden Beteiligungskorrekturgewinn bei dem übernehmenden Rechtsträger stellt eine Ausnahme von der Bewertung nach § 6 EStG dar (*Pung/Werner* in D/P/M § 4 Rn. 14). Diese korrigierten Werte sind Grundlage für die Ermittlung des Übernahmeergebnisses gemäß § 4 IV 1 (Rn. 248).

101 Steuerwirksame Teilwertabschreibungen sind nur noch eingeschränkt möglich. Für Körperschaften als Anteilseigner sind Gewinnminderungen durch Teilwertabschreibungen seit 2002 nicht mehr steuerlich berücksichtigungsfähig (§ 8b III 3 KStG; *Kulosa* in Schmidt

§ 6 Rn. 288). Bei Einzelunternehmen wirken sich Teilwertabschreibungen auf Anteile an KapGes seit 2009 nur zu 60% aus (§ 3c II EStG; *Kulosa* in Schmidt § 6 Rn. 281, zuvor von 2002–2008 zu 50%).

Während § 4 I 2 lediglich im BV des übernehmenden Rechtsträgers gehaltene Anteile betrifft (UmwStE Rn. 04.06 S 1), gilt aber Entsprechendes gemäß § 5 III für Anteile an der übertragenden Körperschaft, die am steuerlichen Übertragungsstichtag zum BV eines Anteilseigners gehören und die so behandelt werden, als seien sie in das BV des übernehmenden Rechtsträgers überführt worden (§ 5 Rn. 52 ff.). Der Gewinn entsteht in diesem Fall aber im BV des Anteilseigners (*Förster/Felchner* DB 2006, 1072, 1074). Gemäß § 27 III Nr. 1 gilt die Regelung des § 5 III auch für alte einbringungsgeborene Anteile iSv § 21 aF, die im BV gehalten werden (*Pung/Werner* in D/P/M § 27 Rn. 12). 102

Die Regelung des § 4 I 2 findet keine Anwendung für Anteile, welche zum steuerlichen Übertragungsstichtag nicht zum BV des übernehmenden Rechtsträgers gehört haben. Die Zuschreibungspflicht des § 4 I 2 setzt eine Beteiligung des übernehmenden Rechtsträgers an der übertragenden Körperschaft am steuerlichen Übertragungsstichtag voraus (vollständige oder partielle Aufwärtsverschmelzung). Damit findet **keine Wertkorrektur** bei im **Privatvermögen** gehaltenen Beteiligungen iSv § 17 EStG (ehemals wesentliche Beteiligungen, § 5 II) oder bei im Privatvermögen gehaltenen einbringungsgeborenen Anteilen iSv § 21 UmwStG aF (§ 27 III Nr. 1 iVm § 5 II) statt (*van Lishaut* in R/H/vL § 4 Rn. 40). 103

Erst nach dem steuerlichen Übertragungsstichtag erworbene Anteile an der übertragenden Körperschaft fallen unter § 5 I und gelten als zum steuerlichen Übertragungsstichtag angeschafft. Wertminderungen in früheren Jahren können demzufolge nicht vorliegen. Soweit der übertragende Rechtsträger selbst eigene Anteile hält, gehen diese mit der Umwandlung unter, so dass sich die Frage der Bewertung der Anteile nicht stellt (s. auch Rn. 85). 104

Die Formulierung, dass die Anteile höchstens mit dem gemeinen Wert anzusetzen sind, bezieht sich lediglich auf die Begrenzung der Zuschreibung. Im Rahmen von § 4 I 2 kann es nur zu einer Höherbewertung kommen (*Kutt/Carstens* in FGS/BDI, UmwSt-Erlass 2011, 162; *Staats* in Lademann § 4 Rn. 44). Zwar könnte die Formulierung auch so verstanden werden, dass eine Abstockung der Anteile vorgenommen werden müsste, wenn der gemeine Wert der Anteile an der übertragenden Körperschaft unter dem BW liegt (so beispielsweise BFH v. 30.7.2014 – I R 58/12, BStBl. II 2015, 199 dagegen Verfassungsbeschwerde beim BVerfG anhängig, 2 BvR 84/17; *Schmitt* in SHS, § 4 Rn. 52; *Steierberg* in Haase/Hruschka § 4 Rn. 51; *Schnitter* in F/D § 4 Rn. 40; *Schießl* DStZ 2015, 442 ff.; krit. *Helios/Philipp* DB 2014, 2923). Eine solche Abschreibung auf einen niedrigeren Teilwert kann aber nicht auf der Grundlage von § 4 I 2 vorgenommen werden (*Pung/Werner* in D/P/M § 4 Rn. 14a; krit. auch *Widmann* in W/M § 4 Rn. 173.1), sondern kommt nur in bei Vorliegen der Voraussetzungen des § 6 I Nr. 2 EStG, also bei voraussichtlich dauernder Wertminderung, in Betracht (*van Lishaut* in R/H/vL § 4 Rn. 47; *Früchtl* in Eisgruber § 4 Rn. 58). 105

(einstweilen frei) 106–109

2. Allgemeines Wertaufholungsgebot bei Teilwertabschreibungen

Bereits nach § 6 I Nr. 2 S 3 iVm Nr. 1 S 4 EStG ist zum jeweiligen Bilanzstichtag zu prüfen, ob die dauernde Wertminderung, die Grundlage für eine Teilwertabschreibung ist, noch fortbesteht. Sofern der Grund für eine Teilwertabschreibung mittlerweile ganz oder teilweise weggefallen ist, besteht insoweit ein **Wertaufholungsgebot** (*Kulosa* in Schmidt § 6 Rn. 365). Dieser Ertrag aus der Wertaufholung ist nicht durch das Teileinkünfteverfahren (bzw. bis 2008 Halbeinkünfteverfahren) oder für Körperschaften nicht durch § 8b KStG begünstigt, soweit in der Vergangenheit eine steuerwirksame Teilwertabschreibung (Rn. 101) vorgenommen wurde und diese Gewinnminderung noch nicht durch den Ansatz eines höheren Wertes ausgeglichen wurde (§ 3 Nr. 40 Buchst. a S 2 EStG bzw. § 8b II 4 KStG). 110

111 Soweit der Übertragungsstichtag auf den Bilanzstichtag des übernehmenden Rechtsträgers fällt, ist **vorrangig** die Wertaufholung nach § 6 I Nr. 2 S 3 iVm Nr. 1 S 4 EStG anzuwenden (*Stimpel* GmbHR 2012, 123, 128; *Steierberg* in Haase/Hruschka § 4 Rn. 49; *Schnitter* in F/D § 4 Rn. 37). Die Vorschrift des § 4 I 2 erlangt also nur in den Fällen Bedeutung, in denen der steuerliche Übertragungsstichtag und der Bilanzstichtag des übernehmenden Rechtsträgers nicht identisch sind (*Klingberg* in Blümich § 4 Rn. 19). Mit der Regelung des § 4 I 2 sollen damit im Wesentlichen Wertsteigerungen erfasst werden, die nach dem letzten Bilanzstichtag eingetreten sind (vgl die Abwandlung im Bsp. in Rn. 118; *Schnitter* in F/D § 4 Rn. 34; aA *van Lishaut* in R/H/vL § 4 Rn. 45, 46). Darüber hinaus ist § 4 I 2 für die Rückgängigmachung von Abzügen nach § 6b EStG bedeutsam (*Früchtl* in Eisgruber § 4 Rn. 54).

112 Im Rahmen der Wertzuschreibung nach § 6 I Nr. 1 S 4 EStG ist **nicht** von einer **Deckelung** der Wertzuschreibung auf den (uU niedrigeren) gemeinen Wert auszugehen. Der gemeine Wert kann daher auch unter dem nach § 6 I Nr. 1 S 4 EStG anzusetzenden Teilwert liegen (so auch *van Lishaut* in R/H/vL § 4 Rn. 47).

113 Sind in der Vergangenheit sowohl steuerwirksame als auch nicht steuerwirksame Abschreibungen vorgenommen worden, stellt sich jedenfalls für § 6 I Nr. 2 S 3 iVm Nr. 1 S 4 EStG und uU auch für § 4 I 2, 3 die Frage, in welcher **Reihenfolge** diese Abschreibungen zu berücksichtigen sind, sofern der gemeine Wert/Teilwert der Anteile eine Zuschreibung im Hinblick auf sämtliche Abschreibungen und Abzüge nicht ermöglicht. Die Frage ist damit, ob die Zuschreibungen zunächst auf die steuerwirksamen, aber zeitlich vorgehenden Abschreibungen angerechnet werden oder zunächst auf die steuerneutralen, steuerlich nicht abzugsfähigen Abschreibungen.

114 Im Rahmen von § 8b II 4 KStG und § 3 Nr. 40 Buchst. a S 2 EStG im Zusammenhang mit § 6 I Nr. 2 S 3 iVm Nr. 1 S 4 EStG vertrat die **FinVerw** anfänglich die Auffassung, dass zunächst die steuerwirksame Teilwertabschreibung vollständig rückgängig zu machen ist (OFD Koblenz v. 18.9.2006, DStR 2006, 2033; OFD Frankfurt/M v. 22.11.2006, S 2750a A – 8 – St 52, KSt-Kartei § 8b Kartei 12). Die FinVerw ging in diesen Verfügungen also von einer vorrangigen Wertaufholung der steuerwirksamen Teilwertabschreibung aus (vgl aber Rn. 116).

115 In der **Literatur** wird teilweise vertreten, dass zunächst die zeitlich zuletzt vorgenommenen Abschreibungen durch die Wertaufholung ausgeglichen werden sollen, unabhängig von der Steuerwirksamkeit (*Förster/Felchner* DB 2006, 1071, 1074). Nach aA sind zunächst die steuerlich anerkannten Teilwertabschreibungen vollständig rückgängig zu machen (*Dötsch/Pung* DB 2003, 1016, 1019). Dies wird teilweise damit begründet, dass sich aus dem Wortlaut des neu eingefügten § 4 I 2 eindeutig ein Vorrang für die steuerwirksame Abschreibung entnehmen lasse. Dieser Grundsatz soll nach dieser Auffassung als allgemeiner Wertegrundsatz des Gesetzgebers auch auf Wertaufholungen iRd § 6 I Nr. 2 S 3 EStG übertragen werden können (*van Lishaut* in R/H/vL 1. Aufl. § 4 Rn. 43). Im Rahmen eines pragmatischen Ansatzes wird dem StPfl. ein Wahlrecht eingeräumt (*Kröner* in E&Y § 8b KStG Rn. 113).

116 Im Rahmen von § 8b II 4 KStG und § 3 Nr. 40 Buchst. a S 2 EStG ist der erstgenannten Literatur-Auffassung, welche die **zeitlich jüngsten Abschreibungen zuerst** rückgängig machen will, zu folgen, weil die anderen Auffassungen einer für einen belastenden Eingriff entsprechenden gesetzlichen Grundlage entbehren. Für diese Ansicht spricht nach unserer Einschätzung auch der Wortlaut des BMF-Schreibens zu § 8b KStG (BMF v. 28.4.2003 BStBl. I 2003, 292 Rn. 18), welches voraussetzt, dass „... eine nach § 8b III KStG steuerlich nicht zu berücksichtigende Teilwertabschreibung *vorausgegangen* ist." Der BFH hat sich dieser Auffassung in der Literatur angeschlossen und lässt die Wertaufholungen solange steuerfrei, bis die steuerlich unwirksamen Teilwertabschreibungen ausgeglichen sind (BFH v. 19.8.2009 – I R 2/09, BStBl. II 2010, 760; zustimmend nun auch OFD Niedersachsen v. 9.8.2010, DB 2010, 2533).

Auf die Regelung des § 4 I 2 kann dies jedoch nicht übertragen werden, weil § 4 I 2 abweichend strukturiert ist (aA *Stadler/Elser/Bindl* DB 2012 Beil. 1 zu Heft 2 S 14, 20). § 4 I 2 verlangt im Gegensatz zu § 6 I Nr. 2 S 3 iVm Nr. 1 S 4 EStG nicht die Rückgängigmachung aller Teilwertabschreibungen, sondern gemäß seinem Wortlaut nur die Rückgängigmachung von steuerwirksamen Teilwertabschreibungen (vgl UmwStE Rn. 04.07). Damit stellt sich kein Reihenfolgeproblem. Insofern ist die Aussage in UmwStE Rn. 04.07 S 3, wonach steuerwirksame vor nicht voll steuerwirksamen Teilwertabschreibungen hinzuzurechnen seien, irreführend, weil nicht steuerwirksame Teilwertabschreibungen jedenfalls im Rahmen von § 4 I 2 nicht hinzuzurechnen sind. Der BFH hat bisher ausdrücklich offengelassen, ob die von ihm im Rahmen von § 8b KStG angewandte Verrechnungsreihenfolge auch bei § 4 I 2 Anwendung findet (BFH v. 19.8.2009 – I R 2/09, BStBl. II 2010, 760; *Steinhauff* jurisPR-SteuerR 4/2010 Anm. 5). 117

Beispiel: Die X-GmbH wird auf eine OHG verschmolzen. Die OHG hatte die Beteiligung 1973 für 100 erworben und in 1998 (steuerwirksam) um 15 und in 2004 (nicht steuerwirksam) um 20 abgeschrieben (§ 6 I Nr. 2 S 2 EStG), so dass der BW der Beteiligung an der X-GmbH nun 65 beträgt. Zum Verschmelzungsstichtag, der auf den Bilanzstichtag der OHG fällt, beträgt der Teilwert/gemeine Wert 90. 118

Vorrangig ist die Wertaufholung nach § 6 I Nr. 2 S 3 iVm Nr. 1 S 4 EStG vorzunehmen und die Beteiligung auf 90 aufzustocken. Es ist zunächst die nicht steuerwirksame Teilwertabschreibung rückgängig zu machen, so dass ein Ertrag iHv 20 durch § 3 Nr. 40 Buchst. a EStG bzw. § 8b II KStG begünstigt ist. Lediglich iHv 5 ist der Ertrag voll stpfl. (§ 3 Nr. 40 Buchst. a S 2 EStG bzw. § 8b II 4 KStG). Für eine Anwendung des § 4 I 2, 3 ist kein Raum mehr.

Abwandlung: Der Bilanzstichtag der OHG ist nicht mit dem Verschmelzungsstichtag identisch und die Werterholung ist erst nach dem Bilanzstichtag eingetreten.

Da der Übertragungsstichtag nicht auf den Bilanzstichtag des übernehmenden Rechtsträgers fällt, ist § 6 I Nr. 2 S 3 iVm Nr. 1 S 4 EStG nicht anzuwenden. Nach § 4 I 2, 3 sind nur die steuerwirksamen Teilwertabschreibungen rückgängig zu machen, so dass eine Zuschreibung um 15 zu erfolgen hat und die Beteiligung mit 80 anzusetzen ist. Der Ertrag aus der Zuschreibung ist voll stpfl.

Wie das Beispiel zeigt, kann es vorteilhaft sein, wenn – wie regelmäßig – der Umwandlungsstichtag auf den Bilanzstichtag fällt. Die Anwendung des allgemeinen Wertaufholungsgebotes kann dazu führen, dass für § 4 I 2, 3 kein Raum mehr ist (*Stadler/Elser/Bindl* DB 2012 Beil. 1 zu Heft 2 S 14, 20).

(einstweilen frei) 119–123

3. Rückgängigmachung von Abzügen nach § 6b EStG und ähnlichen Abzügen

Nach dem Gesetzeswortlaut sind ebenfalls Abzüge nach § 6b EStG und ähnliche Abzüge rückgängig zu machen. Die Beschränkung, dass es sich dabei um **steuerwirksame Abzüge** gehandelt hatte, ist dem Gesetzeswortlaut zwar nicht zu entnehmen, muss hier aber gleichfalls gelten (*Klingebiel* Konzern 2006, 600, 604). 124

Die **„ähnlichen Abzüge"** sind im Gesetz nicht definiert. Aus der Gesetzesbegründung zur mit dem gleichen Gesetz erfolgten Neuregelung des § 3 Nr. 40 Buchst. a S 3 EStG bzw. § 8b II 5 KStG ist zu entnehmen, dass „ähnliche Abzüge" iSd § 4 I 2 beispielsweise Begünstigungen nach § 30 BergbauRatG sind (BT-Drs. 16/2710, 27 und 30). Außerdem sind der Abzug von den AK oder HK bei der erfolgsneutralen Behandlung von Investitionszuschüssen nach EStR 6.5 und bei Übertragung stiller Reserven nach EStR 6.6 als „ähnliche Abzüge" anzusehen (*van Lishaut* in R/H/vL § 4 Rn. 42). Keinen ähnlichen Abzug stellt aber die Reduzierung des Beteiligungsbuchwertes bei Auszahlungen aus dem steuerlichen Einlagekonto dar (*Steierberg* in Haase/Hruschka § 4 Rn. 53). 125

(einstweilen frei) 126–129

4. Steuerliche Behandlung

Aus dem Ansatz eines höheren Wertes aufgrund von § 4 I 2 ergibt sich beim übernehmenden Rechtsträger ein Gewinn, der keinen Übernahmegewinn darstellt (UmwStE 130

Rn. 04.08 S 1), sondern **laufender Gewinn** ist (*Früchtl* in Eisgruber § 4 Rn. 51). Dieser laufende Gewinn entsteht eine logische Sekunde vor dem Vermögensübergang (*Bilitewski* in Lange/Bilitewski/Götz, Personengesellschaften im Steuerrecht Rn. 3372). Auf diesen laufenden Gewinn sind gemäß § 4 I 3 die Vorschriften § 8b II 4, 5 KStG und § 3 Nr. 40 Buchst. a S 2, 3 EStG anzuwenden. Damit finden die Begünstigungen des § 8b II 3 KStG bzw. § 3 Nr. 40 Buchst. a S 1 EStG keine Anwendung (*Raab* in Lippross/Seibel § 4 Rn. 11). Diese volle Steuerpflicht muss insbesondere dann kritisch gesehen werden, wenn auf die Abschreibung in der Vergangenheit das Teileinkünfteverfahren angewendet wurde und somit sich die Abschreibung nur teilweise steuerlich ausgewirkt hat (*Steierberg* in Haase/Hruschka § 4 Rn. 47). Der Gewinn, der sich aus der Differenz zwischen dem um die steuerwirksamen Abzüge erhöhten BW (max. gemeiner Wert) und dem BW der Anteile ergibt, unterliegt demnach der vollen Besteuerung (*Bodden* FR 2007, 66, 71; *Ott* GmbH-StPr 2007, 201, 202).

131 Durch die Erhöhung des BW der Anteile an der übertragenden Körperschaft **verringert** sich bei dem übernehmenden Rechtsträger der (begünstigte) **Übernahmegewinn** bzw. **erhöht** sich ein **Übernahmeverlust** (*Ott* StuB 2007, 163, 166; UmwStE Rn. 04.08 S 3). Dem voll steuerpflichtigen Gewinn aus der Zuschreibung steht im Ergebnis eine Verringerung des begünstigten Übernahmegewinns (§ 4 VII) bzw. eine Erhöhung eines nicht abzugsfähigen Übernahmeverlusts (§ 4 VI) gegenüber (vgl Rn. 225, 249; *Förster/Felchner* DB 2006, 1072, 1074).

132 Über den Beteiligungskorrekturgewinn hat das für die gesonderte und einheitliche Feststellung der übernehmenden PersGes zuständige Finanzamt zu entscheiden (UmwStE Rn. 04.22).

133–139 *(einstweilen frei)*

IV. Eintritt in die steuerliche Rechtsstellung gemäß § 4 II, III

1. Überblick

140 Beim Vermögensübergang durch Verschmelzung tritt der übernehmende Rechtsträger gemäß § 20 I Nr. 1 UmwG im Wege der **Gesamtrechtsnachfolge** in die Rechtsstellung des übertragenden Rechtsträgers ein (*Winter* in SHS § 20 UmwG Rn. 2, 23). Auch für Zwecke des Steuerrechts ordnet § 4 II 1 in gewisser Weise klarstellend und generalisierend an, dass der übernehmende Rechtsträger in die steuerliche Rechtsstellung der übertragenden Körperschaft eintritt (*Damas* DStZ 2007, 129, 131). Aus steuerlicher Sicht liegt damit kein Anschaffungsvorgang vor (*Beutel/Ruoff/Tommaso/Sistermann/Schneider* in Lüdicke/Sistermann § 12 Rn. 346; *Raab* in Lippross/Seibel § 4 Rn. 3; so auch BFH v. 12.7.2012 – IV R 39/09, DStR 2012, 1806, 1808 für den Formwechsel jedenfalls bzgl. des nicht wesentlich beteiligten Anteilseigners). Anders die Sicht der FinVerw, die eine Anschaffung annimmt (UmwStE Rn. 00.02; differenzierend *Schmitt/Schloßmacher* UmwStE 2011, S 5 f.). Eine Gesamtrechtsnachfolge schließt die Fiktion einer Anschaffung aus (so noch UmwStE 1998 Rn. 04.07). Bei entsprechender Anwendung des § 4 im Rahmen eines Formwechsels, für den § 9 die Grundnorm darstellt, liegt zivilrechtlich nicht einmal ein Vermögensübergang vor. Aufgrund der Gesamtrechtsnachfolge sind Bescheide, die die übertragende KapGes betreffen, nach der Handelsregistereintragung an die übernehmende PersGes bekannt zu geben (*Leuken* DB 2013, 1509, 1510).

141 Der Eintritt in die steuerliche Rechtsstellung bezieht sich nach der beispielhaften Aufzählung auf

– die Bewertung der übernommenen WG (Rn. 150),
– die Absetzungen für Abnutzung (Rn. 160) und
– die den steuerlichen Gewinn mindernden Rücklagen (Rn. 180)

und ist darüber hinaus unabhängig davon, ob eine Wertaufstockung stattgefunden hat (vgl UmwStE Rn. 04.10 S 1). Wie sich aus der Verwendung des Wortes „insbesondere" ergibt, handelt es sich **nicht** um eine **abschließende Aufzählung.** Auch die historischen AK oder HK sind vom Eintritt in die Rechtsstellung erfasst (UmwStE Rn. 04.09). Der Eintritt in die Rechtsstellung der übertragenden Körperschaft durch den übernehmenden Rechtsträger ist nicht beschränkt auf die in § 4 II aufgezählten Rechtsfolgen, sondern ist aufgrund der Gesamtrechtsnachfolge weit zu interpretieren und nicht abschließend.

Der Eintritt in die steuerliche Rechtsstellung wird in Bezug auf verrechenbare **Verluste,** 142
verbleibende Verlustvorträge, vom übertragenden Rechtsträger nicht ausgeglichene negative Einkünfte, einen **Zinsvortrag** nach § 4h I 5 EStG und einen EBITDA-Vortrag nach § 4h I 3 EStG **ausgeschlossen** (Rn. 200). Diese gehen nach der ausdrücklichen Regelung in § 4 II 2 nicht über.

Darüber hinaus finden sich Sonderregelungen in Bezug auf die Besitzzeitanrechnung 143
(Rn. 185) und Besonderheiten bei Umwandlung von Unterstützungskassen (Rn. 190). Soweit die übergegangenen WG in der steuerlichen Schlussbilanz der übertragenden Körperschaft mit einem über dem BW liegenden Wert angesetzt wurden (ZW oder gemeiner Wert), finden sich Besonderheiten zur Bemessung der weiteren AfA beim übernehmenden Rechtsträger in § 4 III (Rn. 160 ff.).

Der Eintritt in die steuerliche Rechtsstellung geht jedoch nur soweit, wie der Rechts- 144
nachfolger eine bestimmte Position innehaben kann. Dies betrifft beispielsweise Besitzzeiten (Rn. 185). Nicht von der Gesamtrechtsnachfolge umfasst werden dagegen bestimmte persönliche Merkmale, wie zB die Eigenschaft als KapGes. So kommt eine übernehmende natürliche Person oder PersGes nicht in den Genuss der Anwendung von § 8b KStG (*Schnitter* in F/D § 4 Rn. 83; anders jedoch soweit § 8b VI KStG eingreift), kann **keine Schachtelprivilegien** nach den DBA beanspruchen, da diese nur KapGes zustehen (Rn. 186) und die Steuerneutralität des Aufzinsungsertrages bei der ratierlichen Auszahlung des KSt-Guthabens greift nicht (Rn. 95).

Gemäß dem Rechtsnachfolgegedanken wären von der übernehmenden PersGes die 145
Über- und Unterentnahmen iSv § 4 IVa EStG fortzuführen. Jedoch ist bei KapGes die Regelung des § 4 IVa EStG nicht anzuwenden (KStR 32 I), so dass die Über- und Unterentnahmen regelmäßig 0 betragen (OFD Rheinland v. 29.6.2011, DStR 2011, 1666; vgl aber zum Entstehen von Sonderbetriebsvermögen und diesbezüglich zu berücksichtigenden Einlagen Rn. 350).

(einstweilen frei) 146–149

2. Bewertung

a) Wertansatz

Aufgrund des Eintritts in die steuerliche Rechtsstellung hinsichtlich der Bewertung der 150
übernommenen WG sind diese beim übernehmenden Rechtsträger mit den **gleichen Werten** anzusetzen wie in der steuerlichen Schlussbilanz der übertragenden Körperschaft (Rn. 35).

b) Wertaufholung

Der Eintritt in die Rechtsstellung der übertragenden Körperschaft hat zur Folge, dass 151
auch in der Vergangenheit vorgenommene Teilwertabschreibungen nach § 6 I Nr. 1 S 2 und Nr. 2 S 2 EStG mit einbezogen werden. Dementsprechend ist beim übernehmenden Rechtsträger zum jeweiligen Bilanzstichtag zu prüfen, ob eine vorgenommene Teilwertabschreibung beibehalten werden kann, oder ob eine Wertaufholung nach § 6 I Nr. 1 S 4 oder Nr. 2 S 3 EStG vorgenommen werden muss **(strenges Wertaufholungsgebot).** Maßgebend für die Prüfung der Wertaufholung ist dabei nicht der Wertansatz in der Eröffnungsbilanz der übernehmenden PersGes/natürliche Person (*Sistermann* in Lüdicke/ Sistermann § 11 Rn. 329). Die Bewertungsobergrenze zu späteren Bilanzstichtagen wird

durch die fortgeführten ursprünglichen AK/HK (ggf. gemindert um AfA, Abzüge nach § 6b EStG, und erhöht um nachträgliche AK/HK) oder bei einem am steuerlichen Übertragungsstichtag angesetzten höheren gemeinen Wert oder ZW durch diesen fortgeführten Wert gebildet (UmwStE Rn. 04.11). Somit kann es zu einer Wertaufholung auch dann kommen, wenn die WG durch die übertragende Körperschaft in deren Schlussbilanz mit dem gemeinen Wert angesetzt wurden, dieser aber unter den historischen AK liegt (*van Lishaut* in R/H/vL § 4 Rn. 50). Auf Basis der Auffassung der FinVerw erscheint diese Ansicht nicht konsequent, da diese davon ausgeht, dass insgesamt ein Anschaffungsvorgang gegeben ist (UmwStE Rn. 00.02). Insofern wären die WG beim übernehmenden Rechtsträger mit AK bilanziert, welche damit die Obergrenze für die Wertaufholung bilden würden. Für die Regelung in § 13 I, nach der die Anteile „als ... veräußert und ... angeschafft" gelten, hat der BFH entschieden, dass diese fiktiven AK (§ 13 Rn. 28) die Bewertungsobergrenze für die Wertaufholungsverpflichtigung bilden (BFH v. 11.7.2012 – I R 50/11, BFH/NV 2013, 40). Da eine solche gesetzliche Fiktion in § 4 fehlt, sollte das BFH-Urteil nicht zu übertragen sein.

152 Die WG sind, sofern für sie bei dauernder Wertminderung von der übertragenden KapGes bereits zu einen niedrigeren Teilwert angesetzt wurden und diese dauernde Wertminderung noch fortbesteht und nachweisbar ist, mit dem niedrigeren Teilwert zu übernehmen. Sobald die dauernde Wertminderung von dem übernehmenden Rechtsträger nicht mehr nachweisbar ist, hat eine Wertaufholung stattzufinden (§ 6 I Nr. 1 S 4 und Nr. 2 S 3 EStG (so auch *Schmitt* in SHS § 4 Rn. 72 f.; vgl zu einer parallelen Wertung beim Tausch auf der Grundlage des sog. Tauschgutachtens BFH v. 24.4.2007 – I R 16/06, BStBl. II 2007, 707).

153 Bei der Wertaufholung ist auch zu beachten, dass der übernehmende Rechtsträger auch bezüglich der Erträge aus der Wertaufholung in die Rechtsstellung der übertragenden Körperschaft eintritt. Damit können grundsätzlich die Begünstigungen des § 8b II 3 KStG bzw. § 3 Nr. 40 Buchst. a S 1 EStG Anwendung finden. Zu beachten ist, dass die Steuerfreistellung nach § 8b II 3 KStG bzw. das Teileinkünfteverfahren (bis 2008 Halbeinkünfteverfahren) nach § 3 Nr. 40 Buchst. a S 1 EStG nicht eingreift, soweit in der Vergangenheit (von der übertragenden Körperschaft) steuerwirksame Abschreibungen vorgenommen wurden (§ 8b II 4 KStG bzw. § 3 Nr. 40 Buchst. a S 2 EStG; vgl auch *Pung/Werner* in D/P/M § 4 Rn. 19).

c) Bewertungsfreiheit

154 Der übernehmende Rechtsträger tritt bezüglich der Inanspruchnahme einer Bewertungsfreiheit oder eines Bewertungsabschlags in die Rechtsstellung der übertragenden Körperschaft ein. Zu Bewertungsfreiheiten oder Bewertungsabschlägen nach früherem Recht vgl 3. Auflage Rn. 155.

155–159 *(einstweilen frei)*

3. Abschreibungen gemäß § 4 II 1, III

160 Als Folge der Verknüpfung zwischen den Wertansätzen in der steuerlichen Schlussbilanz der übertragenden Körperschaft gemäß § 3 und dem Wertansatz der übergegangenen WG nach § 4 I bestimmt § 4 II 1, dass der übernehmende Rechtsträger insbesondere hinsichtlich der AfA entsprechend dem Grundsatz der Gesamtrechtsnachfolge in die Rechtsstellung der übertragenden Körperschaft eintritt.

161 Dies gilt unabhängig davon, ob die übergegangenen WG in der steuerlichen Schlussbilanz der übertragenden Körperschaft mit einem über dem bisherigen BW liegenden Wert – zB dem gemeinen Wert – angesetzt worden sind oder nicht (UmwStE Rn. 04.10). Soweit beim übernehmenden Rechtsträger die von der übertragenden Körperschaft nicht aufgestockten BW fortgeführt werden, führt dieser unmittelbar die AfA fort (hinsichtlich Bemessungsgrundlage und Restnutzungsdauer). Soweit jedoch in der steuerlichen Schlussbilanz eine Wertaufstockung vorgenommen wurde, wird durch § 4 III geregelt, wie mit den **Aufstockungsbeträgen** zu verfahren ist. Bei der AfA ist zu unterscheiden:

- AfA gemäß § 7 IV 1 und V EStG (Rn. 162),
- AfA gemäß § 7 I EStG (Rn. 163) und
- AfA gemäß § 7 I 3 EStG (Rn. 164).

In den Fällen des § 7 IV 1 und V EStG bemisst sich die AfA bei dem übernehmenden Rechtsträger nach der **bisherigen Bemessungsgrundlage, vermehrt um den Unterschiedsbetrag** zwischen dem BW der Gebäude und dem Wert, mit dem die Körperschaft die Gebäude in der steuerlichen Schlussbilanz angesetzt hat (§ 4 III Alt. 1). Auf diese Bemessungsgrundlage ist nach Auffassung der FinVerw der bisherige Prozentsatz anzuwenden. Wird in den Fällen des § 7 IV 1 EStG die volle Absetzung innerhalb der tatsächlichen Nutzungsdauer nicht erreicht, kann die AfA nach der Restnutzungsdauer des Gebäudes bemessen werden (UmwStE Rn. 04.10 erster Spiegelstrich; vgl EStR 7.4 IX). 162

In allen anderen Fällen bemisst sich die AfA beim übernehmenden Rechtsträger nach dem **BW, vermehrt um den Unterschiedsbetrag** zwischen dem BW der einzelnen WG und dem Wert, mit dem die übertragende Körperschaft die WG in der steuerlichen Schlussbilanz angesetzt hat (§ 4 III Alt. 2) und nach der nach den Verhältnissen am Übertragungsstichtag geschätzten Restnutzungsdauer der WG (UmwStE Rn. 04.10, zweiter Spiegelstrich). 163

Diese in Rn. 163 dargestellte Regelung gilt im Grundsatz auch für übergehende **immaterielle WG und einen Geschäfts- oder Firmenwert** (*Beutel/Ruoff/Tommaso/Sistermann/Schneider* in Lüdicke/Sistermann § 12 Rn. 331). Soweit die übertragende Körperschaft in ihrer steuerlichen Schlussbilanz erstmalig einen originären Geschäfts- oder Firmenwert angesetzt hat (bei Ansatz des gemeinen Wertes oder eines ZW nach § 3 I bzw. II), ist dieser nach § 7 I 3 EStG über 15 Jahre abzuschreiben (UmwStE Rn. 04.10, dritter Spiegelstrich; *Raab* in Lippross/Seibel § 4 Rn. 38; *van Lishaut* in R/H/vL § 4 Rn. 73). Ein freiberuflicher Praxiswert ist über 3 bis 5 (Einzelpraxis), uU auch 6 bis 10 Jahre (Sozietät) abzuschreiben (*Kulosa* in Schmidt § 7 Rn. 172). Der weiterhin zum nicht aufgestockten BW angesetzte derivative Geschäfts- oder Firmenwert (Rn. 70) ist wie bisher abzuschreiben (*Schmitt/Schloßmacher* UmwStE 2011, S 110; aA UmwStE Rn. 04.10). Nach anderer Auffassung der FinVerw sind der derivative und der originäre Geschäfts- oder Firmenwert zusammenzufassen und beide einheitlich auf 15 Jahre abzuschreiben (UmwStE Rn. 04.10, dritter Spiegelstrich). 164

Insbesondere bei **Gebäudeabschreibungen** in den Fällen des § 7 IV 1, V EStG kann die Regelung zu einer – vom Steuerpflichtigen meist nicht gewünschten – **Verlängerung der Abschreibungsdauer** führen, wenn die übergegangenen WG in der steuerlichen Schlussbilanz der übertragenden Körperschaft mit einem über dem BW liegenden Wert angesetzt sind. 165

Beispiel: Die X-GmbH wird auf eine OHG verschmolzen. Im BV der X-GmbH befindet sich ein Gebäude, dessen HK 400 betragen haben. Es steht nach Abschreibungen mit 340 zu Buche (5 Jahre × 3 % nach § 7 IV 1 Nr. 1 EStG). Die X-GmbH setzt in ihrer Schlussbilanz nach § 3 einen Wert von 420 an. 166

Die Bemessungsgrundlage der übernehmenden PersGes (OHG) hinsichtlich der Gebäude-AfA berechnet sich wie folgt:

HK (= bisherige Bemessungsgrundlage)		400
zzgl. Unterschied zwischen		
– BW	340	
– Wertansatz Schlussbilanz X-GmbH	420	80
Bemessungsgrundlage für die OHG (übernehmende PersGes)		480

Auf diese Bemessungsgrundlage ist der bisher geltende Prozentsatz (3 %) anzuwenden und so der jährliche AfA-Betrag zu ermitteln (14,4). Das AfA-Volumen von 420 vermindert sich um den jährlichen AfA-Betrag, so dass sich eine volle Abschreibung erst nach 34,17 Jahren ergibt (29,17 Jahre bei

OHG zzgl. der bereits abgeschriebenen 5 Jahre bei X-GmbH). Ohne die Verschmelzung wäre das Gebäude in 33,33 Jahren abgeschrieben.

167 Soweit durch diese Vorschrift die **Verlängerung des Abschreibungszeitraumes** bewirkt wird, kann diese Verlängerung zeitlich über die tatsächliche Restnutzungsdauer hinaus reichen. In diesen Fällen kann deshalb die AfA nach der Restnutzungsdauer des Gebäudes bemessen werden (UmwStE Rn. 04.10, erster Spiegelstrich). Als Bemessungsgrundlage ist dann der BW zusammen mit dem Aufstockungsbetrag anzusetzen (vgl für nachträgliche HK BFH v. 7.6.1977 – VIII R 105/73, BStBl. II 1977, 606).

Abwandlung des Beispiels in Rn. 166: Alternativ beträgt die Restnutzungsdauer des Gebäudes 30 (Alternative a) bzw. 25 Jahre (Alternative b).

In der Alternative a wird die Abschreibung innerhalb der tatsächlichen (Rest)Nutzungsdauer des Gebäudes erreicht. Die Abschreibung ist wie oben dargestellt vorzunehmen. In der Alternative b wird die volle Abschreibung nicht innerhalb der tatsächlichen Nutzungsdauer erreicht (Restnutzungsdauer 25 Jahre, verbleibender Abschreibungszeitraum 29,17 Jahre). Folglich ist die Abschreibung nach der Restnutzungsdauer und dem BW zzgl Aufstockungsbetrag zu bemessen (UmwStE Rn. 04.10, erster Spiegelstrich) und damit mit jährlich 4 % (von 420) = 16,8 (25 Jahre) vorzunehmen.

168 In allen anderen Fällen, in denen die AfA nicht nach § 7 IV 1, V EStG bemessen wird, **erhöht sich die AfA-Bemessungsgrundlage** durch Neubewertungen im Rahmen der Schlussbilanz der übertragenden Körperschaft nach § 3 I (Rn. 163). Ist keine Neubewertung bei der übertragenden Körperschaft gemäß § 3 vorgenommen worden, übernimmt der übernehmende Rechtsträger die AK und HK der übertragenden Körperschaft für die einzelnen WG.

169 Die von der übertragenden Körperschaft gewählte **Abschreibungsmethode** ist fortzuführen. Hat die übertragende Körperschaft die lineare Abschreibung gewählt, konnte der übernehmende Rechtsträger nicht zur degressiven Abschreibung übergehen. Hat die übertragende Körperschaft degressiv abgeschrieben (dies war für vor dem 1.1.2008 und war wieder für nach dem 31.12.2008 und vor dem 1.1.2011 angeschaffte oder hergestellte bewegliche WG gemäß § 7 II EStG (aF) möglich, vgl *Kulosa* in Schmidt § 7 Rn. 197 iVm *Kulosa* in Schmidt 34. Aufl. 2015 § 7 Rn. 130, 132), kann die übernehmende PersGes oder natürliche Person zur linearen AfA übergehen (§ 7 III 1 EStG); behält sie die degressive AfA bei, muss diese unter Anwendung des Prozentsatzes der übertragenden Körperschaft fortgesetzt werden. Die von der übertragenden Körperschaft angenommene betriebsgewöhnliche Nutzungsdauer ist für den übernehmenden Rechtsträger nicht maßgeblich, vielmehr ist die Restnutzungsdauer nach den Verhältnissen am steuerlichen Übertragungsstichtag neu zu schätzen (UmwStE Rn. 04.10, zweiter Spiegelstrich; vgl BFH v. 29.11.2007 – IV R 73/02, BStBl. II 2008, 407 (obiter dictum); dazu *Kempermann* FR 2008, 774).

170 Diese Auffassung der FinVerw hat zwar im Gesetz keine unmittelbare Grundlage (*Schnitter* in F/D § 4 Rn. 86), entspricht aber der Behandlung bei nachträglichen AK/HK. Gerade wenn die Umwandlung nicht als Anschaffungsvorgang, sondern als Vermögensübergang im Wege der Gesamtrechtsnachfolge angesehen wird (Rn. 140), erscheint die **Parallele zu den nachträglichen Anschaffungs- oder Herstellungskosten** plausibel, um die vorhandene gesetzliche Regelungslücke zu schließen.

171 Der Grundsatz der Fortführung der gewählten Abschreibungsmethode (Rn. 169) gilt **entsprechend für den Sammelposten** nach § 6 IIa EStG (*Kulosa* in Schmidt § 6 Rn. 604, 607) und die erhöhten AfA, wie zB nach den Vorschriften der §§ 7h und 7i EStG.

172 Der Eintritt in die Rechtsstellung der übertragenden Körperschaft durch Gesamtrechtsnachfolge hat im Gegensatz zur Auffassung der FinVerw zur Folge, dass **keine Anschaffung der übergegangenen WG** vorliegt (Rn. 140). Soweit Steuervergünstigungen eine Anschaffung voraussetzen, können diese nicht in Anspruch genommen werden (*Raab* in Lippross/Seibel § 4 Rn. 14). **Investitionszulagen** werden daher nicht gewährt und **§ 6**

II, IIa und **§ 6b EStG** sind nicht anzuwenden (UmwStE Rn. 04.14). Der Vermögensübergang berechtigte den übernehmenden Rechtsträger in der Vergangenheit nicht dazu, das Bewertungswahlrecht für geringwertige WG nach § 6 II EStG aF in Anspruch zu nehmen und führt nicht zur Pflicht zur Sofortabschreibung nach § 6 II EStG idF des UntStRefG 2008 (v. 14.8.2007 BGBl. I 2007, 1912). Zur Möglichkeit von Sonderabschreibungen nach dem FördG s. 2. Auflage Rn. 59. Sofern entsprechend der Auffassung der FinVerw eine Anschaffung angenommen würde, dann müssten konsequenterweise auch die Steuervergünstigungen, die eine Anschaffung voraussetzen, in Anspruch genommen werden können. Diese Konsequenz zieht die FinVerw jedoch nicht.

Weil keine Anschaffung vorliegt, gilt nicht die Teilwertvermutung für den Zeitpunkt des **173** (fiktiven) Erwerbs (EStH 6.7 „Teilwertvermutung"). Somit kann der übernehmende Rechtsträger zum nächsten Bilanzstichtag eine Teilwertabschreibung der übernommenen WG vornehmen, sofern diese mit dem gemeinen Wert übernommen wurden und dieser gemeine Wert höher als der Teilwert ist, auch ohne das nachträglich ein den Teilwert beeinflussendes Ereignis eingetreten ist (vgl *Schnitter* in F/D § 4 Rn. 118; *Pung/Werner* in D/P/M § 4 Rn. 34).

(einstweilen frei) **174–179**

4. Gewinnmindernde Rücklagen gemäß § 4 II 1

Der übernehmende Rechtsträger ist berechtigt, die steuerlichen Rücklagen der über- **180** tragenden Körperschaft auch dann **fortzuführen,** wenn die Voraussetzungen für eine Rücklagenbildung bei ihm nicht vorliegen. Er muss jedoch die Auflösungs- und Übertragungsbedingungen, die für die übertragende Körperschaft maßgebend waren, beachten und entsprechend verfahren. Von Bedeutung war und ist diese Vorschrift insbesondere für folgende Regelungen:

- § 5 VII 5 EStG betreffend Rücklage bei Verpflichtungsübernahme (*Korn/Strahl* KÖSDI 2014, 18746, 18751),
- § 6b III EStG betreffend Reinvestitionsrücklage,
- § 6b VIII EStG betreffend Reinvestitionsrücklage bei städtebaulichen Sanierungs- und Entwicklungsmaßnahmen,
- § 6b X 5 EStG betreffend Reinvestitionsrücklage bei Veräußerung von Anteilen an KapGes,
- § 7g III EStG aF betreffend Ansparrücklage,
- § 6 UmwStG betreffend Rücklagenbildung bei Übernahmefolgegewinnen,
- EStR 6.5 IV betreffend Rücklage für im Voraus gewährte Zuschüsse und
- EStR 6.6 IV betreffend Rücklagen für Ersatzbeschaffung.

Im Gegensatz zur Ansparrücklage nach § 7g III EStG aF ist der **Investitionsabzugs- 181** **betrag** und die Hinzurechnung im Jahr der Anschaffung oder Herstellung nach § 7g I und II EStG idF des UntStRefG 2008 (v. 14.8.2007 BGBl. I 2007, 1912) **außerbilanziell** vorzunehmen (BMF v. 20.3.2017 BStBl. I 2017, 423 Rn. 54 f.; *Kulosa* in Schmidt § 7g Rn. 3); es wird keine Rücklage mehr gebildet (*Brandis* in Blümich § 7g EStG Rn. 2). Die an die Inanspruchnahme des Investitionsabzugsbetrages geknüpften Folgen gelten aufgrund des Eintritts in die steuerliche Rechtsstellung (Rn. 140) auch für den übernehmenden Rechtsträger. Zu den möglichen Einschränkungen bei der Inanspruchnahme eines Investitionsabzugsbetrages im Wj vor der Umwandlung: vgl BMF v. 20.3.2017 BStBl. I 2017, 423 Rn. 22 f.; BFH v. 14.4.2015 – GrS 2/12, BStBl. II 2015, 1007; *Schuster* jurisPR-SteuerR 50/2015 Anm. 2).

(einstweilen frei) **182–184**

5. Besitzzeitanrechnung gemäß § 4 II 3

185 Ist die Dauer der Zugehörigkeit eines WG zum BV für die Besteuerung bedeutsam, so ist der **Zeitraum seiner Zugehörigkeit** zum BV der übertragenden Körperschaft bei dem übernehmenden Rechtsträger **anzurechnen** (UmwStE Rn. 04.15). Dies folgt bereits aus dem Grundsatz der Gesamtrechtsnachfolge (vgl *Hahn* jurisPR-SteuerR 3/2014 Anm. 5). Folgende Beispiele der Besitzzeitanrechnung und Fortgeltung von Behaltefristen sind von praktischer Bedeutung:

- Gewerbesteuerliche Schachtelprivilegien nach §§ 9 Nr. 2a und Nr. 7 GewStG – nach Auffassung des BFH handelt es sich bei § 9 Nr. 2a GewStG um ein stichtagsbezogenes Beteiligungserfordernis, welches nicht durch § 4 II 3 ersetzt werden kann (BFH v. 16.4.2014 – I R 44/13, BStBl. II 2015, 303). Eine Erfüllung des Beteiligungserfordernisses beim Übernehmenden sollte jedoch bei eingreifender Rechtsnachfolge und steuerlicher Rückwirkung möglich sein (vgl BFH v. 16.4.2014 – I R 44/13, BStBl. II 2015, 303; *Hahn* jurisPR-SteuerR 3/2014 Anm. 5),
- Körperschaftsteuerliche und gewerbesteuerliche Organschaftsvoraussetzungen – Beteiligung seit Beginn des Wj der Organgesellschaft gemäß § 14 I 1 Nr. 1 KStG und § 2 II 2 GewStG (s. dazu Rn. 215 und § 12 Rn. 89 ff.),
- Eintritt in die Verbleibensfrist des § 2 I 1 Nr. 2 InvZulG 2007 (BMF v. 8.5.2008 BStBl. I 2008, 590 Rn. 10),
- § 6b IV 1 Nr. 2 EStG hinsichtlich der Übertragung stiller Reserven bei sechsjähriger ununterbrochener Vorbesitzzeit im Anlagevermögen einer inländischen Betriebsstätte,
- Eintritt in die Verbleibensfrist des § 7g II Nr. 2a EStG aF bzw. § 7g I 2 Nr. 2b iVm IV 1 EStG idF des UntStRefG 2008 (v. 14.8.2007 BGBl. I 2007, 1912; BMF v. 20.3.2017 BStBl. I 2017, 423 Rn. 40).

186 Zu § 2a III EStG aF vgl Rn. 220. § 4 II 3 gilt hingegen nicht für **Schachtelprivilegien nach den DBA.** Diese Privilegien stehen nur KapGes, nicht aber PersGes zu, auch wenn an ihnen KapGes beteiligt sind.

187–189 *(einstweilen frei)*

6. Unterstützungskasse

190 Wenn die übertragende Körperschaft eine Unterstützungskasse ist, dann erhöht sich gemäß § 4 II 4 der laufende Gewinn des übernehmenden Rechtsträgers in dem Wj, in welches der Umwandlungsstichtag fällt, um die von ihm, seinen Gesellschaftern oder seinen Rechtsvorgängern an die Unterstützungskasse geleisteten Zuwendungen nach § 4d EStG. Damit werden die **Betriebsausgaben rückgängig** gemacht, die beim übernehmenden Rechtsträger oder dessen Gesellschaftern den Gewinn nach § 4d EStG gemindert haben (UmwStE Rn. 04.13). Durch die Anordnung, dass § 15 I 1 Nr. 2 S 2 EStG sinngemäß gilt, werden auch die Fälle erfasst, in denen das Trägerunternehmen lediglich mittelbar über eine oder mehrere PersGes an der Unterstützungskasse beteiligt ist (*Schmitt/Schloßmacher* UmwStE 2011, S 111).

191 Eine wirtschaftliche **Doppelbesteuerung** soll dadurch **vermieden** werden, dass sich gemäß § 4 II 5 in Höhe der nach § 4 II 4 hinzugerechneten Zuwendungen der BW der Anteile an der Unterstützungskasse (übertragende Körperschaft) erhöht (BT-Drs. 16/3369, 10). Durch diesen erhöhten BW mindert sich ein ansonsten ggf. entstehender Übernahmegewinn beim übernehmenden Rechtsträger (*Schnitter* in F/D § 4 Rn. 124; vgl Rn. 254). Dabei ist zu berücksichtigen, dass der durch § 4 II 4 angeordneten Erhöhung des laufenden Gewinns des übernehmenden Rechtsträgers lediglich eine Verminderung des begünstigten Gewinns durch den höheren Buchwertansatz der Anteile gegenübersteht.

192 Mit dieser Erhöhung des laufenden Gewinns beim übernehmenden Rechtsträger soll vermieden werden, dass sich Altersvorsorgeaufwendungen doppelt gewinnmindernd (einmal nach § 4d EStG beim übernehmenden Rechtsträger zum Zeitpunkt der Zuwendung

an die Unterstützungskasse und ein weiteres Mal nach § 6a EStG bei der Bildung einer Pensionsrückstellung) auswirken (*Klingberg* in Blümich § 4 Rn. 27).

(einstweilen frei) 193, 194

7. Sonderproblem § 36 VI DMBilG

Zur Änderung bzw. Berichtigung von Wertansätzen nach § 36 VI DMBilG und der 195
partiellen Fortgeltung in Bezug auf die Abwicklung vermögensrechtlicher Angelegenheiten auf der Grundlage des EinigungsV und der zu dessen Vollzug erlassenen Vorschriften vgl 2. Aufl. Rn. 68 ff.

(einstweilen frei) 196–199

8. Ausschluss des Übergangs von Verlusten, Zins- und EBITDA-Vorträgen, § 4 II 2

Gemäß § 4 II 2 gehen verrechenbare Verluste, verbleibende Verlustvorträge, vom über- 200
tragenden Rechtsträger nicht ausgeglichene negative Einkünfte, ein Zinsvortrag nach § 4h I 5 EStG (Rn. 207) und ein EBITDA-Vortrag nach § 4h I 3 EStG (Rn. 209) nicht auf den übernehmenden Rechtsträger über. Dies steht im **Gegensatz zur grundsätzlich geltenden Gesamtrechtsnachfolge.** Dieses Verbot des Verlustüberganges gilt auch für die laufenden Verluste des Übertragungsjahres (Rn. 204). Insoweit tritt der übernehmende Rechtsträger nicht in die Rechtsstellung der übertragenden Körperschaft ein.

Während § 4 II 2 aF noch eine Einzelaufzählung der betroffenen Verluste (§§ 2a, 10d, 201
15 IV und 15a EStG) enthielt, ist die geltende Regelung als **Generalklausel** ausgestaltet, die aber gleichwohl jedenfalls die bisher genannten Vorschriften umfasst. Zusätzlich zu den bereits bisher erfassten verbleibenden Verlustvorträgen iSv §§ 2a I 5, 10d IV, 15 IV EStG und verrechenbaren Verlusten iSv § 15a IV EStG werden beispielsweise noch verrechenbare Verluste nach § 15b IV EStG erfasst. Da diese Vorschrift in der vorherigen Einzelaufzählung noch nicht enthalten war, gilt die Beschränkung in Bezug auf § 15b IV EStG erstmals für Umwandlungen, auf die das UmwStG idF des SEStEG anwendbar ist (§ 27 I; Anmeldung zur Eintragung nach dem 12.12.2006). Die Regelung zu den gewerbesteuerlichen Verlusten findet sich in § 18 I 2 (§ 18 Rn. 110 ff.).

Ungenau ist die weitverbreitete Meinung, der Verlustvortrag iSd § 10d EStG gehe durch 202
den Umwandlungsvorgang wirtschaftlich endgültig verloren. Ein erlittener Verlust wirkt sich nämlich mittelbar beim übernehmenden Rechtsträger aus, indem er auf der Ebene der übertragenden Körperschaft regelmäßig deren BV vermindert hat und damit bei Fortführung der BW zu einem durch den Verlustvortrag geminderten Übernahmeergebnis führt (vgl 2. Aufl. Rn. 72 f.; *Pung/Werner* in D/P/M § 4 Rn. 27; *Klingberg* in Blümich § 4 Rn. 24).

Entscheidet sich die übertragende Körperschaft dafür, das Vermögen in ihrer Schluss- 203
bilanz nicht mit dem BW, sondern mit einem höheren Wert anzusetzen (ZW oder gemeiner Wert), kann ein dadurch entstehender Übertragungsgewinn durch **Verrechnung** mit einem steuerlichen **Verlustvortrag** nach § 10d EStG steuerfrei gestellt werden (beachte aber Rn. 210). Die regelmäßig bestehenden **Unterschiede** bei der Höhe der körperschaftsteuerlichen und gewerbesteuerlichen Verlustvorträge und die **Mindestbesteuerung** sind zu beachten (vgl Rn. 40). Die übernehmende PersGes nimmt Abschreibungen auf die höheren BW vor und kann damit die Verlustvorträge mittelbar nutzen. Aus der Sicht des übernehmenden Rechtsträgers, soweit er an der übertragenden Körperschaft beteiligt ist oder gemäß § 5 I für Zwecke der Ermittlung des Übernahmegewinns als beteiligt angesehen wird, bzw. der (zukünftigen) Gesellschafter der übernehmenden PersGes, deren Anteile an der übertragenden Körperschaft nach § 5 II bis III bzw. § 5 IV aF für Zwecke der Gewinnermittlung nach § 4 IV in die übernehmende PersGes als eingelegt gelten, ist jedoch zu beachten, dass Aufstockungen im Rahmen des § 3 zu – evtl. nicht erwünschten – Erhöhungen des Übernahmeergebnisses gemäß § 4 IV bzw. der offenen

Rücklagen führen können. Die offenen Rücklagen sind nach § 7 beim Anteilseigner als Ausschüttungen zu versteuern (§ 7 Rn. 17).

204 Nach der Änderung durch das SEStEG werden auch **laufende Verluste** im Wj der Umwandlung vom Ausschluss des Übergangs von Verlusten erfasst. Diese Ergänzung hat der Gesetzgeber vorgenommen, nachdem der BFH zu § 12 III 2 aF entschieden hatte, dass der übernehmende Rechtsträger als (Gesamt-)Rechtsnachfolger in die Position des übertragenden Rechtsträgers (als Rechtsvorgänger) auch hinsichtlich nicht ausgeglichener laufender Verluste eintritt (§ 45 I 1 AO) und damit unmittelbar bei dem übernehmenden Rechtsträger im Wege des horizontalen Verlustausgleichs mit Gewinnen ausgeglichen werden (BFH v. 31.5.2005 – I R 68/03, BStBl. II 2006, 380). Die FinVerw hatte hierzu mit einem Nichtanwendungserlass reagiert (BMF v. 7.4.2006 BStBl. I 2006, 344) und im Rahmen des SEStEG die o. g. gesetzliche Änderung vorgenommen (BT-Drs. 16/2710, 38). Der BFH hält für die Vergangenheit ausdrücklich an dieser Rspr. fest (BFH v. 25.8.2009 – I R 95/08, DStR 2009, 2240).

205 Mittlerweile hat auch der BFH seine Rspr. wieder eingeschränkt, indem er im Anwendungsbereich von § 12 hinsichtlich der laufenden Gewinne der übertragenden Gesellschaft entschieden hat, dass diese nicht unmittelbar in die Summe der Einkünfte der übernehmenden Gesellschaft eingehen (BFH v. 13.2.2008 – I R 11/07, BFH/NV 2008, 1538). Ob der BFH die Rspr. zu § 12 III 2 aF auch auf § 4 II 2 aF ausdehnt, erscheint fraglich. Der BFH hatte den Übergang der laufenden Verluste mit einem ansonsten drohenden Widerspruch zu dem möglichen Übergang des verbleibenden Verlustabzuges (bzw. Verlustvortrages) begründet (BFH v. 31.5.2005 – I R 68/03, BStBl. II 2006, 380 Rn. 30; vgl BFH v. 13.2.2008 – I R 11/07, BFH/NV 2008, 1538). Ein solcher Widerspruch konnte bei § 4 II 2 aF jedoch nicht eintreten, da ein Verlustabzug (bzw. Verlustvortrag) generell nicht überging.

206 Dagegen werden die **laufenden Verluste,** die **im Rückwirkungszeitraum** (also nach dem steuerlichen Übertragungsstichtag) auflaufen, nicht von der Regelung des § 4 II 2 erfasst, weil diese Verluste bzw. negativen Einkünfte bereits beim übernehmenden Rechtsträger entstehen. Für diese laufenden Verluste des übertragenden Rechtsträgers im Rückwirkungszeitraum gelten aber die Einschränkungen des § 2 IV 1 entsprechend (§ 2 IV 2, Rn. 210).

207 Durch das Unternehmensteuerreformgesetz 2008 v. 14.8.2007 (BGBl. I 2007, 1912) wurde § 4 II 2 ergänzt und auch ein **Zinsvortrag** nach § 4h I 5 EStG (ursprünglich § 4h I 2 EStG) vom Übergang auf den übernehmenden Rechtsträger ausgeschlossen. Dies erfolgte im Zusammenhang mit der Einführung der Zinsschranke durch dasselbe Gesetz. Gemäß der Gesetzesbegründung sollte ein Zinsvortrag das Schicksal des Verlustvortrages teilen (BT-Drs. 16/4841, 82).

208 Zusätzlich zu einem bereits bestehenden Zinsvortrag geht auch ein **Zinssaldo** aus dem letzten Wirtschaftsjahr der umgewandelten Körperschaft nicht auf den übernehmenden Rechtsträger über (*Förster* in Breithecker/Förster/Förster/Klapdor UntStRefG § 4 UmwStG Rn. 1). Der Ausschluss des Übergangs des Zinsvortrages ist gemäß § 27 V 1 erstmals auf Umwandlungen anzuwenden, bei denen die Anmeldung zur Eintragung nach dem 31.12.2007 erfolgt ist.

209 Durch das Wachstumsbeschleunigungsgesetz v. 22.12.2009 (BGBl. I 2009, 3950) wurde im Rahmen der Zinsschranke ein sog. **EBITDA-Vortrag** (§ 4h I 3 EStG) eingeführt. § 4 wurde gleichzeitig ergänzt, indem angeordnet wurde, dass auch ein EBITDA-Vortrag vom Übergang ausgeschlossen ist. Die Grundaussage, dass der übernehmende Rechtsträger in die steuerliche Rechtsstellung der übertragenden Körperschaft eintritt, wird damit weiter eingeschränkt. Auch dies steht im Gegensatz zur grundsätzlich geltenden Gesamtrechtsnachfolge.

Der EBITDA-Vortrag unterliegt damit im Rahmen von § 4 den gleichen Regelungen wie ein Zinsvortrag, was nach hier vertretener Meinung aber nicht in sich stimmig ist. Dies folgt daraus, dass ein EBITDA-Vortrag von § 8c KStG nicht erfasst wird, während für einen Zinsvortrag § 8c KStG anwendbar ist (§ 8a I 3 KStG; *Scheunemann/Dennisen/Behrens* BB 2010, 23, 24). Der Gesetzgeber hat möglicherweise bezüglich des EBITDA-Vortrags absichtlich nicht auf § 8c KStG verwiesen, weil der EBITDA-Vortrag in jedem Fall auf fünf Wirtschaftsjahre beschränkt ist (§ 4h I 3 EStG, BT-Drs. 17/15, 17). Insofern ist kein Grund ersichtlich, warum ein EBITDA-Vortrag durch die Ergänzung des § 4 II 2 vom Übergang ausgeschlossen wurde.

Eine redaktionelle Änderung erfuhr die Vorschrift dadurch, dass in Bezug auf den Zinsvortrag nicht mehr auf § 4h I 2 EStG, sondern nun auf § 4h I 5 EStG verwiesen wird. Dies resultiert aus der Neufassung des § 4h I EStG. Gemäß § 27 X ist die Änderung erstmals auf Umwandlungen und Einbringungen anzuwenden, deren steuerlicher Übertragungsstichtag in einem Wirtschaftsjahr liegt, das nach dem 31.12.2009 endet (§ 27 X iVm § 52 XIId 4 EStG idF vor dem Kroatien-Steueranpassungsgesetz v. 25.7.2014 BGBl. I 2014, 1266).

Bezüglich der Verlustnutzung sind die Einschränkungen des § 2 IV, die durch das Jahres- **210**
steuergesetz 2009 v. 19.12.2008 (BGBl. I 2008, 2794), das Wachstumsbeschleunigungsgesetz v. 22.12.2009 (BGBl. I 2009, 3950) und durch das AmtshilfeRLUmsG v. 26.6.2013 (BGBl. I 2013, 1809) eingefügt bzw. ergänzt worden, zu beachten (vgl Rn. 40, § 2 Rn. 109). Die zunächst in § 2 IV eingefügte Regelung soll verhindern, dass durch eine Umwandlung mit steuerlicher Rückwirkung ein Übertragungsgewinn mit Verlustpositionen verrechnet wird, obwohl dies dem übertragenden Rechtsträger nach dem steuerlichen Übertragungsstichtag wegen eines Untergangs der Verlustpositionen aufgrund eines Anteilsinhaberwechsels iSv § 8c KStG nicht mehr möglich wäre (§ 2 IV 1; *Hörtnagl* in SHS § 2 Rn. 122; *Paintner* DStR 2013, 1629, 1645; § 2 Rn. 109). Darüber hinaus schließt § 2 IV 2 die Verrechnung von negativen Einkünften des übertragenden Rechtsträgers im Rückwirkungszeitraum von einer Verrechnung mit einem Gewinn beim übernehmenden Rechtsträger aus (UmwStE Rn. 02.40). Der umgekehrte Fall, also eine Umwandlung einer Gewinn- auf eine Verlustgesellschaft wird nun von § 2 IV 3 ff. idF des AmtshilfeRLUmsG v. 26.6.2013 (BGBl. I 2013, 1809) erfasst. Damit soll verhindert werden, dass eine Gewinngesellschaft rückwirkend auf eine Verlustgesellschaft umgewandelt wird, so dass die Gewinne bereits der übernehmenden Verlustgesellschaft zugerechnet werden und dort mit den vorhandenen Verlusten verrechnet werden (*van Lishaut* in R/H/vL § 2 Rn. 130, 131). In § 2 IV 5 idF des AmtshilfeRLUmsG wurde klargestellt, dass die Beschränkungen auch bei den Gesellschaftern gelten, wenn der übernehmende Rechtsträger eine PersGes ist (*Roth* GmbH-Steuerpraxis 2013, 331/333).

(einstweilen frei) **211–214**

9. Organschaft

Gemäß § 14 I 1 Nr. 1 KStG ist es zur Begründung einer körperschaftsteuerlichen **215**
Organschaft erforderlich, dass der Organträger an der Organgesellschaft vom Beginn des Wj der Organgesellschaft an ununterbrochen so beteiligt ist, dass dem Organträger die Mehrheit der Stimmrechte zustehen (finanzielle Eingliederung). Zudem muss u. a. ein Gewinnabführungsvertrag auf mindestens fünf Jahre abgeschlossen und durchgeführt werden (§ 14 I 1 Nr. 3 KStG). Diese Erfordernisse gelten gemäß § 2 II 2 GewStG auch für die gewerbesteuerliche Organschaft.

Soweit die übertragende KapGes selbst Organträger ist, **tritt** der übernehmende Rechts- **216**
träger **in den Gewinnabführungsvertrag ein** (UmwStE Rn. Org. 01). Wenn der übernehmende Rechtsträger eine PersGes ist, kann diese nach den allgemeinen Grundsätzen nur Organträger sein, wenn sie eine PersGes iSv § 15 I Nr. 2 EStG ist und sie selbst gewerblich tätig ist. Eine gewerbliche Prägung ist nicht ausreichend (BMF v. 10.11.2005 BStBl. I 2005, 1038 Rn. 15; *Olbing* in Streck § 14 KStG Rn. 22). Aufgrund des Grundsatzes der Gesamtrechtsnachfolge kann die Mindestlaufzeit des Gewinnabführungsvertrages von fünf Jahren durch eine Zusammenrechnung der Laufzeit beim bisherigen Organträger (übertragende KapGes) und der Laufzeit beim neuen Organträger (übernehmender

Rechtsträger) erfüllt werden (UmwStE Rn. Org. 11; *Müller* in Müller/Stöcker/Lieber, Die Organschaft Teil A Rn. 424).

217 Soweit zum übergehenden Vermögen der übertragenden KapGes auch eine Beteiligung an einer KapGes gehört, welche die Voraussetzungen des § 14 I 1 Nr. 1 KStG im Verhältnis zur übertragenden KapGes erfüllt, mit der aber bisher kein Gewinnabführungsvertrag abgeschlossen wurde, ist aufgrund des Grundsatzes der Gesamtrechtsnachfolge nach hier vertretener Auffassung eine **durchgängige finanzielle Eingliederung** anzunehmen (*Dötsch* in D/P/M Anh 1 UmwStG Rn. 22). Folglich kann durch Abschluss eines Gewinnabführungsvertrages mit dem übernehmenden Rechtsträger (als Organträger) eine Organschaft auch für das im Umwandlungszeitpunkt laufende Wj der künftigen Organgesellschaft begründet werden (vgl *Müller* in Müller/Stöcker/Lieber, Die Organschaft Teil A Rn. 428). Die FinVerw verlangt zusätzlich noch, dass dem übernehmenden Rechtsträger die Beteiligung an der Organgesellschaft steuerlich rückwirkend zu Beginn des Wirtschaftsjahres der Organgesellschaft zuzurechnen ist (UmwStE Rn. Org. 03; aA *Dötsch* in D/P/M Anh 1 UmwStG Rn. 22, 22a).

Zu weiteren Fragen, insbesondere der Möglichkeit der Rückbeziehung aufgrund § 2, vgl § 2 Rn. 81 ff.

218, 219 *(einstweilen frei)*

10. § 2a III EStG aF

220 Bis 1998 sah § 2a III EStG aF einen **Abzug ausländischer Betriebsstättenverluste** vor, die im Inland aufgrund DBA-Regelungen freigestellt wurden. Ab dem VZ 1999 entstandene Verluste waren nicht mehr abziehbar (*Heinicke* in Schmidt § 2a Rn. 52), jedoch wurden bereits abgezogene Verluste zunächst bis 2008 in Höhe späterer Gewinne dem Einkommen wieder hinzugerechnet (§ 52 III 3 EStG aF bzw. § 52 II 3 EStG idF des Kroatien-Steueranpassungsgesetzes v. 25.7.2014 BGBl. I 2014, 1266). Durch das Jahressteuergesetz 2008 v. 20.12.2007 (BGBl. I 2007, 3150) wurde die zeitliche Begrenzung gestrichen und die Hinzurechnungsmöglichkeit unbefristet verlängert (BT-Drs. 16/6290, 70). Allgemein zur Möglichkeit des Abzugs von Verlusten einer in einem anderen EU-Mitgliedstaat gelegenen Betriebsstätte bei DBA-Freistellung vgl BFH v. 17.7.2008 – I R 84/04, DStR 2008, 1869 mit Anm. *Heger* jurisPR-SteuerR 47/2008 Anm. 1 und Nichtanwendungserlass BMF v. 13.7.2009 BStBl. I 2009, 835.

221 Für den Fall der entgeltlichen oder unentgeltlichen Übertragung einer in einem ausländischen Staat belegenen Betriebsstätte bestimmte § 2a IV 1 Nr. 2 EStG eine Nachversteuerung abgezogener und noch nicht ausgeglichener Verluste iSd § 2a III EStG aF (§ 52 III 4 EStG aF bzw. § 52 II 3 EStG idF des Kroatien-Steueranpassungsgesetzes v. 25.7.2014 BGBl. I 2014, 1266). Nach Auffassung der FinVerw war aufgrund der nicht abschließenden Aufzählung in § 4 II hinsichtlich des Eintritts des übernehmenden Rechtsträgers in die steuerrechtliche Stellung der übertragenden Körperschaft im Wege einer Billigkeitsregelung § 2a III 3–5 EStG für den übernehmenden Rechtsträger anzuwenden (UmwStE 1998 Rn. 04.08 S 2). Dies bedeutete, dass es nicht zu einer sofortigen Nachversteuerung kam. Diese Billigkeitsregelung will die FinVerw jedoch nach dem SEStEG nicht mehr aufrechterhalten (BT-Drs. 16/2710, 38). Somit kommt es im Zeitpunkt der Umwandlung zwingend zu einer **Nachversteuerung** (so auch *Hohenlohe/Rautenstrauch/Adrian* GmbHR 2006, 623, 626). Diese Nachversteuerung erfolgt noch bei der übertragenden Körperschaft (UmwStE Rn. 04.12).

222 *(einstweilen frei)*

11. Grunderwerbsteuer/Umsatzsteuer

223 Der Grundsatz der Gesamtrechtsnachfolge (Rn. 140) gilt lediglich für ertragsteuerliche Zwecke, aber insbesondere nicht für die GrESt (*Hottmann u. a.* Die GmbH im Steuerrecht K 4.1 Rn. 33). Zu einem Übergang des Vermögens kommt es stets bei übertragenden

Umwandlungen und die Steuerbarkeit folgt dann aus § 1 I Nr. 3 GrEStG (*Fischer* in Boruttau § 1 GrEStG Rn. 527 ff.). Zur Behandlung der GrESt vgl Rn. 245. Lediglich der Formwechsel, der durch das Prinzip der Identität des Rechtsträgers gekennzeichnet ist, wird nicht als grunderwerbsteuerbarer Vorgang angesehen (*Fischer* in Boruttau § 1 GrEStG Rn. 540).

Die Verschmelzung ist zwar durch den Grundsatz der Gesamtrechtsnachfolge gekennzeichnet. Trotzdem sind umsatzsteuerlich regelmäßig eine Vielzahl von Lieferungen und sonstigen Leistungen iSv § 1 I Nr. 1 UStG gegeben, sofern sich die Umwandlung nicht innerhalb eines umsatzsteuerlichen Organkreises vollzieht oder eine Geschäftsveräußerung im Ganzen gemäß § 1 Ia UStG angenommen werden kann (*Pyszka* DStR 2011, 545 mit weiteren Einzelheiten). Umsatzsteuerlich dürfte im Regelfall eine Geschäftsveräußerung im Ganzen vorliegen (*Oelmaier* in Sölch/Ringleb § 1 UStG Rn. 196; *Robisch* in Bunjes § 1 UStG Rn. 74; aA *Stadie* in Rau/Dürrwächter § 2 UStG Rn. 731). Bei einer Geschäftsveräußerung im Ganzen tritt auch umsatzsteuerlich der übernehmende Rechtsträger (Erwerber) an die Stelle des übertragenden Rechtsträgers (Veräußerer), vgl § 1 Ia 3 UStG. Der Berichtigungszeitraum für die Berichtigung des Vorsteuerabzugs wird durch die Geschäftsveräußerung nicht unterbrochen (§ 15a X UStG; *Oelmaier* in Sölch/Ringleb § 1 UStG Rn. 198). Weiterhin ist zu beachten, dass die Rückwirkung nach § 2 nicht für die Umsatzsteuer gilt (§ 2 Rn. 26). Das bedeutet, dass die Umsatzsteuerpflicht des übertragenden Rechtsträgers noch bis zur Handelsregistereintragung der Umwandlung fortbesteht (*Leuken* DB 2013, 1509, 1510).

(einstweilen frei) 224

V. Ermittlung und steuerliche Behandlung des Übernahmeergebnisses, § 4 IV bis VII

1. Allgemeines

Infolge des Vermögensüberganges ergibt sich bei dem übernehmenden Rechtsträger grundsätzlich ein **bilanzieller Übernahmegewinn oder -verlust.** Durch das SEStEG wurde die steuerliche Behandlung des Übernahmeergebnisses geändert. Das Übernahmeergebnis wird **aufgespalten** in: 225

– einen Übernahmegewinn oder -verlust (Veräußerungsteil) und
– eine fiktive Ausschüttung der offenen Rücklagen nach § 7 (Dividendenteil).

Dabei vermindert sich ein Übernahmegewinn bzw. erhöht sich ein Übernahmeverlust um das Ergebnis gemäß § 7 (Rn. 11). Das Übernahmeergebnis berechnet sich wie folgt (vgl ergänzend UmwStE Rn. 04.27):

	(anteiliger) Wert, mit dem die übergegangenen WG iSd § 4 I zu übernehmen sind (Rn. 237)
+	Stille Reserven im neutralen Vermögen nach § 4 IV 2 (Rn. 241)
./.	Kosten für den Vermögensübergang (Rn. 243)
./.	Wert der Anteile an der übertragenden Körperschaft, ggf. nach Korrektur (Rn. 246)
=	Übernahmeergebnis iSd § 4 IV (Übernahmeergebnis 1. Stufe; Rn. 235)
+	Sperrbetrag nach § 50c EStG (§ 4 V 1; Rn. 262)
./.	Bezüge gemäß § 7 (§ 4 V 2; Rn. 278)
=	Übernahmegewinn/-verlust iSd § 4 VI u. VII (Übernahmeergebnis 2. Stufe)

Gehören am steuerlichen Übertragungsstichtag **nicht alle Anteile** an der übertragenden Körperschaft zum BV des übernehmenden Rechtsträgers, einschließlich der dem über- 226 nehmenden Rechtsträger gemäß § 5 zuzurechnenden Anteile, bleibt der auf diese Anteile entfallende Wert der übergegangenen WG bei der Ermittlung des Übernahmeergebnisses gemäß § 4 IV 3 außer Ansatz (UmwStE Rn. 04.18 und 04.30). Für diese zum Privatvermögen gehörenden und auch nicht unter § 17 EStG fallenden Anteile wird kein Übernahmeergebnis ermittelt (UmwStE Rn. 04.25; *Hottmann ua* Die GmbH im Steuerrecht K 4.2 Rn. 36; vgl Beispiel in Rn. 361). Zutreffende Ergebnisse werden erzielt, wenn die Regelung des § 4 IV 3 auf alle Berechnungspositionen zur Ermittlung des Übernahmegewinns angewendet wird. Dies gilt auch für die Bezüge gemäß § 7 und die Sperrbeträge, die nicht auf Anteile entfallen, die von der Ermittlung des Übernahmeergebnisses umfasst sind (Einzelheiten bei Rn. 355). Das Übernahmeergebnis ist personen-/gesellschafterbezogen und nur insoweit zu ermitteln, als sich die Anteile an der übertragenden KapGes im BV des übernehmenden Rechtsträgers befinden (UmwStE Rn. 04.18 und 04.19; *Rauenbusch* DB 2008, 656, 661). Es ist nicht möglich, das Übernahmeergebnis durch die Aufstellung von Ergänzungsbilanzen zu verändern (*Widmann* in W/M § 4 Rn. 66).

227 Die Rechtsfolgen eines sich auf der 2. Stufe ergebenden Übernahmeverlusts werden in § 4 VI (Rn. 285 ff.), die Besteuerung eines Übernahmegewinns auf der 2. Stufe in § 4 VII (Rn. 315 ff.) geregelt. Im Grundsatz wird das Übernahmeergebnis entsprechend der Regelungen für Veräußerungsgewinne (bzw. -verluste) aus Beteiligungen behandelt (*Hagemann/Jakob/Ropohl/Viebrock* NWB-Sonderheft 1/2007, 17), wobei die Konsequenzen aus der Einführung der **Abgeltungssteuer** ab 2009 (insbesondere § 20 II 1 Nr. 1 EStG) noch nicht gezogen wurden (*Desens* FR 2008, 943 ff.; *Haisch* Ubg 2009, 96, 98). Das Übernahmeergebnis (Übernahmeverlust oder Übernahmegewinn 2. Stufe) entsteht beim übernehmenden Rechtsträger mit Ablauf des steuerlichen Übertragungsstichtags (UmwStE Rn. 04.26) und wird bei der übernehmenden PersGes bzw. den Gesellschaftern in dem Wj erfasst, in das der steuerliche Übertragungsstichtag fällt.

228 Bei der übernehmenden PersGes ist das Übernahmeergebnis 2. Stufe – getrennt nach den einzelnen Bestandteilen, dem Übernahmeergebnis 1. Stufe, einem Sperrbetrag nach § 50c EStG und den Bezügen nach § 7 – **gesondert und einheitlich nach § 180 AO festzustellen** und auf die einzelnen Gesellschafter der übernehmenden PersGes zu verteilen (UmwStE Rn. 04.22 und 04.27). Sofern also bestimmte Anteile an der Ermittlung des Übernahmeergebnisses nicht teilnehmen (vgl Rn. 226), wird dieser Teil des Übernahmeergebnisses nicht gesondert und einheitlich festgestellt. Bei der Ermittlung des Übernahmeergebnisses geht die FinVerw davon aus, dass im Grundfall, bei dem der übernehmenden Rechtsträger zu 100 % an der übertragenden KapGes beteiligt ist, und im Fall des § 5 I das Übernahmeergebnis quotenmäßig auf die Mitunternehmer aufzuteilen ist (UmwStE Rn. 04.20, erster Spiegelstrich; vgl *Kutt/Carstens* in FGS/BDI, UmwSt-Erlass 2011, 172). Dies kann zu unrichtigen Übernahmeergebnissen führen, wenn bei einzelnen Mitunternehmern Ergänzungsbilanzen bestanden, weil dann die Mehr- und Minderwerte nicht berücksichtigt würden (*Schießl,* UmwSt-Erlass, 190; *Kutt/Carstens* in FGS/BDI, UmwSt-Erlass 2011, 172). Lediglich für die Fälle des § 5 II und III vertritt die FinVerw die Auffassung, dass das Übernahmeergebnis jeweils gesondert ermittelt und somit gerade nicht bloß quotal verteilt werden soll (UmwStE Rn. 04.20, zweiter Spiegelstrich). Diese gesonderte Ermittlung ändert nichts daran, dass das Ergebnis gesondert und einheitlich nach § 180 AO festzustellen ist (*Frotscher* UmwSt-Erlass 2011 zu Rn. 04.20). Die gesonderte und einheitliche Feststellung erfolgt nur insoweit, wie ein deutsches Besteuerungsrecht hinsichtlich des Veräußerungsteils des Übernahmeergebnisses oder des Dividendenteils nach § 7 besteht (UmwStE Rn. 04.23 und Beispiele in UmwStE Rn. 04.27). Zu ausländischen Anteilseignern s. Rn. 420.

229 Die Regelungen über die **Gewinnermittlung** und Besteuerung in § 4 IV bis VII sind vor dem Hintergrund des vom Gesetzgeber **unterstellten Grundfalls** zu lesen: Der übernehmende Rechtsträger ist zu 100 % an der übertragenden Körperschaft beteiligt. Liegt keine 100 %-Beteiligung vor, bleibt gemäß § 4 IV 3 für die Ermittlung des Übernahmegewinns oder -verlusts der Wert der übergegangenen WG außer Ansatz, soweit er auf

Anteile an der übertragenden Körperschaft entfällt, die am steuerlichen Übertragungsstichtag (unter Berücksichtigung der Fiktionen des § 5) nicht zum BV des übernehmenden Rechtsträgers gehören (Rn. 355 ff.).

Bei der Bestimmung der Anwendungsbereiche des § 4 IV bis VII ist wie folgt zu differenzieren: 230

- Gewinnermittlung bei 100%-Beteiligung des übernehmenden Rechtsträgers an der übertragenden Körperschaft (Rn. 235 ff.),
- Gewinnermittlung bei fehlender 100%-Beteiligung des übernehmenden Rechtsträgers gemäß § 4 IV 3 (Rn. 355 ff.),
- Gewinnermittlung bei Anschaffung durch den übernehmenden Rechtsträger nach dem Übertragungsstichtag gemäß § 5 I (Rn. 365 ff.),
- Gewinnermittlung bei fiktiver Einlage nach § 5 II (Anteile iSv § 17 EStG im Privatvermögen) bzw. Überführung nach § 5 III (Anteile im BV eines Anteilseigners; Rn. 370 ff.).

(einstweilen frei) 231–234

2. Gewinnermittlung bei 100 %-Beteiligung des übernehmenden Rechtsträgers

a) Übernahmeergebnis 1. Stufe

Das Übernahmeergebnis 1. Stufe kann sich als Übernahmegewinn oder als Übernahmeverlust darstellen. Der Übernahmegewinn 1. Stufe ist in § 4 IV 1 definiert als positiver **Unterschiedsbetrag** zwischen dem **Wert,** mit dem die übergegangenen **WG** zu übernehmen sind, abzüglich der **Kosten** für den Vermögensübergang und dem **Wert der Anteile** an der übertragenden Körperschaft. Der Übernahmeverlust ist dementsprechend als negativer Unterschiedsbetrag definiert. Die in § 4 V 1 aF enthaltene Regelung, nach der ein Übernahmeverlust außer Ansatz bleibt, soweit er auf einem negativen Wert des übergehenden Vermögens beruht, wurde durch das Steuersenkungsgesetz – StSenkG – v. 23.10.2000 (BGBl. I 2000, 1433) aufgehoben. Zuvor musste das übergehende Vermögen mindestens mit Null angesetzt werden (2. Aufl. Rn. 94). Ein solcher Mindestansatz ist nun nicht mehr vorgesehen (UmwStE Rn. 04.39). Seitdem ist es nicht mehr erforderlich, auf der Übernahmeergebnisermittlung 1. Stufe zwischen einem Übernahmegewinn und einem Übernahmeverlust zu differenzieren. 235

Die im BV des übernehmenden Rechtsträgers gehaltenen **Anteile** an der übertragenden Körperschaft **gehen** im Zuge der Verschmelzung **unter.** An ihre Stelle tritt das übertragene Vermögen. Die Wertansätze der untergehenden Anteile und der übergegangenen WG sind in der Regel nicht identisch. Infolge des Vermögensübergangs ergibt sich bei dem übernehmenden Rechtsträger demzufolge ein Übernahmegewinn oder Übernahmeverlust. 236

aa) Wertansatz der übergegangenen WG. Der für die Berechnung des Übernahmeergebnisses maßgebende Wert für die **übergegangenen WG** ergibt sich gemäß § 4 IV 1 aus § 4 I. Es handelt sich um den Wert, mit dem die übergegangenen WG in der steuerlichen Schlussbilanz der übertragenden Körperschaft enthalten sind (UmwStE Rn. 04.28). § 4 I nimmt Bezug auf § 3. Damit ist entscheidend, wie die übertragende Körperschaft von dem Wahlrecht Gebrauch macht, welches ihr in § 3 I und II eingeräumt wird, nämlich die übergehenden WG mit dem BW oder einem höheren Wert (höchstens mit dem gemeinen Wert) in ihrer steuerlichen Schlussbilanz anzusetzen. Nachträgliche Wertveränderungen sind zu berücksichtigen (Rn. 41). 237

Zu den übergegangenen WG gehören aber nicht die **eigenen Anteile** der übertragenden Körperschaft, weil diese bereits in der steuerlichen Schlussbilanz der übertragenden KapGes nicht mehr zu erfassen waren (UmwStE Rn. 03.05 und Rn. 04.32; Rn. 85). 238

Hinsichtlich der **ausstehenden Einlagen** wird teilweise danach differenziert, ob diese eingefordert sind oder nicht (vgl zur Problematik § 3 Rn. 187). Handelsbilanziell wird 239 danach unterschieden, ob die ausstehenden Einlagen eingefordert sind oder nicht, und nur bei den eingeforderten Einlagen ist eine Forderung der KapGes auszuweisen (§ 272 I 2 HGB; vgl *Winkeljohann/K. Hoffmann* in BeBiKo, § 272 HGB Rn. 35/36). Steuerbilanziell wird dagegen davon ausgegangen, dass ausstehende Einlagen als Forderungen der KapGes auszuweisen sind, unabhängig davon, ob sie eingefordert sind oder nicht (*Winkeljohann/K. Hoffmann* in BeBiKo, § 272 HGB Rn. 41; *Winnefeld* Bilanz-Handbuch, Kapitel D Rn. 813). Zur Auswirkung der eingeforderten und der nicht eingeforderten ausstehenden Einlagen beim übernehmenden Rechtsträger vgl Rn. 255).

240 **Gegenseitige Forderungen und Verbindlichkeiten** sind Bestandteil des übergehenden Vermögens (Rn. 67) und damit in die Ermittlung des Übernahmeergebnisses 1. Stufe einzubeziehen. Soweit sich durch das Erlöschen im Wege der Konfusion Gewinne ergeben, dürften diese durch Rücklagen nach § 6 regelmäßig neutralisiert werden, so dass üblicherweise die Verrechnung von gegenseitigen Forderungen und Verbindlichkeiten im Jahr der Umwandlung nur als Konsolidierungsvorgang ohne Gewinnauswirkung erscheint.

241 **bb) Wertansatz von neutralem Vermögen, § 4 IV 2.** Gemäß § 4 IV 2 werden die übergegangenen WG des übertragenden Rechtsträgers für die Ermittlung des Übernahmegewinns oder -verlusts mit dem gemeinen Wert angesetzt, soweit an ihnen kein deutsches Besteuerungsrecht hinsichtlich des Gewinns aus einer Veräußerung bestand. In der Gesetzesbegründung wurde das BV, welches nicht der deutschen Besteuerung unterliegt, als neutrales Vermögen bezeichnet (vgl BT-Drs. 16/2710, 34, 38, 39). Erfasst von dieser Regelung werden insbesondere WG, die einer ausländischen Betriebsstätte zugeordnet sind und deren Veräußerungsgewinn durch DBA von der deutschen Besteuerung freigestellt ist (UmwStE Rn. 04.29; *Werra/Teiche* DB 2006, 1455, 1459). Die in diesen WG enthaltenen stillen Reserven hätten vor der Umwandlung zwar nicht unmittelbar der deutschen Besteuerung unterlegen. Jedoch hätten sie einen Gewinn des Anteilseigners aus der Veräußerung der Beteiligung an der übertragenden Körperschaft beeinflusst, für den Deutschland das Besteuerungsrecht hatte (BT-Drs. 16/2710, 38, 39). Der Verlust dieses Besteuerungsrechts soll kompensiert werden. Zu europarechtlichen Bedenken vgl *Blumenberg/Schäfer* SEStEG S 140 und *Blaas/Sommer* in Schneider/Ruoff/Sistermann UmwStE 2011 Rn. H 4.88.

242 Diese **Wertkorrektur** gilt ausdrücklich **nur für die Ermittlung des Übernahmegewinns** oder -verlusts (UmwStE Rn. 04.29) und erfolgt außerhalb der Bilanz (*Klingberg* in Blümich § 4 Rn. 34). Sie beeinflusst deshalb weder den Wertansatz in der Schlussbilanz der übertragenden Körperschaft noch den Wertansatz beim übernehmenden Rechtsträger (Rn. 35 ff.). Soweit der übertragende Rechtsträger in seiner Schlussbilanz bereits die gemeinen Werte angesetzt hat (§ 3 I), findet keine weitere Korrektur nach § 4 IV 2 statt. Dadurch, dass die Wertkorrektur beim übernehmenden Rechtsträger und nur für die Ermittlung des Übernahmegewinns oder -verlusts vorzunehmen ist, ergeben sich keine Auswirkungen auf die Bezüge nach § 7 (*Beutel/Ruoff/Tommaso/Sistermann/Schneider* in Lüdicke/Sistermann § 12 Rn. 357). Durch die außerbilanzielle Korrektur beim übernehmenden Rechtsträger kann dann eine Doppelbesteuerung auftreten, wenn das neutrale Vermögen später tatsächlich veräußert wird, weil der entstehende Gewinn dem inländischen Progressionsvorbehalt unterliegt, auch wenn im Übrigen die Freistellungsmethode angewandt wird (*Frotscher* UmwSt-Erlass 2011 zu Rn. 04.29).

243 **cc) Umwandlungskosten.** Durch das SEStEG wurde die Behandlung der Umwandlungskosten erstmalig ausdrücklich, aber nur in Bezug auf den übernehmenden Rechtsträger, gesetzlich geregelt. In § 4 IV 1 wurde festgelegt, dass die Kosten für den Vermögensübergang den Übernahmegewinn vermindern bzw. den Übernahmeverlust erhöhen (BT-Drs. 16/2710, 39; UmwStE Rn. 04.34). Die Umwandlungskosten auf der Ebene des übernehmenden Rechtsträgers sind demzufolge in die Gewinnermittlung nach § 4 IV, V einzubeziehen und somit im Ergebnis lediglich teilweise oder überhaupt nicht abziehbar (*Schmitt/Schloßmacher* UmwStE 2011, S 130). Sofern die Umwandlungskosten zunächst als

laufender Aufwand beim übernehmenden Rechtsträger berücksichtigt wurden, muss eine außerbilanzielle Korrektur vorgenommen werden (UmwStE Rn. 04.34 S 3). Aufgrund der Aufspaltung des Übernahmeergebnisses in einen Dividendenteil (§ 7) und einen Veräußerungsteil (§ 4 IV; s. Rn. 11) könnte überlegt werden, auch die Umwandlungskosten auf beide Elemente aufzuteilen. Eine solche Aufteilung wird jedoch von der FinVerw abgelehnt (UmwStE Rn. 04.35). Jedenfalls im Hinblick auf solche Gesellschafter, die nicht an der Ermittlung des Übernahmeergebnisses teilnehmen, ist die Auffassung der FinVerw kritsch zu sehen, weil auf dieser Basis ein Teil der Umwandlungskosten unberücksichtigt bleibt (*Frotscher* UmwSt-Erlass 2011 zu Rn. 04.35; *Schmitt/Schloßmacher* UmwStE 2011, S 130).

Keine unmittelbare Aussage trifft das Gesetz zu der Frage, ob und wie Umwandlungskosten dem übertragenden oder dem übernehmenden Rechtsträger zuzuordnen sind. Bei den **Umwandlungskosten** ist zwischen denjenigen, die durch die umzuwandelnde Körperschaft aufgewandt werden, und denen des übernehmenden Rechtsträgers zu unterscheiden. Nach Ansicht der FinVerw sind als Kosten des Vermögensüberganges iSd § 4 IV 1 die nicht objektbezogenen Kosten des übernehmenden und des übertragenden Rechtsträgers anzusehen. Während die nicht objektbezogenen Kosten des übernehmenden Rechtsträgers unabhängig vom Zeitpunkt der Entstehung zu berücksichtigen sein sollen, sollen hinsichtlich der den übertragenden Rechtsträger zuzuordnenden nicht objektbezogenen Kosten nur die nach dem steuerlichen Übertragungsstichtag entstandenen zu berücksichtigten sein (UmwStE Rn. 04.34). Nach hier vertretener Auffassung hat jeder Beteiligte die auf ihn entfallenden Kosten unabhängig vom Entstehungszeitpunkt selbst zu tragen (Einzelheiten bei § 3 Rn. 209 ff.; *Blaas/Sommer* in Schneider/Ruoff/Sistermann UmwStE 2011 Rn. H 4.99; zweifelnd auch *Bünning* BB 2012, 243, 247). Die Umwandlungskosten sind sachgerecht aufzuteilen, wenn eine objektive Zuordnung zum übertragenden und übernehmenden Rechtsträger nicht möglich ist. Als Umwandlungskosten kommen bspw. folgende Kosten in Betracht: 244

- für die Erstellung und Beurkundung des Verschmelzungsvertrages,
- für den Verschmelzungsbericht,
- für die Anmeldung und Eintragung im Handelsregister und
- für die Erstellung und Prüfung der Schlussbilanz.

Sofern Kosten nicht vorrangig entweder dem übernehmenden oder dem übertragenden Rechtsträger zuzuordnen sind (zB Erstellung und Prüfung der Schlussbilanz dem übertragenden Rechtsträger, § 3 Rn. 216), sind diese Kosten im Rahmen der sachgerechten Aufteilung idR hälftig auf den übertragenden und den übernehmenden Rechtsträger aufzuteilen (*Beutel/Ruoff/Tommaso/Sistermann/Schneider* in Lüdicke/Sistermann § 12 Rn. 356, 74). Zur Behandlung der Kosten bei der übertragenden Körperschaft § 3 Rn. 218.

Soweit Grundstücke oder grundstücksgleiche Rechte übertragen werden und daher grundsätzlich **GrESt** anfällt, ist diese – ebenso wie sonstige objektbezogenen Kosten – als **Anschaffungsnebenkosten** zu aktivieren (*Schnitter* in F/D § 4 Rn. 171; BFH v. 15.10.1997 – I R 22/96, BStBl. II 1998, 168 zur Verschmelzung von Genossenschaften). Dieser Auffassung hat sich auch die FinVerw angeschlossen (UmwStE Rn. 04.34 S 4). Lediglich die GrESt, welche aufgrund einer Anteilsvereinigung (§ 1 III GrEStG) ausgelöst wird, ist als laufender, abziehbarer Aufwand und nicht als Anschaffungsnebenkosten zu behandeln (UmwStE Rn. 04.34 S 5; anders noch BayLfSt v. 20.8.2007, DStR 2007, 1679). Nach früher vertretener aA der FinVerw zum UmwStG in der Fassung vor dem SEStEG sollten die Umwandlungskosten – einschließlich der GrESt – Betriebsausgaben des übernehmenden Rechtsträgers (PersGes/natürliche Person) darstellen, die vom laufenden Gewinn abzusetzen waren (UmwStE 1998 Rn. 04.43; *Krohn/Greulich* DStR 2008, 646, 647; *Hottmann ua* Die GmbH im Steuerrecht 3. Aufl. 2011 K 4.1 Rn. 32 – nun aber *Hottmann ua* Die GmbH im Steuerrecht 4. Aufl. 2015 K 4.1 Rn. 33). Die Bildung einer 245

Rückstellung für die GrESt noch beim übertragenden Rechtsträger ist nicht zulässig (UmwStE Rn. 03.05). Für Altfälle (UmwStG in der Fassung vor dem SEStEG) wird dem übernehmenden Rechtsträger jedoch ein Wahlrecht zur Aktivierung oder zur Behandlung als sofort abzugsfähige Betriebsausgaben oder Werbungskosten gewährt, wobei dieser das Wahlrecht einheitlich für alle offenen Anwendungsfälle ausüben muss (BMF v. 18.1.2010 BStBl. I 2010, 70). Der BFH hat die Behandlung für die Verschmelzung einer KapGes auf eine PersGes bisher offengelassen (BFH v. 17.9.2003 – I R 97/02, BStBl. II 2004, 686).

246 **dd) Wert der Anteile.** Der **Wert der Anteile an der übertragenden Körperschaft** bestimmt sich gemäß der Klammerdefinition des § 4 IV 1 nach § 4 I und II sowie § 5 II und III. Diese Wertbestimmung weicht in gewisser Weise zur vor der Neuregelung durch das SEStEG geltenden Definition ab.

247 Die Regelung **vor Inkrafttreten des SEStEG** definierte den **BW** der Anteile gemäß § 4 IV 2 aF als den Wert, mit dem die Anteile nach den steuerrechtlichen Vorschriften über die Gewinnermittlung in einer für den steuerlichen Übertragungsstichtag aufzustellenden Steuerbilanz anzusetzen sind oder anzusetzen wären. Die Steuerbilanz umfasst bei PersGes neben der Gesamthandsbilanz auch Ergänzungsbilanzen einzelner Gesellschafter der übernehmenden PersGes (Rn. 335). Der übernehmende Rechtsträger brauchte keinen steuerlichen Bilanzstichtag zu haben, der mit dem steuerlichen Übertragungsstichtag identisch ist. Auch wenn der Bilanzstichtag des übernehmenden Rechtsträgers mit dem steuerlichen Übertragungsstichtag nicht identisch war, so war der BW der Anteile so zu ermitteln, als wäre auf den steuerlichen Übertragungsstichtag eine Steuerbilanz aufgestellt worden. Für weitere Details zur Bewertung und zu den Teilwertvermutungen s. 2. Aufl. Rn. 89.

248 Mit der **Neuregelung** durch das **SEStEG** ist es nach hier vertretener Auffassung nicht mehr möglich, den (Buch)Wert der Anteile auch dann auf Basis einer fiktiven Steuerbilanz mit der damit verbundenen Anwendung von § 6 I Nr. 2 S 3 iVm Nr. 1 S 4 EStG zu ermitteln, wenn der steuerliche Übertragungsstichtag nicht mit dem Bilanzstichtag des übernehmenden Rechtsträgers übereinstimmt (aA *Pung/Werner* in D/P/M § 4 Rn. 49). Zwar definiert § 1 V Nr. 4 als BW den Wert, der sich nach den steuerrechtlichen Vorschriften über die Gewinnermittlung in einer für den steuerlichen Übertragungsstichtag aufzustellenden Steuerbilanz ergibt oder ergäbe. Diese Regelung ist aber im Zusammenhang mit § 4 I 2 zu lesen.

249 Der Wert der Anteile an der übertragenden Körperschaft bestimmt sich gemäß § 4 IV 1 iVm § 4 I 2 nach dem BW, erhöht um steuerwirksame Abschreibungen und insb. Abzüge nach § 6b EStG, also nach Vornahme der Korrekturen, die durch § 4 I 2 angeordnet sind. Für die Frage des BW sind unverändert bei PersGes die Gesamthandsbilanz aber auch eventuelle Ergänzungsbilanzen einzelner Gesellschafter der übernehmenden PersGes zu berücksichtigen. Somit ist der um steuerwirksame Teilwertabschreibungen, Abzüge nach § 6b EStG und ähnliche Abzüge bis max. zum gemeinen Wert erhöhte Ansatz der Beteiligung zu berücksichtigen (Rn. 100 ff.). Lediglich soweit der Übertragungsstichtag auf den regulären Bilanzstichtag des übernehmenden Rechtsträgers fällt, ist vorrangig die Wertaufholung nach § 6 I Nr. 2 S 3 iVm Nr. 1 S 4 EStG (bis zum Teilwert) durchzuführen und nur soweit danach noch ein Anwendungsbereich bleibt, eine Wertaufholung nach § 4 I 2 (bis zum gemeinen Wert; Rn. 111) vorzunehmen.

250 Der Wert der Anteile **(BW)** ist **nicht** in jedem Fall **identisch mit** den **historischen AK** der Anteile an der übertragenden Körperschaft. Die historischen AK einschließlich der Anschaffungsnebenkosten können sich für steuerliche Zwecke zB durch verdeckte Einlagen erhöht haben, wobei verdeckte Einlagen im Rückwirkungszeitraum die AK nicht erhöhen (FG Berlin-Bbg. v. 11.12.2013 – 12 K 12136/12, DStRE 2014, 861, Rev. IV R 11/14). Umgekehrt können Ausschüttungen aus der übertragenden Körperschaft, insbesondere solche aus dem steuerlichen Einlagenkonto gemäß § 27 KStG, die AK vermindert haben (EStH 6.2 „Ausschüttung aus dem steuerlichen Einlagekonto"; s. auch Anh

§ 21 aF Rn. 94). Ebenso haben Teilwertabschreibungen, soweit sie bisher noch nicht durch eine Wertaufholung wieder ausgeglichen wurden, die historischen AK gemindert. Solche Wertveränderungen sind grundsätzlich nur zu berücksichtigen, wenn sie ihre Ursache vor dem steuerlichen Übertragungsstichtag haben. So erhöhen beispielsweise Einlagen in die KapGes nach dem steuerlichen Übertragungsstichtag nicht den Wert der Anteile zum Stichtag (*Pung/Werner* in D/P/M § 4 Rn. 53). Wenn der übernehmende Rechtsträger ein Einnahmenüberschussrechner ist, entspricht der BW der Anteile im Grundsatz den historischen AK (BFH v. 5.11.2015 – III R 13/13, BStBl. II 2016, 468; *Widmann* in W/M § 4 Rn. 597).

251 Sind **einzelne Anteile** an der übertragenden Körperschaft durch den übernehmenden Rechtsträger **zu unterschiedlichen AK erworben** worden, so ist von einer einheitlichen Beteiligung des übernehmenden Rechtsträgers an der übertragenden Körperschaft auszugehen (UmwStE Rn. 04.21; vgl FG Hessen v. 29.10.1996 – 4 K 3190/94, EFG 1997, 269 rkr.; BFH v. 14.2.1973 – I R 76/71, BStBl. II 1973, 397, 398 zu Teilwertabschreibung bei Beteiligung). Dementsprechend ist ein Gesamtbuchwert einer einheitlichen Beteiligung zu ermitteln; es sind nicht die BW und damit die Übernahmegewinne für jeden der zu unterschiedlichen AK erworbenen Anteile festzustellen. § 4 IV 1 iVm I 2 spricht von dem Wert bzw. BW der Anteile und nicht von dem BW des jeweiligen Anteils oder von den jeweiligen BW der Anteile (*Pung/Werner* in D/P/M § 4 Rn. 51). Eine – dem Wortlaut nicht entsprechende – andere Auslegung könnte zudem nachteilige Folgen dann zeitigen, wenn bezogen auf einzelne Anteile ein Übernahmegewinn und zudem ein Sperrbetrag nach § 50c EStG vorliegt und bei weiteren Einzelanteilen ein Übernahmeverlust auftritt. Würde auf den jeweiligen einzelnen Anteil abgestellt, könnte ein Übernahmegewinn nach § 4 VII besteuert werden, während ein Übernahmeverlust bei anderen Anteilen uU nach § 4 VI außer Ansatz bliebe. In Ausnahmefällen kann eine separate Betrachtung der verschiedenen Anteile erforderlich sein (*Kutt/Carstens* in FGS/BDI, UmwSt-Erlass 2011, 173). In Betracht kommt dies, wenn die Anteile unterschiedlichen steuerlichen Bedingungen unterliegen, also beispielsweise bei einbringungsgeborenen Anteilen oder Anteilen iSv § 4 VI 6 (UmwStE Rn. 04.21; *Stimpel* GmbHR 2012, 123, 129; s. auch Rn. 307).

252 Bei der Feststellung des Wertes der Anteile sind nach dem steuerlichen Übertragungsstichtag **angeschaffte Anteile** und solche, für die der übernehmende Rechtsträger einen Anteilseigner abgefunden hat, mit zu erfassen (vgl im Einzelnen Rn. 365 f.). Diese Anteile gelten gemäß § 5 I als zum steuerlichen Übertragungsstichtag angeschafft. Die gleiche Rechtsfolge tritt ein, wenn nicht die übernehmende PersGes, sondern ein Gesellschafter die Anteile im maßgebenden Zeitraum angeschafft hat (§ 5 Rn. 26).

253 In die Ermittlung des Übernahmegewinns oder -verlusts sind auch die Anteile einzubeziehen, die aufgrund der **Fiktion der Einlage oder Überführung** gemäß § 5 II oder III zum BV des übernehmenden Rechtsträgers gehören (vgl im Einzelnen Rn. 370 ff.). Dabei ist auch für die Anteile nach § 5 III die vorzunehmende Korrektur um steuerwirksame Abschreibungen zu beachten (§ 5 III 1). Diese Fiktion der Einlage oder Überführung und damit auch die Einbeziehung in die Ermittlung des Übernahmegewinns oder -verlusts gilt auch für die (alten) einbringungsgeborenen Anteile iSv § 21 aF (§ 27 III Nr. 1 iVm § 5 IV aF).

254 Soweit sich wegen des Vermögensüberganges von einer **Unterstützungskasse** auf das Trägerunternehmen der laufende Gewinn des übernehmenden Rechtsträgers um die Zuwendungen nach § 4d EStG erhöht, erhöht sich im gleichen Umfang der BW der Anteile (§ 4 II 5, vgl Rn. 191).

255 **Eigene Anteile der übertragenden Körperschaft** gehen nicht auf den übernehmenden Rechtsträger über, sondern sind bereits in der steuerlichen Schlussbilanz der Körperschaft zu eliminieren (Rn. 238; UmwStE Rn. 04.32 und § 3 Rn. 190: im Ergebnis gewinnneutral). Das Übernahmeergebnis ist in diesem Fall aus dem Unterschiedsbetrag zwischen dem Wert, mit dem die übergegangenen WG nach § 4 I zu übernehmen sind, und dem Wert der restlichen Anteile, also nicht der untergehenden eigenen Anteile, an der

übertragenden Körperschaft zu ermitteln, soweit die restlichen Anteile am steuerlichen Übertragungsstichtag zum BV des übernehmenden Rechtsträgers gemäß § 4 IV oder § 5 zählen. Hinsichtlich der ausstehenden Einlagen ist zu beachten, dass der übernehmende Rechtsträger seine Beteiligung mit dem Zeichnungsbetrag oder dem bedungenen Betrag ansetzen konnte (*Schubert/Gadek* in BeBiKo, § 255 HGB Rn. 144; *Winnefeld* Bilanz-Handbuch, Kapitel M Rn. 675). Sofern die Beteiligung ohne Rücksicht auf die noch nicht geleisteten Einlagen mit dem Zeichnungsbetrag angesetzt war, vermindern die ausstehenden Einlagen den Beteiligungsbuchwert beim übernehmenden Rechtsträger um die ausstehende Einzahlungsverpflichtung (*Schnitter* in F/D § 4 Rn. 55; *Schmitt* in SHS § 4 Rn. 30; UmwStE Rn. 04.31; vgl zur Behandlung beim übertragenden Rechtsträger Rn. 239).

b) Übernahmeergebnis 2. Stufe gemäß § 4 V

256 Das Übernahmeergebnis 1. Stufe wird durch den Sperrbetrag iSd § 50c EStG und die Bezüge nach § 7 beeinflusst. Ein Übernahmegewinn 1. Stufe erhöht sich und ein Übernahmeverlust 1. Stufe verringert sich um einen Sperrbetrag iSd § 50c EStG, soweit die Anteile an der übertragenden Körperschaft am steuerlichen Übertragungsstichtag zum BV des übernehmenden Rechtsträgers gehören (§ 4 V 1; Rn. 262). Seit der Änderung durch das SEStEG ist zusätzlich noch zu beachten, dass die Bezüge, die nach § 7 zu den Einkünften aus Kapitalvermögen im Sinne des § 20 I Nr. 1 EStG gehören, einen Übernahmegewinn 1. Stufe vermindern oder einen Übernahmeverlust 1. Stufe erhöhen (§ 4 V 2; Rn. 278; UmwStE Rn. 04.38).

257 Gemäß § 4 V 2 idF vor dem StSenkG v. 23.10.2000 (BGBl. I 2000, 1433) war das Übernahmeergebnis noch zusätzlich um die nach § 10 aF **anzurechnende KSt** zu korrigieren (zu dieser Regelung vgl 2. Aufl. Rn. 96 ff.). Diese Regelung ist im Zuge der Abschaffung des Anrechnungsverfahrens aufgehoben worden.

258 Das Übernahmeergebnis zählt bei den Gesellschaftern der übernehmenden PersGes zu den Einkünften nach § 15 I 1 Nr. 2 EStG. Soweit der übernehmende Rechtsträger eine PersGes ist, hat das Finanzamt, das für die übernehmende PersGes zuständig ist, über die Verteilung des Übernahmeergebnisses auf die einzelnen Gesellschafter im Rahmen einer **gesonderten und einheitlichen Feststellung der Einkünfte nach § 180 AO** zu entscheiden (UmwStE Rn. 04.22; *Förster/Felchner* DB 2008, 2445, 2446).

259–261 *(einstweilen frei)*

262 **aa) Sperrbetrag iSd § 50c EStG.** (hierzu FinVerw in UmwStE Rn. 04.37 und ausführlich UmwStE 1998 Rn. 04.21-04.31). Wie auch schon nach bisherigem Recht erhöht sich ein Übernahmegewinn oder verringert sich ein Übernahmeverlust um einen Sperrbetrag iSd § 50c EStG (§ 4 V 1). Diese Hinzurechnung erfolgt außerhalb der Steuerbilanz (UmwStE Rn. 04.37). Ein Sperrbetrag iSd § 50c IV EStG entstand bei Erwerb der **Anteile** an der übertragenden Körperschaft gemäß § 50c I EStG durch einen Anrechnungsberechtigten **von einem nicht anrechnungsberechtigten Anteilseigner** oder einem Sondervermögen iSd §§ 38, 43a, 44, 50a oder 50c KAGG (§ 50c I EStG; Rn. 264) oder bei einem Erwerb von einem anrechnungsberechtigten Steuerpflichtigen, sofern die Veräußerung bei diesem nicht steuerpflichtig war (§ 50c XI EStG; Rn. 267 ff.). Für Umwandlungen ab 2011 bzw. 2012 hat die Hinzurechnung nach § 4 V 1 keine praktische Relevanz mehr (vgl Rn. 266).

263 Die Regelung über den Sperrbetrag in § 50c EStG hatte ihre grundsätzliche Berechtigung im alten Anrechnungsverfahren. Durch den Sperrbetrag sollte vermieden werden, dass das Recht zur Anrechnung der KSt dadurch herbeigeführt wird, dass ein Nichtanrechnungsberechtigter die Anteile an der Körperschaft an einen zur Anrechnung der KSt berechtigten Steuerpflichtigen überträgt und sich dieser das KSt-Guthaben durch eine Ausschüttung verschafft (*Widmann* in W/M § 4 Rn. 257). Darüber hinaus sollte durch § 50c XI EStG die Umqualifizierung von steuerpflichtigen Kapitalerträgen in

steuerfreie Veräußerungsgewinne erschwert werden (*Hofmeister* in Blümich § 50c EStG Rn. 3).

§ 50c I EStG. Nicht anrechnungsberechtigt nach altem Recht waren insbesondere beschränkt Steuerpflichtige, die keine Betriebsstätte im Inland unterhalten sowie die in der Bundesrepublik Deutschland steuerbefreiten Anteilseigner, so zB die Bundesanstalt für vereinigungsbedingte Sonderaufgaben, vormals Treuhandanstalt. Der Sperrbetrag ist gemäß § 50c IV 1 EStG als Unterschiedsbetrag zwischen den AK und dem Nennbetrag des Gesellschaftsanteils definiert. Der Sperrbetrag umfasst nach der gesetzlichen Definition die gesamten AK, soweit sie nicht für das nominelle Nennkapital der Körperschaft gezahlt wurden. Zwar wurde § 50c EStG durch das StSenkG v. 23.10.2000 (BGBl. I 2000, 1433) aufgehoben, jedoch ist § 50c EStG weiter anzuwenden, soweit vor Aufhebung noch ein Sperrbetrag zu bilden war (§ 52 Abs. 59 EStG idF vor dem Kroatien-Steueranpassungsgesetz v. 25.7.2014 BGBl. I 2014, 1266; *Krohn/Greulich* DStR 2008, 646, 649). Die Bildung eines Sperrbetrages war letztmalig bis zum Ablauf des VZ 2001 bzw. bei abweichendem Wirtschaftsjahr bis zum Ablauf des WJ 2001/2002 der KapGes, an der die Anteile bestehen, möglich (*Hofmeister* in Blümich § 50c EStG Rn. 1; *Patt* in H/H/R § 4 Rn. R 18). 264

Zur möglichen Reduzierung des Sperrbetrags aus Billigkeitsgründen s. EStR (1999) 227d III und aus anderen Gründen vgl 2. Aufl. Rn. 101. Zum Übergang eines Sperrbetrags nach § 50c IV EStG auf Rechtsnachfolger vgl 2. Aufl. Rn. 104. 265

In § 50c I EStG ist eine **10-Jahresfrist** bestimmt, innerhalb derer ein Sperrbetrag fortwirkt („Jahr des Erwerbs oder in einem der folgenden neun Jahre"). Für die Fristberechnung ist auf das Kj abzustellen (*Hofmeister* in Blümich § 50c EStG Rn. 23; aA *Siegemund* in E&Y § 50c EStG Rn. 67: Wj. sei maßgebend). Obwohl gesetzlich nur unzureichend geregelt ist, ob die 10-Jahresfrist auch im Rahmen des § 4 V gilt, muss diese Frist auch im Rahmen des § 4 V beachtet werden (*Nöcker* jurisPR-SteuerR 46/2007 Anm. 5). Die 10-Jahresfrist des § 50c I 1 EStG bezieht sich auf den steuerlichen Übertragungsstichtag und nicht auf den späteren Stichtag des zivilrechtlichen Vermögensübergangs (*Patt* in H/H/R § 4 Rn. R 18; aA *van Lishaut* in R/H/vL § 4 Rn. 98). Zivilrechtlich geht das Vermögen der übertragenden Körperschaft mit Eintragung der Verschmelzung in das Handelsregister über. Mit der Anknüpfung an den steuerlichen Übertragungsstichtag ist der Sperrbetrag letztmalig anzuwenden, wenn der Stichtag in das Kalenderjahr 2010 bzw. bei abweichendem Wj in das Kalenderjahr 2011 fällt (*Schnitter* in F/D § 4 Rn. 176). 266

§ 50c XI EStG. Durch das Gesetz zur Fortsetzung der Unternehmenssteuerreform (v. 29.10.1997 BGBl. I 1997, 2590) wurde § 50c EStG um einen Abs. 11 erweitert, der ab dem VZ 1997 anzuwenden war (UmwStE 1998 Rn. 04.30). Nach Ansicht des BFH und der FinVerw ist § 50c XI EStG auch auf Anteile anzuwenden, die bereits vor 1997 erworben wurden (BFH v. 26.11.2008 – I R 56/06, BFH/NV 2009, 1241; BMF v. 13.7.1998 BStBl. I 1998, 912, 914; aA FG Düsseldorf v. 7.11.2006 – 6 K 3303/04 K). 267

Zu den Tatbestandsmerkmalen des § 50c XI EStG für die Bildung des Sperrbetrages im Einzelnen vgl 2. Auflage Rn. 116 ff. 268

Die belastenden Folgen des Sperrbetrages sollten in der Vergangenheit durch ein Verschmelzungs-Umwandlungsmodell oder ein Doppelumwandlungsmodell vermieden bzw. umgangen werden (*Kempf/Jorewitz* IStR 2008, 787, 788; zu den beiden Modellen auch *Lüdeke* DStR 2008, 1265 ff.). 269

Beim **Verschmelzungs-Umwandlungsmodell** wurde die KapGes, deren Anteile sperrbetragsbehaftet waren, durch eine zwischengeschaltete Tochter-KapGes erworben. Danach wurde in einem ersten Schritt die Enkelgesellschaft (KapGes, deren Anteile sperrbetragsbehaftet sind) auf die Tochter-KapGes und in einem zweiten Schritt die Tochter-KapGes auf die Mutter verschmolzen (vgl zur Struktur *Kempermann* FR 2008, 574). Dabei war umstritten, ob § 13 IV idF vor dem Steuerentlastungsgesetz 1999/2000/2002 v. 24.3.1999 (BGBl. I 1999, 402) nach seinem damaligen Wortlaut zu einem Übergang des 270

Sperrbetrages auf die Anteile an der Tochter-KapGes führte. Während das Hessische FG als Vorinstanz (v. 2.3.2005 – 4 K 3876/01, EFG 2006, 1206) noch eine analoge Anwendung des § 13 IV aF bejahte (abl. *Günkel* JbFfSt 2006/2007, 694, 698; FG Rheinland-Pfalz v. 19.1.2005 – 1 K 2976/01, EFG 2005, 1707), kam der BFH durch Anwendung von § 50c VII EStG im Ergebnis auch zu einem Übergang des Sperrbetrages, indem er dies als von dieser Vorschrift erfasste „Weiterleitung einer Gewinnausschüttung" ansah (BFH v. 7.11.2007 – I R 41/05, BStBl. II 2008, 604; zust. *Kempermann* FR 2008, 574; krit. *Roser* GmbHR 2008, 374/375 und *Bauschatz* DStZ 2008, 197). Der BFH bestätigte diese Entscheidung, legte aber dem EuGH zur Vorabentscheidung vor (BFH v. 23.1.2008 – I R 21/06, DStR 2008, 1034; vgl Rn. 273). Mittlerweile ist durch Änderung des § 13 IV durch das Steuerentlastungsgesetz 1999/2000/2002 v. 24.3.1999 (BGBl. I 1999, 402) eine eindeutige gesetzliche Grundlage geschaffen worden (*Dörfler* JbFfSt 2005/2006, 274, 280), so dass dieses Modell nicht mehr zur Verfügung steht.

271 Im Rahmen des **Doppelumwandlungsmodells** wurde zunächst die erworbene KapGes, deren Anteile sperrbetragsbehaftet waren, in eine PersGes formwechselnd und in einen zweiten Schritt die Muttergesellschaft ebenfalls in eine PersGes formwechselnd umgewandelt (vgl zum Sachverhalt OFD Frankfurt/M v. 15.6.2004, DStR 2004, 1657; *Dörfler* JbFfSt 2005/2006, 274). Während bei der ersten Umwandlung unstreitig ein Sperrbetrag hinzugerechnet wurde, war die Hinzurechnung eines Sperrbetrages bei der zweiten Umwandlung umstritten.

272 Die FinVerw sprach sich zunächst gegen die Hinzurechnung eines Sperrbetrages aus (OFD Frankfurt/M. v. 5.4.2004, DStR 2004, 1128), korrigierte diese Anweisung jedoch zeitnah und wollte das Doppelumwandlungsmodell nicht anerkennen (mit der Folge der Hinzurechnung) und entsprechende Fälle offen halten (OFD Frankfurt/M v. 15.6.2004, DStR 2004, 1657). Eine Hinzurechnung befürwortete auch teilweise die Lit. mit dem Argument, dass der Wortlaut des § 50c VII EStG unpräzise formuliert und dementsprechend weit auszulegen sei (*van Lishaut* in R/H/vL § 4 Rn. 101 Fall 3.5). Auch der BFH entschied, dass ein Sperrbetrag zu berücksichtigen sei (BFH v. 12.11.2008 – I R 77/07, BFH/NV 2009, 835). Dagegen vertrat noch die Vorinstanz (FG Münster v. 29.6.2007 – 14 K 1878/05 F, EFG 2007, 1617) die Ansicht, dass bei der Ermittlung des Übernahmeergebnisses aus der zweiten Umwandlung mangels Rechtsgrundlage kein Sperrbetrag hinzuzurechnen sei (glA *Dörfler* JbFfSt 2005/2006, 274, 281; *Nöcker* jurisPR-SteuerR 46/2007 Anm. 5). Auch wenn die Ansicht des FG Münster gute Argumente für sich hat (zB Unzulässigkeit einer steuerverschärfenden Analogie, *Günkel* JbFfSt 2006/2007, 694, 698), war schon bereits aufgrund der Entscheidung des BFH zum Verschmelzungs-Umwandlungsmodell (BFH v. 7.11.2007 – I R 41/05, BStBl. II 2008, 604) zu befürchten, dass der BFH gleichfalls § 50c VII EStG anwendet und zu einer Hinzurechnung gelangt (so auch *Kempermann* FR 2008, 574, 575).

273 Der BFH hatte die Frage, ob die Regelung des § 50c EStG mit der aus dem EG-Vertrag resultierenden Niederlassungs- oder Kapitalverkehrsfreiheit vereinbar ist, dem EuGH vorgelegt (BFH v. 23.1.2008 – I R 21/06, DStR 2008, 1034). Der EuGH hat die Regelung unter der Voraussetzung gebilligt, dass dies nicht über das hinausgeht, was erforderlich ist, um die Ausgewogenheit der Aufteilung der Besteuerungsbefugnis zwischen den Mitgliedstaaten zu wahren und um rein künstliche, jeder wirtschaftlichen Realität bare Gestaltungen zu verhindern (EuGH v. 17.9.2009 – C-182/08 *Glaxo Wellcome,* Slg. 2009, I-8591; Folgeurteil BFH v. 3.2.2010 – I R 21/06, BStBl. II 2010, 692).

274–277 *(einstweilen frei)*

278 **bb) Bezüge iSv § 7.** Zur Sicherung deutscher Besteuerungsrechte an den offenen Rücklagen sind nach § 7 die **offenen Rücklagen** der übertragenden KapGes (in der Steuerbilanz ausgewiesenes Eigenkapital vermindert um das Nennkapital und um den Bestand des steuerlichen Einlagekontos) beim Anteilseigner als Ausschüttungen iSv § 20 I Nr. 1 EStG zu erfassen (BT-Drs. 16/2710, 40).

Auf Basis der vorzunehmenden Berechnungsweise des Übernahmeergebnisses 1. Stufe sind die offenen Rücklagen im Grundsatz auch schon berücksichtigt (die Berechnung erfasst das Kapital einschließlich der offenen Rücklagen; *Raab* in Lippross/Seibel § 4 Rn. 69). Damit durch die Besteuerung als Kapitalerträge keine doppelte Besteuerung erfolgt, werden die von § 7 erfassten **Bezüge** bei der Ermittlung des Übernahmegewinns oder -verlusts **in Abzug gebracht** (Rn. 11). Die Bezüge gemäß § 7 werden jedoch nur insoweit in Abzug gebracht, wie sie auf Anteilseigner entfallen, die an der Ermittlung des Übernahmeergebnisses teilnehmen. Dies ist eine Folge der personenbezogenen Ermittlung des Übernahmeergebnisses (Rn. 226; vgl UmwStE Rn. 04.38). Durch den Abzug mindert sich das Übernahmeergebnis, so dass in dem Grundfall einer Verschmelzung zu BW regelmäßig kein Übernahmegewinn, sondern uU ein Übernahmeverlust entsteht (*Lemaitre/Schönherr* GmbHR 2007, 173, 179). Bei Gründungsgesellschaftern, bei denen der Wert der Anteile dem Wert der anteilig übergehenden WG abzüglich der offenen Rücklagen entspricht, ist die Umwandlung – bei Außerachtlassung der Umwandlungskosten – regelmäßig neutral, dh es entsteht weder ein Übernahmegewinn noch ein Übernahmeverlust. In den Fällen, in denen der Anteilseigner seinen Anteil erst später erworben hat und im Rahmen des Erwerbs stille Reserven vergütet wurden, kommt es durch den erhöhten Wert der Anteile zu einem Übernahmeverlust (*Desens* FR 2008, 943, 945; *Fuhrmann* in Carlé/Korn/Stahl/Strahl UmwStE, S 51). 279

(einstweilen frei) 280–284

c) Übernahmeverlust 2. Stufe und dessen steuerliche Behandlung

aa) Allgemeines. Ein Übernahmeverlust 2. Stufe liegt vor, wenn der Übernahmeverlust 1. Stufe auch nach Hinzurechnung eines Sperrbetrags nach § 50c EStG und nach Abzugs der Bezüge nach § 7 nicht in einen Übernahmegewinn 2. Stufe transformiert wird oder ein Übernahmegewinn 1. Stufe beispielsweise durch den Abzug der Bezüge nach § 7 in einen Übernahmeverlust umgekehrt wird. Der Übernahmeverlust ist personen-/gesellschafterbezogen zu ermitteln (Rn. 226), so dass sich für einen Gesellschafter ein Übernahmeverlust ergeben kann, während für einen anderen Gesellschafter ein Übernahmegewinn zu versteuern ist (UmwStE Rn. 04.19; *van Lishaut* in R/H/vL § 4 Rn. 108). Der Übernahmeverlust entsteht zum steuerlichen Übertragungsstichtag (*Schmitt/Schloßmacher* UmwStE 2011, S 132). 285

bb) Aufstockung nach altem Recht. Nach § 4 VI aF wurde ein Übernahmeverlust 2. Stufe erstens durch eine Aufstockung der Wertansätze der übergegangenen WG nach § 4 VI 1 aF und zweitens durch die Aktivierung der übernommenen immateriellen WG einschließlich eines Geschäfts- oder Firmenwerts nach § 4 VI 2 aF kompensiert, soweit nach Anwendung des § 4 V aF (Erhöhung des Übernahmeergebnisses um die anzurechnende KSt und einen Sperrbetrag nach § 50c EStG) ein Übernahmeverlust verblieben war (UmwStE 1998 Rn. 04.32). Soweit trotz dieser Aufstockung ein Übernahmeverlust verblieben war, so minderte dieser nach ursprünglicher Rechtslage den Gewinn. Bereits durch das Gesetz zur Fortsetzung der Unternehmenssteuerreform v. 29.10.1997 (BGBl. I 1997, 2590) wurde dies insoweit abgeändert, als ein nach der Aufstockung lt. Stufen 1 und 2 verbleibender Übernahmeverlust zu aktivieren und auf 15 Jahre gleichmäßig abzuschreiben war (UmwStE 1998 Rn. 04.33). 286

Eine Aufstockung findet seit der Änderung durch das Steuersenkungsgesetz – StSenkG – v. 23.10.2000 (BGBl. I 2000, 1433) nicht mehr statt. Zu den Einzelheiten der Aufstockung vgl 2. Aufl. Rn. 190 ff. Damit ist ein Übernahmeverlust seit dieser Änderung grundsätzlich nicht mehr steuerlich nutzbar. Nach der Rechtsprechung stellt dies grds. keinen Verstoß gegen das objektive Nettoprinzip dar (BFH v. 24.6.2014 – VIII R 35/10, BStBl. II 2016, 916; BFH v. 5.11.2015 – III R 13/13, BStBl. II 2016, 468; BFH v. 28.9.2017 – IV R 51/15, BFH/NV 2018, 246), da das legitime gesetzgeberische Ziel in der Sicherstellung einer Einmalbesteuerung der stillen Reserven besteht und zudem der betroffene Gesellschafter 287 die Möglichkeit von Alternativgestaltungen hätte (BFH v. 22.10.2015 – IV R 37/13, BStBl. II 2016, 919). Zu möglichen Gestaltungsalternativen siehe *Heurung/Kollmann/Schmidt* StuB 2016, 527/530. Im Übrigen müsse durch entsprechende Billigkeitsmaßnahmen nach §§ 163, 227 AO sichergestellt sein, dass erwerbsbezogenem Aufwand nicht ohne nachvollziehbare sachliche Rechtfertigung bei einer künftigen Veräußerung oder Aufgabe des PersGes-Anteils endgültig der steuerliche Abzug versagt bleiben darf (BFH v. 24.6.2014 – VIII R 35/10, BStBl. II 2016, 916; zustimmend *Strahl* FR 2014, 854). Gegen die Anwendbarkeit einer Billigkeitsmaßnahme aber mit dem möglichen Argument, dass die Besteuerungsfolgen vorhersehbar und vermeidbar seien: *Wendt* FR 2016, 722, 724.

288, 289 *(einstweilen frei)*

290 **cc) Steuerliche Behandlung nach geltendem Recht.** Ein Übernahmeverlust ist bei KapGes für die Besteuerung im Grundsatz unbeachtlich (§ 4 VI 1; UmwStE Rn. 04.40), jedoch werden systembedingt einzelne Ausnahmen davon gemacht (Rn. 293). Aus der grundsätzlichen Anknüpfung der Besteuerung des Übernahmeergebnisses an die steuerliche Behandlung von Erträgen aus der Veräußerung von Beteiligungen (vgl Rn. 227) folgt, dass gemäß § 4 VI 1 ein Übernahmeverlust entspr. § 8b III KStG **außer Ansatz** bleibt, soweit er auf eine **Körperschaft,** Personenvereinigung oder Vermögensmasse als Mitunternehmerin der PersGes entfällt.

291 Das gilt auch für eine Körperschaft, Personenvereinigung oder Vermögensmasse, die nur mittelbar über eine (weitere) PersGes **(Obergesellschaft)** oder über eine Organgesellschaft an der übertragenden KapGes beteiligt ist. Auch in diesen Fällen sind die allgemeinen Regelungen des § 8b VI bzw. § 15 S 1 Nr. 2 KStG anwendbar. Damit ist die Vorschrift des § 4 VI 1 bei der Obergesellschaft bzw. beim Organträger anzuwenden (*van Lishaut* in R/H/vL § 4 Rn. 111, 112).

292 **Beispiel 1:** Die X-GmbH wird auf eine OHG verschmolzen, an der die A-AG und die B-GmbH hälftig beteiligt sind. Der A-AG und der B-GmbH sind Bezüge iSv § 7 iHv je 300 zuzurechnen. Bei der A-AG ergibt sich ein Übernahmeverlust 2. Stufe iHv 250 und bei der B-GmbH iHv 350.

Der Übernahmeverlust ist weder bei der A-AG noch bei der B-GmbH steuerlich abzugsfähig (§ 4 VI 1). Die Bezüge iSv § 7 iHv je 300 unterliegen bei der A-AG und der B-GmbH der Dividendenfreistellung gemäß § 8b KStG (jedoch nur iHv 95 % gemäß § 8b I, V KStG).

293 Diese grundsätzliche Unbeachtlichkeit des Übernahmeverlusts gilt jedoch nicht für Anteile an der übertragenden Gesellschaft, die die Voraussetzungen des § 8b VII oder VIII 1 KStG erfüllen (§ 4 VI 2; UmwStE Rn. 04.41). § 8b VII und VIII 1 KStG erfassen Anteile, die bei **Kreditinstituten** und Finanzdienstleistungsinstituten nach § 1a KWG dem **Handelsbuch** bzw. die bei Lebens- und Krankenversicherungsunternehmen den **Kapitalanlagen** zuzurechnen sind. Diese Anteile unterliegen nicht der Begünstigung des § 8b KStG (*Blaas/Sommer* in Schneider/Ruoff/Sistermann UmwStE 2011 Rn. H 4.115). Für diese Anteile ist jedoch ein Übernahmeverlust bis zur Höhe der Bezüge nach § 7 zu berücksichtigen (§ 4 VI 3). Der darüber hinausgehende Übernahmeverlust bleibt außer Ansatz (UmwStE Rn. 04.41). Der Grund für die Berücksichtigung eines Übernahmeverlusts in Höhe der Bezüge nach § 7 ist darin zu suchen, dass die zu versteuernden Bezüge aufgrund der Berechnung (vgl Rn. 225) erst einen Übernahmeverlust zum Entstehen oder jedenfalls einen bereits bestehenden Übernahmeverlust erhöht haben. Insofern sollen ungerechtfertigte Doppelbelastungen, die ansonsten bei Nichtberücksichtigung der Übernahmeverluste gegeben wären, vermieden werden (*Beutel/Ruoff/Tommaso/Sistermann/Schneider* in Lüdicke/Sistermann § 12 Rn. 374). Gleiches hätte für Streubesitzbeteiligungen gegolten, sofern die Empfehlung des BR zum Entwurf des Jahressteuergesetzes 2013 Gesetz geworden wäre, nach der Bezüge iSv § 8b I KStG und Gewinne nach § 8b II KStG unter die Streubesitzregelung gefallen wären (Stellungnahme des BR zum Entwurf eines Jahressteuergesetzes 2013 v. 6.7.2012, BR-Drs. 302/12, 62, 66, 72). Da sich die beschlossene Neuregelung lediglich auf Streubesitzdividenden bezieht (§ 8b IV idF des Gesetzes zur Umsetzung des EuGH-Urteils vom 20. Oktober 2011 in der Rechtssache C-284/09 v.

21.3.2013 BGBl. I 2013, 561), ergibt sich insoweit keine Notwendigkeit einen Übernahmeverlust zum Abzug zuzulassen.

Beispiel 2: Die X-GmbH wird auf eine OHG verschmolzen, an der die A-AG und die B-GmbH hälftig beteiligt sind. In Abwandlung zum Beispiel 1 sind beides Kreditinstitute und die Anteile waren dem Handelsbuch zuzurechnen. Der A-AG und der B-GmbH sind unverändert Bezüge iSv § 7 iHv je 300 zuzurechnen. Ebenfalls unverändert ergibt sich bei der A-AG ein Übernahmeverlust 2. Stufe iHv 250 und bei der B-GmbH iHv 350. 294

Da die Voraussetzungen des § 4 VI 2 erfüllt sind, ist der Übernahmeverlust iHd Bezüge iSv § 7 zu berücksichtigen (§ 4 VI 3). Dies hat zur Folge, dass bei der A-AG der volle Übernahmeverlust iHv 250 zu berücksichtigen ist und bei der B-GmbH ein Übernahmeverlust iHv 300. Bei der B-GmbH bleibt der darüber hinausgehende Übernahmeverlust iHv 50 (350./. 300) außer Ansatz. Gleichzeitig unterliegen die Bezüge gemäß § 7 aufgrund von § 8b VII KStG der Besteuerung.

§ 4 VI 4 begrenzt die Verlustberücksichtigung „in den übrigen Fällen“, damit sind die Fälle gemeint, bei denen der Übernahmeverlust auf eine **natürliche Person** als Mitunternehmer der übernehmenden PersGes oder als übernehmenden Rechtsträger entfällt, auf 60 %, höchstens auf 60 % der Bezüge iSd § 7 (UmwStE Rn. 04.42; *Schnitter* in F/D § 4 Rn. 211). Darüber hinausgehende Übernahmeverluste bleiben außer Ansatz (§ 4 VI 4 2. HS). Bezüglich des Vorliegens einer Organschaft oder einer mehrstöckigen Mitunternehmerschaft gilt die Darstellung in Rn. 291 entsprechend. 295

In Anpassung an den Übergang vom Halbeinkünfte- zum Teileinkünfteverfahren wurde durch das JStG 2009 der Prozentsatz, bis zu dem ein Übernahmeverlust berücksichtigt werden kann, angepasst und auf 60 % angehoben (BR-Drs. 896/08, 47). Diese Anpassung ist zeitgleich mit der Ablösung des Halbeinkünfte- durch das Teileinkünfteverfahren anzuwenden (§ 27 VIII idF JStG 2009). In der vorherigen Fassung war die Verlustberücksichtigung auf die Hälfte des Übernahmesverlustes, höchstens auf die Hälfte der Bezüge iSd § 7 begrenzt. 296

Beispiel 3: Die X-GmbH wird auf eine OHG verschmolzen, an der die natürlichen Personen A und B hälftig beteiligt sind (Abwandlung zu Beispiel 1, Rn. 292). A und B sind unverändert Bezüge iSv § 7 iHv je 300 zuzurechnen. Ebenfalls unverändert ergibt sich bei A ein Übernahmeverlust 2. Stufe iHv 250 und bei B iHv 350. 297

Da die Voraussetzungen des § 4 VI 4 erfüllt sind, ist der Übernahmeverlust iHv 60 %, aber höchstens iHv 60 % der Bezüge iSv § 7 zu berücksichtigen (Fassung ab 2009). Dies hat zur Folge, dass bei A ein Übernahmeverlust iHv 150 (250 × 60 %) zu berücksichtigen ist und bei B lediglich ein Übernahmeverlust iHv 180 (350 × 60 % = 210, aber max. 60 % von 300). Der darüber hinausgehende Übernahmeverlust bleibt außer Ansatz.

Diese Berücksichtigung eines Übernahmeverlusts zu 60 % (bzw. bis 2008 zur Hälfte) ist nicht gerechtfertigt, sofern das Teileinkünfteverfahren (bzw. bis 2008 Halbeinkünfteverfahren) nicht anwendbar ist und somit im Veräußerungsfall der volle Ertrag versteuert werden muss. Dies betrifft insbesondere nach § 3 Nr. 40 S 3 und 4 EStG den **kurzfristigen Eigenhandel** von Banken und Finanzdienstleistern. Zur Beseitigung dieses Regelungsdefizits wurde durch das JStG 2009 ein neuer Satz 5 eingefügt, nach dem die Berücksichtigung eines Übernahmeverlusts zu lediglich 60 % nicht in den Fällen des § 3 Nr. 40 S 3 und 4 EStG anwendbar ist. Bei von § 3 Nr. 40 S 3 und 4 EStG erfassten Anteilen gilt gemäß § 4 VI 5 nF die Regelung des § 4 VI 3 und damit ist der Übernahmeverlust bis zur Höhe der Bezüge nach § 7 zu berücksichtigen (Rn. 293; *Frotscher* UmwSt-Erlass 2011 zu Rn. 04.42). 298

In grundsätzlicher Abweichung von dem Vorstehenden bleibt nach § 4 VI 6 (S 5 aF) ein **Übernahmeverlust außer Ansatz,** soweit bei Veräußerung der Anteile an der übertragenden Körperschaft ein Veräußerungsverlust nach § 17 II 6 EStG nicht zu berücksichtigen wäre oder soweit die Anteile an der übertragenden Körperschaft innerhalb der letzten fünf Jahre vor dem steuerlichen Übertragungsstichtag entgeltlich erworben wurden (UmwStE Rn. 04.43). Der ursprüngliche Gesetzeswortlaut bezog sich unrichtigerweise auf „§ 17 II 5 EStG“, obwohl nur eine Verweisung auf § 17 II 6 EStG sinnvoll war. Der Gesetzgeber hat 299 dies erkannt und den Fehler im Rahmen des JStG 2009 berichtigt, indem „§ 17 II 5 EStG" durch „§ 17 II 6 EStG" ersetzt wurde (BR-Drs. 896/08, 47). Diese Außeransatzlassung eines Übernahmeverlusts kann in allen Fällen eingreifen, in denen ein Übernahmeverlust ansonsten eigentlich (wenigstens teilweise) abzugsfähig wäre (§ 4 VI 2–5; Rn. 293 ff.).

300 § 4 VI 6 (S 5 aF) soll der Missbrauchsverhinderung dienen (*Rödder/Schumacher* DStR 2006, 1525, 1532), indem der Gesellschafter mit den betroffenen Kapitalanteilen ausschließlich nach § 7 besteuert wird. Der erfasste Gesellschafter kann einen aus seinen AK für die Anteile resultierenden Übernahmeverlust nicht ansetzen (*van Lishaut* in R/H/vL § 4 Rn. 118). Aufgrund des weiten Anwendungsbereiches erschließt sich nur teilweise, an welche Missbrauchsfälle der Gesetzgeber gedacht hat (*Desens* FR 2008, 943, 952).

301 Der Regelungszweck des § 4 VI 6 (S 5 aF) erhellt sich in wesentlichen Teilen über die in Bezug genommene Regelung des § 17 II 6 EStG. Diese dient dazu, es einem nicht iSv § 17 I EStG beteiligten Anteilseigner (bis zur Absenkung der maßgeblichen Beteiligungsgrenze als wesentliche Beteiligung bezeichnet) zu erschweren, durch kurzfristigen Zukauf weniger Anteile eine im Privatvermögen entstandene Wertminderung in den steuerrechtlichen Verlustausgleich einzubeziehen (*Vogt* in Blümich § 17 EStG Rn. 771). Mit Hilfe des § 4 VI 6 (S 5 aF) soll diese Behandlung durch eine Umwandlung nicht umgangen werden können. Durch die Herabsetzung der Beteiligungsgrenze iSd § 17 I 1 EStG von 25 % bzw. 10 % auf 1 % hat § 4 VI 6 nur noch untergeordnete Bedeutung (*van Lishaut* in R/H/vL § 4 Rn. 119).

302 § 17 II 6 EStG greift ein, wenn der veräußernde Anteilseigner die Anteile innerhalb der letzten fünf Jahre unentgeltlich erworben hat und der Rechtsvorgänger anstelle des Veräußerers den Veräußerungsverlust nicht hätte geltend machen können (§ 17 II 6 lit. a EStG) oder er die Anteile entgeltlich erworben hat und sie nicht innerhalb der gesamten letzten fünf Jahre zu einer Beteiligung iSv § 17 I EStG gehört haben (§ 17 II 6 lit. b EStG). Letzteres gilt gemäß § 17 II 6b lit. b S 2 EStG nicht für innerhalb der letzten fünf Jahre erworbene Anteile, deren Erwerb zur Begründung einer Beteiligung iSv § 17 I EStG geführt hat oder die nach Begründung der Beteiligung iSv § 17 I EStG erworben worden sind.

303 Im Rahmen von § 17 II 6 EStG ist für die Fristberechnung auf den Übergang des wirtschaftlichen Eigentums abzustellen (*Weber-Grellet* in Schmidt § 17 Rn. 74; EStH 17 II). Dieser Anknüpfungspunkt muss deshalb auch bei § 4 VI 6 (S 5 aF) gelten. Da das wirtschaftliche Eigentum eine bestimmte „tatsächliche Herrschaft" voraussetzt (§ 39 II Nr. 1 AO) und diese nicht rückwirkend auf einen zurückbezogenen Übertragungsstichtag entfallen kann, aber wohl auch im Regelfall noch bei Abschluss des Verschmelzungsvertrages und darüber hinaus bestehen wird, ist auf die Eintragung im Handelsregister abzustellen (*Schnitter* in F/D § 4 Rn. 220; aA *Füger/Rieger* DStR 1997, 1427, 1439). Mit dieser Eintragung wird die Umwandlung zivilrechtlich wirksam und die Anteile an der übertragenden KapGes fallen weg.

304 Soweit die Anteile an der Überträgerin innerhalb der letzten fünf Jahre vor dem steuerlichen Übertragungsstichtag entgeltlich erworben wurden, bleibt ein Veräußerungsverlust gemäß § 4 VI 6 Alt. 2 ebenfalls außer Ansatz. Während § 17 II 6b lit. b S 2 EStG noch den Ansatz eines Veräußerungsverlusts für Anteile ermöglicht, deren Erwerb zur Begründung einer Beteiligung iSv § 17 I EStG geführt hat oder die nach Begründung der Beteiligung iSv § 17 I EStG erworben worden sind, wird diese Berücksichtigungsmöglichkeit durch § 4 VI 6 Alt. 2 ausgeschlossen.

305 Dieser Ausschluss des Abzugs eines Übernahmeverlusts gilt aufgrund des ausdrücklichen Verweises in § 4 VI 6 in allen Fällen, in denen ein Übernahmeverlust eigentlich abzugsfähig wäre, also auch in den Fällen des § 4 VI 2 (*Pung/Werner* in D/P/M § 4 Rn. 154). Durch den in § 4 VI 2 enthaltenen Verweis auf § 8b VII und VIII 1 KStG sind im Besonderen kurzfristig gehaltene Anteile betroffen, so dass der Verweis unverständlich und überschießend ist (*Blöchle/Weggenmann* IStR 2008, 87, 94). Gleichwohl muss davon ausgegangen werden, dass der Gesetzgeber dies in Kauf genommen hat, insbesondere weil er bei der letzten Änderung im Rahmen des Jahressteuergesetzes 2009 zwar den Verweis an den neu eingefügten S 5 angepasst, aber die Verweisung auf S 2 beibehalten hat.

Dies hat zur Folge, dass Anteilseigner, welche ihre Anteile innerhalb der letzten fünf Jahre vor dem Übertragungsstichtag entgeltlich erworben haben, Bezüge iSd § 7 nach dem Teileinkünfteverfahren oder voll versteuern, ohne dass dabei ein Übernahmeverlust berücksichtigt wird. Wurden die Anteile innerhalb der letzten fünf Jahre vor dem Übertragungsstichtag unentgeltlich erworben, so ist der Übernahmeverlust in voller Höhe bzw. zu 60% (50% aF) und max. bis zur Höhe der stpfl Bezüge iSd § 7 (bzw. 60% davon) weiterhin berücksichtigungsfähig (*Pung/Werner* in D/P/M § 4 Rn. 155). § 4 VI 6 wirkt faktisch wie eine Umwandlungssperre für die ersten fünf Jahre nach dem Anteilserwerb (*Strahl* KÖSDI 2007, 15513/15520). Da bei Gründungsgesellschaftern im Regelfall kein Übernahmeverlust entsteht (vgl Rn. 279) könnte im Vorfeld überlegt werden, nicht die Anteile an der KapGes zu veräußern, sondern stattdessen zunächst formwechselnd umzuwandeln und anschließend die Mitunternehmeranteile zu veräußern. Hier ist jedoch die Gewerbesteuer nach § 18 III zu beachten (§ 18 Rn. 120; *Fuhrmann* in Carlé/Korn/Stahl/Strahl UmwStE, S 61). 306

Bei einem teilentgeltlichen Erwerb ist dieser in einen entgeltlichen und einen unentgeltlichen Teil aufzuteilen (*Schnitter* in F/D § 4 Rn. 219; vgl ergänzend das mittlerweile beendete Vorlageverfahren an den Großen Senat GrS 1/16, BFH v. 27.10.2015 – X R 28/12, BStBl. II 2016, 81; Beschlüsse v. 30.10.2018 zu GrS 1/16 und X R 28/12). Die Regelung des § 4 VI 6 (S 5 aF) ist nicht auf die gesamte Beteiligung, sondern konkret bezogen auf den einzelnen Anteil anzuwenden (*Pung/Werner* in D/P/M § 4 Rn. 144, 155). Im Gegensatz zur Fristberechnung bei § 17 II 6 EStG ist bei der Anwendung des § 4 VI 6 (S 5 aF) nicht auf die Eintragung im Handelsregister, sondern aufgrund des eindeutigen Gesetzeswortlautes auf den steuerlichen Übertragungsstichtag abzustellen. Sofern der entgeltliche Anteilserwerb innerhalb der letzten fünf Zeitjahre vor dem steuerlichen Übertragungsstichtag erfolgte, greift das Verlustberücksichtigungsverbot ein. 307

Im Ergebnis ist damit ein Übernahmeverlust allenfalls dann abzugsfähig, wenn er durch die Aufspaltung des Übernahmeergebnisses „künstlich" geschaffen wurde (FG Düsseldorf v. 30.6.2010 – 15 K 2593/09 F, DStRE 2011, 1011, grds. bestätigt durch BFH v. 24.6.2014 – VIII R 35/10, BStBl. II 2016, 916; *Pung/Werner* in D/P/M § 4 Rn. 128). Soweit ein Übernahmeverlust nach dem Vorstehenden außer Ansatz bleibt, erfolgt die Korrektur außerhalb der Bilanz (*Schnitter* in F/D § 4 Rn. 208). Die grundsätzliche Nichtbeachtung eines Übernahmeverlustes (vgl Rn. 290) bewirkt mittelbar eine Vernichtung tatsächlich getragener AK und kann damit ein Umwandlungshindernis darstellen. Zur Abhilfe wird vorgeschlagen, § 4 VI teleologisch auszulegen und die „außer Ansatz" bleibenden AK in einer positiven Ergänzungsbilanz festzuhalten (*Fuhrmann* in Carlé/Korn/Stahl/Strahl UmwStE, S 49, 57). Der BFH hat mittlerweile entschieden, dass der Nichtabzug des Übernahmeverlustes nur dann keinen Verstoß gegen das objektive Nettoprinzip darstellt, wenn durch entsprechende Billigkeitsmaßnahmen nach §§ 163, 227 AO sichergestellt ist, dass erwerbsbezogener Aufwand bei einer künftigen Veräußerung oder Aufgabe des PersGes-Anteils nicht ohne nachvollziehbare sachliche Rechtfertigung endgültig der steuerliche Abzug versagt bliebe (BFH v. 24.6.2014 – VIII R 35/10, BStBl. II 2016, 916). Insofern ist dem Rat, die „außer Ansatz" bleibenden AK festzuhalten, weiterhin zu folgen (vgl *Strahl* FR 2014, 854), eine Aktivierung im Rahmen einer positiven Ergänzungsbilanz ist jedoch ausgeschlossen (BFH v. 22.10.2015 – IV R 37/13, BStBl. II 2016, 919; *Heß* BB 2014, 2159, 2160). Im Übrigen erscheint eine teleologische einschränkende Auslegung von § 4 VI in Fällen, in denen beim übernehmenden Rechtsträger wegen Gewinnermittlung nach § 4 III EStG vor einer Umwandlung keine Teilwertabschreibung zulässig war, nicht möglich (BFH v. 5.11.2015 – III R 13/13, BStBl. II 2016, 468). 308

Über den reinen Gesetzeswortlaut hinaus ist nach Auffassung der FinVerw die Berücksichtigung eines Übernahmeverlustes auch dann ausgeschlossen, wenn die Anteile an dem übertragenden Rechtsträger erst nach dem steuerlichen Übertragungsstichtag entgeltlich erworben wurden (UmwStE Rn. 04.43 S 2; *Schmitt/Schloßmacher* UmwStE 2011, S 133; laut *Kutt/Carstens* in FGS/BDI, UmwSt-Erlass 2011, S 194 lediglich klarstellend). Keine 309

Anwendung findet der Grundsatz der Nichtberücksichtigung eines Übernahmeverlustes jedenfalls auf den Gesellschafter an der Obergesellschaft, der seinen Anteil erst nach einer formwechselnden Umwandlung der Untergesellschaft erworben hat (BFH v. 28.9.2017 – IV R 51/15, BFH/NV 2018, 246).

310–314 *(einstweilen frei)*

d) Übernahmegewinn 2. Stufe und dessen Besteuerung

315 **aa) Allgemeines; Zeitpunkt des Entstehens.** Ein **Übernahmegewinn 2. Stufe** liegt vor, wenn das positive oder negative Übernahmeergebnis 1. Stufe nach Hinzurechnung eines Sperrbetrages nach § 50c EStG und trotz eines Abzugs der Bezüge nach § 7 einen Gewinn ergibt. Dadurch, dass der Übernahmegewinn einen Veräußerungsgewinn repräsentiert (in Abgrenzung zum Dividendenteil, Rn. 11), ist es folgerichtig, diesen Gewinn wie einen Gewinn aus der Veräußerung von Anteilen an KapGes zu behandeln (*Desens* FR 2008, 943, 946). Der Übernahmegewinn **entsteht** mit Ablauf des **steuerlichen Übertragungsstichtags** (Rn. 227) und ist den Gesellschaftern personenbezogen zuzurechnen (Rn. 226).

316, 317 *(einstweilen frei)*

318 **bb) Besteuerung bei Körperschaften.** Gemäß § 4 VII 1 ist § 8b KStG anzuwenden, soweit der Übernahmegewinn auf eine Körperschaft, Personenvereinigung oder Vermögensmasse als Mitunternehmerin der PersGes entfällt. Durch die Entstehung am steuerlichen Übertragungsstichtag ist § 8b KStG in der am Übertragungsstichtag geltenden Fassung anzuwenden (UmwStE Rn. 04.44). Damit ist der auf die Körperschaft entfallende Übernahmegewinn grundsätzlich gemäß § 8b II KStG steuerfrei. Zu beachten ist, dass insoweit auch § 8b III KStG gilt und damit 5 % als nichtabzugsfähige Betriebsausgaben gelten. Auch soweit die KapGes nicht (mittelbar) zu 100 % beteiligt ist, findet § 8b IV idF des Gesetzes zur Umsetzung des EuGH-Urteils vom 20. Oktober 2011 in der Rechtssache C-284/09 v. 21.3.2013 (BGBl. I 2013, 561; sog. Steuerpflicht für Streubesitzdividenden) keine Anwendung, weil der Übernahmegewinn einen Veräußerungsgewinn repräsentiert (Rn. 315) und damit nicht unter die Regelung der Dividendenbesteuerung fällt. Etwas anderes hätte nur gegolten, wenn die Empfehlung des BR zum Entwurf des Jahressteuergesetzes 2013 Gesetz geworden wäre, nach der Bezüge im Sinne von § 8b I KStG und Gewinne nach § 8b II KStG unter die Streubesitzregelung gefallen wären (vgl Stellungnahme des BR zum Entwurf eines Jahressteuergesetzes 2013 v. 6.7.2012, BR-Drs. 302/12, S 62, 66).

319 Aufgrund der allgemeinen Verweisung auf § 8b KStG sind auch § 8b IV aF, VII und VIII KStG anzuwenden (UmwStE Rn. 04.44).

Für alte sog. einbringungsgeborene Anteile führt damit eine Umwandlung innerhalb von sieben Jahren nach der damaligen Einbringung zu einer Besteuerung des Übernahmegewinns in voller Höhe gemäß § 8b IV aF iVm § 34 VIIa KStG (*Förster/Felchner* DB 2006, 1072, 1075). Die Versagung der Steuerfreiheit des Übernahmegewinns wurde in der Vergangenheit bezweifelt, wenn die Anteile an der übertragenden Körperschaft sog. einbringungsgeborene Anteile sind (*van Lishaut* in R/H/vL 1. Aufl. § 4 Rn. 137 unter Hinweis auf *Ley/Bodden* FR 2007, 265, 274; nun aber *van Lishaut* in R/H/vL § 4 Rn. 133). Zur Begründung einer anzuwendenden Steuerfreiheit wurde angeführt, dass die Parallelregelung in § 4 VII 2 ausdrücklich nur auf § 3 Nr. 40 S 1 und 2 EStG verwiesen hatte und damit das Halbeinkünfteverfahren sowohl bei sog. einbringungsgeborenen Anteilen als auch beim kurzfristigen Eigenhandel von Banken und Finanzdienstleistern anwendbar war (*van Lishaut* in R/H/vL 1. Aufl. § 4 Rn. 137). Diese Argumentation greift nach der Änderung des § 4 VII 2 durch das JStG 2009 nicht mehr, weil auch der Verweis auf § 3 Nr. 40 EStG nicht mehr auf die Sätze 1 und 2 beschränkt ist (vgl Rn. 321).

Spiegelbildlich zur möglichen Berücksichtigung eines Übernahmeverlusts bei Anteilen gemäß § 8b VII und VIII KStG ist ein Übernahmegewinn in Bezug auf diese Anteile voll zu versteuern.

Zur Anwendung von § 8b VI bzw. § 15 S 1 Nr. 2 KStG, soweit die Körperschaft, Personenvereinigung oder Vermögensmasse nur mittelbar über eine (weitere) PersGes (Obergesellschaft) oder über eine Organgesellschaft an der übertragenden KapGes beteiligt ist, vgl Rn. 291.

cc) Besteuerung bei natürlichen Personen. Gemäß § 4 VII 2 idF JStG 2009 ist in den übrigen Fällen § 3 Nr. 40 sowie § 3c EStG anzuwenden. Somit ist das Teileinkünfteverfahren (bzw. bis 2008 das Halbeinkünfteverfahren) anzuwenden, soweit der Übernahmegewinn auf eine unmittelbar oder als Mitunternehmer einer PersGes beteiligte natürliche Person entfällt. Der Übernahmegewinn ist damit aktuell iHv 40 % steuerfrei. 320

§ 4 VII 2 wurde zuletzt durch das JStG 2009 v. 19.12.2008 (BGBl. I 2008, 2794) geändert. In der vorherigen Fassung erfolgte der Verweis lediglich auf § 3 Nr. 40 S 1 und 2 EStG. Somit war der Übernahmegewinn stets zur Hälfte steuerpflichtig. Dies galt insbesondere auch für Übernahmegewinne, die aus Anteilen resultierten, die von Banken und Finanzdienstleistern für den kurzfristigen Eigenhandel erworben wurden und aus alten sog. einbringungsgeborenen Anteilen. Diese Anteile unterfielen eigentlich dem Regelungsbereich des § 3 Nr. 40 S 3 und 4 EStG bzw. § 3 Nr. 40 S 3 und 4 EStG aF, mit der Folge, dass das Halbeinkünfteverfahren im Veräußerungsfall nicht anwendbar gewesen wäre (*Pung/Werner* in D/P/M § 4 Rn. 170). Durch die auf „S 1 und 2" beschränkte Verweisung war es nach hier vertretener Auffassung nicht möglich, § 52 IVd 2 EStG aF bzw. § 52 IV 6 EStG idF des Kroatien-Steueranpassungsgesetzes v. 25.7.2014 (BGBl. I 2014, 1266) anzuwenden, der eine Weitergeltung von § 3 Nr. 40 S 3 und 4 EStG aF vorsah (*Widmann* in W/M § 4 Rn. 578.3). 321

Durch das JStG 2009 v. 19.12.2008 (BGBl. I 2008, 2794) wurde der bisher eingeschränkte Verweis auf § 3 Nr. 40 S 1 und 2 EStG durch einen generellen Verweis auf § 3 Nr. 40 EStG ausgeweitet. Damit ist der gesamte § 3 Nr. 40 EStG anwendbar. Ausweislich der Gesetzesbegründung sollte damit klargestellt werden, dass bei Anteilen, die bei Kredit- und Finanzdienstleistungsinstituten dem Handelsbuch zuzurechnen sind oder bei Finanzunternehmen iSd KWG mit dem Ziel des kurzfristigen Eigenhandelserfolgs erworben worden sind, korrespondierend zur vollen Berücksichtigung des Übernahmeverlusts iHd Bezüge nach § 7, eine volle Besteuerung des Übernahmegewinns erfolgt (BT-Drs. 16/11108, 41). Diese Neuregelung, die entgegen der Gesetzesbegründung keine bloße Klarstellung ist, ist gemäß § 27 VIII erstmals auf Umwandlungen anwendbar, bei denen § 3 Nr. 40 EStG in der durch Art. 1 Nr. 3 des Gesetzes v. 14.8.2007 geänderten Fassung für die Bezüge iSd § 7 anzuwenden ist (§ 27 Rn. 58). Damit gilt die Neuregelung ab dem Veranlagungszeitraum 2009 (UmwStE Rn. 04.45). 322

Diese Änderung durch das JStG 2009 hat des Weiteren zur Folge, dass Übernahmegewinne, die aus alten sog. einbringungsgeborenen Anteilen resultieren, nicht mehr dem Teileinkünfteverfahren (bzw. bis 2008 dem Halbeinkünfteverfahren) unterfallen.

Bezüglich des Vorliegens einer Organschaft oder einer mehrstöckigen Mitunternehmerschaft vgl Rn. 295.

(einstweilen frei) 323–326

e) Gewinnverteilung

Sofern bei der Ermittlung des Übernahmeergebnisses keine personen-/gesellschafterbezogenen Besonderheiten zu berücksichtigen waren, ist dieses bei PersGes grundsätzlich nach dem für die PersGes geltenden allgemeinen Gewinnverteilungsschlüssel auf die Gesellschafter aufzuteilen (*Schnitter* in F/D § 4 Rn. 173; vgl Rn. 230). 327

aa) Gewinnverteilung ohne Existenz von Ergänzungsbilanzen. Bei der Verteilung sind die **gesellschaftsrechtlich vereinbarten Aufteilungskriterien** zu beachten, soweit sie steuerlich anerkannt sind. So ist eine besondere Gewinnquote für einzelne Gesellschafter, zB persönlich haftende Gesellschafter der übernehmenden PersGes, auch bei der Verteilung des Übernahmegewinns zu berücksichtigen. Sollen Übernahmegewinne nicht 328 nach einer besonderen Gewinnquote, sondern nach den Beteiligungsverhältnissen verteilt werden, ist dies im Gesellschaftsvertrag zu regeln.

329 **Beispiel:** Die übernehmende PersGes A-KG ist zu 100% an der übertragenden Körperschaft X-GmbH beteiligt. Der BW der Beteiligung beträgt 500. Der Wert, mit dem die übergegangenen WG zu übernehmen sind, ist 475. Es besteht ein Sperrbetrag iSd § 50c EStG iHv 100, offene Rücklagen iSd § 7 iHv 50.

An der A-KG sind A mit 10% des Kapitals sowie B mit 90% beteiligt. A hat einen Anspruch auf einen Gewinnvorab iHv 20%, der restliche Gewinn wird nach der Beteiligungsquote verteilt.

Ermittlung des Übernahmegewinns auf der Ebene der A-KG:

Wert der übergegangenen WG	475
BW der Anteile	./. 500
Übernahmeverlust 1. Stufe	25
Sperrbetrag nach § 50c EStG	+ 100
Bezüge nach § 7	./. 50
Übernahmegewinn 2. Stufe	25

Gewinnverteilung unter Berücksichtigung des Gewinnvorabs des A:

	A	davon Gewinnvorab A	B	Summe
Übernahmeverlust 1. Stufe	./. 7	./. 5	./. 18	./. 25
Sperrbetrag nach § 50c EStG	28	20	72	100
Bezüge nach § 7	./. 14	./. 10	./. 36	./. 50
Übernahmegewinn 2. Stufe	7	5	18	25

330–334 *(einstweilen frei)*

335 **bb) Gewinnverteilung unter Einbeziehung von Ergänzungsbilanzen.** § 4 erwähnt in der aktuellen Fassung Ergänzungsbilanzen nicht. Letztmalig in der Fassung vom 22.12.1999 hat das Gesetz im Rahmen des § 4 Ergänzungsbilanzen, aber nur im Zusammenhang mit einem Übernahmeverlust, angesprochen. **Ergänzungsbilanzen** können aber bei **Übernahmegewinnen** und **-verlusten** eine Rolle spielen. Ergänzungsbilanzen sind aufzustellen, wenn ein Gesellschafter einer bestehenden PersGes seine Beteiligung zu AK erworben hat, die von dem von ihm übernommenen Kapitalkonto abweichen (*Kahle* FR 2013, 873, 876). Weiterhin können Ergänzungsbilanzen dann vorkommen, wenn die Beteiligung an der übernehmenden PersGes aufgrund einer Einbringung nach § 24 entstanden ist (*Falterbaum/Bolk/Reiß/Kirchner* Buchführung und Bilanz 29.2.1). Es können positive wie negative Ergänzungsbilanzen vorliegen. Erwirbt ein Gesellschafter der bestehenden PersGes einen Anteil an dieser PersGes und hält die PersGes zu diesem Zeitpunkt bereits die Anteile an der später auf die PersGes zu verschmelzenden Körperschaft, so spiegelt sich in der Ergänzungsbilanz dieses Gesellschafters der übernehmenden PersGes auch der anteilig für die Anteile an der KapGes gezahlte Kaufpreis.

336 **Beispiel:** Es besteht eine OHG mit zwei Gesellschaftern A und B. A ist Gründungsgesellschafter mit einer Beteiligung von 25% an der OHG, B hat seinen Anteil von 75% von dem früheren Gesellschafter C erworben. Die AK haben den Betrag des übernommenen Kapitalkontos zum früheren Erwerbsstichtag um 120 überschritten. Der Betrag von 120 soll allein für die von der OHG zu 100% gehaltene Beteiligung an der X-GmbH bezahlt worden sein. Entsprechend ist dieser Betrag in einer Ergänzungsbilanz des B im Rahmen seiner Beteiligung an der OHG aktiviert. Abschreibungen sind in der Ergänzungsbilanz nicht vorgenommen worden. Zum steuerlichen Übertragungsstichtag hat die OHG folgende (vereinfachte) Steuerbilanz:

OHG

Beteiligung X-GmbH	360	Kapitalkonto A	90
		Kapitalkonto B	270

Die Ergänzungsbilanz des B hat zum selben Stichtag folgendes Bild:

Ergänzungsbilanz B

Beteiligung X-GmbH	120	Mehrkapital B	120

Die X-GmbH wird auf die OHG verschmolzen. Der Wert gemäß § 4 IV 1, mit dem die übergegangenen WG zu übernehmen sind, beträgt 600. Die offenen Rücklagen iSv § 7 belaufen sich auf 100, ein Sperrbetrag nach § 50c EStG besteht nicht.

Eine Ermittlung des Übernahmegewinns nur auf der Ebene der OHG, ohne Einbeziehung der Ergänzungsbilanz des B, wäre unzutreffend. Die Formulierung „Wert der Anteile" in § 4 IV 1 erfasst nicht nur den BW in der steuerlichen Bilanz der Gesamthand OHG, sondern auch den in den Ergänzungsbilanzen ihrer Gesellschafter, hier des B. Es stellt sich das Problem, ob der **Übernahmegewinn nach § 4 IV, V für jeden Gesellschafter getrennt** oder für die PersGes insgesamt unter Zugrundelegung des BW aus der Bilanz der Gesamthand und der Ergänzungsbilanz zu berechnen ist. Zu einem zutreffenden Ergebnis gelangt man nur, wenn das Übernahmeergebnis für jeden Gesellschafter getrennt ermittelt wird (UmwStE Rn. 04.19; *Schmitt* in SHS § 4 Rn. 96). Hierbei sind jedoch die **Bezüge nach § 7** im Verhältnis der Beteiligung an der PersGes oder im Verhältnis der Kapitalkonten der Gesamthandsbilanz aufzuteilen. 337

Übernahmegewinn: 338

	A 25 %	B 75 %	Summe
Wert der übergegangenen WG	150	450	600
BW der Anteile – Gesamthandsbilanz	./. 90	./. 270	./. 360
BW der Anteile – Ergänzungsbilanz	./. 0	./. 120	./. 120
Übernahmegewinn 1. Stufe	60	60	120
Bezüge nach § 7	./. 25	./. 75	./. 100
Übernahmeergebnis 2. Stufe	35	./. 15	20

Würde hingegen in der vorstehenden Berechnung der Übernahmegewinn nicht getrennt für jeden Gesellschafter berechnet werden, würden die von B bezahlten AK, die den BW der Anteile an der X-GmbH beeinflussen, auch dem anderen Gesellschafter A zugute kommen und zu einem unzutreffenden Ergebnis führen, das kurz illustriert werden soll: 339

Unzutreffende Ermittlung und Verteilung des Übernahmegewinns: 340

	OHG einschließlich Ergänzungsbilanz
Wert der übergegangenen WG	600
BW der Anteile	./. 480
Übernahmegewinn 1. Stufe	120
Bezüge nach § 7	./. 100
Übernahmegewinn 2. Stufe	20

Wird der Übernahmegewinn 2. Stufe nach der gesellschaftsrechtlichen Beteiligungsquote an der OHG (A 90 und B 270) verteilt, so würden sich folgende Auswirkungen ergeben:

	A 25%	B 75%
Übernahmegewinn 2. Stufe	5	15

341 Die zum Zeitpunkt der Verschmelzung bestehende **Ergänzungsbilanz** – im Beispiel die des Gesellschafters B – wird **nach der Verschmelzung nicht** mehr **fortgeführt,** unabhängig davon, ob sich ein Übernahmegewinn oder Übernahmeverlust ergibt. Enthält die Ergänzungsbilanz auch noch Aktivierungen für andere WG neben der Beteiligung an der übertragenden Körperschaft, ist sie insoweit fortzuführen. Der Wegfall der Ergänzungsbilanz bzw. des Aktivpostens Beteiligung an der übertragenden Körperschaft beruht darauf, dass der bisherige Aktivposten Beteiligung an der übertragenden Körperschaft in der Ergänzungsbilanz nach der Verschmelzung in der Steuerbilanz in der übernehmenden PersGes selbst durch die entsprechenden WG seinen Niederschlag findet.

342–344 *(einstweilen frei)*

345 **cc) Übernahmegewinn bei Bestehen negativer Ergänzungsbilanzen.** Eine negative Ergänzungsbilanz kann dann auftreten, wenn ein Gesellschafter einer PersGes seine Beteiligung zu AK erwirbt, die niedriger als das übernommene Kapitalkonto sind (*Winnefeld* Bilanz-Handbuch, Kapitel L Rn. 713; BFH v. 6.7.1995 – IV R 30/93, BStBl. II 1995, 831). Negative Ergänzungsbilanzen spiegeln entweder eine Überbewertung der (indirekt) erworbenen WG in der Gesamthandsbilanz der PersGes wider, oder es handelt sich um einen **sog. Lucky Buy.** Der erwerbende Gesellschafter erzielt bei einem lucky buy durch Verhandlungsgeschick oder für ihn glückliche Umstände einen günstigen Kauf. Während im Fall der Überbewertung idR Abschreibungen der indirekt erworbenen WG in der Gesamthandsbilanz indiziert sind und dadurch die negative Ergänzungsbilanz eliminiert wird, ist im Fall des lucky buy die negative Ergänzungsbilanz aufrecht zu erhalten und fortzuführen und der dort enthaltene Ausgleichsposten gegen spätere Verlustanteile aufzulösen (*Kahle* FR 2013, 873/878).

346 Ebenso wie bei positiven Ergänzungsbilanzen ist auch im Fall **negativer Ergänzungsbilanzen der Übernahmegewinn getrennt** für jeden einzelnen Gesellschafter **zu ermitteln** (Rn. 337). Durch die Existenz negativer Ergänzungsbilanzen erhöht sich der Übernahmegewinn, weil der „Wert der Anteile" iSd § 4 IV 1 für denjenigen Gesellschafter, für den die negative Ergänzungsbilanz geführt wird, absinkt. Eine negative Ergänzungsbilanz – jedenfalls soweit sie sich auf die Anteile an der übertragenden Körperschaft bezieht – entfällt durch die Verschmelzung. Sie wird nicht fortgeführt. Durch die Ermittlung des Übernahmeverlusts 1. Stufe unter Einbeziehung des Wertes der Anteile iSd § 4 IV 1, der durch die Ergänzungsbilanz niedriger ist als der (anteilige) BW des Anteils in der Gesamthandsbilanz, ist bereits eine Besteuerung erfolgt. Eine weitere latente Besteuerung durch die erneute Bildung einer Ergänzungsbilanz würde zu einer doppelten Besteuerung führen.

347–349 *(einstweilen frei)*

f) Sonstige Steuerfolge – Entstehen von Sonderbetriebsvermögen durch Verschmelzung

350 Durch die Verschmelzung der übertragenden Körperschaft auf eine übernehmende PersGes kann sich die **steuerliche Qualifikation** der bisherigen Rechtsbeziehungen zwischen den Gesellschaftern der übernehmenden PersGes und der Körperschaft ändern. Mieteinnahmen und Zinsen können nach Verschmelzung zu Sonderbetriebseinnahmen nach § 15 I 1 Nr. 2 EStG werden, vermietete Gegenstände und Darlehensforderungen zu Sonderbetriebsvermögen. Die WG gelten als zum steuerlichen Übertragungsstichtag in das Sonderbetriebsvermögen des Gesellschafters bei der übernehmenden PersGes überführt,

sie sind mit dem Teilwert anzusetzen (*Schnitter* in F/D § 4 Rn. 76, 87). Die Umqualifizierung einer Darlehensforderung eines Gesellschafters an die übertragende KapGes durch die Umwandlung als Sonderbetriebsvermögen führt zu einer Einlage, die für Zwecke des § 4 IVa EStG zu berücksichtigen ist (OFD Rheinland v. 29.6.2011, DStR 2011, 1666).

Insbesondere in Fällen, in denen keine 100 %-Beteiligung der übernehmenden PersGes an der übertragenden Körperschaft besteht, sondern die Anteile nach § 5 II-III bzw. § 5 IV aF (§ 27 III Nr. 1) als eingelegt bzw. überführt gelten, ist mit einem größeren Potential an Umqualifikationen zu rechnen. Darüber hinaus wird bei formwechselnder Umwandlung nach § 9 oder Spaltung nach § 16 regelmäßig zu prüfen sein, inwieweit Sonderbetriebsvermögen entsteht. 351

Fremdfinanzierte Anteile an der übertragenden KapGes. Die Fremdfinanzierung wird zu Sonderbetriebsvermögen II und die Kreditzinsen führen zu Sonderbetriebsausgaben ab dem steuerlichen Übertragungsstichtag, die im Rahmen der gesonderten und einheitlichen Gewinnfeststellung zu berücksichtigen sind (UmwStE Rn. 04.36). 352

Die Ermittlung des Übernahmegewinns/-verlusts wird durch das Entstehen von Sonderbetriebsvermögen als Folge der Umwandlung nicht berührt, weil diese WG keine im Rahmen der Umwandlung übergegangenen Wirtschaftgüter (Rn. 237; *Schmitt* in SHS § 4 Rn. 42) sind (UmwStE Rn. 04.36 S 2).

(einstweilen frei) 353, 354

3. Gewinnermittlung bei fehlender 100 %-Beteiligung des übernehmenden Rechtsträgers an der Körperschaft nach § 4 IV 3 und V 1 letzter HS

Nach § 4 IV 3 bleibt bei der Ermittlung des Übernahmegewinns oder des Übernahmeverlusts der Wert der übergegangenen WG außer Ansatz, soweit er auf **Anteile** an der übertragenden Körperschaft entfällt, **die am steuerlichen Übertragungsstichtag nicht zum BV** des übernehmenden Rechtsträgers gehören. Die Regelung ist unglücklich formuliert und nur im Zusammenhang mit § 5 verständlich. In § 4 IV 1 und 2 geht das Gesetz von der Vorstellung einer 100 %-Beteiligung des übernehmenden Rechtsträgers an der übertragenden Körperschaft zum steuerlichen Übertragungsstichtag aus. Diese – gekünstelte – Annahme wird idR nicht zutreffen. Bei einem Formwechsel nach § 9 kann keine Beteiligung an der übertragenden Körperschaft bestehen; bei einer Spaltung nach § 16 kann eine 100 %-Beteiligung an der übertragenden Körperschaft vorliegen. 355

Liegt keine Beteiligung des übernehmenden Rechtsträgers oder nur eine teilweise Beteiligung an der übertragenden Körperschaft vor, fingiert § 5 für Zwecke der Gewinnermittlung eine Anschaffung bzw. Einlage auf den steuerlichen Übertragungsstichtag. Diese Fiktion gilt aber nur in den Fällen, in denen 356

- der übernehmende Rechtsträger (übernehmende PersGes oder natürliche Person) die Anteile nach dem steuerlichen Übertragungsstichtag anschafft (§ 5 I 1. Alt.) oder den Anteilseigner abfindet (§ 5 I 2. Alt.);
- es sich um Anteile iSv § 17 EStG (ehemals wesentliche Beteiligungen) im in- oder ausländischen Privatvermögen handelt (§ 5 II); nach § 5 II 2 aF waren Anteile ausgenommen, bei deren Veräußerung ein Veräußerungsverlust nach § 17 II 4 EStG (jetzt: § 17 II 6) nicht zu berücksichtigen wäre. Diese Einschränkung gilt nicht mehr, jedoch ist für diese Anteile kein Übernahmeverlust steuerlich berücksichtigungsfähig (Rn. 299);
- Anteile an der übertragenden Körperschaft zum BV eines (zukünftigen) Gesellschafters der übernehmenden PersGes gehören (§ 5 III);
- es sich um einbringungsgeborene Anteile iSd § 21 I aF handelt (§ 27 III Nr. 1 iVm § 5 IV aF).

Zu den Einzelheiten s. die Kommentierung zu § 5. Umstritten war vor allem die Einbeziehung von wesentlichen Beteiligungen beschränkt Steuerpflichtiger (§ 5 Rn. 74). Nicht erfasst von der Einlage- bzw. Überführungsfiktion gemäß § 5 sind Beteiligungen im Privatvermögen, die nicht die Voraussetzungen des § 17 EStG erfüllen. 357

358 Nur **die von der Einlagefiktion nach § 5 nicht erfassten Beteiligungen,** die kein BV sind und die nicht die Voraussetzungen des § 17 EStG erfüllen, sind gemeint, wenn das Gesetz von Anteilen spricht, die zum steuerlichen Übertragungsstichtag nicht zum BV des übernehmenden Rechtsträgers gehören. § 4 IV 3 setzt daher entgegen dem Wortlaut „gehören" nicht voraus, dass gesellschaftsrechtlich keine Beteiligung am steuerlichen Übertragungsstichtag besteht, sondern meint Anteile, die zum Zwecke der Gewinnermittlung nicht als zum BV des übernehmenden Rechtsträgers zu zählen sind. Eigene Anteile der übertragenden Körperschaft gehören ebenfalls nicht zum BV des übernehmenden Rechtsträgers und sind deshalb nicht bei der Verhältnisrechnung zu berücksichtigen (Rn. 85; *van Lishaut* in R/H/vL § 4 Rn. 80 aE).

359 Außer Ansatz für die Ermittlung des Übernahmeergebnisses 1. Stufe und in der Folge auch für das der 2. Stufe bleibt der Wert der übergegangenen WG, soweit er auf Anteile entfällt, die weder zum BV gehören noch zum Zwecke der Ermittlung des Übernahmeergebnisses zum BV zu rechnen sind. Ein Wert der Anteile iSd § 4 IV 1 kann für diese außer Acht bleibenden Anteile nicht bestehen, denn sie gehören nicht zum BV des übernehmenden Rechtsträgers und gelten nach § 5 auch nicht zum Zwecke der Gewinnermittlung zum steuerlichen Übertragungsstichtag als in das BV eingelegt bzw. zu diesem Stichtag als angeschafft.

360 Die Regelung in § 4 V 1 letzter HS schließt an § 4 IV 3 an. Die **Korrektur des Übernahmeergebnisses 1. Stufe** durch einen Sperrbetrag iSd § 50c EStG findet nur insoweit statt, als die Anteile an der übertragenden Körperschaft zum BV des übernehmenden Rechtsträgers gehören oder gemäß § 5 zum Zwecke der Gewinnermittlung als zum steuerlichen Übertragungsstichtag angeschafft oder eingelegt gelten.

361 **Beispiel:** Eine OHG ist zu 60 % an der X-GmbH beteiligt. Die weiteren Gesellschafter der X-GmbH (übrige Anteilseigner) sind mit jeweils weniger als 1 % der Geschäftsanteile beteiligt; deren Anteile sind weder einbringungsgeboren noch sind sie BV dieser weiteren Gesellschafter. Der Wert der Anteile an der X-GmbH bei der OHG beträgt 120. Die X-GmbH wird auf die OHG verschmolzen, die übrigen Anteilseigner werden weitere Gesellschafter der OHG. Der Wert iSd § 4 I, mit dem die PersGes die auf sie übergehenden WG zu übernehmen hat, beträgt 300. Ein Sperrbetrag iSd § 50c EStG besteht bei der OHG iHv 20 für deren Anteile an der übertragenden Körperschaft. Die auf die OHG entfallenden offenen Rücklagen betragen 60.

Ermittlung des Übernahmegewinns für die (Gesellschafter der) OHG, ohne Berücksichtigung der durch die Verschmelzung hinzutretenden übrigen Anteilseigner:

Wert, mit dem die übergegangenen WG zu übernehmen sind (60 % von 300)	180
Wert der Anteile iSd § 4 IV 1	./. 120
Übernahmegewinn 1. Stufe	60
Sperrbetrag iSd § 50c EStG	20
Bezüge nach § 7	./. 60
Übernahmegewinn 2. Stufe	20

Den Übernahmegewinn haben die Gesellschafter der OHG entsprechend ihrer Beteiligungsquote an der OHG zu versteuern. Nicht in die Besteuerung nach § 4 einbezogen werden die übrigen Anteilseigner, die erst durch Verschmelzung zu Gesellschaftern der PersGes werden. Für diese Gesellschafter gilt nur § 7. Entsprechendes gilt bei Übernahmeverlusten.

362 Wie gerade festgestellt, nehmen Gesellschafter, deren Anteile am steuerlichen Übertragungsstichtag nicht zum BV des übernehmenden Rechtsträgers gehören, nicht an der Ermittlung des Übernahmeergebnisses teil. Für diese ist lediglich § 7 anwendbar. Es ist damit fraglich, was hinsichtlich der von diesen in der Vergangenheit aufgewandten AK für die Anteile an der übertragenden Körperschaft gilt. Nach allgemeiner Meinung wirken sich dies AK nicht mehr aus (BFH v. 12.7.2012 – IV R 12/11, BFH/NV 2013, 200). Die

ursprünglichen AK für diese Anteile an der übertragenden Gesellschaft bleiben bei den Gesellschaftern, die nicht nehmen, auch zukünftig ohne Bedeutung und mindern beispielsweise auch nicht einen etwaigen Gewinn aus einer Veräußerung der Beteiligung an der PersGes (BFH v. 12.7.2012 – IV R 39/09, DStR 2012, 1806). Diese Gesellschafter müssen somit auch die stillen Reserven versteuern, die in der Zeit vor dem steuerlichen Übertragungsstichtag entstanden sind und die wegen des BW- bzw. Zwischenwertansatzes nicht aufgedeckt wurden, wenn sie nach Durchführung der Umwandlung ihren Anteil an der PersGes veräußern (*Pung/Werner* in D/P/M § 7 Rn. 33; aA mit gewichtigen Bedenken § 7 Rn. 53). Der betroffene Anteilseigner könnte der Vernichtung seiner AK nur begegnen, indem er die Anteile vor der Umwandlung veräußert und ggf. nach der Umwandlung Anteile an der PersGes zurückerwirbt (BFH v. 12.7.2012 – IV R 39/09, DStR 2012, 1806, 1809). Der BFH scheint darin keinen Fall des § 42 AO zu sehen (*Brill* EStB 2013, 31, 37). Fraglich ist, ob die FinVerw dem folgen würde.

(einstweilen frei) **363, 364**

4. Gewinnermittlung in Fällen des § 5 I

In die Gewinnermittlung nach § 4 IV 1 u. 2, V auf den steuerlichen Übertragungs- **365** stichtag sind gemäß § 5 I auch die Anteile an der übertragenden Körperschaft einzubeziehen, die der übernehmende Rechtsträger nach dem steuerlichen Übertragungsstichtag angeschafft hat. Gleiches gilt, wenn der übernehmende Rechtsträger Anteilseigner der übertragenden Körperschaft im Rahmen der Verschmelzung abfindet (zu Einzelheiten § 5 Rn. 21 ff., 37 ff.).

Im Gegensatz zu Anteilen an der übertragenden Körperschaft, die gesellschaftsrechtlich **366** im Zeitpunkt des steuerlichen Übertragungsstichtags zum BV des übernehmenden Rechtsträgers gehören, sind nach dem Übertragungsstichtag angeschaffte Anteile nicht zu diesem Stichtag bilanziert. Für diese Anteile existiert kein Wert/BW iSv § 4 IV 1 iVm § 4 I 2 zum steuerlichen Übertragungsstichtag. § 5 I ermöglicht, dass auch diese Anteile bei der Ermittlung des Übernahmegewinns oder -verlusts berücksichtigt werden. Der Wert/BW iSv § 4 IV 1 iVm § 4 I 2 ist deshalb anhand der AK zu ermitteln (§ 5 Rn. 43 f.). Dieser BW ist sodann der Berechnung des Übernahmeergebnisses zugrunde zu legen. Es gelten im Übrigen die Grundsätze, die in Rn. 235 ff. dargestellt sind.

(einstweilen frei) **367–369**

5. Gewinnermittlung bei fiktiver Einlage bzw. Überführung nach § 5 II, III

a) Allgemeines

Die Gewinnermittlungsvorschriften des § 4 IV–VII finden auch dann Anwendung, **370** wenn im Falle der Verschmelzung die bestehende übernehmende **PersGes oder natürliche Person nicht** oder nicht zu 100 % **an der übertragenden Körperschaft beteiligt** ist, sondern die Anteile an der übertragenden Körperschaft im Privatvermögen des Anteilseigners gehalten werden und gemäß § 17 EStG steuerverhaftet sind bzw. die Anteile zum BV des Anteilseigners gehören. In diesen Fällen gelten für die Ermittlung des Übernahmegewinns/-verlusts die Anteile iSd § 17 EStG gemäß § 5 II mit den AK in das BV des übernehmenden Rechtsträgers als eingelegt (§ 5 Rn. 48) bzw. die Anteile im BV des Anteilseigners gemäß § 5 III in das BV des übernehmenden Rechtsträgers als überführt (§ 5 Rn. 52 ff.). Zum Streitstand bezüglich der Reichweite der Einlage- bzw. Überführungsfiktion vgl § 18 Rn. 91. Fälle des § 5 II–III (einschließlich § 5 IV aF iVm § 27 III Nr. 1) können bei Verschmelzungen neben einer Beteiligung des übernehmenden Rechtsträgers an der übertragenden Körperschaft auftreten. Weiterhin können Konstellationen bestehen, in denen Fälle nach § 5 II–III (einschließlich § 5 IV aF) neben Anschaffungen von Anteilen nach dem steuerlichen Übertragungsstichtag iSd § 5 I gegeben sind. In jeder der vorgenannten Alternativen ist zu untersuchen, ob auch Anteile vorliegen, die gemäß

§ 4 IV 3 nicht in die Ermittlung des Übernahmegewinns oder -verlusts einbezogen werden.

371 **Entsteht die übernehmende PersGes** erst **durch die Verschmelzung,** kann keine (gesellschaftsrechtliche) Beteiligung an der übertragenden Körperschaft bestehen, auch eine Anschaffung iSd § 5 I nach dem steuerlichen Übertragungsstichtag kommt nicht in Betracht. Nur Anschaffungen durch die späteren Gesellschafter der übernehmenden PersGes zwischen dem steuerlichen Übertragungsstichtag und der Eintragung der Verschmelzung in das Handelsregister sind möglich (§ 5 Rn. 25 f.). Bei Verschmelzung auf eine durch die Umwandlung entstehende PersGes werden somit stets Fälle des § 5 II–III vorliegen; daneben ist zu untersuchen, ob Anteile gegeben sind, für die iSd § 4 IV 3 kein Übernahmeergebnis nach § 4 IV–VII zu ermitteln ist.

372 Bei **Auf- und Abspaltungen** von Körperschaften **auf bestehende PersGes** (§ 16) kommen, neben 100%-Beteiligungen der übernehmenden PersGes, wie bei Verschmelzungen die folgenden Alternativen in Betracht:

- Teilweise Beteiligung der übernehmenden PersGes an der übertragenden Körperschaft;
- Anschaffung von Anteilen nach dem steuerlichen Übertragungsstichtag iSd § 5 I;
- Einlage/Überführung nach § 5 II–III (einschließlich § 5 IV aF iVm § 27 III Nr. 1);
- Anteile, die bei der Ermittlung des Übernahmeergebnisses iSd § 4 IV 3 außer Ansatz bleiben.

373 Bei **Auf- und Abspaltungen** auf **neu gegründete PersGes** (§ 16) sind ebenso wie bei Verschmelzungen (Rn. 371) nur Fälle des § 5 II–III (einschließlich § 5 IV aF iVm § 27 III Nr. 1) denkbar. Daneben können Anteile bestehen, für die kein Übernahmeergebnis aufgrund des § 4 IV 3 zu ermitteln ist.

Bei formwechselnden Umwandlungen einer KapGes in eine PersGes gemäß § 9 kommen nur Fälle des § 5 II und III (einschließlich § 5 IV aF iVm § 27 III Nr. 1), neben Anteilen, für die kein Übernahmeergebnis nach § 4 IV 3 zu ermitteln ist, in Betracht.

374–379 *(einstweilen frei)*

b) Wert der Anteile iSd § 4 IV 1 und Übernahmeergebnis

380 Die **Anteilseigner** der übertragenden Körperschaft werden idR **unterschiedlich hohe Werte für die Anteile** iSd § 4 IV 1 haben. Der Wert iSd § 4 IV 1 ist der Wert, mit dem die Anteile nach § 5 II-III bzw. § 5 IV aF (§ 27 III Nr. 1) als eingelegt bzw. überführt anzusehen sind. Für die Ermittlung des Übernahmegewinns bzw. -verlusts gelten Anteile iSd § 17 EStG als mit den AK in das BV des übernehmenden Rechtsträgers eingelegt (§ 5 II). Für Anteile, die zum BV eines Anteilseigners gehören, gelten diese mit dem BW, erhöht um in früheren Jahren steuerwirksam vorgenommene Abschreibungen und zB Abzüge nach § 6b EStG, in das BV des übernehmenden Rechtsträgers als überführt. Diese Werterhöhung ist in voller Höhe steuerpflichtig, während sich die aus den höheren Werten folgende Übernahmegewinnminderung nur zu 60 % bzw. bei Körperschaften zu 5 %, bzw. – sofern ein Übernahmeverlust entsteht – gar nicht auswirkt (*Fuhrmann* in Carlé/Korn/Stahl/Strahl UmwStE, S 45). Unterschiedlich hohe Werte iSd § 4 IV führen – je nach Anteilseigner an der übertragenden Körperschaft und damit Gesellschafter der übernehmenden PersGes – zu unterschiedlichen Übernahmeergebnissen.

381 Ob ein Übernahmegewinn oder -verlust entsteht, hängt sowohl von der Höhe der AK und dem daraus abgeleiteten und gemäß § 4 I 2 korrigierten BW (Rn. 246 ff.) für die Anteile an der übertragenden Körperschaft als auch von der Ausübung des Wahlrechts in § 3 durch die übertragende Körperschaft ab. Es lassen sich folgende Konstellationen unterscheiden (bei Außerachtlassung von Umwandlungskosten und eventuellem neutralen Vermögen):

- Ist der Anteilseigner seit Gründung an einer KapGes beteiligt und wählt die KapGes den Buchwertansatz, drückt der Übernahmegewinn 1. Stufe sämtliche in der KapGes gebildeten offenen Rücklagen aus.

- Wurden die Anteile zu einem späteren Zeitpunkt erworben und dabei keine stillen Reserven entgolten, sondern nur das anteilige Eigenkapital bezahlt, entspricht der Übernahmegewinn 1. Stufe den nach Anschaffung gebildeten offenen Rücklagen.
- Wurden dagegen stille Reserven mitbezahlt, kann sich ein Übernahmeverlust 1. Stufe ergeben. Das ist der Fall, wenn die AK und damit der Wert des Anteils iSd § 4 IV 1 über dem BW des übergehenden Vermögens liegen.
- Wählt die übertragende KapGes den Ansatz des gemeinen Wertes, kommt es nur noch in dem Fall zu einem Übernahmeverlust 1. Stufe, wenn der Anteilseigner im Kaufpreis mehr stille Reserven entgolten hat als in der steuerlichen Schlussbilanz aufgedeckt werden.

Das **Übernahmeergebnis** ist **für jeden einzelnen Anteilseigner** gesondert zu ermitteln (UmwStE Rn. 04.20; Rn. 228). Neben Übernahmegewinnen für einzelne Gesellschafter können Übernahmeverluste für andere auftreten (Rn. 337). Verfügt **ein Anteilseigner** über **verschiedene Anteile** an der übertragenden Körperschaft, so ist zu prüfen, nach welcher der Vorschriften des § 5 II-III bzw. § 5 IV aF (§ 27 III Nr. 1) die Anteile als eingelegt oder überführt gelten. Für jede einzelne Anteilskategorie nach § 5 II-III bzw. § 5 IV aF (§ 27 III Nr. 1) – auch wenn sich hierin jeweils mehrere unterschiedliche und zu abweichenden AK erworbene Anteile befinden – ist der BW/Wert iSd § 4 IV 1 getrennt zu ermitteln. Für die verschiedenartigen Anteile der einzelnen Gesellschafter ergeben sich dann Übernahmegewinne und -verluste 1. Stufe. Diese sind zu addieren und zu einem **Gesamtübernahmeergebnis 1. Stufe** zusammenzufassen. Dem Gesamtübernahmeergebnis 1. Stufe sind mögliche Sperrbeträge nach § 50c EStG hinzuzurechnen und Bezüge nach § 7 abzuziehen. Für einen Gesellschafter der übernehmenden PersGes, dessen Gesellschafterstellung aufgrund der Verschmelzung entsteht, kann es nicht zu mehreren einzelnen Übernahmegewinnen und/oder -verlusten 2. Stufe hinsichtlich einzelner Anteile kommen. 382

Ist im Fall der Verschmelzung auf eine bestehende PersGes ein Gesellschafter neben seiner Beteiligung an der PersGes, die Anteile an der übertragenden Körperschaft hält, auch direkt an der Körperschaft beteiligt, dürfte idR Sonderbetriebsvermögen vorliegen. Soweit das nicht der Fall ist, gilt für die direkt gehaltenen Anteile § 5 II-III bzw. § 5 IV aF (§ 27 III Nr. 1) bzw. sie werden nach § 4 IV 3 nicht in die Gewinnermittlung nach § 4 IV–VII einbezogen. Auch in diesen Fällen ist ein einheitliches Übernahmeergebnis 1. und 2. Stufe zu ermitteln. 383

(einstweilen frei) 384–389

c) Bilanzielle Darstellung der Gewinnermittlung

In den Fällen des § 5 II-III bzw. § 5 IV aF (§ 27 III Nr. 1) – ebenso wie in denen des § 5 I (Rn. 366) – besteht zum steuerlichen Übertragungsstichtag keine Beteiligung und damit kein BW/Wert der Anteile an der übertragenden Körperschaft in der Bilanz der übernehmenden PersGes. Der Übernahmegewinn oder -verlust ist in **Nebenrechnungen** zu ermitteln. Die Einbuchung der übergegangenen WG erfolgt dann idR in der steuerlichen Gesamthandsbilanz der übernehmenden PersGes mit den Werten, mit denen die übergegangenen WG nach § 4 I zu übernehmen sind. Es sind jedoch auch andere Darstellungsweisen möglich (Rn. 396). 390

Beispiel: Drei Gesellschafter sind an der übertragenden X-GmbH beteiligt. A hält seine Anteile von 25% im BV; sie haben einen BW von 60, Abschreibungen wurden in früheren Jahren nicht vorgenommen (§ 5 III). B hält seine Anteile von 35% im Privatvermögen; es handelt sich um Anteile iSd § 17 EStG, deren AK iSd § 5 II 220 betragen (Anschaffung vor sechs Jahren). Zusätzlich besteht ein Sperrbetrag iSd § 50c EStG von 30. C hält im Privatvermögen einbringungsgeborene Anteile iSv § 21 aF (vor SEStEG) von 40% mit AK von 240 (§ 27 III Nr. 1 iVm § 5 IV aF). 391

Die X-GmbH wird auf die Z-OHG verschmolzen (VZ 2009). Es fallen keine Umwandlungskosten an.

Die BW der X-GmbH werden bei der aufnehmenden Z-OHG fortgeführt, der Wert der übergegangenen WG iSd § 4 I beträgt 300. Die offenen Rücklagen iSd § 7 belaufen sich auf 40.

Ermittlung des Übernahmegewinns

	A (25 %)	B (35 %)	C (40 %)	Summe
Wert, mit dem die WG zu übernehmen sind	75	105	120	300
BW der Anteile	./. 60	./. 220	./. 240	./. 520
Übernahmeergebnis 1. Stufe	+ 15	./. 115	./. 120	./. 220
Sperrbetrag iSd § 50c EStG	–	+ 30	–	+ 30
Bezüge nach § 7	./. 10	./. 14	./. 16	./. 40
Übernahmeergebnis 2. Stufe	+ 5	./. 99	./. 136	./. 230

Für A entsteht ein Übernahmegewinn von 5, der nach § 4 VII 2 zu versteuern ist. Für B und C entstehen jeweils Übernahmeverluste, die nach Maßgabe von § 4 VI 4 ff. zu berücksichtigen sind.
Im Einzelnen ergeben sich für A, B und C folgende Besteuerungstatbestände:

	A BV	B PV § 17 EStG	C PV § 21 aF
a) Einkünfte gemäß § 7 iVm § 20 I Nr. 1 EStG	10	14	16
– zu versteuern iHv 60 % nach Teileinkünfteverfahren (§ 20 VIII iVm § 3 Nr. 40 EStG)	6		
– unterliegen der Abgeltungsteuer (§ 32d EStG), da sich die Fiktion des § 5 II nur auf die Gewinnermittlung bezieht (vgl § 18 Rn. 91; aA *Haisch* Ubg 2009, 96/98)		14	16
b) Übernahmegewinn	5		
zu versteuern iHv 60 % nach Teileinkünfteverfahren (§ 4 VII 2 iVm § 3 Nr. 40 EStG)	3		
c) Übernahmeverlust		99	136
– Ansatz iHv 60 % gemäß § 4 VI 4		59,4	81,6
– aber: Ansatz max. iHv 60 % der Bezüge nach a) gemäß § 4 VI 4 2. HS		8,4	9,6

Dieses Ergebnis hinsichtlich des Ansatzes des Übernahmeverlustes bei B und C überrascht insoweit, als auf einen Veräußerungsgewinn des B das Teileinkünfteverfahren anzuwenden gewesen wäre, während ein Veräußerungsgewinn des C der vollen Besteuerung unterfiele (§ 3 Nr. 40 S 3 EStG aF).

392–394 *(einstweilen frei)*

d) Wertansatz der übergegangenen Wirtschaftsgüter und Besonderheiten der Bilanzierung

395 Die PersGes hat gemäß § 4 I, IV 1 die auf sie übergegangenen WG mit den in der steuerlichen Schlussbilanz der übertragenden Körperschaft enthaltenen Werten zu übernehmen. Auf der Grundlage dieser Werte wird nach § 4 IV 1 das Übernahmeergebnis 1. Stufe dadurch ermittelt, dass der (anteilige) Wert der übergegangenen WG dem BW/Wert nach § 4 IV 1 gegenübergestellt wird.

Dieser **Wertansatz** gilt jedoch **nur für die Ermittlung des Übernahmeergebnisses** 1. Stufe. In der bilanziellen Darstellung der übergegangenen WG in der steuerlichen Gesamthandsbilanz kann davon abgewichen werden, wenn für die einzelnen Gesellschafter der übernehmenden PersGes entsprechende Korrekturen in deren jeweiligen Ergänzungsbilanzen vorgenommen werden. Diese Ergänzungsbilanzen beruhen dann auf einer Abweichung zwischen dem Wertansatz zu Zwecken der Ermittlung des Übernahmeergebnisses nach § 4 I, IV und dem Wertansatz in der Gesamthandsbilanz, die der späteren Gewinnermittlung der PersGes zugrunde gelegt wird. Solche Abweichungen dürfen das Übernahmeergebnis nicht mindern oder verfälschen (BFH v. 8.12.1994 – IV R 82/92, BStBl. II 1995, 599). Sie dürfen auf die Ermittlung eines späteren Gewinns oder Verlusts einschließlich von Veräußerungsgewinnen und -verlusten der Beteiligung an der PersGes keinen Einfluss haben. 396

aa) Anpassung an Handelsbilanz. Auch in den Fällen, in denen die PersGes ihre steuerliche Gesamthandsbilanz freiwillig an die Bewertung in der **Handelsbilanz gemäß § 24 UmwG** anpassen will, sind solche Abweichungen möglich (keine Maßgeblichkeit, vgl Rn. 52). Dies gilt insbesondere dann, wenn in der Handelsbilanz gemäß § 24 UmwG nicht von dem Wahlrecht Gebrauch gemacht wird, die handelsbilanziellen BW des übertragenden Rechtsträgers fortzuführen (§ 17 II UmwG). Die (freiwillige) Neubewertung nach § 24 UmwG wird dann in Betracht kommen, wenn das handelsbilanzielle Eigenkapital der übernehmenden PersGes hoch ausgewiesen werden soll und/oder der handelsrechtliche Gewinnausweis in den Folgejahren durch Abschreibungen gemindert werden soll. 397

Beispiel: Die A-GmbH ist zu 25 % und B ist zu 75 % an der X-GmbH beteiligt. Der BW der Beteiligung an der X-GmbH beläuft sich bei der A-GmbH auf 80, bei B, der die Beteiligung im BV hält, auf 600. Vereinfachend soll davon ausgegangen werden, dass kein Sperrbetrag nach § 50c EStG existiert, keine Bezüge nach § 7 anzusetzen sind und keine Umwandlungskosten entstehen. Die X-GmbH soll auf die neu zu gründende Z-OHG verschmolzen werden. Die BW der X-GmbH sollen bei der Z-OHG steuerlich fortgeführt werden. Handelsrechtlich sollen den neu aufzunehmenden Gesellschaftern A-GmbH und B jedoch Beteiligungen bei der Z-OHG eingeräumt werden, die über dem Eigenkapital der bisherigen X-GmbH liegen, und zwar soll die A-GmbH ein Gesellschaftskapital von 125 und B ein solches von 375 erhalten. Der Wert, mit dem die übergegangenen WG der X-GmbH bei der Z-OHG iSd § 4 IV 1 zu übernehmen sind, beträgt 300. Der gemeine Wert der übergegangenen WG beträgt 500. 398

Ermittlung des Übernahmeergebnisses

	A-GmbH	B	Summe
Wert, mit dem die übergegangenen WG zu übernehmen sind	75	225	300
BW der Anteile	./. 80	./. 600	./. 680
Übernahmeverlust 1. Stufe	5	375	380
Bezüge nach § 7	0	0	0
Übernahmeergebnis 2. Stufe	./. 5	./. 375	./. 380

Handelsrechtlich könnte die Z-OHG entweder eine Bilanz aufstellen, in der sie die BW übernimmt.

Handelsbilanz der Z-OHG
(Übernahme der BW)

Übergegangene		Kapital A-GmbH	75
WG	300	Kapital B	225

Sie kann aber auch eine Bilanz aufstellen, in der sie stille Reserven aufdeckt.

Handelsbilanz der Z-OHG
(Aufdeckung)

Übergegangene		Kapital A-GmbH	125
WG	500	Kapital B	375

Steuerrechtlich muss die Z-OHG jedoch die Werte aus der steuerlichen Schlussbilanz des übertragenden Rechtsträgers übernehmen. Dies kann jedoch auch durch eine Aufdeckung in der Gesamthandsbilanz und eine Korrektur in Ergänzungsbilanzen erfolgen (Rn. 37).

Steuerrechtliche Gesamthandsbilanz der Z-OHG
(Aufdeckung)

Übergegangene		Kapital A-GmbH	125
WG	500	Kapital B	375

Negative Ergänzungsbilanz der A-GmbH

Negatives Kapital	50	Korrekturposten zu übergegangenen WG	50

Negative Ergänzungsbilanz des B

Negatives Kapital	150	Korrekturposten zu übergegangenen WG	150

Für die beiden Gesellschafter wären im Rahmen der Z-OHG keine Ergänzungsbilanzen aufzustellen gewesen, wenn die übernommenen WG in der steuerlichen Gesamthandsbilanz zu den Werten fortgeführt worden wären, die sich gemäß § 4 I ergeben. Da dies nicht der Fall ist und diese Werte nur für die Gewinnermittlung nach § 4 IV zugrundegelegt wurden, ist die Aufwertung durch negative Ergänzungsbilanzen zu korrigieren. Anteilig wären die übergegangenen WG für die A-GmbH mit 75 zu bilanzieren. Da die Bilanzierung in der steuerlichen Gesamthandsbilanz aber mit 125 (25 % von 500) erfolgt, ist diese Aufwertung in einer Ergänzungsbilanz um 50 zu korrigieren. Vergleichbares gilt für den Gesellschafter B.

399 **bb) Zuordnung stiller Reserven.** Die Aufstellung von Ergänzungsbilanzen kommt auch in Betracht, wenn im Rahmen der Umwandlung stille Reserven einem Gesellschafter zugeordnet werden sollen.

400 **Beispiel:** In Abänderung zum obigen Beispiel (Rn. 398) soll die X-GmbH auf die bestehende Z-OHG verschmolzen werden. An der Z-OHG sind C und D zu je 50 %, die A-GmbH und B bisher nicht beteiligt. Die Kapitalkonten von C und D bei der Z-OHG betragen je 100 und die Z-OHG hat einen gemeinen Wert von 250. Unverändert sollen die BW der X-GmbH bei der Z-OHG steuerlich fortgeführt werden.

Die Ermittlung des Übernahmeergebnisses erfolgt unverändert.

Soweit die Z-OHG eine Gesamthandsbilanz aufstellt, in der die BW der X-GmbH übernommen werden, ergibt sich dadurch eine Verschiebung bei der Zuordnung der stillen Reserven.

Steuerbilanz der Z-OHG
(Übernahme der BW)

Übergegangene		Kapital A-GmbH	75
WG	300	Kapital B	225
bisher vorhandene		Kapital C	100
WG	200	Kapital D	100
	500		500

C und D, die zuvor mit je 125 am Vermögen der Z-OHG beteiligt waren (gemeiner Wert iHv 250 × 50 %), wären nach der Umwandlung mit je 150 am Vermögen der (erweiterten) Z-OHG beteiligt (gemeiner Wert 250 + 500 = 750 × 100 / 500).

Um dies zu vermeiden, können die stillen Reserven der übergegangenen WG (teilweise) aufgedeckt werden. Zwar muss die Z-OHG auch in der vorliegenden Konstellation steuerrechtlich die Werte aus der steuerlichen Schlussbilanz des übertragenden Rechtsträgers übernehmen. Dies kann wie oben auch durch eine teilweise Aufdeckung in der Gesamthandsbilanz und eine Korrektur in Ergänzungsbilanzen erfolgen (Rn. 37).

Steuerrechtliche Gesamthandsbilanz der Z-OHG
(teilweise Aufdeckung)

Übergegangene		Kapital A-GmbH	100
WG	400	Kapital B	300
bisher vorhandene		Kapital C	100
WG	200	Kapital D	100
	600		600

Bei dieser Darstellung sind C und D nach der Umwandlung mit je 125 am Vermögen der (erweiterten) Z-OHG beteiligt (gemeiner Wert 250 + 500 = 750 × 100 / 600). Dies entspricht ihrer vermögensmäßigen Beteiligung an der Z-OHG vor der Umwandlung.

Der überhöhte Ansatz der übergegangenen WG ist in entsprechenden Ergänzungsbilanzen zu korrigieren:

Negative Ergänzungsbilanz der A-GmbH

Negatives Kapital	25	Korrekturposten zu übergegangenen WG	25

Negative Ergänzungsbilanz des B

Negatives Kapital	75	Korrekturposten zu übergegangenen WG	75

(einstweilen frei) 401–409

6. Handelsbilanzielle Auswirkung des § 4 IV bis VII

Die Wertansätze in der Handelsbilanz der übernehmenden PersGes oder natürlichen 410 Person bestimmen sich nach § 24 UmwG (Rn. 46). Der Wertansatz ist dort unabhängig von den Regelungen der §§ 3, 4 I und der Erstellung von Ergänzungsbilanzen für die Gesellschafter der übernehmenden PersGes. § 274 HGB ist auf PersGes im Grundsatz nicht anzuwenden, denn die Vorschrift gilt gemäß § 264 HGB nur für KapGes in der Rechtsform der AG, KGaA und GmbH und nur ergänzend für bestimmte PersGes (§ 264a HGB).

Nur soweit an der übernehmenden PersGes selbst wiederum KapGes beteiligt sind, 411 können sich Sonderprobleme ergeben: In der Handelsbilanz der an der PersGes beteiligten KapGes ist die Beteiligung idR mit den AK ausgewiesen (*Falterbaum/Bolk/Reiß/Kirchner* Buchführung und Bilanz 11.5.3.2). Die AK bezogen sich vor der Umwandlung auf die Anteile an der übertragenden KapGes (§ 5 III) oder auf die Beteiligung an der übernehmenden PersGes (Grundfall iSd § 4 IV; Rn. 228). Nach der Verschmelzung bezieht sich die bei der KapGes bilanzierte Beteiligung auf die übernehmende PersGes.

Besteht bei der PersGes eine positive Ergänzungsbilanz für die beteiligte KapGes, so wird 412 das steuerlich der KapGes zuzurechnende Ergebnis idR von dem handelsrechtlichen abweichen. Denn die Abschreibungen in der Ergänzungsbilanz mindern das steuerliche Ergebnis. Hieraus kann sich eine Steuerlatenz auf der Ebene der beteiligten KapGes ergeben, die den Beteiligungsansatz an der übernehmenden PersGes handelsrechtlich ohne Rücksicht auf die Eigenkapitalveränderungen in der übernehmenden PersGes fortführt. Nur soweit der Beteiligung an der übernehmenden PersGes gemäß § 253 III 3 HGB bei voraussichtlich dauernder Wertminderung ein niedrigerer Wert beizulegen ist, sind außerplanmäßige Abschreibungen vorzunehmen (§ 253 III 3 HGB idF BilMoG, ein Abschreibungswahlrecht gilt nur noch bei Finanzanlagen, § 253 III 4 HGB idF BilMoG; vgl aber § 253 II 3 HGB aF). In der Vergangenheit (vor BilMoG) kam aufgrund der Quasi-Permanenz der Steuerlatenz jedoch eine passive Steuerabgrenzung nach § 274 I HGB kaum in Betracht (A/D/S § 274 HGB Rn. 16; aA zur Vergangenheit *Kozikowski/Fischer* in BeBiKo 7. Aufl. 2010 § 274 HGB Rn. 13). Nach dem Übergang vom Timing-Konzept zum sog. Temporary-Konzept durch das BilMoG sind auch quasi-permanente Buchwertdifferenzen künftig in die Berechnung mit einzubeziehen (*Wendholt/Wesemann* DB 2009 Beil. 5 zu Heft 23 S 64, 65; *Theile* DStR 2009 Beihefter zu Heft 18 S 35).

413, 414 *(einstweilen frei)*

7. Beteiligung der übertragenden Körperschaft an der übernehmenden PersGes

415 Es sind Fälle möglich, in denen die übertragende Körperschaft Mitunternehmer der übernehmenden PersGes ist. Bei einer Verschmelzung kommt es dann zu einem partiellen *Down-Stream-Merger.* Für diese Fälle bestimmt UmwStE Rn. 04.02 iVm Rn. 03.10, dass zum übergehenden Vermögen der übertragenden Körperschaft auch die dieser anteilig zuzurechnenden WG der übernehmenden PersGes gehören. Dies ist dahingehend zu verstehen, dass entsprechend der steuerrechtlich maßgebenden Beteiligungsquote die übertragende Körperschaft an jedem einzelnen WG der übernehmenden PersGes anteilig beteiligt ist. Dies entspricht der für den Ansatz der Beteiligung an einer PersGes geltenden Spiegelbildmethode, nach welcher der Wertansatz der Beteiligung durch den Wertansatz des Kapitalkontos laut Gesellschaftsbilanz, Ergänzungsbilanz und ggf. Sonderbilanz des Beteiligten bestimmt wird (UmwStE Rn. 03.10; *Falterbaum/Bolk/Reiß/Kirchner* Buchführung und Bilanz 11.5.3.3).

416 Dies bezieht sich nach dem Wortlaut auch auf diejenigen Anteile an der übertragenden Körperschaft, die im Gesamthandsvermögen der PersGes stehen (gegenseitige Beteiligung). Eine solche gegenseitige Beteiligung kann, muss aber nicht bestehen. Denn Voraussetzung einer Verschmelzung und erst recht einer Spaltung, auf die § 16 Anwendung findet, ist nicht, dass der übernehmende Rechtsträger am Übertragenden gesellschaftsrechtlich beteiligt ist. Damit sind die Vorschriften zur Ermittlung des Übernahmeergebnisses auch bei einer Verschmelzung einer Mutter-KapGes auf eine 100%ige Tochter-PersGes anzuwenden (*van Lishaut* in R/H/vL § 4 Rn. 78).

417 Soweit die Verschmelzung nicht zum BW, sondern zum ZW oder gemeinen Wert durchgeführt werden soll, sind auch die stillen Reserven in den anteiligen WG bei der PersGes aufzudecken. Dies erfolgt in einer Ergänzungsbilanz der übertragenden KapGes bei der übernehmenden PersGes (vgl § 3 Rn. 183 f.; UmwStE Rn. 04.17).

418 **Beispiel:** An einer OHG sind A mit 90 % und die X-GmbH mit 10 % beteiligt. Die OHG ist wiederum mit 20 % an der X-GmbH beteiligt, die übrigen 80 % der X-GmbH hält B. Es wird eine Verschmelzung der X-GmbH auf die OHG beschlossen, B wird (neben A) weiterer Gesellschafter der OHG.

Die Lösung ist nicht über fingierte eigene Anteile der Körperschaft an sich selbst (analog UmwStE Rn. 04.32 f.) – im Beispiel 10 % der 20%igen Beteiligung der OHG an der X-GmbH – zu suchen. Vielmehr geht das anteilige Kapitalkonto der übertragenden Körperschaft bei der übernehmenden PersGes, welches dem steuerlichen Beteiligungsansatz der Körperschaft an der OHG entspricht (Spiegelbildmethode) und damit die anteiligen WG, auf die übernehmende PersGes über. Im Gegenzug dazu fallen bei der übernehmenden PersGes die Anteile an der übertragenden Körperschaft weg.

419 *(einstweilen frei)*

8. Ausländische Anteilseigner

420 In die gesonderte und einheitliche Feststellung des Übernahmeergebnisses nach §§ 180 ff. AO (Rn. 228) sind ausländische Anteilseigner von Körperschaften, die aufgrund der Umwandlung Mitunternehmer der PersGes werden, nur insoweit einzubeziehen, als zum steuerlichen Übertragungsstichtag ein deutsches Besteuerungsrecht hinsichtlich des Gewinns aus der Veräußerung der Anteile an der Körperschaft oder der Einkünfte iSd § 7 bestanden hat (UmwStE Rn. 04.23; *Schmitt/Schloßmacher* UmwStE 2011, S 116). Ein deutsches Besteuerungsrecht hinsichtlich des Gewinns aus der Veräußerung der Anteile kann sich beispielsweise aus § 49 I Nr. 2a oder e EStG ergeben, sofern kein DBA besteht. Sofern ein DBA besteht, könnte sich ein deutsches Besteuerungsrecht ergeben, sofern eine dem Art. 13 II OECD-MA vergleichbare Regelung eingreift oder wenn dieses keine dem Art. 13 V OECD-MA vergleichbare Regelung enthält (*Blaas/Sommer* in Schneider/Ruoff/Sistermann UmwStE 2011 Rn. H 4.57). Die FinVerw wendet in diesem Rahmen die Einlagefiktion nicht an (*Frotscher* UmwSt-Erlass 2011 zu Rn. 04.23; vgl allgemein zur Reichweite der Einlage- bzw. Überführungsfiktion § 18 Rn. 91). Dies ergibt sich aus dem Hinweis der FinVerw in UmwStE Rn. 04.23 S 2, dass sich das abkommensrechtliche Besteuerungsrecht für Anteile iSd § 5 II aus einer dem Art. 13 V OECD-MA vergleichbaren Vorschrift ergibt. Zum möglichen deutschen Besteuerungsrecht für die Einkünfte iSd § 7 und zur Frage des KapESt-Abzugs s. § 7 Rn. 31 f., 65 ff.

Sofern in Bezug auf den ausländischen Anteilseigner (oder auch Mitunternehmer der **421**
übernehmenden PersGes) ein deutsches Besteuerungsrecht im Rahmen der Umwandlung eingeschränkt wird und somit trotz der beabsichtigten BW-Fortführung stille Reserven jedenfalls teilweise aufzudecken sind (vgl § 3 Rn. 117 ff.), ist nach Auffassung der FinVerw zwingend eine Ergänzungsbilanz zu bilden, in der für die Beteiligten der Aufstockungsbetrag anteilig auszuweisen ist (UmwStE Rn. 04.24).

Beispiel in Anlehnung an UmwStE Rn. 04.24: Die X-GmbH, deren alleiniger Anteilseigner der A mit Wohnsitz und gewöhnlichen Aufenthalt im Ausland ist, hat eine Betriebsstätte in einem Nicht-DBA-Staat. Sie soll auf die Y-OHG mit den inländischen Mitunternehmern B (40 %) und C (60 %) verschmolzen werden. A soll nach der Verschmelzung zu 50 % Mitunternehmer der Y-OHG sein. Der BW der WG der X-GmbH beträgt 750. Davon beträgt der BW der WG der ausländischen Betriebsstätte 200 und deren gemeiner Wert 700. Die X-GmbH beantragt den Ansatz der BW nach § 3 II.

Bezüglich der ausländischen Betriebsstätte liegen die Voraussetzungen für eine Buchwertfortführung hinsichtlich des A nicht vor, so dass insoweit der gemeine Wert anzusetzen ist. In der Übertragungsbilanz der X-GmbH sind die der ausländischen Betriebsstätte zuzuordnenden WG aufzustocken. Der Aufstockungsbetrag beträgt 50 % der stillen Reserven von 500, also 250.

Steuerrechtliche Übertragungsbilanz der X-GmbH

WG (BW-Fortführung)	1000	Stammkapital	1000
davon Betriebsstätten-WG 200 + 250 (Aufstockung)			

Bilanz der Y-OHG
(vor Verschmelzung)

WG	1000	Kapital B (40 %)	400
		Kapital C (60 %)	600

Steuerrechtliche Gesamthandsbilanz der Y-OHG
(mit Ergänzungsbilanz)

		Kapital A (50 %)	1000
WG	2000	Kapital B (20 %)	400
		Kapital C (30 %)	600

Negative Ergänzungsbilanz des B

Negatives Kapital	50	Korrekturposten zu übergegangenen Betriebsstätten-WG	50

Negative Ergänzungsbilanz des C

Negatives Kapital	75	Korrekturposten zu übergegangenen Betriebsstätten-WG	75

Positive Ergänzungsbilanz des A

Korrekturposten zu übergegangenen Betriebsstätten-WG	125	Kapital A	125

Diese zwangsweise Zuordnung des Aufstockungsbetrages zu dem beschränkt steuerpflichtigen Mitunternehmer wird kritisch gesehen, weil so das entstandene Abschreibungsvolumen dem Mitunternehmer zugewiesen wird, der es für deutsche Steuerzwecke nicht nutzen kann (*Blaas/Sommer* in Schneider/Ruoff/Sistermann UmwStE 2011 Rn. H 4.66), so dass im Ergebnis die inländischen Mitunternehmer im weiteren Verlauf die entsprechende Steuerbelastung zu tragen haben (*Kutt/Carstens* in FGS/BDI, UmwSt-Erlass 2011, 178).

422–424 *(einstweilen frei)*

VI. Missbrauchsregeln in UmwStE 1998 Rn. 04.44 bis 04.46

425 Die FinVerw hatte in UmwStE 1998 Rn. 04.44 bis 04.46 bestimmte als missbräuchlich angesehene Gestaltungen dargestellt. Solche angeblichen Missbrauchsgestaltungen sind spätestens nach der Änderung durch das SEStEG nicht mehr möglich (s. 3. Auflage § 5 Rn. 80). Folglich sind die Aussagen in UmwStE 1998 Rn. 04.44 bis 04.46 überholt und konsequenterweise nicht in den aktuellen UmwStE übernommen worden.

§ 5 Besteuerung der Anteilseigner der übertragenden Körperschaft

(1) **Hat der übernehmende Rechtsträger Anteile an der übertragenden Körperschaft nach dem steuerlichen Übertragungsstichtag angeschafft oder findet er einen Anteilseigner ab, so ist sein Gewinn so zu ermitteln, als hätte er die Anteile an diesem Stichtag angeschafft.**

(2) **Anteile an der übertragenden Körperschaft im Sinne des § 17 des Einkommensteuergesetzes, die an dem steuerlichen Übertragungsstichtag nicht zu einem Betriebsvermögen eines Gesellschafters der übernehmenden Personengesellschaft oder einer natürlichen Person gehören, gelten für die Ermittlung des Gewinns als an diesem Stichtag in das Betriebsvermögen des übernehmenden Rechtsträgers mit den Anschaffungskosten eingelegt.**

(3) [1] **Gehören an dem steuerlichen Übertragungsstichtag Anteile an der übertragenden Körperschaft zum Betriebsvermögen eines Anteilseigners, ist der Gewinn so zu ermitteln, als seien die Anteile an diesem Stichtag zum Buchwert, erhöht um Abschreibungen sowie um Abzüge nach § 6b des Einkommensteuergesetzes und ähnliche Abzüge, die in früheren Jahren steuerwirksam vorgenommen worden sind, höchstens mit dem gemeinen Wert, in das Betriebsvermögen des übernehmenden Rechtsträgers überführt worden.** [2] **§ 4 Abs. 1 Satz 3 gilt entsprechend.**

Übersicht

I. Allgemeines

1. Bedeutung

Die Regelungen des § 5 erweitern den Anwendungsbereich von § 4. § 4 IV baut strukturell darauf auf, dass die **Anteile an der übertragenden Körperschaft** von **der übernehmenden Personengesellschaft** gehalten werden (Grundfall). 1

Der Grundfall ist den früheren Regelungen des UmwG 1969 konzeptionell verhaftet. Dort war Voraussetzung der Verschmelzung einer AG bzw. GmbH auf eine PersGes, dass sich die Anteile an der AG bzw. GmbH insgesamt bzw. zu mehr als 90% in der Hand der übernehmenden PersGes befanden. Es war eine gesellschaftsrechtliche Beteiligung der übernehmenden PersGes erforderlich, die zu dem Zeitpunkt, zu dem der Umwandlungsbeschluss gefasst wurde, bestehen musste. Seit dem UmwG 1995 ist eine gesellschaftsrechtliche Beteiligung der übernehmenden PersGes an der übertragenden Körperschaft nicht mehr erforderlich. Vielmehr müssen die Gesellschafter mit qualifizierter Mehrheit jeweils dem Verschmelzungsvertrag zustimmen. 2

Eine Verschmelzung ist möglich als Verschmelzung durch Aufnahme oder als Verschmelzung durch Neugründung. Die **Verschmelzung im Wege der Aufnahme** erfolgt nach § 2 Nr. 1 UmwG durch Übertragung des Vermögens eines oder mehrerer Rechtsträger auf einen anderen **bestehenden Rechtsträger.** Die **Verschmelzung im Wege der Neugründung** erfolgt nach § 2 Nr. 2 UmwG durch Übertragung des Vermögens zweier oder mehrerer Rechtsträger auf einen **neuen,** von ihnen dadurch gegründeten **Rechtsträger.** Den Gesellschaftern der jeweils übertragenden Rechtsträger werden Anteile/Mitgliedschaften an dem übernehmenden oder neuen Rechtsträger gewährt. Der vom Gesetzgeber im Rahmen des § 4 unterstellte Grundfall kann daher nur in Fällen der Verschmelzung durch Aufnahme erfüllt sein. 3

Vor diesem Hintergrund ist der vom Gesetzgeber für die Anwendung des § 4 konzipierte **Grundfall eher ein Ausnahmefall** (s *Haritz* BB 1996, 1409). Erst durch die Regelungen des § 5 wird versucht, die tatsächlichen Sachverhalte an den Grundfall, der einer überholten handelsrechtlichen Gesetzeslage folgt, steuerlich anzupassen. Diese Anpassung ist nicht nur sprachlich misslungen; sie kann aufgrund des zu engen Wortlauts zu Streitigkeiten bei der Auslegung führen. Die Intention des Gesetzgebers, die tatsächlichen Sachverhalte dem konstruierten Grundfall anzunähern, ist allerdings bei der Auslegung zu berücksichtigen. Soweit nach der Grundkonzeption des Gesetzes möglich, muss die Auslegung des § 5 dergestalt vorgenommen werden, dass, zum Zwecke der Gewinnermittlung, Anteile an der übertragenden Körperschaft zum Übertragungsstichtag als Vermögen der übernehmenden PersGes angesehen werden. 4

2. Überblick und sachlicher Anwendungsbereich

5 § 5 sieht Regelungen für Fälle vor, in denen die übernehmende PersGes nicht oder nur teilweise an der übertragenden Körperschaft beteiligt ist. Nach dem isolierten Wortlaut erstreckt sich § 5 nur auf folgende Fälle:

- Anteile an der übertragenden Körperschaft, die nach dem steuerlichen Übertragungsstichtag durch die übernehmende PersGes bzw. die übernehmende natürliche Person (gemeinsam als Rechtsträger im Gesetz definiert) angeschafft worden sind;
- Abfindung an einen Anteilseigner im Rahmen der Umwandlung und dadurch Erwerb der Anteile des Anteilseigners an der übertragenden Körperschaft;
- Anteile an der übertragenden Körperschaft iSd § 17 EStG, die am steuerlichen Übertragungsstichtag nicht zu einem BV eines Gesellschafters der übernehmenden PersGes oder einer natürlichen Person gehören;
- Anteile an der übertragenden Körperschaft, die zu einem BV eines Anteilseigners am steuerlichen Übertragungsstichtag gehören.

6 **Weitere Anwendungen.** Über den unmittelbaren Wortlaut hinaus erstreckt sich § 5 auch auf einbringungsgeborene Anteile iSv § 21 I aF, denn § 5 IV aF gilt für solche Anteile weiter. Dies ergibt sich aus § 27 III Nr. 1.

7 § 5 IV aF hat folgenden Wortlaut:

> „Einbringungsgeborene Anteile an einer Kapitalgesellschaft iSd § 21 [aF] gelten als an dem steuerlichen Übertragungsstichtag in das Betriebsvermögen der Personengesellschaft mit den Anschaffungskosten eingelegt.“

8 Erfolgt ein Erwerb von Anteilen nach dem steuerlichen Übertragungsstichtag nicht direkt durch die übernehmende Gesellschaft, so ist neben §§ 5 II oder III auch I anzuwenden (s. hierzu Rn. 29).

9 § 5 findet auch bei einem Formwechsel nach § 9 und bei Spaltungen nach § 16 regelmäßig Anwendung, denn bei Spaltungen dürfte die übernehmende PersGes nur in Ausnahmefällen an der Körperschaft beteiligt sein. Bei formwechselnden Umwandlungen kann keine Beteiligung iSd Grundfalles des § 4 bestehen.

10 § 5 I gilt weiterhin entsprechend im Rahmen des § 12 II.

11 Auch bei einem Vermögensübergang auf einen Rechtsträger ohne BV (Bsp.: GmbH mit reinen Vermietungseinkünften wird auf nicht gewerblich geprägte V+V-KG verschmolzen) gilt § 5 entsprechend (vgl § 8 I 2).

12 § 5 hat nur Bedeutung für Anteilsinhaber, die an der Verschmelzung teilnehmen, also für solche, die im Zeitpunkt des tatsächlichen Vermögensübergangs – Eintragung der Umwandlung in das Handelsregister – Gesellschafter der übernehmenden PersGes sind oder werden (*Pung* in D/P/M § 5 UmwStG Rn. 7). Nur für diese Anteilsinhaber kommt die rückwirkende Einlagefiktion des § 5 in Betracht. § 5 ist insoweit eine Ausprägung der allgemeinen steuerlichen Rückwirkungsfiktion des § 2 I, II.

13 Nicht erfasst werden Anteile, die keine Beteiligungen iSv § 17 EStG darstellen und Privatvermögen des Anteilseigners der übertragenden Körperschaft sind. Dies ist angesichts der nunmehr generellen Pflicht, Veräußerungsgewinne aus Beteiligungen an KapGes zu versteuern, ein nicht mehr zeitgemäßer Bruch in der Gesetzessystematik.

3. Örtlicher Anwendungsbereich

14 Gem. § 1 II muss der übertragende Rechtsträger eine Körperschaft aus den Mitgliedsstaaten der EU/des EWR sein.

15 Soweit es sich um Anteile an einer Körperschaft handelt, die ihren Sitz oder ihre Geschäftsleitung in der Bundesrepublik Deutschland hat, kommt es im Ergebnis nicht darauf an, ob der Anteilseigner an dieser Körperschaft einer unbeschränkten oder beschränkten Steuerpflicht unterliegt, ob er der Bundesrepublik Deutschland oder einem

anderen Mitgliedsstaat der EU/des EWR steuerlich angehört oder in einem Drittland ansässig ist. Auch kommt es nicht darauf an, ob mit dem anderen Staat, in dem der Anteilseigner ansässig ist, ein DBA nach dem üblichen OECD-Muster abgeschlossen ist, das das Besteuerungsrecht für die Veräußerung von Beteiligungen an Körperschaften, insbesondere KapGes, dem Ansässigkeitsstaat des Anteilseigners zuweist. Für die Anwendung von § 5 II und III ist allein entscheidend, ob es sich um eine Beteiligung iSv § 17 EStG handelt oder die Beteiligung im in- oder ausländischen BV gehalten wird, wobei die nationalen deutschen steuerlichen Qualifikationskriterien anzuwenden sind und nicht ausländische (UmwStE Rn. 05.07; *Pung* in D/P/M § 5 UmwStG Rn. 26).

Ist die übertragende Körperschaft in einem anderen EU/EWR-Staat ansässig – und somit nicht in der Bundesrepublik Deutschland – erfolgt die Verknüpfung zum deutschen Steuerrecht darüber, dass der Anteilseigner mit seiner Beteiligung an der übertragenden Körperschaft in Deutschland steuerpflichtig sein muss. Hierbei ist es irrelevant, ob nur beschränkte Steuerpflicht in Deutschland besteht oder unbeschränkte. Für die Anwendung von § 5 II und III ist somit relevant, dass es eine Verknüpfung der Beteiligung an der in einem anderen EU/EWR-Staat steuerlich ansässigen Körperschaft zu einem BV in Deutschland gibt. Ist die Beteiligung Privatvermögen und stellt eine Beteiligung iSv § 17 EStG dar, so ist von praktischer Bedeutung regelmäßig nur der Fall, dass es sich um einen Anteilseigner handelt, der in Deutschland unbeschränkt steuerpflichtig ist. Beschränkte Steuerpflicht, die auch Anteile am Privatvermögen ergreift, die sich auf eine Beteiligung an einer Körperschaft in einem anderen EU/EWR-Staat bezieht, ist denklogisch weitgehend ausgeschlossen. **16**

Bei einer Verschmelzung auf eine natürliche Person ist gem. § 1 II 1 Nr. 2 erforderlich, dass die übernehmende natürliche Person ihren Wohnsitz oder gewöhnlichen Aufenthalt innerhalb des Hoheitsgebietes eines der EU/EWR-Staaten hat und nicht auf Grund eines DBA als außerhalb des Hoheitsgebietes dieser Staaten ansässig angesehen wird. Dieser Gedanke ist aber nicht übertragbar auf den Beteiligten einer übernehmenden PersGes, die steuerlich innerhalb des Hoheitsgebietes der EU/EWR-Staaten ansässig ist. **17**

Hinsichtlich der Anwendung von § 5 I kommt es für den Erwerber nicht darauf an, ob der Anteilseigner der übertragenden Körperschaft, der seine Anteile an der übertragenden Körperschaft an den übernehmenden Rechtsträger nach dem steuerlichen Übertragungsstichtag veräußert, in Deutschland oder einem anderen EU/EWR-Staat hinsichtlich der Veräußerung seiner Beteiligung einer beschränkten oder unbeschränkten Steuerpflicht unterliegt. Auch hinsichtlich der Abfindung eines Anteilseigners der übertragenden Körperschaft ist es irrelevant, ob ein solcher abzufindender Anteilseigner im Inland oder in einem anderen EU/EWR-Staat beschränkt oder unbeschränkt steuerpflichtig ist. Von Relevanz ist hier allein der Umstand, dass der übernehmende Rechtsträger die Kriterien des § 1 II 1 Nr. 1 erfüllt. Damit kommt es im Rahmen des § 5 I nicht darauf an, ob der Veräußernde bzw. der Abzufindende die Anteile im BV oder im Privatvermögen unter dem Kriterium der Beteiligung nach § 17 EStG gehalten hat oder ob er mit der Veräußerung/der Abfindung ein privates Veräußerungsgeschäft verwirklicht hat. **18**

Kein Kriterium für die Anwendung des § 5, speziell Abs. 2 und 3, ist, ob eine Veräußerung der Anteile an dem übertragenden Rechtsträger bei einer unterstellten Veräußerung auf den steuerlichen Übertragungsstichtag einer deutschen Besteuerung unterlegen hätte. Anteile im Privatvermögen, die nicht die in § 17 EStG gesetzten Grenzen überschreiten und die zudem nicht einbringungsgeboren sind, scheiden aus dem Kreis derjenigen aus, für die ein Übernahmeergebnis nach § 4 ermittelt wird. **19**

Die Bestimmung in § 5 II 2 aF, nach der bestimmte Anteile iSd § 17 EStG von der Einlagefiktion des § 5 ausgeschlossen waren, entfällt. Anstelle dieser als Systembruch zu kennzeichnenden alten Bestimmung ist nunmehr § 4 VI 6 getreten. **20**

II. Einzelne Anwendungsfälle

1. Anschaffung nach dem steuerlichen Übertragungsstichtag und Abfindung

a) Anschaffung

21 **aa) Anschaffung durch die PersGes.** Schafft die übernehmende PersGes Anteile nach dem steuerlichen Übertragungsstichtag an, so hat sie den Übernahmegewinn so zu ermitteln, als hätte sie die Anteile an diesem Stichtag angeschafft.

22 Eine Anschaffung durch die übernehmende PersGes selbst ist gesellschaftsrechtlich nur denkbar, wenn es sich um eine **Verschmelzung durch Aufnahme** nach §§ 4 ff., 39 ff. UmwG handelt und nicht um eine Verschmelzung durch Neugründung nach §§ 36 ff. UmwG.

23 Nach dem Wortlaut gilt § 5 I bei Anschaffungen. Eine **Anschaffung** liegt dann vor, wenn ein Wirtschaftsgut im Austausch mit einer Gegenleistung – also **entgeltlich** – erworben wird (BFH v. 13.1.1993, BStBl. II 347).

24 **Verdeckte Einlagen der Anteile** durch den Gesellschafter einer PersGes in das BV der PersGes sind nach Auffassung der FinVerw als Anschaffungen der PersGes iSd § 5 I zu werten, obwohl es bei verdeckten Einlagen hinsichtlich des verdeckt eingelegten Wertes an der Entgeltlichkeit fehlt (UmwStE Rn. 05.01 S 2; aA FG Berlin-Brandenburg v. 11.12.2013 – 12 K 12136/12, DStRE 2014, 861 Tz. 34, Rev. durch BFH v. 7.6.2018 – IV R 11/14 als unzulässig verworfen). Bei Einlagen gegen Gewährung von Gesellschaftsrechten, bei denen eine Entgeltlichkeit in Form der gewährten Gesellschaftsrechte vorliegt, ist Anschaffung durch die PersGes anzunehmen. Nach dem BFH liegt eine Einbringung gegen Gewährung von Gesellschafterrechten allerdings dann nicht vor, wenn die Gutschrift allein auf dem Kapitalkonto II erfolgt und sich die maßgeblichen Gesellschafterrechte nach dem aus dem Kapitalkonto I folgenden festen Kapitalanteil richten (BFH v. 29.7.2015 – IV R 14/14, BStBl. II 2016, 593; jetzt ebenso BMF-Schreiben v. 26.7.2016, BStBl. I 2016, 684).

25 **bb) Anschaffung durch einen (zukünftigen) Gesellschafter.** Es ist nicht notwendig, dass die PersGes selbst die Anteile angeschafft hat. Es ist ausreichend, dass ein Gesellschafter der PersGes die Anteile angeschafft hat.

26 Wäre Tatbestandsvoraussetzung des § 5 I, dass die PersGes selbst die Anschaffung tätigt, hätte § 5 I nur einen sehr eingeschränkten Anwendungsbereich. Alle Fallkonstellationen, in denen ein (zukünftiger) Gesellschafter der PersGes die Anschaffung tätigt, fielen dann nicht in den Anwendungsbereich der Vorschrift; eine Ausnahme wäre nur bei Anschaffungen im SonderBV denkbar (Rn. 31). § 5 I hätte insbesondere hinsichtlich der Anschaffung von Anteilen bei Verschmelzungen zur Neugründung keine Bedeutung, denn die übernehmende PersGes entsteht hier erst mit der Eintragung der Verschmelzung in das Handelsregister und kann daher keine Anschaffungen vor diesem Zeitpunkt vornehmen. Deshalb ist eine Anschaffung durch die PersGes selbst nicht Voraussetzung der Anwendung der Vorschrift. Auch die Anschaffung durch einen (zukünftigen) Gesellschafter nach dem Übertragungsstichtag wird danach von der Rückwirkung erfasst (UmwStE Rn. 05.04).

27, 28 *(einstweilen frei)*

29 Die **Gesellschafterstellung** an der aufnehmenden PersGes muss **nicht am steuerlichen Übertragungsstichtag** bestanden haben. Die Gesellschafterstellung muss ebenfalls nicht im Zeitpunkt der Anschaffung vorliegen. Es ist ausreichend, wenn die Gesellschafterstellung bis zur Eintragung begründet wird oder durch die Eintragung der Verschmelzung in das Handelsregister der übernehmenden PersGes erst zur Entstehung kommt.

30 Wird die **übernehmende PersGes** erst **nach dem Übertragungsstichtag** iSd § 2 gegründet, so hindert dies die Rückbeziehung nach § 5 I nicht, denn die Fiktion zielt

nicht auf einen gesellschaftsrechtlich rückwirkenden Erwerb, sondern ist nur eine Fiktion zum Zwecke der Gewinnermittlung (ähnlich *Lüdemann* in Haase/Hruschka § 5 Rn. 16; aA *Pung* in D/P/M § 5 UmwStG Rn. 15: Anwendung von § 5 II, III).

Es ist auch nicht zwingend erforderlich, dass die **Anschaffung im SonderBV** des anschaffenden Gesellschafters im Rahmen seiner Beteiligung an der übernehmenden PersGes erfolgt. Zwar ist dann steuerlich von einer Anschaffung durch die PersGes auszugehen, denn das SonderBV gehört zum steuerlichen BV der PersGes (UmwStE Rn. 05.02). SonderBV dürfte aber nur in Ausnahmefällen vorliegen. Wird die übernehmende PersGes erst nach dem steuerlichen Übertragungsstichtag und nach der Anschaffung durch den Gesellschafter gegründet, kann nicht von einer Anschaffung durch die PersGes bzw. von einer Anschaffung im SonderBV im Rahmen der PersGes ausgegangen werden. Ist vor dem Erwerb der Beteiligung durch den Gesellschafter der Geschäftsbetrieb der PersGes nicht darauf ausgerichtet, einen nicht unbedeutenden Einfluss auf die übertragende Körperschaft auszuüben, so ist auch nicht anzunehmen, dass die Anschaffung der Beteiligung an der Körperschaft im Rahmen des SonderBV des Gesellschafters erfolgte. 31

cc) Anschaffung im Betriebsvermögen. Die Anschaffung durch den Gesellschafter muss im BV erfolgen, weil ansonsten die Wertung des § 5 III missachtet würde, die eine Überführung in das BV des übernehmenden Rechtsträgers nur erlaubt, wenn – in- oder ausländisches – BV vorliegt. 32

Bei einer Anschaffung durch den übernehmenden Rechtsträger ist es jedoch nicht zwingend, dass dieser BV hat. Handelt es sich bei den durchgerechneten Beteiligungen der Gesellschafter des übernehmenden Rechtsträgers am übertragenden Rechtsträger um solche nach § 17 EStG, kommt § 5 II iVm I zur Anwendung. Es reicht, dass aufgrund der Verschmelzung selbst der übernehmende Rechtsträger nicht mehr vermögensverwaltend tätig ist, um von den Steuererleichterungen des § 3 II Gebrauch zu machen. 33

dd) Sonderfälle. Die Fiktion des § 5 I gilt unabhängig davon, ob die PersGes die Anteile an der übertragenden Körperschaft von einem ausscheidenden Anteilseigner des übertragenden Rechtsträgers oder von einem Anteilseigner erworben hat, der auch nach der Umwandlung noch mit der verbleibenden Beteiligung Gesellschafter der übernehmenden PersGes ist. Von § 5 I wird daher auch der Fall erfasst, dass die übernehmende PersGes von einem ihrer Gesellschafter nach dem Übertragungsstichtag Anteile an der übertragenden Körperschaft anschafft. 34

Ein **entgeltlicher Gesellschafterwechsel bei der übernehmenden PersGes** nach dem steuerlichen Übertragungsstichtag steht einer Anschaffung iSd § 5 I gleich, wenn die übernehmende PersGes an dem übertragenden Rechtsträger beteiligt ist. Möglicherweise in Ergänzungsbilanzen erscheinende Anschaffungskosten des erwerbenden neuen Mitunternehmers der übernehmenden PersGes sind im Rahmen des BW der Anteile nach § 4 I mit zu berücksichtigen. Bei unentgeltlichem Gesellschafterwechsel (Erbfall, Schenkung) tritt der Rechtsnachfolger in die Rechtsstellung seines Vorgängers ein. 35

Für den Veräußerer hat die Rückwirkung der Anschaffung die Bedeutung, dass er am steuerlichen Übertragungsstichtag zum Zwecke der Gewinnermittlung der übernehmenden PersGes nicht mehr als beteiligt gilt. Dies gilt jedenfalls für das Übernahmeergebnis iSd § 4 und für das Ergebnis, das in der Zeit zwischen dem Übertragungsstichtag und der Abtretung der Beteiligung an der übernehmenden PersGes aus dem Vermögen der übertragenden Körperschaft resultiert (UmwStE Rn. 05.03). Der ausscheidende Gesellschafter veräußert folglich KapGes-Anteile (Anwendung von § 8b KStG bzw. Teileinkünfteverfahren) und keine Mitunternehmeranteile. Die Besteuerung des Veräußerungsgewinns auf der Ebene des Veräußerers erfolgt jedoch nicht zum steuerlichen Übertragungsstichtag, sondern in dem Veranlagungszeitraum, in dem die Veräußerung tatsächlich stattgefunden hat. 36

b) Abfindung

37 Die Anschaffungsfiktion gilt sowohl für Anteile an der übertragenden Körperschaft, die die übernehmende PersGes nach dem steuerlichen Übertragungsstichtag angeschafft hat, als auch für Abfindungen an ausscheidende Anteilseigner.

38 **Abfindungen** an ausscheidende Gesellschafter der übertragenden Körperschaft nach § 29 UmwG sind bei Verschmelzungen durch Aufnahme und bei Verschmelzungen durch Neugründung möglich. **Bare Zuzahlungen** zur Verbesserung des Umtauschverhältnisses an Gesellschafter des übertragenden Rechtsträgers können nach § 15 UmwG ebenfalls bei Verschmelzungen durch Aufnahme und bei Verschmelzungen durch Neugründung erfolgen. Solche baren Zuzahlungen stehen Abfindungen für Zwecke des § 5 I gleich (*Widmann* in W/M § 5 UmwStG Rn. 59; *van Lishaut* in R/H/vL § 5 Rn. 15; aA *Pung* in D/P/M § 5 UmwStG Rn. 15b).

39 Der **Anspruch** auf Abfindung und bare Zuzahlung **entsteht** erst **nach dem steuerlichen Übertragungsstichtag** und zudem nach Eintragung der Verschmelzung im Handelsregister, also außerhalb des von der FinVerw definierten Rückwirkungszeitraums (UmwStE Rn. 02.10). Abfindungen nach §§ 29, 36, 125, 207 UmwG sowie bare Zuzahlungen nach § 15 UmwG sind grundsätzlich Tatbestände, die zu fiktiven rückwirkenden Anschaffungen und zu erhöhten Anschaffungskosten der übernehmenden PersGes führen (UmwStE Rn. 02.19; *Haritz/Slabon* GmbHR 1997, 401).

40 Die Vorschrift unterscheidet zwischen einer Anschaffung nach dem steuerlichen Übertragungsstichtag (1. Alt.) und einer Abfindung (2. Alt.). Wegen der Anknüpfung an eine reale Anschaffung kann die erste Alternative nur eingreifen, wenn die Veräußerung bis zur Eintragung der Umwandlung in das Handelsregister erfolgt ist. Nach der Eintragung bestehen keine Anteile an der übertragenden Körperschaft mehr. Die zweite Alternative geht vom Wortlaut her in zeitlicher Hinsicht weiter, da hier keine Anknüpfung an eine reale Anschaffung gegeben ist.

41 Im Ergebnis wird der abgefundene Gesellschafter der übertragenden Körperschaft nicht Mitunternehmer der übernehmenden PersGes. Die Barabfindung gilt für die übernehmende PersGes als Anschaffungskosten der abgefundenen Anteile auf den steuerlichen Übertragungsstichtag. Für den abgefundenen Gesellschafter ist die Barabfindung Veräußerungserlös für die Beteiligung am übertragenden Rechtsträger und nicht für eine Mitunternehmerstellung an der übernehmenden PersGes. Eine mögliche Besteuerung der Abfindung bzw. der baren Zuzahlung beim Empfänger erfolgt jedoch erst im Zeitpunkt des Zuflusses und nicht rückwirkend zum steuerlichen Übertragungsstichtag.

42 Dem Ausscheidenden zugeflossene Gewinnausschüttungen der übertragenden Körperschaft, die nach dem steuerlichen Übertragungsstichtag beschlossen werden, stellen Einkünfte aus Kapitalvermögen dar. Andere angemessene Vergütungen (Mieten, Zinsen, Gehaltszahlungen sowie sonstige Leistungsentgelte) des Abgefundenen durch die übertragende Körperschaft stellen Betriebsausgaben der übernehmenden PersGes und Einkünfte des Abgefundenen zB nach §§ 15, 18, 19, 20 oder 21 EStG dar (UmwStE Rn. 02.19). Eine Umqualifikation solcher Zahlungen und Vergütungen nach § 15 I Nr. 2 EStG findet für den Abgefundenen nicht statt. Anderes gilt jedoch für den Empfänger barer Zuzahlungen, der an der Verschmelzung teilnimmt.

c) Folge der Anschaffungsfiktion

43 Durch die **Fiktion der rückwirkenden Anschaffung** wird das für den Grundfall (übernehmende PersGes hält sämtliche Anteile an der übertragenden KapGes) geltende steuerliche Ergebnis weitgehend auch in Anschaffungsfällen erreicht.

44 Da die Anschaffungskosten für den nachträglichen Erwerb der Anteile am Umwandlungsstichtag noch nicht in der steuerlichen Bilanzierung der übernehmenden PersGes auf den Übertragungsstichtag iSv § 4 IV erfasst sind, sind die nach dem Umwandlungsstichtag entstandenen Anschaffungskosten dem zum Übertragungsstichtag ermittelten BW der Anteile an der übertragenden KapGes hinzuzurechnen.

2. Beteiligung iSd § 17 EStG

45 Die Anwendung des § 5 II setzt das Vorliegen folgender Haupttatbestandsmerkmale voraus:

- Ein positives: Es muss sich um Anteile iSd § 17 EStG handeln. Unerheblich ist hierbei, ob die Anteile von steuerlichen In- oder Ausländern gehalten werden und ob der Gewinn aus der Veräußerung dieser Anteile im Inland (beschränkt oder unbeschränkt) steuerpflichtig ist.
- Ein negatives: Es darf sich nicht um Anteile handeln, die am steuerlichen Übertragungsstichtag zu einem BV eines Gesellschafters der übernehmenden PersGes oder einer natürlichen Person gehören. Hierbei kommt es nicht darauf an, ob es sich um in- oder ausländisches BV handelt. Bei einer Verschmelzung auf eine PersGes, die die Voraussetzungen des § 1 II erfüllt, ist es unwesentlich, in welchem Staat der Anteilseigner der übertragenden Körperschaft ansässig ist. Nur bei einer Vermögensübertragung (Verschmelzung) auf eine natürliche Person muss gem. § 1 II 1 Nr. 2 eine solche natürliche Person in einem EU/EWR-Staat steuerlich ansässig sein.

Daneben sind folgende ungeschriebene bzw. anderen Vorschriften zu entnehmende Tatbestandsmerkmale zu beachten:

- Der Anteilsinhaber muss Gesellschafter der übernehmenden PersGes durch die Verschmelzung werden.
- Einbringungsgeborene Anteile sind von der Anwendung des § 5 II ausgeschlossen. Für sie gilt vielmehr die Vorschrift des § 5 IV aF fort.

a) Anteile iSd § 17 EStG

46 Hinsichtlich der Tatbestandsmerkmale, ob und wann eine Beteiligung iSd § 17 EStG vorliegt, s. die Kommentierung zu § 17 EStG in den maßgeblichen EStG-Kommentaren.

47 Von besonderer Bedeutung mag hier allein § 17 VI EStG sein. Danach gelten als Anteile iSd § 17 EStG auch Anteile an KapGes (und an Genossenschaften), an denen der Anteilseigner innerhalb der letzten fünf Jahre am Kapital der Gesellschaft nicht unmittelbar oder mittelbar zu mindestens 1 % beteiligt war, wenn solche Anteile aus bestimmten Einbringungsvorgängen resultieren (zu Einzelheiten s. § 27 Rn. 34; *Haritz* GmbHR 2007, 169).

b) Anschaffungskosten

48 Anteile iSd § 17 EStG gelten für die Ermittlung des Übernahmeergebnisses als am steuerlichen Übertragungsstichtag in das BV der übernehmenden PersGes mit den **Anschaffungskosten** eingelegt (Fiktion, d. h. außerhalb der Bilanz). Dies gilt selbst dann, wenn der gemeine Wert niedriger sein sollte (*Widmann* in W/M § 5 UmwStG Rn. 385). Die Anschaffungskosten sind auf der Ebene des wesentlich Beteiligten zu ermitteln und nicht auf der Ebene der PersGes, in die die Anteile als eingelegt gelten. Der Begriff der Anschaffungskosten ist ebenso wie in § 17 II 1 EStG auszulegen (zu den Anschaffungskosten *Weber-Grellet* in Schmidt § 17 Rn. 156 f.). Es handelt sich um die historischen Anschaffungskosten des Beteiligten. Sie umfassen auch die Anschaffungsnebenkosten. Ist die Beteiligung durch schrittweisen Erwerb in eine wesentliche hineingewachsen, so sind dennoch die historischen Anschaffungskosten maßgeblich. Jedoch ist die Entscheidung des BVerfG v. 7.7.2010, 2 BvR 748/95 u. a., BStBl. II 2011, 86 zu beachten. Wertsteigerungen, die bis zu der Verkündung des StEntlG 1999/2000/2002 entstanden sind und bei einer Veräußerung nach Verkündung des Gesetzes sowohl zum Zeitpunkt der Verkündung als auch zum Zeitpunkt der Veräußerung nach der zuvor geltenden Rechtslage steuerfrei hätten realisiert werden können, sind in der Form zu berücksichtigen, dass insoweit der gemeine Wert als Basis der Einlage anzusetzen ist (*Pung* in D/P/M § 5 UmwStG Rn. 31; *Neu/Schiffers/Watermeyer* GmbHR 2011, 733). Siehe auch BMF v. 20.12.2010, BStBl. I 2011, 16.

49 Eine Änderung der **ursprünglichen Anschaffungskosten** ist möglich. Nachträgliche Anschaffungskosten können durch offene oder verdeckte Einlagen oder zB Finanzplandarlehen entstehen. Die Anschaffungskosten können sich auch durch Rückgewähr von Einlagen mindern (§ 27 KStG), soweit diese Bezüge nicht zu den Einnahmen aus Kapitalvermögen gehören.

50 Durch die Fiktion der Einlage mit den Anschaffungskosten stellt § 5 II Anteile iSd § 17 EStG mit Anteilen an der übertragenden KapGes, die schon vor der Umwandlung zum BV der PersGes gehörten, gleich. Aufgrund der Einlagefiktion gelten die Anteile als vor der Ausschüttung gem § 7 in die PersGes überführt, so dass der Anteilseigner im Rahmen der Ausschüttungsfiktion in jedem Falle gewerbliche Einkünfte erziehlt (s Kommentierung zu § 7). Die Behandlung von Übernahmeverlusten folgt den Regelungen in § 4 IV–VII. Aufgrund der steuerlichen Gleichbehandlung mit Anteilen im BV können auch „gekaufte stille Reserven" bei Anteilen iSd § 17 EStG, die am Umwandlungsstichtag nicht mehr vorhanden sind, bei einem Vermögensübergang auf eine PersGes steuermindernd in den engen Grenzen von § 4 IV–VII berücksichtigt werden. Denn soweit der Verkehrswert (Teilwert) der wesentlichen Beteiligung zwischen dem Zeitpunkt des Erwerbs und dem steuerlichen Übertragungsstichtag unter die Anschaffungskosten gesunken ist, sind die Anschaffungskosten maßgeblich.

51 Bei beschränkter Steuerpflicht des wesentlich Beteiligten in den Fällen, in denen kein inländisches BV vorliegt und auch das Besteuerungsrecht nach § 49 I Nr. 2e) EStG durch ein DBA ausgeschlossen ist, werden stille Reserven, die der Differenz zwischen den Anschaffungskosten und dem Verkehrswert der Beteiligung entsprechen, durch die Einlagefiktion mit den Anschaffungskosten indirekt der deutschen Besteuerung unterworfen.

3. Anteile im Betriebsvermögen eines Gesellschafters

a) Einlage zum Buchwert

52 Gehören Anteile an der übertragenden Körperschaft **an dem steuerlichen Übertragungsstichtag zum BV** eines (künftigen) Gesellschafters der übernehmenden PersGes, so ist der Übernahmegewinn bei der PersGes so zu ermitteln, als wären die Anteile an der KapGes zum steuerlichen Übertragungsstichtag in das BV der PersGes überführt worden. Hierbei handelt es sich um eine steuerliche Fiktion und nicht um eine gesellschaftsrechtliche Einlage. Die Anteile werden grundsätzlich zum BW, wie er an dem steuerlichen Übertragungsstichtag besteht, überführt. Auch in diesem Fall entsprechen die steuerlichen Folgen hinsichtlich Übernahmegewinn und Übernahmeverlust den in § 4 kommentierten steuerlichen Auswirkungen bei dem Grundfall (Anteile an übertragender Körperschaft im BV der übernehmenden PersGes).

53 § 5 III wird durch § 5 I verdrängt, wenn die Anteile bereits **vor dem steuerlichen Übertragungsstichtag SonderBV** des Gesellschafters der übernehmenden PersGes im Rahmen seiner Beteiligung an der übernehmenden PersGes waren und der Gesellschafter die Anteile an die übernehmende PersGes entgeltlich veräußert. In diesem Fall ist der Übernahmegewinn allen an der PersGes Beteiligten zuzurechnen und nicht nur dem Gesellschafter, der sein SonderBV veräußert.

54 Die **Gesellschafterstellung** an der übernehmenden PersGes braucht nicht **am steuerlichen Übertragungsstichtag** zu bestehen. Es reicht aus, dass die Gesellschafterstellung durch die Verschmelzung selbst begründet wird. Ebenso wenig ist es notwendig, dass die übernehmende PersGes bereits am Übertragungsstichtag existiert; sie kann anschließend gegründet werden oder, im Fall der Verschmelzung durch Neugründung, durch die Eintragung der Verschmelzung im Handelsregister entstehen (*Haritz* GmbHR 1997, 590). Jedoch muss BV des (zukünftigen) Gesellschafters vorliegen.

55 Zum **steuerlichen Übertragungsstichtag** müssen die Anteile zum BV des Gesellschafters gehört haben. Steuerlicher Übertragungsstichtag ist der Stichtag nach § 2. Bei einem Erwerb nach dem steuerlichen Übertragungsstichtag im BV gilt § 5 III iVm I, es

wird also ein rückwirkender Erwerb fingiert (doppelte Fiktion; vgl *Pung* in D/P/M § 5 UmwStG Rn. 41).

Zum **BV** eines Gesellschafters müssen die Anteile am steuerlichen Übertragungsstichtag gehört haben. Zum BV gehören bedeutet, dass die Anteile im wirtschaftlichen Eigentum des Gesellschafters gestanden haben. Bei Treuhandverhältnissen erfolgt eine Zurechnung gem. § 39 II Nr. 1 S 2 AO. BV iSd Vorschrift ist solches nach §§ 15, 18 oder 13 EStG. Bei Auslandssachverhalten sind die Tatbestandsvoraussetzungen dieser Vorschrift entsprechend anzuwenden. 56

Zum steuerlichen **BW** gelten die Anteile als überführt. BW ist der Wert, mit dem der Gesellschafter die Anteile im BV zum steuerlichen Übertragungsstichtag bilanziert hat. Soweit Einkünfte aus selbständiger Arbeit erzielt werden und nicht bilanziert wird, ist der Gesellschafter verpflichtet, Verzeichnisse iSd § 4 III 5 EStG zu führen, aus denen der BW zu entnehmen ist. 57

b) Erhöhung des Buchwerts

Der BW, mit dem die Anteile zum steuerlichen Übertragungsstichtag als überführt gelten, erhöht sich um Abschreibungen sowie um Abzüge nach § 6b EStG und ähnliche Abzüge, die in früheren Jahren steuerwirksam vorgenommen worden sind. Der Höchstbetrag des BW nach vorgenannten Erhöhungen ist jedoch der gemeine Wert der Anteile. 58

Der Wortlaut des Abs. 3 hinsichtlich der Erhöhung des BW ist angelehnt an die Formulierungen in § 8b II KStG. Aus der Wertung, die in dem Wort „steuerwirksam" enthalten ist, ergibt sich jedoch, dass gemäß § 6 I Nr. 2 S 3 EStG rückgängig gemachte Teilwertabschreibungen nicht noch einmal buchwerterhöhend zu berücksichtigen sind. 59

Rechtsfolge: Die Erhöhung des BW ist – soweit sie deutschem Steuerrecht unterliegt – steuerpflichtig. Auf einen sich aus Erhöhungen um Abschreibung und Abzüge ergebenden Gewinn finden gemäß §§ 5 III 2, 4 I 3 die Vorschriften der §§ 8b II 4, 5 KStG sowie § 3 Nr. 40 S 1 lit. a S 2 und 3 EStG Anwendung, und damit ist das Teileinkünfteverfahren nicht anwendbar. Nach Auffassung der FinVerw soll die Wertaufholung steuerwirksam noch im BV des Anteilseigners erfolgen, zu dem die Anteile an der übertragenden Körperschaft gehören (UmwStE Rn. 5.11), und nicht etwa lediglich zu einem erhöhten BW-Ansatz bei der übernehmenden PersGes führen (s *Pung* in D/P/M § 5 UmwStG Rn. 44). 60

Sonderproblem § 50c EStG aF: Historisch nach § 50c EStG aF entstandene Sperrbeträge entfalteten und entfalten gemäß § 52 Abs. 59 EStG weiter Wirkung. Die aus einem Sperrbetrag resultierende Nichtberücksichtigung einer Gewinnminderung, insbesondere einer ausschüttungsbedingten Teilwertabschreibung der Beteiligung an einer KapGes, wirkt sich außerhalb der Steuerbilanz aus (R 227d EStR aF). Eine solche Teilwertabschreibung ist daher nicht steuerwirksam iSd Abs. 3. Aufgrund des EuGH v. 17.9.2009 – C-182/08, IStR 2009, 691 – *Glaxo Wellcome* und des BFH v. 3.2.2010 – I R 21/06, BStBl. II 2010, 692, ist nunmehr die Anwendbarkeit des § 50c EStG aF eingeschränkt auf das, was erforderlich ist, um die Ausgewogenheit der Besteuerungsbefugnis zwischen den EU-Mitgliedsstaaten zu wahren und künstliche Gestaltungen zu verhindern. Es geht um Einzelfallentscheidungen. Deshalb können bisher versagte Teilwertabschreibungen – jedenfalls partiell – steuerwirksam werden. Die Folge wäre umgekehrt, dass der BW um solche Abschreibungen zu erhöhen wäre. Die Besteuerung würde hinsichtlich des Erhöhungsbetrages erfolgen. 61

(einstweilen frei) 62

In Fällen, in denen bestandskräftige Steuerbescheide eine Nichtberücksichtigung ausschüttungsbedingter Teilwertabschreibungen festschreiben, kann sich die FinVerw nicht darauf berufen, der Sperrbetrag nach § 50c EStG aF hätte wegen der partiellen Europarechtswidrigkeit keine Anwendung finden dürfen. Der Begriff der „Steuerwirksamkeit" stellt auf die tatsächliche Auswirkung einer Abschreibung ab und nicht darauf, dass die Versagung der Abschreibung materiell-rechtlich zutreffend war. 63

4. Einbringungsgeborene Anteile

64 § 5 IV aF iVm § 27 III Nr. 1 bestimmt, dass einbringungsgeborene Anteile (an einer KapGes) iSd § 21 aF an dem steuerlichen Übertragungsstichtag als mit den Anschaffungskosten in das BV der PersGes überführt gelten. Einbringungsgeborene Anteile können aus Altfällen resultieren, in bestimmten Konstellationen aber auch aus Einbringungsvorgängen nach dem Systemwechsel (§§ 20 III 4, 21 II 6). Durch die Regelung wird vermieden, dass die in den einbringungsgeborenen Anteilen enthaltenen stillen Reserven aufgrund der Umwandlung auf der Ebene des Anteilseigners sofort versteuert werden müssen (vgl *Dötsch/Pung* DB 2006, 2763, 2773; *Haritz* GmbHR 2007, 169, 172).

65 Die **Überführung** erfolgt nicht zu den Wertbestimmungen, die sich aus § 21 aF ableiten lassen, sondern **zu dem Wert iSd § 5 II, III.** Damit ist für einbringungsgeborene Anteile im BV § 5 III anzuwenden und für solche im Privatvermögen § 5 II (UmwStE Rn. 05.12).

66 Zu den Anschaffungskosten iSd § 5 II s. die Erläuterungen unter Rn. 48 und zum BW iSd § 5 III s. Rn. 57 f.

67 Einbringungsgeborene Anteile nach § 5 IV aF müssen – ebenso wie in § 5 II, III – einem **Gesellschafter der übernehmenden PersGes** zustehen. Dieses Tatbestandsmerkmal ist zwar nicht ausdrücklich in der Vorschrift erwähnt, die Vorschrift ergibt aber nur dann einen Sinn. Auch hier ist es unerheblich, ob die übernehmende PersGes nach dem steuerlichen Übertragungsstichtag gegründet wird oder erst im Rahmen der Verschmelzung durch Neugründung entsteht.

68 In § 5 IV aF fehlt das Erfordernis, die **Anteilsinhaberschaft** müsse **am Übertragungsstichtag** bestanden haben, das sich in § 5 III findet. Daraus ist zu schließen, dass es auf die Anteilsinhaberschaft bei einbringungsgeborenen Anteilen im Zeitpunkt des tatsächlichen Vermögensübergangs iSd § 20 UmwG ankommt und dass demjenigen Anteilseigner, dem im Zeitpunkt des tatsächlichen Vermögensübergangs die einbringungsgeborenen Anteile zustehen, die steuerliche Rückwirkung auf den Übertragungsstichtag zuzurechnen ist (*Pung* in D/P/M § 5 UmwStG Rn. 54; *Schmitt* in SHS § 5 UmwStG Rn. 42). Dies ist insbesondere von Bedeutung für Erbfälle und Schenkungen, bei denen sodann der Erbe/Beschenkte rückwirkend an den steuerlichen Folgen der Umwandlung teilnimmt, während der Gegenstand der Erbschaft/Schenkung noch die einbringungsgeborene Beteiligung war.

69 Liegen **einbringungsgeborene Anteile im inländischen BV,** dann geht § 5 IV aF den Regelungen des § 5 III vor, denn § 21 aF differenziert nicht zwischen einbringungsgeborenen Anteilen im inländischen BV und solchen im Privatvermögen eines Anteilseigners.

70 *(einstweilen frei)*

71 **Entgeltliche Veräußerungen einbringungsgeborener Anteile** nach dem steuerlichen Übertragungsstichtag und vor dem Zeitpunkt des tatsächlichen Vermögensübergangs führen dazu, dass diese Anteile ihre steuerliche Verstrickung nach § 21 aF abstreifen. Erwirbt die übernehmende PersGes die Anteile oder einer ihrer (zukünftigen) Gesellschafter, der die erworbenen Anteile im inländischen BV anschafft, so greift § 5 I ein. Erwirbt ein (zukünftiger) Gesellschafter der übernehmenden PersGes die einbringungsgeborenen Anteile und stellen diese Anteile in seiner Hand – möglicherweise zusammen mit anderen Anteilen – eine Beteiligung iSd § 17 EStG dar, so ist § 5 II anzuwenden.

72 Bei **unentgeltlicher Rechtsnachfolge** in einbringungsgeborene Anteile bleibt nach § 21 I 1 aF die Steuerverstrickung erhalten, und § 5 IV aF ist anwendbar (so auch *Pung* in D/P/M § 5 UmwStG Rn. 55).

73 **Beschränkt Steuerpflichtige** können **Anteilseigner** von einbringungsgeborenen Anteilen sein. § 20 III aF schloss einen Ansatz unter dem Teilwert bei Einbringungen nach § 20 I aF durch beschränkt Steuerpflichtige aus, wenn das Besteuerungsrecht der Bundes-

republik Deutschland hinsichtlich des Gewinns aus der Veräußerung der dem Einbringenden gewährten Gesellschaftsanteile im Zeitpunkt der Sacheinlage ausgeschlossen ist und verhinderte dadurch das Entstehen einbringungsgeborener Anteile. In den Einbringungsvarianten des § 23 aF kann es jedoch dazu kommen, dass beschränkt Steuerpflichtige einbringungsgeborene Anteile halten.

III. Beteiligung beschränkt Steuerpflichtiger

1. Problemstellung

Die Beteiligung beschränkt Steuerpflichtiger an der übertragenden Körperschaft warf unter der Herrschaft des UmwStG 1995 bei der Umwandlung auf eine PersGes zahlreiche Probleme auf. Die Verfasser des § 5 aF hatten bei der Konzeption der Vorschrift die beschränkt steuerpflichtigen Anteilseigner einer übertragenden Körperschaft geradezu ignoriert. Angesichts der Internationalisierung der deutschen Wirtschaft und der zahlreichen Beteiligung beschränkt steuerpflichtiger ausländischer KapGes an unbeschränkt steuerpflichtigen deutschen KapGes war die unzureichende Regelung der Behandlung beschränkt steuerpflichtiger Anteilseigner bei Verschmelzung auf PersGes im Inland ein Ärgernis und Quelle einer Planungs- und Gestaltungsunsicherheit, die auf dem Rücken der beschränkt Steuerpflichtigen ausgetragen wurde (so auch *Füger/Rieger* IStR 1995, 263). 74

Mit der Neukonzeption der Ermittlung und Besteuerung des Übernahmeergebnisses sind die – weitgehend europarechtswidrigen – Gründe entfallen, beschränkt steuerpflichtige Anteilseigner von übertragenden Körperschaften von der Beteiligung an der Ermittlung des Übernahmeergebnisses auszuschließen (zur europarechtlichen Kritik an der Altregelung *Saß* BB 1997, 2505). 75

2. Einzelne Anwendungsfragen

Liegen die Voraussetzungen des § 5 II, III vor – der beschränkt Steuerpflichtige hält Anteile iSd § 17 EStG, oder er hält die Anteile an der übertragenden Körperschaft im BV, oder schafft der beschränkt Steuerpflichtige Anteile nach dem Übertragungsstichtag unter den genannten Voraussetzungen an –, so gelten auch für ihn die Fiktionen des § 5: 76

- Anschaffung bereits zum Übertragungsstichtag (Abs. 1), 77
- Einlage in das (Betriebs-)Vermögen des übernehmenden Rechtsträgers mit den Anschaffungskosten (Abs. 2),
- Überführung aus dem eigenen BV in das des übernehmenden Rechtsträgers zum BW (Abs. 3).

Es erfolgt – auch wenn ein DBA mit dem Ansässigkeitsstaat des beschränkt steuerpflichtigen Anteilseigners nach OECD-MA besteht und daher das Besteuerungsrecht bei Veräußerung einer Kapitalgesellschaftsbeteiligung dem Ansässigkeitsstaat zugewiesen ist – keine Einlage zum Teilwert (Verkehrswert). Denn die Fiktion der Einlage/Überführung zielt auf die Berechnung des Übernahmeergebnisses iSd § 4 V, es wird kein Veräußerungsgewinn besteuert, der nach Art. 13 I OECD-MA dem Ansässigkeitsstaat des beschränkt Steuerpflichtigen zugewiesen ist (UmwStE Rn. 05.07). Der Einwand, die Einlagefiktion des § 5 II bzw. die Überführungsfiktion des § 5 III würden nicht hinreichen, abkommensrechtliche Betriebsstätteneinkünfte zu begründen (*Schmitt* in SHS § 5 UmwStG Rn. 31; *Widmann* in W/M § 4 Rn. 565), vermag angesichts der Existenz einer Mitunternehmerschaft vor der Verschmelzung oder der Entstehung einer Mitunternehmerschaft durch die Umwandlung nicht zu überzeugen. 78

Die in § 5 III vorgesehene Erhöhung um Teilwertabschreibungen und Abzüge gilt nicht für den beschränkt Steuerpflichtigen, sofern dieser die Abschreibungen nicht steuerwirksam in Bezug auf das inländische Steueraufkommen vorgenommen hat. Der Begriff der 79

Steuerwirksamkeit ist entstanden aus der Konstellation des Systemwechsels vom körperschaftsteuerlichen Anrechnungsverfahren zum Halbeinkünfteverfahren (einschließlich § 8b II KStG) und soll das inländische Steueraufkommen wahren, das ansonsten beeinträchtigt werden würde.

§ 6 Gewinnerhöhung durch Vereinigung von Forderungen und Verbindlichkeiten

(1) [1]**Erhöht sich der Gewinn des übernehmenden Rechtsträgers dadurch, dass der Vermögensübergang zum Erlöschen von Forderungen und Verbindlichkeiten zwischen der übertragenden Körperschaft und dem übernehmenden Rechtsträger oder zur Auflösung von Rückstellungen führt, so darf der übernehmende Rechtsträger insoweit eine den steuerlichen Gewinn mindernde Rücklage bilden.** [2]**Die Rücklage ist in den auf ihre Bildung folgenden drei Wirtschaftsjahren mit mindestens je einem Drittel gewinnerhöhend aufzulösen.**

(2) [1]**Absatz 1 gilt entsprechend, wenn sich der Gewinn eines Gesellschafters des übernehmenden Rechtsträgers dadurch erhöht, dass eine Forderung oder Verbindlichkeit der übertragenden Körperschaft auf den übernehmenden Rechtsträger übergeht oder dass infolge des Vermögensübergangs eine Rückstellung aufzulösen ist.** [2]**Satz 1 gilt nur für Gesellschafter, die im Zeitpunkt der Eintragung des Umwandlungsbeschlusses in das öffentliche Register an dem übernehmenden Rechtsträger beteiligt sind.**

(3) [1]**Die Anwendung der Absätze 1 und 2 entfällt rückwirkend, wenn der übernehmende Rechtsträger den auf ihn übergegangenen Betrieb innerhalb von fünf Jahren nach dem steuerlichen Übertragungsstichtag in eine Kapitalgesellschaft einbringt oder ohne triftigen Grund veräußert oder aufgibt.** [2]**Bereits erteilte Steuerbescheide, Steuermessbescheide, Freistellungsbescheide oder Feststellungsbescheide sind zu ändern, soweit sie auf der Anwendung der Absätze 1 und 2 beruhen.**

Übersicht

I. Allgemeine Erläuterungen

1. Bedeutung und Historie

Die Vorschrift hat den Zweck, bestimmte steuerliche Nachteile, die sich bei Umwandlungsvorgängen im Zusammenhang mit der damit verbundenen Gesamtrechtsnachfolge ergeben können, zu mildern oder auszuschließen. Die Vorschrift regelt bei sog. Übernahmefolgegewinnen (auch „Übernahmegewinne zweiter Stufe" oder „Umwandlungsfolgegewinne") die Möglichkeit, die Besteuerung dieses Gewinns teilweise hinauszuschieben. Sie setzt damit die Möglichkeit von Übernahmefolgegewinnen voraus, die einer Regelbesteuerung unterliegen. Die Vorschrift ist somit nicht konstitutiv für eine Besteuerung von Konfusionsgewinnen oder wegfallenden Rückstellungen. 1

Die Vorschrift entspricht, abgesehen von redaktionellen Anpassungen § 8 UmwStG 1977. In § 8 UmwStG 1977 wurde wiederum die Regelung von § 6 UmwStG 1969 im wesentlichen übernommen; es waren nur redaktionelle Änderungen beabsichtigt (amtliche Begründung zu § 8 UmwStG 1977, abgedruckt bei *Glade/Steinfeld* Rn. 589 f.). Durch das Gesetz über steuerliche Begleitmaßnahmen zur Einführung der europäischen Gesellschaft vom 7.12.2006, BGBl. I 2006, 2782 wurde § 6 um durch Zeitablauf erledigte Vorschriften bereinigt. Abs. 2 aF ist entfallen; Abs. 3 aF wurde zu Abs. 2. Die Missbrauchsvorschrift des § 26 I aF wurde als neuer § 6 III integriert.

(einstweilen frei) 2–4

2. Anwendungsbereich

Die Vorschrift des § 6 I steht im zweiten Teil des UmwStG und ist daher direkt auf Verschmelzungen, Aufspaltungen und Abspaltungen von Körperschaften auf PersGes anzuwenden (zur Bedeutung für Formwechsel s Rn. 9). 5

Die Vereinigung von Forderung und Verbindlichkeit oder der Fortfall einer Rückstellung, weil derjenige, der die Rückstellung gebildet hatte, mit dem möglichen Forderungsinhaber in einer Person zusammenfällt, kommen erstens in Betracht, wenn die beteiligten Rechtsträger schon vor der Umwandlung bestanden haben. Die Vorschrift ist daher in den Fällen der **Verschmelzung durch Aufnahme** (§ 2 Nr. 1 UmwG), der **Aufspaltung durch Aufnahme** (§ 123 I Nr. 1 UmwG) und der **Abspaltung durch Aufnahme** (§ 123 I Nr. 2 UmwG) von einer übertragenden Körperschaft auf einen übernehmenden Rechtsträger unmittelbar bzw. über den Verweis in § 16 anwendbar. Zweitens ergibt sich ein Anwendungsbereich bei Verschmelzungen zweier KapGes zur Neugründung einer PersGes (§ 2 Nr. 2 UmwG) und bei gleichzeitiger Auf- oder Abspaltung aus mehreren KapGes auf dadurch neu gegründete PersGes.

§ 6 II erweitert dann durch entsprechende Anwendung des Abs. 1 den Regelungsbereich auch auf die Gesellschafter des übernehmenden Rechtsträgers für den Fall, dass der Letztere eine PersGes ist. 6

§ 6 I gilt für jeden übernehmenden Rechtsträger unmittelbar; mit dieser Klarstellung in der Neufassung des Gesetzes ist eine Reihe von Regelungen zur entsprechenden Anwendbarkeit der Vorschrift entfallen. § 12 IV ordnet für die Verschmelzung von Körperschaften die sinngemäße Anwendung von § 6 nur für den Teil des Gewinns aus der Vereinigung von Forderungen und Verbindlichkeiten an, der der Beteiligung der übernehmenden Körperschaft am Grund- oder Stammkapital der übertragenden Körperschaft entspricht, also für den Fall des (partiellen) Up-Stream-Merger. Bei fehlender Beteiligung wird daher jede Vereinigung von inkongruent bilanzierten Forderungen und Verbindlichkeiten erfolgswirksam. Selbst bei einem partiellen Up-Stream-Merger spricht § 12 IV nur von der Konfusion von Forderungen und Verbindlichkeiten, nicht vom Wegfall von Rückstellungen. § 12 IV gilt über den Verweis in § 15 auch für Auf- und Abspaltungen auf andere 7

Körperschaften. Entsprechende Anwendung finden § 6 I und III bei der Einbringung in KapGes gemäß § 23 VI und in PersGes durch die Verweisungskette in § 24 IV.

8 Auch auf die **Besteuerung des Gewerbeertrages** einer übernehmenden PersGes oder Körperschaft ist § 6 gem. § 18 I und § 19 I iVm § 12 IV entsprechend anzuwenden; auch insoweit kann für Übernahmefolgeerträge eine den Ertrag mindernde Rücklage gebildet werden, die nach der Regelung des § 6 I 2 aufzulösen ist.

9 Für den ebenfalls im zweiten Teil des UmwStG geregelten **Formwechsel** hat § 6 hingegen keine Bedeutung: Mangels tatsächlichem Vermögensübergang zwischen verschiedenen Rechtsträgern kann es zu keiner Konfusion von Forderung und Verbindlichkeit kommen, so dass § 6 I nicht anwendbar ist (s § 9 Rn. 33; *Pung/Werner* in D/P/M § 6 UmwStG Rn. 1). § 6 II hat nach der hier vertretenen Auffassung (s Rn. 25 ff.) nur insoweit Bedeutung, als der übernehmende Rechtsträger eine natürliche Person (Einzelunternehmer) ist. Da dies beim Formwechsel nach § 9 nicht der Fall sein kann, kommt im Ergebnis auch § 6 II nicht zur Anwendung.

II. Besteuerung von Übernahmefolgegewinnen des übernehmenden Rechtsträgers (Abs. 1)

1. Tatbestand

10 Das Gesetz unterscheidet zwei Fälle, in denen durch Umwandlungsvorgänge Übernahmefolgegewinne entstehen: Übernahmefolgegewinne, die durch Vereinigung von Forderungen und Verbindlichkeiten entstehen (§ 6 I 1 1. Alt.) und Übernahmefolgegewinne, die auf dem Wegfall einer Rückstellung beruhen (§ 6 I 1 2. Alt.).

Ausdrücklich bezieht sich das Gesetz nur auf Forderungen und Verbindlichkeiten zwischen der übertragenden Körperschaft und einem übernehmenden Rechtsträger. Forderungen und Verbindlichkeiten können aber auch erlöschen, wenn sie zwischen zwei Rechtsträgern bestanden, die gleichzeitig auf einen übernehmenden Rechtsträger verschmolzen wurden. Ebenso können Rückstellungen entfallen, die für ungewisse Verbindlichkeiten zwischen zwei Rechtsträgern gebildet wurden, die gleichzeitig auf einen übernehmenden Rechtsträger verschmolzen wurden. Auch in diesen Fällen entstehen Übernahmefolgegewinne. Auf die Besteuerung dieser Gewinne sind die Regeln des § 6 I nach allgemeiner Auffassung entsprechend anzuwenden.

a) Vereinigung von Forderung und Verbindlichkeit (§ 6 I 1 1. Alt.)

11 Übernahmefolgegewinne können entstehen, wenn zwischen den an einer Umwandlung beteiligten Rechtsträgern eine Forderung bestand. Gehört diese Forderung zu dem im Rahmen der Umwandlung übertragenen Vermögen oder zum Vermögen des übernehmenden Rechtsträgers, erlischt sie mit der Eintragung der Umwandlung im Register des Sitzes des übernehmenden Rechtsträgers (vgl. § 20 I Nr. 1 UmwG) durch **Konfusion,** weil Berechtigter und Verpflichteter in einem Rechtsträger zusammenfallen. Die Konfusion iSv § 6 I muss zivilrechtlich tatsächlich eingetreten sein. Forderungen und Verbindlichkeiten, die erst nach dem steuerlichen Umwandlungsstichtag begründet bzw. im steuerlichen Rückwirkungszeitraum an Dritte übertragen werden, können zivilrechtlich keine Konfusion und damit auch steuerlich keine Konfusions- oder Übernahmefolgegewinne auslösen (teilw aA *Pyszka/Jüngling* DB-Special 1/2011, 4, 10; *Bron* DStZ 2012, 609, 612).

Die Vereinigung von Forderung und Verbindlichkeit ist **im Regelfall ohne Auswirkung auf den Gewinn** des übernehmenden Rechtsträgers. Eine Gewinnerhöhung ergibt sich nur dann, wenn die Forderung nicht in gleicher Höhe wie die Verbindlichkeit bilanziert wurde (inkongruente Bewertung). Eine inkongruente Bewertung ist Folge einer – auch steuerlich relevanten – Wertberichtigung, zB wegen Unverzinslichkeit oder mangelnder Vollwertigkeit (Einzelheiten bei *Pung/Werner* in D/P/M § 6 UmwStG Rn. 6). Der Gewinn ergibt sich in diesem Fall daraus, dass die Entlastung von der durch Konfusion entfallenden Verbindlichkeit, die mit dem Nennbetrag bewertet ist, stärker zu Buche schlägt als die Belastung durch den Wegfall der Forderung. Der Übernahmefolgegewinn entsteht in Höhe des Betrages, um den die Forderung wertberichtigt war.

b) Wegfall einer Rückstellung (§ 6 I 1 2. Alt.)

Ein Übernahmefolgegewinn kann auch entstehen, wenn zwischen den an der Umwandlung beteiligten Rechtsträgern eine ungewisse Verbindlichkeit bestand, für die eine steuerlich anerkannte **Rückstellung** gebildet wurde. Der Rückstellung des einen Rechtsträgers entspricht in der Bilanz des anderen Rechtsträgers keine Forderung, da die ungewisse Forderung nicht bilanziert werden darf (§ 252 I Nr. 4 HGB). Die Rückstellung ist nach der Umwandlung aufzulösen, weil eine Inanspruchnahme endgültig nicht mehr in Betracht kommt, da der Verpflichtete der ungewissen Verbindlichkeit mit dem Berechtigten in einem Rechtsträger zusammenfällt. Da der aufgelösten Rückstellung keine Forderung gegenüberstand, die gleichzeitig ausgebucht würde, ergibt sich ein zusätzlicher Gewinn in Höhe der aufgelösten Rückstellung. 12

Ausnahmsweise entsteht trotz der Auflösung einer Rückstellung kein Übernahmefolgegewinn, wenn der Rückstellung ein aktivierter Anspruch gegenüber stand. Dies gilt etwa für **Pachterneuerungsrückstellungen** (dazu BFH v. 17.2.1998 – VIII R 28/95, BStBl. II 1998, 505), für die der Verpächter einen Ersatzbeschaffungsanspruch aktiv ausweisen muss (*Widmann* in W/M § 6 UmwStG Rn. 207; *Pung/Werner* in D/P/M § 6 UmwStG Rn. 20). Soweit der Ersatzbeschaffungsanspruch in entsprechender Höhe verbucht wird, entfällt dieser mit dem Vermögensübergang ebenso wie die Rückstellung.

2. Rechtsfolge

Hinsichtlich der Rechtsfolge unterscheidet das Gesetz nicht zwischen Vereinigung von Forderung und Verbindlichkeit und Wegfall einer Rückstellung. In beiden Fällen des § 6 I 1 kann der übernehmende Rechtsträger in Höhe des Übernahmefolgegewinns in der Steuerbilanz eine **gewinnmindernde Rücklage** bilden. Eine Maßgeblichkeit besteht nach Inkrafttreten des BilMoG nicht mehr (UmwStE Rn. 06.03). 13

Der Übernahmefolgegewinn ist nicht steuerfrei, die Besteuerung wird jedoch auf die drei Wirtschaftsjahre nach der Umwandlung verteilt und hinausgeschoben. Nach dem Wortlaut von § 6 I 2 ist die Rücklage in den auf ihre Bildung folgenden Jahren „mit mindestens je einem Drittel gewinnerhöhend aufzulösen". Danach kann auch ein höherer Anteil der Rücklage in einem Wirtschaftsjahr aufgelöst werden. Eine entsprechende Verringerung des aufzulösenden Anteils der Rücklage in den Folgejahren ist nach dem Wortlaut nicht zulässig. Der Auflösungszeitraum kann daher durch vorzeitige Auflösung größerer Anteile verkürzt werden. Ebenso verkürzt sich der Auflösungszeitraum, soweit die Auflösung in Rumpfwirtschaftsjahren erfolgt (ebenso *Pung/Werner* in D/P/M § 6 UmwStG Rn. 26; *Birkemeier* in R/H/vL § 6 Rn. 48). 14

(einstweilen frei) 15–23

III. Entsprechende Anwendung (Abs. 2)

§ 6 II 1 bestimmt, dass Abs. 1 entsprechend gilt, wenn sich der **Gewinn eines Gesellschafters** des übernehmenden Rechtsträgers, der eine steuerlich transparente PersGes sein muss, dadurch erhöht, dass eine Forderung oder Verbindlichkeit der übertragenden Körperschaft auf die PersGes übergeht oder dass infolge des Vermögensübergangs eine Rückstellung aufzulösen ist. 24

1. Anwendungsbereich der Regelung

25 Die Vorschrift soll die Besteuerung solcher Übernahmefolgegewinne regeln, die aufgrund des Wegfalls von Verbindlichkeiten, Forderungen oder Rückstellungen entstanden sind, die im Verhältnis zwischen der übertragenden Körperschaft und einem Gesellschafter der übernehmenden PersGes bestanden haben. Auch bei solchen Übernahmefolgegewinnen soll die Besteuerung durch die entsprechende Anwendung des Abs. 1 hinausgeschoben werden.

Zivilrechtlich entfallen die Verbindlichkeiten und Forderungen nicht, die zwischen der übertragenden Körperschaft und dem Gesellschafter der übernehmenden PersGes bestanden haben. Forderungen der übertragenden Körperschaft stehen nunmehr der übernehmenden PersGes gegen ihren Gesellschafter zu; dieser muss jetzt für Verbindlichkeiten der übertragenden Körperschaft die übernehmende PersGes in Anspruch nehmen.

Die überwiegende Auffassung in der Literatur und die FinVerw gehen unter Bezugnahme auf § 15 I 1 Nr. 2 EStG davon aus, dass Übernahmefolgegewinne anfallen können, weil Forderungen und Verbindlichkeiten im Verhältnis zwischen der PersGes und ihren Gesellschaftern bei **steuerlicher Betrachtung** weitgehend nicht anerkannt werden (UmwStE Rn. 06.01 S 2; *Pung/Werner* in D/P/M § 6 UmwStG Rn. 29 ff. mwN; *Schmitt* in SHS § 6 UmwStG Rn. 17). Diese Auffassung wird auch durch BFH v. 8.12.1982 – I R 9/79, BStBl. II 1983, 570 gestützt, der eine fiktive steuerrechtliche Konfusion zugrundelegt (*Behrendt* in Haase/Hruschka, § 6 Rn. 3 spricht von „Quasi-Konfusion").

26 Dem wird hier nicht gefolgt. Auch bei steuerlicher Betrachtung kommen Übernahmefolgegewinne aufgrund der Vereinigung von Forderungen und Verbindlichkeiten im Verhältnis zwischen der übertragenden Körperschaft und einem Gesellschafter der übernehmenden PersGes allerdings nicht in Betracht. Nach der Aufgabe der Bilanzbündeltheorie (BFH (GrS) v. 25.6.1984 – GrS 4/82, BStBl. II 1984, 751) werden **Forderungen der übertragenden Körperschaft** gegen den Gesellschafter der übernehmenden PersGes grundsätzlich auch steuerlich uneingeschränkt anerkannt. Die Anerkennung solcher Forderungen ist auch nicht im Hinblick auf § 15 I 1 Nr. 2 EStG in Zweifel zu ziehen; diese Vorschrift regelt nur Vergütungen des Gesellschafters und daraus resultierende Forderungen, die dem Gesellschafter gegen die Gesellschaft zustehen. Die Anerkennung von Forderungen der Gesellschaft gegen den Gesellschafter wird von dieser Vorschrift nicht berührt. Übernahmefolgegewinne können wegen solcher Forderungen daher nicht anfallen (im Ergebnis ebenso *Hübl* in H/H/R § 8 UmwStG 1977 Rn. 55, 57 f., 60).

27 Auch **Forderungen des Gesellschafters** der übernehmenden PersGes gegen die übertragende Körperschaft (dh Verbindlichkeiten der übertragenden Körperschaft) werden uneingeschränkt anerkannt. Die steuerliche Anerkennung könnte nur zu versagen sein, wenn sie als Forderungen iSd § 15 I 1 Nr. 2 EStG anzusehen wären. Dies setzte jedoch voraus, dass die Forderung für Leistungen begründet wurde, die „wirtschaftlich durch das Gesellschaftsverhältnis veranlaßt sind" (vgl. *Wacker* in Schmidt § 15 Rn. 562 mwN). Diese Voraussetzung kann bei Forderungen des Gesellschafters, die sich ursprünglich gegen die übertragende Körperschaft richteten, grundsätzlich nicht vorliegen, da diese Forderungen nie durch das Gesellschaftsverhältnis zwischen dem Gesellschafter und der übernehmenden PersGes veranlasst sind. Dies schließt jedoch nicht aus, dass Forderungen und Verbindlichkeiten des Gesellschafters sich in dessen Sonderbilanz widerspiegeln; entsprechend tritt eine Gewinnerhöhung dann mit Tilgung der entsprechenden Belastungen ein. Hat der Gesellschafter eine wertgeminderte Forderung und wird diese (vollständig im Nominalbetrag) getilgt, liegt ein entsprechender Gewinn im Tilgungszeitpunkt beim Gesellschafter vor. Hat die PersGes eine auf sie übergegangene wertgeminderte Forderung, realisiert sich bei ihr bei Tilgung ein entsprechender Gewinn.

Dementsprechend hat der BFH entschieden, dass auch Rückstellungen, die für Verbindlichkeiten der übertragenden Körperschaft gegenüber einem Gesellschafter der übernehmenden PersGes gebildet worden waren (zB **Pensionsrückstellungen**), nach der

Umwandlung nicht aufzulösen sind (BFH v. 22.6.1977, BStBl. II, 798; UmwStE Rn. 06.04). In der Begründung hat der BFH darauf hingewiesen, dass die Forderung des Gesellschafters ihre Ursache allein in dem früheren Beschäftigungsverhältnis zu der übertragenden Körperschaft gehabt habe. Es fehle an einem Zusammenhang mit den Einkünften des Gesellschafters aus der PersGes iSd § 15 I 1 Nr. 2 EStG.

Da Forderungen im Verhältnis zwischen der übertragenden Körperschaft und einem Gesellschafter der übernehmenden PersGes grundsätzlich wirtschaftlich nicht durch das (Personen-) Gesellschaftsverhältnis veranlaßt sind, werden sie auch nach der Umwandlung anerkannt (zu pauschal und daher unzutreffend UmwStE Rn. 06.01 S 2). Übernahmefolgegewinne iSd § 6 entstehen daher aufgrund solcher Forderungen nicht; die Anwendung von § 6 bleibt von vornherein außer Betracht (ähnlich *Knobbe-Keuk* S 945).

Ausgeschiedene Gesellschafter. § 6 II 2 verdeutlicht den Rechtsgedanken, der sich 28
zB auch in § 5 I findet, dass die steuerlichen Rückwirkungsfiktionen des § 2 nicht auf solche Anteilseigner der übertragenden KapGes anzuwenden sind, die persönlich nicht mehr an der Umwandlung in eine PersGes teilnehmen, weil sie vor der Eintragung des Umwandlungsbeschlusses aus dem übertragenden Rechtsträger zB durch Verkauf ihrer Beteiligung ausscheiden. Über den Wortlaut des § 6 II 2 hinaus – „Gesellschafter, die im Zeitpunkt der Eintragung des Umwandlungsbeschlusses in das öffentliche Register am übernehmenden Rechtsträger beteiligt sind" – ist die Vorschrift auch anzuwenden auf solche Gesellschafter, die im Rahmen von Abfindungen (§§ 29 f. UmwG) erst später ausscheiden.

(einstweilen frei) 29, 30

2. Pensionsverpflichtungen

Die steuerliche Beurteilung von Pensionszusagen an Gesellschafter der übertragenden 31
Körperschaft, die Mitunternehmer der übernehmenden PersGes werden, hat sich in den letzten Jahren gewandelt. Man ging früher davon aus, dass zwar in der steuerlichen Schlussbilanz der übertragenden KapGes Pensionsrückstellungen mit dem Wert nach § 6a III 2 Nr. 1 EStG (§§ 3, 11 I) anzusetzen sind, jedoch bei der übernehmenden PersGes nur der sich aus § 6a III 2 Nr. 2 EStG ergebende Anwartschaftsbarwert zu berücksichtigen ist (so zB FG Nürnberg v. 26.6.2002 – V 229/98, DStRE 2002, 1292). Daraus resultierte – falls der Pensionsfall noch nicht eingetreten war – regelmäßig ein Übernahmefolgegewinn, weil der Anwartschaftsbarwert niedriger war als der Teilwert nach § 6a III 2 Nr. 1 EStG. Dies hat sich nun dahingehend geändert, dass auch die übernehmende PersGes die zuvor bei dem Übertragenden gebildete Pensionsrückstellung in ihrer Gesamthandsbilanz bei fortbestehendem Dienstverhältnis mit dem Teilwert nach § 6a III 2 Nr. 1 EStG zu bewerten hat (UmwStE Rn. 06.05; FinVerw v. 23.10.2009, DStR 2009, 2318).

Nicht völlig eindeutig ist im Erlass aber geregelt, wie auf der **Ebene des Gesellschaf-** 32
ters, des nunmehrigen Mitunternehmers, zu verfahren ist. Hierzu ist es notwendig, die Grundsatzregelung für die Aktivierung von Pensionszusagen auf der Gesellschafterebene zu rekapitulieren. Nach BMF v. 29.1.2008, BStBl. I, 317, hat ein aus einer Pensionszusage begünstigter Gesellschafter gem. § 15 I 1 Nr. 2 EStG in seiner Sonderbilanz eine Forderung auf künftige Pensionsleistungen zu aktivieren, die der Höhe nach der bei der Gesellschaft passivierten Pensionsverpflichtung entspricht (korrespondierende Bilanzierung). Nur der begünstigte Gesellschafter, nicht jedoch weitere Gesellschafter, muss diese Aktivierung in seiner Sonderbilanz vornehmen. Dies würde aber bei Umwandlungen zu einer Sofortversteuerung des Teilwerts der Pensionszusage ohne einen entsprechenden Zufluss an Barmitteln führen. Aus den Formulierungen von UmwStE Rn. 06.06 ist daher zu schließen, das nur Zuführungen zur Pensionsrückstellung, die Zeiträume nach dem steuerlichen Übertragungsstichtag betreffen, bei fortbestehendem Dienstverhältnis als Sondervergütungen iSd § 15 I 1 Nr. 2 EStG anzusehen sind und nur diese eine entsprechende Aktivierungspflicht in der Sonderbilanz des begünstigten Gesellschafters auslösen. Hingegen ist der

Teilwert der Pensionszusage in der Gesamthandsbilanz zum steuerlichen Übertragungsstichtag nicht als Vergütung iSd § 15 EStG erdient worden und daher auch nicht in der Sonderbilanz zu aktivieren. Dem entspricht, dass auch UmwStE Rn. 06.06 insoweit von (späteren) Einkünften nach § 19 EStG ausgeht.

Rückdeckungsversicherung, s. hierzu UmwStE Rn. 06.08.

3. Übernehmender Einzelunternehmer

33 Anders als in Rn. 25 beschrieben, kommt es bei einem übernehmenden Einzelunternehmer (zB Alleingesellschafter einer Einmann-GmbH) jedoch zivilrechtlich zu einer Konfusion von Forderungen und Verbindlichkeiten und einem Wegfall von Rückstellungen. Bisher im Privatvermögen des Einzelunternehmers liegende Forderungen gelten in dessen BV als eingelegt; die Qualifikation einer Forderung als kapitalersetzend ist hierbei unbeachtlich.

34 Wertgeminderte Forderungen des übernehmenden Einzelunternehmers oder vor der Umwandlung bestehende Rückstellungen der übertragenden KapGes, denen Verpflichtungen gegenüber dem Einzelunternehmer zugrunde liegen, führen daher stets zu Übernahmefolgegewinnen. Dies gilt auch für Pensionszusagen (UmwStE Rn. 06.07).

IV. Nichtanwendbarkeit von Absatz 1 und 2 (Abs. 3)

35 § 6 III schränkt die Anwendbarkeit der steuerlichen Vergünstigungen gem. § 6 ein. Unter den Voraussetzungen des Abs. 3 scheidet die „Stundung" der Besteuerung von Übernahmefolgegewinnen gem. § 6 I 2 aus.

1. Entstehung der Vorschrift

36 Die Vorschrift knüpft an die Regelung des § 26 I UmwStG 1995 an, mit der wiederum die Regelung des § 25 II UmwStG 1977 und vorher des § 24 I und II UmwStG 1969 aufgegriffen wurden. Die tatbestandlichen Voraussetzungen der neuen Vorschrift sind im Verhältnis zu den Vorgängerregelungen unverändert. Der Anwendungsbereich wurde allerdings kontinuierlich eingeschränkt: § 24 I und II UmwStG 1969 bezog sich auf die Anwendbarkeit der Steuererleichterungen gem. §§ 4–16, 25 und 29 UmwStG 1969, § 25 II UmwStG 1977 galt der Anwendbarkeit der §§ 8 und 18 II 2 UmwStG 1977. § 26 I aF schränkte nur noch die Anwendbarkeit von § 6 ein. Es war daher konsequent, die Vorschrift in § 6 III zu integrieren.

37, 38 *(einstweilen frei)*

2. Anwendungsbereich

39 § 6 III ist von seinen Ursprüngen her eine Missbrauchsvorschrift, mit der für einen relativ festen Kanon von Anwendungsfällen Steuervergünstigungen untersagt werden sollten. Durch die Fiktion von „Missbrauch" schließt die Vorschrift aber eine Erweiterung gestützt auf § 42 AO aus, sondern greift nur in den gesetzlich bestimmten Fällen ein (ebenso *Birkemeier* in R/H/vL § 6 Rn. 4; *Widmann* in W/M § 6 UmwStG Rn. 319; aA *Pung/Werner* in D/P/M § 6 UmwStG Rn. 39). Im Übrigen ist die Rechtsfolge unverhältnismäßig, es hätte ausgereicht zu bestimmen, dass die Rücklage nach § 6 I 2 mit Eintritt der Anwendungsfälle aufzulösen ist. Darüber hinaus sind Missbrauchsfiktionen nach der Rspr. des EuGH im Rahmen der FusionsRL nicht zulässig, sondern es ist der jeweilige Einzelfall zu prüfen. § 6 III ist ein Relikt früherer Zeiten, in denen es darum ging, Steuervorteilen aus Umwandlungen insgesamt, die nur zum Zwecke der Steuerarbitrage vorgenommen wurden, entgegenzutreten. Der marginale Steuerstundungseffekt des § 6 I

rechtfertigt keine eigenständige Umgehungsvorschrift. Die Zeit ist reif, die Vorschrift ersatzlos aufzuheben.

3. Voraussetzungen

Die steuerlichen Vergünstigungen des § 6 I und II entfallen gem. § 6 III, wenn die Übernehmerin den auf sie übergegangenen Betrieb innerhalb von fünf Jahren nach dem steuerlichen Übertragungsstichtag in eine KapGes einbringt oder ohne triftigen Grund veräußert oder aufgibt. 40

a) Der übergegangene Betrieb

Steuerschädlich ist nur die Übertragung oder Aufgabe des übergegangenen Betriebs, nicht die Übertragung von Mitunternehmeranteilen, auch wenn diese entscheidenden Einfluss auf den Betrieb gewähren (so schon *Loos* DB 1969, 1673 f. zu § 24 UmwStG 1969). Die Gegenansicht wurde insbesondere von der FinVerw vertreten (BdF v. 20.7.1970, BStBl. I, 926). Sie findet im Wortlaut der Vorschrift keine Stütze und sollte nach der entgegengesetzten Entscheidung des BFH v. 13.12.1989, BStBl. II 1990, 474 ff. als überholt gelten. In UmwStE Rn. 06.09 wird jedoch der Fall der Veräußerung sämtlicher Mitunternehmeranteile als schädlich iSd Abs. 3 qualifiziert. Dies dürfte angesichts des verdrängenden Charakters der Vorschrift im Verhältnis zu § 42 AO und des eindeutigen Wortlauts eine unzulässige Analogie sein (aA *Pung/Werner* in D/P/M § 6 UmwStG Rn. 40 mwN; *Widmann* in W/M § 6 UmwStG Rn. 235). Ebenso wenig findet die Vorschrift Anwendung, wenn nur ein Teilbetrieb, zB durch Abspaltung, eingebracht oder aufgegeben wird; die Gleichstellung von Betrieb und Teilbetrieb ist nicht angeordnet. Auch die Veräußerung eines von der übernehmenden PersGes gehaltenen Mitunternehmeranteils an einem Tochterunternehmen stellt keine Veräußerung des übergegangenen Betriebs dar. Nach Auffassung der FinVerw jedenfalls dann nicht, wenn noch weitere wesentliche Betriebsgrundlagen existieren (UmwStE Rn. 06.09). 41

Ausreichend ist allerdings die Übertragung der wesentlichen Grundlage des übergegangenen Betriebs (BFH v. 19.12.1984 – I R 275/81, BStBl. II 1985, 342 ff.; UmwStE Rn. 06.09).

b) Die Fünfjahresfrist

Die Frist von fünf Kalenderjahren (nicht Wirtschaftsjahren) beginnt mit dem steuerlichen Übertragungsstichtag (§ 2 I). Bis zum Ablauf der Frist muss das wirtschaftliche Eigentum an dem übergegangenen Betrieb übertragen worden sein. 42

c) Einbringung in eine KapGes

Ein Missbrauch soll nach dem Wortlaut von § 6 III immer anzunehmen sein, wenn der übergegangene Betrieb von der Übernehmerin in eine KapGes eingebracht wird. Der Begriff der Einbringung setzt voraus, dass der Einbringende gesellschaftsrechtlich an der aufnehmenden KapGes beteiligt ist oder wird. Ein Missbrauch kann aber nur dann vermutet werden, wenn die Gesellschafter der KapGes, in die der Betrieb eingebracht wird, mit den Gesellschaftern der übertragenden Körperschaft iSd § 6 I vollständig identisch sind (aA *Pung/Werner* in D/P/M § 6 UmwStG Rn. 44 mwN; *Widmann* in W/M § 6 UmwStG Rn. 264). Nur in diesem Fall ist es gerechtfertigt, die Vergünstigungen des § 6 I nachträglich entfallen zu lassen (so schon *Loos* DB 1969, 1672), wenn es zusätzlich noch bei den beiden Umwandlungen darum gegangen wäre, im Gesamtergebnis Steuerarbitrage zu betreiben. 43

§ 6 III greift unabhängig davon ein, ob die Einbringung zum BW oder zum gemeinen Wert erfolgt (ebenso UmwStE Rn. 06.11). 44

(einstweilen frei) 45

d) Veräußerung oder Aufgabe

46 Veräußerung im steuerrechtlichen Sinne ist die entgeltliche Übertragung des rechtlichen oder wirtschaftlichen Eigentums (vgl. BFH v. 21.10.1976 – IV R 210/72, BStBl. II 1977, 145). Neben der – gesondert geregelten – Einbringung in eine KapGes erfasst der steuerliche Veräußerungsbegriff auch die Einbringung in eine PersGes gem § 24 (so UmwStE Rn. 06.11). Eine Einbringung zu Buchwerten ist allerdings unschädlich, wenn die Restlaufzeit der Fünfjahresfrist von der übernehmenden Gesellschaft erfüllt wird; eine missbräuchliche Gestaltung ist dann nicht erkennbar (vgl *Birkemeier* in R/H/vL § 6 Rn. 61). Keine Veräußerung sind Schenkung, vorweggenommene Erbfolge oder Erbauseinandersetzung. Eine Aufgabe des Betriebs liegt vor, wenn aufgrund eines Entschlusses des Steuerpflichtigen die wesentlichen Betriebsgrundlagen des Betriebs in einem einheitlichen Vorgang in das Privatvermögen überführt oder für andere (betriebsfremde) Zwecke verwendet werden und damit die Existenz des Betriebs endet (*Wacker* in Schmidt § 16 Rn. 173). Insoweit gelten im Rahmen des § 6 III die zu § 16 III EStG entwickelten Grundsätze.

e) Ohne triftigen Grund

47 Nach dem Wortlaut des § 6 III entfällt die Anwendbarkeit von § 6 I und II, wenn die spätere Veräußerung oder Aufgabe ohne triftigen Grund erfolgt. An einem triftigen Grund für die Veräußerung oder Aufgabe wird es jedoch kaum je fehlen, wenn man die üblichen triftigen Gründe in der Kommentarliteratur betrachtet: Krankheit (bei persönlicher Mitarbeit des Erkrankten), Tod, Liquiditätsprobleme, sinkende Rentabilität etc. bzw. Umstrukturierung/Rationalisierung der beteiligten Gesellschaften (UmwStE Rn. 06.11; *Schmitt* in SHS Rn. 46; Widmann in W/M § 6 UmwStG Rn. 289 ff.). Warum jedoch ein günstiger Kaufpreis kein triftiger Grund sein soll (*Schmitt* in SHS Rn. 46) – jedenfalls aus der subjektiven Sicht des Veräußernden – kann aus dem Wortlaut des Gesetzes nicht begründet werden. Nimmt man den Wortlaut der Vorschrift ernst, dürfte sie daher schwerlich je angewandt werden.

48 Ein Missbrauch der mit der Umwandlung verbundenen steuerlichen Vergünstigungen kommt allerdings in Betracht, wenn *die Umwandlung* ohne „triftigen Grund" vorgenommen wurde (ähnlich *Loos* DB 1969, 1673). Dass nach dem Wortlaut der Vorschrift ein „triftiger Grund" für die Veräußerung oder Aufgabe gefordert wird, um den Missbrauchsvorwurf auszuschließen, dürfte danach ein Redaktionsversehen des Gesetzgebers sein. Die Rspr. hat dieses Versehen des Gesetzgebers bereits in einer Entscheidung zu § 24 II UmwStG 1969 mit einer – methodisch kaum nachvollziehbaren – „Auslegung" korrigiert: Ein triftiger Grund iSd § 24 II UmwStG 1969 sei dann zu verneinen, wenn die Veräußerung des übertragenen Betriebs innerhalb der Fünfjahresfrist schon im Zeitpunkt der Beschlussfassung über die Unternehmensumformung vorhersehbar war (BFH v. 19.12.1984 – I R 275/81, BStBl. II 1985, 342 ff.). Der triftige Grund für die Veräußerung kann aber nicht deshalb fehlen, weil er schon langfristig vorhersehbar war. Die zitierte Entscheidung kann nur in dem Sinne verstanden werden, dass die Absehbarkeit der späteren Veräußerung den Rückschluss erlauben soll, dass die vorausgegangene Umwandlung ohne „triftigen Grund" erfolgte. Da der Gesetzgeber sein Versehen in § 6 III fortschreibt, ist zu befürchten, dass auch der BFH an seiner Auslegung festhält.

§ 7 Besteuerung offener Rücklagen

[1]Dem Anteilseigner ist der Teil des in der Steuerbilanz ausgewiesenen Eigenkapitals abzüglich des Bestands des steuerlichen Einlagekontos im Sinne des § 27 des Körperschaftsteuergesetzes, der sich nach Anwendung des § 29 Abs. 1 des Körperschaftsteuergesetzes ergibt, in dem Verhältnis der Anteile zum Nennkapital der übertragenden Körperschaft als Einnahmen aus Kapitalvermögen im Sinne des § 20 Abs. 1 Nr. 1 des Einkommensteuergesetzes zuzurechnen. [2]Dies

gilt unabhängig davon, ob für den Anteilseigner ein Übernahmegewinn oder Übernahmeverlust nach § 4 oder § 5 ermittelt wird.

Übersicht

I. Allgemeine Erläuterungen

1. Sinn und Zweck

§ 7 regelt für den Teilbereich der **offenen Rücklagen** die **steuerliche Behandlung des Anteilseigners** bei einem Vermögensübergang von einer Körperschaft auf eine Personengesellschaft oder natürliche Person, soweit das übergehende Vermögen Betriebsvermögen des Übernehmers wird. Die an der übertragenden Körperschaft beteiligten Anteilseigner werden ertragsteuerlich so gestellt, als würde eine Vollausschüttung der offenen Rücklagen oder eine Liquidation erfolgen. Dabei profitieren die betroffenen Anteilseigner auch von den steuerlichen Begünstigungen des ab 2009 geltenden Teileinkünfteverfahrens gem. § 3 Nr. 40 EStG oder der Abgeltungsteuer (für natürliche Personen) bzw. den Steuerbefreiungen aufgrund der Regelungen in § 8b KStG und § 9 Nr. 2a GewStG oder § 7 GewStG zum körperschaftsteuerlichen und gewerbesteuerlichen Schachtelprivileg (*Hruschka* DStR 2012, 4, 9). 1

Nach der **Regelung des § 7 UmwStG 1995** wurde eine Ausschüttung der offenen Rücklagen grundsätzlich nur für solche Anteilseigner fingiert, die an der übertragenden Körperschaft nicht iSd § 17 EStG wesentlich beteiligt waren und ihre Anteile im Privatvermögen hielten. Außerdem waren solche Anteilseigner erfasst, die zwar wesentlich beteiligt waren, bei denen ein Veräußerungsverlust aber gemäß § 17 II 4 EStG (idF bis 2006) nicht zu berücksichtigen gewesen wäre (§ 7 S 2 UmwStG 1995). Für diese Gruppen von Anteilseignern wurde eine Besteuerung der fingierten Bezüge wie für tatsächlich gezahlte Dividenden (§ 20 I Nr. 1 EStG) angeordnet. **§ 7 in der jetzigen Fassung** gilt nunmehr für alle Anteilseigner der übertragenden KapGes. § 7 S 2 stellt klar, dass die Folge der Besteuerung fiktiver Bezüge aus Kapitalvermögen unabhängig davon eintritt, ob für den jeweiligen Anteilseigner ein Übernahmegewinn oder ein Übernahmeverlust nach § 4 oder § 5 zu ermitteln ist. 2

Die Neuregelung führt in Fällen, in denen für den Anteilseigner ein Übernahmeergebnis nach §§ 4, 5 zu ermitteln ist, zu einer **Aufspaltung des** bisher einheitlichen **Übernahmeergebnisses** in zwei unterschiedlich zu besteuernde Bestandteile (*Pung* in D/P/P/M § 7 Rn. 2; *Stöber* in Lademann § 7 Rn. 2; *Schnitter* in F/D § 7 Rn. 4; *Bron* in K/E/B § 7 Rn. 9; *Frotscher,* Internationalisierung des Ertragsteuerrechts, Rn. 262, 263; *Dötsch/Pung* DB 2006, 2704, 2710; *Krohn/Greulich* DStR 2008, 646, 648; *Strahl* KÖSDI 2007, 15513, 15519). Zum einen werden auf der Grundlage von § 7 für alle Anteilseigner die Gewinn- 3 rücklagen als Kapitalertrag iSd § 20 I Nr. 1 EStG besteuert. Ist daneben für den Anteilseigner ein Übernahmeergebnis nach den §§ 4, 5 zu ermitteln, so ist zusätzlich das übrige übergehende Nettovermögen (Nennkapital und Kapitalrücklagen) in die Übernahmegewinnermittlung einzubeziehen. Die Besteuerung einer fiktiven Dividende nach § 7 erfolgt somit neben und unabhängig von einer etwaigen Besteuerung des übrigen Vermögens gemäß §§ 4, 5 (*Schnitter* in F/D § 7 Rn. 4; *Rödder/Schumacher* DStR 2007, 369, 372; *Haußmann/Wehrheim* FR 2010, 592, 594; *Dötsch/Pung* DB 2006, 2704, 2710; *Strahl* KÖSDI 2007, 15513, 15519). Dieser Aufspaltung des Umwandlungsvorgangs in einen Dividendenteil und einen Vermögensteil für den Anteilseigner liegt die Überlegung zugrunde, dass die bereits in § 20 I Nr. 2 EStG und § 17 IV EStG angelegte Unterscheidung zwischen Gewinnrücklagen (Ertragsebene) und übrigem Eigenkapital (Vermögensebene) auch auf die Situation der Verschmelzung einer Körperschaft auf eine Personengesellschaft oder eine natürliche Person zu übertragen sei. Das UmwStG behandelt die Verschmelzung der Körperschaft konzeptionell wie eine Liquidation zu Buchwerten bzw. zu in der Übertragungsbilanz angesetzten höheren Werten (*Dötsch/Pung* DB 2006, 2704, 2710; *Bron* in K/E/B § 7 Rn. 9).

4 Mit der Neuregelung des § 7 verfolgte der **Gesetzgeber** auch das **Ziel,** das deutsche Besteuerungsrecht an den offenen Rücklagen der übertragenden Gesellschaft zu sichern (BT-Drs. 16/2710, 40; *Pung* in D/P/P/M § 7 Rn. 1; *Hagemann/Jakob/Ropohl/Viebrock* NWB Sonderheft 2007, 1, 16; *Schnitter* in F/D § 7 Rn. 6; *Schmitt* in SHS § 7 Rn. 2; *Stöber* in Lademann § 7 Rn. 3; *Klingberg* in Blümich § 7 Rn. 1; *Birkemeier* in R/H/vL § 7 Rn. 2; *Dötsch/Pung* DB 2006, 2704, 2708; *Blöchle/Weggenmann* IStR 2008, 87, 93; *Krohn/Greulich* DStR 2008, 646, 648; *Klingebiel* Der Konzern 2006, 600, 607 f.; *Widmann* in W/M § 7 Rn. 6; *Bogenschütz* in Ubg 2009, 604, 609). Dies gilt insbesondere gegenüber ausländischen Anteilseignern, für die die fiktive Vollausschüttung der offenen Rücklagen – vorbehaltlich einer bestehenden beschränkten Steuerpflicht (s. Rn. 31) – zum Einbehalt von KapESt mit grundsätzlich definitiver Wirkung führt (§§ 50 II 1, 43 I 1 Nr. 1 EStG).

2. Verhältnis zu anderen Vorschriften

5 **§ 20 I Nr. 1 EStG** regelt im Grundsatz, dass zu den Einkünften aus Kapitalvermögen insbesondere auch die offenen und verdeckten Gewinnausschüttungen gehören. Spezielle Regelungen zur Besteuerung der Anteilseigner einer Körperschaft bei einer Umwandlung in eine Personengesellschaft enthält § 20 EStG nicht. § 7 S 1 fingiert eine Ausschüttung der offenen Rücklagen und ordnet diese Ausschüttungen bei den Anteilseignern den Einnahmen aus Kapitalvermögen gemäß § 20 I Nr. 1 EStG zu. Dadurch kann insoweit auch eine KapEStPflicht nach den §§ 20 I Nr. 1, 43 I 1 Nr. 1, 43a I Nr. 1 EStG ausgelöst werden.

6 Nach § 43b EStG soll die in einem anderen EU-Mitgliedsstaat ansässige Muttergesellschaft einer deutschen KapGes von der KapESt auf Dividenden und andere Gewinnausschüttungen grundsätzlich entlastet werden. Diese Entlastung soll jedoch gemäß **§ 43b I 4 EStG** nicht für Kapitalerträge gelten, die anlässlich einer Liquidation oder Umwandlung einer Tochtergesellschaft zufließen. Auch die fiktiven Bezüge aus Kapitalvermögen iSd § 7 würden danach der KapESt unterliegen (s. Rn. 77).

7 **§ 3** regelt den Wertansatz der übergehenden Wirtschaftsgüter in der steuerlichen Schlussbilanz der übertragenden Körperschaft. § 7 knüpft für die fiktive Gewinnausschüttung an das steuerliche Eigenkapital der übertragenden Körperschaft zum Übertragungsstichtag an, so wie sich dieses Eigenkapital unter Zugrundelegung der Wertansätze gemäß § 3 ergibt.

8 Gemäß § 7 S 2 findet § 7 unabhängig davon Anwendung, ob für den Anteilseigner ein Übernahmegewinn oder ein Übernahmeverlust nach den §§ 4 und 5 zu ermitteln ist. Ist ein solches Übernahmeergebnis zu ermitteln, erfolgt gemäß **§ 4 V 2** eine Korrektur des Übernahmeergebnisses um die Bezüge, die nach § 7 iVm § 20 I Nr. 1 EStG bereits zu den

Einkünften aus Kapitalvermögen gehören. Auf diese Weise wird eine Doppelerfassung vermieden. Nach dem bis zum 12.12.2006 geltenden UmwStG war eine solche Regelung nicht erforderlich, da für Anteilseigner, die einen Übernahmegewinn bzw. Übernahmeverlust nach §§ 4, 5 zu ermitteln hatten, grundsätzlich keine gesonderte Besteuerung der Gewinnrücklagen gemäß § 7 vorgesehen war. Dies war vielmehr Bestandteil der Ermittlung des Übernahmeergebnisses.

Ein Übernahmeverlust ist gemäß **§ 4 VI** grundsätzlich nicht zu berücksichtigen, soweit Anteilseigner der übernehmenden Personengesellschaft Körperschaften sind. Auch in diesen Fällen soll nach § 4 VI 3 jedoch ein Abzug des Übernahmeverlusts bis zur Höhe der Kapitaleinkünfte iSd § 7 möglich sein, wenn es sich um eine Körperschaft handelt, auf deren Anteile § 8b VII oder VIII 1 KStG Anwendung finden. Dies ist – zumindest im Hinblick auf die Besteuerung fiktiver Dividenden gemäß § 7 – konsequent, weil diese Kapitalgesellschaften auch ansonsten berechtigt sind, Gewinnminderungen im Zusammenhang mit den betreffenden Anteilen geltend zu machen. Natürliche Personen sind gemäß § 4 VI 4 berechtigt, 60 % eines Übernahmeverlustes geltend zu machen, um damit steuerpflichtiges Einkommen bis zu einer Höhe von 60 % der Bezüge gemäß § 7 auszugleichen. Nachdem das ehemalige Halbeinkünfteverfahren mit dem Veranlagungszeitraum 2009 durch das Teileinkünfteverfahren abgelöst wurde, war es sachgerecht, auch die Grenze für den Verlustausgleich auf 60 % anzuheben. **9**

Gemäß **§ 8 I 2** findet § 7 entsprechende Anwendung, soweit das Vermögen auf einen Rechtsträger ohne Betriebsvermögen übergeht. Auch Gesellschafter eines solchen Übernehmers bzw. die übernehmende natürliche Person müssen somit die anteilig auf sie entfallenden offenen Rücklagen entsprechend § 7 als fiktive Einnahmen aus Kapitalvermögen gemäß § 20 I Nr. 1 EStG versteuern (*Trossen* in R/H/vL § 8 Rn. 11; *Bron* in K/E/B § 7 Rn. 19). **10**

§ 7 gilt nicht nur für die Verschmelzung einer übertragenden Körperschaft auf eine Personengesellschaft. Auch auf den Formwechsel einer Kapitalgesellschaft in eine Personengesellschaft findet die Regelung gemäß **§ 9 S 1** entsprechende Anwendung. Gleiches gilt gemäß **§ 16** für entsprechende Auf- oder Abspaltungen einer Körperschaft auf eine Personengesellschaft. **11**

§ 12 regelt die Folgen der Verschmelzung oder einer anderen Vollübertragung einer Körperschaft auf eine andere Körperschaft im Hinblick auf die übernehmende Gesellschaft. Gemäß **§ 12 V** gilt für den Fall des Vermögensübergangs in den nicht steuerpflichtigen oder steuerbefreiten Bereich des Übernehmers das in der steuerlichen Übertragungsbilanz der übertragenden Körperschaft ausgewiesene Eigenkapital abzüglich des Bestands des steuerlichen Einlagekontos iSd § 27 KStG als Einnahme iSd § 20 I Nr. 1 EStG. Die Regelung in § 12 V ist dem § 7 nachgebildet. Sie führt dazu, dass auch bei der Verschmelzung von Kapitalgesellschaften eine Besteuerung fiktiver Kapitaleinkünfte erfolgt, soweit Vermögen aus dem steuerpflichtigen Bereich der Kapitalgesellschaft ausscheidet. Ebenso wie im Rahmen des § 7 dient dies der Sicherstellung der Besteuerung der offenen Rücklagen der übertragenden Körperschaft (*Birkemeier* in R/H/vL § 7 Rn. 4; *Schnitter* in F/D § 7 Rn. 7; *Bron* in K/E/B § 7 Rn. 21). **12**

Gemäß § 18 II 1 ist in den Fällen der Verschmelzung einer Körperschaft auf eine Personengesellschaft oder bei einem Formwechsel in eine Personengesellschaft ein Übernahmegewinn oder Übernahmeverlust für gewerbesteuerliche Zwecke grundsätzlich nicht zu erfassen (UmwStE Rn. 18.03). **§ 18 II 2** sieht vor, dass in den Fällen des § 5 II ein Gewinn nach § 7 ebenfalls nicht der Gewerbesteuer unterliegt. Nach § 5 II als eingelegt geltende wesentliche Beteiligungen iSd § 17 EStG lösen deshalb auch im Hinblick auf die fiktiv ausgeschütteten Gewinnrücklagen keine Gewerbesteuer aus (UmwStE Rn. 18.04; *Trossen* in R/H/vL § 18 Rn. 2; *Schnitter* in F/D § 7 Rn. 7; *Bron* in K/E/B § 7 Rn. 22; *Hölzemann* in H/H § 7 Rn. 17; *Stimpel* GmbHR 2012, 123, 132; *Schulze* StBp 2012, 280, 283). **13**

3. Neuregelungen durch das SEStEG

14 Mit dem SEStEG wurde das UmwStG durch § 1 II in der Weise europäisiert, dass es nunmehr auch für Umwandlungsvorgänge gilt, an denen **Rechtsträger mit Sitz in der EU oder einem EWR-Staat** sowie natürliche Personen mit Wohnsitz oder gewöhnlichem Aufenthalt in der EU oder in einem EWR-Staat beteiligt sind (*Bodden* FR 2007, 66). Auch § 7 findet somit Anwendung, wenn im Falle eines Formwechsels der umwandelnde Rechtsträger eine EU- oder EWR-Gesellschaft ist oder bei anderen Arten der Umwandlung die übertragenden und die übernehmenden Rechtsträger EU- bzw. EWR-Gesellschaften sind (*Schaflitzl/Widmeyer* BB-Special 8/2006, 36, 37; vgl. im Einzelnen § 1 Rn. 42 ff., 51 ff., 57 ff.).

15 Gründungsstaat und Sitzstaat müssen nicht identisch sein (s. § 1 Rn. 47). Soweit die übertragende Körperschaft eine EU- oder EWR-Gesellschaft ist und eine natürliche Person als Übernehmer auftritt, deren Wohnsitz oder gewöhnlicher Aufenthalt sich innerhalb des Hoheitsgebietes eines EU- oder EWR-Staates befindet und keine Ansässigkeit in einem Drittstaat aufgrund eines Doppelbesteuerungsabkommens anzunehmen ist, fallen diese Vorgänge ebenfalls in den Anwendungsbereich des § 7 (*Schaflitzl/Widmeyer* BB-Special 8/2006, 36, 37).

16 Um trotz der Europäisierung des Umwandlungssteuerrechts durch das SEStEG das deutsche Besteuerungsaufkommen zu sichern, wurde nicht nur ein allgemeiner Entstrickungstatbestand in § 4 I 3 EStG eingeführt, sondern auch die Fiktion der Vollausschüttung der offenen Rücklagen nach § 7 auf **alle Anteilseigner** erweitert. Damit werden in gewissem Umfang auch beschränkt steuerpflichtige Anteilseigner, insbesondere im EU-Ausland und in den EWR-Staaten, von § 7 erfasst (s. dazu im Einzelnen Rn. 31).

17 Darüber hinaus hat sich mit dem SEStEG teilweise auch das **Besteuerungskonzept im Hinblick auf die Besteuerung der stillen Reserven** geändert. Das UmwStG 1995 sah im Falle der Buchwertfortführung und für nicht wesentlich beteiligte Anteilseigner, die ihre Anteile im Privatvermögen halten, grundsätzlich nur eine Besteuerung der offenen Reserven im Rahmen des Umwandlungsvorgangs vor. Wenn das Betriebsvermögen der Kapitalgesellschaft zu Buchwerten auf die Personengesellschaft überging, wurden die übergehenden stillen Reserven (zumindest nach Ansicht der FinVerw und der hM) auch für die nicht wesentlich beteiligten Gesellschafter nachträglich steuerverstrickt, während diese stillen Reserven von den Minderheitsgesellschaftern bis zum steuerlichen Übertragungsstichtag steuerfrei hätten realisiert werden können (*Benkert/Menner* in 2. Aufl. § 7 Rn. 24). Nach der Neufassung des UmwStG durch das SEStEG werden nunmehr sowohl die offenen als auch ein Teil der stillen Reserven besteuert. Die Besteuerung der stillen Reserven ist gemäß §§ 4 IV 2, 3 I jedoch beschränkt auf die stillen Reserven in den Wirtschaftsgütern der übertragenden Körperschaft, für welche Deutschland kein Besteuerungsrecht hinsichtlich des Gewinns aus der Veräußerung dieser Wirtschaftsgüter zusteht. Dies hat insbesondere auch Auswirkungen und verschärft die Problematik für die Anteilseigner, die nicht wesentliche Beteiligungen an der übertragenden Körperschaft im Privatvermögen halten. Soweit stille Reserven im Rahmen des Umwandlungsvorgangs nicht aufgedeckt werden, bleibt es auch nach dem SEStEG dabei, dass das Risiko einer nachträglichen Steuerverstrickung besteht. Hat nach § 4 IV 2 eine zwangsweise Aufdeckung der stillen Reserven zu erfolgen, führt dies zu einer sofortigen Erhöhung des steuerpflichtigen Einkommens bei der übertragenden Körperschaft. Auch für den Anteilseigner werden aus den bis dahin stillen Reserven nun offene Rücklagen, die gemäß § 7 aufgrund der fiktiven Ausschüttung sofort als Einkünfte aus Kapitalvermögen zu versteuern sind. Für nicht wesentlich beteiligte Gesellschafter, die ihre Anteile an der übertragenden Körperschaft im Privatvermögen halten, hat das SEStEG durch § 4 IV 2 damit eine Verschärfung gebracht, die zu einer sofortigen Versteuerung bestimmter stiller Reserven führt, bei denen nach bisherigem Recht nur eine nachträgliche Steuerverstrickung mit einem steuerlichen Realisierungsrisiko in der Zukunft bestand.

II. Anwendungsbereich

1. Sachlicher Geltungsbereich

Der Geltungsbereich des § 7 umfasst die folgenden **Arten von Umwandlungen,** wenn das Vermögen der übertragenden Körperschaft dabei Betriebsvermögen des Übernehmers wird: 18

- Verschmelzung, Auf- und Abspaltung einer Körperschaft auf eine natürliche Person oder Personengesellschaft,
- Formwechsel einer Körperschaft in eine Personengesellschaft (§ 9),
- Auf- und Abspaltung einer Körperschaft auf eine Personengesellschaft (§ 16),
- mit einer Verschmelzung oder einem Formwechsel vergleichbare ausländische Vorgänge (§ 1 I, II), sofern mindestens der betroffene Anteileigner im Inland steuerlich ansässig ist.

Für den Fall, dass das Vermögen der Körperschaft im Rahmen der entsprechenden Umwandlungsvorgänge **nicht Betriebsvermögen des übernehmenden Rechtsträgers** wird, sieht § 8 eine analoge Anwendung des § 7 vor (*Schmitt* in SHS § 7 Rn. 6; *Bron* in K/E/B § 7 Rn. 24). 19

2. Persönlicher Anwendungsbereich

a) Übertragende Körperschaft

Übertragende Körperschaft iSd § 7 kann jede **nach § 3 zulässige Körperschaft** sein, damit insbesondere Kapitalgesellschaften, eingetragene Genossenschaften sowie eingetragene und wirtschaftliche Vereine. 20

Daneben findet § 7 auch auf **ausländische Körperschaften** Anwendung. In den Anwendungsbereich fallen neben den Gesellschaften, die nach dem Recht eines EU- oder EWR-Staates iSd Art. 54 AEUV oder Art. 34 EWR-Abkommen gegründet worden sind und deren Sitz sowie Geschäftsleitung sich in einem EU- bzw. EWR-Staat befinden (vgl. im Einzelnen § 1 Rn. 42 ff., 51 ff.) auch die supranationalen Gesellschaften wie die „Europäische Aktiengesellschaft" (SE) und die „Europäische Genossenschaft" (SCE) (*Schmitt* in SHS § 7 Rn. 5; *Birkemeier* in R/H/vL § 7 Rn. 11; *Schnitter* in F/D § 7 Rn. 12; *Stöber* in Lademann § 7 Rn. 11; *Bron* in K/E/B § 7 Rn. 30; *Klingberg* in Blümich § 7 Rn. 11). Falls es zukünftig doch noch zu einer Einführung der „Europäischen Privatgesellschaft" (SPE) kommen sollte, dürfte auch diese als übertragende Körperschaft in Betracht kommen. Eine SE und eine SCE gelten dabei als nach dem Recht des Staates gegründet, in dessen Hoheitsgebiet sie ihren Sitz haben (*Förster/Felchner* DB 2006, 1072; *Klingebiel* Der Konzern 2006, 600, 601). 21

Gründungsstaat und Sitzstaat des übertragenden Rechtsträgers müssen nicht identisch sein (s. § 1 Rn. 47; *Förster/Felchner* DB 2006, 1072). Soweit der übertragende Rechtsträger eine EU- oder EWR-Gesellschaft ist und eine natürliche Person, deren Wohnsitz oder gewöhnlicher Aufenthalt sich innerhalb des Hoheitsgebietes eines EU- oder EWR-Staates befindet und für die keine Ansässigkeit in einem Drittstaat aufgrund eines Doppelbesteuerungsabkommens anzunehmen ist, als Übernehmer auftritt, fallen diese Rechtsträger ebenfalls in den persönlichen Anwendungsbereich des § 7 S 1 (*Schaflitzl/Widmeyer* BB-Special 8/2006, 36, 37; *Bron* in K/E/B § 7 Rn. 30). Insoweit erfasst § 7 also nicht nur inländische Umwandlungen, sondern auch **grenzüberschreitende Verschmelzungen** und teilweise sogar **reine Auslandsumwandlungen** (UmwStE Rn. 07.01; *Birkemeier* in R/H/vL § 7 Rn. 11; *Pung* in D/P/P/M § 7 Rn. 6, 8; *Schmitt* in SHS § 7 Rn. 5; *Schnitter* in F/D § 7 Rn. 11a; *Stöber* in Lademann § 7 Rn. 11; *Hölzemann* in H/H § 7 Rn. 18; *Klingberg* in Blümich § 7 Rn. 9; *Bron* in in K/E/B § 7 Rn. 23). 22

Soweit es sich bei der übertragenden Körperschaft um eine nach dem Recht eines EU- oder EWR-Staates gegründete Gesellschaft handelt, sind die Einnahmen für die im Inland 23 unbeschränkt steuerpflichtigen Anteilseigner gemäß § 7 S 1 aufgrund einer gemäß § 3 aufzustellenden Schlussbilanz des übertragenden Rechtsträgers zu ermitteln (s. § 3 Rn. 80, 81, 160 ff.). Das steuerliche Einlagekonto ist dabei unter entsprechender Anwendung der §§ 27–29 KStG zu ermitteln und dessen Bestand muss ggf. geschätzt werden (*Birkemeier* in R/H/vL § 7 Rn. 11; *Schmitt* in SHS § 7 Rn. 9, 20; *Pung* in D/P/P/M § 7 Rn. 8; *Schnitter* in F/D § 7 Rn. 13; *Stöber* in Lademann § 7 Rn. 17; *Hölzemann* in H/H § 7 Rn. 43; *Bron* in K/E/B § 7 R. 31).

24 Bei Umwandlungen von **ausländischen EU- oder EWR-Kapitalgesellschaften** ist auf die fiktiven Dividendeneinnahmen gemäß § 7 **keine KapESt** einzuhalten. Es handelt sich bei diesen Einnahmen nicht um inländische Kapitalerträge nach § 43 I 1 EStG (*Birkemeier* in R/H/vL § 7 Rn. 11; *Schnitter* in F/D § 7 Rn 26; *Stöber* in Lademann § 7 Rn. 36; *Bron* in K/E/B § 7 Rn. 31). Ob ausländische KapESt anfällt, bestimmt sich ausschließlich nach dem maßgeblichen ausländischen Recht. Sofern dies der Fall ist und ein Doppelbesteuerungsabkommen zur Anwendung kommt, ist für die Besteuerung des inländischen Anteilseigners jeweils der Dividendenartikel mit der Folge einer möglichen Freistellung im Inland zu beachten (s. Rn. 32). Sollte ein Doppelbesteuerungsabkommen nicht eingreifen, ist jedenfalls eine Anrechnung der ausländischen Quellensteuer im Rahmen von § 34c EStG bzw. § 26 KStG möglich (*Schmitt* in SHS § 7 Rn. 21; *Pung* in D/P/P/M § 7 Rn. 27; *Schnitter* in F/D § 7 Rn. 26; *Stöber* in Lademann § 7 Rn. 36; *Bron* in K/E/B § 7 Rn. 31; *Frotscher,* Internationalisierung des Ertragsteuerrechts, Rn. 264).

b) Anteilseigner der übertragenden Körperschaft

25 § 7 gilt für alle Anteilseigner. Im Gegensatz zur vorherigen Rechtslage ist es **unerheblich, ob** die Anteilseigner eine **wesentliche Beteiligung iSd § 17 EStG** halten, und ob ihre Anteile zu einem **Betriebs- oder Privatvermögen** gehören (*Stöber* in Lademann § 7 Rn. 5; *Klingberg* in Blümich § 7 Rn. 11; *Bron* in K/E/B § 7 Rn. 25; *Hagemann/Jakob/Ropohl/Viebrock* NWB Sonderheft 2007, 1, 16). § 7 S 2 enthält die ausdrückliche Aussage, dass die Zurechnung der offenen Rücklagen unabhängig davon erfolgt, ob für den Anteilseigner ein Übernahmeergebnis ermittelt wird. Die Regelung stellt noch einmal klar, dass eine Zurechnung der offenen Rücklagen gem. § 7 an alle Anteilseigner erfolgt, ohne Rücksicht darauf, ob diese ihre Beteiligung an der übertragenden Körperschaft in einem Betriebsvermögen halten oder aus anderen Gründen ein möglicher Übernahmegewinn oder Übernahmeverlust nach §§ 4, 5 zu ermitteln ist. Die Regelung des § 7 betrifft damit grundsätzlich sämtliche Anteilseigner, die an einer Umwandlung teilnehmen und Gesellschafter der übernehmenden Personengesellschaft werden. Dies gilt entsprechend bei einer Verschmelzung auf eine natürliche Person.

26 Es ist nicht erforderlich, dass eine **Beteiligung** des Anteilseigners an der übernehmenden Personengesellschaft bereits **vor der Umwandlung** besteht (*Birkemeier* in R/H/vL § 7 Rn. 7). Diese Beteiligung kann also im Rahmen der Umwandlung erstmalig eingeräumt werden.

27 **Maßgeblicher Zeitpunkt** dafür, ob ein Anteilseigner an der Umwandlung teilnimmt, ist die **Eintragung der Umwandlung in ein öffentliches Register** (*Schmitt* in SHS § 7 Rn. 3; *Birkemeier* in R/H/vL § 7 Rn. 7; *Pung* in D/P/P/M § 7 Rn. 5; *Schnitter* in F/D § 7 Rn. 9; *Stöber* in Lademann § 7 Rn. 6; *Bron* in K/E/B § 7 Rn. 26; *Hölzemann* in H/H § 7 Rn. 20). Dabei ist regelmäßig das Register des Sitzes des übernehmenden Rechtsträgers maßgeblich (§§ 19, 20 UmwG). Ein Anteilseigner, der vor der Eintragung der Umwandlung in ein öffentliches Register ausscheidet, kann keine Einnahmen iSd § 7 mehr erzielen (UmwStE, Rn. 02.18; *Schmitt* in SHS § 7 Rn. 3; *Birkemeier* in R/H/vL § 7 Rn. 7; *Pung* in D/P/P/M § 7 Rn. 5; *Schnitter* in F/D § 7 Rn. 9; *Klingberg* in Blümich § 7 Rn. 12). Ein Anteilseigner kann die Anwendung des § 7 also dadurch vermeiden, dass er die Anteile an der übertragenden Körperschaft noch vor der Eintragung der Umwandlung im Handelsregister veräußert.

Einem **Anteilseigner** der übertragenden Körperschaft, **der der Umwandlung widerspricht,** ist nach §§ 29, 207 UmwG eine angemessene Barabfindung anzubieten. Nimmt der widersprechende Anteilseigner das Barabfindungsangebot an, scheidet er aus und fällt nicht mehr in den Anwendungsbereich des § 7. Aus steuerlicher Sicht wird der Vorgang so behandelt, dass der Anteilseigner bereits zum steuerlichen Übertragungsstichtag gem. § 2 aus dem übertragenden Rechtsträger ausscheidet und für Zwecke des § 7 nicht mehr an der betreffenden Umwandlung teilnimmt (*Birkemeier* in R/H/vL § 7 Rn. 7; *Pung* in D/P/P/M § 7 Rn. 5; *Schnitter* in F/D § 7 Rn. 9; *Widmann* in W/M § 7 Rn. 30; *Schmitt* in SHS § 7 Rn. 3; *Hölzemann* in H/H § 7 Rn. 20; *Stöber* in Lademann § 7 Rn. 6; *Klingberg* in Blümich § 7 Rn. 12; *Bron* in K/E/B § 7 Rn. 26). Der Anspruch auf Barabfindung richtet sich zivilrechtlich nicht gegen die übertragende Körperschaft, sondern gegen den übernehmenden Rechtsträger. Aus diesem Grund ist dieser Anspruch auch nicht in der Schlussbilanz der übertragenden Körperschaft zu berücksichtigen. 28

Für Anteilseigner iSd § 17 EStG oder solche, die ihre Anteile in einem Betriebsvermögen halten, ist bereits nach §§ 4, 5 ein **Übernahmeergebnis** zu ermitteln. Dies steht jedoch einer Anwendung des § 7 auf diese Anteilseigner nicht entgegen (UmwStE Rn. 07.02). Aufgrund der Regelung im **§ 4 V 2** ist das nach §§ 4, 5 zu ermittelnde Übernahmeergebnis um die fiktiven Einnahmen aus der Besteuerung der offenen Rücklagen gem. § 7 zu korrigieren. Insoweit wird eine doppelte Besteuerung der offenen Rücklagen vermieden (*Bodden* FR 2007, 66, 73; *Hagemann/Jakob/Ropohl/Viebrock* NWB Sonderheft 2007, 1, 16; *Bron* in K/E/B § 7 Rn. 16). 29

Die Regelung des § 7 findet **unabhängig von der Rechtsform** der an der übertragenden Körperschaft beteiligten Anteilseigner Anwendung (*Schmitt* in SHS § 7 Rn. 4; *Birkemeier* in R/H/vL § 7 Rn. 8; *Schnitter* in F/D § 7 Rn. 10; *Stöber* in Lademann § 7 Rn. 5; *Hölzemann* in H/H § 7 Rn. 19; *Stöber* in Lademann § 7 Rn. 5; *Bron* in K/E/B § 7 Rn. 27;). Bezüge iSd § 7 können demnach neben natürlichen Personen, Körperschaften, Personenvereinigungen und Personengesellschaften auch steuerfreie Körperschaften und juristische Personen des öffentlichen Rechts erzielen. 30

Auch **beschränkt Steuerpflichtige** können in den Anwendungsbereich des § 7 fallen (*Schnitter* in F/D § 7 Rn. 11; *Schmitt* in SHS § 7 Rn. 4, 15; *Birkemeier* in R/H/vL § 7 Rn. 9; *Hölzemann* in H/H § 7 Rn. 19; *Stöber* in Lademann § 7 Rn. 8; *Bron* in K/E/B § 7 Rn. 28). Eine Steuerpflicht der fiktiven Einnahmen gem. § 7 setzt für einen beschränkt steuerpflichtigen Anteilseigner allerdings voraus, dass zusätzlich auch eine der in § 49 EStG genannten Einkunftsarten vorliegt. Sofern ein ausländischer Anteilseigner seine Beteiligung an dem übertragenden Rechtsträger in einer deutschen, gewerblich tätigen Betriebsstätte hält, greift § 49 I Nr. 2 Buchst. a EStG ein. Ist dies nicht der Fall stellen die Bezüge nach § 7 regelmäßig nur dann inländische Einkünfte dar, wenn die Voraussetzungen nach **§ 49 I Nr. 5 Buchst. a EStG** vorliegen und ein **Schuldner der Kapitalerträge** besteht, der seinen Sitz oder seine Geschäftsleitung im Inland hat. Für die in § 7 angesprochenen fiktiven Einnahmen existiert kein tatsächlicher Zahlungsfluss vom übertragenden Rechtsträger an den Anteilseigner, und damit gibt es auch keine Person, die einer anderen Person Kapitalerträge schuldet. Dem Wortlaut des § 7 kann nicht einmal ansatzweise entnommen werden, dass über die Fiktion von Kapitalerträgen gem. § 20 I Nr. 1 EStG hinaus, mit § 7 auch die Existenz eines Schuldners dieser Kapitalerträge für Zwecke des § 49 I Nr. 5 Buchst. a EStG fingiert werden soll (so aber wohl *Hölzemann* in H/H § 7 Rn. 101, *Schnitter* in F/D § 7 Rn 32b und *Stöber* in Lademann § 7 Rn. 9). Anders als im Zusammenhang mit den Fragen zum KapEStAbzug (s. Rn. 65, 66) handelt es sich bei dem Fehlen eines Schuldners der Kapitalerträge im Rahmen des Tatbestandes einer beschränkt steuerpflichtigen Einkunftsart auch nicht lediglich um einen formalen Aspekt. Beim KapEStAbzug muss der Gläubiger der Kapitalerträge (also der Schuldner der KapESt) nur im Rahmen des Verfahrens zur Entrichtung der KapESt ermittelt werden (s. Rn. 66). Demgegenüber ist das Vorliegen eines Schuldners der Kapitalerträge im Rahmen der beschränkt steuerpflichtigen Einkunftsart gem. § 49 I Nr. 5 Buchst. a EStG ein notwendiges Tatbestands- 31 merkmal. Darüber kann man nicht hinweggehen. Existiert kein inländischer Schuldner der Kapitalerträge, sind die sachlichen Voraussetzungen der beschränkt steuerpflichtigen Einkunftsart gem. § 49 I Nr. 5 Buchst. a EStG nicht erfüllt (so auch *Pung* in D/P/P/M § 7 Rn. 20 und *Bron* in K/E/B § 7 Rn. 69). Daran ändert auch der Umstand nichts, dass die übertragende Körperschaft ggf. im Inland ansässig und unbeschränkt steuerpflichtig ist (so aber *Widmann* in W/M § 7 Rn. 100 und *Schnitter* F/D § 7 Rn. 32b). Auch die übertragende Körperschaft schuldet gerade keine Zahlung der offenen Rücklagen, die gem. § 7 beim Anteilseigner besteuert werden sollen. Aus der bestehenden KapEStPflicht oder einem anderen Telos des § 7 zu schließen, dass dann auch eine beschränkte Steuerpflicht des ausländischen Anteilseigners vorliegen muss, ist ebenso nicht akzeptabel (so aber *Dötsch/Pung* DB 2004, 208, 209; *Pung* in D/P/P/M § 7 Rn. 20; *Ramackers* in L/B/M § 43 EStG Rn. 82; *Birkemeier* in R/H/vL § 7 Rn. 9; *Stöber* in Lademann § 7 Rn. 9; *Hölzemann* in H/H § 7 Rn. 101). Dabei wird insbesondere die unterschiedliche Bedeutung verkannt, die dem Erfordernis eines Gläubigers der Kapitalerträge bzw. Schuldners der KapESt im Rahmen der Entrichtung der KapESt (s. Rn. 65, 66) und dem gesetzlich geforderten Tatbestandsmerkmal eines Schuldners der Kapitalerträge im Rahmen des § 49 I Nr. 5 Buchst. a EStG zukommt (so zutreffend auch *Bron* in K/E/B § 7 Rn 69).

32 Kommt für einen **ausländischen Anteilseigner** ein **Doppelbesteuerungsabkommen** zur Anwendung, ist jeweils im Einzelfall zu prüfen, ob die fiktiven Einnahmen gem. § 7 für Zwecke des jeweiligen DBA als **Dividenden** anzusehen sind und welche Folgen (Quellensteuerrecht oder volles Besteuerungsrecht) sich für Deutschland daraus ergeben. Fiktive Kapitalerträge nach dem deutschen Umwandlungssteuerrecht werden in den Definitionen des Dividendenbegriffs in den verschiedenen DBA nicht ausdrücklich erwähnt. Sofern die von Deutschland abgeschlossenen DBA im Hinblick auf die Definition des Dividendenbegriffs dem Musterabkommen entsprechen, werden jedoch auch solche Einkünfte als Dividenden behandelt, die diesen nach dem Recht des Staates der ausschüttenden Gesellschaft gleichgestellt sind (Art. 10 III OECD-MA). Für die fiktiven Einnahmen gem. § 7 dürfte dies zutreffen (UmwStE Rn. 07.02; *Lemaitre/Schönherr* GmbHR 2007, 173, 177; *Pung* in D/P/P/M § 4 Rn. 5d; *Stöber* in Lademann § 7 Rn. 10; *Hölzemann* in H/H § 7 Rn. 84; *Bron* in K/E/B § 7 Rn. 28, 70, 121; *Stadler/Elser/Bindl* DB 2012, 14, 24; *Förster/Felchner* DB 2006, 1072, 1079; *Benecke/Schnitger* IStR 2006, 765, 773; *Birkemeier* in R/H/vL § 7 Rn. 9; *Widmann* in W/M § 7 Rn. 101; *Frotscher* Internationalisierung des Ertragsteuerrechts, Rn. 264; kritisch *Klingberg* in Blümich § 7 Rn. 23).

III. Ermittlung der Einnahmen aus Kapitalvermögen

33 Die offenen Rücklagen der übertragenen Körperschaft sind dem Anteilseigner als Einnahmen aus Kapitalvermögen iSd § 20 I Nr. 1 EStG zuzurechnen **(Ausschüttungsfiktion).** Dies gilt unabhängig von der jeweiligen steuerlichen Situation des Anteilseigners und dem steuerlichen Status der Anteile. Dementsprechend werden auch einem Gesellschafter, der steuerverhaftete Anteile hält, d. h. Anteile iSv § 4 IV iVm § 5 II, III, Einkünfte aus Kapitalvermögen zugerechnet (*Olbing* GmbHStB 2007, 51, 54; *Bron* in K/E/B § 7 Rn. 33).

34 Die den jeweiligen Anteilseignern anteilig zurechenbaren offenen Rücklagen entsprechen der **Differenz** zwischen dem **steuerlichen Eigenkapital** der übertragenden Körperschaft und dem **Bestand des steuerlichen Einlagekontos** iSd § 27 KStG, wie sich dieser Bestand nach der Anwendung des § 29 I KStG iVm § 28 II 1 KStG ergibt (UmwStE Rn. 07.03.). Es wird somit eine **Kapitalherabsetzung mit anschließender Ausschüttung der offenen Rücklagen** der übertragenden Körperschaft **fingiert** (*Olbing* GmbHStB 2007, 51, 54; *Schaflitzl/Widmeyer* BB-Special 8/2006, 36, 43; *Krohn/Greulich* DStR 2008, 646, 649; *Schnitter* in F/D § 7 Rn. 14; *Hölzemann* in H/H § 7 Rn. 33).

Das maßgebliche Eigenkapital ist nach der zum **steuerlichen Übertragungsstichtag** gem. § 2 I 1 **aufzustellenden Schlussbilanz** der übertragenden Körperschaft zu ermitteln (UmwStE Rn. 07.04; Rn. 02.25 ff.). Der steuerliche Übertragungsstichtag ist mit dem Tag identisch, auf den die handelsrechtliche Schlussbilanz aufgestellt wird, die der Anmeldung der Umwandlung beim Handelsregister beigefügt wird (*Schaflitzl/Widmeyer* BB-Special 8/2006, 36, 38). Soweit die übertragende Körperschaft dabei von ihrem Wahlrecht gem. § 3 I, II in der Weise Gebrauch gemacht hat, dass für die übergehenden Wirtschaftsgüter **höhere Werte als die Buchwerte** (nämlich gemeine Werte oder Zwischenwerte) angesetzt wurden, führt dies bereits in der Schlussbilanz auch zu einem höherem Eigenkapital der übertragenden Körperschaft. Dadurch kann sich dann auch der Betrag der fiktiven Ausschüttung gem. § 7 gegebenenfalls erhöhen (UmwStE Rn. 07.04; *Schaflitzl/Widmeyer* BB Spezial 8/2006, 36, 43; *Schnitter* in F/D § 7 Rn. 17; *Pung* in D/P/P/M § 7 Rn. 8; *Schmitt* in SHS § 7 Rn. 8; *Birkemeier* in R/H/vL § 7 Rn. 12; *Stöber* in Lademann § 7 Rn. 15; *Bron* in K/E/B § 7 Rn. 36; *Hölzemann* in H/H § 7 Rn. 38). Gleiches gilt für vorhandene stille Reserven beim übertragenden Rechtsträger, die aufgrund des Entstrickungstatbestandes in § 4 IV 2 zwangsweise aufzudecken sind und für den Anteilseigner ebenfalls die Bezüge nach § 7 erhöhen (anders *Bron* in K/E/B § 7 Rn. 37, der insoweit ggf. eine teleologische Reduktion von § 4 IV 2 vornehmen möchte). 35

Für den Bestand des **steuerlichen Einlagekontos** sind als Ausgangspunkt ebenfalls die zum steuerlichen Übertragungsstichtag vorliegenden Verhältnisse maßgeblich (*Pung* in D/P/P/M § 7 Rn. 8; *Bron* in K/E/B § 7 Rn. 47; *Schmitt* in SHS § 7 Rn. 9; *Stöber* in Lademann § 7 Rn. 15; *Schnitter* in F/D § 7 Rn. 17). 36

Soweit in Fällen mit Auslandsbezug für eine **übertragende Körperschaft ohne steuerliche Ansässigkeit in Deutschland** kein steuerliches Einlagekonto besteht, ist der Bestand der Einlagen nach § 29 VI 2 KStG i. V. m. § 27 VIII KStG entsprechend den Regelungen für das in Deutschland relevante steuerliche Einlagekonto zu ermitteln. An die Stelle des Einlagekontos tritt dabei der Betrag der nicht in das Nennkapital geleisteten Einlagen zum Zeitpunkt des Vermögensübergangs (UmwStE Rn. 07.04; *Förster/Felchner* DB 2006, 1072, 1080; *Kraft/Poley* FR 2014, 1, 4; *Pung* in D/P/P/M § 7 Rn. 8; *Birkemeier* in R/H/vL § 7 Rn. 11; *Schmitt* in SHS § 7 Rn. 9, 20; *Hölzemann* in H/H § 7 Rn. 43; *Klingberg* in Blümich § 7 Rn. 14; *Bron* in K/E/B § 7 Rn. 48ff). 37

Nach Ermittlung des Bestandes des steuerlichen Einlagekontos (oder des Äquivalents in Fällen ausländischer übertragender Körperschaften) erfolgt gem. § 29 I KStG die **fiktive Herabsetzung des Nennkapitals.** Soweit die Einlagen auf das Nennkapital erbracht wurden und kein Sonderausweis gem. § 28 I KStG aufgrund einer vorangegangenen Umwandlung von Gewinnrücklagen in Nennkapital vorliegt, ist der Betrag des herabgesetzten Nennkapitals nach § 28 II 1 KStG dem Einlagekonto zuzuschreiben (*Widmann* in W/M § 7 Rn. 19; *Schnitter* in F/D § 7 Rn. 15; *Stöber* in Lademann § 7 Rn. 13; *Schmitt* in SHS § 7 Rn. 11; *Bron* in K/E/B § 7 Rn. 53). Im Ergebnis reduziert sich auch der Betrag der fiktiven Einnahmen gem. § 7 nur um die Höhe des eingezahlten Nennkapitals (*Pung* in D/P/P/M § 7 Rn. 10; *Bron* in K/E/B § 7 Rn. 53). 38

Nach der Regelung in § 29 I KStG i. V. m. § 28 II 1 KStG würden **ausstehende Einlagen auf das Nennkapital** das steuerliche Einlagekonto nicht erhöhen. Im Ergebnis müssten die Anteilseigner deshalb anteilig die noch ausstehenden Einlagen als Bezüge im Rahmen des § 7 iVm § 20 I Nr. 1 EStG versteuern, obwohl es sich dabei um echtes Nennkapital handelt (s. *Pung* in D/P/P/M § 7 Rn. 11). Die FinVerw vermeidet dieses unzutreffende Ergebnis, indem Einlagen auf das Nennkapital die zum Übertragungsstichtag noch nicht geleistet sind, nicht zum Eigenkapital iSd § 7 zählen, unabhängig davon, ob sie eingefordert sind oder nicht (UmwStE Rn. 07.04; *Widmann* in W/M § 7 Rn. 19; *Schnitter* in F/D § 7 Rn. 16; *Pung* in D/P/P/M § 7 Rn. 11, *Birkemeier* in R/H/vL § 7 Rn. 14; *Schmitt* in SHS § 7 Rn. 11; *Hölzemann* in H/H § 7 Rn. 31a; *Stöber* in Lademann § 7 Rn. 14; *Klingberg* in Blümich § 7 Rn. 14; *Bron* in K/E/B § 7 Rn. 42, 55). 39

40 Beträge, die dem Nennkapital in der Vergangenheit durch die **Umwandlung von sonstigen Rücklagen (Gewinnrücklagen)** zugeführt wurden, sind gem § 28 I 3 KStG gesondert auszuweisen und festzustellen. Besteht im Nennkapital ein solcher Sonderausweis iSd § 28 I 3 KStG, ergibt sich aus der fiktiven Nennkapital-Herabsetzung nach § 29 I KStG nur insoweit eine Erhöhung des Einlagekontos, als das Nennkapital den Sonderausweis übersteigt (*Pung* in D/P/P/M § 7 Rn. 10; *Birkemeier* in R/H/vL § 7 Rn. 11; *Schnitter* in F/D § 7 Rn. 15; *Hölzemann* in H/H § 7 Rn. 35; *Bron* in K/E/B § 7 Rn. 54). Dies ist konsequent und zutreffend, da in Höhe der ehemaligen Gewinnrücklagen noch unversteuerte Erträge bestehen.

41 Sind bei der übertragenden Körperschaft noch Gewinnausschüttungen an Anteilseigner vorzunehmen, die das Eigenkapital in der Steuerbilanz zum steuerlichen Übertragungsstichtag noch nicht gemindert haben (also insbesondere **Gewinnausschüttungen** an die Anteilseigner, die **vor dem steuerlichen Übertragungsstichtag beschlossen** wurden, aber noch nicht vollzogen sind), so verringern diese Ausschüttungen dennoch den Bestand des Eigenkapitals und können damit auch auf die Höhe der fiktiven Einnahmen gem. § 7 Einfluss haben (UmwStE Rn. 07.04, 02.27; *Pung* in D/P/P/M § 7 Rn. 13; *Birkemeier* in R/H/vL § 7 Rn. 12, 16; *Schnitter* in F/D § 7 Rn. 14a; *Hölzemann* in H/H § 7 Rn. 30; *Klingberg* in Blümich § 7 Rn. 14; *Bron* in K/E/B § 7 Rn. 40; *Schmitt* in SHS § 7 Rn. 11). Sie gelten als zum steuerlichen Übertragungsstichtag abgeflossen und sind daher ggf. noch mit dem maßgeblichen steuerlichen Einlagekonto zu verrechnen (UmwStE Rn. 02.27). Gleiches gilt für noch nicht abgeflossene **verdeckte Gewinnausschüttungen.** Auch für diese ist in der steuerlichen Schlussbilanz des übertragenden Rechtsträgers eine Verbindlichkeit (Schuldposten) einzustellen, und nur das verbleibende Eigenkapital stellt dann die Ausgangsgröße für die Berechnung der Bezüge nach § 7 dar (UmwStE Rn. 02.27 und 07.04; *Hölzemann* in H/H § 7 Rn. 30). Im Verhältnis zwischen den Anteilseignern zum steuerlichen Übertragungsstichtag und solchen **neuen Gesellschaftern, die erst im Rückwirkungszeitraum eintreten,** gilt, dass die Zurechnung der Ausschüttungen an die Altgesellschafter vorrangig erfolgt und den Neugesellschaftern nur die so reduzierten offenen Rücklagen zuzurechnen sind (UmwStE Rn. 07.06, 02.31, Berechnungsbeispiel in Rn. 02.33; *Schnitter* in F/D § 7 Rn. 14a; *Bron* in K/E/B § 7 Rn. 64f; *Klingberg* in Blümich § 7 Rn. 15; kritisch insoweit *Pung* in D/P/P/M § 7 Rn. 15).

42 Weist das steuerliche Eigenkapital der übertragenden Körperschaft laut Schlussbilanz zum steuerlichen Übertragungsstichtag nach Abzug des Bestandes auf dem steuerlichen Einlagekonto einen **negativen Saldo** auf, wird die Auffassung vertreten, dass dies bei den Anteilseignern nicht zu negativen Einnahmen aus Kapitalvermögen führen soll. Begründet wird dies damit, dass § 7 nur die Gleichstellung der Umwandlung mit der Liquidation bezwecke (*Pung* in D/P/P/M § 7 Rn. 12; *Schnitter* in F/D § 7 Rn. 18; *Birkemeier* in R/H/vL § 7 Rn. 18; *Widmann* in W/M § 7 Rn. 18; *Hölzemann* in H/H § 7 Rn. 37). Im Wortlaut des § 7 findet sich für einen solchen Ausschluss der Berücksichtigung negativer Einkünfte kein Anhaltspunkt. Im Gegenteil werden die Bezüge nach § 7 uneingeschränkt den Kapitaleinkünften nach § 20 I Nr. 1 EStG zugeordnet. Unzweifelhaft können Einkünfte aus Kapitalvermögen auch negative Beträge aufweisen (s. auch Rn. 58). Es besteht kein Anlass, für den Bereich des § 7 von diesem Grundsatz abzuweichen (so auch *Stöber* in Lademann § 7 Rn. 16 und *Bron* in K/E/B § 7 Rn. 34; siehe auch FG Berlin-Brandenburg EFG 2013, 1621 mit Revisionsentscheidung BFH/NV 2016, 1313).

43–49 *(einstweilen frei)*

IV. Besteuerungsfolgen beim Anteilseigner

1. Grundsätze der Besteuerung

Nach § 2 I sind sowohl das Einkommen und das Vermögen des übertragenden Rechtsträgers als auch des übernehmenden Rechtsträgers so zu ermitteln, als ob das Vermögen des übertragenden Rechtsträgers mit Ablauf des steuerlichen Übertragungsstichtags auf den Übernehmer übergegangen wäre. Dies ist auch im Rahmen des § 7 relevant. Zwar trifft die Besteuerungsfolge des § 7 den Anteilseigner, also weder die übertragende Körperschaft noch den übernehmenden Rechtsträger. Die **Ermittlung der fiktiven Bezüge gemäß § 7** erfolgt jedoch auf der Basis der Steuerbilanz und des steuerlichen Einlagekontos des übertragenden Rechtsträgers **zum steuerlichen Übertragungsstichtag** (UmwStE Rn. 07.07; *Widmann* in W/M § 7 Rn. 37; *Birkemeier* in R/H/vL § 7 Rn. 19; *Pung* in D/P/P/M § 7 Rn. 17; *Schnitter* in F/D § 7 Rn. 21; *Schmitt* in SHS § 7 Rn. 14; *Klingberg* in Blümich § 7 Rn. 15; *Bron* in K/E/B § 7 Rn. 66). 50

Die Versteuerung der ermittelten fiktiven Einnahmen erfolgt durch die an der Umwandlung teilnehmenden Anteilseigner der übertragenden Körperschaft entsprechend ihrer **prozentualen Beteiligung an dieser Körperschaft** (UmwStE Rn. 07.05; *Schnitter* in F/D § 7 Rn. 19). Für die Ermittlung der Beteiligungsquote ist grundsätzlich auf die nominelle Beteiligung der Anteilseigner im **Zeitpunkt der Eintragung** der Umwandlung in das öffentliche Register abzustellen (UmwStE Rn. 07.05.; *Widmann* in W/M § 7 Rn. 25; *Schnitter* in F/D § 7 Rn. 19; *Pung* in D/P/P/M § 7 Rn. 15; *Birkemeier* in R/H/vL, § 7 Rn. 17; *Stöber* in Lademann § 7 Rn. 22; *Schmitt* in SHS § 7 Rn. 12; *Bron* in K/E/B § 7 Rn. 63). Soweit die übertragende Körperschaft **eigene Anteile** hält, ist die Höhe der Beteiligung der Anteilseigner nach dem Verhältnis des Nennbetrags ihrer Anteile zur Summe der um die eigenen Anteile der Körperschaft gekürzten Nennbeträge zu ermitteln (UmwStE Rn. 07.05; *Pung* in D/P/P/M § 7 Rn. 16; *Bron* in K/E/B § 7 Rn. 60; *Schnitter* in F/D § 7 Rn. 19; *Schmitt* in SHS § 7 Rn. 12; *Stöber* in Lademann § 7 Rn. 22). 51

Die **Anschaffungskosten des Anteilseigners** für die Anteile an der übertragenden Körperschaft spielen für die Ermittlung der Einkünfte iSd § 7 keine Rolle (*Birkemeier* in R/H/vL § 7 Rn. 22; *Pung* in D/P/P/M § 7 Rn. 3; *Bron* in K/E/B § 7 Rn. 85; *Stöber* in Lademann § 7 Rn. 23). Ist für den Anteilseigner ein Übernahmeergebnis zu ermitteln, sind die Anschaffungskosten im Rahmen der §§ 4, 5 zu berücksichtigen (s. § 4 Rn. 235, 246 ff.). Die Besteuerung der offenen Rücklagen gemäß § 7 ist unabhängig davon vorzunehmen, ob ein Übernahmeergebnis zu ermitteln ist und ob sich demzufolge die Anschaffungskosten der Anteile für den Anteilseigner in irgendeiner Weise steuerlich auswirken. 52

Soweit kein Übernahmeergebnis zu ermitteln ist, bleibt es für den Anteilseigner bei einer Besteuerung der Bezüge iSd § 7. Auch im Rahmen einer Veräußerung oder Liquidation der übertragenden Körperschaft wäre für diese Anteilseigner eine steuerliche Berücksichtigung der Anschaffungskosten für die Anteile nicht möglich gewesen (*Pung* in D/P/P/M § 7 Rn. 3; *Birkemeier* in R/H/vL § 7 Rn. 22; *Bron* in K/E/B § 7 Rn. 110; *Stöber* in Lademann § 7 Rn. 23; *Strahl* KÖSDI 2007, 15513, 15517). Für die betroffenen Anteilseigner hat dies jedoch zur Folge, dass im Rahmen der Umwandlung aus den bisher steuerlich nicht verhafteten Anteilen an der übertragenden Körperschaft Mitunternehmeranteile an der aufnehmenden Personengesellschaft werden. Bei einer späteren Veräußerung oder anderen Gewinnrealisierung im Hinblick auf die neuen Mitunternehmeranteile droht für diese Anteilseigner deshalb eine Besteuerung etwaiger stiller Reserven aus dem Investment, die aus einer Zeit vor der Umwandlung der Körperschaft stammen und daher bis zum Zeitpunkt der Umwandlung steuerfrei hätten realisiert werden können. Der Wortlaut des Gesetzes lässt nicht erkennen, dass dies so gewollt wäre (s. *Pung* in D/P/P/M § 7 Rn. 33). Es kann deshalb nicht einfach unterstellt werden, dass eine solche **nach-** 53

trägliche Verstrickung eigentlich steuerfreier Reserven erfolgen soll. Die Problematik wird auch allgemein erkannt und eine Versteuerung bisher steuerfreier stiller Reserven teilweise als unbefriedigend empfunden (*Pung* in D/P/P/M § 4 Rn. 128 und § 7 Rn. 3, 33; *Birkemeier* in R/H/vL § 7 Rn. 22; *Schnitter* in F/D § 7 Rn. 33; *Bron* in K/E/B § 7 Rn. 3f, 110f; *Klingberg* in Blümich § 7 Rn. 20; FG Münster EFG 2011, 1339). Den gesetzgeberischen Wertungen, die den § 17 EStG und § 8b KStG zugrunde liegen, würde eine solche Rechtsfolge jedenfalls nicht entsprechen. So hat das BVerfG zu § 17 EStG entschieden, dass auch im Hinblick auf stille Reserven ein Vertrauensschutz besteht. Danach unterliegen Veräußerungsgewinne keiner (nachträglichen) Besteuerung, wenn und soweit diese bis zum Zeitpunkt der Verkündung einer Gesetzesänderung nach der zuvor geltenden Rechtslage steuerfrei hätten realisiert werden können (BVerfG BStBl. II 2011, 86; vgl. auch BFH BStBl. II 2013, 372). Es ist deshalb angemessen, bei einer späteren Gewinnrealisierung aus den Mitunternehmeranteilen davon auszugehen, dass die Wirtschaftsgüter der ehemaligen Körperschaft zu gemeinen Werten am steuerlichen Übertragungsstichtag auf die übernehmende Personengesellschaft übergegangen sind. Auf diese Weise wird sichergestellt, dass eine Steuerverstrickung nur für die Zukunft erfolgt, während anteilige stille Reserven bis zum steuerlichen Übertragungsstichtag begünstigt bleiben (*Stöber* in Lademann § 7 Rn. 24; *Haritz* BB 1996, 1409, 1414; *Haritz/Menner* BB 1998, 1084, 1086, 1087; *Crezelius* DB 1997, 199; *Weber-Grellet* in Schmidt § 17 Rn. 159).

54 Die offenen Rücklagen der Gesellschaft werden den Anteilseignern aufgrund von § 7 als Einnahmen aus Kapitalvermögen iSd § 20 I Nr. 1 EStG zugerechnet. Ob diese Einkünfte aus Kapitalvermögen beim Anteilseigner der Abgeltungsteuer gem. § 32d EStG bzw. dem **Teileinkünfteverfahren nach § 3 Nr. 40 EStG oder der Dividendenfreistellung des § 8b KStG** unterliegen, richtet sich danach, ob der beteiligte Anteilseigner eine natürliche Person oder eine Körperschaft ist. Sofern die Beteiligung unmittelbar von einer Personengesellschaft gehalten wird, kommt es für die Frage der Anwendung des Teileinkünfteverfahrens bzw. der Dividendenfreistellung auf den hinter der Personengesellschaft stehenden Gesellschafter an. Gegebenenfalls ist diese Betrachtung bei mehrstöckigen Personengesellschaften mehrfach vorzunehmen (UmwStE Rn. 07.07; *Pung* in D/P/P/M § 7 Rn. 24; *Bron* in K/E/B § 7 Rn. 89; *Schmitt* in SHS § 7 Rn. 18).

55 Wenn es sich bei dem Anteilseigner um einen Anleger handelt, der die Anteile in einem Betriebsvermögen hält, unterliegen die Einkünfte bei **natürlichen Personen** grundsätzlich dem **Teileinkünfteverfahren** des § 3 Nr. 40 EStG (*Schmitt* in SHS § 7 Rn. 18, 21; *Widmann* in W/M § 7 Rn. 61; *Schnitter* in F/D § 7 Rn. 22; *Birkemeier* in R/H/vL § 7 Rn. 21; *Stöber* in Lademann § 7 Rn. 27; *Strahl* KÖSDI 2007, 15513, 15517, 15519). In den Fällen des § 3 Nr. 40 S 3 EStG sind die Einnahmen in voller Höhe steuerpflichtig. Für natürliche Personen, die die Anteile in ihrem Privatvermögen halten, greift ab 2009 grundsätzlich die Abgeltungsteuer nach § 23d EStG ein (UmwStE Rn. 07.07; *Bron* in K/E/B § 7 Rn. 102: *Hölzemann* in H/H § 7 Rn. 45, 93; *Stöber* in Lademann § 7 Rn. 28; *Schmitt* in SHS § 7 Rn. 21).

56 Ist der Anteilseigner eine **Körperschaft,** so sind die Bezüge nach § 7 grundsätzlich zu 95% steuerfrei gemäß **§ 8b I, V KStG** (*Schmitt* in SHS § 7 Rn. 18, 21; *Strahl* KÖSDI 2007, 15513, 15519; *Frotscher,* Internationalisierung des Ertragsteuerrechts, Rn. 264; *Pung* in D/P/P/M § 7 Rn. 24; *Schnitter* in F/D § 7 Rn. 22; *Birkemeier* in R/H/vL § 7 Rn. 21; *Bron* in K/E/B § 7 Rn. 83, 104; *Stöber* in Lademann § 7 Rn. 27). Demgegenüber können sie für Banken, Versicherungen und Finanzunternehmen nach § 8b VII, VIII KStG in voller Höhe steuerpflichtig sein, soweit kein Anwendungsfall des § 8b IX KStG vorliegt (*Pung* in D/P/P/M § 7 Rn. 24; *Schmitt* in SHS § 7 Rn. 18; *Bron* in K/E/B § 7 Rn. 83; *Schnitter* in F/D § 7 Rn. 28a). Nach der Einführung des § 8b IV KStG für **Streubesitzdividenden** im Laufe des Jahres 2013 sind auch für Anteilseigner, die an der betreffenden Körperschaft zu weniger als 10% unmittelbar beteiligt sind, die Bezüge nach § 7 in vollem Umfang steuerpflichtig (*Schmitt* in SHS § 7 Rn. 18; *Birkemeier* in R/H/vL § 7 Rn. 29a; *Stöber* in Lademann § 7 Rn. 27; *Bron* in K/E/B § 7 Rn. 83; *Benz/Jetter*

DStR 2013, 489; *Haisch/Helios* DB 2013, 724). Europarechtlich ist dies möglicherweise nicht mehr so problematisch (siehe *Bron* in K/E/B § 7 Rn. 128), wirft allerdings weiterhin Fragen im Hinblick auf den Gleichheitsgrundsatz (Art. 3 GG) auf (siehe dazu *Stöber* in Lademann § 7 Rn. 39b m. w. N.).

Ist das Mutterunternehmen der übernehmenden Gesellschaft eine Körperschaft, welche ihrerseits **Organgesellschaft** einer weiteren Körperschaft ist, kommt auf der Ebene der Organgesellschaft für die nach § 7 zu ermittelnden Bezüge eine Steuerbefreiung nach § 8b KStG nicht in Betracht. Eine Anwendung der § 8b KStG und § 3 Nr. 40 EStG erfolgt erst auf Ebene des Organträgers (*Pung* in D/P/P/M § 7 Rn. 26; *Schmitt* in SHS § 7 Rn. 18; *Bron* in K/E/B § 7 Rn. 90). 57

In § 7 wird nur geregelt, wie die Höhe der zu versteuernden fiktiven Einnahmen zu ermitteln ist. Der Anteilseigner ist jedoch berechtigt, von diesen fiktiven Einnahmen **Werbungskosten bzw. Betriebsausgaben** abzuziehen, die damit im Zusammenhang stehen. Dabei sind die Abzugsbeschränkungen zu berücksichtigen, die sich aus § 3c II EStG und aus § 8b V KStG ergeben (*Pung* in D/P/P/M § 7 Rn. 21; *Birkemeier* in R/H/vL § 7 Rn. 21; *Bron* in K/E/B § 7 Rn. 71; *Schmitt* in SHS § 7 Rn. 16; *Schnitter* in F/D § 7 Rn. 22a). Für beschränkt Steuerpflichtige ist insbesondere die Abgeltungswirkung des KapEStAbzugs aufgrund von § 50 II EStG relevant (*Birkemeier* in R/H/vL § 7 Rn. 21a; *Bron* in K/E/B § 7 Rn. 108). Ein Abzug von Betriebsausgaben ist in diesen Fällen nicht möglich. Für private Anteilseigner schließt ggf. die Abgeltungsteuer über § 43 V EStG einen Abzug von angefallenen Kosten aus (UmwStE 07.07; *Pung* in D/P/P/M § 7 Rn. 21; *Schnitter* in F/D § 7 Rn. 22a; *Bron* in K/E/B § 7 Rn. 73, 102, 108; *Schmitt* in SHS § 7 Rn. 21). 58

In den Fällen der **Verschmelzung einer ausländischen Körperschaft** auf einen inländischen übernehmenden Rechtsträger oder bei reinen **Auslandsumwandlungen** mit Inlandsbezug, ist es möglich, dass die Bezüge iSd § 7 wegen eines Doppelbesteuerungsabkommens in Deutschland steuerfrei zu stellen sind. In diesen Fällen kann gegebenenfalls eine Anrechnung etwaiger ausländischer Steuern in Betracht kommen, wenn die Bezüge gemäß § 7 iVm § 20 I Nr. 1 EStG im Inland steuerpflichtig sind (s. Rn. 24; *Stöber* in Lademann § 7 Rn. 36; *Bron* in K/E/B § 7 Rn. 109). Sind die Bezüge jedoch nach § 8b I KStG steuerfrei, ist eine Anrechnung ausgeschlossen (*Pung* in D/P/P/M § 7 Rn. 27, 31). 59

Ändern sich nachträglich die Bemessungsgrundlagen, insbesondere das Eigenkapital laut Steuerbilanz oder der Bestand des steuerlichen Einlagekontos (zB aufgrund einer steuerlichen Außenprüfung), so wirkt sich dies auch auf die Bezüge iSd § 7 aus. Sollen Steuerbescheide der Anteilseigner geändert werden, so ist dies jedoch nur möglich, wenn und soweit der Tatbestand einer Änderungsvorschrift der AO erfüllt ist (*Pung* in D/P/P/M § 7 Rn. 14; *Birkemeier* in R/H/vL § 7 Rn. 31; *Schnitter* in F/D § 7 Rn. 20; *Schmitt* in SHS § 7 Rn. 13; *Stöber* in Lademann § 7 Rn. 20; *Hölzemann* in H/H § 7 Rn. 41; *Bron* in K/E/B § 7 Rn. 45). In diesem Zusammenhang stellt der letzte KStBescheid gegenüber der übertragenden Körperschaft keinen Grundlagenbescheid gem. § 175 I 1 Nr. 1 AO für den Steuerbescheid an den Anteilseigner dar (*Birkemeier* in R/H/vL § 7 Rn. 31; *Schnitter* in F/D § 7 Rn. 20; *Stöber* in Lademann § 7 Rn. 20; *Hölzemann* in H/H § 7 Rn. 41; *Bron* in K/E/B § 7 Rn. 45). 60

Erhält ein Anteilseigner **von anderen an der Umwandlung Beteiligten Zahlungen,** damit er der geplanten Umwandlung zustimmt, so handelt es sich dabei nicht um Bezüge gem. § 7. Vom Anteilseigner sind derartige Zahlungen vielmehr als **sonstige Einkünfte iSd § 22 Nr. 3 EStG** zu versteuern. Die Zustimmung zur Umwandlung stellt ein Handeln dar, das Gegenstand eines entgeltlichen Vertrages sein kann und eine Gegenleistung auslöst. Die „erkaufte Zustimmung" fällt somit unter den Begriff der Leistung iSd § 22 Nr. 3 EStG. Es reicht insoweit aus, dass zwischen der Leistung und der Zahlung ein wirtschaftlicher Zusammenhang besteht (BFH v. 21.9.2004, BStBl. II 2005, 44). Wann die Zahlung erfolgt ist und ob sie von den anderen Gesellschaftern oder zB als Barabfindung gem. §§ 29, 207 UmwG geleistet wird, ist unerheblich (*Birkemeier* in R/H/vL § 7 Rn. 34; 61

Stöber in Lademann § 7 Rn. 29; *Bron* in K/E/B § 7 Rn, 75;; *Widmann* in W/M § 7 Rn. 136). Einer natürlichen Person als Anteilseigner sind die Einnahmen gem. § 11 I EStG zugeflossen, sobald der Anteilseigner über sie wirtschaftlich verfügt bzw. verfügen kann (BFH v. 20.3.2001, BStBl. II 2001, 482).

62–64 *(einstweilen frei)*

2. Kapitalertragsteuerpflicht

65 Gemäß § 7 S 1 werden den Anteilseignern die offenen Rücklagen der übertragenden Körperschaft als Einnahmen aus Kapitalvermögen iSd § 20 I Nr. 1 EStG zugerechnet. Die fiktiven Bezüge gem. § 7 werden damit gewissermaßen zum Bestandteil der Kapitaleinkünfte gem. § 20 I Nr. 1 EStG. Nach **§ 43 I 1 Nr. 1 EStG** wird die Einkommensteuer auf **alle Kapitalerträge iSd § 20 I Nr. 1 EStG** im Wege des KapEStAbzugs erhoben. Dies gilt folglich auch für die nach § 7 zugerechneten Beträge. Dies entspricht auch der Auffassung der FinVerw zu dieser Frage (UmwStE Rn. 07.08; *Schell* IStR 2011, 704, 706; *Hruschka* DStR 2012, 4, 9). Dem ist zuzustimmen (so auch Gesetzesbegründung BT-Drs. 16/2710 zu § 7; *Frotscher,* Internationalisierung des Ertragsteuerrechts, Rn. 263; *Schnitter* in F/D § 7 Rn. 23; *Birkemeier* in R/H/vL § 7 Rn. 25; *Stöber* in Lademann § 7 Rn. 30; *Hölzemann* in H/H § 7 Rn. 71; *Benecke/Schnitger* IStR 2006, 765, 773; *Benecke/Schnitger* Ubg 2010, 1, 3). Dagegen wird vorgebracht, dass die Vorschrift des § 7 in § 43 EStG nicht ausdrücklich erwähnt wird (*Streck/Posdziech* GmbHR 1995, 271, 281; *Klingberg* in Blümich § 7 Rn. 21). Das ist nicht überzeugend. Durch die Zurechnung gem. § 7 S 1 werden die fiktiven Bezüge aus den offenen Rücklagen Bestandteil der Einkünfte gem. § 20 I Nr. 1 EStG, für die § 43 I 1 Nr. 1 EStG unzweifelhaft gilt (*Widmann* in W/M § 7 Rn. 39).

66 Nicht vollständig von der Hand zu weisen ist dagegen das Argument, dass für eine zu entrichtende KapESt im Fall des § 43 I 1 Nr. 1 EStG grundsätzlich der **Schuldner der Kapitalerträge** gem. § 44 I 3 EStG verpflichtet ist, den KapEStAbzug für Rechnung des Gläubigers der Kapitalerträge vorzunehmen. Im Rahmen des § 7 liegen jedoch nur fiktive Erträge vor und ein tatsächlicher Liquiditätsfluss findet nicht statt. Folglich existieren auch weder ein Gläubiger noch ein Schuldner von Kapitalerträgen (so *Pung* in D/P/P/M § 7 Rn. 18; *Schnitter* in F/D § 7 Rn. 23; *Stöber* in Lademann § 7 Rn. 31; *Benecke/Schnitger* Ubg 2011, 1, 3; *Benecker/Beinert* FR 2010, 1120, 1121; *Kempf/Loose* DStR 2016, 2489, 2495; *Widmann* in W/M § 7 Rn. 39; *Klingberg* in Blümich § 7 Rn. 21; *Bron* in K/E/B § 7 Rn. 114, 116). Nachdem im Wortlaut des § 43 I 1 Nr. 1 EStG allerdings ausdrücklich ein KapEStAbzug vorgeschrieben wird, erscheint es erforderlich und angemessen, für die rein technische Durchführung des KapEStAbzugs im Auslegungswege eine Lösung zu finden, auch wenn der Gesetzgeber diesen Punkt bei der Gestaltung des § 7 und den damit zusammenhängenden Vorschriften unberücksichtigt gelassen hat. Aus einem rein formalen Grund im Zusammenhang mit der Durchführung des KapEStAbzugs gem. § 44 EStG einen KapEStAbzug bei den fiktiven Einkünften gem. § 7 ganz abzulehnen, geht zu weit und wäre mit dem angeordneten KapEStAbzug in § 43 I 1 Nr. 1 EStG nicht zu vereinbaren. Es ist daher letztlich zutreffend, wenn für Zwecke des KapEStAbzugs die übertragende Körperschaft als Schuldner der KapESt angesehen wird (*Schnitter* in F/D § 7 Rn. 23; *Krohn/Greulich* DStR 2008, 646, 650; *Widmann* in W/M § 7 Rn. 39; *Stöber* in Lademann § 7 Rn. 31; *Hölzemann* in H/H § 7 Rn. 71; a. A. *Kempf/Loose* DStR 2016, 2489, 2495; *Klingberg* in Blümich § 7 Rn. 21; wohl auch *Pung* in D/P/P/M § 7 Rn. 18 und *Bron* in K/E/B § 7 Rn. 114ff).

67 Im Rahmen der § 7 zugrunde liegenden Umwandlung geht die Verpflichtung der übertragenden Körperschaft zur Abführung der KapESt im Wege der **Gesamtrechtsnachfolge gem. § 20 I 1 UmwG** auf den übernehmenden Rechtsträger über (UmwStE Rn. 07.08; *Birkemeier* in R/H/vL § 7 Rn. 25; *Schnitter* in F/D § 7 Rn. 23, 26; *Stöber* in Lademann § 7 Rn. 31; *Schmitt* in SHS § 7 Rn. 15; *Pung* in D/P/P/M § 7 Rn. 18; *Benecke/Schnitger* Ubg 2011, 1, 3; *Bogenschütz* Ubg 2011, 393, 407).

Ab 1.1.2009 beträgt die **Höhe der anfallenden KapESt** 25 % (§ 43a I Nr. 1 EStG). Zusätzlich ist auf den KapEStBetrag **Solidaritätszuschlag** in Höhe 5,5 % abzuführen. 68

Im Hinblick auf die Bestimmung des **Zeitpunkts der Pflicht zur Abführung der KapESt** ist zu beachten, dass die steuerliche Rückwirkungsfiktion nach § 2 I, II grundsätzlich nur für die übertragende Körperschaft, sowie den übernehmenden Rechtsträger (im Falle einer Personengesellschaft für deren Gesellschafter) gilt. Ob die steuerliche Rückwirkungsfiktion auf den steuerlichen Übertragungsstichtag im Bereich des § 7 auch für die Anteilseigner der übertragenden Körperschaft gilt, ist damit fraglich. Bezüglich der Abführungsverpflichtung für die KapESt stellt die FinVerw auf das **zivilrechtliche Wirksamwerden** der Umwandlung, d. h. auf den Zeitpunkt der Registereintragung, ab (UmwStE Rn. 07.08). Dem ist zuzustimmen (so auch *Widmann* in W/M § 7 Rn. 51; *Birkemeier* in R/H/vL § 7 Rn. 26; *Benecke/Schnitger* IStR 2006, 765, 773; *Schnitter* in F/D § 7 Rn. 24; *Schmitt* in SHS § 7 Rn. 15; *Stöber* in Lademann § 7 Rn. 33; *Hölzemann* in H/H § 7 Rn. 72; *Strahl* KÖSDI 2007, 15513, 15519; *Lemaitre/Schönherr* GmbHR 2007, 173, 176; *Schwetlik* GmbHR 2007, 574; *Damas* DStZ 2007, 129, 131; *Pung* in D/P/P/M § 7 Rn. 18; wohl auch *Bron* in K/E/B § 7 Rn. 132). 69

Faktisch wird die KapESt also erst nach der Eintragung der Umwandlung im Handelsregister durch die Personengesellschaft abgeführt. Die KapESt ist dabei jeweils dem **Konto des Gesellschafters zu belasten,** für den die Abführung erfolgt (*Birkemeier* in R/H/vL § 7 Rn. 27; *Schnitter* in F/D § 7 Rn. 24; *Schmitt* in SHS § 7 Rn. 15; *Stöber* in Lademann § 7 Rn. 31; *Bron* in K/E/B § 7 Rn. 133). 70

Sofern der Gesellschafter steuerlich im Inland ansässig ist, steht ihm außerhalb des Geltungsbereichs der Abgeltungsteuer (s. § 43 V EStG) im Hinblick auf die KapESt ein **Anrechnungsanspruch** zu (*Birkemeier* in R/H/vL § 7 Rn. 27; *Stöber* in Lademann § 7 Rn. 32; *Klingberg* in Blümich § 7 Rn. 22). 71

Sind Anteile **ausländischer Anteilseigner** an der übertragenden Körperschaft einer inländischen **gewerblichen Betriebsstätte** zuzurechnen und weist ein etwaiges DBA das Besteuerungsrecht Deutschland zu (s. Art. 7 I OECD-MA), so sind diese Anteilseigner mit ihren fiktiven Einkünften gem. § 7 nach **§ 49 I Nr. 2 Buchst. a EStG** beschränkt steuerpflichtig (*Stöber* in Lademann § 7 Rn. 34; *Lemaitre/Schönherr* GmbHR 2007, 173, 177). Da für Betriebsstätteneinkünfte eine Veranlagung durchzuführen ist, kommt es auch zu einer Anrechnung der einbehaltenen KapESt. Im Rahmen der Veranlagung ist es auch grundsätzlich möglich, den fiktiven Ausschüttungsgewinn gem. § 7 mit einem Übernahmeverlust nach § 4 zu verrechnen (*Lemaitre/Schönherr* GmbHR 2007, 173, 177; *Hölzemann* in H/H § 7 Rn. 57; *Bron* in K/E/B § 7 Rn. 79). 72

Besteht ein **Doppelbesteuerungsabkommen,** kann ein ausländischer Anteilseigner auch im Rahmen des § 7 in der Regel von einem **reduzierten Quellensteuersatz** auf Dividenden profitieren (*Schnitter* in F/D § 7 Rn. 25; *Pung* in D/P/P/M § 7 Rn. 18; *Bron* in K/E/B § 7 Rn. 109, 121; s. Rn. 32). Soweit kein Doppelbesteuerungsabkommen besteht, wird auch für den ausländischen Anteilseigner der reguläre KapEStSatz gem. § 43a I Nr. 1 EStG in Höhe von 25 % zuzüglich Solidaritätszuschlag erhoben (*Lemaitre/Schönherr* GmbHR 2007, 173, 177). 73

Bei **steuerbefreiten Anteilseignern und juristischen Personen des öffentlichen Rechts** kann gegebenenfalls § 44a VII 1, VIII EStG zu beachten sein. Insoweit kommt gegebenenfalls eine Steuerbefreiung oder eine Reduzierung der KapESt um zwei Fünftel in Betracht (*Schnitter* in F/D § 7 Rn. 25; *Pung* in D/P/P/M § 7 Rn. 18; *Birkemeier* in R/H/vL § 7 Rn. 28; *Klingberg* in Blümich § 7 Rn. 23; *Bron* in K/E/B § 7 Rn. 106, 118). 74

Bei unbeschränkt steuerpflichtigen Anteilseignern ist die KapESt nach **§ 36 II Nr. 2 EStG** als **Vorauszahlung auf die Einkommens- bzw. Körperschaftsteuer** anrechenbar (*Pung* in D/P/P/M § 7 Rn. 24, 30; *Birkemeier* in R/H/vL § 7 Rn. 29; *Schnitter* in F/D § 7 Rn. 28a; *Klingberg* in Blümich § 7 Rn. 22; *Bron* in K/E/B § 7 Rn. 86). Im Bereich der Abgeltungsteuer für **private Anteilseigner,** die nicht die Voraussetzungen des § 17 EStG erfüllen, kommt es grundsätzlich nicht zu einer Anrechnung der 75

KapESt. Gemäß § 43 V EStG hat die KapESt vielmehr **abgeltende Wirkung** (*Schnitter* in F/D § 7 Rn. 22a; *Bron* in K/E/B § 7 Rn. 105; *Schmitt* in SHS § 7 Rn. 21; *Stöber* in Lademann § 7 Rn. 28).

76 Soweit **beschränkt Steuerpflichtige** an der übertragenden Körperschaft beteiligt sind, wirkt die KapESt nach **§ 50 II EStG** grundsätzlich ebenfalls definitiv, es sei denn die Beteiligung ist einer inländischen Betriebsstätte zuzuordnen (s. Rn. 72; *Schaflitzl/Widmeyer* BB-Special 8/2006, 36, 43; *Damas* DStZ 2007, 129, 132; *Birkemeier* in R/H/vL § 7 Rn. 29; *Klingberg* in Blümich § 7 Rn. 22). Für den ausländischen Anteilseigner bedeutet dies insbesondere, dass er im Falle des § 50 II EStG auch die **Vergünstigungen nach § 8b KStG** nicht in Anspruch nehmen kann. Bei all dem ist jedoch zu beachten, dass ein KapEStAbzug und damit auch die Definitivwirkung nach § 50 II EStG stets voraussetzt, dass tatsächlich ein Tatbestand vorliegt, der für den ausländischen Anteilseigner zu einer beschränkten Steuerpflicht führt. Dies wird häufig aber gerade nicht der Fall sein, weil eine beschränkte Steuerpflicht über § 49 I Nr. 5 Buchst. a EStG kaum zu begründen ist, da kein Schuldner der Kapitalerträge mit Geschäftsleitung oder Sitz im Inland vorhanden ist (s. Rn. 31).

77 **§ 43b I EStG** setzt die Mutter-TochterRL um und gestattet es, bei Vorliegen der Voraussetzungen von einer Erhebung der KapESt auf Kapitaleinkünfte gem. § 20 I Nr. 1 EStG abzusehen. Gemäß **§ 43b I 4 EStG** soll diese Vergünstigung nicht gelten für Kapitalerträge, die anlässlich der Liquidation oder **Umwandlung einer Tochtergesellschaft** zufließen. Dies wird mit Art. 4 der Mutter-Tochter-RL begründet, der eine ausdrückliche Ausnahmeregelung für die Liquidation von Kapitalgesellschaften enthält (BT-Drs. 16/3369, 6; UmwStE Rn. 07.09; *Benecke/Schnitger* IStR 2007, 26; *Pung* in D/P/P/M § 7 Rn. 19; *Schmitt* in SHS § 7 Rn. 15; *Bogenschütz* Ubg 2011, 408; kritisch *Lemaitre/Schönherr* GmbHR 2007, 173, 177; *Strahl* KÖSDI 2007, 15513, 15519). Für eine entsprechende Anwendung auf die Umwandlung findet sich in der Richtlinie jedoch keinerlei Hinweis (*Krohn/Greulich* DStR 2008, 646, 650; *Schnitter* in F/D § 7 Rn. 26a; *Bron* in K/E/B § 7 Rn. 124; *Hölzemann* in H/H § 7 Rn. 88; *Stöber* in Lademann § 7 Rn. 37; *Klingberg* in Blümich § 7 Rn. 24). Daran ändert auch der Hinweis nichts, dass § 3 bei einer Umwandlung die Bewertung der übergehenden Wirtschaftsgüter in der Schlussbilanz der übertragenden Kapitalgesellschaft mit dem gemeinen Wert vorsieht und damit zu ähnlichen Besteuerungsfolgen gelangt, wie in den Fällen der Liquidation (*Stöber* in Lademann § 7 Rn. 37; *Lemaitre/Schönherr* GmbHR 2007, 173, 177). Daraus lässt sich nicht ableiten, dass die Vorteile der Mutter-TochterRL zu versagen sind. Die Folgen von Liquidation und Umwandlung sind zu unterschiedlich. Im Falle der Umwandlung wird die Gesellschaft zwar aufgelöst, aber anders als bei einer Liquidation gerade nicht abgewickelt (so auch *Krohn/Greulich* DStR 2008, 646, 650; *Schnitter* in F/D § 7 Rn. 26a). Diese Auffassung hat der EuGH nunmehr in seinem Urt. v. 18.10.2012 – C-371/11, IStR 2012, 886 – *Punch Graphix Prepress Belgium* – bestätigt. Danach ist der Begriff der Liquidation in Art. 4 der Mutter-TochterRL dahingehend auszulegen, dass die Auflösung der Gesellschaft im Rahmen einer Fusion durch Übernahme nicht als eine Liquidation anzusehen ist oder dieser gleichsteht. Danach steht fest, dass die Mutter-TochterRL eine ausreichende rechtliche Grundlage zumindest für eine KapEStErstattung darstellt (dazu: *Bron* EWS 2012, 516, 517; *Hölzemann* in H/H § 7 Rn. 88; *Bron* in K/E/B § 7 Rn. 124). Aber auch die Einschränkung zum Absehen vom KapEStAbzug gem. § 43b I 4 EStG dürfte danach nicht mit EU-Recht vereinbar sein (*Hölzemann* in H/H § 7 Rn. 88; *Schnitter* in F/D § 7 Rn. 26a). Zum KapEStAbzug hat der EuGH bereits in seinem Urt. v. 20.10.2011 – C-284-09 (IStR 2011, 840) klargestellt, dass eine steuerliche Mehrbelastung eines Auslandssachverhalts im Vergleich zum Inlandssachverhalt gegen die Kapitalverkehrsfreiheit verstößt (so auch *Bron* in K/E/B § 7 Rn. 107).

78, 79 *(einstweilen frei)*

3. Besonderheiten bei Anteilseignern mit Übernahmeergebnis gemäß §§ 4, 5

Für Anteilseigner der übertragenden Körperschaft, die ihre **Anteile in einem steuerlichen Betriebsvermögen** halten oder iSd § 17 EStG an der Körperschaft **wesentlich beteiligt** sind, gelten diese Anteile gemäß § 5 II, III als zum steuerlichen Übertragungsstichtag in das Betriebsvermögen des übernehmenden Rechtsträgers eingelegt bzw. überführt. Für die betreffenden Anteilseigner ist neben den Bezügen nach § 7 ein Übernahmeergebnis gemäß §§ 4, 5 zu ermitteln. Um zu vermeiden, dass die Bezüge nach § 7 doppelt berücksichtigt werden, sieht **§ 4 V 2** vor, dass der Übernahmeverlust bzw. der Übernahmegewinn um die als Einkünfte aus Kapitalvermögen nach § 20 I Nr. 1 EStG iVm § 7 zu besteuernden offenen Rücklagen zu korrigieren ist (*Schaflitzl/Widmeyer* BB-Special 8/2006, 36, 44; *Prinz zu Hohenlohe/Rautenstrauch/Adrian* GmbHR 2006, 623, 627; *Birkemeier* in R/H/vL § 7 Rn. 20; *Frotscher,* Internationalisierung des Ertragsteuerrechts, Rn. 262, 263). 80

Soweit bei Anteilseignern ein Übernahmeergebnis zu ermitteln ist und deren Anteile entsprechend zum steuerlichen Übertragungsstichtag entweder tatsächlich zum Betriebsvermögen der übernehmenden Personengesellschaft gehören bzw. zu diesem Stichtag als in das Betriebsvermögen der Personengesellschaft eingelegt gelten (§ 5 II, III), kommt wegen der Zugehörigkeit der Anteile zum Betriebsvermögen des übernehmenden Rechtsträgers eine **Umqualifizierung der Einkünfte in gewerbliche Einkünfte nach § 20 VIII EStG iVm § 15 EStG** in Betracht („weites Verständnis der Einlagefiktion" siehe UmwStE Rn. 7.07, Rn. 04.27; *Schmitt* in SHS § 7 Rn. 7, 14a, 17; *Pung* in D/P/P/M § 7 Rn. 22; *Schnitter* in F/D § 7 Rn. 27; *Birkemeier* in R/H/vL § 7 Rn. 20; *Stöber* in Lademann § 7 Rn. 26; *Bron* in K/E/B § 7 Rn. 76; *Hentel* SteuK 2010, 90, 92; *Pyszka/Jüngling* BB-Spezial, 4, 8; *Ott* StuB 2011, 771, 776; *Bogenschütz* Ubg 2011, 393, 40; a. A. „enges Verständnis der Einlagefiktion" siehe *Klingberg* in Blümich § 7 Rn. 18; *Hölzemann* in H/H § 7 Rn. 63ff; *Ott* DStZ 2016, 769, 772f.). Dies ist konsequent, wenn man die fiktiven Einnahmen gemäß § 7 vollständig und mit allen sich daraus ergebenden Folgen als Bestandteil der Kapitaleinkünfte gemäß § 20 I Nr. 1 EStG ansieht. Ebenso wie dies zu einem KapEStAbzug auf diese fiktiven Bezüge führt (s. Rn. 65), ist – wie für andere Kapitaleinkünfte auch – eine Umqualifizierung in eine andere Einkunftsart gemäß § 20 VIII EStG möglich. 81

Da die Anteile an der übertragenden Körperschaft am steuerlichen Übertragungsstichtag bereits zum Betriebsvermögen des übernehmenden Rechtsträgers gehören, sind auch die Einnahmen des Anteilseigners iSd § 7 bereits im Rahmen einer **einheitlichen und gesonderten Gewinnfeststellung der Personengesellschaft** zu erfassen (UmwStE Rn. 07.07, 04.27; *Frotscher,* Internationalisierung des Ertragsteuerrechts, Rn. 265; *Schnitter* in F/D § 7 Rn. 28; *Pung* in D/P/P/M § 7 Rn. 23; *Birkemeier* in R/H/vL § 7 Rn. 20, 32; *Schmitt* in SHS § 7 Rn. 18; *Bron* in K/E/B § 7 Rn. 80; *Stöber* in Lademann § 7 Rn. 26, 43; *Damas* DStZ 2007, 129, 132; *Stimpel* GmbHR 2012, 123, 132). 82

V. Zeitliche Anwendbarkeit

Für die derzeitige Fassung des § 7 gilt in zeitlicher Hinsicht die allgemeine Anwendungsregel des § 27 I. § 7 ist demnach auf alle Verschmelzungen oder Formwechsel (über § 9) anwendbar, bei denen die **Anmeldung zum Handelsregister nach dem 12.12.2006** vorgenommen wurde. 83

§ 8 Vermögensübergang auf einen Rechtsträger ohne Betriebsvermögen

(1) [1]**Wird das übertragene Vermögen nicht Betriebsvermögen des übernehmenden Rechtsträgers, sind die infolge des Vermögensübergangs entstehenden Einkünfte bei diesem oder den Gesellschaftern des übernehmenden Rechtsträgers zu ermitteln.** [2]**Die §§ 4, 5 und 7 gelten entsprechend.**

(2) **In den Fällen des Absatzes 1 sind § 17 Abs. 3 und § 22 Nr. 2 des Einkommensteuergesetzes nicht anzuwenden.**

Übersicht

I. Allgemeines

1 Das SEStEG hat in § 8 die Regelung des **alten § 8 UmwStG** in der bis zum 12.12.2006 geltenden Fassung (im Folgenden: aF) sowie des **§ 9 II** UmwStG aF übernommen (*Möhlenbrock* in D/P/M § 8 Rn. 2; *Trossen* in R/H/vL § 8 Rn. 16; *Cöster* in Haase/Hruschka § 8 Rn. 6).

§ 8 ist Teil der Regelungen der §§ 3 bis 10 zum Vermögensübergang bei Verschmelzung auf eine Personengesellschaft oder auf eine natürliche Person und Formwechsel einer KapGes in eine Personengesellschaft (*Widmann* in W/M § 8 UmwStG Rn. 5). Entsprechend anwendbar ist § 8 zudem auf bestimmte Spaltungsvorgänge gem. § 16 und bei der Gewerbesteuer gem. § 18. § 8 normiert dabei die steuerlichen Folgen bei einem Vermögensübergang auf einen Rechtsträger ohne Betriebsvermögen.

2 Zu regeln sind die steuerlichen Folgen, weil bei einem solchen Vermögensübergang in das Nicht-Betriebsvermögen eine Steuerentstrickung erfolgt und daher zwangsweise die stillen Reserven zu realisieren sind.

Der **Anwendungsbereich** des § 8 erfasst in erster Linie rein vermögensverwaltende KapGes, die auf eine nur vermögensverwaltend tätige Personengesellschaft oder aber eine natürliche Person verschmolzen werden (*Möhlenbrock* in D/P/M § 8 Rn. 2; *Trossen* in R/H/vL § 8 Rn. 3; *Cöster* in Haase/Hruschka § 8 Rn. 2). Eine KapGes, die schon durch ihre Rechtsform gewerblich geprägt ist (BFH v. 6.3.1997 BFH/NV 1997, 762), kann gleichwohl rein vermögensverwaltend tätig sein (*Bornheim* DStR 2001, 1950; *Scheffler* BB 2001, 2297; *Cöster* in Haase/Hruschka § 8 Rn. 7; vgl. auch BFH v. 12.10.2011 BFH/NV 2012, 453).

Erfasst werden auch Fälle, in denen die KapGes eine gewerbliche Tätigkeit (zB gewerblicher Grundstückshandel) aufgegeben hat und die übernehmende Personengesellschaft nur noch vermögensverwaltend tätig und ihrerseits auch nicht nach § 15 III gewerblich geprägt ist (Vermietungstätigkeit).

Übernehmender Rechtsträger im Rahmen des § 8 kann eine Personengesellschaft oder eine natürliche Person sein (*Widmann* in W/M § 8 UmwStG Rn. 5). Da das UmwStG über § 1 I 1 Nr. 1 auf Umwandlungen nach dem UmwG – und vergleichbare ausländische Vorgänge – beschränkt ist, ist eine inländische Verschmelzung einer KapGes auf eine natürliche Person gem. § 3 II Nr. 2 UmwG nur auf deren Alleingesellschafter möglich (*Trossen* in R/H/vL § 8 Rn. 5; *Cöster* in Haase/Hruschka § 8 Rn. 8; *Marsch-Barner* in Kallmeyer § 3 UmwG Rn. 18; *Stengel* in Semler/Stengel § 3 UmwG Rn. 32; vgl. auch *Widmann* in W/M Vor § 3 UmwStG Rn. R 56). Übernehmende Personengesellschaft kann hier bei der Verschmelzung und der Auf- bzw. Abspaltung – § 16 – nur eine Personenhandelsgesellschaft, also oHG oder KG sein, da gem. § 3 I UmwG und § 124 UmwG eine GbR an diesen Umwandlungen nicht beteiligt sein kann (*Trossen* in R/H/vL § 8 Rn. 3, 4; *Cöster* in Haase/Hruschka § 8 Rn. 11; *Drygala* in Lutter § 3 UmwG Rn. 7; *Stengel* in Semler/Stengel § 3 UmwG Rn. 16; *Marsch-Barner* in Kallmeyer § 3 Rn. 2). Eine PartG scheidet ebenfalls aus, da eine Tätigkeit iSv § 1 I PartGG zwingend die Existenz von (freiberuflichem) Betriebsvermögen voraussetzt (*Möhlenbrock* in D/P/M § 8 Rn. 10; *Cöster* in Haase/Hruschka § 8 Rn. 12; *Schlösser/Reichl/Rapp* in SBB § 11 Rn. 508; vgl. auch *Widmann* in W/M § 8 UmwStG Rn. 2; *Trossen* in R/H/vL § 8 Rn. 6). Ein Formwechsel in eine GbR und damit ein Fall des § 8 ist dagegen gem. § 191 II UmwG möglich (*Cöster* in Haase/Hruschka § 8 Rn. 11; *Trossen* in R/H/vL § 8 Rn. 4; *Meister/Klöcker* in Kallmeyer § 191 Rn. 7). Die Bedeutung des § 8 ist durch das HRefG v. 22.6.1998 (BStBl. I 1998, 1474) gestiegen, weil seitdem gem. § 105 II HGB eine rein vermögensverwaltende Gesellschaft durch Eintragung in das Handelsregister oHG bzw. über § 161 II HGB auch KG werden kann (*Möhlenbrock* in D/P/M § 8 Rn. 2; *Sickinger* in Kallmeyer § 124 Rn. 1; *Schlösser/Reichl/Rapp* in SBB § 11 Rn. 506; *Trossen* in R/H/vL § 8 Rn. 3; *Schmitt* in SHS § 8 Rn. 7). Solche Gesellschaften erzielen Einkünfte aus Vermietung und Verpachtung oder aus Kapitalvermögen, ein Gewerbebetrieb entsteht durch die Eintragung nicht. Die GmbH & Co. KG scheidet aber aus dem Anwendungsbereich des § 8 jedenfalls dann aus, wenn sie nur KapGes als Komplementäre hat oder nur KapGes geschäftsführend tätig sind, weil solche Gesellschaft über § 15 III Nr. 2 EStG als gewerblich geprägt gilt und demnach notwendig über Betriebsvermögen verfügt (*Cöster* in Haase/Hruschka § 8 Rn. 10, 15; *Schmitt* in SHS § 8 Rn. 3; *Widmann* in W/M Vor § 3 UmwStG Rn. R 62; UmwStE Rn. 03.15). Ist die übernehmende Personengesellschaft zumindest auch gewerblich tätig, so sind die übernommenen Wirtschaftsgüter Betriebsvermögen aufgrund der Abfärberegelung des § 15 III Nr. 1 EStG (*Cöster* in Haase/Hruschka § 8 Rn. 9; *Trossen* in R/H/vL § 8 Rn. 19). 3

§ 8 hat nur einen begrenzten eigenen Regelungsbereich. § 8 I 1 trägt dem Umstand Rechnung, dass übernehmender Rechtsträger sowohl eine Personengesellschaft als auch eine natürliche Person sein kann, § 8 I 2 verweist sodann auf die entsprechende Anwendung der §§ 4, 5 und 7. § 8 II schließt die Anwendung des Freibetrages nach § 17 III EStG sowie der Spekulationsbesteuerung nach § 22 Nr. 2 EStG (private Veräußerungsgeschäfte iSd § 23 EStG) aus. § 6 zählt nicht zu den Verweisungsvorschriften. Eine Übernahmefolgegewinn ist daher, da eine Steuerentstrickung stattfindet, sofort voll steuerpflichtig (*Trossen* in R/H/vL § 8 Rn. 10; *Möhlenbrock* in D/P/M § 8 Rn. 16; UmwStE Rn. 06.01; aA *Widmann* in W/M § 8 UmwStG Rn. 80, der in von einem gesetzgeberischen Versehen ausgeht und deshalb § 6 entgegen dem klaren Wortlaut des § 8 I 2 in bestimmten Fällen gleichwohl anwenden will). 4

Über § 1 I 1 Nr. 2 sind auch vergleichbare **ausländische Vorgänge** einbezogen. Es müssen mithin die wesentlichen Merkmale einer inländischen Umwandlung nach dem UmwG ebenfalls gegeben sein. Voraussetzung ist daher für die „Verschmelzung" einer KapGes auf eine Personengesellschaft, dass dies in einem Rechtsakt mit Gesamtrechtsnach- 5 folge bzw. beim Formwechsel in einem Rechtsakt ohne Vermögenstransfer geschieht (*Möhlenbrock* in D/P/M § 1 Rn. 110 ff., § 9 Rn. 7; *Geils* in Haase/Hruschka § 1 Rn. 70 ff., 84; *Benecke/Schnitger* IStR 2006, 770; *Blöchle/Weggenmann* IStR 2008, 87; UmwStE Rn. 01.31).

Zu den Sonderfragen, die sich bei einer **Zebragesellschaft** stellen, vgl. Rn. 45 ff.

6, 7 *(einstweilen frei)*

II. Vermögensübergang auf einen Rechtsträger ohne Betriebsvermögen

1. Allgemeines

8 § 8 stellt auf den Übergang von Vermögen aufgrund einer Umwandlung von einer KapGes auf einen Rechtsträger **ohne Betriebsvermögen** ab. Die unterschiedliche Formulierung der Überschrift „Rechtsträger ohne Betriebsvermögen) und von § 8 I 1 („wird ... nicht Betriebsvermögen") hat dabei keine unterschiedliche Bedeutung, da bei einer Personengesellschaft, die ihrerseits nicht „ohne Betriebsvermögen" ist, die übergehenden Wirtschaftsgüter aufgrund der Abfärberegelung des § 15 III Nr. 1 EStG zu Betriebsvermögen werden.

9 Ob eine Personengesellschaft oder eine natürliche Person Betriebsvermögen hat, ist nicht davon abhängig, ob sie **Bilanzen** erstellt oder nicht. Auch Steuerpflichtige, die ihren Gewinn nach **§ 4 III EStG** ermitteln – überwiegend Selbstständige iSv § 18 EStG wie zB Freiberufler – haben Betriebsvermögen (*Wacker* in Schmidt § 18 EStG, Rn. 157). Missverständlich ist insoweit *Möhlenbrock,* der auf eine Verknüpfung zwischen der Steuerbilanz des übernehmenden Rechtsträgers und der steuerlichen Übertragungsbilanz der KapGes nach § 4 I abstellt (*Möhlenbrock* in D/P/M § 8 Rn. 5). § 4 stellt ebenso wie § 3 II 1 Nr. 1 bewusst nicht auf eine Bilanz beim übernehmenden Rechtsträger ab, um sämtliche möglichen Betriebsvermögen zu erfassen.

10 Es muss das **gesamte Vermögen** der Überträgerin **Nicht-Betriebsvermögen** werden. § 8 erfasst nicht Fälle, wo nur einzelne Wirtschaftsgüter nach einer Verschmelzung in das Privatvermögen übernommen werden. In diesen Fällen erfolgt zunächst die Umwandlung in eine Personengesellschaft mit Betriebsvermögen und es findet im Anschluss eine Entnahme aus dem Betriebs- in das Privatvermögen nach § 4 I 2 EStG zum Teilwert gem. § 6 I Nr. 4 EStG statt (*Trossen* in R/H/vL § 8 Rn. 21; *Cöster* in Haase/Hruschka § 8 Rn. 21; *Widmann* in W/M § 8 UmwStG Rn. 1; *Schmitt* in SHS § 8 Rn. 3). Anders gelagert ist der Fall, wenn übergehendes Vermögen, wie zB rein privat genutzte Wirtschaftsgüter (Wohnhaus, Pkw), des Alleingesellschafters im Zuge der Umwandlung zwangsläufig Privatvermögen wird. Dann ergeben sich, weil § 3 II Nr. 2 auf die einzelnen Wirtschaftsgüter abstellt, die Steuerfolgen bereits aus dem Ansatz der Wirtschaftsgüter mit dem gemeinen Wert gem. § 3 I (*Trossen* in R/H/vL § 8 Rn. 21; *Cöster* in Haase/Hruschka § 8 Rn. 21; UmwStE Rn. 08.01).

11 Keine Anwendung findet § 8 auf die **Beendigung einer Betriebsaufspaltung** durch Verschmelzung der Betriebs-KapGes auf die Besitz-PersGes, weil Letztere Betriebsvermögen hat (*Möhlenbrock* in D/P/M § 8 Rn. 12; *Trossen* in R/H/vL § 8 Rn. 19; *Cöster* in Haase/Hruschka § 8 Rn. 14; *Widmann* in W/M § 8 UmwStG Rn. 10; *Schmitt* in SHS § 8 Rn. 5).

12 Von § 8 werden dagegen Fälle erfasst, in denen die KapGes eine gewerbliche Tätigkeit (zB gewerblicher Grundstückshandel) endgültig aufgegeben hat und die übernehmende Personengesellschaft nur noch vermögensverwaltend tätig ist (Vermietungstätigkeit). Der BFH verneint eine Qualifizierung der Tätigkeit der übernehmenden Personengesellschaft als gewerblich bei Fortsetzung der Tätigkeit der Überträgerin jedenfalls dann, wenn die KapGes nie gewerblich tätig war, die Gewerblichkeit kraft Rechtsform allein reiche nicht aus (BFH v. 6.3.1997 BFH/NV 1997, 762). Dies muss aber auch dann gelten, wenn die

KapGes eine ehemalige gewerbliche Tätigkeit endgültig eingestellt hat und selbst schon nur noch vermögensverwaltend tätig war.

Nicht ausreichend dagegen ist, wenn die KapGes bzw. die Personengesellschaft einen gewerblichen Betrieb nur ruhen lässt (BFH v. 25.5.1977 BStBl. II 1977, 660; BFH v. 5.5.2004 BStBl. II 2004, 738; *Cöster* in Haase/Hruschka § 8 Rn. 7).

Erfasst werden sowohl die Fälle, in denen die Anteile an der Überträgerin von den Gesellschaftern im Privatvermögen oder im Betriebsvermögen gehalten werden (*Widmann* in W/M § 8 UmwStG Rn. 4). Zu Fällen, in denen einzelne Gesellschafter der Übernehmerin ihre Anteile im Privatvermögen, andere dagegen im Betriebsvermögen halten (Zebragesellschaft), s. Rn. 45 ff. 13

(einstweilen frei) 14, 15

2. Abgrenzung Vermögensverwaltung/Gewerbebetrieb

Die Grenzziehung zwischen Vermögensverwaltung und gewerblicher Tätigkeit ist im Einzelfall schwierig und hat Literatur, Finanzverwaltung und Rechtsprechung in vielfältiger Form beschäftigt. Private Vermögensverwaltung iSv § 14 S 3 AO liegt vor, wenn Kapitalvermögen angelegt bzw. unbewegliches Vermögen vermietet oder verpachtet wird. Auch die private Vermögensverwaltung dient der Gewinnerzielung, jedoch ist sie Fruchtziehung aus zu erhaltender Substanz und nicht aktive Vermögensumschichtung (BFH v. 5.5.2004 BStBl. II 2004, 738; *Wacker* in Schmidt § 15 EStG Rn. 46 f.; *Cöster* in Haase/Hruschka § 8 Rn. 19). Eine gewerbliche Tätigkeit muss den Rahmen der privaten Vermögensverwaltung einschließlich privater Veräußerungsgeschäfte überschreiten. Sie stellt sich dar als geprägt durch eine unternehmerische Initiative, durch Umstrukturierung des Vermögens eine kurzfristige Vermögensmehrung herbeizuführen. So stellt etwa eine kurzfristig nach dem Erwerb stattfindende Veräußerung einer Immobilie einen deutlichen Hinweis auf eine gewerbliche Tätigkeit dar (BFH v. 12.12.2002 BStBl. II 2003, 297). Nach st. Rspr. des BFH wird die Grenze von privater Vermögensverwaltung zur gewerblichen Tätigkeit dann überschritten, wenn nach dem Gesamtbild der Betätigung und unter Berücksichtigung der Verkehrsauffassung die Ausnutzung substantieller Vermögenswerte durch Umschichtung gegenüber der Nutzung des Vermögens im Sinne einer Fruchtziehung aus zu erhaltenden Substanzwerten entscheidend in den Vordergrund tritt (BFH v. 3.7.1995 BStBl. II 1995, 617; v. 10.12.2001 BStBl. II 2002, 291; v. 5.5.2004 BStBl. II 2004, 738). Die vom BFH als Kriterium eingeführte 3-Objekt-Grenze (BFH v. 9.12.1986 BStBl. II 1988, 244) ist jedoch nicht starr anzuwenden, sondern hat lediglich indizielle Bedeutung (BFH v. 10.12.2001 BStBl. II 2002, 291; *Wacker* in Schmidt § 15 EStG Rn. 48; *Cöster* in Haase/Hruschka § 8 Rn. 20). Maßgeblich sind jeweils die Umstände des Einzelfalls (vgl. BFH v. 22.4.2015 BStBl. II 2015, 897). 16

Die FinVerw hat ihre Auffassung im Schreiben v. 26.3.2004 (BStBl. I 2004, 434) ausführlich dargelegt.

(einstweilen frei) 17

3. Zeitpunkt der Eigenschaft „ohne Betriebsvermögen"

Der Gesetzgeber hat die Frage, zu welchem **Zeitpunkt** der übernehmende Rechtsträger, also die Personengesellschaft oder die natürliche Person, nicht über Betriebsvermögen verfügen darf, nicht festgelegt. In der Literatur werden zu diesem Punkt unterschiedliche Ansichten vertreten. 18

Einige Stimmen vertreten die Auffassung, die Verhältnisse zum **steuerlichen Übertragungsstichtag** seien maßgeblich (*Möhlenbrock* in D/P/M § 8 Rn. 13; *Trossen* in R/H/vL § 8 Rn. 22; *Cöster* in Haase/Hruschka § 8 Rn. 17; *Klingberg* in Blümich § 8 UmwStG Rn. 8; *Schmitt* in SHS § 8 Rn. 9; so jetzt auch UmwStE Rn. 08.02). Andere stellen demgegenüber auf den Zeitpunkt des Wirksamwerdens der Umwandlung, also auf die **Eintragung in das Register,** ab (*Widmann* in W/M § 3 UmwStG Rn. 8).

19 Beispiel für eine problematische Konstellation ist die Verschmelzung einer rein vermögensverwaltenden KapGes auf eine ebenfalls rein vermögensverwaltende Personengesellschaft, die jedoch nach dem steuerlichen Übertragungsstichtag, aber vor der Eintragung der Umwandlung in das Register eine gewerbliche – oder land- und forstwirtschaftliche bzw. freiberufliche – Tätigkeit aufnimmt (*Möhlenbrock* in D/P/M § 8 Rn. 13; *Trossen* in R/H/vL § 8 Rn. 22; *Cöster* in Haase/Hruschka § 8 Rn. 17).

Relevant ist die Fragestellung, weil beim Übergang auf einen Rechtsträger ohne Betriebsvermögen gem. § 3 I iVm § 3 II 1 Nr. 1 zwingend die stillen Reserven aufgedeckt werden müssen, während bei Vorhandensein von Betriebsvermögen auf Antrag gem. § 3 II eine Bewertung zum Buchwert oder einem Zwischenwert möglich ist.

Stellt man auf den steuerlichen Übertragungsstichtag ab, so läuft man Gefahr, dass trotz nunmehr gewerblicher Tätigkeit zwingend zu gemeinen Werten umgewandelt werden muss, obwohl die zukünftige Besteuerungsmöglichkeit des Fiskus und damit das Steuersubstrat sichergestellt wäre, die Umwandlung also ohne Nachteile für das Steueraufkommen zu Buch- oder Zwischenwerten erfolgen könnte. Stellt man andererseits auf den Tag der Eintragung in das Register – zivilrechtliches Wirksamwerden der Umwandlung – ab, hat man den zuvor erfolgten Übergang vom rein vermögensverwaltenden bzw. privaten Vermögen zum gewerblichen Vermögen nach dem steuerlichen Stichtag in einem zweiten Schritt auch steuerlich nachzuvollziehen.

Bildet man das Beispiel umgekehrt – also zwischenzeitliche Aufgabe einer auf den steuerlichen Stichtag noch denkbaren gewerblichen Tätigkeit der übernehmenden Personengesellschaft – stößt man auf dasselbe Problem, allerdings in umgekehrter Weise, dass – stellt man auf den steuerlichen Stichtag ab – man noch zu Buchwerten umwandeln könnte, obwohl man aktuell bereits in einem Bereich, der kein Betriebsvermögen erlaubt, tätig ist. Der entsprechende Streit besteht auch hier (*Dötsch/Pung* in D/P/M § 3 Rn. 78; *Birkemeier* in R/H/vL § 3 Rn. 84; *Schmitt* in SHS § 3 Rn. 20).

20 **Richtigerweise ist** – entgegen dem UmwStE und der hM – **zu differenzieren,** jedenfalls bei inländischen Umwandlungsvorgängen. UmwG und UmwStG sollen Unternehmen vereinfachte und Möglichkeiten zu Restrukturierungen geben, um den sich ändernden Anforderungen des Marktes ebenso wie der Rechtslage gerecht zu werden und so wettbewerbsfähig zu bleiben. Insbesondere die durch das UmwG geschaffene Möglichkeit der (partiellen) Gesamtrechtsnachfolge – bzw. wirtschaftlichen Identität beim Formwechsel – sollte Restrukturierungen vereinfachen und von der Zustimmungspflicht von Vertragspartnern abkoppeln. Der steuerliche Rückbezug soll dabei helfen, Aufwand und Kosten niedrig zu halten. Eine gewünschte Steuerneutralität sollte zudem möglich sein, wenn das Steueraufkommen der Bundesrepublik Deutschland dadurch nicht gefährdet wird. Dies gilt auch für die Internationalisierung des Umwandlungsrechts durch das SEStEG. Dieser gesetzgeberische Wille sollte auch auf die gezeigten Problemfälle angewendet werden.

Nimmt also die übernehmende Personengesellschaft zwischen steuerlichem Übertragungsstichtag und Eintragung in das Register eine gewerbliche Tätigkeit auf, so findet § 8 keine Anwendung, es erfolgt die Besteuerung direkt über die §§ 3 ff. Insoweit ist also der Zeitpunkt der Eintragung in das Register maßgeblich. Dies entspricht auch der Wertung in § 6 I Nr. 5 S 2 EStG.

Umgekehrt aber muss bei der aufnehmenden Personengesellschaft nicht nur am steuerlichen Übertragungsstichtag, sondern auch bei Eintragung in das Register Betriebsvermögen vorhanden sein, um die direkte Anwendung der §§ 3 ff. zu ermöglichen und die Anwendung von § 8 auszuschließen, eine zwischenzeitlich erfolgte Aufgabe der gewerblichen Tätigkeit würde die Steuerneutralität ausschließen.

21 Die bloße von der übernehmenden Personengesellschaft erklärte **Absicht,** eine gewerbliche Tätigkeit aufzunehmen, **genügt nicht,** es muss neben dem Entschluss zur gewerb-

lichen Betätigung zumindest mit Maßnahmen begonnen worden sein, die der Vorbereitung der Tätigkeit dienen und mit ihr in unmittelbarem wirtschaftlichen Zusammenhang stehen (BFH v. 6.3.1997 BFH/NV 1997, 762; *Cöster* in Haase/Hruschka § 8 Rn. 18; *Schmitt* in SHS § 8 Rn. 8; UmwStE Rn. 08.02).

(einstweilen frei) 22

III. Besteuerung des übertragenden Rechtsträgers

1. Anwendung des § 3 I

In dem durch das SEStEG neu gefassten UmwStG hat es hinsichtlich des Wertansatzes 23
bei Umwandlungen einen Paradigmenwechsel gegeben. Es gilt nunmehr als Regelfall der **Ansatz des gemeinen Werts** (*Möhlenbrock/Pung* in D/P/M § 3 Rn. 21; *Lemaitre/Schönherr* GmbHR 2007, 173; *Klingberg* in Blümich § 3 UmwStG Rn. 14; *Schlösser/Reichl/Rapp* in SBB § 11 Rn. 296; UmwStE Rn. 03.07). Nach § 3 I 1 sind die übergehenden Wirtschaftsgüter einschließlich aller nicht entgeltlich erworbenen und selbst geschaffenen immateriellen Wirtschaftsgüter und des Geschäfts- und Firmenwertes in der steuerlichen Schlussbilanz mit dem gemeinen Wert anzusetzen (*Möhlenbrock* in D/P/P/M § 8 Rn. 9; *Klingberg* in Blümich § 8 UmwStG Rn. 14). Für die Bewertung von Pensionsrückstellungen gilt § 6a EStG (zu Einzelheiten vgl. § 3 Rn. 201 ff.).

Das **Antragswahlrecht** gem. § 3 II, wonach auch der Buchwert oder Zwischenwerte 24
angesetzt werden könnten, **besteht** gem. § 3 II 1 Nr. 1 **nicht,** wenn, wie in den Fällen des § 8, das Vermögen in Nicht-Betriebsvermögen bei dem aufnehmenden Rechtsträger übergeht.

Die Anwendbarkeit von § 3 I auf Vermögensübergänge auf Rechtsträger ohne Betriebs- 25
vermögen könnte, weil § 8 I nicht ausdrücklich auf § 3 verweist, in Zweifel gezogen werden. Diese Zweifel sind jedoch allenfalls für die Rechtslage nach dem UmwStG aF angebracht. Der Gesetzgeber des SEStEG hatte an der **Anwendbarkeit von § 3** zu Recht **keinen Zweifel** (BT-Drs. 16/2710, 40 zu § 8). Zwar erklärt § 8 im Gegensatz zu § 9 den § 3 nicht ausdrücklich für entsprechend anwendbar, dies war aber bei § 9 im Gegensatz zu § 8 auch erforderlich, weil beim Formwechsel kein Vermögensübergang stattfindet. In den Fällen des § 8 aber erfolgt ein Vermögensübergang aufgrund einer Verschmelzung, so dass die direkte Anwendbarkeit von § 3 nicht in Frage gestellt ist. Ebenso wenig Zweifel gibt es dann aber auch an der Entscheidung des Gesetzgebers, dass der Geschäfts- und Firmenwert in jedem Fall der Bewertung nach § 3 I anzusetzen ist.

Der Ansatz mit einem Teilwert gem. § 6 I Nr. 4 EStG kommt wegen der ausdrücklichen 26
Regelung des § 3 I ebenfalls nicht in Betracht (*Trossen* in R/H/vL § 8 Rn. 27). Es findet zudem keine Entnahme statt.

2. Übertragungsgewinn

Da bei der übertragenden KapGes nach § 3 I alle Wirtschaftsgüter einschließlich der 27
nicht entgeltlich erworbenen oder selbst geschaffenen immateriellen Wirtschaftsgüter sowie der Geschäfts- und Firmenwert mit dem gemeinen Wert in der Übertragungsbilanz anzusetzen sind, wird im Regelfall ein Übertragungsgewinn entstehen. Dieser unterliegt uneingeschränkt sowohl der **KSt** als auch der **GewSt** (*Cöster* in Haase/Hruschka § 8 Rn. 27; *Schlösser/Reichl/Rapp* in SBB § 11 Rn. 509). Anders ist dies allenfalls für Wirtschaftsgüter, für die Sonderregelungen gelten, oder in Fällen, in denen eine Freistellung durch ein DBA eingreift (*Trossen* in R/H/vL § 8 Rn. 28).

(einstweilen frei) 28–30

IV. Rechtsfolgen beim übernehmenden Rechtsträger

1. Allgemeines

31 Gem. § 8 I 1 sind die infolge des Vermögensübergangs entstehenden Einkünfte bei dem übernehmenden Rechtsträger oder dessen Gesellschaftern zu ermitteln. Diese differenzierende Formulierung wurde erforderlich, weil nunmehr nicht nur Umwandlungsvorgänge auf eine Personengesellschaft, sondern auch solche auf eine natürliche Person (früher in § 9 II UmwStG aF geregelt) erfasst werden. Bei der natürlichen Person werden die steuerlichen Folgen bei dieser direkt ermittelt. Wegen der Transparenz der Personengesellschaft sind die steuerlichen Folgen dagegen bei den Gesellschaftern zu ermitteln.

32 Nach § 8 I gelten bei einem Vermögensübergang auf einen Rechtsträger ohne Betriebsvermögen die §§ 4, 5 und 7 entsprechend. Da das Vermögen auch bei einer rein vermögensverwaltenden Personenhandelsgesellschaft in das Privatvermögen übergeht, ist zwingend der gemeine Wert gem. Übertragungsbilanz der KapGes anzusetzen. § 4 regelt die Auswirkungen auf den Gewinn des übernehmenden Rechtsträgers, § 5 die Besteuerung der Gesellschafter der KapGes und § 7 die Besteuerung offener Rücklagen. Die im UmwStG aF eingeschränkte Verweisung auf § 4 II und III sowie § 5 I wurde aufgegeben (*Trossen* in R/H/vL § 8 Rn. 43; *Möhlenbrock* in D/P/M § 8 Rn. 15).

Durch die Verschmelzung der KapGes auf die Personengesellschaft gehen die Anteile an der KapGes unter. Die Anteilseigener erhalten im Gegenzug entweder über die Personengesellschaft einem Anteil an dem gesamthänderisch gebundenen Privatvermögen oder der Alleingesellschafter der KapGes die einzelnen Wirtschaftsgüter in seinem Privatvermögen (*Cöster* in Haase/Hruschka § 8 Rn. 34; *Trossen* in R/H/vL § 8 Rn. 32). Von dem gemeinen Wert des übertragenen Vermögens abzuziehen sind gem. § 4 IV 1 die Anschaffungskosten der Anteile an der KapGes sowie die Kosten der Umwandlung. Die weitergehende Korrektur nach § 4 I 2 kommt im Privatvermögen nicht zur Anwendung (*Cöster* in Haase/Hruschka § 8 Rn. 35; *Trossen* in R/H/vL § 8 Rn. 32). Verrechenbare Verluste, ungenutzte Verlustvorträge, nicht ausgeglichene negative Einkünfte und Zinsvorträge gehen nach § 4 II 2 unter (*Möhlenbrock* in D/P/M § 8 Rn. 17; *Cöster* in Haase/Hruschka § 8 Rn. 35; *Trossen* in R/H/vL § 8 Rn. 47).

33 Da die übernehmende Personengesellschaft bzw. der übernehmende Alleingesellschafter **keine Bilanzierungspflicht** hat, werden die (gemeinen) Werte aus der Übertragungsbilanz in das Anlageverzeichnis übernommen (*Trossen* in R/H/vL § 8 Rn. 42; *Cöster* in Haase/Hruschka § 8 Rn. 31).

Mangels Betriebsvermögens bei der Personengesellschaft ist ein möglicher Übernahmegewinn bzw. -verlust auf der Basis des Ansatzes mit dem gemeinen Wert zwar auf der Ebene der Personengesellschaft, aber gesellschafterbezogen ihrer Beteiligungsquote entsprechend zu ermitteln. Dies erfolgt im Rahmen einer einheitlichen und gesonderten Feststellung (*Klingberg* in Blümich § 8 UmwStG Rn. 17; *Möhlenbrock* in D/P/M § 8 Rn. 18; *Cöster* in Haase/Hruschka § 8 Rn. 28; *Schmitt* in SHS § 4 Rn. 16; UmwStE Rn. 08.03; aA *Trossen* in R/H/vL § 8 Rn. 37).

34 Aufgrund der entsprechenden Anwendung von § 4 II und III tritt der übernehmende Rechtsträger in die Rechtsstellung der KapGes ein (*Möhlenbrock* in D/P/M § 8 Rn. 16). Hinsichtlich der AfA gilt dies nur, soweit eine AfA nach § 7 EStG im Privatvermögen möglich ist (*Trossen* in R/H/vL § 8 Rn. 43).

Die Regelung des § 4 V 1 bezieht sich auf die alte Rechtslage zum KStG. § 50c EStG ist zwar im Prinzip aufgehoben, bleibt aber anwendbar, wenn für die Anteile vor Ablauf des ersten Wirtschaftsjahres, in dem das neue KStG Anwendung findet, ein Sperrbetrag zu bilden war (*Pung* in D/P/M § 4 Rn. 89; *van Lishaut* in R/H/vL § 4 Rn. 97 ff.; *Steierberg* in Haase/Hruschka § 4 Rn. 101; *Schmitt* in SHS § 4 Rn. 118; vgl. zum Doppelumwandlungsmodell BFH v. 3.2.2010 BStBl. II 2010, 692).

Gem. § 7 werden allen Gesellschaftern der übertragenden KapGes die bei der KapGes vorhandenen **offenen Gewinn-** und **sonstigen Rücklagen,** ermittelt als Eigenkapital abzüglich des steuerlichen Einlagekontos nach Anwendung von § 29 I KStG sowie der Teil des Nennkapitals, der durch Umwandlung von sonstigen Rücklagen mit Ausnahme von aus Einlagen der Gesellschafter stammenden Beträgen (§ 28 I 3 KStG) im Rahmen einer Kapitalerhöhung aus Gesellschaftermitteln entstanden ist, als (fiktiv) ausgeschütteter Gewinn zugerechnet, der als Einnahme aus Kapitalvermögen gem. § 20 I Nr. 1 EStG zu versteuern ist. Die KapESt ist einzubehalten und abzuführen (*Pung* in D/P/M § 7 Rn. 7 ff.; *Hölzemann* in Haase/Hruschka § 7 Rn. 29 ff.; *Birkemeier* in R/H/vL § 7 Rn. 15, § 9 Rn. 23). **35**

Der durch das SEStEG neu eingefügte **§ 4 V 2** hat erhebliche Auswirkungen, weil er im Ergebnis dazu führt, dass in der Praxis bei Gesellschaftern, die nicht Gründungsgesellschafter sind, idR ein Übernahmeverlust erzielt wird. Der errechnete **Übernahmegewinn** ist nämlich auf der **2. Stufe** um die Bezüge nach § 7 zu vermindern, so dass nur das übrige übergehende Vermögen, also das Nennkapital, die Kapitalrücklagen und ggf. nicht steuerverstrickte Wirtschaftsgüter iSv § 4 IV 2, hier zur Besteuerung kommt (*Möhlenbrock* in D/P/M § 8 Rn. 20; *Pung* in D/P/M § 4 Rn. 90; *Cöster* in Haase/Hruschka § 8 Rn. 35; *van Lishaut* in R/H/vL § 4 Rn. 105; *Trossen* in R/H/vL § 8 Rn. 32; *Schmitt* in SHS § 8 Rn. 18). **36**

(einstweilen frei) **37–39**

2. Beteiligungsarten

Für die Bewertung der Anteile und damit die Ermittlung eines Übernahmegewinns/-verlusts ist sodann zu unterscheiden danach, ob es sich bei den Anteilen der Gesellschafter an der übertragenden KapGes um **40**

- Anteile iSv § 17 EStG im Privatvermögen eines unbeschränkt steuerpflichtigen Gesellschafters,
- Anteile im Betriebsvermögen eines Gesellschafters,
- einbringungsgeborene Anteile iSd § 21 im Privatvermögen eines Gesellschafters oder
- sonstige Anteile

handelt.

a) Anteile iSv § 17 EStG

War der Gesellschafter an der übertragenden KapGes in den letzten Jahren vor der Umwandlung für mindestens eine logische Sekunde zu mindestens 1 % beteiligt, so handelt es sich um eine Beteiligung iSv § 17 EStG. Die Umwandlung bedeutet dann für ihn eine Einkünfteerzielung nach § 17 IV 1 EStG. Entgegen der von *Trossen* (in R/H/vL § 8 Rn. 33), *Cöster* (in Haase/Hruschka § 8 Rn. 36) und wohl auch *Schmitt* (in SHS § 8 Rn. 21) vertretenen Auffassung liegt keine Veräußerung iSv § 17 I EStG vor. Gem. § 20 II Nr. 2 UmwG erlischt der übertragene Rechtsträger als Folge der Umwandlung. Die Umwandlung einer KapGes in eine PersGes ist daher als Auflösung anzusehen (so ausdrücklich auch BFH v. 22.9.1989 BStBl. II 1989, 794; *Klingberg* in Blümich § 8 UmwStG Rn. 23; *Schlösser/Reichl/Rapp* in SBB § 11 Rn. 515) mit der Folge, dass § 17 IV eingreift. Die Frage ist auch nicht rein akademisch (wie *Möhlenbrock* in D/P/M § 8 Rn. 25 meint), weil sie Auswirkungen hat auf die Steuerfolgen bei einbringungsgeborenen Anteilen, die nicht nach § 17 EStG steuerverstrickt sind (vgl. Rn. 43). **41**

Das Übernahmeergebnis ist nach § 4 IV bis VI mit der Einlagefiktion nach § 5 II zu ermitteln. Allerdings entstehen, da der Gesellschafter bereits Einkünfte aus Kapitalvermögen über § 7 zu versteuern hat, an dieser Stelle idR Verluste (*Möhlenbrock* in D/P/M § 8 Rn. 25; *Trossen* in R/H/vL § 8 Rn. 32; *Cöster* in Haase/Hruschka § 8 Rn. 35; *Klingberg* in Blümich § 8 UmwStG Rn. 23). Dieser Verlust kann nach § 4 VI 3 berücksichtigungsfähig sein, wenn nicht der Ausschluss des § 17 V 2 EStG über § 4 VI 5 greift (*Schlösser/*

Reichl/Rapp in SBB § 11 Rn. 515; *Trossen* in R/H/vL § 8 Rn. 33, der allerdings hier für Anteile nach § 17 EStG zu Unrecht auf die Spekulationsfrist des § 23 EStG verweist).

Der Freibetrag nach § 17 III EStG ist über § 8 II ausgeschlossen, wobei dies kaum noch praktische Auswirkungen haben dürfte (*Schlösser/Reichl/Rapp* in SBB § 11 Rn. 515; *Cöster* in Haase/Hruschka § 8 Rn. 49; *Möhlenbrock* in D/P/M § 8 Rn. 26; *Klingberg* in Blümich § 8 UmwStG Rn. 23).

b) Anteile im Betriebsvermögen

42 Gehören die Anteile an der übertragenden KapGes zum Betriebsvermögen des Anteilseigners, so erzielt dieser mit dem Übernahmeergebnis idR Einkünfte aus Gewerbebetrieb, die je nach Rechtsform des Anteilseigners der KSt oder der ESt unterliegen (*Cöster* in Haase/Hruschka § 8 Rn. 38; *Klingberg* in Blümich § 8 UmwStG Rn. 26; *Schlösser/Reichl/Rapp* in SBB § 11 Rn. 516).

Da die übernehmende Personengesellschaft kein Betriebsvermögen hat, ist auch bezüglich der Gesellschafter, die die Beteiligung im Betriebsvermögen halten, der gemeine Wert nach § 3 I maßgeblich. Auch für diese sind die stillen Reserven aufzudecken (*Cöster* in Haase/Hruschka § 8 Rn. 38; *Trossen* in R/H/vL § 8 Rn. 52a). Dies ließe sich über eine gewerbliche Prägung nach § 15 III Nr. 2 EStG vermeiden (*Trossen* in R/H/vL § 8 Rn. 52a; *Cöster* in Haase/Hruschka § 8 Rn. 38).

Die Tatsache, dass die Beteiligung an der übernehmenden Personengesellschaft im Betriebsvermögen des Gesellschafters gehalten wird, führt bei der Personengesellschaft nicht zu Betriebsvermögen. Sie erzielt weiterhin Einkünfte aus Kapitalvermögen bzw. Vermietung und Verpachtung. Eine Umqualifizierung erfolgt erst auf der Ebene des Gesellschafters (*Möhlenbrock* in D/P/M § 8 Rn. 11, 21 f.; *Trossen* in R/H/vL § 8 Rn. 52a; *Klingberg* in Blümich § 8 UmwStG Rn. 16; *Cöster* in Haase/Hruschka § 8 Rn. 46; *Schmitt* in SHS § 8 Rn. 10; BFH GrS v. 11.4.2005 BStBl. II 2005, 679; UmwStE Rn. 08.03).

Das Übernahmeergebnis ist nach der Überführungsfiktion des § 5 III ebenfalls nach § 4 IV bis VI zu ermitteln (*Cöster* in Haase/Hruschka § 8 Rn. 39; *Widmann* in W/M § 8 UmwStG Rn. 45.2; *Trossen* in R/H/vL § 8 Rn. 53).

Ein Übernahmegewinn wird wegen der Korrektur des Übernahmeergebnisses um die Bezüge nach § 7 nur selten entstehen (*Möhlenbrock* in D/P/M § 8 Rn. 22; *Cöster* in Haase/Hruschka § 8 Rn. 35, 49; *Klingberg* in Blümich § 8 UmwStG Rn. 23).

Soweit die Anteile im gewerblichen Betriebsvermögen gehalten werden, ist § 18 I und II zu beachten (*Trossen* in R/H/vL § 8 Rn. 53; *Schlösser/Reichl/Rapp* in SBB § 11 Rn. 516; *Widmann* in W/M § 18 UmwStG Rn. 118; aA *Möhlenbrock und Pung* in D/P/M § 8 Rn. 33 und § 18 Rn. 19).

c) Einbringungsgeborene Anteile iSd § 21 UmwStG aF

43 Hält der Gesellschafter an der übertragenden KapGes einen einbringungsgeborenen Anteil iSd § 21 UmwStG aF, so ergibt sich durch eine Umwandlung, die unter § 8 fällt, eine **Besteuerungslücke** in Bezug auf Anteile, die nicht über § 17 EStG steuerverstrickt sind. Einbringungsgeboren sind Anteile, die der Gesellschafter – oder sein Rechtsvorgänger, der die Beteiligung unentgeltlich auf ihn übertragen hat – durch eine Sacheinlage unter dem Teilwert erworben hat. Gem. § 27 III Nr. 1 ist auf derartige Anteile § 5 IV UmwStG aF weiter anzuwenden mit der Maßgabe, dass diese als zum steuerlichen Übertragungsstichtag in das Betriebsvermögen des übernehmenden Rechtsträgers zu den Werten gem. § 5 II oder III überführt gelten.

In den Fällen des § 8 hat der übernehmende Rechtsträger aber kein Betriebsvermögen (*Klingberg* in Blümich § 8 UmwStG Rn. 27; *Cöster* in Haase/Hruschka § 8 Rn. 40 f.).

Unabhängig von § 8, der nur auf § 5 in seiner jetzigen Fassung verweist (vgl. zu den unterschiedlichen Auffassungen hierzu *Trossen* in R/H/vL § 8 Rn. 35), ist auf einbringungsgeborene Anteile gem. § 27 III Nr. 3 weiterhin § 21 UmwStG aF anzuwenden. Es kommt daher weiterhin darauf an, ob es im Anwendungsbereich des § 8 zu einer Besteuerung gem. § 21 UmwStG aF kommen kann (*Trossen* in R/H/vL § 8 Rn. 35). Eine Veräußerung iSv § 21 I UmwStG aF liegt nicht vor. Gem. § 20 II Nr. 2 UmwG erlischt der übertragene Rechtsträger als Folge der Umwandlung. Diese ist daher als Auflösung anzusehen (BFH v. 22.9.1989 BStBl. II 1989, 794; *Klingberg* in Blümich § 8 UmwStG Rn. 21). Der Ersatztatbestand des § 21 II Nr. 3 UmwStG aF greift nicht, weil nur eine Auflösung und nicht zusätzlich eine Abwicklung vorliegt, die in dem Ersatztatbestand aber ausdrücklich gefordert wird (aA *Cöster* in Haase/Hruschka § 8 Rn. 41; *Möhlenbrock* in D/P/M § 8 Rn. 30; Trossen in R/H/vL § 8 Rn. 35, die entgegen dem Wortlaut von § 21 II Nr. 3 aF trotz Nichtvorliegens einer Abwicklung diese Norm anwenden wollen).

Damit gehen in Fällen, wo einbringungsgeborene Anteile nicht zusätzlich über § 17 EStG steuerverstrickt sind, die stillen Reserven aus ehemals steuerverstricktem Vermögen durch eine Umwandlung nach § 8 in eine Personengesellschaft ohne Betriebsvermögen unversteuert in das Privatvermögen über (*Klingberg* in Blümich § 8 UmwStG Rn. 27; *Cöster* in Haase/Hruschka § 8 Rn. 41).

d) Sonstige Anteile

Eine gesonderte Besteuerung der sonstigen Anteile, also solcher, die zum steuerlichen Übertragungsstichtag zum Privatvermögen des Gesellschafters gehören und weder solche iSv § 17 EStG noch einbringungsgeboren iSv § 21 sind, also Anteile iSd § 23 EStG sind, erfolgt nicht. § 8 II schließt § 22 Nr. 2 EStG aus. Eine Besteuerung findet daher ausschließlich über § 7 statt (*Klingberg* in Blümich § 8 UmwStG Rn. 25; *Möhlenbrock* in D/P/M § 8 Rn. 28f.; *Widmann* in W/M § 8 UmwStG Rn. 20ff.). Vgl. Rn. 35. 44

3. Zebragesellschaft

Die Verschmelzung einer KapGes auf eine Zebra-Gesellschaft wird ebenfalls durch § 8 erfasst. Eine Zebra-Gesellschaft liegt vor, wenn einzelne Gesellschafter ihre Anteile im Betriebsvermögen, andere dagegen im Privatvermögen halten (*Möhlenbrock* in D/P/M § 8 Rn. 11, 22; *Trossen* in R/H/vL § 8 Rn. 52; *Klingberg* in Blümich § 8 UmwStG Rn. 16; *Cöster* in Haase/Hruschka § 8 Rn. 46; *Schlösser/Reichl/Rapp* in SBB § 11 Rn. 507; *Schmitt* in SHS § 8 Rn. 10). Zudem darf die Gesellschaft weder gewerblich geprägt iSv § 15 III Nr. 2 EStG noch gewerblich infiziert nach § 15 III Nr. 1 EStG sein (*Trossen* in R/H/vL § 8 Rn. 52). 45

Die Tatsache, dass auch Beteiligungen an der übernehmenden Personengesellschaft im Betriebsvermögen eines oder mehrerer Gesellschafter gehalten werden, führt bei der Personengesellschaft nicht zu Betriebsvermögen. Sie erzielt weiterhin Einkünfte aus Kapitalvermögen bzw. Vermietung und Verpachtung. Eine Umqualifizierung erfolgt erst auf der Ebene des Gesellschafters (*Möhlenbrock* in D/P/M § 8 Rn. 11, 21f.; *Cöster* in Haase/Hruschka § 8 Rn. 46; *Trossen* in R/H/vL § 8 Rn. 52a; *Klingberg* in Blümich § 8 UmwStG Rn. 16; *Schmitt* in SHS § 8 Rn. 10; BFH GrS v. 11.4.2005 BStBl. II 2005, 679; UmwStE Rn. 08.03).

Da die übernehmende Personengesellschaft kein Betriebsvermögen hat, ist auch bezüglich der Gesellschafter, die ihre Beteiligung im Betriebsvermögen halten, der gemeine Wert nach § 3 I maßgeblich (aA *Widmann* in W/M § 3 Rn. 34). Zwar wäre die Besteuerung bei Gesellschaftern, die die Beteiligung im Betriebsvermögen halten, auch bei einem Ansatz unterhalb des gemeinen Wertes sichergestellt, so dass insoweit die Notwendigkeit der Aufdeckung der stillen Reserven nicht absolut zwingend ist. Aus diesem Grund befürworten *Brinkhaus/Grabbe* in diesem Kommentar (§ 3 Rn. 111) eine teleologische Reduktion von § 3 II (vgl. auch *Schmitt* in SHS § 3 Rn. 139). Dem Gesetzgeber war jedoch bei Erlass des UmwStG 2006 die Entscheidung des Großen Senats des BFH vom 11.4.2005 (BStBl. II 2005, 679) bekannt, wonach die einkommensteuerrechtliche Qualifizierung der Einkünfte von Gesellschaftern einer Personengesellschaft grundsätzlich davon abhängt, welche Einkunftsart durch die Tätigkeit der Gesellschaft verwirklicht wird, so dass die 46

Beteiligung eines oder mehrerer gewerblich tätiger Gesellschafter an einer vermögensverwaltenden Personengesellschaft zwar nicht dazu führt, dass die Tätigkeit dieser sog. Zebragesellschaft insgesamt als gewerblich anzusehen wäre, dass jedoch, wenn ein Gesellschaftsanteil an einer vermögensverwaltenden Personengesellschaft von einem Gesellschafter im gewerblichen Betriebsvermögen gehalten wird, dessen Anteile an den Wirtschaftsgütern der Gesellschaft bei ihm Betriebsvermögen sind. Auch die Stimmen in der Literatur, die schon zu § 3 UmwStG aF eine differenzierende Qualifizierung bei Zebragesellschaften befürworteten (*Benkert/Menner* in der 2. Aufl. § 8 Rn. 46; *Widmann* in W/M § 3 Rn. 34) waren dem Gesetzgeber bewusst. Er setzt sich in der Gesetzesbegründung ausführlich, wenn auch nur auf ausländische Wirtschaftsgüter, mit der Notwendigkeit einer individuellen Betrachtungsweise auseinander (BT-Drs. 16/2710, 37). Gleichwohl hat er an der Formulierung aus § 3 UmwStG aF („Betriebsvermögen der übernehmenden Personengesellschaft") festgehalten, so dass eine teleologische Reduktion nicht zulässig ist. Auch für Gesellschafter, die ihre Anteile an der Personengesellschaft im Betriebsvermögen halten, sind die stillen Reserven daher aufzudecken (*Möhlenbrock* in D/P/M § 8 Rn. 11; *Trossen* in R/H/vL § 8 Rn. 52a; *Cöster* in Haase/Hruschka § 8 Rn. 47; UmwStE Rn. 08.03).

47 Eine Rücklage nach § 6b EStG kann durch die übernehmende Personengesellschaft insoweit nicht fortgeführt werden, als ihre Gesellschafter die Beteiligung im Privatvermögen halten (*Möhlenbrock* in D/P/M § 8 Rn. 11).

48–50 *(einstweilen frei)*

V. Anwendungsausschluss, § 8 II

51 § 8 II schließt die Anwendbarkeit von § 17 III EStG und § 22 Nr. 2 EStG aus. § 17 III EStG gewährt bei der Veräußerung von Anteilen an Kapitalgesellschaften, wenn ein Gesellschafter in den letzten fünf Jahren unmittelbar oder mittelbar an der Gesellschaft (für zumindest eine logische Sekunde) zu mindestens 1 % beteiligt war, einen Freibetrag. Der Gesellschafter der übertragenden KapGes, der seine Beteiligung im Privatvermögen hielt und dessen Beteiligung in den Anwendungsbereich des § 17 EStG fällt, erhält bei einer Umwandlung nach § 8 hinsichtlich eines eventuellen Übernahmegewinns diesen Freibetrag nicht (*Möhlenbrock* in D/P/M § 8 Rn. 34; *Cöster* in Haase/Hruschka § 8 Rn. 50). Da idR (Übernahme-)Verluste entstehen, ist allerdings dies in der Praxis ohne erhebliche Bedeutung.

Eine Besteuerung von im Privatvermögen gehaltenen Anteilen, die nicht über § 17 EStG steuerverstrickt sind, sondern allenfalls über die Spekulationsfrist des § 23 EStG als privates Veräußerungsgeschäft gem. § 22 Nr. 2 EStG, findet nicht statt (*Cöster* in Haase/Hruschka § 8 Rn. 51).

§ 9 Formwechsel in eine Personengesellschaft

[1]Im Falle des Formwechsels einer Kapitalgesellschaft in eine Personengesellschaft sind die §§ 3 bis 8 und 10 entsprechend anzuwenden. [2]Die Kapitalgesellschaft hat für steuerliche Zwecke auf den Zeitpunkt, in dem der Formwechsel wirksam wird, eine Übertragungsbilanz, die Personengesellschaft eine Eröffnungsbilanz aufzustellen. [3]Die Bilanzen nach Satz 2 können auch für einen Stichtag aufgestellt werden, der höchstens acht Monate vor der Anmeldung des Formwechsels zur Eintragung in ein öffentliches Register liegt (Übertragungsstichtag); § 2 Absatz 3 und 4 gilt entsprechend.[1)]

[1)] § 9 S. 3 letzter HS geändert duch Gesetz v. 22.12.2009 (BGBl. I, 3950).
Die aF lautete: „§ 2 Abs. 3 gilt entsprechend." Zur Anwendung s. § 27 X.

Übersicht

I. Allgemeines

Das SEStEG hat in § 9 die Regelung des **alten § 14 UmwStG** in der bis zum 12.12.2006 geltenden Fassung (im Folgenden: aF) zum Formwechsel einer KapGes in eine Personengesellschaft materiell im Wesentlichen unverändert **übernommen** (*Lemaitre/Schönherr* GmbHR 2007, 173; *Möhlenbrock* in D/P/M § 9 Rn. 1; *Birkemeier* in R/H/vL § 9 Rn. 1; *Huber* in Haase/Hruschka § 9 Rn. 1; BT-Drs. 16/2710, 40). 1

Angepasst wurde die Vorschrift an die **Internationalisierung** des Umwandlungssteuerrechts. § 9 erfasst ausländische Formwechsel, soweit hieran eine KapGes als umwandelnder Rechtsträger beteiligt ist, die nach den Regeln eines Mitgliedsstaates der EU oder der EWR gegründet wurde (erste Voraussetzung) und ihren Sitz und Ort der Geschäftsleitung im EU/EWR-Raum hat (zweite Voraussetzung), § 1 I Nr. 1 (*Möhlenbrock* in D/P/M § 9 Rn. 7; *Birkemeier* in R/H/vL § 9 Rn. 5; *Huber* in Haase/Hruschka § 9 Rn. 8). Bezüglich der möglichen steuerlichen Rückwirkung war daher auch nicht mehr auf den Tag der Anmeldung zum Handelsregister, sondern auf die Anmeldung zu einem öffentlichen Register abzustellen. Der ausländische „Formwechsel" muss dem deutschen Vorgang vergleichbar sein, § 1 I Nr. 2 bezieht ausdrücklich nur „vergleichbare ausländische Vorgänge" ein. Voraussetzung ist daher die Umgestaltung einer KapGes in eine Personengesellschaft in einem Rechtsakt ohne Vermögenstransfer (*Möhlenbrock* in D/P/M § 9 Rn. 7; *Birkemeier* in R/H/vL § 9 Rn. 15; *Geils* in Haase/Hruschka § 1 Rn. 84; *Benecke/Schnitger* IStR 2006, 770; *Blöchle/Weggenmann* IStR 2008, 87). Ausländische Vorgänge, die jedenfalls auch mit einer Vermögensübertragung verbunden sind, werden folglich nicht als dem Formwechsel vergleichbar erfasst (*Möhlenbrock* in D/P/M § 9 Rn. 7; *Birkemeier* in R/H/vL § 9 Rn. 15; *Geils* in Haase/Hruschka § 1 Rn. 84; aA *Hagemann/Jakob/Ropohl/Viebrock* NWB-Sonderheft 1/2007, 23). Jedenfalls in der Anfangsphase der Anwendung des UmwStG auf ausländische Vorgänge und deren Vergleichbarkeit wird es noch erhebliche Unsicherheiten geben (*Blöchle/Weggenmann* IStR 2008, 87). Zuständig für die Prüfung, ob ein ausländischer Vorgang mit einer inländischen Umwandlung vergleichbar ist, ist das zuständige inländische Finanzamt (UmwStE Rn. 01.24). Es ist daher zu erwägen, vorab eine verbindliche Auskunft gem. § 89 II AO einzuholen (dies empfiehlt *Birkemeier* in R/H/vL § 9 Rn. 15). In Fällen, in denen eine zeitliche Rückwirkung des Formwechsels über § 9 S 3 erreicht werden soll, ist dies aber aus Zeitgründen häufig problematisch, denn jedenfalls in der näheren Zukunft wird es den Finanzbehörden Schwierigkeiten bereiten, ohne länger dauernde Recherchen die Vergleichbarkeit ausländischer Umstrukturierungen mit dem Formwechsel nach UmwG verbindlich zu bestätigen (ausführlich zur Vergleichbarkeit *Möhlenbrock* in D/P/M § 1 Rn. 86 ff.; *Geils* in Haase/Hruschka § 1 Rn. 53 ff.).

2 Entfallen ist der bisherige § 9 S 4, der den **Formwechsel** einer eG in eine Personengesellschaft nach **§ 38a LwAnpG** in den Regelungsbereich einbezog. Parallel wurde auch § 1 III UmwStG aF zum aktuellen § 1 I 1 Nr. 2 angepasst. Ein Formwechsel einer eG, die aus einer landwirtschaftlichen Produktionsgenossenschaft hervorgegangen ist, soll damit steuerneutral nicht mehr möglich sein (*Widmann* in W/M § 1 UmwStG Rn. 12; *Birkemeier* in R/H/vL § 9 Rn. 5, 7). Hintergrund soll sein, dass die ostdeutsche Landwirtschaft ihren Umstrukturierungsprozess nach den §§ 23 ff. LwAnpG im Wesentlichen abgeschlossen hat. *Möhlenbrock* meint einerseits, der Regelungsbedarf für § 14 S 4 UmwStG aF bestehe daher nicht mehr (*Möhlenbrock* in D/P/M § 9 Rn. 1), hält aber andererseits auch ein gesetzgeberisches Versehen für möglich (*Möhlenbrock* in D/P/M § 1 Rn. 11).

Tatsächlich ist der Formwechsel nach § 38a LwAnpG **weiterhin von § 9 erfasst** und zwar über § 1 I 1 Nr. 3 iVm § 1 II UmwG (so richtig jetzt auch UmwStE Rn. 01.07; aA wohl *Möhlenbrock* in D/P/M § 1 Rn. 11, der nur auf § 1 I 1 Nr. 2 abstellt, jedoch auf die Auffassung der FinVerw hinweist). Die §§ 23 ff. LwAnpG enthalten detaillierte Regelungen zum Formwechsel nach diesem Gesetz, der den Vorgang damit dem Formwechsel nach dem UmwG vergleichbar iSv § 1 I 1 Nr. 3 macht.

3, 4 *(einstweilen frei)*

5 **§ 9** hat nur einen begrenzten eigenständigen Regelungsbereich. Im Kern **verweist** er in Satz 1 auf die **§§ 3 bis 8 und 10,** die entsprechende Anwendung finden. Satz 2 regelt, da eine handelsrechtliche Rückbeziehung ausscheidet, die Verpflichtung der (formwechselnden) KapGes, für steuerliche Zwecke eine Übertragungsbilanz aufzustellen, die sich auf den Stichtag bezieht, zu dem der Formwechsel wirksam wird (UmwStE Rn. 09.01). Parallel hat die Personengesellschaft auf diesen Stichtag bezogen eine Eröffnungsbilanz aufzustellen. Satz 3 gestattet eigenständig eine **Rückbeziehung** des Formwechsels um bis zu acht Monate, um die Möglichkeit des Formwechsels unter Rückbeziehung auf eine Jahresabschlussbilanz zu ermöglichen und damit dem (formwechselnden) Unternehmen eine gewisse Flexibilität zu gewähren. Der Verweis auf die entsprechende Anwendung des § 2 III wurde, auch wenn die Gesetzesbegründung hierzu schweigt (BT-Drs. 16/2710, 40), nach Ansicht des Gesetzgebers durch die Internationalisierung erforderlich, um nicht durch anderslautende Rückbeziehungsregelungen in den übrigen EU/EWR-Mitgliedsstaaten eine Besteuerungslücke und damit **„weiße Einkünfte"** entstehen zu lassen (UmwStE Rn. 09.02; *Birkemeier* in R/H/vL § 9 Rn. 1, 38; *Dötsch* in D/P/M § 2 Rn. 78; *Huber* in Haase/Hruschka § 9 Rn. 17). Die Verweisung zielt, da es einen grenzüberschreitenden reinen Formwechsel nicht gibt, auf einen „Formwechsel" einer ausländischen KapGes in

eine ausländische Personengesellschaft ab und untersagt eine Rückbeziehung um bis zu acht Monate, soweit hierdurch Einkünfte in einem anderen Staat der Besteuerung entzogen werden (*Huber* in Haase/Hruschka § 9 Rn. 17; im Ergebnis auch *Dötsch* in D/P/P/M § 2 UmwStG Rn. 77). Sie dient mithin der Sicherung des Steuersubstrats in dem anderen EU/EWR-Mitgliedsstaat. Zu Recht weist *Möhlenbrock* darauf hin, dass § 9 S 3 HS 2 sprachlich genau verstanden eigentlich zur Nichtanwendbarkeit von § 9 S 3 HS 1 führt, also eine Rückbeziehung vollständig ausschließt, da der entsprechend anzuwendende § 2 Abs. 3 eine Nichtanwendungsregelung enthält (*Möhlenbrock* in D/P/M § 9 Rn. 28). Der Gesetzgeber wollte jedoch eine Rückbeziehung nur insoweit verhindern, als hierdurch in dem anderen Staat „weiße Einkünfte" entstehen.

Beim Formwechsel findet zivilrechtlich lediglich ein Wechsel der Rechtsform statt, die **wirtschaftliche Identität** des Rechtsträgers bleibt erhalten (*Bula/Thees* in SBB § 27 Rn. 1; *Hörtnagl* in SHS § 1 Rn. 46; BFH v. 4.12.1996, BStBl. II 1997, 661; *Moszka* in Semler/Stengel Anh. UmwStG Rn. 626; *Birkemeier* in R/H/vL § 9 Rn. 2), es kommt weder zu einer Vermögensübertragung noch zu einer Gesamtrechtsnachfolge (*Möhlenbrock* in D/P/M § 9 Rn. 4; *Huber* in Haase/Hruschka § 9 Rn. 2). Aus diesem Grund ist handelsbilanziell die Buchwertfortführung zwingend vorgeschrieben (*Bula/Thees* in SBB § 27 Rn. 7; *Schmitt* in SHS § 9 Rn. 3; *Möhlenbrock* in D/P/M § 9 Rn. 13). Das Wahlrecht des § 24 UmwG besteht nicht. Eine Veränderung der Werte der Handelsbilanz darf nicht erfolgen. Die Aufdeckung stiller Reserven ist handelsbilanziell nicht möglich. Handelsrechtlich ist daher weder eine besondere Schlussbilanz bei der formwechselnden Gesellschaft noch eine besondere Eröffnungsbilanz bei der neuen Gesellschaft aufzustellen (*Bula/Thees* in SBB § 27 Rn. 4; *Widmann* in W/M § 24 UmwG Rn. 196; *Moszka* in Semler/Stengel Anh. UmwStG Rn. 653; *Patt* in D/P/M § 25 Rn. 11). Die Bilanzansätze der formwechselnden Gesellschaft sind vielmehr unter Beachtung des Prinzips der Bilanzkontinuität zu übernehmen (*Bula/Thees* in SBB § 27 Rn. 7; *Möhlenbrock* in D/P/M § 9 Rn. 13). Handelsbilanziell gibt es wegen der zwingenden Buchwertfortführung auch keinen Stichtag, auf den eine Rückbeziehung erfolgen könnte (*Bula/Pernegger* in SBB § 27 Rn. 10; *Widmann* in W/M § 24 UmwG Rn. 482; IdW HFA 1/1996 Tz. 1; *Moszka* in Semler/Stengel Anh. UmwStG Rn. 630). 6

Steuerrechtlich ist der Formwechsel von einer KapGes in eine andere KapGes oder zwischen Personengesellschaften **(homogener Formwechsel)** ebenso unproblematisch. Anders ist dies jedoch bei einem Formwechsel von einer KapGes in eine Personengesellschaft oder umgekehrt **(heterogener Formwechsel).** Die Umwandlung hat hier wegen des Wechsels der Gesellschaftsform einen Wechsel des Steuersubjekts zur Folge (*Moszka* in Semler/Stengel Anh. UmwStG Rn. 633 ff.). Die Ertragsbesteuerung – unter Ausklammerung der Gewerbesteuer – erfolgt nicht mehr wie bisher bei der Gesellschaft, sondern anteilig direkt bei den Gesellschaftern als Mitunternehmern (*Hörtnagl* in SHS § 1 Rn. 46; *Moszka* in Semler/Stengel Anh. UmwStG Rn. 636 f.; *Möhlenbrock* in D/P/M § 9 Rn. 11). Steuerlich ist daher von einem Rechtsträgerwechsel und einer (fiktiven) Vermögensübertragung auszugehen (*Hörtnagl* in SHS § 1 Rn. 46; *Moszka* in Semler/Stengel Anh. UmwStG Rn. 634; *Birkemeier* in R/H/vL § 9 Rn. 2; *Möhlenbrock* in D/P/M § 9 Rn. 5). Die steuerlichen Folgen des heterogenen Formwechsels hin zur Personengesellschaft sind in § 9, der zur KapGes in § 25 geregelt (*Birkemeier* in R/H/vL § 9 Rn. 4a; *Möhlenbrock* in D/P/M § 9 Rn. 5; *Hörtnagl* in SHS § 1 Rn. 46). 7

(einstweilen frei) 8, 9

II. Anwendungsbereich

§ 9 findet Anwendung auf den **Formwechsel** von einer **KapGes** in eine **Personengesellschaft.** Dabei werden über § 1 I 1 Nr. 2 Formwechsel nach § 190 I UmwG (erste Alternative) und vergleichbare ausländische Vorgänge (zweite Alternative) erfasst. Die erste 10

Alternative betrifft Umwandlungen deutscher Gesellschaften, also GmbH, AG oder KGaA in oHG, KG, GbR oder PartGG. Diese finden nach den Regelungen in §§ 190 bis 213, 226 und 228 bis 237 UmwG statt (*Stratz* in SHS Einf. UmwG Rn. 20; *Mayer* in W/M Einf. UmwG Rn. 177; UmwStE 1998 Tz. 00.07; *Sagasser/Luke* in SBB § 26 Rn. 3; *Stengel* in Semler/Stengel § 191 UmwG Rn. 15). Eine eG kann nach § 258 I UmwG formwechselnd nur in eine KapGes umgewandelt werden, sie fällt daher nicht in den Anwendungsbereich von § 9. Der Hinweis auf „vergleichbare ausländische Vorgänge" wirft die Frage auf, ob auch der Formwechsel einer deutschen KapGes in eine ausländische Personengesellschaft oder umgekehrt möglich ist. Jedenfalls nach dem UmwG ist dies bisher nicht der Fall. Der Gesetzestext in § 1 I 1 Nr. 2 verlagert den gesamten Vorgang nach der zweiten Alternative ins Ausland. Vorstellbar wäre ein „Formwechsel" einer deutschen KapGes in eine ausländische Personengesellschaft bzw. umgekehrt daher allenfalls, wenn das Recht eines Mitgliedsstaates der EU bzw. des EWR-Raumes eine dem Formwechsel vergleichbare Umwandlungsform kennen würde, an der eine deutsche KapGes als umwandelnde Gesellschaft bzw. deutsche Personengesellschaft als „Zielgesellschaft" beteiligt sein könnte. Jedenfalls derzeit dürfte dies eine rein theoretische Überlegung sein. Ein Formwechsel bzw. ein vergleichbarer ausländischer Vorgang wird daher allenfalls dann im Ergebnis grenzüberschreitend sein, wenn nach oder vor der Umwandlung eine separate Sitzverlegung folgt (*Birkemeier* in R/H/vL § 9 Rn. 11, 15; *Graw* in R/H/vL § 1 Rn. 122; *Hahn* IStR 2005, 678 f.; *Geyrhalter/Weber* DStR 2006, 150).

Der EuGH hat jedoch in seinem Urteil v. 12.7.2012 (EuZW 2012, 621 – *Vale*) entschieden, dass Mitgliedsstaaten den Formwechsel einer ausländischen Gesellschaft in eine inländische zulassen müssen, wenn ein entsprechender inländischer Formwechsel möglich ist. Andernfalls läge ein Verstoß gegen die Art. 49, 54 AEUV vor (EuGH EuZW 2012, 621 Rn. 41). Der EuGH stellt fest, dass grenzüberschreitende Umwandlung die sukzessive Anwendung von zwei nationalen Rechtsordnungen erfordert (EuGH EuZW 2012, 621 Rn. 41; ihm folgend OLG Nürnberg, NZG 2014, 349), lässt den Vorgang aber im Übrigen offen. Es besteht daher in der Praxis erhebliche Unsicherheit, sodass trotz des Urteils der grenzüberschreitende Formwechsel erst stattfinden wird, wenn die nationalen bzw. der europäische Gesetzgeber diese Unsicherheiten beseitigt hat (vgl. *Bayer/Schmidt* ZIP 2012, 1481; *Hörtnagl* in SHS § 1 UmwG Rn. 52). *Teichmann* (DB 2012, 2085) meint dagegen, die Rechtslage für einen Formwechsel über die Grenze sei durch das Urteil des EuGH hinreichend klar, in Deutschland seien die §§ 190 ff. UmwG anzuwenden. Dies mag aus deutscher Perspektive trotz der Beschränkung von § 191 I iVm § 3 I UmwG auf deutsche Gesellschaftsformen durch eine Anwendung auf vergleichbare ausländische Rechtsformen möglich erscheinen, er muss das ausländische Recht eine „Beendigung" der ausländischen (Kapital-)Gesellschaft auf diesem Weg ebenfalls zulassen. Von einer Harmonie der Anforderungen der an einem grenzüberschreitenden Formwechsel beteiligten nationalen Rechtsordnungen kann jedoch nicht ausgegangen werden (vgl. *Bayer/Schmidt* ZIP 2012, 1481). *Patt* hält einen grenzüberschreitenden Formwechsel in der Weise für möglich, dass eine Gesellschaft ihren Sitz über die Grenze verlegt und gleichzeitig ihre Rechtsform ändert (*Patt* in D/P/M § 25 Rn. 7).

11 Eine gewerbliche Tätigkeit muss nicht vorliegen. Auch rein vermögensverwaltende Gesellschaften können umgewandelt werden, § 9 erklärt sowohl § 3 als auch § 8 für anwendbar (*Möhlenbrock* in D/P/M § 9 Rn. 3; *Huber* in Haase/Hruschka § 9 Rn. 5).

Eine KapGes kann auch dann in eine Personengesellschaft umgewandelt werden, wenn an ihr eine KapGes als Gesellschafter beteiligt ist. Auch ein Formwechsel in eine GmbH & Co. KG ist daher möglich (*Möhlenbrock* in D/P/M § 9 Rn. 4).

Eine KapGes, deren Auflösung bereits beschlossen wurde, kann noch formwechselnd umgewandelt werden, solange ihre Fortsetzung noch beschlossen werden kann (*Birkemeier* in R/H/vL § 9 Rn. 8).

1. Einschränkungen

Der Formwechsel einer KapGes in eine **Personenhandelsgesellschaft** ist nach § 228 I UmwG nur dann möglich, wenn der Unternehmensgegenstand im Zeitpunkt des Wirksamwerdens des Formwechsels, also bei Eintragung in das Handelsregister entsprechend § 202 UmwG bzw. nach den entsprechenden ausländischen Regeln, den Anforderungen von § 105 I oder II HGB entspricht. 12

In eine **Partnerschaftsgesellschaft** kann gemäß § 228 II UmwG nur umgewandelt werden, wenn alle Anteilsinhaber im Zeitpunkt des Wirksamwerdens des Formwechsels, also der Eintragung in das Register (s. o.), natürliche Personen sind, die einen freien Beruf gem. § 1 II PartGG ausüben.

Der Formwechsel einer KapGes in eine natürliche Person ist zivilrechtlich unzulässig, § 191 II UmwG.

(einstweilen frei) 13

2. Zweifelsfälle

Mit dem UmwG wollte der Gesetzgeber Unternehmen vereinfachte **Möglichkeiten zu Restrukturierungen** geben, um den sich ändernden Anforderungen des Marktes ebenso wie der Rechtslage gerecht zu werden und so wettbewerbsfähig zu bleiben. Insbesondere die durch das UmwG geschaffene Möglichkeit der (partiellen) Gesamtrechtsnachfolge – bzw. wirtschaftlichen Identität beim Formwechsel – sollte Restrukturierungen vereinfachen und von der Zustimmungspflicht von Vertragspartnern abkoppeln. Das UmwStG sollte diese Möglichkeiten steuerneutral lassen können. Die vorgeschriebene Identität des Gesellschafterkreises bei Formwechseln führt dabei jedoch in Einzelfällen zu Komplikationen. 14

a) Formwechsel einer Kapitalgesellschaft in eine GmbH & Co. KG

Mit Ausnahme der durch das Gesetz ausdrücklich zugelassenen Abweichungen, zB bei der KGaA über § 221 UmwG, geht das UmwG von der **Identität des Gesellschafterkreises** aus (*Sagasser/Luke* in SBB § 26 Rn. 161; *Felix* BB 1993, 1848; *Kübler* in Semler/Stengel § 202 UmwG Rn. 19; BT-Drs. 12/6699, 98 zu § 39 UmwG aE; aA *Bärwaldt* in Semler/Stengel § 197 Rn. 13). Dies gilt auch für den Formwechsel einer KapGes in eine GmbH & Co. KG. Das UmwG lässt, anders als früher, nach dem ausdrücklichen Willen des Gesetzgebers den Formwechsel einer Kapitalgesellschaft in die GmbH & Co. KG oder umgekehrt zu (BT-Drs. 12/6699, 98 zu § 39 UmwG aE; *Schwanna* in Semler/Stengel § 191 Rn. 2; *Sagasser/Luke* in SBB § 26 Rn. 160). Es hat jedoch Spezialregelungen für den Eintritt von persönlich haftenden Gesellschaftern im Rahmen eines Formwechsels lediglich für die KGaA geschaffen, §§ 221, 240 II UmwG. Dies gilt auch für den Austritt, vgl. §§ 236, 247 II, 255 III UmwG, sowie den Sonderfall nach § 294 I 2 beim VVaG. Entsprechende Regelungen für die GmbH & Co. KG fehlen. Einem erweiterten Verständnis des § 194 I Nr. 4 UmwG, der uneingeschränkt von „einem beitretenden persönlich haftenden Gesellschafter" spricht, steht eigentlich der Wille des Gesetzgebers entgegen. Dieser hatte ausdrücklich benannt, dass die Identität des Gesellschafterkreises nur für die KGaA und in einem besonderen Fall für den VVaG durchbrochen wird (BT-Drs. 12/6699, 136; vgl. zu dem Ganzen *Sagasser/Luke* in SBB § 26 Rn. 161; kritisch *Bärwaldt* in Semler/Stengel § 197 Rn. 13). 15

Die Literatur und Praxis hat sich in der Vergangenheit mit der als **Treuhandmodell** bekannt gewordenen vorübergehenden (treuhänderischen) Beteiligung der persönlich haftenden Gesellschafterin, die, wie in vielen Fällen einer GmbH & Co. KG üblich (*Felix* BB 1993, 1848), eigentlich am Gesellschaftsvermögen nicht beteiligt ist, bzw. mit dem Eintritt der zukünftigen Komplementärin vor dem Formwechsel in die dann formwechselnde Kapitalgesellschaft geholfen (*Priester* DStR 2005, 793 mwN; *Priester* in JbFSt 2007/2008,

307 mwN; *Göthel* in Lutter § 228 Rn. 24, *Decher/Hoger* in Lutter § 202 Rn. 11). Die OFD Niedersachsen hat mit Verfügung v. 7.2.2014 (DStR 2014, 533) klargestellt, dass sich die steuerliche Behandlung eines solchen Formwechsels nach § 9 und nicht nach § 11 richtet.

Seit dem **Urteil des BGH v. 9.5.2005** II ZR 29/03 (DStR 2005, 1539 = NZG 2005, 722 = DNotZ 2005, 864), in dem dieser in einem obiter dictum von einem „im Zuge des Formwechsels neu hinzutretenden Gesellschafter" sprach, mehren sich in der Literatur die Stimmen, die von einem **Ende des Treuhandmodells** ausgehen (*Göthel* in Lutter § 228 Rn. 25; *Decher/Hoger* in Lutter § 202 Rn. 12 *Ihrig* in Semler/Stengel § 228 Rn. 23; *Vossius* in W/M § 202 UmwG Rn. 45 und § 228 UmwG Rn. 92 ff.; *Baßler* GmbHR 2007, 1252; *Simon/Leuering* NJW-Spezial 2005, 459; *Priester* in JbFSt 2007/2008, 308; *Bärwaldt/Wisniewski* in Beck Hdb. PersGes. § 10 Rn. 67 ff.). *Goette,* damals Vorsitzender des 2. Zivilsenats des BGH, kennzeichnete die genannte Entscheidung als Indiz dafür, dass der BGH letztendlich jedenfalls den Eintritt der GmbH als zukünftiger Komplementärin gleichzeitig mit dem Formwechsel in die KG zulassen wolle (*Goette* JbFSt 2007/2008, 308/309). Es fehlt jedoch nicht an kritischen Stimmen, die darauf hinweisen, dass es bislang keine das Registergericht bindende Entscheidung gäbe und es sich deshalb in der Praxis als notwendig erweisen könne, unter Berücksichtigung des gesetzgeberischen Willens auf die Treuhandlösung zurückzugreifen (*Sagasser/Luke* in SBB § 26 Rn. 165; *Priester* in JbFSt 2007/ 2008, 308; *Baßler* GmbHR 2007, 1252; *Goette* in JbFSt 2007/2008, 308/309; *Göthel* in Lutter § 228 Rn. 28; *Meister/Klöcker* in Kallmeyer § 191 Rn. 15; ausdrücklich noch die Gesellschafterstellung vor dem Formwechsel betonend *Möhlenbrock* in D/P/M § 9 Rn. 4, § 1 Rn. 33). Rechtspfleger und Richter des Registergerichts München haben sich im Juni 2015 darauf verständigt, dass ein treuhänderischer Erwerb von Kapitalanteilen bei einer formwechselnden Umwandlung von einer GmbH & Co. KG in eine Kapitalgesellschaft bzw. umgekehrt nicht mehr erforderlich sei, da der Bei- oder Austritt von Gesellschaftern im Zuge des Formwechsels bei Zustimmung aller Beteiligter grundsätzlich als zulässig anzusehen sei (diese Lösung mit gleichzeitigem Beitritt der GmbH wird auch in der Literatur zunehmend empfohlen, vgl. nur *Bärwaldt/Wisniewski* in Beck Hdb. PersGes. § 10 Rn. 71). Ob andere Registergerichte sich dem anschließen werden, ist derzeit offen.

16 Wählt man den Weg des Treuhandmodells, muss, wenn die zukünftige Komplementärin, eine GmbH, noch nicht Gesellschafterin der umzuwandelnden GmbH sein sollte, noch vor dem Formwechsel die neue persönlich haftende Gesellschafterin als Gesellschafterin aufgenommen werden (vgl *Priester* DStR 2005, 1020; *Ihrig* in Semler/Stengel § 228 Rn. 23; *Bärwaldt/Wisniewski* in Beck Hdb. PersGes § 9 Rn. 68 f.; *Vossius* in W/M § 202 UmwG Rn. 45 und § 228 UmwG Rn. 92 ff.; *Göthel* in Lutter § 228 UmwG Rn. 24). Ausreichend ist jedoch auch beim Treuhandmodell ein Beitritt noch nach der Fassung des Formwechselbeschlusses aber noch vor dem Wirksamwerden der Umwandlung durch Eintragung in das Register (BayObLG v. 4.11.1999 NZG 2000, 166).

Die Aufnahme der als **Komplementärin** vorgesehenen GmbH kann, da diese bei einer GmbH & Co. KG grundsätzlich keinen Kapitalanteil halten soll, mit einem von einem der Gesellschafter abgetretenen minimalen Anteil erfolgen, der von der Komplementärin nur treuhänderisch gehalten wird (*Priester* DStR 2005, 1020; *Widmann* Altkommentierung § 14 UmwStG aF Rn. 80). Die aufgrund der notwendigen Beteiligung der persönlich haftenden Gesellschafterin bei der Umwandlung und an der entstehenden GmbH notwendige treuhänderische Übernahme einer minimalen Beteiligung (eine Mindestbeteiligung nach § 5 I GmbHG aF ist durch das MoMiG v. 23.10.2008 BGBl. I 2008, 2026, entfallen) für den Treugeber muss nach dem Entstehen der GmbH & Co. KG durch Eintragung (§ 202 I Nr. 1 UmwG) wieder aufgehoben werden. Hierfür sollte schon im Rahmen der Umwandlung eine aufschiebend bedingte Abtretung erfolgen, um die Zeitdauer der Beteiligung der Komplementärin so klein wie möglich zu halten. Eine solche aufschiebend bedingte Abtretung ist zulässig (BGH v. 21.9.1994, BGHZ 127, 129; *Schacht* in Beck Hdb. GmbH § 12 Rn. 47; *U. Jasper* in MüHdb. GmbH Bd. 3 § 24 GmbHG Rn. 135).

Wählt man hingegen den **aufschiebend bedingten Beitritt,** so ist lediglich ein entsprechender Beschluss zu fassen (*Ihrig* in Semmler/Stengel § 228 Rn. 23; *Sagasser/Luke* in SBB § 26 Rn. 163; *Gageik* in SBB § 26 Rn. 254A; *Kübler* in Semmler/Stengel § 202 Rn. 22).

(einstweilen frei) 17

b) Formwechsel einer Ein-Mann-Kapitalgesellschaft in eine Personengesellschaft

Das Prinzip der Identität des Gesellschafterkreises verhindert auch, dass eine **Ein-Mann-Kapitalgesellschaft** ohne zusätzliche Maßnahmen in eine Personengesellschaft formwechselnd umgewandelt werden kann. Notwendig ist auch in diesem Fall, dass vor, oder mit der in der Literatur zunehmend vertretenen Auffassung zeitgleich mit dem Formwechsel der Kapitalgesellschaft ein weiterer Gesellschafter beitritt (*Bärwaldt/Wisniewski* in Beck Hdb. PersGes. § 9 Rn. 74 f. mwN). 18

(einstweilen frei) 19, 20

III. Zivilrechtliche Grundlagen, Ablauf des Formwechsels

Erster Schritt bei der Durchführung eines Formwechsels von einer KapGes in eine Personengesellschaft ist die **Erstellung eines Umwandlungsberichtes,** der eine ausführliche rechtliche und wirtschaftliche Erläuterung sowie Begründung der beabsichtigten Umwandlung enthält – §§ 230 I, 192 I UmwG. Hierzu zählt auch das künftige Beteiligungsverhältnis der Gesellschafter. Notwendiger Bestandteil des Umwandlungsberichtes ist der Entwurf des zu fassenden Umwandlungsbeschlusses – § 192 I 3 UmwG – einschließlich der notwendigen allgemeinen Angaben nach § 194 I UmwG (*Göthel* in Lutter § 234 UmwG Rn. 3; *Dirksen/Blasche* in Kallmeyer § 234 Rn. 1 ff.). 21

Im Gegensatz zu anderen Formwechseln, bei denen das Recht der neu entstehenden Gesellschaft einen formellen Gesellschaftsvertrag vorschreibt – § 2 I GmbHG, §§ 23 I, 280 I AktG, § 3 PartGG –, war beim Formwechsel in eine Personengesellschaft die ausdrückliche (schriftliche) Feststellung eines Gesellschaftsvertrages bislang nicht erforderlich (*Dirksen/Blasche* in Kallmeyer § 234 Rn. 8 ff.; *Göthel* in Lutter § 234 UmwG Rn. 39). Durch die Änderung des § 234 Nr. 3 UmwG durch das 2. Gesetz zur Änderung des UmwG v. 19.4.2007 (BGBl. I 2007, 542) ist nunmehr auch für Personengesellschaften die Aufnahme des Gesellschaftsvertrages in den Umwandlungsbeschluss vorgeschrieben. Bei den Personenhandelsgesellschaften bzw. der GbR gelten in Ermangelung von speziellen Regelungen eines Gesellschaftsvertrages die §§ 105 ff. HGB bzw. (ergänzend) die §§ 705 ff. BGB (*Hopt* in Baumbach/Hopt § 105 HGB Rn. 15; *Sagasser/Luke* in SBB § 26 Rn. 158; *Göthel* in Lutter § 234 UmwG Rn. 40; *Ihrig* in Semler/Stengel § 234 UmwG Rn. 14). Der Gesellschaftsvertrag kann im Allgemeinen auch mündlich bzw. stillschweigend geschlossen werden (*Baumbach/Hopt* § 105 HGB Rn. 54; *Sprau* in Palandt § 705 BGB Rn. 11). Für den Formwechsel ist nunmehr durch § 234 Nr. 3 UmwG jedoch die notarielle Beurkundung vorgeschrieben (*Ihrig* in Semler/Stengel § 234 UmwG Rn. 14; *Mayer/Weiler* MittBayNot 2007, 368; *Heckschen* DNotZ 2007, 444). Inhaltlich kann allerdings weiterhin zB für eine oHG nur die Geltung der gesetzlichen Regelungen vereinbart werden, auch wenn diese den Erfordernissen der Praxis nur selten gerecht werden dürften (*Göthel* in Lutter § 234 Rn. 40); jedenfalls zur Einschränkung der Register-Publizität kann ein möglichst einfacher Gesellschaftsvertrag zunächst mit beurkundet, parallel aber ein ausführlicher privatschriftlich aufschiebend bedingt auf die Eintragung abgeschlossen werden. Ein solcher ist in jedem Fall sinnvoll (*Göthel* in Lutter § 234 Rn. 41; *Ihrig* in Semler/Stengel § 234 Rn. 17), schon um zB die steuerlich und haftungsrechtlich notwendigen Regelungen über die verschiedenen Gesellschafterkonten der Kommanditisten eindeutig festzulegen.

Ein Umwandlungsbericht kann nur dann entfallen, wenn alle Gesellschafter der umzuwandelnden GmbH hierauf verzichten – § 192 III UmwG (*Stratz* in SHS § 192 UmwG Rn. 22; *Bärwaldt* in Semler/Stengel § 192 UmwG Rn. 30).

22 Der **Umwandlungsbeschluss** kann nur in einer Versammlung der Anteilsinhaber gefasst werden – § 193 I 2 UmwG. Diese Vorschrift ist, da es sich um eine Grundentscheidung handelt, zwingend. Von ihr kann nicht durch eine anders lautende Satzungsregelung abgewichen werden (*Vollrath* in W/M § 193 UmwG Rn. 20; *Bärwaldt* in Semler/Stengel § 193 UmwG Rn. 8). Beschlüsse außerhalb einer Versammlung, etwa in einem anderweitig häufig zugelassenen Umlaufverfahren, sind unbeachtlich, ebenso außerhalb einer Versammlung abgegebene Zustimmungserklärungen (*Decher/Hoger* in Lutter § 193 UmwG Rn. 3; *Stratz* in SHS § 193 UmwG Rn. 3; *Sagasser/Luke* in SBB § 26 Rn. 36). Zulässig ist jedoch die Stellvertretung in der Gesellschafterversammlung bei der Beschlussfassung, soweit der Gesellschaftsvertrag dies erlaubt oder ein entsprechender zustimmender Beschluss gefasst wurde (*Decher/Hoger* in Lutter § 193 UmwG Rn. 4; *Stratz* in SHS § 193 UmwG Rn. 8; *Vollrath* in W/M § 193 UmwG Rn. 23; *Bärwaldt* in Semler/Stengel § 193 UmwG Rn. 8).

Beim Formwechsel in eine KG genügt für den Umwandlungsbeschluss nach § 233 II UmwG eine Mehrheit von 75 % der in der Gesellschafterversammlung abgegebenen Stimmen. Mit diesem Mehrheitserfordernis ist, was nunmehr durch die Neufassung von § 234 Nr. 3 UmwG klargestellt ist, auch der Gesellschaftsvertrag der KG zu fassen (*Göthel* in Lutter § 234 Rn. 40; *Ihrig* in Semler/Stengel § 234 Rn. 19; *Mayer/Weiler* MittBayNot 2007, 368). In der Satzung der umwandelnden GmbH können eine größere Mehrheit sowie weitere Erfordernisse vorgesehen sein, § 234 II 2 UmwG.

Der Mindestinhalt des Umwandlungsbeschlusses ergibt sich für die KG aus § 234 Nr. 1, 2 UmwG. Danach muss der Beschluss enthalten Angaben über den Sitz der Gesellschaft – § 234 Nr. 1 UmwG – und über die Kommanditisten und den jeweiligen Betrag der Einlage – § 234 Nr. 2 UmwG – sowie seit April 2007 nunmehr auch den Gesellschaftsvertrag – § 234 Nr. 3 UmwG (*Göthel* in Lutter § 234 Rn. 38; *Ihrig* in Semler/Stengel § 234 Rn. 14; *Mayer/Weiler* Mitt BayNot 2007, 368; *Heckschen* DNotZ 2007, 444).

Der Umwandlungsbeschluss bedarf nach § 193 III 1 UmwG der notariellen Beurkundung ebenso wie etwaige nach dem UmwG erforderliche Zustimmungserklärungen einzelner Anteilsinhaber, zB solche aus § 193 II UmwG iVm Vinkulierungsklauseln in der Gesellschaftssatzung einer GmbH (*Decher/Hoger* in Lutter § 193 UmwG Rn. 12; *Sagasser/Luke* in SBB § 26 Rn. 63) sowie aus gesetzlichen Spezialregelungen, beim Formwechsel einer GmbH in eine KG vor allem aus § 233 II 3 UmwG bzgl. des Komplementärs.

23 Ob bei einer **Stellvertretung** bei der Beschlussfassung oder der Zustimmungserklärung die **Vollmacht** der notariellen Beurkundung oder wenigstens der notariellen Beglaubigung bedarf, ist streitig. Die einen lehnen dies für beide Alternativen unter Hinweis auf § 167 II BGB ab und begnügen sich mit einer ggf. vom Gesellschaftsrecht vorgeschriebenen Spezialform wie etwa der Textform für die AG, § 134 III 3 AktG, und die GmbH, § 47 III GmbHG, jeweils in Verbindung mit § 126b BGB (*Decher/Hoger* in Lutter § 193 UmwG Rn. 4). Die Gegenmeinung betont, eine notarielle Beglaubigung sei dann erforderlich, wenn eine Zustimmung gem. § 193 III UmwG durch einen Vertreter erklärt werden solle, das gesetzliche Erfordernis könne nicht über § 167 II BGB unterlaufen werden (*Stratz* in SHS § 193 UmwG Rn. 8; *Vollrath* in W/M § 193 UmwG Rn. 24 f.). Im Übrigen unterliege die Vollmacht nur etwaigen spezialgesetzlichen Formvorschriften (*Stratz* in SHS § 193 UmwG Rn. 8; *Vollrath* in W/M § 193 UmwG Rn. 24 u. 26).

Da § 167 II BGB für alle Arten von Vollmachten gilt, deren Form nicht spezialgesetzlich geregelt ist, sollte der Streit nach den allgemein gefundenen Kriterien entschieden werden. Danach bedarf die Vollmacht entgegen § 167 II BGB dann der Form des Grundgeschäftes, wenn der Vertretene durch sie selbst in der gleichen Weise gebunden wird, wie durch das Grundgeschäft. Dies ist idR nur bei unwiderruflichen Vollmachten der Fall (*Ellenberger* in

Palandt § 167 BGB Rn. 2 mwN). Unwiderrufliche Vollmachten für Zustimmungserklärungen nach § 193 III UmwG bedürfen daher der notariellen Beurkundung. Des Weiteren bedürfen wegen des Verweises von § 197 1 UmwG auf die Gründungsvorschriften und damit auf § 23 I 2 AktG zumindest die Vollmachten solcher Personen, die für den Formwechsel stimmen und damit gemäß § 245 I 1 UmwG als Gründer gelten, gemäß § 23 I 2 AktG der notariellen Beglaubigung (*Vollrath* in W/M § 193 UmwG Rn. 24; *Melchior* GmbHR 1999, 520). Dasselbe gilt für solche Personen, die zwar nicht für den Formwechsel gestimmt haben, aber eine notwendige Zustimmungserklärung (zB als Nebenleistungsverpflichtete gemäß § 241 III UmwG) erteilen: Dieser Personenkreis zählt ebenfalls zu den Gründern (so richtig und mit gewichtigen Gründen *Rieger* in W/M § 245 UmwG Rn. 28 f.). Im Übrigen bedürfen Vollmachten nur zB der Textform nach §§ 134 III 3 AktG, 126b BGB bzw. §§ 47 III GmbHG, 126b BGB.

Der **Entwurf eines Abfindungsangebotes** nach § 207 UmwG für die Gesellschafter, 24
die dem Formwechsel widersprechen, ist nach allgemeiner Meinung notwendiger Inhalt bereits des Umwandlungsberichtes (*Stratz* in SHS § 192 UmwG Rn. 15). Eine gesetzliche Regelung fehlt. In § 192 I 2 UmwG wird ausdrücklich nicht auf § 8 I 1 UmwG verwiesen. Hinsichtlich der Konsequenzen eines fehlenden oder nicht ordnungsgemäßen Barabfindungsangebotes hat der BGH in zwei Entscheidungen (BGH v. 18.12.2000 ZIP 2001, 199; v. 29.1.2001 GmbHR 2001, 247) die Auffassung vertreten, dass bei einem hinsichtlich des Barabfindungsangebotes ungenügenden Gründungsbericht der mögliche Kläger nicht zur Anfechtung berechtigt, sondern auf das Spruchverfahren nach §§ 212, 305 ff. UmwG verwiesen ist. Er kann mithin nur die Höhe des Barabfindungsangebotes durch das Gericht überprüfen lassen. Der BGH betont jedoch nachdrücklich, dass in dem „zu erstattenden Umwandlungsbericht die Barabfindung, die nach § 207 UmwG... angeboten werden muss,... rechtlich und wirtschaftlich zu erläutern und zu begründen ist“ (BGH v. 29.1.2001 GmbHR 2001, 247; auch BGH v. 18.12.2000 ZIP 2001, 199; vgl. hierzu auch *Mayer* in W/M § 192 UmwG Rn. 44). Die Auffassung des BGH führt in der Praxis zu dem wünschenswerten Ergebnis, dass eine mögliche Rechtsunsicherheit hinsichtlich der Wirksamkeit des Formwechsels vermieden wird, gibt aber andererseits den Organen des Rechtsträgers die Möglichkeit, den Gesellschaftern ohne die Folge einer drohenden Unwirksamkeit Informationen über die geplante Maßnahme vorzuenthalten, die diese als Grundlage für ihre Entscheidung über die Annahme eines Barabfindungsangebotes oder das Einleiten eines Spruchverfahrens eigentlich bräuchten (*Bärwaldt* in Semler/Stengel § 210 UmwG Rn. 5 mwN).

Der **Widerspruch** der Gesellschafter, die von einem Barabfindungsangebot Gebrauch 25
machen wollen, muss zur Niederschrift des Notars über den Formwechselbeschluss erklärt werden – § 207 UmwG. Ob die Gesellschafter, die nicht Anteilsinhaber der umgewandelten Gesellschaft sein wollen, auch gegen den Umwandlungsbeschluss stimmen müssen, ist streitig (*Stratz* in SHS § 207 UmwG Rn. 4; *Wälzholz* in W/M § 207 UmwG Rn. 11; *Kalss* in Semler/Stengel § 207 UmwG Rn. 7).

Die Befürworter der Verknüpfung berufen sich auf § 194 I Nr. 6 UmwG. Danach ist ein Barabfindungsangebot nicht erforderlich, wenn es nur einen Anteilsinhaber gibt oder Einstimmigkeit bei der Beschlussfassung über den Formwechsel erforderlich ist. Wenn aber der Gesetzgeber kein Barabfindungsangebot für erforderlich hält, wenn alle zwingend für die Umwandlung stimmen müssten, um sie zu ermöglichen, so heiße dies, dass derjenige, der von einer Barabfindung Gebrauch machen will, auch gegen den Formwechsel stimmen müsse (*Stratz* in SHS § 207 UmwG Rn. 4; *Wälzholz* in W/M § 207 UmwG Rn. 11; *Kalss* in Semler/Stengel § 207 Rn. 7, 39; *Decher/Hoger* in Lutter § 207 Rn. 8; *Bayer* in Lutter § 122i Rn. 9). Ein weiteres Argument ergibt sich für die Befürworter dieser Ansicht aus der Situation bei der Umwandlung einer Personenhandelsgesellschaft in eine Kapitalgesellschaft, insbesondere aus dem Zusammenspiel der §§ 217, 225 UmwG. Danach ist idR eine Zustimmung aller Gesellschafter der Personenhandelsgesellschaft für den Formwechsel erforderlich – § 217 I UmwG. Der Gesellschaftsvertrag kann eine Mehrheitsentscheidung zulassen – § 217 I 2 UmwG. Für diesen Fall aber ist die den ausscheidenden Gesellschafter schützende notwendige Prüfung des Abfindungsangebotes nur erforderlich, wenn dieser sie verlangt – § 225 UmwG. Man könnte daher die Intention des Gesetzgebers dahin verstehen, dass dieser sich ein Abfindungsangebot nur dann vorstellen konnte, wenn es auch Gesellschafter geben kann, die gegen den Formwechsel stimmen (*Joost* in Lutter § 225 UmwG Rn. 2; *Vossius* in W/M § 225 UmwG Rn. 1).

Die Gegenansicht beruft sich darauf, dass es sehr wohl Fälle geben kann, in denen ein Anteilsinhaber aus Gründen des Allgemeininteresses für den Formwechsel stimmt, etwa um das erforderliche Quorum erreichen zu können, selbst aber im Eigeninteresse vom Barabfindungsangebot Gebrauch zu machen wünsche (*Marsch-Barner* in Kallmeyer § 29 Rn. 11 f.; *Meister/Klöckner* in Kallmeyer § 207 Rn. 12 f; *Drinhausen* in Semmler/Stengel § 122i Rn. 5; *Grunewald* in Lutter § 29 Rn. 11 *Sagasser/Luke* in SBB § 26 Rn. 68). Es könne sogar, wenn auch nur in absoluten Ausnahmefällen, eine Rechtspflicht zur Zustimmung zu einem Formwechsel geben (*Vossius* in W/M § 217 UmwG Rn. 38 ff.).

Auch wenn den Befürwortern der Verknüpfung zuzugeben ist, dass das Argument aus § 194 I Nr. 6 UmwG bzw. aus §§ 217, 225 UmwG ein Indiz ist, ist ihnen formal entgegenzuhalten, dass der Gesetzgeber in § 207 die Voraussetzungen für ein zu machendes Barabfindungsangebot normiert hat und hier die Notwendigkeit, gegen die Umwandlung zu stimmen, eben nicht vorgeschrieben ist. Außerdem sollte den Anteilsinhabern so viel Flexibilität und Gestaltungsspielraum wie möglich gegeben werden. Auseinanderfallende Interessenlagen des einzelnen Gesellschafters und einer (Teil-)Gesamtheit sind sehr wohl vorstellbar, insbesondere in Unternehmen mit unterschiedlichen Familienstämmen. Auch die ausnahmsweise bestehende Zustimmungspflicht spricht gegen eine Verknüpfung von Ablehnung und Abfindung, damit die Eigeninteressen des verpflichteten Gesellschafters gewahrt bleiben. Es ist daher der Ansicht zuzustimmen, die einer Verknüpfung von Widerspruch und Ablehnung entgegentritt.

26 Nach dem bis April 2007 geltenden Recht war bei einem Formwechsel von einer Kapitalgesellschaft in eine Personenhandelsgesellschaft eine **Vermögensaufstellung,** in der die Aktiva und Passiva der zukünftigen AG mit ihrem wirklichen Wert anzusetzen sind, zu erstellen – § 192 II UmwG aF. Diese Regelung ist durch das 2. Gesetz zur Änderung des UmwG vom 19.4.2007 (BGBl. I 2007, 542) **aufgehoben** worden. Zu Recht wird in der Begründung zum Regierungsentwurf (BT-Drs. 16/2919) darauf hingewiesen, dass der Nachweis der Werthaltigkeit ohnehin notwendig sei, da § 197 I UmwG die Anwendung der Gründungsvorschriften vorschreibe (BT-Drs. 16/2919, 19).

27 Der **Umwandlungsbericht** kann nach § 192 II UmwG entfallen, wenn alle Gesellschafter der umzuwandelnden Gesellschaft einen **Verzicht** auf den Bericht erklären. Hierauf wird die Gesellschaft, schon um den Aufwand der Erstellung und die damit verbundenen Kosten zu vermeiden, idR hinwirken (*Stratz* in SHS 192 UmwG Rn. 22; *Bärwaldt* in Semler/Stengel § 192 UmwG Rn. 23). Der Verzicht ist nach § 192 II 2 UmwG zwingend notariell in der für Willenserklärungen vorgeschriebenen Form zu beurkunden, §§ 8 ff. BeurkG (*Bärwaldt* in Semler/Stengel § 192 UmwG Rn. 24).

28 Trotz eines Verzichtes auf einen Umwandlungsbericht und die Streichung der Regelung über die Vermögensaufstellung wäre über §§ 208, 30 II UmwG jedoch die **Prüfung der Angemessenheit des Barabfindungsangebotes** zwingend vorgeschrieben. Damit würde indirekt doch eine Prüfung der Vermögenslage des formwechselnden Rechtsträgers vorgeschrieben (*Stratz* in SHS § 208 UmwG Rn. 1; *Zeidler* in Semler/Stengel § 208 UmwG Rn. 8; BT-Drs. 16/2919 S. 19). Die Anteilsinhaber können allerdings, um diese aufwändige und kostenträchtige Maßnahme zu vermeiden, auf die Prüfung oder den Prüfungsbericht nach §§ 208, 30 II 2 UmwG verzichten (*Grunewald* in Lutter § 30 UmwG Rn. 8, 9; *Wälzholz* in W/M § 30 UmwG Rn. 45; *Zeidler* in Semler/Stengel § 208 UmwG Rn. 8). Unter diesen Umständen ist es folgerichtig, den Gesellschaftern insbesondere dann, wenn alle vollständig in der Gesellschaft verbleiben wollen, über den Wortlaut von § 30 II 2 UmwG hinaus auch den **Verzicht auf das Barabfindungsangebot** nach

§§ 231, 207 UmwG als solches zu ermöglichen (*Decher/Hoger* in Lutter § 207 UmwG Rn. 22; *Wälzholz* in W/M § 207 UmwG Rn. 47). Der Verzicht ist gem. § 30 II 3 UmwG notariell zu beurkunden (*Decher/Hoger* in Lutter § 207 UmwG Rn. 22; *Kalss* in Semler/Stengel § 207 UmwG Rn. 17, nunmehr auch *Wälzholz* in W/M § 207 UmwG Rn. 34) und zwar in der für Willenserklärungen vorgeschriebenen Form (§§ 8 ff. BeurkG). Bei einem Hinausgehen über den engen Wortlaut des § 30 UmwG ist die Sicherungsfunktion einer notariellen Beurkundung besonders wichtig und muss daher auch für den weitergehenden Verzicht Anwendung finden.

Die **Bestellung der Prüfer** erfolgt nach § 10 I UmwG auf Antrag der Geschäftsführung 29
der formwechselnden Gesellschaft zwingend durch das Gericht (vgl. *Zeidler* in Semler/Stengel § 10 UmwG Rn. 4). Die Kosten der Prüfung, insbesondere die Vergütung der Prüfer werden gem. § 10 I UmwG auf Antrag vom Gericht festgesetzt, wenn sich die Prüfer nicht, wie in der Regel, zuvor mit der formwechselnden Gesellschaft auf eine Honorar verständigt haben (*Drygala* in Lutter § 10 UmwG Rn. 24; *Zeidler* in Semler/Stengel § 10 UmwG Rn. 16).

Mit der **Eintragung in das Handelsregister** ist die Personengesellschaft entstanden 30
(*Sagasser/Luke* in SBB § 26 Rn. 150; *Kübler* in Semler/Stengel § 202 UmwG Rn. 5). Die Eintragung wirkt unabhängig von etwaigen Mängeln des Formwechsels **konstitutiv** – § 202 UmwG. Benachteiligte sind auf eventuelle Schadenersatzansprüche verwiesen – § 205 UmwG. Verantwortlich sind die Mitglieder des jeweiligen Vertretungsorgans der formwechselnden KapGes (*Decher/Hoger* in Lutter § 205 UmwG Rn. 2; *Grunewald* in Lutter § 25 UmwG Rn. 3; *Stratz* in SHS § 205 UmwG Rn. 5; *Kübler* in Semler/Stengel § 205 UmwG Rn. 3). Es handelt sich nach dem Wortlaut des § 205 UmwG um eine Organ- und nicht um eine Handelndenhaftung. Daneben besteht die gesetzliche Haftung der persönlich haftenden Gesellschafter der Personengesellschaft, im Falle einer GmbH & Co. KG dagegen nicht die Gründerhaftung aus §§ 9, 9a GmbHG, weil diese nur in Bezug auf eine etwaige Neugründung der als persönlich haftende Gesellschafterin vorgesehenen GmbH greifen würde, nicht aber für den Formwechsel, durch den die Personengesellschaft entsteht.

(einstweilen frei) 31, 32

IV. Entsprechend anwendbare Vorschriften, § 9 S 1

§ 9 S 1 verweist für den Formwechsel einer KapGes in eine Personengesellschaft auf die 33
entsprechende Anwendung der §§ 3 bis 8 und 10, Normen, die unmittelbar auf die Verschmelzung einer KapGes auf eine Personengesellschaft oder eine natürliche Person Anwendung finden. Im Einzelnen geht es dabei um Folgendes:

§ 3 betrifft die steuerlichen Folgen für die übertragende Körperschaft. In deren steuerlicher Schlussbilanz sind die Vermögenswerte einschließlich nicht entgeltlich erworbener oder selbst geschaffener immaterieller Wirtschaftsgüter mit dem gemeinen Wert anzusetzen, § 3 I. Pensionsrückstellungen sind allerdings abweichend davon mit dem Wert gemäß § 6a EStG anzusetzen. Auf Antrag, der bis zur erstmaligen Abgabe der steuerlichen Schlussbilanz der übertragenden Körperschaft zu stellen ist, können die Wirtschaftgüter, wenn sie beim Übernehmer Betriebsvermögen werden, das Besteuerungsrecht der Bundesrepublik Deutschland gewährleistet ist und keine andere Gegenleistung als Gesellschaftsrecht gewährt wird, auch einheitlich mit dem Buchwert oder einem Zwischenwert angesetzt werden, § 3 II. § 3 III betrifft sodann die Anrechnung fiktiver ausländischer Steuer (*Möhlenbrock/Pung* in D/P/M § 3 Rn. 158; *Birkemeier* in R/H/vL § 3 Rn. 158 ff.; *Steierberg* in Haase/Hruschka § 3 Rn. 84 f.).

§ 4 regelt sodann die korrespondierende Handhabung in der Bilanz der Personengesellschaft, die in die steuerliche Rechtsstellung der Körperschaft eintritt. Verlustvorträge einschließlich verrechenbarer Verluste, nicht ausgeglichene negative Einkünfte sowie eventuelle Zinsvorträge gehen allerdings unter. Weiter werden die steuerlichen Folgen des Übernahmeergebnisses geregelt.

§ 5 betrifft die Besteuerung der Anteilseigner der übertragenden Körperschaft.

§ 6 I normiert die steuerlichen Rechtsfolgen einer durch die Umwandlung eintretenden Vereinigung von Forderungen und Verbindlichkeiten, hat also, da nicht zwei verschiedene Rechtsträger – Gläubiger und Schuldner – an der Umwandlung beteiligt sind, für den Formwechsel keine Bedeutung (*Birkemeier* in R/H/vL § 6 Rn. 3; *Behrendt* in Haase/Hruschka § 6 Rn. 6; *Pung* in D/P/M § 6 Rn. 1). **§ 6 II** betrifft die durch eine Umwandlung einer KapGes in einer Personengesellschaft möglich werdende Auflösung einer Rückstellung bei einem Gesellschafter. Derartige Konstellationen sind auch bei einem Formwechsel denkbar (*Pung* in D/P/M § 6 Rn. 1; *Birkemeier* in R/H/vL § 6 Rn. 3; *Behrendt* in Haase/Hruschka § 6 Rn. 6).

§ 7 erfasst die Besteuerung offener Rücklagen. Allen Gesellschaftern der KapGes werden die beim Formwechsel vorhandenen nicht ausgeschütteten Gewinne als Einkünfte aus Kapitalvermögen zugewiesen.

§ 8 betrifft den Vermögensübergang auf einen Rechtsträger ohne Betriebsvermögen. Sämtliche stillen Reserven im Betriebsvermögen der formwechselnden KapGes sind aufzudecken und zu versteuern.

§ 10 schließlich regelt die verbliebenen Folgen des früheren körperschaftsteuerlichen Anrechnungsverfahrens. Die Norm hat nur eingeschränkte Bedeutung und ist lediglich noch im Umfang gem. § 27 VI anzuwenden.

34 *(einstweilen frei)*

V. Formwechsel in Personengesellschaft mit Betriebsvermögen

1. Steuerrechtliche Behandlung des Formwechsels

35 Das **Steuerrecht folgt** beim Formwechsel weitestgehend dem **Zivilrecht.** Auch steuerrechtlich wird der Erhalt der wirtschaftlichen Identität des Rechtsträgers akzeptiert. Es findet keine Vermögensübertragung und keine Gesamtrechtsnachfolge statt. Beim heterogenen Formwechsel kommt es jedoch, da die Personengesellschaft ertragsteuerlich – unter Ausklammerung der GewSt – transparent ist, zu einem Wechsel des Steuersubjekts, so dass, um dies steuerlich nachvollziehen zu können, eine Vermögensübertragung fingiert werden muss. Dies geschieht durch den Verweis auf die §§ 3 bis 7 und 10.

2. Bilanzierungsfragen

a) Keine Handelsbilanzen

36 Mangels Vermögensübertragung und Rechtsnachfolge sind handelsbilanziell **weder Schluss- noch Eröffnungsbilanzen** aufzustellen (*Bula/Thees* in SBB § 27 Rn. 4; *Widmann* in W/M § 24 UmwG Rn. 482; *Moszka* in Semler/Stengel Anh. UmwStG Rn. 658; *Möhlenbrock* in D/P/M § 9 Rn. 13). Die bilanziellen Wertansätze dürfen nicht verändert werden, sondern sind mangels Anschaffungsvorganges in der Handelsbilanz der Personengesellschaft nach dem **Grundsatz der Bilanzkontinuität** unverändert zu übernehmen (*Bula/Thees* in SBB § 27 Rn. 6 ff.; *Schmitt* in SHS § 9 Rn. 2; *Möhlenbrock* in D/P/M § 9 Rn. 13).

Wegen der zwingenden Buchwertfortführung gibt es handelsbilanziell auch **keinen Stichtag** für den Formwechsel (*Bula/Thees* in SBB § 27 Rn. 10; IdW HFA 1/1996 Tz. 1; *Moszka* in Semler/Stengel Anh. UmwStG Rn. 630). Das Wirtschaftsjahr wird nicht unterbrochen, Rumpfgeschäftsjahre entstehen nicht (*Möhlenbrock* in D/P/M § 9 Rn. 13). Die Handelsbücher der KapGes können von der Personengesellschaft fortgeführt werden.

b) Steuerbilanzen

§ 9 S 2 schreibt vor, dass die übertragende Gesellschaft, also die KapGes, eine **Übertragungsbilanz,** die Personengesellschaft eine **Eröffnungsbilanz** aufzustellen hat. Hintergrund ist die wegen des Wechsels des Steuersubjekts notwendige Fingierung eines Vermögensübergangs auf die aus steuerlicher Sicht „neu errichtete" Personengesellschaft (*Möhlenbrock* in D/P/M § 9 Rn. 14; *Moszka* in Semler/Stengel Anh. UmwStG Rn. 659; UmwStE Rn. 03.01; *Schmitt* in SHS § 9 Rn. 8). Für das ursprüngliche Steuersubjekt, die Kapitalgesellschaft, müssen die abschließenden Werte, für die Gesellschafter der neu errichteten Personen(handels)gesellschaft deren steuerliche Anfangswerte ermittelt werden. Für die Erstellung der Schlussbilanz ist die Geschäftsführung der formwechselnden Gesellschaft zuständig (*Widmann* in W/M § 3 UmwStG Rn. 50). Wenn der Formwechsel im Zeitpunkt der Aufstellung der Schlussbilanz bereits wirksam geworden ist, geht die Verpflichtung auf die Personengesellschaft und damit auf die sie vertretende Komplementärin über. 37

Der alte § 3 S 1 UmwStG aF gewährte der Gesellschaft ein echtes Wahlrecht, in der Schlussbilanz Buchwerte, Teilwerte oder Zwischenwerte anzusetzen. Jetzt ist der Ansatz mit dem gemeinen Wert nach § 3 I der Regelfall und nur unter den Voraussetzungen des § 3 II kann hierauf auf Antrag abgewichen werden.

c) Maßgeblichkeitsprinzip

Die Tatsache, dass die formwechselnde KapGes keine Handelsbilanz aufstellen muss, jedoch wegen des Wechsels des Steuersubjekts Steuerbilanzen zwingend aufgestellt werden müssen, macht deutlich, dass das Maßgeblichkeitsprinzip nach § 5 I 1 EStG für den heterogenen Formwechsel nicht gelten kann. Dies betraf schon das UmwStG aF. 38

Dennoch war dies in der **Vergangenheit streitig.** Die FinVerw berief sich auf den Maßgeblichkeitsgrundsatz aus § 5 I 2 EStG (UmwStE 1998 Rn. 20.30). Die ganz herrschende Ansicht in der Literatur war anderer Ansicht und verwies auf die entsprechenden spezialgesetzlichen Regelungen. Der BFH hat in seiner Entscheidung vom 19.10.2005, BStBl. II 2006, 568, ausdrücklich entgegen der Auffassung der FinVerw bestätigt, dass trotz handelsrechtlich zwingend vorgeschriebener Fortführung der Buchwerte steuerlich ein anderer Wertansatz gewählt werden kann (auch für die Verschmelzung bestätigt durch BFH v. 5.6.2007 DStR 2007, 1767). Dieser Standpunkt ist in der Folge von der FinVerw ausdrücklich anerkannt worden durch BMF-Schreiben v. 4.7.2006 (BStBl. I 2006, 445). Damit ist der Streit beendet. Zudem ergibt sich aus der Gesetzesbegründung zu § 3 idF des am 13.12.2006 in Kraft getretenen SEStEG („Die Wertansätze erfolgen unabhängig von den Ansätzen in der Handelsbilanz – der **Grundsatz der Maßgeblichkeit** der Handelsbilanz für die Steuerbilanz **gilt** insoweit **nicht mehr**", BT-Drs. 16/2710, 37), dass der Maßgeblichkeitsgrundsatz – zumindest im neuen UmwStG – nicht gelten soll (*Lemaitre/Schönherr* GmbHR 2007, 173; *Möhlenbrock/Pung* in D/P/M § 3 Rn. 17; *Abele* in SBB § 28 Rn. 52; UmwStE Rn. 03.04, 04.04).

3. Steuerlicher Übertragungsstichtag

Als **Stichtag** für die Schluss- und die Eröffnungsbilanz kommt gem. § 9 S 2 der Tag des Wirksamwerdens des Formwechsels, also der Tag der Eintragung der Kapitalgesellschaft in das Handelsregister (§ 202 UmwG), in Betracht (UmwStE Rn. 09.01). 39

Gem. § 9 S 3 darf dieser Stichtag aber auch ein beliebiger Tag in einem **Zeitraum von acht Monaten vor der Anmeldung** des Formwechsels zur Eintragung in das Handelsregister gewählt werden (UmwStE Rn. 09.01, 02.06; *Möhlenbrock* in D/P/M § 9 Rn. 14; *Huber* in Haase/Hruschka § 9 UmwStG Rn. 13). Damit ist für den Formwechsel die Möglichkeit gegeben, wie dies auch häufig praktiziert wird, aus Kostengründen den letzten regulären Jahresabschluss der KapGes gleichzeitig als Übertragungsbilanz für den Formwechsel zu verwenden (*Widmann* in W/M Altkommentierung § 14 UmwStG Rn. 54, 63,

71). Die Kostenersparnis ist allerdings nur dann möglich, wenn der Ansatz der Wirtschaftsgüter zu Buchwerten erfolgen kann und nicht – zB um andernfalls untergehende Verluste verwerten zu können – zu einem höheren Wert erfolgen muss.

40 Wird ein von dem üblichen Tag des Jahresabschlusses abweichender Stichtag gewählt, so entsteht handelsrechtlich **kein Rumpfgeschäftsjahr,** da nur die Rechtsform gewechselt, die gesellschaftliche Identität aber erhalten bleibt (*Möhlenbrock* in D/P/M § 9 Rn. 13). In der steuerlichen Gewinnermittlung ist allerdings von einem Rumpfwirtschaftsjahr auszugehen (*Möhlenbrock* in D/P/M § 9 Rn. 16; *Widmann* in W/M Altkommentierung § 14 UmwStG Rn. 73).

41 *(einstweilen frei)*

4. Formwechselnde Körperschaft

a) Steuerrechtliches Ansatzwahlrecht

42 In dem durch das SEStEG neu gefassten UmwStG hat es hinsichtlich des Wertansatzes bei Umwandlungen einen Paradigmenwechsel gegeben. Während nach der alten Rechtslage (§§ 14, 3 S 1 UmwStG aF) eine Bewertung der eingebrachten Wirtschaftsgüter mit dem Buchwert oder einem höheren Wert zulässig war, mithin ein echtes Wahlrecht bestand, gilt nunmehr als Regelfall der **Ansatz des gemeinen Werts** (*Möhlenbrock/Pung* in D/P/M § 3 Rn. 21; *Lemaitre/Schönherr* GmbHR 2007, 173; *Klingberg* in Blümich § 3 UmwStG Rn. 14; *Schlösser/Reichl/Rapp* in SBB § 11 Rn. 296; UmwStE Rn. 03.07). Nach § 3 I 1 sind die übergehenden Wirtschaftsgüter in der steuerlichen Schlussbilanz mit dem gemeinen Wert anzusetzen.

43 **Nur auf Antrag,** der gemäß § 3 II spätestens bis zur erstmaligen Abgabe der steuerlichen Schlussbilanz bei dem für die Besteuerung der übertragenden Körperschaft zuständigen Finanzamt, beim Formwechsel gem. § 9 also das für die KapGes zuständige Finanzamt, zu stellen ist, kann ein **anderer Wertansatz** gewählt werden, wobei erst im Rahmen des Gesetzgebungsverfahrens neben dem Buchwert auch ein Zwischenwert (zwischen Buch- und Teilwert) zugelassen wurde (*Möhlenbrock/Pung* in D/P/M § 3 Rn. 21; *Klingberg* in Blümich § 3 UmwStG Rn. 25; *Schlösser/Reichl/Rapp* in SBB § 11 Rn. 305; UmwStE Rn. 03.10).

44 Die Wahl des Wertansatzes erfolgt in der alten Gesellschaftsform der KapGes. § 3 richtet sich nur an die „übertragende Körperschaft", § 4 I schreibt vor, dass dieser Wert von dem „übernehmenden Rechtsträger" zu übernehmen ist (*Pung* in D/P/M § 4 Rn. 8; *Lemaitre/Schönherr* GmbHR 2007, 173; *Klingberg* in Blümich § 3 UmwStG Rn. 16; UmwStE Rn. 04.01).

Das steuerliche **Wahlrecht** kann nach § 3 II 1 Nr. 1 nur dann ausgeübt werden, **wenn** das Vermögen bei der (übernehmenden) Personengesellschaft **Betriebsvermögen** wird (UmwStE Rn. 03.10). Erfolgt ein Formwechsel in eine (nicht gewerblich geprägte bzw. tätige) Personengesellschaft, deren Anteile von den Gesellschaftern im Privatvermögen gehalten werden, so sind zwingend die stillen Reserven zu realisieren, das Betriebsvermögen also in der Schlussbilanz mit dem gemeinen Wert – § 3 I, § 9 II BewG – anzusetzen (UmwStE Rn. 03.14). Andernfalls wäre die Besteuerung der stillen Reserven nicht sichergestellt (*Widmann* in W/M § 3 UmwStG Rn. 10; *Möhlenbrock/Pung* in D/P/M § 3 Rn. 75 ff.; *Klingberg* in Blümich § 3 UmwStG Rn. 26; zur Abgrenzung gemeiner Wert und Teilwert vgl. BFH v. 15.2.2001 III R 20/99, DStR 2001, 782). Selbst wenn Anteile einer rein vermögensverwaltend tätigen Gesellschaft bei einem der Gesellschafter im Betriebsvermögen gehalten werden (Zebragesellschaft), ist nach Ansicht der Finanzverwaltung ein Ansatz unterhalb des gemeinen Wertes unzulässig, das steuerliche Wahlrecht nicht gegeben (UmwStE Rn. 03.16, 08.03). Dies ist bei einer rein formalen Betrachtungsweise sicher richtig. Gleichwohl stellt sich die Frage, ob diese strenge Sicht im Hinblick darauf, dass bei dem Gesellschafter, der die Beteiligung im Betriebsvermögen hält, die Besteuerung der Gewinne sichergestellt ist, dem Sinn und Zweck der Regelung entspricht. Dagegen werden zu Recht Bedenken erhoben und eine gesellschafterbezogene Betrachtungsweise im Hinblick auf den zwingenden Ansatz zum Buchwert als richtig angesehen (*Klingberg* in Blümich § 3 UmwStG Rn. 26; *Schmitt* in SHS § 3 Rn. 139 mwN; zum Streitstand *Möhlenbrock/Pung* in D/P/M § 3 Rn. 79).

Der Ansatz mit dem gemeinen Wert gilt zur Realisierung der vollständigen Besteuerung auch für die selbst geschaffenen immateriellen Wirtschaftsgüter (UmwStE Rn. 03.04).

Es war zur alten Rechtslage streitig, ob die formwechselnde GmbH, die den Buchwert ihres Betriebsvermögens auf einen Zwischenwert anheben will, dieses **Wahlrecht einheitlich** für alle Wirtschaftsgüter ausüben muss, oder ob das gezielte selektive Aufstocken des Wertes nur einzelner Wirtschaftsgüter zulässig ist, etwa um ein hohes Abschreibungspotenzial für kurzfristig abschreibbare Wirtschaftsgüter zu erreichen (für ein einheitliches Ausüben *Widmann* in W/M § 3 UmwStG Rn. 457 ff.; *Schmitt* in SHS § 3 Rn. 57; *Möhlenbrock/Pung* in D/P/M § 3 Rn. 128; für eine selektive Anhebungsmöglichkeit *Brinkhaus* in der 2. Aufl. dieses Werkes § 3 Rn. 64 ff.). Die FinVerw hat hierzu im UmwStE 1998 Rn. 03.06 nicht eindeutig Stellung genommen, allerdings ein im Entwurf vorgesehenes Verbot der selektiven Anhebung dann nicht festgeschrieben. Der Gesetzgeber des SEStEG hat nunmehr das Wort „einheitlich" ausdrücklich in § 3 II 1 aufgenommen und damit die bereits zum UmwStG 1969 bestehende Unsicherheit beseitigt (hierzu schon BFH v. 24.5.1984, BStBl. II 1984, 747; BFH v. 26.1.1994, BStBl. II 1994, 458; *Klingberg* in Blümich § 3 UmwStG Rn. 25; *Möhlenbrock/Pung* in D/P/M § 3 Rn. 66; *Steierberg* in Haase/Hruschka § 3 Rn. 67; vgl. UmwStE Rn. 03.25). Beim Zwischenwertansatz sind die in den einzelnen Wirtschaftsgütern – einschließlich der nicht entgeltlich erworbenen und selbstgeschaffenen immateriellen Wirtschaftsgüter sowie des Firmenwerts – ruhenden stillen Reserven um einen einheitlichen Prozentsatz aufzulösen (UmwStE Rn. 03.23, 03.25). Von der zum UmwStG 1995 vertretenen Ansicht, wonach beim Zwischenwertansatz ein Firmenwert nur dann anzusetzen sein sollte, wenn die übrigen Wirtschaftsgüter bereits bis zu den gemeinen Werten aufgestockt sind, aber noch eine Differenz zum gewählten Zwischenwertansatz verbleibt (sog. „Stufentheorie", vgl. UmwStE 1998 Rn. 22.08), hat sich die FinVerw verabschiedet (UmwStE Rn. 03.25). 45

Die **Bewertung** mit einem Ansatz **oberhalb** der Buchwerte kann insbesondere dann empfehlenswert sein, **wenn** die formwechselnde Gesellschaft über noch **nicht genutzte Verluste,** Verlustvorträge oder noch nicht ausgeglichene negative Einkünfte verfügt. (*Möhlenbrock/Pung* in D/P/M § 3 Rn. 50; *Abele* in SBB § 28 Rn. 58; *Klingberg* in Blümich § 3 UmwStG Rn. 34). Zur Ausnutzung von Verlustvorträgen empfiehlt sich regelmäßig ein Ansatz von **Zwischenwerten,** da diese zwar durch einen Prozentsatz bestimmbar wären, aber nach Auffassung der FinVerw unter Angabe absoluter Beträge konkretisiert werden müssen (UmwStE Rn. 03.29), was die Steuerplanung erleichtert (*Bogenschütz* Ubg 2011, 401; *Schumacher/Neitz-Hackstein* Ubg 2011, 412). Die Grenzen der Mindestbesteuerung gem. § 10d II EStG sind zu beachten (*Abele* in SBB § 28 Rn. 58). Die in § 4 II 2 UmwStG aF enthaltene Auflistung der §§ 2a, 10d, 15 IV bzw. 15a wurde in der Neuregelung des § 4 II 2 nicht übernommen. Damit ist klargestellt, dass angefallene Verluste aller Art nicht auf die Rechtsnachfolgerin übergehen, auch wenn diese gem. § 4 II 1 in die steuerliche Rechtsstellung eintritt (*Pung* in D/P/M § 4 Rn. 22 ff.; *Abele* in SBB § 28 Rn. 58; *Lemaitre/Schönherr* GmbHR 2007, 173). Durch höhere Wertansätze können die ansonsten verfallenden Verlustvorträge verrechnet werden (*Möhlenbrock/Pung* in D/P/M § 3 Rn. 50; *Abele* in SBB § 28 Rn. 58). Gleichzeitig entsteht bei der übernehmenden Gesellschaft ein erhöhtes Abschreibungspotenzial. 46

b) Ausübung des Ansatzwahlrechts

Die Ausübung des **Ansatzwahlrechts** erfolgt nach § 3 II. Ein Ansatz unter dem gemeinen Wert, Buchwert oder Zwischenwert, erfolgt ausschließlich **auf Antrag.** 47

Der Antrag ist spätestens bis zur erstmaligen Abgabe der steuerlichen Schlussbilanz der formwechselnden KapGes bei dem für die Besteuerung der übertragenden Körperschaft zuständigen Finanzamt zu stellen (UmwStE Rn. 03.27). Die Wahl des Wertansatzes erfolgt mithin in der alten Gesellschaftsform der Kapitalgesellschaft. § 3 richtet sich nur an die „übertragende Körperschaft", § 4 I schreibt vor, dass dieser Wert von dem „übernehmenden Rechtsträger" zu übernehmen ist (*Pung* in D/P/M § 4 Rn. 8; *Klingberg* in Blümich § 3 UmwStG Rn. 16; *Lemaitre/Schönherr* GmbHR 2007, 173; UmwStE Rn. 04.01). Eine bestimmte Antragsform ist nicht vorgeschrieben, er kann auch mündlich bzw. konkludent gestellt werden, etwa durch Einreichung einer Schlussbilanz mit Werten unterhalb des gemeinen Wertes, die Bilanz ist dann als Antrag zu werten (*Möhlenbrock/Pung* in D/P/M § 3 Rn. 60; UmwStE Rn. 03.29; *Steierberg* in Haase/Hruschka § 3 Rn. 70). Bei einem Zwischenwertansatz muss allerdings erkennbar sein, in welcher Höhe bzw. zu welchem Prozentsatz die stillen Reserven aufgedeckt worden sind (UmwStE Rn. 03.29).

48 Ein entsprechender Antrag kann gem. § 3 II nur gestellt werden, wenn die **Wirtschaftsgüter** der formwechselnden KapGes bei der Personengesellschaft **Betriebsvermögen** werden (UmwStE Rn. 03.10). Außerdem muss das Besteuerungsrecht der Bundesrepublik Deutschland gewährleistet bleiben. Zudem darf entweder keine Gegenleistung erbracht werden oder aber diese darf ausschließlich in Gesellschaftsrechten bestehen, es darf also für einzelne Gesellschafter zB keine baren Zuzahlungen oder Gewährung von Gesellschafterdarlehen im Zusammenhang mit dem Formwechsel geben (*Möhlenbrock/Pung* in D/P/M § 3 Rn. 120 ff.; UmwStE Rn. 03.10).

49 Die Berechtigung zur Antragstellung ist **für jeden Gesellschafter** der übernehmenden Personengesellschaft **gesondert** zu prüfen. Dies kann dazu führen, dass bei einem nur beschränkt Steuerpflichtigen ein im Ausland befindliches Wirtschaftsgut mit dem gemeinen Wert anzusetzen ist, obwohl aufgrund einer Antragstellung für unbeschränkt steuerpflichtige Gesellschafter ein geringerer Wert angesetzt werden kann (BT-Drs. 16/2710, 37; *Birkemeier* in R/H/vL § 3 Rn. 115; *Möhlenbrock/Pung* in D/P/M § 3 Rn. 89; *Widmann* in W/M § 3 UmwStG Rn. R 63.23; UmwStE Rn. 03.11)

50 Nach Einreichung der Schlussbilanz kann keine **Abänderung** der Bewertung in der steuerlichen Schlussbilanz mehr vorgenommen werden. Insoweit besteht Einigkeit (*Möhlenbrock/Pung* in D/P/P/M § 3 Rn. 21; *Widmann* in W/M § 3 UmwStG Rn. R 63.17; *Steierberg* in Haase/Hruschka § 3 Rn. 74; UmwStE Rn. 03.11). Wird ein Antrag nach § 3 II vor Einreichung der Schlussbilanz gestellt, so lehnt die hM eine Änderungsmöglichkeit bis zur Einreichung der Schlussbilanz ab und will ggf. abweichende Werte in einer Schlussbilanz dem Antrag entsprechend anpassen (*Möhlenbrock/Pung* in D/P/M § 3 Rn. 65; *Widmann* in W/M § 3 UmwStG Rn. R 63.17; *Steierberg* in Haase/Hruschka § 3 Rn. 74; *Birkemeier* in R/H/vL § 3 Rn. 145; *Schmitt* in SHS § 3 Rn. 72). Zur Begründung wird darauf verwiesen, dass ein Antrag auch Rechtsfolgen für die Übernehmerin bzw. die durch den Formwechsel entstehende Personengesellschaft habe (*Möhlenbrock/Pung* in D/P/M § 3 Rn. 65). Ein vor der Schlussbilanz beim Finanzamt eingereichter Antrag wird jedoch erst durch die in der Schlussbilanz angegebenen Werte so konkretisiert und kann damit auch erst mit diesen Werten eine Bindungswirkung für eine Übernehmerin bzw. die entstandene Personengesellschaft entfalten. Die Gesetzesbegründung stellt dementsprechend auch ausdrücklich auf die Einreichung der Schlussbilanz als Antragstellung ab (BT-Drs. 16/2710, 37). Eine Änderung des Antrags ist daher bis zum Einreichen der Schlussbilanz möglich (ebenso wohl auch *Schlösser/Reichl/Rapp* in SBB § 11 Rn. 202).

c) Übertragungsgewinn

51 Entsteht bei der übertragenden KapGes wegen des Ansatzes des gemeinen Wertes gem. § 3 I oder auf Antrag von Zwischenwerten gem. § 3 II ein Übertragungsgewinn, unterliegt dieser uneingeschränkt sowohl der KSt als auch der GewSt (*Birkemeier* in R/H/vL § 9 Rn. 22; *Möhlenbrock* in D/P/M § 9 Rn. 18; *Huber* in Haase/Hruschka § 9 Rn. 19).

52–54 *(einstweilen frei)*

5. (Übernehmende) Personengesellschaft

a) Allgemeines

Der Begriff der „übernehmenden Personengesellschaft" wird im Hinblick auf den heterogenen Formwechsel von einer KapGes in eine Personengesellschaft vielfach verwendet (*Birkemeier* in R/H/vL § 9 Rn. 23; *Huber* in Haase/Hruschka § 9 Rn. 25; *Schmitt* in SHS § 9 Rn. 18; *Lemaitre/Schönherr* GmbHR 2007, 173). Er ist jedoch insoweit missverständlich als er suggeriert, dass Wirtschaftsgüter von der Gesellschaft übernommen werden. Dies ist unrichtig. Auch steuerrechtlich wird der Erhalt der wirtschaftlichen Identität des Rechtsträgers akzeptiert. Es findet keine Vermögensübertragung und keine Gesamtrechtsnachfolge statt (*Möhlenbrock* in D/P/M § 9 Rn. 11). 55

b) Buchwertverknüpfung

Für die **Personengesellschaft** ergeben sich die steuerlichen Konsequenzen aus den §§ 4, 5 UmwStG, auf die § 9 bzw. für den Gewerbeertrag § 18 verweist (zu § 18 vgl. BFH v. 20.11.2006 VIII R 45/05, BFH/NV 2007, 793). Sie hat gem. § 4 I 1 die Bilanzansätze der übertragenden Gesellschaft zwingend in ihre Eröffnungsbilanz zu übernehmen, so dass eine **direkte Wertverknüpfung** sichergestellt ist (*Schlösser/Reichl/Rapp* in SBB § 11 Rn. 350; *Widmann* in W/M § 4 UmwStG Rn. 8; *Schmitt* in SHS § 4 Rn. 2; *Pung* in D/P/M § 4 Rn. 8; *van Lishaut* in R/H/vL § 4 Rn. 6; *Huber* in Haase/Hruschka § 9 Rn. 27; *Lemaitre/Schönherr* GmbHR 2007, 173). Die neuen Vorschriften in § 4 I 3 sind für den Formwechsel ohne Bedeutung, sie betreffen nur den up-stream-merger (*Pung* in D/P/M § 4 Rn. 16; UmwStE Rn. 04.06). Die Personengesellschaft steht in wirtschaftlicher Identität mit der KapGes und muss deshalb die bilanzielle Behandlung der Wirtschaftsgüter und die dazu bislang gewählte AfA nach den allgemeinen Regeln fortsetzen – § 4 II 1 (*Pung* in D/P/M § 4 Rn. 18; *van Lishaut* in R/H/vL § 4 Rn. 52; *Huber* in Haase/Hruschka § 9 Rn. 28; *Schmitt* in SHS § 9 Rn. 21; UmwStE Rn. 04.10). Dies gilt unabhängig davon, ob die KapGes in ihrer Schlussbilanz die Wirtschaftsgüter mit ihrem Buchwert, dem Teilwert oder einem Zwischenwert angesetzt hat (*Pung* in D/P/M § 4 Rn. 20; *Schmitt* in SHS § 9 Rn. 20; *Schlösser/Reichl/Rapp* in SBB § 11 Rn. 365; UmwStE Rn. 04.10). Lediglich etwaige verrechenbare **Verluste,** verbleibende Verlustvorträge, nicht ausgeglichene negative Einkünfte und Zinsvorträge **gehen** nach § 4 II 2 **nicht über,** dies gilt über § 18 I auch für die Gewerbesteuer (*Pung* in D/P/M § 4 Rn. 22; *Huber* in Haase/Hruschka § 9 Rn. 29; *Schlösser/Reichl/Rapp* in SBB § 11 Rn. 367). 56

Der Maßgeblichkeitsgrundsatz des § 5 I EStG ist vom Gesetzgeber für den Formwechsel ausdrücklich aufgegeben worden (BT-Drs. 16/2710, 37).

c) Übernahmegewinn/-verlust, §§ 4, 5

Bei der Personengesellschaft ist nach den Vorschriften des § 4 IV bis VII ein möglicher Übernahmegewinn bzw. -verlust zu ermitteln (zur Vorgehensweise beim Formwechsel instruktiv *Widmann* in W/M § 9 Rn. 15 ff.). Dies kann nur auf der Ebene der Gesellschaft erfolgen, auch wenn die Ermittlung sich nach den jeweiligen individuellen Gegebenheiten der einzelnen Gesellschafter richtet, also **gesellschafterbezogen zu ermitteln** ist, und daher letztlich diesen als den Steuersubjekten auch wieder individuell und unabhängig von der Quote ihrer Beteiligung zugewiesen wird (UmwStE Rn. 04.19; *Pung* in D/P/M § 4 Rn. 78; *Schmitt* in SHS § 4 Rn. 93 ff.). § 4 IV 1 als der Grundnorm der Ergebnisermittlung geht dabei von einer Verschmelzung einer Tochter-KapGes auf ihre alleinige Mutterpersonengesellschaft aus. Es wird daher der sich aus der Schlussbilanz der KapGes ergebende Wert mit dem Wert der Beteiligung in der Bilanz der Muttergesellschaft verglichen. Dieser Fall kann bei einem Formwechsel nicht zur Anwendung kommen, weil die neu entstehende Personengesellschaft wirtschaftlich identische „Nachfolgerin" der KapGes ist und daher Anteile an ihrer „Vorgängerin" nie in ihrem Betriebsvermögen gehalten haben kann (*Pung* in D/P/M § 5 Rn. 1; *van Lishaut* in R/H/vL § 4 Rn. 78; *Lüdemann* in Haase/ 57

Hruschka § 5 Rn. 3; *Schmitt* in SHS § 9 Rn. 25). Im Rahmen des Formwechsels richtet sich die Gewinn-/Verlustermittlung daher immer nach der Einlagefiktion des § 5.

58 Für die Bewertung der Anteile und damit die Ermittlung eines Übernahmegewinns/-verlusts ist sodann **zu unterscheiden** danach, ob es sich bei den Anteilen der Gesellschafter an der übertragenden KapGes um

- Anteile iSv § 17 EStG im Privatvermögen eines unbeschränkt steuerpflichtigen Gesellschafters,
- Anteile im Betriebsvermögen eines Gesellschafters,
- einbringungsgeborene Anteile iSd § 21 im Privatvermögen eines Gesellschafters oder
- sonstige Anteile im Privatvermögen

handelt. Mit diesen Alternativen werden alle steuerlich relevanten Unterschiede des Haltens einer Beteiligung berücksichtigt, wobei die Beteiligung jeweils durch den Formwechsel erworben worden sein muss (*Pung* in D/P/M § 5 Rn. 3; *Lüdemann* in Haase/Hruschka § 5 Rn. 5, 6; *Schlösser/Reichl/Rapp* in SBB § 11 Rn. 426 ff.).

59 Handelt es sich um **Anteile iSv § 17 I EStG,** also Beteiligungen von 1 % und mehr, die im Privatvermögen eines unbeschränkt Steuerpflichtigen gehalten werden, so gelten diese nach § 5 II als zum steuerlichen Übertragungsstichtag in das Betriebsvermögen zu den (historischen) Anschaffungskosten eingelegt (*Pung* in D/P/M § 5 Rn. 24 ff.; *Widmann* in W/M § 9 Rn. 28; *Lüdemann* in Haase/Hruschka § 5 Rn. 25 ff.; *Schmitt* in SHS § 9 Rn. 28; *van Lishaut* in R/H/vL § 5 Rn. 18 ff.; UmwStE Rn. 05.05). Die Höhe der Anschaffungskosten richtet sich dabei nach § 255 I HGB (ausführlich *Widmann* in W/M § 5 UmwStG Rn. 296 ff.). Von der Einlagefiktion zu den historischen Anschaffungskosten muss es jedoch eine Ausnahme geben. Das BVerfG hat in seinem Beschluss v. 7.7.2010 (2 BvR 748/05, 2 BvR 753/05 und 2 BvR 1738/05, BStBl. II 2011, 86) entschieden, dass die unechte Rückwirkung, die in der Absenkung der Beteiligungsschwelle des § 17 I EStG durch das StEntlG (BStBl. I 1999, 402) lag, insoweit verfassungswidrig ist, als auch Wertsteigerungen bei Beteiligungen von nicht mehr als 25 %, der zuvor geltenden Beteiligungsschwelle des § 17 I EStG, erfasst werden, die bis zur Verkündung des StEntlG entstanden waren. Für Beteiligungen zwischen 10 % und 25 % sind mithin unter Durchbrechung des § 5 II UmwStG – und von UmwStE Rn. 05.05 – nicht die historischen Anschaffungskosten, sondern der Wert zum 31.3.1999 zugrunde zu legen (vgl. auch *Schlösser/Reichl/Rapp* in SBB § 11 Rn. 431; *van Lishaut* in R/H/vL § 5 Rn. 19; *Pung* in D/P/M § 5 Rn. 31). Entsprechendes gilt für die Beteiligungen von 1 % bis 9,99 % im Hinblick auf die weitere Absenkung der Beteiligungsschwelle des § 17 I EStG durch das StSenkG zum 26.10.2000 (BGBl. I 2000, 1433).

60 Anteile im **Betriebsvermögen eines Gesellschafters** gelten nach § 5 III als mit dem Buchwert zum steuerlichen Übertragungsstichtag, erhöht um noch vorhandene frühere steuerwirksame Abschreibungen und um steuerwirksame Übertragungen nach § 6b EStG, höchstens jedoch dem gemeinen Wert, in das Betriebsvermögen der Personengesellschaft überführt. Die frühere Missbrauchsklausel der Sätze 2 und 3 des § 5 III UmwStG aF sind aufgehoben (*Pung* in D/P/M § 5 Rn. 36 ff.; *van Lishaut* in R/H/vL § 5 Rn. 29 ff.; *Widmann* in W/M § 9 UmwStG Rn. 29; *Schlösser* in SBB § 11 Rn. 364; *Lüdemann* in Haase/Hruschka § 5 Rn. 36 ff.; UmwStE Rn. 05.08; *Schmitt* in SHS § 9 Rn. 29).

61 Handelt es sich um **einbringungsgeborene Anteile** iSv § 21 I UmwStG aF, also um solche, die durch eine Sacheinlage unter dem Teilwert erworben wurden, waren diese schon vor dem Formwechsel vorhanden und werden diese zum Umwandlungsstichtag im Privatvermögen gehalten, so gelten diese nach § 5 IV UmwStG aF, der über § 27 III Nr. 1 für diese Fälle weiter anzuwenden ist, als mit den Anschaffungskosten eingelegt (*Pung* in D/P/M § 5 Rn. 51 ff.; *Lüdemann* in Haase/Hruschka § 5 Rn. 46 ff.; *Schlösser/Reichl/Rapp* in SBB § 11 Rn. 436; UmwStE Rn. 05.12; *Schmitt* in SHS § 9 Rn. 31; *van Lishaut* in R/H/vL § 5 Rn. 38 ff.). Hierbei müssen die Anteile noch zum Zeitpunkt der Eintragung gehalten werden, andernfalls wäre die Bewertung nach § 5 I bis III vorzunehmen (*Schmitt* in SHS § 5 Rn. 42).

Eine Bewertung der **sonstigen Anteile,** also solcher, die zum steuerlichen Übertragungsstichtag zum Privatvermögen des Gesellschafters gehören und weder solche iSv § 17 EStG noch einbringungsgeboren iSv § 21 sind, also Anteile iSd § 23 EStG sind, erfolgt nicht, obwohl diese nach heutiger Gesetzeslage ebenfalls steuerverstrickt sind (*Pung* in D/P/M § 5 Rn. 5). Für diese wird ein Übernahmegewinn nicht ermittelt. Für diese besteht keine Einlagefiktion, sie bleiben bei der Ermittlung eines steuerlichen Übernahmegewinns/-verlusts außer Ansatz (*Pung* in D/P/M § 5 Rn. 5). Diese Gesellschafter müssen daher die auf sie entfallenden Anteile an den Gewinnrücklagen der Kapitalgesellschaft direkt iSv § 20 I Nr. 1 EStG versteuern, ohne dass ihnen im Gegenzug zumindest ein erhöhtes Abschreibungspotenzial zuwächst, wobei allerdings § 7 zu berücksichtigen ist (*Pung* in D/P/M § 5 Rn. 5; *Moszka* in Semler/Stengel Anh. UmwStG Rn. 696 ff.; *Schmitt* in SHS § 9 Rn. 24; *van Lishaut* in R/H/vL § 5 Rn. 1). Die Nichtberücksichtigung der ursprünglichen Anschaffungskosten – im Fall der Veräußerung der Kommanditbeteiligung wird bei der Ermittlung des Veräußerungsgewinns nur das Kapitalkonto des Veräußerers berücksichtigt – ist nicht verfassungswidrig (BFH v. 12.7.2012 BFH/NV 2013, 200; BFH v. 12.7.2012 BStBl. II 2012, 728) Insbesondere liegt nach den Entscheidungen des BFH kein Verstoß gegen den allgemeinen Gleichheitssatz (Art. 3 Abs. 1 GG) vor, weil es den nicht wesentlich beteiligten Anteilsinhabern frei gestanden habe, ihre Anteile „freihändig" zu veräußern oder von dem Abfindungsangebot Gebrauch zu machen, auf welches nur mit Zustimmung aller Gesellschafter verzichtet werden könne; in beiden Fällen hätten die nicht wesentlich beteiligten Anteilsinhaber sowohl die offenen als auch die stillen Reserven in ihren Anteilen (seinerzeit noch) steuerfrei realisieren können. Da jedoch mit Einführung der Abgeltungsteuer ab VZ 2009 jegliche Möglichkeit einer solchen steuerfreien Realisierung entfallen ist, stellt sich die Frage, ob die **Ungleichbehandlung** nicht wesentlich beteiligter Anteilsinhaber im Lichte des allgemeinen Gleichheitssatzes heute noch verfassungsrechtlich Bestand haben kann. Die Einlage in ein Betriebsvermögen als einzig verbliebene Möglichkeit, der sofortigen Zwangsbesteuerung der offenen Reserven zu entkommen, dürfte zumindest für Kleinanleger (nur für diese ist die Regelung nach der Absenkung der Beteiligungsgrenze des § 17 Abs. 1 EStG auf 1% durch StSenkG v. 23.10.2000 BGBl. I 2000, 1433 überhaupt noch relevant) in der Regel keine Alternative sein. 62

Hat ein Gesellschafter der Personengesellschaft, die durch den Formwechsel entsteht, seine Beteiligung zwar vor dem Wirksamwerden des Formwechsel, aber nach einem rückbezogenen steuerlichen Stichtag angeschafft, oder scheidet ein Gesellschafter aufgrund des Formwechsels aus und ist nach § 207 UmwG abzufinden, so ist für die Bewertung der Anteile § 5 I entsprechend anzuwenden (*Widmann* in W/M § 9 UmwStG Rz. 27; *Schmitt* in SHS § 9 Rn. 26).

Die so ermittelten **Werte des jeweils individuellen Anteils** sind in ihrer Summe nach § 4 IV mit dem auf sie entfallenden Anteil an dem Wert zu vergleichen, mit dem die Wirtschaftsgüter der formwechselnden Gesellschaft von der Personengesellschaft auf Grund der Übertragungsbilanz der KapGes zu übernehmen sind (§ 4 I). Die sich rechnerisch ergebende Differenz ist der Übernahmegewinn bzw. -verlust, der nun wiederum den einzelnen Gesellschaftern unabhängig von ihrer Beteiligungsquote danach zuzurechnen ist, in welchem Umfang sich der Gewinn bzw. Verlust aus der Bewertung ihrer Anteile ergibt. Diese Gewinn- bzw. Verlustanteile sind sodann in der Besteuerung des einzelnen Gesellschafters entsprechend zu berücksichtigen (*Pung* in D/P/M § 4 Rn. 78 ff.; *van Lishaut* in R/H/vL § 4 Rn. 78 ff.; *Moszka* in Semler/Stengel Anh. UmwStG Rn. 691; *Schmitt* in SHS § 4 Rn. 100 ff.), wobei der Übernahmeverlust nach § 4 VI generell und der Übernahmegewinn nach § 4 VII unter bestimmten Voraussetzungen außer Ansatz bleibt (vgl. *Schmitt* in SHS § 4 Rn. 120 ff., 146 ff.). Neu aufgenommen ist die ausdrückliche Berücksichtigung der Umwandlungskosten (*Pung* in D/P/M § 4 Rn. 46; *van Lishaut* in R/H/vL § 4 Rn. 87 ff.; *Schmitt* in SHS § 4 Rn. 110). 63

Die Regelung des § 4 V 1 bezieht sich auf die alte Rechtslage zum KStG. § 50c EStG ist zwar im Prinzip aufgehoben, bleibt aber anwendbar, wenn für die Anteile vor Ablauf des ersten Wirtschaftsjahres, in dem das neue KStG Anwendung findet, ein Sperrbetrag zu bilden war (*Pung* in D/P/M § 4 Rn. 89; *Steierberg* in Haase/Hruschka § 4 Rn. 101; *Schmitt* in SHS § 4 Rn. 118; *van Lishaut* in R/H/vL § 4 Rn. 97 ff.; vgl. zum Doppelumwandlungsmodell BFH v. 3.2.2010 BStBl. II 2010, 692).

64 Dagegen hat der durch das SEStEG neu eingefügte **§ 4 V 2** erhebliche Auswirkungen, weil er im Ergebnis dazu führt, dass in der Praxis bei Gesellschaftern, die nicht Gründungsgesellschafter sind, idR ein Übernahmeverlust erzielt wird. Der errechnete **Übernahmegewinn** ist nämlich auf der **2. Stufe** um die Bezüge nach § 7 (vgl. Rn. 68) zu vermindern, so dass nur das übrige übergehende Vermögen, also das Nennkapital, die Kapitalrücklagen und ggf. nicht steuerverstrickte Wirtschaftsgüter iSv § 4 IV 2, hier zur Besteuerung kommt (*Pung* in D/P/M § 4 Rn. 90; *van Lishaut* in R/H/vL § 4 Rn. 105; *Trossen* in R/H/vL § 8 Rn. 32).

65, 66 *(einstweilen frei)*

d) Übernahmefolgegewinn

67 Der **Übernahmefolgegewinn** gem. § 6 kann bei Formwechseln nur in eingeschränktem Umfang entstehen. Eine Konfusion von Forderungen bzw. Verbindlichkeiten von KapGes und Personengesellschaft gem. § 6 I ist hier nicht denkbar, da die Gesellschaften, um die Existenz von Forderung und Verbindlichkeit zu ermöglichen, beide vor der Umwandlung schon existiert haben müssten (*Pung* in D/P/M § 6 Rn. 1; *Behrendt* in Haase/Hruschka § 6 Rn. 6; *Birkemeier* in R/H/vL § 6 Rn. 3; jetzt auch ausdrücklich *Widmann* in W/M § 9 UmwStG Rn. 31, dessen Hinweis in § 6 UmwStG Rn. 16 missverständlich ist). Anders ist dies im Fall des § 6 II, der auch bei einem Formwechsel Anwendung finden kann (*Pung* in D/P/M § 6 Rn. 1; *Behrendt* in Haase/Hruschka § 6 Rn. 6, 26 ff.; *Widmann* in W/M § 9 UmwStG Rn. 32; *Birkemeier* in R/H/vL § 6 Rn. 3). Denkbar ist dies, wenn zB einer der Gesellschafter ein betriebsnotwendiges Grundstück an die formwechselnde Gesellschaft vermietet hat und vor der Umwandlung Einkünfte aus Vermietung und Verpachtung, danach aber Einkünfte aus Gewerbetrieb erzielt.

Anders ist dies, wenn sich die Personengesellschaft und ein bei ihrer Eintragung beteiligter Gesellschafter als Gläubiger und Schuldner gegenüberstehen. Ebenso können Übernahmefolgegewinne durch den Wegfall von Rückstellungen entstehen (*Schmitt* in SHS § 9 Rn. 37, § 6 Rn. 17 ff.; *Birkemeier* in R/H/vL § 6 Rn. 3, 49 ff.).

e) Besteuerung offener Rücklagen

68 In Höhe der **offenen Rücklagen** ergeben sich für alle Gesellschafter der übertragenden Kapitalgesellschaft, also auch für diejenigen, die an der Ermittlung eines Übernahmeergebnisses gemäß §§ 4 Abs. 4, 5 UmwStG teilnehmen, gemäß § 7 UmwStG Einkünfte aus Kapitalvermögen **(Dividendeneinkünfte)** iSv. § 20 Abs. 1 Nr. 1 EStG, § 7 Satz 2 UmwStG.

Diese Einkünfte werden bei natürlichen Personen im **Betriebsvermögen** gemäß §§ 3 Satz 1 Nr. 40 Buchst. d, Satz 2, 3c Abs. 2, 20 Abs. 8 EStG nach dem **Teileinkünfteverfahren** besteuert bzw. im **Privatvermögen** mit der 25 %-igen **Abgeltungsteuer** belegt, § 32d Abs. 1 Satz 1 EStG. Zum Betriebsvermögen gehören auch solche Anteile, deren Anteilsinhaber an der Ermittlung eines Übernahmeergebnisses teilnehmen und die daher gemäß § 5 Abs. 2 UmwStG oder gemäß § 27 Abs. 3 Nr. 1 UmwStG als zum steuerlichen Übertragungsstichtag in das Betriebsvermögen der Personengesellschaft eingelegt gelten (UmwStE Rn. 07.07; *Pung* in D/P/M § 7 Rn. 22).

Bei Kapitalgesellschaften greift, wenn die Beteiligung zu Beginn des Kalenderjahres unmittelbar mindestens 10 % des Grund- oder Stammkapitals betragen hat, die Steuerbefreiung gemäß § 8b Abs. 1 KStG in Verbindung mit der Fiktion nichtabziehbarer Betriebsausgaben iHv. 5 % dieser Einkünfte, § 8b Abs. 5 KStG (UmwStE Rn. 7.07); anderenfalls sind die Einkünfte voll steuerpflichtig, § 8b Abs. 4 Satz 1 KStG idF des Gesetzes v. 21.3.2013 zur Umsetzung des EuGH-Urteils v. 20.10.2011, BGBl. I 561.

6. Ertragsteuerliche Besonderheiten beim Formwechsel einer KGaA in eine Personengesellschaft

Die **KGaA** ist eine Mischform zwischen KG und AG, also zwischen Personengesellschaft 69
und KapGes (*Perlitt* in Münch. Komm. AktG Vor § 278 Rn. 29; *Herfs* in Münch. Hdb. AktG § 75 Rn. 7). Die gesellschaftsrechtlichen Spezialregelungen für die KGaA finden sich in den §§ 278 ff. AktG. Daneben sind für den aktienrechtlichen Teil der Gesellschaft die allgemeinen Regelungen des AktG – § 278 III AktG – und bezogen auf die persönlich haftenden Gesellschafter die Regelungen des HGB – § 278 II AktG – zu beachten (*Herfs* in Münch. Hdb. AktG § 75 Rn. 11).

Für die ertragsteuerliche Behandlung ist daher **zwischen** den **persönlich haftenden Gesellschaftern** der KGaA und den **Kommanditaktionären** zu **differenzieren.** Die persönlich haftenden Gesellschafter der KGaA werden entsprechend §§ 278 II AktG, 15 I Nr. 3 EStG wie Mitunternehmer behandelt, es findet also eine direkte Zurechnung ihres Gewinnanteils in ihrer Person als Steuersubjekt statt (BFH v. 21.6.1989 BStBl. II 1989, 881; H 15.8 (4) EStH; Huber in Haase/Hruschka § 9 Rn. 48).

Über § 9 finden daher die Vorschriften der §§ 3 bis 7 nur auf die Kommanditaktionäre Anwendung, die nach dem Formwechsel Gesellschafter der Personengesellschaft werden (*Huber* in Haase/Hruschka § 9 Rn. 48). Für sie gilt das unter Rn. 56 ff. Gesagte.

Soweit die Vermögenseinlagen der persönlich haftenden Gesellschafter in der formgewechselten Personengesellschaft Komplementär- oder Kommanditistenbeteiligungen (§ 237 UmwG) werden, ändert sich an ihrer Eigenschaft als (Ertrags-)Steuersubjekt nichts. Für sie richtet sich die Besteuerung des Formwechsels nach § 24. Der Formwechsel wird insoweit als Einbringung betrachtet (*Fuhrmann* in W/M § 24 UmwStG Rn. 115 ff.; *Hartel* DB 1992, 2329).

VI. Formwechsel in Personengesellschaft ohne Betriebsvermögen

1. Allgemeines

Erfolgt eine Umwandlung in das Privatvermögen bei dem übernehmenden Rechts- 70
träger, so sind **zwingend** die **stillen Reserven** zu **realisieren,** das Betriebsvermögen also in der Schlussbilanz mit dem gemeinen Wert – § 3 I, § 9 II BewG – anzusetzen. Andernfalls wäre die Besteuerung der stillen Reserven nicht sichergestellt (UmwStE Rn. 03.04; *Schmitt* in SHS § 9 Rn. 40; *Widmann* in W/M § 3 UmwStG Rn. 508 f; zur Abgrenzung gemeiner Wert und Teilwert vgl. BFH v. 15.2.2001 DStR 2001, 782). Ein solcher Fall kann gegeben sein, wenn etwa die KapGes rein vermögensverwaltend tätig war (vgl. *Möhlenbrock* in D/P/M § 8 Rn. 2). Der Ansatz mit dem gemeinen Wert gilt zur Realisierung der vollständigen Besteuerung auch für die selbst geschaffenen immateriellen Wirtschaftsgüter (UmwStE Rn. 03.04).

2. Formwechselnde Kapitalgesellschaft

Die formwechselnde KapGes hat eine **Schlussbilanz** gem. § 3 I aufzustellen, in der sie 71
die übergehenden Wirtschaftsgüter einschließlich aller immateriellen Wirtschaftsgüter, auch der unentgeltlich erworbenen und selbst geschaffenen, mit dem gemeinen Wert anzusetzen hat.

Ein Antragsrecht auf eine Bewertung zu einem Buch- oder Zwischenwert nach § 3 II besteht nicht, da die Voraussetzung von § 3 II Nr. 1 nicht erfüllt ist.

3. Entsprechend anwendbare Vorschriften

72 Auf den Formwechsel in eine Personengesellschaft ohne Betriebsvermögen ist über § 9 S 1 § 8 anzuwenden, der seinerseits auf die §§ 4, 5 und 7 verweist. Diese Vorschriften regeln die Auswirkungen des Formwechsels auf den Übernahmegewinn bzw. -verlust bei der Personengesellschaft, die Besteuerung aufgrund der Einlagefiktion beim Gesellschafter der formwechselnden KapGes sowie die Besteuerung offener Rücklagen.

4. Ermittlung der Gewinne/Einkünfte aufgrund Formwechsels

73 Das Vermögen der formwechselnden KapGes wird durch den Formwechsel zum **gesamthänderisch gebundenen Privatvermögen** der Personengesellschaft. Diese hat nach § 4 I 1 die Wertansätze aus der Schlussbilanz der KapGes zwingend zu übernehmen. Verrechenbar Verluste, Verlustvorträge, nicht ausgeglichene negative Einkünfte und Zinsvorträge gehen nach § 4 II 2 unter.

Da die übernehmende Personengesellschaft **keine Bilanzierungspflicht** hat, werden die (gemeinen) Werte aus der Übertragungsbilanz ggf. in das Anlageverzeichnis übernommen (*Trossen* in R/H/vL § 8 Rn. 42).

Mangels Betriebsvermögens bei der Personengesellschaft ist ein möglicher Übernahmegewinn bzw. -verlust auf der Basis des Ansatzes mit dem gemeinen Wert direkt auf der Ebene der Personengesellschafter ihrer Beteiligungsquote entsprechend, also mittels einer einheitlichen und gesonderten Feststellung zu ermitteln (*Birkemeier* in R/H/vL § 9 Rn. 29; *Klingberg* in Blümich § 8 UmwStG Rn. 17; *Möhlenbrock* in D/P/M § 8 Rn. 21; aA *Widmann* in W/M § 8 UmwStG Rn. 74 mwN).

74 Für die Bewertung der Anteile und damit die Ermittlung eines Übernahmegewinns/-verlusts ist sodann zu unterscheiden danach, ob es sich bei den Anteilen der Gesellschafter an der übertragenden KapGes um

- Anteile iSv § 17 EStG im Privatvermögen eines unbeschränkt steuerpflichtigen Gesellschafters,
- Anteile im Betriebsvermögen eines Gesellschafters,
- einbringungsgeborene Anteile iSd § 21 im Privatvermögen eines Gesellschafters oder
- sonstige Anteile

handelt.

Im Übrigen wird auf die Kommentierung zu § 8 (Rn. 31 ff.) verwiesen.

75–77 *(einstweilen frei)*

VII. Grunderwerbsteuer

78 Sowohl beim homogenen (KapGes bzw. Personengesellschaften untereinander) als auch beim heterogenen (KapGes in Personengesellschaft bzw. umgekehrt) Formwechsel wechselt der Rechtsträger nicht, er erhält nur einen anderen rechtlichen Mantel, die **wirtschaftliche Identität** des Rechtsträgers besteht fort. Die früher von der FinVerw, einigen Instanzgerichten und Stimmen in der Literatur vertretene Auffassung, dass Grundstücksübergänge beim heterogenen Formwechsel eine Besteuerung nach dem GrEStG auslösen, ist überholt (BFH v. 14.2.2007 ZEV 2007, 396; FinMin BaWü v. 23.1.1997 DStR 1997, 202; v. 18.3.1997 DStR 1997, 582; Nachweise bei *Pahlke* in W/M UmwG Anh. 12 Rn. 10, 12; *Fischer* in Boruttau § 1 GrEStG Rn. 542, 544). Auch wenn § 9 für den heterogenen Formwechsel einen Vermögensübergang fingiert (*Pahlke* in W/M UmwG Anh. 12 Rn. 12), besteht heute Einigkeit darüber, dass **GrESt nicht anfällt** (BFH v. 4.12.1996 BStBl. II 1997, 661; dem folgend FinMin BaWü v. 18.9.1997 DStR 1997, 1576 und v. 19.12.1997 DStR 1998, 82 mit Ergänzungen v. 15.10.1999 DStR 1999, 1773 und v. 31.1.2000 DStR 2000, 284; BFH v. 9.4.2009 BFH/NV 2009, 1148; *Pahlke* in W/M

UmwG Anh. 12 Rn. 12; *Fischer* in Boruttau § 1 GrEStG Rn. 544; *Widmann* in HdU Bd. 1 Kap. Q Rn. 797). Die Begünstigung des Formwechsels gegenüber den anderen Umwandlungsarten des UmwG bzgl. der GrESt ist systemimmanent und verfassungskonform (st. Rspr., vgl. nur BFH v. 9.4.2009 BFH/NV 2009, 1148).

Zu einem anderen Ergebnis gelangt man auch nicht über eine **Steuerumgehung** gem. 79
§ 42 AO, dessen Anwendung im Zusammenhang mit dem heterogenen Formwechsel diskutiert wird (vgl. die Nachweise bei *Pahlke* in W/M UmwG Anh. 12 Rn. 13). Grunderwerbsteuer wird bei Umwandlungen durch eine zivilrechtlich zugelassene Gestaltung ausgelöst, ist also unmittelbar an diesen Gestaltungsvorgang geknüpft. Da eine Umwandlung nach dem UmwG aber zivilrechtlich unter anderem als Formwechsel zulässig ist, kann dieser nicht gleichzeitig eine nach § 42 AO unzulässige Steuerumgehung darstellen. Hier muss das Steuerrecht dem Zivilrecht folgen (BFH v. 4.12.1996 BStBl. II 1997, 661; v. 29.10.1986 BStBl. II 1987, 308; *Pahlke* in W/M UmwG Anh. 12 Rn. 13; zur Anwendbarkeit von § 42 AO im Zusammenhang mit der GrESt vgl. BFH v. 29.5.2011 BFH/NV 2011, 1539). Der einzelne Formwechsel isoliert betrachtet kann daher kein Missbrauch rechtlicher Gestaltungsmöglichkeiten sein. Dies ändert sich auch nicht durch § 42 II AO, den die FinVerw in der Folge der BFH-Urteile v. 19.2.2000 (BStBl. II 2001, 222 und IStR 2000, 182) als „Klarstellung" verstanden wissen will. Die Vorschrift geht insgesamt ins Leere, weil sie nichts an der noch immer vorzunehmenden und vom BFH in der genannten Entscheidung auch vorgenommenen Prüfung der Voraussetzungen des § 42 I AO zu ändern vermag (so im Ergebnis auch *Geerling/Gorbauch* DStR 2007, 1703; *Koenig* in König § 42 Rn. 17; *Drüen* in Tipke/Kruse § 42 Rn. 20b).

Wie schwer der Umgang mit § 42 AO auch angesichts der restriktiven Auslegung der Norm durch den BFH ist, zeigen die Bestrebungen des Gesetzgebers, die Norm komplett neu zu fassen und die Beweislast für die Nichtexistenz einer Steuerumgehung dem Steuerpflichtigen aufzuerlegen (vgl. nur *Geerling/Gorbauch* DStR 2007, 1703).

Neu ist die Regelung des **§ 6a GrEStG,** mit der **Umstrukturierungen im Konzern** 80
von der GrESt entlastet werden sollen. Eine allgemeine Befreiung von Konzernen von der GrESt bei Umstrukturierungen besteht nicht (st. Rspr., vgl. BFH v. 15.12.2010 BFH/NV 2011, 709). Schwierigkeiten entstehen insbesondere, weil der Begriff des „herrschenden Unternehmens" in § 6a GrEStG nicht identisch ist mit den Begriffen in § 1 IV Nr. 2 GrEStG, sondern von der FinVerw als Unternehmer im umsatzsteuerlichen Sinne interpretiert wird (vgl. gleichlautenden Erlass der obersten Finanzbehörden der Länder betr. Anwendung des § 6a GrEStG v. 1.12.2012 BStBl. I 2012, 1321, Abschn. 2.2). Maßgeblich in § 6a GrEStG ist nach S 4 ausschließlich die starre Beteiligungsquote in Höhe von mindestens 95% (*Pahlke* in W/M UmwG Anh. 12 Rn. 61.14). Diese muss in den fünf Jahren vor und zusätzlich in den fünf Jahren nach der Umwandlung ununterbrochen unmittelbar oder mittelbar bestanden haben (*Pahlke* in W/M UmwG Anh. 12 Rn. 61.19). Maßgeblich für diese doppelte Fristberechnung ist der für die (ohne die Regelung des § 6a GrEStG) Steuerentstehung maßgebliche Zeitpunkt (*Pahlke* in W/M UmwG Anh. 12 Rn. 61.27). Dies ist der Tag des Wirksamwerdens der Umwandlung, mithin der der Eintragung in das (letzte) Handelsregister. Bei einem Ausscheiden aus dem Konzern innerhalb der Nachbehaltungsfrist wird rückwirkend GrESt erhoben (*Pahlke* in W/M UmwG Anh. 12 Rn. 61.28). Es bestehen erhebliche Auslegungsprobleme, die in der Literatur streitig beantwortet werden und die auch der Anwendungserlass letztlich nicht befriedigend gelöst hat (vgl. hierzu nur *Rödder/Schönfeld* DStR 2010, 415; *Wischott/Adrian/Schönweiß* DStR 2011, 497; *Viskorf/Haag* Beihefter zu DStR Heft 12/2011; *Neitz/Lange* Ubg 2010, 17; *Schaflitzl/Götz* DB 2011, 374; *Klaas/Möller* BB 2011, 407 jeweils mwN). Mit dem Jahressteuergesetz 2013 wurden weitere Erleichterungen geschaffen. Nicht nur Umwandlungsvorgänge nach dem UmwG, sondern auch Einbringungen sowie andere gesellschaftsvertragliche Erwerbsvorgänge sind danach unter bestimmten Voraussetzungen grunderwerbsteuerfrei.

81 Auch der Formwechsel ist jedoch ein rechtsgeschäftlicher Vorgang, durch den etwa für nachfolgende Vorgänge **Wartefristen** ausgelöst werden können. Der BFH hat mit Urteil v. 4.4.2001 (BStBl. II 2001, 587) den zuvor als Beispiel für eine Steuerumgehung nach § 42 AO im Rahmen eines Formwechsels diskutierten Fall (*Pahlke* in W/M UmwG Anh. 12 Rn. 13) entschieden, dass bei der Einbringung eines Grundstücks von einer GbR in eine personen- und beteiligungsidentische GmbH & Co. KG, ein Vorgang, der normalerweise grunderwerbsteuerfrei nach §§ 6 III und 6 I GrEStG erfolgen könnte, ein innerhalb von fünf Jahren davor liegender Formwechsel von einer GmbH in die GbR über § 6 IV 1 GrEStG zur Nichtanwendung der Steuerbefreiung führt (ebenso schon Vorinstanz FG Hamburg v. 1.10.1998 EFG 1999, 135; *Pahlke* in W/M UmwG Anh. 12 Rn. 30). Nach BFH v. 18.12.2002 (DStRE 2003, 564) ist die Steuervergünstigung des § 6 III GrEStG (auch) dann nicht zu gewähren, wenn in sachlichem und zeitlichem Zusammenhang mit einer Grundstücksübertragung auf die erwerbende Gesamthand diese entsprechend einer zum Zeitpunkt der Übertragung bereits zwischen den an der Gesamthand Beteiligten getroffenen Absprache formwechselnd in eine Kapitalgesellschaft umgewandelt wird (Vorinstanz: FG Nürnberg v. 7.12.2000 EFG 2001, 522; vgl. auch BFH v. 19.3.2003 BFH/NV 2003, 1090). Entsprechendes gilt, wenn einer der Mitunternehmer innerhalb eines Zeitraums von fünf Jahren vor dem Formwechsel ein Grundstück auf die Personengesellschaft übertragen hat. Mit dem Formwechsel endet die gesamthänderische Mitbeteiligung des Mitunternehmers an dem Grundstück, er hält nur noch Anteile an der KapGes, die nunmehr alleinige Eigentümerin des Grundstücks ist. Dann wäre die Vergünstigung nach § 5 I und II GrEStG rückwirkend zu versagen (BFH v. 25.9.2013 BStBl. II 2014, 329; FG Hamburg v. 21.6.2011 BeckRS 2012, 96110; FG Nürnberg v. 9.11.2006 BeckRS 2006, 26022576; FinMin BaWü v. 14.2.2002 DB 2002, 455; *Viskorf* in Boruttau § 5 GrESt Rn. 92; *Pahlke* § 5 GrESt Rn. 107; vgl. auch BFH v. 18.12.2002 BStBl. II 2003, 358; BFH v. 4.5.2011 BFH/NV 2011, 1395).

82 Auch mittelbar bewirkt der Formwechsel keine grunderwerbsteuerlichen Konsequenzen, da kein Rechtsträgerwechsel erfolgt. Beteiligungen iSd § 1 III GrEStG bleiben daher bei einem Formwechsel der Muttergesellschaft ebenfalls ohne steuerliche Konsequenzen (*Pahlke* in W/M UmwG Anh. 12 Rn. 17).

83, 84 *(einstweilen frei)*

VIII. Umsatzsteuer

1. Nichtsteuerbarer Vorgang

85 Auch umsatzsteuerrechtlich ist der Formwechsel ohne Bedeutung, da lediglich die Rechtsform unter Wahrung der rechtlichen Identität geändert und auch der Kreis der Gesellschafter beibehalten wird (UmwStE Rn. 01.11; BFH v. 4.12.1996 BStBl. II 1997, 661; BFH v. 29.8.2007 BFH/NV 2007, 2350; *Abele* in SBB § 28 Rn. 67; *Moszka* in Semler/Stengel Anh. UmwStG Rn. 661). Eine zivilrechtliche Übertragung von Rechtsgütern auf einen neuen Eigentümer findet nicht statt, so dass, da ein **nicht steuerbarer Vorgang** vorliegt, keine Umsatzsteuer anfällt (*Moszka* in Semler/Stengel Anh. UmwStG Rn. 661). Ein Vermögensübergang findet nicht statt. Ein neuer Unternehmer iSd UStG entsteht nicht.

2. Voranmeldungen und Jahressteuererklärung

86 Die Möglichkeit nach § 9 S 3, einen Übertragungsstichtag zu wählen, der bis zu acht Monat vor der Anmeldung des Formwechsels zur Eintragung in ein öffentliches Register liegen kann, hat Bedeutung nur für ertragsteuerliche Zwecke. Umsatzsteuerlich findet keine Rückwirkung und keine Rückbeziehung statt (UmwStE Rn. 01.01; *Abele* in SBB § 28 Rn. 76). Umsatzsteuerlich werden die zwischen der Anmeldung und dem Wirk-

samwerden des Formwechsels, gem. § 202 UmwG durch Eintragung, getätigten Umsätze noch durch die formwechselnde KapGes ausgeführt, die Personengesellschaft tätigt Umsätze erst danach (*Abele* in SBB § 28 Rn. 76).

Daraus ergeben sich die **umsatzsteuerrechtlichen Meldepflichten.** Unternehmer iSd § 18 UStG ist bis zur Eintragung die formwechselnde KapGes, danach die Personengesellschaft. Die KapGes hat bis zur Eintragung Voranmeldungen abzugeben und, wenn zwischen Anmeldung und Eintragung ein Wechsel des Wirtschaftsjahres liegt, auch noch die entsprechende Jahressteuererklärung. Erfolgt die Eintragung in einem laufenden Wirtschaftsjahr, so ist die Jahressteuererklärung für das gesamte Jahr durch die Personengesellschaft abzugeben, da der Unternehmer iSd UStG fortbesteht (UmwStE Rn. 01.01; *Abele* in SBB § 28 Rn. 76).

(einstweilen frei) **87**

IX. Gewerbesteuer

Der Formwechsel einer KapGes in eine Personengesellschaft kann nach § 18 GewSt auslösen. **88**

Der von der KapGes durch in der Schlussbilanz nach § 9 S 1 oder S 2 angesetzte Werte oberhalb der Buchwerte erzielte **Übertragungsgewinn** ist nach § 18 I **gewerbesteuerpflichtig,** wenn die Gesellschaft im Inland gewerbesteuerpflichtig ist (*Pung* in D/P/M § 18 Rn. 6; *Roser* in Haase/Hruschka § 18 Rn. 24). Ein laufender Verlust oder eine Verlustvortrag, der nicht durch Übertragungsgewinn genutzt wird, geht unter (*Pung* in D/P/M § 18 Rn. 23 ff.; *Roser* in Haase/Hruschka § 18 Rn. 31 ff.).

Bei der Personengesellschaft bzw. ihren Gesellschaftern ist nach § 18 II 1 ein Übernahmegewinn bzw. -verlust nicht zu erfassen (*Pung* in D/P/M § 18 Rn. 26; *Roser* in Haase/Hruschka § 18 Rn. 35).

Um **Missbräuche** der gewerbesteuerlichen Nichterfassung eines Übernahmegewinns aufgrund eines Formwechsels auf der Ebene der Personengesellschaft bzw. ihrer Gesellschafter vorzubeugen, regelt § 18 III, dass bei einer (Teil-)Veräußerung oder (Teil-)Aufgabe des Betriebes innerhalb von fünf Jahren nach dem Wirksamwerden (der Eintragung) des Formwechsels der Veräußerungs- oder Aufgabegewinn der Gewerbesteuer unterliegt. Andernfalls könnte, soweit natürliche Personen unmittelbar Gesellschafter der Personengesellschaft sind, durch den Formwechsel der Gewinn aus der Aufgabe einer KapGes der Gewerbesteuer entzogen werden (*Pung* in D/P/M § 18 Rn. 33; *Roser* in Haase/Hruschka § 18 Rn. 39, 58 ff.).

Die früher zur Vorgängernorm (§ 18 IV UmwStG aF) bestehenden Zweifel, ob die Missbrauchsregelung auch für Formwechsel gilt, sind beseitigt (BFH v. 11.12.2001 BStBl. II 2004, 474; v. 20.11.2006 BFH/NV 2007, 793).

§ 10 *Körperschaftsteuererhöhung*[1)]

Die Körperschaftsteuerschuld der übertragenden Körperschaft erhöht sich für den Veranlagungszeitraum der Umwandlung um den Betrag, der sich nach § 38 des Körperschaftsteuergesetzes ergeben würde, wenn das in der Steuerbilanz ausgewiesene Eigenkapital abzüglich des Betrags, der nach § 28 Abs. 2 Satz 1 des Körperschaftsteuergesetzes in Verbindung mit § 29 Abs. 1 des Körperschaftsteuergesetzes dem steuerlichen Einlagekonto gutzuschreiben ist, als im Übertragungsstichtag für eine Ausschüttung verwendet gelten würde.

1) § 10 idF des SEStEG. **Aufgehoben** durch JStG 2008 v. 20.12.2007 (BGBl. I, 3150). Zur letztmaligen Anwendung s. § 27 VI 1; zur Weiteranwendung s. § 27 VI 2.

Übersicht

I. Allgemeines

1 Nachdem § 10 UmwStG 1995 (s. a. im Anschluss Anhang I.) zunächst durch das **StSenkG** v. 23.10.2000 (BGBl. I 2000, 1460), mit dem das körperschaftsteuerliche Anrechnungsverfahren abgeschafft wurde, geändert worden war, um die Vorschrift dem neuen Halbeinkünfteverfahren anzupassen (s. a. Anhang II.), musste die Norm durch das **UntStFG** v. 20.12.2001 (BGBl. I 2001, 3858) und das 5. StBAGÄndG v. 23.7.2002 (BGBl. I 2002, 2715) erneut modifiziert werden. Mit dieser Norm soll sichergestellt werden, dass bei Beendigung der Existenz der KapGes die nach dem alten Körperschaftsteuersystem noch verbliebene, sich aus der Gliederung des verwendbaren Eigenkapitals ergebende Steuerschuld bzw. ein entsprechendes Steuerguthaben bei der letzten Körperschaftsteuerveranlagung noch berücksichtigt wird.

2 Durch das **SEStEG** v. 7.12.2006 (BGBl. I 2006, 2872) hat § 10 eine gravierende Veränderung erfahren. Sollte sich ursprünglich die Körperschaftsteuerschuld der Übertragerin um ein KSt-Guthaben (§ 37 KStG) mindern und sich erhöhen, soweit EK-02-Bestände nachzubelasten sind (§ 38 KStG), ist nunmehr nur noch die KSt-Erhöhung bei Vorhandensein von EK-02 geregelt. Hintergrund ist die Umstellung der KSt-Minderung auf eine Auszahlung in Raten (*Dötsch* in D/P/M § 10 Rn. 3; *Birkemeier* in R/H/vL § 10 Rn. 6).

3 Gem. § 38 IV-IX KStG idF des **JStG 2008** v. 20.12.2007 (BGBl. I 2007, 3150) ist auch für die unbelasteten Teilbeträge nach § 38 KStG (ehemaliges EK-02) letztmalig zum 31.12.2006 ein EK-02-Bestand festzustellen; die darauf entfallende Körperschaftsteuererhöhung beträgt 3 % des festgestellten Betrages und ist in 10 gleichen Jahresbeträgen, beginnend 2008, zu entrichten, § 38 VI 1 KStG. Diese Körperschaftsteuererhöhung ist in der (handelsrechtlichen und steuerlichen) Schlussbilanz der Übertragerin zu passivieren und verringert das auf die übernehmende Personengesellschaft übergehende Vermögen. § 10 wurde dementsprechend durch das JStG 2008 aufgehoben.

4 Gem. § 27 VI ist § 10 **letztmalig anzuwenden** auf Umwandlungen, bei denen der steuerliche Übertragungsstichtag vor dem 1.1.2007 liegt (UmwStE Rn. 10.01). Auf Antrag nach § 34 XVI KStG, der von bestimmten Wohnungsbauunternehmen von Körperschaften des öffentlichen Rechts oder von steuerbefreiten Körperschaften gestellt werden kann, ist § 10 weiter anzuwenden (UmwStE Rn. 10.02).

5–7 *(einstweilen frei)*

II. Neuere Entscheidungen

8 Entscheidungen der Finanzgerichte zu § 10 hat es in den letzten Jahren nur wenige gegeben. Die § 10 zugrunde liegende Fiktion der Vollausschüttung (vgl. Kommentierung der 2. Aufl. Rn. 18) wird bestätigt durch FG Hamburg v. 1.9.2011 EFG 2012, 77. Der vereinfachte Nachweis der anrechenbaren Körperschaftsteuer (vgl. Kommentierung der 2. Aufl. Rn. 35) wird bestätigt durch FG Berlin-Brandenburg v. 6.11.2009 EFG 2010, 617.

Die **Finanzbehörden** haben **zu Zweifelsfragen** aufgrund der Änderungen des UmwStG durch das StSenkG v. 23.10.2000 (BGBl. I 2000, 1460) und das UntStFG v.

20.12.2001 (BGBl. I 2001, 3858) mit Schreiben v. 16.12.2003 (BStBl. I 2003, 786) Stellung genommen.

Im nachfolgenden Anhang wird daher die Kommentierung der Vorauflage zum § 10 in den Fassungen des UmwStG 1995 und des StSenkG – mit grundlegenden Ausführungen zu dieser Vorschrift und für Altfälle – noch einmal unverändert abgedruckt.

Anhang

I. Kommentierung der 2. Aufl. 2000 zu § 10 UmwStG 1995

§ 10 Körperschaftsteueranrechnung

*(1) **Die Körperschaftsteuer, die auf den Teilbeträgen des für Ausschüttungen verwendbaren Eigenkapitals der übertragenden Körperschaft im Sinne des § 30 Abs. 1 Nr. 1 und 2 des Körperschaftsteuergesetzes lastet, ist vorbehaltlich des Absatzes 2 auf die Einkommensteuer oder Körperschaftsteuer der Gesellschafter der übernehmenden Personengesellschaft oder auf die Einkommensteuer der übernehmenden natürlichen Person anzurechnen.***

*(2) **Die Anrechnung von Körperschaftsteuer ist bei Anteilseignern ausgeschlossen, bei denen der anteilige Übernahmegewinn oder die Einkünfte im Sinne des § 7, 8 oder 9 Abs. 2 nicht der Einkommensteuer oder der Körperschaftsteuer unterliegen.***

Übersicht

I. Allgemeines

1. § 10 Abs. 1

§ 10 I regelt ein besonders ausgestaltetes KSt-Anrechnungsverfahren. 1

Bei dem im zweiten Teil des UmwStG geregelten Vermögensübergang einer Körperschaft auf eine Personengesellschaft oder eine natürliche Person gehen die stillen Reserven der übertragenden Kapitalgesellschaft aufgrund der Möglichkeit zur Buchwertfortführung (§ 3) regelmäßig unaufgedeckt auf den übernehmenden Rechtsträger über. Die offenen Reserven in Gestalt des vEK hingegen sind gem. § 4 IV und/oder § 7 S 1 Nr. 1 von den Gesellschaftern der übernehmenden Personengesellschaft bzw. der natürlichen Person zu versteuern. § 10 I stellt im Zusammenspiel mit § 4 V 2 und § 7 S 1 Nr. 2 sicher, daß auch das auf den Teilbeträgen des vEK lastende Körperschaftsteuerguthaben als weiterer Bestandteil des Vermögens der Kapitalgesellschaft auf die Übernehmerin übergeht und besteuert wird.

2 Wie die §§ 27–43 KStG für den Ausschüttungsfall, verhindert die KSt-Anrechnung nach § 10 I im Falle des Vermögensübergangs auf eine Personengesellschaft/natürliche Person eine wirtschaftliche Doppelbelastung der von der übertragenden Körperschaft erzielten Gewinne. Eine Doppelbelastung würde entstehen, da auf der Ebene der übernehmenden Personengesellschaft/natürlichen Person die in der Kapitalgesellschaft angesammelten thesaurierten offenen Reserven dem Übernahmegewinn (§ 4 V 2) bzw. dem Kapitalertrag iSv § 7 (§ 7 S 1 Nr. 2) zugerechnet und nachfolgend bei den Gesellschaftern der ESt bzw. KSt unterworfen werden. Im Ergebnis wird die KSt-Belastung der offenen Reserven der übertragenden Kapitalgesellschaft durch die Einkommen- oder Körperschaftsteuer der Gesellschafter der übernehmenden Personengesellschaft bzw. der übernehmenden natürlichen Person ersetzt. Dabei richtet sich der Progressionssatz der ESt/KSt nach deren persönlichen Verhältnissen (*Dötsch* in D/E/J/W Vor § 27 KStG Rn. 47).

3 Das Anrechnungsverfahren iSv § 10 I unterscheidet sich von den §§ 27 ff. KStG durch eine Reihe von Besonderheiten: Die übertragende Kapitalgesellschaft hat weder die Ausschüttungsbelastung herzustellen noch KapESt einzubehalten (vgl. Rn. 18). Unterschiede ergeben sich auch bei der Ermittlung des vEK (vgl. Rn. 21–27), dem Nachweis der anzurechnenden KSt (vgl. Rn. 35) und der Bindungswirkung der EK-Gliederung (vgl. Rn. 36–38).

2. § 10 Abs. 2

4 § 10 II schließt die Anrechnung von KSt bei Anteilseignern aus, bei denen der anteilige Übernahmegewinn oder die Einkünfte iSd §§ 7, 8, 9 II nicht der deutschen ESt oder KSt unterliegen. Die Vorschrift entspricht § 51 KStG bzw. § 36 II Nr. 3 S 4 Buchst. e) und f) EStG. In diesen Fällen bedarf es keiner KSt-Anrechnung, weil es nicht zu einer doppelten Belastung des Übernahmeergebnisses mit KSt der übertragenden Körperschaft und mit ESt/KSt beim Anteilseigner kommt (vgl. Rn. 39–62).

3. UmwStG 1977

5 § 10 I stimmt bis auf redaktionelle Anpassungen wörtlich mit § 12 UmwStG 1977, Abs. 2 mit § 13 I UmwStG 1977 überein.

Die Vorschrift des § 13 II UmwStG 1977, wonach in den Fällen der Nichterfassung des Übernahmegewinns bzw. der Einkünfte nach §§ 9, 10 oder 11 II UmwStG 1977 die Besteuerung der stillen Reserven durch die übertragende Körperschaft vorgesehen war, konnte im neuen Umwandlungssteuerrecht entfallen. Die Regelung des § 13 II war im UmwStG 1977 erforderlich, da der Übertragungsgewinn, der aufgrund des nach § 3 S 1 UmwStG 1977 vorgesehenen Teilwertansatzes zwingend entstand, nach § 4 UmwStG 1977 von der KSt befreit war. Bei einer zusätzlichen Nichterfassung des Übernahmegewinns, bspw. auf der Ebene der Personengesellschaft, hätte daher die Möglichkeit bestanden, stille Reserven insgesamt steuerfrei zu vereinnahmen. Diese Gefahr besteht auf der Grundlage des UmwStG 1995 nicht mehr. Werden die Wirtschaftsgüter der übertragenden Kapitalgesellschaft in der steuerlichen Schlußbilanz mit Zwischen- bzw. Teilwerten angesetzt, unterliegt der sich daraus ergebende Übertragungsgewinn der KSt. Eine Steuerbefreiung ist nicht vorgesehen. Werden demgegenüber die Buchwerte fortgeführt, entsteht zwar auf der Ebene der Kapitalgesellschaft kein Übertragungsgewinn, die Gesellschafter der übernehmenden Personengesellschaft haben jedoch als Mitunternehmer die stillen Reserven in dem Zeitpunkt zu versteuern, in dem die Reserven bei der Personengesellschaft realisiert werden. In beiden Fällen ist daher die Besteuerung der stillen Reserven sichergestellt.

6, 7 *(einstweilen frei)*

II. Anwendungsbereich

§ 10 ist **unmittelbar** auf die im zweiten Teil des UmwStG geregelten Fälle der Verschmelzung einer Kapitalgesellschaft auf eine Personengesellschaft oder auf eine natürliche Person anzuwenden. 8

Darüber hinaus findet die Vorschrift im Wege der **Verweisung** Anwendung auf die Fälle des Vermögensübergangs auf nicht gliederungspflichtige Körperschaften (§ 12 V 2), den Formwechsel einer Kapitalgesellschaft und einer Genossenschaft in eine Personengesellschaft (§ 14 S 1), die Aufspaltung, Abspaltung und Teilübertragung von einer Körperschaft auf eine andere (§ 15 I iVm § 12 V 2) sowie die Auf- oder Abspaltung einer Körperschaft auf eine Personengesellschaft (§ 16 S 2). Die Anrechnung der auf dem vEK der übertragenden Körperschaft lastenden KSt stellt den endgültigen Abschluß der KSt-Besteuerung der untergehenden Körperschaft dar.

§ 10 ist unabhängig von der Art der bei den Übernehmern entstehenden Gewinne bzw. Verluste anwendbar (*Dehmer* § 10 UmwStG Rn. 6). Im einzelnen findet § 10 I Anwendung auf: 9

- Übernahmegewinn bzw. Übernahmeverlust gem. § 4 IV, V;
- Einkünfte iSd § 7;
- Übernahmegewinne bzw. -verluste gem. § 8 auf der Ebene der einzelnen Gesellschafter, insbesondere Veräußerungsgewinne/-verluste gem. § 17 IV EStG, Einkünfte aus Gewerbebetrieb, Veräußerungsgewinne/-verluste gem. § 21 I;
- Übernahmegewinne/-verluste gem. § 9 sowohl für den Fall der Umwandlung in ein Betriebsvermögen (Abs. 1) als auch für den Fall der Umwandlung in ein Privatvermögen (Abs. 2);
- Übernahmegewinn/-verlust bei Formwechsel (§ 14);
- Übernahmegewinn/-verlust bei Aufspaltung oder Abspaltung auf eine Personengesellschaft iSd § 16.

§ 10 findet grundsätzlich auch auf beschränkt Steuerpflichtige Anwendung (*Widmann/Mayer* Vorauflage Rn. 5713; *Dehmer* § 10 UmwStG Rn. 7). Die Anwendung des § 10 auf beschränkt Steuerpflichtige steht nicht in Widerspruch zu § 50 V EStG, der die Anrechnung von KSt für diese Steuerpflichtigen ausschließt. Die unterschiedliche Behandlung ergibt sich aus der Tatsache, daß die beschränkt Steuerpflichtigen ihren anteiligen Übernahmegewinn/-verlust sowie den Erhöhungsbetrag grundsätzlich zu versteuern haben (s. Rn. 51). Demgegenüber ist bei Gewinnanteilen gem. § 20 I Nr. 1 EStG die persönliche Steuerpflicht durch den Abzug der KapESt abgegolten (§§ 50 V 1, 49 I Nr. 5a), 43 I Nr. 1 EStG). Die Anrechnung nach § 10 ist daher beim beschränkt Steuerpflichtigen nach § 10 II nur dann ausgeschlossen, wenn sein anteiliger Übernahmegewinn (§ 4 IV, V) bzw. die Einkünfte iSd §§ 7, 8 oder 9 II nicht der ESt oder KSt unterliegen (ausf. Rn. 51 ff.). 10

(einstweilen frei) 11–14

III. Anzurechnende KSt

1. Ermittlung

Für die Ermittlung des Körperschaftsteuerguthabens sind die auf den steuerlichen Übertragungsstichtag (§ 2 I) gem. § 47 I Nr. 1 KStG gesondert festzustellenden Teilbeträge des vEK nach § 30 KStG maßgebend (UmwStE 1998 Tz. 10.05; *Widmann/Mayer* Vorauflage Rn. 5704; *Dehmer* § 10 UmwStG Rn. 9). Zu den Besonderheiten bei Ausschüttungen im Rückwirkungszeitraum und anderen Ausschüttungen iSv § 27 III 2 KStG im letzten Wirtschaftsjahr der übertragenden Körperschaft vgl. Rn. 21 ff. 15

Die Aufzählung der mit KSt belasteten Teilbeträge in § 10 I ist unvollständig. Anzurechnen ist nicht nur die KSt, „die auf den Teilbeträgen des (…) vEK (…) iSd § 30 I Nr. 1 und 2 KStG lastet", sondern auch das auf den Teilbeträgen des EK 50 (§ 54 XI a KStG aF), 16

EK 36 (§ 54 XI b KStG aF) bzw. des EK 45 (ab dem 1.1.1999; § 54 XI KStG 1999) lastende KSt-Guthaben. Insoweit liegt ein Versehen des Gesetzgebers vor (UmwStE 1998 Tz. 10.01; *Dehmer* Erlaß Tz. 10.01; *Dötsch* UmwStG Rn. 268).

17 Vermögenszuwächse nach dem steuerlichen Übertragungsstichtag werden der übernehmenden Personengesellschaft bzw. den Gesellschaftern zugerechnet. Sie verändern das vEK nicht mehr. Werden in der steuerlichen Schlußbilanz der übertragenden Kapitalgesellschaft gem. § 3 S 1 Zwischen- bzw. Teilwerte angesetzt, ändert sich dadurch das vEK auf den Übertragungsstichtag. Der Gewinn, der durch den Ansatz über dem Buchwert entsteht, unterliegt in vollem Umfang der KSt und ist daher in das EK 45 bzw. EK 40 einzustellen (§ 30 I Nr. 1 KStG).

18 Die Umwandlung einer Kapitalgesellschaft in eine Personengesellschaft/natürliche Person ist keine Ausschüttung (*Streck* § 27 Rn. 13), sondern wird lediglich für Zwecke der Einkünftezurechnung als solche fingiert (*Herrmann* in Frotscher/Maas § 10 UmwStG Rn. 18; *Widmann/Mayer* Vorauflage Rn. 5708, 4894).

§ 10 I ist lex specialis zu den §§ 27 ff. KStG, § 20 I Nr. 3 EStG und § 36 II Nr. 3 EStG und sieht aus Vereinfachungsgründen (BegrUmwStG zu § 10) eine lediglich einstufige KSt-Entlastung vor (vgl. Rn. 31). Im Unterschied zu dem im KStG geregelten Normalfall des Anrechnungsverfahrens hat die übertragende Kapitalgesellschaft deshalb weder die Ausschüttungsbelastung herzustellen noch KapESt einzubehalten (*Dötsch* UmwStG Rn. 265; *Herrmann* in Frotscher/Maas § 10 UmwStG Rn. 2). Mißverständlich ist deshalb die Aussage der FinVerw (UmwStE 1998 Tz. 10.04), wonach eine Ausschüttungsbelastung auf die unbelasteten Teilbeträge iSd § 30 II Nr. 2 oder 3 KStG (EK 02 oder 03) nach § 10 I nicht herzustellen sei.

Eine Ausschüttungsbelastung ist nach § 10 I in keinem Fall herzustellen (*Dehmer* § 10 UmwStG Rn. 10; UmwStE 1998 Tz. 10.04). Dies gilt unabhängig davon, ob es sich um mit KSt belastete oder unbelastete Teilbeträge des vEK handelt. Daß es bei den auf die Personengesellschaft/natürliche Person übergehenden unbelasteten Teilbeträgen des EK 01 –03 zu keiner KSt-Erhöhung kommt ist sachgerecht, da der Gesellschafter der übernehmenden Personengesellschaft bzw. die übernehmende natürliche Person insoweit auch keine KSt anrechnen kann (*Dötsch* UmwStG Rn. 265; *Herrmann* in Frotscher/Maas § 10 UmwStG Rn. 20). Einer Berücksichtigung der Teilbeträge des EK 01–03 steht auch der Wortlaut des § 10 I entgegen, der nur die belasteten Teilbeträge des § 30 I Nr. 1 und 2 KStG erwähnt.

Die anzurechnende KSt ermittelt sich nach folgendem Schema:

Belasteter Teilbetrag des vEK	Vervielfältiger	anzurechnende KSt in DM
EK 50 (Zugänge von 1990–1993)	50/50	50
EK 45 (Zugänge von 1994–1998)	45/55	45
EK 40 (ab 1999)	40/40	40
EK 30 (ab 1994)	30/70	30

19 Der **Zeitpunkt der Anrechnung** ist gesetzlich nicht geregelt (*Heinicke* in Schmidt § 36 Rn. 53). Die Anrechnung erfolgt nach allgemeinen Grundsätzen in dem VZ, in dem der Erhöhungsbetrag nach § 4 V 2 als Teil des Übernahmeerfolgs bzw. der Kapitalertrag nach § 7 S 1 Nr. 2 als Bestandteil der Einkünfte iSv § 7 bei den Gesellschaftern der übernehmenden Personengesellschaft bzw. der übernehmenden natürlichen Person besteuert wird. Das ist regelmäßig der VZ, in den der steuerliche Übertragungsstichtag (§ 2 I) fällt. Bei einem abweichenden Wirtschaftsjahr ist das KSt-Guthaben in dem VZ anzurechnen, in dem das Wirtschaftsjahr endet (*Dötsch* UmwStG Rn. 270; *Herrmann* in Frotscher/Maas § 10 UmwStG Rn. 27; *Widmann/Mayer* Vorauflage Rn. 5710).

Anrechnungsberechtigt sind die „Gesellschafter der übernehmenden Personengesellschaft“ oder die „übernehmende natürliche Person“, § 10 I. Bei letzterer ergibt sich die Anrechnungsberechtigung ohne weiteres aus dem Umstand, daß die übernehmende natürliche Person und der Anteilsinhaber wegen § 120 I UmwG identisch sind (*Herrmann* in Frotscher/Maas § 10 UmwStG Rn. 14). Bei der Verschmelzung auf eine Personengesellschaft gehört der Anrechnungsanspruch in keinem Fall zum Gesellschaftsvermögen der Personengesellschaft, auch wenn diese sämtliche Anteile an der übertragenden Körperschaft in ihrem Betriebsvermögen hält (*Herrmann* in Frotscher/Maas § 10 UmwStG Rn. 15). Vielmehr entsteht der Anspruch unmittelbar in der Person des einzelnen Gesellschafters und ist nach allgemeiner Ansicht im Rahmen der einheitlichen und gesonderten Feststellung des Gewinns der übernehmenden Personengesellschaft im Sonderbetriebsvermögen des einzelnen Gesellschafters zu erfassen (BFH v. 22.11.1995 BStBl. II 1996, 390 mwN). Zur Vermeidung von Differenzen zwischen Handels- und Steuerbilanz empfiehlt es sich in den Fällen, in denen ein Übernahmeverlust eintritt oder ohne Anrechnung des KSt-Guthabens (theoretisch) eintreten würde, daß die anrechnungsberechtigten Gesellschafter ihre Ansprüche an die übernehmende Personengesellschaft abtreten (*Haritz/Pätzoldt* FR 1998, 355 f.). 20

2. Gewinnausschüttungen im Rückwirkungszeitraum

Für das auf den steuerlichen Umwandlungsstichtag festzustellende vEK ergeben sich Besonderheiten bei **Gewinnausschüttungen im Rückwirkungszeitraum** sowie bei **anderen Ausschüttungen iSd § 27 III 2 KStG,** die im letzten Wirtschaftsjahr vor dem Übertragungsstichtag (§ 2 I) vorgenommen werden. 21

Das UmwStG enthält keine Regelungen, die bestimmen, ob Gewinnausschüttungen, die in der sog. Interimszeit (Zeitraum zwischen steuerlichem Übertragungsstichtag und Handelsregisteranmeldung) beschlossen und/oder vorgenommen werden, steuerlich noch bei der übertragenden Körperschaft oder bereits bei der übernehmenden Personengesellschaft zu erfassen sind. Folglich trifft es auch keine Aussage, wie diese Vorgänge in der Eigenkapitalgliederung zu berücksichtigen sind. 22

Soweit **Ausschüttungen im Rückwirkungszeitraum** der Kapitalgesellschaft zugerechnet (vgl. im einzelnen § 2 Rn. 61–69 zu UmwStE 1998 Tz. 02.15 ff.) und nicht in Entnahmen umgedeutet werden (§ 2 Rn. 67), ist für sie die Ausschüttungsbelastung nach § 27 I auf den Zeitpunkt des steuerlichen Übertragungsstichtages herzustellen. Zudem sind sie in der EK-Gliederung zum steuerlichen Übertragungsstichtag entsprechend zu berücksichtigen. 23

Gleiches gilt bei **anderen Ausschüttungen iSd § 27 III 2 KStG,** dh **Vorabausschüttungen** für das letzte Wirtschaftsjahr der untergehenden Kapitalgesellschaft, die vor dem steuerlichen Übertragungsstichtag beschlossen und ausbezahlt werden, sowie für die im letzten Wirtschaftsjahr geleisteten **verdeckten Gewinnausschüttungen.** Ihre Zurechnung zur übertragenden Kapitalgesellschaft hingegen ist unproblematisch. Sie sind nach allgemeinen Grundsätzen in der Bilanz der übertragenden Kapitalgesellschaft zu berücksichtigen (vgl. § 2 Rn. 62).

Die oben genannten Ausschüttungen sind mit dem vEK zum steuerlichen Übertragungsstichtag gem. § 28 II 2 KStG zu verrechnen, das sich **vor** Verringerung durch diese Ausschüttungen und der sich durch den Vermögensübergang ergebenden Änderungen ergibt (UmwStE 1998 Tz. 02.16, 02.22). Dies widerspricht im Grundsatz der Vorschrift des § 29 I KStG, wonach das Eigenkapital auf den steuerlichen Übertragungsstichtag nicht um diese Ausschüttung zu mindern ist. Auf Umwandlungsfälle kann § 29 I KStG indes keine Anwendung finden. Die Ermittlung des KSt-Guthabens gem. § 10 kann nur auf der Grundlage des um die Ausschüttung verminderten Eigenkapitals erfolgen. Anderenfalls käme das KSt-Guthaben der übernehmenden Personengesellschaft zunächst über die Ausschüttungen und dann ein zweites Mal über die Umwandlung zugute (*Dehmer* § 10 UmwStG Rn. 21, 22; *Dötsch* UmwStG Rn. 275; *Förster* RIW 1987, 800; *Herrmann* in 24

Frotscher/Maas § 10 UmwStG Rn. 15 ff.; *Rabalt* WPg 1984, 295; *Widmann/Mayer* Vorauflage Rn. 5709.3). Eine Eigenkapitalgliederung auf einen auf den steuerlichen Übertragungsstichtag folgenden Bilanzstichtag, mit der diese Ausschüttungen normalerweise zu verrechnen wären, gibt es nicht. Mit Ablauf des steuerlichen Übertragungsstichtags erlischt die übertragende Kapitalgesellschaft als Steuersubjekt (vgl. § 2 Rn. 64; *Dehmer* Erlaß Tz. 02.22; *Dötsch* UmwStG Rn. 166).

25 Berechnungsgrundlage für die anrechenbare KSt nach § 10 I, die Erhöhung des Übernahmegewinns nach § 4 V sowie für die Ermittlung der Kapitalerträge nach § 7 ist das vEK **nach** Verrechnung der oben genannten Ausschüttungen (UmwStE 1998 Tz. 02.19).

26 Im **Vordruck zur vEK-Gliederung** wird die Verringerung des vEK durch diese Ausschüttungen im nachrichtlichen Teil erfaßt. Entgegen dem Normalfall des Anrechnungsverfahrens werden sie jedoch nicht in eine spätere vEK-Gliederung vor-, sondern in die Gliederungsrechnung zum steuerlichen Übertragungsstichtag rückübertragen und **vor** dem Schlußbestand verrechnet (*Dötsch* UmwStG Rn. 166). Zur fehlenden Bindungswirkung des nachrichtlichen Teils s. Rn. 38.

27 Nach zutreffender Auffassung der FinVerw. hat die übertragende Körperschaft oder ihr Rechtsnachfolger eine **Steuerbescheinigung nach § 44 KStG** auszustellen (UmwStE 1998 Tz. 02.18).

3. Negative Teilbeträge

28 Umstritten ist die Behandlung **negativer Teilbeträge des vEK.**

Entstehung. Negative Teilbeträge der Bestände EK 45 (ab dem 1.1.1999: EK 40) und EK 30 (§ 30 I Nr. 1 u. 2 KStG) entstehen regelmäßig nach längeren Verlustphasen, da aus diesen Eigenkapitaltöpfen die nicht abziehbaren Aufwendungen (VSt, die Hälfte der Aufsichtsratsvergütungen, die nicht abziehbaren Spenden usw.) gespeist werden, vgl. § 31 I Nr. 4, II KStG. Negatives EK 0 (§ 30 I Nr. 3, II KStG) ergibt sich unter anderem durch Verlustzurechnung beim EK 02 (§ 30 II Nr. 2 KStG) gem. § 33 I KStG, durch Verrechnung fehlenden vEKs gem. § 35 II KStG sowie durch Umgliederung von positivem EK 56 bzw. EK 50 aufgrund geänderter KSt-Sätze nach § 54 XI, XIa KStG aF.

29 **Negatives EK 01–04.** Eine Verrechnung negativer EK 0-Teilbeträge mit positiven Teilbeträgen des EK 45 (ab dem 1.1.1999: EK 40) bzw. EK 30 findet nach allgemeiner Ansicht nicht statt. § 10 I erwähnt nur die belasteten Teilbeträge iSv § 30 I Nr. 1 u. 2 KStG (*Haritz* BB 1996, 1413). § 41 IV KStG, der nach seinem eindeutigen Wortlaut eine Saldierung nur für den Fall der Liquidation einer Kapitalgesellschaft vorsieht, findet auf den umwandlungsbedingten Untergang der übertragenden Kapitalgesellschaft keine Anwendung (UmwStE 1998 Tz. 10.03; *Dötsch* UmwStG Rn. 272; *Rödder* DStR 1996, 1079; *ders.* Stbg 1997, 151; *Streck* § 41 Rn. 10; *Thiel* DB 1995, 1198; *Widmann/Mayer* Vorauflage Rn. 5709.1; aA *Dehmer* § 7 UmwStG Rn. 26).

30 **Negatives EK 45 (40) bzw. EK 30.** Zutreffend lehnt die ganz überwiegende Auffassung im Schrifttum eine Verrechnung negativer Teilbeträge des EK 45 (ab 1.1.1999: EK 40) mit positivem EK 30 (und umgekehrt) mit Hinweis auf die Vernichtung von KSt-Anrechnungsguthaben ab (*Blumers/Beinert* DB 1995, 1047; *Dehmer* § 10 UmwStG Rn. 15 ff.; UmwStE 1998 Tz. 10.02, 10.03; *Haritz* BB 1996, 1412; *Herrmann* in Frotscher/Maas § 10 UmwStG Rn. 26; *Rödder* DStR 1996, 1079; *Schaumburg/Rödder* § 4 UmwStG Rn. 36; *Widmann/Mayer* Anm. S 247, Vorauflage Rn. 5709.1).

31 Die **entgegenstehende Ansicht der FinVerw** (UmwStE 1998 Tz. 10.02; OFD München v. 4.3.1996 DStR 1996, 1088) und ihrer Vertreter im Schrifttum (*Dötsch* UmwStG Rn. 274; *Thiel* DB 1995, 1198) verkennt die Besonderheit des KSt-Anrechnungsverfahrens nach § 10, die in der **einstufigen** Entlastung von KSt zu sehen ist (*Herzig* StbJb. 1982/83, 174). Demgegenüber sieht das Anrechnungsverfahren nach dem KStG eine zweistufige Entlastung vor, die sich sowohl auf der **Gesellschaftsebene** (Herstellung der Ausschüttungsbelastung) als auch auf der **Gesellschafterebene** (Anrechnung der KSt) vollzieht. § 10 beschränkt sich ausdrücklich auf die Anrechnung auf der Ebene der Gesellschafter.

Die Verrechnung von negativen Teilbeträgen kann sich allenfalls auf der Gesellschaftsebene (übertragende Kapitalgesellschaft) vollziehen. Sie betrifft die Herstellung der Ausschüttungsbelastung. Da diese Ebene in den Fällen des § 10 entfällt, scheidet eine Nachversteuerung aus. § 10 regelt nur die Anrechnung, nicht die Herstellung der Ausschüttungsbelastung (ebenso *Haritz* BB 1996, 1413).

Aus dem Wortlaut des § 10 I, der von der auf den Teilbeträgen des vEK „lastenden" KSt spricht, ergibt sich, daß negative vEK-Teilbeträge nicht zu berücksichtigen sind, da sie zu keiner KSt-Belastung führen und somit auch nicht in die Ermittlung des Anrechnungsguthabens einzubeziehen sind (*Rödder* DStR 1996, 1079). Die Vorschrift soll eine Doppelbelastung (vgl. Rn. 2) der von der übertragenden Körperschaft erzielten Erträge verhindern, nicht aber infolge eines durch negative Teilbeträge geminderten Anrechnungsguthabens zu einer nachträglichen Belastung mit KSt führen (*Herrmann* in Frotscher/Maas § 10 UmwStG Rn. 26).

BFH v. 22.11.1995. Zu Unrecht stützt sich die FinVerw auf das Urt. des BFH v. 22.11.1995 (BStBl. II 1996, 390 – Vorinstanz: FG BaWü v. 18.8.1994 EFG 1995, 179). Der BFH hat mit Hinweis auf das von der ganz herrschenden Schrifttumsauffassung vertretene Saldierungsverbot ausdrücklich offengelassen, ob positive und negative vEK Teilbeträge miteinander zu verrechnen sind (*Dehmer* Erlaß Tz. 10.02; *Rödder* DStR 1996, 1078; *„-sch"* DStR 1996, 667; *Widmann/Mayer* Anm. S 247). 32

Die Entscheidung betrifft den **Sonderfall** der Saldierung positiver EK 56-Teilbeträge mit negativen EK 50-Teilbeträgen, mithin zweier Unterpositionen desselben Einkommensteils iSv § 30 I Nr. 1 KStG aufgrund eines geänderten KSt-Satzes. Bedeutung hat das Urt. deshalb (nur) für den Fall, daß im Zuge der Umgliederung des EK 50-Teilbetrages zum Schluß des Wirtschaftsjahres 1998 gem. § 54 XIa KStG positives EK 50 mit negativem EK 45 zusammentrifft. Dabei kommt es nicht zu einer Verrechnung der beiden EK-Bestände, vielmehr wird das im EK 50 enthaltene positive Anrechnungsguthaben iHv 50/50 um 45/55 des im EK 45 gespeicherten negativen KSt-Guthabens gekürzt (vgl. *Rödder* DStR 1996, 1079 mwN; krit. *Haritz* BB 1996, 1413). Für diesen Sonderfall kann auf das Rechenbeispiel in UmwStE 1998 Tz. 10.02 verwiesen werden:

Rücklagen lt. Steuerbilanz	EK 50	EK 45	nach § 10 I anzurechnende KSt	
15 TDM	– 40 TDM	55 TDM	(50/50 von – 40 TDM) (45/55 von 55 TDM) anrechenbare KSt	– 40 TDM + 45 TDM 5 TDM

Zur Umgliederung von EK 50 zum Schluß des Wirtschaftsjahres 1998 vgl. OFD Koblenz v. 26.11.1998 (DStR 1999, 118). Durch die Umgliederung entsteht negatives EK 02, welches das der Kapitalgesellschaft für Ausschüttungen zur Verfügung stehende KSt-Guthaben mindert. Die Nichtberücksichtigung des EK 02 bei § 10 I eröffnet die Möglichkeit, solchermaßen gebundenes Anrechnungsguthaben im Wege der Umwandlung in eine Personengesellschaft zu mobilisieren (vgl. *Gonella/Starke* DStR 1996, 333).

4. Verteilung

Die gem. § 10 I anzurechnende KSt ist den Gesellschaftern entsprechend den zivilrechtlichen Beteiligungsverhältnissen zum Zeitpunkt der Eintragung des Umwandlungsbeschlusses in das Handelsregister zuzurechnen (*Widmann/Mayer* Vorauflage Rn. 5709; *Dehmer* § 10 UmwStG Rn. 13; aA *Herrmann* in Frotscher/Maas § 10 UmwStG Rn. 10 u. 12: steuerlicher Übertragungsstichtag). Denn auf der Grundlage der Beteiligungsverhältnisse an diesem Stichtag werden auch der Übernahmegewinn/-verlust der Personengesellschaft (§ 4 IV, V) zum steuerlichen Übertragungsstichtag sowie die Einkünfte iSd §§ 7, 8, 9 II errechnet (vgl. § 4 Rn. 155). Würde auf den Umwandlungsbeschluß abgestellt, hätte dies zur Folge, daß der Übernahmegewinn/-verlust und die anzurechnende KSt auf 33 unterschiedlicher Basis ermittelt würden (*Widmann/Mayer* Vorauflage Rn. 5709). Bedeutung erlangt dies, wenn Anteile nach dem steuerlichen Übertragungsstichtag veräußert werden. Das Anrechnungsguthaben zum Übertragungsstichtag steht in diesen Fällen dem Erwerber der Anteile zu. Voraussetzung ist, daß der Erwerber auch noch zum Zeitpunkt der Eintragung Gesellschafter ist.

34 Für die **Verteilung** der anzurechnenden KSt auf die Gesellschafter ist entscheidend auf die Beteiligung an der übertragenden Körperschaft abzustellen, wobei die Gewinnverteilungsabreden im Gesellschaftsvertrag zu berücksichtigen sind. Eigene sowie eingezogene Anteile bleiben außer Betracht (*Dehmer* § 10 UmwStG Rn. 13; *Dötsch* UmwStG Rn. 276). Abzulehnen ist die differenzierende Lösung von *Widmann/Mayer* (Vorauflage Rn. 5709), die im Falle einer Verschmelzung durch Aufnahme den Gewinnverteilungsschlüssel der übernehmenden Personengesellschaft für maßgeblich halten, da das Anrechnungsguthaben originär den einzelnen Mitunternehmern zusteht (*Dehmer* § 10 UmwStG Rn. 14; *Herrmann* in Frotscher/Maas § 10 UmwStG Rn. 12 mit Verweis auf BFH v. 22.11.1995 BStBl. II 1996, 390; vgl. oben Rn. 20).

5. Vereinfachter Nachweis der anrechenbaren KSt

35 Die übertragende Kapitalgesellschaft, bzw. der übernehmende Rechtsträger als deren Rechtsnachfolger, hat den Anteilseignern eine Bescheinigung über die anteilig auf sie entfallende anrechenbare KSt zu erteilen (UmwStE 1998 Tz. 10.05; vgl. auch Abschn. 97 KStR). Den Anteilseignern iSv § 7 ist neben ihrem Anrechnungsguthaben iSd § 7 S 1 Nr. 2 auch das anteilig auf sie entfallende vEK – ohne EK 04 – iSd § 7 S 1 Nr. 1 zu bescheinigen (UmwStE 1998 Tz. 10.06; § 7 Rn. 44).

Entgegen dem in §§ 27 ff. KStG für den Ausschüttungsfall geregelten Anrechnungsverfahren ist die KSt-Anrechnung nach § 10 I jedoch nicht an eine formelle Steuerbescheinigung iSd §§ 44–46 KStG gebunden. Das UmwStG enthält keine § 36 II 2 Nr. 3 S 4 Buchst. b) EStG vergleichbare Vorschrift.

Der Nachweis der anrechenbaren KSt kann daher vom Anteilseigner **vereinfacht** durch Vorlage einer **Kopie des Bescheids nach § 47 I Nr. 1 KStG** über die gesonderte Feststellung der Teilbeträge des vEK erbracht werden (UmwStE 1998 Tz. 10.05, 10.06; *Dehmer* Erlaß Tz. 10.05, 10.06; *Dötsch* UmwStG Rn. 277 ff.; *Widmann/Mayer* Vorauflage Rn. 5709). Die Anrechnungsberechtigten haben aufgrund ihrer Gesellschafterstellung einen klagbaren zivilrechtlichen Anspruch auf eine derartige Bescheinigung.

6. Bindungswirkung der vEK-Schlussgliederung

36 Im Normalfall des Anrechnungsverfahrens (§§ 27 ff. KStG) erstreckt sich die **Bindungswirkung des Feststellungsbescheides nach § 47 KStG** nur auf die Kapitalgesellschaft selbst (*Dötsch* in D/E/J/W § 47 KStG Rn. 11). Der Bescheid über die gesonderte Feststellung ist Grundlagenbescheid für den Bescheid über die gesonderte Feststellung zum folgenden Feststellungszeitpunkt, § 47 I 2 KStG.

Bei der KSt-Anrechnung nach § 10 entfaltet der Feststellungsbescheid darüber hinaus eine materiell-rechtliche Bindungswirkung auch für die **Anteilseigner** (*Dötsch* UmwStG Rn. 280; *Herrmann* in Frotscher/Maas § 10 UmwStG Rn. 19; *Widmann/Mayer* Vorauflage Rn. 4878.1; BFH v. 19.7.1994 BStBl. II 1995, 365 mit Anm. *Gschwendtner* DStZ 1995, 293 zur Bindungswirkung bei § 20 I Nr. 1 S 3 EStG). Die anrechenbare KSt läßt sich somit nur durch den Feststellungsbescheid nachweisen. Der Anteilseigner muß daher als nicht am Feststellungsverfahren beteiligter Dritter den Feststellungsbescheid anfechten können bzw. bei Bestandskraft gegen sich gelten lassen. Das für die Besteuerung des Gesellschafters zuständige FA ist auch an eine fehlerhaft festgestellte Eigenkapitalgliederung gebunden.

37 Bei der **Gewinnermittlung nach § 7** gilt die Bindungswirkung des vEK-Bescheids iSv § 47 KStG sowohl für die Ermittlung des anteiligen vEK (§ 7 S 1 Nr. 1) als auch für die darauf lastende KSt (§ 7 S 1 Nr. 2). Das für die Veranlagung des Gesellschafters zuständige

FA hat die in der gesonderten Feststellung ausgewiesenen Beträge zu übernehmen und dem Anteilseigner als Einkünfte aus Kapitalvermögen zuzurechnen. (*Dehmer* § 7 UmwStG Rn. 36; *Herrmann* in Frotscher/Maas § 7 UmwStG Rn. 19; aA *Widmann/Mayer* Vorauflage Rn. 5607; vgl. auch § 7 Rn. 43).

Problematisch sind Ausschüttungen, die lediglich im **nachrichtlichen Teil** der Schlußgliederung erfaßt werden, zB andere Ausschüttungen iSv § 27 III 2 KStG im letzten Wirtschaftsjahr der übertragenden Körperschaft oder Ausschüttungen im Rückwirkungszeitraum. Für die KSt-Anrechnung nach § 10 ist auf das um den nachrichtlichen Teil verminderte vEK abzustellen. Dieser ist aber nicht Gegenstand der gesonderten Feststellung nach § 47 KStG und entfaltet daher keine Bindungswirkung (*Dötsch* UmwStG Rn. 280). 38

IV. Ausschluss der Anrechnung, § 10 II

1. Allgemeines und Anwendungsbereich

§ 10 II schließt die KSt-Anrechnung nach Abs. 1 aus, sofern der Übernahmegewinn nach § 4 IV, V sowie die Einkünfte nach §§ 7, 8, 9 II nicht der deutschen ESt oder KSt unterliegen. Die Vorschrift folgt damit dem allgemeinen Grundsatz, daß eine Anrechnung von KSt nur erfolgen darf, falls ohne diese Anrechnung eine wirtschaftliche Doppelbelastung der von der Körperschaft erzielten Gewinne entstehen würde (Rn. 2). § 10 II entspricht § 51 KStG bzw. § 36 II Nr. 3 S 4 Buchst. e) und f) EStG, die die Anrechnung des KSt-Guthabens in den Fällen ausschließen, in denen Ausschüttungen oder sonstige Leistungen der Körperschaft bei den Anteilseignern nicht zu besteuern sind. Zu einer Doppelbelastung kommt es bei fehlender inländischer Steuerpflicht nicht. 39

Die auf den Einkünften lastende KSt wird endgültig.

Für die Tatbestandsvoraussetzung „nicht der ESt oder der KSt unterliegen" kommt es allein darauf an, daß eine gesetzliche Regelung der Besteuerung des Übernahmegewinns durch die deutsche ESt/KSt entgegensteht. Daß der Übernahmeerfolg aus tatsächlichen Gründen nicht der Steuer unterliegt, etwa weil die Verschmelzung zu einem Übernahmeverlust geführt hat oder ein Übernahmegewinn durch andere, negative Einkünfte ausgeglichen wurde, ist unbeachtlich (*Dehmer* § 10 UmwStG Rn. 28 f.; *Herrmann* in Frotscher/Maas § 10 UmwStG Rn. 31; *Widmann/Mayer* Vorauflage Rn. 5716).

Deshalb ist die KSt-Anrechnung auch dann ausgeschlossen, wenn die (ohnehin) nicht der Besteuerung unterliegenden Einkünfte negativ sind (*Widmann/Mayer* Vorauflage Rn. 5738).

Die Nichterfassung des Übernahmegewinns bzw. der Einkünfte iSd §§ 7, 8 sowie 9 II kommt in folgenden Fällen in Betracht (*Widmann/Mayer* Vorauflage Rn. 5722; *Dehmer* § 10 UmwStG Rn. 27): 40

- Beschränkte Steuerpflicht;
- Zuweisung des Besteuerungsrechts an einen anderen Staat aufgrund DBA;
- Steuerfreiheit nach § 5 I KStG.

2. Beschränkte Steuerpflicht

a) Allgemeines. Ein beschränkt Steuerpflichtiger unterliegt mit seinen **inländischen Einkünften** iSd § 49 EStG (§ 1 IV EStG, § 2 Nr. 1 KStG) der deutschen Besteuerung. Eine natürliche Person ist beschränkt steuerpflichtig, wenn sie im Inland weder einen Wohnsitz noch ihren gewöhnlichen Aufenthalt hat (s. §§ 8, 9 AO). Körperschaften sind beschränkt steuerpflichtig, sofern sie im Inland weder ihren Sitz noch ihre Geschäftsleitung unterhalten (§ 2 Nr. 1 KStG). 41

Voraussetzung für eine inländische Steuerpflicht des beschränkt Steuerpflichtigen ist demnach, daß durch den Umwandlungsvorgang inländische Einkünfte erzielt werden.

42 **b) Umwandlung in ein Betriebsvermögen. aa) Übernahmegewinnermittlung.** Die §§ 4 IV–VI, 5 regeln die Ermittlung des Übernahmegewinns/-verlusts. Die Gewinnermittlungsvorschriften haben das Ziel, den aufgrund des Vermögensübergangs von der Kapitalgesellschaft auf die Personengesellschaft entstehenden Übernahmegewinn bei den Gesellschaftern der Personengesellschaft als Einkünfte aus Gewerbebetrieb der Besteuerung zu unterwerfen. Konzeptionell ist § 4 IV Ausgangspunkt der Gewinnermittlung. Diese Vorschrift regelt die Verschmelzung einer Kapitalgesellschaft auf eine Personengesellschaft als Alleingesellschafter der Kapitalgesellschaft. Dieser **Grundfall** stellt in der Praxis den Ausnahmefall dar, da die Anteile regelmäßig dem Privatvermögen der Gesellschafter oder einem anderen (inländischen) Betriebsvermögen zuzuordnen sind. Um auch in diesen Fällen eine einheitliche Gewinnermittlung mit Wirkung für und gegen die Gesellschafter auf der Ebene der Personengesellschaft zu ermöglichen, fingiert die Vorschrift des § 5 für Zwecke der Gewinnermittlung – und nur für diese Zwecke – die Einlage dieser Anteile in das Betriebsvermögen der Personengesellschaft zum steuerlichen Übertragungsstichtag. § 5 dient der Gleichbehandlung der Gesellschafter der Kapitalgesellschaft in bezug auf die Ermittlung des Übernahmegewinns/-verlusts. Die Vorschrift erstreckt sich nach ihrem Wortlaut auf folgende Grundfälle (s. hierzu im einzelnen die Kommentierung zu § 5):

- Die Anteile an der übertragenden Körperschaft befinden sich im Betriebsvermögen der Personengesellschaft, wobei die Anteile nach dem steuerlichen Übertragungsstichtag angeschafft worden sind (§ 5 I, Abgrenzung zu § 4);
- Abfindung an einen Anteilseigner im Rahmen der Umwandlung (§ 5 I);
- Wesentliche Beteiligung iSd § 17 EStG mit Ausnahme der Anteile iSv § 5 II 2;
- Anteile im inländischen Betriebsvermögen eines Gesellschafters der übernehmenden Personengesellschaft am steuerlichen Übertragungsstichtag (§ 5 III);
- Einbringungsgeborene Anteile (§ 5 IV).

43 Von der Einlagefiktion des § 5 nicht erfaßt werden demnach Minderheitsgesellschafter bzw. die ihnen gleichgestellten Anteilseigner iSv § 7 S 2, § 5 II 2 iVm § 17 II 4 EStG (zum Begriff vgl. § 7 Rn. 2) sowie Anteile, die nicht einem inländischen Betriebsvermögen zuzuordnen sind. Konsequenterweise müssen diese Anteile – wie in § 4 IV 3 vorgesehen – bei der Ermittlung des Übernahmegewinns/-verlusts außer Betracht bleiben.

44 **bb) Beschränkt Steuerpflichtige.** Bei beschränkt Steuerpflichtigen müssen für das Vorliegen der inländischen Steuerpflicht folgende Voraussetzungen erfüllt sein:

(1) Die Anteile der beschränkt Steuerpflichtigen müssen nach § 5 für Zwecke der Übernahmegewinnermittlung als in das Betriebsvermögen der übernehmenden Personengesellschaft eingelegt gelten.

(2) Der Übernahmegewinn darf nicht aufgrund eines DBA von der inländischen Steuerpflicht freigestellt sein.

45 Die **Einlagefiktion** des § 5 I–IV findet im Ergebnis ausnahmslos auch auf beschränkt Steuerpflichtige Anwendung (s. zur Begründung ausf. § 5 Rn. 140 ff.). Die Anwendung des § 5 setzt keine unbeschränkte Steuerpflicht des Anteilseigners voraus. Die Abgrenzung der verschiedenen Alternativen des § 5 untereinander und die Abgrenzung zwischen § 5 mit den Folgen der Anwendung des § 4 IV–VI einerseits und der Anwendung des § 7 andererseits vollzieht sich vielmehr nach anderen Kriterien (§ 5 Rn. 142).

46 **§ 5 I.** Ist ein beschränkt Steuerpflichtiger an der übernehmenden Personengesellschaft beteiligt und erwirbt diese übernehmende Personengesellschaft nach dem Übertragungsstichtag Anteile an der übertragenden Körperschaft, so hindert dies keinesfalls die Anwendung des § 5 I. Voraussetzung ist allerdings, daß die übernehmende Personengesellschaft inländisches Betriebsvermögen hat und nicht nur vermögensverwaltend tätig ist. Auch die erweiterte Anwendung des § 5 I auf die Fälle, in denen ein (zukünftiger) Gesellschafter der übernehmenden Personengesellschaft Anteile im inländischen Betriebsvermögen erwirbt, schließt den beschränkt Steuerpflichtigen solange nicht aus, wie er diese Anteile im Rahmen eines inländischen Betriebsvermögens anschafft (§ 5 Rn. 143).

§ 5 III. Diese Grundsätze gelten auch für § 5 III. Gehören an dem steuerlichen Übertragungsstichtag Anteile an der übertragenden Körperschaft zum inländischen Betriebsvermögen eines beschränkt steuerpflichtigen Gesellschafters der übernehmenden Personengesellschaft oder eines zukünftigen Gesellschafters der übernehmenden Personengesellschaft, so ist der Gewinn der Personengesellschaft so zu ermitteln, als seien die Anteile entweder zum Buchwert oder zu den Anschaffungskosten in das Betriebsvermögen der Personengesellschaft zum Übertragungsstichtag überführt worden (§ 5 Rn. 144). **47**

Kein relevantes Kriterium ist, ob Anteile an der übertragenden Körperschaft zu einem ausländischen Privat- oder Betriebsvermögen gehören. § 5 unterscheidet nicht zwischen ausländischem Privat- und Betriebsvermögen; entscheidend ist allein, ob inländisches Betriebsvermögen vorliegt (§ 5 Rn. 146). **48**

§ 5 II. In den Fällen des § 5 II gelten die Anteile zum Stichtag als in das Betriebsvermögen der Personengesellschaft zu Anschaffungskosten eingelegt (ausf. § 5 Rn. 150–170). **49**

§ 5 IV. Bei einbringungsgeborenen Anteilen (§ 5 IV) erfolgt die Einlage im Grundsatz ebenfalls zu den Anschaffungskosten; gem. § 21 IV 2 ist indes der Teilwert anzusetzen, sofern er niedriger ist als die Anschaffungskosten (§ 5 Rn. 179). **50**

Inländische Steuerpflicht: Besteht mit dem konkreten Ansässigkeitsstaat des beschränkt Steuerpflichtigen kein DBA, unterliegt der Übernahmegewinn der Besteuerung in der Bundesrepublik Deutschland. Der beschränkt Steuerpflichtige ist damit anrechnungsberechtigt (*Füger/Rieger* IStR 1995, 262). **51**

Besteht mit dem Ansässigkeitsstaat des beschränkt Steuerpflichtigen ein DBA, ist zu prüfen, ob das Besteuerungsrecht der Bundesrepublik Deutschland im konkreten Fall ausgeschlossen ist. **52**

Der Übernahmegewinn wird von den anwendbaren DBA regelmäßig als Veräußerungsgewinn gem. Art. 13 I OECD-MA 1977 behandelt (*Vogel* Art. 13 Rn. 24). Die einschlägigen DBA stellen regelmäßig auf eine **tatsächlich bestehende** Betriebsstätte ab sowie darauf, daß das veräußerte Wirtschaftsgut zu einer inländischen Betriebsstätte gehört.

Gehören die Anteile an der übertragenden Körperschaft daher zu einem **inländischen** Betriebsvermögen (Fälle des § 5 I und III), besteht eine Steuerpflicht des beschränkt Steuerpflichtigen gem. § 49 I Nr. 2a) EStG. Zu einer Freistellung durch ein ggf. anwendbares DBA (s. Art. 13 II OECD-MA 1977) kommt es nicht. Die Anteile an der übertragenden Körperschaft sind in den Fällen des § 5 I und III einer tatsächlich bestehenden inländischen Betriebsstätte zuzurechnen. **53**

Wesentliche Beteiligungen iSd § 5 II gelten, mit Ausnahme der Anteile nach § 5 II 2 iVm § 17 II 4 EStG, für Zwecke der Übernahmegewinnermittlung als in das Betriebsvermögen der Personengesellschaft eingelegt. Das sich aufgrund der Einlagefiktion ergebende Übernahmeergebnis ist einer tatsächlichen inländischen Betriebsstätte zuzurechnen. Denn dieses Übernahmeergebnis ist als erster Gewinn oder Verlust des beschränkt Steuerpflichtigen aus der Beteiligung an der übernehmenden Personengesellschaft anzusehen und damit im Inland zu versteuern (s. zur ausf. Begr. § 5 Rn. 154). **54**

Bei einbringungsgeborenen Anteilen wird die Einlage gem. § 5 IV für Zwecke der Übernahmegewinnermittlung fingiert. Auch bei einbringungsgeborenen Anteilen stellt das aufgrund der Einlagefiktion entstehende Übernahmeergebnis den ersten Gewinn oder Verlust aus der Beteiligung an der übernehmenden Personengesellschaft dar (s. § 5 Rn. 179). **55**

Dabei ist zu beachten, daß eine Sacheinlage unter dem Teilwert bei beschränkt Steuerpflichtigen nur dann zulässig ist, wenn das Besteuerungsrecht der Bundesrepublik Deutschland hinsichtlich des Gewinns aus der Veräußerung der dem Einbringenden gewährten Gesellschaftsanteile im Zeitpunkt der Sacheinlage nicht ausgeschlossen ist, § 20 III. Andernfalls hat die Kapitalgesellschaft das eingebrachte Vermögen mit dem Teilwert anzusetzen, so daß einbringungsgeborene Anteile iSv § 21 erst gar nicht zur Entstehung kommen.

56 Erzielt der beschränkt Steuerpflichtige Einkünfte iSd § 7, liegt im Inland keine Steuerpflicht vor (s. ausf. § 7 Rn. 6). Eine KSt-Anrechnung steht ihm gem. § 10 II nicht zu.

57 **c) Umwandlung in ein Privatvermögen.** Wird das Vermögen der übertragenden Körperschaft Privatvermögen einer Personengesellschaft bzw. einer natürlichen Person, sind bei der übertragenden Körperschaft Wirtschaftsgüter mit den gemeinen Werten anzusetzen (s. ausf. § 8 Rn. 12). Die aufgrund des Ansatzes des gemeinen Wertes bei der untergehenden Kapitalgesellschaft entstehenden Einkünfte sind, abweichend von § 4 IV–VI, unmittelbar bei den Gesellschaftern der Personengesellschaft zu ermitteln. Diese Art der Einkunftsermittlung auf der Ebene der Gesellschafter ist bei einer Verschmelzung auf eine Personengesellschaft mit Betriebsvermögen nur für die Minderheitsgesellschafter iSd § 7 vorgesehen. Die Einkunftsermittlung auf der Ebene der Gesellschafter führt sowohl zu unterschiedlichen Besteuerungsergebnissen als auch zur Anwendung unterschiedlicher Besteuerungsarten. Folgende Einkünfte kommen in Betracht (s. § 8 Rn. 29):

- Betriebliche Einkünfte, sofern die Anteile an der übertragenden Kapitalgesellschaft zu einem Betriebsvermögen des Gesellschafters gehören;
- Einkünfte iSd § 17 EStG;
- Einkünfte iSd § 21 I 1;
- Einkünfte iSd § 7.

58 In den Fällen der Umwandlung auf ein Privatvermögen einer Personengesellschaft bzw. einer natürlichen Person findet damit die Einlagefiktion des § 5 – abgesehen von Abs. 1, auf den § 8 I 2 verweist – keine Anwendung.

59 Daher ist für die einzelnen Einkünfte zunächst festzustellen, ob **inländische Einkünfte iSd § 49 EStG vorliegen.** Der inländischen Besteuerung unterliegen gem. § 49 I Nr. 2a) EStG die betrieblichen Einkünfte, sofern die Anteile an der übertragenden Kapitalgesellschaft zu einem inländischen Betriebsvermögen des beschränkt Steuerpflichtigen gehört haben. Einkünfte iSd § 17 EStG unterliegen gem. § 49 I Nr. 2e) EStG der Besteuerung im Inland. Bei nicht wesentlich beteiligten Gesellschaftern iSd § 7 besteht keine inländische Steuerpflicht, da die Voraussetzungen des § 49 EStG nicht erfüllt sind (ausf. § 7 Rn. 6).

Einbringungsgeborene Anteile können nur dann vorliegen, wenn eine inländische Steuerpflicht bei der Veräußerung solcher Anteile vorliegt (arg. § 20 III, § 21 II 1 Nr. 2), dh die Anteile müssen in einem inländischen Betriebsvermögen liegen oder der Anteilseigner ist wesentlich beteiligt und es gibt kein DBA oder das DBA verweist das Besteuerungsrecht nach Deutschland.

60 Besteht zwischen der Bundesrepublik Deutschland und dem Ansässigkeitsstaat des beschränkt Steuerpflichtigen **kein DBA,** dann unterliegen die Einkünfte unter den oben dargestellten Voraussetzungen (Rn. 51) der Besteuerung in der Bundesrepublik Deutschland. Ist zwischen dem Ansässigkeitsstaat des beschränkt Steuerpflichtigen und der Bundesrepublik Deutschland ein DBA abgeschlossen, ist nachzuprüfen, welchem Staat das DBA das Besteuerungsrecht zuweist.

61 **d) Relevante Zeitpunkte.** Die beschränkte Steuerpflicht muß im Zeitpunkt der Eintragung des Umwandlungsbeschlusses in das Handelsregister vorliegen (*Widmann/Mayer* Vorauflage Rn. 5724; aA *Dehmer* § 10 UmwStG Rn. 30: steuerlicher Übertragungsstichtag). Ist der Steuerpflichtige bspw. zum Zeitpunkt des steuerlichen Übertragungsstichtags nur beschränkt steuerpflichtig, zum Zeitpunkt der Eintragung jedoch unbeschränkt, liegt kein Anwendungsfall des § 10 II vor. Im umgekehrten Fall, in dem der Steuerpflichtige zum steuerlichen Übertragungsstichtag unbeschränkt, bei der Eintragung jedoch nur noch beschränkt steuerpflichtig ist, greift dagegen § 10 II ein. Sofern Anteile zwischen steuerlichem Übertragungsstichtag und Eintragung veräußert werden, ist auf die Steuerpflicht des Erwerbers zum Zeitpunkt der Eintragung abzustellen.

Darüber hinaus kommt es für die Frage, ob inländische Einkünfte von beschränkt Steuerpflichtigen vorliegen, ebenfalls auf die Eintragung des Umwandlungsbeschlusses an (*Widmann/Mayer* Vorauflage Rn. 5727).

3. Subjektive Steuerbefreiungen nach § 5 I KStG

Gem. § 5 I iVm § 54 I a, I b KStG sind verschiedene Körperschaften von der KSt **62** befreit. Ist eine dieser Körperschaften als Gesellschafter an einer Umwandlung auf eine Personengesellschaft beteiligt, greift die Steuerbefreiung nur bei Umwandlung in ein Privatvermögen ein. Bei einer Umwandlung in ein Betriebsvermögen kommt es zwingend zur Einlagefiktion des § 5. Denn die Beteiligung an einer gewerblichen Personengesellschaft stellt immer auch einen wirtschaftlichen Geschäftsbetrieb dar. Die Einlagefiktion begründet eine partielle Steuerpflicht; der Übernahmegewinn wird in diesem Fall erfaßt (*Dehmer* § 10 UmwStG Rn. 46).

II. Kommentierung der 2. Aufl. 2000 (Nachtrag) zu § 10 idF des StSenkG

§ 10 Körperschaftsteuerguthaben, Körperschaftsteuerschuld

Das Körperschaftsteuerguthaben und die Körperschaftsteuerschuld im Sinne der §§ 37 und 38 des Körperschaftsteuergesetzes mindern und erhöhen für den Veranlagungszeitraum der Umwandlung die Körperschaftsteuerschuld der übertragenden Körperschaft.

§ 10 fingiert eine Totalausschüttung aller Gewinnrücklagen der übertragenden Gesell- **63** schaft. Durch den Wegfall des bisherigen körperschaftsteuerlichen Anrechnungsverfahrens durch das StSenkG war es notwendig, § 10 neu zu fassen. Im Zuge des Systemwechsels ist es sachgerecht, etwaige Körperschaftsteuerguthaben oder -schulden bei der **übertragenden Gesellschaft** zu berücksichtigen (*Förster/van Lishaut* FR 2000, 1190).

Das bestehende Körperschaftsteuerminderungspotenzial aus Gewinnrücklagen wird **64** gem. § 37 I KStG mit 1/6 des Schlussbestandes des EK 40 als Körperschaftsteuerguthaben berücksichtigt. § 36 II KStG sieht vor, dass dieses Körperschaftsteuerguthaben im Verlauf der folgenden 15 Wirtschaftsjahre um jeweils ein Sechstel der ordentlichen Gewinnausschüttungen verbraucht wird.

Im Zusammenhang mit der Verweisung des § 10 nF auf das Körperschaftsteuerguthaben **65** iSd § 37 KStG nF wurde vertreten, dass sich das Körperschaftsteuerguthaben der übertragenden Gesellschaft unter Anwendung der 15-jährigen Übergangszeit mindert und zwar auch noch nach der Übertragung (*Kessler/W. Schmidt* DB 2000, 2035, Fn. 30; ähnlich *Neumayer* EStB/GmbH-StB 2000 Sonderheft zum StSenkG, 30).

Dagegen spricht aber bereits der Wortlaut des § 10 nF, wonach das Körperschaftsteuer- **66** guthaben die Körperschaftsteuerschuld der übertragenden Gesellschaft für den Veranlagungszeitraum der Umwandlung mindern soll. Der Gesetzgeber ging davon aus, dass das Körperschaftsteuerguthaben der übertragenden Gesellschaft am steuerlichen Übertragungsstichtag wirksam wird (BT-Drs. 14/2683, 128). Daraus ergibt sich auch, dass mit **„Veranlagungszeitraum der Umwandlung"** der Veranlagungszeitraum gemeint ist, in dem der steuerliche Übertragungsstichtag liegt (so auch *Willibald/Schaflitzl* in: Oppenhoff & Rädler Linklaters & Alliance, Reform der Unternehmensbesteuerung – Steuersenkungsgesetz, 359).

Im Veranlagungszeitraum der Umwandlung existiert die übertragende Gesellschaft letzt- **67** malig, eine Weiterführung des Guthabens bis zu 15 Jahren ist also nicht möglich und eine Anrechnung bei den Gesellschaftern findet nach dem Systemwechsel nicht mehr statt. Die **15-jährige Übergangsfrist** des § 37 II 2 KStG ist vielmehr dergestalt anzuwenden, dass eine Anrechung des Körperschaftsteuerguthabens bei Umwandlungen innerhalb dieser Übergangsfrist stattfindet (so auch *Schaumburg/Rödder,* Unternehmenssteuerreform 2001, 692). Da bei der Umwandlung der übertragenden Gesellschaft auf eine PersGes eine Totalausschüttung unterstellt wird, wirkt sich das ganze Minderungspotenzial sofort aus

(*Brendt,* in: Erle/Sauter, Reform der Unternehmensbesteuerung, 282; *Pung* DB 2000, 1836; *Förster/van Lishaut* FR 2000, 1191). Die sofortige Auswirkung des Minderungspotenzials bei der Umwandlung kann zu einer früheren Realisierung des Körperschaftsteuerguthabens iSd § 37 I KStG genutzt werden.

68 Soweit das anzurechnende Guthaben die Körperschaftsteuerschuld der Übertragerin im Veranlagungszeitraum der Umwandlung übersteigt, ist der **übersteigende Betrag an die Gesellschaft zu erstatten.** Etwas anderes ist dem Wortlaut des § 10 („mindern") nicht zu entnehmen (*Förster/van Lishaut* FR 2000, 1191; so auch *Thiel* FR 2000, 497: „Rückzahlung uno actu"; *Pung* DB 2000, 1836).

69 Der Minderungsanspruch ist in der Schlussbilanz der übertragenden Gesellschaft zu aktivieren und erhöht deren Eigenkapital. Dadurch erhöht das Körperschaftsteuerguthaben die Übernahmegewinne bzw. Einkünfte nach § 7.

70 Soweit an der übernehmenden PersGes eine andere KapGes beteiligt ist, ist die Regelung des **§ 37 III 2 KStG** zu beachten. Die von der übertragenden KapGes in Anspruch genommene Körperschaftsteuerminderung erhöht bei der „übernehmenden" KapGes die KSt und das Körperschaftsteuerguthaben entsprechend ihrem Anteil am Übernahmegewinn. Der Anteil am Übernahmegewinn iSd § 37 III 2 KStG ist dabei als Aufteilungsmaßstab für die Zurechnung der KSt zu sehen. Daher ist die Regelung des § 37 III 2 KStG auch dann anwendbar, wenn ein Übernahmeverlust entstanden ist (aA: *Förster* in: Förster/van Lishaut FR 2000, 1191).

71 Auf Betreiben des Vermittlungsausschusses wurde die **Nachversteuerung der EK02-Altbestände** bei einer Umwandlung innerhalb der 15-jährigen Übergangsfrist eingeführt. Da § 10 eine Totalausschüttung aller Gewinnrücklagen fingieren soll (vgl. BT-Drs. 14/2683, 128), kommt es zu einer Nachversteuerung des gesamten Altbestandes an EK 02 durch Herstellung einer fiktiven Ausschüttungsbelastung (zweifelhaft, vgl. *Förster/van Lishaut* FR 2000, 1191 f.). Der Vergleich mit dem Wortlaut des § 40 III KStG (so *Pung* DB 2000, 1836, Fn. 9), bei dem explizit eine Verwendungsfiktion gesetzlich angeordnet wurde, ist wenig hilfreich, da der Gesetzgeber mit der Neufassung des § 10 keine bewusst abweichende Regelung schaffen wollte.

72 Die beabsichtigte Nachversteuerung kann nur bis zum Veranlagungszeitraum der Umwandlung erfolgen, da durch den Wegfall des Anrechnungsverfahrens die Nachversteuerung nur auf der Ebene der übertragenden Gesellschaft stattfinden kann. Die Unterstellung einer Totalausschüttung bei Umwandlung ist somit notwendig bedingt durch den Systemwechsel, auch wenn der Wortlaut des § 10 keine Verwendung der Gewinnrücklagen fingiert.

73 Auf Grund der unterstellten Totalausschüttung der Gewinnrücklagen aus dem EK 02 beträgt die Körperschaftsteuerbelastung in Anwendung des § 38 II KStG 3/10 des EK 02-Bestandes bei Umwandlung (*Haritz/Wisniewski* GmbHR 2000, 791; *Brendt,* in: Erle/Sauter, Reform der Unternehmensbesteuerung, 282). Fraglich ist, ob nicht bei der anlässlich des Systemwechsels erfolgenden **Besteuerung von steuerfreien Altrücklagen** eine definitive Steuerbelastung von **25 %** (wie nach dem neuen System) angemessener gewesen wäre (so *Förster,* in: Förster/van Lishaut FR 2000, 1192), anstatt die Regelung der Ausschüttungsbelastung nach dem alten Anrechnungsverfahren **(30 %)** fortzuführen.

74 So führt die Anrechnung der EK 02-Altbestände bei Umwandlungen während des 15-jährigen Übergangszeitraums faktisch zu einer 15-jährigen **Umwandlungssperre bei Gesellschaften mit erheblichen EK 02-Altbeständen** (*Schaumburg/Rödder,* Unternehmenssteuerreform 2001, 692).

75 Da die Neufassung des § 10 aus der Systemumstellung bei der Besteuerung der Körperschaften resultiert, sollte seine erstmalige Anwendung mit der erstmaligen Anwendung des KStG nach dem StSenkG (Halbeinkünfteverfahren) korrespondieren. Dementsprechend war die Regelung des § 27 Ia im ursprünglichen Entwurf an die Regelungen der erstmaligen Geltung des Halbeinkünfteverfahrens bei der übertragenden Gesellschaft (vgl. BT-Drs. 14/2683, 84, 129) und damit auf die erstmalige Anwendung der §§ 37, 38 KStG nF angepasst. Gem. §§ 37 I 1, 36 I KStG ist das Körperschaftsteuerguthaben erstmalig auf den Schluss des Wirtschaftsjahres zu ermitteln, das dem Wirtschaftsjahr folgt, in dem das Anrechnungsverfahren letztmals angewandt wurde. Angesichts der letztendlich verabschiedeten Fassung des **§ 27 I a 2,** die eine Anwendung des neuen Rechts trotz eines steuerlichen Übertragungsstichtags 31.12.2000 erzwingen will (s. Kommentierung zu § 27), ist fraglich, ob auch für solche Umwandlungen ein Körperschaftsteuerguthaben zu gewähren ist (dazu *Pung* DB 2000, 1836, die die Gewährung des Körperschaftsteuerguthabens im Billigkeitsweg fordert).

Dritter Teil. Verschmelzung oder Vermögensübertragung (Vollübertragung) auf eine andere Körperschaft

§ 11 Wertansätze in der steuerlichen Schlussbilanz der übertragenden Körperschaft

(1) [1]Bei einer Verschmelzung oder Vermögensübertragung (Vollübertragung) auf eine andere Körperschaft sind die übergehenden Wirtschaftsgüter, einschließlich nicht entgeltlich erworbener oder selbst geschaffener immaterieller Wirtschaftsgüter, in der steuerlichen Schlussbilanz der übertragenden Körperschaft mit dem gemeinen Wert anzusetzen. [2]Für die Bewertung von Pensionsrückstellungen gilt § 6a des Einkommensteuergesetzes.

(2) [1]Auf Antrag können die übergehenden Wirtschaftsgüter abweichend von Absatz 1 einheitlich mit dem Buchwert oder einem höheren Wert, höchstens jedoch mit dem Wert nach Absatz 1, angesetzt werden, soweit

1. sichergestellt ist, dass sie später bei der übernehmenden Körperschaft der Besteuerung mit Körperschaftsteuer unterliegen und
2. das Recht der Bundesrepublik Deutschland hinsichtlich der Besteuerung des Gewinns aus der Veräußerung der übertragenen Wirtschaftsgüter bei der übernehmenden Körperschaft nicht ausgeschlossen oder beschränkt wird und
3. eine Gegenleistung nicht gewährt wird oder in Gesellschaftsrechten besteht.

[2]Anteile an der übernehmenden Körperschaft sind mindestens mit dem Buchwert, erhöht um Abschreibungen sowie um Abzüge nach § 6b des Einkommensteuergesetzes und ähnliche Abzüge, die in früheren Jahren steuerwirksam vorgenommen worden sind, höchstens mit dem gemeinen Wert, anzusetzen. [3]Auf einen sich daraus ergebenden Gewinn findet § 8b Abs. 2 Satz 4 und 5 des Körperschaftsteuergesetzes Anwendung.

(3) § 3 Abs. 2 Satz 2 und Abs. 3 gilt entsprechend.

Übersicht

I. Übersicht zum Dritten Teil (§§ 11–13)

1. Sachlicher Anwendungsbereich der §§ 11 bis 13

1 Das UmwStG in der bis zum 12.12.2006 geltenden Fassung (im Folgenden: aF) erfasste nur inländische Verschmelzungsvorgänge. Durch das SEStEG ist der Anwendungsbereich der §§ 11 bis 13 auf übertragende EU/EWR-Kapitalgesellschaften ausgedehnt worden (dazu § 1 Rn. [4 f.]). Somit sind die Vorschriften nicht nur bei Inlandsverschmelzungen, sondern auch bei **grenzüberschreitenden Hinaus- und Hereinverschmelzungen innerhalb der EU bzw. des EWR** zu beachten.

2 Der sachliche Anwendungsbereich der §§ 11 bis 13 bestimmt sich nach § 1 I (s. im Einzelnen § 1 Rn. [15 ff.]) und knüpft im Grundsatz an die gesellschaftsrechtlichen Vorgaben des UmwG an. Das UmwG regelt innerstaatliche Verschmelzungen inländischer Körperschaften und erfasst seit Inkrafttreten des Zweiten Gesetzes zur Änderung des Umwandlungsgesetzes v. 19.4.2007 (BGBl. I 2007, 542) auch grenzüberschreitende Verschmelzungen von Kapitalgesellschaften unter Beteiligung inländischer Kapitalgesellschaften (§§ 122a bis 122l UmwG).

3 Die §§ 11 bis 13 gelten gem. § 1 I grundsätzlich für

- innerstaatliche Verschmelzungen
  1. inländischer Körperschaften,
  2. ausländischer EU-/EWR-Körperschaften mit Inlandsbezug.
- grenzüberschreitende Verschmelzungen
  1. unter Beteiligung inländischer Körperschaften in Form der Hinaus- und der Hereinverschmelzung,
  2. ausländischer EU-/EWR-Körperschaften mit Inlandsbezug.
- grenzüberschreitende Verschmelzungen unter Beteiligung von SE/SCE.
- in- und ausländische Vorgänge, die nicht im UmwG geregelt sind, jedoch nach Durchführung einer Vergleichbarkeitsprüfung als den Verschmelzungsvorschriften des UmwG entsprechende Vorgänge angesehen werden können.

Ausführlich zum sachlichen Anwendungsbereich s. § 1 Rn. 15 ff.

2. Persönlicher Anwendungsbereich der §§ 11 bis 13

4 Gem. § 1 II kommt es für den persönlichen Anwendungsbereich auf die **Ansässigkeit** (doppeltes Ansässigkeitserfordernis) und auf den Rechtstypus der beteiligten Rechtsträger **(Typenvergleich)** an.

Die an einem Verschmelzungsvorgang beteiligten Rechtsträger (einschließlich SE/SCE) müssen ihren **statutarischen Sitz** und den **Ort ihrer Geschäftsleitung** in einem EU/EWR-Staat haben.

5 Als übertragende und (auch durch Neugründung) übernehmende Rechtsträger können an Verschmelzungen inländischer Rechtsträger nach §§ 11 bis 13 beteiligt sein:

- Kapitalgesellschaften (GmbH, AG, KGaA)
- eG
- eV
- genossenschaftliche Prüfungsverbände
- VVaG
- SE/SCE

sowie nur als übertragende Rechtsträger

- Wirtschaftliche Vereine

Auch die Unternehmergesellschaft (haftungsbeschränkt) (UG) kann als Kapitalgesellschaft an einer Verschmelzung beteiligt sein. Auf Grund des Verbots von Sacheinlagen gem. § 5a II 2 GmbHG kann eine UG jedoch nur Übernehmerin sein, wenn keine Kapitalerhöhung durchgeführt wird (z. B. wegen des Kapitalerhöhungsverbots gem. § 54 I UmwG).

6 Hinsichtlich der Beteiligung ausländischer Rechtsträger an Verschmelzungen nach §§ 11 bis 13 ist ein **Rechtstypenvergleich** vorzunehmen, bei dem es darauf ankommt, ob die ausländische Rechtsform der deutschen Körperschaft- oder Einkommensteuer unterliegen würde (s. im Einzelnen dazu *Winkeljohann/Fuhrmann* S 716 ff.).

7 Grenzüberschreitende Hinaus- bzw. Hereinverschmelzungen in bzw. aus **Drittstaaten** fallen dagegen nicht unter §§ 11 bis 13; Verschmelzungen innerhalb eines Drittstaats nach ausländischem Umwandlungsrecht können von § 12 II KStG erfasst sein (dazu *Benecke/Staats* in D/P/M § 12 KStG Rn. 400 ff.).

Ausführlich zum persönlichen Anwendungsbereich s. § 1 Rn. 40 ff.

8–10 *(einstweilen frei)*

3. Regelungsgehalt der §§ 11 bis 13

11 Der dritte Teil des UmwStG regelt in § 11 bis 13 die **Verschmelzung** oder **Vermögensübertragung (Vollübertragung)** auf eine andere Körperschaft. § 11 behandelt die steuerlichen Auswirkungen einer Verschmelzung oder Vermögensübertragung für die übertragende Körperschaft, § 12 regelt die Übertragungsfolgen bei der übernehmenden Körperschaft und § 13 die Besteuerung der Anteilseigner der übertragenden Körperschaft.

12 Hinsichtlich der vom dritten Teil des UmwStG neben den Verschmelzungen von Körperschaften ebenfalls erfassten Fällen der **Vermögensübertragung (Vollübertragung)** gem. §§ 174 ff. UmwG ist zu beachten, dass ein Buchwertansatz in diesen Fällen von vornherein ausgeschlossen ist, da eine Vollübertragung begrifflich nur dann gegeben sein kann, wenn eine Gegenleistung gewährt wird, die nicht in Anteilen oder Mitgliedschaften besteht (vgl. § 174 I UmwG; *Dötsch* in D/P/M § 11 UmwStG Rn. 9; Ausnahme: Vermögensübertragung einer Tochter-KapGes auf ihre (steuerpflichtige) Mutter-Gebietskörperschaft, s. *Schmitt* in SHS § 11 Rn. 4).

4. Schlussbilanz der übertragenden Körperschaft

13 Die übertragende Körperschaft hat auf den steuerlichen Übertragungsstichtag eine Schlussbilanz zu erstellen. Diese Verpflichtung besteht unabhängig davon, ob die Übertragerin im Inland steuerpflichtig ist (UmwStE Rn. 11.02). Bei einer grenzüberschreitenden Hereinverschmelzung hat also auch die übertragende ausländische Körperschaft eine Schlussbilanz zu erstellen, wobei sie die deutschen steuerlichen Vorschriften anzuwenden hat (dazu *Klingberg/Nitzschke* Ubg 2011, 451, 456). Die Schlussbilanz soll nur dann entbehrlich sein, wenn sie für inländische Besteuerungszwecke nicht benötigt wird (BT-Drs 16/2710, 40; *Rödder/Schumacher* DStR 2006, 1532; UmwStE Rn. 11.02 iVm 03.02; Fallbeispiel bei *Raupach/Pohl/Ditz ua*, Praxis des internationalen Steuerrechts 2012, 216 ff., 226 f.). Da die Vorlage einer Schlussbilanz nicht zu den in § 11 II 1 genannten Voraussetzungen gehört, kann ihre Nichtvorlage auch nicht zur Versagung des Buchwertansatzes führen (str., wie hier *Ropohl/Sonntag* in Hasse/Hruschka § 11 Rn. 64; *Schmitt* in SHS § 11 Rn. 18; aA *van Lishaut* in R/H/vL § 4 Rn. 28). Für die Schlussbilanz ist § 5b EStG zu beachten (elektronische Übermittlung; s. UmwStE Rn. 03.04).

Umstritten ist, ob § 4f EStG für die übertragende Körperschaft (bzw. § 5 VII EStG für eine übernehmende Körperschaft) anzuwenden ist. Werden Verpflichtungen übertragen, die bei dem ursprünglich Verpflichteten Ansatzverboten, -beschränkungen oder Bewertungsvorbehalten unterlegen haben, ist der aus diesem Vorgang sich ergebende Aufwand gem. § 4f I 1 EStG im Wj der Schuldübernahme und in den nachfolgenden 14 Jahren gleichmäßig verteilt als Betriebsausgabe abziehbar. Setzt also die übertragende Körperschaft in ihrer Schlussbilanz die gemeinen Werte an und muss sie daher nach Auffassung der Finanzverwaltung z. B. eine Drohverlustrückstellung auch für steuerliche Zwecke bilden (s. UmwStE Rn. 11.03. iVm 03.06), dann ist zu prüfen, ob der daraus resultierende Aufwand sofort und in voller Höhe in das Übertragungsergebnis eingeht oder ob nach § 4f EStG (Aufwandsverteilung über 15 Jahre) zu verfahren ist.

Da es sich bei Verschmelzungen grundsätzlich um Veräußerungsvorgänge handelt (UmwStE Rn. 00.02) ist der Anwendungsbereich des § 4f EStG eröffnet. Nach § 4f I 3 EStG unterbleibt beim Veräußerer zwar die Aufwandsverteilung, wenn die Schuldübernahme im Rahmen einer Veräußerung oder Aufgabe des ganzen Betriebs erfolgt. Diese Regelung ist auf Verschmelzungen jedoch nicht anwendbar, da das Gesetz in § 4f I 7 EStG ausdrücklich regelt, dass eine Aufwandsverteilung auch in Fällen der Gesamtrechtsnachfolge stattfinden soll (so auch die Gesetzesbegründung BT-Drs. 18/68 v. 20.11.2013, 73; aA *Förster/Staaden* Ubg 2014, 1, 7). Der Aufwand aus der Bildung einer ungewissen Verbindlichkeit wirkt sich somit nur zu 1/15 im Übertragungsergebnis und gem. § 4 I 7 iVm § 5 VII EStG zu 14/15 bei der übernehmenden Körperschaft aus. Diese ist dann zur entsprechenden Bildung einer gewinnmindernden Rücklage berechtigt (s. § 5 VII 5 EStG; so auch *Dötsch* in D/P/M § 11 Rn. 25b; *Zimmermann* Ubg 2018, 17, 20 f. mwN zum Streitstand; zu den Regelungen in § 4f und § 5 VII EStG sowie zu dem dazu ergangenen BMF-Schreiben v. 30.11.2017 (BStBl. I 2017, 1619) s. *Weber-Grellet* DB 2018, 661).

Der **steuerliche Übertragungsstichtag** stimmt idR mit dem Stichtag der handelsrechtlichen Schlussbilanz (§ 17 II 1 UmwG) überein (s. § 2 Rn. [47 ff.], insbesondere auch zu der maximal achtmonatigen Rückwirkungsoption).

Zur Behandlung eines bei der übertragenden Körperschaft bestehenden **Körperschaftsteuerguthabens,** das gem. § 37 IV KStG zum 31.12.2006 festgestellt und ab dem Jahr 2008 in zehn gleichen Jahresraten ausgezahlt wird s. *Ley/Bodden* FR 2007, 270 f. 14

(einstweilen frei) 15–17

II. Besteuerung der übertragenden Körperschaft gem. § 11 I

1. Grundsatz: Ansatz mit dem gemeinen Wert

Mit dem SEStEG hat sich die Regelungssystematik hinsichtlich der Wertansätze bei der übertragenden Körperschaft grds. geändert. § 11 I aF sah die Buchwertfortführung als Regelfall vor, wogegen nunmehr grds. der **Ansatz mit dem gemeinen Wert in der Schlussbilanz** vorgeschrieben ist. Auf Antrag und unter bestimmten Voraussetzungen können jedoch niedrigere Werte bis hinab zum Buchwert angesetzt werden. 18

Jedenfalls in dem (Regel-)Fall, dass der gemeine Wert der übergehenden Wirtschaftsgüter die Summe der Buchwerte übersteigt, besteht demnach für den übertragenden Rechtsträger ein Ansatzwahlrecht. Streitig ist hingegen die Bilanzierung eines negativen Geschäftswerts, z. B. wegen negativer Ertragserwartungen bei der übertragenden Körperschaft (sog. bad will). **Unterschreitet nämlich der gemeine Wert der übergehenden Sachgesamtheit die Summe der Buchwerte**, soll nach Auffassung der FinVerw (UmwStE Rn. 11.06 iVm 03.12) ein Buchwertansatz in der steuerlichen Schlussbilanz nicht zulässig sein; es kommt zu einer Zwangsrealisierung von stillen Lasten (dazu *Zimmermann* Ubg 2018, 17 ff.). Die durch einen Übertragungsverlust iVm dem Untergang von Verlustvorträgen (§ 12 III iVm § 4 II) entstehenden Nachteile können auch nicht durch eine Aufwandsverteilung nach § 4f EStG vermieden werden, da § 4f EStG bei einem negativen Geschäftswert keine Anwendung findet.

Die durch § 11 I geforderte Bewertung mit dem **gemeinen Wert** ist für das gesamte 19
SEStEG prägend. Das Abstellen auf den gemeinen Wert soll sich aus dessen Nähe zum

Fremdvergleichspreis als international geläufiger Bewertungsmaßstab aufgedrängt haben (*Klingberg/van Lishaut* Der Konzern 2005, 704). Gem. § 9 II BewG ist der gemeine Wert der Betrag, der für das Wirtschaftsgut nach seiner Beschaffenheit im gewöhnlichen Geschäftsverkehr bei einer Veräußerung zu erzielen wäre. Da es sich bei einer Verschmelzung nicht um die Übertragung von Einzelwirtschaftsgütern, sondern um die Übertragung einer Sachgesamtheit handelt, ist gemäß § 109 II 2 iVm § 11 II BewG die Ermittlung des gemeinen Werts anhand eines allgemein anerkannten ertragswert- oder zahlungsstromorientierten Verfahrens vorzunehmen (*Dötsch/Stimpel* in D/P/M § 11 Rn. 32); zur Ermittlung des gemeinen Werts ausführlich *Schmitt* in SHS § 11 Rn. 33 ff.

20 In § 11 I 1 ist vorgesehen, dass auch nicht entgeltlich erworbene oder selbst geschaffene **immaterielle Wirtschaftsgüter** (zB Patente oder ein Firmenwert), die bisher nicht in der Steuerbilanz ausgewiesen sind, mit dem gemeinen Wert angesetzt werden (UmwStE Rn. 11.02 iVm 03.04). Bei einem Firmenwert kann jedoch ein gemeiner Wert per definitionem nicht ermittelt werden, da ein Firmenwert nicht selbständig veräußerbar ist. Für den Firmenwert bleibt es somit – entgegen der gesetzlichen Formulierung – beim Teilwertansatz (so auch *Dötsch* in D/P/M § 11 Rn. 29; die Aktivierung eines Firmenwerts grds. ablehnend *Frotscher* in Frotscher/Drüen § 11 UmwStG Rn 78). Zu Einzelheiten s. § 3 Rn. 192 ff.

21 Gem. § 11 I 2 sind **Pensionsrückstellungen** nicht mit dem gemeinen Wert, sondern mit dem Wert nach § 6a EStG anzusetzen. Damit soll verhindert werden, dass die bislang durch § 6a EStG gedeckelten Pensionsrückstellungen, zB bei Betriebsverlagerung ins Ausland, steuerwirksam nachgeholt werden können (krit. *Rödder/Schumacher* DStR 2006, 1489). Im Rahmen der Ermittlung eines Firmenwerts in Verschmelzungsfällen sind Pensionsrückstellungen jedoch mit ihrem gemeinen Wert zu berücksichtigen, da ansonsten eine Übermaßbesteuerung droht (*Rödder* DStR 2011, 1059, 1061; *Ley/Bodden* FR 2007, 268; aA UmwStE Rn. 11.04 iVm 03.08).

Nach abzulehnender Auffassung der FinVerw sind (außer bei Buchwertfortführung) in der steuerlichen Übertragungsbilanz auch nicht bilanzierte stille Lasten (z. B. Drohverlustrückstellungen) auszuweisen (UmwStE Rn. 11.03 iVm 03.06), die somit den Wertansatz für einen Firmenwert nicht verringern (s. zum Streitstand *Dötsch* in D/P/M § 11 Rn. 22 f. und *Schmitt* in SHS § 11 Rn. 28 f., der unter Hinweis auf BFH v. 14.12.2011 (DStR 2012, 452) für einen Ausweis von stillen Lasten als ungewisse Verbindlichkeiten plädiert; s. dazu auch § 12 Rn. 15).

22 Der Ansatz mit dem gemeinen Wert ist in den Fällen des § 11 II 1 Nr. 1 und 2 zwingend. Geht also das Vermögen im Rahmen einer Verschmelzung auf eine **steuerbefreite Körperschaft** über (Nr. 1) oder wird das Besteuerungsrecht der Bundesrepublik Deutschland hinsichtlich des Gewinns aus der Veräußerung der übertragenen Wirtschaftsgüter bei der übernehmenden Körperschaft ausgeschlossen oder beschränkt (Nr. 2, betroffen sind insbesondere Fälle der Hinausverschmelzung), dann ist die Aufdeckung des gemeinen Werts der übergehenden Wirtschaftsgüter bei der übertragenden Körperschaft unvermeidlich. Wird in den Fällen des § 11 II 1 Nr. 3 eine **Gegenleistung** gewährt, die nicht in Gesellschaftsrechten besteht (zB eine bare Zuzahlung), dann sind die Buchwerte (nur) um den Betrag der Gegenleistung aufzustocken; eine Vollaufdeckung kommt bei Gegenleistungen, die den gemeinen Wert nicht erreichen, nicht in Betracht (so auch *Dötsch* in D/P/M § 11 Rn. 101).

23–25 *(einstweilen frei)*

2. Übertragungsgewinn

a) Ermittlung

26 Der **Übertragungsgewinn** ermittelt sich wie folgt:

Übergehende WG zu gemeinen Werten bzw. Zwischenwerten (ggf. einschl. Aufstockung nach § 11 II 2; Pensionsrückstellungen mit § 6a EStG-Wert)

./.	BW der übergehenden WG
=	Übertragungsgewinn vor Verschmelzungskosten und Steuern
./.	Verschmelzungskosten
=	Übertragungsgewinn vor Steuern
./.	KSt/Solz/GewSt auf den Übertragungsgewinn
=	Übertragungsgewinn

Die **Umwandlungskosten** sind als Betriebsausgaben nach dem Veranlassungsprinzip 27
zuzuordnen (BFH v. 22.4.1998 BStBl. II 1998, 698); ein Zuordnungswahlrecht besteht insoweit nicht (s. *Rödder* in R/H/vL § 11 Rn. 162 „Verschmelzungskosten").

Der Übertragungsgewinn unterliegt der KSt und gem. § 19 auch der **GewSt** (s. § 19 28
Rn. 9 ff.).

b) Gestaltungen zur Verlustnutzung bei der übertragenden Körperschaft

Der bei einer übertragenden Körperschaft bestehende **Verlustvortrag** geht gem. § 12 29
III iVm § 4 II 2 nicht auf die übernehmende Körperschaft über (Einzelheiten bei § 12 Rn. 99 ff.). Die Verschmelzung führt also zur Vernichtung von Verlustvorträgen der übertragenden Körperschaft; für deren letztmalige Nutzung sind Gestaltungsmaßnahmen auf der Ebene der übertragenden Körperschaft erforderlich. In Betracht kommen:

– **Änderung der Verschmelzungsrichtung:** Wird die Gewinngesellschaft auf die Verlustgesellschaft verschmolzen, kann die übernehmende Körperschaft ihren Verlustvortrag weiterhin nutzen. Bei dieser Verschmelzungsvariante ist jedoch die Regelung des **§ 8c KStG** zu beachten. Danach führen nicht nur Anteilsübertragungen von mehr als 25% bzw. 50% grundsätzlich zum (quotalen) Untergang von Verlustvorträgen, sondern auch sog. vergleichbare Sachverhalte. Bereits zu der Vorgängerregelung in § 8 IV KStG hatte die FinVerw vertreten, dass dessen Rechtsfolgen auch durch eine Verschmelzung ausgelöst werden können (BMF v. 16.4.1999 BStBl. I 1999, 455 Tz. 28). An dieser Einschätzung hält die FinVerw auch im Rahmen des § 8c KStG fest und bezeichnet die Umwandlung auf eine Verlustgesellschaft als einen vergleichbaren Sachverhalt iSd § 8c I 1 KStG, wenn durch die Umwandlung ein Beteiligungserwerb durch einen Erwerberkreis stattfindet (BMF v. 28.11.2017 BStBl. I 2017, 1645 Tz. 7; zu konzerninternen Verschmelzungen s. *Neumann/Stimpel* GmbHR 2007, 1200 f.). Das BVerfG hat nach einer Vorlage des FG Hamburg (Beschluss v. 4.4.2011 DStR 2011, 1172) in einem Beschluss v. 29.3.2017 (BStBl. II 2017, 1082) **§ 8c I 1 KStG** wegen Verstoßes gegen den Gleichheitsgrundsatz (Art. 3 GG) für verfassungswidrig erklärt. Gleichzeitig wurde dem Gesetzgeber die Möglichkeit eingeräumt, bis zum 31.12.2018 rückwirkend für den Zeitraum vom 1.1.2008 bis zum 31.12.2015 eine Neuregelung zu entwerfen. Darüber hinaus hat das FG Hamburg auch **§ 8c I 2 KStG** dem BVerfG vorgelegt (Beschluss v. 29.8.2017 DStR 2017, 2377; s. *Moritz/Helios* BB 2018, 343 ff.). Ob bereits die Einführung des § 8d KStG zum 1.1.2016 (sog. fortführungsgebundener Verlustvortrag) geeignet ist, die Verfassungswidrigkeit des § 8c I 1 KStG zu beseitigen, ist offen (zum aktuellen Problemstand betreffend § 8c KStG ausführlich *Haarmann* in Arbeitsbuch zur 69. Steuerrechtlichen Jahresarbeitstagung der Arbeitsgemeinschaft der Fachanwälte für Steuerrecht 2018, 102 ff.). Im Zusammenhang mit § 8c KStG ist außerdem die Regelung in § 2 IV zu beachten, durch die die Gestaltungsmaßnahme der rückwirkenden Verschmelzung einer erworbenen Verlustgesellschaft auf einen Zeitpunkt, der vor einem Anteilseignerwechsel liegt, unterbunden wird (s. im Einzelnen § 2 Rn. [109 ff.]; zu Missbrauchsüberlegungen iSd § 42 AO für Zeiträume vor Einführung des § 2 IV s. HessFG v. 29.11.2017, 4 K 127/15, BeckRS 2017, 143559).

– **Realisation stiller Reserven bei der Übertragerin:** Zwecks letztmaliger Nutzung eines Verlustvortrags kann die Übertragerin stille Reserven durch **(konzerninterne) Veräußerung von Wirtschaftsgütern** realisieren. Außerdem kommt in Betracht, die Buchwerte der Wirtschaftsgüter in der Schlussbilanz auf einen Zwischenwert oder maximal den gemeinen Wert **aufzustocken** und auf diese Weise einen Gewinn zu realisieren, der sodann mit einem Verlustvortrag verrechnet werden kann (*Rolf/Pankoke* BB 2008, 2274, 2279). Einer vollständigen Verlustnutzung kann jedoch die **sog. Mindestbesteuerung gem. § 10d II EStG** entgegenstehen. Danach kann ein Verlustvortrag in Höhe von 1 Mio. € unbeschränkt berücksichtigt werden, darüber hinausgehende Verlustvorträge können jedoch nur zu 60 % des 1 Mio. € übersteigenden Gesamtbetrags der Einkünfte steuermindernd genutzt werden. Außerdem ist zu beachten, dass körperschaftsteuerliche und gewerbesteuerliche Verlustvorträge im Regelfall voneinander abweichen und dass sich etwaige nachträgliche Korrekturen von Verlustvorträgen im Rahmen von Betriebsprüfungen negativ auswirken können. Der Gesetzgeber ist der in der Literatur vorgebrachten dringenden Aufforderung, Umwandlungsfälle von der Anwendbarkeit der Mindestbesteuerungsregeln auszunehmen, bislang nicht gefolgt. Mit Beschluss v. 26.8.2010 (DStR 2010, 2179) hat der BFH entschieden, dass die Verfassungsmäßigkeit von § 10d II 1 EStG zweifelhaft ist, wenn eine Verlustverrechnung in späteren Veranlagungszeiträumen aus rechtlichen Gründen endgültig ausgeschlossen ist. Nach BMF v. 19.10.2011 (DStR 2011, 2050) soll Aussetzung der Vollziehung gewährt werden, wenn es auf Grund des Zusammenwirkens von Mindestbesteuerung und Wegfalls von Verlustvorträgen (für Verschmelzungsfälle s. § 12 III) zu einem endgültigen Verlustausfall kommt.
– **Begründung einer Organschaft:** Begründet eine Verlustgesellschaft mit ihrer profitablen Tochtergesellschaft ein Organschaftsverhältnis iSd §§ 14 ff. KStG, können vertragliche und vorvertragliche Verluste auf Ebene des Organträgers mit Gewinnen der Tochtergesellschaft verrechnet werden (s. § 15 S 1 Nr. 1 KStG).

30–32 *(einstweilen frei)*

III. Buch-/Zwischenwertansatz auf Antrag gem. § 11 II

33 Mit § 11 II wird unter bestimmten Voraussetzungen die **Steuerneutralität einer Verschmelzung** bei der übertragenden Körperschaft ermöglicht. Diese kann in ihrer Schlussbilanz die Buchwerte ansetzen und einen Übertragungsgewinn vermeiden. Die Buchwertfortführung wird bei Inlandsverschmelzungen nach wie vor den Regelfall darstellen.

1. Keine Maßgeblichkeit

34 Im Rahmen des SEStEG ist der **Maßgeblichkeitsgrundsatz** bei Umwandlungsvorgängen aufgegeben worden (zu Einzelheiten s. § 3 Rn. [72 ff.]; *Schmitt* in SHS § 11 Rn. 19; *Trossen* FR 2006, 618; *Rödder/Schumacher* DStR 2006, 1532; *Ley/Bodden* FR 2007, 267; OFD Rheinland v. 25.2.2008 GmbHR 2008, 391). Damit kann die übertragende Körperschaft die durch § 11 II eröffneten Ansatzwahlrechte unabhängig von den Wertansätzen in ihrer Handelsbilanz ausüben. Die Wahlrechtausübung ist auch unabhängig von den Wertansätzen der übernehmenden Körperschaft in deren Handelsbilanz gem. § 24 UmwG (keine sog. diagonale Maßgeblichkeit).

2. Antrag

35 Für den Antrag auf Buch- oder Zwischenwertansatz ist keine bestimmte Form vorgesehen. Das **Antragswahlrecht** ist mit der Einreichung der steuerlichen Übertragungsbilanz (Schlussbilanz) bei dem für die Besteuerung der Übertragerin zuständigen Finanzamt ausgeübt (UmwStE Rn. 11.12 iVm 03.29; s. im Einzelnen *Schmitt* in SHS § 11 Rn. 60 ff.).

Gem. § 11 III iVm § 3 II 2 ist der Antrag spätestens bis zur erstmaligen Einreichung der Schlussbilanz zu stellen; an ein einmal ausgeübtes Wahlrecht ist die Übertragerin gebunden (**Bilanzänderung** nach § 4 II 2 EStG ist unzulässig, **Bilanzberichtigung** nach allgemeinen Grundsätzen hingegen möglich; s. *Dötsch* in D/P/M § 11 Rn. 49).

3. Einheitliche Ausübung des Bewertungswahlrechts

Das Bewertungswahlrecht kann gem. § 11 II 1 nur **„einheitlich"** für alle übergehenden Wirtschaftsgüter ausgeübt werden. Einheitlich bedeutet zum einen, dass der Ansatz entweder zum Buchwert, Zwischenwert oder gemeinen Wert zu erfolgen hat; Mischansätze, also etwa teilweise zum Buch- und Zwischenwert sind ausgeschlossen. Des Weiteren zwingt ein einheitlicher Wertansatz bei Zwischenwertansatz zu einer gleichmäßigen prozentualen Aufstockung der Wirtschaftsgüter entsprechend der Relation des Aufstockungsbetrags zu den gemeinen Werten (UmwStE Rn. 11.11 iVm 03.25); eine **selektive Aufstockung** einzelner Wirtschaftsgüter, weil diese zB eine kurze Restnutzungsdauer aufweisen, ist nicht möglich (*Rödder* in R/H/vL § 11 Rn. 157 f.; *Dötsch* in D/P/M § 11 Rn. 53; *Schmitt* in SHS § 11 Rn. 58). 36

Auf der Grundlage der von der FinVerw zum UmwStG aF vertretenen sog. modifizierten Stufentheorie (UmwStE 1998 Rn. 11.20) konnte es zum Ansatz eines Geschäfts- oder Firmenwerts nur kommen, wenn bei allen übrigen Wirtschaftsgütern sämtliche stille Reserven aufgedeckt worden sind. Beim **Zwischenwertansatz** war somit der Ansatz eines Geschäfts- oder Firmenwerts nicht möglich. Für diese Auffassung spricht insbesondere der Umstand, dass in § 11 II 1 lediglich von übergehenden Wirtschaftsgütern die Rede ist und die insoweit in § 11 I enthaltene ausdrückliche Ergänzung um nicht entgeltlich erworbene oder selbst geschaffene immaterielle Wirtschaftsgüter dort nicht wiederholt wird. Außerdem sprechen Praktikabilitätserwägungen dafür, bei Zwischenwertansatz die Aktivierung eines Geschäfts- oder Firmenwerts abzulehnen (aA *Rödder* in R/H/vL § 11 Rn. 158; *Schmitt* in SHS § 11 Rn. 59). Nunmehr hat sich die FinVerw von der Stufentheorie verabschiedet (UmwStE Rn. 03.25) und verlangt eine prozentual gleichmäßige Aufstockung aller übergehenden Wirtschaftsgüter (einschließlich eines Geschäfts- oder Firmenwerts). 37

4. Buchwertansatz

In § 11 II 1 Nr. 1 bis 3 sind die **Voraussetzungen für die Buchwertfortführung** aufgezählt. Die Voraussetzungen entsprechen weitgehend den bereits vor dem SEStEG geltenden Regelungen. Die durch das SEStEG neu eingeführte **Nr. 2** (keine Einschränkung des deutschen Besteuerungsrechts) soll die inländische Besteuerung stiller Reserven bei grenzüberschreitenden Verschmelzungen sicherstellen. Die Buchwertfortführung ist möglich, „soweit" diese Voraussetzungen kumulativ erfüllt sind. Liegen die Voraussetzungen für einzelne Wirtschaftsgüter nicht vor, führt dies nicht etwa zur vollständigen Versagung des Buchwertprivilegs. 38

a) Sicherstellung der späteren Besteuerung der stillen Reserven (Nr. 1)

Die in dem übergehenden Vermögen enthaltenen stillen Reserven müssen **bei der übernehmenden Körperschaft der Körperschaftsteuer** unterliegen; auf eine gewerbesteuerliche Verhaftung kommt es nicht an. Ob es später tatsächlich zu einer Körperschaftsteuerbelastung kommt, ist irrelevant, so dass zB die Verwendung von Verlustvorträgen der Übernehmerin zur vollständigen Verrechnung mit später aufgedeckten stillen Reserven übergegangenen Vermögens nicht zur (nachträglichen) Versagung des Buchwertprivilegs führt (*Schießl* in W/M § 11 UmwStG Rn. 39). 39

Ist die übernehmende Körperschaft von der KSt befreit (wie zB der REIT gem. § 16 I REITG) oder geht das Vermögen in den nicht steuerpflichtigen Bereich einer jPdöR über, ist in der Übertragungsbilanz zwingend der gemeine Wert anzusetzen. Ein Buchwertansatz 40 bleibt nur insoweit möglich, als Vermögen in den steuerpflichtigen Bereich (Betrieb gewerblicher Art; wirtschaftlicher Geschäftsbetrieb) übergeht (*Dötsch* in D/P/M § 11 Rn. 61).

41 Wird eine Körperschaft auf eine **Körperschaft & Atypisch Still** verschmolzen und ist der Stille nicht ebenfalls eine Körperschaft, bleiben die stillen Reserven im Rahmen der Körperschaft & Atypisch Still als Mitunternehmerschaft, nicht jedoch – wie vom Wortlaut des § 11 II 1 Nr. 1 gefordert – bei der übernehmenden Körperschaft steuerverhaftet. Im Hinblick auf Sinn und Zweck der Regelung (Sicherstellung der Besteuerung stiller Reserven) muss jedoch auch diese Umstrukturierung steuerneutral vorgenommen werden können (*Rödder* in R/H/vL § 11 Rn. 111; zweifelnd *Dötsch* in D/P/M § 11 Rn. 65; aA wohl UmwStE Rn. 11.08: Wirtschaftsgüter müssen der Körperschaftsteuerpflicht unterliegen).

42 Auch die **Anwachsung durch Verschmelzung** kann steuerneutral erfolgen. Sind zwei Kapitalgesellschaften an einer Personengesellschaft beteiligt und werden diese Kapitalgesellschaften miteinander verschmolzen mit der Folge, dass das Vermögen der Personengesellschaft bei der aufnehmenden Gesellschaft als einzigem verbleibenden Gesellschafter anwächst (§§ 738 I 2 BGB, 105 III, 161 II HGB, 1 IV PartGG), ist die Besteuerung der stillen Reserven bei der Übernehmerin sichergestellt (*Kowallik/Merklein/Scheipers* DStR 2008, 176; *Schmitt* in SHS § 11 UmwStG Rn. 163; aA für die Fälle der sog. erweiterten Anwachsung als Anwendungsfall der §§ 20–25 *Patt* Der Konzern 2006, 732).

43 Im Fall der Verschmelzung auf eine Organgesellschaft ist die Besteuerung mit Körperschaftsteuer jedenfalls dann sichergestellt, wenn das dem Organträger zuzurechnende Einkommen bei diesem der Körperschaftsteuer unterliegt. Handelt es sich bei dem Organträger jedoch um eine Personengesellschaft (s. § 14 I 1 Nr. 2 S 2 KStG), an der natürliche Personen beteiligt sind, soll nach UmwStE Rn. 11.08 ein Buchwertansatz nur zulässig sein, wenn sich alle an der Verschmelzung Beteiligten in einem übereinstimmenden Antrag damit einverstanden erklären, dass auf die aus der Verschmelzung resultierenden Mehrabführungen § 14 III 1 KStG anzuwenden ist. Mit dem in UmwStE Rn. 11.08 ebenfalls enthaltenen Verweis auf UmwStE Org. 33 und Org. 34 wird die Stossrichtung der FinVerw deutlich: Entspricht der handelsrechtliche Ansatz nicht dem Steuerbilanzansatz, soll es sich bei den daraus resultierenden Mehrabführungen um steuerpflichtige Gewinnausschüttungen an den Organträger handeln. Diese Auffassung der FinVerw ist bereits aus systematischen Gründen abzulehnen, da es nach § 11 II 1 Nr. 1 nur darauf ankommt, dass die Übernehmerin (abstrakt) der „Besteuerung mit Körperschaftsteuer“ unterliegt (hM, s. *Rospohl/Sonntag* in Haase/Hruschka § 11 Rn. 104 ff. mwN).

44–46 *(einstweilen frei)*

b) Kein Ausschluss und keine Beschränkung des deutschen Besteuerungsrechts (Nr. 2)

47 Das deutsche Besteuerungsrecht an den übergehenden Wirtschaftsgütern kann nur ausgeschlossen oder beschränkt werden, wenn es zuvor überhaupt bestanden hat. Besteht vor Umwandlung **kein Besteuerungsrecht** (zB bei einer ausländischen Betriebsstätte in einem DBA-Staat mit Freistellungsmethode), kann § 11 II 1 Nr. 2 nicht einschlägig sein (*Lemaître/Schönherr* GmbHR 2007, 175; *Schaflitzl/Widmayer* BB-Special 8/2006, 41; *Trossen* FR 2006, 620; *Möhlenbrock/Pung* in D/P/M § 3 Rn. 96). Auch die Nichtanwendbarkeit der §§ 7 ff. AStG nach einer Umwandlung tangiert nicht das deutsche Besteuerungsrecht iSd § 11 (insoweit zweifelnd *Schaflitzl/Widmayer* BB-Special 8/2006, 41).

48 Das deutsche Besteuerungerecht wird ausgeschlossen, wenn es vollumfänglich entfällt (zB wenn aus einer Anrechnungs- eine Freistellungsbetriebsstätte wird); es wird beschränkt, wenn es nach einer Umwandlung zwar weiterhin besteht, aber ausländische Steuern anzurechnen sind (zB wenn aus einer Nicht-DBA-Betriebsstätte eine Anrechnungsbetriebsstätte wird).

aa) Ausländisches Vermögen. In der Übertragungsbilanz ist – unabhängig von deutschen Besteuerungsrechten – auch **ausländisches Vermögen** der übertragenden Körperschaft auszuweisen. 49

Gehört zum übergehenden Betriebsvermögen eine **ausländische Betriebsstätte** in einem DBA-Staat mit **Freistellungsmethode,** unterliegt ein darauf entfallender Übertragungsgewinn nicht der deutschen Besteuerung.

Gehört zum übergehenden Betriebsvermögen eine **ausländische Betriebsstätte** in einem Nicht-DBA-Staat oder in einem DBA-Staat mit **Anrechnungsmethode,** führt die Verschmelzung auf eine andere unbeschränkt körperschaftsteuerpflichtige Körperschaft nicht zum Verlust oder zu einer Beschränkung des deutschen Besteuerungsrechts.

Handelt es sich um eine **Hinausverschmelzung** und gehört zum übergehenden Betriebsvermögen eine ausländische Betriebsstätte in einem Nicht-DBA-Staat oder in einem DBA-Staat mit Anrechnungsmethode, führt die Verschmelzung zu einem Verlust des deutschen Besteuerungsrechts.

Handelt es sich um eine **Hinausverschmelzung** und gehört zum übergehenden Betriebsvermögen eine in einem anderen EU-Staat belegene Betriebsstätte, für die Deutschland nicht auf sein Besteuerungsrecht verzichtet hat (DBA mit Freistellungsmethode), dann verliert Deutschland insoweit sein Besteuerungsrecht mit der Folge, dass in der Übertragungsbilanz der gemeine Wert anzusetzen ist. Dieser Fall ist in § 11 III iVm § 3 III gesondert geregelt (s. dazu Rn. 71), er dürfte im Übrigen von geringer praktischer Relevanz sein, da die mit den anderen EU-Mitgliedstaaten abgeschlossenen DBA in der Regel die Freistellungsmethode vorsehen (Vorsicht jedoch bei Aktivitätsvorbehalt (zB Protokoll Nr. 8 zu Art. 24 DBA Portugal) und bei Fällen des § 20 II AStG (*switch over* zur Anrechnungsmethode bei Zwischeneinkünften iSd AStG).

bb) Grenzüberschreitende Hinausverschmelzung. Wenn im Ergebnis einer grenzüberschreitenden Hinausverschmelzung eine **Betriebsstätte in Deutschland zurückbleibt,** hängen die Steuerfolgen der Verschmelzung entscheidend davon ab, welche Wirtschaftsgüter der deutschen Betriebsstätte und welche der ins Ausland abgewanderten Unternehmensspitze zuzuordnen sind. Die Zuordnung zur Betriebsstätte setzt einen ausreichenden funktionalen Zusammenhang voraus. Nach dem von der hM vertretenen Grundsatz der **sog. Zentralfunktion des Stammhauses** (Betriebsstättenerlass, s. BMF v. 24.12.1999 BStBl. I 1999, 1076 Tz. 2.4 u. 2.6.1. (c); ausführlich *Ritzer* in R/H/vL Anh. 6 Rn. 121 ff. mwN zur Rspr.; aA *Ditz* in Wassermeyer/Andresen/Ditz Betriebsstätten-Handbuch 2006 Rn. 4.6: freies Zuordnungswahlrecht, instruktiv zu dieser Problematik und zur Rspr. des BFH auch *Blumers* DB 2008, 1765 ff.; zu Auswirkungen des Authorised OECD Approach (AOA) s. *Rospohl/Sonntag* in Haase/Hruschka § 11 Rn. 133) erfolgt bei Beteiligungen, Finanzmitteln sowie immateriellen Wirtschaftsgütern (zB Patente, Lizenzen oder Geschäfts- oder Firmenwert) und bei gemeinsamer Nutzung eines Wirtschaftsguts durch Betriebsstätte und Stammhaus tendenziell eine Zuordnung zum ausländischen Stammhaus (Folge: Entstrickungsbesteuerung nach § 12 KStG). 50

Zweifelhaft ist, ob es im Lichte der Rechtsprechung des BFH zur Aufgabe der sog. finalen Entnahmetheorie (Urt. v. 17.7.2008, IStR 2008, 814 ff.) überhaupt gerechtfertigt sein kann, in Fällen der Hinausverschmelzung von einem Ausschluss oder einer Beschränkung des deutschen Besteuerungsrechts gem. § 11 II 1 Nr. 2 zu sprechen. Der BFH führt nämlich aus, dass die spätere Besteuerung im Inland entstandener stiller Reserven durch eine Freistellung ausländischer Betriebsstättengewinne abkommensrechtlich nicht beeinträchtigt wird. Der Gesetzgeber hat zwar im Rahmen des JStG 2010 (BGBl. I 2010, 1768) entsprechende „Gegenmaßnahmen" in § 4 I 4 EStG und § 12 I KStG ergriffen; eine Änderung des UmwStG ist jedoch unterblieben, so dass davon auszugehen ist, dass § 11 II 1 Nr. 2 insoweit leerläuft (so auch *Kröner* IStR 2009, 741, 748; zum Streitstand *Rospohl/Sonntag* in Haase/Hruschka § 11 Rn. 154 ff., dort auch zur Frage, ob zumindest Stundungsregelungen entsprechend § 4g EStG europarechtlich geboten sind).

51 Hält eine hinaus zu verschmelzende Kapitalgesellschaft **Beteiligungen an Kapitalgesellschaften,** verliert Deutschland im Regelfall das Besteuerungsrecht für diese Beteiligungen mit der Folge, dass insoweit ein Entstrickungsgewinn im Rahmen des § 8b II KStG (sog. 5%-Steuer) zu versteuern ist. Bleibt eine inländische Betriebsstätte zurück, kann die Beteiligung dieser jedenfalls dann zugeordnet werden, wenn sie dem Betrieb der Betriebsstätte dient (Bsp.: Vertriebs-GmbH einer Produktionsbetriebsstätte; s. auch *Blumenberg/Schäfer,* S. 82). Eine bloße Holdingfunktion der Betriebsstätte verhindert die Zuordnung einer Beteiligung zum ausländischen Stammhaus dagegen nicht (BMF v. 24.12.1999 BStBl. I 1999, 1076 Rn. 2.4 IV; aA *Kessler/Huck* IStR 2006, 433 mit mE überzeugenden Argumenten für die Europarechtswidrigkeit der Versagung einer Holdingfunktion der Betriebsstätte).

c) Keine Gegenleistung oder nur in Gesellschaftsrechten (Nr. 3)

Gem. § 11 II 1 Nr. 3 darf das übergehende Vermögen nur insoweit mit dem Buchwert angesetzt werden, als eine **Gegenleistung** nicht gewährt oder in Gesellschaftsrechten besteht.

52 **aa) Keine Gegenleistung (§ 11 II 1 Nr. 3, 1. Alt.).** Das Tatbestandsmerkmal **„keine Gegenleistung"** in § 11 I 1 Nr. 2 1. Alt. ist insofern bemerkenswert, als die Rechtsinstitute der Verschmelzung (§ 2 UmwG: Gegenleistung in Form von Anteilen oder Mitgliedschaften) und der Vollübertragung (§ 174 I UmwG: Gegenleistung, die nicht in Anteilen oder Mitgliedschaften besteht) begrifflich gerade eine Gegenleistung voraussetzen. Es werden bei Umwandlungen im Rahmen bestehender Beteiligungsverhältnisse jedoch Fälle anerkannt, bei denen eine Gegenleistung nur teilweise (so bei der Verschmelzung bei wechselseitiger Beteiligung, soweit darin zugleich ein up-stream merger liegt) oder gar nicht erbracht wird (wie bei einem reinen up-stream merger, also einer 100%-Beteiligung der übernehmenden an der übertragenden Körperschaft, s. § 54 I 1 Nr. 1 UmwG).

53 Eine **schädliche Gegenleistung** liegt vor, wenn die Übernehmerin bare Zuzahlungen (zB einen Spitzenausgleich gem. § 15 UmwG) oder andere Vermögenswerte (zB eine Darlehensforderung) an verbleibende Anteilseigner der Übertragerin leistet. Eine **Barabfindung,** die von der übernehmenden Körperschaft an der Verschmelzung widersprechende Anteilsinhaber geleistet wird, ist keine Gegenleistung iSd § 11 II 1 Nr. 3 (UmwStE Rn. 11.10 iVm 03.22). Die Barabfindung stellt vielmehr eine Veräußerung der Beteiligung seitens des ausscheidenden Anteilsinhabers dar und ist nach den allgemeinen Grundsätzen zu besteuern.

54 **bb) Gegenleistung (§ 11 II 1 Nr. 3, 2. Alt.).** Alternativ zu der Voraussetzung des vollständigen Fehlens einer Gegenleistung kann eine Gegenleistung gewährt werden, die **„in Gesellschaftsrechten besteht".** Das Tatbestandsmerkmal „Gegenleistung" wird vom Gesetz nicht näher, die Art der Gegenleistung falsch definiert.

(1) Art der Gegenleistung. Die zu gewährende Gegenleistung muss in Anteilen oder Mitgliedschaften bestehen (ebenso *Dötsch* in D/P/M § 11 Rn. 97). § 11 II 1 Nr. 3 2. Alt. spricht fälschlicherweise von einer Gegenleistung „in Gesellschaftsrechten". Hier hat der Gesetzgeber offenbar ungeprüft die frühere Formulierung des § 14 II Nr. 2 2. Alt. UmwStG 1977 fortgeschrieben und dabei übersehen, dass der Kreis der verschmelzungs- und vollübertragungsfähigen Rechtsträger auch auf Körperschaften erweitert wurde, die nicht zugleich Gesellschaften sind (zutreffenderweise sprechen die §§ 2 und 174 I UmwG statt von Gesellschaftsrechten von **Anteilen und Mitgliedschaften**). Es bestehen keine Anhaltspunkte dafür, dass der Gesetzgeber die Anwendbarkeit der Vorschrift nur auf Gesellschaften beschränkt wissen wollte.

Der Wortlaut des Gesetzes ist auch insofern missverständlich, als nicht ausdrücklich erwähnt wird, dass die Gesellschaftsrechte solche sein müssen, die an der übernehmenden Körperschaft bestehen. § 11 II 1 Nr. 3 ist daher nicht erfüllt, wenn als Gegenleistung

Beteiligungen der übernehmenden Körperschaft an Dritten erbracht werden, auch wenn es sich hierbei ebenfalls um eine Gegenleistung handelt, die in Gesellschaftsrechten besteht (zur Behandlung einer solchen Konstellation bei der übernehmenden Körperschaft s. BFH v. 17.1.2018 DStR 2018, 1011, s. auch § 12 Rn. 56). Dies ergibt sich letztlich auch aus § 2 UmwG, dessen Erfüllung gem. § 1 I 1 Nr. 1 Voraussetzung für die Anwendbarkeit von § 11 ist.

Auch **Genussrechte** fallen unter den Begriff der „Gesellschaftsrechte" (so auch *Schmitt* in SHS § 11 Rn. 132 und *Dötsch* in D/P/M § 11 Rn. 98). 55

Bei der Unterscheidung von **Verschmelzung und Vollübertragung** geht das UmwG – und ihm folgend das UmwStG – ersichtlich davon aus, dass beide Rechtsinstitute jeweils nur in ihrer Reinform vorliegen. Denkbar sind jedoch auch Konstellationen, bei denen die Tatbestandsmerkmale beider Rechtsinstitute vorliegen, wobei die Anwendbarkeit des Rechts der Vollübertragung im Regelfall lediglich an der geringen Zahl der insoweit zugelassenen Rechtsträger scheitern dürfte. Gleichwohl sind Überschneidungen beider Rechtsinstitute mindestens im Fall der Umwandlung eines VVaG auf eine Versicherungs-AG möglich: Werden die Mitglieder des übertragenden VVaG nicht nur mit Anteilen an der übernehmenden Versicherungs-AG ausgestattet, sondern erhalten sie daneben noch eine bare Zuzahlung oder eine andere Leistung, liegt weder eine reine Verschmelzung noch eine reine Vollübertragung vor **(sog. Mischfälle).** Bare Zuzahlungen (gemeint sind hiermit bare Leistungen der übernehmenden Körperschaft an die bisherigen Inhaber von Rechten an der übertragenden Körperschaft, nicht dagegen Zahlungen auf anderen Ebenen, wie zB von Dritten oder Zahlungen unter den beteiligten Rechtsträgern) hinderten auch nach früherem Recht die Anwendbarkeit des Verschmelzungsrechts grds. nicht. Da die Vollübertragung in ihrer Konstruktion der Verschmelzung entspricht (vgl. § 175 I UmwG; *Dörrie* WiB 1995, 2), besteht für die Anwendbarkeit des Rechts der Vollübertragung nur dann ein Bedürfnis, wenn der Umwandlungsvorgang überhaupt keine Verschmelzungsmerkmale aufweist. Hierfür spricht auch, dass der Gesetzgeber im Rahmen von Verschmelzungen erfolgende **bare Zuzahlungen** als (in unterschiedlicher Höhe) zulässige Bestandteile von Verschmelzungen ansieht und sie deshalb auch im Zweiten Buch des UmwG geregelt hat (vgl. §§ 5 I Nr. 3, 12 II 1, 15 I, 54 IV, 68 III, 71 I 1, 87 II 2 UmwG), während er **bare Zuzahlungen** bei Vollübertragungen im Vierten Buch gesondert behandelt (vgl. § 181 UmwG). 56

(2) Herkunft der Gegenleistung. Für die Anwendbarkeit von § 11 II 1 Nr. 3 2. Alt. ist es unerheblich, woher die von der übernehmenden Körperschaft den künftigen Inhabern von Rechten an der übernehmenden Körperschaft zu übertragenden Anteile/Mitgliedschaften stammen. Sie können zum einen aus einer im Zusammenhang mit dem Umwandlungsvorgang stattfindenden **Kapitalerhöhung** herrühren. Es kann sich zum anderen aber auch um **eigene Anteile** (nicht: Mitgliedschaften) der übernehmenden Körperschaft handeln. Schließlich können die Anteile/Mitgliedschaften bislang der übertragenden Körperschaft gehört haben und erst im Zuge des Umwandlungsvorgangs auf die übernehmende Körperschaft übergegangen sein. Im Gegensatz zu anderen Vorschriften (etwa § 20 I) setzt § 11 nämlich nicht explizit voraus, dass es sich bei den übergehenden Anteilen um „neue" Anteile handelt. 57

(3) Empfänger der Gegenleistung. § 11 II 1 Nr. 3 2. Alt. geht davon aus, dass eine Gegenleistung gewährt werden muss, sagt aber nichts darüber aus, wem die Gegenleistung iSd Vorschrift zu gewähren ist. Dies ergibt sich jedoch aus §§ 2, 36 I, 174 I UmwG, die unmissverständlich festlegen, dass von dem Vorliegen einer Verschmelzung oder Vollübertragung nur dann ausgegangen werden kann, wenn die **Gegenleistung an die bisherigen Inhaber von Rechten an der übertragenden Körperschaft** erfolgt. Eine Leistung an andere stellt keine Gegenleistung iSd Vorschrift dar (wie hier *Dötsch* in D/P/M § 11 Rn. 106). 58

59 Der Umstand, dass die Gegenleistung nur an die bisherigen Rechtsinhaber bewirkt werden kann, bedeutet nicht, dass die **Bewirkung der Gegenleistung** an die bisherigen Rechtsinhaber nicht auch durch deren Übertragung/Übereignung an andere eintreten kann, wenn bspw. schuldrechtliche Absprachen zwischen den bisherigen Rechtsinhabern und Dritten diese Vorgehensweise sinnvoll erscheinen lassen (vgl. nur § 267 BGB). Wichtig ist allein, dass die (Gegen-)Leistungswirkung bei den bisherigen Rechtsinhabern eintritt.

d) Rechtsfolgen des Nichtvorliegens der Voraussetzungen des § 11 II 1 Nr. 1 bis 3

60 Soweit die Körperschaftsteuerbesteuerung nicht sichergestellt ist und soweit das deutsche Besteuerungsrecht ausgeschlossen oder beschränkt wird, sind die übergehenden Wirtschaftsgüter in der steuerlichen Übertragungsbilanz der übertragenden Körperschaft mit dem gemeinen Wert anzusetzen.

Soweit den Anteilseignern der übertragenden Körperschaft eine **andere Gegenleistung als Anteile** an der übernehmenden Körperschaft gewährt wird, sind die Buchwerte der übergehenden Wirtschaftsgüter um den Betrag der baren Zuzahlung aufzustocken (UmwStE Rn. 11.10 iVm 03.23; s. *Dötsch* in D/P/M § 11 Rn. 107)). Diese Rechtsfolge war in § 11 II 1 aF noch ausdrücklich geregelt; auch für § 11 nF gilt nichts anderes, da für eine Vollaufdeckung stiller Reserven mangels Realisationstatbestands nach wie vor kein Anlass besteht. Zur Ermittlung des Aufstockungsbetrags s die Berechnungsmodelle bei *Rödder* in R/H/vL § 11 Rn. 147 ff.

61–64 *(einstweilen frei)*

5. Beteiligungskorrekturgewinn bei down-stream merger (§ 11 II 2 und 3)

65 Mit dem SEStEG hat die Abwärtsverschmelzung einer Mutter- auf ihre Tochterkapitalgesellschaft **(sog. down-stream merger)** in § 11 II 2 u. 3 erstmalig eine ausdrückliche umwandlungssteuergesetzliche Erwähnung gefunden und ist damit nunmehr nicht nur – wie seit jeher – umwandlungsgesetzlich (s. § 54 I 2 Nr. 2, § 68 I 2 Nr. 2 UmwG), sondern auch umwandlungssteuergesetzlich etabliert. Bei einem *down-stream merger* erhalten die Gesellschafter der Mutterkapitalgesellschaft deren Anteile an der Tochterkapitalgesellschaft. Soweit nach in der Literatur ganz überwiegend abgelehnter Auffassung der FinVerw die §§ 11 ff. bei einem down-stream merger nur auf Antrag und im Billigkeitswege anzuwenden sein sollten (so noch UmwStE 1998 Rn. 11.24), ist dies nicht mehr haltbar. Damit ist eine in der Vergangenheit vor allem bei Vorliegen einer Vielzahl von Gesellschaftern überaus lästige Umwandlungsbremse entfallen.

66 Für umwandlungssteuerrechtliche Zwecke kommt es auch nicht darauf an, ob die Anteile an der Übernehmerin unmittelbar im Wege des **Direkterwerbs** (so die hM, s. *Dötsch* in D/P/M § 11 Rn. 90 und UmwStE Rn. 11.18) an die Anteilseigner der Übertragerin ausgekehrt oder im Wege des **Durchgangserwerbs** zunächst zu eigenen Anteilen der Übernehmerin werden. Die Zugehörigkeit der Anteile zu den übergehenden Wirtschaftsgütern ist nämlich in § 11 II 2 nicht angeordnet (*Rödder* in R/H/vL § 11 Rn. 171). Höchst problematisch ist daher die Auffassung der FinVerw, wonach die Anteile an der Tochtergesellschaft nur dann unterhalb des gemeinen Werts angesetzt werden können, wenn die übrigen Voraussetzungen des § 11 II 1 Nr. 2 und 3 vorliegen und hierbei nicht auf die übernehmende Körperschaft, sondern auf den die Anteile an der Tochtergesellschaft übernehmenden Anteilseigner abzustellen ist (UmwStE Rn. 11.19). Somit wäre nämlich ein *down-stream merger* mit ausländischen Gesellschaftern der Muttergesellschaft hinsichtlich der Anteile an der Tochtergesellschaft nicht steuerneutral darstellbar, weil Deutschland das Besteuerungsrecht an diesen Anteilen verliert. Dieser Auffassung der FinVerw kann nicht gefolgt werden, da die Anteile an der Tochtergesellschaft nicht zu den „übergehenden Wirtschaftsgütern" iSd § 11 gehören (s. *Rödder/Schaden* Ubg 2011, 40; aA *Dötsch* in D/P/M

§ 11 Rn. 92; die Frage liegt dem 1. Senat (I R 31/16 und I R 35/16) zur Entscheidung vor, die jeweiligen Vorinstanzen (FG Düsseldorf v. 22.4.2016 EFG 2016, 951 und FG Rheinland-Pfalz EFG 2016, 1392) haben der Auffassung der FinVerw eine Absage erteilt).

Im Falle eines (partiellen) *down-stream mergers* sind die Anteile der Mutter- an der Tochtergesellschaft mindestens mit dem Buchwert, erhöht um frühere steuerwirksame und noch nicht rückgängig gemachte Teilwertabschreibungen und um steuerwirksame Übertragungen nach § 6b EStG, höchstens jedoch mit dem gemeinen Wert anzusetzen. Auf einen dabei entstehenden Gewinn **(sog. Beteiligungskorrekturgewinn)** sind gem. § 11 II 3 die Vorschriften des § 8b II 4 u. 5 KStG anzuwenden: Ein solcher Gewinn ist also als laufender Gewinn voll körperschaft- und gewerbesteuerpflichtig, denn er fällt nicht unter das Beteiligungsprivileg des § 8b II 1 iVm III KStG (sog. 5%-Steuer). Steuerwirksame Teilwertabschreibungen konnten nur bis zur Einführung des § 8b III KStG vorgenommen werden. Eine nach diesem Zeitpunkt vorgenommene weitere (steuerunwirksame) Teilwertabschreibung auf Anteile am übernehmenden Rechtsträger ist vorrangig aufzuholen (*Förster/Felchner* DB 2006, 1072; aA die FinVerw in UmwStE Rn. 11.17). Entspricht der steuerliche Übertragungsstichtag dem regulären Bilanzstichtag, sind Wertaufholungen nach Wegfall von Wertminderungen gem. § 6 I Nr. 2 S. 2 EStG vorrangig, so dass sich ein Beteiligungskorrekturgewinn im Umfang einer Aufholung zum „richtigen“ Buchwert (s. § 1 V Nr. 4) ggf. vermeiden lässt (dazu *Frotscher* in F/M § 11 Rn. 189). Der Beteiligungskorrekturgewinn ist Bestandteil des bei der Übertragerin entstehenden Übertragungsgewinns, wobei zu beachten ist, dass ein steuerpflichtiger Übertragungsgewinn aus Beteiligungskorrektur auch entstehen kann, wenn ansonsten die Buchwertfortführung gewählt wurde. 67

Obergrenze der Zuschreibung ist der gemeine Wert der Anteile. Soweit der Teilwert der Anteile deren gemeinen Wert übersteigt, unterliegt diese Differenz nicht der Besteuerung.

Bei **börsennotierten Wertpapieren** ist gem. § 11 I BewG der Kurswert ggf. zuzüglich eines Paketaufschlags (§ 11 III BewG) anzusetzen. Für sonstige **Anteile an Kapitalgesellschaften** sieht § 11 II BewG vor, dass der gemeine Wert anzusetzen ist. Dieser ist vorrangig aus Verkäufen unter Dritten abzuleiten; ansonsten ist er unter Berücksichtigung der Ertragsaussichten oder einer anderen anerkannten, auch im gewöhnlichen Geschäftsverkehr für nichtsteuerliche Zwecke üblichen Methode zu ermitteln (im Einzelnen dazu *Eisele* in Rössler/Troll § 11 BewG Rn. 35 ff.; nach Gemeinsamer Ländererlass v. 17.5.2011 (BStBl. I 2011, 606) soll das vereinfachte Ertragswertverfahren gem. §§ 199–203 BewG in Konzernsachverhalten nicht anwendbar sein). 68

Handelt es sich bei der Beteiligung der Übertragerin an der Übernehmerin um eine **Organbeteiligung,** sind organschaftliche **Ausgleichsposten** aufzulösen (UmwStE Org. 05). 69

IV. Verweisung auf § 3 II 2 und III gem. § 11 III

1. Verweisung auf § 3 II 2

Der Antrag auf Buchwertfortführung bzw. Zwischenwertansatz gem. § 11 II 1 ist spätestens bis zur erstmaligen Abgabe der steuerlichen Schlussbilanz zu stellen (s. Rn. 35 sowie § 3 Rn. [101 ff.]). 70

2. Verweisung auf § 3 III

§ 3 III betrifft den Sonderfall einer **Hinausverschmelzung bei Vorhandensein einer in einem anderen Mitgliedstaat der EU belegenen Betriebsstätte,** für die das jeweilige DBA nicht die Freistellungsmethode vorsieht. Da Deutschland sein Besteuerungsrecht verliert, ist das Betriebsstättenvermögen mit dem gemeinen Wert anzusetzen. Entsprechend Art. 10 II FusionsRL ist die Körperschaftsteuer auf den Übertragungsgewinn um eine fiktive ausländische Steuer zu ermäßigen (zu Einzelheiten s. § 3 Rn. 150 ff.). 71

§ 12 Auswirkungen auf den Gewinn der übernehmenden Körperschaft

(1) [1]**Die übernehmende Körperschaft hat die auf sie übergegangenen Wirtschaftsgüter mit dem in der steuerlichen Schlussbilanz der übertragenden Körperschaft enthaltenen Wert im Sinne des § 11 zu übernehmen.** [2]**§ 4 Abs. 1 Satz 2 und 3 gilt entsprechend.**

(2) [1]**Bei der übernehmenden Körperschaft bleibt ein Gewinn oder ein Verlust in Höhe des Unterschieds zwischen dem Buchwert der Anteile an der übertragenden Körperschaft und dem Wert, mit dem die übergegangenen Wirtschaftsgüter zu übernehmen sind, abzüglich der Kosten für den Vermögensübergang, außer Ansatz.** [2]**§ 8b des Körperschaftsteuergesetzes ist anzuwenden, soweit der Gewinn im Sinne des Satzes 1 abzüglich der anteilig darauf entfallenden Kosten für den Vermögensübergang, dem Anteil der übernehmenden Körperschaft an der übertragenden Körperschaft entspricht.** [3]**§ 5 Abs. 1 gilt entsprechend.**

(3) **Die übernehmende Körperschaft tritt in die steuerliche Rechtsstellung der übertragenden Körperschaft ein; § 4 Abs. 2 und 3 gilt entsprechend.**

(4) **§ 6 gilt sinngemäß für den Teil des Gewinns aus der Vereinigung von Forderungen und Verbindlichkeiten, der der Beteiligung der übernehmenden Körperschaft am Grund- oder Stammkapital der übertragenden Körperschaft entspricht.**

(5) **Im Falle des Vermögensübergangs in den nicht steuerpflichtigen oder steuerbefreiten Bereich der übernehmenden Körperschaft gilt das in der Steuerbilanz ausgewiesene Eigenkapital abzüglich des Bestands des steuerlichen Einlagekontos im Sinne des § 27 des Körperschaftsteuergesetzes, der sich nach Anwendung des § 29 Abs. 1 des Körperschaftsteuergesetzes ergibt, als Einnahme im Sinne des § 20 Abs. 1 Nr. 1 des Einkommensteuergesetzes.**

Übersicht

I. Allgemeine Erläuterungen

1. Systematische Stellung

1 Während § 11 die Ermittlung eines Übertragungsgewinns bei der übertragenden Körperschaft und § 13 die Besteuerung der Gesellschafter der übertragenden Körperschaft regelt, betrifft § 12 die Auswirkungen der Verschmelzung und der Vermögensübertragung in Form der Vollübertragung bei der übernehmenden Körperschaft. Zum **sachlichen und persönlichen Anwendungsbereich des § 12** s. § 11 Rn. 1–7.

2 Die **Vermögensübertragung** ist als Vollübertragung (§ 174 I UmwG) und als Teilübertragung (§ 174 II UmwG) möglich. Bei der vom 3. Teil des UmwStG erfassten Vollübertragung handelt es sich im Wesentlichen um einen Verschmelzungsvorgang mit dem Unterschied, dass die Anteilsinhaber des übertragenden Rechtsträgers als Gegenleistung für die untergehenden Anteile an dem übertragenden Rechtsträger nicht Anteile oder Mitgliedschaften an dem übernehmenden Rechtsträger erhalten, sondern idR eine Barleistung. Die Vermögensübertragung ist gem. § 175 UmwG nur von einer Kapitalgesellschaft auf die öffentliche Hand oder zwischen Versicherungsunternehmen in den Rechtsformen der AG, des VVaG oder des öffentlich-rechtlichen Versicherungsunternehmens möglich (BT-Drs. 16/2710, 15; s. auch § 11 Rn. 12).

3 Gem. § 1 I 1 Nr. 1 gelten für die **Verschmelzung iSd § 2 UmwG** die Vorschriften des zweiten bis fünften Teils des UmwStG. Für die Besteuerung der übernehmenden Körperschaft bei der Verschmelzung von Körperschaften sind die §§ 11–13 und 19 sowie die allgemein für den 2.–8. Teil des UmwStG geltende Vorschrift des § 2 zu beachten (zur Rückwirkung im Zusammenhang mit § 12 instruktiv BFH v. 17.1.2018 DStR 2018, 1011).

4 Gem. § 2 I 1 sind das Einkommen und das Vermögen der übernehmenden Körperschaft so zu ermitteln, als ob das Vermögen der übertragenden Körperschaft **mit Ablauf des steuerlichen Übertragungsstichtags** auf die übernehmende Körperschaft übergegangen wäre. Der steuerliche Übertragungsstichtag ist der Stichtag der Bilanz, die gem. § 17 II UmwG dem Vermögensübergang zugrunde liegt, also der Stichtag der (handelsrechtlichen) Schlussbilanz der übertragenden Körperschaft. Diese kann gem. § 17 II 4 UmwG auf ein maximal 8 Monate vor dem Tage der Handelsregisteranmeldung liegendes Datum aufgestellt werden (s. auch § 2 Rn. 40 ff.).

5 Für die Besteuerungsfolgen bei der übernehmenden Körperschaft im Falle der Vermögensübertragung in Form der Vollübertragung sind gem. § 1 I 1 Nr. 4 ebenfalls die §§ 2, 11–13 und 19 heranzuziehen. Den zeitlichen Anwendungsbereich des § 12 regelt § 27 (s. dazu § 27 Rn. 13 ff.).

2. Aufbau und Zweck der Vorschrift

6 Der durch das **UmwG** eröffnete (grenzüberschreitende) Vermögensübergang zwischen Körperschaften im Wege der Gesamtrechtsnachfolge wird entsprechend dem gesetzgeberischen Anliegen, die Umwandlungsmöglichkeiten nicht durch steuerliche Folgen zu behindern (BT-Drs. 16/2710, 14), in der Weise steuerrechtlich flankiert, dass auf eine (aktuelle) Besteuerung übergehender stiller Reserven verzichtet wird. Dies kommt in § 12 vor allem dadurch zum Ausdruck, dass die Besteuerung eines Übernahmegewinns, der sich aus dem Unterschied zwischen dem Ansatz der Anteile bei der übernehmenden Körperschaft und dem Wert der übergegangenen Wirtschaftsgüter ergeben kann, grds. – Ausnahme: (partieller) *up-stream merger* (dazu Rn. 56 ff.) – unterbleibt.

7 Die Differenzierung zwischen aktuellen und zukünftigen Besteuerungsfolgen bei der übernehmenden Körperschaft wird in § 12 wie folgt vorgenommen:

Zum einen regelt § 12 die steuerlichen Auswirkungen der sich im Wege der Gesamtrechtsnachfolge vollziehenden Verschmelzung oder Vollübertragung am steuerlichen Übertragungsstichtag. Diesbezüglich bestimmt **§ 12 I 1** den Wertansatz der übergegangenen Wirtschaftsgüter bei der übernehmenden Körperschaft und **§ 12 I 2** die Steuerpflicht eines etwaigen sog. Beteiligungskorrekturgewinns bei einem *up-stream merger* (Verweisung auf § 4 I 2 und 3).

§ 12 II 1 regelt die grundsätzliche Steuerneutralität eines Übernahmegewinns oder -verlusts und **§ 12 II 2** die Ausnahme von diesem Grundsatz im Falle eines bei einem (partiellen) up-stream merger entstehenden Übernahmegewinns. **§ 12 II 3** enthält eine Anschaffungskostenfiktion bei Erwerb von Anteilen an der übertragenden Körperschaft nach dem steuerlichen Übertragungsstichtag gem. § 5 I.

Weiter regelt **§ 12 III** im Wege der Verweisung auf § 4 II und III die Auswirkungen des Vermögensübergangs auf die zukünftige Besteuerung der übernehmenden Körperschaft, die durch den Eintritt in die Rechtsstellung der übertragenden Körperschaft, zB hinsichtlich der AfA und anderer steuerlicher Vergünstigungen, beeinflusst wird.

Die Behandlung von **sog. Übernahmefolgegewinnen** bei der Vereinigung von Forderungen und Verbindlichkeiten regelt **§ 12 IV** durch eine dem Beteiligungsverhältnis entsprechende Gewährung der Vergünstigungen des § 6 I, II.

§ 12 V trifft schließlich eine Regelung der Besteuerungsfolgen in dem Sonderfall des Vermögensübergangs in den nicht steuerpflichtigen oder steuerbefreiten Bereich der übernehmenden Körperschaft.

II. Übernahme der Wertansätze der übertragenden Körperschaft (§ 12 I 1)

8 Die spätere Besteuerung der in den übergehenden Wirtschaftsgütern enthaltenen stillen Reserven wird dadurch sichergestellt, dass gem. § 12 I 1 die übernehmende Körperschaft die auf sie übergegangenen Wirtschaftsgüter mit den **Schlussbilanzwerten der übertragenden Körperschaft iSd § 11** zu übernehmen hat (s. allgemein zur Sicherstellung der Besteuerung bei Vermögensübergang bereits *App* GmbHR 1991, 474 f.).

1. Bilanzierung bei der übertragenden Körperschaft

a) Handelsbilanz

9 In den Fällen der Verschmelzung durch Aufnahme oder Neugründung sowie der Vermögensübertragung (§§ 17 II, 36 I, 176 I, 178 I; 60 ff., 110 ff. UmwG) muss die übertragende Körperschaft der Anmeldung zum Handelsregister gem. § 17 II UmwG eine **Schlussbilanz** beifügen, für deren Erstellung „die Vorschriften über die Jahresbilanz und deren Prüfung entsprechend gelten", also §§ 238 ff. und 264 ff. HGB. In handelsbilanzieller

Hinsicht besteht mithin grds. keine Wertaufstockungsmöglichkeit (*Fischer* DB 1995, 488). Ein Maßgeblichkeitszusammenhang mit der Bilanzierung für Steuerzwecke besteht nicht.

b) Steuerbilanz

Für die nach § 11 auf den steuerlichen Übertragungsstichtag aufzustellende steuerliche Schlussbilanz besteht unter bestimmten Voraussetzungen (zu den Beschränkungen des Bewertungswahlrechts s. § 11 Rn. 38 ff.) ein der Höhe nach durch den gemeinen Wert begrenztes **Bewertungswahlrecht der übertragenden Körperschaft.** Dieses Wahlrecht ist einheitlich für alle Wirtschaftsgüter auszuüben (§ 11 I 1: „einheitlich"; s. auch § 11 Rn. 36 f. zum Wahlrecht bei freiwilliger Aufstockung). Ein etwaiger Übertragungsgewinn unterliegt der normalen Besteuerung. 10

Nach zutreffender Auffassung führte bereits nach dem UmwStG idF vor dem SEStEG ein Ansatz über dem Buchwert nicht zu einer entsprechenden Wertaufstockung in der letzten Handelsbilanz der übertragenden Körperschaft (*Knop/Willich-Neersen/Küting* BB 1995, 1023 ff.; *Fischer* DB 1995, 488; *Korn* KÖSDI 1995, 10345; aA für Fälle des § 3 *Wochinger/Dötsch* DB 1994 Beilage Nr. 14, 6). Mit dem SEStEG ist die **Nichtgeltung des Maßgeblichkeitsgrundsatzes** in Umwandlungsfällen allgemein anerkannt (s. dazu § 11 Rn. 34). Auch wenn die übernehmende Körperschaft handelsbilanziell die Buchwerte gem. § 24 UmwG fortführt, kann gem. § 11 II 1 ein höherer Wert in der Steuerbilanz angesetzt werden (s. dazu bereits *Bogenschütz* in HdU ErgB Kap. B Rn. 76 ff.). 11

Die gesetzgeberische Intention der Sicherstellung der späteren Besteuerung stiller Reserven ist nur dann zu beachten, wenn das **deutsche Besteuerungsrecht** hinsichtlich des übergehenden Vermögens überhaupt besteht. Geht zB ausländisches Betriebsstättenvermögen über, dessen Besteuerung nach DBA ausschließlich dem Betriebsstättenstaat zusteht, besteht auch für dieses Vermögen das Bewertungswahlrecht des § 11 II 1 (zu Einzelheiten bei grenzüberschreitenden Verschmelzungen s. § 11 Rn. 49). 12

2. Bilanzierung bei der übernehmenden Körperschaft

Dem handelsrechtlichen Bewertungswahlrecht des § 24 UmwG steht ein **steuerrechtlicher Bewertungszwang** gegenüber.

a) Handelsbilanz

Im Falle der Verschmelzung durch Neugründung hat die übernehmende Körperschaft auf den Tag des Wirksamwerdens der Verschmelzung eine **handelsrechtliche Eröffnungsbilanz gem. § 242 I HGB** aufzustellen. Der Übergang der Aktiva und Passiva stellt dagegen bei einer Verschmelzung durch Aufnahme einen bloßen Geschäftsvorfall während des Geschäftsjahres dar. Für die Wertansätze bei der übernehmenden Körperschaft ist die Regelung einer „durch das Anschaffungswertprinzip (§§ 253 I, 255 HGB) modifizierten Buchwertfortführung" (BT-Drs. 16/2710 zu § 24 UmwG) in **§ 24 UmwG** zu beachten. Durch diese Regelung wird der übernehmenden Körperschaft die Aufdeckung stiller Reserven in den übergehenden Vermögensgegenständen bis zur Höhe der eigenen Anschaffungskosten für die Beteiligung und darüber hinaus bis zur Höhe des Verkehrswerts der im Zuge eines up-stream mergers untergehenden Beteiligung an der übernehmenden Körperschaft ermöglicht. Der Wert der Gesellschaftsanteile, die die übertragende Körperschaft an der übertragenden Körperschaft hält bzw. die Gegenleistung für die Anteile anderer Gesellschafter im Rahmen des Umtausches wird somit als Anschaffungskosten für das übernommene Vermögen behandelt. Die Aufstockung ist auch bei **immateriellen Wirtschaftsgütern** einschließlich des Firmenwerts möglich (BFH v. 24.3.1987 BStBl. II 1987, 705 ff.; BFH v. 10.8.1986 BStBl. II 1987, 455 ff.). Zu der Diskussion um den Begriff der Anschaffungskosten iSd § 24 UmwG ausführlich *Bilitewski* in Limmer Teil 7 Rn. 690 ff. mwN zu den zahlreichen Streitständen; s. auch *Frotscher* in F/D § 12 Rn. 13 f.). 13

b) Steuerbilanz

14 Die Wertansätze bei der übernehmenden Körperschaft folgen zwingend den Werten der steuerlichen Schlussbilanz der übertragenden Körperschaft (strenge Wertverknüpfung, s. UmwStE Rn. 12.01). Bei Verschmelzungen hat die übernehmende Körperschaft nur im Fall der Neugründung eine **steuerliche Übernahmebilanz** aufzustellen; bei Verschmelzung durch Aufnahme, bei der der Vermögensübergang einen laufenden Geschäftsvorfall darstellt, wird idR eine statistische Überleitungsbilanz zum Zwecke des Nachweises der Wertübernahme und Einbuchung erstellt werden.

15 Die Ansätze in der Handelsbilanz der übernehmenden Körperschaft sind ohne Bedeutung, da die steuerliche Bewertung allein an der steuerlichen Schlussbilanz der übertragenden Körperschaft auszurichten ist (*Rödder* in R/H/vL § 12 Rn. 43 f.). Die FinVerw verlangte demgegenüber im UmwStE 1998 (Rn. 11.02) eine **sog. phasenverschobene Wertaufholung** und wollte die übernehmende Körperschaft auch außerhalb der normalen steuerlichen Wertaufholungsgebote (§ 6 I Nr. 1 S 4, Nr. 2 S 3 EStG) verpflichten, eine handelsbilanzielle Aufstockung gem. § 24 UmwG an dem der Umwandlung folgenden Bilanzstichtag steuerbilanziell nachzuvollziehen. Das Konzept einer speziellen phasenverschobenen Wertaufholung in Umwandlungsfällen entbehrte jedoch einer Rechtsgrundlage (so auch *Behrens* BB 2009, 318 ff.; *Schmitt* in SHS § 12 UmwStG Rn. 13; *Teiche* DStR 2008, 1757 ff.; *Rödder* in R/H/vL § 12 Rn. 43 f.; *Ley/Bodden* FR 2007, 272; *Volckens/Gebert* IStR 2007, 764) und ist nun auch im UmwStE (Rn. 04.04) seitens der FinVerw aufgegeben worden (*Dötsch* in D/P/M § 12 Rn. 18). Höchst problematisch ist dagegen die von der FinVerw geforderte **phasenverschobene Wiedereinsetzung der allgemeinen Bilanzierungsgrundsätze und Bewertungsvorschriften.** Nach UmwStE Rn. 03.06 gelten nämlich, sofern nicht die Buchwerte fortgeführt werden, die steuerlichen Ansatzverbote des § 5 EStG nicht für die steuerliche Schlussbilanz der Übertragerin (str., s. *Rödder* in R/H/vL § 11 Rn. 66a mit Hinweis auf den Gesetzeswortlaut). Bei der Übernehmerin sollen dann zu den folgenden Bilanzstichtagen die allgemeinen Grundsätze gelten (UmwStE Rn. 03.06 iVm 04.16). Somit soll ein in der steuerlichen Schlussbilanz entgegen § 5 EStG angesetztes Wirtschaftsgut (zB also eine Drohverlustrückstellung) zunächst in der Steuerbilanz der Übernehmerin ausgewiesen und in der Folgezeit ertragswirksam aufgelöst werden. Diese Auffassung der FinVerw widerspricht der Rechtsprechung des BFH (v. 16.12.2009, HFR 2009, 354: „Passivierung angeschaffter Drohverlustrückstellungen" und v. 14.12.2011, DStR 2012, 452: „Jubiläumszuwendungen und Beiträge an Pensionssicherungsverein"; s. auch *Schmitt* in SHS § 12 Rn. 11 mwN), ist aber inzwischen durch die neuen Vorschriften in § 4 f. und § 5 VII EStG (eingeführt durch Gesetz v. 18.12.2013 BGBl. I 2013 S 4318) gesetzlich niedergelegt. Dadurch kommt es zu unnötigen Behinderungen von Umwandlungen (zur Kritik von Gesetzesvorschlägen bezüglich angeschaffter stiller Lasten s. bereits *Rödder* in R/H/vL § 12 Rn. 24d und *Prinz* Ubg 2013, 57). Kommt es im Zuge der Aufdeckung stiller Lasten bei der Übertragerin zu Verlusten, dann gehen diese nämlich durch die Verschmelzung gem § 12 III iVm § 4 II 2 verloren. Ein bei nachfolgender Auflösung der Passivposten entstehender Ertrag kann mit diesen Verlusten nicht verrechnet werden (s. auch *Oppen/Polatzky* GmbHR 2012, 263, 268; s § 11 Rn. 13).

Die von der FinVerw vertretene „strenge Wertverknüpfung" führt zu Friktionen in Fällen der Hereinverschmelzung, wenn die ausländische Übertragerin in ihrer steuerlichen Schlussbilanz Werte unterhalb des gemeinen Werts ansetzt, da gem. § 4 I 8, § 6 I Nr. 5a EStG bei erstmaliger Begründung des deutschen Besteuerungsrechts der gemeine Wert anzusetzen ist (dazu *Rödder* in R/H/vL § 12 Rn. 47 „Auslandsvermögen"; nach *Dötsch* in D/P/M § 12 Rn. 21 geht § 12 I 1 als Spezialregelung vor).

16 In den Fällen des **down-stream merger** ist str., ob die Anteile an der Tochtergesellschaft zu den übergehenden Wirtschaftsgütern gehören. Da nach einhelliger Auffassung ein Direkterwerb der Anteile an der Tochtergesellschaft durch die Anteilseigner der über-

tragenden Muttergesellschaft stattfindet, kann es sich bei diesen Anteilen nicht um „übergegangene Wirtschaftsgüter" iSd § 12 I 1 handeln (s. dazu § 11 Rn. 66). Bei einem down-stream merger ist auch in Fällen des Schuldenüberhangs bei der übertragenden Muttergesellschaft grundsätzlich keine verdeckte Gewinnausschüttung anzunehmen (*Ley/Bodden* FR 2006, 272; *Schmitt* in SHS § 12 Rn. 23; aA OFD Hannover, DB 2007, 428). Zu down-stream merger-Gestaltungen zwecks Vermeidung einer Ausschüttung aus dem EK 02 bei der Muttergesellschaft s. aber OFD Koblenz v. 9.1.2006 GmbHR 2006, 503; zum EK 02 s. jedoch § 38 IV ff. KStG.

(einstweilen frei) 17–20

3. Bilanzänderung

In dem Fall einer **nachträglichen Änderung der Ansatzwerte in der Steuerbilanz** der übertragenden Körperschaft (zB infolge einer Außenprüfung) sind die Werte bei der übernehmenden Körperschaft gem. § 175 I 1 Nr. 2 AO zu berichtigen (s. *Schießl* in W/M § 12 UmwStG Rn. 7). Dies hat entsprechende Auswirkungen auf die Ermittlung des Übernahmegewinns bzw. -verlusts. 21

III. Beteiligungskorrekturgewinn bei up-stream merger (§ 12 I 2)

Die bis zum SEStEG in § 12 II 2 enthaltene Regelung zur Rückgängigmachung früherer steuerwirksamer Teilwertabschreibungen auf Anteile der übernehmenden an der übertragenden Körperschaft in Fällen des *up-stream merger* ist nunmehr in § 12 I 2 zu finden. Regelungstechnisch erfolgt dies durch eine Verweisung auf § 4 I 2 und 3. Außerdem sind jetzt ausdrücklich auch steuerwirksame Abzüge nach § 6b EStG und „ähnliche Abzüge" (*Dötsch* in D/P/M § 12 Rn. 24 nennt dafür beispielhaft Begünstigungen nach § 30 BergbauRatG) rückgängig zu machen. Hervorzuheben ist, dass die Hinzurechnung – im Unterschied § 12 II 2 aF – auf den gemeinen Wert der Beteiligung begrenzt ist; ein etwaiger den gemeinen Wert übersteigender Teilwert ist also irrelevant. In dieser **Begrenzung des Aufholungspotentials auf den gemeinen Wert** liegt eine Verbesserung gegenüber der Rechtslage nach § 12 II 2 aF, wonach eine Teilwertabschreibung bis zur Höhe der tatsächlichen Anschaffungskosten – unabhängig von den tatsächlichen Wertverhältnissen – nachzuversteuern war). 22

Für den Fall des *down-stream merger* enthält § 11 II 2 eine entsprechende Regelung (s. § 11 Rn. 65 ff.). 23

In gesetzessystematischer Hinsicht ist zu beachten, dass ein Hinzurechnungsbetrag nicht in den (steuerfreien) Übernahmegewinn eingeht, sondern bei der Übernehmerin einen laufenden Gewinn darstellt (UmwStE Rn. 12.03), der **außerbilanziell hinzuzurechnen** ist (UmwStE Rn. 12.05). Die Werterhöhung der Anteile an der Übertragerin führt allerdings dazu, dass sich ein niedrigerer Übernahmegewinn bzw. ein höherer Übernahmeverlust ergibt (*Ley/Bodden* FR 2007, 272). 24

Der **Beteiligungskorrekturgewinn** unterliegt gem. § 11 I 2 iVm § 4 I 3 der vollen Körperschaft- und Gewerbesteuer. 25

Für die Fälle der Verschmelzung von Schwestergesellschaften **(sog. side-stream merger)** sah Rn. 12.08 UmwStE 1998 ein besonderes Verfahren vor. Danach sollte es zu einem Beteiligungskorrekturgewinn erst dann kommen, wenn die übernehmende Schwestergesellschaft in einem zweiten Schritt auf die Muttergesellschaft verschmolzen wurde. Infolge des Eintritts der übernehmenden Schwestergesellschaft in die Rechtsstellung der übertragenden Schwestergesellschaft sollte die in den Anteilen an der übertragenden Schwestergesellschaft gleichsam gespeicherte Hinzurechnungssanktion auf die Anteile der Muttergesellschaft an der übernehmenden Schwestergesellschaft übergehen. Statt der teilwertberichtigten Beteiligung an der übertragenden Schwestergesellschaft sollte also die 26

Beteiligung an der übernehmenden Schwestergesellschaft als teilwertberichtigt gelten. Nach BMF-Schreiben v. 16.12.2003 (BStBl. I 2003, 786 Tz. 19) war die Hinzurechnung sogar dann vorzunehmen, wenn die Muttergesellschaft die Beteiligung an der übernehmenden Schwestergesellschaft später veräußert. Entbehrte diese Verwaltungsauffassung im UmwStG aF noch offensichtlich jeglicher Rechtsgrundlage, so ist nunmehr durch § 13 II 2 idF des SEStEG bestimmt, dass Anteile an der übernehmenden Körperschaft steuerlich „an die Stelle" der Anteile an der übertragenden Körperschaft treten. Damit ist eine Rechtsnachfolge in ein Wertaufholungspotential selbst dann indiziert, wenn es im Zuge des side-stream merger nicht zu einer Gewährung von Anteilen an die Muttergesellschaft kommt (gesellschaftsrechtlich nunmehr gem. § 54 I 3 UmwG idF des Zweiten Gesetzes zur Änderung des UmwG zulässig). Richtigerweise enthält nun auch der neue UmwStE keine Ausführungen zu einer erweiterten Wertaufholung bei Verschmelzung von Schwestergesellschaften (s. auch § 13 Rn. 17).

Unabhängig von dogmatischem Streit um die Auslegung der Vorschriften zum Beteiligungskorrekturgewinn dürfte deren praktische Relevanz eher gering sein, da gem. § 6 I Nr. 2 S 3 iVm Nr. 1 S 4 EStG ohnehin eine laufende Überprüfung des Wertansatzes der Beteiligung stattfindet (*Schmitt* in SHS § 12 UmwStG Rn. 16 f.).

27–30 *(einstweilen frei)*

IV. Übernahmegewinn/-verlust

1. Ermittlung des Übernahmeergebnisses (§ 12 II 1)

31 Die Erfolgsneutralität des Vermögensübergangs auf der Ebene der übernehmenden Körperschaft wird dadurch ermöglicht, dass gem. § 12 II 1 bei der Gewinnermittlung der übernehmenden Körperschaft der buchmäßige **Übernahmegewinn bzw. Übernahmeverlust außer Ansatz** bleibt (UmwStE Rn. 12.05).

32 Der Wortlaut des § 12 II 1 ist durch das SEStEG um eine ausdrückliche Regelung zu den **Umwandlungskosten** ergänzt worden. Diese sind nunmehr in die Ermittlung des Übernahmeergebnisses einzubeziehen und bleiben damit grds. steuerlich ebenfalls außer Ansatz. Die Einbeziehung der Kosten in das Übernahmeergebnis hat letztlich zur Folge, dass sich diese zum steuerlichen Übertragungsstichtag auswirken und damit wie nachträgliche Anschaffungskosten auf die Beteiligung wirken. Ist § 12 II 1 mangels Beteiligung der übernehmenden an der übertragenden Körperschaft nicht anwendbar, sind die Kosten (soweit nicht objektbezogen s. sogleich Rn. 33) als Betriebsausgaben abzugsfähig (*Rödder* in R/H/vL § 12 Rn. 78a; *Klingberg* in PwC Rn. 1297).

33 Die Frage, ob es sich bei der Verschmelzung von Körperschaften anfallender GrESt (sofern diese gem. § 6a GrEStG überhaupt anfällt – der BFH hat allerdings mit Beschluss vom 30.5.2017 dem EuGH die Frage zur Entscheidung vorgelegt, ob § 6a GrEStG eine verbotene Beihilfe im Sinne des Art. 107 Abs. 1 AEUV darstellt) um „Umwandlungskosten" oder aktivierungspflichtige Anschaffungsnebenkosten handelt, wird in der Literatur kontrovers diskutiert (s. *Dötsch* in D/P/M § 12 Rn. 57, der für die Behandlung der GrESt als Anschaffungskosten plädiert und *Herford/Viebrock* in Hruschka/Haase § 12 Rn. 121; aA *Frotscher* in F/M § 12 UmwStG Rn. 64); die FinVerw (BMF v. 18.1.2010 BStBl. I 2010, 70) und der BFH (v. 17.9.2003, BFH/NV 2004, 137) nehmen aktivierungspflichtige Anschaffungsnebenkosten an. Die Richtigkeit der Behandlung der GrESt als Anschaffungskosten ergibt sich bereits aus der grunderwerbsteuerlichen Wertung einer Tatbestandsmäßigkeit verschmelzungsbedingter Grundstückstransfers (s. § 1 I Nr. 3 S 1 GrEStG). Für Zwecke der GrESt wird der für die Verschmelzung geltende Grundsatz der Gesamtrechtsnachfolge negiert und es kommt auch nicht darauf an, ob die übernehmende Körperschaft für das auf sie übergehende Grundstück etwas aufwendet (zB Anteilsgewährung) oder nicht (zB bei *up-stream merger*). Ein verschmelzungsbedingter Grundstücksübergang als „Erwerbs-

vorgang" iSd § 1 I Nr. 3 S 1 GrEStG führt somit zu einer Spezifizierung der umwandlungsbedingten GrESt als Erwerbs- und damit Anschaffungskosten. Bei der GrESt handelt es sich daher nicht um „Kosten für den Vermögensübergang" iSd § 12 II. Dementsprechend ist sie nicht bei der Ermittlung des Übernahmeergebnisses zu berücksichtigen, sondern stellt bei der Übernehmerin anzusetzende zusätzliche Anschaffungskosten des Grundstücks dar. Vor dem Hintergrund der Entscheidung des BFH v. 20.4.2011 (BStBl. II 2011, 761), wonach es sich bei der im Rahmen einer **Anteilsvereinigung gem. § 1 Abs. 3 GrEStG** entstehenden GrESt nicht um Anschaffungskosten auf die Beteiligung, sondern um sofort abzugsfähige Betriebsausgaben handelt, ist zu entscheiden, ob die GrESt bei verschmelzungsverursachter Anteilsvereinigung Umwandlungskosten oder laufende Betriebsausgaben darstellt. Angesichts des unmittelbaren Kausalzusammenhangs von Umwandlung und Entstehung von GrESt, ist von einer Einordnung als Umwandlungskosten auszugehen (so auch UmwStE Rn. 04.34 und *Dötsch* in D/P/M § 12 Rn. 57).

Ein **Übernahmegewinn bzw. -verlust** entsteht, wenn die Schlussbilanzwerte der übertragenden Körperschaft den Buchwert der Anteile bei der übernehmenden Körperschaft über- bzw. unterschreiten. Der Ansatz des gemeinen Werts oder von Zwischenwerten in der Schlussbilanz der übertragenden Körperschaft erhöht also das Übernahmeergebnis. 34

Der **Buchwert der Anteile** ist gem. der Legaldefinition in § 1 V Nr. 4 der Wert, der sich nach den steuerrechtlichen Vorschriften über die Gewinnermittlung in einer für den steuerlichen Übertragungsstichtag aufzustellenden Schlussbilanz ergibt oder ergäbe. Zu beachten ist, dass die Anteile gem. § 12 I 2 iVm § 4 I 2 zuvor ggf. wertzuberichtigen sind. 35

Ungenau ist die Gesetzesformulierung, der Übernahmegewinn/-verlust bleibe „außer Ansatz", da sich ein solcher erst aus der bilanziellen Gewinnermittlung ergibt. Der Übernahmegewinn/-verlust ist daher im Rahmen der Einkommensermittlung zunächst in der Bilanz zu ermitteln und sodann außerhalb der Bilanz zu eliminieren (UmwStE Rn. 12.05; *Dötsch* in D/P/M § 12 Rn. 40). 36

Ein Übernahmegewinn/-verlust tritt nur dann ein, wenn **die übernehmende Körperschaft an der übertragenden Körperschaft beteiligt** ist (s. *Rödder* in R/H/vL § 12 UmwStG Rn. 64a mwN zur herrschenden Ansicht in der Lit.; aA BFH v. 9.1.2013 BFH/NV 2013, 881 (und BFH v. 30.7.2014, DStR 2014, 2120, 2122) und FinVerw in UmwStE Rn. 12.05 sowie *Dötsch* in D/P/M § 12 Rn. 52;). Eine Verschmelzung bewirkt dann sowohl einen Vermögensabgang durch Untergang der Beteiligung als auch einen Vermögenszugang durch die übergehenden Wirtschaftsgüter. Hat in den Fällen des *up-stream merger* die übertragende Körperschaft mehrere Anteilseigner, dann geht ihr Vermögen zwar zivilrechtlich zwingend nur auf einen Anteilseigner über. Bei der Ermittlung des Übernahmeergebnisses ist jedoch der Buchwert der Beteiligung der Übernehmerin nur mit dem **quotal** darauf entfallenden Teil des übergehenden Gesamtvermögens zu vergleichen (*Ley/Bodden* FR 2007, 273). 37

Nach der Konzeption des § 12 II 1 vollzieht sich die **Ermittlung des Übernahmegewinns/-verlusts** wie folgt: 38

	Wert der übergegangenen Wirtschaftsgüter
./.	Buchwert der Anteile an der übertragenden Körperschaft
	Übernahmegewinn/-verlust
./.	Umwandlungskosten
	Übernahmegewinn/-verlust, der außer Ansatz bleibt.

Für den Fall, dass Anteile an der übertragenden Körperschaft nach dem steuerlichen Übertragungsstichtag angeschafft werden, gehören zu dem Buchwert der weggefallenen Beteiligung gem. § 12 II 3 1 iVm § 5 I auch die Anschaffungskosten für diese Anteile. 39

40 Ein **Übernahmegewinn** kann nur entstehen, wenn der Vergleichswert der (bestehenden) Anteile ermittelt werden kann. Dies ist in den Fällen der Verschmelzung durch Neugründung nicht der Fall, da der neu gegründete Rechtsträger erst mit der Eintragung entsteht. Auch im Fall einer Verschmelzung durch Aufnahme kann eine fehlende Beteiligung der übernehmenden Körperschaft nicht durch anlässlich einer Kapitalerhöhung ausgegebene (neue) Anteile ersetzt werden. Im Fall fehlender Beteiligung der übernehmenden an der übertragenden Körperschaft sind die übergegangenen Wirtschaftsgüter als **Einlage** zu behandeln.

41 Insbesondere in den Fällen des *down-stream* und des *side-stream merger* fehlt es an einer übernahmeergebnisrelevanten Beteiligung der übernehmenden an der übertragenden Körperschaft mit der Folge, dass ein Übernahmeergebnis in diesen Fällen nicht zu ermitteln ist.

42 Wenn an der übertragenden Körperschaft neben der übernehmenden Körperschaft andere Anteilseigner beteiligt sind, wird die übernehmende Körperschaft diesen Anteilseignern idR Gesellschaftsrechte gewähren, die durch eine **Kapitalerhöhung** entstanden sind. Der Vermögensübergang stellt sich dann als eine nach § 4 I 1 EStG bei der Gewinnermittlung nicht zu berücksichtigende Einlage bei der übernehmenden Körperschaft dar (s. bereits RFH v. 20.12.1933 RStBl. 1934, 439; BFH v. 4.3.1958 BStBl. I 1958, 298 f.). Wenn der für die übergehenden Wirtschaftsgüter anzusetzende Wert höher ist als der Nominalwert der neuen Gesellschaftsrechte, ist auch der Mehrbetrag als Ergebnis neutraler gesellschaftsrechtlicher Einlage bei der Gewinnermittlung der übernehmenden Körperschaft abzusetzen; es handelt sich um **einen steuerfreien Agio-Gewinn** (*Schmitt* in SHS § 12 UmwStG Rn. 44).

43 Liegt eine **Unterpariausgabe** vor, dh übersteigt der Nennwert der neuen Anteile den Wert der übergehenden Wirtschaftsgüter, liegt insoweit kein steuerlich relevanter Aufwand vor. Bei dem Differenzbetrag handelt es sich steuerlich um Minuskapital, das als nicht abschreibbarer Ausgleichsposten in der Aktivseite der Bilanz aufzunehmen ist und mit zukünftig entstehendem steuerlichen Mehrkapital verrechnet werden kann (*Schießl* in W/M § 12 UmwStG Rn. 62 mwN; *Schmitt* in SHS § 12 UmwStG Rn. 44).

44 In dem Fall, dass dritten Anteilsinhabern der übertragenden Körperschaft bereits bestehende **eigene Anteile** der übernehmenden Körperschaft gewährt werden, hat dies keine Auswirkungen auf das Übernahmeergebnis, da dieses nur insoweit zu ermitteln ist, als die übernehmende an der übertragenden Körperschaft beteiligt ist. Jedoch realisiert die übernehmende Körperschaft die in den eigenen Anteilen enthaltenen stillen Reserven in Höhe der Differenz zwischen dem anteiligen Übernahmewert des übergehenden Vermögens und dem Buchwert der hingegebenen eigenen Anteile (in VZ vor Inkrafttreten des BilMoG handelt es sich nach hM aus Sicht der Übernehmerin um einen Tauschvorgang, der § 8b KStG unterfällt, s. *Schmitt* in SHS § 12 UmwStG Rn. 45 u. 20; *Dötsch* in D/P/M § 12 Rn. 34). Seit Inkrafttreten des BilMoG liegt steuerlich kein Veräußerungsvorgang vor (s. *Rödder* in R/H/vL § 12 Rn. 47 „Eigene Anteile der Übernehmerin" für die Zeit nach dem Inkrafttreten des BilMoG (s. § 272 Ia HGB)).

Bei der übertragenden Körperschaft bestehende eigene Anteile gehen bei der Verschmelzung unter (*Schmitt* in SHS § 12 UmwStG Rn. 24).

45–55 *(einstweilen frei)*

2. Anwendung des § 8b KStG (§ 12 II 2)

56 Während § 12 II 2 einen Übernahmegewinn in Höhe der Differenz zwischen dem Buchwert der Anteile an der übertragenden Körperschaft und dem Wert, mit dem die übergegangenen Wirtschaftsgüter zu übernehmen sind, von der Besteuerung ausnimmt, wird dies durch § 12 II 2 für den (partiellen) *up-stream merger* wieder zurückgenommen. Auf einen Übernahmegewinn soll nämlich **§ 8b KStG** angewendet werden, soweit dieser Gewinn (abzüglich der anteilig darauf entfallenden Kosten) quotal dem Anteil der Übernehmerin an der Übertragerin entspricht. Nicht in die Ermittlung eines Übernahmeergeb-

nisses einzubeziehen sind Anteile, die die übernehmende Körperschaft den Anteilseignern der übertragenden Körperschaft als Kompensation für ihre untergehenden Beteiligungen an der Überträgerin gewährt (s. BFH v. 17.1.2018 DStR 2018, 1011 zu einem Fall der Vermögensübertragung nach § 174 UmwG – keine erweiternde Auslegung des Begriffs der „Anteile an der übertragenden Körperschaft" in § 12 II 2).

Die pauschale Verweisung auf § 8b ist ungenau, da nicht deutlich wird, ob auf § 8b I (Dividendenfreistellung) oder II (Veräußerungsgewinnfreistellung) verwiesen wird. Der Gesetzesbegründung ist aber zu entnehmen, dass der anteilige Übernahmegewinn einem **Veräußerungsgewinn** entspreche (Regierungsentwurf zum SEStEG v. 12.7.2006 BT-Drs. 16/2710, 41). Es kann somit davon ausgegangen werden, dass mit der Verweisung auf § 8b KStG dessen Abs. 2 angesprochen ist (allg. Ansicht, s. *Rödder* in R/H/vL § 12 UmwStG Rn. 86 ff. mwN). Daraus folgt wiederum, dass es gem. § 8b III 1 KStG zu einer Pauschalierung nichtabzugsfähiger Betriebsausgaben kommt mit dem Ergebnis, dass 5 % des (anteiligen) Übernahmegewinns steuerpflichtig sind (sog. 5 %-Steuer). Die mit Gesetz v. 21.3.2013 (BGBl. I, 561) eingeführte Steuerpflicht für Streubesitzdividenden (s. § 8b IV nF) ist im Zusammenhang mit § 12 II 2 irrelevant. 57

Die Regelung des § 12 II 2 ist bereits während des Gesetzgebungsverfahrens auf berechtigte Kritik in der Literatur gestoßen (*Rödder/Schumacher* DStR 2006, 1533) und wird weiterhin ganz überwiegend als system- und europarechtswidrig angesehen (s. nur *Ley/Bodden* FR 2007, 274 mwN). Die **Fiktion einer Anteilsveräußerung** widerspricht dem umwandlungsrechtlichen Grundsatz der Gesamtrechtsnachfolge, denn die damit verbundenen Besteuerungsfolgen wären nicht eingetreten, wenn die Aktivitäten der beteiligten Körperschaften von Anfang an in einer Körperschaft gebündelt gewesen wären. Zudem verstößt die Regelung gegen **Art. 7 FusionsRL,** wenn die dort vorgesehenen Mindestbeteiligungsvoraussetzungen (ab 2007: 15 %, ab 2009: 10 %) vorliegen (*Rödder* in R/H/vL § 12 Rn. 87). Art. 7 I FusionsRL bestimmt unmissverständlich, dass bei einem *up-stream merger* beim Untergang der Beteiligung entstehende Wertsteigerungen keiner Besteuerung unterliegen dürfen. Von diesem Grundsatz darf gem. Art. 7 II FusionsRL nur abgewichen werden, wenn die vorgenannte Beteiligungsgrenze unterschritten wird. Der Verstoß gegen die FusionsRL kann auch nicht durch die in Art. 4 II der Mutter-TochterRL vorgesehene Pauschalierung von Betriebsausgaben gerechtfertigt sein, da diese Pauschalierungsmöglichkeit im Hinblick auf Gewinnausschüttungen – und nicht für fiktive Veräußerungsgewinne – gewährt wird (krit. zur Anwendbarkeit der FusionsRL auf rein nationale Sachverhalte aber *Schmitt* in SHS § 12 UmwStG Rn. 51). 58

Da § 12 II 2 auf § 8b KStG geltender Fassung verweist, scheidet die Anwendung des **§ 8b IV KStG aF** (Ausnahmen und Rückausnahmen von der Veräußerungsgewinnfreistellung, insbesondere bei einbringungsgeborenen Anteilen nach § 21 UmwStG aF) aus (*Haritz* GmbHR 2009, 1194; *Schmitt* in SHS § 12 UmwStG Rn. 57; *Klingberg* in PwC Rn. 1318; aA *Dötsch* in D/P/M § 12 Rn. 62; *Stahl* in Carlé/Korn/Stahl/Strahl, Umwandlungen, Rz. 297). 59

Da in § 12 II 1 ausdrücklich geregelt ist, dass ein **Übernahmegewinn** grundsätzlich außer Ansatz zu bleiben hat, kann die in § 12 II 2 angeordnete Anwendung des § 8b KStG nicht die Versagung der Steuerfreiheit für Kreditinstitute/Versicherungen gem. § 8b VII, VIII KStG betreffen. § 8b VII und VIII KStG vereiteln nämlich die Steuerbefreiung nach § 8b II KStG, nicht jedoch die Steuerbefreiung des Übernahmegewinns. Auch in den Fällen der Verschmelzung auf ein Kreditinstitut/Versicherungsunternehmen bleibt es also bei der „5 %-Steuer" (str., wie hier *Rödder* in R/H/vL § 12 Rn. 88 ff.; aA wohl BFH v. 30.7.2014 BStBl II 2015, 199 und *Dötsch* in D/P/M § 12 Rn. 63 unter Hinweis auf die entsprechende Intention des Gesetzgebers).

Ein Übernahmeverlust wird in § 12 II 2 nicht erwähnt, mit der Folge, dass es bei dessen Nichtabziehbarkeit gem. § 12 II 1 bleibt (UmwStE Rn. 12.06; BFH v. 30.7.2014 BStBl II 2015, 199). Folgt man indes der (unzutreffenden) These, wonach die Verweisung auf § 8b KStG in § 12 II 2 auch die Vorschriften in § 8b VII und VIII KStG einschließt, und käme es insoweit zu einer vollen Steuerpflicht eines Übernahmegewinns, erscheint es systematisch zwingend, auch einen etwaigen Übernahmeverlust zum Abzug zuzulassen (*Helios/Philipp* DB 2014, 2923).

60 Problematisch ist die Anwendung von § 8b KStG, wenn es sich bei der übernehmenden Körperschaft um eine **Organgesellschaft** handelt. Bei Organgesellschaften ist § 8b I bis VI KStG gem. § 15 S 1 Nr. 2 S 1 KStG nicht anzuwenden. Da § 15 S 1 Nr. 2 S 1 KStG andererseits die Anwendung des § 12 II 1 bei der Organgesellschaft jedoch nicht ausschließt, ist in dem einem Organträger zuzurechnenden Einkommen der Organgesellschaft ein Übernahmegewinn nicht enthalten, da dieser bei der aufnehmenden Organgesellschaft zu ermitteln ist und dort bereits außer Ansatz bleibt. Der Organträger erhält also keinen von § 12 II 2 geforderten „Gewinn iSd Satzes 1", auf den bei ihm § 8b KStG angewendet werden könnte mit der Folge, dass es zu keiner „5 %-Steuer" kommt (so auch *Rödder* in R/H/vL § 12 Rn. 91 unter Hinweis auf den eindeutigen Gesetzeswortlaut; krit. *Dötsch* in D/P/M § 12 Rn. 61; aA UmwStE Rn. 12.07).

3. Anschaffung der Beteiligung in der Interimszeit (§ 12 II 3 iVm § 5 I)

61 Hat die Übernehmerin Anteile an der Übertragerin nach dem steuerlichen Übertragungsstichtag (§ 2 I 1) angeschafft oder findet sie einen Anteilseigner ab, ist ihr Gewinn so zu ermitteln, als hätte sie die Anteile bereits am steuerlichen Übertragungsstichtag angeschafft. **Abfindungen an ausscheidende Anteilseigner** erhöhen also den Beteiligungsbuchwert iSd § 12 II 1 und verringern den Übernahmegewinn (*Dötsch* in D/P/M § 12 Rn. 64).

62–65 *(einstweilen frei)*

V. Eintritt in die Rechtsstellung der übertragenden Körperschaft (§ 12 III iVm § 4 II und III)

1. Allgemeines

66 Gem. § 12 III iVm § 4 II und III tritt die übernehmende Körperschaft sowohl bei Buchwertfortführung als auch im Falle höheren Wertansatzes vollumfänglich in die Rechtsstellung der übertragenden Körperschaft ein **(sog. Fußstapfentheorie).** Bei Buchwertfortführung werden die AfA etc. unverändert fortgeführt. Sind die Wirtschaftsgüter in der Schlussbilanz der übertragenden Körperschaft mit einem höheren Wert angesetzt, bestimmt § 12 III die Geltung des § 4 III 2. Alt., wonach sich die AfA nach dem Wertansatz, mit dem die Wirtschaftsgüter übernommen werden, und der Restnutzungsdauer bestimmt, die nach den Verhältnissen am steuerlichen Übertragungsstichtag neu zu schätzen ist (UmwStE Rn. 12.04 iVm 04.10; *Trossen* FR 2006, 622; s. auch BegrUmwStG zu § 4).

67 Für die **Gebäudeabschreibung gem. § 7 IV 1 und V EStG** gilt gem. § 12 III iVm § 4 III 1. Alt., dass sich die AfA nach der um den Aufstockungsbetrag erhöhten Bemessungsgrundlage und dem geltenden Vomhundertsatz bemisst, mit der Folge, dass sich der Abschreibungszeitraum verlängert. Wird eine volle Abschreibung innerhalb der tatsächlichen Nutzungsdauer nicht erreicht, kann auf die Restnutzungsdauer abgeschrieben werden (vgl. BT-Drs. 16/2710 zu § 4; UmwStE Rn. 12.04 iVm 04.10; s. im Einzelnen § 4 Rn. 162, 166 f.).

68 Der Übergang eines verbleibenden Verlustabzugs auf eine übernehmende Körperschaft war bis zum SEStEG in § 12 III 2 aF geregelt. Der **Verlusttransfer** ist nunmehr aufgrund der Verweisung in § 12 III nF auf § 4 II – und damit auch dessen Satz 2 – ausgeschlossen.

69 Für die **Anrechnung von Besitzzeiten** (zB Behaltensfristen – § 2 I 1 Nr. 2 InvZulG 2007 u. § 8b IV KStG aF – sowie Vorbesitzzeiten – § 9 Nr. 2a u. Nr. 7 GewStG, § 6b IV

1 Nr. 2 EStG u. DBA-Schachtelprivilegien) gilt nach § 12 III der § 4 II 3 entsprechend (s. auch § 4 Rn. 185 f.).

In folgenden Bereichen, die idR nur bei Buchwertfortführung wirtschaftliche Bedeutung erlangen, tritt die übernehmende Körperschaft in die Rechtsstellung der übertragenden Körperschaft ein: 70

- Absetzungen für Abnutzung
- erhöhte Absetzungen (§ 7 I 7 EStG)
- Sonderabschreibungen und Bewertungsfreiheiten
- den steuerlichen Gewinn mindernde Rücklagen
- Fortführung von Sammelposten nach § 6 IIa EStG
- Nachfolge in den Anspruch auf Auszahlung des KSt-Guthabens (§ 37 V KStG) bzw. auf Zahlung der KSt-Erhöhungsbeträge aus Alt-EK 02 (§ 38 IV ff. KStG).

2. (Erhöhte) Absetzungen für Abnutzung

Gem. § 12 III iVm § 4 III sind grds. der Wertansatz, mit dem die Wirtschaftsgüter übernommen werden, und die Restnutzungsdauer für die **Bemessung der AfA** maßgebend (vgl. R 7.4 EStR). 71

Als Konsequenz der Gesamtrechtsnachfolge kann die übernehmende Körperschaft die **künftigen AfA-Beträge** nur so bemessen, wie dies auch der übertragenden Körperschaft möglich gewesen wäre (*Schmitt* in SHS § 12 UmwStG Rn. 70). Für die übernehmende Körperschaft bedeutet dies, dass die Anschaffungs- und Herstellungskosten der übertragenden Körperschaft für die einzelnen Wirtschaftsgüter zu übernehmen sind und dass die von der übertragenden Körperschaft gewählte Abschreibungsmethode fortzuführen ist. Wenn die übertragende Körperschaft die lineare Abschreibung gewählt hat, kann die übernehmende Körperschaft nicht zur degressiven Abschreibung übergehen (§ 7 III 3 EStG idF vor dem UntStRefG 2008, durch das die degressive AFA abgeschafft worden ist; zur Anwendung der Altregelung auf vor dem 1.1.2008 angeschaffte Wirtschaftsgüter s. § 52 Abs. 21a S 3 idF des UntStRefG 2008; degressive AfA war durch „Konjunkturpaket" aus November 2008 befristet bis Ende 2010 wieder möglich). Hat die übertragende Körperschaft degressiv abgeschrieben, kann die übernehmende Körperschaft zur linearen AfA übergehen (§ 7 III 1 EStG aF); behält sie die degressive AfA bei, muss sie diese unter Anwendung des Vomhundertsatzes der übertragenden Körperschaft fortsetzen. Auch die von der übertragenden Körperschaft angenommene betriebsgewöhnliche Nutzungsdauer ist, bei unveränderten Verhältnissen, für die übernehmende Körperschaft verbindlich. 72

Entsprechendes gilt für die **erhöhten AfA,** wie zB erhöhte Absetzungen nach §§ 7h und 7i, EStG.

(einstweilen frei) 73

3. Sonderabschreibungen und Bewertungsfreiheiten

Die übernehmende Körperschaft darf Sonderabschreibungen und Bewertungsfreiheiten für die übergegangenen Wirtschaftsgüter in selbem Umfang wie die übertragende Körperschaft in Anspruch nehmen. **Sonderabschreibungen** kommen zB gem. §§ 81, 82d aF und 82f EStDV in Betracht. 74

Bewertungsfreiheit bedeutet, dass bestimmte Teile der Anschaffungs- oder Herstellungskosten während eines bestimmten Zeitraums neben der regulären AfA abgesetzt werden können (zB § 7f EStG aF). 75

4. Steuerfreie Rücklagen

Die übernehmende Körperschaft ist einerseits berechtigt, die **steuerlichen Rücklagen der übertragenden Körperschaft** (zB § 6b EStG-Rücklagen, R 6.6 EStR-Rücklage (Ersatzbeschaffung)) auch dann fortzuführen, wenn die Voraussetzungen für eine Rück- 76 lagenbildung bei ihr nicht vorliegen. Andererseits muss sie aber die Auflösungs- und Übertragungsbedingungen beachten, die für die übertragende Körperschaft maßgebend waren (*Widmann* in W/M § 4 Rn. 902 ff. mit weiteren Bsp.; s. auch § 4 Rn. 180 f.).

5. Fortführung von Sammelposten nach § 6 IIa EStG

77 Bei der übertragenden Körperschaft nach **§ 6 IIa EStG** gebildete Sammelposten für abnutzbare bewegliche Wirtschaftsgüter des Anlagevermögens im Wert von mehr als € 250 und weniger als € 1000 gehen auf die übernehmende Körperschaft über und sind mit etwaigen bei ihr bereits bestehenden Sammelposten für die jeweiligen Wirtschaftsjahre zusammenzuführen.

6. Übergang von KSt-Guthaben bzw. -Erhöhungsbeträgen

78 Durch das SEStEG wurde das ausschüttungsabhängige System der Körperschaftsteuerminderung durch eine ratierliche Auszahlung des zum maßgeblichen Stichtag (idR ist dies der 31.12.2006) vorhandenen **Körperschaftsteuerguthabens** ersetzt. Innerhalb des Auszahlungszeitraums von 2008 bis 2017 hat die Körperschaft einen unverzinslichen Anspruch auf Auszahlung des ermittelten Körperschaftsteuerguthabens in zehn gleichen Jahresbeträgen (Einzelheiten s. BMF-Schreiben v. 14.1.2008 DB 2008, 159). Der Auszahlungsanspruch geht auf eine übernehmende Körperschaft im Rahmen der Gesamtrechtsnachfolge über.

79 Eine Zahlungsverpflichtung der übertragenden Körperschaft aus dem am 1.1.2007 bei ihr entstandenen Körperschaftsteuererhöhungsbetrag iHv 3% des letztmalig zum 31.12.2006 festgestellten EK 02 (§ 38 IV ff. KStG) geht auf die übernehmende Körperschaft über.

S. außerdem ausführlich zum Eintritt in die Rechtsstellung der Übertragerin § 4 Rn. 140 ff.

80–82 *(einstweilen frei)*

7. Auswirkungen auf die Gesellschafterfremdfinanzierung gem. § 8a KStG idF vor dem UntStRefG 2008

83 Für Veranlagungszeiträume bis einschließlich 2007 (Wj = Kj) ergab sich auf der Grundlage des **§ 8a KStG aF** (ab 2008 durch die Zinsschranke abgelöst) die Frage, ob sich das für die Berechnung des *safe haven* relevante handelbilanzielle Eigenkapital zum Schluss des vorangegangenen Wj durch eine rückwirkende Verschmelzung gestalten ließ. Die FinVerw verweist in diesem Zusammenhang auf das Umwandlungsrecht, wonach ein verschmelzungsbedingter Vermögensübergang zivilrechtlich erst mit der Eintragung der Verschmelzung in das Handelsregister vollzogen ist; das für § 8a KStG aF relevante Eigenkapital soll sich demnach erst zum Schluss des Wj der Eintragung der Verschmelzung erhöhen können (UmwStE 1998 Rn. 8a.02 ff.).

8. Verschmelzung und Zinsschranke (§ 8a KStG iVm § 4h EStG)

84 Unter Geltung der **Zinsschranke** (§ 8a KStG iVm § 4h EStG; s. Übersicht bei *Korn* KÖSDI 2008 [Heft 1], 15866 ff.) gewinnen Verschmelzungsgestaltungen erhöhte Bedeutung. Durch Verschmelzungen lässt sich die Anwendung des § 4h EStG zB wie folgt vermeiden:

- Entfallen eines „Konzerns“ als Anwendungsvoraussetzung für die Zinsschranke (§ 4h II 1 Buchst. b EStG)
- Zusammenfassung von Betrieben zwecks Verbesserung der Ertrags-/Zinsrelation (sog. Escape-Klausel gem. § 4h II 1 Buchst. c EStG)

– Beseitigung einer schädlichen Gesellschafterfremdfinanzierung (Rückausnahmen hinsichtlich der Konzernfreiheit und der sog. Escape-Klausel gem. § 8a II u. III KStG)

(einstweilen frei) 85–88

9. Verschmelzung des Organträgers

89 Werden Organträger und Organgesellschaft verschmolzen, erlischt der **Gewinnabführungsvertrag** durch Konfusion. Wird als steuerlicher Übertragungsstichtag (rückwirkend) das Ende des Wj der übertragenden Organgesellschaft bestimmt, ist die Organschaft bis zu diesem Zeitpunkt wirksam.

a) Verschmelzung des Organträgers

90 Wird ein Organträger auf eine andere Körperschaft verschmolzen, tritt die Übernehmerin in den Gewinnabführungsvertrag ein. Nach Auffassung der FinVerw (UmwStE Org. 11) sind die Laufzeiten im Hinblick auf die Mindestlaufzeit nach § 14 I 1 Nr. 3 KStG zu addieren. Eine bereits bestehende Organschaft soll aber nur dann nahtlos mit dem übernehmenden Rechtsträger fortgesetzt werden können, wenn der Übernehmerin die Beteiligung an der Organgesellschaft steuerlich rückwirkend zum Beginn des Wj der Organgesellschaft zuzurechnen ist (UmwStE Org. 02). Dies bedeutet, dass eine nahtlose Fortsetzung bei kalendergleichem Wj und unterjährigem Übertragungsstichtag nicht anzuerkennen sein soll. Die FinVerw verkennt hierbei, dass die Übernehmerin gem. § 12 III vollständig in die Rechtsposition der Übertragerin (einschließlich der finanziellen Eingliederung) eintritt; auf eine steuerliche Rückbeziehung von Umwandlungsvorgängen kann es daher nicht ankommen (s. 4. Aufl. Anh. Organschaft Rn. 31 ff.; *Rödder/Rogall* Ubg 2011, 753, 759; *Blumenberg/Lechner* Beilage Nr. 1 zu DB 2012 (Heft 2), 57, 58 f. mit Hinweis auf BFH v. 28.7.2010 BFH/NV 2011, 67).

b) Verschmelzung auf einen Organträger

91 Wird eine dritte Körperschaft auf einen Organträger verschmolzen, bleibt dessen Organträgerstellung unberührt.

c) Verschmelzung der Organgesellschaft

92 Mit der **Verschmelzung einer Organgesellschaft** auf eine andere Körperschaft soll der Gewinnabführungsvertrag enden (UmwStE Org. 21); die Organschaft wäre mit Wirkung zum steuerlichen Übertragungsstichtag beendet (str., zur Kritik s. 4. Aufl. Anh. Organschaft Rn. 49). Hinzuweisen ist auf eine Entscheidung des FG Niedersachsen (v. 10.5.2012, EFG 2012, 1591, bestätigt durch BFH v. 13.11.2013 BStBl. II 2014, 486), wonach es sich bei der konzerninternen Veräußerung einer Organgesellschaft nicht um einen wichtigen Grund iSv § 14 I Nr. 3 S. 2 KStG für die vorzeitige Beendigung einer Organschaft handeln soll. Der Entscheidung lag ein Sachverhalt zugrunde, bei dem eine vorzeitige Beendigung eines Gewinnabführungsvertrags durch konzerninterne Anteilsveräußerung zielgerichtet nach vollständiger Konzernverlustverrechnung umgesetzt wurde. Angesichts dieses speziellen Sachverhalts ist nicht davon auszugehen, dass der BFH eine generelle Konzernausnahme postuliert (*Scheifele/Marx* DStR 2014, 1793, 1800; für eine Konzernausnahme dagegen *Krumm* in Blümich § 14 KStG Rn. 164: wichtiger Grund nur bei anerkennenswerten außersteuerlichen Gründen für den Umstrukturierungsvorgang). Jedenfalls dürfte aber der Umstand, dass eine Organbeteiligung nach Veräußerung im Konzernverbund verbleibt, eine kritische Prüfung des Einzelfalls unter dem Aspekt einer missbräuchlichen Abkürzung der Mindestlaufzeit eines Gewinnabführungsvertrags rechtfertigen (krit. *Heurung/Engel/Müller-Thomczik* DB 2013, 663).

Der BFH bezieht sich zwar nur auf den Fall der konzerninternen Veräußerung und nicht auf den Fall einer konzerninternen Verschmelzung. Allerdings handelt es sich nach Auffassung der FinVerw bei Umwandlungsvorgängen grds. um „Veräußerungsvorgänge" (UmwStE Rn. 00.02 und Org. 21). Dennoch dürfte die Entscheidung des BFH keine

Auswirkungen auf die grundsätzliche Anerkennung einer Verschmelzung als wichtigen Grund für die vorzeitige Beendigung eines Gewinnabführungsvertrags haben. Zwar führt die FinVerw in R 14.5 VI 2 KStR 2015 nach wie vor aus, dass ein wichtiger Grund insbesondere in der Verschmelzung gesehen werden „kann". In UmwStE Org. 26 heißt es jedoch ausdrücklich, dass die Beendigung eines Gewinnabführungsvertrags infolge einer Verschmelzung ein solcher wichtiger Grund „ist" (so im Übrigen auch die wohl hL: *Dötsch* in D/P/M § 14 KStG Rn. 590 ff. mwN und 593 zu Verschmelzungen; jedoch mit der Einschränkung, dass bei Seitwärtsverschmelzung der vorgenannte Missbrauchsvorwurf greifen kann).

93 Im Fall der **Verschmelzung einer Organgesellschaft auf eine Schwestergesellschaft** wird oftmals das Bedürfnis zur nahtlosen Fortsetzung des Organschaftsverhältnisses bestehen. Dies soll allerdings nur dann möglich sein, wenn der Organträger an der Übernehmerin seit Beginn des Wj in ausreichendem Umfang beteiligt war (finanzielle Eingliederung gem. § 14 I 1 Nr. 1 KStG; s. *Dötsch* in D/P/M Anh 1 UmwStG Rn. 45). Fehlt es an einer (ausreichenden) Beteiligung an der übernehmenden Körperschaft, soll die Organschaft erst ab dem Beginn des Wj möglich sein, für das die finanzielle Eingliederung gegeben ist (UmwStE Org. 21 iVm Rn. 13.06). Die durch das SEStEG in § 13 II 2 getroffene ausdrückliche Regelung, wonach die Anteile an einer übernehmenden Körperschaft bei Buchwertfortführung „steuerlich an die Stelle" der Anteile an der übertragenden Körperschaft treten, sollte die FinVerw zu einem Überdenken ihrer Auffassung veranlassen (s. *Rödder* in R/H/vL § 12 Rn. 101; s. auch 4. Aufl. Anh. Organschaft Rn. 53 f.).

d) Verschmelzung auf eine Organgesellschaft

94 Bei Verschmelzung auf eine Organgesellschaft unter Aufrechterhaltung der Eingliederungsvoraussetzungen und des Gewinnabführungsvertrags bleibt das Organschaftsverhältnis unberührt (UmwStE Org. 29).

95–98 *(einstweilen frei)*

10. Kein Übergang von Verlusten

99 Durch das SEStEG wurde der zuvor in §§ 12 III 2, 15 IV und 19 II geregelte **Übergang von körperschaft- und gewerbesteuerlichen Verlustvorträgen gestrichen.** Gem. § 27 II ist das UmwStG aF letztmals auf Verschmelzungen anzuwenden, bei denen die Anmeldung zur Eintragung in das Handelsregister bis zum 12.12.2006 erfolgt ist. Für diese Fälle kann es also letztmalig zum Übergang von Verlusten von der übertragenden auf die übernehmende Körperschaft gem. § 12 III 2 UmwStG aF kommen (zur Rechtsentwicklung der Vorschrift und zu den zahlreichen Streitpunkten hinsichtlich der Voraussetzungen für einen Verlusttransfer s. 2. Aufl. § 12 Rn. 51 ff.). Zu den Gestaltungsvarianten zur letztmaligen Nutzung von Verlustvorträgen bei einer übertragenden Körperschaft s. § 11 Rn. 29.

100 Von dem Verlustübertragungsverbot gem. § 12 III iVm § 4 II 2 sind verrechenbare Verluste, verbleibende Verlustvorträge (§ 10d IV, § 2a I 5, § 15 IV EStG) und vom übertragenden Rechtsträger nicht ausgeglichene negative Einkünfte betroffen. Dasselbe gilt für Zinsvorträge nach § 4h I 5 EStG und einen EBITDA-Vortrag nach § 4h I S. 3 EStG (s. im Einzelnen § 4 Rn. 200 ff.).

101 Mit der **Streichung des Verlusttransfers** will der Gesetzgeber den Verlustimport bei grenzüberschreitenden Hereinverschmelzungen vermeiden (keine Geltendmachung von Auslandsverlusten in Deutschland). Diese Gefahr erkennt die FinVerw. insbesondere in der Entscheidung des EuGH in Sachen *Marks & Spencer* (EuGH v. 13.12.2005 DStR 2005, 2168), wonach im Ausland endgültig steuerlich nicht nutzbare Verluste einer ausländischen Tochtergesellschaft bei der inländischen Muttergesellschaft zu berücksichtigen sein sollen. Für Verschmelzungsfälle ist diese Sorge indes unbegründet, da Art. 6 FusionsRL eine Berücksichtigung von Auslandsverlusten nur im Rahmen von Betriebsstätten der über-

nehmenden Gesellschaft im Übertragungsstaat vorsieht. Des Weiteren kann es auch im Rahmen einer Sitzverlegung vom EU-/EWR-Ausland nach Deutschland zu einem „Verlustimport" kommen (*Werra/Teiche* DB 2006, 1460), ohne dass dies durch § 12 vereitelt würde.

Die Abschaffung des Verlusttransfers ist in der Literatur auf einhellige Ablehnung gestoßen (*Rödder/Schumacher* DStR 2006, 1533; *Ley/Bodden* FR 2007, 276; *Werra/Teiche* DB 2006, 1460; *Maiterth/Müller* DStR 2006, 1861; *Dörfler/Rautenstrauch/Adrian* BB 2006, 1657). Im Kontext der auf der Ebene einer übertragenden verlusttragenden Körperschaft bestehenden Restriktionen der Verlustverwertung vor Verschmelzung (s. § 11 Rn. 29) und den verschärfenden Neuregelungen in § 8c KStG (s. zB *Roser* DStR 2008, 80 zu der Frage, ob Umstrukturierungen mittelbarer in mittelbare Beteiligung unter Geltung des **§ 8c KStG** unschädlich sind; s. dazu auch BMF v. 4.7.2008 GmbHR 2008, 883 Tz. 11; zur Verfassungsgemäßheit des § 8c KStG s. § 11 Rn. 29) zeigt sich ein System der Verlustvernichtung in Umwandlungsfällen, das die ursprünglich mit dem UmwStG seitens des Gesetzgebers verfolgte Intention der Beseitigung steuerlicher Barrieren für betriebswirtschaftlich sinnvolle Umwandlungen konterkariert und zudem mit dem verfassungsrechtlich gesicherten Grundsatz der Besteuerung nach der Leistungsfähigkeit unvereinbar ist. 102

Nach *Dötsch* (in D/P/M § 12 Rn. 78) betrifft die Abschaffung der Verlusttransfermöglichkeit sowohl reine Inlandsverschmelzungen als auch grenzüberschreitende und reine Auslandsverschmelzungen. Bei **Hereinverschmelzungen** kommt es zu einer Versagung der Geltendmachung ausländischer Verluste bei der inländischen Körperschaftsteuer. Bei der **Hinausverschmelzung** und bei rein ausländischen Verschmelzungen entfällt ein Verlustabzug im Rahmen der beschränkten Steuerpflicht hinsichtlich einer im Inland verbliebenen Betriebsstätte. Soweit Art. 10c FusionsRL ein Verlustabzug auch nach Wechsel in die beschränkte Steuerpflicht nutzbar bleiben soll betrifft dies ausdrücklich nur den Sonderfall der grenzüberschreitenden Sitzverlegung einer SE/SCE. 103

(einstweilen frei) 104–108

11. Sonderregelung bei Unterstützungskasse als übertragender Körperschaft (§ 12 III iVm § 4 II 4 f.)

Der Gewinn einer Körperschaft, auf die das Vermögen einer **Unterstützungskasse** übergeht, ist um die von ihr oder ihren Rechtsvorgängern geleisteten Zuwendungen nach § 4d EStG zu erhöhen. Die Erhöhung erfolgt in dem Wj, in das der Verschmelzungsstichtag fällt (UmwStE Rn. 12.04 iVm 04.13; Einzelheiten bei § 4 Rn. 190 ff., zur Kritik s. auch *Rödder* in R/H/vL § 12 Rn. 112 f.). 109

12. Besitzzeitanrechnung (§ 12 III iVm § 4 II 3)

Besitzzeiten der übertragenden Körperschaft, die für die Besteuerung von Bedeutung sind, werden der übernehmenden Körperschaft angerechnet. Dies gilt auch dann, wenn die übernehmende Körperschaft nicht Gesellschafterin der übertragenden Körperschaft war (*Frotscher* in F/M § 12 UmwStG Rn. 109 f.). Die **Anrechnung von Vorbesitzzeiten** ist unabhängig von dem Wertansatz der übertragenden Körperschaft in der steuerlichen Schlussbilanz. 110

Vorschriften zur **Besitzzeitanrechnung** sind z. B. relevant bei:

a) Steuerprivilegien nach Doppelbesteuerungsabkommen;
b) Gewerbesteuerlichen Schachtelprivilegien nach §§ 9 Nr. 2a, Nr. 7 GewStG;
c) Körperschaft- und gewerbesteuerlichen Organschaftsvoraussetzungen;
d) § 6b EStG-Rücklagen.

VI. Übernahmefolgegewinne bei der übernehmenden Körperschaft (§ 12 IV iVm § 6 I, II)

111 § 6 regelt die steuerlichen Folgen einer umwandlungsbedingten Gewinnerhöhung durch **Vereinigung von unterschiedlich bewerteten Forderungen und Verbindlichkeiten** in der Weise, dass dafür eine gewinnmindernde Rücklage gebildet werden darf (s. dazu im Einzelnen § 6 Rn. 13; zu beachten ist die Missbrauchsklausel des § 6 III, bei deren Eingreifen die Vergünstigung rückwirkend entfällt, s. § 6 Rn. 35 ff.).

112 Im Falle einer Teilbeteiligung der übernehmenden Körperschaft gilt § 6 nur für den Teil des Übernahmefolgegewinns, der dem Beteiligungsverhältnis entspricht (*Schmitt* in SHS § 12 UmwStG Rn. 64).

VII. Vermögensübergang in den nicht steuerpflichtigen oder steuerbefreiten Bereich (§ 12 V)

113 Bei einem Vermögensübergang in den **nicht steuerpflichtigen oder steuerfreien Bereich einer übernehmenden Körperschaft** gilt das in der Steuerbilanz ausgewiesene Eigenkapital abzüglich des steuerlichen Einlagekontos nach Anwendung des § 29 I KStG als Einnahme iSd § 20 I Nr. 1 EStG. Somit wird in diesen Fällen eine Totalausschüttung der Übertragerin fingiert, auf die Kapitalertragsteuer einzubehalten ist (ausführlich *Schießl* in W/M § 12 UmwStG Rn. 252.1; *Rödder* in R/H/vL § 12 Rn. 124). Die Kapitalertragsteuer entsteht mit Handelsregistereintragung der Umwandlung.

Die Regelung des § 12 V erfasst nur übernehmende Körperschaften, die der deutschen Körperschaftsteuer (ggf. als beschränkt Steuerpflichtige) unterfallen, denn nur diese können vollständig oder teilweise von der Körperschaftsteuer befreit sein. Auf grenzüberschreitende Verschmelzungen einer deutschen Körperschaft auf eine EU-/EWR-Körperschaft ist die Vorschrift nicht anwendbar, so dass sich aus der (fiktiven) Totalausschüttung der offenen Reserven insoweit auch keine Kapitalertragsteuerpflicht ergeben kann (zutreffend *Schell* IStR 2008, 397 ff.).

§ 13 Besteuerung der Anteilseigner der übertragenden Körperschaft

(1) **Die Anteile an der übertragenden Körperschaft gelten als zum gemeinen Wert veräußert und die an ihre Stelle tretenden Anteile an der übernehmenden Körperschaft gelten als mit diesem Wert angeschafft.**

(2) [1]**Abweichend von Absatz 1 sind auf Antrag die Anteile an der übernehmenden Körperschaft mit dem Buchwert der Anteile an der übertragenden Körperschaft anzusetzen, wenn**

1. **das Recht der Bundesrepublik Deutschland hinsichtlich der Besteuerung des Gewinns aus der Veräußerung der Anteile an der übernehmenden Körperschaft nicht ausgeschlossen oder beschränkt wird oder**
2. **die Mitgliedstaaten der Europäischen Union bei einer Verschmelzung Artikel 8 der Richtlinie 2009/133/EG[1)] anzuwenden haben; in diesem Fall ist der Gewinn aus einer späteren Veräußerung der erworbenen Anteile ungeachtet der Bestimmungen eines Abkommens zur Vermeidung der Doppelbesteuerung in der gleichen Art und Weise zu besteuern, wie die Veräußerung der Anteile an der übertragenden Körperschaft zu besteuern wäre.** [2]**§ 15 Abs. 1a Satz 2 des Einkommensteuergesetzes ist entsprechend anzuwenden.**

[2]**Die Anteile an der übernehmenden Körperschaft treten steuerlich an die Stelle der Anteile an der übertragenden Körperschaft.** [3]**Gehören die Anteile an der**

übertragenden Körperschaft nicht zu einem Betriebsvermögen, treten an die Stelle des Buchwerts die Anschaffungskosten.

[1] Richtlinienbezeichnung geändert durch Gesetz v. 25.7.2014 (BGBl. I, 1266). Die aF lautete: „Richtlinie 90/434/EWG".

Übersicht

I. Allgemeine Erläuterungen

1. Inhalt, Aufbau und Abgrenzung zu § 20 IV a EStG

Im Kanon der Vorschriften des Umwandlungssteuergesetzes zur Verschmelzung oder Vermögensübertragung von einer Körperschaft (übertragende Körperschaft) auf eine andere Körperschaft (übernehmende Körperschaft) regelt § 13 die **Auswirkungen** dieses Vorgangs auf die dritte Gruppe der Beteiligten, die **Anteilseigner** der übertragenden Körperschaft. Für diese Beteiligten führt die Verschmelzung der Körperschaften zu einem Anteilstausch, da sie an Stelle ihrer bisherigen Anteile an der übertragenden, infolge der Verschmelzung untergehenden, Körperschaft Anteile an der übernehmenden Körperschaft erhalten. 1

Durch das Jahressteuergesetz 2009 v. 2.9.2008, BGBl. I 2794, wurde allerdings die Regelung des § 20 IVa EStG neu in das Einkommensteuergesetz aufgenommen. Nach S. 1 dieser Neuregelung vollzieht sich der Tausch von Anteilen an ausländischen Körperschaften zwingend auf der Grundlage der Buchwerte, wenn das Recht der Bundesrepublik Deutschland hinsichtlich der Besteuerung des Gewinns aus der Veräußerung der erhaltenen Anteile nicht ausgeschlossen oder beschränkt ist oder die Mitgliedstaaten der Europäischen Union bei einer Verschmelzung Art. 8 FusionsRL anzuwenden haben. Durch diese Änderung sollte vermieden werden, dass insbesondere Banken verpflichtet wären, zur Erfüllung der ansonsten aufgrund des Veräußerungsgewinns entstehenden Quellensteuerabzugsverpflichtung von dem beteiligten Anteilseigner erst Barmittel einzufordern (BT-Drs. 16/

2009, Begr. zu Art. 1 Nr. 9, S. 50). Durch das Jahressteuergesetz 2010 v. 8.12.2010, BGBl. I 1768, wurde diese Regelung aus „Praktikabilitätsgründen“ (BR-Drs. 318/10 v. 28.5.2010 S. 79) auf Inlandssachverhalte ausgeweitet. Danach findet § 13 grundsätzlich nur Anwendung auf Anteile im Betriebsvermögen, Anteile iSd § 17 EStG und einbringungsgeborene Anteile iSd § 21 UmwStG 1995 (UmwStE Rn. 13.01). Darüber hinaus kommt § 13 mE aber auch zur Anwendung, wenn die weiteren Voraussetzungen des § 20 IVa EStG nicht vorliegen, namentlich dann, wenn das Besteuerungsrecht der Bundesrepublik Deutschland eingeschränkt oder ausgeschlossen „ist“ und kein Fall vorliegt, der unter Art. 8 FusionsRL fällt. Ob das der Fall ist, entscheidet sich trotz des insoweit nicht ganz zweifelsfreien Wortlauts der Regelung mE nicht danach, wie das Besteuerungsrecht im Hinblick auf die erhaltenen Anteile ausgestaltet ist, sondern durch einen Vergleich des Besteuerungsrechts bezüglich der Anteile an der übertragenden Gesellschaft mit dem hinsichtlich der Anteile an der übernehmenden Gesellschaft. Anderenfalls würden nämlich zB in Fällen, in denen Deutschland kein Besteuerungsrecht hinsichtlich der Anteile an der übertragenden Gesellschaft hatte, die neuen Anteile aber steuerlich erfasst, wegen der dann zwingenden Buchwertverknüpfung die in der Zeit vor dem Anteilstausch begründeten stillen Reserven in Deutschland besteuert. Entsprechend der durch das SEStEG geänderten Systematik des Umwandlungssteuerrechts ist der Anteilstausch außerhalb der Regelung des § 20 IVa EStG im Rahmen des § 13 nicht mehr wie unter der Geltung des UmwStG aF im Regelfall zu Buchwerten, sondern **grds. zu gemeinen Werten** durchzuführen und löst damit eine Gewinn- oder Verlustrealisierung aus. Im Gegensatz zum alten Recht steht damit nicht mehr die Überlegung im Vordergrund, den Inhabern der Rechte an der übertragenden Körperschaft eine steuerneutrale Verschmelzung zu ermöglichen, sondern das Interesse der Bundesrepublik Deutschland an einer steuerlichen Erfassung der in den Anteilen begründeten stillen Reserven. Allerdings können die Anteilseigner unter den Voraussetzungen des § 13 II 1 Nr. 1 oder 2 einen Antrag auf Fortführung der Buchwerte bzw. der Anschaffungskosten stellen. Auf die Folgen der Verschmelzung für die Anteilseigner ist im Verschmelzungsbericht einzugehen (Einf. A Rn. 88 f.).

2. Sinn und Zweck

2 Die Regelung des § 13 soll im Grundsatz sicherstellen, dass die in den Anteilen gebundenen stillen Reserven auch im Falle eines verschmelzungsbedingten Anteilstausches insoweit einer Besteuerung im Inland zugeführt werden, als Deutschland ein Recht zur Besteuerung der stillen Reserven in den Anteilen an der übertragenden Körperschaft beanspruchen kann. Wird dieses Besteuerungsrecht durch die Verschmelzung nicht ausgeschlossen oder beschränkt, so kann der Anteilseigner einen **Antrag auf Fortführung der Buchwerte oder der Anschaffungskosten** stellen. Die in den Anteilen an der untergehenden Körperschaft gebundenen stillen Reserven springen in diesem Fall auf die Anteile an der übernehmenden Körperschaft über. Die gleiche Rechtsfolge tritt ein im Falle einer EU-internen grenzüberschreitenden Verschmelzung von Körperschaften: In diesen Fällen folgt die Möglichkeit der Buchwertverknüpfung aus Art. 8 FusionsRL.

3 Anders als die §§ 11 und 12 lässt der § 13 nach seinem insoweit eindeutigen Wortlaut auf der Anteilseignerebene nicht die Wahl von Zwischenwerten zu, obwohl Artikel 8 III der FusionsRL diese Möglichkeit zuließe.

4 Für die Anwendung des § 13 ist es unerheblich, ob es sich um einen **inländischen oder ausländischen Anteilseigner** handelt. Weiterhin ist es unerheblich, ob die übertragende und/oder die übernehmende **Körperschaft im Inland oder im Ausland ansässig** ist. Unter den Voraussetzungen des § 13 II ist eine Fortführung der Buchwerte bzw. der Anschaffungskosten selbst dann möglich, wenn die übertragende und/oder die übernehmende Körperschaft in Drittstaaten ansässig ist und für diese damit die Vorschriften des Umwandlungssteuergesetzes bereits dem Grunde nach wegen § 1 I Nr. 1 nicht zur An-

wendung kommen (BR-Drs. 542/06 v. 11.8.2006, Begr. zu § 1 II UmwStG und zu § 13 unter „Allgemeines").

Demgegenüber findet die **Rückwirkungsfiktion** des § 2 I auf den Anteilseigner keine Anwendung (UmwStE Rn. 13.06), es sei denn, der Anteilseigner ist zugleich übernehmender Rechtsträger (UmwStE Rn. 02.03).

3. Anwendungsbereich

a) Sachlicher Anwendungsbereich

Trotz der insoweit anders lautenden Überschrift des Dritten Teils des UmwStG: „Verschmelzung oder Vermögensübertragung (Vollübertragung) auf eine andere Körperschaft", gilt § 13 **nicht für die Vollübertragung.** Nach § 174 I UmwG ist eine Vollübertragung die Übertragung des Vermögens eines Rechtsträgers als Ganzes auf einen anderen bestehenden Rechtsträger gegen Gewährung einer Gegenleistung an die Anteilseigner des übertragenden Rechtsträgers, die nicht in Anteilen oder Mitgliedschaften besteht. § 13 geht demgegenüber grds. von einem Anteilstausch aus und dabei von der Überlegung, dass in den Anteilen an der untergehenden Gesellschaft gebundene stille Reserven auf die Anteile an der übernehmenden Gesellschaft übertragen werden können. Da die Gegenleistung bei der Vollübertragung aber gerade nicht in Anteilen besteht, ist eine Übertragung von stillen Reserven gar nicht möglich (so auch *Dötsch* in D/P/M § 13 UmwStG Rn. 10; *Schmitt* in SHS § 13 UmwStG Rn. 8;. 5

Demgegenüber findet § 13 auch Anwendung, wenn an der übertragenden und/oder der übernehmenden Körperschaft keine Anteile sondern **Mitgliedschaften** bestehen. Das folgt daraus, dass die §§ 11ff eben nicht nur die Verschmelzung von Gesellschaften, sondern von Körperschaften regeln. Zwar umfasst der Begriff **Körperschaften** sowohl die juristischen Personen des Privat- als auch des öffentlichen Rechts. Allerdings betreffen die §§ 11 bis 13 gemäß § 1 I 1 Nr. 1, soweit keine bundes- oder landesrechtlichen Spezialregelungen eingreifen, nur Verschmelzungen von Körperschaften iSd §§ 2ff UmwG oder Verschmelzungen aufgrund vergleichbarer ausländischer Vorschriften oder aufgrund vergleichbarer Vorschriften in Verordnungen der Europäischen Union. Damit gelten als verschmelzungsfähige Körperschaften nach deutschem Recht die GmbH, AG und KGaA (§ 3 I Nr. 2 UmwG), die eingetragenen Genossenschaften (§ 3 I Nr. 3 UmwG), die eingetragenen Vereine (§ 3 I Nr. 4 UmwG), die genossenschaftlichen Prüfungsverbände (§ 3 I Nr. 5 UmwG), die Versicherungsvereine auf Gegenseitigkeit (§ 3 I Nr. 6 UmwG) sowie nach § 3 II UmwG wirtschaftliche Vereine iSd § 22 BGB als übertragende Rechtsträger. An grenzüberschreitenden Verschmelzungen können nach § 122b UmwG dagegen nur Kapitalgesellschaften iSd Art. 2 Nr. 1 der Richtlinie 2005/56/EG v. 26.10.2005 über die Verschmelzung von Kapitalgesellschaften aus verschiedenen Mitgliedstaaten (ABl. EU 2005 Nr. L 310 S. 1) beteiligt sein. 6

Neben den deutschen Körperschaften kann § 13 auch im Falle einer Verschmelzung **ausländischer Rechtsgebilde** zur Anwendung kommen. Das gilt zunächst für Verschmelzungen zur Gründung einer SE gem. Art. 17 der Verordnung (EG) Nr. 2157/2001 v. 8.10.2001 über das Statut der Europäischen Gesellschaft (SE) (ABl. EG 2001 Nr. L 294/1), sowie einer SCE gem. Art. 19 der Verordnung (EG) Nr. 1435/2003 v. 22.7.2003 über das Statut der Europäischen Genossenschaften (SCE) (ABl. EU 2003 Nr. L 207/1). Das gilt weiter für **grenzüberschreitende Verschmelzungen** iSd §§ 122a ff. UmwG, an denen Kapitalgesellschaften iSd Art. 2 Nr. 1 der Richtlinie 2005/56/EG des Europäischen Parlaments und des Rates v. 26.10.2005 über die Verschmelzung von Kapitalgesellschaften aus verschiedenen Mitgliedstaaten (ABl. EU 2005 Nr. L 310 S 1) beteiligt sind. Voraussetzung hierfür ist, dass die Gesellschaften nach dem Recht eines Mitgliedstaates der Europäischen Union gegründet sind und ihren Sitz, ihre Hauptverwaltung oder ihre Hauptniederlassung in der Gemeinschaft haben, § 122b I UmwG. 7

8 Nach § 12 II 2 KStG ist § 13 entsprechend anzuwenden, wenn an der Verschmelzung **(nur) in Drittstaaten ansässige Körperschaften** beteiligt sind (UmwStE Rn. 13.04). Voraussetzung dafür ist das Vorliegen eines Vorganges iSd § 12 II 1 KStG. Das ist der Fall, wenn das Vermögen einer Körperschaft eines ausländischen Staates auf eine andere ausländische Körperschaft übertragen wird, aufgrund eines Vorgangs, der dem einer Verschmelzung iSd § 2 UmwG entspricht. Die Regelung des § 12 II 2 KStG ist erst durch den Finanzausschuss in das SEStEG aufgenommen worden. Nach der Begründung des Finanzausschusses (vgl. BT-Drs. 16/3369 v. 9.11.2006 Art. 3 Nr. 7) kommt es – entgegen dem Wortlaut des § 12 II 1 KStG – für die entsprechende Anwendung des § 13 auf der Anteilseignerebene nicht darauf an, dass die Voraussetzungen für eine steuerneutrale Übertragung auf der Gesellschaftsebene gegeben sind (vgl. *Dötsch/Pung* DB 2006 S. 2648, 2651 und 2704, 2714). Auch ist unerheblich, ob eine Verschmelzung zwischen Körperschaften desselben ausländischen Staates vorliegt. Weitere Voraussetzung bei einer Verschmelzung von Drittstaatenkörperschaften ist schließlich, dass das Besteuerungsrecht der Bundesrepublik Deutschland hinsichtlich des Gewinns aus einer Veräußerung der erhaltenen Anteile nicht ausgeschlossen oder beschränkt wird (vgl. *Benecke/Schnitger* IStR 2007, 22, 25). Die von der Finanzverwaltung in UmwStE Rn 13.04 und im Entwurf der KStR 2015 R 12 noch vorgesehene weitergehende Anforderung, dass die in einem Drittstaat ansässige übertragende Gesellschaft in Deutschland der beschränkten Steuerpflicht unterliegen müsse, wurde in der verabschiedeten Fassung der KStR fallen gelassen (dazu ausführlich *Goß* in BeckOK UmwStG, § 13 Rz. 260). Der UmwStE Rn 13.04 wurde durch das BMF-Schreiben vom 10.11.2016 – IV C2 – S 2761/0–01 entsprechend geändert.

9 Durch die einheitliche Verwendung des Begriffs „Körperschaft" ist die unter der alten Fassung des UmwStG (vgl. 2. Aufl. § 13 Rn. 5ff) diskutierte Frage, welche Körperschaften unter die einzelnen Regelungen des § 13 fallen, gegenstandslos geworden.

10 Weiterhin gilt § 13 gemäß § 15 I 1 entsprechend für die an einer **Auf- oder Abspaltung** beteiligten Anteilseigner, wenn die Teilbetriebsvoraussetzungen gem. § 15 I 2,3 erfüllt sind.

b) Gemischte Gegenleistungen

11 **Bare Zuzahlungen,** insbesondere in der gesetzlich zugelassenen Höhe von 10% des Gesamtnennbetrags der Anteile an der übernehmenden Körperschaft (vgl. für die GmbH §§ 54 IV, 56 UmwG, für die AG §§ 68 III, 73 UmwG, für die KGaA §§ 68 III, 73, 78 UmwG und für die eG § 87 II 2 UmwG) stehen der Anwendbarkeit von § 13 im Hinblick auf die gewährten Anteile grundsätzlich nicht entgegen (UmwStE Rn. 13.02 iVm 11.10 und 03.21 bis 03.24). Die baren Zuzahlungen sind wie ein Veräußerungserlös zu behandeln, dessen Besteuerung sich nach den allgemeinen Grundsätzen richtet (*Dötsch* in D/P/M § 13 UmwStG Rn. 19; *Schmitt* in SHS § 13 UmwStG Rn 16; UmwStE 13.02). Zur Berechnung des anteiligen steuerpflichtigen Gewinns vgl. *Goß* in BeckOK UmwStG § 13 Rn 4.3.3.

12 Bei gemischter Gegenleistung ist die **teilweise Gewinnrealisierung wie folgt zu berechnen:** Aus dem Wert der gesamten Gegenleistung (Anteile plus andere Gegenleistung) ist das Wertverhältnis von Gegenleistung in Anteilen und anderer Gegenleistung abzuleiten. Dieses Verhältnis ist auf den bisherigen Buchwert bzw. die Anschaffungskosten anzuwenden. Soweit die Gegenleistung in Anteilen besteht, gelten diese als zu den anteiligen Buchwerten/Anschaffungskosten der als veräußert geltenden Anteile angeschafft. Soweit andere Gegenleistungen bewirkt wurden, bemisst sich der Gewinn aus der Differenz des Werts der anderen Gegenleistung und dem anteiligen Buchwert/den anteiligen Anschaffungskosten, der/die auf die andere Gegenleistung entfällt/entfallen (UmwStE Rn. 13.02).

13 Schließlich ist es für die Anwendung des § 13 unschädlich, wenn die **Zahlung** nicht **durch** die übernehmende Körperschaft, sondern durch – durch die Verschmelzung stärker begünstigte – **(Mit-) Anteilsinhaber** der übertragenden Körperschaft geleistet wird.

14 Werden an **ausscheidende Anteilsinhaber** im Zusammenhang mit der Verschmelzung **Barabfindungen** gezahlt, so werden die sich daraus ergebenden Veräußerungserlöse nach

allgemeinen steuerlichen Grundsätzen ermittelt (*Dötsch/Werner* in D/P/M § 13 UmwStG Rn. 18; *Schmitt* in SHS § 13 UmwStG Rn. 15; UmwStE Rn. 13.02).

c) Up-stream merger

Hält im Falle eines up-stream merger die übernehmende Körperschaft sämtliche Anteile an der übertragenden Körperschaft, so findet § 13 auf den Anteilseigner (also die Muttergesellschaft) keine Anwendung, da er für die untergehenden Anteile an der übertragenden Körperschaft keine Anteile, sondern das Betriebsvermögen der übertragenden Körperschaft erhält (ebenso *Schmitt* in SHS § 13 UmwStG Rn. 11). Soweit indes an der übertragenden Körperschaft auch (Minderheits-) Anteilseigner beteiligt sind, die anlässlich der Verschmelzung der übertragenden Körperschaft auf deren Mehrheitsgesellschafterin Anteile an dieser Anteilseignerin erhalten, so kommt § 13 in Bezug auf diese Anteilseigner der übertragenden Körperschaft zur Anwendung. 15

d) Down-stream merger

Für den down-stream merger ergeben sich im Rahmen des § 13 grds. keine Besonderheiten: Die Anteilseigner der übertragenden Muttergesellschaft erhalten Anteile an der übernehmenden Tochtergesellschaft. Auf diesen Anteilstausch finden die Regelungen des § 13 Anwendung (UmwStE Rn. 11.18 und 11.19). Für die Anteile der Muttergesellschaft an der aufnehmenden Tochtergesellschaft gelten §§ 11 I und II (UmwStE Rn. 11.19; zweifelnd Neumann in R/H/vL § 13 Rn. 9a). 16

e) Verschmelzung ohne (verhältniswahrende) Ausgabe neuer Anteile

Durch das 2. Gesetz zur Änderung des Umwandlungsgesetzes v. 19.4.2007, BGBl. 2007 I, 542 wurde § 54 I UmwG ergänzt. Nach S 3 ist es nunmehr zulässig, dass die aufnehmende Gesellschaft von der Ausgabe von Geschäftsanteilen als Gegenleistung für die Übertragung des Vermögens der übertragenden Gesellschaft absieht, wenn alle Anteilseigner des übertragenden Rechtsträgers darauf verzichten. Ausweislich der Gesetzesbegründung (BR-Drs. 548/06 v. 11.8.2006, B II zu Nr. 12) dachte der Gesetzgeber dabei insbesondere an die Verschmelzung von Schwestergesellschaften innerhalb eines Konzerns, deren sämtliche Anteile von der Muttergesellschaft gehalten werden. Für die Anwendung des § 13 UmwStG, insbesondere die Frage der Möglichkeit einer Buchwertfortführung nach § 13 II, ist m. E. darauf abzustellen, ob in den Anteilen an der übertragenden Gesellschaft gebundene stille Reserven auf ein anderes Besteuerungsobjekt und/oder Steuersubjekt überspringen. Wenn der **Gesellschafter der übertragenden Gesellschaft auch sämtliche Anteile an der übernehmenden Gesellschaft hält,** findet im Hinblick auf die Anteile kein Übergang von stillen Reserven auf ein anderes Steuersubjekt statt. Daher kann der Gesellschafter nach § 13 II UmwStG die Buchwerte jedenfalls dann fortführen, wenn er – und sei es auch nur in geringem Umfang – im Zusammenhang mit der Verschmelzung neue Anteile an der übernehmenden Gesellschaft erhält. Diese neuen Anteile treten sodann an die Stelle der Anteile an der übertragenden Gesellschaft. Wegen dieses in dieser Variante bestehenden unmittelbaren Zusammenhangs zwischen dem Untergang der Anteile an der übertragenden Gesellschaft und den im Tausch dafür durch den selben Anteilseigner erhaltenen Anteile an der übernehmenden Gesellschaft findet mE keine Mitverhaftung von alten Anteilen an der übernehmenden Gesellschaft statt (aA wohl *Neumann* in R/H/vL § 13 Rn. 28, 47; *Schmitt* in SHS § 13 Rn. 28). Eine solche Verhaftung stünde auch im Widerspruch zu dem erklärten Willen des Gesetzgebers, durch die Ergänzung des Umwandlungsgesetzes Verschmelzungen von Schwestergesellschaften im Konzern erleichtern zu wollen. Gibt demgegenüber die **übernehmende Gesellschaft keine neuen Anteile** aus, erhöht sich der Wert der alten Anteile an der übernehmenden Gesellschaft. Ausdrücklich erfasst ist dieser Fall von § 13 UmwStG nicht. M. E. ist § 13 UmwStG aber entsprechend anzuwenden: Die alten Anteile an der übernehmenden Gesellschaft treten mit ihrem erhöhten Wert an die Stelle der Anteile an der übertragenden Gesellschaft. Daher 17 gehen die Merkmale der übertragenden Gesellschaft (siehe unten Rn. 56 ff.) auf sämtliche Anteile an der übernehmenden Gesellschaft über.

Wenn an der übernehmenden Gesellschaft **Dritte beteiligt** sind, ist eine Verschmelzung ohne (verhältniswahrende) Ausgabe neuer Anteile insoweit, als stille Reserven auf den Dritten überspringen, nach den allgemeinen Regeln zu behandeln (UmwStE Rn. 13.03). Ist der Anteilseigner auch an der übernehmenden Gesellschaft beteiligt, wird in diesen Fällen in der Regel eine zur Gewinnrealisierung führende verdeckte Einlage in dem Verhältnis vorliegen, als stille Reserven auf den Dritten überspringen (so auch *Neumann* in R/H/vL § 13 Rn. 49; UmwStE Rn. 13.03).

18 Erhält umgekehrt eine Kapitalgesellschaft im Zusammenhang mit der Verschmelzung einer Gesellschaft, an der auch sie eine Beteiligung hat, auf ein verbundenes Unternehmen keine Beteiligung an der aufnehmenden Gesellschaft, liegt darin eine nach den allgemeinen Grundsätzen zu besteuernde verdeckte Gewinnausschüttung (UmwStE Rn. 13.03).

19 Darüber hinaus ist nach Auffassung der Finanzverwaltung in den Fällen einer nicht verhältniswahrenden Verschmelzung zu prüfen, ob schenkungsteuerpflichtige Vorgänge vorliegen (UmwStE Rn. 13.03). Diese Auffassung ist mE aber jedenfalls insoweit abzulehnen, als der Vorgang ertragsteuerlich als verdeckte Gewinnausschüttung/Einlage zu werten ist. Ungeachtet systembedingter Unterschiede zwischen der Ertragsteuer und der Schenkungsteuer kann ein und derselbe Vorgang denklogisch nämlich nicht zugleich eine Dividende oder Einlage und eine Schenkung sein, da beide Vorgänge eine unterschiedliche Causa haben: die für die Dividende bzw. Einlage erforderliche gesellschaftsrechtliche Grundlage schließt mE eine gleichzeitige Schenkung als Rechtsgrund für den nämlichen Vorgang aus. Das dürfte iE für den Fall einer nicht verhältniswahrenden Verschmelzung zugunsten einer dem Anteilseigner nahestehenden Person jetzt auch der BFH so sehen (BFH v. 13.9.2017 – II R 54/15 unter II 2b).

20 *(einstweilen frei)*

II. Absatz 1

21 § 13 I statuiert den Grundsatz, dass der mit der Verschmelzung auf Anteilseignerebene einhergehende Anteilstausch zu einer **Realisierung der in den Anteilen an der übertragenden Körperschaft ruhenden stillen Reserven** führt. Dass dieses Prinzip zum Grundsatz erhoben wird, ist eine Folge des Bemühens des Gesetzgebers, alle unter das Umwandlungssteuergesetz fallenden vergleichbaren Vorgänge gleich zu behandeln, unabhängig davon, ob die beteiligten Rechtsträger in Deutschland oder in einem anderen EU-Mitgliedstaat ansässig sind. Daher besteht, abhängig von der konkreten Konstellation, die Möglichkeit, dass der Anteilstausch zu einem Ausschluss oder zu einer Beschränkung des deutschen Besteuerungsrechts und damit zu einer Entstrickung führt. Für diesen Fall soll das deutsche Besteuerungsrecht sichergestellt werden.

Erreicht wird dieses Ziel durch eine **zweifache Fiktion:** 1. Die Anteile an der übertragenden Körperschaft gelten als zum gemeinen Wert veräußert. 2. Die Anteile an der übernehmenden Körperschaft gelten als zum gemeinen Wert angeschafft.

1. Veräußerung zum gemeinen Wert

a) Gemeiner Wert

22 Der Terminus **„gemeiner Wert"** ist im Umwandlungssteuergesetz nicht definiert. Insoweit ist auf die allgemeinen Regeln zurückzugreifen. Einschlägig sind somit die §§ 9ff BewG. Für Anteile an Kapitalgesellschaften gilt grds. § 11 II BewG. Der gemeine Wert ist deshalb unter Berücksichtigung der Ertragsaussichten der Gesellschaft oder einer anderen anerkannten, auch im gewöhnlichen Geschäftsverkehr für nichtsteuerliche Zwecke üblichen Methode zu ermitteln. Zur Anwendung kommen demzufolge die für Unternehmensbewertungen einschlägigen anerkannten Bewertungsverfahren, insbesondere die vom Institut der Wirtschaftsprüfer entwickelten Verfahren zur Unternehmensbewertung, IDW S 1 und RS10, aber auch das vereinfachte Ertragswertverfahren (§§ 199–203 BewG, Neumann in R/H/vL § 13 Rz. 19). Bei Anteilen an Genossenschaften bemisst sich der gemeine Wert nach dem Entgelt, das bei der Übertragung des Geschäftsguthabens erzielt wird (UmwStE Rn. 13.05).

b) Steuerliche Behandlung der Wertdifferenz

In Höhe der Differenz zwischen dem Buchwert der Anteile an der übertragenden Körperschaft und deren gemeinem Wert entsteht ein **Gewinn oder Verlust, der nach den allgemeinen Regeln zu besteuern** ist. Dabei sind unter anderem § 8b KStG und die Regelungen gegebenenfalls einschlägiger Doppelbesteuerungsabkommen zu beachten (vgl. BR-Drs. 542/06 v. 11.8.2006, Begr. zu § 13 I UmwStG). Ist der Anteilseigner eine natürliche Person oder Kapitalgesellschaft, die in einem DBA-Staat ansässig ist, mit dem die Bundesrepublik ein dem OECD-Musterabkommen entsprechendes DBA geschlossen hat, so ist das Besteuerungsrecht für Gewinne aus der Veräußerung von Anteilen an Kapitalgesellschaften dem Ansässigkeitsstaat des Veräußerers zugewiesen (vgl. Art. 13 V OECD-MA). Die Verschmelzung ist deshalb für diesen Anteilseigner in Deutschland nicht steuerbar. Allerdings sehen abweichend davon die deutschen Doppelbesteuerungsabkommen zunehmend für Gewinne aus der Veräußerung von Anteilen an **Immobiliengesellschaften** im Sinne der jeweiligen Abkommensregelungen ein Besteuerungsrecht des Ansässigkeitsstaates der Immobiliengesellschaft vor (vgl. die Übersicht bei *Reimer* in Vogel/Lehner, DBA, Art. 13 Rz. 149). 23

Im Übrigen ergeben sich bei der **Verschmelzung einer in Deutschland unbeschränkt steuerpflichtigen übertragenden Körperschaft** vorbehaltlich des § 20 IVa EStG für die Besteuerung in Deutschland im Wesentlichen folgende Varianten: 24

Anteilseigner der übertragenden, in Deutschland ansässigen Körperschaft ist	**Steuerliche Folge bei Gewinn**	**Steuerliche Folge bei Verlust**
unbeschr. stpfl. Körperschaft	st.-frei, §§ 8b II, 8b V KStG	nicht st.-wirksam
tschechische Kapitalgesellschaft	st.-frei, §§ 8b II, 8b V KStG	nicht st.-wirksam
beschränkt stpfl. Körperschaft in Nicht-DBA-Staat	st.-frei, §§ 8b II, 8b V KStG	nicht st.-wirksam
unbeschr. stpfl. natürl. Person oder beschr. stpfl. natürl. Person in Nicht-DBA Staat mit Anteilen im BV	stpfl. im Rahmen des Teileinkünfteverfahrens, § 3 Nr. 40a EStG	zu 60 % steuerwirksam, § 3c II EStG
unbeschr. stpfl. natürl. Person oder beschr. stpfl. natürl. Person in Nicht-DBA Staat mit Anteilen iSd § 17 EStG	stpfl. im Rahmen des Teileinkünfteverfahrens, § 3 Nr. 40c EStG	zu 60 % steuerwirksam, § 3c II EStG
unbeschr. stpfl. natürl. Person oder beschr. stpfl. natürl. Person in Nicht-DBA Staat mit einbringungsgeb. Anteilen	Regelbesteuerung	steuerwirksam
natürl. in Tschechien ansässige Person	wie unbeschr. stpfl. Person	wie unbeschr. stpfl. Person
Sonstige natürl. Person	stpfl. im Rahmen der §§ 20 II; 52 XXVIII S. 11, 32d EStG	§ 20 VI S. 4 EStG

25 Ist der Anteilseigner eine natürliche Person, die die Anteile an der übertragenden Gesellschaft im **Privatvermögen** hält und fallen die Anteile weder unter § 17 EStG noch sind sie einbringungsgeboren nach § 21, so ist, soweit die Voraussetzungen hinsichtlich der Beibehaltung des Besteuerungsrechts der Bundesrepublik Deutschland erfüllt sind, die Voraussetzungen von Artikel 8 FusionsRL aber nicht vorliegen, der Anteilstausch gemäß § 20 IVa EStG zwingend zum Buchwert durchzuführen. Daher treten die Anteile an der übernehmenden Gesellschaft an die Stelle der Anteile an der übertragenden Gesellschaft (Fußstapfentheorie).

26 Ist die **übertragende Körperschaft im Ausland ansässig,** gibt es im Wesentlichen folgende Varianten bei der Besteuerung in Deutschland:

Anteilseigner der übertragenden, im Ausland ansässigen Körperschaft ist	**Steuerliche Folge bei Gewinn**	**Steuerliche Folge bei Verlust**
unbeschr. stpfl. Körperschaft; es besteht ein dem OECD-Musterabkommen entsprechendes DBA	st.-frei, §§ 8b II, 8b V KStG	nicht st.-wirksam
unbeschr. stpfl. Körperschaft; es besteht kein DBA	st.-frei, §§ 8b II, 8b V KStG	nicht st.-wirksam
unbeschr. stpfl. Körperschaft; es gilt das DBA Tschechien	st.-frei, §§ 8b II, 8b V KStG	nicht st.-wirksam
unbeschr. stpfl. natürl. Person mit Anteilen im BV; es besteht ein DBA	abhängig von DBA, idR Besteuerung wie bei in D ansässiger übertragender Körperschaft, ggf. Anrechnung	idR zu 60 % steuerwirksam, § 3c II EStG
unbeschr. stpfl. natürl. Person mit Anteilen im BV; es besteht kein DBA	Teileinkünfteverfahren wie bei in D ansässiger übertragender Körperschaft, Anrechnung	zu 60 % steuerwirksam, § 3c II EStG

27 Ist die übertragende Gesellschaft in einem Staat ansässig, mit dem Deutschland ein Doppelbesteuerungsabkommen geschlossen hat, das für **Immobiliengesellschaften** ein Besteuerungsrecht des Ansässigkeitsstaates der Gesellschaft vorsieht (siehe oben Rn. 23), so ist ein bei der Verschmelzung dieser Gesellschaften entstehender Gewinn in Deutschland nicht steuerpflichtig.

2. Anschaffung zum gemeinen Wert

28 Die Anteile an der übernehmenden Körperschaft gelten als zum gemeinen Wert der Anteile an der übertragenden Körperschaft angeschafft. Diese Regelung fingiert die Anschaffungskosten der Anteile an der übernehmenden Körperschaft.

a) Fiktion der Anschaffungskosten

29 Die fiktiven Anschaffungskosten sind relevant für die Berechnung eines Gewinns, der vom Anteilseigner bei einer späteren steuerwirksamen Disposition über die Anteile an der übernehmenden Körperschaft erzielt wird. Soweit dem Anteilseigner im Zusammenhang mit der Verschmelzung Aufwendungen entstehen, stellen diese nach Maßgabe der allgemeinen Grundsätze Anschaffungsnebenkosten der erhaltenen Anteile dar.

b) Zeitpunkt des Anschaffungsvorgangs

30 Die Anteile an der übernehmenden Körperschaft gelten als angeschafft. Nach dem insoweit eindeutigen Wortlaut der Regelung erfolgt die **Anschaffung zum Zeitpunkt**

der Durchführung der Verschmelzung. Entscheidend ist damit die Eintragung der Verschmelzung im Handelsregister (so auch *Neumann* in R/H/vL § 13 Rz. 20). Die Fiktion wirkt nicht auf den Zeitpunkt der Anschaffung der Anteile an der übertragenden Körperschaft zurück. Etwaige an den Anteilserwerb anknüpfende Fristen beginnen damit neu zu laufen. Das hat Auswirkungen bei natürlichen Personen als Anteilseigner, bei denen in Bezug auf die Anteile an der übertragenden Gesellschaft die Frist des § 23 I Nr. 2 EStG aF für ein privates Veräußerungsgeschäft bereits abgelaufen war: Für diese Anteilseigner führt die Verschmelzung zu einer Anschaffung der Anteile an der übernehmenden Gesellschaft und damit zu einer Steuerverstrickung dieser Anteile (vgl. hierzu auch unten Rn. 59).

(einstweilen frei) 31

III. Absatz 2

§ 13 II 1 regelt in Nr. 1 und Nr. 2 zwei alternative Fallgruppen, bei deren Vorliegen auf 32
Antrag die Anteile an der übernehmenden Körperschaft mit dem **Buchwert** der Anteile an der übertragenden Körperschaft anzusetzen sind. Diese Ausnahmeregelungen haben zum Ziel, unter genau definierten Bedingungen eine verschmelzungshemmende steuerpflichtige Entstrickung auf der Ebene der Anteilseigner zu vermeiden (vgl. BR-Drs. 542/06 v. 11.8.2006, Begr. I Allgemeiner Teil Ziff. 2). Das Antragswahlrecht kann von jedem Anteilseigner eigenständig ausgeübt werden (*Schmidt* in SHS § 13 Rn. 32). Der Antrag ist bei dem für die Veranlagung des Gesellschafters der übertragenden Gesellschaft zuständigen Finanzamt zu stellen (*Goß* in BeckOK UmwStG § 13 Rn. 151). Er ist nach Ansicht der Finanzverwaltung bedingungsfeindlich und unwiderruflich (UmwStE Rn. 13.10).

Der **Wortlaut dieser Ausnahmeregelung ist missglückt,** da er alleine eine Aussage 33
zu den Wertansätzen für die Beteiligung an der übernehmenden Körperschaft trifft. Richtigerweise hätte § 13 II, ebenso wie § 13 I, auch die Auswirkungen der Buchwertverknüpfung für Anteile an der übertragenden Körperschaft regeln müssen. Da dieses gerade nicht geschieht, hätte das bei einer wortgenauen Anwendung der Vorschrift zur Folge, dass wegen der ersten Fiktion in § 13 I die Anteile an der übertragenden Körperschaft als zum gemeinen Wert veräußert gelten und infolge des Antrags nach § 13 II die Anteile an der übernehmenden Körperschaft sodann als zum Buchwert der Anteile an der übertragenden Körperschaft angeschafft gelten. Die Antragstellung nach § 13 II hätte damit nach dem Wortlaut der Regelung keine Auswirkung auf die steuerliche Behandlung der Anteile an der übertragenden Körperschaft. Diese wörtliche Anwendung des § 13 II würde aber zu einem vollständigen Leerlaufen dieser Regelung führen. Deswegen muss sie über ihren Wortlaut hinaus so gelesen werden, dass „... auf Antrag die Anteile an der übertragenden und an der übernehmenden Körperschaft mit dem Buchwert der Anteile an der übertragenden Körperschaft anzusetzen (sind)".

Zweifelhaft ist, ob das durch diese Regelung statuierte **Antragserfordernis** nicht 34
insoweit, als es auf grenzüberschreitende Verschmelzungen unter Beteiligung mindestens einer Kapitalgesellschaft mit Sitz in einem anderen EU-Mitgliedstaat zur Anwendung gebracht wird, **gegen EU-Recht verstößt.** Nach Art. 8 I FusionsRL darf die Zuteilung von Anteilen am Gesellschaftskapital der übernehmenden Gesellschaft an die Gesellschafter der übertragenden Gesellschaft aufgrund der Verschmelzung für sich allein keine Besteuerung des Veräußerungsgewinns auslösen. Die Mitgliedstaaten dürfen diese Steuerneutralität nach Art. 8 IV der Richtlinie nur davon abhängig machen, dass der Gesellschafter den erworbenen Anteilen keinen höheren steuerlichen Wert beimisst, als den Anteilen an der übertragenden Gesellschaft unmittelbar vor der Verschmelzung beigemessen war. Ein Antragserfordernis sieht die Richtlinie gerade nicht vor. Im Gegenteil: Artikel 8 VIII der Richtlinie eröffnet umgekehrt die Möglichkeit für den Anteilseigner, eine von der Buchwertfortführung abweichende Behandlung zu wählen. Diese EU-rechtliche Vorgabe wird

durch die Systematik des § 13 mit ihrem Grundsatz der Realisierung der stillen Reserven geradezu auf den Kopf gestellt. Zumindest bei den unter Art. 8 der Richtlinie fallenden Verschmelzungsvorgängen dürfen zur Vermeidung der EU-Rechtswidrigkeit deshalb an den Antrag iSd § 13 II keine besonderen Anforderungen gestellt werden (so auch UmwStE Rn. 13.10 S. 2). Hier muss bereits die Tatsache, dass der Anteilseigner den Aktientausch in seiner Steuerklärung nicht abbildet, als Antrag iSd § 13 II gewertet werden. Zugleich folgt aus dieser EU-rechtlichen Vorgabe m. E., dass die Stellung des Antrags bis zur endgültigen bestandskräftigen und im Wege der Berichtigung nicht mehr abänderbaren Steuerveranlagung nachgeholt oder zurückgenommen werden kann. Die insoweit anderslautende Regelung in UmwStE Rn. 13.10 S. 2, die eine Unwiderruflichkeit des Antrags vorsieht (so auch *Schmidt* in S/H/S § 13 UmwStG Rn. 34), ist mE aus den vorstehend dargelegten Gründen EU rechtswidrig, soweit die Verschmelzung unter Art. 8 FusionRL fällt. Wegen der mit der Gesetzesänderung angestrebten Vereinheitlichung des Umwandlungssteuerrechts ist es konsequent, diese Bedeutung des Antragserfordernisses über die unter Art. 8 der Richtlinie fallenden Vorgänge hinaus bei allen unter das Umwandlungssteuergesetz fallenden Verschmelzungen zu Grunde zu legen.

1. Das deutsche Besteuerungsrecht wird nicht ausgeschlossen oder beschränkt

35 Der **erste Ausnahmetatbestand** knüpft daran an, dass das Recht der Bundesrepublik Deutschland hinsichtlich der Besteuerung des Gewinns aus der Veräußerung der Anteile an der übernehmenden Körperschaft nicht ausgeschlossen oder beschränkt wird.

a) Inlandssachverhalte

36 Das Besteuerungsrecht wird **grds. nicht ausgeschlossen** oder beschränkt bei reinen Inlandssachverhalten, also dann, wenn übertragende und übernehmende Körperschaft sowie der Anteilseigner in Deutschland ansässig sind: Bei diesen Inlandssachverhalten kann der nicht unter § 20 IVa EStG fallende Anteilseigner deshalb die Buchwertverknüpfung wählen.

37 Fraglich ist indes, ob unter den Wortlaut der Nr. 1 auch solche Sachverhalte zu subsumieren sind, bei denen die **Einschränkung des Besteuerungsrechts alleine eine Konsequenz innerstaatlicher deutscher Steuerrechtsnormen** ist. Die Formulierung der Nr. 1, die ausdrücklich auf das Recht der Bundesrepublik Deutschland abstellt, legt nahe, dass unter die Regelung lediglich Sachverhalte mit grenzüberschreitendem Bezug fallen. Relevant wird diese Frage zum Beispiel, wenn der Anteilseigner bei einer vor dem 1.1.2009 durchgeführten Verschmelzung an der übertragenden Körperschaft iSd § 17 EStG beteiligt war, seine Beteiligung an der übernehmenden Körperschaft jedoch weniger als ein Prozent beträgt. Die Tatsache, dass die Anteile an der übernehmenden Körperschaft nach Ablauf der Fünf-Jahres-Frist des § 17 EStG aus der Steuerverstrickung hinausfallen, stellt eine Beschränkung des Besteuerungsrechts dar. Würde diesem Anteilseigner jedoch nicht die Möglichkeit eröffnet, nach § 13 II 1 Nr. 1 die Anschaffungskosten der Anteile an der übertragenden Körperschaft fortzuführen, würde die Verschmelzung für ihn stets zu einer Realisierung der in seinen Anteilen an der übertragenden Körperschaft begründeten stillen Reserven führen. Aus der Gesetzesbegründung (vgl. BR-Drs. 542/06 v. 11.8.2006, Begr. zu Art. 6, § 13 II a. E.) ergibt sich, dass der Gesetzgeber die **Beschränkung des Besteuerungsrechts auf Grund nationaler Steuergesetze** nicht als eine Beschränkung des Besteuerungsrechts ansieht, die einer Fortführung der Buchwerte bzw. der Anschaffungskosten entgegensteht: Nach der Vorstellung des Gesetzgebers werden nämlich in diesem speziellen Fall sogenannte **verschmelzungsgeborene Anteile** begründet, bei deren späterer Veräußerung die Grundsätze des § 17 EStG gelten. Diese Rechtsfolge leitet sich aus § 13 II 2 ab, was wiederum voraussetzt, dass zunächst eine Fortführung der Buchwerte bzw. der Anschaffungskosten nach Maßgabe des § 13 II 1 möglich ist.

b) Hinausverschmelzung

Für die Anwendbarkeit des § 13 II 1 Nr. 1 kommt es im Falle einer Hinausverschmelzung zunächst darauf an, ob der Anteilseigner in Deutschland **unbeschränkt einkommensteuerpflichtig und DBA-ansässig** ist. Liegen diese Voraussetzungen vor, so greift die Ausnahmeregelung des § 13 II 1 Nr. 1 stets dann ein, wenn der Bundesrepublik Deutschland auf Grund einer dem Art. 13 II, IV oder V **OECD-MA entsprechenden Regelung** das Recht zur Besteuerung der Gewinne aus den Anteilen an der übernehmenden Körperschaft zusteht (vgl. BR-Drs. 542/06 v. 11.8.2006, Begr. zu Art. 6, § 13 II). Die deutschen DBA haben überwiegend die Regelung des OECD-MA zur Zuweisung des Besteuerungsrecht für Gewinne aus der Veräußerung von Anteilen an Kapitalgesellschaften übernommen (vgl. die Übersicht bei *Reimer* in Vogel/Lehner Art. 13 Rn. 225 ff), mit der Folge, dass das Besteuerungsrecht an den Anteilen nur Deutschland als dem Ansässigkeitsstaat des Anteilseigners zusteht. Da das Besteuerungsrecht Deutschlands damit weder ausgeschlossen noch beschränkt wird, kann der Anteilseigner von der Antragsmöglichkeit des § 13 II 1 Nr. 1 Gebrauch machen. **Weicht das DBA** mit dem Sitzstaat der übernehmenden Körperschaft demgegenüber **vom OECD-MA ab** (vgl. z.Zt. die DBA mit der Slowakei, Tschechien und Zypern), führt das zu einer Beschränkung des deutschen Besteuerungsrechts. Infolgedessen sind die in den Anteilen an der übertragenden Körperschaft gebildeten stillen Reserven – vorbehaltlich des § 13 II 1 Nr. 2 – zwingend zu versteuern. Das gilt entsprechend, wenn die übernehmende ausländische Gesellschaft eine **Immobiliengesellschaft** im Sinne des einschlägigen DBA ist und dieses Abkommen eine dem Artikel 13 IV OECD-MA entsprechende Sonderregelung für die Zuweisung des Besteuerungsrechts bei derartigen Gesellschaften enthält (vgl. dazu die Übersicht bei *Reimers* in Vogel/Lehner, Art. 13 Rn. 149), und Deutschland als Ansässigkeitsstaat des Anteilseigners die Steuer des Belegenheitsstaates anrechnet. 38

Ist der Anteilseigner der übertragenden Körperschaft demgegenüber **in Deutschland nicht unbeschränkt steuerpflichtig oder nicht DBA-ansässig,** so verliert die Bundesrepublik im Falle einer Hinausverschmelzung stets ihr Besteuerungsrecht an den Anteilen. Eine Fortführung der Buchwerte bzw. der Anschaffungskosten der Anteile an der übertragenden Körperschaft nach § 13 II 1 Nr. 1 ist daher nicht möglich. 39

c) Auslandsverschmelzungen

Erfolgt eine Verschmelzung zwischen zwei Auslandskörperschaften, so gilt für die Anteilseigner vorbehaltlich des § 20 IVa EStG § 13 ungeachtet der Frage, ob die Vorschriften des deutschen Umwandlungssteuergesetzes auf die übertragende und/oder die übernehmende Körperschaft anzuwenden sind (vgl. oben Rn. 8). Demzufolge ist auch in dieser Fallgruppe zu differenzieren. **Keine Beschränkung des Besteuerungsrechts:** 40

- Der Anteilseigner ist in Deutschland unbeschränkt steuerpflichtig und – im Verhältnis zum Sitzstaat der übernehmenden Körperschaft – DBA-ansässig und mit dem Sitzstaat der übernehmenden Gesellschaft besteht ein dem OECD-MA entsprechendes DBA, das dem Ansässigkeitsstaat Deutschland das alleinige Besteuerungsrecht an Gewinnen aus der Anteilsveräußerung zuweist;
- Deutschland hat kein Recht zur Besteuerung des Gewinns aus einer Veräußerung von Anteilen an der übertragenden Körperschaft;
- Verschmelzungen von Kapitalgesellschaften mit Sitz in dem gleichen ausländischen Staat und für die aufnehmende Gesellschaft gelten keine Sonderregelungen (zB für Immobiliengesellschaften).

Beschränkung des Besteuerungsrechts:

- Der Anteilseigner ist in Deutschland unbeschränkt steuerpflichtig und – im Verhältnis zum Sitzstaat der übernehmenden Körperschaft – DBA-ansässig, aber mit dem Sitzstaat der übernehmenden Gesellschaft besteht ein DBA, das dem Sitzstaat das alleinige Besteuerungsrecht zuweist;

– der Anteilseigner ist in Deutschland unbeschränkt steuerpflichtig und – im Verhältnis zum Sitzstaat der übernehmenden Körperschaft – DBA-ansässig, aber mit dem Sitzstaat der übernehmenden Gesellschaft besteht ein DBA, nach dem Deutschland zwar das Recht zur Besteuerung zusteht, jedoch die ausländische Steuer anrechnen muss;
– der Anteilseigner ist in Deutschland unbeschränkt steuerpflichtig, aber mit dem Sitzstaat der übernehmenden Gesellschaft besteht kein DBA, so dass Deutschland zwar das Recht zur Besteuerung zusteht, jedoch die ausländische Steuer nach § 34c EStG bzw. § 26 KStG anrechnen oder bei der Ermittlung der Einkünfte abziehen muss.

41 Wie oben (vgl. Rn. 37) dargestellt, liegt ein Ausschluss oder eine Beschränkung des Besteuerungsrechts iSv § 13 II 1 Nr. 1 nach hier vertretener Auffassung nicht vor, wenn ursächlich für den Ausschluss oder die Beschränkung ausschließlich **Normen des nationalen Steuerrechts** sind. Aus diesem Grund liegen die Voraussetzungen für den Antrag nach § 13 II 1 Nr. 1 auch dann vor, wenn eine tatsächliche Beschränkung deshalb erfolgt, weil Deutschland den Gewinn aus der Veräußerung der Anteile an der übertragenden Körperschaft nach § 8b IV 1 KStG besteuern könnte, die Beteiligung des Anteilseigners an der übernehmenden Gesellschaft aber mindestens 10% des Grund- oder Stammkapitals beträgt und ein Gewinn aus der Veräußerung des Anteils an der übernehmenden Gesellschaft nach § 8b II KStG deshalb steuerfrei ist.

d) Hereinverschmelzungen

42 Da mit einer Hereinverschmelzung nur eine Verstärkung des Besteuerungsrechts der Bundesrepublik Deutschland verbunden sein kann, besteht bei dieser Fallgruppe grds. die Möglichkeit, eine **Fortführung der Buchwerte** bzw. der Anschaffungskosten zu wählen. Allerdings führt die Hereinverschmelzung in der Regel zu einer steuerlichen Verstrickung der Anteile in der Bundesrepublik Deutschland. Deswegen wird es für den Anteilseigner aus der Sicht des deutschen Steuerrechts in der Regel günstiger sein, den Antrag nicht zu stellen. Da § 13 I auch für diesen Fall der Verschmelzung gilt (vgl. oben Rn. 4), führt die Verschmelzung jedenfalls dann, wenn der gemeine Wert der Anteile über dem Buchwert bzw. den Anschaffungskosten der Anteile an der übertragenden Körperschaft liegt, zu einer in Deutschland nicht steuerpflichtigen Aufstockung dieser Werte. Damit reduziert sich ein im Falle einer späteren Verfügung über die Anteile an der übernehmenden deutschen Körperschaft gegebenenfalls entstehender Gewinn.

43 *(einstweilen frei)*

2. Verschmelzungen iSd Artikel 8 der FusionsRL

a) Anwendungsbereich

44 § 13 II 1 Nr. 2 S 1 HS 1 soll die **Vorgabe von Art. 8 I, IV und VI der FusionsRL umsetzen** (zu den systematischen Bedenken hinsichtlich der Methodik der Umsetzung siehe bereits oben Rn. 34). Danach darf die Zuteilung von Anteilen am Gesellschaftskapital der übernehmenden Gesellschaft an einen Gesellschafter der einbringenden (hier: übertragenden) Gesellschaft gegen Anteile an deren Gesellschaftskapital aufgrund einer Fusion für sich allein **keine Besteuerung des Veräußerungsgewinns** dieses Gesellschafters auslösen. Das gilt nach Art. 8 IV der Richtlinie jedoch nur dann, wenn der Gesellschafter den erworbenen Anteilen keinen höheren steuerlichen Wert beimisst, als den in Tausch gegebenen Anteilen unmittelbar vor der Fusion beigemessen war. Nach Art. 8 VI der Richtlinie ist der Mitgliedstaat nicht gehindert, den Gewinn aus einer späteren Veräußerung der erworbenen Anteile in gleicher Weise zu besteuern wie den Gewinn aus einer Veräußerung der vor dem Erwerb vorhandenen Anteile.

45 § 13 II Nr. 2 stellt eine Erweiterung zu § 13 II 1 Nr. 1 dar: Kann eine Fortführung der Buchwerte bzw. der Anschaffungskosten nach Nummer 1 nicht beantragt werden, weil das Besteuerungsrecht der Bundesrepublik Deutschland an den Anteilen an der übernehmenden Gesellschaft ausgeschlossen oder beschränkt ist, so kommt die Verknüpfung der Buch-

werte oder der Anschaffungskosten gleichwohl in Betracht, wenn es sich bei der übertragenden und der übernehmenden Körperschaft um Kapitalgesellschaften handelt, die im Anhang zu der FusionsRL auf der Liste der **Gesellschaften iSv Art. 3 Buchst. a** aufgeführt sind. Voraussetzung für die Anwendung der Nr. 2 ist weiter, dass die Verschmelzung als solche unter die Regelungen der FusionsRL fällt. Gemäß Art. 1a der Richtlinie sind das nur Vorgänge, an denen Gesellschaften im Sinne der Richtlinie **aus mindestens zwei oder mehr Mitgliedstaaten** beteiligt sind.

Damit ist der **sachliche Anwendungsbereich** der Nr. 2 stark eingegrenzt: Es fallen zunächst solche Verschmelzungen unter diesen Ausnahmetatbestand, bei denen eine deutsche Kapitalgesellschaft als übertragende Gesellschaft auf eine übernehmende Kapitalgesellschaft in einem anderen EU-Mitgliedstaat verschmolzen wird. Außerdem ist Nr. 2 einschlägig bei Verschmelzungen zwischen Kapitalgesellschaften aus mindestens zwei unterschiedlichen nicht deutschen EU-Mitgliedstaaten, unter der Voraussetzung, dass das mit dem Sitzstaat der übernehmenden Gesellschaft geschlossene DBA das Besteuerungsrecht zu Lasten der Bundesrepublik Deutschland anderes regelt, als das im DBA mit dem Sitzstaat der übertragenden Gesellschaft(en) der Fall gewesen ist. Davon kann zur Zeit zum einen im Falle einer Verschmelzung auf eine tschechische Kapitalgesellschaft ausgegangen werden, da nach Art. 13 III des DBA mit der Tschechoslowakei (Fortgeltung für Tschechien) Gewinne aus der Veräußerung von Anteilen an einer Kapitalgesellschaft mit Sitz in Tschechien in Tschechien besteuert werden können und Deutschland die tschechischen Steuern auf den Gewinn gemäß Art. 23 I b Nr. 3 des DBA anrechnen muss. Das gilt aber auch dann, wenn die übernehmende Gesellschaft (unter Berücksichtigung des übergegangenen Vermögens der übertragenden Gesellschaft) eine Immobiliengesellschaft im Sinne der Regelungen bestimmter Doppelbesteuerungsabkommen ist (vgl. oben Rn. 23). 46

b) Sicherung des deutschen Besteuerungsrechts

Soweit von der Möglichkeit einer Fortführung der Buchwerte bzw. Anschaffungskosten nach § 13 II 1 Nr. 2 S 1 HS 1 Gebrauch gemacht wird, ist die Bundesrepublik nach § 13 II 1 Nr. 2 S 1 HS 2 berechtigt, **Gewinne aus einer späteren Veräußerung** der Anteile an der übernehmenden Gesellschaft zu **besteuern,** obwohl der Bundesrepublik das Besteuerungsrecht in Bezug auf diese Anteile nach dem mit dem jeweiligen Sitzstaat der übernehmenden Gesellschaft bestehenden DBA nicht zusteht. Bei dieser Regelung handelt es sich **nicht um einen treaty override,** da die insoweit bestehenden DBA-Regelungen durch Art. 8 VI der FusionsRL modifiziert worden sind. 47

Nicht ganz eindeutig ist der **Umfang dieses Besteuerungsrechts.** Eindeutig geregelt ist der Zeitpunkt, zu dem die Besteuerung erfolgt, nämlich der Zeitpunkt der späteren Veräußerung der Anteile an der übernehmenden Gesellschaft. Fraglich ist allerdings, ob der Besteuerung der zu diesem Zeitpunkt realisierte Veräußerungsgewinn oder der gemeine Wert der Anteile an der übertragenden Gesellschaft zum Zeitpunkt der Verschmelzung zugrunde zu legen ist. Eine enge Auslegung des **Wortlautes:** „… ist der **Gewinn aus einer späteren Veräußerung** …" spricht dafür, auf den bei der späteren Veräußerung tatsächlich realisierten Gewinn abzustellen. Dagegen spricht auch nicht der weitere Wortlaut der Regelung, der eine „Besteuerung in der gleichen Art und Weise" wie bei einer Versteuerung der Anteile an der übertragenden Körperschaft erlaubt. Meines Erachtens verweist diese Formulierung auf das Besteuerungsverfahren und damit auf die Besteuerung dem Grunde, nicht jedoch der Höhe nach. Danach wäre für die Besteuerung auf das durch die tatsächliche Veräußerung entstandene Ergebnis abzustellen. Das gälte dann allerdings auch, wenn der gemeine Wert der Anteile zum Zeitpunkt der Verschmelzung niedriger ist, als der später realisierte anteilige Veräußerungsgewinn, mit der Folge, dass Deutschland auch Wertsteigerungen steuerlich erfassen würde, die gar nicht unter seiner Besteuerungshoheit entstanden sind. 48

Beispiel: Die D-GmbH wird auf die tschechische T-SRO verschmolzen. Anteilseigner beider Gesellschaften ist die in Deutschland ansässige natürliche Person N. Anschaffungskosten der Anteile an

D-GmbH und an T-SRO sind jeweils: 50 000. Gemeiner Wert der Anteile an D-GmbH zur Zeit der Verschmelzung 50 000. Bei der Veräußerung der Anteile an der T-SRO erzielt N einen Veräußerungsgewinn von 500 000.

Bei einer dem Wortlaut entsprechenden Auslegung des § 13 II 1 Nr. 2 S 1 HS 2 würde Deutschland 500 000 besteuern.

Bei dieser Auslegung besteuerte Deutschland somit die in dem anderen EU-Mitgliedsstaat entstandenen stillen Reserven. Das wäre offensichtlich **nicht sachgerecht. Sinn und Zweck der Regelung** kann es m. E. lediglich sein, die in den Anteilen an der übertragenden Gesellschaft in Deutschland entstandenen stillen Reserven einer Besteuerung in Deutschland zuzuführen. Maßgeblich für die spätere deutsche Besteuerung können daher nur die zum Zeitpunkt der Verschmelzung gegebenen Wertverhältnisse sein. Es empfiehlt sich daher, im Falle einer EU-grenzüberschreitenden Verschmelzung den gemeinen Wert der Anteile an der übertragenden Gesellschaft zum Zeitpunkt der Verschmelzung in geeigneter Weise zu dokumentieren.

49 Auf der Grundlage der hier vertretenen Ansicht werden allerdings in Deutschland in Fällen, in denen das **aus einer späteren Veräußerung realisierte Ergebnis geringer** ist, als der gemeine Wert der Anteile an der übertragenden Gesellschaft zur Zeit der Verschmelzung, nicht realisierte Gewinne versteuert. Ob das aber zu einer tatsächlichen Steuermehrbelastung führt, hängt davon ab, mit welchem Wert der Sitzstaat der übernehmenden Gesellschaft die Anteile bewertet. Erkennt er den vom Sitzstaat der übertragenden Gesellschaft zu Grunde gelegten Wert seinerseits als relevant für die Besteuerung des Gewinns aus der Veräußerung der Anteile an der übernehmenden Gesellschaft an, so realisiert der Anteilseigner in diesem Staat einen korrespondierenden Veräußerungsverlust. Es wäre sehr begrüßenswert, wenn die EU für dieses – in ihrer FusionsRL angelegte Problem – auch eine grenzüberschreitende Regelung treffen würde.

50 Führt die spätere Veräußerung der Anteile an der übernehmenden Gesellschaft zu einem **Verlust,** so wirkt sich dieser nach dem Wortlaut der Regelung nicht aus. Dieser insoweit eindeutige Wortlaut steht in Übereinstimmung mit Art. 8 VI FusionsRL. Allerdings dürfte hier seitens des Gesetzgebers kaum unter Hinweis auf den Wortlaut der Richtlinie argumentiert werden können, da die Berücksichtigung der Verluste eine Angelegenheit des nationalen Steuergesetzgebers ohne grenzüberschreitende Relevanz wäre. In der Richtlinie bestand daher insoweit gar kein Regelungsbedarf. Deshalb hindert sie den deutschen Gesetzgeber auch nicht, etwaige Verluste steuerlich zu berücksichtigen. Im Sinne einer Symmetrie des deutschen Steuerrechts wäre es daher wünschenswert, wenn die Berücksichtigung von Verlusten durch eine entsprechende Änderung des Wortlautes von § 13 II 1 Nr. 2 zugelassen würde.

51 Die Besteuerung nach § 13 II 1 Nr. 2 S 1 erfolgt im Falle einer späteren **Veräußerung** der Anteile an der übernehmenden Kapitalgesellschaft. Einer Veräußerung gleichgestellt sind durch den Verweis in § 13 II 1 Nr. 2 S 2 auf § 15 I a S 2 EStG eine verdeckte Einlage in eine Kapitalgesellschaft, die Auflösung der übernehmenden Gesellschaft in dem anderen EU-Mitgliedstaat sowie eine Kapitalherabsetzung und -rückzahlung dieser Gesellschaft. Außerdem gilt als Veräußerung die Ausschüttung und Rückzahlung von Beträgen aus dem steuerlichen Einlagekonto iSd § 27 KStG. Das folgt aus § 27 VIII KStG: Danach können auch solche Körperschaften eine Einlagenrückgewähr erbringen, die in einem anderen EU-Mitgliedstaat der unbeschränkten Steuerpflicht unterliegen. Durch diese Regelung können in Deutschland ansässige Anteilseigner in den Genuss einer steuerfreien Einlagenrückgewähr kommen. Der Betrag des steuerlichen Einlagekontos bei der ausländischen Gesellschaft wird auf Antrag der Körperschaft von der deutschen FinVerw. festgestellt, § 27 VIII 3 und 4 KStG (vgl. *Dötsch/Pung* DB 2006, 2648, 2653).

52 Nicht als Veräußerung iSd § 13 II 1 Nr. 2 S 1 gilt trotz der Fiktion des § 13 I mE eine spätere **Verschmelzung der übernehmenden Kapitalgesellschaft,** wenn auch bei einer direkten Verschmelzung der übertragenden Gesellschaft auf die weitere übernehmende

Gesellschaft die Buchwerte oder die Anschaffungskosten der übertragenden Gesellschaft der ersten Verschmelzung hätten fortgeführt werden können.

(einstweilen frei) **53, 54**

3. Rechtsfolge des Absatz 2

Liegen die Voraussetzungen des § 13 II 1 Nr. 1 oder 2 vor, so treten auf Antrag (siehe hierzu oben Rn. 34) die Anteile an der übernehmenden Körperschaft an die Stelle der Anteile an der übertragenden Körperschaft. Das bedeutet zunächst, dass die Anteile an der übernehmenden Körperschaft in der Steuerbilanz des Anteileigners mit den steuerlichen Buchwerten der Anteile an der übertragenden Körperschaft **anzusetzen** sind. Gehören die Anteile an der übertragenden Körperschaft nicht zu einem Betriebsvermögen, treten an die Stelle der Buchwerte die Anschaffungskosten der Anteile an der übertragenden Körperschaft, § 13 II 3. **55**

Etwaige Besonderheiten der Anteile an der übertragenden Körperschaft gehen auf die Anteile an der übernehmenden Körperschaft über (UmwStE Rn. 13.11). Das gilt im Hinblick auf eine hinsichtlich der Anteile an der übertragenden Körperschaft steuerwirksam vorgenommene **Teilwertabschreibung,** mit der Folge, dass gegebenenfalls eine Wertzuschreibung auf die Anteile an der übernehmenden Körperschaft durchzuführen ist (vgl. BR-Drs. 542/06 v. 11.8.2006, Begr. zu Art. 6, § 13 II). Zur Vermeidung einer derartigen Zuschreibung oder jedenfalls einer Abmilderung ihrer Folgen ist in Zukunft im Falle einer Verschmelzung stets zu prüfen, ob es für den Anteilseigner nicht günstiger ist, auf die Stellung des **Antrags auf Fortführung der Buchwerte zu verzichten.** Das empfiehlt sich in der Regel dann, wenn der gemeine Wert zum Zeitpunkt der Verschmelzung nicht oder jedenfalls nicht signifikant höher ist als der Buchwert. Zur Vermeidung von späteren Auseinandersetzungen sollte dann in der Steuererklärung aber ausdrücklich darauf hingewiesen werden, dass ein Ansatz gemäß § 13 I zum gemeinen Wert beabsichtigt ist. **56**

Weiterhin geht die Qualifizierung der Anteile an der übertragenden Körperschaft als **„einbringungsgeboren"** auf die Anteile an der übernehmenden Körperschaft über (vgl. *Prinz zu Hohenlohe/Rautenstrauch* GmbHR 2006, 623, 629). Auch in einem solchen Falle ist zu prüfen, ob ein Verzicht auf die Stellung des Antrags nicht sinnvoll ist. **57**

Auf die Anteile an der übernehmenden Körperschaft geht weiterhin über eine an den Anteilen an der übertragenden Körperschaft hängende Qualifizierung als **Anteile iSd § 17 EStG** (vgl. BR-Drs. 542/06 v. 11.8.2006, Begr. zu Art. 6, § 13 II). Die Anteile an der übernehmenden Körperschaft werden in Folge der Fortführung der Anschaffungskosten zu sogenannten **verschmelzungsgeborenen Anteilen** mit der Folge, dass ihre spätere Veräußerung eine Einkommensbesteuerung nach Maßgabe des § 17 EStG selbst dann auslöst, wenn bei einer Verschmelzung vor dem 1.1.2009 die Beteiligung an der übernehmenden Körperschaft kleiner als 1 % ist. Zur Vermeidung dieser Rechtsfolge könnte es gegebenenfalls günstiger sein, **auf die Stellung des Antrags nach § 13 II zu verzichten.** **58**

Aber auch dann, wenn der Anteilseigner an der übertragenden Körperschaft seit mehr als fünf Jahren zu weniger als 1 % beteiligt ist und damit zugleich die Jahresfrist des **§ 23 EStG a. F.** zwischen der Anschaffung der Anteile und der Verschmelzung für nach dem 31. Dezember 2008 erworbene Anteile an der übertragenden Gesellschaft bereits abgelaufen ist (vgl. §§ 52 XXII S. 11, XXXI S. 1 EStG), kann es günstiger sein, **auf die Stellung des Antrags zu verzichten.** Das gilt insbesondere dann, wenn der gemeine Wert der Anteile an der übertragenden Körperschaft zum Zeitpunkt der Verschmelzung höher ist als die ursprünglichen Anschaffungskosten: Wird kein Antrag gestellt erhöht sich der bei späteren Transaktionen gegebenenfalls relevante Steuerwert, ohne dass diese Aufstockung steuerwirksam wäre. Auf jeden Fall sollte auf die Antragstellung verzichtet werden, wenn der Anteilseigner an der übernehmenden Körperschaft eine Beteiligung iSd § 17 EStG erhält. **59**

60 Umgekehrt kann es im Hinblick auf die Rechtsfolge des Abs. 2 unter Umständen günstiger sein, einen **Antrag** auf Fortführung der Buchwerte bzw. der Anschaffungskosten zu **stellen,** obwohl sich daraus keine unmittelbaren steuerlichen Folgen ergeben: Wird der Anteilseigner auch an der übernehmenden Körperschaft zu **weniger als 1 % beteiligt** sein, gelten wegen der zweiten Fiktion des § 13 I ohne Antrag seine Anteile an der übernehmenden Körperschaft zum Zeitpunkt der Verschmelzung als angeschafft mit der Folge, dass eine spätere Veräußerung nach § 20 II Nr. 1 EStG steuerpflichtig ist. Wird in diesem Falle ein Antrag nach Abs. 2 gestellt, geht die Vorbesitzzeit auf die Anteile an der übernehmenden Körperschaft über (vgl. *Hagemann/Jakob/Ropohl/Viebrock* NWB Sonderheft 1/2007 S. 27). Ein späterer Veräußerungsgewinn wäre dann nicht steuerbar, wenn § 20 II Nr 1 EStG wegen § 52 XXVIII S. 2 EStG auf einen Gewinn aus der Veräußerung dieser „Altanteile" nicht zur Anwendung kommt.

61 Aber auch andere von der **Besitzzeit abhängige Eigenschaften** der Anteile an der übertragenden Körperschaft gehen auf die Anteile an der übernehmenden Körperschaft über, namentlich die zwölfmonatige Mindestbesitzzeit für die Privilegierung von Gewinnausschüttungen an eine Muttergesellschaft in einem anderen EU-Mitgliedsstaat gemäß § 43b II 4 EStG und die Anknüpfung an die Anteilseignerschaft zu Beginn des Erhebungszeitraums für das gewerbesteuerliche Schachtelprivileg in § 9 Nr. 2a GewStG. Andererseits geht wegen der Rechtsnachfolge auch eine Qualifizierung der Anteile gemäß § 50c EStG auf die Anteile an der übernehmenden Gesellschaft über.

62 Demgegenüber geht für die Beurteilung, ob die **Schachtelbeteiligungsgrenze i. S. d. § 8b IV KStG** von 10% erreicht wird, eine solche Qualifikation der Beteiligung an der übertragenden Gesellschaft gemäß § 8b IV S. 2 KStG nicht auf die Beteiligung an der übernehmenden Gesellschaft über.

63 War der Anteilseigner der übertragenden Gesellschaft bereits an der übernehmenden Gesellschaft beteiligt, sollen die übergehenden steuerlichen Merkmale der Anteile an der übertragenden Gesellschaft jeweils quotal auf die bisherigen und auf die neuen Anteile an der übernehmenden Gesellschaft übergehen (*Schmidt* in S/H/S/ UmwStG § 13 Rn. 50). Begründet wird diese Ansicht mit dem Wortlaut des § 13 II S. 2. Diese Auffassung ist mE nicht zutreffend, da gesellschaftsrechtlich ohne weiteres zwischen den alten und den neuen Anteilen differenziert werden kann und dies steuerlich, z. B. bei der Berechnung von Haltefristen bei der Veräußerung eines Teilbestandes einer Beteiligung auch erfolgt. Der Verweis auf Wortlaut überzeugt hier nicht. Zwar könnte eine isolierte Betrachtung des Wortlauts diese Auffassung stützen. Dabei bliebe aber der Regelungszusammenhang des § 13 insgesamt unberücksichtigt. Die Formulierung in § 13 II S. 2: „Die Anteile an der übernehmenden Körperschaft..." bedeutet nicht zwingend, dass damit alle dem betreffenden Anteilseigner zuzurechnenden Anteile gemeint sind. Vielmehr kann sich die Formulierung auch nur auf die neuen Anteile beziehen, da der Anteilseigner diese ja gerade für seine bisherigen, infolge der Verschmelzung untergegangenen, Anteile erhält.

§ 14 (weggefallen)

Vierter Teil. Aufspaltung, Abspaltung und Vermögensübertragung (Teilübertragung)

§ 15 Aufspaltung, Abspaltung und Teilübertragung auf andere Körperschaften

(1) [1] Geht Vermögen einer Körperschaft durch Aufspaltung oder Abspaltung oder durch Teilübertragung auf andere Körperschaften über, gelten die §§ 11 bis 13 vorbehaltlich des Satzes 2 und des § 16 entsprechend. [2] § 11 Abs. 2 und § 13 Abs. 2 sind nur anzuwenden, wenn auf die Übernehmerinnen ein Teilbetrieb übertragen wird und im Falle der Abspaltung oder Teilübertragung bei der übertragenden Körperschaft ein Teilbetrieb verbleibt. [3] Als Teilbetrieb gilt auch ein Mitunternehmeranteil oder die Beteiligung an einer Kapitalgesellschaft, die das gesamte Nennkapital der Gesellschaft umfasst.

(2) [1] § 11 Abs. 2 ist auf Mitunternehmeranteile und Beteiligungen im Sinne des Absatzes 1 nicht anzuwenden, wenn sie innerhalb eines Zeitraums von drei Jahren vor dem steuerlichen Übertragungsstichtag durch Übertragung von Wirtschaftsgütern, die kein Teilbetrieb sind, erworben oder aufgestockt worden sind. [2] § 11 Abs. 2 ist ebenfalls nicht anzuwenden, wenn durch die Spaltung die Veräußerung an außenstehende Personen vollzogen wird. [3] Das Gleiche gilt, wenn durch die Spaltung die Voraussetzungen für eine Veräußerung geschaffen werden. [4] Davon ist auszugehen, wenn innerhalb von fünf Jahren nach dem steuerlichen Übertragungsstichtag Anteile an einer an der Spaltung beteiligten Körperschaft, die mehr als 20 Prozent der vor Wirksamwerden der Spaltung an der Körperschaft bestehenden Anteile ausmachen, veräußert werden. [5] Bei der Trennung von Gesellschafterstämmen setzt die Anwendung des § 11 Abs. 2 außerdem voraus, dass die Beteiligungen an der übertragenden Körperschaft mindestens fünf Jahre vor dem steuerlichen Übertragungsstichtag bestanden haben.

(3)[1)] Bei einer Abspaltung mindern sich verrechenbare Verluste, verbleibende Verlustvorträge, nicht ausgeglichene negative Einkünfte, ein Zinsvortrag nach § 4h Absatz 1 Satz 5 des Einkommensteuergesetzes und ein EBITDA-Vortrag nach § 4h Absatz 1 Satz 3 des Einkommensteuergesetzes der übertragenden Körperschaft in dem Verhältnis, in dem bei Zugrundelegung des gemeinen Werts das Vermögen auf eine andere Körperschaft übergeht.

[1)] § 15 III neu gefasst durch Gesetz v. 14.8.2007 (BGBl. I 1912).
Geändert durch Gesetz v. 22.12.2009 (BGBl. I 3950); zur erstmaligen Anwendung siehe § 27 X.
Die aF lautete: „Bei einer Abspaltung mindern sich verrechenbare Verluste, verbleibende Verlustvorträge, nicht ausgeglichene negative Einkünfte und ein Zinsvortrag nach § 4h Abs. 1 Satz 2 des Einkommensteuergesetzes der übertragenden Körperschaft in dem Verhältnis, in dem bei Zugrundelegung des gemeinen Werts das Vermögen auf eine andere Körperschaft übergeht."

Übersicht

I. Allgemeine Erläuterungen

1. Anwendungsbereich

Die Spaltung von Körperschaften und Personengesellschaften wurde durch das UmwG 1995 erstmals auf eine einheitliche gesellschaftsrechtliche Grundlage gestellt. Die Spaltung der beiden Rechtsformen ist als Fall der (partiellen) Gesamtrechtsnachfolge ausgestaltet. **1**

Spaltungen sind nach § 1 I Nr. 2 UmwG als Auf- und Abspaltungen sowie als Ausgliederungen möglich. Steuerlich sind nur Auf- und Abspaltungen, die auch als Spaltung im engeren Sinn bezeichnet werden können, nicht jedoch Ausgliederungen von der Anwendung der §§ 15, 16 erfasst. Bei einer Ausgliederung erhält nach § 123 III UmwG der übertragende Rechtsträger als Gegenleistung für die Vermögensübertragung Anteile oder Mitgliedschaften an dem übernehmenden Rechtsträger. Den Einbringungsfällen der §§ 20 und 24 können handelsrechtliche Ausgliederungen zugrunde liegen.

Voraussetzung für die Anwendung des § 15 ist, dass sowohl der übertragende Rechtsträger wie auch der oder die Übernehmer Körperschaften sind. Die Überschrift des § 15 drückt dies durch die Formulierung „auf andere Körperschaften" aus. **2**

2. Wesentliche Inhalte der Vorschrift

Die steuerliche Konzeption der **Spaltung** ist **als Umkehrfall der Verschmelzung** ausgestaltet (*Thiel* DStR 1995, 238). Deshalb sind gem. § 15 I 1 die §§ 11 bis 13 entsprechend anzuwenden. Bei Übertragung auf Personengesellschaften finden aufgrund der Verweisung in § 16 die §§ 3 ff. Anwendung. **3**

3. Regelungen vor 1995

Spaltungen von Körperschaften waren im UmwStG 1977 nicht geregelt. Die §§ 15, 16 sind erstmals durch das UmwStG 1995 eingeführt worden. § 15 UmwStG 1995 knüpft an den **Spaltungserlass** des BMF v. 9.1.1992, BStBl. I 47, über die Spaltung von Kapitalgesellschaften an und hat dessen Regelungen weitgehend übernommen. In einigen – zT wesentlichen – Aspekten weicht er allerdings von ihm ab (s. zu Einzelheiten 1. Aufl., § 15 Rn. 8; *Schaumburg/Rödder* WiB 1995, 16). **4**

Der Spaltungserlass galt vorbehaltlich einer gesetzlichen Regelung und trat mit Wirksamwerden des neuen UmwG/UmwStG außer Kraft (dazu *Herzig/Momen* DB 1994, 2158). **5**

4. Frühere Sonderregelungen in den neuen Bundesländern

Treuhandunternehmen konnten gesellschaftsrechtlich bereits ab 1991 nach den Regeln des SpTrUG mit partieller Gesamtrechtsnachfolge gespalten werden (*Haritz* in RhbVermInv Einl. SpTrUG Rn. 2 ff.; *Neye* in R/R/B Vorbem. SpTrUG Rn. 7). Auf- **6**

grund einer speziellen Verwaltungsregelung konnte die Spaltung ertragsteuerneutral gestaltet werden (BMF v. 8.5.1991 BStBl. I 743). Danach waren die §§ 14 bis 16, 19 UmwStG 1977 aus Billigkeitsgründen auf Spaltungen von Treuhandunternehmen sinngemäß anzuwenden. Verluste gingen bei der Spaltung nicht auf die neue Gesellschaft über, und das übertragene Vermögen brauchte auch keinen Teilbetrieb darzustellen. Eine steuerliche Rückwirkung der Spaltung war von der FinVerw akzeptiert (BMF v. 10.9.1992, nwb DDR-spezial 47/1992, 1 f.; *Haritz* nwb DDR-spezial 7/1993, 1 f.). Für Spaltungen nach dem SpTrUG bestand eine befristete GrESt-Befreiung bis Ende 1998 nach § 4 Nr. 4 GrEStG.

7 Die Verwaltungsregelung trat zum 1.1.1995 nicht außer Kraft, denn der Verwaltungserlass wurde ausdrücklich für die Treuhandunternehmen geschaffen, die durch eine Umstrukturierung den Marktmöglichkeiten angepasst werden mussten. Eine Fortgeltung des Erlasses ist wegen des Teilbetriebserfordernisses in § 15 I UmwStG 1995 notwendig, da sonst die vom SpTrUG eröffnete Möglichkeit der Trennung von betriebsnotwendigem und sonstigem Vermögen steuerlich benachteiligt würde. Das übertragende Treuhandunternehmen in der Rechtsform der Kapitalgesellschaft hatte ein Wahlrecht, den speziellen Spaltungserlass oder das UmwStG anzuwenden (*Haritz* nwb Deutschland-Ost spezial 48/1994, 1 f.).

5. Regelung im UmwStG 1995

8 Entscheidende Tatbestandsvoraussetzung für die Anwendung von § 15 UmwStG 1995 war, dass bei einer Aufspaltung jeweils ein Teilbetrieb auf die Übernehmerinnen übertragen wurde. Im Falle der Abspaltung musste auch das bei der übertragenden Körperschaft verbleibende Vermögen zu einem Teilbetrieb gehören.

9 Stellte bei Aufspaltungen das jeweils übertragene Vermögen keinen Teilbetrieb dar, so war die durch die Aufspaltung vollzogene Beendigung der übertragenden Körperschaft wie eine Liquidation zu behandeln (UmwStE 1998 Rn. 15.11). Es waren somit die Regeln der Liquidationsbesteuerung nach § 11 KStG anzuwenden. Die auf die übernehmenden Körperschaften übergehenden Wirtschaftsgüter galten steuerlich als an die Gesellschafter der übertragenden Körperschaft ausgekehrt. Es wurde fingiert, dass die Gesellschafter diese Wirtschaftsgüter wiederum in die jeweilige übernehmende Gesellschaft einlegten.

10 Bildete bei Abspaltungen das übertragene Vermögen keinen Teilbetrieb, so war die Übertragung auf die übernehmende Körperschaft als Sachausschüttung an die Gesellschafter der übertragenden Körperschaft zu behandeln. Es wurde nach allgemeinen Grundsätzen fingiert, dass die Gesellschafter diese fiktiv ausgekehrten Wirtschaftsgüter wiederum in die aufnehmende Gesellschaft einlegten. Die identischen Steuerfolgen waren anzunehmen, wenn bei einer Abspaltung das bei der übertragenden Körperschaft verbleibende Vermögen keinen Teilbetrieb darstellte.

11 Das Teilbetriebserfordernis als Voraussetzung, um überhaupt in die Anwendung des § 15 zu gelangen, ist nunmehr entfallen. § 15 ist auch anzuwenden, wenn im Falle der Aufspaltung die übergehenden Vermögensteile keine Teilbetriebe darstellen bzw. bei einer Abspaltung das bei der übertragenden Körperschaft verbleibende Vermögen kein Teilbetrieb ist. Die Restriktionen bei Fehlen von Teilbetrieben bestehen nunmehr darin, dass von den Privilegien der Buchwertfortsetzung gem. §§ 11 II und 13 II kein Gebrauch gemacht werden kann (Näheres s. Rn. 50 f.).

II. Von § 15 erfasste gesellschaftsrechtliche Übertragungen

12 § 1 I beschreibt abschließend die gesellschaftsrechtlichen Vorgänge, die unter den Zweiten bis Fünften Teil des UmwStG und damit u. a. unter § 15 fallen. Hinter diesem definierten Bereich steuerlicher Privilegierungen bleiben die vom Gesetzgeber zur Ver-

fügung gestellten gesellschaftsrechtlichen Gestaltungsmöglichkeiten allerdings zurück (vgl. hierzu unten Rn. 24 ff.). Mit Blick auf § 15 gilt zunächst: Unter Ausschluss der Ausgliederung gem. § 123 III UmwG (vgl. § 1 I 2 UmwG) eröffnet § 1 I die Anwendbarkeit des § 15 auf Auf- und Abspaltungen von Körperschaften iSd §§ 2, 123 I und II UmwG und hiermit „vergleichbare ausländische Vorgänge" sowie auf Vermögensübertragungen gem. § 174 UmwG.

1. Spaltungen nach UmwG

a) Arten, Bedeutung, Funktion

13 § 123 UmwG sieht drei Arten der Spaltung vor, nämlich die Aufspaltung, die Abspaltung und die Ausgliederung. Nur auf die Auf- und Abspaltung ist § 15 anwendbar (vgl. § 1 I 2). Die Ausgliederung wird steuerlich als Einbringung gedeutet und daher von §§ 20, 21 erfasst. Sämtliche Spaltungsvorgänge ermöglichen die Übertragung von Vermögensteilen des übertragenden Rechtsträgers als Gesamtheit auf einen oder mehrere aufnehmende Rechtsträger, sog. partielle Gesamtrechtsnachfolge (*Stengel* in Semler/Stengel § 123 Rn. 6; *Kallmeyer/Sickinger* in Kallmeyer § 123 Rn. 2). Im Wege der Spaltung können aber auch lediglich einzelne Vermögensgegenstände oder Verbindlichkeiten (*Kallmeyer/Sickinger* in Kallmeyer § 123 Rn. 1; BAG NZA 2005, 639) und sogar Vermögensteile mit einem negativen Wert übertragen werden (*Stengel* in Semler/Stengel § 123 Rn. 6).

14 Der Gesetzgeber verfolgt mit dem Rechtsinstitut der Spaltung als gesellschaftsrechtlichem Gestaltungsinstrument verschiedene Ziele, die er aber mit den Regelungen des UmwStG nur teilweise weiterverfolgt. Spaltungen sollen es Unternehmen erleichtern, ihre gesellschaftsrechtliche Binnenstruktur nach unternehmerischen Gesichtspunkten zu optimieren. Hierzu gehört etwa der Fall, wenn ein gewerbliches Unternehmen per Ausgliederung in eine Holdingfunktion gebracht werden soll, ebenso die klassische Betriebsaufspaltung oder andere Fälle, bei denen Haftungsrisiken in bestimmten Gesellschaften isoliert werden sollen. Im Außenverhältnis eines Unternehmens zu anderen Marktteilnehmern sollen Spaltungen es erleichtern, Kooperationsverhältnisse einzugehen, etwa indem Tochterunternehmen herausgebildet werden, die als Kooperationspartner an der Bildung von Gemeinschaftsunternehmen beteiligt werden können, oder Vermögensteile zu veräußern (so etwa in dem Fall HVB/Hypo Real Estate). Schließlich soll die Spaltung bei der Restrukturierung von Aktionärsgruppen, insbesondere bei Trennung von Familienstämmen, hilfreich sein (*Teichmann* in Lutter § 123 Rn. 33 ff.; *Stengel* in Semler/Stengel § 123 Rn. 7).

b) Spaltungsfähige Rechtsträger

15 § 124 UmwG bestimmt die spaltungsfähigen Rechtsträger durch Verweis auf die in § 3 UmwG abschließend aufgezählten verschmelzungsfähigen Rechtsträger. Da § 15 nur Auf- und Abspaltungen zwischen Körperschaften regelt, werden in der nachfolgenden Übersicht ausschließlich sämtliche spaltungsfähigen Körperschaften erfasst:

Rechtsträger	übernehmender oder neuer					
übertragender	GmbH	AG KGaA	eG	eV	gen. Prüfungsverband	VVaG
GmbH	+	+	+	–	+	–
AG/KGaA	+	+	+	–	+	–
eG	+	+	+	–	+	–
eV/wirt. Vereine	+	+	+	–	+	–
gen. Prüfungsverband	+	+	–	–	+	–

Rechtsträger	übernehmender oder neuer					
übertragender	GmbH	AG KGaA	eG	eV	gen. Prüfungsverband	VVaG
VVaG	+	+	–	–	–	+
Stiftung	+	+	–	–	–	–
Gebietskörperschaft	+	+	+	–	–	–

16 Obwohl sie an einer Spaltung beteiligt sein können, scheiden Stiftungen und Gebietskörperschaften aus dem Anwendungsbereich des § 15 aus. Denn diese Körperschaften verfügen nicht über Anteilsinhaber, so dass bei ihnen Auf- und Abspaltungen in Ermangelung eines Zuordnungssubjekts ausscheiden. Die allein in Betracht kommende Ausgliederung fällt gem. § 1 I 2 nicht in den Anwendungsbereich des § 15.

17 Auch die Europäische Gesellschaft (SE) und die Europäische Genossenschaft (SCE) sind im Grundsatz spaltungsfähige Rechtsträger, auch wenn sie in § 3 UmwG nicht ausdrücklich erwähnt werden.

18 Art. 2 SE-VO enthält eine abschließende Bestimmung der Möglichkeiten, wie eine SE gegründet werden kann. Da die Auf- und Abspaltung zur Neugründung den Rechtsordnungen vieler Mitgliedstaaten fremd ist, hat dieses Rechtsinstitut in der SE-VO keine Erwähnung gefunden, auch nicht im Hinblick auf die Gründung einer SE. Daher scheidet eine Auf- oder Abspaltung zur Neugründung einer SE als mögliche Gestaltungsform aus. Möglich ist aber, dass die SE als übertragender Rechtsträger Teile ihres Vermögens abspaltet oder ihr Vermögen aufspaltet. Zwar ist auch diese Möglichkeit in der SE-VO nicht explizit vorgesehen. Ausdrücklich geregelt ist in Art. 66 SE-VO lediglich die Umwandlung einer SE in eine dem Recht ihres Sitzstaates unterliegende AG. Hieraus ist zuweilen der Schluss gezogen worden, dass andere Umwandlungen als diese ausdrücklich zugelassene Umwandlung einer SE in eine AG nicht zulässig seien (*Hirte* NZG 2002, 1, 9 f.; *ders.* DStR 2005, 700, 704). Die Richtigkeit dieser Auffassung würde voraussetzen, dass Art. 66 SE-VO eine abschließende Regelung der bei der SE möglichen Umwandlungen darstellt. Denn Art. 9 Abs. 1c SE-VO erklärt die jeweiligen aktienrechtlichen Bestimmungen des Sitzstaates der SE in den Bereichen für anwendbar, die nicht durch die SE-VO geregelt sind bzw., wenn Bereiche in der SE-VO nur teilweise geregelt sind, die bestehenden Regelungen des Sitzstaates in Bezug auf die nicht von der SE-VO erfassten Aspekte für anwendbar. Zudem regelt Art. 10 SE-VO, dass die SE in ihrem Sitzstaat wie eine AG zu behandeln ist, die nach dem Recht des Sitzstaates gegründet wurde. Weder deutet etwas darauf hin, dass der europäische Gesetzgeber Art. 66 SE-VO als abschließende Regelung für sämtliche nach dem Recht der Mitgliedstaaten denkbaren Umwandlungen der SE begriffen wissen wollte; vielmehr wird hier nur die formwechselnde Umwandlung der SE in eine AG abschließend geregelt. Noch ist ersichtlich, warum im Hinblick auf Spaltungen die SE, die ihren Sitz im Inland hat, entgegen dem Gleichbehandlungsgebot schlechter behandelt werden sollte als eine spaltungsfähige deutsche AG (*Drinhausen* in Semler/Stengel Einl. C Rn. 56 ff.). Auch die SE mit Sitz im Inland ist daher spaltungsfähiger Rechtsträger. Einschränkungen ergeben sich lediglich im Hinblick auf die abschließenden Regelungen der SE-VO zur Gründung einer SE. Danach kann die SE in den Fällen der Spaltung zur Neugründung nicht als neuer, im Rahmen der Spaltung gegründeter Rechtsträger Einsatz finden. Im Übrigen kann die SE mit Sitz im Inland aber sowohl als übertragender wie als aufnehmender Rechtsträger an Spaltungen beteiligt sein (*Drinhausen* in Semler/Stengel Einl. C Rn. 60; *Stengel* in Semler/Stengel § 124 Rn. 9). Zu den inhaltlichen Anforderungen an einen Sitz im Inland vgl. unten Rn. 25.

19 Die Erwägungen zur Spaltungsfähigkeit der SE gelten entsprechend für die SCE. Der dem Art. 66 SE-VO entsprechende Art. 76 SCE-VO regelt abschließend nur die Möglichkeit der formwechselnden Umwandlung einer SCE in eine dem Recht ihres Sitzstaates

unterliegende Genossenschaft. Art. 8 SCE-VO entspricht Art. 9 SE-VO und ordnet die Anwendbarkeit der Rechtsvorschriften des Sitzstaates der SCE an, soweit nicht die SCE-VO abschließende Regelungen enthält. Art. 9 SCE-VO postuliert das Gleichbehandlungsgebot von SCE und den nach dem Recht ihres Sitzstaates gegründeten Genossenschaften. Auch die SCE-VO enthält abschließende Regelungen zur Gründung einer SCE, so dass eine Spaltung zur Neugründung einer SCE als mögliche Gründungsvariante ausscheidet. Im Übrigen kann die SCE übertragender und aufnehmender Rechtsträger sein.

2. Vermögensübertragungen nach dem UmwG

a) Allgemeines, Arten

§§ 174 ff. UmwG regeln die Vermögensübertragung als dritte Umwandlungsart neben der Verschmelzung und der Spaltung. In der Variante der Vollübertragung (§ 174 II 1 UmwG) entspricht die Vermögensübertragung der Verschmelzung, in der Variante der aufspaltenden oder abspaltenden Teilübertragung der Spaltung (§ 174 II 2 UmwG) und in der Variante der ausgliedernden Teilübertragung der Ausgliederung (§ 174 II 3 UmwG). Sämtliche Formen der Vermögensübertragung unterscheiden sich von den anderen Umwandlungsarten darin, dass die für die Vermögensübertragung zu gewährende Gegenleistung nicht in Anteilen oder Mitgliedschaften am aufnehmenden Rechtsträger besteht. Nur die auf- und abspaltende und die ausgliedernde Teilübertragung werden von § 15 erfasst (vgl. § 1 I 4). Vom Anwendungsbereich des § 15 ausgenommen ist gem. § 1 I 2 ausschließlich die Ausgliederung gem. § 123 III UmwG, nicht jedoch die ausgliedernde Teilübertragung. 20

Da die aufnehmende Körperschaft als Gegenleistung für die Vermögensübertragung keine Anteile oder Mitgliedschaften gewährt, ist eine Teilübertragung zur Neugründung nicht möglich. Vermögensübertragungen können daher nur auf bereits bestehende Rechtsträger erfolgen. 21

b) Beteiligte Rechtsträger

Der Kreis der an einer Vermögensübertragung beteiligten Rechtsträger ist streng limitiert. Folgende Rechtsträger können an einer Teilübertragung beteiligt sein: 22

Rechtsträger	übernehmender			
übertragender	Bund, Land, Gebietskörperschaften	Versicherungs AG	VVaG	öffentl.-rechtl. Versicherungsunternehmen
GmbH	x			
AG/KGaA/SE	x			
Versicherungs AG			x	x
VVaG		x		x
öffentl.-rechtl. Versicherungsunternehmen		x	x	

c) Bedeutung

Wegen des beschränkten Kreises der Rechtsträger, die an einer Vermögensübertragung beteiligt sein können, hat das Institut der Vermögensübertragung in der Rechtspraxis kaum Bedeutung. Steuerlich fehlt es regelmäßig an der Voraussetzung, dass eine „Gegenleistung nicht gewährt wird oder in Gesellschaftsrechten besteht" (§ 11 II Nr. 3), so dass das Wahlrecht des § 11 II nicht ausgeübt werden kann und es beim Ansatz der gemeinen Werte bleibt. Nur in Ausnahmefällen – etwa bei Teilübertragungen auf einen 100%-Gesellschaf- 23 ter – stellt sich die rechtliche Lage anders dar, da hier keine andere Gegenleistung gewährt wird (s. UmwStE 1998 Rn. 11.17 entsprechend).

3. Grenzüberschreitende Spaltungen nach UmwG

24 In Umsetzung der Verschmelzungsrichtlinie 2005/56/EG v. 26.10.2005, ABl. EG Nr. L 310, 1, wurden mit dem Zweiten Gesetz zur Änderung des Umwandlungsgesetzes v. 19.4.2007, BGBl. I 542, Regelungen zur grenzüberschreitenden Verschmelzung von Kapitalgesellschaften mit Sitz in EU/EWR in das UmwG integriert (vgl. §§ 122a ff. UmwG). Die Regierungsbegründung (BT-Drs 16/2919) konstatiert, dass diese Änderung des UmwG zugleich die Anforderungen erfülle, die der Europäische Gerichtshof im Urteil *Sevic* (EuGH v. 13.12.2005 Rs. C-411/03, AG 2006, 80) für grenzüberschreitende Verschmelzungen von Kapitalgesellschaften aufgestellt hat.

25 Obwohl Auf- und Abspaltungen als Teilverschmelzungen begriffen werden (*Schumacher* in R/H/vL § 15 Rn. 4), sollen die neuen umwandlungsrechtlichen Vorschriften zur grenzüberschreitenden Verschmelzung (§§ 122a ff. UmwG) auf Spaltungen explizit keine Anwendung finden. Denn § 125 UmwG verweist für die bei der Spaltung anwendbaren Verschmelzungsvorschriften gerade nicht auf die §§ 122a ff. UmwG. Die Zulässigkeit grenzüberschreitender Spaltungen ist daher zunächst nach den allgemeinen umwandlungsrechtlichen Vorschriften zu beurteilen. Hierbei ist zunächst zu berücksichtigen, dass § 1 I 1 UmwG Umwandlungen nach dem UmwG nur Rechtsträgern mit Sitz im Inland eröffnet. Unter „Sitz" ist nach zutr. hM der Satzungssitz, nicht der Verwaltungssitz zu verstehen. „Inland" ist das Gebiet der Bundesrepublik. Nach bisher herrschendem Verständnis bezieht sich das Erfordernis des inländischen Sitzes auf sämtliche an der Umwandlung beteiligten Rechtsträger (vgl. *Drinhausen* in Semler/Stengel Einl. C Rn. 21 f.). Ferner lässt das UmwG als spaltungsfähige Rechtsträger nur Korporationen zu, die nach deutschem Recht gegründet wurden oder solchen Gesellschaften gleichgestellt sind (SE zB). Allein für Verschmelzungen wird der Kreis umwandlungsfähiger Gesellschaften erweitert. Gem. § 1 II UmwG sind schließlich Umwandlungen außer in den im UmwG geregelten Fällen nur möglich, wenn sie durch ein anderes Bundes- oder Landesgesetz zugelassen sind. Für Herein- oder Herausspaltungen existieren solche Zulassungen in sonstigen Bundes- oder Landesgesetzen aber nicht.

26 Auf Grundlage dieses Regelungsverständnisses können nur nach deutschem Recht gegründete Rechtsträger mit Sitz in Deutschland an Spaltungen beteiligt sein.

27 Die Spaltungsfähigkeit wird auch bei diesem Verständnis nicht durch Verlegung des Verwaltungssitzes ins Ausland in Frage gestellt. Die durch das Gesetz zur Modernisierung des GmbH-Rechts und zur Bekämpfung von Missbräuchen (MoMiG v. 23.10.2008, BGBl. I 2026) erfolgten Neufassungen der §§ 5 AktG und 4a GmbHG erlauben es deutschen AG und GmbH, ihren Verwaltungssitz ins Ausland zu verlegen und dabei ihren Satzungssitz im Inland beizubehalten. Dabei ist es nicht erforderlich, dass die betreffende Gesellschaft im Inland noch Geschäftsaktivitäten entfaltet oder über Vermögen verfügt. Vorausgesetzt der Staat des Verwaltungssitzes folgt der Gründungstheorie, ist diese Gesellschaft daher spaltungsfähiger Rechtsträger. Spaltungen unter Beteiligungen dieser Rechtsträger fallen grds. auch unter § 15. Denn GmbH und AG sind Rechtsträger iSd § 1 II Nr. 1 UmwStG iVm Art. 48 EG und Art. 34 EWR. Allerdings fordert § 1 II Nr. 2, dass die betreffenden Rechtsträger „Sitz **und** Ort der Geschäftsleitung" innerhalb der EU/des EWR haben, während nach MoMiG der Verwaltungssitz auch außerhalb dieses Gebietes verlegt werden kann. Das Erfordernis, dass sich sowohl Sitz als auch Ort der Geschäftsleitung innerhalb der EU/des EWR befinden müssen, unterliegt zwar europarechtlichen Bedenken (s. § 1 Rn. 48 f.); für die Praxis dürfte es wegen des klaren Wortlautes des § 1 II Nr. 1 aber, wenn man in den Genuss der steuerlichen Privilegierungen des § 15 kommen will, empfehlenswert sein, bei Spaltungen im vorgenannten Sinne darauf zu achten, dass

die beteiligte deutsche Kapitalgesellschaft mit Satzungssitz im Inland ihren Verwaltungssitz jeweils innerhalb der EU/des EWR hat.

Die SE ist gem. Art. 10 SE-VO in jedem Mitgliedstaat wie eine Aktiengesellschaft zu 28 behandeln, die nach dem Recht des Sitzstaates der SE gegründet wurde. Dies gilt auch für Umwandlungen mit der Folge, dass eine SE mit Sitz in Deutschland an einer Spaltung wie eine deutsche AG sowohl als übertragender wie als aufnehmender Rechtsträger beteiligt sein kann (*Drinhausen* in Semler/Stengel Einl. C Rn. 58 f.). Für die SE ordnen Art. 7 SE-VO und § 2 SEEG an, dass der Satzungssitz der SE mit dem Sitz ihrer Hauptverwaltung identisch bzw. jedenfalls im Mitgliedstaat des Hauptverwaltungssitzes belegen sein muss. Die sich nach dem MoMiG eröffnende Möglichkeit einer AG, bei Beibehaltung ihres Satzungssitzes in Deutschland ihren Verwaltungssitz ins Ausland zu verlegen, eröffnet sich für die SE demnach nicht. Nach UmwG spaltungsfähige SE bleibt deshalb nur die SE mit Satzungs- und Verwaltungssitz in Deutschland.

Für die übrigen Fälle, insbesondere Herein- oder Herausspaltungen unter Beteiligung 29 ausländischer Rechtsträger, fehlt es nach bisher herrschendem Regelungsverständnis an einer hinreichenden gesetzlichen Grundlage. Die Begründung des Regierungsentwurfes des Zweiten Gesetzes zur Änderung des UmwG (BT-Drs 16/2919, 11) hatte insoweit eine kollisionsrechtliche Regelung als Lösung in Aussicht gestellt, die auf den Vorschlägen des Deutschen Rates für Internationales Privatrecht (Beil. zu RIW 4/2006) basieren sollte. Diese Vorschläge – ebenso wie der diese Vorschläge aufgreifende, im Januar 2008 vom BMJ vorgelegte, von der Rechtsliteratur begrüßte und auf politischer Ebene diskutierte Referentenentwurf eines „Gesetzes zum internationalen Privatrecht der Gesellschaften, Vereine und juristischen Personen" – helfen allerdings nicht weiter. Denn hier wird u. a. postuliert, dass Voraussetzungen und Wirkungen der Spaltung sich für jede der an ihr beteiligten Gesellschaften nach dem Recht des Staates richten, in dem die jeweilige Gesellschaft in einem öffentlichen (Handels-)Register eingetragen ist. Für in Deutschland eingetragene (Kapital-)Gesellschaften bedeutet dies, dass ihre Beteiligung an grenzüberschreitenden Spaltungen sich nach deutschem UmwG richtet, das hierfür eine Regelung nicht bereithält.

Ein solcher Rechtszustand erscheint vor dem Hintergrund des *Sevic*-Urteils des EuGH 30 (AG 2006, 80) insbesondere im Hinblick auf Hereinspaltungen aus dem EU/EWR-Raum nach Deutschland bedenklich (*Schumacher* in R/H/vL § 15 Rn. 47 f.; wohl auch *Dötsch/Pung* in D/P/P/M § 15 Rn. 9 mwN). Aber auch Herausspaltungen sind aus europarechtlichen Gründen zuzulassen. Dies umso mehr, seit das MoMiG verabschiedet wurde. Hiernach ist es deutschen Kapitalgesellschaften erlaubt, ihren Verwaltungssitz ins Ausland zu verlegen und dabei ihren Satzungssitz im Inland beizubehalten. Es wäre dann auch nach UmwG eine Auf- oder Abspaltung auf eine Kapitalgesellschaft mit Satzungssitz in Deutschland und Verwaltungssitz im Ausland möglich. Lässt das UmwG solche Vermögensübertragungen zu, wäre es kaum zu rechtfertigen, warum eine Herausspaltung auf andere EU-Kapitalgesellschaften unmöglich sein sollte. Zunehmend mehren sich Stimmen, die Herein- und Herausspaltungen bereits auf Basis der bestehenden umwandlungsrechtlichen Bestimmungen zulassen wollen. Danach ist § 1 I UmwG europarechtskonform dahingehend auszulegen, dass hiermit lediglich die Anwendung des UmwG auf ausländische, an der Umwandlung beteiligte Rechtsträger ausgeschlossen, nicht aber ein Verbot einer grenzüberschreitenden Umwandlung für Rechtsträger mit Sitz im Inland konstituiert werden soll (*Drygala* in Lutter § 1 Rn. 31; *Hörtnagel* in SHS § 1 Rn. 23 ff.; *Drinhausen* in Semler/Stengel Einl. C Rn. 33 f.). Grenzüberschreitende Spaltungen sollen danach jedenfalls dann analog §§ 122a ff. UmwG möglich sein, wenn eine beteiligte Gesellschaft ihren Sitz im Inland hat und die anderen beteiligten Gesellschaften EU/EWR-Gesellschaften sind (*Drygala* in Lutter § 1 Rn. 20, 36). Auf Basis dieses Regelungsverständnisses der umwandlungsrechtlichen Grundlagen wäre grundsätzlich auch eine Anwendung des § 15 auf Herein- und Herausspaltungen eröffnet, jedenfalls wenn sich die Spaltung aus Sicht der beteiligten ausländischen Gesellschaft als ein mit der Spaltung vergleichbarer ausländischer

Vorgang darstellt. Denn gem. § 1 I Nr. 1 ist § 15 auf Auf- und Abspaltungen gem. § 123 UmwG, auf Umwandlungen nach den umwandlungsrechtlichen Verschmelzungsvorschriften und vergleichbare ausländische Vorgänge (s. Rn. 32) anwendbar. Diese Lesart der umwandlungsrechtlichen und -steuerlichen Vorschriften steht auch im Einklang mit den Vorschriften der FusionsRL. Allerdings entspricht die umwandlungsrechtliche Auslegung einer analogen Anwendung der Verschmelzungsvorschriften wohl bislang nicht der herrschenden Meinung.

31 Weder UmwG noch UmwStG enthalten Restriktionen im Hinblick auf Rechtsform oder Ansässigkeit der Anteilseigner von an Spaltungen beteiligten Rechtsträgern. Das gilt auch, wenn ein DBA das Recht zur Besteuerung der Anteilseigner für Anteilsveräußerungen einem anderen Staat als der Bundesrepublik zuordnet. Denn die Spaltung vermag dann das Besteuerungsrecht der Bundesrepublik von vornherein nicht zu schmälern.

4. Vergleichbare ausländische Vorgänge

32 Gem. §§ 1 I Nr. 1 iVm 15 UmwStG fallen auch mit der Auf- oder Abspaltung von Körperschaften vergleichbare ausländische Vorgänge unter § 15, soweit die beteiligten Rechtsträger unter § 1 II Nr. 1 UmwStG fallen. Zu denken ist etwa an die Abspaltung einer in Deutschland belegenen Betriebsstätte einer EU-ausländischen Kapitalgesellschaft auf eine andere EU-ausländische Kapitalgesellschaft (*Rödder/Schumacher* DStR 2007, 369, 370). Folgt man der oben beschriebenen, im Vordringen befindlichen Auffassung zur Möglichkeit grenzüberschreitender Spaltungen im EU/EWR-Raum (Rn. 30), ist für den an der grenzüberschreitenden Spaltung beteiligten Rechtsträger, der nach dem Recht eines anderen Mitgliedstaates gegründet wurde oder im Rahmen der Spaltung gegründet wird, auf das jeweilige ausländische Recht abzustellen. Die Rechtsvorschriften dieses Rechts sind daher dahingehend zu beurteilen, ob sie einen mit der Spaltung vergleichbaren Vorgang darstellen. Zu den Anforderungen an einen der Spaltung nach UmwG vergleichbaren ausländischen Vorgang vgl. § 1 Rn. 28 ff., 18 ff.; zur Behandlung von „Drittstaatsabspaltungen" außerhalb der Anwendung des UmwStG *Holle/Keilhoff* IStR 2017, 245 ff.

33 *(einstweilen frei)*

III. Handelsrechtliche und steuerliche Bilanzierung bei Spaltung im Allgemeinen

1. Übertragender Rechtsträger

a) Handelsbilanz

34 Der Anmeldung einer Spaltung zum Handelsregister ist gem. §§ 125, 17 II UmwG eine **Handelsbilanz** (Schlussbilanz) des übertragenden Rechtsträgers beizufügen. Dies gilt auch bei Teilübertragungen, bei denen nach §§ 177 I, 179 I, 184 I, 189 I UmwG die Vorschriften über die Spaltung und damit §§ 125, 17 II UmwG entsprechend anzuwenden sind. Für die handelsrechtliche Schlussbilanz gelten die Vorschriften über den Jahresabschluss und dessen Prüfung entsprechend. Die Schlussbilanz weist also die fortgeführten Buchwerte aus und umfasst im Grundsatz das gesamte Vermögen des übertragenden Rechtsträgers und nicht nur dasjenige, das im Wege der Abspaltung oder Teilübertragung auf andere Rechtsträger übergeht. Ausnahmen sind dann denkbar, wenn das übergehende Vermögen in Relation zum Gesamtvermögen unwesentlich ist (IDW/HFA 1/1998, WPg 1998, 508). Sofern der Stichtag der Schlussbilanz und das Ende des „normalen" Wirtschaftsjahres übereinstimmen, sind damit keine weiteren Bilanzierungsschritte notwendig. In der Praxis akzeptieren Handelsregister – nach Absprache – häufig auch Teilbilanzen, die nur das übergehende Vermögen erfassen. Gesellschaftsrechtlich erfolgt die Konkretisierung des übergehenden Vermögens durch die Angaben im Spaltungs- und Übernahmevertrag

gem. § 126 I Nr. 9 UmwG bzw. im Spaltungsplan gem. § 136 UmwG und nicht durch die handelsrechtliche Schlussbilanz.

Mit der **Eintragung der Spaltung** in das Handelsregister des übertragenden Rechtsträgers geht nach § 131 I Nr. 1 UmwG das zu übertragende Vermögen mit dinglicher Wirkung auf den übernehmenden Rechtsträger über. Die Schlussbilanz ist der Anmeldung der Spaltung zum Register des übertragenden Rechtsträgers nach §§ 125, 17 II UmwG beizufügen. Das Registergericht darf die Spaltung nur eintragen, wenn die Handelsbilanz auf einen höchstens 8 Monate vor der Anmeldung liegenden Stichtag aufgestellt worden ist. Der Zeitpunkt des sachenrechtlichen Vermögensübergangs weicht also von dem Stichtag der Schlussbilanz nach § 17 II UmwG ab. Zum Inhalt eines Spaltungs- und Übernahmevertrages gehört nach § 126 I Nr. 6 UmwG daher zwingend eine Angabe des Zeitpunktes, von dem an die Handlungen des übertragenden Rechtsträgers als für Rechnung jedes der übernehmenden Rechtsträger vorgenommen gelten (Spaltungsstichtag). Der Stichtag der handelsrechtlichen Schlussbilanz ist zwingend der dem Spaltungsstichtag vorangehende Tag. Zulässig und gebräuchlich ist es, als Spaltungsstichtag den Tag nach Ablauf des Jahresbilanzstichtages zu bestimmen und die Jahresbilanz als Schlussbilanz zu verwenden. 35

b) Steuerbilanz

Der übertragende Rechtsträger hat auch eine **Steuerbilanz** auf den Stichtag der Schlussbilanz iSd § 17 II UmwG aufzustellen. Dies ergibt sich nach Streichung des § 15 II aF unmittelbar aus § 11, der bei allen Spaltungen und Teilübertragungen zu beachten ist, ohne dass es der Erfüllung weiterer Tatbestandsvoraussetzungen des § 15 bedürfte. Der Stichtag der Steuerbilanz ist identisch mit dem der Handelsbilanz, § 2 I. Die Vorschrift hat deshalb nur für die Fälle Bedeutung, in denen der steuerliche Übertragungsstichtag mit dem Stichtag, auf den die übertragende Körperschaft regelmäßig Abschlüsse macht, nicht übereinstimmt. Sind die Stichtage identisch, wird eine Steuerbilanz bereits aufgrund der allgemeinen Steuererklärungspflicht aufgestellt. Auch in der Steuerbilanz ist das gesamte Vermögen des übertragenden Rechtsträgers zu erfassen. 36

Die Aufspaltung hat die Auflösung des übertragenden Rechtsträgers zur Folge. Zwar bewirkt erst die Eintragung der Aufspaltung im Handelsregister die Auflösung des übertragenden Rechtsträgers und den sachenrechtlichen Übergang der Vermögensteile, § 131 I Nr. 2 UmwG. Der übertragende Rechtsträger bleibt daher auch nach dem Spaltungsstichtag bilanzierungspflichtig. Aufwendungen, Erträge und Änderungen im Vermögensbestand werden aber den übernehmenden Rechtsträgern bereits ab dem Spaltungsstichtag zugerechnet (§§ 125, 5 I Nr. 6 UmwG), was buchhalterisch durch Übernahme aus dem Buchwerk des übertragenden Rechtsträgers oder, ab dem Zeitpunkt des Übergangs des wirtschaftlichen Eigentums an den aufgespaltenen Vermögensteilen, durch originäre Erfassung im Buchwerk der übernehmenden Rechtsträger erfolgt (hierzu *Moszka* in Semler/Stengel § 24 Rn. 15f). Handels- und steuerliche Schlussbilanz zum Übertragungsstichtag stellen daher die letztmalige Gewinnermittlung des übertragenden Rechtsträgers dar, in der auch die spaltungsbedingten Wahlrechte ausgeübt werden. Dies führt zwangsläufig – handelsrechtlich wie steuerlich – dazu, dass ein Rumpf-Geschäfts- bzw. -Wirtschaftsjahr entsteht, wenn steuerlicher und handelsrechtlicher Übertragungsstichtag **nicht** dem Ende des Geschäfts-/Wirtschaftsjahres entsprechen (so für die Verschmelzung BFH v. 21.12.2005, BStBl. II 2006, 469 f.). Ein Rumpf-Wirtschaftsjahr entsteht hingegen nicht im Falle der unterjährigen Abspaltung oder Teilübertragung, denn der übertragende Rechtsträger besteht dann fort und überträgt lediglich einen Teil seines Vermögens in seinem laufenden Wirtschaftsjahr. Die von § 11 I UmwStG vorausgesetzte steuerliche Schlussbilanz ist dann nur für das im Wege der Abspaltung bzw. Teilübertragung übergehende Vermögen bzw. die in diesem Rahmen übergehenden Wirtschaftsgüter und Schulden aufzustellen, sie dient nicht der steuerlichen Gewinnermittlung des übertragenden Rechtsträgers für ein Rumpf-Wirtschaftsjahr (zutr. *Schumacher* in R/H/vL § 15 Rn. 76). Das gilt 37 nach zutreffender Auffassung auch für die Handelsbilanz. Im Hinblick auf das hierin zu erfassende Vermögen empfiehlt sich aber eine vorherige Abstimmung mit dem Handelsregister, um die Eintragung der Abspaltung nicht zu gefährden (*Schwanna* in Semler/Stengel § 17 Rn. 23).

38 Fallen Übertragungsstichtag und Ende des Geschäfts-/Wirtschaftsjahres zusammen, ist in allen Fällen der Auf- und Abspaltung sowie der Teilübertragung eine (Jahres-)Schlussbilanz zu erstellen, die das gesamte Vermögen des übertragenden Rechtsträgers umfasst und der steuerlichen Gewinnermittlung des Veranlagungszeitraumes dient.

39 In der steuerlichen Schlussbilanz sind die Ansatzwahlrechte gem. §§ 15 I, 11 I und II (Buchwert, Zwischenwert, gemeiner Wert) auszuüben. Die **Ansatzwahlrechte** der §§ 15 I, 11 I und II **beziehen sich nur auf das übergehende Vermögen.** Bei Abspaltungen und Teilübertragungen ist also das bei der übertragenden Körperschaft verbleibende Vermögen nicht von den Ansatzwahlrechten erfasst.

40 Bei der Abspaltung eines zu Buchwerten bemessenen positiven Vermögenssaldos vermindert sich das Eigenkapital der übertragenden Körperschaft. Dies kann zu der Notwendigkeit einer **Kapitalherabsetzung** führen (vgl. zu Einzelheiten IDW/HFA 1/1998, WPg 1998, 510). Nicht ausgeschlossen ist auch die Abspaltung eines zu Buchwerten bemessenen negativen Vermögenssaldos; hierdurch entsteht kein steuerbarer Gewinn des übertragenden Rechtsträgers. Sofern das übergehende Vermögen unter Verkehrswertgesichtspunkten positiv ist, ist eine Abspaltung auf durch die Spaltung neu gegründete wie auf bestehende Rechtsträger und auf einen Gesellschafter möglich. Liegt unter Buchwertkriterien ein negativer Vermögenssaldo vor und wird dieser nicht durch stille Reserven kompensiert, kommt nur eine Abspaltung auf einen Gesellschafter in Betracht, denn insoweit entfällt die Notwendigkeit, neue Anteile auszugeben (§§ 125, 54 I Nr. 1 UmwG). Bei einer Aufspaltung gelten die vorstehenden Erläuterungen entsprechend.

c) Maßgeblichkeit

41 Für die handelsrechtliche Schlussbilanz gelten die Vorschriften über die Jahresbilanz und deren Prüfung entsprechend, § 17 II 2 UmwG. Das Handelsrecht räumt dem übertragenden Rechtsträger für spaltungsbedingte Übertragungen keine besonderen Bewertungswahlrechte ein, sodass handelsrechtlich die fortgeführten Buchwerte anzusetzen sind.

42 Zu §§ 15 I, 11 I aF hat die FinVerw die Auffassung vertreten, die Wahlrechte des § 11 I könnten nur wirtschaftsgutbezogen in einer handelsrechtlichen Jahresbilanz ausgeübt werden (UmwStE 1998 Rn. 15.12). Steuerliche Wertaufstockungen wurden damit gegen den klaren Gesetzeswortlaut auf handelsrechtlich zulässige Wertaufholungen begrenzt. Diese Auffassung stieß auf breite Ablehnung. Für den Parallelfall des Formwechsels gem. §§ 25 S 1, 20 II 1 aF hat ihr mittlerweile auch der BFH eine Absage erteilt (BFH v. 19.10.2005, BStBl. II 2006, 568 f.).

43 Die Neufassung des UmwStG durch das SEStEG lässt für die Fortführung der von der FinVerw zum UmwStG aF vertretenen Auffassung keinen Raum. Zum einen hat das SEStEG zu einer weiteren Entkoppelung des UmwStG von der handelsbilanziellen Bilanzierung geführt, etwa indem § 20 I 2 aF ersatzlos gestrichen wurde (hierzu *Dötsch/Pung* DB 2006, 2704, 2706). Zum anderen führte die Aufrechterhaltung dieser Auffassung zu einer Verschärfung auch nach altem Recht schon bestehender Wertungswidersprüche. Denn nach Streichung des § 12 III 2 aF scheidet der Übergang körperschaft- und gewerbesteuerlicher Verlustvorträge vom übertragenden Rechtsträger auf die Übernehmer aus. Steuerliche Verlustvorträge können im Falle von Spaltungen daher nur noch durch Buchwertaufstockungen in der steuerlichen Schlussbilanz genutzt werden. Die Aufrechterhaltung der Auffassung der FinVerw ließe daher die umwandlungssteuerlichen Spaltungsvorschriften überwiegend leerlaufen. Sie ist daher spätestens nach Einführung des SEStEG Makulatur (so im Ergebnis auch *Dötsch/Pung* DB 2006, 2704, 2706). Aus der Gesetzesbegründung zu § 11 ergibt sich zudem, dass die Maßgeblichkeit nicht mehr anzuwenden ist (BT-Drs. 16/2710, 34; so wohl auch UmwStE Rn. 11.05 II).

2. Übernehmender Rechtsträger

44 Wird der übernehmende Rechtsträger durch die Auf-/Abspaltung oder die Teilübertragung neu gegründet, so hat er auf den handelsrechtlichen bzw. steuerlichen Übertragungsstichtag eine Eröffnungs(handels-)bilanz aufzustellen, § 242 I HGB. Wird auf einen bereits existierenden übernehmenden Rechtsträger zur Aufnahme übertragen, so stellt sich der Vermögenszugang bei ihm als laufender Geschäftsvorfall dar. Einer Übernahmebilanz bedarf es nicht, im folgenden Jahresabschluss werden die spaltungsbedingten Veränderungen erfasst und abgebildet. Gem. §§ 125, 24 UmwG besteht für den übernehmenden Rechtsträger das Wahlrecht, übertragene Vermögensgegenstände und Verbindlichkeiten im Wege der Neubewertung zu Anschaffungskosten anzusetzen oder die in der handelsrechtlichen Schlussbilanz beim übertragenden Rechtsträger angesetzten Buchwerte zu übernehmen.

45 Auch für Zwecke der steuerlichen Bilanzierung stellen sich Auf- und Abspaltung beim übernehmenden Rechtsträger als laufender Geschäftsvorfall dar. Erfolgt die Spaltung zur Neugründung, so ist auch für steuerliche Zwecke eine Eröffnungsbilanz aufzustellen. In beiden Fällen ist der übernehmende Rechtsträger an die steuerlichen Wertansätze, wie sie nach Ausübung der steuerlichen Ansatzwahlrechte in der steuerlichen Schlussbilanz des übertragenden Rechtsträgers abgebildet sind, gebunden, §§ 15 I, 12 I. Dies gilt unabhängig davon, nach welchen Grundsätzen der übernehmende Rechtsträger die Spaltung handelsbilanziell abgebildet hat und wie er für diese Zwecke von seinen handelsrechtlichen Wahlrechten Gebrauch gemacht hat.

3. Anteilseigner

46 Im Falle der Aufspaltung tritt die Beteiligung an jedenfalls einem aufnehmenden Rechtsträger an die Stelle der vom Anteilseigner bis dahin gehaltenen und im Zuge der Aufspaltung untergehenden Beteiligung am übertragenden Rechtsträger. Im Falle der Abspaltung erwirbt der Anteilseigner im Regelfall eine Beteiligung am aufnehmenden Rechtsträger zu seiner ggf. infolge der Abspaltung im Wert geminderten Beteiligung am übertragenden Rechtsträger hinzu.

47 Sind die Beteiligungen am übertragenden Rechtsträger bei dessen Anteilseigner handelsbilanziell zu erfassen, so hat der Anteilseigner, wenn er per Auf- oder Abspaltung Anteile an einem übernehmenden Rechtsträger erwirbt, die Anschaffungskosten der als Gegenleistung gewährten Anteile am übernehmenden Rechtsträger nach allgemeinen Tauschgrundsätzen zu bestimmen (IDW HFA 1/1998, WPg 1998, 508, 511). Die Anteile am übernehmenden Rechtsträger können danach mit dem Buchwert der untergegangenen Beteiligung am übertragenden Rechtsträger oder deren vorsichtig geschätzten Zeitwert angesetzt werden. Als zulässig ist auch eine ergebnisneutrale Behandlung des Tausches anzusehen, bei der von der Buchwertfortführung ausgegangen und eine höhere Bewertung der erworbenen Anteile insoweit als möglich angesehen wird, als sie erforderlich erscheint, um mit dem Tausch verbundene zusätzliche Ertragsteuerbelastungen ergebnismäßig zu neutralisieren. Der Ansatz zu einem Zwischenwert ist ansonsten unzulässig (*A/D/S* HGB § 255 Rn. 89).

48 Im Falle der Abspaltung ist die Buchwertminderung der Anteile am übertragenden Rechtsträger am Verhältnis der Verkehrswerte des abgespaltenen Vermögens zum ursprünglichen Vermögen des übertragenden Rechtsträgers zu bestimmen. Sind Anteile am übertragenden und am übernehmenden Rechtsträger börsennotiert, so kann auf das Zuteilungsverhältnis und den Börsenkurs rekurriert werden (*Haritz/Asmus* DStR 2003, 2052, 2053 f.).

49 Zur steuerbilanziellen Behandlung der Spaltung im Einzelnen vgl. Rn. 201 ff.

IV. Teilbetrieb iSd § 15 I

1. Allgemeines

50 Voraussetzung der **Steuerneutralität** auf der Ebene des übertragenden Rechtsträgers und seiner Gesellschafter ist bei Aufspaltungen, dass auf jeden der übernehmenden Rechtsträger ein Teilbetrieb übertragen wird. Im Falle der Abspaltung oder Teilübertragung muss auf den Übernehmenden ein Teilbetrieb übertragen werden und bei der übertragenden Körperschaft ein Teilbetrieb verbleiben (sog. doppeltes Teilbetriebserfordernis, *Dötsch* in D/P/M § 15 Tz. 86; *Schaflitzl/Widmayer* BB-Special 8/2006, 37, 49; *Körner* IStR 2006, 469, 470; *Gille* IStR 2007, 194, 196; *Schumacher/Neumann* DStR 2008, 325).

51 Formulierte § 15 aF die vorgenannten Teilbetriebserfordernisse noch als grds. Zugangsvoraussetzung für die Anwendung dieser Vorschrift, so ist dies nun nicht mehr der Fall. Verwehrt wird gem. § 15 I 2 nur die Steuerneutralität der §§ 11 II und 13 II, insb. §§ 11 I, 12 und 13 I finden Anwendung, auch wenn es am Teilbetriebserfordernis fehlt (*Schaflitzl/Widmayer* BB-Special 8/2006, 37, 49). Umfasst das übertragende Vermögen keinen Teilbetrieb bzw. verbleibt kein Teilbetrieb bei dem übertragenden Rechtsträger, so sind daher nicht mehr die früher geltenden Liquidations- bzw. Ausschüttungsfiktionen anzuwenden (so auch *Schaflitzl/Widmayer* BB-Special 8/2006, 37, 49). Danach wurde bei der Aufspaltung eine Liquidation des übertragenden Rechtsträgers mit anschließender Einlage in die übernehmenden Rechtsträger und bei der Abspaltung eine Sachausschüttung mit nachfolgender Einlage dieses Vermögens in den übernehmenden Rechtsträger fingiert (UmwStE 1998 Rn. 15.11).

52 Die §§ 11 I, 12 und 13 I beruhen demgegenüber auf dem Gedanken einer Veräußerungsgewinnbesteuerung. Bei Erfüllung des doppelten Teilbetriebserfordernisses und der sonstigen Anforderungen der §§ 15 II, 11 II und 13 II kann auf Antrag eine spaltungsbedingte Gewinnrealisierung sowohl auf Ebene der übertragenden Körperschaft wie auch auf Ebene ihrer Anteilseigner vermieden werden.

53 Da sich bei Abspaltungen die in § 15 angeordnete entsprechende Anwendung des § 11 nur auf das übertragene Vermögen beziehen kann (Gedanke der partiellen Verschmelzung), führt das Fehlen der Tatbestandsvoraussetzung Teilbetrieb dazu, dass (nur) das abgespaltene Vermögen des § 11 I in der steuerlichen Schlussbilanz der übertragenden Körperschaft mit dem gemeinen Wert anzusetzen ist, nicht jedoch das bei der übertragenden Körperschaft verbleibende Vermögen (UmwStE Rn. 15.12).

54 Gleiches gilt auf **Ebene der Anteilseigner.** Nur ein Teil der gesellschaftsrechtlichen Beteiligungen der Anteilseigner an der übertragenden Gesellschaft gilt als zum gemeinen Wert veräußert und die neu ausgegebenen Anteile an der übernehmenden Körperschaft gelten als mit diesem Wert angeschafft, § 13 I (UmwStE Rn. 15.12).

55 Der Ansatz des gemeinen Wertes erstreckt sich auf nicht entgeltlich erworbene oder selbst geschaffene immaterielle Wirtschaftsgüter. Umfasst das übergehende Vermögen allerdings keinen Teilbetrieb, so dürfte regelmäßig kein Firmenwert als solcher existieren. Auch bei der Abspaltung von Einzelwirtschaftsgütern ist es möglich, Verbindlichkeiten auf den oder die übernehmenden Rechtsträger mitzuübertragen. Dies stellt keine Gegenleistung iSv § 11 II Nr. 3 dar.

56 *(einstweilen frei)*

2. Begriff des Teilbetriebs

a) Traditionelle Definition des Begriffs durch die Rspr.

57 Der Begriff des **Teilbetriebs** hat im nationalen Steuerrecht traditionell eine große Bedeutung bei der Veräußerung und Umstrukturierung von Betrieben (§§ 14, 16, 18 EStG; § 6 III EStG; §§ 20, 24).

Eine gesetzliche Definition des Begriffs des Teilbetriebs, wie er traditionell verwandt wurde, fehlt. Die stRspr. definiert den Teilbetrieb als einen mit einer gewissen Selbstständigkeit ausgestatteten, organisch geschlossenen Teil eines Gesamtbetriebs, der als solcher lebensfähig ist (BFH v. 1.2.1989 BStBl. II 460; v. 13.2.1996 BStBl. II 409; BFH-Beschluss v. 18.10.1999 GrS 2/98, BStBl. II 2000, 123; BFH v. 9.11.2000 BFH/NV 2001, 263; v. 7.4.2011 BStBl. II 467; *Rogall* DB 2006, 66, 67; kritisch *Blumers* DB 2001, 722; *Rödder/Beckmann* DStR 1999, 751). Allein der Umstand, dass in einem Wirtschaftsgut stille Reserven ruhen, soll noch nicht zu seiner Qualifizierung als wesentliche Betriebsgrundlage eines Teilbetriebs führen. Abzustellen ist bei § 15 auf die Funktion der einzelnen Wirtschaftsgüter, so dass ein Wirtschaftsgut nicht allein deshalb eine wesentliche Betriebsgrundlage eines Teilbetriebs darstellt, weil wesentliche stille Reserven in ihm vorhanden sind (BFH v. 2.10.1997, BStBl. II 1998, 104). 58

Die FinVerw hatte sich dieser Auffassung des BFH angeschlossen und erklärt (BMF v. 16.8.2000, BStBl. I 1253), dass UmwStE 1998 Rn. 15.02 insoweit überholt sei. Mit dem UmwStE rekurriert die FinVerw nunmehr auf den Begriff des Teilbetriebs der FusionsRL in der von ihr favorisierten Auslegung. Von diesem Verständnis ausgehend entwickelt sie unter Berücksichtigung der Besonderheiten des § 15 ein neues Verständnis vom Begriff des Teilbetriebs. 59

b) Nunmehr maßgeblich: Begriff des Teilbetriebs der FusionsRL

Art. 2 Buchst. j FusionsRL definiert „Teilbetrieb" als „die Gesamtheit der in einem Unternehmensteil einer Gesellschaft vorhandenen aktiven und passiven Wirtschaftsgüter, die in organisatorischer Hinsicht einen selbstständigen Betrieb, dh eine aus eigenen Mitteln funktionsfähige Einheit, darstellen". 60

Der Teilbetriebsbegriff der FusionsRL ist auch für § 15 maßgeblich. Nach der ausdrücklichen Gesetzesbegründung zum SEStEG sollte hiermit die FusionsRL umgesetzt werden, damit – wie der Gesetzgeber sich ausdrückt – europaweit die gleichen steuerlichen Grundsätze für inländische und für alle grenzüberschreitenden Umstrukturierungen von Unternehmen Anwendung finden (BT-Drs. 16/2710, 25; *Schumacher/Neumann* DStR 2008, 325, 327; *Beutel* in Schneider/Ruoff/Sistermann, UmwStE 2011, Rn. 15.4; a. A. *Schmitt/Schloßmacher,* UmwStE 2011, S. 194 f.). Dies gilt unabhängig davon, ob die handels- und gesellschaftsrechtlichen Voraussetzungen für eine Spaltung über die Grenze gegeben sind. Angesichts des *Sevic*-Urteils (EuGH v. 13.12.2005 – C-411/03, GmbHR 2006, 140) ist die Beschränkung von Spaltungen auf rein nationale Vorgänge aber ohnehin abzulehnen (vgl. Rn. 30 ff.). Weiterer Grund dafür, auf die Teilbetriebsdefinition der FusionsRL abzustellen, ist, dass § 15 gem. § 1 I Nr. 1 auch auf mit Aufspaltung und Abspaltung vergleichbare ausländische Vorgänge Anwendung findet. 61

Für § 15 I grundsätzlich vom Teilbetriebsbegriff der FusionsRL auszugehen bedeutet nicht, dass nunmehr im Wege richtlinienkonformer Auslegung ausschließlich in den von der FusionsRL vorgesehenen Fällen eine steuerliche Privilegierung angenommen werden dürfte. Eine solche richtlinienkonforme Auslegung kommt nicht in Betracht, wenn und soweit der nationale Gesetzgeber von den Richtlinienvorgaben abweicht, die Richtlinie durch Statuierung bloßer Mindestvorschriften eine solche Abweichung zulässt und die Abweichungen keine gemeinschaftswidrigen Wirkungen hervorrufen (*Grabitz/Hilf,* Das Recht der Europäischen Union, A 1. Rn. 30; EuGH v. 12.11.1996 – C-84/94, EuZW 1996, 751 – „Arbeitszeit-Richtlinie"; *Dreher* in Immenga/Mestmäcker, GWB, Vor §§ 97 ff. Rn. 134 f.). Diese Voraussetzungen liegen gerade für den Teilbetriebsbegriff des § 15 vor. 62

Der nationale Gesetzgeber wollte mit dem SEStEG die FusionsRL umsetzen, zugleich aber die Regelungen zur Spaltung „im Grundsatz unverändert" in das UmwStG übernehmen (BT-Drs. 16/2710, 35; *Schumacher* in R/H/vL, § 15 Rn. 71). Dementsprechend hat er den vormaligen Teilbetriebsbegriff unverändert übernommen und weiterhin – anders als die FusionsRL es vorsieht – Mitunternehmeranteile und Beteiligungen an Kapitalgesell- 63 schaften, die das gesamte Nennkapital der jeweiligen Gesellschaft umfassen, zu – fiktiven – Teilbetrieben erklärt. Dies zeigt zugleich, dass der nationale Gesetzgeber die Begriffsbestimmung des Teilbetriebs in der FusionsRL als Mindestvorschrift interpretiert, von der zugunsten der Steuerpflichtigen abgewichen werden kann und abgewichen worden ist. Nichts anderes ergibt sich aus der FusionsRL selbst und dem zu deren Teilbetriebsbegriff ergangenen Urteil des EuGH v. 15.1.2002 (C-43/00, IStR 2002, 94 f. – *Ändersen og Jensen*). Dort sagt der EuGH lediglich, dass die FusionsRL auf den Vorlagesachverhalt mangels entsprechender Teilbetriebsübertragung keine Anwendung finde, mithin die FusionsRL für diesen Fall keine entsprechende Privilegierung enthalte. Eine Aussage, dass der nationale Gesetzgeber für den Urteilsfall eine steuerliche Privilegierung nicht einräumen dürfe, findet sich gerade nicht. Schließlich ist auch nicht ersichtlich, wie ein im Vergleich zur FusionsRL mit weniger Bedingungen versehener Teilbetriebsbegriff gemeinschaftswidrige Wirkungen entfalten könnte. Denn er benachteiligt die Steuerpflichtigen nicht, insbesondere weil die jeweilige Erleichterung auf in- und ausländische Steuerpflichtige wie auf in- und ausländische Vermögensbestandteile gleichermaßen anzuwenden ist. Allerdings ist jedem Einzelfall zu prüfen und zu hinterfragen, ob die nationale Erleichterung tatsächlich keine gemeinschaftswidrigen Wirkungen zur Folge hat.

64 Anders verhält es sich, wenn der nationale Gesetzgeber Abweichungen vorsieht, die zu Lasten der Steuerpflichtigen in der FusionsRL vorgesehene Privilegierungen versagen. Solche Abweichungen sind primär durch eine richtlinienkonforme Auslegung zu korrigieren.

65 Auch soweit durch die Rspr. und Verwaltungserlasse Kriterien für die Existenz eines Teilbetriebs herausgearbeitet wurden, die nicht mit denen des Teilbetriebsbegriffs der FusionsRL identisch sind, jedoch den Teilbetriebsbegriff der FusionsRL zugunsten der Steuerpflichtigen liberalisieren, ist eine nationale deutsche Regelung möglich und eine derartige Rspr. und Verwaltungsauffassung weiter anzuwenden. Insoweit kann das deutsche Recht autonome Regelungen treffen (*Schumacher* in R/H/vL § 15 Rn. 126). Eine Vorlagepflicht der nationalen Gerichte im Bereich dieser durch nationale Entscheidung erweiterten Privilegierung besteht nicht. Eine Vorlagepflicht entsteht nur, wenn die Klärung der durch die FusionRL vorgesehenen Privilegien entscheidungsrelevant ist. Das ist der Fall, wenn und soweit die Finanzverwaltung im Einzelfall auf Basis des UmwStE steuerneutrale Umwandlungen versagt, weil sie höhere Anforderungen an den Teilbetriebsbegriff stellt als die FusionsRL.

c) Art. 2 FusionsRL und Ausschließlichkeitserfordernis der FinVerw

66 § 15 I 2 aF verlangte für die Steuerneutralität der Abspaltung, dass das beim übertragenden Rechtsträger verbleibende Vermögen ebenfalls zu einem Teilbetrieb gehören muss. Dieses **Ausschließlichkeitserfordernis** hat der Gesetzgeber aufgegeben und im Rahmen der Neufassung des § 15 I 2 nicht übernommen. Diese gesetzliche Anpassung steht zunächst im Einklang mit Art. 2 der FusionsRL, die ein solches Ausschließlichkeitserfordernis nicht vorsieht. Als **Abspaltung** definiert die FusionsRL in Art. 2 lit. c einen Vorgang, durch den eine Gesellschaft, ohne sich aufzulösen, einen oder mehrere Teilbetriebe auf eine oder mehrere bereits bestehende oder neu gegründete Gesellschaften gegen Gewährung von Anteilen am Gesellschaftskapital der übernehmenden Gesellschaften an ihre eigenen Gesellschafter anteilig überträgt, wobei **„mindestens“** ein Teilbetrieb in der einbringenden Gesellschaft verbleiben muss. Hier ist durch Auslegung zu ermitteln, was mit dem Wort „mindestens“ zum Ausdruck gebracht werden soll. Der Wortsinn lässt sowohl die Deutung zu, dass das bei der einbringenden Gesellschaft verbleibende Vermögen mindestens einem, wenn nicht mehreren Teilbetrieben zugeordnet sein muss, als auch die Lesart, dass das Zurückbleiben eines Teilbetriebes ausreicht und daneben auch nicht Teilbetrieben zuzuordnendes Vermögen vorhanden sein darf. Blickt man insbesondere auf die Vielzahl historisch gewachsener Unternehmen, deren Vermögensanlagen aus Wertpapieren und Immobilien bestehen, die bisweilen mit dem operativen Kerngeschäft keine oder nur noch eine geringe Verbindung haben, so liegt es nahe, die Vorschrift in dem Sinne auszulegen, dass neben einem Teilbetrieb auch neutrales Vermögen bestehen darf. So wird am ehesten dem aus den Grundfreiheiten abgeleiteten Sinn und Zweck der FusionsRL entsprochen. Allerdings heißt es in § 15 I 2, dass die Regelungen zur Steuerneutralität bei Abspaltungen nur anzuwenden sind, wenn auf die Übernehmerin ein Teilbetrieb übertragen wird und bei der übertragenden Körperschaft ein Teilbetrieb verbleibt. Es bedarf also nicht nur „mindestens" eines Teilbetriebes.

Mit Blick auf Art. 2 lit. c der FusionsRL ist für die Auslegung des § 15 I 2 der Schluss gezogen worden, dass bei Abspaltungen auch Wirtschaftsgüter beim übertragenden Rechtsträger verbleiben könnten, die keinem Teilbetrieb zuzuordnen sind (*Schießl* in W/M § 15 Rn. 62.1 ff.). Diese Auffassung hat allerdings zur Folge, dass unterschiedliche Anforderungen an übertragenes und verbleibendes Vermögen gestellt würden, eine Differenzierung, die weder der FusionsRL noch dem § 15 I 2 zu entnehmen ist (*Schumacher* in R/H/vL § 15 Rn. 113; *Dötsch/Pung* in D/P/P/M § 15 Rn. 56). Hieraus wird der Schluss gezogen, dass das Ausschließlichkeitserfordernis auch für das übergehende Vermögen aufzugeben sei mit der Folge, dass das Teilbetriebserfordernis insgesamt nur eine Mindestanforderung darstellt und somit andere Wirtschaftsgüter und Schulden verbleiben oder übertragen werden können, die nicht einem Teilbetrieb zuzuordnen sind (*Schumacher* in R/H/vL § 15 Rn. 114). 67

Die FinVerw hält demgegenüber unverändert am Ausschließlichkeitserfordernis auch für den geltenden § 15 I 2 fest (UmwStE Rn. 15.01). Soweit eine weitgehend freie Zuordnung nicht teilbetriebsgebundenen Vermögens zu einem Teilbetrieb eröffnet bleibt, dürfte diese Auffassung jedenfalls keinen Verstoß gegen die FusionsRL darstellen (zur zu weitgehenden Einschränkung der freien Zuordnung von Wirtschaftsgütern zu einem Teilbetrieb Rn. 71 ff.). Das Festhalten am Ausschließlichkeitserfordernis führt vor allem bei fiktiven Teilbetrieben zu Schwierigkeiten, weil dort nach Auffassung der FinVerw eine Zuordnung nur solcher Wirtschaftsgüter möglich sein soll, die einen wirtschaftlichen Zusammenhang mit dem fiktiven Teilbetrieb aufweisen. Angesichts des Umstandes, dass fiktive Teilbetriebe, insbesondere Mitunternehmeranteile, in der FusionsRL nicht als Teilbetriebe privilegiert werden, sondern insoweit der Anwendungsbereich des UmwStG autonom vom deutschen Gesetzgeber erweitert wurde, dürfte insoweit das Festhalten am Ausschließlichkeitserfordernis keinen Verstoß gegen die FusionsRL begründen. Gegen die vollständige Aufgabe des Ausschließlichkeitsgebotes in § 15 I 2 spricht zudem, dass eine solche gesetzgeberische Intention nicht nachweisbar (*Dötsch/Pung* in D/P/P/M § 15 Rn. 56) und auch nicht anzunehmen ist, dass der nationale Gesetzgeber mit § 15 II 1 eine ansonsten praktisch leerlaufende Missbrauchsregelung schaffen wollte (dies erwägt auch *Schumacher* in R/H/vL § 15 Rn. 166 f., 194 „Berechtigung verloren"). 68

d) Art. 2 FusionsRL und Teilbetriebserfordernis bei Aufspaltungen

Für **Aufspaltungen** kann man die Frage stellen, ob die FusionsRL das in § 15 I 2 geregelte (doppelte) Teilbetriebserfordernis vorsieht. Die Spaltung wird in Art. 2 lit. b FusionsRL als Vorgang definiert, durch den eine Gesellschaft zum Zeitpunkt ihrer Auflösung ohne Abwicklung ihr gesamtes Aktiv- und Passivvermögen auf zwei oder mehr bestehende oder neu gegründete Gesellschaften gegen Gewährung von Anteilen am Gesellschaftskapital der übernehmenden Gesellschaften an ihre eigenen Gesellschafter anteilig überträgt. Nach dieser Richtlinienformulierung muss das übertragene Vermögen keinen Teilbetrieb darstellen. Ein solches Erfordernis ergibt sich auch nicht aus Art. 2 lit. f und g. Dort werden die Begriffe „einbringende Gesellschaft" und „übernehmende Gesellschaft" definiert. Diese Definition besagt, dass 69

- „einbringende Gesellschaft" die Gesellschaft ist, die ihr Aktiv- und Passivvermögen überträgt oder einen oder mehrere Teilbetriebe einbringt,
- „übernehmende Gesellschaft" die Gesellschaft ist, die das Aktiv- und Passivvermögen oder einen oder mehrere Teilbetriebe von der einbringenden Gesellschaft übernimmt.

70 Diese Definitionen des Art. 2 lit. f und g FusionsRL könnten für Spaltungen das Teilbetriebserfordernis einführen, wenn sie neben der Einbringung von Teilbetrieben nur die Übertragung des „gesamten" **Aktiv- und Passivvermögens** der einbringenden Gesellschaft als Anwendungsfall erfassten. Denn in diesem Fall könnte man davon ausgehen, dass die Übertragung des gesamten Vermögens der einbringenden Gesellschaft den Fall der Fusion (Art. 2 lit. a FusionsRL) bzw. Verschmelzung erfasst und im Übrigen die Regelungen der FusionsRL nur bei der Übertragung von Teilbetrieben eingreifen. Dies ist indes nicht der Fall. Im Gegensatz zu Art. 2 lit. a (Fusion) und b (Spaltung) sprechen lit. f und g gerade nicht vom „gesamten" Aktiv- und Passivvermögen. Der Wortlaut dieser Regelungen legt es somit nahe, dass zwischen „einbringender" und „übernehmender" Gesellschaft iSd FusionsRL auch Vermögensteile übertragen werden können, die keinen Teilbetrieb darstellen (so *Körner* IStR 2006, 469, 471; *Gille* IStR 2007, 194, 196). Allerdings unterliegt ein solches Auslegungsergebnis wiederum erheblichen Zweifeln, weil kaum begründbar wäre, warum es bei der Aufspaltung, nicht jedoch bei der Abspaltung am doppelten Teilbetriebserfordernis fehlen soll. Auch lässt der Wortsinn des Gesetzes eine Lesart zu, wonach auch die Aufspaltung voraussetzt, dass ein Teilbetrieb übertragen wird. Im Ergebnis ist deshalb nicht davon auszugehen, dass das (doppelte) Teilbetriebserfordernis des § 15 I 2 gegen die FusionsRL verstößt, indem er für Aufspaltungen verlangt, dass jeweils Teilbetriebe übertragen werden müssen (iE ebenso *Schumacher* in R/H/vL § 15 Rn. 123; für europarechtlich fragwürdige Erschwerungen dagegen *Körner* IStR 2006, 469, 470; *Gille* IStR 2007, 194, 196).

e) Zugehörigkeit von Wirtschaftsgütern zu einem Teilbetrieb

71 Auch die FusionsRL enthält keine näheren Vorgaben dazu, welche Kriterien über die Zugehörigkeit von Wirtschaftsgütern zu einem Teilbetrieb entscheiden. Die Zugehörigkeit von Wirtschaftsgütern zu einem Teilbetrieb wurde im nationalen Recht früher nach **quantitativen** und wird heute ganz überwiegend nach **funktionalen Kriterien** beurteilt (BFH v. 7.4.2010 – I R 96/08, BStBl. II 2011, 67 f.; so zuletzt auch die FinVerw, vgl. BMF v. 16.8.2000, BStBl. I, 1253; *Dötsch/Pung* in D/P/P/M § 15 Rn. 62; kritisch *Körner* IStR 2006, 469, 470). Danach kommt es auf die Funktion und die organisatorische Zugehörigkeit eines Wirtschaftsguts zu einem Teilbetrieb an. Konstitutiv für den Teilbetrieb sind dabei jeweils nur die **wesentlichen Betriebsgrundlagen,** also diejenigen Wirtschaftsgüter, die funktional gesehen für den Teilbetrieb erforderlich sind (*Thiel* DStR 1995, 240; BFH v. 7.4.2010 – I R 96/08, BStBl. II 2011, 467). Das sind nach ständiger Rechtsprechung des BFH nur solche Wirtschaftsgüter, die aus Sicht des Übertragenden zum Übertragungszeitpunkt für den Betriebsablauf ein erhebliches Gewicht haben, also für die Fortführung des Betriebs notwendig sind oder dem Betrieb sein Gepräge geben (BFH v. 7.4.2010 – I R 96/08, BStBl. II 2011, 467).

72 Im UmwStE erweitert die FinVerw dieses Verständnis unter Hinweis auf den nunmehr auch aus ihrer Sicht (jedenfalls partiell) maßgeblichen Teilbetriebsbegriff der FusionsRL. Nach UmwStE Rn. 15.02 sollen zu einem Teilbetrieb nunmehr nicht mehr nur die ihn ausmachenden funktional wesentlichen Betriebsgrundlagen eines Unternehmensteils gehören, sondern auch die „diesem Teilbetrieb nach wirtschaftlichen Zusammenhängen zuordenbaren Wirtschaftsgüter". Die Voraussetzungen eines Teilbetriebes seien nach Maßgabe der einschlägigen Rechtsprechung unter Zugrundelegung der funktionalen Betrachtungsweise aus der Perspektive des übertragenden Rechtsträgers zu beurteilen, wobei UmwStE Rn. 15.02 hierfür auf die Urteile des EuGH v. 15.1.2002 – C-43/00 – *Andersen og Jensen*, IStR 2002, 94 f., und des BFH v. 7.4.2010 – I R 96/08, BStBl. II 2011, 467, verweist.

73 Diese Auffassung der FinVerw ist abzulehnen, vielmehr ist das bisher insbesondere durch den BFH geprägte Begriffsverständnis, wonach lediglich die funktional wesentlichen Betriebsgrundlagen den Teilbetrieb konstituieren und das sonstige Vermögen im wesentlichen frei zugeordnet werden kann, fortzuführen. Die Auffassung der FinVerw ist zunächst schon

begrifflich widersprüchlich, indem sie eine Definition des Teilbetriebes liefert, die sich selbst als Bedingung vorsieht. Denn ein Teilbetrieb soll zunächst aus den funktional wesentlichen Betriebsgrundlagen bestehen. Er soll des Weiteren aus den „diesem Teilbetrieb" (und nicht etwa den funktional wesentlichen Betriebsgrundlagen eines Unternehmensteils) „zuordenbaren Wirtschaftsgütern" bestehen (Teilbetrieb = Teilbetrieb + zuordenbare WG). Ein solches zweistufiges Begriffsverständnis sieht die FusionsRL nicht vor.

Die von der FinVerw nunmehr vertretene Definition des Teilbetriebs findet auch weder in der von ihr selbst herangezogenen Rechtsprechung des EuGH noch der des BFH eine Stütze. Der EuGH geht in seinem o. g. Urteil vom Teilbetriebsbegriff der FusionsRL aus und hält die Übertragung eines Teilbetriebs in diesem Sinne für nicht gegeben, wenn die übertragende Gesellschaft vor der Einbringung ein Darlehen in erheblicher Höhe (entsprechend dem bei ihr vorhandenen Eigenkapital) aufnimmt und dann zwar die Darlehensverbindlichkeit, nicht aber die Darlehensvaluta auf die übernehmende Gesellschaft überträgt. Dass die übertragende Gesellschaft neben den Darlehensmitteln eine „kleine Anzahl Aktien einer dritten Gesellschaft" zurückbehielt, erachtete der EuGH als unschädlich, weil hierdurch zwar eine Übertragung des gesamten Geschäftsbetriebes ausgeschlossen sei, dies aber nicht die Übertragung eines Teilbetriebes ohne Bezug zu diesen Aktien ausschließe. Das in UmwStE Rn. 15.02 herangezogene Kriterium der Einbeziehung der „dem Teilbetrieb nach wirtschaftlichen Zusammenhängen zuordenbaren Wirtschaftsgüter" in den Teilbetriebsbegriff kann man diesem Urteil des EuGH nicht entnehmen (aA offenbar Dötsch in D/P/M § 15 Tz. 103). Lediglich die nach deutschem Rechtsverständnis weitgehende Finanzierungsfreiheit bei Umwandlungsvorgängen wird in Frage gestellt, aber vom EuGH auch mit dem Missbrauchsargument begründet, dass durch die getrennte Übertragung von Darlehensschuld und -valuta letztlich ein Zustand herbeigeführt werde, wie wenn die aufnehmende Gesellschaft ein Darlehen aufgenommen und hieraus den Kaufpreis für den Erwerb des Unternehmensteils finanziert hätte. Dies sei aber – was unstreitig sein dürfte – kein nach der FusionsRL privilegierter Vorgang. Zudem hat der EuGH im Hinblick auf die nicht übertragenen Aktien auch nicht die Frage aufgeworfen, ob sie nach wirtschaftlichen Zusammenhängen dem übertragenen Teilbetrieb zuzuordnen seien, sondern insoweit nur apodiktisch festgestellt, dass sie keinen Bezug zum Teilbetrieb hätten. Wenn diese Aktien aber (neben den Darlehensmitteln) die einzigen zurückbleibenden Wirtschaftsgüter darstellten und es dem EuGH auf eine Zuordnung nach wirtschaftlichen Zusammenhängen angekommen wäre, so hätte es nahegelegen, eine wirtschaftliche Verursachung im und Zuordnung zum (vermeintlichen) Teilbetrieb anzunehmen oder wenigstens zu prüfen. Genau dies hat der EuGH aber nicht getan. Das Urteil ist deshalb nicht verallgemeinerungsfähig und schon gar nicht in der Weise zu deuten, wie UmwStE Rn. 15.02 es vorsieht (ähnlich *Menner/Broer* DB 2002, 815, 816 f.; *Goebel/Ungemach/Seidenfad* DStZ 2009, 361). 74

Auch der Rechtsprechung des BFH, insbesondere der in Bezug genommenen Entscheidung vom 7.4.2010 (I R 96/08), kann das Begriffsverständnis der FinVerw nicht entnommen werden. Im Urteilsfall hatte die übertragende Gesellschaft funktional wesentliche Betriebsgrundlagen nicht übertragen, sondern der übernehmenden Gesellschaft nur mietweise überlassen. Deshalb hielt der BFH eine Teilbetriebsübertragung gemäß § 15 UmwStG 1995 für nicht gegeben. Bezogen auf den konkreten Sachverhalt stellt der BFH fest, dass die FusionsRL für § 15 UmwStG 1995 nicht einschlägig, ein abweichender Teilbetriebsbegriff der FusionsRL aber auch nicht ersichtlich sei. Auch nach der FusionsRL seien grundsätzlich alle wesentlichen Betriebsgrundlagen zu übertragen. Für die Zuordnung von Wirtschaftsgütern nach wirtschaftlichen Zusammenhängen lässt sich hieraus nichts ableiten. 75

Die Auffassung der FinVerw ist schließlich auch unpraktikabel und belastet Spaltungen mit unwägbaren Risiken (*Beutel* in S/R/S, UmwStE 2011 Rn. 15.7 und 15.24). Für jedes Wirtschaftsgut des Aktiv- und Passivvermögens ist zunächst eine Zuordnungsentscheidung 76

„nach wirtschaftlichen Zusammenhängen" zu treffen. Differenzierte Kriterien, die für diese Entscheidung maßgeblich sind, liefert die FinVerw nicht. So stellt sich im o. g. Fall des EuGH die Frage, ob die zurückbehaltenen Aktien nach wirtschaftlichen Zusammenhängen dem übertragenen Teilbetrieb zuzuordnen gewesen wären, weil sie aus den Erträgen des Teilbetriebs finanziert wurden oder als strategische Investition angeschafft worden waren. Der EuGH sah es als unschädlich an, dass die Aktien nicht übertragen wurden. Wollte die FinVerw entgegen dieser Bewertung eine Zuordnung nach wirtschaftlichen Zusammenhängen bejahen, verletzte sie europäisches Recht. Der Begriff „wirtschaftlicher Zusammenhang" führt damit zu erheblichen Bewertungsunsicherheiten. Es besteht insbesondere bei komplexen Betriebsübergängen das Risiko, dass Zuordnungsentscheidungen sich im nachhinein als unzutreffend herausstellen oder Wirtschaftsgüter übersehen und nicht mitübertragen werden, obwohl sie nach wirtschaftlichen Zusammenhängen hätten übertragen werden müssen. Unsicherheiten bestehen auch unter umwandlungsrechtlichen Gesichtspunkten. Hier ist höchstrichterlich nicht geklärt und in der Literatur umstritten, ob gesetzliche Übertragungshindernisse dazu führen können, dass bestimmte Vermögenspositionen im Rahmen der Spaltung nicht übergehen, auch wenn dies im Spaltungsplan oder –vertrag so vorgesehen ist (*Teichmann* in Lutter UmwG § 131 Rn. 3ff; dagegen *Schröer* in Semler/Stengel § 131 Rn. 18 ff.). Demnach müsste aus Vorsichtsgründen für jede Vermögensposition, die nach wirtschaftlichen Zusammenhängen dem übertragenen Teilbetrieb zuzuordnen ist, geprüft werden, ob hier spezielle Übertragungshindernisse bestehen können oder nicht. Denn nach Auffassung der FinVerw liegt keine Teilbetriebsübertragung vor, wenn die Übertragung auch nur eines einzigen, dem übertragenen Teilbetrieb zuzuordnenden Wirtschaftsguts scheitert. Dann sind die stillen Reserven des übergehenden Vermögens aufzudecken.

77 Kommt es in einem solchen Fall zum Streit vor den Finanzgerichten, besteht eine Vorlagepflicht des BFH, wenn er der FinVerw folgen will und die Steuerneutralität wegen unterlassener Übertragung von Wirtschaftsgütern, die nach wirtschaftlichen Zusammenhängen dem Teilbetrieb zuzuordnen sind, versagen will. Denn in diesem Fall stellt sich die Frage der Vereinbarkeit dieser Einschränkung mit dem europäischen Teilbetriebsbegriff, die durch den EuGH bislang nicht beantwortet wurde. Für eine solche Gefolgschaft besteht indes kein Anlass, weil der Gesetzgeber es, soweit europarechtlich möglich, beim bisherigen nationalen, durch die Rechtsprechung entwickelten Teilbetriebsbegriff belassen wollte und die FusionRL eine solche Fortführung auch zulässt. Soweit das Gericht deshalb richtiger Weise insoweit am bisherigen Teilbetriebsbegriff festhält und wegen Übertragung der funktional wesentlichen Betriebsgrundlagen von einer Steuerneutralität ausgeht, besteht keine Vorlagepflicht, weil insoweit eine autonome Entscheidung getroffen werden kann und eine richtlinienkonforme Auslegung nicht angezeigt ist (vgl. oben Rn. 62 f.).

78 Zur Zuordnung einer 100%-Beteiligung an einer Kapitalgesellschaft und einem Mitunternehmeranteil zu einem Teilbetrieb und der Zuordnung von Wirtschaftsgütern zu diesen (fiktiven) Teilbetrieben vgl. Rn. 105 ff.

79 Ein Teilbetrieb im Aufbau wird ebenfalls als Teilbetrieb angesehen (so zuletzt BFH v. 22.6.2010 – I R 77/09, BFH/NV 2011, 10; so auch bisher UmwStE 1998 Rn. 15.10). Ein solcher Teilbetrieb im Aufbau liegt vor, wenn alle wesentlichen Betriebsgrundlagen bereits vorhanden sind und bei zielgerichteter Weiterverfolgung des Aufbauplans die Entstehung eines selbständig lebensfähigen Organismus zu erwarten ist (H 16 III EStH). Lediglich die Aufnahme der werbenden Tätigkeit nach außen darf noch ausstehen (BFH v. 1.2.1989 BStBl. II 458).

80 Unter Verweis auf die Teilbetriebsdefinition der FusionsRL geht UmwStE Rn. 15.03 nunmehr davon aus, das ein Teilbetrieb im Aufbau fortan keinen Teilbetrieb im Sinne des § 15 darstellt (zustimmend *Dötsch* in D/P/M § 15 Tz. 116). Art. 2 lit. j) FusionsRL schließt dies freilich nicht aus, sondern fordert nur einen aus organisatorischer Sicht „selbständigen Betrieb, dh eine aus eigenen Mitteln funktionsfähige Einheit". Dies schließt die Qualifizierung als Teilbetrieb nicht von vornherein aus (*Schumacher* in R/H/vL § 15

Rn. 134). Hierauf kommt es allerdings auch nicht an. Denn auch wenn ein Teilbetrieb im Aufbau nicht in den Anwendungsbereich der FusionsRL fiele, gilt, dass die von der Rechtsprechung erarbeiteten Kriterien beibehalten werden können, weil der Gesetzgeber dies bezweckte und aus europarechtlichen Gründen nichts gegen eine entsprechende nationale Öffnung des europäischen Teilbetriebsbegriffs spricht. Insoweit entfällt auch eine Vorlagepflicht, da die nationalen Gerichte autonom entscheiden können.

f) Zeitpunkt der Konstituierung des Teilbetriebs

Nach bisheriger Auffassung der FinVerw musste die Teilbetriebseigenschaft nicht zum **steuerlichen Übertragungsstichtag** nach § 2 I vorliegen. Vielmehr stellte sie auf den Zeitpunkt des Beschlusses über die Spaltung ab (UmwStE 1998 Rn. 15.10), also den notariell zu beurkundenden zustimmenden Beschluss der Gesellschafter zum Spaltungsvertrag bzw. Spaltungsplan gem. §§ 125, 13 I UmwG. Diese Auffassung der FinVerw war praxisnah, weil die Verselbstständigung eines Teilbetriebs tatsächlich in vielen Fällen erst im Zeitraum der Planung einer Spaltung erfolgen kann. Müssen auch die Gesellschafter der übernehmenden Rechtsträger einen entsprechenden Beschluss fassen, ist richtiger Weise nur auf den Zeitpunkt des Beschlusses der Gesellschafter des übertragenden Rechtsträgers abzustellen. 81

Im UmwStE verwirft die FinVerw ihre ehemals zutreffende Ansicht und stellt nunmehr für die Beurteilung des (fiktiven) Teilbetriebs auf den steuerlichen Übertragungsstichtag ab (UmwStE Rn. 02.14, 15.03, 15.04, 15.05). Hiervon macht die FinVerw aber Ausnahmen: 82

- Eine Ausnahme soll für spaltungshindernde Wirtschaftsgüter gelten. Nach der Begriffsdefinition der FinVerw sind dies solche funktional wesentlichen Betriebsgrundlagen, die „von mehreren Teilbetrieben eines Unternehmens genutzt" werden und daher die Verwirklichung mehrerer Teilbetriebe ausschließen. Hier soll die Realteilung eines spaltungshindernden Grundstücks noch bis zum Spaltungsbeschluss möglich sein, aus Billigkeitsgründen wird auch eine ideelle Teilung „unmittelbar nach der Spaltung" für ausreichend erachtet (UmwStE Rn. 15.08).
- Eine weitere Ausnahme soll für Betriebsvermögen gelten, das weder zu den funktional wesentlichen Betriebsgrundlagen noch zu den nach wirtschaftlichen Zusammenhängen zuordenbaren Wirtschaftsgütern gehört. Dieses Betriebsvermögen kann bis zum Spaltungsbeschluss nach freier Entscheidung einem Teilbetrieb zugeordnet werden (UmwStE Rn. 15.09 S 1 und 2).
- Zudem soll eine Ausnahme für Wirtschaftsgüter gelten, die zum steuerlichen Übertragungsstichtag nach wirtschaftlichen Zusammenhängen einem Teilbetrieb zuzuordnen sind (UmwStE Rn. 15.09 S 3), wenn sich ihr Nutzungszusammenhang nach dem Stichtag dauerhaft ändert und dadurch eine Zuordnung zu einem anderen Teilbetrieb gegeben ist. In diesem Fall ist es nach Auffassung der FinVerw nicht zu beanstanden, wenn für die Zuordnung des Wirtschaftsguts auf die Verhältnisse zum Zeitpunkt des Spaltungsbeschlusses abgestellt wird.
- Nicht ausdrücklich zugelassen, aber wohl zu bejahen, ist die Zuordnung von Wirtschaftsgütern und Schulden zu den fiktiven Teilbetrieben Mitunternehmeranteil und 100%-Beteiligung an einer Kapitalgesellschaft, soweit ein unmittelbarer wirtschaftlicher Zusammenhang mit dem fiktiven Teilbetrieb besteht, und die Zuordnung durch Bildung (gewillkürten) Sonderbetriebsvermögens bis zum Spaltungsbeschluss (vgl. hierzu näher Rn. 88 ff., 102 ff.).
- Für Umwandlungsbeschlüsse, die bis zur Veröffentlichung des UmwStE im BStBl. gefasst wurden, soll generell die vormalige Auffassung der FinVerw fortgelten (UmwStE Rn. S. 04).

Die nunmehr von der FinVerw vertretene Auffassung führt zu weiteren Erschwernissen, praktischen Unsicherheiten und „seltsamen Ergebnissen" (so *Dötsch* in D/P/M § 15 Tz. 119 ff. m. w. N.) bei der Gestaltung von Spaltungen, ohne dass hierfür tragfähige 83

Argumente erkennbar wären. Für das Teilbetriebserfordernis ist auf den Zeitpunkt der Übertragung abzustellen (BFHE 189, 465, BStBl. II 2000, 213). Da das UmwStG den Übertragungstatbestand, an den hierfür anzuknüpfen ist, nicht eindeutig regelt, kommen der Zeitpunkt des Eintritts der steuerlichen Rechtsfolgen der Spaltung (steuerlicher Übertragungsstichtag gem. § 2 I) ebenso wie der Zeitpunkt des wirtschaftlichen Vermögensübergangs (idR Spaltungsbeschluss) in Betracht, beide Deutungen erscheinen dogmatisch vertretbar. Nicht vertretbar erscheint es hingegen, für verschiedene Wirtschaftsgüter (spaltungshindernde bzw. sonstige funktional wesentliche oder nach wirtschaftlichen Zusammenhängen zuordenbare) auf verschiedene Übertragungszeitpunkte abzustellen (*Beutel* in S/R/S, UmwStE 2011 Rn. 15.14, 15.20; *Schmitt/Schlossmacher,* UmwStE 2011, Rn. 15.03 f.; für eine Rückkehr zur vormals zutreffenden Ansicht der FinVerw auch *Aßmann* in P/R/A, UmwStE 2011, S. 85 f.). So aber die FinVerw in UmwStE Rn. 15.03. Auch aus einem weiteren Grund erscheint die neue Haltung der FinVerw widersprüchlich: Richtigerweise soll für die Herstellung der Teilbetriebsvoraussetzungen und die Übertragung eines Teilbetriebs auch die Begründung wirtschaftlichen Eigentums im Hinblick auf die wesentlichen Betriebsgrundlagen (oder wirtschaftlich zuordenbare Wirtschaftsgüter; so die FinVerw) ausreichen (UmwStE Rn. 15.07). Stellt man für das Teilbetriebserfordernis auf den steuerlichen Übertragungsstichtag ab, so wird eine Übertragung wirtschaftlichen Eigentums aber faktisch unmöglich gemacht: Eine Übertragung zum steuerlichen Übertragungsstichtag ist bei Spaltungen zur Neugründung ausgeschlossen, weil diese Übertragung neben der Existenz des Wirtschaftsguts zu diesem Zeitpunkt einen Vertrag zwischen Veräußerer und Erwerber voraussetzt, auf dessen Basis das wirtschaftliche Eigentum übergeht. Dieser Vertrag kann zum steuerlichen Übertragungsstichtag nicht geschlossen werden, da das aufnehmende Unternehmen nicht existiert. Aber auch bei der Spaltung zur Aufnahme gelingt eine Übertragung zum steuerlichen Übertragungsstichtag nach § 15 I nicht: Vereinbaren übertragende und aufnehmende Körperschaft bereits vor dem steuerlichen Übertragungsstichtag den Übergang des wirtschaftlichen Eigentums, können sie hierfür die steuerlichen Privilegien des § 15 nicht in Anspruch nehmen. Vereinbaren sie die Übertragung nach dem steuerlichen Übertragungsstichtag im Rahmen des Spaltungsbeschlusses, soll dies nach Auffassung der FinVerw für das Teilbetriebserfordernis nicht ausreichen. Vielmehr wäre dann die Spaltung insgesamt zu besteuern (vgl. hierzu aber auch *Pyszka* DStR 2016, 2017, 2022 ff., der auf die Übertragung wirtschaftlichen Eigentums an Grundstücken aufgrund einer Nutzungsvereinbarung im Spaltungs- und Übernahmevertrag hinweist).

84 Richtigerweise sollte daher für die Bewertung des Teilbetriebserfordernisses ausschließlich auf den Zeitpunkt des Spaltungsbeschlusses abgestellt werden.

g) Spaltungshindernde Wirtschaftsgüter

85 Die FinVerw definiert in UmwStE Rn. 15.08 sog. spaltungshindernde Wirtschaftsgüter. Dies sind (nur) wesentliche Betriebsgrundlagen, die von mehreren Teilbereichen eines Unternehmens genutzt werden und mangels Zurechnung zu einem dieser Teilbereiche verhindern, dass diese jeweils als Teilbetrieb angesehen werden können. Anders als im Entwurf des UmwStE noch vorgesehen, soll die Nutzung lediglich nach wirtschaftlichen Zusammenhängen zuordenbarer Wirtschaftsgüter durch mehrere Teilbereiche kein Spaltungshindernis darstellen.

86 Die auf alter Rspr. (BFH v. 8.9.1971 BStBl. II 1972, 118) basierende Denkweise der FinVerw zu spaltungshindernden Wirtschaftsgütern bleibt formalistisch und trägt allenfalls noch den Produktionsverhältnissen vergangener Jahrzehnte Rechnung. Insbesondere die Entwicklung (digitaler) Plattformen führt oft dazu, dass (digitale) Infrastrukturen für unterschiedliche Geschäftszweige, die im Prinzip jeweils als Teilbetrieb ausgestaltet oder doch ausgestaltbar sind, genutzt werden. Um nicht wirtschaftlich sinnvolle Spaltungspläne zu verhindern, wird es in der Literatur daher teilweise für ausreichend erachtet, dass der Teilbetrieb mit den wesentlichen sachlichen und personellen Bestandteilen übergeht und zusätzlich das unternehmerische Engagement beim neuen Teilbetriebsinhaber fortgeführt wird. Das Eigentum an den wesentlichen Betriebsmitteln soll danach weder für die Definition des Teilbetriebs noch für seine Übertragung im Rahmen der Spaltung Bedeutung haben (*Blumers* DB 1995, 500). Wird zB ein rechtlich oder tatsächlich nicht oder nur schwer teilbares Grundstück oder eine digitale Infrastruktur von mehreren Teilbetrieben genutzt oder benötigen sie sogar dieselbe Einrichtung, so stellt das Erfordernis des Übergangs des Eigentums an den wesentlichen Betriebsgrundlagen eine Überdehnung der formalen Voraussetzungen dar. Im Hinblick auf den mit dem Teilbetriebserfordernis verfolgten Gesetzeszweck der Privilegierung einer Fortführung des betrieblichen und unternehmerischen Engagements ist die Übertragung des Eigentums an den wesentlichen Betriebsgrundlagen nicht zwingend notwendig, wenn das unternehmerische Engagement fortgesetzt wird und nicht die Gefahr besteht, dass Veräußerungen von einzelnen Wirtschaftsgütern im Rechtskleid der Spaltung vorbereitet oder durchgeführt werden (s. BegrUmwStG zu § 15 aF).

Die FinVerw relativiert die selbst geschaffene Problematik der spaltungshindernden Wirtschaftsgüter, indem in UmwStE Rn. 15.08 folgender Ausweg am Beispiel von Grundstücken aufgezeigt wird: Grds seien Grundstücke bis zum Zeitpunkt des Spaltungsbeschlusses zivilrechtlich real zu teilen. Falls die reale Teilung im grundbuchrechtlichen Sinne nicht zumutbar sei, sollen aus Billigkeitsgründen im Einzelfall keine Bedenken bestehen, eine ideelle Teilung durch Bildung von Bruchteilseigentum im Verhältnis der tatsächlichen Nutzung unmittelbar nach der Spaltung ausreichen zu lassen. Die Regelung ist nur schwer zu handhaben und schafft in der Praxis nicht unerhebliche Unsicherheit: **87**

- Für den in der Praxis relevanten Fall der Spaltung von Unternehmen, in denen verschiedene Geschäftseinheiten dieselbe integrierte (digitale) Plattform nutzen, enthält der UmwStE keine befriedigende Antwort. Eine reale Teilung von Urheberrechten an Software kommt ebensowenig in Betracht, wie die Bildung von Bruchteilseigentum im Verhältnis der tatsächlichen Nutzung. In Betracht kommt nur die Einräumung von (entgeltlichen) Nutzungsrechten an der in Rede stehenden Software.
- Die „Zumutbarkeit“ kann unterschiedlich beurteilt werden. „Billigkeitsgründe im Einzelfall“ bedeuten Ermessensentscheidungen der FinVerw, für die keine hinreichend klaren Kriterien bestehen.
- Die Bildung von Bruchteilseigentum nach den Nutzungsverhältnissen mag für Grundstücke eine nachvollziehbare Regelung darstellen, wenn die Nutzung des Gesamtgrundstücks durch verschiedene Teilbetriebe relativ statisch ist. Beispielsweise bei integrierten Produktionsanlagen, die Vorprodukte für verschiedene Teilbetriebe herstellen, ist der Grad der tatsächlichen Nutzung jedoch schwankend. Sinnvoll anzuwenden ist UmwStE Rn. 15.08 deshalb nur dann, wenn bei der Relation, in der Bruchteilseigentum zu bilden ist, auf den Durchschnitt der Nutzung aus einer überschaubaren Periode vor der Eintragung der Spaltung abgestellt wird und nicht auf die zukünftigen Nutzungsanteile.
- Der Wortlaut in UmwStE Rn. 15.08 „unmittelbar nach der Spaltung“ bezieht sich auf die Eintragung der Spaltung in das Handelsregister. Im Falle der Spaltung zur Neugründung entstehen erst mit der Eintragung die Rechtsträger, denen Bruchteilseigentum zugewiesen werden soll. Bruchteilseigentum kann daher noch nicht im Spaltungsplan begründet werden. Die zeitlichen Anforderungen sollten hierbei nicht überspannt werden.
- Nach zutreffender Ansicht ist auch die Übertragung oder Begründung des bloß wirtschaftlichen Eigentums ausreichend, insbesondere können auch Grundstücksteile und Gebäude auf diese Weise übertragen werden (zust. *Schumacher* in R/H/vL § 15 Rn. 146; *Hörtnagel* in SHS § 15 Rn. 73). Dies entspricht grds. auch der Auffassung der FinVerw in UmwStE Rn. 15.07, wobei aber spaltungshindernde Wirtschaftgüter bereits bis zum steuerlichen Übertragungsstichtag ausschließlich dem einen oder anderen Teilbetrieb zugeordnet sein müssen (Rn. 15.03). Da die Übertragung des wirtschaftlichen Eigen-

tums vor dem steuerlichen Spaltungsstichtag in der Regel nicht (jedenfalls nicht gem. § 15 steuerneutral) möglich sein wird (s. o. Rn. 82 f.), führt diese Einschränkung dazu, dass schließlich doch – will man die Spaltung dennoch durchführen – der unsichere Weg der Realteilung oder der Bildung von Bruchteilseigentum beschritten werden muss.

h) Freie Zuordnung von Vermögen zu einem Teilbetrieb

88 Bisher konnte nach Auffassung der FinVerw Vermögen, das nicht zu den wesentlichen Betriebsgrundlagen gehörte, **nach freier Entscheidung** der übertragenden Körperschaft einem der Teilbetriebe zugeordnet werden (UmwStE 1998 Rn. 15.08; näher zur Zuordnung zu bestehenden Teilbetrieben s. *Rogall* DB 2006, 66; zur Zuordnung zu fiktiven Teilbetrieben s. Rn. 105 f. und 110 f. sowie *Scholten/Griemla* DStR 2008, 1172). Nach der nunmehr im UmwStE von der FinVerw entwickelten Interpretation des europäischen Teilbetriebsbegriffs wird die Möglichkeit freier Zuordnung – insoweit konsequent – weiter eingeschränkt und soll nur noch für Betriebsvermögen der übertragenden Körperschaft möglich sein, „das weder zu den funktional wesentlichen Betriebsgrundlagen noch zu den nach wirtschaftlichen Zusammenhängen zuordenbaren Wirtschaftsgütern gehört". Die Zuordnung soll – wie bisher – bis zum Spaltungsbeschluss erfolgen können (UmwStE Rn. 15.09).

89 Die Hinzurechnung von Wirtschaftsgütern zum Teilbetrieb, die nicht funktional wesentliche Betriebsgrundlagen darstellen, sondern einem Teilbetrieb lediglich nach „wirtschaftlichen Zusammenhängen zuordenbar" sind, ist schon aus allgemeinen Erwägungen abzulehnen (vgl. Rn. 72 f.). Im Kontext der freien Zuordnung von Vermögen, das lediglich nach wirtschaftlichen Zusammenhängen zugeordnet werden soll, fragt sich zudem, wie bei Zugrundelegung der Auffassung der FinVerw mit solchen Wirtschaftsgütern oder Schulden umgegangen werden soll, die nach wirtschaftlichen Zusammenhängen sowohl dem übertragenen wie dem zurückbleibenden Teilbetrieb zugeordnet werden können. Ein Spaltungshindernis stellen diese Wirtschaftsgüter nach Auffassung der FinVerw nicht dar (vgl. Rn. 85). Folglich müsste solches Vermögen frei zugeordnet werden können. Explizit sagt der UmwStE dies aber nicht, sondern räumt nur für dauerhafte Nutzungsänderungen nach dem steuerlichen Übertragungsstichtag die Möglichkeit ein, für die Frage der Zuordnung nach wirtschaftlichen Zusammenhängen auf den Zeitpunkt des Spaltungsbeschlusses abzustellen. Entscheidend ist damit für Wirtschaftsgüter, die zum steuerlichen Übertragungsstichtag beiden Teilbetrieben zugeordnet werden können, dass die Änderung der dauerhaften Nutzung durch nur einen Teilbetrieb bis zum Spaltungsbeschluss nachvollziehbar manifestiert wird, nicht hingegen unbedingt die Zuordnungsentscheidung im Spaltungsbeschluss (aA *Dötsch* in D/P/M § 15 Tz. 138, der das WG in Gänze dem Teilbetrieb zuordnen will, bei dem der größte Nutzungsanteil besteht, und darauf hinweist, dass die FinVerw eine freie Zuordnung in diesen Fällen nicht akzeptiert). Deshalb ist insoweit zu vorsichtiger Gestaltung zu raten. Zutreffender Weise bleibt es aber ohnehin bei der vom BFH vertretenen Ansicht, dass nur funktional wesentliche Betriebsgrundlagen den Teilbetrieb konstituieren und daher sonstiges Vermögen frei zugeordnet werden kann.

90 Frei zuordenbares Vermögen umfasst vor allem Forderungen, liquide Mittel, sonstige Vermögensgegenstände und Wertpapiere im Umlaufvermögen (aA *Dötsch* in D/P/M § 15 Tz. 135). Daneben können auch andere Wirtschaftsgüter des Anlage- und Umlaufvermögens einem Teilbetrieb angehören, ohne den wesentlichen Betriebsgrundlagen zugeordnet zu sein, zB fremdvermietete Grundstücke oder Wirtschaftsgüter des Umlaufvermögens aus branchenfremden Neben- oder Gelegenheitsgeschäften (*Thiel* DStR 1995, 240; *Schwedhelm/Streck/Mack* GmbHR 1995, 101; *Hörger* FR 1994, 768; *Rödder* DStR 1995, 324). Die Zuordnung erfolgt spätestens im Spaltungsplan.

91 Da der Spaltungsbeschluss nur die bereits im Spaltungsplan oder -vertrag vorgenommene zivilrechtliche Konkretisierung des zu übertragenden Vermögens bestätigt, liegt der wesentliche Zuordnungsakt vor dem Spaltungsbeschluss. Die freie Zuordnung solcher Wirtschaftsgüter ist wegen der Bedeutung des Tatbestandsmerkmals Teilbetrieb in § 15 I 1 und

2 notwendig, weil sonst die Tatsache, dass Wirtschaftsgüter vorhanden sind, die nicht in einen Teilbetrieb integriert sind, einer steuerbegünstigten Spaltung entgegenstehen würde.

Die Zuordnung von solchermaßen keinem Teilbetrieb zuzurechnenden Vermögen zu dem Teilbetrieb, der übertragen wird, oder einem solchen, der in Abspaltungsfällen bei der übertragenden Körperschaft verbleibt, wird nicht durch den leicht voneinander abweichenden Wortlaut der Sätze 1 und 2 des § 15 I behindert. Zu einem Teilbetrieb iSd § 15 I 2 gehört auch das Vermögen, das nach freier Entscheidung zugeordnet wurde. 92

Auch **Verbindlichkeiten** können den Teilbetrieben grundsätzlich nach der freien Entscheidung der übertragenden Körperschaft zugeordnet werden (aA *Dötsch* in D/P/M § 15 Tz. 135). Dies gilt sowohl für Bankverbindlichkeiten als auch für solche aus Lieferungen und Leistungen und erst recht für entstandene Steuerverbindlichkeiten und für Verbindlichkeiten, die die allgemeine Verwaltung des übertragenden Rechtsträgers betreffen. Auch durch Grundschulden gesicherte Bankverbindlichkeiten müssen nicht dem Teilbetrieb zugeordnet werden, zu dem das als Sicherheit dienende Grundstück gehört. Verbindlichkeiten bilden keine Einheit mit den aktiven Wirtschaftsgütern des Anlage- und Umlaufvermögens, zu deren Finanzierung sie einst dienten. Das Urteil des EuGH v. 15.1.2002 – C-43/00 – *Andersen og Jensen,* IStR 2002, 94f. bringt insoweit keine generellen Einschränkungen mit sich, weil es einen Einzelfall betraf, bei dem die Zuordnung von Schulden dem Sachverhalt ein gänzlich anderes Gepräge gab und der EuGH mit Missbrauchsargumenten operierte. Auch die FinVerw akzeptierte bisher den abstrakten Charakter von Verbindlichkeiten (OFD Magdeburg v. 11.1.1999 DB 1999, 179: freie Zuordnung von Verbindlichkeiten, ausgenommen Pensionsrückstellungen, vgl. hierzu näher OFD Hannover v. 26.10.2000, DB 2000, 2349). Bereits nach dem Spaltungserlass des BMF war es erlaubt, den Wert eines Teilbetriebs, zB durch die Zuordnung von flüssigen Mitteln oder Schulden, zu erhöhen oder zu vermindern (BMF v. 9.1.1992, BStBl. I 48 Rn. 2h). Da die FinVerw allerdings von der Zuordnung von Wirtschaftsgütern nach wirtschaftlichen Zusammenhängen nicht explizit Verbindlichkeiten und Schulden ausnimmt, bleibt unklar, ob auch diese nach den für Wirtschaftsgüter aufgestellten Regeln zugeordnet werden müssen (für eine zwingende Zuordnung *Dötsch* in D/P/M § 15 Tz. 135). Bei Kreditinstituten können die Verbindlichkeiten zusammen mit den ihnen entsprechenden Aktiva eine Bewertungseinheit darstellen, die keine freie Zuordnung erlaubt. Auch bei Hedging-Geschäften sind das Grund- und das Sicherungsgeschäft einheitlich zu bewerten. 93

Pensionsrückstellungen sind gem. UmwStE Rn. 15.10 dem Teilbetrieb zuzuordnen, mit dem sie wirtschaftlich zusammenhängen, also letztlich dem Rechtsträger zuzuordnen, der die Verpflichtungen aus bestehenden Arbeitsverhältnissen oder die Pensionsverpflichtungen übernimmt. 94

100%-Beteiligungen, die nicht originär zu einem Teilbetrieb gehören, können als neutrales Vermögen einem anderen Teilbetrieb zugeordnet werden oder sind als fiktive Teilbetriebe iSd § 15 I 3 zu behandeln. 95

Bei **Auslandsvermögen** ist zu unterscheiden zwischen ausländischem Betriebsstättenvermögen und anderen ausländischen Vermögensgegenständen, die im Ergebnis einem inländischen Betrieb oder einem seiner Teilbetriebe zuzurechnen sind (*Wassermeyer* DStR 1993, 591). Ausländische Betriebsstätten werden häufig einen eigenen Teilbetrieb iSd § 15 darstellen. Da Tatbestandsvoraussetzung des § 15 I 1 und 2 nicht die Belegenheit des Teilbetriebs im Inland ist, kann ein Teilbetrieb auch nur aus ausländischem Vermögen bestehen. Ausländisches Vermögen, das einem (inländischen) Teilbetrieb zuzurechnen ist, muss zusammen mit dem (inländischen) Teilbetrieb übertragen werden bzw. bei der übertragenden Körperschaft verbleiben. Nicht funktional zu einem Teilbetrieb gehörendes Auslandsvermögen kann nach freier Entscheidung einem der Teilbetriebe zugeordnet werden. Anerkennt das ausländische Recht die Gesamtrechtsnachfolge nach deutschem UmwG nicht, sind die betreffenden Vermögensgegenstände nach der dem Ortsrecht genügenden Form zu übertragen (*Kübler* in Semler/Stengel UmwG § 131 Rn. 8). Erfolgt die Übertragung in zeitlichem Zusammenhang mit dem Spaltungsbeschluss, dürfen hieran 96 nachteilige steuerliche Folgen nicht geknüpft werden. Vielmehr gilt § 15 I uneingeschränkt auch für diese Übertragung. Steht das Besteuerungsrecht für Auslandsvermögen nicht der Bundesrepublik Deutschland zu, so können ausländische Besteuerungsfolgen eintreten, die bei der Gestaltung zu beachten sind.

i) Anforderungen an die Übertragung

97 Der UmwStE lässt in Rn. 15.07 auch eine Übertragung bzw. Begründung des (bloß) **wirtschaftlichen** Eigentums an den funktional wesentlichen Betriebsgrundlagen und wirtschaftlich zuordenbaren Wirtschaftsgütern des übertragenen Teilbetriebs zu (zustimmend *Dötsch* in D/P/M § 15 Tz. 102, ablehnend FG Bln-BB vom 1.7.2014, EFG 2014, 1928 ff., zu UmwStG 1995, obiter dictum). Nach Auffassung der FinVerw soll das aber nur ausreichend sein, wenn die Begründung des wirtschaftlichen Eigentums „ergänzend" erfolgt. Wann die Grenze einer bloß „ergänzenden Begründung wirtschaftlichen Eigentums" überschritten wird, konkretisiert die FinVerw nicht. Man wird insoweit für eine vorsichtige Gestaltung davon auszugehen haben, dass die FinVerw die Begründung wirtschaftlichen Eigentums nur akzeptiert, wenn sachenrechtliche Übertragungshemmnisse zu überbrücken sind. Die Einräumung oder Übertragung des wirtschaftlichen Eigentums für zentral werthaltige, funktional wesentliche Betriebsgrundlagen wird von der FinVerw aber ohnehin dadurch frustriert, dass für das Vorliegen der Teilbetriebsvoraussetzungen auf den steuerlichen Übertragungsstichtag abgestellt wird. Denn die Übertragung des wirtschaftlichen Eigentums wird in aller Regel erwogen, um einheitlich genutzte Wirtschaftsgüter aufzutrennen und verschiedenen Teilbetrieben zuzuordnen, also für die Konstituierung des Teilbetriebs. Da diese Zuordnung nach der Auffassung der FinVerw bereits zum steuerlichen Spaltungsstichtag vorliegen muss, eine Übertragung des wirtschaftlichen Eigentums zu diesem Zeitpunkt aber nicht, jedenfalls nicht gem. § 15 steuerneutral möglich ist (s. Rn. 82 und 85 f.), wird dieser Weg nur ausnahmsweise in Betracht kommen. Zudem erkennt die FinVerw zu Unrecht als hinreichende Zuordnungsmaßnahme für „wirtschaftlich zuordenbare Wirtschaftsgüter" Vereinbarungen wirtschaftlicher Eigentumsübertragungen bzw. Treuhandvereinbarungen im Spaltungsvertrag nicht an, wonach die Zuordnung gemäß später erfolgender Qualifizierung der FinVerw (Betriebsprüfung) erfolgen soll (vgl. *Dötsch* in D/P/M § 15 Tz. 147 unter Hinweis darauf, dass der BGH solche Klauseln zulasse, dadurch aber „sämtliche Zuordnungsrisiken vom Unternehmen auf das FA verlagert" würden). Die bloße **Nutzungsüberlassung** genügt weder nach Auffassung der FinVerw (UmwStE Rn. 15.07) noch nach Auffassung des BFH (Urt. v. 7.4.2010 – I R 96/08, BStBl. II 2011, 467) dem Übertragungserfordernis. Diese Auffassung ist insbesondere vor dem Hintergrund der Entwicklung hin zur Plattformökonomie nicht mehr zeitgerecht. Die Einräumung von Nutzungsrechten an eigenen Software-Entwicklungen steuerneutral zuzulassen, ist für Plattformunternehmen unabdingbar, um sich unternehmerisch fortzuentwickeln. Die Aufspaltung oder Einräumung wirtschaftlichen Eigentums am Urheberrecht der entwickelten Software im Rahmen der Spaltung für mehrere Unternehmen ist rechtlich nicht möglich; es kommt die Einräumung von Nutzungsrechten in Betracht. Nach dem derzeitigen Rechtsstand müssen andere Wege (zB Einbringung) erwogen werden, um eine steuerneutrale Umstrukturierung und Fortentwicklung zu erreichen; der Gestaltung sind aber auch insoweit Grenzen gesetzt, als die FinVerw in nachfolgenden Abspaltungen die Veräußerung sperrfristbehafteter Anteile erblickt (OFD Niedersachsen, Vfg. V. 22.8.2014 – S 1978c – 136 – St 243, GmbHR 2015, 55 f.).

j) Maßgebende Beurteilungsperspektive

98 Ob die Voraussetzungen des Teilbetriebs vorliegen, ist aus der Perspektive des übertragenden Rechtsträgers zu beurteilen (UmwStE Rn. 15.02; BFH v. 7.4.2010 – I R 96/08, BStBl. II 2011, 467 mwN). Demgegenüber wird unter Hinweis auf die Rechtsprechung des EuGH die Meinung vertreten, dass für den europäischen Teilbetriebsbegriff auf die Perspektive der übernehmenden Gesellschaft abzustellen ist (*Goebel/Ungemach/Seidenfad*

DStZ 2009, 354, 362 mwN). Dies wird damit begründet, dass der EuGH für die Bewertung der Teilbetriebseigenschaft jedenfalls auch die finanzielle Funktionsfähigkeit des übertragenen Teilbetriebs beim Übernehmer für seine Teilbetriebsbeurteilung heranzieht. Wie erörtert bleibt es allerdings für die Teilbetriebsdefinition des § 15 bei der Abgrenzung des BFH. Auf die Perspektive des übertragenden Rechtsträgers abzustellen führt auch nicht zu europarechtswidrigen Auswirkungen, weil lediglich eine finanzielle Funktionsfähigkeit des übertragenden Teilbetriebs beim Übernehmer als einschränkendes Tatbestandsmerkmal des Teilbetriebs nicht gefordert wird und insoweit inländische wie Steuerpflichtige anderer Mitgliedstaaten gleichermaßen weiter entlastet werden, als es die FusionsRL vorsieht.

3. Mitunternehmeranteil und 100 %-Beteiligung an Kapitalgesellschaften gem. § 15 I 3

a) Mitunternehmeranteil

Der Begriff des Mitunternehmeranteils in § 15 entspricht dem in §§ 20 I 1, 24 I. 99
Mitunternehmeranteile iSd § 15 I 3 können Anteile an Personengesellschaften mit Gesamthandsvermögen (OHG, KG, GbR) oder lediglich mit Bruchteilseigentum der Gesellschafter sein, ebenso Beteiligungen an Innengesellschaften, bei denen kein gesamthänderisch gebundenes Vermögen existiert (atypisch stille Gesellschaft, Unterbeteiligung), und auch Anteile an Gemeinschaftsverhältnissen (Erbengemeinschaften), die mit einem Gesellschaftsverhältnis wirtschaftlich vergleichbar sind. Die Mitunternehmerschaft muss einen Gewerbebetrieb iSd § 15 I 1 Nr. 1, II EStG betreiben oder es muss sich um eine gewerblich geprägte Personengesellschaft iSv § 15 III Nr. 2 EStG handeln (*Wacker* in Schmidt § 16 Rn. 404). Bei Innengesellschaften muss der nach außen auftretende Gesellschafter alle Merkmale des Gewerbebetriebs erfüllen und der daneben Beteiligte die Merkmale Mitunternehmerrisiko und -initiative aufweisen (BFH (GrS) v. 25.6.1984 BStBl. II 751, 769 mwN; BFH (GrS) v. 3.5.1993 BStBl. II 616, 621). Freiberufliche Mitunternehmerschaften können von § 15 I 3 nicht betroffen sein, weil die Beteiligung einer Körperschaft an einer ansonsten freiberuflich tätigen Personenvereinigung zur Umqualifikation der gesamten Einkünfte dieser Mitunternehmerschaft in gewerbliche führt (BFH v. 8.4.2008 VIII R 73/05, DStR 2008, 1187).

Bei Zebragesellschaften (= die Gesellschaft ist weder gewerblich tätig, noch geprägt; 100
einer der Gesellschafter ist jedoch Körperschaft und übertragender Rechtsträger) sind nach BFH v. 11.4.2005 GrS 2/02, BStBl. II 679, die gewerblich tätigen Gesellschafter für sich isoliert steuererklärungspflichtig. Auch erzielt eine solche Zebragesellschaft selbst gerade keine gewerblichen Einkünfte. Daher ist eine Qualifikation der Beteiligung an der Zebragesellschaft als Mitunternehmeranteil fern liegend.

Sonderbetriebsvermögen gehört zum Mitunternehmeranteil (BFH v. 24.8.2000 IV R 101
51/98, BStBl. II 2005, 173; *Wacker* in Schmidt § 16 Rn. 407; aA *Reiß* in Kirchhof/Söhn § 16 Rn. C 52 mwN). Das Sonderbetriebsvermögen umfasst Wirtschaftsgüter, die zivilrechtlich oder wirtschaftlich (§ 39 II Nr. 1 AO) im Eigentum des Mitunternehmers stehen und dazu geeignet und bestimmt sind, dem Betrieb der Mitunternehmerschaft (Sonderbetriebsvermögen I) oder der Beteiligung des Mitunternehmers an der Mitunternehmerschaft (Sonderbetriebsvermögen II) zu dienen (BFH v. 7.7.1992 BStBl. II 1993, 328; v. 30.3.1993 BStBl. II 864). Das Sonderbetriebsvermögen umfasst auch Verbindlichkeiten. Für Sonderbetriebsvermögen ist die Mitunternehmerschaft buchführungspflichtig (H 51 EStH; BFH v. 11.3.1992 BStBl. II 797).

Übertragung ohne Sonderbetriebsvermögen. Die Übertragung eines Mitunterneh- 102
meranteils ohne Sonderbetriebsvermögen erfüllt das Erfordernis der Teilbetriebsübertragung gem. § 15 I 3 nicht. Bislang reichte es der FinVerw dabei aus, wenn das Sonderbetriebsvermögen I mitübertragen wird (vgl. UmwStE 1998 Rn. 20.08). Diese explizite Aussage findet sich im UmwStE nicht mehr, vielmehr spricht Rn. 20.08 pauschal von Wirtschaftsgütern, „die dem Sonderbetriebsvermögen eines Gesellschafters zuzurechnen“

seien. Vor diesem Hintergrund und weil ansonsten sinnvolle Differenzierungsargumente fehlen, sollte daher das gesamte notwendige und gewillkürte Sonderbetriebsvermögen zusammen mit dem Mitunternehmeranteil übertragen werden, um die Steuerneutralität nicht zu gefährden (*Dötsch* in D/P/M § 15 Tz. 164). Mit der Erstreckung auf das gewillkürte Sonderbetriebsvermögen eröffnet die FinVerw für den Mitunternehmeranteil die Möglichkeit einer erweiterten Zuordnung von Wirtschaftsgütern.

103 **Mittelbare Beteiligungen an Mitunternehmerschaften** sind unter den Voraussetzungen des § 15 I 1 Nr. 2 S 2 EStG als Mitunternehmeranteil anzusehen. Die Vorschrift hat aber bei Spaltungen keine Bedeutung, da eine Spaltung mit Gesamtrechtsnachfolge bei mittelbarer Beteiligung an einer Mitunternehmerschaft nicht vorliegen kann, wie folgendes **Beispiel** zeigt: Eine GmbH will einen über eine andere Personengesellschaft gehaltenen Mitunternehmeranteil auf eine andere GmbH abspalten. Zivilrechtlich ist die unmittelbar an der Mitunternehmerschaft beteiligte Personengesellschaft nicht der spaltende Rechtsträger. Die Beteiligung an der Mitunternehmerschaft kann zivilrechtlich nur durch den unmittelbar Beteiligten und nicht durch die mittelbar beteiligte GmbH, also den abspaltenden Rechtsträger, übertragen werden. Eine Übertragung der Beteiligung der Personengesellschaft an der Mitunternehmerschaft durch Einzelrechtsnachfolge außerhalb des Spaltungsplans des spaltenden Rechtsträgers GmbH berechtigt nicht zur Anwendung der §§ 123 ff. UmwG.

104 **Der Bruchteil an einem Mitunternehmeranteil** steht einem Mitunternehmeranteil gleich (UmwStE Rn. 20.11 und 15.04). Der andere Bruchteil des Mitunternehmeranteils, der bei Abspaltung beim übertragenden Rechtsträger verbleibt oder bei Aufspaltung auf einen weiteren Rechtsträger übergeht, stellt ebenfalls einen Teilbetrieb dar. Bei der Übertragung des Bruchteils eines Mitunternehmeranteils durch Abspaltung besteht jedoch die Notwendigkeit, anteilig Sonderbetriebsvermögen auf den übernehmenden Rechtsträger zu übertragen (UmwStE Rn. 15.04). Relevant sind insoweit die BFH-Urteile (BFH v. 12.4.2000 BStBl. II 2001, 26 und v. 24.8.2000, BFH/NV 2000, 1554). Diesen kann entnommen werden, dass ein Teil eines Mitunternehmeranteils ohne Sonderbetriebsvermögen, jedenfalls soweit er wesentliche Betriebsgrundlage ist, das Kriterium des Mitunternehmeranteils nicht erfüllt (ebenso *Dötsch/Pung* in D/P/P/M § 15 Rn. 72).

105 **Zuordnung von neutralen Wirtschaftsgütern.** Die FinVerw bleibt bei ihrer Auffassung, es könnten dem Mitunternehmeranteil (nur) Wirtschaftsgüter einschließlich Schulden frei zugeordnet werden, die in „unmittelbarem wirtschaftlichen Zusammenhang" mit ihm stehen (UmwStE Rn. 15.11). Allerdings eröffnet die FinVerw diese Möglichkeit nicht mehr lediglich aus Billigkeitsgründen (so noch UmwStE 1998 Rn. 15.11, hierzu *Scholten/Griemla* DStR 2008, 1172), sondern interpretiert sie offenbar als gesetzlich zugelassene Zuordnung. Es stellt sich die Frage, welche Wirtschaftsgüter unter Zugrundelegung dieser Auffassung für eine derartige Zuordnung noch in Betracht kommen können. Das (auch gewillkürte) Sonderbetriebsvermögen soll bereits notwendig dem fiktiven Teilbetrieb des Mitunternehmeranteils zugeordnet sein. Nach „wirtschaftlichen Zusammenhängen" einem anderen Teilbetrieb „zuordenbares" Vermögen soll wiederum bei diesem Teilbetrieb verbleiben bzw. mit ihm übertragen werden. Es soll also offenbar ein Unterschied bestehen zwischen Wirtschaftsgütern, die „nach wirtschaftlichen Zusammenhängen zuordenbar" sind und solchen, die mit einer Mitunternehmerschaft „in unmittelbarem wirtschaftlichen Zusammenhang" stehen. Differenzierungsmerkmale für diese Abgrenzung liefert die FinVerw nicht. Zu denken ist etwa an Wirtschaftsgüter, deren Funktion durch die Existenz der rechtlichen Hülle der Mitunternehmerschaft bedingt ist (Erträgniskonten, Verwaltungseinrichtungen) oder solche, die auf Ebene der übertragenden Gesellschaft Ergebnis des aktiven wirtschaftlichen Geschehens innerhalb der Mitunternehmerschaft sind (hierzu insoweit überzeugend: *Scholten/Griemla* DStR 2008, 1172). Sofern zum steuerlichen Übertragungsstichtag solche Wirtschaftsgüter durch entsprechende gemeinsame Nutzung auch einem anderen Teilbetrieb zugeordnet werden können, sollte eine exklusive Nutzungszuweisung zum fiktiven Teilbetrieb bis zum Spaltungsbeschluss erfolgen können.

106 Gehört ein **Mitunternehmeranteil funktional zu einem Teilbetrieb,** so besteht aufgrund der gesetzlichen Fiktion des § 15 I 3 ein Wahlrecht, den Anteil als eigenen Teilbetrieb anzusehen oder ihn dem übergeordneten Teilbetrieb zuzurechnen. Die gegenteilige Auffassung der FinVerw gilt explizit nur für eine 100 %-Beteiligung an einer Kapitalgesellschaft, die wesentliche Betriebsgrundlage eines Teilbetriebs ist (UmwStE Rn. 15.06). Sie hatte diese Auffassung im Entwurf des UmwStE auch für den Mitunternehmeranteil vertreten, diesen Standpunkt aber dann in den UmwStE nicht übernommen (*Dötsch/Pung* in D/P/P/M § 15 Rn. 73).

107 Die Mitunternehmerschaft muss nach neuer – abzulehnender – Auffassung der FinVerw bereits **zum steuerlichen Übertragungsstichtag** vorgelegen haben (vgl. hierzu Rn. 82). Die Zuordnung hiermit im unmittelbaren wirtschaftlichen Zusammenhang stehender Wirtschaftsgüter sollte aber – auch wenn die FinVerw dies explizit nur für den nicht fiktiven Teilbetrieb sagt (UmwStE Rn. 15.09) – bis zum Spaltungsbeschluss möglich sein. Das gilt auch für die Schaffung gewillkürten Sonderbetriebsvermögens.

b) Beteiligung an Kapitalgesellschaft

108 **Die 100 %-Beteiligung an einer Kapitalgesellschaft** gilt nach § 15 I 3 als Teilbetrieb (UmwStE Rn. 15.05). Kapitalgesellschaft iSd Vorschrift können in- und ausländische Kapitalgesellschaften sein (*Herzig/Förster* DB 1995, 342; *Dötsch* in D/P/M § 15 Tz. 167; *Schießl* in W/M § 15 Rn. 79). Die Formulierung in § 15 I 3 ist fast wortgleich mit der in § 16 I Nr. 1 EStG. Eine 100 %-Beteiligung ist gegeben, wenn sich das gesamte Nennkapital einer Kapitalgesellschaft in der Hand des spaltenden Rechtsträgers befindet, ausgenommen eigene Anteile der Kapitalgesellschaft (*Wacker* in Schmidt § 16 Rn. 162). Der Begriff der Beteiligung ist nicht iSd § 271 I HGB auszulegen, der bestimmt, dass Beteiligungen Anteile an einem anderen Unternehmen darstellen, die bestimmt sind, dem eigenen Geschäftsbetrieb durch Herstellung einer dauerhaften Verbindung zu jenem Unternehmen zu dienen. Es handelt sich vielmehr um einen rein steuerrechtlichen Beteiligungsbegriff (s. die Rechtsauffassung zu § 20 VI UmwStG 1977 der OFD Münster v. 1.12.1988 DStR 1989, 150 und OFD Köln v. 27.2.1989 DStR 1989, 394). Nur die 100 %-Beteiligung an einer Kapitalgesellschaft steht einem Teilbetrieb gleich. Der Rechtsgedanke, dass der Bruchteil an einem Mitunternehmeranteil einem Mitunternehmeranteil und damit einem Teilbetrieb entspricht, ist auf die 100 %-Beteiligung an einer Kapitalgesellschaft nicht übertragbar. Es muss somit bei Spaltungen die 100 %-Beteiligung an einer Kapitalgesellschaft insgesamt auf einen neuen Rechtsträger übertragen werden. Bei Abspaltungen muss die 100 %-Beteiligung an einer Kapitalgesellschaft entweder insgesamt übergehen oder bei dem übertragenden Rechtsträger verbleiben.

109 Der spaltende Rechtsträger darf nicht nur **Treuhänder** eines Dritten sein, der über § 39 II Nr. 1 S 2 AO wirtschaftlicher Eigentümer ist. Umgekehrt werden von Dritten treuhänderisch gehaltene Anteile dem übertragenden Rechtsträger zugerechnet. Soweit Anteile an der Kapitalgesellschaft von Dritten treuhänderisch für den übertragenden Rechtsträger gehalten werden, müssen im Spaltungsplan oder -vertrag die Ansprüche des Treugebers gegen den Treuhänder, insbesondere der Herausgabe- und Übereignungsanspruch, auf die aufnehmende Körperschaft mitübertragen werden. Auf die aufnehmende Körperschaft muss die 100 %-Beteiligung im Sinne der wirtschaftlichen Anteilseignerstellung übergehen, sei es durch Übertragung der Mitgliedschaft als solcher, oder der Treugeberstellung (*Dötsch* in D/P/M § 15 Tz. 168).

110 Die **Zuordnung** von nicht schon in einem anderen Teilbetrieb gebundenem Vermögen **zu dem fiktiven Teilbetrieb** der 100 %-Beteiligung an einer Kapitalgesellschaft ist nach Auffassung der FinVerw nur insoweit möglich, als es in wirtschaftlichem Zusammenhang mit der Beteiligung steht (UmwStE Rn. 15.11). Dasselbe soll für Schulden gelten. Im Ergebnis stellen sich hierbei ähnliche Abgrenzungsfragen wie bei der Zuordnung zu einem Mitunternehmeranteil (vgl. oben Rn. 105). Da der Sinn und Zweck des § 15 I darin liegt, die Abtrennung einzelner Wirtschaftsgüter, die keine wirtschaftliche Einheit darstellen,

nicht steuerlich zu begünstigen, kommt es im Ergebnis darauf an, den unmittelbaren wirtschaftlichen Zusammenhang zu dem fiktiven Teilbetrieb (100%-ige Beteiligung an einer Kapitalgesellschaft) zu verdeutlichen (*Scholten/Griemla* DStR 2008, 1177). Hierbei sind zwei Ebenen zu unterscheiden, die einen wirtschaftlichen Zusammenhang begründen:

- Wirtschaftsgüter, deren Funktion durch die Existenz der rechtlichen Hülle des fiktiven Teilbetriebs Kapitalgesellschaft bedingt ist, insbesondere Finanzierung der Beteiligung an der Kapitalgesellschaft;
- Wirtschaftsgüter, die einen wesentlichen Bezug zum wirtschaftlichen Geschehen innerhalb des fiktiven Teilbetriebs Kapitalgesellschaft haben. Dies sind im Wesentlichen von der Kapitalgesellschaft genutzte Wirtschaftsgüter, die etwa von dem zu spaltenden Rechtsträger an diese vermietet werden. Oder, wie *Scholten/Griemla* es ausdrücken, die in das wirtschaftliche Geschehen innerhalb des fiktiven Teilbetriebs in einer solchen Weise eingebunden sind, dass sie – ginge es um die Abgrenzung zwischen steuerlichem Privat- und Betriebsvermögen – notwendiges Betriebsvermögen begründen würden.

111 In jedem Fall besteht ein hinreichender wirtschaftlicher Zusammenhang bei sämtlichen Wirtschaftsgütern und Schulden, die, wäre die Beteiligung an der Kapitalgesellschaft ein Mitunternehmeranteil, dem Sonderbetriebsvermögen zuzuordnen wären.

112 § 15 I 3 fingiert für 100%-Beteiligungen die Teilbetriebseigenschaft und weicht damit von § 21 ab. Nach dieser Vorschrift ist die Einbringung einer Beteiligung an einer Kapitalgesellschaft in eine andere Kapitalgesellschaft gegen Gewährung von Gesellschaftsrechten bereits dann steuerneutral möglich, wenn die übernehmende Körperschaft nach Einbringung die Stimmrechtsmehrheit an der Kapitalgesellschaft innehat, deren Anteile eingebracht worden sind.

113 Die Regelungsdivergenz von § 15 I 3 und § 21 lässt nachfolgende **Gestaltungsmöglichkeit** zu: Ist die übertragende Körperschaft nicht zu 100% an einer Kapitalgesellschaft beteiligt und plant sie (langfristig) eine Spaltung, so sollte in einem ersten Schritt die Beteiligung, die nicht 100% der Anteile ausmacht, nach § 21 steuerneutral in eine Kapitalgesellschaft eingebracht werden. Nach Ablauf von 3 Jahren (s. § 15 II 1) kann die 100%-Beteiligung an der Kapitalgesellschaft, in die eingebracht wurde, wiederum steuerneutral abgespalten werden. Stellt die Beteiligung an der Kapitalgesellschaft, in welche die Beteiligung, die nicht das gesamte Nennkapital umfasst, eingebracht wurde, verbleibendes Vermögen bei einer Abspaltung dar, ist die Frist des § 15 II 1 unbeachtlich.

114 Gehört eine 100%-Beteiligung an einer Kapitalgesellschaft funktional zu einem Teilbetrieb, so besteht aufgrund der gesetzlichen Fiktion des § 15 I 3 ein Wahlrecht, die Beteiligung an der Kapitalgesellschaft als eigenen Teilbetrieb anzusehen oder sie dem übergeordneten Teilbetrieb zuzurechnen. Die gegenteilige Auffassung der FinVerw, nach der eine 100%-Beteiligung an einer Kapitalgesellschaft keinen fiktiven Teilbetrieb iSd § 15 I 3 darstellt, wenn die Beteiligung wesentliche Betriebsgrundlage eines Teilbetriebs ist (UmwStE Rn. 15.06; zustimmend *Dötsch* in D/P/M § 15 Tz. 171), bewegt sich zwar im Einklang mit dem europäischen Teilbetriebsbegriff, setzt sich aber über den Wortlaut des § 15 I hinweg und ist deshalb abzulehnen. Wegen der von der FinVerw angedrohten Sanktion – ohne die funktional wesentliche 100%-Beteiligung stelle das zurückbleibende Vermögen keinen Teilbetrieb mehr dar (UmwStE Rn. 15.06) und deshalb wäre die Spaltung zu besteuern – ist zu vorsichtiger Gestaltung zu raten. Ggf. muss die Beteiligung vor der Umwandlung aus dem Teilbetrieb herausgelöst werden.

V. Einschränkung der Steuerneutralität gem. § 15 II

1. Missbrauchsregelung

a) Allgemeines

§ 15 II enthält spezielle Missbrauchsregelungen, die eine andere Zielrichtung als das Erfordernis des Teilbetriebs in § 15 I 1 und 2 haben. Auch das Teilbetriebserfordernis in § 15 I 1 und 2 soll allerdings die aus steuerlicher Sicht sachwidrigen Anwendungen umwandlungsrechtlicher Gestaltungsmöglichkeiten verhindern. Es soll verhindert werden, dass die Übertragung von Einzelwirtschaftsgütern, die keinen Teilbetrieb konstituieren, als steuerneutrale (Ab-)Spaltung gem. §§ 15 I 1, 11 I ausgestaltet wird. 115

Hingegen soll durch § 15 II die Fortsetzung der unternehmerischen Tätigkeit im Gesellschafterkreis des übertragenden Rechtsträgers auch bei dem übernehmenden Rechtsträger gesichert werden. Insoweit könnte § 15 II als besondere steuerliche Ausformung des Gedankens der Gesellschafteridentität bei Spaltungen angesehen werden. Da aber **Gesellschafteridentität bei Spaltungen gesellschaftsrechtlich nicht zwingend** ist, muss dies auch bei der Auslegung des § 15 II berücksichtigt werden. Wesentlich ist die Fortsetzung der unternehmerischen Tätigkeit unter Einbeziehung der bisherigen Gesellschafter. Überzogen und damit im Ergebnis unrichtig wäre demgegenüber die Forderung, dass allein eine Gesellschafteridentität gesetzeskonform ist (unklar insoweit *Herzig/Momen* DB 1994, 2100). 116

In § 15 II sind vier Alternativen vorgesehen, bei deren Einschlägigkeit eine Anwendung des § 11 II jeweils versagt wird, auch wenn die Voraussetzungen des § 15 I vorliegen:

- Mitunternehmeranteile und 100 %-Beteiligungen an Kapitalgesellschaften, die gem. § 15 I 3 fiktive Teilbetriebe darstellen, können nicht unter Buchwertfortführung nach § 11 II in der Schlussbilanz des übertragenden Rechtsträgers angesetzt werden, wenn sie innerhalb von drei Jahren vor dem steuerlichen Übertragungsstichtag durch Übertragung von Wirtschaftsgütern, die kein Teilbetrieb sind, aufgestockt oder erworben worden sind, § 15 II 1;
- Vollzug einer Veräußerung an außenstehende Personen durch Spaltung, § 15 II 2;
- Schaffung der Voraussetzungen für eine Veräußerung, 15 II 3 und 4;
- Trennung von Gesellschafterstämmen, ohne dass die Beteiligungen an der übertragenden Körperschaft mindestens fünf Jahre vor dem steuerlichen Übertragungsstichtag bestanden haben, § 15 II 5.

Die in § 15 II geregelten Einschränkungen der Steuerneutralität stellen keine handelsrechtlichen Spaltungsbarrieren dar.

Liegt einer der **Missbrauchstatbestände des § 15 II** vor, hat dies zur **Folge,** dass nur § 11 II nicht anwendbar ist, wonach der übertragenden Körperschaft unter bestimmten Voraussetzungen das (Bewertungs- und Antrags-) Wahlrecht eingeräumt wird, in ihrer steuerlichen Schlussbilanz die zu übertragenden Wirtschaftsgüter zum Buchwert oder einem Zwischenwert, jedoch höchstens mit dem gemeinen Wert anzusetzen. Ansonsten gilt die Verweisung in § 15 I 1 auf §§ 11 bis 13. Die zu übertragenden Wirtschaftsgüter sind dann nach § 11 I mit dem gemeinen Wert anzusetzen. Verfahrensrechtlich ist die Tatsache, dass einer der Missbrauchstatbestände erfüllt ist, als rückwirkendes Ereignis iSd § 175 I 1 Nr. 2 AO anzusehen (UmwStE Rn. 15.34). 117

Die Rechtsfolge der Verwirklichung eines der Tatbestände des § 15 II, nämlich die Nichtanwendung des § 11 II, ist nicht zu verwechseln mit den Rechtsfolgen bei Nichterfüllung der Teilbetriebsvoraussetzungen des § 15 I. Es liegt insoweit ein **zweistufiger Aufbau** des Gesetzes vor: Liegt ein einschlägiger Umwandlungsvorgang vor, so finden die §§ 11 bis 13 ohne die Abs. 2 der §§ 11 und 13 hierauf Anwendung. Sind die Teilbetriebsvoraussetzungen erfüllt, gelten grds. auch die Regelungen der Abs. 2 der §§ 11 und 13. 118

Bei Verstoß gegen die Missbrauchsbestimmungen des § 15 II ist nur § 11 II nicht anzuwenden. § 11 II betrifft nach seinem eindeutigen Wortlaut nur das jeweils übergehende und nicht das Vermögen, das im Fall der Abspaltung bei der übertragenden Gesellschaft verbleibt (UmwStE Rn. 15.21). In der BegrUmwStG zu § 15 aF heißt es zwar: „§ 15 III 1 (die Vorgängervorschrift) bezieht sich sowohl auf die übergegangenen als auch auf die bei der übertragenden Kapitalgesellschaft verbleibenden Wirtschaftsgüter. Dadurch sollen *(sic)* Umgehungsmöglichkeiten der Vorschrift des § 15 I 1 vorgebeugt werden". Diese Begründung ist jedoch nicht maßgeblich, da sich aus dem Wortlaut und der systematischen Stellung des § 11 II ergibt, dass sich die Vorschrift nur auf das übergehende Vermögen, nicht jedoch auf das verbleibende bezieht (*Schumacher* in R/H/vL § 15 Rn. 191; aA *Thiel* DStR 1995, 241). Hinsichtlich des verbleibenden Vermögens fehlt es zudem an einem Realisationstatbestand, an den eine Besteuerung anknüpfen könnte (UmwStE Rn. 15.21).

119 Die Missbrauchstatbestände dürfen nicht innerhalb bestimmter **Fristen** vor oder nach dem steuerlichen Übertragungsstichtag verwirklicht werden, § 15 II 1, 4 und 5. Der steuerliche Übertragungsstichtag iSd § 15 II ist entsprechend der Legaldefinition in § 2 I 1 zu ermitteln. Die Fristen sind vorbehaltlich ihrer Wirksamkeit (s. Rn. 121 ff.) abschließend und nicht über § 42 AO erweiterbar (*Beutel* in Schneider/Ruoff/Sistermann, UmwStE 2011 Rn. 15.42 unter Hinweis auf UmwStE Rn. 15.32).

120 § 15 II enthält eine Reihe unbestimmter Rechtsbegriffe wie „Aufstocken", „außenstehende Personen", „Gesellschafterstämme", „mehr als 20% der Anteile ausmachen". Diese Begriffe sind nach ihrem Wortlaut, ihrer systematischen Stellung im Gesetz, dem Sinn und Zweck der Regelung und der gesetzgeberischen Intention auszulegen. Eine Auslegung der Vorschrift, die sich allein an dem allgemeinen Anliegen des Gesetzgebers, nämlich der Verhinderung von Einzelveräußerungen im steuerlich privilegierten Spaltungsgewand, orientiert, greift zu kurz.

b) Verstoß gegen die FusionsRL

121 Zu der Vorgängervorschrift des § 15 III 4 aF hat der BFH mit Urteil v. 3.8.2005 I R 62/04, GmbHR 2006, 218, entschieden, dass die den Tatbestandsvoraussetzungen nach mit der heutigen Gesetzesfassung identische Regelung als Fiktion und damit unwiderlegbare Vermutung und nicht als Beweislastregel auszulegen ist. Konkret bezog sich das Urteil auf den Wortlaut der Vorschrift, der früher wie heute mit den Worten „davon ist auszugehen" beginnt. Diese Rspr. ist durch die europäische Gesetzgebung überholt.

122 In Art. 2 Buchst. b FusionsRL wird den Mitgliedsstaaten vorgeschrieben, was unter einer Abspaltung zu verstehen ist. Die Definition der Spaltung findet sich in Art. 2 Buchst. b FusionsRL. In **Art. 4 FusionsRL** wird für diese Rechtsvorgänge bestimmt, dass ein Gewinn, der sich aus dem Unterschied zwischen dem tatsächlichen Wert des übertragenen Aktiv- und Passivvermögens und dessen steuerlichen Wert ergibt, im Zusammenhang mit Auf- und Abspaltungen nicht besteuert werden darf. Die Mitgliedsstaaten dürfen diese Vorgaben nicht weiter einschränken. Grds. stellt es erst einmal eine solche Einschränkung dar, wenn in § 15 II unterschiedlich ausgestaltete Bestimmungen aufgenommen werden, aufgrund derer die Steuerneutralität, die Art. 4 FusionsRL anordnet, konterkariert wird.

123 Zwar findet sich in **Art. 11 FusionsRL** die Ermächtigung, Missbrauchsbestimmungen zu erlassen, wenn die Spaltung als hauptsächlichen oder als einen der hauptsächlichen Beweggründe die Steuerhinterziehung oder -umgehung hat. Vom Vorliegen eines solchen Beweggrundes kann ausgegangen werden, wenn einer der in Art. 1 FusionsRL genannten Vorgänge nicht auf vernünftigen wirtschaftlichen Gründen – insbesondere der Umstrukturierung oder Rationalisierung der beteiligten Gesellschaften – beruht. Jedoch verbietet die Rspr. des EuGH pauschalierte, sich an starren Fristen orientierende Missbrauchsklauseln (EuGH v. 17.7.1997 – C-28/95 – *Leur-Bloem,* Slg. 1997, I-4161, Rn. 41, 44).

124 Die unterschiedlichen Klauseln in § 15 II mit ihren **starren Fristen** sind unverhältnismäßig und verstoßen, wie nachfolgend im Einzelnen noch darzulegen sein wird, teilweise gegen die FusionsRL. Nach der Entscheidung des EuGH im Fall **Leur-Bloem** zum Missbrauchsvorbehalt des Art. 11 Abs. 1 Buchst. a FusionsRL verpflichtet das gemeinschaftsrechtliche Prinzip der Verhältnismäßigkeit die Mitgliedsstaaten dazu, sich nicht auf die Vorgabe allgemeiner Kriterien für die Annahme einer Steuerhinterziehung oder -umgehung zu beschränken, sondern vielmehr in jedem Einzelfall zu prüfen, ob tatsächlich ein solches Verhalten seitens des Steuerpflichtigen gegeben ist (EuGH v. 17.7.1997 – C-28/95, Slg. 1997, I-4161, Rn. 38–44). Pauschale Regelungen wie in § 15 II mit weitreichenden Typisierungen und ohne jede Möglichkeit eines Gegenbeweises zu Lasten des Steuerpflichtigen sind demgegenüber ein übermäßig scharfes Schwert (*Hahn* GmbHR 2006, 462; *Schumacher* in R/H/vL § 15 Rn. 209; *Gille* IStR 2007, 194, 196).

Vor diesem Hintergrund könnte man auch **§ 15 II 1** – Aufstockung von Mitunternehmeranteilen und 100 %-Beteiligungen durch Einzelwirtschaftsgüter – auf den ersten Blick als **unverhältnismäßig** einstufen. Jedoch ist bei dieser Vorschrift zu bedenken, dass die Gleichsetzung von Mitunternehmeranteilen und 100 %-Beteiligungen an Kapitalgesellschaften mit Teilbetrieben über den Regulierungsrahmen der FusionsRL hinausgeht, der deutsche Gesetzgeber also keineswegs gezwungen war, derartige Vermögensmassen als Teilbetrieb zu definieren. Im Ergebnis wird man einen Verstoß gegen die FusionsRL daher nicht herleiten können, wenn der deutsche Gesetzgeber über das nach der FusionsRL erforderliche Maß hinaus steuerneutrale Gestaltungen zulässt und in diesem Bereich durch typisierte Missbrauchsklauseln einschränkt (vgl. auch Rn. 65). 125

Nicht tragfähig wäre hingegen der Einwand, dass der vom nationalen Gesetzgeber zu beachtende Regelungsrahmen der FusionsRL nur transnationale Vorgänge beträfe und der Gesetzgeber daher frei sei, rein nationale Spaltungen anders bzw. restriktiver zu regeln. Denn der EuGH sieht sich auch dann zuständig, wenn das nationale Recht über die Umsetzung einer Richtlinie hinausgehend dieselbe Regelung, die die Richtlinie vorgibt, auch auf rein nationale Sachverhalte anwendet, so dass die interne Regelung der gemeinschaftsrechtlichen entspricht (EuGH v. 15.1.2002 – C-43/00 – *Andersen og Jensen,* Slg. 2002, I-379). Im gemeinschaftsrechtlichen Interesse seien solche Normen einheitlich auszulegen, um Diskriminierungen und Wettbewerbsverzerrungen zu vermeiden. 126

Für § 15 II 2, 3 und 4 gibt es **keinerlei Rechtfertigung.** Das Mindeste ist, dass die Bestimmungen als widerlegbare Vermutungen zu lesen sind (*Hahn* GmbHR 2006, 465). Überdies ist die Zeitspanne von fünf Jahren in § 15 II 4 als solche bereits unverhältnismäßig. Schließlich laufen die Vorschriften auch leer, wenn ausländische EU/EWR-Kapitalgesellschaften gespalten werden und der deutsche Anteilseigner sodann seine Anteile veräußert. 127

§ 15 II 5 hat keinerlei Rechtfertigung durch die FusionsRL und ist gemeinschaftsrechtswidrig. Nicht verhältniswahrende Ab- und Aufspaltungen sind grds. möglich und widersprechen auch nicht dem Grundsatz der Gewährung von Anteilen des übernehmenden Rechtsträgers an die Gesellschafter des übertragenden Rechtsträgers. Nur erfolgt eine solche Anteilsgewährung eben nicht gleichmäßig bezüglich der Beteiligungsquote an den verschiedenen aus der Aufspaltung hervorgehenden Rechtsträgern, wenn man den Fall der Aufspaltung zugrunde legt. 128

2. Erwerb und Aufstockung von Mitunternehmeranteilen und 100 %-Beteiligungen gem. § 15 II 1

a) Bedeutung des Verweises auf § 11 II

Auf Mitunternehmeranteile und Beteiligungen, die einem Teilbetrieb iSd § 15 I gleichgestellt sind, sind die Wahlrechte nach § 11 II nicht anzuwenden, wenn sie innerhalb eines Zeitraums von drei Jahren vor dem steuerlichen Übertragungsstichtag durch Übertragung von Wirtschaftsgütern, die kein Teilbetrieb sind, erworben oder aufgestockt wurden. Damit soll verhindert werden, dass Körperschaften in den Genuss der Privilegierung des § 11 II kommen, indem sie Einzelwirtschaftsgüter in fiktive Teilbetriebe einbringen bzw. 129

„umwandeln (*Dötsch* in D/P/M § 15 Tz. 181). Freilich wird bei den in Rede stehenden Fällen die steuerfreie Einbringung bzw. „Umwandlung" jedenfalls durch die Spaltung in Frage gestellt und häufig schon deshalb nicht in Betracht kommen (vgl. §§ 6 Abs. 5 EStG, 20 I).

130 Da die Wahlrechte des § 11 II nur für das übergehende Vermögen, nicht jedoch für das beim übertragenden Rechtsträger verbleibende Vermögen Anwendung finden, kommt bei Eingreifen des § 15 II 1 nach dem klaren Wortlaut der Vorschrift immer nur die Besteuerung der stillen Reserven im übergehenden Vermögen in Betracht. Zu einer Besteuerung der stillen Reserven des verbleibenden Vermögens führt die Anwendung der Vorschrift nicht (UmwStE Rn. 15.21). Auch §§ 12 und 13 bleiben anwendbar (*Dötsch* in D/P/M § 15 Tz. 195).

131 Hiervon zu unterscheiden ist die Frage, ob die Anwendung des § 11 II auf das übergehende Vermögen auch dann zu versagen ist, wenn die innerhalb der vorangegangenen drei Jahre erworbenen oder aufgestockten fiktiven Teilbetriebe im Vermögen des übertragenden Rechtsträgers verbleiben und nicht im Rahmen der Spaltung übertragen werden. Die FinVerw bejaht diese Frage unter Hinweis darauf, dass ansonsten eine Umgehung der Teilbetriebsvoraussetzung des § 15 I 2 drohe (UmwStE Rn. 15.16 f.; so auch *Dötsch/Pung* in D/P/P/M § 15 Rn. 103; *Dötsch* in D/P/M § 15 Tz. 184). Dem liegt ein Begriffsverständnis des fiktiven Teilbetriebs zugrunde, wonach § 15 II 1 Zusatzvoraussetzungen für den Begriff des fiktiven Teilbetriebs konstituiert, bei deren Nichterfüllung die Teilbetriebseigenschaft entfällt (*Dötsch/Pung* in D/P/P/M § 15 Rn. 100). Nach dieser Lesart wird das doppelte Teilbetriebserfordernis (vgl. oben Rn. 50 und 69) verfehlt, wenn nach § 15 II 1 aufgestockte oder erworbene Mitunternehmeranteile oder Beteiligungen an Kapitalgesellschaften beim übertragenden Rechtsträger verbleiben.

132 Dieses Begriffsverständnis basiert auf Nr. 2 Buchst. e S 4 des Spaltungserlasses des BMF vom 9.1.1992, BStBl. I 47, und findet in § 15 II 1 keine Stütze. Der Wortlaut und der Aufbau der Regelung in § 15 II 1 und im Spaltungserlass sind nämlich nicht identisch. Im Spaltungserlass wurde die Teilbetriebseigenschaft eines erworbenen oder aufgestockten Mitunternehmeranteils oder einer 100%-Beteiligung negiert, indem Nr. 2 Buchst. e S 4 bestimmt, dass der erweiterte Teilbetriebsbegriff der Nr. 2 Buchst. e S 3 nicht für erworbene oder aufgestockte Mitunternehmeranteile und 100%-Beteiligungen galt. Hingegen stellt § 15 II 1 die Qualifikation von aufgestockten oder erworbenen Mitunternehmeranteilen und 100%-Beteiligungen als Teilbetrieb nicht in Frage, sondern verwehrt nur die Anwendung des § 11 II (so auch *Schumacher* in R/H/vL § 15 Rn. 194). Dies hat zur Folge, dass bei Abspaltungen die Steuerneutralität nicht in Frage gestellt wird, wenn ein Teilbetrieb aus erworbenen oder aufgestockten Mitunternehmeranteilen oder 100%-Beteiligungen besteht und dieser Teilbetrieb bei dem abspaltenden Rechtsträger nach § 15 I 2 verbleibt. Es fehlt an einem Realisationstatbestand, zudem führt diese Auffassung zu Wertungswidersprüchen mit anderen Vorschriften, z. B. § 6 V 4 EStG.

133 Nach Auffassung von *Schumacher* in R/H/vL § 15 Rn. 194, 114 erübrigt sich der Anwendungsbereich des § 15 II 1, da bereits das doppelte Teilbetriebserfordernis einer weitgehend freien Zuordnung von Wirtschaftsgütern zum übertragenen oder verbleibenden Vermögen nicht entgegenstehe, wenn nur ein Teilbetrieb beim übertragenden Rechtsträger verbleibe und ein Teilbetrieb übertragen werde. Zu diesen Teilbetrieben zählt er nur die wesentlichen Betriebsgrundlagen, sonstige Wirtschaftsgüter könnten den Teilbetrieben frei zugeordnet werden (R/H/vL § 15 Rn. 194, 150). Dies gelte auch im Hinblick auf fiktive Teilbetriebe, denen entsprechend frei Wirtschaftsgüter zugeordnet werden könnten (R/H/vL § 15 Rn. 166, 175). Eine Übertragung solcher Wirtschaftsgüter auf eine Mitunternehmerschaft oder Kapitalgesellschaft sei daher nicht mehr notwendig, um die Steuerneutralität zu gewährleisten. Gegen dieses Begriffsverständnis spricht allerdings, dass eine solche gesetzgeberische Intention nicht nachweisbar ist (*Dötsch/Pung* in D/P/P/M § 15 Rn. 56) und auch nicht anzunehmen ist, dass der Gesetzgeber mit § 15 II 1 eine praktisch vollständig leerlaufende Missbrauchsregelung schaffen wollte (dies erwägt auch *Schumacher* in R/H/vL § 15 Rn. 166f, 194 „Berechtigung verloren").

Nur auf **fiktive Teilbetriebe** iSd § 15 I 3 und nicht auf originäre Teilbetriebe bezieht 134 sich § 15 II 1 (*Herzig/Förster* DB 1995, 343). Die Vorschrift findet daher keine Anwendung, wenn der fiktive Teilbetrieb integraler Bestandteil und damit wesentliche Betriebsgrundlage eines originären Teilbetriebs ist und mit diesem zusammen auf eine andere Körperschaft übertragen wird. Das Bewertungswahlrecht, das für den übergeordneten Teilbetrieb gilt, überlagert die Wirkung der Missbrauchsvorschrift des § 15 II 1 (*Herzig/Förster* DB 1995, 343; *Dötsch/Pung* in D/P/P/M § 15 Rn. 104). Die FinVerw hat im UmwStE zu dieser Frage nicht abschließend Stellung genommen. Nach UmwStE Rn. 15.06 soll die 100%-Beteiligung an einer Kapitalgesellschaft keinen eigenständigen Teilbetrieb gem. § 15 I 3 darstellen, wenn sie einem Teilbetrieb als wesentliche Betriebsgrundlage zuzurechnen ist. Danach dürfte die Missbrauchsvorschrift des § 15 II 1 keine Anwendung finden, selbst wenn die 100%-Beteiligung gem. § 15 II 1 aufgestockt oder erworben wurde und dann gemeinsam mit dem Teilbetrieb, zu dem sie gehört, im Rahmen der Spaltung übertragen wird oder beim übertragenden Rechtsträger verbleibt. Unklar ist die Position der FinVerw, soweit es den Mitunternehmeranteil betrifft. Hier wird man davon auszugehen haben, dass ein Mitunternehmeranteil nach Auffassung der FinVerw auch dann einen eigenständigen Teilbetrieb soll darstellen können, wenn er funktionale Betriebsgrundlage eines anderen Teilbetriebs ist (vgl. oben Rn. 106 sowie *Dötsch/Pung* in D/P/P/M § 15 Rn. 73). Zweifellos fällt dann die Übertragung des isolierten Mitunternehmeranteils per Auf- oder Abspaltung unter § 15 II 1, wenn die übrigen Voraussetzungen der Vorschrift erfüllt sind. Verbleibt der Mitunternehmeranteil mit dem anderen Teilbetrieb beim übertragenden Rechtsträger oder wird er mit ihm übertragen, ist die Behandlung durch die FinVerw im UmwStE nicht geklärt. Begreift man die Auffassung der FinVerw dergestalt, dass grundsätzlich ein Wahlrecht besteht, den Mitunternehmeranteil isoliert oder als Teil des anderen Teilbetriebs zu behandeln, sollte folgerichtig § 15 II 1 keine Anwendung finden, wenn der übertragende Rechtsträger den Mitunternehmeranteil als Teil des anderen Teilbetriebs behandelt, ihn also zusammen mit diesem Teilbetrieb überträgt oder zurückbehält. Auch in diesem Fall überlagert das Bewertungswahlrecht die Missbrauchsvorschrift des § 15 II 1. Eine andere Behandlung durch die FinVerw wäre auch mit deren Auffassung zur Behandlung von 100%-Beteiligungen an Kapitalgesellschaften, die Teil eines echten Teilbetriebes sind, nicht zu vereinbaren.

Soweit bei Spaltungen neben Wirtschaftsgütern, die einen Teilbetrieb konstituieren, 135 auch hinzuerworbene oder aufgestockte Mitunternehmeranteile oder 100%-Beteiligungen iSv § 15 II 1 übergehen, die nicht diesem Teilbetrieb zuzurechnen sind, entfällt das Wahlrecht des § 11 II nur für den erworbenen oder aufgestockten Mitunternehmeranteil bzw. die 100%-Beteiligung, nicht jedoch für die anderen Wirtschaftsgüter, die für sich gesehen einen Teilbetrieb darstellen (ebenso *Dötsch/Pung* in D/P/P/M § 15 Rn. 105; *Schumacher* in R/H/vL § 15 Rn. 196; aA UmwStE Rn. 15.21 und wohl *Thiel* DStR 1995, 239 zu § 15 aF). Dies ergibt sich bereits daraus, dass nach dem Wortlaut des § 15 II 1 der § 11 II allein auf Mitunternehmeranteile und 100%-Beteiligungen nicht anzuwenden ist, die Nichtanwendungsregel sich also nicht auf das andere (einen Teilbetrieb konstituierende) Vermögen erstreckt. Auch die Formulierung in § 11 II, wonach die übergehenden Wirtschaftsgüter einheitlich mit dem Buchwert oder einem höheren Wert anzusetzen sind, ändert hieran nichts. Denn insoweit durchbricht § 15 II 1 als Spezialregel das ansonsten einheitlich auszuübende Wahlrecht.

Nach dem Wortlaut des § 15 II 1 ist § 11 II auf schädlich aufgestockte oder erworbene 136 Mitunternehmeranteile und 100%-Beteiligungen insgesamt nicht anwendbar. Folglich sind bei der Abspaltung solcher fiktiver Teilbetriebe die hierin liegenden stillen Reserven insgesamt durch Ansatz des gemeinen Wertes aufzudecken, nicht lediglich die stillen Reserven in den Wirtschaftsgütern, durch deren Übertragung der Mitunternehmeranteil oder die 100%-Beteiligung aufgestockt oder erworben wurde. Eine teleologische Reduktion der Vorschrift auf eine entsprechende Beschränkung des Ansatzes des gemeinen Wertes für diese Wirtschaftsgüter ist allerdings sinnvoll, weil bereits hiermit der intendierten Umgehungsfunktion Genüge getan wäre (so auch *Schumacher* in R/H/vL § 15 Rn. 196).

b) Erwerb und Aufstockung durch Übertragung

137 Nur **durch Übertragung** von Wirtschaftsgütern, die keinen Teilbetrieb bilden, erworbene oder aufgestockte Mitunternehmeranteile und 100 %-Beteiligungen werden gem. § 15 II 1 von der Anwendung des § 11 II ausgeschlossen. Eine Übertragung solcher Wirtschaftsgüter muss durch den Rechtsträger, der gespalten wird, auf die Mitunternehmerschaft oder die in Rede stehende Kapitalgesellschaft, deren Beteiligung erworben oder aufgestockt wird, erfolgt sein (*Dötsch* in D/P/M § 15 Tz. 187; wohl auch UmwStE Rn. 15.19). Die empfangene Gegenleistung muss in Gesellschaftsrechten oder Beteiligungen, die sich bei einer Mitunternehmerschaft im Kapitalkonto widerspiegelt, bestehen. Ein anderer entgeltlicher oder unentgeltlicher Erwerb von Mitunternehmeranteilen und 100 %-Beteiligungen ist nicht von § 15 II 1 erfasst (UmwStE Rn. 15.20). Dies gilt auch hinsichtlich solcher Mitunternehmeranteile und Anteile an Kapitalgesellschaften, die von dem Einzelrechtsvorgänger durch Übertragung von Wirtschaftsgütern, die keinen Teilbetrieb darstellen, erworben oder aufgestockt wurden (UmwStE Rn. 15.19). Auch der Zukauf von Anteilen an einer Kapitalgesellschaft, um eine 100 %-Beteiligung zu erreichen, oder der entgeltliche (Hinzu-)Erwerb von Mitunternehmeranteilen sind unschädlich (UmwStE Rn. 15.20).

138 Aufstockung oder Erwerb durch Übertragung liegen **bei Mitunternehmeranteilen** nur dann vor, wenn das wirtschaftliche Eigentum an den Wirtschaftsgütern, die keinen Teilbetrieb darstellen, auf die Mitunternehmerschaft, also in deren Gesamthandsvermögen, übertragen wird. Die bloße **Überführung von Wirtschaftsgütern in das Sonderbetriebsvermögen** stellt keine Übertragung im Sinne des § 15 II 1 dar (ebenso *Schmitt/Schloßmacher,* UmwStE 2011, Rn. zu 15.18; *Schumacher* in R/H/vL § 15 Rn. 200; anders ausdrücklich UmwStE Rn. 15.18). Dies zeigt ein Blick auf § 6 V EStG. Dort wird begrifflich unterschieden zwischen der „Übertragung" und der „Überführung" von Wirtschaftsgütern. Eine „Übertragung" liegt danach nur bei Übergang des wirtschaftlichen Eigentums an einem Wirtschaftsgut vom Mitunternehmer in das Gesamthandsvermögen einer Mitunternehmerschaft oder in das Sonderbetriebsvermögen eines anderen Mitunternehmers vor. Bei einem Zuordnungswechsel eines Wirtschaftsguts vom Betriebsvermögen des Mitunternehmers in das Sonderbetriebsvermögen eines von ihm gehaltenen Mitunternehmeranteils spricht die Vorschrift in Abgrenzung hierzu von „Überführung". Dieses Begriffsverständnis ist auch zutreffend, weil der Zuordnungswechsel zwischen Sonderbetriebsvermögen und sonstigem Betriebsvermögen des Mitunternehmers gerade ohne Übertragung des rechtlichen oder wirtschaftlichen Eigentums erfolgt. Der Wortlaut des § 15 II 1 erfasst demnach – anders als es die FinVerw in UmwStE Rn. 15.18 vertritt – nicht Fälle als schädlich, in denen Wirtschaftsgüter vom sonstigen Betriebsvermögen in das Sonderbetriebsvermögen überführt werden.

139 Im Fall einer **100 %-Beteiligung an einer Kapitalgesellschaft** kommen vor allem zwei Möglichkeiten der schädlichen Übertragung durch den zu spaltenden Rechtsträger in Betracht: Zum einen kann er durch Ausgliederung/Einbringung einer mehrheitsvermittelnden Beteiligung iSd § 21 eine 100 %-Beteiligung an einer Kapitalgesellschaft (Zwischenholding) begründet haben. Zum anderen können weitere Anteile an einer bestehenden 100 %-Beteiligung durch Einbringung einer mehrheitsvermittelnden Beteiligung geschaffen werden.

140 **Erwerb und Aufstockung** bezeichnen Erwerbsvorgänge. Das Wort Erwerb bezeichnet die erstmalige Anschaffung, während unter Aufstockung der Hinzuerwerb weiterer Mitunternehmeranteile oder Anteile an einer Kapitalgesellschaft zu verstehen ist. Nicht jeder Erwerb oder jede Aufstockung von Mitunternehmeranteilen oder Beteiligungen an Kapitalgesellschaften, die zum Spaltungszeitpunkt eine 100 %-Beteiligung darstellen, fallen

unter § 15 II 1. Die Vorschrift ist vielmehr teleologisch zu reduzieren. Verhindert werden soll nur, dass per Spaltung mit Mitunternehmeranteilen oder 100%-Beteiligungen an Kapitalgesellschaften auch Wirtschaftsgüter steuerneutral übertragen werden, die zuvor steuerlich wirksam unterhalb des Verkehrswertes auf die Mitunternehmer- oder Kapitalgesellschaft übertragen wurden (so auch UmwStE Rn. 15.16). Eine solche Übertragung unter dem Verkehrswert ist freilich nur möglich, wenn spezielle steuerliche Regelungen Anwendung finden, die dies erlauben (*Sagasser/Sickinger* in SBB Teil M Rn. 23; *Herzig/Förster* DB 1995, 345). Von Bedeutung ist vor allem § 6 IV, V EStG. Darüber hinaus ist auch die Einlage von Beteiligungen an Kapitalgesellschaften in Kapitalgesellschaften unter den Voraussetzungen des § 21 ein Erwerbs- oder Aufstockungsfall, durch den ein fiktiver Teilbetrieb in Form einer 100%-Beteiligung an einer Kapitalgesellschaft entstehen kann. Ist Gegenstand einer Einbringung nach §§ 20, 24 hingegen ein Teilbetrieb, bleibt für § 15 II 1 kein Anwendungsbereich. Denn die zur Aufstockung (durch Einbringung) genutzte Vermögensmasse, die für sich einen Teilbetrieb darstellt, hätte ohne die Aufstockung steuerneutral auf den übernehmenden Rechtsträger übertragen werden können. Daneben ist eine Aufstockung zu Verkehrswerten nicht Anknüpfungspunkt der Missbrauchsvorschrift. Dies wird durch folgende Fallkonstellation belegt: Wird ein Wirtschaftsgut zu Verkehrswerten entgeltlich veräußert und die Gegenleistung anschließend zu einer Kapitalerhöhung verwandt, so greift § 15 II 1 nicht ein. Erfolgt die Übertragung jedoch zu Verkehrswerten gegen Gewährung von Gesellschaftsrechten, so würde ohne eine teleologische Reduktion des § 15 II 1 ein Mitunternehmeranteil oder eine 100%-Beteiligung an einer Kapitalgesellschaft entstehen, für die die Anwendung des § 11 II verwehrt wäre.

Die Übertragung eines Wirtschaftsguts in das **Gesamthandsvermögen einer Mitunternehmerschaft** stellt eine Aufstockung iSd § 15 II 1 dar, wenn der fortgeführte Buchwert des überführten Wirtschaftsguts unter dem Verkehrswert liegt (UmwStE Rn. 15.18). Hierbei ist es unerheblich, ob damit eine explizit vereinbarte Vermehrung der gesellschafterlichen Beteiligungsrechte resultiert. Denn die Übertragung in das Gesamthandsvermögen führt zu einer Erhöhung des Kapitals des Mitunternehmers. Der Begriff der Aufstockung ist insoweit steuerlich und nicht gesellschaftsrechtlich zu verstehen. Da auch die Überführung von Wirtschaftsgütern in das Sonderbetriebsvermögen zu einer Erhöhung des Kapitalkontos führt, dieser Vorgang aber keine Übertragung iSd § 15 II 1 darstellt, fragt sich, ob die Übertragung eines Wirtschaftsguts vom Sonderbetriebsvermögen in das Gesamthandsvermögen der Mitunternehmerschaft zu einer schädlichen Aufstockung führen kann. Denn die Aufstockung erfolgt nicht durch eine „Übertragung", sondern bereits durch die „Überführung". Man wird hier jedenfalls dann keine schädliche Aufstockung annehmen können, wenn die Überführung in das Sonderbetriebsvermögen bereits zeitlich vor dem 3-Jahres-Zeitraum des § 15 II 1 erfolgt ist. 141

Bei 100%-Beteiligungen an Kapitalgesellschaften führen verdeckte Einlagen in die Kapitalgesellschaft ohne Gegenleistung neuer Gesellschaftsrechte oder ohne eine nicht den Verkehrswert erreichende Gegenleistung nicht zur Aufstockung, obwohl sie eine Werterhöhung bestehender Beteiligungen an Kapitalgesellschaften bewirken. Es fehlt an einem Erwerb oder einer Aufstockung der Beteiligung. 142

Folgende **Einlagen** und sonstige Vergünstigungen durch Gesellschafter gegenüber **Kapitalgesellschaften,** die Spaltungsmasse sind, sind deshalb unschädlich iSd § 15 II 1: 143

- **Verkauf von Wirtschaftsgütern unter Verkehrswert.** Steuerlich realisiert der übertragende Rechtsträger als Verkäufer einen Gewinn; die Differenz zwischen vereinbartem Kaufpreis und Verkehrswert ist beim übertragenden Rechtsträger steuerpflichtig.
- **Verzicht auf Forderungen** (aus Lieferungen und Leistungen, aus Darlehen und aus Zinsansprüchen) aufgrund des Gesellschaftsverhältnisses. Es handelt sich regelmäßig um verdeckte Einlagen, die das steuerliche Eigenkapital bei einer entsprechenden Willensrichtung des Anteilseigners der Kapitalgesellschaft stärken, jedoch nicht zur Gewährung weiterer Gesellschaftsanteile führen. Ein Steuerausfall ist nicht zu befürchten, denn die

Forderung, auf die der übertragende Rechtsträger verzichtet, führt nicht zu Aufwand in dessen GuV-Rechnung, sondern es handelt sich vielmehr um (weitere) Anschaffungskosten der bestehenden Beteiligung. Ist die Forderung nur teilweise werthaltig, liegt nur eine Einlage in Höhe des Teilwerts der Forderung (aus der Sicht des auf die Forderung verzichtenden Gesellschafters) vor (BFH (GrS) v. 9.6.1997 BStBl. II 1998, 307). Entsprechendes gilt bei Verzicht auf eine Pensionszusage (BFH v. 15.10.1997 BStBl. II 1998, 305).

- Zurverfügungstellung von Arbeitnehmern, Darlehen oder **Nutzungsüberlassung** von Wirtschaftsgütern ohne Gegenleistung oder mit einer Gegenleistung, die unterhalb marktüblicher Konditionen liegt. Verdeckte Einlagen von Wirtschaftsgütern sind nicht gegeben, denn die genannten Vorteile sind nicht einlagefähig (BFH (GrS) v. 26.10.1987 BStBl. II 1988, 348). Der steuerliche Aufwand des übertragenden Rechtsträgers wird kompensiert durch entsprechend hohe Gewinnauswirkungen bei der Kapitalgesellschaft, die die Nutzungsvorteile empfängt.

144 Gegenüber **Mitunternehmerschaften** sind folgende **Einlagen** oder sonstige Vergünstigungen durch den beteiligten Rechtsträger, der als Körperschaft die Spaltung betreibt, unschädlich iSd § 15 II 1:

- **Verkauf von Wirtschaftsgütern unter Verkehrswert,** soweit nicht § 6 IV, V EStG Anwendung findet und die Gegenleistung nicht in Gesellschaftsrechten besteht. Steuerlich realisiert der übertragende Rechtsträger einen Gewinn.
- **Forderungsverzichte** wirken sich steuerlich nicht aus. Entweder handelt es sich um ergebnisneutrale Umbuchungen im Bereich des Betriebsvermögens der Mitunternehmerschaft einschließlich des Sonderbetriebsvermögens oder um steuerneutrale Einlagen, bei denen die Buchwerte des übertragenden Rechtsträgers den Verkehrswerten entsprechen.
- Werden **Nutzungsvorteile** gewährt, die nicht aktivierungspflichtig sind, ist der Tatbestand der Übertragung von Wirtschaftsgütern nicht erfüllt.

145 Bei der Überlassung von Wirtschaftsgütern zur Nutzung, ohne dass eine dem Verkehrswert entsprechende Vergütung gezahlt wird, ist zu differenzieren, ob hieraus eine Bilanzierungspflicht der überlassenen Wirtschaftsgüter im Betriebsvermögen der Mitunternehmerschaft einschließlich Sonderbetriebsvermögen folgt oder nicht. Entsteht Betriebsvermögen der Mitunternehmerschaft, werden stille Reserven übertragen und entstehen dadurch neue steuerliche Mitunternehmeranteile in Form von erhöhten Kapitalkonten, ist § 15 II 1 einschlägig (UmwStE Rn. 15.18). Die Einbringung von Teilbetrieben in Mitunternehmerschaften oder Kapitalgesellschaften nach §§ 20, 24 ist nicht von der Regelung des § 15 II 1 erfasst, denn Tatbestandsvoraussetzung ist, dass Wirtschaftsgüter übertragen werden, die kein Teilbetrieb sind.

c) Dreijahreszeitraum

146 Erwerb oder Aufstockung iSd § 15 II 1 müssen innerhalb von drei Jahren vor dem steuerlichen Übertragungsstichtag erfolgt sein. Maßgebend für die Fristberechnung sind die Vorschriften § 108 AO iVm §§ 187 I, 188 II BGB. Wenn Wirtschaftsgüter, die keinen Teilbetrieb darstellen, vor dem Dreijahreszeitraum ohne Aufdeckung der stillen Reserven in ein Sonderbetriebsvermögen des übertragenden Rechtsträgers überführt wurden, stellt dies eine unschädliche Aufstockung dar, auch wenn innerhalb dieses Zeitraums eine Übertragung dieser Wirtschaftsgüter in das Gesamthandsvermögen der Mitunternehmerschaft erfolgt.

3. Veräußerung an außenstehende Personen gem. § 15 II 2

a) Beitritt neuer Gesellschafter durch die Spaltung?

147 Gesellschaftsrechtlich ist die Identität des Gesellschafterkreises der Gesellschafter/Mitglieder des übertragenden Rechtsträgers und der Gesellschafter/Mitglieder der übernehmenden Rechtsträger nicht notwendig (str., anders die wohl hM, s. *Stengel* in Semler/

Stengel § 123 Rn. 21; zu der Frage der Kombinierbarkeit von Umwandlungsmaßnahmen und gleichzeitigem Aus- bzw. Eintritt von Gesellschaftern s. *Priester* DB 1997, 563 ff. mwN). Übernehmende Rechtsträger können sowohl bestehende als auch durch Übertragung des Vermögens des spaltenden Rechtsträgers neu gegründete Rechtsträger sein (§ 123 I und II UmwG). Bestehende übernehmende Rechtsträger können Gesellschafter/Mitglieder haben, die nicht an der übertragenden Körperschaft beteiligt waren. Gleiches gilt auch für durch Spaltung neu gegründete Rechtsträger; an diesen können nicht nur die Gesellschafter/Mitglieder des übertragenden Rechtsträgers beteiligt sein (grundlegend zu dieser Problematik im Rahmen des Formwechsels *Bärwaldt/Schabacker* ZIP 1998, 1293). Die in der 1. Aufl. vertretene Auffassung, das Prinzip der Anteilsgewährung nach § 123 UmwG bzw. der Gesellschafteridentität schließe den Beitritt bisher nicht an dem übernehmenden Rechtsträger beteiligter Gesellschafter im Rahmen der Spaltung aus, wird nicht aufrechterhalten. § 128 UmwG erlaubt eine Spaltung auch ohne Anteilsgewährung an einzelne Gesellschafter des übertragenden Rechtsträgers (LG Konstanz v. 13.2.1998 DB 1998, 1177). Der Grundsatz des Anteilstausches stellt in diesem Zusammenhang nur sicher, dass kein Anteilseigner (des übertragenden Rechtsträgers) gegen seinen Willen leer ausgeht; mit seiner Zustimmung kann ein Anteilseigner auch bei Spaltung – ebenso wie bei Formwechsel oder Verschmelzung – aus dem Rechtsträger ausscheiden. Umgekehrt können auch bei Spaltungen zur Neugründung neue Gesellschafter dem übernehmenden Rechtsträger während der Spaltung beitreten. Von Relevanz ist diese Diskussion aber nach der Praxiserfahrung vor allem, wenn es um die Spaltung auf neu gegründete Personengesellschaften geht und dann eine (nicht vermögensbeteiligte) Komplementär-GmbH als neuer Gesellschafter aufgenommen werden soll.

Für Vermögensübertragungen ist nach § 174 UmwG eine Neugründung ausgeschlossen. **148**
Für Vermögensübertragungen ist § 15 II 2 aber ohnehin irrelevant, weil sie nicht in den Anwendungsbereich des § 11 II einbezogen sind. Neben der Möglichkeit, dass an einem bestehenden übernehmenden Rechtsträger auch Gesellschafter/Mitglieder beteiligt sind, die nicht Gesellschafter/Mitglieder des übertragenden Rechtsträgers waren, kommt in Betracht, dass die gesellschaftsrechtliche/mitgliedschaftliche Beteiligung an einem übernehmenden neuen oder bestehenden Rechtsträger anders verteilt wird, als sie bei der übertragenden Körperschaft bestand. Solche Spaltungen werden in der BegrUmwG zu § 128 UmwG als „nicht-verhältniswahrend" bezeichnet.

b) Veräußerung

Wenn **durch die Spaltung die Veräußerung** an außenstehende Personen vollzogen **149**
wird, schließt § 15 II 2 die Anwendung des § 11 II aus. Die Bedeutung der Vorschrift beschränkt sich auf den Fall des Beitritts neuer Gesellschafter zu dem oder den übernehmenden Rechtsträger(n) direkt durch die Spaltung und dient im Übrigen nur als Einleitungssatz für § 15 II 3 und 4. Die Vorschrift ist unter verschiedenen Gesichtspunkten einschränkend auszulegen und hat deshalb in der Praxis vor allem Bedeutung iVm Satz 3 und 4 (dazu Rn. 158 ff.).

Spaltung auf bestehenden Rechtsträger. Durch die Spaltung selbst muss die Ver- **150**
äußerung vollzogen werden. Nur im zeitlichen Zusammenhang mit Spaltungsvorgängen getätigte Anteilsveräußerungen sind nicht durch die Spaltung vollzogen. Wird ein Teilbetrieb auf einen bestehenden Rechtsträger abgespalten, an dem die Anteilseigner der übertragenden Körperschaft nicht oder jedenfalls nicht allein beteiligt sind, so erhalten die Anteilseigner der übertragenden Körperschaft neue Anteile an dem aufnehmenden Rechtsträger. Hierbei kann es zu einer Veräußerung per Spaltung kommen, wenn die Anteilseigner der übertragenden Körperschaft unangemessen niedrig am aufnehmenden Rechtsträger beteiligt werden und hierfür von den begünstigten Altgesellschaftern des aufnehmenden Rechtsträgers Kompensation erhalten. Es besteht aufgrund des natürlichen wirtschaftlichen Interessengegensatzes zwischen den Anteilseignern der übertragenden Körperschaft und den Anteilseignern des aufnehmenden Rechtsträgers aber – jedenfalls

wenn ein Kompensationsgeschäft fehlt – die Vermutung, dass die neuen Anteile an der aufnehmenden Körperschaft so bemessen sind, dass die jeweiligen Werte der zusammengeführten Vermögensmassen sich in den nach Spaltung bestehenden Beteiligungsverhältnissen an dem aufnehmenden Rechtsträger widerspiegeln. In diesem Fall liegt keine Veräußerung iSd § 15 II 2 vor (*Dötsch/Pung* in D/P/P/M § 15 Rn. 153; *Momen* DStR 1997, 335; *Krebs* BB 1997, 1819).

151 Unter **Veräußerung** ist deshalb nicht bereits die Übertragung des der Spaltung unterworfenen Vermögens auf einen Rechtsträger zu verstehen, an dem Personen beteiligt sind, die zuvor nicht Gesellschafter/Mitglieder des übertragenden Rechtsträgers waren (grundlegend anders *Dötsch/Pung* in D/P/P/M § 15 Rn. 153 und *Schießl* in W/M § 15 Rn. 272, die nicht die Spaltung, sondern einen zweiten Vorgang als steuerliche Ursache der Beteiligungsverschiebung identifizieren).

c) Außenstehende Personen

152 Nur Personen, die an bestehenden oder neugegründeten übernehmenden Rechtsträgern im Rahmen der Spaltung beteiligt werden, ohne zuvor an der übertragenden Körperschaft beteiligt zu sein, können außenstehende Personen iSd § 15 II 2 sein. Minderheitsbeteiligte an dem übertragenden Rechtsträger sind keine außenstehenden Personen, auch wenn sie ihre Beteiligung kurz vor dem steuerlichen Übertragungsstichtag erworben haben. In diesen Fällen ist aber § 15 II 5 zu beachten (grds. zustimmend *Dötsch/Pung* in D/P/P/M § 15 Rn. 136, 141, die aber insoweit auf § 42 AO und die Gesamtplanrechtsprechung des BGH verweisen). Zählen die Anteile des übertragenden Rechtsträgers zum Gesamthandsvermögen einer Mitunternehmerschaft, ist für die Bestimmung der nicht außenstehenden Personen auf die Personengesellschaft und nicht etwa wegen der steuerlichen Transparenz der Mitunternehmerschaft auf deren Gesellschafter abzustellen (so auch der BFH BStBl. II 2004, 614 zu § 8 IV 2 EStG; aA *Dötsch/Pung* in D/P/P/M § 15 Rn. 149). Der Begriff der außenstehenden Person ist nicht vergleichbar mit dem des außenstehenden Aktionärs gem. § 304 AktG. Der außenstehende Aktionär ist ein Minderheitsgesellschafter. Ihm mangelt es aufgrund eines Beherrschungs- und Gewinnabführungsvertrages nur an Einfluss. Dieser Mangel ist durch einen angemessenen Ausgleich zu beheben. Die außenstehende Person nach § 15 II 2 erwirbt durch die Spaltung hingegen erstmals (indirekt) eine Beteiligung am Vermögen zu Lasten der Anteilseigner der übertragenden Körperschaft. Den Kreis der nicht außenstehenden Personen über den Bestand der Gesellschafter an der übertragenden Körperschaft hinaus auf diesen nahestehende Personen gem. § 1 II AStG zu erweitern (so *Schumacher* in R/H/vL § 15 Rn. 213), dürfte der Regelungszweck des § 15 II nicht hergeben (*Schießl* in W/M § 15 Rn. 241; *Dötsch/Pung* in D/P/P/M § 15 Rn. 145, *Frotscher* in F/M § 15 Rn. 105). Die FinVerw scheint in UmwStE Rn. 15.44 dieser Auffassung aber zuzuneigen.

153 **Außenstehende Personen** können auch Gesellschafter des bzw. der übernehmenden Rechtsträger(s) sein, die diesem bzw. diesen durch den Spaltungsvertrag beitreten. Ein solcher Beitritt erfolgt dann im Wege einer (zusätzlichen) Kapitalerhöhung beim übernehmenden Rechtsträger. Nach UmwStE Rn. 15.25 ist eine Aufnahme neuer Gesellschafter für die Anwendung des § 11 II nur dann schädlich, wenn sie nicht gegen ein angemessenes Aufgeld erfolgt und die dem Rechtsträger zugeführten Mittel innerhalb von 5 Jahren an die nicht außenstehenden Gesellschafter ausgekehrt werden. Bei der Formulierung von UmwStE Rn. 15.25 stand der FinVerw offenbar der Fall vor Augen, dass nach der Spaltung eine Kapitalerhöhung durch Außenstehende vorgenommen wird. Der Grundgedanke der Regelung in Rn. 15.25 gilt aber auch für den Beitritt außenstehender Personen zum Zeitpunkt der Spaltung (vgl. auch die Überschrift vor UmwStE Rn. 15.22).

d) Sonderfälle

154 **Nicht-verhältniswahrende Spaltungen** sind keine Veräußerungen an außenstehende Personen (*Dötsch/Pung* in D/P/P/M § 15 Rn. 154). Diese Sichtweise bestätigt die Fin-

Verw nunmehr ausdrücklich (UmwStE Rn. 15.44). Die durch die nicht-verhältniswahrende Spaltung bewirkte Verschiebung der Anteilsverhältnisse im Kreise der Anteilseigner der übertragenden Körperschaft stellt danach zwar eine Zuwendung, aber keine Veräußerung iSd § 15 II 2 bis 4 dar. Jedoch kann die Steuerneutralität einer solchen Spaltung nach anderen Vorschriften in Frage gestellt sein. Die Voraussetzungen für eine unschädliche Trennung von Gesellschafterstämmen nach § 15 II 5 können etwa nicht erfüllt sein. Zur Frage, ob in korrespondierenden Zuwendungen der Beteiligungsrechte am übertragenden Rechtsträger eine schädliche Gegenleistung iSd §§ 15 I 1, 11 II Nr. 3 gesehen werden kann, vgl. Rn. 201 ff.

Eine Umstrukturierung innerhalb **verbundener Unternehmen** iSd § 271 II HGB **155** und juristischer Personen des öffentlichen Rechts einschließlich ihrer Betriebe gewerblicher Art wurde in BMFE 1998 Rn. 15.26 explizit nicht als Veräußerung an eine außenstehende Person eingestuft. Diese Auffassung der FinVerw war zutreffend und entsprach im Grundsatz einer zweckmäßigen Auslegung des unbestimmten Rechtsgriffes „außenstehende Person". In UmwStE Rn. 15.26 schränkt die FinVerw ihre vorher vertretene Auffassung ein. Umstrukturierungen der vorgenannten Art stellen danach nur dann keine „Veräußerung i. S. d. § 15 Absatz 2 Satz 3 und 4 dar, wenn im Anschluss an diesen Vorgang keine unmittelbare oder mittelbare Veräußerung an eine außenstehende Person stattfindet" (zur erstmaligen Anwendung der Einschränkung auf Veräußerungen nach dem 31.12.2011 vgl. UmwStE Rn. S. 07). Richtigerweise begreift man diese Einschränkung dahingehend, dass es auch nach Auffassung der FinVerw bei der Herausnahme verbundener Unternehmen iSd § 271 II HGB aus dem Kreis der außenstehenden Personen bleibt, jedoch mit Blick auf § 42 AO bzw. die Gesamtplanrechtsprechung des BFH Gestaltungen verhindert werden sollen, bei denen im engen zeitlichen Zusammenhang mit Spaltungen innerhalb von verbundenen Unternehmen mittelbare oder unmittelbare Veräußerungen an außenstehende Personen erfolgen (*Schumacher* in R/H/vL § 15 Rn. 216a; demgegenüber gehen *Dötsch/Pung* in D/P/P/M § 15 Rn. 146, 150 f. davon aus, dass UmwStE Rn. 15.26 insgesamt eine im Gesetz nicht angelegte Billigkeitsmaßnahme der FinVerw darstellt und auch verbundene Unternehmen „außenstehend" sind). Man wird davon ausgehen können, dass die Auffassung der FinVerw auch für den Fall des § 15 II 2 gilt, denn der Begriff der „außenstehenden Personen" hat dort keinen grundlegend anderen Gehalt als bei § 15 II 3 und 4. Die FinVerw präzisiert nicht, welche der Beteiligten verbundene Unternehmen sein müssen. In jedem Fall ausreichend ist es, wenn Veräußerer und Erwerber verbundene Unternehmen sind, eine Verbundenheit zwischen übertragendem und aufnehmendem Rechtsträger ist nicht erforderlich (*Dötsch/Pung* in D/P/P/M § 15 Rn. 146). Nach hier vertretener Auffassung ist es darüber hinaus nur notwendig, dass im Zuge der Spaltung beitretende weitere Gesellschafter des übernehmenden Rechtsträgers verbundene Unternehmen eines der Gesellschafter des übertragenden Rechtsträgers sind. Erfolgt demnach eine Abspaltung auf einen bestehenden Rechtsträger, an dem bereits ein verbundenes Unternehmen eines der Anteilseigner des übertragenden Rechtsträgers beteiligt ist, findet § 15 II 2 auch dann keine Anwendung, wenn die Anteilseigner der übertragenden Körperschaft unangemessen niedrig am aufnehmenden Rechtsträger beteiligt werden. Es gelten die Regeln zu nicht-verhältniswahrenden Spaltungen innerhalb des Anteilseignerkreises des übertragenden Rechtsträgers (s. Rn. 154).

Das Merkmal des verbundenen Unternehmens soll sich gem. UmwStE Rn. 15.26 nach **156** § 271 II HGB richten. Maßgebend ist, ob die in Rede stehenden Beteiligten einer Spaltung bzw. Erwerber jeweils in den Konzernabschluss einer Obergesellschaft einbezogen werden können. Bei Muttergesellschaften mit Sitz im Ausland genügt die Möglichkeit der Einbeziehung in einen befreienden Konzernabschluss gem. §§ 291, 292 HGB (*Dötsch/Pung* in D/P/P/M § 15 Rn. 146; *Schumacher* in R/H/vL § 15 Rn. 215).

e) Anwendung des § 15 II 4

157 Kommt es durch die Spaltung zu Veräußerungen an außenstehende Personen, stellt sich die Frage, ob § 15 II 4 anwendbar ist. Danach ist von einer schädlichen Veräußerung (nur) auszugehen, wenn innerhalb von fünf Jahren nach dem steuerlichen Übertragungsstichtag Anteile an einer an der Spaltung beteiligten Körperschaft, die mehr als 20% der vor Wirksamwerden der Spaltung an der beteiligten Körperschaft bestehenden Anteile ausmachen, übertragen werden (zu § 15 II 4 vgl. Rn. 181 ff.). Hierzu wird vertreten, dass § 15 II 4 auf Veräußerungen gem. § 15 II 2 keine Anwendung finde, sodass jede Anteilsveräußerung durch Spaltung schädlich wäre. Die Vorschrift sei ausschließlich auf die Missbrauchstatbestände des § 15 II 3 zugeschnitten (*Dötsch/Pung* in D/P/P/M § 15 Rn. 156) und finde auch seinem Wortlaut nach keine Anwendung auf § 15 II 2 (*Schumacher* in R/H/vL § 15 Rn. 219). Dem ist zu widersprechen. Der Gesetzgeber geht in der amtlichen Gesetzesbegründung davon aus, dass § 15 II 2 einen Anwendungsbereich hat und wollte dabei Übertragungen nach dieser Vorschrift nicht schlechter stellen, als solche gem. § 15 II 3 (BT-Drs. 12/6885, 23). Auch ist eine Anwendung des § 15 II 4 nach dem Wortlaut begründbar, wenn man für die Übertragung durch Spaltung gem. § 15 II 2 auf das Wirksamwerden der Spaltung und damit nicht auf den steuerlichen Übertragungsstichtag abstellt (iErg auch *Herzig/Förster* DB 1995, 388, 345).

4. Voraussetzungen für Veräußerungen werden geschaffen gem. § 15 II 3 und 4

a) Veräußerungsgegenstand und Veräußerungsabsicht

158 Nach dem Gesetzeswortlaut ist § 11 II nicht anzuwenden, wenn durch eine Spaltung die Voraussetzungen für eine Veräußerung geschaffen werden. Das Gesetz definiert den **Veräußerungsgegenstand** nicht. Gemeint ist die Veräußerung der durch die Spaltung entstehenden Gesellschaftsanteile und, im Fall der Abspaltung, der Gesellschaftsanteile an der übertragenden Körperschaft (*Schumacher* in R/H/vL § 15 Rn. 237). Der Veräußerungstatbestand bezieht sich in Fällen der Spaltung auf einen bestehenden Rechtsträger grundsätzlich nicht auf die Anteile dieses bestehenden Rechtsträgers, die bereits vor der Spaltung existierten (*Hörger* DStR 1998 Beil. Heft 17, 31). Das gilt jedenfalls dann, wenn die im Rahmen der Spaltung durchgeführte Kapitalerhöhung beim aufnehmenden Rechtsträger in einem angemessenen Verhältnis von übergehendem und dem dort vorher vorhandenen Vermögen erfolgt (s. Rn. 150 und 185; zust. *Schumacher* in R/H/vL § 15 Rn. 237; *Schießl* in W/M § 15 Rn. 346). Anders ist es nur, wenn durch ein unangemessenes Verhältnis Wertverschiebungen auf die vorher bereits am aufnehmenden Rechtsträger beteiligten Gesellschafter eintreten. Handelt es sich bei den so Begünstigten um außenstehende Personen (Rn. 152), liegt bereits in der Wertverschiebung eine schädliche Veräußerung der Anteile, wenn hierfür eine Gegenleistung gewährt wird (s. Rn. 150 ff., 162). Die FinVerw geht insoweit zwar in UmwStE Rn. 15.44 davon aus, dass auch ohne Gegenleistung eine Veräußerung an außenstehende Personen zu bejahen ist. Eine kompensationslose Wertverschiebung auf außenstehende Personen wird aber regelmäßig ohnehin nicht vorliegen und wäre ansonsten allein unter schenkungssteuerlichen Gesichtspunkten zu werten. Auch die FinVerw fordert ansonsten für eine Veräußerung eine Gegenleistung und konstatiert in UmwStE Rn. 15.25, dass eine schädliche Anteilsveräußerung bei zunächst in angemessenem Verhältnis beteiligten außenstehenden Personen per Aufgeldzahlung nur dann vorliegt, wenn die anfangs als Aufgeld „zugeführten Mittel" innerhalb einer Fünfjahresfrist gem. § 15 II 4 an die „bisherigen Anteilseigner" ausgekehrt werden (UmwStE Rn. 15.25, vgl. hierzu Rn. 167). Sind ausschließlich Gesellschafter der übertragenden Gesellschaft an der aufnehmenden Gesellschaft beteiligt und kommt es zu einer Wertverschiebung auf die schon vor der Spaltung existierenden Anteile, sind auch diese, nunmehr ebenfalls das abgespaltene Vermögen repräsentierenden Anteile fortan geeigneter Veräußerungsgegenstand iSd § 15 II 3 und 4 (*Schumacher* in R/H/vL § 15 Rn. 237 spricht unter Hinweis auf § 22 VII von „verstrickten" Anteilen). Eine Wertverschiebung in diesem Verhältnis führt auch nach Auffassung der FinVerw (UmwStE Rn. 15.44) für sich genommen nicht zu einer Veräußerung. Bei Aufwärtsverschmelzungen ist zu unterscheiden: Im Falle der Abspaltung auf eine 100%ige Muttergesellschaft erfolgt keine Kapitalerhöhung. Da die bestehenden Anteile vor wie nach der Spaltung den abgespaltenen Teilbetrieb repräsentieren, ist eine Veräußerung der Anteile an der Muttergesellschaft unschädlich. Ist die aufnehmende Muttergesellschaft zu weniger als 100 % an der übertragenden Gesellschaft beteiligt, erwerben die übrigen Gesellschafter der übertragenden Gesellschaft Anteile an der Muttergesellschaft, deren Veräußerung gem. § 15 II 3 schädlich sein kann.

Der Veräußerungstatbestand bezieht sich nicht auf die durch Spaltung übertragenen **159** einzelnen Wirtschaftsgüter oder, im Falle der Abspaltung, die bei der übertragenden Körperschaft verbleibenden Wirtschaftsgüter. Das gilt auch für fiktive Teilbetriebe gem. § 15 I 3, insbesondere ist die abgespaltene 100 %-Beteiligung an einer Kapitalgesellschaft keine „an der Spaltung beteiligte Körperschaft" (so auch UmwStE Rn. 15.27 und 15.28; *Dötsch/Pung* in D/P/P/M § 15 Rn. 124, die allerdings in Rn. 164 die 100 %-Beteiligung an einer Kapitalgesellschaft als eine an der Spaltung beteiligte Gesellschaft einstufen). Die einzelnen Wirtschaftsgüter bleiben mit oder ohne Spaltung jederzeit veräußerbar und stellen die Steuerneutralität der Spaltung nicht in Frage. Steuerausfälle sind bei der Veräußerung einzelner Wirtschaftsgüter durch übertragende oder übernehmende Rechtsträger nach Spaltung nicht zu befürchten.

Die Gesellschaftsanteile der übernehmenden Körperschaften und, im Fall der Abspal- **160** tung, die Gesellschaftsanteile der übertragenden Körperschaft sind durch deren jeweilige Gesellschafter jederzeit veräußerbar. Für eine Veräußerung brauchen demnach **keine objektiven Voraussetzungen** geschaffen zu werden. Deshalb bezieht sich das Gesetz auf die subjektive Absicht der Gesellschafter, durch die Spaltung eine Möglichkeit der Veräußerung der Gesellschaftsanteile herbeizuführen (so schon *Wochinger* DB 1992, 168 zu Nr. 2f. des BMF-Spaltungserlasses v. 9.1.1992 BStBl. I 47). Die **subjektive Veräußerungsabsicht** muss zu irgendeinem Zeitpunkt in dem Zeitraum von der Planung und Vorbereitung der Spaltung bis zu der Anmeldung der Spaltung zum Handelsregister gegeben sein. Bei Vorliegen der Tatbestandsvoraussetzungen des § 15 II 4 wird unterstellt, dass eine Veräußerungsabsicht zum Zeitpunkt der Spaltung vorhanden war. Der Wortlaut „Davon ist auszugehen, wenn …" indiziert eine widerlegbare Vermutung für eine Veräußerungsabsicht, und nicht etwa die – unwiderlegbare – Fiktion einer Veräußerungsabsicht (unzutr. jedenfalls für das UmwStG idF des SEStEG: BFH v. 3.8.2005 BFH/NV 2006, 691). Nur eine solche – richtlinienkonforme – Auslegung vermeidet die Annahme eines gesetzlichen Verstoßes gegen die FusionsRL (s. auch Rn. 121 ff.; *Hahn* GmbHR 2006, 462, 424; zust. *Schumacher* in R/H/vL § 15 Rn. 224; aA UmwStE Rn. 15.27; *Dötsch/Pung* in D/P/P/M § 15 Rn. 123). Diese Vermutung ist als gesetzliche Beweislastregel zu lesen, bei der aus dem Vorliegen eines Tatbestandes auf einen weiteren Tatbestand geschlossen wird. Im Gegensatz zu einer Vermutung kann eine Fiktion nicht durch den Gegenbeweis entkräftet werden. Die unterstellte Veräußerungsabsicht kann vor allem dann widerlegt werden, wenn die Veräußerung aus ersichtlichen zum Zeitpunkt der Spaltung nicht vorhersehbaren Gründen erforderlich wird. Solche Gründe können unter anderem der Tod oder Konkurs eines Gesellschafters, der Verkauf aus nachträglich eintretenden zwingenden wirtschaftlichen oder rechtlichen Gründen (inkl. Zwangsveräußerungen) oder der Eintritt neuer Gesellschafter zur Durchführung von Sanierungsmaßnahmen nach erheblicher Verschlechterung der wirtschaftlichen Lage eines der an der Spaltung beteiligten Unternehmen sein. Zwar findet sich in § 15 II 3 und 4 nicht die Formulierung „ohne triftigen Grund", wie sie in § 26 I 1 aF aufgenommen wurde; dies ist angesichts der Ausgestaltung der Vorschrift als Beweislastregel aber auch nicht notwendig.

Der **Tatbestand** des § 15 II 3 ist im Hinblick auf die gesetzgeberische Intention **zu** **161** **weit gefasst.** Ursprünglich sollte verhindert werden, dass aufgrund von DBA steuerbefreite Anteilseigner oder inländische steuerbefreite Institutionen Gesellschaftsanteile an den an einer Spaltung beteiligten Rechtsträgern steuerfrei veräußern können (BegrUmwStG zu

§ 15 aF; *Herzig/Momen* DB 1994, 2160). Das intendierte Ziel der Vorschrift war, eine implizit erwünschte Diskriminierung ausländischer Rechtsträger nicht offen aufscheinen zu lassen. Deshalb wurden auch inländische Anteilseigner der Missbrauchsklausel unterworfen. Die früheren Gründe für eine Missbrauchsklausel können nunmehr auch für inländische Anteilseigner relevant sein, weil § 8b KStG eine weitgehend steuerfreie Veräußerung von Kapitalgesellschaftsbeteiligungen durch Körperschaften ermöglicht.

b) Veräußerungstatbestand

162 **Veräußerung** ist der **Übergang des wirtschaftlichen Eigentums** an den betreffenden Gesellschaftsanteilen auf eine andere (außenstehende) Person gegen Gewährung einer Gegenleistung. Hierunter fallen vor allem Übergang der Anteile im Rahmen eines Verkaufs oder Tauschs. Der Abschluss eines schuldrechtlichen Veräußerungsvertrages allein reicht nicht aus, solange die Übertragungen des wirtschaftlichen Eigentums aussteht (vgl. dazu *Wacker* in Schmidt § 16 Rn. 20 und *Weber-Grellet* in Schmidt § 17 Rn. 96; BFH v. 22.9.1992 BStBl. II 1993, 228). Der Veräußerungsbegriff des § 23 EStG, für den der bloße Abschluss des entgeltlichen Vertrages mit Lieferverpflichtung ausreicht, ist aufgrund der Besonderheiten der Spekulationsbesteuerung nicht anzuwenden.

163 Entscheidend ist der Übergang des **wirtschaftlichen** Eigentums. Grds. ist der zivilrechtliche Eigentümer auch der wirtschaftliche. Wirtschaftliches und zivilrechtliches Eigentum fallen jedoch auseinander, wenn ein anderer – nämlich der Erwerber – die tatsächliche Herrschaft über Anteile in der Art ausübt, dass er den zivilrechtlichen Eigentümer im Regelfall für die gewöhnliche Nutzungsdauer von der Einwirkung auf Anteile ausschließen kann, § 39 II Nr. 1 AO (s. zu den Kriterien des Übergangs des wirtschaftlichen Eigentums an GmbH-Anteilen bei aufschiebend bedingter Übereignung BFH v. 10.3.1988 BStBl. II 834).

164 **Mittelbare Anteilsveräußerungen** werden von § 15 II 3 und 4 nicht erfasst. Die Veräußerung muss vielmehr unmittelbar die Anteile einer an der Spaltung beteiligten Körperschaft betreffen. Denn § 15 II 4 spricht ausdrücklich nur von „Anteilen an einer an der Spaltung beteiligten Körperschaft". Nicht an der Spaltung beteiligt sind die Gesellschafter der an der Spaltung beteiligten Körperschaften. Das gilt jedenfalls dann, wenn diese wiederum Kapitalgesellschaften sind (*Dötsch/Pung* in D/P/P/M § 15 Rn. 127; *Schumacher* in R/H/vL § 15 Rn. 233; aA OFD Nürnberg v. 9.2.2000 GmbHR 2000, 519). Richtigerweise gilt dies aber auch, wenn es sich hierbei um Personengesellschaften handelt (*Schießl* in W/M § 15 Rn. 385). Denn Einbringungen von Anteilen des übertragenden Rechtsträgers in Personengesellschaften im Vorfeld der Spaltung mit anschließender Übertragung des Mitunternehmeranteils werden durch § 6 V EStG und § 15 II 4 und 5 abschließend behandelt, eine Umgehungsgefahr besteht insoweit nicht (aA *Dötsch/Pung* in D/P/P/M § 15 Rn. 127, 149, die zur Vermeidung von Umgehungen im Mitunternehmer und nicht in der Mitunternehmerschaft die nicht außenstehende Person erblicken wollen). Weil in diesem Zusammenhang die Annahme eines Missbrauchs durch die FinVerw nicht fernliegt (vgl. auch UmwStE Rn. 15.26), ist zu umsichtiger Gestaltung zu raten. Die mittelbare Veräußerung im Kreis verbundener Unternehmen der Anteilseigner des übertragenden Rechtsträgers sollte dabei schon deshalb nicht schädlich sein, weil sie nicht an außenstehende Personen erfolgt (s. Rn. 155; aA *Dötsch/Pung* in D/P/P/M § 15 Rn. 150 f.).

165 Nur Veräußerungen an **außenstehende Personen** sind als schädlich für die steuerneutrale Spaltung anzusehen (*Dötsch/Pung* in D/P/P/M § 15 Rn. 140, 158). Das Tatbestandsmerkmal „außenstehende Personen" gem. § 15 II 2 ist auch in die Sätze 3 und 4 hineinzulesen (*Frotscher* in F/M § 15 Rn. 113; *Fey/Neyer* GmbHR 1999, 277; *Herzig/Förster* DB 1995, 345; *Hörger* StbJb 1994/95, 253; *Thiel* DStR 1995, 238). Dass dies auch die FinVerw so sieht, ergibt sich aus UmwStE Rn. 15.26, wonach Umstrukturierungen innerhalb verbundener Unternehmen nur dann schädlich sein sollen, wenn im Anschluss eine Veräußerung an außenstehende Personen erfolgt. Die Anteilseigner des übertragenden Rechts-

trägers und die mit ihnen gem. § 271 II HGB verbundenen Unternehmen stellen keine außenstehenden Personen dar (vgl. Rn. 152 ff.). Dasselbe gilt für juristische Personen des öffentlichen Rechts und deren Eigengesellschaften bzw. Betriebe gewerblicher Art. Anteilsveräußerungen in dem so bestimmten Kreis der nicht außenstehenden Personen fallen daher grundsätzlich nicht unter § 15 II 3 und 4.

Unentgeltliche Übertragungen des Eigentums stellen keine Veräußerungen iSd § 15 II 3 dar. Hierunter fallen Anteilsübertragungen per Erbfolge und im Rahmen von Erbauseinandersetzungen (so auch UmwStE Rn. 15.23, allerdings unter Ausschluss von Erbauseinandersetzungen mit Ausgleichszahlungen), aber auch Fälle der vorweggenommenen Erbfolge und des scheidungsbedingten Ausgleichs des Zugewinns sowie die Realteilung. Ferner gehört hierzu die verdeckte Einlage von Anteilen einer an der Spaltung beteiligten Körperschaft in eine andere Körperschaft (*Dötsch/Pung* in D/P/P/M § 15 Rn. 128; *Schumacher* in R/H/vL § 15 Rn. 226; *Frotscher* in F/M § 15 Rn. 99) sowie die Einlage in eine Mitunternehmerschaft oder eine Überführung in das Sonderbetriebsvermögen einer solchen Mitunternehmerschaft ohne Gewährung zusätzlicher Beteiligungsrechte. Bei einem teilentgeltlichen Rechtsgeschäft – zB bei einer Realteilung mit Ausgleichszahlungen – ist zwischen einem unentgeltlichen und einem entgeltlichen Teil zu unterscheiden (*Hörger* FR 1994, 768). 166

Der jeweilige Vorgang muss sich wirtschaftlich als **Anteilsveräußerung durch die nicht außenstehenden Anteilseigner** darstellen (UmwStE Rn. 15.25). Nach einer Spaltung vorgenommene **Kapitalerhöhungen** durch außenstehende Personen sind deshalb keine Veräußerungen iSd § 15 II 3 und 4, wenn und soweit die außenstehenden Personen ein angemessenes Aufgeld zahlen und damit die wertmäßige Beteiligung der nicht außenstehenden Anteilseigner nicht vermindert wird. Nach Auffassung der FinVerw liegt eine schädliche Anteilsveräußerung in diesen Fällen aber vor, wenn die Kapitalgesellschaft die ihr auf diese Weise „zugeführten Mittel" innerhalb der Fünfjahresfrist gem. § 15 II 4 an die „bisherigen Anteilseigner" ausgekehrt (UmwStE Rn. 15.25; vgl. hierzu Rn. 158). Diese Auffassung ist dahingehend zu korrigieren, dass nur eine solche im sachlichen und zeitlichen Zusammenhang mit Spaltung und anschließender Kapitalerhöhung erfolgende Zuwendung an die nicht außenstehenden Anteilseigner schädlich sein kann, die zu einer erheblichen Absenkung des Beteiligungswertes dieser Anteilseigner im Vergleich zu dem der außenstehenden Anteilseigener führt (etwa durch **Erwerb eigener Anteile** ausschließlich von den nicht außenstehenden Anteilseignern). Diese Regeln gelten auch, soweit außenstehende Personen zur Kapitalerhöhung zugelassen werden, indem sie **Bezugsrechte von Gesellschaftern** abgetreten erhalten: Soweit Bezugsrechte entgeltlich veräußert werden, liegt eine schädliche Veräußerung vor. In dem Bezugsrechtsverkauf liegt eine Veräußerung von Anteilen, die einen zu bestimmenden Prozentsatz der vor Wirksamwerden der Spaltung bestehenden Gesellschaftsanteile ausmachen. Die unentgeltliche Überlassung von Bezugsrechten allein stellt demgegenüber keine schädliche Veräußerung dar. Da keine Veräußerung durch die nicht außenstehenden Anteilseigner vorliegt, ist die **Veräußerung eigener Anteile** durch einen an der Spaltung beteiligten Rechtsträger an außenstehende Personen nicht als „Veräußerung" anzusehen (so im Ergebnis auch *Schumacher* in R/H/vL § 15 Rn. 227), es sei denn, sie erfolgt nicht zu einem angemessenen Kaufpreis und gegen weitere Kompensation auf Ebene der Gesellschafter. 167

Nicht als Umgehung iSd § 42 AO sind Konstellationen zu werten, in denen Veräußerungen an einen Erwerber von weniger als 20% iSd § 15 II 4 mit Kapitalerhöhungen gegen angemessenes Aufgeld durch diesen Erwerber zusammentreffen. 168

Der Spaltung nachfolgende **Umwandlungen** der beteiligten Rechtsträger stellen grundsätzlich keine schädlichen Veräußerungen gem. § 15 II 3 dar. Die FinVerw will solche Vorgänge unter Verweis auf UmwStE Rn. 00.02 offenbar generell als schädliche Veräußerungen ansehen (UmwStE Rn. 15.24). In UmwStE Rn. 00.02 vertritt die FinVerw die Auffassung, dass Umwandlungen, Einbringungen und der Formwechsel einer Kapitalgesellschaft in eine Personengesellschaft (und umgekehrt) hinsichtlich des übertragenen Ver- 169 mögens Veräußerungs- und Anschaffungsgeschäfte auf Ebene des übertragenen und aufnehmenden Rechtsträgers darstellen. Entscheidend für § 15 II 3 ist aber nicht, ob übertragende oder aufnehmende Gesellschaft im Anschluss an die Spaltung ihr Vermögen weiterübertragen, sondern ob die Anteile an diesen Gesellschaften an außenstehende Personen veräußert werden. Wenn überhaupt, wäre ein Verweis auf UmwStE Rn. 00.03 einschlägig, wonach auf Ebene der Anteilseigner einer übertragenden Körperschaft die Umwandlung (auch die Aufwärtsverschmelzung) als Veräußerungs- und Anschaffungsvorgang der Anteile zum gemeinen Wert angesehen werden soll. Diese Auffassung ist allerdings zu pauschal, weil sie einen tauschweisen Erwerb von Anteilen am aufnehmenden Rechtsträger auch annimmt, wo nach den gesetzlichen Aussagen kein Tausch stattfindet, weil Anteile am aufnehmenden Rechtsträger „an die Stelle" der Anteile des übertragenden Rechtsträgers treten (§ 13 II 2 für die Seitwärtsverschmelzung oder -spaltung) bzw. gar nicht entstehen (Aufwärtsverschmelzung und -spaltung). Aber auch unabhängig hiervon ist die generelle Einstufung von Umwandlungsvorgängen als schädliche Veräußerungen iSd § 15 II 3 wegen der daraus resultierenden Wertungswidersprüche nicht gerechtfertigt. Auch nach Auffassung der FinVerw dürfte etwa eine schädliche Veräußerung nicht vorliegen, wenn ein an der Spaltung beteiligter Rechtsträger übernehmender Rechtsträger einer nachfolgenden Umwandlung ist. Denn Verschmelzungen oder Spaltungen auf die an der Spaltung beteiligte Kapitalgesellschaft stellen faktisch eine Kapitalerhöhung dar, bei der die Regeln gem. Rn. 150, 158, 167 gelten. Schädlich kann dieses Vorgehen nur sein, wenn diese Kapitalerhöhung zu unangemessenen Werten erfolgt und aus diesem Grund eine Veräußerung durch die nicht außenstehenden Anteilseigner anzunehmen ist (so auch UmwStE Rn. 15.44). Für den umgekehrten Fall der Verschmelzung eines an der Spaltung beteiligten Rechtsträgers auf eine andere Körperschaft, an der außenstehende Personen beteiligt sind, kann nichts anderes gelten. Eine Verschmelzung oder Spaltung des an der Spaltung beteiligten Rechtsträgers auf eine andere Körperschaft ist somit als Missbrauchstatbestand ungeeignet, sofern die Gesellschafter dieses Rechtsträgers hieraus kein Entgelt neben den zu angemessenen Werten neu ausgegebenen Anteilen an der aufnehmenden Körperschaft erzielen. Selbst wenn man hierin eine tauschähnliche Übertragung erkennen wollte, fehlte es an der Veräußerung an eine außenstehende Person. Erst recht sind Verschmelzungen/Spaltungen auf der Ebene der Anteilseigner eines an der Spaltung beteiligten Rechtsträgers ungeeignet, einen „Veräußerungstatbestand" zu erfüllen (aA OFD Nürnberg v. 9.2.2000 GmbHR 2000, 519). Es gilt auch hier, dass mittelbare Anteilsübertragungen von § 15 II 3 nicht erfasst werden (aA *Dötsch/Pung* in D/P/P/M § 15 Rn. 133, 152 auf Basis eines anderen Verständnisses der „außenstehenden Person"). Keine Veräußerung stellt der Formwechsel dar. Es fehlt insoweit jedenfalls an der Übertragung auf eine außenstehende Person.

170 **Ausgliederungen bzw. Einbringungen** aus einem Betriebsvermögen in ein anderes gegen Gewährung von Anteilen – zB nach §§ 20, 21 –, stellen Veräußerungen iSd § 15 II 3 dar. Auch in diesem Rahmen ist aber zu beachten, dass Anteilsübertragungen an verbundene Unternehmen nicht zu einer Veräußerung an außenstehenden Personen zählen (vgl. Rn. 152 ff., 164). Mit *Schumacher* (in R/H/vL § 15 Rn. 231) sollte es ausreichend sein, wenn die Erwerberin der Anteile erst durch den Erwerb zum verbundenen Unternehmen wird.

171 Die **Einbringung** von Gesellschaftsanteilen, die sich in einem Privatvermögen befinden, in eine Personengesellschaft oder Kapitalgesellschaft ist als Veräußerung zu werten (BFH v. 12.2.1980 BStBl. II 494; v. 21.10.1976 BStBl. II 1977, 145; UmwStE 1998 Rn. 15.24), da bei Privatvermögen nicht von verbundenen Unternehmen ausgegangen werden kann. Eine verdeckte Einlage stellt in diesem Fall gem. § 17 I 2 EStG, wenn die Voraussetzungen der Vorschrift im Übrigen vorliegen, ebenfalls eine Veräußerung dar. Die Erzielung eines steuerpflichtigen Gewinns ist nicht notwendig, um den Tatbestand der Veräußerung zu erfüllen.

Bei einer **Call-Option** gibt der Veräußerer gegenüber dem Erwerber ein Angebot zum Erwerb von Anteilen ab. Die bloße Abgabe eines solchen Angebots bewirkt nicht den Übergang des wirtschaftlichen Eigentums, auch wenn ein Kaufpreis für den späteren Zeitraum der Abgabe der Annahmeerklärung festgelegt ist. Denn jedenfalls ist noch nicht das Risiko der Wertminderung auf den Erwerber übergegangen, was für das wirtschaftliche Eigentum neben der Chance der Wertsteigerung maßgeblich ist (BFH v. 10.3.1988 BStBl. II 834; v. 30.5.1984 BStBl. II 825; *Döllerer* BB 1971, 535). Der Erwerber hat es in der Hand, das ihm gegenüber abgegebene Angebot nicht anzunehmen. 172

Bei **Put- und Call-Optionen** hat jeweils eine Seite es in der Hand, den zivilrechtlichen Übergang der Anteile durch Annahmeerklärung auszulösen. Aber auch hier ist noch nicht von einem Übergang des wirtschaftlichen Eigentums auszugehen, solange bei einem festgelegten Kaufpreis die Möglichkeit besteht, dass die subjektiven Schätzungen des Werts der (nicht börsennotierten) Anteile voneinander abweichen können und deshalb keine Seite die Option ausübt. Ist ein Kaufpreis nicht betragsmäßig fixiert, sondern erst aufgrund einer Unternehmensbewertung zum Stichtag der Ausübung der jeweiligen Option zu ermitteln, ist die wirtschaftliche Zurechnung beim Erwerber ausgeschlossen (*Dötsch/Pung* in D/P/P/M § 15 Rn. 123; *Schießl* in W/M § 15 Rn. 314). Nur sofern bei (nicht börsennotierten) Anteilen Umstände hinzutreten, die einen Erwerb zwingend machen, kann uU von einem Übergang des wirtschaftlichen Eigentums ausgegangen werden. Für einen Übergang des wirtschaftlichen Eigentums im Zusammenhang mit Put- und Call-Optionen kann zB eine Vollmacht des Veräußerers zugunsten des Erwerbers sprechen, mit der der Erwerber ermächtigt wird, Stimmrechte auszuüben. 173

Liquidation und Kapitalherabsetzung stellen keine Veräußerungen dar. Die Gleichstellung von Liquidation und Kapitalherabsetzung mit einer Veräußerung in § 17 IV EStG ist ein gesetzlicher Sonderfall, der nicht auf § 15 II 3 übertragbar ist. Auch die **Einziehung von GmbH-Geschäftsanteilen** ist keine Veräußerung, es sei denn, sie erfolgt gegen Entgelt. Ebenfalls keine Veräußerung ist die Einleitung und Durchführung eines Insolvenzverfahrens. In den vorgenannten Fällen ist zudem das Kriterium „an außenstehende Personen" nicht erfüllt. 174

Umstrukturierungsmaßnahmen innerhalb verbundener Unternehmen iSd § 271 II HGB fallen nicht unter den Veräußerungstatbestand (UmwStE Rn. 15.26; *Wochinger* DB 1992, 169; *Thiel* DStR 1995, 242; *Herzig/Förster* DB 1995, 345). Es kommt nur darauf an, dass der Erwerber von Anteilen verbundenes Unternehmen eines der veräußernden, nicht außenstehenden Personen ist; der übertragende oder der übernehmende Rechtsträger brauchen kein verbundenes Unternehmen des Erwerbers/Veräußerers zu sein. 175

c) Innerhalb von fünf Jahren nach steuerlichem Übertragungsstichtag

Nur schädliche Veräußerungen innerhalb eines Zeitraums von 5 Jahren nach dem steuerlichen Übertragungsstichtag können zur Unanwendbarkeit des § 11 II führen (zur Vereinbarkeit dieser Regelung mit der FusionsRL vgl. Rn. 121 ff.). Nach Ablauf des Zeitraums vorgenommene Veräußerungen bleiben außerhalb der Betrachtung (UmwStE Rn. 15.32), ebenso wie eine nicht in die Tat umgesetzte weitergehende Veräußerungsabsicht zum Zeitpunkt der Spaltung. Die Fristberechnung richtet sich nach §§ 108 AO iVm 187 I, 188 II BGB. 176

Veräußerungen von Anteilen an der übertragenden Körperschaft im Rückwirkungszeitraum: Der Wortlaut der Vorschrift operiert mit zwei unterschiedlichen Zeitpunkten, indem er für den Beginn der Fünfjahresfrist auf den „steuerlichen Übertragungsstichtag", für die Berechnung der 20%-Schwelle aber auf die Anteilsverhältnisse am übertragenden Rechtsträger „vor Wirksamwerden der Spaltung" abstellt. Dies lässt sich mit der gesellschaftsrechtlichen Ausgestaltung der Spaltung nicht in Einklang bringen. Immerhin hinreichend deutlich geregelt sind damit die Folgen einer Anteilsveräußerung nach Wirksamwerden der Spaltung. In diesem Fall greift § 15 II 4 ein. 177

178 Der Wortlaut der Vorschrift führt bei Veräußerungen von Anteilen am übernehmenden Rechtsträger im Rückwirkungszeitraum zwischen steuerlichem Übertragungsstichtag und Wirksamwerden der Spaltung, also bei Übertragung des noch ungespaltenen Anteils, zu einem sonderbaren Auslegungsergebnis. Denn nach dem Wortlaut kann eine solche Übertragung zwar eine schädliche Veräußerung darstellen (innerhalb von 5 Jahren nach Übertragungsstichtag). Sie wäre aber wohl für die Berechnung der 20%-Schwelle außer Acht zu lassen, weil hierbei auf die Anteilsverhältnisse bei Wirksamwerden der Spaltung abgestellt werden soll, also einen Zeitpunkt, in dem der Erwerber der Anteile bereits Anteilsinhaber geworden ist. Damit ist nach dem Wortlaut der Vorschrift die Auslegung vertretbar, dass eine solche Veräußerung nicht schädlich sein kann, auch wenn das Auslegungsergebnis im Kern widersprüchlich erscheint. Denn die Worte **„vor Wirksamwerden der Spaltung"** in § 15 II 4 dienen zwar in erster Linie dazu, den Umfang derjenigen Anteile zu bestimmen, bei deren Veräußerung § 11 II keine Anwendung mehr findet. Zugleich gibt diese Formulierung aber einen Anhaltspunkt für die Auslegung, dass es bei den zu überprüfenden Veräußerungen iSd § 15 II 4 auf die Anteile der Anteilseigner ankommt, wie sie bei Eintritt der zivilrechtlichen Wirksamkeit, also bei Eintragung der Spaltung im Handelsregister, bestehen.

179 Die FinVerw zieht aus dieser Widersprüchlichkeit der Vorschrift allerdings den Schluss, dass für die Bewertung der Anteilsveräußerung auf den Gesellschafterbestand zum steuerlichen Übertragungsstichtag abzustellen ist und Veränderungen des Gesellschafterbestandes im Rückwirkungszeitraum nicht auf den steuerlichen Übertragungsstichtag zurückzubeziehen sind (UmwStE Rn. 15.26 II; zust. *Dötsch/Pung* in D/P/P/M § 15 Rn. 148). Diese Auffassung steht im Widerspruch zum Wortlaut der Vorschrift, der für die 20%-Schwelle auf die Verhältnisse bei Wirksamwerden der Spaltung und nicht auf den steuerlichen Übertragungsstichtag abstellt. Sie ist aber auch mit Sinn und Zweck der Vorschrift nicht in Einklang zu bringen. Sinn und Zweck des § 15 II 4 ist es, die indirekte Veräußerung von Teilbetrieben, Mitunternehmeranteilen und 100%-Beteiligungen an Kapitalgesellschaften zu unterbinden, die zuvor steuerneutral aus dem Betriebsvermögen der übertragenden Körperschaften herausgespalten wurden. Eine solche indirekte Veräußerung von Teilen des Betriebsvermögens der übertragenden Körperschaft kann aber dann nicht erfolgen, wenn Anteile an der übertragenden Körperschaft, deren Spaltung noch nicht vollzogen ist, veräußert werden und der Erwerber in die Rechtsposition des Veräußerers eintritt (*Schumacher* in R/H/vL § 15 Rn. 245). Zu beachten ist lediglich § 15 II 5. Auch nach Auffassung der FinVerw sollten Übertragungen im Rückwirkungszeitraum unschädlich sein, wenn sie innerhalb des Kreises der nicht außenstehenden Personen (inkl. verbundener Unternehmen) erfolgen.

180 **Veräußerung von Anteilen an der übernehmenden Körperschaft im Rückwirkungszeitraum:** Bei der Spaltung auf bestehende Rechtsträger können Anteile an diesem Rechtsträger nach dem steuerlichen Spaltungsstichtag, aber vor der Eintragung der Spaltung, veräußert werden. Werden solche Veräußerungen vor Abschluss der Spaltungsverträge vorgenommen, wird die Spaltung nicht im Kaufpreis berücksichtigt sein. Eine Einbeziehung solcher Übertragungen in das Volumen derjenigen Anteile, die für eine Steuerneutralität der Spaltung schädlich sind, wäre vom Sinn und Zweck des § 15 II 4 nicht gedeckt.

d) Mehr als 20% der Anteile

181 Von der Schaffung der Voraussetzung für eine Veräußerung ist nach § 15 II 4 auszugehen, wenn innerhalb von fünf Jahren nach dem steuerlichen Übertragungsstichtag Anteile an einer an der Spaltung beteiligten Körperschaft, die mehr als 20% der vor Wirksamwerden der Spaltung an der Körperschaft bestehenden Anteile ausmachen, veräußert werden (*Breuninger/Schade* GmbHR 2006, 219, 220) Entgegen der Auffassung der FinVerw (UmwStE Rn. 15.27) ist die Vorschrift nicht als unwiderlegliche gesetzliche Vermutung auszulegen (vgl. Rn. 121 ff., 160). Maßgebend für die 20%-Grenze sind nach dem eindeuti-

gen Gesetzeswortlaut die Anteilswerte bei „Wirksamwerden der Spaltung", nicht diejenigen zum steuerlichen Übertragungsstichtag (*Frotscher* in F/M § 15 Rn. 122; *Schießl* in W/M § 15 Rn. 328; aA *Dötsch/Pung* in D/P/P/M § 15 Rn. 174, *Schumacher* in R/H/vL § 15 Rn. 239 und die FinVerw, UmwStE Rn. 15.29). Wertentwicklungen der Beteiligungen nach der Spaltung bleiben außer Betracht (insoweit zust. UmwStE Rn. 15.29).

Der Begriff des „Ausmachens" bezieht sich nicht auf die Buchwerte bzw. Anschaffungs- **182**
kosten der Anteile an den übertragenden und übernehmenden Rechtsträgern. Ebenso wenig kann für die Analyse der Beteiligungswerte vor und nach der Spaltung auf die jeweiligen nominellen Beteiligungen am Grund- oder Stammkapital der beteiligten Körperschaften abgestellt werden (UmwStE Rn. 15.29). Denn unterschiedlich hohe stille Reserven bei einzelnen Wirtschaftsgütern, differierende Ertragsaussichten verschiedener Teilbetriebe sowie die Festlegung der Eigenkapitalstruktur – das Verhältnis von nominal gezeichnetem Kapital und Kapitalrücklagen – können dazu führen, dass die Verkehrswerte von nominal gleich hohen Nennkapitalbeträgen erheblich voneinander abweichen (*Hörger* FR 1994, 769). Relevanter Maßstab ist vielmehr ein fiktiver Verkehrswert der betreffenden Anteile zum Spaltungsstichtag (*Herzig/Momen* DB 1994, 2160; *Schießl* in W/M § 15 Rn. 326). Für gemeine Werte (*Dötsch/Pung* in D/P/P/M § 15 Rn. 173; *Schumacher* in R/H/vL § 15 Rn. 239) spricht allerdings die Praktikabilität, etwa wenn entsprechende Ermittlungen für Zwecke des § 15 III vorgenommen wurden; wirtschaftlich entscheidend ist der Verkehrswert. Sowohl bei einer Verkehrswertermittlung als auch unter Zugrundelegung von gemeinen Werten kann in Anlehnung an § 15 III wie folgt verfahren werden: Es ist der Wert der vor Spaltung an der übertragenden Körperschaft bestehenden Anteile am Nennkapital zu ermitteln. Der so ermittelte Wert ist bei Aufspaltungen in dem Verhältnis, in dem die jeweils übertragenen Teilvermögen zueinander stehen, den durch die Spaltung bei den jeweiligen übernehmenden Rechtsträgern entstehenden Anteilen am Nennkapital zuzuordnen. Bei Abspaltung erfolgt die Zuordnung des Werts der Anteile an der übertragenden Körperschaft auf die Anteile an der übertragenden Körperschaft nach Spaltung und die Anteile an dem oder den übernehmenden Rechtsträger(n). Als Aufteilungsmaßstab können das Umtauschverhältnis der Anteile im Spaltungs- und Übernahmevertrag oder im Spaltungsplan oder das Verhältnis der Verkehrswerte oder gemeinen Werte der übergehenden Vermögensteile zu dem vor der Spaltung vorhandenen Vermögen dienen (UmwStE Rn. 15.29: Spaltungs- und Übernahmevertrag oder Spaltungsplan, ebenso *Dötsch/Pung* in D/P/P/M § 15 Rn. 173, *Schumacher* in R/H/vL § 15 Rn. 239).

Als missbräuchlich wertet das Gesetz eine Veräußerung von Anteilen, die mehr als 20% **183**
der vor Spaltung an der übertragenden Körperschaft bestehenden Anteile ausmachen, also mehr als 20% des **Werts der übertragenden Körperschaft** repräsentierten (*Rogall* DB 2006, 66).

Veräußerungen sind in dem Fünf-Jahreszeitraum zusammenzurechnen (BFH v. 3.8.2005 **184**
BStBl. II 2006, 391; *Hörger* FR 1994, 765; *Dötsch/Pung* in D/P/P/M § 15 Rn. 178). Nicht die einzelne Veräußerung muss die 20%-Grenze übersteigen. Damit kann auch die Veräußerung eines Anteils, der weniger als 20% des Nennkapitals der übernehmenden Rechtsträger und bei Abspaltungen auch der übertragenden Körperschaft darstellt, die Rechtsfolge der Unanwendbarkeit des § 11 II auslösen. Für ein Überschreiten der Grenze von 20% reicht es aber nicht aus, wenn ein und derselbe Anteil mehrmals verkauft wird; es zählt nur der erste Verkauf (*Dötsch/Pung* in D/P/P/M § 15 Rn. 144, 178; *Herzig/Förster* DB 1995, 345). Zutreffend weisen *Dötsch/Pung* (in D/P/P/M § 15 Rn. 177) darauf hin, dass die gesetzliche Formulierung „Anteile an **einer** an der Spaltung beteiligten Körperschaft" der Auffassung der FinVerw (UmwStE Rn. 15.30) entgegensteht, wonach die Veräußerung von Anteilen sämtlicher an der Spaltung beteiligter Gesellschaften für die Ermittlung des Erreichens der 20%-Schwelle zusammengerechnet werden. Der Gesetzeswortlaut spricht vielmehr dafür, dass die 20%-Schwelle nur dann überschritten wird, wenn Anteile an einem an der Spaltung beteiligten Rechtsträger (aufnehmender oder übertragender Rechtsträger) veräußert werden, die für sich 20% sämtlicher Anteile am über-

tragenden Rechtsträger vor Spaltung repräsentieren. Zu beachten ist allerdings, dass dann eine steuerfreie Auf- und Abspaltung mit anschließender Veräußerung sämtlicher Anteile möglich wäre, wenn bei keinem an der Spaltung beteiligten Rechtsträger Teilbetriebe übertragen werden, deren Verkehrs- oder Teilwert jeweils 20 % oder weniger des Vermögens des übertragenden Rechtsträgers vor Spaltung ausmacht. Eine solche Vorgehensweise dürfte durch den Sinn und Zweck der Vorschrift nicht gedeckt sein.

185 Nur die in Rn. 149 f., 149 f., 162 ff. beschriebenen Anteilsveräußerungen an außenstehende Personen gehen in die Berechnung der 20 %-Schwelle ein. Eine besondere Problematik ergibt sich bei **Wertübertragungen auf Anteile.** Hierzu gehören insbesondere die Fälle, bei denen im Rahmen von Kapitalmaßnahmen oder Umwandlungen nach der Spaltung ein unangemessenes Verhältnis von übertragenem und bestehendem Vermögen angesetzt wird (Rn. 149, 158 ff.). Kommt es hierbei zu Wertübertragungen auf Anteile außenstehender Personen, liegt idR bereits in der kompensierten Wertverschiebung eine schädliche Veräußerung der Anteile, die bei der 20 %-Schwelle zu berücksichtigen ist (s. Rn. 145, 138 ff. sowie UmwStE Rn. 15.44). Die bloße Wertverschiebung auf Anteile nicht außenstehender Personen (auf Anteile desselben Anteilseigners oder eines anderen Anteilseigner des übertragenden Rechtsträgers) führt nicht zur Annahme einer Veräußerung iSd § 15 II 3 (UmwStE Rn. 15.44), hat aber zur Folge, dass die Veräußerung der im Wert begünstigten Anteile fortan bei der 20 %-Schwelle zu berücksichtigen ist. Eine solche Verstrickung von Anteilen ist dem UmwStG nicht unbekannt (vgl. § 22 VII). Zur Bestimmung des Umfangs der Wertübertragung ist jeweils durch Ermittlung der Verkehrs- oder gemeinen Werte zum jeweiligen (Wert-)Übertragungszeitpunkt zu ermitteln, in welchem Umfang Wertübertragungen im Verhältnis zu den Anteilswerten vor Spaltung stattgefunden haben.

186 Die Begrenzung auf mehr als 20 % verhindert faktisch die Spaltung von **börsennotierten AG** (*Thiel* DStR 1995, 242) und ebenso die Aufwärtsspaltung auf börsennotierte AG, wenn am übertragenden Rechtsträger neben der AG weitere Gesellschafter zu mehr als 20 % beteiligt sind. Es lässt sich nämlich über einen Zeitraum von fünf Jahren nicht sichern, dass nur Anteile, die 20 % oder weniger des Werts der gespaltenen Gesellschaft ausmachen, an einer Börse gehandelt werden. Gerade bei großen börsennotierten Mischkonzernen kann es aber sinnvoll sein, die unterschiedlichen Produktsparten gesellschaftsrechtlich zu trennen, um eine Eigendynamik verschiedener Unternehmensbereiche zu entfalten. Für börsennotierte Aktiengesellschaften mit Streubesitz liegt es auf der Hand, dass die Hauptversammlung, die eine Spaltung beschließt, nicht von der Absicht der Steuerhinterziehung beseelt ist. Die Schlechterstellung börsennotierter Aktiengesellschaften hat diskriminierenden Charakter und dürfte von dem Gesetzgeber nicht intendiert sein, der nicht zuletzt durch Art. 3 GG gebunden ist (*Hörger* DStR 1998 Beil. 17, 31). Zudem liegt hier wiederum ein Verstoß gegen die FusionsRL vor. Aufgrund der bestehenden kapitalmarktrechtlichen Meldepflichten (§ 21 WpHG) kann jedenfalls in Fällen erheblicher Aktienkonzentration die Überschreitung der 20 %-Schwelle auch durch die FinVerw nachvollzogen werden (*Schumacher* in R/H/vL § 15 Rn. 243), sodass ein Verweis auf die schwierige Feststellungslast der Finanzämter bzgl. der 20 %-Schwelle nicht zur Ausräumung dieser Bedenken führt.

187 Insbesondere nicht-verhältniswahrende Spaltungen und Trennungen von Gesellschafterstämmen machen mit hohen **Vertragsstrafen sanktionierte Bindungsverträge** der Altgesellschafter untereinander notwendig, um einer Nachbesteuerung (zu Lasten der übertragenden Körperschaft und damit eventuell einzelner Altgesellschafter) vorzubeugen. Denn jeder einzelne Gesellschafter kann für sich die 20 %-Grenze insgesamt ausnutzen, er schließt jedoch dadurch die anderen Gesellschafter von der Möglichkeit aus, Anteilsveräußerungen ohne Gefährdung der Steuerbegünstigung des § 11 II vorzunehmen (*Herzig/Förster* DB 1995, 338, 345; *Schießl* in W/M § 15 Rn. 431 ff.; zu den möglichen vertraglichen Ausgestaltungen s. *Esters/Marenbach* GmbHR 2003, 979).

5. Trennung von Gesellschafterstämmen gem. § 15 II 5

a) Gesellschafterstamm

Der **Begriff des Stamms** ist steuerrechtlich nicht definiert (*Wiese* GmbHR 1997, 60). 188
In der Völkerkunde wird als „Stamm" eine homogene ethnische Einheit bezeichnet, die sich durch ein starkes Zusammengehörigkeitsgefühl auszeichnet. In der Geschichtswissenschaft wird der Begriff des Stamms für die volkstumsmäßigen Grundeinheiten der Deutschen, wie zB Friesen, Sachsen und Franken verwandt (vgl. Brockhaus-Enzyklopädie, 18. Aufl. 1993, Stichwort Stamm). Vor dem Hintergrund des Stammbegriffs in anderen Wissenschaftsgebieten ist ein Gesellschafterstamm steuerrechtlich als eine Gruppe von Gesellschaftern zu interpretieren, die sich entweder selbst als einander zugehörig begreifen oder von anderen als einander zugehörig angesehen werden (zustimmend *Schumacher* in R/H/vL § 15 Rn. 251; *Dötsch/Pung* in D/P/P/M § 15 Rn. 188; *Rogall* DB 2006, 66). Der Begriff des Gesellschafterstamms setzt indes nicht voraus, dass alle Stammmitglieder einer Familie angehören oder die gesellschaftsrechtliche Beteiligung auf einen Urgesellschafter zurückgehen muss. Der Begriff des Stamms ist nicht identisch mit dem des Familienstamms (*Dötsch/Pung* in D/P/P/M § 15 Rn. 188; aA wohl *Herzig/Förster* DB 1995, 349). Ein derart restriktives Begriffsverständnis hätte eine explizite gesetzliche Regelung finden müssen. Besondere vertragliche Beziehungen der Stammmitglieder über ihre Gesellschafterstellung hinaus sind nicht notwendig. Wie sich der Stamm im Inneren organisiert, liegt in seiner eigenen Zuständigkeit (BGH v. 6.10.1992 ZIP 1994, 1767, 1773). Stimmbindungs- und Poolverträge oder Vorkaufsrechte und Anbietungspflichten untereinander sind zwar ein starkes Indiz für eine über die normale Gesellschafterbindung hinausgehende Verbundenheit einzelner Gesellschafter. Die Trennung von Gesellschafterstämmen kann aber ungeachtet der vertraglichen Bindungen zweier Gesellschaftergruppen erfolgen. Auch die Zugehörigkeit einzelner Gesellschafter zu einem Konzern und insb. Organschaftskreise stellen ein Indiz für einen Gesellschafterstamm dar.

Die Trennung von Gesellschafterstämmen setzt voraus, dass es zwei oder mehr Stämme 189
im Gesellschafterkreis gibt. Die Trennung der Gesellschafter eines einzigen Stamms fällt nicht unter § 15 II 5 (*Schumacher* in R/H/vL § 15 Rn. 252). Ein Stamm kann auch eine einzelne natürliche oder juristische Person sein, eine Personenmehrheit ist für den steuerlichen Stammbegriff nicht erforderlich (*Widmann* in W/M § 15 Rn. 458). Objektiv gleichgerichtete Interessen aller Mitglieder eines Gesellschafterstamms brauchen nicht gegeben zu sein, ein subjektives Zugehörigkeitsgefühl bzw. der Wille, als Gesellschafter weiter zusammenzuwirken, reicht aus.

Nach Auffassung der FinVerw liegt eine Trennung von Gesellschafterstämmen vor, 190
„wenn im Fall der Aufspaltung an den übernehmenden Körperschaften und im Fall der Abspaltung an der übernehmenden und an der übertragenden Körperschaften nicht mehr alle Anteilsinhaber beteiligt sind." Damit wird das Tatbestandsmerkmal „Gesellschafterstamm" entgegen dem Gesetzeswortlaut ignoriert und jede Trennung von Gesellschaftern in den Anwendungsbereich des § 15 II 5 einbezogen. Diese Auffassung ist mit dem Gesetz nicht vereinbar (*Schumacher* in R/H/vL § 15 Rn. 253; *Dötsch/Pung* in D/P/P/M § 15 Rn. 192 f.). Vielmehr kommt es für § 15 II 5 darauf an, dass nach der Spaltung eine gänzliche Trennung der Gesellschafterstämme vollzogen worden ist.

b) Trennung

Nicht-verhältniswahrende Spaltungen sind erlaubt. Sie liegen vor, wenn die Gesell- 191
schafter des übertragenden Rechtsträgers nicht in gleichem Verhältnis an den übernehmenden Rechtsträgern beteiligt werden, wie sie an dem übertragenden beteiligt waren bzw. bei Abspaltungen sind. Die konsequente nicht-verhältniswahrende Spaltung ist die Trennung von Gesellschafterstämmen: Bei Aufspaltungen ist an einem übernehmenden Rechtsträger nur noch der eine Gesellschafterstamm, an dem zweiten übernehmenden Rechtsträger nur noch der andere Stamm beteiligt. Bei Abspaltungen bleibt nach Kapitalherabsetzung bei

der übertragenden Körperschaft nur noch ein Stamm als Gesellschafter übrig, der andere ist nur noch an dem oder den übernehmenden Rechtsträger(n) beteiligt (UmwStE Rn. 15.36).

192 Die **Trennung von Gesellschafterstämmen** setzt die völlige Neugruppierung der gesellschaftsrechtlichen Beteiligungen voraus (so auch UmwStE Rn. 15.36). Es dürfen keinerlei gemeinsame Beteiligungen der Stämme an übertragendem oder aufnehmenden Rechtsträger(n) mehr verbleiben (*Schießl* in W/M § 15 Rn. 456; aA *Dötsch/Pung* in D/P/P/M § 15 Rn. 193, 196). Deshalb ist für die praktische Anwendung des § 15 III 5 auch kein großer Raum. Denn – wirtschaftlich begründete – kleinere Beteiligungen eines jeweiligen Stamms an dem Rechtsträger, an dem der andere Stamm stark beteiligt ist, schließen die Trennung von Gesellschafterstämmen aus. Es ist nicht erforderlich, dass die kleineren Beteiligungen gegenüber dem überwiegend beteiligten Gesellschafterstamm und im Vergleich zu den bisherigen Rechten nennenswerte eigene Mitwirkungs- und Widerspruchsrechte vermitteln (aA *Herzig/Förster* DB 1995, 346). Ansonsten würden die Konturen des Tatbestandsmerkmals der Trennung von Gesellschafterstämmen zerfließen. Bei jeder nicht-verhältniswahrenden Spaltung würde eine Auseinandersetzung um die Erfüllung der Tatbestandsmerkmale der Trennung drohen.

193 Als **Umgehung** dürften jedoch Gestaltungen anzusehen sein, bei denen nach Spaltung kleinere Beteiligungen eines Stamms innerhalb kurzer Zeit oder nach vorgefasstem Plan an den jeweils anderen Stamm veräußert werden; auch soweit weniger als 20 % der vor Wirksamwerden der Spaltung bestehenden Anteile veräußert werden. Nach Ablauf der Fünfjahresfrist des § 15 II 4 kann aus Veräußerungen nicht mehr gefolgert werden, durch sie würde eine Trennung von Gesellschafterstämmen vollzogen.

194 Die Trennung muss durch die Spaltung herbeigeführt werden (*Dötsch/Pung* in D/P/P/M § 15 Rn. 198; *Schumacher* in R/H/vL § 15 Rn. 255; *Schießl* in W/M § 15 Rn. 469). Eine nachgelagerte Trennung durch Anteilsabtretungen oder andere Maßnahmen führt nicht zur Anwendung des § 15 II 5.

c) Bestehen der Beteiligung seit fünf Jahren

195 § 15 II 5 ist hinsichtlich des Bestehens der Beteiligungen unklar. Nach dem Wortlaut setzt die Anwendung des § 11 II nur voraus, dass die Beteiligungen an der übertragenden Körperschaft mindestens fünf Jahre vor dem steuerlichen Übertragungsstichtag bestanden haben. Dies ist dahin zu verstehen, dass ein Beteiligungsverhältnis zwischen dem Gesellschafterstamm und der übertragenden Körperschaft existiert haben muss, obwohl es sprachlich im Gesetz keine Verbindung zwischen Stamm und dem Bestehen der Beteiligung gibt. Der Begriff der Beteiligung ist nicht iSd § 271 I HGB zu interpretieren. Die Anteile an der übertragenden Körperschaft müssen nicht dazu bestimmt sein, dem eigenen Geschäftsbetrieb des Anteilseigners (des Gesellschafterstamms) durch Herstellung einer dauerhaften Verbindung zu der übertragenden Körperschaft zu dienen. Die Anteile können im Privat- oder Betriebsvermögen des Anteilsinhabers, der einem Gesellschafterstamm angehört, liegen. Auch Anteile von weniger als 20 %, gemessen am Nennkapital der übertragenden Körperschaft, stellen Beteiligungen iSd Steuerrechts dar. Eine Beteiligung an einer GmbH kann mehrere einzelne (Teil-)Geschäftsanteile umfassen. Eine Beteiligung an einer AG oder am Aktienkapital einer KGaA wird regelmäßig in einer größeren Anzahl von Aktien verkörpert sein.

196 Bei **Kapitalerhöhungen** aus Gesellschaftsmitteln oder durch Zuführung neuen Kapitals entstandene Anteile stehen Anteilen gleich, die seit fünf Jahren gehalten werden, wenn das Anwartschaftsrecht zur Teilnahme an der Kapitalerhöhung auf den seit fünf Jahren gehaltenen Anteilen beruht.

197 **Erwirbt das Mitglied eines Gesellschafterstamms Anteile** an der übertragenden Körperschaft innerhalb der Fünfjahresfrist hinzu, ist wie folgt zu unterscheiden. § 15 II 5 enthält das Wort „Beteiligungen" und bringt damit zum Ausdruck, dass nicht die einzelne Beteiligung des einzelnen Mitglieds des Gesellschafterstamms jeweils fünf Jahre vor dem

Stichtag bestanden haben muss. Ausreichend ist, dass überhaupt eine Beteiligung bestand (so auch *Hörtnagl* in SHS § 15 Rn. 233). Ein entgeltlicher Anteilserwerb innerhalb des Stamms berührt deshalb ein Bestehen seit fünf Jahren nicht. Die FinVerw sieht dies enger. Zwar soll eine Änderung der Beteiligungshöhe innerhalb der Fünfjahresfrist bei Fortdauer der Beteiligung unschädlich sein (UmwStE Rn. 15.36), jedoch bezieht sich die Formulierung auf den einzelnen Gesellschafter und nicht auf den Stamm. In der Konsequenz müsste nach Auffassung der FinVerw jedes einzelne Stammesmitglied eine Beteiligung mehr als fünf Jahre gehalten haben, wobei ein Zukauf – auch von Dritten – aber unschädlich ist (so auch *Widmann* in W/M § 15 Rn. 472).

Einem neu in den Gesellschafterkreis eintretenden Gesellschafter, der – entgeltlich – **198**
seine Gesellschaftsanteile von dem Mitglied eines Stamms erwirbt und der zugleich selbst Mitglied dieses Gesellschafterstamms wird, wird die Vorbesitzzeit angerechnet (aA *Dötsch/Pung* in D/P/P/M § 15 Rn. 202). Dies ergibt sich daraus, dass sich die Beteiligungen iSd § 15 II 5 auf den Gesellschafterstamm beziehen. Die FinVerw negiert dies und will allein auf den einzelnen Anteilseigner und dessen Vorbesitzzeit abstellen (UmwStE Rn. 15.36). Deshalb will sie auch bei Anteilswechseln innerhalb von verbundenen Unternehmen und juristischen Personen des öffentlichen Rechts einschließlich ihrer Betriebe gewerblicher Art Vorbesitzzeiten nicht anrechnen (UmwStE Rn. 15.39). Eine Ausnahme macht die FinVerw nur für die Fälle, in denen die übertragende Kapitalgesellschaft aus der Umwandlung einer Personengesellschaft hervorgegangen ist. Die Vorbesitzzeit der Gesellschafter als Mitunternehmer wird dann angerechnet (UmwStE Rn. 15.40).

Bei unentgeltlichem Erwerb von Anteilen im Wege der Erbschaft, Schenkung, vor- **199**
weggenommenen Erbfolge oder scheidungsbedingten Teilung ist dem Erwerber der Beteiligung die Vorbesitzzeit anzurechnen (so auch *Hörtnagl* in SHS § 15 Rn. 236).

Besteht die übertragende Körperschaft noch **keine 5 Jahre,** kommt es nur darauf an, **200**
dass die sich trennenden Gesellschafterstämme seit Gründung der Körperschaft beteiligt waren (so auch *Widmann* in W/M Rn. 490; aA UmwStE Rn. 15.38). Die grds. gegenteilige Meinung der FinVerw lässt eine Ausnahme nur bei Umwandlung von Personen- in Kapitalgesellschaften zu.

VI. Verweisung auf §§ 11 bis 13

1. Allgemeines

Die meisten Fragen, die sich bei Verschmelzungen stellen, treten auch bei Spaltungen – **201**
nur oft in noch komplizierterer Weise – auf. Der Verweis in § 15 I 1 auf §§ 11–13 muss vor dem Hintergrund vielfältiger Spaltungsmöglichkeiten gesehen werden:

- Auf- oder Abspaltung auf durch die Spaltung neu entstehende Kapitalgesellschaften.
- Auf- oder Abspaltung auf bestehende Rechtsträger: partielle Verschmelzung.
- Teilweise Auf- oder Abspaltung auf Gesellschafter: partieller up-stream merger. Ist nicht nur ein Gesellschafter beteiligt, handelt es sich auch regelmäßig um eine nicht-verhältniswahrende Spaltung.
- Teilweise Auf- oder Abspaltung auf Tochterkapitalgesellschaft: partieller down-stream merger. Alternativ könnte diese Variante auch als Einbringungsfall iSd § 20 verstanden werden.

Die vorgenannten Möglichkeiten sind zT kombinierbar, zB kann eine Abspaltung von einer Gesellschaft mit 5 Teilbetrieben dergestalt erfolgen, dass ein Teilbetrieb bei dem übertragenden Rechtsträger verbleibt, ein weiterer Teilbetrieb auf einen der Gesellschafter übergeht (partieller up-stream merger), ein dritter Teilbetrieb auf eine Tochtergesellschaft (partieller down-stream merger) übergeht, ein vierter Teilbetrieb in eine durch die Spaltung neu gegründete Gesellschaft übergeht und der fünfte Teilbetrieb auf eine bestehende Gesellschaft übertragen wird (partielle Verschmelzung).

Nachfolgend werden nur spaltungsbedingte Besonderheiten der Anwendung von §§ 11–13 dargestellt, ansonsten gelten die Erläuterungen zu §§ 11–13 entsprechend.

2. Auswirkungen auf den Gewinn der übertragenden Körperschaft gem. § 11

202 § 11 ist zugeschnitten auf die vollständige und nicht auf die partielle Gesamtrechtsnachfolge, bei der jeweils nur Vermögensteile der übertragenden Körperschaft auf die aufnehmenden Rechtsträger übergehen bzw. bei einer Abspaltung auch Vermögensteile bei der übertragenden Körperschaft verbleiben. Die entsprechende Anwendung des Gesetzes im Rahmen von § 15 wirft daher eine Reihe von Zweifelsfragen auf.

a) § 11 bezieht sich nur auf das übergehende Vermögen

203 Wenn und soweit bei der Spaltung die Voraussetzungen des § 15 I beachtet werden und kein Missbrauchsfall des § 15 II vorliegt, ist die Anwendung des § 11 II eröffnet. Die partielle Gesamtrechtsnachfolge führt dazu, dass die Auswirkungen auf den Gewinn der übertragenden Körperschaft sich nur auf das jeweils übergehende Vermögen beziehen und nicht auf das bei einer Abspaltung bei der übertragenden Körperschaft verbleibende (UmwStE Rn. 15.12).

204 Wenn auch die sonstigen Voraussetzungen des § 11 II vorliegen, kann somit die übertragende Gesellschaft das übergehende Vermögen wahlweise mit dem Buchwert, dem gemeinen Wert oder einem Zwischenwert ansetzen. Das bei der Abspaltung beim übertragenden Rechtsträger verbleibende Vermögen ist zwingend mit dem Buchwert anzusetzen. Ein aus einem Ansatz über dem Buchwert in der steuerlichen Übertragungsbilanz des übertragenden Rechtsträgers resultierender Übertragungsgewinn unterliegt bei diesem der KSt und der GewSt.

b) Ausschluss der Anwendung von § 11 II

205 **aa) Voraussetzungen des § 11 II liegen nicht für jeden Vermögensteil vor.** Die für eine uneingeschränkte Buchwertverknüpfung gem. § 11 II zu erfüllenden (weiteren) Voraussetzungen sind:

- Antrag auf Abweichung von § 11 I;
- Sicherstellung, dass die übergehenden Wirtschaftsgüter später bei der übernehmenden Körperschaft der Körperschaftbesteuerung unterliegen;
- kein Ausschluss und keine Beschränkung des Rechts der Bundesrepublik, die übertragenen Wirtschaftsgüter später zu besteuern;
- keine oder nur eine aus Gesellschafterrechten bestehende Gegenleistung.

206 Liegen diese Voraussetzungen nicht hinsichtlich jedes einzelnen im Rahmen der Spaltung übergehenden Teilbetriebs vor, scheidet die uneingeschränkte Buchwertverknüpfung gem. § 11 II nur für den Teilbetrieb aus, bei dem die Voraussetzungen nicht erfüllt sind. Die entsprechende Anwendung von § 11 gebietet es, den jeweiligen Vorgang der partiellen Gesamtrechtsnachfolge einzeln zu betrachten. Das Wort „einheitlich" in § 11 II bezieht sich auf die jeweilige einzelne partielle Gesamtrechtsnachfolge und nicht auf die Gesamtheit der ggf. mehrfachen Gesamtrechtsnachfolgen bei Aufspaltungen. Deutlich wird dies auch dadurch, dass im Fall der Aufspaltung auf eine Körperschaft und eine Personengesellschaft das Wort „einheitlich" in § 11 II keine Bedeutung für den Teil der Aufspaltung haben kann, der den Vermögensübergang auf die Personengesellschaft betrifft. Ferner spricht für diese Betrachtung § 15 I 2, der auf den einzelnen übergehenden Teilbetrieb abstellt. Deshalb kann bei Auf- oder Abspaltung mehrerer Teilbetriebe auf einen aufnehmenden Rechtsträger das Wahlrecht des § 11 II für jeden Teilbetrieb isoliert ausgeübt werden (*Dötsch/Pung* in D/P/P/M § 15 Rn. 218). Nach aA soll das Wahlrecht des § 11 II nur einheitlich für das jeweils gesamte auf einen übernehmenden Rechtsträger übergehende Vermögen ausgeübt werden können (*Thiel* DStR 1995, 237, 239; *Frotscher* in F/M § 15 Rn. 147). Dies auch deshalb nicht sachgerecht, weil dieses Erfordernis im Ergebnis

leicht zu umgehen wäre. Eine Abspaltung auf mehr als einen übernehmenden Rechtsträger könnte in mehrere einzeln zu beurkundende Abspaltungen pro Teilbetrieb zergliedert werden.

bb) Nicht-verhältniswahrende Abspaltung. Bei einer nicht-verhältniswahrenden Abspaltung entsprechen die Beteiligungsverhältnisse an dem übernehmenden Rechtsträger nicht denjenigen am übertragenden Rechtsträger. Dies erfordert eine Neuordnung der Beteiligungen der bisherigen Gesellschafter bei dem übertragenden Rechtsträger, denn ohne die Neuordnung der Beteiligungen wären nach der Abspaltung diejenigen Gesellschafter begünstigt, die bei der übernehmenden Kapitalgesellschaft im Verhältnis zu ihrer Beteiligung an der übertragenden Gesellschaft überproportional Anteile erhalten. Für die Neuordnung der Beteiligungsverhältnisse bei der übertragenden Kapitalgesellschaft stehen – hier am Beispiel einer GmbH – die folgenden Möglichkeiten zur Verfügung: 207

- Freiwillige Einziehung eines Geschäftsanteils unter Zustimmung des Berechtigten ohne Entgelt;
- Rechtsgeschäftliche Übertragung eines Geschäftsanteils ohne Entgelt;
- Vereinfachte Kapitalherabsetzung gem. § 139 UmwG mit dem Rechtsfolgenverweis auf §§ 58a ff. GmbHG;
- Neuordnung der Beteiligungsverhältnisse auch des übertragenden Rechtsträgers gem. §§ 126 I Nr. 10, 131 I Nr. 3 UmwG.

Gem. § 11 II 1 Nr. 3 soll ein Buchwertansatz bei der übertragenden Gesellschaft ausscheiden, wenn eine Gegenleistung gewährt wird, die nicht ausschließlich in Gesellschaftsrechten besteht. Eine solche schädliche Gegenleistung besteht nach zutreffender Auffassung weder in einer überproportionalen Zuteilung von Anteilen am übernehmenden Rechtsträger, noch in o. g. Ausgleichsmaßnahmen beim übertragenden Rechtsträger (*Dötsch/Pung* in D/P/P/M § 15 Rn. 251). Für die überproportionale Zuwendung der Anteile am aufnehmenden Rechtsträger hat dies nunmehr auch die FinVerw in UmwStE Rn. 15.44 klargestellt. Die darin bestehende Zuwendung zwischen den Gesellschaftern soll keine Gegenleistung iSd § 11 II 1 Nr. 3 darstellen. Für die in den o. g. Ausgleichsmaßnahmen liegende Zuwendung folgt dies daraus, dass die Vermehrung der Beteiligungsrechte am **übertragenden** Rechtsträger keine schädliche Gegenleistung gem. § 11 II 1 Nr. 3 sein kann (*Dötsch/Pung* in D/P/P/M § 15 Rn. 251; *Ruoff/Beutel* DStR 2015, 609, 613). Die Übertragung von Anteilen an dem übertragenden Rechtsträger bei nicht-verhältniswahrender Abspaltung stellt auch keine Veräußerung iSd § 15 II 2–4 dar (*Dötsch/Pung* in D/P/P/M § 15 Rn. 251). 208

cc) Missbrauchsfälle nach § 15 II. Bei den unterschiedlichen Missbrauchsalternativen des § 15 II ist zu differenzieren. 209

Auf **fiktive Teilbetriebe** iSd § 15 I 3, die nach § 15 II 1 durch Übertragung von Wirtschaftsgütern, die kein Teilbetrieb sind, erworben oder aufgestockt werden, ist § 11 II nicht anwendbar. Soweit neben diesen fiktiven Teilbetrieben bei Ab- oder Aufspaltungen andere Teilbetriebe auf andere Rechtsträger übertragen werden, bleibt für die anderen Teilbetriebe § 11 II anwendbar. Die FinVerw hat bei der Abfassung von UmwStE Rn. 15.21 nur den Fall der Abspaltung eines fiktiven Teilbetriebs bedacht und nicht den Fall der Spaltung auf mehrere Rechtsträger. 210

Werden die **Voraussetzungen für eine Veräußerung geschaffen** und ist insbesondere der Tatbestand des § 15 II 4 erfüllt, entfällt die Anwendung des § 11 II für alle übertragenen Vermögensteile, denn § 15 II 4 lässt sich in seinen Auswirkungen nicht auf einzelne übertragene Vermögensteile isolieren. Es reicht also aus, dass innerhalb von fünf Jahren Anteile an einer an der Spaltung beteiligten Körperschaft veräußert werden, die mehr als 20 % der vor Wirksamkeit der Spaltung an der übertragenden Körperschaft bestehenden Anteile ausmachen. § 15 II 3 und 4 haben jedoch keine Auswirkung auf die 211

Bewertung des beim übertragenden Rechtsträger verbleibenden Vermögens. Entsprechendes gilt für den Fall des § 15 II 1.

212 Bei einer **Trennung von Gesellschafterstämmen** ist § 11 II nicht lediglich isoliert auf eine der übernehmenden Körperschaften anzuwenden. Wird die Trennung der Gesellschafterstämme im Wege der Aufspaltung vollzogen, so ist bei mangelnder Erfüllung der fünfjährigen Vorbesitzfrist die Anwendung des § 11 II für alle übernehmenden Körperschaften ausgeschlossen. Wird hingegen die Trennung der Gesellschafterstämme durch Abspaltung erreicht, kann tatbestandlich nur die Bewertung bei der übernehmenden Körperschaft betroffen sein.

3. Auswirkungen auf den Gewinn der übernehmenden Körperschaft gem. § 12

a) Bindung an die steuerliche Schlussbilanz der übertragenden Körperschaft gem. §§ 12 I, 4 I

213 Sind die Voraussetzungen des § 15 I erfüllt, so ist gem. § 15 I 1 auch § 12 anwendbar. § 12 regelt die verschmelzungsbedingten Auswirkungen bei der übernehmenden Körperschaft. Die übernehmende Körperschaft hat gem. §§ 12 I, 4 I die auf sie per Auf- oder Abspaltung übergegangenen Wirtschaftsgüter mit dem in der steuerlichen Schlussbilanz der übertragenden Körperschaft enthaltenen Wert (Buchwert, gemeiner Wert oder Zwischenwert) zu übernehmen. Dies gilt auch im Fall der Spaltung. Will oder kann der übertragende Rechtsträger (mangels Erfüllung des Teilbetriebserfordernisses gem. § 15 I oder wegen Anwendung der Missbrauchstatbestände des § 15 II) die Wahlrechte des § 11 II nicht in Anspruch nehmen, hat die aufnehmende Körperschaft somit – wie die übertragende – das übergehende Vermögen mit dem gemeinen Wert anzusetzen.

b) Beteiligung der übernehmenden Körperschaft an der übertragenden Körperschaft gem. § 12 II

214 Die übernehmende Körperschaft kann – wenn sie nicht durch Spaltung neu gegründet wird – nach § 131 I Nr. 3 UmwG an der übertragenden Körperschaft beteiligt sein; in diesem Fall stellt die Spaltung einen partiellen up-stream merger dar. §§ 12 I 2, 4 II bestimmt insoweit zunächst für Verschmelzungen, dass ein **Übernahmegewinn oder -verlust** zu ermitteln ist. Dieser besteht im Unterschiedsbetrag zwischen dem um Abschreibungen der Vorjahre und vorgenommene Abzüge gem. § 6b EStG erhöhten Buchwert der Beteiligung am übertragenden Rechtsträger (höchstens aber dem gemeinen Wert) und dem Wert, mit dem die übergehenden Wirtschaftsgüter zu übernehmen sind. Für den up-stream merger ordnet § 12 II 1 an, dass dieses um Umwandlungskosten zu bereinigende Ergebnis steuerlich außer Ansatz bleibt. § 12 II 2 schränkt diese Regelung aber für den (partiellen) up-stream merger wiederum ein und erklärt § 8b KStG für anwendbar, soweit das gem. § 12 II 1 ermittelte Ergebnis quotal dem Anteil der Übernehmerin an der übertragenden Körperschaft entspricht (vgl. Kommentierung zu § 12). Für die Aufwärtsspaltung (insbesondere die Abspaltung) bedeutet dies, dass – anders als bei der Verschmelzung – nicht das gesamte Vermögen der umgewandelten Gesellschaft auf den aufnehmenden Rechtsträger übergeht und daher weiterhin Anteile der übernehmenden Körperschaft am übertragenden Rechtsträger bestehen können. Hier ist anhand der Verkehrs- oder gemeinen Werte des Vermögens des übertragenden Rechtsträgers vor Spaltung und des übergehenden Vermögens der Aufteilungsmaßstab für Buchwertanteil, -zuschreibung und -kürzungen zu ermitteln (*Schumacher* in R/H/vL § 15 Rn. 83 f.; zust. wohl *Dötsch/Pung* in D/P/P/M § 15 Rn. 240 f.; UmwStE Rn. 15.43).

Hat die übernehmende Körperschaft Anteile an der übertragenden nach dem steuerlichen Übertragungsstichtag angeschafft oder findet sie einen Anteilseigner der übertragenden Körperschaft ab, so ist ihr Gewinn so zu ermitteln, als hätte sie die Anteile an diesem Stichtag angeschafft (§§ 12 II 3, 5 I).

Bei der Vereinigung von Forderungen und Verbindlichkeiten sind nach § 12 IV die Vergünstigungen des § 6 I, II nur für den Teil des Gewinns anzuwenden, der der Beteiligung der übernehmenden Körperschaft am Kapital der übertragenden Körperschaft entspricht.

c) Beteiligung der übertragenden Körperschaft an der übernehmenden Körperschaft

Bei Abspaltungen und Teilübertragungen ist es möglich, dass die ihr Vermögen teilweise übertragende Körperschaft an dem übernehmenden Rechtsträger beteiligt ist; es handelt sich bei der Spaltung dann um einen partiellen down-stream merger. In diesen Fällen sind §§ 5 I und 6 I, II entsprechend anzuwenden. **215**

Die Anteilseigner der übertragenden Körperschaft werden durch die Spaltung auch Anteilseigner an der übernehmenden. Soweit die Beteiligung der übertragenden Körperschaft an der aufnehmenden zu dem auf die aufnehmende Körperschaft übergehenden Vermögen gehört, würden theoretisch **eigene Anteile** der übernehmenden Körperschaft entstehen. Nach den §§ 125, 20 I Nr. 3 UmwG sollen durch Umwandlungen jedoch keine eigenen Anteile entstehen. Es ist deshalb davon auszugehen, dass die auf die aufnehmende Körperschaft übergehenden (eigenen) Anteile zugleich im Rahmen der Spaltung an die Anteilseigner der übertragenden Körperschaft ausgekehrt werden. Die Auskehrung stellt dann die Gewährung von Anteilen iSd § 123 I und II UmwG dar. **216**

d) Sonstige Bilanzierungs- und Steuerfolgen gem. § 12 III

Die übernehmende Körperschaft tritt gem. § 12 III in die Rechtsstellung der übertragenden Körperschaft ein. Die Dauer der Zugehörigkeit eines Wirtschaftsguts zum Betriebsvermögen des übertragenden wird dem übernehmenden Rechtsträger zugerechnet. Für die Neuermittlung der AfA-Bemessungsgrundlage in Fällen, in denen die Buchwerte nicht fortgeführt werden, gelten §§ 12 III, 4 III. **217**

e) Vermögensübergang in besonderen Fällen des § 12 V

Geht das Vermögen in den nicht steuerpflichtigen oder steuerbefreiten Bereich der Übernehmerin über, so wird fingiert („gilt"), dass das in der Steuerbilanz ausgewiesene Eigenkapital – gemindert um das Einlagekonto – nach Anwendung von § 29 KStG Dividendeneinnahme der Übernehmerin ist (*Schumacher* in R/H/vL § 15 Rn. 90). **218**

4. Besteuerung der Gesellschafter der übertragenden Körperschaft gem. § 13

a) In § 13 geregelte Fallkonstellationen

Bei der Spaltung von Körperschaften findet gem. § 15 I 1 auch § 13 Anwendung, der die Besteuerungsfolgen von Verschmelzungen für die Anteilseigner der übertragenden Körperschaft regelt. Ziel der Vorschrift ist es, die Besteuerung der in den Anteilen an der übertragenden Körperschaft liegenden stillen Reserven sicherzustellen. Gem. § 13 I gelten die Anteile an der übertragenden Körperschaft als zum gemeinen Wert veräußert und die an ihre Stelle tretenden Anteile an der übernehmenden Körperschaft als zu diesem Wert angeschafft. Der Anwendungsbereich des § 13 II, der abweichend hiervon für die Anteilseigner der übertragenden Körperschaft die Buchwertfortführung ermöglicht, ist gemäß § 15 I 2 nur eröffnet, wenn das Teilbetriebserfordernis erfüllt wird. Ist dies der Fall, kann von § 13 II auch dann Gebrauch gemacht werden, wenn ein Missbrauchstatbestand gem. § 15 II erfüllt ist oder übertragender und aufnehmende(r) Rechtsträger aus anderen Gründen von einer Buchwertfortführung für das übergegangene Vermögen absehen (s. *Dötsch/Pung* in D/P/P/M § 15 Rn. 242). **219**

b) Besteuerung nach § 13 I

Greift eine Besteuerung nach § 13 I ein, ist zwischen Auf- und Abspaltung zu differenzieren. **220**

221 Während es bei einer **Aufspaltung** hinreichend ist, den gemeinen Wert aller neuen Anteile an den übernehmenden Körperschaften für den jeweiligen Anteilseigner zu ermitteln und diesen Wert zum Zwecke der Besteuerung mit dem Buchwert der bislang von den jeweiligen Anteilseignern gehaltenen Anteile an der übertragenden Körperschaft bzw. mit den hierauf entfallenden Anschaffungskosten zu vergleichen (*Schumacher* in R/H/vL § 15 Rn. 92), ist die Situation bei einer Abspaltung verwickelter.

222 Bei einer **Abspaltung** kann sich die in § 13 I gesetzlich angeordnete Gewinnrealisierung nur auf die Wertdifferenz zwischen dem gemeinen Wert der Anteile an der übernehmenden Körperschaft und einem anteiligen Buchwert der vom individuellen Anteilseigner gehaltenen Beteiligung an der übertragenden Körperschaft beziehen. Hier ist also der Wert, den die neuen Anteile an der übernehmenden Körperschaft für den individuellen Anteilseigner haben, mit einem zu bestimmenden Anteil an seinen bisherigen Buchwerten/Anschaffungskosten zu vergleichen (*Schumacher* in R/H/vL § 15 Rn. 93).

223 Die Aufteilung des bisherigen Buchwerts/der Anschaffungskosten ergibt sich aus der entsprechenden Anwendung des § 13 im Rahmen des § 15. Eine Aufteilungsregelung ist weder in § 15 noch in § 13 explizit vorgegeben. Die FinVerw stellt auf das Umtauschverhältnis im Spaltungs- und Übernahmevertrag bzw. Spaltungsplan ab (UmwStE Rn. 15.43); hilfsweise sei die Aufteilung nach dem Verhältnis der gemeinen Werte der übergehenden Vermögensteile zu dem vor der Spaltung beim übertragenden Rechtsträger vorhandenen Vermögen vorzunehmen (UmwStE Rn. 15.43). Die Auffassung der FinVerw basiert allerdings auf der früheren Bestimmung des § 15 IV 3 aF. Seit dessen Streichung durch das SEStEG ist die analoge Heranziehung des dort früher niedergelegten Rechtsgedankens nicht mehr gesichert. Vielmehr eröffnet das Fehlen einer gesetzlichen Bestimmung dem jeweiligen Gesellschafter die Möglichkeit, die Aufteilung des bisherigen Buchwerts (der Anschaffungskosten) auf die Anteile an dem übernehmenden Rechtsträger und auf den verbleibenden Anteil an der übertragenden Körperschaft nach anderen sachgerechten Bewertungskriterien vorzunehmen. In Betracht kommt vor allem eine Aufteilung nach den Kriterien der betriebswirtschaftlichen Unternehmensbewertung (Verkehrswert). Dies bietet sich besonders dann an, wenn die Ertragsaussichten des jeweils in Teilbetrieben gebundenen Eigenkapitals voneinander abweichen, dh die Eigenkapitalrendite der Teilbetriebe nicht identisch ist. Letzteres dürfte idR zu Ergebnissen führen, wie sie im Umtauschverhältnis im Spaltungs- und Übernahmevertrag bzw. Spaltungsplan abgebildet sind.

224 Fraglich ist bei Aufspaltungen noch, ob – abweichend von der vereinfachten Vorgehensweise (Rn. 221) – differenziert für die jeweiligen Anteile an den übernehmenden Körperschaften vorgegangen werden kann. Soll für eine von mehreren Übernehmerinnen die Besteuerung nach § 13 I erfolgen, weil entweder insoweit kein Zugang zu den Wahlrechten des § 13 II eröffnet ist, oder von einem solchen Wahlrecht nicht Gebrauch gemacht wird, ist keine Pflicht ersichtlich, für die Anteile an jeglicher übernehmenden Körperschaft den Besteuerungsweg des § 13 I einzuschlagen. In solchen Fällen sind dann ggf. die vorstehenden Aufteilungsregeln (Rn. 223) entsprechend anzuwenden.

c) Besteuerung nach § 13 II

225 Ist der Weg zu dem Wahlrecht des § 13 II eröffnet und wird von dem Wahlrecht Gebrauch gemacht, so kommt es bei Auf- und Abspaltung darauf an, den bisherigen Buchwert (Anschaffungskosten) der individuellen Beteiligung des Anteilseigners an der übertragenden Körperschaft auf die neu ausgegebenen Anteile an den Übernehmerinnen bzw. bei Abspaltung auf die Anteile an der Übernehmerin und die verbleibenden Anteile an der übertragenden Körperschaft aufzuteilen. Die Aufteilung des Buchwerts erfolgt wiederum nach den Angaben des Umtauschverhältnisses im Spaltungs- und Übernahmevertrag bzw. Spaltungsplan. Diese Angaben sind im Falle der Abspaltung nicht immer hinreichend. Sie sind deshalb um sachgerechte Bewertungen zu ergänzen. Auch hier ist im Wesentlichen eine betriebswirtschaftliche Unternehmensbewertung maßgeblich. Bedeu-

tungslos sind jedenfalls Vergleiche von nominellen Stamm- oder Grundkapitalziffern bei der übertragenden Körperschaft und bei der Übernehmerin. Auch die Höhe des jeweils ausgewiesenen steuerlichen Eigenkapitals hat keine Bedeutung.

Im Übrigen wird auf die Kommentierung zu § 13 verwiesen.

(einstweilen frei) 226

d) Nicht in § 13 geregelte Fallkonstellationen

aa) Bare Zuzahlungen. Bei **Verschmelzungen** können bare Zuzahlungen des übernehmenden Rechtsträgers nach § 5 I Nr. 3 UmwG im Verschmelzungsvertrag vereinbart werden oder nach § 15 UmwG als Verbesserung des Umtauschverhältnisses erzwungen werden. Bei **Spaltungen** kann eine bare Zuzahlung im Spaltungs- und Übernahmevertrag nach § 126 I Nr. 3 UmwG oder im Spaltungsplan nach §§ 136, 135 I, 126 I Nr. 3 UmwG festgesetzt werden. Schuldner der baren Zuzahlung ist der übernehmende Rechtsträger. Bei Spaltungen findet § 15 UmwG über die Verweisung in § 125 UmwG entsprechende Anwendung, so dass auch hier eine Verbesserung des Umtauschverhältnisses durch eine bare Zuzahlung der übernehmenden Körperschaft erreicht werden kann. 227

Bare Zuzahlungen werden **neben** Anteilsrechten an dem übernehmenden Rechtsträger gewährt; sie unterscheiden sich deshalb grundlegend von Barabfindungen nach §§ 125, 29 UmwG. Bei Barabfindungen endet die gesellschaftsrechtliche Beteiligung des Anteilseigners der übertragenden Körperschaft; bei baren Zuzahlungen besteht sie hingegen fort. 228

Bare Zuzahlungen bei Spaltungen iSd § 126 I Nr. 3 oder §§ 125, 15 UmwG mindern den Buchwert der Beteiligung an der übertragenden Kapitalgesellschaft oder sonstigen Körperschaft anteilig. Bei baren Zuzahlungen ist deshalb zu ermitteln, in welchem Wertverhältnis die neu gewährten Anteile an dem übernehmenden Rechtsträger zu der baren Zuzahlung stehen (*Herzig/Förster* DB 1995, 346). Es ist die vom BFH entwickelte Gesamtwertmethode entsprechend anzuwenden (BFH v. 21.1.1999, BStBl. II 638; BFH v. 19.12.2000 BStBl. II 2001, 345). In seiner Entscheidung v. 22.5.2003 (BFH v. 22.5.2003 – IX R 9/00, BStBl. II 712) stellte der BFH zudem klar, dass Bezugsrechte – hier übertragen auf den Erwerb von Beteiligungen am übernehmenden Rechtsträger – bereits mit dem Erwerb der ursprünglichen Beteiligung am übernehmenden Rechtsträger entstanden sind. Die bare Zuzahlung stellt eine Wertabspaltung dar (*Haritz/Asmus* DStR 2003, 2052). Ein Gewinn, der auf die bare Zuzahlung entfällt, kann wiederum steuerpflichtig sein, wenn die bare Zuzahlung den anteilig auf sie entfallenden Buchwert/die anteiligen Anschaffungskosten übersteigt; es handelt sich insoweit um ein anteiliges Veräußerungsgeschäft (so auch UmwStE Rn. 13.02). 229

bb) Barabfindungen. Barabfindungen bedürfen in diesem Zusammenhang keiner Regelung, weil diejenigen Gesellschafter, die abgefunden werden, gem. §§ 15 I, 12 II, 5 I als zum steuerlichen Übertragungsstichtag ausgeschieden gelten. Für diese Anteilseigner liegt eine Veräußerung ihrer vor Spaltung gehaltenen Anteile vor (*Schumacher* in R/H/vL § 15 Rn. 95; ebenso UmwStE Rn. 13.02). 230

cc) Wertübertragungen auf Anteile und nicht-verhältniswahrende Spaltung. Im Rahmen der Spaltung kann es zu Wertübertragungen auf Anteile kommen. Auch bei nicht-verhältniswahrenden Abspaltungen, bei denen die Beteiligungsverhältnisse an dem übernehmenden Rechtsträger nicht denjenigen am übertragenden Rechtsträger entsprechen, stellt sich die Frage nach der Anwendbarkeit des § 13. Die FinVerw will in keinem dieser Fälle § 13 anwenden, sondern die darin liegende Vorteilszuwendung nach allgemeinen steuerlichen Grundsätzen prüfen (UmwStE Rn. 15.44, 13.03). Die in Rede stehenden Fälle dürften wie folgt zu behandeln sein: 231

Erfolgt die **Wertübertragung lediglich innerhalb des Anteilsbestandes** desselben Anteilseigners (Abspaltung zu Null auf eine aufnehmende Gesellschaft, an der er bereits beteiligt ist), so ist weder § 13 anwendbar, noch liegt ein Veräußerungs- oder Anschaffungsgeschäft vor. Auszugehen ist deshalb von einer Wertabspaltung, die bei zukünftigen 232

Veräußerungen der begünstigten Anteile zu berücksichtigen ist (aA *Neumann* in R/H/vL § 13 Rn. 28, der meint, dass die begünstigten Anteile gleichwohl „an die Stelle treten" gem. § 13 II 2).

233 § 13 I und II ist bei der **nicht-verhältniswahrenden Spaltung** anwendbar, wenn und soweit die überproportionale Beteiligung einzelner Anteilseigner am aufnehmenden Rechtsträger mit einer entsprechend verhältnismäßigen Herabsetzung ihrer Beteiligung am übernehmenden oder anderen aufnehmenden Rechtsträger korrespondiert (vgl. Rn. 207). § 15 I soll gerade eine solche nicht-verhältniswahrende Spaltung steuerfrei ermöglichen und verweist insoweit auf die Anwendung des § 13 II. Diesen Standpunkt scheint auch die FinVerw zu teilen, indem sie für die Anwendung des § 13 II darauf abstellt, dass dem Anteilseigner keine oder nur eine aus Gesellschaftsrechten (am übernehmenden Rechtsträger) bestehende Gegenleistung gewährt werden darf (UmwStE Rn. 13.02; s. hierzu die entsprechende Behandlung bei § 11 II, Rn. 207). Eine Anwendung des § 13 dürfte auch ohne Heranziehung dieser nicht gesetzlich geregelten Tatbestandsvoraussetzungen ausscheiden, soweit sich die nicht-verhältniswahrende Spaltung nicht als Anteilstausch im Rahmen der Verschmelzung darstellt, sondern als Anteilsveräußerung. Das ist der Fall, wenn und soweit der bei der Anteilszuteilung am aufnehmenden Rechtsträger begünstigte Anteilseigner keine korrespondierende Verminderung seiner übrigen Anteile vornimmt, sondern dem oder den anderen Anteilseigner(n) stattdessen eine Abfindungszahlung leistet.

234 Die FinVerw prüft unabhängig von der Anwendung des § 13, ob es anlässlich der Spaltung zur **Wertübertragung auf Anteile anderer Anteilseigner** gekommen ist und beurteilt diese Wertübertragung nach allgemeinen steuerlichen Grundsätzen (UmwStE Rn. 15.44, 13.03). In Betracht kommen insbesondere Schenkungen gem. § 7 Abs. 8 ErbStG („Werterhöhung von Anteilen") sowie verdeckte Gewinnausschüttungen oder Einlagen (UmwStE Rn. 13.03; *Dötsch/Pung* in D/P/P/M § 15 Rn. 252). Art und Höhe der für eine Werterhöhung von Anteilen erhaltenen Kompensation ist daher bei Spaltungen nicht nur für die Anwendung des § 13, sondern auch für die schenkungs- und ertragsteuerliche Behandlung der Spaltung auf Ebene der Anteilseigner entscheidend.

235 **dd) Ausländische Gesellschafter.** In den meisten relevanten **DBA** ist das Besteuerungsrecht für die Veräußerung von wesentlichen Anteilen an Kapitalgesellschaften dem Staat zugewiesen, in dem der Gesellschafter ansässig ist. Spaltungen haben daher keine steuerlichen Wirkungen. Es ist aber jeweils zu prüfen, ob das jeweilige ausländische Steuerrecht Regelungen, die § 13 entsprechen, vorsieht oder ob ausländische Gewinnrealisierungstatbestände eingreifen.

236 Bei ausländischen Staaten, die **kein DBA** mit der Bundesrepublik Deutschland abgeschlossen haben, kann der Gesellschafter der beschränkten Steuerpflicht nach § 49 I Nr. 2 Buchst. e EStG unterliegen. Die Vorschriften des § 13 II sind auf die Anteile solcher Gesellschafter anzuwenden.

237 **ee) § 20 IV a 1 EStG – Anteile im Privatvermögen unter 1 %.** Die Anwendung des § 13 wird vollständig verdrängt, wenn die Voraussetzungen des § 20 IV a 1 EStG vorliegen.

VII. Verlustkürzung gem. § 15 III

238 Für Aufspaltungen gilt: Gem. § 15 I 1 ist bei Spaltungen u. a. § 12 III 2 und damit § 4 II anwendbar. Gem. § 4 II 2 gehen verrechenbare Verluste (§ 15a IV und § 15b IV EStG), verbleibende Verlustvorträge (§§ 10d IV, 2a I 5, 15 IV EStG), vom übertragenden Rechtsträger nicht ausgeglichene negative Einkünfte (hierzu *Schumacher* in R/H/vL § 15 Rn. 268), ein Zinsvortrag nach § 4h I 5 EStG und ein EBITDA-Vortrag gem. § 4h I 3 EStG nicht auf den aufnehmenden Rechtsträger über. Nicht verbrauchte Verlustabzüge können nur noch durch Verrechnung mit einem Übertragungsgewinn in der steuerlichen

Schlussbilanz der übertragenden Körperschaft genutzt werden (*Dörfler/Wittkowski* GmbHR 2007, 352; hierzu *Dötsch/Pung* in D/P/P/M § 15 Rn. 225).

Für Abspaltungen regelt § 15 III, dass sich die verrechenbaren Verluste, verbleibenden Verlustvorträge, nicht ausgeglichenen negativen Einkünfte sowie Zins- und EBITDA-Vorträge der übertragenden Körperschaft in dem Verhältnis mindern, in dem bei Zugrundelegung des gemeinen Werts Vermögen auf aufnehmende Körperschaften übergeht. **239**

Nach Auffassung der FinVerw kann hierfür in der Regel der Spaltungsschlüssel herangezogen werden (UmwStE Rn. 15.41). Für die Ermittlung der ebenfalls in die Betrachtung einzubeziehenden Ergebnisse des laufenden Geschäftsjahres bei unterjährigem steuerlichen Übertragungsstichtag verweist BMF-Schreiben v. 23.2.2018, DStR 2018, 527 auf die Grundsätze des BMF-Schreibens v. 28.11.2017, BStBl. I 2017, 1645, Rn. 33 bis 38. Danach kann das im laufenden VZ bis zum steuerlichen Übertragungsstichtag erzielte anteilige Ergebnis mit Verlustvorträgen verrechnet werden.

VIII. Sonderregelungen Unbundling (EnWG)

Nach dem Energiewirtschaftsgesetz besteht für Energieversorgungsunternehmen eine Verpflichtung zur rechtlichen und organisatorischen Entflechtung (Unbundling) von Netzbetreibern. Für die hierdurch ausgelösten (und nicht lediglich freiwillig vorgenommenen, § 6 IV EnWG) Umstrukturierungsmaßnahmen hat der Gesetzgeber in § 6 II EnWG eine besondere Teilbetriebsfiktion geschaffen, um das Unbundling steuerlich zu erleichtern. **240**

§ 6 II 1–3 EnWG enthält zunächst eine Teilbetriebsfiktion, die als lex specialis § 15 I vorgeht. Danach gelten die in engem wirtschaftlichen Zusammenhang mit der rechtlichen und operationellen Entflechtung übertragenen Wirtschaftsgüter als Teilbetrieb iSd § 15 (S. 1). Hierzu sollen aber Wirtschaftsgüter nicht gehören, die nicht unmittelbar auf Grund des Organisationsakts der Entflechtung übertragen werden (S. 2). Auch das im Rahmen dieses Organisationsaktes bei der übertragenden Körperschaft verbleibende Vermögen soll einen Teilbetrieb darstellen. Problematisch ist hier die Bestimmung des engen wirtschaftlichen Zusammenhangs eines Wirtschaftsguts mit der Entflechtung. Die FinVerw fordert nach funktionaler Betrachtung einen engen wirtschaftlichen oder technischen Zusammenhang mit dem jeweiligen Netzvermögen (s. Nachweise bei *Schumacher* in R/H/vL § 15 Rn. 59; *Dötsch/Pung* in D/P/P/M § 15 Rn. 255). Soweit dieser Nachweis in Frage steht, kann aber auf eine Abspaltung gem. § 15 I 2 rekurriert und eine steuerfreie Abspaltung hiermit begründet werden. **241**

Gem. § 6 II 4 EnwG soll § 15 II auf Spaltungen gem. § 6 II 1 EnWG keine Anwendung finden, sofern bestimmte Umstrukturierungsmaßnahmen bis zum 3.3.2012 ergriffen wurden. Nach dem Wortlaut sind somit Veräußerungen von Anteilen an Körperschaften, die an der Spaltung beteiligt sind, unschädlich und stellen die Steuerneutralität nicht in Frage. Das gilt nicht nur für den Fall der Veräußerung durch die Spaltung, sondern auch für zeitlich nachgelagerte Anteilsveräußerungen (aA *Dötsch/Pung* in D/P/P/M § 15 Rn. 257, die nur eine Veräußerung durch Spaltung als unschädlich ansehen wollen, sich damit aber in Widerspruch zu ihrer Auffassung setzen, eine Veräußerung durch Spaltung sei gar nicht möglich, Rn. 153). **242**

IX. Sonderregelungen FMStFG

§§ 14a II 1 FMStFG enthält für den Fall der Abspaltung auf eine Abwicklungsanstalt eine den §§ 15 I 1, 11 vorgehende Sonderreglung, wonach die übertragende Körperschaft das übergehende Vermögen (Risikopositionen und strategienotwendige Geschäftsbereiche) in der Übertragungsbilanz mit dem Buchwert anzusetzen hat. Die gewährte Beteiligung an der Abwicklungsanstalt gilt als zu Buchwerten angeschafft und tritt steuerlich an die Stelle **243** der übertragenden Wirtschaftsgüter (§ 14a II 2 FMStFG). Abweichend von § 15 III verbleiben verrechenbare Verluste, verbleibende Verlustvorträge etc. bei der Abspaltung beim übertragenden Rechtsträger und werden nicht gemindert (§§ 14a II 3, 14 IIIa 2 FMStFG).

§ 16 Aufspaltung oder Abspaltung auf eine Personengesellschaft

[1]Soweit Vermögen einer Körperschaft durch Aufspaltung oder Abspaltung auf eine Personengesellschaft übergeht, gelten die §§ 3 bis 8, 10 und 15 entsprechend. [2]§ 10 ist für den in § 40 Abs. 2 Satz 3 des Körperschaftsteuergesetzes bezeichneten Teil des Betrags im Sinne des § 38 des Körperschaftsteuergesetzes anzuwenden.

Übersicht

I. Allgemeine Erläuterungen

1 Durch § 16 wird die ertragsteuerneutrale Übertragung von Vermögen durch Spaltung aus einer Körperschaft auf eine Personengesellschaft ermöglicht. Unter Spaltung ist nur die Auf- oder Abspaltung zu verstehen, nicht die Ausgliederung iSd § 123 III UmwG (Rn. 6). Ein Vermögensübergang in Form der Teilübertragung auf Personengesellschaften ist nicht möglich (§ 175 UmwG).

2 *(einstweilen frei)*

3 Für die Spaltung von Vermögen auf Personengesellschaften sind nach § 16 S. 1 die Vorschriften der §§ 3–8, 10 und 15 entsprechend anzuwenden. Hierbei hat die **direkte Verweisung** auf §§ 3–8 und den auf Spaltungen nach dem 31.12.2006 nicht mehr anzuwendenden § 10 nicht nur den Vorrang gegenüber der mittelbaren Verweisung über § 15 I auf §§ 11–13. Die Formulierung „vorbehaltlich des § 16" in § 15 I 1 stellt vielmehr klar, dass in Fällen der Spaltung auf Personengesellschaften eine Anwendbarkeit der §§ 11–13 grundsätzlich ausgeschlossen ist. Für die Missbrauchstatbestände des § 15 II könnte daher die Schlussfolgerung gezogen werden, dass ihr Vorliegen im Rahmen des § 16 einen steuerneutralen Vermögensübergang nach §§ 3 ff. ausschließt. § 15 II ist jedoch bei einer Spaltung auf Personengesellschaften im Ergebnis bedeutungslos (Rn. 22).

Die Verweisung auf §§ 3 ff. verdeutlicht, dass Spaltungen von Vermögen auf Personengesellschaften – ebenso wie die Spaltung von Vermögen aus Körperschaften auf Körperschaften – als Umkehrfall der Verschmelzung gesehen werden, denn die Überschrift des zweiten

Teils des Gesetzes, der die §§ 3–8 und 10 umfasst, bezieht sich auf Verschmelzungen (einer Körperschaft) auf eine Personengesellschaft.

Die **übernehmende Personengesellschaft,** bei der es sich gem. § 124 I iVm § 3 I UmwG **um eine OHG, KG oder Partnerschaftsgesellschaft** handeln muss, kann durch die Spaltung neu gegründet werden oder bereits bestehen. Die übertragende Körperschaft kann an der übernehmenden Personengesellschaft – ausgenommen Partnerschaftsgesellschaften – als Gesellschafter beteiligt sein, auch kann die übernehmende Personengesellschaft Gesellschafter der übertragenden Körperschaft sein. In allen Fällen werden die Anteilseigner der übertragenden Körperschaft durch die Spaltung Gesellschafter der übernehmenden Personengesellschaft bzw. erhalten sie weitere Gesellschaftsanteile an der Personengesellschaft, soweit eine Gesellschafterstellung an der Personengesellschaft bereits vor der Spaltung bestand. 4

Die Spaltung auf eine Personengesellschaft ist auch in **Kombination mit einer Spaltung auf eine Körperschaft** möglich. Bei einer Aufspaltung kann ein Teil des Vermögens auf eine Körperschaft, ein anderer auf eine Personengesellschaft übergehen. Bei einer Abspaltung kann ein Teil des Vermögens auf eine Personengesellschaft, ein anderer auf eine Körperschaft übergehen und ein dritter Teil bei der übertragenden Körperschaft verbleiben. Eine Spaltung auf eine natürliche Person ist nicht erlaubt. 5

Eine Ausgliederung und andere steuerlich als **Einbringung iSd § 24** zu würdigende Sachverhalte unterscheiden sich von einer Spaltung auf eine Personengesellschaft dadurch, dass bei einer Spaltung die Anteilseigner der übertragenden Körperschaft an der übernehmenden Personengesellschaft beteiligt werden, während bei Einbringungen die übertragende Körperschaft Gesellschafter der Personengesellschaft wird. 6

Gewerbesteuerlich ist der Übergang des Vermögens von einer Körperschaft auf eine Personengesellschaft nach § 18 zu erfassen. Eine besondere Anordnung der Geltung des § 18 ist in § 16 entbehrlich, da diese bereits aus dem Einleitungssatz zu § 1 I folgt. 7

Der Wortlaut der Vorschrift erfuhr durch das SEStEG lediglich redaktionelle Änderungen (Gesetzesbegründung vom 25.9.2006 zu § 16, BT-Drs. 16/2710, 42; *Schaflitzl/Widmayer* BB-Special 8/2006, 37, 50). Der bisherige Satz 3 betreffend den Verlustvortrag wurde in § 15 III UmwStG übernommen. Materiellrechtliche Änderungen sind damit jedoch nicht verbunden.

(einstweilen frei) 8, 9

II. Verweisung in § 16 S 1 auf § 15

1. Entsprechende Anwendung des § 15 I

a) Teilbetriebserfordernis

Im Gesetzgebungsverfahren zum UmwStG 1995 war umstritten, ob der Begriff des „Vermögens" in § 16 S 1 den Willen des Gesetzgebers, nur die Übertragung von Teilbetrieben ertragsteuerneutral zu ermöglichen, ausreichend verdeutlicht. In der BegrUmwStG zum UmwStG 1995 heißt es, soweit Vermögen einer Körperschaft durch Spaltung auf eine Personengesellschaft übergehe, gelten die §§ 3–8 und 10 entsprechend; die in § 15 I–IV aF genannten Voraussetzungen seien auch in diesem Fall zu beachten. 10

In der **Stellungnahme des Bundesrates** wurde eingewandt, die Gesetzesfassung erschiene ungenau und könne zu Missverständnissen Anlass geben (BT-Drs. 12/7265 zu § 16). „Vermögen" könne nach der Systematik des UmwG nicht durch Spaltung übergehen. Das UmwG spreche nicht von „Vermögen", sondern von „Vermögensteilen". Da steuerlich beabsichtigt sei, Spaltungen nur dann zu begünstigen, wenn es sich um Teilbetriebe handele, erscheine es zweckmäßig, diesen Ausdruck auch in § 16 S 1 aF zu verwenden. In der Bundesrats-Stellungnahme wurde weiter eingewandt, durch den Verweis in § 16 aF auf § 15 aF, der den Ausdruck „Teilbetrieb" verwende, entstehe eine 11

Auslegungsschwierigkeit, weil hierdurch zwei entgegengesetzte Folgerungen möglich seien:

– Der Verweis auf § 15 aF schließe den Verweis auf den dort genannten Teilbetrieb ein mit der Folge, dass der Ausdruck „Vermögen" in § 16 S 1 aF nicht Vermögen bedeute, sondern „Teilbetrieb". Dann erhebe sich die Frage, warum der Ausdruck „Teilbetrieb" nicht verwandt werde.
– Die Vorschrift könne aber auch so verstanden werden, dass der Verweis auf § 15 aF nicht das Erfordernis des Teilbetriebs einschließt, so dass der Übergang von Vermögen schlechthin in Fällen des § 16 aF möglich würde, was aber ersichtlich nicht gewollt sei.

Nach der **Gegenäußerung der Bundesregierung** (BT-Drs. 12/7265) soll der Gesetzestext eindeutig sein. Eine steuerneutrale Spaltung auf eine Personengesellschaft sei nur dann möglich, wenn auf die übernehmende Personengesellschaft ein Teilbetrieb übertragen werde. Die entsprechende Anwendung des § 15 aF stelle gleichzeitig sicher, dass die in § 15 III aF genannten Missbrauchsfälle zu beachten seien. Nach Auffassung der Bundesregierung ist § 16 S 1 aF somit wie folgt zu lesen: Soweit Vermögen einer Körperschaft durch Aufspaltung oder Abspaltung auf eine Personengesellschaft übergeht, gelten die §§ 3 –8, 10 und 15 entsprechend, wenn auf die übernehmende Personengesellschaft ein Teilbetrieb übertragen wird.

12 Diese historische Kontroverse ist nicht überholt, sondern wird durch die Fassung des SEStEG verschärft (zum Meinungsstreit s. *Thieme* BB 2005, 2042, 2043). Denn das Teilbetriebserfordernis ist nunmehr in § 15 I 2 als Zugangserfordernis für die Wahlrechte nach §§ 11 II und 13 II ausgestaltet. Diese Vorschriften gelten aber im Rahmen der Auf- und Abspaltung auf Personengesellschaften nicht, sodass der Verweis in § 16 S 1 auf § 15 I 2 von den Rechtsfolgen her ins Leere geht. Eine mit § 15 I 2 vergleichbare Vorschrift gibt es für Spaltungen auf Personengesellschaften nicht.

13 Die Vermögensbegriffe der §§ 15 und 16 sind identisch auszulegen. Es handelt sich um **Vermögensteile** der übertragenden Körperschaft und keineswegs um deren Gesamtvermögen, denn Auf- und Abspaltung setzen jeweils einzelne übergehende bzw. bei der übertragenden Körperschaft verbleibende Vermögensteile voraus. Dem Begriff des Vermögens ist die Beschränkung auf Teilbetriebe nicht immanent, denn ansonsten wäre § 15 I 2 überflüssig.

Im Übrigen ist die Formulierung in § 15 I 1 „vorbehaltlich des § 16" entweder überflüssig und als Redaktionsversehen zu qualifizieren oder sie könnte als Indiz dafür gewertet werden, dass die Teilbetriebseigenschaft von Vermögen im Rahmen des § 16 nicht notwendig ist. § 15 I 1 regelt unmissverständlich den Anwendungsbereich des § 15 durch die Worte „geht Vermögen einer Körperschaft durch Aufspaltung oder Abspaltung oder durch Teilübertragung auf andere Körperschaften über". Einer Einschränkung der entsprechenden Anwendung der §§ 11–13 durch „vorbehaltlich des § 16" bedarf es daher nicht.

14 Wenn das Teilbetriebserfordernis überhaupt im Rahmen des § 16 Bedeutung haben soll, dann ergibt sich dies aus der Anordnung der entsprechenden Anwendung des § 15 in § 16 S 1. Dem steht jedoch entgegen, dass die Rechtsfolgenverweisung in § 15 I 2 ins Leere geht (Rn. 3, 12).

15 Zudem ist der wesentliche Grund für das Teilbetriebserfordernis in § 15 bei Spaltungen auf Personengesellschaften mit Betriebsvermögen irrelevant. Denn das Teilbetriebserfordernis in § 15 soll sicherstellen, dass keine Einzelwirtschaftsgüter übertragen werden, die dann indirekt durch Veräußerung der Anteile an einer Kapitalgesellschaft steuerfrei verkauft werden können. Die Veräußerung von Anteilen an Personengesellschaften mit Betriebsvermögen ist aber stets steuerpflichtig. Die FinVerw hält trotz dieser Argumente für den Zugang zu dem Wahlrecht nach § 3 II am Teilbetriebserfordernis fest. Nach UmwStE Rn. 16.02 ist § 3 II nur dann entsprechend anwendbar, wenn jeweils ein Teilbetrieb übergeht, im Fall der Abspaltung das verbleibende Vermögen ebenfalls zu einem Teil-

betrieb gehört und auch die Missbrauchsregelungen des § 15 II beachtet werden. Die nachfolgende Kommentierung in Rn. 16–19 legt diese Rechtsmeinung der FinVerw als geltend zugrunde, auch wenn diese nicht geteilt wird.

Im Falle der Abspaltung muss auch das bei der übertragenden Körperschaft **verbleibende Vermögen** zu einem Teilbetrieb gehören, §§ 16 S 1, 15 I 2 (UmwStE Rn. 16.02). 16

Die **Fiktion des Teilbetriebs** nach § 15 I 3 gilt auch im Rahmen des § 16. Ein Mitunternehmeranteil oder die Beteiligung an einer Kapitalgesellschaft, die das gesamte Nennkapital der Gesellschaft umfasst, steht einem Teilbetrieb gleich. 17

Geht bei Auf- oder Abspaltung entweder auf die übernehmende Personengesellschaft kein Teilbetrieb über (§ 15 I 1) oder gehört – im Fall der Abspaltung – das verbleibende Vermögen der übertragenden Körperschaft nicht zu einem Teilbetrieb (§ 15 I 2), so sind dennoch §§ 3–8 und 10 anzuwenden. Nur der Zugang zu dem Bewertungswahlrecht nach § 3 II wäre dann insoweit abgeschnitten, wie das jeweils übergehende Vermögen keinen Teilbetrieb darstellt. 18

Geht ein Betrieb oder Teilbetrieb oder ein Mitunternehmeranteil über und ist nur das verbleibende Vermögen bei einer Abspaltung kein Teilbetrieb, so geht der Verweis aus §§ 16, 15 I 2 auf die Nichtanwendung der §§ 11 II, 13 II ins Leere. 19

b) Sonderfall: Nicht verhältniswahrende Abspaltung

Bei der nicht verhältniswahrenden Abspaltung auf eine Personengesellschaft werden ggf. Anteilseigner der übertragenden Körperschaft an der Personengesellschaft (gegen Aufstockung ihres Anteils an der Körperschaft) nicht beteiligt, andere ausschließlich an der Personengesellschaft beteiligt. § 15 I mit seinem Verweis auf § 13 ist dann seinem Wortlaut nach (Abspaltung auf Körperschaft) nicht anwendbar, gleichzeitig scheidet eine Anwendung insb. der §§ 4, 7 auf den Anteilseigner der übertragenden Körperschaft aus. Insoweit besteht eine Regelungslücke, die durch entsprechende Anwendung des § 13 auszufüllen ist (*Schumacher* in R/H/vL § 16 Rn. 10; zust. *Dötsch* in D/P/P/M § 16 Rn. 5). 20

(einstweilen frei) 21

2. Missbrauchstatbestände des § 15 II

a) Allgemeines

Die Missbrauchstatbestände des § 15 II sind im Rahmen des § 16 S 1 ebenso auszulegen wie in § 15 (§ 15 Rn. 115 ff.; UmwStE Rn. 16.02). Nur die Rechtsfolge unterscheidet sich von der des § 15 II. Dieser sieht bei Spaltungen von Vermögen auf Körperschaften in seinen unterschiedlichen Alternativen vor, dass § 11 II nicht anzuwenden ist. Dies hat zur Folge, dass in der steuerlichen Schlussbilanz der übertragenden Körperschaft gem. § 11 I die übergegangenen Wirtschaftsgüter einschließlich nicht entgeltlich erworbener oder selbstgeschaffener immaterieller Wirtschaftsgüter mit dem gemeinen Wert anzusetzen sind, soweit: 22

- sichergestellt ist, dass sie später der Besteuerung unterliegen,
- das Recht der Bundesrepublik Deutschland hinsichtlich der Besteuerung des Gewinns aus der Veräußerung der übertragenen Wirtschaftsgüter nicht ausgeschlossen oder beschränkt wird und
- eine Gegenleistung nicht gewährt wird oder in Gesellschaftsrechten besteht.

Die Vorbehalte der Verfasser des UmwStG hinsichtlich der steuerfreien Veräußerung von Vermögensteilen im Spaltungswege (s. BegrUmwStG zu § 15) dürften bei der Spaltung auf Personengesellschaften unbegründet sein. Nach vollzogener Spaltung ist die Veräußerung eines Anteils an einer Personengesellschaft mit Betriebsvermögen stets steuerpflichtig, selbst wenn ein entsprechender Anteil an der übertragenden Körperschaft zuvor nicht steuerpflichtig war, weil es sich nicht um Anteile iSd § 17 EStG handelte und der Erwerb vor dem 1.1.2009 erfolgte oder ein DBA die Veräußerung steuerfrei stellte. Damit ist das entscheidende gesetzliche Motiv für § 15 II 2–4 (vgl. § 15 Rn. 116, 161) bei Spaltungen auf Personengesellschaften entfallen. 23

24 Gleiches gilt für § 15 II 5 – Trennung von Gesellschafterstämmen –, denn Hintergrund der erschwerten Voraussetzungen einer Trennung von Gesellschafterstämmen ist wiederum die Sorge vor der Vorbereitung späterer steuerfreier Veräußerungen. Nur § 15 II 1 scheint prima vista den Zweck zu verfolgen, Umgehungen des Teilbetriebserfordernisses entgegenzuwirken und sich nicht gegen (spätere) Veräußerungen zu richten. Dieser erste Eindruck täuscht jedoch, denn auch das Verbot, fiktive Teilbetriebe iSd § 15 I 3 zu schaffen oder aufzustocken, zielt im Ergebnis darauf ab, eine Veräußerungssperre für Einzelwirtschaftsgüter zu errichten, die durch die Spaltung in Körperschaften gehalten werden, deren Anteile steuerfrei veräußert werden können. Damit besteht bei der Spaltung auf Personengesellschaften kein Anlass, eine Lücke des §§ 16 S 1 zu schließen.

b) Umwandlung und Einbringung

25 Bei Spaltungen von Kapitalgesellschaften auf Kapitalgesellschaften vertritt die FinVerw die Auffassung, eine schädliche Veräußerung iSd § 15 II 3 liege auch im Übergang (Tausch) von Anteilen im Rahmen einer Verschmelzung, Spaltung oder Einbringung in eine Kapitalgesellschaft vor (UmwStE Rn. 15.24), während Kapitalerhöhungen (durch Dritte) mit angemessenem Aufgeld erlaubt seien, vorausgesetzt, dass die einem an der Spaltung beteiligten Rechtsträger zugeführten Mittel nicht innerhalb einer Fünfjahresfrist an die ehemaligen Anteilseigner ausgekehrt werden (UmwStE Rn. 15.25). Diese Differenzierung ist bereits bei Spaltungen zwischen Kapitalgesellschaften unklar, da schon dort wirtschaftlich kein Unterschied zwischen einer Verschmelzung/Einbringung mit angemessenen Beteiligungsverhältnissen und einer Kapitalerhöhung gegen Aufgeld besteht. Bei Spaltungen auf Personenhandelsgesellschaften ist die Auffassung der FinVerw steuerrechtlich erst recht verfehlt. Nach allgemeiner Meinung stellt die Aufnahme neuer Gesellschafter in eine Personenhandelsgesellschaft durch Bareinlage (mit Aufgeld) einen Einbringungsvorgang nach § 24 UmwStG dar, so dass die – künstliche – Differenzierung zwischen Kapitalerhöhung und Einbringung in diesem Fall einer rechtlichen Grundlage entbehrt.

26 *(einstweilen frei)*

III. Verweisung in § 16 S 1 auf §§ 3 bis 8

1. Allgemeines

27 Eine Spaltung auf eine Personengesellschaft setzt nicht voraus, dass das übergehende Vermögen **Betriebsvermögen** wird. In § 16 S 1 wird auf §§ 3 bis 8 und den (aufgehobenen) § 10 verwiesen. Nur wenn die Übernehmerin über Betriebsvermögen verfügt, ist jedoch der Weg zum Wahlrecht des § 3 II eröffnet. Wird das übergehende Vermögen nicht Betriebsvermögen bei der Übernehmerin, bleibt es beim Ansatz des übergehenden Vermögens zum gemeinen Wert bei der übertragenden Körperschaft nach § 3 I.

28 Auf **natürliche Personen** ist eine Abspaltung nicht möglich, da §§ 3 I, 124 UmwG dies nicht zulassen. Diese Gesetzeslücke lässt sich aber dadurch überwinden, dass nach einer Spaltung auf eine Personengesellschaft, an der ein Mitgesellschafter nur minimal beteiligt ist, der minimal beteiligte Mitgesellschafter seinen Anteil an der Personengesellschaft an den Hauptgesellschafter entgeltlich veräußert, so dass das wirtschaftliche Ergebnis einer Spaltung auf eine natürliche Person nahe kommt.

2. Wertansätze in der steuerlichen Schlussbilanz gem. § 3

29 Die Ausführungen zu § 3 gelten entsprechend. Jedoch ist das Wahlrecht des § 3 I, II beschränkt auf den Vermögensteil, der durch Auf- oder Abspaltung auf die übernehmende Personengesellschaft übergeht. Durch das Wort „soweit" in § 16 wird zum Ausdruck gebracht, dass das verbleibende Vermögen der übertragenden Körperschaft nicht von den Bewertungsregeln des § 3 erfasst wird. Bei Auf- und Abspaltung auf mehr als eine

Personengesellschaft oder bei gleichzeitiger Auf- und Abspaltung auf Körperschaften und Personengesellschaften können die Wahlrechte nach § 3 II und § 11 II jeweils getrennt für jeden einzelnen übergehenden Vermögensteil ausgeübt werden (so bereits *Hörger* FR 1994, 766 zum UmwStG 1995).

(einstweilen frei) 30

3. Auswirkungen auf den Gewinn des übernehmenden Rechtsträgers nach § 4

§ 4 ist bei Spaltung von Vermögensteilen auf Personengesellschaften entsprechend anzuwenden. Der Gesetzgeber geht bei § 4 von dem Regelfall aus, dass die Übernehmerin an der übertragenden Körperschaft bereits beteiligt ist. Zu beachten ist, dass der Übernahmegewinn oder der Übernahmeverlust iSd § 4 IV sich auf die Differenz zwischen dem Wert der übergegangenen Wirtschaftsgüter des Vermögensteils, der im Rahmen der Spaltung auf die Personengesellschaft übergeht, abzüglich der Kosten für den Vermögensübergang und dem anteiligen Wert der Anteile an der übertragenden Körperschaft bezieht. Der „Wert der Anteile" ist definiert durch den Klammerzusatz in § 4 IV 1, also durch den Verweis auf § 4 I 2 und § 5 II und III. Er gilt für die Anteile an der übertragenden Körperschaft, die zum Betriebsvermögen der Personengesellschaft gehören oder nach § 5 steuerlich für Zwecke der Gewinnermittlung als Betriebsvermögen der übernehmenden Personengesellschaft behandelt werden. Gesellschaftsrechtlich entsteht, entgegen der Fiktion einer Einlage nach § 5 II bis III, aber keine Beteiligung. 31

Die **übergehenden Wirtschaftsgüter** sind von dem übernehmenden Rechtsträger mit dem in der steuerlichen Schlussbilanz der übertragenden Körperschaft enthaltenen Wert anzusetzen, also mit dem gemeinen Wert oder dem Wert, der sich aufgrund der Ausübung des Wahlrechts des § 3 II ergibt. 32

Abweichend hiervon sind gem. § 4 IV 2 die übergegangenen Wirtschaftsgüter der übertragenden Körperschaft mit dem Wert nach § 3 I (gemeiner Wert) anzusetzen, soweit an ihnen kein Recht der Bundesrepublik Deutschland zur Besteuerung des Gewinns aus der Veräußerung bestand. Es wird auf die Ausführungen zu § 4 verwiesen. 33

Ein Übernahmegewinn erhöht sich und ein Übernahmeverlust verringert sich gem. § 4 V 1 um einen – europarechtlich fragwürdigen – **Sperrbetrag nach § 50c EStG,** soweit die Anteile an der übertragenden Körperschaft am steuerlichen Übertragungsstichtag zum Betriebsvermögen des übernehmenden Rechtsträgers gehören. Der Sperrbetrag ist demnach anteilig für die als Betriebsvermögen der Personengesellschaft geltenden Anteile an der übertragenden Körperschaft zu ermitteln. Es gelten hier ebenfalls die in Rn. 48 ff. dargestellten Aufteilungsregeln. 34

Ansonsten bestehen bei Spaltungen keine von den Erläuterungen zu § 4 abweichenden Besonderheiten.

(einstweilen frei) 35–39

4. Anschaffungs- und Einlagefiktion nach § 5

Bei **Verschmelzungen** von Körperschaften auf Personengesellschaften fingiert § 5 die Anschaffung bzw. Einlage von Anteilen an der übertragenden Körperschaft in die Personengesellschaft zum steuerlichen Übertragungsstichtag gem. § 2. Voraussetzung der Anschaffungsfiktion nach § 5 I ist, dass die Personengesellschaft oder ein (zukünftiger) Gesellschafter der Personengesellschaft die Anteile nach dem steuerlichen Übertragungsstichtag angeschafft hat. Bei der fingierten Einlage nach § 5 II bis III muss es sich um wesentliche Beteiligungen iSd § 17 EStG oder um Anteile im Betriebsvermögen eines Gesellschafters der übernehmenden Personengesellschaft handeln. Liegen diese Voraussetzungen nicht vor,ist der Anteilseigner an der übertragenden Körperschaft nicht wesentlich beteiligt und hält er die Anteile im Privatvermögen, gilt die Anschaffungs- bzw. Einlagefiktion nicht. Der Gesetzeswortlaut nach Inkrafttreten des SEStEG stellt nicht mehr darauf ab, ob die Veräußerung der Anteile zu einer Besteuerung nach § 17 EStG oder § 49 I 2 40

Buchst. e EStG führt. Es werden nunmehr alle von inländischen oder ausländischen Anteilseignern gehaltenen Anteile iSd § 17 EStG erfasst.

41 **Bestehende Beteiligung an der Körperschaft.** Ist die übernehmende Personengesellschaft zum steuerlichen Übertragungsstichtag bereits an der übertragenden Körperschaft beteiligt oder wird die Anschaffung auf diesen Stichtag nach § 5 I fingiert, so ist wie folgt zu unterscheiden: Bei Auf- und Abspaltung erhalten die anderen Gesellschafter der übertragenden Kapitalgesellschaft neue Anteile an der übernehmenden Personengesellschaft, soweit durch die Spaltung Vermögen auf diese übergeht, das nicht der Beteiligungsquote der übernehmenden Personengesellschaft entspricht und keine nicht verhältniswahrende Spaltung vorliegt. Liegt eine Aufspaltung vor, erwirbt die Personengesellschaft selbst auch Anteile an den anderen Rechtsträgern, die aus der Aufspaltung der übertragenden Körperschaft hervorgehen. Liegt eine Abspaltung vor, bleibt die übernehmende Personengesellschaft an der übertragenden Körperschaft beteiligt.

42 **Einlagefiktion.** Nur **für Zwecke der steuerlichen Gewinnermittlung** ist davon auszugehen, dass die Anteilseigner der übertragenden Körperschaft ihre Anteile an der übertragenden Körperschaft, soweit auf die Personengesellschaft Vermögen übergeht, nach § 5 II, III in die übernehmende Personengesellschaft eingelegt haben. Die Einlagefiktion hat keine gesellschaftsrechtliche Bedeutung. Die durch Spaltung geschaffenen Anteile an der übernehmenden Personengesellschaft erwerben deren Gesellschafter und nicht die Personengesellschaft selbst.

43 Bei einer vor Spaltung bestehenden gesellschaftsrechtlichen **Beteiligung der übertragenden Körperschaft an der übernehmenden Personengesellschaft** ist zwischen der steuerlichen Einlagefiktion und den gesellschaftsrechtlichen Folgen zu unterscheiden. Zum Zwecke der steuerlichen Gewinnermittlung gilt auch hier die Einlagefiktion des § 5 III. Gesellschaftsrechtlich werden jedoch die anderen Anteilseigner der übertragenden Körperschaft Gesellschafter der bestehenden übernehmenden Personengesellschaft. Bei einer Abspaltung kann zudem die übertragende Körperschaft weiterhin einer der Gesellschafter der Personengesellschaft bleiben.

44, 45 *(einstweilen frei)*

5. Ermittlung des Werts der Anteile

46 Die übertragende Körperschaft überträgt bei Aufspaltung Vermögensteile auf die Übernehmerinnen, bei Abspaltung einen Vermögensteil auf die Übernehmerin. Um den „Wert der Anteile“ an der übertragenden Körperschaft iSd § 4 IV 1 zu ermitteln, muss daher den jeweils übertragenen Vermögensteilen ein Wert der Anteile zugeordnet werden. Dies geschieht unabhängig davon, ob es bei der übertragenden Körperschaft im Rahmen einer Abspaltung zu einer Kapitalherabsetzung kommt. Der Wert der Anteile bemisst sich nicht nach dem nominellen gezeichneten Kapital.

47 In einem ersten Schritt sind für den jeweiligen individuellen Anteilseigner der übertragenden Körperschaft die Anschaffungskosten nach § 5 II bzw. die steuerlichen Buchwerte nach § 5 III oder für die übernehmende Personengesellschaft der Buchwert nach § 4 I für die **Gesamtbeteiligung** an der übertragenden Körperschaft zu ermitteln. Daran schließen sich die Korrekturrechnungen bezogen auf die Gesamtbeteiligung vor nachstehender Aufteilung an (steuerwirksame Abschreibungen, Abzüge nach § 6b EStG). Wurden mehrere Anteile an der übertragenden Körperschaft zu unterschiedlichen Erwerbskosten angeschafft, verlieren diese einzelnen Anteile für steuerliche Zwecke ihre Selbstständigkeit; die Anschaffungskosten sind über alle einzelnen Anteile zusammenzufassen.

48 Erst nach der vorstehenden Ermittlung ist der Wert der Anteile iSd § 4 IV 1 zu ermitteln. Dies erfolgt durch die Anwendung eines Aufteilungsmaßstabs. Die Aufteilung erfolgt in einen Teil, der dem auf die Personengesellschaft übergehenden Vermögen entspricht, und einen oder mehrere andere Teile, die im Fall der Aufspaltung dem Vermögen entsprechen, das auf andere Rechtsträger übergeht, oder die im Fall der Abspaltung dem

Vermögen entsprechen, das bei der übertragenden Körperschaft verbleibt. Der **Aufteilungsmaßstab** ergibt sich nicht direkt aus dem Gesetz. Jedoch kann aus der Verweisung in § 16 S 1 auf § 15 III und aus § 16 S 2 iVm § 38a I 3 KStG geschlossen werden, dass das Verhältnis der auf die Personengesellschaft übergehenden Vermögensteile zu dem bei der übertragenden Körperschaft vor der Spaltung bestehenden Vermögen, wie es idR in den Angaben zum Umtauschverhältnis der Anteile im Spaltungs- und Übernahmevertrag oder im Spaltungsplan zum Ausdruck kommt, maßgeblich ist.

Existieren in den Spaltungsdokumenten keine Angaben zum Umtauschverhältnis, kann nach **betriebswirtschaftlichen Bewertungsmethoden** hilfsweise mit nachvollziehbaren Schätzungen vorgegangen werden. 49

Im Übrigen: Die Aufteilung erfolgt auch, wenn im Rahmen einer Abspaltung keine Kapitalherabsetzung erfolgt. Zwar besteht dann für jeden an der übertragenden Körperschaft beteiligten Anteilseigner nach vollzogener Abspaltung die nominell unveränderte Beteiligung an der übertragenden Körperschaft (bei einer GmbH am Stammkapital) fort. Diese ist wirtschaftlich aber gemindert um den Wert des abgespaltenen Vermögensteils. In die übernehmende Personengesellschaft gilt nach § 5 II, III ein fiktiver Anteil als eingelegt/überführt, ohne dass sich der fortbestehende Anteil gesellschaftsrechtlich in seinem Nominalbetrag ändert. 50

6. Übergang eines Vermögensteils auf einen Rechtsträger ohne Betriebsvermögen gem. § 8

Beim Übergang von Vermögensteilen im Spaltungsweg auf Rechtsträger, die kein Betriebsvermögen haben, sondern Einkünfte aus Vermietung und Verpachtung oder Kapitalvermögen erzielen, sind in der steuerlichen Schlussbilanz der übertragenden Körperschaft die übergehenden Wirtschaftsgüter mit dem gemeinen Wert anzusetzen. Für Zwecke der Besteuerung der Gesellschafter der übernehmenden Personengesellschaft sind §§ 4 und 7 entsprechend anzuwenden. 51

IV. Verweisung auf § 10 unter Beachtung von § 16 S 2

Nach § 16 S 2 ist § 10 für den in § 40 II 3 KStG bezeichneten Teil des Betrags iSd § 38 KStG anzuwenden. Die Vorschrift des § 10 wurde durch das Gesetz vom 20.12.2007, BGBl. I 3150 aufgehoben. Gem. § 27 V idF dieses Gesetzes ist sie auf Umwandlungen, bei denen der steuerliche Übertragungsstichtag vor dem 1.1.2007 liegt und auf Fälle, die in § 34 XVI abschließend genannt sind, weiterhin anwendbar. 52

Nach § 10 erhöht sich die Körperschaftsteuerschuld der übertragenden Körperschaft für den Veranlagungszeitraum der Umwandlung um den Betrag, der sich nach § 38 KStG ergeben würde, wenn das in der Steuerbilanz ausgewiesene Eigenkapital abzüglich des Betrages, der nach § 28 II 1 iVm § 29 I KStG dem steuerlichen Einlagenkonto gutzuschreiben ist, als am Übertragungsstichtag für eine Ausschüttung verwendet gelten würde.

Durch die Erhöhung der Körperschaftsteuerschuld verringert sich das übergehende Betriebsvermögen.

V. Verlustabzug gem. § 16 S 3 aF

Der bisherige Satz 3 der Vorschrift wurde durch das SEStEG in § 15 III übernommen. Materiellrechtliche Änderungen waren damit nicht beabsichtigt (vgl. Gesetzesbegründung vom 25.9.2006 zu § 16 UmwStG, BT-Drs. 16/2710, 42). § 15 III gilt daher auch für Auf- und Abspaltungen gem. § 16 (UmwStE Rn. 16.03). Hinsichtlich des Verlustabzugs wird auf die entsprechenden Ausführungen unter § 15 Rn. 238 f. verwiesen. 53

Fünfter Teil. Gewerbesteuer

§ 17 (weggefallen)

§ 18 Gewerbesteuer bei Vermögensübergang auf eine Personengesellschaft oder auf eine natürliche Person sowie bei Formwechsel in eine Personengesellschaft

(1) [1]Die §§ 3 bis 9 und 16 gelten bei Vermögensübergang auf eine Personengesellschaft oder auf eine natürliche Person sowie bei Formwechsel in eine Personengesellschaft auch für die Ermittlung des Gewerbeertrags. [2]Der maßgebende Gewerbeertrag der übernehmenden Personengesellschaft oder natürlichen Person kann nicht um Fehlbeträge des laufenden Erhebungszeitraums und die vortragsfähigen Fehlbeträge der übertragenden Körperschaft im Sinne des § 10a des Gewerbesteuergesetzes gekürzt werden.

(2) [1]Ein Übernahmegewinn oder Übernahmeverlust ist nicht zu erfassen. [2]In Fällen des § 5 Abs. 2 ist ein Gewinn nach § 7 nicht zu erfassen.

(3)[1)] [1]Wird der Betrieb der Personengesellschaft oder der natürlichen Person innerhalb von fünf Jahren nach der Umwandlung aufgegeben oder veräußert, unterliegt ein Aufgabe- oder Veräußerungsgewinn der Gewerbesteuer, auch soweit er auf das Betriebsvermögen entfällt, das bereits vor der Umwandlung im Betrieb der übernehmenden Personengesellschaft oder der natürlichen Person vorhanden war. [2]Satz 1 gilt entsprechend, soweit ein Teilbetrieb oder ein Anteil an der Personengesellschaft aufgegeben oder veräußert wird. [3]Der auf den Aufgabe- oder Veräußerungsgewinnen im Sinne der Sätze 1 und 2 beruhende Teil des Gewerbesteuer-Messbetrags ist bei der Ermäßigung der Einkommensteuer nach § 35 des Einkommensteuergesetzes nicht zu berücksichtigen.

[1)] § 18 III 1 geändert durch JStG 2008 v. 20.12.2007 (BGBl. I 2007, 3150); zur erstmaligen Anwendung s. § 27 VII.
Die aF lautete: „Wird der Betrieb der Personengesellschaft oder der natürlichen Person innerhalb von fünf Jahren nach der Umwandlung aufgegeben oder veräußert, unterliegt ein Aufgabe- oder Veräußerungsgewinn der Gewerbesteuer."

Übersicht

I. Allgemeine Erläuterungen

1. Überblick

§ 18 regelt die **gewstl Folgen** bei einem Vermögensübergang (Verschmelzung und Spaltung (Auf- und Abspaltung)) von einer Körperschaft auf eine Personenhandelsgesellschaft (OHG, KG) und PartGes bzw. natürliche Person sowie bei Formwechsel einer Körperschaft in eine PersGes (Personenhandelsgesellschaft, PartGes oder GbR). § 18 gilt sowohl für den übertragenden als auch für den übernehmenden Rechtsträger (UmwStE Rn. 18.01). 1

Nachdem die **PartGes** durch das Gesetz zur Änderung des Umwandlungsgesetzes, des Partnerschaftsgesellschaftsgesetzes und anderer Gesetze (UmwÄndG) v. 22.7.1998 (BGBl. I 1998, 1878) im UmwG weitgehend den Personenhandelsgesellschaften gleichgestellt wurde (vgl auch OFD Niedersachsen v. 26.10.2015, DB 2015, 2667), wird auch ein Vermögensübergang auf bzw. ein Formwechsel in eine PartGes erfasst. Damit ist auch ein Vermögensübergang im Wege der Verschmelzung und Spaltung (vgl § 3 Rn. 40) sowie ein Formwechsel (vgl § 9 Rn. 10) auf eine PartGes möglich (§§ 3, 124, 191 UmwG). Nach Einführung einer PartGes mit beschränkter Berufshaftung durch das Gesetz zur Einführung einer Partnerschaftsgesellschaft mit beschränkter Berufshaftung und zur Änderung des Berufsrechts der Rechtsanwälte, Patentanwälte, Steuerberater und Wirtschaftsprüfer v. 15.7.2013 (BGBl. I 2013, 2386), die als PersGes ausgestaltet ist (vgl BT-Drs. 17/10487, 15), wird auch ein Vermögensübergang von einer Körperschaft auf bzw. ein Formwechsel in eine PartGes mbB erfasst. Die PartGes mbB ist keine eigene Rechtsform, sondern eine Rechtsformvariante der PartGes (*Pestke/Michel* Stbg 2013, 366; nachfolgend einheitlich 2

PartGes). Zu beachten ist aber, dass sich gewstl Auswirkungen bei der übernehmenden PartGes nur ergeben können, wenn und soweit die PartGes gewstpfl ist (entweder durch Betreiben eines Gewerbes oder dadurch, dass sie durch die Umwandlung gewstpfl wird, vgl *Klingberg* in Blümich § 18 Rn. 26). Wie auch in den sonstigen Fällen des Vermögensübergangs auf einen nicht gewstpfl Rechtsträger, schränkt die fehlende GewStPflicht weder das Wahlrecht zur BW-Fortführung (Rn. 40, 45–60; UmwStE Rn. 18.01) noch den Anwendungsbereich des § 18 III ein (Rn. 120 ff.; *Blumenberg/Schäfer,* 140).

3 Gemäß § 18 I 1 gelten die §§ 3 bis 9 und 16 auch für die Ermittlung des Gewerbeertrags (Rn. 20; UmwStE Rn. 18.01). Durch das SEStEG v. 7.12.2006 (BGBl. I 2006, 2782) wurde die Regelung des § 14 aF (Formwechsel) in den § 9 übernommen und § 14 aF aufgehoben (BT-Drs. 16/2710, 41). Die Verweisung auf § 14 wurde dementsprechend in § 18 gestrichen.

4 Der aus dem Vermögensübergang bzw. Formwechsel resultierende Gewerbeertrag und spätere Gewerbeerträge der übernehmenden PersGes bzw. natürlichen Person können nicht um die gewstl Fehlbeträge des laufenden Erhebungszeitraumes und die gewstl **Verlustvorträge** der untergehenden Körperschaft gekürzt werden, § 18 I 2 (Rn. 110; UmwStE Rn. 18.02).

5 In der bis zum 12.12.2006 geltenden Fassung galten die §§ 3 bis 9 usw. „vorbehaltlich des Absatzes 2“. Mit dem Entfallen der Formulierung „vorbehaltlich des Absatzes 2“ ist mE keine materielle Änderung verbunden (BT-Drs. 16/2710, 42). Unverändert ist der Regelungsinhalt von § 18 II zu beachten.

6 Ein Übertragungsgewinn (§ 3) ist grds gewstpfl (Rn. 43, 51). Nach § 18 II 1 unterliegt ein Übernahmegewinn oder Übernahmeverlust nicht der GewSt (Rn. 60). Ein Gewinn nach § 7 (Besteuerung der offenen Rücklagen) ist in den Fällen des § 5 II gemäß § 18 II 2 nicht zu erfassen (Rn. 90).

7 Die Vorschrift des § 18 III aF (vor Steuerbereinigungsgesetz 1999, BGBl. I 1999, 2601) enthielt Sonderregelungen für die gewstl Hinzurechnung von übergegangenen Renten und dauernden Lasten (vgl 2. Aufl. Rn. 39).

8 § 18 III (§ 18 IV aF) enthält eine **Missbrauchsverhinderungsvorschrift.** Die Regelung sieht vor, dass in Fällen, in denen der Betrieb oder Teilbetrieb der PersGes oder ein Mitunternehmeranteil an der (übernehmenden) PersGes innerhalb von fünf Jahren nach der Umwandlung aufgegeben oder veräußert wird, der Aufgabe- bzw. Veräußerungsgewinn der GewSt unterliegt (Rn. 120 ff.). Diese StPfl. bezieht sich auch auf Veräußerungs- und Aufgabegewinne, soweit diese auf BV entfallen, welches bereits vor der Umwandlung im Betrieb der übernehmenden PersGes vorhanden war. Eine entsprechende gesetzliche Regelung erfolgte durch das JStG 2008 v. 20.12.2007 (BGBl. I 2007, 3150; vgl Rn. 177). Die Missbrauchsverhinderungsvorschrift wird dadurch vervollständigt, dass nach § 18 III 3 der auf den Aufgabe- oder Veräußerungsgewinnen iSv § 18 III 1, 2 beruhende Teil des GewSt-Messbetrags bei der Ermäßigung der ESt nach § 35 EStG nicht zu berücksichtigen ist (Rn. 190 ff.).

9–14 *(einstweilen frei)*

2. Verhältnis zu § 19

15 Der fünfte Teil des UmwStG umfasst die §§ 18 und 19 und ist mit „Gewerbesteuer“ überschrieben. § 19 beschränkt sich im Wesentlichen auf die GewSt bei Vermögensübergang von einer Körperschaft auf eine andere **Körperschaft** durch Verschmelzung nach §§ 11 ff. oder Spaltung nach § 15. § 18 regelt demgegenüber den Vermögensübergang auf eine Personenhandelsgesellschaft (OHG, KG), PartGes bzw. natürliche Person sowie den Formwechsel in eine PersGes (Personenhandelsgesellschaft, PartGes und GbR; Rn. 1).

16–19 *(einstweilen frei)*

3. Verweisungen

Nach § 18 I gelten die Vorschriften der §§ 3 bis 9 und 16 auch für die Ermittlung des Gewerbeertrags. Die Gewinnermittlung nach diesen Vorschriften gilt damit auch für die GewSt. Im Ergebnis fällt damit GewSt auf den **Übertragungsgewinn** (der entsteht, wenn keine BW-Übertragung erfolgt) in folgenden Fällen der Umwandlung einer Körperschaft in eine PersGes bzw. natürliche Person an: 20

- Verschmelzung einer KapGes auf eine PersGes oder auf eine natürliche Person (§§ 3 bis 7);
- Vermögensübergang auf eine PersGes oder auf eine natürliche Person ohne BV (§ 8);
- formwechselnde Umwandlung einer Körperschaft in eine PersGes (§ 9);
- Aufspaltung oder Abspaltung auf eine PersGes (§ 16).

Die Verweisungen betreffen den Gewerbeertrag sowohl der übertragenden Körperschaft als grds auch der übernehmenden PersGes bzw. natürlichen Person (UmwStE Rn. 18.01). Nach § 18 II 1 ist der Übernahmegewinn oder Übernahmeverlust auf der Ebene der übernehmenden PersGes bzw. natürlichen Person nicht zu erfassen. Im Übrigen gelten die Erläuterungen der in § 18 I 1 bezeichneten Vorschriften entsprechend. 21

(einstweilen frei) 22–24

II. Besteuerung des Übertragungsgewinns

1. Allgemeines

§ 18 schafft – mit Ausnahme seines Abs. 3 (Rn. 120 ff.) – keinen eigenständigen gewstl Tatbestand, sondern trifft lediglich eine Aussage über die Ermittlung der Besteuerungsgrundlagen (*Schmitt* in SHS § 18 Rn. 9). Die Vorschrift setzt die Anwendbarkeit des GewStG und somit die Gewerbesteuerpflicht von Übertragungs- und Übernahmegewinn voraus (*Pung* in D/P/M § 18 Rn. 3; *Möllmann/Carstens* in FGS/BDI, UmwSt-Erlass 2011, S 298). Für die Ermittlung des Übertragungsgewinns gilt auch für gewstl Zwecke die Rückwirkungsfiktion des § 2 I 1. Dies folgt zwar nicht aus einer in § 18 I angeordneten Verweisung, sondern bereits aus der ausdrücklichen Regelung in § 2 I 2 (*Frotscher* UmwSt-Erlass 2011 zu Rn. 18.01). 25

(einstweilen frei) 26–29

2. Gewerbesteuerliche Erfassung von Übertragungsgewinnen

Geht ein Gewerbebetrieb im Ganzen auf einen anderen Unternehmer über, so gilt der Gewerbebetrieb für gewstl Zwecke als eingestellt, § 2 V GewStG. Die GewStPflicht des übergegangenen Betriebs (der übertragenden KapGes) endet (*Sarrazin* in Lenski/Steinberg § 2 GewStG Rn. 5500; GewStR (2009) 2.7 Abs. 1). Mit dem **Wegfall** der übertragenden KapGes als **Steuersubjekt** bedarf es einer Regelung, inwieweit die bei der KapGes entstandenen stillen Reserven zum Zeitpunkt der Übertragung des Betriebes oder zukünftig der GewSt zu unterwerfen sind. Da sich die Gewerbesteuerpflicht der von § 18 erfassten Umwandlungsvorgänge nach allgemeinen gewstl Grundsätzen richtet, ist auch hier die unterschiedliche gewstl Behandlung von Veräußerungs- bzw. Aufgabegewinnen bei KapGes und PersGes bzw. Einzelgewerbetreibenden von Bedeutung: 30

Bei **Einzelgewerbetreibenden** unterliegen Gewinne aus der Veräußerung und Aufgabe von (Teil-) Betrieben **nicht** der GewSt (GewStR (2009) 7.1 Abs. 3 S 1 Nr. 1). Das folgt aus dem Wesen der GewSt als einer auf den tätigen Betrieb bezogenen Sachsteuer (*Drüen* in Blümich § 7 GewStG Rn. 106 ff.; BFH v. 14.12.2006 – IV R 3/05, BStBl. II 2007, 777 mwN). 31

Auch bei **PersGes** unterlagen bis zum Erhebungszeitraum 2001 Gewinne aus der Veräußerung und Aufgabe von (Teil-) Betrieben **nicht** der GewSt (*Drüen* in Blümich § 7 32

GewStG Rn. 118). Seit dem Erhebungszeitraum 2002 gehört aber gemäß § 7 S 2 Nr. 1 GewStG bei Mitunternehmerschaften auch der Gewinn aus der Veräußerung oder Aufgabe des Betriebs oder eines Teilbetriebs einer Mitunternehmerschaft, **soweit** er nicht auf eine natürliche Person als unmittelbar beteiligter Mitunternehmer entfällt, zum Gewerbeertrag (zum Zweck der Regelung vgl BFH v. 19.7.2018 – IV R 39/10, DStR 2018, 2143, 2145; *Roser* in Lenski/Steinberg § 7 GewStG Rn. 376; zur Frage des Inkrafttretens vgl *Montag* in Tipke/Lang § 12 Rn. 18 Fn. 5). Soweit Anteile an KapGes zum BV einer PersGes gehören, ist auch bei der Ermittlung des Gewerbeertrages der PersGes § 3 Nr. 40 EStG bzw. § 8b KStG anwendbar (§ 7 S 4 GewStG).

33 Bei **KapGes** gehört hingegen der Gewinn aus der Veräußerung eines Betriebs oder Teilbetriebs zum Gewerbeertrag (GewStH (2009) 7.1 Abs. 4; *Wernsmann/Desens* DStR 2008, 221, 224; *Güroff* in Glanegger/Güroff § 2 GewStG Rn. 475 mwN, krit. noch 6. Aufl. Rn. 187 mwN; *Wienands* GmbHR 1999, 462, 464; offen gelassen in BFH v. 27.3.1996 – I R 89/95, BStBl. II 1997, 224 (obiter dictum)). Denn die Tätigkeit der KapGes gilt stets und in vollem Umfang als Gewerbebetrieb, § 2 II 1 GewStG (*Schnitter* in F/D § 7 GewStG Rn. 60; *Sarrazin* in Lenski/Steinberg § 2 GewStG Rn. 3003; BFH v. 5.9.2001 – I R 27/01, BStBl. II 2002, 155 mwN). Etwas anderes würde nur gelten, wenn die übertragende KapGes ausnahmsweise nicht der GewSt unterlag (*Schmitt/Schloßmacher* UmwStE 2011, S 218). Der Gewinn aus der Veräußerung einer betrieblichen Beteiligung an einer KapGes durch eine KapGes unterliegt nach § 8b II KStG nicht der KSt (aber § 8b III KStG: 5 %); § 8b KStG ist auch bei der Ermittlung des Gewinns iSd § 7 GewStG anzuwenden (*Drüen* in Blümich § 7 GewStG Rn. 77). Der Gewinn aus der Veräußerung eines Anteils an einer PersGes (Mitunternehmeranteil) zählte in der Vergangenheit nicht zum Gewerbeertrag (*Drüen* in Blümich § 7 GewStG Rn. 106, 111). Nach Einfügung von § 7 S 2 GewStG ist dieser Gewinn für KapGes seit dem Erhebungszeitraum 2002 gewstpfl (*Selder* in Glanegger/Güroff § 7 GewStG Rn. 30, 127; zur Verfassungsmäßigkeit des § 7 S 2 Nr. 2 GewStG BVerfG v. 10.4.2018 – 1 BvR 1236/11, DStR 2018, 731; krit. *Roser* FR 2018, 421). Damit unterliegt auch der Übertragungsgewinn, soweit bei der Umwandlung einer Kapital- in eine Personengesellschaft die in einer Beteiligung der übertragenden KapGes an einer PersGes ruhenden stillen Reserven aufgedeckt werden, der GewSt (§ 7 S 2 GewStG). Diese GewSt entsteht auf Ebene der Mitunternehmerschaft (*Behrens/Schmitt* BB 2002, 860, 861; *Bohnhardt* Ermäßigung der ESt bei Mitunternehmerschaften, S 117) und nicht auf der Ebene der umgewandelten KapGes (GewStH (2009) 7.1 Abs. 4; BFH v. 28.2.1990 – I R 92/86, BStBl. II 1990, 699). Das BVerfG hat es als mit dem Grundsatz der Besteuerung nach der Leistungsfähigkeit vereinbar angesehen, dass die Mitunternehmerschaft die Gewerbesteuer schuldet, obwohl der Veräußerungsgewinn beim veräußernden Mitunternehmer verbleibt (BVerfG v. 10.4.2018 – 1 BvR 1236/11, DStR 2018, 731).

34 Ob bei der Veräußerung bzw. Umwandlung der KapGes auch von dieser gehaltene **einbringungsgeborene Anteile** zum Gewerbeertrag rechnen, hing in der Vergangenheit davon ab, ob es sich dabei um Beteiligungen an einer Kapital- oder Personengesellschaft handelte (*Patt* DStZ 1998, 156 ff.):

35 Gewinne aus der Veräußerung oder Entnahme einbringungsgeborener Anteile **an einer KapGes iSv § 21 I aF** unterlagen nicht der GewSt, wenn die Veräußerung des Betriebs, Teilbetriebs oder Mitunternehmeranteils, durch dessen Einlage die Anteile erworben wurden, beim Einbringenden nicht gewstpfl gewesen wäre (BFH v. 29.4.1982 – IV R 51/79, BStBl. II 1982, 738). Demnach unterfielen Anteile iSd § 21 aF der GewSt, wenn sie durch Einlage eines (Teil-)Betriebs einer KapGes erworben wurden. War der Gegenstand der Einbringung ein Anteil an einer KapGes, war zudem erforderlich, dass er in einem BV gehalten wurde, da Veräußerungen aus dem Privatvermögen nicht der GewSt unterliegen. **Nicht** zum Gewerbeertrag gehörten Gewinne aus der Veräußerung solcher (einbringungsgeborener) Anteile, bei denen Gegenstand der Einbringung der Mitunternehmeranteil an einer PersGes war (GewStR (1998) 40 Abs. 2 S 7 mit Verweis auf UmwStE 1998 Rn. 21.13) und die Einbringung bis zum 31.12.2001 erfolgt ist (OFD Koblenz v.

27.12.2004 DStR 2005, 194; *Füger/Rieger* DStR 2002, 933, 938). Da ab dem Erhebungszeitraum 2002 auch Gewinne einer KapGes aus der Veräußerung von Mitunternehmeranteilen gemäß § 7 S 2 GewStG zum Gewerbeertrag gehören, unterliegen seit 2002 auch einbringungsgeborene Anteile iSv § 21 aF der GewSt, soweit sie auf einer Einbringung eines Mitunternehmeranteiles nach dem 31.12.2001 beruhen (*Patt* in D/P/M § 21 (vor SEStEG) Rn. 131).

Gewinne aus der Veräußerung oder Entnahme einbringungsgeborener Anteile **an einer PersGes iSv § 24** blieben bis zum Erhebungszeitraum 2001 gewstfrei. Das galt auch dann, wenn Einbringender eine KapGes war, bei der die Veräußerung des Betriebs, Teilbetriebs oder Mitunternehmeranteils gewstpfl gewesen wäre (vgl 2. Aufl. Rn. 8; *Selder* in Glanegger/Güroff § 7 GewStG Rn. 30). Ab dem Erhebungszeitraum 2002 sind solche Gewinne wegen § 7 S 2 GewStG gewstpfl. 36

(einstweilen frei) 37–39

3. Wertansatzmöglichkeiten

a) Ansatz mit BW

Setzt die übertragende KapGes in ihrer steuerlichen Schlussbilanz die übergehenden WG mit dem BW an, entsteht auf Seiten der KapGes kein Übertragungsgewinn. Die übernehmende PersGes oder natürliche Person hat wegen der – über die Verweisung in § 18 I auch für die Ermittlung des Gewerbeertrags geltenden – **BW-Verknüpfung** des § 4 I 1 die BW zu übernehmen. Ein etwaiger Übernahmegewinn oder Übernahmeverlust wird gemäß § 18 II 1 von der GewSt freigestellt bzw. nicht erfasst (Rn. 60). 40

Die **Aufdeckung** und gewstl Erfassung der stillen Reserven erfolgt nach allgemeinen Grundsätzen erst bei der übernehmenden PersGes oder natürlichen Person. Sofern der Gewinn aus der Veräußerung oder Aufgabe einer PersGes auf eine natürliche Person als unmittelbar beteiligtem Mitunternehmer entfällt, unterliegt er nicht der GewSt (Rn. 32, 33). Folglich geht die gewstl Verhaftung der stillen Reserven verloren, sofern diese erst im Zuge der Veräußerung oder Aufgabe der übernehmenden PersGes realisiert werden. Die während des Bestehens der KapGes entstandenen stillen Reserven können in diesen Fällen bei den von § 18 erfassten Umwandlungsvorgängen regelmäßig gewerbesteuerfrei realisiert werden. Eine Ausnahme gilt nur in den von § 18 III erfassten Missbrauchsfällen (Rn. 120 ff.). Ansonsten kommt es zu einer Aufdeckung und Erfassung beim Gewerbeertrag nur insoweit, als einzelne WG während des Bestehens der PersGes veräußert oder entnommen werden. 41

Soweit aber der Gewinn aus der Veräußerung oder Aufgabe einer PersGes nicht auf eine natürliche Person als unmittelbar beteiligtem Mitunternehmer entfällt (zB auf eine KapGes oder auf eine Personen(ober-)gesellschaft bei mehrstöckigen PersGes), unterliegt dieser Gewinn gemäß § 7 S 2 GewStG der GewSt (Rn. 32, 33).

Da § 18 keine eigenständige GewStPflicht begründet (Rn. 25), sondern diesbzgl. die allgemeinen Regeln des GewStG gelten, kann die übertragende Körperschaft den Ansatz der **BW** nach § 18 I iVm § 3 auch dann wählen, wenn die **übernehmende PersGes/natürliche Person nicht** gewstpfl ist und somit die gewstl Erfassung der stillen Reserven nicht gesichert ist (UmwStE Rn. 18.01; *Schmitt* in SHS § 18 Rn. 4). 42

Beispiel: Umwandlung einer (gewstpfl) GmbH in das BV einer ausschließlich freiberuflich tätigen (nicht gewstpfl) Partnerschaft, GbR oder eines Freiberuflers.

Der BW-Ansatz unterliegt auch für gewstl Zwecke über die Verweisung in § 18 ausschließlich den Voraussetzungen des § 3 (§ 3 Rn. 100 ff.). Seine Zulässigkeit ist damit auch für die GewSt im Wesentlichen davon abhängig, dass die Besteuerung der **stillen Reserven** bei den Mitunternehmern der übernehmenden PersGes oder der übernehmenden natürlichen Person mit ESt bzw. KSt **sichergestellt** ist (im Einzelnen Rn. 45). Das übergehende Vermögen muss lediglich BV der übernehmenden PersGes/natürlichen Person werden. Das gewstl Wahlrecht des § 18 I iVm § 3 I erfordert jedoch nicht, dass die stillen Reserven beim Übernehmer auch gewstl erfasst werden (UmwStE Rn. 18.01; vgl *Trossen* in R/H/vL § 18 Rn. 3; *Beutel* in Lenski/Steinberg Anhang Umwandlungen Rn. 103). Es kommt dann zu einem endgültigen Verlust der stillen Reserven für die GewSt.

b) Ansatz mit Zwischen- oder gemeinem Wert

43 Die stillen Reserven der untergehenden KapGes werden der GewSt im Rahmen der Umwandlung nur dann unterworfen, wenn diese in ihrer steuerlichen Schlussbilanz die **Zwischen- oder gemeinen Werte** ansetzt und es dadurch zu einem **Übertragungsgewinn** kommt. Dieser unterliegt in vollem Umfang der GewSt (Rn. 45, 50). Der **Übernahmegewinn** wird dagegen durch § 18 II 1 gewerbesteuerfrei gestellt. Soweit in der Vergangenheit ein Übernahmeverlust gemäß § 18 II 2 aF (vor StSenkG v. 23.10.2000 BGBl. I 2000, 1433) nicht zur Aufstockung der BW berechtigte, gilt dies nicht mehr (Rn. 70 ff.).

44 *(einstweilen frei)*

4. Verweisung auf § 3

45 **Übertragungsgewinn** ist der Gewinn, der entsteht, wenn die übertragende Körperschaft in ihrer steuerlichen Schlussbilanz nach § 3 ihre WG mit einem Wert über dem BW (Zwischen- oder gemeiner Wert) ansetzt (Rn. 50). Voraussetzung des in § 3 II gewährten Wahlrechts zur BW-Fortführung ist, dass das übergehende Vermögen der übertragenden Körperschaft

- BV der übernehmenden PersGes oder der übernehmenden natürlichen Person wird und die Besteuerung der stillen Reserven sichergestellt ist (Nr. 1),
- das Recht der Bundesrepublik Deutschland hinsichtlich der Besteuerung des Gewinns aus der Veräußerung der übertragenen WG bei den Gesellschaftern der übernehmenden PersGes oder bei der natürlichen Person nicht ausgeschlossen oder beschränkt wird (Nr. 2) und
- eine Gegenleistung nicht gewährt wird oder in Gesellschaftsrechten besteht (Nr. 3).

Im Einzelnen dazu § 3 Rn. 100 ff.

46 Die übernehmende PersGes bzw. natürliche Person braucht keine gewerbliche Tätigkeit auszuüben; auch eine freiberufliche oder land- und forstwirtschaftliche Tätigkeit berechtigt dazu, die **Wahlmöglichkeiten** des § 3 in Anspruch zu nehmen (UmwStE Rn. 03.17 und 18.01; s. auch Rn. 42).

Findet kein Vermögensübergang in ein BV statt, so sind die übergehenden WG in der steuerlichen Schlussbilanz der übertragenden Körperschaft mit dem gemeinen Wert anzusetzen (Rn. 95; *Trossen* in R/H/vL § 8 Rn. 2).

Die Verweisung auf § 3 hat zur Folge, dass die dort im Einzelnen für die Ermittlung des Übertragungsgewinns vorgesehenen Regelungen auch für die Ermittlung des Gewerbeertrages gelten.

47–49 *(einstweilen frei)*

5. Ermittlung des Übertragungsgewinns

50 Ob ein Übertragungsgewinn bei der untergehenden Körperschaft entsteht, ist von den Wertansätzen der auf die PersGes/natürliche Person übergehenden WG in der steuerlichen Schlussbilanz der übertragenden Körperschaft abhängig. Nach § 3 I 1 sind die übergehenden WG in der steuerlichen **Schlussbilanz** der übertragenden KapGes mit dem **gemeinen Wert** anzusetzen (eine Ausnahme besteht nach § 3 I 2 für Pensionsrückstellungen). In § 3 II wird der übertragenden KapGes auf Antrag ein **Wahlrecht** eingeräumt, die übergehenden WG in der steuerlichen Schlussbilanz mit dem BW oder einem höheren Wert (Zwischenwert, aber max. gemeiner Wert) anzusetzen (Rn. 45; § 3 Rn. 8 ff.). Wird

auf Antrag der BW-Ansatz gewählt, entsteht kein Übertragungsgewinn. Der § 18 I 1 enthält kein eigenständiges Wahlrecht, so dass das Wahlrecht für Zwecke der KSt/ESt und GewSt einheitlich ausgeübt werden muss (*Klingberg* in Blümich § 18 Rn. 24). Nach § 18 I 1 gilt das in § 3 ausgeübte Wahlrecht auch für die Ermittlung des Gewerbeertrags und damit für die GewSt der übertragenden Körperschaft.

Zu einer Aufdeckung und Besteuerung der stillen Reserven kommt es damit nach allgemeinen steuerlichen Grundsätzen erst beim übernehmenden Rechtsträger. In den Fällen des Vermögensübergangs unter Fortführung der BW auf eine nicht gewstpfl PartGes, GbR oder natürliche Person gehen die stillen Reserven für die GewSt endgültig verloren (Rn. 42). Werden demgegenüber stille Reserven im Wege der **BW-Aufstockung** realisiert, unterliegt der Ertrag aus der Aufdeckung der stillen Reserven im Grundsatz ungemindert der GewSt. Voraussetzung ist, dass die übertragende Körperschaft gewstpfl ist und sich die GewStPfl auch auf die Realisierung der jeweiligen stillen Reserven erstreckt. Denn § 18 I schafft keinen eigenständigen gewstl Tatbestand, sondern trifft lediglich eine Aussage über die Ermittlung der Besteuerungsgrundlagen (Rn. 25). 51

Das von § 3 eingeräumte und auch für § 18 geltende und **einheitlich** auszuübende **Wahlrecht** (Buch-, Zwischenwert oder gemeiner Wert) galt nach unserer Auffassung bereits vor der Neuregelung durch das SEStEG (vgl auch § 3 Rn. 70 ff.; § 4 Rn. 54 ff.; BFH v. 5.6.2007 – I R 97/06, BFH/NV 2007, 2220 zu § 11 aF; OFD Frankfurt v. 22.1.2009, KSt-Kartei HE UmwStG Karte 31; aA noch UmwStE 1998 Rn. 18.01 iVm Rn. 03.01). 52

Aufgrund **Rechtsform** sind nach § 2 II 1 GewStG KapGes, Genossenschaften und Versicherungs- und Pensionsvereine auf Gegenseitigkeit gewstpfl. Gemäß § 2 III GewStG gilt als Gewerbebetrieb auch die Tätigkeit sonstiger juristischer Personen des privaten Rechts und der nichtrechtsfähigen Vereine, soweit sie einen wirtschaftlichen Geschäftsbetrieb, ausgenommen Land- und Forstwirtschaft, unterhalten. 53

Hinsichtlich der **Gewerbebetriebe der öffentlichen Hand** gilt der rechtsformunabhängige Gewerbebetriebsbegriff, so dass hier die Voraussetzung des § 15 II EStG vorliegen müsste (*Güroff* in Glanegger/Güroff § 2 GewStG Rn. 380; BFH v. 22.8.1984 – I R 102/81, BStBl. II 1985, 61). 54

Nur bei KapGes iSd § 2 II 1 GewStG unterliegt ein **Aufgabegewinn,** dh die Veräußerung des ganzen BV, der GewSt. Die Aufdeckung der stillen Reserven im Rahmen des § 3 steht einem Aufgabegewinn gleich. Bei PersGes sowie bei natürlichen Personen ist ein Aufgabegewinn nicht gewstpfl (*Selder* in Glanegger/Güroff § 7 GewStG Rn. 27). Für PersGes gilt dies nur, soweit der Aufgabegewinn auf eine natürliche Person als unmittelbar beteiligtem Mitunternehmer entfällt (Rn. 32). Zu Körperschaften, die iSd § 9 Nr. 1 S 2 GewStG eigenen Grundbesitz verwalten, s. Rn. 96.

Durch die Aufstockung von stillen Reserven in Ausübung des Wahlrechts nach § 3 kann der **Übertragungsgewinn** mit einem ggf. vorhandenen **Verlustvortrag** gemäß § 10a GewStG verrechnet werden (Rn. 112; zu den Vorteilen einer BW-Aufstockung s. § 9 Rn. 46). 55

(einstweilen frei) 56–59

III. Besteuerung des Übernahmegewinns oder -verlustes

1. Ermittlung des Übernahmegewinns oder -verlustes (§§ 4 bis 6)

Die §§ 4 bis 6 haben unter anderem die Ermittlung des Übernahmegewinns oder -verlustes (Rn. 65, 70 ff.) bzw. des Übernahmefolgegewinns (Rn. 75) auf der Ebene der übernehmenden PersGes/natürlichen Person zum Gegenstand. Zur allgemeinen Besteuerung des Übernahmeergebnisses vgl § 4 Rn. 290 ff. und 315 ff. Da der Übernahmegewinn oder Übernahmeverlust gemäß § 18 II 1 von der GewSt nicht zu erfassen ist (UmwStE 60

Rn. 18.03 S 1; Rn. 65, 70), wirkt sich die Verweisung jedenfalls bezüglich Übernahmegewinns oder -verlustes im Ergebnis nicht aus.

61 Aus der Verweisung auf § 4 ergibt sich jedenfalls, dass beispielsweise Zinsvorträge nach § 4h EStG nicht auf den übernehmenden Rechtsträger übergehen (§ 4 II 2; *Fischer* in Schneider/Ruoff/Sistermann UmwStE 2011 Rn. H 18.8). Zu gewstl Fehlbeträgen vgl Rn. 110 ff.

62–64 *(einstweilen frei)*

2. Besteuerung des Übernahmegewinns (§ 18 II 1)

65 Ein Übernahmegewinn ist für Zwecke der GewSt gemäß § 18 II 1 nicht zu erfassen. Da § 18 grundsätzlich (außer § 18 III) kein eigenständiger gewstl Tatbestand ist (Rn. 25), unterläge ein Übernahmegewinn nur dann der GewSt, wenn der übernehmende Rechtsträger als solcher der GewSt unterliegen würde. Für diesen Fall der grundsätzlichen gewstl Verhaftung ordnet § 18 II 1 die Freistellung an (*Möllmann/Carstens* in FGS/BDI UmwSt-Erlass 2011, S 300).

66 Nicht Bestandteil des Übernahmegewinns ist der Gewinn, der sich aus dem gemäß § 4 I 2 geforderten Ansatz eines höheren Wertes der Anteile an der übertragenden KapGes beim übernehmenden Rechtsträger ergibt, sog. Beteiligungskorrekturgewinn. Dieser Gewinn ist laufender Gewinn (§ 4 Rn. 130). Damit ist die Regelung in § 18 II 1 auf diesen Beteiligungskorrekturgewinn nicht anwendbar (UmwStE Rn. 18.03 S 2), so dass dieser nach § 7 S 1 GewStG zu erfassen ist (*Weiss* EStB 2016, 20/21). Ebenfalls nicht Bestandteil des Übernahmegewinns ist der Übernahmefolgegewinn nach § 6 (*Bron* DStZ 2012, 609/610; Rn. 75).

67–69 *(einstweilen frei)*

3. Berücksichtigung von Übernahmeverlusten

a) Streitige Auslegung des § 18 II aF

70 Bis zur Neuregelung durch das Steuerentlastungsgesetz 1999/2000/2002 (v. 24.3.1999 BGBl. I 1999, 402) war **umstritten,** inwieweit sich ein bei der Gewinnermittlung nach §§ 4 ff. ergebender **Übernahmeverlust** auf den Gewerbeertrag nach § 18 auswirkt. Aus dem eindeutigen Gesetzeswortlaut des § 18 II aF („Ein Übernahmegewinn ist nicht zu erfassen.“), folgerte die ganz hM zu Recht, dass nur der Übernahmegewinn gewstfrei gestellt werde, ein Übernahmeverlust dagegen gewstl zu beachten sei. Zum damaligen Diskussionsstand vgl 2. Aufl. Rn. 18. Die **FinVerw** (UmwStE 1998 Rn. 18.02) vertrat zunächst zu § 18 II aF die Auffassung, dass ein Übernahmeverlust, ebenso wenig wie ein Übernahmegewinn, bei der GewSt zu berücksichtigen sei. Nachdem der BFH entschieden hatte, dass § 18 II aF nur den „Übernahmegewinn“, nicht aber den Übernahmeverlust erfasst (BFH v. 20.6.2000 – VIII R 5/99, BStBl. II 2001, 35), schloss sich die FinVerw nachträglich, aber nur für Zeiträume bis 1998, dieser Ansicht an (OFD Frankfurt v. 30.7.2001 DB 2001, 2226).

b) Gesetzesänderung 1999

71 Im Vorgriff auf die zu erwartende BFH-Rspr. wurde § 18 II durch das Steuerentlastungsgesetz 1999/2000/2002 (v. 24.3.1999 BGBl. I 1999, 402) mit Wirkung ab 1.1.1999 neu gefasst. Nach dem Wortlaut war weder ein Übernahmegewinn oder -verlust zu erfassen, noch fand eine Aufstockung der BW für die GewSt statt. Die in UmwStE 1998 Rn. 18.02 niedergelegte und mit dem bisherigen Gesetzeswortlaut nicht in Einklang zu bringende Ansicht der FinVerw wurde damit ins Gesetz übernommen (BT-Drs. 14/23, 195) und war für Umwandlungen mit steuerlichem Übertragungsstichtag nach dem 31.12.1998 anzuwenden (OFD München v. 19.2.2001 DStR 2001, 665; *Haritz* NWB Fach 18, 3769/3770). Soweit in der Folge die BW-Aufstockung in § 4 VI aF durch das StSenkG (v. 23.10.2000 BGBl. I 2000, 1433) aufgehoben wurde, war das Verbot der

Aufstockung der BW für die GewSt überflüssig und konnte somit ebenfalls gestrichen werden (BT-Drs. 14/3366, 125). Die Nichtberücksichtigung eines Übernahmeverlustes ist verfassungsgemäß (BFH v. 5.11.2015 – III R 12/13, BStBl. II 2016, 420).

c) Kritik zum Verbot der BW-Aufstockung (§ 18 II 2 aF)

Steuersystematisch war es allenfalls dann gerechtfertigt, dem Erwerber die Nutzung eines Übernahmeverlustes für gewstl Zwecke zu versagen, wenn auch der Übertragungsgewinn nicht der GewSt unterliegen würde. Hier ergibt sich der Ausschluss vom step-up aus dem Grundsatz der Einmalbesteuerung. Löst der Übertragungsgewinn hingegen GewSt aus, ist kein Grund ersichtlich, dem Erwerber den (gewstl) step-up zu versagen. Die GewStPflicht des Veräußerers korrespondiert mit der im Wege höherer Abschreibungen geminderten GewSt des Erwerbers. § 18 II 2 aF (vor StSenkG v. 23.10.2000 BGBl. I 2000, 1433) führte in diesen Fällen zu einer unangemessenen **Doppelbesteuerung** der stillen Reserven. Vgl zur Kritik im Einzelnen 2. Aufl. Rn. 20, 21. 72

(einstweilen frei) 73, 74

IV. Übernahmefolgegewinn

Der Übernahmefolgegewinn nach § 6, also der Gewinn, der aus dem unterschiedlichen **Ansatz** von **Forderungen** und **Verbindlichkeiten** beim übertragenden und übernehmenden Rechtsträger resultiert, ist nicht Bestandteil des Übernahmegewinns (*Klingberg* in Blümich § 18 Rn. 31), sondern laufender Gewinn (*Schell/Krohn* DB 2012, 1172/1178). Dieser Übernahmefolgegewinn wird nicht von § 18 II 1 erfasst und unterliegt deshalb der GewSt (UmwStE Rn. 18.03 S 2; *Trossen* in R/H/vL § 18 Rn. 33), soweit er nicht durch die Bildung einer Rücklage nach § 6 neutralisiert wurde. 75

(einstweilen frei) 76–79

V. Besteuerung der Anteilseigner der übertragenden Kapitalgesellschaft

1. § 7 aF

§ 7 aF (vor SEStEG) war nur auf nicht wesentlich beteiligte unbeschränkt stpfl. Anteilseigner anwendbar, die ihre Anteile im **Privatvermögen** hielten (Minderheitsgesellschafter). Durch das Gesetz zur Fortsetzung der Unternehmenssteuerreform (v. 29.10.1997 BGBl. I 1997, 2590) wurde die Vorschrift auf wesentlich beteiligte Anteilseigner iSd § 7 S 2 aF ausgedehnt. 80

(einstweilen frei) 81–84

2. § 7 nF (nach SEStEG)

Nach Inkrafttreten des SEStEG findet § 7 auf **alle Anteilseigner** Anwendung, dh unabhängig davon, ob für die Anteilseigner auch ein Anteil am Übernahmegewinn/-verlust ermittelt wird (§ 7 Rn. 2). Die offenen Rücklagen der übertragenden Körperschaft werden allen Anteilseignern prozentual entsprechend ihrer Beteiligung am Nennkapital als Einnahmen aus Kapitalvermögen gemäß § 20 I Nr. 1 EStG zugerechnet (*Pung/Werner* in D/P/M § 7 Rn. 1; § 7 Rn. 51). 85

Damit richtet sich die Besteuerung der Anteilseigner danach, ob sie **natürliche Personen** (dann § 3 Nr. 40 EStG – Teileinkünfteverfahren oder Abgeltungsteuer bzw. bis 2008 Halbeinkünfteverfahren) oder **Körperschaften** (dann § 8b KStG, 5 %) sind. Da die Anwendung des § 7 zu Einkünften aus Kapitalvermögen führt, gilt insoweit auch die Ergänzung des § 8b KStG hinsichtlich der Steuerpflicht für Streubesitzdividenden gemäß § 8b IV idF des Gesetzes zur Umsetzung des EuGH-Urteils vom 20. Oktober 2011 in der Rs. C-284/09 v. 21.3.2013 (BGBl. I 2013, 561; vgl § 7 Rn. 56). Für Zwecke der GewSt 86 gilt diese Regelung im Grundsatz auch. Jedoch ist zu beachten, dass für die Frage der gewstl Kürzung bzw. Hinzurechnung eine Beteiligung von mindestens 15% zu Beginn des Erhebungszeitraums gemäß § 8 Nr. 5 iVm § 9 Nr. 2a GewStG (bis 2007: 10%) gegeben sein muss (*Ott* Inf 2007, 184/188). Sofern die weite Einlagefiktion vertreten wird und die Anteile damit nicht nur für Zwecke der Übernahmegewinnermittlung als eingelegt gelten (vgl Rn. 91), bezöge die übernehmende PersGes die Einkünfte aus Kapitalvermögen und bei ihr müssten im Grundsatz die Voraussetzungen des Schachtelprivilegs erfüllt sein (*Fuhrmann* in Carlé/Korn/Stahl/Strahl UmwStE, S 55). Die Auffassung der FinVerw hierzu ist nicht ganz klar. Sie stellt einerseits auf den übernehmenden Rechtsträger ab, auch wenn die Voraussetzungen beim Anteilseigner des übertragenden Rechtsträgers erfüllt waren (UmwStE Rn. 18.04 S 2, 3). Die FinVerw rechnet somit die Erfüllung der Voraussetzungen durch den Anteilseigner der übertragenden Körperschaft offensichtlich nicht an (*Frotscher* UmwSt-Erlass 2011 zu Rn. 18.04). Andererseits wird an anderer Stelle vertreten, dass Vorbesitzzeiten zB nach § 9 Nr. 2a und 7 GewStG angerechnet werden (UmwStE Rn. 04.15 S 1). Sofern die weite Einlagefiktion vertreten wird, sollte die Besitzzeitanrechnung gemäß § 4 II 3 eingreifen, sodass die Anteilseignerstellung rückwirkend zuzurechnen ist (*Schlaflitzl/Götz* DB 2012, Beilage 1 zu Heft 2 S 25/36; *Ernst* Ubg 2012, 678/681). Bei der hier vertretenen engen Einlagefiktion erübrigt sich die dargestellte Streitfrage.

87 Das Übernahmeergebnis wird in eine **fiktive Ausschüttung** der offenen Rücklagen (§ 7; Dividendenteil) und in die Ermittlung eines Übernahmegewinns oder -verlustes aufgespalten (*Ott* StuB 2007, 163; Veräußerungsteil). Dabei wird der Übernahmegewinn oder -verlust durch das Ergebnis nach § 7 beeinflusst (§ 4 V 2), damit keine doppelte Besteuerung der offenen Rücklagen erfolgt (*Hagemann/Jakob/Ropohl/Viebrock* NWB-Sonderheft 1/2007, 16). Ein Übernahmegewinn oder -verlust wird für Anteilseigner mit Anteilen, die nicht steuerverhaftet sind (also im Privatvermögen gehaltene Anteile, die nicht unter § 17 EStG fallen), nicht ermittelt (*Pung/Werner* in D/P/M § 7 Rn. 3). Sofern danach kein Übernahmegewinn oder -verlust zu ermitteln ist, erfolgt nur eine Besteuerung nach § 7 (§ 4 Rn. 13).

88, 89 *(einstweilen frei)*

3. Regelungsbereich von § 18 II 2

90 Definitionsgemäß sind die Einnahmen iSv § 7 nicht im Übernahmegewinn oder -verlust enthalten (Rn. 87; § 4 Rn. 278). Folglich ist für diese Einnahmen § 18 II 1 nicht anwendbar (*Benecke* in PwC Rn. 1141). Soweit die **Anteile** an der übertragenden Körperschaft **nicht steuerverstrickt** waren, bezieht der Anteilseigner in Bezug auf § 7 Einkünfte aus Kapitalvermögen iSv § 20 I Nr. 1 EStG, die nicht der GewSt unterliegen, weil die Fiktion der Einlage oder Überführung nach § 5 II und III nicht anwendbar ist (*Trossen* in R/H/vL § 18 Rn. 27). Der nicht an der Ermittlung des Übernahmeergebnisses beteiligte Anteilseigner hat keine der GewSt unterliegenden Einkünfte zu versteuern.

91 Darüber hinaus ist strittig, wie sich das **Verhältnis** der Fiktion der **Einlage** oder **Überführung** nach § 5 II und III zur Ausschüttungsfiktion des § 7 gestaltet (*Blöchle/Weggenmann* IStR 2008, 87/93). Soweit aufgrund des klaren Wortlauts nach der hier vertretenen Auffassung die Einnahmen iSv § 7 dem Anteilseigner direkt zuzurechnen und nicht aufgrund der Einlagefiktion der PersGes zuzurechnen sind (*Roser* in Haase/Hruschka § 18 Rn. 36; *Ott* DStZ 2016, 769/771; *Förster/Felchner* DB 2008, 2445/2449; *Klingberg* in Blümich § 18 Rn. 32, 40; *Stimpel* GmbHR 2012, 123/129; aA *Pung* in D/P/M § 18 Rn. 17; *Schmitt* in SHS § 18 Rn. 19; *Beutel* in Lenski/Steinberg Anhang Umwandlungen Rn. 108j; FG Schleswig-Holstein v. 15.9.2016 – 4 K 98/15, DStRE 2017, 921 Rev. IV R 1/17), geht die Regelung in § 18 II 2 ins Leere, weil der davon erfasste Anteilseigner iSv § 17 EStG keine der GewSt unterliegenden Einkünfte bezieht (*Hagemann/Jakob/Ropohl/Viebrock* NWB-Sonderheft 1/2007, 18; zur Problematik *Behrendt/Arjes* DB 2007, 824/826; aA *Benecke* in PwC Rn. 1141). Die FinVerw nimmt zu der Frage nicht ausdrücklich

Stellung. Sie wiederholt in UmwStE Rn. 18.04 S 1 im Prinzip lediglich den Gesetzeswortlaut des § 18 II 2. Darüberhinaus gibt es im UmwStE Aussagen, die für eine weite Einlagefiktion (beispielsweise UmwStE Rn. 18.04) und solche, die für eine enge Einlagefiktion (beispielsweise UmwStE Rn. 04.23 und 05.05) sprechen (vgl *Köhler/Käshammer* GmbHR 2012, 301/305).

Gemäß § 18 II 2 ist in den Fällen des § 5 II ein Gewinn nach § 7 (Besteuerung der offenen Rücklagen) nicht zu erfassen. § 5 II betrifft Anteile an der übertragenden Körperschaft iSd § 17 EStG, die am steuerlichen Übertragungsstichtag nicht zu einem BV eines Gesellschafters der übernehmenden PersGes gehört haben (*Klingberg* in Blümich § 5 Rn. 3). Da der iSv § 17 EStG beteiligte Anteilseigner mit Ausschüttungen aus den offenen Rücklagen nicht der GewSt unterlegen hätte, wird durch § 18 II 2 sichergestellt, dass insoweit die offenen Rücklagen bei der Ermittlung des Gewerbeertrags nicht zu erfassen sind (BT-Drs. 16/3369, 10; *Benecke/Schnitger* IStR 2007, 22; § 7 Rn. 13). Da auch die Anteile, die in einem land- und forstwirtschaftlichen oder freiberuflichen BV gehalten wurden, nicht der GewSt unterlagen, müsste dies für diese Anteile entsprechend gelten (*Frotscher* UmwSt-Erlass 2011 zu Rn. 18.04; *Fischer* in Schneider/Ruoff/Sistermann UmwStE 2011 Rn. H 18.11). 92

(einstweilen frei) 93, 94

VI. Weitere Regelungen

1. Vermögensübertragung auf einen Rechtsträger ohne BV (§ 8)

§ 8 regelt die steuerlichen Folgen einer Vermögensübertragung, bei der das übertragene Vermögen der KapGes **nicht BV der übernehmenden PersGes oder natürlichen Person** wird. Die Vermögensübertragung führt zur Steuerentstrickung. Die stillen Reserven sind zu realisieren. Die WG in der steuerlichen Schlussbilanz der übertragenden KapGes sind daher mit dem gemeinen Wert anzusetzen (§ 8 Rn. 23). Die Übertragung der WG auf einen Rechtsträger ohne BV führt im Ergebnis zu einer Betriebsaufgabe. Durch die Umwandlung wird der Betrieb der KapGes in seiner ertragsteuerlichen Einordnung so verändert, dass die Erfassung der im Buchansatz der WG des BV enthaltenen stillen Reserven nicht mehr gewährleistet ist. Da § 3 II 1 Nr. 1 und damit eine Voraussetzung für die Ausübung des Wahlrechtes zum Ansatz des Buch- oder Zwischenwerts nicht erfüllt ist, besteht in diesen Fällen kein Wahlrecht iSd § 3. In der steuerlichen Schlussbilanz ist der gemeine Wert anzusetzen. Aufgrund der vollumfänglichen Realisierung der stillen Reserven unterliegt der Ertrag aus der Aufdeckung als Übertragungsgewinn bei der übertragenden Körperschaft der GewSt. Voraussetzung ist jedoch, dass die übertragende Körperschaft gewstpfl ist und sich die GewSt auch auf die Realisierung der stillen Reserven erstreckt. Denn § 18 schafft keinen eigenständigen gewstl Tatbestand, sondern trifft lediglich eine Aussage über die Ermittlung der Besteuerungsgrundlagen (*Schmitt* in SHS § 18 Rn. 2; s. auch Rn. 50 f. zur Frage der allgemeinen GewStPflicht). 95

§ 8 ist in erster Linie auf Fälle der Verschmelzung einer rein vermögensverwaltenden KapGes auf eine vermögensverwaltende PersGes anwendbar. Handelt es sich um vermögensverwaltende KapGes, die ihren **eigenen Grundbesitz** verwalten und nutzen, werden diese Gesellschaften idR von der Möglichkeit der erweiterten Kürzung nach § 9 Nr. 1 S 2 GewStG Gebrauch machen. Ist dies der Fall, greift die Kürzung des Gewerbeertrags nach § 9 Nr. 1 S 2 GewStG grds auch hinsichtlich des Gewinns aus der Aufdeckung stiller Reserven ein (GewStH (2009) 9.2 (3)). Jedoch kann die erweiterte Kürzung bei Veräußerung des letzten Grundstücks nur angewendet werden, wenn dies zum Ende des Erhebungszeitraums erfolgt (BFH v. 11.8.2004 – I R 89/03, BStBl. II 2004, 1080; GewStH (2009) 9.2 (1)). Deshalb sollte auch der Übertragungsgewinn nicht der GewSt 96 unterliegen, wenn mit der Übertragung des Gewerbebetriebes im Ganzen die GewSt-Pflicht endet (Rn. 30).

97–99 *(einstweilen frei)*

2. Formwechsel (§ 9)

100 § 9 aF regelte den Vermögensübergang von einer Körperschaft in das BV eines Einzelunternehmers (§ 9 I aF) oder in das Privatvermögen einer natürlichen Person (§ 9 II aF; 2. Aufl. Rn. 26). Nachdem nunmehr die §§ 3 ff. auf den Vermögensübergang auf eine natürliche Person direkt Anwendung finden (*Hagemann/Jakob/Ropohl/Viebrock* NWB-Sonderheft 1/2007, 13), bedurfte es des § 9 aF nicht mehr.

101 § 9 in der geltenden Fassung regelt nun die steuerlichen Folgen des Formwechsels einer KapGes in eine Personenhandelsgesellschaft, GbR oder PartGes gemäß §§ 190 ff., 226 ff. UmwG. Dies war bisher in § 14 aF geregelt. § 9 hat nur einen begrenzten eigenständigen Regelungsbereich. Den Kernbereich der Regelung bildet S 1, der die §§ 3–8 und 10 auf den Formwechsel für entsprechend anwendbar erklärt. Es gelten daher die Ausführungen in Rn. 60 ff.

102–104 *(einstweilen frei)*

3. Auf- oder Abspaltung (§ 16)

105 § 16 regelt die Auf- oder Abspaltung aus einer Körperschaft auf eine PersGes. Die Vorschriften der §§ 3 bis 8, 10 und 15 werden für entsprechend anwendbar erklärt. Auf die Rn. 45–96 wird daher verwiesen.

106–109 *(einstweilen frei)*

VII. Fehlbeträge und vortragsfähige Fehlbeträge iSd § 10a GewStG

110 § 18 I 2 sieht vor, dass der maßgebende Gewerbeertrag der übernehmenden PersGes/natürlichen Person nicht um **Fehlbeträge** des laufenden Erhebungszeitraums und die vortragsfähigen Fehlbeträge der übertragenden Körperschaft iSd § 10a GewStG gekürzt werden kann (UmwStE Rn. 18.02; § 10a GewStG wurde zuletzt durch Gesetz v. 20.12.2016, BGBl. I 2016, 2998 geändert). Hinsichtlich der Rechtsfolgen entspricht § 18 I 2 den Regelungen des § 4 II 2 (§ 4 Rn. 200 ff.). Die Vorschrift verhindert im Ergebnis lediglich die unmittelbare Berücksichtigung der Verlustvorträge bei der PersGes. In UmwStE Rn. 18.02 S 1 wurde ein Hinweis auf § 4 II 1 aufgenommen, der sich nicht unmittelbar erschließt (*Möllmann/Carstens* in FGS/BDI, UmwSt-Erlass 2011, 299). Es handelt sich möglicherweise um ein Redaktionsversehen.

111 Durch das SEStEG wurde § 18 I 2 ergänzt. In § 18 I 2 aF war lediglich geregelt, dass der maßgebende Gewerbeertrag der übernehmenden PersGes/natürlichen Person nicht um die vortragsfähigen Fehlbeträge der übertragenden Körperschaft iSd § 10a GewStG gekürzt werden kann. Aufgrund der Ergänzung führen auch die Fehlbeträge des **laufenden Erhebungszeitraums** nicht zu einer Kürzung des maßgebenden Gewerbeertrags. Damit sollte ein Gleichlauf mit § 4 II 2 hergestellt werden (BT-Drs. 16/3369, 10). Verluste des übertragenden Rechtsträgers, die nach dem Umwandlungsstichtag entstanden sind, werden aufgrund der Rückwirkung bereits dem übernehmenden Rechtsträger zugerechnet (§ 2 I). Eine entsprechende Verrechnung mit Gewinnen des übernehmenden Rechträgers wird aber durch § 2 IV 2 unterbunden (UmwStE Rn. 18.02 S 2; *Schmitt/Schloßmacher* UmwStE 2011, 218).

112 Die Verlustvorträge der KapGes können jedoch wie folgt **mittelbar** von der übernehmenden PersGes/natürlichen Person **genutzt** werden: **Realisiert** die KapGes in ihrer Übertragungsbilanz stille Reserven bis zur Höhe des bestehenden Verlustvortrages durch Ansatz eines Zwischen- oder des gemeinen Werts, kann sie die Verlustvorträge unmittelbar selbst nutzen. Hierbei ist aber neben der Mindestbesteuerung (§ 10d II EStG, § 10a S 2 GewStG) auch zu beachten, dass die gewstl und kstl Verlustvorträge regelmäßig nicht in gleicher Höhe bestehen (*Ott* StuB 2007, 163/164), das Wertansatzwahlrecht nach unserer Meinung aber einheitlich ausgeübt werden muss (*Pung* in D/P/M § 18 Rn. 24). Infolge der Abschreibung der Aufstockungsbeträge bei dem übernehmenden Rechtsträger entstehen bei diesem laufende Aufwendungen, die ihre Ursache in den Verlustvorträgen der übertragenden Körperschaft haben. Hinsichtlich der Mindestbesteuerung ist festzustellen, dass der BFH diese im Grundsatz gebilligt hat, sofern nicht ein sog. Definitiveffekt eintritt (BFH v. 22.8.2012 – I R 9/11, BStBl. II 2013, 512 – dagegen wurde Verfassungsbeschwerde eingelegt, 2 BvR 2998/12). Bezüglich der GewSt hatte der BFH die Mindestbesteuerung sogar auch in Definitivfällen aufgrund einer Typisierung gerechtfertigt, sofern in besonderen Härtefällen Billigkeitsmaßnahmen möglich sind (BFH v. 20.9.2012 – IV R 36/10, BStBl. II 2013, 498; vgl auch *Fischer* jurisPR-SteuerR 7/2013 Anm. 1). Zudem wurde eine Unbilligkeit abgelehnt, sofern der Stpfl. die nicht mögliche Verrechnung durch eigenes Verhalten herbeigeführt hat (BFH v. 20.9.2012 – IV R 29/10, BStBl. II 2013, 505). Nachdem der BFH zuvor Zweifel in einem AdV-Verfahren geäußert hatte (BFH v. 26.8.2010 – I B 49/10, BStBl. II 2011, 826), will die FinVerw in bestimmten Fällen auf Antrag Aussetzung der Vollziehung gewähren (BMF v. 19.10.2011 BStBl. I 2011, 974). Zwar wird von dem BMF-Schreiben die Umwandlung einer KapGes in eine PerGes nicht erfasst, sollte aber aufgrund der Vergleichbarkeit mit einbezogen werden (*Kahle/Hiller/Vogel* FR 2012, 789/798).

Für die Verlustnutzung ist auch die durch das JStG 2009 v. 19.12.2008 (BGBl. I 2008, **113** 2794) eingefügte und durch das Wachstumsbeschleunigungsgesetz v. 22.12.2009 (BGBl. I 2009, 3950) und das AmtshilfeRLUmsG v. 26.6.2013 (BGBl. I 2013, 1809) ergänzte Erweiterung des § 2 IV zu beachten (UmwStE Rn. 18.02 S 2; ebenso *van Lishaut* in R/H/vL § 2 Rn. 120; *Dötsch* in D/P/M § 2 Rn. 95; aA *Viebrock/Loose* DStR 2013, 1364/1366; *Schnitger* DB 2011, 1718; *Dodenhoff* FR 2014, 687). In Folge der Einfügung von § 2 IV 1 und 2 ist eine Verlustnutzung ausgeschlossen, wenn diese ohne die Rückwirkungsfiktion des § 2 I, II nicht möglich gewesen wäre. Im Ergebnis ist es daher nicht möglich, die durch einen Anteilseignerwechsel wegfallenden Fehlbeträge durch eine Umwandlung auf einen Zeitpunkt davor noch zu nutzen (Gleiches gilt für laufende Verluste im Rückwirkungszeitraum). § 2 IV 3 ff. idF des AmtshilfeRLUmsG v. 26.6.2013 (BGBl. I 2013, 1809) erfasst die Umwandlung einer Gewinn- auf eine Verlustgesellschaft und verhindert, dass die Gewinne der umzuwandelnden Gewinngesellschaft bereits der übernehmenden Verlustgesellschaft zugerechnet werden und dort mit den vorhandenen Verlusten verrechnet werden.

Keine Aussage trifft § 18 I 2 zu den Fehlbeträgen der übernehmenden PersGes/natürli- **114** chen Person. Für diese Fehlbeträge gelten die allgemeinen Regelungen, sodass diese bei Unternehmens- und Unternehmeridentität bestehen bleiben. Tritt beispielsweise in die PersGes durch die Umwandlung ein weiterer Gesellschafter hinzu, so ist der in der Vergangenheit entstandene Fehlbetrag zwar weiterhin in voller Höhe, jedoch nur noch von dem Betrag abziehbar, der auf die bereits vorher beteiligten Gesellschafter entfällt (GewStR (2009) 10a.3 Abs. 3 S 9 Nr. 2). Im Ergebnis kommt es zu einer zeitlichen Streckung (*Widmann* in W/M § 18 Rn. 136; *Fischer* in Schneider/Ruoff/Sistermann UmwStE 2011 Rn. H 18.9).

§ 18 I 2 ist auf Fehlbeträge einer Untergesellschaft beim Formwechsel einer an der **115** Untergesellschaft beteiligten PersGes nicht anwendbar. In Bezug auf die Untergesellschaft gelten die allgemeinen Regelungen, so dass es auf die Unternehmens- als auch Unternehmeridentität ankommt. Für den (identitätswahrenden) Formwechsel einer Ober-PersGes in eine KapGes sollte bereits nach bisheriger Auffassung der FinVerw der Verlustabzug bei der Untergesellschaft bestehen bleiben (GewStR (2009) 10a.3 Abs. 3 S 9 Nr. 8 S 5). Aber auch beim Formwechsel einer Ober-KapGes in eine PersGes ist von einer Unternehmeridentität auszugehen, so dass der Verlustabzug bei der Untergesellschaft bestehen bleibt (FG

Schleswig-Holstein v. 28.9.2016 – 2 K 41/16, DStRE 2017, 803 rkr.; *Weiss* BB 2017, 39; *Roser* in Haase/Hruschka § 18 Rn. 32).

116–119 *(einstweilen frei)*

VIII. Missbrauchsvorschrift (§ 18 III)

1. Zweck der Vorschrift

120 § 18 III stellt eine Regelung zur Vermeidung missbräuchlicher Gestaltungen dar. Die **Vorschrift begründet,** im Gegensatz zu den übrigen Regelungen des § 18, eine **eigenständige GewStPflicht** (Rn. 25) für Veräußerungs- und Aufgabegewinne und geht als spezielle Missbrauchsvorschrift im Zusammenhang mit Umwandlungen auf PersGes bzw. natürliche Personen dem § 42 AO vor (so auch *Trossen* DB 2007, 1373; aA *Pung* in D/P/M § 18 Rn. 34). Die gesetzlichen Neuregelungen des § 42 AO durch das StÄndG 2001 (v. 20.12.2001 BGBl. I 2001, 3794) und zuletzt durch das JStG 2008 (v. 20.12.2007 BGBl. I 2007, 3150) hat nach hier vertretener Auffassung nicht dazu geführt, dass neben dem § 18 III nun auch § 42 AO anwendbar ist (*Mack/Wollweber* DStR 2008, 182/186; *Drüen* Ubg 2008, 31/34; ähnlich *Fischer* FR 2008, 306/310). Im Gegensatz zu § 42 AO ist § 18 III nicht widerleglich (*Klingberg* in Blümich § 18 Rn. 41; *Wernsmann/Desens* DStR 2008, 221/222). Sofern Gewinne aus laufender Geschäftstätigkeit betroffen sind, werden diese nicht von § 18 III erfasst. Dies gilt selbst dann, wenn diese Gewinne aus laufender Geschäftstätigkeit im Zusammenhang mit einer Betriebsaufgabe oder -veräußerung anfallen, wie z. B. die Veräußerung von Umlaufvermögen (BFH v. 24.9.2015 – IV R 30/13, FR 2016, 169; *Wendt* FR 2016, 172). Insofern kann es je nach den Umständen des Einzelfalles steuerlich günstiger sein, einen Veräußerungs- bzw. Aufgabegewinn zugunsten eines laufenden Gewinnes zu vermeiden (*Förster* DB 2016, 789/790).

121 Im Übrigen ist § 18 III gegenüber §§ 2 und 7 GewStG **subsidiär** (BFH v. 20.11.2006 – VIII R 47/05, BStBl. II 2008, 69; v. 28.2.2013 – IV R 33/09, DStR 2013, 1324/1326; *Steinhauff* jurisPR-SteuerR 36/2012 Anm. 6; aA UmwStE Rn. 18.09 S 5: § 18 III als lex specialis). Damit ist der Anwendungsbereich von § 18 III nach hier vertretener Auffassung nur dann eröffnet, wenn der Veräußerungsgewinn nicht bereits nach anderen Regelungen stpfl. ist (BFH v. 17.7.2013 – X R 40/10, BStBl. II 2013, 883; *Ott* StuB 2007, 287; *Bohnhardt* Ermäßigung der ESt bei Mitunternehmerschaften, S 38). Zu den damit verbundenen Auswirkungen auf § 35 EStG (Steuerermäßigung bei Einkünften aus Gewerbebetrieb) s. Rn. 191.

122 Der gesetzliche Anwendungsbereich des Abs. 3 wurde durch das JStG 1997 (v. 20.12.1996 BGBl. I 1996, 2049; Rn. 130), das Steuerentlastungsgesetz 1999/2000/2002 (v. 24.3.1999 BGBl. I 1999, 402; Rn. 131), das Gesetz zur Fortentwicklung des Unternehmenssteuerrechts (UntStFG) (v. 20.12.2001 BGBl. I 2001, 3858; Rn. 190) und zuletzt durch das JStG 2008 (v. 20.12.2007 BGBl. I 2007, 3150; Rn. 177) erweitert.

123 Nach § 18 III unterliegt der Aufgabe- bzw. Veräußerungsgewinn der GewSt, wenn der **Betrieb** oder **Teilbetrieb** der übernehmenden PersGes/natürlichen Person oder ein **Anteil** an der (übernehmenden) PersGes innerhalb von fünf Jahren nach der Umwandlung aufgegeben oder veräußert wird. Aus der Anknüpfung an die Veräußerung/Aufgabe des „Betriebes" ergibt sich unmittelbar, dass § 18 III nicht im Fall der Umwandlung auf einen Rechtsträger ohne BV anwendbar ist (UmwStE Rn. 18.05 S 3). In diesem Fall kommt § 8 zur Anwendung. **Gewstpfl** ist auch die (Teil-) Betriebsaufgabe bzw. -veräußerung oder die entgeltliche Einräumung einer Mitunternehmerstellung an dem bisherigen Einzelunternehmen durch eine **übernehmende natürliche Person** innerhalb der Fünfjahresfrist. Zur Berechnung der Fünfjahresfrist siehe Rn. 165. Zu einer möglichen Steuerklausel im Gesellschaftsvertrag, um die GewSt verursachungsgerecht zu verteilen, vgl *Carlé/Demuth* KÖSDI 2008, 15979/15980. Die GewSt, die von einzelnen Gesellschaftern aufgrund einer gesellschaftsvertraglichen Abrede zu tragen ist, stellt keine Sonder-BA dar (vgl. zu § 5a EStG, BFH v. 19.7.2018 – IV R 14/16, DStR 2018, 2258; *Levedag* GmbHR 2018, R 345).

Die Missbrauchsregelung beruht auf folgender Überlegung: Der bei Veräußerung oder Aufgabe des Gewerbebetriebs eines Einzelunternehmens oder einer PersGes entstehende Gewinn unterliegt grds nicht der GewSt (GewStR (2009) 7.1 Abs. 3 S 1 Nr. 1 und GewStH (2009) 7.1 (3) „Veräußerungs- und Aufgabegewinne"; s Rn. 31; aber § 7 S 2 GewStG, s. Rn. 32). Demgegenüber unterliegt bei Körperschaften iSd § 2 II 1 GewStG ein Aufgabegewinn – die Veräußerung des BV – der GewSt (GewStH (2009) 7.1 (4) „Veräußerung eines Betriebes ..."). Aufgrund der in § 3 eröffneten – und über die Verweisung in § 18 I 1 grds auch für die GewSt geltenden – Möglichkeit der BW-Fortführung bei Umwandlung einer KapGes in eine PersGes wird auf eine Aufdeckung der stillen Reserven im Zusammenhang mit dem Umwandlungsvorgang verzichtet, ohne dass die weitere Gewerbesteuerverstrickung der stillen Reserven gesichert sein muss. Die stillen Reserven werden erst bei der Auflösung bzw. Aufgabe der PersGes der ESt unterworfen, unterliegen dort aber – anders als bei der KapGes – nicht der GewSt (jedenfalls sofern der Gewinn auf eine natürliche Person als unmittelbar beteiligten Mitunternehmer entfällt, Rn. 32, 33; *Schmitt* in SHS § 18 Rn. 31). Bei einer Körperschaft könnte daher ein **Aufgabegewinn** der **GewSt** – durch vorherige Umwandlung der Körperschaft in eine PersGes oder auf eine natürliche Person zu BW – **entzogen** werden. Sinn und Zweck des § 18 III ist es, diese Gestaltungsmöglichkeit zu vermeiden (BFH v. 26.4.2012 – IV R 24/09, BStBl. II 2012, 703). Infolge der Änderung des § 7 S 2 GewStG (Rn. 32, 33) hat die Vorschrift ab dem Erhebungszeitraum 2002 nur noch eingeschränkte Bedeutung (*Fischer* in Schneider/Ruoff/Sistermann UmwStE 2011 Rn. H 18.18). Aus dem Sinn und Zweck des § 18 III folgt, dass § 18 III nur Anwendung findet, wenn die umgewandelte KapGes zuvor der GewSt unterlegen hatte (*Kraft* IStR 2012, 528/529; *Schmitt* in SHS § 18 Rn. 39). Sofern dies nicht gegeben war, werden keine stillen Reserven der GewSt entzogen. Somit greift § 18 III nicht ein, wenn beispielsweise eine ausländische KapGes ohne inländischen Gewerbebetrieb umgewandelt wird (*Förster* DB 2016, 789/791). 124

Durch das JStG 2008 wurde der **Umfang** des gewstl **verhafteten Gewinns** neu geregelt. Bisher war umstritten, ob alle im Zeitpunkt der Aufgabe oder Veräußerung vorhandenen stillen Reserven von § 18 III (§ 18 IV aF – vor SEStEG) erfasst wurden (so FinVerw UmwStE 1998 Rn. 18.07) oder nur die stillen Reserven im von der KapGes auf das Personenunternehmen übergehenden BV zum Zeitpunkt der Umwandlung und ggf. darüber hinaus auch die stillen Reserven, die nach der Umwandlung im nunmehr einheitlichen Betrieb des Personenunternehmens neu gebildet wurden (so zB BFH v. 26.6.2007 – IV R 58/06, BStBl. II 2008, 73, die hiergegen eingelegte Verfassungsbeschwerde wurde nicht zur Entscheidung angenommen, BVerfG v. 6.11.2008 – 1 BvR 2360/07, ZIP 2008, 2408). S. im Einzelnen Rn. 172 ff. 125

(einstweilen frei) 126–129

2. Erweiterter gesetzlicher Anwendungsbereich

a) Aufgabe oder Veräußerung eines Teilbetriebs oder Mitunternehmeranteils

Die ursprüngliche Fassung des § 18 IV aF galt allgemein als nicht gelungen (*Schaumburg/Rödder* § 18 Rn. 4). Die Vorschrift war lückenhaft, da sie nur die Veräußerung und Aufgabe eines **Betriebs** der PersGes oder der natürlichen Person erfasste, nicht aber auf die Veräußerung bzw. Aufgabe des durch die Umwandlung übergegangenen Vermögens abstellte. Sie verfehlte deshalb den Gesetzeszweck, sämtliche Aufgabe- bzw. Veräußerungsgewinne beim übernehmenden Rechtsträger innerhalb der Fünfjahresfrist so zu besteuern – dh der GewSt zu unterwerfen – als wären sie bei der umgewandelten KapGes angefallen (*Bartelt* DStR 2006, 1109/1110; *Wienands* GmbHR 1999, 462/465). 130

Aus diesem Grund wurde durch das JStG 1997 (v. 20.12.1996 BGBl. I 1996, 2049) ein Satz 2 hinzugefügt, der auch die Veräußerung oder Aufgabe von **Teilbetrieben** und **Mitunternehmeranteilen** der GewSt unterwirft. Zur erstmaligen Anwendung vgl 2. Aufl. Rn. 43.

Für den Begriff des Teilbetriebs verweist die FinVerw einerseits auf den Teilbetriebsbegriff gemäß der Fusionsrichtlinie (UmwStE Rn. 18.05 unter Verweis auf Rn. 15.02), andererseits aber auf „allgemeine Grundsätze" (UmwStE Rn. 18.06 S 1), sodass nicht klar ist, was gemeint ist. Zu den Unterschieden zwischen dem nationalen und dem europäischen Teilbetriebsbegriff, vgl *Schulz/Fehrenbacher* StStud 2016, 419/420 ff. Nach hier vertretener Auffassung ist auf § 16 EStG abzustellen (*Pung* in D/P/M § 18 Rn. 64; *Bartelt* in Eisgruber § 18 Rn. 111; aA *Schnitter* in F/D § 18 Rn. 101). Ein Teilbetrieb ist danach ein organisch geschlossener, mit einer gewissen Selbstständigkeit ausgestatteter Teil eines Gesamtbetriebs, der – für sich betrachtet – alle Merkmale eines Betriebs iSd EStG aufweist und als solcher lebensfähig ist (*Graw* DB 2013, 1011; § 20 Rn. 90 ff.).

Neben der Veräußerung und Aufgabe von ganzen Mitunternehmeranteilen wird auch die Veräußerung eines Teils eines Mitunternehmeranteils erfasst (UmwStE Rn. 18.06 S 4; BFH v. 28.4.2016 – IV R 6/13, BStBl. II 2016, 725; BFH v. 30.8.2007 – IV R 22/06, BFH/NV 2008, 109/111; lediglich klarstellend: *Kraft* IStR 2012, 528/529; aA *Fischer* in Schneider/Ruoff/Sistermann UmwStE 2011 Rn. H 18.23). Der Mitunternehmeranteil umfasst auch das Sonderbetriebsvermögen des Mitunternehmers (*Neu/Hamacher* GmbHR 2012, 280/282).

b) Formwechselnde Umwandlungen

131 In Abs. 4 S 1 aF wurden durch das Steuerentlastungsgesetz 1999/2000/2002 (v. 24.3.1999 BGBl. I 1999, 402) die Wörter „dem Vermögensübergang" durch die Wörter „der **Umwandlung**" ersetzt. Nunmehr unterfallen der Missbrauchsvorschrift auch formwechselnde Umwandlungen, bei denen es wegen des identitätswahrenden Charakters des Formwechsels handelsrechtlich zu keinem Vermögensübergang kommt (vgl § 9 Rn. 6). Der Gesetzgeber war der Meinung, dass diese Änderung nur klarstellend sei (BT-Drs. 14/23, 195). Damit sollte die Änderung auch rückwirkend anwendbar sein (OFD Magdeburg v. 13.7.2001 FR 2001, 754, mittlerweile aufgehoben).

Vor dieser Änderung war umstritten, ob Abs. 4 aF auch den Formwechsel von KapGes in PersGes erfasst (zum Streitstand vgl 2. Aufl. Rn. 42, 44). Handelsrechtlich ist bei einem Formwechsel kein Übergang des Vermögens auf einen anderen Rechtsträger gegeben (*Kempermann* FR 2007, 606). Unabhängig von der gesetzlichen Neuregelung hat der BFH den Formwechsel einer KapGes in eine PersGes unter den Begriff des „Vermögensübergangs" iSv § 18 IV aF gefasst (zuletzt BFH v. 28.4.2016 – IV R 6/13, BStBl. II 2016, 725 und BFH v. 26.6.2007 – IV R 58/06, BStBl. II 2008, 73, die dagegen eingelegte Verfassungsbeschwerde wurde nicht zur Entscheidung angenommen, BVerfG v. 6.11.2008 – 1 BvR 2360/07, NJW 2009, 499).

132–134 *(einstweilen frei)*

3. Übergang auf Rechtsträger, der nicht gewerbesteuerpflichtig ist

135 Dem Sinn und Zweck des § 18 III entsprechend ist ein Veräußerungsgewinn innerhalb der Fünfjahresfrist auch dann der GewSt zu unterwerfen, wenn die **übernehmende** PersGes oder natürliche Person **nicht gewstpfl** ist (UmwStE Rn. 18.11 S 2; *Trossen* in R/H/vL § 18 Rn. 41).

Beispiel: Formwechsel einer gewstpfl GmbH in eine nicht gewstpfl, freiberuflich tätige GbR, die anschließend veräußert wird.

§ 18 III ist ein gewstpfl Sondertatbestand, der gerade Gestaltungen verhindern soll, bei denen ein gewstpfl Veräußerungs- bzw. Aufgabegewinn durch eine vorherige Umwandlung der GewSt entzogen wird (Rn. 120; UmwStE Rn. 18.11 S 3; *Schmitt* in SHS § 18

Rn. 33, 35). Vgl aber zur Anwendung des § 18 III, wenn die umgewandelte KapGes nicht der GewSt unterlegen hatte, Rn. 124 aE.

Noch nicht höchstrichterlich entschieden ist die Frage, wer in einer solchen Konstellation der Schuldner der GewSt ist. Zwar hat der BFH im Grundsatz festgestellt, dass Schuldner der aufgrund von § 18 III (bzw. § 18 IV a. F.) entstehenden GewSt die übernehmende (gewerbliche) PersGes ist (BFH v. 28.2.2013 – IV R 33/09, BFH/NV 2013, 1122, vgl Rn. 170, hiergegen ist eine Verfassungsbeschwerde anhängig, BVerfG – 2 BvR 1444/13). Sofern die PersGes jedoch selbst lediglich Einkünfte aus selbständiger Arbeit oder Land- und Forstwirtschaft erzielt, erscheint dies vor dem Hintergrund von § 5 I 3 GewStG fraglich, da die PersGes nur dann Steuerschuldner ist, wenn die Tätigkeit einer PersGes Gewerbebetrieb ist. Somit sollte nach der Grundregel des § 5 I 1 GewStG der veräußernde Mitunternehmer Steuerschuldner sein (vgl *Förster* DB 2016, 789/792). 136

(einstweilen frei) 137–139

4. Betriebsveräußerung und -aufgabe

§ 18 III 1 knüpft hinsichtlich der **GewStPflicht** an die Veräußerung/Aufgabe des **Betriebs** der PersGes oder natürlichen Person an. § 18 III 2 erweitert dies um die Veräußerung/Aufgabe eines **Teilbetriebes** oder eines **Anteils** an einer PersGes. 140

Der Betriebsbegriff ist wie bei §§ 20, 24 und § 16 I Nr. 1 EStG auszulegen (*Schmitt* in SHS § 18 Rn. 43). 141

Nach allgemeinen Grundsätzen ist zu beurteilen, ob eine Veräußerung oder Aufgabe vorliegt (UmwStE Rn. 18.06). Der Betrieb ist **Gegenstand einer Veräußerung,** wenn 142

- das wirtschaftliche Eigentum an allen wesentlichen Betriebsgrundlagen
- in einem einheitlichen Vorgang
- auf einen Erwerber übertragen wird und
- damit die bisher in diesem Betrieb mit diesen wesentlichen Betriebsgrundlagen entfaltete gewerbliche Betätigung des Veräußerers endet (BFH v. 29.11.1988 – VIII R 316/82, BStBl. II 1989, 602; *Wacker* in Schmidt § 16 Rn. 90).

Der Betrieb ist **Gegenstand einer Aufgabe,** wenn 143

- aufgrund eines Entschlusses des StPfl., den Betrieb aufzugeben,
- die bisher entfaltete gewerbliche Tätigkeit endgültig eingestellt wird,
- alle wesentlichen Betriebsgrundlagen
- in einem einheitlichen Vorgang insgesamt in das Privatvermögen überführt bzw. anderen betriebsfremden Zwecken zugeführt oder an verschiedene Erwerber veräußert werden und
- dadurch der Betrieb als selbständiger Organismus des Wirtschaftsleben zu bestehen aufhört (BFH v. 26.6.2007 – IV R 49/04, BFH/NV 2007, 2004; *Wacker* in Schmidt § 16 Rn. 173).

Der Begriff der wesentlichen Betriebsgrundlagen ist in Übereinstimmung mit § 16 EStG aufgrund einer funktional-quantitativen Betrachtungsweise zu bestimmen (*Trossen* in R/H/vL § 18 Rn. 45; *Schmitt/Schloßmacher* UmwStE 2011, 220). 144

Auch eine Veräußerung gegen wiederkehrende Bezüge ist eine Veräußerung und fällt somit grds in den Anwendungsbereich des § 18 III (UmwStE Rn. 18.06 S 2; BFH v. 17.7.2013 – X R 40/10, BStBl. II 2013, 883; *Pung* in D/P/M § 18 Rn. 35; *Volb* UmwSt-Erlass, S 71; aA *Neu/Hamacher* GmbHR 2012, 280/284). Nach Auffassung der FinVerw gilt das Wahlrecht nach EStR 16 Abs. 11 nicht (UmwStE Rn. 18.06 S 3; zustimmend *Möllmann/Carstens* in FGS/BDI, UmwSt-Erlass 2011, 303; *Henningfeld* DB 2013, 2189; krit. *Fischer* in Schneider/Ruoff/Sistermann UmwStE 2011 Rn. H 18.22). Somit werden die stillen Reserven sofort in voller Höhe versteuert (Differenz des Barwertes der Rentenzahlungen zum BW). 145

146 Sofern gemäß § 16 IIIa EStG einer Aufgabe des Gewerbebetriebs der Ausschluss oder die Beschränkung des Besteuerungsrechts der Bundesrepublik Deutschland hinsichtlich des Gewinns aus der Veräußerung sämtlicher WG des Betriebs oder eines Teilbetriebs gleichsteht, unterfällt auch diese Entstrickung § 18 III (*Neu/Hamacher* GmbHR 2012, 280/284). Sofern bei einer nicht gewerblich tätigen, aber gewerblich geprägten PersGes (§ 15 III Nr. 2 EStG), eines der Tatbestandsmerkmale für die gewerbliche Prägung entfällt, ist dies als Betriebsaufgabe iSv § 16 III EStG anzusehen (*Wacker* in Schmidt § 15 Rn. 233; *Stapperfend* in H/H/R § 15 EStG Rn. 1455), mit der Folge, dass GewSt nach § 18 III ausgelöst wird.

147–149 *(einstweilen frei)*

5. Der Veräußerung oder Aufgabe gleichgestellte Rechtsakte

a) Entnahme von Wirtschaftsgütern und Ausscheiden eines Gesellschafters

150 Die **Entnahme** einzelner WG in das Privatvermögen ist keine Betriebsaufgabe. Zu einer Betriebsaufgabe iSd § 18 III 1 bzw. einer Aufgabe des Teilbetriebs iSd § 18 III 2 kommt es aber, wenn sämtliche wesentlichen Betriebsgrundlagen des (Teil-)Betriebs in das Privatvermögen entnommen werden (sog. **„Totalentnahme“**, Rn. 143; BFH v. 13.12.1983 – VIII R 90/81, BStBl. II 1984, 474; *Hörger* DStR 1995, 905/913; *Schnitter* in F/D § 18 Rn. 94, 97; *Trossen* in R/H/vL § 18 Rn. 50, 51; vgl auch OFD Frankfurt v. 7.9.2000 FR 2000, 1370).

Scheiden einzelne Gesellschafter gegen **Abfindung** aus, ist dies eine Veräußerung eines Mitunternehmeranteils iSv § 16 I Nr. 2 EStG (*Wacker* in Schmidt § 16 Rn. 412). Auch auf diesen Vorgang findet § 18 III gemäß § 18 III 2 Anwendung (*Schnitter* in F/D § 18 Rn. 106).

b) Einbringung

151 Die Einbringung gegen Gesellschaftsrechte ist ein **tauschähnlicher Vorgang** im Sinne einer Betriebsveräußerung (*Wacker* in Schmidt § 16 Rn. 200, 413; BFH v. 16.2.1996 – I R 183/94, BStBl. II 1996, 342 für die Einbringung in eine KapGes; BFH v. 26.1.1994 – III R 39/91, BStBl. II 1994, 458 für die Einbringung in eine PersGes). Wird ein Betrieb, Teilbetrieb oder Mitunternehmeranteil an der übernehmenden PersGes innerhalb von fünf Jahren nach der Umwandlung in eine KapGes (§ 20) oder eine PersGes (§ 24) eingebracht, unterfällt dies grundsätzlich dem Anwendungsbereich des § 18 III (BFH v. 28.4.2016 – IV R 6/13, BStBl. II 2016, 725; UmwStE Rn. 18.07 Abs. 1; *Frotscher* UmwSt-Erlass 2011 zu Rn. 18.07).

152 Zu einem Auflösungs- und Veräußerungsgewinn iSd § 18 III kann es aber nur kommen, wenn die Einbringung unter Aufdeckung der stillen Reserven zum gemeinen Wert oder Zwischenwert erfolgt. Als Veräußerungsgewinn ist in diesen Fällen somit der durch den Ansatz des gemeinen Wertes oder des Zwischenwertes entstehende Übertragungsgewinn anzusehen. Bei Einbringungen zu BW entsteht kein Auflösungs- und Veräußerungsgewinn (vgl BFH v. 28.4.2016 – IV R 6/13, BStBl. II 2016, 725 und bereits Vorinstanz FG Münster v. 7.12.2012 – 14 K 3829/09 G, EFG 2013, 567). Damit erfasst § 18 III jedenfalls im Ergebnis **nicht Einbringungsvorgänge zu BW** (*Schnitter* in F/D § 18 Rn. 88, 90).

153 Die Einbringungsvorgänge haben Auswirkungen auf die Fünfjahresfrist. Bei Einbringungen nach §§ 20, 24 zum Buch- oder Zwischenwert läuft die Fünfjahresfrist weiter (BFH v. 28.4.2016 – IV R 6/13, BStBl. II 2016, 725; UmwStE Rn. 18.07 Abs. 2 S 1; OFD Frankfurt am Main v. 15.11.2017 – G 1421 A-7-St 525 Rn. 4). Darüber hinaus soll nach Auffassung der FinVerw auch bei Einbringungen zum gemeinen Wert in den Fällen der Gesamtrechtsnachfolge die Fünfjahresfrist weiterlaufen (UmwStE Rn. 18.07 Abs. 3 S 2). Lediglich bei Einzelrechtsnachfolge soll der Fünfjahreszeitraum nicht fortgeführt werden. Diese Auffassung zur Fortgeltung des Fünfjahreszeitraumes entspricht zwar der gesetzlichen Regelung, ist aber überschießend. Sofern die Einbringung zum **gemeinen Wert** erfolgt,

werden die gesamten stillen Reserven durch die Einbringung zum gemeinen Wert aufgedeckt und gewstl erfasst. Es besteht sodann keine Notwendigkeit für ein Weiterlaufen der Fünfjahresfrist (so auch BFH v. 28.4.2016 – IV R 6/13, BStBl. II 2016, 725; *Schlaflitzl/Götz* DB 2012, Beilage 1 zu Heft 2 S 25/37; *Fischer* in Schneider/Ruoff/Sistermann UmwStE 2011 Rn. H 18.25). Mit dem Weiterlaufen der Frist werden zusätzlich stille Reserven erfasst, die erst nachträglich entstehen. Mit der Aufdeckung der stillen Reserven im übergegangenen BV der KapGes wird die gewstl. Verstrickung des übergegangenen BV beendet (BFH v. 28.4.2016 – IV R 6/13, BStBl. II 2016, 725).

Soweit die aus der Einbringung zu BW in eine KapGes erhaltenen Anteile (§ 20) innerhalb der ursprünglichen Fünfjahresfrist veräußert werden, unterliegt dies jedenfalls gemäß § 18 III der GewSt. Die in § 22 I angeordnete Frist von sieben Jahren und die rückwirkende Erhöhung des Einbringungsgewinns wirken sich nicht auf § 18 III aus (*Plewka/Herr* BB 2009, 2736/2738; aA *Möllmann/Carstens* in FGS/BDI, UmwSt-Erlass 2011, 304).

Nach Sinn und Zweck der Vorschrift (Rn. 120) sind weiterhin solche Einbringungs- 154
vorgänge aus der Besteuerung nach § 18 III auszuscheiden, die, wären sie von der übertragenden KapGes vorgenommen worden, ebenfalls nicht der GewSt unterlegen hätten. Deshalb war § 18 III, entgegen seinem Wortlaut, **nicht anzuwenden,** wenn Gegenstand der Einbringung durch die übernehmende PersGes ein in ihrem BV gehaltener Mitunternehmeranteil war, da auch die Einbringung durch die übertragende KapGes bis Erhebungszeitraum 2001 gewstfrei gewesen wäre (*Drüen* in Blümich § 7 GewStG Rn. 135). Nach der Einfügung von § 7 S 2 GewStG unterliegt auch der Gewinn aus der Veräußerung eines Mitunternehmeranteils durch KapGes der GewSt (ab 2002).

Umstritten sind die **gewstl Auswirkungen von § 24 III 3.** Nach Ansicht der FinVerw 155
verdrängt § 24 III 3 bei Einbringung in Mitunternehmerschaften zum gemeinen Wert den § 18 III und GewSt ist bereits nach § 24 III 3 zu erheben. Die Vorschrift des § 24 III 3 fingiert über den Verweis auf § 16 II 3 EStG einen „laufenden Gewinn“, wenn bei einer Einbringung in eine PersGes zum gemeinen Wert, dh unter vollständiger Aufdeckung der stillen Reserven, der Einbringende selbst an der PersGes beteiligt ist (*Schnitter* in F/D § 18 Rn. 90). Dadurch soll verhindert werden, dass der Einbringende neben dem begünstigten Einbringungsgewinn zusätzlich als Gesellschafter der aufnehmenden PersGes auch in den Genuss des sich für diese ergebenden höheren Abschreibungspotentials kommt (sog. Aufstockungsmodell, vgl *Wacker* in Schmidt § 16 Rn. 7).

Nach Auffassung der FinVerw (UmwStE Rn 24.17) und des Gesetzgebers (BT-Drs. 12/5630, 80) führt die Fiktion nicht nur dazu, dass der Einbringungsgewinn als laufender Gewinn dem regulären Steuersatz bei der ESt, sondern auch der GewSt unterliegt. Dieser Auffassung hat sich der BFH angeschlossen. Die Qualifizierung gemäß § 24 III 3 iVm § 16 II 3 EStG als laufende Gewinne führt zur **GewStPflicht** (BFH v. 15.6.2004 – VIII R 7/01, BStBl. II 2004, 754; aA § 24 Rn. 183, vgl auch 2. Aufl. Rn. 57).

c) Unentgeltlicher Vermögensübergang

Entsprechend dem Rechtsgedanken des § 6 III EStG liegt keine Veräußerung iSd § 18 156
III vor, wenn der im Wege der Umwandlung übergegangene Betrieb innerhalb der 5-Jahresfrist **unentgeltlich** übertragen wird. Der Rechtsnachfolger tritt allerdings vollumfänglich in die Rechtsstellung des Übertragenden ein. Er ist somit auch den Beschränkungen des § 18 III unterworfen, wobei ihm jedoch die Vorbesitzzeit des Rechtsvorgängers angerechnet wird (UmwStE Rn 18.08; *Pung* in D/P/M § 18 Rn. 36; BFH v. 11.12.2001 – VIII R 23/01, BStBl. II 2004, 474; aA *Schmitt* in SHS § 18 Rn. 52 hinsichtlich des Eintritts in die Rechtsstellung; zweifelnd auch *Widmann* in W/M § 18 Rn. 188). Entsprechendes gilt für den vergleichbaren Fall der Realteilung bei Fortführung der BW (Rn. 161).

d) Formwechsel der zuvor umgewandelten Personengesellschaft

Ein Formwechsel der (zuvor umgewandelten) PersGes in eine KapGes stellt nach unserer 157
Auffassung keine Veräußerung dar (vgl 2. Aufl. Rn. 59; aA *Schnitter* in F/D § 18 Rn. 89;

Weber GmbHR 1996, 334/347; *Märkle* DStR 1995, 1001/1009), weil **kein Anschaffungsvorgang** vorliegt (vgl § 23 IV, der bei der übernehmenden KapGes nur dann einen Anschaffungsvorgang fingiert, wenn das BV im Wege der Einzelrechtsnachfolge übergeht und der gemeine Wert angesetzt wird). Diese Frage kann aber dahingestellt bleiben, weil § 18 III im Ergebnis darauf nicht anwendbar ist. Eine Anwendung des § 18 III beim Formwechsel einer PersGes in eine KapGes (nach vorangegangener Umwandlung einer KapGes in die PersGes) widerspräche dem Zweck des § 18 III: Dieser will lediglich vermeiden, dass aufgrund der Umwandlung zu BW die GewStPflicht des Aufgabegewinns bei einer KapGes umgangen werden kann. Wird der Formwechsel der PersGes in die KapGes zu BW durchgeführt, unterliegen die stillen Reserven aber wieder der GewSt. Für eine Anwendung des nur subsidiär anwendbaren § 18 III (BFH v. 20.11.2006 – VIII R 47/05, BStBl. II 2008, 69) besteht kein Raum.

158 Die Frage, ob und unter welchen Voraussetzungen die Rückumwandlung ein Rechtsmissbrauch iSd § 42 AO ist, stellt sich nicht, da § 42 AO gegenüber § 18 III subsidiär ist (Rn. 120).

e) Realteilung einer Personengesellschaft

159 **aa) Begriff.** An die Auflösung einer Mitunternehmerschaft (GbR, OHG, KG) schließt sich idR eine Liquidation an, „sofern nicht eine andere Art der Auseinandersetzung vereinbart ist" (§ 731 BGB, §§ 131, 145, 161 II HGB). Eine solche „andere Art der Auseinandersetzung" ist die Naturalteilung (*Roth* in Baumbach/Hopt § 145 HGB Rn. 10) des Gesellschaftsvermögens, die in der steuerrechtlichen Terminologie als **Realteilung** bezeichnet wird und durch den Tatbestand der Betriebsaufgabe auf Ebene der Mitunternehmerschaft gekennzeichnet ist (*Wacker* in Schmidt § 16 Rn. 535).

160 Die Realteilung war in der Vergangenheit steuergesetzlich kaum geregelt (vgl 2. Aufl. Rn. 60). Aufgrund der **Neufassung des § 16 III 2–4 EStG** durch das UntStFG (v. 20.12.2001 BGBl. I 2001, 3858) findet die Steuerneutralität einer Realteilung nunmehr ihre Begründung in der ausdrücklichen gesetzlichen Anordnung (zur Fassung durch das Steuerentlastungsgesetz 1999/2000/2002 v. 24.3.1999 BGBl. I 1999, 402; vgl 2. Aufl. Rn. 60). Die Realteilung ist durch eine Betriebsaufgabe auf Ebene der PersGes gekennzeichnet (*Heß* DStR 2006, 777; BMF v. 19.12.2018 BStBl. I 2019, 6). Die BW sind fortzuführen, wenn Teilbetriebe, Mitunternehmeranteile oder einzelne WG in das BV einzelner Mitunternehmer übertragen werden, sofern die Besteuerung der stillen Reserven sichergestellt ist (§ 16 III 2 EStG). Es besteht dann kein Bewertungswahlrecht, sondern ein Zwang zur BW-Fortführung wie bei § 6 V 3 EStG.

161 **bb) Missbrauchsvorschrift des § 18 III bei Realteilung.** Obwohl die steuerneutrale Realteilung einer PersGes steuerrechtlich durch den Tatbestand der Betriebsaufgabe auf Ebene der Mitunternehmerschaft gekennzeichnet ist, unterfällt sie nicht der Missbrauchsvorschrift des § 18 III, wenn die übernehmende PersGes innerhalb von fünf Jahren nach dem Vermögensübergang im Wege der Realteilung auseinandergesetzt wird. Es entsteht kein Gewinn der gewerbesteuerlich erfasst werden könnte. Der Realteiler (übernehmender Gesellschafter) tritt aber in die Rechtsstellung der PersGes ein (*Wacker* in Schmidt § 16 Rn. 547), mit der Folge, dass die Fünfjahresfrist weiterläuft (*Pung* in D/P/M § 18 Rn. 77; UmwStE 1998 Rn. 18.10). Die FinVerw äußert sich zu dieser Frage im aktuellen UmwStE nicht (*Heß* NWB 2013, 1588/1593).

162 Sofern die Realteilung nicht steuerneutral erfolgt (weil entweder die zugewiesenen WG nicht BV des Realteilers werden oder die Besteuerung der stillen Reserven nicht sichergestellt ist oder erfasste WG innerhalb der Sperrfrist des § 16 III 3 EStG veräußert oder entnommen werden oder die Körperschaftsklausel des § 16 III 4 EStG eingreift), ist insoweit § 18 III anzuwenden (*Trossen* in R/H/vL § 18 Rn. 52). Nach aA soll § 18 III nicht anwendbar sein, da nur Einzel-WG, aber kein Betrieb, Teilbetrieb oder Mitunternehmeranteil veräußert wird (*Pung* in D/P/M § 18 Rn. 77). Da im Falle der Realteilung

bereits eine Betriebsaufgabe gegeben ist, sollte es darauf jedoch nicht ankommen. Die FinVerw äußert sich zur Behandlung der Realteilung im aktuellen UmwStE jedoch nicht (zuvor vgl UmwStE 1998 Rn. 18.10).

(einstweilen frei) **163, 164**

6. Frist

Schädlich ist lediglich eine Aufgabe oder Veräußerung innerhalb von fünf Jahren nach der Umwandlung. Wegen der steuerlichen Rückwirkung beginnt die Fünfjahresfrist mit Ablauf des steuerlichen Übertragungsstichtags, § 2 I (UmwStE Rn. 18.05 S 4 iVm Rn. 06.10; *Ott* Stbg 2017, 105, 113). Auf die Eintragung der Umwandlung in das Handelsregister kommt es nicht an (*Trossen* in R/H/vL § 18 Rn. 68). Die Frist beträgt volle fünf Zeitjahre (nicht Wirtschaftsjahre, *Pung* in D/P/M § 18 Rn. 44). Für die Frage, ob der schädliche Vorgang noch in die Fünfjahresfrist fällt, ist beim Veräußerungstatbestand der Übergang des wirtschaftlichen Eigentums maßgebend (BFH v. 17.7.2013 – X R 40/10, BStBl. II 2013, 883). Beim Aufgabetatbestand will die FinVerw auf den Zeitpunkt der ersten Handlung abstellen, die nach dem Aufgabeentschluss objektiv auf die Auflösung des Betriebs gerichtet ist (UmwStE Rn. 18.05 S 4 iVm Rn. 06.10 S 3). Dies steht in gewissem Widerspruch zur bisher herrschenden Literatur, die auf den letzten Teilakt abstellen will (*Widmann in* W/M § 18 Rn. 218 iVm Rn. 216; *Schnitter* in F/D § 18 Rn. 113). **165**

Es ist nicht erforderlich, dass die Veräußerung/Aufgabe zeitlich nach der Umwandlung erfolgt. Die Missbrauchsvorschrift wird auch dann ausgelöst, wenn die Umwandung und die Veräußerung zeitlich zusammenfallen (BFH v. 26.4.2012 – IV R 24/09, BStBl. II 2012, 703; *Steinhauff* jurisPR-SteuerR 36/2012 Anm. 6).

Eine Betriebsveräußerung nach Ablauf der Fünfjahresfrist fällt nicht unter § 18 III und kann auch nicht unter Hinweis auf § 42 AO der GewSt unterworfen werden (*Beutel* in Lenski/Steinberg Anhang Umwandlungen Rn. 111). **166**

(einstweilen frei) **167–169**

7. Steuerliche Folgen

§ 18 III umfasst den **Aufgabe- bzw. Veräußerungsgewinn.** Schuldner der aufgrund von § 18 III (bzw. § 18 IV a. F.) entstehenden GewSt ist die übernehmende (gewerbliche) PersGes (BFH v. 28.2.2013 – IV R 33/09, BFH/NV 2013, 1122 – dagegen wurde Verfassungsbeschwerde eingelegt, 2 BvR 1444/13; OFD Koblenz v. 27.12.2004 DStR 2005, 194) bzw. das übernehmende Einzelunternehmen. Dies ist sowohl bei der Gestaltung des Gesellschaftsvertrages, aber auch beim Anteilskaufvertrag zu berücksichtigen. Der Freibetrag nach § 16 IV EStG ist im Rahmen der Ermittlung des Gewinns iSv § 18 III nicht anzuwenden (BFH v. 26.3.2015 – IV R 3/12, BStBl. II 2016, 553; OFD Frankfurt am Main v. 15.11.2017 – G 1421 A-7-St 525 Rn. 3; *Schießl* HFR 2015, 773; anders noch Vorinstanz FG Münster v. 20.12.2011 – 1 K 3146/08 G, Rn. 24). Die GewSt ist dem Veräußerungsvorgang zuzuordnen und mindert daher grds den Aufgabe- bzw. Veräußerungsgewinn und nicht den laufenden Gewinn (BFH v. 16.12.2009 – IV R 22/08, BStBl. II 2010, 736; zweifelnd *Roser* in Haase/Hruschka § 18 Rn. 82). Auch wenn die GewSt ab 2008 nicht mehr als Betriebsausgabe abzugsfähig ist (§ 4 V b EStG), bleibt sie doch wegen der Zuordnung zum Veräußerungsvorgang, soweit sie vom Veräußerer getragen wird, als Veräußerungskosten abzugsfähig und wird vom Abzugsverbot nicht erfasst (FG Saarland v. 16.11.2017 – 1 K 1441/15, EFG 2018, 201 Rev. IV R 18/17; zustimmend *Levedag* GmbHR 2018, R152; vgl in anderem Zusammenhang BFH v. 14.1.2016 – IV R 5/14, BStBl. II 2016, 875; zum Streitstand *Hardenbicker* EFG 2018, 201; *Schiffers* DStZ 2018, 56). **170**

Für die **Ermittlung** des Veräußerungs-/Aufgabegewinns ist grds auf den Zeitpunkt der Veräußerung/Aufgabe des Betriebs abzustellen (UmwStE Rn. 18.09 S 1; BFH v. **171**

26.6.2007 – IV R 58/06, BStBl. II 2008, 73). Im Unterschied zu der Vorgängervorschrift des § 25 II UmwStG 1977 kommt es nicht zu einer nachträglichen Besteuerung des Umwandlungsvorgangs.

a) Auslegung bis zur Änderung durch das JStG 2008

172 Die Vorschrift war unseres Erachtens bis zur Änderung durch das JStG 2008 v. 20.12.2007 (BGBl. I 2007, 3150) im Wege der **teleologischen Reduktion** dahingehend einschränkend auszulegen, dass zum Aufgabe- und Veräußerungsgewinn nicht solche stillen Reserven gehören, die nach dem Vermögensübergang entstanden sind (vgl *Wernsmann/Desens* DStR 2008, 221/228; abl. BFH v. 20.11.2006 – VIII R 47/05, BStBl. II 2008, 69; UmwStE Rn. 18.09 S 2) oder auf einen schon vor dem Vermögensübergang bei der PersGes vorhandenen Teilbetrieb entfallen (glA BFH v. 20.11.2006 – VIII R 47/05, BStBl. II 2008, 69; abl. frühere FinVerw und hM).

173 Da § 18 III auf den „Betrieb der PersGes oder der natürlichen Person" abstellt, erfasst der Wortlaut des § 18 III auch stille Reserven, die erst **nach** dem **Vermögensübergang** entstanden sind. Der Wortlaut des § 18 III würde es sogar zulassen, stille Reserven eines schon vor dem Vermögensübergang zur **PersGes gehörenden Teilbetriebs** der GewSt zu unterwerfen, wenn der übergegangene Teilbetrieb mit dem schon vorhandenen Teilbetrieb zusammen veräußert bzw. aufgelöst wird. Da § 18 III nach seinem Sinn und Zweck aber nur einen Missbrauch der GewSt-Befreiung durch § 18 II vermeiden will, ein solcher aber hinsichtlich der nach dem Vermögensübergang entstandenen stillen Reserven sowie hinsichtlich der auf den schon bei der PersGes vorhandenen Teilbetrieb entfallenden stillen Reserven offensichtlich nicht vorliegt, war § 18 III durch **teleologische Reduktion** wie folgt auszulegen:

174 Stille Reserven, die nach dem Vermögensübergang entstanden sind, wurden nach hier vertretener Auffassung bei der Berechnung des gewstpfl Auflösungs- oder Veräußerungsgewinns nicht berücksichtigt. Das galt auch für stille Reserven, die auf einen schon vor dem Vermögensübergang vorhandenen Teilbetrieb bei der PersGes entfallen, wenn der übernommene und der vorhandene Teilbetrieb zusammen veräußert bzw. aufgelöst werden (*Söffing* FR 2005, 1007/1008; *Wernsmann/Desens* DStR 2008, 221/222). Verliert der Betrieb der KapGes oder der PersGes nach der Umwandlung die Eigenschaft eines Teilbetriebs, müssen die vorstehenden Grundsätze entsprechend gelten.

175 Die **FinVerw und die wohl hL** vertraten demgegenüber eine weite Auslegung. Danach erfasste § 18 III die stillen Reserven im Zeitpunkt der Veräußerung, nicht im Zeitpunkt der Verschmelzung. Der „Nachversteuerung" unterlagen somit auch sämtliche neu gebildeten stillen Reserven sowie bei Umwandlungen zur Aufnahme die bis zum Vermögensübergang bei der übernehmenden PersGes oder natürlichen Person entstandenen stillen Reserven (UmwStE 1998 Rn. 18.07; FG Münster v. 29.3.2004 – 4 K 890/01 G, EFG 2004, 1259; *Dehmer* UmwSt-Erlass Rn. 18.07; *Schnitter* in F/D § 18 Rn. 122 ff.).

176 Der **BFH** hatte in mehreren Urteilen zum Umfang des gewstpfl Gewinns entschieden, dass zum Aufgabe- und Veräußerungsgewinn zwar nicht solche stillen Reserven gehören, die auf schon vor dem Vermögensübergang bei der PersGes vorhandene WG entfallen, jedoch die stillen Reserven, die nach dem Vermögensübergang entstanden sind und sich auf das übergegangene Vermögen beziehen (BFH v. 16.11.2005 – X R 6/04, BStBl. II 2008, 62; v. 20.11.2006 – VIII R 47/05, BStBl. II 2008, 69; v. 26.4.2012 – IV R 24/09, BStBl. II 2012, 703). Soweit das übergegangene Vermögen betroffen ist, stellt der BFH nicht auf die stillen Reserven im Zeitpunkt der Umwandlung, sondern im Zeitpunkt der Veräußerung/Aufgabe (BFH v. 26.6.2007 – IV R 58/06, BStBl. II 2008, 73; die hiergegen eingelegte Verfassungsbeschwerde wurde nicht zur Entscheidung angenommen, BVerfG v. 6.11.2008 –1 BvR 2360/07, ZIP 2008, 2408) ab.

b) Auslegung nach der Änderung durch das JStG 2008

Durch das JStG 2008 v. 20.12.2007 (BGBl. I 2007, 3150) wurde der Wortlaut des § 18 III **ergänzt,** so dass nun der Aufgabe- oder Veräußerungsgewinn „auch soweit er auf das BV entfällt, das bereits vor der Umwandlung im Betrieb der übernehmenden PersGes oder der natürlichen Person vorhanden war", der GewSt unterliegt (krit. *Dötsch* jurisPR-SteuerR 36/2016, Anm. 4). Gemäß § 27 VI ist diese Änderung **erstmals** auf Umwandlungen **anzuwenden,** bei denen die Anmeldung zur Eintragung in das für die Wirksamkeit der Umwandlung maßgebende öffentliche Register nach dem 31.12.2007 erfolgt ist (vgl *Strahl* KÖSDI 2008, 15896/15911; vgl auch UmwStE Rn. 18.09 S 3, 4). **177**

Die Änderung bzw. Ergänzung des § 18 III 1 durch einen zweiten Halbsatz beruht auf einer Anregung des Finanzausschusses im Gesetzgebungsverfahren zum JStG 2008 (vgl BT-Drs. 16/6981, 44). Mit dieser Gesetzesänderung sollte die **bisherige Verwaltungsauffassung** (Rn. 175) festgeschrieben werden, nachdem der BFH in mehreren Urteilen (Rn. 176) eine abweichende Auffassung vertreten hatte (vgl BT-Drs. 16/7036, 22; *Dötsch/Pung* DB 2007, 2669). Aufgrund der erfolgten Änderung erstreckt sich die StPfl. auch auf die stillen Reserven im bereits vor der Umwandlung vorhandenen Vermögen der übernehmenden PersGes (*Neumann/Stimpel* GmbHR 2008, 57). Weiterhin herauszunehmen aus einer Besteuerung nach § 18 III sind nach hier vertretener Auffassung stille Reserven in BV, welches erst nach der Umwandlung zugeführt wurde, weil insofern kein Missbrauch erkennbar ist (*Widmann* in W/M § 18 Rn. 227.2 und *Widmann* in W/M UmwStE 2011 Rn. 18.09; aA *Pung* in D/P/M § 18 Rn. 56). **178**

c) Umwandlung zum gemeinen Wert

Die Missbrauchsvorschrift erfasst ihrem Wortlaut nach auch den Vermögensübergang zum **gemeinen Wert** (früher zu **Teilwerten**). In diesen Fällen wird es jedoch kaum zu einem Missbrauch kommen, weil der Veräußerungsgewinn bereits bei der übertragenden Körperschaft ungemindert der GewSt unterlag. Richtigerweise ist deshalb in solchen Fällen der Anwendungsbereich einzuschränken (*Trossen* in R/H/vL § 18 Rn. 40a; *Schmitt* in SHS § 18 Rn. 35; *Fischer* in Schneider/Ruoff/Sistermann UmwStE 2011 Rn. H 18.19; *Weiss* StStud 2016, 409/414; aA *Widmann* in W/M § 18 Rn. 226; *Wacker* DStZ 2002, 457; *Bartelt* in Eisgruber § 18 Rn. 107). Die FinVerw trifft im aktuellen UmwStE hierzu keine Aussage. Im alten UmwStE 1998 rechtfertigte sie die Anwendung des Abs. 3 (Abs. 4 aF) in diesen Fällen damit, dass bei einem Teilwertansatz ein originärer Firmenwert nicht berücksichtigt worden ist, der bei der Veräußerung jedoch realisiert wird (UmwStE 1998 Rn. 18.07; krit. *Dehmer* UmwSt-Erlass Tz. 18.07). Nachdem infolge des SEStEG statt des Teilwertes der gemeine Wert anzusetzen ist, überzeugt die Begründung der FinVerw jedenfalls nicht mehr (*Pung* in D/P/M § 18 Rn. 47; *Klingberg* in Blümich § 18 Rn. 47). **179**

Soweit durch das JStG 2008 der Umfang des steuerverhafteten BV erweitert und auf das bereits bei dem übernehmenden Rechtsträger vorhandene BV ausgedehnt wurde (Rn. 177), könnte überlegt werden, § 18 III auch beim Vermögensübergang zum gemeinen Wert anzuwenden. Da dies jedoch nicht mit dem Missbrauchsgedanken gerechtfertigt werden kann, besteht für eine Anwendung des § 18 III keine Veranlassung. **180**

(einstweilen frei) **181–185**

d) Aufgabe- bzw. Veräußerungsverlust

§ 18 III umfasst nach seinem Wortlaut nur den Aufgabe- bzw. Veräußerungs**gewinn.** Ein Verlust aus der Aufgabe oder Veräußerung wird nicht ausdrücklich erfasst und ist damit nach Auffassung der FinVerw gewerbesteuerlich nicht zu berücksichtigen (UmwStE Rn. 18.10; ebenso *Widmann* in W/M § 18 Rn. 233; *Schmitt* in SHS § 18 Rn. 60; *Pung* in D/P/M § 18 Rn. 48; aA *Fischer* in Schneider/Ruoff/Sistermann UmwStE 2011 Rn. H 18.28; *Neu/Schiffers/Watermeyer* GmbHR 2011, 729/738). **186**

(einstweilen frei) **187–189**

8. Ermäßigung der Einkommensteuer nach § 35 EStG (§ 18 III 3)

190 Durch das UntStFG (v. 20.12.2001, BGBl. I 2001, 3858) wurde § 18 IV aF durch einen Satz 3 ergänzt (nun § 18 III 3). Danach ist der auf den Aufgabe- oder Veräußerungsgewinnen iSd Sätze 1 und 2 beruhende **Teil des GewSt-Messbetrags** bei der Ermäßigung der ESt nach § 35 EStG nicht zu berücksichtigen (zu § 35 EStG allgemein vgl BMF v. 3.11.2016, BStBl. I 2016, 1187). Der BFH misst der Regelung in § 18 IV 3 aF (nun § 18 III 3) lediglich klarstellende Bedeutung zu, sodass es nach seiner Auffassung auf die Frage der formellen Verfassungsmäßigkeit des Zustandekommens dieser Regelung, wie noch von der Vorinstanz problematisiert (s. Hess. FG v. 19.12.2007 – 2 K 1375/05, EFG 2008, 821), nicht ankam (BFH v. 15.4.2010 – IV R 5/08, BStBl. II 2010, 912). Die Entscheidung über den Begünstigungsausschluss ist im Feststellungsverfahren nach § 35 EStG zu treffen (BFH v. 15.4.2010 – IV R 5/08, BStBl. II 2010, 912; BFH v. 24.9.2015 – IV R 30/13, FR 2016, 169).

191 Aufgrund der nach Auffassung des BFH lediglich klarstellenden Wirkung des § 18 IV 3 aF (nun § 18 III 3) sollte das Rangverhältnis von § 18 III 1, 2 zu anderen Vorschriften (zB § 7 S 2 GewStG) für die Anwendung der Steuerermäßigung nach § 35 EStG unerheblich sein. Nach dem Gesetzeszweck soll der Grundsatz der gewstl Erfassung von Veräußerungs- oder Liquidationsgewinnen einer KapGes nicht durch Umwandlung und anschließende Veräußerung unterlaufen werden können. § 35 EStG sei teleologisch einschränkend auszulegen (BFH v. 15.4.2010 – IV R 5/08, BStBl. II 2010, 912). Damit unterliegen Gewinne iSd § 18 III 1, 2 nicht der Steuerermäßigung nach § 35 EStG, unabhängig davon, ob der Veräußerungs- oder Aufgabegewinn bereits **nach anderen Vorschriften gewstpfl** ist (*Förster* DB 2016, 789/790; BFH v. 28.5.2015 – IV R 27/12, BStBl. II 2015, 837/840; auch UmwStE Rn. 18.09 S 5, wo bereits von einem Vorrang des § 18 III 1, 2 ausgegangen wird). Nach aA sollte die Steuerermäßigung insbesondere dann zu gewähren sein, wenn die Veräußerung beispielsweise bereits aufgrund § 7 S 2 GewStG stpfl. ist (3. Auflage Rn. 191 mwN). Im Hinblick darauf, dass jedenfalls seit 2008 von § 18 III auch die stillen Reserven erfasst werden, die auf das BV entfallen, das bereits vor der Umwandlung im Betrieb der übernehmenden PersGes bzw. natürlichen Person vorhanden war, erscheint die vom BFH vorgenommene einschränkende teleologische Auslegung nicht bedenkenfrei (*Wendt* FR 2011, 38). Ausgeschlossen wird durch § 18 III nur eine Berücksichtigung beim GewSt-Messbetrag, die Gewinne zählen aber gleichwohl zu den gewerblichen Einkünften iSd § 35 EStG (*Steiner/Wichert* in Lademann § 35 EStG Rn. 27, 41; aA BMF v. 3.11.2016 BStBl. I 2016, 1187 Rn. 14; *Wacker* in Schmidt § 35 Rn. 23).

192 Der Normzweck von § 18 III (bzw. § 18 IV aF), dass Veräußerungs- oder Liquidationsgewinne einer KapGes nicht durch Umwandlung und anschließende Veräußerung der gewstl Erfassung entzogen werden sollen, ist darüber hinaus zu berücksichtigen, wenn die umgewandelte KapGes Organgesellschaft einer Organträger-PersGes war. In solch einer Konstellation wären Veräußerungs- oder Liquidationsgewinne der KapGes in die gesonderte und einheitliche Feststellung des Gewerbesteuermessbetrags nach § 35 II EStG bei der Organträgerin eingegangen, so dass die GewStPfl nicht unterlaufen würde. Folglich ist die Steuerermäßigung nach § 35 EStG zu gewähren (BFH v. 28.5.2015 – IV R 27/12, BStBl. II 2015, 837; BMF v. 3.11.2016, BStBl. I 2016, 1187 Rn. 13; OFD Frankfurt am Main v. 15.11.2017 – G 1421 A-7-St 525 Rn. 2; *Ott* Stbg 2017, 105, 113). Sofern das Organschaftsverhältnis im Vorfeld der Umwandlung zum Zwecke der Umgehung der Besteuerung nach § 18 III hergestellt worden wäre, könnte dies dazu führen, dass die Steuerermäßigung nach § 35 EStG nicht zu gewähren wäre (*Schießl* HFR 2015, 857, 860).

Zur Anwendbarkeit der **Tarifbegrenzung des § 32c EStG aF** für Übernahmegewinne vgl 2. Aufl. Rn. 63 und abl. BFH v. 9.1.2009 – IV B 27/08, BFH/NV 2009, 818.

§ 19 Gewerbesteuer bei Vermögensübergang auf eine andere Körperschaft

(1) **Geht das Vermögen der übertragenden Körperschaft auf eine andere Körperschaft über, gelten die §§ 11 bis 15 auch für die Ermittlung des Gewerbeertrags.**

(2) **Für die vortragsfähigen Fehlbeträge der übertragenden Körperschaft im Sinne des § 10a des Gewerbesteuergesetzes gelten § 12 Abs. 3 und § 15 Abs. 3 entsprechend.**

Übersicht

I. Allgemeine Erläuterungen

§ 19 ist durch das SEStEG an die Streichung des früher gestatteten Verlusttransfers im Rahmen von Verschmelzungen angepasst worden. 1

Der fünfte Teil des Gesetzes umfasst §§ 18 und 19 und ist mit „Gewerbesteuer" überschrieben. In den jeweiligen ersten Absätzen wird der Anwendungsbereich der jeweiligen Vorschrift definiert. § 19 gilt für die **Verschmelzung, Auf- und Abspaltung sowie die Vermögensübertragung** (§ 174 UmwG) von einer Körperschaft auf eine andere Körperschaft; gem. § 1 I 2 gilt § 19 nicht für die Ausgliederung (§ 123 III UmwG). Für den Vermögensübergang auf eine Personengesellschaft oder eine natürliche Person nach §§ 3 ff. und für den Formwechsel einer Kapitalgesellschaft in eine Personengesellschaft gem. § 9 gilt § 18. Soweit Körperschaften teilweise auf Personengesellschaften nach § 16 und teilweise auf Kapitalgesellschaften nach § 15 auf- oder abgespalten werden, sind §§ 18 und 19 nebeneinander anzuwenden.

(einstweilen frei) 2–5

II. GewSt der übertragenden Körperschaft

1. Übertragungsgewinn

Ob ein **Übertragungsgewinn bei der übertragenden Körperschaft** eintritt, hängt von dem Wertansatz der übergehenden Wirtschaftsgüter in der steuerlichen Schlussbilanz ab. Nach § 11 (bei Verschmelzungen) bzw. §§ 15, 11 (bei Spaltungen) ist ein Wahlrecht für den Buchwertansatz dann gegeben, wenn die Tatbestandsvoraussetzungen des § 11 II 1 Nrn. 1 bis 3 vorliegen. Kann die Buchwertfortführung gewählt werden und entscheidet sich das geschäftsführende Organ der übertragenden Körperschaft für diese Alternative, entsteht kein Übertragungsgewinn. Nach § 19 I gilt dies auch für die Ermittlung des Gewerbeertrags und damit die GewSt der übertragenden Körperschaft. Zu beachten ist, dass es für die Voraussetzungen für die Buchwertfortführung gem. § 11 II allein auf die körperschaftsteuerliche Weiterverhaftung der auf die übernehmende Körperschaft übergehenden Wirtschaftgüter ankommt. Endet z. B. bei einer grenzüberschreitenden Hinaus- 6 verschmelzung einer Grundstücks-GmbH die inländische gewerbesteuerliche Verhaftung des Grundstücks mangels inländischer Betriebsstätte, ist aufgrund der fortbestehenden inländischen beschränkten Körperschaftsteuerpflicht eine Buchwertfortführung zulässig (*Trossen* in R/H/vL § 19 UmwStG Rn. 16a mit Beispielsfall).

7 Werden hingegen stille Reserven realisiert – sei es, dass die Voraussetzungen des § 11 I 1 Nrn. 1 bis 3 nicht vorliegen oder dass das Wahlrecht für die Ausübung der Buchwertfortführung nicht ausgeübt wird – entsteht ein Übertragungsgewinn.

8 Auch ein **Beteiligungskorrekturgewinn** iSd § 11 II 2 (dazu § 11 Rn. 65 ff.) unterliegt grds. der GewSt (glA *Möhlenbrock* in D/P/M § 19 Rn. 3).

2. GewSt auf den Übertragungsgewinn

9 Voraussetzung für die gewerbesteuerliche Erfassung des Übertragungsgewinns ist, dass die übertragende Körperschaft gewerbesteuerpflichtig ist und sich die Gewerbesteuerpflicht auch auf die Realisierung der jeweiligen stillen Reserven erstreckt. § 19 schafft keinen eigenständigen gewerbesteuerlichen Tatbestand, sondern trifft lediglich eine Aussage über die Ermittlung der Besteuerungsgrundlagen (*Möhlenbrock* in D/P/M § 19 Rn. 2).

10 Nur bei Körperschaften iSd § 2 II 1 GewStG unterliegt ein **Aufgabegewinn,** dh die Veräußerung des Betriebsvermögens, der GewSt. Die Aufdeckung der stillen Reserven im Rahmen des § 11 bzw. die Aufdeckung der stillen Reserven in Teilbetrieben im Rahmen der §§ 15, 11 steht einem Aufgabegewinn gleich. Auch der Gewinn aus der Veräußerung oder Aufgabe des Betriebs oder Teilbetriebs einer Mitunternehmerschaft sowie der Veräußerung eines Mitunternehmeranteils ist gem. § 7 S 2 GewStG gewerbesteuerpflichtig.

11 Bei **Auslandsvermögen** ist wie folgt zu unterscheiden: Liegt das Besteuerungsrecht aufgrund eines DBA bei dem ausländischen Staat (Freistellungsmethode), fällt kein der inländischen KSt und GewSt unterliegender Gewinn an. Liegt das Besteuerungsrecht hingegen bei der Bundesrepublik Deutschland, kann die Gewerbesteuerkürzung des § 9 Nr. 3 GewStG eingreifen. Eine Betriebsstätte iS dieser Vorschrift bestimmt sich nach § 12 AO und nicht anhand der meist abweichenden Definition der DBA (*Güroff* in Glanegger/Güroff § 9 Nr. 3 Rn. 2a).

12 Bei Körperschaften, die iSd § 9 Nr. 1 S 2 GewStG **eigenen Grundbesitz verwalten** und nutzen und die noch weitere – hier nicht erörterte – Tatbestandsmerkmale erfüllen, greift die Gewerbeertragsteuerkürzung auch hinsichtlich des Gewinns aus der Aufdeckung stiller Reserven ein (*Schmitt* in SHS § 19 Rn. 9 mwN). Eine geballte Realisierung stiller Reserven ist als letzter Teil der Fruchtziehung einer Vermögensverwaltung anzusehen und nicht als gewerblicher Grundstückshandel. Ein gewerblicher Grundstückshandel schließt eine Vermögensverwaltung iSd § 9 Nr. 1 S 2 GewStG aus (*Güroff* in Glanegger/Güroff § 9 Nr. 1 Rn. 22 ff.). Soweit Grundbesitz betroffen ist, der innerhalb von 3 Jahren vor der Aufdeckung stiller Reserven unter dem Teilwert in das Betriebsvermögen überführt wurde, ist § 9 Nr. 1 S 5 Nr. 2 GewStG zu beachten.

13 Die übertragende Körperschaft kann einen Übertragungsgewinn mit einem **laufenden Gewerbeverlust** oder mit einem gewerbesteuerlichen Verlustvortrag (§ 10a GewStG) im Rahmen der Mindestbesteuerung verrechnen (zu Gestaltungsvarianten im Vorfeld einer Verschmelzung zwecks (letztmaliger) Verlustnutzung s. § 11 Rn. 29). Ab dem steuerlichen Übertragungsstichtag entstehende Gewerbeverluste sind der übernehmenden Körperschaft zuzurechnen.

14–16 *(einstweilen frei)*

III. Besteuerung der übernehmenden Körperschaft

1. Übernahmegewinn

Der Übernahmegewinn bemisst sich nach § 12 II und bleibt auch für Zwecke der GewSt außer Ansatz. 17

Ein **sog. Beteiligungskorrekturgewinn** gem. § 12 II 2 iVm § 8b KStG bei einem *upstream merger* unterliegt dagegen grds. der GewSt. Die §§ 8 Nr. 5, 9 Nrn. 2a und 7 GewStG sind nicht anwendbar, da der Übernahmegewinn einem Veräußerungsgewinn gleichzustellen ist (*Trossen* in R/H/vL § 19 UmwStG Rn. 21). 18

(einstweilen frei) 19

Ein **Übernahmegewinn** kann nur entstehen, wenn die übernehmende an der übertragenden Körperschaft beteiligt ist (s. § 12 Rn. 37). Eine Beteiligung des übernehmenden Rechtsträgers zum steuerlichen Übertragungsstichtag wird durch die Verweisung in § 12 II 3 auf § 5 I auch in den Fällen fingiert, in denen die übernehmende Körperschaft Anteile an der übertragenden Körperschaft nach diesem Stichtag angeschafft hat. Auch Abfindungen bei Verschmelzungen nach § 29 UmwG und bei Spaltungen nach § 125 UmwG, die keine Ausgliederungen sind, gelten als Anschaffung der Anteile, für die die Abfindung gezahlt wird. 20

Ist die übertragende Körperschaft gewerbesteuerliche **Organgesellschaft** der übernehmenden Körperschaft, wird dadurch die Besteuerung des Übernahmegewinns nicht ausgeschlossen. Der Vermögensübergang aufgrund Umwandlung ist einer Veräußerung der Beteiligung an der übertragenden Körperschaft durch die übernehmende Körperschaft und damit einer Beendigung des Organschaftsverhältnisses gleichzusetzen (*Schießl* in W/M § 19 UmwStG Rn. 23). Soweit jedoch der Übernahmegewinn auf offenen Rücklagen der Organgesellschaft einschließlich solcher beruht, die durch Realisierung und damit Aufdeckung stiller Reserven in der Übertragungsbilanz nach § 11 entstanden sind, und die offenen Rücklagen bereits innerhalb des Organkreises versteuert wurden, ist der Übernahmegewinn für Zwecke der GewSt zu kürzen (*Schießl* in W/M § 19 UmwStG Rn. 24). 21

(einstweilen frei) 22–25

2. Übernahmefolgegewinn

Übernahmefolgegewinne sind keine steuerfreien Übernahmegewinne (UmwStE Rn. 06.02; *Schießl* in W/M § 19 UmwStG Rn. 26; *Schmitt* in SHS § 19 UmwStG Rn. 16). § 19 verweist auch auf § 12 IV, durch den wiederum angeordnet wird, dass § 6 sinngemäß für den Teil des Gewinns aus der Konfusion gilt, der der Beteiligung der übernehmenden Körperschaft am Kapital der übertragenden Körperschaft entspricht. Durch Konfusion wertungleicher Forderungen und Verbindlichkeiten werden stille Reserven aufgelöst, die zu GewSt bei der übernehmenden Körperschaft führen. Die Bestimmungen über die Bildung von Rücklagen, die den steuerlichen Gewinn mindern, und deren Auflösung in § 6 I, II gelten auch für die GewSt. Jedoch können die Vergünstigungen nur insoweit in Anspruch genommen werden, als vor Verschmelzung oder Spaltung eine Beteiligung der übernehmenden an der übertragenden Körperschaft bestand. 26

3. Eintritt in die Rechtsposition der übertragenden Körperschaft

Liegt **Buchwertfortführung** nach § 11 II 1 vor, tritt die übernehmende Körperschaft aufgrund der Verweisung auf § 12 III auch für die Ermittlung des Gewerbeertrags in die Rechtsstellung der übertragenden Körperschaft ein (sog. Fußstapfentheorie). Eine rückwirkende Addition von Beteiligungen zwecks Inanspruchnahme des gewerbesteuerlichen Schachtelprivilegs ist nicht möglich (dazu *Schnitter* in F/M § 19 Rn. 30), da die Rück- 27 wirkungsfiktion des § 2 nur für die übertragende und die übernehmende Körperschaft gilt, nicht jedoch für den Anteilseigner (*Möhlenbrock* in D/P/M § 19 Rn. 10).

28 Liegt keine Buchwertfortführung nach § 11 II 1 vor und sind die Wirtschaftsgüter z. B. mit der Gegenleistung gem. § 11 II 1 Nr. 3 oder dem gemeinen Wert nach § 11 I anzusetzen, so gilt die Verweisung in § 12 III auf § 4 II u. III für die Bemessung der AfA auf die Dauer der Zugehörigkeit eines Wirtschaftsguts zum Betriebsvermögen.

29–31 *(einstweilen frei)*

IV. Minderung vortragsfähiger Fehlbeträge iSd § 10a GewStG

32 Die durch das SEStEG eingeführte Versagung des Verlusttransfers in Verschmelzungs- und Spaltungsfällen gilt auch für **gewerbesteuerliche Fehlbeträge** iSd § 10a GewStG. § 19 II verweist für diese auf § 12 III und § 15 III.

33 Mit der Verweisung auf § 12 III wird die dortige Verweisung auf § 4 II 2 betreffend den **Ausschluss des Verlusttransfers** (verrechenbare Verluste, verbleibende Verlustvorträge, nicht ausgeglichene negative Einkünfte, Zinsvorträge, EBITDA-Vortrag) einbezogen. Bei rein wörtlichem Verständnis des § 19 II ist der Ausschluss des Transfers verrechenbarer Verluste und nicht ausgeglichener negativer Einkünfte für gewerbesteuerliche Zwecke zwar nicht zwingend, da § 19 II den § 12 III iVm § 4 II 2 ausschließlich „für die vortragsfähigen Fehlbeträge iSd § 10a GewStG" in Bezug nimmt. Ein solches Verständnis widerspräche jedoch dem insoweit eindeutigen Willen des Gesetzgebers, der durch die Formulierung des § 19 II lediglich unvollkommen wiedergegeben wird (so auch *Trossen* in R/H/vL § 19 UmwStG Rn. 30).

34 Mit der Verweisung auf § 15 III wird die sich aus § 15 I 1 iVm § 12 III und § 4 II 2 ergebende grds. Versagung des **Verlusttransfers in Spaltungsfällen** insoweit ergänzt, als sich bei einer Abspaltung der Verlustvortrag einer übertragenden Körperschaft anteilig mindert. Der entfallende Verlust bemisst sich dabei nach dem Verhältnis der gemeinen Werte des übergehenden und bei der abspaltenden Körperschaft verbleibenden Vermögens. Vor diesem Hintergrund ist zu erwägen, den „übergehenden gemeinen Wert" möglichst gering zu halten, etwa durch Zuordnung von Verbindlichkeiten (s. *Trossen* in R/H/vL § 19 UmwStG Rn. 34).

35 Ist die **übertragende Körperschaft an einer Personengesellschaft** beteiligt, bei der ein gewerbesteuerlicher Verlustvortrag existiert, so geht dieser durch die Verschmelzung bzw. Spaltung ebenfalls (anteilig) unter.

36–38 *(einstweilen frei)*

V. Besteuerung der Anteilseigner der übertragenden Körperschaft

39 Hinsichtlich der Besteuerung der **Anteilseigner der übertragenden Körperschaft** verweist § 19 auf § 13. Ein gewerbesteuerpflichtiger Gewinn kann nur dann eintreten, wenn die Beteiligung an der übertragenden Körperschaft im Betriebsvermögen gehalten wird. Bei Buchwertverknüpfung zwischen den Anteilen an der übertragenden Körperschaft und den an ihre Stelle tretenden Anteilen an der übernehmenden Körperschaft nach § 13 II entsteht jedoch kein gewerbesteuerlicher Gewinn.

Sechster Teil. Einbringung von Unternehmensteilen in eine Kapitalgesellschaft oder Genossenschaft und Anteilstausch

§ 20 Einbringung von Unternehmensteilen in eine Kapitalgesellschaft oder Genossenschaft

(1) Wird ein Betrieb oder Teilbetrieb oder ein Mitunternehmeranteil in eine Kapitalgesellschaft oder eine Genossenschaft (übernehmende Gesellschaft) eingebracht und erhält der Einbringende dafür neue Anteile an der Gesellschaft (Sacheinlage), gelten für die Bewertung des eingebrachten Betriebsvermögens und der neuen Gesellschaftsanteile die nachfolgenden Absätze.

(2) [1]Die übernehmende Gesellschaft hat das eingebrachte Betriebsvermögen mit dem gemeinen Wert anzusetzen; für die Bewertung von Pensionsrückstellungen gilt § 6a des Einkommensteuergesetzes. [2]Abweichend von Satz 1 kann das übernommene Betriebsvermögen auf Antrag einheitlich mit dem Buchwert oder einem höheren Wert, höchstens jedoch mit dem Wert im Sinne des Satzes 1, angesetzt werden, soweit

1. sichergestellt ist, dass es später bei der übernehmenden Körperschaft der Besteuerung mit Körperschaftsteuer unterliegt,
2. die Passivposten des eingebrachten Betriebsvermögens die Aktivposten nicht übersteigen; dabei ist das Eigenkapital nicht zu berücksichtigen,
3. das Recht der Bundesrepublik Deutschland hinsichtlich der Besteuerung des Gewinns aus der Veräußerung des eingebrachten Betriebsvermögens bei der übernehmenden Gesellschaft nicht ausgeschlossen oder beschränkt wird und
4.[1)] der gemeine Wert von sonstigen Gegenleistungen, die neben den neuen Gesellschaftsanteilen gewährt werden, nicht mehr beträgt als
   a) 25 Prozent des Buchwerts des eingebrachten Betriebsvermögens oder
   b) 500 000 Euro, höchstens jedoch den Buchwert des eingebrachten Betriebsvermögens.

[3]Der Antrag ist spätestens bis zur erstmaligen Abgabe der steuerlichen Schlussbilanz bei dem für die Besteuerung der übernehmenden Gesellschaft zuständigen Finanzamt zu stellen. [4]Erhält der Einbringende neben den neuen Gesellschaftsanteilen auch sonstige Gegenleistungen, ist das eingebrachte Betriebsvermögen abweichend von Satz 2 mindestens mit dem gemeinen Wert der sonstigen Gegenleistungen anzusetzen, wenn dieser den sich nach Satz 2 ergebenden Wert übersteigt.[2)]

(3) [1]Der Wert, mit dem die übernehmende Gesellschaft das eingebrachte Betriebsvermögen ansetzt, gilt für den Einbringenden als Veräußerungspreis und als Anschaffungskosten der Gesellschaftsanteile. [2]Ist das Recht der Bundesrepublik Deutschland hinsichtlich der Besteuerung des Gewinns aus der Veräußerung des eingebrachten Betriebsvermögens im Zeitpunkt der Einbringung ausgeschlossen und wird dieses auch nicht durch die Einbringung begründet, gilt für den Einbringenden insoweit der gemeine Wert des Betriebsvermögens im Zeitpunkt der Einbringung als Anschaffungskosten der Anteile. [3]Soweit neben den Gesellschaftsanteilen auch andere Wirtschaftsgüter gewährt werden, ist deren gemeiner Wert bei der Bemessung der Anschaffungskosten der Gesellschaftsanteile von dem sich nach den Sätzen 1 und 2 ergebenden Wert abzuziehen. [4]Umfasst das eingebrachte Betriebsvermögen auch einbringungsgeborene Anteile im Sinne von § 21 Abs. 1 in der Fassung der Bekanntmachung vom 15. Oktober 2002 (BGBl. I S. 4133, 2003 I S. 738), geändert durch Artikel 3 des Gesetzes vom

16. Mai 2003 (BGBl. I S. 660), gelten die erhaltenen Anteile insoweit auch als einbringungsgeboren im Sinne von § 21 Abs. 1 in der Fassung der Bekanntmachung vom 15. Oktober 2002 (BGBl. I S. 4133, 2003 I S. 738), geändert durch Artikel 3 des Gesetzes vom 16. Mai 2003 (BGBl. I S. 660).

(4) **[1]Auf einen bei der Sacheinlage entstehenden Veräußerungsgewinn ist § 16 Abs. 4 des Einkommensteuergesetzes nur anzuwenden, wenn der Einbringende eine natürliche Person ist, es sich nicht um die Einbringung von Teilen eines Mitunternehmeranteils handelt und die übernehmende Gesellschaft das eingebrachte Betriebsvermögen mit dem gemeinen Wert ansetzt. [2]In diesen Fällen ist § 34 Abs. 1 und 3 des Einkommensteuergesetzes nur anzuwenden, soweit der Veräußerungsgewinn nicht nach § 3 Nr. 40 Satz 1 in Verbindung mit § 3c Abs. 2 des Einkommensteuergesetzes teilweise steuerbefreit ist.**

(5) **[1]Das Einkommen und das Vermögen des Einbringenden und der übernehmenden Gesellschaft sind auf Antrag so zu ermitteln, als ob das eingebrachte Betriebsvermögen mit Ablauf des steuerlichen Übertragungsstichtags (Absatz 6) auf die Übernehmerin übergegangen wäre. [2]Dies gilt hinsichtlich des Einkommens und des Gewerbeertrags nicht für Entnahmen und Einlagen, die nach dem steuerlichen Übertragungsstichtag erfolgen. [3]Die Anschaffungskosten der Anteile (Absatz 3) sind um den Buchwert der Entnahmen zu vermindern und um den sich nach § 6 Abs. 1 Nr. 5 des Einkommensteuergesetzes ergebenden Wert der Einlagen zu erhöhen.**

(6) **[1]Als steuerlicher Übertragungsstichtag (Einbringungszeitpunkt) darf in den Fällen der Sacheinlage durch Verschmelzung im Sinne des § 2 des Umwandlungsgesetzes der Stichtag angesehen werden, für den die Schlussbilanz jedes der übertragenden Unternehmen im Sinne des § 17 Abs. 2 des Umwandlungsgesetzes aufgestellt ist; dieser Stichtag darf höchstens acht Monate vor der Anmeldung der Verschmelzung zur Eintragung in das Handelsregister liegen. [2]Entsprechendes gilt, wenn Vermögen im Wege der Sacheinlage durch Aufspaltung, Abspaltung oder Ausgliederung nach § 123 des Umwandlungsgesetzes auf die übernehmende Gesellschaft übergeht. [3]In anderen Fällen der Sacheinlage darf die Einbringung auf einen Tag zurückbezogen werden, der höchstens acht Monate vor dem Tag des Abschlusses des Einbringungsvertrags liegt und höchstens acht Monate vor dem Zeitpunkt liegt, an dem das eingebrachte Betriebsvermögen auf die übernehmende Gesellschaft übergeht. [4]§ 2 Abs. 3 und 4 gilt entsprechend.[3)]**

(7) **§ 3 Abs. 3 ist entsprechend anzuwenden.**

(8)[4)] **Ist eine gebietsfremde einbringende oder erworbene Gesellschaft im Sinne von Artikel 3 der Richtlinie 2009/133/EG als steuerlich transparent anzusehen, ist auf Grund Artikel 11 der Richtlinie 2009/133/EG die ausländische Steuer, die nach den Rechtsvorschriften des anderen Mitgliedstaats der Europäischen Union erhoben worden wäre, wenn die einer in einem anderen Mitgliedstaat belegenen Betriebsstätte zuzurechnenden eingebrachten Wirtschaftsgüter zum gemeinen Wert veräußert worden wären, auf die auf den Einbringungsgewinn entfallende Körperschaftsteuer oder Einkommensteuer unter entsprechender Anwendung von § 26 des Körperschaftsteuergesetzes und von den §§ 34c und 50 Absatz 3 des Einkommensteuergesetzes anzurechnen.**

(9)[5)] **Ein Zinsvortrag nach § 4h Absatz 1 Satz 5 des Einkommensteuergesetzes und ein EBITDA-Vortrag nach § 4h Absatz 1 Satz 3 des Einkommensteuergesetzes des eingebrachten Betriebs gehen nicht auf die übernehmende Gesellschaft über.**

[1)] § 20 II 2 Nr. 4 angefügt durch StÄndG 2015 v. 2.11.2015 (BGBl. I 2015, 1834). Zur Anwendung s. § 27 XIV.

Die aF lautete: „Erhält der Einbringende neben den Gesellschaftsanteilen auch andere Wirtschaftsgüter, deren gemeiner Wert den Buchwert des eingebrachten Betriebsvermögens übersteigt, hat die übernehmende Gesellschaft das eingebrachte Betriebsvermögen mindestens mit dem gemeinen Wert der anderen Wirtschaftsgüter anzusetzen."

2) § 20 II 4 neu gefasst durch StÄndG 2015 v. 2.11.2015 (BGBl. I 2015, 1834). Zur Anwendung s. § 27 XIV.

3) § 20 VI 4 geändert durch JStG 2009 v. 19.12.2008 (BGBl. I 2008, 2794). Zur Anwendung s. § 27 IX. Die aF lautete: „§ 2 Abs. 3 gilt entsprechend."

4) § 20 VIII geändert durch Gesetz v. 25.7.2014 (BGBl. I 2014, 1266). Es wurden ersetzt: die Angabe „90/434/EWG" durch die Angabe „2009/133/EG", die Angabe „Artikel 10a" durch die Angabe „Artikel 11", die Angabe „§ 26 Abs. 6" durch die Angabe „§ 26" sowie die Angabe „§§ 34c und 50 Abs. 6" durch die Wörter „§§ 34c und 50 Absatz 3". Zur Anwendung s. § 27 XIII.

5) § 20 IX angefügt durch UntStRefG 2008 v. 14.8.2007 (BGBl. I 2007, 1912). Zur Anwendung s. § 27 V.

Geändert durch Gesetz v. 22.12.2009 (BGBl. I 2009, 3950). Zur Anwendung s. § 27 X.

Die aF lautete: „Ein Zinsvortrag nach § 4h Abs. 1 Satz 2 des Einkommensteuergesetzes des eingebrachten Betriebs geht nicht auf die übernehmende Gesellschaft über."

Übersicht

I. Allgemeines

1. Systematische Stellung des § 20

1 § 20 zählt ebenso wie die Folgevorschriften §§ 21–23 zum Sechsten Teil des UmwStG, der Regelungen zur Einbringung von Unternehmensteilen in eine KapGes oder Genossenschaft und eine verselbstständigte Regelung zum Anteilstausch enthält. Bei den Regelungen zur Einbringung von Unternehmensteilen (§ 20) und zum Anteilstausch (§ 21) handelt es sich zusammen mit den Regelungen zur Besteuerung des Anteilseigners (§ 22) und zu den Auswirkungen bei der übernehmenden Körperschaft (§ 23) um einen abgeschlossenen, eigenständigen Teilbereich des UmwStG. Innerhalb dieses Teilbereichs nimmt § 20 I eine herausragende Stellung ein, weil die Folgevorschriften in §§ 20 II bis IX, 22, 23 nur Anwendung finden, wenn eine begünstigte Sacheinlage nach § 20 I vorliegt (*Patt* in D/P/M Vor §§ 20–23 UmwStG Rn. 2).

2 Der Sechste Teil des UmwStG wurde durch das Gesetz über steuerliche Begleitmaßnahmen zur Einführung der Europäischen Gesellschaft und zur Änderung weiterer steuerrechtlicher Vorschriften (SEStEG) v. 7.12.2006 (BGBl. I 2006, 2782, I 2007, 68) völlig neu gefasst. Das Einbringungsrecht des Sechsten Teils des UmwStG wurde grundlegend umgestaltet und damit umfangreichen Änderungen unterworfen. Die Umgestaltung der Einbringungsvorschriften war zum einen durch innerstaatliche Überlegungen geboten. Der Teilwert als bisherige Bewertungsobergrenze wurde durch den gemeinen Wert ersetzt, wodurch nunmehr klargestellt wird, dass die Einbringung von Unternehmensteilen gegen Erwerb von Anteilen als entgeltlicher Vorgang betrachtet wird, der grds zur Gewinnrealisierung führt. Allerdings ermöglicht das Gesetz in § 20 II 2 und § 21 I 2, dass unter bestimmten Voraussetzungen auch der BW der eingebrachten Unternehmensteile und Anteile fortgeführt wird. Das bedeutet, dass insoweit auf eine Maßgeblichkeit der Ansätze in der Handelsbilanz verzichtet wird. Die Umgestaltung des Einbringungsrechts war zum anderen dadurch veranlasst, dass gesellschafts- und steuerrechtliche Vorgaben des EU-Rechts umgesetzt werden mussten (vgl. Rn. 10 ff.). Grds geändert wurde auch das bisherige Besteuerungssystem für einbringungsgeborene Anteile (§ 21 UmwStG 1995). Nunmehr tritt eine rückwirkende Besteuerung der stillen Reserven auf den Einbringungszeitpunkt ein, wenn bei der Sacheinbringung die erhaltenen Anteile innerhalb einer Sperrfrist von sieben Jahren veräußert werden (§ 22 I).

3 Bei den Vorschriften des Sechsten Teils handelt es sich um einen abgeschlossenen Regelungsbereich, der für die ESt, KSt und GewSt Relevanz erlangen kann. Die Bestimmungen des Zweiten bis Fünften Teils des UmwStG sind nur anwendbar, wenn, wie zB in § 20 VI 4 und VII geschehen, auf diese verwiesen wird. Andererseits besteht eine Verbindung zum Achten Teil des Gesetzes insofern, als für die Fälle des Formwechsels einer PersGes in eine KapGes oder Genossenschaft die Bestimmungen des Sechsten Teils entsprechend anzuwenden sind (§ 25). Die Sonderstellung jedenfalls des Sechsten Teils ergibt

sich auch daraus, dass dieser, anders als die Vorschriften des Zweiten bis Fünften Teils, keine handelsrechtliche Umwandlung nach dem UmwG voraussetzt. Zwar gelten die Vorschriften des Sechsten bis Achten Teils auch für Einbringungen durch Umwandlung nach dem UmwG (§ 1 III 1 Nr. 1 bis 3). Begünstigt werden aber gemäß § 1 III 1 Nr. 4 auch die Fälle der Einbringung von BV durch Einzelrechtsnachfolge und gemäß § 1 III 1 Nr. 5 auch der Anteilstausch. Schließlich ist für die Sonderstellung des § 20 zu bedenken, dass die Einbringung von Unternehmensteilen in Form der Einzel-, Sonder- oder Gesamtrechtsnachfolge gegen Erwerb von Anteilen ein tauschähnlicher Vorgang und damit ein Gewinnrealisierungstatbestand ist, der allerdings infolge der Möglichkeit, die Gewinnrealisierung durch den BW-Ansatz des eingebrachten Vermögens zu vermeiden, zum Ausnahmetatbestand wird (*Patt* in D/P/M Vor §§ 20–23 UmwStG Rn. 52; *Herlinghaus* in R/H/vL § 20 Rn. 3).

So sehr die Möglichkeit des Ansatzes des BW für das eingebrachte BV und die damit verbundene Vermeidung der sofortigen Gewinnrealisierung zu begrüßen ist, so muss doch gesehen werden, dass mit der sich unter Umständen Jahre zurückreichenden Neubewertung der eingebrachten WG erhebliche verwaltungsmäßige Schwierigkeiten verbunden sind (*Herlinghaus* in R/H/vL § 20 Rn. 2e). 4

(einstweilen frei) 5, 6

2. Regelungsinhalt und Regelungszweck

Inl und ausl Unternehmen können aus unterschiedlichen Gründen gezwungen sein, ihre bisherige rechtliche Struktur in Frage zu stellen und über Umstrukturierungen nachzudenken. Das aktuelle wirtschaftliche Umfeld sowie nationaler und internationaler Konkurrenzdruck sind vielfach Anlass, die bisherige rechtliche und wirtschaftliche Struktur kritisch zu überdenken und ggf. Anlass, diese an das veränderte Wirtschaftsgeschehenen anzupassen. Diese Anpassung kann im Einzelfall auch in der Begründung einer Beteiligung an anderen Unternehmen bestehen. Mit der Veränderung der bisherigen Unternehmensstruktur können betriebswirtschaftliche Vorteile angestrebt werden. Vorhandene Produktionsgrößen können unter Umständen effektiver genutzt werden. Es können möglicherweise auch Rationalisierungen einfacher durchgeführt werden. Schließlich kann es Sinn machen, Betriebe oder Teilbetriebe zu erwerben oder zu veräußern. 7

Die Begründung von Beteiligungen an anderen Unternehmen können grds durch Einbringungen von Unternehmensteilen in andere Unternehmen gegen die Gewährung von Gesellschaftsrechten vorgenommen werden. Allerdings muss gesehen werden, dass es sich bei solchen Einbringungen von Unternehmensteilen gegen Gewährung von Anteilen nach Ansicht der FinVerw und der höchstrichterlichen Rspr. um tauschähnliche Vorgänge und damit um stpfl. Veräußerungsgeschäfte handelt (UmwStE Rn. 20.01; BFH v. 16.2.2011 – II R 60/09, BStBl. II 2011, 454; v. 7.4.2010 – I R 55/09, BStBl. II 2010, 1094; v. 17.9.2003 – I R 97/02, BStBl. II 2004, 686). Die zu gewährenden Anteile stellen die Gegenleistung für die Übertragung von BV-Teilen dar. Diese rechtliche Bewertung gilt gleichermaßen für die Übertragung von BV im Wege der Einzelrechtsnachfolge wie auch bei Sacheinbringungen im Wege handelsrechtlicher Umwandlungen (vgl. *Patt* in D/P/M Vor §§ 20–23 UmwStG Rn. 52). 8

Bliebe es bei dieser steuerrechtlichen Beurteilung, so könnte dies sinnvolle betriebswirtschaftliche Umstrukturierungen verhindern, weil wegen gebotener Gewinnrealisierung steuerliche Belastungen drohen. Der Gesetzgeber war deshalb aufgerufen, hier Abhilfe zu schaffen und wenigstens temporär wirkende Steuerneutralität für bestimmte Einbringungssachverhalte zu ermöglichen. Für nationale Einbringungssachverhalte hatte bereits § 20 UmwStG 1995 vorgesehen, dass die übernehmende Gesellschaft die BW des eingebrachten BV fortführen und dieser Wertansatz zugleich AK für die dem Einbringenden zu gewährenden Anteile darstellen konnte. Damit war das unmittelbar wirkende Realisierungsprinzip für national gestaltete Einbringungen durchbrochen. 9

10 Bei dieser rein national ausgerichteten Erleichterung, die für sich ebenfalls fortgeschrieben werden musste, konnte es indessen nicht bleiben. Die vielfältigen internationalen Verflechtungen und die Präsenz der deutschen Wirtschaft im Weltmarkt verlangten zur Erhaltung der Wettbewerbsfähigkeit der deutschen Wirtschaft eine Ausweitung des zuvor erwähnten BW-Privilegs. Hinzu kamen und kommen Zwänge, die in der immer intensiveren Ausgestaltung des europäischen Binnenmarktes ihren Grund hatten und haben. § 20 UmwStG 1995 ermöglichte steuerneutrale Einbringungen nur in unbeschränkt stpfl. KapGes. Einbringende konnten zwar Ausländer sein. Da Deutschland aber idR kein Besteuerungsrecht für die gewährten Anteile hatte, musste im Zweifel der Teilwert des eingebrachten Vermögens mit der Folge der Realisierung der stillen Reserven angesetzt werden. Steuerneutrale grenzüberschreitende Einbringungen waren praktisch nicht möglich. Zwar ermöglichten §§ 23, 26 UmwStG 1995 mit Rücksicht auf die FusionsRL 1990 gewisse steuerneutrale grenzüberschreitende Einbringungen in der EU. Es bestand aber Übereinstimmung darüber, dass mit diesen nationalen Regelungen die FusionsRL 1990 nicht richtlinienkonform umgesetzt wurde (vgl. *Bogenschütz* IStR 2000, 609/610). Neben rein steuerlichen Einwänden wurde vorgebracht, dass keine Möglichkeit bestand, Unternehmensteile im Wege der Gesamt- oder Sonderrechtsnachfolge begünstigt grenzüberschreitend zu übertragen.

Der EuGH hat im Jahr 2014 entschieden, dass zumindest der zwingende Teilwertansatz nach § 20 III UmwStG 1995 gegen die Kapitalverkehrsfreiheit iSd Art. 63 AEUV verstößt (EuGH v. 23.1.2014 – C-164/12 – *DMC GmbH,* EuZW 2014, 273). Die Beschränkung der Grundfreiheit kann nach Auffassung des EuGH jedoch durch das Ziel der „Wahrung der Aufteilung der Besteuerungsbefugnis zwischen den Mitgliedstaaten" gerechtfertigt werden, wenn der Mitgliedstaat an der Ausübung seiner Besteuerungsbefugnisse hinsichtlich der stillen Reserven des eingebrachten Betriebsvermögens im Zeitpunkt ihrer Realisierung tatsächlich gehindert ist (EuGH v. 23.1.2014 – C-164/12 – *DMC GmbH,* EuZW 2014, 273).

11 Auf Grund der inzwischen veränderten gesamtwirtschaftlichen Rahmenbedingungen wurde die FusionsRL am 17.2.2005 geändert (Richtlinie 2005/19/EG des Rates v. 17.2.2005, ABl. Nr. L 58 v. 4.3.2005, 19). Die geänderte FusionsRL sieht weitergehende steuerneutrale grenzüberschreitende Einbringungsmöglichkeiten vor, die den deutschen Gesetzgeber mittelbar zwangen, das bisherige Einbringungsrecht anzupassen. Mit der Umsetzung der FusionsRL 2005 allein hätte der Gesetzgeber das neue deutsche Einbringungsrecht noch nicht europarechtskonform geregelt. Vielmehr galt es weiter die Rspr. des EuGH zu den Grundfreiheiten, die als primäres Gemeinschaftsrecht unmittelbar gelten, umzusetzen (vgl. *Hagemann/Jakob/Ropohl/Viebrock* NWB-Sonderheft 1/2007, 1/11; *Herlinghaus* in R/H/vL § 20 Rn. 2a).

12 Auf Grund der vorgenannten Überlegungen und Notwendigkeiten wurde das UmwStG durch das SEStEG und mit ihm insb. der Einbringungsteil grundlegend überarbeitet.

Um inl und EU-/EWR-weite Umstrukturierungen mittels Einbringung von Unternehmensteilen nicht durch die sofortige Gewinnrealisierung zu erschweren oder zu verhindern, begünstigt der Gesetzgeber diese Vorgänge nun dadurch, dass bei der Übertragung von Betrieben, Teilbetrieben und Mitunternehmeranteilen in Körperschaften – entgegen den allg. ertragsteuerlichen Prinzipien – die sofortige Realisierung der stillen Reserven unterbleiben kann. Der Gesetzgeber manifestiert zwar seine Vorstellung, dass in dem tauschähnlichen Vorgang – Betrieb, Teilbetrieb oder Mitunternehmeranteil gegen neue Anteile – ein Gewinnrealisierungstatbestand zu sehen ist, indem er für das eingebrachte BV den Ansatz mit dem gemeinen Wert fordert (§ 20 II 1). Die sofortige Realisierung der in dem eingebrachten BV steckenden stillen Reserven kann aber dadurch vermieden werden, dass die übernehmende Körperschaft auf Antrag den BW des eingebrachten Vermögens ansetzt, sofern das Recht der Bundesrepublik Deutschland auf Besteuerung des Gewinns aus der Veräußerung des eingebrachten BV bei der übernehmenden Körperschaft nicht ausgeschlossen wird (§ 20 II 2). Da der BW zugleich für den Einbringenden als Veräußerungspreis und als AK der Gesellschaftsanteile gilt, kann es bei dem Einbringenden nicht zu einem Gewinn kommen (§ 20 III 1). Mit dieser Fiktion wird eine Werteverknüpfung zwischen dem BW des eingebrachten Vermögens und den AK der neuen Anteile hergestellt, auf Grund derer sich kein Gewinn für den Einbringenden ergibt. Diese Werteverknüpfung hat zwar zur Folge, dass es im Zeitpunkt der Einbringung zu einer Verdoppelung der stillen Reserven kommt (vgl. *Patt* in D/P/M Vor §§ 20–23 UmwStG Rn. 29). Zu einer doppelten Besteuerung der stillen Reserven auf Ebene der übernehmenden Gesellschaft und des Einbringenden kommt es jedoch nicht. Realisiert die übernehmende Gesellschaft die stillen Reserven und gelangen diese zur Ausschüttung, so unterliegen diese bei stpfl. Körperschaften nach § 8b I KStG keiner Besteuerung. Hat eine natürliche Person die Anteile erworben, so kommt das Teileinkünfteverfahren zur Anwendung. Werden indessen erworbene Anteile innerhalb einer Frist von sieben Jahren veräußert, so kommt es bei dem Einbringenden zu einem nachträglichen Einbringungsgewinn (§ 22 I). Da aber dieser Einbringungsgewinn als AK der erworbenen Anteile gilt und die Übernehmerin die ursprünglichen Buchansätze entsprechend aufstocken kann, wird die doppelte Versteuerung der stillen Reserven auf Ebene des Anteilsveräußerers und der übernehmenden Gesellschaft vermieden (vgl. *Herlinghaus* in R/H/vL § 20 Rn. 9).

13 Durch die Neuregelung wird das Einbringungsrecht „europäisiert", indem die Einbringungsvorschriften nunmehr im gesamten EWR-Bereich gelten, also auch in Liechtenstein, Norwegen und Island (vgl. *Patt* in D/P/M Vor §§ 20–23 UmwStG Rn. 6). Es werden jedoch Zweifel dahingehend formuliert, ob die Neuregelung in allen Bereichen EU-rechtskonform ist (vgl. *Kessler/Spengel* DB Beilage 2/2012, 1/26; *Klingberg/van Lishaut* Der Konzern 2005, 698/719; *Patt* in D/P/M Vor §§ 20–23 UmwStG Rn. 6, 8).

14, 15 *(einstweilen frei)*

3. Aufbau der Norm

16 § 20 setzt bei den möglichen Rechtsfolgen der Einbringung eines Betriebes, Teilbetriebes oder Mitunternehmeranteils an. § 20 enthält aber keine Aussage dazu, auf welcher Rechtsgrundlage die Einbringung erfolgen muss, um die Rechtsfolgen der Vorschrift auszulösen. Diese Aussage enthält § 1 III, wonach die Einbringung im Wege der Gesamtrechtsnachfolge und der Einzelrechtsnachfolge erfolgen kann.

17 § 20 äußert sich auch nicht dazu, wer Einbringender und Übernehmender sein kann und muss. **§ 20 I** bestimmt vielmehr nur, dass übernehmender Rechtsträger einer Sacheinlage eine KapGes oder Genossenschaft sein muss. Diese müssen nicht deutsche KapGes oder Genossenschaften sein. Übernehmender Rechtsträger kann vielmehr nach § 1 IV 1 Nr. 1 iVm § 1 II 1 Nr. 1 jede Gesellschaft oder Genossenschaft sein, die nach dem Recht eines EU-/EWR-Staates gegründet wurde und deren Sitz und Ort der Geschäftsleitung sich innerhalb des Hoheitsgebietes eines EU-/EWR-Staates befinden. Auch der einbringende Rechtsträger muss in einem EU-/EWR-Staat Sitz und Geschäftsleitung haben oder ansässig sein (§ 1 IV 1 Nr. 2). Die zuvor erwähnte Europäisierung des Einbringungsrechts findet mithin ihren Niederschlag in den Regelungen über die sachlichen und persönlichen Voraussetzungen in § 1 IV 1 Nr. 1 und 2.

18 Darüber hinaus werden in Abs. 1 die Einbringungsobjekte benannt, die steuerlich begünstigt eingebracht werden können, nämlich Betrieb, Teilbetrieb und Mitunternehmeranteil. Der Umstand, dass der übernehmende Rechtsträger im Gegenzug auch neue Anteile gewähren muss, zeigt, dass Sachgründungs- und Sachkapitalerhöhungsvorgänge begünstigt sein können. Zu den Rechtsfolgen der Einbringung enthält Abs. 1 keine Aussage.

19 **Abs. 2** formuliert den Grundsatz, dass der übernehmende Rechtsträger die übernommenen WG mit Ausnahme der Pensionsrückstellungen mit dem gemeinen Wert ansetzen muss. Abs. 2 **Satz 2** schafft jedoch die Möglichkeit, den BW oder einen höheren Wert anzusetzen, höchstens jedoch den gemeinen Wert. Voraussetzung für den Ansatz des BW

ist, dass die übernehmende Körperschaft mit dem übernommenen BV der deutschen KSt unterliegt, das Recht der Bundesrepublik Deutschland zur Besteuerung des Gewinns aus der Veräußerung des eingebrachten BV bei der übernehmenden Ges nicht ausgeschlossen oder beschränkt wird, dass die Passivposten des eingebrachten BV die Aktivposten nicht übersteigen und schließlich, dass der gemeine Wert von sonstigen Gegenleistungen, die neben den neuen Gesellschaftsanteilen gewährt werden, nicht mehr beträgt als 25 Prozent des eingebrachten Betriebsvermögens oder 500 000 Euro (höchstens jedoch den Buchwert des eingebrachten Betriebsvermögens). Abs. 2 enthält in **Satz 4** auch eine Aussage zu den Rechtsfolgen, wenn dem Einbringenden außer den neuen Anteilen noch sonstige Gegenleistungen gewährt werden. Maßgebend sind stets die Ansätze in der Steuerbilanz (*Nitzschke* in Blümich § 20 UmwStG Rn. 2; *Mitsch* INF 2007, 225).

20 **Abs. 3** dokumentiert in **Satz 1** zum einen unausgesprochen die Besteuerungsregel, dass in der Einbringung gegen neue Anteile eine Veräußerung zu sehen ist, indem vom Veräußerungsgewinn und den AK der Gesellschaftsanteile die Rede ist. Abs. 3 Satz 1 enthält zum anderen die Regelung der Verknüpfung des Anteilswertes mit dem Wertansatz des BV bei dem übernehmenden Rechtsträger. Diese Werteverknüpfung zwischen dem Ansatz des BV und den AK der neuen Anteile kommt gemäß Satz 2 nicht zum Zuge, wenn die Bundesrepublik Deutschland kein Besteuerungsrecht für die Veräußerung des BV besitzt und ein solches Besteuerungsrecht durch die Einbringung auch nicht begründet wird. Hier ist zwingend der gemeine Wert anzusetzen wie auch dann, wenn noch andere WG neben den Anteilen gewährt werden (Abs. 3 **Satz 3**). Schließlich wird in **Satz 4** festgelegt, dass dann, wenn einbringungsgeborene Anteile nach § 21 UmwStG 1995 mit eingebracht werden, die neuen Anteile ebenfalls als einbringungsgeborene Anteile nach § 21 UmwStG 1995 gelten.

21 Ergänzend zu Abs. 3 wird in **Abs. 4** bestimmt, wie ein ggf. entstehender Veräußerungsgewinn bei dem Einbringenden zu versteuern ist.

22 Das Gesetz ermöglicht, den tatsächlichen Einbringungsvorgang auf einen früheren Zeitpunkt zurück zu beziehen. Für den Fall, dass von dieser Möglichkeit Gebrauch gemacht wird, bestimmt **Abs. 5,** dass dann Einkommen und Vermögen der Beteiligten so zu ermitteln sind, als ob das eingebrachte BV mit Ablauf des steuerlichen Übertragungsstichtages übergegangen wäre. Abs. 5 ist weitergehender als die Regelung des § 2, weil in § 20 auch die Einzelrechtsnachfolge mit Rückwirkung durchgeführt werden kann.

23 **Abs. 6** legt den in Abs. 5 angesprochenen steuerlichen Übertragungsstichtag fest. Die Einbringung darf danach auf einen Tag zurückbezogen werden, der höchstens acht Monate vor dem Abschluss des Einbringungsvertrages liegt und höchstens acht Monate vor dem Zeitpunkt liegt, an dem das eingebrachte BV auf die übernehmende Gesellschaft übergeht.

24 **Abs. 7** spricht die Fallgestaltung an, dass durch die Einbringung einer ausl Betriebsstätte ein deutsches Besteuerungsrecht an den Betriebsstätteneinkünften verloren geht. Auf die Steuern auf den Aufdeckungsgewinn sind fiktive Steuern anzurechnen.

25 Fiktive Steueranrechnung ist unter bestimmten Voraussetzungen auch dann zu gewähren, wenn die Einbringung durch eine transparente Gesellschaft iSv Art. 3 der Richtlinie 2009/133/EG (FusionsRL) erfolgt **(Abs. 8).**

26 **Abs. 9** schließt den Übergang eines Zinsvortrages und eines EBITDA-Vortrages des eingebrachten Betriebs auf die übernehmende Gesellschaft aus.

27–29 *(einstweilen frei)*

4. Zeitlicher Anwendungsbereich

30 Das nun in § 20 niedergelegte europäisierte Einbringungskonzept gilt gemäß § 27 I 1 für alle eintragungspflichtigen Einbringungen, die **nach dem 12.12.2006** zum maßgeblichen Register angemeldet werden. Ist für die Wirksamkeit der Einbringung eine Registereintragung nicht erforderlich, so muss, um die Neuregelung anwenden zu können, das wirtschaftliche Eigentum an dem Einbringungsvermögen nach dem 12.12.2006 überge-

gangen sein (§ 27 I 2). Bis einschließlich 12.12.2006 angemeldete oder mit dem Übergang des wirtschaftlichen Eigentums des BV durchgeführte Einbringungen sind nach dem UmwStG 1995 zu beurteilen (§ 27 II).

Für **alt-einbringungsgeborene Anteile,** also für Anteile, die durch eine Einbringung unterhalb des Teilwerts nach den Bestimmungen des § 20 UmwStG 1995 erworben wurden, behalten alle für diese einbringungsgeborenen Anteile geltenden Vorschriften des alten Rechts ihre Gültigkeit (§ 27 III, IV; UmwStE Rn. 00.01; *Patt* in D/P/M Vor §§ 20–23 UmwStG Rn. 5). Diese Weitergeltung des bisherigen Rechts kann auch nicht dadurch außer Kraft gesetzt werden, dass diese Anteile Teil einer Einbringung nach § 20 sind. Denn die insoweit erworbenen – neuen – Anteile gelten weiter als einbringungsgeborene Anteile alten Rechts (§ 20 III 4). 31

Die in **§ 20 IX** enthaltene Bestimmung zum Wegfall des Zinsvortrages ist erstmals auf Einbringungen anzuwenden, die nach dem 31.12.2007 zu dem maßgebenden Register angemeldet wurden oder – bei fehlender Registerpflicht – bei denen das wirtschaftliche Eigentum an dem eingebrachten BV nach dem 31.12.2007 überging (§ 27 V). 32

Die durch das Wachstumsbeschleunigungsgesetz v. 22.12.2009 (BGBl. I 2009, 3950) erfolgte Erweiterung um den EBITDA-Vortrag ist erstmals auf Einbringungen anzuwenden, deren steuerlicher Übertragungsstichtag in einem Wirtschaftsjahr liegt, für das § 4h EStG idF des Wachstumsbeschleunigungsgesetzes v. 22.12.2009 (BGBl. I 3950) erstmals anzuwenden ist (§ 27 X).

Durch das StÄndG 2015 v. 2.11.2015 (BGBl. I 2015, 1834) wurde § 20 II 2 um eine Nr. 4 erweitert, welche die Höhe der sonstigen Gegenleistungen einschränkt, bis zu der eine Buchwertfortführung möglich ist. Gleichzeitig wurde die Regelung des § 20 II 4 an die Systematik des neu eingefügten § 20 II 2 Nr. 4 angepasst. Diese Änderungen sollen erstmals auf Einbringungen anzuwenden sein, wenn in den Fällen der Gesamtrechtsnachfolge der Umwandlungsbeschluss nach dem 31.12.2014 erfolgt ist, oder in den anderen Fällen der Einbringungsvertrag nach dem 31.12.2014 geschlossen worden ist (§ 27 XIV). 33

(einstweilen frei) 34

5. Eigenständiger Regelungsbereich

Die Einbringungsvorschriften im Sechsten Teil stellen einen **abgeschlossenen, autonomen Regelungsbereich** dar (*Patt* in D/P/M Vor §§ 20–23 UmwStG Rn. 1; *Herlinghaus* in R/H/vL § 20 Rn. 3). Die Vorschriften des Sechsten Teils enthalten weitergehende Vergünstigungen als die Regelungen des Zweiten bis Fünften Teils. Während Letztere an handelsrechtlichen Umwandlungen anknüpfen, erfassen die §§ 20 ff. zwar auch die Fälle der handelsrechtlichen Umwandlung durch Verschmelzung, Spaltung und Formwechsel. Den Vorschriften des Sechsten Teils kommt aber deshalb eine Sonderstellung zu, weil auch Gestaltungen begünstigt werden, die keine handelsrechtlichen Umwandlungen darstellen, nämlich Einbringungen durch Einzelrechtsnachfolge und den Anteilstausch. Infolge dessen können Bestimmungen des Zweiten bis Fünften Teils nur auf Grund ausdrücklicher Verweisungen angewendet werden. Hinzu kommt, dass Einbringungen gegen Anteilsgewährung durch Einzel- oder Sonderrechtsnachfolge grds einen Veräußerungstatbestand darstellen, der zur Gewinnrealisierung führen kann. § 20 verzichtet auf diese sofortige Realisierung und stellt deshalb eine Ausnahmevorschrift dar, die eng auszulegen ist. 35

Die **Auslegung** der Tatbestandsmerkmale des § 20 erfolgt regelmäßig unabhängig von der zivilrechtlichen Terminologie (*Herlinghaus* in R/H/vL § 20 Rn. 3, 24; *Patt* in D/P/M § 20 UmwStG Rn. 19). Insbesondere ist der zivilrechtliche Begriff der Sacheinlage, wie er in §§ 5 IV 1, 56 GmbHG, 27 I AktG gebraucht wird, nicht mit der Sacheinlage nach § 20 I gleichzusetzen. Zivilrechtlich ist hierunter die Art zu verstehen, in der der Gesellschafter die Stammeinlage leistet, nämlich in Form von Sachwerten statt in Form von Geld. Dabei ist es ohne Bedeutung, welche Vermögenswerte auf die übernehmende Gesellschaft übertragen werden; entscheidend ist allein, dass die Sachwerte ihrem wirtschaftlichen Wert nach 36 mit dem Betrag der zu leistenden Stammeinlage übereinstimmen, § 8 I Nr. 5 GmbHG. Vom Anwendungsbereich des § 20 sind solche Vorgänge hingegen nur unter der Voraussetzung erfasst, dass die übertragenen Vermögenswerte eine Sachgesamtheit bilden, die vom Anwendungsbereich des § 20 I erfasst ist, d h einen Betrieb, Teilbetrieb oder Mitunternehmeranteil (*Patt* in D/P/M § 20 UmwStG Rn. 19).

37–39 *(einstweilen frei)*

6. Keine analoge Anwendung auf nicht geregelte Umstrukturierungen

40 Sind die Tatbestandsvoraussetzungen der §§ 1 III, IV, 20 I nicht erfüllt, finden die allgemeinen Grundsätze des Ertragssteuerrechts Anwendung mit der Folge, dass der jeweilige Übertragungsvorgang gegen Gewährung neuer Anteile eine Veräußerung darstellt, die zur Aufdeckung der stillen Reserven führt (§ 16 EStG). Diese klare und vom Gesetzgeber so gewollte Regelungsvorgabe verbietet jede analoge Anwendung auf Einbringungsvorgänge, die die Voraussetzungen der genannten Vorschriften nicht erfüllen (*Nitzschke* in Blümich § 20 UmwStG Rn. 1; *Patt* in D/P/M Vor §§ 20–23 UmwStG Rn. 12). Auf Grund der Bestimmungen des § 1 III Nr. 1 bis 5 ist der Anwendungsbereich des Sechsten Teils abschließend normiert (*Winkeljohann/Fuhrmann* Handbuch Umwandlungssteuerrecht, S 828). Das bedeutet, dass die Einbringung einzelner oder mehrerer WG, die die Betriebs- oder Teilbetriebseigenschaft nicht erfüllen, nicht begünstigt ist und wegen des Analogieverbotes auch nicht begünstigt werden kann. Es fehlt an der für eine analoge Anwendung erforderlichen Gesetzeslücke (*Patt* in D/P/M Vor §§ 20–23 UmwStG Rn. 12). Konsequenz dessen ist, dass § 20 auch dann nicht anwendbar ist, wenn die Einbringungsgegenstände qualifiziert sind, es jedoch an der Gewährung neuer Anteile an der übernehmenden Körperschaft fehlt. Der Anwendungsbereich des § 20 kann zudem auch nicht durch ein anderes Bundesgesetz oder ein Landesgesetz erweitert werden. Diese Möglichkeit, die § 1 II UmwG für die zivilrechtliche Zulässigkeit von Umwandlungen vorsieht, ist aufgrund der abschließenden Normierung des sachlichen Anwendungsbereichs des § 1 III für die Sacheinlage nicht eröffnet (*Nitzschke* in Blümich § 20 UmwStG Rn. 36).

41, 42 *(einstweilen frei)*

7. Verhältnis zu anderen Vorschriften

43 Gegenüber den Vorschriften zur Übertragung von WG in **§ 6 V EStG** haben die Vorschriften des Sechsten Teils Vorrang (*Ehmcke* in Blümich § 6 EStG Rn. 1216). Vorrang haben die §§ 20 ff. auch gegenüber **§ 6 VI EStG** (*Nitzschke* in Blümich § 20 UmwStG Rn. 18; *Patt* in D/P/M Vor §§ 20–23 UmwStG Rn. 60).

44 Die Übertragung von Betrieben, Teilbetrieben oder Mitunternehmeranteilen gegen Gewährung neuer Anteile stellt grds einen Veräußerungsvorgang dar, der von **§ 16 EStG** bzw. **§§ 8 I KStG,** 16 EStG erfasst wird (vgl. Rn. 8). Auch insoweit stellt § 20 eine Spezialvorschrift dar, die Vorrang hat vor § 16 EStG (*Patt* in D/P/M Vor §§ 20–23 UmwStG Rn. 54; *Herlinghaus* in R/H/vL § 20 Rn. 13).

45 Nicht in Konkurrenz zueinander stehen § 20 und **§ 8b II KStG** (*Herlinghaus* in R/H/vL § 20 Rn. 13). Werden Anteile als Teil eines begünstigten Einbringungsgegentandes eingebracht und wird vom BW-Privileg Gebrauch gemacht, so unterbleibt auch die anteilige Besteuerung des auf die Anteile entfallenen Einbringungsveräußerungsgewinns. Würden die Anteile indessen durch die Körperschaft veräußert, so würde der Gewinn lediglich mit 5 % des Gewinns nach § 8b II, III KStG steuerlich belastet. § 8b II KStG und § 20 schließen sich nicht aus, sondern ermöglichen es, bei Umstrukturierungen die Besonderheiten des Einzelfalls zu berücksichtigen. Wer zB von Entgeltzahlungen absehen will, wird die Einbringung vorziehen. So wird auch derjenige entscheiden, der die Versteuerung mit 5 % des Gewinns vermeiden will. Allerdings muss gesehen werden, dass § 8b II KStG auch dann für die wesentliche Nichtversteuerung zur Verfügung steht, wenn der

Übernehmer keinen Antrag auf den BW-Ansatz stellt (*Widmann* in W/M § 20 Rn. R 1059; *Patt* in D/P/M Vor §§ 20–23 UmwStG Rn. 59).

§ 20 und **§ 25** unterscheiden sich dadurch, dass § 20 eine Vermögensübertragung zur **46** Voraussetzung hat, während diese bei § 25 gerade nicht vorliegt. Hier findet kein Vermögensübergang statt. Das BV verbleibt dem bisherigen Rechtsträger, der nur sein Rechtskleid wechselt (*Schmitt* in SHS § 20 Rn. 198).

Außerhalb des Anwendungsbereichs des § 20 liegt auch der Regelungskomplex des **47** **Tauschgutachtens** (vgl. BFH v. 16.12.1958 – I D 1/57 S, BStBl. III 1959, 30; BMF v. 9.2.1998 BStBl. I 1998, 163). Dieses betrifft nur Anteile, nicht aber Betriebe, Teilbetriebe oder Mitunternehmeranteile. Die Bewertungsfragen im Zusammenhang mit dem Tausch von Anteilen sind nunmehr in § 21 geregelt.

Die der Regelung in § 20 zugrunde liegende Europäisierung der Einbringungsrechte **48** ermöglicht es, auch grenzüberschreitende Einbringungen im EU-/EWR-Bereich zu BW vorzunehmen. Grenzüberschreitende Überführungen von einzelnen oder mehreren WG können auch die Tatbestände der Regelungen in **§§ 4 I 3 EStG, 12 I KStG** erfüllen. Als speziellere Regelung genießt § 20 auch in diesen Fällen Vorrang vor den allgemeinen Regeln der §§ 4 I 3 EStG, 12 I KStG (*Hofmeister* in Blümich § 12 KStG Rn. 25; *Benecke* in D/P/M § 12 KStG Rn. 48).

(einstweilen frei) **49–51**

8. Wirtschaftliche Bedeutung

Die Vorschrift ist von überragender wirtschaftlicher Bedeutung. Ungeachtet der ab- **52** schließenden Aufzählung der persönlichen und sachlichen Zugangsvoraussetzungen in § 1 III und IV (vgl. hierzu Rn. 55 ff.) verfügt § 20 über einen weiten Anwendungsbereich. Vor allem die Erweiterung des sachlichen Anwendungsbereichs durch die Begünstigung von Einbringungen durch Einzelrechtsnachfolge schafft einen umfangreichen Geltungsbereich und verstärkt die große Bedeutung der Vorschrift. Sie ermöglicht ua die steuerlich begünstigte Änderung der Rechtsform eines Unternehmens in Richtung KapGes sowie die Verselbstständigung von Teilbetrieben und kann als Zwischenschritt für weitergehende mehrstufige Umstrukturierungen genutzt werden. Hinzukommt, dass durch die Europäisierung des Einbringungsrechts (vgl. Rn. 13) das Umhängen von Betriebsstätten erleichtert und verbessert wird.

(einstweilen frei) **53, 54**

II. Tatbestandsvoraussetzungen

1. Allgemein

§ 20 UmwStG 1995 legte den Begriff der Einbringung nicht fest. Jede Übertragung von **55** WG des BV im Wege einer Sacheinlage, die rechtliches oder zumindest wirtschaftliches Eigentum verschaffte, kam als Einbringung in Betracht. Auf welche Art der Einbringungsgegenstand übertragen oder überführt wurde, ließ § 20 UmwStG 1995 offen. Die Neuregelung durch das SEStEG geht in diesem Punkt einen anderen Weg. Zwar definiert auch das UmwStG idF des SEStEG den Begriff der Einbringung nicht, sodass wiederum auf die Verschaffung des rechtlichen oder wirtschaftlichen Eigentums abzustellen ist. Für das neue Einbringungsrecht sind indessen die begünstigten Einbringungs-(Übertragungs-)sachverhalte nunmehr in § 1 III abschließend aufgezählt. Mit den in § 1 III geregelten Einbringungssachverhalten formuliert das Gesetz die sachlichen Anwendungsvoraussetzungen für § 20, ohne deren Vorliegen die weiteren Voraussetzungen und Fragen zu dieser Vorschrift nicht mehr zu prüfen sind. Andere als die in § 1 III aufgeführten Übertragungssachverhalte führen zwingend zur Entstrickung. Das SEStEG engt mit der abschließenden Aufzählung der begünstigten Einbringungssachverhalte den Anwendungsbereich des § 20 ein. Der

Anwendungsbereich der Vorschrift bleibt gleichwohl gerade im Hinblick auf die Möglichkeit begünstigter Einzelrechtsnachfolgesachverhalte umfassend. Im Hinblick auf die Definition der Sacheinlage in § 20 (Einbringung von Betrieben, Teilbetrieben oder Mitunternehmeranteilen gegen neue Anteile) sind nur die in § 1 III Nrn. 1, 2 und 4 genannten Übertragungssachverhalte relevant.

56 § 20 UmwStG 1995 kannte auch keine Festlegung für den einbringenden Personenkreis. Als Einbringender konnten deshalb alle natürlichen Personen, PersGes, KapGes und Körperschaften fungieren, die im Inland, der EU oder in Drittstaaten ansässig waren. Aufnehmender Rechtsträger konnte nur eine unbeschränkt stpfl. KapGes oder – unter bestimmten weiteren Voraussetzungen – eine beschränkt stpfl. EU-KapGes sein.

Das Einbringungsrecht des SEStEG geht nun auch in diesem Punkt einen anderen Weg. Es bestimmt den Kreis der als Einbringender und Übernehmer in Betracht kommenden Personen als persönliche Zugangsvoraussetzung abschließend in § 1 IV (vgl. Rn. 263).

57 Zusammenfassend ist eine nach § 20 begünstigte Einbringung nunmehr an das Vorliegen der folgenden Voraussetzungen geknüpft:

- die zu übertragenden WG des BV müssen in ihrer Zusammenfassung einen Betrieb oder Teilbetrieb darstellen oder durch einen Mitunternehmeranteil repräsentiert werden (Rn. 60 ff.);
- der die begünstigten Einbringungsgegenstände Übernehmende muss dem Einbringenden/Übertragenden neue Anteile (Gesellschaftsrechte) gewähren (Rn. 180 ff.);
- die Einbringung/Übertragung der Einbringungsgegenstände muss auf dem durch § 1 III vorgeschriebenen Weg erfolgen (Rn. 220 ff.) und
- es müssen die in § 1 IV 1 Nr. 2 bezeichneten Personen auf der abgegebenen und die in § 1 IV 1 Nr. 1 bezeichneten Personen auf der übernehmenden Seite beteiligt sein (Rn. 263 ff.).

58, 59 *(einstweilen frei)*

2. Sacheinlage: BV-Übergang gegen Anteile, § 20 I

a) Einbringungs-/Einlagegegenstand: Betrieb, Teilbetrieb und Mitunternehmeranteil

60 **aa) Grundsatz.** Nach § 20 I können nur Betriebe, Teilbetriebe und Anteile an Mitunternehmerschaften oder Bruchteile solcher Anteile Einbringungsgegenstand sein. § 20 I begrenzt insoweit den durch § 1 III festgelegten sachlichen Anwendungsbereich der Sacheinlage. Die Übertragung von Einzelwirtschaftsgütern ist daher nicht vom Anwendungsbereich der Sacheinlage umfasst, es sei denn, das WG bildet für sich genommen einen Betrieb oder Teilbetrieb (*Nitzschke* in Blümich § 20 UmwStG Rn. 38; *Patt* in D/P/M § 20 UmwStG Rn. 21). Der Anwendungsbereich des § 20 ist darüber hinaus nicht für die Einbringung von Privatvermögen eröffnet (*Patt* in D/P/M § 20 UmwStG Rn. 21). Ebenso wenig können höchstpersönliche Rechtspositionen im Wege der Sacheinlage übertragen werden (vgl. BFH v. 22.11.2011 – VII R 22/11, BFHE 235, 95).

61 **bb) Betrieb. (1) Begriff.** Der Begriff des Betriebs ist im UmwStG nicht definiert, weshalb die **allgemeinen ertragsteuerlichen Grundsätze** zu §§ 13, 15, 16, 18 EStG herangezogen werden (*Widmann* in W/M § 20 Rn. R 2, 3; *Patt* in D/P/M § 20 UmwStG Rn. 22; *Nitzschke* in Blümich § 20 UmwStG Rn. 39). Dabei sind im Einzelfall die Besonderheiten des UmwStG zu beachten (*Schmitt* in SHS § 20 Rn. 12 f.; *Nitzschke* in Blümich § 20 UmwStG Rn. 39). Ein Betrieb iSd §§ 13, 15, 16, 18 EStG ist eine selbstständig lebensfähige Organisationseinheit, in der eine Tätigkeit entfaltet werden kann, die der Erzielung von Einkünften iSd § 13, § 15 oder § 18 EStG dient (*Wacker* in Schmidt § 15 Rn. 11 ff.; *Schmitt* in SHS § 20 Rn. 14 ff.; *Widmann* in W/M § 20 Rn. R 2, 2 f.). Für Zwecke des § 20 muss der Betrieb zum steuerlichen Übertragungsstichtag (Rn. 575 ff.) noch bestehen und darf insoweit nicht aufgegeben worden sein (ebenso

Nitzschke in Blümich § 20 UmwStG Rn. 41). Von § 20 erfasst sein können neben dem werbenden Betrieb auch verpachtete, ruhende und auslaufende Betriebe sowie Betriebe im Aufbau, sofern die wesentlichen Betriebsgrundlagen bereits vorhanden sind und bei zielgerichteter Weiterführung ein selbstständig lebensfähiger Organismus zu erwarten ist (*Patt* in D/P/M § 20 UmwStG Rn. 25; *Widmann* in W/M § 20 Rn. 7 f.).

(2) Umfang der Einbringung. Der Betrieb im estl Sinne umfasst sämtliche WG und sonstigen Gegenstände einschließlich des Kundenstamms und sonstiger immaterieller Werte (*Wacker* in Schmidt § 16 Rn. 100 ff.). Wie die Betriebsveräußerung iSd § 16 I EStG erfordert auch die Einbringung eines Betriebes iSv § 20 nur, dass sämtliche WG übertragen werden, welche die wesentliche Betriebsgrundlage des einzubringenden Betriebs ausmachen (*Herlinghaus* in R/H/vL § 20 Rn. 25, 37; *Schmitt* in SHS § 20 Rn. 21). Es ist daher nicht erforderlich, dass sämtliche WG, die zum BV des einbringenden Rechtsträgers gehören, auf den übernehmenden Rechtsträger übertragen werden (*Herlinghaus* in R/H/vL § 20 Rn. 37; *Patt* in D/P/M § 20 UmwStG Rn. 40; *Schumacher* DStR 2008, 325/331). Etwas anderes kann jedoch gelten, wenn sich die Sacheinlage nach den Vorschriften eines **anderen EU-Mitgliedstaates** richtet, der die Vorgaben der FusionsRL unverändert in sein nationales Recht übernommen hat. Denn die FusionsRL spricht in Art. 2 Buchst. d FusionsRL von der Einbringung des „Betrieb[s] insgesamt", woraus geschlossen wird, dass die FusionsRL für die Einbringung eines Betriebs verlangt, dass der Einbringende sämtliche Aktiva und Passiva überträgt, die zum Betrieb gehören (dazu und zum Vergleich unterschiedlicher sprachlicher Fassungen der FusionsRL eingehend *Thömmes* in Wassermeyer/Mayer/Rieger FS Widmann, 583/586; *Menner/Broer* DB 2002, 815/817). 62

Bei dem Begriff der **wesentlichen Betriebsgrundlage** handelt sich um ein von der Rspr. (BFH v. 16.2.1996 – I R 183/94, BStBl. II 1996, 342/343) entwickeltes Kriterium, anhand dessen der Umfang der bei der Einbringung eines Betriebs zwingend zu übertragenden WG festgelegt werden soll (*Patt* in D/P/M § 20 UmwStG Rn. 40). Ob ein WG in diesem Sinne wesentlich ist, hängt von seiner Bedeutung für den einzubringenden Betrieb ab. Es werden dabei zwei Betrachtungsweisen unterschieden. Zum einen kann die Bedeutung eines WG quantitativ nach der Höhe der enthaltenen stillen Reserven bestimmt werden (quantitative Betrachtungsweise). Zum anderen kann die Wesentlichkeit eines WG funktional anhand seiner Funktion und Bedeutung im Betriebsablauf festgemacht werden (funktionale Betrachtungsweise). 63

Für Zwecke des § 16 I EStG bestimmt sich die Bedeutung eines WG anhand einer kombinierten **funktional-quantitativen Betrachtungsweise** (vgl. ua BFH v. 2.10.1997 – IV R 84/96, BStBl. II 1998, 104; v. 4.7.2007 – X R 49/06, BStBl. II 2007, 772). Danach gibt es zwei gleichrangige Kriterien für die Bestimmung der wesentlichen Betriebsgrundlagen: Zum einen die funktionale Bedeutung, zum anderen die Höhe der stillen Reserven, die in einem WG ruhen. Ist ein Kriterium erfüllt, zählt das entsprechende WG zu den wesentlichen Betriebsgrundlagen. 64

Obgleich der Betriebsbegriff in Anlehnung an das Ertragsteuerrecht definiert wird, ist aufgrund der Besonderheiten des Umwandlungssteuerrechts eine rein **funktionale Betrachtungsweise** vorzuziehen, welcher sich die Rspr. und nunmehr auch die FinVerw angeschlossen haben (UmwStE Rn. 20.06; BFH v. 16.12.2009 – I R 97/08, BStBl. II 2010, 808; v. 25.11.2009 – I R 72/08, BStBl. II 2010, 471; v. 29.9.2016 – III R 42/13, BStBl. II 2017, 339; aA *Rasche* GmbHR 2012, 149/152). Denn zwischen § 16 EStG und § 20 besteht bereits vom Gesetzeswortlaut her ein Unterschied, der ein vollständiges Gleichsetzen des Begriffs der wesentlichen Betriebsgrundlagen als nicht sinnvoll erscheinen lässt. § 16 EStG regelt ausschließlich die Veräußerung des Betriebs und die Besteuerung des dem Stpfl. hieraus entstehenden Gewinns. § 20 trifft zwar ebenfalls Regelungen zur Besteuerung des Veräußerungsgewinns, doch sind diese bereits nach dem Wortlaut der amtlichen Überschrift sowie systematisch – die Regelungen stehen in den Abs. 3 und 4 – eingebettet in das Gesamtkonzept der Einbringung des gesamten Betriebs. Der Blickwinkel 65 des § 20 ist derjenige der fortdauernden Nutzung des eingebrachten BV. Die Regelungen zur Einbringung verfolgen primär den Zweck, Umstrukturierungen und damit den Fortbestand der durch den eingebrachten (Teil-)Betrieb geschaffenen wirtschaftlichen Grundlagen zu ermöglichen. Insgesamt ist damit die Höhe des Veräußerungsgewinns gegenüber der Verwendbarkeit des eingebrachten BV für die Fortführung des (Teil-)Betriebs von untergeordneter Bedeutung. Es ist daher nicht angebracht, die Wesentlichkeit eines WG nach der Höhe der stillen Reserven zu beurteilen. Auch gesetzessystematisch ist eine einheitliche Auslegung des Begriffs der wesentlichen Betriebsgrundlagen in § 16 EStG und § 20 nicht zwingend: § 20 ist lex specialis zu §§ 16, 34 EStG, weshalb es geboten ist, den Begriff der wesentlichen Betriebsgrundlagen entsprechend dem Sinn und Zweck der Einbringung in § 20 anders auszulegen als in §§ 16, 34 EStG (normspezifische Auslegung, vgl. BFH v. 2.10.1997 – IV R 84/96, BStBl. II 1998, 104 – obiter dictum; v. 4.7.2007 – I R 96/08, BStBl. II 2007, 772). Für Zwecke des § 20 zählt ein WG daher dann als wesentliche Betriebsgrundlage des einzubringenden Betriebs, wenn es für die (Fort-) Führung dieses Betriebs im Konkreten funktional erforderlich ist, weil es zur Erreichung des Betriebszwecks notwendig ist und ein besonderes Gewicht für die Betriebsführung besitzt oder dem Betrieb sein besonderes Gepräge gibt (BFH v. 10.11.2005 – IV R 7/05, BStBl. II 2006, 176; v. 19.12.2007 – I R 111/05, BStBl. II 2008, 536; v. 7.4.2010 – I R 96/08, BStBl. II 2011, 467; *Schmitt* in SHS § 20 Rn. 24; *Goebel/Boller/Ungemach* IStR 2008, 643/645). Das WG muss also zu den unverzichtbaren Betriebsgrundlagen des Betriebes gehören.

66 **(3) Zurückbehaltung von Betriebsgrundlagen.** Werden WG in einem zeitlichen und wirtschaftlichen Zusammenhang mit der Einbringung eines Betriebes zurückbehalten, die zu den **wesentlichen Betriebsgrundlagen** zählen, sind die Anwendungsvoraussetzungen des § 20 nicht erfüllt, es sei denn, die übertragenen WG sind für sich genommen als Teilbetrieb zu qualifizieren (s. Rn. 90 ff.) oder es handelt sich dabei um einen Mitunternehmeranteil (s. Rn. 120 ff.). Nicht ausreichend ist es, wenn einzelne WG nicht übertragen werden, sondern der übernehmende Rechtsträger insoweit nur ein obligatorisches Nutzungsrecht erhält (vgl BFH v. 29.11.2017 – I R 7/16, BFH/NV 2018, 810; s. Anm. *v. Wacker* DStR 2018, 1019; *Trossen* Ubg 2018, 358; *Wendt* FR 2018, 513; *Strahl* NWB 2018, 2172). Fehlt es an einem solchen Teilbetrieb oder Mitunternehmeranteil, liegt entsprechend den allgemeinen ertragsteuerlichen Grundsätzen eine Veräußerung jedes einzelnen „eingebrachten" WG vor (vgl. auch BFH v. 9.11.2011 – X R 60/09, BStBl. II 2012, 638 zu § 24). Da der übertragende Rechtsträger im Gegenzug Anteile an der übernehmenden Gesellschaft erhält, handelt es sich um ein Tauschgeschäft, das steuerlich wie ein Veräußerungsvorgang behandelt wird (vgl. Rn. 8). Auf der Ebene des einbringenden Rechtsträgers ist der Gewinn aus diesem tauschähnlichen Veräußerungsvorgang steuerlich nicht begünstigt. Sofern die zurückbehaltenen WG nicht im BV des einbringenden Rechtsträgers verbleiben, liegt zudem eine Privatentnahme durch den Einbringenden vor. Diese Entnahme ist gemäß § 6 I Nr. 4 EStG grds mit dem Teilwert zu bewerten und führt insoweit zur Realisierung der in den zurückbehaltenen WG enthaltenen stillen Reserven (UmwStE Rn. 20.08). Auf Ebene der übernehmenden Gesellschaft sind die übertragenen WG grds mit dem gemeinen Wert der hingegebenen Anteile anzusetzen (§ 6 IV 1 EStG).

67 Auf die steuerlichen Folgen der Einbringung (Steuerneutralität) hat die Zurückbehaltung **unwesentlicher Betriebsgrundlagen** keinen Einfluss. Für die steuerliche Behandlung der zurückbehaltenen WG selbst ist allerdings von Bedeutung, ob sie nach erfolgter Einbringung noch zu einem BV gehören. Geht die Zugehörigkeit zum BV verloren, so gelten die allgemeinen Grundsätze mit der Folge, dass der Vorgang der Zurückbehaltung als Entnahme zu werten ist und die in den zurückbehaltenen WG ruhenden stillen Reserven aufzudecken sind (UmwStE Rn. 20.08).

Obwohl die zurückbehaltenen WG gerade nicht iSd § 20 I eingebracht werden, finden auf den zu versteuernden Entnahmegewinn über § 20 IV die Steuervergünstigungen der

§§ 16 IV, 34 I, III EStG Anwendung, sofern Einbringender eine natürliche Person ist: § 20 IV verweist auf §§ 16, 34 EStG für solche Gewinne, die „bei" der Sacheinlage entstanden sind. Dass der Gesetzgeber „bei" der Sacheinlage statt „durch" die Sacheinlage formuliert hat, ist dahingehend auszulegen, dass die Vergünstigungen auch dann anwendbar sein können, wenn unwesentliche Betriebsgrundlagen zurückbehalten wurden und daher als entnommen anzusehen sind. Voraussetzung dessen ist, dass der Entnahmegewinn zeitlich mit der Veräußerung zusammenhängt und wirtschaftlich durch sie bedingt ist (BFH v. 25.9.1991 – I R 184/87, BStBl. II 1992, 406/407). Zudem muss gemäß § 20 IV 1 das übertragene BV seitens der übernehmenden Gesellschaft mit dem gemeinen Wert angesetzt werden. Als Entnahmezeitpunkt gilt der Einbringungszeitpunkt nach § 20 VI (UmwStE Rn. 20.08).

Bei KapGes als einbringende Gesellschaft führt die bloße Zurückbehaltung unwesentlicher WG niemals zu einer Entnahme, da KapGes kein Privatvermögen, sondern ausschließlich BV haben (BFH v. 4.12.1996 – I R 54/95, BFHE 182, 123; v. 22.8.2007 – I R 32/06, BStBl. II 2007, 961). Das WG bleibt in diesem Fall BV und die enthaltenen stillen Reserven werden nicht realisiert.

(4) Zeitliche Anforderungen und Blickwinkel. Der Tatbestand des § 20 sieht keine 68
bestimmte Verweildauer der eingebrachten WG im BV der übernehmenden Gesellschaft vor. Insoweit hat eine (ggf. unmittelbar) **nach** der Einbringung erfolgende Veräußerung des Betriebs oder Teile davon keine Auswirkungen auf die nach § 20 steuerbegünstigte Sacheinlage.

Im Unterschied dazu ist nach Ansicht der FinVerw anhand der sog. Gesamtplanrecht- 69
sprechung zu prüfen, ob der Tatbestand des § 20 noch erfüllt ist, wenn im zeitlichen und wirtschaftlichen Zusammenhang mit der Einbringung WG, die zu den wesentlichen Betriebsgrundlagen gehört haben, in ein anderes BV überführt worden sind (UmwStE Rn. 20.07). Dieses hatte bisher bereits zur Folge, dass der Tatbestand der Sacheinlage regelmäßig als nicht erfüllt anzusehen war, wenn zeitnah (dh innerhalb weniger Wochen) **vor** der Einbringung WG, die zu den wesentlichen Betriebsgrundlagen gehört haben, in ein anderes BV überführt worden sind. Diese Rechtsfolge ist aber weder nach dem Wortlaut noch nach dem Sinn und Zweck des § 20 oder unter Missbrauchsgesichtspunkten (§ 42 AO) geboten (so auch *Herlinghaus* in R/H/vL § 20 Rn. 42b; *ders.* FR 2014, 441/452; *Schulze zur Wiesche* DStR 2015, 1161/1165). § 20 verfolgt nicht den gleichen Zweck wie §§ 16, 34 EStG. Während den letztgenannten Vorschriften die Überlegung zugrunde liegt, die zusammengeballte Realisierung der stillen Reserven zu begünstigen, soll § 20 einen Anreiz bieten, einen Betrieb nicht aufzugeben, sondern ihn nach erfolgter Umstrukturierung fortzuführen. Diesem Zweck kann eine Übertragung von WG auch dann noch dienen, wenn kurz zuvor wesentliche WG in ein anderes BV überführt worden sind. Dieser Ansicht hat sich der BFH zum einen im Fall einer vorausgegangenen BW-Übertragung iSd § 6 V 3 EStG angeschlossen, sofern die vorausgegangene Auslagerung des WG auf Dauer erfolgt und deshalb andere wirtschaftliche Folgen ausgelöst werden als bei Einbeziehung des WG in den Einbringungsvorgang (BFH v. 25.11.2009 – I R 72/08, BStBl. II 2010, 471). Zum anderen hat der BFH im Rahmen des § 24 die Rechtsfigur des schädlichen Gesamtplans auch für den Fall abgelehnt, dass ein zuvor wesentliches WG vor der Einbringung des Gesamtbetriebs zum Verkehrswert, dh unter Aufdeckung sämtlicher stiller Reserven, an die Ehefrau veräußert wird (BFH v. 9.11.2011 – X R 60/09, BStBl. II 2012, 638). Denn gerade die Aufdeckung der stillen Reserven lässt auf wirtschaftliche Gründe schließen, die der Annahme eines missbräuchlichen Gesamtplans entgegenstehen. Ausführlich zur Thematik „Ausgliederung vor Einbringung" und zur Gesamtplanrechtsprechung s. Rn. 165.

Zudem ist es für die Anwendbarkeit des § 20 unerheblich, ob der eingebrachte Betrieb tatsächlich auch von der übernehmenden Gesellschaft fortgeführt wird (so auch *Schmitt* in SHS § 20 Rn. 17; *Patt* in D/P/M § 20 UmwStG Rn. 67).

70 Nach Ansicht der FinVerw ist letztendlich nur entscheidend, dass zum **steuerlichen Übertragungszeitpunkt** aus **Sicht des Einbringenden** ein qualifizierter Einlagegegenstand in die übernehmende Gesellschaft eingebracht wird (UmwStE Rn. 20.14). Diese Abkehr von ihrer bisherigen Auffassung, wonach auf den Abschluss des Umwandlungsbeschlusses bzw. Einbringungsvertrags als maßgeblichen Zeitpunkt abzustellen sei (vgl. UmwStE 1998 Rn. 20.19), wird von der Lit. zutr. kritisiert. So wird das Abstellen auf den steuerlichen Übertragungszeitpunkt in der Praxis zu erheblichen Verschärfungen führen. Insbesondere könnte ein „faktisches Rückwirkungsverbot" die Folge sein (*Köhler* DB 2012, M1; ähnlich äußern sich auch *Schell/Krohn* DB 2012, 1119/1121), da das Abstellen auf den steuerlichen Übertragungszeitpunkt bedeutet, dass für den Fall der nach § 20 VI vorgesehenen Rückbeziehung des Übertragungsstichtags bereits im rückbezogenen Zeitpunkt alle Voraussetzungen gegeben sein müssen. Umgekehrt könnte die FinVerw nunmehr so verstanden werden, dass der qualifizierte Einlagegegenstand zwar zum steuerlichen Übertragungszeitpunkt aber nicht (mehr) im Zeitpunkt des Vertragsschlusses vorliegen muss (*Rode/Teufel* in Schneider/Ruoff/Sistermann UmwSt-Erlass 2011 Rn. 20.26 mit Verweis auf *Benz/Rosenberg* DB 2011, 1354/1357). Ob die geänderte Verwaltungsauffassung vom Wortlaut und Systematik des § 20 gedeckt ist, erscheint daher fraglich (so auch *Stangl/Grundke* DB 2010, 1851/1852 f.; *Rode/Teufel* in Schneider/Ruoff/Sistermann UmwSt-Erlass 2011 Rn. 20.26; *Kessler/Philipp* DStR 2011, 1065/1066 f.; *Hötzel/Kaeser* in FGS/BDI UmwStE 2011, 338; *Herlinghaus* FR 2014, 441/451). Die FinVerw vermischt die Tatbestandsvoraussetzungen des § 20 mit den Rechtsfolgen (*Stangl/Grundke* DB 2010, 1851/1852; *Hötzel/Kaeser* in FGS/BDI UmwStE 2011, 338; *Rode/Teufel* in Schneider/Ruoff/Sistermann UmwSt-Erlass 2011 Rn. 20.26). Denn die nach § 20 VI mögliche Rückbeziehung des steuerlichen Übertragungsstichtags betrifft ausschließlich die Rechtsfolgen einer Sacheinlage (s. Rn. 585). Auf die Tatbestandsvoraussetzungen des § 20 I und damit das Vorliegen eines qualifizierten Einlagegegenstands selbst hat die Vorverlegung des steuerlichen Übertragungsstichtags keine Auswirkungen (*Kessler/Philipp* DStR 2011, 1065/1066; *Patt* in D/P/M § 20 UmwStG Rn. 303; auch *Stangl/Grundke* DB 2010, 1851/1853; *Herlinghaus* FR 2014, 441/451). Sie knüpft vielmehr an deren Vorliegen an (§ 20 VI 1: „in den Fällen der Sacheinlage", § 20 VI 2: „im Wege der Sacheinlage").

Der BFH sieht zumindest im Hinblick auf die Rechtslage vor dem SEStEG den Zeitpunkt der tatsächlichen Einbringung als maßgebenden Zeitpunkt für die Beurteilung der Eigenschaft eines WG als wesentliche Betriebsgrundlage (BFH v. 16.12.2009 – I R 97/08, BStBl. II 2010, 808; v. 9.11.2011 – X R 60/09, BFH/NV 2012, 902; v. 29.11.2017 – I R 7/16, BFH/NV 2018, 810).

71 **(5) Einzelfälle.** Materielle WG des **Anlagevermögens** bilden insbesondere dann eine wesentliche Betriebsgrundlage, wenn die übernehmende Gesellschaft den Betrieb nur unter Nutzung dieses Anlagegutes als intakte Wirtschafts- und Organisationseinheit erhalten, der Betrieb ohne die Übertragung dieses WG mithin nicht in seiner bisherigen Form weitergeführt werden kann (vgl. BFH v. 24.8.1989 – IV R 135/86, BStBl. II 1989, 1014). Nicht zu den wesentlichen Betriebsgrundlagen zählen solche WG, die entweder nicht betrieblich genutzt werden oder solche, die zwar betrieblich genutzt werden, aber leicht durch marktübliche Gegenstände ersetzt werden können (BFH v. 11.10.2007 – X R 39/04, BStBl. II 2008, 220; v. 18.8.2009 – X R 20/06, BStBl. II 2010, 222).

72 WG des **Umlaufvermögens** wie liquide Mittel, Wertpapiere und Forderungen stellen grds keine wesentlichen Betriebsgrundlagen dar (BFH v. 11.10.2007 – X R 39/04, BStBl. II 2008, 220; v. 18.8.2009 – X R 20/06, BStBl. II 2010, 222). Dies hat der BFH im Rahmen des § 24 so nun auch ausdrücklich für Honorarforderungen eines Steuerberaters, die bei einer Einbringung der Steuerberatungspraxis zurückbehalten werden, entschieden (BFH v. 4.12.2012 – VIII R 41/09, BFH/NV 2013, 650). Im Unterschied dazu hat der BFH im Rahmen des § 16 EStG bspw. den Warenbestand eines Einzelhandelsgeschäfts ausnahmsweise als wesentliche Betriebsgrundlage anerkannt (BFH v. 29.11.1988 – VIII R

316/82, BStBl. II 1989, 602; aA BFH v. 19.3.2009 – IV R 45/06, BStBl. II 2009, 902 mwN).

Immaterielle WG können wesentliche Betriebsgrundlagen eines Betriebes sein, sofern sie nach der Art des Betriebes und ihrer Funktion im Betrieb für diesen wesentlich sind (BFH v. 16.12.2009 – I R 97/08, BStBl. II 2010, 808). Dabei sind nach stRspr insbesondere auch die durch das immaterielle WG erwirtschafteten Umsätze von Bedeutung (BFH v. 20.7.2005 – X R 22/02, BStBl. II 2006, 457 mwN). Die Wesentlichkeit bestimmt sich unabhängig von der Bilanzierungsfähigkeit des immateriellen WG (BFH v. 16.12.2004 – IV R 3/03, BFH/NV 2005, 879; v. 16.12.2009 – I R 97/08, BStBl. II 2010, 808). Insoweit können zu den funktional wesentlichen Betriebsgrundlagen auch bisher nicht bilanzierte WG gehören, zB selbst geschaffene immaterielle Anlagegüter (*Hötzel/Kaeser* in FGS/BDI UmwStE 2011, 331). Hier müsste mit Auffangklauseln („Alle funktional wesentlichen WG gehen über.") der Gefahr vorgebeugt werden, die Voraussetzungen des § 20 nicht zu erfüllen (*Strahl* in Carlé/Korn/Stahl/Strahl Umwandlungen Rn. 139; *Hötzel/Kaeser* in FGS/BDI UmwStE 2011, 331). 73

Auch **Anteile an KapGes,** die zum einzubringenden BV gehören, können funktional wesentliche Betriebsgrundlagen sein, wenn die Beteiligungen wesentliches wirtschaftliches Gewicht für die Betriebsführung besitzen (vgl. UmwStE Rn. 20.06). Die Einbringung eines Betriebs einschließlich der dazugehörenden Anteile an einer KapGes ist als einheitlicher Einbringungsvorgang insgesamt nach § 20 zu beurteilen, zumindest soweit es sich nicht um mehrheitsvermittelnde oder -verstärkende Anteile handelt. § 21 ist in diesen Fällen nicht einschlägig. Vielmehr erfasst die Regelung des § 21 I 2 insoweit lediglich die isolierte Einbringung der Beteiligung an einer KapGes (*Patt* in D/P/M § 20 UmwStG Rn. 31 f.). Zum Verhältnis von § 21 zum § 20 insbesondere in den Fällen von mehrheitsvermittelnden oder -verstärkenden Anteilen s. ausführlich § 21 Rn. 5 ff. 74

Verbindlichkeiten gehören regelmäßig nicht zu den wesentlichen Betriebsgrundlagen, da sie keine Betriebsmittel sind, sondern allein der Finanzierung des Betriebs dienen (*Herlinghaus* in R/H/vL § 20 Rn. 46; *Schmitt* in SHS § 20 Rn. 38). Etwas anderes gilt für die Verbindlichkeiten von Kreditinstituten gegenüber deren Kunden, da die Begründung der Verbindlichkeit in solchen Fällen einem eigenständigen unternehmerischen Zweck dient; Gleiches kann für Rückstellungen gegenüber ausgeschiedenen Arbeitnehmern gelten (*Widmann* in W/M § 20 Rn. R 2, 56). 75

Ist ein WG **an einen Dritten vermietet,** gehört nicht dieses, sondern allenfalls der Mietvertrag zu den wesentlichen Betriebsgrundlagen. Hat der einbringende Rechtsträger ein WG, das zu den wesentlichen Betriebsgrundlagen zählt, seinerseits nur **von einem Dritten gemietet oder gepachtet,** ist die vertragliche Überlassung zur Nutzung auch für die Übernehmerin ausreichend. Es ist jedoch nicht erforderlich, dass die übernehmende Gesellschaft das Miet- oder Pachtverhältnis nach der Einbringung fortsetzt (*Schmitt* in SHS § 20 Rn. 23; *Widmann* in W/M § 20 Rn. 9). 76

BV, das nicht im EU-/EWR-Gebiet belegen ist, kann bei Vorliegen der übrigen Voraussetzungen der §§ 1, 20 ebenfalls Gegenstand der Sacheinlage sein (*Heß/Schnitger* in PwC, S 1533; *Benz/Rosenberg* BB-Special 8/2006, 51/53). Die Beschränkungen hinsichtlich des räumlichen Anwendungsbereichs der Sacheinlage beziehen sich nur auf die beteiligten Rechtsträger, nicht hingegen auf den Gegenstand der Sacheinlage. Die Einbringung von außerhalb der EU/des EWR belegenem BV kann allerdings zur Folge haben, dass das eingebrachte BV nach § 20 II 2 Nr. 3 mit dem gemeinen Wert anzusetzen ist. Vgl. dazu im Einzelnen Rn. 348 f. 77

Auch **WG, die mehreren Tätigkeiten dienen** und daher nicht einem Betrieb ausschließlich zuzuordnen sind, sind für Zwecke des § 20 (ggf. anteilig) auf die übernehmende Gesellschaft zu übertragen, sofern die WG für den einzubringenden Betrieb wesentliche Betriebsgrundlagen darstellen. Dient ein WG sowohl betrieblichen als auch privaten Zwecken (gemischt genutzte WG), ist es für jede Nutzungsart als eigenständiges WG anzusehen und nur der Anteil der betrieblichen Nutzung isoliert einer funktionalen Betrachtung zu 78 unterziehen (vgl. BFH v. 26.5.1982 – I R 180/80, BStBl. II 1982, 695/696; v. 16.10.2000 – VIII B 18/99, BFH/NV 2001, 438). In einem vom BFH entschiedenen Fall, in dem ein gemischt genutztes Grundstück über einen Zeitraum von vier Jahren hinweg nicht für Zwecke des Betriebs genutzt worden ist, hat das Gericht aus der (fehlenden) tatsächlichen Nutzung auf die Unwesentlichkeit des WG für den Betrieb geschlossen (BFH v. 1.10.1986 – I R 96/83, BStBl. II 1987, 113/115 f.).

Für die Aufteilung von WG, die mehreren Tätigkeiten zuzuordnen sind, kommen folgende Gestaltungsmöglichkeiten in Betracht:

- **Realteilung, Parzellierung**
  Sofern das einzubringende WG real teilbar ist, kann der entsprechende Teil Gegenstand der Sacheinlage sein. Die Realteilung kommt insbesondere bei Grundstücken in Betracht, bspw. wenn der einzubringende Betrieb sich nur auf einem Teil des Grundstücks befindet. In diesem Fall kann das Grundstück real geteilt und das neue Teilgrundstück eingebracht werden. Bei Gebäuden, die nicht nur dem einzubringenden Betrieb dienen, kann ein ggf. bestehendes Teileigentum an den für den Betrieb funktional wesentlichen Gewerberäumen iSv § 1 III WEG übertragen bzw. der übernehmenden Gesellschaft eingeräumt werden.
  In Übereinstimmung mit den allgemeinen Grundsätzen des Steuerrechts ist die Übertragung des wirtschaftlichen Eigentums (§ 39 II Nr. 1 S 1 AO) auf die übernehmende Gesellschaft für die Zwecke des § 20 ausreichend. Vgl. im Einzelnen dazu Rn. 221 f.
- **Schaffung ideellen Eigentums an dem einzubringenden WG**
  Umstritten ist, ob neben der Realteilung die Schaffung ideellen Eigentums mit anschließender Übertragung des so entstandenen Bruchteilseigentums zulässig ist. Für den Fall der Spaltung wird dies grds abgelehnt und lediglich im Einzelfall aus Billigkeitsgründen zugelassen (UmwStE Rn. 15.08; vgl. dazu auch *Menner/Broer* DB 2003, 1075/1076). Diese Auffassung gründet sich insbesondere auf der Regelung des § 15 I 2, wonach auf die übernehmenden Rechtsträger ein Teilbetrieb übertragen werden und – im Falle der Abspaltung oder Teilübertragung – bei dem übertragenden Rechtsträger ein Teilbetrieb verbleiben muss. Für die Sacheinlage hingegen fehlen vergleichbare gesetzliche Regelungen. So verlangt § 20 gerade nicht, dass das beim übertragenden Rechtsträger verbleibende Vermögen selbst als Teilbetrieb qualifizieren muss. Angesichts der insofern unterschiedlichen Rechtslage sollten die entsprechenden Ausführungen des BMF zur Spaltung (UmwStE Rn. 15.08) nicht auf die Sacheinlage übertragbar sein (so auch *Dötsch/van Lishaut/Wochinger* DB 1998 Beilage 7/98 zu Heft 24, 41; *Reiche* DStR 2006, 1205/1207; *Dietrich* in Lüdicke/Sistermann § 11 Rn. 406 sowie UmwStE Rn. 20.06, wonach nur Rn. 15.03 und 15.07 entsprechend anwendbar sind) mit der Folge, dass die Übertragung von Bruchteilseigentum für Zwecke der Sacheinlage ausreichend ist.
- **Volle Übertragung**
  Sofern gemeinsam genutzte wesentliche Betriebsgrundlagen auf die übernehmende Gesellschaft übertragen werden, ist es unschädlich, wenn die Betriebsgrundlagen auch durch den einbringenden Rechtsträger weiterhin genutzt werden (*Reiche* DStR 2006, 1205/1207). Eine steuerneutrale Einbringung ist nur dann nicht zulässig, wenn beide Rechtsträger die wesentlichen Betriebsgrundlagen gemeinsam nutzen, die übernehmende Gesellschaft aber nicht zumindest das wirtschaftliche Eigentum hieran hat (*Reiche* in DStR 2006, 1205/1207).
- **Einräumung eines Nutzungsrechts zugunsten des übernehmenden Rechtsträgers**
  Wird ein Betrieb im Ganzen eingebracht, muss der übernehmenden Gesellschaft zumindest das wirtschaftliche Eigentum an allen wesentlichen Betriebsgrundlagen übertragen werden (Rn. 62 ff.). Die nutzungsweise Überlassung allein ist – anders als bei der Einbringung eines Teilbetriebs – nicht ausreichend (s. Rn. 227 f.).

Eine **Betriebsaufspaltung** ist gegeben, wenn ein Unternehmen in ein Besitzunternehmen und ein Betriebsunternehmen aufgeteilt wird mit der Folge, dass das Besitzunternehmen das Anlagevermögen und das Betriebsunternehmen das Umlaufvermögen hält. Bei dem Besitzunternehmen handelt es sich oftmals um ein Einzelunternehmen oder eine Mitunternehmerschaft, während das Betriebsunternehmen idR in der Rechtsform der KapGes organisiert ist (vgl. *Haritz* BB 2001, 861). Die Tätigkeit des Besitzunternehmens beschränkt sich darauf, die wesentlichen Betriebsgrundlagen, die das Betriebsunternehmen für die Führung seines Betriebs braucht, an das Betriebsunternehmen zu vermieten oder zu verpachten (BFH v. 24.2.2000 – IV R 62/98, BStBl. II 2000, 417; *Wacker* in Schmidt § 15 Rn. 800). Aufgrund der persönlichen und sachlichen Verflechtung beider Unternehmen (wirtschaftliche Einheit) wird die Tätigkeit des Besitzunternehmens nicht als reine Vermögensverwaltung, sondern als gewerbliche Tätigkeit iSv §§ 15 I 1 Nr. 1, II EStG qualifiziert (BFH v. 24.2.2000 – IV R 62/98, BStBl. II 2000, 417; *Wacker* in Schmidt § 15 Rn. 800; *Patt* in D/P/M § 20 UmwStG Rn. 69; zur Betriebsaufspaltung über die Grenze *Ruf* IStR 2006, 232). 79

Das Besitzunternehmen ist daher ein Gewerbebetrieb, der Gegenstand einer Sacheinlage nach § 20 sein kann. Zu den einzubringenden funktional wesentlichen Betriebsgrundlagen des Besitzunternehmens gehören insbesondere sämtliche WG, die die Grundlage der personellen und sachlichen Verflechtung des Besitzunternehmens mit dem Betriebsunternehmen bilden (*Patt* in D/P/M § 20 UmwStG Rn. 70). Die Anteile am Betriebsunternehmen gehören zum (Sonder-)BV des Besitzunternehmens. Wird das Besitzunternehmen in das Betriebsunternehmen eingebracht, dürfen diese Anteile nach Auffassung der FinVerw aus Gründen der Vereinfachung zurückbehalten werden, ohne dass dies als Entnahme zu werten ist (vgl. allgemein zu dieser Billigkeitsregelung UmwStE Rn. 20.09; so im Ergebnis auch FG Nürnberg v. 27.10.2016 – 4 K 729/15, Jurion RS 2016, 34068). Handelt es sich bei der übernehmenden Gesellschaft nicht um das Betriebsunternehmen sondern um eine andere Gesellschaft, müssen die Anteile am Betriebsunternehmen zwingend mit übertragen werden, denn sie stellen funktional wesentliche Betriebsgrundlagen des Besitzunternehmens dar, indem sie die personelle Verflechtung mit dem Betriebsunternehmen herstellen (*Patt* in D/P/M § 20 UmwStG Rn. 72).

Die sachliche und personelle Verflechtung zwischen dem Besitz- und dem Betriebsunternehmen muss im Einbringungszeitpunkt (§§ 20 V, VI) bestehen. Sobald Entflechtung eintritt, übt das Besitzunternehmen keine gewerbliche sondern nur noch eine vermögensverwaltende Tätigkeit aus (BFH v. 24.10.2000 – VIII R 25/98, BStBl. II 2001, 321; *Patt* in D/P/M § 20 UmwStG Rn. 70). Damit qualifiziert das Besitzunternehmen ab diesem Zeitpunkt nicht mehr als Betrieb iSv § 20 (zu den Voraussetzungen s. Rn. 61), sodass es an einem tauglichen Einbringungsgegenstand fehlt.

Unabhängig davon, ob die **Mitunternehmerschaft/PersGes** selbst oder deren Gesellschafter als Einbringende anzusehen sind (vgl. Rn. 273 ff.), bestimmt sich nach den allgemeinen Kriterien, ob ein (Teil-)Betrieb oder Mitunternehmeranteil auf die übernehmende Gesellschaft übertragen wird (UmwStE Rn. 20.05; *Mutscher* in F/M § 20 Rn. 78; *Patt* in D/P/M § 20 UmwStG Rn. 39; aA *Hötzel/Kaeser* in FGS/BDI UmwStE 2011, S 323, die den Einbringungsgegenstand (Betrieb oder (Gesamtheit der) Mitunternehmeranteile) anhand der Person des Einbringenden bestimmen). Insoweit ist die Betriebseinbringung, dh die im zeitlichen und sachlichen Zusammengang erfolgende Übertragung aller wesentlichen WG der PersGes, abzugrenzen von der Einbringung sämtlicher Mitunternehmeranteile wie zB im Rahmen des Formwechsels (§ 25) und bei der erweiterten Anwachsung (s. Rn. 242 ff.; *Patt* in D/P/M § 20 UmwStG Rn. 39). Das BV einer PersGes besteht steuerlich aus Gesamthands- und SonderBV (s. *Bode* in Blümich § 15 EStG Rn. 444; *Kamphaus/Birnbaum* Ubg 2012, 293/297). Befinden sich WG, die zu den wesentlichen Betriebsgrundlagen einer Mitunternehmerschaft gehören, im **SonderBV** eines Mitunternehmers, müssen daher auch diese in die übernehmende Gesellschaft eingebracht werden (UmwStE Rn. 20.06; *Patt* in D/P/M § 20 UmwStG Rn. 164; *Herlinghaus* 80 in R/H/vL § 20 Rn. 48; *Kamphaus/Birnbaum* Ubg 2012, 293/297; *Schmitt/Schloßmacher* UmwStE 2011, S 240; *Schulze zur Wiesche* DStZ 2012, 232/237 Beispiel 1; kritisch *Nitzschke* DStR 2011, 1068 ff.; *Blumers* BB 2011, 2204/2208).

Ausführlich zur Frage der Einbringung von SonderBV s. Rn. 150 ff.

81 Ein im BV enthaltener **Mitunternehmeranteil** stellt selbst keine wesentliche Betriebsgrundlage eines einzubringenden Betriebs dar (*Schumacher* DStR 2010, 1606). Vielmehr ist der Mitunternehmeranteil gemäß § 20 I ein eigener Einbringungsgegenstand. Infolgedessen sind bei Einbringung eines Betriebs, in dessen BV sich ein Mitunternehmeranteil befindet, die Einbringung des Betriebes und die des Mitunternehmeranteils nach Auffassung der FinVerw als gesonderte Einbringungsvorgänge zu behandeln (UmwStE Rn. 20.12). Im Einzelnen zur Einbringung eines Mitunternehmeranteils Rn. 120 ff.

82–89 *(einstweilen frei)*

90 **cc) Teilbetrieb. (1) Begriff.** Das UmwStG definiert den Begriff des Teilbetriebs selbst nicht. Eine Legaldefinition des Teilbetriebsbegriffs lässt sich jedoch in Art. 2 Buchst. j FusionsRL finden. Danach ist unter einem Teilbetrieb die Gesamtheit der in einem Unternehmensteil einer Gesellschaft vorhandenen aktiven und passiven WG zu verstehen, die in organisatorischer Hinsicht einen selbstständigen Betrieb, dh eine aus eigenen Mitteln funktionsfähige Einheit, darstellen **(europäischer Teilbetriebsbegriff).** Ob ein Betriebsteil selbstständig funktionsfähig iSv Art. 2 Buchst. j FusionsRL ist, beurteilt sich nach Auffassung des EuGH primär nach funktionalen Gesichtspunkten. Danach ist es entscheidend, ob die zu übertragende Einheit als selbstständiges Unternehmen funktionsfähig ist, ohne dass es zusätzlicher Investitionen oder Einbringungen bedarf (EuGH v. 15.1.2002 – C-43/00, EuZW 2002, 184/186 Rn. 35 – Andersen). Die Funktionsfähigkeit muss in technischer, kaufmännischer und finanzieller Hinsicht gegeben sein, wobei den finanziellen Kriterien nach Ansicht des EuGH lediglich eine nachrangige Bedeutung zukommt (vgl. EuGH v. 15.1.2002 – C-43/00, EuZW 2002, 184/186 Rn. 35 – Andersen). Insoweit soll die finanzielle Selbstständigkeit im Allgemeinen nicht bereits dann zu verneinen sein, wenn die übertragende Gesellschaft zu marktüblichen Bedingungen ein Darlehen aufnimmt, das dem Teilbetrieb zuzuordnen ist. Etwas anderes ergibt sich jedoch, wenn infolge der von der übernehmenden Gesellschaft zu leistenden Zins- und Tilgungsraten das Überleben des Betriebsteils gerade nicht gesichert ist (EuGH v. 15.1.2002 – C-43/00, EuZW 2002, 184/186 Rn. 36 – Andersen; *Menner/Broer* BB 2002, 815/816 f.; *Weier* DStR 2008, 1002/1004).

91 Ob dieses europäische Begriffsverständnis im Rahmen des deutschen Umwandlungssteuerrechts Anwendung findet, ist jedoch umstritten. Die Rspr. legte den Begriff des Teilbetriebs bisher unter Berücksichtigung normspezifischer Besonderheiten des UmwStG in Anlehnung an das Ertragsteuerrecht aus **(nationaler Teilbetriebsbegriff).** Danach ist ein Teilbetrieb ein mit einer gewissen Selbstständigkeit ausgestatteter, organisch geschlossener Teil des Gesamtbetriebs, der allein lebensfähig ist und für sich betrachtet die wesentlichen Merkmale des Betriebs – mit Ausnahme der vollkommen selbstständigen Organisation mit eigener Buchführung – erfüllt (stRspr; vgl. zB BFH v. 4.7.2007 – X R 49/06, BStBl. II 2007, 772). Die erforderliche Selbständigkeit des Teilbetriebs ist dabei gegeben, wenn sich die Tätigkeit dieses Teilbetriebs von der Tätigkeit des übrigen Unternehmens deutlich abhebt (BFH v. 15.3.1984 – IV R 189/81, BStBl. II 1984, 486). In einem neueren Urteil zu § 15 UmwStG 1995 hat der BFH bestätigt, dass er zumindest im Hinblick auf die Rechtslage vor dem SEStEG an diesem nationalen Teilbetriebsbegriff festhält (BFH v. 7.4.2010 – I R 96/08, BStBl. II 2011, 467). Ob dieses auch für Einbringungsfälle nach Einführung des SEStEG gilt, bleibt dagegen abzuwarten.

92 Denn aus der Gesetzesbegründung zum SEStEG ergibt sich, dass der Gesetzgeber mit der Neugestaltung der Einbringungsvorschriften durch das SEStEG gerade die Vorgaben der FusionsRL umsetzen wollte (BT-Drs. 16/2710, 25). Daher wird überwiegend davon ausgegangen, dass der Teilbetriebsbegriff des § 20 nunmehr zumindest für **grenzüber-**

schreitende Einbringungsvorgänge, die in den Anwendungsbereich der FusionsRL (Art. 1 Buchst. a) fallen, europarechtskonform auszulegen ist (so zB *Schmitt* in SHS § 20 Rn. 80; *Thömmes/Schulz/Eismayr/Müller* IWB v. 14.6.2006 Fach 11 Gruppe 2, 747/756; *Patt* Der Konzern 2006, 730/735; *Ruoff/Schönhaus* in Lüdicke/Sistermann § 11 Rn. 210).

Obgleich sich der europäische und der nationale Teilbetriebsbegriff weitgehend entsprechen (so auch BFH v. 7.4.2010 – I R 96/08, BStBl. II 2011, 467), bestehen gleichwohl inhaltliche Unterschiede. So verlangt der Teilbetriebsbegriff der FusionsRL lediglich, dass der Teilbetrieb eigenständig funktionsfähig ist; eine darüber hinausgehende Selbstständigkeit ist – im Gegensatz zum nationalen Teilbetriebsbegriff – nicht erforderlich. Anders als beim nationalen Teilbetriebsbegriff muss sich die Tätigkeit der einzubringenden Einheit somit nicht von derjenigen des übrigen Unternehmens unterscheiden (*Widmann* in W/M § 20 Rn. R 5; *Schmitt* in SHS 4. Aufl. § 23 Rn. 25; *Patt* in D/P/M § 20 UmwStG Rn. 90; *Beutel* in Schneider/Ruoff/Sistermann UmwSt-Erlass 2011 Rn. 15.8.; *Menner/Broer* BB 2003, 229/233; *Weier* DStR 2008, 1002/1005). 93

Zu den Unterschieden im Zusammenhang mit dem Umfang der Einbringung s. unter Rn. 98 ff.

Angesichts der bestehenden Unterschiede ist umstritten, ob der europäische Teilbetriebsbegriff auch auf reine **Inlandssachverhalte** Anwendung finden soll. Teilweise (*Neumann* GmbHR 2012, 141/143; *Schmitt* DStR 2011, 1108/1109 f.; *Schmitt* in SHS § 20 Rn. 81 ff.; *Widmann* in W/M § 20 Rn. R 5) wird zu § 20 vertreten, dass der Teilbetriebsbegriff je nachdem, ob die Sacheinlage im konkreten Fall ein innerstaatlicher oder ein grenzüberschreitender Vorgang ist, nach nationalen oder nach europäischen Kriterien auszulegen sei **(gespaltener Teilbetriebsbegriff).** Sofern ein rein nationaler Sachverhalt von der Umwandlung betroffen sei, sei der nationale Teilbetriebsbegriff anzuwenden. Nur wenn ein grenzüberschreitender Sachverhalt betroffen sei, der in den Anwendungsbereich der FusionsRL falle, sei der Teilbetriebsbegriff des Art. 2 Buchst. c FusionsRL maßgeblich. Der deutsche Gesetzgeber habe mit der Einführung des SEStEG die FusionsRL nur für grenzüberschreitende Umwandlungen im europäischen Raum in das nationale Recht transformieren wollen. Für eine Erstreckung des europäischen Teilbetriebsbegriffs auf rein innerstaatliche Einbringungen gebe es keine Anhaltspunkte. Vielmehr spreche der Wortlaut der Gesetzesbegründung dafür, dass der Teilbetriebsbegriff soweit wie möglich beibehalten werden solle (*Schmitt* in SHS § 20 Rn. 82). Dies wird für den Bereich der Sacheinlage insbesondere aus der Verwendung des Begriffs „wesentliche Betriebsgrundlagen" geschlossen (zB BT-Drs. 16/2710, 42), der ein terminus technicus zur Bestimmung des nationalen (Teil-) Betriebsbegriffs sei. 94

Die Gegenauffassung (*Claß/Weggenmann* BB 2012, 552/554; *Nitzschke* in Blümich § 20 UmwStG Rn. 54; *Schumacher* in R/H/vL § 15 Rn. 125; *Herlinghaus* in R/H/vL § 20 Rn. 59 ff.) geht **zutr.** davon aus, dass der Teilbetriebsbegriff in § 20 einheitlich auszulegen ist **(einheitliche Auslegung).** Dem steht auch die Definition des sachlichen Anwendungsbereichs in Art. 1 Buchst. b FusionsRL nicht entgegen, wonach die FusionsRL für Einbringungen gilt, an denen zwei oder mehr Mitgliedstaaten beteiligt sind. Diese Formulierung spricht nicht gegen die Einbeziehung rein innerstaatlicher Einbringungen in den Anwendungsbereich der FusionsRL: Sofern der nationale Gesetzgeber zur Umsetzung einer RL eine Regelung schafft, die auf grenzüberschreitende und innerstaatliche Sachverhalte gleichermaßen Anwendung findet, ist der EuGH auch in rein nationalen Fällen für die Entscheidung über die Vereinbarkeit der nationalen Vorschrift mit der RL zuständig (EuGH v. 15.1.2002 – C-43/00, EuZW 2002, 184 – Andersen). In der Folge ist die gesamte Vorschrift europarechtskonform auszulegen. Der deutsche Gesetzgeber wollte mit der Neufassung des UmwStG insgesamt eine Ausweitung der Umstrukturierungsmöglichkeiten auf europäische Sachverhalte vornehmen. Dabei hat er nicht zwischen innerstaatlichen und grenzüberschreitenden Sachverhalten unterschieden. Vielmehr wollte er ausweislich der Gesetzesbegründung mit der Neufassung der §§ 20 ff. ein „einheitliches und EU-konformes System für die steuerliche Behandlung von Einbringungsfällen" schaffen 95

(BT-Drs. 16/2710, 42). Auch die Verwendung des Begriffs der wesentlichen Betriebsgrundlagen in der Gesetzesbegründung zu § 20 (BT-Drs. 16/2710, 42) gibt keinen Anhaltspunkt dafür, dass für rein nationale Sachverhalte der von der Rspr. entwickelte nationale Teilbetriebsbegriff beibehalten werden sollte. Denn sogar unter den Vertretern der Auffassung, die eine einheitliche Auslegung des Teilbetriebsbegriffs befürwortet, ist umstritten, ob die wesentlichen Betriebsgrundlagen weiterhin das Kriterium für den Umfang der zu übertragenden Teilbetriebsteile bilden (vgl. zB *Förster* GmbHR 2012, 237/241 einerseits und *Blumers* BB 2008, 2041 andererseits). Vor allem spricht jedoch die Systematik der §§ 20 ff. für die einheitliche Behandlung innerstaatlicher und grenzüberschreitender Sachverhalte. Der Gesetzgeber hat mit dem SEStEG die bis dahin gültige Trennung innerstaatlicher und grenzüberschreitender Sachverhalte (§ 20 UmwStG 1995 und § 23 UmwStG 1995) aufgehoben und die Sacheinlage stattdessen einheitlich in § 20 geregelt. Der Umstand, dass der Gesetzgeber in der Gesetzesbegründung weiterhin Begrifflichkeiten verwendet, die spezifisch für den nationalen Teilbetriebsbegriff sind, ist an dieser Stelle ohne Bedeutung.

Daher ist der Teilbetriebsbegriff des UmwStG sowohl in grenzüberschreitenden als auch in rein nationalen Einbringungsfällen zumindest im Grundsatz in Übereinstimmung mit Art. 2 Buchst. i FusionsRL auszulegen (*Schumacher* in R/H/vL § 15 Rn. 125; *Nitzschke* in Blümich § 20 UmwStG Rn. 54).

96 Allerdings ist umstritten, ob zugunsten des Stpfl. ein **Rückgriff auf den nationalen Teilbetriebsbegriff** zuzulassen ist, soweit dieser im Vergleich zu Art. 2 Buchst. c FusionsRL für den Stpfl. günstiger ist (so *Herlinghaus* in R/H/vL § 20 Rn. 60; *Schumacher* in R/H/vL § 15 Rn. 126; *Schumacher/Bier* in FGS/BDI UmwStE 2011, S 271; aA *Claß/Weggenmann* BB 2012, 552/554; kritisch *Dötsch/Pung* D/P/M § 15 Rn. 67). **Richtigerweise** wird man den Rückgriff auf den nationalen Teilbetriebsbegriff zulassen müssen, in denen hierdurch ein für den Stpfl. günstiges Ergebnis erzielt wird. Dies kann für § 15 aus dem Umstand geschlossen werden, dass der Gesetzgeber zugunsten des Stpfl. die Regelung zum fiktiven Teilbetrieb aufrecht erhalten hat, obwohl mit der Reform des UmwStG die FusionsRL umgesetzt werden sollte (*Schumacher* in R/H/vL § 15 Rn. 126). Zwar enthält § 20 keine entsprechende Regelung. Es gibt jedoch keine Anhaltspunkte dafür, dass der Gesetzgeber in § 15 einen anderen Teilbetriebsbegriff schaffen wollte als für die Sacheinlage nach § 20. Darüber hinaus geht aus der allgemeinen Begründung des SEStEG hervor, dass der Gesetzgeber mit dem SEStEG Umwandlungen erleichtern wollte, indem er steuerliche Hemmnisse für grenzüberschreitende Umwandlungen beseitigen und dadurch einen „Beitrag zur Erhöhung der Attraktivität des Investitionsstandorts Deutschland" leisten wollte (BT-Drs. 16/2710, 25). Das Ziel, das der Gesetzgeber daneben verfolgt hat, nämlich die gleichzeitige Wahrung der Besteuerungsbefugnisse der Bundesrepublik Deutschland (BT-Drs. 16/2710, 25), wird durch den Rückgriff auf den nationalen Teilbetriebsbegriff nicht gefährdet.

97 In Abkehr von dem bisherigen deutschen Verständnis stellt nunmehr auch die FinVerw grds auf den europäischen Teilbetriebsbegriff des Art. 2 Buchst. j FusionsRL ab (UmwStE Rn. 20.06, 15.02). Für Umwandlungsfälle, deren Umwandlungsbeschluss bzw. Einbringungsvertrag bis zum 31.12.2011 geschlossen worden ist, sieht der neue UmwStE jedoch eine Übergangsregelung vor, sofern für diese Fälle das neue Begriffsverständnis eine Verschärfung im Vergleich zum nationalen Teilbetriebsbegriff bedeutet (UmwStE Rn. S. 05).

98 **(2) Umfang der Einbringung.** Der Teilbetrieb muss als Ganzes eingebracht werden. Im Rahmen des **nationalen Teilbetriebsverständnisses** erfordert dies die endgültige Einstellung der Tätigkeit beim Einbringenden und die Übertragung sämtlicher zum Teilbetrieb gehörenden wesentlichen Betriebsgrundlagen auf die übernehmende Gesellschaft (stRspr; vgl. zB BFH v. 7.4.2010 – I R 96/08, BStBl. II 2011, 467 mwN). Die Wesentlichkeit eines WG wird dabei funktional anhand seiner Funktion und Bedeutung im Betriebsablauf festgemacht (stRspr; vgl. zB BFH v. 7.4.2010 – I R 96/08, BStBl. II 2011, 467

mwN). Ausführlich zum Begriff der wesentlichen Betriebsgrundlage und insbesondere zu den Konsequenzen der Zurückbehaltung von Betriebsgrundlagen s. Rn. 62 ff., 66 f.

Im Unterschied dazu kommt es beim **europäischen Teilbetriebsbegriff** gerade nicht auf die Wesentlichkeit der WG an. Vielmehr ist in Übereinstimmung mit der Rspr. des EuGH für die Einbringung eines Teilbetriebs gemäß Art. 2 Buchst. d, j FusionsRL die Übertragung einer Gesamtheit von WG notwendig, was die Einbringung sämtlicher Aktiva und Passiva des zu übertragenden Betriebsteils erfordert (EuGH v. 15.1.2002 – C-43/00, EuZW 2002, 184/185 Rn. 24 – Andersen; vgl. dazu *Menner/Broer* DB 2002, 815/817; *Weier* DStR 2008, 1002). 99

Als Folge ihres geänderten Teilbetriebsverständnisses verlangt die FinVerw für die Einbringung eines Teilbetriebs nunmehr, dass nicht nur alle funktional wesentlichen Betriebsgrundlagen sondern auch die dem Teilbetrieb nach wirtschaftlichen Zusammenhängen zuordenbaren WG übertragen werden (UmwStE Rn. 20.06, 15.02 und 15.07). 100

(3) Blickwinkel und zeitliche Anforderungen. Umstritten ist, aus wessen Sicht die Voraussetzungen für das Vorliegen eines Teilbetriebs zu beurteilen sind. **Zutr.** ist die **Sichtweise des einbringenden Rechtsträgers** maßgeblich. Bei diesem muss das zu übertragende BV als Teilbetrieb zu qualifizieren sein (vgl. UmwStE Rn. 20.06, 15.02; BFH v. 7.4.2010 – I R 96/08, BStBl. II 2011, 467 sowie *Patt* in D/P/M § 20 UmwStG Rn. 92, 102 und 111; *Schmitt* in SHS § 20 Rn. 85; *Herlinghaus* in R/H/vL § 20 Rn. 68; *Thömmes* in Wassermeyer/Mayer/Rieger FS Widmann, S 583/602). Diese Auffassung findet zum einen ihre Stütze im Wortlaut des § 20 I, der den Vorgang der Sacheinlage nicht anhand der Verwendung des Einlagegegenstands definiert, sondern an dem zu übertragenden Gegenstand ansetzt (*Herlinghaus* in R/H/vL § 20 Rn. 68). Zum anderen ergibt sich dieses auch aus dem Wortlaut des Art. 2 Buchst. d FusionsRL, der die Übertragung eines Teilbetriebs aus der Sicht des übertragenden Rechtsträgers formuliert („ihren […] Teilbetrieb […] einbringt"). Ebenso ist auch die Definition des Teilbetriebs in Art. 2 Buchst. j FusionsRL aus der Sicht des einbringenden Rechtsträgers formuliert, da die WG nur bei diesem „vorhanden" sind, während sie durch die übernehmende Gesellschaft erst noch erworben werden. 101

Nach der **Gegenansicht** soll ausschließlich die Sicht des gedachten Erwerbers entscheidend sein (EuGH v. 13.10.1992 – C-50/91, IStR 1993, 70 Rn. 14 – Europartner; *Widmann* in W/M § 20 Rn. R 5; *Blumers* BB 2011, 2204/2005; *Claß/Weggenmann* BB 2012, 552/553; *Weier* DStR 2008, 1002/1004; *Patt* in D/P/M § 20 UmwStG Rn. 112 für forstwirtschaftliche Betriebe). Die Übertragung eines Teilbetriebs ist danach gegeben, wenn der gedachte Erwerber die einzubringende Einheit fortführen kann. *Thömmes* weist in diesem Zusammenhang jedoch mit Recht darauf hin, dass die Gegenansicht in solchen Fällen, in denen die übernehmende Gesellschaft durch die Einbringung erst entstehe, stets ohne Weiteres zu einer Bejahung der Einbringung eines Betriebes kommen müsse, da das eingebrachte BV in diesen Fällen notwendig das gesamte BV der aufnehmenden Gesellschaft darstelle (*Thömmes* in Wassermeyer/Mayer/Rieger FS Widmann, S 583/602). 102

Für Zwecke des § 20 genügt es, wenn die Teilbetriebe erst kurz **vor** der Einbringung gebildet werden (so auch *Nitzschke* in Blümich § 20 UmwStG Rn. 55; *Patt* in D/P/M § 20 UmwStG Rn. 113). Entgegen der Ansicht der FinVerw (UmwStE Rn. 20.07) kann der Tatbestand der Sacheinlage iSd § 20 auch erfüllt sein, wenn wesentliche WG zeitnah vor der Einbringung in ein anderes BV überführt werden. Ausführlicher dazu und zu der in diesem Zusammenhang stehenden Gesamtplanrechtsprechung s. Rn. 69, 165. 103

Darüber hinaus existieren keine zeitlichen Anforderungen hinsichtlich des Weiterbestehens des eingebrachten Teilbetriebs **nach** der Durchführung der Sacheinlage. 104

In Abkehr von der bisherigen Praxis ist es nach Auffassung der FinVerw nunmehr nur entscheidend, dass zum **steuerlichen Übertragungszeitpunkt** (s. Rn. 575 ff.) ein qualifizierter Einlagegegenstand in die übernehmende Gesellschaft eingebracht wurde (UmwStE Rn. 20.14, 15.03; zur Kritik an dieser Verwaltungsauffassung s. Rn. 70). Für Umwand- 105 lungsfälle, deren Umwandlungsbeschluss bzw. Einbringungsvertrag bis zum 31.12.2011 geschlossen wurde, sieht der UmwStE in Rn. S. 04 jedoch eine Übergangsregelung vor, sodass in diesen Fällen weiterhin auf den Abschluss des Umwandlungsbeschlusses bzw. Einbringungsvertrags als maßgeblichen Zeitpunkt für die Beurteilung der Teilbetriebseigenschaft abgestellt werden kann. Darüber hinaus räumt die FinVerw folgende Erleichterung ein: So müssen Grundstücke, die von mehreren Teilbetrieben genutzt werden, erst bis zum Zeitpunkt des Umwandlungsbeschlusses bzw. Einbringungsvertrags real oder ideell geteilt sein (UmwStE Rn. 20.06, 15.08) und neutrales Vermögen kann bis zu diesem Zeitpunkt noch den jeweiligen Teilbetrieben zugeordnet werden (UmwStE Rn. 20.06, 15.09). Ändert sich nach dem Einbringungszeitpunkt die Zuordnung eines nach wirtschaftlichen Zusammenhängen zuordenbaren WG, so besteht nach Auffassung der FinVerw ein Wahlrecht, ob auf die Verhältnisse zum Einbringungszeitpunkt oder zum Spaltungsbeschluss abgestellt wird (UmwStE Rn. 20.06, 15.09 Satz 3).

106 **(4) Einzelfälle.** Nach dem nationalen Begriffsverständnis gehören **Verbindlichkeiten** regelmäßig nicht zu den wesentlichen Betriebsgrundlagen eines Teilbetriebs (vgl. dazu auch die Ausführungen zum Betrieb in Rn. 75). Folgt man dagegen dem europäischen Teilbetriebsbegriff sind alle dem Teilbetrieb **funktional zuordenbaren** Verbindlichkeiten auf die übernehmende Gesellschaft zu übertragen (s. Rn. 99).

107 **Neutrale WG** brauchen auch nach dem europäischen Begriffsverständnis **nicht** mit übertragen zu werden, da sie dem Teilbetrieb nicht funktional zuzuordnen sind (*Menner/Broer* DB 2002, 815/817). Zwar legt der EuGH Art. 2 Buchst. j FusionsRL dahingehend aus, dass sämtliche Aktiva und Passiva, die zu der einzubringenden Einheit gehören, mit übertragen werden müssen (EuGH v. 15.1.2002 – C-43/00, EuZW 2002, 184/185 Rn. 25 – Andersen). Allerdings gilt dies nur unter funktionalen Gesichtspunkten, dh Aktiva und Passiva sind nur insoweit zu übertragen, als sie einen aus eigenen Mitteln funktionsfähigen Teilbetrieb bilden (EuGH v. 15.1.2002 – C-43/00, EuZW 2002, 184/185 Rn. 35 – Andersen). Neutrale WG, insbesondere liquide Mittel und Verbindlichkeiten, lassen sich regelmäßig keinem bestimmten Tätigkeitsbereich zuordnen, weshalb sie in diesen Fällen nicht mit übertragen werden müssen (*Menner/Broer* DB 2002, 815/817). Etwas anderes gilt jedoch zB für **Pensionsrückstellungen,** die dem einzubringenden Teilbetrieb wirtschaftlich zuzuordnen sind (so auch UmwStE Rn. 20.06, 15.10; *Menner/Broer* DB 2002, 815/817).

108 In diesem Zusammenhang kann auch *Goebel/Ungemach* nicht uneingeschränkt zugestimmt werden, soweit sie der Auffassung sind, dass zudem **beliebig austauschbare WG** nicht zwingend mit dem Teilbetrieb zusammen eingebracht werden müssen (*Goebel/Ungemach* DStZ 2012, 353/357 mit Verweis auf BFH v. 22.6.2010 – I R 77/09, BFH/NV 2010, 11). Kurzfristig austauschbare WG wie zB Schreibtischgarnitur, PC, Aktenschrank und Diktiergerät stellen zwar regelmäßig keine wesentlichen Betriebsgrundlagen iSd nationalen Begriffsverständnisses dar (vgl. BFH v. 22.6.2010 – I R 77/09, BFH/NV 2010, 11 mit Verweis auf *Schumacher* in R/H/vL § 15 Rn. 143). Soweit sie aber dennoch einem Teilbetrieb funktional zuordenbar sind, sind auch diese WG nach dem europäischen Begriffsverständnis grds mit einzubringen.

109 Eine andere Frage ist jedoch, ob aktive oder passive WG, die dem einzubringenden Teilbetrieb **funktional nicht zuzuordnen** sind, zusammen mit dem Teilbetrieb eingebracht werden **dürfen.** Der nationale Teilbetriebsbegriff lässt eine solche Übertragung neutralen BV grds zu (*Schmitt* in SHS 4. Aufl. § 20 Rn. 90). Angesichts der funktionalen Auslegung des Teilbetriebsbegriffs in Art. 2 Buchst. j FusionsRL (vgl. Rn. 99) erscheint dies in Bezug auf den europäische Teilbetriebsbegriff allerdings zweifelhaft, da gerade die funktionale Zugehörigkeit zum einzubringenden Betriebsteil fehlt. Hinzu kommt, dass die Definition der Einbringung in Art. 2 Buchst. d FusionsRL – im Gegensatz zu den Definitionen der Fusion (Art. 2 Buchst. a FusionsRL), der Spaltung (Art. 2 Buchst. b FusionsRL) und des Austauschs von Anteilen (Art. 2 Buchst. e FusionsRL) – bare Zuzah-

lungen ebenso wie sonstige Gegenleistungen nicht vorsieht mit der Folge, dass diese im Rahmen der Einbringung unzulässig sind (vgl. auch EuGH v. 15.1.2002 – C-43/00, EuZW 2002, 184/185 Rn. 26 – Andersen). Die Übernahme von Verbindlichkeiten, die nicht funktional zu dem einzubringenden Teilbetrieb gehören, entspricht wirtschaftlich gesehen einer solchen zusätzlichen Gegenleistung (vgl. auch Rn. 186). Zudem führt die Übertragung von Darlehnsverbindlichkeiten unter Zurückbehaltung der Darlehnsmittel zu einer Trennung von WG, die der gemäß Art. 2 Buchst. j FusionsRL erforderlichen Übertragung einer Gesamtheit von WG entgegenstehen kann (EuGH v. 15.1.2002 – C-43/00, EuZW 2002, 184/185 Rn. 25 – Andersen). Es ist daher im Rahmen des Art. 2 Buchst. d, j FusionsRL unzulässig, passive WG einzubringen, die dem einzubringenden Teilbetrieb nicht funktional zuzurechnen sind. Dieses Ergebnis ist jedoch nicht auf die Sacheinlage nach § 20 zu übertragen. Vielmehr ergibt sich die Zulässigkeit der Einbringung neutraler Schulden unmittelbar aus § 20 II 4. Diese von den europarechtlichen Vorgaben des Art. 2 Buchst. c FusionsRL abweichende Regelung in § 20 II 4 wirkt sich zugunsten des Stpfl. aus und ist daher auch europarechtskonform (zur Rechtmäßigkeit von dem Stpfl. günstigen Abweichungen des nationalen Rechts vom Europarecht vgl. *Blumers* BB 2011, 2204/2206). Die im Grundsatz dem europäischen Teilbetriebsbegriff folgende FinVerw erlaubt in UmwStE Rn. 20.06, 15.09 die freie Zuordnung neutralen BV zu einem Teilbetrieb.

Eine **100 %-Beteiligung an einer KapGes** kann zum einzubringenden BV eines (Teil-) 110
Betriebs gehören (so auch UmwStE Rn. 20.06). Die Beteiligung stellt jedoch für sich genommen keinen eigenen Teilbetrieb iSd § 20 I dar. Die Fiktion des § 16 I Nr. 1 S 2 EStG, wonach die 100 %-Beteiligung an einer KapGes als Teilbetrieb gilt, findet auf § 20 keine Anwendung (BT-Drs. 16/2710, 42; *Schmitt* in SHS § 20 Rn. 26 und § 21 Rn. 8). Dies ergibt sich bereits aus dem Umstand, dass sich die Auslegung des umwandlungssteuerrechtlichen Teilbetriebsbegriffs nicht ausschließlich am nationalen Ertragsteuerrecht, sondern in erster Linie an Art. 2 Buchst. j FusionsRL zu orientieren hat (Rn. 95). Der 100 %-Beteiligung kann nach Art. 2 Buchst. j FusionsRL bereits deshalb keine Teilbetriebsqualität zukommen, weil sie für sich gesehen keine funktionsfähige Wirtschaftseinheit darstellt (*Patt* in D/P/M § 20 UmwStG Rn. 31; *Schmitt* in SHS 4. Aufl. § 23 Rn. 29). Jedoch auch unabhängig von der Frage, ob der Teilbetriebsbegriff des § 20 in Anlehnung an § 16 EStG oder entsprechend der Begriffsbestimmung der FusionsRL auszulegen ist, spricht für eine Behandlung der 100 %-Beteiligung als unselbstständiger Bestandteil des Teilbetriebs ein Vergleich zwischen § 20 und § 15: Für die Spaltung sieht § 15 I 3 ausdrücklich vor, dass eine 100 %-Beteiligung an einer KapGes als Teilbetrieb gilt. In § 20 hingegen fehlt es an einer entsprechenden Regelung. In diesem Zusammenhang ist auch nicht davon auszugehen, dass das Fehlen einer solchen Regelung auf einem redaktionellen Versehen seitens des Reformgesetzgebers beruht, da dieser in der Gesetzesbegründung zu § 20 ausdrücklich zu der Frage der Einbringung von 100 %-Beteiligungen Stellung genommen und sie § 21 zugeordnet hat (BT-Drs. 16/2710, 42). Diese gesetzgeberische Wertung hat sich zudem in der Regelung in § 21 III 1 HS 2 niedergeschlagen, wonach auf einen etwaigen Einbringungsgewinn iSd § 21 der Freibetrag nach § 16 IV EStG nur anzuwenden ist, wenn es sich – unter anderem – bei dem Einbringungsgegenstand um „eine im BV gehaltene Beteiligung an einer Kapitalgesellschaft [handelt], die das gesamte Nennkapital der Kapitalgesellschaft umfasst", mithin also um eine 100 %-Beteiligung an einer KapGes.

Ebenso wie die 100 %-Beteiligung an einer KapGes kann auch ein **Mitunternehmer-** 111
anteil selbst keinen eigenen Teilbetrieb iSd § 20 I bilden. Vielmehr stellt ein Mitunternehmeranteil gemäß § 20 I einen eigenen Einbringungsgegenstand dar (vgl. Rn. 120 ff.). Die Fiktion des § 15 I 3 ist daher nicht entsprechend auf § 20 übertragbar. Auch wenn ein Mitunternehmeranteil zum BV eines einzubringenden Teilbetriebs gehört, ist die Einbringung des Anteils nach Ansicht der FinVerw als ein von der Einbringung des Teilbetriebs getrennter Einbringungsvorgang zu behandeln (UmwStE Rn. 20.12).

112 Hinsichtlich der Behandlung **von WG, die mehreren Teilbetrieben dienen,** gelten die unter Rn. 78 getätigten Ausführungen zu den in Betracht kommenden Gestaltungsmöglichkeiten grds entsprechend mit dem Unterschied, dass im Rahmen des europäischen Teilbetriebsbegriffs die dauerhafte **Nutzungsüberlassung** von WG für Zwecke des § 20 ausreichen kann (s. Rn. 226).

113 Nach dem nationalen Teilbetriebsbegriff kann ein **Teilbetrieb im Aufbau** Gegenstand einer Einbringung iSv § 20 sein, sofern alle wesentlichen Betriebsgrundlagen bereits vorhanden sind und bei zielgerichteter Weiterführung ein selbstständig lebensfähiger Organismus zu erwarten ist (BFH v. 1.2.1989 – VIII R 33/85, BStBl. II 1989, 458). Nach dem europäischen Begriffsverständnis genügt ein solcher Teilbetrieb im Aufbau jedoch nicht (so auch *Nitzschke* in Blümich § 20 UmwStG Rn. 55; *Patt* in D/P/M § 20 UmwStG Rn. 95, 106). In Abkehr zur bisherigen Auffassung (UmwStE 1998 Rn. 20.10) hat sich nunmehr auch die FinVerw der Ansicht angeschlossen, dass ein Teilbetrieb im Aufbau keinen Teilbetrieb iSd § 20 darstellt (UmwStE Rn. 20.06, 15.03).

114–119 *(einstweilen frei)*

120 **dd) Mitunternehmeranteil. (1) Begriff.** Eigenständiger Gegenstand einer Sacheinlage nach § 20 I kann auch ein Mitunternehmeranteil sein. Der Begriff des Mitunternehmeranteils ist gesetzlich nicht definiert. Der Mitunternehmeranteil kann aber dergestalt umschrieben werden, dass er den Anteil einer natürlichen Person, einer juristischen Person oder PersGes an einer Mitunternehmerschaft verkörpert. Er ist nicht identisch mit dem zivilrechtlichen Begriff des Gesellschafts- oder Geschäftsanteils an einem Gesellschaftsvermögen (*Schmitt* in SHS § 20 Rn. 132). Umschreibt man den Begriff des Mitunternehmeranteils als Anteil an einer Mitunternehmerschaft, so ist vorrangig zu fragen, ob eine solche vorliegt. Hierzu ist auf den estl Begriff der Mitunternehmerschaft abzustellen (*Herlinghaus* in R/H/vL § 20 Rn. 84). Danach ist unter Verzicht auf besondere Fallgestaltungen von einer Mitunternehmerschaft auszugehen, wenn natürliche Personen, juristische Personen oder PersGes in gesellschaftsrechtlicher Verbundenheit oder auf Grund eines vergleichbaren Gemeinschaftsverhältnisses einer gemeinsamen unternehmerischen Tätigkeit mit Gewinnerzielungsabsicht nachgehen und die beteiligten Personen Mitunternehmerinitiative entfalten können und Mitunternehmerrisiko tragen (s. Rn. 144).

Begünstigte Mitunternehmeranteile können begründet sein durch eine Beteiligung an einer gewerblichen oder freiberuflichen Mitunternehmerschaft oder durch eine Mitunternehmerschaft in der Land- und Forstwirtschaft.

121 **Mitunternehmeranteile** können bspw. verkörpert werden durch:
- die Beteiligung an einer zumindest teilweise originär gewerblich tätigen OHG (§ 15 I 1 Nr. 2, III Nr. 1 EStG; s. Rn. 122);
- die Beteiligung als Komplementär oder Kommanditist an einer zumindest teilweise originär gewerblich tätigen KG (§ 15 I 1 Nr. 2, III Nr. 1 EStG; s. Rn. 122);
- die Beteiligung an einer gewerblich geprägten PersGes iSv § 15 III Nr. 2 EStG (s. Rn. 123);
- die Beteiligung als persönlich haftender Gesellschafter an einer KGaA (s. Rn. 124);
- die Beteiligung an einer GbR, die gewerblich oder freiberuflich tätig ist oder eine Land- und/oder Forstwirtschaft betreibt (s. Rn. 125);
- die Beteiligung an einer freiberuflichen PartGes (s. Rn. 126);
- die Beteiligung an einer atypisch stillen Gesellschaft am Handelsgewerbe einer KapGes oder PersGes (s. Rn. 127);
- die Beteiligung in Gestalt einer atypischen stillen Unterbeteiligung (s. Rn. 128);
- die Beteiligung an einer mitunternehmerschaftlich tätigen Bruchteilsgemeinschaft (s. Rn. 129);
- die Beteiligung als Miterbe an einem im Nachlass befindlichen BV (s. Rn. 130);
- die Beteiligung an einer Partenreederei (s. Rn. 131);
- die Beteiligung an einer Vorgründungsgesellschaft und die Beteiligung an einer Vorgesellschaft, wenn die mit ihr angestrebte KapGes nicht entsteht (s. Rn. 132);

- die Beteiligung an Innengesellschaften oder Innengemeinschaftsverhältnissen (s. Rn. 133 ff.);
- der Nießbrauch an einem Mitunternehmeranteil (s. Rn. 138);
- die Beteiligung an einer EWIV (s. Rn. 139);
- die Beteiligung an einer ausl Gesellschaft, die nach deutschem Recht als transparent anzusehen ist, nach ausl Recht aber als intransparent (s. Rn. 140);
- die Beteiligung an einer ausl gewerblich tätigen PersGes (s. Rn. 141).

Bei Mitunternehmeranteilen an **gewerblich tätigen PersGes** ist zu berücksichtigen, 122 dass die PersGes nicht in vollem Umfang gewerblich tätig sein muss. Nach § 15 III Nr. 1 EStG gilt als Gewerbebetrieb in vollem Umfang die mit Einkünfteerzielungsabsicht unternommene Tätigkeit einer OHG, KG oder einer anderen PersGes, wenn die Gesellschaft auch eine Tätigkeit iSv § 15 I 1 Nr. 1 EStG bezieht, also auch eine gewerbliche Tätigkeit ausübt. Diese Abfärbewirkung des § 15 III Nr. 1 EStG hat zur Folge, dass andere Einkünfte dieser PersGes, die nicht ausnahmslos zu Einkünften aus Gewerbebetrieb führen würden, in gewerbliche umqualifiziert werden. Eine solche Umqualifizierung kommt nicht in Betracht, wenn die PersGes Einkünfte aus land- und forstwirtschaftlicher oder aus selbstständiger Tätigkeit bezieht. Die Umqualifizierung der originär nicht gewerblichen Einkünfte in gewerbliche Einkünfte setzt nur voraus, dass auch gewerbliche Tätigkeiten nach § 15 II EStG entfaltet werden. Sie müssen nicht zugleich gewstpfl sein. Auch ein nur geringer Umfang einer gewerblichen Tätigkeit führt grds zur Umqualifizierung der nicht gewerblichen Einkünfte in gewerbliche Einkünfte (*Wacker* in Schmidt § 15 Rn. 188). Von der Umqualifizierung ist ausnahmsweise nur dann abzusehen, wenn der gewerbliche Anteil der Aktivitäten zu vernachlässigen ist, also einen äußerst geringen Anteil darstellt (*Wacker* in Schmidt § 15 Rn. 188).

Die Umqualifizierung kann auch greifen und damit einen einbringungsfähigen Mitunternehmeranteil begründen, wenn eine OberPersGes neben Einkünften aus Land- und Forstwirtschaft, selbstständiger oder vermögensverwaltender Tätigkeit „gewerbliche Einkünfte iSd Abs. 1 Satz 1 Nr. 2 bezieht" (§ 15 III Nr. 1 EStG). Diese Regelung hat ihre Entsprechung in § 15 I 1 Nr. 2 S 2 EStG, wonach der mittelbar über eine oder mehrere PersGes beteiligte Gesellschafter dem unmittelbar beteiligten Gesellschafter gleichsteht. Der mittelbar beteiligte Gesellschafter bezieht gewerbliche Einkünfte, weil er als Mitunternehmer des Betriebs der Gesellschaft anzusehen ist, an der er mittelbar beteiligt ist, wenn er und die PersGes, die seine Beteiligung vermittelt, jeweils als Mitunternehmer der Betriebe der PersGes anzusehen sind, an denen sie unmittelbar beteiligt sind. In diesen Fällen liegt eine Mitunternehmerkette ununterbrochen von der Untergesellschaft bis zum letzten Beteiligten vor (*Schmitt* in SHS § 20 Rn. 145).

Die abfärbende Wirkung des § 15 III Nr. 1 EStG kommt nur zur Geltung bei PersGes. Sie entfaltet keine Wirkung bei Erbengemeinschaften und eheliche Gütergemeinschaften (*Schmitt* in SHS § 20 Rn. 140).

Die die Umqualifizierung begründenden Fiktionen des § 15 III Nr. 1 EStG haben zur Folge, dass der gesamte Gesellschaftsanteil als einbringungsfähiger Mitunternehmeranteil in Frage kommt.

Ein einbringungsfähiger Mitunternehmeranteil liegt jedoch nicht vor, wenn der Gesellschaftsanteil zwar BV der beteiligten Person ist, die PersGes selbst aber keine gewerbliche Tätigkeit ausübt und auch nicht gewerblich geprägt ist (*Schmitt* in SHS § 20 Rn. 133; *Nitzschke* in Blümich § 20 UmwStG Rn. 57).

Grds einbringungsgeeignet sind auch Anteile an **gewerblich geprägten PersGes.** Nach 123 der Definition in § 15 III Nr. 2 S 1 EStG „gilt" eine PersGes als Gewerbebetrieb, die zwar keine Tätigkeit iSv § 15 I 1 Nr. 1 EStG ausübt, bei der aber eine oder mehrere KapGes persönlich haftende Gesellschafter und nur diese oder Personen, die nicht Gesellschafter sind, zur Geschäftsführung befugt sind (gewerblich geprägte Personengesellschaft). § 15 III Nr. 2 S 2 EStG erweitert diese Wertung dahingehend, dass die gewerbliche Prägung einer

PersGes auch dadurch erfolgen kann, dass eine gewerblich geprägte PersGes als persönlich haftender Gesellschafter beteiligt ist (doppelstöckige gewerblich geprägte Personengesellschaft). Die Obergesellschaft kann wiederum eine gewerblich geprägte PersGes sein (*Wacker* in Schmidt § 15 Rn. 217).

Angesprochen sind PersGes. Es gibt keine Beschränkung auf OHG und KG. Auch ausl Gesellschaften können PersGes iSd Vorschrift sein (*Wacker* in Schmidt § 15 Rn. 215).

Voraussetzung für die Annahme der gewerblichen Prägung einer PersGes ist, dass diese keine originär gewerbliche Tätigkeit iSv § 15 I 1 Nr. 1, II EStG ausübt. Denn bei einer auch nur teilweise originär gewerblichen Tätigkeit gilt die Tätigkeit ohnehin als Gewerbebetrieb (§ 15 III Nr. 1 EStG). Typische Anwendungsfälle für die gewerbliche Prägung sind vermögensverwaltende PersGes mit Einkünften aus Vermietung und Verpachtung oder Kapitalvermögen, bei denen KapGes als persönlich haftende und geschäftsführende Gesellschafter eingesetzt sind.

Ausschließlich KapGes (eine oder mehrere) dürfen persönlich haftende Gesellschafter sein. Der Begriff der KapGes ergibt sich aus § 1 I Nr. 1 KStG. Auch eine Vorgesellschaft kommt als haftende KapGes in Betracht (KStH 2; *Wacker* in Schmidt § 15 Rn. 216). Das Gleiche gilt für ausl Gesellschaften. Diese müssen weder originär gewerblich tätig noch unbeschränkt stpfl. sein (*Wacker* in Schmidt § 15 Rn. 216). Begriff und Umfang der Haftung ergeben sich bspw. aus §§ 128, 161 II HGB. Unbeschränkt persönlich haftende Gesellschafter, die zwingend KapGes sein müssen, sind stets die Gesellschafter einer OHG und die Komplementäre der KG. Die früher diskutierte Frage, ob Gesellschafter einer GbR die Haftung auf das Gesellschaftsvermögen beschränken können, ist überholt. Nach §§ 161 II, 105 II HGB kann auch eine nur kleingewerblich tätige oder eigenes Vermögen verwaltende GbR als KG in das Handelsregister eingetragen werden. Sie wird mit der Eintragung zur echten GmbH & Co KG und damit zur gewerblich geprägten PersGes (*Wacker* in Schmidt § 15 Rn. 227). Eine atypische stille Gesellschaft kann nur unter den Voraussetzungen des § 15 III Nr. 2 EStG zur gewerblich geprägten PersGes werden (*Schmitt* in SHS § 20 Rn. 141). Die Beteiligung von natürlichen Personen als Gesellschafter ist unschädlich, wenn diese nur beschränkt haften, wie zB der Kommanditist.

Die Geschäftsführungsbefugnis darf nur von den persönlich haftenden KapGes oder von Personen ausgeübt werden, die nicht Gesellschafter sind. Eine gewerblich geprägte PersGes liegt nicht vor, wenn neben beteiligten KapGes auch eine natürliche Person, die Gesellschafter ist, Geschäftsführungsbefugnis besitzt. Der Begriff der Geschäftsführungsbefugnis ist gesellschaftsrechtlich zu verstehen. Entscheidend ist die gesetzliche oder gesellschaftsvertragliche Befugnis im Innenverhältnis der Gesellschafter zueinander, die für die Verwirklichung des Gesellschaftszwecks maßgebend ist. Es kommt nicht auf die Vertretungsmacht an. Die Befugnis zur Geschäftsführung ist ausreichend. Sie muss sich aus dem Gesetz oder dem Gesellschaftsvertrag ergeben, nicht aus einem Dienstvertrag (*Wacker* in Schmidt § 15 Rn. 222). Nicht alle persönlich haftenden Gesellschafter müssen geschäftsführungsbefugt sein. Schädlich ist es, wenn eine natürliche Person Gesellschafter und geschäftsführungsbefugt ist. Abzustellen ist auf die Geschäftsführungsbefugnis bei der PersGes, bei der es um die Frage der gewerblichen Prägung geht.

Auch die Beteiligung einer geprägten PersGes (Obergesellschaft) als persönlich haftender Gesellschafter an einer weiteren nicht originär gewerblich tätigen PersGes (Untergesellschaft) kann zur gewerblichen Prägung der Letzteren führen, wenn die Obergesellschaft der allein oder neben ihr nur Personen zur Geschäftsführung befugt sind, die nicht zugleich Gesellschafter sind (§ 15 III Nr. 2 S 2 EStG). Die Regelung des § 15 III Nr. 2 S 2 EStG kommt auch dann zur Anwendung, wenn die Obergesellschaft originär gewerblich, die Untergesellschaft jedoch lediglich vermögensverwaltend tätig ist (BFH v. 8.6.2000 – IV R 37/99, BStBl. II 2001, 162).

124 Der Anteil des persönlich haftenden Gesellschafters (Komplementär) an einer **KGaA** stellt bei formaler Betrachtung keinen Mitunternehmeranteil dar. Das Vermögen einer KGaA unterliegt keiner gesamthänderischen Bindung. Der persönlich haftende Gesellschafter ist weder im Verhältnis zur KGaA noch im Verhältnis zu den Kommanditaktionären Mitunternehmer (*Wacker* in Schmidt § 15 Rn. 891; *Haritz* GmbHR 2009, 1194/1195). Die Mitunternehmerschaft wird auch nicht durch § 15 I 1 Nr. 3 EStG begründet. Das rechtliche Verhältnis der persönlich haftenden Gesellschafter einer KGaA untereinander und gegenüber der Gesamtheit der Kommanditaktionäre sowie gegenüber Dritten bestimmt sich jedoch nach den Vorschriften über die KG (§ 278 II HGB). Der persönlich haftende Gesellschafter der KGaA wird auch wie ein Mitunternehmer behandelt, weil der Gewinnanteil und die Vergütungen als gewerbliche Einkünfte erfasst werden (BFH v. 21.6.1989 – X R 14/88, BStBl. II 1989, 881; s. auch § 1 Rn. 91 f.). Dies rechtfertigt es, den Anteil eines persönlich haftenden Gesellschafters an einer KGaA wie einen Mitunternehmeranteil zu behandeln, der nach § 20 in einer KapGes eingebracht werden kann (hM; § 1 Rn. 91; *Nitzschke* in Blümich § 20 UmwStG Rn. 58; *Patt* in D/P/M § 20 UmwStG Rn. 117; *Herlinghaus* in R/H/vL § 20 Rn. 94). Die Entscheidung des BFH v. 19.5.2010 (I R 62/09, BFH/NV 2010, 1919) steht dieser Wertung nicht entgegen. Der BFH vertritt in dieser Entscheidung zwar den Standpunkt, dass es für die Anwendung des DBA-Schachtelprivilegs allein auf die zivilrechtliche Einordnung der KGaA als juristische Person ankomme. Der BFH weist jedoch zugleich drauf hin, dass diese Wertung allein durch das DBA-Recht bedingt sei und dies nicht zur Aufgabe der Aufteilung der Einnahmen einer KGaA in solche des persönlich haftenden Gesellschafters und der Kommanditaktionäre führe (sog. nationale „Wurzeltheorie"; zur Problematik *Wassermeyer* Ubg 2011, 47; *Drüen/van Heek* DStR 2012, 541).

Potenziell privilegiert als Sacheinlagegegenstand nach § 20 I ist auch der Anteil an einer **GbR, die land- und/oder forstwirtschaftlich, gewerblich oder freiberuflich tätig ist.** Hierzu rechnen in erster Linie die freiberuflichen Sozietäten, die nicht in der Rechtsform der Partnerschaft geführt werden. In der Rechtsform der GbR können auch Gewerbebetriebe unterhalten und Land- und/oder Forstwirtschaft betrieben werden. GbR können von jedermann zu jedem erlaubten Zweck gegründet werden. Für die Anwendung des § 20 muss die Tätigkeit jedoch stets land- und/oder forstwirtschaftlich, gewerblich oder freiberuflich sein. 125

Die **Partnerschaft** ist eine Gesellschaft, in der sich Angehörige freier Berufe zur Ausübung ihrer Berufe zusammenschließen (PartGes; § 1 I 1 PartGG). Angehörige der Partnerschaft können nur natürliche Personen sein (§ 1 I 3 PartGG). Mit der PartGes hat der Gesetzgeber eine neue Gesellschaftsform geschaffen. Nach dem Willen des Gesetzgebers soll allerdings die Bezeichnung „Partnerschaftsgesellschaft" nicht verbindlich sein. Das PartGG verwendet deshalb für die PartGes den Begriff der Partnerschaft (*Henssler* PartGG Einf. Rn. 9). 126

Die Struktur der Partnerschaft ist eng an diejenige der OHG angelehnt. Sie steht im System des Gesellschaftsrechts zwischen OHG und GbR. Auf die Partnerschaft finden die §§ 705 ff. BGB nur insoweit Anwendung, als das PartGG nichts anderes bestimmt. Das PartGG enthält keine speziellen Bestimmungen mit steuerlichem Inhalt. Da die Partnerschaft aber PersGes ist, gelten die steuerlichen Vorschriften für PersGes. Die Partnerschaft ist eine andere PersGes iSv §§ 15 I Nr. 2, 18 IV EStG. Die Partnerschaft kann deshalb eine freiberufliche Mitunternehmerschaft verkörpern, deren Gesellschafter über Mitunternehmeranteile iSd § 20 I verfügen (*Patt* in D/P/M § 20 UmwStG Rn. 117; *Schmitt* in SHS § 20 Rn. 165; *Henssler* PartGG Einf. Rn. 18).

Gemäß § 230 I HGB ist **stiller Gesellschafter,** wer sich an einem Handelsgewerbe, das ein anderer betreibt, mit einer Vermögenseinlage beteiligt. Er hat die Einlage so zu leisten, dass sie in das Vermögen des Inhabers des Handelsgewerbes übergeht. Inhaber des Handelsgewerbes können natürliche Personen, PersGes (auch gewerblich geprägte PersGes) oder KapGes sein. Da die Einlage in das Vermögen des Inhabers des Handelsgewerbes übergeht, gibt es bei der stillen Gesellschaft kein gesamthänderisch gebundenes Gesellschaftsvermögen. Die stille Gesellschaft ist eine Innengesellschaft, die nach außen nicht in Erscheinung tritt. Die Einnahmen aus der Beteiligung an einem Handelsgewerbe als stiller Gesell- 127 schafter stellen grds. Einnahmen aus Kapitalvermögen dar (§ 20 I Nr. 4 EStG). Dies ist anzunehmen, wenn der stille Gesellschafter in typischer Weise beteiligt ist. Der stille Gesellschafter kann aber, wie der Wortlaut des § 20 I Nr. 4 EStG erkennen lässt, auch **atypisch still beteiligt** und dann Mitunternehmer sein. Mitunternehmer ist der stille Gesellschafter dann, wenn seine durch den Gesellschaftsvertrag begründete Rechtsstellung von §§ 230 ff. HGB derart abweicht, dass sie nach dem aktuell anzutreffenden Gesamtbild dem Typ des Mitunternehmers entspricht (*Wacker* in Schmidt § 15 Rn. 341; *Schmitt* in SHS § 20 Rn. 158). Beim Fehlen klarer Absprachen ist eine Gesamtbetrachtung anzustellen, in die alle für und gegen die Mitunternehmerschaft sprechenden Umstände einzubeziehen sind (*Wacker* in Schmidt § 15 Rn. 342). Regelvoraussetzung für die Annahme einer Mitunternehmerschaft sind die Gewinnbeteiligung und die Beteiligung an den stillen Reserven bei Beendigung der Gesellschaft (*Wacker* in Schmidt § 15 Rn. 343 f.). Ist Inhaber eines Handelsgewerbes eine KapGes, so können sich die Gesellschafter der KapGes an deren Unternehmen als atypische stille Gesellschafter und damit als Mitunternehmer beteiligen (*Widmann* in W/M § 20 Rn. R 6, 87). An einem Handelsgewerbe können auch mehrere Mitunternehmerschaften nebeneinander bestehen (*Wacker* in Schmidt § 15 Rn. 360). Sind das Vorliegen einer atypischen stillen Gesellschaft und die Mitunternehmerstellung zu bejahen, so kann der stille Gesellschafter seine Beteiligung nach § 20 I einbringen. Bringt der atypisch stille Gesellschafter seine Beteiligung gegen Gewährung von Anteilen in das Handelsgewerbe als aufnehmende Gesellschaft ein, so wird die atypische stille Gesellschaft aufgelöst, ohne dass die stillen Reserven aufgedeckt werden müssen (*Herlinghaus* in R/H/vL § 20 Rn. 97). Bringt der Inhaber des Handelsgewerbes dieses in eine KapGes/Genossenschaft gegen Gewährung von Anteilsrechten ein, so kann abgesprochen werden, dass sich die stille Beteiligung an dem Betrieb der aufnehmenden Körperschaft fortsetzt, ohne dass es zur Gewinnrealisierung kommt (*Schmitt* in SHS § 20 Rn. 159; zu atypisch stillen Gesellschaften in Umwandlungsfällen s. *Suchanek* Ubg 2012, 431).

128 Eine **Unterbeteiligung** kann dadurch begründet werden, dass der Gesellschafter (Hauptbeteiligter) einem Dritten durch Gesellschaftsvertrag eine Beteiligung an der von ihm gehaltenen Beteiligung an einer Gesellschaft einräumt. Die Unterbeteiligung besteht dann jedoch nicht an der Gesellschaft selbst. Bei der Unterbeteiligung handelt es sich um eine Innengesellschaft, die nur schuldrechtliche Beziehungen zwischen dem Haupt- und Unterbeteiligten entstehen lässt. Sie ist keine stille Gesellschaft, weil der Hauptbeteiligte Gesellschaftsanteile hält, aber kein Handelsgewerbe betreibt. Die Unterbeteiligung ist der stillen Gesellschaft aber ähnlich.

Gegenstand der Unterbeteiligung können Anteile an KapGes und PersGes sein.

Eine Unterbeteiligung an einem KapGes-Anteil begründet idR keine Mitunternehmerschaft (BFH v. 8.11.2005 – VIII R 11/02, BStBl. II 2006, 253; v. 18.5.2005 – VIII R 34/01, HFR 2006, 39 mit Anm. *Wacker; Herlinghaus* in R/H/vL § 20 Rn. 98). Auch die Unterbeteiligung am Anteil nicht originär gewerblich tätiger PersGes kann keine Mitunternehmerschaft begründen (*Schmitt* in SHS § 20 Rn. 161; *Wacker* in Schmidt § 15 Rn. 367). Wohl aber kann an einem Anteil an einer gewerblich tätigen PersGes eine mitunternehmerschaftliche Unterbeteiligung begründet werden. Der Unterbeteiligte ist dann Mitunternehmer, wenn seine Stellung so ausgeformt ist, dass die gewerblichen Aktivitäten der Hauptgesellschaft auch für Rechnung des Unterbeteiligten betrieben werden und dieser dem typischen Mitunternehmer vergleichbar ist (*Wacker* in Schmidt § 15 Rn. 365). Voraussetzung ist stets, dass der Hauptbeteiligte Mitunternehmer ist.

Nach der Gründung der Unterbeteiligungsgesellschaft bestehen zwei PersGes, nämlich die Hauptgesellschaft und die Unterbeteiligungsgesellschaft. Entspricht die Rechtsstellung der Unterbeteiligten dem Typus eines Mitunternehmers, so ist dieser im Verhältnis zum Hauptbeteiligten Mitunternehmer, aber wegen § 15 I Nr. 2 S 2 EStG auch Mitunternehmer der Hauptgesellschaft. Ist die Unterbeteiligung als Mitunternehmeranteil zu qualifizieren, so ist § 20 I grds anwendbar, wenn der Unterbeteiligte seinen Anteil überträgt. Von § 20 I erfasst wird auch der Vorgang, bei dem die Unterbeteiligung mit der Hauptbeteiligung eingebracht wird. Die bisherige Unterbeteiligung erlischt dann (*Herlinghaus* in R/H/vL § 20 Rn. 98). Werden nur dem Hauptbeteiligten Anteile gewährt, so erlischt die Unterbeteiligung oder sie setzt sich als typische Unterbeteiligung fort. Es kommt zur Realisierung eines Aufgabegewinns (*Schmitt* in SHS § 20 Rn. 163).

Von einer **Bruchteilsgemeinschaft** spricht man dann, wenn ein Recht mehreren gemeinschaftlich zusteht (§ 741 BGB; Gemeinschaft nach Bruchteilen). Eine Unterart der Bruchteilsgemeinschaft ist das Bruchteilseigentum (§§ 1008 ff. BGB). Die Bruchteilsgemeinschaft ist eine reine Interessengemeinschaft. Sie ist keine Zweckgemeinschaft. Mit dem Fehlen eines gemeinschaftlichen Zwecks unterscheidet sie sich von der Gesellschaft. **129**

In Rspr. und Lit. ist anerkannt, dass nicht nur Gesellschafter von PersGes Mitunternehmer sein können. Zur Begründung einer Mitunternehmerstellung genügt ein wirtschaftlich vergleichbares Gemeinschaftsverhältnis (BFH v. 3.7.1995 – GrS 1/93, BStBl. II 1995, 617; *Bode* in Blümich § 15 EStG Rn. 337). Für die Bruchteilsgemeinschaft ist höchstrichterlich anerkannt, dass diese für die Beteiligten die Mitunternehmerstellung begründen kann (BFH v. 3.7.1995 – GrS 1/93, BStBl. II 1995, 617). Wird die Mitunternehmerstellung begründet, so ist die Beteiligung an einer Bruchteilsgemeinschaft dem Grunde nach einbringungsfähig.

Gehört zum **Nachlass** eines Einzelunternehmers ein vererbbarer Betrieb, so werden die Erben mit dem Erbfall „geborene" Mitunternehmer (BFH v. 5.7.1990 – GrS 2/89, BStBl. II 1990, 837). Unerheblich ist, ob die Erben das Nachlass-Unternehmen auf Dauer fortführen wollen. Mit dem Erbfall wird die Erbengemeinschaft Träger des Unternehmens und begründet damit potenziell eine Mitunternehmerschaft. **130**

Die Erben eines Gesellschafters einer PersGes, die durch den Tod des Erblassers aufgelöst wird, werden bis zur Beendigung der Abwicklung Mitunternehmer (*Bode* in Blümich § 15 EStG Rn. 325). Wird die Gesellschaft durch den Tod nicht aufgelöst, so werden die Miterben entsprechend ihrer Erbquote idR Mitunternehmer (*Wacker* in Schmidt § 15 Rn. 383 f.).

Eine **Partenreederei** ist anzunehmen, wenn mehrere Personen ein ihnen gemeinschaftlich zustehendes Schiff für gemeinschaftliche Rechnung zum Erwerb durch die Seefahrt nutzen (§ 489 HGB). Die Partenreederei ist zivilrechtlich eine PersGes eigener Art, auf die §§ 489 ff. HGB und ergänzend §§ 705 ff. BGB anzuwenden sind. Die Partenreederei stellt steuerlich eine andere Gesellschaft iSv § 15 I 1 Nr. 2 EStG dar und ist der OHG und KG weitgehend gleichgestellt (BFH v. 16.2.1994 – XI R 50/88, BStBl. II 1994, 364). Die Mitreeder sind Mitunternehmer, wenn ihre Rechtsstellung dem Typus des Mitunternehmers entspricht (*Wacker* in Schmidt § 15 Rn. 374). **131**

Vorgründungsgesellschaft und **Vorgesellschaft** sind Bezeichnungen für Gesellschaften, die im Vorfeld der Gründung von KapGes zustande kommen bzw. bestehen (s. ausführlich Rn. 291). **132**

Die Vorgründungsgesellschaft besteht von dem Zeitpunkt an, in dem die späteren Gesellschafter übereinkommen, eine KapGes oder Genossenschaft zu gründen, bis zu deren Errichtung durch formgültigen Gesellschaftsvertrag oder Satzungsbeschluss (BFH v. 8.11.1989 – I R 174/86, BStBl. II 1990, 91). Sie ist als PersGes zu qualifizieren. Die Besteuerung der Vorgründungsgesellschaft richtet sich nach § 15 I 1 Nr. 2 EStG und damit nach den Grundsätzen über die Mitunternehmerschaft (vgl. BFH v. 8.11.1989 – I R 174/86, BStBl. II 1990, 91).

Die Vorgesellschaft deckt den Zeitraum zwischen dem formgültigen Gründungsakt (zB Abschluss des formgültigen Gesellschaftsvertrags) und der Erlangung der Rechtsfähigkeit durch die Eintragung in entsprechenden Registern ab (BFH v. 8.11.1989 – I R 174/86, BStBl. II 1990, 91). Tritt diese Gesellschaft bereits vor der Registereintragung durch wirtschaftliche Betätigung in Erscheinung und wird die zu gründende juristische Person später eingetragen, so wird die Vorgesellschaft nach hM bereits kstpfl. Sie bildet mit dem späteren rechtsfähigen Gebilde ein einheitliches kstpfl Steuersubjekt (*Graffe* in D/P/M § 1 KStG Rn. 109 mwN). Die Frage der Mitunternehmerschaft stellt sich nicht.

Kommt es nicht zur Eintragung und hat die Vorgesellschaft sich bereits wirtschaftlich betätigt, so ist die Vorgesellschaft nach personengesellschaftsrechtlichen Grundsätzen zu beurteilen (*Lambrecht* in Gosch § 1 KStG Rn. 35; *Graffe* in D/P/M § 1 KStG Rn. 109). Mitunternehmerschaft ist grds möglich (*Schmitt* in SHS § 20 Rn. 134).

133 Über die bisher schon genannten möglichen Mitunternehmerschaften an **Innengesellschaften** hinaus, kommen Mitunternehmerschaften vor allem bei ehegemeinschaftlichen Innengesellschaften oder Innengemeinschaften in Betracht.

134 Bei **Gütertrennung** und **Zugewinngemeinschaft** wird eine Mitunternehmerschaft nur anzunehmen sein, wenn zwischen den Eheleuten eine PersGes vereinbart ist und durchgeführt wird (*Wacker* in Schmidt § 15 Rn. 375).

135 Anders ist die Rechtslage zu beurteilen bei dem Güterstand der **Gütergemeinschaft.** Es besteht Einvernehmen darüber, dass dann, wenn ein ursprünglich einem Ehegatten allein gehörendes gewerbliches Unternehmen zum Gesamtgut zählt, der andere Ehegatte regelmäßig mit Begründung der Gütergemeinschaft Mitunternehmer wird (*Wacker* in Schmidt § 15 Rn. 376; *Bode* in Blümich § 15 EStG Rn. 327). Wegen der gesetzlich vorgegebenen Rechtsfolgen der Gütergemeinschaft bedarf es zur Begründung der Mitunternehmerschaft keines zivilrechtlichen Gesellschaftsverhältnisses. Die Gütergemeinschaft wird als ein auf die Führung des Gewerbebetriebes gerichtetes, wirtschaftlich mit der PersGes vergleichbares Gemeinschaftsverhältnis gewertet (BFH v. 18.8.2005 – IV R 37/94, BStBl. II 2006, 165). Bei fortgesetzter Gütergemeinschaft (§§ 1483 ff. BGB) werden die Abkömmlinge nicht Mitunternehmer (*Bode* in Blümich § 15 EStG Rn. 328).

136 Die Regeln für Güterstände bei Ehegatten haben keine Gültigkeit für **eheähnliche Lebensgemeinschaften.** Hier kann eine Mitunternehmerschaft nur durch Gesellschaftsvertrag begründet werden (*Wacker* in Schmidt § 15 Rn. 381).

137 Vereinbaren die Partner einer **eingetragenen Lebenspartnerschaft** die Vermögenstrennung, so kommt eine Mitunternehmerschaft regelmäßig nicht in Betracht. Bei vereinbarter Vermögensgemeinschaft wird idR eine Mitunternehmerschaft begründet (*Wacker* in Schmidt § 15 Rn. 382).

138 Nach heute hM kann ein Anteil an einer PersGes mit einem dinglichen Recht und damit auch mit einem **Nießbrauch** zugunsten eines Dritten belastet werden (*Wacker* in Schmidt § 15 Rn. 305). Wird ein Nießbrauch an einem Anteil an einer PersGes bestellt, so bleibt die bisherige Stellung des Gesellschafters und Mitunternehmers aufrechterhalten (*Schmitt* in SHS § 20 Rn. 168). Der Nießbraucher kann aber eine Stellung erlangen, die dem Typusbegriff des Mitunternehmers entspricht. Er ist dann ebenfalls Mitunternehmer. Im Hinblick darauf, dass dem Nießbraucher kein Anteil an den stillen Reserven des Anlagevermögens und am Geschäftswert zusteht, ist zur Erlangung der Mitunternehmerstellung aber erforderlich, dass dem Nießbraucher neben der Gewinn- und Verlustbeteiligung auch ein Teil der Verwaltungsrechte zukommt (*Schmitt* in SHS § 20 Rn. 168; *von Oertzen/Stein* Ubg 2012, 285). Erlangt der Nießbraucher die Stellung eines Mitunternehmers, so bleibt die Mitunternehmerstellung des Nießbrauchbestellers davon unberührt (*Wacker* in Schmidt § 15 Rn. 309). Bringt der Nießbraucher seinen Mitunternehmeranteil ein, so muss er von der aufnehmenden Gesellschaft Gesellschaftsrechte erhalten. Anderenfalls sind die in dem Mitunternehmeranteil des Nießbrauchers enthaltenen stillen Reserven zu realisieren (*Widmann* in W/M § 20 Rn. R 6, 139).

139 Die **Europäische Wirtschaftliche Interessenvereinigung (EWIV)** ist eine übernationale Gesellschaftsform in der EU. Sie beruht auf der VO (EWG) Nr. 2137/85 v. 25.7.1985 (ABl. EG 1985 Nr. L 199/1). Mit dem EWIV-Ausführungsgesetz v. 14.4.1988 (BGBl. I 1988, 514) wurden die Voraussetzungen für die Gründung einer EWIV in Deutschland geschaffen. Bei einer EWIV mit Sitz in Deutschland handelt es sich um eine als Handelsgesellschaft iSd HGB geltende PersGes. Die für die OHG geltenden Bestimmungen sind entsprechend anzuwenden. Eigenwirtschaftliches Handeln der EWIV ist weitgehend ausgeschlossen. Gewinnerzielungsabsicht darf nur Nebenzweck sein. Ist diese Gewinnerzielungsabsicht vorhanden und sind die übrigen Voraussetzungen des Gewerbebetriebs erfüllt, kann eine Mitunternehmerschaft vorliegen, so dass die Beteiligung selbst ein begünstigter Sacheinlagegegenstand sein kann (*Herlinghaus* in R/H/vL § 20 Rn. 95; *Schmitt* in SHS § 20 Rn. 166).

Begünstigter Mitunternehmeranteil kann auch der Anteil an einer **ausl Gesellschaft** 140
sein, **die nach ausl Recht als eigenständiges Rechtssubjekt (intransparent) behandelt wird,** jedoch aus deutscher Sicht einer PersGes vergleichbar ist (*Patt* in D/P/M § 20 UmwStG Rn. 118). Dies ergibt sich indirekt aus § 20 VIII. Die Qualifikation einer ausl Gesellschaft als PersGes oder KapGes richtet sich ausschließlich nach deutschem Steuerrecht. Die Regelungen des Ansässigkeitsstaates der ausl Gesellschaft sind für die Anwendung des nationalen deutschen Steuerrechts nicht maßgebend. Es gibt keine Qualifikationsverkettung dergestalt, dass die Beurteilung einer Gesellschaft im Quellenstaat als transparent oder intransparent für den Anwenderstaat maßgeblich wäre. Die anwenderstaatsorientierte Zuordnung der Einkünfte geht der sog. abkommensorientierten Auslegung vor (BFH v. 25.5.2011 – I R 95/10, BFH/NV 2011, 1602; s. hierzu auch *Prinz* FR 2012, 394; *Suchanek/Herbst* Ubg 2011, 779; *Engel/Hilbert* FR 2012, 394). Die Einstufung einer ausl Gesellschaft als PersGes oder KapGes erfolgt anhand eines Rechtstypenvergleichs (s. auch Rn. 264). Die Entscheidung über die ertragsteuerliche Behandlung einer ausl Gesellschaft ist nach den leitenden Gedanken des deutschen ESt- und KSt-Rechts zu treffen. Ergibt die vergleichende Betrachtung, dass die Gesellschaft nach Aufbau und wirtschaftlicher Bedeutung einer PersGes vergleichbar ist, so wird sie für die Zwecke des deutschen Steuerrechts als (transparente) Mitunternehmerschaft behandelt, unabhängig davon, ob sie nach ausl Recht eine KapGes ist. Weist sie stärkere Ähnlichkeit mit der deutschen KapGes auf, wird sie steuerrechtlich als KapGes behandelt. Die Einbringung von Anteilen an einer Gesellschaft, die nach ausl Recht intransparent, nach deutschem Recht aber als transparent behandelt wird, fällt daher ebenfalls unter § 20, nicht hingegen unter § 21 (*Schmitt* in SHS § 20 Rn. 164, *Patt* in D/P/M § 20 UmwStG Rn. 118). Zu den Kriterien, die bei der Vergleichbarkeitsprüfung anzuwenden sind (vgl. im Einzelnen Rn. 264 sowie BMF v. 24.12.1998, BStBl. I 1999, 1976, 1114 ff.; v. 19.3.2004, BStBl. I 2004, 411; v. 16.4.2010, BStBl. I 2010, 354; BFH v. 20.8.2008 – I R 34/08, BStBl. II 2009, 263; *Bode* in Blümich § 15 EStG Rn. 247).

Es ist anerkannt, dass auch Beteiligungen an **ausl PersGes** Mitunternehmeranteile 141
begründen können (*Patt* in D/P/M § 20 UmwStG Rn. 118). Voraussetzung für die Anwendung des § 20 ist aber, dass die ausl PersGes über eine inl Betriebsstätte verfügt und/oder inl Gesellschafter vorhanden sind (*Wacker* in Schmidt § 15 Rn. 173; *Schmitt* in SHS § 20 Rn. 164).

Besteht an einer Beteiligung an einer Gesellschaft oder Gemeinschaft ein **Treuhand-** 142
verhältnis, so ist der Treuhänder zwar zivilrechtlich Gesellschafter (*Schmitt* in SHS § 20 Rn. 137). Steuerlich ist jedoch allein der Treugeber Mitunternehmer. Der Treuhänder übt in diesen Fällen die Gesellschafterrechte im eigenen Namen aus. Im Innenverhältnis handelt der Treuhänder jedoch auf Rechnung des Treugebers. Allenfalls in den Fällen der eigennützigen Treuhand wird der Treuhänder nicht als Mitunternehmer anzusehen sein.

Die abstrakte Eignung einer Beteiligung an einer PersGes oder vergleichbarem Gemein- 143
schaftsverhältnis reicht für die Annahme eines konkret einlagefähigen Mitunternehmeranteils nicht aus.

Zur Qualifizierung als einbringungsgeeignet ist weiter erforderlich, dass die Beteiligung einer Person zusteht, die zivilrechtlich Gesellschafter einer PersGes ist, wobei diese Außen- oder Innengesellschaft sein kann. Zur Begründung der Mitunternehmerstellung genügt ausnahmsweise auch ein anderes Rechtsverhältnis. Es muss sich aber um ein der PersGes vergleichbares Gemeinschaftsverhältnis handeln, das dem Beteiligten eine dem Gesellschafter einer PersGes ähnliche Stellung verschafft (*Bode* in Blümich § 15 EStG Rn. 235). Von einer Mitunternehmerstellung kann idR ausgegangen werden, wenn eine Außen- oder

Innengesellschaft vereinbart ist und die Vereinbarung vom gesetzlichen Regelstatut für diese Zusammenschlüsse nicht nennenswert abweicht (*Wacker* in Schmidt § 15 Rn. 266). Auch beim Abweichen vom Regelstatut kann gleichwohl auf Grund der besonderen Verhältnisse eine Mitunternehmerschaft begründet sein (*Wacker* in Schmidt § 15 Rn. 267 ff.). Ein der Außen-/Innengesellschaft wirtschaftlich vergleichbares Gemeinschaftsverhältnis, das ebenfalls Mitunternehmerstellung verschaffen kann, liegt vor, wenn die Beteiligten das Unternehmen auf gemeinsame Rechnung und Gefahr betreiben. Das kann auch bei Austauschverträgen (zB Darlehensverträgen) gegeben sein, wenn die Vertragskonditionen nicht fremdüblich, sondern außergewöhnlich sind und die Leistung sich als gewollter Beitrag zur Erreichung eines gemeinsamen Zweckes darstellt (*Bode* in Blümich § 15 EStG Rn. 235). Maßgebend ist nicht das gemeinsame Auftreten nach außen, sondern die Zweckbindung im Innenverhältnis. Bei diesen vergleichbaren Gemeinschaftsverhältnissen ist allerdings zu fordern, dass die Beteiligung am Gewinn und Verlust gegeben ist (*Wacker* in Schmidt § 15 Rn. 287 f.). Man spricht in diesem Zusammenhang auch von „verdeckter Mitunternehmerschaft" (*Bode* in Blümich § 15 EStG Rn. 235; *Wacker* in Schmidt § 15 Rn. 172). Typische fremdübliche Austauschverträge wie Arbeits- und Dienstverträge, Darlehensverträge oder andere Überlassungsverträge können keine Mitunternehmerschaft begründen. Auch die Begründung der Mitunternehmerschaft auf Grund rein tatsächlicher Verhältnisse (faktische Mitunternehmerschaft) ist ausgeschlossen (*Bode* in Blümich § 15 EStG Rn. 235; *Wacker* in Schmidt § 15 Rn. 172).

144 Zur Begründung eines einbringungsfähigen Mitunternehmeranteils ist schließlich erforderlich, dass der Gesellschafter/Gemeinschafter **Mitunternehmerinitiative entfalten kann und Mitunternehmerrisiko** trägt.

Mitunternehmerinitiative entfaltet derjenige, der auf das betriebliche Geschehen Einfluss nehmen kann. Dazu ist nicht erforderlich, dass der Gesellschafter/Gemeinschafter auf die Geschäftsführung Einfluss nimmt (*Bode* in Blümich § 15 EStG Rn. 351). Ausreichend für die notwendige Teilhabe an den unternehmerischen Entscheidungen ist das dem Gesellschafter/Gemeinschafter zustehende Stimmrecht in der Gesellschafterversammlung sowie ein Widerspruchsrecht, wie es der Kommanditist hätte (*Wacker* in Schmidt § 15 Rn. 263).

Das für die Begründung der Mitunternehmerstellung weiter erforderliche Mitunternehmerrisiko trägt derjenige Gesellschafter oder wirtschaftlich vergleichbare Gemeinschafter, der am Erfolg und Misserfolg des Unternehmens teilhat (*Wacker* in Schmidt § 15 Rn. 264). Er muss am Gewinn und Verlust sowie an den stillen Reserven beteiligt sein (*Bode* in Blümich § 15 EStG Rn. 350). Die bloße Umsatzbeteiligung reicht nicht aus (BFH v. 18.4.2000 – VIII R 68/98, BStBl. II 2001, 359). Hingegen begründet die unbeschränkte Außenhaftung stets Mitunternehmerrisiko, selbst dann, wenn im Innenverhältnis ein begrenzter Freistellungsanspruch besteht. Persönliche Haftung des Gesellschafters/Gemeinschafters ist nicht erforderlich (*Wacker* in Schmidt § 15 Rn. 264).

145 Die Beteiligung an einer Mitunternehmerschaft ist – im Unterschied zu der Beteiligung an einer KapGes – kein WG, sondern sie repräsentiert die Beteiligung des Mitunternehmers am Gesamthands- und SonderBV (BFH v. 30.10.2002 – IV R 33/01, DStR 2003, 245; v. 30.4.2003 – I R 102/01, DStR 2003, 1743; *Wacker* in Schmidt § 15 Rn. 690). Die Beteiligung ist in der Steuerbilanz des Gesellschafters auszuweisen, aber nicht wie ein WG zu bewerten (BFH v. 30.4.2003 – I R 102/01, BStBl. II 2004, 804).

146 Der einlagefähige Mitunternehmeranteil ist jedoch ein **selbständiger, eigenständiger Sacheinlagegegenstand nach § 20 I.** Die einbringungsrechtliche Selbst- und Eigenständigkeit des Mitunternehmeranteils ist auch dann gegeben, wenn der Mitunternehmeranteil sich im BV eines Einbringenden befindet. So liegen bei der Einbringung eines Betriebes, zu dessen BV ein Mitunternehmeranteil gehört, zwei selbstständige Einbringungsgegenstände vor, der Betrieb und der Mitunternehmeranteil (UmwStE Rn. 20.12 S 1; s. auch Rn. 81). Der Mitunternehmeranteil ist keine wesentliche Betriebsgrundlage (*Nitzschke* in Blümich § 20 UmwStG Rn. 48). Der Betrieb könnte auch ohne den Mitunternehmeranteil eingebracht werden. An einer Mitunternehmerschaft kann ein Mitunternehmer immer nur einen Mitunternehmeranteil innehaben. Bei sukzessivem Erwerb vereinigen sich die Teilbeteiligungen zu einer Beteiligung. Mitunternehmeranteile an verschiedenen Mitunternehmerschaften stellen jeweils selbstständige Mitunternehmeranteile dar, für die jeweils ein gesonderter Einbringungsvorgang in Betracht kommt. Werden deshalb mehrere zu einem BV gehörende Mitunternehmeranteile eingebracht, so liegen mehrere eigenständige Einbringungsvorgänge vor (UmwStE Rn. 20.12 S 2). Dies soll nicht gelten, wenn ein Anteil an einer Mitunternehmerschaft eingebracht wird, zu deren BV die Beteiligung an einer anderen Mitunternehmerschaft gehört. Hier liegt ein einheitlicher Einbringungsvorgang vor (UmwStE Rn. 20.12 S 3 und 4; *Patt* in D/P/M § 20 UmwStG Rn. 123).

(2) Umfang der Einbringung. Bei der Einbringung von Mitunternehmeranteilen ist zu unterscheiden, ob der gesamte Mitunternehmeranteil oder – zulässigerweise (UmwStE Rn. 20.11) – nur ein Bruchteil des Mitunternehmeranteils eingebracht wird. 147

Einbringung des gesamten Mitunternehmeranteils. Um die Bewertungsvergünstigung des § 20 I in Anspruch nehmen zu können, ist es erforderlich, dass mit dem Mitunternehmeranteil alle wesentlichen Betriebsgrundlagen des mitunternehmerischen BV auf die aufnehmende Körperschaft übertragen werden (hM; UmwStE Rn. 20.10, 20.06; *Patt* in D/P/M § 20 UmwStG Rn. 124 mwN). Für die Beurteilung der funktionalen Wesentlichkeit der BV-Teile ist die Sicht des einbringenden Mitunternehmers maßgebend (*Patt* in D/P/M § 20 UmwStG Rn. 124 mwN). 148

Funktional wesentlich für den Mitunternehmeranteil ist zum einen der Anteil des Einbringenden am Gesellschaftsvermögen in Gestalt des **Gesamthandsvermögens.** Hiervon erfasst werden auch § 6b-Rücklagen, die in der Gesamthandsbilanz der Mitunternehmerschaft bzw. für einen einzelnen Mitunternehmer in seiner Ergänzungsbilanz ausgewiesen sind (*Pitzal* DStR 2011, 2373). 149

Zum anderen muss auch das **SonderBV** des einbringenden Gesellschafters übertragen werden, wenn dieses wesentliche Betriebsgrundlage darstellt (BFH v. 25.11.2009 – I R 72/08, BStBl. II 2010, 471; v. 16.12.2009 – I R 97/08, BStBl. II 2010, 808; *Schmitt* in SHS § 20 Rn. 148, 150). SonderBV, das nicht wesentlich ist, muss nicht eingebracht werden. Dann wird ausschließlich der Mitunternehmeranteil eingebracht. 150

Die Existenz von SonderBV erklärt sich daraus, dass in der Handelsbilanz einer PersGes nur WG ausgewiesen werden dürfen, die im Gesamthandsvermögen der Mitunternehmerschaft stehen. Das SonderBV bilden die WG, die nicht zum Gesamthandsvermögen der PersGes gehören, sondern im rechtlichen oder wirtschaftlichen Eigentum eines oder mehrerer Mitunternehmer stehen (*Bode* in Blümich § 15 EStG Rn. 458). Diese WG können unterschiedlich eingesetzt werden, dienen aber in jedem Fall der Erzielung gewerblicher Einkünfte. Man unterscheidet, und diese Unterscheidung ist auch für § 20 bedeutsam, SonderBV I und SonderBV II.

Zum **SonderBV I** rechnen die WG, die der PersGes zur unmittelbaren Nutzung für den Betrieb überlassen werden (*Patt* in D/P/M § 20 UmwStG Rn. 128 mwN). Die Rechtsgrundlage für die Überlassung ist unerheblich. Es kann sich um eine gesellschaftsvertragliche Beitragspflicht handeln, aber auch auf schuldrechtlichen Verträgen beruhen. Unerheblich für die Qualifizierung als SonderBV I ist, ob die Überlassung der WG voll-, teil- oder unentgeltlich erfolgt. 151

Zum **SonderBV II** rechnen die WG des Gesellschafters, die nicht unmittelbar für betriebliche Zwecke der PersGes eingesetzt werden, die indessen in unmittelbarer Beziehung mit der Beteiligung des Gesellschafters stehen. Es handelt sich um WG, die zur Begründung und/oder Stärkung der Beteiligung des Gesellschafters eingesetzt werden (*Bode* in Blümich § 15 EStG Rn. 458, 461a). Ein typisches Beispiel für SonderBV II ist die Beteiligung des Gesellschafters einer GmbH & Co KG an der Komplementär-GmbH (*Wacker* in Schmidt § 15 Rn. 517). SonderBV II wurde für ein Grundstück angenommen, das der Gesellschafter an einen Dritten und dieser an die PersGes vermietet hat (BFH v. 152

31.3.2008 – IV B 120/07, BFH/NV 2008, 1320 mwN). Auch ein Darlehen, das von einem Gesellschafter zum Erwerb oder Erhöhung der Beteiligung aufgenommen wurde, stellt SonderBV II dar (BFH v. 28.3.2000 – VIII R 28/98, BStBl. II 2000, 347). Anteile an KapGes sind SonderBV II, wenn zur PersGes enge wirtschaftliche Beziehungen bestehen (BFH v. 6.11.2007 – IV B 123/06, BFH/NV 2008, 364; v. 14.1.2010 – IV R 86/06, BFH/NV 2010, 1096). Dies ist anzunehmen, wenn die Tätigkeit der KapGes die aktive gewerbliche Tätigkeit der PersGes ergänzt oder wenn die KapGes auf Grund ihrer wirtschaftlichen und organisatorischen Eingliederung wie eine unselbstständige Betriebsabteilung der PersGes tätig wird (BFH v. 17.11.2011 – IV R 51/08, DStR 2012, 850). Übliche Geschäftsbeziehungen, wie sie auch mit anderen Unternehmen gepflogen werden, reichen nicht aus. Die KapGes muss eine wesentliche Funktion der PersGes erfüllen (BFH v. 31.8.2006 – IV B 20/05, BFH/NV 2006, 2257; *Wacker* in Schmidt § 15 Rn. 518). SonderBV II scheidet auch aus, wenn die KapGes in starkem Maße anderweitig geschäftlich tätig ist. In diesen Fällen kann nicht angenommen werden, dass der Mitunternehmer die Einflussnahme auf die Geschäftsführung der KapGes im Interesse der PersGes ausübt (BFH v. 23.1.2001 – VIII R 12/99, BStBl. II 2001, 825). Die Beteiligung der Kommanditistin einer GmbH & Co KG an der Alleingesellschafterin der Komplementär-GmbH und der Hauptkommanditistin, einer Schweizer AG mit eigenem nicht untergeordneten Geschäftsbetrieb und weiteren Beteiligungen an anderen Gesellschaft hat der BFH nicht dem notwendigen SonderBV II zugeordnet, weil sich die Tätigkeit der AG sowie der zwischengeschalteten Komplementär-GmbH nicht auf die Führung der Geschäfte der GmbH & Co KG beschränkte. Eine Zuordnung der Beteiligung an der AG zum notwendigen SonderBV II wegen Haltens im vorrangigen Interesse der GmbH & Co KG sei nicht deshalb anzunehmen, weil die AG die Konzernleitung innehat oder der die Anteile innehabende Kommanditist über ein Benennungsrecht hinsichtlich des Verwaltungsrats der AG verfügt (BFH v. 17.11.2011 – IV R 51/08, DStR 2012, 850).

153 Für die Einordnung von WG zum SonderBV ist es unerheblich, ob dies erkannt und entsprechend bilanziert wurde. Maßgebend ist die funktionale Bedeutung dieser WG, die nicht von der bilanzmäßigen Erfassung abhängig ist (*Patt* in D/P/M § 20 UmwStG Rn. 124, 136; *Herlinghaus* in R/H/vL § 20 Rn. 110).

154 Ist ein WG dem SonderBV zuzurechnen, so bedeutet dies nicht, dass es nach § 20 begünstigt eingebracht werden kann. Begünstigt einbringungsfähig ist das SonderBV nur dann, wenn es wesentlich ist. Ist das SonderBV keine wesentliche Betriebsgrundlage kann es gleichwohl mit übertragen werden. Es wird dann von § 20 erfasst. Geht anlässlich der Einbringung eines Mitunternehmeranteils bisheriges SonderBV eines Mitunternehmers in dessen Privatvermögen über, ist das SonderBV mit dem gemeinen Wert nach § 16 III 7 EStG anzusetzen und durch Vergleich mit dessen Buchwert der sich ergebende Veräußerungsgewinn zu ermitteln (BMF v. 17.11.2016 – H 16 (9) EStH 2016, Anhang 28 I). Wird es jedoch in ein anderes BV des Mitunternehmers übertragen, so ist unter den Voraussetzungen des § 6 V 1–3 EStG die BW-Fortführung möglich. Dabei muss jeder einbringende Mitunternehmer für sich betrachtet werden. Behält einer von mehreren einbringenden Mitunternehmern unwesentliche WG zurück, während andere unwesentliches SonderBV mit einbringen, so bleibt auch für den erstgenannten Mitunternehmer der Weg des § 20 eröffnet (*Nitzschke* in Blümich § 20 UmwStG Rn. 59; *Bode* in Blümich § 15 EStG Rn. 460a).

155 Für den **Begriff der wesentlichen Betriebsgrundlage** gibt es keinen abschließenden Katalog von Kriterien. Die Frage nach der Wesentlichkeit kann nur im Einzelfall unter Berücksichtigung der besonderen Verhältnisse des Betriebs beantwortet werden. Allgemein anerkannt ist es, dass diejenigen WG zu den wesentlichen Betriebsgrundlagen zählen, die zur Erreichung des Betriebszweckes notwendig sind und denen ein wesentliches wirtschaftliches Gewicht für die Betriebsführung zukommt. Die WG müssen für die Fortführung des Betriebs notwendig sein, diesen begründen oder ihm das Gepräge geben (s. Rn. 65). Nach der gebotenen funktionalen Betrachtungsweise (s. Rn. 63 ff.) sind alle WG als wesentlich zu beurteilen, die zu den unverzichtbaren Betriebsgrundlagen des Betriebs gehören (UmwStE Rn. 20.10, 20.06). Einvernehmen besteht darüber, dass gewillkürtes SonderBV nach funktionaler Sichtweise mangels Zwangsläufigkeit der Zugehörigkeit zum BV keine wesentliche Betriebsgrundlage sein kann (*Patt* in D/P/M § 20 UmwStG Rn. 139; *Hruschka/Hellmann* in Haase/Hruschka § 20 Rn. 73, *Schmitt* in SHS § 20 Rn. 150 mwN).

WG des SonderBV I sind wesentlich, wenn sie zum unmittelbaren Einsatz im Betrieb bestimmt sind und funktional wesentliches Gewicht haben. Hierzu zählen überlassene Grundstücke, Gebäude, Maschinen und Rechte. Darlehensforderungen des Mitunternehmers gegenüber der Mitunternehmerschaft zählen nur ausnahmsweise zum wesentlichen SonderBV I (*Patt* in D/P/M § 20 UmwStG Rn. 135; *Hruschka/Hellmann* in Haase/Hruschka § 20 Rn. 71). 156

WG des SonderBV II stellen **nur ausnahmsweise wesentliche Betriebsgrundlagen** dar (BFH v. 16.2.1996 – I R 183/94, BStBl. II 1996, 342 mwN). Hierzu können WG gehören, die über einen Dritten der PersGes zur Nutzung überlassen werden (*Hruschka/Hellmann* in Haase/Hruschka § 20 Rn. 72). Auch Anteile an KapGes können wesentlich sein. Dann muss indessen die wirtschaftliche Verflechtung zwischen der Mitunternehmerschaft und der KapGes von erheblichem Gewicht sein. Die Beziehungen zwischen beiden müssen so ausgestaltet sein, dass sie über übliche Geschäftsbeziehungen hinausgehen (BFH v. 31.8.2006 – IV B 20/05, BFH/NV 2006, 2257; *Patt* in D/P/M § 20 UmwStG Rn. 136). Deshalb zählen auch die Anteile an einer GmbH, die von Mitunternehmern gehalten werden und deren Produkte die Mitunternehmerschaft vertreibt, zu den einbringungspflichtigen WG des SonderBV (BFH v. 6.7.1989 – IV R 62/86, BStBl. II 1989, 890). Vertreibt eine KapGes Produkte der Mitunternehmerschaft, so sind die Anteile an der KapGes nur dann einzubringende WG des SonderBV II, wenn die Vertriebstätigkeit der KapGes für die Mitunternehmerschaft von erheblicher Bedeutung und die KapGes nicht anderweitig wesentlich tätig ist (BFH v. 31.10.1989 – VIII R 374/83, BStBl. II 1990, 677). Es ist – wie bei den WG des BV und des SonderBV I auch – jeweils bezogen auf den Einzelfall zu prüfen, ob das WG tatsächlich eine wesentliche Betriebsgrundlage darstellt. 157

Aus Anlass des Erwerbs der Beteiligung an der PersGes eingegangene **Verbindlichkeiten** sind zwar negatives SonderBV II. Sie zählen aber nicht zu den wesentlichen Betriebsgrundlagen (hA; *Patt* in D/P/M § 20 UmwStG Rn. 140; *Schmitt* in SHS § 20 Rn. 151). Die zu leistenden Zinsen auf die Verbindlichkeit stellen Werbungskosten oder Betriebsausgaben bei den Einkünften aus den erlangten Kapitalanteilen dar. Sind die Einbringenden natürliche Personen, so sind die Schuldzinsen gemäß § 3c II 1 EStG nur in Höhe von 60% abzugsfähig. KapGes als Einbringende unterliegen – mit Ausnahme der Zinsschrankenregelung – keiner Abzugsbeschränkung. 158

Uneinheitlich ist das Meinungsbild in der Frage, ob bei der GmbH & Co KG der **Anteil eines Kommanditisten an der Komplementär-GmbH** (diese ohne eigenen Geschäftsbetrieb) wesentliches SonderBV II ist, also mit einzubringen ist (zum Meinungsstand s. *Patt* in D/P/M § 20 UmwStG Rn. 137). Die Befürworter der Wesentlichkeit der Komplementärbeteiligung begründen die Wesentlichkeit damit, dass die Beteiligung an der geschäftsführungsbefugten Komplementär-GmbH die Mitunternehmerinitiative der Mitunternehmer stärke (s. *Patt* in D/P/M § 20 UmwStG Rn. 137). Andere verneinen die funktionale Wesentlichkeit unter Hinweis darauf, dass die Einfluss-, Kontroll- und Widerspruchsrechte eines Kommanditisten die Mitunternehmerinitiative bereits hinreichend begründe (*Bron* DStZ 2011, 392 ff., 431 ff.). Die jüngere Rspr. des BFH sieht in der Komplementärbeteiligung des Kommanditisten grds. keine funktional wesentliche Betriebsgrundlage (BFH v. 25.11.2009 – I R 72/08, BStBl. II 2010, 471; v. 16.12.2009 – I R 97/08, BStBl. II 2010, 808; BFH v. 16.4.2015 – IV R 1/12, BStBl. II 2015, 705). Die funktionale Wesentlichkeit könne allenfalls dann angenommen werden, wenn die Beteiligung an der Komplementär-GmbH im konkreten Einzelfall die Stellung des Kommanditisten nachhaltig stärke, insb. dadurch, dass der Einfluss des Kommanditisten auf die 159

Geschäftsführung der KG grundlegend erweitert werde (BFH v. 25.11.2009 – I R 72/08, BStBl. II 2010, 471; zur Kritik an dieser einschränkenden Auslegung: *Wittwer* DStR 2015, 1362/1366). Die FinVerw hat ihre differenzierende Sicht in der Verfügung der OFD Rheinland v. 23.3.2011 (FR 2011, 489), welche durch die Verfügung der OFD Nordrhein-Westfalen v. 17.6.2014 (Az. S 2242-2014/0003-St 114) aktualisiert worden ist, und in der Verfügung der OFD Frankfurt a. M. v. 3.12.2015 (Az. S 2134 A-14-St 213) niedergelegt. Im Zweifelsfall sollte die Frage der funktionalen Wesentlichkeit der Komplementärbeteiligung in Absprache mit der FinVerw beantwortet werden (zum Meinungsstand s. *Schäffler/Gebert* DStR 2010, 636; *Schwedhelm/Talaska* DStR 2010, 1505; *Stangl/Grundke* DStR 2010, 1871; *Wacker* NWB 2010, 2382; *Große* BB 2010, 383; *Schulze zur Wiesche* DB 2010, 638; *Prinz* DB 2010, 972).

160 Ist die Einbringung der WG des SonderBV I und II wegen funktionaler Wesentlichkeit geboten, so muss **das rechtliche oder wirtschaftliche Eigentum** an den WG übertragen werden (UmwStE Rn. 20.10, 20.06; BFH v. 7.4.2010 – I R 96/08, BFH/NV 2010, 1749; *Schmitt* in SHS § 20 Rn. 152; *Patt* in D/P/M § 20 UmwStG Rn. 124 mwN). Die bloße Gebrauchs- oder Nutzungsüberlassung reicht nicht aus (*Schulze zur Wiesche* DStZ 2012, 232). Schwierigkeiten können sich dann ergeben, wenn für wesentliche WG Übertragungshindernisse bestehen. Ein solches Übertragungshindernis kann die Zurückbehaltung des wesentlichen WG nicht rechtfertigen (*Patt* in D/P/M § 20 UmwStG Rn. 124). Um mit der gewollten Einbringung gleichwohl in den Anwendungsbereich des § 20 zu gelangen, muss die Gebrauchs- oder Nutzungsüberlassung des WG so ausgestaltet sein, dass der Nutzende mindestens das wirtschaftliche Eigentum an dem WG erlangt hat (*Hötzel/Kaeser* in FGS/BDI UmwStE 2011, 326; *Patt* in D/P/M § 20 UmwStG Rn. 124). Im Schrifttum wird auch die Meinung vertreten, die Nutzungsüberlassung reiche aus (*Nitzschke* DStR 2011, 1068; *Götz* DStZ 1997, 551). Dieser Ansicht liegt die Überlegung zugrunde, dass dem übernehmenden Rechtsträger nicht mehr Rechte zustehen müssten, als dem übertragenden Rechtsträger zustanden. Stehe dem übertragenden Rechtsträger nur ein Nutzungsrecht zu, so müsse auch nur dieses beim Übernehmenden fortgesetzt werden. Dieser Gedanke sollte in Anbetracht der klaren Positionen der FinVerw, der Rspr. und des Schrifttums in der Praxis nicht weiter verfolgt werden.

161 **Gesonderte Übertragung des SonderBV I und II.** Das Sonder BV steht nicht im Gesamthandseigentum, sondern im Allein- oder Miteigentum eines oder mehrerer Mitunternehmer. Es geht daher selbst dann nicht zusammen mit dem Gesamthandseigentum über, wenn das Gesellschaftsvermögen im Wege der Gesamtrechtsnachfolge auf die übernehmende Gesellschaft übertagen wird. Vielmehr bedarf es für die Übertragung des SonderBV stets eines gesonderten Übertragungsaktes, der im zeitlichen und sachlichen Zusammenhang mit dem Übergang des übrigen BV stehen muss (BFH v. 11.12.2001 – VIII R 23/01, BStBl. II 2004, 474; *Patt* in D/P/M § 20 UmwStG Rn. 167).

Im Einzelnen ist zu unterscheiden:

162 – **Die Einbringung erfolgt auf Grund einer handelsrechtlichen Umwandlung durch** Gesamtrechtsnachfolge.

Hier ist zu dem notwendigen Übergang des SonderBV eine gesonderte Vereinbarung zwischen dem einbringenden Mitunternehmer und der aufnehmenden Körperschaft erforderlich. Die Übertragung des SonderBV muss zum selben Stichtag und in zeitlichem Zusammenhang mit der handelsrechtlichen Umwandlung erfolgen. Die handelsrechtliche Umwandlung und der Übertragungsakt hinsichtlich des SonderBV muss sich als einheitlicher Vorgang darstellen (*Patt* in D/P/M § 20 UmwStG Rn. 167). Die Übertragung des SonderBV muss zusammen mit der Fassung des Umwandlungsbeschlusses vereinbart werden (*Strahl* in Carlé/Korn/Stahl/Strahl Umwandlungen Rn. 140). Empfehlenswert ist die gegenseitige Bezugnahme in der Umwandlungsurkunde sowie in dem gesonderten Vertrag zur Übertragung des SonderBV. Je nach Ausgestaltung dieser Verknüpfung kann auch für die Übertragungsvereinbarung für das

SonderBV eine notarielle Beurkundung erforderlich sein (*Patt* in D/P/M § 20 UmwStG Rn. 167). Soll die Einbringung gemäß § 20 I rückwirkend erfolgen, so umfasst die Rückwirkung auch das SonderBV, weil die Rückwirkung das gesamte eingebrachte Vermögen betrifft.

Für die Übertragung des SonderBV müssen **keine neuen Anteile** gewährt werden. Die neuen Gesellschaftsrechte wurden durch die Umwandlung geschaffen. Dem übertragenden Gesellschafter können andere WG oder andere Ausgleichsleistungen gewährt werden. Schwierigkeiten hinsichtlich des wertmäßigen Ausgleichs ergeben sich dann, wenn bei einer handelsrechtlichen Umwandlung nicht alle Mitunternehmer SonderBV mit einbringen. Hier könnte es zu ungewollten Stimmrechtsverschiebungen kommen. Dem kann nur mit individuellen Ausgleichslösungen entgegnet werden (*Patt* in D/P/M § 20 UmwStG Rn. 168 mit Beispielen; *Hruschka/Hellmann* in Haase/Hruschka § 20 Rn. 77 mit Beispiel).

Davon, das SonderBV umwandlungsvorbereitend in das Gesamthandsvermögen zu überführen, sollte Abstand genommen werden, weil in einer Einbringung innerhalb der Sperrfrist eine schädliche Veräußerung gesehen wird (§ 6 V 6 EStG; BMF v. 8.12.2011 BStBl. I 2011, 1279 Rn. 34).

Die Einbringung von SonderBV ist seitens der übernehmenden Gesellschaft mit der Begründung von Rechten und Verpflichtungen verbunden, die mit den gesellschaftsrechtlichen Anforderungen an eine Umwandlung in Konflikt treten können. Angesichts des Umstandes, dass im deutschen Zivilrecht die Haftung der KapGes auf das Gesellschaftsvermögen beschränkt ist (§ 1 I 2 AktG; § 13 II GmbHG), kommt der Erhaltung des Mindestkapitals der KapGes erhebliche Bedeutung zu. Diesem Zweck tragen neben der Vorbelastungshaftung (Unterbilanzhaftung) analog § 9 I GmbHG insbesondere die Vorschriften über die Kapitalerhaltung Rechnung (§§ 57, 71 bis 71e AktG; §§ 30 bis 33, 43a S 1 GmbHG; §§ 39 I Nr. 5, 135 InsO; § 6 AnfG). Auch darf sich die Übertragung von SonderBV nicht als verschleierte Sachgründung unter Umgehung der §§ 5 IV, 7 III GmbHG darstellen (Rn. 199). Infolgedessen sind die Ansprüche, die aus dem Vertrag über die Einbringung des SonderBV erwachsen, nach außen erkennbar zu machen durch Aufnahme in den Sachgründungsbericht (§ 5 IV 2 GmbHG), in den Verschmelzungsvertrag (§ 5 I Nr. 7 UmwG), oder in den Spaltungsvertrag (§ 126 Nr. 7 UmwG), in den Spaltungsplan (§ 136 UmwG), in den Umwandlungsbericht (§ 192 I UmwG) und in den Umwandlungsbeschluss (§ 194 I Nr. 5 UmwG).

– **Die Einbringung erfolgt im Wege der Einzelrechtsnachfolge.** 163

Bei der Einbringung des Mitunternehmeranteils durch Einzelrechtsnachfolge muss sichergestellt sein, dass die Übertragung des SonderBV in den gesamten Einbringungsvorgang eingebettet ist. Das geschieht am sichersten dadurch, dass beide Übertragungsvorgänge in einer Vertragsurkunde niedergelegt sind und die nötige zeitliche und sachliche Verklammerung beider Vorgänge zum Ausdruck gebracht wird. Auch bei der Einbringung durch Einzelrechtsnachfolge kann das Rückbezugsrecht des § 20 VI in Anspruch genommen werden.

– **„Ausgliederung" von SonderBV vor der Einbringung.** 164

Das gesetzliche Gebot zur Einbringung aller funktional wesentlichen Betriebsgrundlagen beinhaltet das Verbot, funktional wesentliche Betriebsgrundlagen zurück zu behalten (s. auch Rn. 66). Geschieht dies dennoch, werden also funktional wesentliche Betriebsgrundlagen des Mitunternehmeranteils oder des SonderBV zurückbehalten, so ist schon der Tatbestand des § 20 I nicht erfüllt. Die rechtliche Folge ist dann die, dass das übertragene BV mit dem gemeinen Wert anzusetzen ist. Allein bei der Einbringung des Mitunternehmeranteils eines Kommanditisten einer GmbH & Co. KG in die Komplementär-GmbH kann sich die im SonderBV II befindende Beteiligung an der Komplementär-GmbH aus Billigkeitsgründen, wenn die Beteiligung wesentliche Funktion hat, zurückbehalten werden (UmwStE Rn. 20.10, 20.09; *Hruschka/Hellmann* in Haase/Hruschka § 20 Rn. 75).

Von dem Sachverhalt der Zurückbehaltung funktional wesentlicher Betriebsgrundlagen zu unterscheiden, ist der Sachverhalt der BW-Verlagerung funktional wesentlicher Betriebsgrundlagen in anderes BV im Vorfeld einer Einbringung („Ausgliederung vor Einbringung"). Im Vorfeld der Einbringung eines Mitunternehmeranteils wird zB ein funktional wesentliches Grundstück des SonderBV zum BW auf eine andere PersGes übertragen. Als Rechtsgrundlage für eine solche Separierung funktional wesentlichen BV kommt zB § 6 V 3 EStG in Betracht. In Betracht kommt bei gesellschafterbezogener Betrachtungsweise auch § 6b EStG, wenn die Tatbestandsvoraussetzungen dieser Norm erfüllt sind.

Es stellt sich dann die Frage, ob eine solche Auslagerung (Separierung) funktional wesentlicher Betriebsgrundlagen im Zusammenhang mit einem Einbringungsvorgang schädlich für die BW-Einbringung des nach der BW-Verlagerung verbliebenen BV oder SonderBV ist. Bei Schädlichkeit wären die stillen Reserven des übertragenen BV zu realisieren, weil die aufnehmende KapGes die übertragenen WG mit dem gemeinen Wert ansetzen müsste. Obgleich § 20 keine dem § 3 I 1 entsprechende Regelung enthält, wonach das Vermögen „einschließlich nicht entgeltlich erworbener und selbst geschaffener immaterieller Wirtschaftsgüter […] mit dem gemeinen Wert anzusetzen [ist]", wären auch bei § 20 selbstgeschaffene Firmenwerte anzusetzen (*Schmitt* in SHS § 20 Rn. 285).

165 UmwStE Rn. 20.10, 20.07 führt dazu aus, dass dann, wenn funktional wesentliche Betriebsgrundlagen oder nach wirtschaftlichen Zusammenhängen zuordenbare WG im zeitlichen und wirtschaftlichen Zusammenhang mit der Einbringung eines Mitunternehmeranteils in ein anderes BV überführt oder übertragen werden, die **Gesamtplanrechtsprechung** zu prüfen sei und verweist hierzu auf BFH v. 11.12.2001 – VIII R 23/01, BStBl. II 2004, 474 und v. 25.2.2010 – IV R 49/08, BStBl. II 2010, 726. Diese Prüfung, so muss der Hinweis in UmwStE Rn. 20.10, 20.07 wohl verstanden werden, könnte dazu führen, dass das BW-Privileg für die Einbringung zu versagen ist, die gewünschten steuerlichen Folgen also unter Hinweis auf die Gesamtplanrechtsprechung des BFH abzulehnen sind.

An dieser Sichtweise der FinVerw ist zu kritisieren, dass zur Prüfung der Gesamtplanrechtsprechung aufgerufen wird, ohne allerdings konkrete Hinweise zu ihrer Sichtweise des Gesamtplans zu geben. Hinzukommt, dass Urteile des BFH zitiert werden, die zu § 18 IV EStG und zur Anwendung der Tarifbegünstigung nach §§ 16, 34 EStG ergangen sind, also gerade nicht zu § 20. In beiden entschiedenen Fällen handelte es sich um Sachverhalte, deren wirtschaftliche Hintergründe mit dem des § 20 nicht zu vergleichen sind. Mit guten Gründen wird deshalb unter Hinweis auf den unterschiedlichen Normzweck die Anwendbarkeit der Gesamtplanrechtsprechung angezweifelt (*Hötzel/Kaeser* in FGS/BDI UmwStE 2011, S 327; *Iser* HFR 121, 538) oder gar abgelehnt (*Schulze zur Wiesche* DStR 2015, 1161/1165; *Förster/Förster* FR 2016, 596; *Herlinghaus* FR 2014 441/452). Dabei wird zutreffenderweise darauf hingewiesen, dass § 20 auf das BV zum Übertragungsstichtag abstellt und daher eine zeitpunktbezogene Betrachtung angezeigt ist, so dass Gesamtplanüberlegungen im Rahmen der teleologischen Auslegung der Norm nicht berücksichtigt werden können. Zusätzlich zu beanstanden ist, dass die FinVerw das einschlägige Urteil des BFH v. 25.11.2009, das zu § 20 ergangen und im BStBl. (I R 72/08, BStBl. II 2010, 471) veröffentlicht ist, nicht zitiert (*Hötzel/Kaeser* in FGS/BDI UmwStE 2011, S 327; *Rode/Teufel* in Schneider/Ruoff/Sistermann UmwSt-Erlass 2011 Rn. 20.17). Mit Recht wird auch eingewandt, dass die FinVerw nicht präzisiert, wann der zeitliche und wirtschaftliche Zusammenhang gegeben sein soll, der dann die Prüfung der Gesamtplanrechtsprechung auslösen soll (*Schneider/Ruoff/Sistermann* FR 2012, 1/8).

Ein Gesamtplan iSd Rechtsprechung des BFH ist dadurch gekennzeichnet, dass „ein einheitlicher Sachverhalt auf Grund eines vorherigen, zielgerichteten Plans künstlich zergliedert wird und den einzelnen Teilakten dabei nur insoweit Bedeutung zukommt, als sie die Erreichung des Endzustandes fördern" (BFH v. 9.11.2011 – X R 60/09, HFR

2012, 535 mwN und Anm. *Iser*). Konstitutives Merkmal des Gesamtplans ist, dass die gewählten Zwischenschritte keine eigenständige wirtschaftliche Funktion haben. Sie haben nur dienende Funktion in Bezug auf die Herbeiführung des gewünschten Zustandes nach dem letzten Teilschritt (*Offerhaus* FR 2011, 878/879). Mit dieser richterrechtlich geprägten Rechtsfigur sollen im Zuge der Prüfung und steuerlichen Beurteilung eines Sachverhaltes die verschiedenen zivilrechtlichen (Zwischen-)Schritte, die von einem einheitlichen Willen getragen werden, zusammengefasst betrachtet werden können (*Jehke* DStR 2012, 677/679). Liegt mehreren Teilschritten eines Sachverhaltes ein Gesamtplan zugrunde, so sind diese Teilschritte ungeachtet ihrer zivilrechtlichen Eigenständigkeit zu einer wirtschaftlichen Einheit zusammen zu fassen, wenn sie ohne wirtschaftliche Eigenständigkeit sind (*Offerhaus* FR 2011, 878/881). Nur diese steuerliche Einheit ist zu beurteilen. Das kann dazu führen, dass ein anderes steuerliches Ergebnis anzunehmen ist als beabsichtigt. Stellt sich also die Separierung von WG vor der Einbringung als ein solcher Teilschritt dar, so ist für die Einbringung des Rest-BV die Bewertungsvergünstigung des § 20 zu versagen.

Nicht abschließend geklärt ist das Verhältnis der Gesamtplanbetrachtung zu § 42 AO. Vereinzelt wird die Meinung vertreten, die Grundsätze des Gesamtplans seien kein Anwendungsfall des § 42 AO, sondern beruhen auf der Aufgabe der Rechtsprechung, eine mehraktige und zeitlich auseinanderfallende Gestaltung, die auf einem Gesamtplan beruht, so zu besteuern, wie sie bei einem zeitlichen Zusammenfall besteuert worden wäre (*Wendt* FR 2010, 386; *Wacker* NWB 2010, 2382/2387). Es wird zudem die Meinung vertreten, wonach sich die vom BFH entwickelte Gesamtplanrechtsprechung allein auf § 34 EStG und nicht auf § 42 AO stütze (*Schulze zur Wiesche* DStR 2015, 1161/1166). Richtigerweise wird jedoch überwiegend die Meinung vertreten, dass das Gesamtplaninstitut ein Anwendungsfall des § 42 AO ist (s. *Jehke* FR 2012, 677/679 Rn. 19 mwN; *Jebens* BB 2009, 2172). Die Vorstellung des Gesamtplans dient dazu, § 42 AO auszufüllen. Die Rechtsfigur hat sich allerdings als eigenständiger Tatbestand gegenüber § 42 AO verselbstständigt. Die Feststellung des Vorliegens eines Gesamtplans muss nicht zur Anwendung des § 42 AO führen (BFH v. 19.1.2011 – X B 43/10, BFH/NV 2011, 636).

Die Praxis wird zeigen müssen, bei welchen Sachverhaltsgestaltungen bei Einbringungsvorgängen der Gesamtplan relevant werden kann (s. hierzu eingehend *Schulze zur Wiesche* DStR 2012, 1420).

Gegenwärtig kann allerdings Folgendes festgestellt werden:

Sinnvollerweise kann die Gesamtplanbetrachtung bei Anwendung des § 20 – wenn überhaupt – nur angestellt werden, wenn die vor der Einbringung erfolgende Auslagerung von WG zu BW erfolgt (*Rode/Teufel* in Schneider/Ruoff/Sistermann UmwSt-Erlass 2011 Rn. 20.18; *Schneider/Ruoff/Sistermann* FR 2012, 1/9).

Allgemein in der Literatur und in der Rspr. ist anerkannt, dass „auf Dauer" erfolgte Auslagerungen nicht zu beanstanden sind (*Rode/Teufel* in Schneider/Ruoff/Sistermann UmwSt-Erlass 2011 Rn. 20.17; *Schneider/Ruoff/Sistermann* FR 2012, 1/9; *Jehke* DStR 2012, 677/680; BFH v. 25.11.2009 – I R 72/08, BStBl. II 2010, 471; v. 20.5.2010 – IV R 74/07, GmbHR 2010, 992/995).

Von der Gesamtplanbetrachtung und auch von § 42 AO nicht betroffen ist die Fallgestaltung, bei der vor der Einbringung eine wesentliche Betriebsgrundlage des einzubringenden Mitunternehmeranteils unter Aufdeckung der stillen Reserven veräußert wird und die Veräußerung auf Dauer angelegt ist (BFH v. 9.11.2011 – X R 60/09, HFR 2012, 535 mit Anm. *Iser; Weber-Grellert* NWB 2012, 2072).

Einbringung des Bruchteils eines Mitunternehmeranteils. Nach Ansicht der FinVerw und der hM in Lit. und Rspr. ist auch die Einbringung eines Bruchteils eines Mitunternehmeranteils zulässig (UmwStE Rn. 20.11; *Patt* in D/P/M § 20 UmwStG Rn. 142 mwN). Dies lässt sich mittelbar der Regelung in § 20 IV 1 entnehmen. Danach 166 wird die Begünstigung des Veräußerungsgewinns nach §§ 16, 34 EStG nicht gewährt, sofern nicht der gesamte Mitunternehmeranteil eingebracht worden ist. Da eine gesetzliche Rechtsfolge für die Veräußerung von Bruchteilen vorgesehen ist, muss auch deren Einbringung den Tatbestand des § 20 I erfüllen.

167 Schwierigkeiten ergeben sich, sofern der einbringende Mitunternehmer über SonderBV verfügt. Dieses ist zwingend mit dem Mitunternehmeranteil einzubringen, sofern im SonderBV wesentliche Betriebsgrundlagen enthalten sind. Es stellt sich die Frage, ob bei der Einbringung eines Bruchteils eines Mitunternehmeranteils eine quotengleiche Einbringung des SonderBV geboten ist. Für Spaltungen verlangt dies UmwStE Rn. 15.04. UmwStE Rn. 20.11 äußert sich nicht zu dieser Frage. Bei der Inanspruchnahme der Steuervergünstigung für Veräußerungsgewinne verlangt dies die Rspr. (BFH v. 6.12.2000 – VIII R 21/00, BStBl. II 2003, 194; v. 24.8.2000 – IV R 51/98, BStBl. II 2005, 173). Mit der hM ist davon auszugehen, dass die Grundsätze der Rspr. für Teilveräußerungen von Mitunternehmeranteilen auch für § 20 gelten (*Patt* in D/P/M § 20 UmwStG Rn. 143).

168 Die steuerlichen Folgen der Einbringung des Bruchteils eines Mitunternehmeranteils richten sich nach Art und Höhe des mitübertragenen SonderBV (s. *Patt* in D/P/M § 20 UmwStG Rn. 143 f.):

- Sind die im SonderBV gehaltenen WG nicht als wesentliche Betriebsgrundlage anzusehen, bleibt ihre (vollständige oder teilweise) Übertragung oder Zurückbehaltung ohne Auswirkung auf die steuerlichen Folgen der Einbringung der wesentlichen Betriebsgrundlagen.
- Wird ein der Quote des Mitunternehmeranteils entsprechend hoher Anteil am SonderBV eingebracht, so ist die Einbringung eines Mitunternehmeranteils gegeben. Ist mithin ein Mitunternehmer mit 70 % an einer PersGes beteiligt und ist ein Grundstück von ihm wesentliche Betriebsgrundlage, so muss der Mitunternehmer, wenn er die Hälfte seines Mitunternehmeranteils einbringt, die Hälfte des Grundstücks einbringen.
- Enthält das SonderBV wesentliche Betriebsgrundlagen und wird das gesamte SonderBV oder mit einer über der Mitunternehmerbeteiligung liegenden Quote (überquotale Übertragung) übertragen, so liegt die Einbringung eines Mitunternehmeranteils vor. Zum Einlagegegenstand gehört aber nur das SonderBV, soweit es der Quote des eingebrachten Mitunternehmeranteils entspricht (*Patt* in D/P/M § 20 UmwStG Rn. 144). Die Übertragung des SonderBV, das die Quote des Mitunternehmeranteils übersteigt, kann nicht nach § 20 beurteilt werden. Insoweit ist das SonderBV entsprechend den allgemeinen Grundsätzen mit dem Teilwert (§ 6 I Nr. 4 S 1 HS 1 EStG) oder dem gemeinen Wert (§ 6 I Nr. 4 S 1 HS 2 oder § 6 IV 1 EStG, sofern der Einbringende die neuen Anteile an der Übernehmerin im SonderBV hält) anzusetzen, da insofern mangels Gegenleistung in Form von neuen Anteilen an der Übernehmerin keine Einbringung vorliegt. In der Lit. wird allerdings eine Quotierung des eingebrachten SonderBV abgelehnt und für ausreichend erachtet, dass nur irgendein Teil des SonderBV mitübertragen wird (s. *Hötzel/Kaeser* in FGS/BDI UmwStE 2011, S 333; zweifelnd *Strahl* in Carlé/Korn/Stahl/Strahl Umwandlungen Rn. 142).
- Wird ein Anteil der im SonderBV gehaltenen wesentlichen Betriebsgrundlagen übertragen, der geringer ist als der übertragene Bruchteil des Mitunternehmeranteils, liegt nur in Höhe der dem übertragenen Mitunternehmeranteil entsprechenden Quote eine Einbringung iSd § 20 vor (unterquotale Übertragung). Die „Übererfüllung" von WG des Gesellschaftsvermögens erfolgt außerhalb der Sacheinlage nach § 20 (aA auch insoweit *Hötzel/Kaeser* in FGD/BDI UmwStE 2011, S 333). Für die Einbringung der WG des Gesellschaftsvermögens, die außerhalb des Anwendungsbereichs des § 20 liegen, gelten die allgemeinen Grundsätze der Gewinnrealisierung (§ 6 IV–VI EStG).

169 Aus der Notwendigkeit der quotalen Übertragung des SonderBV können sich praktische Schwierigkeiten ergeben, sofern das einzubringende WG nicht teilbar ist. Der BFH hat zu § 16 EStG die Auffassung vertreten, dass zumindest das anteilige wirtschaftliche Miteigentum stets übertragen werden müsse (BFH v. 24.8.2000 – IV R 51/98, BFH/NV 2000, 1554), was eine Betriebsaufspaltung zur Folge haben kann (*Patt* in D/P/M § 20 UmwStG Rn. 143). Diese Schwierigkeiten wären entschärft, soweit man die Einräumung eines Nutzungsrechts anstelle der Übertragung des wirtschaftlichen Eigentums für die Einbringung ausreichen ließe (s. Rn. 225 ff.).

Bilanzierungskonkurrenz. SonderBV, das bei Wesentlichkeit mit einzubringen ist, ist bei Vorliegen der materiellen Voraussetzungen für dasselbe auch dann anzunehmen, wenn das (auch) von der Mitunternehmerschaft genutzte WG bereits zum BV des Mitunternehmers zählt. Rspr. und FinVerw sehen § 15 I 1 Nr. 2 EStG als Zurechnungsnorm und lex specialis zu den allgemeinen Gewinnermittlungsvorschriften an (BFH v. 6.3.2002 – XI R 9/01, BStBl. II 2002, 737; v. 24.2.2005 – IV R 12/03, BStBl. II 2006, 361; BMF v. 28.4.1998 BStBl. I 1998, 583). Diese WG sind als SonderBV in die Gewinnermittlung der PersGes einzubeziehen, unabhängig davon, ob sie bereits zum gewerblichen BV des Mitunternehmers zählen. Diese WG sind, soll die Bewertungsvergünstigung des § 20 in Anspruch genommen werden, mit dem Mitunternehmeranteil einzubringen (*Patt* in D/P/M § 20 UmwStG Rn. 129). 170

(3) Zeitliche Anforderungen. In Abkehr von ihrer bisherigen Verwaltungspraxis ist es nach Auffassung der FinVerw nunmehr nur entscheidend, dass zum steuerlichen Übertragungszeitpunkt die Voraussetzungen des qualifizierten Einlagegegenstands vorlagen (UmwStE Rn. 20.14, 15.04; zur Kritik an dieser Verwaltungsauffassung s. Rn. 70). 171

Zur mehrfachen Übertragung eines Mitunternehmeranteils im Rahmen einer Ketteneinbringung nach § 20: *Pyszka* GmbHR 2017, 721 ff.

(einstweilen frei) 172–179

b) Gegenleistung: neue Anteile an der übernehmenden Gesellschaft

aa) Allgemeines. Der Tatbestand der Einbringung ist nach dem Gesetzeswortlaut („dafür") nur erfüllt, wenn der Einbringende für die Übertragung seines BV eine Gegenleistung in Gestalt neuer Anteile erhält. Zwischen der Vermögensübertragung und der Gegenleistung muss ein Gegenseitigkeitsverhältnis bestehen. Die Einbringung muss ursächlich für die Ausgabe der neuen Anteile sein. Es ist nicht erforderlich, dass die Übertragung des BV zweckgerichtete Ursache und wirtschaftliches Äquivalent der Gegenleistung ist (*Patt* in D/P/M § 20 UmwStG Rn. 170). Es ist auch nicht erforderlich, dass die handelsrechtlichen Voraussetzungen für eine Sachgründung oder Sachkapitalerhöhung erfüllt sind. Wird zur Kapitalaufbringung eine Bareinlage und zusätzlich die Übertragung eines Betriebes, Teilbetriebes oder Mitunternehmeranteils als Aufgeld vereinbart und werden neue Anteile ausgegeben, so kann § 20 anwendbar sein. Ausreichend ist bspw. die gesellschaftsrechtliche Anteilsübernahme, für die im Gegenzug eine Einlage in die übernehmende Gesellschaft geleistet wird, die steuerrechtlich unter § 20 fällt. 180

Ob das Erfordernis der Gewährung neuer Anteile an der übernehmenden Gesellschaft europarechtskonform ist, ist umstritten (Rn. 13). 181

bb) Gegenleistungen. (1) Neue Gesellschaftsanteile. Der einbringende Rechtsträger muss gemäß § 20 I als Gegenleistung für die Sacheinlage zumindest auch neue Anteile an der übernehmenden Gesellschaft erhalten. Insoweit ist das UmwStG unabhängig von den zivilrechtlichen Vorschriften, die in §§ 54 I 1, 68 I 1 UmwG vorsehen, dass von der Gewährung neuer Anteile abgesehen werden darf, sofern sämtliche Gesellschafter ihre Zustimmung hierzu erteilen. Gesellschaftsanteile iSd § 20 I sind ausschließlich Aktien oder Anteile an dem übernehmenden Rechtsträger (KapGes oder Genossenschaft). 182

Die Anteile müssen zumindest in Teilen anlässlich der Einbringung entstanden sein (UmwStE Rn. E 20.09). Die Frage der Neuheit der Anteile ist aus der Sicht des übernehmenden Rechtsträgers zu entscheiden (*Schmitt/Schloßmacher* UmwStE 2011, S 232). Neue Anteile iSd § 20 I sind die bei der **Gründung** der übernehmenden Gesellschaft gegen qualifizierte Sacheinlage ausgegebenen Anteile (§ 5 IV GmbHG; § 27 AktG; § 7a 183

III GenG bzw. vergleichbare ausl Vorschriften) sowie die infolge einer **Kapitalerhöhung** (§ 56 GmbHG; §§ 183, 194, 205 AktG bzw. vergleichbare ausl Vorschriften) gegen qualifizierte Sacheinlage zusätzlich geschaffenen Anteile (UmwStE Rn. E 20.10). Neue Anteile können auch bei den unter § 20 fallenden Vorgängen des **UmwG** entstehen, wenn es zu Kapitalerhöhungen kommt. Desgleichen können neue Anteile bei der Sacheinlage auf das Kommanditkapital einer KGaA entstehen. § 20 verlangt nur, dass überhaupt zumindest auch neue Anteile gewährt werden. Das Gesetz sieht keinen Mindestumfang für die neuen Anteile vor (*Schneider* in Schneider/Ruoff/Sistermann UmwStE 2011 Rn. E 20.13). Auf ihre Höhe bzw. ihren Wert kommt es nicht an. Der Wert der neuen Anteile muss nicht dem Wert des eingebrachten Vermögens entsprechen (*Herlinghaus* in R/H/vL § 20 Rn. 130a). Unerheblich ist auch die gesellschaftsrechtliche Ausgestaltung der neuen Anteile. Es ist nicht erforderlich, dass sie Stimmrechte gewähren (*Schmitt* in SHS § 20 Rn. 204).

184 Fraglich ist, ob neue Anteile vorliegen, wenn von der gesellschaftsrechtlichen Möglichkeit Gebrauch gemacht wird, einen bereits bestehenden Anteil **aufzustocken.** Diese Möglichkeit eröffnet § 55 III GmbHG. Der Einbringende erhält in diesen Fällen keinen eigenständigen neuen Anteil. Vielmehr wird der bereits bestehende Anteil aufgestockt. Mit der hM ist davon auszugehen, dass auch in diesem Fall die Voraussetzungen für neue Anteile an der aufnehmenden Gesellschaft erfüllt sind (*Patt* in D/P/M § 20 UmwStG Rn. 171; *Schmitt* in SHS § 20 Rn. 204; *Herlinghaus* in R/H/vL § 20 Rn. 132). Aus der Sicht der übernehmenden Gesellschaft entsteht insoweit eine neue Rechtsbeziehung. Des Weiteren entsteht ein neues Besteuerungsgut erstmals, das die Besteuerung der stillen Reserven sicherstellt (*Patt* in D/P/M § 20 UmwStG Rn. 171). Entsprechendes gilt, wenn parallele Sacheinlagen vorliegen. Wird zB ein Betrieb eingebracht, zu dessen BV ein Mitunternehmeranteil gehört, so liegen grds gesonderte Einbringungsvorgänge vor (s. Rn. 81, 146). Auch in diesem Fall ist es zulässig, die steuerlich selbstständigen Einbringungsvorgänge durch die Gewährung **eines** neuen Anteils steuerneutral zu gestalten (*Schmitt* in SHS § 20 Rn. 206; *Herlinghaus* in R/H/vL § 20 Rn. 132; *Nitzschke* in Blümich § 20 UmwStG Rn. 88). Es ist nicht erforderlich, dass für jede Sacheinlage eine eigenständige gesellschaftsrechtliche Kapitalerhöhung vorgenommen wird (*Nitzschke* in Blümich § 20 UmwStG Rn. 88). Der Wortlaut des § 20 I verlangt nur, dass überhaupt eine Gegenleistung in Form neuer Anteile gewährt wird. Hingegen ist nicht erforderlich, dass die Gegenleistung ausschließlich für einen einzigen Sacheinlagegegenstand gewährleistet wird.

185 Darüber hinaus ist es nicht erforderlich, dass die Gegenleistung der übernehmenden Gesellschaft ausschließlich in neuen Anteilen besteht. So kann die Gesellschaft das eingebrachte BV statt ausschließlich mit neuen Anteilen auch durch teilweise Zuführung zu den offenen Rücklagen belegen (UmwStE Rn. E 20.11 S 2; *Schmitt* in SHS § 20 Rn. 212). In der teilweisen Zuführung zu den offenen Rücklagen ist keine verdeckte Sacheinlage des Gesellschafters zu sehen (*Hruschka/Hellmann* in Haase/Hruschka § 20 Rn. 82). Die Aussage, dass jedenfalls auch neue Anteile gewährt werden müssen, beinhaltet zugleich die weitere Aussage, dass neben den neuen Anteilsrechten auch andere Vorteile gewährt werden können (UmwStE Rn. E 20.11 Satz 1; *Patt* in D/P/M § 20 UmwStG Rn. 187). Bei diesen Vorteilen muss es sich allerdings um WG handeln (arg. aus § 20 II 4). Bloße schuldrechtliche Absprachen, die nicht bilanzierungsfähig sind, stellen keine weitere Gegenleistung dar (*Schmitt/Schloßmacher* UmwStE 2011, S 234). Die zusätzlich zu gewährenden Vorteile können Sach- oder Geldleistungen sein.

186 Als **zusätzliche (sonstige) Gegenleistungen** kommen zB in Betracht (s. *Schmidt* in SHS § 20 Rn. 218; *Patt* in D/P/M § 20 UmwStG Rn. 187)

– die Gewährung von Geld- oder Sachwerten,
– die Gewährung eigener Anteile,
– die Einräumung von Genussrechten,

– die Einräumung einer Darlehensforderung gegen die aufnehmende Gesellschaft,
– die Einräumung von stillen Beteiligungen,
– die Übernahme privater Schulden des Einbringenden.

Keine zusätzliche Gegenleistung stellt die Übernahme von Verbindlichkeiten dar, die Bestandteil des eingebrachten BV sind (*Patt* in D/P/M § 20 UmwStG Rn. 187). Diese Verbindlichkeiten sind unselbstständige Bestandteile des Einbringungsgegenstandes. Insoweit stellt auch die Übernahme von Pensionszusagen einer Mitunternehmerschaft gegenüber einem oder mehreren ihrer Mitunternehmer grds keine zusätzliche Gegenleistung iSd § 20 II 4 dar, sondern geht als (unselbstständiger) Passivposten auf die übernehmende Gesellschaft über (UmwStE Rn. 20.29; *Patt* in D/P/M § 20 UmwStG Rn. 222 mwN; aA jedoch noch UmwStE 1998 Rn. 20.42 ff.). Eine Ausnahme soll nach Ansicht der FinVerw jedoch gelten, sofern die übertragende PersGes unter Berufung auf die Übergangsregel der FinVerw (BMF v. 29.1.2008 BStBl. I 2008, 317 Rn. 20) die Pensionszusage als unbeachtliche Gewinnverteilungsabrede behandelt und dementsprechend in ihrer Steuerbilanz keine Pensionsrückstellungen passiviert hat (UmwStE Rn. 20.29 Abs. 4).

Nicht abschließend geklärt ist die Frage, ob zusätzliche Gegenleistungen auch von 187
Dritten geleistet werden können (bejahend *Patt* in D/P/M § 20 UmwStG Rn. 187; einschränkend *Herlinghaus* in R/H/vL § 20 Rn. 182). Man wird die Leistungen Dritter nur anerkennen können, wenn es sich um eine Gegenleistung für das eingebrachte BV handelt und die Leistungen von einer der Gesellschaft nahestehenden Person erbracht wird (*Hötzel/Kaeser* in FGS/BDI UmwStE 2011, S 317).

Ungeachtet der umwandlungssteuerrechtlichen Zulässigkeit, dem Einbringenden einen 188
einzigen Anteil zu gewähren und die Differenz zwischen dem Nominalbetrag des Anteils und dem gemeinen Wert des eingebrachten BV in bar oder durch andere Wirtschaftsgüter zu vergüten, sind allerdings die gesellschaftsrechtlichen Beschränkungen durch das UmwG zu beachten. Dies kann Relevanz gewinnen bei der Verschmelzung und bei der Auf- und Abspaltung, für die der Sechste bis Achte Teil des UmwStG gilt. So schreiben § 54 IV UmwG für die GmbH und § 68 III UmwG für die AG vor, dass die im Verschmelzungsvertrag festgesetzten baren Zuzahlungen den zehnten Teil des Gesamtbetrages der gewährten Geschäftsanteile/Aktien der übernehmenden Gesellschaft nicht übersteigen dürfen. Entsprechendes gilt gemäß § 125 UmwG für die Auf- und Abspaltung. In der Lit. wird hierzu zB die Meinung vertreten, dass eine Gegenleistung in Form von Darlehensgutschriften seitens der übernehmenden Gesellschaft zugunsten der übertragenden Gesellschaft oder ihrer Gesellschafter nicht zulässig ist (*Priester* in Lutter § 126 Rn. 35; *Mayer* in W/M § 126 UmwG Rn. 142; differenzierend *Hörtnagl* in SHS § 126 UmwG Rn. 53). Es wird in diesem Zusammenhang auch die Frage gestellt, ob im Hinblick auf die umwandlungsrechtliche Zulässigkeit, im Rahmen des §§ 54 I 3, 68 I UmwG auf eine Anteilsgewährung ganz zu verzichten, die Möglichkeit besteht, den Gesellschaftern der übertagenden Gesellschaft andere Gegenleistungen zu gewähren (bejahend *Priester* in Lutter § 126 Rn. 35; *Hörtnagl* in SHS § 126 UmwG Rn. 53; verneinend *Mayer* in W/M § 126 UmwG Rn. 142).

Für die Ausgliederung stellen sich diese Fragen nicht, weil gemäß § 125 S 1 UmwG die Regelungen in §§ 54, 68 UmwG für die Ausgliederung nicht gelten.

(2) Keine Gewährung neuer Anteile. Mangels Ausgabe neu geschaffener Anteile ist 189
der Tatbestand des § 20 I insbesondere in den folgenden Fällen nicht erfüllt.

Zuführung zu den offenen Rücklagen. Die aufnehmende Gesellschaft hat, wie UmwStE Rn. E 20.11 S 2 vorsieht, die Möglichkeit, die Sacheinlage teilweise den offenen Rücklagen zuzuführen. Führt sie hingegen die gesamte Sacheinlage den Rücklagen zu, weil der Einbringende zB bereits an der aufnehmenden Gesellschaft beteiligt ist, so fehlt es an der Gewährung neuer Anteile mit der Folge der Unanwendbarkeit des § 20.

Verdeckte Einlage. Eine verdeckte Einlage liegt vor, wenn ein Gesellschafter oder eine 190
ihm nahestehende Person der Körperschaft außerhalb der gesellschaftsrechtlichen Einlagen

einen einlagefähigen Vermögensvorteil zuwendet und diese Zuwendung durch das Gesellschaftsverhältnis veranlasst ist (vgl. KStR 40 Abs. 1). Voraussetzung für die Annahme einer verdeckten Einlage ist ebenfalls stets, dass die Zuwendung des Gesellschafters oder der ihm nahestehenden Person durch das Gesellschaftsverhältnis veranlasst ist. Diese gesellschaftsrechtliche Veranlassung ist nur dann gegeben, wenn ein Nichtgesellschafter bei Anwendung der Sorgfalt eines ordentlichen Kaufmanns den Vermögensvorteil der Gesellschaft eingeräumt hätte (KStR 40 Abs. 3). Trotz der gebotenen gesellschaftsrechtlichen Veranlassung der verdeckten Kapitaleinlage liegt keine Einbringung iSd § 20 vor, weil dem Einlegenden keine neuen Anteile gewährt werden (UmwStE Rn. E 20.10). Die verdeckte Einlage eines WG in das BV einer Körperschaft führt nur zu nachträglichen AK auf die bereits vorliegenden Anteile an der Gesellschaft (KStR 40 Abs. 4, KStH 40). Die übernehmende Gesellschaft hat deshalb auch kein Bewertungswahlrecht. Die Bewertung der verdeckten Einlage hat vielmehr gemäß § 8 I KStG iVm § 6 I Nr. 5, VI EStG grds mit dem Teilwert zu erfolgen (vgl. KStR 40 Abs. 4; BFH GrS v. 9.6.1997 – GrS 1/94, BStBl. II 1998, 307; v. 24.3.1987 – I R 202/83, BStBl. II 1987, 705).

Eine verdeckte Kapitaleinlage kann auch im Falle einer teilentgeltlichen Veräußerung gegeben sein.

Überträgt der Gesellschafter einen Betrieb auf die KapGes und erhält er als Gegenleistung hierfür keine Gesellschaftsanteile, sondern einen Kaufpreis in Höhe des BW der WG, liegt ebenfalls ein Geschäft vor, das zwischen fremden Dritten nicht in dieser Weise vorgenommen worden wäre. Es handelt sich nicht um eine Einbringung iSd § 20, sondern um eine Einlage, weshalb die übertragenen WG nach den allg. ertragsteuerrechtlichen Regelungen mit dem Teilwert anzusetzen sind, §§ 5 VI, 6 I Nr. 7 EStG (BFH v. 24.7.1996 – I R 113/95, GmbHR 1997, 222).

191 **Gewährung bereits bestehender Anteile.** Bereits bestehende Anteile an der aufnehmenden Ges sind nicht neu, gleichgültig, ob sie als eigene Anteile der Gesellschaft gehalten werden oder von den Gesellschaftern. Die zu beurteilende Sacheinbringung hat nicht unmittelbar zur Entstehung dieser Anteile geführt. Diese Anteile sind bereits durch andere, frühere Vorgänge begründet worden. Werden ausschließlich solche bereits bestehenden Anteile gewährt, so ist § 20 nicht anwendbar (*Patt* in D/P/M § 20 UmwStG Rn. 173; *Schmitt* in SHS § 20 Rn. 208, 210; *Roser* GmbH-StB 2014, 55/58). Dabei kommt es nicht darauf an, wer die bestehenden Anteile hält. Schädlich ist die Ausgabe bestehender Anteile auch dann, wenn ein Gesellschafter solche Anteile hält und sie im Rahmen der Einbringung dem einbringenden Rechtsträger gewährt (*Schmitt* in SHS § 20 Rn. 208, 210). Denn die Voraussetzungen für das Vorliegen neuer Anteile sind nicht aus der Sicht des Einbringenden, sondern aus der Sicht der übernehmenden Gesellschaft zu beurteilen. Aus der Sicht der übernehmenden Gesellschaft muss eine neue Rechtsbeziehung zwischen ihr und dem einbringenden Rechtsträger entstehen. Dies ist bei der Ausgabe bestehender Anteile nicht der Fall.

192 Zulässig ist es aber, eigene Anteile **zusätzlich** zu neuen Anteilen auszugeben. Die Ausgabe der eigenen Anteile stellt dann eine Gewährung einer zusätzlichen Gegenleistung iSv § 20 II 4 dar (*Patt* in D/P/M § 20 UmwStG Rn. 174).

193 Umstritten war, wie zu verfahren ist, wenn zu dem einzubringenden BV bereits Gesellschaftsanteile an der übernehmenden Gesellschaft gehören, die wesentliche Betriebsgrundlage sind. Bei diesen Anteilen handelt es sich nicht um neue Anteile iSd § 20, da sie nicht im Gegenzug „für" die Sacheinlage geleistet werden, sondern bereits vor der Einbringung ausgegeben worden sind. Überwiegend wurde es jedoch als zulässig erachtet, diese Anteile auch dann als neue Anteile iSd § 20 zu behandeln, wenn der Einbringende sie zurückbehält. Die Einziehung der zum einzubringenden BV gehörenden Anteile an der Übernehmerin durch diese wäre im Hinblick auf die Ausgabe neuer Anteile an die Gesellschaft, die gerade Anteile eingezogen hätte, ein rein formaler Vorgang, auf den aus Vereinfachungsgründen verzichtet werden kann (*Schmitt* in SHS § 20 Rn. 78). Zum anderen ist die Einziehung auch zivilrechtlich nicht ohne Weiteres möglich, da § 33 GmbHG,

§§ 71 ff. AktG den Erwerb eigener Anteile durch die übernehmende Gesellschaft nur unter bestimmten Voraussetzungen zulassen.

Die FinVerw hat nunmehr in UmwStE Rn. 20.09 im Wege einer Nichtbeanstandungsregelung festgelegt, dass es auch bei handelsrechtlicher Zulässigkeit des Erwerbs eigener Anteile nicht zu beanstanden ist, wenn diese Anteile auch dann nicht miteingebracht, sondern zurückbehalten werden, wenn sie wesentliche Betriebsgrundlage sind. Trotz der Zurückbehaltung wesentlicher Betriebsgrundlagen ist in diesem Fall § 20 in vollem Umfang anwendbar. Voraussetzung für die Nichtbeanstandung der Zurückbehaltung ist allerdings, dass der Einbringende unwiderruflich beantragt, diese Anteile nicht miteinzubringen und die Einverständniserklärung, dass die zurückbehaltenen Anteile an der übernehmenden Gesellschaft künftig in vollem Umfang als Anteile zu behandeln sind, die durch eine Sacheinlage erworben worden sind (sog. erhaltene Anteile): Es soll also dieselbe Rechtsfolge eintreten, die eintreten würde, wenn die Anteile miteingebracht und neue Anteile ausgegeben würden. Diese Nichtbeanstandungsregelung findet keine Anwendung, wenn die Sacheinlage zum gemeinen Wert erfolgt. Der Antrag des Einbringenden ist bei dem FA des übernehmenden Rechtsträgers zu stellen (UmwStE Rn. 20.09 Abs. 2 S 5). Zur Form des Antrags macht UmwStE Rn. 20.09 keine Angaben. Das bedeutet, dass für den Antrag Formfreiheit besteht. Schriftlichkeit ist aber in jedem Fall zu empfehlen. Die Verwaltungsregelung in UmwStE Rn. 20.09 enthält keine Regelung zur Frist für die Antragstellung und Einverständniserklärung. Es gelten deshalb die allgemeinen Grundsätze mit der Folge, dass der Antrag noch in der letzten Tatsacheninstanz gestellt werden kann, in der über die Besteuerung der übernehmenden Gesellschaft entschieden wird (*Schmitt/Schloßmacher* UmwStE 2011, S 244; a. A. wohl *Hötzel/Kaeser* in FGS/BDI UmwStE 2011, S 330, die als spätesten Zeitpunkt den Tag der Abgabe der steuerlichen Schlussbilanz der übernehmenden KapGes annehmen). Bedeutsam ist die Regelung in UmwStE Rn. 20.09 zB, wenn bei bestehender Betriebsaufspaltung das Besitzunternehmen in die Betriebsgesellschaft eingebracht wird.

Rechtsfolge des unwiderruflichen Antrags und der Einverständniserklärung ist, dass die zurückbehaltenen Anteile als sog. erhaltene Anteile wie Anteile zu behandeln sind, die durch eine Sacheinlage erworben wurden. Für diese Anteile ist § 22 I anzuwenden (UmwStE Rn. 20.09 Abs. 2 S 3; krit. *Roser* GmbH-StB 2014, 55/58). Folge der Einbringung unter Zurückbehaltung der Anteile kann sein, dass diese zurückbehaltenen Anteile Privatvermögen werden. Grds löst der Übergang in das Privatvermögen die Aufdeckung der stillen Reserven in den Anteilen aus. Aus den Beispielen in UmwStE Rn. 20.09 ergibt sich aber, dass die FinVerw in diesem Fall die Entnahme oder die Rechtsfolgen der Entnahme verneint (*Patt* in D/P/M § 20 UmwStG Rn. 71, 72; *Hötzel/Kaeser* in FGS/BDI UmwStE 2011, S 330). Die AK der Anteile sind gleichmäßig auf die zurückbehaltenen und die neuen Anteile zu verteilen. Als AK der neuen und der erhaltenen Anteile gilt der Wertansatz des eingebrachten Vermögens zuzüglich des BW der zurückbehaltenen Anteile (UmwStE Rn. 20.09 Abs. 2 S 6). Sollte das eingebrachte BV infolge der Zurückbehaltung negativ werden, so ist § 29 II 2 Nr. 2 zu beachten (UmwStE Rn. 20.09 Abs. 2 S 7). Das bedeutet, dass das eingebrachte Vermögen anteilig aufzustocken ist. Das Alternativbeispiel in UmwStE Rn. 20.09 zeigt, dass in grenzüberschreitenden Fällen die Miteinbringung der zurückbehaltenen Anteile fingiert werden muss.

So positiv die Regelung in UmwStE Rn. 20.09 zu beurteilen ist, so muss doch kritisiert werden, dass die Lösung dann nicht sachgerecht ist, wenn in den zurückbehaltenen Anteilen stille Reserven enthalten sind, die ohne Umstrukturierung in das Halbeinkünfteverfahren fallen würden (*Strahl* in Carle/Korn/Stahl/Strahl Umwandlungen Rn. 151).

Gewährung von Genussrechten. Genussrechte sind (verbriefte oder unverbriefte) **194**
schuldrechtliche Ansprüche, die ganz oder teilweise den Vermögensrechten entsprechen können, wie sie typischerweise dem Aktionär oder GmbH-Gesellschafter zustehen (BFH v. 19.1.1994 – I R 67/92, BStBl. II 1996, 77; *Rengers* in Blümich § 8 KStG Rn. 192). Sie

geben typischerweise einen Anspruch auf einen Teil des Gewinns, den die Körperschaft erzielt, können darüber hinaus aber auch weitere Rechte gewähren (*Rengers* in Blümich § 8 KStG Rn. 192). Der Inhaber eines Genussrechts ist jedoch nicht am Nennkapital der Körperschaft beteiligt. Daher ist die Einräumung von Genussrechten keine Ausgabe neuer Anteile iSv § 20 I, sondern lediglich die Gewährung einer zusätzlichen Gegenleistung iSv § 20 II 4 (*Widmann* in W/M § 20 Rn. R 135).

195 **Gewährung stiller Beteiligungen.** Die Einräumung einer typisch stillen Beteiligung an der übernehmenden Gesellschaft ist nicht als Gewährung neuer Anteile an der Übernehmerin zu qualifizieren. Die stille Gesellschaft ist eine reine Innengesellschaft, der stille Gesellschafter ist gemäß § 230 HGB nicht am Geschäftsvermögen, sondern nur am Geschäftserfolg (Gewinn) beteiligt (*Bode* in Blümich § 15 EStG Rn. 316). Die typisch stille Beteiligung ist mangels Beteiligung am Nennkapital der übernehmenden Gesellschaft daher kein „Anteil" iSd § 20 I (*Widmann* in W/M § 20 Rn. R 135; *Patt* in D/P/M § 20 UmwStG Rn. 172).

Der atypisch stille Gesellschafter hat steuerrechtlich eine Mitunternehmerstellung an der Gesellschaft inne (*Bode* in Blümich § 15 EStG Rn. 317). Bringt daher ein Rechtsträger einen Betrieb oder Teilbetrieb ein und erhält er als Gegenleistung hierfür eine atypisch stille Beteiligung an der übernehmenden Gesellschaft, wird der Einbringende infolge der Einbringung Mitunternehmer der übernehmenden Gesellschaft. Der Vorgang ist als Einbringung in eine Personengesellschaft gemäß § 24 zu beurteilen (*Patt* in D/P/M § 20 UmwStG Rn. 172).

196 **Kapitalersetzende Darlehensforderungen.** Kapitalersetzende Darlehensforderungen gewähren keine Beteiligung am Nennkapital der übernehmenden Gesellschaft; sie sind daher keine „Anteile" iSd § 20 I, sondern „andere Wirtschaftsgüter" iSv § 20 II 4 (*Widmann* in W/M § 20 Rn. R 583; *Patt* in D/P/M § 20 UmwStG Rn. 172).

197 **Einfache Anwachsung.** Auch durch die einfache Anwachsung werden keine Rechte iSv § 20 gewährt.

198 **Sacheinlage in eine KGaA.** Die KGaA ist eine Gesellschaft mit eigener Rechtspersönlichkeit, bei der mindestens ein Gesellschafter den Gesellschaftsgläubigern unbeschränkt haftet (phG) und die übrigen an dem in Aktien zerlegten Grundkapital beteiligt sind, ohne persönlich für die Verbindlichkeiten der Gesellschaft zu haften (Kommanditaktionäre, § 278 I AktG). Das Rechtsverhältnis der phG untereinander und gegenüber der Gesamtheit der Kommanditaktionäre sowie gegenüber Dritten bestimmt sich nach den Vorschriften über die KG (§ 278 II AktG). Im Übrigen gelten die Vorschriften des AktG (§ 278 III AktG). Die KGaA ist danach zwar eine Mischform zwischen AG und KG, auf jeden Fall aber eine juristische Person. Die Komplementäre können Kommanditaktien erwerben und damit gleichzeitig Anteile am Grundkapital halten (zur KGaA s. *Drüen/van Haak* DStR 2012, 541).

Wird ein Betrieb, Teilbetrieb oder Mitunternehmeranteil auf eine KGaA übertragen, so ist für die steuerliche Beurteilung des Übertragungsvorgangs zu unterscheiden. Wird die Sacheinbringung anlässlich der Gründung oder Kapitalerhöhung durch einen Kommanditaktionär oder phG (Komplementär) in das Grundkapital der KGaA geleistet und erhält der Einbringende neue Aktien, so liegt eine Sacheinlage nach § 20 I vor. Wird das BV hingegen als Vermögenseinlage durch einen phG oder Kommanditaktionär übertragen, ist der sachliche Anwendungsbereich des § 20 I nicht eröffnet. Die Gegenleistung für die Übertragung der begünstigten Sachgesamtheit besteht in diesem Fall gerade nicht in Anteilen an der übernehmenden Gesellschaft. Vielmehr besteht die Gegenleistung in der Verschaffung der Stellung eines phG. Diese Gegenleistung ist vom Sinn und Zweck des § 20 nicht erfasst. Ungeachtet seiner zivilrechtlichen Beteiligung an einer KapGes werden dem Einbringenden bei dieser Situation keine neuen Anteile gewährt. § 20 bezweckt einen Besteuerungsaufschub für diejenigen stillen Reserven, die in den übertragenen WG enthalten waren und sich nach der Einbringung in den erhaltenen Anteilen fortsetzen. Die Einkünfte, die der persönlich haftende Gesellschafter aus seiner Beteiligung bezieht, sind hingegen originär; sie stehen in keinem Zusammenhang mit den stillen Reserven, die in den von ihm auf die KGaA übertragenen WG ruhen (*Patt* in D/P/M § 20 UmwStG Rn. 185; *Widmann* in W/M § 20 Rn. 476). Die steuerlichen Folgen der Vermögenseinlage richten sich vielmehr nach § 24.

Werden bei der Einbringung eines Betriebs, Teilbetriebs oder Mitunternehmeranteils dem Einbringenden Kommanditaktien gewährt und zugleich die Stellung eines phG eingeräumt, so werden § 20 und § 24 nur ausnahmsweise anwendbar sein. Beide Vorschriften verlangen die Einbringung qualifizierter Sachgesamtheiten. Wird ein Betrieb übertragen und teilweise auf das Grundkapital angerechnet und zT als Vermögenseinlage verwendet, so sind mangels geeigneter Einbringungsgegenstände §§ 20 und 24 nicht anwendbar (*Patt* in D/P/M § 20 UmwStG Rn. 186; a. A. *Hoetzel/Kaeser* in FGS/BDI UmwStE 2011, S 316, die allein darauf abstellen, dass ein qualifizierter Einbringungsgegenstand vorliegen muss, während es unerheblich sein soll, welche Rechte dem Einbringenden gewährt werden; der einheitliche Einbringungsvorgang könne sodann teils nach § 20 und teils nach § 24 beurteilt werden). Etwas anderes gilt, wenn ein Betrieb über zwei Teilbetriebe verfügt und diese getrennt gegen Aktien und als Vermögenseinlage übertragen werden. Entsprechendes gilt, wenn ein einzubringender Mitunternehmeranteil aufgespalten wird.

Verschleierte Sacheinlage. Eine verschleierte Sacheinlage liegt vor, wenn zur Umge- 199
hung der gesetzlichen Vorschriften für die Gründung einer KapGes durch Sacheinlage nur formell die Bargründung einer KapGes durchgeführt wird, die Gesellschaft aber in zeitlichem Zusammenhang mit dieser Bareinlage bei wirtschaftlicher Betrachtung von dem Gesellschafter auf Grund eines im Zusammenhang mit der Übernahme der Bareinlage abgeschlossenen Grundgeschäfts einen Sachwert erhalten soll (BGH v. 7.7.2003 – II ZR 235/01, NJW 2003, 3127/3128; v. 9.7.2007 – II ZR 62/06, NJW 2007, 3425/3426; BGH v. 11.2.2008 – II ZR 171/06, DStR 2008, 831/832; v. 27.10.2009 – IX B 171/09, BFH/NV 2010, 409; *Wicke* § 19 GmbHG Rn. 20). In den Fällen der verdeckten (verschleierten) Sacheinlage bei Gründung oder Kapitalerhöhung werden zwar formell Bareinlagen vereinbart, materiell werden jedoch Sacheinlagen geleistet, ohne dass die strengen Sacheinlagevorschriften (insbesondere §§ 5 IV, 56 GmbHG, §§ 27, 183 AktG) beachtet werden (*Wicke* § 19 GmbHG Rn. 18). Es liegt zunächst eine Bargründung oder Barkapitalerhöhung vor. Zeitnah erfolgt jedoch eine vereinbarte Sacheinlage, die mit der geleisteten Bareinlage verrechnet oder zB durch eine Gewinnausschüttung zurückgewährt wird.

Für die Zeiträume **vor dem Inkrafttreten des MoMiG** (BGBl. I 2008, 2026) hat der 200
BGH in ständiger Rechtsprechung entschieden, dass nicht nur die Bareinlage nicht wirksam erbracht wurde, sondern wegen der Verletzung der Sachgründungsvorschriften sowohl die schuldrechtliche Vereinbarung über die Sachleistung (§ 19 V GmbHG aF analog) als auch das dingliche Erfüllungsgeschäft (§ 27 III 1 AktG in direkter Anwendung auf Sacheinlagen in eine AG bzw. in analoger Anwendung bei verdeckten Sacheinlagen in eine KapGes) unwirksam waren (BGH v. 7.7.2003 – II ZR 235/01, NJW 2003, 3127; *Maier-Reimer/Wenzel* ZIP 2008, 1449). Durch die Leistung einer verdeckten Sacheinlage wurde der Gesellschafter nicht von seiner ursprünglichen Bareinlagepflicht befreit. Denn die verdeckende Barleistung stand nicht zur endgültigen freien Verfügung der Geschäftsführer iSv §§ 7 III, 8 II 1 GmbHG (BGH v. 2.12.2002 – II ZR 101/02, NJW 2003, 825; vgl. dazu auch *Gesell* BB 2007, 2241/2242). Der Einlageanspruch der Gesellschaft gegenüber dem verdeckt Sacheinlegenden bestand fort (*Gesell* BB 2007, 2241/2243). Die Leistungen waren nach §§ 985 ff. BGB und den Grundsätzen der ungerechtfertigten Bereicherung (§§ 812 ff. BGB) zurück zu gewähren (*Gehrlein* Der Konzern 2007, 771/783; *Gesell* BB 2007, 2241/2243).

Diese Grundsätze galten auch dann, wenn Gegenstand der verschleierten Sacheinlage zB ein Betrieb oder Teilbetrieb war. Da in den Fällen der verschleierten Sacheinlage nach der alten Rechtslage schon keine zivilrechtlich wirksame Sacheinlage vorlag, konnte auch § 20 keine Anwendung finden (im Ergebnis ebenso *Widmann* in W/M § 20 Rn. R 141; *Patt* in D/P/M § 20 UmwStG Rn. 182).

Zu den ertragsteuerlichen Konsequenzen einer verschleierten Sacheinlage vgl. *Fischer* Ubg 2008, 684; *Widmann* in W/M § 20 Rn. R 141 f.

201 Hinsichtlich der steuerlichen Behandlung der verschleierten Sacheinlage ist **seit der Neufassung des § 19 IV GmbHG durch das MoMiG** und § 27 III AktG zu beachten, dass die in § 19 IV GmbHG nF und § 27 III AktG geregelten Rechtsfolgen von der bisherigen Behandlung der verdeckten Sacheinlage durch die Rechtsprechung abweichen.

Es ist davon auszugehen, dass nach neuem Recht die verschleierte Sacheinlage als Sacheinlage zu behandeln ist und den an diese gestellten gesetzlichen Anforderungen zu genügen hat. Die verschleierte Sacheinlage ist deshalb wiederum dadurch bestimmt, dass eine Gründung oder Kapitalerhöhung als Bargründung bzw. Barerhöhung beschlossen und angemeldet wird, der Einlegende mit der Gesellschaft jedoch verabredet hat, dass die geleistete Bareinlage im Rahmen eines vermeintlichen Verkehrsgeschäfts wieder an ihn zurückfließt. Nach der Legaldefinition des § 19 IV 1 GmbHG muss die Bareinlage bei wirtschaftlicher Betrachtung einer Sacheinlage entsprechen und die Einbringung des Vermögenswertes auf Grund einer im Zusammenhang mit der ursprünglichen Einlageleistung getroffenen Abrede erfolgen. Aus der auch stillschweigend möglichen Abrede muss sich ergeben, dass die Bareinlage des Gesellschafters im wirtschaftlichen Ergebnis durch eine andere Leistung als in Geld getätigt werden soll oder kann. Der Gesellschafter liefert der Gesellschaft zB Waren oder andere einlagefähige Güter und der Kaufpreis wird mit der Bareinlageschuld verrechnet. Bei wirtschaftlicher Betrachtung liegt von vornherein eine Sacheinlage vor, da nicht die Bareinlage sondern der Gegenstand endgültig an die Gesellschaft übertragen wird.

Auch nach der Reformierung des GmbHG und des AktG wird der Gesellschafter durch die Leistung der Bareinlage nicht von seiner Bareinlagepflicht befreit, § 19 IV 1 GmbHG; § 27 III AktG. Die Bareinlage hat keine schuldtilgende Wirkung. Die Gesellschaft muss vielmehr die Einlage nach den Grundsätzen der ungerechtfertigten Bereicherung (§§ 812 ff. BGB) an den Gesellschafter herausgeben (*Pentz* GmbHR 2009, 126/127). Im Unterschied zum bisherigen Recht sind aber die schuld- und sachenrechtlichen Verträge, die der Übertragung der Vermögensgegenstände zugrunde liegen, gültig, § 19 IV 2 GmbHG, § 27 III AktG. Da die verdeckte Einbringung von Vermögensgegenständen auch nach neuem Recht die Einlageschuld nicht erfüllt, darf der Geschäftsführer die Gründung bzw. Kapitalerhöhung an sich nicht anmelden und dabei versichern, dass die Einlage erbracht ist (§§ 8 II, 82 I Nr. 1 GmbHG). Wird trotz Verstoßes gegen Sachgründungs- bzw. Sacherhöhungspflichten infolge unrichtiger Versicherungen gleichwohl eingetragen, so wird nunmehr der Wert der bereits übertragenen Vermögensgegenstände kraft Gesetzes auf die fortbestehende Bareinlageschuld angerechnet (vgl. dazu *Wicke* § 19 GmbHG Rn. 25). Wegen der grds fortbestehenden Gültigkeit der abgeschlossenen kausalen und dinglichen Geschäfte wird die Anrechnung auch dann vorgenommen, wenn die Sacheinlagevorschriften vorsätzlich missachtet wurden. Die Anrechnung auf die Einlageschuld erfolgt mit ex-nunc-Wirkung (*Fischer* Ubg 2008, 684/687). Das ursprüngliche Kausalgeschäft wird bei dieser Lösung ausgeblendet. Die Zahlung der Gesellschaft tilgt nicht eine Kaufpreisschuld, sondern ihre Bereicherungsschuld gegenüber dem Gesellschafter (*Maier-Reimer/Wenzel* ZIP 2008, 1449; *Fuchs* BB 2009, 170). Der Wert des Kaufgegenstandes steht nun zur Anrechnung auf die Einlageschuld zur Verfügung. Die Einlageschuld wird durch die Gegenstandsübertragung an Erfüllungs statt (§ 364 BGB) getilgt (*Maier-Reimer/Wenzel* ZIP 2008, 1449). Decken sich die Einlageschuld und der Wert des verdeckt eingelegten WG betragsmäßig, so ist die Einlage erbracht. Ist der Wert des Vermögensgegenstandes geringer als die Einlageschuld, so wird diese nur in Höhe des Gegenstandswertes getilgt. In Höhe der Differenz besteht die Einlageschuld fort, § 19 IV 3 GmbHG, § 27 III AktG. Übersteigt die Kaufpreiszahlung die ursprüngliche Bareinlageleistung des Gesellschafters, so wird nur der übersteigende Betrag als Kaufpreiszahlung behandelt (*Fuchs* BB 2009, 170).

Auf Grund der durch die Anrechnung erfolgten Umgestaltung der Rechtsverhältnisse wird die Anrechnungslösung allgemein als Vorgang der Kapitalaufbringung angesehen (*Maier-Reimer/Wenzel* ZIP 2008, 1449; *Fuchs* BB 2009, 170).

Gegenstand einer verschleierten Sacheinlage kann auch ein Betrieb, Teilbetrieb oder Mitunternehmeranteil sein. Es stellt sich dann die Frage, ob § 20 Anwendung finden kann. Die FinVerw lehnt dies ab, weil keine neuen Anteile entstünden (UmwStE Rn. E 20.10). Auch in der Lit. wird die Meinung vertreten, § 20 sei nicht anwendbar (so zB *Patt* in D/P/M § 20 UmwStG Rn. 182). 202

Ist nach der neuen Rechtslage Gegenstand einer verdeckten Sacheinlage ein Betrieb, Teilbetrieb oder Mitunternehmeranteil, so kann nach hier vertretener Meinung § 20 Anwendung finden, wenn der Sacheinlagegegenstand in dem schuldrechtlichen Verkehrsgeschäft zu BW oder ZW veräußert wird und die Eintragung im Handelsregister erfolgt. Die Gegenmeinung berücksichtigt nicht hinreichend, dass sich die gesellschaftsrechtliche Ausgangslage durch § 19 IV GmbHG, § 27 III AktG geändert hat. Das zitierte BFH-Urteil v. 1.7.1992 (I R 5 /92, BStBl. II 1993, 131) kann nicht herangezogen werden, weil es zu einer anderen Gesetzeslage ergangen ist. Es kommt hinzu, dass mit der Anrechnung auf die Einlageschuld an Erfüllung statt geleistet wird (*Maier-Reimer/Wenzel* ZIP 2008, 1449). Das bedeutet, dass eine Anrechnung der WG auf die Einlageschuld erfolgt und insoweit Erfüllungswirkung eintritt (*Roth/Altmeppen* § 19 GmbHG Rn. 77). Mit der Eintragung des Vorgangs im Handelsregister liegt folglich eine wirksame Sachübernahme vor, die der Sacheinlage gleichsteht (*Widmann* in W/M § 20 Rn. R 140; *Fischer* Ubg 2008, 684/687). Eine vollständige Aufdeckung der in dem Betrieb, Teilbetrieb oder Mitunternehmeranteil ruhenden stillen Reserven ist nicht mehr erforderlich (*Fischer* Ubg 2008, 684/687).

§ 19 IV GmbHG idF des MoMiG ist am 1.11.2008 in Kraft getreten. Der zeitliche Anwendungsbereich erstreckt sich gemäß § 3 IV EGGmbHG grds auch auf Einlageleistungen, die vor dem Inkrafttreten des MoMiG erfolgt sind (vgl. dazu *Pentz* GmbHR 2009, 126/130 f.). Eine Ausnahme gilt gemäß § 3 IV 2 EGGmbHG, wenn über die Unwirksamkeit der aus der verdeckten Sacheinlage folgenden Ansprüche bereits ein rechtskräftiges Urteil ergangen ist oder eine wirksame Vereinbarung zwischen dem Gesellschafter und der übernehmenden Gesellschaft getroffen worden ist. In diesen Fällen ist § 19 IV GmbHG nF unanwendbar, es bleibt bei den oben zur alten Rechtslage dargestellten Rechtsfolgen. Entsprechendes gilt gemäß § 20 VII EGAktG für AG, wenn die Einlageleistung vor dem 1.8.2009 erbracht wurde. 203

Umwandlungsrechtliche Vorgaben. Mangels Anteilsgewährung kann § 20 bei umwandlungsrechtlichen Sachverhalten, die steuerlich als Einbringungen begünstigt sein können, unanwendbar sein, weil das UmwG **ein Kapitalerhöhungsverbot** vorschreibt (UmwStE Rn. E 20.10). 204

Ein solches Verbot ergibt sich für die Verschmelzung aus § 54 I 1 UmwG für die übernehmende GmbH und aus § 68 I 1 UmwG für die übernehmende AG. Gleiches gilt gemäß § 125 UmwG für die nach Einbringungsrecht zu beurteilenden Auf- und Abspaltungen. Nach §§ 54 I 1, 68 I UmwG darf die übernehmende Gesellschaft zur Durchführung der Verschmelzung – und iVm § 125 UmwG zur Durchführung der Auf- oder Abspaltung – ihr Stamm-/Grundkapital nicht erhöhen, wenn

- sie Anteile eines übertragenden Rechtsträgers innehat,
- ein übertragender Rechtsträger eigene Anteile innehat oder
- ein übertragender Rechtsträger Geschäftsanteile/Aktien innehat, auf welche die Einlagen nicht in voller Höhe bewirkt wurde.

Infolge des Kapitalerhöhungsverbotes darf die übernehmende Gesellschaft bei den aufgeführten Sachverhalten keine neuen Anteile als Gegenleistung ausgeben. Der Umwandlungsvorgang ist daher vom sachlichen Anwendungsbereich des § 20 I nicht erfasst (*Schmitt* in SHS § 20 Rn. 211; *Herlinghaus* in R/H/vL § 20 Rn. 132h; *Patt* in D/P/M § 20 UmwStG Rn. 176).

Anwendungsfälle, in denen die Regelungen der §§ 54 I 1, 68 I 1, 125 UmwG eingreifen, sind insbesondere solche, in denen eine 100%ige Tochtergesellschaft mit ihrem Betrieb oder Teilbetrieb auf die Muttergesellschaft umgewandelt wird, § 54 I 1 Nr. 1 UmwG (*Herlinghaus* in R/H/vL § 20 Rn. 132i; *Patt* in D/P/M § 20 UmwStG Rn. 177).

205 § 20 ist mangels Gewährung neuer Anteile des Weiteren auch dann nicht anwendbar, wenn die übernehmende Gesellschaft von der Gewährung neuer Anteile deshalb absieht, weil alle Anteilsinhaber eines übertragenden Rechtsträgers darauf verzichten (§§ 54 I 3, 68 I 3 UmwG).

206 Anderes gilt für Spaltungen im Wege der **Ausgliederung.** Gemäß § 125 S 1 UmwG sind §§ 54 und 68 UmwG bei der Ausgliederung nicht anzuwenden. Es gibt also kein Kapitalerhöhungsverbot und auch keine den §§ 54 I 3, 68 I 3 UmwG entsprechende Optionsmöglichkeit zum Verzicht auf die Gewährung neuer Anteile.

207 **Kapitalerhöhungswahlrechte gemäß §§ 54 I 2, 68 I 2 UmwG.** Das **UmwG** eröffnet der übernehmenden Gesellschaft in bestimmten Fällen hinsichtlich der Durchführung der Kapitalerhöhung ein Wahlrecht: Verfügt die Übernehmerin bereits vor der Umwandlung über eigene Anteile, braucht sie gemäß §§ 54 I 2, 68 I 2 UmwG keine neuen Anteile auszugeben, soweit sie eigene Gesellschaftsanteile (eigene Aktien im Falle der Aktiengesellschaft) innehat (§§ 54 I 2 Nr. 1, 68 I 2 Nr. 2 UmwG) oder der einbringende Rechtsträger Anteile an der Übernehmerin innehat, auf welche die Einlagen (im Falle der Aktiengesellschaft: der Ausgabebetrag) bereits in voller Höhe bewirkt worden sind (§§ 54 I 2 Nr. 2, 68 I 2 Nr. 2 UmwG). Sie kann in diesen Fällen entweder eine Kapitalerhöhung durchführen und die so gebildeten neuen Anteile an den übertragenden Rechtsträger ausgeben oder sie kann unter Verzicht auf eine Kapitalerhöhung die eigenen Anteile, über die sie bereits vor der Umwandlung verfügt hat, an den übertragenden Rechtsträger als Gegenleistung ausgeben (*Reichert* in Semler/Stengel § 54 UmwG Rn. 13 f.; *Diekmann* in Semler/Stengel § 68 UmwG Rn. 13 f.).

208 **Steuerrechtlich** ist die Ausgabe (zumindest auch) neuer Anteile, also eine Kapitalerhöhung, auch in den Fällen der §§ 54 I 2, 68 I 2 UmwG gemäß § 20 I zwingend erforderlich (vgl. aber Rn. 181 zur Europarechtskonformität). Nimmt die übernehmende Gesellschaft in den genannten Fällen eine solche Kapitalerhöhung vor, ist eine Sacheinlage iSd § 20 bei Vorliegen der übrigen Voraussetzungen (insbesondere: Übertragung der wesentlichen Betriebsgrundlagen) gegeben (*Patt* in D/P/M § 20 UmwStG Rn. 179). Befinden sich im BV der Mitunternehmerschaft, deren BV eingebracht wird, bereits Anteile an der übernehmenden Gesellschaft, die mit der Sacheinlage auf die ehemaligen Mitunternehmer übertragen werden, sind diese Anteile nicht als zusätzliche Gegenleistung iSv § 20 II 4 zu qualifizieren, sondern es handelt sich um eine aus Gründen der Vereinfachung zulässige Zurückbehaltung von Anteilen an der übernehmenden Gesellschaft.

209 UmwStE Rn. E 20.09 und E 20.10 stellen in Wiederholung des Gesetzeswortlauts für die Bewertungsvergünstigung des § 20 darauf ab, dass die übernehmende Gesellschaft für das eingebrachte Vermögen zumindest zum Teil auch neue Gesellschaftsanteile abgibt. Diese Aussage ist für **grenzüberschreitende,** von der **FusionsRL** erfasste Einbringungen innerhalb der EU/EWR, an denen also Gesellschaften aus verschiedenen Mitgliedstaaten beteiligt sind, anzuzweifeln. Die Regelung zur Gewährung neuer Anteile bei Sachverhalten, die von der FusionsRL erfasst werden, ist nicht konform mit Art. 2 Buchst. c FusionsRL, wonach nur Anteile zu gewähren sind, nicht zwingend neue Anteile (*Nitzschke* in Blümich § 20 UmwStG Rn. 74; *Schmitt* in SHS § 20 Rn. 204; *Widmann* in W/M § 20 Rn. R 134, 150). Bei grenzüberschreitenden Einbringungen unter Beteiligung von Gesellschaften aus den Mitgliedstaaten genügt deshalb die Gewährung eigener Anteile durch die übernehmende Gesellschaft. Der Verstoß gegen die FusionsRL hat aber nicht zur Folge, dass die Tatbestandsvoraussetzung „Gewährung neuer Anteile" nicht gegeben und die Einbringung nicht begünstigt ist. Diese Tatbestandsvoraussetzung wird durch die entsprechenden Tatbestandsvoraussetzungen der FusionsRL ersetzt (*Schmitt* in SHS § 20 Rn. 204).

Anderes gilt für grenzüberschreitende Einbringungen, die nicht von der **FusionsRL** erfasst werden, und für Einbringungen, die im Ausland erfolgen. Zwar werden „vergleichbare ausländische Vorgänge“ als denkbare Vergünstigungsobjekte in § 1 III Nr. 4 nicht genannt. Es besteht aber Einigkeit darüber, dass auch vergleichbare ausl Vorgänge grds begünstigt sein können (UmwStE Rn. 01.45; *Möhlenbrock* in D/P/M § 1 UmwStG Rn. 70). Die FinVerw erfasst unter „vergleichbare ausländische Vorgänge“ nicht nur Vorgänge im Ausland, sondern auch grenzüberschreitende Vorgänge (UmwStE Rn. 01.45, 01.20 und 01.21; s. *Ehret/Lausterer* DB 2012, 5; *Prinz* DB 2012, 820). Bei der gebotenen Vergleichbarkeitsprüfung ist festzustellen, ob der ausl oder der – außerhalb der FusionsRL angesiedelte – grenzüberschreitende Einbringungsvorgang seinem Wesen nach der Einbringung nach § 20 entspricht (UmwStE Rn. 01.45, 01.24). Der ggf. nach ausl Umwandlungsrecht abgewickelte konkrete Einbringungsvorgang müsste auch nach den Regelungen des inl Einbringungsrechts abgewickelt werden können (UmwStE Rn. 01.45, 01.25). Für die Einbringung nach § 20 ist die Gewährung zumindest auch neuer Anteile wesentlich. In den genannten Einbringungsfällen mit Auslandsberührung ist deshalb die Vergleichbarkeit nur dann zu bejahen, wenn wiederum zumindest auch neue Anteile gewährt werden (*Nitzschke* in Blümich § 20 UmwStG Rn. 74; *Widmann* in W/M § 20 Rn. R 134). 210

(einstweilen frei) 211–219

3. Einbringungsart/Einlagevorgang

a) Grundsatz

Um von den Bewertungsmöglichkeiten des § 20 Gebrauch machen zu können, müssen ein Betrieb, ein Teilbetrieb oder Mitunternehmeranteil durch „Einbringung“ auf den übernehmenden Rechtsträger übertragen werden. 220

Der Begriff des Einbringens wird im Gesetz nicht definiert. Unter Einbringung iSv § 20 sind zunächst alle rechtlichen Vorgänge zu verstehen, mit denen das Volleigentum an WG, die einen Betrieb, Teilbetrieb oder Mitunternehmeranteil darstellen, auf den übernehmenden Rechtsträger übertragen wird.

b) Wirtschaftliches Eigentum

Ob daneben bereits die Begründung des wirtschaftlichen Eigentums an den einzubringenden WG für Zwecke des § 20 ausreichend ist, wird angezweifelt (*Möhlenbrock* in D/P/M § 1 UmwStG Rn. 66; *Patt* in D/P/M § 20 UmwStG Rn. 7). Nach allgemeinen bilanzsteuerrechtlichen Grundsätzen reicht es für die Übertragung von WG aus, dass statt des rechtlichen Eigentums lediglich das wirtschaftliche Eigentum iSv § 39 II Nr. 1 S 1 AO hieran übertragen wird. Der Erwerber hat das wirtschaftliche Eigentum an einem WG erlangt, wenn er aufgrund eines bürgerlich-rechtlichen Rechtsgeschäfts bereits eine rechtlich geschützte, auf den Erwerb des Rechts gerichtete Position erworben hat, die ihm gegen seinen Willen nicht mehr entzogen werden kann, und die mit dem WG verbundenen wesentlichen (Verwaltungs- und Vermögens-) Rechte (insbesondere Gewinnbezugsrecht und Stimmrecht) sowie das Risiko einer Wertminderung und die Chance einer Wertsteigerung auf ihn übergegangen sind (BFH v. 11.7.2006 – VIII R 32/04, BStBl. II 2007, 296; v. 9.10.2008 – IX R 73/06, BStBl. II 2009, 140; v. 5.10.2011 – IX R 57/10, BStBl. II 2012, 318; v. 24.1.2012 – IX R 51/10, BStBl. II 2012, 308). Nach stRspr ist der Übergang des wirtschaftlichen Eigentums nach dem Gesamtbild der tatsächlichen Verhältnisse im jeweiligen Einzelfall zu bestimmen. Eine von der zivilrechtlichen Inhaberstellung abweichende Zuordnung eines WG kann deshalb auch anzunehmen sein, wenn die vorstehend genannten Voraussetzungen nicht in vollem Umfang erfüllt sind. Demgemäß ist auch bei der Bestimmung des wirtschaftlichen Eigentums nicht das formal Erklärte oder formal-rechtlich Vereinbarte, sondern das wirtschaftlich Gewollte und das tatsächlich Bewirkte ausschlaggebend (BFH v. 9.10.2008 – IX R 73/06, BStBl. II 2009, 140 = GmbHR 221

2009, 153 mit Anm. *Hoffmann;* v. 5.10.2011 – IX R 57/10, BStBl. II 2012, 318). Die Gegenansicht von *Möhlenbrock* (in D/P/M § 1 UmwStG Rn. 66) und *Patt* (in D/P/M § 20 UmwStG Rn. 7) verweist darauf, dass der sachliche Anwendungsbereich der Sacheinlage durch § 1 III auf die dort genannten Übertragungsvorgänge beschränkt sei. Zwischen den einzelnen Varianten des § 1 III bestehe ein Sinnzusammenhang, der es erfordere, einheitliche Anforderungen an den im Rahmen der Sacheinlage erfolgenden Vermögenstransfer zu stellen unabhängig davon, ob die Vermögensübertragung im Wege der Einzel- oder der Gesamtrechtsnachfolge erfolge. Das für Übertragungsvorgänge nach dem UmwG anerkannte Erfordernis der Vollrechtsübertragung müsse daher auch bei Einbringungen nach § 1 III Nr. 4 (Einzelrechtsnachfolge) gelten.

Dem wird zu Recht mit dem Hinweis darauf entgegengetreten, dass sich ein solcher Sinnzusammenhang dem Wortlaut des § 1 III nicht entnehmen lässt (*Herlinghaus* FR 2007, 286/289 f. und in R/H/vL § 20 Rn. 39b; *Schmitt* in SHS § 20 Rn. 21; *Widmann* in W/M § 20 Rn. R 236). Die Gesetzesbegründung zu § 1 III legt es vielmehr nahe, dass der Gesetzgeber zwischen beiden Übertragungsarten getrennt hat: Der sachliche Anwendungsbereich des Sechsten Teils wird aufgeteilt in die in § 1 III Nr. 1–3 genannten Fälle der Übertragung nach dem UmwG (Gesamtrechtsnachfolge) einerseits und andererseits, „neben diesen Umwandlungsfällen", in die in § 1 III Nr. 4, 5 genannten Fälle der Einzelrechtsnachfolge (BT-Drs. 16/2710, 36). Zu bedenken ist darüber hinaus, dass die Übertragung des wirtschaftlichen Eigentums im Rahmen von § 20 UmwStG 1995 ganz überwiegend als zulässig erachtet worden ist (2. Aufl. § 20 Rn. 264 ff.). Es ist nicht anzunehmen, dass eine so grundlegende Änderung der Rechtslage in der Gesetzesbegründung unerwähnt geblieben wäre. Stattdessen nimmt der Gesetzgeber in § 27 I 2 ausdrücklich auf die Fälle der Übertragung des wirtschaftlichen Eigentums Bezug, indem er für die erstmalige Anwendung des UmwStG in der geltenden Fassung bei Einbringungen, für deren Wirksamkeit die Eintragung in ein öffentliches Register nicht erforderlich ist, auf den Zeitpunkt abstellt, in dem das wirtschaftliche Eigentum übergeht. Zwar trifft § 27 I 2 nur eine Aussage zum zeitlichen Anwendungsbereich des UmwStG, weshalb *Patt* der Regelung keine Bedeutung für den sachlichen Anwendungsbereich des § 20 zuerkennt (*Patt* in D/P/M § 20 UmwStG Rn. 7). Selbst wenn man den Aussagegehalt des § 27 I 2 auf den zeitlichen Anwendungsbereich der Sacheinlage beschränkt, sind der Regelung zumindest mittelbare Auswirkungen auf den sachlichen Anwendungsbereich des § 20 zuzuschreiben. Zu bedenken ist darüber hinaus, dass nach der Auffassung von *Patt* in den in § 27 I 2 genannten Fällen bei Einbringungen, die unter Geltung des UmwStG 1995 in Gang gesetzt worden sind, aufgrund des nach dem 12.12.2006 liegenden Übergangs des wirtschaftlichen Eigentums § 20 zur Anwendung käme mit der Folge, dass die Einbringung des wirtschaftlichen Eigentums nicht länger nach dem UmwStG begünstigt wäre.

Die Auslegung des Begriffs der Einzelrechtsnachfolge ist daher unabhängig von den zivilrechtlichen Regelungen des UmwG. Ein WG ist auch dann als im Wege der Einzelrechtsnachfolge übertragen anzusehen, wenn die übernehmende Gesellschaft lediglich das wirtschaftliche Eigentum hieran erlangt hat.

222 UmwStE Rn. 01.43 stellt nunmehr klar, dass auch die Begründung wirtschaftlichen Eigentums zu einer Einbringung führen kann (s. *Sistermann/Beutel* DStR 2011, 1162). Allerdings muss bedacht werden, dass der BFH in seinem Urteil v. 7.4.2010 (I R 96/08, BStBl. II 2011, 467) die Frage offen gelassen hat, ob von einem Teilbetrieb ausgegangen werden kann, wenn das übernehmende Unternehmen nur das wirtschaftliche Eigentum an den WG erworben hat.

223, 224 *(einstweilen frei)*

c) Vermietung und Verpachtung; Nutzungsüberlassung

225 Zivilrechtlich können Rechte und sonstige vermögensrechtliche Positionen gemäß § 5 IV GmbHG, § 27 AktG Gegenstand einer Sacheinlage sein (vgl. BGH v. 15.5.2000 – II ZR 359/98, DStR 2000, 1615; v. 14.6.2004 – II ZR 121/02, DStR 2004, 1662; *Hueck/*

Fastrich in Baumbach/Hueck § 5 Rn. 23). Es reicht daher aus, dass der Einlagegegenstand nicht übereignet, sondern der übernehmenden Gesellschaft lediglich zur Nutzung übertragen wird (obligatorisches oder dingliches Nutzungsrecht). Ob dies auch für Zwecke des UmwStG der Fall ist, ist umstritten.

Handelt es sich bei dem Einbringungsgegenstand um einen **Teilbetrieb,** hat sich die Frage, welche Anforderungen an die Einbringung des Teilbetriebs zu stellen sind, nach der FusionsRL zu richten (Rn. 90 ff.). Daher wird von einigen Stimmen in der Literatur zurecht vertreten, dass die Überlassung wesentlicher Betriebsgrundlagen zur Nutzung für Zwecke des § 20 ausreicht, sofern die dauerhafte Funktionsfähigkeit des Einbringungsgegenstands bei der übernehmenden Gesellschaft durch die Art der Nutzungsüberlassung sichergestellt ist (*Menner/Broer* BB 2003, 229/234; *Thömmes* in FS Widmann, S 583/598; *Weier* DStR 2008, 1002/1005; kritisch im Hinblick auf den Anwendungsbereich des § 20 dagegen *Patt* in D/P/M § 20 UmwStG Rn. 91; *Schmitt* in SHS § 20 Rn. 93, 203). In einem Abspaltungsfall hat der BFH die Steuerneutralität der Abspaltung eines Teilbetriebs verneint, weil nicht sämtliche wesentlichen Betriebsgrundlagen übertragen, sondern zum Teil nur vermietet wurden (BFH v. 7.4.2010 – I R 96/08, BStBl. II 2011, 467). In dem Urteilsfall hatte der übernehmende Rechtsträger nur ein obligatorisches, einjährig kündbares Nutzungsrecht an den wesentlichen Betriebsgrundlagen erworben. Der BFH lässt in diesem Urteil ausdrücklich – weil nicht entscheidungsrelevant – offen, ob von der Übertragung eines Teilbetriebs dann ausgegangen werden kann, wenn das aufnehmende Unternehmen durch die Gestaltung der Nutzungsüberlassung wirtschaftlicher (Mit-)Eigentümer der überlassenen WG wird. 226

Wird hingegen ein **Betrieb** eingebracht, ist die FusionsRL insoweit nicht anwendbar (s. auch Rn. 61 ff.). In diesem Fall muss zumindest das wirtschaftliche Eigentum an den wesentlichen Betriebsgrundlagen auf die übernehmende Gesellschaft übertragen werden (Rn. 221 f. mit Nachweisen zur Gegenauffassung, die die Übertragung des wirtschaftlichen Eigentums als nicht ausreichend erachtet). Die Einräumung eines Nutzungsrechts kann in diesem Zusammenhang ausreichend sein, sofern der entsprechende Vertrag so ausgestaltet wird, dass die übernehmende Gesellschaft eine gesicherte Nutzungsmöglichkeit an dem Sacheinlagegegenstand erhält, die bei gewöhnlichem Geschehensablauf nicht entziehbar ist. Die übernehmende Gesellschaft müsste die tatsächliche Herrschaft über das WG in einer Weise ausüben, dass sie den Eigentümer im Regelfall über die gewöhnliche Nutzungsdauer von der Einwirkung auf das WG ausschließen kann. Im Rahmen des § 20 wird man davon in den Fällen ausgehen müssen, in denen der übernehmenden Gesellschaft ein Nutzungsrecht eingeräumt wird, welches es ihr ermöglicht, den zivilrechtlichen Rechtsträger über die vertragsgewöhnliche Nutzungsdauer von der Nutzung des WG auszuschließen. Als Anhaltspunkt für die Ausgestaltung eines solchen Miet-/Pachtvertrages können die sog. Leasingerlasse der FinV (BMF v. 21.3.1972 BStBl. I 1972, 188; v. 23.12.1991 BStBl. I 1992, 13) herangezogen werden (*Herlinghaus* in R/H/vL § 20 Rn. 38b mit Fn. 328; *Kutt* DB 2006, 1132/1134). 227

Nach UmwStE Rn. 20.06 soll die Einräumung von Nutzungsrechten nicht ausreichen. Sind die Nutzungsrechte allerdings so ausgestaltet, dass sie zu wirtschaftlichem Eigentum führen, sollten ungeachtet dessen dennoch die Voraussetzungen des Einbringens erfüllt sein. 228

(einstweilen frei) 229–231

d) Einbringungssachverhalt, § 1 III

§ 20 selbst äußert sich nicht zur Form der Übertragung der WG des BV. Nach § 20 UmwStG 1995 war irrelevant, auf welche Art und Weise die Einbringungsgegenstände eingebracht wurden. Jeder Transfer potenziell begünstigten BV zum Aufnehmenden reichte aus. Im Hinblick auf die Definition der Sacheinlage in § 20 I UmwStG 1995, begünstigtes BV gegen neue Anteile, wurden jedoch nur Vorgänge erfasst, die sich als Umwandlungen oder Sachgründungen oder -kapitalerhöhungen darstellten. 232

233 Für § 20 ist der Gesetzgeber einen anderen Weg gegangen. Die maßgeblichen Einbringungssachverhalte sind nunmehr in **§ 1 III** abschließend aufgelistet. Die Vorschrift des § 1 III hat die Bedeutung einer sachlichen Anwendungsvoraussetzung für den Sechsten bis Achten Teil des UmwStG und damit auch für § 20. Von den Bewertungsmöglichkeiten des § 20 kann also nur Gebrauch gemacht werden, wenn ein Betrieb, Teilbetrieb oder Mitunternehmeranteil vorliegt und dieser auf einem von § 1 III aufgezeigten Weg auf den aufnehmenden Rechtsträger übertragen wird. § 20 kommt nicht zur Anwendung, wenn WG zwar dem aufnehmenden Rechtsträger zuzurechnen sind, aber kein Übergang nach § 1 III stattgefunden hat, also keiner der ausdrücklich und **abschließend** aufgeführten Einbringungssachverhalte realisiert wurde. In diesem Fall finden dann die Regelungen für Entstrickung Anwendung.

234 Von dem Katalog der begünstigten Übertragungsalternativen des § 1 III sind für § 20 nur die Übertragungsmöglichkeiten des § 1 III Nr. 1, 2 und 4 relevant, weil nur hier von einem Übergang von BV gegen Gewährung neuer Anteile ausgegangen wird. Auf den Formwechsel einer PersGes in eine KapGes (§ 1 III Nr. 3) findet § 20 nur über § 25 entsprechende Anwendung. Zivilrechtlich findet beim Formwechsel kein Rechtsträgerwechsel statt. Der ursprüngliche Rechtsträger bleibt identisch und ändert nur die Rechtsform. Ertragsteuerlich wird der Formwechsel auf Grund der in § 25 angeordneten entsprechenden Anwendung des § 20 wie ein Rechtsträgerwechsel behandelt. Der Vermögensübergang wird steuerlich fingiert. Die Gewährung neuer Anteile gilt gesetzlich als gegeben (§ 25 Rn. 43). Die Eröffnung der entsprechenden Anwendung des § 20 ist geboten, weil der BFH davon ausgeht, dass bei der formwechselnden Umwandlung einer PersGes in eine KapGes aus der Sicht der „einbringenden" Mitunternehmer ein tauschähnlicher entgeltlicher Rechtsträgerwechsel stattfindet (UmwStE Rn. 00.02; BFH v. 19.10.2005 – I R 38/04, BStBl. II 2006, 568; v. 17.10.2007 – I R 96/06, BStBl. II 2008, 953; *Hageböke/Schmidt-Fehrenbacher* in FGS/BDI UmwStE 2011, S 35). § 1 III Nr. 5 betrifft den Anteilstausch, der eigenständig in § 21 geregelt ist. Als Einbringungsalternativen kommen für § 20 somit nur folgende Tatbestände in Betracht:

- Übergang des BV durch Gesamtrechtsnachfolge in Form der Verschmelzung, Abspaltung, Aufspaltung (§ 1 III Nr. 1) oder Ausgliederung (§ 1 III Nr. 2) und
- Übergang des Einbringungsgegenstandes durch Einzelrechtsnachfolge (§ 1 III Nr. 4).

235 Für die begünstigten Einbringungssachverhalte gibt es keine Rangfolge. Die Sachverhalte sind gleichrangig. Bei einem Übergang durch Gesamtrechtsnachfolge bleibt allerdings kein Raum für die Anwendung des § 1 III Nr. 4. Bei allen in Frage kommenden Einbringungssachverhalten muss bedacht werden, dass § 20 nur die Einbringung von Betrieben, Teilbetrieben und Mitunternehmeranteilen begünstigt, sodass einer dieser qualifizierten Einbringungsgegenstände immer vorliegen muss.

236 **aa) Gesamtrechtsnachfolge.** Durch Gesamtrechtsnachfolge können Einbringungen einmal dadurch bewirkt werden, dass Personenhandelsgesellschaften oder PartGes auf eine KapGes oder Genossenschaft nach dem UmwG **verschmolzen** werden (§§ 2, 3 I Nr. 1, 39 ff., 45a ff. UmwG), wobei vergleichbare ausl Vorgänge gleichgestellt sind (§ 1 III Nr. 1). Bei der Verschmelzung erfolgt der Vermögensübergang im Ganzen. Die Verschmelzung kann auf einen bestehenden (§§ 4 ff. UmwG) oder neu gegründeten begünstigten Rechtsträger (§§ 36 ff. UmwG) erfolgen (UmwStE Rn. 01.44). Die Verschmelzung zur Neugründung ist eine Sachgründung. Zu beachten ist allerdings, dass das Kapitalerhöhungsverbot des § 54 I 1 UmwG der Anwendung des § 20 bei einer Verschmelzung einer PersGes auf eine KapGes entgegenstehen kann (UmwStE Rn. E 20.10). Das bedeutet, dass bei dem sog. up-stream merger § 20 nicht anwendbar ist, weil keine Gesellschaftsrechte an der aufnehmenden KapGes gewährt werden dürfen. Bei dem umgekehrten Fall des sog. down-stream mergers kann § 20 anwendbar sein. Gemäß § 54 I 2 UmwG ist in diesem Fall eine Kapitalerhöhung lediglich nicht erforderlich. Kommt es jedoch infolgedessen zu keiner Kapitalerhöhung, ist § 20 wiederum nicht anwendbar. Neue Anteile sind nur zu

gewähren, wenn die zu verschmelzende PersGes neben den Anteilen an der aufnehmenden KapGes weiteres Vermögen erhält. Nur in diesem Fall kann § 20 Anwendung finden.

Begünstigte handelsrechtliche Umwandlungsarten sind auch die **Auf- und Abspaltung** 237
von Vermögensteilen einer Personenhandelsgesellschaft oder PartGes oder vergleichbare ausl Vorgänge (§ 1 III Nr. 1 iVm §§ 123 I, II, 124, 125 UmwG). Bei der Aufspaltung wird das gesamte Vermögen der PersGes auf zwei oder mehrere Rechtsträger übertragen, wobei die ursprüngliche PersGes untergeht. Bei der Abspaltung bleibt die ursprüngliche Gesellschaft bestehen, sie überträgt aber einen Teil ihres BV auf einen oder mehrere andere Rechtsträger. Es muss aber immer bedacht werden, dass solche handelsrechtlich möglichen Auf- und Abspaltungen nach § 20 nur dann steuerneutral vorgenommen werden können, wenn ein Betrieb, Teilbetrieb oder Mitunternehmeranteil auf die KapGes oder Genossenschaft übergeht (*Patt* in D/P/M § 20 UmwStG Rn. 162; *Schmitt* in SHS § 20 Rn. 192).

Im Wege der Gesamtrechtsnachfolge können Betriebe, Teilbetriebe oder Mitunterneh- 238
meranteile auch durch **Ausgliederung** derselben aus dem BV eines Einzelkaufmanns, einer Personenhandelsgesellschaft, einer KapGes oder eines sonstigen sowohl in § 1 I KStG als auch in § 124 I 2. Alt. iVm § 3 I UmwG genannten Rechtsträgers auf eine bereits bestehende oder neu gegründete KapGes oder Genossenschaft übertragen werden (UmwStE Rn. 01.44). Wiederum sind vergleichbare ausl Vorgänge gleichgestellt.

Zweifelhaft erscheint, ob die von der Bundesanstalt für Finanzdienstleistungsaufsicht 239
gemäß §§ 48a ff. KWG angeordnete Übertragung von BV auf einen anderen Rechtsträger als Ausgliederung iSv § 1 III Nr. 2 angesehen werden kann (bejahend *Hageböke/Leuering* Ubg 2011, 357/359; *Sieker/Schänzler/Kaeser* in FGS/BDI UmwStE 2011, S 72; abl. *Möhlenbrock* in D/P/M § 1 UmwStG Rn. 59a). Geht man von dem in § 1 I Nr. 3 niedergelegten Gebot der Vergleichbarkeit nicht ausdrücklich begünstigter Transaktionen mit ausdrücklich im UmwStG begünstigten Transaktionen aus, so kann die hoheitlich verfügte Ausgliederung nach §§ 48a ff. KWG nicht als Ausgliederung nach § 1 III Nr. 2 angesehen werden. Es fehlt an der rechtsgeschäftlichen Grundlage für die Übertragung, die in allen gesetzlich begünstigten Übertragungen gegeben ist (zutr. *Möhlenbrock* in D/P/M § 1 UmwStG Rn. 59a).

Für die Abspaltung und Ausgliederung muss einschränkend berücksichtigt werden, dass 240
entgegen den Aussagen in UmwStE Rn. 01.44 begrifflich keine Gesamtrechtsnachfolge gegeben ist. Gesamtrechtsnachfolge liegt nur vor, wenn nach gesetzlicher Anordnung das ganze Vermögen eines erlöschenden Steuersubjektes auf eine oder mehrere Rechtsnachfolger auf Grund eines einheitlichen Rechtsaktes übertragen wird (BFH v. 5.11.2009 – IV R 29/08, BFH/NV 2010, 356). Das ist bei der Abspaltung und bei der Ausgliederung nicht der Fall, weil der Ursprungsrechtsträger nur einen Teil seines Vermögens überträgt und gerade nicht erlischt. Es handelt sich auch nicht um eine „partielle Gesamtrechtsnachfolge", weil es diese begrifflich nicht geben kann (BFH v. 7.8.2002 – I R 99/00, BStBl. II 2003, 835; v. 5.11.2009 – IV R 29/08, BFH/NV 2010, 356). Vielmehr liegen bei der Abspaltung und Ausgliederung Fälle der Sonderrechtsnachfolge vor und damit uno-actu-Übergänge, mit denen „lediglich der verfügungsrechtliche Grundsatz der Spezialität durch den Bestimmtheitsgrundsatz im Rahmen des Spaltungsplanes" oder Ausgliederungsplanes ersetzt wird (BFH v. 5.11.2009 – IV R 29/08, BFH/NV 2010, 356). Bei der Abspaltung und bei der Ausgliederung geht es nicht um den Übergang des gesamten Vermögens eines untergegangenen Rechtsträgers, „sondern um eine besondere Übertragungsart, die es gestattet, anstelle der Einzelübertragung verschiedener Vermögensgegenstände eine allein durch den Parteiwillen zusammengefasste Summe von Vermögensgegenständen in einem Akt zu übertragen" (BFH v. 7.8.2002 – I R 99/00, BStBl. II 2003, 835; v. 5.11.2009 – IV R 29/08, BFH/NV 2010, 356; zust. *Schwetlik* GmbH-StB 2010, 30; *Wendt* BFH/PR 2010, 105; *Wacker* HFR 2010, 235; abl. *Podewils* GmbHR 2010, 166). Anders als bei der Abspaltung und der Ausgliederung wird für die Aufspaltung zutr. die Meinung vertreten, dass in diesem Fall alle übernehmenden Rechtsträger Gesamtrechtsnachfolger werden (*Wacker* HFR 2010, 235 mwN; aA *Schwetlik* GmbHStB 2010, 30).

Die Herausnahme der Fälle der Abspaltung und Ausgliederung aus den Sachverhalten der Gesamtrechtsnachfolge ist ohne umwandlungssteuerrechtliche Relevanz. § 1 III will die Abspaltung und Ausgliederung schlechthin begünstigen, ohne die Gesamtrechtsnachfolge zur begrifflichen Bedingung zu machen.

241 § 20 ist auch anwendbar, wenn Betriebe, Teilbetriebe oder Mitunternehmeranteile durch Verschmelzung oder Aufspaltung einer PersGes, Abspaltung aus einer PersGes oder Ausgliederung auf eine KGaA übergehen. Zu beachten ist lediglich, dass dann, wenn einer der Gesellschafter Komplementär der KGaA wird und ihm eine Vermögenseinlage gewährt wird, insoweit § 24 anwendbar ist (*Widmann* in W/M § 20 Rn. R 102).

242 Als außerhalb des UmwG liegenden Fall der Gesamtrechtsnachfolge wird auch die **Anwachsung** betrachtet (*Widmann* in W/M § 20 Rn. R 103). Voraussetzung für die Anwendbarkeit des § 20 auf Anwachsungsfälle ist stets, dass an einer PersGes natürliche Personen und KapGes beteiligt sind und die Personengesellschafter auch Gesellschafter der KapGes sind. Der „klassische" Fall für diese Gestaltung ist die Rechtsform der GmbH & Co. KG, bei der die Kommanditisten zugleich Gesellschafter der Komplementär-GmbH sind. Denkbar sind auch Gestaltungen, bei denen nur KapGes Gesellschafter der PersGes sind. Für eine mögliche Anwendung des § 20 ist auch in diesem Fall erforderlich, dass eine der KapGes oder alle KapGes Gesellschafter einer der KapGes sind. Die Anwachsung folgt keinem einheitlichen Muster. Vielmehr ist zwischen der einfachen Anwachsung und der erweiterten Anwachsung zu unterscheiden.

243 Die einfache Anwachsung liegt außerhalb des Anwendungsbereichs des § 20. Dies soll modellhaft am Beispiel einer GmbH & Co. KG erläutert werden, bei der die Kommanditisten zugleich Gesellschafter der Komplementär-GmbH sind, ohne dass eine Beschränkung auf diese Rechtsform gegeben wäre. Scheiden nun sämtliche Kommanditisten aus der GmbH & Co. KG aus, so wachsen die Anteile der austretenden Gesellschafter am Vermögen der PersGes gemäß § 738 I 1 BGB iVm §§ 105 III, 161 II HGB, § 1 IV PartGG der verbleibenden KapGes an. Der Übergang des Vermögens erfolgt im Wege der Gesamtrechtsnachfolge, ohne dass es besonderer Übertragungsakte bedürfte. Der Austritt aller Kommanditisten, um im Beispiel der GmbH & Co. KG zu bleiben, führt zur Beendigung der Gesellschaft. Erhalten die ausscheidenden Kommanditisten keine Abfindung, treten sie also entschädigungslos aus, so ist die Anwachsung steuerlich als verdeckte Kapitaleinlage der WG der GmbH & Co. KG durch die Kommanditisten in die Komplementär-GmbH zu behandeln. Damit verbunden ist die Aufgabe des Mitunternehmeranteils durch die Mitunternehmer mit der Folge der Aufdeckung der stillen Reserven der Mitunternehmeranteile (*Ege/Klett* DStR 2010, 2463/2464). Nichts anderes gilt, wenn die Kommanditisten gegen Zahlung einer Abfindung ausscheiden, die aber unter dem Verkehrswert ihrer Anteile an der GmbH & Co. KG liegt. Wegen des hier anzutreffenden Zusammenkommens von Veräußerung und Aufgabe der Mitunternehmeranteile werden alle stillen Reserven der Mitunternehmeranteile aufgedeckt (*Ege/Klett* DStR 2010, 2463/2464). § 20 ist nicht anwendbar, weil die austretenden Mitunternehmer keine neuen Gesellschaftsanteile erhalten.

244 Bei der erweiterten Anwachsung muss zwischen zwei Varianten unterschieden werden, dem sog. Austrittsmodell und dem sog. Übertragungsmodell (*Ege/Klett* DStR 2010, 2463/2468).

Bei dem sog. Austrittsmodell, das *Patt* (in D/P/M § 20 UmwStG Rn. 160) anspricht und für das er die Anwendung des § 20 ablehnt, findet keine Übertragung der Mitunternehmeranteile statt. Vielmehr tritt der einzige verbleibende Kommanditist, um die Problematik wieder am Beispiel der GmbH & Co. KG zu erläutern, aus der KG aus. Für den Übergang des Vermögens der nun untergehenden KG erhält der frühere Gesellschafter einen Abfindungsanspruch (§ 738 I BGB). Infolge des Ausscheidens des Kommanditisten kann kein Mitunternehmeranteil mehr durch Einzelrechtsnachfolge eingebracht werden. Dieser wächst der GmbH bereits infolge des Austritts im Wege der Gesamtrechtsnachfolge an. Die Einbringung des Abfindungsanspruchs des ausscheidenden Gesellschafters gegen die Gewährung neuer Gesellschaftsanteile kann die Gewinnrealisierung jedoch nicht verhindern, weil diese bereits durch den zeitlich davor liegenden Vorgang „Ausscheiden gegen Abfindung" verursacht wurde (*Ege/Klett* DStR 2010, 2463/2468; *Schumacher/Neumann* DStR 2008, 325; s. auch *Möhlenbrock* in D/P/M § 1 UmwStG Rn. 67, 125). Im Ergebnis ist *Patt* für das Austrittsmodel zu folgen, wenn er insoweit die Anwendung des § 20 ablehnt.

Anders zu beurteilen ist die erweiterte Anwachsung in Gestalt des Übertragungsmodells. **245** Bei dieser Gestaltung scheiden die Personengesellschafter nicht aus. Sie übertragen vielmehr ihre Mitunternehmeranteile auf die aufnehmende Mitgesellschafterin in der Rechtsform einer KapGes. Um im Beispielsbild der GmbH & Co. KG zu bleiben, bedeutet dies, dass die Kommanditisten ihre Anteile an der GmbH & Co. KG auf die Komplementär-GmbH übertagen. Nach der Abtretung der Mitunternehmeranteile ist die verbleibende und aufnehmende Komplementär-GmbH einzige Gesellschafterin der KG. Dies führt zur Beendigung der PersGes und zieht die Anwachsung des Vermögens der PersGes bei der KapGes nach sich (§ 738 I 1 BGB; §§ 105 III, 161 II HGB; § 1 IV PartGG). Aufnehmende Gesellschaft kann eine neue oder eine bereits bestehende KapGes sein (*Carlé* in Carlé/Korn/Stahl/Strahl Umwandlungen Rn. 252). Gewähren diese den übertragenden Gesellschaftern neue Anteile, so stellt sich die Frage der Anwendbarkeit des § 20.

Dieser Vorgang war nach der bis zum 12.12.2006 geltenden Rechtslage als Einbringung **246** iSd § 20 zu qualifizieren. Dieses Ergebnis war unstreitig, da die Einbringung nach § 20 UmwStG 1995 ein Auffangtatbestand für Umwandlungen außerhalb des UmwG war. Anforderungen an den sachlichen Anwendungsbereich bestanden nur insofern, als der Vorgang gegen die Gewährung neuer Anteile an der übernehmenden Gesellschaft zu erfolgen hatte und zivilrechtlich mit einer Neugründung oder Kapitalerhöhung vergleichbar sein musste (*Herlinghaus* in R/H/vL § 20 Rn. 128). Zweifel ergeben sich bei der geltenden Fassung des § 20. Der sachliche Anwendungsbereich der Einbringung wird nunmehr positiv und abschließend in § 1 III definiert. In diesem Zusammenhang stellt sich die Frage, ob die Einbringung der Mitunternehmeranteile und die nachfolgende Anwachsung auch in den Anwendungsbereich von § 20 nF fällt. Teilweise wird dies verneint mit der Begründung, dass die Anwachsung nicht von der – abschließenden – Aufzählung in § 1 III erfasst sei (*Patt* in D/P/M § 20 UmwStG Rn. 6). Allerdings bezieht sich diese abweichende Meinung auf das sog. Austrittsmodell. Zweifel äußert auch *Möhlenbrock* (in D/P/M § 1 UmwStG Rn. 67, 125).

Die Zweifel daran, dass die erweiterte Anwachsung in Form des Übertragungsmodells von § 1 III erfasst wird, sind nicht begründet. Zutr. ist vielmehr, dass die erweiterte Anwachsung auch nach der geltenden Fassung des § 20 vom sachlichen Anwendungsbereich der Einbringung erfasst wird (*Herlinghaus* in R/H/vL § 20 Rn. 39c, 129b; *Schmitt* in SHS § 20 Rn. 195; *Ege/Klett* DStR 2010, 2463/2464; *Schumacher/Neumann* DStR 2008, 325/331). Im Rahmen der erweiterten Anwachsung ist zwischen der Anwachsung selbst und dem die Anwachsung auslösenden Ereignis zu unterscheiden (*Möhlenbrock* in D/P/M § 1 UmwStG Rn. 67; *Herlinghaus* in R/H/vL § 20 Rn. 39c; *Kowallik/Merklein/Scheipers* DStR 2008, 173/177; *Suchanek/Herbst* Ubg 2008, 669/670). Die Übertragung der Mitunternehmeranteile durch die Personengesellschafter gegen die Gewährung neuer Anteile an der aufnehmenden KapGes stellt eine begünstigte Einbringung durch Einzelrechtsnachfolge dar. Die nachfolgende Anwachsung hat keine eigenständige Bedeutung (so aber wohl *Möhlenbrock* in D/P/M § 1 UmwStG Rn. 67). Sie ist vielmehr die zwingende Folge der Übertragung aller Mitunternehmeranteile und kann nicht abbedungen werden. Sie ist unselbstständiger Teil der Einbringung aller Mitunternehmeranteile. Ertragsteuerliche Konsequenzen sind ausschließlich aus der Übertragung der Mitunternehmeranteile zu ziehen. Zu bedenken ist auch, dass der Gesetzgeber in Bezug auf die Anwachsung die Rechtslage mit der Einführung des SEStEG nicht verändern wollte (so auch *Herlinghaus* in R/H/vL § 20 Rn. 39c). Unter die Umwandlungsvorgänge kann daher bei Vorliegen der weiteren Voraussetzungen der §§ 1 III, IV, 20 auch die erweiterte Anwachsung fallen.

Erforderlich ist in diesem Zusammenhang insbesondere, dass als Gegenleistung zumindest auch neue Anteile an der übernehmenden Gesellschaft gewährt werden.

247 Es ist davon auszugehen, dass auch die FinVerw die Auffassung vertritt, dass die erweiterte Anwachsung begünstigt ist. Diese Aussage wird zwar nicht ausdrücklich im UmwStE getätigt. Sie kann aber aus anderen Aussagen abgeleitet werden. So wird in UmwStE Rn. 01.44 ausgeführt, dass Folge einer Einbringung eines Mitunternehmeranteils ua im Wege der Einzelrechtsnachfolge auch eine Anwachsung sein kann. Diese Aussage kann sich nicht auf die einfache Anwachsung beziehen, weil diese keinesfalls von § 20 erfasst wird. Die Aussage in UmwStE Rn. 01.44 kann nur so verstanden werden, dass die erweiterte Anwachsung insgesamt ein Fall des § 1 III Nr. 4 ist und nicht nur deren erster Teilschritt (*Benz/Rosenberg* DB Beilage zu 2/2012, 38; *Sieker/Schänzle/Kaeser* in FGS/BDI UmwStE 2011, S 73). Der Weg zur Anwendung des § 20 in den Fällen der erweiterten Anwachsung ist damit auch aus der Sicht der FinVerw eröffnet. Es kommt hinzu, dass in UmwStE Rn. E 20.10 das Ausscheiden eines Kommanditisten aus einer KapGes & Co. KG unter Anwachsung seines Vermögensanteils gemäß § 738 BGB, ohne dass der Kommanditist einen Ausgleich in Form neuer Gesellschaftsrechte an der KapGes erhält, aus dem Anwendungsbereich des § 20 ausdrücklich herausgenommen wird. Der in UmwStE Rn. E 20.10 angesprochene Sachverhalt entspricht dem der einfachen Anwachsung. Die erweiterte Anwachsung wird somit nicht vom Regelungsbereich des § 20 ausgeschlossen, sondern ist grds einbringungstauglich (*Hötzel/Kaeser* in FGS/BDI UmwStE 2011, S 315). *Möhlenbrock* sieht in der Begünstigung der erweiterten Anwachsung eine Billigkeitsmaßnahme der FinVerw (*Möhlenbrock* in D/P/M § 1 UmwStG Rn. 67; zur Anwachsung als rechtliches und steuerliches Gestaltungsmittel s. *Ropohl/Freck* GmbHR 2009, 1076).

248 **bb) Einzelrechtsnachfolge.** Erfolgt die Einbringung im Wege der Einzelrechtsnachtfolge, muss jedes einzelne zum einzubringenden BV gehörende WG gesondert auf die übernehmende Gesellschaft übertragen werden. Für Übertragungsvorgänge nach deutschem Recht bedeutet dies, dass bewegliche Sachen nach §§ 929 ff. BGB, Grundstücke und grundstücksgleiche Rechte nach §§ 872, 925 ff. BGB und Forderungen nach § 398 BGB zu übertragen sind. Ggf. sind zusätzliche vertraglich vereinbarte Formvorschriften oder sonstige Vorschriften zu beachten. Der unter Umständen gebotene Übergang von Verbindlichkeiten stellt idR eine Schuldübernahme nach §§ 414 ff. BGB dar. Vertragsverhältnisse gehen durch Eintritt des Übernehmenden in den Vertrag über. In diesen Fällen muss die Einwilligung des Gläubigers bzw. des Vertragspartners eingeholt werden. Im Unterschied dazu ist in den Fällen der Sonderrechtsnachfolge keine Zustimmung des Gläubigers bzw. Vertragspartners erforderlich.

249 Den Bestimmungen oder rechtlichen Vorgaben für gültige inl Einzelrechtsübertragungen müssen auch die Einbringungen entsprechen, die im Ausland oder ins Ausland vorgenommen werden (*Möhlenbrock* in D/P/M § 1 UmwStG Rn. 70).

250 Im Hinblick darauf, dass eine nach § 20 begünstigte Sacheinlage nur vorliegt, wenn neue Anteile an dem übernehmenden Rechtsträger gewährt werden, kommen begünstigte Einzelrechtsnachfolgesachverhalte nur in folgenden Fällen vor:

- Sacheinlage iSv § 5 IV GmbHG bzw. § 27 AktG bei der Gründung einer KapGes oder gemäß § 7a III GenG bei der Gründung einer Genossenschaft (s. Rn. 251) oder
- Sachkapitalerhöhung aus Gesellschaftermitteln bei einer bestehenden KapGes oder Genossenschaft (s. Rn. 252),
- Einzelübertragungen von SonderBV iVm mit handelsrechtlichen Umwandlungen von Personenhandelsgesellschaften (s. Rn. 253),
- Vermögensübergänge von der Vorgründungsgesellschaft auf eine Vorgesellschaft oder auf die übernehmende KapGes (s. Rn. 254).

251 Bei der **Sachgründung** wird im Zusammenhang mit dem Wirkungsbereich des § 20 das Grundkapital nicht durch eine Geldeinlage erbracht, sondern durch die Übertragung eines Betriebes, eines Teilbetriebes oder eines Mitunternehmeranteils, in jedem Fall also

durch eine Vielzahl von Vermögensgegenständen und Rechten. Wegen der Vielzahl der Gegenstände aus dem BV und der unterschiedlichen Übertragungsmodalitäten kann die Einzelrechtsübertragung sehr aufwändig sein. Die Einzelrechtsübertragung ist jedoch unverzichtbar, wenn keine handelsrechtliche Umwandlungsalternative zur Verfügung steht.

Bei **Sachkapitalerhöhungen** aus Gesellschaftermitteln wird BV in eine bestehende 252
Körperschaft gegen Ausgabe neuer Anteile übertragen. Für die Gültigkeit der Übertragung ist wie bei der Sachgründung das Handels- und Gesellschaftsrecht ausschlaggebend.

Die Möglichkeit der Einbringung durch Einzelrechtsnachfolge in Gestalt von **Einzel-** 253
übertragungsakten kann auch relevant werden, wenn Personenhandelsgesellschaften und PartGes handelsrechtlich auf KapGes oder Genossenschaften umgewandelt werden und **SonderBV** vorhanden ist, das eine wesentliche Betriebsgrundlage darstellt. Mit der handelsrechtlichen Umwandlung geht nur das BV der Personenhandelsgesellschaft oder PartGes auf den übernehmenden Rechtsträger über. Das SonderBV steht gerade nicht im Gesamthandseigentum, sondern im Allein- oder Miteigentum eines oder mehrerer Mitunternehmer (*Wacker* in Schmidt § 15 Rn. 506). Es geht daher selbst dann nicht zusammen mit dem Gesamthandseigentum über, wenn das Gesellschaftsvermögen im Wege der Gesamtrechtsnachfolge auf die übernehmende Gesellschaft übertragen wird.

§ 20 ist jedoch nur anwendbar, wenn auch die wesentlichen Betriebsgrundlagen, die sich im SonderBV des Mitunternehmer befinden, übertragen werden (UmwStE Rn. 20.06). Die Übertragung des SonderBV bedarf stets eines gesonderten Übertragungsaktes, der im zeitlichen und sachlichen Zusammenhang mit der Übertragung des übrigen BV stehen muss (BFH v. 11.12.2001 – VIII R 23/01, BStBl. II 2004, 473; v. 16.2.1996 – I R 183/94, BStBl. II 1996, 342; *Nitzschke* in Blümich § 20 UmwStG Rn. 49; 60; *Patt* in D/P/M § 20 UmwStG Rn. 167; *Schmitt* in SHS § 20 Rn. 189). Im Einzelnen zur Übertragung von SonderBV s. Rn. 160 ff.

Eine **Vorgründungsgesellschaft** entsteht, wenn sich mehrere mit dem Willen zusam- 254
menschließen, eine Gesellschaft zu errichten. Die Vorgründungsgesellschaft erstreckt sich auf die Zeit zwischen der Vereinbarung über die Errichtung einer KapGes bis zur notariellen Beurkundung des Gesellschaftsvertrages bzw. der Satzung (KStH 2). Sie ist mit der Vorgesellschaft nicht identisch und idR kein kstpfl Gebilde (KStH 2). Betätigt sich die Vorgründungsgesellschaft wirtschaftlich, so liegt eine Mitunternehmerschaft vor. Der Übergang zur Vorgesellschaft oder späteren KapGes stellt eine Einbringung durch Einzelrechtsübertragung dar (*Widmann* in W/M § 20 Rn. R 83). Ausführlich zur Abgrenzung der Vorgründungsgesellschaft von der Vorgesellschaft und der späteren KapGes s. Rn. 132, 291.

Wegen der Vielzahl der bei der Einzelrechtsnachfolge zu übertragenden WG gibt es keinen einmaligen Übertragungsakt, sondern stets eine Vielzahl derselben. Um diese Übertragungen als Teil einer einheitlichen Einbringung ansehen zu können, ist zu fordern, dass die Einzelübertragungen Teile eines einheitlichen Vorganges sind. Dazu gehören ein entsprechender Willensentschluss und ein zeitlicher und sachlicher Zusammenhang der Übertragungsakte (*Nitzschke* in Blümich § 20 UmwStG Rn. 27; *Patt* in D/P/M § 20 UmwStG Rn. 163; *Schmitt* in SHS § 20 Rn. 197).

cc) Sondersachverhalte. Eine Einbringung und damit eine Sacheinlage kann vorlie- 255
gen, wenn bei einer **Bargründung oder -kapitalerhöhung** der Gesellschafter zusätzlich zu der Bareinlage die Verpflichtung übernimmt, als Aufgeld einen begünstigten Einbringungsgegenstand einzubringen (UmwStE Rn. 01.44; BFH v. 7.4.2010 – I R 55/09, BStBl. II 2010, 1094; FG BaWü v. 19.4.2011 – 11 K 4386/08, EFG 2011, 1933 mit Anm. *Trossen*). In der ggf. formbedürftigen Einlage-/Einbringungsvereinbarung muss verbindlich festgelegt sein, dass der begünstigte Einbringungsgegenstand Teil der für den Erwerb der Anteile erforderlichen Gesellschafterleistung ist. Es muss eine unbedingte Verpflichtung zur Leistung und ein Gegenseitigkeitsverhältnis zwischen Einbringung und Anteilsgewährung bestehen. Die Übertragung des Einbringungsgegenstandes muss Teil des tauschähnlichen

Einbringungsgeschäftes sein. Auf die gesellschaftsrechtliche Qualifizierung der in Form des Aufgeldes geschuldeten Einbringungsverpflichtung kommt es nicht an. Für § 20 ist nur erforderlich, aber auch ausreichend, dass der Einbringende als Gegenleistung für die Einbringung von BV neue Gesellschaftsanteile erhält. Dieses Erfordernis ist auch dann erfüllt, wenn der Einbringungsgegenstand als reines Aufgeld neben der Bareinlage zu übertragen ist (FG BaWü v. 19.4.2011 – 11 K 4386/08, EFG 2011, 1933). Demgegenüber ist eine Einbringung zu verneinen, wenn zunächst eine Bareinlage begründet wird, ohne dass zuvor eine Sacheinlage vorgesehen war, später aber eine Sacheinlage unter Verrechnung mit der Einzahlungsforderung vorgenommen wird (*Widmann* in W/M § 20 Rn. R 147). § 20 ist auch dann nicht anwendbar, wenn auf Grund getrennter Vorgänge die Sacheinlage zu einer Dotierung der offenen Rücklagen führt, die Bareinlage jedoch zu neuen Anteilen (*Widmann* in W/M § 20 Rn. R 167).

256 Ob die **verdeckte Einlage** eine Einbringung sein kann, kann dahingestellt bleiben. Da es an der Anteilsgewährung fehlt, liegt jedenfalls keine Sacheinlage nach § 20 vor (UmwStE Rn. E 20.10).

257 Auch die **SE** (Societas Europaea, Europäische (Aktien-)Gesellschaft) und **SCE** (Societas Cooperativa Europaea, Europäische Genossenschaft) können übernehmende Rechtsträger sein (s. Rn. 295). Für die Anwendung des § 20 ist zu beachten, dass aus dem Numerus Clausus der Einbringungssachverhalte des § 1 III nicht alle Varianten zum Zuge kommen können. Bei Sachgründung von SE und SCE kann BV begünstigt nur durch Ausgliederung nach § 1 III Nr. 2 oder durch Einzelrechtsnachfolge nach § 1 III Nr. 4 übertragen werden (*Möhlenbrock* in D/P/M § 1 UmwStG Rn. 81, 88; *Widmann* in W/M § 20 Rn. R 130; aA *Hörtnagl* in SHS SE-VO Art. 2 Rn. 35). Stets muss es sich bei dem Einbringungsgegenstand um einen Betrieb, Teilbetrieb oder Mitunternehmeranteil handeln. Anders liegt es, wenn BV auf schon bestehende SE oder SCE übergehen soll. Hier gibt es keine Beschränkung der Einbringungssachverhalte. Diese Einbringungen werden jedenfalls über die Regelungsalternative „vergleichbare ausländische Vorgänge" erfasst (*Möhlenbrock* in D/P/M § 1 UmwStG Rn. 84).

258–262 *(einstweilen frei)*

4. Beteiligte Rechtsträger, §§ 20 I, 1 IV 1

263 § 20 I iVm § 1 IV 1 regelt **abschließend,** welche Rechtsträger an einer nach § 20 steuerbegünstigten Sacheinlage als einbringende oder übernehmende Rechtsträger beteiligt sein können. Die persönlichen Qualifikationsmerkmale müssen dabei zum steuerlichen Übertragungsstichtag vorliegen (UmwStE Rn. 01.55). Um die durch § 20 gewährten steuerlichen Begünstigungen dauerhaft in Anspruch nehmen zu können, müssen die beteiligten Rechtsträger die durch § 1 IV 1 aufgestellten Voraussetzungen über einen Zeitraum von mindestens sieben Jahren nach einer Sacheinlage erfüllen. Entfallen die Qualifikationsmerkmale innerhalb dieses Zeitraums, kommt es gemäß § 22 I 6 Nr. 6 zu einer rückwirkenden Besteuerung (vgl. dazu auch § 22 Rn. 207 ff.).

264 Bei ausl Gesellschaften ist ein sog. **Rechtstypenvergleich** durchzuführen, um festzustellen, ob sie als beteiligte Rechtsträger in Frage kommen. Im Rahmen des Rechtstypenvergleichs ist anhand des rechtlichen Aufbaus und der wirtschaftlichen Stellung zu bestimmen, welcher deutschen Gesellschaftsform das ausl Rechtsgebilde entspricht (*Jacobs* Internationale Unternehmensbesteuerung, S 429 ff., 491 ff.; *Lemaitre/Schnittker/Siegel* GmbHR 2004, 618/622 ff.; zum Typenvergleich erstmals RFH v. 12.2.1930 – VI A 899/27, RFHE 27, 73/79 f.). Vorbehaltlich gesonderter Regelungen in den DBA ist für die Vergleichbarkeit des ausl Rechtsgebildes weder dessen Besteuerung im Ausland noch seine rechtliche Zuordnung im Errichtungs- oder Sitzstaat maßgeblich (im Einzelnen dazu *Jacobs* Internationale Unternehmensbesteuerung, S 429 ff., 491 ff.; *Prokisch* in Vogel/Lehner Art. 1 OECD-MA Rn. 18). Beispiele für die Beurteilung ausl Rechtsgebilde für deutsche Zwecke gibt BMF v. 24.12.1998 BStBl. I 1999, 1076/1114–1121.

a) Einbringender Rechtsträger

§ 20 definiert den Begriff des Einbringenden nicht. Gesellschaftsrechtlich versteht man hierunter die Person, für deren Rechnung Vermögen auf den übernehmenden Rechtsträger übertragen wird und die im Gegenzug für die Übertragung Anteile an der Übernehmerin erhält (*Schulze zur Wiesche* DStZ 1998, 824/825). Auch die FinVerw sieht nunmehr ausdrücklich denjenigen Rechtsträger als einbringenden Rechtsträger an, dem die Gegenleistung zusteht (UmwStE Rn. 20.02). Die persönlichen Voraussetzungen für die Qualifikation als Einbringender ergeben sich dabei aus § 1 IV 1 Nr. 2. 265

§ 1 IV 1 Nr. 2 **Buchst. a** orientiert sich an persönlichen (subjektiven) Merkmalen und nimmt insoweit Bezug auf die Voraussetzungen des § 1 II. Von § 1 IV 1 Nr. 2 Buchst. a erfasst werden natürliche Personen sowie Gesellschaften iSv Art. 54 AEUV/Art. 34 EWRA.

§ 1 IV 1 Nr. 2 **Buchst. b** bestimmt die Person des Einbringenden über das uneingeschränkte Besteuerungsrecht der Bundesrepublik Deutschland für den Gewinn aus der Veräußerung der durch die Einbringung erhaltenen Anteile. Beide Anknüpfungsmerkmale sind **alternativ** zueinander und damit gleichberechtigt. In der Praxis muss sich zeigen, ob die Person des Einbringenden vorrangig über § 1 IV 1 Nr. 2 Buchst. b zu bestimmen ist, weil sich dadurch die unter Umständen aufwändige Prüfung der persönlichen Voraussetzungen des Ausgangsrechtsträgers ersparen lässt.

aa) Natürliche Personen, §§ 1 IV 1 Nr. 2 Buchst. a Doppelbuchst. bb, 1 II 1 Nr. 2. Es muss sich um natürliche Personen handeln, deren Wohnsitz (§ 8 AO) oder gewöhnlicher Aufenthalt (§ 9 AO) sich innerhalb des Hoheitsgebietes eines EU-/EWR-Staates befindet und die nicht auf Grund eines Abkommens zur Vermeidung der Doppelbesteuerung mit einem dritten Staat als außerhalb des Hoheitsgebietes der EU/des EWR ansässig angesehen werden (vgl. dazu Art. 4 OECD-MA). Durch die Aufnahme des letztgenannten Erfordernisses soll die Übertragung von Besteuerungsrechten auf Drittstaaten verhindert werden (*Frotscher* Internationalisierung des Ertragsteuerrechts Rn. 208). Das bloße Tätigsein in einem EU-/EWR-Staat reicht nicht aus, wenn die Person jeweils täglich an ihren Wohnort in einem Drittstaat zurückkehrt (BFH v. 6.2.1985 – I R 23/82, BStBl. II 1985, 331). Ist die natürliche Person außerhalb der EU/des EWR (Drittstaat) ansässig, kann der Anwendungsbereich des § 20 dennoch unter den in § 1 IV 1 Nr. 2 Buchst. b genannten Voraussetzungen eröffnet sein (Rn. 276 ff.). 266

bb) Juristische Personen des privaten Rechts, §§ 1 IV 1 Nr. 2 Buchst. a Doppelbuchst. aa, 1 II 1 Nr. 1, 2. Zu den Gesellschaften iSv Art. 54 AEUV/Art. 34 EWRA zählen KapGes, Genossenschaften und andere juristische Personen des privaten Rechts, sofern diese einen Erwerbszweck verfolgen (zB Unternehmergesellschaft (haftungsbeschränkt), VVaG, rechtsfähige Vereine und Stiftungen). Die Gesellschaften müssen ihren Sitz und den Ort ihrer Geschäftsleitung im EU-/EWR-Bereich haben und nach den Rechtsvorschriften eines EU-/EWR-Staates gegründet worden sein. Auf der Grundlage des § 1 II 2 kommen bei Vorliegen der übrigen Voraussetzungen auch die SE und die SCE als einbringende Rechtsträger in Betracht (*Frotscher* in F/M § 1 Rn. 136; *Hörtnagl* in SHS § 1 Rn. 76). 267

Wirtschaftlicher Geschäftsbetrieb. Auch der wirtschaftliche Geschäftsbetrieb iSd § 14 AO kann Gegenstand der Sacheinlage sein. Dies lässt sich zwar nicht dem Wortlaut des § 20 I, jedoch der Regelung in § 22 IV Nr. 2 entnehmen (BFH v. 7.8.2002 – I R 84/01, BFH/NV 2003, 277/278 zu der insoweit vergleichbaren Regelung des § 21 III Nr. 1 UmwStG 1995; zur geltenden Rechtslage *Herlinghaus* in R/H/vL § 20 Rn. 31). Da der wirtschaftliche Geschäftsbetrieb auch für Zwecke der steuerlichen Einkommensermittlung nicht als selbstständiger Träger von Rechten und Pflichten behandelt wird, sondern dem Betrieb des Einzelunternehmers vergleichbar ist, ist hier Einbringender auch steuerlich stets die Trägerperson (Körperschaft) (aA *Widmann* in W/M § 20 Rn. R 40). 268

269 **cc) Juristische Personen des öffentlichen Rechts, §§ 1 IV 1 Nr. 2 Buchst. a Doppelbuchst. aa, 1 II 1 Nr. 1, 2.** Auch juristische Personen des öffentlichen Rechts, die einen Erwerbszweck verfolgen, gelten nach dem ausdrücklichen Wortlaut des Art. 54 AEUV sowie des Art. 34 EWRA als Gesellschaften. Sie können somit als einbringende Rechtsträger nach §§ 1 IV 1 Nr. 2 Buchst. a Doppelbuchst. aa, 1 II 1 Nr. 1 qualifizieren, sofern sie ihren Sitz und den Ort ihrer Geschäftsleitung in der EU/des EWR haben und nach den Rechtsvorschriften eines EU-/EWR-Staates gegründet worden sind.

270 **Betrieb gewerblicher Art.** § 20 eröffnet juristischen Personen des öffentlichen Rechts grds die Möglichkeit, einen Betrieb gewerblicher Art (§ 4 KStG) zum Gegenstand der Sacheinlage zu machen, sofern die übrigen Voraussetzungen der §§ 20 I, 1 II Nr. 1 vorliegen (*Herlinghaus* in R/H/vL § 20 Rn. 121b; aA *Patt* Der Konzern 2006, 730/735). Der Betrieb gewerblicher Art einer juristischen Person ist eine Einrichtung, die einer nachhaltigen wirtschaftlichen Tätigkeit zur Erzielung von Einnahmen außerhalb der Land- und Forstwirtschaft dient und die sich innerhalb der Gesamtbetätigung der juristischen Person heraushebt, vgl. § 4 I 1 KStG. Gemäß § 4 I 2 KStG ist dabei nicht erforderlich, dass die juristische Person diese Tätigkeit mit Gewinnerzielungsabsicht betreibt oder dass sie sich am allgemeinen wirtschaftlichen Verkehr beteiligt. Hoheitsbetriebe iSv § 4 V KStG sind keine Betriebe gewerblicher Art iSd § 4 I 1 KStG.

Bringt eine juristische Person des öffentlichen Rechts einen von ihr betriebenen Betrieb gewerblicher Art ein, so ist die juristische Person des öffentlichen Rechts selbst und nicht der Betrieb gewerblicher Art als Einbringender anzusehen (UmwStE Rn. 01.53). Dies gilt auch bei Einbringung eines Mitunternehmeranteils, der selbst als Betrieb gewerblicher Art qualifiziert (*Widmann* in W/M § 20 Rn. R 34) sowie bei Einbringung eines Teilbetriebs oder eines Mitunternehmeranteils, die ihrerseits zum Betrieb gewerblicher Art einer Körperschaft des öffentlichen Rechts gehören (aA *Widmann* in W/M § 20 Rn. R 33). Stpfl. ist nämlich die Körperschaft des öffentlichen Rechts und nicht der Betrieb gewerblicher Art.

271 Gesonderter Prüfung im Einzelfall bedarf die Frage, ob der Betrieb gewerblicher Art auch den Tatbestand des **Betriebs oder Teilbetriebs** iSd § 20 I erfüllt. In den Fällen, in denen sich der Betrieb gewerblicher Art in der Mitbenutzung von WG des hoheitlichen Bereichs erschöpft (bspw. entgeltliche Personenbeförderung im Aufzug des für hoheitliche Zwecke genutzten Turms), kann es vorkommen, dass es an der den Betrieb bzw. Teilbetrieb kennzeichnenden Zusammenfassung von sachlichen und personellen Mitteln, die steuerlich dem Bereich gewerblicher Art zuzuordnen sind, weitgehend fehlt.

Nachteilig kann die Einbringung des Betriebs sein, wenn noch Verlustvorträge vorhanden sind. Hier kann stattdessen an die Begründung einer Mitunternehmerschaft (KG) gedacht werden, soweit die Körperschaft hierzu öffentlich-rechtlich befugt ist. Die Haushaltsordnungen von Bund und Ländern machen dies regelmäßig von einer Haftungsbegrenzung und ausreichendem Einfluss auf die Geschäftsführung abhängig, was bspw. durch die Wahl der GmbH & Co. KG zu erreichen sein dürfte.

272 **dd) Personengesellschaften, §§ 1 IV 1 Nr. 2 Buchst. a Doppelbuchst. aa, 1 II 1 Nr. 1, 2.** Neben den juristischen Personen zählen auch PersGes (zB OHG, KG, PartGes, stille Gesellschaft, Partenreederei, EWIV) zu den Gesellschaften iSd Art. 54 AEUV/Art. 34 EWRA. Allerdings sind PersGes vom Anwendungsbereich des § 20 nur erfasst, wenn sie die in § 1 II 1 Nr. 1 an eine Gesellschaft iSd Art. 54 AEUV/Art. 34 EWRA gestellten Voraussetzungen erfüllen und wenn auch die unmittelbar oder mittelbar über weitere zwischengeschaltete PersGes beteiligten Gesellschafter zu den zuvor genannten Personenkreisen gehören (§ 1 IV 1 Nr. 2 Buchst. a Doppelbuchst. aa). Die PersGes muss insoweit einen Erwerbszweck verfolgen, nach den Rechtsvorschriften eines EU-/EWR-Staates gegründet worden sein und ihren Sitz sowie den Ort ihrer Geschäftsleitung im EU-/EWR-Bereich haben. Auch die GbR kann vom Anwendungsbereich des § 20 erfasst sein, sofern sie keine reine Innengesellschaft ist, sondern nach außen auftritt, da die Außen-GbR nach hM rechtsfähig ist (BGH v. 29.1.2001 – II ZR 331/00, BGHZ 146, 341).

Dieses gilt auch für PersGes und Gemeinschaften, die zwar nicht originär gewerblich tätig, aber iSv § 15 III Nr. 2 S 1 EStG gewerblich geprägt sind. Dies können bspw. vermögensverwaltende Gesellschaften und Besitzgesellschaften sein. Auch PersGes, die freiberufliche Einkünfte oder solche aus Land- und Forstwirtschaft erzielen, zählen hierzu (*Patt* in D/P/M § 20 UmwStG Rn. 22). Entsprechend dem Wortlaut des § 1 IV 1 Nr. 2 Buchst. a Doppelbuchst. aa („soweit") findet § 20 bei PersGes nur in dem Umfang Anwendung, als die an der PersGes beteiligten Gesellschafter ihrerseits die § 1 IV 1 Nr. 2 Buchst. a aufgestellten persönlichen Merkmalen erfüllen (*Frotscher* in F/M § 1 Rn. 139a; *Möhlenbrock* in D/P/M § 1 UmwStG Rn. 175).

Aufgrund der doppelten Anwendungsvoraussetzung – hinsichtlich der PersGes selbst und 273
hinsichtlich der an ihr beteiligten Gesellschafter – stellt sich zunächst die Frage, ob insoweit nur die PersGes (Mitunternehmerschaft) als solches (so vertreten von *Mutscher* in F/M § 20 Rn. 27; *Patt* DStR 1995, 1081/1084 f.; *Schmitt* in SHS UmwStG § 20 Rn. 183; *Sagasser* in SBB § 11 Rn. 484 f.) oder stets nur die Gesellschafter (Mitunternehmer) (so UmwStE 1998 Rn 20.05; *Loos* BB 1971, 304/305 f., 307; *Söffing* DStZ 1972, 233/236) als Einbringende für Zwecke des § 20 anzusehen sind. Der ausdrücklichen Erwähnung der PersGes in §§ 1 III, IV lässt sich nicht entnehmen, dass die Einbringung nur durch die Mitunternehmerschaft selbst erfolgen könne. Vielmehr handelt sich bei diesen Vorschriften ausschließlich um Vorschriften zum Anwendungsbereich der Einbringung, die letztendlich nur die Anforderungen statuieren für den Fall, dass eine PersGes einbringender Rechtsträger ist (*Herlinghaus* in R/H/vL § 20 Rn. 34b). Ebenso wenig lässt sich eine generell transparente Behandlung der Mitunternehmerschaft dem Gesetzeswortlaut entnehmen; dieser ist insofern neutral, indem er sowohl die Gesellschaft als auch die Gesellschafter erwähnt. Einen Hinweis gibt hingegen die Gesetzesbegründung. Dort heißt es zu § 1 IV ausdrücklich, „ist Einbringender eine Personengesellschaft, […] müssen die Ansässigkeitserfordernisse für den Einbringenden […] auch bei den […] beteiligten Mitunternehmern erfüllt sein" (BT-Drs. 16/2710, 36). Insoweit scheint der Gesetzgeber davon ausgegangen zu sein, dass die Gesellschaft selbst – unter bestimmten Voraussetzungen – Einbringender sein kann.

Mit der hM ist daher für die Frage, ob die PersGes Einbringender ist, danach zu differenzieren, ob die PersGes nach der Einbringung als Mitunternehmerschaft fortbesteht oder nicht (UmwStE Rn. 20.03; *Herlinghaus* in R/H/vL § 20 Rn. 34; *Widmann* in W/M § 20 Rn. R 49). Nur wenn sie nach der Einbringung fortbesteht, kann sie selbst Einbringende iSd § 20 sein, sofern ihr die als Gegenleistung gewährten Anteile zustehen. Wird die PersGes hingegen infolge der Einbringung aufgelöst und stehen die Anteile am übernehmenden Rechtsträger daher den Gesellschaftern zu, sind diese als Einbringende anzusehen (UmwStE Rn. 20.03 mit Verweis auf BFH v. 16.2.1996 – I R 183/94, BStBl. II 1996, 342). Dieses gilt auch soweit die PersGes nach der Einbringung zwar fortbesteht, jedoch zB mangels gewerblicher Betätigung steuerlich nicht mehr als Mitunternehmerschaft qualifiziert. Gemäß § 39 II Nr. 2 AO werden die als Gegenleistung gewährten Anteile den einzelnen Gesellschaftern zugerechnet, die damit als Einbringende anzusehen sind.

Übertragen auf die verschiedenen Arten des Einbringungsvorgangs (Gesamt- bzw. Ein- 274
zelrechtsnachfolge) ergibt sich daher folgende Rechtslage:

Einbringung im Wege der Gesamtrechtsnachfolge. Vom Anwendungsbereich des § 20 erfasst sind gemäß § 1 III Nr. 1 zum einen die Verschmelzung und die Spaltung von Personenhandelsgesellschaften und PartGes. Nicht zu den Personenhandelsgesellschaften zählen dabei die rein vermögensverwaltend tätigen PersGes, welche somit nicht nach § 20 begünstigt verschmolzen oder (auf- oder ab-)gespalten werden können (*Patt* in D/P/M § 20 UmwStG Rn. 162). Zum anderen fällt gemäß § 1 III Nr. 2 auch die Ausgliederung in den Anwendungsbereich des § 20. Vgl. im Einzelnen auch Rn. 236 ff.

– **Verschmelzung, §§ 2, 3 I Nr. 1, 39 ff., 45a ff. UmwG**
  Eine Personenhandelsgesellschaft oder PartGes kann sowohl zur Aufnahme (§§ 4 ff. UmwG) als auch zur Neugründung (§§ 36 ff. UmwG) verschmolzen werden.

Mit der Beendigung des Verschmelzungsvorgangs gilt die übertragende Gesellschaft als aufgelöst. Die Gesellschafter der übertragenden Personenhandelsgesellschaft oder PartGes werden Anteilseigner des übernehmenden Rechtsträgers (*Nitzschke* in Blümich § 20 UmwStG Rn. 31). Da die Personenhandelsgesellschaft oder PartGes nach der Verschmelzung nicht mehr existent ist, werden die gemäß § 20 I im Gegenzug ausgegebenen Anteile an der aufnehmenden Gesellschaft nicht der Gesellschaft, sondern den **Gesellschaftern** gewährt. Diese sind daher als einbringende Rechtsträger im Rahmen des § 20 anzusehen.

- **Spaltung, §§ 123 I, II, 124, 125 UmwG**
  Eine Personenhandelsgesellschaft oder PartGes kann gemäß §§ 124 I, 3 I Nr. 1 UmwG übertragender Rechtsträger der Auf- oder Abspaltung sein. Infolge der Aufspaltung erlischt die Gesellschaft. Einbringende Rechtsträger im Sinne des § 20 I sind daher die **Gesellschafter.** Im Falle der Abspaltung bleibt die Personenhandelsgesellschaft bzw. PartGes zwar weiter fortbestehen, doch werden gleichwohl die Gesellschafter gemäß §§ 123 II, 131 I Nr. 3 S 1 UmwG Inhaber der als Gegenleistung gewährten Anteile an der aufnehmenden Gesellschaft. Diese zivilrechtliche Wertung ist auf das Steuerrecht zu übertragen, die **Gesellschafter** sind daher die Einbringenden iSd § 20 (UmwStE Rn. 20.03).
- **Ausgliederung, §§ 123 III, 124, 125 UmwG**
  Übertragender Rechtsträger einer Ausgliederung kann gemäß §§ 124 I, 3 I Nr. 1 UmwG auch eine PersGes sein. Die Ausgliederung kann zur Neugründung (§ 123 III Nr. 2 UmwG) oder als Ausgliederung zur Aufnahme (§ 123 III Nr. 1 UmwG) erfolgen. Bleibt die PersGes auch nach der Ausgliederung als Mitunternehmerschaft bestehen, ist die **PersGes** selbst als Einbringender iSd § 20 anzusehen, da ihr nach § 123 III UmwG die Anteile an der übernehmenden Gesellschaft gewährt werden (UmwStE Rn. 20.03). Besteht hingegen die Mitunternehmerschaft infolge der Ausgliederung bspw. mangels gewerblicher Betätigung nicht fort, sind die Gesellschafter als Einbringende für Zwecke des § 20 anzusehen.

Einbringung im Wege der Einzelrechtsnachfolge. Gemäß § 1 III Nr. 4 kann das BV einer PersGes auch im Wege der Einzelrechtsnachfolge eingebracht werden. Vgl. ausführlich dazu Rn. 248 ff.

Für die Frage, wer Einbringender iSd § 20 ist, ist wie folgt zu differenzieren:

- **Einbringung eines Teilbetriebs:** Wird nur ein Teilbetrieb eingebracht, besteht die Mitunternehmerschaft nach Durchführung der Sacheinlage weiterhin fort. Einbringender Rechtsträger ist daher die **Mitunternehmerschaft.**
- **Einbringung des gesamten Betriebs mit der Folge, dass die Mitunternehmerschaft, deren BV eingebracht wird, erlischt:** Sofern das gesamte BV der Mitunternehmerschaft einschließlich etwaiger nicht wesentlicher Betriebsgrundlagen eingebracht wird, erlischt die Mitunternehmerschaft infolge der Einbringung. Einbringende sind die **Mitunternehmer.**
- **Einbringung des Betriebs der Mitunternehmerschaft unter Fortbestand der Mitunternehmerschaft:** Werden nicht wesentlichen Betriebsgrundlagen zurückbehalten, die dazu führen, dass die Mitunternehmerschaft als solche nach der Einbringung weiterbesteht, ist die **Mitunternehmerschaft** selbst als einbringender Rechtsträger anzusehen.
  Bleibt nach der Einbringung eine nur noch vermögensverwaltende PersGes bestehen, die steuerlich nicht mehr als Mitunternehmerschaft qualifiziert, sind wiederum die Gesellschafter Einbringende für Zwecke des § 20.
- **Einbringung von Anteilen an der Mitunternehmerschaft, einschließlich der erweiterten Anwachsung:** Mitunternehmeranteile werden von den jeweiligen **Mitunternehmern** eingebracht.

Besonderheiten hinsichtlich der Person des Einbringenden ergeben sich bei **doppel- bzw. mehrstöckigen PersGes.** Nach § 15 I 1 Nr. 2 S 2 EStG steht der mittelbar über eine oder mehrere PersGes beteiligte Gesellschafter dem unmittelbar beteiligten Gesellschafter gleich. Der Gesellschafter ist als Mitunternehmer des Betriebs der Gesellschaft anzusehen, an der er mittelbar beteiligt ist, wenn er und die PersGes, die seine Beteiligung vermittelt, jeweils Mitunternehmer der PersGes sind, an denen sie unmittelbar beteiligt sind. Es muss insofern eine ununterbrochene Mitunternehmerkette bestehen (*Schmitt* in SHS § 20 Rn. 145) mit der Folge, dass die Gesellschafter der Obergesellschaft somit Mitunternehmer der Obergesellschaft und zugleich neben der Obergesellschaft auch Mitunternehmer der Untergesellschaft sind (*Wacker* in Schmidt § 15 Rn. 612). 275

Bei diesen Gestaltungen stellt sich dann jedoch die Frage, wer für Zwecke des § 20 Einbringender eines Mitunternehmeranteils an der Untergesellschaft ist. Zivilrechtlich überträgt die jeweilige Obergesellschaft ihren Anteil an der Untergesellschaft. Im Rahmen des § 20 kommen dagegen neben der Obergesellschaft als Mitunternehmer der Untergesellschaft auch die Gesellschafter der Obergesellschaft in Betracht, die infolge ihrer Beteiligung an der Obergesellschaft ebenfalls Mitunternehmer der Untergesellschaft sein können. Insoweit wird teilweise vertreten, dass auch die mittelbar beteiligten Gesellschafter ihre Mitunternehmerstellung an der Untergesellschaft einbringen (*Schmitt* in SHS § 20 Rn. 147; s. hierzu auch *Widmann* in W/M § 20 Rn. R 60). Demgegenüber legt der UmwStE Rn. 20.03 nunmehr fest, dass bei doppel- oder mehrstöckigen PersGes nur die unmittelbar beteiligten Gesellschafter Einbringende sind und nicht zugleich die nur mittelbar beteiligten Mitunternehmer.

ee) § 1 IV 1 Nr. 2 Buchst. b. Personenkreis. Ist die für die Einbringung in Betracht kommende Person nicht dem Personenkreis des § 1 IV 1 Nr. 2 Buchst. a zuzuzählen, so können gleichwohl die Einbringungsvergünstigungen greifen, sofern die Voraussetzungen des § 1 IV 1 Nr. 2 Buchst. b erfüllt sind. Erfasst sind: 276

- Natürliche Personen, die weder ihren Wohnsitz noch ihren gewöhnlichen Aufenthalt innerhalb der EU/des EWR haben;
- Gesellschaften iSv Art. 54 AEUV/Art. 34 EWRA, die entweder ihren Sitz oder den Ort ihrer Geschäftsleitung außerhalb der EU/des EWR haben;
- Gesellschaften, die keine Gesellschaften iSd Art. 54 AEUV/Art. 34 EWRA sind und die nicht sowohl ihren Sitz als auch den Ort ihrer Geschäftsleitung innerhalb der EU/des EWR haben und
- PersGes, die sowohl den Sitz als auch den Ort ihrer Geschäftsleitung in der EU/im EWR haben, an denen aber mittelbar oder unmittelbar Gesellschafter beteiligt sind, die (bei natürlichen Personen) weder ihren Wohnsitz noch ihren gewöhnlichen Aufenthalt bzw. (bei Körperschaften) weder ihren Sitz noch den Ort ihrer Geschäftsleitung in der EU/im EWR haben.

Keine Beschränkung des Besteuerungsrechts der Bundesrepublik Deutschland. Allerdings muss bei diesem einbringenden Personenkreis hinzukommen, dass die Bundesrepublik Deutschland für die im Rahmen der Einbringung als Gegenleistung erhaltenen Anteile ein Besteuerungsrecht innehat. Das Besteuerungsrecht der Bundesrepublik Deutschland für den Gewinn aus einer Veräußerung dieser Anteile darf weder ausgeschlossen noch beschränkt sein. Abzustellen ist dabei auf einen möglichen Veräußerungsgewinn der Anteile zum Zeitpunkt des steuerlichen Übertragungsstichtags. In den Fällen des § 20 VI ist insoweit der rückbezogene Übertragungsstichtag maßgeblich (*Schmitt* in SHS § 20 Rn. 178; *Patt* in D/P/M § 20 UmwStG Rn. 14; *Nitzschke* in Blümich § 20 UmwStG Rn. 65; *Herlinghaus* in R/H/vL § 20 Rn. 123). 277

Nicht jede Steuerbefreiung, die nach nationalem Recht zur Anwendung kommt, bewirkt jedoch einen Ausschluss bzw. eine Beschränkung des Besteuerungsrechts iSv § 1 IV 1 Nr. 2 Buchst. b. Dies gilt insb. für § 8b KStG und § 3 Nr. 40 EStG (*Hörtnagl* in 278

SHS § 1 Rn. 132; *Mutscher* IStR 2007, 799/801; *Dietrich* in Lüdicke/Sistermann § 11 Rn. 396; § 21 Rn. 265, § 1 Rn. 82, 83). In diesen Fällen ist das Besteuerungsrecht der Bundesrepublik Deutschland nicht ausgeschlossen oder beschränkt iSv § 1 IV 1 Nr. 2 Buchst. b, sondern es wird lediglich darauf verzichtet, von dem grds bestehenden Besteuerungsrecht in vollem Umfang Gebrauch zu machen (*Dietrich* in Lüdicke/Sistermann § 11 Rn. 396).

279 Ein **Ausschluss des Besteuerungsrechts** liegt vor, wenn die Bundesrepublik Deutschland überhaupt kein Besteuerungsrecht an den im Rahmen der Einbringung als Gegenleistung erhaltenen Anteilen hat.

Schädlich ist insoweit der Ausschluss des Besteuerungsrechts aufgrund unilateraler oder bilateraler Regelungen, wenn im Falle einer späteren Veräußerung der Anteile:

– das deutsche Besteuerungsrecht zwar nach nationalem Steuerrecht besteht, es aber infolge eines DBA einem anderen Staat zugewiesen ist (*Graw* in R/H/vL § 1 Rn. 282) oder
– die Bundesrepublik Deutschland den Veräußerungsgewinn freizustellen hat (*Graw* in R/H/vL § 1 Rn. 282; *Mutscher* IStR 2007, 799/800).

280 Eine **Beschränkung des Besteuerungsrechts** ist gegeben, wenn zwar hinsichtlich des Veräußerungsgewinns der erhaltenen Anteile ein inl Besteuerungsrecht besteht, jedoch die Bundesrepublik Deutschland ausl Steuern anzurechnen hat. Sofern eine entsprechende Beschränkung des Besteuerungsrechts vorliegt, ist nach dem Wortlaut des § 1 IV 1 Nr. 2 Buchst. b („wenn“, nicht „soweit“) der Anwendungsbereich des § 20 insgesamt nicht eröffnet (*Möhlenbrock* in D/P/M § 1 UmwStG Rn. 166), dh die Voraussetzungen einer nach § 20 steuerbegünstigten Sacheinlage liegen auch nicht insoweit vor, als das Besteuerungsrecht weiterbesteht.

281 Der **nachträgliche Wegfall oder die nachträgliche Beschränkung** des Besteuerungsrechts der Bundesrepublik Deutschland ist hingegen für die Eröffnung des Anwendungsbereichs des § 1 IV Nr. 2 Buchst. b ohne Bedeutung. Wird das Besteuerungsrecht der Bundesrepublik Deutschland hinsichtlich des Gewinns aus der Veräußerung der erhaltenen Anteile erst nach der Einbringung beschränkt oder ausgeschlossen, hat das keine Auswirkungen auf den persönlichen Anwendungsbereich des § 20. Dies lässt sich der Regelung des § 22 I 6 Nr. 6 entnehmen: Danach finden die Rechtsfolgen des § 22 auch in solchen Fällen Anwendung, in denen die Voraussetzungen des § 1 IV „nicht mehr“ erfüllt sind. Da § 22 (auf der Ebene der Anteilseigner) die Rechtsfolgen der wirksamen Einbringung regelt, lässt sich der Formulierung in Abs. 1 Satz 6 Nr. 6 entnehmen, dass der nachträgliche Wegfall oder die nachträgliche Beschränkung des Besteuerungsrechts der Bundesrepublik Deutschland nicht zu einem rückwirkenden Wegfall der Voraussetzungen der Sacheinlage führt, sondern lediglich dazu, dass sich die Rechtsfolgen der Besteuerung auf der Ebene des Anteilseigners dahingehend ändern, dass der Einbringungsgewinn nachträglich besteuert wird (*Patt* in D/P/M § 20 UmwStG Rn. 14; vgl. dazu auch § 22 Rn. 207 ff.).

Ungeachtet dessen, kann der erst nach der Einbringung erfolgte Ausschluss oder die nachträgliche Beschränkung des Besteuerungsrechts zu einer nachträglichen Versteuerung eines Einbringungsgewinns führen. Nach Ansicht von *Dötsch/Pung* (DB 2006, 2763) ist dabei wie folgt zu differenzieren:

– Sind seit der Einbringung weniger als sieben Jahre vergangen, besteht ein Besteuerungsrecht seitens der Bundesrepublik Deutschland gemäß § 22 I 6 Nr. 6.
– Nach Ablauf der Sperrfrist des § 22 besteht ein deutsches Besteuerungsrecht entsprechend den allgemeinen Entstrickungsvorschriften der § 4 I 3 EStG, § 12 KStG, sofern die Anteile einem inl BV zuzuordnen sind.
– Sind die Anteile dem Privatvermögen des Anteilseigners zuzuordnen und ist dieser in Deutschland unbeschränkt stpfl., besteht ein Besteuerungsrecht seitens der Bundesrepublik Deutschland unter den Voraussetzungen des § 6 AStG.

– Bei lediglich beschränkter Stpfl. des Anteilseigners, der die Anteile in seinem Privatvermögen hält, wird ein Besteuerungsrecht seitens der Bundesrepublik Deutschland auch nicht über eine andere Norm hergestellt.

(einstweilen frei) 282–289

b) Übernehmender Rechtsträger

Übernehmende Rechtsträger können gemäß § 20 I nur KapGes und Genossenschaften sein. Allerdings muss es sich nicht um unbeschränkt stpfl. Körperschaften handeln. Aufgrund der „Europäisierung“ des Einbringungstatbestandes sind alle KapGes und Genossenschaften erfasst, die zugleich EU-/EWR-Gesellschaften sind, § 1 IV 1 Nr. 1, II 1 Nr. 1. Für die KapGes und Genossenschaften gilt, dass sich Sitz und Ort der Geschäftsleitung innerhalb eines EU-/EWR-Mitgliedstaates befinden muss. 290

aa) Nach deutschem Recht gegründete Kapitalgesellschaften. Nach deutschem Recht gegründete KapGes sind im Wesentlichen die AG, die KGaA und die GmbH. Die KapGes bedarf zu ihrer Entstehung der notariellen Beurkundung des Gesellschaftsvertrages und der Eintragung im Handelsregister (vgl. § 36 AktG, § 7 GmbHG). Bis zum Abschluss dieses Vorgangs durchläuft die Gesellschaft mehrere Stadien, in denen sie sowohl zivil- als auch steuerrechtlich unterschiedlich behandelt wird: Solange der Gesellschaftsvertrag noch nicht notariell beurkundet worden ist, spricht man von einer **Vorgründungsgesellschaft** (KStH 2; BFH v. 8.11.1989 – I R 174/86, BStBl. II 1990, 91; v. 29.11.2000 – I B 64/00, BFH/NV 2001, 573). Eine solche ist gesellschaftsrechtlich noch nicht als KapGes, sondern idR als GbR, bei Aufnahme eines Handelsgewerbes allerdings als OHG zu qualifizieren (*Graffe* in D/P/M § 1 KStG Rn. 106). Die Vorgründungsgesellschaft ist weder mit der Vorgesellschaft noch mit dem später daraus entstehenden KSt-Subjekt identisch (KStH 2). Steuerrechtlich handelt es sich dementsprechend um eine Mitunternehmerschaft, sofern die Vorgründungsgesellschaft Einkünfte iSv § 15 I Nr. 2 EStG (Gewerbebetrieb), §§ 13 VII, 15 I Nr. 2 EStG (Land- und Forstwirtschaft) oder §§ 18 IV 2, 15 I Nr. 2 EStG (selbstständige Arbeit) erzielt (BFH v. 8.11.1989 – I R 174/86, BStBl. II 1990, 91/92; *Schmitt* in SHS § 20 Rn. 170, jeweils zu gewerblichen Einkünften nach § 15 I Nr. 2 EStG). Die Vorgründungsgesellschaft kann daher nicht übernehmende Rechtsträgerin iSv § 20 I sein (BFH v. 8.11.1998 – I R 174/86, BStBl. II 1999, 91/92; *Herlinghaus* in R/H/vL § 20 Rn. 116a). Ist der Gesellschaftsvertrag notariell beurkundet, die Gesellschaft aber noch nicht ins Handelsregister eingetragen, spricht man von einer **Vorgesellschaft.** Tritt diese Gesellschaft bereits vor der Registereintragung durch wirtschaftliche Betätigung in Erscheinung und wird die zu gründende juristische Person später eingetragen, so wird die Vorgesellschaft nach hM bereits kstpfl., da sie der mit der Gründung beabsichtigten KapGes näher steht als einer PersGes (BFH v. 14.10.1992 – I R 17/92, BStBl. II 1993, 352/354). Sie bildet mit dem späteren rechtsfähigen Gebilde ein einheitliches kstpfl Steuersubjekt (*Graffe* in D/P/M § 1 KStG Rn. 109 mwN). Daher zählt die Vorgesellschaft bereits zu den Gesellschaften iSv § 1 IV 1 Nr. 1 und kann folglich übernehmender Rechtsträger iSd § 20 I sein (*Herlinghaus* in R/H/vL § 20 Rn. 116a). Kommt es nicht zur Eintragung und hat die Vorgesellschaft sich bereits wirtschaftlich betätigt, so ist die Vorgesellschaft nach personengesellschaftsrechtlichen Grundsätzen zu beurteilen (KStH 2; *Lambrecht* in Gosch § 1 KStG Rn. 35; *Graffe* in D/P/M § 1 KStG Rn. 109). 291

Fraglich ist, ob auch die **Unternehmergesellschaft (haftungsbeschränkt)** übernehmende Gesellschaft iSd § 20 I sein kann. Die Unternehmergesellschaft (haftungsbeschränkt) ist eine Rechtsformvariante der GmbH (BT-Drs. 16/6140, 31; 16/9737, 55 bezeichnet sie als „Unterform der GmbH“). Abweichend von den für die GmbH geltenden Vorschriften enthält § 5a II 2 GmbHG jedoch für die Unternehmergesellschaft (haftungsbeschränkt) ein (gesellschaftsrechtliches) Sacheinlageverbot. So ist weder die Sachgründung noch die Sachkapitalerhöhung, soweit durch diese das Stammkapital unter 25000 Euro verbleibt, rechtlich zulässig (*Miras* in Michalski GmbHG § 5a Rn. 37) mit der 292

Folge, dass die Unternehmergesellschaft (haftungsbeschränkt) zumeist wohl nicht als übernehmender Rechtsträger einer Einbringung durch Sacheinlage iSd § 20 in Betracht kommen kann. Allerdings steht § 5a II 2 GmbHG nach hM einer Sachkapitalerhöhung nicht entgegen, durch die das Stammkapital der Unternehmergesellschaft auf mindestens 25000 Euro erhöht wird (BGH v. 19.4.2011 – II ZB 25/10, BGHZ 189, 254 mwN; *Roth* in Roth/Altmeppen GmbHG § 5a Rn. 38; *Gasteyer* NZG 2011, 693/694; *Lange* NJW 2010, 3686/3689; *Miras* in Michalski GmbHG § 5a Rn. 37; *Rieder* in MüKoGmbHG § 5a Rn. 42). Die hM stützt sich zutr. auf den Wortlaut des § 5a V GmbHG, wonach § 5a II GmbHG nicht anwendbar ist, wenn das Mindeststammkapital nach § 5 I GmbHG „erreicht" ist, sowie auf die ansonsten resultierende ungerechtfertigte Schlechterstellung der Unternehmergesellschaft (haftungsbeschränkt) beim Übergang zur GmbH im Vergleich zur GmbH selbst (BGH v. 19.4.2011 – II ZB 25/10, BGHZ 189, 254; *Rieder* in MüKoGmbHG § 5a Rn. 42). Folgerichtig muss die Unternehmergesellschaft somit in den Fällen, in denen durch die Sacheinlage das Stammkapital der Gesellschaft auf mindestens 25000 Euro erhöht wird, übernehmende Gesellschaft iSd § 20 I sein können. Ferner ist eine Beteiligung der Unternehmergesellschaft (haftungsbeschränkt) als übernehmender Rechtsträger im Rahmen des § 20 I bei Einbringungen durch Bargründung mit Sacheinlage-Aufgeld vorstellbar (*Patt* GmbH-StB 2011, 20/23 ff.; zur Anwendbarkeit des § 20 bei Vorliegen einer Barkapitalerhöhung mit Sacheinlage-Aufgeld BFH v. 7.4.2010 – I R 55/09, BStBl. II 2010, 1094).

293 **bb) Nach deutschem Recht gegründete Genossenschaften.** Gemäß § 20 I kann auch die nach deutschem Recht gegründete Genossenschaft übernehmende Gesellschaft sein. Eine rechtsfähige Genossenschaft deutschen Rechts bedarf gemäß §§ 10 f. GenG der Eintragung in das Genossenschaftsregister des Bezirks, in dem sie ihren Sitz hat. Vergleichbar mit den nach deutschem Recht gegründeten KapGes durchläuft die Genossenschaft bis zur wirksamen Eintragung die Stadien der Vorgründungs- und der Vorgenossenschaft. Im Unterschied zu der als PersGes zu qualifizierenden **Vorgründungsgenossenschaft** (vgl. *Beuthien* § 13 GenG Rn. 2; *Fandrich* in Pöhlmann/Fandrich/Bloehs § 13 Rn. 2 f.) ist die mit Aufstellung einer auf Eintragung gerichteten Satzung entstehende **Vorgenossenschaft** bereits körperschaftlich strukturiert (*Schmidt* in MüKoHGB § 6 Rn. 12). Die Vorgenossenschaft zählt damit schon zu den Gesellschaften iSv § 1 IV 1 Nr. 1 und kann daher übernehmender Rechtsträger iSv § 20 I sein.

294 Wird hingegen bei der Errichtung der Satzung keine Eintragung in das Genossenschaftsregister beabsichtigt, scheitert die Eintragung oder wird die Eintragungsabsicht nachträglich aufgegeben, entsteht eine sog. **nichteingetragene Genossenschaft** (*Bauer* § 13 GenG Rn. 33; *Beuthien* § 13 GenG Rn. 13; *Fandrich* in Pöhlmann/Fandrich/Bloehs § 13 Rn. 1, 10). In Abhängigkeit von ihrer Struktur (personengesellschaftsrechtlich oder körperschaftsrechtlich) finden auf die nichteingetragene Genossenschaft die Regelungen der GbR bzw. der OHG oder des nichtrechtsfähigen Vereins Anwendung (ausführlich *Beuthien* § 1 GenG Rn. 80). Die Normen des GenG finden indes nur Anwendung, als diese nicht ausdrücklich die Eintragung voraussetzen (BGH v. 23.4.1956 – II ZR 116/55, BGHZ 20, 281; *Fandrich* in Pöhlmann/Fandrich/Bloehs § 1 Rn. 31, § 13 Rn. 10; *Schulte* in Lang/Weidmüller § 1 GenG Rn. 89; einschränkender *Beuthien* § 1 GenG Rn. 80). Liegt eine auf Dauer angelegte, körperschaftlich strukturierte nichteingetragene Genossenschaft vor, welche gerade die charakteristischen Merkmale einer Genossenschaft iSd § 1 GenG aufweist (Verfolgung eines Förderauftrags und geschlossene Mitgliederzahl), sollte diese ebenfalls übernehmender Rechtsträger iSv § 20 I sein können. Dies gebietet der Gedanke der Einheit der Rechtsordnung, insbesondere innerhalb des Steuerrechts. So erstreckt sich die Körperschaftsteuerpflicht nach § 1 I Nr. 2 KStG nicht nur auf eingetragenen Erwerbs- und Wirtschaftsgenossenschaften. Vielmehr sind nach der hM auch die nichtrechtsfähigen und damit die nichteingetragenen Genossenschaften als Genossenschaften im materiellen Sinn erfasst (vgl. KStR 2 Abs. 4 S 3; *Altendorf* in H/H/R § 1 KStG Rn. 41; *Renger* in Blümich

§ 1 KStG Rn. 74). Zudem soll § 20 im Unterschied zu § 24 gerade die Sacheinlage in körperschaftlich strukturierte Rechtsträger regeln. Dabei ist der persönliche Anwendungsbereich des § 20 nicht auf juristische Personen beschränkt, sondern begünstigt nach allgemeiner Ansicht auch die Einlage in eine Vorgesellschaft bzw. Vorgenossenschaft (vgl. Rn. 291, 293). Da es dem Rechtsverkehr regelmäßig Schwierigkeiten bereiten würde, festzustellen, ob eine als Vorgenossenschaft firmierte, genossenschaftlich strukturierte Vereinigung (noch) die Eintragung anstrebt (so bereits BGH v. 4.3.1996 – II ZR 123/94, NJW 1996, 1210/1212), kann die nichteingetragene Genossenschaft nicht anders zu behandeln sein als die von § 20 erfasste Vorgenossenschaft.

cc) EU-/EWR-Kapitalgesellschaften und -Genossenschaften. Neben den nach deutschem Recht gegründeten KapGes und Genossenschaften kommen als übernehmende Rechtsträger auch die SE und die SCE sowie sonstige KapGes und Genossenschaften in Betracht, die nach den Vorschriften eines EU-/EWR-Staates gegründet worden sind. 295

EU-/EWR-Gesellschaften können übernehmender Rechtsträger iSd § 20 sein, wenn sie einer deutschen KapGes oder Genossenschaft vergleichbar sind. Es ist mit Ausnahme der SE und SCE insoweit ein Typenvergleich vorzunehmen, im Rahmen dessen aus zivilrechtlicher Sicht geprüft wird, ob das ausl Rechtsgebilde nach seinem rechtlichen Aufbau und seiner wirtschaftlichen Stellung insgesamt eher einer deutschen Personengesellschaft oder einer deutschen Körperschaft entspricht (vgl. Rn. 264).

dd) Belegenheit von Sitz und Ort der Geschäftsleitung des Rechtsträgers. Sitz und Geschäftsleitung des übernehmenden Rechtsträgers müssen sich innerhalb des Hoheitsgebiets eines EU-/EWR-Mitgliedstaates befinden. Nach dem Gesetzeswortlaut ist es dafür weder erforderlich, dass sich Sitz und Ort der Geschäftsleitung in dem Staat befinden, nach dessen Rechtsvorschriften die Gesellschaft errichtet worden ist, noch muss der Sitz der Gesellschaft in demselben Mitgliedstaat belegen sein, in dem die Gesellschaft den Ort ihrer Geschäftsleitung hat. 296

Für die Eröffnung des Anwendungsbereichs der Einbringung ist es nicht erforderlich, dass die Gesellschaft in Deutschland stpfl. ist. Diese Frage erlangt erst im Rahmen des Wertansatzes der eingebrachten WG und der entsprechenden Folgefragen (Bemessung der AK) Bedeutung (Rn. 341 ff., 552 ff.). Der persönliche Anwendungsbereich der Sacheinlage ist hingegen auch für in Deutschland beschränkt stpfl. oder steuerbefreite Rechtsträger eröffnet. 297

ee) Entstehungszeitpunkt der übernehmenden Gesellschaft. Ist die übernehmende Gesellschaft eine deutsche Körperschaft, ist es unerheblich, ob sie im Zeitpunkt der Sacheinlage bereits besteht oder ob sie im Wege der Einbringung erst gegründet wird (*Herlinghaus* in R/H/vL § 20 Rn. 115b; *Patt* in D/P/M § 20 UmwStG Rn. 156; *Widmann* in W/M § 20 Rn. R 25, 393). Für ausl Gesellschaften gilt dies grds ebenfalls mit der Einschränkung, dass im Fall der Wahl eines vor dem gesellschaftsrechtlichen Übertragungsstichtag liegenden Einbringungszeitpunktes (§§ 20 V, VI) die §§ 20 VI 4, 2 III zu beachten sind: Gelten im Ansässigkeitsstaat des übernehmenden Rechtsträgers vom deutschen Recht abweichende Regelungen zur Rückbeziehung, infolge derer Besteuerungslücken (weiße Einkünfte) entstünden, ist die Vereinbarung eines vom gesellschaftsrechtlichen Übertragungsstichtag abweichenden steuerlichen Übertragungsstichtags gemäß §§ 20 VI 4, 2 III insoweit ausgeschlossen (§ 2 Rn. 108; *van Lishaut* in R/H/vL § 2 Rn. 104 f.; *Dötsch* in D/P/M § 2 UmwStG Rn. 84; *Möhlenbrock* in D/P/M Einf UmwStG Rn. 185). 298

ff) Holdinggesellschaften. §§ 1, 20 I treffen keine Aussage darüber, dass die übernehmende Gesellschaft aktiv sein muss. Die Einbringung von BV in eine Holdinggesellschaft ist daher zulässig. 299

(einstweilen frei) 300–304

III. Rechtsfolgen

1. Allgemein

305 Bei Vorliegen der Voraussetzungen des § 20 I „gelten für die Bewertung des eingebrachten BV und der neuen Gesellschaftsanteile die nachfolgenden Absätze". Danach ist das eingebrachte BV grds mit dem gemeinen Wert, Pensionsverpflichtungen mit dem sich gemäß § 6a EStG ergebenden Wert anzusetzen, § 20 II 1. Das eingebrachte BV kann jedoch – bei Vorliegen weiterer Voraussetzungen – entgegen der Regelbewertung (gemeiner Wert) und abweichend von den allgemeinen Gewinnermittlungsgrundsätzen wahlweise mit dem BW oder jedem anderen Wert oberhalb des BW und unterhalb des gemeinen Wertes angesetzt werden, § 20 II 2. Das Wertansatzwahlrecht nach § 20 II stellt also nicht den Regelfall, sondern die Ausnahme dar, die an enge Voraussetzungen geknüpft ist.

Liegen die Voraussetzungen des § 20 II für die Ausübung des Bewertungswahlrechts vor, darf die übernehmende Gesellschaft das eingebrachte BV alternativ mit dem BW (§ 1 V Nr. 4), einem ZW oder dem gemeinen Wert ansetzen. Das **Wahlrecht** wird durch die übernehmende Gesellschaft ausgeübt (Rn. 369).

Der Wert, mit dem die Übernehmerin das eingebrachte BV ansetzt, bestimmt gemäß § 20 III 1 – vorbehaltlich der Sonderregelungen in § 20 III 2, 3 – zugleich für den Einbringenden den Veräußerungspreis des eingebrachten BV und die Höhe der AK der neuen Anteile an der übernehmenden Gesellschaft. Auf diese Weise werden die in den eingebrachten WG ruhenden stillen Reserven, die im Zeitpunkt der Sacheinlage nicht aufgedeckt werden, auf die Anteile an der Übernehmerin übertragen und damit steuerlich verstrickt (*Schmitt* in SHS § 20 Rn. 377; *Herlinghaus* in R/H/vL § 20 Rn. 190): Veräußert der einbringende Rechtsträger die Anteile an der Übernehmerin innerhalb von sieben Jahren nach der Einbringung, werden die stillen Reserven, die in dem eingebrachten BV ruhen, bezogen auf den Einbringungszeitpunt nachträglich ermittelt und nach Maßgabe des § 22 versteuert (§ 22 Rn. 5 ff.).

306 Mit den unterschiedlichen Wertansätzen sind folgende Auswirkungen verbunden (vgl. zum Ganzen auch *Widmann* in W/M § 20 Rn. R 409 ff.; *Patt* in D/P/M § 20 UmwStG Rn. 193):

- Ansatz mit dem **BW** (Rn. 393 ff.): keine sofortige Besteuerung des Einbringungsgewinns; seitens der übernehmenden Gesellschaft erhöhte Einkünfte, da die Abschreibungen infolge des BW-Ansatzes geringer sind; KSt-Verstrickung der stillen Reserven, die in den eingebrachten WG ruhen; erhöhte Belastung mit GewSt; gemäß § 22 I Sperrfristverhaftung der als Gegenleistung erhaltenen Anteile an der übernehmenden Gesellschaft (§ 22 Rn. 5 ff.); keine Tarifermäßigung nach § 34 EStG;
- Ansatz mit einem **ZW** (Rn. 405 ff.): teilweise Gewinnrealisierung, dadurch auf der Ebene der Übernehmerin erhöhtes AfA-Volumen in Höhe der aufgedeckten stillen Reserven; Sperrfristverhaftung der erhaltenen Anteile an der übernehmenden Gesellschaft gemäß § 22 I (vgl. dazu § 22 Rn. 5 ff.); die Freibeträge für natürliche Personen nach §§ 16 IV, 17 III EStG werden gemäß § 20 IV 1 nicht gewährt; keine Tarifermäßigung nach § 34 EStG;
- Ansatz mit dem **gemeinen Wert** (Rn. 415 ff.): volle Gewinnrealisierung; vorteilhaft bspw. für die gezielte Nutzung von Verlustvorträgen des Einbringenden; ist der Einbringende eine natürliche Person, Gewährung der Tarifbegünstigung nach §§ 34 I, III EStG, sofern der Veräußerungsgewinn nicht gemäß § 3 Nr. 40 S 1, § 3c II EStG teilweise steuerbefreit ist, sowie der Freibeträge gemäß §§ 16 IV, 17 III EStG; keine Sperrfristverhaftung der erhaltenen Anteile an der übernehmenden Gesellschaft; seitens der Übernehmerin geringere Einkünfte durch erhöhte Abschreibungen.

2. Bei der übernehmenden Gesellschaft, § 20 II

a) Grundsatz

aa) Wahlrecht für das „übernommene BV". § 20 II 2 räumt für das „übernommene BV" ein Bewertungswahlrecht ein. Das Wahlrecht bezieht sich jeweils auf die einzelne Sacheinlage. Für mehrere Sacheinlagen können somit unterschiedliche Bewertungsmethoden gewählt werden. Dies gilt grds auch für den Fall, dass mehrere Sacheinlagegegenstände von einem Einbringenden in einem einheitlichen Vorgang eingebracht werden (*Patt* in D/P/M § 20 UmwStG Rn. 218; *Nitzschke* in Blümich § 20 UmwStG Rn. 88). Zur Erhaltung der Gestaltungsfreiheit ist deshalb im Einzelfall genau zu prüfen, ob eine oder mehrere Einlagen vorliegen. So wird bspw. eine Einlage anzunehmen sein, wenn ein Betrieb eingebracht wird, der aus mehreren Teilbetrieben besteht (*Patt* in D/P/M § 20 UmwStG Rn. 192; *Nitzschke* in Blümich § 20 UmwStG Rn. 88). Hingegen wird man bei einer Einbringung eines Betriebs mit mehreren Mitunternehmeranteilen für den Betrieb und die Mitunternehmeranteile jeweils eigenständige Sacheinlagen bejahen müssen, da ein Mitunternehmeranteil auch dann einen eigenständigen Sacheinlagegegenstand bildet, wenn er zusammen mit einem Betrieb oder einem Teilbetrieb eingebracht wird (UmwStE Rn. 20.12; *Herlinghaus* in R/H/vL § 20 Rn. 33; vgl. Rn. 81, 111, 146). 307

Da die Einbringung jedes Mitunternehmeranteils stets als gesonderter Einbringungsvorgang anzusehen sein soll, kann das Bewertungswahlrecht im Falle der Einbringung mehrerer Mitunternehmeranteile für **jeden Mitunternehmeranteil separat** ausgeübt werden (BT-Drs. 16/2710, 43; *Herlinghaus* in R/H/vL § 20 Rn. 33; *Schulze zur Wiesche* WPg 2007, 162/169). 308

Bei der Einbringung eines Mitunternehmeranteils zählt auch das **SonderBV** zum eingebrachten BV (vgl. Rn. 150 ff.).

Zu beachten ist, dass bei Einbringung eines Mitunternehmeranteils das der übernehmenden Gesellschaft zustehende Wahlrecht in der Steuerbilanz der PersGes auszuüben ist, bei der die Körperschaft Mitunternehmer geworden ist (BFH v. 30.4.2003 – I R 102/01, BStBl. II 2004, 804; s. auch UmwStE Rn. 20.22). 309

bb) Einheitliche Bewertung des eingebrachten BV. Gemäß § 20 II 2 HS 1 wird der übernehmenden Gesellschaft unter den dort genannten Voraussetzungen die Möglichkeit eröffnet, das BV eines Sacheinlagegegenstands „einheitlich" mit einem vom gemeinen Wert abweichenden Wert anzusetzen. Ein abweichender Wertansatz für einzelne WG eines Sacheinlagegegenstands ist damit grds unzulässig. Alle WG des übernommenen Sacheinlagegegenstands sind nach denselben Bewertungsmethoden zu bewerten (*Patt* in D/P/M § 20 UmwStG Rn. 190 ff.; § 23 Rn. 11; vgl. auch BT-Drs. 16/2710, 43). Wählt die übernehmende Gesellschaft den ZW-Ansatz, so untersagt das Einheitlichkeitsgebot eine Wertaufstockung nur einzelner WG. 310

Trotz der Geltung des Einheitlichkeitsgebots kann es in besonderen Fällen zu einem **abweichenden Wertansatz bei einzelnen WG** kommen, da § 20 II 2 das Wahlrecht nur eröffnet, „soweit" die Voraussetzungen der Nr. 1 bis 4 erfüllt sind. Dies bedeutet, dass das Wahlrecht für solche WG des eingebrachten BV nicht besteht, die die in § 20 II 2 Nr. 1 bis 4 genannten Voraussetzungen nicht erfüllen; die übrigen WG dieses BV dürfen mit einem unter dem gemeinen Wert liegenden Wert angesetzt werden (*Patt* in D/P/M § 20 UmwStG Rn. 197, 226, 228; *Schmitt* in SHS § 20 Rn. 262, 290; vgl. zudem UmwStE Rn. 20.18, 03.13). 311

Der Grundsatz der Einheitlichkeit gilt somit **nur für** den Vorgang der **Ausübung** des Wahlrechts: Soweit es der übernehmenden Gesellschaft zusteht, muss es einheitlich ausgeübt werden; soweit das Wahlrecht nicht gewährt wird, ist der gemeine Wert anzusetzen. Eine solche Konstellation kommt insbesondere dann in Betracht, wenn einzelne WG des eingebrachten BV infolge der Sacheinlage entstrickt werden und daher gemäß § 20 II 2 Nr. 3 mit dem gemeinen Wert anzusetzen sind, während der Gesetzeswortlaut den Ansatz des übrigen BV mit einem unter dem gemeinen Wert liegenden Wert zulässt (Rn. 307 ff.). Diese abweichende Bewertung einzelner WG stellt keinen Verstoß gegen den Einheitlichkeitsgrundsatz dar, da nicht willkürlich die stillen Reserven einzelner WG aufgedeckt werden.

312 **cc) Sonderfall: Formwechsel.** Zur Geltung des Bewertungswahlrechts im Rahmen des Formwechsels einer PersGes in eine KapGes oder Genossenschaft vgl. § 25 Rn. 37 ff.

313 **dd) Sonderfall: § 50i EStG.** Mit dem Kroatien-Steueranpassungsgesetz v. 25.7.2014 (BGBl. I 2014, 1266) wurde im EStG eine Beschränkung des nach § 20 II 2 bestehenden Bewertungswahlrechts geschaffen. § 50i EStG, der verhindern soll, dass stille Reserven im Fall des Wegzugs ins Ausland und bei Umstrukturierungen durch Einbindung einer gewerblich geprägten PersGes „steuerfrei" entstrickt werden können, wurde um einen Absatz 2 erweitert. Ziel des § 50i II EStG ist es, Steuerausfälle zu vermeiden, die dadurch entstehen, dass zB auf Grund einer dem Wegzug nachfolgenden Einbringung bzw. Umwandlung der Entnahmewert/Veräußerungspreis nur mit dem BW angesetzt werden kann (vgl. BT-Drs. 18/1995, 116). Nach § 50i II EStG aF waren im Rahmen von Umwandlungen und Einbringungen iSd § 1, bei Umstrukturierungen iSd § 6 III und V und in Fällen eines sog. Strukturwandels Sachgesamtheiten, die WG und Anteile iSd § 50i I EStG enthielten, stets mit dem gemeinen Wert anzusetzen. Die Vorschrift war vielfältiger Kritik ausgesetzt, (u. a.) da sie auch für Steuerinländer und sich allein im Inland abspielende Sachverhalte galt, so dass grds keine Gefahr für das inländische Steuersubstrat bestand (zur Kritik an der aF: *Patt* EStB 2014, 377/379; *Bron* DStR 2014, 1849 ff.). Durch das Anti-BEPS-Gesetz v. 20.12.2016 (BGBl. I 2016, 3000) wurde § 50i II EStG schließlich angepasst und in sachlicher Hinsicht im Vergleich zur aF deutlich entschärft. Im § 50i II EStG nF wird nur noch die Einbringung in eine Kapitalgesellschaft nach § 20 sanktioniert und dies nur für den Fall, dass das deutsche Besteuerungsrecht hinsichtlich des Veräußerungsgewinns an den im Gegenzug für die Einbringung erhaltenen Kapitalgesellschaftsanteilen nicht gesichert ist.

Insoweit sind nach § 50i II EStG nF nunmehr bei Einbringung eines (Teil-)Betriebs oder Mitunternehmeranteils nach § 20 abweichend von § 20 II 2 die Wirtschaftsgüter und Anteile iSd § 50i I EStG stets mit dem gemeinen Wert anzusetzen, soweit das deutsche Besteuerungsrecht hinsichtlich der Besteuerung des Gewinns aus der Veräußerung der erhaltenen Anteile oder hinsichtlich der mit diesen im Zusammenhang stehenden Anteile iSd § 22 VII ausgeschlossen oder beschränkt ist.

Hierdurch wird eine steuerneutrale Einbringung insbesondere durch im DBA-Ausland ansässige Gesellschafter regelmäßig ausgeschlossen, da die für die Einbringung im Gegenzug erhaltenen Anteile an der übernehmenden Kapitalgesellschaft in der Regel der Besteuerung im Ansässigkeitsstaat des Auslandsgesellschafters unterliegen (vgl. Art. 13 V OECD-MA). Bei Einbringungen durch im Inland ansässige Gesellschafter ist das deutsche Besteuerungsrecht an den erhaltenen Anteilen dagegen regelmäßig gesichert, weshalb auch § 50i II EStG nF einer steuerneutralen Einbringung regelmäßig nicht entgegensteht.

Der § 50i II EStG nF (mit seinen Folgen für Einbringungen nach § 20) ersetzt dabei rückwirkend und umfassend die von 2014 bis 2016 im Gesetz abgedruckte und oben kurz beschriebene Rechtslage (vgl. BMF v. 5.1.2017 – IV B 5 – S 1300/14/10007 – DOK 2016/1189929, BStBl. I 2017, 32). § 50i II EStG nF ist damit erstmals für Einbringungen anzuwenden, bei denen der Einbringungsvertrag nach dem 31.12.2013 geschlossen worden ist (§ 52 XLVIII 4 EStG).

Gegen die beschriebene Neufassung des § 50i II EStG werden europarechtliche Bedenken vorgetragen. So hält *Müller* die Regelung des § 50i II nF für unionrechtswidrig (*Müller* DB 2017, 96) und beruft sich zur Begründung auf die Entscheidung des EuGH v. 21.12.2016 (Rs. C-503/14, Kommission/Portugal). In diesem Verfahren ging es um die unterschiedliche steuerrechtliche Behandlung, die der Mitgliedstaat Portugal für die Fälle vorsah, in denen ein Steuerpflichtiger Anteile an Kapitalgesellschaften tauschte und anschließend seinen Wohnsitz in Portugal aufgab oder nicht aufgab bzw. sein gesamtes Betriebsvermögen auf eine Gesellschaft mit Sitz und Geschäftsleitung in Portugal oder auf eine Gesellschaft in einem EU/EWR-Mitgliedstaat übertrug. Der EuGH hielt in beiden Fällen die unterschiedliche Besteuerung für mit Unionsrecht unvereinbar.

(einstweilen frei) **314–316**

b) Voraussetzungen des Wahlrechts

aa) Allgemeines. Das Recht, statt des gemeinen Wertes den BW oder einen ZW zu wählen, kann nur ausgeübt werden, wenn neben dem formellen Antrag die in § 20 II 2 Nr. 1 bis 4 genannten materiellen Voraussetzungen kumulativ erfüllt sind. **317**

Das Wahlrecht wird gewährt, soweit

- sichergestellt ist, dass das übernommene BV später bei der Übernehmerin der Besteuerung mit KSt unterliegt (§ 20 II 2 Nr. 1; Rn. 319 ff.),
- die Passivposten des eingebrachten BV die Aktivposten nicht übersteigen, wobei das EK nicht zu berücksichtigen ist (§ 20 II 2 Nr. 2; Rn. 328 ff.),
- das Besteuerungsrecht der Bundesrepublik Deutschland hinsichtlich der Veräußerung des Gewinns des eingebrachten BV bei der Übernehmerin nicht ausgeschlossen oder beschränkt wird (§ 20 II 2 Nr. 3; Rn. 341 ff.) und
- der gemeine Wert von sonstigen Gegenleistungen, die neben den neuen Gesellschaftsanteilen gewährt werden, nicht mehr beträgt als 25 Prozent des Buchwerts des eingebrachten Betriebsvermögens oder 500 000 Euro, höchstens jedoch den Buchwert des eingebrachten Betriebsvermögens (§ 20 II 2 Nr. 4; Rn. 362 ff.).

Dass das Bewertungswahlrecht nur ausgeübt werden kann, „soweit“ diese Voraussetzungen kumulativ vorliegen, bedeutet, dass das Wahlrecht eingeschränkt sein kann. „Soweit“ die Voraussetzungen nicht vorliegen, ist infolgedessen der gemeine Wert zwingend anzusetzen. **318**

Für das Bewertungswahlrecht ist es unerheblich, ob auch hinsichtlich der als Gegenleistung ausgegebenen Anteile das Besteuerungsrecht der Bundesrepublik Deutschland zusteht (*Widmann* in W/M § 20 Rn. R 611; *Schmitt* in SHS § 20 Rn. 326). Das uneingeschränkte Besteuerungsrecht der Bundesrepublik Deutschland an den Anteilen ist im Rahmen des § 1 IV 1 Nr. 2 Buchst. b Voraussetzung für die Eröffnung des Anwendungsbereichs der Sacheinlage (s. Rn. 277 ff.), jedoch selbst nicht Voraussetzung für das nach § 20 II 2 eingeräumt Bewertungswahlrecht.

bb) Materielle Voraussetzungen. (1) Das eingebrachte BV muss später bei der übernehmenden Gesellschaft der Besteuerung mit KSt unterliegen, § 20 II 2 Nr. 1. Durch die Aufnahme dieser Voraussetzung in das Gesetz soll klargestellt werden, dass der BW- oder ZW-Ansatz in solchen Fällen nicht zulässig ist, in denen das BV in eine steuerbefreite Gesellschaft eingebracht wird (BT-Drs. 16/3369, 25). **319**

Angesprochen sind damit in erster Linie Einbringungen in nach **§ 5 KStG** steuerbefreite Körperschaften, zB in eine nach § 5 I Nr. 9 KStG als gemeinnützig qualifizierte GmbH.

Relevanz besitzt die Regelung auch für steuerbefreite **REIT** (*Benecke/Schnitger* IStR 2007, 22/27): Der deutsche REIT weist im Vergleich zu anderen KapGes die Besonderheit auf, dass er zwar eine Aktiengesellschaft und damit kstpfl. ist, dass aber gemäß § 16 REITG die thesaurierten Gewinne unter den in §§ 8–15 REITG genannten Voraussetzungen steuerbefreit sind. Lediglich auf der Ebene der Anteilseigner werden die ausgeschütteten Gewinne als Einkünfte aus Kapitalvermögen iSd § 20 I Nr. 1 EStG (vollumfänglich) besteuert, § 19 REITG. Für die Bundesrepublik Deutschland besteht zu keinem Zeitpunkt die Möglichkeit, das in einen REIT eingebrachte BV auf der Ebene der Gesellschaft zu besteuern (*Bron* BB 2009, 84).

Im Rahmen des § 20 II 2 Nr. 1 muss nur sichergestellt sein, dass die Veräußerungsgewinne lediglich der Besteuerung mit einer der deutschen KSt **entsprechenden ausl Steuer** unterliegen. Nach dem Wortlaut der Norm ist es nicht erforderlich, dass die **320**

Veräußerungsgewinne der deutschen KSt unterliegen (UmwStE Rn. 20.19, 03.17; *Schmitt* in SHS § 20 Rn. 327; *Herlinghaus* in R/H/vL § 20 Rn. 160 mit Fn. 8; *Frotscher* Internationalisierung des Ertragsteuerrechts Rn. 350; aA *Paus* EStB 2007, 180/181; *Mutscher* in F/M § 20 Rn. 202; *Widmann* in W/M § 20 Rn. R 540). In diesen Fällen wird der Ansatz eines unter dem gemeinen Wert liegenden Wertes allerdings oftmals an den in § 20 II 2 Nr. 3 genannten Voraussetzungen scheitern (*Schmitt* in SHS § 20 Rn. 327).

321 Für die Steuerbefreiung nach § 20 II 2 Nr. 1 kommt es darauf an, ob die übernehmende Gesellschaft grds kstpfl. ist. Ob der konkrete Veräußerungsvorgang selbst besteuert wird oder ob ausnahmsweise eine Steuerbefreiung eingreift, ist nicht maßgeblich. Der BW- oder ZW-Ansatz scheitert daher nicht daran, dass im Falle der Veräußerung Regelungen wie die KSt-Befreiung nach **§ 8b II KStG** einschlägig sind, ein Freibetrag nach **§ 25 KStG** gewährt wird oder dass infolge der **Verlustnutzung** kein steuerbarer Gewinn entsteht (*Herlinghaus* in R/H/vL § 20 Rn. 160a; *Frotscher* Internationalisierung des Ertragsteuerrechts Rn. 350; *Mutscher* in F/M § 20 Rn. 204; *Widmann* in W/M § 20 Rn. R 541).

Unschädlich ist auch die Steuerbefreiung **einzelner WG** (*Herlinghaus* in R/H/vL § 20 Rn. 160a mit Fn. 5).

322 Das eingebrachte BV muss **„später"** bei der übernehmenden Gesellschaft der Besteuerung mit der KSt unterliegen. Dieser Formulierung ist zu entnehmen, dass das Besteuerungsrecht nicht nur im Zeitpunkt der Einbringung bestehen muss, sondern dass es grds während des gesamten Zeitraums von der Einbringung bis zum Ausscheiden des jeweiligen WG aus dem BV der übernehmenden Gesellschaft gegeben sein muss. Die Frage, ob das eingebrachte BV später der Besteuerung mit KSt unterliegt ist deshalb grds nicht punktuell, sondern zeitraumbezogen zu prüfen (*Patt* in D/P/M § 20 UmwStG Rn. 225; aA *Herlinghaus* in R/H/vL § 20 Rn. 160; *Schmitt* in SHS § 20 Rn. 327). Unterliegt die übernehmende Gesellschaft jedoch nach der Einbringung einem Strukturwandel, infolgedessen bspw. das eingebrachte BV seine Qualität als wirtschaftlicher Geschäftsbetrieb verliert und stattdessen diejenige eines Zweckbetriebs iSd § 68 AO annimmt, entfällt zwar die KStPfl. nach **§ 5 I Nr. 9 S 2 KStG.** WG, die der Förderung steuerbegünstigter Zwecke iSd § 9 I Nr. 2 KStG dienen, sind gemäß **§§ 13 V, IV 1 KStG** zu Beginn der Steuerbefreiung in der Schlussbilanz mit dem BW anzusetzen. In diesen Fällen spricht viel dafür, die Regelung des § 20 II 2 Nr. 1 teleologisch zu reduzieren und es bei der Zulässigkeit einer ursprünglichen Einbringung zu BW nach § 20 II 2 zu belassen (*Widmann* in W/M § 20 Rn. R 542; *Orth* DB 2007, 419/422).

323 Die Einbringung eines Betriebs, Teilbetriebs oder Mitunternehmeranteils wird auch bei einer steuerbefreiten Körperschaft idR einen eigenständigen **wirtschaftlichen Geschäftsbetrieb** begründen, der KSt auslöst. Die Bedeutung der Bewertungseinschränkung des § 20 II 2 Nr. 1 wird deshalb gering sein (*Patt* in D/P/M § 20 UmwStG Rn. 225; *Widmann* in W/M § 20 Rn. R 541; *Herlinghaus* in R/H/vL § 20 Rn. 160b; *Orth* DB 2007, 419/422).

324 Eine Besteuerung mit **GewSt** wird nicht von § 20 II 2 Nr. 1 gefordert (UmwStE Rn. 20.19, 03.17).

Hinsichtlich der Besonderheiten bei der Einbringung innerhalb einer Organschaft s. Anh. Organschaft Rn. 81 ff.

325–327 *(einstweilen frei)*

328 **(2) Einbringung negativen BV, § 20 II 2 Nr. 2.** Der wahlweise Ansatz des BW ist auch dann ausgeschlossen, wenn die Passivposten des eingebrachten BV die Aktivposten übersteigen. Dabei führen höhere Passivposten nicht zu einem generellen Verbot des Bewertungswahlrechts und damit zwingend zum Ansatz des gemeinen Wertes. Denn das Bewertungswahlrecht wird bei Nichtvorliegen der in § 20 II 2 Nr. 2 genannten Voraussetzungen nicht ausgeschlossen, sondern nur eingeschränkt, und dies auch nur, „soweit" die Passivposten die Aktivposten übersteigen (*Patt* in D/P/M § 20 UmwStG Rn. 216). Das bedeutet, dass die übernehmende Gesellschaft von dem Bewertungswahlrecht Gebrauch machen kann, soweit anteilig stille Reserven in den Aktivposten in einem Umfang aufgedeckt werden, dass Aktiv- und Passivposten sich ausgleichen (*Patt* in D/P/M § 20 UmwStG Rn. 216; *Widmann* in W/M § 20 Rn. R 543; *Herlinghaus* in R/H/vL § 20 Rn. 162). Die übernehmende Gesellschaft muss das begünstigte BV mindestens mit Null Euro ansetzen (*Patt* in D/P/M § 20 UmwStG Rn. 216; *Herlinghaus* in R/H/vL § 20 Rn. 163). Bei Vorhandensein stiller Reserven in den eingebrachten WG, die höher sind als das negative Kapital, bleibt als Besteuerungsmaßstab unterhalb der gemeinen Werte der ZW-Ansatz übrig.

Um höhere Passivposten auszugleichen und eine BV-Bewertung mit Null Euro zu **329** erreichen, können die Aktivposten **höchstens mit dem gemeinen Wert** angesetzt werden (*Herlinghaus* in R/H/vL § 20 Rn. 162a). Reichen die gemeinen Werte der Aktivposten nicht aus, um die Passivposten auszugleichen, so ist der Ansatz des BV mit dem gemeinen Wert zwingend (*Herlinghaus* in R/H/vL § 20 Rn. 162).

Zu zivilrechtlichen **Ausgleichsansprüchen** der Gesellschafter vgl. *Widmann* in W/M § 20 Rn. R 1226 ff.

Die durch den Einbringungsvorgang ausgelöste **GewSt-Belastung** begründet ebenfalls **330** einen auszugleichenden Passivposten (*Patt* in D/P/M § 20 UmwStG Rn. 216; zur GewStPfl des Einbringungsgewinns s. Rn. 541 ff.).

Das Aufstockungsgebot bezieht sich auf die **jeweilige Sacheinlage.** Alle Aktivposten **331** dieser Einlage sind unter Beachtung der Obergrenze des gemeinen Wertes anteilig aufzustocken. Von dem Gebot der anteiligen Aufstockung aller WG werden allerdings diejenigen WG nicht erfasst, die nicht in den Geltungsbereich des § 20 fallen, zB solche WG, die für den eingebrachten Betrieb nicht wesentlich sind und daher nicht mit eingebracht worden sind.

Bei **mehreren Sacheinlagen** muss für jede Einlage geprüft werden, ob die Passivposten die Aktivposten übersteigen (BFH v. 13.9.2018 – I R 19/16; *Schmitt* in SHS § 20 Rn. 333; *Herlinghaus* in R/H/vL § 20 Rn. 162a).

WG, die bei einer Betriebs- oder Teilbetriebseinbringung **erstmals in die deutsche** **332** **Steuerhoheit überführt** (also erstmals im Inland steuerverstrickt) werden, sind dem Rechtsgedanken des § 20 zufolge gemäß § 8 I KStG, §§ 4 I 7, 6 I Nr. 5a EStG mit dem gemeinen Wert anzusetzen und insoweit auch bei der Errechnung des negativen Kapitals anzusetzen (*Herlinghaus* in R/H/vL § 20 Rn. 162a; *Widmann* in W/M § 20 Rn. R 558; aA *Patt* in D/P/M § 20 UmwStG Rn. 216, 228).

WG, die **nicht im Inland steuerverstrickt** sind, bleiben außer Betracht (*Widmann* in **333** W/M § 20 Rn. R 564).

Entscheidend für die Frage, ob die Passivposten die Aktivposten übersteigen, ist die **334** Bewertung in der **Steuerbilanz** (*Patt* in D/P/M § 20 UmwStG Rn. 216; *Herlinghaus* in R/H/vL § 20 Rn. 162a; *Widmann* in W/M § 20 Rn. 543). Das EK ist gemäß § 20 II 2 Nr. 2 nicht zu berücksichtigen. Steuerfreie Rücklagen zählen zu den Passivposten (*Patt* in D/P/M § 20 UmwStG Rn. 216). Ggf. existierende Abweichungen zwischen der Handels- und der Steuerbilanz können zweckmäßiger Weise in einem steuerlichen Ausgleichsposten erfasst werden (s. Rn. 372).

Bei Einbringungen des **BV einer Mitunternehmerschaft** ist hinsichtlich der Voraus- **335** setzungen der Nr. 2 im Anschluss an die Ausführungen in Rn. 272 ff. zu differenzieren:

– **Einbringung des Betriebs einer Mitunternehmerschaft und Erlöschen der Mitunternehmerschaft:** Infolge des Untergangs der Mitunternehmerschaft sind die einzelnen Mitunternehmer als einbringende Rechtsträger anzusehen. Insoweit ist fraglich, ob hinsichtlich der Voraussetzungen des § 20 II 2 Nr. 2 auf den Sacheinlagegegenstand „Betrieb" als Ganzes oder auf den jeweiligen Anteil des Mitunternehmers am Kapital der Mitunternehmerschaft abzustellen ist. Aus Sicht der übernehmenden Gesellschaft wird der Betrieb als Gesamtheit der WG übertragen und gerade keine Mitunternehmeranteile. Der Betrieb ist insoweit Einlagegegenstand im Rahmen des § 20, sodass mithin für

Zwecke des § 20 II 2 auf diesen abzustellen ist. Insoweit muss das Gesamtkapital der PersGes positiv sein, unabhängig davon, wie sich dieses Kapital auf die einzelnen Mitunternehmer verteilt (*Patt* in D/P/M § 20 UmwStG Rn. 217; UmwStE Rn. 20.18, 03.12; aA *Hötzel/Kaeser* in FGS/BDI UmwStE 2011, S 344; *Rode/Teufel* in Schneider/Ruoff/Sistermann UmwStE Rn. 20.07; *Hruschka/Hellmann* in Haase/Hruschka § 20 UmwStG Rn. 119)

- **Einbringung eines (Teil-)Betriebs durch die Mitunternehmerschaft bei Fortbestand der Mitunternehmerschaft:** Einbringender Rechtsträger ist die Mitunternehmerschaft selbst. Die Voraussetzungen der Nr. 2 müssen auch hier in Bezug auf den Sacheinlagegegenstand geprüft werden. Gegenstand der Sacheinlage ist der (Teil-)Betrieb, weshalb (allein) dessen Kapital positiv sein muss, damit das Wahlrecht nach Abs. 2 Satz 2 eröffnet ist. Ob einzelne Mitunternehmer über negatives Kapital verfügen, ist unbeachtlich (*Schmitt* in SHS § 20 Rn. 338; *Herlinghaus* in R/H/vL § 20 Rn. 164).
- **Einbringung von Mitunternehmeranteilen:** Einbringende Rechtsträger sind die einzelnen Mitunternehmer, Einbringungsgegenstände sind die jeweiligen Mitunternehmeranteile. Dementsprechend müssen die Voraussetzungen des § 20 II 2 in Bezug auf jeden Einbringungsgegenstand und damit in Bezug auf jeden einzelnen Mitunternehmeranteil geprüft werden. Für die in § 20 II 2 Nr. 2 genannten Voraussetzungen bedeutet dies, dass das Verhältnis von positivem und negativem Kapital für jeden Mitunternehmeranteil gesondert zu prüfen ist. Dieser Ansicht folgt nun auch der BFH (BFH v. 13.9.2018 – I R 19/16). Ob das eingebrachte Kapital der Mitunternehmerschaft insgesamt positiv oder negativ ist, ist – auch für den Fall, dass sämtliche Mitunternehmeranteile zB im Rahmen eines Formwechsels (§ 25) oder der erweiterte Anwachsung (s. Rn. 242 ff.) eingebracht werden – unerheblich. Je nachdem, ob bei einzelnen Mitunternehmern das negative Kapital überwiegt, kann das Wahlrecht daher für einige Anteile eröffnet sein, während andere Anteile mit dem gemeinen Wert anzusetzen sind (*Herlinghaus* in R/H/vL § 20 Rn. 164; *Nitzschke* in Blümich § 20 UmwStG Rn. 82; *Schmitt* in SHS § 20 Rn. 333).

  Zu Ausgleichsansprüchen der Gesellschafter untereinander vgl. *Widmann* in W/M § 20 Rn. R 1226 ff.

336 Die Vorschrift des § 20 II 2 Nr. 2 hat sowohl auf der Ebene des einbringenden Rechtsträgers als auch auf der Ebene der übernehmenden Gesellschaft steuerliche **Auswirkungen:**

- Soweit der einbringende Rechtsträger negatives Kapital einbringt, entsteht für ihn ein **Veräußerungsgewinn** iSv § 20 IV. Dies ergibt sich aus § 20 III 1 (*Patt* in D/P/M § 20 UmwStG Rn. 216; *Herlinghaus* in R/H/vL § 20 Rn. 163): Danach gilt der Wert, mit dem die übernehmende Gesellschaft das eingebrachte BV ansetzt, für den einbringenden Rechtsträger als Veräußerungspreis des übertragenen BV. Da das eingebrachte BV nach § 20 III 1 mindestens mit Null Euro anzusetzen ist, ist der BW-Ansatz in den Fällen der Einbringung negativen Kapitals nicht zulässig. Dementsprechend beträgt der Veräußerungspreis im Falle der Einbringung negativen Kapitals mindestens Null Euro. In Höhe der Differenz zwischen dem (negativen) Wert des Einbringungsgegenstands und dem Veräußerungspreis entsteht dem einbringenden Rechtsträger folglich ein Veräußerungsgewinn iSv § 20 IV.
- Bei BV-Bewertung mit Null Euro sind die **AK** der neuen Anteile gemäß § 20 III 1 ebenfalls mit Null Euro anzusetzen. Infolge der Einbringung zu einem unter dem gemeinen Wert liegenden Wert sind die Anteile an der übernehmenden Gesellschaft, die der einbringende Rechtsträger als Gegenleistung erhält, sperrfristverhaftet iSv **§ 22 I** (*Patt* in D/P/M § 20 UmwStG Rn. 216).
- Ist im Zeitpunkt der Sacheinlage die Veranlagung des einbringenden Rechtsträgers bereits durchgeführt worden, bedarf es der Änderung des Steuerbescheids nach **§ 175 I 1 Nr. 2 AO,** sofern der durch die übernehmende Gesellschaft gewählte Wertansatz in der

Bilanz des einbringenden Rechtsträgers noch nicht berücksichtigt worden ist (s. UmwStE Rn. 20.23).
– Darüber hinaus ist zu beachten, dass, wenn der einbringende Rechtsträger die nach **§ 22 III 1** erforderlichen Nachweise über den Verbleib der erhaltenen Anteile nicht führt, deren Veräußerung fingiert wird mit der Folge, dass es zu einer Besteuerung des Einbringungsgewinns sowie des Gewinns aus der (fiktiven) Veräußerung der erhaltenen Anteile nach § 22 III 2, I bzw. II kommt.

Gestaltungsalternativen zur Vermeidung der Aufstockung mit der Folge des Einbringungsgewinns (*Patt* in D/P/M § 20 UmwStG Rn. 216; *Widmann* in W/M § 20 Rn. R 552): **337**
– Es ist zulässig, vor Durchführung der Sacheinlage Einlagen zu tätigen, um so das negative Kapital auszugleichen.
– Da Verbindlichkeiten grds keine wesentlichen Betriebsgrundlagen darstellen (Rn. 75), dürfen sie im Rahmen der Sacheinlage eines Betriebs im Regelfall zurückbehalten werden. Aufgrund des von der FinVerw nunmehr favorisierten europäischen Teilbetriebsverständnisses gilt dieses im Fall der Einbringung eines Teilbetriebs nur für die dem Teilbetrieb nicht funktional zuordenbaren Verbindlichkeiten (vgl. Rn. 106).

(einstweilen frei) **338–340**

(3) Ausschluss oder Beschränkung des inl Besteuerungsrechts, § 20 II 2 Nr. 3. **341**
Das Bewertungswahlrecht kommt auch dann nicht zum Tragen, wenn durch die Einbringung das Recht der Bundesrepublik Deutschland zur Besteuerung der Gewinne aus der Veräußerung des eingebrachten BV bei der Übernehmerin ausgeschlossen oder beschränkt wird, § 20 II 2 Nr. 3. Die Vorschrift ist eine Folge der Europäisierung der Einbringungsbestimmungen. Ziel der Regelung ist es, die Besteuerung der stillen Reserven der eingebrachten WG in Deutschland sicherzustellen. § 20 II 2 Nr. 3 entspricht daher dem Wortlaut nach den Bestimmungen zur **Entstrickung** in § 4 I 3 EStG und § 12 I KStG.

Gegen die Regelung des § 20 II 2 Nr. 3 werden europarechtliche Bedenken vorgebracht. So hält *Müller* den § 20 II 2 Nr. 3 für unionrechtswidrig (*Müller* DB 2017, 96) und beruft sich zur Begründung auf die Entscheidung des EuGH v. 21.12.2016 (Rs. C-503/14, Kommission/Portugal). In diesem Verfahren ging es um die unterschiedliche steuerrechtliche Behandlung, die der Mitgliedstaat Portugal für die Fälle vorsah, in denen ein Steuerpflichtiger Anteile an Kapitalgesellschaften tauschte und anschließend seinen Wohnsitz in Portugal aufgab oder nicht aufgab bzw. sein gesamtes Betriebsvermögen auf eine Gesellschaft mit Sitz und Geschäftsleitung in Portugal oder auf eine Gesellschaft in einem EU/EWR-Mitgliedstaat übertrug. Der EuGH hielt in beiden Fällen die unterschiedliche Besteuerung für mit Unionsrecht unvereinbar. Nach Auffassung von *Müller* müsse Entsprechendes für § 20 II 2 Nr. 3 gelten, da der dort geregelte Fall genau der vom EuGH verworfenen Regelung des portugiesischen Rechts entspreche.

Auch *Micker/Schwarz* gehen von einem Verstoß des § 20 II 2 Nr. 3 gegen die Niederlassungsfreiheit und damit von dessen Europarechtswidrigkeit aus (*Micker/Schwarz* IWB 2017, 345/349). Zur Beseitigung dieses nach ihrer Auffassung bestehenden unionsrechtswidrigen Zustands schlagen die Autoren vor, Regelungen analog zu § 4g EStG bzw. § 36 V EStG in die gesetzlichen Tatbestände aufzunehmen, soweit es um die Übertragung von BV geht.

Das entfallende oder zu beschränkende Besteuerungsrecht an dem eingebrachten BV auf **342**
der Ebene der Übernehmerin muss nach dem Wortlaut des § 20 II 2 Nr. 3 – „ausgeschlossen oder beschränkt wird" – bereits **vor der Einbringung** (zumindest in beschränktem Umfang) **bestanden haben** (s. auch UmwStE Rn. 20.19, 03.19). Zu einem Verlust oder einer Beschränkung des Besteuerungsrechts der Bundesrepublik Deutschland kann es vor allem bei grenzüberschreitenden Sacheinlagevorgängen kommen. Der Ausschluss oder die

Beschränkung des deutschen Besteuerungsrechts für Zwecke der Gewerbesteuer stellt für sich kein Anwendungsfall des § 20 II 2 Nr. 3 dar (UmwStE Rn. 20.19, 03.18).

343 Wird das Besteuerungsrecht der Bundesrepublik Deutschland ausgeschlossen oder beschränkt, so muss die übernehmende Gesellschaft im Ausland **nach ausl Recht** entscheiden, mit welchen Werten das eingebrachte BV **anzusetzen** ist. Für den Einbringenden in Deutschland ist jedoch entscheidend, dass wegen des Ausschlusses oder der Beschränkung des deutschen Besteuerungsrechts das Bewertungswahlrecht nicht zum Tragen kommt und damit die Regelung des Satzes 1 – Bewertung mit dem gemeinen Wert – zwingend ist (aA *Beiser* DB 2009, 645/646).

344 Vom **sachlichen Anwendungsbereich** des Ausschlusstatbestands des § 20 II 2 Nr. 3 werden die Konstellationen erfasst, in denen die Bundesrepublik Deutschland die Gewinne aus der Veräußerung des eingebrachten BV bei der übernehmenden Gesellschaft nach der Einbringung

- nicht mehr besteuern darf, während sie diese vor der Einbringung in vollem Umfang besteuern durfte, oder
- nicht mehr besteuern darf, während sie diese vor der Einbringung unter Anrechnung einer ausl Steuer besteuern durfte, oder
- nur unter Anrechnung einer ausl Steuer besteuern darf, während sie diese vor der Einbringung in vollem Umfang besteuern durfte.

345 Die Bewertung mit dem gemeinen Wert ist also zwingend, wenn das einzubringende BV in einen EU-Mitgliedstaat überführt wird und das DBA zwischen diesem Staat und der Bundesrepublik Deutschland bestimmt, dass nur der aufnehmende Staat das BV künftig besteuern darf, die **Freistellungsmethode** mithin vereinbart ist.

346 Zwingend ist der Ansatz des gemeinen Wertes aber auch dann, wenn die WG nicht völlig aus der deutschen Steuerhoheit ausscheiden, Veräußerungsgewinne im Ausland jedoch nur unter **Anrechnung** der entsprechenden ausl Steuer im Inland besteuert werden können. Dies ist im EU-Bereich nur ausnahmsweise der Fall und zwar dann, wenn im Ausland sog. passive Einkünfte erzielt werden (s. Rn. 697). Die Verpflichtung zur Anrechnung der entsprechenden ausl Steuer kann sich aus DBA iVm § 34c EStG, § 26 KStG oder unmittelbar aus § 34c EStG, § 26 KStG ergeben. Es kann keinen Unterschied machen, ob die Anrechnung durch das DBA veranlasst ist oder durch § 34c EStG, § 26 KStG. Der Gesetzeswortlaut lässt einen Unterschied nicht erkennen und erfasst deshalb beide Fälle (aA *Wassermeyer* DB 2006, 1176 und *Biliteswki* FR 2007, 57, nach denen die Anrechnungsbestimmungen der § 34c EStG, § 26 KStG keine Beschränkung des Besteuerungsrechts begründen sollen).

Zu den Fällen der Beschränkung des deutschen Besteuerungsrechts durch den Wechsel von dem Recht zur unbeschränkten Besteuerung zur Besteuerung mit Steueranrechnung wird allerdings die Frage diskutiert, ob für den Zeitpunkt der Realisierung der stillen Reserven auf die **theoretische, abstrakte Anrechnungsmöglichkeit** abzustellen ist oder ob zu fordern ist, dass es im Ausland konkret zur Besteuerung kommt und dann im Inland anzurechnen ist. Die Ansicht, die auf die theoretische, abstrakte Anrechnungsmöglichkeit abstellt und diese genügen lässt, führt dazu, dass die stillen Reserven der übertragenen WG, wie oben ausgeführt, in dem Zeitpunkt der Übertragung zu realisieren sind, unabhängig davon, ob es im Fall der späteren Veräußerung im Ausland tatsächlich zur Anrechnung kommt (so zB *Hagemann/Jakob/Ropohl/Viebrock* NWB-Sonderheft 1/2007, 2; *Dörfler/Rautenstrauch/Adrian* BB 2006, 1711; *Mutscher* IStR 2007, 799; offen *Rödder/Schumacher* DStR 2006, 1481). Die Gegenansicht lehnt es ab, die Realisierung durch den Ansatz der gemeinen Werte schon dann anzunehmen, wenn die Anrechnung ausl Steuer auf einen Veräußerungsvorgang im Ausland nur im Raum steht. Sie verlangt eine konkrete Beschränkung des deutschen Besteuerungsrechts, was dazu führt, dass erst und nur dann durch die Bewertung mit den gemeinen Werten stille Reserven zu realisieren sind, wenn es tatsächlich zur Beschränkung des deutschen Besteuerungsrechts kommt. Nur diese konkrete Beschränkung des deutschen Veräußerungsgewinnbesteuerungsrechts sei tatbestandsmäßig für § 20 II 2 Nr. 3 (so zB § 21 Rn. 263; *Becker-Pennrich* IStR 2007, 684; *Schmitt* in SHS § 20 Rn. 345). Der Meinung, die auf die konkrete Einschränkung des Vergleichsbesteuerungsanspruchs abstellt, ist zuzugeben, dass es Sachverhaltsgestaltungen geben kann, in denen es nicht zur Anrechnung kommen kann, weil zB der Veräußerungsvorgang im Ausland überhaupt nicht besteuert, eine ausländische Steuer nicht erhoben wird oder im Inland wegen steuerlichen Verlusten keine Steuer entsteht, auf die angerechnet werden kann. Zutr. weisen *Rödder/Schumacher* (DStR 2006, 1481) darauf hin, dass es in der Praxis schon deshalb häufig nicht zur Anrechnung kommen wird, weil der Einbringungstatbestand und die spätere Veräußerung zeitlich weit auseinanderliegen. Bleibt es auch in diesen Fällen beim Ansatz der gemeinen Werte, so kann dies zu nennenswerten Besteuerungen führen, ohne dass Umsatzakte und Liquiditätszuflüsse vorliegen. Es ist deshalb nicht zu verkennen, dass dies zu einer unerwünschten Einengung des Anwendungsgebietes des UmwStG führt (so auch *Mutscher* IStR 2007, 799). Gleichwohl ist der Meinung zuzustimmen, die auf die theoretische, abstrakte Anrechnungsmöglichkeit abstellt. Der Gesetzeswortlaut „beschränkt wird" stellt erkennbar nur auf die Beschränkung des Besteuerungsrechts der Bundesrepublik Deutschland ab und formuliert keine weiteren Tatbestandsvoraussetzungen. Das bestehende unbeschränkte Besteuerungsrecht geht aber gerade dann und in dem Zeitpunkt verloren, in dem die WG aus der Bundesrepublik Deutschland in ein Anrechnungsland überführt werden. Wie sich aus Rn. 697 ergibt, kommt die Anrechnungsmöglichkeit im EU-Raum überdies nur bei ausl passiven Einkünften und nur im Verhältnis zu wenigen Staaten zum Zuge. Einbringungsfälle vor diesem Hintergrund dürften in der Praxis nicht im Vordergrund stehen. Für die Richtigkeit der theoretischen, abstrakten Betrachtung spricht auch, dass die konkrete Betrachtung in der Praxis nicht zufriedenstellend umzusetzen ist. Bei den grenzüberschreitenden Einbringungen müssen vom Inland aus die Rechtsfolgen einer zukünftigen Veräußerung im Ausland durchgespielt werden. Es müsste ausl Steuerrecht angewandt werden, zu dem unterschiedliche Rechtsauffassungen bestehen können. Es müssten weiterhin die ausl SteuerRspr. sowie die ausl Verwaltungspraxis einbezogen werden. Nicht auszuschließen ist, dass im Einzelfall auch Steuerverhältnisse zu dritten Staaten zu beachten sind. Alle diese ggf. entscheidungserheblichen ausl Umstände können vom Inland aus nicht mit der notwendigen Genauigkeit verfolgt und berücksichtigt werden. Hinzukommt, dass sich die ausl Steuergesetze ändern können. Schließlich ist verfahrensmäßig nicht sichergestellt, wie Veräußerungsvorgänge im Ausland nach vielen Jahren verwaltungsmäßig vorgehalten werden können (s. hierzu nur *Becker-Pennrich* IStR 2007, 684/692, der unter anderem die Fiktion der Veräußerung in der juristischen Sekunde nach der Einbringung in den Raum stellt).

Eine Beschränkung des Besteuerungsrechts iSv § 20 II 2 Nr. 3 liegt auch vor, wenn der 347
Steuerpflichtige von der Möglichkeit des **§ 34c II EStG** Gebrauch macht und statt der Steueranrechnung den **Steuerabzug** wählt (so auch *Schmitt* in SHS § 20 Rn. 345; *Becker-Pennrich* IStR 2007, 684/686). Denn die Anwendung des § 34c II EStG ist an die Voraussetzungen des § 34c I EStG geknüpft. Zwischen beiden Absätzen besteht nur der methodische Unterschied, dass im Rahmen von § 34c II EStG die ausl Steuer bei der Ermittlung der Einkünfte, dh von der Bemessungsgrundlage, abgezogen wird (*Wied* in Blümich § 34c EStG Rn. 74; *Heinicke* in Schmidt § 34c Rn. 20). Im Ergebnis wird auch hierdurch das Steueraufkommen der Bundesrepublik Deutschland verringert (*Schmitt* in SHS § 20 Rn. 345).

Verstrickung. § 20 II 2 Nr. 3 trifft keine Regelung für den umgekehrten Fall, dass 348
infolge der Einbringung das Besteuerungsrecht der Bundesrepublik Deutschland an einem eingebrachten WG erst begründet wird. Auf der Ebene der übernehmenden Gesellschaft ist mangels spezieller Regelung im UmwStG auf die allg. Regelungen in § 8 I KStG, §§ 4 I 7 HS 2, 6 I Nr. 5 Buchst. a EStG zurückzugreifen. Danach ist die Einbringung der bisher nicht im Inland steuerverstrickten WG wie eine Einlage zu behandeln (§ 4 I 7 EStG) und mit dem gemeinen Wert anzusetzen, § 6 I Nr. 5 Buchst. a EStG (*Ley* FR 2007, 109/112

mit Fn. 17; *Patt* in D/P/M § 20 UmwStG Rn. 228). Für die übrigen WG des eingebrachten BV, die im Zeitpunkt der Einbringung bereits in Deutschland steuerverstrickt sind, bleibt das Wahlrecht gleichwohl bestehen, sofern die Voraussetzungen des § 20 II im Hinblick auf diese WG erfüllt sind (*Ley* FR 2007, 109/112 mit Fn. 17; *Patt* in D/P/M § 20 UmwStG Rn. 228).

349 Hinsichtlich des **Umfangs der Verstrickung** ist auf Grund des Wortlauts von § 4 I 7 HS 2 EStG davon auszugehen, dass nur die erstmalige Begründung des Besteuerungsrechts der Bundesrepublik Deutschland einer Einlage gleichgestellt wird. Hat das Besteuerungsrecht vor der Durchführung der Einbringung bereits bestanden und hat sich infolge der Einbringung nur der Umfang des Besteuerungsrechts geändert (beschränktes statt vollumfängliches Besteuerungsrecht), liegt kein Fall des § 4 I 7 HS 2 EStG vor, sodass auch § 6 I Nr. 5 EStG nicht zur Anwendung gelangt.

350 **Wechsel der Rechtsinhaberschaft.** Die Regelung des § 20 II 2 Nr. 3 ist bei allen Sachverhalten mit Auslandsbezug zu prüfen. Dabei kann sich der Auslandsbezug daraus ergeben, dass das von § 20 erfasste Einbringungsvermögen grenzüberschreitend bewegt wird. Die Regelung kann aber auch dann relevant werden, wenn das BV nicht grenzüberschreitend bewegt wird, aber die Rechtsinhaberschaft wechselt.

Beispiel: Der Inländer A unterhält im Staat B eine Betriebsstätte, die er in eine KapGes im Staat B einbringt.

Ist auf das Ergebnis der Betriebsstätte im Staat B die Anrechnungsmethode anzuwenden, so geht mit der Einbringung der Betriebsstätte (Teilbetrieb) in die KapGes das eingeschränkte Besteuerungsrecht der Bundesrepublik Deutschland unter, ohne dass die WG grenzüberschreitend bewegt wurden.

351 **Beispielsfälle.** Angesichts der Vielzahl der denkbaren einschlägigen Fallgestaltungen haben die nachfolgend erläuterten Gestaltungen keine repräsentative Bedeutung. Sie können nur der Verdeutlichung der angesprochenen Thematik dienen.

Es werden ein inländischer Betrieb oder Teilbetrieb oder Anteile an einer in Deutschland ansässigen Mitunternehmerschaft eingebracht. Für die nachfolgende Betrachtung ist dabei davon auszugehen, dass der einzubringende Betrieb oder Teilbetrieb als Betriebsstätte qualifiziert.

352 – **Das begünstigte BV wird von einem Inländer in eine inländische Kapitalgesellschaft oder Genossenschaft eingebracht. Das BV wird jedoch ins Ausland verbracht und künftig dort eingesetzt.**

Es handelt sich um einen Anwendungsfall des § 20 II 2 Nr. 3, sofern das Besteuerungsrecht für das BV (Betriebsstätte) infolge des DBA auf den Betriebsstättenstaat übergeht und die Bundesrepublik Deutschland zur Freistellung verpflichtet ist (aA *Körner* IStR 2009, 1/11). In der Folge entfällt das zuvor vollumfänglich bestehende Besteuerungsrecht der Bundesrepublik Deutschland.

Der Ausschlusstatbestand des § 20 II 2 Nr. 3 ist aber auch dann einschlägig, wenn durch die Einbringung und Begründung einer Betriebsstätte im Ausland das Besteuerungsrecht der Bundesrepublik Deutschland erhalten bleibt oder nach § 20 II AStG begründet wird, aber die Anrechnung der ausl Steuer geboten ist. Die Anrechnung der ausl Steuer bei grds fortbestehendem deutschen Besteuerungsrecht führt zu einer Beschränkung des ursprünglichen Besteuerungsrechts der Bundesrepublik Deutschland und folglich zum Ansatz des gemeinen Wertes.

353 – **Die Einbringung erfolgt durch einen Inländer auf eine ausl Gesellschaft; das begünstigte BV (Betriebsstätte) verbleibt im Inland.**

Das Besteuerungsrecht der Bundesrepublik Deutschland bleibt grds erhalten, die übernehmende Gesellschaft ist in Deutschland beschränkt kstpfl.

Die international anerkannten Grundsätze der Gewinn- und Vermögensabgrenzung zwischen Stammhaus und Betriebsstätte können aber dazu führen, dass infolge der **Zurechnung** eingebrachter WG zum ausl Stammhaus das Besteuerungsrecht der Bundesrepublik Deutschland insoweit verloren geht. In diesem Fall ist der gemeine Wert anzusetzen, „soweit" infolge geänderter Zuordnung das Besteuerungsrecht der Bundesrepublik Deutschland eingeschränkt oder ausgeschlossen wird (*Herlinghaus* in R/H/vL § 20 Rn. 168a; *Hagemann/Jakob/Ropohl/Viebrock* NWB-Sonderheft 2007, 36 mit Beispiel 9).

- **Das begünstigte BV wird von einem Inländer auf eine ausl Gesellschaft übertragen und künftig im Ausland eingesetzt.** 354

  Das Besteuerungsrecht der Bundesrepublik Deutschland geht infolge der Sacheinlage in die ausl KapGes oder Genossenschaft verloren. Dementsprechend ist der gemeine Wert maßgeblich.

- **Das begünstigte BV wird von einem ausl Rechtsträger auf eine inl Gesellschaft übertragen, das BV verbleibt im Inland.** 355

  Eine steuerneutrale Einbringung ist möglich, da das Besteuerungsrecht der Bundesrepublik Deutschland hierdurch nicht berührt wird: Vor der Sacheinlage war der ausl Rechtsträger beschränkt stpfl., nach der Sacheinlage unterliegt die übernehmende inl Gesellschaft der unbeschränkten StPfl.

- **Das begünstigte BV wird von einem ausl Rechtsträger auf eine inl Gesellschaft übertragen, die das BV künftig im Ausland einsetzt.** 356

  Es muss zwingend der gemeine Wert angesetzt werden, da die Bundesrepublik Deutschland das Besteuerungsrecht für die ausl Betriebsstätte entweder vollständig verliert, sofern ein DBA Anwendung findet, das die Freistellung gebietet oder weil das Besteuerungsrecht der Bundesrepublik Deutschland beschränkt wird, wenn anstelle der vollumfänglichen Besteuerung des beschränkt stpfl. ausl Rechtsträgers die ausl Betriebsstätte des Inländers nur unter Anrechnung der ausl Steuer besteuert werden darf.

- **Ein im Ausland ansässiger Rechtsträger bringt das begünstigte BV in eine ausl Gesellschaft ein, das BV verbleibt im Inland.** 357

  Der einbringende Rechtsträger war vor Durchführung der Sacheinlage mit der Betriebstätte im Inland beschränkt stpfl. Bleibt die Betriebsstätten-Eigenschaft erhalten, ändert sich am Umfang des Besteuerungsrechts der Bundesrepublik Deutschland nichts. Infolgedessen ist eine steuerneutrale Einbringung möglich. Es erfolgt keine selektive Aufstockung einzelner WG, wenn und soweit diese dem übertragenden Rechtsträger bereits vor der Einbringung und nun dem übernehmenden Stammhaus zuzurechnen waren bzw. sind (*Herlinghaus* in R/H/vL § 20 Rn. 168e; *Hagemann/Jakob/Ropohl/Viebrock* NWB-Sonderheft 2007, 37 mit Beispiel 12).

- **Ein im Ausland ansässiger Rechtsträger bringt das begünstigte BV in eine ausl Gesellschaft ein; das BV wird künftig im Ausland eingesetzt.** 358

  In der Rechtsfolge ist der gemeine Wert anzusetzen, da das Besteuerungsrecht der Bundesrepublik Deutschland verloren geht.

Es werden ein ausl Betrieb oder Teilbetrieb oder Anteile an einer im Ausland ansässigen Mitunternehmerschaft eingebracht. Für die nachfolgende Darstellung wird davon ausgegangen, dass der Betrieb oder Teilbetrieb als Betriebstätte zu qualifizieren ist.

- **Der einbringende und der übernehmende Rechtsträger sind im Inland ansässig. Das BV verbleibt im Ausland.** 359

  Ist die Betriebsstätte in einem DBA-Staat belegen und hat die Bundesrepublik Deutschland die Einkünfte aus der Betriebsstätte freizustellen, so hat die Bundesrepublik Deutschland weder vor noch nach der Einbringung ein Besteuerungsrecht an den WG des begünstigten BV im Ausland. Die steuerliche Behandlung der Einbringung bestimmt sich nach dem Recht des ausl Staates. Es liegt mithin kein Anwendungsfall des § 20 vor. Hat die Bundesrepublik Deutschland die Doppelbesteuerung unilateral oder nach DBA im Wege der Anrechnung zu beseitigen, bleibt das beschränkte Besteuerungsrecht der Bundesrepublik Deutschland an des WG des begünstigten BV unverändert erhalten. Eine steuerneutrale Einbringung ist somit möglich.

360 – **Ein im Inland ansässiger Rechtsträger bringt das begünstigte BV in eine ausl Gesellschaft ein. Das BV verbleibt im Ausland.**
Bei dieser Gestaltung ist zu unterscheiden:
- Bestand vor der Einbringung kein Besteuerungsrecht der Bundesrepublik Deutschland, weil die Betriebsstätte in einem DBA-Staat mit Freistellungsmethode liegt, findet die Begünstigung des § 20 keine Anwendung. Die Einbringung wird entsprechend den Regelungen des ausl Rechts besteuert.
- Besteuert die Bundesrepublik Deutschland die Betriebsstätte vor der Einbringung unter Anrechnung der ausl Steuer, geht mit der Einbringung in die ausl Gesellschaft das deutsche Besteuerungsrecht endgültig verloren. Die Einbringung hat insoweit zum gemeinen Wert zu erfolgen (*Herlinghaus* in R/H/vL § 20 Rn. 168b; *Hagemann/Jakob/Ropohl/Viebrock* NWB-Sonderheft 2007, 37 mit Beispiel 10).

361 Kein Anwendungsfall des § 20 II 2 Nr. 3 liegt vor, wenn das Besteuerungsrecht der Bundesrepublik Deutschland infolge des Abschlusses eines DBA oder einer unilateralen gesetzlichen Regelung in einem **späteren Zeitpunkt** (nachträglich) eingeschränkt oder ausgeschlossen wird. Nach dem Wortlaut des § 20 II 2 Nr. 3 ist zweifelhaft, ob die zuvor eingebrachten WG ab dem Zeitpunkt des Inkrafttretens der beschränkenden Regelung mit dem gemeinen Wert angesetzt werden müssen. Trotz des insoweit mehrdeutigen Wortlauts der Vorschrift („… ausgeschlossen oder beschränkt wird") besteht Einigkeit darüber, dass die Voraussetzungen des § 20 II 2 Nr. 3 nur im Einbringungszeitpunkt vorliegen müssen, nicht darüber hinaus (UmwStE Rn. 20.15; *Nitzschke* in Blümich § 20 UmwStG Rn. 84; *Schmitt* in SHS § 20 Rn. 346). Eine nachträgliche Beschränkung des Besteuerungsrechts der Bundesrepublik Deutschland hat keine (rückwirkenden) Auswirkungen auf den Wertansatz des zu einem früheren Zeitpunkt eingebrachten BV. Es kann in solchen Fällen lediglich zur Entstrickung nach den allg. ertragsteuerrechtlichen Grundsätzen kommen (*Schmitt* in SHS § 20 Rn. 346).

362 **(4) Schädlichkeitsgrenze des gemeinen Werts von sonstigen Gegenleistungen, § 20 II 2 Nr. 4.** Durch das StÄndG 2015 v. 2.11.2015 (BGBl. I 2015, 1834) wurde § 20 II 2 um eine Nr. 4 erweitert, welche die Höhe der sonstigen Gegenleistungen einschränkt, bis zu der eine Buchwertfortführung (und damit das Bewertungswahlrecht) möglich ist. Danach kommt das Bewertungswahlrecht nur zum Tragen, soweit der gemeine Wert von sonstigen Gegenleistungen, die neben den neuen Gesellschaftsanteilen gewährt werden, nicht mehr beträgt als

a) 25 Prozent des Buchwerts des eingebrachten Betriebsvermögens **oder**
b) 500 000 Euro, höchstens jedoch den Buchwert des eingebrachten Betriebsvermögens.

Diese Änderung soll nach § 27 XIV erstmals auf Einbringungen anzuwenden sein, wenn in den Fällen der Gesamtrechtsnachfolge der Umwandlungsbeschluss nach dem 31.12.2014 erfolgt ist, oder in den anderen Fällen der Einbringungsvertrag nach dem 31.12.2014 geschlossen worden ist.

Die Neueinfügung des § 20 II 2 Nr. 4 als weitere Voraussetzung des Bewertungswahlrechts verschärft die Voraussetzungen für eine steuerneutrale Einbringung eines Betriebs, Teilbetriebs oder Mitunternehmeranteils. Bislang war eine sonstige Gegenleistung, die neben den Gesellschaftsrechten gewährt wurde, stets bis zur Höhe des Buchwerts möglich, ohne stille Reserven steuerpflichtig aufdecken zu müssen (§ 20 II 4 aF). Unter Anwendung dieser (alten) Gesetzeslage erfolgte im Jahr 2012 der sog. VW-Porsche-Deal, also der Kauf des operativen Geschäfts von Porsche durch Volkswagen. Neben einer VW-Stammaktie wurde eine (sonstige) Gegenleistung in Form einer Geldzahlung in Höhe von 4,5 Mrd. Euro gewährt, die jedoch den Buchwert des eingebrachten Betriebsvermögens nicht überstieg, so dass die stillen Reserven nicht aufzudecken waren. Der Bundesrat forderte daraufhin eine entsprechende Gesetzesänderung (BT-Drs. 17/10604, 32), die letztlich durch das StÄndG 2015 v. 2.11.2015 (BGBl. I 2015, 1834) vollzogen wurde.

Nach den Ausführungen der Gesetzesbegründung sollen durch die Neuregelung „häufig anzutreffende unerwünschte steuerinduzierte Gestaltungen, die unmittelbar zu Lasten der Haushalte von Bund, Ländern und Kommunen gehen" verhindert werden (BT-Drs. 18/4902, 49; zur Kritik daran: *Bron*, DB 2015, 940).

§ 20 II 2 Nr. 4 erfasst nach dem Gesetzeswortlaut nunmehr „sonstige Gegenleistungen", **363**
die neben den neuen Gesellschaftsanteilen gewährt werden. Der Gesetzgeber weicht damit von der bisherigen Terminologie der „anderen Wirtschaftsgüter" ab. Rein vom Wortlaut der Vorschrift sind daher nunmehr auch Gegenleistungen erfasst, die nicht die Merkmale eines Wirtschaftsguts aufweisen (*Ritzer/Stangl* DStR 2015, 849/856). Die Änderung der Terminologie erfolgte aber nicht durchgängig, da § 20 III 3 weiterhin eine Kürzung der AK der erhaltenen Anteile vorsieht, soweit neben den Gesellschaftsanteilen auch andere WG gewährt werden. Dies spricht dafür, dass der Gesetzgeber trotz der Neuregelung weiterhin nur WG als sonstige Gegenleistungen verstanden wissen will (so auch *Biliteswki/Heinemann* Ubg 2015, 513/515; *Richter* DStR 2016, 840/841; *Bünning* BB 2017, 171/174; *Ott* Stbg 2016, 111/114; *ders.* StuB 2016, 812/813; *Nitzschke* in Blümich, § 20 Rn. 84e).

Der gemeine Wert der sonstigen Gegenleistungen ist für die Prüfung der Grenzen von Bedeutung, die nach § 20 II 2 Nr. 4 für das Bewertungswahlrecht erfüllt sein müssen. Unter dem Begriff des gemeinen Werts ist dabei der gemeine Wert iSd § 9 II BewG zu verstehen.

Auch wenn die sonstigen Gegenleistungen neben den neuen Gesellschaftsanteilen an der übernehmenden Gesellschaft gewährt werden müssen, ist es nicht erforderlich, dass die sonstige Gegenleistung durch die übernehmende Gesellschaft geschuldet oder geleistet wird. Möglich ist also auch die Gewährung der sonstigen Gegenleistungen durch fremde Dritte, sofern diese als Gegenleistung für die Einbringung des Einbringenden qualifiziert (*Ott* Stbg 2016, 111/114; *ders.* StuB 2016, 812/814; *Nitzschke* in Blümich, § 20 Rn. 84f).

Nach § 20 II 2 Nr. 4 kommt das Bewertungswahlrecht (neben den weiteren Voraussetzungen des § 20 II 2 Nr. 1 bis Nr. 3) nur dann zum Tragen, soweit der gemeine Wert der sonstigen Gegenleistungen, die neben den Gesellschaftsanteilen gewährt wird,

- 25 Prozent des Buchwerts des eingebrachten Betriebsvermögens (Buchst. a)) **oder**
- 500 000 Euro, höchstens jedoch den Buchwert des eingebrachten Betriebsvermögens (Buchst. b))

nicht überschreitet.

Maßgeblich für die Beurteilung der sonstigen Gegenleistung anhand dieser Schädlichkeitsgrenzen ist der höhere der beiden Werte (*Thomsen* FR 2017, 671/672, welcher zugleich Gestaltungsmöglichkeiten anstelle der Gewährung einer sonstigen Gegenleistung aufzeigt, um die Neuregelung hinsichtlich der Begrenzung der sonstigen Gegenleistung zu umgehen). Die beiden Grenzwerte sind nämlich nach dem Wortlaut des § 20 II 2 Nr. 4 durch ein „oder" abgegrenzt. Demnach sind die beiden Schädlichkeitsgrenzen nicht kumulativ zu erfüllen, sondern es ist im Hinblick auf das Bewertungswahlrecht ausreichend, wenn eine der beiden Schädlichkeitsgrenzen erfüllt wird.

Überschreitet der Betrag der sonstigen Gegenleistungen die in § 20 II 2 Nr. 4 aufgeführte Schädlichkeitsgrenze, ist insoweit (also in Höhe des die Schädlichkeitsgrenze überschreitenden Betrags) das Bewertungswahlrecht ausgeschlossen. In Höhe dieses die Schädlichkeitsgrenze überschreitenden Betrags wird eine entgeltliche Veräußerung des eingebrachten Betriebsvermögens angenommen, bei der insoweit die stillen Reserven aufzudecken sind (Trennungstheorie) (*Nitzschke* in Blümich, § 20 Rn. 84g; *Ott* Stbg 2016, 111/113). Es kommt in diesem Fall damit zur quotalen bzw. partiellen Aufdeckung der stillen Reserven.

Beispiel: Das eingebrachte Betriebsvermögen hat einen Buchwert iHv 2.000.000 EUR und einen gemeinen Wert iHv 5.000.000 EUR. Der Einbringende erhält neue Anteile, die einem gemeinen Wert iHv 4.000.000 EUR entsprechen, und eine Barzahlung iHv 1.000.000 EUR.

Es wird ein Antrag auf Fortführung der Buchwerte gestellt; die übrigen Voraussetzungen für einen Buchwertansatz in § 20 II 2 Nr. 1 bis 3 und II 3 UmwStG liegen vor.

Die Möglichkeit zur Buchwertfortführung besteht nur, soweit die Grenzen des § 20 II 2 Nr. 4 UmwStG nicht überschritten sind:

Wertansatz bei der Übernehmerin

1. Schritt

Prüfung der Grenze des § 20 II 2 Nr. 4 UmwStG und Ermittlung des übersteigenden Betrags:

Gemeiner Wert der sonstigen Gegenleistung	1.000.000 EUR
Höchstens 25 Prozent des Buchwerts des eingebrachten Betriebsvermögens (= 500.000) oder 300.000, höchstens jedoch der Buchwert,	- 500.000 EUR
Übersteigender Betrag	500.000 EUR

2. Schritt

Ermittlung des Verhältnisses des Werts des Betriebsvermögens, für das nach § 20 II 2 UmwStG in Abweichung von § 20 II 1 UmwStG die Buchwerte fortgeführt werden können:

$$\frac{\text{(Gesamtwert des eingebrachten Betriebsvermögens – übersteigende Gegenleistung)}}{\text{(Gesamtwert des eingebrachten Betriebsvermögens)}}$$

$$\frac{\text{(5.000.000 EUR – 500.000 EUR)}}{\text{5.000.000 EUR}} = 90\,\%$$

3. Schritt

Ermittlung des Wertansatzes des eingebrachten Betriebsvermögens bei der Übernehmerin:

Buchwertfortführung: 90 % von 2.000.000 EUR	1.800.000 EUR
Sonstige Gegenleistung, soweit § 20 II 2 Nr 4 UmwStG überschritten	+ 500.000 EUR
Ansatz des eingebrachten Betriebsvermögens bei der Übernehmerin	2.300.000 EUR

Folgen beim Einbringenden

4. Schritt

Ermittlung des Übertragungsgewinns beim Einbringenden

Veräußerungspreis (§ 20 III 1 UmwStG)	2.300.000 EUR
Buchwert des eingebrachten Betriebsvermögens	- 2.000.000 EUR
Einbringungsgewinn	300.000 EUR

5. Schritt

Ermittlung der Anschaffungskosten der erhaltenen Anteile

Anschaffungskosten der erhaltenen Anteile (§ 20 III 1 UmwStG)	2.300.000 EUR
Wert der (gesamten) sonstigen Gegenleistungen (§ 20 III 3 UmwStG)	- 1.000.000 EUR
Anschaffungskosten der erhaltenen Anteile	1.300.000 EUR

Würden die erhaltenen neuen Anteile später zu ihrem gemeinen Wert von 4.000.000 EUR veräußert, entstünde ungeachtet § 22 UmwStG ein Veräußerungsgewinn iHv 2.700.000 EUR. Dies entspricht den auf die Übernehmerin übergegangenen stillen Reserven (5.000.000 EUR – 2.300.000 EUR = 2.700.000 EUR). Durch den Abzug des gesamten Betrags der sonstigen Gegenleistung bei der Ermittlung der Anschaffungskosten der erhaltenen Anteile bleibt die dem Einbringungsteil zugrundeliegende Systematik der sog. Verdopplung stiller Reserven gewahrt; eine Anpassung des § 20 III 3 UmwStG an die Begrenzung in § 20 II 2 Nr. 4 UmwStG ist daher nicht erforderlich.

364 Nach § 20 II 2 Nr. 4 Buchst. a) darf der gemeine Wert der sonstigen Gegenleistungen, die neben den neuen Gesellschaftsanteilen gewährt werden, nicht mehr als 25 % des Buchwerts des eingebrachten Betriebsvermögens betragen (**relative Grenze**). Unschädlich ist es daher, wenn der gemeine Wert der sonstigen Gegenleistungen bis einschließlich 25 % des Buchwerts des eingebrachten Betriebsvermögens beträgt. Unter dem Begriff des „Buchwerts" ist der Buchwert iSd § 1 V Nr. 5 zu verstehen.

Maßgeblich ist das Verhältnis des gemeinen Werts der sonstigen Gegenleistungen zum Buchwert des eingebrachten Betriebsvermögens. Auf den absoluten Betrag des gemeinen Werts der sonstigen Gegenleistungen kommt es also gerade nicht an. Insbesondere kann der gemeine Wert der sonstigen Gegenleistungen die absolute Grenze iHv 500 000 Euro übersteigen.

364a Nach § 20 II Nr. 4 Buchst. b) darf der gemeine Wert der sonstigen Gegenleistungen, die neben den neuen Gesellschaftsanteilen gewährt werden, nicht mehr als 500 000 Euro, höchstens jedoch den Buchwert des eingebrachten Betriebsvermögens betragen (**absolute Grenze**; im Gesetzgebungsverfahren wurde dabei zunächst diskutiert, die absolute Grenze bei 300 000 Euro festzulegen, BR-Drs. 121/15, 9). Unter dem Begriff des „Buchwerts“ ist wiederum der Buchwert iSd § 1 V Nr. 5 zu verstehen.

Maßgeblich ist der absolute Betrag des gemeinen Werts der sonstigen Gegenleistungen. Auf das Verhältnis des gemeinen Werts der sonstigen Gegenleistungen zum Buchwert des eingebrachten Betriebsvermögens kommt es im Rahmen der absoluten Grenze nach § 20 II Nr. 4 Buchst. b) nicht an. Insbesondere kann der gemeine Wert der sonstigen Gegenleistungen mehr als 25 % des Buchwerts des eingebrachten Betriebsvermögens betragen.

cc) Formelle Voraussetzungen. Soll von dem in § 20 II 1 festgelegten Besteuerungsgrundsatz des gemeinen Wertes abgewichen werden, so bedarf es eines entsprechenden Antrags, § 20 II 2. Der Antrag ist gemäß § 20 II 3 bei dem für die Besteuerung der übernehmenden Gesellschaft zuständigen Finanzamt zu stellen. Er muss spätestens bis zur erstmaligen Abgabe der steuerlichen Schlussbilanz für die übernehmende Gesellschaft gestellt sein, § 20 II 3. 365

(1) Antragsberechtigung. Das Gesetz bestimmt die Person des Antragsberechtigten nicht ausdrücklich. § 20 II trifft lediglich Regelungen hinsichtlich der Ausübung des Wahlrechts. Das Wahlrecht wird danach durch die Stellung eines entsprechenden Antrags ausgeübt. Aus dem Umstand, dass der Antrag gemäß § 20 II 3 bei dem für die Besteuerung der Übernehmerin zuständigen Finanzamt zu stellen ist, lässt sich schließen, dass die übernehmende Gesellschaft die (alleinige) Antragsberechtigte ist (so auch UmwStE Rn. 20.21 f.; BT-Drs. 16/3369, 26). Dies gilt laut FinVerw selbst im Fall der Einbringung eines Mitunternehmeranteils (UmwStE Rn. 20.22). 366

Für die (alleinige) Antragsberechtigung der übernehmenden Gesellschaft spricht auch der aus der Sicht der Übernehmerin formulierte Wortlaut in § 20 II 1: Danach hat die **übernehmende Gesellschaft** die übertragenen WG mit dem gemeinen Wert anzusetzen, sofern nicht die Voraussetzungen vorliegen, unter denen das Wahlrecht eröffnet ist. Die Entscheidung darüber, mit welchem Wert das eingebrachte BV angesetzt wird, steht daher allein der Übernehmerin zu (*Patt* in D/P/M § 20 UmwStG Rn. 209; *Widmann* in W/M § 20 Rn. R 417).

Der **einbringende Rechtsträger hat kein Mitspracherecht** bei der Bewertung: Übt die übernehmende Gesellschaft ihr Wahlrecht entgegen zuvor mit dem einbringenden Rechtsträger getroffenen Absprachen aus, steht dies der Wirksamkeit der Wahl nicht entgegen; dem einbringenden Rechtsträger stehen ggf. **zivilrechtliche Schadensersatzansprüche** gegen die Übernehmerin zu (*Widmann* in W/M § 20 Rn. R 404, 660; *Schmitt* in SHS § 20 Rn. 310). Zu der mit dem Wahlrecht nach § 20 II korrespondierenden Antragsberechtigung für die Wahl des Einbringungszeitpunkts nach § 20 V, VI s. Rn. 597 ff. 367

Weicht die übernehmende Gesellschaft absprachewidrig von einer Bewertungsabsprache ab, so sind vollzogene Veranlagungen des Einbringenden unter Umständen nach § 175 I Nr. 2 AO zu ändern (UmwStE Rn. 20.23; *Patt* in D/P/M § 20 UmwStG Rn. 209; *Widmann* in W/M § 20 Rn. R 400). Bei Vorliegen der Drittbetroffenheit steht dem einbringenden Rechtsträger allerdings infolge der Werteverknüpfung gemäß § 20 III 1 ein Anfechtungsrecht nach § 40 FGO **(Drittanfechtung)** gegen die Höhe der in der maßgeblichen Steuerfestsetzung der übernehmenden Gesellschaft zu Grunde gelegten Werte des eingebrachten Vermögens zu (vgl. BFH v. 8.6.2011 – I R 79/10, BStBl. II 2012, 421; v. 25.4.2012 – I R 2/11, BFH/NV 2012, 1649).

(2) Antragsform, Antragsinhalt. Der Antrag ist **nicht formgebunden** (UmwStE Rn. 20.21, 03.29; *Widmann* in W/M § 20 Rn. R 439). Er kann deshalb auch konkludent mit der Abgabe der KStErklärung unter Beifügung der Steuerbilanz mit den gewählten Wertansätzen gestellt werden (UmwStE Rn. 20.21, 03.29). Empfehlenswert ist auf jeden Fall eine ausdrückliche Antragstellung. Der Antrag ist **bedingungsfeindlich** (UmwStE Rn. 20.21, 03.29). Es muss inhaltlich klar zum Ausdruck kommen, dass eine vom Grund- 368 satz des § 20 II abweichende Bewertung gewählt wird, anderenfalls gilt der Antrag als nicht gestellt (*Widmann* in W/M § 20 Rn. R 446). Zur Auslegung eines unklaren Antrags Rn. 375.

369 **(3) Ausübung des Bewertungswahlrechts.** Das Bewertungswahlrecht wird ausschließlich von der **übernehmenden Gesellschaft** ausgeübt. Dies ergibt sich zwingende aus dem Wortlaut des § 20 II 1, der ausschließlich auf die übernehmende Gesellschaft abstellt. Die Übernehmerin erstellt hierzu auf den Zeitpunkt der Sacheinlage eine **steuerliche Aufnahmebilanz** entsprechend den Regelungen des § 20 (*Widmann* in W/M § 20 Rn. R 1214). Dieser steuerlichen Aufnahmebilanz ist zu entnehmen, mit welchen Werten die übernehmende Gesellschaft das eingebrachte BV übernimmt, wie sie also das ihr eingeräumte Bewertungswahlrecht ausübt. Bei einer neu gegründeten aufnehmenden Gesellschaft hat die steuerliche Aufnahmebilanz die Bedeutung einer **Eröffnungsbilanz** (*Thiel/Eversberg/van Lishaut/Neumann* GmbHR 1998, 397/401). Bei Sacheinlagen in bestehende Gesellschaften handelt es sich bei der Einbringungsübertragung von WG zwar um laufende Geschäftsvorfälle. Auch in diesen Fällen ist die Erstellung einer gesonderten steuerlichen Aufnahmebilanz jedoch ratsam. Denn nur durch eine solche steuerliche Aufnahmebilanz kann eindeutig dokumentiert werden, ob ein Betrieb oder Teilbetrieb überging und welcher Bewertungsmaßstab gewählt wurde. Die Bilanzwerte in der steuerlichen Aufnahmebilanz werden am Jahresende unter Berücksichtigung notwendiger Änderungen (AfA, Zuaktivierung uam) in die steuerliche **Schlussbilanz** (Steuerbilanz) der übernehmenden Gesellschaft überführt (*Widmann* in W/M § 20 Rn. R 422 f.).

370 Sofern ein Betrieb oder ein Teilbetrieb eingebracht wird, wird das Bewertungswahlrecht endgültig ausgeübt, indem die übernehmende Gesellschaft bei dem zuständigen Finanzamt ihre **KStErklärung** abgibt, der gemäß § 31 KStG, § 60 EStDV die **Schluss-(Steuer-) bilanz** beizufügen ist, die ihrerseits die eingebrachten WG enthält (UmwStE Rn. 20.21; BFH v. 28.5.2008 – I R 98/06, BStBl. II 2008, 916; *Patt* in D/P/M § 20 UmwStG Rn. 211). Danach kann das Wahlrecht grds nicht mehr geändert werden (UmwStE Rn. 20.24; BFH v. 28.5.2008 – I R 98/06, DStR 2008, 1779/1781; FG Köln v. 11.12.2009 – 15 K 4963/01, EFG 2009, 448 – rkr.; *Patt* in D/P/M § 20 UmwStG Rn. 211, 213). Zur Bilanzänderung und zur Bilanzberichtigung s. Rn. 383 f.

371 Es besteht **keine Bindung an die handelsbilanzielle Bewertung** der eingebrachten WG (so auch UmwStE Rn. 20.20). Zu § 20 UmwStG 1995 war umstritten, ob der Grundsatz der Maßgeblichkeit der Handelsbilanz für die Steuerbilanz (§ 5 I 2 EStG) auch im Umwandlungssteuerrecht gelten solle (abl. BFH v. 28.5.2008 – I R 98/06, BStBl. II 2008, 916). Die Gesetzesbegründung der Neufassung des § 20 nimmt zu dieser Frage in Übereinstimmung mit der hA zu § 20 UmwStG 1995 dahingehend Stellung, dass der Grundsatz der Maßgeblichkeit nicht gelten solle (BT-Drs. 16/2710, 43). Mit Inkrafttreten des BilMoG am 29.5.2009 wurde dann endgültig der bis dahin im EStG in § 5 I 2 niedergelegte Grundsatz der umgekehrten Maßgeblichkeit aufgehoben.

Infolge des Verzichts auf die Maßgeblichkeit bildet § 20 II 2 eine eigenständige Bewertungsvorschrift für die Zwecke der Sacheinlage mit Vorrang vor § 8 I KStG, § 6 EStG (*Haritz* DStR 2006, 977/979; *Patt* in D/P/M § 20 UmwStG Rn. 210; *Behrens* BB 2009, 318). Dem Stpfl. wird die Möglichkeit eröffnet, die BW des eingebrachten BV auch in solchen Fällen fortzuführen, in denen in der Handelsbilanz ein höherer Wert anzusetzen ist. Ebenso kann das BV, trotz BW-Fortführung in der Handelsbilanz, in der Steuerbilanz mit dem gemeinen Wert oder einem ZW angesetzt werden (*Nitzschke* in Blümich § 20 UmwStG Rn. 2).

372 Im Rahmen von § 20 UmwStG 1995 wurde aufgrund der Maßgeblichkeit der Handelsbilanz überwiegend die Bildung eines (erfolgsneutralen) aktiven oder passiven **Korrekturpostens** („Luftposten", vgl. UmwStE 1998 Rn. 20.27) in den Fällen eines unterschiedlichen Wertansatzes in der Handels- und Steuerbilanz für erforderlich gehalten, um einen Ausgleich zwischen beiden Bilanzen herzustellen.

Die ggf. vorliegenden Wertabweichungen zwischen Handels- und Steuerbilanz können zweckmäßiger Weise auch nach aktuellem Recht in einem steuerlichen Ausgleichsposten erfasst werden (*Herlinghaus* in R/H/vL § 20 Rn. 147a; *Patt* in D/P/M § 20 UmwStG Rn. 210). Die FinVerw hält die Bildung eines Ausgleichspostens jedoch nur dann erforderlich, wenn der BW des eingebrachten BV niedriger ist als das in der Handelsbilanz ausgewiesene gezeichnete Kapital (UmwStE Rn. 20.20). Je nach Bewertungsabweichung kann der Ausgleichsposten aktiver oder passiver Art sein. Mangels WG-Eigenschaft nimmt er als bloße „technische" Größe nicht am BV-Vergleich teil. Er löst sich erfolgsneutral auf durch die AfA der unterschiedlich bewerteten WG oder durch deren Veräußerung (vgl. UmwStE Rn. 20.20; *Patt* in D/P/M § 20 UmwStG Rn. 210).

Werden einzelne **Mitunternehmeranteile** eingebracht mit der Folge, dass die über- 373
nehmende Gesellschaft in die Mitunternehmerstellung des einbringenden Rechtsträgers eintritt, wird das Bewertungswahlrecht nicht in der Steuerbilanz der übernehmenden Gesellschaft ausgeübt, sondern in derjenigen der Mitunternehmerschaft. In der Steuerbilanz der übernehmenden Gesellschaft ist der Mitunternehmeranteil zwar auszuweisen, jedoch nicht zu bewerten (BFH v. 1.7.2010 – IV R 100/06, BFH/NV 2010, 2056; v. 19.12.2007 – I R 111/05, BStBl. II 2008, 672; v. 30.4.2003 – I R 102/01, BStBl. II 2004, 804/805). Grund dafür ist der Umstand, dass die Beteiligung an einer Mitunternehmerschaft – im Gegensatz zum Anteil an einer KapGes – kein WG ist (s. *Patt* in D/P/M § 20 UmwStG Rn. 212 sowie zB BFH v. 1.7.2010 – IV R 100/06, BFH/NV 2010, 2056). Vielmehr verkörpert sie den ideellen Anteil (§ 39 II Nr. 2 AO) an den gesamthänderisch gebundenen WG des Gesellschaftsvermögens sowie die WG des SonderBV des jeweiligen Mitunternehmers (BFH v. 28.11.2002 – III R 1/01, BStBl. II 2003, 250; *Wacker* in Schmidt § 16 Rn. 452). Der Mitunternehmeranteil ist daher einer eigenständigen Bewertung in der Bilanz der übernehmenden Gesellschaft nicht zugänglich (BFH v. 30.4.2003 – I R 102/01, BStBl. II 2004, 804/805; *Patt* in D/P/M § 20 UmwStG Rn. 212). Sofern die Sacheinlage unter Aufdeckung stiller Reserven erfolgt, ist für die übernehmende Gesellschaft eine positive Ergänzungsbilanz zu bilden (UmwStE Rn. 20.22; BFH v. 30.4.2003 – I R 102/01, BStBl. II 2004, 804/805).

Die Ansätze in der Steuerbilanz der übernehmenden Körperschaft bilden die **Grundlage** 374
für die Gewinn- und Einkommensermittlung der Körperschaft. Gemäß §§ 23 I, III und IV ist der Bewertungsansatz bspw. auch maßgebend für Besitzzeitrechnungen, AfA-Methoden und die Ausübung von Bewertungswahlrechten.

Zu § 20 UmwStG 1977 hat das FG Köln entschieden, dass das eingebrachte BV mit 375
dem Teilwert anzusetzen ist, wenn der übernehmende Rechtsträger diesen Begriff im Bilanzbericht zum Jahresabschluss, im Wertgutachten sowie im notariellen Einbringungsvertrag verwendet, in der Bilanz aber andere Werte ansetzt (FG Köln v. 11.12.2008 BB 2009, 658 – rkr.). Dies gilt zumindest in solchen Fällen, in denen der Bewertungsantrag eindeutig gestellt ist und der in dem Antrag genannte Wert (BW oder ZW) ermittelt worden ist. Wurde dieser Wert lediglich **der Höhe nach falsch** ermittelt, kommt eine Korrektur des Wertansatzes im Wege der Bilanzänderung mangels Vorliegens der Voraussetzungen des § 4 II 2 EStG nicht in Betracht (BFH v. 28.5.2008 – I R 98/06, BStBl. II 2008, 916; FG Köln v. 11.12.2008 – 15 K 4963/01, EFG 2009, 448 – rkr.; zur Bilanzänderung Rn. 383). Es bleibt dann nur die Möglichkeit der Bilanzberichtigung, sofern die Voraussetzungen des § 4 II 1 EStG vorliegen (*Herlinghaus* EFG 2009, 450/451). Etwas anderes gilt, wenn der Bewertungsantrag **nicht eindeutig** ist. In diesem Fall ist der Inhalt des Antrags aus der Sicht des Empfängers unter Zugrundelegung der allg. Auslegungsmethoden zu ermitteln (*Herlinghaus* EFG 2009, 450/451).

(4) Einheitlicher Antrag für jede Sacheinlage. § 20 II 2 schreibt vor, das „über- 376
nommene BV" einer „einheitlichen" Bewertung zu unterziehen. Das Bewertungswahlrecht besteht deshalb nur für die **Sachgesamtheit** – also Betrieb, Teilbetrieb oder Mitunternehmeranteil – als solche (*Herlinghaus* in R/H/vL § 20 Rn. 153; *Patt* in D/P/M § 20

UmwStG Rn. 192). Allerdings sind die einzelnen WG Gegenstand der Bewertung. „Einheitliche" Bewertung bedeutet deshalb, dass die gewählte Bewertungsmethode für alle WG der Sacheinlage gilt. Für Fragen der Bewertung wird das „übernommene BV" als unteilbar betrachtet. Die wertmäßige Aufstockung nur einzelner, zu der begünstigten Sacheinlage zählender WG ist unzulässig (*Nitzschke* in Blümich § 20 UmwStG Rn. 87; *Schmitt* in SHS § 20 Rn. 311; vgl. jedoch Rn. 311).

377 Aus dem Umstand, dass das Gesetz in § 20 II 2 für die Bewertung auf das „übernommene Betriebsvermögen" abstellt, ist zu schließen, dass für **jeden Einlagevorgang selbstständig** zu entscheiden ist, nach welcher Bewertungsmethode bewertet werden soll. Das bedeutet, dass die übernehmende Gesellschaft selbstständige Einbringungsvorgänge auch dann unterschiedlich bewerten kann, wenn die Einlagen von demselben Einbringenden und zeitgleich geleistet werden (*Herlinghaus* in R/H/vL § 20 Rn. 153a). Im Falle der Einbringung mehrerer Mitunternehmeranteile kann dies bedeuten, dass infolge unterschiedlicher Aufstockungen für einige Mitunternehmeranteile Ergänzungsbilanzen zu erstellen sind, für andere jedoch nicht (*Herlinghaus* in R/H/vL § 20 Rn. 153b; *Heß/Schnitger* in PwC Rn. 1544).

378 **(5) Adressat des Antrags.** Der Antrag auf Bewertung der WG mit einem unter dem gemeinen Wert liegenden Wert ist gemäß § 20 II 3 bei dem für die Besteuerung der übernehmenden Gesellschaft zuständigen Finanzamt zu stellen. Ist die übernehmende Gesellschaft eine ausl Gesellschaft, die in der Bundesrepublik Deutschland noch nicht stpfl. ist, richtet sich die Zuständigkeit des Finanzamts nach § 20 AO.

379 **(6) Zeitpunkt der Ausübung des Bewertungswahlrechts.** Der Antrag auf eine vom gemeinen Wert abweichende Bewertung der WG eines Einbringungsvorgangs, die real bereits in der steuerlichen Aufnahmebilanz der Übernehmerin vorgenommen wurde (Rn. 369 ff.), ist nach § 20 II 3 „spätestens bis zur erstmaligen Abgabe der steuerlichen Schlussbilanz" bei dem zuständigen Finanzamt zu stellen.

380 Mit der „steuerlichen **Schlussbilanz**" ist nach dem BFH die nächste auf den Einbringungszeitpunkt folgende steuerliche Jahresschlussbilanz der übernehmenden Gesellschaft gemeint, in der der Einbringungsgegenstand erstmals anzusetzen ist (BFH v. 15.6.2016 – I R 69/15, BStBl. II 2017, 75). Es handelt sich also gerade nicht um eine von der Steuerbilanz zu unterscheidende eigenständige Schlussbilanz (*Widmann* in W/M § 20 Rn. R 423; *Ott* Stbg 2017, 105/107).

381 Mit der Formulierung **„spätestens"** bringt der Gesetzgeber zum Ausdruck, dass der Antrag auch vor der Einreichung der Steuerbilanz gestellt werden kann, spätestens jedoch zeitgleich mit der Einreichung der maßgeblichen Bilanz (*Herlinghaus* in R/H/vL § 20 Rn. 154a; *Widmann* in W/M § 20 Rn. R 434). Unerheblich ist, ob die Handelsbilanz der übernehmenden Gesellschaft bereits festgestellt ist (*Herlinghaus* in R/H/vL § 20 Rn. 154b).

Die Bestimmung des konkreten letztmöglichen Zeitpunkts für die Ausübung des Wahlrechts richtet sich nach dem **Einbringungsgegenstand.** Der maßgebliche Zeitraum ist stets der VZ, in welchen der (ggf. gemäß §§ 20 V, VI rückwirkend festgelegte) Einbringungszeitpunkt fällt. Sofern ein Betrieb oder ein Teilbetrieb eingebracht wird, wird das Wahlrecht ausgeübt, indem die Übernehmerin bei dem zuständigen Finanzamt ihre KStErklärung abgibt, der gemäß § 31 KStG, § 60 EStDV die Schlussbilanz beizufügen ist, die ihrerseits die eingebrachten WG enthält (s. Rn. 370). Bei der Einbringung von Mitunternehmeranteilen erfolgt die Ausübung des Besteuerungswahlrechts in der Steuerbilanz der PersGes (Rn. 373). Folglich ist das Bewertungswahlrecht spätestens in der Steuerbilanz der PersGes für das Wj auszuüben, in das der Einbringungszeitpunkt fällt (BFH v. 30.4.2003 – I R 102/01, BStBl. II 2004, 804/805; *Patt* in D/P/M § 20 UmwStG Rn. 212).

382 **(7) Nachträgliche Änderungen.** Nach der Abgabe der entsprechenden Unterlagen ist das Wahlrecht grds **endgültig** ausgeübt, eine Änderung des Wertansatzes ist nicht mehr

möglich (UmwStE Rn. 20.24; BFH v. 28.5.2008 – I R 98/06, BStBl. II 2008, 916; *Patt* in D/P/M § 20 UmwStG Rn. 211, 213; *Behrens* BB 2008, 2064/2065 unter Hinweis auf die Möglichkeit, eine vorläufige Bilanz einzureichen). Insbesondere kann der Antrag nicht zurückgenommen werden (UmwStE Rn. 20.24),

Eine **Bilanzänderung** nach den allg. Vorschriften, namentlich § 4 II 2 EStG, ist grds **383**
unzulässig (BFH v. 28.5.2008 – I R 98/06, BStBl. II 2008, 916; *Herlinghaus* in R/H/vL § 20 Rn. 155 f.; *Patt* in D/P/M § 20 UmwStG Rn. 213), da sich eine Bilanzänderung nach § 4 II 2 EStG ausschließlich auf die Bewertung einzelner WG in der Bilanz auswirken darf. Im Rahmen der Sacheinlage nach § 20 I führt eine geänderte Bewertung hingegen zu einer Änderung der Besteuerung auch anderer Stpfl., weshalb § 4 II 2 EStG keine Anwendung findet. Der Vorgang ist vielmehr als rückwirkende Änderung des tatsächlichen Sachverhalts zu qualifizieren; eine solche ist steuerlich unzulässig (BFH v. 28.5.2008 – I R 98/06, BStBl. II 2008, 916). Eine nachträgliche Bilanzänderung ist jedoch ausnahmsweise dann zulässig, wenn sich die Grundlagen der Sacheinlage aufgrund einer Betriebsprüfung nachträglich ändern, die Folgewirkungen der Bilanzänderung für alle Beteiligten umgesetzt werden können, das Finanzamt der Bilanzänderung zustimmt und die Voraussetzungen nach § 4 II 2 EStG erfüllt sind, was insbesondere das Bestehen eines engen zeitlichen und sachlichen Zusammenhangs mit einer Bilanzberichtigung nach § 4 II 1 EStG voraussetzt (*Nitzschke* in Blümich § 20 UmwStG Rn. 91; BMF v. 18.5.2000 BStBl. I 2000, 587; *Patt* in D/P/M § 20 UmwStG Rn. 213).

Eine **Bilanzberichtigung** nach § 4 II 1 EStG ist zulässig, sofern die übernehmende **384**
Gesellschaft deutlich zum Ausdruck gebracht hat, das eingebrachte BV mit dem BW, gemeinen Wert oder einem bestimmten ZW ansetzen zu wollen und dieser Wert sich nachträglich, zB auf Grund einer Betriebsprüfung, als zu hoch oder zu niedrig erweist, da ihn die übernehmende Gesellschaft falsch ermittelt hat (*Nitzschke* in Blümich § 20 UmwStG Rn. 91; *Patt* in D/P/M § 20 UmwStG Rn. 214; *Herlinghaus* EFG 2009, 450/451; s. auch UmwStE Rn. 20.24). Eine Bilanzberichtigung kommt aber nicht in Betracht, wenn sich nachträglich ergibt, dass der einbringende Rechtsträger entgegen § 1 V Nr. 4 die allg. steuerlichen Regelungen der Gewinnermittlung nicht beachtet hat und eine Korrektur der fehlerhaften Bilanzansätze wegen **Festsetzungsverjährung** nicht mehr möglich ist. In diesen Fällen sind die in der Schlussbilanz des einbringenden Rechtsträgers enthaltenen Werte zwingend zu übernehmen (*Patt* in D/P/M § 20 UmwStG Rn. 214; *Herlinghaus* in R/H/vL § 20 Rn. 156b).

Erfolgt die Sacheinlage rückwirkend zu einem Zeitpunkt, für den der einbringende Rechtsträger bereits eine Bilanz erstellt hat, ist eine bereits durchgeführte Veranlagung gegebenenfalls nach **§ 175 I Nr. 2 AO** zu berichtigen (UmwStE Rn. 20.23, 20.24).

(einstweilen frei) **385–389**

c) Rechtsfolgen bei Ausübung des Wahlrechts

aa) Allgemeines. Bei kumulativem Vorliegen der Voraussetzungen des § 20 II 2 kann **390**
das eingebrachte BV von der übernehmenden Gesellschaft mit dem BW oder einem Wert über dem BW, aber unter dem gemeinen Wert angesetzt werden. Der gemeine Wert ist zwingend dann anzusetzen, wenn die Voraussetzungen des § 20 II 2 nicht kumulativ vorliegen.

Das Wahlrecht kann nur von der übernehmenden Gesellschaft ausgeübt werden (Rn. 366). Obwohl mit der Ausübung des Wahlrechts durch die übernehmende Gesellschaft unmittelbare Rechtsfolgen für den einbringenden Rechtsträger verbunden sein können (zB die Entstehung eines Einbringungsgewinns), hat dieser weder Mitsprache- noch Vetorechte (Rn. 367). Der Einbringende kann an der Ausübung des Wahlrechts nur mittelbar dadurch mitwirken, dass er die übernehmende Gesellschaft vertraglich verpflichtet, das Wahlrecht in bestimmter Weise auszuüben. Hält sich die übernehmende Gesellschaft nicht an diese Absprachen, so ist gleichwohl nur ihre Bilanzierung maßgeblich (UmwStE Rn. 20.23). Dem einbringenden Rechtsträger bleiben in diesem Fall zivilrechtliche Schadensersatzansprüche (Rn. 367). Bei Streitigkeiten über die Höhe der in der maßgeblichen Steuerfestsetzung der übernehmenden Gesellschaft zu Grunde gelegten Werte des eingebrachten Vermögens steht dem einbringenden Rechtsträger infolge der Werteverknüpfung gemäß § 20 III 1 unter Umständen auch ein Anfechtungsrecht nach § 40 FGO zu (s. Rn. 367).

391 In Abhängigkeit vom gewählten Wertansatz und der Art der Einbringung regeln § 23 I, III und IV die steuerlichen Konsequenzen der Einbringung auf Ebene der übernehmenden Gesellschaft.

392 § 20 II 2 macht die Gewährung des Wertansatzwahlrechts allein davon abhängig, dass im Zeitpunkt der Sacheinlage bzw. in dem gemäß § 20 VIII gewählten Zeitpunkt die Voraussetzungen der §§ 20 II 2 Nr. 1–3, 20 II 3, 4 erfüllt sind. Sofern nach vollzogener Einbringung eine **Sitzverlegung** erfolgt, die sich identitätswahrend und damit außerhalb des UmwStG vollzieht, ist der Anwendungsbereich der allg. Entstrickungstatbestände der §§ 4 I 3 EStG, 12 KStG eröffnet, falls die Sitzverlegung einen Verlust des Besteuerungsrechts der Bundesrepublik Deutschland an WG bewirkt (BT-Drs. 16/2710, 35). Für den Verlust des Besteuerungsrechts der Bundesrepublik Deutschland hinsichtlich der Anteile gelten die besonderen Entstrickungstatbestände der §§ 17 V, 4 I 3 EStG, 12 HS 2 KStG, vgl. BT-Drs. 16/2710, 35.

393 **bb) Buchwert (BW). (1) Ermittlung des BW.** Der BW ist die **Untergrenze** für das eingebrachte BV. Nach der Legaldefinition in § 1 V Nr. 4 handelt es sich dabei um den Wert, der sich nach den steuerrechtlichen Vorschriften über die Gewinnermittlung in einer für den steuerlichen Übertragungsstichtag aufzustellenden Steuerbilanz ergibt oder ergäbe. Der BW bestimmt sich somit nach **§§ 5 II–V, 6 und 7 EStG** (*Herlinghaus* in R/H/vL § 20 Rn. 173; *Patt* in D/P/M § 20 UmwStG Rn. 194; vgl. auch UmwStE Rn. 20.20). Aus dem Wortlaut des § 1 V Nr. 4 ergibt sich, dass es nicht auf die tatsächlich vorgenommene, sondern auf die **zulässige** Bilanzierung ankommt. Aus diesem Grund sind alle zu beachtenden Gewinnermittlungsvorschriften zum Bewertungsstichtag noch **beim Einbringenden** zu berücksichtigen (zum Erfordernis der Umstellung der Gewinnermittlungsart s. Rn. 468 ff.). Bei ihm sind zB unterlassene Teilwert-AfA, Wertaufholungen und die Auflösung bzw. Bildung von Rücklagen und/oder Rückstellungen zu berücksichtigen.

394 Mangels anderslautender gesetzlicher Regelungen sind bei der Ausübung der Bewertungswahlrechte die Grundsätze des **Bilanzzusammenhangs** zu beachten. Danach hat die übernehmende Gesellschaft Unrichtigkeiten in der letzten durch den einbringenden Rechtsträger erstellten Bilanz zu berichtigen; diese Berichtigung kann erfolgswirksam oder erfolgsneutral sein (*Heinicke* in Schmidt § 4 Rn. 708 ff.).

395 Folgeänderungen für die übernehmende Gesellschaft ergeben sich auch dann, wenn sich die Schlussbilanzwerte des einbringenden Rechtsträgers auf Grund einer steuerlichen **Außenprüfung** ändern (*Herlinghaus* in R/H/vL § 20 Rn. 173b; *Nitzschke* in Blümich § 20 UmwStG Rn. 85).

396 Bei der Einbringung eines **Mitunternehmeranteils** ist für den BW auf das Kapital der Mitunternehmerschaft in der Gesamthandsbilanz abzustellen. Dieser Wert ist ggf zu korrigieren durch Hinzurechnung eines positiven oder Kürzung eines negativen Ergänzungskapitals. Zu berücksichtigen ist, soweit vorhanden, auch das Kapital aus der Sonderbilanz, soweit WG des SonderBV Teil der Einbringung sind (UmwStE Rn. 20.18, 03.10; *Patt* in D/P/M § 20 UmwStG Rn. 195).

397 Im Regelfall wird der steuerliche Übertragungsstichtag auf das Ende des Wj des Betriebs bzw. Teilbetriebs fallen, sodass sich der maßgebende BW aus der Steuerbilanz zum Abschlussstichtag ergibt. Fällt der **Einbringungszeitpunkt** auf einen Tag, der **vor dem Abschlussstichtag** liegt, so muss zwar formell keine Zwischenbilanz erstellt werden. Der BW ist dann aber durch die Erstellung einer (fiktiven) Zwischenbilanz zu ermitteln, die, abgeleitet aus der Steuerbilanz zum vergangenen Stichtag, auf den Einbringungsstichtag aufzustellen ist (*Nitzschke* in Blümich § 20 UmwStG Rn. 85; *Patt* in D/P/M § 20

UmwStG Rn. 196). Ein Zwang zur Erstellung einer formellen Zwischenbilanz besteht nicht (*Herlinghaus* in R/H/vL § 20 Rn. 174).

398 **Maßgebend** sind die BW der für den – gegebenenfalls rückbezogenen – Übertragungsstichtag zu erstellenden Steuerbilanz. Das ergibt sich aus dem Wortlaut des § 1 V Nr. 4.

399 Das Gebot des „einheitlichen" Wertansatzes bedeutet, dass alle WG mit dem BW angesetzt werden. Werden stille Reserven nur bei einigen WG aufgedeckt, so ist von einem **ZW-Ansatz** auszugehen (*Patt* in D/P/M § 20 UmwStG Rn. 198; *Widmann* in W/M § 20 Rn. R 444).

Für die BW-Bewertung ist es unschädlich, wenn infolge der Einbringung für einzelne WG das deutsche Besteuerungsrecht erstmals begründet wird und wegen der **Steuerverstrickung** der gemeine Wert anzusetzen ist (*Widmann* in W/M § 20 Rn. R 444; *Patt* in D/P/M § 20 UmwStG Rn. 197; s. auch Rn. 348 f.). Entsprechendes gilt, wenn bei einem Einbringungsvorgang auf Grund **abweichender Zurechnungsvorschriften** das deutsche Besteuerungsrecht für einzelne WG ausgeschlossen wird (Rn. 344 und § 22). Auch in diesem Fall ist der Ansatz des gemeinen Wertes nicht zu beanstanden (aA *Ley* FR 2007, 109).

400 Eine **Unterschreitung** des so definierten BW durch die übernehmende Gesellschaft ist nach § 20 II 2 aber **geboten,** wenn der gemeine Wert niedriger ist (UmwStE Rn. 20.18, 03.12; *Schmitt* in SHS § 20 Rn. 295). Richtigerweise handelt es sich dabei nicht um eine Ausnahme vom BW-Ansatz, sondern um die Berücksichtigung der für den Einbringenden geltenden Verpflichtung zur Teilwert-AfA (im Einzelnen *Kulosa* in Schmidt § 6 Rn. 360 f.).

401 **(2) Auswirkungen des BW-Ansatzes.** Mit dem BW-Ansatz sind auf der Ebene der übernehmenden Gesellschaft diverse Auswirkungen verbunden (vgl. zum Ganzen auch *Patt* in D/P/M § 20 UmwStG Rn. 193). Die übernehmende Gesellschaft tritt in die steuerliche Rechtsposition des einbringenden Rechtsträgers ein (vgl. §§ 23 I, III, 12 III HS 1; *Patt* in D/P/M § 20 UmwStG Rn. 193). Der Ansatz der WG mit dem BW anstelle des höheren gemeinen Wertes oder eines ZW bewirkt für die übernehmende Gesellschaft insofern erhöhte Einkünfte, als das **AfA-Volumen geringer** ist (*Nitzschke* in Blümich § 20 UmwStG Rn. 85). Auch die Belastung mit **GewSt** ist gegenüber den Fällen eines über dem BW liegenden Ansatzes erhöht. Zudem werden die **stillen Reserven,** die in den eingebrachten WG ruhen, im Hinblick auf die KSt steuerverstrickt. Dazu und zur Sperrfristverhaftung der von der übernehmenden Gesellschaft als Gegenleistung gewährten Anteile nach § 22 I s. § 22 Rn. 2, 5 ff.

402–404 *(einstweilen frei)*

405 **cc) Zwischenwert (ZW). (1) Ermittlung des ZW.** Aus dem Zusammenhang der in § 20 II 1 genannten Bewertungsobergrenze des gemeinen Wertes mit der Regelung in § 20 II 2, wonach auch der BW oder ein höherer Wert angesetzt werden darf, folgt, dass auf Antrag auch ein ZW angesetzt werden darf (s. auch UmwStE Rn. 20.18). ZW ist infolgedessen der Wert, der über dem BW, aber unter dem gemeinen Wert liegt (*Schmitt* in SHS § 20 Rn. 300; UmwStE Rn 20.18, 03.25). Eine Folge des ZW-Ansatzes ist die teilweise Aufstockung der in dem eingebrachten BV ruhenden stillen Reserven (*Nitzschke* in Blümich § 20 UmwStG Rn. 87).

406 Zu der Frage der Höhe des ZW-Ansatzes und damit der Frage des Umfanges der Aufdeckung der stillen Reserven ist die übernehmende Gesellschaft frei (*Herlinghaus* in R/H/vL § 20 Rn. 176). Aus dem Gebot der einheitlichen Bewertung folgt auch hier, dass die aufzudeckenden stillen Reserven nicht gezielt auf einzelne WG verteilt werden können. Vielmehr sind die wahlweise aufgedeckten stillen Reserven **prozentual gleichmäßig** auf alle eingebrachten WG zu verteilen, die stille Reserven enthalten (UmwStE Rn. 20.18, 03.25; *Nitzschke* in Blümich § 20 UmwStG Rn. 87; *Patt* in D/P/M § 20 UmwStG Rn. 206; aA wohl *Widmann* in W/M § 20 Rn. R 634, R 639, der spezielle Zuordnungen als zulässig erachtet). Von Relevanz für den vorliegenden Zusammenhang können auch stille Reserven in erworbenen immateriellen WG sein (so auch UmwStE Rn. 20.18,

03.25; *Schmitt* in SHS § 20 Rn. 307). Stille Reserven sind des Weiteren in steuerfreien Rücklagen enthalten (*Schmitt* in SHS § 20 Rn. 308).

407 Die gebotene einheitliche Aufdeckung und Verteilung der stillen Reserven auf die einzelnen WG verlangen mehrere **Arbeitsschritte** (vgl. dazu auch *Herlinghaus* in R/H/vL § 20 Rn. 177):

408 Einfach sind die Arbeitsschritte, wenn die übernehmende Gesellschaft beschließt, die stillen Reserven nach einem **einheitlichen Prozentsatz** aufzudecken. In diesem Fall haben bei allen WG mit stillen Reserven Zwischeneinbringungen in Höhe des beschlossenen Prozentsatzes zu erfolgen.

Häufiger wird der Antrag gestellt werden, einen bestimmten **absoluten Betrag** zur Findung des ZW festzulegen. Dann muss in einem ersten Schritt nach Bestimmung des bestimmten Gesamtansatzes die Summe der stillen Reserven insgesamt und ihre Verteilung auf die einzelnen WG ermittelt werden. Im folgenden Schritt ist der Prozentsatz zu ermitteln, in dem die aufzudeckenden stillen Reserven zum Gesamtbetrag der stillen Reserven stehen. In Höhe dieses Prozentsatzes sind sodann die stillen Reserven bei dem einzelnen WG aufzulösen und den BW zuzuschlagen. Sind bei einzelnen WG die errechneten Zuschreibungen höher als die Differenz zwischen BW und gemeinem Wert dieser WG, so ist die Differenz dem Wert der WG zuzuschlagen, bei denen die Differenz zwischen BW zzgl. Zuschreibung und gemeinem Wert hoch genug ist. Es kann im Einzelfall vorkommen, dass auch bei Ausschöpfung der Bewertung mit dem gemeinen Wert noch ein Spitzenbetrag des gewählten Bilanzierungsansatzes für die Aufdeckung verbleibt. In diesem Fall sollte nach der Rspr. und der bisher gültigen Verwaltungsauffassung ein Spitzenbetrag dem **originären Geschäftswert** zugeschrieben werden (BFH v. 24.5.1984 – I R 166/78, BStBl. II 1984, 747/748; UmwStE 1998 Rn. 22.08; ebenso *Mutscher* in F/M § 20 Rn. 266). Nach der Gegenauffassung ist der Geschäftswert in Anbetracht der gleichmäßigen Aufstockung gleichwertig mit den anderen WG zu behandeln (*Patt* in D/P/M § 20 UmwStG Rn. 207; *Herlinghaus* in R/H/vL § 20 Rn. 177; zweifelnd *Nitzschke* in Blümich § 20 UmwStG Rn. 87). Auch wenn der Gesetzeswortlaut mit dem Gebot der gleichmäßigen Aufstockung eher für die Einbeziehung des Geschäftswertes in die Aufstockung spricht, muss der bisherigen Auffassung der FinVerw und der Rspr. dennoch zugestanden werden, dass zum einen bilanziellen Vorsichtsüberlegungen besser Rechnung getragen und zum anderen die bekanntermaßen selten einvernehmliche Ermittlung des Geschäftswertes vermieden werden kann (s. auch *Kutt/Carstens* in FGS/BDI UmwStE 2011, S 151 f.; *Nitzschke* in Blümich § 20 UmwStG Rn. 87). In Abkehr zur bisherigen Verwaltungsauffassung (UmwStE 1998 Rn. 22.08) hat sich die FinVerw mit dem UmwStE nunmehr für eine gleichmäßige Aufstockung des Geschäftswertes ausgesprochen (UmwStE Rn. 20.18, 03.25 mit einer Übergangsregelung in UmwStE Rn. S. 03 für Umwandlungsfälle, deren Umwandlungsbeschluss bzw. Einbringungsvertrag bis zum 31.12.2011 geschlossen wurde).

409 **(2) ZW-Ansatzes bei Einbringung eines Mitunternehmeranteils.** Bei Einbringung eines Mitunternehmeranteils ist der den BW übersteigende Betrag in einer positiven Ergänzungsbilanz für die übernehmende Gesellschaft bei der fortbestehenden Mitunternehmerschaft auf die WG derselben zu verteilen, deren Anteil eingebracht wurde (*Widmann* in W/M § 20 Rn. R 631).

410 **(3) Auswirkungen des ZW-Ansatzes.** Für die übernehmende Gesellschaft bewirkt der Ansatz der WG mit dem ZW im Vergleich zum BW-Ansatz ein **erhöhtes AfA-Volumen** im Rahmen der KSt/ESt und GewSt. Die Anpassung der AfA-Bemessungsgrundlage erfolgt entsprechend den Regelungen des § 23 III (s. ausführlich § 23 Rn. 57 ff.). Die übernehmende Gesellschaft tritt mit dem ZW-Ansatz grds. in die steuerliche Rechtsstellung des einbringenden Rechtsträgers ein (vgl. §§ 23 I, III, 12 III HS 1; *Nitzschke* in Blümich § 20 UmwStG Rn. 86; *Patt* in D/P/M § 20 UmwStG Rn. 193).

411–414 *(einstweilen frei)*

dd) Gemeiner Wert. Stellt die übernehmende Gesellschaft keinen Antrag auf Bewertung des übernommenen BV mit dem BW oder einem ZW, so ist das BV zwingend mit dem gemeinen Wert anzusetzen, § 20 II 1. Der gemeine Wert als Bewertungsmaßstab hat damit eine **zweifache Bedeutung:** Er ist der Wert, der immer dann anzusetzen ist, wenn keine abweichende Bewertung gewünscht ist. Aus dem Kontext mit § 20 II 2 ergibt sich des Weiteren, dass der gemeine Wert die Bewertungsobergrenze für das übernommene BV ist. 415

Aus dem Grundsatz der Bewertung mit dem gemeinen Wert ergibt sich, dass die **abweichende Bewertung** mit dem BW oder einem ZW **ausdrücklich beantragt** sein muss. Bleiben Zweifel, so gehen die **Unklarheiten** zu Lasten der beantragenden Übernehmerin. Es ist dann mit dem gemeinen Wert zu bewerten (*Patt* in D/P/M § 20 UmwStG Rn. 199). Hat die übernehmende Gesellschaft deutlich gemacht, das übernommene BV mit dem gemeinen Wert bewertet zu haben, sind die angesetzten Werte aber zu niedrig oder zu hoch, so können die zutreffenden Werte im Wege der Bilanzberichtigung zur Geltung kommen (UmwStE Rn. 20.24). 416

(1) Ermittlung des gemeinen Wertes. Mangels näherer Bestimmungen im UmwStG ist für die Festlegung des gemeinen Wertes auf § 9 BewG zurückzugreifen. Als gemeiner Wert ist nach **§ 9 II BewG** grds der Preis anzusehen, der im gewöhnlichen Geschäftsverkehr nach der Beschaffenheit des WG unter Außerachtlassung ungewöhnlicher und persönlicher Verhältnisse bei einer Veräußerung des WG zu erzielen wäre. Zu den nicht zu berücksichtigenden persönlichen Verhältnissen zählen auch Verfügungsbeschränkungen (§ 9 III 1 BewG). Der gemeine Wert wird im Wirtschaftsleben durch den jeweiligen Marktpreis, Marktwert oder Verkehrswert ausgedrückt (BFH v. 15.2.2001 – III R 20/99, BStBl. II 2003, 635/637). Anhaltspunkte für die Findung des gemeinen Wertes sind Einzelveräußerungspreise und ggf aktuelle AK (s. auch *Nitzschke* in Blümich § 20 Rn. 78; zweifelnd *Herlinghaus* in R/H/vL § 20 Rn. 142f). 417

Bei der Ermittlung des anzusetzenden gemeinen Werts ist für Zwecke des § 20 jedoch nicht auf das einzelne WG abzustellen (anders noch Vorauflage Rn. 353). Entsprechend dem Wortlaut des § 20 II 1 („das eingebrachte BV“) ist der gemeine Wert bezogen auf die Gesamtheit der eingebrachte aktiven und passiven WG zu bestimmen (UmwStE Rn. 20.17, 03.07). Es erfolgt somit eine Bewertung des (Teil-)Betriebs oder Mitunternehmeranteils als **Sachgesamtheit** (s. auch *Volb* UmwStE, 89; *Patt* in D/P/M § 20 UmwStG Rn. 200; *Nitzschke* in Blümich § 20 UmwStG Rn. 78). Lässt sich der gemeine Wert der Sachgesamtheit nicht aus Verkäufen ableiten, ist nach Ansicht der FinVerw ein allgemein anerkanntes ertragswert- oder zahlungsstromorientiertes Verfahren (§ 109 I 2 iVm § 11 II BewG) heranzuziehen (UmwStE Rn. 20.17, 03.07).

Die Übernehmerin hat auch bisher nicht bilanzierte **selbst geschaffene immaterielle WG** des Einbringenden in der Einbringungsbilanz zu erfassen. Nach allg. Meinung ist auch ein Firmenwert anzusetzen. § 5 II EStG kommt nicht zur Anwendung. Die Höhe des Firmenwertes richtet sich nach dem Einbringungsgegenstand (Betrieb, Teilbetrieb oder Mitunternehmeranteil). Die Höhe des Firmenwertes ergibt sich aus der Differenz zwischen dem Gesamtwert des Einbringungsgegenstandes und dem gemeinen Wert der anderen EinzelWG (*Herlinghaus* in R/H/vL § 20 Rn. 142a; *Patt* in D/P/M § 20 UmwStG Rn. 200). Bei dem Gesamtwert können auch nicht bilanzierte und nicht bilanzierbare Risiken relevant werden (*Widmann* in W/M § 20 Rn. 667; *Nitzschke* in Blümich § 20 UmwStG Rn. 78). 418

An der Börse nicht notierte Anteile an KapGes, die Teil des eingebrachten BV sind, sind nicht nach dem Stuttgarter Verfahren zu bewerten (§ 11 II 3 BewG). Maßgebend für die Bewertung ist der sog. innere Wert des Unternehmens, an dem die Anteile bestehen (BFH v. 6.11.2003 – IV R 10/01, BStBl. II 2004, 416). Hierbei handelt es sich um einen objektiven Wert. Es ist nicht entscheidend, wie der einzelne Kaufmann die zukünftige wirtschaftliche Entwicklung des Unternehmens einschätzt. Entscheiden sind die objektive 419

Ertragslage und die Ertragsaussichten des Beteiligungsunternehmens. Hierbei spielen auch der Vermögenswert und die funktionale Bedeutung des Unternehmens in einem Unternehmensverbund eine wichtige Rolle (BFH v. 28.4.2004 – I R 20/03, BFH/NV 2005, 19; v. 6.11.2003 – IV R 10/01, BStBl. II 2004, 416 mwN). Diese Bewertungsgrundsätze für Anteile gelten auch für Zeiträume nach Aufhebung des § 11 II 3 BewG durch das ErbStRG v. 24.12.2008 (BGBl. I 2008, 3018). Denn nach der zutr. Gesetzesbegründung zu § 11 II 3 BewG idF des SEStEG (BT-Drs. 16/2710, 56) hatte diese Regelung nur klarstellende Bedeutung, weil das sog. Stuttgarter Verfahren zu keiner Zeit ertragsteuerlich relevant war.

420 Realisiert die übernehmende Gesellschaft die stillen Reserven bei allen bilanzierten WG, weist sie aber keine ursprünglich selbst geschaffenen immateriellen WG und/oder keinen Geschäftswert aus, so liegt ein Fall des **ZW-Ansatzes** vor (*Patt* in D/P/M § 20 UmwStG Rn. 204).

421 Ungeachtet der Möglichkeiten des § 20 II 2 ist der gemeine Wert anzusetzen, wenn durch den Einbringungsvorgang das Besteuerungsrecht der Bundesrepublik Deutschland erstmals begründet wird (Rn. 348 f.).

422 **(2) Auswirkungen des Ansatzes des gemeinen Wertes.** Der Ansatz des eingebrachten BV mit den gemeinen Werten bewirkt auf Ebene der übernehmenden Gesellschaft ein maximal erhöhtes AfA-Volumen bzw. geringere Veräußerungsgewinne und führt insoweit zu geringeren Einkünften (zur ggf. bestehenden Vorteilhaftigkeit der Bewertung mit dem gemeinen Wert: *Scheffler/Christ/Mayer* DStR 2014, 1406 ff.).

423 Wird das eingebrachte BV mit dem gemeinen Wert angesetzt, werden in der Regel neben den stillen Reserven auch stille Lasten aufgedeckt, zum Beispiel durch den Ausweis von bisher in der Steuerbilanz nicht passivierungsfähigen Rückstellungen für drohende Verluste aus schwebenden Geschäften oder durch den Ansatz der Pensionsrückstellungen mit dem höheren Teilwert. Hierbei stellt sich die Frage, ob in den Folgebilanzen der übernehmenden Gesellschaft die Drohverlustrückstellungen entgegen dem Passivierungsverbot des § 5 IVa EStG beibehalten, die Pensionsrückstellungen abweichend von § 6a EStG mit dem höheren Teilwert passiviert werden dürfen, oder ob diese Passivposten entsprechend den steuerrechtlichen Gewinnermittlungsvorschriften gewinnerhöhend aufzulösen bzw. mit dem niedrigen Teilwert anzusetzen sind.

Nach der Rechtsprechung des BFH sind im Zuge der Ausgliederung übernommene Pensionsverpflichtungen sowohl in der Eröffnungsbilanz als auch in den Folgebilanzen der übernehmenden Gesellschaft mit den AK und nicht mit den Teilwerten nach Maßgabe des § 6a III EStG anzusetzen (BFH v. 12.12.2012 – I R 28/11, DStR 2013, 575; v. 12.12.2012 – I R 69/11, BFH/NV 2013, 943; aA BMF v. 24.6.2011 BStBl. I 2011, 627). Der BFH führt in diesen Urteilen seine zum Asset Deal ergangene Rspr. fort, wonach bei einem Unternehmenserwerb Rückstellungen für drohende Verluste aus schwebenden Geschäften, welche beim Veräußerer aufgrund von Rückstellungsverboten in der Steuerbilanz nicht bilanziert worden sind, bei demjenigen Erwerber, der die Verbindlichkeit im Zuge eines Betriebserwerbs übernommen hat, keinem Passivierungsverbot unterworfen, sondern als ungewisse Verbindlichkeit auszuweisen und von ihm auch an den nachfolgenden Bilanzstichtagen nach § 6 I Nr. 3 EStG mit ihren AK oder ihrem höheren Teilwert zu bewerten sind (BFH v. 16.12.2009 – I R 102/08, BStBl. II 2011, 566; v. 14.12.2011 – I R 72/10, BFH /NV 2012, 635). Durch den Unternehmenserwerb darf nach Auffassung des BFH kein nicht realisierter Anschaffungsertrag entstehen.

Diese Rechtsprechung wurde jedoch durch das AIFM-Steuer-Anpassungsgesetz – AIFM-StAnpG – v. 18.12.2013 (BGBl. I 2013, 4318) eingeschränkt. Gemäß § 5 VII EStG sollen übernommene Verpflichtungen, die beim ursprünglich Verpflichteten Ansatzverboten, -beschränkungen oder Bewertungsvorbehalten unterlegen haben, zu den auf die Übernahme folgenden Abschlussstichtagen bei dem Übernehmer so zu bilanzieren sein, wie sie beim ursprünglich Verpflichteten ohne Übernahme zu bilanzieren wären. Die

Neuregelung ist gemäß § 52 XIVa 1, 2 EStG erstmals für Wj anzuwenden, die nach dem 28.11.2013 enden, wobei auf Antrag auch eine Anwendung auf frühere Wj möglich ist. Zur Kritik an dieser Neuregelung s. § 4 Rn. 98.

(einstweilen frei) 424–429

ee) Besonderheiten. (1) Einbringungskosten. Zu den Einbringungskosten zählen alle Aufwendungen, die durch die Einbringung veranlasst sind (*Patt* in D/P/M § 20 UmwStG Rn. 233; *Mühle* DStZ 2006, 63; *Ott* DStR 2016, 777; *Ronneberger* NWB 2017, 2533/2535; zu den Einbringungskosten auch *Bilitewski*, § 22 Rn. 115 ff.). Die Einbringungskosten sind nach dem jeweiligen **Veranlassungszusammenhang** dem Einbringenden oder der übernehmenden Gesellschaft zuzuordnen. Maßgebend sind objektive Kriterien. Hiervon abweichende vertragliche Vereinbarungen sind unmaßgeblich. Die Parteien haben kein Zuordnungswahlrecht (*Mühle* DStZ 2006, 63). Allenfalls bei Aufwendungen, die keiner Partei ausschließlich zugeordnet werden können, sind vertragliche Aufteilungsabsprachen zulässig. Dies wird man für die Kosten des Einbringungsvertrages und die Kosten eines gemeinsam in Auftrag gegebenen Bewertungsgutachtens annehmen müssen (*Merkert* in Bordewin/Brandt § 20 Rn. 105b; *Patt* in D/P/M § 20 UmwStG Rn. 233). 430

Zur **Vermeidung einer vGA** muss auf jeden Fall vermieden werden, dass die übernehmende Gesellschaft mit Aufwendungen belastet wird, die bei sachgerechter Aufteilung von ihr nicht zu tragen sind. 431

Zu den Aufwendungen, die **von der Übernehmerin zu tragen** sind, zählen zB Rechts- und Beratungskosten hinsichtlich der steuerlichen Auswirkungen der Einbringung, Kosten für die Erstellung der Aufnahmebilanz, Kosten für Grundbucheintragungen sowie andere Registereintragungen, Kosten für den Neudruck von Aktienurkunden, Bankprovisionen und anderes mehr (weitere Einzelheiten bei *Mühle* DStZ 2006, 63; *Widmann* in W/M § 20 Rn. 708 ff.; *Ronneberger* NWB 2017, 2533 ff.).

Zu den Aufwendungen, die **von dem Einbringenden zu tragen** sind, zählen demgegenüber zB die Kosten der Rechts- und Steuerberatung, der Einbringungsbilanz, der Beratung hinsichtlich der Einbringungsbilanz, die Kosten der Löschung der PersGes oder der Einzelfirma und anderes mehr (weitere Einzelheiten bei *Mühle* DStZ 2006, 63; *Widmann* in W/M § 20 Rn. R 504 ff.).

Bei den von der übernehmenden Gesellschaft zu tragenden Einbringungskosten handelt es sich um **sofort abzugsfähige Betriebsausgaben,** soweit es sich nicht um objektbezogene Einbringungskosten (zB GrESt) handelt (*Patt* in D/P/M § 20 UmwStG Rn. 234). 432

(2) GrESt. Zu den objektbezogenen Einbringungskosten zählt auch und insbesondere die GrESt, die anfällt, wenn mit der Einbringung grunderwerbsteuerliche Tatbestände verwirklicht werden (*Lohmann/von Goldacker/Zeitz* BB 2009, 477/480; *Ronneberger* NWB 2017, 2533/2540). 433

Es ist zu unterscheiden:

- **GrESt fällt an, weil das eingebrachte BV auch Grundstücke enthält.** Bei dieser Sachverhaltsgestaltung ist die gemäß § 1 I Nr. 1 (Einbringung im Wege der Einzelrechtsnachfolge, vgl. *Fischer* in Boruttau § 1 GrEStG Rn. 375 ff.) bzw. § 1 I Nr. 3 GrEStG (Einbringung im Wege der Gesamtrechtsnachfolge, vgl. BFH v. 29.9.2005 – II R 23/04, DStRE 2006, 113/115; v. 7.9.2007 – II B 5/07, BFH/NV 2007, 2351; *Fischer* in Boruttau § 1 GrEStG Rn. 558) angefallene GrESt bei den entsprechenden WG zu aktivieren, also bei Grundstücken und ggf. bei Gebäuden (*Widmann* in W/M § 20 Rn. R 721; *Krohn/Greulich* DStR 2008, 646/647). Sind die Gebäude bereits planmäßig oder teilwertbedingt abgeschrieben, so kommt eine Nachaktivierung der GrESt bei den Gebäuden nicht in Betracht. Die GrESt ist in diesen Fällen bei dem Bilanzansatz Grund und Boden zu aktivieren (zutr. *Widmann* in W/M § 20 Rn. R 721; zweifelnd *Merkert* in Bordewin/Brandt § 20 Rn. 105a).

Ein **Sofortabzug** der anlässlich der Einbringung entstandenen GrESt aus Vereinfachungsgründen ist **nicht** möglich (UmwStE Rn. 23.01; FG München v. 21.6.2005 – 2 K 3182/02, EFG 2007, 252/253 – rkr.; BayLfSt v. 20.8.2007 DStR 2007, 1679; *Patt* in D/P/M § 20 UmwStG Rn. 235; *Schmitt* in SHS § 20 Rn. 404; aA *Behrens* DStR 2008, 338/341; *Lohmann/von Goldacker/Zeitz* BB 2007, 2777/2778).

Die **Nachaktivierung** der GrESt ist unabhängig davon geboten, ob die Übernehmerin den BW- oder ZW-Ansatz oder den Ansatz des gemeinen Wertes wählt (§ 23 Rn. 76; *Widmann* in W/M § 20 Rn. R 721; aA *Mühle* DStR 2006, 63). Die in § 20 II 1 und 2 festgelegten Wertansätze sind nur für das eingebrachte BV maßgebend. Die GrESt stellt jedoch Folgeaufwand der Einbringung dar und ist deshalb von den genannten Begrenzungen nicht betroffen (*Patt* in D/P/M § 20 UmwStG Rn. 238; § 23 Rn. 76).

Erfolgt die Einbringung zu einem **zurückliegenden Stichtag** (§§ 20 V, VI), so darf anfallende GrESt erst in dem Wj nachaktiviert werden, in dem die GrESt rechtlich entstanden ist. § 20 V 1 spricht nur die Steuer vom Einkommen und Vermögen an, nicht aber die Verkehrssteuern. Diese knüpfen an die zivilrechtlichen Übertragungen an und lassen eine Rückwirkung nicht zu (*Patt* in D/P/M § 20 UmwStG Rn. 312; s. auch Rn. 633 ff.).

– **GrESt fällt an, weil es als Folge der Einbringung bei der Übernehmerin zur Anteilsvereinigung kommt (§ 1 III GrEStG).** Nach bisher wohl überwiegender Ansicht zählte die GrESt in diesen Fällen zu den Anschaffungsnebenkosten der Beteiligung, für die der Tatbestand des § 1 III GrEStG verwirklicht ist (s. *Patt* in D/P/M § 20 UmwStG Rn. 236 mwN; BayLfSt v. 20.8.2007 DStR 2007, 1679). Der BFH und nunmehr auch die FinVerw lehnen eine Behandlung der GrESt als aktivierungspflichtige Anschaffungsnebenkosten ab. Vielmehr stellt nach Ansicht des BFH und der FinVerw die durch eine Anteilsvereinigung ausgelösten GrESt sofort abzugsfähige BA dar (BFH v. 20.4.2011 – I R 2/10, BStBl. II 2011, 761; UmwStE Rn. 23.01; vgl. auch *Behrens* DStR 2008, 338/341). Der Tatbestand des § 1 III GrEStG ist unabhängig davon erfüllt, ob die Anteilsvereinigung bei einem inl oder bei einem ausl Gesellschafter erfolgt (*Schmitt* in SHS Teil E Verkehrsteuern Rn. 52).

434 Bei Umstrukturierungen im Konzern ist immer auch **§ 6a GrEStG** zu beachten, der für bestimmte Umstrukturierungen die Möglichkeit einer grunderwerbsteuerneutralen Umwandlung vorsieht. Ausführlich dazu Nachtrag zur Vorauflage Rn. 38 ff.

Vgl. zum Ganzen auch § 23 Rn. 76.

435 **(3) Zusätzliche Gegenleistungen.** Die Gegenleistung der Übernehmerin muss nicht ausschließlich in neuen Anteilen bestehen, sondern es können auch zusätzlich sonstige Gegenleistungen gewährt werden (s. Rn. 186).

Werden solche sonstigen Gegenleistungen gewährt, so bestimmt § 20 II 4, dass die Übernehmerin das eingebrachte BV abweichend von § 20 II 2 mindestens mit dem gemeinen Wert der sonstigen Gegenleistungen anzusetzen hat, wenn dieser den sich nach § 20 II 2 ergebenden Wert (Buch- oder Zwischenwert) übersteigt.

Die Regelung des § 20 II 4 sollte zunächst im Zuge der Einfügung von § 20 II 2 Nr. 4 gestrichen werden (BR-Drucks. 121/15, 9), da der neue § 20 II 2 Nr. 4 die Möglichkeiten der Einbringung steuerneutraler sonstiger Gegenleistungen abschließend regeln sollte. Die Regelung wurde dann aber durch das StÄndG 2015 vom 2.11.2015 (BGBl. I 2015, 1834) grds doch beibehalten und an die Systematik des ebenfalls durch das StÄndG 2015 eingefügten § 20 II 2 Nr. 4 angepasst.

Hierdurch soll eine Grenze bei hohen sonstigen Gegenleistungen eingeführt werden. Ohne diese Grenze könnten nach dem Gesetzgeber negative AK entstehen, wenn der Ansatz des eingebrachten BV nach § 20 II 2 unter dem gemeinen Wert der Gegenleistung liegt (BT-Durcks. 18/6094, 84).

Die Vorschrift begründet eine **Bewertungsuntergrenze,** die das grds bestehende Bewertungswahlrecht einschränkt.

Das bedeutet:

- Ist der gemeine Wert der sonstigen Gegenleistung niedriger als der BW des eingebrachten BV oder gleichhoch, so bleibt das Wahlrecht bestehen.
- Ist der gemeine Wert der sonstigen Gegenleistung jedoch höher als der BW des Sacheinlagegegenstandes, so muss „das eingebrachte BV" mit dem gemeinen Wert der sonstigen Gegenleistung angesetzt werden. Die BW aller eingebrachten WG, die stille Reserven enthalten, sind im Verhältnis der stillen Reserven zueinander aufzustocken (*Benz/Rosenberg* BB-Special 8/2006, 51/55). Im Ergebnis kommt es sodann zu einem ZW-Ansatz.

Obergrenze für die sonstige Gegenleistung ist auch hier der gemeine Wert des eingebrachten BV. Bei Überschreiten des gemeinen Wertes der Sacheinlage durch die sonstige Gegenleistung liegt in Höhe des überschreitenden Betrages eine vGA vor (*Patt* in D/P/M § 20 UmwStG Rn. 219; *Herlinghaus* in R/H/vL § 20 Rn. 181b).

Die Einschränkung des Bewertungswahlrechts durch § 20 II 4 hat iVm **§ 20 III 3** zur Folge, dass die AK der gewährten Anteile mit Null Euro zu bewerten sind (Rn. 552 ff.). 436

Beispiel: Im Zuge einer Kapitalerhöhung bringt X seinen Betrieb in die Y-GmbH ein. Der BW des eingebrachten BV beträgt 50.000 €, der gemeine Wert 150.000 €. X erhält neben neuen Anteilen als sonstige Gegenleistung WG mit einem BW von 35.000 € und einem Teilwert von 70.000 €.

Der gemeine Wert der sonstigen Gegenleistung beträgt 70.000 €. Er übersteigt den BW des eingebrachten BV (= 50.000 €). Die Sacheinlage des Betriebes ist folglich mit 70.000 € anzusetzen (§ 20 II 4). Der Aufstockungsbetrag von 20.000 € ist auf die mit stillen Reserven behafteten WG des Betriebes zu verteilen. Im Ergebnis handelt es sich bei diesem Wert um einen ZW.

X erzielt einen Einbringungsgewinn von 20.000 € (= 70.000 €./. 50.000 €).

Die AK seiner neuen Anteile betragen Null € (§ 20 III 3).

Die Y-GmbH versteuert einen Gewinn von 35.000 € (= 70.000 €./. 35.000 €).

(4) Pensionsverpflichtungen. Pensionsverpflichtungen gehen grds. zusammen mit dem qualifizierten Einbringungsgegenstand als (unselbstständiger) Passivposten auf die übernehmende Gesellschaft über (s. Rn. 186). Gemäß **§ 613a BGB** tritt die übernehmende Gesellschaft in den Fällen der Einzel- und Gesamtrechtsnachfolge in die Rechte und Pflichten aus den bestehenden Arbeitsverhältnissen ein (vgl. *Müller-Glöge* in MüKoBGB § 613a Rn. 63). Der Eintritt der Übernehmerin in die arbeitsrechtliche Rechtsstellung des Einbringenden bedeutet, dass die von Letzterem praktizierte Passivierung der Ruhestandszusagen fortgeführt werden muss. Wählt die übernehmende Gesellschaft mithin den **BW-Ansatz** für das eingebrachte BV, so führt sie den BW-Ansatz des Einbringenden fort. Dies kann der Wert nach § 6a EStG sein, er kann auch niedriger sein. Unterlassene oder zu niedrig gebildete Rückstellungen können insoweit nicht nachgeholt werden. 437

Die Rechtslage ist eine andere, wenn der Übernehmende das eingebrachte BV mit dem **gemeinen Wert** ansetzt. Für diesen Fall schreibt **§ 20 II 1 HS 2** vor, dass die Pensionsrückstellung stets mit dem Wert nach § 6a EStG anzusetzen ist. Dieser Wert ist kraft zwingender gesetzlicher Vorgabe auch dann anzusetzen, wenn zuvor keine Rückstellung gebildet worden war. Das Nachholverbot gilt für diese Fälle nicht (ebenso *Mutscher* in F/M § 20 Rn. 301). Der nach **§ 6a EStG** für die Pensionsrückstellung anzusetzende Wert ist idR niedriger als der gemeine Wert. Dies beruht darauf, dass bei dem § 6a EStG-Wert stille Lasten nicht berücksichtigt werden. Mit der gesetzlichen Festlegung in § 20 II 1 HS 2 soll verhindert werden, dass anlässlich der Einbringung bei der Pensionsrückstellung durch deren höhere Bewertung zusätzlicher Aufwand entsteht. Grund für die niedrigere § 6a EStG-Bewertung kann bspw. sein, dass weniger Beträge zugeführt wurden als nach § 6a EStG zulässig wäre (*Widmann* in W/M § 20 Rn. R 669 mit weiteren Beispielen). Ungeachtet dessen ist bei der Ermittlung des **Firmenwertes** die Pensionsverpflichtung mit dem gemeinen Wert anzusetzen (s. auch *Hruschka/Hellmann* in Haase/Hruschka § 20 Rn. 100). 438

439 Wählt die übernehmende Gesellschaft den **ZW-Ansatz,** so sind auch die Pensionsverpflichtungen entsprechend aufzustocken (aA *Patt* in D/P/M § 20 UmwStG Rn. 206). Das Nachholungsverbot sollte insoweit nicht greifen (*Mutscher* in F/M § 20 Rn. 304; *Nitzschke* in Blümich § 20 UmwStG Rn. 92; aA noch Vorauflage Rn. 381).

440 Wird der (Teil-)Betrieb einer Mitunternehmerschaft eingebracht, zu dem eine **Pensionszusage zugunsten eines Mitunternehmers** gehört, gilt auf Ebene der Mitunternehmer der entsprechende Aktivposten in der Sonderbilanz grds. nicht als eingebracht, sondern als entnommen (*Nitzschke* in Blümich § 20 UmwStG Rn. 92; *Patt* in D/P/M § 20 UmwStG Rn. 222). Auf Antrag gewährt die FinVerw dem Mitunternehmer jedoch die Möglichkeit, die in der Sonderbilanz ausgewiesene Forderung nicht als entnommen zu behandeln. In diesem Fall bleibt der Pensionsanspruch RestBV des ehemaligen Mitunternehmers (UmwStE Rn. 20.28).

Bei **Auszahlung der Pensionsleistungen** an die ehemaligen Mitunternehmer soll nach Ansicht der FinVerw die Zahlung nach den jeweiligen Erdienungszeiträumen aufgeteilt werden. Hat der ehemalige Mitunternehmer auf Antrag den Pensionsanspruch weiterhin im (Rest-)BV gehalten, so führt die Auszahlung dieses Anspruchs zu nachträglichen Einkünften aus Gewerbebetrieb iSd §§ 15 I 2, 24 Nr. 2 EStG (UmwStE Rn. 20.32). Ansonsten führen Pensionszahlungen, die aus der ehemaligen Mitunternehmerstellung resultieren, zu Einkünften nach § 22 S 1 Nr. 1 EStG und Zahlungen, die auf der Zugehörigkeit bei der übernehmenden Gesellschaft beruhen, zu stpfl. Versorgungsleistungen iSd §§ 19, 24 Nr. 2 EStG (UmwStE Rn. 20.32 f.).

441 **(5) Verlustabzüge des einbringenden Rechtsträgers.** Nach §§ 23 I, 12 III HS 1 tritt die übernehmende Gesellschaft in Bezug auf das eingebrachte BV in die Rechtsstellung des einbringenden Rechtsträgers ein, sofern sie das BV mit einem unter dem gemeinen Wert liegenden Wert ansetzt. Der Verweis in § 23 I bezieht zwar die Vorschriften der §§ 12 III HS. 2, 4 II 2, die den Übergang von Verlustabzügen ausschließen, ausdrücklich nicht mit ein. Dennoch geht ein eventuelles Recht des einbringenden Rechtsträgers zum Verlustvortrag **nicht** auf die übernehmende Gesellschaft über (*Ritzer* in R/H/vL § 23 Rn. 37; *Widmann* in W/M § 23 Rn. 564 ff.; *Patt* in D/P/M § 23 UmwStG Rn. 37 f.). Dies gilt sowohl für den Verlustvortrag nach § 10d EStG (UmwStE Rn. 23.02) als auch für die Verlustabzüge nach §§ 2a, 15 IV und 15b EStG (*Ritzer* in R/H/vL § 23 Rn. 37 f.; *Patt* in D/P/M § 23 UmwStG Rn. 37). Der eingeschränkte Verweis auf § 12 III HS 1, der § 4 II 2 nicht einbezieht, steht dem nicht entgegen (Rn. 444), da auch der Verlustvortrag nicht sach-, sondern **personenbezogen** ist (UmwStE Rn. 23.02). Der Verlust entsteht zwar in einer betrieblichen Einheit. Er wird aber dem dahinter stehenden Steuersubjekt zugerechnet. In den Einbringungsfällen sind der Verlust und der den Verlust verursachende Betrieb jedoch getrennt zu sehen. Es kommt zu einer Abkoppelung der beiden voneinander. Mangels Identität zwischen dem einbringenden und dem übernehmenden Rechtsträger kann der Verlustvortrag daher nicht von der übernehmenden Gesellschaft geltend gemacht werden, da er nicht in der Person der Übernehmerin entstanden ist. In der Praxis ist es oftmals schwierig, wenn nicht sogar unmöglich, einen Verlust einem Betrieb oder Teilbetrieb exakt **zuzuordnen.**

442 Gleiches gilt im Falle der Einbringung eines Mitunternehmeranteils: Der Verlustvortrag steht nicht der Mitunternehmerschaft, sondern den Mitunternehmern zu. Der Mitunternehmeranteil hingegen verkörpert den Anteil am Gesamthandsvermögen der Mitunternehmerschaft, der dem Einbringenden zusteht (*Widmann* in W/M § 23 Rn. 566). Der bei dem Einbringenden verbleibende Verlust ist nach den für den Einbringenden geltenden allg. Vorschriften weiter zu berücksichtigen.

443 Zum Verlustvortrag nach **§ 10a GewStG** vgl. Rn. 456 und zum Zinsvortrag nach **§ 4h EStG** vgl. Rn. 713 ff.

444 **(6) Kein Übergang der Verluste nach § 15a EStG.** Ist Gegenstand einer Sacheinlage der Anteil eines Kommanditisten, so gehen die dem Kommanditistenanteil zuzurechnen-

den Verluste iSv § 15a EStG ebenfalls nicht auf die übernehmende Gesellschaft über (*Widmann* in W/M § 23 Rn. 579; *Patt* in D/P/M § 23 UmwStG Rn. 38; *Wacker* in Schmidt § 15a Rn. 106; *Ritzer* in R/H/vL § 23 Rn. 38.; aA *Hierstätter/Schwarz* DB 2002, 1963/1965 f. zu § 22 UmwStG 1995). Der Formulierung in § 15a II EStG, wonach nur die Verluste verrechnet werden dürfen, die dem Kommanditisten aus „seiner" Beteiligung „an der Kommanditgesellschaft" entstanden sind, entnimmt die hA, dass nur der Stpfl., bei dem der Verlust entstanden ist, diesen verrechnen darf (Subjektidentität, vgl. dazu *Wacker* in Schmidt § 15a Rn. 106; *Ritzer* in R/H/vL § 23 Rn. 37; *Widmann* in W/M § 23 Rn. 579). Diese Voraussetzung ist bei der Einbringung nach § 20 nicht erfüllt: Die Sacheinlage ist ein veräußerungsähnlicher Vorgang (Rn. 8). Es wird BV auf einen anderen Rechtsträger übertragen. Der verrechenbare Verlustanteil nach § 15a EStG kann daher mangels Rechtssubjektidentität zwischen einbringendem und übernehmendem Rechtsträger nicht auf die Übernehmerin übergehen (*Ritzer* in R/H/vL § 23 Rn. 37).

Der Untergang der Verlustabzugsmöglichkeit infolge der Sacheinlage kann dadurch **entschärft** werden, dass die Übernehmerin das eingebrachte BV mit einem über dem BW liegenden Wert ansetzt. Der Einbringungsgewinn, der dem einbringenden Rechtsträger auf diese Weise entsteht, kann durch die Verluste iSv § 15a II EStG gemindert werden (*Ritzer* in R/H/vL § 23 Rn. 38; *Widmann* in W/M § 23 Rn. 579). Von einem Gewinn aus der Veräußerung der Anteile an der übernehmenden Gesellschaft können verrechenbare Verluste hingegen nicht abgezogen werden (*Patt* in D/P/M § 23 UmwStG Rn. 38). 445

(7) Eigene Verluste der übernehmenden Gesellschaft. Die Sacheinlage kann Auswirkungen auf die Besteuerung des bereits vor der Umwandlung bei der übernehmenden Gesellschaft vorhandenen Vermögens haben. Von Bedeutung sind insbesondere zwei Fälle: 446

- Liegt der Einbringungszeitpunkt (§§ 20 V, VI) **vor dem 1.1.2008,** entfällt die der übernehmenden Gesellschaft bis zur Durchführung der Einbringung gewährte Möglichkeit der Verlustnutzung, sofern die Voraussetzungen des § 8 IV KStG in der bis zum 17.8.2007 geltenden Fassung (im Folgenden: aF) erfüllt sind (zum Anwendungsbereich von § 8 IV KStG aF, § 8c KStG nF vgl. § 34 V KStG). § 8 IV 1 KStG aF versagt der übernehmenden Gesellschaft den Verlustabzug, wenn nach Durchführung der Sacheinlage wirtschaftlich keine Identität mehr zwischen der Übernehmerin und der Gesellschaft besteht, die den Verlust erlitten hat. Dies ist nach **§ 8 IV 2 KStG aF** unter anderem der Fall, wenn mehr als die Hälfte der Anteile an einer Kapitalgesellschaft übertragen werden und die Kapitalgesellschaft ihren Geschäftsbetrieb mit überwiegend neuem BV fortführt oder wieder aufnimmt.

  Die FinVerw geht davon aus, dass die Sacheinlage dem Gesellschafterwechsel durch Übertragung stets gleichsteht und daher bei Vorliegen der genannten Voraussetzungen dem Anwendungsbereich des § 8 IV 2 KStG aF unterfällt (BMF v. 16.4.1999 BStBl. I 1999, 455 Rn. 26; vgl. auch BFH v. 4.9.2002 – I R 78/01, BFH/NV 2003, 348). Dem wird in der Literatur zu Recht entgegengetreten: § 8 IV 2 KStG aF findet Anwendung, wenn mehr als die Hälfte der bereits bestehenden Anteile an der KapGes übertragen werden. Die Sacheinlage verlangt primär die Ausgabe neuer Anteile an der übernehmenden Gesellschaft. Diese sind vom Anwendungsbereich des § 8 IV 2 KStG aF unabhängig davon **nicht** erfasst, in welchem Umfang sie ausgegeben werden (*Widmann* in W/M § 23 Rn. 575).

  Werden bereits bestehende Anteile an der Übernehmerin als zusätzliche Gegenleistung iSv **§ 20 II 4** gewährt, kommt, sofern die 50 %-Grenze überschritten ist, die Anwendung des § 8 IV 2 KStG aF hingegen in Betracht (*Widmann* in W/M § 23 Rn. 576). Liegen die Voraussetzungen des § 8 IV 2 KStG aF nicht vor, ist ein Rückgriff auf die allg. Vorschrift des § 8 IV 1 KStG aF unzulässig (wie hier *Widmann* in W/M § 23 Rn. 577; *Streck/Schwedhelm* FR 1989, 15/20; aA BMF v. 16.4.1999 BStBl. I 1999, 455 Rn. 29 f.).
- Fällt der Einbringungszeitpunkt auf den **1.1.2008 oder ein späteres Datum,** findet § 8c KStG Anwendung. Die Vorschrift erfasst neben der Anteilsübertragung auch ver-

gleichbare Sachverhalte und Kapitalerhöhungen, sodass die Sacheinlage vom Anwendungsbereich des § 8c KStG erfasst ist (BMF v. 4.7.2008 BStBl. I 2008, 736 Rn. 7; *Ritzer* in R/H/vL § 23 Rn. 39; *Widmann* in W/M § 23 Rn. 578.3 ff.). Während nach § 8 IV KStG aF nur solche Anteilsübertragungen schädlich sind, die im Zusammenhang mit der Zuführung von BV stehen, reicht es für die Versagung der Verlustnutzung nach § 8c KStG bei Vorliegen der übrigen Voraussetzungen bereits aus, dass ein Anteilseignerwechsel stattfindet.

§ 8c I 1 KStG findet Anwendung, wenn innerhalb von fünf Jahren mehr als 25 %, aber maximal 50 % der Mitgliedschaftsrechte, der Beteiligungsrechte oder der Stimmrechte an einen Erwerber oder an eine Gruppe von Erwerbern (§ 8c I 3 KStG) übertragen werden. Der Verlustabzug, der der übernehmenden Gesellschaft bis dahin zugestanden hat, wird durch § 8c I 1 KStG in dem Verhältnis gemindert, in dem sich die Beteiligungsverhältnisse an der Übernehmerin infolge der Einbringung ändern. Das Gleiche gilt über § 8c I 4 KStG im Falle einer entsprechenden Kapitalerhöhung.

Werden mehr als 50 % der Mitgliedschaftsrechte, Beteiligungsrechte oder Stimmrechte übertragen oder wird eine entsprechende Kapitalerhöhung vorgenommen, wird der übernehmenden Gesellschaft nach **§ 8c I 2 KStG** der Verlustabzug vollständig versagt.

Für Sanierungsfälle und für bestimmte Umstrukturierungen im Konzern sieht § 8c KStG in Abs. 1a **(Sanierungsklausel)** bzw. Abs. 1 Satz 5 **(Konzernklausel)** Erleichterungen von der Beschränkung der Verlustabzugsmöglichkeit vor, indem bei Vorliegen der entsprechenden Voraussetzungen kein schädlicher Beteiligungserwerb iSd § 8c I 1 oder 2 KStG angenommen wird. Die Verluste bleiben in diesen Fällen trotz Anteilseignerwechsel erhalten und weiterhin nutzbar. Eine weitere bedeutsame Ausnahme von dem vollständigen oder teilweisen Untergang nicht genutzter Verluste bietet die **Verschonungsregelung** in § 8c I 6–8 KStG. Anders als bei der Sanierungsklausel (§ 8c Ia KStG) und der Konzernklausel (§ 8c I 5 KStG) setzt die Verschonungsregelung bei der Rechtsfolge eines an sich schädlichen Beteiligungserwerbs an. Liegt nämlich ein schädlicher Beteiligungserwerb vor, so bleiben nicht genutzte Verluste ganz oder teilweise erhalten, soweit die Verlustkörperschaft im Inland über stpfl. stille Reserven verfügt. Vgl. ausführlich zum Ganzen Nachtrag zur Vorauflage Rn. 6 ff.

447 § 8 IV KStG aF und § 8c KStG finden auch auf den **Verlustabzug von Beteiligungsgesellschaften** Anwendung (*Widmann* in W/M § 23 Rn. 578.8 f.).

448 Beide Vorschriften erlangen auch bei der Nutzung von **Gewerbeverlusten** Bedeutung (Rn. 456 f.).

449 **(8) Steuerschulden.** Rückständige Steuerschulden des einbringenden Rechtsträgers sind in der Einbringungsbilanz zu berücksichtigen, wenn sie dem Einbringungsgegenstand zuzurechnen sind, es sich also um Betriebsschulden handelt (*Widmann* in W/M § 20 Rn. R 528, 805).

450 Das bedeutet, dass **GewSt- und USt-Schulden** als betriebliche Steuern in dem Umfang, in dem sie sich auf das eingebrachte BV beziehen, stets zu berücksichtigen sind (*Merkert* in Bordewin/Brandt § 20 Rn. 110).

451 Bei **Personensteuern** (ESt, KSt) ist zu differenzieren:

– Einbringende Rechtsträger, die der KStPfl nach § 1 KStG unterliegen und die nach **§ 8 II KStG** ausschließlich Einkünfte aus Gewerbebetrieb (§ 15 EStG) erzielen, haben nach der Rspr. keine außerbetriebliche Sphäre (BFH v. 4.12.1996 – I R 54/95, BFH/NV 1997, 190; v. 17.11.2004 – I R 56/03, BFH/NV 2005, 793; v. 16.2.2005 – I B 94/04, BFH/NV 2005, 1377; v. 22.8.2007 – I R 32/06, BStBl. II 2007, 961). Daher sind bei ihnen auch die geschuldeten Personensteuern als **Betriebsschulden** in der Einbringungsbilanz zu berücksichtigen. Aufgrund der Regelung in § 10 Nr. 2 KStG, wonach Personensteuern vom Abzug ausgeschlossen sind, muss jedoch bei der Ermittlung des steuerlichen Einkommens der Übernehmerin ein entsprechender außerbilanzieller Ausgleich vorgenommen werden (*Widmann* in W/M § 20 Rn. R 529, 807).

– Bei nach §§ 1, 2 KStG kstpfl. Einbringenden, auf die **§ 8 II KStG keine Anwendung** findet sowie bei Einbringenden, die natürliche Personen sind, sind Personensteuerschulden der **privaten Sphäre** zuzurechnen (*Widmann* in W/M § 20 Rn. R 530, 808). Die Schulden finden keine Berücksichtigung in der Einbringungsbilanz, da sie nicht betriebsbezogen sind. Übernimmt die übernehmende Gesellschaft diese Schulden, gewährt sie dem einbringenden Rechtsträger eine zusätzliche Gegenleistung iSv § 20 II 4 (zu deren Behandlung vgl. Rn. 435 f.).

Soll die übernehmende Gesellschaft die Schulden übernehmen, stellt sich regelmäßig das Problem, dass die Schulden im Zeitpunkt der Einbringung der Höhe nach noch nicht feststehen. Gleichwohl verlangen die zivilrechtlichen Vorschriften zur Sacheinlage (§§ 5 IV GmbHG, 27 II AktG, 7a III GenG) die wertmäßige Festlegung der Höhe der Sacheinlage. *Widmann* schlägt daher vor, dass die übernehmende Gesellschaft dem einbringenden Rechtsträger unter großzügiger Schätzung der Höhe der Steuerschulden einen Darlehensanspruch einräumt, mit dem sie später die Zahlungen, die sie auf die Personensteuerschulden leistet, verrechnet (*Widmann* in W/M § 20 Rn. R 530, 813). 452

(9) Organschaft. Hinsichtlich der Fragen, die sich stellen, wenn zum eingebrachten BV auch eine Organbeteiligung gehört, s. Anh. Organschaft. 453

(10) Steuerfreie Rücklagen. Die Bilanzposition der steuerfreien Rücklagen enthält stille Reserven. Die steuerfreien Rücklagen sind deshalb je nach Ausübung des Bewertungswahlrechts durch den übernehmenden Unternehmer beizubehalten oder ganz oder teilweise aufzulösen. 454

Im Einzelnen gilt:

– Die übernehmende Gesellschaft setzt das eingebrachte BV mit dem gemeinen Wert an.
  Beim Ansatz des gemeinen Wertes sind sämtliche stille Reserven aufzudecken und die stillen Rücklagen insoweit vollständig aufzulösen (UmwStE Rn. 23.17).
– Die übernehmende Gesellschaft wählt zulässigerweise den BW-Ansatz für das eingebrachte BV.
  Die steuerfreie Rücklage ist mit ihrem bisherigen BW fortzuführen (*Nitzschke* in Blümich § 20 UmwStG Rn. 93). Aufzulösen ist jedoch auch im BW-Fall die Rücklage nach § 6b X, weil diese Rücklage von einer übernehmenden KapGes oder Genossenschaft nicht gebildet werden kann.
– Die übernehmende Gesellschaft wählt für das eingebrachte BV rechtmäßigerweise den ZW-Ansatz.

In diesem Fall müssen die Rücklagen anteilig aufgelöst werden (UmwStE Rn. 23.15; *Nitzschke* in Blümich § 20 Rn. 93; *Patt* in D/P/M § 20 UmwStG Rn. 206). Die Rücklagen sind vollständig und im Verhältnis ihrer stillen Reserven zu den stillen Reserven anderer WG aufzulösen. Nicht zu folgen ist der abweichenden Meinung von *Widmann* in W/M § 20 Rn. R 625 f., der die anteilige Auflösung zwar für zulässig, dies aber nicht für zwingend hält; abzulehnen ist auch die dort vertretene Meinung, dass die Übernehmerin ein Auswahlermessen hinsichtlich der aufzulösenden steuerfreien Rücklagen habe. Für diesen abweichenden Rechtsstandpunkt gibt es im Gesetz keinen Anhaltspunkt.

(11) Gewerbesteuer. Der durch die übernehmende Gesellschaft gewählte Wertansatz für das eingebrachte BV gilt auch für die GewSt (Rn. 541 ff.). 455

(12) Gewerbeverluste. Ein Gewerbeverlust iSv § 10a GewStG, den der einbringende Rechtsträger vor Durchführung der Sacheinlage erzielt hat, **geht nicht auf die übernehmende Gesellschaft über,** § 23 V. Dies ergibt sich bereits aus dem Objektcharakter der GewSt, aufgrund dessen die Nutzung gewstl Verluste Unternehmens- und Unternehmeridentität erfordert (BFH v. 5.3.1993 – GrS 3/92, BStBl. II 1993, 616; v. 6.9.2000 – IV R 69/99, BStBl. II 2001, 731). Da sich infolge der Sacheinlage die Person des Unternehmers ändert, scheidet die Nutzung der Gewerbeverluste des einbringenden Rechtsträgers 456 durch die übernehmende Gesellschaft aus (*Nitzschke* in Blümich § 23 UmwStG Rn. 43). Dies gilt unabhängig davon, ob die Einbringung im Wege der Einzel- oder der Gesamtrechtsnachfolge erfolgt und mit welchem Wert die übernehmende Gesellschaft das eingebrachte BV ansetzt (*Widmann* in W/M § 23 Rn. 580).

457 Grds kann die übernehmende Gesellschaft Gewerbeverluste, die sie **selbst** vor Durchführung der Sacheinlage erwirtschaftet hat, nach der Einbringung weiterhin geltend machen. Etwas anderes kann sich aus § 10a S 9 GewStG, § 8c KStG ergeben (Rn. 446 f.). Fällt der Einbringungszeitpunkt in einen Fünfjahreszeitraums, der vor dem 1.1.2008 begonnen hat und tritt der Verlust der wirtschaftlichen Identität der übernehmenden Gesellschaft vor dem 1.1.2013 ein, findet gemäß § 36 IX 2 GewStG aF nicht § 8c KStG, sondern § 8 IV KStG aF Anwendung. § 36 IX GewStG wurde durch das Kroatien-Steueranpassungsgesetz v. 25.7.2014 (BGBl. I 2014, 1266) aufgehoben.

458 **(13) Einbringungsfolgegewinn.** Im Zuge der Einbringung kann es bei der Übernehmerin zu einem Einbringungsfolgegewinn kommen. Ein solcher Einbringungsfolgegewinn kann bspw. entstehen, wenn infolge der Einbringung Forderungen und die diesen entsprechenden Verbindlichkeiten in der Person der Übernehmerin zusammentreffen (*Schmitt* in SHS § 23 Rn. 105). Ist in der Bilanz der Übernehmerin eine mit dem Nennwert bilanzierte Verbindlichkeit gegenüber dem eingebrachten BV passiviert und die korrespondierende Forderung in der Bilanz des eingebrachten BV mit einem wertberichtigten Betrag aktiviert, so entsteht durch die Kollusion von beiden bei der Übernehmerin ein Gewinn in Höhe der Differenz zwischen Nennbetrag der Verbindlichkeit und dem bilanzierten Wert der Forderung. Dieser Einbringungsfolgegewinn unterliegt auch der GewSt (*Patt* in D/P/M § 20 UmwStG Rn. 232, § 23 UmwStG Rn. 88). Die Versteuerung des Einbringungsfolgegewinns kann durch Rücklagenbildung auf drei Jahre verteilt werden, §§ 23 VI, 6 I, III (*Patt* in D/P/M § 23 UmwStG Rn. 150 f.).

459 Der Einbringungsfolgegewinn **entsteht** im Einbringungszeitpunkt. Wird der 31.12.01 als steuerlicher Übertragungsstichtag (Einbringungszeitpunkt) gewählt, so entsteht ein Konfusionsgewinn am 31.12.01, nicht erst am 1.1.02 (zutr. *Patt* in D/P/M § 20 UmwStG Rn. 232; s. auch *Patt* in K/P/R/K, S 56, wonach Übertragungs- und Übernahmeergebnisse stets in demselben Veranlagungszeitraum entstehen).

460–464 *(einstweilen frei)*

3. Bei dem Einbringenden, § 20 III, IV

a) Grundsatz

465 In der Einbringung der begünstigten Sacheinlagegegenstände gegen neue Anteile an der übernehmenden Gesellschaft ist ein Tauschvorgang zu sehen (Rn. 8). Es handelt sich um eine Übertragung des entsprechenden Sacheinlagegegenstandes gegen Entgelt. Wirtschaftlich liegt damit bei jedem Einbringungsvorgang ein Veräußerungs- bzw. Anschaffungsgeschäft vor. Die Differenzierungen sind Folge der unterschiedlichen Einbringungsgegenstände und der unterschiedlichen Einbringungspersonen.

466 Bei kumulativem Vorliegen der Voraussetzungen des § 20 II 2 kann das eingebrachte BV bei der übernehmenden Gesellschaft mit dem BW oder einem Wert über dem BW, aber unter dem gemeinen Wert angesetzt werden. Der gemeine Wert ist zwingend dann anzusetzen, wenn die Voraussetzungen des § 20 II 2 nicht kumulativ vorliegen.

467 Das Wahlrecht kann nur von der übernehmenden Gesellschaft ausgeübt werden (Rn. 366). Obwohl mit der Ausübung des Wahlrechts durch die übernehmende Gesellschaft unmittelbare Rechtsfolgen für den einbringenden Rechtsträger verbunden sein können (zB die Entstehung eines Einbringungsgewinns), hat dieser weder Mitsprache- noch Vetorechte (*Nitzscke* in Blümich § 20 UmwStG Rn. 79; *Patt* in D/P/M § 20 UmwStG Rn. 209; *Behrens/Lowa* BB 2008, 664). Der Einbringende kann an der Ausübung des Wahlrechts nur mittelbar dadurch mitwirken, dass er die übernehmende Gesell-

schaft vertraglich verpflichtet, das Wahlrecht in bestimmter Weise auszuüben. Hält sich die übernehmende Gesellschaft nicht an diese Absprachen, so ist gleichwohl nur ihre Bilanzierung maßgeblich (vgl. UmwStE Rn. 20.23). Dem einbringenden Rechtsträger bleiben in diesem Fall nur zivilrechtliche Schadensersatzansprüche (Rn. 367).

b) Umstellung der Gewinnermittlung

Eine Einbringung nach § 20 kann nicht nur von Gewerbebetrieben vorgenommen **468** werden, sondern auch von Freiberuflern und Inhabern land- und forstwirtschaftlicher Betriebe (vgl. Rn. 272). § 20 verlangt auch keine Mindestgröße für die an der Einbringung beteiligten Unternehmen. Deshalb kann es vorkommen, dass für einzubringende Betriebe, Teilbetriebe oder Mitunternehmeranteile der Gewinn nicht durch Bestandsvergleich, sondern durch **Einnahmen-Überschussrechnung** ermittelt wurde (§ 4 III EStG). In diesen Fällen muss spätestens zum Ablauf des steuerlichen Übertragungsstichtages die steuerliche Gewinnermittlung für den Einbringungsgegenstand von der Einnahmen-Überschussrechnung auf den – bilanzmäßigen – BV-Vergleich umgestellt werden (*Patt* in D/P/M § 20 UmwStG Rn. 241; zu dieser Thematik auch *Urban* DStR 2017, 1248 ff.). Dies ergibt sich bereits aus den allg. ertragsteuerlichen Grundsätzen: Danach ist die Sacheinlage der Veräußerung gleichzustellen (Rn. 8), weshalb ua die Regelung des § 16 II EStG Anwendung findet. Diese verlangt, dass zur Ermittlung des Veräußerungsgewinns der Wert des zu veräußernden BV im Wege des BV-Vergleichs nach §§ 4 I, 5 I EStG ermittelt wird. Entsprechend muss der Einbringende auf den Bewertungsstichtag eine (Einbringungs-)Bilanz aufstellen. Die Notwendigkeit einer solchen Umstellung der Gewinnermittlungsart lässt sich darüber hinaus der Regelung in § 1 V Nr. 4 entnehmen. Danach ist der BW derjenige Wert, der sich nach den steuerrechtlichen Vorschriften über die Gewinnermittlung in einer für den steuerlichen Übertragungsstichtag aufzustellenden Steuerbilanz ergibt oder ergäbe. Auch das UmwStG geht mithin davon aus, dass der einbringende Rechtsträger auf den (ggf. rückbezogenen) Übertragungsstichtag eine Bilanz iSd §§ 4 I, 5 I EStG zu erstellen hat (*Patt* in D/P/M § 20 UmwStG Rn. 241).

Die Umstellung der Gewinnermittlungsart ist für den einbringenden Rechtsträger in **469** mehrfacher Hinsicht von Bedeutung: Sie bewirkt den Übergang vom Zu- und Abflussprinzip auf das Realisationsprinzip. Ein durch diesen Wechsel möglicherweise entstehender **Übergangsgewinn** erhöht den Gewinn des Einbringenden im letzten Wj vor der Einbringung (BFH v. 13.9.2001 – IV R 13/01, BStBl. II 2002, 287; *Patt* EStB 2005, 106/108). Dieser Übergangsgewinn ist laufender Gewinn, der der Sofortversteuerung unterliegt. Eine ratenweise Versteuerung dieses Gewinns ist nicht möglich (*Patt* in D/P/M § 20 UmwStG Rn. 241).

Der einbringende Rechtsträger hat ggf. ein **Rumpfwirtschaftsjahr** zu bilden, sofern **470** die Sacheinlage zu einem Zeitpunkt vor Ablauf des regulären Wj erfolgt, § 8b S 2 Nr. 1 EStDV.

c) Nachversteuerung im Rahmen des § 34a EStG

Die Thesaurierungsbegünstigung des § 34a sieht eine begünstigte Besteuerung des nicht **471** entnommenen Gewinns nach § 4 I oder § 5 EStG bei den Einkünften aus Land- und Forstwirtschaft, Gewerbebetrieb oder selbstständiger Arbeit vor. Ziel der Begünstigung ist eine möglichst weitgehende Belastungsgleichheit der Gewinne der KapGes und der PersGes zu erreichen. Wird die Thesaurierungsbegünstigung des § 34a EStG in Anspruch genommen, ist für den nicht entnommenen Gewinn ein nachversteuerungspflichtiger Betrag gesondert festzustellen, § 34a III EStG. Werden in den nachfolgenden Veranlagungszeiträumen Entnahmen getätigt, die den laufenden Gewinn nach Gegenrechnung mit den geleisteten Einlagen übersteigen, entsteht ein Entnahmeüberhang, der zur Besteuerung führt, § 34a IV EStG. Eine solche Nachversteuerung ist auch „in den Fällen der Einbringung eines Betriebes oder Mitunternehmeranteils in eine KapGes oder Genossenschaft …“ durchzuführen, § 34a VI Nr. 2 EStG.

472 Umstritten ist, ob die Nachversteuerung auch dann zur Anwendung kommt, wenn lediglich ein **Bruchteil eines Mitunternehmeranteils** oder ein Teilbetrieb Gegenstand der Sacheinlage sind. Teilweise wird dies für den Bruchteil eines Mitunternehmeranteils bejaht (*Patt* in D/P/M § 20 UmwStG Rn. 244a): Das EStG unterscheide danach, ob der gesamte Mitunternehmeranteil oder ein Bruchteil dessen gemeint sei, indem es entweder von „dem" Mitunternehmeranteil oder „einem" Mitunternehmeranteil spreche. Der in § 34a VI EStG gewählte Wortlaut lasse es zu, den Bruchteil eines Mitunternehmeranteils von der Regelung zu erfassen. Anderes soll für die Einbringung eines Teilbetriebs gelten. Dieser sei in § 34a EStG nicht ausdrücklich genannt, weshalb er von der Regelung nicht erfasst sei (*Patt* in D/P/M § 20 UmwStG Rn. 244b).

Die Gegenauffassung lehnt **zutr.** die Erweiterung des § 34a VI Nr. 2 EStG sowohl für Bruchteile eines Mitunternehmeranteils als auch für Teilbetriebe ab, und dies unabhängig vom Wertansatz bei der übernehmenden Gesellschaft (*Bindl* DB 2008, 949/951; *Schiffers* GmbHR 2007, 841/845; *Ley* FR 2007, 1085/1105 f.; *Ratschow* in Blümich § 34a EStG Rn. 69; *Wacker* in Schmidt § 34a Rn. 77). Für die Betriebsveräußerung verweist § 34a VI Nr. 1 EStG auf § 16 I EStG, dessen Satz 2 Teilanteilsveräußerungen ausdrücklich vom Anwendungsbereich des § 16 I EStG ausnimmt (*Schiffers* GmbHR 2007, 841/845). Die Veräußerung des Bruchteils eines Mitunternehmeranteils ist daher von § 34a VI Nr. 2 EStG richtigerweise nicht erfasst. Entsprechend muss § 34a VI Nr. 2 EStG auszulegen sein, sowohl seiner systematischen Stellung nach als auch angesichts des Umstands, dass die Einbringung als veräußerungsähnlicher Vorgang zu behandeln ist. Hinzu kommt, dass eine Nachversteuerung für die Einbringung des Bruchteils eines Mitunternehmeranteils nach dem Sinn und Zweck des § 34a VI EStG auch nicht erforderlich ist. Die Vorschrift soll lediglich eine Verteilung des Nachversteuerungsbetrags vermeiden (*Ley* FR 2007, 1085/1105). Wird nur ein Bruchteil des Mitunternehmeranteils eingebracht, bleibt der einbringende Rechtsträger weiterhin Mitunternehmer der Mitunternehmerschaft. Eine Nachversteuerung der begünstigten Gewinne beim stpfl. Mitunternehmer bleibt damit im Rahmen des verbleibenden Betriebsteils oder Mitunternehmeranteils weiterhin möglich, weshalb kein Bedürfnis für eine sofortige Durchführung der Nachversteuerung aus Anlass der Einbringung besteht (*Schiffers* GmbHR 2007, 841/845). Dieser Auffassung hat sich auch die FinVerw angeschlossen. Nach BMF v. 11.8.2008, BStBl. I 2008, 838, Rn. 43 iVm Rn. 42 löst die Einbringung eines Teils eine Betriebes, eines Teilbetriebes oder des Teils eines Mitunternehmeranteils keine Nachversteuerung aus.

d) Einbringungsgewinn

473 **aa) Allgemein.** Da die Sacheinlage gegen Gewährung neuer Anteile als steuerlich relevantes Veräußerungsgeschäft gewertet wird (Rn. 8), kann durch den Einbringungsvorgang ein Veräußerungsgewinn entstehen.

Beim Ansatz der **gemeinen Werte** sind sämtliche stille Reserven des eingebrachten BV zu realisieren. Es entsteht insoweit ein zu versteuernder Einbringungsgewinn. Jedoch kann der einbringende Rechtsträger unter den Voraussetzungen des § 20 IV den Freibetrag des § 16 IV EStG und die Tarifermäßigung des § 34 EStG in Anspruch nehmen. Die als Gegenleistung erworbenen Anteile unterliegen keiner Sperrfrist, § 22 I.

Infolge der teilweisen Aufdeckung der stillen Reserven führt der Ansatz von **ZW** zu einer teilweisen Gewinnrealisierung auf Ebene des einbringenden Rechtsträgers. Die nicht realisierten stillen Reserven setzen sich an den als Gegenleistung erhaltenen Anteilen an der übernehmenden Gesellschaft fort, § 22 I. Die Tarifermäßigung des § 34 EStG findet in diesen Fällen keine Anwendung (s. auch UmwStE Rn. 20.27).

Beim **BW-Ansatz** entsteht demgegenüber auf der Ebene des einbringenden Rechtsträgers im Einbringungszeitpunkt kein Einbringungsgewinn, der versteuert werden müsste, da die stillen Reserven des eingebrachten BV nicht aufgedeckt werden. Die stillen Reserven setzen sich vielmehr vollumfänglich an den Anteilen an der übernehmenden Gesellschaft fort, § 22 I (*Patt* in D/P/M § 20 UmwStG Rn. 193).

bb) Ermittlung des Einbringungsgewinns. Für die Ermittlung dieses Gewinns gelten die allg. Regeln. Dies bedeutet, dass dem Veräußerungspreis die damit im Zusammenhang stehenden betrieblichen Wertabgänge und Kosten gegenüberzustellen sind (*Widmann* in W/M § 20 Rn. R 725 ff.). 474

(1) Ermittlungsschema für den Einbringungsgewinn. Nur beim Ansatz der eingebrachten WG mit einem ZW oder dem gemeinen Wert und damit bei einem Veräußerungspreis oberhalb der BW des eingebrachten BV kann es zu einem Einbringungsgewinn im eigentlichen Sinne kommen (s. Rn. 473). Der Einbringungsgewinn ist dabei nach dem folgenden Muster zu ermitteln: 475

Veräußerungspreis (= grundsätzlich Wertansatz des eingebrachten Vermögens bei der übernehmenden Gesellschaft, § 20 III 1; Rn. 479 ff.)

./. Einbringungskosten des einbringenden Rechtsträgers (Rn. 483)

./. BW des eingebrachten BV (§ 1 V Nr. 4)

./. Freibetrag nach § 16 IV EStG (Rn. 526 ff.)

Einbringungsgewinn im eigentlichen Sinne

Der **Einbringungsgewinn im weiteren Sinne** ist wie folgt zu ermitteln: 476

Einbringungsgewinn im eigentlichen Sinne

\+ gemeiner Wert der nicht eingebrachten und in das Privatvermögen überführten Wirtschaftsgüter

./. Buchwert dieser Wirtschaftsgüter

\+ Aufwertungsgewinn (zB nach § 6 I Nr. 1 S 4 und Nr. 2 S 3 EStG)

Einbringungsgewinn im weiteren Sinne

Gewinnzuschläge aus der völligen oder teilweisen Auflösung von **§ 6b-** oder **§ 7g-Rücklagen** anlässlich der Einbringung zählen zum Einbringungsgewinn im engeren, eigentlichen Sinne (*Patt* in D/P/M § 20 UmwStG Rn. 277, 279; *Nitzschke* in Blümich § 20 UmwStG Rn. 102; s. auch UmwStE Rn. 20.27). 477

(2) Einbringungsverlust. Die Einbringung kann zu einem Verlust führen. Das ist insbesondere dann der Fall, wenn die BW der eingebrachten WG und die Einbringungskosten höher sind als der von der übernehmenden Gesellschaft durch den Bilanzansatz der eingebrachten WG festgelegte Veräußerungspreis nach § 20 III 1 (*Herlinghaus* in R/H/vL § 20 Rn. 207; *Patt* in D/P/M § 20 UmwStG Rn. 254, 264; *Nitzschke* in Blümich § 20 UmwStG Rn. 100). 478

Der Verlust ist mit positiven Einkünften verrechenbar. Im Rahmen des § 10d EStG kann er vor- und zurückgetragen werden (*Schmitt* in SHS § 20 Rn. 415; *Patt* in D/P/M § 20 UmwStG Rn. 254).

(3) Veräußerungspreis. Abweichend von der sonst im Geschäftsleben unter Geschäftsleuten üblichen Festlegung des Veräußerungspreises wird in den Einbringungsfällen nach § 20 der Veräußerungspreis **spezialgesetzlich festgelegt.** Indem gesetzlich bestimmt wird, dass „der Wert, mit dem die übernehmende Gesellschaft das eingebrachte BV ansetzt", für den Einbringenden als Veräußerungspreis gilt (§ 20 III 1), sind abweichende Vereinbarungen ohne Bedeutung (*Herlinghaus* in R/H/vL § 20 Rn. 188; *Schmitt* in SHS § 20 Rn. 372). Der Wertansatz bei der übernehmenden Gesellschaft muss sich nicht aus zwingendem Recht ergeben (*Schmitt* in SHS § 20 Rn. 373). Zutreffend ausgeübte Wahlrechte sind beachtlich. Maßgeblich sind die Wertansätze allerdings nur insoweit, als sich die übernehmende Gesellschaft im Rahmen der Gesetze bewegt. Sie kann keine Minderbe- 479 wertung vornehmen, wenn ihr Wahlrecht im konkreten Fall eingeschränkt ist. Übt die Übernehmerin ihr **Wahlrecht gesetzeswidrig** aus, so ist auf der Ebene des einbringenden Rechtsträgers der Veräußerungspreis so zu bestimmen, als hätte die Übernehmerin das eingebrachte BV mit dem zutreffenden Wert angesetzt (*Widmann* in W/M § 20 Rn. R 401).

480 Durch die Bindung des einbringenden Rechtsträgers an die übernehmende Gesellschaft kommt es zu einer **Verknüpfung** zwischen dem Wertansatz bei der übernehmenden Gesellschaft und der Höhe des Veräußerungspreises (*Patt* in D/P/M § 20 UmwStG Rn. 250; *Herlinghaus* in R/H/vL § 20 Rn. 186). Da es sich bei § 20 um eine Veräußerungsfiktion handelt, ist es für die Höhe des Veräußerungspreises ohne Bedeutung, ob auch zivilrechtlich von einer Veräußerung auszugehen ist. § 20 III 1 ist lex specialis zu § 6 I Nr. 5 S 1 Buchst. a und b EStG.

Gegen die Höhe der in der maßgeblichen Steuerfestsetzung der übernehmenden Gesellschaft zu Grunde gelegten Werte des eingebrachten Vermögens steht dem Einbringenden bei Vorliegen der Drittbetroffenheit ein **Anfechtungsrecht** nach § 40 FGO zu (vgl. BFH v. 8.6.2011 – I R 79/10, BStBl. II 2012, 421; v. 25.4.2012 – I R 2/11, BFH/NV 2012, 1649).

481 Werden bei der übernehmenden Gesellschaft erstmals WG mit dem gemeinen Wert angesetzt, die bisher nicht der deutschen Besteuerung unterlagen **(Verstrickungsfälle),** so sind diese Werte **nicht** Bestandteil des Veräußerungspreises (*Patt* in D/P/M § 20 UmwStG Rn. 250; zur Verstrickung s. Rn. 348 f.). Auch die **zusätzlich** zu den neuen Anteilen **gewährten WG** sind nicht Teil des Veräußerungspreises (*Herlinghaus* in R/H/vL § 20 UmwStG Rn. 188; *Mutscher* in F/M § 20 UmwStG Rn. 317). Sie haben infolge der unter Umständen gebotenen höheren Bewertung des Einbringungsgegenstandes nur mittelbar Einfluss auf den Veräußerungspreis.

482 Der Veräußerungspreis ergibt sich grds aus den Werten in der **Steuerbilanz** der übernehmenden Gesellschaft, die den Steuererklärungen derselben für das Jahr der Einbringung beigefügt ist. Gegebenenfalls sind die Werte durch Rückrechnung zu ermitteln. Bei der Einbringung eines **Mitunternehmeranteils** ergibt sich der Veräußerungspreis aus der Steuerbilanz der PersGes, bei der die übernehmende Gesellschaft Mitunternehmerin geworden ist (*Patt* in D/P/M § 20 UmwStG Rn. 251). Dabei sind die Wertansätze in den Sonder- und Ergänzungsbilanzen zu berücksichtigen (*Herlinghaus* in R/H/vL § 20 Rn. 188; *Schmitt* in SHS § 20 Rn. 373).

Nur bei einem Veräußerungspreis oberhalb des BW der eingebrachten WG kann es zu einem Einbringungsgewinn kommen.

483 **(4) Einbringungskosten.** Dem Veräußerungspreis sind zum einen die BW der eingebrachten WG gegenüber zu stellen. Zum anderen sind die Einbringungskosten in Ansatz zu bringen, die durch den Einbringungsvorgang veranlasst und von dem Einbringenden zu tragen sind (*Widmann* in W/M § 20 Rn. R 725; *Schmitt* in SHS § 20 Rn. 404; *Patt* in D/P/M § 20 UmwStG Rn. 252; zur Verteilung der Einbringungskosten s. Rn. 430 f.). Bei den vom Einbringenden zu tragenden Einbringungskosten handelt es sich um bei diesem sofort abzugsfähige Betriebsausgaben. GewSt auf den Einbringungsgewinn ist nach § 4 V b EStG ab VZ 2008 nicht mehr abzugsfähig. Die Einbringungskosten mindern nur den Einbringungsgewinn, nicht den laufenden Gewinn (*Patt* in D/P/M § 20 UmwStG Rn. 252; *Merkert* in Bordewin/Brandt § 20 Rn. 107). Ist der Einbringungsaufwand noch nicht beglichen, so kann er in der Einbringungsbilanz zurückgestellt werden.

484 Ein Einbringungsverlust (Rn. 478) kann sich beim BW-Ansatz und dann ergeben, wenn die durch den ZW-Ansatz aufgedeckten stillen Reserven nicht ausreichen, die Einbringungskosten zu decken. *Widmann* will in diesen Fällen den Verlust neutralisieren und die AK für die erworbenen Anteile entsprechend erhöhen (in W/M § 20 Rn. R 509 f.). Mit der hM ist dieser Ansicht nicht zu folgen, weil dem Gesetz eine solche Beschränkung der Aufwandsberücksichtigung nicht zu entnehmen ist. In den Fällen des BW- oder des nicht ausreichenden ZW-Ansatzes führt die Berücksichtigung der Einbringungskosten zu einem Einbringungsverlust (*Patt* in D/P/M § 20 UmwStG Rn. 254; *Merkert* in Bordewin/Brandt § 20 Rn. 107). Die Einbringungskosten sind nur zur Hälfte abziehbar, wenn der Einbringungsgewinn dem **Halbeinkünfteverfahren** unterliegt. Sie sind zu 60 % abziehbar, wenn der Gewinn dem **Teileinkünfteverfahren** unterliegt. Einbringungsgewinne, die von **§ 8b II KStG** erfasst würden, lassen die Abzugsfähigkeit der Einbringungskosten unberührt (*Widmann* in W/M § 20 Rn. R 511).

(5) Zurückbehaltung funktional nicht wesentlicher WG. § 20 verlangt, dass zu- 485
mindest im Fall der Einbringung eines Betriebs oder Mitunternehmeranteils die funktional wesentlichen Grundlagen einzubringen sind. Funktional unwesentliche WG können eingebracht oder zurückbehalten werden (Rn. 67). Dieses gilt auch nach nationalem Verständnis für die Einbringung eines Teilbetriebs (s. Rn. 98). Nach dem europäischen Teilbetriebsverständnis können nur diejenigen WG zurückbehalten werden, die dem Teilbetrieb nicht funktional zuordenbar sind, um weiterhin die Vergünstigung des § 20 in Anspruch nehmen zu können (s. Rn. 107). In jedem Fall gelten die zurückbehaltenen WG jedoch als entnommen mit der Folge, dass die stillen Reserven grds aufzudecken und zu versteuern sind, sofern die BV-Eigenschaft der zurückbehaltenen WG verloren geht (UmwStE Rn. 20.08). Für die steuerliche Auswirkung der Zurückbehaltung nicht wesentlicher Betriebsgrundlagen bzw. nicht funktional zuordenbarer WG ist daher zu unterscheiden:

Bei der **Einbringung eines Teilbetriebes** bleiben die zurückbehaltenen WG grds Teil 486
des BV des verbleibenden Betriebes (*Schmitt* in SHS § 20 Rn. 408).

Bei der **Einbringung eines Betriebes** kann nicht stets davon ausgegangen werden, dass 487
die BV-Eigenschaft der nicht übertragenen WG einheitlich erhalten bleibt.

Die BV-Eigenschaft bleibt erhalten, wenn der einbringende Rechtsträger eine **KapGes** ist, weil diese nur eine betriebliche Sphäre und damit nur betriebliches Vermögen hat (*Patt* in D/P/M § 20 UmwStG Rn. 255). Bei einer **natürlichen Person** werden mit der Abgabe des Betriebes die verbleibenden WG idR nicht mehr Bestandteil eines eigenständigen BV bleiben können, da die Substanz des Betriebes, dh die wesentlichen Betriebsgrundlagen, weggegeben wurde. Die Aufdeckung der stillen Reserven in diesen WG, veranlasst durch die zwingende Überführung in das Privatvermögen, kann nur vermieden werden durch Überführung der WG in ein anderes BV des Einbringenden oder in das SonderBV einer Mitunternehmerschaft, an der die zurückbehaltende natürliche Person beteiligt ist. Entsprechendes gilt bei der Einbringung des Betriebes einer **PersGes.** Mit der Abgabe des Betriebes ist die betriebliche Substanz der PersGes verloren gegangen. Die zurückbehaltenen WG (keine wesentlichen Betriebsgrundlagen) behalten ihre BV-Eigenschaft nur dann, wenn diese WG in Betriebe der Mitunternehmerschaft oder in SonderBV der Mitunternehmer bei einer anderen PersGes überführt werden (vgl. auch *Patt* in D/P/M § 20 UmwStG Rn. 256).

Für Honorarforderungen eines Steuerberaters hat der BFH zu § 24 entschieden, dass 488
diese nicht wesentlichen WG im RestBV verbleiben, sofern der Stpfl. die zurückbehaltenen Forderungen nicht ausdrücklich in sein Privatvermögen übernimmt (BFH v. 4.12.2012 – VIII R 41/09, DStR 2013, 356). Auch ohne aktiven Betrieb ist somit laut BFH ein Betriebsvermögen möglich. Voraussetzung ist lediglich, dass auch nach Beendigung der aktiven freiberuflichen Tätigkeit freiberuflich Einkünfte entstehen können. Diese Grundsätze müssen konsequenter Weise auch im Rahmen des § 20 gelten. UmwStE Rn. 20.08 steht aufgrund seiner allgemein gehaltenen Aussagen der Annahme eines aus der Abwicklungstätigkeit resultierenden Restbetriebsvermögens ebenfalls nicht entgegen (so auch BFH v. 4.12.2012 – VIII R 41/09, DStR 2013, 848 mit Anm. *Kanzler*).

Wird ein **Mitunternehmeranteil** eingebracht und behält der einbringende Mitunter- 489
nehmer WG des notwendigen oder gewillkürten **SonderBV** zulässigerweise zurück, so muss beachtet werden, dass der Einbringende mit der Einbringung des Mitunternehmer-

anteils die Rechtsstellung als Mitunternehmer verliert und damit auch die SonderBV-Eigenschaft des zurückbehaltenen SonderBV mit Ablauf des Übertragungsstichtages endet. Ist der Einbringende des Mitunternehmeranteils eine KapGes, so bleibt die BV-Eigenschaft des bisherigen SonderBV aus den oben genannten Gründen erhalten. Gleiches gilt bei Einbringung eines Mitunternehmeranteils durch eine PersGes. Das bisherige SonderBV wird BV des Eigenbetriebes der einbringenden PersGes. In beiden Fällen erfolgt der Übergang der WG in die KapGes oder PersGes zum BW **(§ 6 V 2 EStG).** Bei der Einbringung eines vollständigen Mitunternehmeranteils durch eine natürliche Person entsprechen die Rechtsfolgen denen bei der Einbringung eines Betriebes. Das bedeutet, dass die Aufdeckung der stillen Reserven in den zurückbehaltenen WG des SonderBV zum steuerlichen Übertragungstag nur vermieden werden kann, wenn dieses BV in anderes BV der natürlichen Person überführt wird.

490 Der durch die Aufdeckung der stillen Reserven entstehende Gewinn wird als **Einbringungsgewinn im weiteren Sinn** bezeichnet (*Patt* in D/P/M § 20 UmwStG Rn. 247).

491 **(6) Abfindung eines Gesellschafters.** Es kommt vor, dass anlässlich der Einbringung des Betriebes einer PersGes Pensionszusagen gegenüber einzelnen Gesellschaftern der PersGes abgefunden werden. Der Abfindungsaufwand mindert dann den Einbringungsgewinn der Gesellschafter, die mit der Abfindung belastet sind. Hingegen erhöht sich der Einbringungsgewinn des durch die Abfindung begünstigten Gesellschafters (BFH v. 20.1.2005 – IV R 22/03, BStBl. II 2005, 559).

Diese steuerlichen Auswirkungen kommen auch dann zur Anwendung, wenn der Übernehmer das Vermögen der PersGes mit dem BW ansetzt.

Scheidet der abgefundene Gesellschafter im Zusammenhang mit der Einbringung aus, so ist sein Einbringungsgewinn begünstigt (*Widmann* in W/M § 20 Rn. R 737).

492 **(7) Körperschaftsklausel, § 6 V 6 EStG.** Soll die Sacheinlage zum BW oder zu einem ZW erfolgen, ist bei der Ermittlung dieser Werte die Regelung in § 6 V EStG zu beachten: § 6 V 3 EStG eröffnet Mitunternehmern die Möglichkeit, EinzelWG zu BW aus ihrem (Sonder-)BV in das Gesamthandsvermögen der Mitunternehmerschaft zu übertragen. Wird ein solches WG innerhalb von sieben Jahren in eine Körperschaft eingebracht, ist nach § 6 V 6 EStG rückwirkend statt des BW der Teilwert der damals übertragenen WG anzusetzen. Die Einbringung von BV in eine KapGes oder Genossenschaft stellt einen Übertragungsvorgang iSd § 6 V 6 EStG dar. Sofern ein WG iSv § 6 V 3 EStG Gegenstand des eingebrachten BV ist und die Sacheinlage vor Ablauf der Sieben-Jahres-Frist durchgeführt wird, ändert sich der BW des betreffenden WG rückwirkend, vgl. § 6 V 1 EStG. Dies führt zu einer nachträglichen Erhöhung sowohl der BW des eingebrachten BV als auch der AK der als Gegenleistung gewährten Anteile an der übernehmenden Gesellschaft. Demnach kann auf der Ebene des einbringenden Rechtsträgers auch dann eine Gewinnrealisierung eintreten, wenn die übernehmende Gesellschaft das eingebrachte BV mit dem BW ansetzt (*Patt* in D/P/M § 20 UmwStG Rn. 243).

493 Umstritten ist, ob die Rechtsfolgen des § 6 V 6 EStG **nur** ausgelöst werden, wenn die übernehmende Gesellschaft das eingebrachte WG mit dem **BW** oder einem **ZW** ansetzt (so wohl *Niehues/Wilke* in H/H/R § 6 EStG Rn. 1474p, 1474t und *Mitsch/Grüter* INF 2000, 651/654), oder ob es auch in solchen Fällen rückwirkend zum Teilwertansatz kommt, in denen die Übernehmerin das eingebrachte BV unter Aufdeckung der stillen Reserven mit dem gemeinen Wert ansetzt (so die wohl hM, zB *Patt* in D/P/M § 20 UmwStG Rn. 243; *van Lishaut* DB 2000, 1784/1787). Vor dem Hintergrund der ratio legis des § 6 V 6 EStG ist der erstgenannten Auffassung zu folgen: Die Vorschrift soll verhindern, dass WG zunächst steuerneutral aus einem (Sonder-)BV in das Gesamthandsvermögen einer Mitunternehmerschaft und sodann als Teil des BV dieser Mitunternehmerschaft in eine Körperschaft eingebracht werden. Hierdurch könnten die Begünstigungen, die § 3 Nr. 40 Buchst. a-c EStG und § 8b II KStG für die Veräußerung von Anteilen an

KapGes gewähren, im Ergebnis auch auf die Veräußerung sonstiger WG angewandt werden (*Kulosa* in Schmidt § 6 Rn. 721).

Angesichts des Sinns und Zwecks des § 6 V 6 EStG, missbräuchlichen Gestaltungen entgegen zu treten, ist es sachgerecht, den **Anwendungsbereich** der Vorschrift auf solche Fälle zu **beschränken,** in denen ein entsprechender Missbrauch möglich ist. Übertragungen innerhalb der Sieben-Jahres-Frist sind daher nur insoweit schädlich iSv § 6 V 6 EStG, als im Rahmen der vorangegangenen Übertragung des EinzelWG die in diesem ruhenden stillen Reserven nicht aufgedeckt worden sind. Dies ist nur der Fall, wenn das WG in der Bilanz der Mitunternehmerschaft mit dem BW oder einem ZW angesetzt worden ist. Ist es hingegen unter vollständiger Aufdeckung der stillen Reserven übertragen worden, ist der Anwendungsbereich des § 6 V 6 EStG nicht eröffnet; eine Einbringung in eine KapGes ist auch dann nicht schädlich, wenn sie innerhalb der Sperrfrist erfolgt.

(8) Verlustverrechnung. Der Einbringungsgewinn ist nicht beliebig mit Verlusten verrechenbar. Verfügt der Einbringende über einen bisher nicht ausgeglichenen Verlust gemäß § 15a EStG, so kann dieser nur zur Verrechnung mit dem Einbringungsgewinn herangezogen werden, wenn bis zum Zeitpunkt der Einbringung kein laufender Gewinn entstanden ist (*Widmann* in W/M § 20 Rn. R 734). Eine weitere Beschränkung des Verlustausgleiches mit einem Einbringungsgewinn ergibt sich dann, wenn der Verlust aus gewerblicher Tierzucht, gewerblicher Tierhaltung oder Termingeschäften stammt, § 15 IV EStG. Verluste dieser Art können nur mit solchen Einbringungsgewinnen verrechnet werden, die die beschränkt abzugsfähigen Verlust verursacht haben (*Widmann* in W/M § 20 Rn. R 734 f.). 494

(9) Einkunftsart des Einbringungsgewinns. Der Einbringungsgewinn oder -verlust unterfällt der Einkunftsart, welcher die Einkünfte aus dem Einbringungsgegenstand zuzuordnen waren. Es werden damit regelmäßig Einkünfte aus Gewerbetrieb, selbstständiger Arbeit oder Land- und Forstwirtschaft vorliegen (*Widmann* in W/M § 20 Rn. R 745; *Schmitt* in SHS § 20 Rn. 411; *Patt* in D/P/M § 20 UmwStG Rn. 258). 495

Die Ermittlung des Einbringungsgewinns ist Teil der Gewinnermittlung für das eingebrachte Vermögen. Über den Einbringungsgewinn bei der Einbringung eines Mitunternehmeranteils oder des gesamten Betriebs einer PersGes wird nicht bei der Steuerfestsetzung für die einzelnen Mitunternehmer entschieden, sondern im Rahmen der einheitlichen und gesonderten Gewinnfeststellung nach § 180 I Nr. 2 Buchst. a AO (*Patt* in D/P/M § 20 UmwStG Rn. 259). In diese Gewinnfeststellung sind auch Entnahmegewinne anlässlich der Einbringung einzubeziehen. Wird der gesamte Betrieb einer PersGes eingebracht, wird der Einbringungsgewinn der Gewinnfeststellung des letzten Wj der Gesellschaft zugeordnet (BFH v. 24.3.1983 – IV R 138/80, BStBl. II 1984, 233).

(10) Zeitpunkt der Entstehung des Einbringungsgewinns/-verlusts. Gemäß § 20 V entsteht der Einbringungsgewinn im Zeitpunkt des steuerlichen Übertragungsstichtags iSd § 20 VI. Der tatsächlichen Übertragung der WG geht idR der Abschluss eines Einbringungsvertrages voraus, in dem der Übertragungsstichtag festgelegt wird. Mit Ablauf dieses Tages wird das Einbringungsvermögen nicht mehr dem Einbringenden zugerechnet. Auf diesen Übertragungsstichtag hat der Einbringende eine Einbringungsbilanz zu erstellen. Diese Einbringungsbilanz ist unerlässlich, weil nur mit ihrer Hilfe der BW des Einbringungsvermögens festgestellt werden kann. Überdies ist die Einbringungsbilanz zur zeitlichen Abgrenzung von Gewinnen – noch Gewinn des Einbringenden oder schon Gewinn der übernehmenden Gesellschaft? – erforderlich. 496

Der Übertragungsstichtag ist auch maßgebend für die Ermittlung des Einbringungsgewinns im weiteren Sinn, der durch Entnahmen und andere Maßnahmen verursacht ist (Rn. 476). 497

Bei Einbringung eines Mitunternehmeranteils an einer PersGes mit abweichendem Wj hat der Einbringende einen Einbringungsgewinn im Jahr der Einbringung zu versteuern 498 und nicht erst zum Schluss des Wj der PersGes (*Widmann* in W/M § 20 Rn. R 744; *Patt* in D/P/M § 20 UmwStG Rn. 259).

499 **(11) Anwendung des § 6b EStG (gewinnmindernde Rücklage).** Die Einbringung nach § 20 I stellt eine Veräußerung iSd § 6b I EStG dar (*Loschelder* in Schmidt § 6b Rn. 28). Die Regelung des § 6b I EStG ist deshalb auf den Einbringungsgewinn anwendbar (so auch UmwStE Rn. 20.26). Für die Anwendung des § 6b EStG ist es unerheblich, ob der Gewinn durch Ansatz des gemeinen Wertes oder eines ZW entsteht. Berechtigt zur Inanspruchnahme der Vorschrift sind natürliche Personen, Körperschaften und PersGes. Voraussetzung ist jedoch, dass das eingebrachte BV begünstigte WG gemäß § 6b I 1 EStG enthält. Weitere Voraussetzung ist, dass der Einbringende auch nach der Einbringung BV besitzt (*Widmann* in W/M § 20 Rn. R 970). Soll die Rücklage zugunsten des Einbringungsgewinns eines Gesellschafters einer PersGes gebildet werden, so kann dies mit der Bildung einer Ergänzungsbilanz des Gesellschafters geschehen.

500 Mit der Inanspruchnahme des § 6b EStG wird die Sofortversteuerung des Einbringungsgewinns vermieden. Es wird (nur) ein Stundungseffekt erzeugt. Dieser Vorteil wird indessen dadurch aufgehoben, dass die Progressionsminderung gemäß § 34 EStG und die Tarifermäßigung nach § 34 III EStG entfallen (§ 34 I 4 und III 6 EStG). Mit ihrem Verlust gehen damit potenzielle Steuerersparnisse verloren. Die Bildung einer § 6b-Rücklage wird deshalb in erster Linie für Stpfl. von Interesse sein, die nicht natürliche Personen sind (*Widmann* in W/M § 20 Rn. R 973; *Patt* in D/P/M § 20 UmwStG Rn. 262).

501 Natürliche Personen können auch für Veräußerungsgewinne von KapGes-Anteilen eine begrenzte Rücklage bilden, wenn diese Anteile Bestandteil des begünstigten eingebrachten Vermögens sind, § 6b X EStG. Die von dieser Bestimmung geforderte Veräußerung besteht in dem Einbringungsvorgang (*Loschelder* in Schmidt § 6b Rn. 28). Der aus der (Mit-)Einbringung der Anteile entstehende Einbringungsgewinn kann auf andere Anteile, Gebäude und abnutzbare bewegliche WG übertragen werden, § 6b X 1, 2 EStG.

502 **(12) Grenzüberschreitende Beziehungen.** In den Fällen, in denen der Einbringungsvorgang kein ausschließlich inl Vorgang ist, vielmehr grenzüberschreitende Sachverhalte angesprochen und vollzogen werden, ist zu bedenken, dass die Vorschriften über die beschränkte StPfl. und die Regelungen der entsprechenden Doppelbesteuerungsabkommen zu zusätzlichen Anwendungsüberlegungen zwingen. Auch können die Bestimmungen über die Anrechnung ausl Steuern (§ 20 VII und VIII) Bedeutung erlangen. S. hierzu eingehend *Widmann* in W/M § 20 Rn. R 749 ff. sowie UmwStE Rn. 20.34 ff.

503 Derzeit noch ungeklärt ist zudem die Frage, inwieweit aufgrund europarechtlicher Vorgaben der übernehmenden Gesellschaft ein Besteuerungsaufschub einzuräumen ist (ausführlich dazu *Nitzschke* in Blümich § 20 UmwStG Rn. 102a mwN).

504–509 *(einstweilen frei)*

510 **cc) Versteuerung des Einbringungsgewinns. (1) Allgemeines.** Das UmwStG trifft für die Versteuerung des Einbringungsgewinns keine eigenständigen Regelungen. Daher gelangen die allg. Vorschriften des Ertragsteuerrechts zur Anwendung (*Herlinghaus* in R/H/vL § 20 Rn. 211). Der Einbringungsgewinn ist der Einkunftsart zuzuordnen, die der einbringende Rechtsträger vor der Einbringung mit dem eingebrachten BV erzielt hat. Dies können Einkünfte aus Gewerbebetrieb, selbstständiger Tätigkeit oder Land- und Forstwirtschaft gewesen sein (*Nitzschke* in Blümich § 20 UmwStG Rn. 102).

Hinsichtlich der Versteuerung des Einbringungsgewinns bestehen grds keine Besonderheiten, er ist entsprechend den gesetzlichen Regelungen zu versteuern. Soweit zum eingebrachten BV Anteile an Körperschaften, Personenvereinigungen oder Vermögensmassen gehören, finden bei Vorliegen der entsprechenden Voraussetzungen die Steuerbefreiungen nach § 3 Nr. 40 EStG (einschließlich der Beschränkungen nach § 3c EStG) und §§ 5, 8b KStG Anwendung (UmwStE Rn. 20.25; *Patt* in D/P/M § 20 UmwStG Rn. 264; *Herlinghaus* in R/H/vL § 20 Rn. 211).

Zu der Frage, wann der Einbringungsgewinn Teil des Gewerbeertrags ist, vgl. Rn. 541 ff. Zu der Frage, inwieweit der einbringende Rechtsträger den Einbringungsgewinn mit laufenden Verlusten oder Verlustvorträgen verrechnen kann, vgl. Rn. 494.

Die Versteuerung des Einbringungsgewinns hängt von der Person des einbringenden Rechtsträgers und der daran anknüpfenden Steuer ab:

(2) Die Versteuerung des Einbringungsgewinns bei der KSt. Da es sich bei der Sacheinlage um einen veräußerungsähnlichen Vorgang handelt, unterliegt die einbringende Körperschaft mit dem Einbringungsgewinn grds der beschränkten oder unbeschränkten StPfl. nach §§ 1, 2 KStG (*Patt* in D/P/M § 20 UmwStG Rn. 269). **511**

Grundsatz: StPfl. des Einbringungsgewinns. Grds ist der Einbringungsgewinn zu versteuern, es gelten keine Besonderheiten gegenüber den Veräußerungsvorschriften des allg. Ertragssteuerrechts. **512**

Juristische Personen des öffentlichen Rechts sind insoweit stpfl., als sie einen Betrieb gewerblicher Art einbringen, § 1 I Nr. 6 KStG (Rn. 270). Sie haben daher grds den Einbringungsgewinn zu versteuern. Die Steuerbefreiung nach § 5 KStG findet keine Anwendung, da die Befreiungsvorschrift nicht für Veräußerungen von WG aus dem wirtschaftlichen Geschäftsbetrieb und nicht für die Veräußerung des wirtschaftlichen Geschäftsbetriebes gilt (*Patt* in D/P/M § 20 UmwStG Rn. 269). Soweit die juristische Person des öffentlichen Rechts eine Beteiligung an einer Körperschaft einbringt, die nicht zu einem Betrieb gewerblicher Art gehört, entsteht keine KSt (*Widmann* in W/M § 20 Rn. R 983). Die KStPfl. kann sich jedoch aus § 22 IV Nr. 1 ergeben (§ 22 Rn. 300 ff.). Der Vorgang spielt sich in der nichtbetrieblichen Sphäre ab. Zu den Auswirkungen der Einbringung auf die Gemeinnützigkeit des Einbringenden vgl. *Widmann* in W/M § 20 Rn. R 986 f.

Steuerbefreiung nach § 8b II KStG. Wegen des Veräußerungscharakters der Sacheinlage (Rn. 8) kommt bei Vorliegen der weiteren Voraussetzungen § 8b II KStG zur Anwendung (*Widmann* in W/M § 20 Rn. R 995; *Patt* in D/P/M § 20 UmwStG Rn. 270; ebenso UmwStE Rn. 20.25). Nach § 8b II KStG ist der Einbringungsgewinn steuerfrei, soweit er aus der Einbringung von Anteilen an Körperschaften oder Personenvereinigungen herrührt, deren Leistung zu Einnahmen iSd § 20 I Nr. 1, 2, 9 oder 10 Buchst. a EStG gehören. Die Steuerbefreiung wird über den Wortlaut des § 8b II KStG hinaus auch auf Anteile an Vermögensmassen angewandt (BMF v. 28.4.2003 BStBl. I 2003, 292 Rn. 55; *Widmann* in W/M § 20 Rn. R 993). Die Vorschrift findet sowohl auf Beteiligungen an inl Körperschaften als auch auf Beteiligungen an ausl Körperschaften Anwendung (*Widmann* in W/M § 20 Rn. R 999; *Patt* in D/P/M § 20 UmwStG Rn. 270). Auch die Anteile an einer Organgesellschaft und eigene Anteile des einbringenden Rechtsträgers sind erfasst (*Widmann* in W/M § 20 Rn. R 999). Unbeschadet der Neuerungen durch das EuGH-Dividendenumsetzungsgesetz v. 21.3.2013 (BGBl. I 2013, 561) gilt § 8b II KStG weiterhin auch für Streubesitzdividenden. **513**

Im Rahmen von § 20 kann § 8b II KStG für Anteile an Körperschaften allenfalls nur dann Bedeutung erlangen, wenn die Beteiligung nicht isoliert, sondern zusammen mit anderen Sacheinlagegegenständen als Bestandteil eines Betriebs, Teilbetriebs oder Mitunternehmeranteils eingebracht wird (zur Abgrenzung zwischen § 20 und § 21 vgl. § 21 Rn. 4a ff., 5 ff.).

Gemäß **§ 8b VI 1 KStG** findet die Steuerbefreiung bei Vorliegen der weiteren Voraussetzungen auch Anwendung, wenn die Körperschaft als Mitunternehmerin einer zwischengeschalteten PersGes an der Einbringung beteiligt ist (*Widmann* in W/M § 20 Rn. R 997). Hierfür kommen zwei Konstellationen in Betracht, die beide von § 8b VI 1 KStG erfasst sind: **514**

- Erfolgt die Einbringung nicht durch die PersGes, sondern durch die Körperschaft selbst (Einbringungsgegenstand ist der Mitunternehmeranteil der Körperschaft, vgl. dazu oben Rn. 274), kommt § 8b II KStG über § 8b VI 1 KStG für den Anteil der Körperschaft

zur Anwendung, wenn die PersGes in ihrem BV eine Beteiligung iSv § 8b II KStG hält (*Widmann* in W/M § 20 Rn. R 997).
- Hält eine PersGes eine Beteiligung iSv § 8b II KStG in ihrem BV und bringt sie dieses BV in die übernehmende Gesellschaft ein mit der Folge, dass die PersGes selbst als einbringender Rechtsträger anzusehen ist (vgl. dazu oben Rn. 274), kommt § 8b II KStG ebenfalls zur Anwendung, soweit der Einbringungsgewinn auf den Gewinnanteil der an einer PersGes beteiligten Körperschaft entfällt (*Dötsch/Pung* in D/P/M § 8b KStG Rn. 243).

Im Rahmen der Einbringung durch beschränkt Stpfl. iSv § 2 KStG kommt § 8b II KStG nur insoweit zur Anwendung, als der Bundesrepublik Deutschland ein Besteuerungsrecht für die Gewinne aus der Veräußerung der eingebrachten Anteile zusteht (*Widmann* in W/M § 20 Rn. R 998).

515 In folgenden Fällen ist die Steuerbefreiung nach § 8b KStG **ausgeschlossen:**
- Hat der einbringende Rechtsträger eine Teilwert-AfA auf die eingebrachte Beteiligung vorgenommen und liegt der gemeine Wert der Beteiligung im Zeitpunkt der Einbringung über dem Teilwert, entsteht bei der Einbringung ein Aufdeckungsgewinn in Höhe der Differenz zwischen dem Teilwert und dem gemeinen Wert. Dieser Gewinn ist nicht Teil des steuerbefreiten Einbringungsgewinns, da er auf dem Umstand beruht, dass der einbringende Rechtsträger es unterlassen hat, eine Wertaufholung vorzunehmen (§ 6 I Nr. 2 S 3 iVm Nr. 1 S 4 EStG). Die Steuerbefreiung des § 8b II 1 KStG findet gemäß § 8b II 4 KStG darauf keine Anwendung.
- Gleiches gilt gemäß § 8b II 5 KStG, soweit auf die Beteiligung eine Rücklage nach § 6b EStG oder ähnliche Abzüge vorgenommen worden sind. Da Körperschaften gemäß § 6b X EStG stille Reserven nicht auf Anteile an KapGes übertragen können, betrifft die Regelung in § 8b II 5 KStG nur Altfälle vor Einführung des § 6b X EStG (*Dötsch/Pung* in D/P/M § 8b KStG Rn. 95 f.).
- Rechte zum Bezug von Anteilen an einer Körperschaft oder Personenvereinigung, deren Leistung zu Einnahmen iSd § 20 I Nr. 1, 2, 9 oder 10 Buchst. a EStG gehören, werden von § 8b II KStG ebenfalls nicht erfasst (BFH v. 23.1.2008 – I R 101/06, BStBl. II 2008, 719; BMF v. 28.4.2003 BStBl. I 2003, 292 Rn. 24).
- Soweit einbringungsgeborene Anteile iSv § 21 UmwStG 1995 eingebracht werden, findet § 8b IV KStG 2004 weiterhin Anwendung. Danach unterliegt der Einbringungsgewinn der KSt, soweit keine Rückausnahme gemäß § 8b IV 2 KStG zur Anwendung gelangt (*Schmitt* in SHS 4. Aufl. § 20 Rn. 368).
- Für Kreditinstitute, Finanzdienstleistungsinstitute, Lebensversicherungs- und Krankenversicherungsunternehmen gilt die Steuerbefreiung nur unter den Voraussetzungen der §§ 8b VII, VIII KStG (vgl. dazu *Dötsch/Pung* in D/P/M § 8b KStG Rn. 253 ff.).

516 Dabei ist **§ 8b III 1 KStG** zu beachten, wonach 5% des Einbringungsgewinns als nichtabzugsfähige Betriebsausgaben gelten. Zu bedenken ist, dass basierend auf der Legaldefinition des § 8b II 2 KStG die 5% von der Nettogröße des Einbringungsgewinns abzuziehen sind. Im Ergebnis werden daher nur 95% des Einbringungsgewinns steuerfrei gestellt.

517 Soweit § 8b KStG auf den Einbringungsgewinn Anwendung findet, gilt die Steuerbefreiung mit den sich aus §§ 8 Nr. 5, 9 Nr. 2a und Nr. 7 GewStG ergebenden Einschränkungen auch für die GewSt (§ 7 S 1 GewStG).

518 **(3) Die Versteuerung des Einbringungsgewinns bei der ESt.** Der Einbringungsgewinn unterliegt der ESt, wenn Einbringende natürliche Personen sind oder – bei Einbringung durch eine Mitunternehmerschaft – an der Mitunternehmerschaft natürliche Personen beteiligt sind (*Schmitt* in SHS § 20 Rn. 419 f.). Er ist grds stpfl. Es bestehen allerdings etliche Begünstigungsmöglichkeiten, die voneinander unabhängig sind und nebeneinander zur Anwendung kommen können (Rn. 526 ff.).

519 Wie bei Körperschaften ist auch bei der ESt der Einbringungsgewinn daraufhin zu untersuchen, ob in dem eingebrachten BV Anteile an Körperschaften enthalten sind. Ist dies der Fall, unterliegt der Einbringungsgewinn, soweit er auf die eingebrachten Anteile entfällt, der Vergünstigung des § 3 Nr. 40 EStG, weil in der Einbringung eine Betriebsveräußerung nach § 16 EStG zu sehen ist (vgl. *Widmann* in W/M § 20 Rn. R 726; *Schmitt* in SHS § 20 Rn. 420; UmwStE Rn. 20.25).

520 Im Einzelnen: Begünstigt sind Anteile an Körperschaften, deren Leistungen bei dem Empfänger zu den Einnahmen iSd **§ 20 I Nr. 1 EStG** gehören. Hierzu zählen Aktien, GmbH-Anteile und Genossenschaftsanteile (*Patt* in D/P/M § 20 UmwStG Rn. 266). Auch Anteile an Körperschaften nach ausl Recht können begünstigt sein. Begünstigt sind auch Anteile, die sich in einem freiberuflichen oder land- und forstwirtschaftlichen Betrieb befinden (*Widmann* in W/M § 20 Rn. R 788). Zwar liegen insoweit keine Veräußerungsvorgänge nach § 16 EStG vor, sondern solche nach §§ 14 oder 18 III EStG. Gesetzessystematisch ist jedoch nicht zu begründen, dass die Einbringung gewerblicher Einheiten die Begünstigung ermöglichen, diese für freiberufliche und land- und forstwirtschaftliche Einheiten aber nicht bestehen soll (*Herlinghaus* in R/H/vL § 20 Rn. 212; offen gelassen bei *Patt* in D/P/M § 20 UmwStG Rn. 267).

521 Liegen derartige Anteile vor, so schreibt **§ 3 Nr. 40 S 1 Buchst. b EStG** vor, dass 40% (bis VZ 2008: 50%) des Veräußerungspreises iSd § 16 II EStG befreit und damit 60% (bis VZ 2008: 50%) stpfl. sind. Der auf die genannten Anteile entfallende Teil des Veräußerungspreises wird im Ergebnis also nur mit 60% (bis VZ 2008: 50%) angesetzt. Korrespondierend können die BW der eingebrachten Anteile und die vom Einbringenden zu tragende Einbringungskosten nur zu 60% bzw. zur Hälfte abgezogen werden, **§ 3c II 1 EStG.**

522 Die Anwendung dieser Bestimmungen ist ausgeschlossen, wenn der Einbringende bei den Anteilen die Steuervergünstigung des § 6b EStG in Anspruch genommen hat (vgl. § 3 Nr. 40 S 1 Buchst. b S 3 EStG). Einschlägig für Anteile wäre § 6b X EStG (*Widmann* in W/M § 20 Rn. R 796).

523 Die Anwendung des Halb- bzw. Teileinkünfteverfahrens auf die (Mit-)Einbringung von Anteilen lässt den Abzug von Freibeträgen nach **§§ 16 IV, 17 III EStG** unberührt (*Widmann* in W/M § 20 Rn. R 797). Die Freibeträge sind auf den Veräußerungsgewinn anzuwenden, wie er sich nach Anwendung des Halb- bzw. Teileinkünfteverfahrens ergibt.

Nicht zur Anwendung kommen indessen die Progressionsminderung nach § 34 I EStG und die Tarifermäßigung nach § 34 III EStG, soweit der Veräußerungsgewinn nach § 3 Nr. 40 S 1 EStG teilweise steuerbefreit ist (*Widmann* in W/M § 20 Rn. R 798).

524 Besondere Regeln gelten, wenn es sich bei den miteingebrachten Anteilen (auch) um Anteile handelt, die **einbringungsgeboren** sind. § 3 Nr. 40 S 3 EStG aF (Weitergeltung gemäß § 52 IV 6 EStG) schreibt insoweit vor, dass das Halb- bzw. Teileinkünfteverfahren nicht anzuwenden ist, wenn die Anteile einbringungsgeboren sind. Der darauf entfallende Einbringungsgewinn ist somit grds voll stpfl. Ungeachtet der vollen StPfl. ist zu beachten, dass ebenso die Regelung des § 3c II 3 EStG aF weiter gilt (§ 52 V EStG), sodass dem ungekürzten Veräußerungsgewinn nur die Hälfte der BW gegen gerechnet werden kann. Diese Konsequenzen kann nur durch § 3c II 4 EStG aF (Weitergeltung gemäß § 52 V EStG) abgeschwächt werden (zu Einzelheiten *Widmann* in W/M § 20 Rn. R 799 f.).

Von dieser Regelung gibt es **Ausnahmen** mit der Folge, dass das Halb- bzw. Teileinkünfteverfahren auch auf die Einbringung einbringungsgeborener Anteile Anwendung findet. Diese Ausnahmen ergeben sich aus der Vorschrift des § 3 Nr. 40 S 4 EStG aF (Weitergeltung gemäß § 52 IV 6 EStG). Danach ist zum einen das Halb- bzw. Teileinkünfteverfahren dann anzuwenden, wenn die Einbringung der einbringungsgeborenen Anteile sieben Jahre nach der Einbringung erfolgt, mit Hilfe derer die einbringungsgeborenen Anteile entstanden waren (§ 3 Nr. 40 S 4 Buchst. a EStG aF). Maßgebend für die Frist ist der Zeitpunkt der früheren Sacheinlage. Das Halb- bzw. Teileinkünfteverfahren kommt auch dann zur Anwendung, wenn innerhalb des Sieben-Jahres-Zeitraums ein Antrag auf

Versteuerung gestellt wurde. Denn mit dem Versteuerungsantrag verlieren die Anteile die Einbringungsgeborenheit, so dass die Frist wiederum greift (EStR 3.40 S 3 und 4). Zum anderen ist das Halb- bzw. Teileinkünfteverfahren auch auf solche Anteile anzuwenden, die zwar innerhalb von sieben Jahren nach der Einbringung eingebracht wurden, die Anteile ihrerseits aber weder unmittelbar noch mittelbar auf eine Einbringung nach § 20 I 1 UmwStG 1995 zurückzuführen sind (§ 3 Nr. 40 S 4 Buchst. b EStG aF).

525 Das Teil- bzw. Halbeinkünfteverfahren findet gemäß § 3 Nr. 40 S 3 EStG keine Anwendung auf Anteile, die bei Kreditinstituten und Finanzdienstleistungsunternehmen nach **§ 1a KWG** dem Handelsbuch zuzurechnen sind. Entsprechendes gilt, wenn die Anteile von Finanzunternehmen iSd KWG mit dem Ziel der kurzfristigen Erzielung eines Eigenhandelserfolgs erworben wurden. Letzteres gilt auch für Kreditinstitute, Finanzdienstleistungsinstitute und Finanzunternehmen mit Sitz in einem anderen Mitgliedstaat der EU oder in einem anderen Vertragsstaat des EWRA.

526 **(4) Freibetrag, § 20 IV 1, § 16 IV EStG. Persönlicher Anwendungsbereich.** Einbringende, die natürliche Personen sind, können gemäß § 20 IV 1 unter den in § 16 IV EStG genannten Voraussetzungen einen Freibetrag für die Besteuerung des Einbringungsgewinns in Anspruch nehmen. Anderen Rechtsträgern als natürlichen Personen wird diese Vergünstigung nicht gewährt. Sie kann bei Vorliegen der übrigen Voraussetzungen jedoch im Rahmen der Einbringung durch eine Mitunternehmerschaft in Anspruch genommen werden, soweit an der Mitunternehmerschaft natürliche Personen als Mitunternehmer beteiligt sind (*Patt* in D/P/M § 20 UmwStG Rn. 273). Der Freibetrag wird gemäß § 16 IV EStG gewährt, wenn der einbringende Rechtsträger „zur Einkommensteuer herangezogen" wird. Dementsprechend muss er in Deutschland nach § 1 EStG unbeschränkt stpfl. sein (*Patt* in D/P/M § 20 UmwStG Rn. 273). Gemäß § 16 IV 1 EStG muss er zudem entweder dauernd berufsunfähig iSd Sozialversicherungsrechts sein oder das 55. Lebensjahr vollendet haben. Für die Altersgrenze ist nach der Auffassung der FinVerw der Ablauf des (ggf. rückbezogenen) steuerlichen Übertragungsstichtags iSv §§ 20 V, VI maßgeblich; es reicht nicht aus, dass das 55. Lebensjahr nach Ablauf des steuerlichen Übertragungsstichtags vollendet wird, aber vor Ablauf des VZ, in den dieser Stichtag fällt (BMF v. 20.12.2005 BStBl. I 2006, 7; *Patt* in D/P/M § 20 UmwStG Rn. 282; *Herlinghaus* in R/H/vL § 20 Rn. 217). Der Regelung in § 16 IV 2 EStG ist zu entnehmen, dass der Freibetrag nach § 16 EStG nur einmal im Leben beantragt werden darf (*Herlinghaus* in R/H/vL § 20 Rn. 217).

527 **Sachlicher Anwendungsbereich.** § 20 IV 1, § 16 IV EStG kommen im Falle des BW- oder ZW-Ansatzes bereits nach dem Gesetzeswortlaut in § 20 IV 1 nicht zur Anwendung. Dies gilt auch für anlässlich der Einbringung entstandene Gewinne aus der Überführung nicht wesentlicher Betriebsgrundlagen in das Privatvermögen des einbringenden Rechtsträgers (Entnahmegewinne), da § 16 IV EStG im Zusammenhang mit der Einbringung insgesamt nur über die Verweisung in § 20 IV 1 anwendbar ist, dessen Voraussetzungen nicht vorliegen (vgl. *Patt* in D/P/M § 20 UmwStG Rn. 274 f. zu § 34 EStG).

528 Der Freibetrag gemäß § 16 EStG wird für sämtliche im Zusammenhang mit der Sacheinlage entstehenden Gewinne nur gewährt, wenn die übernehmende Gesellschaft das eingebrachte BV mit dem **gemeinen Wert** ansetzt (vgl. auch *Patt* in D/P/M § 20 UmwStG Rn. 275; *Nitzschke* in Blümich § 20 UmwStG Rn. 103). Unerheblich ist, ob der Ansatz des gemeinen Wertes freiwillig oder kraft Gesetzes (vgl. dazu § 20 II und oben Rn. 317 ff.) erfolgt (*Herlinghaus* in R/H/vL § 20 Rn. 216a; *Widmann* in W/M § 20 Rn. R 951).

529 Voraussetzung für die Gewährung des Freibetrags ist darüber hinaus, dass der Sacheinlagegegenstand nicht ein **Bruchteil eines Mitunternehmeranteils** ist, § 20 IV 1.

530 Nimmt der Stpfl. für einen Teil des Einbringungsgewinns die Vergünstigungen der §§ 6b, 6c EStG in Anspruch, wirkt sich dies nicht schädlich auf die Anwendung des

Freibetrags auf den verbleibenden Teil des Gewinns aus (*Wacker* in Schmidt § 16 Rn. 586; *Patt* in D/P/M § 20 UmwStG Rn. 281); anderes gilt hinsichtlich der Anwendung der Tarifbegünstigung nach § 34 EStG (Rn. 534 ff.).

Soweit auf den Einbringungsgewinn das **Teil- bzw. Halbeinkünfteverfahren** Anwendung findet mit der Folge, dass ein Teil des Einbringungsgewinns steuerfrei gestellt wird (Rn. 521), kann für den verbleibenden Einbringungsgewinn gleichwohl der Freibetrag nach § 16 IV beantragt werden (EStR 16 Abs. 13 S 10; vgl. dazu auch *Patt* in D/P/M § 20 UmwStG Rn. 281). Die Gewährung des Freibetrags erfolgt in diesen Fällen anteilig nach dem Verhältnis des steuerfreien zum stpfl. Gewinn (so BMF v. 20.12.2005 BStBl. I 2006, 7; aA BFH v. 14.7.2010 – X R 61/08, BStBl. II 2010, 1011 – vorrangige Verrechnung des Freibetrags; s. zum Ganzen auch *Patt* in D/P/M § 20 UmwStG Rn. 282). 531

Antrag. Der Freibetrag wird nur auf Antrag gewährt. Das Antragserfordernis ergibt sich aus dem Umstand, dass der Freibetrag nur einmal gewährt wird, § 16 IV 2 EStG (so auch *Patt* in D/P/M § 20 UmwStG Rn. 280). Die Entscheidung über den Antrag erfolgt im Rahmen der ESt-Veranlagung des einbringenden Rechtsträgers bzw., im Fall der Einbringung durch eine Mitunternehmerschaft, im Rahmen der einheitlichen und gesonderten Feststellung (*Herlinghaus* in R/H/vL § 20 Rn. 218; *Patt* in D/P/M § 20 UmwStG Rn. 280). 532

Rechtsfolge. Liegen die Voraussetzungen der § 20 IV, § 16 IV EStG vor, wird der Einbringungsgewinn nur insoweit zur ESt herangezogen, als er höher ist als 45.000,– Euro, § 16 IV 1 EStG. Gemäß § 16 IV 3 EStG ermäßigt sich der Freibetrag jedoch um den Betrag, um den der Veräußerungsgewinn 136.000,– Euro übersteigt (*Schallmoser* in Blümich § 16 EStG Rn. 700; *Herlinghaus* in R/H/vL § 20 Rn. 217). 533

(5) Tarifbegünstigung, § 20 IV 2, § 34 I, III EStG. Persönlicher Anwendungsbereich. Die Tarifermäßigung nach § 20 IV, § 34 I, III EStG kann nur zur Anwendung gelangen, wenn der einbringende Rechtsträger eine natürliche Person ist. Sie wird auch im Falle der Einbringung durch eine Mitunternehmerschaft gewährt, wenn die Mitunternehmer natürliche Personen sind (*Nitzschke* in Blümich § 20 Rn. 104; *Patt* in D/P/M § 20 UmwStG Rn. 273). Die Tarifermäßigung wird gemäß § 34 I EStG gewährt, wenn der einbringende Rechtsträger außerordentliche Einkünfte iSd § 2 I EStG erzielt. Dementsprechend muss der Einbringende in Deutschland nach § 1 EStG unbeschränkt oder beschränkt stpfl. sein (*Patt* in D/P/M § 20 UmwStG Rn. 273). Gemäß § 34 III EStG muss er zudem dauernd berufsunfähig iSd Sozialversicherungsrechts sein oder das 55. Lebensjahr vollendet haben. Die Tarifbegünstigung darf der Stpfl. nur einmal im Leben in Anspruch nehmen (*Widmann* in W/M § 20 Rn. R 926). Es handelt sich bei § 20 IV 2 somit um eine Rechtsgrundverweisung auf die Vorschriften des § 34 I und III EStG (*Patt* EStB 2017, 323/324). 534

Sachlicher Anwendungsbereich. Die Übernehmerin muss das eingebrachte BV mit dem gemeinen Wert ansetzen, § 20 IV 2, 1 (freiwillig oder kraft Gesetzes, *Widmann* in W/M § 20 Rn. R 951; s. auch UmwStE Rn. 20.27). Der Ansatz des eingebrachten BV mit dem BW oder einem ZW ist nach dem Wortlaut des § 20 IV 1 nicht ausreichend. 535

Im Rahmen von § 20 IV 2, § 34 EStG sind auch solche Gewinne als Einbringungsgewinne anzusehen, die infolge der Auflösung einer Rücklage nach **§ 6b EStG** oder **§ 7g EStG** bei der übernehmenden Gesellschaft entstehen (s. UmwStE Rn. 20.27; *Patt* in D/P/M § 20 UmwStG Rn. 277; FG Hamburg v. 24.10.1999 EFG 1992, 319 zu § 6b EStG; BFH v. 20.12.2006 – X R 31/03, BStBl. II 2007, 862 zu § 7g EStG). Die FinVerw hat ihre gegenteilige Auffassung zu § 7g EStG mittlerweile aufgegeben (BMF v. 30.10.2007 BStBl. I 2007, 790). Ist in dem BV, das eingebracht werden soll, eine steuerfreie Rücklage enthalten und wird die Rücklage (regulär) wegen Zeitablauf zum steuerlichen Übertragungsstichtag aufgelöst, entsteht kein Einbringungsgewinn. Ausführlich zum Ganzen *Widmann* in W/M § 20 Rn. R 906; *Patt* in D/P/M § 20 UmwStG Rn. 279.

536 Wie bei § 16 IV EStG findet § 34 I, III EStG keine Anwendung, wenn Einbringungsgegenstand der **Bruchteil eines Mitunternehmeranteils** ist (*Herlinghaus* in R/H/vL § 20 Rn. 219a; *Patt* in D/P/M § 20 UmwStG Rn. 278).

537 Gemäß § 20 IV 2 kommt die Tarifbegünstigung ebenfalls nicht zur Anwendung, soweit der Einbringungsgewinn nach dem **Teil- bzw. Halbeinkünfteverfahren** (§ 3 Nr. 40 EStG, § 3c II EStG) teilweise steuerfrei ist. Enthält das eingebrachte BV auch einbringungsgeborene Anteile iSv § 21 UmwStG 1995 bedeutet dies, dass § 34 I, III EStG auf den Teil des Einbringungsgewinns, der auf die einbringungsgeborenen Anteile entfällt, nur Anwendung finden, wenn die Einbringung innerhalb der Sieben-Jahres-Frist des § 3 Nr. 40 S 4 EStG in der bis zum 12.12.2006 geltenden Fassung erfolgt (*Nitzschke* in Blümich § 20 UmwStG Rn. 104).

538 Nimmt der Stpfl. für einen Teil des Einbringungsgewinns die Vergünstigungen der **§§ 6b, 6c EStG** in Anspruch, wird die Tarifbegünstigung ebenfalls nicht gewährt, § 34 I 4 EStG (s. auch UmwStE Rn. 20.26).

539 **Antrag.** Auch die Tarifbegünstigung nach § 34 I, III EStG ist antragsgebunden; § 34 III 1 EStG. Die Ausführungen zu § 16 IV EStG (Rn. 532) gelten entsprechend (vgl. dazu auch *Widmann* in W/M § 20 Rn. R 927).

540 **Rechtsfolge.** Liegen die Voraussetzungen des § 34 I, III EStG vor, kommt für den Teil des Einbringungsgewinns, der 5 Mio. Euro nicht übersteigt (dazu § 34 III 1 EStG), der nach § 34 I EStG zu berechnende ermäßigte Steuersatz zur Anwendung.

541 **(6) Die Versteuerung des Einbringungsgewinns bei der GewSt.** Die Frage der GewStPfl. des Einbringungsgewinns kann sich nur stellen, wenn gewerbliches BV eingebracht wird. Insoweit ist je nach einbringendem Rechtsträger und Einbringungsgegenstand zu differenzieren:

542 **Einbringung durch eine natürliche Person.** Natürliche Personen sind mit dem Einbringungsgewinn im Regelfall nicht gewstpfl. Die GewSt ist eine auf den tätigen Betrieb bezogene Objektsteuer. Nur der laufende Gewinn unterliegt grds der GewSt. Nach gefestigter Rspr. des BFH ist der Gewerbeertrag um solche Bestandteile zu bereinigen, die nicht mit dem Charakter der GewSt als Sachsteuer auf den aktiven Betrieb übereinstimmt (BFH v. 29.8.1984 – I R 154/81, BStBl. II 1985, 160; v. 8.5.1991 – I R 33/90, BStBl. II 1992, 437). Übereinstimmung besteht dahingehend, dass die Einbringung gewstl eine Betriebsveräußerung ist (BFH v. 17.2.1994 – VIII R 13/94, BStBl. II 1994, 809). Der Einbringungsgewinn ist daher ein Veräußerungsgewinn, der bei der Ermittlung des Gewerbeertrags grds außer Betracht bleibt (BFH v. 17.2.1994 – VIII R 13/94, BStBl. II 1994, 809; *Nitzschke* in Blümich § 20 UmwStG Rn. 105). Auch Einbringungsverluste sind irrelevant und mindern folglich nicht den stpfl. Teil des Gewerbeertrags. Zu dem freigestellten Einbringungsgewinn zählen auch die anlässlich der Einbringung erzielten Gewinne oder Verluste aus der Entnahme zurückbehaltener WG. Die Entnahme führt insoweit nicht zu einem laufenden Gewinn (*Herlinghaus* in R/H/vL § 20 Rn. 214a).

In folgenden Sonderfällen unterliegt der Einbringungsgewinn der GewSt (vgl. dazu auch *Patt* in D/P/M § 20 UmwStG Rn. 285):

- Ist der Einbringungsgegenstand verschmelzungsgeboren iSv § 18 III und erfolgt die Einbringung zu einem über dem BW liegenden Wert, unterliegt der so entstandene Einbringungsgewinn der GewSt.
- Handelt es sich bei dem Einlagegegenstand um Bruchteile eines Mitunternehmeranteils, unterliegt der Einbringungsgewinn der GewSt, da er gemäß § 7 S 1 GewStG zum Gewerbeertrag der PersGes gehört, deren Teilanteil eingebracht wird (BFH v. 14.12.2006 – IV R 3/05, BFH/NV 2007, 601).

543 **Einbringung durch eine Mitunternehmerschaft.** Handelt es sich bei dem einbringenden Rechtsträger um eine Mitunternehmerschaft, ist unabhängig von der Frage, ob die Mitunternehmer oder die Mitunternehmerschaft einbringender Rechtsträger iSv § 20 sind (vgl. dazu oben Rn. 273 ff.), für Zwecke der GewStPfl. das BV der Mitunternehmerschaft

als Einbringungsgegenstand anzusehen, § 2 I GewStG (GewStR 2.1 Abs. 2; *Patt* in D/P/M § 20 UmwStG Rn. 289). Aufgrund des Veräußerungscharakters der Sacheinlage ist der Einbringungsgewinn grds aus dem Gewerbeertrag auszuscheiden, wenn an der Mitunternehmerschaft nur natürliche Personen als Mitunternehmer beteiligt sind (*Patt* in D/P/M § 20 UmwStG Rn. 289). Gemäß § 7 S 2 Nr. 1 GewStG ist der Einbringungsgewinn jedoch gewstpfl., soweit der Einbringungszeitpunkt (§ 20 V, VI) auf einen Tag nach dem 31.12.2002 fällt und an der Mitunternehmerschaft, deren BV eingebracht wird, andere als natürliche Personen unmittelbar beteiligt sind (*Patt* in D/P/M § 20 UmwStG Rn. 289). In diesem Zusammenhang finden gemäß § 7 S 4 GewStG ab EZ 2004 die Regelungen der § 3 Nr. 40 EStG, § 8b KStG Anwendung, wonach der Einbringungsgewinn insofern nicht der GewSt unterliegt, als er auf stille Reserven von im eingebrachten Mitunternehmeranteil enthaltenen Anteilen an einer KapGes entfällt (s. auch *Patt* in D/P/M § 20 UmwStG Rn. 292).

Einbringung durch eine Körperschaft. Ist der einbringende Rechtsträger eine Kör- 544
perschaft iSv § 2 II 1 GewStG, § 1 I Nr. 1 KStG und der Einbringungsgegenstand ein Betrieb oder Teilbetrieb, unterliegt der Einbringungsgewinn der GewSt. Dies ergibt sich aus der Regelung in § 2 II 1 GewStG, wonach die Tätigkeit einer Körperschaft iSv § 1 I Nr. 1 KStG stets und in vollem Umfang die Anforderungen des § 2 GewStG an einen Gewerbebetrieb erfüllt (stRspr., zB BFH v. 5.9.2001 – I R 27/01, BStBl. II 2002, 155; vgl. auch *Patt* in D/P/M § 20 UmwStG Rn. 286).

Beschränkt stpfl. Körperschaften iSd § 2 KStG unterliegen mit ihren Gewinnen der GewSt, wenn der Einbringungsgegenstand eine in Deutschland belegene Betriebsstätte ist, § 2 I 3 GewStG, die die Anforderungen erfüllt, die § 12 AO an das Vorliegen einer Betriebsstätte stellt (GewStR 2.9 Abs. 1 S 1; *Patt* in D/P/M § 20 UmwStG Rn. 286).

Andere als die in § 2 II 1 GewStG genannten Körperschaften unterliegen mit ihren Gewinnen nicht der GewSt. Es gelten die Regeln für natürliche Personen. Die nicht in § 2 II 1 GewStG genannten Körperschaften unterliegen daher nicht der GewSt, wenn sie einen Betrieb gewerblicher Art oder einen wirtschaftlichen Geschäftsbetrieb einbringen.

Die Ermittlung des Gewerbeertrags erfolgt gemäß § 7 S 1 GewStG nach den Vorschriften des EStG und des KStG. Dadurch kommt insbesondere auch die Regelung in § 8b II KStG zur Anwendung, wonach der Einbringungsgewinn, der auf die Anteile an einer KapGes entfällt, für die Ermittlung des Gewerbeertrags außer Ansatz bleibt (s. Rn. 425).

Seit EZ 2002 gehört zum Gewerbeertrag auch der Gewinn aus der Veräußerung oder Aufgabe eines Mitunternehmeranteils, es sei denn, der Gewinn entfällt auf eine unmittelbar an der Mitunternehmerschaft beteiligte natürliche Person, § 7 S 2 Nr. 2 GewStG. Einbringungsgewinne unterliegen bei Mitunternehmerschaften also der GewSt, soweit sie auf eine KapGes entfallen.

Der Einbringungsgewinn wird dem Gewinn der Mitunternehmerschaft zugerechnet, zu der der eingebrachte Mitunternehmeranteil gehört bzw. dem Gewerbeertrag der KGaA, an der die Stellung als persönlich haftender Gesellschafter besteht (*Patt* in D/P/M § 20 UmwStG Rn. 288). Gemäß § 7 S 4 HS 2 GewStG unterliegt der Einbringungsgewinn allerdings insoweit nicht der GewSt, als er auf einen an der einbringenden Mitunternehmerschaft beteiligten Mitunternehmer entfällt, in dessen Person die Voraussetzungen des § 8b II KStG vorliegen und die Steuerbefreiung nicht gemäß § 8b IV KStG ausgeschlossen ist.

**Voraussetzung der Geltendmachung der Gewerbeverluste durch den einbrin- 545
genden Rechtsträger.** § 23 V trifft keine Regelung für die Frage, ob der einbringende Rechtsträger einen Gewerbeverlust aus der Zeit vor der Einbringung selbst nutzen kann. Dies ist anhand der allg. Grundsätze zu beurteilen, die zu § 10a GewStG entwickelt worden sind. Danach erfordert die Geltendmachung von Gewerbeverlusten Unternehmeridentität und Unternehmensidentität. Das Kriterium der Unternehmeridentität, das aus §§ 10a S 8, 2 V GewStG abgeleitet wird, bedeutet, dass der Gewerbebetrieb im Jahr der Verlustentstehung von demselben Rechtsträger betrieben sein muss wie im Jahr des Ver-

lustabzugs (BFH v. 3.5.1993 – GrS 3/92, BStBl. II 1993, 616; *Drüen* in Blümich § 10a GewStG Rn. 61). Das Kriterium der Unternehmensidentität, das aus dem Objektsteuercharakter der GewSt folgt, besagt, dass ein sachlicher Zusammenhang zwischen der Tätigkeit im Jahr der Verlustentstehung und derjenigen im Jahr des Verlustabzugs bestehen muss (BFH v. 14.9.1993 – VIII R 84/90, BStBl. II 1994, 764; *Drüen* in Blümich § 10a GewStG Rn. 46 f.).

546 Hinsichtlich der Frage, ob der Einbringende den bei ihm verbleibenden Gewerbeverlust selbst nutzen kann, ist zu differenzieren:

- Handelt es sich bei dem einbringenden Rechtsträger um eine natürliche Person und bei dem Einbringungsgegenstand um den gesamten Betrieb (Einzelgewerbebetrieb), kann der Gewerbeverlust nach Durchführung der Sacheinlage nicht mehr genutzt werden, da das Unternehmen, das besteuert worden ist, infolge der Einbringung untergegangen ist (*Nitzschke* in Blümich § 23 UmwStG Rn. 44).
- Entsprechendes gilt, wenn eine Mitunternehmerschaft ihr gesamtes BV einbringt oder sämtliche Mitunternehmer ihre Anteile übertragen (zu dieser Abgrenzung Rn. 274). Der Geschäftsbetrieb der Mitunternehmerschaft wird in diesen Fällen beendet mit der Folge, dass der Gewerbeverlust erlischt.
- Anders ist es, wenn eine natürliche Person oder eine Mitunternehmerschaft nur einen Teilbetrieb einbringt. In diesen Fällen finden die allg. Grundsätze des § 10a GewStG Anwendung. Für die Wahrung der Verlustvortragsmöglichkeit kommt es insbesondere darauf an, dass die Unternehmens- und Unternehmeridentität gewahrt sind (*Schmitt* in SHS 4. Aufl. § 22 Rn. 90). Folge einer Einbringung eines Teilbetriebs wird jedoch regelmäßig der Verlust der Unternehmensidentität sein mit der Folge, dass es zu einem (zumindest anteiligen) Verlustuntergang kommt (s. *Patt* in D/P/M § 23 UmwStG Rn. 149).
- Eine einbringende KapGes kann den vor der Einbringung erwirtschafteten Gewerbeverlust nach der Einbringung grds weiterhin nutzen, da die Unternehmensidentität stets gegeben ist, soweit kein schädlicher Anteilseignerwechsel stattgefunden hat (vgl. BFH v. 29.10.1986 – I R 318/83, BStBl. II 1987, 310; *Nitzschke* in Blümich § 23 UmwStG Rn. 44). Dies gilt selbst dann, wenn der Verlust ausschließlich durch die eingebrachte Sachgesamtheit entstanden ist (*Schmitt* in SHS 4. Aufl. § 22 Rn. 90). Die Verlustnutzung ist jedoch unzulässig, wenn die KapGes infolge der Einbringung zu einer bloßen Holding-Gesellschaft geworden ist (*Widmann* in W/M § 23 Rn. 581).
- Unabhängig vom einbringenden Rechtsträger geht bei Einbringung von Mitunternehmeranteilen der Gewerbeverlust infolge des teilweisen Verlustes der Unternehmeridentität anteilig (Gewinnverteilungsschlüssel) unter (*Patt* in D/P/M § 23 UmwStG Rn. 148, 149).

547–551 *(einstweilen frei)*

e) Anschaffungskosten der Anteile

552 Der Ansatz des eingebrachten BV bei der übernehmenden Gesellschaft hat nicht nur Bedeutung für die Ermittlung des Einbringungsgewinns bei dem Einbringenden, indem in § 20 III 1 der „Veräußerungspreis" für das eingebrachte Vermögen gesetzlich bestimmt wird. Die Vorschrift legt auch durch eine Fiktion („gilt") fest, wie hoch die AK der für die Einbringung erhaltenen Anteile sind. Auch für die AK ist der tatsächliche Ansatz des übernommenen Vermögens in der Steuerbilanz der Übernehmerin maßgebend.

Wird ein **Mitunternehmeranteil** eingebracht, so ist für die Höhe der AK der erhaltenen Anteile an der übernehmenden Gesellschaft die Bilanzierung in der Steuerbilanz der PersGes entscheidend, da die übernehmende Gesellschaft infolge der Einbringung Mitunternehmerin dieser PersGes geworden ist. Zu bedenken ist, dass dann, wenn stille Reserven des eingebrachten BV aufgedeckt werden, diese in einer Ergänzungsbilanz für die übernehmende Gesellschaft ausgewiesen werden müssen (*Herlinghaus* in R/H/vL § 20 Rn. 191).

Die gesetzliche Festlegung der AK gilt für Anteile des **BV** und des **Privatvermögens** gleichermaßen. Bei den Anteilen im Privatvermögen kann es sich um Anteile iSd § 17 EStG handeln. Anteile iSd § 17 EStG können auch dann vorliegen, wenn der Einbringende nicht mindestens mit 1 % an der übernehmenden Gesellschaft beteiligt ist (*Patt* in D/P/M § 20 UmwStG Rn. 293). Voraussetzung ist, dass die Einbringung unter der Geltung des SEStEG erfolgte und die Sacheinlage unter dem gemeinen Wert angesetzt wurde, § 17 VI EStG (vgl. zur Berechnung der AK *Weber-Grellet* DB 2009, 304/305 mit Beispielen 3 und 4 und § 22). Entsprechendes gilt gemäß § 17 VII EStG für Genossenschaftsanteile. 553

Die Werteverknüpfung ist auch dann zwingend, wenn sich infolge einer **Betriebsprüfung** die Bilanzansätze für das eingebrachte BV bei der übernehmenden Gesellschaft ändern (*Nitzschke* in Blümich § 20 UmwStG Rn. 96). Gegebenenfalls müssen Steuerfestsetzungen für den Stpfl., der bereits Anteile verkauft hat, gemäß § 175 I Nr. 2 AO geändert werden (*Patt* in D/P/M § 20 UmwStG Rn. 295). 554

§ 20 III 1 legt den Anschaffungswert für die Anteile nicht endgültig fest. Der Wert des eingebrachten BV gibt nur den Wert der AK im Zeitpunkt der Sacheinlage an. Er unterliegt **Korrekturen** zum Zeitpunkt der Einlage. Er kann sich auch nachträglich ändern. Er ist in den meisten Fällen deshalb nur ein Ausgangswert. Erhöhungen der AK können sich zB daraus ergeben, dass Kosten der Einbringung ganz oder teilweise als Anschaffungsnebenkosten zu erfassen sind, dass der Einbringende neben der Einbringung weitere Leistungen an die übernehmende Gesellschaft erbracht hat, Verluste der übernehmenden Gesellschaft übernimmt, Forderungsverzicht gegenüber der übernehmenden Gesellschaft erklärt, Zahlungen aus Bürgschaftsinanspruchnahme oder Zuschüssen leistet oder dass Ausgleichszahlungen an andere Einbringende geleistet wurden. Zu Erhöhungen der AK kommt es auch dann, wenn der Einbringende weitere WG, die nicht zum begünstigten BV zählen, an die Übernehmerin abgibt (§ 20 III 3). Schließlich ist eine Erhöhung der AK nach § 20 V 3 vorzunehmen, wenn nach Antragstellung Einlagen geleistet werden; bei Entnahmen kommt es zu Minderungen (§ 20 V 3), ebenso wenn auf Anteile ein § 6b EStG-Gewinn übertragen wird. Vgl. zum Ganzen auch *Schmitt* in SHS § 20 Rn. 374 ff.; *Patt* in D/P/M § 20 UmwStG Rn. 294 ff. sowie § 5 Rn. 49. 555

Die **Höhe** der AK berechnet sich wie folgt (vgl. dazu auch *Patt* in D/P/M § 20 UmwStG Rn. 293; *Herlinghaus* in R/H/vL § 20 Rn. 192): 556

Wertansatz durch die Übernehmerin (§ 20 II)	
+	gemeiner Wert der Ausgleichszahlungen durch den Einbringenden
+	gemeiner Wert der erstmals im Inland steuerlich verstrickten WG (§ 20 III 2)
./.	gemeiner Wert weiterer Gegenleistungen (§ 20 II 2)
+	Einbringungskosten der Übernehmerin, soweit der Einbringende sie trägt
+	Wert der Einlagen iSv § 20 V 3, § 6 I Nr. 5 EStG
./.	BW der Entnahmen iSv § 20 V 3
=	AK (Mindestwert Null €)

Eine **Ausnahme** von der Werteverbindung zwischen Bilanzansatz bei der übernehmenden Gesellschaft und Höhe der AK der Anteile bei dem Einbringenden enthält **§ 20 III 2.** Danach gilt dann, wenn das Recht der Bundesrepublik Deutschland zur Besteuerung des Gewinns aus der Veräußerung des eingebrachten BV im Zeitpunkt der Einbringung ausgeschlossen ist und dieses auch durch die Einbringung nicht begründet wird, der gemeine Wert des BV im Zeitpunkt der Einbringung als AK der Anteile (s. auch UmwStE Rn. 20.34). Die Vorschrift löst die Festlegung der AK von der Bilanzierung bei der Übernehmerin und macht nur Aussagen zu den AK bei dem Einbringenden. Hintergrund dieser Regelung ist die Überlegung, dass die stillen Reserven in dem Auslandsvermögen, das der 557 deutschen Besteuerung entzogen ist, durch die Steuerverstrickung der neuen Anteile in das Inland gelangen (*Patt* in D/P/M § 20 UmwStG Rn. 296).

Beispiel: Der Inländer A bringt einen inl Teilbetrieb und eine ausl Betriebsstätte in einem DBA-Staat mit Freistellung in eine inl GmbH ein. Der inl Teilbetrieb hat einen BW von 100, einen gemeinen Wert von 150. Die ausl Betriebsstätte hat einen BW von 120 und einen gemeinen Wert von 200. Die inl GmbH wählt für beide Betriebe den BW-Ansatz, mithin 220. Die AK der neuen Anteile betragen 300, weil nur für den inl Einbringungsteil die Werteverknüpfung gilt. Für die ausl Betriebsstätte kommt § 20 III 2 zur Anwendung mit der Folge, dass der gemeine Wert für die Ermittlung der AK maßgebend ist.

Es wäre ebenso zu entscheiden, wenn die ausl Betriebsstätte Teil des inl Einbringungsvermögens wäre. Durch die Formulierung „insoweit" in § 20 III 2 wird deutlich gemacht, dass unterschiedliche Wertansätze für die AK der Anteile anzuwenden sind.

558 Eine weitere Korrektur der sich aus dem Bilanzansatz bei der Übernehmerin ergebenden AK der Anteile ergibt sich aus **§ 20 III 3.** Wie schon § 20 III 2 macht § 20 III 3 nur eine Aussage zu den AK der Anteile. Nach dieser Bestimmung sind von den sich aus Satz 1 und Satz 2 ergebenden AK die gemeinen Werte der WG abzusetzen, die von der übernehmenden Gesellschaft oder einer dritten Person dem Einbringenden für die Sacheinlage gewährt wurden. Diese Bestimmung steht in Zusammenhang mit § 20 II 4, wonach die Übernehmerin bei Gewährung zusätzlicher Leistungen an den Einbringenden die Sacheinlage mindestens mit dem gemeinen Wert der Zusatzleistung ansetzen muss. Hintergrund der Kürzungsregelung ist, dass der Veräußerungspreis des Einbringenden im Falle der Gewährung von Zusatzleistungen um den gemeinen Wert dieser Leistungen höher ist als die AK der neuen Anteile. Bei wirtschaftlicher Betrachtung wird der Veräußerungspreis aufgeteilt in die Anteile und die anderen WG. Damit setzen sich die stillen Reserven wirtschaftlich zum Teil in den anderen WG fort und müssten im Veräußerungsfall aufgedeckt werden. Sinn der Regelung ist es, die stillen Reserven ausschließlich in den Anteilen zu sammeln und erst bei deren Veräußerung aufzudecken. Trotz der zusätzlichen Gegenleistung setzen sich auf Grund dieser Vorschrift die stillen Reserven ausschließlich in den Anteilen fort. Mit Rücksicht darauf, dass die Einlage nach § 20 II 4 mindestens mit dem gemeinen Wert der Zusatzleistung angesetzt und nach § 20 III 3 der gemeine Wert der Zusatzleistung von den AK nach § 20 III 1 und 2 abgezogen werden muss, können die AK der Anteile nicht negativ werden. Der Mindestansatz beträgt Null Euro (*Nitzschke* in Blümich § 20 UmwStG Rn. 98).

Beispiel: Der BW des Einbringungsgegenstandes beträgt 500, der gemeine Wert 800. Es wird der BW-Ansatz gewählt, also 500. Somit betragen die AK der Anteile nach § 20 III 1 500. Der Einbringende erhält von der Aufnehmenden zusätzlich ein WG im Wert von 100. Diesen Wert von 100 muss der Einbringende nicht sofort versteuern. Der Wert des WG (100) ist vielmehr von den AK (500) abzuziehen, so dass diese nunmehr 400 betragen. Die verbleibenden stillen Reserven von 200 (= 300./. 100 Zusatzleistung) setzen sich ausschließlich in den Anteilen fort.

559–561 *(einstweilen frei)*

f) Einbringung einbringungsgeborener Anteile iSd § 21 I UmwStG 1995, § 20 III 4

562 Eine Sonderregelung trifft § 20 III 4 für den Fall, dass das Einbringungsvermögen einbringungsgeborene Anteile iSv § 21 I UmwStG 1995 enthält. Einbringungsgeborene Anteile iSv § 21 I UmwStG 1995 liegen vor, wenn es sich um Anteile handelt, die auf Grund einer Sacheinlage nach § 20 I UmwStG 1995 oder § 23 I–IV UmwStG 1995 oder auf Grund eines Formwechsels nach § 25 UmwStG 1995 gewährt wurden, vorausgesetzt, das eingebrachte BV wurde bei der aufnehmenden Gesellschaft oder – beim Formwechsel – bei der nachfolgenden Gesellschaft nicht mit dem Teilwert, sondern mit dem BW oder einem ZW angesetzt.

563 Einbringungsgeborene Anteile iSv § 21 UmwStG 1995 können nur neue Anteile infolge einer Einbringung nach § 20 sein (vgl. Anh. § 21 aF Rn. 9). Diese Anteile können aus lang zurückliegenden Zeiträumen stammen (Anh. § 21 aF Rn. 6).

Sind solche einbringungsgeborenen Anteile unselbstständiger Teil eines Betriebes, eines Teilbetriebes oder eines Mitunternehmeranteils und werden sie mit diesem BV im Wege der Sacheinlage nach § 20 I eingebracht, so gilt zwar für diese Anteile kein Sonderrecht hinsichtlich des Einbringungsvorganges oder der Bewertung. § 20 III 4 enthält aber eine Sonderregelung für diese einbringungsgeborenen Anteile insoweit, als bestimmt wird, dass die erhaltenen neuen Anteile anteilig als ebenfalls einbringungsgeborene Anteile iSv § 21 I UmwStG 1995 gelten. Durch die nach neuem Recht erfolgende Miteinbringung einbringungsgeborener Anteile wird deren Qualifikation als einbringungsgeborene Anteile anteilig auf die neuen Anteile übertragen und setzt sich in diesen fort. Die neuen Anteile treten förmlich an die Stelle der alten Anteile. Die Weitergabe des Qualifikationsmerkmals als einbringungsgeborene Anteile auf die neuen Anteile ist allerdings nur dann anzunehmen, wenn die Einbringung zu **BW oder ZW** erfolgt. Beim Ansatz des eingebrachten BV bei der übernehmenden Gesellschaft mit dem gemeinen Wert kommt die Infektionswirkung nicht zum Tragen, weil insoweit wirtschaftlich eine Veräußerung vorliegt, mit der die Steuerverhaftung endet (*Nitzschke* in Blümich § 20 UmwStG Rn. 99; *Widmann* in W/M § 20 Rn. R 1128; *Herlinghaus* in R/H/vL § 20 Rn. 198; *Schmitt/Schlossmacher* DStR 2008, 2242). Die rechtliche Folge dieser Qualifikationsfortführung ist, dass § 21 UmwStG 1995 weiterhin anzuwenden ist (§ 27 III Nr. 3, II). Das bedeutet, dass für Veräußerungen dieser Anteile § 8b IV KStG in der am 12.12.2006 geltenden Fassung (§ 34 IV KStG) und § 3 Nr. 40 S 3 und 4 EStG in der am 12.12.2006 geltenden Fassung anzuwenden sind (§ 52 IV 6 EStG). Dadurch wird erreicht, dass Veräußerungsgewinne aus der unmittelbaren oder mittelbaren Veräußerung solcher Anteile innerhalb der Sperrfrist voll besteuert werden. Zu beachten ist, dass wegen der durch § 20 III 4 angeordneten Weitergabe der Qualifikation als einbringungsgeborene Anteile auf die neuen, nun fiktiv einbringungsgeborenen Anteile diese in laufende Sperrfristen eintreten (vgl. *Nitzschke* in Blümich § 20 UmwStG Rn. 99; *Widmann* in W/M § 20 Rn. R 1130; UmwStE Rn. 20.39). Nach Ablauf der 7-jährigen Sperrfrist anfallende Veräußerungsgewinne oder Verluste unterfallen insoweit der Freistellung nach § 8b (2) KStG bzw. dem Teileinkünfteverfahren nach § 3 Nr. 40 EStG.

Die Einbringungsgeborenheit von Anteilen bleibt auch erhalten, wenn die Gesellschaft, **564** an der die Anteile bestanden, **verschmolzen** wird. Die Qualifikation der bei der Verschmelzung hingegebenen und untergegangenen Anteile als einbringungsgeborene Anteile setzt sich in den durch die Verschmelzung erworbenen neuen Anteilen fort. Die Beibehaltung der Steuerverhaftetheit gilt gleichermaßen für Anteile im BV und im Privatvermögen (FG BaWü v. 2.4.2008 – 7 K 74/04, EFG 2008, 1339, rkr).

Die „neuen" einbringungsgeborenen Anteile bleiben auch nach Ablauf der Sperrfrist **565** steuerverhaftet; § 21 UmwStG 1995 bleibt **zeitlich unbegrenzt** gültig (§ 27 III Nr. 3 S 1; UmwStE Rn. 20.38). Diese weiterhin bestehende Steuerverstrickung betrifft auch solche neuen Anteile, die erst unter dem SEStEG erworben wurden (zutreffend *Haritz* GmbHR 2007, 169). Durch die Anordnung einer Fiktion in § 20 III 4 werden die neuen Anteile den alten Anteilen gleichgestellt.

Die neuen Anteile sind nicht vollständig **verstrickt,** sondern **nur „insoweit",** als **566** einbringungsgeborene Anteile iSv § 21 UmwStG 1995 eingebracht worden sind. Bei den erhaltenen Anteilen muss deshalb eine Aufteilung danach erfolgen, wie weit diese Anteile § 21 UmwStG unterfallen und inwieweit § 22. Hierbei sind zwei Fragestellungen zu unterscheiden: Zum einen ist zu entscheiden, ob alle neuen Anteile als anteilig einbringungsgeboren zu betrachten sind. Der UmwStE äußert sich hierzu nicht. Für eine anteilige Verstrickungsquote aller neuen Anteile spricht, dass es sich um einen einheitlichen Einbringungsvorgang handelt. Dem Gesetz ist ein entsprechendes Wahlrecht zur Verteilung der Einbringungsgeborenheit auf einzelne Anteile nicht zu entnehmen, ganz abgesehen davon, dass eine rechnerische Aufteilung auf mehrere oder nur einen einzelnen Anteil nur selten möglich sein wird. Mit der überwiegenden Meinung ist deshalb davon auszugehen, dass die Verstrickungsquote allen neuen Anteilen zugeordnet werden muss (*Hruschka/Hell-*

mann in Haase/Hruschka § 20 Rn. 157; *Mutscher* in F/M § 20 Rn. 331; *Nitzschke* in Blümich § 20 UmwStG Rn. 99; *Widmann* in W/M § 20 Rn. R 1127; *Schmitt/Schlossmacher* DStR 2008, 2242). Zum anderen ist zu entscheiden, nach welchem **Wertmaßstab** die Verstrickungsquote zu bemessen ist. Da die fortbestehenden stillen Reserven in den neuen Anteilen dargestellt werden sollen, bleibt als Maßstab nur das Verhältnis der gemeinen Werte der eingebrachten einbringungsgeborenen Anteile zum gemeinen Wert der übrigen WG (zutreffend *Hruschka/Hellmann* in Haase/Hruschka § 20 Rn. 157; *Nitzschke* in Blümich § 20 UmwStG Rn. 99; *Patt* in D/P/M § 20 UmwStG Rn. 147; *Widmann* in W/M § 20 Rn. 1127; aA *Schmitt/Schlossmacher* DStR 2008, 2242, die das Verhältnis der stillen Reserven zueinander maßgebend sein lassen wollen).

Beispiel: X gründet die X-GmbH mit einem Stammkapital von 100.000,– €. Er bringt seinen Betrieb mit einem BW von 100.000,– € und einem gemeinen Wert von 200.000,– € gemäß § 20 in die X-GmbH ein. Die X-GmbH wählt den BW-Ansatz. Unselbständiger Bestandteil des Betriebes sind einbringungsgeborene Anteile mit einem BW von 15.000,– € und einem gemeinen Wert von 40.000,– €.

Die AK der neuen Anteile betragen 115.000,– € (= 100.000,– € + 15.000,– €). Das Verhältnis der gemeinen Werte der einbringungsgeborenen Anteile zu dem gemeinen Wert der anderen WG beträgt 1/5. Infolgedessen unterfällt der neue Anteil bzw. unterfallen die neuen Anteile zu 1/5 als einbringungsgeborene Anteile gemäß § 20 III 4 dem § 21 UmwStG 1995.

567 Nicht abschließend geklärt ist, ob die eingebrachten **Altanteile** mit der Einbringung die Eigenschaft der Einbringungsgeborenheit verlieren oder ob es zu einer Verdoppelung einbringungsgeborener Anteile kommt, nämlich bei der Übernehmerin hinsichtlich der Altanteile und bei dem Einbringenden hinsichtlich der verhafteten neuen Anteile. Die Verdoppelung könnte aus der Verwendung des Wortes „auch“ in § 20 III 4 hergeleitet werden. Dementsprechend ist die Literatur mehrheitlich der Auffassung, dass es zu einer doppelten Besteuerung kommen kann (vgl. *Mutscher* in F/M § 20 Rn. 332; *Nitzschke* in Blümich § 20 UmwStG Rn. 99). Dies wird zusätzlich damit begründet, dass die übernehmende Gesellschaft als Rechtsnachfolgerin in die steuerliche Rechtsstellung des Einbringenden eintrete (*Nitzschke* in Blümich § 20 UmwStG Rn. 99). Dieser Ansicht ist nicht zu folgen. Bei der Einbringung handelt es sich um einen tauschähnlichen Vorgang, bei dem es allerdings kraft ausdrücklicher gesetzlicher Vorschrift nicht zur Aufdeckung der stillen Reserven kommt. Von einer Rechtsnachfolge in die Einbringungsgeborenheit kann also nicht die Rede sein. Mit *Schmitt/Schlossmacher* ist deshalb davon auszugehen, dass **nur die neuen Anteile als einbringungsgeboren** zu betrachten sind, während die Altanteile diese Qualifikation mit der Einbringung verlieren (*Schmitt/Schlossmacher* DStR 2008, 2242).

Vgl. Anh. § 21 aF.

568–570 *(einstweilen frei)*

IV. Zeitpunkt der Sacheinlage und Möglichkeit der Rückbeziehung, § 20 V, VI

1. Zeitpunkt der Sacheinlage

a) Grundsatz

571 Infolge der Einbringung wird ein Rechtsträgerwechsel hinsichtlich des einzubringenden Vermögens bewirkt. Es ist daher erforderlich, einen Übertragungsstichtag (Einbringungszeitpunkt) festzulegen, bis zu dessen Ablauf das einzubringende BV dem übertragenden Rechtsträger und mit dessen Ablauf das eingebrachte Vermögen dem übernehmenden Rechtsträger zuzurechnen ist.

Mit der Europäisierung der Einbringung geht der Umstand einher, dass sich der Übertragungszeitpunkt **nach ausl Recht** bestimmen und daher auf einen vom deutschen Gesellschaftsrecht abweichenden Zeitpunkt entfallen kann.

b) Mögliche Übertragungszeitpunkte bei inl Umwandlungen

Im Verlauf von Einbringungsvorgängen, denen ein rein inl Sachverhalt zugrunde liegt, sind verschiedene Zeitpunkte zu unterscheiden, die ggf. zusammentreffen können: 572

- Begründung der schuldrechtlichen Übertragungsansprüche und Verpflichtungen;
- Übergang des wirtschaftlichen Eigentums an dem eingebrachten BV;
- Übergang des zivilrechtlichen Eigentums an dem eingebrachten BV;
- Einbringungszeitpunkt iSd §§ 20 V, VI.

Die Sacheinlage beinhaltet sowohl eine steuerrechtliche als auch eine gesellschaftsrechtliche Komponente. Der Vorgang der Einbringung erstreckt sich regelmäßig über einen längeren Zeitraum: Zunächst werden schuldrechtlich die gegenseitigen Ansprüche und Verpflichtungen begründet. Sodann muss es zum Rechtsträgerwechsel kommen. Während gesellschaftsrechtlich der zivilrechtliche Übergang des Eigentums an den Einbringungsgegenständen von Bedeutung ist (§§ 398, 929 ff., 873, 925 BGB), kann die steuerrechtliche Zurechnung nach allgemeinen ertragsteuerrechtlichen Grundsätzen bereits zu einem früheren Zeitpunkt erfolgen: Allgemein ausreichend ist der **Übergang des wirtschaftlichen Eigentums** iSv § 39 II Nr. 1 S 1 AO. Dies gilt trotz der Bezugnahme des § 1 III auf das UmwG auch für die Einbringung nach § 20 (*Widmann* in W/M § 20 Rn. R 236; *Schmitt* in SHS § 20 Rn. 21; Rn. 234 f.). 573

c) Gesellschaftsrechtlicher Übertragungszeitpunkt

Bei Umwandlungen, die sich nach den Vorschriften des inl Rechts vollziehen, sind folgende Übertragungszeitpunkte zu unterscheiden: 574

Sacheinlage durch Verschmelzung, § 2 UmwG. Das zivilrechtliche Eigentum am übertragenen BV geht gemäß § 20 I Nr. 1 UmwG mit der Eintragung der Verschmelzung in das Register (§ 19 UmwG) über.

Sacheinlage durch Aufspaltung, Abspaltung und Ausgliederung, § 123 UmwG. Gemäß §§ 125, 20 I Nr. 1 UmwG geht auch in diesen Fällen das zivilrechtliche Eigentum am übertragenen BV mit der Eintragung in das Register über.

Einbringung von BV durch Einzelrechtsnachfolge. Die von § 20 erfassten Fälle der Umwandlung im Wege der Einzelrechtsnachfolge finden außerhalb des UmwG statt. Der Rechtsträgerwechsel richtet sich nach den allgemeinen zivilrechtlichen Vorschriften (insb. § 398 BGB für den Forderungsübergang, §§ 873, 925 BGB für die Übereignung von Grundstücken und Rechten an Grundstücken, §§ 929 ff. BGB für die Übereignung beweglicher Sachen). Ausl Umwandlungen, die außerhalb des UmwG erfolgen, richten sich nach den entsprechenden ausl Vorschriften.

d) Steuerlicher Übertragungszeitpunkt

Der steuerliche Übertragungszeitpunkt (Einbringungszeitpunkt nach § 20 VI) ist für den Einbringenden und die übernehmende Gesellschaft von herausragender Bedeutung. Er ist die zeitliche Schnittstelle für die Zurechnung des Einkommens und Vermögens beim Einbringenden einerseits und bei der übernehmenden Gesellschaft andererseits. 575

Steuerlicher Einbringungszeitpunkt ist grds der **Zeitpunkt, in dem das wirtschaftliche Eigentum** an den WG des Einbringungsvermögens **übergeht** (vgl. Rn. 221 f. sowie UmwStE Rn. 20.13 und hM zB *Schmitt* in SHS § 20 Rn. 20; aA *Patt* in D/P/M § 20 UmwStG Rn. 7). Dieser Zeitpunkt ist für Fälle der Einbringung durch Gesamtrechtsnachfolge und die Einbringung durch Einzelrechtsnachfolge gleichermaßen maßgebend (UmwStE Rn. 20.13). Rein tatsächlich betrachtet können zwar nicht alle WG zum selben Zeitpunkt übertragen werden. Erforderlich und ausreichend ist es aber, wenn die Einzelübergänge in einem zeitlichen und sachlichen Übertragungszusammenhang miteinander stehen (*Herlinghaus* in R/H/vL § 20 Rn. 223a; *Schmitt* in SHS § 20 Rn. 235).

Fraglich ist, welcher Zeitpunkt maßgebend ist, wenn ausnahmsweise der Zeitpunkt für den Übergang des wirtschaftlichen und des rechtlichen Eigentums auseinanderfallen. 576

Hat bereits vor Abschluss der zivilrechtlichen Übertragungstatbestände der übernehmende Rechtsträger die tatsächliche Herrschaft über die einzubringenden WG in der Weise erlangt, dass er den Einbringenden im Regelfall für die gewöhnliche Nutzungsdauer von der Einwirkung auf das WG wirtschaftlich ausschließen kann, so ist ab diesem Zeitpunkt der übernehmende Rechtsträger gemäß § 39 II Nr. 1 S 1 AO für die Zwecke des Steuerrechts als Eigentümer der Einbringungsgegenstände anzusehen unabhängig davon, dass der Eigentumserwerb nach den Vorschriften des Zivilrechts noch nicht abgeschlossen ist (*Schneider* PiR 2009, 38; aA *Widmann* in W/M § 20 Rn. R 236). Das wirtschaftliche Eigentum an beweglichen und unbeweglichen WG geht regelmäßig bereits dann auf die übernehmende Gesellschaft über, wenn diese (kumulativ) den Besitz über die WG ausübt und die Gefahr des Untergangs sowie die **Nutzung und Lasten** der WG trägt. Sofern ein Übergang des wirtschaftlichen Eigentums vor Abschluss des zivilrechtlichen Eigentumsübergangs möglich ist, wird deshalb ab diesem Zeitpunkt die Einbringung auch steuerlich wirksam. Entscheidend ist der im Einbringungsvertrag festgelegte Zeitpunkt für den Übergang von Besitz, Nutzen und Lasten (UmwStE Rn. 20.13; *Patt* in D/P/M § 20 UmwStG Rn. 301). Theoretisch können die Beteiligten im Einbringungsvertrag den Einbringungszeitpunkt auf jeden Tag des Jahres festlegen.

In Ausnahmefällen kann der Übergang des wirtschaftlichen Eigentums den Übergang des rechtlichen Eigentums zeitlich nachfolgen. Für diese Fallgestaltung wird die Meinung vertreten, dass es auf den späteren Zeitpunkt des Übergangs des wirtschaftlichen Eigentums ankomme (*Widmann* in W/M § 20 Rn. R 236). Nach Auffassung des BFH ist jedoch davon auszugehen, dass bei einem Verkauf im Zeitpunkt des Übergangs des zivilrechtlichen Eigentums, der Gewinn aus der Veräußerung eines WG auch dann realisiert wird, wenn Besitz, Nutzen, Lasten und Gefahr vertragsgemäß erst später übergehen (BFH v. 18.5.2006 – III R 25/05, BFHE 213, 499). Nach Ansicht des BFH ist der Veräußerer nach dem Eigentumserwerb durch den Käufer nicht mehr wirtschaftlicher Eigentümer. Dem Veräußerer verbleibt nach dem Eigentumsübergang auf den Käufer kein wirtschaftliches Eigentum, das eine vom zivilrechtlichen Eigentum abweichende Zurechnung rechtfertigen würde. Dieser Ansicht ist auch für die Festlegung der Zeitpunkte der Einbringung zu folgen, weil in dem Fall der Sacheinlage gegen neue Anteile dem Grunde nach eine Veräußerung zu sehen ist. So ist auch UmwStE Rn. 20.13 zu verstehen, wenn dort festgelegt wird, dass in den Fällen der Gesamtrechtsnachfolge das wirtschaftliche Eigentum spätestens im Zeitpunkt der Eintragung in das Register übergeht (so *Benz/Rosenberg* DB Beilage 1 zu Heft 2/2012, 41). Es muss allerdings beachtet werden, dass der BFH für die Besteuerung nach § 17 EStG allein auf das Innehaben des wirtschaftlichen Eigentums abstellt (BFH v. 26.1.2011 – IX R 7/09, BStBl. II 2011, 540; v. 25.5.2011 – IX R 23/10, BStBl. II 2012, 3; dazu *Hoffmann* GmbHStB 2011, 349; krit. zu dieser Sichtweise *Mayer* DStR 2009, 674).

577 Wegen der vom Gesetz angeordneten Gleichstellung inl Einbringungssachverhalte mit „vergleichbaren ausländischen Vorgängen" ist der Übertragungszeitpunkt nach den vorgenannten Kriterien auch in den Fällen der Auslandseinbringung zu bestimmen. Nach aA soll in den Auslandsfällen auf den Übergang des zivilrechtlichen Eigentums abgestellt werden (*Dötsch/Pung* DB 2006, 2704/2706).

578–584 *(einstweilen frei)*

2. Möglichkeit der Rückbeziehung

a) Allgemein

585 Zum Zweck der Vereinfachung sehen § 20 V, VI vor, dass die Rechtsfolgen des während des Jahres vollzogenen Einbringungsvorgangs zurückbezogen werden können. Abweichend von der tatsächlichen Übertragung des wirtschaftlichen Eigentums an den Einbringungsgegenständen können die Rechtsfolgen des Einbringungsvorgangs um bis zu acht Monate zurückbezogen werden. Durch diese Rückbeziehungsregeln haben Stpfl. die

Möglichkeit, einzel- und gesamtrechtsnachfolgebedingte Einbringungen so zu gestalten, dass die Schlussbilanz des Einbringenden auf den 31.12. des Vorjahres oder einen anderen Schlussstichtag erstellt werden kann. Auf diese Weise können Zwischenbilanzen und zusätzliche Steuererklärungen vermieden werden.

Beispiel: X entscheidet Anfang Juli 01, sein Einzelunternehmen im Wege der Sacheinlage in eine GmbH einzubringen.

Sofern mit Ablauf des 31.7.01 Besitz, Nutzen und Lasten an allen Wirtschaftsgütern übergehen sollen, müsste X auf den 31.7.01 eine Bilanz erstellen, die für den Einbringenden die Bedeutung einer Schlussbilanz und zugleich der steuerlichen Einbringungsbilanz hätte. Zur Vermeidung der Bilanzerstellung zum 31.7.01 könnte X den 31.12.00 als Einbringungszeitpunkt bestimmen.

§ 20 V, VI ermöglichen nicht nur, dass der Einbringung eine Bilanz zu einem zurück- **586** liegenden Stichtag zugrunde gelegt wird. Das Gesetz geht vielmehr noch einen Schritt weiter und fingiert mit den dazugehörigen steuerlichen Folgen für den einbringenden Rechtsträger und die übernehmende Gesellschaft einen rückwirkenden Vermögensübergang (*Herlinghaus* in R/H/vL § 20 Rn. 223b; *Patt* in D/P/M § 20 UmwStG Rn. 302). Fingiert wird im Zuge dessen auch die Existenz von KapGes und Genossenschaften, die erst später, aber innerhalb des Acht-Monats-Zeitraums gegründet werden.

b) Voraussetzungen einer Rückbeziehung

aa) Gültige Einbringung. Beachtet werden muss, dass die Rückbeziehung eine voll- **587** zogene und rechtlich zulässige Einbringung voraussetzt. Sie ist eine mögliche Rechtsfolge der Sacheinlage (*Patt* in D/P/M § 20 UmwStG Rn. 303). Nur bei Vorliegen einer Sacheinlage kann der Einbringungsvorgang rückbezogen werden. Deshalb ist es nicht möglich, die Voraussetzungen für die Sacheinlage nachträglich zu schaffen. Umgekehrt sollte es nicht schädlich sein, wenn die Voraussetzungen für die Sacheinlage zum rückbezogenen Einbringungsstichtag noch nicht vorlagen (so auch *Patt* in D/P/M § 20 UmwStG Rn. 303). Die FinVerw hingegen verlangt, dass bereits zum (rückbezogenen) Einbringungszeitpunkt die Voraussetzungen des qualifizierten Einbringungsgegenstandes (Betrieb, Teilbetrieb oder Mitunternehmeranteil) vorgelegen haben (UmwStE Rn. 20.14; hinsichtlich der Kritik an dieser Verwaltungsauffassung s. Rn. 70).

bb) Wahrung der Acht-Monats-Frist. Die Acht-Monats-Frist des § 20 VI ist eine **588** **Ausschlussfrist** (*Patt* in D/P/M § 20 UmwStG Rn. 307; aA *Schmitt* in SHS § 20 Rn. 258; *Herlinghaus* in R/H/vL § 20 Rn. 225). Sie gilt auch im Falle der Einbringung zum gemeinen Wert, obwohl die Sacheinlage wirtschaftlich einem Tausch gleichkommt. Der Zeitraum, innerhalb dessen der steuerliche Übertragungsstichtag (Einbringungszeitpunkt, vgl. die Legaldefinition in § 20 VI 1 HS 1) zurückbezogen werden darf, ist je nach der Art der Einbringung unterschiedlich:

(1) Sacheinlage durch Verschmelzung. Gemäß § 20 VI 1 darf bei Verschmelzungen **589** von PersGes auf KapGes als Einbringungszeitpunkt der Tag angesehen werden, für den die Schlussbilanz (§ 17 II UmwG) jedes der übertragenden Unternehmen aufgestellt ist. Der Einbringungsstichtag darf gemäß § 20 VI 1 HS 2, § 17 II 4 UmwG höchstens acht Monate vor dem Tag liegen, an dem die übernehmende Gesellschaft die Verschmelzung **zur Eintragung** in das Handels- oder Genossenschaftsregister **angemeldet** hat (*Widmann* in W/M § 20 Rn. R 286; *Herlinghaus* in R/H/vL § 20 Rn. 233; *Patt* in D/P/M § 20 UmwStG Rn. 308). Innerhalb der Acht-Monats-Frist kann auch ein bestimmter Zeitpunkt innerhalb eines Tages als Einbringungszeitpunkt bestimmt werden (*Widmann* in W/M § 20 Rn. 287; *Herlinghaus* in R/H/vL § 20 Rn. 233; offen gelassen durch BFH v. 24.4.2008 – IV R 69/05, BFH/NV 2008, 1550).

Wird die Schlussbilanz auf einen **außerhalb der Acht-Monats-Frist** liegenden Tag **590** erstellt und die Verschmelzung gleichwohl im Handels- oder Genossenschaftsregister eingetragen, ist die Verschmelzung gemäß § 20 II UmwG **zivilrechtlich** wirksam und endgültig vollzogen. **Steuerrechtlich** gilt nicht der – unzulässigerweise – gewählte Stichtag als Einbringungszeitpunkt, da § 20 VI 1 HS 2 als zwingendes Recht nicht von der Wirkung des § 20 II UmwG erfasst wird. Vielmehr kommen die allg. Grundsätze zur Anwendung, wonach als Einbringungszeitpunkt der Tag der Eintragung der Verschmelzung im Handels- oder Genossenschaftsregister der übernehmenden Gesellschaft gilt (*Patt* in D/P/M § 20 UmwStG Rn. 308). *Patt* spricht sich mit Recht dafür aus, dass in solchen Fällen, in denen der zivilrechtliche und der steuerrechtliche Übertragungsstichtag zusammenfallen, hinsichtlich der Fristsetzung an § 20 VI 1 die gleichen Anforderungen gestellt werden wie an § 17 II UmwG. Dementsprechend soll die Regelung in § 17 II 4 UmwG, die Einreichung der Verschmelzungsunterlagen innerhalb einer Nachfrist ermöglicht, auch für die Zwecke des Steuerrechts gelten (*Patt* in D/P/M § 20 UmwStG Rn. 308).

591 Sind an der Sacheinlage **mehrere Rechtsträger als Einbringende** beteiligt, setzt § 20 VI 1 nach einer Auffassung (*Patt* in D/P/M § 20 UmwStG Rn. 308) für eine wirksame steuerliche Rückbeziehung voraus, dass die Bilanzen sämtlicher einbringenden Rechtsträger auf einen einheitlichen Einbringungszeitpunkt aufgestellt sind. Die Gegenauffassung geht zutr. davon aus, dass in solchen Fällen steuerrechtlich getrennte Einbringungsvorgänge vorliegen, für die **unterschiedliche steuerliche Übertragungszeitpunkte** gewählt werden dürfen (*Herlinghaus* in R/H/vL § 20 Rn. 233).

592 **(2) Sacheinlage durch Aufspaltung, Abspaltung und Ausgliederung gemäß § 123 UmwG, § 20 VI 2.** Die Regelungen des § 20 VI 1 kommen über § 20 VI 2 in den Fällen der Auf- und Abspaltung sowie der Ausgliederung entsprechend zur Anwendung. Die entsprechende Anwendung der zivilrechtlichen Vorschriften zur Verschmelzung (§§ 2 ff. UmwG, insb. § 17 II UmwG) wird über die Verweisung in § 125 UmwG erreicht.

593 **(3) Formwechsel.** Für den Formwechsel nach § 25 gilt hinsichtlich der Rückwirkung nicht die allgemeine Verweisung des § 25 S 1 auf § 20, sondern es besteht eine Sonderregelung in § 25 S 2, wonach auf die Rückwirkung § 9 S 3 anstelle von § 20 V, VI Anwendung findet (vgl. dazu § 25 Rn. 5, 16).

594 **(4) Andere Fälle, § 20 VI 3.** § 20 VI 3 findet auf alle Sacheinlagen iSd §§ 1 III, IV, 20 I Anwendung, die keine Spaltungen oder Verschmelzungen iSd §§ 2, 123 UmwG sind.

595 § 20 VI 3 gilt zum einen für Sacheinlagen, die sich nach deutschem Recht im Wege der **Einzelrechtsnachfolge** oder der **erweiterten Anwachsung** vollziehen (vgl. zur erweiterten Anwachsung Rn. 242 ff.).

Die Sacheinlage darf nach § 20 VI 3 auf einen beliebigen Zeitpunkt zurückbezogen werden, der höchstens acht Monate vor dem **Abschluss des Einbringungsvertrags** und dem Zeitpunkt liegt, an dem das eingebrachte **BV** auf die übernehmende Gesellschaft **übergeht.** Geht daher das (zivilrechtliche oder wirtschaftliche) Eigentum an dem eingebrachten BV erst nach dem Abschluss des Einbringungsvertrags auf die übernehmende Gesellschaft über, darf der Einbringungszeitpunkt höchstens acht Monate vor dem Zeitpunkt liegen, an dem das Eigentum am BV übergegangen ist (*Widmann* in W/M § 20 Rn. R 236, 253; *Patt* in D/P/M § 20 UmwStG Rn. 310). Während nach § 20 VI 1 und 2 als Übertragungsstichtag der Tag gilt, auf den die Schluss- bzw. Zwischenbilanz des einbringenden Rechtsträgers erstellt ist, kann der Einbringungszeitpunkt in den Fällen des § 20 VI 3 innerhalb des Acht-Monats-Zeitraums frei gewählt werden. Dies hat seinen Grund in dem Umstand, dass in den Einbringungsfällen des Satzes 3 nur teilweise Bilanzen zugrunde gelegt werden, die primär der Gewinnabgrenzung dienen (*Herlinghaus* in R/H/vL § 20 Rn. 235b).

Sofern der gewählte Einbringungszeitpunkt **außerhalb des Acht-Monats-Zeitraums** liegt, gilt der Zeitpunkt der tatsächlichen Übertragung als Einbringungszeitpunkt (*Widmann* in W/M § 20 Rn. R 293).

596 Zum anderen ist § 20 VI 3 auf Einbringungsvorgänge iSd §§ 1 III, IV, 20 I anwendbar, die sich **nach ausl Vorschriften** vollziehen (*Widmann* in W/M § 20 Rn. R 253; *Herling-*

haus in R/H/vL § 20 Rn. 235a; *Voß* BB 2006, 469/471). Dies gilt auch für Verschmelzungen und Spaltungen nach ausl Recht; § 20 VI 1 und 2 erfassen nur Verschmelzungen und Spaltungen iSd §§ 2, 123 UmwG. Für die Berechnung des Zeitraums, in dem steuerlich die Rückbeziehung möglich ist, ist es ohne Bedeutung, welchen Zeitraum das ausl Recht vorsieht, **es gilt allein** die Acht-Monats-Frist des **§ 20 VI 3** (*Widmann* in W/M § 20 Rn. R 253). Abweichende Stichtagsregelungen nach dem ausl Recht erlangen nur im Rahmen von **§§ 20 VI 4, 2 III** Bedeutung (*Widmann* in W/M § 20 Rn. R 254; dazu unten Rn. 601 ff.).

cc) Antrag auf Zugrundelegung eines abweichenden Stichtags, § 20 V 1. Infolge des Ausnahmecharakters der Rückbeziehungsmöglichkeit bedarf es zur Rückbeziehung eines Antrags. Ohne einen solchen Antrag kann ein anderer Übertragungsstichtag als der des tatsächlichen Übergangs des wirtschaftlichen Eigentums nicht zugrunde gelegt werden. **597**

Die Befugnis, einen Antrag nach § 20 V zu stellen und ihn ggf. wieder zurückzunehmen, steht der **übernehmenden Gesellschaft** zu (UmwStE Rn. 20.14; *Patt* in D/P/M § 20 UmwStG Rn. 304; *Herlinghaus* in R/H/vL § 20 Rn. 225). Zwar trifft § 20 V insofern keine ausdrückliche Regelung, doch ergibt sich die Antragsberechtigung aus dem Zusammenhang mit § 20 II, wonach auch das Wertansatzwahlrecht der Übernehmerin zusteht: Sowohl der Wertansatz als auch der Einbringungszeitpunkt stellen Möglichkeiten dar, den Veräußerungsgewinn und die AK des einbringenden Rechtsträgers sowie das AfA-Volumen der Übernehmerin zu beeinflussen. Die Wahlrechte würden an Effektivität einbüßen, müssten sie durch die beteiligten Rechtsträger gemeinsam ausgeübt werden. Angesichts der sachlichen Verknüpfung zwischen der Höhe des Wertansatzes und dem Stichtag, an dem dieser Wert ermittelt wird, muss das Wahlrecht nach § 20 V im Einklang mit demjenigen nach § 20 II der übernehmenden Gesellschaft zustehen (*Schmitt* in SHS § 20 Rn. 258; *Patt* in D/P/M § 20 UmwStG Rn. 304; nun auch *Widmann* in W/M § 20 Rn. R 276). **598**

Der Antrag ist bei dem **Finanzamt** zu stellen, das für die Besteuerung der Übernehmerin zuständig ist (*Herlinghaus* in R/H/vL § 20 Rn. 225; *Widmann* in W/M § 20 Rn. R 277; FG Berlin-Brandenburg v. 13.12.2016 – 6 K 6243/14 – Rev. BFH I R 1/17). Befindet sich bei grenzüberschreitenden Einbringungen weder der Ort der Geschäftsleitung noch der Sitz der übernehmenden Gesellschaft im Inland, so bestimmt sich das zuständige Finanzamt nach § 20 III, IV AO oder, falls dessen Voraussetzungen ebenfalls nicht gegeben sind, nach § 24 AO. **599**

Zum **letztmöglichen Zeitpunkt** der Antragstellung werden unterschiedliche Auffassungen vertreten. Teilweise wird gefordert, dass das Wahlrecht in der Steuererklärung bzw. in der Bilanz für das Wj, in dem die Einbringung durchgeführt wurde, ausgeübt wird (*Patt* in D/P/M § 20 UmwStG Rn. 305). Das Gesetz selbst legt keine Ausschluss- oder sonstige Frist fest. Daher erscheint es geboten, die Antragstellung bis zur Beendigung der letzten Tatsacheninstanz zuzulassen (so auch FG Berlin-Brandenburg v. 13.12.2016 – 6 K 6243/14 – Rev. BFH I R 1/17; *Schmitt* in SHS § 20 Rn. 258; *Herlinghaus* in R/H/vL § 20 Rn. 225; *Widmann* in W/M § 20 Rn. R 280, 605 f.: im gerichtlichen Verfahren soll die Antragstellung nur im Wege der Klageänderung möglich sein). Die FinVerw hat im UmwStE Rn. 20.14 lediglich erklärt, dass sich der steuerliche Übertragungsstichtag eindeutig aus der Bilanz bzw. der Steuererklärung ergeben muss. Zum konkreten Zeitpunkt der Antragsstellung äußert sie sich weiter nicht (so auch *Hötzel/Kaeser* in FGS/BDI UmwStE 2011, S 336). **600**

Das FG Berlin-Brandenburg hat in seiner Entscheidung v. 13.12.2016 – 6 K 6243/14 (Rev. BFH I R 1/17) entschieden, dass der Antrag auf Rückbewirkung der Einbringung auf einen Tag innerhalb der Acht-Monats-Frist auch konkludent gestellt werden kann und anschließend grds auch geändert werden kann; jedenfalls solange dies verfahrensrechtlich zulässig ist (der entsprechende Steuerbescheid also nicht formell und materiell bestandskräftig ist).

601 **dd) Entsprechende Anwendbarkeit von § 2 III, § 20 VI 4.** Bei grenzüberschreitenden Einbringungen unter Beteiligung von Rechtsträgern aus zwei Staaten kann es vorkommen, dass die zeitliche Festlegung des steuerlichen Übertragungsstichtags im deutschen und im betreffenden ausl Recht unterschiedlich geregelt ist. Denn nach § 2 I, auf den § 2 III Bezug nimmt, kommt es bei ausl Rechtsträgern zur Festlegung des steuerlichen Übertragungsstichtags auf den nach ausl Recht maßgebenden Bilanzstichtag an. Die auseinanderfallenden Rückbeziehungsregeln können zur Folge haben, dass es zu weißen, nicht besteuerten Einkünften oder zu Doppelbesteuerungen kommt. Das Entstehen weißer Einkünfte zu verhindern, ist Ziel des § 2 III, der über die Inbezugnahme des § 20 VI 3 auch bei grenzüberschreitenden Einbringungen wirken soll.

602 **Anwendungsfälle des § 2 III** sind zum einen solche Konstellationen, in denen die ausl Rechtsordnung das Konzept der steuerlichen Rückwirkung nicht kennt und daher den Umwandlungsvorgang auch in steuerlicher Hinsicht erst als im Zeitpunkt der zivilrechtlichen Umwandlung abgeschlossen ansieht. Der Anwendungsbereich der §§ 20 VI 4, 2 III erstreckt sich aber auch auf Sachverhalte, in denen die Rechtsordnungen unterschiedlich lange Rückwirkungszeiträume für zulässig erklären.

Beispiel: X unterhält in Deutschland einen Gewerbebetrieb. Er verlagert den Betrieb durch Einbringung in eine KapGes in den Staat A. X beabsichtigt, die Übertragung in den ersten Monaten des Jahres 02 durchzuführen und den 31.12.01 zum steuerlichen Übertragungsstichtag zu bestimmen. Der Staat A kennt keine Rückbeziehungsregeln. X erzielt im Jahr 02 bis zur zivilrechtlichen Übertragung des Betriebs Zinsen, die als gewerbliche Einkünfte stpfl. wären. Bliebe es bei der beabsichtigten Rückwirkung der Einbringung, so entstünden bzgl. der Zinsen weiße Einkünfte. Infolge der deutschen Rückwirkungsregeln würde es sich aus deutscher Sicht um Einnahmen der ausl KapGes handeln.

Aus Sicht der ausl KapGes handelt es sich hingegen um Einnahmen des deutschen Betriebs. §§ 20 VI 3, 2 III lassen in einem solchen Fall die Rückbeziehung nicht zu, sodass die Zinsen in Deutschland zu versteuern sind.

603 Auch bei der folgenden Rechtsgestaltung erlangen §§ 20 VI 4, 2 III Bedeutung: Führt die Umwandlung dazu, dass das Besteuerungsrecht der Bundesrepublik im Hinblick auf bestimmte Einkünfte ausgeschlossen ist, etwa weil nach der Umwandlung in Deutschland keine Betriebsstätte verbleibt (Art. 7 OECD-MA bzw. § 49 EStG), der die entsprechenden Einkünfte zuvor zuzuordnen waren, **besteht während des Rückwirkungszeitraums eine Besteuerungslücke:** Der ausl Ansässigkeitsstaat der übernehmenden Gesellschaft hat aus seiner Sicht kein Besteuerungsrecht, da die Umwandlung steuerrechtlich noch nicht erfolgt ist, mithin eine Betriebsstätte in Deutschland besteht, weshalb das Besteuerungsrecht gemäß Art. 7 OECD-MA bei der Bundesrepublik Deutschland liegt. Aus deutscher Sicht ist die Umwandlung steuerrechtlich bereits abgeschlossen, die Betriebsstätte existiert nicht mehr. Dementsprechend besteht kein Besteuerungsrecht nach Art. 7 OECD-Musterabkommen, weshalb aus deutscher Sicht dem Ansässigkeitsstaat der Übernehmerin das Besteuerungsrecht zukommt. Infolge der Anwendung der §§ 20 VI 4, 2 III ist die steuerliche Rückwirkung bis zu dem Zeitpunkt ausgeschlossen, in dem die Umwandlung nach dem ausl Recht erfolgt ist; während dieses Zeitraums verbleibt daher das Besteuerungsrecht bei der Bundesrepublik Deutschland.

604 Die **Rückwirkung ist** in den von §§ 20 VI 4, 2 III erfassten Fällen **nicht insgesamt ausgeschlossen,** sondern nur für die WG, hinsichtlich derer kein Besteuerungsrecht besteht. Gleiches gilt für den Abschnitt des Rückwirkungszeitraums, in dem die Einkünfte nicht besteuert würden (*Patt* in D/P/M § 20 UmwStG Rn. 337). Ist bspw. in dem anderen Staat die Rückbeziehung nur für einen Zeitraum von maximal sechs Monaten zulässig und ergeben sich aufgrund der deutschen Rechtslage (Rückbeziehungszeitraum maximal acht Monate) weiße Einkünfte, wäre die Rückwirkung gemäß §§ 20 VI 4, 2 III lediglich für einen Zeitraum von zwei Monaten unzulässig. § 2 III hat nur für solche WG und Rechtsverhältnisse Relevanz, für die sich ohne die Regelung eine Besteuerungslücke ergäbe. Dies folgt aus der Verwendung des Wortes **„soweit“** in § 2 III.

Nicht abschließend geklärt ist, auf welchen **Übertragungszeitpunkt im Ausland** abzustellen ist. *Dötsch/Pung* stellen darauf ab, wann nach dem ausl Recht der Übergang zivilrechtlich wirksam wird (*Dötsch/Pung* DB 2006, 2704/2806). *Schaflitzl/Widmayer* stellen im Anschluss an das IDW (Stellungnahme HFA 2/1997 WPg 1997, 235/236 f.) die Frage, ob ggf. ein früherer Zeitpunkt maßgebend sein könnte, wenn das wirtschaftliche Eigentum bereits übergegangen ist (*Schaflitzl/Widmayer* BB-Special 8/2006, 36/39). Vorzugswürdig erscheint es, aus Gründen der Klarheit auf den Zeitpunkt des zivilrechtlichen Übergangs nach dem ausl Recht abzustellen. 605

§§ 20 VI 4, 2 III treffen keine Regelung für den **umgekehrten** Fall, in dem aufgrund eines im Vergleich zu der deutschen Rechtslage längeren Rückwirkungszeitraums Einkünfte mehrfach besteuert werden, da sich die Rückwirkungszeiträume überschneiden (*Dötsch/Pung* DB 2006, 2704/2706; *Möhlenbrock* in D/P/M Einf UmwStG Rn. 187). In solchen Fällen kann eine Mehrfachbesteuerung allenfalls im Wege des Verständigungsverfahrens vermieden werden (*Dötsch/Pung* DB 2006, 2704/2706). 606

ee) Eingeschränkte Verlustnutzung, §§ 20 VI 4, 2 IV. Die gesetzliche Anordnung zur entsprechenden Anwendbarkeit des § 2 IV ist ein weiteres Anwendungsbeispiel für das Bemühen des Gesetzgebers, die Nutzung von Verlusten einzuschränken. Auch in Einbringungsfällen sind nunmehr der Ausgleich oder die Verrechnung eines durch die Einbringung veranlassten Gewinns mit verrechenbaren Verlusten, verbleibenden Verlustvorträgen, nicht ausgeglichenen negativen Einkünften, einem Zins- oder EBITDA-Vortrag des einbringenden Rechtsträgers nur zulässig, wenn dem Einbringenden die Verlustnutzung auch ohne Rückwirkungsfiktion möglich gewesen wäre, §§ 20 VI 4, 2 IV. Mit dieser Regelung sollen Gestaltungen unterbunden werden, bei denen mit Hilfe der Rückwirkungsfiktion bereits auf Grund des § 8c KStG untergegangene Verluste oder Zinsvorträge doch noch genutzt werden können (UmwStE Rn. 02.39). Eigentlich von § 8c KStG betroffene Verluste sollen nicht dadurch „gerettet" werden können, dass es unter Zuhilfenahme der Rückbeziehung zu verlustegalisierenden Umwandlungen mit Gewinnrealisierung kommt. 607

Zum Verständnis und zur Beurteilung der Regelung muss man sich folgende Eckpunkte vergegenwärtigen: 608

Einerseits gehen Verluste, die dem einzubringenden BV zuzuordnen sind, **nicht auf die übernehmende Gesellschaft über,** § 20 IX. Sie verbleiben auf Grund der Personengebundenheit die Verluste bei dem Einbringenden. Das gilt nicht nur für die Fälle des Verlustabzugs nach § 10d EStG, sondern auch für Verluste nach §§ 2a, 15 IV, 15a und 15b EStG. Dabei spielt es keine Rolle, ob der Einbringende eine natürliche Person oder eine KapGes ist. Kann der Einbringende den Verlust oder die negativen Einkünfte nicht mehr nutzen, so gehen diese endgültig verloren.

Bei dem Einbringenden vorhandene Zins- und EBITDA-Vorträge gehen ebenfalls nicht über (§ 20 IX, vgl. Rn. 713 ff.). Sie verbleiben bei dem Einbringenden, bei dem sie allerdings im Fall der Betriebsübertragung untergehen (§ 4h V 1 EStG).

Andererseits – und das kommt hinzu – führen qualifizierte Anteilsveräußerungen zu einem quotalen oder vollständigen **Untergang von** nicht ausgeglichenen oder abgezogenen **negativen Einkünften** (nicht genutzte Verluste), **§ 8c KStG.** Der Verlustabzugsausschluss oder die Verlustbeschränkung ist auf alle nicht ausgeglichenen und nicht abgezogenen negativen Einkünfte anwendbar und umfasst insbesondere die Verluste nach §§ 2a, 10d, 15 IV, 15a und 15b EStG (BMF v. 4.7.2008 DStR 2008, 1436 Rn. 2).

Entsprechendes gilt für den **Zinsvortrag.** Auch dieser geht ganz oder teilweise verloren, wenn in qualifizierter Höhe Anteile an der Gesellschaft veräußert werden, die über den Zinsvortrag verfügt, **§§ 8a I 3, 8c KStG.**

Die Steuerpraxis war in der Vergangenheit bemüht, durch unterschiedliche **Gestaltungen** diesen vielfältigen Einschränkungen oder Verhinderungen der Verlustnutzung gegenzusteuern. Das geschah nicht nur, aber vor allem auch unter Zuhilfenahme der Rückwirkungsfiktion, die das Umwandlungssteuerrecht zulässt. 609

Beispiel: M ist Alleingesellschafter der M-GmbH. Die M-GmbH verfügt über nicht genutzte Verluste iSd § 8c KStG. Im April 02 veräußert M alle Anteile an der M-GmbH an die X-GmbH.

Infolge der Veräußerung aller Anteile an der M-GmbH sind die bis zum schädlichen Beteiligungserwerb nicht genutzten Verluste der M-GmbH nicht mehr abziehbar (§ 8c I 2 KStG). Die M-GmbH könnte nun die vom Gesetz eingeräumte Rückbezugsmöglichkeit einsetzen und ihren Betrieb zum 31.12.01 in eine weitere KapGes einbringen. Sie würde bei der übernehmenden Gesellschaft darauf drängen, dass diese die übernommenen WG mit dem gemeinen Wert ansetzt. Läge der gemeine Wert über dem BW, so entstünde bei der M-GmbH ein Einbringungsgewinn, weil die AK der Anteile in Höhe des gemeinen Wertes der eingebrachten WG anzusetzen wären und dieser den BW der abgegebenen WG überstiege. Durch diesen Gewinn könnte die M-GmbH – vorbehaltlich der Mindestbesteuerung – ihre nicht genutzten Verluste ganz oder teilweise ausgleichen.

Die Vorschrift des § 8c KStG wäre dann bei dem Veräußerungsvorgang im April 02 nicht mehr zu Anwendung gekommen, weil die Verluste wegen der rückbezogenen Einbringung mit dem Ansatz der gemeinen Werte im Zeitpunkt der Anteilsübertragung nicht mehr vorhanden wären.

Diese Gestaltung unter Nutzung der gesetzlich vorgesehenen Rückbezugsmöglichkeit wäre auch geeignet, einen sonst verloren gehenden Zinsvortrag zu „retten". Durch den Ansatz der gemeinen Werte ergäbe sich ein höheres EBITDA, das in der Folge einen höheren Zinsabzug bei dem Einbringenden ermöglichen würde.

610 Diese in der Vergangenheit praktizierte Nutzung von Verlusten und Zinsvorträgen, die ohne Rückwirkung auf Grund von § 8c KStG untergegangen wären, soll gemäß § 20 VI 4 durch die entsprechende Anwendung des § 2 IV verhindert werden.

611 **„Entsprechende"** Anwendung des § 2 IV für Einbringungsfälle bedeutet zunächst, dass nicht von einem übertragenden Rechtsträger zu sprechen ist, sondern von dem Einbringenden, und dass statt eines Übertragungsgewinns ein Einbringungsgewinn vorliegen muss. Der Einbringende muss überdies über verrechenbare Verluste, verbleibende Verlustvorträge, nicht ausgeglichene negative Einkünfte, einen Zinsvortrag oder einen EBITDA-Vortrag verfügen. Was nun die Nutzung dieser Verluste und nicht ausgeglichenen negativen Einkünfte anbelangt, so bestimmen §§ 20 VI 4, 2 IV 1, dass dem Einbringenden die Verlustnutzung, dh die Verrechnung mit dem Einbringungsgewinn, nur möglich ist, wenn ihm dieses auch ohne Rückbeziehung der gewinnrealisierenden Einbringung möglich gewesen wäre (vgl. *Rödder/Schönfeld* DStR 2009, 560/561 zu § 2 IV). Ergibt der Vergleich, dass der Einbringende nur bei Anwendung der steuerlichen Rückbeziehung die Verluste nutzen kann, so wird die Verlustnutzung durch die entsprechende Anwendung des § 2 IV 1 ausgeschlossen. Dies kann bei dem Einbringenden, wie oben dargestellt, zum endgültigen Untergang eines Verlusts, Zins- oder EBITDA-Vortrags führen.

612 Die Regelungen in §§ 20 VI 4, 2 IV 2 sehen vor, dass das Verlustnutzungsverbot des § 2 IV 1 auch dann gelten soll, wenn bei dem einbringenden Rechtsträger **negative Einkünfte im Rückwirkungszeitraum** entstehen.

In dem oben dargestellten Beispiel (Rn. 609) würde dies die Verluste betreffen, die die M-GmbH in 02 bis zum schädlichen Beteiligungserwerb durch die X-GmbH erwirtschaftet.

Der Gesetzeswortlaut des § 2 IV 2 ist eindeutig insofern, als die Verluste des Einbringenden im Rückbezugszeitraum ebenfalls vom Abzugsverbot des § 2 IV 1 erfasst werden sollen. Gleichwohl stellt sich die Frage, ob der Gesetzeswortlaut im Endergebnis leerläuft. Denn die Einkünfte im Rückwirkungszeitraum werden grds dem übernehmenden Rechtsträger zugerechnet. Sie können mit Einbringungsgewinnen des Einbringenden nicht verrechnet werden. Verluste im Rückbezugszeitraum stehen vielmehr dem Übernehmenden zur Verrechnung mit seinen positiven Einkünften zur Verfügung (*Sistermann/Brinkmann* DStR 2008, 2455/2457; *Suchanek* Ubg 2009, 178/185; *Schwahn* in Schneider/Ruoff/Sistermann UmwStE 2011 Rn. 2.93). Nach aA erfasst die Verrechnungssperre des § 2 IV 2 allerdings gerade auch die Verrechnung von im Rückbezugszeitraum durch den Einbringenden erwirtschafteten Verlusten auf Ebene des übernehmenden Rechtsträgers (UmwStE Rn. 02.40 S 2; *Patt* in D/P/M § 20 UmwStG Rn. 239a, 292g; *Beinert/Benecke* Ubg 2009, 169/173).

Teleologische Reduktion des § 2 IV 1. Nach dem Bericht des Finanzausschusses des Bundestages soll mit § 2 IV verhindert werden, dass „aufgrund der steuerlichen Rückwirkungsfiktion in § 2 I und II UmwStG 2006 gestalterisch eine Verlustnutzung oder ein Erhalt des Zinsvortrages erreicht werden kann, obwohl der Verlust oder Zinsvortrag wegen § 8c KStG bereits untergegangen ist" (BT-Drs. 16/11108, 40). Die Formulierung in § 2 IV enthält jedoch eine solche Bezugnahme auf § 8c KStG nicht. § 2 IV 1, 2 verlangt nur, dass dem Einbringenden die Verlustnutzung auch ohne Rückwirkungsmöglichkeit gestattet gewesen wäre. Das wirft die Frage auf, ob die Bestimmung **auf die Fälle des § 8c KStG zu beschränken** ist oder ob die Vorschrift auch dann anwendbar ist, wenn kein schädlicher Beteiligungserwerb iSd § 8c KStG vorliegt (unklar diesbezüglich auch UmwStE Rn. 02.39 S 2). Letztere Interpretation würde bedeuten, dass §§ 20 VI 4, 2 IV 1, 2 immer einen rückwirkenden Ausgleich von Verlusten des Einbringenden versagen würden, wenn die Verlustverrechnung ohne die Rückwirkungsfiktion nicht möglich gewesen wäre. Folge einer solchen Auslegung der Vorschrift wäre, dass jeder Ansatz oberhalb des BW zur Anwendung des § 2 IV 1 führen würde, weil erst mit dem entstehenden Einbringungsgewinn auch eine entsprechende Mobilisierung der Verluste erfolgt. Der Vergleich der Gesetzesbegründung mit dieser weitgehenden Interpretation zeigt, dass diese – weite – Auslegung vom gesetzgeberischen Willen nicht getragen wird. Nach dem in der Gesetzesbegründung zum Ausdruck kommenden Willen des Gesetzgebers soll nur verhindert werden, dass § 8c KStG durch eine rückbezogene gewinnrealisierende Einbringung unterlaufen wird. Dies kommt auch in der Anwendungsvorschrift des § 27 IX zum Ausdruck, wenn dort vom schädlichen Beteiligungserwerb die Rede ist. Der Gesetzeswortlaut des § 2 IV 1, 2 muss als überschießend angesehen werden, der seinem Sinn und Zweck nach einschränkend dahin zu interpretieren ist, dass die Beschränkung der Verlustnutzung nur dann gerechtfertigt ist, wenn ein Fall des § 8c KStG vorliegt (so auch *Sistermann/Brinkmann* DStR 2008, 2455/2456; *Suchanek* Ubg 2009, 178; *Dörfler/Rautenstrauch/Adrian* BB 2009, 580/581; *Rödder/Schönfeld* DStR 2009, 560/561; aA *Herlinghaus* in R/H/vL § 20 Rn. 237b; vgl. § 27 Rn. 59). Insoweit findet § 2 IV 1 keine Anwendung, sofern aufgrund der sog. Verschonungsregel des § 8c I 6 ff. KStG eine Verlustverrechnung auch ohne Rückwirkung möglich wäre (*Schwahn* in Schneider/Ruoff/Sistermann UmwStE 2011 Rn. 2.92). 613

Mit dem Amtshilferichtlinie-Umsetzungsgesetz v. 26.6.2013 (BGBl. I 2013, 1809) wurde § 2 IV nunmehr um die Sätze 3 bis 6 erweitert und damit weitere Beschränkungen der Verlustverrechnung eingeführt. Demnach kann der übernehmende Rechtsträger seine verrechenbaren Verluste, verbleibende Verlustvorträge, nicht ausgeglichene negative Einkünfte und seinen Zinsvortrag nach § 4h I 5 EStG im Rückwirkungszeitraum nicht mehr mit den beim Einbringenden vorliegenden positiven Einkünften verrechnen (§ 2 IV 3). Diese Beschränkungen gelten gemäß § 2 IV 4 entsprechend auch für Einbringungen eines Organträgers in eine Organgesellschaft. Die Verrechnungsbeschränkungen gelten gemäß § 2 IV 6 jedoch nicht für Einbringungen zwischen verbundenen Unternehmen iSd § 271 II HGB. 614

§§ 20 VI 4, 2 IV enthalten nur ein Verbot der Verlustverrechnung. Die **übrigen Rechtsfolgen** einer rückbezogenen gewinnrealisierenden Einbringung bleiben **unberührt.** 615

Der Einbringungsgewinn ist für das Entstehungsjahr zu versteuern. 616

Macht deshalb in dem oben genannten Beispiel (Rn. 609) die M-GmbH von der Rückbeziehungsmöglichkeit Gebrauch und realisiert sie zum 31.12.01 einen Einbringungsgewinn, so kann dieser zwar nicht mit dem vorhandenen Verlust verrechnet werden. Der Gewinn gilt jedoch zum steuerlichen Übertragungsstichtag 31.12.01 als realisiert und ist im VZ 01 zu versteuern.

§§ 20 VI 4, 2 IV 1, 2 sind gemäß **§ 27 IX 1** erstmals auf Einbringungen anzuwenden, bei denen der schädliche Beteiligungserwerb oder ein anderes die Verlustnutzung ausschließendes Ereignis nach dem 28.11.2008 eintritt (krit. hierzu unter verfassungs- und 617 europarechtlichen Gesichtspunkten – Rückwirkungsverbot und Vereinbarkeit des § 27 IX mit Art. 11 iVm 4 bis 14 FusionsRL – § 27 Rn. 60). Die Verlustnutzungsbeschränkung ab 28.11.2008 kommt jedoch dann nicht zum Tragen, wenn sich der Veräußerer und der Erwerber am 28.11.2008 über den später vollzogenen schädlichen Beteiligungserwerb oder ein anderes schädliches Ereignis einig sind, der Übernehmende dies anhand schriftlicher Unterlagen nachweist und bei Einbringungen der Übergang des wirtschaftlichen Eigentums bis zum 31.12.2009 erfolgt. Die Einigung setzt nicht voraus, dass ein obligatorischer Vertrag über den Anteilserwerb wirksam abgeschlossen wurde (BT-Drs. 16/11109, 42; *Dörfler/Rautenstrauch/Adrian* BB 2009, 580/581). Auch Vorverträge oder vergleichbare Einleitungsmaßnahmen können ausreichend sein (BT-Drs. 16/11109, 42).

Die Neuregelungen des § 2 IV 3 bis 6 sind gemäß § 27 XII erstmals auf Einbringungen im Rahmen des § 20 anzuwenden, die nach dem 6.6.2013 ins maßgebliche Register eingetragen wurden bzw., sofern keine Eintragung erforderlich ist, bei denen das wirtschaftliche Eigentum an den eingebrachten WG nach dem 6.6.2013 übergegangen ist.

Vgl. zum Ganzen auch § 2 Rn. 109 ff.

618–624 *(einstweilen frei)*

c) Rechtsfolgen einer Rückbeziehung

625 **aa) Vermögensübergang, Wirkungen.** Bei Vorliegen der Voraussetzungen für die Rückbeziehung sind gemäß § 20 V 1 das Einkommen und das Vermögen des Einbringenden und der übernehmenden Gesellschaft so zu ermitteln, als ob das eingebrachte BV mit Ablauf des steuerlichen Übertragungsstichtags (§ 20 VI 1) auf die übernehmende Gesellschaft übergegangen wäre. Es muss bedacht werden, dass es sich in den Fällen der Rückbeziehung um einen fiktiven Vermögensübergang handelt, denn die tatsächliche Vermögensübertragung erfolgt zu einem – höchstens acht Monate dauernden – späteren Zeitpunkt. Das Gesetz fingiert den Vermögensübergang zum Ablauf des steuerlichen Übertragungsstichtages (*Patt* in D/P/M § 20 UmwStG Rn. 302). Bis zum Ablauf dieses Tages wird das Vermögen dem Einbringenden zugerechnet, ab diesem Zeitpunkt wird das Vermögen der Übernehmerin zugerechnet (*Schmitt* in SHS § 20 Rn. 240). Wählen die Einbringungspartner bspw. den 31.12. eines Jahres als Einbringungszeitpunkt, so ist der Einbringende bis 31.12., 24:00 Uhr Vermögensinhaber, ab 1.1.00, 00:00 Uhr ist die Übernehmerin Vermögensinhaberin (s. *Möhlenbrock* in D/P/M Einf UmwStG Rn. 180). Soll der Übergang zum Jahreswechsel oder Monatswechsel erfolgen, so empfiehlt es sich, klar und deutlich den fiktiven Übergangszeitpunkt festzulegen. Unproblematisch sind Festlegungen wie „zum Jahreswechsel“, „zum 24.12., 24:00 Uhr“, „zum 1.1., 00:00 Uhr“, „zum Monatswechsel“, „zu Beginn des Jahres, Monats“ usw. Hingegen würde eine Bestimmung „am 1.1. eines Jahres“ keinen Übergang zum Jahreswechsel bewirken, sondern einen solchen erst im neuen Jahr (*Widmann* in W/M § 20 Rn. R 252, 561).

626 Der gewählte Einbringungszeitpunkt ist der entscheidende Zeitpunkt für die **Bewertung** des einzubringenden Vermögens (*Schmitt* in SHS § 20 Rn. 243). Dieser Zeitpunkt ist auch maßgebend für die Frage, ob das Bewertungswahlrecht gemäß § 20 II 2 wegen Überschreitens der Passivposten oder wegen der Beschränkung des inländischen Besteuerungsrechts ausgeschlossen ist.

627 Der Einbringende hat zum Stichtag eine steuerliche **Einbringungsbilanz** zu erstellen (*Thiel/Eversberg/van Lishaut/Neumann* GmbHR 1998, 397/401). Der Einbringungszeitpunkt kann so gewählt werden, dass der Einbringung die reguläre **Schlussbilanz** für den einzubringenden Betrieb zu Grunde gelegt werden kann.

Beispiel: Die Einbringungsparteien vereinbaren für die Einbringung eines Betriebes den Übergang des wirtschaftlichen Eigentums der einzubringenden WG auf den 15.7.02. Die übernehmende KapGes stellt den Antrag auf Rückbeziehung des Einbringungsvorgangs und bestimmt den 31.12.01 zum steuerlichen Übertragungsstichtag iSv § 20 VI 1.

Der Einbringende kann die reguläre Schlussbilanz für den Betrieb zum 31.12.01 zur Grundlage der Einbringung machen. Das BV wird mit den Werten ausgewiesen, die sich aus den allg. steuerlichen

Vorschriften über die Gewinnermittlung ergeben. Bei dieser Schlussbilanz für den Betrieb des Einbringenden muss es für die Bewertung der einzubringenden WG außer Betracht bleiben, dass ein Einbringungsvorgang folgt. Infolge der vom Übernehmer gewählten Rückbeziehung der Einbringung ist der Einbringende nicht genötigt, auf den 15.7.02 eine gesonderte Bilanz zu erstellen.

Diese Schlussbilanz zum 31.12.01 hat für den Einbringenden zugleich den Charakter der steuerlichen Einbringungsbilanz (*Thiel/Eversberg/van Lishaut/Neumann* GmbHR 1998, 397/401). Aus dieser steuerlichen Einbringungsbilanz ergibt sich auch der BW des einzubringenden BV, der als Mindestwert für den Ansatz des eingebrachten BV bei der übernehmenden Gesellschaft gilt. Der BW ist gemäß § 1 V Nr. 4 der Wert, der sich nach den steuerrechtlichen Vorschriften über die Gewinnermittlung in einer für den steuerlichen Übertragungsstichtag aufzustellenden Steuerbilanz ergibt oder ergäbe.

Die Übernehmerin wird auf den Stichtag eine steuerliche **Aufnahmebilanz** erstellen **628**
(*Thiel/Eversberg/van Lishaut/Neumann* GmbHR 1998, 397/401). Bei dieser Aufnahmebilanz handelt es sich um eine Bilanz der übernehmenden Gesellschaft nach den Vorgaben des § 20. Aus ihr ist zu ersehen, mit welchen Werten die aufnehmende Gesellschaft das eingebrachte BV übernimmt, mit dem BW, dem gemeinen Wert oder einem ZW. Die steuerlichen Aufnahmebilanzen sollten getrennt erstellt werden, wenn zum selben Stichtag mehrere Sacheinlagen mit unterschiedlicher Ausübung des Bewertungswahlrechts erfolgen.

Die Aufnahmebilanz hat den Charakter einer **Eröffnungsbilanz,** wenn die übernehmende Gesellschaft neu gegründet wurde (*Thiel/Eversberg/van Lishaut/Neumann* GmbHR 1998, 397/401). Bei einer bestehenden Gesellschaft stellt die Einbringung gegen Anteile zwar einen laufenden Geschäftsvorfall dar, der keiner Sonderbilanzierung in einer Aufnahmebilanz bedürfte. Gleichwohl ist ein solches Vorgehen empfehlenswert, weil eine Aufnahmebilanz bei späteren Überprüfungen und Änderungen die Arbeit erleichtert. Sie ist auf jeden Fall auch zweckmäßig in den Fällen, in denen zum selben Stichtag mehrere Sacheinlagen zum stets gleichen Bewertungsmaßstab erfolgen.

In dem zuvor genannten Beispiel (Rn. 627) hat die übernehmende KapGes die steuerliche Aufnahmebilanz auf den 31.12.01 zu erstellen. Die steuerliche Aufnahmebilanz ist nicht auf den 1.1.02 zu erstellen. Die übernehmende KapGes nimmt ihre Geschäftstätigkeit mit dem auf sie übergegangenen BV im Anschluss an den steuerlichen Übertragungsstichtag (Einbringungsstichtag), also am 1.1.02, 0:00 Uhr, auf. Mit Ablauf des Stichtages wird die übernehmende KapGes mit dem eingebrachten BV stpfl.

Bei einem steuerlichen Übertragungsstichtag (Einbringungsstichtag) 31.12.01 sind alle **629**
Einkommens- und Vermögensänderungen steuerlich im Jahr 01 zu erfassen (*Möhlenbrock* in D/P/M Einf UmwStG Rn. 180; *Thiel/Eversberg/van Lishaut/Neumann* GmbHR 1998, 397/400). Aus Gründen der Logik müssen alle steuerlichen Folgen aus der Einbringung auf der Seite des einbringenden Rechtsträgers und auf der Seite des übernehmenden Rechtsträgers in dem Veranlagungszeitraum eintreten, in den der steuerliche Übertragungsstichtag fällt.

In dem genannten Beispiel (Rn. 627) ist dies der 31.12.01; somit ist der entscheidende VZ das Jahr 01 (*Möhlenbrock* in D/P/M Einf UmwStG Rn. 180; *Patt* in D/P/M § 20 UmwStG Rn. 311, 232). Ein möglicher Einbringungsfolgegewinn bei der Übernehmerin entstünde deshalb im VZ 01 (Rn. 459).

Rechtsfolgen der Wahl des steuerlichen Übertragungsstichtages. Der **Einbrin-** **630**
gende erzielt zum Ablauf des steuerlichen Übertragungsstichtages (Einbringungszeitpunkt) einen Einbringungsgewinn, wenn ein anderer als der BW-Ansatz gewählt wird. Zurückbehaltende WG verlieren ihre BV- und SonderBV-Eigenschaft. Sie werden bei natürlichen Personen unter Umständen in das Privatvermögen überführt. Leistet der Einbringende einen Mitunternehmeranteil, so endet seine Mitunternehmerstellung. Mit Ablauf des Übertragungsstichtages werden dem Einbringenden auch die neuen Anteile zugerechnet (UmwStE Rn. 20.14).

631 Die **übernehmende Gesellschaft** hat zum einen zum steuerlichen Übertragungsstichtag eine Schlussbilanz zu erstellen, die die letzte Gewinnermittlungsbilanz der Übernehmerin vor der Einbringung ist. Sie hat auf den Einbringungsstichtag eine weitere Bilanz zu erstellen, in der das originäre BV der Übernehmerin mit dem eingebrachten BV aus der steuerlichen Aufnahmebilanz zur Übernahmebilanz zusammengeführt wird.

632 Bei einer **Neugründung** fehlt es an einer Schlussbilanz als Gewinnermittlungsbilanz. In diesen Fällen ist die steuerliche Aufnahmebilanz zugleich Eröffnungs- und Übernahmebilanz.

633 **bb) Betroffene Steuern.** Die steuerlichen Auswirkungen der Wahl eines abweichenden Einbringungszeitpunktes betreffen gemäß § 20 V 1 grds das **Einkommen** und das **Vermögen** der beteiligten Rechtsträger, nicht hingegen Verkehrsteuern (*Schmitt* in SHS § 20 Rn. 242). Bei rein inl Sachverhalten bezieht sich die Rückwirkung auf die ESt (§§ 4, 5, 17 II 23 III EStG) und auf die KSt (Gewinnermittlung bei der übernehmenden Gesellschaft, § 8 I KStG, §§ 4, 5 EStG) sowie darüber hinaus auch auf die GewSt (Ermittlung des Gewerbeertrags nach § 7 GewStG).

Die **KiSt** ist eine Steuer auf das Einkommen. Die Regelungen zur Rückwirkungsfiktion finden daher Anwendung (vgl. § 2 Rn. 26).

634 Die Rückwirkung gilt auch für die bewertungsrechtliche Zurechnungsfeststellung und erlangt damit auch Bedeutung für die **Grundsteuer** (*Schmitt* in SHS § 20 Rn. 242). Nach einer rkr. Entscheidung des FG Nürnberg (v. 12.2.1998 – IV 218/96, GmbHR 1998, 851/852 – rkr.) zu der insofern unveränderten Rechtslage gemäß § 20 V, VI UmwStG 1995 ist als Stichtag für die Einheitsbewertung nach § 19 I BewG der steuerliche Übertragungsstichtag anzusehen (ebenso OFD Hannover v. 15.10.1998 S 3106 – 111 – StH 267, S 3106 – 91 – StO 251; *Schmitt* in SHS § 20 Rn. 243; *Herlinghaus* in R/H/vL § 20 Rn. 227).

635 **Ausl Steuern.** Bei grenzüberschreitenden Umwandlungen erstreckt sich die Rückwirkung auf die den von § 20 erfassten deutschen Steuern vergleichbaren ausl Steuern sowie auf eine ggf. erhobenen Vermögensteuer (*Schmitt* in SHS § 20 Rn. 242).

636 **Andere Steuern.** Für die USt ist die Rückwirkungsfiktion des § 20 V, VI ebenso bedeutungslos wie für die GrESt, da die Entstehung dieser Steuern jeweils an den zivilrechtlichen Eigentumsübergang (BFH v. 29.9.2005 – II R 23/04, BStBl. II 2006, 137/138 zur GrESt) bzw. an die tatsächliche Erbringung der Leistung (*Knoll* in W/M Anhang 11: USt Rn. 110; *Schmitt* in SHS § 20 Rn. 242) anknüpft (*Patt* in D/P/M § 20 UmwStG Rn. 312; *Herlinghaus* in R/H/vL § 20 Rn. 227). Auch auf Investitionszulagen finden § 20 V, VI keine Anwendung (*Herlinghaus* in R/H/vL § 20 Rn. 227). Umstritten ist, ob § 20 V, VI auf die Erbschaft- und Schenkungsteuer Anwendung finden (verneinend *Patt* in D/P/M § 20 UmwStG Rn. 312; *Schmitt* in SHS § 20 Rn. 242 sowie BFH v. 4.7.1984 – II R 73/81, BStBl. II 1984, 772/773 und *Herlinghaus* in R/H/vL § 20 Rn. 227 zur Schenkungsteuer; bejahend *Hübl* in H/H/R § 2 UmwStG 1977 Rn. 34; *Widmann* in W/M § 2 Rn. 85 ff.; *Hörtnagl* in SHS § 2 Rn. 36). Vgl. dazu § 2 Rn. 27.

637 **cc) Verträge in Erfüllung. (1) Allgemeines.** Die Rückwirkungsfiktion nach § 20 V, VI 1 bewirkt, dass ein Sachverhalt, den der einbringende Rechtsträger im Rückbeziehungszeitraum tatsächlich verwirklicht hat, der übernehmenden Gesellschaft zugerechnet wird.

Beispiel: Einzelunternehmer U bringt seinen Betrieb in die G-GmbH ein. Das wirtschaftliche Eigentum geht mit Ablauf des 31.7.01 auf die G-GmbH über, die Sacheinlage wird gemäß § 20 V, VI auf den 31.12.00, 24:00 Uhr/1.1.01, 0:00 Uhr rückbezogen. Am 1.4.01 hat U mit einem Dritten D einen Kaufvertrag über eine Maschine geschlossen, die er dem BV seines Einzelunternehmens zugeführt und mit Ablauf des 31.7.01 eingebracht hat.

Der Kaufvertrag ist im Rückbeziehungszeitraum abgeschlossen worden, G tritt als übernehmende Gesellschaft in die Rechtsstellung des U ein.

638 Der Zeitpunkt, in dem der Sachverhalt innerhalb des Rückwirkungszeitraums verwirklicht worden ist, bleibt von der Rückwirkungsfiktion unberührt (UmwStE Rn. 20.16; *Patt* in D/P/M § 20 UmwStG Rn. 313; *Schmitt* in SHS § 20 Rn. 240).

Beispiel: Einzelunternehmer U bringt seinen Betrieb in die G-GmbH ein. Das wirtschaftliche Eigentum geht am 31.7.01 auf die G-GmbH über, die Sacheinlage wird gemäß §§ 20 V, VI auf den 31.12.00, 24:00 Uhr/1.1.01, 0:00 Uhr rückbezogen. Am 1.4.01 hat U mit einem Dritten D einen Mietvertrag über eine Maschine geschlossen, die er dem BV seines Einzelunternehmens zugeführt hat.

Der Mietvertrag ist im Rückbeziehungszeitraum abgeschlossen worden, die G-GmbH tritt als übernehmende Gesellschaft gegenüber D in die Rechtsstellung des U als Mieterin ein. Der Eintritt in das Vertragsverhältnis erfolgt im Zeitpunkt des Vertragsschlusses am 1.4.01, nicht bereits zum 1.1.01.

639 Die Sonderfälle, die in § 20 V geregelt sind, erfassen nur solche Sachverhalte, die der **einbringende** Rechtsträger im Rückwirkungszeitraum **verwirklicht** hat. Sachverhalte, die die übernehmende Gesellschaft als solche innerhalb des Rückbeziehungszeitraums tatsächlich verwirklicht, fallen nicht in den Anwendungsbereich des § 20 V. Für solche Sachverhalte ergeben sich keine Besonderheiten, da eine Umqualifizierung von Einkünften und Geschäftsvorfällen nicht erforderlich ist.

Beispiel: U ist als Mitunternehmer an der X-OHG beteiligt, deren gesamtes BV zum 31.7.01 in die G-GmbH eingebracht wird. Einbringungszeitpunkt iSv § 20 V, VI ist der 1.1.01., 0:00 Uhr. Zu diesem Zeitpunkt ist die G-GmbH bereits rechtlich existent. Am 1.4.01 gibt U der G-GmbH ein Darlehen.

Vertragspartnerin des U war stets die G-GmbH, einer geänderten Zurechnung bedarf es in diesem Fall nicht.

640 **(2) Einbringung eines Betriebs oder Teilbetriebs durch einen Einzelunternehmer.** Da der einbringende Einzelunternehmer mit sich selbst keine Verträge abschließen kann, kann es für die Fortgeltung von Verträgen im Zusammenhang mit der Rückbeziehung der Einbringung nur um die Beurteilung solcher Verträge gehen, die der Einzelunternehmer mit Dritten und/oder der übernehmenden Gesellschaft abgeschlossen hat.

641 Für die Verträge des Einzelunternehmens **mit Dritten** gilt das unter Rn. 637 ff. Ausgeführte. Die Verträge gelten vom Zeitpunkt des Vertragsabschlusses im Rückbeziehungsraum an für und gegen die übernehmende Gesellschaft.

642 Bei Verträgen des Einzelunternehmers **mit der übernehmenden Gesellschaft** (zB Anstellungsvertrag, nichtbetriebliche Darlehensgewährung) ist zu unterscheiden:

Bringt der Einzelunternehmer in eine **bestehende** Gesellschaft ein, so müssen im Zeitpunkt des Abschlusses des Einbringungsvertrages, spätestens im Zeitpunkt der Eintragung der Kapitalerhöhung im Handelsregister, bestehende Verträge den inhaltlichen und formellen Vorgaben entsprechen, die für Verträge zwischen KapGes und ihren Gesellschaftern gelten. Anderenfalls liegen unangemessene Vorteilszuwendungen vor, die als Entnahmen nach § 20 V 2 zu würdigen sind (Rn. 665 ff.).

Bei Einbringungen in noch **zu gründende** Gesellschaften gilt Entsprechendes. Allerdings muss hier bedacht werden, dass Rechtsbeziehungen, in welche die übernehmende Gesellschaft eintritt, nur mit der Vorgesellschaft der übernehmenden Gesellschaft entstehen können. Für den Vertragsschluss mit der Vorgesellschaft ist es erforderlich, das die notarielle Beurkundung der Sachgründung bereits stattgefunden hat (dazu *Streck/Schwedhelm* BB 1988, 1639; *Schmitt* in SHS § 20 Rn. 241). Vor diesem Zeitpunkt existiert kein Rechtssubjekt, mit dem der Einbringende zivilrechtlich wirksame Leistungsbeziehungen eingehen kann (Rn. 291). Leistungen, die der künftige Betrieb vor der notariellen Beurkundung an den Einzelunternehmer „erbringt", sind als Entnahmen zu behandeln (FG BaWü v. 20.7.2000 – 10 K 263/97, EFG 2000, 1103/1104 rkr.; *Schmitt* in SHS § 20 Rn. 241). Gleiches gilt auch für unangemessene oder vertraglose Leistungen der „Übernehmerin" vor der notariellen Beurkundung der Sachgründung. Nach der notariellen Beurkundung sind Leistungsbeziehungen, die zivilrechtlich und steuerrechtlich wirksam sind und auch tatsächlich durchgeführt worden sind, auf der Ebene der übernehmenden Gesellschaft als

Betriebsausgaben zu berücksichtigen, sofern sie angemessen sind (*Patt* in D/P/M § 20 UmwStG Rn. 316; *Streck/Schwedhelm* BB 1988, 1639).

643 Anderes gilt, wenn zwischen dem eingebrachten Betrieb oder Teilbetrieb und der übernehmenden Gesellschaft **Liefer- und Leistungsbeziehungen** bestehen. Diese stellen im Zeitraum zwischen dem steuerlichen Übertragungsstichtag und der tatsächlichen Einbringung auf Grund der Rückbeziehung innerbetriebliche Vorgänge dar, für die Gewinne und Verluste zu neutralisieren sind (*Schmitt* in SHS § 20 Rn. 240; *Widmann* in W/M § 20 Rn. R 372; IDW-Fachnachrichten Beilage zu 4/1996, 194a).

Dementsprechend sind innerbetriebliche Liefer- und Leistungsbeziehungen zwischen Teilbereichen des einbringenden Rechtsträgers rückwirkend als steuerlich relevante Leistungen selbstständiger Rechtsträger zu qualifizieren, sofern einer dieser Teilbereiche rückwirkend nach § 20 übertragen wird (aA *Patt* in D/P/M § 20 UmwStG Rn. 316a). Denn infolge der nach § 20 V 1 fingierten Vermögenszurechnung sind mit Ablauf des steuerlichen Übertragungsstichtags die vormals internen Leistungen unselbstständiger Unternehmensbereiche in vielmehr Leistungsbeziehungen zwischen selbstständigen Rechtsträgern umzuqualifizieren (vgl. ausführlich dazu *Panzer/Gebert* DStR 2010, 520).

644 **(3) Einbringung eines Mitunternehmeranteils.** Im Gegensatz zum (Teil-)Betrieb des Einzelunternehmers ist die Mitunternehmerschaft ein teilrechtsfähiges Gebilde, das ebenso Leistungsbeziehungen eingehen kann wie die an der Mitunternehmerschaft beteiligten Mitunternehmer. Für die steuerliche Beurteilung von im Rückbeziehungszeitraum bereits bestehenden oder neu abgeschlossenen Verträgen ist daher danach zu differenzieren, ob der Vertragspartner die Mitunternehmerschaft oder der einbringende Mitunternehmer ist.

645 **Die Mitunternehmerschaft schließt einen Vertrag mit einem fremden Dritten.** Der einbringende Mitunternehmer ist an dem Vertragsverhältnis nicht unmittelbar als Partei beteiligt. Die Mitunternehmerschaft ist zwar Vertragspartei, aber nicht Beteiligte der Einbringung. § 20 V, VI findet daher auf diesen Sachverhalt keine Anwendung.

Beispiel: M ist als Mitunternehmer an der A-OHG beteiligt. Die A-OHG schließt mit der B-OHG am 1.4.01 einen Darlehensvertrag ab. Am 31.7.01 bringt M seinen Mitunternehmeranteil rückwirkend zum 1.1.01 in die G-GmbH ein.

Da nicht M, sondern die A-OHG Vertragspartnerin der B-OHG ist, tritt die G-GmbH nicht infolge der Einbringung des Mitunternehmeranteils durch M in die Rechtsstellung der A-OHG ein. Der Darlehensvertrag zwischen der A-OHG und der B-OHG bleibt von der Einbringung unberührt.

646 **Leistungsbeziehungen zwischen der Mitunternehmerschaft und dem Mitunternehmer.** Bestehen die Leistungsbeziehungen zwischen der Mitunternehmerschaft und dem einbringenden Mitunternehmer, tritt die übernehmende Gesellschaft ab dem Einbringungszeitpunkt bzw., sofern der Vertrag erst im Rückwirkungszeitraum abgeschlossen worden ist, ab dem Zeitpunkt des Vertragsschlusses in die Rechtsstellung des Mitunternehmers ein. Für den Einbringenden bedeutet dies, dass die Einkünfte, die er vom steuerlichen Übertragungsstichtag oder vom späteren Tag des Vertragsabschlusses mit der PersGes an bezieht, umqualifiziert werden müssen, da er aufgrund der Rückwirkungsfiktion von diesem Zeitpunkt an keine Mitunternehmerstellung mehr innehat (*Patt* in D/P/M § 20 UmwStG Rn. 317).

647 Bestehen zum steuerlichen Übertragungsstichtag bspw. **Dienst- oder Darlehensverträge** zwischen dem Mitunternehmer und der PersGes, haben die auf diesen Verträgen beruhenden Zahlungen an den Einbringenden den steuerlichen Gewinn der PersGes vor dem steuerlichen Übertragungsstichtag nicht gemindert, da § 15 I 1 Nr. 2 S 1 EStG zur Anwendung kam. Vom steuerlichen Übertragungsstichtag an verliert der Einbringende, dh der Gläubiger der Arbeitsbezüge oder des Darlehensentgelts, infolge der Rückwirkung seine Stellung als Mitunternehmer. Er ist nunmehr Gesellschafter der übernehmenden Körperschaft. Die Zahlungen sind daher nicht mehr nach § 15 I 1 Nr. 2 S 1 EStG umzuqualifizieren, sondern als Einkünfte gemäß §§ 19, 20 EStG etc. zu behandeln (s. auch

UmwStE Rn. 20.16). Die Forderungen des Einbringenden aus dem Vertrag mit der PersGes gehen in das Privatvermögen des Einbringenden über, Vertragspartner ist weiterhin die PersGes (*Patt* in D/P/M § 20 UmwStG Rn. 317).

Beispiel: M ist als Mitunternehmer an der A-OHG beteiligt. Zudem ist er seit 1.4.01 bei der A-OHG als Arbeitnehmer beschäftigt. Am 31.7.01 bringt er seinen Mitunternehmeranteil rückwirkend zum 1.1.01 in die G-GmbH ein, das Arbeitsverhältnis zwischen ihm und der A-OHG besteht fort.

Vor dem 1.4.01 werden die Einkünfte, die M aus seiner Tätigkeit für die A-OHG bezieht, gemäß § 15 I 1 Nr. 2 S 1 EStG in gewerbliche Einkünfte umqualifiziert. Zum 1.4.01 verliert M rückwirkend seine Stellung als Mitunternehmer, da die G-GmbH an seiner Stelle Mitunternehmerin der A-OHG wird. Das Vertragsverhältnis zwischen M und der A-OHG bleibt auch nach der Einbringung bestehen: Die G-GmbH tritt nur in die Mitunternehmerstellung des M ein, nicht hingegen in den Arbeitsvertrag zwischen M und der A-OHG. Infolge der Sacheinlage entfällt allein die Grundlage für die Umqualifizierung der Einkünfte des M nach § 15 I 1 Nr. 2 S 1 EStG (s. UmwStE Rn. 20.16). Vergütungen, die M ab dem rückbezogenen Einbringungszeitpunkt infolge seiner Tätigkeit für die A-OHG bezieht, sind daher Einkünfte aus nichtselbständiger Arbeit iSv § 19 EStG. Auf der Ebene der Mitunternehmerschaft stellen die Vergütungen an M sowohl vor der Einbringung als auch nachher Betriebsausgaben dar, sofern sie angemessen sind (*Patt* in D/P/M § 20 UmwStG Rn. 317; zur Behandlung unangemessener Vergütungen als Entnahmen vgl. unten Rn. 665 ff.).

Zu differenzieren ist bei **Nutzungsüberlassungsverträgen.** Die zuvor genannten Überlegungen gelten nur dann, wenn die zur Nutzung überlassenen WG unwesentliche Betriebsgrundlagen sind. Wesentliche Betriebsgrundlagen sind mit einzubringen und gehen in das Vermögen der übernehmenden Gesellschaft ein. Gleichwohl im relevanten Rückbeziehungszeitraum an den einbringenden Mitunternehmer gezahlte Nutzungsentgelte sind als **Entnahmen** zu behandeln. 648

Leistungsbeziehungen zwischen dem einbringenden Mitunternehmer und der übernehmenden Gesellschaft. Der Mitunternehmer kann neben seiner Stellung als Personengesellschafter im Rückbeziehungszeitraum vertragliche Beziehungen zur übernehmenden Gesellschaft unterhalten. Er kann bspw. Arbeitnehmer dieser Gesellschaft sein, er kann ihr Nutzungsrechte eingeräumt oder Darlehen gewährt haben. Es muss beachtet werden, dass der Personengesellschafter mit der Einbringung seines Mitunternehmeranteils diesen Status verliert und dass er Gesellschafter einer KapGes oder Genossenschaft wird. Dementsprechend müssen die fortbestehenden Verträge ggf. formell und inhaltlich angepasst werden, damit sie kstl anerkannt werden. Im Übrigen gelten die oben dargestellten Grundsätze. 649

Leistungsbeziehungen zwischen der PersGes und der Übernehmerin. Für diese Leistungsbeziehungen kann bereits im Rückwirkungszeitraum § 15 EStG einschlägig werden. So stellen Zinszahlungen der PersGes an die übernehmende Gesellschaft keine Betriebsausgaben mehr dar, sondern sind als Gewinnvorab zu behandeln. Kommt es bei betrieblichem Liefer- und Leistungsverkehr zwischen der PersGes und der übernehmenden Gesellschaft zu Gewinn- und/oder Verlustrealisierungen, so sind diese, soweit sie den einzubringenden Mitunternehmeranteil betreffen, zu neutralisieren (vgl. auch Rn. 643). 650

(4) Einbringung durch die Mitunternehmerschaft. Ist die Mitunternehmerschaft selbst der einbringende Rechtsträger, richtet sich die Beurteilung von Verträgen, die im Rückbeziehungszeitraum bereits bestehen oder neu abgeschlossen werden, danach, ob die Mitunternehmerschaft den Vertrag mit einem fremden Dritten oder mit einem Mitunternehmer abgeschlossen hat. 651

Leistungsbeziehungen zwischen der Mitunternehmerschaft und einem fremden Dritten. Es ergeben sich keine Besonderheiten. Die übernehmende Gesellschaft übernimmt die Rechtsposition der Mitunternehmerschaft mit Ablauf des steuerlichen Übertragungsstichtages oder mit Ablauf des Tages des Vertragsabschlusses, wenn dieser zeitlich nach dem steuerlichen Übertragungsstichtag liegt. Aufwendungen und Erträge sind nunmehr solche der übernehmenden Gesellschaft. 652

Beispiel: Die A-OHG mietet ein Grundstück von X. Am 31.7.01 bringt sie den Betrieb/Teilbetrieb, zu dessen BV das Nutzungsrecht am Grundstück gehört, rückwirkend zum steuerlichen Übertragungsstichtag 1.4.01 in die G-GmbH ein.

Die G-GmbH tritt mit Ablauf des 31.3.01 in die Rechtsstellung der A-OHG als Mieterin des Grundstücks ein.

Wurde der Mietvertrag zwischen der A-OHG und X erst mit Wirkung vom 1.6.01 geschlossen, tritt die G-GmbH erst mit Wirkung vom 1.6.01 in den Mietvertrag ein.

653 **Leistungsbeziehungen zwischen der Mitunternehmerschaft und Mitunternehmern.** Bringt die PersGes ihren gesamten Betrieb ein, so gelten die bisherigen Mitunternehmer als die einbringenden Rechtsträger (Rn. 274). Ihre mit der PersGes bestehenden Verträge gelten als mit Ablauf des steuerlichen Übertragungsstichtags übergegangen. Sie sind nach kstl Grundsätzen zu beurteilen (*Patt* in D/P/M § 20 UmwStG Rn. 314). Nicht anders zu beurteilen ist der Sachverhalt, dass nur ein Teilbetrieb eingebracht wird, die mit den Mitunternehmern bestehenden Verträge aber diesem Teilbetrieb zuzuordnen sind. Die Vorschrift des § 15 EStG bleibt gültig, soweit die Gesellschafterverträge dem zurückbleibenden BV zuzuordnen sind. Vom steuerlichen Übertragungsstichtag an sind die Zahlungen wegen der Rückbeziehung unter kstl Kriterien zu würdigen, weil dies nun Zahlungen einer Körperschaft an ihren Gesellschafter sind (*Herlinghaus* in R/H/vL § 20 Rn. 230). Das bedeutet, dass Vereinbarungen nur dann den Betriebsausgabenabzug bei der übernehmenden Gesellschaft ermöglichen, wenn sie klar und eindeutig sind und nach ihnen verfahren wird (KStR 36 Abs. 2 S 1). Wird nicht nach diesen Grundsätzen verfahren, so liegen kstl an sich verdeckte Gewinnausschüttungen vor. Mit der hM ist jedoch davon auszugehen, dass § 20 V 2 Vorrang vor der verdeckten Gewinnausschüttung hat und insoweit eine dem Einbringenden zuzurechnende Entnahme vorliegt (*Patt* in D/P/M § 20 UmwStG Rn. 314). Sie führt zu einer Minderung der AK der erhaltenen Anteile (s. auch UmwStE Rn. 20.16). Soweit die Aufwendungen bei der Körperschaft abzugsfähige Betriebsausgaben darstellen, liegen nun beim einbringenden (Neu-)Gesellschafter Einnahmen nach §§ 19, 20 EStG etc. vor. Entsprechendes gilt, wenn vergleichbare Verträge im Rückbeziehungszeitraum nach dem steuerlichen Übertragungsstichtag abgeschlossen werden. Die kstl Beurteilung greift dann ab dem Zeitpunkt des Vertragsabschlusses. Der Gläubiger der Arbeitsbezüge oder des Darlehensentgelts ist ab diesem Tag nicht mehr Mitunternehmer, sondern Gesellschafter der übernehmenden Gesellschaft. Er bezieht Einnahmen nach §§ 19, 20 EStG. Die Darlehensforderung wird folgerichtig Privatvermögen. Überzahlungen an den Mitunternehmer, die auf formellen oder materiellen Unrichtigkeiten beruhen, führen zu Entnahmen nach § 20 V 2 mit den entsprechenden steuerlichen Folgen.

654 Handelt es sich bei dem Gegenstand des zwischen der Mitunternehmerschaft und dem Mitunternehmer bestehenden Vertrags um einen **Miet- oder Pachtvertrag,** ist hinsichtlich der Qualifikation der Einkünfte, die der Mitunternehmer nach dem Eintritt der übernehmenden Gesellschaft in die Rechtsstellung der Mitunternehmerschaft erzielt, danach zu unterscheiden, ob es sich bei dem Gegenstand der Sacheinlage um das Nutzungsrecht handelte oder um den Gegenstand, an dem zuvor das Nutzungsrecht der Mitunternehmerschaft bestanden hatte.

Beispiel: M ist an der A-OHG als Mitunternehmer beteiligt. Er vermietet der A-OHG zum 1.4.01 ein Grundstück. Das Nutzungsrecht der A-OHG an dem Grundstück ist in einer Weise gesichert, dass die A-OHG als wirtschaftliche Eigentümerin des Grundstücks anzusehen ist (vgl. dazu oben Rn. 221). Die A-OHG bringt den Teilbetrieb, zu dessen BV das Nutzungsrecht aus dem Mietvertrag mit M gehört, am 31.7.01 rückwirkend zum 1.1.01 in die G-GmbH ein.

Die G-GmbH tritt mit Ablauf des 31.3.01 in die Rechtsstellung der A-OHG als Mieterin des Grundstücks ein. Die Einkünfte, die M aus der Vermietung des Grundstücks erzielt hat, werden nicht mehr nach § 15 I 1 Nr. 2 S 1 EStG in gewerbliche Einkünfte umqualifiziert, sondern es handelt sich um Einkünfte aus Vermietung gemäß § 21 EStG. Diese erzielt M je nach Zeitpunkt des Abschlusses des Mietvertrags entweder ab dem 1.4.01 oder ab dem Tag im Rückbeziehungszeitraum, an dem der Mietvertrag abgeschlossen worden ist.

Die zuvor genannten Überlegungen gelten nur dann, wenn die zur Nutzung überlassenen WG **unwesentliche Betriebsgrundlagen** sind. Wesentliche Betriebsgrundlagen sind mit einzubringen (Rn. 66) und gehen in das Vermögen der übernehmenden Gesellschaft ein. Gleichwohl im relevanten Rückbeziehungszeitraum an den einbringenden Mitunternehmer gezahlte Nutzungsentgelte sind als Entnahmen zu behandeln (*Patt* in D/P/M § 20 UmwStG Rn. 315).

Leistungsbeziehungen zwischen der einbringenden PersGes und der Übernehmerin. Wird das gesamte BV einer PersGes eingebracht mit der Folge, dass diese erlischt (vgl. Rn. 274), erlöschen die gegenseitigen Rechte und Pflichten mit Ablauf des steuerlichen Übertragungsstichtags bzw. eines späteren Vertragstermins im Rückbeziehungszeitraum. Entsprechend sind Gewinn- und/oder Verlustrealisierungen während dieses Zeitraums zu neutralisieren. 655

Das Gleiche gilt, wenn nur ein Teilbetrieb eingebracht wird, soweit die Verträge dem Teilbetrieb zuzuordnen sind.

Gleiches gilt auch für die gebotene Neutralisierung von Gewinnen und Verlusten aus Vertragsbeziehungen zwischen der übernehmenden Gesellschaft und dem Teilbetrieb.

dd) Schwebende Verträge. Keiner abweichenden Beurteilung unterliegen schwebende Verträge, die zum steuerlichen Übertragungsstichtag verbindlich bestehen, aber erst im folgenden Rückbeziehungszeitraum erfüllt werden. Ihre Erfüllung ist der übernehmenden Gesellschaft zuzurechnen (*Widmann* in W/M § 20 Rn. R 378). 656

Beispiel: Besteht für den Einbringenden eine Lieferverpflichtung bzgl. einer fertiggestellten Maschine, die zum Stichtag 31.12.00 noch nicht erfüllt ist, die aber im Jahr 01 im Rückbeziehungszeitraum durch Auslieferung erfüllt wird, so handelt es sich um eine Lieferung der übernehmenden Gesellschaft. Die Maschine geht wie die anderen wesentlichen WG und die Lieferverpflichtung mit Ablauf des Übertragungsstichtags auf die übernehmende Gesellschaft über. Die Erfüllung ist Sache der Übernehmerin (aA *Widmann* in W/M § 20 Rn. R 272, der mit nicht aus dem Gesetz ablesbaren Gründen den Übergang auf die übernehmende Gesellschaft für nicht erforderlich erklärt; s. aber auch ders. ebd. Rn. R 378).

ee) Ausschüttungen. Bei Ausschüttungen ist eine differenzierte Betrachtung geboten, weil die denkbaren Sachverhalte vielgestaltig sein können. Es ist zunächst danach zu unterscheiden, ob die Anteile an KapGes, auf die Ausschüttungen erfolgen, am steuerlichen Übertragungsstichtag schon tatsächlich Teil des eingebrachten BV waren (dazu Rn. 658) oder ob sie erst im Rückbeziehungszeitraum erworben wurden (dazu Rn. 659). Innerhalb dieser Grobeinteilung ist weiter zu unterscheiden. 657

(1) Im Einbringungszeitpunkt im BV vorhandene Anteile. In diesen Fällen kann es im Rückwirkungszeitraum zu Ausschüttungen auf diese Anteile kommen. 658

Für die Rechtsfolgen ist zu unterscheiden:

Der Gewinnausschüttungsbeschluss erfolgt vor dem steuerlichen Übertragungsstichtag; die Ausschüttung selbst erfolgt erst im Rückbeziehungszeitraum. Es ist wiederum zu differenzieren:

- Ist der Empfänger noch der **Einbringende,** zB weil die übernehmende Gesellschaft noch nicht gegründet war, so ist der Einbringende mit der Einnahme gemäß §§ 24 Nr. 2, 20 I Nr. 1 EStG stpfl. (*Herlinghaus* in R/H/vL § 20 Rn. 230; *Patt* in D/P/M § 20 UmwStG Rn. 318).
- Wird die Ausschüttung bereits von der **übernehmenden Gesellschaft** vereinnahmt, so handelt es sich um einen neutralen Vorgang. Der übernommene Dividendenanspruch erlischt durch Verrechnung infolge Vereinnahmung der Dividenden. Der zu bilanzierende Dividendenanspruch war nämlich bereits Teil des eingebrachten Vermögens. Der Ansicht, wonach eine Einlage des Einbringenden iSv § 20 V 2 vorliegen soll (so noch in der 2. Aufl. § 20 Rn. 277), ist nicht zu folgen (*Patt* in D/P/M § 20 UmwStG Rn. 318).

Der Gewinnausschüttungsbeschluss erfolgt nach dem steuerlichen Übertragungsstichtag. Auch hier ist zu differenzieren.

- Ist Empfänger der Dividenden die **übernehmende Gesellschaft,** so ist der Dividendenzufluss nach kstl Gesichtspunkten zu werten und zu behandeln. Vorrangig ist § 8b KStG zu beachten (*Herlinghaus* in R/H/vL § 20 Rn. 230; *Patt* in D/P/M § 20 UmwStG Rn. 318).
- IdR wird jedoch der **Einbringende** der Empfänger der Dividenden sein, weil er bis zum Zeitpunkt der tatsächlichen Einbringung zivilrechtlich Gesellschafter der ausschüttenden Gesellschaft ist. Auch für diesen Fall ist davon auszugehen, dass die Dividende grds der übernehmenden Gesellschaft zusteht, weil sie infolge der Rückbeziehung als Gesellschafterin der ausschüttenden Gesellschaft zu behandeln ist. In Konsequenz dessen ist ihr die Ausschüttung deshalb auch zuzurechnen (*Herlinghaus* in R/H/vL § 20 Rn. 230; *Patt* in D/P/M § 20 UmwStG Rn. 318). Bilanziell muss die Übernehmerin eine Forderung gegen den Einbringenden aktivieren. Der Einbringende muss die Ausschüttung mit der dazugehörigen KapESt-Bescheinigung an die Übernehmerin weiterleiten, die zur Anrechnung der KapESt berechtigt ist. Behält der Einbringende die Ausschüttung, so bleibt die Übernehmerin mit der Ausschüttung gleichwohl dem Grunde nach stpfl. In der Überlassung der Ausschüttung an den Einbringenden ist die Gewährung eines anderen Vorteils durch die Übernehmerin zu sehen (*Widmann* in W/M § 20 Rn. R 363; aA *Patt* in D/P/M § 20 UmwStG Rn. 318, der eine Weiterausschüttung an den Einbringenden annimmt). § 20 II 4, III 3 sind anwendbar.

659 **(2) Im Rückbeziehungszeitraum erworbene Anteile.** Auch in diesen Fällen muss unterschieden werden.

- **Der Erwerb der Anteile im Rückbeziehungszeitraum erfolgt vor dem Gewinnausschüttungsbeschluss, mit dem die Anteile dividendenberechtigt werden.** Ungeachtet des Umstands, dass der Einbringende zivilrechtlich (noch) Gesellschafter ist, ist die Ausschüttung der Übernehmerin steuerlich zuzurechnen. Dies folgt zwingend aus § 20 V 1, wonach die Übernehmerin so behandelt wird, als ob das eingebrachte BV mit Ablauf des steuerlichen Übertragungsstichtags auf sie übergegangen wäre. Der Einbringende muss die Ausschüttung an die Übernehmerin weiterleiten, desgleichen die KapESt-Bescheinigung. Überlässt die Übernehmerin die Ausschüttung dem Einbringenden, so greift zusätzlich § 20 II 4, III 3.
- **Der Erwerb der Anteile erfolgt nach dem Gewinnausschüttungsbeschluss.** Die Ausschüttung ist wiederum der Übernehmerin zuzurechnen, weil sie gemäß § 20 V 1 als Gesellschafterin gilt. Es gelten die zuvor dargestellten Grundsätze. Die Übernehmerin muss sich um den Erhalt der Ausschüttung und der KapESt-Bescheinigung bemühen, ansonsten ist § 20 II 4, III 3 anwendbar.

660 **ff) Kstl und gewstl Organschaft.** Hinsichtlich der vielfältigen Fragen zur Tragweite der Rückwirkung im Zusammenhang mit bestehenden und/oder zu gründenden Organschaftsverhältnissen mit Gewinnabführungsverträgen (GAV) s. Ausführungen im Anh. Organschaft.

661 **gg) Einlagen.** Die Entscheidung für einen zurückbezogenen steuerlichen Übertragungsstichtag hat zur Folge, dass das Einkommen und das Vermögen fiktiv so zu ermitteln sind, als sei das BV bereits mit Ablauf des Übertragungsstichtags übergegangen, § 20 V 1. Folgerichtig könnten Vermögenszuführungen zum Einbringungsvermögen, die ein Gesellschafter vor der tatsächlichen Übertragung des Einbringungsvermögens und nach dem rückbezogenen Übertragungsstichtag ohne entsprechende Gegenleistung einbringt, bei der übernehmenden Gesellschaft als verdeckte Einlage (zum Begriff KStR 40) angesehen werden. Diese Vermögenszuführungen würden zu einem Zeitpunkt geleistet werden, für welchen sie eigentlich bereits der übernehmenden Gesellschaft zuzurechnen wären und

infolgedessen deren Besteuerungsgrundsätzen unterlägen. Hiervon macht § 20 V 2 jedoch eine Ausnahme, indem Einlagen von der Rückbeziehungsfiktion ausgenommen werden. Die Rückwirkungsfiktion findet keine Anwendung. Die in dem genannten Zeitraum – nach dem Übertragungsstichtag und vor der tatsächlichen Übertragung – geleisteten Einlagen sind so zu betrachten, als seien sie noch beim Einbringenden bewirkt. Für die steuerliche Wertung einer Vermögenszuführung als Einlage ist das eingebrachte BV als existent zu betrachten (*Patt* in D/P/M § 20 UmwStG Rn. 319). WG, die dem eingebrachten BV im Rückbeziehungszeitraum zugeführt werden, werden nicht als verdeckte Einlage in das Vermögen der übernehmenden Gesellschaft gewertet, sondern als Einlagen in das BV des einbringenden Rechtsträgers (*Nitzschke* in Blümich § 20 UmwStG Rn. 114).

Die eingelegten WG sind grds mit dem **Teilwert** anzusetzen (§ 6 I Nr. 5 EStG). Andere Wertansätze gelten indessen in den nachfolgenden Fällen: **662**

- WG, die innerhalb der letzten drei Jahre vor Durchführung der Einlage angeschafft worden sind, sind gemäß § 6 I 1 Nr. 5 Buchst. a EStG höchstens mit den AK anzusetzen.
- Entsprechendes gilt gemäß § 6 I 1 Nr. 5 Buchst. b EStG für Beteiligungen iSv § 17 EStG.
- Unentgeltliche Einlagen, die aus einem anderen BV desselben Stpfl. stammen, sind gemäß § 6 V 1 EStG mit dem BW anzusetzen (*Patt* in D/P/M § 20 UmwStG Rn. 320).
- Einbringungsgeborene Anteile iSv § 21 UmwStG 1995 sind gemäß § 27 III Nr. 3, § 21 IV UmwStG 1995 mit ihren AK oder mit dem niedrigeren Teilwert anzusetzen (*Widmann* in W/M § 20 Rn. R 312).
- Wird im Rückbeziehungszeitraum das Besteuerungsrecht der Bundesrepublik Deutschland hinsichtlich des Gewinns aus der Veräußerung eines zum eingebrachten BV gehörenden WG erstmals begründet, ist das WG mit dem gemeinen Wert anzusetzen, §§ 4 I 8 HS 2, 6 I Nr. 5a EStG (*Patt* in D/P/M § 20 UmwStG Rn. 320).

Bilanziell ist in der Übernahmebilanz der übernehmenden Gesellschaft für die Einlage ein aktiver Korrekturposten zu bilden, der im Zeitpunkt der tatsächlichen Einlage verrechnet wird (*Nitzschke* in Blümich § 20 UmwStG Rn. 114; *Widmann* in W/M § 20 Rn. R 315). **663**

Im Hinblick auf den klaren Gesetzeswortlaut ist davon auszugehen, dass § 20 V 2 für das Einkommen und den Gewerbeertrag, nicht aber für das Vermögen gilt (*Herlinghaus* in R/H/vL § 20 Rn. 239b).

Gemäß § 20 V 3 werden die **AK** der für die Sacheinlage gewährten Anteile (§ 20 III) um die ermittelten Einlagewerte erhöht. Damit wird den Einlagen doch noch eine faktische Rückwirkung beigemessen. **664**

hh) Entnahmen. Die Entscheidung für die Zugrundelegung eines rückbezogenen steuerlichen Übertragungsstichtags für einen Einbringungsvorgang hat zur Konsequenz, dass die Einkommens- und Vermögensverhältnisse für den Einbringenden und den Übernehmenden fiktiv so zu ermitteln sind, als sei das BV mit Ablauf des gewählten Übertragungsstichtages übergegangen (§ 20 V 1). Im Verhältnis zwischen dem Einbringenden und der übernehmenden Gesellschaft gilt Letztere als mit Ablauf des Übertragungsstichtags entstanden. Zivilrechtlich findet jedoch keine Rückwirkung statt. Überlässt nun die übernehmende Gesellschaft nach Ablauf des rückbezogenen steuerlichen Übertragungsstichtags und vor der zivilrechtlichen Übertragung der WG ihrem Gesellschafter Vermögensvorteile ohne entsprechende Gegenleistung, so lägen an sich verdeckte Gewinnausschüttungen vor. Denn die unentgeltliche Überlassung von Vermögensvorteilen würde zu einem Zeitpunkt stattfinden, zu welchem die Vermögensvorteile schon der übernehmenden Gesellschaft zuzurechnen wären. Ebenso wie für Einlagen bestimmt § 20 V 2 auch für Entnahmen, dass die Rückbeziehung nicht gilt, vielmehr die zivilrechtliche Betrachtungsweise zur Geltung kommt. Nach dieser Bestimmung sind nämlich die in der Zeit zwischen tatsächlicher **665**

Übertragung des Einbringungsvermögens und Übertragungsstichtag vorgenommenen Überlassungen von Nutzungen oder Vermögensgegenständen an den Einbringenden entsprechend der zivilrechtlichen Rechtslage als Entnahmen zu behandeln. Auch für Entnahmen **gilt** folglich **die Rückwirkungsfiktion nicht.** Auf diese Weise wird vermieden, dass solche Vorgänge bereits als vGA behandelt werden. Für die Zwecke der Beurteilung als Entnahmehandlung und die Verwendung für betriebsfremde Zwecke werden der Betrieb noch als bestehend und der Einbringende als Entnehmender angesehen. Begrifflich wird auf den Entnahmebegriff des § 4 I 2 und 3 EStG Bezug genommen (*Herlinghaus* in R/H/vL § 20 Rn. 239).

666 Von den Entnahmen iSv § 20 V 2 sind die Entnahmen zu unterscheiden, die anlässlich der Einbringung durch **Zurückbehaltung unwesentlicher WG** vorgenommen werden (Rn. 67). Diese Entnahmegewinne entstehen bereits zum steuerlichen Übertragungsstichtag, wenn der Antrag nach § 20 V 1 gestellt wurde (*Widmann* in W/M § 20 Rn. R 325). Entnahmen iSv § 20 V 2 können nur bis zum Zeitpunkt der Eintragung der Umwandlung bzw. der tatsächlichen Übertragung getätigt werden. Ein Entnahmegewinn entsteht im Zeitpunkt der Einbringung. Begünstigungen gemäß §§ 16, 34 EStG kommen nicht zum Zuge (*Widmann* in W/M § 20 Rn. R 318). Werden WG zur späteren geschäftlichen Verwertung zurückgehalten, so muss die Absicht im Zeitpunkt der Entnahme bestanden haben (*Widmann* in W/M § 20 Rn. R 326).

667 **Bilanziell** ist in der steuerlichen Aufnahmebilanz der übernehmenden Gesellschaft ein passiver Korrekturposten zu bilden, mit dem die späteren Entnahmen zu verrechnen sind (*Nitzschke* in Blümich § 20 UmwStG Rn. 114; *Widmann* in W/M § 20 Rn. R 316).

668 **Keine Anwendung** findet § 20 V 2, wenn der Einbringende eine KapGes ist, da hier keine Entnahmen möglich sind. Dasselbe gilt, wenn ein Betrieb gewerblicher Art einer Körperschaft des öffentlichen Rechts eingebracht wird. In beiden Fällen sind vGA vom Zeitpunkt des steuerlichen Übertragungsstichtags möglich (*Widmann* in W/M § 20 Rn. R 324).

669 Die Entnahme löst unter Umständen zwei **Rechtsfolgen** aus. Zum einen hat der Einbringende einen Entnahmegewinn zu versteuern, wenn der Teilwert oder der gemeine Wert der entnommenen WG größer ist als der BW im Zeitpunkt der Entnahme. Maßgeblich ist der Veranlagungszeitraum der Entnahmehandlung. Für Entnahmen aus dem BV einer Mitunternehmerschaft ist eine gesonderte Feststellung durchzuführen. Der eventuelle Einbringungsgewinn zählt nicht zu den Einkünften aus den neuen Anteilen (*Widmann* in W/M § 20 Rn. R 317).

Zum anderen mindern die BW der Entnahmen die AK der neuen Anteile. Das ist zwingend angesichts der Tatsache, dass die übernehmende Gesellschaft in ihrer steuerlichen Aufnahmebilanz die entnommenen WG noch angesetzt hat und diese für die Bemessung der AK der neuen Anteile maßgebend waren.

Beispiel: Der Gewerbebetreibende X bringt seinen Gewerbebetrieb zum 31.7.01 im Wege der Sachgründung in eine GmbH ein. Zum steuerlichen Übertragungsstichtag wählt X den 31.12.00. Der BW des einzubringenden Gewerbebetriebes beträgt 180.000 €. X entnimmt dem BV am 15.4.01 ein abnutzbares WG. Das WG hat nach Inanspruchnahme der AfA für die Zeit vom 1.1.01 bis 15.4.01 einen BW von 20.000 € und einen Teilwert von 50.000 €.

Die aufnehmende GmbH gilt mit Ablauf des 31.12.00 als existent. Ihr Ergebnis wird mit der AfA vom 1.1.01 bis 15.4.01 belastet. Die Herausnahme des WG löst bei der GmbH keinen erfolgsmäßigen Vorgang aus, weil die Entnahme mit dem passiven Korrekturposten zu verrechnen ist und die Entnahme selbst dem X zuzurechnen ist.

Der Gewerbebetrieb des X endet mit Ablauf des 31.12.00. Die AK seiner neuen Anteile betragen zunächst 180.000 €. Sie vermindern sich um den BW der Entnahme iHv 20.000 € und betragen danach 160.000 €. X erzielt in 01 einen Gewinn aus Gewerbebetrieb iHv 30.000 € (= Teilwert 50.000 €./. BW 20.000 €). Der Gewinn ist nicht begünstigt.

670 Nicht einheitlich wird die Sachverhaltsgestaltung beurteilt, bei der es zu **überhöhten Entnahmen** kommt. Dieses Problem kann sich ergeben, wenn im Rückwirkungszeitraum die Entnahmen den BW des eingebrachten BV zum steuerlichen Übertragungsstichtag übersteigen. In diesen Fällen kann das Bewertungswahlrecht der übernehmenden Gesellschaft eingeschränkt sein.

Beispiel: In dem vorgenannten Beispiel entnimmt X zusätzlich am 15.4.01 Bargeld iHv 170.000 €. Der BW des eingebrachten BV betrug am 31.12.00 180.000 €. Die Entnahmen belaufen sich auf 190.000 € und übersteigen damit den BW der Sacheinlage.

Zum Teil wird die Ansicht vertreten, das Bewertungswahlrecht sei in diesen Fällen eingeschränkt (*Patt* in D/P/M § 20 UmwStG Rn. 325). Es müsse ein ZW in einer Höhe angesetzt werden, dass die AK der neuen Anteile mindestens Null Euro betrügen.

In dem Beispiel müssten die WG also mit 190.000 € angesetzt werden. X hätte trotz der höheren Entnahme nur einen Entnahmegewinn von 30.000 € zu versteuern, weil in den Barmitteln keine stillen Reserven enthalten sind.

Nach aA liegt in diesen Fallgestaltungen eine Gesetzeslücke vor (so noch 2. Aufl. § 20 Rn. 284). Da die AK nicht negativ sein könnten, seien sie jedenfalls mit Null Euro anzusetzen.

Widmann (in W/M § 20 Rn. R 320) nimmt **negative AK** an. Diese betrügen im vorliegenden Fall./. 10.000 €. Dieser Ansicht ist zu folgen. Sie wurde bestätigt durch den BFH (vgl BFH v. 7.3.2018 – I R 12/16, BFH/NV 2018, 1063). Sie ermöglicht die Einbringung zum BW und zwingt nicht zum ZW-Ansatz. Dass negative AK nicht ausgeschlossen sind, ergibt sich aus dem BFH-Urteil v. 20.4.1999 (VIII R 44/96, BStBl. II 1999, 698), das im Zusammenhang mit § 17 EStG von negativen AK ausgeht (s. auch *Wacker* in Schmidt § 17 Rn. 156). Die Versteuerung des übersteigenden Betrages bleibt sichergestellt.

ii) Ausgeschiedene Mitunternehmer. Die Rückwirkungsfiktion des § 20 V 1 findet 671
nur auf solche Mitunternehmer Anwendung, die im Zeitpunkt der tatsächlichen Übertragung des Sacheinlagegegenstands die Mitunternehmerstellung innehaben (s. auch UmwStE Rn. 20.16). Dies gilt sowohl im Falle der Einbringung von BV der Mitunternehmerschaft als auch bei der Einbringung von Mitunternehmeranteilen.

Bringt die Mitunternehmerschaft ihr BV zu einem rückbezogenen Stichtag in eine Körperschaft **ein** und scheidet ein Mitunternehmer während des Rückbeziehungszeitraums aus, sind die Voraussetzungen der Sacheinlage in der Person dieses Mitunternehmers somit nicht erfüllt (*Patt* in D/P/M § 20 UmwStG Rn. 326; UmwStE Rn. 20.16).

In beiden Fallgestaltungen gilt der ausscheidende Gesellschafter hinsichtlich der Ermittlung seines Einkommens und seines Vermögens steuerlich bis zum Zeitpunkt des Übergangs des wirtschaftlichen Eigentums als Gesellschafter der PersGes. Er veräußert einen Mitunternehmeranteil.

Im Übrigen ist die Ausgestaltung des Einbringungsvorgangs durch die Mitunternehmer- 672
schaft oder den einen Mitunternehmeranteil einbringenden Mitunternehmer von dem Ausscheiden des Mitunternehmers **unabhängig.** Dies gilt auch für die Wahl des Einbringungszeitpunktes. Die Regelung in § 20 V, VI findet uneingeschränkt Anwendung, jeder Tag im Acht-Monats-Zeitraum kann als Einbringungsstichtag gewählt werden (*Patt* in D/P/M § 20 UmwStG Rn. 328).

Beispiel: An der A-OHG sind M und U als Mitunternehmer beteiligt. M veräußert seinen Mitunternehmeranteil am 1.4.01 an X. Am 31.7.01 bringt die A-OHG einen Teilbetrieb in die G-GmbH ein. Die Sacheinlage soll rückwirkend zum 1.1.01 erfolgen.

Unabhängig davon, dass infolge der Veräußerung des Mitunternehmeranteils des M am 1.4.01 ein Gesellschafterwechsel stattgefunden hat, finden hinsichtlich der Einbringung des Teilbetriebs die Rechtsfolgen des § 20 in vollem Umfang Anwendung. Als Einbringungsstichtag kann auch ein Tag gewählt werden, der innerhalb des Acht-Monats-Zeitraums, aber vor dem 1.4.01 liegt.

Die Rückwirkung gilt nicht für M: Für die Zwecke seiner Besteuerung gilt der Teilbetrieb der A-OHG nicht als zum 1.1.01 eingebracht, sondern als fortbestehend. Bis zu dem Zeitpunkt der Veräußerung seines Mitunternehmeranteils am 1.4.01 muss M daher seine laufenden Gewinne entsprechend der Höhe seiner Beteiligung an der Mitunternehmerschaft versteuern. Darüber hinaus kommt es zur Besteuerung des Gewinns, den M aus der Veräußerung seines Mitunternehmeranteils erzielt, nach §§ 16, 34 EStG (vgl. *Widmann* in W/M § 20 Rn. R 297; *Patt* in D/P/M § 20 UmwStG Rn. 328).

Die Zurechnung des Gewinnanteils für M erfolgt in der einheitlichen und gesonderten Gewinnfeststellung für die A-OHG.

Für X ist eine positive Ergänzungsbilanz zu erstellen, wenn seine Kaufpreiszahlung die BW der anteilig erworbenen WG übersteigt.

Bei der Einkommensermittlung für die G-GmbH muss bedacht werden, dass alle Gewinne und Verluste in der Zeit bis zum Ablauf des 31.3.01 anteilig zu kürzen sind, weil diese von M versteuert werden.

673 Nichts anderes gilt, wenn nicht die Mitunternehmerschaft selbst der einbringende Rechtsträger ist, sondern die **Mitunternehmer ihre Anteile einbringen.** Auch in diesen Fällen kann der Einbringungszeitpunkt auf einen Tag zurückbezogen werden, an dem Mitunternehmer, die ihre Anteile nach § 20 einbringen, noch nicht Mitunternehmer der Mitunternehmerschaft waren (*Schmitt* in SHS § 20 Rn. 251; *Patt* in D/P/M § 20 UmwStG Rn. 327). Der BW der Sacheinlage und damit die AK der neuen Anteile an der übernehmenden Gesellschaft ergeben sich für den neu eingetretenen Mitunternehmer in diesem Fall aus dem Kapitalkonto am rückbezogenen Einbringungsstichtag (*Patt* in D/P/M § 20 UmwStG Rn. 327).

Beispiel: An der A-OHG sind W, X und Y als Mitunternehmer beteiligt. Am 1.4.01 veräußert W seinen Mitunternehmeranteil an Z. Y und Z bringen ihre Mitunternehmeranteile mit Ablauf des 31.7.01 mit Wirkung zum 1.1.01 in die G-GmbH ein.

Die Rückbeziehung der Sacheinlage auf den 1.1.01 und damit auf einen Zeitpunkt, in dem Z noch nicht Mitunternehmer war, ist zulässig (*Schmitt* in SHS § 20 Rn. 251; *Patt* in D/P/M § 20 UmwStG Rn. 327).

674 In Bezug auf die **steuerlichen Rechtsfolgen für den ausscheidenden Mitunternehmer** gelten die allg. Regelungen des Ertragsteuerrechts. Der Ausscheidende hat seinen Veräußerungsgewinn gemäß § 16 I 1 Nr. 2, II EStG in dem Umfang zu versteuern, in dem der Veräußerungspreis den BW des Mitunternehmeranteils zuzüglich der Veräußerungskosten übersteigt (*Schmitt* in SHS § 20 Rn. 251; *Widmann* in W/M § 20 Rn. R 297). § 34 EStG findet Anwendung (*Widmann* in W/M § 20 Rn. R 297). Entstehungszeitpunkt für den Veräußerungsgewinn ist hierbei nicht der rückbezogene Einbringungsstichtag sondern der Zeitpunkt, in dem der ausscheidende Mitunternehmer seinen Anteil tatsächlich veräußert.

675 Überträgt der Mitunternehmer seinen Anteil **unentgeltlich** iSd § 6 III EStG, muss der Erwerber den BW des Mitunternehmeranteils fortführen. Auf der Ebene des ausscheidenden Mitunternehmers entsteht daher kein Veräußerungsgewinn. Er muss jedoch den laufenden Gewinn, den er im Zeitraum zwischen dem rückbezogenen Einbringungsstichtag und der Übertragung erzielt, als Gewinnanteil im Rahmen der einheitlichen und gesonderten Gewinnfeststellung bei der Mitunternehmerschaft versteuern. Die einheitliche und gesonderte Feststellung ist, sofern die Mitunternehmerschaft infolge der Sacheinlage untergeht (Rn. 274), nur für Zwecke der Ermittlung des Gewinns des ausscheidenden Mitunternehmers durchzuführen (ebenso *Patt* in D/P/M § 20 UmwStG Rn. 327).

676 **jj) Tarifbegünstigung, §§ 34, 52 XLVII 4 EStG.** Wie in Rn. 473 ff. ausgeführt, kann durch die Einbringung ein Einbringungsgewinn entstehen. Dieser Gewinn entsteht grds im Zeitpunkt der Sacheinlage, also im Zeitpunkt der Übertragung des wirtschaftlichen Eigentums an den einzubringenden WG (vgl. Rn. 575 ff.). Wird die Rückbeziehung der Einbringung beantragt, so gilt mit Ablauf des steuerlichen Übertragungsstichtages das Einbringungsvermögen als auf die Übernehmerin übergegangen, § 20 V 1. Mit Ablauf dieses Tages werden dem Einbringenden die entsprechenden WG nicht mehr zugerechnet.

Das Ende des steuerlichen Übertragungsstichtags ist an sich auch der Zeitpunkt, in dem der Einbringungsgewinn als entstanden gelten muss.

Beispiel: Die natürliche Person X bringt ihren Betrieb am 1.4.02 in die Y-GmbH ein. Es wird die Rückbeziehung zum Jahreswechsel 01/02 beantragt.

Gemäß § 20 V 1 gilt der Betrieb als mit Ablauf des 31.12.01 auf die Y-GmbH übergegangen. Nur bis zu diesem Zeitpunkt werden die WG dem X noch zugerechnet. Entsteht für X ein Einbringungsgewinn, so ist dies an sich ein Gewinn des Jahres 01, der auch für dieses Jahr versteuert werden müsste.

Von dieser an sich zwingenden Rechtsfolge bestimmte § 52 XLVII 4 EStG eine Ausnahme. Die Vorschrift legt feste, dass in den Fällen der Vermögensübertragung nach dem UmwStG mit steuerlicher Rückwirkung die außerordentlichen Einkünfte (und damit auch der Einbringungsgewinn) für Zwecke des § 34 EStG erst als nach dem 31.12. eines Jahres erzielt galten.

Auf das Beispiel bezogen bedeutet dies, dass der Einbringungsgewinn als im Jahr 02 erzielt gilt.

Die Ausnahmeregelung in § 52 XLVII 4 EStG erklärte sich vor dem Hintergrund der Änderung des § 34 EStG zum 1.1.1999. Durch die Beschränkung der steuerlichen Rückwirkung in Umwandlungsfällen sollte verhindert werden, dass infolge einer rückbezogenen Einbringung die gegenüber der Tarifglättung günstigere Regelung des § 34 I EStG aF (halber Steuersatz statt Tarifglättung) auch noch für Einbringungen in Anspruch genommen werden konnte, die tatsächlich nach dem 31.12.1998 durchgeführt worden waren (*Patt* in D/P/M § 20 UmwStG Rn. 329). Mit dem Kroatien-Steueranpassungsgesetz v. 25.7.2014 (BGBl. I 2014, 1266) wurde § 52 XLVII EStG ersatzlos gestrichen.

(einstweilen frei) 677, 678

kk) Pensionsverpflichtungen. Wie in Rn. 437 ff. ausgeführt, kann die PersGes für die Versorgungszusagen zugunsten der Gesellschafter der PersGes Pensionsrückstellungen nach § 6a EStG bilden. Der dadurch bewirkte Aufwand in der Gesellschaftsbilanz ist durch einen entsprechenden Aktivposten in der Sonderbilanz des Gesellschafters zu bilden. Ist der Versorgungsfall eingetreten, so entsteht durch die Zahlung der Versorgungsbezüge Aufwand bei der PersGes. Die Pensionsrückstellung ist anteilig erfolgswirksam aufzulösen. 679

Gibt der Mitunternehmer mit der Einbringung seines Mitunternehmeranteils auch seine Stellung als Verpflichteter eines Dienstverhältnisses zur PersGes auf, so stellen die Versorgungsbezüge des einbringenden Mitunternehmers vom Zeitpunkt der Einbringung an Leibrenten nach § 22 Nr. 1 S 3 EStG dar. 680

Der einbringende Mitunternehmer kann aufgrund eines Dienstverhältnisses mit der übernehmenden Gesellschaft auch insoweit pensionsberechtigt werden. Versorgungsbezüge dieser Art stellen sodann nachträgliche Einkünfte aus nichtselbstständiger Arbeit dar (§§ 24 Nr. 2, 19 EStG). Die Pensionszahlungen sind nach ihrer Erdienungszeit auf Einkünfte nach § 22 Nr. 1 S 3 Buchst. a EStG und §§ 24 Nr. 2, 19 EStG aufzuteilen, wenn die Pensionszahlungen für Dienstleistungen bei der PersGes und für solche bei der übernehmenden Gesellschaft geleistet worden sind (UmwStE Rn. 20.32). 681

Diese Grundsätze der Aufteilung gelten auch, wenn für die Einbringung die Rückbeziehung gewählt wird. In diesen Fällen erzielt der Einbringende vom Ende des steuerlichen Übertragungsstichtags an Bezüge nach § 22 Nr. 1 S 3 EStG Buchst. a EStG, wenn kein Dienstverhältnis zum Übernehmenden begründet wird. Wird ein solches begründet, so gilt der einbringende Mitunternehmer mit Ablauf des steuerlichen Übertragungsstichtags als versorgungsberechtigter Arbeitnehmer der Körperschaft. Spätere Pensionszahlungen sind, wie oben dargestellt, auf § 22 Nr. 1 S 3 Buchst. a EStG und § 24 Nr. 2, 19 EStG aufzuteilen, wobei der steuerliche Übertragungsstichtag der maßgebende Stichtag für die entscheidende Erdienungszeit ist. Diese Rechtsfolge ergibt sich zwingend aus § 20 V 1. Hätte der einbringende Mitunternehmer seinen Anteil an der PersGes zum Ende des steuerlichen Übertragungsstichtags übertragen und von diesem Zeitpunkt an die Arbeitnehmerstellung angetreten, so wäre eben dieser Tag der Stichtag für die zeitliche Benen- 682 nung der Mitunternehmer-/Arbeitnehmer-Zeit einerseits und der Kapitalgesellschafter-/ Arbeitnehmer-Zeit andererseits. So im Übrigen auch UmwStE Rn. 20.32, wonach die Leistungen aus der Pensionszusage in dem Verhältnis aufzuteilen sind, in dem die Zeit vom Beginn des Dienstverhältnisses mit der Mitunternehmerschaft bis zum Einbringungszeitpunkt zu der Zeit vom Einbringungszeitpunkt bis zum voraussichtlichen Auszahlungszeitpunkt steht. S. zum Ganzen auch Rn. 437 ff.

683 **ll) Verluste.** In Rn. 441 ff. ist ausgeführt, dass Verluste, die dem Betrieb, Teilbetrieb oder Mitunternehmeranteil anhaften, wegen der Personenbezogenheit des Verlustabzugs nicht auf die Übernehmerin übergehen. Sie verbleiben dem Einbringenden und sind bei ihm, soweit möglich, nach den allg. steuerlichen Vorschriften zu berücksichtigen. Anderes gilt für Verluste, die im Rückwirkungszeitraum entstanden sind. Diese sind originär dem übernehmenden Rechtsträger zuzuordnen und von diesem zu verwerten (s. Rn. 612). Zwar kommt es hierfür zu keinen förmlichen Verlustfeststellungen. Die Ursachen des Verlustes sind jedoch dem Übernehmer zuzurechnen.

684–691 *(einstweilen frei)*

V. Sonderfall der Einbringung einer Betriebsstätte, §§ 20 VII, 3 III

1. Regelungszweck

692 §§ 20 VII, 3 III ordnen die Anrechnung einer fiktiven ausl Steuer auf die inl Steuer aus dem Einbringungsgewinn im Fall der Einbringung einer ausl Betriebsstätte an. Damit setzen §§ 20 VII, 3 III die Regelung des Art. 10 II FusionsRL um.

§ 20 II 2 Nr. 3 verlangt für die Ausübung des Bewertungswahlrechts, dass das Recht der Bundesrepublik Deutschland für die Besteuerung des Gewinns aus der Veräußerung des eingebrachten BV bei der übernehmenden Gesellschaft nicht ausgeschlossen oder beschränkt wird. Ist das Besteuerungsrecht der Bundesrepublik Deutschland ausgeschlossen oder wird es durch die Einbringung beschränkt, so ist der gemeine Wert nach § 20 II 1 der zwingende Bewertungsmaßstab. §§ 20 VII, 3 III schreiben für bestimmte von § 20 II 2 Nr. 3 erfasste Sachverhalte eine Steueranrechnung fiktiver Steuern vor. Zur Anrechnung fiktiver Steuern kann es nur im Verhältnis zwischen **EU-Staaten** kommen. Die EWR-Staaten, die nicht zugleich Mitgliedstaaten der EU sind – also Island, Liechtenstein und Norwegen –, fallen nicht in den Anwendungsbereich der FusionsRL (Art. 1 FusionsRL), auf den allein sich die Regelung in § 20 VII nach ihrem eindeutigem Wortlaut erstreckt (*Widmann* in W/M § 20 Rn. R 757).

Die Regelung in §§ 20 VII, 3 III kommt zur Anwendung, wenn der einbringende Rechtsträger in Deutschland unbeschränkt stpfl. ist, die übernehmende Gesellschaft in Deutschland nicht unbeschränkt stpfl. ist und der Einbringungsgegenstand eine ausl Betriebsstätte ist, bei deren Besteuerung die Bundesrepublik Deutschland vor der Einbringung die Doppelbesteuerung im Wege der Anrechnungsmethode vermieden hat. Infolge der Einbringung verliert die Bundesrepublik Deutschland das Besteuerungsrecht an den Gewinnen aus der Veräußerung der Betriebsstätte, da diese nunmehr der in Deutschland nicht unbeschränkt stpfl. Übernehmerin zuzurechnen ist (s. UmwStE Rn. 20.36); die Bundesrepublik Deutschland hat nur noch ein Besteuerungsrecht hinsichtlich der als Gegenleistung gewährten Anteile an der übernehmenden Gesellschaft.

693 §§ 20 VII, 3 III tragen dem Umstand Rechnung, dass die Sacheinlage zwar wie eine Veräußerung behandelt wird, ihre Durchführung aber nach Vorgabe der FusionsRL steuerneutral möglich ist, weshalb kein im Betriebsstättenstaat zu versteuernder Veräußerungsgewinn entsteht. Bei einer tatsächlichen Veräußerung ausl BV würde die im Ausland erhobene Steuer auf die deutsche Steuer angerechnet.

2. Voraussetzungen

Voraussetzung für die entsprechende Anwendung des § 3 III ist zunächst, dass ein **inl Stpfl.** in einem EU-Mitgliedstaat eine Betriebsstätte unterhält, für deren Gewinne die Bundesrepublik Deutschland das Besteuerungsrecht hat. Freistellungsbetriebsstätten werden von der Regelung nicht erfasst. Betroffen sind deshalb nur **Betriebsstätten im EU-Ausland,** für die die **Anrechnungsmethode** zur Anwendung kommt. Dies ist nur dann der Fall, wenn ein DBA eine Aktivitätsklausel enthält und die Betriebsstätte passive Einkünfte erzielt (vgl. zu den einzelnen DBA in Rn. 697). Der Begriff der Betriebsstätte ist dabei im abkommensrechtlichen Sinn (§ 12 AO) zu verstehen (UmwStE Rn. 20.35). 694

Weitere Voraussetzung für die entsprechende Anwendung des § 3 III ist, dass der Betriebsstättenstaat die **Einbringung nicht besteuert.** Dabei ist es unerheblich, ob der Mitglied-/Betriebsstättenstaat die Einbringung zwingend als erfolgsneutral ansieht oder ob er die Möglichkeit einer erfolgsneutralen Gestaltung vorsieht und von dieser Möglichkeit Gebrauch gemacht wird. Die FusionsRL schreibt vor, dass die Möglichkeit der erfolgsneutralen Gestaltung ab 1.1.2007 eröffnet sein muss.

§ 3 III sieht die fiktive Steueranrechnung nur bei Körperschaften vor, Art. 10 I FusionsRL spricht von Gesellschaften. Aus deutscher Sicht kommen als **Einbringender** daher eine AG, KGaA, GmbH, VVaG, Genossenschaft, eine juristischen Person des öffentlichen Rechts mit ihrem Betrieb gewerblicher Art und andere Gesellschaften, die der deutschen KSt unterliegen (unbeschränkte StPfl.), in Betracht (vgl. hierzu auch *Widmann* in W/M § 20 Rn. R 760, wonach auch Vereine und Stiftungen als Gesellschaften iSd FusionsRL zu betrachten sind). Daneben wird diskutiert, ob über den Wortlaut des § 3 III hinaus, die Anrechnung der fiktiven ausl Steuer auch bei natürlichen Personen erfolgen kann. Infolge der ausschließlich „entsprechenden" Anwendung des § 3 III (vgl. § 20 VII) sollte die Begünstigung des § 20 VII auch auf natürliche Personen Anwendung finden (so auch *Nitzschke* in Blümich § 20 UmwStG Rn. 117; *Herlinghaus* in R/H/vL § 20 Rn. 242c; aA *Mutscher* in F/M § 20 Rn. 364; s. Rn. 698)

Schließlich muss durch die Einbringung der Betriebsstätte das **bisherige Besteuerungsrecht der Bundesrepublik Deutschland entfallen.**

3. Rechtsfolgen

Der Wegfall des Besteuerungsrechts der Bundesrepublik Deutschland hat zunächst zur Folge, dass der gemeine Wert anzusetzen ist und bei der einbringenden inl Gesellschaft ein kstpfl. Gewinn entsteht. 695

Um eine Benachteiligung der Sacheinlage gegenüber der Veräußerung zu vermeiden, sehen §§ 20 VII, 3 III vor, dass die Steuer, die im Betriebsstättenstaat im Falle einer Veräußerung des BV zum gemeinen Wert im Zeitpunkt der Sacheinlage erhoben worden wäre, auf die in Deutschland im Zeitpunkt der Anrechnung erhobene Steuer angerechnet wird (*Benz/Rosenberg* BB-Special 8/2006, 51/57). Es handelt sich um die Anrechnung einer **fiktiven** Steuer, da wegen der Steuerneutralität der Einbringung im Betriebsstättenstaat tatsächlich keine Steuer anfällt. Aus dem Verweis in § 3 III auf § 26 KStG ist zu folgern, dass die fiktive ausl Steuer der deutschen KSt entsprechen muss.

Die anzurechnende fiktive ausl KSt muss anhand einer **Hilfsveranlagung** nach ausl Recht ermittelt werden. Hierzu ist dem gemeinen Wert der Betriebsstätte nach deutschem Recht der Wert der Betriebsstätte gegenüberzustellen, der sich nach ausl Recht zum Einbringungszeitpunkt ergibt. Der sich hierbei ergebende Gewinn ist einer Schattenbesteuerung zu unterwerfen, um die fiktive ausl Steuer zu ermitteln. Unter Umständen ist es notwendig, die errechnete Steuer zu quotieren, um die allein anrechenbare fiktive Steuer gerade auf den fiktiven ausl Einbringungsgewinn zu ermitteln (*Widmann* in W/M § 20 Rn. R 758). 696

Die Gesetzesbegründung (BT-Drs. 16/2710, 44) und UmwStE Rn. 20.36 bringen zu §§ 20 VII, 3 III folgendes Beispiel:

Beispiel: Eine inl GmbH bringt ihre portugiesische Betriebsstätte gegen Gewährung neuer Anteile in eine französische SA ein.

Durch die Einbringung wird das Besteuerungsrecht der Bundesrepublik Deutschland hinsichtlich der portugiesischen Betriebsstätte (Besteuerungsrecht mit Anrechnungsverpflichtung bei passiven Einkünften) ausgeschlossen. Nach § 20 II 2 Nr. 3 kommt es deshalb insoweit zwingend zum Ansatz des gemeinen Werts und damit zur Besteuerung des Einbringungsgewinns. Die auf den Gewinn aus der gedachten Veräußerung der Betriebsstätte entfallende fiktive portugiesische Steuer ist auf die auf den Einbringungsgewinn aus der portugiesischen Betriebsstätte entfallende inl KSt anzurechnen.

697 Die Regelung in §§ 20 VII, 3 III kann im Verhältnis zu den nachfolgenden EU-Staaten relevant werden, weil die **DBA** mit diesen Staaten für passive Einkünfte das Anrechnungsverfahren vorsehen: Estland (Art. 23 I Buchst. c DBA-Estland), Finnland (Art. 23 V DBA-Finnland), Polen (Art. 24 I Buchst. c DBA-Polen), Portugal (Protokoll Nr. 8 DBA-Portugal), Slowakei (Art. 23 I Buchst. c DBA-Tschechoslowakei), Tschechien (Art. 23 I Buchst. c DBA-Tschechoslowakei), Zypern (Protokoll Nr. 3 zu Art. 23 DBA-Zypern).

698 Die Anrechnung kann auch nach **§§ 34c, 34d EStG** erfolgen. Zwar erklärt § 3 III nur § 26 KStG für anwendbar, doch wird die Vorschrift in § 20 VII ihrerseits nur für entsprechend anwendbar erklärt. Hieraus ist zu schließen, dass sich das Anrechnungserfordernis nicht auf die Sacheinlage durch Körperschaften, auf die § 26 KStG Anwendung findet, beschränkt. Vielmehr hat im Falle der Einbringung durch natürliche Personen oder PersGes eine Anrechnung nach § 34c EStG unabhängig davon zu erfolgen, dass dies von der FusionsRL nicht gefordert wird (*Herlinghaus* in R/H/vL § 20 Rn. 242c; *Widmann* in W/M § 20 Rn. R 761; s. auch Rn. 694).

699–702 *(einstweilen frei)*

VI. Sonderfall steuerlich transparenter Gesellschaften, § 20 VIII

1. Regelungszweck

703 § 20 VIII regelt die Anrechnung einer fiktiven ausl Steuer auf die inl Steuer aus dem Einbringungsgewinn im Fall der Einbringung durch eine steuerlich transparente ausl Gesellschaft. Damit setzt § 20 VIII die Regelung des Art. 11 FusionsRL (vormals Art. 10a FusionsRL 1990) um.

Die FusionsRL ist unter anderem auf Einbringungen von Unternehmensteilen anwendbar, wenn daran Gesellschaften aus zwei oder mehr Mitgliedstaaten beteiligt sind, Art. 1 Buchst. a FusionsRL. Nach Art. 3 Buchst. a FusionsRL ist Gesellschaft eines Mitgliedstaates jede Gesellschaft, die eine der im Anhang der FusionsRL aufgeführten Formen aufweist, in einem Mitgliedstaat ansässig ist (Art. 3 Buchst. b FusionsRL) und ohne Wahlmöglichkeit der unter Art. 3 Buchst. c FusionsRL genannten KSt oder einer dieser vergleichbaren Steuer in einem Mitgliedstaat unterliegt. Der Kreis der im Anhang der FusionsRL aufgelisteten Gesellschaften und damit der subjektive Anwendungsbereich der FusionsRL wurde durch die ÄnderungsRL 2005/19/EG v. 17.2.2005 erheblich erweitert. Nunmehr sind im Anhang zur FusionsRL auch **hybride Gesellschaften** enthalten. Unter einer hybriden Gesellschaft versteht man eine Gesellschaft, die nach dem Recht des Staates, in dem sie ansässig ist, als eigenständiges KSt-Subjekt behandelt wird, während sie nach dem Recht des Staates, in dem die Gesellschafter ansässig sind, als transparent behandelt wird: Nach dem Recht dieses Staates ist nicht die Gesellschaft das Steuersubjekt, sondern die Gesellschafter. Das Einkommen der Gesellschaft wird daher nicht der Gesellschaft, sondern den Gesellschaftern zugerechnet. Folglich findet die Besteuerung mit ESt oder KSt erst auf der Ebene der Gesellschafter statt (*Winkeljohann/Fuhrmann* Handbuch Umwandlungssteuerrecht, S 580). Als Beispiel für eine solche hybride Gesellschaft ist die französische société civile zu nennen, die nach französischem Steuerrecht zwingend kstpfl. ist, wenn sie gewerbliche Einkünfte bezieht, aus Sicht der Bundesrepublik Deutschland indessen eine PersGes und damit transparent ist. Für die Bundesrepublik Deutschland gibt es allerdings kein Besteuerungsrecht für die Gewinnanteile deutscher Gesellschafter an der société civile. Diese Gewinnanteile sind nach dem DBA-Frankreich bei der deutschen Besteuerung auszunehmen, mithin von ihr freizustellen, weil die Beteiligung an der französischen PersGes als Betriebsstätte in Frankreich zu qualifizieren ist und das Besteuerungsrecht für das Betriebsstättenergebnis ausschließlich Frankreich zusteht (Art. 4 IV DBA-Frankreich).

Die Aufnahme einzelner hybrider Gesellschaften in den Anhang der FusionsRL machte es nun jedoch erforderlich, die FusionsRL um spezielle Regelungen für hybride Gesellschaften zu ergänzen. Diese finden sich zum einen in Art. 9 iVm Art. 4 III FusionsRL. Danach ist der Staat der Gesellschafter einer in einem anderen Mitgliedstaat ansässigen einbringenden hybriden Gesellschaft verpflichtet, diesem Gesellschafter einen **Besteuerungsaufschub** für die in dem übertragenen Vermögen enthaltenen stillen Reserven zu gewähren, wenn dieser Staat die einbringende Gesellschaft als transparent betrachtet und die Gesellschafter nach ihrem Anteil an den ihnen zuzurechnenden Gewinnen der einbringenden Gesellschaft besteuert. Entsprechendes soll nach Art. 9 iVm Art. 8 III FusionsRL gelten, wenn die Gesellschafter der hybriden Gesellschaft wiederum transparente Gesellschaften sind. In diesen Fällen sollen die Staaten der Gesellschafter der transparenten Gesellschaft die Vorteile der Richtlinie gewähren. Zur Gewährung des Steueraufschubs für Einbringungen durch hybride Gesellschaften sind somit grds alle Mitgliedstaaten verpflichtet, die, wie die Bundesrepublik Deutschland, für hybride Gesellschaften die Mitunternehmerbetrachtung anstellen. Dieser Regelungsansatz ist dann unproblematisch, wenn der Ansässigkeitsstaat der Gesellschafter die Doppelbesteuerung durchgängig durch Anwendung der Freistellungsmethode vermeidet. Die Besteuerung der eingebrachten stillen Reserven wäre dem Ansässigkeitsstaat der Gesellschafter ohnehin verwehrt. Der Regelungsansatz der FusionsRL führt jedoch dann zu nachteiligen Ergebnissen, wenn die Gesellschafter der hybriden Gesellschaft in einem Mitgliedstaat ansässig sind, der dem Transparenzgedanken folgt, nach dem Welteinkommensprinzip besteuert und die Doppelbesteuerung durchgängig oder punktuell mit der Anrechnungsmethode vermeidet. Bringt beispielsweise eine hybride Gesellschaft ihren Betrieb in eine als Körperschaft zu betrachtende Gesellschaft ein, so verliert der Mitgliedstaat der Personengesellschafter sein Besteuerungsrecht (mit Anrechnung der ausl Steuer) an den stillen Reserven der von der hybriden Gesellschaft übertragenen WG, weil diese WG nach der Einbringung ausschließlich und endgültig der übernehmenden Körperschaft zuzuordnen sind. Um diesen drohenden Verlust des Besteuerungsrechts an den stillen Reserven zu verhindern, ermöglicht **Art. 11 I FusionsRL** dem Transparenzgedanken folgenden Mitgliedstaat, „die Bestimmungen dieser Richtlinie bei der Besteuerung der Veräußerungsgewinne eines unmittelbaren oder mittelbaren Gesellschafters dieser Gesellschaft nicht anzuwenden". Für die Regelungen in Art. 9 iVm Art. 4 III und 8 III FusionsRL wird damit ein optionaler Anwendungsausschluss ermöglicht. Die Regelung in Art. 11 I FusionsRL kommt in allen Fällen zur Anwendung, in denen transparente Gesellschaften als einbringende Gesellschaften an einer grenzüberschreitenden Einbringung von Unternehmensteilen beteiligt sind. Für die Mitgliedstaaten besteht damit die Möglichkeit, bei den in ihrem Staatsgebiet ansässigen Personengesellschaftern gebietsfremder einbringender, aus ihrer Sicht transparenter Gesellschaften die stillen Reserven bei grenzüberschreitenden Einbringungen zu besteuern. Der Mitgliedstaat, der von dem optionalen Anwendungsausschluss Gebrauch macht und die stillen Reserven in den eingebrachten WG besteuert, muss dann allerdings „die Steuer, die ohne die Bestimmungen dieser Richtlinie auf die Veräußerungsgewinne der steuerlich transparenten Gesellschaft erhoben worden wäre, in gleicher Weise und mit dem gleichen Betrag an[rechnen], wie wenn diese Steuer nicht erhoben worden wäre", Art. 11 II FusionsRL. Es kommt zur **Anrechnung einer fiktiven Steuer,** nämlich der Steuer, die der Mitgliedstaat der hybriden Gesellschaft erhoben hätte, hätte er die Einbringung nicht zum BW zugelassen und damit begünstigt.

704 Durch § 20 VIII wird Art. 11 II FusionsRL in nationales Recht umgesetzt. Art. 11 II FusionsRL, § 20 VIII tragen dem Umstand Rechnung, dass der in der Bundesrepublik Deutschland mit den bei der Einbringung aufgedeckten stillen Reserven der eingebrachten WG stpfl. Mitunternehmer durch einen – aus Sicht der ausl, einbringenden hybriden Gesellschaft – steuerneutralen Vorgang **nicht schlechter gestellt** werden soll als durch einen Übertragungsvorgang, der nicht vom Anwendungsbereich der FusionsRL erfasst wäre. Wäre nämlich das BV durch die hybride Gesellschaft nicht im Wege der steuerneutralen Einbringung auf eine Körperschaft übertragen worden, sondern durch Veräußerung, so hätte der Ansässigkeitsstaat des Mitunternehmers die im Staat der einbringenden Gesellschaft auf den Veräußerungsvorgang erhobene Steuer auf die auf den Veräußerungsvorgang erhobene inl Steuer anrechnen müssen, sofern die Anrechnungsmethode anzuwenden wäre. Die gleiche Rechtsfolge ordnen Art. 11 II FusionsRL, § 20 VIII für neutrale Einbringungen im Ausland an, indem die steuerliche Berücksichtigung einer fiktiven ausl Steuer vorgeschrieben wird.

§ 20 VIII findet nur auf Einbringungsvorgänge zwischen **EU-Staaten** Anwendung, nicht hingegen auf Island, Liechtenstein und Norwegen (*Winkeljohann/Fuhrmann* Handbuch Umwandlungssteuerrecht, S 572).

705 Die **praktische Bedeutung** der Vorschrift hält sich in Grenzen. Die deutsche Abkommenspraxis geht dahin, drohende Doppelbesteuerungen grds durch Anwendung der Freistellungsmethode zu verhindern. Erst in neuerer Zeit wird der Kreis der Einkunfts- und Vermögensarten, für die die Steueranrechnung, nicht die Freistellung vereinbart wird, ausgedehnt. Dies geschieht vornehmlich durch Vereinbarung von Aktivitäts- oder Produktivitätsklauseln, denen zufolge nur Einkünfte und entsprechende Vermögensarten aus jeweils näher definierten sog. aktiven Tätigkeiten freizustellen sind. Nur für sog. passive Einkünfte verbleibt es dann bei der Steueranrechnung (*Vogel* in Vogel Art. 23B Rn. 20, 74).

Nach dem Stand der gegenwärtig gültigen DBA mit EU-Staaten hat § 20 VIII nur Bedeutung, wenn einbringende Gesellschaft eine portugiesische sociedade em nome colectivo (OHG), eine portugiesische sociedade em commandito (KG) oder eine slowakische kommanditná spolocnost (KG) ist. Denn in allen anderen Fällen, in denen im Gründungsstaat nicht transparente PersGes, aus deutscher Sicht aber transparente Gesellschaften als Einbringende in Frage kommen, wird die drohende Doppelbesteuerung durch die Freistellungsmethode verhindert (*Widmann* in W/M § 1 Rn. 92 Tabelle II).

2. Voraussetzungen

706 § 20 VIII kommt zur Anwendung, wenn

- eine hybride Gesellschaft ihren Betrieb insgesamt oder einen oder mehrere Teilbetriebe einbringt,
- diese hybride Gesellschaft in einem anderen EU-Mitgliedstaat als Deutschland ansässig ist,
- die Gesellschaft nach dem Recht des Ansässigkeitsstaates als intransparent behandelt wird, nach deutschem Recht jedoch als Mitunternehmerschaft/PersGes qualifiziert wird; diese Voraussetzung ist anhand eines Typenvergleichs zu prüfen (s. hierzu BMF v. 19.3.2004 IStR 2004, 351 zur Limited Liability Company; *Stewen* FR 2007, 1047 und oben Rn. 264);
- mindestens ein Mitunternehmer in der Bundesrepublik Deutschland ansässig ist und
- sich der einzubringende Betrieb oder die einzubringenden Teilbetriebe in einem EU-Mitgliedstaat befinden, demgegenüber die Bundesrepublik Deutschland eine mögliche Doppelbesteuerung durch die Anwendung der Methode der Anrechnung der ausl Steuer vermeidet.

Daneben fällt auch die Veräußerung von Anteilen an der hybriden Gesellschaft selbst in den Anwendungsbereich des § 20 VIII (*Mutscher* in F/M § 20 Rn. 390 ff.; *Nitzschke* in Blümich § 20 UmwStG Rn. 118).

3. Rechtsfolgen

Wie zuvor in Rn. 703 dargestellt, gewährt die Bundesrepublik Deutschland in den Fällen der Einbringung durch eine in einem anderen Mitgliedstaat der EU ansässige hybride Gesellschaft **keinen Steueraufschub.** Dies ergibt sich stillschweigend daraus, dass für die Fälle der Einbringung durch ausl hybride Gesellschaften die Anrechnung einer fiktiven ausl Steuer angeordnet wird (vgl. § 20 VIII). Für die Einbringungsfälle der vorgenannten Art gilt somit § 20 uneingeschränkt und damit auch vor allem **§ 20 II 2 Nr. 3.** Danach ist der BW-Ansatz ausgeschlossen, der Ansatz des gemeinen Wertes der WG zwingend, wenn das Recht der Bundesrepublik Deutschland hinsichtlich der Besteuerung des Gewinns aus der Veräußerung des eingebrachten BV bei der übernehmenden Gesellschaft ausgeschlossen oder beschränkt wird (s. oben Rn. 341 ff.; UmwStE Rn. 20.37). Ist der gemeine Wert der eingebrachten WG höher als der BW, so bedeutet dies, dass die stillen Reserven in den WG aufzudecken und bei positivem Einkommen zu besteuern sind. Dieser Sachverhalt – zwingende Aufdeckung der stillen Reserven – ist stets dann gegeben, wenn das in Rede stehende BV in eine ausl Gesellschaft eingebracht wird, die von der Bundesrepublik Deutschland und dem ausl Ansässigkeitsstaat der übernehmenden Gesellschaft als Körperschaft qualifiziert wird. Dann steht das Recht zur Besteuerung des Gewinns aus der Veräußerung des eingebrachten BV nämlich ausschließlich dem Ansässigkeitsstaat der übernehmenden Körperschaft zu. **707**

Für die Anwendung des § 20 II 2 Nr. 3 ist in Anrechnungsfällen davon auszugehen, dass die Beteiligung des Inländers an der aus deutscher Sicht transparenten ausl Gesellschaft als **ausl Betriebsstätte** des Inländers zu qualifizieren ist (BMF v. 24.12.1999 BStBl. I 1999, 1076 Tz. 1.1.5.1; *Wassermeyer* in Wassermeyer/Andresen/Ditz, S 342; *Blumers* DB 2008, 1765/1767). Die Bundesrepublik Deutschland ist auf Grund des von ihr angewandten Welteinkommensprinzips berechtigt, das ausl Betriebsstättenergebnis zu besteuern. Die Ermittlung des Gewinns dieser Betriebsstätte und damit auch des Einbringungsgewinns erfolgt nach den Grundsätzen des deutschen Steuerrechts (BMF v. 24.12.1999 BStBl. I 1999, 1076 Rn. 2.1). Der Einbringungsgewinn wird dergestalt ermittelt, dass dem gemeinen Wert der Betriebsstätte der BW der Betriebsstätte gegenübergestellt wird. Diese Gewinnermittlung hat auf jeden Fall der im Inland unbeschränkt Stpfl. durchzuführen. § 20 VIII bezieht zwar durch die entsprechende Anwendbarkeit des § 50 III EStG auch beschränkt Stpfl. mit ein. Insoweit erlangt § 20 VIII aber keine Bedeutung, weil der beschränkt Stpfl. mit der Auslandsbetriebsstätte keine inl Einkünfte bezieht (s. auch *Widmann* in W/M § 20 Rn. R 774; *Benecke/Schnitger* IStR 2005, 641/645). **708**

Der nach deutschen Vorschriften ermittelte Einbringungsgewinn ist – ggf. mit anderen Gewinneinkünften und/oder Einkünften anderer Art – in der Steuererklärung des inl Einbringenden für den Veranlagungszeitraum der Einbringung zu erklären.

§ 20 VIII bestimmt nun, dass auf die auf den Einbringungsgewinn entfallende deutsche KSt oder ESt die ausl Steuer angerechnet wird, die nach den Rechtsvorschriften des anderen EU-Mitgliedstaates erhoben worden wäre, wenn die einer in einem Mitgliedstaat belegenen Betriebsstätte zuzurechnenden eingebrachten WG zum gemeinen Wert veräußert worden wären. Es erfolgt die Anrechnung einer fiktiven ausl Steuer. Hat der einbringende deutsche Gesellschafter noch weitere inl und/oder ausl Einkünfte, so muss der auf den Einbringungsgewinn entfallende deutsche Steuerteil gesondert, uU zweistufig ermittelt werden, weil § 20 VIII nur eine Anrechnung auf die auf den Einbringungsgewinn entfallene KSt oder ESt zulässt. Liegen neben dem Einbringungsgewinn noch andere inl und/oder ausl Einkünfte vor, so ist in einem ersten Schritt nach § 20 VIII, § 26 I 1 KStG iVm § 34c I 1 EStG im Wege der per-country-Rechnung der inl Steuerteil zu ermitteln, der auf die Einkünfte des Staates entfällt, in dem aus deutscher Sicht der Einbringungsgewinn realisiert wird. Dieser Steuerbetrag ist ggf in einem zweiten Schritt weiter aufzuteilen, wenn der Inländer aus diesem Staat außer dem Einbringungsgewinn noch weitere Einkünfte bezieht.

Auf die anteilige deutsche KSt oder ESt ist die ausl Steuer anzurechnen, die angefallen wäre, wenn die eingebrachten WG zum gemeinen Wert veräußert worden wären. Diese ausl Steuer ist durch eine vom Stpfl./Fiskus unter Anwendung des ausl Steuerrechts durchzuführende hypothetische Steuerberechnung zu ermitteln. Hierzu ist in einem ersten Schritt der Einbringungsgewinn nach dem maßgebenden ausl Steuerrecht zu errechnen. Dies geschieht dadurch, dass dem gemeinen Wert der Betriebsstätte der Wert gegenübergestellt wird, der sich für diese Betriebsstätte nach dem ausl Recht für den Einbringungszeitpunkt ergibt (*Widmann* in W/M § 20 Rn. R 765). Zur Ermittlung der maßgebenden fiktiven Steuer ist sodann im Wege einer **Schattenveranlagung** die ausl Steuer zu errechnen. § 34c I 3 HS 2 EStG ist zu beachten. Auch diese ausl Steuer ist aufzuteilen, wenn außer dem Einbringungsgewinn in dem entsprechenden Staat noch andere stpfl. Einkünfte erzielt wurden. Die Aufteilungsmaßstäbe sind dem ausl Recht zu entnehmen (*Widmann* in W/M § 20 Rn. R 769). Da es sich um eine fiktive Steuer handelt, kommt es auf eine Steuerfestsetzung oder Steuerzahlung nicht an. Ermäßigungsansprüche sind allerdings gegenzurechnen. Ermöglicht der ausl Staat die volle oder teilweise Aufdeckung der stillen Reserven, so ist die darauf gezahlte ausl Steuer durch unmittelbare Anwendung der § 34c EStG, § 26 KStG anzurechnen. Eine überschießende fiktive ausl Steuer ist dann nach § 20 VIII iVm § 34c EStG, § 26 KStG anzurechnen.

Für die entsprechende Anwendung von **§ 34c II EStG** – Abzug der ausl Steuer bei der Ermittlung der Einkünfte statt Anrechnung – ist kein Raum, weil die anzurechnende ausl Steuer fingiert und damit als entstanden betrachtet wird.

709 **Beispiel:** Der Inländer X ist als Kommanditist an einer slowakischen KG (kommanditná spolocnost) beteiligt, die keine Gewinne iSv Art. 23 I Buchst. c S 1 des für die Slowakei fortgeltenden DBA-Tschechoslowakei bezieht. Sie erzielt vielmehr passive Einkünfte. Der Gewinn der slowakischen KG unterliegt nach Abzug des Gewinnanteils des Komplementärs der slowakischen KSt. Die slowakische kommanditná spolocnost wird nach dem Steuerrecht der Slowakei als KapGes angesehen. Aus Sicht des deutschen Steuerrechts handelt es sich bei der slowakischen KG um eine PersGes, so dass die Beteiligung des X an dieser Gesellschaft als Unternehmen iSd Art. 7 DBA-Tschechoslowakei angesehen wird (BMF v. 13.1.1997 BStBl. I 1997, 97). Die slowakische KG ist im Anhang der FusionsRL als Rechtsträger aufgeführt, auf die die FusionsRL Anwendung findet. Wegen des Erzielens passiver Einkünfte werden die Gewinnanteile des X an der slowakischen KG in der Bundesrepublik Deutschland nicht gemäß Art. 23 I Buchst. a DBA-Tschechoslowakei freigestellt. Es greift vielmehr die Anrechnungsmethode.

Bringt nun die slowakische KG einen Teilbetrieb in eine ungarische reszvenytarsasag (AG) ein, so geht das Recht der Bundesrepublik Deutschland zur Besteuerung der Veräußerungsgewinne hinsichtlich der dem Teilbetrieb zuzuordnenden WG verloren, weil das Besteuerungsrecht insoweit nunmehr ausschließlich dem ungarischen Staat zusteht. Es kommt § 20 II 2 Nr. 3 zur Anwendung (Rn. 341). X muss für die innerstaatlichen Besteuerungszwecke die gemeinen Werte für die eingebrachten WG ansetzen und einen sich daraus ergebenden Veräußerungsgewinn erklären.

§ 20 VIII gibt ihm nun das Recht, auf den inl Steueranteil, der auf den ausl Veräußerungs-/Einbringungsgewinn entfällt, die slowakische Steuer anzurechnen, die nach den Rechtsvorschriften der Slowakei erhoben worden wäre, wenn die zum Teilbetrieb gehörenden WG zum gemeinen Wert veräußert worden wären. Diese fiktive Steuer muss X im Wege einer Schattenveranlagung unter Anwendung slowakischen Steuerrechts ermitteln. Bezöge X noch andere passive Einkünfte aus der Slowakei, so müssten die Steueranteile gegeneinander abgegrenzt werden, weil § 34c I EStG nur die Steuer zur Anrechnung zulässt, die auf den in der Slowakei erzielten Einbringungsgewinn entfällt.

710–712 *(einstweilen frei)*

VII. Zins- und EBITDA-Vortrag, § 20 IX

Kein Übergang des Zinsvortrags im Rahmen von § 20. Gemäß § 4h EStG sind Zinsaufwendungen eines **Betriebs** in dem Jahr, in dem sie anfallen, nur in der in § 4h I 1 EStG bestimmten Höhe abziehbar. Im Übrigen sind sie in die folgenden Wj vorzutragen, § 4h I 2 EStG. Für die Ebene der übernehmenden Gesellschaft regelt § 20 IX, dass der Zinsvortrag nach Durchführung der Sacheinlage nicht von der übernehmenden Gesellschaft genutzt werden kann. **713**

Ob dies auch gilt, wenn es sich bei dem Einbringungsgegenstand um einen Teilbetrieb oder einen Mitunternehmeranteil handelt, ist umstritten. Nach dem Gesetzeswortlaut ist der Übergang des Zinsvortrags nur versagt, wenn ein Betrieb eingebracht wird. Sprachlich kann man **nicht** davon ausgehen, dass vom Betriebsbegriff des § 20 IX auch der Teilbetrieb oder der Mitunternehmeranteil erfasst sein soll, da der Gesetzgeber in § 20 II den Begriff des „Betriebsvermögens" als Oberbegriff für die von § 20 erfassten Sacheinlagegegenstände (Betrieb, Teilbetrieb und Mitunternehmeranteil) gewählt hat und diesen Oberbegriff in den Abs. 2 bis 8 durchgehend anwendet. Dies spricht dafür, dass vom Anwendungsbereich des § 20 IX ausschließlich die Einbringung des gesamten Betriebs erfasst ist, zumal § 20 IX eine Ausnahmevorschrift zu §§ 23, 12 III HS 1 bildet. **714**

Patt geht davon aus, dass bei der Einbringung von **Mitunternehmeranteilen** der Zinsvortrag anteilig nicht auf die übernehmende Gesellschaft übergeht (*Patt* in D/P/M § 20 UmwStG Rn. 341). Dies ergebe sich aus der Regelung in § 4h V 2 EStG, die insofern die speziellere Vorschrift gegenüber der allgemeinen Rechtnachfolgeregelung in §§ 23, 12 III HS 1 sei (*Patt* in D/P/M § 20 UmwStG Rn. 341). Dieser Auffassung zufolge ist die Sacheinlage eine Betriebsübertragung iSv § 4h V 1 EStG mit der Folge, dass für die Einbringung von Mitunternehmeranteilen § 4h V 2 EStG zur Anwendung kommt und der Zinsvortrag anteilig untergeht. **715**

Dieser Auffassung ist **nicht zuzustimmen.** § 4h V EStG ist nicht lex specialis zu § 20 IX. Vielmehr kommt, sofern der Anwendungsbereich des § 20 IX nicht eröffnet ist, die allgemeine Regelung in §§ 23, 12 III HS 1 zur Anwendung, wonach die übernehmende Gesellschaft in Bezug auf den Sacheinlagegegenstand in die Rechtsstellung des einbringenden Rechtsträgers eintritt mit der Folge, dass der Zinsvortrag anteilig auf die übernehmende Gesellschaft übergeht (*Stangl/Hageböke* in Schaumburg/Rödder Unternehmenssteuerreform, S 447/513).

Hinsichtlich der Einbringung eines **Teilbetriebs** geht die hA zutreffend davon aus, dass mangels ausdrücklicher spezialgesetzlicher Regelung das Recht zum Zinsvortrag nicht infolge der Sacheinlage erlischt (*Widmann* in W/M § 23 Rn. 588.1; *Patt* in D/P/M § 20 UmwStG Rn. 342; *Stangl/Hageböke* in Schaumburg/Rödder Unternehmenssteuerreform, S 447/513). Dies ergibt sich bereits aus dem Umstand, dass für die Sacheinlage eine der Regelung in § 15 III entsprechende Vorschrift fehlt und eine entsprechende Anwendung der Vorschrift als steuererhöhende Analogie zulasten des Stpfl. unzulässig ist (*Patt* in D/P/M § 20 UmwStG Rn. 342). **716**

Umstritten ist in diesem Zusammenhang, wem das Recht zum **Zinsvortrag** nach der Sacheinlage zusteht. Teilweise wird davon ausgegangen, dass mangels spezialgesetzlicher Regelung in § 20 IX die §§ 23, 12 III HS 1 zur Anwendung gelangen mit der Folge, dass der Zinsvortrag anteilig auf die übernehmende Gesellschaft übergeht (so *Stangl/Hageböke* in Schaumburg/Rödder Unternehmenssteuerreform, S 447/513). **717**

Die überwiegende Auffassung geht davon aus, dass §§ 23, 12 III HS 1 aufgrund der Betriebsbezogenheit des § 4h EStG keine Anwendung finden. Vielmehr stehe das Recht zum Zinsvortrag auch nach der Einbringung in vollem Umfang dem einbringenden Rechtsträger zu, unabhängig davon, ob es in Zusammenhang mit dem eingebrachten Teilbetrieb entstanden ist (*Widmann* in W/M § 23 Rn. 588.1; *Patt* in D/P/M § 20 UmwStG Rn. 342; *Schaden/Käshammer* BB 2007, 2317/2323).

718 **Kein Übergang des EBITDA-Vortrags im Rahmen von § 20.** In der Finanz- und Wirtschaftskrise der jüngeren Zeit haben sich die negativen Wirkungen der Zinsschrankenregelung überdeutlich gezeigt. Weniger Gewinn bedeutet idR weniger EBITDA und damit verringerte Zinsabzugsmöglichkeit. Im ungünstigsten Fall führte die verminderte Abzugsfähigkeit von Zinsaufwendungen zu einer tatsächlichen Steuerbelastung, die durch das materielle Betriebsergebnis nicht gerechtfertigt war. Der Gesetzgeber hatte diese krisenverschärfende Wirkung der Zinsschranke erkannt und neben der dauerhaften Anhebung der Freigrenze für den Zinsabzug auf 3 Mio. Euro auch einen sog. **EBITDA-Vortrag** mit dem Wachstumsbeschleunigungsgesetz v. 22.12.2009 (BGBl. I 2009, 3950) eingeführt.

Nach der bisherigen Regelung konnte Zinsabzugsvolumen verloren gehen, wenn die Nettozinsaufwendungen niedriger waren als 30 % des steuerlichen EBITDA. Positive Ergebnisse früherer Jahre blieben ohne Einfluss auf die Höhe des Zinsabzuges. Durch die Einführung des EBITDA-Vortrags kann nunmehr in einem Jahr nicht genutztes Zinsabzugsvolumen vorgetragen und in den folgenden fünf Jahren genutzt werden, § 4h IV 1 EStG. Ein EBITDA-Vortrag entsteht, wenn und soweit das verrechenbare EBITDA die Nettozinsaufwendungen übersteigt und keine Ausnahme von der Grundregel des § 4h I 1 EStG greift. Der EBITDA-Vortrag ist wie der Zinsvortrag gesondert festzustellen, § 4h IV 1 EStG. Ausführlicher zum steuerlichen EBITDA und der Wirkungsweise des EBITDA-Vortrages s. Nachtrag Voraufl. Rn. 2 ff.

719 Diese Verbesserungen hinsichtlich des Abzuges der Nettozinsaufwendungen insbesondere durch die Einführung des EBITDA-Vortrags schlagen indessen auf das UmwStG nicht durch. Durch das Wachstumsbeschleunigungsgesetz wurde auch § 20 IX geändert. Die Neufassung legt fest, dass außer dem Zinsvortrag auch der EBITDA-Vortrag nach § 4h I 3 EStG nicht auf die übernehmende Gesellschaft übergeht.

§ 21 Bewertung der Anteile beim Anteilstausch

(1) [1]**Werden Anteile an einer Kapitalgesellschaft oder einer Genossenschaft (erworbene Gesellschaft) in eine Kapitalgesellschaft oder Genossenschaft (übernehmende Gesellschaft) gegen Gewährung neuer Anteile an der übernehmenden Gesellschaft eingebracht (Anteilstausch), hat die übernehmende Gesellschaft die eingebrachten Anteile mit dem gemeinen Wert anzusetzen.** [2]**Abweichend von Satz 1 können die eingebrachten Anteile auf Antrag mit dem Buchwert oder einem höheren Wert, höchstens jedoch mit dem gemeinen Wert, angesetzt werden, wenn**

1. **die übernehmende Gesellschaft nach der Einbringung auf Grund ihrer Beteiligung einschließlich der eingebrachten Anteile nachweisbar unmittelbar die Mehrheit der Stimmrechte an der erworbenen Gesellschaft hat (qualifizierter Anteilstausch) und soweit**
2. **der gemeine Wert von sonstigen Gegenleistungen, die neben den neuen Anteilen gewährt werden, nicht mehr beträgt als**
   a) **25 Prozent des Buchwerts der eingebrachten Anteile oder**
   b) **500 000 Euro, höchstens jedoch den Buchwert der eingebrachten Anteile.**[1)]

[3]**§ 20 Abs. 2 Satz 3 gilt entsprechend.** [4]**Erhält der Einbringende neben den neuen Gesellschaftsanteilen auch sonstige Gegenleistungen, sind die eingebrachten Anteile abweichend von Satz 2 mindestens mit dem gemeinen Wert der sonstigen Gegenleistungen anzusetzen, wenn dieser den sich nach Satz 2 ergebenden Wert übersteigt.**[2)]

(2) [1]**Der Wert, mit dem die übernehmende Gesellschaft die eingebrachten Anteile ansetzt, gilt für den Einbringenden als Veräußerungspreis der eingebrachten Anteile und als Anschaffungskosten der erhaltenen Anteile.** [2]**Abweichend von**

Satz 1 gilt für den Einbringenden der gemeine Wert der eingebrachten Anteile als Veräußerungspreis und als Anschaffungskosten der erhaltenen Anteile, wenn für die eingebrachten Anteile nach der Einbringung das Recht der Bundesrepublik Deutschland hinsichtlich der Besteuerung des Gewinns aus der Veräußerung dieser Anteile ausgeschlossen oder beschränkt ist; dies gilt auch, wenn das Recht der Bundesrepublik Deutschland hinsichtlich der Besteuerung des Gewinns aus der Veräußerung der erhaltenen Anteile ausgeschlossen oder beschränkt ist. [3]Auf Antrag gilt in den Fällen des Satzes 2 unter den Voraussetzungen des Absatzes 1 Satz 2 der Buchwert oder ein höherer Wert, höchstens der gemeine Wert, als Veräußerungspreis der eingebrachten Anteile und als Anschaffungskosten der erhaltenen Anteile, wenn

1. **das Recht der Bundesrepublik Deutschland hinsichtlich der Besteuerung des Gewinns aus der Veräußerung der erhaltenen Anteile nicht ausgeschlossen oder beschränkt ist oder**
2. **der Gewinn aus dem Anteilstausch auf Grund Artikel 8 der Richtlinie 2009/133/EG[3)] nicht besteuert werden darf; in diesem Fall ist der Gewinn aus einer späteren Veräußerung der erhaltenen Anteile ungeachtet der Bestimmungen eines Abkommens zur Vermeidung der Doppelbesteuerung in der gleichen Art und Weise zu besteuern, wie die Veräußerung der Anteile an der erworbenen Gesellschaft zu besteuern gewesen wäre; § 15 Abs. 1a Satz 2 des Einkommensteuergesetzes ist entsprechend anzuwenden.**

[4]Der Antrag ist spätestens bis zur erstmaligen Abgabe der Steuererklärung bei dem für die Besteuerung des Einbringenden zuständigen Finanzamts zu stellen. [5]Haben die eingebrachten Anteile beim Einbringenden nicht zu einem Betriebsvermögen gehört, treten an die Stelle des Buchwerts die Anschaffungskosten. [6]§ 20 Abs. 3 Satz 3 und 4 gilt entsprechend.

(3) **[1]Auf den beim Anteilstausch entstehenden Veräußerungsgewinn ist § 17 Abs. 3 des Einkommensteuergesetzes nur anzuwenden, wenn der Einbringende eine natürliche Person ist und die übernehmende Gesellschaft die eingebrachten Anteile nach Absatz 1 Satz 1 oder in den Fällen des Absatzes 2 Satz 2 der Einbringende mit dem gemeinen Wert ansetzt; dies gilt für die Anwendung von § 16 Abs. 4 des Einkommensteuergesetzes unter der Voraussetzung, dass eine im Betriebsvermögen gehaltene Beteiligung an einer Kapitalgesellschaft eingebracht wird, die das gesamte Nennkapital der Kapitalgesellschaft umfasst. [2]§ 34 Abs. 1 des Einkommensteuergesetzes findet keine Anwendung.**

[1)] § 21 I 2 Nr. 2 angefügt durch StÄndG 2015 v. 2.11.2015 (BGBl. 2015 I, 1834, 1839).

[2)] § 21 I 4 angefügt durch StÄndG 2015 v. 2.11.2015 (BGBl. 2015 I, 1834, 1839). Die aF lautete: „Erhält der Einbringende neben den Gesellschaftsanteilen auch andere Wirtschaftsgüter, deren gemeiner Wert den Buchwert der eingebrachten Anteile übersteigt, hat die übernehmende Gesellschaft die eingebrachten Anteile mindestens mit dem gemeinen Wert der anderen Wirtschaftsgüter anzusetzen.".

[3)] § 21 II 3 Nr. 2 Richtlinienbezeichnung geändert durch Gesetz v. 25.7.2014 (BGBl. 2014 I, 1266). Die aF lautete: „Richtlinie 90/434/EWG".

Übersicht

I. Allgemeine Erläuterungen

1. Aufbau und Regelungsgegenstand von § 21

§ 21 gehört zum sechsten Teil des UmwStG (§§ 20–23), der Regelungen zur Einbringung von Unternehmensteilen in eine Kapitalgesellschaft oder Genossenschaft sowie zum Anteilstausch umfasst. In Abgrenzung zu § 20, der die Einbringung von Unternehmensteilen in eine Kapitalgesellschaft oder Genossenschaft im EU/EWR-Bereich regelt, beinhaltet § 21 die Einbringung von Anteilen an Kapitalgesellschaften oder Genossenschaften in in- oder ausländische Kapitalgesellschaften oder Genossenschaften des EU/EWR-Bereichs. 1

Bis zur Neufassung des UmwStG durch das SEStEG war die Einbringung von Anteilen an einer Kapitalgesellschaft nicht in einer eigenständigen Vorschrift geregelt. Die in § 20 I 2 UmwStG 1995 für Inlandssachverhalte und in § 23 IV UmwStG 1995 für den EU-Bereich geregelte Einbringung von Anteilen an einer Kapitalgesellschaft ist seit dem 13.12.2006 erstmals unter dem Begriff „Anteilstausch" in § 21 in einer eigenständigen Vorschrift zusammengefasst.

§ 21 I 1 enthält im 1. HS eine Definition für den Begriff des Anteilstauschs. Danach handelt es sich bei dem Anteilstausch um die Einbringung von Anteilen an einer Kapitalgesellschaft oder einer Genossenschaft (erworbene Gesellschaft) in eine Kapitalgesellschaft oder Genossenschaft (übernehmende Gesellschaft) gegen Gewährung neuer Anteile an der übernehmenden Gesellschaft. Als Grundsatz regelt § 21 I 1, dass beim Anteilstausch die eingebrachten Anteile bei der übernehmenden Gesellschaft grundsätzlich mit dem gemeinen Wert anzusetzen sind; nach UmwStE Rn. 21.02 gilt § 21 auf Ebene des Einbringenden jedoch nur für Anteile im Betriebsvermögen, Anteile im Privatvermögen iSv § 17 EStG und einbringungsgeborene Anteile iSv § 21 Abs. 1 UmwStG 1995; für alle übrigen Anteile gilt auf Ebene des Einbringenden § 20 IVa 1, 2, XIII 2 EStG, was mit Wirkung ab 1.1.2009 zu einer erheblichen Begrenzung des Anwendungsbereichs von § 21 geführt hat; vgl. § 21 Rn. 4a ff. Der Anwendungsbereich von § 21 I 1 ergibt sich aus einer Zusammen- 2 schau mit § 1 III in sachlicher Hinsicht und mit § 1 IV iVm § 1 II 1 Nr. 1 in persönlicher Hinsicht. Während es sich bei der übernehmenden Gesellschaft nach §§ 1 IV 1 Nr. 1, 1 II 1 Nr. 1 um eine EU/EWR-Kapitalgesellschaft oder Genossenschaft handeln muss, werden an die Person des Einbringenden keine besonderen Anwendungsvoraussetzungen gestellt; vgl. UmwStE Rn. 21.03. Gemäß **§ 21 I 2** kann die übernehmende Gesellschaft für den Fall des qualifizierten Anteilstauschs, dh wenn die übernehmende Gesellschaft nach der Einbringung auf Grund ihrer Beteiligung einschließlich der eingebrachten Anteile nachweisbar unmittelbar die Mehrheit der Stimmrechte an der erworbenen Gesellschaft innehat (Nr. 1) und – durch das StÄndG v. 2.11.2015 (BGBl. 2015 I, 1834, 1839) als weitere Voraussetzung neu eingefügt – soweit der gemeine Wert von sonstigen Gegenleistungen, die neben den neuen Anteilen gewährt werden, nicht mehr beträgt als 25 % des Buchwerts der eingebrachten Anteile oder EUR 500 000, höchstens jedoch den Buchwert der eingebrachten Anteile (Nr. 2), auf Antrag die eingebrachten Anteile mit dem Buchwert (und damit steuerneutral) oder wahlweise, unter Aufdeckung eines Teils der stillen Reserven, zu einem Zwischenwert ansetzen; vgl. UmwStE Rn. 21.09 bis Rn. 21.12.

3 **§ 21 II** enthält Regelungen zur Besteuerung des Einbringungsvorgangs beim Einbringenden. Bei dem Anteilstausch handelt es sich um ein tauschähnliches Geschäft (Anteile an der erworbenen Kapitalgesellschaft oder Genossenschaft gegen Anteile an der übernehmenden Gesellschaft), das sich – nach UmwStE Rn. 00.02 stets – für den Einbringenden als Veräußerungsvorgang und für die übernehmende Gesellschaft als Anschaffungsvorgang darstellt. Nach **§ 21 II 1** hat der Einbringende als Veräußerungspreis für die eingebrachten Anteile und als Anschaffungskosten für die erhaltenen Anteile grundsätzlich den Wert zugrunde zu legen, mit dem die übernehmende Gesellschaft die eingebrachten Anteile angesetzt hat (Grundsatz der Wertverknüpfung); vgl. UmwStE Rn. 21.13, Rn. 20.23. Von diesem Grundsatz abweichend soll nach **§ 21 II 2** unabhängig von dem Wertansatz bei der übernehmenden Gesellschaft für den Einbringenden der gemeine Wert der eingebrachten Anteile als Veräußerungspreis und als Anschaffungskosten der erhaltenen Anteile gelten, wenn nach der Einbringung das Besteuerungsrecht der Bundesrepublik Deutschland hinsichtlich des Gewinns aus der Veräußerung entweder der eingebrachten oder der erhaltenen Anteile (im Vergleich zum deutschen Besteuerungsrecht an einem etwaigen Gewinn aus der Veräußerung der eingebrachten Anteile im Zeitpunkt der Einbringung) ausgeschlossen oder beschränkt ist; vgl. UmwStE Rn. 21.14. **§ 21 II 3** enthält zu dieser Rückausnahme wiederum eine Ausnahme, wonach bei einem qualifizierten Anteilstausch auf Antrag des Einbringenden nicht der gemeine Wert, sondern der BW oder ZW als Veräußerungspreis der eingebrachten und als Anschaffungskosten der erhaltenen Anteile angesetzt werden darf, wenn das Besteuerungsrecht Deutschlands an den erhaltenen Anteilen weder ausgeschlossen noch beschränkt ist oder wenn der Anteilstausch nach Art. 8 FusionsRL nicht besteuert werden darf; vgl. UmwStE Rn. 21.15. **§ 21 II 4** regelt formale Erfordernisse einer Antragstellung des Einbringenden. **§ 21 II 5** bestimmt die Anschaffungskosten als maßgeblichen Wertansatz für den Einbringenden, bei dem die eingebrachten Anteile nicht zu einem Betriebsvermögen gehört haben. **§ 21 II 6** verweist für die Sonderfälle, dass dem Einbringenden neben den neuen Gesellschaftsanteilen auch andere Wirtschaftsgüter gewährt werden bzw. dass einbringungsgeborene Anteile eingebracht werden, auf § 20 III 3 und 4.

4 **§ 21 III 1** bestimmt, unter welchen Voraussetzungen ein etwaiger Veräußerungsgewinn nach § 17 III EStG oder nach § 16 IV EStG begünstigt besteuert werden kann; vgl. UmwStE Rn. 21.16. Nach **§ 21 III 2** findet § 34 I EStG auf den beim Anteilstausch entstehenden Veräußerungsgewinn keine Anwendung.

2. Abgrenzung zu § 20 IV a Sätze 1 und 2 EStG

4a Für der Abgeltungsteuer unterliegende Anteile im Privatvermögen von weniger als 1 % am Kapital der eingebrachten Kapitalgesellschaft sind gemäß § 20 IVa 1, 2 EStG unter den dort genannten Voraussetzungen (vgl. dazu Rn. 4b) die Wertansatzwahlrechte in § 21 I 2 und die gesetzliche Wertverknüpfung in § 21 II 1 – und insbes. auch die jährliche Meldepflicht iSv § 22 III – nicht anwendbar; vgl. UmwStE Rn. 21.02. Zwar verlangt der Wortlaut von § 20 IVa 1 EStG, dass der Anteilstausch aufgrund gesellschaftsrechtlicher Maßnahmen vollzogen wird, *die von den beteiligten Unternehmen ausgehen.* Weil nur die übernehmende Gesellschaft oder Genossenschaft und der Einbringende und die sonstigen Gesellschafter der einzubringenden Gesellschaft oder Genossenschaft Vertragsparteien des „Tauschvertrags“ und der Kapitalerhöhung bei der übernehmenden Gesellschaft oder Genossenschaft sind, geht der Anteilstausch idR nicht von der Gesellschaft oder Genossenschaft aus, an der die eingebrachten Anteile bestehen; vgl. *Haritz* FR 2010, 589, 591. Die Finanzverwaltung wendet dennoch § 20 IVa 1, 2 EStG an; vgl. UmwStE Rn. 21.02; vgl. bereits BMF vom 22.12.2009, BStBl. I 2010, 94, Rn. 100. Aufgrund der damit erreichten Vereinfachung der Abgeltungsteuer und insbes. des Kapitalertragsteuerabzugs ist der Auffassung der Finanzverwaltung zuzustimmen, auch wenn eine entsprechende Anpassung des Wortlauts von § 20 IVa 1 EStG zur Erlangung von Rechtssicherheit wünschenswert wäre. Weil § 20 IVa 1 EStG nach BT-Drs. 16/11108, 16 v. 27.11.2008 den Anteilstausch infolge eines Übernahmeangebots erfassen soll, entspricht die Verwaltungsansicht der Intention des Gesetzgebers. Nach UmwStE Rn. 21.02 kommt es zu einem Auseinanderfallen von Anteilseignerebene und Ebene der übernehmenden Gesellschaft oder Genossenschaft: Während der Anteilseigner gemäß § 20 IVa 1 EStG die ursprünglichen AK für die eingebrachten Anteile als AK der im Rahmen des Anteilstauschs gewährten Anteile für einkommensteuerliche Zwecke anzusetzen hat (was auch gilt, wenn die übernehmende Gesellschaft oder Genossenschaft eigene Anteile gewährt oder wenn die übernehmende Gesellschaft oder Genossenschaft nicht nach den Rechtsvorschriften eines EU-/EWR-Staates gegründet ist oder sich Sitz oder Ort der Geschäftsleitung der übernehmenden Gesellschaft oder Genossenschaft außerhalb des Hoheitsgebietes der EU-/EWR-Staaten befindet, vgl. *Haritz* FR 2010, 589, 592 und *Benecke/Schnitger* Ubg 2011, 1, 10; *Benz/Rosenberg* DB Beil. 1/2012, zu Heft 2, 38), kommt es auf Ebene der übernehmenden Gesellschaft oder Genossenschaft nach § 21 I 1 grundsätzlich zum Ansatz des gemeinen Werts. Der gesetzliche Zwang zur Fortführung der AK der eingebrachten Anteile auf Anteilseignerebene ist vom Wertansatz der eingebrachten Anteile bei der übernehmenden Gesellschaft oder Genossenschaft unabhängig; vgl. *Patt* in D/P/M § 21 UmwStG Rn. 82. Erhält der Einbringende in den Fällen von § 20 IVa 1 EStG zusätzlich zu den Anteilen eine Gegenleistung, gilt diese gemäß § 20 IVa 2 EStG als Kapitalertrag iSv § 20 I Nr. 1 EStG. Gemäß § 52a X 10 EStG idF des JStG 2010 gilt § 20 IVa 1 EStG idF des JStG 2010, durch das die Steuerneutralität bei Kapitalmaßnahmen auf Inlandsbeteiligungen ausgeweitet wurde, rückwirkend ab 1.1.2009; verfassungsrechtlich unzulässig ist dies Rückwirkung in den Fällen, in denen sich der Zwang zur Fortführung der Anschaffungskosten der eingebrachten Anteile nachteilig für den Einbringenden auswirkt; denn bei Wertverlusten verhindert diese Gesetzesänderung die Verlustrealisation rückwirkend; vgl. *Bron/Seidel* BB 2010, 2599, 2601.

Sind die Voraussetzungen für die Anwendung von § 20 IVa 1 EStG erfüllt, treten abweichend von § 21 die übernommenen Anteile steuerlich an die Stelle der bisherigen Anteile. Hatte der Einbringende die hingegebenen Anteile bereits vor 2009 angeschafft, gelten die neu erhaltenen Anteile – auch wenn der Anteilstausch nach 2008 erfolgt, dh das wirtschaftliche Eigentum an den eingebrachten Anteile nach 2008 auf die übernehmende Gesellschaft oder Genossenschaft übertragen wird (vgl. UmwStE Rn. 21.17) – weiterhin als sog. Altbestand, auf den insbes. § 20 II Nr. 1 EStG gemäß § 52a X 1 EStG aF nicht anzuwenden ist. Das BMF hatte mit dem Verbände-Schreiben v. 15.8.2008 (BMF v. 15.8.2008 – IV C 1-S 2000/07/0009) frühzeitig klargestellt, dass in den hingegebenen Anteilen ruhende stille Reserven, die bei einer Veräußerung steuerfrei wären, durch die Kapitalmaßnahme nicht erneut steuerverstrickt werden. Durch den Wortlaut von § 20 IVa 1 EStG, wonach *die erhaltenen Anteile an die Stelle der hingegebenen Anteile treten,* wird 4b bestätigt, dass bei vor 2009 erworbenen Anteilen, bei denen die bisher geltende Haltefrist von einem Jahr iSv § 22 EStG bereits überschritten war, die stillen Reserven nicht erneut steuerverstrickt werden; vgl. auch BT-Drs. 16/11108, 20. Sind die Voraussetzungen von § 20 IVa 1 EStG nicht erfüllt und ist deshalb § 21 anwendbar, gelten die erworbenen Anteile als durch den Anteilstausch neu angeschafft. Ist auf den Tausch von Alt-Anteilen § 20 IVa 1 EStG anwendbar, so unterliegt eine bare Zuzahlung, die der Stpfl. zusätzlich zu den Anteilen an der übernehmenden Kapitalgesellschaft erhält, nicht der Besteuerung, weil die hingegebenen Alt-Anteile bereits steuerlich entstrickt waren; vgl. FG Düsseldorf EFG 2013, 520; Rev. beim BFH anhängig, Az. VIII R 10/13. Die in § 20 IVa 2 EStG angeordnete Besteuerung der Barabfindung kann bei Fehlen stiller Reserven zu einer Besteuerung der Anschaffungskosten führen, was bei bereits steuerentstrickten Alt-Anteilen erst recht nicht hinnehmbar ist. Das BMF-Schreiben v. 22.12.2010, BStBl. I 2010, 94 nimmt hierzu nicht Stellung.

4c § 20 IVa 1, § 2 VIII 2 EStG ist nur anwendbar, wenn das Recht Deutschlands hinsichtlich der Besteuerung des Gewinns aus der Veräußerung der erhaltenen Anteile nicht ausgeschlossen oder beschränkt ist; zu diesen Voraussetzungen vgl. unten Rn. 294 ff. Für den Fall, dass die Mitgliedstaaten der EU Art. 8 RL 2009/133/EG anzuwenden haben (was der Fall ist, wenn neben der übernehmenden Gesellschaft auch die eingebrachte Gesellschaft in einem Mitgliedstaat der EU oder des EWR ansässig ist und die Zuzahlung 10 % des Nennwerts der ausgegebenen Anteile nicht überschreitet, vgl. UmwStE Rn. 21.15 Bsp. 2), ist § 20 IVa 1 EStG nach seinem Wortlaut nur im Falle der Verschmelzung anzuwenden, wobei in diesem Fall der Gewinn aus einer späteren Veräußerung der erworbenen Anteile ungeachtet der Bestimmungen eines DBA in der gleichen Art und Weise zu besteuern ist, wie die Veräußerung der Anteile an der übertragenden Körperschaft zu besteuern wäre, und wobei § 15 Ia 2 EStG entsprechend anzuwenden ist. Eine überzeugende Begründung dafür, bei Anwendbarkeit von Art. 8 RL 2009/133/EG auf den durch Einbringung bewirkten Anteilstausch § 20 IVa 1 EStG für unanwendbar zu erklären, ist nicht ersichtlich, zumal § 21 II 3 dem Einbringenden das Wahlrecht zur Buchwertfortführung oder zum Ansatz eines Zwischenwerts in den Fällen von Art. 8 2009/133/EG gewährt. Trotz des eindeutigen Gesetzeswortlauts ist § 20 IVa 1 EStG – wenn sich der Einbringende auf Art. 8 RL 2009/133/EG beruft – dennoch anwendbar, wenn das Recht Deutschlands hinsichtlich der Besteuerung des Gewinns aus der Veräußerung der erhaltenen Anteile ausgeschlossen oder beschränkt ist, aber ein Fall von Art. 8 RL 2009/133/EG vorliegt.

4d Hat die übernehmende Gesellschaft oder Genossenschaft nach der Einbringung keine unmittelbare Mehrheit der Stimmrecht an der erworbenen Gesellschaft oder Genossenschaft (sog. einfacher Anteilstausch iSv § 21 I 1), muss sie die eingebrachten Anteile gemäß § 21 I 1 zwingend mit dem gemeinen Wert anzusetzen, unabhängig davon, welcher Wert in der Handelsbilanz der übernehmenden Gesellschaft oder Genossenschaft ausgewiesen wird; vgl. UmwStE Rn. 21.07. Beim qualifizierten inländischen Anteilstausch iSv § 21 I 2 steht das Wahlrecht auf einen Buch- oder Zwischenwertansatz gemäß § 21 II 3, 4 der übernehmenden Gesellschaft oder Genossenschaft zu; vgl. UmwStE Rn. 21.15. In Bezug auf von Anteilseignern iSv § 20 IVa 1 EStG eingebrachte Anteile dürfte dies in der Praxis regelmäßig zum Ansatz des gemeinen Werts führen. Beim qualifizierten grenzüberschreitenden Anteilstausch steht das Wahlrecht iSv § 21 II 3 grundsätzlich dem Einbringenden zu; ist § 20 IVa 1 EStG anwendbar, hat der Einbringende jedoch zwingend die Anschaffungskosen der eingebrachten Anteile fortzuführen, so dass solche Anteilseigner – weil § 20 IVa 1, 2 EStG *lex specialis* gegenüber § 21 ist – kein Antragsrecht nach § 21 II 3 haben.

4e Der Zwang zur Fortführung der Anschaffungskosten auf Anteilseignerebene (auch für Inlandsbeteiligungen) gilt für alle nach dem 31.12.2008 zufließenden Kapitalerträge (vgl. BT-Drs. 18/1529 v. 26.5.2014, S. 61), und zwar sowohl für die ESt-Veranlagung des Einbringenden als auch für den Kapitalertragsteuerabzug. Nach § 20 IVa 1, 2, § 43 Ia EStG idF des JStG 2009 wäre bei einem Anteilstausch iSv § 21, auch wenn an ihm eine unbeschränkt steuerpflichtige Gesellschaft oder Genossenschaft beteiligt ist, die Fortführung der Anschaffungskosten auf Anteilseignerebene nur auf Antrag bei Wahrung der Voraussetzungen von § 21, § 22 III zulässig gewesen, während § 21 gemäß § 43 Ia EStG für Zwecke des Kapitalertragsteuereinbehalts nicht anwendbar gewesen wäre, dh für Zwecke des Kapitalertragsteuerabzugs unabhängig von der Wahrung dieser Voraussetzungen von der Fortführung der AK auszugehen gewesen wäre. Zu den Schwierigkeiten, die sich bei einem Auseinanderfallen der Behandlung des Anteilstauschs in der Veranlagung einerseits und beim Kapitalertragsteuerabzug andererseits ergeben hätten, vgl. z. B. *Haritz,* FR 2010, 589, 592. Durch die Aufhebung von § 43 Ia EStG mit Wirkung vom 1.1.2009 muss, wenn es nach § 21 I, II bei im Privatvermögen gehaltenen Anteilen zu einer Veräußerungsgewinnbesteuerung kommt, gemäß § 43 I Nr. 9, IV EStG im Fall der inländischen Depotverwahrung der Anteile grundsätzlich Kapitalertragsteuer einbehalten werden; vgl. Rn. 350. § 43 Ia bzw. deren Vorgängerregelung in § 43 I 7 EStG war ursprünglich eingeführt worden, weil die den Steuerabzug durchführende Stelle (z. B. die Kreditinstitute) bei Kapitalmaßnahmen iSd UmwStG keine Kenntnis haben, ob die entsprechende Kapitalmaßnahme steuerneutral ist; vgl. BT-Drs. 16/4841, 66 v. 27.3.2007. Nach *Bron/Seidel* BB 2010, 2599, 2601 sind durch den Wegfall von § 43 I a EStG praktisch kaum erfüllbare Kapitalertragsteuerabzugspflichten entstanden, die nicht intendiert sein dürften; vgl. auch *Patt* in: D/P/M § 21 Rn. 86. Von ausländischen Anteilseignern erzielte Gewinne aus dem Tausch von Anteilen iSv § 17 EStG unterfallen gemäß § 43 I 1 EStG keinem Kapitalertragsteuerabzug, weil § 20 II 1 Nr. 1 EStG für ausländische Anteilseigner nicht gilt; § 49 I Nr. 2e EStG verweist ausschließlich auf § 17 EStG, nicht jedoch auch auf § 20 II 1 Nr. 1 EStG. Gewährt die übernehmende Gesellschaft oder Genossenschaft neben der Ausgabe von Anteilen eine weitere Gegenleistung, ist allerdings gemäß § 20 IVa 2, § 43 I Nr. 1 EStG – gemäß § 43 V EStG grundsätzlich mit abgeltender Wirkung – auch bei ausländischen Anteilseignern Kapitalertragsteuer abzuführen. Keine Kapitalertragsteuer ist abzuführen in den Fällen von § 43 II 3 EStG; vgl. *Patt* in D/P/M § 21 Rn. 86.

3. Abgrenzung zu § 20

Im Hinblick auf die Anwendbarkeit des § 21 stellt sich die Frage der Abgrenzung zu 5
§ 20, wenn

- Einbringungsgegenstand eine 100%ige Beteiligung an einer Kapitalgesellschaft oder Genossenschaft ist,
- Anteile an einer Kapitalgesellschaft oder Genossenschaft eingebracht werden, die zu den wesentlichen Betriebsgrundlagen des zusammen mit diesen Anteilen eingebrachten Betriebs, Teilbetriebs oder Mitunternehmeranteils gehören,
- Anteile eingebracht werden, die zwar nicht zu den wesentlichen Betriebsgrundlagen des zusammen mit diesen Anteilen eingebrachten Betriebs, Teilbetriebs oder Mitunternehmeranteils gehören, jedoch nach wirtschaftlichen Zusammenhängen diesem Betrieb, Teilbetrieb oder Mitunternehmeranteil zuzuordnen sind, oder
- Anteile zusammen mit einem Betrieb, Teilbetrieb oder Mitunternehmeranteil in eine Kapitalgesellschaft oder Genossenschaft eingebracht werden, ohne dass die Anteile wesentliche Betriebsgrundlagen dieses Betriebs, Teilbetriebs oder Mitunternehmeranteils noch nach wirtschaftlichen Zusammenhängen diesem Betrieb, Teilbetrieb oder Mitunternehmeranteil zuzuordnen sind,

und wenn die übernehmende Kapitalgesellschaft oder Genossenschaft nach der Einbringung aufgrund ihrer Beteiligung einschließlich der eingebrachten Anteile nachweisbar unmittelbar die Mehrheit der Stimmrechte an der erworbenen Kapitalgesellschaft oder Genossenschaft hat, dh bei isolierter Betrachtung ein qualifizierter Anteilstausch iSv § 21 I 2 vorliegt.

a) Kein Vorliegen eines Teilbetriebs bei Einbringung einer 100 %-igen Beteiligung an einer Kapitalgesellschaft

6 Die **isolierte Einbringung einer 100 %-Beteiligung** an einer Kapitalgesellschaft fällt nicht in den Anwendungsbereich des § 20, sondern in den des § 21.

Nach der Gesetzesbegründung des SEStEG stellt eine 100 %-Beteiligung an einer Kapitalgesellschaft keinen Teilbetrieb iSd § 20 I dar (BT-Drs. 16/2710, 42). Diese gesetzgeberische Wertung ergibt sich aus der Regelung in § 21 III 1 HS 2, wonach die Anwendung des § 16 IV EStG auf einen bei Anwendung von § 21 entstehenden Einbringungsgewinn voraussetzt, dass *„eine im Betriebsvermögen gehaltene Beteiligung an einer Kapitalgesellschaft eingebracht wird, die das gesamte Nennkapital der Kapitalgesellschaft umfasst"*. Für § 24 I hat der BFH (BFH v. 17.7.2008 – I R 77/06, BStBl. II 2009, 464) bestätigt, dass die das gesamte Nennkapital umfassende Beteiligung an einer Kapitalgesellschaft kein Teilbetrieb iSv § 24 I UmwStG 1995 ist. Bei Beteiligungen handele es sich nicht um betriebliche Organisationseinheiten. Die Teilbetriebsfiktion in § 16 I 1 Nr. 1 S 2 EStG gelte bei § 24 UmwStG 1995 nicht; a. A. UmwStE, Rn. 24.02, wobei allerdings durch den Verweis auf Rn. 15.05 f. angeordnet wird, dass eine 100%ige Beteiligung an einer Kapitalgesellschaft dann kein fiktiver Teilbetrieb sei, wenn die Beteiligung eine funktional wesentliche Betriebsgrundlage eines originären Teilbetriebs ist. Bei § 24 bleibt es mithin gemäß UmwStE Rn. 24.02 nach Verwaltungsansicht bei der Einordnung der 100%igen Beteiligung an einer Kapitalgesellschaft als separater fiktiver Teilbetrieb, wenn die 100%ige Beteiligung einem originären Teilbetrieb nur wirtschaftlich zuordenbar ist, ohne eine funktional wesentliche Betriebsgrundlage dieses Teilbetriebs zu sein. Für § 20 enthält der UmwStE keine der Regelung in UmwStE Rn. 24.02 entsprechende Verwaltungsanweisung. Die Besteuerung der Einbringung einer 100 %-Beteiligung an einer Kapitalgesellschaft in eine andere Kapitalgesellschaft gegen neue Anteile richtet sich also nach § 21, nicht nach § 20; vgl. auch *Schmitt* in SHS § 21 Rn. 8 mwN; *Rabback* in R/H/vL § 21 Rn. 9. *Herlinghaus* hält diese gesetzgeberische Wertung beim Anteilstausch zwar insoweit für überraschend, als § 16 I Nr. 1 S 2 EStG und § 15 I 3 für 100 %-Beteiligungen an Kapitalgesellschaften gerade das Vorliegen eines Teilbetriebes fingieren und kein Grund ersichtlich sei, warum dies nicht auch iRd §§ 20, 21 gelten soll (*Herlinghaus* in R/H/vL § 20 Rn. 32b; ebenso *Schönherr/Lemaitre* GmbHR 2007, 459, 460). Dagegen wendet *Patt* jedoch zu Recht ein, dass es sich bei der Teilbetriebsfiktion des § 16 I Nr. 1 S 2 EStG um eine abschließende ertragsteuerliche Vorschrift handelt, die auf die Einbringung von Unternehmensteilen iSd § 20 mangels ausdrücklicher gesetzlicher Regelung (wie sie in § 15 I 3 enthalten ist) nicht anwendbar ist (vgl. *Patt* in D/P/M § 20 Rn. 31; ebenso *Rasche* GmbHR 2007, 793/795). *Patt* vertritt zudem die Ansicht, dass sich der umwandlungssteuerrechtliche Teilbetriebsbegriff nicht mehr an demjenigen des Einkommensteuerrechts orientiere, sondern in Übereinstimmung mit der FusionsRL, die eine derartige Fiktion nicht enthält, auszulegen sei (*Patt* in D/P/M § 20 Rn. 31 und 76a; ebenfalls in diese Richtung *Widmann* in W/M § 20 Rn. R 5). Schließlich sei die Frage, ob eine 100 %-Beteiligung an einer Kapitalgesellschaft als Teilbetrieb anzusehen ist, für die Abgrenzung von § 21 zu § 20 nicht relevant. Denn selbst wenn die 100 %-Beteiligung an einer Kapitalgesellschaft als Teilbetrieb anzusehen sei, würde die Einbringung einer solchen Beteiligung sowohl von dem Tatbestand des § 20 als auch dem des § 21 erfasst und diese Normenkonkurrenz zugunsten des spezielleren § 21 aufgelöst (vgl. auch *Herlinghaus* in R/H/vL § 20 Rn. 32b; *Ley* FR 2007, 109; *Schönherr/Lemaitre* GmbHR 2007, 459/460).

b) Eingebrachte Anteile als wesentliche Betriebsgrundlagen eines zusammen mit den Anteilen eingebrachten Betriebs, Teilbetriebs oder Mitunternehmeranteils

7 Ausschließlich § 20 ist anwendbar, wenn eine 100 %-Beteiligung oder Anteile von weniger als 100 % an einer Kapitalgesellschaft eine funktional wesentliche Betriebsgrundlage eines originären Betriebs, Teilbetriebs oder Mitunternehmeranteils sind und zusam-

men mit der 100 %-Beteiligung bzw. den Anteilen in eine Kapitalgesellschaft oder Genossenschaft eingebracht werden.

c) Eingebrachte Anteile als nach wirtschaftlichen Zusammenhängen dem zugleich eingebrachten Betrieb, Teilbetrieb oder Mitunternehmeranteil zuordenbar

Nach UmwStE Rn. 21.01 S 2 liegt eine ausschließlich nach § 20 zu beurteilende einheitliche Betriebs-, Teilbetriebs- oder Mitunternehmeranteils-Einbringung auch dann vor, wenn dieses Betriebsvermögen zusammen mit einer 100%igen Beteiligung oder Anteilen von unter 100 % an einer Kapitalgesellschaft oder Genossenschaft eingebracht wird, die zwar keine funktional wesentliche Betriebsgrundlage des originären Betriebs, Teilbetriebs oder Mitunternehmeranteils sind, die jedoch aus anderen Gründen „zum Betriebsvermögen des Betriebs, Teilbetriebs oder Mitunternehmeranteils gehören". Allerdings müssen nach Verwaltungsansicht lediglich zuordenbare Anteile, die nicht zu den funktional wesentlichen Betriebsgrundlagen gehören, nur bei der Teilbetriebseinbringung zwingend mit eingebracht werden; vgl. *Jäschke* in Lademann § 21 Rn. 2. Auch nach der in der Literatur vorherrschenden Auffassung ist bei Zugehörigkeit der Anteile zum zugleich eingebrachten Betrieb, Teilbetrieb bzw. Mitunternehmeranteil von einem einheitlichen Einbringungsvorgang auszugehen, der insgesamt nach § 20 zu beurteilen ist (*Herlinghaus* in R/H/vL § 20 Rn. 32; *Rabback* in R/H/vL § 21 Rn. 20; *Mutscher* in F/M § 20 Rn. 136 ff.; *Nitzschke* in Blümich § 20 Rn. 44; *Patt* in D/P/M § 20 Rn. 30 und § 21 Rn. 10; *ders.* in K/P/R/K, Teil C 8. 1. 1, 468; *Widmann* in W/M § 21 Rn. 3; *Lübbehüsen/Schütte* in Haase/Hruschka § 20 Rn. 23; *Franz/Winkler/Polatzky* BB Special 1, zu BB 2011, Heft 35, 15; *Roderburg/Schmitz/Pesch* SteuK 2012, 131; UmwStE Rn. 21.01; *Hageböke/Kröner/Kaeser* in FGS/BDI, UmwSt-Erlass 2011, 366). § 21 gilt danach nur für den isolierten Anteilstausch. 8

Dem ist m E nicht zu folgen. Für die Abgrenzung des § 21 zu § 20 ist die zur bisherigen Rechtslage für Zwecke der **Anwendung** des § 8b IV KStG aF ergangene **Billigkeitsregelung** der Finanzverwaltung zur Gewährung der Rückausnahme iSv § 8b IV 2 Nr. 2 KStG aF für einen Teil der erhaltenen Anteile zu berücksichtigen. Danach war die Einbringung von Anteilen zusammen mit einem Betrieb oder Teilbetrieb aufzuteilen in eine Sacheinlage gemäß § 20 I 1 UmwStG 1995 (dh Betriebseinbringung) und eine Sacheinlage gemäß § 20 I 2 UmwStG 1995 (dh Anteilstausch) (so dass für Anteile die Rückausnahme nach § 8b IV 2 Nr. 2 KStG anwendbar war), wenn die Anteile nicht zu den wesentlichen Betriebsgrundlagen des übertragenden Betriebs oder Teilbetriebs gehörten (BMF-Schreiben v. 5.1.2004, BStBl. I 2004, 44; vgl. zu diesem BMF-Schreiben auch Rn. 324). Das BMF verlangte im Schreiben v. 5.1.2004 für die Anwendung von §§ 8b IV 2 Nr. 2 KStG aF iVm 20 I 2 UmwStG 1995 weiterhin, dass 9

- eine mehrheitsvermittelnde Beteiligung übertragen worden ist,
- die für die übertragenen Anteile gewährten Anteile genau identifizierbar sind (z. B. aufgrund des Vertrags über die Einbringung) und
- das Verhältnis des Nennwerts dieser Anteile zum Nennwert der insgesamt gewährten Anteile dem Verhältnis des Verkehrswerts der übertragenen Anteile zum Verkehrswert des insgesamt übertragenen Betriebsvermögens entspricht. Vorausgesetzt wurde, dass die Verkehrswerte zum steuerlichen Übertragungsstichtag der Einbringung ermittelt wurden.

Ob die beiden letztgenannten Voraussetzungen durch Gestaltung erfüllbar sind, hängt vom Einzelfall ab.

ME kann für die Abgrenzung zwischen § 20 und § 21 an die im BMF-Schreiben v. 5.1.2004, BStBl. I 2004, 44, genannten Kriterien angeknüpft werden (ebenso *Patt* in D/P/M § 21 Rn. 10 und *Hageböke/Kröner/Kaeser* in FGS/BDI, UmwSt-Erlass 2011, 365; aM *Widmann* in W/M § 21 Rn. 6; *Jäschke* in Lademann § 21 Rn. 9). Insbesondere lässt sich aus dem Wortlaut der §§ 20 III 4, 22 I 5 und § 23 II 3 nicht der Schluss ziehen, dass – 10 wenn zum übertragenen Betriebsvermögen auch Anteile an Kapitalgesellschaften oder Europäischen Genossenschaften gehören – bezüglich dieser Anteile nur § 20 anwendbar sei. Vielmehr regeln die **Vorschriften der §§ 22 I 5 und 23 II 3** die **Auswirkungen** bei dem Anteilseigner und der übernehmenden Gesellschaft **für beide Einbringungstatbestände,** dh sowohl für die Einbringung von zu Unternehmensteilen gehörenden Anteilen (§ 20) als auch für den Anteilstausch (§ 21). Dabei kommt § 22 I 5 für den Fall, dass es sich bei den zum übertragenen Betriebsvermögen gehörenden Anteilen um eine mehrheitsvermittelnde Beteiligung handelt, nur deklaratorische Bedeutung zu.

Die BT-Drs. 16/3369 v. 9.11.2006 enthält auf S. 29 das folgende

Beispiel: Der in Frankreich ansässige X bringt seine inl. Betriebsstätte, zu der Anteile an der inl. Y-GmbH gehören, in 01 in die im Inland ansässige Z-GmbH ein. In 02 veräußert er die Anteile an der Z-GmbH.

Nach der Grundkonzeption von § 22 kommt es aufgrund der Anteilsveräußerung in 02 nur insoweit zu einer nachträglichen Besteuerung des Einbringungsgewinns I, als die stillen Reserven auf das im Rahmen der Sacheinlage eingebrachte Betriebsvermögen ohne Anteile entfallen (vgl. § 22 I 5 HS 1). Dies ist systematisch korrekt, wenn die Veräußerung der erhaltenen Anteile der gleichen Besteuerung unterliegt wie die Veräußerung der eingebrachten Anteile, so dass der Einbringende (hier: X) insoweit keine Statusverbesserung erfährt. Im Beispielsfall hatte nach Art. 7 II DBA Frankreich/Deutschland die Bundesrepublik Deutschland das Besteuerungsrecht für Gewinne aus der Veräußerung der eingebrachten Anteile an der Y-GmbH, da diese Anteile zum Vermögen der inl. Betriebsstätte gehörten. Nach Art. 7 I DBA Frankreich/Deutschland ist das inl. Besteuerungsrecht aber hinsichtlich des Gewinns aus der Veräußerung der erhaltenen Anteile an der Z-GmbH ausgeschlossen. Die zutreffende Besteuerung muss deshalb durch die Einbeziehung der auf die Anteile an der Y-GmbH entfallenden stillen Reserven in die Besteuerung des Einbringungsgewinns I durch § 22 I 5 HS 2 sichergestellt werden.

Der Grundsatz, dass § 21 lediglich für den Fall der isolierten Einbringung von Anteilen Anwendung finden soll, lässt sich den Regelungen in §§ 20 III 4, 22 I 5 und § 23 II 3 nicht entnehmen. ME findet daher § 21 auch in den Fällen Anwendung, in denen unter den im BMF-Schreiben v. 5.1.2004, BStBl. I 2004, 44 festgelegten Voraussetzungen eine mehrheitsvermittelnde Beteiligung an einer Kapitalgesellschaft oder Genossenschaft zusammen mit einem Betrieb, Teilbetrieb oder einem Anteil an einer Mitunternehmerschaft in eine Kapitalgesellschaft oder Genossenschaft eingebracht wird. Hinsichtlich seines eigentlichen Regelungsgegenstandes ist das BMF-Schreiben v. 5.1.2004, BStBl. I 2004, 44 wegen der Regelung in § 22 I 5 HS 1 UmwStG nicht mehr anwendbar (vgl. Rn. 324 aE). Unter den in diesem BMF-Schreiben genannten Voraussetzungen ist mE bei der Einbringung mehrheitsvermittelnder oder -verstärkender Anteile, die keine wesentlichen Betriebsgrundlagen des zeitgleich eingebrachten Betriebs, Teilbetriebs oder Mitunternehmeranteils darstellen, ein Anwendungsfall von § 21 UmwStG gegeben (die steuerliche Behandlung der Einbringung des Betriebs, Teilbetriebs oder Mitunternehmeranteils im Übrigen richtet sich nach § 20 UmwStG).

d) Anteile sind weder wesentliche Betriebsgrundlagen des zugleich eingebrachten Betriebs, Teilbetriebs oder Mitunternehmeranteils noch ihm nach wirtschaftlichen Zusammenhängen zuordenbar

10a Auch in diesem Fall richtet sich die ertragsteuerliche Behandlung der Anteilseinbringung nach § 21; a. A. UmwStE Rn. 21.01 S. 2; *Hageböke/Kröner/Kaeser* in FGS/BDI § 21 S 366, wonach § 21 bei nicht funktional wesentlichen und nicht „nach wirtschaftlichen Zusammenhängen zuordenbaren" mehrheitsvermittelnden oder -verstärkenden Anteilen „anwendbar sein sollte", wenn diese Anteile dem Betrieb oder Teilbetrieb im Rahmen von § 20 auch nicht als neutrales Vermögen zugeordnet werden. § 21 UmwStG gilt dieser (hier nicht geteilten) Ansicht nur für den isolierten Anteilstausch, dh wenn ausschließlich Anteile an einer Kapitalgesellschaft oder Genossenschaft – und keine weiteren Wirtschaftsgüter bzw. kein (weiteres) Betriebsvermögen – in die übernehmende Kapitalgesellschaft oder Genossenschaft eingebracht werden.

e) Beteiligungen bzw. Anteile als wesentliche Betriebsgrundlagen

11 Im Falle der Einbringung von Anteilen an Kapitalgesellschaften bzw. Genossenschaften im Zusammenhang mit einem Betrieb, Teilbetrieb oder Mitunternehmeranteil sind die Anteile nach hier vertretener Ansicht u. a. nur als zur Sacheinlage „Betrieb“, „Teilbetrieb“ oder „Mitunternehmeranteil“ iSd § 20 I steuerlich zugehörig anzusehen, wenn sie eine wesentliche Betriebsgrundlage des (Teil-)Betriebs oder Mitunternehmeranteils darstellen. Fraglich ist, unter welchen Voraussetzungen eine Beteiligung bzw. Anteile an einer Kapitalgesellschaft oder Genossenschaft zu den wesentlichen Betriebsgrundlagen eines Betriebs, Teilbetriebs oder Mitunternehmeranteils gehören. Die Abgrenzung zwischen der Einordnung als wesentliche Betriebsgrundlage einerseits und der bloßen Zuordenbarkeit nach wirtschaftlichen Zusammenhängen andererseits wird in der Praxis kaum rechtssicher vorgenommen werden können. Weil die Finanzverwaltung nach UmwStE Rn. 21.01 S 2 ausschließlich § 20 anwendet, wenn Anteilen einer Kapitalgesellschaft oder Genossenschaft, die zum Betriebsvermögen eines Betriebs, Teilbetriebs oder Mitunternehmeranteils gehören, mit den Wirtschaftsgütern dieses Unternehmensteils in eine Kapitalgesellschaft oder Genossenschaft eingebracht werden, scheidet in der Praxis auch die Stellung eines diese Abgrenzung betreffenden Antrags auf verbindliche Auskunft aus (zur eingeschränkten Überprüfbarkeit verbindlicher Auskünfte vgl. BFH v. 29.2.2012 – IX R 11/11, BStBl. II 2012, 651).

12 **Funktionales Verständnis der wesentlichen Betriebsgrundlagen.** Nach Auffassung der Finanzverwaltung und einhelliger Auffassung in der Literatur kann ein Kapitalgesellschaftsanteil wesentliche Betriebsgrundlage eines (Teil-)Betriebs sein (vgl. UmwStE Rn. 15.06 für 100%-Beteiligungen und Rn. 20.06 S 5 für Anteile unabhängig von der Beteiligungshöhe; BMF-Schreiben v. 16.8.2000, BStBl. I 2000, 1253; *Hörger/Rapp* in L/B/M § 16 EStG Rn. 31; *Herlinghaus* in R/H/vL § 20 Rn. 47; vgl. auch OFD Rheinland/OFD Münster, Verfügung v. 6.11.2008, DB 2011, 1302; BFH v. 12.6.2013 – X R 2/10, DB 2013, 2304). Zur Umschreibung der Voraussetzungen, unter denen die Wesentlichkeit anzunehmen ist, wird vor allem auf eine funktionale Betrachtungsweise abgestellt (ausführlich dazu § 20 Rn. 74 ff.; allgemein zur sog. funktionalen Betrachtungsweise zB *Reiß* in Kirchhof/Söhn § 16 EStG Rn. B 230 ff.). So wird eine **Beteiligung als wesentlich** erachtet, wenn sie zur Erreichung des Betriebszwecks erforderlich ist und besondere Bedeutung für die Betriebsführung hat (*Nitzschke* in Blümich § 20 Rn. 44; ähnlich *Patt* in D/P/M § 20 Rn. 60). Beim Versuch, die Voraussetzungen zur Annahme einer Wesentlichkeit näher zu konkretisieren, wird zum Teil auch darauf abgestellt, ob die Beteiligung „operativ wie eine Betriebsabteilung geführt“ und nicht wie eine reine Finanzanlage gehalten wird (*Herlinghaus* in R/H/vL § 20 Rn. 47; *Patt* in D/P/M § 20 Rn. 60; *Reiche* DStR 2006, 1205/1208). Nicht entscheidend ist in diesem Zusammenhang, ob die Beteiligung notwendiges Betriebsvermögen darstellt (so wohl auch BFH v. 26.4.2001 – IV R 14/00, BStBl. II 2001, 798, der in dem zu entscheidenden Fall in Bezug auf § 16 EStG zwar die Beteiligung als wesentliche Betriebsgrundlage ansah, aber nicht weil diese notwendiges Betriebsvermögen war, sondern weil die Beteiligung erhebliche stille Reserven enthielt). Für die Annahme von notwendigem Betriebsvermögen genügt es bereits, wenn die Beteiligung zum betrieblichen Einsatz bestimmt ist; die Beteiligung muss hingegen nicht für den Betrieb (unverzichtbar) erforderlich sein (*Herlinghaus* in R/H/vL § 20 Rn. 47; *Patt* in D/P/M § 20 Rn. 60). Auch die bloße Qualifikation als (ertragsteuerliche) Organgesellschaft soll nicht ausreichen, um die Wesentlichkeit einer Beteiligung zu begründen (*Nitzschke* in Blümich § 20 Rn. 44; *Patt* in D/P/M § 20 Rn. 60). Zum Teil wird in der Literatur darauf hingewiesen, dass es nicht abzusehen sei, nach welchen Kriterien mit der erforderlichen Eindeutigkeit abgegrenzt werden könne, ob eine Beteiligung wesentliche Betriebsgrundlage eines Teilbetriebs des Gesellschafters sei oder nicht (*Blumers* BB 1997, 1876/1878). Nach *Reiche* kommt die Einordnung einer Beteiligung als wesentliche Betriebsgrundlage eines (Teil-)Betriebs aufgrund der strengen Anforderungen der

funktionalen Betrachtungsweise eher nur im Ausnahmefall in Betracht (*Reiche* DStR 2006, 1205/1208).

13 Ist die Beteiligung an einer Tochtergesellschaft „zur Erreichung des Betriebszwecks erforderlich" bzw. hat sie „besondere Bedeutung für die Betriebsführung" des (Teil-) Betriebs auf der Ebene der Muttergesellschaft, so werden in aller Regel dem (Teil-)Betrieb zuzurechnende **Vertragsbeziehungen der Muttergesellschaft zur Tochtergesellschaft** bestehen (vgl. insoweit auch *Patt* in D/P/M § 20 Rn. 60; zu den für die Annahme als wesentliche Betriebsgrundlage sprechenden Indizien vgl. *Reiche* DStR 2006, 1205/1208 f.). Ggf. erfüllt die Tochtergesellschaft auf Grundlage dieser vertraglichen Beziehungen eine wesentliche Funktion des (Teil-)Betriebs. So kann es sich bei der Tochtergesellschaft um einen wesentlichen Stammkunden, möglicherweise den einzigen Kunden des (Teil-)Betriebs oder um den nicht jederzeit austauschbaren Zulieferer wichtiger Komponenten für die Leistungserstellung des (Teil-)Betriebs handeln. In diesem Fall sind die Lieferbeziehungen zu der Tochtergesellschaft eine wesentliche Betriebsgrundlage des (Teil-)Betriebs. Entsprechendes gilt, wenn eine Tochtergesellschaft dem (Teil-)Betrieb Betriebsmittel zur Nutzung überlässt, die, wenn sie im wirtschaftlichen Eigentum der Muttergesellschaft stünden, wesentliche Betriebsgrundlagen des (Teil)betriebs wären. Die Finanzverwaltung in Baden-Württemberg hält angeblich die Beteiligung an einer (Personen-)Gesellschaft für eine wesentliche Betriebsgrundlage, wenn ein als wesentliche Betriebsgrundlage anzusehendes Wirtschaftsgut in diese Gesellschaft eingebracht wird (vgl. dazu *Blumers* BB 1997, 1876/1877, unter Hinweis auf *Wochinger* in Herzig, Instrumente steuerorientierter Umstrukturierungen, 22).

Die Einbringung des (Teil-)Betriebs wird in diesen Fällen im Grundsatz voraussetzen, dass die Beteiligung an der KapGes mit eingebracht wird, wenn die aufnehmende Gesellschaft ohne diese Vertragsbeziehungen die in dem zu übertragendem (Teil-)Betrieb zusammengefasste Tätigkeit nicht als solche fortführen könnte. Dabei ist es erheblich, ob die übertragende Gesellschaft die Beteiligung an der Kapitalgesellschaft unmittelbar hält (vgl. Rn. 16).

14 **aa) Beteiligung an übernehmender Gesellschaft als wesentliche Betriebsgrundlage.** Wesentliche Betriebsgrundlage kann auch die Beteiligung an der übernehmenden Gesellschaft sein. Gehören zum Betriebsvermögen des eingebrachten (Teil-)Betriebs Anteile an der übernehmenden Gesellschaft, so werden diese durch die Einbringung zu eigenen Anteilen der übernehmenden Gesellschaft (*Herlinghaus* in R/H/vL § 20 Rn. 47; *Nitzschke* in Blümich § 20 Rn. 44). Da der Einbringende für die Übertragung der Anteile an der übernehmenden Gesellschaft als Gegenleistung neue Anteile an der übernehmenden Gesellschaft erhalten würde, ist es der Finanzverwaltung zufolge aus Vereinfachungsgründen nicht zu beanstanden, wenn stattdessen die entsprechenden Anteile im Rahmen der Einbringung zurückbehalten werden. Die zurückbehaltenen Anteile sind als Anteile zu behandeln, die durch eine Sacheinlage erworben wurden (vgl. UmwStE Rn. 20.09). ME handelt es sich um keine (etwa auf § 163 AO gestützte) Vereinfachungsmaßnahme, sondern um das Ergebnis der Auslegung von §§ 20, 21 (vgl. *Schmitt* in SHS § 20 Rn. 35; FG Münster v. 9.7.2010 – 9 K 3143/09 K-G, GmbHR 2011, 102).

15 **bb) Mittelbare Beteiligung kann selbst keine wesentliche Betriebsgrundlage sein.** Im Falle mittelbarer Beteiligungen stellt sich die Frage, ob auch die gesellschaftsrechtliche Beteiligung an der Konzerngesellschaft zu den wesentlichen Betriebsgrundlagen des (Teil-)Betriebs der Muttergesellschaft gehört. ME setzt dies Folgendes voraus:

16 **(1) Unmittelbarkeit der Beteiligung.** Wesentliche Betriebsgrundlagen können nur solche sachlichen oder personellen Mittel sein, die im wirtschaftlichen Eigentum des übertragenden Subjekts stehen bzw. diesem zuzurechnen sind. Daraus folgt, dass ausschließlich solche Kapitalgesellschaftsbeteiligungen zu den wesentlichen Betriebsgrundlagen eines (Teil-)Betriebs gehören können, die die übertragende Gesellschaft **unmittelbar** hält. Bei

mittelbaren Beteiligungen kann sich allerdings die Frage stellen, ob wegen der Funktion der mittelbaren Beteiligungsverhältnisse für den (Teil-)Betrieb die unmittelbare Beteiligung an der die Beteiligungen vermittelnden Gesellschaft eine wesentliche Betriebsgrundlage ist (dies nur für den Ausnahmefall bejahend *Herlinghaus* in R/H/vL § 20 Rn. 47).

(2) Tätigkeit der Tochtergesellschaft ausschließlich im zu übertragenden Geschäftsbereich. Ist die Tochtergesellschaft nicht **nur im Geschäftsbereich des von der Umwandlung betroffenen (Teil-)Betriebs** der Muttergesellschaft, sondern auch in anderen Geschäftsbereichen tätig, kann die Beteiligung grundsätzlich nicht als wesentliche Betriebsgrundlage des (Teil-)Betriebs der Muttergesellschaft angesehen werden. Bei Tätigkeiten für mehrere Geschäftsbereiche ist davon auszugehen, dass die Muttergesellschaft ihre Machtstellung in der Tochtergesellschaft nicht ausschließlich in den Dienst des betroffenen (Teil-)Betriebs stellt. Es kommt in Betracht, das sie ihren Einfluss auf die Tochtergesellschaft in Einzelfragen zum Vorteil anderer Geschäftsbereiche in einer für den betroffenen (Teil-) Betrieb ungünstigen Weise ausübt. Die Einordnung der Beteiligung als für den (Teil-) Betrieb wesentlich wird dann im Regelfall nicht gerechtfertigt sein. 17

Die Tätigkeit der Tochtergesellschaft muss **unmittelbar mit den für den (Teil-) Betrieb charakteristischen Aktivitäten zusammenhängen.** Übt die Tochtergesellschaft lediglich eine Hilfs- oder unterstützende Funktion für den (Teil-)Betrieb aus, beispielsweise im Bereich der Buchhaltung oder der elektronischen Datenverarbeitung, kommt die Einordnung der Beteiligung als wesentliche Betriebsgrundlage nicht in Betracht. Etwas anderes gilt, wenn die Buchhaltungstätigkeit bzw. die EDV selbst zu den den (Teil-)Betrieb charakterisierenden Leistungen gehört, dh wenn das Leistungsangebot des (Teil-)Betriebs gerade aus Buchhaltungs- bzw. EDV-Leistungen besteht. Erst recht scheiden solche Beteiligungen als wesentliche Betriebsgrundlagen aus, die dem (Teil-)Betrieb lediglich als Kreditunterlage oder als Finanzanlage dienen.

Werden die Anteile an ausschließlich in dem betroffenen Geschäftsbereich tätigen Konzerngesellschaften nicht unmittelbar von der umzuwandelnden Gesellschaft gehalten, ist die unmittelbare Beteiligung an der die Beteiligungen vermittelnden Gesellschaft nur dann als wesentliche Betriebsgrundlage eines (Teil-)Betriebs anzusehen, wenn die die Beteiligung vermittelnde Gesellschaft ihren Beteiligungsbesitz ausschließlich im Interesse dieses (Teil-)Betriebs verwaltet. Beteiligungen an Auslands- oder Landesholdinggesellschaften, die ihrerseits Beteiligungen an in verschiedenen Geschäftsbereichen tätigen Konzerngesellschaften halten, sind demnach nicht als wesentliche Betriebsgrundlagen eines bestimmten (Teil-)Betriebs anzusehen.

(3) Stimmrechtsmehrheit. Über die **gesellschaftsrechtlichen Mitwirkungs- und Informationsrechte** kann die Muttergesellschaft mit dem Ziel auf die Tochtergesellschaft Einfluss nehmen, dass diese die für den (Teil-)Betrieb wesentlichen Vertragsverhältnisse mit der Muttergesellschaft fortführt und ggf. den Bedürfnissen der Muttergesellschaft anpasst. Die Wesentlichkeit beruht damit auf Gründen, die auch für die Zuordnung einer Kapitalgesellschaftsbeteiligung zum Betriebsvermögen eines Einzelunternehmers (vgl. zB BFH v. 8.12.1993 – XI R 18/93, BStBl. II 1994, 296/297: Die geringfügige Beteiligung eines Malermeisters an einer Wohnungsbau GmbH könne zum notwendigen Betriebsvermögen des Malermeisters gehören, wenn die Beteiligung dazu bestimmt sei, den Malermeister einen Stammkunden zu sichern) bzw. zum Sonderbetriebsvermögen II bei Mitunternehmerschaften von Bedeutung sind (vgl. zB BFH v. 3.3.1998 – VIII R 66/96, DStR 1998, 674/677: Für die Mitunternehmerschaft sei es von wesentlicher Bedeutung, über die wirtschaftliche Situation und die bevorstehenden Entscheidungen des Unternehmens, von dem sie wirtschaftlich und organisatorisch abhängig sei, genau informiert zu sein). 18

Allerdings sind die Anforderungen an die Wesentlichkeit einer Betriebsgrundlage höher als die an die Zuordnung eines Wirtschaftsguts zum notwendigen Betriebs- oder Sonderbetriebsvermögen. Notwendiges Betriebsvermögen liegt vor, wenn das Wirtschaftsgut ausschließlich und unmittelbar für eigenbetriebliche Zwecke des Steuerpflichtigen genutzt wird oder dazu bestimmt ist (vgl. R 4.2 Abs. 1 S 1 EStR 2008). Sonderbetriebsvermögen liegt vor, wenn das Wirtschaftsgut entweder unmittelbar dem Betrieb der Mitunternehmerschaft dienen oder unmittelbar zur Begründung oder Stärkung der Beteiligung des Mitunternehmers an der Mitunternehmerschaft eingesetzt werden soll (vgl. R 4.2 Abs. 2 S 2 EStR 2008). Die Frage nach der Nutzung unmittelbar und ausschließlich für die Zwecke eines bestimmten (Teil-)Betriebs ist unabhängig davon, ob es sich bei der Beteiligung um eine Mehrheits- oder Minderheitsbeteiligung handelt. Wesentlich ist eine Beteiligung mE im Regelfall nur dann, wenn der Teilbetriebsinhaber die Kapitalgesellschaft in der Weise beherrscht, dass er alle im Interesse des Teilbetriebs erforderlichen Entscheidungen in der Tochtergesellschaft durchsetzen kann. Dafür ist grundsätzlich die Stimmrechtsmehrheit erforderlich.

f) Auswirkungen der Anwendung von § 20 oder von § 21

19 **Bedeutung der Anwendung von § 21 in Abgrenzung zu § 20 für den Ansatz des Buchwerts oder eines Zwischenwerts.** Die Frage, ob sich die steuerliche Behandlung einer mehrheitsvermittelnden oder -verstärkenden Beteiligung, die im Zusammenhang mit einem Betrieb, Teilbetrieb oder einer Mitunternehmerschaft eingebracht wird, nach § 20 oder nach § 21 richtet, hat, auch wenn die Besteuerungsfolgen von Anteilsveräußerungen innerhalb der der Einbringung nachfolgenden sieben Jahre in § 22 dezidiert geregelt sind, wegen der Unterschiede bei den Voraussetzungen für den Ansatz eines unter dem gemeinen Wert liegenden Werts bei der übernehmenden Gesellschaft nach wie vor Bedeutung (aM *Ley* FR 2007, 109/110, Fn. 14 unter Hinweis auf § 22 II 1, aber unter Missachtung der Unterschiede bei den Voraussetzungen für einen Ansatz unterhalb des gemeinen Werts).

20 Gemäß § 20 II 2 Nr. 3 kann bei der Betriebs-, Teilbetriebs- und Mitunternehmeranteilseinbringung der Ansatz eines unter dem gemeinen Wert liegenden Werts durch die übernehmende Gesellschaft nur dann beantragt werden, soweit das deutsche Besteuerungsrecht hinsichtlich der Besteuerung des Gewinns aus der Veräußerung des **eingebrachten** Betriebsvermögens bei der übernehmenden Gesellschaft nicht ausgeschlossen oder beschränkt wird. Ist das deutsche Besteuerungsrecht hinsichtlich der Veräußerungsgewinne aus der Veräußerung des eingebrachten Betriebsvermögens im Zeitpunkt der Einbringung ausgeschlossen, gilt nach § 20 III 2 für den Einbringenden insoweit der gemeine Wert des Betriebsvermögens im Zeitpunkt der Einbringung als Anschaffungskosten der Anteile. Eine Ausnahme von dieser Regel ist nicht vorgesehen. Demgegenüber kommt es im Rahmen des Anteilstauschs für die Bewertung der erhaltenen Anteile beim Einbringenden gem. § 21 II 3 nicht darauf an, ob Deutschland hinsichtlich der eingebrachten Anteile besteuerungsbefugt bleibt.

21 Beim Anteilstausch ist nach § 21 I 2 die Bewertung der eingebrachten Anteile mit dem BW oder einem ZW neben der Einhaltung der Schädlichkeitsgrenzen für sonstige Gegenleistungen (§ 21 I 2 Nr. 2) – die durch das StÄndG 2015 v. 2.11.2015 (BGBl. 2015 I, 1834, 1839) auch in § 20 II 2 Nr. 4 in gleichlautender Weise aufgenommen wurden – davon abhängig, dass die übernehmende Gesellschaft nach der Einbringung auf Grund ihrer Beteiligung einschließlich der eingebrachten Anteile nachweisbar unmittelbar die **Mehrheit der Stimmrechte** an der Gesellschaft hat, an der die miteingebrachten Anteile bestehen. Eine solche qualifizierte Mehrheit ist nicht Voraussetzung für eine Bewertung der eingebrachten Anteile unterhalb des gemeinen Werts im Rahmen der Einbringung nach § 20.

Beispiel: Zu einem eingebrachten Teilbetrieb gehört eine Beteiligung an einer Kapitalgesellschaft iHv 40 %. Die übernehmende Gesellschaft ist bereits vor der Einbringung mit 5 % an der betreffenden Kapitalgesellschaft beteiligt. Da keine mehrheitsvermittelnde Beteiligung in die übernehmende Gesellschaft eingebracht wurde (die übernehmende Gesellschaft hält nach der Einbringung nur eine 45 %-Beteiligung), kann nach § 21 I 2 die Beteiligung nicht mit einem unter dem gemeinen Wert liegenden Wert angesetzt werden. Möglich wäre ein unter dem gemeinen Wert liegender Wertansatz aber bei Anwendung von § 20 II 2.

Bei der Betriebs-, Teilbetriebs- und Mitunternehmeranteilseinbringung kann nach § 20 II 2 Nr. 2 ein unter dem gemeinen Wert liegender Wert außerdem nur dann auf Antrag angesetzt werden, soweit die **Passivposten** des eingebrachten Betriebsvermögens die **Aktivposten nicht übersteigen;** dabei ist das Eigenkapital nicht zu berücksichtigen. Bei isolierter Betrachtung der Anteilseinbringung werden keine Passivposten mit eingebracht, so dass insoweit die Buchwertfortführung grundsätzlich möglich bleibt. 22

Beispiel: Zu einem eingebrachten Teilbetrieb gehört eine mehrheitsvermittelnde Kapitalgesellschafts-Beteiligung. Die Passivposten des eingebrachten Betriebsvermögens einschließlich der Beteiligung übersteigen die Aktivposten. Nach § 20 II 2 Nr. 2 scheidet die Buchwertfortführung aus, und zwar anteilig auch für die miteingebrachte Beteiligung. Fällt die Einbringung der mehrheitsvermittelnden Beteiligung unter § 21, ist die Buchwertfortführung insoweit zulässig.

Schließlich hat die Anwendung von § 21 gegenüber der von § 20 den Vorteil, dass für die **Person des Einbringenden** keine besonderen Anwendungsvoraussetzungen bestehen. Für den Anteilstausch gelten nicht die subjektiven Einschränkungen des § 1 IV 1 Nr. 2, so dass Einbringender auch eine in einem Drittstaat ansässige Person sein kann; vgl. UmwStE Rn. 21.03, 21.15 Bsp.1. 23

(einstweilen frei) 24–40

4. Begriff des Anteilstauschs

Sachlicher Anwendungsbereich. Der sich bislang direkt aus dem Tatbestand des Anteilstauschs iSd § 20 I 2 UmwStG 1995 ergebende sachliche Anwendungsbereich der Einbringung von Anteilen in eine Kapitalgesellschaft ergibt sich seit der Neufassung durch das SEStEG nunmehr durch eine Zusammenschau des § 21 mit § 1 III Nr. 5. Die Anwendung des in § 21 I gesetzlich als Anteilstausch definierten Sacheinlagetatbestands setzt gemäß § 1 III Nr. 5 den „Austausch von Anteilen" voraus. 41

§ 21 I 1 definiert den **Begriff des „Anteilstauschs"** als Vorgang, bei dem Anteile an einer Kapitalgesellschaft oder Genossenschaft in eine Kapitalgesellschaft oder Genossenschaft gegen Gewährung neuer Anteile an der übernehmenden Gesellschaft eingebracht werden. Da § 1 III Nr. 5 lediglich vom „Austausch von Anteilen" spricht, ohne den zivilrechtlichen Vorgang näher zu beschreiben, dh ohne eine Eingrenzung auf bestimmte zivilrechtliche Vorgänge vorzunehmen, ergibt sich ein weiter Anwendungsbereich (vgl. auch *Patt* in D/P/M § 21 Rn. 2, der § 1 III Nr. 5 insoweit als Leerformel bezeichnet). Der Anwendungsbereich des § 21 erfasst mithin alle Vorgänge, die zu einer anderen steuerlichen Zurechnung der Anteile (nämlich zur übernehmenden Gesellschaft) führen. 42

Zivilrechtlich kann die Einbringung von Anteilen wegen des Erfordernisses der Gewährung neuer Anteile entweder Anteilsübertragungen im Zuge der Gründung der übernehmenden Kapitalgesellschaft oder Genossenschaft bzw. einer formellen Sachkapitalerhöhung darstellen oder Anteile werden im Wege der Ausgliederung nach § 123 III UmwG, der Auf- oder Abspaltung von einer Personen- auf eine Kapitalgesellschaft gem. § 123 I, II UmwG oder der Verschmelzung einer ausschließlich Anteile haltenden Personen- auf eine Kapitalgesellschaft nach §§ 2, 3 I 1 UmwG übertragen (vgl. hierzu auch Rn. 131 sowie § 20 Rn. 117 ff.). Die Einbringung von Anteilen als Aufgeld (Agio) zu einer Bareinlage genügt; vgl. UmwStE Rn. 01.46, 01.44. Bei Einbringung in eine ausländische EU/EWR-Kapitalgesellschaft oder Genossenschaft ist zu prüfen, wie nach dem ausländischen Recht eine Kapitalgesellschaft oder Genossenschaft im Wege der Sachgründung errichtet oder eine Kapitalerhöhung gegen Sacheinlage durchgeführt werden kann (vgl. *Albrecht* in Voraufl. § 23 UmwStG 1995 Rn. 50). Weil die Anteilsübertragung durch Einzelrechtsnachfolge nicht auf nationale Vorgänge beschränkt ist, kommt es bei der Anteilseinbringung in eine EU/EWR-Gesellschaft auf eine Vergleichbarkeit des Einbringungsvorgangs mit nationalem Recht nicht an (*Hagemann/Ropohl/Viebrock/Jacob* NWB Sonderheft 1/2007, 33). 43

Wenn der Anteilstausch iSd § 21 I zugleich einen der Tatbestände von § 1 III Nr. 1 bis 4 UmwStG erfüllt, gelten die für jene Tatbestände vorgegebenen Einschränkungen im 44

Hinblick auf den Einbringenden und Sacheinlagegegenstand im Rahmen des § 21 nicht, dh **§ 1 III Nr. 5 geht** in seiner Anwendung den § 1 III Nr. 1 bis 4 **vor** (*Mutscher* in F/M § 21 Rn. 20; *Patt* in D/P/M § 21 Rn. 3; *Benz/Rosenberg* BB-Special 2006/8, 51/58, Fn. 59).

45 Steuerlich liegt allerdings sowohl im Falle der Anteilseinbringung bei Sachgründung als auch bei formeller Kapitalerhöhung zumindest aus Sicht des Einbringenden ein **Tausch von Anteilen** vor, der gem. § 6 VI 1 EStG, § 8 I KStG zur Aufdeckung der in den eingebrachten Anteilen ruhenden stillen Reserven führt (vgl. BFH v. 24.4.2007 – I R 35/05, BStBl. II 2008, 253; FG Baden-Württemberg v. 10.3.2005 – 3 K 340/01, EFG 2006, 33). Dies gilt aus Sicht der übernehmenden Gesellschaft (vgl. Rn. 113). Der Anteilstausch iSd § 21 sieht zwar als Grundregel ebenso wie in den Fällen von § 6 VI 1 EStG den Ansatz des gemeinen Werts vor, ermöglicht aber unter bestimmten Voraussetzungen die Buchwertfortführung bzw. Fortführung der originären Anschaffungskosten auf Ebene der übernehmenden Gesellschaft und des Einbringenden (bei inländischem Anteilstausch) oder entweder nur auf Ebene der übernehmenden Gesellschaft oder nur auf Ebene des Einbringenden (bei bestimmten grenzüberschreitenden Anteilstauschkonstellationen).

46 Die Übertragung des wirtschaftlichen Eigentums genügt, um das Tatbestandsmerkmal des Einbringens iSv § 21 zu erfüllen (so schon für die Einbringung nach § 20 I UmwStG 1995 Vfg. des Bay Landesamt für Steuern v. 6.3.2006 DB 2006, 644; vgl. auch *Patt* in D/P/M § 21 Rn. 4; *Rabback* in R/H/vL § 21 Rn. 8). Vgl. hierzu auch Rn. 133.

5. Wesentliche Neuerungen gegenüber §§ 20 I 2, 23 IV UmwStG 1995

47 Der seit der Neufassung des UmwStG durch das SEStEG erstmals in einer eigenen Vorschrift geregelte Anteilstausch enthält im Vergleich zu den bisherigen Regelungen in §§ 20 I 2, 23 IV UmwStG 1995 wesentliche Änderungen. § 21 UmwStG ist nach *Körner* IStR 2009, 1, 6 liberalisiert worden.

a) Einbringung von Drittstaatengesellschaften in ausländische EU-Gesellschaften

48 § 23 IV UmwStG 1995 regelte die Einbringung von Anteilen an EU-Kapitalgesellschaften in EU-Kapitalgesellschaften. Zwar betraf § 20 I 2 UmwStG 1995 nicht nur die Einbringung von EU-Kapitalgesellschaften, sondern auch von Drittstaatengesellschaften in unbeschränkt steuerpflichtige Kapitalgesellschaften. Die Einbringung von Anteilen an Drittstaatengesellschaften in ausländische EU-Kapitalgesellschaften war aber im **UmwStG 1995** nicht geregelt.

49 Nach § 1 IV 1 Nr. 3 UmwStG idF des Regierungsentwurfs sollte die Regelung für den Anteilstausch in § 21 – anders als § 20 I 2 UmwStG 1995 – die Einbringung mehrheitsvermittelnder Anteile an Drittstaatengesellschaften in unbeschränkt stpfl KapGes nicht erfassen (vgl. *Rödder/Schumacher* DStR 2006, 1525/1526). Nach der am 9.11.2006 beschlossenen Fassung wird gem. § 1 IV 1 Nr. 1 im Rahmen des erforderlichen Bezugs zum Gemeinschaftsgebiet nur noch auf den übernehmenden Rechtsträger abgestellt. Gemäß § 1 IV 1 Nr. 1 iVm § 1 II 1 Nr. 1 genügt es für die Anwendung von § 21, wenn der übernehmende Rechtsträger eine Gesellschaft iSv Art. 48 EG bzw. Art. 34 EWR-Abkommen (EU/EWR-Gesellschaft) ist (vgl. *Benecke/Schnitger* IStR 2007, 22/25; *Rabback* in R/H/vL § 21 Rn. 2). Danach können auch **Anteile an Drittstaaten-Gesellschaften** auf EU-Kapitalgesellschaften **steuerneutral übertragen** werden. § 21 II 3 Nr. 2 ist jedoch auf die Einbringung von Anteilen an Drittstaaten-Gesellschaften nicht anwendbar (wegen Art. 1a FusionsRL; vgl. *Nitzschke* in Blümich § 21 Rn. 52).

b) Einbeziehung der Genossenschaften in den Kreis der möglichen erworbenen und übernehmenden Gesellschaften

50 § 21 erfasst nicht nur die Einbringung von Anteilen an einer Kapitalgesellschaft, sondern auch die von **Anteilen an einer Genossenschaft.** Es wird zudem nicht nur die **Anteils-**

einbringung in Kapitalgesellschaften, sondern auch die **in Genossenschaften** geregelt. Mit Einführung der SCE (Verordnung (EG) Nr. 1435/2003 des Rates der Europäischen Union v. 22.7.2003 über das Statut der Europäischen Genossenschaft (SCE), ABl 2003, L 207/1) und den damit einhergehenden Änderungen im Genossenschaftsrecht können sich sog. investierende Genossen des Genossenschaftsrechts bedienen. Art. 1 IV SCE-VO ermöglicht die Beteiligung Dritter in Form von Kapitaleinlegergenossen (vgl. *Mock* GPR 2004, 213). Die Mitgliedschaft investierender bzw. nicht-nutzender Mitglieder iSv Art. 14 I UAbs. 2 SCE-VO muss nach dem Recht des jeweiligen Sitzstaates für die SCE zulässig sein und in der Satzung der betreffenden SCE vorgesehen werden (vgl. *Schulze* NZG 2004, 792/794). Die SCE kann es in 25 verschiedenen Ausformungen geben. Zwar unterliegt eine SCE gem. Art. 8 SCE-VO an erster Stelle den Normen der SCE-VO und an zweiter Stelle in der hierarchischen Ordnung den Satzungsbestimmungen, die aufgrund von Ermächtigungen in der SCE-VO festgelegt wurden. Soweit sich auf EU-Rechtsebene jedoch keine Bestimmungen für den zu regelnden Sachverhalt finden, gilt gem. Art. 8 I Buchst. c SCE-VO mitgliedschaftliches Sachrecht. Auf dieser Regelungsebene verdrängen die speziell für die SCE erlassenen mitgliedschaftlichen Normen die allgemein für nationale Genossenschaften geltenden Normen. An letzter Stelle stehen schließlich die Satzungsbestimmungen, die kraft mitgliedsstaatlichen Genossenschaftsrechts Anwendung finden (vgl. *Wulfers* GPR 2006, 106).

Das Gesetz betreffend die Erwerbs- und Wirtschaftsgenossenschaften (GenG) 51
v. 16.10.2006 (BGBl. I 2006, 2230) regelt in § 7a, dass die Satzung Sacheinlagen als Einzahlungen auf den Geschäftsanteil zulassen kann. Außerdem sieht § 8 II vor, dass die Satzung bestimmen kann, dass Personen, die für die Nutzung oder Produktion der Güter und die Nutzung oder Erbringung der Dienste der Genossenschaft nicht in Frage kommen, als investierende Mitglieder zugelassen werden können (vgl. zur investierenden Mitgliedschaft im Genossenschaftsrecht zur Verbesserung der Finanzierungssituation der eG z. B. *Helios/Strieder* DB 2005, 2794; *Saenger/Merkelbach* BB 2006, 566). Die zu § 27 II AktG entwickelten Grundsätze sollen auf § 7a III GenG übertragen werden. Allein bewertungsfähige Vermögensgegenstände sind sacheinlagefähig. Bei Sacheinlagen muss ein wirtschaftlicher Wert feststellbar sein, der gem. § 11 II Nr. 3 GenG vom Prüfungsverband zu begutachten ist. Als Gegenstand von Sacheinlagen kommen auch **Kapitalgesellschafts- und Genossenschaftsanteile** in Betracht. Weil die Genossenschaften insoweit nunmehr den Kapitalgesellschaften entsprechen, ist die Aufnahme dieser Rechtsform in den Anwendungsbereich von § 21 folgerichtig.

c) Einbringung nicht mehrheitsvermittelnder oder -verstärkender Anteile

§ 20 I 2 UmwStG 1995 regelte die Anteilseinbringung in unbeschränkt steuerpflichtige 52
Kapitalgesellschaften, wenn die übernehmende Kapitalgesellschaft aufgrund ihrer Beteiligung einschließlich der übernommenen Anteile nachweisbar unmittelbar die Mehrheit der Stimmrechte an der Gesellschaft hatte, deren Anteile eingebracht wurden. § 21 betrifft auch die Einbringung nicht mehrheitsvermittelnder oder -verstärkender Anteile (sog. **einfacher Anteilstausch**). Dass die übernehmende Gesellschaft nach der Einbringung auf Grund ihrer Beteiligung einschließlich der eingebrachten Anteile nachweisbar unmittelbar die Mehrheit der Stimmrechte an der erworbenen Gesellschaft hat, dh dass ein sog. **qualifizierter Anteilstausch** iSv § 21 I 2 Nr. 1 vorliegt und die Schädlichkeitsgrenzen des § 21 I 2 Nr. 2 eingehalten werden, ist Voraussetzung für den Ansatz des BW oder eines ZW nach § 21 I 2, nicht aber für die Anwendung von § 21 überhaupt.

d) Keine sog. doppelte Buchwertverknüpfung beim grenzüberschreitenden Anteilstausch

Bei der grenzüberschreitenden Einbringung mehrheitsvermittelnder oder -verstärkender 53
Anteile fordert das UmwStG als Voraussetzung für die Steuerneutralität des Anteilstauschs **keine sog. doppelte Buchwertverknüpfung** mehr, dh auf den steuerlichen Ansatz der

eingebrachten Anteile auf Ebene der ausländischen EU/EWR-Gesellschaft kommt es bei grenzüberschreitenden Einbringungen gem. § 21 II anders als nach § 23 IV UmwStG 1995 nicht mehr an (vgl. UmwStE Rn. 21.15; *Weber/Hahne,* Ubg 2011, 420). Die FusionsRL fordert als Voraussetzung für die Steuerneutralität des Anteilstauschs in Art. 8 II die Fortführung der bisherigen Buchwerte der eingebrachten Anteile für die Bewertung der im Gegenzug erhaltenen Anteile an der erwerbenden Gesellschaft, ohne eine Aussage zur Bewertung der eingebrachten Anteile auf Ebene der erwerbenden Gesellschaft zu treffen. Der deutsche Gesetzgeber war daher der Ansicht, dass die FusionRL es den Mitgliedstaaten erlaube, die Fortführung der Buchwerte auf Ebene der übernehmenden Gesellschaft auch beim grenzüberschreitenden Anteilstausch zu fordern (vgl. *Sarrazin* ZGR 1994, 66, 70). Die EU-Kommission hatte in ihrem Vorschlag für eine Richtlinie des Rates zur Änderung der FusionsRL v. 17.10.2003 in Art. 9 II des Entwurfs eine Regelung vorgelegt, wonach die übernehmende Gesellschaft die eingebrachten Anteile mit ihrem tatsächlichen Wert zum Zeitpunkt des Anteilstausches zu bewerten gehabt hätte. Dieser Änderungsvorschlag wurde jedoch nicht angenommen (vgl. *Schindler* EStB 2005, 515/556; *Benecke/Schnitger* Intertax 2005, 170/172 ff.; *Blumers/Kinzl* BB 2005, 971/974 mwN). Der deutsche Gesetzgeber fühlte sich daher in seiner Ansicht bestätigt (vgl. EuGH v. 11.12.2008 – C-285/07 Rn. 24, DStR 2009, 101).

54 Nach §§ 23 IV 1, 20 II 1 bis 4 und 6 IV 1 UmwStG 1995 konnte die Aufdeckung stiller Reserven beim Einbringenden nur dadurch vermieden werden, dass die aufnehmende ausländische EU-Kapitalgesellschaft die eingebrachten Anteile in ihrer Steuerbilanz mit den BW (entsprechend den BW in der Steuerbilanz des Einbringenden) bzw. mit den AK des Einbringenden ansetzte. Eine solche Buchwertfortführung sehen viele Steuerrechtsordnungen in der EU nicht vor, so dass ein steuerneutraler Anteilstausch über die Grenze in der Regel nicht möglich war (vgl. zB *Bogenschütz* IStR 2000, 609/613/617; *Thömmes* IWB F. 3 Gruppe, 1327/1331). Teilweise wurde eine Einbuchung eingebrachter Anteile mit dem BW bzw. den AK des Einbringenden von den Steuerbehörden im ausländischen EU-Mitgliedstaat nicht hinterfragt (weil eine geringe Bewertung für den ausländischen Fiskus ggf. von Vorteil war). Mit Beschluss I R 25/05 v. 7.3.2007, BStBl. II 2007, 679 (BFH/NV 2007, 1607) legte der BFH dem EuGH die Frage zur Entscheidung vor, ob die **doppelte Buchwertverknüpfung** beim grenzüberschreitenden Anteilstausch gemäß §§ 23 IV 1 iVm 20 IV 1 UmwStG 1995 **mit dem** (sekundären und primären) **Gemeinschaftsrecht vereinbar** ist. Der BFH hatte den folgenden Sachverhalt zu beurteilen:

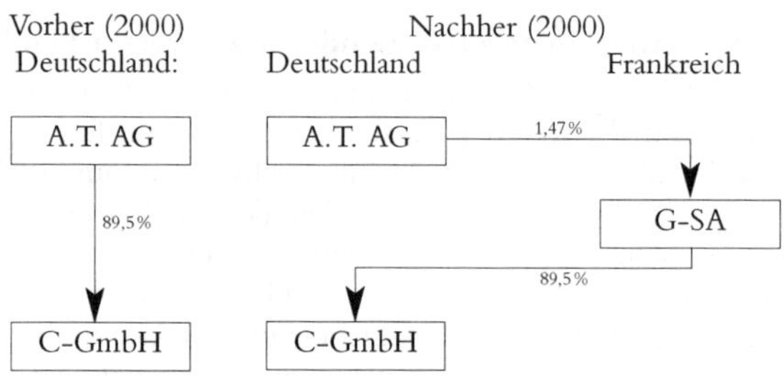

Die G-SA setzte die 89,5 %ige Beteiligung an C-GmbH in ihrer Handels- und Steuerbilanz mit dem im Einbringungsvertrag angesetzten Verkehrswert an.

Das für die A. T. AG zuständige FA verweigerte der A. T. AG die Fortführung des Buchwerts der C-GmbH-Beteiligung für die im Gegenzug erworbenen G-SA-Aktien. Der BFH erachtete die in der Literatur gegen die EU-Rechtmäßigkeit der doppelten

Buchwertverknüpfung vorgebrachten Argumente „zumindest als schwerwiegend" (vgl. hierzu auch *Rehm/Nagler* GmbHR 2007, 830, die einen Verstoß gegen Art. 53 und Art. 56 sowie Art. 8 I FusionsRL bejahen). Das FG Baden-Württemberg hatte in erster Instanz mit Urteil 6 K 209/02 v. 17.2.2005 (EFG 2005, 994 mit Anm. *Herlinghaus*) das Erfordernis der sog. doppelten Buchwertverknüpfung für EU-rechtswidrig gehalten. Mit Urteil v. 11.12.2008 teilte der EuGH die Ansicht des FG Baden-Württemberg. Der Leitsatz des EuGH-Urteils lautet: „Art. 8 I und II FusionsRL steht einer Regelung eines Mitgliedstaats entgegen, nach der ein Austausch von Anteilen dazu führt, dass bei den Gesellschaftern der erworbenen Gesellschaft der Einbringungsgewinn in Höhe des Unterschiedsbetrags zwischen den ursprünglichen Anschaffungskosten der eingebrachten Anteile und ihrem Verkehrswert besteuert wird, sofern die erwerbende Gesellschaft nicht den historischen Buchwert der eingebrachten Anteile in ihrer eigenen Steuerbilanz ansetzt". Die in Art. 8 II FusionsRL geregelte Fortführung der bisherigen Buchwerte der eingebrachten Anteile für die Bewertung der im Gegenzug erhaltenen Anteile an der erwerbenden Gesellschaft ist mithin die einzige zugelassene Bedingung für die Steuerneutralität des Anteilstauschs. Auch Art. 11 FusionsRL gestattet es den Mitgliedstaaten nicht, der erwerbenden Gesellschaft zur Vermeidung einer nur hypothetisch möglichen Weiterveräußerung der eingebrachten Anteile von vornherein die Pflicht aufzuerlegen, die eingebrachten Anteile mit dem bisherigen Buchwert des einbringenden Gesellschafters zu bewerten. Dass ein Anteiltausch der missbräuchlichen Umgehung der Besteuerung der in den eingebrachten Anteilen verkörperten stillen Reserven dient, muss auf Grundlage einer globalen Untersuchung des Einzelfalls festgestellt werden (so schon EuGH v. 17.7.1997 – *Leur-Bloem* Rs C 28/95). Vgl. dazu *Thömmes,* IWB Fach 11a S. 39; *Wilke* PIStG 2009, 63.

e) Nachträgliche Besteuerung des Einbringungsgewinns II bei Veräußerung der unter gemeinem Wert eingebrachten Anteile innerhalb von sieben Jahren

Unvereinbarkeit mit EU-Recht. Soweit beim Einbringenden ein Gewinn aus der 55
Veräußerung der eingebrachten Anteile im Einbringungszeitpunkt nicht nach § 8b II KStG steuerfrei gewesen wäre, muss er gemäß § 22 II 1 – wenn die übernehmende Gesellschaft die eingebrachten Anteile vor Ablauf von sieben Zeitjahren ab Einbringung veräußert (nach BFH v. 24.1.2018 – I R 48/15, BFH/NV 2018, 921 ist auch die Aufwärtsverschmelzung der eingebrachten Gesellschaft eine Veräußerung für die Zwecke des § 22 II) oder einen der Tatbestände von § 22 I 6 verwirklicht – die zum Zeitpunkt des Anteilstauschs vorhandenen stillen Reserven in den eingebrachten Anteilen nachträglich ganz oder teilweise versteuern (Einbringungsgewinn II). Zu Recht wird nach der in der Literatur vorherrschenden Auffassung § 22 wegen der Sieben-Jahres-Regel und der Unwiderlegbarkeit der Missbrauchsvermutung für EU-rechtlich unzulässig gehalten (vgl. *Graw* FR 2009, 837; *Frotscher* Internationalisierung des Ertragsteuerrechts, Rn. 328; *Patt* in D/P/M § 22 Rn. 19c und 58; *Stangl* in R/H/vL § 22 Rn. 16 mwN; aM aber *Widmann* in W/M § 22 Rn. 192).

Anwendungsbereich: Einbringender ist keine durch § 8b II begünstigte Person 56
bzw. keine Steuerbefreiung eines Anteilsveräußerungsgewinns nach § 8b II KStG. Nicht von § 8b II KStG begünstigt sind zum einen natürliche Personen und Personengesellschaften, soweit an ihnen natürliche Personen beteiligt sind. Nach den Empfehlungen der Ausschüsse des Bundesrats (BR-Drs. 544/1/07, 59, Nr. 46) bestanden nach der in 2007 gültigen Gesetzesfassung Zweifel, ob der Einbringungsgewinn II auch in den Fällen des Anteilstausches durch eine Kapitalgesellschaft, die dem § 8b VII oder VIII KStG unterliegt (Kredit- und Finanzdienstleistungsinstitute, Lebens- und Krankenversicherungen), entstehen würde. Vorgeschlagen wurde eine klarstellende Formulierung in § 22 II 1 dahingehend, dass der Einbringungsgewinn II immer dann entsteht, wenn der Gewinn aus einer Veräußerung der Anteile im Einbringungszeitpunkt „nicht nach § 8b II KStG steuerfrei wäre". In der Literatur überwog die Ansicht, dass bei von § 8b VII bzw. VIII KStG erfassten Anteilen die Gesellschaften als nach § 8b II begünstigt zu behandeln seien.

Begründet wurde dies mit dem Wortlaut des § 22, der nicht auf einen konkreten von § 8b II KStG begünstigten „Anteil", sondern vielmehr abstrakt auf eine durch § 8b II KStG begünstigte „Person" abstellte (*Stangl* in R/H/vL § 22 Rn. 140; *Widmann* in W/M § 22 Rn. 197; für den Fall der Veräußerung von einbringungsgeborenen Anteilen iSd § 8b IV 1 KStG ebenso *Nitzschke* in Blümich § 22 Rn. 75; aM mit Berufung auf Sinn und Zweck der Vorschrift *Patt* in D/P/M § 22 Rn. 73). Nach der durch das JStG 2009 am 25.12.2008 mit Rückwirkung für alle Anteilstausche ab 13.12.2006 in Kraft getretenen Gesetzesformulierung kommt es konkret darauf an, ob im Falle der Anteilsveräußerung im Einbringungszeitpunkt die 95%ige Steuerbefreiung anwendbar gewesen wäre (dann § 22 II nicht anwendbar, weil der Anteilstausch keine Statusverbesserung mit sich gebracht hat) oder nicht (dann § 22 II anwendbar). Die Änderung von § 22 II 1 durch das JStG 2009 hat nach BT-Drs. 16/10189, 74 und *Patt* in D/P/M Vor § 22 UmwStG (SEStEG), rote Blätter Rn. 8 nur klarstellende Bedeutung (aA *Widmann* in W/M § 22 Rn. 196).

57 **Keine Anwendung von § 16 IV und § 34 EStG.** § 22 II 1 HS 2 schließt die Anwendung des Freibetrags nach § 16 IV EStG und der Vergünstigungen nach § 34 EStG auf den nachträglichen Einbringungsgewinn bei natürlichen Personen im Zusammenhang mit einem Anteilstausch aus. Die Regelung entspricht der bei Fällen der Sacheinlage nach § 22 I 1 HS 2 und stellt insoweit die Gleichbehandlung von Sacheinlage und Anteilstausch her (BT-Drs. 16/2369, 30).

58 **Bestimmung des Einbringungsgewinns II.** Wegen der rückwirkenden Besteuerung des Einbringenden im Einbringungszeitpunkt ist der Einbringende grundsätzlich daran interessiert, die übernehmende Gesellschaft im Einbringungsvertrag zu verpflichten, die eingebrachten Anteile in den folgenden sieben Jahren nicht mit der Folge der nachträglichen Besteuerung des Einbringungsgewinns II zu veräußern. § 22 II 3 bezeichnet den Unterschied zwischen dem gemeinen Wert der eingebrachten Anteile im Zeitpunkt der Einbringung nach Abzug der Kosten für den Anteilstausch einerseits und dem Wert, mit dem der Einbringende die erhaltenen Anteile angesetzt hat, andererseits als sog. Einbringungsgewinn II. Der Einbringungsgewinn II mindert sich für jedes seit dem Einbringungszeitpunkt abgelaufene Zeitjahr jeweils um ein Siebtel. Der Einbringungsgewinn II gilt gem. § 22 II 4 als nachträgliche Anschaffungskosten der erhaltenen Anteile. Gemäß § 23 II 3 erhöhen sich auch die Anschaffungskosten der eingebrachten Anteile auf Ebene der übernehmenden Gesellschaft, soweit der Einbringende die auf den Einbringungsgewinn II entfallende Steuer entrichtet hat.

59 **Jährliche Nachweispflicht des Einbringenden.** Nach § 22 III 1 Nr. 2 hat der Einbringende, soweit bei ihm der Gewinn aus der Veräußerung der (eingebrachten) Anteile nicht nach § 8b II KStG steuerfrei gewesen wäre, in den dem Einbringungszeitpunkt folgenden sieben Jahren jährlich den Nachweis zu erbringen, wem an dem Tag des jeweils folgenden Jahres, der dem Einbringungszeitpunkt entspricht, die eingebrachten Anteile sowie die auf diesen Anteilen beruhenden Anteile steuerlich zuzurechnen sind. Wird der Nachweis in diesen Fällen nicht erbracht, gelten die Anteile als zu Beginn des jeweiligen jährlichen Überwachungszeitraums innerhalb der siebenjährigen Sperrfrist als veräußert mit der Folge, dass beim Einbringenden auf den Einbringungszeitpunkt eine rückwirkende Einbringungsgewinnbesteuerung durchzuführen ist (vgl. dazu BMF-Schreiben v. 4.9.2007 BStBl. I 2007, 698). Nach Ansicht von *Schell* DStR 2010, 2222 ist der Nachweis nur und erst dann zu erbringen, wenn aufgrund der vorherigen Wahlrechtsausübung nach § 21 I 2 bis zum jeweiligen Ablauf der in Rede stehenden Nachweisfrist bis zum 31. Mai ein unter dem gemeinen Wert liegender Ansatz des eingebrachten Vermögens feststeht und bis dahin seit dem maßgeblichen Einbringungszeitpunkt mindestens ein Zeitjahr vergangen ist. In der Literatur wird zum Teil kritisiert, dass – weil es in den Fällen von § 22 II nicht um das Schicksal der für die Einbringung erhaltenen, sondern um das Schicksal der eingebrachten Anteile geht – nicht der Einbringende, sondern die übernehmende Gesellschaft zur Erbringung des Nachweises hätte verpflichtet werden müssen (*Dötsch/Pung* DB 2006, 2763/2767 f.; *Patt* in D/P/M § 22 Rn. 84 mwN). Anteilseigner der eingebrachten Anteile

ist die übernehmende Gesellschaft. Nicht der Einbringende, sondern die übernehmende Gesellschaft hat daher Kenntnis über die Zurechnung der eingebrachten Anteile. Im Einbringungsvertrag sollten der übernehmenden Gesellschaft entsprechende Informationspflichten auferlegt werden, weil der Einbringende die Nachweispflichten nach § 22 III 1 Nr. 2 nur mit Hilfe der übernehmenden Gesellschaft erfüllen kann (ebenso *Benz/Rosenberg* in Blumenberg/Schäfer, 199 f.; *Frotscher* Internationalisierung des Ertragsteuerrechts, Rn. 421; *Patt* in D/P/M § 22 Rn. 69a; *Stangl* in R/H/vL § 22 Rn. 184). Nach *Dötsch/Pung,* DB 2006, 2763/2767 f., wäre es sachgerecht, den Nachweis beim für die übernehmende Gesellschaft zuständigen Finanzamt zu führen. Der Finanzverwaltung zufolge ist allerdings das für den Einbringenden zuständige Finanzamt zuständig (BMF-Schreiben v. 4.9.2007 BStBl. I 2007, 698). Nicht anwendbar ist § 22 III 1 Nr. 2, wenn bei der Einbringung der Anteile gemeine Werte angesetzt wurden, wenn der Einbringende bei der Veräußerung der (eingebrachten) Anteile § 8b II KStG hätte anwenden können, wenn der Einbringende alle Anteile, die er von der übernehmenden Gesellschaft erhalten hatte, bereits veräußert hat oder wenn eine Besteuerung nach § 6 AStG ohne Stundung erfolgt ist (vgl. *Schmitt* in SHS, § 22 UmwStG, Rz. 158 mwN).

Bestimmung der Art der veräußerten Anteile bei Halten von sperrfristverhafteten und nicht-sperrfristverhafteten Anteilen. In Fällen, in denen die übernehmende Gesellschaft bereits aus anderen Gründen Anteile an der eingebrachten Gesellschaft hält, ist es im Falle einer Teilveräußerung von Anteilen durch die übernehmende Gesellschaft fraglich, welche Anteile für die Zwecke von § 22 II als zuerst veräußert gelten. Über die Reihenfolge der als veräußert geltenden Anteile enthält § 22 II keine Regelung. ME obliegt es der übernehmenden Gesellschaft, die Anteile, die sie veräußern will, genau zu benennen, dh die übernehmende Gesellschaft hat ein Wahlrecht (ebenso *Hagemann/Jakob/Ropohl/Viebrock* NWB Sonderheft 1/2007, 43; offen gelassen durch *Stangl* in R/H/vL § 22 Rn. 144, der aber in der Praxis zur Vorsorge eine getrennte Dokumentation der erhaltenen Anteile empfiehlt). Diese Bestimmung ist für die Zwecke von § 22 II bindend. 60

f) Keine Rückwirkung

Entsprechend § 23 IV UmwStG 1995 (für die Einbringung von mehrheitsvermittelnden oder -verstärkenden Anteilen an EU-Kapitalgesellschaften in EU-Kapitalgesellschaften) und im Gegensatz zu der iRd § 20 I 2 UmwStG 1995 (für die Einbringung von mehrheitsvermittelnden oder -verstärkenden Anteilen an in- oder ausl. Kapitalgesellschaften in unbeschränkt steuerpflichtige Kapitalgesellschaften) getroffenen Regelung des § 20 VIII UmwStG 1995 sieht der Wortlaut von § 21 **keine Möglichkeit zur steuerlichen Rückbeziehung** der Anteilseinbringung vor. Nach Auffassung der FinVerw sind § 2, § 20 V, VI nicht anzuwenden; vgl. UmwStE Rn. 21.17. Nach *Rödder/Schumacher* liegt der Grund für den Ausschluss der steuerlichen Rückwirkung durch den Gesetzgeber in der restriktiven Auffassung der Finanzverwaltung zur Begründung einer Organschaft nach Einbringung einer Beteiligung (*Rödder/Schumacher* DStR 2006, 1527/1540 unter Bezugnahme auf OFD Frankfurt am Main v. 21.11.2005 DStR 2006, 41; ebenso *Ott* INF 2007, 387/388; dazu *Schumacher* DStR 2006, 124). Wie durch §§ 4 II 2, 12 III wollte der Gesetzgeber auch bei § 21 Verlustnutzungsmöglichkeiten beschränken, dh es sollte die Möglichkeit ausgeschlossen werden, dass auf unterjährige Verlustentstehungen mit einer rückwirkenden Einbringung von Anteilen und dem Abschluss eines EAV reagiert werden kann (vgl. auch *Werra/Teiche* DB 2006, 1455/1461). Kein Rückwirkungsverbot besteht, wenn Anteile an Kapitalgesellschaften oder Genossenschaften im Rahmen einer Betriebs-, Teilbetriebs- oder Mitunternehmeranteilseinbringung nach § 20 eingebracht werden (vgl. *Ott* INF 2007, 387/388; *Rödder/Schumacher* DStR 2006, 1527/1540) und insgesamt ein Anwendungsfall von § 20 UmwStG nF vorliegt (vgl. Rn. 9f). 61

Zwar ist in den Fällen von § 21 dem Gesetzeswortlaut nach § 2 anwendbar, der allgemein die steuerliche Rückbeziehung von Umwandlungen regelt. Der **Anwendungsbereich von § 2** ist – im Gegensatz zum alten Recht – nicht auf die in den Teilen 2 bis 5 62 geregelten Vorgänge (§§ 3 bis 19; vormals Teil zwei bis sieben) eingeschränkt, sondern gilt als „Allgemeine Vorschrift" des UmwStG für das gesamte Gesetz und damit auch für den Sechsten Teil des UmwStG (Einbringungen) (*Dötsch/Pung* DB 2006, 2763/2769; *Nitzschke* in Blümich § 21 Rn. 11). In der Literatur wird dies allerdings einstimmig als vom Gesetzgeber nicht gewollt angesehen (*Patt* in D/P/M § 21 Rn. 43 und *Widmann* in W/M § 21 Rn. 99, die insoweit von einer „redaktionellen Ungenauigkeit" bzw. einem „offensichtlichen redaktionellen Versehen" sprechen; ähnlich *Rabback* in R/H/vL § 21 Rn. 53; zweifelnd *Nitzschke* in Blümich, § 21 Rn. 11). Nach dem BFH-Urteil v. 12.12.2012 – I R 28/11, BFH/NV 2013, 884 zu § 2 UmwStG 2002 handelt es sich bei der Beschränkung des § 2 UmwStG 2002 auf die im zweiten bis siebten Teil des Gesetzes (vgl. amtliche Überschrift des ersten Teils UmwStG 2002) geregelten Konstellationen um eine bewusste Entscheidung des Gesetzgebers. In seiner Entscheidung ausdrücklich offengelassen hat der BFH jedoch, ob aus der Änderung der Überschrift des ersten Teils des Umwandlungssteuergesetzes 2006 in „Allgemeine Vorschriften" abgeleitet werden könnte, dass die Rückbezugsregeln des § 2 UmwStG nunmehr subsidiär anwendbar seien (so zuvor zB *Stengel* DB 2008, 2329 mwN, der bei einem Anteilstausch eine steuerliche Rückwirkung unabhängig von der Höhe der eingebrachten Beteiligung für zulässig erachtet, wenn die Übertragung als Ausgliederung durchgeführt wird). Es ist zu berücksichtigen, dass § 2 UmwStG 1995 durch die Neufassung des UmwStG durch das SEStEG keine inhaltlichen Änderungen erfahren hat. Ferner zielt § 2 erkennbar nur auf die Umwandlungsvorgänge der §§ 3 bis 19 ab (da eine Rückbeziehungsmöglichkeit nur für den Fall der Anteilseinbringung durch Körperschaften besteht und beim Anteilstausch neben Körperschaften aber auch andere Rechtsträger übertragende Personen sein können). Schließlich indizieren die Regelungen zur antragsabhängigen steuerlichen Rückwirkung in § 20 V und VI, dass § 2 für den Sechsten bis Achten Teil des UmwStG nicht gelten soll, und fehlt es an einer den § 20 V und VI vergleichbaren eigenen Rückbeziehungsregelung in § 21.

63 Maßgeblich für die Bestimmung des **Zeitpunkts des Anteilstauschs** sind mithin die **allgemeinen Regeln.** Danach ist Zeitpunkt des Anteilstauschs die zivilrechtliche Übertragung der eingebrachten Anteile bzw., soweit vom Zeitpunkt des Übergangs der zivilrechtlichen Rechtsinhaberschaft abweichend, die Verschaffung des wirtschaftlichen Eigentums; vgl. UmwStE Rn. 21.17. Unerheblich ist, zu welchem Zeitpunkt die Gegenleistung, dh die Übertragung der Anteile an der übertragenden Gesellschaft, erbracht wird. Für allgemein zulässig wird beim Anteilstausch eine Rückbeziehung von kurzer Zeit erachtet, die für den Einbringenden und die übernehmende Gesellschaft ohne steuerliche Auswirkung bleibt (vgl. *Patt* in D/P/M § 21 Rn. 43; einen Rückwirkungszeitraum von sechs Wochen als zulässig ansehend *Ott* INF 2007, 387/388 und *Lübbehüsen/Schütte* in Haase/Hruschka § 21 Rn. 29 mit Bezugnahme auf BFH v. 6.12.2000 – VIII R 21/00, BStBl. II 2003, 194; BFH v. 18.9.1984 – VIII R 119/81, BStBl. II 1985, 55).

64–80 *(einstweilen frei)*

II. Beteiligte Personen

81 Der persönliche Anwendungsbereich des § 21 bestimmt sich nach § 1 III Nr. 5 iVm IV 1. Nur wenn die in § 1 IV 1 genannten Voraussetzungen erfüllt sind, fällt der Austausch von Anteilen unter § 21.

1. Übernehmende Gesellschaft

82 **Übernehmende Gesellschaft** kann beim Anteilstausch gemäß § 21 I nur eine **Kapitalgesellschaft oder Genossenschaft** sein. Diese Kapitalgesellschaft oder Genossenschaft muss gemäß § 1 IV 1 Nr. 1 iVm III Nr. 5 die Ansässigkeitserfordernisse von § 1 II 1 Nr. 1 erfüllen, dh nach den Rechtsvorschriften eines Mitgliedstaates der EU oder eines anderen

EWR-Staates gegründet worden sein und ihren Sitz und ihre Geschäftsleitung innerhalb des Hoheitsgebietes eines dieser Staaten haben (doppeltes Ansässigkeitserfordernis); vgl. UmwStE Rn. 21.04, 20.04, 01.54. Die Beschränkung auf EU-/EWR-Kapitalgesellschaften wird von *Hageböke/Kröner/Kaeser* vor dem Hintergrund des sich aus Art. 24 OECD-MA ergebenden Diskriminierungsverbots als problematisch angesehen *(Hageböke/Kröner/Kaeser* in FGS/BDI UmwStE S. 369).

§ 1 II 1 Nr. 1 verlangt nicht, dass sich **Sitz und Geschäftsleitungsort** der übernehmenden Gesellschaft im selben EU/EWR-Staat befinden (vgl. auch *Nitzschke* in Blümich § 21 Rn. 15). Dass der Gründungs- bzw. Sitzstaat und der Staat des Orts der Geschäftsleitung identisch sind, ist für die Anwendung von § 21 ebenfalls nicht erforderlich (ebenso *Rabback* in R/H/vL, § 21 Rn. 14). 83

Die eingebrachten Anteile können auch in eine Drittstaaten-Betriebsstätte der erwerbenden EU/EWR-Kapitalgesellschaft oder Genossenschaft eingebracht werden. Hinsichtlich der Frage, wann Wirtschaftsgüter, insbes, **Beteiligungen, einer Betriebsstätte zuzurechnen** sind, vertreten die Rechtsprechung und die Finanzverwaltung eine restriktive Auffassung. Der BFH vertritt in st. Rspr., dass Beteiligungen einer Betriebsstätte nur dann zugerechnet werden können, wenn sie der Betriebsstätte (tatsächlich) funktional zuzurechnen sind (erstmals BFH v. 27.2.1991 – I R 15/89, BStBl. II 1991, 444; dem nachfolgend anstelle vieler BFH v. 31.5.1995 – I R 74/93, BStBl. II 1995, 683; v. 30.8.1995 – I R 112/94, BStBl. II 1996, 563). Beteiligungen können nicht nach Belieben des Unternehmers Betriebsstättenvermögen sein, sondern die Funktion der Betriebsstätte ist entscheidend. Letztere entscheidet darüber, ob die Wirtschaftsgüter der Betriebsstätte oder der Geschäftsleitungs-Betriebsstätte (Stammhaus) zuzuordnen und dort die entsprechenden Erträge zu besteuern sind. Anlehnend an § 8 AStG müssen die relevanten Erträge Nebenerträge der Hauptfunktion der Betriebsstätte sein, um dieser zugeordnet werden zu können (BFH v. 26.2.1992 – I R 85/91, BStBl. II 1992, 937; v. 30.8.1995 – I R 112/94, BStBl. II 1996, 563). Eine noch engere Auffassung vertritt die Finanzverwaltung (vgl. Betriebsstätten-Verwaltungsgrundsätze, BMF-Schreiben v. 24.12.1999, BStBl. I 1999, 1076, Rn. 2.4). Danach können bestimmte Funktionen wie etwa die einer Holdinggesellschaft einer Betriebsstätte nicht zugeordnet werden; im Hinblick auf die „Zentralfunktion des Stammhauses" könnten diese Funktionen nur durch das Stammhaus selbst ausgeübt werden. Der Finanzverwaltung zufolge gehören Beteiligungen daher grds. nicht zur Betriebsstätte. Die Auffassung der Finanzverwaltung steht im Widerspruch zu einer Entscheidung des BFH v. 19.12.2007, wonach Kapitalgesellschaftsbeteiligungen unter Veranlassungsgesichtspunkten einer Betriebsstätte funktional zugeordnet werden können, wenn die Betriebsstätte in Bezug auf die Beteiligungen eine geschäftsleitende Funktion wahrnimmt und damit aktiv eine Vermögensverwaltung ausführt (BFH v. 19.12.2007 – I R 66/06, BStBl. II 2008, 510; allg. zur Betriebsstätten-Zurechnung *Wassermeyer* in Debatin/Wassermeyer Art. 10 MA Rn. 132–134b; speziell zu den Auswirkungen dieser Entscheidung *Blumers* DB 2008, 1765; *Schönfeld* IStR 2008, 370). Vgl. hierzu auch Rn. 269. 84

Nach *Benz/Rosenberg* fällt eine **Personengesellschaft,** die in einem anderen EU/EWR-Staat steuerlich ansässig ist, die aber **nach deutschem Steuerrecht als Kapitalgesellschaft behandelt** wird, nicht unter § 21, weil der Gesetzeswortlaut ausdrücklich nur von Kapitalgesellschaften und Genossenschaften spreche (*Benz/Rosenberg* BB-Special 2006/8, 51/59; ebenso für den umgekehrten Fall, dass eine aus deutscher Sicht einzustufende Personengesellschaft nach ausländischem Recht als Kapitalgesellschaft behandelt wird *Mutscher* in F/M § 21 Rn. 27 f.). Da eine solche nach deutschem Steuerrecht als Kapitalgesellschaft zu qualifizierende ausländische Personengesellschaft keine Mitunternehmerschaft im Sinne des deutschen Steuerrechts sei, komme für sie auch § 24 nicht zur Anwendung. Eine grenzüberschreitende Einbringung in eine solche Gesellschaft bzw. von Anteilen an einer solchen Gesellschaft sei daher nach deutschem Steuerrecht nicht steuerneutral möglich. ME fällt eine nach deutschem Steuerrecht als Kapitalgesellschaft zu qualifizierende ausländischen Personengesellschaft unter § 21. Denn für die Qualifizierung einer ausländischen 85

Gesellschaft ist entscheidend, ob diese ihrem Typus nach einer inländischen Kapitalgesellschaft entspricht (vgl. auch *Nitzschke* in Blümich § 21 Rn. 15; *Rabback* in R/H/vL § 21 Rn. 15).

2. Einbringender

86 Wie unter der Geltung von §§ 20 I 2, 23 IV UmwStG 1995 kann jede natürliche Person, juristische Person oder Personengesellschaft **Einbringende** sein (vgl. UmwStE Rn. 21.03). Auf den Wohnsitz, gewöhnlichen Aufenthalt, Sitz oder Geschäftsleitungsort des Einbringenden kommt es nicht an (vgl. zur Vorgängerregelung UmwStE 1998 Rn. 20.05; vgl. UmwStE Rn. 20.02, 01.53 ff.). Die persönlichen Anwendungsvoraussetzungen des § 1 IV 1 Nr. 2 gelten nicht für den in § 1 III Nr. 5 genannten Anteilstausch. Dies ergibt sich aus dem Wortlaut des § 1 IV 1 Nr. 2, der in der Einleitung ausdrücklich nur auf die Vorgänge des § 1 III Nr. 1 bis 4 Bezug nimmt.

87 Nach dem Vorschlag der EU-Kommission für eine Richtlinie des Rates zur Änderung der FusionsRL v. 17.10.2003 (ABl 2004, C-96/21) hätte in Art. 8 XII FusionsRL klargestellt werden sollen, dass die FusionsRL eindeutig auch jene Fälle des Anteilstauschs abdeckt, in denen eine in einem Mitgliedstaat ansässige Gesellschaft von einem **außerhalb der EU/EWR ansässigen Gesellschafter** die Mehrheit der Stimmrechte übernimmt. Weil dies schon zuvor der hM entsprach (vgl. *Fügel* ÖStZ 1996, 74, 82; *Sass* DB 1990, 2340, 2343), hätte Art. 8 XII FusionsRL lediglich eine Klarstellung enthalten. Weil dieser Vorschlag nicht verabschiedet wurde, ist nicht auszuschließen, dass sich einzelne Mitgliedstaaten auf den Standpunkt stellen, dass die EU-Ansässigkeit des Einbringenden Voraussetzung der Steuerneutralität des Anteilstauschs sei. Zumindest nach deutschem Umwandlungssteuerrecht schließt die Ansässigkeit des Einbringenden in einem Drittstaat die Anwendung von § 21 nicht aus (vgl. z. B. *Patt* in D/P/M § 21 Rn. 8; *Rabback* in R/H/vL § 21 Rn. 18; zur Bedeutung der Nicht-Verabschiedung von Art. 8 XII nach dem Vorschlag der EU-Kommission v. 17.10.2003 vgl. *Schindler* IStR 2005, 551/556).

88 Werden die Anteile an einer Kapitalgesellschaft oder Genossenschaft in einer **gewerblichen bzw. gewerblich geprägten Personengesellschaft** (Mitunternehmerschaft) gehalten, so stellt sich im Fall der Einbringung dieser Anteile iSv § 21 die Frage, ob Einbringende die Personengesellschaft oder die einzelnen Gesellschafter (Mitunternehmer) sind. Der Gesetzesbegründung entsprechend sind nach früherer Ansicht der Finanzverwaltung als Einbringende stets die Gesellschafter anzusehen und nicht die Personengesellschaft selbst (BT-Drs. 16/2710, 45; vgl. zur Vorgängervorschrift UmwStE 1998 Rn. 20.05; vgl. UmwStE Rn. 20.02, 01.53 ff.). Der nun von der Finanzverwaltung in UmwStE Rn. 20.03 und vorherrschend in der **Literatur vertretenen Auffassung** zufolge hängt die Entscheidung, ob die Personengesellschaft oder die einzelnen Gesellschafter Einbringende sind, davon ab, ob die Personengesellschaft nach der Einbringung zivilrechtlich oder steuerrechtlich als Mitunternehmerschaft untergeht, oder ob sie fortbesteht und ihr die Anteile am übernehmenden Rechtsträger gewährt werden; vgl. die Nachweise bei *Herlinghaus* in R/H/vL § 20 Rn. 34; *Rödder* in R/H/vL § 21 Rn. 39; *Widmann* in W/M § 21 Rn. 40 ff.; *Patt* in D/P/M § 20 Rn. 169a. Bei Untergang der Mitunternehmerschaft sollen die Gesellschafter, andernfalls die Mitunternehmerschaft selbst Einbringende sein. Von einem Untergang der Mitunternehmerschaft wird dabei ausgegangen, wenn die eingebrachten Anteile das einzige Vermögen der Mitunternehmerschaft bilden. Anstelle der Anteile an Kapitalgesellschaften oder Genossenschaften gelten dann jedoch die Mitunternehmeranteile als eingebracht mit der Folge, dass nicht § 21, sondern § 20 Anwendung findet (vgl. *Herlinghaus* in R/H/vL § 21 Rn. 34; *Widmann* in W/M § 20 Rn. R46 und § 21 Rn. 41). ME ist die Auffassung der hL, wonach die Mitunternehmerschaft nicht für den Fall Einbringende sein könne, dass diese die einzig ihr Vermögen ausmachenden Anteile einbringe, nicht überzeugend. Eine Personengesellschaft, deren Gegenstand auf das bloße Halten und Verwalten von Beteiligungen beschränkt ist, wird ihren ertragsteuerli-

chen Charakter regelmäßig nur durch eine gewerbliche Prägung iSd § 15 III Nr. 2 S 1 EStG erlangen. Diese gewerbliche Prägung der Personengesellschaft bleibt aber auch bei Einbringung der das Vermögen der Personengesellschaft einzig ausmachenden Anteile gegen neue Anteile an der aufnehmenden Kapitalgesellschaft oder Genossenschaft erhalten. Ertragsteuerlich werden den Gesellschaftern auch nach der Einbringung nicht die Anteile an der übertragenen Gesellschaft zugerechnet, sondern nur der entsprechende Anteil aus den Beteiligungserträgen bzw. -verlusten. Die Einbringung der das Vermögen alleine ausmachenden Anteile kann demnach nicht schon zum Untergang der Mitunternehmerschaft führen (so auch schon *Sagasser* in SBB, L Rn. 146). Solange die Mitunternehmerschaft – ggf. kraft gewerblicher Prägung iSd § 15 III Nr. 2 S. 1 EStG – besteht, ist diese – und nicht deren Mitunternehmer – als Einbringende iSv § 21 anzusehen.

In Bezug auf Anteile, die von steuerlich **vermögensverwaltenden Personengesellschaften** eingebracht werden, gelten die Gesellschafter als die Einbringenden (vgl. etwa *Rabback* in R/H/vL § 21 Rn. 39; *Schulz* in Schneider/Rouff/Sistermann, UmwStE 2011, Rn. 21.9). 89

3. Erworbene Gesellschaft

Die Gleichstellung der eingebrachten Anteile mit dem Begriff **„erworbene Gesellschaft“** in § 21 I 1 entspricht zwar Art. 2 Buchst. g FusionsRL, ist aber ungenau, weil § 21 auch auf die Einbringung nicht mehrheitsvermittelnder Anteile anwendbar ist, und weil auch im Falle des Erwerbs einer Mehrheitsbeteiligung nicht zwingend die ganze Gesellschaft erworben wird. 90

§ 1 IV stellt **keinerlei Anforderungen an den Ort der Ansässigkeit** der erworbenen Kapitalgesellschaft oder Genossenschaft, deren Anteile eingebracht werden, so dass mehrheitsvermittelnde/-verstärkende Anteile an Drittstaaten-Gesellschaften nicht wie bisher nur in inländische Kapitalgesellschaften, sondern im Grundsatz auch in EU/EWR-Kapitalgesellschaften oder Genossenschaften zu BW oder ZW eingebracht werden können. 91

Nach der **Kabinettsvorlage v. 4.7.2006** sollte § 21 noch auf die Einbringung von Beteiligungen an EU/EWR-Gesellschaften oder Genossenschaften beschränkt, dh die Einbringung von **Beteiligungen an Drittstaaten-Gesellschaften ausgenommen,** werden. Dass Beteiligungen an Drittstaaten-Gesellschaften weder im Inland noch in der EU im Rahmen von Einbringungen zu BW oder ZW hätten übertragen werden können, wäre ein gravierender Rückschritt gegenüber der Rechtslage nach § 20 I 2 UmwStG 1995 gewesen. Nach § 20 I 2 UmwStG 1995 (übernehmende Kapitalgesellschaft ist eine in Deutschland unbeschränkt steuerpflichtige Kapitalgesellschaft) waren neben Anteilen an inländischen Gesellschaften auch Anteile an EU-Gesellschaften und Drittstaaten-Gesellschaften taugliche Einbringungsgegenstände (vgl. UmwStE 1998 Rn. 20.17; *Schmitt* in SHS, 4. Aufl., § 20 Rn. 141). Im Anwendungsbereich von § 23 IV UmwStG 1995 (übernehmende Kapitalgesellschaft ist eine EU-Kapitalgesellschaft) waren neben Anteilen an inländischen Gesellschaften allerdings nur Anteile an EU-Gesellschaften, nicht aber solche an in Drittstaaten ansässigen Gesellschaften, taugliche Einbringungsgegenstände. In der Literatur wurde als Kritik an der Kabinettsvorlage v. 4.7.2006 geltend gemacht, dass nach dem Grundsatz der Kapitalverkehrsfreiheit und nach den Diskriminierungsverboten der DBA die Einbringung von Anteilen an Drittlandsgesellschaften in EU-Gesellschaften unbegrenzt zulässig sein müsse (vgl. *Werra/Teiche* DB 2006, 1455/1461; zur Geltung der Kapitalverkehrsfreiheit auch in Drittstaatenfällen vgl. z.B. EuGH v. 13.11.2012 – C 35, Tz. 88–104, ECLI:EU:C 2012:8026). ME ist § 21 I 2 neben der Niederlassungsfreiheit nicht auch am Maßstab der Kapitalverkehrsfreiheit zu messen. Der EuGH-Rspr. zufolge ist neben der Niederlassungsfreiheit die Kapitalverkehrsfreiheit anwendbar, wenn die betreffende Norm keine qualifizierende Mindestbeteiligung voraussetzt (vgl. etwa EuGH v. 24.5.2007 IStR 2007, 441 (Rn. 23) mit Anm. *Schönfeld*). § 21 räumt für den Fall, dass die übernehmende Gesellschaft die Stimmrechtsmehrheit innehat, der übernehmenden 92

Gesellschaft die Möglichkeit ein, die eingebrachten Anteile unter dem gemeinen Wert anzusetzen. Zwar greifen die Vergünstigungen nach § 21 auch bei Einbringung einer Minderheitsbeteiligung ein, wenn die übertragende Gesellschaft bereits vor der Einbringung an der Kapitalgesellschaft oder Genossenschaft beteiligt ist und zusammen mit den bereits von ihr gehaltenen Anteilen nach der Einbringung die Mehrheit der Stimmrechte hält. Dies ändert jedoch nichts daran, dass für die Anwendbarkeit des § 21 I 2 eine qualifizierte Mehrheitsbeteiligung erforderlich ist (allerdings stellt der EuGH im Urteil DMC v. 23.1.2014 – C 164/12 betr. § 20 UmwStG 1995 auf den Einbringungsgegenstand ab). Im Hinblick darauf, dass Anteile an Drittstaaten-Gesellschaften gemäß Umkehrschluss aus § 1 IV 1 Nr. 2 taugliche Einbringungsgegenstände für die Zwecke von § 21 darstellen, muss die Frage, ob dies aus EU- oder DBA-rechtlichen Gründen geboten ist, an dieser Stelle nicht entschieden werden (anders auf der Rechtsfolgenseite, wenn ein Drittstaatler seine Beteiligung an einer deutschen Kapitalgesellschaft oder Genossenschaft in eine in einem (anderen) Drittstaat ansässige Kapitalgesellschaft oder Genossenschaft einbringt).

93–110 *(einstweilen frei)*

III. Voraussetzungen für die Anwendung von § 21

1. Allgemeines

111 Anders als §§ 20 I 2, 23 IV UmwStG 1995, die nur die Einbringung mehrheitsvermittelnder oder -verstärkender Anteile an Kapitalgesellschaften und die Anteilseinbringung bei bereits bestehender Stimmrechtsmehrheit ohne Mehrheitsverstärkung betrafen, erfasst § 21 **sämtliche Anteilseinbringungen.**

112 Nach § 21 I 1 handelt es sich beim **Anteilstausch** um eine Einbringung von Anteilen an einer Kapitalgesellschaft oder Genossenschaft (erworbene Gesellschaft) in eine Kapitalgesellschaft oder Genossenschaft (übernehmende Gesellschaft) gegen Gewährung neuer Anteile an der übernehmenden Gesellschaft. Die übernehmende Gesellschaft hat die eingebrachten Anteile zwingend mit dem gemeinen Wert anzusetzen (vgl. UmwStE Rn. 21.07). Der **Ansatz mit dem gemeinen Wert** gilt grds. in allen Fällen des Anteilstauschs (vgl. auch *Rabback* in R/H/vL § 21 Rn. 56). Gemäß § 6 I Nr. 5a EStG iVm § 4 I 7 EStG gilt dies auch, wenn die eingebrachten Anteile erstmals in Deutschland steuerlich verstrickt werden (vgl. dazu den Beispielsfall unter Rn. 385). Für den Fall, dass die eingebrachten Anteile auf Ebene der übernehmenden Gesellschaft mit einem unter dem gemeinen Wert liegenden Wert (dh BW oder ZW) angesetzt werden sollen, erfordert § 21 I 2 eine mehrheitsvermittelnde Beteiligung der übernehmenden Gesellschaft bei oder als Folge der Einbringung (sog. qualifizierter Anteilstausch) und die Einhaltung bestimmter Schädlichkeitsgrenzen bei sonstigen Gegenleistungen.

113 Die Sacheinlage in eine Kapitalgesellschaft gegen neuen Anteil ist auch für die Rechtslage vor Inkrafttreten von § 6 VI 1 EStG 1997 idF des Steuerentlastungsgesetzes 1999/2000/2002 v. 24.3.1999 (BGBl. I 1999, 402, BStBl. I 1999, 304) als **tauschähnliches Geschäft** anzusehen. Nach dem Urteil des BFH v. 24.4.2007 – I R 35/05, BStBl. II 2008, 253 ist ein Wirtschaftsgut, das dem Vermögen einer GmbH im Rahmen einer Überpari-Emission als Sacheinlage zugeführt worden ist, in der Steuerbilanz der GmbH auch im Hinblick auf jenen Teilbetrag des Einbringungswertes, der über den Nennbetrag der Stammeinlageverpflichtung des Einlegenden hinausgeht und gemäß § 272 II Nr. 1 HGB in die Kapitalrücklage einzustellen ist, nach den für Tauschgeschäfte geltenden Regeln und nicht nach Maßgabe von § 6 I Nr. 5 EStG als Einlage zu bewerten (unter Hinweis auf das Gutachten I D 1/57 S v. 16.12.1958 BStBl. III 1959, 30, dass seit 1999 keinen Anwendungsbereich mehr hat). Der auf das Aufgeld entfallende Wertanteil des eingebrachten Wirtschaftsguts ist Bestandteil der vom Gesellschafter im Austausch gegen die Verschaffung der Beteiligungsrechte an der Gesellschaft geschuldeten Leistung und folglich auch Gegenstand des tauschähnlichen Geschäfts (unter Hinweis auf *Groh* DB 1997 1683/1684).

2. Einfacher Anteilstausch

Ein einfacher Anteilstausch liegt vor, wenn die Einbringung von Anteilen an einer **114** Kapitalgesellschaft oder Genossenschaft in eine andere Kapitalgesellschaft oder Genossenschaft gegen die Gewährung (auch) neuer Anteile an der übernehmenden Gesellschaft erfolgt und die übernehmende Gesellschaft nach der Einbringung nicht nachweisbar unmittelbar die Mehrheit der Stimmrechte an der erworbenen Gesellschaft innehat (andernfalls läge ein qualifizierter Anteilstausch iSd § 21 I 2 Nr. 1 vor).

a) Einbringungsgegenstand: Anteile an Kapitalgesellschaften oder Genossenschaften

Gemäß § 21 I 1 können sowohl Anteile an Kapitalgesellschaften als auch Anteile an **115** Genossenschaften eingebracht werden. Der **Begriff des „Anteils“** wird in § 21 I nicht näher konkretisiert, insb werden weder in § 21 noch in § 1 III Nr. 5 besondere Anforderungen an den „Anteil an einer Kapitalgesellschaft oder Genossenschaft“ gestellt. Die Einbringung von Anteilen im Privatvermögen, die nicht nach den §§ 17 EStG, 21 UmwStG 1995 steuerverstrickt sind, fällt – soweit die Besteuerung des Anteilseigners betroffen ist – unter § 20 IV 1 f. EStG (vgl. UmwStE Rn. 21.02). Dabei erfasst die Steuerverstrickung des § 21 I UmwStG 1995 nicht nur die einbringungsgeborenen Anteile iS der §§ 20 I, 21 I UmwStG 1995, sondern auch andere Anteile als sog. mitverstrickte Anteile, vgl. § 22 VII (BFH v. 8.11.2016 – I R 49/15, BFHE 256, 264, BStBl. II 2017, 1002, Rn. 22; danach kann es zu einer Mitverstrickung insbesondere in zwei Fällen kommen: Zum einen, wenn an der betreffenden Kapitalgesellschaft bereits einbringungsgeborene (Alt-)Anteile bestehen und die Gesellschaft eine nicht wertkongruente Kapitalerhöhung durchführt: Dann gehen stille Reserven der einbringungsgeborenen (Alt-)Anteile auf die bei der Kapitalerhöhung durch Bareinlage erworbenen (Neu-)Anteile über (Transport der steuerverstrickten stillen Reserven vom Alt- zum Neu-Anteil mit der Folge der Mitverstrickung des Neu-Anteils). Zum anderen werden –nicht einbringungsgeborene– (Alt-)Anteile dann von der Steuerverhaftung des § 21 UmwStG 1995 erfasst, wenn eine spätere Kapitalerhöhung im Wege einer Sacheinlage durchgeführt wird und die Kapitalgesellschaft das eingebrachte Betriebsvermögen (Betrieb, Teilbetrieb oder Mitunternehmeranteil) mit dem Buchwert ansetzt. In diesem Fall findet ein unmittelbarer Übergang der im eingebrachten Betriebsvermögen ruhenden stillen Reserven auf den Alt-Anteil statt, der zu dessen (quotaler) Mitverstrickung führt (vgl. aaO, Rn. 23)). Als Anwendungsfall von § 21 in Betracht kommt die Einbringung von Anteilen, die von einer ausländischen Person oder Gesellschaft gehalten werden und infolge der Einbringung erstmals in Deutschland steuerlich verstrickt werden (*Patt* in D/P/M § 21 Rn. 19; vgl. hierzu den Beispielfall unter Rn. 385).

aa) Anteile an Kapitalgesellschaften. § 21 erfasst die Einbringung von Anteilen an **116** jeder in- und ausländischen Kapitalgesellschaft oder Genossenschaft.

Ein **„Anteil“** an einer Kapitalgesellschaft liegt vor, wenn die als „Anteil“ zu qualifizierende Rechtsposition eine Beteiligung am gezeichneten Kapital der Gesellschaft repräsentiert (mit oder ohne Stimmrechte). Genussrechte, stille Beteiligungen, Darlehensforderungen (selbst bei eigenkapitalersetzendem Charakter) und andere rein schuldrechtliche Rechtsverhältnisse sind mE keine Anteile iSv § 21 (ebenso *Nitzschke* in Blümich § 21 Rn. 27; *Patt* in D/P/M § 21 Rn. 25). Anwartschaften auf Anteile (Bezugsrechte) sind als „Anteile“ iSv § 21 anzusehen (vgl. *Patt* in D/P/M § 21 Rn. 26; allerdings hat der BFH zu § 8b Abs. 2 KStG entschieden, dass Bezugsrechte nicht als „Anteile“ anzusehen seien; BFH v. 23.1.2008 – I R 101/06, BStBl. II 2008, 719, DStR 2008, 862; mE unzutreffend). Die Beteiligung des Komplementärs einer KGaA wird ertragsteuerlich wie ein Mitunternehmeranteil behandelt (vgl. BFH v. 21.6.1989 – X R 14/88, BStBl. II 1989, 881), so dass auf die Einbringung einer solchen Komplementär-Beteiligung nicht § 21, sondern ggf. § 20 anwendbar ist.

117 Mit **Kapitalgesellschaften** sind in § 21 gem. § 1 I Nr. 1 KStG „insbesondere Europäische Gesellschaften, Aktiengesellschaften, Kommanditgesellschaften auf Aktien und Gesellschaften mit beschränkter Haftung" gemeint. Der Katalog der Rechtsformen in § 1 I Nr. 1 KStG ist seit Inkrafttreten des JStG 2007 nicht mehr abschließend. Ob eine unter § 21 fallende Kapitalgesellschaft vorliegt, richtet sich mithin nach den die jeweilige Rechtsform definierenden Vorschriften.

118 Ob eine nach ausländischem Recht gegründete Gesellschaft für die Zwecke von § 21 als Kapitalgesellschaft anzusehen ist, richtet sich nach den Wertungen des deutschen Steuerrechts; angewandt wird ein sog. **Typenvergleich** (vgl. UmwStE Rn. 21.05 iVm 01.27; BFH v. 20.8.2008 – I R 39/07, BStBl. II 2009, 234; v. 26.6.2013 – I R 48, IStR 2013, 881). Dessen Grundsätze stellen darauf ab, ob ein nach ausländischem Recht errichtetes Gebilde einer inländischen Körperschaft iSv § 1 I Nr. 1 KStG oder einer sonstigen jur. Person des privaten Rechts iSv § 1 I Nr. 4 KStG gleicht (vgl. RFH v. 12.2.1930, RStBl 1930, 444; BFH v. 17.7.1968 – I 121/64, BStBl. II 1968, 695; v. 3.2.1988 – I R 134/84, BStBl. II 1988, 588; v. 23.6.1992 – IX R 182/87, BStBl. II 1992, 972; v. 16.12.1992 – I R 32/92, BStBl. II 1993, 399; v. 19.3.1996 – VIII R 15/94, BStBl. II 1996, 312; v. 20.8.2008 – I R 34/08, BStBl. II 2009, 263). Ein ausländisches Gebilde ist hiernach als Körperschaft einzuordnen, wenn sich bei einer Gesamtbetrachtung der einschlägigen ausländischen Bestimmungen und der getroffenen Vereinbarung über die Organisation und die Struktur des Gebildes ergibt, dass dieses rechtlich und wirtschaftlich einer inländischen Körperschaft oder sonstigen jur. Person gleicht. Für den Vergleich sind alle Elemente heranzuziehen, die nach deutschem Recht die wesentlichen Strukturmerkmale einer Körperschaft ausmachen (vgl. BMF-Schreiben v. 19.3.2004 betr. steuerlicher Einordnung der nach dem Recht der Bundesstaaten der USA gegründeten *Limited Liability Company* BStBl. I 2004, 411, mit dem Hinweis, dass die zivilrechtliche Rechtsprechung (BGH v. 29.1.2003 – VIII ZR 155/02, NJW 2003, 1607), nach der aufgrund des Freundschafts-, Handels- und Schifffahrtvertrages zwischen Deutschland und dem USA v. 29.10.1954 (BGBl. II 1956, 487) eine US-Corporation entsprechend der Gründungstheorie als solche anzuerkennen ist, das Erfordernis der Einordnung nach dem Typenvergleich nicht berührt; zur Einordnung einiger ausgewählter ausländischer Gesellschaften vgl. Betriebsstätten-Verwaltungsgrundsätze, BMF-Schreiben v. 24.12.1999 betr. Grundsätze der Verwaltung für die Prüfung der Aufteilung der Einkünfte bei Betriebsstätten international tätiger Unternehmen (Betriebsstätten-Verwaltungsgrundsätze) BStBl. I 1999, 1076, Tabelle 1 und 2). Ergibt der Typenvergleich, dass die ausländische Gesellschaft, an der die eingebrachten Anteile bestehen, aus Sicht des deutschen Steuerrechts transparent ist, liegt im Falle der Gewerblichkeit der ausländischen Gesellschaft die Einbringung eines Mitunternehmeranteils vor, deren steuerliche Behandlung sich unabhängig von der Beteiligungshöhe nach § 20 richtet (vgl. *Dörfler/Rautenstrauch/Adrian* BB 2006, 1711/1712; *Nitzschke* in Blümich § 21 Rn. 27).

119 **bb) Anteile an Genossenschaften.** Durch das Gesetz zur Einführung der Europäischen Genossenschaft und zur Änderung des Genossenschaftsrechts v. 14.8.2006 (BGBl. I 2066, 1911) wurde die Möglichkeit geschaffen, auch Sacheinlagen als Einzahlungen auf den Geschäftsanteil an einer Genossenschaft zuzulassen. Deshalb sind Anteile an Genossenschaften sowohl in § 20 als auch in § 21 in den Kreis der zulässigen Einbringungsgegenstände aufgenommen worden. Nach dem Regierungsentwurf war der sachliche Anwendungsbereich des UmwStG auf Einbringungen im Falle der Übertragung von Betriebsvermögen gem. § 1 III Nr. 4 UmwStG-E noch auf die SCE beschränkt. Erst in der zweiten und dritten Lesung im Bundestag am 9.11.2006 wurde der sachliche Anwendungsbereich auf sämtliche Genossenschaften ausgeweitet. Eingebracht werden können

demnach nicht nur Anteile an der SCE, sondern auch Anteile an allen in- und (dem Typenvergleich entsprechende) ausländischen Genossenschaften.

cc) Keine Differenzierung zwischen im Betriebs- oder Privatvermögen gehaltenen Anteilen. § 21 differenziert hinsichtlich seiner Anwendbarkeit und Rechtsfolgen nicht danach, ob die eingebrachten Anteile an Kapitalgesellschaften oder Genossenschaften im Betriebs- oder Privatvermögen gehalten werden (vgl. auch *Schmitt/Schloßmacher* UmwStE 2011 Rn. 21.02). Die Möglichkeit der steuerneutralen Einbringung nach § 21 II 1 iVm I 2 bzw. nach § 21 II 3 iVm I 2 hat für **im Privatvermögen gehaltene Anteile** aber nur eine Bedeutung, wenn die Anteile steuerverstrickt sind und ein etwaiger Gewinn aus der Aufdeckung der stillen Reserven der Anteile ohne die Rechtsfolgen des § 21 I 2 der Besteuerung unterliegt (ebenso *Nitzschke* in Blümich § 21 Rn. 29; *Patt* in D/P/M § 21 Rn. 28; UmwStE Rn. 21.02). Dies ist bei im Betriebsvermögen gehaltenen oder bei von natürlichen Personen angeschafften und im Privatvermögen gehaltenen Anteilen der Fall, wenn der Einbringende innerhalb der letzten fünf Jahre vor Einbringung unmittelbar oder mittelbar zu mindestens 1 % an der Gesellschaft beteiligt war (§ 17 I 1 EStG); hingegen unterliegen Veräußerungsgewinne aus im Privatvermögen gehaltenen Anteilen von weniger als 1 %, die nach 2008 erworben werden, der Abgeltungsteuer (§ 20 II 1 Nr. 1 EStG iVm § 52a X 1 EStG). Gemäß § 17 VI EStG gilt ferner die Einbringung alt-einbringungsgeborener Anteile iSd § 21 UmwStG 1995, wenn zum damaligen Einbringungszeitpunkt die eingebrachten Anteile nach § 17 I 1 EStG steuerverstrickt waren, nach § 17 I EStG als steuerpflichtig, und zwar unabhängig von einer Beteiligungsquote und der 5-Jahres-Frist. Für alle Anteile, die nicht im Betriebsvermögen gehalten oder nach § 17 EStG oder § 21 I UmwStG 1995 steuerverstrickt sind, gilt § 20 IVa 1 u. 2 EStG; vgl. UmwStE Rn. 21.02. Gemäß § 20 IVa 1 EStG treten die übernommenen Anteile steuerlich an die Stelle der bisherigen Anteile („Fußstapfentheorie"; vgl. *Weber-Grellet* in Schmidt § 20 EStG Rn. 163; *Harenberg* in H/H/R § 20 EStG Rn. 581), wenn Anteile an einer Körperschaft, Vermögensmasse oder Personenvereinigung auf Grund gesellschaftsrechtlicher Maßnahmen gegen andere Anteile getauscht werden. Die Anschaffungskosten der hingegebenen Anteile werden in den neuen Anteilen fortgeführt; vgl. BMF-Schreiben v. 9.10.2012, BStBl. I 2012, 953, Rn. 100. Liegen die tatbestandlichen Voraussetzungen des § 20 IVa 1 EStG vor, so erfolgt der Tauschvorgang auf Ebene des Anteilseigners steuerneutral. Mangels entsprechender Erträge ist kein Kapitalertragsteuerabzug vorzunehmen; vgl. *Harenberg* in H/H/R § 20 EStG Rn. 581. Erhält der Anteilseigner hingegen zusätzlich zu den Anteilen eine Gegenleistung, so gilt diese gemäß § 20 IVa 2 EStG als Kapitalertrag iSd § 20 I Nr. 1 EStG. Bei der Einbringung nicht steuerverstrickter Anteile kann die übernehmende Gesellschaft von ihrem Wahlrecht nach § 21 I 2 Gebrauch machen und die eingebrachten Anteile mit einem unter dem gemeinen Wert liegenden Wert (dh BW oder ZW) ansetzen, ohne dass dies zu steuerlichen Nachteilen für den Einbringenden führt. Die dem Einbringenden aus dem Anteilstausch gewährten Anteile sind nicht nach § 17 VI iVm I EStG steuerverstrickt (so auch *Nitzschke* in Blümich § 21 Rn. 29; *Patt* in D/P/M § 21 Rn. 28). In der Praxis ist problematisch, dass der Übernehmerin bekannt sein muss, bei welchen Einbringenden es sich um Anteilseigner iSv § 20 IVa 1 EStG handelt (der Ansatz zum gemeinen Wert durch die übernehmende Gesellschaft löst dann keinen Veräußerungsgewinn auf Ebene des Einbringenden aus); sämtliche einbringende Anteilseigner sind gehalten, der übernehmenden Gesellschaft mitzuteilen, ob es sich bei ihren Anteilen um Betriebsvermögen, Anteile iSv § 17 EStG, alt-einbringungsgeborene Anteile iSv § 21 UmwStG 1995 oder Anteile iSv § 20 IVa 1 EStG handelt; vgl. *Hageböke/Kröner/Kaeser* in FGS/BDI, UmwStE 2011, 367. 120

Die gleichen Überlegungen gelten für den Fall, dass die Einbringung durch eine juristische Person des öffentlichen Rechts erfolgt und die eingebrachten Anteile zum Hoheitsbereich gehören oder, dass eine steuerbefreite Körperschaft die Beteiligung außerhalb eines wirtschaftlichen Geschäftsbetriebes oder Betriebes gewerblicher Art hält (*Patt* in D/P/M § 21 Rn. 29). 121

b) Einbringender

122 Anders als bei Sacheinlagen iSd § 20 bestehen bei der Einbringung von Anteilen an Kapitalgesellschaften oder Genossenschaften für die Person des Einbringenden **keine persönlichen Einschränkungen** (vgl. UmwStE Rn. 21.03). § 21 enthält keine Aussage zu der Person des Einbringenden. Eine Regelung, wer Einbringender sein kann, enthält § 1 IV 1 Nr. 2 nur für die Fälle des § 1 III Nr. 1 bis 4; der Anteilstausch ist davon nicht erfasst. Demnach kann Einbringender jede natürliche oder jur. Person oder Personengesellschaft aus einem EU/EWR- oder Drittstaat sein (vgl. auch *Nitzschke* in Blümich § 21 Rn. 31; *Rabback* in R/H/vL § 21 Rn. 38; *Patt* in D/P/M § 21 Rn. 8).

123 Anteile, die von einer **gewerblichen bzw. gewerblich geprägten Personengesellschaft** gehalten werden, werden durch die Personengesellschaft selbst und nicht durch deren Gesellschafter eingebracht, wenn die Personengesellschaft nach der Einbringung als Mitunternehmerschaft fortbesteht; vgl. hierzu Rn. 88.

124 Einbringender ist, wem die eingebrachten Anteile vor der Einbringung **steuerlich zuzurechnen** sind, dh der Einbringende muss das rechtliche, bei Auseinanderfallen von rechtlichem und wirtschaftlichem Eigentum das wirtschaftliche Eigentum (vgl. § 39 II Nr. 1 AO) an den Anteilen innehaben; vgl. UmwStE Rn. 21.06.

c) Übernehmender

125 Gemäß § 21 I 1 kommt als übernehmende Gesellschaft nur eine Kapitalgesellschaft oder Genossenschaft in Betracht. Gemäß § 1 IV 1 Nr. 1 muss es sich bei der **Kapitalgesellschaft oder Genossenschaft** um eine Gesellschaft **iSd § 1 II 1 Nr. 1** handeln. Die Kapitalgesellschaft oder Genossenschaft muss mithin nach den Rechtsvorschriften eines Mitgliedstaates der EU bzw. eines Staates des EWR gegründet sein und muss in der EU oder im EWR ihren Sitz und Ort der Geschäftsleitung haben (vgl. UmwStE Rn. 21.04, 20.04, 01.54). Wenn es sich bei der übernehmenden Gesellschaft um eine ausländische Gesellschaft handelt, muss diese nach dem sog. Typenvergleich einer inländischen Kapitalgesellschaft oder Genossenschaft entsprechen; vgl. auch Rn. 118.

d) Gewährung neuer Anteile

126 Ebenso wie die Einbringung eines Betriebs, Teilbetriebs oder Mitunternehmeranteils nach § 20 setzt der Anteilstausch nach § 21 I die Gewährung neuer Anteile voraus (*Förster/Wendland* BB 2007, 631/632 f.; *Nitzschke* in Blümich § 21 Rn. 32).

127 **Neue Anteile** iSd § 21 sind die bei der Gründung der Kapitalgesellschaft oder Genossenschaft ausgegebenen Anteile oder die durch eine Sachkapitalerhöhung zusätzlich geschaffenen Anteile an einer bereits bestehenden Kapitalgesellschaft oder Genossenschaft. Ferner gelten als neue Anteile die Anteile aufgrund einer Ausgliederung nach § 123 I Nr. 3 UmwG oder die im Zusammenhang mit Sacheinlagen auf das Kommanditkapital einer KGaA gewährten neuen Anteile (*Rabback* in R/H/vL § 21 Rn. 48).

128 Hinsichtlich der **Beteiligungshöhe** werden in § 21 keine Anforderungen gestellt, dh die dem Einbringenden gewährten Anteile müssen weder einen bestimmten Mindestnennbetrag aufweisen noch muss der Nenn- oder Verkehrswert der Anteile dem der eingebrachten Anteile entsprechen (vgl. *Patt* in D/P/M § 20 Rn. 170; *Rabback* in R/H/vL § 21 Rn. 47; *Widmann* in W/M § 21 Rn. 52; *Jäschke* in Lademann § 21 Rn. 15).

129 Die Ausgabe bereits **bestehender eigener Anteile** *(treasury shares)* genügt angesichts des Gesetzeswortlauts nicht (vgl. *Blumers/Kinzl* BB 2005, 971/975; *Haritz/Wisniewski* GmbHR 2004, 28/33; *Klingberg/van Lishaut* Der Konzern 2005, 698/722; *Rabback* in R/H/vL § 21 Rn. 47). Gewährt die übernehmende Gesellschaft auch eigene Anteile, liegt insoweit eine sonstige Gegenleistung iSv § 21 I 4 vor. Der Wortlaut der FusionsRL ist demgegenüber nicht eindeutig, lässt also möglicherweise auch die Ausgabe bereits bestehender Anteile als Gegenleistung zu. Hätten die EU-Finanzminister Art. 8 XI des Entwurfs einer Änderungsrichtlinie der EU-Kommission v. 17.10.2003, KOM (2003) 613, angenommen, wäre die Voraussetzung der Ausgabe „neuer" Anteile in § 23 IV UmwStG

1995 nicht mehr zu halten gewesen, weil die EU-Fusionsrichtlinie dann ausdrücklich klargestellt hätte, dass auch die Ausgabe bereits bestehender eigener Anteile an den Einbringenden ausreicht. Nach §§ 54 I 1, 68 I 1 UmwG (Zweiten Gesetzes zur Änderung des UmwG) darf bei Zustimmung aller Gesellschafter von der Gewährung neuer Anteile abgesehen werden. Die §§ 20, 21 enthalten keine darauf abgestimmte Regelung, dh setzen in allen Fällen die Gewährung neuer Anteile an der übernehmenden Gesellschaft voraus (vgl. *Haritz/von Wolff* GmbHR 2006, 344; *Rödder/Schumacher* DStR 2006, 1525/1536).

Mangels Gewährung neuer Anteile an der übernehmenden Gesellschaft werden insbes. 130
verdeckte Einlagen, einfache Anwachsungen, verschleierte Sachgründungen sowie die Gewährung stiller Beteiligungen und Genussrechte nicht von § 21 erfasst.

- Durch **verdeckte Einlagen** werden zwar die bereits bestehenden Gesellschaftsanteile der Gesellschafter im Wert erhöht. Zivilrechtlich bleiben diese Gesellschaftsanteile jedoch inhaltlich unverändert. Es werden keinen neuen Anteile gewährt. Ein Beispiel für eine verdeckte Einlage ist die Veräußerung von Wirtschaftsgütern durch den Gesellschafter an seine GmbH unter dem Verkehrswert. Steuerrechtlich liegt eine teilentgeltliche Veräußerung ohne Gewährung neuer Anteile an der übernehmenden Gesellschaft vor. Gemäß § 5 VI EStG iVm § 6 I Nr. 7 EStG sind grds. bei einem (teil-)entgeltlichen Erwerb von Wirtschaftsgüter die Wirtschaftsgüter mit dem Teilwert, höchstens mit den Anschaffungskosten anzusetzen. Dies gilt allerdings nicht für eine Einlage des Gesellschafters in eine Kapitalgesellschaft. Nach dem BFH sind die Wirtschaftsgüter in diesem Fall auf Ebene der Gesellschafter mit dem Teilwert nach § 6 I Nr. 5 EStG anzusetzen (BFH v. 24.7.1996 – I R 113/95, BFH/NV 1997, 214; v. 14.3.2011 – I R 40/10, BStBl. II 2012, 281). Auf Ebene der verdeckt Einlegenden gilt § 6 VI 2 EStG.
- **Wachsen alle Vermögensgegenstände und Passiva** einer Personenhandelsgesellschaft durch Ausscheiden des vorletzten Gesellschafters dem verbleibenden Gesellschafter **an,** liegt – wenn einziges Wirtschaftsgut der endenden Personengesellschaft Kapitalgesellschaftsanteile sind – dennoch kein Anteilstausch iSv § 21 vor. Etwas anderes gilt nur dann, wenn die aufnehmende Kapitalgesellschaft oder Genossenschaft im Rahmen einer formellen Sachkapitalerhöhung neue Anteile an die ausscheidenden Personengesellschafter anlässlich deren Ausscheidens ausgibt (vgl. UmwStE Rn. 20.10).
- Die **verschleierte Sachgründung** wird ebenfalls nicht von § 21 erfasst (vgl. BFH v. 1.7.1992 – I R 5/92, BStBl. II 1993, 131; v. 24.3.1987 – I R 202/83, BStBl. II 1987, 705, *Widmann* in W/M § 20 Rn. 460). Zwar setzt das Merkmal der Anteilseinbringung gegen Gewährung neuer Anteile an der übernehmenden Gesellschaft iSv § 21 keinen gegenseitigen (synallagmatischen) Vertrag voraus. Vielmehr genügt es, wenn die Leistung zweckgerichtete Ursache und wirtschaftliche Äquivalente der Gegenleistung ist (vgl. so zur Vorgängerregelung in der 2. Auflage § 20 Rn. 136). Jedoch ist auch dies bei der verschleierten Sachgründung nicht gegeben. Denn es liegen zwei Rechtsgeschäfte vor, deren Erfüllung zeitlich geringfügig differiert.
- Keine Gewährung neuer Anteile ist die Gewährung (typisch) **stiller Beteiligungen** oder **Genussrechte** an der übernehmenden Gesellschaft, da insoweit die übertragende Gesellschaft nicht am Nennkapital der übernehmenden Gesellschaft beteiligt wird. Die Einbringung von Anteilen an einer Kapitalgesellschaft oder Genossenschaft gegen Gewährung atypisch stiller Beteiligungen kann eine Einbringung iSd § 24 I darstellen, wenn die eingebrachten Anteile Vermögen einer Mitunternehmerschaft werden (vgl. *Patt* in D/P/M § 20 Rn. 172).
- Bei Einräumung von **Bezugsrechten** ist § 21 mE anwendbar (trotz BFH v. 23.1.2008 – I R 101/06, BStBl. II 2008, 719; vgl. Rn. 116).

e) Zivilrechtliche Grundlagen des Anteilstauschs

131 **aa) Art der Einbringung.** § 1 III Nr. 5 schreibt für den Anteilstausch iSv § 21 keine bestimmte gesellschafts- bzw. umwandlungsrechtliche Form vor, sondern spricht schlicht vom „Austausch von Anteilen“.

Die Einbringung der Anteile wird regelmäßig im Wege der **Einzelrechtsnachfolge** nach den maßgeblichen Vorschriften des Zivilrechts (§§ 398 ff., 413 BGB) erfolgen. Aufgrund des Erfordernisses der Gewährung neuer Anteile an der übernehmenden Gesellschaft kann eine Einzelübertragung der Anteile an der erworbenen Gesellschaft jedoch nur durch Gründung der übernehmenden Kapitalgesellschaft bzw. Genossenschaft oder im Zuge formeller Sachkapitalerhöhung bei der übernehmenden Kapitalgesellschaft bzw. Genossenschaft erfolgen (gesellschaftsrechtliche Einlage aufgrund Anteilsübernahme). *Benz/Rosenberg* halten die Bezeichnung „Anteilstausch“ in § 21 daher für irreführend (*Benz/Rosenberg* BB-Spezial 2006, Nr. 8, 51/58, Fn. 59) In Betracht kommt auch, dass die Anteilseinbringung im Wege der **Gesamtrechtsnachfolge** erfolgt. So kann die Anteilseinbringung auf einer Ausgliederung iSv § 123 III UmwG beruhen; vgl. *Stengel,* DB 2008, 2329. Einem unter § 21 fallenden Anteilstausch kann auch eine Auf- oder Abspaltung von ausschließlich oder auch aus Anteilen bestehendem Vermögen von einer Personen- auf eine Kapitalgesellschaft gem. § 123 I, II UmwG sowie die Übertragung von Vermögen im Wege einer Verschmelzung einer Personen- auf eine Kapitalgesellschaft gem. §§ 2, 3 I 1 UmwG zugrunde liegen.

132 Anteilseinbringungen in übernehmende Gesellschaften, die in einem anderen EU- oder EWR-Staat ansässig sind, richten sich nach dem für sie relevanten Recht. Da § 1 III Nr. 5 auf keine bestimmten zivilrechtlichen Vorgänge abstellt, **kommt es nicht darauf an, ob die den Anteilstausch regelnden Vorschriften** des anderen EU- oder EWR-Staates den deutschen Gründungs-, Sachkapitalerhöhungs- oder Umwandlungsvorschriften **vergleichbar** sind (vgl. *Fuhrmann* DStZ 2007, 111/112; *Widmann* in W/M, § 21 Rn. 48).

133 **bb) Übertragung des wirtschaftlichen Eigentums.** Der Anteilstausch kann nicht nur durch Verschaffung des zivilrechtlichen und wirtschaftlichen Eigentums, sondern auch durch Verschaffung nur des wirtschaftlichen Eigentums erfolgen; vgl. auch UmwStE 21.06.

Aufgrund des weiten Anwendungsbereichs des § 1 III Nr. 5 („Austausch von Anteilen“) sind für das Vorliegen des Anteilstauschs die ertragsteuerlichen Vorschriften maßgebend. Da die Übertragung des wirtschaftlichen Eigentums die steuerrechtliche Zuordnung ändert (§ 39 II 1 AO), reicht diese für die Annahme eines Anteilstausches iSd § 21 aus (ebenso *Mutscher* in F/M § 21 Rn. 38; *Patt* in D/P/M § 20 Rn. 4; *Rabback* in R/H/vL § 21 Rn. 8 und 44).

Auch bei Einbringungen in EU/EWR-ausländische Kapitalgesellschaften und Genossenschaften genügt die Übertragung des wirtschaftlichen Eigentums.

f) Zeitpunkt des Anteilstauschs

134 § 21 enthält keine spezielle Regelung zum Zeitpunkt des Anteilstauschs. Anders als bei der Sacheinlage iSd § 20 ist beim Anteilstausch damit **keine steuerliche Rückbeziehung** der Anteilseinbringung mehr möglich (vgl. *Patt* in D/P/M § 21 Rn. 42; *Rabback* in R/H/vL § 21 Rn. 52). Das UmwStG 1995 hatte eine steuerliche Rückbeziehung zwar nicht im Rahmen des § 23 IV UmwStG 1995 (Einbringung von mehrheitsvermittelnden oder -verstärkenden Anteilen an EU-Kapitalgesellschaften in EU-Kapitalgesellschaften), aber im Rahmen des § 20 I 2 UmwStG 1995 (Einbringung von mehrheitsvermittelnden oder -verstärkenden Anteilen an in- oder ausl. Kapitalgesellschaften in unbeschränkt steuerpflichtige Kapitalgesellschaften) zugelassen.

135 Eine steuerliche Rückbeziehung des Anteilstausch lässt sich auch **nicht mit § 2 begründen** (vgl. UmwStE Rn. 21.17). § 2 findet aufgrund seiner Stellung – im Gegensatz zum alten Recht – grds. auch auf den sechsten bis achten Teil (und damit auf den Anteilstausch) Anwendung. Dies wird allerdings allgemein in der Literatur als von dem Gesetz-

geber nicht gewollt angesehen. § 2 erfasst erkennbar nur die in dem zweiten bis fünften Teil des UmwStG (§§ 1 bis 19) geregelten Fälle. Vgl. dazu Rn. 62.

Für den Zeitpunkt des Anteilstauschs gelten dementsprechend die **allgemeinen Grundsätze.** Entscheidend ist die zivilrechtliche Übertragung der eingebrachten Anteile bzw., wenn davon abweichend, der Erwerb des wirtschaftlichen Eigentums durch die übernehmende Gesellschaft (vgl. UmwStE Rn. 21.17). Der Zeitraum der schwebenden Kapitalerhöhung bis zur Eintragung in das Handelsregister ist steuerlich für den Zeitpunkt der Zugangsbilanzierung der neuen Anteile beim Einbringenden unbeachtlich (vgl. *Hageböke* Ubg 2010, 41; *Patt* in D/P/M § 21 Rn. 42, 74). **136**

(einstweilen frei) **137–150**

3. Qualifizierter Anteilstausch

a) Legaldefinition in § 21 I 2 Nr. 1

aa) Definition. Anteilseinbringungen, bei denen die übernehmende Gesellschaft nach der Einbringung aufgrund ihrer Beteiligung einschließlich der eingebrachten Anteile nachweisbar unmittelbar die Mehrheit der Stimmrechte an der erworbenen Gesellschaft hat, werden in § 21 I 2 als sog. **qualifizierter Anteilstausch** definiert. Die bisherige Regelung in § 20 I 2 UmwStG 1995, wonach die erwerbende Gesellschaft nach der Einbringung nachweisbar unmittelbar über die Mehrheit der Stimmrechte an der Gesellschaft, deren Anteile eingebracht werden, verfügen musste, ist damit im Wesentlichen in § 21 I 2 übernommen worden (vgl. insoweit auch die Gesetzes-Begr., BT-Drs. 16/2710 zu § 21 I, 46). Bei Vorliegen eines qualifizierten Anteilstauschs – und unter Einhaltung der Schädlichkeitsgrenzen für sonstige Gegenleistungen gemäß § 21 I 2 Nr. 2 – kann die Übertragung der Anteile, wenn in Inlandsfällen § 21 I 2 und in grenzüberschreitenden Fällen zudem die in § 21 II 2 oder 3 genannten Voraussetzungen erfüllt sind, unter Fortführung des BW oder durch Ansatz eines ZW erfolgen. **151**

bb) Mehrheitsbeteiligung. Nach § 21 I 2 Nr. 1 erfordert das Vorliegen eines qualifizierten Anteilstauschs, dass die übernehmende Gesellschaft nach Einbringung der Anteile an der erworbenen Gesellschaft die **Stimmrechtsmehrheit** hat. Dass mit der Stimmrechtsmehrheit auch eine Kapitalmehrheit einhergeht, ist nicht erforderlich. § 21 I 2 Nr. 1 ist also auch dann erfüllt, wenn Anteile eingebracht werden, die nur 40 % des Nennkapitals der erworbenen Gesellschaft, aber 60 % der Stimmrechte ausmachen (vgl. *Nitzschke* in Blümich § 21 Rn. 36; *Rabback* in R/H/vL § 21 Rn. 64; *Schmitt* in SHS § 21 Rn. 43). **152**

Weder in § 21 I 2 Nr. 1 noch an einer anderen Stelle im UmwStG wird erörtert, was unter einer Stimmrechtsmehrheit zu verstehen ist. Nach allgemeinem Verständnis ist von einer „Mehrheit" der Stimmen auszugehen, wenn **mehr als die Hälfte der Stimmrechte** besessen werden. Eine etwaige gesetzlich oder gesellschaftsvertraglich vorgeschriebene qualifizierte Mehrheit (zB von ¾ der Stimmen) für bestimmte oder ggf. sogar alle Beschlüsse ist in diesem Zusammenhang unbeachtlich (vgl. *Patt* in D/P/M § 21 Rn. 34; *Rabback* in R/H/vL § 21 Rn. 65). Die Frage, wann von einem „Stimmrecht" auszugehen ist, bestimmt sich nach einhelliger Meinung allein nach dem **Gesellschaftsrecht** (anstelle vieler *Nitzschke* in Blümich § 21 Rn. 36; *Patt* in D/P/M § 21 Rn. 34; *Rabback* in R/H/vL § 21 Rn. 65; *Widmann* in W/M § 21 Rn. 136, 138). Bei der Einbringung von Anteilen an einer dem deutschen Recht unterliegenden Kapitalgesellschaft sind mithin das AktG, GmbHG bzw. die Satzung oder der Gesellschaftsvertrag entscheidend. Bei der Einbringung von Anteilen an einer nicht dem deutschen Recht unterliegenden Gesellschaft ist das Vorliegen der Stimmrechtsmehrheit anhand des Gesellschaftsrechts desjenigen Staates zu bestimmen, dem die Gesellschaft unterliegt, deren Anteile eingebracht werden. Für die Innehabung von Stimmrechtsmehrheiten bleiben schuldrechtliche Vereinbarungen – wie etwa Stimmbindungsverträge, Stimmrechtsausübungsverbote, Vetorechte oder Konzernverträge – unberücksichtigt. Zur Begründung für die **Unbeachtlichkeit schuld-** **153**

rechtlicher Vereinbarungen lässt sich der Wortlaut des § 21 I 2 Nr. 1 anführen, wonach die aufnehmende Gesellschaft die Stimmrechtsmehrheit „auf Grund ihrer Beteiligung" innehaben muss. Hinzu kommen praktische Erwägungen dergestalt, dass bei der steuerlichen Beurteilung des Anteilstauschs nicht alle Umstände ermittelt werden können, die möglicherweise Einfluss auf die Stimmrechtsausübung haben. Eine sachgerechte Anwendung des Gesetzes kann nur bei einer typisierenden und ausschließlich gesetzliche und satzungsmäßige Bestimmungen berücksichtigenden Betrachtungsweise gewährleistet werden. Indem der Gesetzgeber auf das Kriterium der Unmittelbarkeit abstellt (mittelbare Stimmrechtsmehrheiten also unbeachtlich sind), zeigt sich zudem, dass dem Gesetzgeber an einer vereinfachten Anwendung des § 21 I 2 Nr. 1 gelegen ist. Einer vereinfachten Anwendung des § 21 I 2 Nr. 1 entspreche es aber nicht, wenn außerhalb der gesellschaftsrechtlichen Vorgaben liegende schuldrechtliche Vereinbarungen berücksichtigt werden müssten (vgl. insgesamt hierzu auch *Rabback* in R/H/vL § 21 Rn. 65; *Patt* in D/P/M § 21 Rn. 34).

154 Anders als der Wortlaut des § 21 I 2 Nr. 1 es vermuten lassen könnte („auf Grund ihrer Beteiligung einschließlich der übernommenen Anteile"), erfordert ein qualifizierter Anteilstausch nicht, dass die übernehmende Gesellschaft an der Gesellschaft, an der die eingebrachten Anteile bestehen, bereits vor der Einbringung beteiligt war (vgl. UmwStE Rn. 21.09 Bsp. a; *Rabback* in R/H/vL § 21 Rn. 68; *Widmann* in W/M § 21 Rn. 118). § 21 I 2 Nr. 1 ist auch anwendbar, wenn die übernehmende Gesellschaft vor der Einbringung noch nicht an der erworbenen Gesellschaft beteiligt war und **sämtliche die Mehrheitsbeteiligung vermittelnden Anteile eingebracht** werden (vgl. BFH v. 24.1.2018, I R 48/15, BFH/NV 2018, 921, Rz. 15, zu dem vom BFH als qualifizierter Anteilstausch anerkannten Fall, dass zwei Einbringende jeweils 50%ige Beteiligungen an der erworbenen Gesellschaft in die übernehmende Gesellschaft im Rahmen einer formellen Kapitalerhöhung einbringen). Wie unter der Geltung von §§ 20 I 2, 23 IV UmwStG 1995 begünstigt auch § 21 I 2 sowohl den Fall, dass die Mehrheitsbeteiligung der übernehmenden Gesellschaft erst durch den Einbringungsvorgang entsteht, als auch den Fall, dass eine vor Einbringung auf Ebene der übernehmenden Gesellschaft bereits bestehende Mehrheitsbeteiligung weiter aufgestockt wird (vgl. UmwStE Rn. 21.09 Bsp. b, c). Dies entspricht Art. 2 Buchst. d FusionsRL nF, wonach „Austausch von Anteilen" ein Vorgang ist,

„durch den eine Gesellschaft am Gesellschaftskapital einer anderen Gesellschaft eine Beteiligung, die ihr die Mehrheit der Stimmrechte verleiht oder – sofern sie die Mehrheit der Stimmrechte bereits hält – eine weitere Beteiligung dadurch erwirbt, dass die Gesellschafter der anderen Gesellschaft im Austausch für ihre Anteile Anteile am Gesellschaftskapital der erwerbenden Gesellschaft und ggf. eine bare Zuzahlung erhalten; letztere darf 10% des Nennwerts oder – bei Fehlen eines Nennwerts – des rechnerischen Werts der im Zuge des Austauschs ausgegebenen Anteile nicht überschreiten".

155 Vor Inkrafttreten der RL 2005/19/EG des Rates v. 17.2.2005 (ABl v. 4.3.2005 L 58/19) zur Änderung der FusionsRL 90/434/EWG war unklar, ob der Erwerb weiterer Anteile durch einen Gesellschafter, der bereits über eine Mehrheit der Stimmrechte verfügt, ebenso vom „Austausch von Anteilen" erfasst ist wie der erstmalige Erwerb einer Stimmrechtsmehrheit. Art. 2 Buchst. d FusionsRL nF stellt nunmehr klar, dass der **Erwerb mehrheitsverstärkender Anteile** von Art. 2 Buchst. d FusionsRL erfasst ist (so auch die hM, vgl. etwa *Mutscher* in F/M § 21 Rn. 107; *Hagemann/Jakob/Ropohl/Viebrock* NWB Sonderheft 1/2007, 41; *Rabback* in R/H/vL § 21 Rn. 68; *Schindler* EStB 2005, 551/555; *Widmann* in W/M § 21 Rn. 121). Weiterhin offen gelassen ist auch durch die Neufassung des Art. 2 Buchst. d FusionsRL die Frage, ob das Mehrheitserfordernis auf Basis einer „*stand-alone* Betrachtung" erfüllt sein muss, oder ob auch jene Fälle von dem Tatbestand des qualifizierten Anteilstauschs erfasst sind, in denen die **erworbenen Anteile gemeinsam mit bereits gehaltenen Anteilen** der übernehmenden Gesellschaft eine **Mehrheit verschaffen** (so schon *Schindler* EStB 2005, 551/555). Letzteres entspricht seit langem der hM, wobei nur der Erwerb der zusätzlichen Anteile begünstigt ist (vgl. *Nitzschke* in

Blümich § 21 Rn. 37; *Rabback* in R/H/vL § 21 Rn. 68; *Widmann* in W/M § 21 Rn. 119 sowie die Nachweise bei *Schindler*, EStB 2005, 551/555, Fn. 41). Nach *Schindler*, EStB 2005, 551/555, wird diese Auffassung durch die Änderung von Art. 2 Buchst. d FusionsRL durch die RL 2005/19/EG des Rates v. 17.2.2005 zumindest bestärkt, auch wenn der letztgenannte Fall vom Wortlaut nach wie vor nicht umfasst ist. Im Fall des Erwerbs mehrheitsverstärkender Anteile ist auch die Einbringung stimmrechtsloser Anteile nach § 21 I 2 Nr. 1 begünstigt (vgl. *Schulz* in Schneider/Ruoff/Sistermann UmwStE Rn. 21.20; *Patt* in D/P/M § 21 Rn. 35). Denn § 21 I 2 Nr. 1 verlangt nicht, dass alle eingebrachten Anteile Stimmrechte vermitteln bzw. jeweils selbst zur Stimmrechtsmehrheit der übernehmende Gesellschaft oder Genossenschaft beitragen.

Ein qualifizierter Anteilstausch liegt auch dann vor, wenn von **einem Einbringenden** 156 **mehrere mehrheitsvermittelnde Anteile** im Rahmen einer einheitlichen Kapitalerhöhung eingebracht werden (*Patt* in D/P/M § 21 Rn. 48 mwN; *Hageböke/Kröner/Kaeser* in FGS/BDI UmwStE 2011 S. 377, vgl. Rn. 199) oder wenn **mehrere Einbringende** zum selben Zeitpunkt **jeweils Minderheitsbeteiligungen** in die Gesellschaft einbringen und diese Minderheitsbeteiligungen insgesamt zum Erreichen einer mehrheitsvermittelnden bzw. -verstärkenden Beteiligung bei der übernehmenden Gesellschaft führen (ebenso BFH v. 24.1.2018, I R 48/15, BFH/NV 2018, 921, Rz. 15; *Patt* in D/P/M § 21 Rn. 33; *ders.* in D/P/P/M § 21 Rn. 33; *Widmann* in W/M § 21 Rn. 122 mit Übersicht in Fn. 1 zum Meinungsstand betr. Anwendbarkeit des § 21 I 2 bei Einbringung von Anteilen verschiedener Einbringender). Einem qualifizierten Anteilstausch steht ferner nicht entgegen, wenn die übernehmende Gesellschaft vor der Einbringung keine Anteile an der erworbenen Gesellschaft inne hat (BFH v. 24.1.2018 – I R 48/15, BHF/NV 2018, 921, Rn. 15). Erforderlich ist damit allein, dass die Stimmenmehrheit nach der Einbringung, mithin unter Berücksichtigung aller eingebrachten Anteile, insgesamt bei der übernehmenden Gesellschaft liegt (BFH v. 24.1.2018 – I R 48/15, BHF/NV 2018, 921, Rn. 15; *Nitzschke* in Blümich § 21 Rn. 37). Der bisherigen Ansicht der FinVerw zufolge mussten die Einbringungen auf einem **einheitlichen Gründungs- oder Kapitalerhöhungsvorgang** beruhen (vgl. UmwStE 1998 Rn. 20.15; dem zustimmend *Rabback* in R/H/vL § 21 Rn. 68). Nach UmwStE Rn. 21.09 muss die Einbringung auf einem **einheitlichen Vorgang** beruhen, so dass ein zeitlicher Zusammenhang ausreicht (vgl. *Hageböke/Kröner/Kaeser* in FGS/BDI UmwStE 2011 S. 377; *Schmitt* in SHS § 21 Rn. 43). Ein einheitlicher Vorgang ist jedoch nur erforderlich, wenn die Übernehmerin nicht schon die Mehrheit der Stimmrechte hält oder durch einen einheitlichen Vorgang erlangt, nicht aber, wenn mehrere Einbringende bei bereits bestehender Stimmrechtsmehrheit Anteile ggf. sukzessive gegen neue Anteile einbringen (vgl. *Hageböke/Kröner/Kaeser* in FGS/BDI UmwStE 2011 S. 377). Bei Erfüllung der Voraussetzungen des § 21 I 2 Nr. 1 muss die übernehmende Gesellschaft ihr Wahlrecht in Bezug auf die einzelnen Einbringungsvorgänge nicht einheitlich ausüben, dh die übernehmende Gesellschaft kann eine eingebrachte Beteiligung mit dem BW oder ZW und eine andere Beteiligung mit dem gemeinen Wert ansetzen (ebenso *Patt* in D/P/M § 21 Rn. 48; *Rabback* in R/H/vL § 21 Rn. 68).

cc) Unmittelbarkeit. Die übernehmende Gesellschaft muss **„unmittelbar"** die 157 Stimmrechtsmehrheit haben bzw. erlangen. Die über Beteiligungsketten vermittelten Stimmrechte an der erworbenen Gesellschaft sind nicht zu berücksichtigen; vgl. *Schulz* in Schneider/Ruoff/Sistermann UmwStE 2011 Rn. 21.17; *Patt* in D/P/M § 21 Rn. 37. Es sind also solche Anteile außer Betracht zu lassen, die einer Gesellschaft gehören, an der die Gesellschaft, in die die Anteile eingebracht werden, ihrerseits beteiligt ist.

Beispiel: An einer niederländischen NV sind die in Deutschland ansässige GmbH mit 35 %, die tschechische s. r. o. mit 45 %, eine unbeschränkt steuerpflichtige natürliche Person (P) mit 15 % und die in den USA ansässige Inc. mit 5 % beteiligt. Die deutsche GmbH ist alleinige Gesellschafterin der tschechischen s. r. o. Die Stimmrechte an der NV entsprechen den Beteiligungsverhältnissen. P bringt ihre Beteiligung an der NV gegen Gewährung neuer Anteile in die GmbH ein.

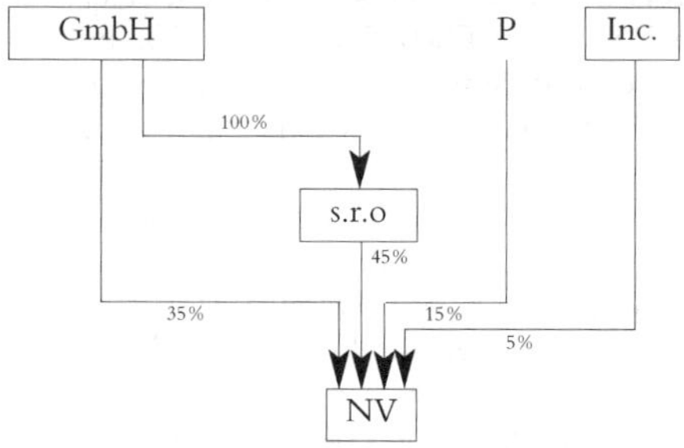

Nach der Einbringung hält die GmbH nur 50% der Stimmrechte an der NV unmittelbar und hat somit nicht die unmittelbare Stimmrechtsmehrheit. Dass die GmbH alleinige Gesellschafterin der tschechischen s. r. o. ist und diese 45% der Stimmrechte an der NV hält, bleibt unberücksichtigt. Die GmbH kann daher nicht auf Antrag nach § 21 I 2, II 5 die Anschaffungskosten der P fortführen, sondern muss die eingebrachte 15%-Beteiligung mit dem gemeinen Wert ansetzen, der gem. § 21 II 1 für die P als Veräußerungspreis für die eingebrachte 15%-Beteiligung und als Anschaffungskosten für die neuen Anteile an der GmbH gilt.

158 An dem **Unmittelbarkeitserfordernis** wird zu Recht **Kritik** geübt (*Friederichs* in der 2. Aufl. § 20 Rn. 131; *Patt* in D/P/P/M § 21 Rn. 33; *Rabback* in R/H/vL § 21 Rn. 62, 67). Der Sinn der Beschränkung auf einen mehrheitlichen Anteilsbesitz ist wie bisher darin zu sehen, dass nur die Bildung „unternehmerischer" Mehrheitsbeteiligungen, nicht aber die Bildung kapitalorientierter Minderheitsbeteiligungen gefördert werden soll. Warum dies aber die Unmittelbarkeit der Mehrheitsbeteiligung erfordert, ist nicht ersichtlich. Der Gesetzgeber erkennt grds. an, dass der Wille in einem Tochterunternehmen auch über zwischengeschaltete Beteiligungsgesellschaften ausgeübt werden kann. *Rabback* führt insoweit § 14 I 1 Nr. 1 S 2 KStG an, bei der der Gesetzgeber für die Annahme einer finanziellen Eingliederung eine mittelbare Beteiligung als ausreichend erachtet (*Rabback* in R/H/vL § 21 Rn. 62).

159 Wegen des Erfordernisses, dass die übernehmende Gesellschaft nach der Einbringung unmittelbar die Stimmrechtsmehrheit an der erworbenen Gesellschaft hat, sind § 21 I 2 Nr. 1 und II 3 auf die Einbringung von Anteilen an der übernehmenden Gesellschaft in die übernehmende Gesellschaft nicht anwendbar. Durch **eigene Anteile** kann eine Kapitalgesellschaft oder Genossenschaft nicht die Stimmrechtsmehrheit haben oder erreichen. § 21 I 2 Nr. 1, II 3 sind dagegen auf die Einbringung von **Vorzugsaktien** in eine andere Gesellschaft oder Genossenschaft anwendbar, wenn die übernehmende Gesellschaft bereits die Stimmrechtsmehrheit innehat. Die eingebrachten Anteile müssen nicht selbst Stimmrechte vermitteln. Dass die eingebrachten Vorzugsaktien selbst keine Stimmrechte vermitteln, ist daher unerheblich (vgl. insoweit zur Vorgängervorschrift die 2. Aufl. § 20 Rn. 132). Insoweit ist der hier verwandte Begriff „mehrheitsvermittelnde oder -verstärkende Anteile" nicht ganz korrekt.

160 **dd) Nachweisbarkeit.** Gemäß § 21 I 2 Nr. 1 muss die übernehmende Gesellschaft nach der Einbringung **„nachweisbar"** die Mehrheit der Stimmrechte in der erworbenen Gesellschaft innehaben. Der Einbringende trägt damit die Darlegungs- und Beweislast für das Vorliegen der Tatbestandsvoraussetzungen des § 21 I 2 Nr. 1 (*Patt* in D/P/M § 21 Rn. 38; *Hageböke/Kröner/Kaeser* in FGS/BDI UmwStE 2011 375 halten dies in den Fällen des nationalen qualifizierten Anteilstauschs jedoch für zumindest fraglich, weil Normadressatin des Antragswahlrechts ausschließlich die Übernehmerin und nicht der Einbringende ist). Der Steuerpflichtige wird bei Inlandssachverhalten die entsprechenden Tatsachen und bei Auslandssachverhalten zudem die für die Stimmrechtsmehrheit entsprechenden ausländischen Bestimmungen darlegen und beweisen müssen (*Widmann* in W/M § 21 Rn. 143, 146). Kann der Einbringende den Nachweis nicht führen, findet § 21 I 2 keine Anwendung (vgl. *Patt* in D/P/M § 21 Rn. 38).

ee) Maßgeblicher Zeitpunkt. Die mehrheitsvermittelnde Beteiligung muss **im Zeitpunkt der Sacheinbringung** vorliegen, dh im Zeitpunkt der Übertragung des zivilrechtlichen Eigentums bzw., wenn davon abweichend, des wirtschaftlichen Eigentums an den Anteilen an der erworbenen Gesellschaft auf die übernehmende Gesellschaft. Da der Anteilstausch steuerlich nicht zurückbezogen werden kann (vgl. Rn. 61 und 134), kommt es auf den Zeitpunkt des Umwandlungsbeschlusses bzw. des Abschlusses des Einbringungsvertrages oder des rückbezogenen Einbringungsstichtages nicht an. 161

§ 21 I 2 Nr. 1 stellt keine Anforderungen daran, **wie lange die Stimmrechtsmehrheit fortdauern** muss. § 21 enthält keine Vor- und Nachbehaltensfristen (vgl. *Jäschke* in Lademann § 21 Rn. 17; *Hageböke/Kröner/Kaeser* in FGS/BDI, UmwStE 2011, S 375). Ein qualifizierter Anteilstausch liegt demnach auch vor, wenn die übernehmende Gesellschaft kurze Zeit nach der Einbringung die eingebrachten Anteile ganz oder teilweise veräußert bzw. in eine andere Gesellschaft einbringt und so die Stimmenrechtsmehrheit verliert. In der nur kurzfristigen Erlangung der Stimmenrechtsmehrheit durch die übernehmende Gesellschaft ist kein Gestaltungsmissbrauch iSd § 42 AO zu sehen. Eine Ausnahme kommt auch dann nicht in Betracht, wenn bereits im Zeitpunkt der Anteilseinbringung die anschließende Verminderung der Beteiligung geplant ist und die kurzzeitige Überschreitung der Stimmrechtsmehrheit ausschließlich der Erzielung von Steuervorteilen dient (a. A. zur Vorgängervorschrift die 2. Aufl. § 20 Rn. 131; ebenfalls einen Gestaltungsmissbrauch auch für den Fall ablehnend, dass die Anteile nur kurzfristig erworben werden, um die Tatbestandsvoraussetzungen des § 21 I 2 zu erfüllen, *Rabback* in R/H/vL § 21 Rn. 70; im Ergebnis wohl auch *Hageböke/Kröner/Kaeser* in FGS/BDI, UmwStE 2011, S 375, wonach auf Grund der „Abschirmwirkung der Spezialnorm" § 22 II eine Anwendung von § 42 AO im Hinblick auf etwaige Nachbehaltensfristen nicht in Betracht kommt). 162

Die Veräußerung der eingebrachten Anteile durch die übernehmende Gesellschaft führt jedoch nach § 22 II 1 grds. dazu, dass der Einbringende den Gewinn aus der Einbringung im Wirtschaftsjahr der Einbringung rückwirkend als Gewinn aus der Veräußerung von Anteilen zu versteuern hat **(Einbringungsgewinn II).** 163

b) Sonstige Gegenleistungen (§ 21 I 2 Nr. 2)

Durch das StÄndG 2015 v. 2.11.2005 (BGBl. I 2015, 1834) wurde § 21 I 2 um eine weitere Voraussetzung ergänzt. Nach § 21 I 2 Nr. 2 ist, wenn der Einbringungsvertrag nach dem 31.12.2014 geschlossen worden ist bzw. wird (vgl. § 27 XIV), das Bewertungswahlrecht nur gegeben, soweit der gemeine Wert von sonstigen Gegenleistungen, die neben dem neuen Anteil bzw. neben den neuen Anteilen gewährt werden, nicht mehr beträgt als 164

a) 25 Prozent des Buchwerts der eingebrachten Anteile oder
b) EUR 500 000, höchstens jedoch den Buchwert der eingebrachten Anteile.

Zur Frage der Verfassungsgemäßheit dieser sog. unechten Rückwirkung vgl. § 27 Rn. 75.

Eine steuerneutrale Einbringung von Anteilen an einer Kapitalgesellschaft oder einer Genossenschaft in eine Kapitalgesellschaft oder eine Genossenschaft wird mit der Ergänzung des § 21 I 2 durch eine weitere Voraussetzung beschränkt. Vormals beschränkte § 21 I 3 aF die Gewährung einer sonstigen Leistung neben den Gesellschaftsrechten lediglich auf die Höhe des Buchwerts. Bis zur Höhe des Buchwerts der eingebrachten Anteile war bei bis zum 31.12.2014 abgeschlossenen Einbringungsverträgen eine Einbringung mehrheitsvermittelnder bzw. -verstärkender Anteile trotz Gewährung anderer Wirtschaftsgüter neben den neuen Anteilen an der übernehmenden Gesellschaft ohne die Aufdeckung stiller Reserven zulässig.

Initiiert wurde diese die Gewährung sonstiger Gegenleistungen neben den neuen Anteilen betreffende Einschränkung in § 21 I 2 Nr. 2 durch den Bundesrat. Insb wurde die Gefahr gesehen, dass durch die Verknüpfung eines Anteilstauschs mit weiteren sonstigen Gegenleistungen ein aufgrund wirtschaftlicher Betrachtung als Veräußerungsgeschäft einzuordnender Vorgang als steuerneutraler Anteilstausch behandelt werde (BT-Drs. 17/10604). In der Gesetzesbegründung wird diese Zielsetzung aufgegriffen (BT-Drs. 18/4902,

49). Ein gänzlicher Ausschluss der Vergünstigung nach § 21 I 2 bei Gewährung sonstiger Gegenleistungen ist unter Hinweis auf die „besondere Bedeutung des Einbringungsteils für Unternehmensreorganisationen insbesondere im mittelständischen Bereich“ nicht eingeführt worden. Durch die Grenzwerte in § 21 I 2 Nr. 2 würde „insb. den praktischen Bedürfnissen für einen Wertausgleich in einem bestimmten Umfang bei Unternehmenszusammenschlüssen (z. B. bei Joint-Ventures) ausreichend Rechnung getragen“ (BT-Drs. 18/4902, 49 u. 50).

Zur Wirkungsweise der Neuregelung vgl. *Menner*, § 20 Rn. 363.

165 Vom Begriff „sonstige Gegenleistungen“ werden nicht nur Wirtschaftsgüter im rechtstechnischen Sinne erfasst. Als sonstige Gegenleistungen kommen auch solche Leistungen in Betracht, die nicht die Eigenschaften des Wirtschaftsgutsbegriffs erfüllen (*Ritzer/Stangl* DStR 2015, 849/856; *Richter* DStR 2016, 840/841; *Bünning* BB 2017, 171/174; *Nitzschke* in Blümich § 21 Rn. 38a; *ders* in Blümich § 20 Rn. 84e; a. A. unter Verweis auf die Beibehaltung der Formulierung in § 20 III 3; *Ott* Stbg 2016, 111/114; *ders.* StuB 2016, 812/813; *Bünning* BB 2017, 171/174; Bilitewski/*Heinemann* Ubg 2015, 513/515 lehnen dieses Begriffsverständnis für § 20 II 2 Nr. 4 ab). Der Wortlaut begrenzt die sonstigen Gegenleistungen auf solche, die neben den neuen Anteilen gewährt werden, und verlangt daher einen kausalen Zusammenhang zwischen Gegenleistung und Anteilseinbringung (*Ritzer/Stangl* DStR 2015, 849/856; *Rapp* IStR 2017, 580, 582, insbesondere zu Verpflichtungen im Kontext der sonstigen Gegenleistungen). Die sonstige Gegenleistung muss nicht zwingend dem übertragenden Rechtsträger, sondern kann auch einer nahestehenden Person gewährt werden, solange ein wirtschaftlicher Zusammenhang zu der Anteilseinbringung besteht (*Bilitewski/Heinemann* Ubg 2015, 513/515). Ferner kann die Leistung selbst auch durch einen Dritten anstelle des übernehmenden Rechtsträgers erfolgen, wenn jener eine dem übernehmenden Rechtsträger nahestehende Person ist und die Leistung als Gegenleistung für die Anteilseinbringung zu verstehen ist (*Ott* Stgb 2016, 111/114; *ders.* StuB 2016, 812/814; *Bilitewski/Heinemann* Ubg 2015, 513/515; *Richter* DStR 2016, 840/842; *Nitzschke* in Blümich § 21 Rn. 38a; *ders* in Blümich § 20 Rn. 84f; aA *Bünning* BB 2017, 171/174 f.

§ 21 I 2 Nr. 2 unterscheidet zwischen einer relativen Grenze, nach der der gemeine Wert der sonstigen Gegenleistungen 25 Prozent des Buchwerts des eingebrachten Betriebsvermögens (dh der eingebrachte Anteile) nicht übersteigen darf, und einer absoluten Grenze, die einen Höchstbetrag von EUR 500.000 vorsieht (*Ettinger/Mörz* GmbHR 2016, 154/155). Diese stehen in einem Alternativverhältnis, müssen also nicht kumulativ vorliegen (*Richter* DStR 2016, 840/843 f.). Für die Beurteilung der Schädlichkeit der Gegenleistungen ist der höhere Wert maßgeblich (*Thomsen* FR 2017, 671/672; *Nitzschke* in Blümich § 21 Rn. 38b; krit. *Wälzholz* DStZ 2015, 449/452). Es ist nicht schädlich, wenn der gemeine Wert der Gegenleistungen unter der absoluten, aber über der relativen Grenze liegt (*Richter* DStR 2016, 840/844; *Rogall/Dreßler* DB 2015, 1981/1986). Die relative Grenze wird also erst oberhalb des Höchstbetrags in lit. b) relevant, so dass sie erst bei einem gemeinen Wert des eingebrachten Betriebsvermögens oberhalb von EUR 2 Mio. Anwendung finden kann (*Richter* DStR 2016, 840/844; *Benecke/Möllmann* FR 2016, 741/742). Werden die Schädlichkeitsgrenzen überschritten, werden „insoweit“, dh in der Höhe des die Grenze überschießenden Betrages, stille Reserven aufgedeckt. Es kommt dann zu einer Besteuerung; das Bewertungswahlrecht ist dann für den überschießenden Teil ausgeschlossen. Die absolute Grenze von EUR 500.000 kann für jeden Einbringungsvorgang und bezogen auf jeden einzelnen Einbringenden separat in Anspruch genommen werden (*Ritzer/Stangl* DStR 2015, 849/854; *Richter* DStR 2016, 840/844; *Bünning* BB 2017, 171/175). Es ist jedoch die Begrenzung der Gegenleistung auf die Höhe des Buchwerts der eingebrachten Anteile zu beachten; wird Betriebsvermögen mit einem Buchwert von EUR 150.000 eingebracht, dürfen sonstige Gegenleistungen zur Wahrung der Grenzen des § 21 I 2 Nr. 2 den Wert von EUR 150.000 nicht übersteigen (*Richter* DStR 2016, 840/844).

Sowohl die absolute als auch die relative Grenze knüpfen an an den Buchwert der eingebrachten Anteile. Der Buchwert ist gemäß § 1 V Nr. 4 der Wert, „der sich nach den steuerrechtlichen Vorschriften über die Gewinnermittlung in einer für den steuerlichen Übertragungsstichtag aufzustellenden Steuerbilanz ergibt oder ergäbe". Hierzu wird teilweise vertreten, dass es auf den Buchwert ankomme, mit dem die Wirtschaftsgüter vom übernehmenden Rechtsträger unter Einbeziehung des Bewertungswahlrechts eingebucht werden, jedoch abzüglich einer erhöhten Ansetzung infolge einer die Grenzen des § 21 I 2 Nr. 2 übersteigenden sonstigen Gegenleistung (*Bilitewski/Heinemann* Ubg 2015, 513/516). Dem ist zu widersprechen. Trotz des grundsätzlich offen gehaltenen Wortlauts des § 1 wird in §§ 20, 21, 24 der Wertansatz des übertragenden Rechtsträgers geregelt, so dass nicht der übernehmende Rechtsträger maßgeblich sein kann (*Nitzschke* in Blümich § 20 Rn. 84h). Zudem findet sich im Wortlaut der Vorschrift keine Stütze für diese Annahme (*Richter* DStR 2016, 840/843). Überzeugend ist es daher, auf den Buchwert der eingebrachten Anteile beim Einbringenden zum Übertragungsstichtag abzustellen (*Richter* DStR 2016, 840/844; *Nitzschke* in Blümich § 21 Rn. 38c; *Schmitt* in Schmitt/Hörtnagl/Stratz § 20 Rn. 366b; *Mutscher* in Frotscher/Drüen § 20 Rn. 263c).

(einstweilen frei) 166–180

IV. Bewertung der eingebrachten Anteile bei der übernehmenden Gesellschaft (§ 21 I)

1. Grundsatz des § 21 I 1: Gemeiner Wert

Ansatz mit dem gemeinen Wert. Bestimmung des gemeinen Werts. Gemäß § 21 I 1 hat die übernehmende Gesellschaft die eingebrachten Anteile mit dem gemeinen Wert anzusetzen. Eine Maßgeblichkeit der Handelsbilanz für die Steuerbilanz besteht nicht (vgl. UmwStE Rn. 21.07, 21.11; *Ott* INF 2007, 387/389; *Patt* in D/P/M § 21 Rn. 44). Der gemeine Wert ist auf den Zeitpunkt der Einbringung zu ermitteln (vgl. UmwStE Rn. 21.08); dies ist der Zeitpunkt des Übergangs des wirtschaftlichen Eigentums an den eingebrachten Anteilen (vgl. UmwStE Rn. 21.17); eine steuerliche Rückbeziehung ist nicht möglich (vgl. Rn. 61 f. und 134). Der gemeine Wert bestimmt sich nach § 9 II BewG durch den Preis, der im gewöhnlichen Geschäftsverkehr nach der Beschaffenheit des Wirtschaftsguts bei einer Veräußerung zu erzielen wäre. Sind die Anteile an einer deutschen Börse notiert, ist gemäß § 11 I BewG als gemeiner Wert der Börsenwert zum Zeitpunkt der Einbringung maßgebend (vgl. *Kaeser* DStR 2012, 13, Beihefter zu Heft 2/2012; UmwStE Rn. 21.08 iVm gleich lautende Erlasse der Länder v. 17.5.2011, BStBl. I 2011, 606 zu § 11 BewG, Abs. 1). Bei der Bewertung sind alle Umstände, die den Preis beeinflussen, zu berücksichtigen. Ungewöhnliche oder persönliche Verhältnisse sind jedoch außer Acht zu lassen. Diese Bewertungsgrundsätze sind auch für ertragsteuerliche Zwecke maßgebend (vgl. *Nitzschke* in Blümich § 21 Rn. 34; *Rabback* in R/H/vL § 21 Rn. 59). Gemäß § 11 II 3 BewG ist der gemeine Wert, auch wenn sich dieser nicht aus Verkäufen ableiten lässt, die weniger als ein Jahr zurückliegen, nicht auf Grundlage des Stuttgarter Verfahrens zu ermitteln (*Nitzschke* in Blümich § 21 Rn. 34; *Rabback* in R/H/vL § 21 Rn. 59, unter Hinweis auf § 11 II 3 BewG idF gültig bis 31.12.2008; *Patt* in D/P/M § 21 Rn. 44), sondern auf Grundlage einer „im gewöhnlichen Geschäftsverkehr für nichtsteuerliche Zwecke üblichen Methode" (vgl. gleich lautende Erlasse der Länder v. 17.5.2011, BStBl. I 2011, 606 zu § 11 BewG) oder durch das vereinfachte Ertragswertverfahren nach § 11 II 4 iVm §§ 199–203 BewG (vgl. *Kaeser* DStR 2012, 13, Beihefter zu Heft 2/2012; *Dörfler* StBW 2012, 176, 177; *Jäschke* in Lademann § 21 Rn. 19 f.; gleich lautende Erlasse der Länder v. 17.5.2011, BStBl. I 2011, 606 zu § 11 BewG, Abs. 2 S. 4). Zur Bewertung nach § 11 II BewG gelten die gleich lautenden Erlasse der Länder v. 17.5.2011, BStBl. I 2011, 606 entsprechend (vgl. UmwStE Rn. 21.08, 03.07). § 11 II 181

BewG gilt für Anteile an Genossenschaften entsprechend. UmwStE 21.08 gilt auch für Anteile an Genossenschaften; vgl. *Hageböke/Kröner/Kaeser* in FGS/BDI, UmwStE 2011, S. 374 mwN.

182 Hat bzw. erlangt die übernehmende Gesellschaft **nicht** unmittelbar die **Stimmrechtsmehrheit** an der erworbenen Gesellschaft, sieht § 21 von dem sich aus § 21 I 1 ergebenden Bewertungsgrundsatz zum gemeinen Wert **keine Ausnahmen** vor.

Beispiel: Die unbeschränkt einkommensteuerpflichtige Person E bringt ihre 10%ige Beteiligung an der deutschen X-GmbH in die deutsche Ü-GmbH gegen Gewährung eines neuen Geschäftsanteils an der Ü-GmbH ein. Die Ü-GmbH ist bisher nicht an der X-GmbH beteiligt. Sie hält nach dem Einbringungsvorgang außer der von E eingebrachten 10%igen-Beteiligung keine weiteren Anteile an der X-GmbH.

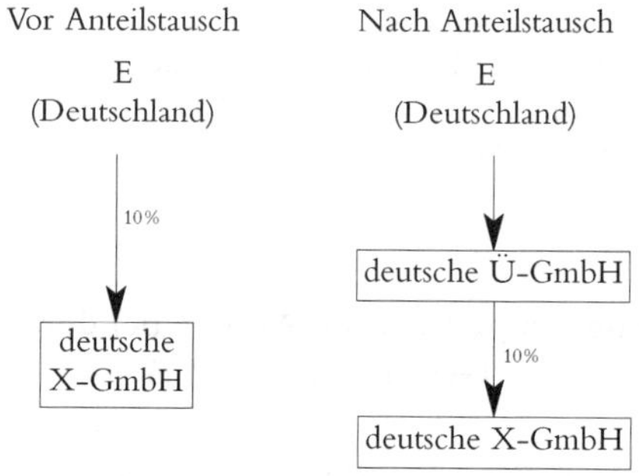

Gem. § 21 I 1 hat die Ü-GmbH die eingebrachte 10 %-Beteiligung an der X-GmbH mit dem gemeinen Wert anzusetzen. Der gemeine Wert gilt gem. § 21 II 1 für den Einbringenden E als Veräußerungserlös für die eingebrachte 10 %-Beteiligung an der X-GmbH und als Anschaffungskosten für den neuen Geschäftsanteil an der Ü-GmbH.

183 Steht Deutschland hinsichtlich des Gewinns aus der Veräußerung an den eingebrachten Anteilen bisher kein Besteuerungsrecht zu, und wird das **deutsche Besteuerungsrecht** an den eingebrachten Anteilen **erstmals** durch die Einbringung **begründet,** sind die eingebrachten Anteile bei der übernehmenden Gesellschaft mit dem gemeinen Wert anzusetzen (*Ley* FR 2007, 110/112, Fn. 17; *Patt* in D/P/M § 20 Rn. 228). Die erstmalige steuerliche Verstrickung beruht auf keiner Einlage (vgl. Rn. 113). Es ist nicht nach §§ 8 I 1 KStG, 6 I Nr. 5 S 1 Hs. 1 EStG der Teilwert anzusetzen, sondern gemäß § 21 im Grundsatz der gemeine Wert (zu den Fällen, in denen dennoch der Antrag auf Fortführung des BW interessant sein kann, vgl. *Jäschke* in Lademann § 21 Rn. 4).

Beispiel: Die natürliche Person E mit Wohnsitz in Tschechien bringt ihre 60 %-Beteiligung an der österreichischen X-GmbH in die deutsche Ü-GmbH gegen Gewährung eines neuen Geschäftanteils an der Ü-GmbH ein.

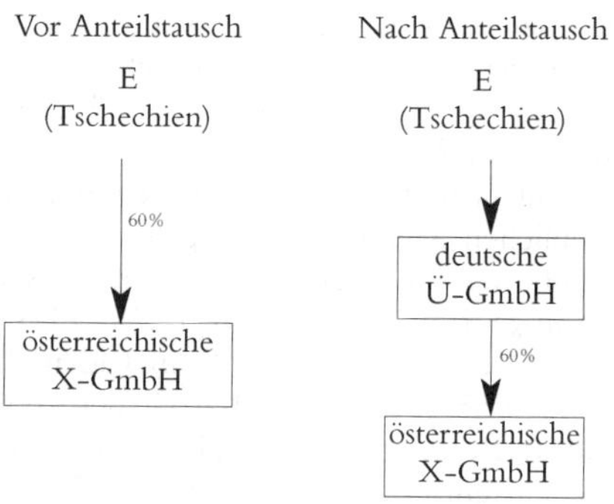

Für die eingebrachten Anteile wird in Deutschland das Besteuerungsrecht neu begründet. Die Ü-GmbH hat die eingebrachten Anteile an der österreichischen X-GmbH mit dem gemeinen Wert anzusetzen; ein Bewertungswahlrecht nach § 21 I 2 besteht für die Ü-GmbH nicht. Der gemeine Wert gilt gem. § 21 II 1 für den einbringenden E als Anschaffungskosten seiner Anteile an der Ü-GmbH.

Ist die übernehmende Gesellschaft in einem ausländischen EU/EWR-Staat ansässig und übernimmt die übernehmende Gesellschaft die eingebrachten Anteile an einer ausländischen Gesellschaft auch nicht in ein deutsches Betriebsvermögen, richtet sich der Ansatz der eingebrachten Anteile in der Bilanz der übernehmenden Gesellschaft nach dem Recht des ausländischen EU/EWR-Staates. Eine Bindung der Bewertung der neuen Anteile auf Ebene des Einbringenden an den bei der übernehmenden Gesellschaft nach deren ausländischer Rechtsordnung maßgebenden Wertansatz besteht nicht. 184

2. BW- oder ZW-Ansatz auf Antrag im Falle des qualifizierten Anteilstauschs (§ 21 I 2)

Möglichkeit des BW- oder ZW-Ansatzes bei Stimmrechtsmehrheit. Wenn die übernehmende Gesellschaft nach der Einbringung aufgrund ihrer Beteiligung einschließlich der eingebrachten Anteile nachweisbar unmittelbar die Mehrheit der Stimmrechte an der erworbenen Gesellschaft hat (qualifizierter Anteilstausch) und wenn keine sonstigen Gegenleistungen gewährt bzw. die Schädlichkeitsgrenzen für sonstige Gegenleistungen in § 21 I 2 Nr. 2 eingehalten werden, können die eingebrachten Anteile bei der übernehmenden Gesellschaft auf Antrag mit dem BW oder einem höheren Wert, höchstens jedoch mit dem gemeinen Wert angesetzt werden (vgl. UmwStE Rn. 21.09; zum BW § 1 V Nr. 4, § 1 Rn. 11 ff. und zum gemeinen Wert oben Rn. 181; wegen des Antragserfordernisses sieht *Rabback* in der Regelung des § 21 I 2 – anders als noch in der Vorgängerregelung des § 20 I 2 – kein eigentliches Bewertungswahlrecht mehr begründet; vgl. *Rabback* in R/H/vL § 21 Rn. 73). Ist der gemeine Wert niedriger als der Buchwert bzw. als die AK der eingebrachten Anteile, ist gemäß UmwStE 21.09 der gemeine Wert anzusetzen. Dies führt zu einer ggf. ungewollten Realisierung von Verlusten, die idR nicht (§ 8b Abs. 3 KStG) oder nur teilweise abzugsfähig sind (vgl. *Schulz* in Schneider/Ruoff/Sistermann UmwStE Rn. 21.19). Für den Fall, dass die eingebrachten Anteile zum Privatvermögen des Einbringenden gehört haben, treten nach § 21 II 5 an die Stelle des BW die AK. Die Bewertung erfolgt auf den steuerlichen Zeitpunkt der Einbringung (Rn. 136). 185

a) Bedeutung des Bewertungswahlrechts

Die Möglichkeit des Antrags auf BW-Fortführung oder ZW-Ansatz nach § 21 I 2 hat für die übernehmende Gesellschaft nur dann Bedeutung, wenn diese mit den eingebrachten Anteilen **im Inland** einer **Besteuerung** unterliegt (so auch *Nitzschke* in Blümich § 21 Rn. 35; *Patt* in D/P/M § 21 Rn. 4; *Patt* in D/P/P/M § 21 Rn. 47). 186

Einbringung in unbeschränkt steuerpflichtige Gesellschaft. Deutschland steht nach der Einbringung das Besteuerungsrecht an den eingebrachten Anteilen zu, wenn die übernehmende Gesellschaft eine unbeschränkt steuerpflichtige Kapitalgesellschaft oder Genossenschaft ist und die eingebrachten Anteile nach der Einbringung nicht zu einer ausländischen Betriebsstätte gehören und im Falle der Ansässigkeit der eingebrachten Gesellschaft in einem anderen Staat Deutschland mit diesem Staat kein DBA abgeschlossen hat, dass das Besteuerungsrecht des Wohnsitzstaats ausschließt oder beschränkt. 187

Einbringung in nicht unbeschränkt steuerpflichtige Gesellschaft. Werden die Anteile in eine nicht unbeschränkt steuerpflichtige Kapitalgesellschaft oder Genossenschaft eingebracht, hat Deutschland das Besteuerungsrecht an den eingebrachten Anteilen, wenn die Anteile nach der Einbringung einer **inländischen Betriebsstätte** zuzurechnen sind; nach den mit den EU-Staaten abgeschlossenen DBA wird in diesem Fall regelmäßig dem Betriebsstättenstaat das Besteuerungsrecht zugewiesen (vgl. Art. 13 II OECD-MA). 188

189 Ferner hat Deutschland nach der Einbringung das Besteuerungsrecht für die eingebrachten Anteile, wenn es sich bei der erworbenen Gesellschaft um eine inländische Kapitalgesellschaft oder Genossenschaft handelt und nach dem betreffenden DBA das Besteuerungsrecht hinsichtlich der Gewinne aus der Veräußerung der eingebrachten Anteile dem **Sitzstaat der erworbenen Gesellschaft** zugewiesen wird. Dies ist allerdings derzeit nur in den mit Bulgarien, Tschechoslowakei (welches im Verhältnis Tschechien/Slowakei fortgilt) und Norwegen (letzteres auf bestimmte Wegzugsfälle begrenzt) abgeschlossenen DBA der Fall, außerdem bei DBA mit Sonderregelungen für ImmobilienKap-Ges.

Beispiel: Der in Deutschland unbeschränkt steuerpflichtige A hält alle Anteile an der inländischen X-GmbH. Er bringt seine Beteiligung in die tschechische s. r. o. gegen neue Anteile an der s. r. o. ein.

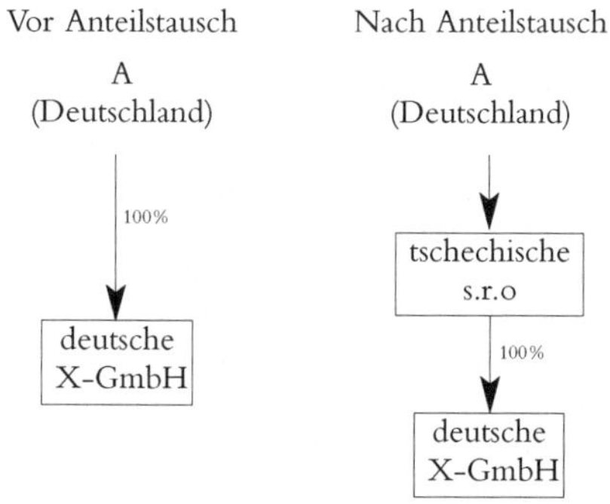

Das deutsche Besteuerungsrecht besteht nach der Einbringung an den in die tschechische s. r. o. eingebrachten Anteilen an der deutschen X-GmbH fort. Gemäß Art. 13 III DBA Tschechoslowakei (das für die Tschechien fortgilt) können Gewinne aus der Veräußerung von Anteilen an einer Gesellschaft in dem Sitzstaat der Gesellschaft besteuert werden. Für A kann es daher vorteilhaft sein, wenn die tschechische s. r. o. einen Antrag nach § 21 I 2 auf Ansatz der Anschaffungskosten für die 100%-Beteiligung an der deutschen X-GmbH stellt. Wenn A die Beteiligung an der deutschen X-GmbH im Privatvermögen gehalten hat, sind gemäß § 21 II 5 insoweit die Anschaffungskosten der GmbH-Beteiligung maßgebend (zu dieser Fallkonstellation vgl. auch *Becker-Pennrich* IStR 2007, 684/690). Gemäß § 21 II 2 letzter Hs. hat A an sich den gemeinen Wert anzusetzen. A kann jedoch gemäß § 21 II 3 Nr. 2 Antrag auf Buchwert- oder Zwischenwertansatz stellen.

190 Schließlich ist die Antragsmöglichkeit nach § 21 I 2 auch für den Fall relevant, dass Anteile an einer inländischen Gesellschaft in eine ausländische Gesellschaft **ohne DBA-Schutz** eingebracht werden (und damit Deutschland Gewinne aus der Veräußerung der eingebrachten Anteile besteuern kann).

b) Ausübung des Bewertungswahlrechts

191 **aa) Antragserfordernis.** Nach dem ausdrücklichen Gesetzeswortlaut des § 21 I 2 kommt eine von dem Grundsatz der Bewertung zum gemeinen Wert abweichende Bewertung mit dem BW oder ZW nur auf entsprechenden Antrag in Betracht. Insoweit ergeben sich keine Unterschiede zur Einbringung von Betriebsvermögen nach § 20; vgl. UmwStE Rn. 21.12. Allerdings ist trotz des Verweises auf UmwStE Rn. 20.21, 20.23, 20.24 im Falle von § 21 II 4 nicht auf die Abgabe einer Schlussbilanz, sondern auf die Abgabe der Steuererklärung abzustellen, vgl. auch *Franz/Winkler/Polatzky* BB Special 1, zu BB 2011, Heft 35, 15; *Jäschke* in Lademann § 21 Rn. 21, 23 aE).

192 **bb) Antragsteller.** Der Antrag auf abweichende Bewertung ist durch die übernehmende Gesellschaft zu stellen. Zwar lässt sich dies nicht dem Wortlaut des § 21 I 2 entnehmen. Aus § 21 I 2 Hs. 2 iVm § 20 II 3 sowie 21 II 1, welche jeweils auf die übernehmende Gesellschaft abstellen, ergibt sich aber, dass Antragsteller die übernehmende Gesellschaft sein muss; *Rabback* in R/H/vL § 21 Rn. 77; *Widmann* in W/M § 20 Rn. R 417). Auch in

Bezug auf § 20 II 1 UmwStG 1995 war anerkannt, dass das Wahlrecht, die Anteile mit einem unter dem Teilwert liegenden Wert anzusetzen, ausschließlich der übernehmenden Gesellschaft zustand (2. Aufl. § 20 Rn. 170). Daran sollte sich durch die Neufassung des UmwStG durch das SEStEG nichts ändern (vgl. insoweit auch die Gesetzesbegründung zu § 20, BT-Drs. 16/2710, 43, die ausdrücklich von einem „Antrag der übernehmenden Gesellschaft" spricht).

Dem **Einbringenden** steht dagegen **kein Antragsrecht** zu. 193

Gemäß § 21 II 1 bestimmt der Wertansatz bei der übernehmenden Gesellschaft für die eingebrachten Anteile grds. den Veräußerungspreis für die eingebrachten Anteile und die Anschaffungskosten für die erhaltenen Anteile. Der Wertansatz der übernehmenden Gesellschaft ist insoweit für den Einbringenden bindend. Etwaige vertragliche Vereinbarungen über die anzusetzenden Werte sind für steuerliche Zwecke unbeachtlich. Bis zur Abgabe der Steuererklärung durch die übernehmende Gesellschaft kann der Einbringende den vertraglich vereinbarten Bilanzansatz allerdings grds. im Wege einer einstweiligen Verfügung bzw. Klage durchsetzen (danach ist eine Bilanzänderung nach § 4 II 2 EStG unzulässig). Danach stehen dem Einbringenden ggf. gegenüber der übernehmenden Gesellschaft Schadenersatzansprüche zu (vgl. UmwStE Rn. 20.23; *Rabback* in R/H/vL § 21 Rn. 77).

cc) Anforderungen an den zu stellenden Antrag, Wirkung des Antrags. Die gesetzliche Regelung zu dem Antrag, der hinsichtlich des Bewertungsansatzes der eingebrachten Anteile zu stellen ist, lässt viele Fragen offen (*Widmann* in W/M § 20 Rn. R 416 spricht insoweit von einer „negativen Meisterleistung" des Gesetzgebers). Die für den Anteilstausch nach § 21 I 3 entsprechend geltende Vorschrift des § 20 II 3 enthält lediglich Regelungen zum Zeitpunkt der Antragstellung sowie zur Bestimmung des für die Antragstellung zuständigen Finanzamtes. Im Falle des Ansatzes mit dem gemeinen Wert müsste im Antrag der aufnehmenden Gesellschaft ausdrücklich gesagt werden, dass der Ansatz mit dem gemeinen Wert gewählt wird (in diesem Sinne vgl. FG Köln v. 11.12.2008 15 K 4963/01 rkr, EFG 2009, 448). Wird ausdrücklich der Ansatz der gemeinen Werte gewählt, ist die Wahlrechtsausübung auch dann verbindlich als Wahl des Ansatzes mit dem gemeinen Wert erfolgt, wenn der tatsächlich aktivierte Wert betragsmäßig erheblich unter dem tatsächlichen gemeinen Wert liegt. Auch in solchen Fällen darf der Ansatz zum gemeinen Wert nach Ansicht des FG Köln (s. oben) nicht in die Wahlrechtsausübung zugunsten eines Zwischenwerts umgedeutet werden. Im Übrigen gelten die allgemeinen zivilrechtlichen Auslegungsgrundsätze (§§ 133, 157 BGB), um den Wesensgehalt eines nicht eindeutigen bzw. eines missverständlichen Antrages zu ermitteln (vgl. *Herlinghaus* EFG 2009, 451, Anm. zum FG Köln v. 11.12.2008). Problematisch sind hierbei die Fälle, in denen eine eindeutig erheblich fehlerhafte (insb. zu niedrige) Schätzung des gemeinen Wertes erfolgte. Folgt man dem FG Köln (v. 11.12.2008, EFG 2009, 448), so müsste der Ansatz mit dem gemeinen Wert trotzdem als gewählte Wertart bestehen bleiben und eine Bilanzberichtigung nach § 4 II EStG insoweit vorzunehmen sein, als der zutreffende gemeine Wert zu ermitteln und anzusetzen ist. ME muss in diesem Fall auch eine korrespondierende Wertberichtigung in der Bilanz des Einbringenden erfolgen. 194

Gemäß § 21 I 3 iVm § 20 II 3 ist der Antrag bei dem für die Besteuerung der übernehmenden Gesellschaft **zuständigen Finanzamt** zu stellen. Gemäß § 20 I AO ist das Finanzamt zuständig, in dessen Bezirk sich die Geschäftsleitung der übernehmenden Gesellschaft befindet. Handelt es sich bei der übernehmenden Gesellschaft um eine ausländische EU/EWR-Kapitalgesellschaft bzw. EU/EWR-Genossenschaft, ist der Antrag im Falle, dass die eingebrachten Anteile einer deutschen Betriebsstätte zuzuordnen sind, bei dem zuständigen deutschen Betriebsstättenfinanzamt und in allen übrigen Fällen bei dem für die Besteuerung der erworbenen Gesellschaft zuständigen Finanzamt zu stellen (vgl. auch *Widmann* in W/M § 20 Rn. R 440; aA *Jäschke* in Lademann § 21 Rn. 21: nach § 24 AO im Zweifel das für den Anteilseigner zuständige Finanzamt). 195

196 Nach § 21 I 3 iVm § 20 II 3 ist der Antrag auf Fortführung der BW bzw. eines ZW spätestens bis zur erstmaligen Abgabe der steuerlichen Schlussbilanz bei dem für die Besteuerung der übernehmenden Gesellschaft zuständigen Finanzamt zu stellen. Im Falle des Anteilstauschs liegt, wenn der Einbringungszeitpunkt nicht mit dem Wirtschaftsjahresende des Einbringenden zusammenfällt, ebenso wie in den Fällen der Betriebs-, Teilbetriebs- und Mitunternehmeranteilseinbringung keine steuerliche Schlussbilanz des Einbringenden vor. In §§ 20, 21 auf die Schlussbilanz des Einbringenden abzustellen, ist nicht sachgerecht. In der Fassung des Entwurfs v. 24.5.2006 verwiesen §§ 20, 21 auf § 3 II 2, der die Fälle der Verschmelzung einer Kapital- auf eine Personengesellschaft oder natürliche Person sowie den Formwechsel einer Kapital- in eine Personengesellschaft regelt und deshalb zu Recht auf die steuerliche Schlussbilanz der übertragenden Kapitalgesellschaft abstellt. Bei der im späteren Gesetzgebungsverfahren erfolgten Änderung der Verweistechnik ist mE übersehen worden, dass der Begriff „Schlussbilanz" nicht aus § 3 II 2 in den § 20 II 3 (der für den Anteilstausch nach § 21 I 3 entsprechend gilt) hätte übernommen werden dürfen. Richtigerweise hätte in § 20 II 3 auf die **steuerliche Eröffnungsbilanz bzw. die normale steuerliche Jahresbilanz der übernehmenden Kapitalgesellschaft** oder Genossenschaft abgestellt werden müssen (*Schulz* in Schneider/Ruoff/Sistermann UmwStE 2011 Rn. 21.27; *Benz/Rosenberg* BB-Special 2006/8, 51/56; *Patt* in D/P/P/M § 21 Rn. 49; *ders.* in D/P/M § 21 Rn. 49: „Dieser Buchwert- oder Zwischenwertansatz ist ausdrücklich in einer steuerlichen Einbringungsbilanz (oder steuerlichen Schlussbilanz des Wj., in das die Einbringung fällt) der übernehmenden Gesellschaft zu dokumentieren"; iE auch *Widmann* in W/M § 20 Rn. R 418) Der BFH hat sich dem in seinem Urteil vom 15.6.2016 angeschlossen (BFH v. 15.6.2016 – I R 69/15, BStBl II 2017, 75). Mit der steuerlichen Schlussbilanz in § 20 II 3 ist danach die nächste auf den Einbringungszeitpunkt folgende steuerliche Jahresschlussbilanz der übernehmenden Gesellschaft iS von §§ 4 I, 5 I EStG gemeint, in der der Einbringungsgegenstand erstmals anzusetzen ist (BFH v. 15.6.2016 – I R 69/15, BStBl II 2017, 75, Rn. 17). Sowohl eine reine Handelsbilanz mit der Erklärung, diese sei so auch der steuerlichen Beurteilung zugrunde zu legen, als auch eine Handelsbilanz mit steuerrechtlichen Zusätzen bzw. Anmerkungen als auch eine eigenständige Steuerbilanz, die der Steuerpflichtige im Zusammenhang mit seiner Steuererklärung überreicht, seien als „steuerliche Schlussbilanz" anzusehen und lösten daher den Ablauf der Frist für das Antragsrecht aus (BFH v. 15.6.2016 – I R 69/15, Rn. 22).

197 Der Antrag ist nach § 21 I 3 iVm § 20 II 3 spätestens bis zur erstmaligen **Abgabe der Steuererklärung der übernehmenden Gesellschaft,** der die Eröffnungs- bzw. normale Jahresbilanz dieser Gesellschaft beigefügt werden muss, zu stellen. Gegenüber der Regelung in §§ 20 I 2, 23 IV UmwStG 1995, wonach das Wahlrecht bei Abgabe der Steuererklärung, dh bei Übersendung der für den Einbringungsvorgang maßgeblichen Jahresbilanz der übernehmenden Gesellschaft auszuüben war, hat sich im Ergebnis nichts geändert (*Nitzschke* in Blümich § 21 Rn. 40; *Patt* in D/P/M § 21 Rn. 49; *Rabback* in R/H/vL § 21 Rn. 78; aM *Widmann* in W/M § 20 Rn. R 442, der eine Antragstellung vor Abgabe der Steuerbilanz fordert). Wegen der Auswirkung auf die Besteuerung des Einbringenden ist nach Abgabe der Steuererklärung einschließlich steuerlicher Eröffnungs- bzw. normaler Jahresbilanz eine Antragsänderung oder Bilanzänderung nicht mehr möglich. Eine Bilanzberichtigung iSd § 4 II 1 EStG ist hingegen unter Berücksichtigung der Festsetzungsfrist jederzeit möglich (im Hinblick auf die Bilanzänderung UmwStE Rn. 20.24; vgl. auch 2. Auflage § 20 Rn. 170; *Patt* in D/P/M § 21 Rn. 49 und § 20 Rn. 213 f.).

198 **dd) Gegenstand des Wahlrechts.** Weil der Antrag für jeden Einbringungsvorgang nur einheitlich gestellt werden kann, ist in Bezug auf die vom **selben Einbringenden** im selben Einbringungsvorgang eingebrachten **Anteile** an einer Gesellschaft der Antrag auch dann einheitlich zu stellen, wenn die eingebrachte mehrheitsvermittelnde oder -verstärkende Beteiligung **teilweise nach § 21 UmwStG 1995 steuerverstrickt** ist. Die überneh-

mende Gesellschaft kann die von demselben Einbringenden im selten Einbringungsvorgang eingebrachten Anteile an derselben Gesellschaft oder Genossenschaft also nicht zum Teil mit den Buchwerten bzw. Anschaffungskosten des Einbringenden ansetzen und zum Teil aufstocken.

Werden vom **selben Einbringenden** im selben Einbringungsvorgang **mehrere mehrheitsvermittelnde oder -verstärkende Beteiligungen** an verschiedenen Gesellschaften oder Genossenschaften eingebracht, liegt in Bezug auf jede eingebrachte Beteiligung an einer Gesellschaft oder Genossenschaft ein selbständiger Anteilstausch vor, so dass auch das Bewertungswahlrecht nach § 21 I 2 für jede mehrheitsvermittelnde oder -verstärkende Beteiligung separat ausgeübt werden kann (*Nitzschke* in Blümich § 20 Rn. 88; *Patt* in D/P/P/M, § 21 Rn. 48; *ders.* in D/P/M § 21 Rn. 48; *Widmann* in W/M § 20 Rn. 671; *Schmitt/Schloßmacher* UmwStE Rn. 21.12; *Hageböke/Kröner/Kaeser* in FGS/BDI UmwStE 2011 S. 378: Das Gesetz stelle nicht auf Beteiligungen als „Bewertungseinheit" ab, sondern auf „Anteile"; dh das Bewertungswahlrecht könne für jede einzelne Aktie bzw. jeden einzelnen Geschäftsanteil individuell ausgeübt werden; aM *Klingberg* in Blümich 2005 § 20 Rn. 85, wonach eine unterschiedliche Ausübung des Wahlrechts nur bei gesellschaftsrechtlich mehreren Sacheinbringungsvorgängen zulässig sei; ausführlich zum Meinungsstand *Ruf* GmbHR 2008, 243 ff.). Gemäß § 21 I sind zwar als Gegenleistung neue Anteile zu gewähren; diese müssen aber nach dem Gesetzeswortlaut nicht für jede einzelne Beteiligung gewährt werden. Die einzelnen Beteiligungen sind demnach auch dann gesondert zu beurteilen, wenn sie im Rahmen einer einheitlichen Sachgründung oder Sachkapitalerhöhung eingebracht werden. Nur dies entspricht dem Sinn und Zweck des § 21, wirtschaftlich sinnvolle und handelsrechtlich zulässige Umstrukturierungen nicht durch steuerrechtliche Vorgaben zu behindern (Begr. zum RegE UmwStG 1995 BT-Drs. 12/7263). 199

Die Einbringung von **Anteilen an derselben Gesellschaft durch mehrere Einbringende** stellt eine der Anzahl der Einbringenden entsprechende Mehrzahl von Einbringungsvorgängen dar. Die übernehmende Gesellschaft hat den Antrag für jeden Einbringenden getrennt zu stellen. Deshalb kann für einen Einbringenden die BW-Fortführung gewählt werden, während die übernehmende Gesellschaft die vom anderen Einbringenden eingebrachten Anteile aufstockt (*Benz/Rosenberg* BB-Special 2006/8, 51/56; *Patt* in D/P/M § 21 Rn. 48; *Schmitt/Schloßmacher* UmwStE Rn. 21.12). Die übernehmende Gesellschaft hat eine Erläuterung des (einheitlichen) Bilanzansatzes für die erworbene Beteiligung zu erstellen und der Steuererklärung beizufügen, wenn sie für einen der Einbringenden das Bewertungswahlrecht anders ausübt als für die anderen Einbringenden. 200

Für den Fall, dass **Anteile** an einer Kapitalgesellschaft oder Genossenschaft **durch eine gewerbliche bzw. gewerblich geprägte Personengesellschaft eingebracht** werden, steht der übernehmenden Gesellschaft nicht für jeden Gesellschafter separat ein Bewertungswahlrecht zu. Bei der Einbringung einer Beteiligung durch eine Personengesellschaft gelten nicht die einzelnen Gesellschafter, sondern die Personengesellschaft selber als Einbringende, vorausgesetzt, dass die Personengesellschaft nach der Einbringung fortbesteht (Rn. 88, 123). In diesem Fall liegt eine einheitliche Einbringung eines Anteils an einer Kapitalgesellschaft oder Genossenschaft vor, so dass das Bewertungswahlrecht nicht unterschiedlich ausgeübt werden kann (ebenso *Schulz* in Schneider/Ruoff/Sistermann, UmwStE Rn. 21.23, *Patt* in D/P/M § 21 Rn. 48; *Schmitt/Schloßmacher* UmwStE Rn. 21.12; aA aber entsprechend der Gesetzesbegründung in BT-Drs. 16/2710, wonach bei Personengesellschaften die Gesellschafter als Einbringende gelten, vor UmwStE 2011 wohl die FinVerw, aus deren Sicht in Bezug auf jeden Mitunternehmer ein separater Anteilstausch vorliegt, so dass die übernehmende KapGes bzw. Genossenschaft das Bewertungswahlrecht in Bezug auf jeden Mitunternehmer eigenständig ausüben kann, UmwStE 1998, Rn. 20.05). Gelten die Anteile hingegen als von den Mitunternehmern eingebracht (was für den Fall gilt, dass die Personengesellschaft nach der Einbringung nicht fortbesteht), handelt es sich um mehrere Einbringungsvorgänge, für welche die übernehmende Gesell- 201 schaft ihr Antragswahlrecht gesondert für jeden Einbringungsvorgang ausüben kann (vgl. *Schulz* in Schneider/Ruoff/Sistermann UmwStE Rn. 21.23; *Schmitt* in SHS § 21 Rn. 44; aA *Patt* in D/P/M § 21 Rn. 48).

202 **ee) Keine Geltung des Maßgeblichkeitsgrundsatzes.** Nach der Gesetzesbegründung ist der Antrag nach § 21 I 2 nicht von der Verfahrensweise in der Handelsbilanz der übernehmenden Gesellschaft abhängig (BT-Drs. 16/2710, 43). Anders als nach der bisherigen str. Auffassung der Finanzverwaltung besteht nach § 20 II 2 und nach § 21 I 2 keine Maßgeblichkeit der Handelsbilanz der übernehmenden Gesellschaft für die steuerliche Bewertung bei der übernehmenden Gesellschaft (vgl. BT-Drs. 16/2710, 69, Einzelbegründung zu § 20 Abs. 2 UmwStG; vgl. UmwStE Rn. 21.07, 21.11 zur Geltung des Maßgeblichkeitsgrundsatzes im Rahmen von § 20 UmwStG 1995 vgl. UmwStE 1998 Rn. 20.26). Die übernehmende Gesellschaft kann die eingebrachte Beteiligung also in ihrer Steuerbilanz mit einem anderen Wert ansetzen als in ihrer Handelsbilanz (*Nitzschke* in Blümich § 21 Rn. 35; *Patt* in D/P/P/M § 21 Rn. 46; *ders.* in D/P/M § 21 Rn. 46; *Rabback* in R/H/vL § 21 Rn. 76; *Jäschke* in Lademann § 21 Rn. 23). Im Falle eines durch Rechtsakt nach UmwG durchgeführten Anteilstauschs (z. B. Ausgliederung) führt auch der Ansatz höherer Werte in der Handelsbilanz nach § 24 UmwG zum auf den Übertragungsstichtag folgenden Bilanzstichtag nicht dazu, dass der Buchwert in der Steuerbilanz entsprechend dem von der Finanzverwaltung zu §§ 3, 11 UmwStG aF bislang vertretenen Konzept der phasenverschobenen Wertaufholung (vgl. UmwStE 1998 Rn. 11.02) bis zur Höhe der steuerlichen AK/HK des übertragenden Rechtsträgers erfolgswirksam aufgestockt werden muss; vgl. *Patt* in D/P/M § 20 Rn. 210; *Teiche,* DStR 2008, 1757. Nach den Gesetzesmaterialien gilt der Grundsatz der Maßgeblichkeit der Handelbilanz für die Steuerbilanz nicht für den Übertragungsstichtag. Hätte der Gesetzgeber beabsichtigt, die Abkopplung der Steuerbilanz von der Handelsbilanz nur bis zum nächsten Bilanzstichtag zu regeln, hätte er die phasenverschobene Wertaufholung ausdrücklich gesetzlich anordnen müssen. Aufgrund Fehlens einer derartigen gesetzlichen Anordnung hat der übernehmende Rechtsträger den nach § 21 I 2 gewählten steuerlichen Wert über den steuerlichen Stichtag des Anteilstausches hinaus – unabhängig von einer späteren ggf. abweichenden handelsbilanziellen Bewertung – auch in den nachfolgenden Jahres-Steuerbilanzen fortzuschreiben (*Haritz/Paetzold,* FR 1998, 352, 358). Gemäß UmwStE Rn. 04.04. hält die Finanzverwaltung am Konzept der phasenverschobenen Wertaufholung nicht mehr fest. Demnach kann für Bilanzpositionen, deren Fortentwicklung als steuerliches Wahlrecht ausgestaltet ist (z. B. § 6b-Rücklage), dieses Wahlrecht auch an den nachfolgenden Bilanzstichtagen in der Steuerbilanz unabhängig von der Handelsbilanz ausgeübt werden; vgl. auch *Dötsch* in D/P/M § 3 Rn. 11).

203 **ff) Bilanzielle Umsetzung von Abweichungen.** Um in der Steuerbilanz bei von der Handelsbilanz abweichendem Ansatz der eingebrachten Beteiligung dasselbe Kapital wie in der Handelsbilanz ausweisen zu können und gleichzeitig einen Ausgleich von Aktiva und Passiva auch in der Steuerbilanz herbeizuführen, wird die Ansicht vertreten, dass in die Steuerbilanz in Höhe eines Differenzbetrages ein sog. **„Korrektur- oder Ausgleichsposten"** aufzunehmen sei (*Patt* in D/P/M § 20 Rn. 210). Hierbei soll es sich nach Verwaltungsansicht um einen sog. Luftposten handeln (vgl. zu § 20 II 2 UmwStG aF UmwStE 1998 Rn. 20.27), dessen zukünftige Veränderung den Gewinn der Gesellschaft nicht beeinflusst (UmwStE Rn. 20.20; *Widmann* in W/M § 20 Rn. R 171 ff.). Dabei handelt es sich mE nur um eine Darstellungsfrage: Schon § 20 II 2 UmwStG 1995 ließ offen, ob im Falle der nur handelsbilanziellen Aufstockung von Aktiva (etwa zur Vermeidung einer Unter-Pari-Emission) das Eigenkapital in der Steuerbilanz um den handelsbilanziellen Aufstockungsbetrag geringer auszuweisen war, oder in derselben Höhe wie in der Handelsbilanz, so dass der Aufstockungsbetrag zum Ausgleich der Steuerbilanz auf der Aktivseite einzustellen war. Wegen der generellen Aufgabe des Grundsatzes der Maßgeblichkeit der Handelsbilanz für die Steuerbilanz durch das SE-

StEG besteht mE nun erst recht kein Grund dafür, in der Steuerbilanz das Eigenkapital in derselben Höhe auszuweisen wie in der Handelsbilanz. Weil das steuerliche Ergebnis von dieser Ausweisfrage jedoch nicht beeinflusst wird, ist die übernehmende Gesellschaft insoweit in der steuerbilanziellen Darstellung frei (zustimmend *Jäschke* in Lademann § 21 Rn. 23a).

(einstweilen frei) 204–220

3. Einschränkung des Bewertungswahlrechts durch zusätzliche Gegenleistung (§ 21 I 4)

Regelungsinhalt. Erhält der Einbringende neben den neuen Gesellschaftsanteilen auch sonstige Gegenleistungen, sind die eingebrachten Anteile mindestens mit dem gemeinen Wert der sonstigen Gegenleistungen anzusetzen, wenn dieser die Schädlichkeitsgrenzen des § 21 I 2 Nr. 2 übersteigt. Damit hat der Gesetzgeber durch das StÄndG 2015 v. 2.11.2005 (BGBl. I 2015, 1834) die Voraussetzungen für den Ansatz der neuen Anteile mindestens mit dem gemeinen Wert neben den neuen Anteilen gewährter sonstiger Leistungen modifiziert. Nach § 21 I 3 UmwStG 2006 war ein entsprechender Ansatz zu wählen, wenn der Einbringende als Gegenleistung neben den neuen Gesellschaftsanteilen andere zusätzliche Wirtschaftsgüter erhält, deren gemeiner Wert den BW der eingebrachten Anteile übersteigt. Nunmehr stellt § 21 I 4 nF auf die Schädlichkeitsgrenzen des § 21 I 2 Nr. 2 ab. Zusätzliche Gegenleistung kann zB die Begründung einer Darlehensforderung zugunsten des Einbringenden, die Gewährung eigener Anteile oder eine bare Zuzahlung sein (*Nitzschke* in Blümich § 21 Rn. 39; *Patt* in D/P/M § 21 Rn. 51). Wirtschaftlich ermöglicht dies einen teilweisen steuerfreien Anteilsverkauf. 221

Steuerliche Bedeutung. § 21 I 4 stellt klar, dass § 21 auch bei der Gewährung zusätzlicher Gegenleistungen anwendbar ist. Falls der gemeine Wert der zusätzlichen Gegenleistung die Schädlichkeitsgrenzen des § 21 I 2 Nr. 2 übersteigt, ist das Wahlrecht des § 21 I 2 jedoch durch § 21 I 4 eingeschränkt: In den Fällen einer solchen Gegenleistung wird nämlich der Mindestansatz bei der aufnehmenden Gesellschaft durch den gemeinen Wert der zusätzlich gewährten Wirtschaftsgüter bestimmt. Eine Aufdeckung der stillen Reserven kann dadurch bei der aufnehmenden Gesellschaft nur insoweit unterbleiben, als der gemeine Wert der zusätzlich gewährten Wirtschaftsgüter den BW der eingebrachten Anteile nicht übersteigt (sog. steuerneutraler BW-Verkauf). 222

Verhältnis zur Vorgängerregelung nach UmwStG 1995. Die Regelung in § 21 I 3 UmwStG 2006 entsprach der Rechtslage nach § 20 II 5 UmwStG 1995. Nach dem RegE v. 4.7.2006 sollte die Möglichkeit des sog. steuerneutralen Buchwertverkaufs in § 20 II 5 UmwStG 1995 abgeschafft werden, dh die Gewährung zusätzlicher Gegenleistungen auf Ebene der übernehmenden Gesellschaft zur Behandlung der Anteilseinbringung (anteilig) als Anschaffungsvorgang und auf Ebene des Einbringenden zur Behandlung des Einbringungsvorgangs (anteilig) als Veräußerungsvorgang führen, so dass jede weitere Gegenleistung steuerlich als Veräußerungserlös zu werten gewesen wäre. Danach wäre es bei jeder weiteren Gegenleistung zur Aufdeckung der stillen Reserven in dem Verhältnis gekommen, zu dem die Gegenleistung zum Gesamtwert des Sacheinlagegegenstands steht (vgl. im Einzelnen *Patt* Der Konzern 2006, 730/736; *Forst/Nottmeier* EStB 2006, 303). 223

Die Regelung in § 23 IV 3 UmwStG 1995, wonach entsprechend Art. 2 Buchst. d FusionsRL (der allerdings nur bare Zuzahlungen als zusätzliche Gegenleistungen vorsieht) eine weitere Gegenleistung nur bis zu 10 % des Nennwerts der gewährten Anteile für die Steuerneutralität unschädlich war, wurde in § 21 I 3 UmwStG 2006 nicht übernommen; § 21 I 3 UmwStG 2006 enthielt keine wertmäßige Einschränkung hinsichtlich der Höhe der zusätzlich gewährten Gegenleistungen. Damit wurde mit § 21 I 3 UmwStG 2006 die nach dem UmwStG 1995 bestehende Diskriminierung zwischen grenzüberschreitenden und nationalen Einbringungen beseitigt, die sich dadurch ergab, dass eine Höchstgrenze nur in § 23 IV 3 UmwStG 1995, nicht aber auch in § 20 II 5 UmwStG 1995 vorgesehen war (*Klingberg/van Lishaut* Der Konzern 2005, 698/729; *Rabback* in R/H/vL § 21 Rn. 92; *Lübbehüsen/Schütte* in Haase/Hruschka UmwStG § 21 Rn. 67; *Jäschke* in Lademann § 21 Rn. 1).

224–240 *(einstweilen frei)*

V. Behandlung der eingebrachten Anteile und der angeschafften Anteile beim Einbringenden (§ 21 II)

1. Übersicht über § 21 II

241 Der **Anteilstausch** gemäß § 21 I stellt sich aus Sicht des Einbringenden dem Grunde nach als eine entgeltliche Übertragung der eingebrachten Beteiligung gegen Gewährung neuer Gesellschaftsanteile an der übernehmenden Gesellschaft dar (tauschähnlicher Vorgang, vgl. 2. Auflage § 20 Rn. 208).

In diesem Zusammenhang bestimmt § 21 II 1, dass der Wert, mit dem die übernehmende Gesellschaft die eingebrachten Anteile ansetzt, für den Einbringenden grundsätzlich als Veräußerungspreis der eingebrachten Anteile und als Anschaffungskosten der erhaltenen Anteile gilt (Wertverknüpfung). Von diesem Grundsatz der Wertverknüpfung gelten für den Anteilstausch mit Auslandsberührung nach § 21 II 2 Ausnahmen, wonach für den Einbringenden – unabhängig vom Wertansatz bei der übernehmenden Gesellschaft – der gemeine Wert als Veräußerungspreis für die eingebrachten Anteile und als Anschaffungskosten für die erhaltenen Anteile gilt. Von dieser Ausnahme bestimmt § 21 II 3 wiederum Rückausnahmen, durch die zwar nicht die Wertverknüpfung auch für grenzüberschreitende Wertverknüpfungen wieder hergestellt wird, der Einbringende jedoch auf Antrag den Ansatz des Buch- oder eines Zwischenwerts als Veräußerungspreis und als Anschaffungskosten der neuen Anteile verlangen kann.

2. Grundsatz des § 21 II 1: Wertverknüpfung

242 Gemäß § 21 II 1 gilt der Wert, mit dem die übernehmende Gesellschaft die eingebrachten Anteile ansetzt, für den Einbringenden grundsätzlich als Veräußerungspreis der eingebrachten Anteile und als AK der erhaltenen Anteile; vgl. UmwStE Rn. 21.13, 20.23. Damit besteht – ebenso wie in § 20 III 1 – eine **Wertverknüpfung** zwischen dem Ansatz der eingebrachten Anteile bei der übernehmenden Gesellschaft und dem Ansatz der erworbenen Anteile bei dem Einbringenden. Der BFH bestätigte den Grundsatz der strikten Wertverknüpfung mit Beschluss v. 19.12.2007 – I R 111/05, BStBl. II 2008, 536, zu § 20 UmwStG 1995. Diese Entscheidung ist auch für inländische Einbringungen nach § 21 UmwStG idFd SEStEG bedeutsam; vgl. *Behrens/Lowa* BB 2008, 664. Der BFH nahm nicht zu der Frage Stellung, ob die Wertverknüpfung auch gilt, wenn die übernehmende Gesellschaft offenkundig und willkürlich höhere Werte als die Teilwerte (jetzt „gemeine Werte") ansetzt. Die Verknüpfung der Wertansätze setzt jedoch voraus, dass der Grundtatbestand von § 21 tatsächlich vorliegt. Ist das nicht der Fall und besteht deshalb nach objektiver Rechtslage gar kein Bewertungswahlrecht für die Kapitalgesellschaft, dann kann der unzutreffende Buchwertansatz in der Bilanz der Kapitalgesellschaft nicht dazu führen, dass die spätere Veräußerung der Anteile für den Einbringenden den Steuertatbestand des § 21 UmwStG iVm § 16 EStG auslöst. Dies gilt auch dann, wenn auf der Grundlage des unzutreffenden Buchwertansatzes gegenüber der Kapitalgesellschaft bestandskräftig gewordene Steuerbescheide erlassen worden sind. Es existiert keine gesetzliche Bestimmung, nach der der gegenüber der Kapitalgesellschaft für das Einbringungsjahr erlassene Körperschaftsteuerbescheid die Funktion eines Grundlagenbescheids für die Besteuerung eines späteren Veräußerungsgewinns beim Einbringenden haben könnte; vgl. BFH-Urteil v. 16.12.2009 – I R 97/08 BStBl. II 2010, 808. Ist bei Vorliegen eines Anteilstausches iSv § 21 I 2 nach der Steuerfestsetzung bei der aufnehmenden Gesellschaft von einer Einbringung zu einem Wert oberhalb des Buchwerts auszugehen, ist wegen der materiell-rechtlichen Bindung gemäß § 21 II 1 der von den Beteiligten im „Einbringungskonzept" zum Ausdruck gebrachte Wille zu einer erfolgsneutralen Einbringung zum Buchwert nicht maßgeblich (vgl. BFH-Urteil v. 25.4.2012 – I R 2/11, BFH/NV 2012, 1649 zu § 20 IV 1 UmwStG 1995). Infolge der Wertverknüpfung kommt es im Falle eines BW- oder ZW-Ansatzes zu einer **sog. Verdoppelung der stillen Reserven,** da diese sowohl in den eingebrachten Anteilen als auch in den neu gewährten Anteilen enthalten sind (vgl. zur Rechtslage im Jahr 2005 betr. einen in 1999 vorgenommenen Anteilstausch BFH v. 15.4.2015 – I R 54/13, BFHE 254, 519, BStBl. II 2017, 136 Rn. 17; *Rödder/Schumacher* DStR 2006, 1525; *Ley* FR 2007, 109 (114); *Förster/Wendland* BB 2007, 634; *Patt* in D/P/M § 21 Rn. 54). Dies wurde durch FG Köln v. 11.12.2008 15 K 4963/01 rkr. (EFG 2009, 448) ausdrücklich bestätigt. Über den BFH-Beschluss v. 19.12.2007 hinaus führte das FG Köln aus, dass auch im Falle einer späteren Bilanzberichtigung der Veräußerungserlös und die Anschaffungskosten des Einbringenden von den (berichtigten) Wertansätzen der übernehmenden Gesellschaft abhängen, ohne dass diese im Rahmen einer Betriebsprüfung bei der übernehmenden Gesellschaft erfolgte Wertberichtigung im Besteuerungsverfahren des Einbringenden überprüft werden könnte (vgl. auch *Herlinghaus* EFG 2009, 452 Anm. zum FG Köln v. 11.12.2008). Der BFH hat die Verdopplung der stillen Reserven in seinem Urteil v. 15.4.2015 ebenfalls nicht beanstandet und deren Entstehung als Konsequenz des Konzepts der einbringungsgeborenen Anteile als verfassungsmäßig angesehen (BFH v. 15.4.2015 – I R 54/13, BFHE 254, 519, BStBl. II 2017, 136, Rn. 17). Die Verdopplung der stillen Reserven führt jedoch im Regelfall wegen des Mechanismus der §§ 22 Abs. 2, 23 Abs. 2 zu keiner doppelten Versteuerung (anders bei § 20 UmwStG 1995, in dessen Rahmen die Verdoppelung der stillen Reserven für erforderlich gehalten wurde, um eine Besteuerung der bisher unbesteuerten Reserven auch bei Veräußerung oder Liquidation der übernehmenden Gesellschaft sicherzustellen; vgl. hierzu bereits die 2. Auflage § 20 Rn. 209). Die „doppelte Verstrickung" kann jedoch eine überschießende Wirkung haben, wenn innerhalb der Sieben-Jahres-Frist gem. § 8b IV 2 Nr. 1 KStG a. F. zunächst die eingebrachten und dann die erhaltenen Anteile veräußert werden; vgl. *Pinkernell* FR 2011, 568. Der BFH hat diese Folge in seinem Urteil v. 15.4.2015 bestätigt und die doppelte Belastung als verfassungsmäßig erachtet (BFH v. 15.4.2015 – I R 54/13, BFHE 254, 519, BStBl. II 2017, 136, Rn. 12, 15)

Beim einfachen Anteilstausch ist stets der gemeine Wert maßgebend, § 21 II 1 iVm 21 I 243
1. Der **Vorschrift des § 21 II 2,** die zur Sicherung des deutschen Besteuerungsrechts hinsichtlich der stillen Reserven an den eingebrachten Anteilen in Abweichung von dem Grundsatz der Wertverknüpfung den Ansatz mit dem gemeinen Wert vorschreibt, kommt nur für den Fall des **qualifizierten Anteilstauschs Bedeutung** zu (so auch *Rabback* in R/H/vL § 21 Rn. 96). Unter Berücksichtigung des § 21 II 4 gilt im Falle des qualifizierten Anteilstauschs eine Wertverknüpfung ohne Antragsrecht des Einbringenden auf abweichende Bewertung, wenn es sich entweder um einen reinen Inlandssachverhalt handelt oder um einen Sachverhalt mit Auslandsbezug, bei dem nach der Einbringung das inländische Besteuerungsrecht hinsichtlich der eingebrachten und der erhaltenen Anteile fortbesteht (*Patt* in D/P/M § 20 Rn. 55).

Beispiel: Die unbeschränkt steuerpflichtige E-GmbH ist jeweils zu 100% an der in Frankreich gegründeten und ansässigen X-Sarl und an der unbeschränkt steuerpflichtigen Ü-GmbH beteiligt. Die E-GmbH bringt ihre Beteiligung an der X-Sarl gegen Gewährung eines neuen Geschäftsanteils an der Ü-GmbH in diese ein. Die X-Sarl ist keine Grundstücksgesellschaft iSv Art. 3 IV 2 DBA Frankreich/Deutschland.

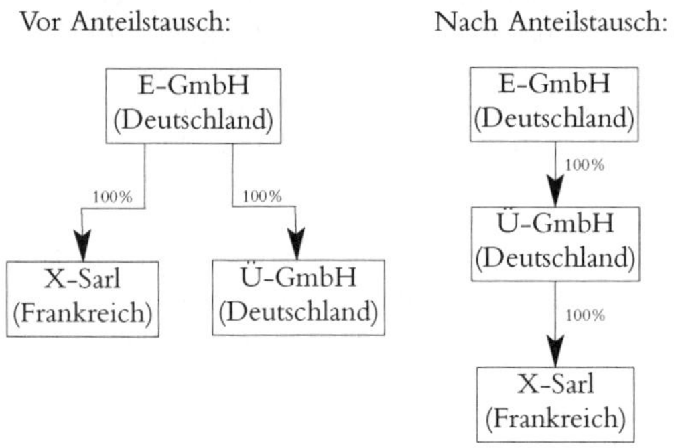

Da die Ü-GmbH nach der Einbringung die Mehrheit der Stimmrechte an der X-Sarl innehat, kann sie auf Antrag die eingebrachte Beteiligung an der X-Sarl gem. § 21 I 2 mit dem BW oder einem ZW ansetzen. Der Ansatz durch die Ü-GmbH gilt für die E-GmbH als Veräußerungspreis für die eingebrachte Beteiligung an der X-Sarl und als AK für den neuen Geschäftsanteil an der Ü-GmbH. Die Regelung des § 21 II 2, bei deren Anwendung für die E-GmbH – unabhängig von dem Wertansatz bei der Ü-GmbH – der gemeine Wert der eingebrachten Anteile als Veräußerungspreis und als AK für den neuen Geschäftsanteil an der Ü-GmbH gelten würde, ist nicht einschlägig. Denn das deutsche Besteuerungsrecht für Veräußerungsgewinne ist nach der Einbringung weder hinsichtlich der eingebrachten X-Sarl-Beteiligung noch des erhaltenen Ü-GmbH-Geschäftsanteils ausgeschlossen oder beschränkt. Erzielt die Ü-GmbH bei der Veräußerung der X-Sarl-Beteiligung einen Veräußerungsgewinn, steht das Besteuerungsrecht dafür gem. Art. 7 I DBA Frankreich/Deutschland Deutschland als dem Ansässigkeitsstaat des Veräußerers (dh der Ü-GmbH) zu. Deutschland ist auch hinsichtlich des neuen Geschäftsanteils an der Ü-GmbH uneingeschränkt besteuerungsbefugt.

Handelte es sich bei der X-Sarl um eine Grundstücksgesellschaft, stünde nach französischer Auffassung gem. Art. 3 IV 2 DBA Frankreich/Deutschland das ausschließliche Besteuerungsrecht Frankreich zu (*Kramer* in Wassermeyer Doppelbesteuerung Art. 3 DBA Frankreich, Rn. 20, 11). Das Recht Deutschlands auf Besteuerung des Gewinns aus der Veräußerung der eingebrachten Anteile wäre danach ausgeschlossen, so dass die E-GmbH gem. § 21 II 2 Hs. 1 vorbehaltlich eines Antrags nach § 21 II 3 für die Beteiligung an der X-Sarl einen dem gemeinen Wert entsprechenden Veräußerungspreis erzielen und der gemeine Wert der Beteiligung an der X-Sarl auch als AK des erhaltenen neuen Geschäftsanteils an der Ü-GmbH gelten würde.

244 Im Falle, dass dem Einbringenden neben der Gewährung der neuen Anteile an der übernehmenden Gesellschaft auch **andere Wirtschaftsgüter** für die Einbringung gewährt werden, ist der gemeine Wert dieser zusätzlichen Gegenleistungen nach § 21 II 6 iVm § 20 III 3 von den AK der neu erhaltenen Anteile abzuziehen. Damit wird ein Besteuerungsaufschub auch für die durch die anderen Wirtschaftsgüter entgoltenen stillen Reserven erreicht. Wegen § 21 I 4 betragen die AK der neuen Anteile mindestens EUR 0 (*Mitsch* INF 2007, 225, 227). Als andere Wirtschaftsgüter kommen alle Wirtschaftsgüter, die nicht neue Anteile an der übernehmenden Gesellschaft sind, in Betracht, zB Darlehen, Übernahme von Verbindlichkeiten, Sachzuwendungen. Anders als § 23 IV aF, wonach zusätzliche Gegenleistungen nur bis zu 10% des Nennwerts der gewährten Anteile zulässig waren, enthält § 21 II 6 keine wertmäßige Einschränkung hinsichtlich neben den neuen Anteilen zu gewährender anderer Wirtschaftsgüter. Die wegen der Divergenz zwischen § 20 II 5 UmwStG aF und § 23 IV 3 UmwStG aF damals vorhandene Diskriminierung zwischen grenzüberschreitenden und nationalen Einbringungen besteht nicht mehr (*Klingeberg/van Lishaut* Konzern 2005, 698, 729).

245–260 *(einstweilen frei)*

3. Gemeiner Wert bei Beschränkung des deutschen Besteuerungsrechts (§ 21 II 2)

261 **Maßgeblichkeit des gemeinen Werts.** Abweichend von § 21 II 1 gilt für den Einbringenden der gemeine Wert der eingebrachten Anteile als Veräußerungspreis und als AK der erhaltenen Anteile, wenn nach der Einbringung

– das Recht Deutschlands auf Besteuerung des Gewinns aus der Veräußerung der **eingebrachten Anteile** ausgeschlossen oder beschränkt ist (§ 21 II 2 Hs. 1) und/oder
– das Recht Deutschlands auf Besteuerung des Gewinns aus der Veräußerung der **erhaltenen Anteile** ausgeschlossen oder beschränkt ist (§ 21 II 2 Hs. 2); vgl. UmwStE Rn. 21.14.

Dass im Falle des Ausschlusses oder der Beschränkung des Besteuerungsrechts Deutschlands hinsichtlich des Gewinns aus der Veräußerung der eingebrachten Anteile und/oder der erhaltenen Anteile grundsätzlich der gemeine Wert der eingebrachten Anteile als Veräußerungspreis und als AK der erhaltenen Anteile gilt, zeigt, dass nach § 21 II 2 keine Bindung an den von der übernehmenden Gesellschaft gewählten Wertansatz besteht. Insoweit wird der Grundsatz der grenzüberschreitenden (nach dem Wortlaut von § 23 IV 1 UmwStG aF bestehenden) Wertverknüpfung aufgegeben; vgl. UmwStE Rn. 21.15.

Vergleich der Besteuerungsrechte vor und nach dem Anteilstausch. Ob das 262
deutsche Besteuerungsrecht infolge des Anteilstauschs ausgeschlossen oder beschränkt wird, ist anhand eines Vergleichs der Steuer, die Deutschland auf einen Gewinn aus der fiktiven Veräußerung der eingebrachten Anteile durch den Einbringenden hätte erheben können, mit der Steuer zu ermitteln, die Deutschland auf den Gewinn im Falle einer fiktiven Veräußerung der eingebrachten Anteile durch die übernehmende Gesellschaft bzw. der erhaltenen Anteile durch den Einbringenden erheben könnte (so auch die Gesetzesbegr., vgl. BT-Drs. 16/2710, 45 f.; *Becker-Pennrich* IStR 2007, 684/689; *Mutscher* in F/M § 21 Rn. 163). Das Tatbestandsmerkmal „Recht der Bundesrepublik Deutschland hinsichtlich der Besteuerung des Gewinns aus der Veräußerung dieser (dh der eingebrachten) Anteile" meint mithin den konkreten betragsmäßigen Steueranspruch, der im Falle der fiktiven Veräußerung durch den Einbringenden entstanden wäre. Zur Ermittlung vergleichbarer Steuerbeträge ist zu unterstellen, dass die Veräußerung der betroffenen Anteile den einzigen Geschäftsvorfall des Einbringenden im betreffenden VZ darstellt. Bei der Berechnung der festzusetzenden Steuer ist das gesamte Steuerberechnungs-Schema anzuwenden (R 2 Abs. 2 EStR 2008, R 30 S 1 KStR 2004; *Becker-Pennrich* IStR 2007, 684 ff.). Ergibt der Vergleich des deutschen Veräußerungsgewinnbesteuerungsanspruchs vor und nach dem Anteilstausch, dass dieser (fiktive) Anspruch vor der Einbringung höher gewesen wäre als danach, und ist dies auf die Einbringung zurückzuführen, so ist von einer Beschränkung oder sogar, wenn nach der Einbringung Deutschland überhaupt kein Besteuerungsrecht mehr innehat, von einem Ausschluss des deutschen Besteuerungsrechts auszugehen.

Für die Frage, ob eine Einschränkung des Veräußerungsgewinnbesteuerungsanspruchs 263
vorliegt, legt *Becker-Pennrich* mE überzeugend dar, dass es insoweit auf die **tatsächliche,** und nicht schon auf die theoretische Möglichkeit der **Einschränkung** ankommt (*Becker-Pennrich* IStR 2007, 684/691 ff.; aM § 20 Rn. 267 und ohne nähere Begr *Mutscher* in F/M § 21 Rn. 165). Auch wenn der Gesetzeswortlaut hierzu keine eindeutige Aussage trifft, so deutet zumindest die Verwendung des Indikativs („beschränkt ist" anstelle von „beschränkt sein könnte") durch den Gesetzgeber darauf hin, dass nur die tatsächliche Einschränkung des deutschen Besteuerungsrechts den Tatbestand des § 21 II 2 erfüllen soll. Dafür spricht auch der Gesetzeszweck des SEStEG, wonach einerseits steuerliche Hemmnisse bei grenzüberschreitenden Reorganisationen von Unternehmen beseitigt, andererseits hierdurch kein deutsches Steueraufkommen verloren gehen soll. Die Aufgabe der Beseitigung steuerlicher Hemmnisse zugunsten der Sicherung des deutschen Steueraufkommens kommt aber nur in Betracht, wenn das deutsche Steueraufkommen tatsächlich in Gefahr ist. Es muss mithin tatsächlich – durch Steueranrechnung oder Steuerabzug – zu einer Einbuße an Steueraufkommen kommen. Der hinter § 21 II 2 stehende Gesetzeszweck der Sicherung stiller Reserven für die deutsche Besteuerung lässt sich ebenfalls dafür anführen, dass nur eine konkrete Beschränkung des deutschen Besteuerungsrechts tatbestandsmäßig ist. Nur in diesem Fall ist der Grundsatz der Verhältnis-

mäßigkeit gewahrt. Unmittelbar nach der Einbringung der Anteile ist auf Grundlage einer fiktiven Veräußerung zu ermitteln, ob es infolge des Anteilstauschs zu einer konkreten Beschränkung des deutschen Veräußerungsgewinnbesteuerungsrechts hinsichtlich der eingebrachten oder der erhaltenen Anteile gekommen ist. Ist dies zu bejahen, so ist nach § 21 II 2 der gemeine Wert anzusetzen. Zeigt sich später bei der tatsächlichen Veräußerung der entsprechenden Anteile, dass das deutsche Veräußerungsgewinnbesteuerungsrecht doch nicht beschränkt worden ist, stellt dies ein rückwirkendes Ereignis iSv § 175 I Nr. 2 AO dar, aufgrund dessen der Anteilstausch rückwirkend zu dem Wert nach § 21 II 1 durchzuführen ist (aM *Becker-Pennrich* IStR 2007, 684/692 f., der bis zur tatsächlichen Veräußerung der entsprechenden Anteile den Ansatz des Werts nach § 21 II 1 befürwortet).

264 Die zusätzliche Nennung der Fallgruppe des Ausschlusses des deutschen Besteuerungsrechts neben der der Beschränkung des deutschen Besteuerungsrechts in § 21 II 2 hat keine konstitutive Bedeutung, weil der Ausschluss als stärkste Form der Beschränkung in der Variante „Beschränkung des deutschen Besteuerungsrechts" ohnehin erfasst ist (ähnlich *Becker-Pennrich* IStR 2007, 685/686).

265 Kein Ausschluss und keine Beschränkung des inländischen Besteuerungsrechts ist die Steuerfreistellung der Gewinne aus der Veräußerung von Kapitalgesellschaftsanteilen nach § 8b KStG oder die KSt-Befreiung nach § 5 KStG einer im Inland ansässigen übernehmenden Gesellschaft (*Becker-Pennrich* IStR 2007, 684, 691; *Patt* in D/P/M § 21 Rn. 60).

a) Ausschluss oder Beschränkung des Besteuerungsrechts Deutschlands hinsichtlich der eingebrachten Anteile

266 Führt der Anteilstausch dazu, dass das Besteuerungsrecht Deutschlands hinsichtlich des Gewinns aus einer (fiktiven) Veräußerung der **eingebrachten Anteile** ausgeschlossen oder beschränkt wird, gilt nach § 21 II 2 Hs. 1 für den Einbringenden der gemeine Wert der eingebrachten Anteile als Veräußerungspreis der eingebrachten Anteile und als AK der erhaltenen Anteile.

267 **aa) Ausschluss des deutschen Besteuerungsrechts.** Ein Ausschluss des deutschen Besteuerungsrechts hinsichtlich eines etwaigen Veräußerungsgewinns aus den eingebrachten Anteilen liegt regelmäßig vor, wenn Anteile in eine EU/EWR-ausländische Kapitalgesellschaft oder Genossenschaft eingebracht werden. Das deutsche Besteuerungsrecht hinsichtlich der eingebrachten Anteile ist u. a. ausgeschlossen, wenn das betreffende Besteuerungsrecht bisher Deutschland als dem Wohnsitz- bzw. Ansässigkeitsstaat des Einbringenden zustand und infolge der Einbringung der Anteile in eine EU/EWR-ausländische Kapitalgesellschaft oder Genossenschaft nunmehr dem Sitzstaat dieser EU/EWR-ausländischen Kapitalgesellschaft oder Genossenschaft zusteht, Deutschland mithin sein Besteuerungsrecht verliert. Die meisten mit Deutschland abgeschlossenen DBA weisen das Besteuerungsrecht für Gewinne aus der Veräußerung von Anteilen dem Sitzstaat des Veräußerers zu. Vgl. hierzu den Beispielsfall unter Rn. 386.

268 Das Besteuerungsrecht Deutschlands kann hinsichtlich der eingebrachten Anteile auch dadurch ausgeschlossen sein, dass die übernehmende Gesellschaft zwar eine unbeschränkt steuerpflichtige Kapitalgesellschaft oder Genossenschaft ist, die Einbringung jedoch in eine **Betriebsstätte der übernehmenden Gesellschaft** erfolgt, die in einem DBA-Staat liegt, der nach seinem mit Deutschland abgeschlossenen DBA das ausschließliche Besteuerungsrecht für die mit der Betriebsstätte erzielten Gewinne hat.

Beispiel: Die unbeschränkt steuerpflichtige A-GmbH hält alle Anteile sowohl an der in Frankreich ansässigen und gegründeten B-Sarl als auch an der deutschen C-GmbH. Die C-GmbH hat eine französische Betriebsstätte. Die A-GmbH bringt die Beteiligung an der B-Sarl gegen Gewährung eines neuen Geschäftsanteils an der C-GmbH in deren französische Betriebsstätte ein. Zu den Voraussetzungen des tatsächlichen Gehörens einer Kapitalgesellschafts-Beteiligung zu einer Betriebsstätte s. Rn. 84 und 269.

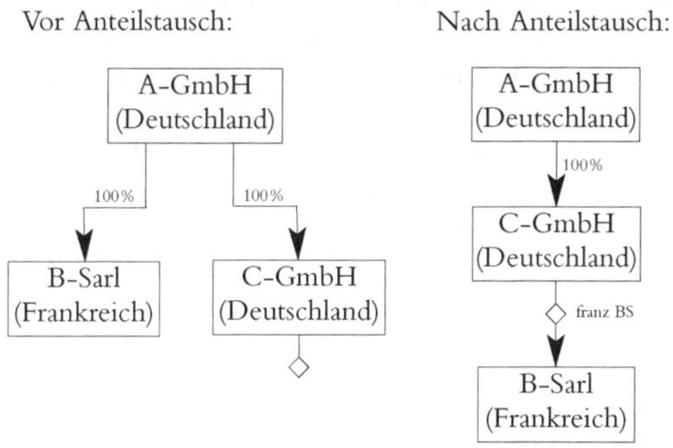

Das Besteuerungsrecht hinsichtlich eines Gewinns aus der Veräußerung der eingebrachten Beteiligung an der B-Sarl steht nach Art. 7 II iVm Art. 4 I 2 und 3 DBA Frankreich/Deutschland nach der Einbringung wegen der Zugehörigkeit der Beteiligung an der B-Sarl zur französischen Betriebsstätte ausschließlich Frankreich zu. Mithin hat die A-GmbH gem. § 21 II 2 Hs. 1 als Veräußerungspreis der eingebrachten B-Sarl-Beteiligung und als AK für den erhaltenen neuen Geschäftsanteil an der C-GmbH grundsätzlich den gemeinen Wert anzusetzen.

Allerdings ist das Besteuerungsrecht Deutschlands hinsichtlich eines Gewinns aus der Veräußerung des erhaltenen neuen Geschäftsanteil an der C-GmbH weder ausgeschlossen noch beschränkt. Die A-GmbH kann mithin gem. § 21 II 3 Nr. 1 beantragen, den BW der B-Sarl-Beteiligung als BW für den erhaltenen neuen Geschäftsanteil an der C-GmbH fortzuführen und den BW als Veräußerungspreis für die eingebrachte B-Sarl-Beteiligung zu behandeln.

Inwieweit Beteiligungen einer vom Stammhaus verschiedenen Betriebsstätte zugeordnet **269** werden können, ist unklar (vgl. zB *Blumers* DB 2008, 1765; *ders.* DB 2007, 312). Nach Auffassung der FinVerw sind Beteiligungen wegen der „Zentralfunktion des Stammhauses" idR dem Stammhaus zuzurechnen. Unter Hinweis auf BFH v. 30.8.1995 – I R 112/94, BStBl. II 1996, 563 wird eine Ausnahme nur für solche Beteiligungen zugelassen, die einer in der Betriebsstätte ausgeübten Tätigkeit dienen (vgl. Betriebsstätten-Verwaltungsgrundsätze, BMF v. 24.12.1999 BStBl. I 1999, 1076, Rn. 2.4). Auch nach Ansicht des BFH ist nicht allein die rechtliche, sondern die tatsächliche funktionale Zugehörigkeit zur Betriebsstätte für die DBA-rechtliche Zurechnung entscheidend (erstmals BFH v. 27.2.1991 – I R 15/89, BStBl. II 1991, 444, dem nachfolgend BFH v. 31.5.1995 – I R 74/93, BStBl. II 1995, 683; v. 30.8.1995 – I R 112/94, BStBl. II 1996, 563). Art. 7 I 2 OECD-MA definiert als Betriebsstättengewinne die Gewinne, die der Betriebsstätte zugerechnet werden können. Die Zuordnung der Wirtschaftsgüter, mit denen diese Gewinn erzielt, richtet sich danach, ob das Wirtschaftsgut der Geschäftsleitungs-Betriebsstätte (Stammhaus) oder einer anderen Betriebsstätte dient. Ob sich die Besteuerung von Dividenden nach Art. 10–12 OECD-MA richtet oder ob die Dividenden zum Gewinn einer Betriebsstätte gehören, ist DBA-rechtlich danach zu unterscheiden, ob die Wirtschaftsgüter, mit denen sie erwirtschaftet werden, tatsächlich zum Betriebsstättenvermögen gehören. Diese tatsächliche Zugehörigkeit wird im Sinne einer funktionalen Zuordnung interpretiert. Widmet der Unternehmer diese Wirtschaftsgüter der Betriebsstätte und führt er sie in deren Büchern, so ist idR von der wirtschaftlichen Zughörigkeit auszugehen (vgl. *Schaumburg* Internationales Steuerrecht Rn. 16. 260; *Kumpf/Roth* in H/H/R § 49 EStG Rn. 260, 261). Entscheidend ist, ob die Betriebsstätte für die relevante Beteiligung eine Holdingfunktion innehat (*Blumers* DB 2006, 856/857; *Kessler/Huck* IStR 2006, 433/437 ff.). Einer Entscheidung des BFH v. 19.12.2007 zufolge können Kapitalgesellschaftsbeteiligungen unter Veranlassungsgesichtspunkten einer Betriebsstätte funktional zugeordnet werden, wenn die Betriebsstätte in Bezug auf die Beteiligungen eine geschäftsleitende Funktion wahrnimmt und damit aktiv eine Vermögensverwaltung ausführt (BFH v. 19.12.2007 – I R 66/06, BStBl. II 2008, 510; zu den Auswirkungen dieses Urteils vgl. *Blumers* DB 2008, 1765; *Schönfeld* IStR 2008, 370). Vgl. hierzu auch Rn. 84.

270 **bb) Beschränkung des deutschen Veräußerungsgewinnbesteuerungsrechts.** Eine solche Beschränkung ist gegeben, wenn Deutschland zunächst bezogen auf die eingebrachten Anteile das volle Besteuerungsrecht ohne Anrechnungsverpflichtung hatte und nach Einbringung zwar weiterhin einen Gewinn aus einer (fiktiven) Veräußerung der eingebrachten Anteile auf Ebene der übernehmenden Gesellschaft besteuern darf, aber auf die festzusetzende deutsche Steuer ausländische Steuer anzurechnen ist (§§ 34c I, 6 EStG, 26 KStG). Die Anrechnung ausländischer Steuern beschränkt das deutsche Veräußerungsgewinnbesteuerungsrecht durch die durch die Anrechnung ausgelöste Verminderung der festzusetzenden deutschen Steuer (vgl. Beispielsfall unter Rn. 387).

b) Ausschluss oder Beschränkung des deutschen Besteuerungsrechts hinsichtlich der erhaltenen Anteile

271 § 21 II 2 Hs. 2 bestimmt als weitere Ausnahme von dem Grundsatz der Wertverknüpfung den nach der Einbringung gegebenen Ausschluss oder die Beschränkung des deutschen Besteuerungsrechts hinsichtlich des Gewinns aus einer (fiktiven) Veräußerung der **erhaltenen Anteile.** Dieser Ausnahmefall ist auf Initiative des Finanzausschusses in das Gesetz aufgenommen worden, um ein ansonsten weitgehendes Leerlaufen des *treaty-override* nach § 21 II 3 Nr. 2 zu verhindern (BT-Drs. 16/3369, 11).

272 Das deutsche Besteuerungsrecht hinsichtlich des Gewinns aus einer Veräußerung der erhaltenen Anteile ist ausgeschlossen, wenn

- das deutsche Besteuerungsrecht nach DBA ausschließlich dem Ansässigkeitsstaates des Veräußerers (dh des Einbringenden iSv § 21) zusteht (entspricht der Regel) und der Einbringende nicht in Deutschland ansässig ist,
- das deutsche Besteuerungsrecht nach DBA ausnahmsweise dem Ansässigkeitsstaat der Gesellschaft zusteht, an der die Beteiligung besteht, und die Gesellschaft nicht in Deutschland ansässig ist (im Wesentlichen die DBA mit Bulgarien, Tschechoslowakei, (das für die Slowakei und Tschechien fortgilt), sowie in bestimmten Wegzugsfällen Norwegen),
- das Besteuerungsrecht nach DBA sowohl dem Ansässigkeitsstaat des Einbringenden als auch dem Ansässigkeitsstaat der übernehmenden Gesellschaft zusteht und weder der Einbringende noch die übernehmende Gesellschaft in Deutschland ansässig ist, oder
- das Besteuerungsrecht nach DBA sowohl dem Ansässigkeitsstaat des Einbringenden als auch dem Ansässigkeitsstaat der übernehmenden Gesellschaft zusteht, der Einbringende in Deutschland ansässig ist, Deutschland jedoch die vom Ansässigkeitsstaat der übernehmenden Gesellschaft erhobene Steuer anrechnen muss.

c) Rechtsfolge: Ansatz mit dem gemeinen Wert

273 Für den Fall, dass das deutsche Besteuerungsrecht hinsichtlich des Gewinns aus einer (fiktiven) Veräußerung der eingebrachten Anteile und/oder der erhaltenen Anteile nach der Einbringung ausgeschlossen oder beschränkt ist, bestimmt § 21 II 2 unabhängig vom steuerlichen Bewertungswahlrecht der übernehmenden Gesellschaft den **gemeinen Wert** als Veräußerungspreis der eingebrachten Anteile und als AK der erhaltenen Anteile. Allerdings kann bei Vorliegen bestimmter Voraussetzungen nach § 21 II 3 auf Antrag des Einbringenden ein Ansatz unter dem gemeinen Wert gewählt werden.

d) Auswirkungen der Aufgabe der sog. finalen Entnahmetheorie durch BFH-Urteil v. 17.7.2008 – I R 77/06, BStBl. II 2009, 464

274 Für den Fall der Einbringung einer KapGesB durch eine deutsche Mitunternehmerschaft in eine österreichische Mitunternehmerschaft hat der BFH entschieden, dass Deutschland die im Einbringungszeitpunkt vorhandene stille Reserve nicht bereits im Einbringungszeitpunkt besteuern darf, obwohl Deutschland nach Art. 23 I a DBA Österreich den in der österreichischen Betriebsstätte erwirtschafteten Gewinn von der deutschen Besteuerung freistellen muss. Im Anschluss an dieses BFH-Urteil (allerdings auch schon zuvor, vgl.

Wassermeyer IStR 2008, 176, DB 2006, 1177) wird in der Literatur die Meinung vertreten, dass § 4 I 3 EStG idF des SEStEG ins Leere gehe, weil auch die Rechtsfolge dieser Entstrickungsnorm (nur) auf die Versteuerung der stillen Reserven im Überführungszeitpunkt gerichtet sei (vgl. *Schneider/Oepen* FR 2009, 22; *Ditz* IStR 2009, 115; *Gosch* BFH-PR 2008, 499). Die durch das SEStEG in § 4 I 3 EStG und § 12 I KStG eingefügten Entstrickungsbestimmungen kämen nur ausnahmsweise, und zwar zB dann zur Anwendung, wenn nach der Überführung keinerlei inländische Betriebsstätte mehr verbliebe. Gegen diese Auffassung wird eingewendet, dass der BFH seine Entscheidung im Urteil v. 17.7.2008 – I R 77/06 mit dem Fehlen einer gesetzlichen Grundlage für die sog. finale Entnahmetheorie begründet habe, mit § 4 I 3 EStG jedoch nunmehr ein gesetzlicher Entstrickungstatbestand geschaffen worden sei (vgl. *Koch* BB 2008, 2450, 2452; *Mitschke* FR 2009, 326; vgl. BMF-Schreiben v. 20.5.2009, BStBl. I 2009, 671; dazu *Schneider/Oepen* FR 2009, 660). Dieser Rechtsstreit ist mE auf § 21 II 2 Hs. 1 zu übertragen. Auch bei dem Merkmal des Ausschlusses oder der Beschränkung des deutschen Besteuerungsrechts hinsichtlich eines etwaigen Veräußerungsgewinns aus den eingebrachten Anteilen könnte auf Grundlage des BFH-Urteils v. 17.7.2008 – I R 77/06 argumentiert werden, dass die Einbringung der Anteile die im Einbringungszeitpunkt vorhandenen stillen Reserven dem deutschen Besteuerungszugriff nicht entzöge, Deutschland die zu diesem Zeitpunkt vorhandenen stillen Reserven vielmehr festhalten und dann besteuern könne, wenn die erwerbende Gesellschaft die eingebrachten Anteile im Rahmen eines Außenumsatzes veräußert. Hinsichtlich der bei Einbringung vorhandenen stillen Reserven bewirkte die Einbringung mithin keine Entstrickung, weshalb diese Voraussetzungen für die Buchwertfortführung gegeben seien. Anders aber wohl EuGH v. 29.11.2011 – C 371/10 – *National Grid Indus,* IStR 2012, 27 betr. Wegzugsbesteuerung beim Wegzug von Kapitalgesellschaften, vgl. FG Düsseldorf v. 5.12.2013 8 K 3664/11 DStRE 2014, 577 (Vorlage zum EuGH, Az. C 657/13).

(einstweilen frei) 275–290

4. Buch- bzw. Zwischenwertansatz auf Antrag bei grenzüberschreitendem qualifiziertem Anteilstausch (§ 21 II 3)

a) Überblick

291 Zu dem in § 21 II 2 bestimmten Ansatz des gemeinen Werts als Veräußerungspreis der eingebrachten Anteile und als AK für die erhaltenen Anteile in den Fällen des Ausschlusses oder der Beschränkung des deutschen Besteuerungsrechts an den eingebrachten und/oder erhaltenen Anteilen sieht § 21 II 3 **Rückausnahmen** vor; vgl. UmwStE Rn. 21.15. Danach gilt bei einem qualifizierten Anteilstausch in den Fällen von § 21 II 2 auf Antrag des Einbringenden der BW oder ein höherer Wert, höchstens der gemeine Wert, als Veräußerungspreis der eingebrachten Anteile und als AK der erhaltenen Anteile, wenn

- das Recht Deutschlands hinsichtlich der Besteuerung des Gewinns aus der Veräußerung der erhaltenen Anteile nicht ausgeschlossen oder beschränkt ist (§ 21 II 3 Nr. 1) oder
- der Gewinn aus dem Anteilstausch aufgrund Art. 8 der FusionsRL nicht besteuert werden darf; in diesem Fall ist der Gewinn aus einer späteren Veräußerung der erhaltenen Anteile ungeachtet der Bestimmungen eines DBA in der gleichen Art und Weise zu besteuern, wie die Veräußerung der Anteile an der erworbenen Gesellschaft zu besteuern gewesen wäre; § 15 I a 2 EStG ist entsprechend anzuwenden (§ 21 II 3 Nr. 2).

292 Das Recht des Einbringenden nach § 21 II 3 auf Ansatz des BW oder eines ZW setzt im Falle des Anteilstauschs mit einer ausländischen Gesellschaft nicht voraus, dass die übernehmende ausländische Gesellschaft die eingebrachten Anteile mit dem BW oder einem ZW ansetzt. Das **Prinzip der Buchwertverknüpfung über die Grenze** besteht mithin nicht mehr (vgl. UmwStE Rn. 21.15; zur Vorgängerregelung UmwStE 1998 Rn. 23.10; die Buchwertverknüpfung über die Grenze als nicht mit der EU-FusionsRL vereinbar

ansehend FG BaWü v. 17.2.2005 DStRE 2005, 1015, und Vorlage-Beschluss des BFH v. 7.3.2007 – I R 25/05, BStBl. II 2007, 679, mit Urteil v. 11.12.2008 teilte der EuGH die Ansicht des FG BaWü; vgl. Rn. 54). Weil in Fällen des grenzüberschreitenden qualifizierten Anteilstauschs ohne Wertverknüpfung die für einen qualifizierten Anteilstausch im Inland bestehende Wertverknüpfung des Wertansatzes bei dem Einbringenden mit dem bei der aufnehmenden Gesellschaft durch eine zwischengeschaltete Einbringung in eine ausländische Holdinggesellschaft vermieden werden kann, soll nach *Pung* GmbHR 2012, 158, 162 in solchen Fällen bei engem sachlichem und zeitlichem Zusammenhang die Grundsätze der Gesamtplanrechtsprechung zu prüfen sein. Wenn die ausländische Holdinggesellschaft auf unbestimmte Dauer errichtet wird, ist sie jedoch steuerrechtlich – und damit auch für die Zwecke von § 21 II 3 – in jedem Fall anzuerkennen.

293 Ausweislich seines Wortlauts gilt § 21 II 3 ausschließlich in den Fällen des § 21 II 2, dh bei **grenzüberschreitenden Anteilstauschvorgängen.** Noch nach der Fassung der Kabinettsvorlage v. 4.7.2006 war unklar, ob das Antragsrecht nach § 21 II 3 stets bestehen sollte, dh auch bei rein inländischen Anteilstauschvorgängen (*Dörfler/Rautenstrauch/Adrian* BB 2006, 1711/1713, Fn. 21). Ein unbeschränkt steuerpflichtiger Einbringender hätte dann die Fortführung des BW oder den Ansatz eines ZW beantragen können, wenn er Anteile in eine ebenfalls in Deutschland unbeschränkt steuerpflichtige Gesellschaft eingebracht und diese die eingebrachten Anteile mit dem gemeinen Wert angesetzt hätte (vgl. Rn. 242; soweit die Verdopplung der stillen Reserven wegen des Mechanismus der §§ 22 II, 23 II keine doppelte Versteuerung zur Folge haben kann, scheidet eine EU-Rechtswidrigkeit mE aus).

b) Kein Ausschluss und keine Beschränkung des deutschen Besteuerungsrechts hinsichtlich der erhaltenen Anteile

294 Wird das deutsche Besteuerungsrecht für die eingebrachten Anteile nach der Einbringung ausgeschlossen oder beschränkt, so dass nach § 21 II 2 Hs. 1 auf Ebene des Einbringenden grundsätzlich der gemeine Wert anzusetzen ist, besteht für den Einbringenden nach § 21 II 3 Nr. 1 die Möglichkeit, den Ansatz des BW oder eines ZW zu beantragen, wenn Deutschland einen Gewinn aus der Veräußerung der **erhaltenen Anteile ohne Beschränkung besteuern** kann. Fast alle von Deutschland mit anderen EU/EWR-Staaten abgeschlossenen DBA weisen dem Sitzstaat des Veräußerers das Besteuerungsrecht zu, soweit Anteile an im anderen Vertragsstaat ansässigen Kapitalgesellschaften veräußert werden.

Beispiel: Eine unbeschränkt steuerpflichtige natürliche Person E ist mit Stimmrechtsmehrheit an einer in Deutschland ansässigen und gegründeten O-GmbH beteiligt. Sie bringt diese Beteiligung gegen Gewährung neuer Anteile in eine französische Ü-Sarl ein.

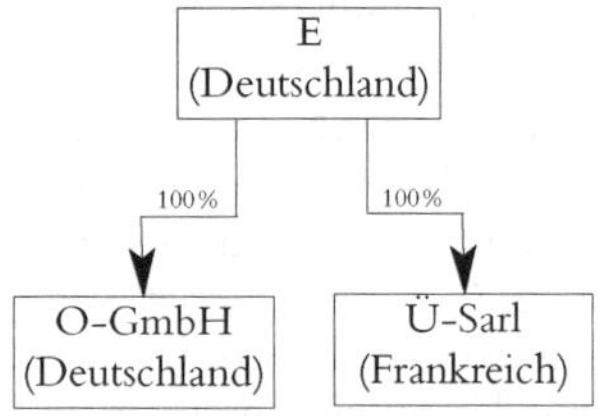

Weil das deutsche Besteuerungsrecht hinsichtlich des Gewinns aus der Veräußerung der eingebrachten Anteile nach der Einbringung ausgeschlossen ist, gilt gem. § 21 II 2 Hs. 1 auf Ebene des E der gemeine Wert der eingebrachten Anteile als Veräußerungserlös und als AK der neuen Anteile an der Ü-Sarl, auch wenn die Ü-Sarl nach französischem Recht die eingebrachten Anteile mit einem geringeren als dem gemeinen Wert ansetzen sollte. Nach § 21 II 3 Nr. 1 kann E aber auf Antrag den BW oder einen ZW ansetzen, weil Deutschland hinsichtlich eines Gewinns aus der Veräußerung der erhaltenen Anteile an der Ü-Sarl besteuerungsbefugt ist. Nach Art. 7 I DBA Frankreich/Deutschland steht das Besteuerungsrecht Deutschland als dem Wohnsitzstaat des Veräußerers E zu. Frankreich steht hingegen kein Besteuerungsrecht zu, dh das deutsche Besteuerungsrecht ist auch nicht durch eine Anrechnung etwaiger französischer Steuer beschränkt.

Vgl. auch den Beispielsfall unter Rn. 386.

Die Antragsmöglichkeit des Einbringenden nach § 21 II 3 Nr. 1 scheidet allerdings in den Fällen aus, in denen steuerverstrickte Anteile in eine ausländische Gesellschaft eingebracht werden und das entsprechende deutsche DBA das **Besteuerungsrecht** dem **Sitzstaat der Gesellschaft,** an der die veräußerten Anteile bestehen, zuweist (so etwa das deutsche DBA mit Bulgarien, Tschechoslowakei (welches im Verhältnis zur Slowakei, Tschechien fortgilt), sowie in bestimmten Wegzugsfällen Norwegen, außerdem die DBA mit Sonderregelung für ImmobilienKapGes). Deutschland hat dann kein bzw. nur ein eingeschränktes Besteuerungsrecht hinsichtlich des Gewinns aus einer Veräußerung der erhaltenen Anteile. Vgl. hierzu den Beispielsfall unter Rn. 298 und 387. **295**

Das Recht Deutschlands, einen Gewinn aus der Veräußerung der erhaltenen Anteile zu besteuern, ist auch dann beschränkt, wenn Deutschland mit dem Sitzstaat der übernehmenden Kapitalgesellschaft **kein DBA** abgeschlossen hat, so dass der Sitzstaat der übernehmenden Kapitalgesellschaft den Anteilsveräußerungsgewinn besteuern kann und auch tatsächlich besteuert (vgl. Rn. 263) und eine solche ausländische Steuer nach §§ 34c EStG, 26 KStG auf die deutsche Steuer angerechnet werden muss. **296**

c) Treaty override aufgrund Art. 8 EU-FusionsRL

Ist Deutschland nicht zur unbeschränkten Besteuerung der erhaltenen Anteile befugt, kann der Einbringende dennoch nach § 21 II 3 Nr. 2 den Ansatz der erhaltenen Anteile mit dem BW oder einem ZW beantragen, wenn der Gewinn aus dem Anteilstausch auf Grund Art. 8 I FusionsRL nicht besteuert werden darf. Nach Art. 8 I FusionsRL darf **297**

„die Zuteilung von Anteilen am Gesellschaftskapital der übernehmenden oder erwerbenden Gesellschaft an einen Gesellschafter der einbringenden oder erworbenen Gesellschaft gegen Anteile an deren Gesellschaftskapital auf Grund einer Fusion, einer Spaltung oder des Austauschs von Anteilen für sich allein keine Besteuerung des Veräußerungsgewinns dieses Gesellschafters auslösen".

Der im Einzelfall zu beurteilende Anteilstausch muss unter den Anwendungsbereich der FusionsRL fallen, dh es müssen neben den Voraussetzungen des Art. 2 Buchst. d FusionsRL (Gewährung sonstiger Gegenleistungen nur im Fall barer Zuzahlungen iHv bis zu 10% des Nennwerts der erhaltenen Anteile) unter anderem **EU-Gesellschaften iSd Art. 3 FusionsRL** an dem Anteilstausch beteiligt sein (dies gilt auch für die erworbene Gesellschaft, vgl. insoweit das Beispiel 2 bei *Patt* in D/P/M § 21 Rn. 60). **298**

Beispiel: Eine in Deutschland unbeschränkt steuerpflichtige natürliche Person E bringt Anteile an einer österreichischen O-GmbH in die in Tschechien ansässige und gegründete Ü-s. r. o. gegen Gewährung neuer Anteile ein.

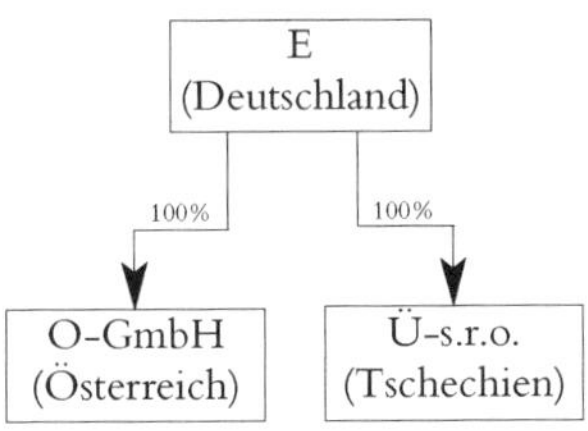

Vor dem Anteilstausch stand Deutschland das Besteuerungsrecht hinsichtlich eines Gewinns aus der Veräußerung der Anteile an der O-GmbH zu. Mit der Einbringung endet dieses Besteuerungsrecht, weil der Gewinn nunmehr auf Ebene der übernehmenden Ü-s. r. o. ausschließlich in Tschechien der Besteuerung unterliegt. Gemäß § 21 II 2 gilt damit grundsätzlich der gemeine Wert der O-GmbH-Beteiligung als von E erzielter Veräußerungspreis und als AK der neuen Anteile an der Ü-s. r. o. Mit welchem Wert die Ü-s. r. o. die eingebrachte O-GmbH-Beteiligung nach tschechischem Steuerrecht einbucht, ist für die Besteuerung der E-GmbH in Deutschland unbeachtlich.

Tschechien ist gem. Art. 13 III DBA Tschechoslowakei/ Deutschland (welches im Verhältnis zu Tschechien weiter gilt) befugt, einen Gewinn aus der Veräußerung der Anteile an der Ü-s. r. o. zu besteuern. Deutschland ist zwar ebenfalls zur Besteuerung des Veräußerungsgewinns befugt, hat jedoch die anfallende tschechische Steuer anzurechnen (§ 23 I Buchst. b Nr. 3 DBA Tschechoslowakei/ Deutschland). Das deutsche Besteuerungsrecht ist mithin beschränkt.

Das Recht des E, den Ansatz des BW oder eines ZW zu beantragen, ergibt sich nicht aus § 21 II 3 Nr. 1. Es liegt aber ein Fall von Art. 8 FusionsRL vor, da Anteile an einer Gesellschaft, die im Anhang zur FusionsRL aufgeführt ist, in eine Gesellschaft eingebracht werden, die ebenfalls im Anhang zur FusionsRL aufgeführt ist. Mithin ergibt sich das Antragsrecht zum Ansatz des BW oder eines ZW aus § 21 II 3 Nr. 2. Der Tausch der Anteile an der O-GmbH gegen neue Anteile an der Ü-s. r. o. kann auf Antrag des Einbringenden hin steuerneutral durchgeführt werden. Veräußert die natürliche Person später ihre Anteile an der Ü-s. r. o., kann Deutschland den Veräußerungsgewinn uneingeschränkt besteuern, dh eine Verpflichtung zur Anrechnung der tschechischen Steuer besteht trotz der entgegenstehenden Bestimmung im DBA Tschechoslowakei/Deutschland nicht.

299 Darf der Gewinn aus dem Anteilstausch auf Grund von Art. 8 I FusionsRL nicht besteuert werden, so unterliegt der Gewinn aus einer späteren Veräußerung der erhaltenen Anteile ungeachtet einer sich möglicherweise aus dem DBA ergebenden abweichenden Bestimmung der deutschen Besteuerung **(treaty override).** § 21 II 3 Nr. 2 geht insoweit auf Art. 8 VI FusionsRL zurück, wonach der Wohnsitzstaat des Einbringenden hinsichtlich des Gewinns aus der späteren Veräußerung der im Rahmen des Anteilstausches erworbenen Anteile in gleicher Weise besteuerungsbefugt bleibt wie er es zuvor hinsichtlich des Gewinns aus einer (fiktiven) Veräußerung der vor dem Anteilstausch vom Einbringenden gehaltenen Anteile war. Gemäß § 1 IV 1 Nr. 1 iVm § 1 III Nr. 5 muss die übernehmende Gesellschaft eine Gesellschaft iSv § 1 II 1 Nr. 1 sein, dh eine nach den Rechtsvorschriften eines EU/EWR-Staates gegründete Gesellschaft iSv Art. 48 EWG-Vertrag oder Art. 34 EWR-Abkommen, deren Sitz und Ort der Geschäftsleitung sich innerhalb des Hoheitsgebietes eines dieser Staaten befinden. Der Sitzstaat der übernehmenden Gesellschaft kann mithin gegen eine DBA-widrige Besteuerung durch Deutschland nichts einwenden, weil dieser andere EU/EWR-Staat an die Vorgaben der FusionsRL und damit auch an Art. 8 VI FusionsRL gebunden ist (*Benz/Rosenberg* BB-Special 2006/8, 51/60, Fn. 67; *Rabback* in R/H/vL § 21 Rn. 116). Soweit § 21 II 3 Nr. 2 in Drittstaaten-Fällen nicht anwendbar ist, stellt sich vor dem Hintergrund des EuGH v. 23.1.2014 – C 164/12 betr. § 20 UmwStG 1995 die Frage nach der Vereinbarkeit mit der EU-Kapitalverkehrsfreiheit, vgl. Rn. 274.

300 Durch die Verweisung in § 21 II 3 Nr. 2 auf § 15 I a 2 EStG wird das **deutsche Besteuerungsrecht** auch in den Fällen **sichergestellt,** in denen die erhaltenen Anteile nicht veräußert, sondern in eine Kapitalgesellschaft verdeckt eingelegt werden oder die Kapitalgesellschaft, an der die Anteile bestehen, aufgelöst oder deren Kapital herabgesetzt oder zurückgezahlt wird oder Beträge aus dem steuerlichen Einlagekonto zurückgezahlt werden. Die sich aus der Anwendung des § 21 II 3 Nr. 2 bei nicht in Deutschland ansässigen Einbringenden ergebende beschränkte Steuerpflicht ist in § 49 I Buchst. e Doppelbuchst. bb EStG geregelt. Die Anzeigepflichten des Notars wurden entsprechend gemäß § 54 IV EStDV auf Verfügungen über Anteile an Kapitalgesellschaften durch nicht unbeschränkt Steuerpflichtige erweitert.

300a Teilweise wird die Vereinbarkeit der gegenwärtigen Regelung des § 21 II 3 mit EU-Recht verneint (vgl. *Kollruss* FR 2018, 583 ff.). Die Zweifel ergeben sich daraus, dass Konstellationen des Anteilstauschs sowohl mit EU- als auch mit EWR-Bezug in den Anwendungsbereich der Niederlassungsfreiheit einbezogen sind und folglich eine steuerneutrale Behandlung auch in Fällen, in denen EWR-Gesellschaften beteiligt sind, möglich sein muss (vgl. EuGH v. 19.7.2012 – *Veronsaajien* Rs. C-48/11). § 21 II 3 Nr. 2 nimmt jedoch eine Begrenzung auf Fälle innerhalb des Anwendungsbereichs der Fusionsrichtlinie (Art. 8) vor, was insbesondere voraussetzt, dass an dem Anteilstausch im Hoheitsgebiet von zwei oder mehr Mitgliedsstaaten ansässige Gesellschaften beteiligt sind. Nach dem Wortlaut des geltenden Rechts sind Fallkonstellationen unter Beteiligung von EWR-Gesellschaften denkbar, in denen es zu einer Sofortbesteuerung iRd Anteilstauschs kommt, während ein entsprechender Inlandsfall zu Buchwerten und damit steuerneutral erfolgen könnte (für entsprechende Fallkonstellationen vgl. *Kollruss* FR 2018, 583/585 ff.). *Kollruss* schlägt deshalb im Sinne einer geltungserhaltenden Reduktion vor, die Buchwertfortführung auf sämtliche in den Anwendungsbereich der Niederlassungsfreiheit fallende Sachverhalte auszudehnen, um eine Sofortbesteuerung der stillen Reserven zu vermeiden. Seiner Anregung, de lege ferenda eine entsprechende Modifikation des Gesetzestexts vorzunehmen (*Kollruss* FR 2018, 583/588), ist zuzustimmen.

d) Antragstellung durch den Einbringenden (§ 21 II 4)

Antragsberechtigt ist alleine der **Einbringende;** vgl. UmwStE Rn. 21.15. Es geht **301** ausschließlich um Besteuerungsfolgen auf seiner Ebene. Die Antragsberechtigung des Einbringenden ergibt sich auch aus einem Umkehrschluss aus § 21 II 4, III 1 und § 22 II 3 (*Patt* in D/P/M § 21 Rn. 64; *Rabback* in R/H/vL § 21 Rn. 118; *Widmann* in W/M § 21 Rn. 190 sieht den Einbringenden als antragsberechtigt an, weil eine unter dem gemeinen Wert liegende Bewertung gerade seinem Interesse dient). Der Einbringende hat den Antrag spätestens bis zur erstmaligen Abgabe der Steuererklärung bei dem für seine Besteuerung zuständigen Finanzamt zu stellen. Dabei kommt es auf die Abgabe der Steuererklärung für den VZ an, in dem die Einbringung erfolgte (*Nitzschke* in Blümich § 21 Rn. 55; *Widmann* in W/M § 21 Rn. 197).

Der Antrag des Einbringenden kann in der mit der Steuererklärung eingereichten **302** Steuerbilanz (bei im Betriebsvermögen gehaltenen Beteiligungen) oder in einer entsprechenden Dokumentation in der Steuererklärung gesehen werden. Aus Gründen der Bestimmtheit ist es mE empfehlenswert, das Wahlrecht in der Steuererklärung durch eine **ausdrückliche Erklärung** eines vom dem gemeinen Wert abweichenden Wertansatzes auszuüben (so auch *Nitzschke* in Blümich § 21 Rn. 55; *Patt* in D/P/M § 21 Rn. 64; *Rabback* in R/H/vL § 21 Rn. 119; *Lübbehüsen/Schütte* in Haase/Hruschka § 21 Rn. 105; aM *Widmann* in W/M § 21 Rn. 212, der einen Antrag vor Abgabe der Steuererklärung für notwendig erachtet).

Bei **Einbringenden, die im Inland keiner Veranlagung** unterliegen und keine **303** weiteren der beschränkten Steuerpflicht unterliegenden Einkünfte erzielen, könnte ein Antrag auf Fortführung der Buchwerte auch ohne Abgabe einer Steuererklärung ausreichend sein. Da das Finanzamt jedoch die Voraussetzungen für eine vom gemeinen Wert abweichende Bewertung prüfen wird, ist es mE empfehlenswert, dass der Einbringende eine Steuererklärung abgibt, in der der Veräußerungsgewinn aus der Beteiligung aufgrund des Antragswahlrechts mit EUR 0 angegeben ist (ebenso *Lübbehüsen/Schütte* in Haase/Hruschka § 21 Rn. 105; offengelassen von *Nitzschke* in Blümich § 21 Rn. 55).

e) Rechtsfolge: Ansatz mit dem Buch- oder einem Zwischenwert

Bei Vorliegen der Voraussetzungen des § 21 II 3 und der Stellung eines entsprechenden **304** Antrags durch den Einbringenden kann der Einbringende die erhaltenen Anteile abweichend von dem Grundsatz des § 21 II 2 mit einem **Wert unterhalb des gemeinen Werts** ansetzen.

Der Einbringende ist an die **Ausübung des Wahlrechts** nach § 21 II 3 **nicht gebun-** **305** **den,** dh es ist dem Einbringenden möglich, nach den allgemeinen Grundsätzen den einmal gewählten Wertansatz bis zur Bestandskraft der Steuerfestsetzung des Jahres des Anteilstauschs zu ändern. Anders als der Antrag der übernehmenden Gesellschaft nach § 21 I 2 auf Ansatz der eingebrachten Anteile mit dem BW oder einem ZW hat der Antrag des Einbringenden nach § 21 II 3 auf Ansatz der erhaltenen Anteile mit dem BW oder einem ZW nämlich nur Auswirkungen auf die Besteuerung des Einbringenden selber. Hält der Einbringende die erhaltenen Anteile im Betriebsvermögen, ist die Änderung der Wahlrechtsausübung aber nur unter den Voraussetzungen möglich, die für eine Änderung der Steuerbilanz nach § 4 II EStG gelten (*Patt* in D/P/M § 21 Rn. 65; *Rabback* in R/H/vL § 21 Rn. 121; nach *Jäschke* in Lademann § 21 Rn. 24 aE lässt die FinVerw „hier wohl einen Widerruf oder eine Änderung des Antrags nicht zu (arg. Rn. 21.12 iVm 20.24 UmwStE 2011)"; mE unklar).

306–320 *(einstweilen frei)*

5. Relevanz der Anschaffungskosten statt des Buchwerts (§ 21 II 5)

321 Haben die eingebrachten Anteile beim Einbringenden nicht zu einem Betriebsvermögen gehört, treten an die Stelle des BW die **AK;** vgl. UmwStE Rn. 21.09. Weil auch natürliche Personen, die die eingebrachten Anteile im Privatvermögen halten, Einbringende iSv § 21 sein können, und weil es im Falle der Einbringung aus einem Privatvermögen bisher keine BW gegeben hat, sind für den Wertansatz durch die übernehmende Gesellschaft und für die Besteuerungsfolgen auf Ebene des Einbringenden die AK des Einbringenden für die eingebrachten Anteile maßgebend.

6. Weitere Gegenleistung (§§ 21 II 6 Var. 1, 20 III 3)

322 Soweit neben den Gesellschaftsanteilen auch **andere Wirtschaftsgüter gewährt** werden, ist gem. §§ 21 II 6 Var. 1, 20 III 3 der gemeine Wert dieser Zusatzleistungen bei der Bemessung der AK der erhaltenen Anteile von dem sich nach § 21 II ergebenden Wert abzuziehen. Da die AK der erhaltenen Anteile nicht auf einen Wert unter Null sinken dürfen, müssen diese zunächst (dh vor Abzug des gemeinen Werts der anderen Wirtschaftsgüter) zumindest mit dem gemeinen Wert der Zusatzleistungen angesetzt werden. Andernfalls wäre der vom Gesetz geforderte Abzug der Zusatzleistungen von den AK der erhaltenen Anteile nicht möglich. Für im Privatvermögen gehaltene Streubesitzanteile gilt § 20 IVa 2 EStG.

7. Einbringung alt-einbringungsgeborener Anteile (§§ 21 II 6 Var. 2, 20 III 4)

323 Im Falle der Einbringung alt-einbringungsgeborener Anteile gelten die **erhaltenen Anteile** nach §§ 21 II 6 Var. 2, 20 III 4 insoweit auch als **alt-einbringungsgeboren** mit der Folge, dass im Falle der Veräußerung der neu erhaltenen Anteile die § 3 Nr. 40 S 3 und 4 EStG aF (§ 52 IV b 2 EStG) sowie § 8b IV KStG aF (§ 34 VII a KStG) weiterhin anzuwenden sind. Der Gesetzgeber wollte damit sicherstellen, dass es im Falle der unmittelbaren oder mittelbaren Veräußerung von einbringungsgeborenen Anteilen innerhalb der Sieben-Jahres-Frist weiterhin zu einer vollen Besteuerung des Veräußerungsgewinns kommt. Darüber hinaus sollte ausgeschlossen werden, dass auf einbringungsgeborenen Anteilen beruhende Anteile weder nach § 21 UmwStG 1995 noch nach § 22 besteuert werden können (BT-Drs. 16/3369, 11).

324 Die erhaltenen Anteile gelten nur „insoweit" als alt-einbringungsgeboren, als die eingebrachten Anteile alt-einbringungsgeboren waren. Die erhaltenen Anteile müssen in Anteile, die auf die Miteinbringung von KapGesAnteilen entfallen, und in Anteile, die auf die Einbringung des restlichen Betriebsvermögens zurückzuführen sind, aufgeteilt werden (Aufteilung nach dem Verkehrswertverhältnis). Die Bestimmung der BW der auf die Anteilseinbringung zurückzurührenden Anteile hat separat anhand der BW der eingebrachten Anteile zu erfolgen (*Stangl* in R/H/vL § 22 Rn. 98 ff.). Maßgebend dürfte bei der Einbringung eines zum Teil alt-einbringungsgeborenen Anteils für die Fortsetzung der Einbringungsgeborenheit bei dem neu gewährten Anteil der **Prozentsatz** sein, mit dem der eingebrachte Anteil als alt-einbringungsgeboren gilt (*Widmann* in W/M § 21 Rn. 380 mit Beispielsfall). Nicht anwendbar auf die Neuregelung ist das BMF-Schreiben v. 5.1.2004, BStBl. I 2004, 44, wonach ein Teil der neuen Anteile an der Gesellschaft, in die ein Betrieb, Teilbetrieb oder Mitunternehmeranteil zusammen mit KapGesAnteilen eingebracht wurde, nur unter engen Voraussetzungen unter die Rückausnahme iSv § 8b IV 2 Nr. 2 KStG aF fiel (zum BMF-Schreiben v. 5.1.2004 vgl. im Einzelnen Rn. 9). Sofern die im BMF-Schreiben v. 5.1.2004 genannten engen Voraussetzungen nicht erfüllt waren,

führte es aus Sicht des Einbringenden zu einer Statusverschlechterung (Tausch z. B. von regulär durch § 8b II KStG begünstigten Anteilen in Sperrfrist-verhaftete einbringungsgeborene Anteile); vgl. dazu z. B. *Rogall* WPg 2005, 152. Derartige Statusverschlechterungen soll § 22 I 5 vermeiden (BT-Drs. 16/2710, 47).

Eine Übertragung der Einbringungsgeborenheit auf die neu gewährten Anteile kommt 325
nur in Betracht, wenn die übernehmende Gesellschaft die eingebrachten alt-einbringungsgeborenen Anteile mit dem BW oder einem ZW ansetzt. Erfolgt die **Einbringung zum gemeinen Wert,** werden die in den eingebrachten Anteilen enthaltenen stillen Reserven aufgedeckt und versteuert. Für eine „steuerliche Infizierung" der neu gewährten Anteile besteht in diesem Fall kein Bedürfnis (*Förster/Wendland* BB 2007, 631/634; *Nitzschke* in Blümich § 20 Rn. 99; *Herlinghaus* in R/H/vL § 20 Rn. 198; *Widmann* in W/M § 21 Rn. 381, dem zufolge jedoch der Wortlaut des § 20 III 4 auch für eine Anwendung der Regelung im Falle des Ansatzes mit dem gemeinen Wert spricht).

Fraglich ist, ob im Falle der Einbringung alt-einbringungsgeborener Anteile unter dem 326
gemeinen Wert nach dem Anteilstausch sowohl die eingebrachten Anteile als auch die erhaltenen neuen Anteile alt-einbringungsgeboren sind, dh die **Einbringungsgeborenheit verdoppelt wird** (so *Nitzschke* in Blümich § 20 Rn. 99; *Widmann* in W/M § 21 Rn. 383; offengelassen von *Förster/Wendland* BB 2007, 631/634). Wenn nach der Einbringung sowohl die eingebrachten Anteile als auch die neu gewährten Anteile in Deutschland steuerverhaftet wären, würde es dadurch zu einer ungerechtfertigten Doppelbesteuerung kommen. Zur Vermeidung einer solchen Doppelbesteuerung wird in der Literatur zu Recht vertreten, dass § 21 II 6 iVm § 20 III 4 insoweit teleologisch zu reduzieren seien (*Herlinghaus* in R/H/vL § 20 Rn. 197). Im Falle einer auf § 21 I UmwStG 1995 beruhenden nachträglichen Besteuerung der erhaltenen Anteile müsse die Alt-Einbringungsgeborenheit der eingebrachten Anteile entfallen; Entsprechendes müsse für die erhaltenen Anteile gelten, wenn die eingebrachten Anteile gem. § 21 I UmwStG 1995 besteuert werden. Eine ungerechtfertigte Doppelbesteuerung scheide dann aus. Aufgrund des Wortlauts von § 27 IV setzt sich die Alt-Einbringungsgeborenheit der eingebrachten Anteile auf Ebene der übernehmenden Gesellschaft oder Genossenschaft jedoch nicht fort. Denn danach sind abweichend von § 27 I die Regelungen in §§ 22, 23 und 24 Abs. 5 nicht anzuwenden, soweit hinsichtlich des Gewinns aus der Veräußerung der Anteile oder einem gleichgestellten Ereignis iSv § 22 I die Steuerfreistellung nach § 8b IV KStG in der am 12.12.2006 geltenden Fassung oder nach § 3 Nr. 40 S. 3, 4 EStG in der am 12.12.2006 geltenden Fassung ausgeschlossen ist. § 27 IV ordnet mithin an, dass §§ 23 I, 12 III Hs. 1 nicht gelten. Mit den in § 27 IV Hs. 2 genannten „Anteilen" können mE nur die – zu diesem Zeitpunkt noch „alt-einbringungsgeborenen"-Anteile vor der Einbringung gemeint sein. ME kann nicht argumentiert werden, gemeint seien die Anteile auf Ebene der übernehmenden Gesellschaft nach Einbringung; dafür spricht auch der Verweis auf das gleichgestellte Ereignis iSv § 22 I nicht; in § 22 I geht es mE um die Ebene des Einbringenden. Wenn die Anteile auf Ebene des Einbringenden nach Einbringung gemeint sein sollten (die nach § 20 III 4 als alt-einbringungsgeboren gelten), hätte der Gesetzgeber mE in § 27 IV von den „erhaltenen Anteilen" sprechen müssen. Mithin setzt sich – wenn alt-einbringungsgeborene Anteile unter gemeinen Werten in eine Kapitalgesellschaft eingebracht werden – die Alt-Einbringungsgeborenheit zwar insoweit an den *neuen* Anteile fort, jedoch entfällt die Alt-Einbringungsgeborenheit auf Ebene der übernehmenden Gesellschaft in Bezug auf die eingebrachten Anteile (*Schmitt/Schlossmacher* DStR 2008, 2242; aA *Jäschke* in Lademann § 21 Rn. 28). Es ist denkbar, dass der BFH – wie im Falle des § 8b IV 2 Nr. 2 KStG aF durch das Urteil v. 18.3.2009 – I R 37/08, DStR 2009, 1904 – der Zielsetzung des Gesetzesgebers (wonach sich die Alt-Einbringungsgeborenheit wohl verdoppeln soll, vgl. BT-Drs 16/3369, 11) auch hier Geltung verschaffen wird.

Die hinsichtlich der eingebrachten alt-einbringungsgeborenen Anteile laufende **Sieben-** 327
Jahres-Frist beginnt mit der Einbringung unter dem gemeinen Wert nicht erneut zu

laufen (BMF v. 28.4.1993 BStBl. I 2003, 292, Rn. 45). Soweit die neu erhaltenen Anteile alt-einbringungsgeboren werden, ist für sie dieselbe Sieben-Jahres-Frist maßgeblich, die mit dem steuerlichen Übertragungsstichtag beginnt, zu dem die eingebrachten alt-einbringungsgeborenen Anteile entstanden (*Widmann* in W/M § 21 Rn. 383). Die von der Finanzverwaltung in UmwStE Rn. 27.12 vertretene, im Ergebnis gegenteilige Auffassung ist unzutreffend, weil sie weder vom Wortlaut in § 27 IV noch vom Gesetzeszweck des § 22 II gedeckt ist; vgl. auch *Pinkernell* FR 2011, 568, 572.

328–340 *(einstweilen frei)*

VI. Einbringungsgewinn

341 Soweit nicht die §§ 20 ff. eine hiervon abweichende Regelung treffen, gelten für Zwecke der Behandlung des originären Einbringungsgewinns auf Ebene des Einbringenden die allgemeinen Regelungen; vgl. UmwStE Rn. 21.16. **„Originärer Einbringungsgewinn"** meint den Gewinn, den der Einbringende erzielt, wenn der Veräußerungspreis den Buchwert der eingebrachten Anteile übersteigt.

1. Ermittlung des Einbringungsergebnisses

342 § 21 enthält keine Regelung zur **Ermittlung des steuerpflichtigen Einbringungsgewinns bzw. -verlusts.** § 21 II bestimmt zwar den Veräußerungspreis der eingebrachten Anteile und § 21 III regelt die Anwendung von Steuerbegünstigungen auf den Veräußerungsgewinn bei der Einkommensteuer. Die eigentliche Ermittlung des Einbringungsergebnisses erfolgt aber nach allgemeinen Grundsätzen.

Zur Ermittlung des Einbringungsergebnisses sind vom Veräußerungspreis nach § 21 II die Einbringungskosten, die vom Einbringenden zu tragen sind, der BW bzw. die AK der eingebrachten Anteile und ein etwaiger Freibetrag nach § 16 IV EStG oder § 17 III EStG abzuziehen.

343 Als **Veräußerungspreis** gilt

- der Wert, den die übernehmende Gesellschaft gemäß § 21 II 1 für die eingebrachten Anteile ansetzt (vgl. Rn. 242), oder
- beim grenzüberschreitenden Anteilstausch in den Fällen des § 21 II 2 der gemeine Wert (vgl. Rn. 261), oder
- beim grenzüberschreitenden Anteilstausch in den Fällen des § 21 II 3 anstelle des gemeinen Werts der BW oder ein ZW der eingebrachten Anteile (vgl. Rn. 291).

344 **Einbringungskosten** sind Aufwendungen, die im Zusammenhang mit der Durchführung des Anteilstauschs stehen. Die Zurechnung der Einbringungskosten zu dem Einbringenden bestimmt sich nach dem objektiven Veranlassungszusammenhang; ein Wahlrecht der Beteiligten besteht insoweit nicht (*Herlinghaus* in R/H/vL § 20 Rn. 206; *Patt* in D/P/M § 21 Rn. 72; vgl. die Aufstellung der von der übernehmenden Gesellschaft zu übernehmenden Kosten bei *Widmann* in W/M § 20 Rn. R 708). Die Einbringungskosten sind bei der Ermittlung des Einbringungsergebnisses auch dann zu erfassen, wenn sie in einem früheren oder späteren Veranlagungszeitraum als demjenigen anfallen, in dem das Einbringungsergebnis erfasst wird (*Widmann* in W/M § 21 Rn. 284).

345 Ein **Einbringungsgewinn** kann sich nur ergeben, wenn die Einbringung zu einem über dem BW bzw. den AK liegenden Wert erfolgt. Ein **Einbringungsverlust** kann aufgrund von Einbringungskosten entstehen; vgl. *Schmitt* in SHS § 21 Rn. 122; nach *Patt* in D/P/P/M § 20 Rn. 271 bleiben solche Einbringungsverluste steuerlich unberücksichtigt (§ 8b III 3 KStG).

2. Besteuerung eines etwaigen Einbringungsgewinns

a) § 8b KStG oder § 3 Nr. 40 EStG bzw. § 20 II 1 Nr. 1 EStG nF

Die **Steuerpflicht des Einbringungsgewinns** ist ebenfalls nicht in § 21 geregelt. Es finden die nach den Einzelsteuergesetzen maßgeblichen Steuerbefreiungen Anwendung (insbes. §§ 3 und 3c EStG, §§ 5 und 8b KStG). 346

Einbringende Körperschaft. Ist Einbringender eine Kapitalgesellschaft, eine Genossenschaft, ein Versicherungs- oder Pensionsfondsverein auf Gegenseitigkeit, eine sonstige juristische Person des privaten Rechts, ein nichtrechtsfähiger Verein, Anstalt, Stiftung oder ein anderes Zwecksvermögen des privaten Rechts oder ein Betrieb gewerblicher Art einer juristischen Person des öffentlichen Rechts, richtet sich die Besteuerung eines Einbringungsgewinns nach § 8b KStG. Wegen § 8b III 1 KStG, wonach 5 % des Einbringungsgewinns als Ausgaben gelten, die nicht als Betriebsausgaben abgezogen werden dürfen, ist ein Einbringungsgewinn letztlich nur in Höhe von 95 % von der Körperschaftsteuer (einschließlich Solidaritätszuschlag) befreit. Einbringungsverluste können nach § 8b III 3 KStG nicht gewinnmindernd berücksichtigt werden. Ausnahmen gelten gem. § 8b VIII KStG für Lebens- und Krankenversicherungsunternehmen und Pensionsfonds, wenn sie ihren Kapitalanlagen zuzurechnende Anteile in eine andere Kapitalgesellschaft oder Genossenschaft einbringen, und gem. § 8b VII KStG für Kreditinstitute, Finanzdienstleistungsinstitute und Finanzunternehmen iSd KWG, sofern es sich bei den eingebrachten Anteilen – was die Ausnahme sein dürfte – um dem Handelsbuch zuzurechnende Anteile bzw. um Anteile handelt, die das Finanzunternehmen mit dem Ziel der kurzfristigen Erzielung eines Eigenhandelserfolges erworben hat (vgl. auch § 27 Rn. 28 ff.). 347

Einbringende natürliche Person. Ist Einbringender eine natürliche Person, die die eingebrachten Anteile in ihrem **Privatvermögen** hält und diese **vor dem 1.1.2009** erworben hat, ist ein Einbringungsgewinn nur dann steuerbar, wenn (1) der Einbringende innerhalb der letzten fünf Jahre vor dem Anteilstausch am Kapital der erworbenen Gesellschaft unmittelbar oder mittelbar zu mindestens 1 % beteiligt war, oder (2) wenn es sich um ein privates Veräußerungsgeschäft iSv § 23 Abs. 1 Nr. 2 EStG handelt. Im Fall der Steuerbarkeit des Einbringungsgewinns kommt das Teileinkünfteverfahren iSv § 3 Nr. 40, § 3c II EStG zur Anwendung. Soweit eingebrachte Anteile von der einbringenden natürlichen Person **nach dem 31.12.2008** erworben und im Privatvermögen gehalten worden sind und die Voraussetzungen von § 17 EStG nicht erfüllt werden, sind im Zuge der Anteilseinbringung aufgedeckte stille Reserven gemäß §§ 20 II 1 Nr. 1, 32d I 1 EStG dem 25% igen Abgeltungsteuersatz zu unterwerfen (zuzüglich SolZ). 348

Soweit die – von der natürlichen Person oder von der Personengesellschaft, an der die natürliche Person beteiligt ist, angeschafften – eingebrachten Anteile zum **Betriebsvermögen** der einbringenden natürlichen Person gehören oder ein Anwendungsfall von § 17 EStG vorliegt, werden stille Reserven bis Ende 2008 zu 50 % und ab 2009 zu 60 % dem progressiven ESt-Satz iSd § 32a EStG unterworfen. Vgl. auch Anh. § 21 aF Rn. 164 ff.

b) Gewerbesteuerliche Behandlung des Einbringungsgewinns

Ein etwaiger Einbringungsgewinn kann der **Gewerbesteuer** unterfallen, wenn die eingebrachten Anteile zum Betriebsvermögen eines Gewerbebetriebs iSd § 2 I GewStG gehören. 349

Werden die im Betriebsvermögen einer **natürlichen Person** gehaltenen Anteile eingebracht, so stellt der Einbringungsgewinn grds. einen gewstl laufenden Gewinn dar und gehört somit zum Gewerbeertrag. Dies gilt auch bei Einbringung einer 100 %-Beteiligung. Da der Gewerbeertrag nach § 7 S 1 GewStG nach den Vorschriften des EStG zu ermitteln ist, finden die hiernach einschlägigen Steuerbefreiungen nach § 3 Nr. 40 EStG Anwendung. Dasselbe gilt für die Einbringung durch **KStPflichtige.** Wenn und soweit der Einbringungsgewinn nach § 8b II KStG steuerbefreit ist, unterliegt die Körperschaft auch nicht der GewSt. Vgl. auch § 7 S 4 GewStG und Anh. § 21 aF Rn. 184 ff.

c) Keine Kapitalertragsteuer auf beim Anteilstausch realisierte Gewinne

350 **Keine Verpflichtung zum Einbehalt von Kapitalertragsteuer in den Fällen von § 20 IVa 1 EStG.** Ist § 20 IVa 1 EStG anwendbar (vgl. Rn. 4a ff.), treten die vom Einbringenden übernommenen Anteile steuerlich an die Stelle der eingebrachten Anteile, so dass die Anschaffungskosten für die eingebrachten Anteile vom Einbringenden fortgeführt werden. Dies gilt auch für die Zwecke des Kapitalertragsteuerabzugs, der in den Fällen von § 20 IVa 1 EStG mithin wegen des Fehlens eines Kapitalertrags anlässlich des Anteilstausches zu unterbleiben hat; vgl. Rn. 4 e. Ist § 20 IVa 1 EStG nicht anwendbar, muss, wenn es nach § 21 I, II bei im Privatvermögen gehaltenen Anteilen unbeschränkt steuerpflichtiger Einbringender zur Aufdeckung stiller Reserven kommt, im Falle der inländischen Depotverwahrung der Anteile gemäß § 43 I Nr. 9, IV EStG grundsätzlich Kapitalertragsteuer einbehalten werden; vgl. Rn. 4e. Gemäß § 43a II 7 EStG nF bemisst sich, wenn die Anschaffungsdaten nicht nachgewiesen sind, der Steuerabzug nach 30% der Einnahmen aus der Veräußerung oder Einlösung der Wirtschaftsgüter. Gemäß § 43a II 8 EStG nF gilt in den Fällen von § 43 I 4 EStG nF der Börsenpreis zum Zeitpunkt der Übertragung als Einnahme aus der Veräußerung. In den Fällen des Anteiltauschs sollte nach dem zwischenzeitlich wieder aufgehobenen § 43 I a EStG – ebenso wie in den Fällen der Verschmelzung und Spaltung – zu Gunsten des Steuerpflichtigen angenommen werden, dass die Anteile mit ihren Anschaffungskosten und nicht mit dem gemeinen Wert als veräußert gelten. Damit wäre berücksichtigt worden, dass bei Kapitalmaßnahmen iSd UmwStG die den Steuerabzug durchführende Stelle keine Kenntnis hat, ob die entsprechende Kapitalmaßnahme nach dem UmwStG steuerneutral ist, weil etwa dem Anteilseigner die Antragsmöglichkeit nach § 21 II 3 zusteht, oder zu einem Veräußerungsgewinn führt. Die tatsächliche materiell-rechtliche Würdigung wäre im Veranlagungsverfahren erfolgt. Die den Steuerabzug durchführende Stelle hätte als Folge dieser Regelung die Anschaffungskosten für die erhaltenen Anteile mit den Anschaffungskosten der eingebrachten Anteile anzusetzen gehabt, womit bei einer Veräußerung der erhaltenen Anteile auch der noch nicht realisierte Wertzuwachs der Altanteile im Kapitalertragsteuerverfahren besteuert worden wäre (vgl. BT-Drs. 16/4841, 66). Weil die auszahlende Stelle die historischen Anschaffungskosten fortgeführt hätte, hätte der Einbringende – wenn die Umwandlung tatsächlich nicht steuerneutral durchgeführt wird – bei späterer Veräußerung einen überhöhten Kapitalertragsteuerabzug hinnehmen müssen, was ihn dazu gezwungen hätte, gemäß § 32d IV EStG nF die Veranlagung seiner (materiell evtl. nicht realisierten) Kapitalerträge aus der Veräußerung der erhaltenen Anteile zu beantragen (vgl. *Behrens* BB 2007, 1025/1029). Allerdings ist § 43 Ia EStG mit Wirkung vom 1.1.2009 an aufgehoben worden; vgl. Rn. 4e.

351–361 *(einstweilen frei)*

3. Steuerbegünstigungen nach §§ 17 III, 16 IV EStG (§ 21 III)

362 § 21 III entspricht inhaltlich weitestgehend der früheren Regelung in § 20 V UmwStG 1995. Die Änderungen im Vergleich zur Vorgängerregelung ergeben sich lediglich aus einer Anpassung des § 21 III an die Bedürfnisse des Anteilstauschs (BT-Drs. 16/2710, 46). So findet § 34 I EStG keine Anwendung mehr und für die Anwendbarkeit der Steuerbegünstigungen wird nicht mehr an den Teilwert, sondern an den gemeinen Wert angeknüpft.

363 **Freibetrag nach § 17 III EStG.** Der Freibetrag iSv § 17 Abs. 3 EStG ist nur zu gewähren, wenn der Einbringende eine natürliche Person ist und die übernehmende Gesellschaft die eingebrachten Anteile oder in den Fällen von § 21 II 2 der Einbringende die erhaltenen Anteile mit dem gemeinen Wert ansetzt. Das Vorliegen einer wesentlichen Beteiligung entscheidet sich nach den dazu einschlägigen Grundsätzen. In diesem Zu-

sammenhang sind auch alt-einbringungsgeborene Anteile zu berücksichtigen, allerdings werden diese wegen der Vorrangigkeit des § 21 UmwStG 1995 nicht von § 17 III EStG erfasst (BFH v. 10.11.1992 – VIII R 40/89, BStBl. II 1994, 222). Liegen die entsprechenden Voraussetzungen vor, so wird der Veräußerungsgewinn nach § 17 III 1 EStG nur dann zur Einkommensteuer herangezogen, soweit er den Teil von EUR 9.060 übersteigt, der dem veräußerten Anteil an der Kapitalgesellschaft entspricht. Der Freibetrag ermäßigt sich gem. § 17 III 2 EStG um den Betrag, um den der Veräußerungsgewinn den Teil von EUR 36.100 übersteigt, der dem veräußerten Anteil an der Kapitalgesellschaft entspricht.

Freibetrag nach § 16 IV EStG. Auch der Freibetrag iSv § 16 IV EStG ist nur zu 364 gewähren, wenn der Einbringende eine natürliche Person ist und entweder die eingebrachten Anteile von der übernehmenden Gesellschaft oder im Falle von § 21 II 2 die erhaltenen neuen Anteile von dem Einbringenden mit dem gemeinen Wert angesetzt werden. Hinzukommend müssen die eingebrachten Anteile zum Betriebsvermögen des Einbringenden gehört haben und die eingebrachte Beteiligung muss das gesamte Nennkapital der Kapitalgesellschaft umfassen.

Fünftel-Regelung nach § 34 I EStG. § 21 III 2 schließt eine Anwendung der Fünf- 365 tel-Regelung iSv § 34 I EStG aus.

Ermäßigter-ESt-Satz nach § 34 III EStG. Eine Regelung zu der Frage, ob und unter 366 welchen Voraussetzungen der ermäßigte ESt-Satz **(56 %)** zur Anwendung kommt, enthält § 21 III nicht (aA *Jäschke* in Lademann § 21 Rn. 29: die Nicht-Anwendbarkeit von § 34 I EStG gelte auch für § 34 III EStG). ME spricht der Wortlaut von § 21 III 2, der – anders als zB § 24 III 2 HS 2 – die Regelung des § 34 III EStG nicht zitiert, für eine grundsätzliche Anwendbarkeit von § 34 III EStG. Nach *Benz/Rosenberg* kommt diese Regelung dann zur Anwendung, wenn die eingebrachten Anteile mit einem Zwischenwert angesetzt werden, vorausgesetzt, dass es sich um eine Einbringung aus dem Betriebsvermögen handelt, die eingebrachten Anteile die gesamten Anteile an der eingebrachten Gesellschaft darstellen und das Halb- bzw. (ab 2009) Teileinkünfteverfahren iSv § 3 Nr. 40 EStG nicht zur Anwendung kommt (*Benz/Rosenberg* BB-Special 2006/8, 51/60; ebenso *Nitzschke* in Blümich § 21 Rn. 63).

(einstweilen frei) **367–380**

VII. Einzelne Fallgestaltungen

Im Folgenden werden ausschließlich solche Fälle betrachtet, in denen die übernehmende 381 Gesellschaft nach der Einbringung aufgrund ihrer Beteiligung einschließlich der eingebrachten Anteile nachweisbar unmittelbar die Mehrheit der Stimmrechte an der erworbenen Gesellschaft hat (qualifizierter Anteilstausch). In den Fällen, in denen die übernehmende Gesellschaft nach der Einbringung keine Stimmrechtsmehrheit an der erworbenen Gesellschaft hat, dh in den Fällen des einfachen Anteilstauschs kommt es in jedem Fall zum Ansatz der eingebrachten Anteile mit dem gemeinen Wert durch die übernehmende Gesellschaft, vgl. § 21 I 1. Der gemeine Wert gilt gem. § 21 II 1 in allen Fällen des sog. einfachen Anteilstauschs als Veräußerungspreis, den der Einbringende für die eingebrachten Anteile erzielt, und als Anschaffungskosten des Einbringenden für die erhaltenen Anteile (vgl. Rn. 182).

1. Einbringender und übernehmende Gesellschaft sind unbeschränkt steuerpflichtig

a) Erwerbende Gesellschaft ist im Inland ansässig

Gemäß § 21 II 1 gilt die sog. doppelte Buchwertverknüpfung. Der Wert, mit dem die 382 übernehmende Gesellschaft die eingebrachten Anteile ansetzt, gilt für den Einbringenden als AK der erhaltenen Anteile. Im Falle der Buchwertfortführung ist der BW, dh nach § 1 V Nr. 4 der Wert, der sich auf Ebene des Einbringenden nach den steuerrechtlichen Vorschriften über die Gewinnermittlung in einer für den Einbringungsstichtag aufzustellenden Steuerbilanz als Wertansatz für die eingebrachten Anteile ergibt oder ergäbe, sowohl für den Wertansatz auf Ebene der übernehmenden Gesellschaft als auch für die Bewertung der erhaltenen Anteile auf Ebene des Einbringenden maßgebend.

Beispiel: Die unbeschränkt steuerpflichtige E-GmbH (Alt.: die unbeschränkt steuerpflichtige natürliche Person E) hält sämtliche Anteile sowohl an der unbeschränkt steuerpflichtigen O-GmbH als auch an der unbeschränkt steuerpflichtigen Ü-GmbH. Die E-GmbH bringt ihre gesamte Beteiligung an der O-GmbH in die Ü-GmbH ein.

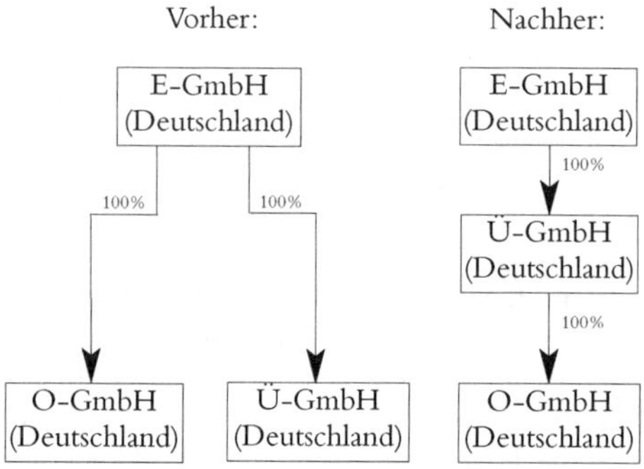

Gemäß § 21 I 2 kann die Ü-GmbH die Beteiligung an der O-GmbH auf Antrag mit dem BW ansetzen, dh mit dem Wert, der sich nach den steuerrechtlichen Vorschriften über die Gewinnermittlung in einer für den Einbringungsstichtag aufzustellenden Steuerbilanz der E-GmbH für die Beteiligung an der O-GmbH ergibt oder ergäbe. Für die E-GmbH gilt dieser Wert als Veräußerungspreis der eingebrachten Anteile und als AK der erhaltenen Anteile. Dass das deutsche Besteuerungsrecht hinsichtlich des Gewinns aus der späteren Veräußerung der eingebrachten oder der erhaltenen Anteile nach der Einbringung ausgeschlossen oder beschränkt sein könnte, ist nicht ersichtlich. § 21 II 2 ist mithin nicht anwendbar. In der Alternative (Einbringender ist eine unbeschränkt steuerpflichtige natürliche Person) gilt dasselbe.

b) Erworbene Gesellschaft ist im Ausland ansässig

383 **aa) DBA-Staat mit Zuweisung des Besteuerungsrechts zum Sitzstaat des Anteilseigners.** Das deutsche Besteuerungsrecht hinsichtlich des Gewinns aus der Veräußerung der **eingebrachten Anteile** ist nach der Einbringung weder ausgeschlossen noch beschränkt, wenn die eingebrachten Anteile nach der Einbringung einer unbeschränkt steuerpflichtigen Gesellschaft zustehen und das betreffende mit dem Ansässigkeitsstaat der erworbenen Gesellschaft abgeschlossene DBA das Besteuerungsrecht dem Sitzstaat des Anteilseigners zuweist. Das deutsche Besteuerungsrecht hinsichtlich des Gewinns aus der Veräußerung der **erhaltenen Anteile** ist nach der Einbringung weder ausgeschlossen noch beschränkt, wenn sowohl der Einbringende als auch die übernehmende Gesellschaft unbeschränkt steuerpflichtig sind. In diesem Fall bleibt es bei der doppelten Buchwertverknüpfung. § 21 II 2 (und damit auch § 21 II 3) ist nicht anwendbar.

Beispiel: Die in Deutschland unbeschränkt steuerpflichtige E-GmbH ist alleinige Gesellschafterin sowohl der in Frankreich ansässigen O-Sarl als auch der in Deutschland unbeschränkt steuerpflichtigen Ü-GmbH. Die E-GmbH bringt ihre gesamte O-Sarl-Beteiligung in die Ü-GmbH ein.

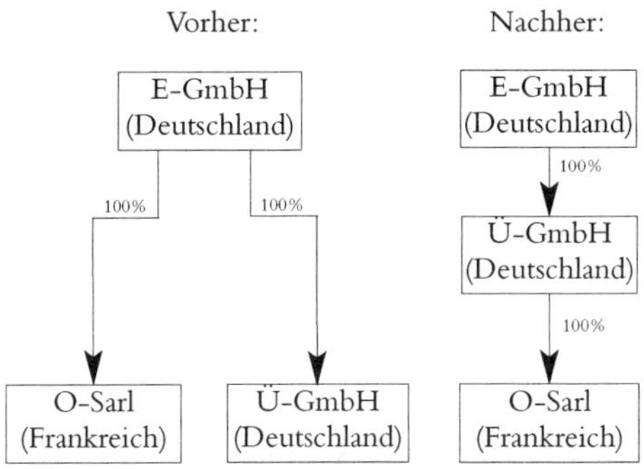

Nach der Einbringung ist das deutsche Besteuerungsrecht hinsichtlich des Gewinns aus der Veräußerung der eingebrachten Anteile nicht ausgeschlossen oder beschränkt. Die eingebrachten Anteile an der O-Sarl stehen nach der Einbringung der unbeschränkt steuerpflichtigen Ü-GmbH zu und gemäß Art. 7 I DBA Frankreich/Deutschland hat ausschließlich Deutschland als Ansässigkeitsstaat des Veräußerers (dh der Ü-GmbH) das Besteuerungsrecht. Etwas anderes ergäbe sich nur dann, wenn die O-Sarl eine Grundstücksgesellschaft wäre und damit nach Art. 3 IV 2 DBA Frankreich/Deutschland das Besteuerungsrecht Frankreich als dem Ansässigkeitsstaat der O-Sarl zustünde. Auch hinsichtlich der erhaltenen Anteile ist das deutsche Besteuerungsrecht weder ausgeschlossen noch beschränkt.

Die Ü-GmbH kann gem. § 21 I 2 den Ansatz der eingebrachten Anteile an der O-Sarl mit dem BW beantragen. Gemäß § 21 II 1 gilt dann der BW auch als Veräußerungspreis, den die E-GmbH für die eingebrachten Anteile erzielt hat, und als AK, die die E-GmbH für den neuen Geschäftsanteil an der Ü-GmbH aufgewandt hat. § 21 II 2 (und damit auch § 21 II 3) ist nicht anwendbar.

bb) DBA-Staat mit Zuweisung des Besteuerungsrechts zum Quellenstaat. Weist das entsprechende mit dem Ansässigkeitsstaat der einbringenden Gesellschaft abgeschlossene DBA das Besteuerungsrecht hinsichtlich des Gewinns aus der Veräußerung von Anteilen nicht dem Sitzstaat des Anteilseigners, sondern dem Sitzstaat der Gesellschaft als Quellenstaat zu (so im Wesentlichen die deutschen DBA mit der Slowakei, Tschechien, sowie in bestimmten Wegzugsfällen Norwegen), kommt es durch die Einbringung zu keiner Einschränkung des deutschen Besteuerungsrechts. Das deutsche Besteuerungsrecht hinsichtlich eines Gewinns aus der Veräußerung der eingebrachten Anteile war bereits vor der Einbringung ausgeschlossen oder beschränkt. 384

Beispiel: Die unbeschränkt steuerpflichtige E-GmbH hält alle Anteile an der tschechischen O-s. r. o. und an der unbeschränkt steuerpflichtigen Ü-GmbH. Die E-GmbH bringt ihre Beteiligung an der O-s. r. o. in die Ü-GmbH ein.

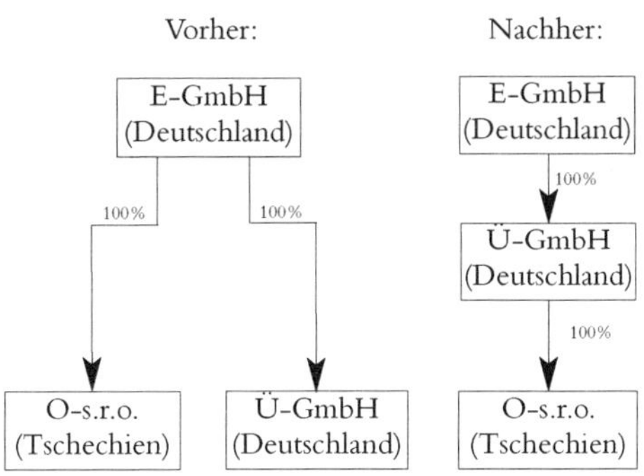

Bei Veräußerung der Beteiligung an der O-s. r. o. ist Tschechien als Ansässigkeitsstaat der Gesellschaft, an der die Anteile, die veräußert werden, bestehen, gem. Art. 13 III DBA Tschechoslowakei/Deutschland (welches im Verhältnis zu Tschechien weiter gilt) zur Besteuerung befugt. Deutschland ist zwar ebenfalls zur Besteuerung des Veräußerungsgewinns befugt, hat aber die tschechische Steuer nach Art. 23 I Buchst. b) Ziffer 3 DBA Tschechoslowakei/Deutschland anzurechnen. Hinsichtlich der Beteiligung an der O-s. r. o. besteht sowohl vor als auch nach der Einbringung ein deutsches Besteuerungsrecht mit Anrechnungsverpflichtung. Nach dem Gesetzeswortlaut ist dennoch § 21 II 2 Hs. 2 anwendbar, dh das deutsche Besteuerungsrecht ist hinsichtlich der Besteuerung eines Gewinns aus der Veräußerung der Beteiligung an der O-s. r. o. durch die Ü-GmbH beschränkt mit der Folge, dass auf Ebene des E die erhaltenen Anteile mit dem gemeinen Wert anzusetzen wären. Weil sich das deutsche Besteuerungsrecht jedoch nicht verschlechtert, dh verglichen zur Rechtslage vor der Einbringung keine Beschränkung vorliegt, ist § 21 II 2 Hs. 2 nicht anwendbar; vgl. Rn. 262.

2. Einbringender ist nicht unbeschränkt steuerpflichtig, die übernehmende Gesellschaft ist unbeschränkt steuerpflichtig

385 **Beispiel:** Die belgische E-NV ist alleinige Gesellschafterin sowohl der französischen O-Sarl als auch der deutschen Ü-GmbH. Die E-NV bringt ihre Beteiligung an der O-Sarl gegen Gewährung eines neuen Geschäftsanteils an der Ü-GmbH in diese ein.

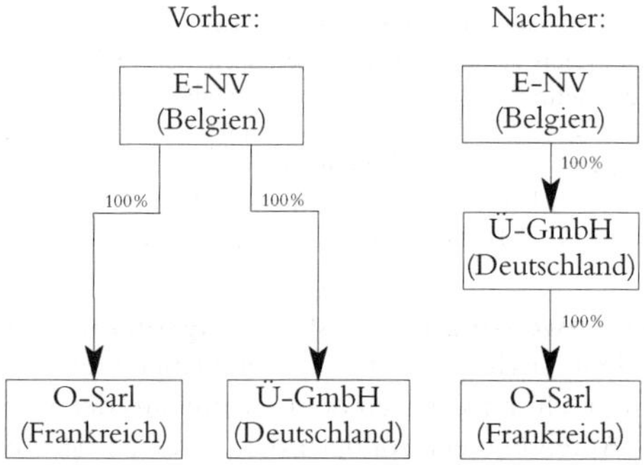

Weil die Ü-GmbH nach der Einbringung nachweisbar unmittelbar die Stimmrechtsmehrheit an der O-Sarl hält, kann die Ü-GmbH die O-Sarl-Beteiligung an sich gem. § 21 I 2 auf Antrag mit dem BW oder einem höheren Wert, höchstens jedoch mit dem gemeinen Wert, ansetzen. Es ist jedoch zu berücksichtigen, dass Deutschland vor der Einbringung keinerlei Besteuerungsrechte hinsichtlich der Beteiligung an der O-Sarl hatte. Dadurch, dass die E-NV ihre Beteiligung an der O-Sarl in die Ü-GmbH einbringt, wird das deutsche Besteuerungsrecht hinsichtlich der Beteiligung an der O-Sarl erstmals begründet. Deshalb ist die eingebrachte Beteiligung an der O-Sarl mit dem gemeinen Wert anzusetzen. Der Ansatz der O-Sarl-Beteiligung mit dem gemeinen Wert entspricht auch dem steuerlichen Interesse der Ü-GmbH. Denn die Ü-GmbH ist steuerlich daran interessiert, einen etwaigen späteren Gewinn aus der Veräußerung der O-Sarl-Beteiligung zu minimieren. Gemäß § 21 II 1 hat die E-NV den neuen erhaltenen Anteil an der Ü-GmbH ebenfalls mit dem gemeinen Wert anzusetzen. Die E-NV unterliegt mit einem etwaigen Einbringungsgewinn nicht gemäß § 49 I Nr. 2 Buchst. e) Doppelbuchst. aa) EStG der beschränkten Steuerpflicht, da dies voraussetzte, dass die O-Sarl, deren Anteile in die Ü-GmbH eingebracht wurden, ihren Sitz oder ihre Geschäftsleitung im Inland hat. Da Deutschland nach der Einbringung kein Besteuerungsrecht für die Gewinne aus einer Veräußerung des neu gewährten Anteils an der Ü-GmbH hat, ist § 21 II 2 Hs. 2 einschlägig. Die E-NV ist nicht berechtigt, einen Antrag nach § 21 II 3 auf Ansatz des BW oder eines ZW der eingebrachten Anteile und als AK für die erhaltenen Anteile zu stellen, weil eine Besteuerung des Gewinns aus dem Anteilstausch (Anteile an der O-Sarl gegen neuen Geschäftsanteil an der Ü-GmbH) von vornherein nicht in Betracht kommt, der Gewinn also nicht nur auf Grund Artikel 8 FusionsRL in Deutschland nicht besteuert werden darf.

3. Einbringender ist unbeschränkt steuerpflichtig, die übernehmende Gesellschaft ist nicht unbeschränkt steuerpflichtig

a) Ansässigkeitsstaat des Einbringenden ist hinsichtlich der erhaltenen Anteile an der übernehmenden Gesellschaft besteuerungsbefugt

Beispiel: Die unbeschränkt steuerpflichtige E-GmbH ist alleinige Gesellschafterin der österreichischen Ö-GmbH und der französischen F-Sarl. Die E-GmbH bringt ihre Beteiligung an der Ö-GmbH gegen neue Anteile in die F-Sarl ein. 386

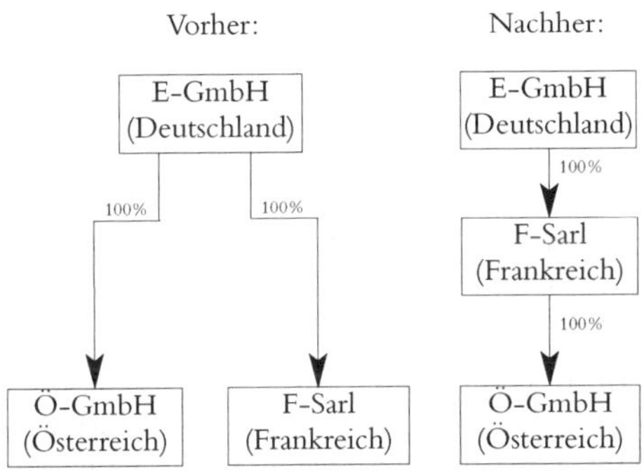

Weil die Anteile an der Ö-GmbH nach der Einbringung von der F-Sarl gehalten werden und die F-Sarl im Inland nicht steuerpflichtig ist, verliert Deutschland in Folge der Einbringung das Besteuerungsrecht hinsichtlich der Ö-GmbH-Beteiligung. Gemäß § 21 II 2 Hs. 2 gilt grundsätzlich der gemeine Wert der Beteiligung an der Ö-GmbH als Veräußerungspreis und als AK des neuen Anteils an der F-Sarl. Nach Art. 7 I DBA Frankreich/Deutschland ist Deutschland jedoch hinsichtlich der Besteuerung des Gewinns aus der Veräußerung des erhaltenen Anteils an der F-Sarl uneingeschränkt besteuerungsbefugt. Die E-GmbH kann mithin nach § 21 II 3 Nr. 1 die Buchwertfortführung beantragen. Mit welchem Wert die F-Sarl die Beteiligung an der Ö-GmbH einbucht, ist ohne Bedeutung. Eine Wertverknüpfung besteht insoweit nicht.

b) Ansässigkeitsstaat des Einbringenden ist hinsichtlich der erhaltenen Anteile an der übernehmenden Gesellschaft nur beschränkt besteuerungsbefugt

Beispiel: In Abänderung des vorherigen Beispiels bringt die E-GmbH ihre Ö-GmbH-Beteiligung 387
nicht in die F-Sarl ein, sondern in die ebenfalls insgesamt von ihr gehaltene tschechische T-s. r. o.

Nach der Einbringung ist das Besteuerungsrecht Deutschlands hinsichtlich eines Gewinns aus der Veräußerung der eingebrachten Ö-GmbH-Beteiligung ausgeschlossen, so dass nach § 21 II 2 Hs. 2 der gemeine Wert der Ö-GmbH-Beteiligung als von der E-GmbH erzielter Veräußerungspreis und als von der E-GmbH anzusetzende Anschaffungskosten für die neuen Anteile an der T-s. r.o gilt. Mit welchem Wert die T-s. r. o. die eingebrachte Ö-GmbH-Beteiligung nach tschechischem Steuerrecht einbucht, ist für die Besteuerung der E-GmbH in Deutschland unbeachtlich.

Nach Art. 23 I Buchst. b) Nr. 3 iVm Art. 13 III DBA Tschechoslowakei/Deutschland (welches im Verhältnis zu Tschechien fortgilt) ist Deutschland zwar hinsichtlich der erhaltenen Anteile an der T-s. r. o. besteuerungsbefugt. Jedoch steht auch Tschechien das Besteuerungsrecht zu und ist Deutschland verpflichtet, die tschechische Steuer auf einen Gewinn aus der Veräußerung der erhaltenen Anteile auf die deutsche Steuer anzurechnen. Obwohl sich Deutschland durch die Einbringung der Ö-GmbH-Beteiligung in die T-s. r. o. schlechter steht (hinsichtlich der Ö-GmbH-Beteiligung war Deutschland uneingeschränkt besteuerungsbefugt, hinsichtlich der Anteile an der T-s. r. o. besteht eine Anrechnungspflicht), kann die E-GmbH nach § 21 II 3 Nr. 2 die Buchwertfortführung beantragen. Wenn die E-GmbH später die erhaltenen Anteile an der T-s. r. o. veräußert, darf Deutschland einen Veräußerungsgewinn besteuern, ohne zur Anrechnung der tschechischen Steuer verpflichtet zu sein. Dieser *treaty override* ergibt sich aus § 21 II 3 Nr. 2 Hs. 2, Art. 8 VI FusionsRL.

4. Einbringender und übernehmende Gesellschaft sind nicht unbeschränkt steuerpflichtig

388 **Beispiel 1:** Die US-amerikanische E-Corp ist alleinige Gesellschafterin der deutschen O-GmbH und der britischen Ü-Ltd. Die E-Corp bringt ihre O-GmbH-Beteiligung in die Ü-Ltd. gegen Gewährung neuer Anteile ein.

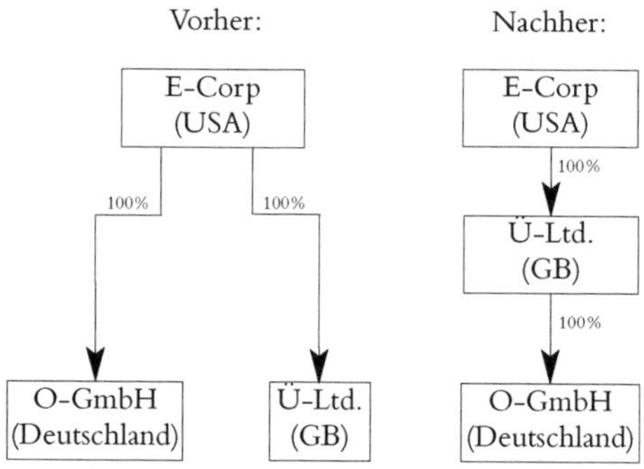

Deutschland hat gem. Art. 13 V DBA USA/Deutschland hinsichtlich eines Gewinns aus der Veräußerung der O-GmbH-Beteiligung durch die A-Corp. kein Besteuerungsrecht. Entsprechendes gilt nach Art. 8 III 1 DBA Großbritannien/Deutschland für einen Gewinn aus der Veräußerung der O-GmbH-Beteiligung durch die C-Ltd. Auswirkungen auf die Besteuerung eines Gewinns aus der Veräußerung der Anteile an der O-GmbH ergeben sich nicht.

389 **Beispiel 2:** Die tschechische E-s. r. o. ist alleinige Gesellschafterin der deutschen O-GmbH und der englischen Ü-Ltd. Die tschechische E-s. r. o. bringt ihre O-GmbH-Beteiligung in die Ü-Ltd. gegen Gewährung neuer Anteile ein.

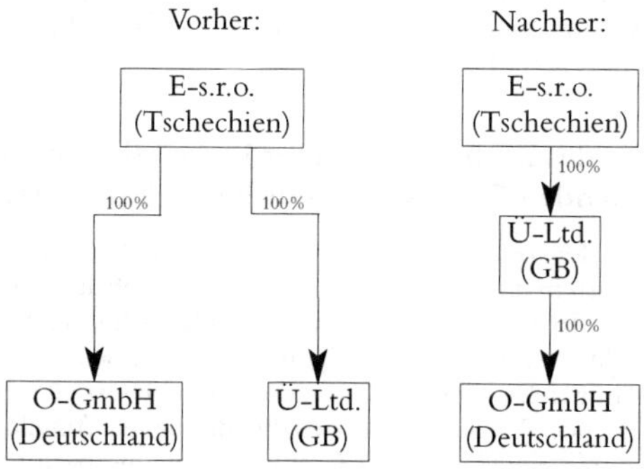

Vor dem Anteilstausch stand ein Gewinn aus der Veräußerung der O-GmbH-Beteiligung durch die E-s. r. o. gem. Art. 23 I Buchst. b) Nr. 3 iVm Art. 13 III DBA Tschechoslowakei/Deutschland Deutschland zu; für Tschechien war lediglich ein Besteuerungsrecht mit Anrechnung der deutschen Steuer gegeben. Nach der Einbringung kommt Deutschland im Grundsatz gem. Art. 13 V DBA Großbritannien/Deutschland kein Besteuerungsrecht hinsichtlich eines Gewinns aus der Veräußerung der O-GmbH-Beteiligung durch die Ü-Ltd zu. Mithin sind die auf Ebene der E-s. r. o. in der O-GmbH-Beteiligung ruhenden stillen Reserven anlässlich des Anteilstauschs grds. gem. § 21 II 2 Hs. 1 aufzudecken. In diesem Fall würde die E-s. r.o mit dem Einbringungsgewinn gemäß § 49 I Nr. 2 Buchst. e) Doppelbuchst. aa) EStG im Inland der beschränkten Steuerpflicht unterliegen, da die O-GmbH, deren Anteile in die Ü-Ltd. eingebracht wurden, ihren Sitz bzw. ihre Geschäftsleitung im Inland hat. Da der Anteilstausch, an dem nur EU-Kapitalgesellschaften iSd Art. 3 FusionsRL beteiligt sind, gemäß Art. 8 I FusionsRL keine Besteuerung auslösen darf, kann die E-s. r. o. gemäß § 21 II 3 Nr. 2 die Buchwertfortführung beantragen. Gemäß § 49 I Nr. 2 Buchst. e Doppelbuchst. bb 1. Alt. EStG iVm § 21 II 3 Nr. 2 S 2 hat Deutschland jedoch das uneingeschränkte Besteuerungsrecht hinsichtlich eines Gewinns aus der späteren Veräußerung der Ü-Ltd.-Beteiligung durch E-s. r. o.O-GmbH-Beteiligung *(treaty override)*; vgl. *Mayer* PIStB 2009, 186, 193.

§ 22 Besteuerung des Anteilseigners

(1) [1]Soweit in den Fällen einer Sacheinlage unter dem gemeinen Wert (§ 20 Abs. 2 Satz 2) der Einbringende die erhaltenen Anteile innerhalb eines Zeitraums von sieben Jahren nach dem Einbringungszeitpunkt veräußert, ist der Gewinn aus der Einbringung rückwirkend im Wirtschaftsjahr der Einbringung als Gewinn des Einbringenden im Sinne von § 16 des Einkommensteuergesetzes zu versteuern (Einbringungsgewinn I); § 16 Abs. 4 und § 34 des Einkommensteuergesetzes sind nicht anzuwenden. [2]Die Veräußerung der erhaltenen Anteile gilt insoweit als rückwirkendes Ereignis im Sinne von § 175 Abs. 1 Satz 1 Nr. 2 der Abgabenordnung. [3]Einbringungsgewinn I ist der Betrag, um den der gemeine Wert des eingebrachten Betriebsvermögens im Einbringungszeitpunkt nach Abzug der Kosten für den Vermögensübergang den Wert, mit dem die übernehmende Gesellschaft dieses eingebrachte Betriebsvermögen angesetzt hat, übersteigt, vermindert um jeweils ein Siebtel für jedes seit dem Einbringungszeitpunkt abgelaufene Zeitjahr. [4]Der Einbringungsgewinn I gilt als nachträgliche Anschaffungskosten der erhaltenen Anteile. [5]Umfasst das eingebrachte Betriebsvermögen auch Anteile an Kapitalgesellschaften oder Genossenschaften, ist insoweit § 22 Abs. 2 anzuwenden; ist in diesen Fällen das Recht der Bundesrepublik Deutschland hinsichtlich der Besteuerung des Gewinns aus der Veräußerung der erhaltenen Anteile ausgeschlossen oder beschränkt, sind daneben auch die Sätze 1 bis 4 anzuwenden. [6]Die Sätze 1 bis 5 gelten entsprechend, wenn

1. der Einbringende die erhaltenen Anteile unmittelbar oder mittelbar unentgeltlich auf eine Kapitalgesellschaft oder eine Genossenschaft überträgt,
2. der Einbringende die erhaltenen Anteile entgeltlich überträgt, es sei denn, er weist nach, dass die Übertragung durch einen Vorgang im Sinne des § 20 Absatz 1 oder § 21 Absatz 1 oder auf Grund vergleichbarer ausländischer Vorgänge zu Buchwerten erfolgte und keine sonstigen Gegenleistungen erbracht wurden, die die Grenze des § 20 Absatz 2 Satz 2 Nummer 4 oder die Grenze des § 21 Absatz 1 Satz 2 Nummer 2 übersteigen,
3. die Kapitalgesellschaft, an der die Anteile bestehen, aufgelöst und abgewickelt wird oder das Kapital dieser Gesellschaft herabgesetzt und an die Anteilseigner zurückgezahlt wird oder Beträge aus dem steuerlichen Einlagekonto im Sinne des § 27 des Körperschaftsteuergesetzes ausgeschüttet oder zurückgezahlt werden,
4. der Einbringende die erhaltenen Anteile durch einen Vorgang im Sinne des § 21 Absatz 1 oder einen Vorgang im Sinne des § 20 Absatz 1 oder auf Grund vergleichbarer ausländischer Vorgänge zum Buchwert in eine Kapitalgesellschaft oder eine Genossenschaft eingebracht hat und diese Anteile anschließend unmittelbar oder mittelbar veräußert oder durch einen Vorgang im Sinne der Nummern 1 oder 2 unmittelbar oder mittelbar übertragen werden, es sei denn, er weist nach, dass diese Anteile zu Buchwerten übertragen wurden und keine sonstigen Gegenleistungen erbracht wurden, die die Grenze des § 20 Absatz 2 Satz 2 Nummer 4 oder die Grenze des § 21 Absatz 1 Satz 2 Nummer 2 übersteigen (Ketteneinbringung),
5. der Einbringende die erhaltenen Anteile in eine Kapitalgesellschaft oder eine Genossenschaft durch einen Vorgang im Sinne des § 20 Absatz 1 oder einen Vorgang im Sinne des § 21 Absatz 1 oder auf Grund vergleichbarer ausländischer Vorgänge zu Buchwerten einbringt und die aus dieser Einbringung erhaltenen Anteile anschließend unmittelbar oder mittelbar veräußert oder durch einen Vorgang im Sinne der Nummern 1 oder 2 unmittelbar oder mittelbar übertragen werden, es sei denn, er weist nach, dass die Einbringung

zu Buchwerten erfolgte und keine sonstigen Gegenleistungen erbracht wurden, die die Grenze des § 20 Absatz 2 Satz 2 Nummer 4 oder die Grenze des § 21 Absatz 1 Satz 2 Nummer 2 übersteigen, oder
6. für den Einbringenden oder die übernehmende Gesellschaft im Sinne der Nummer 4 die Voraussetzungen im Sinne von § 1 Abs. 4 nicht mehr erfüllt sind.

[7] Satz 4 gilt in den Fällen des Satzes 6 Nr. 4 und 5 auch hinsichtlich der Anschaffungskosten der auf einer Weitereinbringung dieser Anteile (§ 20 Abs. 1 und § 21 Abs. 1 Satz 2) zum Buchwert beruhenden Anteile.

(2) [1] Soweit im Rahmen einer Sacheinlage (§ 20 Abs. 1) oder eines Anteilstausches (§ 21 Abs. 1) unter dem gemeinen Wert eingebrachte Anteile innerhalb eines Zeitraums von sieben Jahren nach dem Einbringungszeitpunkt durch die übernehmende Gesellschaft unmittelbar oder mittelbar veräußert werden und soweit beim Einbringenden der Gewinn aus der Veräußerung dieser Anteile im Einbringungszeitpunkt nicht nach § 8b Abs. 2 des Körperschaftsteuergesetzes steuerfrei gewesen wäre, ist der Gewinn aus der Einbringung im Wirtschaftsjahr der Einbringung rückwirkend als Gewinn des Einbringenden aus der Veräußerung von Anteilen zu versteuern (Einbringungsgewinn II); § 16 Abs. 4 und § 34 des Einkommensteuergesetzes sind nicht anzuwenden. [2] Absatz 1 Satz 2 gilt entsprechend. [3] Einbringungsgewinn II ist der Betrag, um den der gemeine Wert der eingebrachten Anteile im Einbringungszeitpunkt nach Abzug der Kosten für den Vermögensübergang den Wert, mit dem der Einbringende die erhaltenen Anteile angesetzt hat, übersteigt, vermindert um jeweils ein Siebtel für jedes seit dem Einbringungszeitpunkt abgelaufene Zeitjahr. [4] Der Einbringungsgewinn II gilt als nachträgliche Anschaffungskosten der erhaltenen Anteile. [5] Sätze 1 bis 4 sind nicht anzuwenden, soweit der Einbringende die erhaltenen Anteile veräußert hat; dies gilt auch in den Fällen von § 6 des Außensteuergesetzes vom 8. September 1972 (BGBl. I S. 1713), das zuletzt durch Artikel 7 des Gesetzes vom 7. Dezember 2006 (BGBl. I S. 2782) geändert worden ist, in der jeweils geltenden Fassung, wenn und soweit die Steuer nicht gestundet wird. [6] Sätze 1 bis 5 gelten entsprechend, wenn die übernehmende Gesellschaft die eingebrachten Anteile ihrerseits durch einen Vorgang nach Absatz 1 Satz 6 Nr. 1 bis 5 weiter überträgt oder für diese die Voraussetzungen nach § 1 Abs. 4 nicht mehr erfüllt sind. [7] Absatz 1 Satz 7 ist entsprechend anzuwenden.

(3) [1] Der Einbringende hat in den dem Einbringungszeitpunkt folgenden sieben Jahren jährlich spätestens bis zum 31. Mai den Nachweis darüber zu erbringen, wem mit Ablauf des Tages, der dem maßgebenden Einbringungszeitpunkt entspricht,
1. in den Fällen des Absatzes 1 die erhaltenen Anteile und die auf diesen Anteilen beruhenden Anteile und
2. in den Fällen des Absatzes 2 die eingebrachten Anteile und die auf diesen Anteilen beruhenden Anteile

zuzurechnen sind. [2] Erbringt er den Nachweis nicht, gelten die Anteile im Sinne des Absatzes 1 oder des Absatzes 2 an dem Tag, der dem Einbringungszeitpunkt folgt oder der in den Folgejahren diesem Kalendertag entspricht, als veräußert.

(4) Ist der Veräußerer von Anteilen nach Absatz 1
1. eine juristische Person des öffentlichen Rechts, gilt in den Fällen des Absatzes 1 der Gewinn aus der Veräußerung der erhaltenen Anteile als in einem Betrieb gewerblicher Art dieser Körperschaft entstanden,
2. von der Körperschaftsteuer befreit, gilt in den Fällen des Absatzes 1 der Gewinn aus der Veräußerung der erhaltenen Anteile als in einem wirtschaftlichen Geschäftsbetrieb dieser Körperschaft entstanden.

(5) **Das für den Einbringenden zuständige Finanzamt bescheinigt der übernehmenden Gesellschaft auf deren Antrag die Höhe des zu versteuernden Einbringungsgewinns, die darauf entfallende festgesetzte Steuer und den darauf entrichteten Betrag; nachträgliche Minderungen des versteuerten Einbringungsgewinns sowie die darauf entfallende festgesetzte Steuer und der darauf entrichtete Betrag sind dem für die übernehmende Gesellschaft zuständigen Finanzamt von Amts wegen mitzuteilen.**

(6) **In den Fällen der unentgeltlichen Rechtsnachfolge gilt der Rechtsnachfolger des Einbringenden als Einbringender im Sinne der Absätze 1 bis 5 und der Rechtsnachfolger der übernehmenden Gesellschaft als übernehmende Gesellschaft im Sinne des Absatzes 2.**

(7) **Werden in den Fällen einer Sacheinlage (§ 20 Abs. 1) oder eines Anteilstauschs (§ 21 Abs. 1) unter dem gemeinen Wert stille Reserven auf Grund einer Gesellschaftsgründung oder Kapitalerhöhung von den erhaltenen oder eingebrachten Anteilen oder von auf diesen Anteilen beruhenden Anteilen auf andere Anteile verlagert, gelten diese Anteile insoweit auch als erhaltene oder eingebrachte Anteile oder als auf diesen Anteilen beruhende Anteile im Sinne des Absatzes 1 oder 2 (Mitverstrickung von Anteilen).**

Übersicht

I. Allgemeines

1 § 22 regelt die Besteuerung des Anteilseigners in Einbringungsfällen. Die Regelung ist – wie schon der Vorgänger § 21 UmwStG aF – als Missbrauchsvorschrift konzipiert und soll verhindern, dass die Vorschriften der §§ 20 und 21, die bei Vorliegen bestimmter Voraussetzungen eine steuerneutrale Buchwertübertragung von Vermögen ermöglichen, zu Zwecken der Steuerumgehung eingesetzt werden. Nach der Regierungsbegründung geht es um die Verhinderung einer Steuergestaltung, die statt der – ggf. voll steuerpflichtigen – Veräußerung eines Betriebs, Teilbetriebs oder Mitunternehmeranteils die vorherige Einbringung in eine KapGes und anschließende Veräußerung der im Gegenzug gewährten Anteile an dieser zum Ziel hat, um das Teileinkünfteverfahren oder die Steuerfreistellung nach § 8b KStG in Anspruch nehmen zu können bzw. bei der das Besteuerungsrecht Deutschlands hinsichtlich der erhaltenen Anteile durch ein DBA eingeschränkt wird.

2 Mit § 22 wurde eine Regelung geschaffen, die sich von der bis Ende 2006 geltenden Rechtslage vor Einführung des SEStEG erheblich unterscheidet. Das vorherige System der Besteuerung **einbringungsgeborener Anteile** wurde aufgegeben. Nach dieser Systematik kam es zu einer Besteuerung des Gewinns aus der Veräußerung sog. einbringungsgeborener Anteile, wenn diese innerhalb von sieben Jahren nach der Einbringung von Betriebsvermögen unter dem Buchwert erfolgte. Besteuert wurde somit der tatsächlich erzielte Veräußerungsgewinn, der nicht nur die anlässlich der Einbringung übergegangenen stillen Reserven, sondern auch die nach der Einbringung neu entstandenen stillen Reserven oder auch eingetretene Wertminderungen beinhaltete. Bereits an dieser Stelle soll

jedoch erwähnt werden, dass diese „alte" Rechtslage in sog. „Altfällen" weiterhin anzuwenden ist und dass in bestimmten Konstellationen sogar einbringungsgeborene Anteile „alten Rechts" neu entstehen können (vgl. hierzu § 20 Rn. 562 ff.). Zum Verhältnis von § 21 UmwStG aF, § 8b IV KStG aF und § 22 UmwStG nF siehe außerdem eingehend Rn. 332 ff.

Der neue § 22 teilt einen innerhalb von 7 Jahren nach der Einbringung anfallenden Veräußerungsgewinn auf in eine nachträgliche Besteuerung der im Zeitpunkt der Einbringung übergegangenen stillen Reserven und einen **„verbleibenden Veräußerungsgewinn"**, wobei sich der Betrag der nachzuversteuernden stillen Reserven jährlich um 1/7 vermindert **(sog. Einbringungsgewinn I)**. 3

§ 22 ist in zwei Teile unterteilt, die in den Abs. 1 und 2 geregelt sind. § 22 I befasst sich mit der Besteuerung des Anteilseigners in den Fällen der Überführung von Betrieben, Teilbetrieben oder Mitunternehmeranteilen auf eine KapGes gegen Gewährung von Gesellschaftsrechten nach § 20. Demgegenüber regelt § 22 II die steuerlichen Konsequenzen auf der Ebene des Anteilseigners in den Fällen der Einbringung von Anteilen an KapGes oder Genossenschaften in eine KapGes oder eine Genossenschaft gegen Gewährung von Gesellschaftsrechten (sog. Anteilstausch) nach § 20 oder § 21. 4

II. Veräußerung von durch Betriebseinbringung nach § 20 erhaltenen Anteilen (§ 22 I)

Nach § 22 I kommt es zu einer rückwirkenden Besteuerung, soweit in den Fällen der Einlage eines Betriebs, Teilbetriebs oder Mitunternehmeranteils unter dem gemeinen Wert (§ 20 II 2) der Einbringende die erhaltenen Anteile innerhalb eines Zeitraums von sieben Jahren nach dem Einbringungszeitpunkt veräußert oder einen der in Satz 6 aufgeführten Ersatzrealisationstatbestände verwirklicht. 5

1. Voraussetzungen für die rückwirkende Besteuerung des Einbringungsgewinns nach § 22 I

a) Definition der erhaltenen Anteile

Einbringung nach § 20 I. § 22 I findet nur Anwendung, wenn zuvor eine Einbringung eines Betriebs, Teilbetriebs oder Mitunternehmeranteils nach § 20 I zu einem unter dem gemeinen Wert liegenden Wert (Buchwert oder Zwischenwert) gegen Gewährung von Gesellschaftsrechten erfolgt ist oder ein Formwechsel einer Personen- in eine KapGes nach § 25 zu einem unter dem gemeinen Wert liegenden Wert stattgefunden hat. 6

Unter die Vorschriften der §§ 20 ff. UmwStG fällt nur die Sacheinlage von WG des BV, nicht hingegen von WG des Privatvermögens. Durch die Einlage von WG des Privatvermögens können daher keine sperrfristbehafteten Anteile entstehen, auf die § 22 I anzuwenden wäre. 7

Eine **100%ige Beteiligung an einer KapGes** gilt nicht (mehr) als **fiktiver Teilbetrieb,** der nach § 20 zu Buchwerten übertragen werden könnte. Wird eine solche Beteiligung gegen Gewährung von Gesellschaftsrechten in eine andere KapGes eingebracht, handelt es sich vielmehr um einen Anteilstausch nach § 21 und auf die Besteuerung der übertragenen Anteile findet § 22 II Anwendung. 8

Gewährung neuer Anteile. Unabdingbare Voraussetzung für eine begünstigte Übertragung von Betriebsvermögen ist sowohl nach § 20 als auch nach § 21, dass der Einbringende als Gegenleistung neue Anteile an der Übernehmerin erhält. Das Gesetz bezeichnet diese Anteile als „erhaltene Anteile". 9

Einbringung zu unter den gemeinen Werten liegenden Werten. Erhaltene Anteile unterliegen nur dann den Regelungen des § 22 I, wenn sie durch eine Einbringung nach 10

§ 20 entstanden sind, bei der die übergegangenen Wirtschaftsgüter zu unter den gemeinen Werten liegenden Werten angesetzt worden sind.

11 Ist eine Einbringung eines Betriebs, Teilbetriebs oder Mitunternehmeranteils zu gemeinen Werten beabsichtigt und wird dies in den entsprechenden Verträgen explizit zum Ausdruck gebracht, so kommt es zu einer Bilanzberichtigung, wenn sich später – zB im Rahmen einer Betriebsprüfung – herausstellt, dass der gemeine Wert tatsächlich höher war. Eine Ausnahme gilt jedoch, wenn bei dem Einbringenden bereits Festsetzungsverjährung eingetreten ist (*Patt* in D/P/M § 22 Rn. 18). In diesem Fall sind die gewählten Werte beizubehalten und es ist im Endeffekt zu einem Ansatz unter dem gemeinen Wert gekommen. Der Anwendungsbereich des § 22 wäre damit für die erhaltenen Anteile eröffnet.

12 Gehen anlässlich eines einheitlichen Einbringungsvorgangs zwei Teilbetriebe oder ein Teilbetrieb und ein Mitunternehmeranteil über, dann kann das **Bewertungswahlrecht** bezüglich jeder Einheit getrennt ausgeübt werden, denn der Übergang jedes Teilbetriebs bildet einen gesonderten Einbringungsvorgang iSd § 20 (vgl. hierzu § 20 Rn. 307). Dasselbe gilt bei der Übertragung mehrerer Mitunternehmeranteile. Wird das Wahlrecht in diesen Fällen tatsächlich dergestalt unterschiedlich ausgeübt, dass eine Einheit zu Buchwerten und eine andere zu gemeinen Werten übertragen wird, so sind die im Gegenzug gewährten Anteile aufzuteilen und nur die auf die zu Buchwerten übergegangene Einheit entfallenden Anteile unterliegen den Regelungen des § 22, während die anderen Anteile keiner besonderen Steuerverhaftung oder Sperrfrist unterliegen. Die Aufteilung hat nach dem Verhältnis der Verkehrswerte der betreffenden Vermögensmassen zu erfolgen. Um diese unterschiedliche steuerliche Qualität der jeweiligen Anteile zu verdeutlichen und eine eigenständige Verwertung der sperrfristbehafteten und der nicht sperrfristbehafteten Anteile zu ermöglichen, bietet es sich in solchen Fällen an, von vornherein für jede eingebrachte Einheit (mindestens) einen eigenständigen Anteil zu gewähren, der wertmäßig genau dem gemeinen Wert des auf ihn entfallenden eingebrachten Vermögens entspricht. Mit Urteil v. 11.12.2013 (IX R 45/12, BB 2014, 1045) hat der BFH nochmals klargestellt, dass eine Identifizierbarkeit der konkret zugeordneten Anteile durch entsprechende Bezeichnung in den maßgeblichen Verträgen möglich ist.

Erfolgt die Einbringung in eine AG, dann besteht grundsätzlich die Möglichkeit festzulegen, welche Anteile auf welche Vermögensteile entfallen und diese Anteile können genau bezeichnet werden. Handelt es sich bei den Anteilen am übernehmenden Rechtsträger jedoch um Stückaktien, die in einem Girosammeldepot verwahrt werden, so ist eine Identifizierbarkeit einzelner Aktien regelmäßig nicht möglich. Es lässt sich dann nur prozentual berechnen, bei wie vielen Aktien es sich um erhaltene Anteile im Sinne des § 22 III handelt. Im Veräußerungsfall steht es dem Steuerpflichtigen faktisch frei, festzulegen, dass lediglich solche Aktien verkauft worden sind, die nicht unter § 22 fallen, sofern der rechnerische Anteil hierfür ausreicht. Es gibt also keinen Grundsatz, wonach die mangelnde Identifizierbarkeit von Aktien zu einer anteiligen Steuerverhaftung sämtlicher in dem Depot verwahrten Aktien führt (so zuletzt FG Köln v. 20.4.2015 (7 K 1279/07, EFG 2015, 1604) zu § 17 EStG). Im Fall der Einbringung in eine GmbH konnte bis Oktober 2008 im Rahmen einer Kapitalerhöhung an einen Gesellschafter immer nur ein Anteil gewährt werden. Eine Gewährung mehrerer selbstständiger Anteile war somit nicht möglich, sondern nur der Ausweis einer Quote. Seit der Einführung des MoMiG ist es jedoch auch bei einer GmbH möglich, anlässlich der Gründung oder einer Kapitalerhöhung an einen Gesellschafter mehrere Geschäftsanteile auszugeben (vgl. § 5 II iVm § 55 IV GmbHG), die dann entsprechend in den Verträgen bezeichnet werden können.

13 Erfolgt die Einbringung eines Betriebs, Teilbetriebs oder Mitunternehmeranteils zu **Zwischenwerten,** dann sind anteilig die stillen Reserven aller WG aufzudecken (vgl. hierzu eingehend § 20 Rn. 406). Die erhaltenen Anteile unterliegen in diesem Fall sämtlich der Regelung des § 22, sodass eine schädliche Verfügung innerhalb der nächsten 7 Jahre eine rückwirkende Besteuerung des Einbringungsvorgangs auslöst. Es erfolgt keine

Aufteilung des Einbringungsvorgangs in einen voll entgeltlichen und einen voll unentgeltlichen Teil. Allerdings ist in einem solchen Fall der möglicherweise rückwirkend zu versteuernde Einbringungsgewinn I um den Betrag der bereits aufgedeckten stillen Reserven gemindert.

14 **Gemischte Einbringung zu Buchwerten und gemeinen Werten.** Fraglich ist, ob dasselbe Ergebnis eintritt, wenn nicht sämtliche WG zu Zwischenwerten eingebracht werden, sondern einige zu Buchwerten und einige zu gemeinen Werten. Dieser Sachverhalt kann sich zwar nicht aufgrund der Ausübung eines Bewertungswahlrechts des übernehmenden Rechtsträgers ergeben, denn dieser hat das Wahlrecht zugunsten eines Buchwert- oder eines Zwischenwertansatzes immer für alle zu einem bestimmten Betrieb, Teilbetrieb oder Mitunternehmeranteil gehörigen WG einheitlich auszuüben. Allerdings kommt eine solche Situation zustande, wenn anlässlich einer Einbringung einige WG die Voraussetzungen des § 20 II erfüllen und andere nicht.

Beispiel: Die A-GmbH bringt einen Teilbetrieb in die französische X-SA gegen Gewährung von Gesellschaftsrechten ein, zu dem neben der Geschäftstätigkeit in Deutschland auch eine ausländische Betriebsstätte gehört, deren Erträge in Deutschland (unter Anrechnung der ausländischen Steuer) steuerpflichtig sind. Die zu dem Teilbetrieb gehörenden inländischen WG bilden nach der Einbringung eine deutsche Betriebsstätte der X-SA.

Lösung: Deutschland verliert durch die Einbringung sein Besteuerungsrecht an den WG der ausländischen Betriebsstätte. Es kommt nach § 20 II insoweit zu einem Ansatz der gemeinen Werte bei Anrechnung einer fiktiven ausländischen Steuer auf die deutsche Steuer gem. § 20 VII iVm § 3 III. Werden in derartigen Fällen mehrere Anteile gewährt, sind diese mE quotal zu teilen in sperrfristbehaftete und nicht sperrfristbehaftete Anteile. Diese Aufteilung hat nach dem Verhältnis der gemeinen Werte des zu Buchwerten und des zu gemeinen Werten übergegangenen Vermögens zu erfolgen. Dies scheint auch der Gesetzgeber so zu sehen. Zumindest hat er in § 20 III 2 für den vergleichbaren Fall, bei dem von der Einbringung auch einzelne WG betroffen sind, für die sowohl vor als auch nach der Einbringung das Besteuerungsrecht der Bundesrepublik Deutschland hinsichtlich des Gewinns aus der Veräußerung des Anteils ausgeschlossen ist, eine entsprechende Regelung getroffen, wonach „insoweit" für den Einbringenden der gemeine Wert des Betriebsvermögens im Zeitpunkt der Einbringung als Anschaffungskosten der Anteile gilt. Der Gesetzgeber befürwortet hier also eine quotale Aufteilung der erhaltenen Anteile. Es ist kein Grund ersichtlich, warum die gleiche Rechtsfolge nicht auch in dem hier diskutierten vergleichbaren Fall gelten sollte. Wird allerdings als Gegenleistung der Einbringung nur ein einheitlicher Anteil gewährt, kann dieser ja auch nur einheitlich wieder veräußert oder anderweitig verwertet werden. Für diesen Anteil sind daher auch einheitlich die AK zu ermitteln, die sich dann aus der Summe der zu gemeinen Werten und zu Buchwerten übergegangenen WG ergeben.

Es ist allerdings sehr fraglich, ob sich die FinVerw in einem solchen Fall für eine Teilbarkeit der erhaltenen Anteile aussprechen wird. In der Praxis ist daher Vorsicht geboten und die Frage sollte vorab durch eine verbindliche Auskunft geklärt werden (*Stangl* in R/H/vL § 22 Rn. 23c hat ebenfalls Zweifel, ob die FinVerw dieser Auffassung folgen wird).

15 **Miteinbringung von Kapitalbeteiligungen.** Werden anlässlich der Einbringung von Betrieben oder Teilbetrieben auch Kapitalgesellschaftsbeteiligungen mit übertragen, ist grds. auch insoweit ein Fall des § 20 gegeben. Das gilt für sämtliche Beteiligungen an KapGes, unabhängig davon, ob diese nach § 21 auch isoliert zu Buchwerten übertragen werden könnten oder nicht. Die hM geht von einem generellen Vorrang des § 20 vor § 21 aus, wenn Beteiligungen in dem eingebrachten Betrieb, Teilbetrieb oder Mitunternehmeranteil enthalten sind (einschränkend *Mutscher* in F/D § 22 Rn. 246, der eine Anwendung des § 22 II nur bei einem Übergang von Anteilen an KapGes zusammen mit einem Betrieb/Teilbetrieb oder als (gemeinsam mit einem Mitunternehmeranteil zu übertragendes) SonderBV befürwortet, nicht hingegen bei Einbringung eines Mitunternehmeranteils, wenn die Anteile „lediglich" zum Gesamthandsvermögen der PersGes gehören, deren Mitunternehmeranteil eingebracht wird). § 21 ist somit nur auf den isolierten Anteilstausch anwendbar (*Rabback* in R/H/vL § 21 Rn. 9, 20; ebenso *Patt* in D/P/M § 20 Rn. 30f.;

Stangl in R/H/vL § 22 Rn. 96; *Dötsch/Pung* DB 2006, 2763 (2768 f.)). Im Fall einer solchen „**gemischten Einbringung**" ist allerdings nach § 22 I 5 bezüglich der im Gegenzug gewährten Anteile die Besonderheit zu beachten, dass die auf die eingebrachten Kapitalbeteiligungen entfallenden erhaltenen Anteile nicht unter § 22 I fallen und damit keiner Sperrfrist unterliegen. Fraglich ist, ob es in derartigen Fällen möglich ist, eine konkrete Aufteilung der erhaltenen Anteile in sperrfristbehaftete und nicht sperrfristbehaftete Anteile vorzunehmen oder ob es bei einer rein rechnerischen Berücksichtigung der zugrunde liegenden Mischeinbringung bleibt, indem die in der eingebrachten Beteiligung ruhenden stillen Reserven bei der Ermittlung des Einbringungsgewinns I nicht berücksichtigt werden. Aus Tz. 22.02 UmwStE lässt sich nicht eindeutig entnehmen, wie die Finanzverwaltung zu dieser Frage steht.

16 Die wohl h. M. spricht sich – m. E. zu Recht – dafür aus, dass zumindest dann eine konkrete anteilsbezogene Aufteilung der erhaltenen Anteile möglich ist, wenn anlässlich der Einbringung mehrere zivilrechtlich eigenständige Anteile geschaffen werden, die entsprechend identifizierbar sind (vgl. *Stangl* in R/H/vL § 22 Rn. 97a; *Patt* in D/P/M § 22 Rn. 53; *Widmann* in W/M § 22 Rn. 178; *Nitzschke* in Blümich, § 22 Rn. 55; zweifelnd *Schmitt* in S/H/S § 22 Rn. 67). In einem solchen Fall ist es erforderlich, bereits im Einbringungsvertrag zu definieren, welche gewährten Anteile auf welchen Teil der Vermögensübertragung entfallen.

Folge einer solchen Aufteilung ist, dass die auf die miteingebrachten Beteiligungen entfallenden erhaltenen Anteile gem. § 22 I 5 HS 1 i. V. m. § 22 II nicht sperrfristbehaftet sind und sofort unter Anwendung des Teileinkünfteverfahrens bzw. des § 8b II KStG wieder veräußert werden könnten. Lediglich die den übrigen Sacheinlagegegenständen zuzuordnenden Anteile sind sog. „erhaltene" Anteile iSd § 22 I, die der dort geregelten 7-jährigen Sperrfrist unterliegen.

Wird hingegen im Zuge der Einbringung nur ein zivilrechtlich einheitlicher Anteil gewährt, so ist fraglich, ob dieser – zu einem späteren Zeitpunkt – noch so quotal geteilt werden kann, dass der auf den qualifizierten Anteilstausch entfallende Anteil steuerfrei veräußert werden kann (mE zu Recht befürwortend *Widmann* in W/M § 22 Rn. 177; ablehnend *Patt* in D/P/M § 22 Rn. 53). Es ist allerdings davon auszugehen, dass die FinVerw dies ablehnen wird und stattdessen davon ausgeht, dass der gesamte Anteil nach § 22 I verhaftet ist. Zur Vermeidung einer doppelten Erfassung der eingebrachten stillen Reserven müsste dann – wie bereits erwähnt – zur Ermittlung des Einbringungsgewinns I der gemeine Wert des eingebrachten Betriebsvermögens ohne den gemeinen Wert der eingebrachten Kapitalgesellschaftsanteile angesetzt werden (so auch *Ley* FR 2007, 109 (115)).

16a Interessant ist die Frage, wie bei einer Gewährung mehrerer identifizierbarer Anteile die Aufteilung der erhaltenen Anteile in sperrfristbehaftete Anteile und nicht sperrfristbehaftete Anteile zu erfolgen hat. Nach der Diskussion in der Literatur gibt es hier zwei mögliche Vorgehensweisen, nämlich entweder eine Aufteilung im Verhältnis der gemeinen Werte oder im Verhältnis der stillen Reserven. Beide Vorgehensweisen führen jedoch zu gewissen Verwerfungen, wenn nicht auch die AK für die aufgeteilten erhaltenen Anteile separat ermittelt werden können, wie das folgende Beispiel zeigt:

Beispiel: A ist alleiniger Gesellschafter der A-GmbH. Die Gesellschaft hat ein Stammkapital i. H. v. EUR 1 Mio., eingeteilt in 1 Mio. Anteile à EUR 1. Der Unternehmenswert beträgt EUR 3 Mio.

B ist alleiniger Gesellschafter der B-GmbH. A und B beschließen, ein Joint Venture zu gründen, indem die B-GmbH einen Teilbetrieb sowie eine 100%ige Beteiligung gegen Gewährung von Gesellschaftsrechten in die A-GmbH einbringt. Die Einbringung soll nach § 20 zu BW erfolgen.

Der Teilbetrieb der B-GmbH hat ein Reinvermögen zu BW i. H. v. EUR 1 Mio. und einen gemeinen Wert von EUR 3 Mio. Die Beteiligung hat einen BW von EUR 2 Mio. und ebenfalls einen gemeinen Wert von EUR 3 Mio.

Der Betrag der vorzunehmenden Kapitalerhöhung ist auf Basis der Unternehmenswerte des übergehenden zu dem bei dem übernehmenden Rechtsträger bereits vorhandenen Vermögen zu ermitteln. Dies ergibt eine Nennkapitalerhöhung von EUR 2 Mio. B erhält 2 Mio. Anteile a 1 EUR.

Diese 2 Mio. erhaltene Anteile sind nun für steuerliche Zwecke aufzuteilen in sperrfristbehaftete und nicht sperrfristbehaftete Anteile.

Eine **Aufteilung nach dem Verhältnis der stillen Reserven** führt dazu, dass 1.333.333 Anteile sperrfristbehaftet und 666.666 Anteile nicht sperrfristbehaftet sind. Die AK wären gem § 20 III 1 zu ermitteln durch einheitliche Verteilung der insgesamt eingebrachten BW (hier EUR 3 Mio.) und gleichmäßiger Verteilung auf alle gewährten Anteile. Es ergäben sich für jeden Anteil mit einem Nennbetrag von EUR 1 AK i. H. v. EUR 1,50.

Eine **Aufteilung nach dem Verhältnis der gemeinen Werte** ergibt demgegenüber, dass 1 Mio. Anteile auf die Teilbetriebseinbringung entfallen und damit sperrfristbehaftet sind, während 1 Mio. Anteile auf die übergegangene Beteiligung entfallen und nicht sperrfristbehaftet sind. Ermittelt man hier jedoch auch die AK – wie bei der vorherigen Vorgehensweise – aus der Summe der insgesamt eingebrachten BW, so kommt es bereits bei der Einbringung zu einem Überspringen stiller Reserven von den auf die Teilbetriebseinbringung entfallenden erhaltenen Anteile auf die auf die Beteiligungseinbringung entfallenden erhaltenen Anteile. Dies wäre ein Fall der Mitverstrickung nach § 22 VII.

Bei einer einheitlichen Verteilung der AK auf sämtliche erhaltenen Anteile bringen die oben dargestellten Vorgehensweisen Verwerfungen mit sich. Die Aufteilung nach dem Verhältnis der stillen Reserven führt also dazu, dass in jedem der beiden Beteiligungspakete die stillen Reserven verhaftet sind, die in dem jeweiligen Einbringungsgegenstand ruhten, was der Systematik des § 20 entspricht und von daher grds. systemgerecht erscheint. Allerdings weicht die Aufteilung ab von dem Ergebnis, welches sich ergäbe, wenn die Einbringung in zwei Vorgänge unterteilt und zunächst die Beteiligung nach § 21 und anschließend der Teilbetrieb nach § 20 eingebracht worden wäre. In letzterem Fall hätte sich nämlich eine Zuordnung der Anteile ergeben, die dem Verhältnis der gemeinen Werte entspricht. Die Ursache für diese Verwerfungen liegt in der Frage der Zuordnung der AK. Würde man bei einer gemischten Einbringung nach § 20 auch die AK der erhaltenen Anteile getrennt nach dem BW des jeweils auf diese Anteile entfallenden Einbringungsgegenstandes bestimmen, so könnte eine Aufteilung nach dem Verhältnis der gemeinen Werte vorgenommen werden und trotzdem entsprächen die in den jeweiligen erhaltenen Anteilen gebundenen stillen Reserven betragsmäßig genau den stillen Reserven des betreffenden Einlagegegenstandes. Die beiden oben dargestellten Aufteilungsmaßstäbe führten dann zu demselben Ergebnis. Es käme nicht zu einem Überspringen stiller Reserven und eine Mitverstrickung anlässlich der Einbringung wäre vermieden. Vor diesem Hintergrund ist dieses Vorgehen zu befürworten. Kommt es also bei einer gemischten Einbringung im Gegenzug zu einer Gewährung mehrerer Anteile, die den jeweiligen Einbringungsgegenständen unmittelbar als Gegenleistung zugeordnet werden, dann sind m. E. auch die AK getrennt voneinander nach den jeweiligen Buchwerten des eingebrachten Vermögens zu bestimmen. Die Auffassung in der Literatur ist nicht eindeutig. Patt (D/P/M § 22 Rn. 53) plädiert – wie hier – für eine Aufteilung im Verhältnis der Verkehrswerte der mit eingebrachten Beteiligung zum Wert des rechtlichen BV der Sacheinlage unter Beachtung der konkreten steuerlichen BWe (gl. A. Stangl in R/H/vL § 22 Rn. 99). Demgegenüber plädiert *Schmitt* (S/H/S § 22 Rn. 67) für eine Aufteilung nach Maßgabe der stillen Reserven und ausdrücklich gegen eine Aufteilung nach dem Verhältnis der gemeinen Werte (ebenso *Nitzschke* in Blümich § 22 Rn. 55). Diese Auffassung geht – gemäß der obigen Darstellung – dann wohl implizit von einer einheitlichen Verteilung der gesamten AK (beider Einbringungsgegenstände) auf sämtliche erhaltenen Anteile aus, da sich sonst – wie oben dargelegt – die beiden Methoden gar nicht unterscheiden würden (so auch *Knief/Birnbaum*, DB 2010, 2527 (2529) sowie *Widmann* in W/M § 22 Rn. 176).

Sonderfall des § 22 I 5 2. HS. Eine Ausnahme von der Grundregel, dass ein (qualifizierter) Anteilstausch die Rechtsfolgen des § 22 II und nicht die des § 22 I auslöst, gilt 17
nach § 22 I 5, wenn Anteile zusammen mit sonstigem inländischen Betriebsvermögen eingebracht werden und das Recht der Bundesrepublik Deutschland hinsichtlich der Besteuerung des Gewinns aus der Veräußerung der erhaltenen Anteile ausgeschlossen oder beschränkt ist. In einem solchen Fall ist zwar § 22 II auf die eingebrachten Anteile anzuwenden, daneben sind aber ebenfalls die Sätze 1 bis 4 des § 22 I auf die erhaltenen

Anteile anzuwenden. Es entsteht somit auf beiden Ebenen eine Sperrfrist von 7 Jahren. Der Sinn dieser Regelung ist, die Einmalbesteuerung der eingebrachten Anteile nach dem Teileinkünfteverfahren sicherzustellen. Relevant ist diese Fallkonstellation lediglich für Einbringende, die nicht von § 8b II KStG begünstigt sind. In einem reinen Inlandsfall ist bei einem Anteilstausch eine Regelung zur Sperrfristverhaftung erhaltener Anteile grds. nicht erforderlich, weil die erhaltenen Anteile bei dem Einbringenden ohnehin der regulären Besteuerung (idR Teileinkünfteverfahren) unterliegen. Diese Systematik greift allerdings nicht, wenn es sich bei dem Einbringenden um einen Steuerausländer handelt und Deutschland nach dem einschlägigen DBA an dem Gewinn aus der Veräußerung der erhaltenen Anteile kein Besteuerungsrecht zusteht. In diesem Fall könnte der Einbringende die erhaltenen Anteile unmittelbar nach der Einbringung steuerfrei veräußern und sich dadurch – mittels der durchgeführten Einbringung – der Besteuerung in Deutschland entziehen. Durch die Sperrfristverhaftung der erhaltenen Anteile kann dann jedoch im Fall einer schädlichen Verfügung innerhalb der Sperrfrist eine Besteuerung des Einbringungsgewinns vorgenommen werden, die rückwirkend auf den Zeitpunkt der Einbringung und damit noch in die Zeit der beschränkten Steuerpflicht des Steuerausländers fällt. In UmwStE Rn. 22.11 wird diese Regelung anhand des Beispiels einer Einbringung einer inländischen Betriebsstätte durch eine im Ausland ansässige natürliche Person erläutert, in deren Betriebsvermögen sich eine Beteiligung befindet.

18 § 22 I 5 definiert nicht, **zu welchem Zeitpunkt** das Besteuerungsrecht Deutschlands hinsichtlich der Besteuerung des Gewinns aus der Veräußerung der erhaltenen Anteile ausgeschlossen oder beschränkt sein muss. In Betracht kommt hier der steuerliche Übertragungsstichtag oder der Tag der tatsächlichen Veräußerung der erhaltenen Anteile. Nach Ansicht von *Pung* (GmbHR 2012, 158 (160)) ist auf den Veräußerungs- und nicht auf den Einbringungszeitpunkt abzustellen. Dieser Ansicht ist nicht zuzustimmen, wie die folgende Besprechung von Wegzugs- und Zuzugsfällen zeigt. Stattdessen ist mE der Zeitpunkt der Einbringung maßgeblich für die Frage der Anwendbarkeit des § 22 I 5.

Zunächst ist anzumerken, dass es sämtlichen Einbringungskonstellationen des § 22 immanent ist, dass sich für den Einbringenden zum Zeitpunkt der Einbringung ergibt, ob er eine Sperrfrist ausgelöst hat oder nicht. Dies wäre hier anders, wenn man der Auffassung von *Pung* zustimmt, denn dann würde sich die Frage, ob eine Sperrfrist existiert, erst im Zeitpunkt der späteren Veräußerung klären.

Die Frage, zu welchem Zeitpunkt ein Ausschluss bzw. eine Beschränkung des deutschen Besteuerungsrechts für die Anwendbarkeit des § 22 I 5 zu beurteilen ist, wird nur dann relevant, wenn sich der Steuerstatus des Einbringenden in dem Zeitraum zwischen dem Einbringungsstichtag und dem Stichtag der Veräußerung der erhaltenen Anteile ändert. Der wohl häufigste Fall, der eine solche Änderung auslöst, ist ein Wegzug des Einbringenden in ein anderes Land der EU/EWR bzw. ein Zuzug des Einbringenden aus dem Ausland (EU/EWR oder Drittland) nach Deutschland.

In einem Wegzugsfall macht es aber aus meiner Sicht keinen Sinn, die Frage der Entstehung einer Sperrfrist nach der Besteuerungssituation zum Zeitpunkt der Veräußerung der Anteile zu beurteilen, denn der Wegzug selbst ist ja gem. § 6 AStG schon ein Ersatzrealisationstatbestand und spätestens mit der Veräußerung der erhaltenen Anteile wird die durch den Wegzug ausgelöste (und ggf. bis dato gestundete) Steuer auch fällig. Der Einbringende kann sich also durch einen Wegzug der Besteuerung der in den erhaltenen Anteile ruhenden stillen Reserven in Deutschland nach dem Teileinkünfteverfahren nicht entziehen und es macht keinen Sinn, ihn dann noch „rückwirkend" mit einer Sperrfrist nach § 22 I zu belegen. Für eine zusätzliche Sicherung des deutschen Besteuerungsrechts besteht in diesem Fall kein Bedarf. Dasselbe gilt gem. § 6 I Nr. 4 AStG im Fall der Änderung eines DBA, wodurch es zu einem Ausschluss oder einer Beschränkung des deutschen Besteuerungsrechts kommt.

Zu demselben Ergebnis kommt man auch im Fall eines zwischenzeitlichen Zuzugs des Einbringenden. Hier war das Besteuerungsrecht Deutschlands zum Zeitpunkt der Einbringung ausgeschlossen, wird aber später durch den Zuzug begründet. Anschließend veräußert der Einbringende seine erhaltenen Anteile. Beurteilt man hier die Frage der Entstehung einer Sperrfrist für die erhaltenen Anteile nach der Besteuerungssituation im Zeitpunkt der Einbringung, so muss die Anwendbarkeit des § 22 I 5 bejaht werden und es entsteht eine zusätzliche Sperrfrist für diese Anteile nach § 22 I mit der Folge, dass eine spätere Veräußerung zur rückwirkenden Entstehung eines Einbringungsgewinns I führt. Beurteilt man die Frage der Entstehung einer Sperrfrist nach § 22 I 5 hingegen zum Zeitpunkt der Veräußerung der Anteile, so kommt man zu dem Ergebnis, dass eine Sperrfrist nach § 22 I 5 für diese erhaltenen Anteile nicht ausgelöst wurde, weil zu diesem Zeitpunkt das deutsche Besteuerungsrecht gar nicht mehr ausgeschlossen oder beschränkt ist. Durch die spätere Veräußerung würde somit kein rückwirkender Einbringungsgewinn I ausgelöst. ME wäre es aber richtig, auch in diesem Fall die Frage der Entstehung einer Sperrfrist zum Zeitpunkt der Einbringung zu bestimmen und nicht zum Zeitpunkt der späteren Anteilsveräußerung, mit der Folge, dass in einem solchen Zuzugsfall die Entstehung einer solchen Sperrfrist zu bejahen ist. Zwar hat die Bundesrepublik Deutschland durch den Zuzug das Besteuerungsrecht für den Gewinn aus der Anteilsveräußerung erhalten, allerdings gem. § 4 I 8 iVm § 6 I Nr. 5 nur für die seit dem Zuzug neu entstandenen, nicht jedoch für die vor dem Zuzug entstandenen stillen Reserven, zu denen ja auch die zum Zeitpunkt der Einbringung übertragenen stillen Reserven gehören. Das Ziel, die zum Zeitpunkt der Einbringung vorhandenen stillen Reserven nach dem Teileinkünfteverfahren zu besteuern, kann also nur durch die Realisierung eines Einbringungsgewinns I erreicht werden.

Zu erwähnen bleibt noch die Tatsache, dass § 22 I 5 für die Realisierung einer nach 19
dieser Vorschrift entstandenen Sperrfrist nur auf die Sätze 1–4 des § 22 I verweist, nicht jedoch auf Satz 6. Damit ist für diese Anteile – trotz der Sperrfrist nach § 22 I – offensichtlich eine Realisation der in Satz 6 aufgeführten Ersatzrealisationstatbestände unschädlich (gl. A. Patt in D/P/M § 22 Rn. 53a; krit. hierzu *Mutscher* in F/D § 22 Rn 213).

Sonstige Fälle von Mischeinbringungen. Eine Notwendigkeit zur Aufteilung der 20
gewährten Anteile in sog. „erhaltene" Anteile und „freie" Anteile ergibt sich nicht nur bei der Miteinbringung von Beteiligungen, sondern auch in den Fällen der gemischten Bar-/Sachgründung bzw. bei der Mitübertragung sonstiger WG. Als „erhaltene" Anteile iSd § 22 gelten hierbei immer nur die Anteile, die als Gegenleistung auf den Einbringungsgegenstand Betrieb/Teilbetrieb/Mitunternehmeranteil entfallen. Werden hingegen Bargeld oder sonstige – nicht zum Sacheinlagegegenstand gehörige – Wirtschaftsgüter mit eingebracht, gehören die insoweit als Gegenleistung gewährten neuen Anteile nicht zu den erhaltenen Anteilen iSd § 22 (vgl. *Patt* in D/P/M § 22 Rn. 6a). Die Frage der Teilbarkeit, wenn zivilrechtlich nur ein einheitlicher Anteil gewährt wird, ergibt sich hier gleichermaßen wie bei der Miteinbringung von Kapitalbeteiligungen (vgl. Rn. 16)

Einbringender hält Anteile am übernehmenden Rechtsträger. Gehört zu dem 21
übergehenden Betrieb/Teilbetrieb/Mitunternehmeranteil eine Beteiligung am übernehmenden Rechtsträger und stellt diese Beteiligung eine wesentliche Betriebsgrundlage des übergehenden Betriebsvermögens dar, müsste sie eigentlich mit auf den übernehmenden Rechtsträger übergehen, um die Voraussetzungen des § 20 zu erfüllen und die Buchwerte fortführen zu können. Gleichwohl macht dieses Vorgehen wirtschaftlich keinen Sinn, weil der übernehmende Rechtsträger eigene Anteile erhält und im Gegenzug neue Anteile ausgibt. Aus diesem Grund hat die FinVerw bereits zu der vor dem SEStEG geltenden Rechtslage eine **Billigkeitsregelung** geschaffen, dass auf die Mitübertragung einer solchen Beteiligung verzichtet werden kann. Allerdings gehörten dann die zurückbehaltenen Anteile ebenfalls zu den einbringungsgeborenen Anteilen alten Rechts. Eine vergleichbare Billigkeitsregelung ist auch in den UmwStE 2011 aufgenommen worden (vgl. UmwStE Rn. 20.09). Voraussetzung ist allerdings ein Antrag des Einbringenden, verbunden mit einer „Einverständniserklärung", dass die so zurückbehaltenen Anteile ebenfalls als erhaltene Anteile iSd § 22 I gelten. Diese Rechtsfolge ist allerdings kritisch zu sehen, denn wären die Anteile mit eingebracht worden, so hätte insoweit ein Anteilstausch vorgelegen, bei

dem es grds. zu einer Verstrickung der eingebrachten und nicht der erhaltenen Anteile gekommen wäre (vgl. zum Anteilstausch Rn. 270). Lediglich dann, wenn es anlässlich der Einbringung zu einem Überspringen stiller Reserven auf diese zurückbehaltenen Anteile kommt (was in der Praxis sehr häufig der Fall sein dürfte), tritt eine Mitverstrickung ein, die im Fall einer schädlichen Verfügung eine rückwirkende Besteuerung des Einbringungsgewinns I auslöst (gl. A. Patt in D/P/M § 22 Rn. 53; Widmann in W/M § 22 Rn. 22).

22 Werden Anteile zurückbehalten, ermitteln sich die AK der erhaltenen Anteile (Neu- und Altanteile) aus dem Wertansatz des eingebrachten Vermögens zuzüglich des Buchwerts der zurückbehaltenen Anteile.

23 **Mitverstrickung anderer Anteile.** Durch die in § 20 III 1 geregelte Systematik der doppelten Buchwertverknüpfung, wonach der Wert, mit dem die übernehmende Gesellschaft das eingebrachte BV ansetzt, für den Einbringenden als Veräußerungspreis und als AK der Gesellschaftsanteile gilt, spiegeln sich die in dem übergegangenen BV enthaltenen stillen Reserven in den erhaltenen Anteilen wieder. Im Fall einer Veräußerung dieser Anteile unmittelbar nach der Einbringung entsteht daher der Höhe nach derselbe Gewinn, der auch entstanden wäre, wenn das übergegangene Betriebsvermögen direkt veräußert oder zum gemeinen Wert eingebracht worden wäre. Dies gilt zumindest dann, wenn das Umtauschverhältnis, das der Bemessung der Höhe der im Gegenzug zu gewährenden Beteiligung an der Übernehmerin zugrunde gelegen hat, angemessen ist und der gemeine Wert der erhaltenen Anteile dem gemeinen Wert des übergegangenen Vermögens entspricht. Liegt der gemeine Wert der erhaltenen Anteile demgegenüber unter dem gemeinen Wert des eingebrachten Betriebsvermögens – ist also das Umtauschverhältnis unangemessen – so kommt es zu einer Verlagerung stiller Reserven auf andere Anteile. In diesem Fall gelten diese anderen Anteile nach § 22 VII ebenfalls als „erhaltene Anteile" und werden auch von der Steuerverstrickung nach § 22 I erfasst.

24 Zur Mitverstrickung von Anteilen und den sich daraus ergebenden steuerlichen Konsequenzen vgl. eingehend Rn. 328 ff.

b) Tatbestand der Veräußerung

25 **aa) Definition der Veräußerung.** Eine Veräußerung der erhaltenen Anteile ist immer dann gegeben, wenn das **wirtschaftliche Eigentum** dieser Anteile **entgeltlich** auf einen anderen Rechtsträger übertragen wird (vgl. beispielhaft BFH v. 27.7.1988 – I R 147/83, BStBl. II 1989, 271).

26 **bb) Entgeltliche Übertragung.** Eine **entgeltliche** Übertragung ist gegeben in den Fällen des Verkaufs oder Tauschs (*Patt* in D/P/M, § 22 UmwStG Rn. 31; *Benz/Rosenberg* BB Special Heft 8, 2006, 51 (62); *Widmann* in W/M § 22 Rn. 18). Darüber hinaus gilt nach Auffassung der FinVerw auch jede Umwandlung als Veräußerungs- und Anschaffungsgeschäft (UmwStE Rn. 22.07 iVm 00.02). Daher sieht sie auch jegliche Übertragung oder jeglichen Anteilstausch der sperrfristbehafteten Anteile im Zuge von Folgeumwandlungen innerhalb der 7-jährigen Sperrfrist grundsätzlich als schädlichen Tatbestand an, es sei denn, das Gesetz sieht einen ausdrücklichen Ausnahmetatbestand vor (zB in § 22 I 6 Nr. 2). In der Literatur ist allerdings äußert umstritten, welche Vorgänge innerhalb der 7-jährigen Sperrfrist tatsächlich als schädlich anzusehen sind. Auf diese Fallgestaltungen wird in Rn. 31 ff. detailliert eingegangen.

27 **cc) Übergang des wirtschaftlichen Eigentums.** Für den Tatbestand der Veräußerung ist der Übergang des wirtschaftlichen Eigentums ausschlaggebendes Kriterium. Regelmäßig fällt dieser mit dem Übergang des zivilrechtlichen Eigentums zusammen. In Ausnahmefällen kann es jedoch dazu kommen, dass diese beiden Rechtspositionen auseinanderfallen. Nach § 39 II Nr. 1 AO ist ein **Übergang des wirtschaftlichen Eigentums** gegeben, wenn der wirtschaftliche Eigentümer den zivilrechtlichen Eigentümer im Regelfall für die gewöhnliche Nutzungsdauer von der Einwirkung auf das WG wirtschaftlich ausschließen kann. Dies kann zB – je nach Ausgestaltung – in Fällen von Treuhandverhält-

nissen, Sicherungsübereignungen oder Eigenbesitznahmen der Fall sein. Nach der Rechtsprechung des BFH (v. 10.3.1988 IV R 226/85, BStBl. II 1988, 832 mwN) ist das wirtschaftliche Eigentum von Anteilen an KapGes übergegangen, wenn die folgenden Voraussetzungen erfüllt sind:

- Aufgrund eines (bürgerlich-rechtlichen) Rechtsgeschäfts hat der Erwerber der Anteile bereits eine rechtlich geschützte, auf den Erwerb des Rechts gerichtete Position erworben, die ihm gegen seinen Willen nicht mehr entzogen werden kann,
- die mit den Anteilen verbundenen wesentlichen Rechte sowie
- das Risiko einer Wertminderung und die Chance einer Wertsteigerung sind auf den Erwerber übergegangen.

dd) Teilentgeltliche Veräußerung. Erfolgt eine Veräußerung erhaltener Anteile in- 28
nerhalb der Sperrfrist teilentgeltlich, ist nach der hM eine Aufteilung in einen voll entgeltlichen und einen voll unentgeltlichen Vorgang vorzunehmen, wenn sich für den entgeltlichen und den unentgeltlichen Teil unterschiedliche steuerliche Konsequenzen ergeben (sog. **Trennungstheorie;** *Stangl* in R/H/vL § 22 Rn. 27; *Patt* in D/P/M § 22 Rn. 30; FG Münster v. 18.12.1997, EFG 1998, 769). Eine Aufteilung erübrigt sich, wenn auch der unentgeltlich übertragene Teilanteil eine rückwirkende Besteuerung des Einbringungsgewinns auslöst, weil insoweit einer der Ersatzrealisationstatbestände des § 22 I 6 Nr. 1 oder Nr. 6 erfüllt ist (*Patt* in D/P/M § 22 Rn. 30).

Ein teilentgeltliches Veräußerungsgeschäft kann zB vorliegen bei einer **Schenkung unter Auflage,** bei einer **gemischten Schenkung,** bei einer Übertragung im Wege der **vorweggenommenen Erbfolge** mit Zahlung von Gleichstellungsgeldern oder im Fall der Übertragung zwischen fremden Dritten mit einem offensichtlichen **Missverhältnis von Leistung und Gegenleistung** (vgl. *Patt* in D/P/M § 22 Rn. 30). Nach Ansicht von *Patt* (vgl. ebda) soll außerdem ein teilentgeltliches Veräußerungsgeschäft vorliegen, wenn zwar zunächst ein angemessener Kaufpreis vereinbart wurde, dieser aber nachträglich gemindert wird aufgrund der Zahlungsunfähigkeit des Schuldners oder des Erlasses eines Teils des Kaufpreises. Dieser Auffassung ist mE nicht zuzustimmen. Die Einordnung eines Veräußerungsgeschäfts in vollentgeltlich oder teilentgeltlich hat nach dem tatsächlich Vereinbarten und dem Willen der Vertragsparteien zu erfolgen. Kommt es hingegen nicht zu einer vollständigen Zahlung des vereinbarten Kaufpreises, zB infolge der Insolvenz des Schuldners, wird ein zunächst vollentgeltliches Geschäft nicht rückwirkend zu einem teilentgeltlichen Vorgang.

Die **Aufteilung eines teilentgeltlichen Geschäfts** in einen entgeltlichen und einen 29
voll unentgeltlichen Teil erfolgt nach dem Verhältnis der gemeinen Werte (*Widmann* in W/M § 22 Rn. 33). Der voll entgeltliche Teil führt wie in den Fällen der quotalen Veräußerung zu einer anteiligen rückwirkenden Besteuerung des Einbringungsgewinns I (vgl. hierzu auch Rn. 133). Auf den voll unentgeltlichen Teil findet regelmäßig § 22 VI Anwendung und der unentgeltliche Rechtsnachfolger tritt in die Rechtsstellung des Einbringenden ein. Bei dem Erwerber ist diese Trennung des erworbenen Anteils in einen voll entgeltlich erworbenen und einen unentgeltlich erworbenen Teil beizubehalten, denn bezüglich des unentgeltlich erworbenen Teils erfüllt er im Fall einer Weiterveräußerung innerhalb der 7-Jahres-Frist ebenfalls einen schädlichen Tatbestand iSd § 22 I (vgl. hierzu auch Rn. 317 ff.).

Durch ein aktuelles Urteil des IV. Senats des BFH (Urteil v. 19.9.2012 – IV R 11/12, DStR 2012, 2051) zu § 6 V EStG sind allerdings neue Erkenntnisse gewonnen worden, wie bei der Anwendung der Trennungstheorie der Veräußerungsgewinn für den vollentgeltlichen Teil tatsächlich zu berechnen ist. Während die FinVerw (BMF v. 7.6.2001, BStBl. I 2001, 367 Tz. 4; v. 8.12.2011, BStBl I 2011, 1279 Rn. 15), Teile der Literatur (*Niehus/Wilke* in H/H/R § 6 EStG Rn. 1453; *Kulosa* in Schmidt EStG, § 6 Rn. 697; *Brandenberg* DStZ 2002, 551, 558) und auch einige Senate des BFH (Urteil v. 11.12.2001 – VIII R 58/98, BStBl. II 2002, 420; v. 16.6.2004 – X R 34/03, BStBl. II 2005, 378) bis dato davon ausgingen, dass auch der Buchwert bzw. die AK in dem Verhältnis des Verkaufspreises zum gemeinen Wert des veräußerten WG aufzuteilen ist, hat der BFH nun in dem og Urteil die Auffassung vertreten, dass der Buchwert einseitig und in vollem Umfang nur dem entgeltlichen Teil zuzuordnen sei.

Fraglich ist, welche Auswirkungen diese Rechtsprechung des IV. Senats auf die hier diskutierten Fälle der schädlichen Verfügung über sperrfristbehaftete Anteile hat, denn der insgesamt steuerpflichtige Betrag setzt sich ja zusammen aus dem rückwirkend zu besteuernden Einbringungsgewinn I und dem verbleibenden Veräußerungsgewinn. ME ändert sich in Bezug auf die Ermittlung des Einbringungsgewinns I durch diese Rechtsprechung nichts. Dieser ist ab der Einbringung eine feststehende Größe, die nach einer im Gesetz stehenden Formel ermittelt wird. Damit kann sich mE die neue modifizierte Trennungstheorie nur auf die Ermittlung des verbleibenden Veräußerungsgewinns auswirken.

Beispiel: A hat im Jahr 01 einen Betrieb zu Buchwerten in die A-GmbH eingebracht. Der Buchwert des steuerlichen Reinvermögens und damit die AK der Anteile an der A-GmbH betrugen 1000 €. Der gemeine Wert betrug 8000 €.

Noch im Jahr 01 veräußert A seine Anteile an seinen Sohn S zu einem Kaufpreis von 4000 €.

Lösung: Es liegt ein teilentgeltliches Geschäft vor, denn eine Beteiligung mit einem gemeinen Wert von 8000 € wird zu einem Preis von 4000 € veräußert. Die Veräußerung der sperrfristbehafteten Anteile stellt unzweifelhaft in Höhe des vollentgeltlichen Teils ein schädliches Ereignis dar. Der vollentgeltliche Teil ermittelt sich im Verhältnis des gemeinen Werts von 8000 € zum Verkaufspreis von 4000 € und umfasst daher 50 % des veräußerten Teils. In diesem Umfang wird daher auch ein Einbringungsgewinn I ausgelöst. Die Ermittlung des Einbringungsgewinns I selbst erfolgt hierbei zunächst strikt nach der Formel des Gesetzes.

gemeiner Wert des übergegangenen Vermögens	8000
abzüglich Buchwert des übergegangenen Vermögens	1000
abzüglich Einbringungskosten	0
Einbringungsgewinn I	7000
durch die vollentgeltliche Veräußerung ausgelöster Teil (50 %)	3500

In Höhe von 3500 ist somit ein Einbringungsgewinn I zu versteuern. In gleicher Höhe entstehen bei dem A nachträgliche AK auf seine Anteile, die zu berücksichtigen sind bei der Ermittlung des verbleibenden Veräußerungsgewinns. Darüber hinaus sind dem voll entgeltlichen Teil – nach der genannten Rechtsprechung des IV. Senats – die gesamten ursprünglichen AK des sperrfristbehafteten Anteils zuzuordnen.

AK der Anteile	1000
zuzüglich nachträgliche AK	3500
Gesamt-AK	4500
abzüglich Kaufpreis	4000
Veräußerungsverlust	500

Es ergibt sich somit nach dieser modifizierten Trennungstheorie ein Veräußerungsverlust, obwohl der Anteil in der Zwischenzeit gar nicht an Wert verloren hat.

Veräußert nun S im selben Jahr die gesamten Anteile zum Wert von 8000, so kann er dieser Veräußerung lediglich die für den vollentgeltlichen Erwerb aufgewendeten 4000 € als AK entgegensetzen, während der voll unentgeltliche Anteil quasi ohne AK auf ihn übergegangen ist. Er versteuert damit einen Gewinn von 4000. Zusammen mit dem von A bereits versteuerten Einbringungsgewinn I von 3500 werden also insgesamt 7500 stille Reserven versteuert, obwohl nur 7000 stille Reserven jemals vorhanden waren. Der Grund hierfür ist der bei A entstandene Veräußerungsverlust, der – je nach steuerlicher Fallkonstellation – ggf. gar nicht steuerlich verwertbar ist.

Die neue **modifizierte Trennungstheorie** führt allerdings auch noch in anderen Fällen zu überraschenden Verwerfungen zu wird daher in der Literatur sehr streitig diskutiert (vgl. stellvertretend *Dornheim* DStZ 2013, 397 ff. mwN). Mittlerweile ist diese Frage vom X. Senat des BFH dem Großen Senat vorgelegt worden (Beschluss v. 27.10.2015 – X R 28/12, DStR 2015, 2834) und wartet dort unter dem Az GrS 1/16 auf eine Klärung.

30 **ee) Veräußerung der erhaltenen Anteile an die Übernehmerin.** Eine schädliche Veräußerung ist auch gegeben, wenn die erhaltenen Anteile von dem Gesellschafter **an die übernehmende KapGes veräußert** werden, und zwar unabhängig davon, ob diese die

Anteile zum Zweck der **Einziehung** und **Kapitalherabsetzung** nutzt oder als eigene Anteile halten will (*Widmann* in W/M § 22 Rn. 18; *Stangl* in R/H/vL § 22 Rn. 35; zweifelnd für den Fall des Rückerwerbs von einem 100%igen Gesellschafter *Goebel/Ungemach/Reifarth* DStZ 2012, 41 ff.). Im ersteren Fall könnte aber auch der Ersatzrealisationstatbestand des § 22 I 6 Nr. 3 (Kapitalherabsetzung) gegeben sein (*Herrmann* in F/D 21 Rn. 68c). Vgl. zu dieser Diskussion auch *Stangl* in R/H/vL § 22 Rn. 35 sowie *van Lishaut* in R/H/vL Anhang 3 Rn. 41 ff.).

ff) Ausübung oder Veräußerung von Bezugsrechten. Veräußert der Inhaber der erhaltenen Anteile im Fall einer Kapitalerhöhung seine Bezugsrechte, wurde dies in der Vergangenheit regelmäßig als Veräußerung iSd § 22 I angesehen (glA UmwStE Rn. 22.45; *Patt* in D/P/P/M § 22 Rn. 29). Das Urteil des BFH v. 23.1.2008 (I R 101/06, BStBl. II 2008, 719), wonach eine Bezugsrechtsveräußerung nicht unter § 8b II KStG fällt, lässt an dieser Einordnung allerdings Zweifel aufkommen (vgl. hierzu *Schmitt* in S/H/S § 22 Rn. 29 sowie *Stangl* in R/H/vL § 22 Rn. 36; demgegenüber das Urteil im Rahmen des § 22 für nicht anwendbar haltend *Patt* in D/P/M § 22 Rn. 29). 31

Nach der Rechtsprechung des BFH zu § 23 EStG (Urteil v. 21.9.2004 – IX R 36/01, BStBl. II 2006, 12) ist auch die **Ausübung eines Bezugsrechts** bereits als Tauschvorgang anzusehen. Demgegenüber hatte die FinVerw diese Auffassung bisher auf § 21 UmwStG aF nicht angewendet (vgl. OFD Hannover v. 5.1.2007, DB 2007, 491), sodass gemutmaßt werden kann, dass Bezugsrechtsausübungen auch im Rahmen des § 22 nicht als Veräußerung behandelt werden (so auch *Stangl* in R/H/vL § 23 Rn. 36, *Patt* in D/P/M § 22 Rn. 29). Eine ausdrückliche Meinungsäußerung der FinVerw gibt es hierzu allerdings derzeit nicht.

gg) Entstrickung der Anteile nach § 12 I KStG. § 12 I KStG enthält eine Veräußerungsfiktion für den Fall, dass das Besteuerungsrecht der Bundesrepublik Deutschland hinsichtlich des Gewinns aus der Veräußerung erhaltener Anteile ausgeschlossen oder beschränkt wird. Ein solcher Fall soll zB dann gegeben sein, wenn eine KapGes die erhaltenen Anteile in eine im EU-/EWR-Ausland belegene Betriebsstätte überführt. In diesem Zusammenhang ist zunächst zu erwähnen, dass nach Auffassung des BFH die in § 12 I KStG geregelte Veräußerungsfiktion in Überführungsfällen mangels Beschränkung oder Ausschluss des deutschen Besteuerungsrechts regelmäßig ins Leere läuft (vgl. hierzu *Girlich/Philipp* Ubg 2012, 150 (156) mwN; a. A. FG Düsseldorf 19.11.2015 – 8 K 3664/11 F, Rev. Az BFH zunächst I R 95/15 nunmehr XI R 24/15. Das Verfahren ist allerdings bis zur Entscheidung des BVerfG über das Normenkontrollersuchen des I. BFH-Senats v. 10.4.2013 I R 80/12 (Az. des BVerfG 2 BvL 8/13) ausgesetzt). Abgesehen von dieser Diskussion stellt sich darüber hinaus die Frage, ob eine lediglich fingierte Veräußerung eine Versteuerung nach § 22 I auslösen kann. Die hM verneint dies zu Recht (vgl. zB *Stangl* in R/H/vL § 22 Rn. 41; *Schmitt* in S/H/S § 22 Rn. 48; *Benz/Rosenberg* in Blumenberg/Schäfer S 185 Bsp. 15; aA *Patt* in D/P/M § 22 Rn. 28). 32

Dieses Ergebnis passt auch systematisch zu der Einordnung der Entstrickung nach § 4 I 3 EStG, wo es in Fällen des Ausschlusses oder der Beschränkung des Besteuerungsrechts zu der Fiktion einer Entnahme kommt, die für sich genommen ebenfalls nicht zu einem schädlichen Tatbestand iSd § 22 führt. Vgl. hierzu auch die Ausführungen in Rn. 35. Darüber hinaus ist zu beachten, dass nach dem Ersatzrealisationstatbestand des § 22 I 6 Nr. 6 nur der Verlust der Ansässigkeitsvoraussetzungen des § 1 III als schädlich angesehen wird, während eine Sitzverlegung innerhalb der EU/des EWR nicht als schädlich definiert wird (vgl. hierzu auch Rn. 209). Zur Reichweite der Veräußerungsfiktion vgl. auch Rn. 209.

hh) Veräußerung an vermögensverwaltende PersGes. Erfolgt die Veräußerung der erhaltenen Anteile an eine vermögensverwaltende PersGes, an der der Veräußerer ebenfalls beteiligt ist, so ist der Tatbestand der Veräußerung nur in dem Umfang gegeben, wie an 33 der erwerbenden PersGes andere Personen beteiligt sind. In Höhe der eigenen Beteiligung des Veräußerers liegt hingegen keine Veräußerung vor, da es insoweit an einem Übergang des wirtschaftlichen Eigentums auf eine andere Person mangelt (vgl. BFH IV R 44/09 v. 26.4.2012, Rn. 15, BStBl. 2013 II, 142).

34 **ii) Einlage in/Entnahme aus einem Einzelunternehmen.** Werden die erhaltenen Anteile innerhalb des 7-Jahres-Zeitraums in das Betriebsvermögen eines Einzelunternehmens eingelegt, gilt dies nicht als Veräußerung (*Widmann* in W/M § 22 Rn. 18). Eine solche Einlage erfolgt gem. § 6 I Nr. 5b EStG stets zu AK, eine Aufdeckung stiller Reserven findet nicht statt. Gleichzeitig mangelt es an einer Gegenleistung. Es ist somit kein entgeltlicher Vorgang gegeben (*Stangl* in R/H/vL § 22 Rn. 38; *Schmitt* in S/H/S § 22 Rn. 33).

Dasselbe gilt für eine Entnahme erhaltener Anteile aus einem Betriebsvermögen. Eine solche Entnahme erfolgt nach § 6 I Nr. 4 S 1 EStG mit dem Teilwert, aber eine Entgeltlichkeit dieses Vorgangs liegt ebenfalls nicht vor (*Patt* in D/P/M § 22 Rn. 28).

35 **jj) Einbringung/Einlage bzw. Entnahme der erhaltenen Anteile in eine/aus einer PersGes ohne Gewährung/Minderung von Gesellschaftsrechten.** Fraglich ist, ob die unentgeltliche Übertragung aus dem **Betriebsvermögen** einer PersGes (keine Minderung von Gesellschaftsrechten, sondern Verbuchung gegen die gesamthänderisch gebundene Rücklage) in das **Privatvermögen** des Mitunternehmers oder umgekehrt einen schädlichen Vorgang darstellt.

Grds. erfolgt die Entnahme eines Einzelwirtschaftsguts gem. § 6 I Nr. 4 S 1 EStG mit dem Teilwert, also unter Aufdeckung der stillen Reserven. Das gilt nach hM auch für die Entnahme einer Beteiligung iSd § 17 EStG (vgl. zB OFD Rheinland Vfg v. 15.11.2007, GmbHR 208, 112, Anlage 1) und erhaltene Anteile gelten gemäß § 17 VI EStG stets als Beteiligung iSd § 17 I 1 EStG. Gleichwohl liegt mangels Gegenleistung keine Veräußerung iSd § 22 I 1 vor. Auch ist keiner der in § 22 I 6 Nrn. 1–6 aufgeführten Ersatzrealisationstatbestände erfüllt. Dementsprechend kommt es bei einer Entnahme nicht zur Entstehung eines Einbringungsgewinns I (*Stangl* in R/H/vL § 22 Rn. 38). Ein solcher wird erst dann realisiert, wenn die Beteiligung innerhalb der 7-Jahres-Frist des § 22 I **aus dem Privatvermögen** heraus veräußert wird. Es kommt dann zu einer rückwirkenden Besteuerung des Einbringungsgewinns I und damit zu einer rückwirkenden Erhöhung des Buchwerts der Beteiligung, wodurch sich dann auch der zwischenzeitlich realisierte Entnahmegewinn rückwirkend wieder entsprechend mindert.

Eine vergleichbare Rechtsfolge ergibt sich, wenn die erhaltenen Anteile nach § 6 V 3 EStG unentgeltlich (ohne Minderung von Gesellschaftsrechten) zu Buchwerten aus dem Gesamthandsvermögen in ein anderes Betriebsvermögen desselben Stpfl überführt werden. Auch in diesem Fall liegt kein schädlicher Vorgang vor. Dies gilt mE auch dann, wenn hierdurch der Anteil einer Körperschaft an den erhaltenen Anteilen begründet wird oder sich erhöht. Zwar ist in solchen Fällen insoweit gemäß § 6 V 5 EStG keine Buchwertübertragung möglich, aber trotzdem liegt – mangels Entgelt – keine Veräußerung vor (glA *Schmitt* in S/H/S § 22 Rn. 33; *Stangl* in R/H/vL § 22 Rn. 45).

Dieselbe Rechtsfolge wie im Fall der Entnahme ergibt sich auch im Fall einer Einlage der erhaltenen Anteile in das Betriebsvermögen einer PersGes, wenn diese Einlage unentgeltlich, dh ohne Gewährung von Gesellschaftsrechten erfolgt (ebenso *Patt* in D/P/M § 22 Rn. 40; *Bauernschmitt/Blöchle* BB 2007, 743 (745); UmwStE Rn. 22.41).

36 Zu beachten ist allerdings, dass die unentgeltliche Einlage in oder Entnahme aus dem Gesamthandsvermögen einer PersGes eine **unentgeltliche Rechtsnachfolge** iSd § 22 VI darstellt mit der Folge, dass der Übernehmer der erhaltenen Anteile ab diesem Zeitpunkt als „Einbringender" iSd § 22 I-V gilt (vgl. *Widmann* in W/M § 22 Rn. 446).

37 Fraglich ist, ob im Fall der Einlage der übertragende Mitunternehmer im Zeitpunkt der Übertragung seine Eigenschaft als Einbringender verliert mit der Folge, dass nur noch die übernehmende PersGes als Einbringender iSd § 22 I-V gilt. Gleichzeitig ist in einem

solchen Fall unklar, welche Rechtsstellung dann die übrigen Mitunternehmer einnehmen. Sind sie sozusagen mittelbar unentgeltliche Rechtsnachfolger iSd § 22 VI bzw. kommt es zu einer Art Mitverstrickung ihrer Mitunternehmeranteile?

Beispiel: A ist Inhaber eines Einzelunternehmens und Mitunternehmer der AB-KG, an der er und B jeweils hälftig beteiligt sind. Im Jahr 01 gründet A die A-GmbH und bringt sein Einzelunternehmen in diese Gesellschaft gem. § 20 gegen Gewährung von Gesellschaftsrechten zu Buchwerten ein. Steuerlicher Übertragungsstichtag ist der 31.12.00. Im Jahr 01 überträgt er weiterhin die erhaltenen Anteile an der A-GmbH unentgeltlich gem. § 6 V Nr. 3 EStG zu Buchwerten auf die AB-KG, an der er zu 50% beteiligt ist. Der Buchwert wird vollumfänglich der gesamthänderisch gebundenen Rücklage zugeführt.

Alternative 1: Im Jahr 05 veräußert die AB-KG die erhaltenen Anteile

Alternative 2: Im Jahr 05 veräußert A seinen Mitunternehmeranteil

Alternative 3: Im Jahr 05 veräußert B seinen Mitunternehmeranteil

Zu Alternative 1: Die unentgeltliche Übertragung der erhaltenen Anteile auf die AB-KG stellt eine unentgeltliche Rechtsnachfolge iSd § 22 VI dar. Die PersGes wird somit durch die Übertragung „Einbringende" iSd § 22 I-V. Mit der Veräußerung der erhaltenen Anteile im Jahr 05 tätigt sie daher einen schädlichen Veräußerungsvorgang iSd § 22 I 1, der zu einer rückwirkenden Besteuerung des Einbringungsgewinns I bei A führt. Der Einbringungsgewinn I wird gem. § 22 I 3 gemindert um 4/7 für vier zwischenzeitlich vollständig abgelaufene Zeitjahre. In Höhe des rückwirkend steuerpflichtigen Einbringungsgewinns I entstehen nachträgliche Anschaffungskosten der Beteiligung und damit erhöht sich rückwirkend entsprechend der Buchwert, zu dem die Beteiligung auf die PersGes übergegangen ist. Einen rückwirkenden Ansatz des Teilwerts anlässlich der Übertragung der erhaltenen Anteile nach § 6 V 4 EStG löst die Veräußerung der erhaltenen Anteile nicht aus, wenn die dort normierte 3-jährige Sperrfrist bereits abgelaufen ist.

Zu Alternative 2: Der übertragende Mitunternehmer verliert seine Eigenschaft als Einbringender durch unentgeltliche Übertragung der erhaltenen Anteile auf eine PersGes nicht. Vielmehr sind sowohl die PersGes als auch weiterhin der Mitunternehmer als Einbringende anzusehen. Es entspräche nicht der Gesetzesintention, wenn der Einbringende die Rechtsfolgen des § 22 dadurch umgehen könnte, dass er die erhaltenen Anteile unentgeltlich auf eine PersGes überträgt und anschließend den Mitunternehmeranteil veräußert (vgl. hierzu eingehend Rn. 74 f.). Veräußert A seinen Mitunternehmeranteil, so stellt dies daher einen schädlichen Vorgang dar. Fraglich ist allerdings, ob es hierdurch vollumfänglich oder nur anteilig in dem Umfang zu einer Realisierung des Einbringungsgewinns I kommt, in dem A an der PersGes beteiligt ist. Es geht hier um die Frage, wie weit die sog. Transparenzthese reicht. Nach den allgemeinen Regelungen der Besteuerung von PersGes sind die Mitunternehmer einer PersGes anteilig nach Maßgabe ihrer Beteiligungsquote an den einzelnen Wirtschaftsgütern des Gesamthandvermögens der PersGes beteiligt. Das bedeutet, dass durch die Veräußerung des Mitunternehmeranteils des A die im Gesamthandvermögen befindliche sperrfristbehaftete Beteiligung nur anteilig mittelbar veräußert wird. Daraus könnte geschlossen werden, dass auch nur der hälftige Einbringungsgewinn I realisiert wird. Der Sachverhalt wäre dann der Situation vergleichbar, als hätte A dem B die sperrfristbehafteten Anteile hälftig direkt unentgeltlich zugewendet. Diese Schlussfolgerung ist jedoch nicht zwingend. Es könnte auch möglich sein, dass die Sperrfristverhaftung der eingebrachten Anteile ausschließlich mit dem Mitunternehmeranteil des A verknüpft bleibt und daher der A mit einer Veräußerung seines Mitunternehmeranteils auch den gesamten Einbringungsgewinn I auslöst. Diese letzte Rechtsfolge wird von *Stangl* (in R/H/vL § 22 Rn. 146b) für einen etwas anders gelagerten Sachverhalt für richtig gehalten, der aber im Ergebnis die gleiche Frage betrifft. Zu betonen ist, dass sich beide Varianten nicht darin unterscheiden, wer den Einbringungsgewinn I rückwirkend zu versteuern hat. Dies kann immer nur der Einbringende sein, der selbst einen Vorgang iSd § 20 oder § 21 UmwStG ausgelöst hat. Der Unterschied liegt vielmehr „nur" darin, wer das schädliche Ereignis auslösen kann und zu welchem Zeitpunkt. ME ist nach den allgemeinen Besteuerungsgrundsätzen der erstgenannten Rechtsfolge der Vorzug zu geben. Danach kann A somit durch die Veräußerung seines Mitunternehmeranteils nur noch einen hälftigen Einbringungsgewinn I auslösen. Der andere Teil des Einbringungsgewinns I wird nur dann und zu dem Zeitpunkt ausgelöst, zu dem entweder die PersGes selbst oder der Mitunternehmer B über seinen Anteil verfügt.

Zu Alternative 3: Veräußert B seinen Mitunternehmeranteil, so kommt es nach der zu Alternative 2 vertretenen Auffassung zu einer hälftigen Realisierung der in den erhaltenen Anteilen ruhenden stillen Reserven, denn diese Anteile sind zwischenzeitlich Bestandteil des Gesamthandsvermögens geworden. Allerdings kann eine Veräußerung nur dann eine rückwirkende Versteuerung iSd § 22 I auslösen, wenn die Veräußerung „durch den Einbringenden" erfolgt. B selbst war jedoch nicht

Einbringender. Er selbst ist auch nicht unentgeltlicher Rechtsnachfolger iSd § 22 VI geworden. Allerdings ist die PersGes unentgeltlicher Rechtsnachfolger und damit Einbringende geworden. Fraglich ist somit, ob ihm eine vergleichbare Rechtsstellung mittelbar über die PersGes zugerechnet werden kann. Davon ist wohl zumindest dann auszugehen, wenn – wie in dem hier gebildeten Fall – die in den sperrfristbehafteten Anteilen ruhenden stillen Reserven – mangels Aufstellung einer negativen Ergänzungsbilanz durch A – anteilig auf den B übergegangen sind. B könnte von daher als (mittelbarer) unentgeltlicher Rechtsnachfolger angesehen werden. Die Veräußerung des Mitunternehmeranteils durch B stellt somit ggf. einen Realisationstatbestand iSd § 22 dar, der zu einer rückwirkenden Entstehung eines Einbringungsgewinns I bei A führt. ME hätte das aber durch Aufstellung einer negativen Ergänzungsbilanz durch A anlässlich der Übertragung der sperrfristbehafteten Anteile auf die PersGes vermieden werden können.

38 Zusammenfassend lässt sich festhalten, dass nach der hier vertretenen Auffassung nach einer Übertragung der erhaltenen Anteile auf eine PersGes nicht nur die übernehmende PersGes und der übertragende Mitunternehmer, sondern ggf. auch die übrigen Mitunternehmer der PersGes durch eine Übertragung ihrer Mitunternehmeranteile einen Einbringungsgewinn I auslösen können. Im Fall einer unentgeltlichen Übertragung erhaltener Anteile auf eine PersGes sollte der einbringende Mitunternehmer daher durch eine entsprechende vertragliche Regelung dafür Sorge tragen, dass die PersGes bzw. die übrigen Mitunternehmer die erhaltenen Anteile nicht ohne seine Zustimmung vor Ablauf der 7-Jahres-Frist veräußern können bzw. wer im Veräußerungsfall die durch die rückwirkende Besteuerung entstehende Steuerlast zu tragen hat.

39 Ob eine Übertragung erhaltener Anteile **entgeltlich** gegen Gewährung von Gesellschaftsrechten, gegen Einräumung einer Forderung oder **unentgeltlich** erfolgt, ist danach zu unterscheiden, auf welchem **Kapitalkonto** der PersGes die Sacheinlage verbucht wird. Gegen Gewährung von Gesellschaftsrechten und damit entgeltlich ist die Einlage nur, wenn sie – zumindest anteilig – auf einem Kapitalkonto verbucht wird, nach welchem sich die maßgebenden Gesellschaftsrechte – insbesondere das Gewinnbezugsrecht richten. Dies ist regelmäßig das Kapitalkonto I (BFH 4.2.2016 IV R 46/12, BStBl. II 2016, 607 Rn. 27 ff.; BMF 26.7.2016, BStBl. I 2016, 684). Eine unentgeltliche Übertragung ist demgegenüber gegeben, wenn die Übertragung der Anteile ausschließlich auf anderen Kapitalkonten – z. B. dem sog. Kapitalkonto II oder einem gesamthänderisch gebundenen Kapitalkonto – gutgeschrieben oder als Ertrag gebucht wird. Die PersGes tritt insoweit in die Rechtsstellung des Einbringenden ein und gilt künftig – neben dem übertragenden Mitunternehmer – in Bezug auf die erhaltenen Anteile gem. § 22 VI als Einbringende (vgl. hierzu auch Rn. 323).

40 **kk) Einbringung/Einlage bzw. Entnahme der erhaltenen Anteile in eine/aus einer PersGes gegen Gewährung/Minderung von Gesellschaftsrechten.** Eine Übertragung erhaltener Anteile zu Buchwerten in das oder aus dem Gesamthandsvermögen einer PersGes kann nach § 6 V 3 EStG unentgeltlich erfolgen oder aber gem. § 6 V 3 EStG bzw. § 24 gegen Gewährung von Gesellschaftsrechten. Werden **Gesellschaftsrechte gewährt** oder gemindert, so handelt es sich nach der Rechtsprechung des BFH um ein vollentgeltliches (tauschähnliches) Geschäft, und zwar unabhängig davon, ob diese zu Buchwerten oder zu höheren Werten erfolgt (vgl. ua BFH – VIII R 58/98, BStBl. II 2002, 420 sowie VIII R 69/95, BStBl. II 2002, 230; gl. A. Gosch KStG § 8b Rn. 183 zum Veräußerungsbegriff des § 8b II KStG). Der Grundtatbestand des § 22 I 1 ist damit erfüllt. Gleichzeitig ist der Ersatzrealisationstatbestand des § 22 I 6 Nr. 2 erfüllt, denn es handelt sich um eine entgeltliche Übertragung, die nicht nach §§ 20 I, 21 I (sondern nach § 6 V 3 oder § 24) zu Buchwerten erfolgt. Diese Vorgänge werden trotz der vom Gesetz angeordneten Buchwertfortführung nicht von § 22 I 6 Nr. 2 als unschädlich definiert. Damit bleibt nur der Schluss, dass eine entgeltliche Übertragung der erhaltenen Anteile auf eine PersGes als schädlich anzusehen ist mit der Folge, dass es zu einer rückwirkenden Besteuerung des Einbringungsgewinns I kommt (vgl. *Widmann* in W/M § 22 Rn. 31; *Nitzschke* in Blümich § 22 Rn. 37a sowie für den Fall des § 24 UmwStG auch *Patt* in D/P/M § 22 Rn. 32a,

41a). Zwar wird in der Literatur dafür plädiert, die Buchwertübertragung von erhaltenen Anteilen im Rahmen von Umstrukturierungen generell als unschädlich anzusehen (vgl. zB *Benz/Rosenberg* BB Spezial 2006, 51 (62)), allerdings ist dies mit dem Gesetzeswortlaut derzeit leider nicht zu vereinbaren. Es ist daher davon auszugehen, dass eine Buchwertübertragung auf eine PersGes gegen Gewährung von Gesellschaftsrechten oder von einer PersGes gegen Minderung von Gesellschaftsrechten innerhalb der 7-Jahres-Frist eine schädliche Übertragung iSd § 22 I 1 darstellt. Soweit eine Einbringung eines Betriebs/Teilbetriebs/Mitunternehmeranteils nach § 24 auf eine PersGes geplant ist und sperrfristbehaftete Anteile iSd § 22 I zum Sacheinlagegegenstand gehören, könnte allerdings von der im Rahmen des § 24 bestehenden Gestaltungsmöglichkeit Gebrauch gemacht werden, die erhaltenen Anteile nicht in das Gesamthandsvermögen, sondern in das Sonderbetriebsvermögen zu überführen. Diese Vorgehensweise ist für die Erfüllung der Voraussetzungen des § 24 ausreichend, führt aber bezüglich der überführten erhaltenen Anteile nicht zu einer schädlichen Veräußerung, da es insoweit sowohl an einer Übertragung als auch an einer Gegenleistung mangelt.

ll) Einbringung der erhaltenen Anteile in eine KapGes. Bei der Würdigung der steuerlichen Konsequenzen einer Einbringung erhaltener und dann sperrfristbehafteten Anteile in eine KapGes geht es um die **Abgrenzung des § 22 I 1 zu § 22 I 6 Nr. 2.** Der Grundtatbestand der Veräußerung der erhaltenen Anteile wird vom Gesetz noch ergänzt um eine Reihe sog. Ersatzrealisationstatbestände, die in § 22 I 6 Nrn. 1–6 geregelt sind. Nach § 22 I 6 Nr. 2 stellt jede „entgeltliche Übertragung" durch den Einbringenden einen schädlichen Vorgang dar, sofern diese nicht nach §§ 20, 21 oder aufgrund eines vergleichbaren ausländischen Vorgangs zu Buchwerten erfolgt (vgl. eingehend zu dieser Regelung Rn. 160). Da der Begriff „entgeltliche Übertragung" des § 22 I 6 Nr. 2 mit dem Begriff der „Veräußerung des § 22 I 1 inhaltlich identisch ist, sind grds. sämtliche Veräußerungstatbestände von beiden Vorschriften erfasst. Das gilt auch für die Übertragung erhaltener Anteile auf eine KapGes durch offene Sacheinlage gegen Gewährung von Gesellschaftsrechten. Allerdings enthält § 22 I 6 Nr. 2 eine Ausnahmeregelung für die Fälle der Buchwerteinbringung bzw. des Anteilstauschs zu Buchwerten, während § 22 I 1 eine solche Ausnahme nicht enthält. Hieraus könnte bei einer Auslegung nach dem Wortlaut des Gesetzes einerseits der Schluss gezogen werden, dass in den Fällen der Buchwertübertragung zwar keine schädliche Übertragung nach § 22 I 6 Nr. 2, wohl aber nach dem Grundtatbestand des § 22 I 1 gegeben ist, mit der Folge einer rückwirkenden Besteuerung des Einbringungsgewinns I (so bspw. *Patt* in D/P/M § 22 Rn. 33 sowie Rn. 41, der davon ausgeht, dass der Tatbestand des § 22 I 6 Nr. 2 vollständig leerläuft und nur aus Billigkeitsgründen Anwendung finden kann). Andererseits macht die Formulierung des § 22 I 6 Nr. 2 unmissverständlich klar, dass der Gesetzgeber diese Vorgänge im Fall der Buchwertfortführung als unschädlich ansieht. Die Einbringung der erhaltenen Anteile in eine KapGes ist somit nach der spezielleren Vorschrift des § 22 I 6 Nr. 2 unschädlich, wenn sie zu Buchwerten durchgeführt wird (vgl. auch *Benz/Rosenberg* in Blumenberg/Schäfer S 176 und 179). Das Verhältnis der beiden Vorschriften zueinander ist also eher dahingehend zu interpretieren, dass § 22 I 6 Nr. 2 keinen den § 22 I ergänzenden Ersatzrealisationstatbestand enthält, sondern den Grundtatbestand des § 22 I 1 einschränkt (vgl. eingehend Rn. 16). 41

Einbringung der erhaltenen Anteile in eine KapGes zu Zwischenwerten. Erfolgt eine Einbringung der erhaltenen Anteile in eine andere KapGes gegen Gewährung von Gesellschaftsrechten weder zu Buchwerten, noch zu gemeinen Werten, sondern nach § 20 I, § 21 I oder einer vergleichbaren ausländischen Regelung zu Zwischenwerten, so erfüllt auch dieser Vorgang die Voraussetzungen sowohl von § 22 I 1 als auch von § 22 I 6 Nr. 2, denn es handelt sich um eine Veräußerung bzw. entgeltliche Übertragung, die nicht zu Buchwerten erfolgt. Die Tatsache, dass die Einbringung nur zu Zwischenwerten erfolgt, hat keinen Einfluss auf den Umfang der Nachversteuerung, denn die Ausübung des 42

Bewertungswahlrechts bei der Bilanzierung der erhaltenen Anteile auf Ebene des übernehmenden Rechtsträgers ändert nicht den tatsächlichen Wert der im Gegenzug gewährten Gesellschaftsrechte (*Patt* in D/P/M vor §§ 20–23 Rn. 53). Eine solche Einbringung ist damit immer voll entgeltlich und nicht teilentgeltlich. Der Einbringungsgewinn I ist daher in vollem Umfang zu versteuern, wenn sämtliche erhaltenen Anteile zu Zwischenwerten weiter eingebracht werden. Eine Aufteilung des Vorgangs – entsprechend den **teilentgeltlichen Veräußerungen** – in eine Einbringung anteilig zu Buchwerten und anteilig zu gemeinen Werten ist nicht möglich.

43 **mm) Umwandlung der Übernehmerin auf/in eine andere KapGes.** Wird der übernehmende Rechtsträger, an dem die erhaltenen Anteile bestehen, auf eine andere KapGes verschmolzen oder aufgespalten, so kommt es bei dem Einbringenden zu einem Untergang der erhaltenen Anteile. An ihre Stelle treten Anteile am übernehmenden Rechtsträger.

Beispiel: A bringt einen Betrieb in die A-GmbH ein. Zwei Jahre später wird die A-GmbH zu Buchwerten auf die B-GmbH verschmolzen.

Lösung: Bei dem Einbringenden A findet ein Anteilstausch statt. Die erhaltenen Anteile an dem im Rahmen der Einbringung übernehmenden Rechtsträger (A-GmbH) gehen unter und an ihre Stelle treten die neuen Anteile, die der Gesellschafter von dem übernehmenden Rechtsträger der Verschmelzung (B-GmbH) erhält. Es handelt sich um einen Anteilstausch nach § 13.

44 Fraglich ist, ob der in dem Beispiel beschriebene Anteilstausch einen schädlichen Übertragungsvorgang der erhaltenen Anteile nach § 22 I 1 darstellt. Die FinVerw bejaht diese Frage in UmwStE Rn. 22.07 iVm 00.02 f., denn für sie stellt jede Folgeumwandlung sowohl auf der Ebene des übertragenden Rechtsträgers, des übernehmenden Rechtsträgers als auch auf der Ebene der Gesellschafter ein Veräußerungs- und Anschaffungsgeschäft dar (glA *Körner* DStR 2010, 897 (898); *Patt* in D/P/M § 22 Rn. 33 sowie BFH I R 45/18 v. 24.1.2018, DStR 2018, 1366). In der Literatur wird die Frage, ob der hier stattfindende Anteilstausch eine „Veräußerung" darstellt, demgegenüber kritisch gesehen. Insbesondere die Tatsache, dass die (erhaltenen) Anteile am übertragenden Rechtsträger nicht auf einen Dritten entgeltlich übertragen werden, sondern im Zuge des Umwandlungsvorgangs untergehen und an ihre Stelle Anteile am übernehmenden Rechtsträger treten, wird vielfach als wesentliches Argument gesehen, eine „Veräußerung" der erhaltenen Anteile zu verneinen (so z. B. *Mutscher* in F/D § 23 Rn. 115 ff.; *Schmitt* in S/H/S § 22 Rn. 42; *Hageböke* Ubg 2011, 689 (698)).

M. E. ist diesbezüglich wie folgt zu differenzieren:

- Erfolgt der Anteilstausch nach § 13 I zu gemeinen Werten, stellt sich die Frage, welchen Anwendungsbereich die in § 13 I geregelte Veräußerungsfiktion hat. Zunächst einmal ist zu konstatieren, dass der Gesetzgeber selbst davon auszugehen scheint, dass in Verschmelzungs- und Spaltungsfällen gegen Gewährung von Gesellschaftsrechten auf Ebene der Gesellschafter des übertragenden Rechtsträgers kein Veräußerungsvorgang bezüglich der untergehenden Anteile am übertragenden Rechtsträger gegeben ist, da es ansonsten der Veräußerungsfiktion nicht bedurft hätte (glA Hageböke Ubg 2011, 689 (698)). Zu hinterfragen ist jedoch, ob diese Veräußerungsfiktion nur im Rahmen des § 13 oder ggf. darüber hinaus auch für den § 22 Wirkung entfaltet. Letzteres ist mE zu bejahen (aA *Mutscher* in F/D § 22 Rn. 118). Die Fiktion des § 13 führt zu einer Aufdeckung sämtlicher in den Anteilen ruhenden stillen Reserven. Die im Gegenzug neu zu gewährenden Anteile treten keine steuerliche Rechtsnachfolge an. Sie sind daher keine „erhaltenen" Anteile iSd § 22 mehr. Würde man also die Veräußerungsfiktion des § 13 I nicht als schädliche Veräußerung iSd § 22 I ansehen, könnte eine derartige Verschmelzung genutzt werden, die sperrfristbehafteten Anteile zu vernichten, ohne eine rückwirkende Einbringungsgewinnbesteuerung auszulösen, während die im Gegenzug gewährten nicht sperrfristbehafteten Anteile sofort steuerfrei nach § 8b II KStG veräußert werden könnten. Darüber hinaus ist die Rechtsauffassung, dass die Veräußerungsfiktion des § 13 I nicht nur innerhalb dieser Vorschrift gilt, sondern auch auf andere Vorschriften ausstrahlt, mE auch durch die Tatsache bestätigt, dass die hM davon ausgeht, dass ein nach § 13 I entstandener Gewinn der Begünstigung des § 8b II KStG unterliegt. Diese Begünstigung gilt aber nach dem Gesetzeswortlaut auch nur für „Veräußerungsgewinne" (glA *Nitzschke* in Blümich § 22 Rn. 38b).

– Werden hingegen von dem Gesellschafter die Buchwerte fortgeführt, so liegt mE kein schädlicher Vorgang iSd § 22 I 1 vor (ebenso *Stangl* in R/H/vL § 22 Rn. 61; *Neumann* in R/H/vL § 13 Rn. 46; *Hageböke/Schmidt-Fehrenbacher* in FGS/BDI S 39; *Schmitt* DStR 2011, 1108 (1112); *Nitzschke* in Blümich § 22 Rn. 38b; *Hageböke* Ubg 2011, 689 (697), der hier unterscheidet zwischen einer Veräußerung und einem (lediglich) **tauschähnlichen** Vorgang; aA *Dötsch/Werner* in D/P/M § 13 Rn. 56; *Heß/Schnitger* in PwC Rn. 1661; *Dörfler/Rautenstrauch/Adrian* BB 2006, 1711; sowie *Benz/Rosenberg* in Blumenberg/Schäfer S 180; UmwStE Rn. 22.07 iVm Rn. 00.02 f., die einen schädlichen Vorgang bejahen, gleichzeitig aber auch die Anwendbarkeit der Billigkeitsregelung der UmwStE Rn. 22.23 als gegeben ansehen; vgl. hierzu UmwStE Rn. 22.23 Beispiel 2).

Diese Rechtsfolge der Umschädlichkeit eines solchen Anteilstauschs zu Buchwerten ergibt sich aus der Regelung des § 13 II, der für den Fall der Buchwertfortführung auf der Ebene des Anteilseigners eine steuerliche Rechtsnachfolge für die neuen Anteile anordnet. Die Anteile an der übernehmenden Körperschaft treten steuerlich an die Stelle der Anteile an der übertragenden Körperschaft. Das Gesetz geht also gerade nicht von einer Veräußerung aus. Damit geht auch die Qualifikation als „erhaltene Anteile" von den untergehenden Anteilen auf die neu gewährten Anteile über. Die 7-Jahres-Frist läuft weiter (ebenso *Dötsch* in D/P/P/M § 13 Rn. 56). Die Stellung eines Billigkeitsantrags ist hierfür nach der hier vertretenen Ansicht nicht erforderlich.

Heß/Schnitger teilen diese Ansicht nicht und verweisen auf die Begründung des ersten Gesetzentwurfs (BT-Drs. 16/2710, 47 zu § 22 I), wo die Übertragung von Anteilen im Rahmen eines „Umwandlungsvorgangs" als schädliche Veräußerung iSd § 22 I 1 genannt ist. ME ist dieses Argument jedoch nicht einschlägig, denn in der zitierten Gesetzesbegründung ist durch einen Klammerzusatz deutlich gemacht, dass hier nicht der Fall gemeint war, in dem es aufgrund einer Verschmelzung/Spaltung des übernehmenden Rechtsträgers bei dem Anteilseigner zu einem Anteilstausch kommt, der ggf. unter § 13 II fällt. Vielmehr lautet das Beispiel, dass die Abspaltung einer im Rahmen einer Einbringung erhaltenen 100%-Beteiligung nach § 15 UmwStG schädlich sein soll. Gemeint sind hier somit die Fälle, in denen der **Einbringende selbst als übertragender Rechtsträger** an einer Verschmelzung/Spaltung beteiligt ist und die erhaltenen Anteile in diesem Zuge auf eine andere KapGes übergehen. Daher steht auch diese Gesetzesbegründung der Auffassung nicht entgegen, die Fälle des Anteilstauschs aufgrund einer Umwandlung des übernehmenden Rechtsträgers als unschädlich anzusehen, soweit sie nach § 13 II zu Buchwerten erfolgt.

Besonders einzugehen ist in diesem Zusammenhang noch einmal auf das BFH-Urteil I R 48/15 v. 24.1.2018 (DStR 2018, 1366), in dem es um die Frage ging, ob der Untergang von sperrfristbehafteten Anteilen im Rahmen eines up-stream mergers als veräußerungsgleicher Vorgang zu würdigen ist. Obwohl dies systematisch m. E. nicht zwingend war, hat der BFH hier ein schädliches Ereignis durch einen schlichten Verweis auf den vergleichbaren Fall eines Anteilstauschs im Zuge einer Seitwärtsverschmelzung bejaht, ohne sich jedoch eingehender mit der Regelung des § 13 und der darin enthaltenen Veräußerungsfiktion sowie dem Verhältnis seiner Rechtsauffassung zu der in § 13 II angeordneten steuerlichen Rechtsnachfolge näher auseinanderzusetzen. Vor diesem Hintergrund stiftet dieses Urteil m. E. steuersystematisch mehr Verwirrung, als dass es Klarheit schafft. Eine differenziertere Auseinandersetzung mit den in diesem Zusammenhang diskutierten Zweifelsfragen wäre daher wünschenswert gewesen.

45 Fraglich ist, wie im Fall einer Seitwärtsverschmelzung des Rechtsträgers, an dem die erhaltenen Anteile bestehen, ein **Verzicht auf Anteilsgewährung nach §§ 54 I 3, 68 I 3 UmwG** zu würdigen ist. Die sperrfristbehafteten Anteile gehen unter, die Übernehmerin wendet aber im Zuge der Folgeumwandlung keine Anteile als Gegenleistung für das zu übernehmende Vermögen auf. Normalerweise wird ein solcher Verzicht nur dann ausgeübt, wenn es sich um beteiligungsidentische Gesellschaften handelt. In diesem Fall findet eine Wertverschiebung nicht statt. Vielmehr steigt der innere Wert der Anteile eines jeden Gesellschafters am übernehmenden Rechtsträger um den Betrag des inneren Wertes der untergehenden Beteiligung am übertragenden Rechtsträger. Die hM geht davon aus, dass § 13 in derartigen Fällen entsprechende Anwendung findet (vgl. UmwStE Rn. 13.05; glA *Hageböke* Ubg 2011, 689 (700); *Körner* DStR 2010, 897 (898)). Gleichwohl geht die hM bei der Kommentierung des § 22 I davon aus, dass eine schädliche Veräußerung in einem solchen Fall mangels jeglicher Gegenleistung nicht mehr gesehen werden könne (*Patt* in D/P/M § 22 Rn. 33a: *Hageböke* Ubg 2011, 689 (703).

ME muss auch bezüglich dieses Vorgangs im Rahmen des UmwStG eine einheitliche Entscheidung getroffen werden. Fällt der Vorgang unter § 13 I und wird kein Buchwertantrag gestellt, so greift für die untergehenden Anteile die Veräußerungsfiktion des § 13 I und es liegt ein schädlicher Vorgang iSd § 22 I vor. Wird jedoch nach § 13 II die Buchwertfortführung gewählt, ist mE – analog zum Fall der Verschmelzung mit Anteilsgewährung – zumindest dann kein Ersatzrealisationstatbestand gegeben, wenn es zwischen den Gesellschaftern zu keiner Wertverschiebungen kommt.

Beispiel: Die beiden natürlichen Personen V und S sind sowohl an der V-GmbH als auch an der S-GmbH im Verhältnis 50:50 beteiligt. Die Anteile des V an der V-GmbH sind aufgrund einer Einbringung im VZ 01 sperrfristbehaftet nach § 22 I. Im VZ 03 wird eine Verschmelzung der V-GmbH auf die S-GmbH durchgeführt. Auf eine Kapitalerhöhung bei der S-GmbH wird verzichtet.

Lösung: Bei einer solchen Verschmelzung kommt es zivilrechtlich gesehen nicht zu einem Anteilstausch. Aus der Sicht des übernehmenden Rechtsträgers S-GmbH ist die Verschmelzung unentgeltlich, denn sie wendet keine Gegenleistung auf. Auf Ebene der Gesellschafter findet tatsächlich kein Anteilstausch statt. Vielmehr gehen einfach nur die Anteile am übertragenden Rechtsträger unter. Gleichwohl wird steuerlich nach hM ein Anteilstausch unterstellt. § 13 findet daher insoweit Anwendung. Die Gesellschafter haben das Wahlrecht, die Anschaffungskosten/den Buchwert der Anteile an der übernehmenden Gesellschaft entweder gem. § 13 I um den gemeinen Wert oder gem. § 13 II – bei Vorliegen der übrigen Voraussetzungen – um die Anschaffungskosten/den Buchwert der Anteile an dem übertragenden Rechtsträger zu erhöhen. Wird die Buchwertfortführung gewählt, so ist ein Fall der steuerlichen Rechtsnachfolge gegeben. Die Anteile an der übernehmenden S-GmbH treten in die steuerliche Rechtsstellung der untergehenden Anteile an der V-GmbH ein. Sie gelten daher ab diesem Zeitpunkt als sperrfristbehaftet. Die 7-Jahres-Frist des § 22 I läuft weiter.

Demgegenüber vertritt die FinVerw in derartigen Fällen nicht nur die Auffassung, dass auf Ebene des Anteilseigners ein schädlicher Vorgang gem. § 22 I gegeben ist, sondern verwehrt sogar die Anwendung der sog. Billigkeitsregelung des UmwStE Rn. 22.23 (vgl. hierzu Rn. 58). Hier wird leider nicht danach unterschieden, ob die beiden an der Umwandlung beteiligten Rechtsträger identische Gesellschafterverhältnisse haben oder nicht, wodurch diese Rechtsauffassung deutlich überschießende Wirkung bekommt (vgl. auch Rn. 46).

46 Vorsicht ist darüber hinaus geboten, wenn eine Verschmelzung des Rechtsträgers, an dem die sperrfristbehafteten Anteile bestehen, auf einen anderen Rechtsträger auf Ebene der Gesellschafter **nicht wertkongruent** erfolgt und es daher zu einer Verlagerung von stillen Reserven zwischen den Anteilseignern kommt. Eine solche Wertverschiebung kann entweder dadurch entstehen, dass der übernehmende Rechtsträger im Zuge der Verschmelzung zwar eine Kapitalerhöhung vornimmt, diese aber nicht dem realen Umtauschverhältnis der Verschmelzung entspricht, oder dass ggf. auf eine Kapitalerhöhung verzichtet wird, obwohl an dem übertragenden und dem übernehmenden Rechtsträger keine Beteiligungsidentität herrscht. Es liegt dann eine Wertzuwendung zwischen den Gesellschaftern vor. Für den Untergang der Anteile an dem verschmelzenden übertragenden Rechtsträger

soll nach Auffassung der FinVerw insoweit § 13 keine Anwendung finden (UmwStE Rn. 13.03). Vielmehr sind die Grundsätze der verdeckten Gewinnausschüttung, der verdeckten Einlage oder der unentgeltlichen Zuwendung zwischen den Gesellschaftern zu prüfen. Fraglich ist, was dies für den Fall bedeutet, dass die Anteile an dem übertragenden Rechtsträger sperrfristbehaftet sind.

Beispiel: Die beiden natürlichen Personen V und S sind an der V-GmbH im Verhältnis 50:50 und an der S-GmbH im Verhältnis 40:60 beteiligt. Die Anteile des V an der V-GmbH sind aufgrund einer Einbringung im VZ 01 sperrfristbehaftet nach § 22 I. Im VZ 03 wird eine Verschmelzung der V-GmbH auf die S-GmbH durchgeführt. Auf eine Kapitalerhöhung bei der S-GmbH wird verzichtet.

Lösung: Es liegt eine wertinkongruente Verschmelzung vor. Der Vorgang ist zu unterteilen in einen wertkongruenten – unter § 13 fallenden – Teil und den wertinkongruenten – nicht unter § 13 fallenden Teil. Soweit für den wertkongruenten Teil eine Buchwertfortführung nach § 13 II gewählt wird, tritt eine steuerliche Rechtsnachfolge ein und die Anteile des V an der übernehmenden S-GmbH gelten fortan als sperrfristbehaftet. Einer Billigkeitsregelung bedarf es nach der hier vertretenen Auffassung nicht (aA FinVerw UmwStE Tz. 22.23). Die 7-Jahres-Frist läuft weiter. Soweit es zu einem Übergang stiller Reserven auf die Anteile des S kommt, liegt eine unentgeltliche Zuwendung eines Teilanteils des V an den S vor, die entweder eine logische Sekunde vor oder eine logische Sekunde nach der Verschmelzung stattfindet (glA *Neumann* in R/H/vL § 13 Rn. 9d). Der S tritt insoweit in die Rechtsstellung des V ein und übernimmt sperrfristbehaftete Anteile, für die gem. § 13 II die Buchwertfortführung gewählt werden kann. Ein schädlicher Vorgang iSd § 22 I liegt daher auch insoweit nicht vor. Die Sperrfrist läuft unverändert weiter.

Etwas anderes könnte gelten, wenn die Wertverschiebung nicht zugunsten einer anderen natürlichen Person, sondern zugunsten einer KapGes erfolgt, an der der Einbringende wiederum beteiligt ist. 47

Beispiel: A und die in seinem alleinigen Anteilsbesitz befindliche A-GmbH sind an der B-GmbH jeweils hälftig und an der C-GmbH im Verhältnis 40:60 beteiligt. Die Anteile des A an der B-GmbH sind sperrfristbehaftet. Nun wird die B-GmbH seitwärts auf die C-GmbH verschmolzen, wobei

Alternative 1: auf eine Kapitalerhöhung bei der C-GmbH verzichtet wird

Alternative 2: eine geringe Kapitalerhöhung vorgenommen wird, durch die das Beteiligungsverhältnis von 40:60 bei der C-GmbH jedoch nicht verändert wird.

Lösung: In beiden Alternativen kommt es zu einer wertinkongruenten Verschmelzung und damit zu einem Übergang stiller Reserven von den Anteilen des A an der C-GmbH auf die Anteile der A-GmbH an der C-GmbH. Gleichzeitig erhöht sich der Wert der Anteile an der A-GmbH entsprechend.

Fraglich ist, ob die stattfindende „Wertabspaltung" in diesem Fall zu einem schädlichen Realisationstatbestand und damit zu einer anteiligen rückwirkenden Besteuerung des Einbringungsgewinns I führt.

Patt (in D/P/M § 22 Rn. 40) bejaht dies unter Hinweis auf das Urteil des BFH v. 9.11.2010 (IX R 24/09, BStBl. II 2011, 799). In dem entschiedenen Fall hat der BFH für den Fall einer vergleichbaren inkongruenten Verschmelzung in dem Umfang der Wertverschiebung eine verdeckte Einlage eines Teil-Geschäftsanteils von A in die A-GmbH erkannt und diese verdeckte Einlage nach § 17 EStG unter Aufdeckung der stillen Reserven der Besteuerung unterworfen. Da die verdeckte Einlage von sperrfristbehafteten Anteilen in eine andere KapGes einen Ersatzrealisationstatbestand nach § 22 I 6 Nr. 1 darstellt, liegt es nahe, einen derartigen Vorgang auch als schädlich im Sinne dieser Vorschrift anzusehen mit der Folge, dass eine solche Folgeumwandlung eine anteilige rückwirkende Versteuerung des Einbringungsgewinns I auslöst.

Die vorhergehenden Ausführungen der Rn. 43 bis 47 gelten entsprechend für den Fall, dass der übernehmende Rechtsträger aufgespalten wird oder einen Teil seines Vermögens auf eine andere KapGes abspaltet. Grds. ist auch hier nach § 13 I von einem schädlichen Vorgang auszugehen. Bei Vorliegen der entsprechenden Voraussetzungen kann aber auch in diesen Fällen nach § 13 II zur Buchwertfortführung optiert werden. Nach der hier vertretenen Auffassung ist dann kein schädlicher Vorgang iSd § 22 I 1 gegeben. 48

49 Wird der übernehmende Rechtsträger nicht side-stream auf eine andere KapGes, sondern **up-stream auf den die sperrfristbehafteten Anteile haltenden Gesellschafter** (also auf den Einbringenden) verschmolzen, soll nach Auffassung der FinVerw ebenfalls ein schädlicher Veräußerungsvorgang vorliegen (vgl. UmwStE Rn. 22.23 iVm Rn. 00.03). Der Grund für diese Rechtsauffassung liegt darin, dass die erhaltenen Anteile durch eine solche up-stream Verschmelzung im Zuge des stattfindenden tauschähnlichen Vorgangs vernichtet werden. Dieser Auffassung wird in der Literatur jedoch vielfach widersprochen. Soweit der übernehmende Rechtsträger am übertragenden Rechtsträger beteiligt ist, wendet der übernehmende Rechtsträger hiernach keine Gegenleistung für das übergehende Betriebsvermögen auf, denn der Untergang der Anteile am übernehmenden Rechtsträger ist insoweit nicht als Gegenleistung zu würdigen (vgl. *Hageböke/Schmidt-Fehrenbacher* S 33; *Schmitt/Schloßmacher* S 5; *Patt* in D/P/M § 22 Rn. 33a; *Kröner/Momen* DB 2012, 71, Fn. 9; *Benz/Rosenberg* DB 2011, 1354 (1359 f.); *Nitzschke* in Blümich § 22 Rn. 38a). Darüber hinaus erfüllt die up-stream Verschmelzung auch keinen Ersatzrealisationstatbestand, insbesondere nicht den des § 22 I 6 Nr. 3, denn es mangelt hier an einer Liquidation (vgl. eingehend Rn. 151 ff.).

Dieser Meinung hatte sich das FG Hamburg mit Urteil v. 21.5.2015 (2 K 12/13 DStR 2015, 2377 – aufgehoben durch BFH I R 48/15 v. 24.1.2018, DStR 2018, 136) angeschlossen und einen schädlichen Vorgang iSd § 22 verneint. Von der up-stream Verschmelzung betroffen waren zwar keine sperrfristbehafteten Anteile nach § 22 I, sondern solche nach § 22 II. Die zu entscheidende Frage, ob der Untergang von sperrfristbehafteten Anteilen im Zuge einer solchen Verschmelzung eine schädliche Veräußerung dieser Anteile darstelle, ist jedoch in beiden Fällen dieselbe. Nach Auffassung des FG Hamburg verlangt der Tatbestand der Veräußerung, dass die Anteile auf einen anderen Rechtsträger übertragen werden. Hieran mangelt es jedoch im Fall einer up-stream Verschmelzung. Vielmehr gehe die Beteiligung durch Auflösung des übertragenden Rechtsträgers unter. Weiterhin führt das FG Hamburg aus, dass aus der Regelung des § 22 I 6 Nr. 2, wonach nur Folgeinbringungen zu Buchwerten von den schädlichen Veräußerungstatbeständen ausgenommen sind, nicht gefolgert werden könne, dass alle anderen Umwandlungen von dem Veräußerungsbegriff des § 22 I 1 bzw. § 22 II 1 umfasst werden. Dieser Auffassung ist zuzustimmen. Es muss in jedem Einzelfall geprüft werden, ob die jeweilige Folgeumwandlung tatsächlich den Tatbestand der Veräußerung der erhaltenen Anteile oder einen der Ersatzrealisationstatbestände erfüllt. Auch der Charakter des § 22 als typisierender Missbrauchsnorm spricht nach der Argumentation des FG Hamburg nicht gegen diese Auslegung, da eine Statusverbesserung nicht erkennbar ist und keine stillen Reserven dem steuerlichen Zugriff entzogen werden.

Demgegenüber hat der BFH das vorangegangene Urteil des FG Hamburg aufgehoben und sich der o. g. Auffassung der Finanzverwaltung angeschlossen (Urteil des BFH I R 48/15 v. 24.1.2018, DStR 2018, 1366). Während sich das FG Hamburg eingehend mit dem Veräußerungsbegriff sowie dem Telos des § 22 UmwStG als typisierender Missbrauchsnorm auseinandergesetzt hat, lässt der BFH hierzu jedoch eine tiefergehende Analyse vermissen. Zwar definiert der BFH einleitend auch den Veräußerungsbegriff und macht deutlich, dass dieser grundsätzlich eine Übertragung des zu veräußernden WG auf einen anderen Rechtsträger voraussetzt. Allerdings scheint der 1. Senat dem Umstand, dass die sperrfristbehafteten Anteile bei der Aufwärtsverschmelzung untergehen und damit gerade nicht auf einen anderen Rechtsträger übertragen werden, dann keine Entscheidungserheblichkeit beizumessen, da er ja gleichwohl eine Veräußerung bejaht. Vielmehr stützt das Gericht seine Entscheidungsfindung maßgeblich auf die Vergleichbarkeit der Aufwärtsverschmelzung zur Seitwärtsverschmelzung, bei der ebenfalls ein veräußerungsähnlicher Tatbestand zu bejahen sei. Letztere Rechtsauffassung ist allerdings ebenfalls äußerst umstritten und auch die Tatsache, dass in § 13 I UmwStG für diesen Fall explizit eine Veräußerungsfiktion geregelt ist, spricht gegen diese Argumentation (glA z. B. *Dürrschmidt/Mückl/Weggenmann,* BeckOK UmwStG, 10. Edition, Rn. 76; *Schmitt* in SHS, § 13

Rn. 5). Bereits jetzt zeichnet sich ab, dass das Urteil des BFH auf Ablehnung in der Literatur stößt (so z. B. *Stangl/Binder,* DStR 2018, 1793, die sich eingehend auch mit der Frage auseinandersetzen, ob die vom BFH in der Entscheidung I R 48/15 angeführten Referenzurteile die gezogene Rechtsfolge tatsächlich untermauern). M. E. ist das Urteil des BFH nicht nur hinsichtlich der Einordnung des up-stream mergers als schädliches Ereignis, sondern auch hinsichtlich seiner Urteilsbegründung zu kritisieren. Insbesondere der Umstand, dass der BFH den up-stream merger zur Beurteilung der steuerlichen Konsequenzen auf Gesellschafterebene mit einem side-stream merger vergleicht, erscheint fragwürdig (vgl. hierzu auch Rn. 44). Zwar ist es aus Sicht des übertragenden Rechtsträgers tatsächlich egal, ob er im Rahmen einer Verschmelzung auf seinen Gesellschafter oder auf eine andere Gesellschaft verschmolzen wird. Aus der Sicht des Gesellschafters läge es aus meiner Sicht hingegen näher, den up-stream merger mit einer Liquidation zu vergleichen, in der es ebenfalls zu einem Untergang der am übertragenden Rechtsträger bestehenden Anteile bei gleichzeitiger Übernahme des Gesellschaftsvermögens durch diesen Gesellschafter kommt. Dieser Vorgang wird ertragsteuerlich jedoch grundsätzlich nicht als veräußerungsgleicher Vorgang gesehen. Vielmehr wird der Liquidationserlös aufgeteilt einerseits in Bezüge, die nach der Auflösung anfallen und nicht in der Rückzahlung von Nennkapital bestehen – diese gehören zu den Kapitalerträgen nach § 20 I 2 EStG iVm § 8b I KStG und andererseits in eine Rückzahlung von Beträgen des steuerlichen Einlagekontos (§ 28 II KStG), was nach Auffassung der FinVerw keinen veräußerungsgleichen Vorgang darstellt (vgl. BMF-Schreiben v. 18.1.2016, BStBl. I S. 85, Rn. 92). Auch der Umstand, dass § 17 IV EStG die Auflösung einer Kapitalgesellschaft aus Sicht des wesentlich beteiligten Gesellschafters als Veräußerungsvorgang fingiert (um eine die Anschaffungskosten übersteigende Auszahlung aus dem steuerlichen Einlagekonto erfassen zu können) macht deutlich, dass dem Grunde nach kein veräußerungsgleicher Vorgang gegeben ist, da es ansonsten dieser Fiktion nicht bedurft hätte. Diese Argumentation spricht dafür, dass der Grundtatbestand des § 22 I 1 weder auf den up-stream merger noch auf die Liquidation unmittelbar Anwendung findet. Allerdings hat der Gesetzgeber durch die Schaffung des Ersatzrealisationstatbestandes des § 22 I 6 Nr. 3 klar zum Ausdruck gebracht, dass er die Vernichtung sperrfristbehafteter Anteile durch Liquidation der Gesellschaft, an der diese Anteile bestehen, als schädlichen Vorgang im Sinne des § 22 sieht. Vor diesem Hintergrund erscheint es zumindest vorstellbar, dass der Gesetzgeber den Fall des up-stream mergers – hätte er ihn ausdrücklich geregelt – ebenfalls in die Liste der schädlichen Vorgänge aufgenommen hätte. Andererseits ist aber auch argumentierbar, dass die Ersatzrealisationstatbestände grundsätzlich eng auszulegen sind und der Gesetzgeber den Vorgang des up-stream mergers – hätte er ihn als schädliches Ereignis erfassen wollen – ausdrücklich hätte aufführen müssen. Unabhängig von jeglicher Kritik ist dem Urteil des BFH in der Beratungspraxis natürlich Rechnung zu tragen, denn die Rechtsauffassung der FinVerw, jede Folgeumwandlung als schädlichen veräußerungsgleichen Tatbestand einzustufen, hat hier eine erhebliche Rückendeckung erfahren.

nn) Umwandlung der Übernehmerin auf/in eine PersGes. Wird die übernehmende KapGes innerhalb von 7 Jahren nach der Einbringung auf eine PersGes verschmolzen oder gespalten oder in eine solche Gesellschaft formgewechselt, liegt bezüglich der sperrfristbehafteten Anteile nach der hier vertretenen Auffassung ebenfalls keine Veräußerung vor (vgl. *Hageböke* Ubg 2011, 689 (701); *Nitzschke* in Blümich § 22 Rn. 38c). Die Ausführungen des FG Hamburg im Urteil 2 K 12/13 v. 21.5.2015 unter bb) sind hier m. E. analog anwendbar. Insgesamt liegt in diesen Fällen somit kein schädlicher Vorgang vor. Diese Rechtsfolge stellt auch keinen Systembruch innerhalb des UmwStG dar, denn § 22 ist eine typisierende Missbrauchsvorschrift und bedarf daher keines Anwendungsbereichs, wenn keine Missbrauchsgefahr besteht. Vielmehr gibt der Steuerpflichtige mit einer solchen Umwandlung die durch die Einbringung erlangte Statusverbesserung wieder auf (ebenfalls kritisch zur generellen Annahme eines schädlichen 50

Veräußerungsvorgangs in derartigen Fällen *Heß/Schnitger* (PwC Rn. 1663); *Stangl/Kaeser* in FGS/BDI, § 435 f.; *Graw* Ubg 2011, 603 (607); *Goebel/Ungemach/Busenius* DStZ 2011, 426 (429); *Benecke/Schnittger* FR 2010, 555 (559 f.); *Kessler* Ubg 2011, 34 (35); *Kutt/Jehke*, BB 2010, 474 (478);). Demgegenüber stuft die FinVerw eine solche Umwandlung des übernehmenden Rechtsträgers und den damit einhergehenden Untergang der sperrfristbehafteten Anteile stets als schädlichen Vorgang ein (auch im Fall einer steuerlichen Buchwertfortführung) und schließt die Möglichkeit einer Billigkeitsregelung explizit aus (UmwStE Rn. 22.23; zur Billigkeitsregelung vgl. auch Rn. 57). Außerdem ist davon unter Berücksichtigung des Urteils I R 48/15 v. 24.1.2018 davon auszugehen, dass der BFH sich hier ebenfalls der Auffassung der FinVerw anschließen würde. Das UmwStG „zerlegt" einen solchen Umwandlungsvorgang nach den Regelungen der §§ 3 bis 9 in zwei Schritte. Zunächst gelten die Anteile an der umzuwandelnden KapGes fiktiv gem. § 5 als in das Vermögen der übernehmenden PersGes als eingelegt. Anschließend gilt die übertragende KapGes als auf die übernehmende PersGes verschmolzen. Während in der von § 5 geregelten Einlagefiktion wohl noch kein schädlicher Vorgang iSd § 22 zu entdecken ist, dürfte der BFH den vom Gesetz unterstellten anschließenden up-stream merger nach der diesem Urteil zugrunde gelegten Argumentation ebenfalls als schädliches Ereignis einstufen.

51 **oo) Umwandlung des Einbringenden.** Auch bei Umwandlungsvorgängen auf der Ebene des Einbringenden ist in der Literatur äußerst strittig, inwieweit diese zu einer schädlichen Anteilsveräußerung führen oder – zB wegen Unentgeltlichkeit bzw. wegen der gesetzlichen Anordnung einer steuerlichen Rechtsnachfolge – ein Realisationsvorgang abzulehnen ist.

Kommt es anlässlich einer Verschmelzung, Aufspaltung oder Abspaltung eines Einbringenden in der Rechtsform einer KapGes zu einer Übertragung der erhaltenen Anteile gegen Gewährung von Gesellschaftsrechten auf einen anderen Rechtsträger (auf eine PersGes nach den §§ 3 ff. oder auf eine KapGes nach den §§ 11 ff.), so könnten diese Vorgänge auch dann als schädlich angesehen werden, wenn sie zu Buchwerten erfolgen, denn die sperrfristbehafteten Anteile werden auf einen Dritten übertragen und dieser gewährt im Gegenzug Anteile an die Gesellschafter des übertragenden Rechtsträgers. So wird zB der Fall der Abspaltung erhaltener Anteile auf eine andere KapGes nach § 15 in der Regierungsbegründung ausdrücklich als Anwendungsfall des § 22 I aufgeführt (vgl. BT-Drs 16/2710, 47 zu § 22 I). Rein steuersystematisch ist gegen diese Rechtsauffassung wohl nicht viel einzuwenden, denn aus der Sicht des übernehmenden Rechtsträgers stellt sich eine Verschmelzung oder Spaltung als Anschaffungsvorgang dar, sofern sie entgeltlich, also gegen Gewährung von Gesellschaftsrechten, erfolgt (BFH v. 15.10.1997 – I R 22/96, BStBl. II 1998, 168; v. 23.1.2002 – XI R 48/99, BStBl. II 2002, 875).

Gleichwohl ist diese Rechtsfolge kritisch zu hinterfragen. Richtigerweise ist auch in diesen Fällen danach zu unterscheiden, ob die Folgeumwandlung auf der Ebene des Einbringenden zu Buchwerten oder zu Zwischen- bzw. gemeinen Werten durchgeführt wird. Im Fall der Buchwertfortführung gilt nämlich gem. § 12 I iVm § 4 II eine steuerliche Rechtsnachfolge. Der übernehmende Rechtsträger tritt in die Rechtsstellung des übertragenden Rechtsträgers ein. Das bedeutet, dass er auch die sperrfristbehafteten Anteile als solche übernimmt (*Kessler* Ubg 2011, 34 f.; a. A. *Patt* in D/P/M § 22 Rn. 33). Nur in den Fällen, in denen die Folgeumwandlung zu Zwischen- oder gemeinen Werten erfolgt, ist folgerichtig eine schädliche Veräußerung gegeben.

Widmann (in W/M § 22 Rn. 146) vertritt sogar die Auffassung, dass sich die Unschädlichkeit der Verschmelzung oder Spaltung einer KapGes als Einbringende auf eine andere KapGes hinsichtlich etwaiger übergehender erhaltener Anteile bereits aus dem Gesetz ergibt. Er leitet dies daraus ab, dass diese Vorgänge in dem Katalog der schädlichen Ersatzrealisationstatbestände nicht ausdrücklich genannt sind, während zB Einbringungen, die nicht zu Buchwerten erfolgen, als schädlich aufgeführt sind. ME ist diese Auslegung des

Gesetzes jedoch nicht zwingend. Der Gesetzgeber befasst sich insb. in § 20 I 6 Nr. 2, 4, 5 ausschließlich mit Einbringungsvorgängen. Andere Umwandlungsarten sind nicht genannt und daher mE nach dem Grundtatbestand des § 22 I zu beurteilen.

Trotz der grundsätzlichen Einordnung einer Umwandlung des Einbringenden als schädliches Ereignis hat die FinVerw erkannt, dass Folgeumwandlungen eines Einbringenden in der Rechtsform einer KapGes zu Buchwerten auf eine andere KapGes regelmäßig nicht zur Umsetzung von steuerlichen Gestaltungsmodellen geeignet sind und bietet für diese Fälle in UmwStE Rn. 22.23 Beispiel 1 die Möglichkeit der Anwendung einer **Billigkeitsregelung** an (vgl. eingehend zur Billigkeitsregelung Rn. 57 ff.). Dasselbe dürfte dann analog auch für eine Übertragung der erhaltenen Anteile im Wege einer Auf- oder Abspaltung gelten, wobei die Spaltung zur Trennung von Gesellschafterstämmen hiervon im UmwStE ausdrücklich ausgenommen wurde (vgl. hierzu auch Rn. 65). *Körner* (DStR 2010, 897 (899)) sieht demgegenüber insoweit eine planwidrige Gesetzeslücke als gegeben an, die einer einschränkenden Auslegung des § 22 bedarf.

Erfolgt eine **Seitwärtsverschmelzung** des Einbringenden in der Rechtsform einer **52**
KapGes auf eine andere KapGes gem. § 54 I 3, § 68 I 3 UmwG **unter Verzicht auf die Gewährung von Anteilen** durch den übernehmenden Rechtsträger, so ist diese Verschmelzung ein unentgeltlicher Vorgang und damit aus Sicht des übertragenden Rechtsträgers keine Veräußerung (ebenso *Hageböke* Ubg 2011, 689 (700); *Patt* in D/P/M § 22 Rn. 33a). In der Praxis dürfte diese Erkenntnis aber wenig hilfreich sein, denn es ist dann stattdessen der Ersatzrealisationstatbestand des § 22 I 6 Nr. 1 (unentgeltliche Übertragung der sperrfristbehafteten Anteile auf eine KapGes) erfüllt (so auch *Hageböke,* Ubg 2011, 703). Auch die FinVerw sieht inhaltlich zwischen einer Verschmelzung mit Kapitalerhöhung und einer Verschmelzung ohne Kapitalerhöhung einen Unterschied, denn sie geht davon aus, dass auf eine Verschmelzung ohne Kapitalerhöhung als Folgeumwandlung die Billigkeitsregelung des UmwStE Rn. 22.23 nicht angewendet werden kann. Ob dies angesichts der wirtschaftlichen Vergleichbarkeit dieser beiden Vorgänge sachgerecht ist, darf allerdings bezweifelt werden.

Wird **der Einbringende** in der Rechtsform einer KapGes **up-stream auf seinen** **53**
Gesellschafter verschmolzen, der ebenfalls die Rechtsform einer KapGes hat, so kommt es zu einem Übergang der sperrfristbehafteten Anteile auf den Gesellschafter. Streitig ist jedoch, ob dieser Vorgang als Veräußerung im Sinne einer entgeltlichen Übertragung auf einen Dritten anzusehen ist (so die FinVerw UmwStE Rn. 22.23). Gegen diese Auffassung wendet sich *Hageböke* Ubg 2011, 689 (696) unter Hinweis auf das Urteil des BFH v. 14.5.1969 – I R 77/67, BStBl. II 1969, 598), der in dem Untergang der Anteile an dem übertragenden Rechtsträger keine Gegenleistung sieht, sondern lediglich einen Reflex der Verschmelzung. Mangels Gegenleistung lehnt er daher einen Veräußerungsvorgang ab. Dieser Auffassung ist zuzustimmen (vgl. auch Rn. 49). Wie der BFH zu dieser Frage steht, lässt sich zumindest aus dem Urteil I R 48/15 v. 24.1.2018 (DStR 2018, 1366) nicht entnehmen. In diesem Urteil hat der BFH lediglich befunden, dass der Untergang der sperrfristbehafteten Anteile im Zuge eines up-stream mergers als schädliche Veräußerung der Anteile zu würdigen sei (zur Kritik zu diesem Urteil vgl. Rn. 44 und Rn. 49). Zu der Frage, ob das Vermögen des übertragenden Rechtsträgers bei einem solchen Vorgang ebenfalls als durch diesen Rechtsträger veräußert anzusehen ist, hat sich das Gericht nicht geäußert. Sofern es sich bei dem übernehmenden Rechtsträger dieser Folgeumwandlung allerdings wieder um eine KapGes handelt, wäre auf Grund der unentgeltlichen Übertragung dann aber wiederum der Ersatzrealisationstatbestand des § 22 I 6 Nr. 1 erfüllt.

Bei einer Verschmelzung des Einbringenden auf den übernehmenden Rechtsträger **54**
(down-stream) kommt es ebenfalls nicht zu einer Vernichtung der sperrfristbehafteten Anteile. Vielmehr gehen diese – ohne Durchgangserwerb bei der Übernehmerin – auf die Gesellschafter des übertragenden Rechtsträgers über und die Anteile an dem Einbringenden gehen unter. Daher gelten hier die Ausführungen in Rn. 51 entsprechend.

55 Die Rn. 52 ff. finden analog auf eine Übertragung der sperrfristbehafteten Anteile durch eine Abspaltung bzw. Aufspaltung des Einbringenden in der Rechtsform einer KapGes auf eine andere KapGes Anwendung.

Darüber hinaus gelten diese Ausführungen zur Umwandlung des Einbringenden, der die erhaltenen Anteile nach der Einbringung eines Betriebs/Teilbetriebs/Mitunternehmers innehat, analog nach Durchführung eines Anteilstauschs gem. § 21 für die Folgeumwandlung des übernehmenden Rechtsträgers, der die eingebrachten Anteile innehat.

55a Handelt es sich bei dem Inhaber der sperrfristbehafteten Anteile um eine PersGes, so stellt eine Übertragung der sperrfristbehafteten Anteile im Wege einer Verschmelzung oder Spaltung auf eine übernehmende KapGes einen Fall des § 20 dar. Einbringender im Rahmen dieser Folgeumwandlung ist der Mitunternehmer der übertragenden PersGes, denn er erhält die im Gegenzug vom übernehmenden Rechtsträger zu gewährenden Anteile (UmwStE Rn. 20.03). Übertragen werden die sperrfristbehafteten Anteile aber durch die PersGes, die ihrerseits als Einbringende der vorangegangenen Einbringung anzusehen ist, anlässlich derer die sperrfristbehafteten Anteile entstanden sind. Die Übertragung erfolgt auch entgeltlich, denn die im Gegenzug an den Mitunternehmer zu gewährenden neuen Anteile stellen die Gegenleistung für diesen tauschähnlichen Vorgang dar (so z. B. BFH 17.9.2003, I R 97/02, BStBl II 2004, 686, mwN). Erfolgt dieser Vorgang zu Buchwerten, ist der Anwendungsbereich der Ausnahmeregelung des § 22 I 6 Nr. 2 erfüllt und ein schädlicher Vorgang ist nicht gegeben.

55b Überträgt eine PersGes die erhaltenen sperrfristbehafteten Anteile hingegen im Wege der Verschmelzung bzw. Spaltung auf eine andere PersGes, so liegt ein Fall des § 24 vor. Erfolgt dieser zu Buchwerten, gilt für das übergehende Vermögen die steuerliche Rechtsnachfolge (§ 24 IV iVm § 23 I iVm 12 III). ME ist dieser Vorgang insoweit als unschädlich anzusehen, wie an der übertragenden und der übernehmenden PersGes dieselben Gesellschafter beteiligt sind. Demgegenüber sieht die FinVerw die Übertragung der sperrfristbehafteten Anteile in einer Folgeumwandlung auf eine PersGes nach § 24 stets als schädlich an und verweigert auch explizit die Möglichkeit einer Billigkeitsregelung (UmwStE Rn. 22.23).

56 **Rechtsformwechsel.** Von den bereits diskutierten Formen der übertragenden Umwandlung des Einbringenden ist der Rechtsformwechsel zu unterscheiden. Wird der Einbringende identitätswahrend in eine andere Rechtsform umgewandelt, so handelt es sich hierbei nicht um eine Veräußerung. Das gilt auch, wenn der Formwechsel grenzüberschreitend innerhalb der EU/EWR entweder als Hereinformwechsel oder als Herausformwechsel gestaltet wird (so auch *Stangl* in R/H/vL § 22 Rn. 41a). Das gilt unabhängig davon, dass es bei einem Herausformwechsel nach § 12 I KStG zu einer stpfl. Aufdeckung stiller Reserven bzw. bei einem Hereinformwechsel zu einer Verstrickung zu gemeinen Werten kommt (vgl. hierzu auch Rn. 32). Die FinVerw sieht demgegenüber auch den Rechtsformwechsel einer KapGes in eine PersGes oder umgekehrt als übertragende Umwandlung und damit als schädlichen Veräußerungsvorgang an (vgl. UmwStE Rn. 22.07 iVm Rn. 00.02).

57 **pp) Billigkeitsregelung für Folgeumwandlungen.** Die von der FinVerw vertretene weitgehende Würdigung sämtlicher Folgeumwandlungen des Einbringenden oder des übernehmenden Rechtsträgers als schädliches Ereignis iSd § 22 I führt für die Praxis zu unangemessenen Ergebnissen und zu einer Erstarrung der Konzernstrukturen. Aus diesem Grund wurde in UmwStE Rn. 22.23 eine Billigkeitsregelung auf Antrag eingeführt, die bestimmte Folgeumwandlungen unter ganz bestimmten – restriktiven – Voraussetzungen als unschädlich iSd § 22 akzeptiert. Diese Billigkeitsregelung setzt zumindest voraus, dass

- keine steuerliche Statusverbesserung eintritt (dh die Besteuerung eines Einbringungsgewinns I bzw. II nicht verhindert wird),
- sich keine stillen Reserven von den sperrfristbehafteten Anteilen auf Anteile eines Dritten verlagern,

- deutsche Besteuerungsrechte nicht ausgeschlossen oder eingeschränkt werden und
- die Antragsteller sich damit einverstanden erklären, dass auf alle unmittelbaren oder mittelbaren Anteile an einer an der Umwandlung beteiligten Gesellschaft § 22 I und II entsprechend anzuwenden sind, wobei die Anteile am Einbringenden regelmäßig nicht einzubeziehen sind (vgl. zu einer vergleichbaren Problematik Rn. 22 des BMF-Schreibens v. 16.12.2003, BStBl I 2003, 786).

Darüber hinaus muss der konkrete Einzelfall in jeder Hinsicht mit den in § 22 I 6 Nrn. 2, 4 und 5 enthaltenen Ausnahmetatbeständen vergleichbar sein. Allerdings soll die Billigkeitsregelung nicht in Anspruch genommen werden können, wenn in einer Gesamtschau die Umwandlung der Veräußerung des eingebrachten Vermögens dient. Hiervon ist nach den Ausführungen in UmwStE Rn. 22.23 auszugehen, wenn der Einbringende nach der Umwandlung an dem ursprünglich eingebrachten Betriebsvermögen nicht mehr unmittelbar oder mittelbar beteiligt ist (zB bei der Trennung von Gesellschafterstämmen, auch wenn diese nach § 15 UmwStG steuerneutral erfolgen kann). Letztgenannte Rechtsauffassung wird von der OFD Niedersachen in der Verfügung S 1978c-136-St 243 v. 22.8.2014 (DStR 2014, 2397) noch einmal für den Fall bekräftigt, dass der Einbringende die erhaltenen Anteile innerhalb der 7-Jahres-Frist auf einen anderen Rechtsträger abspaltet. Diese Rechtsauffassung der FinVerw wird in der Literatur unter Hinweis auf die steuerliche Rechtsnachfolge und die mangelnde Statusverbesserung zu Recht überwiegend kritisch gesehen (so zB *Nitzschke* in Blümich § 22 Rn. 38f). Darüber hinaus stellt sich die Frage, warum die Übertragung der erhaltenen Anteile im Wege der Verschmelzung ausdrücklich gem. Tz. 22.23 UmwStG einer Billigkeitsregelung zugänglich sein soll, während die Übertragung im Rahmen der Spaltung als schädlich anzusehen sein soll (ebenso *Kring/Lienicke*, DB 2015, 1133 f.). Zumal die unmittelbare Abspaltung eines Teilbetriebs ohne vorherige Einbringung ja auch nach § 15 UmwStG – bei Vorliegen der übrigen Voraussetzungen – steuerneutral möglich wäre. Ein tieferer Sinn ist hieraus auf Anhieb nicht zu erkennen.

Die Schaffung einer Billigkeitsregelung ist gleichwohl grundsätzlich zu begrüßen. Allerdings wird sie in der Literatur in weiten Teilen als zu restriktiv und wenig praxistauglich gewürdigt (vgl. zB *Hageböke* Ubg 2011, 689 (704); *Graw* Ubg 2011, 603 (607); *Kessler* Ubg 2011, 34 (35); *Stangl* Ubg 2009, 698 (700 f.)). Außerdem ist ihre rechtliche Einordnung äußerst unklar, weshalb Zweifel angebracht sind, ob eine solche Billigkeitsmaßnahme im Einzelfall vor Gericht Bestand hat (vgl. eingehend *Drüen* DStR 2012 Beihefter 2, S 22 ff. mwN). Darüber hinaus ist zu beachten, dass die Notwendigkeit für eine Billigkeitsregelung in bestimmten Bereichen erst durch die weite Interpretation des Veräußerungsbegriffs durch die FinVerw erforderlich wurde (ebenso *Drüen* DStR 2012, Beihefter zu Heft 2, 22 f.). Vor dem Hintergrund des BFH-Urteils I R 48/15 v. 24.1.2018 (DStR 2018, 1366) ist allerdings in absehbarer Zeit nicht damit zu rechnen, dass es durch die Rechtsprechung zu einer restriktiveren Auslegung des Veräußerungsbegriffs im Kontext des § 22 kommen wird.

Auf jeden Fall scheint es für den Einbringenden angeraten zu sein, in einen Einbringungsvertrag Regelungen dahingehend aufzunehmen, dass Folgeumwandlungen innerhalb von 7 Jahren nur dann zulässig sind, wenn die Vorgänge entweder keinen schädlichen Realisationstatbestand erfüllen oder die Voraussetzungen der Billigkeitsregelung erfüllen bzw. wer die rückwirkend entstehende Steuer zu tragen hat, wenn gleichwohl ein schädlicher Vorgang realisiert wird.

Keine gesetzgeberische Grundentscheidung für die Unschädlichkeit von Folgeumwandlungen. In UmwStE Rn. 22.23 betont die FinVerw, dass der Gesetzgeber nach ihrer Ansicht in § 22 – insbesondere wohl mit der Ausnahme von Buchwerteinbringungen aus den schädlichen Tatbeständen – keine Generalklausel zugunsten der Unschädlichkeit bestimmter Folgeumwandlung getroffen hat. Diese Aussage bildet die Einleitung für die nachfolgend eröffnete Billigkeitsregelung und macht klar, dass diese restriktiv anzuwenden 58 ist. Der Vorgang der Folgeumwandlung ist daher daraufhin zu überprüfen, ob er mit einem der in § 22 I 6 Nrn. 2, 4 oder 5 genannten Ausnahmetatbestände in jeder Hinsicht vergleichbar ist.

Zu den einzelnen Voraussetzungen der Billigkeitsregelung:

59 **Keine steuerliche Statusverbesserung.** Der „steuerliche Status" iSd § 22 definiert sich in Bezug auf den Einbringenden und das Schicksal der erhaltenen Anteile. Die rückwirkende Besteuerung des Einbringenden soll weiterhin sichergestellt bleiben, auch wenn die Anteile im Rahmen einer Folgeumwandlung transferiert oder im Wege des Anteilstauschs ggf. durch andere Anteile ersetzt werden (vgl. *Graw* Ubg 2011, 603 (605); *Kessler* Ubg 2011, 34 (35)). Zumindest ist aus den Beispielen in UmwStE Rn. 22.23 zu erkennen, dass die FinVerw in derartigen Umwandlungsvorgängen – also insbesondere Seitwärtsverschmelzungen oder Spaltungen des Einbringenden oder des übernehmenden Rechtsträgers auf eine andere KapGes – an sich keine steuerliche Statusverbesserung befürchtet und daher die Billigkeitsregelung als anwendbar ansieht. Allerdings bezieht sich das Kriterium der steuerlichen Statusverbesserung nicht nur auf die Frage, ob es die sperrfristbehafteten Anteile nach der Folgeumwandlung noch gibt, sondern auch auf eine mögliche Umgehung von Ersatzrealisationstatbeständen durch die Folgeumwandlung. So wird in UmwStE Rn. 22.23 Beispiel 2 angeführt, dass eine steuerliche Statusverbesserung vorliegen kann, „wenn infolge der Umwandlung das Auslösen eines Ersatzrealisationstatbestands nach § 22 I 6 Nr. 3 verhindert werden soll". Als Beispiel wird hier der Fall genannt, dass die Verschmelzung bei dem übernehmenden Rechtsträger zu einem unterjährigen Zugang des steuerlichen Einlagekontos des übertragenden Rechtsträgers führt. Auf den ersten Blick ist es überraschend, die Erhöhung des steuerlichen Einlagekontos des übernehmenden Rechtsträgers als Statusverbesserung anzusehen, denn ein hohes steuerliches Einlagekonto ist aus der Sicht des Ersatzrealisationstatbestands des § 22 I 6 Nr. 3 eher schädlich als nützlich. Der Erlassgeber zielt hier aber konkret auf „unterjährige Zuführungen" zum steuerlichen Einlagekonto ab. Diese können nur eintreten, wenn die Verschmelzung zu einem steuerlichen Übertragungsstichtag stattfindet, der vom regulären Schluss des Wj des übernehmenden Rechtsträgers abweicht. Wird dann vom übernehmenden Rechtsträger in dem Zeitraum nach dem steuerlichen Übertragungsstichtag aber vor dem Ende des laufenden Wj des übernehmenden Rechtsträgers eine Gewinnausschüttung vorgenommen, steht dieses Einlagekonto zur Finanzierung dieser Ausschüttung gem. § 27 I 1 KStG noch nicht zur Verfügung, denn der Zugang erfolgt hier erst zum Ende des Wj. So könnte also – durch die Verschmelzung – eine Ausschüttung, die beim übertragenden Rechtsträger aus dem steuerlichen Einlagekonto zu finanzieren gewesen wäre, beim übernehmenden Rechtsträger in eine „sonstige Gewinnausschüttung" umqualifiziert werden. Aus dem Beispiel wird deutlich, dass die FinVerw eine umfassende steuerliche Würdigung vornimmt, um feststellen zu können, ob eine steuerliche Statusverbesserung eintritt oder nicht. Damit bekommt die Billigkeitsregelung den Charakter einer allgemeinen Missbrauchsvermeidungsnorm (*Stangl* in R/H/vL § 22 Rn. 57 f.). Nebenbei sei angemerkt, dass dieses Beispiel auch deshalb überrascht, weil die Erfüllung des Ersatzrealisationstatbestandes des § 22 I 6 Nr. 3 durch eine schädliche Verwendung des steuerlichen Einlagekontos auch ohne eine Umwandlungsmaßnahme sehr einfach dadurch verhindert werden kann, dass einfach keine Verwendung des steuerlichen Einlagekontos bescheinigt wird (§ 27 V KStG), denn in diesem Fall gilt der Betrag der Einlagenrückgewähr als mit 0 EUR bescheinigt.

60 **Keine Verlagerung stiller Reserven auf Anteile eines Dritten.** Fraglich ist, auf welche Sachverhalte der Erlassgeber mit diesem Kriterium abzielt. Es soll verhindert werden, dass sich stille Reserven von den erhaltenen Anteilen auf die Anteile Dritter verlagern. Zunächst einmal ist klar, dass ein Sachverhalt gegeben sein muss, bei dem eine schädliche Übertragung der sperrfristbehafteten Anteile stattfindet, da es ansonsten der Billigkeitsregelung nicht bedürfte. Wird also z. B. eine Kapitalerhöhung bei einer Gesellschaft vorgenommen, an der sperrfristbehaftete Anteile bestehen und führt ein zu geringes

Agio zu einer Verlagerung stiller Reserven von den sperrfristbehafteten Anteilen auf Anteile Dritter, so ist dies kein Fall einer schädlichen Verfügung über die sperrfristbehafteten Anteile und damit kein Fall der Billigkeitsregelung. Vielmehr tritt hier eine Mitverstrickung der Anteile des Dritten ein (vgl. hierzu Rn. 328 ff.). Dasselbe gilt für den Fall einer Weitereinbringung der sperrfristbehafteten Anteile zu Buchwerten. Dieser Fall ist gem. § 22 I 6 Nr. 2 unschädlich und bedarf daher selbst dann keiner Billigkeitsregelung, wenn es zu einer Verlagerung stiller Reserven kommt. Vielmehr wäre dann auch hier ein Fall der Mitverstrickung gegeben. Es kommt also eigentlich nur der Fall einer Seitwärtsverschmelzung des übernehmenden Rechtsträgers, an dem die sperrfristbehafteten Anteile bestehen, gegen Gewährung von Gesellschaftsrechten in Betracht. Der UmwStE nennt diesen Fall in Tz. 22.23 Beispiel 2 als möglichen Anwendungsfall der Billigkeitsregelung. Allerdings wird die Billigkeitsregelung wohl nicht angewandt, wenn der gemeine Wert der im Zuge der Verschmelzung an die Stelle der sperrfristbehafteten Anteile am übernehmenden Rechtsträger tretenden neuen Anteile geringer ist, als der gemeine Wert der untergegangenen sperrfristbehafteten Anteile am übertragenden Rechtsträger. Etwas unklar ist allerdings, was der Erlassgeber hier unter einem „Dritten" versteht. Gemeint ist hier wohl jeder Gesellschafter, der nicht zu den Antragstellern des Billigkeitsantrags gehört (vgl hierzu auch *Stangl* in R/H/vL § 22 Rn. 57g).

Kessler (Ubg 2011, 34 (35)) erwähnt in diesem Zusammenhang, dass diese Voraussetzung bei Publikumsgesellschaften mit häufigen Gesellschafterwechseln regelmäßig nicht erfüllt werden kann und dass daher kleinere Gesellschaften hier gegenüber großen Gesellschaften bevorzugt werden. Aber auch bei konzerninternen Umstrukturierungen dürfte es häufig schwierig werden, die FinVerw davon zu überzeugen, dass keine stillen Reserven auf andere Gesellschafter übergehen. Hier wird man im Rahmen des Billigkeitsantrags weitgehend die vorgenommenen Bewertungen zur Ermittlung des Umtauschverhältnisses offenlegen müssen.

Kein Ausschluss oder Einschränkung des deutschen Besteuerungsrechts. Leider 61
sagt der Erlass nicht, auf welche WG sich diese Anforderung bezieht. Bezieht sie sich auf die sperrfristbehafteten Anteile, so geht sie über das gesetzlich Geforderte hinaus, denn ein deutsches Besteuerungsrecht an den erhaltenen Anteilen wird bei Umwandlungen innerhalb der EU nicht vorausgesetzt (*Kaeser* DStR 2012, Beihefter zu Heft 2, 13 (17); *Kessler* Ubg 2011, 34 (35)). Darüber hinaus gibt es auch keinen sachgerechten Grund für diese Anforderung, denn durch die Rückwirkung bei der Besteuerung des Einbringungsgewinns wirkt sich eine spätere Einschränkung oder ein Ausschluss des deutschen Besteuerungsrechts nicht mehr negativ auf die Möglichkeit der Besteuerung des Einbringungsgewinns aus.

Einverständniserklärung der entsprechenden Anwendung des § 22 I, II. Nach 62
dieser Voraussetzung sollen sich „die Antragsteller" (zum Kreis der Antragsteller vgl. Rn. 66) noch einmal ausdrücklich damit einverstanden erklären, dass auf alle unmittelbaren oder mittelbaren Anteile an einer an der Umwandlung beteiligten Gesellschaft § 22 I und II entsprechend anzuwenden sind, wobei Anteile am Einbringenden regelmäßig nicht einzubeziehen sind. Zunächst einmal drängt sich bei dieser Anforderung der Verdacht auf, dass die FinVerw der steuerlichen Rechtsnachfolge „nicht so recht traut", denn die Billigkeitsregelung wird ja ohnehin nur für solche Vorgänge gewährt, die gerade wegen der steuerlichen Rechtsnachfolge nach der hier vertretenen Ansicht – mangels Veräußerungsvorgangs – für unschädlich gehalten werden und bei denen die Steuerverhaftung der betreffenden sperrfristbehafteten Anteile gerade nicht verloren geht. Unter diesem Gesichtspunkt scheint die hier von der FinVerw aufgestellte Forderung auch zunächst akzeptabel zu sein, denn es kann ja nicht weiter schaden, sich mit etwas einverstanden zu erklären, was ohnehin gegeben ist. Unwohlsein kommt allerdings auf wegen der sehr weiten Formulierung, wonach die geforderte Erklärung sich „auf alle unmittelbaren oder mittelbaren Anteile an einer an der Umwandlung beteiligten Gesellschaft" beziehen soll. Es ist weitgehend unklar, was damit tatsächlich gemeint ist bzw. beabsichtigt wird. Grundsätzlich ist davon auszugehen, dass diese Einverständniserklärung lediglich sicherstellen soll,

dass bis zur Folgeumwandlung bestehende Sperrfristen bezüglich bestimmter Anteile in einer Beteiligungskette nicht untergehen, sondern weiter bestehen bzw. auf andere Anteile übergehen. Die Erklärung kann sich also nicht auf solche unmittelbaren oder mittelbaren Anteile beziehen, die bis zur Folgeumwandlung gar nicht sperrfristbehaftet waren und auch nicht in die steuerliche Rechtsstellung von sperrfristbehafteten Anteilen eintreten. Jede andere Interpretation dieser Anforderung wäre sinnwidrig.

Dieses Verständnis vorausgesetzt können „mittelbare Anteile an einer an der Umwandlung beteiligten Gesellschaft" nur von der Einverständniserklärung betroffen sein, wenn zuvor mittelbare sperrfristbehaftete Anteile entstanden sind. Dies kann durch einen Anteilstausch geschehen sein oder durch vorangegangene Ketteneinbringungen von sperrfristbehafteten Anteilen zu Buchwerten nach § 22 I 6 Nrn. 2, 4 oder 5.

Beispiel: A ist Anteilseigner der A-GmbH und der B-GmbH. Im Jahr 2010 bringt A die Anteile an der A-GmbH im Wege des Anteilstauschs in die B-GmbH ein. Die von der B-GmbH fortan gehaltenen Anteile an der A-GmbH sind nach der Einbringung 7 Jahre lang nach § 22 II sperrfristbehaftet. Im Jahr 2012 wird die A-GmbH auf die ebenfalls im Alleineigentum der B-GmbH stehende Schwestergesellschaft D-GmbH verschmolzen. Die D-GmbH nimmt eine Kapitalerhöhung vor, die einem marktgerechten Umtauschverhältnis entspricht. Die Verschmelzung soll zu Buchwerten erfolgen und bzgl. des vorangegangenen Anteilstauschs keine rückwirkende Besteuerung auslösen.

Lösung: Nach Auffassung der FinVerw stellt die Folgeumwandlung einen Anwendungsfall der Billigkeitsregelung dar. Aus der Sicht des A als Antragsteller sind die Anteile an der A-GmbH mittelbare (sperrfristbehaftete) Anteile an einer an der (Folge-)Umwandlung beteiligten Gesellschaft. Er müsste daher die Einverständniserklärung abgeben, dass auf die von der D-GmbH durch Kapitalerhöhung neu geschaffenen Anteile künftig § 22 II Anwendung findet und die 7-Jahres-Frist, die sich ursprünglich auf die Anteile an der A-GmbH bezogen hat, nunmehr bezüglich der Anteile an der D-GmbH weiterläuft, was allerdings ohnehin eine Folge der steuerlichen Rechtsnachfolge ist. Demgegenüber kann sich die Erklärung sachlogisch nicht auf die Anteile an der D-GmbH beziehen, die bereits vor der Folgeumwandlung bestanden haben und nicht in die Rechtsstellung der sperrfristbehafteten Anteile an der A-GmbH eintreten. Diese „Altanteile" sind zwar aus Sicht des A ebenfalls mittelbare Anteile an einer an der Umwandlung beteiligten Gesellschaft, können aber nach richtigem Verständnis von der hier besprochenen Einverständniserklärung nicht erfasst sein, da sie nie sperrfristbehaftet waren.

63 **Vergleichbarkeit der Folgeumwandlung mit den in § 22 I 6 Nrn. 2, 4 und 5 enthaltenen Ausnahmetatbeständen.** In UmwStE Rn. 22.23 ordnet die FinVerw darüber hinaus eine Einzelfallprüfung an, die ihrerseits zwar mit Beispielen beschrieben, aber gleichwohl nicht ausreichend erläutert und abgegrenzt ist. Dies führt für alle Beteiligten bei entsprechender Antragstellung zu unkalkulierbaren Ergebnissen. Gegenstand dieser Einzelfallprüfung ist ein Vergleich der tatsächlich durchgeführten Folgeumwandlung mit den in § 22 I 6 Nrn. 2, 4 und 5 enthaltenen Ausnahmetatbeständen. Nur wenn die Folgeumwandlung in jeder Hinsicht einer Weitereinbringung zu Buchwerten gleicht, soll eine Billigkeitsregelung möglich sein.

Zunächst einmal ist festzustellen, dass dieses Kriterium der Vergleichbarkeit der Folgeumwandlung mit einer Weitereinbringung das wichtigste Kriterium für die Billigkeitsregelung zu sein scheint, obwohl es bei den zunächst geforderten vier Kriterien gar nicht ausdrücklich genannt ist, sondern im UmwStE quasi erst nachrangig eingeführt wird, denn die meisten der im UmwStE genannten Beispiele, bei denen die Billigkeitsregelung nicht zur Anwendung kommen soll, scheitern genau an dieser Vergleichbarkeit und nicht an einem der anderen vier Kriterien. So werden alle Folgeumwandlungen, bei denen die sperrfristbehafteten Anteile untergehen (zB Seitwärtsverschmelzung/-spaltung unter Verzicht auf eine Kapitalerhöhung oder up-stream Verschmelzung), gerade unter Hinweis auf eine mangelnde Vergleichbarkeit mit der Weitereinbringung dem Anwendungsbereich der Billigkeitsregelung entzogen und nicht etwa aufgrund des Vorliegens einer der explizit für die Gewährung der Billigkeitsregelung genannten Voraussetzungen.

64 Das systematische Defizit des gesamten Ansatzes zur Beurteilung von Folgeumwandlungen nach einer Einbringung liegt mE darin, dass die FinVerw mit der Billigkeitsregelung

nicht versucht, den zunächst in UmwStE Rn. 00.02f. zu weit ausgelegten Begriff der Veräußerung wieder einzugrenzen, sondern vielmehr anstrebt, die Weitereinbringung zu Buchwerten als Ausnahme von den schädlichen Tatbeständen analog auf „vergleichbare" Folgeumwandlungen auszudehnen. Mit einem solchen Ansatz kann das eigentliche Problem allerdings nicht gelöst werden.

Da der BFH jedoch mit dem Urteil I R 48/15 v. 24.1.2018 (DStR 2018, 1366) den Ansatz der FinVerw, Folgeumwandlungen grundsätzlich als schädliche Veräußerungen anzusehen, gestützt hat, ist hier nicht mit einer Änderung der Verwaltungsauffassung zu rechnen.

Folgeumwandlung zwecks Veräußerung des eingebrachten Vermögens. Die 65 Folgeumwandlung fällt darüber hinaus nicht in den Anwendungsbereich der Billigkeitsregelung, wenn sie der Veräußerung des eingebrachten Vermögens dient. Dies soll nach UmwStE Rn. 22.23 IV 2 dann gegeben sein, „wenn der Einbringende nach der Umwandlung an dem ursprünglich eingebrachten Betriebsvermögen nicht mehr unmittelbar oder mittelbar beteiligt ist". Als explizites Beispiel hierfür erwähnt UmwStE Rn. 22.23 die Spaltung zur Trennung von Gesellschafterstämmen. Hier soll es dann auch irrelevant sein, ob diese Spaltung zu Buchwerten erfolgt oder nicht. Dieser Auffassung ist nicht zuzustimmen, denn bei Buchwertfortführung findet auch in diesen Fällen auf Gesellschafterebene ein Anteilstausch statt, der gem. § 13 II mit einer steuerlichen Rechtsnachfolge einhergeht. Es ist daher kein Veräußerungsvorgang gegeben. Der Vorgang ist daher auch ohne Billigkeitsregelung grds. als unschädlich anzusehen (vgl. eingehend Rn. 43f.).

Beispiel: A ist Anteilsinhaber der A-GmbH, die über die beiden Teilbetriebe Tb 1 und Tb 2 verfügt. Tb 2 soll an B veräußert werden. Es könnte nun folgende Gestaltung gewählt werden. Die A-GmbH gründet zunächst mit B eine AB-GmbH. In diese Gesellschaft bringt die A-GmbH dann ihre beiden Teilbetriebe ein, während B Bargeld in Höhe des Wertes des Tb 2 einlegt. Im Anschluss wird die AB-GmbH zu Buchwerten aufgespalten zur Trennung von Gesellschafterstämmen, wobei der Teilbetrieb Tb 1 sowie das von B eingebrachte Bargeld auf die A2-GmbH übergehen, deren Anteile ausschließlich im Eigentum der A-GmbH stehen, während eine neu entstehende B2-GmbH, deren Anteile ausschließlich im Eigentum der B-GmbH stehen, den Tb 2 übernimmt.

Im Ergebnis wurde so die Veräußerung des Tb 2 erreicht. Zwar hält die A-GmbH weiterhin sperrfristbehaftete Anteile, die nunmehr an der A1-GmbH bestehen, aber dies ändert an der Tatsache nichts, dass Tb 2 erfolgreich den Eigentümer gewechselt hat.

Zwar ist verständlich, dass die FinVerw derartige Gestaltungen zu verhindern versucht. Gleichwohl kann diesem Vorgehen nicht durch Verweigerung der Anwendung einer Billigkeitsregelung begegnet werden, denn die Spaltung führt bei dem Gesellschafter zu einem Anteilstausch mit steuerlicher Rechtsnachfolge. Der FinVerw bleibt daher aus meiner Sicht in solchen Fällen nichts anderes übrig, als steuerlichen Gestaltungsmissbrauch zu untersuchen.

Zu beachten ist, dass die Regelung nach ihrem Wortlaut nur verlangt, dass „in einer Gesamtschau die Umwandlung der Veräußerung des eingebrachten Vermögens dient". Nicht erfasst ist hingegen der Tatbestand der „Vorbereitung einer Veräußerung". Zwar spricht der Erlass von einer „Gesamtschau", gleichwohl scheint es nicht erforderlich zu sein, einen längeren Zeitraum nach der Folgeumwandlung in diese Betrachtung einzubeziehen. Die Veräußerung muss hiernach durch die Folgeumwandlung selbst bewirkt werden (glA *Stangl* in R/H/vL § 22 Rn. 57p; *Schneider/Roderburg* in Schneider/Ruoff/Sistermann UmwStE 2011, H 22.67).

Antragstellung. Der Antrag auf Gewährung der Billigkeitsregelung muss nach Umw- 66 StE Rn. 22.23 übereinstimmend von allen Personen gestellt werden, bei denen ansonsten infolge des Umwandlungsvorgangs ein Einbringungsgewinn rückwirkend zu versteuern wäre. Hierunter fällt somit lediglich der Einbringende selbst, nicht hingegen ein unentgeltlicher Rechtsnachfolger oder ein Inhaber von mitverstrickten Anteilen, denn diese können zwar ein schädliches Ereignis auslösen, sie persönlich trifft dann aber nicht die Rechtsfolge der rückwirkenden Besteuerung.

Gegen das Erfordernis, dass alle Einbringenden den Antrag gemeinsam stellen müssen, wird mit dem Argument Kritik erhoben, dass einzelne Gesellschafter mit kleinen Beteiligungen die Antragstellung verhindern können und daher ein erhebliches Erpressungspotenzial haben (vgl. *Kessler* Ubg 2011, 34 (35)). Konflikte zwischen den Gesellschaftern sind daher vorprogrammiert (*Haritz* GmbHR 2009, 1251 (1252)). Insbesondere bei börsennotierten Gesellschaften oder Publikumsgesellschaften dürfte es äußerst schwierig sein, alle Gesellschafter zur Abgabe eines gemeinsamen Antrags zu bewegen (*Drüen* DStR 2012, Beihefter zu Heft 2, 22 (24); *Kessler* Ubg 2011, 34 (35)).

67 Eine **besondere Form** ist für den Billigkeitsantrag nicht vorgesehen. Er kann somit formlos gestellt werden. Fraglich ist, bei welchem Finanzamt der Antrag zu stellen ist. *Graw* (Ubg 2011, 603 (605)) vertritt die Auffassung, dass der Antrag – mangels Regelung einer Zentralzuständigkeit des für die übernehmende Gesellschaft zuständigen Finanzamts – bei den für die Einbringenden jeweils zuständigen Finanzämtern zu stellen ist. Eine solche Zuständigkeitsregelung wäre allerdings mE nicht gerade verwaltungsökonomisch, denn das Finanzamt eines von mehreren Einbringenden kann ja gar nicht wissen, ob auch die anderen Einbringenden bei den für sie jeweils zuständigen Finanzämtern einen gleichlautenden Antrag gestellt haben. Es wären daher ggf. umfangreiche Abstimmungen zwischen den Finanzämtern erforderlich. Außerdem haben die Finanzämter der Einbringenden idR nicht die Informationen, die sie benötigen, um über den Antrag entscheiden zu können. Vor diesem Hintergrund scheint es wesentlich sinnvoller, dass alle Einbringenden die Anträge bei dem in die Folgeumwandlung involvierten übernehmenden Rechtsträger stellen, dieses Finanzamt über die Anträge entscheidet und dann die Finanzämter der Einbringenden über das Ergebnis informiert. Eine offizielle Stellungnahme der FinVerw über die Zuständigkeit gibt es derzeit nicht.

68 Für den **Zeitpunkt der Antragstellung** gibt es ebenfalls keine konkrete Vorgabe. Nach Auffassung von *Kaeser* (DStR 2012, Beihefter zu Heft 2, 13 (17)) müsste es möglich sein, den Antrag im Vorfeld der Umwandlungsmaßnahme zu stellen, sodass – durch geschickte Antragstellung – ggf. eine verbindliche Auskunft vermieden werden kann. Dem ist zumindest insoweit zuzustimmen, als der Antrag – will man Rechtssicherheit erhalten – vor Durchführung der Folgeumwandlung gestellt und beschieden werden muss und nicht danach. Ist allerdings vor Durchführung der Folgeumwandlung kein Antrag gestellt worden, dann ist dieser auch nach der Umwandlung möglich, wobei auch die Bestandskraft der für den Veranlagungszeitraum der Folgeumwandlung zu erlassenden Steuerbescheide der Antragsteller keine zeitliche Begrenzung darstellt. Die Gewährung der Billigkeitsmaßnahme führt vielmehr zu einem Grundlagenbescheid, der nach § 175 AO eine Änderung bereits bestandskräftiger Bescheide ermöglicht (*Stangl* in R/H/vL § 22 Rn. 57e; *Wulff-Dohmen* in Haase/Hruschka § 22 Rn. 342).

69 **Verfahrensrechtliche Würdigung der Billigkeitsregelung.** Die hM ordnet die Billigkeitsregelung des UmwStE Rn. 22.23 als Billigkeitsmaßnahme iSd § 163 I AO ein (*Stangl* in R/H/vL § 22 Rn. 57a; *Drüen* DStR 2012, Beihefter zu Heft 2, 22 (23)). Umstritten ist allerdings die Wirksamkeit einer durch das zuständige Finanzamt ausgesprochenen Billigkeitsregelung auf die Gewerbesteuer. So sind zB *Benz/Rosenberg* (DB 2011, 1354 (1359)) der Auffassung, dass die hebeberechtigte Gemeinde der Billigkeitsregelung zustimmen muss, damit diese für die Gewerbesteuer entsprechende Wirkung entfalten kann. Demgegenüber vertritt *Stangl* (in R/H/vL § 22 Rn. 57b) zu Recht die Auffassung, dass eine derartige Zustimmung nicht erforderlich ist, denn bei der Anwendung der Billigkeitsregelung geht es um die – von den Finanzämtern vorzunehmende – Festsetzung des Gewerbesteuer-Messbetrages und nicht um die Anwendung des Hebesatzes und die Festsetzung der Gewerbesteuer. Damit gibt es keine unterschiedliche Zuständigkeiten für beide Steuerarten.

c) Veräußerung durch den Einbringenden

70 Nach § 22 I 1 kommt es nur dann zu einer rückwirkenden Besteuerung des Einbringungsgewinns I, wenn die erhaltenen Anteile innerhalb der 7-Jahres-Frist **durch den Einbringenden** veräußert werden.

Einbringender ist grundsätzlich die Person, die die Betriebs- oder Teilbetriebseinbringung vorgenommen und im Gegenzug Anteile an der Übernehmerin erhalten hat.

In den Fällen der **unentgeltlichen Rechtsnachfolge** gilt auch der Rechtsnachfolger als Einbringender iSd § 22 I (vgl. § 22 VI sowie Rn. 314). 71

PersGes als Einbringende. Wird ein Betrieb/Teilbetrieb/Mitunternehmeranteil durch eine PersGes übertragen, wurde lange kontrovers diskutiert, wer als Einbringender iSd § 20 anzusehen ist. Die FinVerw vertrat zu der bis 2006 geltenden Fassung des UmwStG die Auffassung, dass Einbringende immer die Mitunternehmer sind und nicht die PersGes selbst (UmwStE 1998 Rn. 20.05 unter Verweis auf das Urteil des BFH v. 16.2.1996 I R 183/94, BStBl. II 1996, 342, in dem es allerdings auch um die Einbringung sämtlicher Mitunternehmeranteile durch die Mitunternehmer in eine KapGes ging). Demgegenüber wurde in der Literatur schon zum alten Recht überwiegend die Auffassung vertreten, dass die Mitunternehmerschaft selbst zumindest dann als Einbringende anzusehen sei, wenn sie nicht ihr gesamtes Vermögen überträgt und ihre Eigenschaft als Mitunternehmerschaft auch nach der Einbringung erhalten bleibt. Andere Autoren waren sogar der Meinung, dass eine PersGes selbst dann Einbringende sein kann, wenn sie ihr gesamtes Vermögen überträgt (vgl. zB *Friedrichs* in Haritz/Benkert UmwStG, 2. Aufl., § 20 Rn. 14). 72

Im UmwStE hat sich die FinVerw nun zumindest in Bezug auf die Definition des Einbringenden iSd § 20 der herrschenden Meinung angeschlossen. Gem. UmwStE Rn. 20.03 ist grundsätzlich danach zu unterscheiden, ob die einbringende PersGes infolge der Einbringung fortbesteht oder nicht. Ist dies der Fall, dann gilt die fortbestehende PersGes auch als Einbringende. Wird die PersGes, deren Betriebsvermögen übertragen wird, hingegen infolge der Einbringung aufgelöst und stehen die Anteile am übernehmenden Rechtsträger daher zivilrechtlich den Mitunternehmern zu (zB bei einer Verschmelzung iSd § 2 UmwG), sind diese als Einbringende anzusehen. Maßgeblich ist also, wer die vom übernehmenden Rechtsträger als Gegenleistung gewährten (sperrfristbehafteten) Anteile erhält. 73

In den Fällen, in denen die PersGes selbst als Einbringende anzusehen ist, stellt sich die Frage, welche Stellung die Mitunternehmer haben. Die Beantwortung dieser Frage ist besonders wichtig für den Fall der Veräußerung eines Mitunternehmeranteils an der einbringenden Personengesellschaft innerhalb der 7-Jahres-Frist. 74

Beispiel: A ist alleiniger Kommanditist der A-GmbH & Co KG. Komplementärin ist die A-Verwaltungs-GmbH. Sie ist nicht am Kapital der KG beteiligt. Im VZ 03 gründet die KG eine Tochtergesellschaft, die A-GmbH, und überträgt auf diese einen Teilbetrieb zu Buchwerten nach § 20. Im VZ 05 veräußert A seinen 100%igen Kommanditanteil an die B-GmbH.

Die Ausgliederung kann nach § 20 zu Buchwerten erfolgen. Fraglich ist, ob die darauffolgende Veräußerung des Mitunternehmeranteils durch A einen steuerschädlichen Vorgang iSd § 22 I darstellt oder nicht. Diese Frage ist nur dann zu bejahen, wenn A Einbringender iSd § 22 I ist. Ist hingegen die PersGes selbst als Einbringende anzusehen, dann wäre die Veräußerung des Mitunternehmeranteils durch A unschädlich, weil die Voraussetzungen des § 22 I für eine rückwirkende Besteuerung nicht erfüllt wären (diese Auffassung vertritt zB *Widmann* in W/M § 22 Rn. 28 f.). A könnte dann – soweit der Veräußerungsgewinn auf die im Gesamthandsvermögen befindlichen erhaltenen Anteile entfällt – das Teileinkünfteverfahren in Anspruch nehmen, während ohne die vorhergehende Einbringung der gesamte Gewinn in vollem Umfang der Versteuerung nach §§ 16, 34 EStG unterlegen hätte.

Aus Sicht der FinVerw lösen sich diese Fälle durch die Geltung des sog. **Transparenzprinzips.** Daher ist in diesen Fällen sowohl eine Veräußerung der sperrfristbehafteten Anteile durch die PersGes selbst als auch die Veräußerung eines Mitunternehmeranteils, zu dessen Betriebsvermögen die sperrfristbehafteten Anteile gehören, durch den Mitunternehmer ein Veräußerungsvorgang iSv § 22 I 1. Diese Auffassung ist in der Literatur jedoch harscher Kritik ausgesetzt (vgl. *Benz/Rosenberg* DB 2012, Beilage 1, 38 (47); *Neu/Schiffers/Watermeyer* GmbHR 2011, 729 (741); *Weber/Hahne* Ubg 2011, 420 (430); *Stangl* GmbHR 2012, 253 (255); *Schneider/Ruoff/Sistermann* FR 2012, 1 (8); *Kamphaus/Birnbaum* Ubg 2012, 293 (298)); *Schmitt* in S/H/S § 22 Rn. 25). Es wird insbesondere argumentiert, dass die Veräußerung eines Mitunternehmeranteils in einer derartigen Konstellation lediglich 75 eine mittelbare Veräußerung der sperrfristbehafteten Anteile darstellt, eine mittelbare Veräußerung aber nicht von § 22 als schädlicher Realisationsakt geregelt ist.

ME ist der Rechtsauffassung der FinVerw im Ergebnis zuzustimmen. Im Fall einer Einbringung von Betriebsvermögen oder Anteilen durch eine PersGes sind sowohl die PersGes selbst als auch die Mitunternehmer (mittelbar) als Einbringende iSd § 22 anzusehen. Nach der Gesetzessystematik muss es zu einer rückwirkenden Besteuerung des Einbringungsgewinns I kommen, wenn die PersGes innerhalb der 7-Jahres-Frist einen der Tatbestände des § 22 I verwirklicht. Das ist insoweit unstreitig. Darüber hinaus wäre es aber auch nicht mit der Gesetzesintention vereinbar, wenn die Mitunternehmer – unter Inanspruchnahme des Teileinkünfteverfahrens bezüglich des auf die Beteiligung entfallenden Veräußerungsgewinns – über ihren Mitunternehmeranteil verfügen könnten, ohne eine rückwirkende Besteuerung des Einbringungsgewinns I auszulösen. Auch sie sind daher – mittelbar – als Einbringende iSd § 22 I-V anzusehen (glA *Patt* in D/P/M § 22 Rn. 33b; *Mutscher* in F/D § 22 UmwStG Rn. 30). Diese Auslegung – sowohl die PersGes als auch die Mitunternehmer als Einbringende anzusehen – berücksichtigt den Normzweck der einschlägigen Vorschriften und führt zu sachgerechten Ergebnissen. Sie findet auch Unterstützung in der Gesetzesbegründung BT-Drs. 16/2710, 42 zu § 20 Abs. 1). Hier wird einerseits positiv festgestellt, dass die PersGes selbst Einbringende sein kann. Gleichzeitig wird jedoch betont, dass eine steuerneutrale Buchwerteinbringung nach § 20 nur möglich ist, wenn die einzelnen Mitunternehmer die Voraussetzungen erfüllen, die das Gesetz für den „Einbringenden" nach § 20 vorschreibt. Jede Änderung der Beteiligungsverhältnisse an der PersGes führt daher nach der hier vertretenen Auffassung innerhalb der 7-Jahres-Frist zu einer rückwirkenden Besteuerung des Einbringungsgewinns I.

76 Fraglich ist, ob ein durch **Veräußerung eines Mitunternehmeranteils** entstehender anteiliger Einbringungsgewinn I im Rahmen der gesonderten und einheitlichen Gewinnfeststellung nur dem veräußernden Mitunternehmer oder grds. allen Mitunternehmern anteilig zuzuordnen ist. Die FinVerw hat sich zu dieser Frage bisher noch nicht geäußert. *Stangl* (in R/H/vL § 22 Rn. 83b) plädiert mE zu Recht für eine gesellschafterbezogene Betrachtungsweise. Solange dies jedoch nicht abschließend geklärt ist, ist zu empfehlen, zwischen den Mitunternehmern eine vertragliche Regelung darüber zu treffen, wer die sich aus der anteiligen rückwirkenden Versteuerung des Einbringungsvorgangs ergebende Steuerlast zu tragen hat. Dies dürfte regelmäßig der Mitunternehmer sein, der durch eine Veräußerung seines Anteils die rückwirkende Versteuerung auslöst.

77 Die Einbeziehung der Mitunternehmer in die Definition des „Einbringenden" führt bei mehrstöckigen PersGes dazu, dass die Mitunternehmer über sämtliche Ebenen hinweg bis zum letzten Mitunternehmer in der Kette mit der entsprechenden Sperrfrist behaftet sind und jede Veräußerung eines Mitunternehmeranteils innerhalb dieser Kette einen schädlichen Vorgang darstellt (vgl. auch *Pung* GmbHR 2012, 158). Allerdings stellen sich hier komplexe Folgefragen, die weitgehend als ungeklärt anzusehen sind. Dies betrifft zB die Frage, auf welcher Ebene denn bei derartigen mittelbaren Veräußerungen der Einbringungsgewinn zu ermitteln ist – auf der Ebene der die sperrfristbehafteten Anteile haltenden PersGes oder auf Ebene des seinen Mitunternehmeranteil veräußernden Mitunternehmers (vgl. hierzu auch *Stangl* GmbHR 2012, 253). In Bezug auf diese konkrete Frage kann der Einbringungsgewinn I mE der Höhe nach wohl nur auf Ebene der übertragenden PersGes ermittelt werden, denn sie hat die ursprüngliche Einbringung getätigt und kennt die übertragenen WG, deren Buchwerte und deren gemeine Werte zum Einbringungsstichtag. Die Versteuerung des so ermittelten Einbringungsgewinns I hat dann allerdings genauso zu erfolgen wie bei jedem anderen durch einen Mitunternehmer ausgelösten Veräußerungsgewinn. Die durch die Nachversteuerung entstehende Gewerbesteuerbelastung trifft ohnehin die PersGes und sollte – entsprechende Regelungen im Gesellschaftsvertrag vorausgesetzt – von dem veräußernden Gesellschafter getragen werden. Die durch die Nachversteuerung entstehende ESt/KSt ist ebenfalls durch den veräußernden Mitunternehmer zu tragen. Die durch die Nachversteuerung entstehenden nachträglichen AK der sperrfrist-

behafteten Anteile sind in einer Ergänzungsbilanz des entsprechenden Mitunternehmers zu erfassen und führen demgemäß zu einer Erhöhung seines Ergänzungskapitals und damit zu einer entsprechenden Verringerung des für die Veräußerung des Mitunternehmeranteils zum Veräußerungszeitpunkt noch zu versteuernden Veräußerungsgewinns.

(einstweilen frei) **78**

d) Siebenjährige Sperrfrist

Veräußert der Einbringende innerhalb eines Zeitraums von sieben Jahren nach einer Sacheinlage unter dem gemeinen Wert die im Gegenzug erhaltenen Anteile, so kommt es gemäß § 22 I rückwirkend zu einer Besteuerung des Einbringungsvorgangs. Die siebenjährige Sperrfrist stellt somit eine Missbrauchsfrist dar, innerhalb derer es bei bestimmten Vorgängen zu einer vollständigen oder teilweisen Aberkennung bzw. Rückgängigmachung steuerlicher Vergünstigungen kommt. **79**

Europärechtskonformität der 7-Jahres-Frist. Eine 7-Jahres-Frist gab es auch für die nach der bis Ende 2006 geltenden Rechtslage entstandenen einbringungsgeborenen Anteile. Gemäß § 8b IV KStG aF iVm § 21 UmwStG aF waren Gewinne aus der Veräußerung dieser Anteile innerhalb einer 7-Jahres-Frist voll steuerpflichtig und die Steuerfreistellung nach § 8b II KStG bzw. das Halb-/Teileinkünfteverfahren nach § 3 Nr. 40 EStG fand keine Anwendung. **80**

Eine Vorschrift zur Verhinderung von Steuerumgehungen durch Aberkennung der für Umstrukturierungen gewährten Steuervergünstigung findet sich auch in der EU-FusionsRL. Nach Art. 11 I a FusionsRL kann ein Mitgliedstaat die Anwendung der die Steuerneutralität von Umstrukturierungen regelnden Titel II, III, IV und IVb ganz oder teilweise versagen, wenn die Fusion, Spaltung, Abspaltung, Einbringung von Unternehmensteilen, der Austausch von Anteilen oder die Verlegung des Sitzes einer SE oder einer SCE als einen der hauptsächlichen Beweggründe die Steuerhinterziehung oder -umgehung hat. Vom Vorliegen eines solchen Beweggrundes kann ausgegangen werden, wenn einer der genannten Vorgänge nicht auf vernünftigen wirtschaftlichen Gründen – insbesondere der Umstrukturierung oder der Rationalisierung der beteiligten Gesellschaften – beruht. **81**

Allerdings kennt Art. 11 FusionsRL keine bestimmte Frist, innerhalb derer bestimmte Vorgänge als Missbrauch zu qualifizieren sind. Zudem hat der EuGH in der Rechtssache *Leur Bloem* (EuGH v. 17.7.1997, IStR 1997, 539) deutlich gemacht, dass zur Aberkennung der Steuervergünstigungen der FusionsRL aufgrund eines Missbrauchs steuerlicher Gestaltungsmöglichkeiten gemäß Art. 11 FusionsRL in jedem Einzelfall eine gesonderte Beurteilung vorzunehmen ist. Generelle Vorschriften, durch die bestimmte Gruppen von Vorgängen auf der Grundlage bestimmter Kriterien automatisch und unabhängig davon, ob im Einzelfall tatsächlich eine Steuerhinterziehung oder –umgehung vorliegt, vom Steuervorteil ausgeschlossen werden, hält er für nicht mit der Richtlinie vereinbar (vgl. auch *Gille* IStR 2007, 194 (195)). AA diesbezüglich allerdings *Widmann* (in W/M § 22 Rn. 192 und 342) unter Hinweis auf das EuGH-Urteil in der Rs. Cadburry Schweppes (v. 12.9.2006 – C-196/04, BB 2006, 2118), in dem der EuGH die englische Hinzurechnungsbesteuerung für in niedrigbesteuernden EU-Ländern ansässige beherrschte Tochtergesellschaften als mit der Niederlassungsfreiheit vereinbar angesehen hat, obwohl es sich hier um eine generelle Missbrauchregelung gehandelt hat. Allerdings ist hierzu anzumerken, dass die englischen Regelungen verschiedene Ausnahmen von der Hinzurechnungsbesteuerung vorsahen und darüber hinaus einen sog. motiv-test zugelassen haben, der es den betroffenen Steuerpflichtigen ermöglichte, zu beweisen, dass die Steuerminderung nicht das hauptsächliche Motiv für die Gesellschaftsgründung im Ausland war. Demgegenüber eröffnete die 7-jährige Sperrfrist alten Rechts keinerlei Möglichkeit, sich ihrer Anwendung zu entziehen, und zwar unabhängig davon, ob mit der Umstrukturierung tatsächlich eine Steuerumgehung beabsichtigt war oder nicht. Diese fehlende Möglichkeit, sich der Missbrauchsvorschrift bei fehlender Missbrauchsabsicht entziehen zu können, lieferte das wesentliche Argument bezüglich einer Europarechtswidrigkeit dieser Vorschrift. **82**

83 Vor diesem Hintergrund ist davon auszugehen, dass die bisherige Regelung, wonach es innerhalb der 7-Jahres-Frist zu einer Vollversteuerung der Gewinne aus der Veräußerung einbringungsgeborener Anteile kam, europarechtswidrig war. Nach Auffassung des Gesetzgebers (vgl. Gesetzesbegründung zu § 22, BT-Drs. 1627/10, Allgemeines, 47) soll aber die durch das SEStEG eingeführte Neuregelung aufgrund der Tatsache, dass sich der voll nachzuversteuernde Betrag innerhalb der 7-Jahres-Frist linear um jährlich 1/7 abbaut, mit Art. 11 FusionsRL vereinbar sein, weil hierdurch der Tatsache Rechnung getragen wird, dass die Vermutung eines Missbrauchs im Sinne von Art. 11 I a FusionsRL mit zunehmendem Abstand zum Einbringungszeitpunkt abnimmt. Dies kann allerdings nicht über die Tatsache hinwegtäuschen, dass es immer noch eine 7-Jahres-Frist gibt, innerhalb derer – ohne Prüfung des Einzelfalls – eine Steuerumgehungsabsicht unterstellt wird, wenn auch mit sinkenden steuerlichen Konsquenzen. Vor diesem Hintergrund ist sehr fraglich, ob diese neue Regelung nun mit der Fusionsrichtlinie konform ist (dies bezweifeln auch *Rödder/Schumacher* DStR 2006, 1525 (1537); *Körner* IStR 2006, 469 (471); *Gille* IStR 2007, 194 (197); *Stangl* in R/H/vL § 22 Rn. 16). Insbesondere stellt sich die Frage, ob ein Zeitraum von 7 Jahren nicht wesentlich zu lang ist für eine standardisierte Missbrauchsfrist (*Körner* IStR 2006, 109 (112); *Graw* FR 2009, 837 (840)).

84 **Fristbeginn.** Die 7-Jahres-Frist beginnt nach § 22 I mit dem Einbringungszeitpunkt. Dieser Zeitpunkt ist für die Fälle der Betriebseinbringung legal definiert in § 20 VI UmwStG. Hiernach ist der Einbringungszeitpunkt der steuerliche Übertragungsstichtag.

85 Der steuerliche Übertragungsstichtag ist gemäß § 20 V der Tag, mit dessen Ablauf das Einkommen und das Vermögen des übertragenden Rechtsträgers für Zwecke der Ertragsbesteuerung als auf den übernehmenden Rechtsträger übergegangen gilt. Er stimmt bei allen Umwandlungen, die nach dem Umwandlungsgesetz erfolgen (Verschmelzung, Auf-/Abspaltung, Ausgliederung), mit dem Stichtag der Schlussbilanz nach § 17 II UmwG überein, der höchstens 8 Monate vor der Anmeldung der Umwandlung zur Eintragung in das Handelsregister liegen darf. In anderen Fällen der Sacheinlage kann er von den an der Umwandlung beteiligten Rechtsträgern innerhalb eines Zeitraums von 8 Monaten vor Abschluss des Einbringungsvertrages und vor dem zivilrechtlichen Eigentumsübergang frei festgelegt werden.

86 Von diesem Einbringungszeitpunkt an gerechnet dauert die Frist sieben Zeitjahre.

Beispiel: Die A-GmbH gliedert ihren Betrieb im Wege der Gesamtrechtsnachfolge nach § 123 III UmwG auf die B-GmbH aus. Die A-GmbH legt diesem Ausgliederungsvorgang eine Schlussbilanz zum 31.12.00 zugrunde. Der steuerliche Übertragungsstichtag ist somit der 31.12.00. Die 7-Jahres-Frist beginnt am 1.1.01 (§ 187 Abs. 1 BGB) und endet am 31.12.07 (§ 188 Abs. 2 BGB). Die erhaltenen Anteile können somit erstmals am 1.1.08 veräußert werden, ohne dass dies eine Nachversteuerung nach § 22 I UmwStG auslöst.

87 Besonders wichtig ist die genaue Beachtung des Fristablaufs, wenn direkt im Anschluss an den Ablauf der Frist eine weitere Umstrukturierung vorgenommen werden soll.

Fortführung des Beispiels: Die A-GmbH beabsichtigt, die erhaltenen Anteile an der B-GmbH direkt nach Ablauf der 7-Jahres-Frist zu gemeinen Werten im Wege der Ausgliederung in die C-GmbH einzubringen. Diese anschließende Einbringung zu gemeinen Werten ist ein schädlicher – die rückwirkende Besteuerung auslösender – Vorgang nach § 22 I 6 Nr. 4, wenn er innerhalb der 7-Jahres-Frist erfolgt. Wenn dies vermieden werden soll, darf die A-GmbH diesen zweiten Übertragungsvorgang im Wege der Ausgliederung nicht mit schuldrechtlicher Wirkung zum 1.1.08 vornehmen und eine Schlussbilanz zum 31.12.07 zugrunde legen. In diesem Fall ist der steuerliche Übertragungsstichtag nämlich der 31.12.07 und damit ein Zeitpunkt, der noch innerhalb der bis zum Ablauf dieses Tages laufenden ersten 7-Jahres-Frist liegt. Die Ausgliederung sollte vielmehr mit Wirkung zum 2.1.08 durchgeführt werden unter Zugrundelegung einer steuerlichen Schlussbilanz der A-GmbH zum 1.1.08. In diesem Fall ist die 7-Jahres-Frist der ersten Einbringung vollständig abgelaufen und der zweite Übertragungsvorgang beeinträchtigt den ersten nicht mehr.

88 **Nebeneinander verschiedener 7-Jahres-Fristen bei Ketteneinbringungen.** Werden aus einem Einbringungsvorgang nach § 20 hervorgegangene erhaltene Anteile innerhalb der 7-Jahres-Frist zu Buchwerten nach § 20 oder § 21 in eine andere KapGes einge-

bracht, so läuft die ursprüngliche 7-Jahres-Frist einfach weiter. Gleichzeitig beginnt jedoch für dieselben Anteile nach den Regelungen des Anteilstauschs gemäß § 22 II UmwStG eine neue 7-Jahres-Frist zu laufen, wenn der Einbringende eine nicht durch § 8b II KStG begünstigte Person ist. Kommt es dann zu einem Zeitpunkt, an dem beide Fristen noch nicht abgelaufen sind, zu einer schädlichen Veräußerung der „weitereingebrachten" Anteile, so wird die sich auf den ersten Blick ergebende Kollision der Vorschriften dadurch aufgelöst, dass es sich bei der schädlichen Veräußerung um ein rückwirkendes Ereignis iSd § 175 I 1 Nr. 2 handelt, das hintereinander auf beide Einbringungen zurückwirkt. Es werden daher zunächst die Rechtsfolgen des § 22 I iVm § 23 rückwirkend auf den Zeitpunkt der ersten Betriebs-/Teilbetriebseinbringung und anschließend die Rechtsfolgen des § 22 II iVm § 23 rückwirkend auf den Zeitpunkt des Anteilstauschs berücksichtigt (vgl. Bericht des Finanzausschusses zu § 22 II UmwStG, BT-Drs. 16/3369). Siehe hierzu ausführlich das Beispiel in Rn. 198.

Sperrfrist in Fällen der Mitverstrickung. Werden Anteile anderer Gesellschafter oder 89
auch Altanteile des Einbringenden anlässlich einer Einbringung nach § 22 VII mitverstrickt (siehe hierzu ausführlich Rn. 328 ff.), weil der gemeine Wert der erhaltenen Anteile nicht dem gemeinen Wert des übergegangenen Vermögens entspricht, so beginnt auch für diese mitverstrickten Anteile die 7-Jahres-Frist mit dem Einbringungszeitpunkt. Aufgrund der Systematik der rückwirkenden Besteuerung der erhaltenen Anteile dauert die sog. „7-Jahres-Frist" allerdings nicht in jedem Fall 7 Jahre, sondern kann auch kürzer sein. Dies ist insbesondere dann der Fall, wenn die Mitverstrickung anderer Anteile durch Überspringen stiller Reserven nicht zum Zeitpunkt der Einbringung, sondern zu einem späteren Zeitpunkt erfolgt, z. B. weil es nach der Betriebseinbringung gemäß § 20 zu einer Kapitalerhöhung kommt und ein neu eintretender Gesellschafter kein oder ein zu geringes Agio zu leisten hat.

Beispiel: V bringt im Jahr 01 rückwirkend auf den 31.12.00 (steuerlicher Übertragungsstichtag) sein Einzelunternehmen (Buchwert 100.000 €, gemeiner Wert 800.000 €) in eine neu gegründete GmbH ein. Das Stammkapital der GmbH beträgt nach der Einbringung 50.000 €. Am 1.7.03 tritt der Sohn des V in die GmbH ein. Zu diesem Zweck wird eine Kapitalerhöhung um 50.000 € vorgenommen, die der Sohn durch Bareinlage erbringt. Eine Zuzahlung in die Kapitalrücklage der GmbH wird nicht geleistet.

Im Zeitpunkt des Eintritts des S gehen stille Reserven von den erhaltenen Anteilen des Vaters auf die des Sohnes über. Die Anteile des Sohnes gelten daher gemäß § 22 VII insoweit auch als erhaltene Anteile, sie sind mitverstrickt. Sie teilen das Schicksal der erhaltenen Anteile des Vaters und steigen quasi in deren Sperrfrist mit ein. Die Sperrfrist für diese Anteile beginnt damit zwar auch im Zeitpunkt der zweiten Kapitalerhöhung, sie dauert jedoch keine 7 Jahre, sondern endet zu demselben Zeitpunkt wie die der Anteile des Einbringenden, in dem obigen Beispiel somit zum 31.12.07. Dies sieht die FinVerw auch so (vgl. UmwStE Rn. 22.03). Eine andere Rechtsauffassung würde auch keinen Sinn machen, denn würde für die Anteile des Sohnes noch einmal eine volle 7-Jahres-Frist zu laufen beginnen, dann wäre eine schädliche Anteilsveräußerung durch den Sohn noch zu einem Zeitpunkt denkbar, zu dem die Sperrfrist des Vaters bereits ausgelaufen ist und daher der sich jährlich um 1/7 mindernde Nachversteuerungsbetrag schon auf Null gemindert ist.

(einstweilen frei) 90

2. Steuerliche Konsequenzen einer schädlichen Verfügung über die erhaltenen Anteile innerhalb der 7-Jahres-Frist

a) Grundsystematik

Kommt es innerhalb der 7-jährigen Sperrfrist zu einer schädlichen Veräußerung der 91
erhaltenen Anteile, so ergibt sich der steuerpflichtige Betrag aus zwei verschiedenen Bestandteilen. Zunächst einmal wird rückwirkend auf den Zeitpunkt der Einbringung der Betrag an stillen Reserven ermittelt, der durch die Übertragung zu unter dem gemeinen Wert liegenden Werten auf die Übernehmerin übergegangen ist. Dieser Betrag mindert sich um 1/7 für jedes seit dem Einbringungszeitpunkt abgelaufene Zeitjahr (sog. **Einbrin-**

gungsgewinn I). Insofern erfolgt eine nachträgliche Besteuerung des Einbringungsvorgangs und die Beteiligten werden rückwirkend so gestellt, als habe die Betriebs-/Teilbetriebseinbringung derzeit zu gemeinen Werten/Zwischenwerten und damit unter Aufdeckung sämtlicher bzw. eines entsprechenden Teils der stillen Reserven stattgefunden. Darüber hinaus wird – unter Beachtung der durch die rückwirkende Besteuerung des Einbringungsgewinns I entstandenen nachträglichen Anschaffungskosten – ein weiteres Veräußerungsergebnis ermittelt, das den ganz normalen Regelungen der Veräußerungsgewinnbesteuerung, also dem Teileinkünfteverfahren bzw. der Steuerfreistellung nach § 8b II KStG unterliegt.

b) Ermittlung des Einbringungsgewinns I

92 Im Fall einer schädlichen Veräußerung der erhaltenen Anteile innerhalb der 7-Jahres-Frist kommt es gemäß § 22 I 1 zu einer rückwirkenden Besteuerung des Einbringungsvorgangs. Zu diesem Zweck ist der sog. Einbringungsgewinn I zu ermitteln. Dies ist nach § 22 I 3 der Betrag, um den der gemeine Wert des eingebrachten Betriebsvermögens im Einbringungszeitpunkt nach Abzug der Kosten für den Vermögensübergang den Wert, mit dem die übernehmende Gesellschaft dieses eingebrachte Betriebsvermögen angesetzt hat, übersteigt, vermindert um jeweils 1/7 für jedes seit dem Einbringungszeitpunkt abgelaufene Zeitjahr.

93 Für die Ermittlung des Einbringungsgewinns I ist es grds. ohne Bedeutung, ob die übernehmende KapGes im Inland oder im EU-/EWR-Ausland ansässig ist. Wichtig ist nur, dass das gesamte Betriebsvermögen im Zuge der Einbringung in einer inländischen Betriebsstätte verblieben ist und daher nach § 20 II die Buchwertfortführung zulässig war.

94 Damit ergibt sich folgendes Ermittlungsschema:

	Gemeiner Wert des eingebrachten Vermögens im Einbringungszeitpunkt
–	Kosten für den Vermögensübergang
–	Wert, mit dem die übernehmende Gesellschaft das eingebrachte Vermögen angesetzt hat
=	Zwischensumme
–	Verminderung um 1/7 für jedes abgelaufene Zeitjahr
=	Einbringungsgewinn I

95 Die Art der Gegenleistung – ob diese nur in Gesellschaftsrechten besteht oder auch sonstige Gegenleistungen enthält – hat auf die Ermittlung des Einbringungsgewinns I keine Auswirkungen, sofern die in § 20 II 4 aufgeführten Obergrenzen für eine zulässige sonstige Gegenleistung nicht überschritten werden.

96 Sind zusammen mit dem Betrieb/Teilbetrieb/Mitunternehmeranteil auch Anteile an anderen KapGes übertragen worden, ist insoweit eine Trennung vorzunehmen. Die auf die Anteilsübertragung entfallenden erhaltenen Anteile fallen nicht unter § 22 I (vgl. Rn. 16), wenn an den erhaltenen Anteilen das Besteuerungsrecht Deutschlands nicht ausgeschlossen oder beschränkt wird (zu den Folgen im Fall einer solchen Beschränkung s. Rn. 99). Bei der Ermittlung des auf die erhaltenen Anteile nach § 22 I entfallenden Einbringungsgewinns I sind in einem solchen Fall die in den übertragenen Anteilen ruhenden stillen Reserven nicht zu erfassen. Der gemeine Wert solcher Anteile ist daher vom „gemeinen Wert des übergegangenen Vermögens" zu kürzen. Außerdem ist „der Wert, mit dem die übernehmende Gesellschaft das eingebrachte Vermögen angesetzt hat" um den Buchwert dieser übertragenen Anteile zu kürzen.

Beispiel: A bringt einen Betrieb in die A-GmbH ein. Der Buchwert des Eigenkapitals beträgt 1000 €, der gemeine Wert 5000 €. In dem Betriebsvermögen enthalten ist eine Beteiligung an der B-AG mit einem Buchwert von 100 € und einem gemeinen Wert von 1000 €.

Ermittlung des Einbringungsgewinns I:

	€	
Gemeiner Wert des eingebrachten Vermögens im Einbringungszeitpunkt	5000	
Gemeiner Wert der Beteiligung an der B-AG	- 1000	4000
Kosten für den Vermögensübergang		-
Wert, mit dem die übernehmende Gesellschaft das eingebrachte Vermögen angesetzt hat	1000	
Buchwert der Beteiligung an der B-AG	- 100	- 900
Zwischensumme		3100
Verminderung um 1/7 für jedes abgelaufene Zeitjahr (hier unterstellt)		
Einbringungsgewinn I		3100

Waren einzelne Wirtschaftsgüter bereits anlässlich der Einbringung mit dem gemeinen Wert anzusetzen, weil die Voraussetzungen des § 20 II nicht erfüllt waren oder weil § 20 III 2 einschlägig war, ist dies bei der Ermittlung des Einbringungsgewinns I unmittelbar zu berücksichtigen. Da eine Buchwertfortführung insoweit nicht zulässig ist, entspricht der „Wert, mit dem die übernehmende Gesellschaft das eingebrachte Vermögen angesetzt hat" insoweit dem gemeinen Wert. Der sich nach dem oben dargestellten Ermittlungsschema ergebende Einbringungsgewinn I ist daher entsprechend geringer. Die auf das zu gemeinen Werten angesetzte Vermögen entfallenden stillen Reserven sind in ihm bereits nicht mehr enthalten. 97

Allerdings ist auch in diesen Fällen die Frage zu stellen, ob überhaupt alle anlässlich einer solchen Einbringung geschaffenen Anteile „erhaltene Anteile" nach § 22 I sind, oder ob nicht eine Aufteilung der erhaltenen Anteile erfolgen kann. Dies hätte zur Folge, dass die dem Einbringenden gewährten neuen Anteile nur insoweit „erhaltene Anteile iSd § 22 I" wären, wie sie auf die zu Buchwerten übergegangenen Wirtschaftsgüter entfallen, während die übrigen gewährten Anteile nicht unter § 22 I fallen, sondern ohne nachteilige steuerliche Auswirkungen auf die erfolgte Einbringung auch innerhalb des 7-Jahres-Zeitraums veräußert werden können. Vgl. hierzu eingehend Rn. 14. 98

Besonders zu beachten ist § 22 I 5 HS 2, der auch die sog. gemischte Einbringung betrifft, bei der es zusammen mit dem übergehenden Betrieb/Teilbetrieb/Mitunternehmeranteil auch zu einem Übergang von Anteilen an KapGes kommt. Ist in diesen Fällen das Recht der Bundesrepublik Deutschland hinsichtlich der Besteuerung des Gewinns aus der Veräußerung der erhaltenen Anteile ausgeschlossen oder beschränkt, sind neben § 22 II auch § 22 I 1–4 anzuwenden, sodass auch die auf die Einbringung von KapGes-Anteilen entfallenden erhaltenen Anteile sperrfristbehaftet sind (vgl. hierzu eingehend Rn. 17 ff.). 99

Der Einbringungsgewinn I wird rückwirkend besteuert. Zu diesem Zweck sind alle Beteiligten so zu stellen, als hätte die Einbringung derzeit nicht zu den tatsächlich angesetzten Werten stattgefunden, sondern zu einem Wert in Höhe des derzeit gewählten Ansatzes zuzüglich des nunmehr nachzuversteuernden Einbringungsgewinns I. Der Einbringungsgewinn I gilt daher als **nachträgliche AK** der erhaltenen Anteile (§ 22 I 4), die auch bereits rückwirkend im Zeitpunkt der Einbringung als entstanden gelten (vgl. eingehend Rn. 141). 100

Wesentliches Charakteristikum dieser Systematik einer rückwirkenden Besteuerung ist, dass der Einbringungsgewinn I – abgesehen von den Schwierigkeiten seiner Ermittlung – eine feststehende Größe ist. Eine positive oder auch negative Wertentwicklung des übernehmenden Rechtsträgers und damit der erhaltenen Anteile wirkt sich auf den Einbringungsgewinn I nicht mehr aus, sondern verändert lediglich die Höhe des „normal" zu versteuernden verbleibenden Veräußerungsgewinns (s. hierzu Rn. 130 ff.). Es kann also sein, dass ein Einbringungsgewinn I anteilig nachträglich zu versteuern ist, obwohl durch 101 die schädliche Anteilsveräußerung innerhalb der 7-Jahres-Frist insgesamt ein Veräußerungsverlust erzielt wurde (s. hierzu das Beispiel zu Rn. 130 Variante b), was insoweit eine Abkehr vom Prinzip der Besteuerung nach der Leistungsfähigkeit bedeutet (*Krohn/Greulich* DStR 208, 646 (654)). Damit sind auch alle vor Einführung des SEStEG gängigen Gestaltungsansätze nicht mehr zielführend, die darauf abzielten, den Wert von einbringungsgeborenen Anteilen vor einer schädlichen Verfügung zu schmälern, um einen voll steuerpflichtigen Veräußerungsgewinn möglichst gering ausfallen zu lassen.

102 **aa) Gemeiner Wert des eingebrachten Vermögens.** Zum Zweck der Berechnung des Einbringungsgewinns I bedarf es zunächst einer Ermittlung des gemeinen Werts des eingebrachten Betriebsvermögens zum Einbringungszeitpunkt (zur Definition des Einbringungszeitpunkts s. Rn. 84). Der gemeine Wert des eingebrachten Betriebsvermögens ist der Wert der eingebrachten Sachgesamtheit inklusive der originären immateriellen Wirtschaftsgüter und eines etwaigen **Geschäfts- oder Firmenwertes**.

103 Nach der Legaldefinition § 9 BewG ist der gemeine Wert der Einzelveräußerungspreis eines Wirtschaftsguts, der im gewöhnlichen Geschäftsverkehr nach der Beschaffenheit des Wirtschaftsguts bei einer Veräußerung zu erzielen wäre, wobei ungewöhnliche und persönliche Verhältnisse bei der Wertermittlung nicht zu berücksichtigen sind.

104 Handelt es sich bei dem Bewertungsobjekt nicht um ein einzelnes Wirtschaftsgut des Betriebsvermögens, sondern um eine Sachgesamtheit „Betrieb" oder „Teilbetrieb", kann der gemeine Wert nicht nur durch Addition der Werte materieller und immaterieller Einzelwirtschaftsgüter ermittelt werden, sondern enthält auch einen Firmenwert. Zur Ermittlung eines Firmenwertes muss man jedoch zunächst den Wert des gesamten Unternehmens kennen. Sofern kein Unternehmenswert durch eine entsprechende Transaktion zeitnah zum Einbringungszeitpunkt bekannt ist, muss er durch eine Unternehmensbewertung ermittelt werden. Eine solche Unternehmensbewertung ist regelmäßig eine zukunftsorientierte Ertragsbewertung. Allerdings gibt es auch bei der Ermittlung von Ertragswerten unterschiedliche Vorgehensweisen, je nach Bewertungsanlass und Zweck der Bewertung, wobei sich signifikant unterschiedliche Unternehmenswerte ergeben können. Wesentliche Unterschiede ergeben sich bei der Erstellung der Unternehmensplanung, der Bestimmung der Kapitalkosten sowie der Ertragsteuerbelastung, die dem Bewertungszweck Rechnung tragen müssen.

105 Wird ein Unternehmenswert aus der Sicht des bisherigen Betriebsinhabers ermittelt, so muss die Unternehmensplanung von einer unveränderten Fortführung des Betriebs ausgehen und subjektive Nutzenvorstellungen des bisherigen Betriebsinhabers berücksichtigen. Demgegenüber würde eine Unternehmensbewertung aus Sicht eines potenziellen Käufers zB auch echte Synergieeffekte mit zu berücksichtigen haben, die der Käufer aufgrund seiner sonstigen betrieblichen Aktivitäten heben kann. Eine Möglichkeit zur Vermittlung zwischen diesen beiden Extrempositionen bildet der sog. objektivierte Wert, der die Fortführung des Unternehmens mit unverändertem Konzept unter Einbeziehung aller realistischen Zukunftserwartungen im Rahmen seiner Marktchancen und -risiken sowie finanziellen Möglichkeiten unterstellt. Dabei werden einerseits die persönlichen Einflüsse des bisherigen Betriebsinhabers eliminiert, andererseits aber auch noch keine neuen Einflüsse des potenziellen Erwerbers berücksichtigt. Es wird im Allgemeinen davon ausgegangen, dass im Fall eines Unternehmensverkaufs die mögliche Kaufpreisspanne durch den Verkäuferwert als Mindestwert und der Erwerberwert als Höchstwert festgelegt wird und sich die Parteien dann in der Mitte – also in der Nähe des objektivierten Wertes – treffen.

106 Der gemeine Wert ist der „Verkehrswert", bei dessen Ermittlung ungewöhnliche oder persönliche Verhältnisse nicht zu berücksichtigen sind (§ 9 II 3 BewG). Damit ist der gemeine Wert wohl der „objektivierte Unternehmenswert", der auf der Basis einer um die persönlichen Verhältnisse des bisherigen Betriebsinhabers wie subjektive Nutzenvorstellungen sowie individuelle Kapitalkosten und Ertragsteuerbelastungen bereinigten Unternehmensplanung ermittelt wurde.

Diese Feststellung, dass es sich bei dem gemeinen Wert um einen objektivierten Wert und nicht einen Erwerberwert handelt, macht deutlich, dass aus der tatsächlichen Geschäftsentwicklung bei dem übernehmenden Rechtsträger nach der Einbringung nicht zurückgeschlossen werden kann auf den gemeinen Wert des übergegangenen Vermögens zum Zeitpunkt der Einbringung. Der Grund hierfür ist, dass die tatsächliche Geschäftsentwicklung nach der Einbringung naturgemäß durch die persönlichen Verhältnisse des übernehmenden Rechtsträgers maßgeblich beeinflusst ist und diese gerade bei der Ermittlung des gemeinen Wertes keine Rolle spielen dürfen. 107

Diese Fragen der Vorgehensweise bei der Bewertung haben im Rahmen von Betriebsprüfungen erhebliche praktische Bedeutung. In den Fällen einer Buchwerteinbringung oder einer Zwischenwerteinbringung verlangt das Gesetz auf den Einbringungszeitpunkt zunächst keine Ermittlung des gemeinen Wertes. Diese wird erst dann erforderlich, wenn es später innerhalb des 7-Jahres-Zeitraums zu einer schädlichen Veräußerung der erhaltenen Anteile kommt. Das die Bewertung auslösende Ereignis und der Bewertungsstichtag können somit bis zu 7 Jahre auseinanderliegen. Gleichwohl soll der zu ermittelnde gemeine Wert genau die stillen Reserven widerspiegeln, die dem übergegangenen Betriebsvermögen zum Zeitpunkt der Einbringung innewohnten und soll nicht beeinflusst sein durch stille Reserven, die erst nach dem Einbringungszeitpunkt erwirtschaftet worden sind. Andererseits ist aber der gemeine Wert zum Einbringungszeitpunkt durch eine Ertragsbewertung zu ermitteln, die auf einer Zukunftsplanung beruht. Letztlich wird es also bezüglich der Abgrenzung bereits zum Einbringungszeitpunkt vorhandener oder erst später entstandener stiller Reserven darauf ankommen, ob die die stillen Reserven begründenden Erfolgsfaktoren bereits zum Einbringungszeitpunkt wirtschaftlich angelegt waren oder ob dies nicht der Fall war. 108

Diese Fragen führen insbesondere bei positiver Geschäftsentwicklung nach der Einbringung mit dem Finanzamt regelmäßig zu kontroversen Diskussionen. Vor diesem Hintergrund sollte der Einbringende auf den Einbringungszeitpunkt eine möglichst umfangreiche Dokumentation über die absehbare und geplante Geschäftsentwicklung des einzubringenden Betriebs/Teilbetriebs vornehmen, sodass er einer möglicherweise Jahre später vorzunehmenden Ertragsbewertung die Unternehmensplanung zugrunde legen kann, die nachweislich zum Einbringungszeitpunkt auch den Zukunftserwartungen dieses Betriebs entsprach. In diesem Zusammenhang ist auf die vom BGH begründete sog. Wurzeltheorie (BGH, Urt. v. 17.1.1973, NJW 1973, 509 (511); BayObLG, Beschl. v. 11.7.2001, DB 2001, 1928 (1929)) zu verweisen, nach der das Prinzip der Wertaufhellung auf solche Erkenntnisse zu begrenzen ist, deren Wurzeln in der Zeit vor dem Bewertungsstichtag (hier Zeitpunkt der Einbringung) bereits gelegt waren. Vor diesem Hintergrund sollte erwogen werden, zum Zeitpunkt der Einbringung trotz Buchwertfortführung bereits eine Unternehmensbewertung durchführen zu lassen, die dann ggf. einer späteren Besteuerung zugrunde gelegt werden kann.

Sollte die FinVerw zum Zeitpunkt einer schädlichen Anteilsveräußerung der Ansicht sein, dass der durch den Stpfl. zur Ermittlung des Einbringungsgewinns I angesetzte gemeine Wert des übergegangenen Betriebsvermögens zu gering ist, so hat sie diesbezüglich die Beweislast (vgl. *Patt* in D/P/M § 22 UmwSt 55). 109

bb) Abzug der Kosten für den Vermögensübergang. Bei den zu berücksichtigenden Kosten für den Vermögensübergang kann es sich nur um solche Kosten handeln, die von dem übertragenden Rechtsträger zu tragen sind und dem Vermögensübergang als solchem zuzuordnen sind. 110

§ 22 I 3 regelt, dass die „Kosten für den Vermögensübergang" dem Einbringungsgewinn zuzuordnen sind. Diese Regelung hat lediglich klarstellende Bedeutung und entspricht der bisher bereits geltenden Rechtslage (*Dötsch/Pung* DB 2006, 2766). Dies gilt auch dann, wenn die Aufwendungen bereits in einem vorhergehenden VZ oder in einem späteren VZ als dem VZ des steuerlichen Einbringungsstichtags entstanden sind (*Patt* in D/P/M § 20 Rn. 253). 111

112 **Definition der Kosten für den Vermögensübergang.** Bezüglich der Frage nach der Zuordnung bestimmter Kosten entweder zum laufenden Gewinn des Überträgers oder zum Einbringungsvorgang richtet sich die Literatur überwiegend nach der zu § 16 EStG ergangenen Rechtsprechung zur Qualifikation bestimmter Kosten als Veräußerungskosten. Begründet wird dies mit der Argumentation, dass der Übertragungsgewinn, der sich bei einer Übertragung von Betriebsvermögen zu einem über dem Buchwert liegenden Wert ergibt, ein Gewinn iSd § 16 EStG ist (*Dötsch/Pung* DB 2006, 2763 (2766) Fn. 73).

113 Bis zum Jahr 2000 wurde der Begriff der Veräußerungskosten sehr eng ausgelegt und diesem nur die Kosten zugeordnet, die in einem unmittelbaren sachlichen Zusammenhang zur Veräußerung standen (vgl. zB Urt. des BFH v. 6.5.1982 – IV R 56/79, BStBl. II 1982, 691). So wurden zB anlässlich eines Veräußerungsvorgangs fällig werdende Entschädigungen an Pächter zur vorzeitigen Aufgabe des Pachtverhältnisses als zum laufenden Gewinn gehörende Betriebsausgaben eingestuft. Als unmittelbar dem Veräußerungsvorgang zuordenbar galten zB Notar- und Grundbuchgebühren, Maklerprovisionen, Reise-, Berater- und Gutachterkosten sowie die durch den Veräußerungsvorgang selbst ausgelösten Steuern. Diese Rechtsprechung hat der BFH mit Urt. v. 25.1.2000 – VIII R 55/97, BStBl II 2000, 458 zugunsten einer weiter auszulegenden Zuordnung nach dem Veranlassungszusammenhang aufgegeben. Hiernach sind sämtliche Kosten als Veräußerungskosten einzustufen, die durch den Veräußerungsvorgang veranlasst worden sind. Maßgebend ist hiernach, ob „auslösendes Moment" für die betreffenden Aufwendungen die Erwirtschaftung laufender Gewinne oder die Veräußerung bzw. Einbringung gewesen ist. In dem Urteilsfall vom 25.1.2000 ging es zB um die Zuordnung einer Vorfälligkeitsentschädigung für die vorzeitige Ablösung eines betrieblichen Kredits anlässlich einer Betriebsveräußerung, die der BFH als Veräußerungskosten ansah. Diese neue Rechtsauffassung hat der BFH in der folgenden Zeit durch mehrere Urteile bestätigt (vgl. zB Urt. BFH v. 23.9.2003 – IX R 20/02, BStBl. II 2004, 57 zur Abziehbarkeit von Vorfälligkeitsentschädigungen als Werbungskosten aus Vermietung und Verpachtung sowie Urt. v. 20.1.2005 IV R 22/03 zur Abfindung eines Pensionsanspruchs anlässlich einer Betriebsaufgabe). Die FinVerw hat sich dieser Rechtsauffassung angeschlossen (s. OFD Düsseldorf v. 5.12.2001 S 2010 A – St 11 zur Neufassung der Einkommensteuer-Richtlinien 2001; s. hierzu auch *Patt* EStB 2002, 285; *Scheifele* DStR 2006, 253/259 unter 3.2.2).

114 Bezogen auf Einbringungsfälle bedeutet dies, dass sämtliche Kosten, die nach einer Entscheidung für die Durchführung einer Einbringung anfallen und in einem Veranlassungszusammenhang mit diesem Einbringungsvorgang stehen, den Einbringungskosten zuzuordnen sind.

Hierzu können beispielsweise gehören:

- Kosten der Rechts- und Steuerberatung über die steuerlichen Rahmenbedingungen der Einbringung für den Einbringenden, wenn feststeht, dass eine Einbringung vollzogen werden soll. Umfassende Gutachten über verschiedene Umstrukturierungsmöglichkeiten dienen hingegen regelmäßig noch der Entscheidungsfindung.
- Kosten für die Einbringungsbilanz und für den Einbringungsvertrag (differenzierend *Mühle* DStZ 2006, 63).
- Kosten für die Beschlussphase und Vollzugsphase bei der Umwandlung, soweit der übertragende Rechtsträger betroffen ist.
- Eine etwaige Gewerbesteuerbelastung kann selbst dann nicht als Einbringungskosten geltend gemacht werden, wenn sie durch die Einbringung zu einem über dem Buchwert liegenden Wert verursacht wurde, denn die GewSt ist gem. § 4 V 5b EStG generell keine abzugsfähige Betriebsausgabe mehr und kann daher auch nicht im Rahmen des Einbringungsgewinns I steuermindernd geltend gemacht werden.

Demgegenüber sind die Kosten der Entscheidungsfindung noch nicht den Einbringungskosten, sondern noch den laufenden Betriebsausgaben zuzuordnen.

Einteilung der Kosten in Einbringungskosten und Übernahmekosten. Die insgesamt entstehenden Kosten sind weiterhin danach zu untersuchen, ob sie vom Einbringenden oder vom übernehmenden Rechtsträger zu tragen sind. Die Beteiligten haben hier kein Zuordnungswahlrecht, vielmehr richtet sich auch dies nach dem objektiven Veranlassungsprinzip (BFH 22.4.1998 – I R 83/96, BStBl. II 1998, 698; *Patt* in D/P/M § 20 Rn. 233; vgl. hierzu auch § 20 Rn. 430 ff.). 115

Fraglich ist, wer die Kosten für die Bewertung des übergehenden Vermögens zu tragen hat. ME kommt es hier darauf an, aus welchem Anlass die Bewertung durchgeführt wird. Bilanziert der übernehmende Rechtsträger das übergehende Vermögen in der Handels- und/oder der Steuerbilanz zu über den Buchwerten liegenden Werten, dann bildet die Bewertung die Basis für die Ausübung des Bewertungswahlrechts durch den übernehmenden Rechtsträger und die Bewertungskosten sind durch ihn veranlasst und stellen Übernahmekosten dar. Dasselbe dürfte selbst dann gelten, wenn der Grund für eine steuerliche Buchwertaufstockung die Nutzung eines Verlustvortrages des Einbringenden ist und damit im Interesse des Einbringenden liegt. Das ändert nichts daran, dass das Bewertungswahlrecht durch den übernehmenden Rechtsträger auszuüben ist. Wird die Bewertung allerdings trotz Buchwertfortführung zur Ermittlung eines angemessenen Umtauschverhältnisses durchgeführt, dann dient sie wohl überwiegend dem Interesse des Einbringenden und die Kosten sind den Einbringungskosten zuzuordnen, obwohl auch in diesen Fällen ein gewisses Eigeninteresse der Übernehmerin an der Bewertung zum Zweck der Ermittlung des richtigen Kapitalerhöhungsbetrags besteht. 116

Behandlung der Einbringungskosten im VZ der Einbringung. Die Behandlung von Einbringungskosten im Veranlagungszeitraum der Einbringung ist streitig, wenn durch ihre Berücksichtigung bei der Berechnung des Einbringungsgewinns – wie im Fall der Buchwertfortführung – ein Einbringungsverlust entsteht (vgl. hierzu insb. *Widmann* in W/M § 20 Rn. R 509 mit vielen weiteren Nachweisen). Nach der einen Meinung dürfen die Einbringungskosten den laufenden Gewinn der Überträgerin nicht mindern, sondern sind als zusätzliche Anschaffungskosten der Beteiligung am übernehmenden Rechtsträger zu behandeln (so zB *Widmann,* aaO). Nach der anderen und wohl herrschenden Meinung sind die Einbringungskosten demgegenüber stets bei der Ermittlung des Einbringungsgewinns zu berücksichtigen. Wird die Einbringung also zu Buchwerten vorgenommen, so führt die Berücksichtigung der Einbringungskosten in dieser Höhe zu einem Einbringungsverlust und damit zu einer sofortigen vollständigen Abzugsfähigkeit der Einbringungskosten (vgl. § 20 Rn. 484; *Patt* in D/P/M § 20 Rn. 254; UmwStE Rn. 22.09). 117

Fraglich ist allerdings, welche Konsequenzen sich bezüglich der Einbringungskosten ergeben, wenn es zu einer schädlichen Veräußerung der erhaltenen Anteile innerhalb der 7-Jahres-Frist und damit zu einer nachträglichen Besteuerung des Einbringungsgewinns I kommt. Nach der Regelung in § 22 I 1 sind die Einbringungskosten bei der Ermittlung des Einbringungsgewinns I zu berücksichtigen. Folgt man der in Rn. 117 dargestellten herrschenden Meinung, entsteht in einem solchen Fall anstelle des bisherigen Einbringungsverlustes rückwirkend ein Einbringungsgewinn, der aber nicht vollständig, sondern – je nachdem, wie viele Jahre seit der Einbringung vergangen sind – nur anteilig der Besteuerung unterworfen wird. Damit werden im Ergebnis die zunächst in vollem Umfang gewinnmindernd geltend gemachten Einbringungskosten eliminiert und im Rahmen des anteiligen Einbringungsgewinns I nur noch in dem Umfang steuermindernd berücksichtigt, in dem es zu einer (anteiligen) rückwirkenden Besteuerung kommt. Der laufende Gewinn des Veranlagungszeitraums der Einbringung ist hingegen um die bis dahin als Betriebsausgaben behandelten Einbringungskosten zu erhöhen (*Benz/Rosenberg* in Blumenberg/Schäfer, S 186; *Stangl* in R/H/vL § 22 Rn. 89). 118

Beispiel: Im Jahr 01 bringt A ein Einzelunternehmen zu Buchwerten in die A-GmbH ein. Steuerlicher Übertragungsstichtag ist der 31.12.00. Der Buchwert beträgt 10.000 €, der gemeine Wert 80.000 €. Im Jahr 01 fallen Einbringungskosten iHv 1000 € an, die zunächst den laufenden Gewinn dieses Jahres mindern. Im Jahr 05 veräußert A sämtliche erhaltenen Anteile.

Ermittlung des Einbringungsgewinns I:

	€
Gemeiner Wert des eingebrachten Vermögens im Einbringungszeitpunkt	80.000
Kosten für den Vermögensübergang	- 1.000
Wert, mit dem die übernehmende Gesellschaft das eingebrachte Vermögen angesetzt hat	- 10.000
Zwischensumme	69.000
Verminderungs um 1/7 führ jedes abgelaufen Zeitjahr (4/7)	39.428
Einbringungsgewinn I	29.572

Der laufende Gewinn des Jahres 01 erhöht sich um 1000 €.

Im Ergebnis wirken sich durch die rückwirkende Versteuerung des Einbringungsgewinns I nur noch 428,– € der Einbringungskosten steuermindernd aus, und zwar im Rahmen des Einbringungsgewinns I im Veranlagungszeitraum 00. Die übrigen 572,– € gehen in ihrer steuerlichen Wirkung verloren, weil sie nunmehr dem Einbringungsgewinn I zuzuordnen sind, aufgrund dessen Minderung um 4/7 jedoch insoweit nicht steuerwirksam werden.

119 Darüber hinaus führt die Berücksichtigung der Einbringungskosten bei der Ermittlung des Einbringungsgewinns I dazu, dass die nachträglichen Anschaffungskosten der erhaltenen Anteile um den Betrag der Umwandlungskosten niedriger ausfallen, als sie ausgefallen wären, wenn die Einbringung gleich zu gemeinen Werten oder entsprechenden Zwischenwerten durchgeführt worden wäre (vgl. auch *Dötsch/Pung* DB 2006, 2763 (2766)).

c) Besteuerung des Einbringungsgewinns I

120 Der rückwirkend zu besteuernde Einbringungsgewinn I ist ein Gewinn im Sinne des § 16 EStG (§ 22 I 1).

121 Handelt es sich bei dem Einbringenden um eine **natürliche Person,** kommt es zu einer vollen Versteuerung im Rahmen der **Einkommensteuer,** ohne Vergünstigungen durch Freibeträge oder Steuersatzermäßigung. Die §§ 16 IV und 34 EStG sind also nicht anzuwenden (§ 22 I 1 HS 2). Soweit zum Zeitpunkt der schädlichen Anteilsveräußerung bereits mindestens ein Zeitjahr abgelaufen ist und damit der steuerpflichtige Einbringungsgewinn I durch den jährlichen linearen Abbau nicht mehr sämtliche im Zuge der Einbringung übergegangenen stillen Reserven beinhaltet, ist die Nichtgewährung der Vergünstigungen der §§ 16 IV, 34 EStG systemgerecht, da es nicht zu einer Aufdeckung sämtlicher stillen Reserven kommt. Für den Fall, dass die schädliche Veräußerung innerhalb des ersten Zeitjahres nach der Einbringung erfolgt und somit alle stillen Reserven rückwirkend zu besteuern sind, ist hingegen eine Gewährung der Vergünstigungen systemgerecht (glA *Patt* in D/P/M § 22 Rn. 60; *Stangl* in R/H/vL § 22 Rn. 83). Demgegenüber vertritt die FinVerw in UmwStE Rn. 22.07 die Auffassung, dass die Vergünstigungen der §§ 16 IV, 34 EStG in einem derartigen Fall nicht zu gewähren seien. Vor diesem Hintergrund sollte insbesondere in den Fällen, in denen eine Veräußerung der erhaltenen Anteile zeitnah nach der Einbringung bereits geplant ist, gut überlegt werden, ob eine Einbringung zum gemeinen Wert unter Inanspruchnahme der Steuerbegünstigungen der §§ 16 IV, 34 EStG nicht günstiger ist als eine Einbringung zum Buchwert mit der Gefahr einer rückwirkenden ungemilderten Besteuerung des Einbringungsgewinns I.

122 **Gewerbesteuer** fällt auf den nachträglich zu versteuernden Einbringungsgewinn I nicht an, wenn der Einbringende eine **natürliche Person** ist, weil es sich um einen Gewinn aus der Veräußerung eines Betriebs, Teilbetriebs oder Mitunternehmeranteils handelt (§ 7 S 2 GewStG; vgl. GewStH H 7.1 (1) „Einbringungsgewinn"). Aus der Sicht der FinVerw (UmwStE Rn. 22.07) soll dies allerdings nur gelten, wenn der Einbringende sämtliche erhaltene Anteile auf einmal verkauft. Werden hingegen nicht sämtliche erhaltene Anteile in einem Vorgang veräußert, soll für Zwecke des § 7 S 2 GewStG nicht mehr von der Veräußerung eines Betriebs, Teilbetriebs, etc. auszugehen sein. Ich halte diese

Auffassung für nicht korrekt. Maßgeblich ist aus meiner Sicht die steuersystematische Klassifikation des Einbringungsgewinns I. Das Gesetz schreibt fest, dass es sich um einen Gewinn nach § 16 EStG handelt und macht hierbei keine Unterschiede, ob es zu einer vollständigen oder nur anteiligen Versteuerung des Einbringungsgewinns I kommt. Da aber Gewinne nach § 16 EStG grundsätzlich nicht der Gewerbesteuer unterliegen (GewStR 7.1 Abs. 3), muss auch ein anteiliger Einbringungsgewinn I gewerbesteuerfrei sein. Hätte der Gesetzgeber einen anteiligen Einbringungsgewinn I der Gewerbesteuer unterwerfen wollen, so hätte er dies explizit regeln müssen (vgl. auch *Benz/Rosenberg* DB 2012 Beilage 1 zu Heft 2, 38 (48); *Patt* in D/P/M § 22, Rn. 59a und 67; *Rödder/Rogall* Ubg 2011, 753 (758); *Stangl* GmbHR 2012, 253 (254); *Behrendt/Gaffron/Krohn* DB 2011, 1072).

Auch soweit PersGes betroffen sind, ist die Gewerbesteuerpflicht eines etwaigen Einbringungsgewinns I immer danach zu beurteilen, wie der Gewinn aus einer Veräußerung des Einbringungsgegenstandes zum Zeitpunkt der Einbringung zu versteuern gewesen wäre. Diese Rechtsauffassung vertreten auch das FG Schleswig Holstein (Urteil 1 K 1/16 v. 21.3.2018, DB 2018, 1121 – ergangen zu einem Fall einer rückwirkenden Besteuerung eines Einbringungsgewinns II nach § 22 II – in Revision anhängig unter dem AZ des BFH I R 13/18) sowie das FG Köln (Urteil 6 K 2507/16 v. 19.7.2018 – ergangen zu einem Fall einer rückwirkenden Besteuerung eines Einbringungsgewinns I nach § 22 I – in Revision anhängig unter dem Az des BFH I R 26/18). **123**

- Hat eine PersGes, deren Gesellschafter natürliche Personen sind, einen Betrieb/Teilbetrieb in eine KapGes eingebracht und veräußert die PersGes innerhalb der Sperrfrist die erhaltenen Anteile, so ist der hierdurch entstehende Einbringungsgewinn I gewerbesteuerfrei (§ 7 S 2 GewStG). Das gilt nach der hier vertretenen Auffassung auch, wenn nur ein Teil der erhaltenen Anteile veräußert wird.
- Soweit dieselbe PersGes nicht natürliche Personen, sondern KapGes als Mitunternehmer hat, wäre schon die Veräußerung eines Betriebs/Teilbetriebs nicht gewerbesteuerfrei gewesen (§ 7 S 2 GewStG). Dementsprechend unterliegt auch ein durch die spätere Veräußerung der erhaltenen Anteile ausgelöster Einbringungsgewinn I auf Ebene der PersGes der Gewerbesteuer.
- Hat eine PersGes einen von ihr gehaltenen **Mitunternehmeranteil** nach § 20 UmwStG in eine KapGes gegen Gewährung von Gesellschaftsrechten zu einem unter dem gemeinen Wert liegenden Wert eingebracht hat, so kann nach der hier vertretenen Auffassung (vgl. Rn. 67 ff.) ein Einbringungsgewinn entweder dadurch ausgelöst werden, dass die PersGes die sperrfristbehafteten Anteile verkauft, oder dadurch, dass ein Mitunternehmer seinen Mitunternehmeranteil verkauft.

  Verkauft die PersGes die sperrfristbehafteten Anteile, so ist ein hierdurch entstehender Einbringungsgewinn I gewerbesteuerpflichtig, denn hätte die PersGes den Mitunternehmeranteil von vornherein zu einem über dem Buchwert liegenden Wert eingebracht, so wäre der hierdurch entstehende Einbringungsgewinn ebenfalls gewerbesteuerpflichtig gewesen (§ 7 S 2 Nr. 2 GewStG).

  Dieselbe Rechtsfolge muss sich mE ergeben, wenn der Mitunternehmer die Entstehung eines Einbringungsgewinns I durch Veräußerung seines Mitunternehmeranteils auslöst. Dieser Einbringungsgewinn I ist genauso zu beurteilen, als wenn die PersGes selbst die erhaltenen Anteile veräußert hätte.

Fällt Gewerbesteuer an, so entsteht diese nicht auf der Ebene des Mitunternehmers, sondern auf der der Mitunternehmerschaft, hier also auf Ebene der PersGes, deren Mitunternehmeranteil eingebracht wurde. **124**

Handelt es sich bei dem Einbringenden um eine **KapGes,** so ist der steuerpflichtige Einbringungsgewinn I sowohl der **Körperschaftsteuer** als auch der **Gewerbesteuer** zu unterwerfen, wenn es sich bei dem Einbringungsgegenstand um einen Betrieb oder einen Teilbetrieb gehandelt hat. War der Einbringungsgegenstand jedoch ein Mitunternehmer- **125** anteil, so löst die Nachversteuerung des Einbringungsgewinns I auf der Ebene der einbringenden KapGes Körperschafteuer und auf Ebene der Mitunternehmerschaft, deren Mitunternehmeranteil übertragen wurde, Gewerbesteuer aus (zu den Konsequenzen bezüglich der Aufstockung der WG nach § 23 s. § 23 Rn. 58 ff.).

126 Dasselbe gilt, wenn ein Mitunternehmeranteil im Rahmen eines sog. erweiterten Anwachsungsmodells eingebracht wurde.

Beispiel: An der AB GmbH & Co KG sind A als Kommanditist und die B-GmbH als Komplementär beteiligt. A überträgt seinen Kommanditanteil zu Buchwerten gem. § 20 gegen Gewährung von Gesellschaftsrechten auf die B-GmbH. Hierdurch kommt es zu einer Anwachsung des KG-Vermögens bei der B-GmbH.

127 Auch in diesem Fall entsteht die Gewerbesteuer bei einer Besteuerung des Einbringungsgewinns I rückwirkend auf Ebene der PersGes. Da diese jedoch unmittelbar nach der Einbringung bei der übernehmenden KapGes angewachsen ist, geht die Verpflichtung zur Zahlung der Gewerbesteuer direkt auf diese übernehmende KapGes über.

128 Die **rückwirkende Besteuerung des Einbringungsgewinns I** stellt sicher, dass dieser auch dann der inländischen Besteuerung unterliegt, wenn der Einbringende ansonsten in Deutschland nicht oder ggf. zwischenzeitlich nicht mehr steuerpflichtig ist.

Beispiel: Die luxemburgische L-S. a. r. l. bringt im Jahr 01 eine deutsche Betriebsstätte zu Buchwerten gegen Gewährung neuer Anteile in eine deutsche Tochter-GmbH ein. Im Jahr 05 veräußert die L-S. a. r. l. ihre Beteiligung an der deutschen Tochter-GmbH:
Die Einbringung konnte zunächst nach § 20 zu Buchwerten vorgenommen werden. Durch die schädliche Anteilsveräußerung kommt es aber rückwirkend im Veranlagungszeitraum des steuerlichen Übertragungsstichtags zu einem Übertragungsgewinn, der als Gewinn der deutschen Betriebsstätte der luxemburgischen L-S. a. r. l. im Rahmen ihrer beschränkten Steuerpflicht nach Art. 5 I DBA Deutschland/Luxemburg rückwirkend der deutschen Besteuerung unterliegt.

d) Besteuerung des verbleibenden Veräußerungsgewinns

129 Der im Zeitpunkt der schädlichen Anteilsveräußerung erzielte Veräußerungsgewinn ist aufzuteilen in einen rückwirkend der vollen Besteuerung unterliegenden Einbringungsgewinn I und einen verbleibenden Veräußerungsgewinn.

130 Der rückwirkend zu besteuernde Einbringungsgewinn I führt zu nachträglichen Anschaffungskosten der Anteile (§ 22 I 4). Dies gilt unabhängig davon, ob die Steuer auf den Einbringungsgewinn I auch tatsächlich entrichtet worden ist (*Dötsch/Pung* DB 2006, 2766). Der verbleibende Veräußerungsgewinn ermittelt sich als Differenzbetrag zwischen dem Veräußerungserlös und den nunmehr durch die rückwirkende Besteuerung erhöhten Anschaffungskosten der Anteile. Der so ermittelte verbleibende Veräußerungsgewinn unterliegt den ganz normalen Besteuerungsregelungen. Handelt es sich bei dem Veräußerer um eine Körperschaft, gilt die Steuerfreistellung nach § 8b II, III KStG. Handelt es sich hingegen um eine natürliche Person oder um eine PersGes mit natürlichen Personen als Gesellschafter, so findet das Halb-/Teileinkünfteverfahren Anwendung.

Beispiel: Die M-GmbH gliedert zum steuerlichen Übertragungsstichtag 31.12.01 einen Teilbetrieb (TB) zur Neugründung nach § 123 III UmwG auf die T-GmbH aus. Der Wert des übertragenen Betriebsvermögens beträgt:

Buchwert	12 Mio. €
Gemeiner Wert	19 Mio. €

Steuerlich liegt eine Einbringung nach § 20 I vor, die auf Antrag zu Buchwerten erfolgt ist. Daher wurde bei der T-GmbH als übernehmendem Rechtsträger das übernommene Vermögen im Saldo mit 12 Mio. € angesetzt. Die M-GmbH weist entsprechende Anschaffungskosten für den Geschäftsanteil an der T-GmbH in Höhe von 12 Mio. € aus. Die im Rahmen der Einbringung an die M-GmbH gewährten Anteile sind erhaltene Anteile iSd § 22 I.

Variante a): Die M-GmbH veräußert die sperrfristbehafteten Anteile im Jahr 07 zu einem Kaufpreis von 20 Mio. €.

Ermittlung des Einbringungsgewinns I:		
gemeiner Wert des übergegangenen Vermögens zum Zeitpunkt der Einbringung		19 Mio.
Wert, mit dem die Wirtschaftsgüter bei der übernehmenden T-GmbH angesetzt worden sind		12 Mio.
Übertragungskosten		–
Zwischensumme		7 Mio.
Verringerungsbetrag	5 x 1/7	- 5 Mio.
Einbringungsgewinn I		2 Mio.
Ermittlung des verbleibenden Veräußerungsgewinns:		
Veräußerungspreis in 07		20 Mio.
Anschaffungskosten aus 01	12 Mio.	
Korrektur um steuerpflichtigen Einbringungsgewinn I	+ 2 Mio.	
korrigierte Anschaffungskosten		- 14 Mio.
verbleibender Veräußerungsgewinn		6 Mio.

Der verbleibende Veräußerungsgewinn wird nach § 8b II KStG besteuert. Er ist also in dem hier vorliegenden Fall steuerfrei, nur in Höhe von 5 % wird nach § 8b III KStG eine fiktive nichtabziehbare Betriebsausgabe angesetzt. Handelte es sich bei dem Veräußerer um eine natürliche Person, unterläge der Veräußerungsgewinn der Teileinkünftebesteuerung.

Variante b): Die A-GmbH veräußert den Anteil an der B-GmbH im Verlauf des Jahres 07 für einen Kaufpreis von 10 Mio. €.

In diesem Fall ergibt sich insgesamt ein Veräußerungsverlust. Der eingebrachte Betrieb hat also seit dem Zeitpunkt seiner Einbringung an Wert verloren.

Trotzdem ist im Fall einer schädlichen Veräußerung innerhalb der 7-Jahres-Frist ebenso wie in der Variante a) der anteilige Einbringungsgewinn I in Höhe von 2/7 der derzeit übergegangenen stillen Reserven nachzuversteuern.

Für die Berechnung des durch die Veräußerung entstehenden Veräußerungsverlustes ist wieder von um den nun nachzuversteuernden Einbringungsgewinn korrigierten Anschaffungskosten von 14 Mio.€ auszugehen.

Veräußerungspreis in 07	10 Mio.
abzüglich der korrigierten Anschaffungskosten	- 14 Mio.
Veräußerungsverlust	4 Mio.

Der Veräußerungsverlust kann von einem Einbringenden in der Rechtsform einer KapGes nach § 8b III 3 KStG nicht steuerlich geltend gemacht werden. Insbesondere ist eine Verrechnung mit dem zuvor errechneten Einbringungsgewinn I nicht möglich, denn dieser entsteht rückwirkend in einem ganz anderen VZ. Eine natürliche Person als Einbringender kann hingegen den so ermittelten Veräußerungsverlust nach Maßgabe des Teileinkünfteverfahrens mit anderen Einkünften verrechnen.

Trotz einer Veräußerung unter dem Buchwert kommt es somit zu einer Nachversteuerung eines anteiligen Einbringungsgewinns. Dieses Beispiel zeigt, dass die Systematik der rückwirkenden Besteuerung des Einbringungsgewinns dazu führt, dass dieser Einbringungsgewinn durch Wertentwicklungen, die erst nach dem Einbringungszeitpunkt eintreten, nicht mehr beeinflusst werden kann.

Die erhaltenen Anteile gelten gemäß § 17 VI EStG stets als erhaltene Anteile, wenn sie **131** aus einer Einbringung nach § 20 unter dem gemeinen Wert oder aus einem Anteilstausch nach § 21 hervorgegangen sind, bei dem die übertragenen Anteile die Voraussetzungen des § 17 I 1 EStG erfüllten. Das Teileinkünfteverfahren findet daher auch dann Anwendung, wenn die erhaltenen Anteile weniger als 1 % am Kapital der Übernehmerin ausmachen.

An der Anwendbarkeit des Teileinkünfteverfahrens nach § 3 Nr. 40 EStG auf den **132** Gewinn aus der Veräußerung der erhaltenen Anteile ändert auch die durch das Unternehmenssteuerreformgesetz 2008 mit Wirkung zum 1.1.2009 eingeführte sog. Abgeltungssteuer nichts. Für die in § 17 VI EStG genannten Anteile wird vielmehr auch dann weiterhin das Teileinkünfteverfahren gelten, wenn die Anteile im Privatvermögen des Einbringenden oder eines Rechtsnachfolgers gehalten werden, und zwar unabhängig von der Beteiligungshöhe. § 17 VI EStG ist hier vorrangig (§ 32d I 1 iVm § 20 VIII EStG idF des UntStRefG 2008).

3. Quotale Veräußerung der erhaltenen Anteile

133 Werden nicht sämtliche, sondern nur ein Teil der erhaltenen Anteile veräußert, kommt es auch nur zu einer quotalen Nachversteuerung des für jedes seit der Einbringung bereits abgelaufene Zeitjahr um 1/7 geminderten Einbringungsgewinns I (vgl. Gesetzesbegründung zu § 22, BT-Drs. 1627/10, Allgemeines, 47).

134 Kommt es zu einer schädlichen Veräußerung von Anteilen innerhalb der 7-Jahres-Frist, ist somit die Frage zu beantworten, ob es sich bei diesen Anteilen um sämtliche erhaltenen Anteile handelt oder nur um einen Teil davon. Es ist also die Gesamtmenge der erhaltenen Anteile zu definieren. Dies ist dann einfach, wenn eine Ausgliederung zur Neugründung erfolgt und der Einbringende 100 % der Anteile erhält und nach der Einbringung bei der aufnehmenden Gesellschaft keine weiteren Kapitalmaßnahmen stattgefunden haben. Problematisch wird es jedoch, wenn es anlässlich des Einbringungsvorgangs oder aufgrund einer späteren Kapitalmaßnahme zu einer **Mitverstrickung** von Anteilen gekommen ist (siehe hierzu Rn. 328 ff.). In diesem Fall stellt die Veräußerung der anlässlich der Einbringung entstandenen erhaltenen Anteile lediglich eine quotale Veräußerung sämtlicher erhaltenen und mitverstrickten Anteile dar.

135 **Zuordnung der nachträglichen Anschaffungskosten.** Unklar ist die Zuordnung der durch die rückwirkende Besteuerung des Einbringungsgewinns I entstehenden nachträglichen AK, wenn der Einbringende nur einen Teil der Anteile veräußert. Der Einbringungsgewinn I wird nur für den veräußerten Teil ermittelt und nachversteuert. Demgemäß wäre es sachgerecht, auch nur diesem Teil der Beteiligung die nachträglichen AK zuzurechnen. Nach dem Wortlaut des Gesetzes ist dieses Ergebnis jedoch nicht zwingend. Es könnte auch sein, dass die durch eine lediglich anteilige Veräußerung entstandenen nachträglichen AK gleichwohl sämtlichen erhaltenen Anteilen zuzuordnen sind. Die Beantwortung dieser Frage wirkt sich unmittelbar auf die Berechnung des verbleibenden Einbringungsgewinns aus, denn bei einer Verteilung der nachträglichen Anschaffungskosten auf sämtliche Anteile fällt dieser höher aus als bei einer vollständigen Zuordnung zu den Anteilen, die tatsächlich veräußert worden sind (vgl. auch *Rödder/Schumacher* DStR 2006, 1538). Aus meiner Sicht kann in diesem Fall nur eine Zuordnung zu den tatsächlich veräußerten Anteilen zum richtigen Ergebnis führen (ebenso *Patt* in D/P/M § 22 Rn. 61; *Widmann* in W/M § 22 Rn. 186; *Stangl* in R/H/vL § 22 Rn. 95; *Schmitt* in S/H/S § 22 Rn. 59; aA *Strahl* KÖSDI 2007, 15442/15451), denn nur in diesem Fall ergibt sich auch der betragsmäßig der Gesetzesintention entsprechende verbleibende Veräußerungsgewinn.

136 Ist es in der Vergangenheit zu einer Mitverstrickung von einem Dritten zuzurechnenden Anteilen gekommen (vgl. zur Mitverstrickung allgemein Rn. 328 ff.) und werden diese mitverstrickten Anteile durch den Dritten veräußert, so führt dies zu einer rückwirkenden Steuerpflicht des Einbringungsgewinns I bei dem Einbringenden (UmwStE Rn. 22.43). Zur Zuordnung der nachträglichen Anschaffungskosten bei schädlicher Veräußerung durch den Inhaber der mitverstrickten Anteile s. Rn. 360).

137 **Veräußerung von Bezugsrechten.** Wie eine quotale Veräußerung erhaltener Anteile ist auch der Fall der Veräußerung von Bezugsrechten oder des entgeltlichen Verzichts auf die Ausübung eines Bezugsrechts zu werten. Es handelt sich um eine Teilveräußerung (BFH v. 21.1.1999 – IV R 27/97, BStBl. II 1999, 638). Das Bezugsrecht als solches ist zunächst kein eigenständiges WG, sondern Bestandteil der Kapitalbeteiligung. Als solches wird es zusammen mit dem Kapitalanteil entgeltlich erworben. Durch den Kapitalerhöhungsbeschluss konkretisiert sich das Bezugsrecht jedoch als eigenständiges WG und tritt neben den Kapitalanteil. Es entsteht durch Abspaltung aus der Substanz des Kapitalanteils (BFH v. 22.5.2003 – IX R 9/00, BStBl. II 2003, 712). Aus diesem Grund sind die AK des Altanteils aufzuteilen auf den verbleibenden Altanteil und das konkretisierte Bezugsrecht. In demselben Verhältnis kommt es zu einer rückwirkenden Versteuerung des Einbringungsgewinns I (vgl. auch Rn. 31 mwN).

4. Rückwirkendes Ereignis iSd § 175 I 1 Nr. 2 AO

Nach § 22 I 2 gilt die Veräußerung der erhaltenen Anteile insoweit, wie es zu einer Nachversteuerung des Einbringungsgewinns I kommt, als rückwirkendes Ereignis iSd § 175 I 1 Nr. 2 AO. Der Einkommen- bzw. Körperschaftsteuerbescheid und ggf. auch der Gewerbesteuerbescheid des Einbringenden des Veranlagungszeitraums, in dem der Einbringungszeitpunkt bzw. der steuerliche Übertragungsstichtag liegt, sind somit rückwirkend zu ändern. 138

Soweit es durch dieses rückwirkende Ereignis zu einer Änderung von Grundlagenbescheiden kommt, die Auswirkungen auf die folgenden Veranlagungszeiträume haben, sind auch die betroffenen Bescheide der Folgejahre entsprechend zu ändern. Dies ist zB dann der Fall, wenn sich durch die rückwirkende Besteuerung des Einbringungsgewinns I bei dem Einbringenden ein zum Schluss des Veranlagungszeitraums der Einbringung vorhandener Verlustvortrag vermindert. Die gesonderte Feststellung der verbleibenden Verlustvorträge nach § 10d IV EStG ist für sämtliche Folgejahre zu ändern und auch die Einkommensteuer-/Körperschaftsteuerbescheide, auf die sich eine geänderte Höhe des Verlustvortrags im Rahmen der Verlustnutzung auswirkt. Dasselbe gilt für die Änderung der Vorjahresveranlagung im Fall eines geänderten Verlustrücktrags sowie für einen etwaigen vortragsfähigen Zinsaufwand nach § 4h EStG. Durch eine rückwirkende Entstehung eines Einbringungsgewinns I erhöht sich bei dem Einbringenden der verrechenbare EBITDA des VZ, in dem der steuerliche Übertragungsstichtag liegt und es können nunmehr ggf. rückwirkend Zinsaufwendungen abgezogen werden, die bisher nur vorgetragen werden konnten. Es kommt dementsprechend entweder zu einer Verminderung des vortragsfähigen Zinsaufwands oder zu einer Erhöhung des vortragsfähigen EBITDA. Demgegenüber wirkt sich eine rückwirkende Entstehung eines Einbringungsgewinns I nicht auf die Anwendung durch sog. Escape-Klausel durch Unterschreiten der Eigenkapitalquote des Konzerns aus, denn diese Berechnungen richten sich grds nach den Handelsbilanzen nach HGB oder anderen ausländischen oder internationalen Rechnungslegungsvorschriften und nicht nach der Steuerbilanz. 139

Auswirkung der rückwirkenden Entstehung des Einbringungsgewinns I auf die 5-Jahres-Frist des § 18 III. Kommt es innerhalb von 5 Jahren nach der Umwandlung einer KapGes in eine PersGes gem. §§ 3 ff. zu einer Einbringung des Betriebsvermögens der PersGes oder Teilen davon oder von Mitunternehmeranteilen an dieser PersGes in eine KapGes, so stellt die Einbringung nach Auffassung der FinVerw (UmwStE Rn. 18.07) ein schädliches Ereignis dar, welches die in § 18 III geregelte Gewerbebesteuerung auslöst. Erfolgt die Einbringung allerdings zu Buchwerten, ergibt sich hierbei kein Übertragungsgewinn und damit auch keine Gewerbesteuerbelastung. Kommt es dann innerhalb der nächsten 7 Jahre nach der Einbringung zu einer schädlichen Übertragung der erhaltenen Anteile und damit zu einer rückwirkenden Besteuerung des Einbringungsgewinns I, so stellt sich die Frage, ob diese Rückwirkung ebenfalls eine Gewerbebesteuerung nach § 18 III auslöst. Diese Frage ist mE zu verneinen (glA *Plewka* BB 2009, 2736 ff.). Diese Ansicht scheint auch die FinVerw zu vertreten, denn sie geht gem. UmwStE Rn. 18.07 davon aus, dass die 5-Jahres-Frist sich nicht an den erhaltenen Anteilen fortsetzt, sondern auf den übernehmenden Rechtsträger übergeht und dort weitergilt. 140

Rückwirkende Entstehung der nachträglichen Anschaffungskosten. Gemäß § 22 I 4 gilt der Einbringungsgewinn I als nachträgliche AK der erhaltenen Anteile. Fraglich ist, zu welchem Zeitpunkt diese nachträglichen AK entstehen. Nach Ansicht von *Patt* (D/P/M § 22 Rn. 61b) sind die nachträglichen AK nicht von der Rückwirkung erfasst, sondern entstehen erst im Zeitpunkt der Anteilsveräußerung. Demgegenüber vertritt die mittlerweile wohl herrschende Meinung die Auffassung, dass die Rückwirkung auch für die nachträglichen AK gilt und diese daher auch im VZ des Einbringungsstichtags als entstanden gelten (so zB *Stangl* in R/H/vL § 22 Rn. 93; *Benz/Rosenberg* in Blumenberg/Schäfer S 190; auch die FinVerw scheint dieser Auffassung zuzustimmen, 141 vgl. UmwStE Rn. 22.10). Befinden sich die erhaltenen Anteile noch im Eigentum des Einbringenden und ist kein steuerrelevanter Sachverhalt eingetreten, für den die AK der Anteile maßgeblich sind, ist diese Frage nur von theoretischer Bedeutung. Handelsbilanzielle Relevanz haben diese Vorgänge ohnehin nicht, denn es gibt hier keine Maßgeblichkeit und die Rückwirkung hat lediglich eine steuerliche Bedeutung. Wichtig wird die Frage jedoch, wenn die erhaltenen Anteile zwischenzeitlich weiter übertragen wurden oder wenn zwischenzeitlich steuerlich relevante Teilwertabschreibungen vorgenommen wurden.

Beispiel: Einzelunternehmer A bringt aus seinem Einzelunternehmen einen Teilbetrieb zu Buchwerten gegen Gewährung von Gesellschaftsrechten gem. § 20 in die A-GmbH ein. Steuerlicher Einbringungsstichtag ist der 31.12.06. Die A-GmbH entwickelt sich jedoch schlecht und im Jahr 09 nimmt A eine Teilwertabschreibung auf die Beteiligung vor. Im VZ 12 veräußert A dann die Anteile.

In diesem Fall wird die Frage wichtig, ob die nachträglichen AK rückwirkend im VZ 06 entstanden sind oder erst im VZ 12. Im ersteren Fall hätte dies Auswirkungen auf die zwischenzeitlich vorgenommene Teilwertabschreibung, deren Betrag um den Einbringungsgewinn I hätte höher sein müssen. Gleichzeitig hätten die nachträglichen AK durch die zwischenzeitlich vorgenommene Teilwertabschreibung keinen Einfluss mehr auf den im Zeitpunkt der Veräußerung der erhaltenen Anteile entstehenden „verbleibenden Veräußerungsgewinn". Die Teilwertabschreibung hätte die steuerliche Wirkung der nachträglichen AK quasi schon vorweggenommen. Entstehen die nachträglichen AK hingegen erst im VZ der Veräußerung der erhaltenen Anteile, bleibt die Zeit zwischen der Einbringung und der Veräußerung der erhaltenen Anteile davon unberührt.

142 ME ist der dargestellten hM zuzustimmen. Die Entstehung der nachträglichen AK ist von der Rückwirkung des § 22 I 2 umfasst. Der Einzelunternehmer A kann daher mit Wirkung für vor dem schädlichen Ereignis liegende Veranlagungszeiträume eine zusätzliche Teilwertabschreibung vornehmen, soweit dies verfahrensrechtlich noch zulässig ist.

143 Die Rückwirkung der Entstehung nachträglicher AK ergibt sich auch aus der Gesetzesbegründung (BT-Drs. 16/2710 zu § 22 IV), wo der Gesetzgeber ausführt, dass im Fall einer im Rückwirkungszeitraum durchgeführten Versteuerung eines fiktiven Veräußerungsgewinns nach § 6 AStG aufgrund einer (Wohn)Sitzverlegung in das Ausland die Wegzugssteuer unter Berücksichtigung der rückwirkend entstandenen nachträglichen Anschaffungskosten entsprechend herabzusetzen ist. Würden die nachträglichen AK jedoch – entsprechend der Ansicht von *Patt* in D/P/M § 22 Rn. 61b – erst im Zeitpunkt der schädlichen Verfügung über die erhaltenen Anteile entstehen, könnten sie auf die zwischenzeitlich durchgeführte Wegzugsbesteuerung keine Auswirkung mehr entfalten.

144 Die in den Fällen einer schädlichen Anteilsveräußerung vom Gesetz angeordnete Rückwirkung für die Versteuerung des Einbringungsgewinns I soll erreichen, dass sich für diesen Teil des Veräußerungsgewinns genau dieselben steuerlichen Konsequenzen ergeben, die sich auch ergeben hätten, wenn der Stpfl. den Einbringungsgegenstand derzeit zu einem über dem Buchwert liegenden Wert eingebracht hätte. Demgegenüber hat die Behandlung des rückwirkend besteuerten Einbringungsgewinns I als nachträgliche AK der Anteile den Sinn und Zweck, bei sämtlichen die erhaltenen Anteile betreffenden steuerpflichtigen Vorgängen die Höhe der in diesen Anteilen ruhenden stillen Reserven korrekt zu ermitteln und zu verhindern, dass der Einbringungsgewinn I doppelt versteuert wird.

145 Haben zwischenzeitlich Ketteneinbringungen stattgefunden, bei denen die erhaltenen Anteile zu Buchwerten weiter übertragen worden sind, so entstehen für alle in diese Übertragungsvorgänge involvierten Rechtsträger jeweils rückwirkend nachträgliche AK auf die aus diesen Einbringungsvorgängen hervorgegangenen Anteile (so auch UmwStE Rn. 22.16).

146 **Vollverzinsung.** Die rückwirkende Festsetzung einer Steuer führt nicht zur Entstehung von Zinsen, denn gem. § 233a IIa AO beginnt der Zinslauf bei einer Steuerfestsetzung aufgrund eines rückwirkenden Ereignisses erst 15 Monate nach Ablauf des Kalenderjahres, in dem das rückwirkende Ereignis eingetreten ist. Damit löst erst der Akt der schädlichen Veräußerung der erhaltenen Anteile den Zinslauf aus.

5. Ersatzrealisationstatbestände

Zu einer rückwirkenden Besteuerung des Einbringungsgewinns I kommt es nicht nur im Fall einer Veräußerung der erhaltenen Anteile innerhalb der 7-Jahres-Frist, sondern auch dann, wenn innerhalb der Sperrfrist einer der in § 22 I 6 abschließend aufgezählten Ersatzrealisationstatbestände einschlägig ist. 147

a) Unentgeltliche Übertragung der erhaltenen Anteile auf eine Kapitalgesellschaft oder eine Genossenschaft (§ 22 I 6 Nr. 1)

Nach § 22 I 6 Nr. 1 wird eine rückwirkende Besteuerung ausgelöst, wenn der Einbringende die erhaltenen Anteile innerhalb der Sperrfrist unmittelbar oder mittelbar unentgeltlich auf eine KapGes oder eine Genossenschaft überträgt. Demgegenüber ist die Übertragung auf andere Körperschaften, zB auf eine Stiftung, unschädlich (*Patt* in D/P/M § 22 Rn. 40). 148

Verdeckte Einlage/verdeckte Gewinnausschüttung. Eine unentgeltliche Übertragung von Anteilen findet statt in den Fällen der verdeckten Einlage oder der verdeckten Gewinnausschüttung. Schädlich ist der Vorgang, wenn eine KapGes Empfänger der jeweiligen Zuwendung ist. 149

Unentgeltliche Umwandlung. Gehören die erhaltenen Anteile zu einem Betrieb/Teilbetrieb und wird dieser im Rahmen einer Verschmelzung/Spaltung unentgeltlich auf eine andere KapGes übertragen, so erfüllt dies ebenfalls die Voraussetzungen der § 22 I 6 Nr. 1 (*Stangl* in R/H/vL § 22 Rn. 103; *Patt* in D/P/M § 22 Rn. 40). Dies kann zB der Fall sein, wenn bei einer solchen Umwandlung auf die Gewährung von Anteilen gem. §§ 54 I 3; 68 I 3 UmwG verzichtet wird. 150

Realteilung. Darüber hinaus ist in der Begründung des Finanzausschusses zu § 22 (BT-Drs. 16/3369 zu § 22 UmwStG) ausdrücklich der Fall der Realteilung genannt, der hier also als unentgeltlicher Vorgang eingestuft wird. 151

In der Literatur ist allerdings streitig, ob die Realteilung einen entgeltlichen Vorgang darstellt und damit unter § 22 I 1 fällt oder ob es sich um einen unentgeltlichen Vorgang handelt, der unter § 22 I 6 Nr. 1 fällt. Die Beantwortung dieser Frage ist für die Beurteilung der Entstehung eines Einbringungsgewinns ausschlaggebend, denn die beiden hier genannten Realisationstatbestände unterscheiden sich dahingehend, dass eine entgeltliche Übertragung immer in vollem Umfang schädlich ist, und zwar unabhängig davon, wer die Anteile erhält, während eine unentgeltliche Übertragung nur dann schädlich ist, wenn die Anteile auf einen Mitunternehmer in der Rechtsform einer KapGes übergehen. Soweit die Anteile hingegen auf natürliche Personen übergehen, treten diese bei unentgeltlicher Übertragung gem. § 22 VI die Rechtsnachfolge des Einbringenden an und gelten fortan als „Einbringende". Die in der Begründung des Finanzausschusses vorgenommene Einordnung als unentgeltlicher Vorgang wird in der Literatur vielfach geteilt (vgl zB *Patt* in D/P/M § 22 UmwStG Rn. 40; ebenso *Stangl* in R/H/vL § 22 UmwStG Rn. 46 sowie *Hörtnagl* Stbg 2007, 257, 266 re Sp., der den Übergang eines Anteils auf eine KapGes im Wege einer Realteilung als verdeckte Einlage und damit ebenfalls als einen unentgeltlichen Übertragungsvorgang einordnet). Dieser Auffassung folgt auch die FinVerw (vgl. UmwStE Rn. 22.20). Demgegenüber wird von anderen Autoren die Auffassung vertreten, dass es sich bei der Realteilung um einen entgeltlichen Vorgang handelt. So argumentiert zB *Widmann* (in W/M § 22 Rn. 18), dass es sich bei der Realteilung um einen Spezialfall der Liquidation einer PersGes handelt, bei der die Übertragung des Betriebsvermögens zur Befriedigung des Auskehrungsanspruchs des Gesellschafters erfolgt und damit entgeltlich ist. Zu demselben Ergebnis kommt *Körner* (DB 2010, 1315 (1317)). Unter Berücksichtigung der jüngeren Rechtsprechung des BFH zur Realteilung (BFH v. 16.3.2017 – IV R 31/14, DStR 2017, 1381, sowie v. 30.3.2017 – IV R 11/15, DStR 2017, 1376) ist nunmehr zu unterscheiden zwischen einer echten Realteilung, bei der die PersGes untergeht und einer unechten Realteilung, bei der lediglich ein oder mehrere Mitunternehmer gegen Sachwertabfindung ausscheiden und die PersGes selbst bestehen bleibt. Beide Vor- 152 gänge sind nunmehr somit einkommensteuerlich nach denselben Grundsätzen zu behandeln. M. E. sind sie daher auch einheitlich entweder als entgeltlich oder als unentgeltlich einzustufen. Scheidet ein Mitunternehmer aus einer PersGes aus und erhält im Gegenzug als Sachwertabfindung sperrfristbehaftete Anteile, so dürfte es für die Beurteilung dieses Anteilsübergangs keinen Unterschied machen, ob die PersGes selbst anlässlich dieser Übertragung untergeht oder nicht. In beiden Fällen handelt es sich aus Sicht des betreffenden Mitunternehmers um eine Entnahme der sperrfristbehafteten Anteile gegen Minderung von Gesellschaftsrechten und damit aus meiner Sicht um einen tauschähnlichen Vorgang.

153 Unabhängig davon, ob man die Realteilung dem Grunde nach unter den Tatbestand des § 22 I 1 oder § 22 I 6 Nr. 1 einordnet, stellt sich darüber hinaus die Frage, ob eine ggf. schädliche Verfügung zwingend zu einer Realisierung des Einbringungsgewinns I in voller Höhe führt oder ob dies nicht nach dem Grundsatz der ertragsteuerlichen Transparenz von PersGes reduziert werden muss auf den Anteil, der nach Maßgabe der jeweiligen Beteiligungsquoten vorher anteilig auf die anderen Mitunternehmern entfiel, so dass der auf den Einbringenden selbst entfallende Teil unversteuert bleibt (so auch *Patt* in D/P/M § 22 Rn. 40).

154 Diese Rechtsauffassung wird aber wohl von der FinVerw nicht geteilt. Rn. 22.20 UmwStE scheint vielmehr von einem vollumfänglich schädlichen Vorgang auszugehen.

155 Soweit eine Realteilung einen schädlichen Übertragungsvorgang iSd § 22 UmwStG darstellt, ist die Rechtsfolge, dass rückwirkend ein steuerpflichtiger Einbringungsgewinn I entsteht und sich dementsprechend ebenfalls rückwirkend die AK der sperrfristbehafteten Anteile entsprechend erhöhen. Auf die steuerliche Würdigung der eigentlichen Realteilung hat § 22 UmwStG keine Auswirkungen. Die Realteilung ist gleichwohl nach § 16 III EStG steuerneutral möglich. Die maßgeblichen Buchwerte der im Zuge der Realteilung übergehenden erhaltenen Anteile werden um nachträgliche AK in Höhe des rückwirkend zu versteuernden Einbringungsgewinns I aufgestockt (§ 22 I 4) und gehen dann mit diesen erhöhten Werten auf den betreffenden Realteiler über. Sollte allerdings die Mitunternehmer-KapGes, die im Zuge der Realteilung die erhaltenen Anteile übernimmt, diese wiederum innerhalb von 7 Jahren nach der Realteilung veräußern oder einen der Ersatzrealisationstatbestände des § 22 I 6 Nr. 1 bis 5 realisieren, kommt es gemäß der Regelung in § 16 V EStG insoweit zu einer rückwirkenden Versteuerung des Realteilungsvorgangs und damit unterlägen auch die übrigen im Zeitpunkt der Realteilung vorhandenen stillen Reserven in voller Höhe der Besteuerung.

156 **Unentgeltliche Übertragung aus dem Gesamthandsvermögen einer PersGes.** Werden erhaltene Anteile nach § 6 V 3 EStG unentgeltlich – dh ohne Minderung von Gesellschaftsrechten (vgl. hierzu auch Rn. 35 f.) – aus dem Gesamthandsvermögen einer PersGes in das Betriebsvermögen eines Mitunternehmers in der Rechtsform einer KapGes oder Genossenschaft übertragen, liegt insoweit ebenfalls ein Realisationstatbestand nach § 22 I 6 Nr. 1 vor (UmwStE Rn. 22.20)

157 **Unentgeltliche Übertragung in das Gesamthandsvermögen einer PersGes.** Demgegenüber stellt eine unentgeltliche Übertragung in ein Gesamthandsvermögen nach § 6 V 3 EStG nach dem eindeutigen Wortlaut des § 22 I 6 Nr. 1 zumindest dann keinen schädlichen Tatbestand iS dieser Vorschrift dar, wenn der übertragende Mitunternehmer zu 100 % am Kapital dieser PersGes beteiligt ist (*Stangl* in R/H/vL § 22 Rn. 103a). Fraglich ist hingegen, welche Rechtsfolgen sich ergeben, wenn der übertragende Mitunternehmer zu weniger als 100 % beteiligt ist und es sich bei den anderen Mitunternehmern um KapGes handelt. In diesem Fall ist die Übertragung gem. § 6 V 3 u. 5 EStG nicht steuerneutral möglich. Das muss allerdings nicht gleichzeitig bedeuten, dass ein rückwirkend zu besteuernder Einbringungsgewinn ausgelöst wird, denn der Wortlaut des § 22 I 6 Nr. 1 ist nicht unmittelbar erfüllt. Lediglich dann, wenn man einen solchen Vorgang – unter Berücksichtigung der Transparenz der PersGes – als mittelbare (verdeckte) Einlage in den oder die weiteren Mitunternehmer in der Rechtsform einer KapGes beurteilt. Für die Beratungspraxis ist davon auszugehen, dass die FinVerw letzteren Standpunkt vertreten wird (so auch *Stangl* in R/H/vL § 22 Rn. 103a; *Patt* in D/P/M § 22 Rn. 40; *Schmitt* in S/H/S § 22 Rn. 78).

Mittelbare unentgeltliche Übertragung. Besonders zu beachten ist, dass auch die mittelbare unentgeltliche Übertragung der erhaltenen Anteile durch den Einbringenden auf eine KapGes oder eine Genossenschaft zu einer rückwirkenden Besteuerung des Einbringungsvorgangs führt. Diese Regelung überrascht zunächst, da die mittelbare Veräußerung nicht als schädlich definiert ist (vgl. auch *Widmann* in W/M § 22 Rn. 29; *Stangl* in R/H/vL § 22 Rn. 63). Der Ersatzrealisationstatbestand scheint somit auf den ersten Blick weiter zu gehen als der Grundtatbestand des § 22 I 1. Tatsächlich ist dies aber nicht so. Die Regelung stellt vielmehr klar, dass es sich um eine mittelbare unentgeltliche Übertragung „durch den Einbringenden" handeln muss. Der Einbringende kann aber erhaltene Anteile nur dann mittelbar übertragen, wenn dem noch ein Anteilstausch vorausgegangen ist (ebenso *Heß/Schnitger* in PwC, Rn. 1667). Es muss sich also um einen Fall einer Ketteneinbringung handeln, bei der der Einbringende zunächst einen Betrieb/Teilbetrieb/Mitunternehmeranteil auf eine erste KapGes überträgt und die hieraus entstandenen erhaltenen Anteile dann in einem zweiten Schritt im Wege eines Anteilstauschs in eine zweite KapGes und schlussendlich die Anteile an dieser zweiten KapGes verdeckt in eine dritte KapGes einlegt. Diese verdeckte Einlage löst dann nach § 22 I 6 Nr. 1 eine rückwirkende Besteuerung des Einbringungsgewinns I aus. Ohne den Tatbestand des § 22 I 6 Nr. 1 könnte der Einbringende die rückwirkende Entstehung eines Einbringungsgewinns ansonsten durch eine Veräußerung der Anteile an der dritten KapGes umgehen. 158

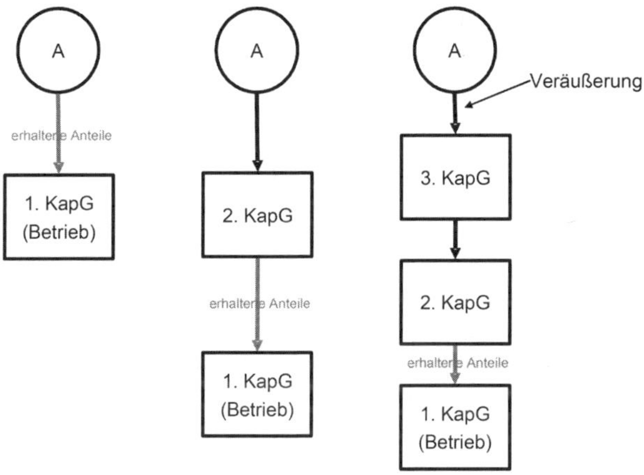

Gleiches gilt nach hM (zB *Stangl* in R/H/vL § 22 Rn. 104; *Schneider/Roderburg* in Schneider/Ruoff/Sistermann H 22.43), wenn der Einbringende die erhaltenen Anteile zunächst unentgeltlich auf eine PersGes überträgt, an der er zu 100% am Kapital beteiligt ist und diese dann anschließend die Anteile weiter auf eine KapGes überträgt.

Demgegenüber erfüllt eine mittelbare unentgeltliche Übertragung der erhaltenen Anteile durch Übertragung der Anteile **an dem Einbringenden** nicht den Tatbestand des § 22 I 1, denn hier erfolgt eine Übertragung nicht „durch den Einbringenden", sondern durch dessen Gesellschafter. 159

b) Entgeltliche Übertragung (§ 22 I 6 Nr. 2)

Nach § 22 I 6 Nr. 2 wird eine rückwirkende Besteuerung des Einbringungsgewinns I ausgelöst, wenn der Einbringende die erhaltenen Anteile entgeltlich überträgt, es sei denn er weist nach, dass die Übertragung durch einen Vorgang iSd § 20 I oder § 21 I oder aufgrund vergleichbarer ausländischer Vorgänge zu Buchwerten erfolgte. 160

Der Regelungsinhalt dieser Vorschrift überschneidet sich mit dem Grundtatbestand der Veräußerung des § 22 I 1, denn eine entgeltliche Übertragung ist eine Veräußerung. So wird denn auch vertreten, dass der § 22 I 6 Nr. 2 gar keinen eigenen Anwendungsbereich habe. 161

Richtiger scheint aber eher eine Auslegung dahingehend zu sein, dass § 22 I 6 Nr. 2 zu der Grundregelung in § 22 I 1 eine Spezialvorschrift ist, die insbesondere eine Ausnahme beinhaltet, nämlich die Unschädlichkeit der Übertragung der erhaltenen Anteile im Rahmen von Einbringungen, wenn diese nach § 20 I, § 21 I oder nach vergleichbaren ausländischen Vorschriften zu Buchwerten vollzogen werden und der Steuerpflichtige dies nachweist (gl. A. BFH I R 48/15 v. 24.1.2018, DStR 2018, 1366; vgl. hierzu auch eingehend Rn. 25 ff.).

Unschädlich ist damit ausdrücklich nur die Einbringung der erhaltenen Anteile zu Buchwerten in eine andere KapGes nach §§ 20 oder 21. Darüber hinaus fällt durch den Verweis des § 25 auf die §§ 20–23 auch der Formwechsel einer PersGes in eine KapGes unter § 22 I 6 Nr. 2, wenn sich im BV der PersGes erhaltene Anteile befinden, die aus einer Einbringung unter dem gemeinen Wert entstanden sind (vgl. *Widmann* in W/M § 22 Rn. 56; *Patt* in D/P/M § 22 Rn. 41). Zur Beurteilung von anderen Umwandlungsarten als schädliche bzw. unschädliche Vorgänge vgl. im Einzelnen Rn. 41 ff.).

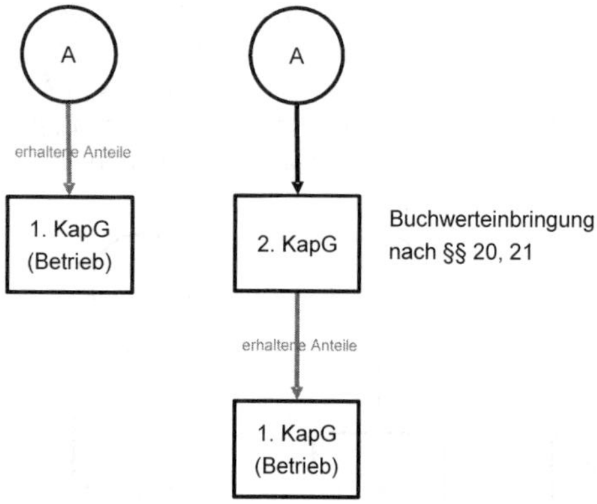

162 Fraglich ist, ob es ausreicht, wenn der Einbringende die erhaltenen Anteile zu Buchwerten ansetzt oder ob auch erforderlich ist, dass die Übernehmerin die Buchwerte fortführt. Bei reinen Inlandseinbringungen, bei denen sowohl der Einbringende als auch die Übernehmerin im Inland ansässig sind, stellt sich diese Frage aufgrund der doppelten Buchwertverknüpfung nicht. Bei grenzüberschreitenden Einbringungsvorgängen in eine EU-KapGes hat der Gesetzgeber jedoch die doppelte Buchwertverknüpfung aufgegeben. In diesen Fällen kann der Einbringende auf Antrag die Buchwerte fortführen, wenn das Besteuerungsrecht Deutschlands bezüglich der erhaltenen Anteile nicht eingeschränkt oder ausgeschlossen wird. Demgegenüber ist es für eine steuerneutrale Behandlung des Einbringungsvorgangs irrelevant, wie die im EU-Ausland ansässige Übernehmerin das übergehende Vermögen bilanziert. Der Ersatzrealisationstatbestand des § 22 I 6 Nr. 2 stellt allerdings wesentlich darauf ab, ob der Übertragungsakt der erhaltenen Anteile bei dem Einbringenden zu einer Gewinnrealisierung führt und damit im wirtschaftlichen Ergebnis einer Veräußerung gleichzustellen ist. Aus diesem Grund sollte für die Vermeidung einer rückwirkenden Besteuerung des Einbringungsgewinns I ausschließlich auf die Buchwertfortführung bei dem Einbringenden und nicht auf den Wertansatz der übertragenen Anteile bei der Übernehmerin abgestellt werden. Solange der Einbringende die erhaltenen Anteile mit dem Buchwert der hingegebenen Anteile ansetzt, dürfte daher der Ersatzrealisationstatbestand des § 22 I 6 Nr. 2 nicht erfüllt sein (so auch *Benz/Rosenberg* in Blumenberg/Schäfer S 181 f.; *Patt* in D/P/M § 22 Rn. 41).

163 § 22 I 6 Nr. 2 verlangt nicht, dass die Gegenleistung für eine zulässige Buchwerteinbringung nach §§ 20, 21 nur in Gesellschaftsrechten bestehen darf. Dies ist insofern interessant, als sowohl § 20 III 3 als auch § 21 I 4 gestatten, dass neben Gesellschaftsrechten auch andere WG gewährt werden dürfen und trotzdem eine Buchwerteinbringung mög-

lich ist, sofern die in § 20 II 2 Nr. 4 genannten Obergrenzen nicht überschritten werden. Bis zur Einführung des § 20 II 2 Nr. 4 konnte eine sonstige Gegenleistung bis zur Höhe der Buchwerte des übergehenden Vermögens erbracht werden. Hierdurch konnte der Einbringende im Ergebnis eine anteilige Veräußerung des Betriebs trotz Buchwertfortführung erreichen. Durch die Einführung der Obergrenzen in § 20 II 2 Nr. 4 ist dieses Gestaltungsmodell nur noch in sehr kleinem Rahmen möglich.

Kommt es bei Gewährung einer sonstigen Gegenleistung allerdings zu einer – wenn **164**
auch nur geringen – Aufdeckung stiller Reserven, weil die sonstige Gegenleistung die Grenzen des § 20 II 2 Nr. 4 übersteigt, so könnte dieser Vorgang nach dem reinen Gesetzeswortlaut eine **volle Einbringungsgewinnbesteuerung** auslösen, denn die Ausnahmeregelung des § 22 I 1 greift nach Satz 6 nur dann nicht, wenn „keine sonstigen Gegenleistungen erbracht wurden, die die Grenze des § 20 Absatz 2 Satz 2 Nummer 4 oder die Grenze des § 21 Absatz 1 Satz 2 Nummer 2 übersteigen"(glA *Pung* GmbHR 2012, 158 (162); *Bron* DB 2015, 940 (943); *Schmitt* in S/H/S § 22 Rn. 82; *Nitzschke* in Blümich § 22 Rn. 63a). Der Gesetzestext enthält keinen Hinweis dahingehend, dass eine anteilige Berechnung möglich wäre (*Bilitewski/Heinemann* Ubg 2015, 513 (518 f.)). Gleichwohl ist mE der Gesetzestext hier einschränkend auszulegen. Kommt es bei einer Folgeeinbringung zur Gewährung einer die Grenzen des § 21 I 2 Nr. 2 überschreitenden Gegenleistung, ist demnach nur in Höhe des übersteigenden Betrages eine Buchwertfortführung nicht mehr möglich. Es kommt dann lediglich zu einer quotalen Versteuerung des Einbringungsgewinns I. Damit liegt es nahe, auch die Weitereinbringung der sperrfristbehafteten Anteile – analog zur Zwischenwerteinbringung – nur insoweit als schädlich zu erachten, wie es zu einer Aufdeckung stiller Reserven kommt.

Vergleichbarer ausländischer Vorgang. Nach § 22 I 6 Nr. 2 ist nicht nur eine **165**
Weiterübertragung zu Buchwerten nach §§ 20 oder 21 unschädlich, sondern auch eine Buchwertübertragung aufgrund vergleichbarer ausländischer Vorgänge.

Die Prüfung der Vergleichbarkeit eines ausländischen Vorgangs muss zum einen die **166**
Rechtsfolgen des betreffenden Vorgangs und zum anderen die beteiligten Rechtsträger umfassen (vgl. auch UmwStE Rn. 01.20 ff.). Ein ausländischer Vorgang ist mit einer Einbringung nach §§ 20, 21 vergleichbar, wenn eine Sachkapitalerhöhung erfolgt, bei der neue Anteile geschaffen werden und dieser Übertragungsvorgang aus Sicht des übertragenden Rechtsträgers für steuerliche Zwecke zu Buchwerten durchgeführt wird und keine sofortige Versteuerung auslöst.

Beispiel: Die österreichische öA-GmbH bringt eine deutsche Betriebsstätte (dt.BS), die einen eigenständigen Teilbetrieb darstellt, in ihre österreichische Tochtergesellschaft, die öB-GmbH ein. Die öB-GmbH tätigt eine Kapitalerhöhung und gewährt der öA-GmbH im Gegenzug neue Anteile. Die Betriebseinbringung stellt einen Vorgang nach § 20 dar, der zu Buchwerten durchgeführt werden kann. Die dt.BS ist nach der Einbringung eine deutsche Betriebsstätte der öB-GmbH. Zwei Jahre später bringt die öA-GmbH ihre Anteile an der öB-GmbH wiederum zu Buchwerten in die öC-GmbH ein.

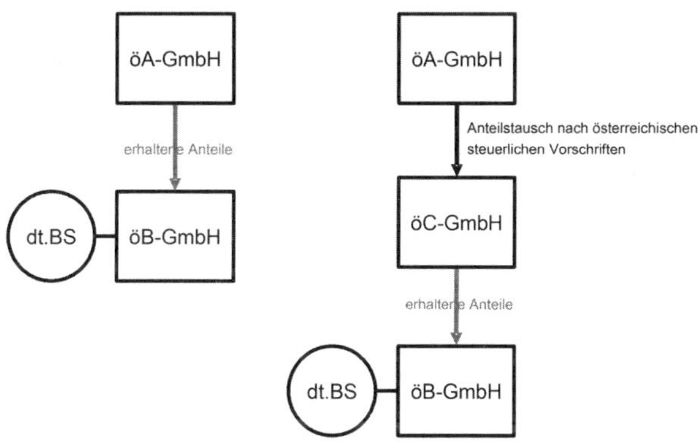

Der zweite Übertragungsvorgang ist ein Anteilstausch, der ausschließlich nach österreichischem Gesellschafts- und Steuerrecht zu beurteilen ist. Gleichwohl kann dieser Vorgang in Deutschland zu einer rückwirkenden Besteuerung des Einbringungsgewinns I führen, wenn der nachfolgende Anteilstausch kein den deutschen Einbringungsvorschriften vergleichbarer Vorgang ist.

167 Da Einbringungen gem. §§ 20, 21 auch nach deutschem Recht sowohl durch Ausgliederungen im Wege der Gesamtrechtsnachfolge als auch durch Einzelrechtsnachfolge oder durch Anteilstausch erfolgen können, können auch an die gesellschaftsrechtlichen Abläufe eines vergleichbaren ausländischen Vorgangs keine besonderen Anforderungen gestellt werden. Allerdings ist darauf zu achten, dass im Gegenzug neue Anteile gewährt werden. Ansonsten besteht die Gefahr, dass die Vergleichbarkeit des Vorgangs von der FinVerw abgelehnt wird.

168 Fraglich ist, wie der Einbringende bei einem solchen Vorgang, der ausschließlich im Ausland stattfindet, formal den Nachweis zu erbringen hat, dass dieser zweite Umstrukturierungsvorgang (Einbringung der erhaltenen Anteile) für steuerliche Zwecke in Österreich zu Buchwerten erfolgt ist. *Benz/Rosenberg* (in Blumenberg/Schäfer S 182 f.) schlagen für diesen Fall vor, dass der Nachweis der Buchwertfortführung bei ausländischen Steuerpflichtigen durch einen Auszug aus der (Steuer-)Bilanz des Einbringenden und gegebenenfalls eine schriftliche Bestätigung der übernehmenden Gesellschaft geführt werden kann. Die FinVerw geht immer dann von einer Buchwerteinbringung aus, wenn der Einbringungsvorgang bei dem Einbringenden nicht zu einer Aufdeckung der stillen Reserven führt (vgl. UmwStE Rn. 22.22), legt aber nicht dar, wie dies im Einzelnen durch den Einbringenden zu belegen ist. Die Vorlage eines Auszugs der (Steuer-)Bilanz des Einbringenden, begleitet durch eine Steuerberechnung oder ggf. auch die Vorlage eines Steuerbescheids, scheint hier eine angemessene Beweisführung zu sein.

c) Auflösung oder Kapitalherabsetzung bzw. Auszahlung aus dem steuerlichen Einlagekonto der Übernehmerin (§ 22 I 6 Nr. 3)

169 Nach § 22 I 6 Nr. 3 kommt es zu einer rückwirkenden Besteuerung des Einbringungsgewinns I, wenn die KapGes, an der die erhaltenen Anteile bestehen, aufgelöst und abgewickelt wird oder das Kapital dieser Gesellschaft herabgesetzt und an die Anteilseigner zurückgezahlt wird oder Beträge aus dem steuerlichen Einlagekonto iSd § 27 KStG ausgeschüttet oder zurückgezahlt werden.

170 Diese Regelung ist in ähnlicher Form bereits unter der Geltung des bis Ende 2006 gültigen Umwandlungssteuergesetzes als Ersatzrealisationstatbestand nach § 21 II 1 Nr. 3 UmwStG aF bekannt gewesen, allerdings unter der zusätzlichen Voraussetzung, dass es sich bei den Bezügen nicht um solche des § 20 I 1 oder 2 EStG handeln durfte. In der ersten durch die Bundesregierung im Jahr 2006 vorgelegten Entwurfsfassung des SEStEG war dieser Ersatzrealisationstatbestand nicht mehr enthalten, er wurde jedoch durch den Finanzausschuss in das neue Gesetz wieder aufgenommen und soll nach der Begründung des Finanzausschusses sicherstellen, dass auch bei erhaltenen Anteilen an einer ausländischen KapGes mit inländischer Betriebsstätte im Zeitpunkt der Liquidation eine systemkonforme Besteuerung erfolgen kann. In § 17 IV EStG ist darüber hinaus seit Jahren ein vergleichbarer Tatbestand geregelt, der einer Veräußerung gleichsteht. Dem Umstand, dass der aktuellen Formulierung des Gesetzestextes die Klarstellung fehlt, dass eine Nachversteuerung nur dann und insoweit erfolgen kann, wie es sich bei den auszuzahlenden Bezügen nicht um solche des § 20 I Nr. 1 oder 2 EStG handelt, kommt mE keine rechtsändernde Bedeutung zu. Hier ist vielmehr ein Selbstgänger weggelassen worden, denn es wäre systemwidrig, eine steuerlich als Dividendenausschüttung zu qualifizierende Auszahlung der übernehmenden KapGes als anteilige fiktive Veräußerung ihrer Anteile zu behandeln.

171 Obwohl § 22 I 6 Nr. 3 also eine nahezu inhaltsgleiche Vorgängervorschrift hat, wird die Übernahme dieser Regelung in das neue System der rückwirkenden Besteuerung gem. § 22 insbesondere in Bezug auf die Fälle der Kapitalrückzahlung und der Rückzahlung von Beträgen aus dem steuerlichen Einlagekonto in sonstigen Fällen heftig kritisiert (zB

Schönherr/Lemaitre GmbHR 2007, 459 (466); *Förster/Wendland* BB 2007, 631 (637); *Rödder/Stangl* Ubg 2008, 39; *Widmann* in W/M § 22 Rn. 65; *Oesterwinter/Pellmann* BB 2008, 2769 (2770)). Insbesondere *Rödder/Stangl* führen zutreffend aus, dass die Vorgängervorschrift in dem bis Ende 2006 geltenden System der Vollversteuerung des Gewinns aus der Veräußerung einbringungsgeborener Anteile seine Berechtigung hatte und zu systematischen Ergebnissen führte, da eine vor der Veräußerung durchgeführte Einlagenrückgewähr eben diesen voll steuerpflichtigen Veräußerungsgewinn mindern konnte. In dem neuen System der rückwirkenden Besteuerung des Einbringungsgewinns steht dieser jedoch im Zeitpunkt der Einbringung der Höhe nach bereits fest und kann durch Wertänderungen der Anteile nach der Einbringung nicht mehr beeinflusst werden. Sofern innerhalb der 7-Jahres-Frist eine Veräußerung der Anteile stattfindet, wird somit der Höhe nach immer der richtige Betrag des Einbringungsgewinns I der Versteuerung unterworfen, unabhängig davon, ob zwischenzeitlich eine Einlagenrückgewähr stattgefunden hat oder nicht. Vor diesem Hintergrund plädieren *Rödder/Stangl* de lege ferenda zu Recht für eine Streichung dieser Vorschrift.

aa) Auflösung und Abwicklung. Gemäß § 22 I 6 Nr. 3 liegt ein schädlicher Ersatzrealisationstatbestand vor, wenn die KapGes, an der die sperrfristbehafteten Anteile bestehen, aufgelöst und abgewickelt wird. Durch die Abwicklung der Gesellschaft hören die sperrfristbehafteten Anteile auf zu existieren und das Restvermögen der Gesellschaft wird an die Gesellschafter ausgekehrt. Die Aufnahme dieses Ersatzrealisationstatbestands in die Liste der schädlichen Ereignisse lässt erkennen, dass der Gesetzgeber einen Vorgang, bei dem es aus Gesellschaftersicht zu einer Übernahme des Vermögens des Einbringenden bei gleichzeitigem Untergang der an diesem Rechtsträger bestehenden Anteile nicht als veräußerungsähnlichen Vorgang ansieht, der bereits von § 22 I 1 abgedeckt wäre, da es ansonsten des Ersatzrealisationstatbestandes nicht bedurft hätte (glA BFH I R 77/67 v. 14.5.1969, BStBl. II 1969, 598; a. A. allerdings BFH I R 48/15 v. 24.1.2018 zum upstream merger; vgl. hierzu auch Rn. 49). Andererseits macht diese Regelung allerdings auch deutlich, dass der Gesetzgeber den Untergang der sperrfristbehafteten Anteile als schädlichen Tatbestand erfassen wollte, auch wenn hierin keine schädliche Veräußerung zu sehen ist. Ist die zu liquidierende KapGes wirtschaftlich so schlecht gestellt, dass die vorhandenen Mittel für eine Rückzahlung des Stammkapitals/Grundkapitals an die Gesellschafter nicht mehr ausreichen, muss der Einbringende gleichwohl anteilig den Einbringungsgewinn I versteuern, obwohl er für seine Anteile nichts mehr erhält. Dieser Vorgang ist vergleichbar mit einer Veräußerung der erhaltenen Anteile, bei der ein Veräußerungsverlust erzielt wird, denn auch in diesem Fall kommt es nach der neuen Gesetzessystematik zu einer nachträglichen Versteuerung des Einbringungsvorgangs (vgl. hierzu auch das Beispiel in Rn. 130). 172

Zu beachten ist, dass sowohl das Insolvenzverfahren als auch ein sog. up-stream merger der Übernehmerin auf ihren Gesellschafter nicht unter diesen Ersatzrealisationtatbestand fallen, denn in beiden Fällen findet eine Abwicklung der Gesellschaft nicht statt. Ein upstream merger fällt vielmehr nach Ansicht des BFH (Urteil I R 48/15 v. 24.1.2018) als tauschähnlicher Umsatz bereits unter den Grundtatbestand des § 22 I 1. Für den Fall der Insolvenz vgl. hierzu auch UmwStE Rn. 22.24. Darüber hinaus fällt auch die Sitzverlegung einer inländischen KapGes in das Ausland nicht unter diesen Ersatzrealisationstatbestand, denn gem. § 12 III KStG gilt die KapGes in einem solchen Fall zwar als aufgelöst, es mangelt jedoch auch hier an der Abwicklung (vgl. auch *Pung* GmbHR 2012, 158 (163); *Stangl* in R/H/vL § 22 Rn. 110).

Der Zeitpunkt der Erfüllung des Ersatzrealisationstatbestandes ist im Gesetz nicht eindeutig definiert. Es bieten sich folgende Zeitpunkte an: 173

– Zeitpunkt des Auflösungsbeschlusses (Liquidationseröffnung)
– Zeitpunkt der Zuteilung des an die Gesellschafter auszuzahlenden Betrages (dies ist auch der Zeitpunkt, zu dem die Gesellschafter nach den Grundsätzen ordnungsmäßiger Buch-

führung einen Rückzahlungsanspruch zu aktivieren haben (vgl. BFH v. 3.6.1993 – VIII R 23/92, BFH/NV 1994, 459; OFD Frankfurt v. 3.12.2003 S 2244 A – 19 – St II 2.05/ S 2244 A – 21 – St II 2.05, EStK § 17 EStG Karte 10)
– Zeitpunkt der tatsächlichen Auszahlung
– Zeitpunkt der Löschung der Gesellschaft im Handelsregister.

174 Aufgrund der Tatsache, dass sich der nachzuversteuernde Teil des Einbringungsgewinns I jährlich um 1/7 abbaut, ist die Bestimmung dieses Zeitpunkts wichtig, denn zwischen den einzelnen Zeitpunkten kann eine erhebliche Zeitspanne liegen.

175 Fraglich ist, ob zur Bestimmung des Realisationszeitpunkts auf die Auslegung entsprechender anderer Vorschriften zurückgegriffen werden kann, zB auf § 21 II 1 Nr. 2 UmwStG aF zur Besteuerung der einbringungsgeborenen Anteile alten Rechts, der auf diese Anteile auch heute noch Anwendung findet (§ 27 III Nr. 3) oder auf § 17 IV EStG. Hier gelten folgende Grundsätze (OFD Frankfurt v. 3.12.2003 S 2244 A – 19 – St II 2.05/ S 2244 A – 21 – St II 2.05, EStK § 17 EStG Karte 10):

– Die Entstehung eines Auflösungsgewinns oder -verlusts setzt die zivilrechtliche Auflösung der KapGes voraus. Vom Zeitpunkt der zivilrechtlichen Auflösung der KapGes ist jedoch der Zeitpunkt der steuerlichen Berücksichtigung des Auflösungsgewinns bzw. -verlustes zu unterscheiden.
– Der Zeitpunkt der steuerlichen Berücksichtigung des Auflösungsgewinns bzw. -verlustes bestimmt sich nach den Grundsätzen ordnungsgemäßer Buchführung, insbesondere dem sog. Realisationsprinzip.
– Die Realisation des Auflösungsgewinns bzw. -verlustes setzt neben der zivilrechtlichen Auflösung der Gesellschaft voraus, dass der iSd § 17 I EStG beteiligte Gesellschafter mit (weiteren) Zuteilungen und Rückzahlungen aus dem Gesellschaftsvermögen nicht mehr rechnen kann, und es muss feststehen, ob und in welcher Höhe noch nachträgliche AK oder sonstige im Rahmen des § 17 II EStG zu berücksichtigende wesentliche Aufwendungen anfallen werden.
– Im Falle der Auflösung mit anschließender Liquidation sind die vorgenannten Voraussetzungen grundsätzlich erst im Zeitpunkt des Abschlusses der Liquidation erfüllt.
– Ausnahmsweise kann der Zeitpunkt der steuerlichen Berücksichtigung des Auflösungsergebnisses schon vor Abschluss der Liquidation liegen, wenn mit einer wesentlichen Änderung des bereits festgestellten Auflösungsergebnisses nicht mehr zu rechnen ist (zB wenn die Eröffnung des Insolvenzverfahrens mangels Masse abgelehnt wird).
– Beschließen die Gesellschafter die Auflösung der Gesellschaft, ist ein Auflösungsgewinn oder -verlust so lange nicht entstanden, wie die Fortsetzung der Gesellschaft konkret möglich erscheint und tatsächlich in Betracht kommt.

176 Allerdings ist zu berücksichtigen, dass die Steuerfolgen des § 21 II 1 Nr. 2 UmwStG aF und des § 17 IV EStG gänzlich andere sind als die des § 22 I 6 Nr. 3. Die beiden erstgenannten Vorschriften sind als fiktive Anteilsveräußerung ausgestaltet. Welche steuerlichen Konsequenzen sie bei den jeweils betroffenen Gesellschaftern auslösen, hängt wesentlich davon ab, wie hoch der Auszahlungsbetrag ist, der auf den jeweiligen Gesellschafter entfällt. Damit war bzw. ist nach diesen beiden Vorschriften eine Besteuerung frühestens zu dem Zeitpunkt möglich, zu dem feststeht, dass der Gesellschafter überhaupt eine Zahlung erhalten wird und wie hoch diese genau sein wird. Demgegenüber kommt es für den Ersatzrealisationstatbestand des § 22 I 6 Nr. 3 nicht darauf an, die Höhe des Rückzahlungsbetrages zu kennen, denn der rückwirkend zu besteuernde Einbringungsgewinns I steht schon seit dem Zeitpunkt der Einbringung betragsmäßig fest. Das eine rückwirkende Besteuerung des Einbringungsgewinns I auslösende Moment könnte daher auch schon zu einem früheren Zeitpunkt gesehen werden, zu dem feststeht, dass es zu einer Auflösung der Gesellschaft kommen wird und nicht erst bei Abschluss der Liquidation. Die wohl hM plädiert dafür, den Ersatzrealisationstatbestand zu dem Zeitpunkt als erfüllt anzusehen, zu dem die Abwicklung so weit abgeschlossen ist, dass ein Schlussverteilungsanspruch entsteht

(*Patt* in D/P/M § 22 Rn. 44 sowie *Schmitt* in S/H/S § 22 Rn. 86). Demgegenüber könnte der Wortlaut des vgl. UmwStE Rn. 22.24 darauf schließen lassen, dass die FinVerw eher den noch späteren Zeitpunkt der tatsächlichen Schlussverteilung, also der Erfüllung dieser Ansprüche durch Auskehrung des Vermögens abstellen möchte, was sich unter Berücksichtigung der jährlichen Minderung des Einbringungsgewinns I um 1/7 für die betroffenen Stpfl. positiv auswirken könnte.

Werden Abschlagszahlungen (Liquidationsraten), die der Höhe nach einen etwaigen **177** ausschüttbaren Gewinn übersteigen, zu einem Zeitpunkt geleistet, zu dem noch keine endgültige Quote feststeht, so dürften diese Abschlagszahlungen noch nicht als anteiliger Liquidationserlös zu erfassen sein (*Weber-Grellet* in Schmidt § 17 Rn. 221). Allerdings könnte eine solche Auszahlung auch eine Verwendung des steuerlichen Einlagekontos darstellen (sofern dieses einen positiven Bestand aufweist). Soweit eine solche Auszahlung aus dem steuerlichen Einlagekonto die Anschaffungskosten/den Buchwert der Anteile übersteigt, ist dies wiederum ein Ereignis, das eine anteilige Nachversteuerung des Einbringungsgewinns I nach der dritten Alternative des § 22 I 6 Nr. 3 und auch eine anteilige Versteuerung eines Gewinns nach § 17 IV EStG auslöst (vgl. eingehend Rn. 184 ff.).

bb) Kapitalherabsetzung und Rückzahlung. Die zweite Alternative Kapitalherab- **178** setzung und Rückzahlung erfordert eine handelsrechtlich wirksame Kapitalherabsetzung nach § 222 bis 239 AktG oder nach §§ 58, 58a ff. GmbHG und eine sich daran anschließende Auskehrung. Unter diese Regelung fallen sowohl die Herabsetzung des Nennkapitals als auch die Auflösung und Auszahlung der Kapitalrücklage. Beide Tatbestände stellen aber idR gleichzeitig auch eine Rückzahlung aus dem steuerlichen Einlagekonto dar, so dass sich diese zweite und die dritte Alternative des § 22 I 6 Nr. 3 insoweit decken.

Für den Fall der Herabsetzung des Nennkapitals ist durch das SEStEG in § 28 II KStG **179** eine detaillierte Regelung aufgenommen worden, wie dieser Vorgang steuerlich zu erfassen ist. Hiernach wird zunächst ein etwaig vorhandener Sonderausweis zum Schluss des vorangegangenen Wirtschaftsjahres gemindert. Insoweit handelt es sich um eine Gewinnverwendung und nicht um eine Kapitalrückzahlung (§ 28 II 2 KStG). Übersteigt der Betrag der Nennkapitalherabsetzung einen etwaigen Sonderausweis, so wird der übersteigende Betrag zunächst dem steuerlichen Einlagekonto gutgeschrieben. Die Rückzahlung dieses Betrags ist dann wieder vom steuerlichen Einlagekonto abzuziehen. Hier ist also gesetzlich klargestellt, dass es auch im Fall einer Nennkapitalherabsetzung zu einer Verwendung des steuerlichen Einlagekontos kommt. Die Herabsetzung von Nennkapital ist außerdem seit der Neufassung des § 27 I 3 iVm § 28 II 2 KStG durch das SEStEG der einzige noch mögliche Fall, in dem es zu einem Direktzugriff auf das steuerliche Einlagekonto kommen kann. Die Rechtsprechung des BFH (Urteil v. 14.10.1992 – I R 1/91, BStBl. II 1993, 189, sowie v. 27.4.2000 – I R 58/99, BStBl. II 2001, 168), wonach es auch in den Fällen einer Rückzahlung der Kapitalrücklage zu einem solchen Direktzugriff kommen konnte, ist durch entsprechende Gesetzesänderung überholt. § 27 I 3 KStG regelt vielmehr unzweifelhaft, dass die übliche Verwendungsreihenfolge einzuhalten ist und eine Verwendung des steuerlichen Einlagekontos nur in Betracht kommt, soweit die Rückzahlung den zum Schluss des vorangegangenen Wirtschaftsjahrs ermittelten ausschüttbaren Gewinn übersteigt. Auf die handelsrechtliche Qualifikation der Rückzahlung kommt es ausdrücklich nicht an. Damit wird in Bezug auf die zweite Alternative des § 22 I 6 Nr. 3 deutlich, dass sich der Tatbestand „Kapitalherabsetzung" – zumindest soweit es sich um eine Herabsetzung des Nennkapitals handelt – in reinen Inlandsfällen inhaltlich überschneidet mit dem in der dritten Alternative geregelten Tatbestand der „Ausschüttung oder Rückzahlung des steuerlichen Einlagekontos". Allerdings ist in diesem Zusammenhang auch zu beachten, dass das steuerliche Einlagekonto nach dem durch das SEStEG geänderten § 27 V KStG nur insoweit als verwendet gilt, wie dies von der Gesellschaft bescheinigt wurde. Liegt keine Bescheinigung vor, gilt der Betrag der Verwendung des steuerlichen Einlagekontos als mit 0 bescheinigt und es ist ausschließlich der Tatbestand der „Kapitalherabsetzung“ einschlägig.

180 Ein ausschließlicher Fall des Tatbestands der „Kapitalherabsetzung“ ist außerdem in den Fällen gegeben, in denen der übernehmende Rechtsträger einer Einbringung eine in einem anderen EU-Mitgliedstaat ansässige KapGes war. Ausländische KapGes verfügen regelmäßig über kein steuerliches Einlagekonto. Ein solches ist vielmehr nach § 27 VIII KStG erst auf Antrag festzustellen. Wird auf diesen Antrag verzichtet und kehrt eine solche ausländische KapGes ihr Stamm-/Grundkapital an die Gesellschafter aus, so ist hierdurch für den Einbringenden nach § 22 I 6 Nr. 3 der Realisationstatbestand erfüllt, auch ohne dass es gleichzeitig zu einer Verwendung eines steuerlichen Einlagekontos kommt.

181 Aufgrund des Erfordernisses der Einhaltung der Verwendungsreihenfolge des § 27 I KStG kommt es häufig zu einer Aufteilung des Auszahlungsbetrages in eine Gewinnausschüttung und (in Höhe des übersteigenden Betrages) in eine Rückzahlung des steuerlichen Einlagekontos. Es ist davon auszugehen, dass der Ersatzrealisationstatbestand des § 22 I 6 Nr. 3 nur insoweit als erfüllt anzusehen ist, wie die handelsrechtliche Kapitalrückzahlung auch steuerlich als Kapitalrückzahlung und nicht als Gewinnausschüttung anzusehen ist (s. hierzu auch Rn. 170). Damit ist dann aber auch dieser Tatbestand in reinen Inlandsfällen identisch mit der dritten Alternative der Rückzahlung aus dem steuerlichen Einlagekonto.

182 Auch bei dem Tatbestandsmerkmal der Kapitalherabsetzung stellt sich die Frage, ob zur Bestimmung des Zeitpunktes und damit des auslösenden Moments für die rückwirkende Besteuerung des Einbringungsgewinns I auf die zu § 17 IV EStG entwickelten Grundsätze zurückgegriffen werden kann (vgl. hierzu auch Rn. 175 f.) oder ob eine eigenständige Zeitpunktbestimmung erforderlich ist. ME sollte auch hier die zu § 17 IV bzw. § 20 I EStG bestehende Rechtsauffassung gelten, wonach auf den Zeitpunkt der Eintragung der Kapitalherabsetzung in das Handelsregister oder die vorherige Auskehrung des Vermögens abzustellen ist (BFH v. 6.4.1976 – VIII R 72/70, BStBl. II 1975, 341). Der Herabsetzungsbeschluss als solcher dürfte noch keine rückwirkende Besteuerung des Einbringungsgewinns auslösen, denn der Gesetzeswortlaut fordert zur Realisierung dieses Tatbestandsmerkmals nicht nur die Kapitalherabsetzung, sondern auch die Rückzahlung an die Anteilseigner. Nur in Höhe der tatsächlich abfließenden Rückzahlung wird somit anteilig eine rückwirkende Besteuerung des Einbringungsgewinns I ausgelöst.

183 Im Gegensatz zu der ersten Alternative der Liquidation einer Gesellschaft kommt es bei einer Kapitalherabsetzung nicht zu einer vollständigen Rückzahlung des Gesellschaftsvermögens. Das Gesetz ordnet im Fall einer Kapitalherabsetzung eine entsprechende Anwendung der Sätze 1–5 des § 22 I an. Da hier grundsätzlich eine rückwirkende Besteuerung der Einbringung immer nur insoweit eintritt, wie es tatsächlich zu einer Anteilsveräußerung innerhalb der 7-Jahres-Frist kommt, ist davon auszugehen, dass es im Rahmen der zweiten Alternative von § 22 I 6 Nr. 3 auch nur anteilig zu einer rückwirkenden Nachversteuerung kommt. Bezüglich der Berechnung kann auf die Ausführungen in Rn. 194 zur Verwendung des steuerlichen Einlagekontos verwiesen werden.

184 **cc) Rückzahlung von Beträgen aus dem steuerlichen Einlagekonto (§ 22 I 6 Nr. 3).** Schließlich definiert § 22 I 6 Nr. 3 auch die Auszahlung von Beträgen aus dem steuerlichen Einlagekonto iSd § 27 KStG als Ersatzrealisationstatbestand. Diese Vorschrift erfasst alle Leistungen einer KapGes an ihre Gesellschafter, die den zum Schluss des vorangegangenen Wirtschaftsjahres ermittelten ausschüttbaren Gewinn übersteigen, sofern ein positiver Bestand des steuerlichen Einlagekontos festgestellt ist (§ 27 I KStG) und die Verwendung entsprechend bescheinigt wurde (§ 27 V KStG). In der Literatur wird vielfach erwähnt, dass jede verdeckte Gewinnausschüttung ungewollt zu einer Verwendung des steuerlichen Einlagekontos und damit zu einer Erfüllung des Ersatzrealisationstatbestandes führen kann. In diesem Zusammenhang ist allerdings zu beachten, dass das steuerliche Einlagekonto nur insoweit verwendet werden kann, wie dies auch der Höhe nach ent-

sprechend bescheinigt wird. Liegt keine Bescheinigung vor (dies ist bei vGA meistens der Fall), so gilt der Betrag der Einlagenrückgewähr als mit 0 € bescheinigt (§ 27 V 2 KStG) und der Ersatzrealisationstatbestand der „Rückzahlung von Beträgen aus dem steuerlichen Einlagekonto" ist insoweit nicht erfüllt. Zur Vermeidung der Entstehung eines anteiligen Einbringungsgewinns I kann daher überlegt werden, in bestimmten Fällen auf die Ausstellung einer Bescheinigung über die Verwendung des steuerlichen Einlagekontos einfach zu verzichten. Als Konsequenz wäre die vGA dann allerdings als Dividende nach den üblichen Regelungen zu versteuern (§ 3 Nr. 40 EStG, § 8b I KStG). Ein solches Vorgehen sollte daher nur mit vorheriger Zustimmung der Gesellschafter erfolgen, denn grds. haben diese einen schuldrechtlichen Anspruch auf Ausstellung einer korrekten Bescheinigung, den sie ggf. auch einklagen können (vgl. *Antweiler* in Ernst & Young § 27 KStG Rn. 231).

Einbeziehung von sog. „Altbeständen"? Die Anwendung des Ersatzrealisationstat- **185**
bestands „Rückzahlung aus dem steuerlichen Einlagekonto" ist äußerst streitig. Es werden in der Literatur verschiedene Auffassungen darüber vertreten, welche Bestände des steuerlichen Einlagekontos in die Regelung einzubeziehen sind, ob diese mit den Buchwerten bzw. Anschaffungskosten der Anteile zu verrechnen sind und wenn ja, wie diese Verrechnung zu erfolgen hat.

Die unterschiedlichen Auffassungen sollen an folgendem Beispiel erläutert werden: **186**

Beispiel: Die A-GmbH wird im Jahr 00 von A gegründet. Das Stammkapital beträgt 100.000 €, außerdem hat A anlässlich der Gründung eine Kapitalrücklage von 900.000 € eingezahlt. Diese 900.000 € bilden den Bestand des steuerlichen Einlagekontos.

Im Jahr 02 tritt B als neuer Gesellschafter in die A-GmbH ein, indem er sein Einzelunternehmen zu Buchwerten einbringt.

Buchwert des übergehenden Vermögens	1 Mio. €
gemeiner Wert des übergehenden Vermögens	8 Mio. €
Einbringungsgewinn I	7 Mio. €

Das Stammkapital wird um 100.000 € auf 200.000 € erhöht. Der übersteigende Betrag von 900.000 € wird in die Kapitalrücklage eingestellt und erhöht entsprechend das steuerliche Einlagekonto auf 1.800.000 €. Nach der Einbringung hält A somit 10 % an der A-GmbH und B hält 90 %. Das Umtauschverhältnis war angemessen. Es ist anlässlich der Einbringung also nicht zu einer Mitverstrickung der Anteile des A nach § 22 VII gekommen.

Im Jahr 06 beschließen die beiden Gesellschafter eine teilweise Rückzahlung der Kapitalrücklage iHv 1.500.000 €. Insoweit handelt es sich auch gleichzeitig um eine Minderung des steuerlichen Einlagekontos auf 300.000 €. Die Auszahlung erfolgt noch im Jahr 06. Von dem Betrag fließen 90 % (1.350.000) € an B und 10 % (150.000 €) an A. Ein ausschüttbarer Gewinn war bei der Gesellschaft zu diesem Zeitpunkt nicht vorhanden.

Alternative 1: Einbeziehung des gesamten steuerlichen Einlagekontos und Ver- **187
rechnung mit dem Buchwert der sperrfristbehafteten Anteile. Nach Auffassung der FinVerw (UmwStE Rn. 22.24) sind sämtliche Bestände des steuerlichen Einlagekontos in den Anwendungsbereich des § 22 I 6 Nr. 3 einzubeziehen, unabhängig davon, ob diese bereits vor der Einbringung bestanden haben oder erst durch die Einbringung entstanden oder sogar erst nach der Einbringung geschaffen worden sind. Allerdings ist nach dieser Auffassung nicht jede Verwendung des steuerlichen Einlagekontos schädlich. Vielmehr soll der Ersatzrealisationstatbestand des § 22 I 6 Nr. 3 erst dann und insoweit erfüllt sein, wie die Auszahlungen aus dem steuerlichen Einlagekonto den Buchwert bzw. die Anschaffungskosten der sperrfristbehafteten Anteile übersteigen. Diese Auslegung entspricht der Regelung in § 17 IV EStG und in § 21 II 1 Nr. 3 UmwStG aF (Besteuerung einbringungsgeborener Anteile alten Rechts). Ein sich so möglicherweise ergebender steuerpflichtiger Betrag ist der Höhe nach gedeckelt auf den Betrag des Einbringungsgewinns I gemindert um 1/7 für jedes seit der Einbringung bereits abgelaufene Zeitjahr. Sind bei den Gesellschaftern sowohl sperrfristbehaftete als auch nicht sperrfristbehaftete Anteile vorhanden, soll eine Aufteilung der Ausschüttungen aus dem steuerlichen Einlagekonto nach dem Verhältnis der Nennwerte auf die verschieden zu qualifizierenden Anteile erfolgen (vgl. Beispiel in UmwStE Rn. 22.24 sowie *Pung* GmbHR 2012, 158 (163)). Findet in

mehreren Veranlagungszeiträumen eine schädliche Verwendung des steuerlichen Einlagekontos in dem hier beschriebenen Sinn statt, die den jeweiligen Buchwert der Beteiligung übersteigt, so kommt es jeweils anteilig zu einer entsprechenden rückwirkenden Realisierung des Einbringungsgewinns I, bis entweder der gesamte Einbringungsgewinn I (rechnerisch jeweils gemindert um 1/7 für jedes abgelaufene Jahr) versteuert wurde oder die 7-jährige Sperrfrist abgelaufen ist (vgl. UmwStE Rn. 22.24).

Lösung des Beispiels:

Auszahlung aus dem steuerlichen Einlagekonto	1.500.000 €
davon entfällt auf den Einbringenden 90 %	1.350.000 €
Verrechnung mit den Anschaffungskosten der Anteile des B	1.000.000 €
übersteigender Betrag	350.000 €

Nach dieser Auffassung ist ein Betrag von 350.000 € steuerpflichtig, denn der Einbringungsgewinn I von 7 Mio. € × 4/7 = 4 Mio. € wird nicht überschritten.

Zu beachten ist, dass die FinVerw in UmwStE Rn. 22.24 keine weiteren Aussagen dazu getroffen hat, mit welchen Anschaffungskosten die Ausschüttungen aus dem steuerlichen Einlagekonto zu verrechnen sind. Diese Frage wird insbesondere dann interessant, wenn es in verschiedenen Jahren innerhalb der Sperrfrist immer wieder zu einer Verwendung des steuerlichen Einlagekontos kommt und zwischenzeitlich weitere Einlagen getätigt worden sind, die sowohl zu nachträglichen Anschaffungskosten der Beteiligung als auch zu einer Erhöhung des steuerlichen Einlagekontos geführt haben. Nach *Kaeser* (DStR 2012, Beihefter zu Heft 2, 13 (17)) soll der Beteiligungsbuchwert nur insoweit relevant sein, wie dieser aus der Einbringung resultiert. Diese Interpretation kann mE jedoch aus UmwStE Rn. 22.24 nicht herausgelesen werden. Die FinVerw stellt hier vielmehr auf den Buchwert bzw. die AK der sperrfristbehafteten Anteile „im Zeitpunkt der Einlagenrückgewähr" ab. Diese Formulierung eröffnet damit die Möglichkeit, dass im Verlauf der Sperrfrist weiteres Verrechnungspotenzial durch Einlagen geschaffen werden kann.

188 **Alternative 2: Einbeziehung nur des durch die Einbringung geschaffenen Bestands des steuerlichen Einlagekontos und Verrechnung mit dem Buchwert/den Anschaffungskosten der Anteile.** Die Auffassung der FinVerw (s. Alternative 1) ist insbesondere hinsichtlich der Einbeziehung der sog. „Altbestände" des steuerlichen Einlagekontos zu kritisieren. Es ist nicht verständlich, warum die Verwendung von Beständen, die bereits vor der Einbringung bestanden haben und demgemäß auf nicht sperrfristbehaftete Altanteile „entfallen" von der Vorschrift mit umfasst werden sollen. So plädiert die hM dafür, diese Altbestände des steuerlichen Einlagekontos nicht zu erfassen, sondern eine Aufteilung in zwei verschiedene „Töpfe" vorzunehmen (vgl. *Förster/Wendland* BB 2007, 631 (637 f.); *Rödder/Stangl* Ubg 2008, 39 (42); *Graw* Ubg 2011, 603 (607); *Nitzschke* in Blümich § 22 UmwStG Rn. 65d; *Stangl* in R/H/vL § 22, Rn. 113a; *Widmann* in W/M § 22 UmwStG (SEStEG) Rn. 65; *Patt* in D/P/M § 22, Rn. 48b/c). Unter den Vertretern dieser Auffassung ist allerdings wiederum streitig, ob über diese „Töpfe" auch noch in einer bestimmten Reihenfolge verfügt werden kann. So plädieren *Förster/Wendland* (BB 2007, 631 Fn. 61; glA *Rödder/Stangl* Ubg 2008, 39 (42); *Widmann* in W/M § 22 Rn. 64 Lösung 4.2)) dafür, dass Leistungen immer zunächst aus solchen Beständen des steuerlichen Einlagekontos gespeist werden, die nicht aus der Einbringung stammen. Folgt man allerdings dieser Meinung, müsste auch noch innerhalb des steuerlichen Einlagekontos eine Art Verwendungsreihenfolge festgelegt werden, die dahin geht, dass immer die ältesten Bestände zuerst verbraucht werden. Demgegenüber befürwortet *Patt* in D/P/M § 22, Rn. 48b/c zwar auch eine Einteilung des steuerlichen Einlagekontos in verschiedene „Töpfe", je nachdem, ob die betreffenden Bestände zum Einbringungszeitpunkt bereits bestanden oder ob sie durch die Einbringung geschaffen wurden; im Fall einer Verwendung sollen dann aber immer alle vorhandenen „Töpfe" gleichmäßig anteilig verbraucht werden (glA *Oesterwinter/Pellmann* BB 2008, 2769 (2770); *Graw* Ubg 2011, 603 (607)). Soweit es hiernach zu einer Verwendung von Beständen des steuerlichen Einlagekontos

kommt, die durch die Einbringung gebildet worden sind, sind diese zu verrechnen mit den Anschaffungskosten/dem Buchwert der sperrfristbehafteten Anteile (*Graw* Ubg 2011, 603 (608); *Rödder/Stangl* Ubg 2008, 39 (41 f.)). Fraglich ist allerdings, ob hier dann der gesamte Buchwert der Beteiligung für eine Verrechnung zur Verfügung steht oder ob der verrechenbare Buchwert – entsprechend der Aufteilung des steuerlichen Einlagekontos – zu begrenzen ist auf den Betrag, der anlässlich der Einbringung entstanden ist (*Stangl* in R/H/vL § 22 Rn. 115b). Letzteres erschiene dann wohl sachgerecht. Etwaige sich hiernach ergebende steuerpflichtige Beträge sind wiederum der Höhe nach gedeckelt auf den Betrag des Einbringungsgewinns I gemäß § 22 I 3, gemindert um 1/7 für jedes seit der Einbringung abgelaufene Zeitjahr.

Lösung des Beispiels: Die Kapitalrücklage von insgesamt 1.800.000 € wurde zu 50% (900.000 €) anlässlich der Einbringung geschaffen, die andere Hälfte bestand schon vorher. Die Kapitalrückzahlung ist somit bei einer gleichmäßigen Verwendung beider „Töpfe" des steuerlichen Einlagekontos jeweils zur Hälfte aus den beiden verschiedenen Beständen zu finanzieren.

Rückzahlungsbetrag	1.500.000 €
davon entfällt auf den durch die Einbringung geschaffenen Bestand	750.000 €
davon entfallen auf B 90%	675.000 €
Verrechnung mit dem Buchwert der Anteile	1.000.000 €
„verbleibender" Buchwert der Anteile	325.000 €

Nach dieser Variante ist kein steuerpflichtiger Betrag entstanden, da der durch die Einbringung entstandene und mit der Ausschüttung verwendete Teil des steuerlichen Einlagekontos den Buchwert der sperrfristbehafteten Anteile nicht übersteigt.

Widmann (in W/M § 22 Rn. 67) vertritt die Auffassung, dass die Gesellschafter, wenn sie mehrere Anteile halten, von denen ein Teil sperrfristbehaftet ist und ein Teil nicht, in dem Ausschüttungsbeschluss festlegen können, auf welche Anteile die Ausschüttung entfällt, sodass vermieden werden kann, dass es in Bezug auf die sperrfristbehafteten Anteile zu einer Erfüllung der Voraussetzungen des § 22 I 6 Nr. 3 kommt. Diese Möglichkeit besteht hingegen nicht, wenn nur ein einziger Anteil besteht, der lediglich quotal sperrfristbehaftet ist.

Alternative 3: Einbeziehung nur des durch die Einbringung geschaffenen Bestands des steuerlichen Einlagekontos, allerdings ohne Verrechnung mit dem Buchwert/den Anschaffungskosten der Anteile. Auch *Patt* (in D/P/M § 22 Rn. 48) vertritt die Auffassung, dass die vor der Einbringung und durch die Einbringung geschaffenen Teile des steuerlichen Einlagekontos voneinander zu trennen sind und nur die Verwendung des durch die Einbringung geschaffenen Teils einen schädlichen Tatbestand auslösen kann. Nach Auffassung von *Patt* ist die von der FinVerw eingeräumte Möglichkeit einer Verrechnung der aus dem steuerlichen Einlagekonto stammenden Ausschüttungen mit dem Buchwert der Beteiligung allerdings nicht mit dem Wortlaut des Gesetzes vereinbar. Sie stellt vielmehr eine – der massiven Kritik in der Literatur Rechnung tragende – Billigkeitsregelung dar. Nach Auffassung von *Patt* löst vielmehr jede Verwendung des Teils des steuerlichen Einlagekontos, der durch die Einbringung geschaffen wurde, einen (anteiligen) zu versteuernden Einbringungsgewinn I aus, wobei jede Verwendung des steuerlichen Einlagekontos anteilig aus jedem der beiden „Töpfe" zu finanzieren ist (glA *Widmann* W/M § 22 Rn. 65; *Graw* Ubg 2009, 691 (693)). Der steuerpflichtige Betrag soll ermittelt werden im Verhältnis der schädlichen Verwendung des steuerlichen Einlagekontos zum gemeinen Wert der sperrfristbehafteten Anteile, gemindert um 1/7 für jedes abgelaufene Zeitjahr. 189

Lösung des Beispiels: Der Rückzahlungsbetrag an B beläuft sich auf 1.350.000 €. Der gemeine Wert der erhaltenen Anteile betrug zum Zeitpunkt der Einbringung 8 Mio. €. Hieraus ergibt sich eine steuerpflichtige Quote von 16,875%.

Einbringungsgewinn I	7.000.000 €
steuerpflichtiger Anteil 16,875%	1.181.250 €
nach Ablauf von 3 Zeitjahren verbleiben 4/7	675.000 €

Der rückwirkend von B zu versteuernde Betrag beläuft sich nach dieser Variante somit auf 675.000 €.

190 **Organschaft.** Als besonders problematisch kann sich der Ersatzrealisationstatbestand „Verwendung des steuerlichen Einlagekontos" in Fällen der Organschaft darstellen. Der Grund hierfür liegt in der Tatsache, dass es in Organschaftsfällen bei bestimmten Sachverhalten zu einer Verrechnung bestimmter Beträge mit dem steuerlichen Einlagekonto kommt, die als „Verwendung" iSd § 22 I 6 Nr. 3 interpretiert werden können. Gemäß § 27 VI KStG führen sämtliche sog. Mehrabführungen, deren Ursache in organschaftlicher Zeit liegt, zu einer Minderung des steuerlichen Einlagekontos der Organgesellschaft. Eine sog. Mehrabführung liegt vor, wenn der tatsächlich abgeführte Gewinn höher ist als das dem Organträger von der Organgesellschaft zuzurechnende Einkommen. Die Gründe für solche Mehrabführungen können verschiedene sein. Das BMF-Schreiben v. 26.8.2003 (BStBl. I 2003, 437) nennt folgende Ursachen:

- Auflösung von in Vorjahren nach § 14 I Nr. 4 KStG gebildeten Gewinnrücklagen der Organgesellschaft,
- von der Handelsbilanz abweichende Bewertung von Aktiv- oder Passivposten in der Steuerbilanz.

So ergeben sich beispielsweise permanent Mehrabführungen, wenn die Organgesellschaft handelsrechtlich höhere Zuführungen zur Pensionsrückstellung tätigt als steuerlich. *Rödder/Stangl* (Ubg 2008, 39 (41)) plädieren dafür, die gesetzliche Anweisung des § 27 VI KStG nicht im Sinne einer tatsächlichen „Verwendung" des steuerlichen Einlagekontos iSd § 22 I 6 Nr. 3 zu interpretieren, sondern im Sinne einer bloßen „Verrechnungsvorgabe", die den Tatbestand des § 22 I 6 Nr. 3 eben nicht erfüllt. Diese Auslegung würde das Problem in der Tat lösen und ist systematisch auch begründbar. Die FinVerw hat sich in UmwStE Rn. 22.24 dieser Auffassung allerdings nicht angeschlossen. Daher ist davon auszugehen, dass jede Übertragung von Vermögen im Wege der Einbringung auf eine Organgesellschaft oder die Begründung einer Organschaft direkt im Anschluss an eine Einbringung der Gefahr ausgesetzt sind, dass jede Mehrabführung innerhalb der 7-Jahres-Frist als schädlicher Vorgang angesehen wird, der zu einer anteiligen rückwirkenden Besteuerung des Einbringungsgewinns führt. Allerdings ist bei der Berechnung, ob die Ausschüttungen aus dem steuerlichen Einlagekonto den Buchwert der Anteile übersteigen, eine Korrektur um aktive und passive Ausgleichsposten iSd § 14 IV KStG vorzunehmen.

191 *(einstweilen frei)*

192 **Auskehrung an den Einbringenden.** Nach dem Wortlaut des § 22 I 6 Nr. 3 führt jede Auszahlung aus dem steuerlichen Einlagekonto zu einer rückwirkenden Besteuerung des Einbringungsgewinns I. Richtigerweise ist diese Vorschrift wohl reduzierend dahingehend auszulegen, dass dies nur insoweit der Fall sein kann, wie die Rückzahlung innerhalb der 7-Jahres-Frist auch tatsächlich an den Einbringenden, dessen Rechtsnachfolger oder einen Dritten mit mitverstrickten Anteilen nach § 22 VII fließt (glA *Patt* in D/P/M § 22 Rn. 46; *Stangl* in R/H/vL § 22 Rn. 113), denn nur insoweit kann es zu einer Verrechnung mit dem Buchwert der erhaltenen Anteile kommen (so wohl auch die FinVerw in UmwStE Rn. 22.24). Das ist zB dann zu berücksichtigen, wenn die Beteiligung am Gewinn und Liquidationserlös der Gesellschaft von den Kapitalverhältnissen abweicht.

193 Wird der Tatbestand der Verwendung des steuerlichen Einlagekontos hingegen durch eine Auszahlung realisiert, die ausschließlich anderen Gesellschaftern zugute kommt, nicht jedoch dem Einbringenden, so dürfte dies ebenfalls keine rückwirkende Besteuerung bei dem Einbringenden auslösen. Diese Auslegung folgt einer „entsprechenden Anwendung" der Sätze 1–5 des § 22 I, denn regelmäßig kommt es ja auch dann nicht zu einer rückwirkenden Besteuerung, wenn ein anderer Gesellschafter, der keine erhaltenen Anteile iSd § 22 I besitzt, seine Anteile veräußert.

Soweit möglich, sollte das Problem einer Verwendung des steuerlichen Einlagekontos gänzlich vermieden werden. Dies kann entweder dadurch geschehen, dass anlässlich der Einbringung eine Einstellung von Beträgen in die Kapitalrücklage vermieden wird und stattdessen eine Forderung als sonstige Gegenleistung gewährt wird. Sollte dies aufgrund der Auswirkungen auf die Beteiligungsquoten nicht gewünscht sein, sollte innerhalb der Sperrfrist darauf geachtet werden, dass immer genügend ausschüttbarer Gewinn vorhanden ist, um etwaige offene oder verdeckte Gewinnausschüttungen zu finanzieren. Das oben dargestellte Problem der Mehrabführungen im Rahmen einer Organschaft kann eine solche Vorsichtsmaßnahme aber naturgemäß nicht verhindern. 194

d) Ketteneinbringung mit anschließender schädlicher Verfügung über die übertragenen Anteile (§ 22 I 6 Nr. 4)

Nach § 22 I 6 Nr 4 ist es schädlich, wenn der Einbringende die erhaltenen Anteile durch einen Vorgang iSd § 21 I oder einen Vorgang iSd § 20 I oder aufgrund vergleichbarer ausländischer Vorgänge zum Buchwert in eine KapGes oder Genossenschaft eingebracht hat und diese Anteile anschließend unmittelbar oder mittelbar veräußert oder durch einen Vorgang iSd Nrn. 1 oder 2 unmittelbar oder mittelbar übertragen werden, es sei denn, der Einbringende weist nach, dass diese Einbringung wiederum zu Buchwerten erfolgte (sog. Ketteneinbringung). 195

Bezüglich des **Begriffs der Veräußerung** vgl. Rn. 24 sowie zum Regelungsinhalt des § 22 I 6 Nr. 2 vgl. Rn. 41. 196

§ 22 I 6 Nr. 4 soll verhindern, dass der Einbringende zur Umgehung der Tatbestände der Nrn. 1 und 2 zunächst eine weitere KapGes zwischenschaltet und seine erhaltenen Anteile in diese zu Buchwerten einbringt und diese übernehmende KapGes dann die erhaltenen Anteile veräußert oder sonstwie schädlich entgeltlich oder unentgeltlich überträgt. 197

Beispiel: A bringt seinen Betrieb (Buchwert 500, gemeiner Wert 1000) im VZ 01 zu Buchwerten gegen Gewährung von Gesellschaftsrechten nach § 20 I in die B-GmbH ein. Im VZ 02 bringt A die erhaltenen Anteile an der B-GmbH zu Buchwerten gegen Gewährung von Gesellschaftsrechten in die C-GmbH ein. Der gemeine Wert beträgt zu diesem Zeitpunkt 1100. Die C-GmbH veräußert dann ihrerseits die übernommenen Anteile an der B-GmbH im VZ 03 zum Preis von 1200.

Lösung: Die Einbringung der erhaltenen Anteile an der B-GmbH in die C-GmbH zu Buchwerten löst gem. § 22 I 6 Nr. 2 keine rückwirkende Besteuerung des Einbringungsgewinns I bei A aus. Die darauffolgende Veräußerung der Anteile an der B-GmbH durch die C-GmbH ist allerdings ein schädlicher Vorgang und erfüllt die Voraussetzungen des § 22 I 6 Nr. 4. Es kommt zu einer rückwirkenden Besteuerung der ursprünglichen Betriebseinbringung bei A. Der Einbringungsgewinn I beträgt 500. Zwischen dem Einbringungsstichtag und dem Tag der schädlichen Veräußerung sind zwei volle Zeitjahre abgelaufen. Daher ist ein Betrag iHv 5/7 x 500 = 357 nachträglich zu versteuern. Diese 357 stellen gleichzeitig gem. § 22 I 4 nachträgliche Anschaffungskosten der Anteile an der B-GmbH dar.

Sofern es sich bei dem Einbringenden um eine nicht durch § 8b II KStG begünstigte natürliche Person oder PersGes handelt, führt die Einbringung der erhaltenen Anteile zu einem Zusammenspiel von § 22 I 6 Nr. 4 und § 22 II 1. Die Einbringung der erhaltenen Anteile an der B-GmbH durch die natürliche Person A in die C-GmbH ist ein Anteilstausch gemäß § 21 I und die Veräußerung dieser Anteile durch die C-GmbH innerhalb von 7 Jahren nach diesem Anteilstausch erfüllt gleichzeitig die Voraussetzungen für eine rückwirkende Nachversteuerung des Einbringungsgewinns II. Gleichwohl gibt es keine echte Kollision zwischen diesen beiden Regelungen, denn sie wirken sich zeitlich nacheinander aus (s. BT-Drs. 16/3369, 30 zu § 22 II UmwStG; *Dötsch/Pung* DB 2006, 2763 (2771)). 198

Fortsetzung des Beispiels: Die Betriebseinbringung durch den A in die B-GmbH wird durch die rückwirkende Versteuerung des Einbringungsgewinns I nachträglich so behandelt, als hätte sie zum Zwischenwert von 857 (500 Buchwert zzgl. 357 rückwirkend versteuerter Einbringungsgewinn I) stattgefunden. Durch die rückwirkend auf den Zeitpunkt der Einbringung (VZ 01) entstehenden nachträglichen AK steigen die AK der erhaltenen Anteile an der B-GmbH, die mittlerweile (im VZ 02) von A in die C-GmbH eingebracht worden sind, von 500 auf 857 (zum Zeitpunkt der Entstehung der nachträglichen AK vgl. Rn. 138 f.). In derselben Höhe entstehen rückwirkend daher zusätzliche AK auf die Anteile des A an der C-GmbH (§ 22 I 7). Anschließend kommt es durch die Veräußerung der C-GmbH zu einer Nachversteuerung des Einbringungsgewinns II (§ 22 II 1)

gemeiner Wert zum Zeitpunkt des Anteilstauschs im VZ 02	1100 €
abzüglich Buchwert	857 €
Zwischensumme	243 €
Minderung um 1/7 für ein abgelaufenes Zeitjahr)	35 €
Einbringungsgewinn II	208 €

Auch dieser Gewinn unterliegt bei A der vollen Besteuerung. Der übersteigende Betrag von 135 (Veräußerungspreis 1200 abzüglich Anschaffungskosten 857 abzüglich des Einbringungsgewinns II iHv 208) unterliegt bei A der Besteuerung nach dem Teileinkünfteverfahren.

199 Lediglich in den Fällen, in denen die Weiterübertragung der erhaltenen Anteile nach den §§ 20, 21 oder vergleichbaren ausländischen Vorschriften zu Buchwerten erfolgt, ist dies unschädlich.

200 **Nachweis der Buchwertfortführung.** Den Nachweis, dass sämtliche zu einer Kette gehörenden Einbringungsvorgänge nach den §§ 20, 21 oder vergleichbaren ausländischen Vorschriften unter Fortführung der Buchwerte erfolgt sind, hat nach dem Wortlaut der Vorschrift „der Einbringende" zu erbringen. Gemeint ist hiermit der übertragende Rechtsträger der ersten Einbringung oder sein Rechtsnachfolger (UmwStE Rn. 22.25). Diese Nachweispflicht kann der Einbringende aber nur erbringen, wenn er sich bei der ersten Einbringung eine vertragliche Informationspflicht der Übernehmerin für die Fälle der Weitereinbringung gesichert hat. Außerdem muss er die Übernehmerin verpflichten, diese Pflicht bei einer Weitereinbringung auch der Übernehmerin dieser Folgeeinbringung aufzuerlegen (*Stangl* in R/H/vL § 22 Rn. 121). Zum Nachweis der Buchwertfortführung bei grenzüberschreitenden oder ausländischen Folgeeinbringungen vgl. Rn. 168.

201 Zum jährlichen Nachweis, dass die Anteile von der jeweiligen Übernehmerin noch gehalten werden, vgl. Rn. 276.

202 Der Regelung des § 22 I 6 Nr. 4 ist nicht zu entnehmen, welcher Rechtsträger den schädlichen Tatbestand auslösen kann. Nach hM (vgl. zB *Kessler* Ubg 2011, 34 (37); *Stangl* in R/H/vL § 22 Rn. 119) kann dies nur der Einbringende selbst oder eine ihm nachgeordnete KapGes sein, die im Rahmen einer Ketteneinbringung die erhaltenen Anteile zu Buchwerten übernommen hat. Demgegenüber kann ein in der Beteiligungskette über dem Einbringenden angesiedelter Rechtsträger durch eine Veräußerung seiner Anteile diesen Ersatzrealisationstatbestand nicht auslösen.

203 **Sperrfrist.** Die 7-jährige Sperrfrist wird durch die Weitereinbringung auf einen Rechtsnachfolger nicht unterbrochen, sondern läuft weiter. Der Ersatzrealisationstatbestand des § 22 I 6 Nr. 4 kann nur innerhalb dieser – bereits laufenden – Frist realisiert werden und hat keine „eigene" 7-jährige Sperrfrist (*Patt* in D/P/M § 22 Rn. 19b). Dass durch die Weitereinbringung der erhaltenen Anteile eine weitere Sperrrist nach § 22 II ausgelöst wurde, ist davon natürlich unberührt.

204 **Konsequenz bei Weitereinbringung zum Zwischenwert oder gemeinen Wert.** Fraglich ist, welche Konsequenz sich ergibt, wenn eine Weitereinbringung innerhalb der Kette nicht zum Buchwert erfolgt. Wird sie zum gemeinen Wert durchgeführt, ist dies unzweifelhaft ein schädlicher Vorgang, der in vollem Umfang zu einer rückwirkenden Besteuerung des Einbringungsgewinns I führt. Fraglich ist allerdings, welche Rechtsfolge sich ergibt, wenn eine der Weitereinbringungen zum Zwischenwert erfolgt. Zunächst einmal ist klar, dass die Rückausnahme einer unschädlichen Weitereinbringung zu Buchwerten nicht greift. Der Vorgang führt also auf jeden Fall zu einer rückwirkenden Besteuerung eines Einbringungsgewinns. Das Gesetz sagt aber nicht, in welchem Umfang eine Besteuerung ausgelöst wird. Der Wortlaut des Gesetzes könnte es nahelegen, diesen Vorgang als vollumfänglich schädlich anzusehen. Allerdings könnte dieser Vorgang auch

einer teilentgeltlichen Veräußerung gleichzustellen sein, der regelmäßig aufgeteilt wird in einen unentgeltlichen und einen voll entgeltlichen Teil. Letzteres scheint systematisch richtig.

e) Ketteneinbringung mit anschließender schädlicher Verfügung über die erhaltenen Anteile (§ 22 I 6 Nr. 5)

§ 22 I 6 Nr. 5 definiert als Ersatzrealisationstatbestand, wenn der Einbringende die erhaltenen Anteile wiederum zu Buchwerten in eine andere KapGes oder Genossenschaft einbringt und dann anschließend die aus diesem Anteilstausch hervorgegangenen erhaltenen Anteile unmittelbar oder mittelbar veräußert oder durch einen Vorgang iSd Nrn. 1 oder 2 des § 22 I 6 unmittelbar oder mittelbar übertragen werden, es sei denn, er weist nach, dass die Einbringung zu Buchwerten erfolgte. 205

Beispiel: A bringt sein Einzelunternehmen im VZ 01 zu Buchwerten gegen Gewährung von Gesellschaftsrechten nach § 20 I in die B-GmbH ein. Im VZ 03 bringt er die erhaltenen Anteile an der B-GmbH in die C-GmbH ein. Noch innerhalb der ersten sieben Jahre nach der ersten Einbringung entschließt er sich, die Anteile an der C-GmbH zu veräußern.

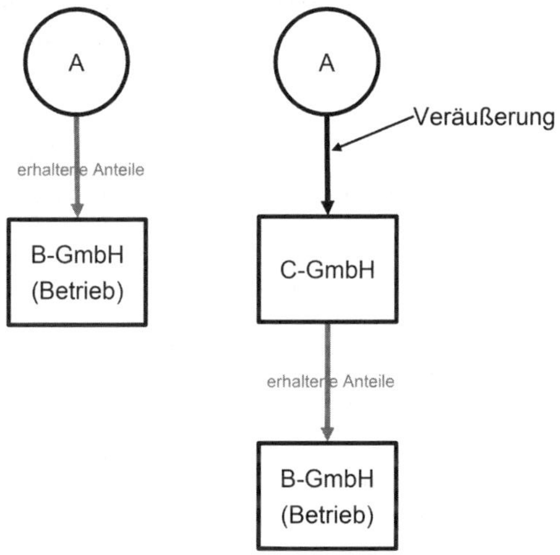

Während die Betriebseinbringung nach § 20 I und die anschließende Einbringung der erhaltenen Anteile nach § 21 I zu Buchwerten zunächst steuerneutral möglich war, erfüllt die Veräußerung der Anteile an der C-GmbH die Voraussetzungen des § 22 I 6 Nr. 5 und führt damit zu einer rückwirkenden Versteuerung des Einbringungsgewinns I.

Abwandlung des Beispiels: A veräußert nicht die Anteile an der C-GmbH, sondern bringt diese wiederum zu Buchwerten innerhalb der 7-Jahres-Frist in die D-GmbH ein.

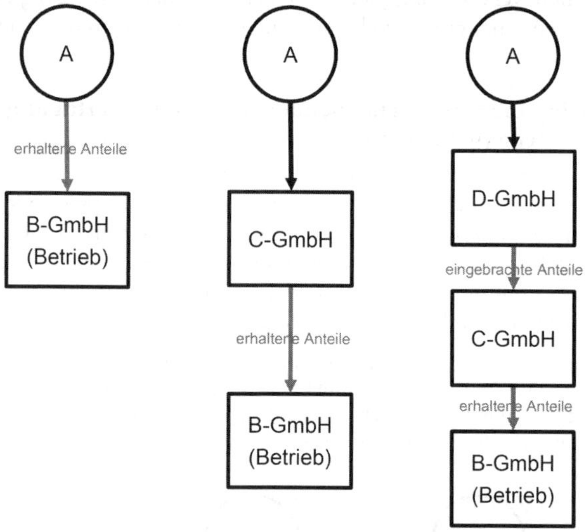

Veräußert A nun die Anteile an der D-GmbH, ist der Ersatzrealisationstatbestand des § 22 I 6 Nr. 5 erfüllt und es kommt zu einer rückwirkenden Besteuerung des Einbringungsgewinns I bezüglich der Anteile an der B-GmbH. Gleichzeitig führt eine Veräußerung auf dieser Ebene aber auch zu einer Beendigung sämtlicher Sperrfristen, die in der Beteiligungskette durch die anschließenden Beteiligungseinbringungen nach § 22 II ausgelöst worden sind (§ 22 II 4). Im konkreten Fall endet dann insbesondere die an den Anteilen an der C-GmbH haftende Sperrfrist nach § 22 II.

Der Tatbestand des § 22 I 6 Nr. 5 ist auch erfüllt, wenn nicht A die Anteile an der D-GmbH, sondern die D-GmbH die Anteile an der C-GmbH veräußert, denn in diesem Fall liegt ein Fall der mittelbaren Anteilsveräußerung vor, der ebenfalls von § 22 I 6 Nr. 5 erfasst wird.

In diesem letzteren Fall wäre allerdings gleichzeitig auch der Tatbestand des § 22 II 1 erfüllt und der Einbringungsgewinn II wäre rückwirkend zu versteuern. Beide Tatbestände schließen sich nämlich auch bei dieser Fallkonstellation nicht aus. Vielmehr ermöglicht die Rückwirkung, dass zunächst rückwirkend im Jahr der Betriebseinbringung der Einbringungsgewinn I zu versteuern ist, weil dieser zeitlich als erster entstanden ist. Danach ist unter Berücksichtigung der nachträglichen Anschaffungskosten in Höhe des Einbringungsgewinns I der Einbringungsgewinn II zu versteuern, und zwar rückwirkend im Jahr des Anteilstauschs.

206 Eine Verlängerung der Beteiligungskette durch mehrere Buchwerteinbringungen ist somit nicht geeignet, im Fall einer Anteilsveräußerung die rückwirkende Verteuerung des Einbringungsgewinns I zu vermeiden.

f) Wegfall der Ansässigkeitsvoraussetzung (§ 22 I 6 Nr. 6)

207 Nach § 22 I 6 Nr. 6 ist ein Ersatzrealisationstatbestand gegeben, wenn entweder der Einbringende oder die übernehmende Gesellschaft die Voraussetzungen des § 1 IV nicht mehr erfüllt.

208 Handelt es sich bei dem Einbringenden ebenso wie bei der Übernehmerin um eine KapGes, sind die Voraussetzungen des § 1 IV erfüllt, wenn die Gesellschaft ihren Sitz oder den Ort ihrer Geschäftsleitung innerhalb der EU/EWR hat. Handelt es sich um eine natürliche Person, so ist nach § 1 IV iVm § 1 II 2 Voraussetzung, dass sie ihren Wohnsitz oder gewöhnlichen Aufenthaltsort innerhalb des Hoheitsgebiets eines EU-/EWR-Staates hat. Nur wenn dies nicht mehr erfüllt ist, führt dies zu einer rückwirkenden Besteuerung des Einbringungsgewinns I.

209 **aa) Wegzug einer KapGes als Einbringender.** Die Sitzverlegung oder die Verlegung des Ortes der Geschäftsleitung einer deutschen KapGes in einen anderen EU-/EWR-Staat ist nach § 22 I 6 Nr. 6 unschädlich. Lediglich die Verlegung des Sitzes oder des Ortes der Geschäftsleitung in einen Nicht-EU-Staat löst diesen Tatbestand aus.

Fraglich ist jedoch, ob unter Berücksichtigung des § 12 I KStG im Fall des Wegzugs einer KapGes auch innerhalb der EU nicht der Grundtatbestand des § 22 I 1 erfüllt ist, wenn Deutschland bezüglich der erhaltenen Anteile das Besteuerungsrecht verliert, denn § 12 I KStG fingiert für diesen Fall eine Veräußerung. Hiervon ist jedoch nicht auszugehen. § 22 I 6 Nr. 6 ist diesbezüglich lex specialis (ebenso *Benz/Rosenberg* in Blumenberg/Schäfer S 185; *Stangl* in R/H/vL § 22 Rn. 41; *Benecke* in D/P/M § 12 KStG Rn. 362; im Ergebnis glA *Widmann* in W/M § 22 Rn. 35; aA *Pung* GmbHR 2012, 158 (161); *Patt* in D/P/M § 22 Rn. 28; sowie FinVerw zu § 6 Abs. 5 EStG BMF v. 8.12.2011, BStBl. I 2011, 1279, Rn. 23). *Patt* (a. a. O.) argumentiert, dass insbesondere der Umstand, dass die Reichweite der Veräußerungsfiktion des § 12 I KStG nicht auf diese Norm beschränkt ist, sondern auch für § 8b II KStG gilt und gerade die Inanspruchnahme dieser Steuerfreistellung bei Realisation der stillen Reserven der ansonsten– ohne die vorherige Einbringung – voll steuerpflichtigen Realisation der in den eingebrachten WG ruhenden stillen Reserven, für eine Ausstrahlung der Veräußerungsfiktion des § 12 I KStG auch auf § 22 spricht. Diese Argumentation ist m. E. jedoch nicht zwingend. § 22 ist eine typisierende Missbrauchsvorschrift und sollte daher in ihrem Anwendungsbereich auf Missbrauchsfälle beschränkt bleiben. Ein Missbrauch ist aber nur zu befürchten, wenn der Steuerpflichtige eine tatsächliche Veräußerung an einen Dritten realisiert, die bei ihm auch zu einer „echten“ Vermögensmehrung durch Vergütung der stillen Reserven führt, und deren Steuerlast zu senken durch eine Nutzung des § 8b II KStG angestrebt wird. Die Realisation stiller Reserven durch Wegzug nach § 12 I KStG ist demgegenüber eine steuertechnische Regelung zur Sicherstellung des deutschen Besteuerungsrechts, welches bezüglich der Anteile – zumindest im DBA-Fall – mit dem Wegzug endet. Dieses Argument zieht aber nicht in Bezug auf das Besteuerungsrecht des Einbringungsgewinns I, denn dieses bleibt durch die Rückwirkung erhalten. Vielmehr bringt der Gesetzgeber in § 22 I 6 Nr. 6 als lex specialis zum Ausdruck, dass ein Wegzug des Einbringenden innerhalb der EU – solange also die Voraussetzungen des § 1 IV erfüllt sind – keine Einbringungsgewinnbesteuerung auslösen soll. Eine Ausdehnung der Veräußerungsfiktion des § 12 I KStG auf § 22 I 6 Nr. 6 ist daher abzulehnen. Vielmehr bedarf es eines tatsächlichen Veräußerungsvorgangs.

Verlegt also eine KapGes, zu deren Betriebsvermögen erhaltene Anteile nach § 22 I gehören, ihren Sitz und den Ort ihrer Geschäftsleitung in ein anderes europäisches Land, so wird bzgl. der erhaltenen Anteile nach § 12 I KStG eine Veräußerung unterstellt, ohne dass dies zunächst eine rückwirkende Versteuerung des Einbringungsgewinns I auslöst. Vielmehr unterliegt der gesamte Differenzbetrag zwischen dem Buchwert und dem gemeinen Wert der erhaltenen Anteile nach § 12 I iVm § 8b II, III KStG der regulären Versteuerung. Erst wenn die nunmehr im EU-Ausland ansässige KapGes innerhalb der 7-Jahres-Frist die erhaltenen Anteile veräußert oder den Nachweis nach § 22 III nicht mehr erbringt, löst dies eine rückwirkende Besteuerung des Einbringungsgewinns I aus. In derselben Höhe entstehen rückwirkend nachträgliche Anschaffungskosten für die erhaltenen Anteile, was wiederum dazu führt, dass sich rückwirkend der zwischenzeitlich versteuerte fiktive Veräußerungsgewinn nach § 12 I iVm § 8b II, III KStG entsprechend vermindert. Zur rückwirkenden Entstehung der nachträglichen AK vgl. auch Rn. 141 ff.

bb) Wegzug einer natürlichen Person als Einbringender. Zieht eine natürliche Person aus Deutschland in einen anderen EU-Mitgliedstaat und nimmt die erhaltenen Anteile mit, ist § 6 AStG anwendbar. Diese Vorschrift ordnet zwar die Anwendung des § 17 EStG im Zeitpunkt des Wegzugs an, stellt aber gleichzeitig in Satz 3 klar, dass die Vorschriften des UmwStG unberührt bleiben. Daher ist auch in diesen Fällen davon auszugehen, dass ein Wegzug innerhalb der EU eine rückwirkende Besteuerung des Einbringungsgewinns I nicht auslöst. **210**

Fraglich ist, ob § 22 I 6 Nr. 6 ein ungeschriebenes Tatbestandsmerkmal enthält, dass der Einbringende auch noch im Besitz der erhaltenen Anteile sein muss, um mit seinem Wegzug einen Ersatzrealisationstatbestand auslösen zu können. **210a**

Beispiel: M hat im VZ 01 ihren Betrieb in die M-GmbH eingebracht. Im VZ 03 überträgt sie die erhaltenen Anteile schenkweise an ihre Tochter T,

Alt. 1: Im VZ 05 verlegt M ihren Wohnsitz dauerhaft nach Miami.

Alt. 2: Im VZ 05 verlegt T ihren Wohnsitz dauerhaft nach Miami.

Lösung:

Zu prüfen ist zunächst, ob M mit der unentgeltlichen Übertragung der Anteile an T selbst die Eigenschaft als „Einbringende" verliert. Dies ist mE nicht der Fall, denn der Einbringungsgewinn ist nach § 22 I als „Gewinn des Einbringenden iSv § 16 EStG" zu versteuern, und dies ist und bleibt die M. Die Tochter T gilt allerdings gem. § 22 VI als unentgeltliche Rechtsnachfolgerin ebenfalls als „Einbringende" iSd § 22 I. Nur sie ist noch in der Lage, eine schädliche Verfügung über die Anteile durch entsprechende Übertragungsakte zu verursachen. Tut sie dies aber, so sind die steuerlichen Konsequenzen im Zuge der rückwirkenden Besteuerung des Einbringungsgewinns gleichwohl von der M zu tragen.

Vor diesem Hintergrund ist fraglich, ob § 22 I 6 Nr. 6 den Wegzug der M in ein Drittland erfasst, oder der Wegzug der T oder beide Einbringende diesen Ersatzrealisationstatbestand auslösen können.

Obwohl dies auf den ersten Blick überraschend erscheint, ist es mE systemgerecht, auch nach der unentgeltlichen Übertragung die M und nicht die T als diejenige anzusehen, die den Ersatzrealisationstatbestand des § 22 I 6 Nr. 6 auslösen kann. Zwar ändert der Wegzug der M weder etwas an dem Besteuerungsrecht der Bundesrepublik Deutschland für die sperrfristbehafteten Anteile, da sich diese mittlerweile im Eigentum der nach wie vor im Inland unbeschränkt steuerpflichtigen T befinden, noch an dem Besteuerungsrecht für den Einbringungsgewinn I, denn dieser entsteht auch nach dem Wegzug der M rückwirkend zum Einbringungszeitpunkt und fällt damit noch in die unbeschränkte Steuerpflicht der M. Sinn und Zweck des Ersatzrealisationstatbestands des § 22 I 6 Nr. 6 ist jedoch die Sicherung der Steuererhebung. Sie muss daher stets dann eingreifen, wenn der Steuerpflichtige die EU durch Wegzug verlässt. Die in diesem Sinne kritische Person für die rückwirkende Besteuerung des Einbringungsgewinns I ist hingegen die M und nicht die T. Die M könnte sich durch den Wegzug in ein Drittland dem Besteuerungszugriff entziehen, der ausgelöst würde, falls die T innerhalb der Sperrfrist schädlich über die erhaltenen Anteile verfügt. Die bei der T befindlichen sperrfristbehafteten Anteile können für diesen Steueranspruch auch nicht als Sicherheit dienen, da T für die Steuerschulden der M nicht haftet.

Demgegenüber erscheint es mir aber auch systemgerecht, dass im Gegenzug der Wegzug der T den Ersatzrealisationstatbestand des § 22 I 6 Nr. 6 nicht auslösen kann. Zwar ist auch insoweit der Wortlaut des Gesetzes erfüllt, es bedarf aber einer einschränkenden Auslegung. Solange die T die Anteile nicht tatsächlich veräußert hat und jedes Jahr den Nachweis nach § 22 III erbringt, gibt es mE für eine rückwirkende Besteuerung keinen Anlass. § 22 ist eine typisierende Missbrauchsvorschrift und es ist keine Missbrauchsabsicht zu erkennen. Das Besteuerungsrecht der Bundesrepublik Deutschland für die Besteuerung des Einbringungsgewinns I ist durch den Wegzug der T nicht eingeschränkt und auch die Erhebungsmöglichkeiten im Fall einer schädlichen Verfügung sind nicht begrenzt, da die Einbringende M noch unbeschränkt steuerpflichtig ist.

Gleiches muss mE gelten, wenn ein Inhaber mitverstrickter Anteile nach § 22 VII seinen Wohnsitz in einen Drittstaat verlegt.

211 **cc) Wegzug eines Mitunternehmers als Einbringender.** Bringt eine PersGes einen Betrieb/Teilbetrieb in eine KapGes ein und verlegt anschließend einer der **Mitunternehmer** seinen Sitz in einen Nicht-EU-Staat, so ist zu prüfen, ob dies zu einer rückwirkenden Besteuerung des Einbringungsgewinns I führt. Dies hängt primär davon ab, ob die PersGes selbst gewerblich tätig ist und ob die erhaltenen Anteile abkommensrechtlich weiterhin dem Betriebsvermögen dieser PersGes zuzuordnen sind. Ist dies der Fall, dann erfüllt zwar der Mitunternehmer nicht mehr die Anforderungen des § 1 IV, aber die erhaltenen Anteile befinden sich nach wie vor im Betriebsvermögen der im Inland ansässigen PersGes und daher hat die Bundesrepublik Deutschland noch das uneingeschränkte Recht, einen späteren Gewinn aus der Veräußerung dieser Anteile zu versteuern (§ 1 IV 2b; *Patt* in D/P/M § 22 Rn. 50; *Stangl* in R/H/vL § 22 Rn. 129). Ist die PersGes demgegenüber nach der Einbringung nur noch gewerblich geprägt, ist auf ihrer Ebene das deutsche Besteuerungsrecht nach der Rechtsprechung des BFH (28.4.2010 – I R 81/09, DStR 2010, 1220) nicht mehr sichergestellt (es sei denn, § 50i EStG ist einschlägig). Es kommt dann auf die unbeschränkte Steuerpflicht der jeweiligen Mitunternehmer an und

der Wegzug eines Mitunternehmers in einen Nicht-EU-Staat löst anteilig die rückwirkende Besteuerung des Einbringungsgewinns I aus. Ist einer der Mitunternehmer in England ansässig, wird allein der Austritt des Vereinigten Königreichs Großbritannien und Nordirland aus der Europäischen Union nicht dazu führen, dass die Voraussetzungen des § 1 Absatz 4 nicht mehr erfüllt sind. Diese begünstigende Regelung soll jedoch nach der geplanten Regelung des § 22 VIII n. F. (vgl. Brexit-Steuerbegleitgesetz, Regierungsentwurf v. 12.12.2018, geplantes Inkrafttreten ab dem 29.3.2019) nur für den Fall gelten, dass die erhaltenen Anteile durch Einbringungen entstanden sind, bei denen in den Fällen der Gesamtrechtsnachfolge der Umwandlungsbeschluss vor dem Zeitpunkt, ab dem das Vereinigte Königreich Großbritannien und Nordirland nicht mehr Mitgliedstaat der Europäischen Union ist und auch nicht wie ein solcher zu behandeln ist, erfolgt ist oder in den anderen Fällen, in denen die Einbringung nicht im Wege der Gesamtrechtsnachfolge erfolgt, der Einbringungsvertrag vor diesem Zeitpunkt geschlossen worden ist. Zur Durchführung der rückwirkenden Besteuerung und Ermittlung des Einbringungsgewinns I vgl. Rn. 77.

dd) Sonstige Fälle des Verlustes der Ansässigkeitsvoraussetzung des Einbringenden. Die Ansässigkeitsvoraussetzung kann auch verloren gehen durch Schenkung oder Vererbung der erhaltenen Anteile an eine außerhalb der EU ansässige Person (*Patt* in D/P/M § 22 Rn. 50). In diesem Fall gilt der Erbe/Beschenkte nach § 22 VI als Einbringender, der dann aber gleichzeitig die Voraussetzungen des § 1 IV nicht erfüllt. 212

III. Veräußerung von durch Anteilstausch übernommenen Anteilen (§ 22 II)

§ 22 II regelt die Besteuerungsfolgen für den Anteilseigner, wenn nach den Vorschriften der §§ 20, 21 eine Einbringung von Anteilen unter dem gemeinen Wert vorgenommen worden ist und die übernehmende Gesellschaft die übernommenen Anteile innerhalb einer Sperrfrist von 7 Jahren weiter veräußert oder es zu einer Verwirklichung der sog. Ersatzrealisationstatbestände innerhalb dieser Frist kommt. Besonders zu beachten ist hier, dass die Veräußerung der übertragenen Anteile durch die Übernehmerin den schädlichen Vorgang darstellt und nicht – wie bei § 22 I – die Veräußerung der erhaltenen Anteile durch den Einbringenden. Gleichwohl löst eine Verwirklichung des Tatbestands des § 22 II eine rückwirkende Besteuerung des Einbringungsvorgangs auf Ebene des Einbringenden aus. Der Einbringende muss sich also in den Fällen des Anteilstauschs der Tatsache bewusst sein, dass die Übernehmerin durch eine schädliche Verfügung über die Anteile für ihn rückwirkend eine zusätzliche Steuerbelastung auslösen kann. Diesem Umstand sollte der Einbringende dadurch Rechnung tragen, dass in dem Einbringungsvertrag entsprechende Regelungen getroffen werden, die entweder eine schädliche Verfügung verhindern oder aber eine Entschädigung für den Einbringenden in Höhe der von ihm nachträglich zu zahlenden Steuern vorsieht. Wird eine Entschädigung in Höhe der fällig werdenden Steuer von der Übernehmerin an den Einbringenden gezahlt, obwohl eine vertragliche Verpflichtung hierzu nicht besteht, ist die Zahlung als vGA der Besteuerung zu unterwerfen (*Krohn/Greulich* DStR 2008, 646 (655)). Gleichzeitig kann aber auch eine Regelung zum Schutz der Übernehmerin für den Fall getroffen werden, dass der Einbringende die Steuer auf den Einbringungsgewinn nicht entrichtet, denn in diesem Fall kommt die Übernehmerin nicht in den Genuss der Aufstockung nach § 23 II (vgl. auch § 23 Rn. 81 ff. sowie *Ritzer* in R/H/vL § 23 Rn. 157). 213

Die Vorschrift des § 22 II ist eine Missbrauchsvorschrift. Sie gilt daher nur dann, wenn die Einbringung als Mittel gesehen werden kann, um für eine künftige Veräußerung der Anteile eine günstigere Steuerposition zu erlangen. Dies kann nicht der Fall sein, wenn es sich bei dem Einbringenden um eine KapGes handelt, die die eingebrachten Anteile selbst nach § 8b II KStG steuerfrei hätte veräußern können. Aus diesem Grund führt § 22 II in 214 diesen Fällen zu keiner besonderen Steuerverhaftung. Eine solche ergibt sich vielmehr nur dann, wenn es sich bei dem Einbringenden um eine nicht von § 8b II KStG begünstigte Person handelt.

1. Tatbestandsvoraussetzungen

a) Einbringung von Anteilen unter dem gemeinen Wert

215 Tatbestandliche Voraussetzung des § 22 II ist, dass eine Einbringung von Anteilen unter dem gemeinen Wert stattgefunden haben muss. Die Einbringung kann sowohl nach § 20 als auch nach § 21 erfolgt sein.

216 **Einbringung von Anteilen.** Nach § 21 können Anteile nur im Rahmen eines sog. qualifizierten Anteilstauschs zu Buchwerten eingebracht werden. Ein qualifizierter Anteilstausch ist gegeben, wenn die übernehmende KapGes nach der Einbringung **unmittelbar die Mehrheit der Stimmrechte** an der erworbenen Gesellschaft hat. Anteilsübertragungen, die keinen qualifizierten Anteilstausch darstellen, können nach § 21 nicht zu einem unter dem gemeinen Wert liegenden Betrag erfolgen. Es kommt somit bereits anlässlich der Einbringung zu einer Entstehung und Versteuerung des Einbringungsgewinns. Einer späteren rückwirkenden Besteuerung des Einbringungsvorgangs bedarf es daher nicht, so dass in diesen Fällen § 22 II nicht erfüllt sein kann. Demgegenüber können im Rahmen des § 20 Kapitalbeteiligungen auch dann zu Buchwerten übertragen werden, wenn bei der Übernehmerin nach der Einbringung keine Stimmrechtsmehrheit besteht. Auch insoweit richtet sich die Besteuerung des Einbringenden im Anschluss nach § 22 II und nicht nach § 22 I.

217 **Zurückbehaltung von Anteilen am übernehmenden Rechtsträger in Fällen des § 20.** Einen Sonderfall des § 22 II stellt die Anwendung der Vereinfachungsregelung des UmwStE Rn. 20.09 dar (vgl. hierzu auch Rn. 21), wonach der Einbringende Anteile am übernehmenden Rechtsträger zurückbehalten kann, obwohl diese als wesentliche Betriebsgrundlage eigentlich mit einzubringen gewesen wären. Dies ergibt sich zB regelmäßig in den Fällen der sog. erweiterten Anwachsung. In diesen Fällen vereinigen sämtliche Mitunternehmer ihre Mitunternehmeranteile durch Einbringung nach § 20 bei einem Mitunternehmer in der Rechtsform einer KapGes und das Vermögen der PersGes wächst dieser KapGes an. Erfolgt die Anwachsung auf die Komplementärin, deren Anteile bisher zum notwendigen Sonderbetriebsvermögen der Kommanditisten gehörten, so kann die Vereinfachungsregelung des UmwStE Rn. 20.09 angewendet und die Anteile an der Übernehmerin zurückbehalten werden. Ein weiterer typischer Anwendungsfall ist die Einbringung eines Teilbetriebs, zu dessen notwendigem Betriebsvermögen die Anteile an dem übernehmenden Rechtsträger gehören.

Fraglich ist, wie die zurückbehaltenen Anteile nach der Umwandlung zu behandeln sind. Sie könnten entweder mitverstrickt sein nach § 22 VII und demnach genauso behandelt werden wie die anlässlich der Einbringung der Mitunternehmeranteile neu entstandenen Anteile an dieser Gesellschaft oder es findet § 22 II auf diese Anteile Anwendung. Korrekt ist mE die Anwendung des § 22 II. Dies hat zur Folge, dass die zurückbehaltenen Anteile aus der Sperrfristverhaftung auszunehmen sind. Dies ergibt sich aus einem Vergleich mit der Rechtsfolge, die sich ergäbe, wenn die Vereinfachungsregelung nicht in Anspruch genommen würde. In diesem Fall hätte der Einbringende die Anteile an der Übernehmerin ebenfalls zu übertragen. Die Übernehmerin hielte dann eigene Anteile und würde im Gegenzug neue Anteile an den Einbringenden ausgeben. Die neu ausgegebenen Anteile, die anteilig als Gegenleistung für die übertragenen Anteile gewährt würden, unterlägen keiner Sperrfrist, sondern wären bei Veräußerung ausschließlich nach § 8b II KStG oder dem Teileinkünfteverfahren zu versteuern. Die übertragenen eigenen Anteile wären hingegen nach § 22 II sperrfristverhaftet mit der Folge, dass der Einbringende bei ihrer Veräußerung durch die Übernehmerin einen Einbringungsgewinn II zu versteuern hätte. Dieser Einbringungsgewinn II unterläge allerdings ebenfalls nur dem Teileinkünfteverfahren, keinesfalls jedoch einer Vollversteuerung. Die FinVerw hingegen wendet sich der anderen Lösungsmöglichkeit zu und behandelt die zurückbehaltenen Anteile, als seien sie mitverstrickt – und zwar ohne dass es darauf ankommt, ob tatsächlich stille Reserven auf diese Anteile übergegangen sind oder nicht. Um dies zu erreichen, wird von dem Einbringenden verlangt, sich damit einverstanden zu erklären, dass die zurückbehaltenen Anteile an der übernehmenden Gesellschaft künftig in vollem Umfang als Anteile zu behandeln sind, die durch eine Sacheinlage erworben worden sind (erhaltene Anteile; vgl. UmwStE Rn. 20.09). Allerdings werden die stillen Reserven zum Zeitpunkt der Einbringung und damit auch der Einbringungsgewinn I ohne Einbeziehung der zurückbehaltenen Anteile ermittelt.

Trotz dieser Berechnungsmethode für den Einbringungsgewinn I wird bei Veräußerung der zurückbehaltenen Anteile deutlich, dass die Auffassung der FinVerw in dem Fall, dass keine stillen Reserven auf die zurückbehaltenen Anteile übergesprungen sind, nicht korrekt sein kann. Sie führt dazu, dass (anteilig) ein **voll zu versteuernder** Einbringungsgewinn I entsteht (ggf. gemindert um 1/7 für jedes abgelaufene Zeitjahr). Damit wechselt der Einbringende durch seine Einverständniserklärung vom Teileinkünfteverfahren zur Vollversteuerung. Da die FinVerw die Anwendung der Vereinfachungsregelung aber von einer entsprechenden Einverständniserklärung des Stpfl. zu dieser Vollversteuerung innerhalb der 7-Jahres-Frist abhängig macht, befindet sich dieser in einem Dilemma. Es ist daher wohl zu überlegen, ob in derartigen Fällen von dieser Vereinfachungsregelung überhaupt noch Gebrauch gemacht werden soll. Die Auffassung, dass auf die zurückbehaltenen Anteile § 22 II Anwendung finden sollte und nicht § 22 I, teilen ebenfalls *Patt* (in D/P/M § 22 Rn. 53), *Widmann* (in W/M § 22 Rn. 22) sowie *Stangl* (in R/H/vL § 22 Rn. 65, 66).

Einbringung unter dem gemeinen Wert. § 22 II findet nur Anwendung, wenn die Anteile unter dem gemeinen Wert eingebracht worden sind. Maßgebend ist hier der tatsächlich gewählte Ansatz bei dem übernehmenden Rechtsträger, und zwar auch dann, wenn dieser von dem vertraglich vereinbarten Ansatz abweicht (*Mutscher* in F/D § 22 Rn. 243). Erfolgte die Einbringung in eine im EU-/EWR-Ausland ansässige KapGes, ist grds. ebenfalls der Ansatz beim übernehmenden Rechtsträger maßgebend. Eine Ausnahme gilt allerdings dann, wenn die ausländische Übernehmerin den gemeinen Wert angesetzt hat und der Einbringende nach § 21 II 3 den Antrag gestellt hat, dass ein Wert unterhalb des gemeinen Werts als Veräußerungspreis der eingebrachten und als Anschaffungskosten der erhaltenen Anteile gelten soll. In diesem Fall ist auf den Wertansatz beim Einbringenden abzustellen (so auch *Stangl* in R/H/vL § 22 Rn. 139; *Mutscher* in F/D § 22 Rn. 245). **218**

b) Anwendbarkeit des § 8b II KStG auf der Ebene des Einbringenden

aa) Bis zur Einführung des JStG 2009 geltende Rechtslage. Nach dem in der Fassung vor Änderung durch das JStG 2009 (v. 19.12.2008, BStBl. I 2009, 74) geltenden Wortlaut des § 22 II 1 war § 22 II nur dann einschlägig, wenn es sich bei dem Einbringenden **nicht um eine durch § 8b II KStG begünstigte Person** handelte. Damit war klargestellt, dass natürliche Personen auf jeden Fall unter § 22 II fallen. Dasselbe galt für PersGes, soweit natürliche Personen Mitunternehmer sind. **219**

Streitig war jedoch in der Literatur, ob auch Körperschaften unter § 22 II fallen konnten. *Stangl* (in R/H/vL § 22 Rn. 140) als auch *Widmann* (in W/M § 22 Rn. 196) argumentierten, dass dies grds. nicht der Fall sein könne, weil alle körperschaftsteuerpflichtigen Personen unter den persönlichen Anwendungsbereich des § 8b II KStG fallen, auch wenn diese ggf. im Einzelfall eine Anteilsveräußerung nach § 8b VII oder VIII KStG versteuern müssten. Diese Auffassung hätte zur Folge gehabt, dass Banken, Finanzdienstleister sowie Lebens- oder Krankenversicherungen Beteiligungen, deren unmittelbare Veräußerung nach § 8b VII oder VIII KStG steuerpflichtig gewesen wäre, zu Buchwerten in eine nicht unter § 8b VII, VIII KStG fallende Körperschaft einbringen konnten und der rückwirkend entstehende Einbringungsgewinn II, der durch die anschließende Veräußerung der Beteiligung durch die Übernehmerin verursacht worden wäre, mangels Anwendbarkeit des § 22 II nicht hätte versteuert werden müssen. Der Umgehung des § 8b VII, VIII KStG wäre damit Tür und Tor geöffnet gewesen. Demgegenüber vertrat *Patt* (in D/P/M § 22 Rn. 72) bereits zu dieser vorherigen Gesetzesfassung die Auffassung, dass es darauf ankommt, ob die Körperschaft tatsächlich im konkreten Fall die Steuerbefreiung des § 8b II KStG hätte in Anspruch nehmen können. War dies zu verneinen, sollte die einbringende Körperschaft unter § 22 II fallen und einen Einbringungsgewinn II versteuern. Nach dem Sinn und Zweck der Vorschrift ist der Auslegung von *Patt* zuzustimmen. Das Ziel der rückwirkenden Besteuerung ist, den Einbringungsgewinn II genau der Besteuerung zu unterwerfen, die auch entstanden wäre, wenn der Einbringende derzeit die Anteile zu einem um den Einbringungsgewinn II über dem Buchwert liegenden Wert eingebracht hätte. Wäre also eine Beteiligungsveräußerung nach § 8b VII, VIII KStG steuerpflichtig, dann ist die betreffende Körperschaften somit in Bezug auf diese konkrete Beteiligung keine durch § 8b II begünstigte Person.

Allerdings hätte der Gesetzgeber das Ziel der Missbrauchsvermeidung auch einfach dadurch erreichen können, dass er für die Körperschaften gar keine Ausnahme geschaffen hätte. Dann wäre § 22 II zwar grds. für alle Körperschaften anwendbar, bei den durch § 8b II KStG begünstigten Personen wäre der Einbringungsgewinn II allerdings steuerfrei gewesen. Der Ausschluss der Anwendbarkeit des § 8b III KStG auf den Einbringungsgewinn II hätte daher vollkommen ausgereicht und auch zum richtigen Ergebnis geführt.

220 Die Fälle, in denen es sich bei der eingebrachten Beteiligung um sog. einbringungsgeborene Anteile alten Rechts handelte, bei denen die 7-Jahres-Frist des § 8b IV KStG aF noch nicht abgelaufen war und deren unmittelbare Veräußerung durch den Einbringenden daher ebenfalls nicht nach § 8b II KStG steuerfrei gewesen wäre, sind von der hier geführten Diskussion nicht betroffen. Werden solche Anteile eingebracht, so sind die im Gegenzug dem Einbringenden gewährten Anteile ebenfalls einbringungsgeborene Anteile alten Rechts (§ 21 II 5 iVm § 20 III 4). § 22 findet daher in diesen Fällen weder auf die eingebrachten noch auf die erhaltenen Anteile Anwendung (§ 27 IV; *Patt* in D/P/M § 22 Rn. 73c; *Pinkernell* FR 2011, 568). Dabei kann die Sperrfrist alten Rechts durch Weitereinbringungen der sperrfristbehafteten Anteile faktisch um weitere 7 Jahre verlängert werden.

221 **bb) Nach Einführung des JStG 2009 geltende Rechtslage.** Durch das JStG 2009 wurde der Wortlaut des § 22 II 1 dahingehend geändert, dass § 22 I 1 einschlägig ist, soweit **beim Einbringenden der Gewinn aus der Veräußerung dieser Anteile im Einbringungszeitpunkt nicht nach § 8b II KStG steuerfrei gewesen wäre.** Damit hat der Gesetzgeber die Rechtslage – zumindest für die Zukunft – dahingehend geklärt, dass der Einbringungsgewinn II bei dem Einbringenden zu versteuern ist, wenn auch der unmittelbare Verkauf der Beteiligung steuerpflichtig gewesen wäre. Der Gesetzgeber sieht diese Änderung des Wortlauts des § 22 II 1 als klarstellend an (vgl. BT-Drs. 16/10189, 74), denn nach der Anwendungsregelung des § 27 I gilt dieser Wortlaut rückwirkend ab dem Inkrafttreten des SEStEG. *Widmann* (in W/M § 22 Rn. 196), der die vor dem Inkrafttreten des JStG 2009 geltende Regelung – wie unter Rn. 177 ausgeführt – nach dem Wortlaut und damit für die betroffenen Stpfl. wesentlich günstiger ausgelegt hat, hält die Gesetzesänderung nicht für klarstellend, sondern für rechtsändernd und damit die Rückwirkung für verfassungswidrig (glA *Stangl* in R/H/vL § 22 Rn. 141a).

222 Handelt es sich bei dem Einbringenden um eine PersGes, so kommt es für die Frage, ob der Veräußerungsgewinn bei dem Einbringenden nach § 8b II KStG steuerfrei gewesen wäre, auf die Situation bei den jeweiligen Mitunternehmern an (*Stangl* in R/H/vL § 22 Rn. 141e).

223 *Stangl* (in R/H/vL § 22 Rn. 141) weist zu Recht darauf hin, dass es der Missbrauchsvorschrift des § 22 II insoweit nicht bedurft hätte, wie es sich bei der aufnehmenden Gesellschaft um eine KapGes handelt, die ihrerseits aufgrund der Regelungen des § 8b VII

und VIII KStG die Steuerbefreiung des § 8b II KStG nicht in Anspruch nehmen kann. Der Anteilstausch kann in einem solchen Fall keinen Umgehungstatbestand darstellen. Das Gesetz sieht für diese Fälle jedoch leider keine Ausnahme vor, obwohl eine solche angebracht gewesen wäre.

Beispiel: Ein Kreditinstitut gliedert den gesamten Bankbetrieb inkl. der dem Handelsbuch zuzurechnenden Anteile auf ein anderes Kreditinstitut aus. Das übernehmende Kreditinstitut veräußert die Anteile des Handelsbuchs innerhalb der 7-Jahres-Frist.

Lösung: Die Einbringung der Anteile des Handelsbuchs ist gem. § 20 zu Buchwerten möglich. In Bezug auf die Veräußerung der Anteile des Handelsbuchs ist die Überträgerin aufgrund der Regelung in § 8b VII keine durch § 8b II begünstigte Person. Im Zeitpunkt der Veräußerung der Anteile durch die Übernehmerin entsteht somit ein steuerpflichtiger Einbringungsgewinn II, der zu einer rückwirkenden Besteuerung bei der Überträgerin führt. Durch die den veräußerten Anteilen zuzurechnenden nachträglichen AK in Höhe des versteuerten Einbringungsgewinns II fällt bei dem veräußernden Kreditinstitut der zu versteuernde Veräußerungsgewinn entsprechend niedriger aus. In den Fällen der Ausgliederung von Bankbetrieben sollte vor diesem Hintergrund überlegt werden, ob die dem Handelsbuch zuzuordnenden Anteile und Beteiligungen nicht vorab an die Übernehmerin veräußert werden können. Einen negativen Einfluss auf die Einbringung selbst dürfte ein solcher Vorab-Verkauf nicht haben, denn die Anteile des Handelsbuchs sind für die Überträgerin keine wesentliche Betriebsgrundlage. Hierdurch könnten komplizierte vertragliche Regelungen sowie der Verwaltungsaufwand vermieden werden, der ausgelöst wird, wenn die Anteile des Handelsbuchs in den nächsten Jahren von der Übernehmerin sukzessive veräußert werden und jede noch so kleine Veräußerung eine rückwirkende Besteuerung des Einbringungsgewinns II und damit eine Änderung der Steuerveranlagung der Überträgerin auslöst.

Eine entsprechende Auslegung nach dem Sinn und Zweck der Vorschrift muss auch 224
vorgenommen werden bei der Beurteilung der Frage, ob Organgesellschaften als Einbringende die Anwendung des § 22 II auslösen, denn nach der Formulierung des Gesetzes bis 2009 (vgl. eingehend Rn. 219) konnte auch zweifelhaft sein, in welchen Fällen § 22 II auf Organgesellschaften Anwendung findet. Grund hierfür ist die sog. Bruttomethode des § 15 I 2 KStG, wonach die Organgesellschaft selbst nicht von § 8b II KStG begünstigt ist, sondern nur der Organträger. Durch den seit 2009 geltenden Wortlaut der Regelung hat sich diese Unklarheit vielleicht nicht vollständig aufgelöst, aber doch erheblich vermindert. Der aktuelle Wortlaut des § 22 II stellt nicht mehr darauf ab, ob der Einbringende selbst eine durch § 8b II KStG begünstigte Person ist. Dafür macht die Vorschrift die Anwendbarkeit des § 22 II nunmehr davon abhängig, ob der Veräußerungsgewinn **bei dem Einbringenden** steuerfrei gewesen wäre. Ist der Einbringende aber eine Organgesellschaft, kann diese Frage gar nicht beantwortet werden, denn der Veräußerungsgewinn wäre bei ihr selbst weder steuerfrei noch steuerpflichtig. Sachlogisch muss sich die Frage der Anwendbarkeit des § 22 II daher danach entscheiden, ob der Gewinn bei dem Organträger steuerpflichtig gewesen wäre (vgl. auch *Stangl* in R/H/vL § 22 Rn. 140; *Benz/Rosenberg* DB 2012 Beilage 1 zu Heft 2, 38 (48)). Demzufolge ist keine Begünstigung durch § 8b II KStG gegeben, wenn Organträger eine natürliche Person oder eine PerGes mit natürlichen Personen als Mitunternehmern ist (so auch *Patt,* in D/P/M § 22, Rn. 72 f.).

c) Veräußerung der eingebrachten Anteile durch die übernehmende Kapitalgesellschaft

Der Tatbestand des § 22 II ist erfüllt, wenn die übernehmende KapGes die eingebrachten 225
Anteile innerhalb der 7-Jahres-Frist veräußert. Eine Veräußerung ist jede Form der Übertragung gegen Entgelt. Vgl. hierzu Rn. 25. Durch das JStG 2009 (v. 19.12.2008, BGBl. I 2009, 2794) wurde der Gesetzestext dahingehend erweitert, dass es sich sowohl um eine **mittelbare** als auch eine **unmittelbare Veräußerung** handeln kann. Diese Neuformulierung ist durch den Finanzausschuss vorgenommen worden und soll sicherstellen, dass auch Veräußerungsgewinne von Anteilen, die mittelbar durch die Einbringung eines Mitunternehmeranteils übertragen worden sind, weil sie sich im Betriebsvermögen der PersGes befanden, und die dann von der PersGes veräußert werden, bei Vorliegen der übrigen

Voraussetzungen zur rückwirkenden Entstehung eines Einbringungsgewinns II beim Einbringenden führen (Bericht des Finanzausschusses, BT-Drs. 16/11108, 41). Auch diese Regelung soll nach Auffassung von *Patt* (in D/P/M § 22 Rn. 70a) klarstellender Natur sein und daher rückwirkend Anwendung finden (aA *Stangl* in R/H/vL § 22 Rn. 143a).

226 Im Fall einer **quotalen Veräußerung** der eingebrachten Anteile erfolgt auch nur bezüglich dieses Anteils eine rückwirkende Versteuerung des ursprünglichen Anteilstauschs (vgl. diesbezüglich die analogen Ausführungen zu § 22 I unter Rn. 133 ff.).

227 Hält die übernehmende KapGes mehrere Anteile an der eingebrachten KapGes, zB weil sie vorher bereits Anteile an dieser Gesellschaft hatte oder nach der Einbringung welche zugekauft hat, so ist im Fall einer anteiligen Veräußerung zu bestimmen, inwieweit die eingebrachten Anteile von der Veräußerung betroffen sind. Dasselbe gilt, wenn Anteile an ein- und derselben KapGes von mehreren Anteilseignern eingebracht werden, von denen manche von § 8b II KStG begünstigt sind und andere nicht oder wenn es sich bei den eingebrachten Anteilen um einbringungsgeborene Anteile nach § 21 UmwStG aF handelt, die nicht unter § 22 II fallen. Kommt es dann nur zu einer anteiligen Veräußerung der eingebrachten Anteile durch die übernehmende KapGes, ist wiederum zu entscheiden, um welchen Teil es sich genau handelt. In Anlehnung an das zu § 8b IV KStG ergangene BMF-Schreiben v. 5.1.2004, BStBl. I 2004, 44 ist hier wohl von einem Wahlrecht der übernehmenden KapGes auszugehen, sofern anlässlich der Einbringung durch eine entsprechende Dokumentation dafür gesorgt wurde, dass die Anteile unterscheidbar bleiben (vgl. auch *Stangl* in R/H/vL § 22 Rn. 144; *Hagemann/Jakob/Ropohl/Viebrock* NWB Sonderheft 1/2007, 43). Sollten die einer unterschiedlichen steuerlichen Qualifikation unterliegenden Anteile jedoch nicht eindeutig identifizierbar sein, bestünde auch die Möglichkeit, dass die FinVerw wiederum in Anlehnung an das zu § 8b IV KStG ergangene BMF-Schreiben v. 5.1.2004 bei jedem Anteilsverkauf eine quotale Betrachtung anstellt und in dem Umfang einen Vorgang nach § 22 II annimmt, der dem gemeinen Wert der eingebrachten Anteile zum gemeinen Wert der insgesamt gehaltenen Beteiligung entspricht.

228 Grds. muss die schädliche mittelbare oder unmittelbare Veräußerung durch die übernehmende Gesellschaft oder ggf. ihren unentgeltlichen Rechtsnachfolger erfolgen. Eine Ausnahme gilt jedoch in den Fällen des § 22 VII, in denen ein Mitgesellschafter der Gesellschaft, deren Anteile eingebracht worden sind, eine schädliche Veräußerung tätigen kann, weil seine Anteile mitverstrickt sind. Vgl. zur Mitverstrickung eingehend Rn. 328 ff.

229 **Unentgeltliche Übertragung.** Dasselbe gilt nach § 22 VI, wenn die übernehmende KapGes die eingebrachten Anteile unentgeltlich überträgt. Eine unentgeltliche Übertragung (im Wege der verdeckten Einlage oder der verdeckten Gewinnausschüttung) **auf eine andere KapGes** kommt in diesem Zusammenhang jedoch nicht in Betracht, denn ein solcher Vorgang fällt in den analogen Anwendungsbereich des § 22 I 6 Nr. 1 und stellt daher bereits einen schädlichen Akt dar, der eine rückwirkende Besteuerung des Einbringungsgewinns II auslöst (vgl. auch Rn. 149). Es macht daher keinen Sinn, den unentgeltlichen Rechtsnachfolger in diesen Fällen noch als übernehmende Gesellschaft zu fingieren. Eine unentgeltliche Übertragung iSd § 22 VI kann hingegen im Wege einer vGA auf eine **natürliche Person** oder eine **PersGes** erfolgen. Die natürliche Person bzw. die PersGes gilt dann als Übernehmerin iSd § 22 II und kann im Veräußerungsfall eine rückwirkende Besteuerung des Einbringungsgewinns II auslösen.

d) Veräußerung innerhalb der Sperrfrist

230 Auch im Rahmen des § 22 II führt eine Veräußerung oder sonstige schädliche Übertragung der eingebrachten Anteile nur dann zu einer rückwirkenden Besteuerung des Einbringungsvorgangs, wenn sie innerhalb von 7 Jahren nach dem Einbringungszeitpunkt erfolgt.

231 Sofern es zu einer Mitverstrickung von Anteilen an der Gesellschaft, deren Anteile eingebracht worden sind, gekommen ist, die einem anderen Gesellschafter als dem Einbringenden zuzurechnen sind, so löst auch die schädliche Verfügung über diese Anteile

innerhalb von 7 Jahren seit dem steuerlichen Übertragungsstichtag der Einbringung die rückwirkende Besteuerung des Einbringungsgewinns II bei dem Einbringenden aus.

Bei der Berechnung der Frist ist zu beachten, dass es bei einem Anteilstausch nach § 21 keine Rückwirkung gibt. Der Einbringungszeitpunkt ist daher der Tag der zivilrechtlichen Wirksamkeit des Anteilstauschs bzw. des ggf. zeitlich abweichenden Übergangs des wirtschaftlichen Eigentums. Der Einbringungsstichtag liegt daher regelmäßig irgendwann mitten im Kalenderjahr. Dementsprechend beginnt die 7-Jahres-Frist am Folgetag und endet sieben Jahre später mit Ablauf des Tages, dessen Datum dem des Einbringungsstichtags entspricht (§ 187 I, § 188 I BGB). 232

Etwas anderes gilt, wenn die Anteile zusammen mit einem Betrieb, Teilbetrieb oder Mitunternehmeranteil nach § 20 übertragen worden sind. Hier gilt die Rückwirkung und der Einbringungsstichtag entspricht regelmäßig dem Tag der Schlussbilanz des Einbringenden (§ 20 VI). 233

e) Ersatzrealisationstatbestände des § 22 II 6 iVm § 22 I 6 Nrn. 1–5

Die Ersatzrealisationstatbestände des § 22 I 6 sind gem. § 22 II 6 und 7 analog auf den Anteilstausch anzuwenden, mit dem Unterschied, dass hier anstelle des Einbringenden jeweils die übernehmende KapGes den schädlichen Verfügungsakt vornehmen muss und dass sich die Verfügung dementsprechend auf die eingebrachten und nicht auf die erhaltenen Anteile beziehen muss. 234

aa) Analoge Anwendung des § 22 I 6 Nr. 1. Der Ersatzrealisationstatbestand des § 22 I 6 Nr. 1 ist analog erfüllt, wenn die übernehmende KapGes die eingebrachten Anteile unmittelbar oder mittelbar unentgeltlich auf eine KapGes oder eine Genossenschaft überträgt. Eine unentgeltliche Übertragung kann im Wege einer verdeckten Einlage oder verdeckten Gewinnausschüttung, ggf. auch im Wege der Realteilung (streitig) erfolgen (s. hierzu eingehend Rn. 149 f.). Auslegungsbedürftig ist der Tatbestand der mittelbaren Übertragung. Für die Fälle des § 22 I stellt der Wortlaut des § 22 I 6 Nr. 1 klar, dass die mittelbare Übertragung gleichwohl durch den Einbringenden zu erfolgen hat. Dies kann nur dann der Fall sein, wenn zwischen dem Einbringungsvorgang nach § 20 und der mittelbaren Anteilsübertragung durch den Einbringenden noch ein Anteilstausch stattgefunden hat (vgl. hierzu Rn. 158) oder wenn sich die Anteile im Gesamthandsvermögen einer PersGes befinden, deren Mitunternehmeranteile eingebracht worden sind. Findet jedoch eine mittelbare Übertragung der erhaltenen Anteile zB dadurch statt, dass die Anteile an dem Einbringenden übertragen werden, erfüllt dies nicht den Tatbestand des § 22 I 6 Nr. 1. Fraglich ist, wie dies nun bei der analogen Anwendung des § 22 I 6 Nr. 1 auf die Fälle des § 22 II zu lesen ist. Hier muss dann die mittelbare Übertragung durch die übernehmende KapGes erfolgen (so auch *Patt* in D/P/M § 22 Rn. 163). Auch hier kann somit der Tatbestand der mittelbaren Übertragung nur dann realisiert werden, wenn vorher noch ein Anteilstausch zu Buchwerten stattgefunden hat oder wenn die Übernehmerin Mitunternehmeranteile an einer PersGes veräußert, zu deren Gesamthandsvermögen die sperrfristbehafteten Anteile gehören. 235

bb) Analoge Anwendung des § 22 I 6 Nr. 2. Die Regelung des § 22 I 6 Nr. 2 macht deutlich, dass eine Weiterübertragung der eingebrachten Anteile unschädlich ist, wenn auch diese Weiterübertragung wieder als Einbringung iSd §§ 20, 21 ausgestaltet wird und zu Buchwerten erfolgt. Zum Verhältnis des § 22 I 6 Nr. 2 zum Tatbestand der Veräußerung nach § 22 II 1 vgl. auch Rn. 25. Bezüglich der Frage, ob eine Weiterübertragung in Fällen des grenzüberschreitenden Anteilstauschs zu Buchwerten erfolgte, ist auch hier nach hM nur auf den Ansatz bei dem inländischen Einbringenden, nicht hingegen auf den Bilanzansatz der Beteiligung bei der ausländischen Übernehmerin abzustellen (*Stangl* in R/H/vL § 22 Rn. 166; *Wulff-Dohmen* in Haase/Hruschka § 22 Rn. 273 f.; vgl. hierzu auch Rn. 162). 236

237 **cc) Analoge Anwendung des § 22 I 6 Nr. 3.** Die analoge Anwendung des § 22 I 6 Nr. 3 auf die Fälle des § 22 II bereitet Schwierigkeiten. Zunächst einmal stellt *Stangl* (in R/H/vL Rn. 168) die berechtigte Frage, ob § 22 I 6 Nr. 3 überhaupt analog anwendbar ist, denn § 22 II 6 spricht von einer analogen Anwendung der Tatbestände der § 22 I 6 Nrn. 1–5, wenn die übernehmende Gesellschaft die eingebrachten Anteile ihrerseits durch einen entsprechenden Vorgang „überträgt". Eine Anteilsübertragung ist aber nicht Tatbestandsvoraussetzung des § 22 I 6 Nr. 3. Hier geht es vielmehr um eine vollständige oder anteilige Vernichtung der sperrfristbehafteten Anteile durch Auflösung oder Liquidation oder Kapitalherabsetzung und Auskehrung oder um eine Wertminderung durch Verwendung des steuerlichen Einlagekontos. Eine Anteilsübertragung findet in sämtlichen dieser Fälle nicht statt.

238 Insbesondere der Tatbestand der Rückzahlung von Beträgen aus dem steuerlichen Einlagekonto ist für eine analoge Anwendung auf die Fälle des Anteilstauschs überhaupt nicht geeignet. Schon zu den Fällen des § 22 I wird in der Kommentierung argumentiert, dieser Tatbestand müsse einschränkend ausgelegt werden und dürfte sich nur beziehen auf den durch den Einlagevorgang geschaffenen Bestandteil des steuerlichen Einlagekontos (vgl. hierzu Rn. 185). In den Fällen des Anteilstauschs besteht nun die Besonderheit, dass in die Gesellschaft, an der die sperrfristbehafteten Anteile bestehen, gar nichts eingebracht worden ist. Vielmehr sind nur die Anteile dieser Gesellschaft in eine andere Gesellschaft eingebracht worden. Bei der Gesellschaft, deren Anteile nach § 22 II sperrfristbehaftet ist, kann somit durch den Einlagevorgang kein steuerliches Einlagekonto geschaffen worden sein und es besteht auch keinerlei steuersystematische Veranlassung, an die Verwendung des steuerlichen Einlagekontos der eingebrachten Gesellschaft einen steuerschädlichen Tatbestand anzuknüpfen. Vor diesem Hintergrund halte ich eine analoge Anwendung des § 22 I 6 Nr. 3 für nicht möglich bzw. muss zumindest auf die Fälle der Liquidation oder Kapitalherabsetzung beschränkt werden.

239 Gleichwohl vertritt die FinVerw für sämtliche Tatbestände des § 22 I 6 Nr. 3 die Auffassung, dass diese analog ebenfalls auf den Anteilstausch Anwendung finden (UmwStE Rn. 22.24). Ggf. ist sogar die Frage der analogen Anwendbarkeit des § 22 I 6 Nr. 3 auf die Fälle des § 22 II der eigentliche Grund dafür, dass die FinVerw unbedingt auch solche Bestände des steuerlichen Einlagekontos mit in die Anwendung der Vorschrift einbeziehen will, die gar nicht durch die Einbringung geschaffen wurden, sondern bereits vorher bestanden oder erst nach der Einbringung durch weitere Einlagen geschaffen wurden, denn ansonsten könnte es gar nicht zu einer analogen Anwendung des Tatbestands „Verwendung des steuerlichen Einlagekontos" auf die Fälle des Anteilstauschs kommen (so auch *Pung* GmbHR 2012, 158 (163)). Es kommt somit nach dieser Auffassung zu einer Realisierung des Einbringungsgewinns II, wenn es bei der Gesellschaft, an der die sperrfristbehafteten Anteile bestehen, zu einer Liquidation oder Kapitalherabsetzung mit einhergehender Kapitalrückzahlung an die Anteilseigner kommt. Dasselbe gilt nach Auffassung der FinVerw für eine Verwendung des steuerlichen Einlagekontos, wobei auch hier die Beschränkung gilt, dass ein schädlicher Tatbestand erst dann angenommen wird, soweit die Rückzahlung aus dem steuerlichen Einlagekonto den Buchwert der Beteiligung übersteigt.

240 Allerdings gibt es in diesem Zusammenhang einen Effekt, der den Zeitpunkt einer möglichen schädlichen Verwendung des steuerlichen Einlagekontos in die Ferne schiebt.

Beispiel: A bringt am 1.7.01 die Anteile an der A-GmbH in die B-GmbH ein. Jeweils am 1.3. der folgenden Jahre werden aus der A-GmbH Gewinnausschüttungen von je 1 Mio. € getätigt, die aus dem steuerlichen Einlagekonto gespeist werden. Die Anschaffungskosten des A für die Anteile an der A-GmbH haben 3 Mio. € betragen. Dieser Betrag hat sich aufgrund der Buchwerteinbringung bei der B-GmbH fortgesetzt.

Lösung: Man könnte im ersten Moment denken, dass alle ab dem vierten Jahr erfolgenden Gewinnausschüttungen in vollem Umfang schädlich sind und jeweils einen anteiligen rückwirkenden Einbringungsgewinn II auslösen. Dem ist aber nicht so, denn hier hilft der Mechanismus des § 23. Die Gewinnausschüttungen in 02, 03 und 04 mindern den Buchwert der Beteiligung und sind daher insoweit zunächst unschädlich. Die Ausschüttung in 05 hingegen soll nach Auffassung der FinVerw einen rückwirkenden Einbringungsgewinn II beim Einbringenden auslösen. Sofern die berichtigte Steuererklärung 01 vom Einbringenden abgegeben und die Steuer auf den anteiligen Einbringungsgewinn II geleistet und die Bescheinigung nach § 22 V erteilt ist, kann die übernehmende B-GmbH in Höhe des anteilig entstandenen Einbringungsgewinns II im Jahr der Entstehung des Einbringunsgewinns II eine Buchwertaufstockung vornehmen. Gleichzeitig erhöht sich bei der B-GmbH in selbiger Höhe das steuerliche Einlagekonto. Damit steht für die Ausschüttung der A-GmbH an die B-GmbH im VZ 06 wieder ein Buchwert der Anteile zur Verfügung, mit dem die Ausschüttung dieses Jahres verrechnet werden kann. Dieser Mechanismus setzt sich fort, bis die 7-Jahres-Frist abgelaufen ist. (Zu der Diskussion, ob innerhalb der Sperrfrist entstehende nachträgliche AK der Beteiligung als zusätzliches Verrechnungspotenzial zur Verfügung stehen, vgl. auch Rn. 187.)

dd) Analoge Anwendung des § 22 I 6 Nr. 4. Die Weiterübertragung der eingebrachten Anteile durch die übernehmende KapGes (KapGes 1) im Rahmen einer sog. Ketteneinbringung in eine andere KapGes (KapGes 2) ist unschädlich, sofern diese nach §§ 20, 21 wiederum zu Buchwerten erfolgt. Eine Weiterübertragung zu über den Buchwerten liegenden Werten löst hingegen eine rückwirkende Besteuerung des Einbringungsgewinns II aus (zur Weiterübertragung zu Zwischenwerten vgl. auch Rn. 42). Veräußert die KapGes 2 die durch die Weitereinbringung erhaltenen Anteile innerhalb der 7-jährigen Sperrfrist, ist der Ersatzrealisationstatbestand des § 22 II 6 iVm § 22 I 6 Nr. 4 erfüllt und der Einbringungsgewinn II ist rückwirkend von dem Einbringenden der ersten Einbringung zu versteuern. Zur Frage, in welchem Umfang eine Weitereinbringung zum Zwischenwert einen Einbringungsgewinn II auslöst, vgl. Rn. 204. 241

Die analoge Anwendung des § 22 I 6 Nr. 4 oder 5 kann nur dann zu einer rückwirkenden Besteuerung führen, wenn der schädliche Ersatzrealisationstatbestand innerhalb der ersten 7-jährigen Sperrfrist, die durch den ersten Anteilstausch ausgelöst wurde, realisiert wird. Für den Einbringenden kann nach Ablauf dieser Frist ein Einbringungsgewinn II nicht mehr entstehen. 242

ee) Analoge Anwendung des § 22 I 6 Nr. 5. Der Tatbestand des § 22 II 6 iVm § 22 I 6 Nr. 5 ist erfüllt, wenn die Übernehmerin des ersten Anteilstauschs die eingebrachten Anteile zunächst zulässigerweise zu Buchwerten nach §§ 20, 21 oder aufgrund vergleichbarer ausländischer Vorgänge weiter überträgt und im Anschluss die aus dieser Einbringung hervorgegangenen Anteile unmittelbar oder mittelbar veräußert oder zu über den Buchwerten liegenden Werten weiter überträgt. 243

Fraglich ist, wer in Fällen einer analogen Anwendung des § 22 I 6 Nr. 4 als auch der Nr. 5 den Nachweis zu erbringen hat, dass die Weitereinbringung zu Buchwerten erfolgte. Die FinVerw scheint davon auszugehen, dass auch hier immer der Einbringende nachweispflichtig ist (vgl. UmwStE Rn. 22.25). Dieser Auffassung ist mE zuzustimmen (glA *Widmann* in W/M § 22 Rn. 265 und Rn. 273; *Wulff-Dohmen* in Haase/Hruschka, § 22 UmwStG Rn. 294). Allerdings ist zu beachten, dass der Einbringende der ersten Einbringung an sämtlichen Weitereinbringungen als Vertragspartei nicht beteiligt ist. Es ist daher für den Einbringenden ratsam, bereits bei der ersten Einbringung eine entsprechende Informationspflicht der Übernehmerin für die Fälle der Weitereinbringung zu regeln (*Pung* GmbHR 2012, 158 (162)). *Stangl* (in R/H/vL § 22 Rn. 170) spricht sich vor diesem Hintergrund dafür aus, dass es akzeptabel sein müsste, wenn entweder der Einbringende oder die übernehmende Gesellschaft den Nachweis erbringt. ME ist allerdings fraglich, ob dies in der Praxis für den Einbringenden tatsächlich eine wesentliche Vereinfachung mit sich brächte. Die übernehmende Gesellschaft würde – mangels eigenen Interesses – den Nachweis nur führen, wenn sie vertraglich hierzu verpflichtet wäre und der Einbringende hätte – um seine eigenen Interessen zu wahren – die übernehmende Gesellschaft dahingehend zu kontrollieren, dass sie dieser Pflicht nachkommt. Dann kann er auch gleich selbst den Nachweis erbringen und die übernehmende Gesellschaft vertraglich verpflichten, ihm die hierfür erforderlichen Informationen bereitzustellen.

Außerdem ist auch bei diesem Ersatzrealisationstatbestand – ebenso wie bei § 22 I 6 Nr. 5 im Zusammenhang mit der Entstehung eines Einbringungsgewinns I – zu fragen, wer den schädlichen Tatbestand einer unmittelbaren oder mittelbaren Veräußerung realisieren kann. Nach hier vertretener Ansicht kann dies nur der Einbringende oder eine ihm in der Kette der Folgeeinbringungen nachgeordnete KapGes (vgl. hierzu die Diskussion in Rn. 202).

244 **ff) Wegfall der Ansässigkeitsvoraussetzung.** Nach § 22 II 6 kommt es zu einer rückwirkenden Besteuerung des Einbringungsgewinns II, wenn die übernehmende KapGes die Voraussetzungen nach § 1 IV nicht mehr erfüllt. Das ist der Fall, wenn entweder der Sitz oder der Ort der Geschäftsleitung dieser Gesellschaft in einen Staat verlegt wird, der nicht zur EU/EWR gehört.

245 Im Unterschied zu § 22 I 6 Nr. 6 kommt es hier nur auf die übernehmende KapGes und nicht auch auf den Einbringenden und auch nicht auf die eingebrachte Gesellschaft an.

2. Rechtsfolge

246 Im Fall einer schädlichen Verfügung durch die Übernehmerin innerhalb der 7-Jahres-Frist kommt es zu einer rückwirkenden Besteuerung des Einbringungsgewinns II bei dem Einbringenden. In Höhe des Einbringungsgewinns II hat der Einbringende dann nachträgliche Anschaffungskosten auf die erhaltenen Anteile an der Übernehmerin (§ 22 II 4).

a) Ermittlung des Einbringungsgewinns II

247 Gemäß § 22 II 3 ist der Einbringungsgewinn II der Betrag, um den der gemeine Wert der eingebrachten Anteile im Einbringungszeitpunkt nach Abzug der Kosten für den Vermögensübergang den Wert, mit dem der Einbringende die erhaltenen Anteile angesetzt hat, übersteigt, vermindert um jeweils 1/7 für jedes seit dem Einbringungszeitpunkt abgelaufene Zeitjahr.

248 Aus dieser Definition ergibt sich folgende Berechnung:

	gemeiner Wert der eingebrachten Anteile im Einbringungszeitpunkt
–	Kosten für den Vermögensübergang
–	Wert, mit dem der Einbringende die erhaltenen Anteile angesetzt hat
=	Zwischensumme
–	Verminderung um 1/7 für jedes abgelaufene Zeitjahr
=	Einbringungsgewinn II

249 **Sonstige Gegenleistung.** Wird anlässlich des Anteilstauschs nach § 21 zusätzlich zu neuen Gesellschaftsrechten auch eine sonstige Gegenleistung gewährt, die die in § 21 I 2 Nr. 2 festgelegten Schwellenwerte übersteigt, so dass es bereits anlässlich der Einbringung zu einem steuerpflichtigen Übertragungsgewinn kommt, so ist § 22 II bei einer späteren schädlichen Verfügung der Übernehmerin über die eingebrachten Anteile einschränkend auszulegen und der Einbringungsgewinn II um diesen bereits versteuerten Betrag zu kürzen (vgl. auch *Patt* in D/P/M § 22 Rn. 78 mit Beispiel).

250 Ebenso wie bei der Ermittlung des Einbringungsgewinns I ergibt sich auch bei der Ermittlung des Einbringungsgewinns II die Problematik, dass zum Zweck der Ermittlung des Einbringungsgewinns II etliche Jahre nach der Einbringung der gemeine Wert der eingebrachten Anteile im Einbringungszeitpunkt zu ermitteln ist. Steuerpflichtige, die einen Anteilstausch als Einbringende tätigen, sind daher gut beraten, eine Dokumentation über die Vermögens-, Finanz- und Ertragslage sowie eine Unternehmensplanung der eingebrachten Gesellschaft zu erstellen, damit eine spätere Wertermittlung

möglich ist, die tatsächlich auf den Geschäftserwartungen zum Einbringungsstichtag basiert und nicht ggf. eine spätere über den Erwartungen liegende Geschäftsentwicklung antizipiert.

251 **Einbringungskosten.** Zur Definition der Einbringungskosten vgl. Rn. 110. Durch die Einbeziehung der Einbringungskosten in die Ermittlung des Einbringungsgewinns II werden die bei Anwendung des Teileinkünfteverfahrens im Veranlagungszeitraum der Einbringung nach § 3c II EStG zu 60 % geltend gemachten Einbringungskosten zunächst eliminiert und wirken sich im Rahmen der Besteuerung des Einbringungsgewinns II nur noch in dem Umfang steuermindernd aus, in dem es zu einer anteiligen Nachversteuerung kommt (vgl. zu diesem Effekt auch Rn. 118). Unterliegt der Einbringende jedoch der Besteuerung nach der Abgeltungssteuer, so hat die Einbeziehung der Einbringungskosten in den Einbringungsgewinn II einen gegenläufigen Effekt, denn aufgrund des Werbungskostenabzugsverbots des § 20 IX EStG haben sich die Einbringungskosten bei diesen Steuerpflichtigen im Veranlagungszeitraum der Einbringung gar nicht steuerlich ausgewirkt und werden nun rückwirkend in dem Umfang steuermindernd wirksam, in dem es zu einer Besteuerung des Einbringungsgewinns II kommt.

b) Rückwirkende Besteuerung des Einbringungsgewinns II

252 Kommt es innerhalb der 7-jährigen Sperrfrist zu einer schädlichen Verfügung über die eingebrachten Anteile, löst dies eine rückwirkende Besteuerung des Einbringungsgewinns II bei dem Einbringenden aus, soweit bei diesem der Gewinn aus der Veräußerung dieser Anteile im Einbringungszeitpunkt nicht nach § 8b II KStG steuerfrei gewesen wäre. Hierbei kommt es rückwirkend zu der Unterstellung, der Einbringende hätte die Anteile nicht zu Buchwerten, sondern zu einem um den Einbringungsgewinn II erhöhten Zwischenwert eingebracht. Der Einbringungsgewinn II unterliegt bei dem Einbringenden rückwirkend dem Teileinkünfteverfahren nach § 3 Nr. 40 EStG bzw. ggf. der **Abgeltungssteuer,** wenn die eingebrachten Anteile bei dem Einbringenden zum Privatvermögen gehörten. Eine Anwendung des § 16 IV EStG kommt nicht in Betracht (§ 22 II 1). Durch das JStG 2009 wurde auch noch klargestellt, dass ebenfalls eine Anwendung des § 34 EStG nicht in Betracht kommt. Warum diese Einfügung vorgenommen wurde, ist nicht ersichtlich, denn Gewinne aus der Veräußerung von Beteiligungen, die dem Teileinkünfteverfahren unterliegen, sind ohnehin von der Anwendung des § 34 EStG ausgenommen (vgl. § 34 II Nr. 1 EStG).

253 Handelt es sich bei dem Einbringenden um eine natürliche Person, die die eingebrachten Anteile in einem Betriebsvermögen gehalten hat, ist der Einbringungsgewinn II auch gewerbesteuerpflichtig, wenn die Beteiligung weniger als 100 % des Nennkapitals umfasste.

In der Literatur wird die Auffassung vertreten, dass auch die Anwendung des § 6b EStG in Betracht kommt, soweit die übrigen Voraussetzungen erfüllt sind (vgl. *Orth* DStR 2011, 1545; *Stangl* in R/H/vL § 22 Rn. 83a). ME ist dieser Auffassung zumindest für den Fall zuzustimmen, wenn die Beteiligung innerhalb des ersten Jahres nach der Einbringung veräußert wird und demgemäß der Einbringungsgewinn vollumfänglich steuerpflichtig ist und noch nicht anteilig um 1/7 pro abgelaufenes Zeitjahr gemindert ist. Die FinVerw lehnt demgegenüber die Anwendbarkeit des § 6b EStG in jedem Fall ab (vgl. UmwStE Rn. 22.13).

254 Die schädliche Verfügung über die Anteile innerhalb der Sperrfrist stellt ein rückwirkendes Ereignis nach § 175 I Nr. 2 AO dar (§ 20 II 2; vgl. hierzu Rn. 138 ff.).

255 Durch die Rückwirkung ergeben sich für den Einbringenden die steuerlichen Konsequenzen aus der schädlichen Verfügung über die eingebrachten Anteile in dem VZ, in dem der Einbringungsstichtag liegt. Die Vollverzinsung beginnt jedoch nicht rückwirkend zu laufen (vgl. Rn. 146).

256 Zu beachten ist, dass sich ggf. aus der rückwirkenden Entstehung des Einbringungsgewinns II im Veranlagungszeitraum des steuerlichen Übertragungsstichtags oder in den folgenden Veranlagungszeiträumen weitere steuerliche Konsequenzen ergeben können, zB

in Bezug auf die Anwendung der Zinsschranke (vgl. zur entsprechenden Kommentierung für den Einbringungsgewinn I Rn. 138).

257 Gemäß § 22 II 4 gilt der Einbringungsgewinn II als **nachträgliche AK** der erhaltenen Anteile. Die nachträglichen AK entstehen rückwirkend im Zeitpunkt der Einbringung (streitig; vgl. eingehend Rn. 141 ff.).

258 **Zuordnung der nachträglichen AK.** Handelte es sich bei dem ursprünglichen Einbringungsvorgang um einen reinen Anteilstausch nach § 21, so sind die nachträglichen AK im Fall einer rückwirkenden Versteuerung des Einbringungsgewinns II sämtlichen erhaltenen Anteilen des Einbringenden zuzuordnen. Wird nur ein Teil der eingebrachten Anteile von der Übernehmerin veräußert, sind die nachträglichen AK nach der hier vertretenen Meinung nur dem auf die veräußerten Anteile entfallenden Teil der erhaltenen Anteile zuzuordnen (vgl. auch Rn. 135; *Patt* in D/P/M § 22 Rn. 82).

259 Problematisch ist die Zuordnung nachträglicher AK jedoch in den Fällen, in denen Beteiligungen an KapGes zusammen mit einem Betrieb/Teilbetrieb/Mitunternehmeranteil nach § 20 zu Buchwerten eingebracht worden sind und anschließend von der Übernehmerin veräußert werden. In diesem Fall stellt sich die Frage, ob die nachträglichen AK sämtlichen erhaltenen Anteilen zuzuordnen sind oder nur dem Teil der erhaltenen Anteile, der als Gegenleistung auf die eingebrachten Anteile entfällt. Die Aufteilung der erhaltenen Anteile könnte quotal erfolgen in dem Verhältnis des gemeinen Wertes der eingebrachten Anteile zu dem gemeinen Wert des insgesamt anlässlich der Einbringung übergegangenen Vermögens. ME wäre eine solche gezielte Zuordnung systemgerecht (vgl. auch *Stangl* in R/H/vL § 22 Rn. 158). Sie setzt allerdings voraus, dass dem Einbringenden anlässlich der gemischten Einbringung mehrere Anteile gewährt worden sind. Wurde hingegen nur ein einziger Anteil gewährt, dann können die nachträglichen Anschaffungskosten diesem nur insgesamt zugeordnet werden und eine Aufteilung ist nicht möglich (*Patt* in D/P/M § 22 Rn. 81).

260 Gem. § 23 II 3 erhöht der rückwirkend versteuerte Einbringungsgewinn II auf Antrag auch die AK der eingebrachten Anteile auf der Ebene der Übernehmerin. Hierdurch mindert sich der unter § 8b II, III KStG fallende Veräußerungsgewinn der Anteile (vgl. auch *Patt* in D/P/M § 22 Rn. 82).

3. Ausnahme: Zwischenzeitliche Veräußerung der erhaltenen Anteile durch den Einbringenden

261 Hat der Einbringende zwischenzeitlich die erhaltenen Anteile veräußert, so sind die eingebrachten Anteile nicht mehr steuerverhaftet. Die Sperrfrist der eingebrachten Anteile wird zeitgleich mit der Veräußerung der erhaltenen Anteile beendet. Dasselbe gilt, wenn der Einbringende eine natürliche Person war, die in der Zwischenzeit ihren Wohnsitz in das Ausland verlegt hat und die erhaltenen Anteile nach § 6 AStG der Besteuerung unterworfen worden sind und die Steuer nicht gestundet worden ist (vgl. § 22 II 5 sowie BT-Drs. 16/2710 zu § 22 IV). Da der Einbringende in den Fällen des § 22 II immer eine Person sein muss, bei der der Gewinn aus der Veräußerung dieser Anteile im Einbringungszeitpunkt nicht nach § 8b II KStG steuerfrei gewesen ist, hat die zwischenzeitliche Veräußerung bzw. der Wegzug zu einer Versteuerung der in den erhaltenen Anteilen ruhenden stillen Reserven und damit mittelbar auch der in den eingebrachten Anteilen ruhenden stillen Reserven geführt. Für die Anwendung einer Missbrauchsvorschrift auf Ebene der übernehmenden KapGes besteht danach – mangels Statusverbesserung – kein Bedarf mehr.

262 Nach Auffassung von *Patt* (in D/P/M § 22 Rn. 75) reicht es für die Beendigung der Sperrfrist nach dieser Regelung sogar aus, wenn der Einbringende seine erhaltenen Anteile zu Buchwerten gegen Gewährung von Gesellschaftsrechten in eine andere Gesellschaft einbringt, denn auch ein Anteilstausch ist eine Veräußerung und § 22 II 5 setzt nicht voraus, dass es anlässlich der Veräußerung zu einer Aufdeckung stiller Reserven gekommen sein muss (glA *Stangl* in R/H/vL § 22 Rn. 161a). Die „Einschränkung“ des Veräußerungs-

begriffs durch den Ersatzrealisationstatbestand gem. § 22 II 6 iVm I 6 Nr. 2 gilt nach dieser Auffassung nur für Zwecke des § 22 II 1, dh eine Veräußerung durch die übernehmende Gesellschaft. Dieser Auffassung ist zuzustimmen, wenngleich davon auszugehen ist, dass die FinVerw diese Auffassung nicht teilen wird. Eine Aussage im UmwStE gibt es diesbezüglich allerdings nicht.

Wird nur ein Teil der erhaltenen Anteile veräußert, kommt es in demselben quotalen Verhältnis zu einer Durchbrechung der Sperrfrist bei den übertragenen Anteilen, sodass diese quotal „entstrickt" werden. Fraglich ist allerdings, ob sich diese Quote so berechnet, dass bestimmte Teile der übertragenen Anteile vollständig entstrickt werden (so wohl *Patt* in D/P/M § 22 Rn. 75a) oder ob sämtliche Anteile verstrickt bleiben und sich lediglich bei dem Einbringenden der verbleibende Einbringungsgewinn II verringert. **263**

Beispiel: A und B halten jeweils 50 % der Anteile an der AB-GmbH. Beide Gesellschafter bringen ihre Anteile im VZ 2010 gegen Gewährung von Gesellschaftsrechten zu Buchwerten in die C-GmbH ein. Im VZ 2011 veräußert A seinen Anteil an der C-GmbH. Im VZ 2012 veräußert die C-GmbH 50 % der Anteile an der AB-GmbH.

Lösung: Mit der Anteilsveräußerung durch A werden die eingebrachten Anteile zur Hälfte entstrickt. Es gibt zwei Möglichkeiten:

- Werden sämtliche Anteile quotal entstrickt, so kommt es im VZ 2012 anlässlich der Veräußerung der Anteile an der AB-GmbH durch die C-GmbH noch zu einer hälftigen Versteuerung des Einbringungsgewinns II.
- Könnte die C-GmbH anlässlich der Veräußerung der Beteiligung durch A im VZ 2011 bestimmen, dass genau die von A eingebrachten Anteile durch diese Veräußerung entstrickt werden, so hätte die C-GmbH im VZ 2012 die Möglichkeit, exakt diese vollständig entstrickten – ursprünglich durch A eingebrachten – Anteile steuerfrei zu veräußern und ein Einbringungsgewinn II würde für B nicht ausgelöst.

ME ist der zweiten Variante der Vorzug zu geben. Zumindest dann, wenn mehrere Anteile in einem einheitlichen Vorgang durch mehrere Einbringende übertragen worden sind, müsste die Beendigung der Sperrfrist aufgrund der Veräußerung erhaltener Anteile durch einen der Einbringenden exakt den durch ihn eingebrachten Anteilen zuordenbar sein. Dasselbe muss gelten, wenn nur ein Gesellschafter mehrere Anteile einbringt und im Gegenzug auch mehrere Anteile von der Übernehmerin erhält. Etwas anderes dürfte allerdings gelten, wenn der Einbringende nur einen einheitlichen Anteil übertragen hat. Selbst wenn der Einbringende dann einen Teil der erhaltenen Anteile veräußert, kann der eine eingebrachte Anteil nur insgesamt quotal entstrickt werden.

Bestehen mitverstrickte Anteile, so kann es nur dann zu einer Beendigung der Sperrfrist für sämtliche übertragenen Anteile kommen, wenn auch der Inhaber der mitverstrickten Anteile diese veräußert hat, wenn also der Einbringende letztlich den gesamten Einbringungsgewinn II – gemindert um 1/7 für jedes abgelaufene Zeitjahr – versteuert hat. **264**

Für die Beendigung der Sperrfrist bedarf es zwingend einer Veräußerung oder eines Wegzugs, bei dem die Steuer nicht gestundet wird. Deckt der Einbringende hingegen die stillen Reserven in den erhaltenen Anteilen durch einen anderen Vorgang auf (zB durch eine verdeckte Einlage der Anteile), dann kommt es trotz einer Versteuerung auf der Ebene des Einbringenden gleichwohl nicht zu einer Beendigung der Sperrfrist der eingebrachten Anteile (so auch *Patt* in D/P/M § 22 Rn. 76; *Stangl* in R/H/vL § 22 Rn. 160; *Schmitt* in S/H/S § 22 UmwStG Rn. 134; *Mutscher* in F/D § 22 UmwStG Rn. 263). Die übernehmende KapGes ist dann vielmehr unentgeltliche Rechtsnachfolgerin des Einbringenden gem. § 22 VI. **265**

Die Tatsache, dass es einer „Veräußerung" bzw. eines „Wegzugs ohne Stundung" bedarf, entspricht dem Wortlaut des Gesetzes. Vom Sinn und Zweck her wäre es mE allerdings angebracht, die Rechtsfolge der Beendigung der Sperrfrist für die eingebrachten Anteile immer dann eintreten zu lassen, wenn der Einbringende die in seinen erhaltenen Anteilen ruhenden stillen Reserven versteuert. Dies würde dem Umstand Rechnung tragen, dass es sich bei § 22 um eine Missbrauchsvorschrift handelt und in einem solchen Fall kein Missbrauch mehr zu befürchten ist. **266**

267 Erfolgt ein Wegzug innerhalb der EU/EWR mit Stundung, kommt es ebenfalls nicht zu einer Beendigung der Sperrfrist. Veräußert dann die übernehmende KapGes die eingebrachten Anteile, so kommt es bei dem Einbringenden zu einer rückwirkenden Besteuerung des Einbringungsgewinns II. Die hierdurch entstehenden nachträglichen Anschaffungskosten führen allerdings dazu, dass die stillen Reserven zum Zeitpunkt des Wegzugs – rückwirkend – um diesen Betrag geringer sind. Die Steuerfestsetzung anlässlich des Wegzugs sowie die gewährte Stundung sind dann entsprechend zu ändern. Gleichermaßen kommt es zu einer Beendigung der Sperrfrist der eingebrachten Anteile, wenn eine Wohnsitzverlegung innerhalb der EU/EWR zunächst mit Stundung erfolgt und die Stundung später – aber noch innerhalb der 7-jährigen Sperrfrist der eingebrachten Anteile – aufgehoben wird. Das schädliche Ereignis liegt dann – ohne Zutun des Steuerpflichtigen – in der Aufhebung der Stundung, denn die Voraussetzungen der § 22 II 1–4 (Wegzug ohne Stundung) sind ab diesem Zeitpunkt erfüllt (glA *Patt* in D/P/M § 22 Rn. 77; *Widmann* W/M § 22 UmwStG Rn. 333).

IV. Verhältnis der Versteuerung einbringungsgeborener Anteile alten Rechts (§ 21 UmwStG aF; § 8b IV KStG aF) und der Versteuerung erhaltener Anteile nach § 22 UmwStG idF des SEStEG

268 Sog. einbringungsgeborene Anteile, die durch Einbringungen nach § 20 UmwStG aF entstanden sind, behalten ihre ursprüngliche steuerrechtliche Qualifikation. Der Gesetzgeber hat sich entschieden, einbringungsgeborene Anteile nicht in das neue Besteuerungsregime des § 22 UmwStG idF des SEStEG mit einzubeziehen. Diese Anteile unterliegen gemäß §§ 52 IVd 2 EStG iVm § 3 Nr 40 3 und 4 EStG aF und § 34 VIIa KStG iVm § 8b IV KStG aF im Fall einer schädlichen Verwendung innerhalb der 7-jährigen Sperrfrist alten Rechts einer vollständigen Steuerpflicht des anlässlich der Veräußerung entstehenden Gewinns. Diese Regelungen sind in allen Fällen unproblematisch, in denen die einbringungsgeborenen Anteile nicht in Folgeumwandlungen involviert werden, die ihrerseits bereits dem neuen Recht unterfallen.

269 Werden einbringungsgeborene Anteile alten Rechts hingegen in Folgeeinbringungen verwickelt, so pflanzt sich das alte Recht nicht nur an diesen nämlichen Anteilen fort, sondern die im Gegenzug gewährten Anteile sind ihrerseits wiederum einbringungsgeboren nach der vor dem SEStEG geltenden Rechtssystematik (§ 20 III 4).

1. Schicksal der übertragenen einbringungsgeborenen Anteile

270 Werden einbringungsgeborene Anteile alten Rechts innerhalb der 7-Jahres-Frist im Rahmen eines qualifizierten Anteilstauschs nach § 21 in eine andere KapGes eingebracht und sind sie bei dem übernehmenden Rechtsträger weiterhin als einbringungsgeborene Anteile alten Rechts zu qualifizieren (zu dieser Problematik vgl. § 23 Rn. 15 ff.), findet § 22 im Veräußerungsfall auf solche Anteile zumindest insoweit, wie der Veräußerungsgewinn bereits nach § 8b IV KStG aF steuerpflichtig ist, keine Anwendung (§ 27 IV). Hierdurch wird sichergestellt, dass nicht dieselben stillen Reserven entweder bei demselben Stpfl. zu unterschiedlichen Zeitpunkten oder – in den Fällen des § 22 II – ggf. bei zwei verschiedenen Stpfl. der Besteuerung unterworfen werden.

Fraglich ist hingegen, ob es zeitgleich zu einer Anwendung von § 8b IV KStG aF und § 22 II UmwStG nF kommen kann.

Beispiel: A bringt mit Wirkung zum 1.1.05 einen Teilbetrieb in die A-GmbH ein. Die im Gegenzug erhaltenen Anteile sind einbringungsgeboren. Mit Wirkung zum 1.1.07 bringt er die einbringungsgeborenen Anteile zu Buchwerten in die B-GmbH ein. Der Buchwert beträgt zu diesem Zeitpunkt 1000 €, der gemeine Wert 8000 €. Im Jahr 2010 veräußert die B-GmbH die erhaltenen Anteile zu einem Wert von 6000 €.

Würdigung: Im Zeitpunkt der Veräußerung unterliegt der Veräußerungsgewinn iHv 5000 € der Regelung des § 8b IV KStG aF, denn die Veräußerung erfolgte innerhalb der 7-jährigen Sperrfrist des § 8b IV KStG aF.

Darüber hinaus könnte aber auch noch eine Versteuerung des übersteigenden Einbringungsgewinns II erfolgen. Die Frage, ob das alte und das neue Recht bei demselben Veräußerungsvorgang auf die nämlichen Anteile Anwendung finden kann, stellt sich nur, wenn die Anteile seit der Folgeeinbringung in die B-GmbH an Wert verloren haben und daher der Einbringungsgewinn II betragsmäßig höher wäre als die nach § 8b IV KStG zu versteuernden stillen Reserven. Diese Situation ist in dem hier gewählten Beispiel gegeben. Der Einbringungsgewinn II betrüge zunächst 7000 €, würde aber nach § 27 IV gemindert um den bereits nach § 8b IV KStG aF steuerpflichtigen Betrag von 5000 €.

Die Beantwortung dieser Frage ist in der Literatur strittig. Für eine parallele Anwend- 271
barkeit beider Vorschriften spricht die Wortwahl des § 27 IV, der eine Anwendbarkeit des § 22 II nur aussetzt, „soweit" hinsichtlich des Gewinns aus der Veräußerung der Anteile oder einem gleichgestellten Ereignis iSv § 22 I die Steuerfreistellung nach § 8b IV KStG aF oder nach § 3 Nr. 40 S 3 und 4 EStG aF ausgeschlossen ist (diese Auffassung vertritt *Widmann* in W/M § 22 Rn. 197.1). Danach wäre in dem obigen Beispiel zusätzlich zum Veräußerungsgewinn der übersteigende Einbringungsgewinn II von 2000 €, gemindert um 1/7 für jedes seit der Folgeeinbringung abgelaufende Zeitjahr, zu versteuern.

Demgegenüber vertritt die wohl herrschende Meinung, dass die Anwendbarkeit des 272
§ 8b IV KStG aF den neuen § 22 II vollständig suspendiert und eine parallele Anwendung beider Vorschriften auf denselben Veräußerungsvorgang ausscheidet (so zB *Patt* in D/P/M § 22 Rn. 73c sowie *Pinkernell* FR 2011, 568). Dies entspricht auch der Auffassung der FinVerw (vgl. UmwStE Rn. 27.07). Dieser Auffassung ist zuzustimmen. Es spricht vieles dafür, dass der Gesetzgeber die beiden Besteuerungssysteme nicht miteinander verknüpfen wollte, sondern die alte Rechtslage „separat" auslaufen lassen wollte. Durch die unterschiedliche Systematik der alten und der neuen Rechtslage – insbesondere unter Berücksichtigung der nach der neuen Rechtslage geltenden Rückwirkung der Einbringungsgewinnbesteuerung – ergäben sich ansonsten auch zeitliche Überlappungen.

Eine weitere Frage ergibt sich, ob die Anwendung des § 22 II für die eingebrachten 273
Anteile zumindest ab dem Zeitpunkt wieder eingreift, ab dem die 7-jährige Sperrfrist des § 8b IV KStG aF abgelaufen ist. In dem obigen Beispiel wäre das also bei einer schädlichen Veräußerung ab dem 1.1.2012 der Fall (ablehnend *Patt* in D/P/M § 22 Rn. 73c sowie *Pinkernell* FR 2011, 568; befürwortend *Widmann* in W/M § 22 Rn. 197.1). *Patt* begründet seine Auffassung damit, dass eine Anwendung des § 22 II nach Ablauf der Sperrfrist alten Rechts zu einer Ausweitung der Sperrfristverhaftung führen würde, die dem Grundgedanken des § 27 IV entgegen stünde. Denn wenn eine Missbrauchsverhinderung vorrangig nur nach den Grundsätzen des § 8b IV KStG aF erfolgen soll, so sehe der Gesetzgeber nach Ablauf der dort bestimmten Sperrfrist keine „Statusverbesserung" mehr.

Die Auffassung von *Patt* und *Pinkernell* ist für die betroffenen Steuerpflichtigen günstig. 274
Darüber hinaus liest sich UmwStE Rn. 27.06 S 2 ebenfalls so, als sei auch in den Fällen der Weitereinbringung einbringungsgeborener Anteile nach Ablauf der Sperrfrist alten Rechts „alles vorbei". In UmwStE Rn. 27.12 (mit Beispiel) wird allerdings deutlich, dass die FinVerw die Auffassung von *Patt* und *Pinkernell* nicht teilt. Vielmehr beginnt hiernach im Fall einer Weitereinbringung der einbringungsgeborenen Anteile alten Rechts ebenfalls eine 7-Jahres-Frist nach neuem Recht zu laufen. Veräußert dann die übernehmende Gesellschaft die eingebrachten Anteile nach Ablauf der Sperrfrist alten Rechts aber vor Ablauf der Sperrfrist neuen Rechts, so entsteht nach dieser Auffassung doch noch rückwirkend auf den Zeitpunkt der Weitereinbringung ein anteiliger Einbringungsgewinn II, der dann auch der Vollversteuerung unterliegen soll. Weder das Teileinkünfteverfahren noch die Minderung des Einbringungsgewinns II um 1/7 für jedes seit der Weitereinbringung abgelaufene Wirtschaftsjahr sollen greifen. Der Steuerpflichtige wird also so gestellt, als hätte er innerhalb der Sperrfrist alten Rechts die Anteile zu einem in Höhe des steuerpflichtigen Einbringungsgewinns II über dem Buchwert liegenden Wert weitereinge-

bracht. Damit verlängert sich die Sperrfrist alten Rechts durch die Weitereinbringung im schlechtesten Fall faktisch um weitere sieben Jahre.

2. Qualifikation der im Gegenzug gewährten neuen Anteile

275 Werden einbringungsgeborene Anteile allein oder zusammen mit einem anderen Betriebsvermögen innerhalb der 7-jährigen Sperrfrist alten Rechts zu Buchwerten auf eine andere KapGes übertragen, so unterliegen die im Gegenzug gewährten Anteile ihrerseits ebenfalls als einbringungsgeborene Anteile den Regelungen des alten Rechts (vgl. § 21 II 6 iVm § 20 III 4).

Diese neu entstehenden einbringungsgeborenen Anteile treten in die alte 7-Jahres-Frist der eingebrachten einbringungsgeborenen Anteile ein. Es beginnt somit keine neue Frist zu laufen (vgl. UmwStE Rn. 27.05).

V. Nachweispflicht (§ 22 III)

1. Allgemeines

276 Da die Veräußerung oder sonstige schädliche Übertragung erhaltener Anteile gem. § 22 I bzw. eingebrachter Anteile gem. § 22 II innerhalb der 7-jährigen Sperrfrist eine rückwirkende Besteuerung des Einbringungsvorgangs auslöst, besteht ein Kontrollbedürfnis der FinVerw, ob eine solche schädliche Übertragung stattgefunden hat oder nicht. Aus diesem Grund sieht § 22 III vor, dass der Einbringende in den dem Einbringungszeitpunkt folgenden 7 Jahren jährlich spätestens bis zum 31. Mai den Nachweis darüber zu erbringen hat, wem mit Ablauf des Tages, der dem maßgebenden Einbringungszeitpunkt entspricht,

- in den Fällen des Abs. 1 die erhaltenen Anteile und die auf diesen Anteilen beruhenden Anteile und
- in den Fällen des Abs. 2 die eingebrachten Anteile und die auf diesen Anteilen beruhenden Anteile

zuzurechnen sind. Erbringt er den Nachweis nicht, gelten die Anteile iSd Abs. 1 oder des Abs. 2 an dem Tag, der dem Einbringungszeitpunkt folgt oder der in den Folgejahren diesem Kalendertag entspricht, als veräußert.

2. Nachweispflichtiger

277 Nachweispflichtig ist nach dem Gesetzestext grundsätzlich der Einbringende. Dies betrifft nicht nur die Fälle, in denen es um die von ihm selbst gehaltenen Anteile geht, sondern auch die Fälle, in denen nachgewiesen werden muss, ob nach § 22 steuerverhaftete Anteile noch bestimmten anderen Rechtsträgern zuzurechnen sind.

278 Im Falle der unentgeltlichen Rechtsnachfolge (§ 22 VI) ist der Nachweis vom Rechtsnachfolger und im Falle der Mitverstrickung von Anteilen (§ 22 VII) neben dem Einbringenden auch vom Anteilseigner der mitverstrickten Anteile zu erbringen (UmwStE Rn. 22.28).

279 In den Fällen der Mitverstrickung sollen also zwei Personen, der Einbringende und der Anteilseigner der mitverstrickten Anteile, nachweispflichtig sein. Aus dem Gesetzeswortlaut ist allerdings eine Nachweispflicht durch eine andere Person als den Einbringenden nicht zu entnehmen. Andererseits wäre es praktisch nicht durchführbar, ausschließlich dem Einbringenden in diesen Fällen die Nachweispflicht aufzuerlegen, denn der Einbringende begründet mit dem Anteilsinhaber der mitverstrickten Anteile kein direktes Vertragsverhältnis, das ihm die Möglichkeit geben würde, sich ein entsprechendes Informationsrecht einzuräumen. De facto könnte der Einbringende also den Nachweis, dass die mitverstrickten Anteile immer noch dem Anteilseigner zuzurechnen sind, der sie auch im Zeitpunkt der Mitverstickung gehalten hat, in den meisten Fällen gar nicht erbringen. Die Lösung des

BMF, in diesen Fällen auch dem Anteilseigner der mitverstrickten Anteile selbst die Nachweispflicht aufzuerlegen, erscheint daher praxisgerecht.

3. Art und Zeitpunkt des Nachweises

In den Fällen der Einbringung von Betrieben, Teilbetrieben oder Mitunternehmeranteilen erhält der Einbringende unmittelbar die nach § 22 I steuerverstrickten „erhaltenen Anteile". Der Einbringende oder sein unentgeltlicher Rechtsnachfolger hat dann jährlich während der 7-jährigen Sperrfrist nachzuweisen, dass ihm selbst diese Anteile noch zuzurechnen sind. Unter „Zurechnung" ist hier die Zurechnung des wirtschaftlichen Eigentums an diesen Anteilen zu verstehen (vgl. *Söffing/Lange* DStR 2007, 1607 (1609)). 280

Ist Einbringender eine PersGes, so hat diese nach Auffassung der FinVerw gem. UmwStE Rn. 22.28 auch nachzuweisen, wem die an ihr bestehenden Mitunternehmeranteile zuzurechnen sind, denn eine Veräußerung dieser Mitunternehmeranteile stellt ebenfalls einen schädlichen Ersatzrealisationstatbestand dar (vgl. Rn. 73 ff.). Bestehen doppel- oder mehrstöckige PerGes, so ist wohl folgerichtig für jede der PersGes in der Beteiligungskette der Nachweis zu erbringen, dass diese ihre Beteiligung an der Tochter-PersGes nicht veräußert hat (vgl. *Kröner/Momen* DB 2012, 71 (78)). 281

In den Fällen der sog. Weitereinbringung zu Buchwerten gem. § 22 I 6 Nrn. 2, 4 oder 5 hat der Einbringende nicht nur die Verpflichtung, innerhalb der Sperrfrist jährlich nachzuweisen, wem die erhaltenen bzw. eingebrachten Anteile zuzurechnen sind, sondern auch, wem die „auf diesen Anteilen beruhenden Anteile" zuzurechnen sind. 282

Beispiel: A bringt im Jahr 01 sein Einzelunternehmen in die A-GmbH ein. Im Jahr 03 überträgt er die erhaltenen Anteile im Wege des Anteilstauschs zu Buchwerten auf die B-GmbH.

Lösung: Im Anschluss an die Einbringung des Einzelunternehmens hat A zunächst jährlich nachzuweisen, dass ihm die erhaltenen Anteile an der A-GmbH weiterhin zuzurechnen ist. Der Anteilstausch im Jahr 03 stellt einen unschädlichen Vorgang nach § 22 I 6 Nrn. 2, 4 dar. Allerdings wäre nach diesem Anteilstausch sowohl die Veräußerung der erhaltenen Anteile durch die B-GmbH als auch die Veräußerung der auf den erhaltenen Anteilen beruhenden Anteile durch den A schädlich und würde eine rückwirkende Besteuerung des Einbringungsgewinns I auslösen. Aus diesem Grund hat der Einbringende A fortan jährlich zwei verschiedene Nachweise zu erbringen, und zwar einerseits, dass der B-GmbH die Anteile an der A-GmbH weiterhin zuzurechnen sind und andererseits, dass er selbst die Anteile an der B-GmbH noch hält.

In sämtlichen Fällen, in denen der Einbringende nachweisen soll, dass einem anderen Rechtsträger die betreffenden Anteile zuzurechnen sind, stellt sich die Frage, wie der Nachweispflichtige seinerseits sicherstellen kann, dass ihm die notwendige Information sowie die zum Nachweis erforderlichen Unterlagen zur Verfügung gestellt werden. Dies kann nur durch entsprechende vertragliche Regelung in den jeweiligen Einbringungsverträgen sichergestellt werden. 283

Nach der Gesetzesbegründung (BT-Drs. 16/2710, 49 zu § 22 III) kann der Nachweis insbesondere durch die Vorlage eines Registerauszugs oder einer Bescheinigung der jeweils übernehmenden oder erwerbenden Gesellschaft, dass die eingebrachten Anteile zum jeweiligen Stichtag noch vorhanden sind, erbracht werden. 284

Das BMF konkretisiert diese Anforderung in UmwStE Rn. 22.30 dahingehend, dass der Einbringende in den Fällen der Sacheinlage nach § 20 eine schriftliche Erklärung darüber abzugeben hat, wem seit der Einbringung die erhaltenen Anteile als **wirtschaftlichem Eigentümer** zuzurechnen sind. Sind die Anteile zum maßgebenden Zeitpunkt dem Einbringenden zuzurechnen, hat er darüber hinaus eine Bestätigung der übernehmenden Gesellschaft über seine Gesellschafterstellung vorzulegen. Ersatzweise kann dieser Nachweis aber auch durch Vorlage eines Auszugs aus dem Aktienregister (§ 67 AktG), einer Gesellschafterliste (§ 40 GmbHG) oder einer Mitgliederliste (§ 30 GenG) zum jeweiligen Stichtag erbracht werden. In allen anderen Fällen hat der Einbringende nachzuweisen, an wen und auf welche Weise die Anteile übertragen worden sind. 285

In den Fällen des Anteilstauschs ist eine entsprechende Bestätigung der übernehmenden Gesellschaft über das wirtschaftliche Eigentum an den eingebrachten Anteilen und zur Gesellschafterstellung ausreichend; vereinfachend kann der Nachweis auch durch die Vorlage der Steuerbilanz der übernehmenden Gesellschaft nachgewiesen werden (UmwStE Rn. 22.30).

286 Der Nachweis ist erstmals für den dem Einbringungsstichtag entsprechenden Tag im folgenden Kalenderjahr zu erbringen (glA *Stangl* in R/H/vL § 22 Rn. 188 sowie UmwStE Rn. 22.31; demgegenüber halten *Förster/Wendland* BB 2007, 631 (638) sowie *Benecke/Schnitger* IStR 2006, 765 (775) nach dem Wortlaut der Regelung eine Auslegung für möglich, wonach der Nachweis bereits am 31.5. des Jahres, der dem steuerlichen Übertragungsstichtag unmittelbar folgt, zu erbringen ist).

Beispiele: Einbringung mit Wirkung zum 31.12.01 (steuerlicher Übertragungsstichtag)
Nachweis erstmals bis zum 31.5.03 für den Stichtag 31.12.02
Nachweis letztmals bis zum 31.5.09 für den Stichtag 31.12.08
Einbringung mit Wirkung zum 30.4.01
Nachweis erstmals bis zum 31.5.02 für den Stichtag 30.4.02
Nachweis letztmals bis zum 31.5.08 für den Stichtag 30.4.08
Einbringung mit Wirkung zum 1.7.01
Nachweis erstmals bis zum 31.5.03 für den Stichtag 1.7.02
Nachweis letztmals bis zum 31.5.09 für den Stichtag 1.7.08

287 Es ist zu erkennen, dass die Zeit zur Erbringung des Nachweises immer kürzer wird, je mehr sich der Umwandlungsstichtag dem 31.5. des Einbringungsjahres nähert. Am längsten ist die Zeit zwischen dem Bezugstag des Nachweises und dem Ablauf der Nachweisfrist somit, wenn der Umwandlungsstichtag der 1.6. eines Jahres ist.

288 **Nachweis bei Mitverstrickung.** Findet innerhalb der 7-jährigen Sperrfrist eine Mitverstrickung von Anteilen aufgrund einer weiteren Kapitalmaßnahme statt, dann endet die Nachweispflicht für den Anteilsinhaber der mitverstrickten Anteile gleichwohl in demselben Jahr wie für den Einbringenden, denn die mitverstrickten Anteile unterliegen keiner eigenen 7-jährigen Sperrfrist, sondern „steigen in die Sperrfrist der erhaltenen Anteile mit ein" (s. hierzu auch Rn. 89).

289 Innerhalb dieser Frist ist allerdings auch für die mitverstrickten Anteile nachzuweisen, wem die mitverstrickten Anteile oder auf diesen Anteilen beruhende Anteile „mit Ablauf des Tages, der dem Einbringungszeitpunkt entspricht" zuzurechnen sind. Maßgeblich ist hier also nicht etwa ein abweichender Stichtag der Mitverstrickung.

Beispiel: A bringt sein Einzelunternehmen im Jahr 01 rückwirkend zum 31.12.00 in die A-GmbH ein. Das Stammkapital beträgt 100.000 €. Im März 03 tritt auch sein Sohn S in die A-GmbH ein. Zu diesem Zweck wird eine Kapitalerhöhung um weitere 100.000 € vorgenommen, die S nominal einzahlt.

Durch die Kapitalerhöhung im März 03 sind stille Reserven von den erhaltenen Anteilen des V auf die neuen Anteile des S übergesprungen. Die Anteile des S sind somit mitverstrickt. Bis zum 31. Mai 03 hat lediglich der Einbringende V nachzuweisen, dass ihm die erhaltenen Anteile zum 31.12.02 noch zuzurechnen waren. Erstmals bis zum 31. Mai 04 haben der Einbringende V und der Sohn S zusätzlich zum Verbleib der erhaltenen Anteile auch nachzuweisen, dass dem S zum 31.12.03 noch die mitverstrickten Anteile zuzurechnen waren.

290 **Nachweis bei unentgeltlicher Rechtsnachfolge.** In den Fällen der unentgeltlichen Rechtsnachfolge gilt gem. § 22 VI der unentgeltliche Rechtsnachfolger als Einbringender. Die Nachweispflicht geht daher auf ihn über und er hat diese auch bei dem für ihn zuständigen Finanzamt zu erbringen.

291 **Zuständiges Finanzamt.** Der Nachweis ist vom Einbringenden bzw. dem unentgeltlichen Rechtsnachfolger bei dem jeweils für ihn zuständigen Finanzamt zu erbringen. Im Fall des Nachweises durch den unentgeltlichen Rechtsnachfolger wird in der Literatur allerdings auch diskutiert, ob nicht ggf. das Finanzamt des ursprünglichen Einbringenden insoweit zuständig bleibt (vgl. hierzu *Schmitt* in S/H/S § 22 Rn. 162 sowie *Patt* in D/P/M

§ 22 Rn. 90). Scheidet der Einbringende nach der Einbringung durch Wegzug aus der unbeschränkten Steuerpflicht aus, ist der Nachweis bei dem Finanzamt iSv § 6 VII 1 AStG zu erbringen (UmwStE Rn. 22.29).

Fraglich ist, wo der Inhaber mitverstrickter Anteile die ihm auferlegte Nachweispflicht zu erfüllen hat. Es ist wohl davon auszugehen, dass dies ebenfalls das für den Einbringenden zuständige Finanzamt ist. **292**

Verspäteter Nachweis. Das BMF stellt in UmwStE Rn. 22.33 klar, dass die Nachweisfrist nicht verlängerbar ist. Allerdings „kann" ein verspäteter Nachweis noch Berücksichtigung finden, solange eine Änderung der betroffenen Bescheide verfahrensrechtlich noch möglich ist. Die Nichterbringung des Nachweises bis zum 31.5. eines betreffenden Jahres ist das schädliche Ereignis, welches nach § 175 I 2 AO die rückwirkende Besteuerung des Einbringungsgewinns auslöst. Die Festsetzungsfrist zur Änderung der „betroffenen" Bescheide des Einbringenden beginnt daher gem. § 175 I 2 AO mit Ablauf des Kalenderjahres, in dem dieses schädliche Ereignis eintritt. Fraglich ist allerdings, ob sich die FinVerw aufgrund der Wortwahl „können allerdings ... noch berücksichtigt werden" einen Ermessensspielraum offen halten will (vgl. zu dieser Diskussion *Schmitt* in S/H/S § 22 Rn. 161 sowie *Stangl* in R/H/vL § 22 Rn. 185). **293**

Der in der Praxis vermutlich am häufigsten vorkommende Fall fehlender Nachweise nach § 22 III wird wohl in den Fällen der Mitverstrickung eintreten, denn in vielen Fällen ist die Mitverstrickung den beteiligten Rechtsträgern gar nicht bewusst. Daher wird der Anteilseigner der mitverstrickten Anteile seiner Nachweispflicht auch nicht fristgerecht nachkommen. Sollte der unglückliche Fall eintreten, dass die betroffenen Bescheide des Einbringenden nicht mehr änderbar sind, wenn die Mitverstrickung „bekannt" wird, dann kann der Nachweis nicht mehr wirksam erbracht werden und die mitverstrickten Anteile gelten als in dem Jahr veräußert, für das ihre Zurechnung erstmals nach § 22 III hätte nachgewiesen werden müssen. **294**

4. Rechtsfolge bei fehlendem Nachweis

Wird der Nachweis nicht erbracht, gelten die betreffenden erhaltenen oder eingebrachten Anteile an dem Tag, der dem Einbringungszeitpunkt folgt oder der in den Folgejahren diesem Kalendertag entspricht, als veräußert. **295**

Beispiel: A bringt im Jahr 01 rückwirkend zum 31.12.00 einen Betrieb zu Buchwerten in die A-GmbH ein. Zunächst erbringt A jährlich den geforderten Nachweis. Im Jahr 05 jedoch erbringt A bis zum 31.5.05 nicht mehr den Nachweis, dass ihm die Anteile am 31.12.04 noch zuzurechnen waren.

Lösung: Die Anteile gelten als am 1.1.05 veräußert. Der Einbringungsgewinn I mindert sich gem. § 22 I um 4/7.

Die Veräußerungsfiktion löst sämtliche Steuerfolgen des § 22 I aus. Das bedeutet, dass in Höhe des rückwirkend zu versteuernden Einbringungsgewinns nachträgliche Anschaffungskosten der erhaltenen Anteile entstehen. Außerdem sind die Regelungen des § 23 über die Bewertung der eingebrachten WG zu beachten. **296**

Nach Ansicht der FinVerw (UmwStE Rn. 22.32; ebenso *Dötsch/Pung* DB 2006, 2767) soll die Veräußerungsfiktion darüber hinaus auch zu einer Versteuerung eines fiktiven verbleibenden Veräußerungsgewinns im Jahr des fehlenden Nachweises führen. Diese Rechtsauffassung ist mit dem Gesetzestext vereinbar. Fraglich ist jedoch, ob diese weitgehende Rechtsfolge vom Gesetzgeber gewollt war. Die Gesetzesbegründung (BT-Drs. 16/2710, 49 zu § 22 III) nennt diese Rechtsfolge nicht, sondern führt nur die rückwirkende Besteuerung des Einbringungsgewinns auf. Ich meine auch, dass es für die Besteuerung des „verbleibenden" Veräußerungsgewinns aufgrund eines fehlenden Nachweises keine steuersystematische Veranlassung gibt und diese Annahme unverhältnismäßig weitgehend ist. Die Veräußerungsfiktion des § 22 III dient ausschließlich der rückwirkenden Versteuerung stiller Reserven, die anlässlich eines steuerbegünstigten Einbringungsvorgangs zu Buchwerten auf ein anderes Steuersubjekt übertragen worden sind. Eine ganz **297** allgemeine Veräußerungsfiktion, die im Fall eines fehlenden Nachweises die Besteuerungsfolgen des § 8b II, III KStG auslöst, ist dem Steuerrecht bisher völlig fremd. Eine Steuer entsteht, wenn positiv feststeht, dass ein bestimmter Steuertatbestand erfüllt ist. Bisher ist es nicht Aufgabe des Steuerpflichtigen, zu beweisen, dass er einen bestimmten Steuertatbestand nicht erfüllt hat, um eine bestimmte Steuer abzuwenden. Von diesem Grundsatz kann im Rahmen einer Missbrauchsvorschrift abgewichen werden, allerdings sollte sich die Ausnahmeregelung dann auch auf den Missbrauchsfall beschränken. Die Veräußerungsfiktion ist daher mE insoweit einschränkend auszulegen (glA *Rödder/Schumacher* DStR 2007, 369 (375); *Förster/Wendland* BB 2007, 631 (638); *Söffing/Lange* DStR 2007, 1607 (1611); *Stangl* GmbHR 2012, 253 (262) mwN; *Schneider/Roderburg* in Schneider/Ruoff/Sistermann Rn. H 22.97).

VI. Veräußerung erhaltener Anteile durch eine juristische Person des öffentlichen Rechts oder durch eine steuerbefreite Körperschaft (§ 22 IV)

298 § 22 IV enthält besondere Regelungen für den Fall, dass

– eine juristische Person des öffentlichen Rechts, die einen Betrieb/Teilbetrieb/Mitunternehmeranteil nach § 20 zu Buchwerten in eine KapGes gegen Gewährung von Gesellschaftsrechten eingebracht hat, die aus dieser Einbringung hervorgegangenen Anteile innerhalb der 7-jährigen Sperrfrist veräußert (§ 22 IV Nr. 1)
– eine von der Körperschaftsteuer befreite Gesellschaft, die in der Vergangenheit einen Betrieb/Teilbetrieb/Mitunternehmeranteil nach § 20 zu Buchwerten in eine KapGes gegen Gewährung von Gesellschaftsrechten eingebracht hat, die aus dieser Einbringung hervorgegangenen Anteile innerhalb der 7-jährigen Sperrfrist veräußert (§ 22 IV Nr. 2).

299 Die Regelung dient der Besteuerung des Einbringungsgewinns I und soll jeweils sicherstellen, dass durch seine rückwirkende Besteuerung genau das steuerliche Ergebnis eintritt, das sich auch ergeben hätte, wenn die juristische Person des öffentlichen Rechts bzw. die steuerbefreite Körperschaft die Einbringung des Betriebs/Teilbetriebs/Mitunternehmeranteils derzeit zu einem in Höhe des Einbringungsgewinns I über dem Buchwert liegenden Wert eingebracht hätte.

1. Juristische Person des öffentlichen Rechts (§ 22 IV Nr. 1)

300 Eine juristische Person des öffentlichen Rechts ist nur steuerpflichtig im Rahmen ihrer BgA. Ein Betrieb gewerblicher Art ist nach § 4 I KStG eine Einrichtung, die einer nachhaltigen wirtschaftlichen Tätigkeit zur Erzielung von Einnahmen außerhalb der Land- und Forstwirtschaft dient und sich innerhalb der Gesamtbetätigung der juristischen Person wirtschaftlich heraushebt. Gem. R 6 II 2 KStR stellt auch die Beteiligung einer juristischen Person des öffentlichen Rechts an einer Mitunternehmerschaft stets einen BgA dar.

301 § 22 IV verweist ausschließlich auf § 22 I und ist damit nur anwendbar, wenn die juristische Person einen Betrieb/Teilbetrieb/Mitunternehmeranteil eingebracht hat Es ist allgemein anerkannt, dass auch ein BgA Gegenstand einer Sacheinlage nach § 20 sein kann (vgl. *Patt* in D/P/M § 20 Rn. 23, 29; *Herlinghaus* in R/H/vL § 20 Rn. 31; *Orth* DB 2007, 419 (421)).

302 Handelte es sich ursprünglich um die Einbringung eines gesamten BgA oder eines Mitunternehmeranteils, so hat die öffentlich-rechtliche Körperschaft nach der Einbringung selbst keinen BgA mehr, sondern nur noch die erhaltenen Anteile. Diese hält sie entweder in ihrem Hoheitsvermögen oder in ihrem der Vermögensverwaltung dienenden Vermögen. In beiden Fällen wäre ohne die Regelung des § 22 IV eine Besteuerung des Einbringungsgewinns I nicht möglich.

§ 22 IV stellt also sicher, dass auch die öffentlich-rechtliche Körperschaft den Einbringungsgewinn I zu versteuern hat. 303

Der Wortlaut des § 22 IV Nr. 1 geht aber über diese steuerliche Folge hinaus, denn es wird fingiert, dass der gesamte Veräußerungsgewinn als in einem BgA entstanden gilt. Damit ist von der Regelung nicht nur der rückwirkend zu besteuernde Einbringungsgewinn, sondern auch der verbleibende Veräußerungsgewinn umfasst. Fraglich ist, ob dies systemgerecht ist und vom Gesetzgeber gewollt war. Zwar kann die öffentlich-rechtliche Körperschaft für den verbleibenden Veräußerungsgewinn grds. § 8b II KStG in Anspruch nehmen, es entstehen aber fiktive nicht abzugsfähige Betriebsausgaben nach § 8b III sowie eine Kapitalertragsteuerpflicht für die dem Veräußerungsgewinn entsprechenden Kapitalerträge (§ 20 I Nr. 10b EStG; vgl. auch *Patt* in D/P/M § 22, Rn. 94; aA *Bott* in Ernst & Young § 4 KStG Rn. 463.6; *Orth* DB 2007, 419 (4250); *Jäschke* in Lademann § 22 UmwStG aF Rn. 29; *Wulff-Dohmen* in Haase/Hurschka § 22 Rn. 457; *Stangl* in R/H/vL § 22 Rn. 198). Diese Kapitalertragsteuer, die durch das UStRefG 2008 auf 15% angehoben wurde (§ 43a I 1 Nr. 2 EStG), hat Abgeltungswirkung (§ 32 I 2 KStG) und stellt damit eine Definitivbelastung dar. 304

Eine Gewerbesteuerpflicht wird durch § 22 IV jedoch nicht ausgelöst (vgl. *Patt* in D/P/M § 22, Rn. 95). 305

ME hätte es der Systematik des § 22 entsprochen, nur die (anteilige) Besteuerung der anlässlich der Einbringung auf die Übernehmerin übergegangenen stillen Reserven nachträglich der Besteuerung zu unterwerfen. Da Gewinne aus der Veräußerung von Anteilen an KapGes außerhalb eines BgA bei einer öffentlich-rechtlichen Körperschaft grds. keine Steuerpflicht auslösen (auch keine Kapitalertragsteuer), müsste dies auch für die nach einer Einbringung durch die Übernehmerin neu geschaffenen stillen Reserven gelten. Diese stillen Reserven werden nun aber ebenfalls durch § 22 IV erfasst. 306

Fraglich ist, ob die Regelung des § 22 IV weit genug gefasst ist, um auch sämtliche Ersatzrealisationstatbestände des § 22 I 6 einzuschließen. *Stangl* (in R/H/vL § 22 Rn. 199) bezweifelt dies zumindest für die Vorgänge der Ketteneinbringung, wenn nicht die öffentlich-rechtliche Körperschaft selbst, sondern einer der übernehmenden Rechtsträger der Einbringungskette innerhalb der 7-Jahres-Frist die erhaltenen Anteile oder die auf diesen beruhenden Anteile veräußert. Die Zweifel werden begründet durch den Wortlaut des § 22 IV, der lediglich fingiert, dass der Gewinn aus der Veräußerung der erhaltenen Anteile als in einem BgA dieser Körperschaft entstanden gilt. Dieser Tatbestand kann durch einen anderen Rechtsträger als die öffentlich-rechtliche Körperschaft selbst nicht realisiert werden. Der Interpretation von *Stangl* ist daher nach dem Wortlaut des Gesetzes zuzustimmen. Allerdings führt diese Auslegung zu einer nicht gerechtfertigten Besserstellung öffentlich-rechtlicher Körperschaften gegenüber allen anderen Steuerpflichtigen, denn durch eine Ketteneinbringung kann hier die rückwirkende Besteuerung des Einbringungsgewinns I schnell ausgehebelt werden. Es ist daher zu erwarten, dass der § 22 IV von der FinVerw dahingehend ausgelegt wird, dass nicht nur der durch die öffentlich-rechtliche Körperschaft selbst realisierte Veräußerungsgewinn, sondern auch der bei einer schädlichen Veräußerung durch einen anderen Rechtsträger der öffentlich-rechtlichen Körperschaft zuzurechnende Einbringungsgewinn I als in einem BgA entstanden gilt. 307

2. Steuerbefreite Körperschaft

Für steuerbefreite Körperschaften gelten die zu den juristischen Personen des öffentlichen Rechts gemachten Ausführungen entsprechend. Auch sie hätten eine Einbringung eines wirtschaftlichen Geschäftsbetriebes über dem Buchwert versteuern müssen, während eine Veräußerung der erhaltenen Anteile innerhalb der 7-Jahres-Frist ohne die Regelung des § 22 IV ggf. nicht steuerbar gewesen wäre. 308

VII. Bescheinigung des zu versteuernden Einbringungsgewinns (§ 22 V)

309 § 22 V HS 1 regelt ein besonderes Verfahren über die Erteilung einer Bescheinigung des zu versteuernden Einbringungsgewinns. Kommt es auf der Seite des Einbringenden zu einer Versteuerung des Einbringungsgewinns, so kann die übernehmende Gesellschaft diesen Betrag als Erhöhungsbetrag für das übernommene Vermögen ansetzen, § 23 II. Um sicherzustellen, dass die übernehmende Gesellschaft die steuerbegünstigenden Folgen dieser Wertaufstockung erst dann beanspruchen kann, wenn und soweit der Einbringende einen Einbringungsgewinn tatsächlich nachversteuert hat, hat der Gesetzgeber das Bescheinigungsverfahren des § 22 V HS 1 geschaffen (vgl. auch *Patt* in D/P/M § 22 Rn. 101). Die Bescheinigung iSd § 22 V HS 1 ist eine **materiell-rechtliche Voraussetzung** für die steuerliche Inanspruchnahme der Wertaufstockung bei dem übernehmenden Rechtsträger gem. § 23 II 1 HS 1. Sie beinhaltet Angaben über die Höhe des zu versteuernden Einbringungsgewinns, die darauf entfallende festgesetzte Steuer und den tatsächlich entrichteten Steuerbetrag.

Zu den Einzelheiten der Berechnung der auf den Einbringungsgewinn entfallenden festgesetzten Steuer und des darauf entrichteten Betrags s. § 23 Rn. 83 ff.

1. Antragstellung und Zuständigkeit

310 Das Bescheinigungsverfahren erfolgt nur auf Antrag, da die übernehmende Gesellschaft die Bescheinigung des § 22 V nur benötigt, wenn sie ihr Wahlrecht nach § 23 II 1 zugunsten der Buchwertaufstockung ausübt. Antragsberechtigt ist ausschließlich die übernehmende Gesellschaft bzw. deren Rechtsnachfolger (vgl. § 22 VI). Gem. UmwStE Rn. 22.39 kann der Antrag aber aus Vereinfachungsgründen auch vom Einbringenden gestellt werden. Der Antrag auf Erteilung der Bescheinigung ist zu richten an das für den Einbringenden zuständige Finanzamt, dh das Finanzamt, das beim Einbringenden bzw. dessen Rechtsnachfolger (vgl. § 22 VI) die Nachversteuerung des entsprechenden Einbringungsgewinns durchgeführt hat. Dieses bescheinigt sodann die Höhe des zu versteuernden Einbringungsgewinns I bzw. II, die darauf entfallende festgesetzte Steuer sowie den tatsächlich entrichteten Steuerbetrag. Handelte es sich bei dem Einbringenden um eine Organgesellschaft, ist die Steuer auf den rückwirkend entstehenden Einbringungsgewinn vom Organträger zu entrichten, da ihm rückwirkend das erhöhte Einkommen der Organgesellschaft zugerechnet wird. Gleichwohl ist die Bescheinigung nach dem Gesetzestext bei dem für den Einbringenden zuständigen Finanzamt zu stellen. Dieses Finanzamt hat sich die notwendigen Informationen zur Ermittlung des Einbringungsgewinns I verwaltungsintern von dem für den Organträger zuständigen Finanzamt zu besorgen (aA *Krohn/Greulich* DStR 2008, 646 (656); *Stangl* in R/H/vL § 22 Rn. 200d, der in einem solchen Fall eine unmittelbare Zuständigkeit des Finanzamts des Organträgers sieht). Vergleichbares gilt mE im Fall der Einbringung durch eine PersGes. Hier ist auch das Finanzamt der einbringenden PersGes zuständig für die Erstellung der Bescheinigung, obwohl Inhalt der Bescheinigung die Entrichtung der ESt/KSt auf den Einbringungsgewinn durch die Mitunternehmer ist (aA *Stangl* in R/H/vL § 22 Rn. 200d; *Schneider/Roderburg* in Schneider/Ruoff/Sistermann Rn. H 22.104, wonach jedes Finanzamt eines jeden Mitunternehmers eine gesonderte Bescheinigung zu erstellen hat).

2. Verwaltungsinterne Mitteilung von Amts wegen

311 Soweit die bescheinigten Beträge sich **später mindern,** muss das für den Einbringenden zuständige Finanzamt von Amts wegen tätig werden und dem Finanzamt der übernehmenden Gesellschaft die geänderten Beträge mitteilen, § 22 V HS 2. Diese verwaltungsinterne **Kontrollmitteilung** soll verhindern, dass die übernehmende Gesellschaft die steuerlich günstigen Folgen der Buchwertaufstockung zieht, obwohl bei dem Einbringenden eine

entsprechende Nachversteuerung im Ergebnis nicht stattfand. Eine Änderung der Bescheinigung von Amts wegen, wenn sich die entsprechenden Beträge **später erhöhen,** ist vom Gesetz nicht vorgesehen. In diesem für den Stpfl günstigen Fall muss die Übernehmerin von sich aus tätig werden und die Ausstellung einer neuen Bescheinigung beantragen.

3. Verfahrensrecht zur Auswertung der Bescheinigung bzw. der Kontrollmitteilung

Da die Buchwertaufstockung bei dem übernehmenden Rechtsträger in dem VZ der schädlichen Anteilsveräußerung und nicht rückwirkend im VZ der Einbringung erfolgt, bereitet die Berücksichtigung der Buchwertaufstockung im Regelfall verfahrensrechtlich keine Probleme. 312

Beispiel: Im VZ 01 bringt A einen Betrieb in die A-GmbH gegen Gewährung von Gesellschaftsrechten ein. Im VZ 05 veräußert er die erhaltenen Anteile. Er reicht seine Steuererklärung im Jahr 06 ein und entrichtet die auf den Einbringungsgewinn festgesetzte Steuer.

Lösung: Die A-GmbH hat im Regelfall von einem Wechsel in ihrem Gesellschafterkreis entsprechende Kenntnis. Sie kann daher im Rahmen der Erstellung ihrer eigenen Steuererklärungen für den VZ 05 die Erteilung einer Bescheinigung nach § 22 V beantragen und die Buchwertaufstockung vornehmen.

Hat die übernehmende KapGes jedoch ausnahmsweise keine Kenntnis von dem Vorgang der schädlichen Anteilsveräußerung, dann kann es passieren, dass die Veranlagung des betreffenden VZ bereits erfolgt und bestandskräftig geworden ist. Diese Fälle können zB auftreten bei AGs, die keine Gesellschafterliste führen. Eine weitere Möglichkeit und wahrscheinlich ein häufiger auftretender Fall ist, wenn der Einbringende seine Steuererklärung wesentlich später einreicht als die Übernehmerin oder wenn die auf den Einbringungsgewinn festgesetzte Steuer von dem Einbringenden erst später entrichtet werden kann. 313

Grundlagenbescheid. Die Frage, ob in derartigen Fällen, in denen die Erteilung einer Bescheinigung nach § 22 V erst nach Eintritt der Bestandskraft der Steuerbescheide der Übernehmerin beantragt wird, eine Änderung der Steuerbescheide der Übernehmerin noch möglich ist, richtet sich nach den allgemeinen Berichtigungsvorschriften der AO, denn § 22 V enthält keine eigenständige Berichtigungsnorm. Handelt es sich bei der Bescheinigung nach § 22 V um einen sog. Grundlagenbescheid, dann kommt eine Berichtigung nach § 175 I AO in Betracht. Andernfalls wäre die Übernehmerin auf die übrigen Berichtigungsvorschriften, insbesondere § 173 AO, verwiesen. 314

Grundlagenbescheide sind nach der Definition des § 171 X AO alle Feststellungsbescheide, Steuermessbescheide und andere Verwaltungsakte, die für eine Steuerfestsetzung bindend sind. Dass die Bescheinigung nach § 22 V einen Verwaltungsakt darstellt, ist wohl unstreitig. Die Bindung eines Verwaltungsaktes wird dadurch erzeugt, dass dieser selbstständig anfechtbar ist und über bestimmte Besteuerungsgrundlagen quasi im Voraus eine verbindliche Entscheidung trifft, die im Folgebescheid nicht mehr korrigiert werden kann (*Hartmann* in Gosch § 171 AO Rn. 83). Diese Voraussetzungen sind in dem hier vorliegenden Fall wohl erfüllt. Die Bescheinigung nach § 22 V ist selbstständig anfechtbar und das FA der Übernehmerin ist an die darin enthaltenen Feststellungen auch gebunden. Es hat bzgl. der Frage, welche Steuer auf den Einbringungsgewinn entfällt und ob diese Steuer auch entrichtet wurde, keinen eigenen Entscheidungsspielraum (im Ergebnis ebenso *Widmann* in W/M § 22 Rn. 429 mit Verweis auf die Bescheinigung einer Gemeinde nach dem InvZulG FG Berlin v. 28.8.2002 – 2 B 2177/02, Haufe-Index 1085819 und BFH v. 17.12.1996 – IX R 91/94, BStBl. II 1997, 398 betr. eine Bescheinigung einer Gemeinde gem. § 82g I 3 EStDV 1986 betr. bauordnungsrechtliche und raumordnungsrechtliche Voraussetzungen). Im Zeitpunkt einer erstmaligen Erteilung der Bescheinigung oder in Fällen einer späteren Änderung einer erteilten Bescheinigung (zB wenn zunächst nur eine anteilige Entrichtung der Steuer bescheinigt wird, der Stpfl später aber noch weitere 315

Beträge zahlt) kann die Veranlagung der Übernehmerin für den VZ der schädlichen Verfügung über die erhaltenen Anteile somit nach § 175 I 1 AO geändert werden. Demgegenüber vertritt *Patt* (in D/P/M § 23 Rn. 141) ohne nähere Begründung die Auffassung, dass die Bescheinigung nach § 22 V keinen Grundlagenbescheid darstellt. Seiner Meinung nach kommt eine Änderung bestandskräftiger Bescheide nur nach § 173 I 2 AO in Betracht, wenn das Vorliegen einer neuen Tatsache bejaht werden kann.

316 Anders ist dies jedoch bezüglich der verwaltungsinternen Kontrollmitteilung zu beurteilen, die von Amts wegen erstellt wird, wenn sich die bescheinigten Beträge nachträglich mindern. Diese Mitteilung ist mangels unmittelbarer Außenwirkung kein Verwaltungsakt (§ 118 AO) und daher auch kein Grundlagenbescheid. Da sie weder dem Einbringenden noch dem übernehmenden Rechtsträger gegenüber bekanntgegeben wird, ist sie auch nicht selbstständig anfechtbar. Diese Kontrollmitteilung kann daher von der FinVerw nur dann zum Nachteil des Stpfl. ausgewertet werden, wenn es sich um eine neue Tatsache iSd § 173 I 1 AO handelt, die nachträglich bekannt wird. Dies dürfte zB dann zu bejahen sein, wenn die Minderung des Einbringungsgewinns I ebenfalls auf dem Bekanntwerden einer neuen Tatsache beruhte.

VIII. Unentgeltliche Rechtnachfolge (§ 22 VI)

317 § 22 VI stellt sicher, dass sich die Inhaber der sperrfristverhafteten Anteile iSd § 22 der Einhaltung der 7-jährigen Sperrfrist nicht durch eine unentgeltliche Übertragung der betreffenden Anteile entziehen können. Die Regelung erfasst daher alle Übertragungsvorgänge, die keine entgeltliche Übertragung darstellen und auch nicht aus sonstigen Gründen zu einer Aufdeckung stiller Reserven führen.

318 In den Fällen des § 22 I, der eine Steuerverhaftung der erhaltenen Anteile nach einer Einbringung eines Betriebs/Teilbetriebs/Mitunternehmeranteils regelt, greift § 22 VI ein, wenn der Einbringende die erhaltenen Anteile innerhalb der Sperrfrist unentgeltlich überträgt. Der unentgeltliche Rechtsnachfolger gilt dann als Einbringender iSd Abs. 1 bis 5 (§ 22 VI).

319 In den Fällen des § 22 II, der eine Steuerverhaftung der eingebrachten Anteile auf der Ebene des übernehmenden Rechtsträgers regelt, definiert § 22 VI im Fall einer unentgeltlichen Übertragung dieser eingebrachten Anteile den unentgeltlichen Rechtsnachfolger als übernehmende Gesellschaft iSd § 22 II.

1. Definition des unentgeltlichen Rechtsnachfolgers

320 Unentgeltlicher Rechtsnachfolger ist insb. der Erbe oder Beschenkte. Hierzu gehört auch eine Stiftung, die die Anteile als Spende erhält (*Stangl* in R/H/vL § 22 Rn. 203; *Patt* in D/P/M § 22 Rn. 40).

321 In den Fällen einer **teilentgeltlichen Übertragung** findet § 22 VI auf den voll unentgeltlichen Teil Anwendung (vgl. Rn. 33).

322 Die **verdeckte Einlage** erhaltener bzw. eingebrachter Anteile in eine KapGes fällt nicht unter diese Regelung. Hier findet zwar grds. eine unentgeltliche Übertragung statt, die verdeckte Einlage ist jedoch keine steuerliche Rechtsnachfolge, weil sie unter Aufdeckung stiller Reserven erfolgt. Außerdem ist die verdeckte Einlage in § 22 I 6 Nr. 1 ausdrücklich als ein schädlicher Übertragungsvorgang iSd § 22 definiert, der zu einer rückwirkenden Besteuerung des Einbringungsgewinns I führt (vgl. hierzu Rn. 149). Dasselbe gilt für die verdeckte Gewinnausschüttung der sperrfristbehafteten Anteile an eine KapGes, die bereits unter den Ersatzrealisationstatbestand des § 22 I 6 1 fällt.

323 Die **unentgeltliche Übertragung auf eine PersG** nach § 6 V 3 EStG ist demgegenüber ein Fall des § 22 VI (vgl. hierzu auch Rn. 39). Die PersGes gilt danach als Einbringender bzw. übernehmende Gesellschaft im Sinne des § 22 I-V. Allerdings behält auch der übertragende Mitunternehmer nach der hier vertretenen Ansicht weiterhin seine Stellung als Einbringender iSd § 22 I bzw. als übernehmende Gesellschaft iSd § 22 II.

2. Rechtsfolgen bei Veräußerung durch den unentgeltlichen Rechtsnachfolger

Tätigt der unentgeltliche Rechtsnachfolger innerhalb der 7-Jahres-Frist eine schädliche Veräußerung der erhaltenen bzw. eingebrachten Anteile, dann trifft die Steuerpflicht aus der rückwirkenden Versteuerung des Einbringungsgewinns I bzw. II weiterhin den Einbringenden, der ursprünglich die Einbringung nach § 20 bzw. § 21 getätigt hat (*Widmann* in W/M § 22 Rn. 18). Die Regelung des § 22 VI, dass der unentgeltliche Rechtsnachfolger als „Einbringender" bzw. „übernehmende Gesellschaft" gilt, hat also nur Bedeutung für die Frage, wer eine schädliche Verfügung über die erhaltenen Anteile tätigen kann, um damit eine rückwirkende Besteuerung des Einbringungsgewinns I oder II auszulösen. Die Steuerpflicht selbst, die durch die rückwirkende Versteuerung entsteht, geht aber nicht auf den unentgeltlichen Rechtsnachfolger über. Die Rückwirkung stellt sicher, dass hiervon immer die Person betroffen ist, die als Einbringende an der ursprünglichen Einbringung tatsächlich beteiligt war. 324

Der unentgeltliche Rechtsnachfolger tritt in die 7-jährige Sperrfrist des Überträgers ein. Es beginnt keine neue Frist zu laufen (*Stangl* in R/H/vL § 22 Rn. 105; *Jäschke* in Lademann § 22 Rn. 31; *Schmitt* in S/H/S § 22 Rn. 178; *Wulff-Dohmen* in Haase/Hruschka § 22 Rn. 475). 325

Zu beachten ist, dass im Fall der unentgeltlichen Rechtsnachfolge in Bezug auf erhaltene Anteile nach § 22 I auf den Rechtsnachfolger sämtliche Regelungen der Absätze 1–5 des § 22 Anwendung finden. Es geht daher auch die Nachweispflicht nach § 22 III auf den Rechtsnachfolger über. 326

Demgegenüber ist auf den unentgeltlichen Übernehmer eingebrachter Anteile nach § 22 II lediglich Abs. 2 anwendbar, während die Abs. 3 bis 5 nicht einschlägig sind. Der Grund hierfür liegt darin, dass die Nachweispflicht des Abs. 3 immer von dem Einbringenden und nicht von der Übernehmerin zu erfüllen ist und Abs. 4 (Veräußerung durch juristische Personen des öffentlichen Rechts oder durch steuerbefreite Körperschaften) ohnehin nur in Bezug auf § 22 I anwendbar ist. Die Antragsberechtigung des § 22 V auf Erteilung einer Bescheinigung geht nicht auf den Rechtsnachfolger über, da auf diesen auch die Möglichkeit der Buchwertaufstockung nach § 23 II 2 nicht übergeht (vgl. § 23 Rn. 104). 327

Beispiel: Im Jahr 01 bringt A seinen 100%igen Anteil an der T-GmbH in die B-GmbH gegen Gewährung von Gesellschaftsrechten zu Buchwerten nach § 21 ein. Im Jahr 03 überträgt die B-GmbH den Anteil an der T-GmbH unentgeltlich auf die AB-KG. Im Jahr 05 veräußert die KG die eingebrachten Anteile an der T-GmbH.

Lösung: Die AB-KG ist unentgeltlicher Rechtsnachfolger der B-GmbH. Sie gilt daher gem. § 22 VI als übernehmende Gesellschaft. Gleichwohl kann sie im Zeitpunkt der Anteilsveräußerung im Jahr 05 nicht den Antrag nach § 22 V auf Buchwertaufstockung stellen, denn sie ist durch die unentgeltliche Rechtsnachfolge nur übernehmende Gesellschaft iSd Abs. 2, nicht jedoch des Abs. 5 geworden. Den Antrag muss dann wohl noch die B-GmbH stellen, obwohl die Buchwertaufstockung der eingebrachten Anteile nach § 23 II S 3 unmittelbar bei ihr und nicht bei ihrem Rechtsvorgänger zu erfolgen hat. Dieses Ergebnis ist unbefriedigend.

IX. Mitverstrickung von Anteilen (§ 22 VII)

1. Allgemeines

Die Einbringung von Betriebsvermögen nach § 20 ist nur dann steuerlich begünstigt und kann zu einem Wert unter dem gemeinen Wert erfolgen, wenn im Gegenzug neue Anteile gewährt werden. Die Veräußerung dieser „erhaltener Anteile" innerhalb der 7-Jahres-Frist löst die Nachversteuerung nach § 22 aus. Dieselbe Rechtsfolge ergibt sich, 328 wenn bezüglich dieser erhaltenen Anteile innerhalb der Sperrfrist einer der Ersatzrealisationstatbestände des § 22 I 6 Nrn. 1–3 erfüllt wird. Verfügt der Einbringende hingegen neben diesen erhaltenen Anteilen über weitere Anteile an der KapGes, so löst eine Veräußerung dieser weiteren Anteile grundsätzlich keine rückwirkende Besteuerung aus.

329 Allerdings sind nicht immer nur die im Zeitpunkt der Einbringung dem Einbringenden gewährten Anteile „erhaltene Anteile" im Sinne des Gesetzes. § 22 VII regelt vielmehr, dass es zu einer Mitverstrickung anderer Anteile kommt, wenn stille Reserven auf Grund einer Gesellschaftsgründung oder Kapitalerhöhung von den erhaltenen oder eingebrachten Anteilen oder von auf diesen Anteilen beruhenden Anteilen auf andere Anteile verlagert werden. In diesem Fall gelten auch diese „anderen Anteile" als erhaltene oder eingebrachte Anteile oder als auf diesen Anteilen beruhende Anteile iSd § 22 I oder II (Mitverstrickung von Anteilen).

330 Die Grundsätze der Mitverstrickung wurden im Jahr 1992 vom BFH entwickelt und basieren auf der sog. Wertabspaltungstheorie (vgl. zB BFH-Urteile v. 8.4.1992 – I R 160/90, BStBl. II 1992, 763). Diese Rechtsauffassung wurde dann von der FinVerw übernommen (BMF v. 22.1.1993, GmbHR 1992, 251; UmwStE 1998 Rn. 21.14 sowie BMF v. 28.4.2003, BStBI. I 2003, 292). Mit der Regelung in § 22 VII wurde diese Systematik der Mitverstrickung erstmals gesetzlich geregelt. Beabsichtigt war hierbei, die alte Systematik einfach beizubehalten und in das neue Recht zu transformieren. Allerdings drängt sich der Eindruck auf, dass hierbei nicht ausreichend durchdacht wurde, welche steuerlichen Konsequenzen die Mitverstrickung im Rahmen der neuen Systematik der rückwirkenden Besteuerung eines Einbringungsgewinns hat. Darüber hinaus ist zu beachten, dass die Systematik der Mitverstrickung vom BFH ausschließlich anhand von Fällen entwickelt wurde, in denen es zu einem Überspringen stiller Reserven zwischen (nahestehenden) natürlichen Personen gekommen ist. Die folgenden Ausführungen der Rn. 331–361 beziehen sich daher zunächst nur auf diesen „Grundfall". Sind hingegen auch auf Gesellschafterebene Kapitalgesellschaften beteiligt, die wiederum mit dem Einbringenden gesellschaftsrechtlich verbunden sind und kommt es in solchen Konstellationen zur Verlagerung stiller Reserven, so stellt sich die Frage des Verhältnisses von § 22 VII zur verdeckten Gewinnausschüttung/verdeckten Einlage. Dieser Fälle werden in den Rn. 362 ff. gesondert kommentiert.

2. Mitverstrickung in den Fällen des § 22 I

331 Gem. § 22 VII iVm § 22 I kommt es zu einer Mitverstrickung von Anteilen, wenn in den Fällen einer Sacheinlage (§ 20 I) oder eines Anteilstauschs (§ 21 I)

- stille Reserven
- anlässlich einer Kapitalmaßnahme
- von den erhaltenen Anteilen
- oder auf diesen beruhenden Anteilen
- auf andere Anteile
- verlagert werden.

a) Verlagerung stiller Reserven von erhaltenen Anteilen auf andere Anteile

332 Das Gesetz verlangt, dass es durch eine Kapitalmaßnahme (Gesellschaftsgründung oder Kapitalerhöhung) zu einer Verlagerung stiller Reserven von erhaltenen Anteilen auf andere Anteile kommen muss.

Obwohl das Gesetz dies nicht ausdrücklich erwähnt, wird hier mE nur auf Kapitalmaßnahmen bei dem übernehmenden Rechtsträger abgestellt, an dem die sperrfristbehafteten Anteile bestehen. Kommt es hingegen beispielsweise bei einer zeitlich der Einbringung nachgelagerten Verschmelzung des übernehmenden Rechtsträgers auf einen anderen Rechtsträger zu einer Verlagerung stiller Reserven nicht nur auf die dem Einbringenden zu gewährenden Anteile, die gem. § 12 III in die Rechtsstellung der erhaltenen Anteile eintreten, sondern auf Anteile anderer Gesellschafter des bei der Verschmelzung übernehmenden Rechtsträgers, liegt keine Mitverstrickung iSd § 22 VII vor.

„Erhaltene Anteile" sind die Anteile, die dem Einbringenden anlässlich eines Einbringungsvorgangs gewährt werden. 333

„Andere Anteile" sind demgegenüber alle Anteile, die keine „erhaltenen Anteile" sind. 334
Dies können sowohl im Eigentum des Einbringenden befindliche „weitere" Anteile an der übernehmenden KapGes sein, die dieser bereits vor dem Einbringungsvorgang besaß oder die er später hinzuerwirbt. Es kann sich aber auch um die Anteile Dritter an der übernehmenden KapGes handeln.

Nach dem Wortlaut der Vorschrift, wonach es zu einer Verlagerung stiller Reserven „von 335
erhaltenen Anteilen auf andere Anteile" kommen muss, scheint zunächst Voraussetzung für eine Mitverstrickung zu sein, dass die „erhaltenen Anteile" bereits bestehen müssen, von denen dann stille Reserven auf andere Anteile verlagert werden. Diesbezüglich ist der Wortlaut der Vorschrift jedoch irreführend. Vielmehr kommt es auch zu einer Mitverstrickung anderer Anteile, wenn stille Reserven bereits anlässlich der erstmaligen Entstehung der erhaltenen Anteile von vornherein durch die Wahl eines unangemessenen Umtauschverhältnisses auf andere Anteile verlagert werden (vgl. zB BFH v. 8.4.1992 – I R 160/90, BStBl. II 1992, 763).

b) Gesellschaftsgründung oder Kapitalerhöhung

Das Gesetz legt genau fest, anlässlich welcher Vorgänge es zu einer Verlagerung stiller 336
Reserven kommen kann. Auf jeden Fall bedarf es einer Kapitalmaßnahme, und zwar

- einer Gesellschaftsgründung oder
- einer Kapitalerhöhung.

Kommt es durch andere Maßnahmen zu einer Verschiebung von stillen Reserven, zB 337
durch Änderung der Gewinnverteilungsquoten, kommt es demnach nicht zu einer Mitverstrickung nach § 22 VII.338

Vom zeitlichen Ablauf her gesehen kann eine Verlagerung entweder im Zeitpunkt der 338
Einbringung stattfinden oder auch bei Kapitalerhöhungen, die nach der Einbringung durchgeführt werden.

Im Zeitpunkt der Einbringung findet eine solche Verlagerung immer dann statt, wenn 339
der gemeine Wert der erhaltenen Anteile nach der Einbringung geringer ist als der gemeine Wert des eingebrachten Betriebsvermögens. In diesem Fall müssen zwingend stille Reserven auf andere Anteile übergesprungen sein, deren gemeiner Wert dann entsprechend höher ist als vor der Sacheinlage.

Typische Fallgestaltungen sind: 340

- Anlässlich einer Gesellschaftsgründung oder einer Kapitalerhöhung bringt ein Gesellschafter einen Betrieb, Teilbetrieb oder Mitunternehmeranteil ein und die anderen Gründer bzw. Gesellschafter, die eine Bareinlage zu erbringen haben, zahlen kein oder ein zu geringes Agio.
- Bei der Einbringung mehrerer Betriebe/Teilbetriebe durch verschiedene Gesellschafter ist das Umtauschverhältnis der Anteile zu Lasten eines Einbringenden unangemessen niedrig und daher wird diesem Gesellschafter nicht die Beteiligungsquote zugeteilt, die ihm nach dem Verhältnis der Verkehrswerte der eingebrachten Vermögen zugestanden hätte.
- Anlässlich einer Einbringung in eine bereits bestehende Gesellschaft kann es auch zu einer Mitverstrickung von bereits bestehenden Anteilen kommen, wenn dem Einbringenden eine – gemessen an den Umtauschverhältnissen – zu niedrige Beteiligungsquote eingeräumt wird. In diesem Fall springen stille Reserven auf Altanteile über.
  Diese Sachverhaltsgestaltung entspricht dem vom BFH im Urteil v. 8.4.1992 – I R 160/90, BStBl. II 1992, 763, entschiedenen Fall. Anlässlich einer Kapitalerhöhung brachte der Ehemann sein Einzelunternehmen zu Buchwerten ein und die Ehefrau

erbrachte ihre Einlage durch Abtretung einer Forderung zum Nominalbetrag. Beide Ehegatten waren zuvor bereits hälftig an der übernehmenden GmbH beteiligt. Anlässlich der Einbringung des Einzelunternehmens durch den Ehemann sind stille Reserven sowohl auf die alten Anteile des Ehemannes als auch auf die alten und die jungen Anteile der Ehefrau übergesprungen. Die vom Finanzamt vorgesehene Versteuerung bezüglich der übergegangenen stillen Reserven wurde vom BFH abgelehnt, weil es bezüglich der auf die Altanteile des Einbringenden übergegangenen stillen Reserven an einer Übertragung auf einen Dritten und bezüglich der auf die (alten und jungen) Anteile der Ehefrau übergegangenen stillen Reserven an einem entgeltlichen Veräußerungsvorgang mangelte und § 21 UmwStG aF die möglichen Realisationstatbestände abschließend regelte. Eine analoge Anwendung von § 21 UmwStG aF wurde vom BFH ebenfalls abgelehnt, und zwar mit der Begründung, dass die stillen Reserven nach § 21 UmwStG aF in den mitverstrickten Anteilen des Einbringenden und der Ehefrau verhaftet blieben und es daher einer analogen Anwendung der Vorschrift zum Zeitpunkt der Einbringung nicht bedurfte. Besondere Ausführungen zur Begründung dieser Mitverstrickung macht der BFH zwar nicht bezüglich der Altanteile des Einbringenden, wohl aber bezüglich der Mitverstrickung der Anteile der Ehefrau. Der BFH erkannte in dem Überspringen stiller Reserven eine willentliche Zuwendung des Einbringenden an seine Ehefrau. Bezüglich des Überspringens stiller Reserven auf die anlässlich der Kapitalerhöhung ebenfalls geschaffenen jungen Anteile der Ehefrau konkretisiert der BFH auch noch, wie der Übergang stattgefunden haben soll, denn er geht davon aus, dass der Kläger sein Einzelunternehmen anteilig auch für Rechnung seiner Ehefrau eingebracht habe. Aus dem Sachverhalt ergab sich für eine entsprechende Vereinbarung zwischen den Ehegatten zwar kein Anhaltspunkt, aber der BFH verweist hier auf das Urteil v. 23.6.1981 – VIII R 138/80, BStBl. II 1982, 682, in dem er bereits früher festgestellt hatte, dass ein Gesellschafter eine von ihm erbrachte Einlage nicht unbedingt in vollem Umfang auf eigene Rechnung erbringen muss, sondern dies auch zum Teil – schenkweise – für Rechnung eines Mitgesellschafters tun kann. Auf welche Art und Weise die stillen Reserven auf die Altanteile der Ehefrau übergegangen sind, hat der BFH dann nicht mehr beschrieben. Er betonte lediglich, dass der Einbringende diesen Übergang gewollt oder zumindest billigend in Kauf genommen habe. Es ist also erkennbar, dass eine Wertzuwendung im Ergebnis stattgefunden hat, es ist aber kein zugewendetes „Wirtschaftsgut" konkretisierbar. Daher wurde das durch dieses Urteil geschaffene Rechtsinstitut der „Mitverstrickung" auch „Wertabspaltungstheorie" genannt.

– Darüber hinaus kann es auch sein, dass zum Zeitpunkt der Einbringung erst einmal gar nichts passiert und es erst zu einem späteren Zeitpunkt anlässlich einer Kapitalerhöhung zu einer Mitverstrickung kommt, weil neue Anteile zu einem unangemessen niedrigen Kurs ausgegeben werden, der unter dem Wert des Geschäftsanteils liegt oder der Einbringende selbst an dieser späteren Kapitalerhöhung nicht oder nicht in dem erforderlichen Maße teilnimmt. Hierdurch verlieren die alten Anteile an der KapGes im Wege der Wertabspaltung an Substanz, die auf die jungen Anteile übergeht. Die abgespaltene Substanz führt zur Mitverstrickung nach § 22 VII. Auch hier ist es im Ergebnis irrelevant, ob die Wertabspaltung gesellschaftsrechtlich durch unentgeltliche Übertragung eines Bezugsrechts (vgl. BFH v. 8.4.1992 – I R 128/88, BStBl. II 1992, 761) oder auf andere Weise unmittelbar und willentlich im erkennbaren Interesse des Gesellschafters (vgl. BFH v. 8.4.1992 – I R 160/90, BStBl. II 1992, 763) erfolgt. Ein konkretes Wirtschaftsgut muss also nicht zugewendet werden, es reicht eine „Wertabspaltung".

341 Fraglich ist, ob die Substanzabspaltung willentlich erfolgen muss oder ob es auch zu einer Mitverstrickung von Anteilen kommen kann, die von den Beteiligten nicht beabsichtigt war. Hierzu trifft die Regelung des § 22 VII keine Aussage. Die Vorschrift erfasst grds. alle

Fälle der Verlagerung stiller Reserven (so auch *Stangl* in R/H/vL § 22 Rn. 212). Es muss daher von den Beteiligten nicht ausdrücklich erklärt werden, dass stille Reserven auf andere Anteile verlagert werden sollen. Die Beteiligten müssen sich auch nicht der steuerlichen Konsequenzen ihres Handelns im Klaren sein. Allerdings ist mE sehr wohl zu fordern, dass sich die Beteiligten darüber bewusst sind, dass der von ihnen gewählte Ausgabekurs neuer Anteile bzw. das festgesetzte Umtauschverhältnis anlässlich einer Einbringung – aus welchen Gründen auch immer – nicht den tatsächlichen Wertverhältnissen entspricht. Handelt es sich bei den Beteiligten um fremde Dritte und sind diese davon ausgegangen, dass der gewählte Ausgabekurs bzw. das gewählte Umtauschverhältnis tatsächlich den Verkehrswerten entspricht, dann kommt es nicht zu einer Mitverstrickung, und zwar auch dann nicht, wenn das Finanzamt später belegen kann, dass die Verkehrswerte tatsächlich höher waren. Die neuen Anteile sind in einem solchen Fall nicht – auch nicht teilweise – mitverstrickt, denn das vom BFH (Urteil v. 8.4.1992 – I R 128/88, BStBl. II 1992, 761) zu den einbringungsgeborenen Anteilen entwickelte Kriterium des unmittelbaren und willentlichen Wechsels von Substanz von einbringungsgeborenen auf andere Anteile im erkennbaren Interesse des Gesellschafters, der die Einbringung bewirkt hat, sollte auch nach der neuen Rechtslage seine Gültigkeit behalten. Zwar ist dieses Kriterium vom BFH für Fälle entwickelt worden, in denen gesellschaftsrechtlich ein Bezugsrecht mit einem besonderen Wert nicht angenommen werden kann, es sollte jedoch mE auch in anderen Fällen der Wertabspaltung unter fremden Dritten herangezogen werden. Dadurch wird vermieden, dass die FinVerw darüber richtet, ob kaufmännisch ausgehandelte Geschäfte steuerlich zu akzeptieren sind oder nicht.

Etwas anderes gilt, wenn die Beteiligten zwar fremde Dritte sind und daher den Umfang **342** der Kapitalerhöhung kaufmännisch ausgehandelt haben, allerdings trotzdem Neugesellschafter zur Barkapitalerhöhung zugelassen werden, die **kein oder kein hinreichendes Aufgeld** zahlen, weil die Altgesellschafter sich von der gesellschaftsrechtlichen Beteiligung der Neugesellschafter Vorteile versprechen. Die Vorteile können zB darin bestehen, dass die Neugesellschafter über Geschäftsverbindungen verfügen oder persönliche Erfahrungen haben, die der KapGes nützen können. In diesen Fällen können die Anteile der Neugesellschafter mitverstrickt werden, denn die Wertabspaltung in Form der Bezugsrechte erfolgt unentgeltlich und resultiert aus einem willentlichen Wechsel von Substanz im erkennbaren Interesse der Altgesellschafter, die die Einbringung bewirkt haben (FG München v. 30.9.1997, GmbHR 1998, 607 unter B I 3c)).

3. Umfang der Mitverstrickung und Besteuerungsfolgen im Veräußerungsfall

Ist nach Maßgabe der oben dargestellten Grundsätze festzustellen, dass es zu einem **343** Übergang stiller Reserven und damit zu einer Mitverstrickung von Anteilen gekommen ist, stellt sich die Frage, in welchem Umfang die anderen Anteile mitverstrickt sind.

Unter der Geltung des bisherigen Systems der einbringungsgeborenen Anteile war es in **344** den Fällen des Überspringens stiller Reserven von einbringungsgeborenen Anteilen auf andere Anteile ausreichend, zu bestimmen, in welcher Höhe – gemessen an der nominalen Beteiligung am Stammkapital – die Anteile eines Gesellschafters einbringungsgeboren waren. Der BFH hatte zu diesem Zweck mit Urteil v. 8.4.1992 – I R 162/90, BStBl. II 1992, 764, die folgende Formel entwickelt:

$$\frac{\text{Nominalbetrag der Anteile} \times \text{Wert der Anteile vor Kapitalerhöhung}}{\text{Wert der Anteile nach Kapitalerhöhung}}$$

Die Differenz zwischen dem so ermittelten Nominalbetrag der einbringungsgeborenen **345** Anteile und dem gesamten Nominalbetrag der Beteiligung ergab den Nominalbetrag der nicht einbringungsgeborenen Anteile. Im Fall einer schädlichen Veräußerung war der Kaufpreis in entsprechendem Verhältnis auf die beiden Teile der Beteiligung aufzuteilen.

Die Differenz zwischen dem so ermittelten Verkaufspreis und den Anschaffungskosten der insgesamt (also originär oder mitverstrickt) einbringungsgeborenen Anteile ergab den Veräußerungsgewinn, der nach den Regeln über die Besteuerung einbringungsgeborener Anteile nach § 16 EStG oder nach § 8b II iVm IV KStG zu versteuern war.

346 Allerdings war nach der bisherigen Rechtslage streitig, ob sich die Steuerverhaftung in den Fällen der Mitverstrickung quotal auf sämtliche neuen Anteile erstreckt oder ob sie einzelnen Anteilen vollumfänglich zugeordnet werden konnte. Eine vergleichbare Frage stellt sich auch für mitverstrickte Anteile neuen Rechts.

Beispiel (einer Mitverstrickung durch Kapitalerhöhung): V gründet eine GmbH und bringt anlässlich dieser Gründung sein bisheriges Einzelunternehmen zu Buchwerten in die GmbH ein. Der Buchwert des Betriebsvermögens des V beträgt T€ 500, der gemeine Wert T€ 1000. Zwei Monate später entschließt V sich zu einer Kapitalerhöhung bei seiner GmbH iHv T€ 500 und zahlt diesen Nominalbetrag ein. Eine darüber hinausgehende Einzahlung in die Kapitalrücklage erfolgt nicht.

Lösung nach altem Recht: Die im Rahmen der Kapitalerhöhung geschaffenen neuen Anteile sind mitverstrickt, da stille Reserven auf diese Anteile übergegangen sind.

Umfang der mitverstrickten Anteile:

$$\frac{\text{T€ } 1000 \times \text{T€ } 1000 = 666{,}66}{\text{T€ } 1500}$$

Von den neuen Anteilen sind somit nominal 166,66 steuerverhaftet. Die FinVerw (UmwStE 1998 Rn. 21.14) und ein Teil der Literatur (z. B. *Probst* BB 1992, 1396; *Widmann/Mayer* § 21 UmwStG aF Rn. 47) vertraten vor dem Hintergrund, dass stille Reserven immer auf alle Anteile in gleichem Maße übergehen, die Auffassung, dass sämtliche hiervon betroffenen Anteile quotal steuerverhaftet werden. Bezogen auf das Beispiel bedeutete dies, dass von den neuen Anteilen 33,33 % steuerverhaftet waren. Im Fall einer quotalen Anteilsveräußerung dieser mitverstrickten Anteile wären somit immer 33,33 % der veräußerten Anteile steuerpflichtig und 66,67 % nicht. Andere (zB *Herzig/Rieck* DStR 1998, 102) plädierten demgegenüber für die Möglichkeit einer Zuordenbarkeit der stillen Reserven zu bestimmten Anteilen, die dann im Veräußerungsfall in vollem Umfang der Besteuerung unterlagen. Damit könnten nominal 333,34 der neuen Anteile als nicht mitverstrickt veräußert werden, während 166,66 als vollumfänglich mitverstrickt und damit in vollem Umfang zu besteuern gewesen wären.

347 Der wesentliche Unterschied zwischen der alten und der neuen Rechtslage liegt darin, dass nach der alten Rechtslage der gesamte Veräußerungsgewinn der (unter Anwendung der oben dargestellten Berechnungsmethode) ermittelten mitverstrickten Anteile der Besteuerung unterworfen wurde, während der Einbringungsgewinn nach neuem Recht von Anfang an betragsmäßig fixiert ist und der Inhaber der mitverstrickten Anteile zwar eine anteilige rückwirkende Versteuerung des Einbringungsgewinns auslösen kann, die Versteuerung aber immer bei dem Einbringenden erfolgt.

Lösung für das obige Beispiel nach neuem Recht: Die anlässlich der Einbringung gewährten Anteile sind „erhaltene" Anteile im Sinne des § 22 I, deren Veräußerung innerhalb von sieben Jahren nach der Einbringung zu einer Nachversteuerung des Einbringungsgewinns I führt. Die AK der Anteile betragen T€ 500, der gemeine Wert beträgt zum Zeitpunkt der Einbringung T€ 1000. Der Einbringungsgewinn I beträgt somit T€ 500.

Durch die zweite Kapitalerhöhung werden neue Anteile geschaffen. Allerdings werden diese neuen Anteile unter Wert ausgegeben, denn sie repräsentieren unmittelbar nach der Kapitalerhöhung einen Anteil von 50 % und haben einen gemeinen Wert von T€ 750, obwohl nur T€ 500 dafür aufgewendet wurden. Dementsprechend sind von den im Einbringungsgewinn I enthaltenen stillen Reserven iHv T€ 500 anlässlich der Kapitalerhöhung T€ 250 auf die neuen Anteile übergesprungen. Diese durch die Kapitalerhöhung geschaffenen Anteile sind daher mit exakt diesem Betrag mitverstrickt iSd § 22 VII.

348 Aus diesem einfachen Beispiel ist eine wichtige Erkenntnis zu ziehen, die das neue Recht charakterisiert. Während die Mitverstrickung von Anteilen nach dem alten Recht das Besteuerungssubstrat vergrößerte, weil die mitverstrickten Anteile in dem Umfang der Mitverstrickung im Fall einer Veräußerung innerhalb der Sperrfrist mit sämtlichen – auch nach der Einbringung entstandenen – stillen Reserven zusätzlich der vollen Besteuerung unterlagen, kommt es nach neuem Recht zu einer „Verlagerung" von Besteuerungssubstrat

von den bei der Einbringung geschaffenen „erhaltenen“ Anteilen zu den anlässlich der Kapitalerhöhung geschaffenen mitverstrickten Anteilen. Der Einbringungsgewinn I ist eine fixierte Größe, die einer fest bestimmbaren Menge von Anteilen „anhaftet“ und diese Menge vergrößert sich durch die Mitverstrickung weiterer Anteile.

Gleichwohl ist aus dem Gesetzestext nicht zu entnehmen, wie der Umfang der Mitverstrickung genau berechnet wird. 349

Beispiel (einer Mitverstrickung durch Gesellschaftsgründung): Vater (V) und Sohn (S) gründen zusammen die VS-GmbH, wobei V sein bisheriges Einzelunternehmen in die neue GmbH einbringt und S eine Bareinlage tätigt. Das Stammkapital der GmbH beträgt T€ 1000. Der Buchwert des Betriebsvermögens des V beträgt T€ 600, der gemeine Wert T€ 1000. Die Bareinlage des S beträgt T€ 500, wovon T€ 400 als Stammeinlage und T€ 100 in die Kapitalrücklage eingezahlt werden. An der neu gegründeten Gesellschaft sind V zu 60 % und S zu 40 % beteiligt.

Lösung: Der gemeine Wert des Betriebsvermögens des V war T€ 1000. Seine erhaltenen Anteile haben aber nach der Einbringung nur einen gemeinen Wert von T€ 900, denn die VS-GmbH hat insgesamt Werte in Höhe von T€ 1500 erhalten (T€ 1000 als Betriebsvermögen und T€ 500 bar) und hieran hält er 60 %. Die stillen Reserven iHv. T€ 400, die in dem von ihm eingebrachten Betriebsvermögen ruhten, sind somit nicht vollständig in den dem V gewährten Anteilen gebunden, sondern nur anteilig iHv T€ 300. Die übrigen T€ 100 sind hingegen auf die dem S gewährten Anteile übergesprungen. Aus diesem Grund gelten gemäß § 22 VII nicht nur die Anteile des V, sondern auch die des S als „erhaltene Anteile“ iSd § 22 I.

Es gibt nun verschiedene Möglichkeiten, die Besteuerungsfolgen zu bestimmen, wenn Anteile veräußert werden. 350

Variante 1: Sowohl die Anteile von V als auch die von S gelten als „erhaltene Anteile“ iSd § 22 I, ohne danach zu differenzieren, in welchem Umfang es tatsächlich zu einem Übergang stiller Reserven gekommen ist. Veräußert S seine Beteiligung, so kommt es nach dieser Variante zu einer rückwirkenden Besteuerung von 40 % des Einbringungsgewinns I bei V, denn es werden 40 % der „erhaltenen“ Anteile veräußert. Veräußert V seine Beteiligung, sind 60 % des Einbringungsgewinns I rückwirkend zu besteuern. 351

Variante 2: Es wird berechnet, dass von den T€ 400 stille Reserven von T€ 300 noch den Anteilen des V anhaften und T€ 100 auf die Anteile des S übergangen sind. Veräußert nun S seine Beteiligung, so kommt es zu einer rückwirkenden Besteuerung von T€ 100, vermindert um 1/7 für jedes abgelaufene Zeitjahr. Veräußert V seine gesamte Beteiligung, so kommt es „nur“ zu einer rückwirkenden Besteuerung des Einbringungsgewinns I iHv T€ 300. Die Beteiligung des V wurde somit bezüglich des zuzuordnenden Einbringungsgewinns I in dem Maße „entlastet“, in dem stille Reserven auf den Anteil des S übergegangen sind. 352

Variante 3: Die T€ 100 übergesprungene stille Reserven werden nicht der gesamten Beteiligung des S zugeordnet, sondern nur einem Teil. Analog der Berechnung zum alten Recht sind auch hier nominal steuerverhaftet: 353

$$\frac{\text{T€ } 1000 \times \text{T€ } 1000 = 666{,}66}{\text{T€ } 1500}$$

Hiervon entfallen nominal T€ 600 auf V und 66,66 auf S. Die Beteiligung des S teilt sich also nach dieser Rechtsauffassung auf in einen nicht mitverstrickten Teil von nominal T € 333,34 und einen mitverstrickten Teil von nominal T€ 66,66, dem T€ 100 des Einbringungsgewinns I anhaften. Veräußert nun S innerhalb der 7-Jahres-Frist die Hälfte seiner Beteiligung, hätte er nach dieser Rechtsauffassung wohl die Möglichkeit, zu bestimmen, welcher Teil seiner Beteiligung als veräußert gelten soll.

ME ist die Variante 2 die richtige Berechnung. Sämtliche Anteile des S gelten in gleicher Weise als mitverstrickt, wobei ihnen insgesamt betragsmäßig ein Einbringungsgewinn I von T€ 100 anhaftet. Diese Rechtsfolge lässt sich auch aus § 22 VII ableiten, wonach die mitverstrickten Anteile nur „insoweit“ als erhaltene Anteile gelten, wie stille Reserven auf diese Anteile übergegangen sind. Mit diesem Wortlaut des § 22 VII ist die Variante 1 nicht 354 vereinbar. Allerdings wäre Variante 3 nach dem Gesetzeswortlaut auch begründbar. Gleichwohl meine ich, dass die Systematik des neuen Rechts weniger darauf ausgerichtet ist, den genauen Betrag des Einbringungsgewinns I betragsmäßig nominal bestimmbaren Anteilen in demselben Verhältnis zu den gesamten stillen Reserven dieses Anteils zuzuordnen, als vielmehr die Übertragung von Anteilen umfänglich zu sanktionieren, denen durch die Einbringung übergegangene stille Reserven anhaften.

355 Unabhängig von dem nicht eindeutig geregelten Umfang der Mitverstrickung gibt es noch eine weitere gesetzgeberische Unschärfe in den Fällen der Mitverstrickung. Nach § 22 I 1 wird eine Nachversteuerung nur ausgelöst, wenn „der Einbringende" die erhaltenen Anteile ganz oder anteilig veräußert. § 22 VII enthält zwar die Regelung, dass die mitverstrickten Anteile insoweit als erhaltene Anteile iSd § 22 I gelten, bestimmt aber nicht, dass der Inhaber dieser mitverstrickten Anteile auch als „Einbringender" iSd § 22 I gilt. Veräußert also in dem unter Rn. 349 aufgeführten Beispiel der S seine Beteiligung innerhalb der 7-Jahres-Frist, kommt es nach dem Gesetzeswortlaut gar nicht zu einer rückwirkenden Besteuerung des Einbringungsgewinns I. Eine Auslegung nach dem Sinn und Zweck der Vorschrift führt jedoch zu dem Ergebnis, dass „Einbringender" iSd § 22 derjenige ist, der eine Einbringung vornimmt oder Anteile hält, die unmittelbar oder als mitverstrickte Anteile der 7-jährigen Sperrfrist des § 22 I unterliegen. Inhaber mitverstrickter Anteile gelten daher als Einbringende iSd § 22 I. Damit ist der Inhaber mitverstrickter Anteile im Ergebnis dem unentgeltlichen Rechtsnachfolger nach § 22 VI gleichgestellt.

356 Werden stille Reserven von erhaltenen Anteilen auf einbringungsgeborene Anteile alten Rechts verlagert, bei denen die 7-Jahres-Frist des § 8b IV 2 1 KStG aF iVm § 34 VIIa KStG noch nicht abgelaufen ist, so gelten diese Anteile gem. § 22 VII – neben ihrer Einbringungsgeborenheit – zusätzlich noch als nach neuem Recht mitverstrickt. Werden diese Anteile zu einem Zeitpunkt veräußert, zu dem sowohl die 7-Jahres-Frist nach § 8b IV 2 1 KStG aF als auch die 7-Jahres-Frist nach § 22 I noch nicht abgelaufen ist, so führt diese Veräußerung sowohl zu einer anteiligen Nachversteuerung des Einbringungsgewinns I bei dem Einbringenden als auch zu einer vollen Versteuerung des Veräußerungsgewinns der einbringungsgeborenen Anteile selbst. Die durch die Mitverstrickung übergegangenen stillen Reserven werden in einem solchen Fall gleichwohl nur einmal versteuert, und zwar von dem Einbringenden. Der bei dem Inhaber der mitverstrickten Anteile entstehende voll stpfl. Veräußerungsgewinn ist aufgrund der ihm zuzuordnenden nachträglichen Anschaffungskosten in Höhe des nachversteuerten Einbringungsgewinns I um diesen Betrag geringer.

357 Einigermaßen unüberschaubar dürfte die steuerliche Situation werden, wenn an einer Gesellschaft durch zwei verschiedene Einbringungsvorgänge sowohl einbringungsgeborene Anteile alten Rechts als auch erhaltene Anteile nach § 21 I neuer Rechtslage bestehen und innerhalb der 7-Jahres-Fristen beider Beteiligungen eine weitere Kapitalerhöhung mit Ausgabe neuer Anteile mit keinem oder einem zu geringen Agio erfolgt. In diesem Fall sind die neuen Anteile aufgrund des Überspringens stiller Reserven von einbringungsgeborenen Anteilen infiziert und gelten insoweit ebenfalls als einbringungsgeboren im Sinne der alten Rechtslage. Gleichzeitig sind aber auch stille Reserven von den erhaltenen Anteilen neuen Rechts auf die neuen Anteile übergesprungen und insoweit gelten die neuen Anteile als mitverstrickt iSd § 22 VII. Sollten diese Anteile veräußert werden, kommt es ebenfalls zu einer Steuerpflicht sowohl nach neuem Recht bei dem Einbringenden als auch nach altem Recht bei dem Anteilsveräußerer.

4. Bestimmung der Anschaffungskosten der Anteile in Fällen der Mitverstrickung

358 Eine Zuordnung von Anschaffungskosten hat in den Fällen der Mitverstrickung zu zwei unterschiedlichen Zeitpunkten zu erfolgen, und zwar zunächst zum Zeitpunkt der Mitverstrickung und später zum Zeitpunkt der Entstehung nachträglicher Anschaffungskosten aufgrund der rückwirkenden Versteuerung eines Einbringungsgewinns.

Zuordnung von Anschaffungskosten bei Entstehung der Mitverstrickung. Die hM und die FinVerw gehen davon aus, dass entsprechend der Rspr. zur Bezugsrechtsabspaltung (BFH v. 21.1.1999 – IV R 27/97, BStBl. II 1999, 638; UmwStE Rn. 22.43; *Schmitt* in S/H/S § 22 Rn. 179) die Anschaffungskosten der durch Sacheinlage entstehenden einbringungsgeborenen bzw. sperrfristbehafteten Anteile auch teilweise auf diejenigen Anteile übergehen, die im Rahmen von Kapitalmaßnahmen mitverstrickt werden (in W/M § 21 UmwStG aF Rn. 29 und instruktiv Rn. 30–43 mit Lösungen verschiedener Fälle; *Herzig/Rieck* DStR 1998, 103 mit Fallbeispielen; aA *Gerlach* BB 1998, 1506 mit ausführlicher Dokumentation der Rspr. und Lit.). Der Grund hierfür liegt darin, dass die bei einer Mitverstrickung stattfindende Wertzuwendung einen (teilweise) unentgeltlichen Vorgang darstellt (vgl. UmwStE Rn. 22.43). 359

Zuordnung der nachträglichen Anschaffungskosten bei rückwirkender Einbringungsgewinnbesteuerung. Kommt es aufgrund einer schädlichen Verfügung zu einer rückwirkenden Besteuerung eines Einbringungsgewinns, so entstehen in gleicher Höhe nachträgliche Anschaffungskosten der Beteiligung. Unstreitig ist, dass der Einbringungsgewinn rückwirkend vom Einbringenden zu versteuern ist. Gleichwohl ist daraus nicht abzuleiten, dass ihm auch die hierdurch entstehenden nachträglichen Anschaffungskosten zuzuordnen sind. Vielmehr vertritt die wohl herrschende Meinung mE zu Recht, dass die nachträglichen Anschaffungskosten (anteilig) dem Inhaber der mitverstrickten Anteile zuzuordnen sind, obwohl dieser dafür gar nichts aufgewendet hat (glA FinVerw in UmwStE Rn. 22.43; *Ritzer* in R/H/vL § 22 Rn. 218; *Schmitt* in S/H/S § 22 Rn. 188; hier Rn. 61a; *van Lishaut/Ebber/Schmitz* Ubg 2012, 1 (11); aA *Krohn/Greulich* DStR 2008, 646 (655); *Widmann* in W/M § 22 Rn. 461 im Beispiel). Die rückwirkende Versteuerung des Einbringungsgewinns und damit die Schaffung nachträglicher Anschaffungskosten für die mitverstrickten Anteile des Mitgesellschafters durch den Einbringenden ist sozusagen ein nachträglicher Bestandteil der ursprünglichen unentgeltlichen Zuwendung an den Mitgesellschafter. 360

Die Auswirkungen sollen an folgendem Beispiel deutlich gemacht werden, das dem in UmwStE Rn. 22.43 gewählten Beispiel angelehnt ist. 361

Beispiel: Vater V ist Gründungsgesellschafter der X-GmbH mit einem Stammkapital von 50.000 €. Er hat anlässlich der Gründung im Jahr 08 sein Einzelunternehmen zum Buchwert von 50.000 € eingebracht. Der gemeine Wert betrug zu diesem Zeitpunkt 400.000 €. Die Anschaffungskosten des V betrugen somit 50.000 € (Hinweis: das Beispiel in UmwStE Rn. 22.43 unterstellt Anschaffungskosten iHv 40.000 €, was aus meiner Sicht bei dem gewählten Sachverhalt nicht verständlich ist). Im Jahr 09 wird eine Kapitalerhöhung von 50.000 € auf 100.000 € vorgenommen. Den neu gebildeten Geschäftsanteil übernimmt Sohn S gegen Bareinlage von 100.000 €.

Lösung: Durch die Aufnahme des S als neuen Gesellschafter kommt es zu einer Mitverstrickung der neu geschaffenen Anteile. Durch die Einlage ist der gemeine Wert der X-GmbH von 400.000 € auf 500.000 € gestiegen. Davon entfallen 50% = 250.000 € auf den jungen Geschäftsanteil des S, der jedoch nur 100.000 € dafür aufgewendet hat. Es sind somit 150.000 € der zum Einbringungsgewinn gehörenden stillen Reserven von den Anteilen des V auf die Anteile des S übergegangen.

Da ein teilweise unentgeltlicher Vorgang vorliegt, sind S anteilig die Anschaffungskosten des V zuzurechnen. Die Aufteilung erfolgt in dem Verhältnis der übergegangenen stillen Reserven zu den zum Einbringungszeitpunkt insgesamt vorhandenen stillen Reserven: 50.000 € x 150.000 €/ 400.000 € = 18.750 €. Es gehen somit Anschaffungskosten iHv 18.750 € auf S über. Nach der Kapitalerhöhung ergeben sich somit folgende Anschaffungskosten:

V: (50.000 € – 18.750 €)	31.250 €
S: (100.000 € + 18.750 €)	118.750 €

Die im Einbringungsgewinn I enthaltenen stillen Reserven von 350.000 € teilen sich wie folgt auf die Anteile auf:

V: (gemeiner Wert 250.000 € – AK 31.250 €)	218.750 €
S: (gemeiner Wert 250.000 € – AK 118.750 €)	131.250 €
	350.000 €

Anmerkung: Die Verwendung des Begriffs „gemeiner Wert" ist bei dieser Berechnung der Aufteilung des Einbringungsgewinns I etwas irreführen. Er passt in dem hier gewählten Beispiel nur, weil die übernehmende Gesellschaft nach der Einbringung keine weiteren stillen Reserven erwirtschaftet hat. Bei einem entsprechend abgewandelten Sachverhalt müssten daher die von der Übernehmerin selbst erwirtschafteten stillen Reserven „herausgerechnet" werden, denn in die Berechnung dürfen mE nur die Einlagen der Gesellschafter zum gemeinen Wert berücksichtigt werden.

Bevor im Folgenden das Beispiel um die denkbaren Realisationsvorgänge erweitert wird, folgen zunächst noch einige Anmerkungen zu dem von der FinVerw in UmwStE Rn. 22.43 gewählten Beispiel.

Bereits erwähnt wurde, dass es aus dem Sachverhalt heraus nicht verständlich ist, warum die AK des V nach § 20 III € 40.000 betragen sollen.

Unklar ist aus meiner Sicht auch, warum die FinVerw in ihrem Beispiel in UmwStE Rn. 22.43 berechnet, dass die Anteile des S zu 60 % steuerverstrickt seien. Diese Angabe ist nach neuem Recht irrelevant und aus meiner Sicht eher irreführend, da der Einbringungsgewinn eine feststehende Größe ist, die numerisch feststeht und nicht prozentual.

Fortsetzung des Beispiels, Variante 1): Kurz nach Eintritt des S in die Gesellschaft im Jahr 09 (also vor Ablauf eines Zeitjahres seit dem steuerlichen Einbringungsstichtag) veräußern beide Gesellschafter ihre Anteile. Der Veräußerungspreis entspricht dem gemeinen Wert der Anteile von jeweils 250.000 €.

Lösung: Sämtliche sperrfristbehafteten bzw. mitverstrickten Anteile werden veräußert. Es wird somit rückwirkend der gesamte Einbringungsgewinn I realisiert. V hat daher rückwirkend 350.000 € zu versteuern. Die durch die nachträgliche Versteuerung des Einbringungsgewinns I entstehenden nachträglichen Anschaffungskosten teilen sich auf wie oben berechnet.

Besteuerung des V:	AK	31.250 €
	nachträgl. AK	218.750 €
	Summe der AK	250.000 €
	Veräußerungspreis	250.000 €
	verbleibender Veräußerungsgewinn	0 €
Besteuerung des S:	AK	118.750 €
	nachträgl. AK	131.250 €
	Summe der AK	250.000 €
	Veräußerungspreis	250.000 €
	verbleibender Veräußerungsgewinn	0 €

Variante 2): Lediglich V veräußert noch in 09 seinen Anteil zum gemeinen Wert.

Lösung: Die Lösung ist für V vollkommen identisch mit Variante I. V veräußert zwar sämtliche erhaltenen Anteile, realisiert aber nicht den gesamten Einbringungsgewinn I, sondern nur den noch in seinen Anteilen gebundenen Anteil iHv 217.750 €, was zu entsprechend hohen nachträglichen AK führt. Der durch die Mitverstrickung auf die Anteile des S übergegangene Anteil des Einbringungsgewinns I wird demgegenüber nicht realisiert und ist daher auch nicht von V zu versteuern.

Variante 3): Lediglich S veräußert noch in 09 seinen Anteil zum gemeinen Wert.

Lösung: Die Lösung ist auch hier identisch mit der in Variante I. Obwohl S den Realisationsvorgang auslöst, muss V rückwirkend den Einbringungsgewinn I versteuern. Die hierdurch verursachten nachträglichen Anschaffungskosten werden jedoch nicht dem V, sondern dem S zugeordnet, denn auf seine Anteile sind die stillen Reserven in entsprechender Höhe übergegangen.

Das Beispiel macht noch einmal deutlich, dass eine Mitverstrickung tatsächlich auch zu einer Verlagerung des Einbringungsgewinns I und auch der nachträglichen Anschaffungskosten führt und dieser Umstand bietet aus ertragsteuerlicher Sicht durchaus Gestaltungsmöglichkeiten.

5. Mitverstrickung versus verdeckte Gewinnausschüttung/verdeckte Einlage

362 Bisher durch Rechtsprechung nicht geklärt sind solche Fälle, in denen auf Gesellschafterebene wiederum Kapitalgesellschaften involviert sind, deren Beteiligung an der Übernehmerin von einer Verlagerung stiller Reserven betroffen sind.

Folgende Grundfälle sind denkbar: 363

– Verlagerung von stillen Reserven durch verdeckte Einlage

Beispiel: A ist alleiniger Gesellschafter der A-GmbH. Beide sind jeweils zur Hälfte beteiligt an der B-GmbH. A bringt nun in die B-GmbH einen Betrieb zu Buchwerten ein. Die A-GmbH nimmt entweder an der Kapitalerhöhung gar nicht teil oder zumindest ohne Einzahlung eines angemessenen Agios, sodass im Ergebnis stille Reserven des von A eingebrachten Betriebs auf die von der A-GmbH gehaltenen Anteile an der B-GmbH überspringen.

– Verlagerung von stillen Reserven durch verdeckte Gewinnausschüttung

Beispiel: Die Beteiligungsstruktur entspricht dem vorherigen Beispiel, nur diesmal bringt die A-GmbH einen Betrieb in die B-GmbH zu Buchwerten ein, sodass stille Reserven anlässlich dieser Einbringung auf die Anteile des A an der B-GmbH überspringen.

– Verlagerung von stillen Reserven durch verdeckte Gewinnausschüttung und verdeckte Einlage.

Beispiel: Die natürliche Person A hält jeweils sämtliche Anteile an der A-GmbH und an der B-GmbH. Beide Gesellschaften sind ihrerseits zu jeweils 50% an der C-GmbH beteiligt. Die A-GmbH bringt nun einen Betrieb zu Buchwerten in die C-GmbH ein, wobei es zu einem Überspringen stiller Reserven auf die Anteile der B-GmbH an der C-GmbH kommt. Das Überspringen stiller Reserven könnte eine vGA der A-GmbH an den A und eine verdeckte Einlage des A in die B-GmbH ausgelöst haben.

In all diesen Fällen ist das Verhältnis der verdeckten Gewinnausschüttung/verdeckten 364
Einlage zur Regelung des § 22 VII fraglich. Grundsätzlich ist wohl unstreitig, dass es in diesen Fällen genauso zu einer Wertabspaltung kommt wie zwischen natürlichen Personen und dass derartige Wertabspaltungen grds. die Kriterien der verdeckten Gewinnausschüttung bzw. verdeckten Einlage erfüllen. Andererseits ist es nicht möglich, gleichzeitig eine verdeckte Gewinnausschüttung/verdeckte Einlage zwischen den Gesellschaftern zu bejahen und darüber hinaus noch eine Mitverstrickung anzunehmen, denn die Annahme einer verdeckten Gewinnausschüttung/verdeckten Einlage führte im Ergebnis dazu, dass die Einbringung anteilig nicht erfolgsneutral möglich wäre. Nach der alten Rechtslage vor dem SEStEG kam man daher zu dem Ergebnis, dass die von der Rechtsprechung für bestimmte Fallgestaltungen entwickelte Systematik der Mitverstrickung auf diese Fälle keine Anwendung findet, weil sie durch die verdeckte Gewinnausschüttung/verdeckte Einlage verdrängt wurden. So hat der BFH im Urteil v. 9.11.2010 – IX R 24/09 (BStBl. II 2011, 799) zu dem Fall einer wertinkongruenten Verschmelzung entschieden, dass die Rechtsinstitute der verdeckten Gewinnausschüttung/verdeckten Einlage den Regelungen des UmwStG vorgehen können. Eine vergleichbare Aussage findet sich auch im BFH-Urteil v. 15.9.2004 – I R 7/02 (BStBl. II 2005, 867 Rn. 24) zum Verhältnis einer vGA und einer Einbringung nach § 24. Dieser generelle Vorrang der Rechtsinstitute der vGA/verdeckten Einlage vor den Regelungen des UmwStG hat sich aber ggf. durch das SEStEG zumindest in Bezug auf die Einbringungsvorgänge nach den §§ 20, 21 geändert. Es gibt nun eine spezialgesetzliche Regelung in § 22 VII, die – rechtsformunabhängig – regelt, dass immer dann, wenn es anlässlich einer Kapitalmaßnahme zu einer Verlagerung von stillen Reserven von „erhaltenen“ Anteilen auf andere Anteile kommt, eine Mitverstrickung dieser Anteile ausgelöst wird. Es ist nicht erkennbar, warum diese Regelung in den hier beschriebenen Fällen keine Geltung haben sollte. Die spezialgesetzliche Regelung des § 22 VII verdrängt daher mE die Rechtsfolgen der verdeckten Gewinnausschüttung/verdeckten Einlage und stellt sicher, dass Einbringungen auch dann steuerneutral vorgenommen werden können, wenn sie wertinkongruent erfolgen. Darüber hinaus sind dann folgerichtig in den genannten Fällen auch die möglicherweise aufgrund von zeitlich der Einbringung nachgelagerten Kapitalmaßnahmen innerhalb der 7-jährigen Sperrfrist übergehenden stillen Reserven vor der Annahme von verdeckten Gewinnausschüttungen/ver-

deckten Einlagen geschützt, soweit hierdurch eine Mitverstrickung nach § 22 VII ausgelöst wird. Dieses Ergebnis würde mE auch durch die Aussage des BFH im Urteil v. 9.1.2013 – I R 24/12 (BFHE 240, 115 Rn. 15) gestützt, wonach das UmwStG für die einbezogenen Umwandlungsvorgänge einen eigenständigen und sondergesetzlichen Rechtskreis bestimmt, der den allg. Gewinnermittlungsvorschriften abschließend vorgeht.

365 Etwas anderes dürfte allerdings dann gelten, wenn es anlässlich einer Kapitalmaßnahme, die einer Einbringung zeitlich nachgelagert ist, nicht lediglich zu einer Wertabspaltung, sondern tatsächlich zu einer Übertragung von Teilanteilen oder von Bezugsrechten von sperrfristbehafteten Anteilen kommt. In diesen Fällen wäre dann nämlich gleichzeitig der Ersatzrealisationstatbestand des § 22 I 6 Nr. 1 erfüllt, der seinerseits den § 22 VII verdrängt.

Beispiel: A ist alleiniger Anteilsinhaber der A-GmbH. Im Jahr 2010 hat A im Wege der Sachgründung die B-GmbH errichtet und einen Betrieb zu Buchwerten eingebracht. Im Jahr 2012 beschließt die B-GmbH eine Kapitalerhöhung zur Aufnahme der A-GmbH. Die A-GmbH übernimmt eine 50%ige Beteiligung und zahlt den Nominalwert ein. Ein Agio wird nicht erbracht.

Lösung: A hat anlässlich der Kapitalerhöhung im Jahr 2012 auf die Ausübung seiner Bezugsrechte verzichtet. Dieser Verzicht erfolgte zugunsten der B-GmbH. Es liegt insoweit eine verdeckte Einlage in eine Kapitalgesellschaft vor, die den Tatbestand des § 22 I 6 Nr. 1 erfüllt. Es kommt anteilig zu einer rückwirkenden Besteuerung des Einbringungsgewinns I.

6. Schenkungsteuer

366 Die schenkungsteuerliche Würdigung in Fällen der Mitverstrickung durch Verlagerung stiller Reserven hat sich durch die Einführung des § 7 VIII ErbStG im Dezember 2012 geändert.

367 Bereits nach der bis Dezember 2012 geltenden Rechtslage war die FinVerw der Auffassung, dass **schenkungsteuerliche Folgen** ausgelöst werden, wenn einbringungsgeborene Substanz auf Anteile übergehen, die Dritten zustehen (gleichlautender Ländererlass v. 15.3.1997, BStBl. I 1997, 350; krit. *Viskorf* DStR 1998, 150). Demgegenüber sah der BFH in einer unentgeltlichen Zuwendung an eine GmbH, worunter auch eine Einbringung verstanden werden kann, grds. keine Zuwendung an die anderen Gesellschafter (BFH v. 25.10.1995 – II R 67/93, BStBl. II 1996, 160; v. 19.6.1996 – II R 83/92, BStBl. II 1996, 616 zur Gewährung eines zinslosen Darlehens eines Gesellschafters an die GmbH in einer Krisensituation). Zwar geht mit der unentgeltlichen Zuwendung von Vermögen an eine KapG eine Werterhöhung der Anteile der anderen Gesellschafter einher, jedoch sind diese Gesellschafter nicht auf Kosten des Zuwendenden bereichert. Die Werterhöhung der Geschäftsanteile ist vielmehr Folge der Gesellschafterstellung. Etwas anderes gilt jedoch, wenn die unentgeltliche Zuwendung von Vermögen an eine KapG in zeitlichem Zusammenhang mit der Schaffung neuer Anteile für andere Gesellschafter steht. Ein solcher Fall ist beispielsweise gegeben, wenn Vater V seinen Betrieb zur Neugründung in eine GmbH einbringt und zeitgleich oder in zeitlichem Zusammenhang der Sohn S beitritt und eine Beteiligung erhält, deren gemeiner Wert über dem Betrag der Bareinlage des S liegt (vgl. BFH v. 12.7.2005 – BStBl. II 2005, 845). Zudem deutete der Große Senat des BFH bereits in seinem Beschluss vom 9.6.1997 (GrS 1/94, BStBl. II 1998, 307) an, dass eine Zuwendung an eine GmbH auch eine Zuwendung (Schenkung) an die übrigen Gesellschafter und anschließend eine verdeckte Einlage der Gesellschafter in die KapG darstellen kann. ME dürfte diese Möglichkeit allerdings auf solche Fälle beschränkt sein, in denen es an einem gesellschaftsrechtlichen Interesse für die Zuwendung an die KapG fehlt.

368 Durch die Einführung des § 7 VIII ErbStG hat die FinVerw ihre bisherige Sichtweise zumindest für bestimmte Fallgestaltungen in das Gesetz geschrieben und damit ist die bisherige Rechtsprechung des BFH für die betroffenen Fälle nicht mehr anwendbar. Nach der nunmehr geltenden Rechtslage sind sämtliche Werterhöhungen von Anteilen an einer KapGes, die eine an der Gesellschaft unmittelbar oder mittelbar beteiligte natürliche Person oder Stiftung (Bedachte) durch die Leistung einer anderen Person (Zuwendender) an die Gesellschaft erlangt, als Schenkung zu qualifizieren. Darüber hinaus stellen auch Zuwendungen zwischen KapGes steuerpflichtige freigebige Zuwendungen dar, soweit sie in der Absicht getätigt werden, Gesellschafter zu bereichern. Dies gilt allerdings nicht, soweit an diesen Gesellschaften unmittelbar oder mittelbar dieselben Gesellschafter zu gleichen Teilen beteiligt sind.

Damit sind sämtliche Fallgestaltungen der Mitverstrickung, bei denen stille Reserven auf **369**
– unmittelbar oder mittelbar – von natürlichen Personen gehaltene Anteile übergehen, schenkungsteuerpflichtig. Demgegenüber ist die Mitverstrickung von Anteilen, die von KapGes gehalten werden, unschädlich, soweit die Anteile dieser KapGes wiederum von dem Einbringenden gehalten werden.

Außerdem ist zu beachten, dass Zuwendungen zwischen KapGes nur dann schenkung- **370**
steuerpflichtig sind, soweit sie in der Absicht getätigt werden, Gesellschafter zu bereichern. Der Zuwendungswille muss somit nachgewiesen werden und darf nicht durch ein gesellschaftsrechtliches Interesse des Einbringenden verdrängt werden.

§ 23 Auswirkungen bei der übernehmenden Gesellschaft

(1) **Setzt die übernehmende Gesellschaft das eingebrachte Betriebsvermögen mit einem unter dem gemeinen Wert liegenden Wert (§ 20 Abs. 2 Satz 2, § 21 Abs. 1 Satz 2)[1)] an, gelten § 4 Abs. 2 Satz 3 und § 12 Abs. 3 erster Halbsatz entsprechend.**

(2) **[1]In den Fällen des § 22 Abs. 1 kann die übernehmende Gesellschaft auf Antrag den versteuerten Einbringungsgewinn im Wirtschaftsjahr der Veräußerung der Anteile oder eines gleichgestellten Ereignisses (§ 22 Abs. 1 Satz 1 und Satz 6 Nr. 1 bis 6) als Erhöhungsbetrag ansetzen, soweit der Einbringende die auf den Einbringungsgewinn entfallende Steuer entrichtet hat und dies durch Vorlage einer Bescheinigung des zuständigen Finanzamts im Sinne von § 22 Abs. 5 nachgewiesen wurde; der Ansatz des Erhöhungsbetrags bleibt ohne Auswirkung auf den Gewinn. [2]Satz 1 ist nur anzuwenden, soweit das eingebrachte Betriebsvermögen in den Fällen des § 22 Abs. 1 noch zum Betriebsvermögen der übernehmenden Gesellschaft gehört, es sei denn, dieses wurde zum gemeinen Wert übertragen. [3]Wurden die veräußerten Anteile auf Grund einer Einbringung von Anteilen nach § 20 Abs. 1 oder § 21 Abs. 1 (§ 22 Abs. 2) erworben, erhöhen sich die Anschaffungskosten der eingebrachten Anteile in Höhe des versteuerten Einbringungsgewinns, soweit der Einbringende die auf den Einbringungsgewinn entfallende Steuer entrichtet hat; Satz 1 und § 22 Abs. 1 Satz 7 gelten entsprechend.**

(3) **[1]Setzt die übernehmende Gesellschaft das eingebrachte Betriebsvermögen mit einem über dem Buchwert, aber unter dem gemeinen Wert liegenden Wert an, gilt § 12 Abs. 3 erster Halbsatz entsprechend mit der folgenden Maßgabe:**

1. **Die Absetzungen für Abnutzung oder Substanzverringerung nach § 7 Abs. 1, 4, 5 und 6 des Einkommensteuergesetzes sind vom Zeitpunkt der Einbringung an nach den Anschaffungs- oder Herstellungskosten des Einbringenden, vermehrt um den Unterschiedsbetrag zwischen dem Buchwert der einzelnen Wirtschaftsgüter und dem Wert, mit dem die Kapitalgesellschaft die Wirtschaftsgüter ansetzt, zu bemessen.**
2. **Bei den Absetzungen für Abnutzung nach § 7 Abs. 2 des Einkommensteuergesetzes tritt im Zeitpunkt der Einbringung an die Stelle des Buchwerts der einzelnen Wirtschaftsgüter der Wert, mit dem die Kapitalgesellschaft die Wirtschaftsgüter ansetzt.**

[2]Bei einer Erhöhung der Anschaffungskosten oder Herstellungskosten auf Grund rückwirkender Besteuerung des Einbringungsgewinns (Absatz 2) gilt dies mit der

Maßgabe, dass an die Stelle des Zeitpunkts der Einbringung der Beginn des Wirtschaftsjahrs tritt, in welches das die Besteuerung des Einbringungsgewinns auslösende Ereignis fällt.

(4) **Setzt die übernehmende Gesellschaft das eingebrachte Betriebsvermögen mit dem gemeinen Wert an, gelten die eingebrachten Wirtschaftsgüter als im Zeitpunkt der Einbringung von der Kapitalgesellschaft angeschafft, wenn die Einbringung des Betriebsvermögens im Wege der Einzelrechtsnachfolge erfolgt; erfolgt die Einbringung des Betriebsvermögens im Wege der Gesamtrechtsnachfolge nach den Vorschriften des Umwandlungsgesetzes, gilt Absatz 3 entsprechend.**

(5) **Der maßgebende Gewerbeertrag der übernehmenden Gesellschaft kann nicht um die vortragsfähigen Fehlbeträge des Einbringenden im Sinne des § 10a des Gewerbesteuergesetzes gekürzt werden.**

(6) **§ 6 Abs. 1 und 3 gilt entsprechend.**

[1] § 23 I Klammerzusatz erweitert durch JStG 2009 v. 19.12.2008 (BGBl. I 2008, 2794). Die aF lautete: „(§ 20 Abs. 2 Satz 2)".

Übersicht

I. Allgemeines

1. Regelungsgegenstand

Inhaltlich regelt § 23 die steuerlichen Konsequenzen, die sich in den Fällen der Einbringung von Vermögen in eine KapGes nach § 20 oder § 21 bei dem übernehmenden Rechtsträger bezüglich des übergegangenen Vermögens ergeben. Während die §§ 20, 21 bestimmen, inwieweit die Einbringung eines Betriebs, Teilbetriebs, Mitunternehmeranteils oder von Anteilen an einer KapGes in eine (andere) KapGes gegen Gewährung von Gesellschaftsrechten zum Buchwert, gemeinen Wert oder einem Zwischenwert möglich ist, und die Auswirkungen einer Einbringung unter dem gemeinen Wert für den Einbringenden bestimmen, definiert § 23 die weiteren Auswirkungen auf die aufnehmende KapGes als zweitem Beteiligten. 1

§ 23 entspricht in wesentlichen Teilen dem bisherigen § 22 UmwStG aF. Die Abs. 1, 3, 4, 5 und 6 sind vom Regelungsgegenstand her identisch mit der Vorgängerregelung. **Abstrakt** geht es hier um die Frage, inwieweit die KapGes in steuerlicher Hinsicht als **Rechtsnachfolger** des Einbringenden zu behandeln ist, **oder** die Einbringung stattdessen einer **Veräußerung** der eingebrachten WG durch den Einbringenden gleichzustellen ist. 2

Dies betrifft zunächst folgende **Themenkomplexe:**

- Weiterlaufen oder Unterbrechung von steuerlich erheblichen Vorbesitzzeiten;
- Fortführung von Absetzungen für Abnutzung, erhöhten Absetzungen und Sonderabschreibungen des Einbringenden oder Neuberechnung;
- Inanspruchnahme von Bewertungsfreiheiten;
- Übernahme von gewinnmindernden Rücklagen;
- Abmilderung eventueller steuerlicher Folgen des Erlöschens von Forderungen und Verbindlichkeiten.

Eine wesentliche Neuerung gegenüber der Rechtslage vor dem SEStEG enthält § 23 II, der die steuerlichen Folgen bei der übernehmenden Körperschaft im Fall einer rückwirkenden Versteuerung eines Einbringungsgewinns I oder II regelt. 3

2. Anwendungsbereich

a) Maßgebliche Umwandlungsvorgänge

Unmittelbar: Grds. ist § 23 in allen Fällen des § 20 und des § 21 anzuwenden. Für die Fälle des Anteilstauschs galt diese generelle Anwendbarkeit bis zum 25.12.2008 unstreitig jedoch nur für die Absätze II bis VI, soweit die hierin enthaltenen Regelungen für den Anteilstausch Relevanz entfalten. Demgegenüber war mehr als fraglich, ob § 23 I, also insbesondere die Anordnung der steuerlichen Rechtsnachfolge, in Fällen des Anteilstauschs anwendbar war. Diese Unklarheit wurde durch das Jahressteuergesetz 2009 durch eine entsprechende Änderung des Gesetzeswortlauts beseitigt. Zu dieser Problematik vgl. ausführlich Rn. 15 ff. 4

Entsprechend: Die Absätze I, III, IV und VI werden außerdem durch § 24 IV in den Fällen der Einbringung von Betriebsvermögen in eine PersGes für entsprechend anwendbar erklärt.

§ 23 gilt gem. § 25 auch für die Fälle des Formwechsels einer PersGes in eine KapGes nach § 190 UmwG oder vergleichbaren ausländischen Vorschriften.

b) Betroffenes Vermögen

5 § 23 bezieht sich gegenständlich auf das gesamte zum Sacheinlagegegenstand gehörige Vermögen (*Ritzer* in R/H/vL § 23 Rn. 10), und zwar unabhängig davon, ob dieses im Inland oder im Ausland belegen ist.

6 In **grenzüberschreitenden Einbringungsfällen** reicht der Regelungsbereich des § 23 für den übernehmenden Rechtsträger allerdings nur soweit, wie dieser in Deutschland in Bezug auf das eingebrachte Vermögen im Zeitpunkt der Einbringung unbeschränkt oder beschränkt steuerpflichtig ist (*Patt* in D/P/M § 23 Rn. 7) oder aus sonstigen Gründen eine Gewinnermittlung nach deutschen Vorschriften erforderlich ist. Dies ergibt sich aus dem Sinn und Zweck der Vorschrift, die die Folgen der Einbringung für die steuerliche Gewinnermittlung des übernehmenden Rechtsträgers regelt. Derartige Regelungen sind nur insoweit erforderlich und einschlägig, wie sich hieraus Folgen für die inländische Besteuerung ergeben.

Eine grenzüberschreitende Einbringung ist zB gegeben, wenn eine ausländische EU-/EWR-KapGes ihre im Inland belegene Betriebsstätte in eine unbeschränkt steuerpflichtige KapGes (§ 1 I Nr. 1 KStG) einbringt. Auf der Ebene der Übernehmerin ist § 23 in diesem Fall uneingeschränkt anwendbar. Dasselbe gilt, wenn eine EU-/EWR-KapGes ihren inländischen Betrieb in eine ausländische KapGes einbringt, die dann bezüglich des übergegangenen Vermögens über eine inländische Betriebsstätte verfügt.

Liegt die auf eine unbeschränkt steuerpflichtige KapGes übergehende **Betriebsstätte** hingegen **im Ausland,** so ist § 23 nur in folgenden Fällen einschlägig:

- Deutschland hat an dieser Betriebsstätte durch Anwendung der **Anrechnungsmethode** ein Besteuerungsrecht. Dies ist nach vielen mit Deutschland abgeschlossenen DBA zB dann der Fall, wenn die Betriebsstätte eine Tätigkeit ausübt, die nicht zu einem abschließenden Katalog von sog. aktiven Tätigkeiten gehört, für die die Freistellungsmethode gewährt wird (so zB in den DBA mit Polen, Rumänien, Schweiz, Litauen, Finnland, Estland, Bulgarien) oder wenn sich bei Gewährung der Freistellungsmethode Qualifikationskonflikte ergäben (entsprechende Regelungen finden sich zB in den DBA mit Österreich, Polen, Rumänien, Schweden, Malta, Litauen, Dänemark). Die Anwendung der Anrechnungsmethode kann sich darüber hinaus bei passiver Tätigkeit der Betriebsstätte auch unabhängig von einer DBA-Regelung aus § 20 II AStG ergeben.
- Es handelt sich um eine Einbringung nach § 24 und übernehmender Rechtsträger der ausländischen Betriebsstätte ist eine PersGes, unter deren Mitunternehmern unbeschränkt steuerpflichtige natürliche Personen sind. Auch bei Anwendung der Freistellungsmethode ist dann für die Berechnung des sog. Progressionsvorbehalts nach § 32b EStG das Einkommen der ausländischen Freistellungsbetriebsstätte nach inländischen Gewinnermittlungsvorschriften zu ermitteln (vgl. *Heinicke* in Schmidt § 32b EStG Rn. 3). Für diese Gewinnermittlung nach deutschen Vorschriften findet gem. § 24 IV der § 23 entsprechende Anwendung.

Für die zu einer ausländischen Freistellungsbetriebsstätte gehörenden WG einer unbeschränkt steuerpflichtigen übernehmenden KapGes hat § 23 demgegenüber keine Bedeutung, weil eine steuerliche Gewinnermittlung nach inländischen Vorschriften nicht erforderlich ist.

Wird ein im Inland belegener Betrieb/Teilbetrieb oder ein Anteil an einer inländischen PersGes in eine ausländische KapGes eingebracht, wird die Übernehmerin nach der Einbringung mit dieser inländischen Betriebsstätte nach § 2 Nr. 1 KStG iVm § 49 I Nr. 2a EStG beschränkt steuerpflichtig. § 23 findet auf die künftige steuerliche Gewinnermittlung der inländischen Betriebsstätte uneingeschränkt Anwendung.

Erstmalige Steuerverstrickung. Werden WG durch eine Einbringung erstmals steuerverstrickt, zB weil sie zum Betriebsvermögen einer ausländischen BS gehören, für die Deutschland nach der Einbringung das Anrechnungsverfahren anwendet, ist streitig, ob das Bewertungswahlrecht des § 20 II 2 insoweit überhaupt besteht. Aus der Beantwortung dieser Frage ergibt sich, inwieweit § 23 auf diese WG Anwendung findet. 7

Grds. hat die Übernehmerin das Bewertungswahlrecht nach § 20 II 2, das übergehende Vermögen zu Buchwerten, Zwischenwerten oder gemeinen Werten anzusetzen, für alle WG einheitlich auszuüben. Ein selektiver Ansatz einzelner WG mit Buchwerten und anderer WG mit höheren Werten scheidet damit aus (vgl. Rn. 11). Fraglich ist, ob dieser Grundsatz der einheitlichen Wahlrechtsausübung auch solche WG umfasst, die durch die Einbringung erstmalig im Inland steuerverstrickt werden. Die herrschende Meinung vertritt diesbezüglich die Auffassung, dass für das erstmals verstrickte Betriebsvermögen § 4 I 5 iVm § 6 I Nr. 5a EStG Anwendung findet, wonach eine Einlage fingiert wird, die zum gemeinen Wert zu bewerten ist. Das Bewertungswahlrecht des § 20 II 2 bleibt hiervon jedoch unberührt (vgl. § 20 Rn. 348; *Ley* FR 2007, 109/112 m. Fn. 17; *Patt* in D/P/M § 20 UmwStG (SEStEG) Rn. 228; *Förster/Wendland* BB 2007, 631 (634)). Die Verstrickung findet vielmehr eine logische Sekunde vor dem Vermögensübergang im Rahmen der Umwandlung statt und anschließend wird für das gesamte übergehende Vermögen das Bewertungswahlrecht ausgeübt (*Ritzer* in R/H/vL § 25 Rn. 34). Bei dieser Sichtweise gibt es keinen Konflikt zwischen der Verstrickungsbewertung zum gemeinen Wert und der anschließenden Buchwertfortführung für alle WG im Rahmen der Umwandlung – mit der einzigen Besonderheit, dass hier der Buchwert der erstmalig verstrickten WG dem gemeinen Wert entspricht. Demgegenüber vertraten zunächst *Herlinghaus* (R/H/vL § 20 Rn. 167) und wohl auch *Schönherr/Lemaitre* GmbHR 2007, 459 (462) die Auffassung, dass das Bewertungswahlrecht des § 20 II 2 hier lex specialis ist und auch die erstmals verstrickten WG mit umfasst, mit der Folge, dass im Fall einer Buchwertfortführung die im Ausland gebildeten stillen Reserven in das Inland „importiert" und hier steuerlich mit verstrickt würden.

Von der durch einen Einbringungsvorgang verursachten erstmaligen Steuerverstrickung von WG sind solche Fälle zu unterscheiden, in denen es – in zeitlichem Zusammenhang mit einer Einbringung – nicht nur zu einer rechtlichen Übertragung, sondern auch zu einer tatsächlichen (körperlichen) Überführung von WG auf einen inländischen übernehmenden Rechtsträger kommt und dadurch eine erstmalige Verstrickung eintritt. Diese Fälle haben mit dem eigentlichen (rechtlichen) Einbringungsvorgang nichts zu tun (die Verstrickung erfolgt in diesen Fällen idR auch nicht zum steuerlichen Übertragungsstichtag, sondern zum Zeitpunkt der tatsächlichen Überführung) und können daher das Bewertungswahlrecht des § 20 II Satz 2 auch nicht beeinträchtigen.

Vom **zeitlichen Anwendungsbereich** her gesehen gilt § 23 gem. § 27 I für alle Einbringungen, bei denen die Anmeldung zur Eintragung in das für die Wirksamkeit des jeweiligen Vorgangs maßgebende öffentliche Register (das ist bei Ausgliederungen nach dem UmwG das Register des übertragenden Rechtsträgers, § 130 I UmwG) nach dem 12. Dezember 2006 erfolgt ist bzw. – sofern für die Wirksamkeit keine Eintragung in ein öffentliches Register erforderlich ist – wenn das wirtschaftliche Eigentum an den eingebrachten WG nach dem 12. Dezember 2006 übergegangen ist. Für Einbringungen vor diesem Zeitpunkt galt § 22 aF, der dem § 23 I, III-VI entsprach. 8

3. Wesentliche Inhalte der Vorschrift

Die Absätze I, III und IV des § 23 enthalten jeweils Regelungen für die Folgen eines Ansatzes des eingebrachten Betriebsvermögens mit dem 9

- **Buchwert:** § 23 I regelt für diese Fälle den Eintritt in die Rechtsstellung bezüglich der AfA-Bemessungsgrundlage sowie die Anrechnung steuerlicher Vorbesitzzeiten. § 23 I findet immer Anwendung, wenn das Wahlrecht zu einem unter dem gemeinen Wert liegenden Wert ausgeübt wird. Maßgebend ist hierbei nur der Ansatz in der Steuerbilanz. Der Ansatz in der Handelsbilanz ist demgegenüber unwesentlich. Diese Feststellung hat seit der Einführung des SEStEG eine erhöhte Praxisrelevanz erhalten, denn durch die Aufhebung der Maßgeblichkeit der Handelsbilanz für die Steuerbilanz in Umwandlungsfällen kommt es häufiger vor, dass eine Einbringung steuerlich zu Buchwerten und handelsrechtlich zu höheren Werten vorgenommen wird.

- **Zwischenwert:** Hier gilt ebenfalls § 23 I, der aber durch die Sonderregelung des § 23 III bzgl. der für den übernehmenden Rechtsträger maßgeblichen AfA-Bemessungsgrundlage modifiziert wird. Zu beachten ist hier, dass eine Zwischenwerteinbringung nicht nur dann gegeben ist, wenn unmittelbar anlässlich der Einbringung ein über dem Buchwert und unter dem gemeinen Wert liegender Wert angesetzt wird. Ein Zwischenwertansatz kann vielmehr auch noch nachträglich entstehen auf Grund einer rückwirkenden Besteuerung des Einbringungsgewinns gem. § 22 und einer damit einhergehenden Erhöhung der AK/HK gem. § 23 II.
- **gemeiner Wert:** Für diese Fälle gilt § 23 IV, der bei einer Einzelrechtsnachfolge einen Anschaffungsvorgang unterstellt, bei einer Gesamtrechtsnachfolge hingegen die Regelungen für den Zwischenwertansatz für entsprechend anwendbar erklärt.

10 § 23 II regelt die Konsequenzen, die sich für den übernehmenden Rechtsträger ergeben, wenn es zu einer schädlichen Verfügung über die erhaltenen Anteile (§ 22 I) oder über die eingebrachten Anteile (§ 22 II) kommt und deshalb von dem Einbringenden ein Einbringungsgewinn I oder II rückwirkend zu versteuern ist. Das Gesetz versucht – soweit möglich – für diesen Fall bei allen beteiligten Rechtsträgern die steuerlichen Konsequenzen eintreten zu lassen, die sich auch ergeben hätten, wenn die Einbringung von vornherein zu um den steuerpflichtigen Einbringungsgewinn höheren Werten durchgeführt worden wäre. Dementsprechend ergeben sich bei dem übernehmenden Rechtsträger Hinzuaktivierungen oder sogar unmittelbare Gewinnauswirkungen.

§ 23 V enthält einen für alle drei Fälle geltenden Ausschluss einer Übernahme des **gewerbesteuerlichen Fehlbetrags.** Schließlich werden durch § 23 VI die Regelungen des § 6 I und III über die Vereinigung von Forderungen und Verbindlichkeiten für anwendbar erklärt.

4. Einheitliche Ausübung des Bilanzierungswahlrechts

11 Grds. kommt eine parallele Anwendung der verschiedenen Absätze I, III oder IV des § 23 auf verschiedene WG desselben Einbringungsvorgangs nicht in Betracht, denn nach § 20 II 2 ist das Wahlrecht zum Ansatz von unter dem gemeinen Wert liegenden Werten ausdrücklich „einheitlich" auszuüben. Insbesondere in den Fällen der Einbringung eines Betriebs oder Teilbetriebs kann der übernehmende Rechtsträger somit nicht etwa selektiv einzelne WG mehr oder weniger aufstocken und andere WG ggf. gar nicht. Zu Einzelheiten bzgl. der Ermittlung der Aufstockungsbeträge vgl. Rn. 96 f. sowie § 20 Rn. 310).

12 Allerdings kann das Bewertungswahlrecht gleichwohl für jeden von § 20 oder § 21 begünstigten Einbringungsvorgang unterschiedlich ausgeübt werden (§ 20 Rn. 376 f.). Kommt es also zB zeitgleich zu einer Einbringung von zwei Teilbetrieben, dann kann der eine Teilbetrieb zu Buchwerten übernommen und der andere zu Zwischenwerten angesetzt werden. Besonders häufig kommt die zeitgleiche Einbringung von mehreren begünstigten Einbringungsgegenständen in den Fällen einer erweiterten Anwachsung sowie eines Formwechsels einer PersGes in eine KapGes vor (§ 25 iVm §§ 20 – 23). In beiden Fällen kommt es häufig zeitgleich entweder zu einer echten oder einer fiktiven Einbringung von mehreren Mitunternehmeranteilen durch die jeweiligen Mitunternehmer in eine KapGes. Diese kann für jeden Mitunternehmeranteil das Bewertungswahlrecht unterschiedlich ausüben (vgl. auch § 25 Rn. 37). Setzt die übernehmende KapGes in solch einem Fall zB für einen Mitunternehmeranteil Buchwerte und für einen anderen gemeine Werte an, dann kommt es bzgl. jedes einzelnen WG bei der Übernehmerin im Ergebnis doch zu einem

Zwischenwertansatz. Für die künftige steuerliche Gewinnermittlung muss die Übernehmerin dann aber gleichwohl sauber trennen und für jedes WG anteilig die Regelungen über die Buchwertfortführung sowie über den Ansatz gemeiner Werte anwenden. Die für den Zwischenwertansatz geltenden Regelungen kommen hingegen nicht zur Anwendung.

II. Buchwertfortführung und Zwischenwertansatz als Fortführung der steuerlichen Verhältnisse, § 23 I

1. Anwendbarkeit des § 23 I auf die Fälle der Einbringung von Betrieben, Teilbetrieben oder Mitunternehmeranteilen nach § 20

Sind bei der Einbringung von Betrieben/Teilbetrieben/Mitunternehmeranteilen sämtliche Voraussetzungen des § 20 II (vgl. hierzu ausführlich § 20 Rn. 307 ff.) für die Ausübung des Bewertungswahlrechts bei dem übernehmenden Rechtsträger erfüllt und kommt es tatsächlich zu einem Ansatz des eingebrachten Betriebsvermögens unter dem gemeinen Wert, gelten § 4 II 3 und § 12 III Hs. 1 entsprechend. Die übernehmende Gesellschaft tritt somit die steuerliche Rechtsnachfolge an. Hierbei gilt die Besitzzeitanrechnung des § 4 II 3 für die Buchwert- und die Zwischenwerteinbringung gleichermaßen, während für die Anwendung der steuerlichen Rechtsnachfolge gem. § 12 III in Fällen der Zwischenwerteinbringungen in § 23 III noch Sonderregelungen getroffen werden. 13

Zu den sich hieraus im Einzelnen ergebenden steuerlichen Konsequenzen vgl. Rn. 21. 14

2. Anwendbarkeit des § 23 I auf die Fälle des Anteilstauschs nach § 21

Die Frage der Anwendbarkeit des § 23 I auf die Fälle des Anteilstauschs wurde seit dem Inkrafttreten des SEStEG in der Literatur intensiv diskutiert, denn der Wortlaut des § 23 I, der durch seinen Verweis auf § 4 II 3 und § 12 III für das übergegangene Vermögen die steuerliche Rechtsnachfolge anordnet, wenn das Vermögen zu einem unter dem gemeinen Wert liegenden Wert eingebracht worden ist, enthielt durch einen Klammerzusatz zunächst nur einen expliziten Verweis auf die Einbringungsvorgänge nach § 20, nicht jedoch auf die Vorgänge des Anteilstauschs nach § 21. 15

Durch das Jahressteuergesetz 2009 (vom 19.12.2008, BGBl. I 2008, 2794) wurde in § 23 I 1 der bisherige Klammerzusatz (§ 20 II 2) durch den Klammerzusatz „§ 20 Abs. 2 Satz 2, § 21 Abs. 1 Satz 2" ersetzt. Damit gilt nun auch bei einem Anteilstausch, bei dem – unter Beachtung der übrigen Voraussetzungen – die eingebrachten Anteile bei der übernehmenden Gesellschaft mit dem Buch- oder Zwischenwert angesetzt werden, die steuerliche Rechtsnachfolge und die Anrechnung von Vorbesitzzeiten nach den §§ 4 II 3 und § 12 III Hs. 1 (vgl. Rn. 13). 16

Die Gesetzesänderung beruht auf der Beschlussempfehlung des Finanzausschusses des Bundestages (BT-Drs 16/11055 zu § 23 S. 103). In seinem Bericht hierzu stellt der Finanzausschuss fest, dass aufgrund eines Redaktionsversehens im SEStEG im Klammerzusatz nur die gesetzliche Grundlage für die Sacheinlage, nicht jedoch für den Anteilstausch unter dem gemeinen Wert angegeben wurde. Deshalb sollte zur Klarstellung, dass auch die Fälle des Anteilstausches betroffen sind, die Änderung nachgeholt werden.

Die Erweiterung des Klammerzusatzes in § 23 I 1 auch auf Fälle des Anteilstausches trat am Tag nach Verkündung des Gesetzes, mithin am 25.12.2008, in Kraft. Die Neuregelung ist daher zumindest auf jeden Anteilstausch, dessen steuerlicher Übertragungsstichtag nach dem 24.12.2008 liegt, anzuwenden. Aus der Formulierung als „Beseitigung eines Redaktionsversehens" kann jedoch geschlossen werden, dass die Finanzverwaltung die Gesetzesänderung für rückwirkend anwendbar hält. Wie im Folgenden dargelegt wird, hatte die bisherige Gesetzesfassung in bestimmten Situationen für den Steuerpflichtigen erhebliche Vorteile. Wer hierauf vertraut hat und nunmehr durch eine rückwirkende Anwendung des 17 neuen Gesetzestextes nachteilig betroffen ist, sollte sich daher überlegen, ob er gegen die Rückwirkung vorgeht.

18 Im Hinblick auf die bis zum 25.12.2008 geltende ursprüngliche Gesetzesfassung war in der Literatur bereits diskutiert worden, ob es sich bei dieser Regelung um ein gesetzgeberisches Versehen handelte und – falls dies zu bejahen ist – die Regelung des § 23 I über ihren Wortlaut hinaus auch auf die Fälle des Anteilstauschs nach § 21 analog anzuwenden war (vgl. *Schmitt* in S/H/S § 23 Rn. 16). Demgegenüber vertraten *Patt* (in D/P/M § 23 Rn. 25) und *Widmann* (in W/M § 23 Rn. 19) die Auffassung, dass § 23 I nicht über seinen klaren Wortlaut hinaus auf andere Fälle angewendet werden kann, obwohl auch Patt das Vorliegen eines gesetzgeberischen Versehens ausdrücklich nicht ausschloss. Aus der Gesetzeshistorie (siehe hierzu ausführlich *Patt* in D/P/M § 23 Rn. 25) sowie der nunmehr erfolgten Gesetzesänderung ist deutlich erkennbar, dass der Gesetzgeber die zunächst bestehende Rechtslage nicht gewollt hatte. Gleichwohl war der vorherige Wortlaut des § 23 I m. E. zu eindeutig, um ihn erweiternd auszulegen (glA im Ergebnis *Ritzer* in R/H/vL § 23 Rn. 24).

19 Wesentliche Rechtsfolge der Nichtanwendbarkeit des § 23 I auf die Fälle des Anteilstauschs war, dass die eingebrachten Anteile als von dem übernehmenden Rechtsträger angeschafft galten, unabhängig davon, ob sie in dessen Steuerbilanz zum Buchwert, Zwischenwert oder gemeinen Wert angesetzt worden sind. Der Wert, mit dem die Beteiligung angesetzt worden ist, galt als Anschaffungskosten dieser Anteile. Lag dieser Wert aufgrund einer noch vom übertragenden Rechtsträger vorgenommenen Teilwertabschreibung unter den Anschaffungskosten des übertragenden Rechtsträgers, traf den übernehmenden Rechtsträger im Fall einer späteren Wertaufholung gleichwohl keine Zuschreibungspflicht, denn der übernehmende Rechtsträger ist bzgl. der steuerlichen Behandlung der eingebrachten Anteile nach dem bisherigen Wortlaut des § 23 I nicht in die Rechtsstellung des übertragenen Rechtsträgers eingetreten. Demgemäß galten die historischen Anschaffungskosten des übertragenden Rechtsträgers als Zuschreibungsobergrenze nach § 253 I 1 HGB für ihn nicht. Der übernehmende Rechtsträger hatte vielmehr seine eigenen Anschaffungskosten in Höhe des Betrages, mit dem er die eingebrachten Anteile in seiner Steuerbilanz angesetzt hat (vgl. *Patt* in D/P/M § 23 Rn. 25). Diese Anschaffungskosten stellten seine Bewertungsobergrenze dar, die er durch Zuschreibungen gem. § 253 I 1 HGB nicht überschreiten durfte.

Die hier angedeuteten steuerlichen Rechtsfolgen des Ausschlusses der Besitzzeitanrechnung und der steuerlichen Rechtsnachfolge auf die Fälle des Anteilstausches boten somit erhebliches Gestaltungspotenzial, welches bei einer rückwirkenden Anwendung der Neufassung des § 23 I nachträglich entfiele. Andersherum gibt es aber natürlich auch Fälle, bei denen sich eine rückwirkende Anwendung der Neufassung des § 23 I begünstigend auswirken dürfte, zB im Bereich der Besitzzeitanrechnung.

20 Handelt es sich bei den eingebrachten Anteilen um sog. einbringungsgeborene Anteile alten Rechts (gem. § 21 UmwStG aF) bei denen im Zeitpunkt der Einbringung die 7-Jahres-Frist des § 8b IV KStG aF noch nicht abgelaufen ist, ist § 23 gem. § 27 IV auf diese Fälle generell nicht anzuwenden. Vielmehr gelten die dem Einbringenden als Gegenleistung gewährten neuen Anteile ebenfalls als einbringungsgeboren iSd § 21 UmwStG aF iVm § 8b IV KStG aF. Ob die eingebrachten alt-einbringungsgeborenen Anteile bis zum Ablauf der 7-Jahres-Frist des § 8b IV KStG aF weiterhin diesen steuerlichen Status behalten und es damit zu einer Verdoppelung der Einbringungsgeborenheit kommt, ist in der Literatur streitig (vgl. § 21 Rn. 326).

3. Entsprechende Anwendung von Vorschriften des Zweiten und Dritten Teils

a) Rechtsnatur der Einbringung

21 Die Einbringung eines Betriebs etc. gegen Gewährung von Gesellschaftsanteilen gem. § 20 stellt formal ein Anschaffungsgeschäft dar, bei dem der Einbringende im Wege eines

Tauschgeschäfts für die übertragenen WG neue Gesellschaftsanteile erwirbt. Gleichwohl gewährt § 20 unter bestimmten Voraussetzungen die Möglichkeit, dass der übernehmende Rechtsträger nicht – wie das bei einem Anschaffungsgeschäft üblicherweise der Fall wäre – die WG mit ihrem gemeinen Wert anzusetzen hat, sondern dass er stattdessen die Buchwerte des übertragenden Rechtsträgers oder auch einen zwischen dem Buchwert und dem gemeinen Wert liegenden Wert ansetzen kann. Für diesen Fall ordnet § 23 I konsequent auch für die weitere steuerliche Behandlung dieser WG in der **Zeit nach der Übernahme** durch Verweis auf Vorschriften des zweiten und dritten Teils des UmwStG eine Anrechnung von Vorbesitzzeiten (§ 4 II 3) sowie eine steuerliche Rechtsnachfolge (§ 12 III Hs. 1) an. Für den Spezialfall der Zwischenwerteinbringung enthält § 23 III darüber hinaus bezüglich der steuerlichen Rechtsnachfolge für die Berechnung der künftigen AfA Sonderregelungen. Gehen die WG hingegen zu gemeinen Werten über, so gilt grds. zwar keine steuerliche Rechtsnachfolge, sondern es liegt ein Anschaffungsgeschäft vor (§ 23 IV 1). Gleichwohl unterscheidet § 23 IV noch danach, ob die Einbringung zu gemeinen Werten im Wege der Gesamtrechtsnachfolge nach den Vorschriften des UmwG oder im Wege der Einzelrechtsnachfolge durchgeführt wurde und ordnet für den ersteren Fall bezüglich der Berechnung der künftigen AfA eine analoge Anwendung der für die Zwischenwerteinbringung geltenden Regelungen und damit eine modifizierte steuerliche Rechtsnachfolge gem. § 12 III an. Eine Anrechnung von Vorbesitzzeiten findet hingegen bei einer Übertragung zu gemeinen Werten in keinem Fall statt – unabhängig von der Art der zivilrechtlichen Eigentumsübertragung.

b) Anrechnung der Vorbesitzzeit, § 4 II 3

Bei Fortführung von Buchwerten oder Ansatz von Zwischenwerten ist gem. § 23 I der Zeitraum der Vorbesitzzeit des Einbringenden der übernehmenden Körperschaft anzurechnen, wenn die Dauer der Zugehörigkeit eines WG zum Betriebsvermögen für die Besteuerung von Bedeutung ist. Diese Regelung hat derzeit insbesondere Bedeutung in folgenden Fällen: 22

§ 6a IV EStG: Bei der Berechnung und Fortführung von Pensionsrückstellungen sind die Dienstzeiten des Berechtigten beim Einbringenden zu berücksichtigen (*Ritzer* in R/H/vL § 23 Rn. 36). 23

§ 6b EStG: Nach § 6b IV Nr. 2 EStG gilt eine sechsjährige ununterbrochene Vorbesitzzeit im Anlagevermögen einer inländischen Betriebsstätte des Steuerpflichtigen als Voraussetzung für die Übertragung stiller Reserven. Auch bei der Berechnung von Zinsen anlässlich der Auflösung der Reinvestitionsrücklage ist diese Vorbesitzzeit des übertragenden Rechtsträgers zu berücksichtigen (*Ritzer* in R/H/vL § 23 Rn. 41). In Einbringungsfällen zu Buchwerten oder Zwischenwerten wird der Übernehmerin die Zeit angerechnet, die das WG vor der Einbringung bereits im BV des Einbringenden verweilte. Zur Übertragbarkeit der Rücklage auf eine Ersatzinvestition s. Rn. 38. 24

§ 2 InvZulG: Nach einer Anschaffung/Herstellung gilt eine fünf- bzw. dreijährige Zugehörigkeit zum Anlagevermögen einer Betriebsstätte im Fördergebiet als Voraussetzung für die Investitionszulage (Verbleibensvoraussetzung). 25

einstweilen frei 26

Begründung einer Organschaft, § 14 I Nr. 1 und Nr. 2 KStG: Die Begründung einer Organschaft erfordert gem. § 14 I Nr. 1 KStG, dass die finanzielle Eingliederung vom Beginn des Wj. der Organgesellschaft an ununterbrochen besteht und dass ein EAV spätestens bis zum Ende des ersten Wj. der Organgesellschaft wirksam wird, für das die Organschaft erstmalig gelten soll. Soweit eine Umwandlung des Organträgers nach dem UmwG im Wege der Gesamtrechtsnachfolge erfolgt, ist zivilrechtlich von der hM anerkannt, dass ein EAV, soweit die sich aus ihm ergebende Rechtsposition zusammen mit der Beteiligung an der Organgesellschaft zum übergehenden Vermögen gehört, auf die Übernehmerin übergeht und von dieser ohne Unterbrechung fortgeführt werden kann (vgl. *Herlinghaus* FR 2004, 974 (975) mit weiteren Nachweisen in Fn. 10). Der Abschluss 27 eines neuen EAV zur Übernehmerin ist somit nicht erforderlich. Dies wird von der FinVerw auch für steuerliche Zwecke anerkannt (UmwStE Rn. Org. 08). Streitig ist jedoch, ab welchem Zeitpunkt in Umwandlungsfällen zwischen der Organgesellschaft und dem übernehmenden Rechtsträger als neuem Organträger die erforderliche finanzielle Eingliederung besteht. Diesbezüglich vertrat die Finanzverwaltung bis zur Bekanntgabe des UmwStE 2011 die Auffassung, dass die finanzielle Eingliederung in dem Jahr der Umwandlung des Organträgers zu dem übernehmenden Rechtsträger nicht wirksam hergestellt werden könne, weil die finanzielle Eingliederung eine Tatsache sei, die durch die steuerliche Rückwirkungsfiktion nicht auf den steuerlichen Übertragungsstichtag zurückbezogen werden könne (BMF v. 26.8.2003, BStBl. I 2003, 437, Rn. 12; v. 24.5.2004, BStBl. I 2004, 549). Demgegenüber argumentiert die seit längerem bereits herrschende Meinung der steuerlichen Literatur, dass diese Sichtweise nicht richtig bzw. zu undifferenziert sei (vgl. zB *Herlinghaus* FR 2004, 974 (980); *ders.* in R/H/vL Anhang 3 Rn. 35 ff.; *Dötsch/Pung* DB 2003, 1970 (1973 ff.); *Haun/Reiser* BB 2002, 2257 (2259)). Auch der BFH deutet in seinem Urteil v. 17.9.2003 (BStBl. II 2004, 534) an, dass er die steuerliche Rückwirkung so weitgehend interpretiert, dass die rückwirkende Zurechnung einer durch eine Umwandlung hergestellten finanziellen Eingliederung möglich sein kann. Dieses Urteil ist allerdings zum Fall eines Formwechsels ergangen und die Finanzverwaltung hat sich in ihrem Schreiben v. 24.5.2004 diesem Urteil auch nur für diesen konkreten Fall angeschlossen, eine entsprechende Anwendung auf Fälle von übertragenden Umwandlungen jedoch ausdrücklich abgelehnt.

Die FinVerw wendet allerdings ihre ablehnende Rechtsauffassung seit jeher nicht konsequent an. So wurde und wird zB die Fortsetzung einer bereits zum übertragenden Rechtsträger als Organträger bestehenden Organschaft bejaht, wenn der EAV mit übergeht und durchgängig fortgeführt wird und der Übertragungsstichtag des Organträgers auf den letzten Tag des laufenden Wj. der Organgesellschaft fällt (UmwStE Rn. Org. 02; ebenso FG Berlin-Brandenburg v. 7.5.2008, EFG 2008, 1664 f.). Da für ein Organschaftsverhältnis aber zwei Voraussetzungen erforderlich sind – nämlich der Abschluss eines EAV **und** die finanzielle Eingliederung während des gesamten Wj. der Organgesellschaft – erkannte die FinVerw in diesen Fällen somit schon bisher konkludent an, dass auch die finanzielle Eingliederung zum übernehmenden Rechtsträger vom Beginn des Wj. der Organgesellschaft an bestanden haben muss. Demgegenüber weigerte sich die Finanzverwaltung bis zum Ergehen des UmwStE, die Erfüllung der Voraussetzung der finanziellen Eingliederung anzuerkennen, wenn zu dem übertragenden Rechtsträger vor der Umwandlung – mangels EAV – keine Organschaft bestand. Es ist allerdings nicht erkennbar, was die Existenz eines EAV mit der finanziellen Eingliederung zu tun hat. Eine systematische Differenzierung der verschiedenen Sachverhalte und ihrer steuerlichen Konsequenzen ist nur möglich, wenn – der Rechtsauffassung von *Dötsch/Pung* (DB 2003, 1970 (1973)) sowie *Herlinghaus* (in R/H/vL Anhang 3 Rn. 35 ff.) folgend – unterschieden wird zwischen der Rückwirkung einer durch die Umwandlung zum übernehmenden Rechtsträger erstmals hergestellten finanziellen Eingliederung und dem Eintritt in die steuerliche Rechtsstellung eines übertragenden Rechtsträgers, zu dem bereits eine finanzielle Eingliederung bestand. Sofern der übertragende Rechtsträger bereits über eine Beteiligung verfügt, die die Voraussetzungen des § 14 I Nr. 1 KStG erfüllt und diese Beteiligung im Wege der steuerlichen Rechtsnachfolge auf einen übernehmenden Rechtsträger übergeht, führt das Zusammenwirken der steuerlichen Rechtsnachfolge und der Rückwirkungsfiktion dazu, dass die Voraussetzung der finanziellen Eingliederung vom steuerlichen Übertragungsstichtag an als gegeben anzunehmen ist. Konkret bezogen auf die Fälle der Einbringung bedeutet dies, dass eine Beteiligung iSd § 14 I Nr. 1 KStG, die gemäß § 20 (zusammen mit einem Betrieb/Teilbetrieb/Mitunternehmeranteil) mit steuerlicher Rückwirkung unter dem gemeinen Wert – und damit unter Geltung der steuerlichen Rechtsnachfolge nach § 23 I – in eine andere KapGes eingebracht wird, bereits ab dem steuerlichen Übertragungsstichtag zum übernehmenden Rechtsträger eine finanzielle Eingliederung begründen kann.

Mit dem UmwStE 2011 hat sich die FinVerw nun allerdings der beschriebenen hM etwas angenähert. Unter Verweis auf das BFH-Urteil v. 28.7.2010 (I R 89/09, BStBl. II 2011, 528) wird anerkannt, dass auch dann bereits in dem Erhebungszeitraum der Umwandlung eine Organschaft zu einem übernehmenden Rechtsträger als Organträger hergestellt werden kann, wenn vorher zu dem übertragenden Rechtsträger noch keine Organschaft bestand. Voraussetzung hierfür soll allerdings sein, dass dem übernehmenden Rechtsträger die Anteile an der Organgesellschaft steuerlich rückwirkend zum Beginn des Wj. der Organgesellschaft zuzurechnen sind. Der steuerliche Übertragungsstichtag muss also spätestens einen Tag vor dem Beginn des Wj. der Organgesellschaft liegen. Damit verharrt die FinVerw in ihrer Argumentation immer noch auf einer Kombination von steuerlicher Rechtsnachfolge und steuerlicher Rückwirkung und lässt die steuerliche Rechtsnachfolge für sich gesehen nicht ausreichen. Dies ist für die Rechtslage seit Einführung des SEStEG deshalb besonders wichtig zu beachten, weil es bei einem Anteilstausch keine Rückwirkung mehr gibt, so dass nach der aktuellen Auffassung der FinVerw in den Fällen des Anteilstauschs trotz – nunmehr in § 23 I ausdrücklich klargestellter – Geltung der steuerlichen Rechtsnachfolge im Jahr der Einbringung keine Organschaft zum übernehmenden Rechtsträger hergestellt werden kann. Damit hat die FinVerw das Urteil des BFH v. 28.7.2010 mE nicht konsequent umgesetzt, denn wenn die Vermittlung der finanziellen Eingliederung ausschließlich eine Konsequenz der steuerlichen Rechtsnachfolge ist, dann kann es keinen Unterschied machen, ob die steuerliche Rückwirkung tatsächlich bis zu dem Beginn des Wj. der Organgesellschaft zurückreicht oder erst später im Verlauf dieses Wj. wirksam wird (glA *Kröner/Momen* DB 2012, 71, 79; *Schneider/Ruoff/Sistermann* FR 2012, 1, 11). Allerdings ist zu erwähnen, dass das genannte Urteil des BFH zur Rechtslage vor Einführung des SEStEG erging und daher ein Anteilstausch ohne Rückwirkung auf den Beginn des Wj. nicht Gegenstand der Entscheidung war, was der BFH in Rn. 13 auch ausdrücklich erwähnt. Das bedeutet aber nicht, dass er in einem solchen Fall zu einem anderen Ergebnis käme.

Die Einbringung einer Organbeteiligung in eine andere KapGes ist grundsätzlich als wichtiger Grund für die **Auflösung des Gewinnabführungsvertrags** anerkannt (R 60 VI 2 KStR). Stand jedoch bei Abschluss des Vertrags bereits fest, dass er vor Ablauf der fünf Jahre beendet wird, soll die vorzeitige Beendigung nur bei Liquidation, Spaltung oder Verschmelzung der Organgesellschaft unschädlich sein (R 60 VI 4 KStR). Das bedeutet aber nicht zwingend, dass kein Gewinnabführungsvertrag abgeschlossen werden kann, wenn zu dem Zeitpunkt des Vertragsabschlusses bereits bekannt ist, dass es innerhalb der nächsten 5 Jahre zu einer Einbringung der Beteiligung in eine andere KapGes kommen wird. Vielmehr kann in diesen Fällen überlegt werden, den Gewinnabführungsvertrag trotz der zwischenzeitlichen Einbringung bis zur Vollendung der 5-Jahres-Frist weiterhin durchzuführen. Ist die erforderliche Voraussetzung der finanziellen Eingliederung auch zu der mittelbaren Beteiligung erfüllt, kann die Organschaft zu dieser fortbestehen (vgl. hierzu R 57 KStR sowie *Walter* in E&Y § 14 KStG Rn. 279 ff.). Darüber hinaus ist auch eine „Organschaftlücke" möglich, wenn der EAV zivilrechtlich wirksam übergeht und während seiner gesamten Laufzeit tatsächlich durchgeführt wird, die finanzielle Eingliederung im Jahr der Umwandlung aber nicht gegeben sein sollte (BFH I R 51/15 v. 10.5.2017, BStBl. II 2018, 30). Die Ergebnisabführung wäre dann zwar in dem Jahr der Umwandlung als vGA zu werten. Anschließend kann jedoch die nämliche Organschaft zum neuen Organträger fortgeführt werden und es bedarf nicht des Abschlusses eines neuen EAV. Damit gilt keine neue 5-Jahres-Frist.

Gewerbesteuerliches Schachtelprivileg. Umstritten ist hingegen nach wie vor die Bedeutung der Besitzzeitanrechnung für das gewerbesteuerliche Schachtelprivileg nach § 9 Nr. 2a und Nr. 7 GewStG. Der BFH hat mit Urteil v. 16.4.2014 (I R 44/13, BStBl. II 2015 303) entschieden, dass die Besitzzeitanrechnung nach § 4 II 3 **keine Bedeutung** für das gewerbesteuerliche Schachtelprivileg nach § 9 Nr. 2a und Nr. 7 GewStG habe. Der Senat begründet seine Entscheidung mit dem Wortlaut des § 4 II 3, der anordnet, dass ein 28

Zeitraum der Zugehörigkeit eines WG zum Betriebsvermögen der übertragenden Körperschaft dem übernehmenden Rechtsträger anzurechnen ist. Demgegenüber fordert § 9 Nr. 2a GewStG für die Gewährung des Schachtelprivilegs, dass eine Beteiligung von mindestens 15 % am Grund- oder Stammkapital zu Beginn des Erhebungszeitraums bestanden haben muss, also zu einem bestimmten **Zeitpunkt** und nicht für einen **Zeitraum.** Die Entscheidung ist jedoch nach wie vor umstritten (ablehnend bspw. *Mattern* DStR 2014, 2376 sowie *Schmitt* in S/H/S § 23 Rn. 35) und führt zu unsachgemäßen Ergebnissen (*Biesold* in Haase/Hruschka, § 23 Rn. 41).

29 Die Regelungen des UmwStE sind diesbezüglich widersprüchlich. In Tz. 23.06 wird für die Besitzzeitanrechnung auf Tz. 04.15 verwiesen. In Rn. 04.15 wird ausdrücklich erwähnt, dass die Besitzzeitanrechnung auch die Fälle des § 9 Nr. 2a und Nr. 7 GewStG umfasst. Demgegenüber bringt UmwStE Rn. 18.04 zum Ausdruck, dass es für die Gewährung des gewerbesteuerlichen Schachtelprivilegs auf die Verhältnisse zu Beginn des Erhebungszeitraums beim übernehmenden Rechtsträger – also offensichtlich ohne Besitzzeitanrechnung – ankommt.

30 Unkritisch ist die Ablehnung der Besitzzeitanrechnung für die Gewährung des gewerbesteuerlichen Schachtelprivilegs hingegen, wenn eine Beteiligung zu Buchwerten nach § 20 zusammen mit einem Betrieb/Teilbetrieb übergeht, denn in diesen Fällen kann – auf Antrag – die steuerliche Rückwirkung auf den Schluss des letzten Erhebungszeitraums erreicht werden (glA Biesold in Haase/Hruschka, § 23 Rn. 41). Damit gilt die übertragene Beteiligung als zu Beginn des Erhebungszeitraums zum Betriebsvermögen des übernehmenden Rechtsträgers gehörend. Bei Einbringungen nach § 20 ist es daher sogar möglich, eine bereits im Betriebsvermögen des übernehmenden Rechtsträgers befindliche Beteiligung von weniger als 15 % durch Übertragung eines weiteren Anteils rückwirkend auf über 15 % aufzustocken, um dann für die gesamte Dividende des laufenden Erhebungszeitraums das gewerbesteuerliche Schachtelprivileg zu nutzen. Diese Rechtsfolge müsste mE sogar dann eintreten, wenn die Einbringung erst nach der Vereinnahmung der Dividende beschlossen wird und über den Ausschüttungszeitpunkt hinweg auf den Beginn des VZ zurückwirkt.

31 Dieselben Konsequenzen wie bei dem gewerbesteuerlichen Schachtelprivileg können sich auch für die in 2013 neu eingeführte **Besteuerung von Streubesitzdividenden nach § 8b IV KStG** ergeben. Nach dieser Vorschrift sind Dividendenerträge bei einem Empfänger steuerpflichtig, der zwar grds. eine durch § 8b KStG begünstigte Person ist, aber die Beteiligung zu Beginn des Kalenderjahres unmittelbar weniger als 10 % des Grund- oder Stammkapitals betragen hat. Zwar verfügt § 8b IV KStG nF über eine eigene „Rückwirkungsregelung“, wonach der Erwerb einer Beteiligung von mindestens 10 % als zu Beginn des Kalenderjahres erfolgt gilt. Diese Rückwirkungsfiktion soll aber nach Vfg. OFD Frankfurt/M v. 2.12.2013, DStR 2014, 427 ausschließlich für den Erwerb eines Anteilspakets von mindestens 10 % durch **einen einzelnen Erwerbsvorgang** gelten. Damit ist der „Normalfall“ des qualifizierten Anteilstauschs, bei dem mehr als 50 % der Anteile übertragen werden, durch die eigene Rückwirkungsregelung des § 8b IV KStG nF abgedeckt und die in diesem Erhebungszeitraum beschlossene Dividende bleibt körperschaftsteuerfrei. Sollte aber eine Beteiligung von weniger als 10 % im Wege des qualifizierten Anteilstauschs auf einen übernehmenden Rechtsträger übergehen, der vorher bereits einen eigenen Anteil an der Beteiligungsgesellschaft hielt und nach dem Anteilstausch daher über mehr als 50 % der Stimmrechte an der Beteiligungsgesellschaft verfügt, dann fällt dieser Anteilsübergang nicht unter die Rückwirkungsfiktion des § 8b IV KStG nF und mangels Besitzzeitanrechnung gem. BFH v. 16.4.2014 (I R 44/13) ist dieser Teil der Dividende dann körperschaftsteuerpflichtig.

32 **Ausnahme: § 8 IV KStG aF (Mantelkauf):** Nach Auffassung der FinVerw ändert weder die Besitzzeitanrechnung noch die steuerliche Rechtsnachfolge etwas daran, dass die aufnehmende Gesellschaft durch die Vermögensübernahme den Tatbestand des § 8 IV KStG aF erfüllen konnte (UmwStE 1998 Rn. 22.03). Zwar wurde § 8 IV KStG aF durch das Unternehmenssteuerreformgesetz 2008 (v. 14.8.2007, BGBl. I 2007, 1912) aufgehoben, jedoch konnte es nach der Übergangsvorschrift des § 34 VI KStG noch zu einem Verlust der wirtschaftlichen Identität kommen, wenn vor dem 1.1.2008 mehr als die Hälfte der Anteile innerhalb von 5 Jahren übertragen worden sind und es bis zum 1.1.2013 zu einer Zuführung überwiegend neuen Betriebsvermögens kam. Für diese Auffassung sprach, dass das eingebrachte Betriebsvermögen ungeachtet seiner Bewertung „neu" war. Außerdem bezieht sich die Anordnung der Anrechnung von Vorbesitzzeiten durch § 23 I nur auf die künftige Bewertung des übergegangenen Vermögens bei dem übernehmenden Rechtsträger und nicht auf steuerliche Konsequenzen, die die Vermögensübertragung auf bereits vor der Umwandlung beim übernehmenden Rechtsträger vorhandene Verlustvorträge haben kann. Auch der Wortlaut des § 8 IV KStG aF sprach nicht gegen die Auffassung der Finanzverwaltung, denn die Anordnung einer steuerlichen Rechtsnachfolge sagt zwar aus, dass die übergehenden WG aus der Sicht des übernehmenden Rechtsträgers nicht als „angeschafft" gelten. Für die Anwendung des § 8 IV KStG aF war eine Anschaffung allerdings auch kein Kriterium, denn das Gesetz definierte jede Art von „Zuführung" überwiegend neuen Betriebsvermögens als schädlich und der Vermögensübergang im Zuge einer Umwandlung stellte trotz steuerlicher Rechtsnachfolge aus der Sicht des übernehmenden Rechtsträges eine „Zuführung" von Betriebsvermögen dar. Darüber hinaus war die Gewährung von Anteilen an den Einbringenden nach der hM als schädliche Anteilsübertragung iSd § 8 IV KStG aF anzusehen, wenn und soweit sich hierdurch die Beteiligungsverhältnisse veränderten (BMF v. 16.4.1999, BStBl. I 1999, 455, Rn. 26; *Dötsch* § 8 IV KStG Rn. 132). Allerdings gab es auch kritische Stimmen in der Literatur, die hinterfragten, ob die Schaffung neuer Anteile im Rahmen einer Kapitalerhöhung tatsächlich eine schädliche „Anteils**übertragung**" darstellen kann oder ob eine solche nicht voraussetzt, dass die Anteile vorher bereits bestanden haben (so zB *Lang* in E&Y § 8 KStG Rn. 1289; *Roser* in Gosch § 8 KStG Rn. 1413).

Für den ab dem 1.1.2008 geltenden neuen **§ 8c KStG** dürften diese Bedenken bzgl. der „Anteilsübertragung" hingegen keine Rechtfertigung mehr haben, denn dessen Wortlaut erfasst nicht nur eine „Anteilsübertragung", sondern ausdrücklich auch **„vergleichbare Sachverhalte".** Wirtschaftlich betrachtet geht bei einer Anteilsübertragung eine Rechtsposition an den Anteilen endgültig auf ein anderes Rechtssubjekt über. Ein „vergleichbarer Sachverhalt" ist daher jeder Vorgang, dem im Ergebnis wirtschaftlich der Gehalt einer Anteilsübertragung zukommt (*Hans* FR 2007, 775). Es kann wohl nicht bezweifelt werden, dass die Ausgabe neuer Anteile im Zuge eines Einbringungsvorgangs, die zu einer Verschiebung der Beteiligungsverhältnisse führt, einen derartigen „vergleichbaren Sachverhalt" darstellt (vgl. auch BMF v. 4.7.2008, BStBl. I 2008, 736, Rn. 7).

c) Steuerliche Rechtsnachfolge, § 23 I iVm § 12 III HS 1

aa) Allgemeines. § 23 I erklärt für den Fall der Buchwertfortführung sowie der Zwischenwerteinbringung die in § 12 III HS 1 geregelte sog. steuerliche Rechtsnachfolge für entsprechend anwendbar. 33

Nach § 12 III HS 1 tritt die übernehmende Körperschaft in die Rechtsstellung der übertragenden Körperschaft ein. Der in der bis zum 12.12.2006 gültigen Fassung des UmwStG enthaltene § 12 III HS 1 a. F. konkretisierte die Anordnung der steuerlichen Rechtsnachfolge noch dahingehend, dass diese **insbesondere** bezüglich der Bewertung der übernommenen WG, der Absetzungen für Abnutzung und der den steuerlichen Gewinn mindernden Rücklagen gilt. Der Tatsache, dass dieser erläuternde Zusatz im Gesetz nicht mehr enthalten ist, ist keine inhaltliche Bedeutung zuzumessen, denn die schlichte Anordnung der steuerlichen Rechtsnachfolge in der aktuellen Gesetzesfassung hat eben diese Rechtswirkungen.

Die **steuerliche Rechtsnachfolge** bedeutet die Übernahme sämtlicher für die Besteuerung relevanter Merkmale, die auf der Seite des Einbringenden mit dem WG verbunden waren. Dies betrifft insbesondere alle für die Bemessung von Abschreibungen wichtigen 34

Tatbestandsmerkmale, wie zB die Höhe der historischen AK/HK, den Anschaffungszeitpunkt, die noch bestehende Restnutzungsdauer (bzgl. der Sonderregelungen für die Berechnung der Abschreibungen im Fall des Zwischenwertansatzes vgl. Rn. 60), die Einordnung als Anlage- oder Umlaufvermögen, die Herstellereigenschaft, die vom Einbringenden ausgeübten Bewertungswahlrechte sowie bestehende Sperrfristen (*Ritzer* in R/H/vL § 23 Rn. 33). Zur Behandlung von Sammelposten nach § 6 IIa EStG bei dem übertragenden und dem übernehmenden Rechtsträger vgl. *Ritzer* in R/H/vL § 23 Rn. 34a). Die Folge der Buchwertfortführung bzw. des Zwischenwertansatzes ist davon unabhängig, ob Einzelrechtsnachfolge oder Gesamtrechtsnachfolge vorliegt.

35 **bb) Wertaufholungsgebot.** Durch das **Steuerentlastungsgesetz 1999/2000/2002** v. 24.3.1999 (BGBl. I 1999, 402) wurde bzgl. der Bewertung von Betriebsvermögen nach vorangegangener, mit steuerlicher Wirkung vorgenommener, Teilwertabschreibung die Verpflichtung zur Zuschreibung nach Wegfall oder entfallener Nachweisbarkeit der Wertminderung verstärkt (§ 6 I Nr. 1 S. 2 u. 4 EStG 1999). Nach der Neufassung des § 12 III 1 durch das **Steuerbereinigungsgesetz 1999** ist unstreitig, dass eine solche Zuschreibungsverpflichtung auf die aufnehmende Gesellschaft übergeht. Bezüglich wertgeminderter Beteiligungen, die im Wege der Einbringung zu Buchwerten auf eine andere KapGes übertragen werden, ist jedoch zu beachten, dass nach der hier vertretenen Auffassung für die Fälle, in denen eine Beteiligung zusammen mit anderem begünstigtem Betriebsvermögen nach § 20 zu Buchwerten eingebracht wird, nach § 23 I die steuerliche Rechtsnachfolge für den übernehmenden Rechtsträger angeordnet wird, während dies für Anteile, die vor dem 25.12.2008 gesondert nach § 21 im Wege des qualifizierten Anteilstauschs übergegangen sind, nicht der Fall war (vgl. hierzu eingehend Rn. 15 ff.). Für diese durch Anteilstausch übertragenen Beteiligungen braucht der übernehmende Rechtsträger daher nach der hier vertretenen Meinung trotz Eintritt einer Wertaufholung keine steuerwirksame Zuschreibung vorzunehmen. Durch die Änderung des § 23 I durch das Jahressteuergesetz 2009 hat der Gesetzgeber jedoch geregelt, dass die steuerliche Rechtsnachfolge und damit auch die Pflicht zur Wertaufholung ebenfalls in Fällen des qualifizierten Anteilstauschs gilt. Die rückwirkende Anwendbarkeit dieser Neuregelung auf die vor Geltung des Jahressteuergesetzes 2009 vorgenommenen Anteilstausche ist jedoch fraglich (vgl. Rn. 17).

36 Sind mehrere Teilwertabschreibungen vorgenommen worden, sind die zuletzt vorgenommenen Abschreibungen zuerst durch entsprechende Zuschreibungen wieder rückgängig zu machen (BFH v. 19.8.2009 – I R 2/09, BStBl. II 2010, 760).

37 **cc) Übergang steuerfreier Rücklagen.** Vom übertragenden Rechtsträger gebildete steuerfreie Rücklagen nach § 6b (sog. Reinvestitionsrücklage), § 7g I-IV, VII EStG (Investitionsabzugsbetrag), R. 6.6 EStR (sog. Rücklage für Ersatzbeschaffung), R. 6.5 IV EStR (steuerfreie Rücklage für im Voraus gewährte Zuschüsse), § 52 XVI 11 EStG (Rücklage wegen der Abzinsung von Verbindlichkeiten) oder § 4g EStG (Ausgleichsposten bei fiktiver Entnahme nach § 4 I 3 EStG) können im Rahmen der steuerlichen Rechtsnachfolge auf den übernehmenden Rechtsträger übergehen und von diesem fortgeführt und bei entsprechender Gelegenheit bei Anschaffung der jeweils vom Gesetz definierten WG auf diese übertragen oder aber nach den Regelungen der jeweils einschlägigen Vorschriften gewinnerhöhend aufgelöst werden (BFH v. 9.9.2010 – IV R 22/07, HFR 2011, 323; zur Frage, in welchen Fällen die Übertragung einer steuerfreien Rücklage ein Wahlrecht darstellt und wann ggf. eine Pflicht zur Übertragung bzw. Zurückbehaltung gegeben sein kann vgl. die folgenden Besprechungen zu den einzelnen Rücklagearten, Rn. 38 ff.). Die Übertragungsmöglichkeit der jeweiligen Rücklage besteht grds. auch dann, wenn der übernehmende Rechtsträger die Rücklage selbst gar nicht hätte bilden können bzw. dürfen. Als Konsequenz der steuerlichen Rechtsnachfolge als auch der Besitzzeitanrechnung nach § 22 I iVm § 4 II 3 ist bei der Ermittlung des Zeitpunkts, zu dem die Rücklage im Fall ihrer Nichtverwendung spätestens gewinnerhöhend aufzulösen ist, die Zeit mit zu berücksichtigen, die die Rücklage bei dem übertragenden Rechtsträger bereits bestanden

hat. Dasselbe gilt für die Berechnung etwaiger Zinsen (vgl. *Ritzer* in R/H/vL § 23 Rn. 41; *Widmann* in W/M § 23 Rn. 33).

Reinvestitionsrücklage gem. § 6b EStG. Eine Reinvestitionsrücklage nach § 6b EStG ist keine wesentliche Betriebsgrundlage, und zwar auch dann nicht, wenn sie anlässlich der Veräußerung wesentlicher Betriebsgrundlagen gebildet wurde. Darüber hinaus ist eine solche Rücklage auch kein wirtschaftlich einem Teilbetrieb zuordenbares WG nach UmwStE Rn. 15.02. Eine solche Rücklage ist vielmehr freies Vermögen und kann von dem Einbringenden wahlweise einem Betrieb/Teilbetrieb/ Mitunternehmeranteil zugeordnet und im Zuge einer Einbringung mit übertragen oder auch zurückbehalten werden. Sinnvollerweise wird der Steuerpflichtige die Rücklage der Gesellschaft zuordnen, die voraussichtlich die Ersatzinvestition tätigen wird, denn nur in diesem Fall ist eine Übertragung der Rücklage möglich und damit eine ertragswirksame Auflösung vermeidbar. Soweit es sich bei dem Einbringenden um eine natürliche Person handelt, kann es aber auch sinnvoll sein, eine § 6b-Rücklage im Zuge der Einbringung auf eine KapGes zu übertragen, wenn bereits feststeht, dass es keine Ersatzinvestition geben wird, denn die Steuerbelastung aus der Auflösung der Rücklage wird durch eine solche Vorgehensweise auf die Übernehmerin transferiert und unterliegt hier „nur" einer Gesamtsteuerbelastung von ca. 30 % und nicht mehr der ggf. höheren GewSt-/ESt-Belastung des Einbringenden. Die Tatsache, dass keine Investitionsabsicht (mehr) besteht, kann für die Übertragbarkeit der Rücklage nicht schädlich sein, da bereits für ihre Bildung eine tatsächliche Reinvestitionsabsicht des Steuerpflichtigen keine Voraussetzung ist (*Loschelder* in Schmidt § 6b Rn. 56). 38

Wird eine § 6b-Rücklage im Zuge einer Einbringung übertragen, war bis zum VZ 2009 zu beachten, dass bezüglich dieses Postens die umgekehrte Maßgeblichkeit galt (vgl. R 6b.2 Abs. 1 EStÄR 2008). Hieran änderte auch die Tatsache nichts, dass in Umwandlungsfällen die „normale" Maßgeblichkeit bereits grds. aufgehoben war. Eine § 6b-Rücklage durfte daher nur dann in der Steuerbilanz der Übernehmerin angesetzt werden, wenn diese in ihrer Handelsbilanz einen Sonderposten mit Rücklageanteil nach § 247 III iVm 273 HGB bildete. Daher war auch in Einbringungsfällen davon auszugehen, dass die Rücklage nur dann übertragen werden konnte, wenn die übernehmende KapGes in ihrer Handelsbilanz einen entsprechenden Sonderposten mit Rücklageanteil auswies. Durch das BilMoG wurde die umgekehrte Maßgeblichkeit des § 5 I 2 EStG aF jedoch mit Wirkung zum VZ 2010 aufgehoben. Ein Sonderposten ist seitdem in der Handelsbilanz nicht mehr auszuweisen. 39

Für die Zeit vor Einführung des BilMoG stellte sich allerdings in einigen Fällen die folgende Problematik: Wurde eine § 6b-Rücklage durch den Steuerpflichtigen von einem anderen Betriebsvermögen auf eine Reinvestition einer einbringenden PersGes übertragen, so war es für bis zum 31. März 2008 aufgestellte Bilanzen zulässig, die Kürzung der AK nicht in der Gesamthandsbilanz der PersGes vorzunehmen, sondern hierfür eine negative Ergänzungsbilanz zu bilden (vgl. BMF-Schreiben v. 10.11.1992 – IV B 2 – S 2139 – 77/92, FR 1993, 25). Für den Bereich der Ergänzungsbilanzen galt jedoch weder eine Maßgeblichkeit noch eine umgekehrte Maßgeblichkeit (vgl. hierzu auch *Freikamp* DB 2008, 781 (783)). In diesen Fällen hat somit eine Kürzung des Handelsbilanzansatzes des betreffenden WG nicht stattgefunden, obwohl dies derzeit noch in allen anderen Fällen Voraussetzung für die Übertragung einer § 6b-Rücklage war (vgl. R 6b.2 I 1 EStR aF). Wurde nun das Betriebsvermögen einer solchen PersGes eingebracht bzw. eine solche PersGes in eine KapGes formgewechselt, war die negative Ergänzungsbilanz mit der steuerlichen Gesamthandsbilanz zusammen zu führen, mit der Folge, dass im Fall der Buchwertfortführung der steuerliche und der handelsrechtliche Wertansatz auseinanderfielen und die umgekehrte Maßgeblichkeit insoweit ausgehebelt wurde. Fraglich war, ob die FinVerw dieses „Fehlen" einer entsprechenden handelsrechtlichen Bilanzierung als schädlich ansah für die steuerliche Fortführung des geringeren Buchwertes oder ob dieser Sachverhalt ggf. in der ersten Steuerbilanz des übernehmenden Rechtsträgers zu einer Zuschreibungspflicht 40 des steuerlichen Wertansatzes und damit zu einer Rückgängigmachung des § 6b-Abzugs von den steuerlichen AK führte. ME durfte dies nicht der Fall sein, denn die Anordnung der steuerlichen Rechtsnachfolge nach § 23 I iVm § 12 III war hier lex specialis. Hiergegen sprach auch nicht die Regelung der R 6b.2 I 2 EStR aF, wonach sich der steuerliche Wertansatz dann wieder erhöhte, wenn der Abzug in der handelsrechtlichen Jahresbilanz durch eine Zuschreibung rückgängig gemacht worden ist, denn eine solche handelsrechtliche Zuschreibung hat in dem hier diskutierten Problemfall gerade nicht stattgefunden.

41 Dieses Problem konnte bei Übertragungsvorgängen von § 6b-Rücklagen aus einem BV auf WG des Gesamthandsvermögens einer PersGes, an der der Stpfl. als Mitunternehmer beteiligt ist, nicht mehr vorkommen, wenn die betreffende Bilanz der PersGes nach dem 1. April 2008 aufgestellt wurde. Für diese Fälle sah das BMF mit Schreiben v. 29.2.2008 (IV B 2 – S 2139/07/0003, BStBl. I 2008, 495) die Möglichkeit der Aufstellung einer negativen Ergänzungsbilanz nicht mehr als gegeben an, sondern verlangte ebenfalls eine Kürzung des Handelsbilanzansatzes der AK des Reinvestitionsobjektes in der Gesamthandsbilanz der PersGes, auf die die Rücklage übertragen wurde. Damit konnte es auch im Fall einer späteren Übertragung dieses WG im Rahmen einer Einbringung nicht mehr zu einem Auseinanderfallen von Handels- und Steuerbilanz bei der Übernehmerin kommen.

Spätestens überholt ist diese Problematik allerdings mit der Einführung des BilMoG, denn dieses schaffte die umgekehrte Maßgeblichkeit endgültig ab. Damit ist dann auch das zitierte BMF-Schreiben v. 29.2.2008 insoweit bereits wieder überholt.

42 Die Übernehmerin kann die Rücklage auf die von § 6b EStG definierten WG übertragen. Diese WG können von ihr irgendwann ab dem Beginn des VZ, in dem der steuerliche Übertragungsstichtag liegt, angeschafft worden sein. Allerdings dürfte es wohl nicht zulässig sein, die Rücklage auf solche WG zu übertragen, die die Übernehmerin durch die Einbringung erhält, und zwar selbst dann nicht, wenn diese zu gemeinen Werten im Wege der Gesamtrechtsnachfolge übergehen, denn aus der Sicht des übernehmenden Rechtsträgers handelt es sich in diesen Fällen um eine steuerliche Rechtsnachfolge und nicht um eine Anschaffung (*Widmann* in W/M § 23 Rn. 34). Eine Ausnahme würde nur dann gelten, wenn die WG zu gemeinen Werten im Wege der Einzelrechtsnachfolge übergehen, denn für diesen Fall fingiert § 23 IV 1 ausdrücklich, dass es sich um eine Anschaffung handelt. Allerdings ist gerade bei dieser Sachverhaltskonstellation mangels steuerlicher Rechtsnachfolge keine Übertragung einer § 6b-Rücklage auf die Übernehmerin möglich, so dass auch insoweit keine Möglichkeit gegeben ist, eine im Zuge einer Einbringung übergehende Rücklage unmittelbar wieder auf WG zu übertragen, die ebenfalls mit übergehen.

43 Eine mangels entsprechender Investitionstätigkeit erfolgende gewinnerhöhende Auflösung einer steuerfreien Rücklage wirkt sich grds. nur auf den laufenden Gewinn des übernehmenden Rechtsträgers in dem betreffenden Jahr aus, entfaltet jedoch keine Rückwirkung auf die Gewinnermittlung des Einbringenden (aA wohl *Widmann* in W/M § 23 UmwStG Rn., der speziell für den Fall der Rücklage für Ersatzbeschaffung bei einer gewinnerhöhenden Auflösung durch den übernehmenden Rechtsträger für eine Änderung der Bilanz des Einbringenden bzw. der PerGes, deren Anteile eingebracht werden, argumentiert).

44 Wurde von dem Einbringenden eine Reinvestitionsrücklage nach § 6b X EStG aus dem Gewinn aus der Veräußerung von Anteilen an KapGes gebildet, so kann diese nach der hM (*Ritzer* in R/H/vL § 23 Rn. 42; *Patt* in D/P/M § 23 Rn. 43), im Rahmen einer Einbringung bzw. eines Formwechsels oder einer Spaltung von PersGes auf KapGes von der Übernehmerin zunächst fortgeführt werden, obwohl eine derartige Rücklage von einer KapGes selbst gar nicht hätte gebildet werden können. Unklar ist jedoch, ob die steuerliche Rechtsnachfolge so weit greift, dass die übernehmende KapGes diese Rücklage auch auf eine neu angeschaffte Beteiligung übertragen darf (verneinend *Patt* in D/P/M § 23 Rn. 43; *Ritzer* in R/H/vL § 23 Rn. 42; befürwortend *Widmann* in W/M § 23 Rn. 33 unter Hinweis auf *Förster* DStR 2001, 1913 (1916)). Bei der Beurteilung dieser Frage ist zu

berücksichtigen, dass die Übertragbarkeit einer Rücklage auf eine Beteiligung gem. § 6b X EStG nicht voraussetzt, dass der künftige Gewinn aus der Veräußerung dieser Beteiligung auch steuerpflichtig ist, denn § 6b X 4 EStG verweist nicht auf § 6b IV Nr. 4 EStG, der diese Voraussetzung für die sonstigen Übertragungsfälle einer § 6b-Rücklage aufstellt. Rein theoretisch wäre eine Übertragung daher wohl möglich, obwohl die künftige Veräußerung der Beteiligung ggf. ohnehin steuerfrei wäre. Die Versteuerung der Rücklage kann hierdurch aber in die Zukunft verlagert werden.

Fraglich ist, wie die bei nicht erfolgter Übertragung stattfindende gewinnerhöhende Auflösung der Rücklage bei der Übernehmerin steuerlich behandelt wird. Dieselbe Frage stellt sich, wenn eine Rücklage zunächst innerhalb der Frist auf eine neu erworbene Beteiligung übertragen wird, diese dann aber später veräußert wird, bezüglich des bei dieser späteren Veräußerung entstehenden Veräußerungsgewinns. In Betracht kommt bei einer KapGes volle Steuerbefreiung oder volle Steuerpflicht, während die Auflösung bei dem Einbringenden „lediglich" zu einer Belastung nach dem Teileinkünfteverfahren geführt hätte. *Förster* (DStR 2001, 1913, 1916) argumentierte derzeit, dass der Auflösungsbetrag nicht anders zu behandeln sei als der Gewinn aus der Veräußerung von Anteilen, die zu Buchwerten in die KapGes eingebracht wurden. Da jedoch ein Veräußerungsgewinn nach geltendem Recht bei der übernehmenden KapGes immer steuerfrei wäre (ein ggf. steuerpflichtiger Einbringungsgewinn II wäre von dem Einbringenden zu versteuern und nicht von der Übernehmerin), würde dies dazu führen, dass die in der Rücklage gebundenen stillen Reserven durch die Übertragung der Rücklage ebenfalls der Besteuerung entzogen würden. Es ist daher anzunehmen, dass die FinVerw für diese Fälle argumentiert, der Auflösungsgewinn falle nicht unter § 8b II KStG. Eine Vollversteuerung der gesamten Rücklage widerspräche hingegen der Systematik der steuerlichen Rechtsnachfolge, denn bei dem Einbringenden wäre der nach § 3 Nr. 40 EStG steuerfreie Teil der Rücklage auch bei deren Auflösung steuerfrei geblieben. Daher spricht vieles dafür, den Gewinn aus der Auflösung der Rücklage auch bei der übernehmenden KapGes nur in diesem Umfang der Besteuerung zu unterwerfen und den nach § 3 Nr. 40 EStG steuerfreien Teil der Rücklage außerbilanziell zu kürzen (glA *Patt* in D/P/M § 23 Rn. 43).

Viele der hier diskutierten Fragen in Bezug auf die Übertragung einer § 6b X-Rücklage sind streitig bzw. unklar. Deshalb sollte ggf. von der Übertragung einer solchen Rücklage im Rahmen einer Einbringung in eine KapGes abgesehen werden. Da eine § 6b-Rücklage nie eine funktional wesentliche Betriebsgrundlage sein kann und auch kein „Wirtschaftsgut" darstellt, dass wirtschaftlich einem Teilbetrieb zuzuordnen ist (vgl. hierzu UmwStE Rn. 15.02), steht einer Zurückbehaltung auch nichts im Wege. Sollte die Anschaffung weiterer Beteiligungen durch den Einbringenden allerdings nicht geplant sein, hat dieser mE die Möglichkeit, eine § 6b X-Rücklage im Jahr des steuerlichen Übertragungsstichtags aufzulösen und auf die Anteile zu übertragen, die er im Zuge des Einbringungsvorgangs an der Übernehmerin erhält. § 20 III 1 stellt klar, dass es sich bei einer Einbringung gegen Gewährung von Gesellschaftsrechten aus der Sicht des Einbringenden um die Anschaffung von Anteilen handelt. Diese Qualifikation ist unabhängig von der Frage, ob die Einbringung zu Buchwerten, Zwischenwerten oder gemeinen Werten erfolgt.

Ausgleichsposten bei fiktiver Entnahme nach § 4 I 3 EStG (§ 4g EStG). Wurde 45
von dem Einbringenden anlässlich der Überführung von WG in eine ausländische Betriebsstätte ein Ausgleichsposten nach § 4g EStG gebildet, besteht mE kein Wahlrecht, ob er diesen Ausgleichsposten im Zuge der Einbringung auf die Übernehmerin übertragen möchte oder ob er ihn zurückbehält. Vielmehr ist der Ausgleichsposten untrennbar verbunden mit der ausländischen Betriebsstätte, in die die betreffenden WG überführt wurden. Dementsprechend muss der Ausgleichsposten im Zuge der Einbringung auch mit dieser Betriebsstätte übergehen bzw. mit dieser zurückbleiben. Die direkte Verknüpfung des gebildeten Ausgleichspostens mit den überführten WG wird besonders deutlich in § 4g II EStG, der die sofortige Auflösung des Ausgleichspostens für den Fall regelt, dass das überführte WG aus dem Betriebsvermögen „des Steuerpflichtigen" ausscheidet. Hieraus

muss gefolgert werden, dass auch eine Übertragung der WG im Zuge einer Einbringung dazu führt, dass die Rücklage aufzulösen ist, sofern sie nicht mit auf die Übernehmerin übergeht.

46 Die Bildung eines Ausgleichspostens nach § 4g EStG ist kein handelsrechtlicher Vorgang, da ein echter Geschäftsvorfall gar nicht stattgefunden hat und sich das überführte WG immer noch im Vermögen des Unternehmens befindet. Der Ausgleichsposten existiert somit nur steuerlich und es gilt keine umgekehrte Maßgeblichkeit. Für die künftige Steuerlast ist in der Handelsbilanz jedoch eine passive latente Steuer auszuweisen (*Hoffmann* DB 2007, 652 ff.). Der Passivposten „latente Steuer" ist jedoch kein WG und kann daher in Einbringungsfällen nicht auf den übernehmenden Rechtsträger übertragen werden. Er ist vielmehr bei dem Einbringenden erfolgswirksam aufzulösen und der übernehmende Rechtsträger hat selbstständig zu prüfen, ob die Voraussetzungen für die Bildung einer passiven latenten Steuer bei ihm ebenfalls erfüllt sind.

Bis zur Änderung des § 274 HGB durch das BilMoG war fraglich, ob eine übernehmende KapGes eine passive latente Steuer bilden kann, wenn sie steuerfreie Rücklagen bzw. einen passiven Ausgleichsposten übernimmt. Dies war wohl zu verneinen, denn die Voraussetzungen des § 274 I HGB zur Passivierung einer latenten Steuer waren bei dem übernehmenden Rechtsträger nicht gegeben, da es in früheren Jahren bei ihm keinen „zu niedrigen Steueraufwand" gegeben hat. Gleichwohl konnte die latente Steuerbelastung bei dem übernehmenden Rechtsträger nicht gänzlich unberücksichtigt bleiben. *Priester* (in Lutter § 24 Rn. 34) vertrat für diesen Fall die Auffassung, dass eine Berücksichtigung dieser latenten Steuerbelastung zunächst bei der Bewertung des übernommenen Vermögens zu berücksichtigen war. Eine Passivierung kam hiernach lediglich dann in Betracht, wenn die künftigen Steuerlasten nicht durch eine handelsrechtliche Bewertung unterhalb des Zeitwertes des entsprechenden Vermögensgegenstandes kompensiert wurden.

Mit der Einführung des BilMoG und der damit einhergehenden Änderung des § 274 HGB zugunsten der bilanzorientierten Methode hat sich diese Diskussion erübrigt. Nunmehr sind die Voraussetzung zur Bildung latenter Steuern bei dem übernehmenden Rechtsträger in den hier diskutierten Fällen regelmäßig gegeben.

47 **Bildung von Pensionsrückstellungen gem. § 6a EStG.** Nach Auffassung der FinVerw erstreckt sich die steuerliche Rechtsnachfolge auch auf das Nachholverbot für Pensionsrückstellungen (UmwStE Rn. 23.06). Das bedeutet, dass der übernehmende Rechtsträger bezüglich der Erhöhung der Pensionsrückstellung denselben Restriktionen unterliegt, denen auch der übertragende Rechtsträger unterlegen hat, die Zuführung also den Unterschiedsbetrag zwischen dem Teilwert der Pensionsverpflichtung am Schluss des Wirtschaftsjahres und am Schluss des vorangegangenen Wirtschaftsjahres nicht überschreiten darf.

48 **Investitionsabzugsbetrag.** § 7g I–IV, VII ermöglicht es Unternehmen, die eine bestimmte – im Gesetz definierte – Größe nicht überschreiten, im Vorgriff auf künftige Investitionen ihren steuerpflichtigen Gewinn um einen Investitionsabzugsbetrag zu mindern. Bis 2007 handelte es sich bei dieser Vergünstigung um eine sog. „Ansparabschreibung", die jedoch durch das UStRefG 2008 zu dem nunmehr geregelten „Investitionsabzugsbetrag" weiterentwickelt wurde. Anders als die frühere Ansparabschreibung wird der Investitionsabzug außerbilanziell vorgenommen (BT-Drs. 16/4841, 51). Es gibt also keinen entsprechenden handelsrechtlichen Posten, allerdings ist spätestens zum Zeitpunkt der Anschaffung des Investitionsguts und der Übertragung der Rücklage eine passive Steuerlatenz zu bilden (*Hirschberger* DStR 2007, 2272). Zumindest gilt dies für die übernehmende KapGes, wenn diese einen solchen Investitionsabzugsbetrag im Zuge einer Einbringung übernimmt.

49 Für die Vornahme eines Investitionsabzugsbetrags ist – ebenso wie dies auch schon für die Ansparabschreibung ab dem Jahr 2007 eingeführt wurde – eine konkrete Investitionsabsicht darzulegen. Eine feste Bestellung oder ein Investitionsplan sind zwar nicht erforder-

lich, gleichwohl muss die geplante Investition in das Betriebskonzept passen und finanzierbar sein. Dieses Erfordernis ist auch in Einbringungsfällen zu beachten, wenn zu entscheiden ist, ob ein vorgenommener Investitionsabzugsbetrag mit auf eine andere Gesellschaft übertragen oder zurückbehalten wird.

dd) Kein Übergang von körperschaftsteuerlichen bzw. einkommensteuerlichen Verlustvorträgen des übertragenden Rechtsträgers. Eine Übertragung von laufenden Verlusten oder von Verlustvorträgen nach § 10d EStG auf den übernehmenden Rechtsträger im Zuge einer Einbringung ist nicht möglich, unabhängig davon, ob die Einbringung im Wege der Einzel- oder der Gesamtrechtsnachfolge durchgeführt wird (*Ritzer* in R/H/vL § 23 Rn. 37; *Widmann* in W/M § 23 Rn. 564; UmwStE Rn. 23.02). Dasselbe gilt für Verlustvorträge nach § 2a EStG, § 15 IV EStG, § 15a EStG, § 15b EStG sowie für einen Zinsvortrag nach § 4h I 2 EStG und einen EBITDA-Vortrag gem. § 4h I 3 EStG. Die Verluste verbleiben bei dem Einbringenden und können von diesem – sofern die übrigen Voraussetzungen erfüllt sind – weiterhin genutzt werden. In Bezug auf einkommensteuerliche Verlustvorträge, die besonderen Verlustverrechnungsbeschränkungen unterliegen und nur mit künftigen Erträgen derselben Einkunftsquelle verrechenbar sind, bedeutet dies idR, dass sie nach einer Einbringung der Einkunftsquelle in eine KapGes bei dem Einbringenden künftig nicht mehr nutzbar sind. Dasselbe gilt für Zinsvorträge und EBITDA-Vorträge iSd § 4h EStG (Zinsschranke), wenn es sich bei dem Einbringenden um einen Einzelunternehmer handelt, der sein gesamtes Unternehmen einbringt. Bezüglich der Behandlung gewerbesteuerlicher Verlustvorträge des Einbringenden vgl. Rn. 130. 50

Geht im Zuge der Einbringung eine ausländische Betriebsstätte mit über, für die in vergangenen Jahren nach § 2a IV EStG aF oder § 2 II AuslInvG ausländische Verluste im Inland abgezogen worden sind, führt der Tatbestand der Einbringung – auch im Fall der Buchwertfortführung – zu einer Nachversteuerung dieser Verluste (vgl. § 52 III EStG sowie UmwStE Rn. 23.22 iVm Rn. 04.12).

ee) Gefährdung der Verlustvorträge des übernehmenden Rechtsträgers. Die Übertragung von Betriebsvermögen im Wege einer Einbringung kann auch zu einer Gefährdung der Verlustvorträge des übernehmenden Rechtsträgers führen. Zur Bestimmung der unter Berücksichtigung der eingetretenen Rechtsänderungen maßgeblichen Rechtslage definiert der steuerliche Übertragungsstichtag die anwendbaren Rechtsvorschriften. Lag der steuerliche Übertragungsstichtag vor dem 1.1.2008, so hatte der übernehmende Rechtsträger ausschließlich die Vorschriften des § 8 IV KStG aF zu beachten. Lag der steuerliche Übertragungsstichtag allerdings zwischen dem 31.12.2007 und dem 31.12.2012, so war einerseits die neue Vorschrift des § 8c KStG zu beachten, andererseits fand aber auch § 8 IV KStG aF aufgrund der Übergangsvorschrift des § 34 VI 4 KStG neben § 8c KStG während eines fünfjährigen Übergangszeitraums weiterhin Anwendung. Bei steuerlichen Übertragungsstichtagen ab dem 1.1.2013 findet dann nur noch § 8c KStG Anwendung. 51

Nach **§ 8 IV KStG aF** ging der Verlust einer KapGes unter, wenn die KapGes ihre wirtschaftliche Identität dadurch verlor, dass mehr als die Hälfte der an ihr bestehenden Anteile übertragen wurden und sie ihren Geschäftsbetrieb mit überwiegend neuem Betriebsvermögen fortgeführt oder wieder aufgenommen hat. Durch die Einbringung von Betriebsvermögen in eine KapGes, die über körperschaft- und/oder gewerbesteuerliche Verlustvorträge verfügte, konnten beide Tatbestände gleichzeitig erfüllt werden. Nach Auffassung der FinVerw konnte die Verschiebung von Beteiligungsquoten im Rahmen einer Kapitalerhöhung das Kriterium der „Übertragung von Anteilen“ erfüllen, wenn es hierdurch – ggf. zusammen mit anderen relevanten Anteilsübertragungen – zu einer Verschiebung der Beteiligungsquoten von mehr als 50% kam (vgl. BMF-Schreiben v. 16.4.1999, BStBl. I 1999, 455 Rn. 26). Gleichzeitig stellte die Einbringung von Betriebsvermögen eine „Zuführung neuen Betriebsvermögens“ dar. Führte dies – ggf. zusammen mit anderen relevanten Betriebsvermögenszuführungen – dazu, dass das neue Betriebs- 52 vermögen das vor der Anteilsübertragung vorhandene Betriebsvermögen überstieg, waren die Kriterien des § 8 IV KStG aF erfüllt und die übernehmende KapGes verlor ihren Verlustvortrag. Nicht abschließend geklärt war, wann eine Betriebsvermögenszuführung „überwiegend" war (vgl. hierzu die Darstellung des Meinungsstands bei *Dötsch* in D/P/M § 8 IV KStG Rn. 63 ff. sowie die BMF-Schreiben v. 16.4.1999, BStBl. I 1999, 455; v. 17.6.2002, BStBl. I 2002, 629 und v. 4.12.2008, BStBl. I 2008, 1033). Erforderlich war daneben ein zeitlicher und sachlicher Zusammenhang zwischen der Übertragung von mehr als 50 % der Anteile und der Zuführung überwiegend neuen Betriebsvermögens. Lange war ebenfalls streitig, bis zu welchem zeitlichen Abstand ein solcher „zeitlicher Zusammenhang" noch gegeben war. Die FinVerw war hier zunächst von einem 5-Jahres-Zeitraum ausgegangen (vgl. BMF-Schreiben v. 16.4.1999, BStBl. I 1999, 455 Rn. 12). Der BFH fand diesen Zeitraum eindeutig zu lang, hat aber entschieden, dass bei einem zeitlichen Zusammenhang von bis zu einem Jahr ein solcher Zusammenhang auf jeden Fall als gegeben angesehen werden kann (vgl. BFH v. 14.3.2006 – I R 8/05, BStBl. II 2007, 602). Als Reaktion auf dieses Urteil hat die FinVerw einen 2-Jahres-Zeitraum als angemessen angesehen (vgl. BMF v. 2.8.2007 – IV B 7 – S 2745/0, BStBl. I 2007, 624). Zu beachten ist allerdings, dass der Gesetzgeber für die Anwendung der Übergangsvorschrift des § 34 VI 4 KStG – dies betrifft alle Fälle, bei denen eine mehr als 50%ige Anteilsübertragung vor dem 1.1.2008 stattgefunden hat – wieder einen Zeitraum von 5 Jahren definiert und diesmal gesetzlich festgelegt hat.

53 Ab dem 1.1.2008 ist die Regelung des § 8c KStG zu beachten. Nach § 8c Abs. 1 KStG entfällt der Verlustvortrag anteilig, wenn es innerhalb von fünf Jahren zu einer Anteilsübertragung von mehr als 50 % an einen Erwerber oder eine Erwerbergruppe kommt. Nach der ursprünglichen Regelung kam es auch zu einem quotalen Verlustuntergang, wenn mehr als 25 % der Anteile an der verlustträchtigen KapGes unmittelbar oder mittelbar übertragen wird. Diese Regelung wurde jedoch durch den Beschluss des BVerfG 2 BvL 6/11 v. 29.3.2017 für verfassungswidrig erklärt und daraufhin durch das „JStG 2018" rückwirkend ab dem 1.1.2008 gestrichen.

Wie auch schon zum alten § 8 IV KStG vertritt die FinVerw auch zu § 8c KStG die Auffassung, dass eine schädliche Anteilsübertragung iSd Abs. 1 auch durch eine Einbringung bewirkt werden kann, wenn sich hierdurch die Beteiligungsverhältnisse entsprechend ändern (BMF v. 4.7.2008, BStBI I 2008, 736 Rn. 7; UmwStE Rn. 23.03). Eine Verlagerung von Gewinnpotenzial durch Einbringung betrieblicher Einheiten in eine bestehende 100%ige – über einen Verlustvortrag verfügende – Tochtergesellschaft durch den Alleingesellschafter führt demgegenüber – trotz Kapitalerhöhung – nicht zu einer schädlichen Anteilsübertragung, da es nicht zu einer Veränderung der Beteiligungsverhältnisse kommt.

Strittig ist, wann die stillen Reserven des übergehenden Vermögens dem übernehmenden Rechtsträger für die Anwendung des sog. „stille Reserven Klausel" des § 8c I 6 KStG zugerechnet werden können. Nach der einen Meinung (*Hötzel* in JbFSt 2010/2011, 150, 152; *Gosch* in JbFSt 2010/2011, 150 (167); *Suchanek* in H/H/R § 8c KStG Rn. 54; *Ritzer* in R/H/vL § 23 Rn. 39) sind die stillen Reserven des übergehenden Vermögens zumindest dann zu berücksichtigen, wenn durch die betreffende Einbringung selbst ein schädlicher Anteilseignerwechsel und damit ein Untergang von Verlusten nach § 8c KStG verbunden ist. Nach der anderen Meinung (*Möhlenbrock* in JbFSt 2010/2011, 150 (165)) sind die stillen Reserven dann noch nicht zu berücksichtigen. ME ist der erstgenannten Meinung zuzustimmen. Nach § 8c I 5 KStG können die stillen Reserven zur Rettung von Verlustvorträgen herangezogen werden, die **im Zeitpunkt des schädlichen Beteiligungserwerbs** vorhanden sind. Die neuen Anteile entstehenden erst mit der Eintragung der Kapitalerhöhung im Handelsregister. Zwar ist bei der Ermittlung der stillen Reserven gem. § 8c I 6 KStG nur das Betriebsvermögen zu berücksichtigen, das der Körperschaft ohne steuerrechtliche Rückwirkung, insbesondere ohne Anwendung des § 2 I des Umwandlungssteuergesetzes, zuzurechnen ist. Insbesondere in Fällen der Ausgliederung nach dem UmwG geht das wirtschaftliche Eigentum jedoch bei Vorliegen der in IDW RS HFA 42, Rn. 29 genannten Voraussetzungen bereits mit Abschluss des Umwandlungsvertrags, spätestens aber mit Eintragung der Umwandlung bzw. Sachkapitalerhöhung im Handelsregister über. Jeder dieser Zeitpunkte liegt – zumindest eine logische Sekunde – vor dem schädlichen Anteilsübergang, der ggf. durch die Einbringung ausgelöst wird. Daher sind die Voraussetzungen des § 8c I 5 KStG erfüllt und die stillen Reserven zu berücksichtigen.

In Bezug auf die Sanierungsklausel des § 8c Abs. 1a KStG – die gemäß den Urteilen des EuGH v. 28.8.2018 (C-203/16 P, C-208/16 P, C-209/16 P, C-219/16 P) keine steuerliche Beihilfe darstellt und daher uneingeschränkt Anwendung findet – ist in Einbringungsfällen insbesondere der Sanierungstatbestand des § 8c Ia Nr. 3 KStG von Interesse, wonach vorhandene Verlustvorträge trotz einer schädlichen Anteilsübertragung weiterhin genutzt werden können, wenn der Körperschaft zur Verhinderung oder Beseitigung einer Zahlungsunfähigkeit oder Überschuldung innerhalb von 12 Monaten nach dem Beteiligungserwerb durch Einlagen neues Betriebsvermögen zugeführt wird, das mindestens 25 % des in der Steuerbilanz zum Schluss des vorangehenden Wirtschaftsjahrs enthaltenen Aktivvermögens entspricht. Wird nur ein Anteil an der Körperschaft erworben, ist nur der entsprechende Anteil des Aktivvermögens zuzuführen. Im Gegensatz zu der alten Regelung des § 8 IV KStG aF, unter deren Geltung ein Einbringungsvorgang Vorlustvorträge vernichten konnte, kann dieselbe Maßnahme nunmehr somit zu einer Rettung von Verlustvorträgen führen.

4. Fortführung der Buchwerte und Berechnung künftiger AfA

Führt der übernehmende Rechtsträger die Buchwerte der Überträgerin fort, ergeben sich die zu bilanzierenden Werte aus der auf den steuerlichen Übertragungsstichtag aufgestellten steuerlichen Schlussbilanz des Einbringenden. Bei der Übernehmerin kommt es lediglich zu einem Ansatz der hier bereits bilanzierten WG. Die zusätzliche Aktivierung übergegangener immaterieller WG kommt nicht in Betracht. **54**

Eine gesetzliche Definition des maßgeblichen Buchwertes findet sich auch in § 1 V Nr. 4. Hiernach ist der Buchwert der Wert, der sich nach den steuerrechtlichen Vorschriften über die Gewinnermittlung in einer für den steuerlichen Übertragungsstichtag aufzustellenden Steuerbilanz ergibt oder ergäbe. Vgl. hierzu eingehend § 20 Rn. 393 ff. **55**

Die AfA des Einbringenden wird von der Übernehmerin unverändert fortgeführt (gleiche Bemessungsgrundlage, gleiche AfA-Methode und gleiche Restnutzungsdauer) (vgl. auch § 4 Rn. 160). **56**

5. Ansatz von Zwischenwerten und Berechnung künftiger AfA

§ 23 I ist ebenfalls anwendbar, wenn die aufnehmende KapGes das eingebrachte Vermögen steuerlich mit einem über dem Buchwert und unter dem gemeinen Wert liegenden Wert ansetzt. **57**

a) Ermittlung der Zwischenwerte

Wird ein Zwischenwertansatz gewählt, so können die einzelnen WG nach der hM nicht nach Belieben aufgestockt werden. Die Aufstockung hat vielmehr prozentual für alle WG einheitlich zu erfolgen. Vgl. hierzu und zur besonderen Problematik der Berücksichtigung des Firmenwerts eingehend § 20 Rn. 405. **58**

Beabsichtigt der Einbringende, im Rahmen einer Zwischenwerteinbringung steuerfreie Rücklagen mit zu übertragen, so kommt es zu einer anteiligen Auflösung dieser Rücklagen bis zu dem entsprechenden Zwischenwert (*Patt* in D/P/M § 23 Rn. 51; UmwStE Rn. 23.14). **59**

Kommt es anlässlich der Vermögensübernahme zu Zwischenwerten zu einer anteiligen Aufdeckung stiller Lasten – z. B. durch anteilige Passivierung von Drohverlustrückstel- **59a** lungen – ist nach der hM für Wj, die nach dem 28.11.2013 enden, § 5 VII EStG anzuwenden (vgl. eingehend unter Rn. 66a).

b) Sonderregelung zur AfA-Berechnung

60 Kommt es zu einem Ansatz über den Buchwerten, aber unter den gemeinen Werten, so gilt zwar grundsätzlich ebenfalls gem. § 23 I iVm § 12 III eine steuerliche Rechtsnachfolge. Für die künftige Berechnung der AfA trifft § 23 III jedoch die im Folgenden beschriebenen abweichenden Regelungen.

61 **aa) Absetzungen für Abnutzung und Substanzverringerung nach § 7 I, IV, V und VI EStG, § 23 III Nr. 1 (lineare AfA).** Nach einer Zwischenwerteinbringung müssen von der Übernehmerin die vom Einbringenden gewählte AfA-Methode und der AfA-Hundertsatz unverändert beibehalten werden. Die **Bemessungsgrundlage** wird dagegen durch die Aufdeckung stiller Reserven **verändert,** nämlich um den Aufstockungsbetrag erhöht. Folge dieser Vorgehensweise ist idR eine Verlängerung der regulären Abschreibungsdauer (*Widmann* in W/M § 23 Rn. 253). Die gesetzliche Regelung ist in Bezug auf § 7 I EStG zwar wirtschaftlich unberechtigt, weil eine Einbringung typischerweise die betriebliche Nutzungsdauer nicht verändert; sie soll aber wohl der Vereinfachung dienen. Zum Ausgleich ist nach Auffassung der FinVerw bei beweglichen WG im letzten Jahr der regulären „Nutzungsdauer" zusätzlich zu der linearen AfA auch der Restwert abzuziehen (UmwStE Rn. 23.15). Unterstellt, dass hier mit dem nicht näher bestimmten Begriff der „Nutzungsdauer" die betriebsgewöhnliche Nutzungsdauer und nicht die tatsächliche Nutzungsdauer gemeint ist, verhindert diese über den Gesetzeswortlaut hinausgehende Anerkennung einer Restwertabschreibung dann im Ergebnis eine über die betriebsgewöhnliche Nutzungsdauer hinausgehende Abschreibungsperiode. Demgegenüber ist in UmwStE Rn. 23.15 für die Gebäudeabschreibung nach § 7 IV 1 EStG die wenig hilfreiche Regelung getroffen worden, dass nur dann eine Restwertabschreibung möglich ist, wenn die vollständige Abschreibung innerhalb der „tatsächlichen" Nutzungsdauer nicht erreicht werden kann. ME ist diese Regelung weitgehend überflüssig, denn der Restbuchwert eines Gebäudes, das tatsächlich nicht mehr nutzbar ist, ist ohnehin regelmäßig auf den niedrigeren Zeitwert von Null abzuschreiben. Damit kommt es bei Gebäuden regelmäßig zu einer Verlängerung der Abschreibungsdauer, wenn die tatsächliche Nutzungsdauer die betriebsgewöhnliche Nutzungsdauer übersteigt.

62 Kommt es durch den Ansatz von Zwischenwerten zu einer erstmaligen Bilanzierung selbst geschaffener immaterieller WG bzw. eines originären Geschäfts-/Firmenwertes, so kommt eine Fortführung bisheriger AfA-Sätze nicht in Betracht, da – mangels Bilanzierung – eine AfA beim Einbringenden nicht stattgefunden hat. Diese WG sind daher mit den sich durch die Zwischenwerteinbringung ergebenden Buchwerten anzusetzen und nach den allgemeinen Regelungen abzuschreiben. Für den Geschäfts-/Firmenwert bedeutet dies, dass gem. § 7 I 3 EStG eine AfA über eine Nutzungsdauer von 15 Jahren vorzunehmen ist.

63 Ist Einbringungsgegenstand eine freiberufliche Praxis, wandelt sich der Praxiswert in einen Geschäfts-/Firmenwert der übernehmenden gewerblich tätigen KapGes. Gleichwohl geht der BFH (BFH v. 30.3.1994, BStBl. II 1994, 903) davon aus, dass es sich weiterhin um einen Praxiswert und damit um ein abnutzbares WG handelt, dessen Nutzungsdauer nach § 7 I 2 EStG zu schätzen ist. Eine Abschreibung über 15 Jahre kommt daher in diesem Fall nicht in Betracht. Bei der Schätzung der Nutzungsdauer ist nach Verwaltungsauffassung bei einer Einzelpraxis von 3–5 Jahren und bei einer Sozietät von 6–10 Jahren auszugehen (BMF v. 15.1.1995, BStBl. I 1995, 14). War der Praxiswert hingegen bei dem Einbringenden bereits aktiviert, also derivativ, dann ist die Nutzungsdauer aufgrund der steuerlichen Rechtsnachfolge um die bereits beim Einbringenden angefallenen Abschreibungszeiten zu kürzen (vgl. *Patt* in D/P/M § 23 Rn. 49).

bb) Absetzungen nach § 7 II iVm § 52 Abs. 21a EStG, § 23 III Nr. 2 (degressive AfA). Bei der degressiven AfA nach § 7 II EStG aF (für vor dem 1.1.2009 angeschaffte WG) bzw. nach § 7 II EStG nF (für ab dem 31.12.2008 angeschaffte WG) wird gem. § 23 III Nr. 2 die aktuelle Bemessungsgrundlage der Absetzungen um den Aufstockungsbetrag erhöht. Damit erhöhen sich hier die jährlichen Abschreibungsbeträge entsprechend. Durch die Möglichkeit, nach § 7 III EStG von der degressiven zur linearen AfA überzugehen, erhöht sich die Abschreibungsdauer nicht. 64

cc) Sonderabschreibungen/erhöhte Abschreibungen. § 23 III Nr. 1 gilt gemäß seinem Wortlaut nicht für erhöhte Abschreibungen oder Sonderabschreibungen. Im Fall einer Zwischenwertbilanzierung gelten die WG durch den Übernehmer nicht als angeschafft. Der übernehmende Rechtsträger tritt vielmehr in die Rechtsstellung des übertragenden Rechtsträgers ein und kann nur solche Sonderabschreibungen in Anspruch nehmen, die auch der Einbringende noch hätte vornehmen können. Hierbei bleibt bei Sonderabschreibungen, die neben der normalen Abschreibung zusätzlich vorgenommen werden, der Unterschiedsbetrag zwischen dem Buchwert und dem Zwischenwert unberücksichtigt (BMF v. 14.7.1995, BStBl. I 1995, 374; *Schmitt* in S/H/S § 23 Rn. 87; *Widmann* in W/M § 23 Rn. 247). Die Bemessungsgrundlage für die Sonderabschreibungen wird also durch die teilweise Aufstockung nicht verändert. Eine Aufstockung wirkt sich in diesen Fällen nur aus 65

– durch Erhöhung des Mindestwerts der Abschreibungen (§ 7a III u. IV EStG);
– durch die Erhöhung der Bemessungsgrundlage der regulären Abschreibungen nach Ablauf des Begünstigungszeitraums (§ 7a IX EStG).

Etwas anderes gilt für erhöhte AfA, die an die Stelle der regulären AfA tritt. Wie bei der regulären AfA sind die Aufstockungsbeträge hier als nachträgliche AK/HK zu beurteilen, mit der Folge, dass der Aufstockungsbetrag die Bemessungsgrundlage erhöht und die erhöhte AfA für den Rest des Begünstigungszeitraums entsprechend höher ausfällt (*Patt* in D/P/M § 23 Rn. 62; *Schmitt* in S/H/S § 23 Rn. 87).

III. Ansatz der Wirtschaftsgüter zu gemeinen Werten, § 23 IV

Als gesetzlichen Grundfall sehen die §§ 20, 21 vor, dass das im Zuge einer Einbringung übergehende Vermögen von dem übernehmenden Rechtsträger mit den gemeinen Werten, also unter Aufdeckung sämtlicher stiller Reserven, anzusetzen ist. Dies gilt jedoch nicht für die Pensionsrückstellungen. Diese sind gem. § 20 II 1 HS 2 immer mit dem sich nach § 6a EStG ergebenden Wert zu übernehmen, der auch bei dem übertragenden Rechtsträger in der steuerlichen Schlussbilanz ausgewiesen war. 66

Kommt es anlässlich der Übertragung zu gemeinen Werten zu einer Aufdeckung stiller Lasten, z. B. durch Ansatz einer Drohverlustrückstellung, ist umstritten, ob die Regelung des § 5 VII EStG Anwendung findet. Die hM bejaht dies (vgl. § 20 Rn. 423 *Patt* in D/P/M § 20 Rn. 206a; *Ritzer* in R/H/vL § 23 Rn. 239; aA *Schmitt* in S/H/S § 20, Rn. 279d), mit der Folge, dass die nach den steuerbilanziellen Regelungen unzulässigen bzw. überhöht ausgewiesenen Passiva aufzulösen und verteilt über die folgenden 14 Wirtschaftsjahre zu versteuern sind. 66a

Bezüglich der Frage, ob die Vermögensübernahme zu gemeinen Werten steuerlich als Anschaffungsgeschäft zu behandeln ist oder nicht und den sich daraus ergebenden unterschiedlichen Konsequenzen für die Bewertung und die Vornahme von Abschreibungen, ist nach § 23 IV wie folgt zu differenzieren: 67

– Erfolgt die Einbringung des Betriebsvermögens im Wege der **Einzelrechtsnachfolge,** wird eine Anschaffung zum gemeinen Wert angenommen.
– Geht das Betriebsvermögen dagegen im Wege der **Gesamtrechtsnachfolge** auf die KapGes über, entspricht die steuerliche Behandlung derjenigen beim Zwischenwert-

ansatz, dh die aufnehmende KapGes tritt in die Rechtsstellung des Einbringenden ein. Dies ist insbesondere von Bedeutung hinsichtlich der Absetzungen für Abnutzung, der erhöhten Absetzungen, der Sonderabschreibungen, der Inanspruchnahme einer Bewertungsfreiheit oder eines Bewertungsabschlags. Zur Bedeutung für die Wertaufholungsverpflichtung gem. § 6 I Nr. 1 EStG nach der Vornahme von Teilwertabschreibungen durch den Einbringenden s. oben Rn. 35. Die Bemessungsgrundlage für die Absetzungen der einzelnen WG nach § 7 EStG wird wiederum um den Mehrbetrag der Aufnahmebilanz erhöht.

68 Die richtige Anwendung des § 23 IV erfordert die Zuordnung der verschiedenen Fälle zu den Fallgruppen der Einzelrechtsnachfolge bzw. der Gesamtrechtsnachfolge. Die **Definitionen** dieser Begriffe in der Literatur sind **nicht ganz einheitlich.**

69 **Einzelrechtsnachfolge** ist ein Rechtsübergang, der dadurch zustande kommt, dass jeder einzelne Gegenstand des zu übertragenden Vermögens in der für ihn vorgesehenen Form übertragen wird, also zB bewegliche Sachen durch Einigung und Übergabe(-surrogat) (§§ 929 ff. BGB), Grundstücke durch Auflassung und Eintragung (§§ 873, 925 BGB) usw.

Bei **Gesamtrechtsnachfolge** geht demgegenüber das Vermögen in einem Akt im Ganzen vom alten auf den neuen Rechtsträger über (*Hörtnagl* in S/H/S Einf. UmwStG Rn. 34).

70 Dieses Begriffsverständnis bedeutet im einzelnen:

a) **Einzelrechtsnachfolge** ist die
– Sachgründung von KapGes bzw. Kapitalerhöhung gegen Sacheinlagen.

b) **Gesamtrechtsnachfolgen** sind
- – Verschmelzung (§ 20 UmwG); hier: PersGes auf KapGes,
- – Formwechsel; hier: PersGes auf KapGes (§ 190; § 214 UmwG; § 25),
- – zivilrechtlich die Anwachsung des Gesamthandsvermögens einer PersGes bei einer KapGes als dem letzten verbleibenden Gesellschafter (durch Ausscheiden der übrigen Gesellschafter) (*Suchanek/Herbst* Ubg 2008, 669; *Orth* in Beck Hdb. GmbH § 14 Rn. 240 f. mwN; *Patt* in D/P/M § 20 Rn. 6; *Schmitt* in S/H/S § 20 Rn. 193; *Bilitewski* in Lange Rn. 2461). Diese zivilrechtliche Einordnung hat mit der Einführung des SEStEG auch dazu geführt, dass in der Literatur einige Autoren (*Patt* Der Konzern 2006, 730, 732; *Winkeljohann/Fuhrmann* Handbuch des UmwStR, 2007, 829, 889) unter Verweis auf § 1 III die Auffassung vertreten, die (erweiterte) Anwachsung falle nicht mehr unter den Anwendungsbereich der §§ 20, 24. Im Rahmen des § 23 ist allerdings eine Gleichstellung der Anwachsung mit der Einzelrechtsnachfolge geboten, wenn die Anwachsung, wie beim Ausscheiden durch eine Willenserklärung des früheren Mitgesellschafters oder durch eine Übertragung des Mitunternehmeranteils gegen Gesellschaftsrechte, nur Folge einer Einzelrechtsübertragung ist. Maßgeblich für die Einordnung der Anwachsung ist somit immer der zivilrechtliche Übertragungsakt, der die Anwachsung auslöst, also zB im Fall einer erweiterten Anwachsung die Einbringung des Mitunternehmeranteils im Wege der Einzelrechtsnachfolge (so auch *Kowallik/Merklein/Scheipers* DStR 2008, 173 ff.). Die nachfolgende Anwachsung ist lediglich eine gesetzlich angeordnete Folgewirkung, die keine steuerlichen Konsequenzen mehr auslöst (*Ettinger/Schmitz* GmbHR 2008, 1089; *Suchanek/Herbst* Ubg 2008, 669, 670). Die Auffassung der FinVerw, bei der Anwachsung handele es sich stets aus steuerlicher Sicht um einen Fall der Einzelrechtsnachfolge (vgl. UmwStE 1998 Rn. 20.02 sowie Rn. 22.14) ist daher nur in den Fällen der vorherigen Einbringung eines Mitunternehmeranteils im Wege der Einzelrechtsnachfolge richtig. Erfolgt die Übertragung hingegen ihrerseits durch Gesamtrechtsnachfolge, zB durch Verschmelzung des vorletzten Mitunternehmers auf den letzten verbleibenden Mitunternehmer, so ist auch die Anwachsung als ein Fall der Gesamtrechtsnachfolge zu beurteilen. Zwar sind beide Fälle von § 1 III erfasst und fallen damit in den Anwendungsbereich der §§ 20, 24, in Bezug auf die Regelung des § 23 IV können sich aber unterschiedliche Rechtsfolgen ergeben, je nachdem, ob die die Anwachsung aus-

lösende Übertragung des Mitunternehmeranteils im Wege der Einzel- oder der Gesamtrechtsnachfolge erfolgt.
- Spaltungen (§§ 123 I, II, III, 131 I Nr. 1 UmwG). § 23 erfasst hiervon:
  - Ausgliederung eines Betriebs oder Teilbetriebs aus dem Vermögen beliebiger Rechtsträger auf KapGes (§ 125 UmwG; § 1 I 2);
  - Aufspaltung und Abspaltungen von PersGes auf KapGes (§ 123 I und II UmwG).
- Umwandlungen nach ausländischem Steuerrecht, die einer inländischen Umwandlung vergleichbar sind, gelten nach der hM ebenfalls als Fälle der Gesamtrechtsnachfolge (vgl. *Ritzer* in R/H/vL § 23 Rn. 264; *Patt* in D/P/M § 23 Rn. 75; *Schmitt* in S/H/S § 23 Rn. 100; *Widmann* in W/M § 23 Rn. 228).

Gegenüber der Zuordnung der Spaltungsfälle zur Gesamtrechtsnachfolge wurde eingewandt, dass es sich insoweit nicht um eine Gesamtrechtsnachfolge im strengen Sinne handele, als das Vermögen zwar uno actu, aber nicht als Gesamtheit auf einen Rechtsträger übergehe, sondern auf mehrere Rechtsträger bzw. nur Teile des Vermögens auf einen Rechtsträger übergehen (*Müller-Gatermann* WPg 1993, 724). Hieraus ist aber nur die Konsequenz zu ziehen, die Spaltung als **Sonderrechtsnachfolge** in der Form der **partiellen Gesamtrechtsnachfolge** einzuordnen (*Herzig/Momen* DB 1994, 2157; *Thiel* DStR 1995, 238). 71

1. Behandlung als Anschaffung bei Einzelrechtsnachfolge, § 23 IV HS 1

In den Fällen, die nach der vorstehenden Unterscheidung als Einzelrechtsnachfolge anzusehen sind, gelten die eingebrachten WG **bei Ansatz der gemeinen Werte** als im Zeitpunkt der Einbringung von der KapGes angeschafft. Die übernehmende KapGes tritt nicht in die Rechtsstellung des Einbringenden ein. 72

Anschaffungszeitpunkt. Die WG gelten als „im Zeitpunkt der Einbringung" angeschafft. Im Rahmen des § 20 V, VI ist auch hier für Zwecke der Ermittlung des Einkommens und des Vermögens der auf Antrag geltende abweichende steuerliche Übertragungsstichtag zugrunde zu legen. Im Übrigen – insbesondere in den Fällen des § 21 mangels steuerlicher Rückwirkung – bildet der Zeitpunkt, an dem das wirtschaftliche Eigentum übergeht, den Erwerbszeitpunkt. 73

Anschaffungsfiktion. Die übergegangenen WG werden **in jeder Hinsicht** als angeschafft behandelt. Dies bedeutet unter anderem: 74
- Eine **Herstellereigenschaft** des Einbringenden geht nicht auf die KapGes über.
- Die aufnehmende KapGes kann steuerfreie **Rücklagen** nicht übernehmen, sondern allenfalls bei Vorliegen der im Einzelfall geltenden Voraussetzungen selbst bilden.
- Die Übertragung stiller Reserven aus bei der Übernehmerin steuerfrei gebildeten Rücklagen auf eingebrachte WG (zB § 6b EStG) ist möglich.
- Laufende Besitzzeiten iSd § 6b EStG werden allerdings unterbrochen.

2. Modifizierte Steuerrechtsnachfolge entsprechend § 23 III bei Gesamtrechtsnachfolge, § 23 IV HS 2

Liegt nach vorstehender Unterscheidung eine Einbringung im Wege der Gesamtrechtsnachfolge vor, so gilt nach § 23 IV HS 2 der § 23 III entsprechend. Hinsichtlich der weiteren Rechtsfolgen ist daher auf die Kommentierung zu Abs. 3 zu verweisen (oben Rn. 57 ff.). 75

IV. Steuerliche Behandlung von Übernahmekosten

Als Übernahmekosten sind nur solche Aufwendungen zu verstehen, die in unmittelbarer sachlicher Beziehung zu der Einbringung stehen, dh alle durch die Einbringung unmittel- 76 bar veranlassten Kosten wie zB die vom übernehmenden Rechtsträger getragenen Notariatskosten oder die Grundbuchgebühren (BFH Urteil v. 27.10.1977, BStBl. II 1978, 100).

Die Zurechnung der Übernahmekosten zum einbringenden oder zum übernehmenden Rechtsträger erfolgt nach dem objektiven Veranlassungsprinzip und die Beteiligten haben kein Zuordnungswahlrecht (*Patt* in D/P/M § 20 Rn. 233; *Herlinghaus* in R/H/vL § 20 Rn. 204; zur Verschmelzung: BFH Urteil v. 22.4.1998, BStBl. II 1998, 698). Zur Abgrenzung der dem übertragenden Rechtsträger zuzuordnenden Einbringungskosten vgl. § 22 Rn. 112).

Bei der Übernehmerin stellen die durch die Einbringung anfallenden Kosten grundsätzlich sofort abzugsfähige Betriebsausgaben dar (*Patt* in D/P/M § 23 Rn. 29). Hierunter können insbesondere fallen:

- Rechts- und Beratungskosten über die steuerlichen Auswirkungen der Einbringung bei dem übernehmenden Rechtsträger
- Kosten über die Aufstellungen der Aufnahmebilanzen und die Ausübung des Wahlrechts
- Kosten für die Eintragungen oder Berechtigungen des Grundbuchs
- Kosten der Ausgabe der neuen Anteile
- Kosten der Eintragung der Umwandlung in das Register des übernehmenden Rechtsträgers.

Eine Ausnahme gilt jedoch für objektbezogene Kosten, wie die vom übernehmenden Rechtsträger zu tragende GrESt. Diese Kosten stellen Anschaffungsnebenkosten bzw. nachträgliche Anschaffungskosten dar, die bei dem WG zu aktivieren sind, durch dessen Einbringung sie entstehen (BFH Urteil v. 17.9.2003, BStBl. II 2004, 686; v. 15.10.1997, BStBl. II 1998, 168; UmwStE Rn. 23.01; *Widmann* in W/M § 23 Rn. 11; *Patt* in D/P/M § 20 Rn. 235; *Krohn/Greulich* DStR 2008, 646 (647); aA *Fatouors* DStR 2003, 772; *Orth* GmbHR 1998, 511; *Mühle* DStR 2006, 63) und zwar unabhängig von der Frage, ob die Umwandlung im Wege der Einzelrechtsnachfolge oder der Gesamtrechtsnachfolge erfolgt. Diese Aktivierungspflicht für objektbezogene Anschaffungsnebenkosten besteht nach der hM auch unabhängig davon, ob die Vermögensübernahme zu Buchwerten, Zwischenwerten oder Teilwerten erfolgt (*Widmann* in W/M § 23 Rn. 11). Ein Buchwertansatz wird durch die Aktivierung von Anschaffungsnebenkosten auch nicht zu einem Zwischenwertansatz (*Ritzer* in R/H/vL § 23 Rn. 26).

Ist Gegenstand der Einbringung die Beteiligung an einer KapGes oder an einer PersGes mit Grundbesitz und wird dadurch der grunderwerbsteuerliche Tatbestand der Anteilsvereinigung gem. § 1 IIa bzw. III GrEStG ausgelöst, so stellt die anfallende Grunderwerbsteuer nach der Rechtsprechung (Urteil des BFH v. 20.4.2011 – I R 2/10, BStBl II 2011, 761 sowie FG Sachsen v. 23.1.2017 – 6 K 1187/16 rkr. zur Anteilsvereinigung nach § 1 I 3 GrEStG, BFH v. 2.9.2014 – IX R 50/13, BStBl II 2015, 260) zur Übertragung von Mitunternehmeranteilen nach § 1 IIa GrEStG; UmwStE Rn. 23.01) keine aktivierungspflichtigen Anschaffungsnebenkosten der Beteiligung, sondern laufenden betrieblichen Aufwand dar. Die FinVerw hat sich dieser Rechtsprechung durch Veröffentlichung der Urteile im BStBl. angeschlossen (vgl. außerdem OFD Rheinland v. 23.1.2012 S 2174 – St 141, DB 2012, 486).

V. Buchwertaufstockung bei Entstehung eines steuerpflichtigen Einbringungsgewinns

77 § 23 II regelt die steuerlichen Konsequenzen bei dem übernehmenden Rechtsträger, wenn es aufgrund einer schädlichen Anteilsübertragung durch den Einbringenden nach § 22 I oder II zur Entstehung eines Einbringungsgewinns I oder II und somit zu einer rückwirkenden Besteuerung kommt. In diesen Fällen kann die übernehmende Gesellschaft auf Antrag den versteuerten Einbringungsgewinn im Wirtschaftsjahr der schädlichen Ver-

äußerung bzw. Übertragung als Erhöhungsbetrag der Buchwerte der übernommenen WG ansetzen. Folge dieser Buchwertaufstockung ist, dass der übernehmende Rechtsträger in der Folgezeit höhere Abschreibungen oder einen geringeren Veräußerungsgewinn für die aufgestockten WG erzielt. In Bezug auf die zu bilanzierenden Buchwerte und die vorzunehmenden Abschreibungen soll bei dem übernehmenden Rechtsträger hierdurch nachträglich die Situation hergestellt werden, die sich auch ergeben hätte, wenn der Einbringende das übergegangene Vermögen von vornherein zu einem um den nun versteuerten Einbringungsgewinn höheren Wert – idR also einem entsprechenden Zwischenwert – eingebracht hätte. Im Gegensatz zu der bis Ende 2006 geltenden Systematik der einbringungsgeborenen Anteile und der Verdoppelung der stillen Reserven in Einbringungsfällen (einmal in den einbringungsgeborenen Anteilen selbst und einmal bei dem übernehmenden Rechtsträger) verhindert die Neuregelung des § 23 II somit eine derartige doppelte Versteuerung derselben stillen Reserven. Demgegenüber ermöglicht die Veräußerung sog. einbringungsgeborener Anteile alten Rechts keine Buchwertaufstockung bei dem übernehmenden Rechtsträger, denn die Voraussetzung der Entstehung eines Einbringungsgewinns I oder II ist in diesen Fällen nicht erfüllt (*Schmitt* in S/H/S § 23 Rn. 57).

Da die schädliche Anteilsveräußerung durch den Einbringenden einerseits auf seiner 78
Ebene eine nachträgliche Steuerlast, andererseits aber auf der Ebene der Übernehmerin durch die künftigen Abschreibungen eine Steuerersparnis hervorruft, ist zu überlegen, ob der Einbringende diese Steuerersparnis durch eine entsprechende vertragliche Vereinbarung „abschöpfen" und damit wirtschaftlich gesehen seine eigene finanzielle Belastung entsprechend reduzieren könnte (*Benz/Rosenberg* BB-Spezial Heft 8 2006, 51 (71)). Eine entsprechende Ausgleichsverpflichtung könnte – zumindest für die Erfüllung von Ersatzrealisationstatbeständen – ggf. bereits im Einbringungsvertrag vorgesehen werden. Ist keine Regelung vorhanden, kann von der Übernehmerin ein entsprechender Ausgleich nicht verlangt werden (*Widmann* in W/M § 23 Rn. 628). Fraglich ist, wie eine solche Ausgleichszahlung der Übernehmerin an den Einbringenden zu würdigen ist. ME handelt es sich hierbei um eine nachträglich gewährte sonstige Gegenleistung nach § 20 II 4, § 21 I 3, denn die Rechtsgrundlage für diese Zahlung liegt in dem vereinbarten Einbringungsvertrag. Dementsprechend wäre eine solche Zahlungsverpflichtung bei der Übernehmerin im Zeitpunkt der Buchwertaufstockung als Verbindlichkeit auszuweisen und die Zuführung zum steuerlichen Einlagekonto (vgl. hierzu Rn. 117) verringert sich in gleicher Höhe. Für den Regelfall einer entgeltlichen Anteilsveräußerung innerhalb der 7-Jahres-Frist könnte sich eine solche Regelung jedoch dann erübrigen, wenn sich die künftig geringere Steuerlast der Übernehmerin erhöhend auf den Unternehmenswert und damit auf den Kaufpreis der Anteile auswirkt, denn hierdurch erhält der Einbringende indirekt zumindest einen anteiligen Ausgleich für die von ihm zu zahlende Steuerlast.

1. Anwendungsbereich

Eine Aufstockung des eingebrachten Betriebsvermögens findet bei einer rückwirkenden 79
Versteuerung eines Einbringungsgewinns I (§ 23 II 3; vgl. Rn. 81 ff.) als auch eines Einbringungsgewinns II (§ 23 II 1, 2; Rn. 123 ff.) statt. Die Rechtsfolgen des § 23 II treffen somit immer die steuerliche Gewinnermittlung der übernehmenden KapGes. Bei ihr kommt es in Folge der Buchwertaufstockung zu höheren Abschreibungen bzw. niedrigeren Veräußerungsgewinnen.

Die Aufstockung bezieht sich auf das gesamte eingebrachte Vermögen, unabhängig 80
davon, ob dies im In- oder im Ausland belegen ist, allerdings nur, soweit diese WG für die inländische steuerliche Gewinnermittlung von Bedeutung sind. Für im Ausland belegene Betriebsstätten ist § 23 II somit nur anwendbar, soweit es sich um sog. Anrechnungsbetriebsstätten handelt. Gilt für die ausländische Betriebsstätte jedoch die Freistellungsmethode so sind die Buchwerte für die inländische steuerliche Gewinnermittlung der übernehmenden KapGes irrelevant und fallen daher auch nicht in den Anwendungsbereich

des § 23 II. Dies ergibt sich auch aus der Bewertungsvorschrift des § 20 III 2, wonach bei Übertragung von nicht dem deutschen Besteuerungsrecht unterliegenden WG der gemeine Wert dieser WG als Anschaffungskosten der gewährten Anteile gilt. Der Einbringungsgewinn I beinhaltet daher gar nicht die in diesem Vermögen zum Einbringungszeitpunkt vorhandenen stillen Reserven. Lediglich bei einer entsprechenden Anwendung des § 23 auf eine PersGes als Übernehmerin einer Einbringung nach § 24 kann eine auf die WG einer Freistellungsbetriebsstätte entfallende Buchwertaufstockung für die künftige Berechnung des Progressionsvorbehalts von Relevanz sein (vgl. auch Rn. 6).

2. Buchwertaufstockung nach einer Einbringung von Betrieben/Teilbetrieben/ Mitunternehmeranteilen, § 23 II 1, 2 (Einbringungsgewinn I)

a) Materielle Voraussetzungen der Buchwertaufstockung

81 Eine grundlegende Voraussetzung für die Buchwertaufstockung nach § 23 II 1, 2 ist die Entstehung eines Einbringungsgewinns I. Ein solcher Einbringungsgewinn kann entstehen durch

- eine schädliche Veräußerung gem. § 22 I 1
- eine Realisierung eines Ersatztatbestandes gem. § 22 I 6
- Nichterbringung des Nachweises nach § 22 III.

Darüber hinaus muss der Einbringungsgewinn I auch tatsächlich der Besteuerung unterworfen werden, die Steuer muss entrichtet sein und hierüber muss ein Nachweis des für die Veranlagung des Einbringenden zuständigen Finanzamts vorliegen. Des Weiteren ist für eine Buchwertaufstockung Voraussetzung, dass die betreffenden WG noch im BV des übernehmenden Rechtsträgers vorhanden sind. Sind die WG zwischenzeitlich bereits ausgeschieden, dann greift die Regelung des § 23 II 2 und der auf diese WG entfallende Aufstockungsbetrag ist entweder sofort als BA abzugsfähig oder er ist steuerlich nicht verwertbar und verfällt (vgl. hierzu eingehend Rn. 103). Die übernehmende KapGes muss die Buchwertaufstockung bei dem für sie selbst zuständigen Finanzamt und die Erteilung der Bescheinigung nach § 22 V bei dem für den Einbringenden zuständigen FA beantragen (vgl. diesbezüglich auch § 22 Rn. 309).

82 **aa) Versteuerung des Einbringungsgewinns, Entrichtung der Steuer und Nachweis.** Der Einbringungsgewinn I ist gem. § 22 I 3 „der Betrag, um den der gemeine Wert des eingebrachten Betriebsvermögens im Einbringungszeitpunkt nach Abzug der Kosten für den Vermögensübergang den Wert, mit dem die übernehmende Gesellschaft dieses eingebrachte Betriebsvermögen angesetzt hat, übersteigt, vermindert um jeweils ein Siebtel für jedes seit dem Einbringungszeitpunkt abgelaufene Zeitjahr". Durch die jährliche Minderung des Einbringungsgewinns I mindert sich somit der Aufstockungsbetrag iSd § 23 II entsprechend.

83 **„Versteuerung" des Einbringungsgewinns.** § 23 II 1 verlangt, dass der Einbringungsgewinn „versteuert" worden sein muss. *Widmann* (in W/M § 23 Rn. 604 sowie § 22 Rn. 424) weist zu Recht darauf hin, dass der Begriff „versteuert" nicht ganz klar und bisher auch in keinem Steuergesetz definiert ist. Nach seiner Auffassung kann es zur Erfüllung dieses Tatbestands nicht darauf ankommen, dass der Einbringende auf den Einbringungsgewinn I tatsächlich eine Steuer gezahlt hat. Vielmehr ist erforderlich, dass der Einbringungsgewinn I in die steuerliche Bemessungsgrundlage des Einbringenden Eingang gefunden hat. Ist es also zB aufgrund einer Verrechnung mit sonstigen Verlusten des Einbringenden nicht zu einer Steuerfestsetzung gekommen, dann gilt der Einbringungsgewinn I gleichwohl als „versteuert" (glA *Patt* in D/P/M § 23 Rn. 114 ff. (116) sowie UmwStE Rn. 23.12).

84 **Versteuerung „durch den Einbringenden".** Das Gesetz verlangt, dass „die Steuer auf den Einbringungsgewinn I" „durch den Einbringenden" entrichtet worden sein muss. Handelt es sich bei dem Einbringenden um eine natürliche Person, unterliegt der Ein-

bringungsgewinn I im Regelfall nur der ESt, nicht jedoch der GewSt (vgl. § 22 Rn. 122). Dementsprechend kann in einem solchen Fall im Rahmen des § 23 II auch nur entscheidend sein, ob der Einbringungsgewinn I in die Einkommensteuerveranlagung des Einbringenden einbezogen wurde. In Ausnahmefällen (vgl. § 22 Rn. 122) ist es aber auch möglich, dass der Einbringungsgewinn bei dem Einbringenden der GewSt unterliegt. Nach dem Gesetzeswortlaut wäre es daher naheliegend, auch die GewSt als eine „Steuer auf den Einbringungsgewinn I" zu verstehen, die von dem Einbringenden zu entrichten ist (ebenso *Widmann* in W/M § 22 Rn. 414). AA sind *Patt* (in D/P/M § 23 Rn. 112) sowie *Ritzer* (in R/H/vL § 23 Rn. 97), die als „Steuer auf den Einbringungsgewinn" nur die ESt/KSt, nicht jedoch die GewSt verstehen. Aus dem Gesetzestext lässt sich diese Einschränkung zwar nicht entnehmen, sie wird aber offensichtlich von der FinVerw geteilt (vgl. UmwStE Rn. 22.38).

Erfolgte die Einbringung durch eine PersGes, deren Mitunternehmer keine natürlichen 85
Personen sind, und tätigt diese PersGes innerhalb der 7-Jahres-Frist eine schädliche Verfügung der erhaltenen Anteile, so unterliegt der Einbringungsgewinn I auf der Ebene der PersGes der GewSt und auf der Ebene der Mitunternehmer der KSt bzw. bei doppelstöckigen PersGes der ESt bzw. KSt der mittelbaren Mitunternehmer. Fraglich ist, wer insoweit „Einbringender" im Sinne dieser Vorschrift ist, der die Steuer auf den Einbringungsgewinn I entrichtet haben muss. Nach der hier (§ 22 Rn. 72) vertretenen Auffassung sind sowohl der Mitunternehmer als auch die PersGes selbst als Einbringende anzusehen. Dies hat in Bezug auf § 23 II dann auch die Konsequenz, dass auf beiden Ebenen die jeweils auf den Einbringungsgewinn I entfallende Steuer entrichtet worden sein muss und dass dementsprechend auch zwei Bescheinigungen vorzulegen sind. Die Auffassung der FinVerw ist hier hingegen nicht klar. Nach neuer Auffassung der FinVerw ist den Fällen einer Einbringung durch eine PersGes zunächst nur die PersGes selbst und nicht die jeweiligen Mitunternehmer als Einbringende iSd § 20 anzusehen (vgl. § 22 Rn. 73). Demzufolge wäre nur darauf abzustellen, ob die PersGes ihre Steuer entrichtet hat und die Tatsache, dass der Mitunternehmer die auf den Einbringungsgewinn I entfallende ESt/KSt nicht entrichtet hat, wäre unschädlich für die Buchwertaufstockung bei der Übernehmerin. Allerdings bezieht die FinVerw für die Anwendung des § 22 die Mitunternehmer doch wieder in den Kreis der Einbringenden mit ein. Ob sie diese Sicht allerdings auf den § 23 ausdehnt, wird im UmwStE nicht deutlich.

Handelte es sich bei dem Einbringenden um eine Organgesellschaft, dann ist eine 86
Versteuerung „durch den Einbringenden" ebenfalls nicht möglich, denn die Entstehung eines Einbringungsgewinns I erhöht bei dem Einbringenden (= Organgesellschaft) rückwirkend das Einkommen, welches gem. § 14 I 1 KStG in voller Höhe dem Organträger zuzurechnen ist. Der Organträger hat somit die Steuer auf den Einbringungsgewinn zu entrichten. In einem solchen Fall muss bezüglich der Frage, ob die Steuer auf den Einbringungsgewinn entrichtet wurde, auf den Organträger und nicht auf den Einbringenden selbst abgestellt werden (*Krohn/Greulich* DStR 2008, 646, 656).

Entrichtung der Steuer. Nur die vollständige Entrichtung der auf den Einbringungs- 87
gewinn I entfallenden Steuer berechtigt zur Inanspruchnahme des gesamten steuerpflichtigen Einbringungsgewinns I als Aufstockungsbetrag. Wurde die Steuer nicht in vollem Umfang entrichtet, kann nur der Anteil des Aufstockungsbetrags in Anspruch genommen werden, der dem Verhältnis der gezahlten Steuer zur insgesamt festgesetzten Steuer entspricht.

Wird die festgesetzte Steuer in Raten gezahlt, dann kann die übernehmende KapGes 88
theoretisch mit jeder Ratenzahlung eine geänderte Bescheinigung nach § 22 V beantragen und rückwirkend für den VZ der schädlichen Anteilsverfügung den Aufstockungsbetrag erhöhen. Bei gutem Informationsaustausch zwischen dem Einbringenden und der Übernehmerin könnte es sich in der Praxis in diesen Fällen anbieten, erst dann einen Antrag auf erstmalige Erteilung bzw. Änderung der Bescheinigung zu beantragen, wenn der Einbringende die letzte Rate seiner Steuerschuld gezahlt hat. Besteht jedoch zwischen den Betei-

ligten keine Kommunikation, dann kann die Übernehmerin nicht wissen, wann und in welchem Umfang der Einbringende weitere Raten zahlt. Es bleibt der Übernehmerin in diesen Fällen nichts anderes übrig, als jährlich einen Antrag auf Erteilung einer berichtigten Bescheinigung zu stellen und – soweit in dem abgelaufenen VZ weitere Raten gezahlt worden sind – alle seit der schädlichen Anteilsveräußerung aufgestellten Steuerbilanzen und Steuererklärungen der Übernehmerin zu ändern. Insgesamt wird dies selbst von Vertretern der Finanzverwaltung als unzumutbares Verfahren angesehen (*Dötsch/Pung* DB 2006, 2763 (2767)).

89 Wurde nur die ESt/KSt vollständig entrichtet, nicht jedoch die GewSt, so dürfte sich der Aufstockungsbetrag folgerichtig nur auf die einkommen- bzw. körperschaftsteuerliche Bemessungsgrundlage mindernd auswirken, nicht jedoch auf den Gewerbeertrag (ebenso *Widmann* in W/M § 22 Rn. 415).

90 Hat der Stpfl mehrere Steuerschulden, kann er bei Zahlung eines Betrages bestimmen, dass die Steuer auf den Einbringungsgewinn zuerst getilgt werden soll (§ 225 I AO). Bestimmt er dies nicht, gilt die gesetzliche Tilgungsreihenfolge (§ 225 II, III AO) (*Patt* in D/P/M § 23 Rn. 121).

91 Ist das zvE des Einbringenden im VZ des steuerlichen Übertragungsstichtags insgesamt höher als der Einbringungsgewinn I, weil noch andere Einkünfte bzw. Gewinne in die Bemessungsgrundlage eingeflossen sind, und wird die Steuer nur anteilig entrichtet, ist streitig, in welchem Umfang die auf den Einbringungsgewinn entfallende Steuer als getilgt gilt. Nach Auffassung von *Widmann* (in W/M § 22 Rn. 418) ist davon auszugehen, dass die auf den Einbringungsgewinn entfallende Steuer immer als zuerst entrichtet gilt. Demgegenüber vertritt die FinVerw (UmwStE Rn. 23.12) die Auffassung, dass die Steuer auf den Einbringungsgewinn nur anteilig im Verhältnis des Einbringungsgewinns zum zvE als entrichtet angesehen werden kann (glA *Patt* in D/P/M § 23 Rn. 121). Eine gleichgelagerte Frage ergibt sich, wenn bei dem Einbringenden aus Veranlagungszeiträumen vor der Einbringung Verlustvorträge vorhanden sind. Fraglich ist, ob diese mit dem Einbringungsgewinn und anderen Gewinnen anteilig oder immer vorrangig mit dem Einbringungsgewinn zu verrechnen sind (letzteres vertritt *Widmann* in W/M § 22 Rn. 424). Aus dem Gesetzestext und der Gesetzesbegründung lässt sich zu diesen Fällen nichts entnehmen. Aus diesem Grund sollte dies für die Stpfl günstig ausgelegt werden, so dass der von *Widmann* vertretenen Auffassung der Vorzug zu geben ist.

92 **bb) Betriebsvermögen muss noch vorhanden sein.** Gegenstand der Buchwertaufstockung sind ausschließlich die durch die Einbringung auf die Übernehmerin übergegangenen WG. Sind einzelne WG hingegen in dem Zeitraum zwischen der Einbringung und der schädlichen Anteilsveräußerung aus dem BV der Übernehmerin ausgeschieden, dann kann es diesbezüglich naturgemäß auch nicht mehr zu einer Buchwertaufstockung kommen. Bezüglich der Behandlung des auf ausgeschiedene WG entfallenden Aufstockungsbetrags vgl. Rn. 103 ff.

93 Streitig ist, welcher Zeitpunkt maßgeblich ist für die Beantwortung der Frage, ob ein WG noch vorhanden war oder nicht. Die wohl hM vertritt hier in Anlehnung an § 23 III 2 die Auffassung, dass für die Aufstockung auf den Beginn des Wj. abzustellen ist, in welches das die Besteuerung des Einbringungsgewinns auslösende Ereignis fällt (so zB *Rödder/Schumacher* DStR 2006, 1525, 1538; *Patt* in D/P/M § 23 Rn. 140; *Benz/Rosenberg* BB Spezial Heft 8, 2006, 51, 72; *Schmitt* in S/H/S § 23 Rn. 50; iErg auch *Ritzer* in R/H/vL § 23 Rn. 77 und 125). Demgegenüber vertreten *Widmann* (in W/M § 23 Rn. 632), der Gesetzgeber (BT-Drs 16/2710, 50) sowie die FinVerw (UmwStE Rn. 23.07) die Auffassung, dass auf den genauen Zeitpunkt des schädlichen Ereignisses abzustellen ist. Praxisrelevant ist diese Frage lediglich für die WG, die in dem Zeitraum zwischen dem Beginn des Wj. und dem Zeitpunkt der schädlichen Anteilsveräußerung zu einem unter dem gemeinen Wert liegenden Wert aus dem BV der Übernehmerin ausgeschieden sind.

Beispiel: A bringt zum 1.1.07 einen Teilbetrieb in die A-GmbH ein. Zu diesem Teilbetrieb gehörte ein bebautes Grundstück (stille Reserven 1 Mio. €). Steuerlicher Übertragungsstichtag ist der 31.12.06.

Am 1.4.09 überführt die A-GmbH das bebaute Grundstück gem. § 6 V 3 Nr. 1 EStG zum Buchwert in das Gesamthandsvermögen der AB-KG.

Am 30.9.09 veräußert A die Anteile an der A-GmbH.

Am 1.5.10 reicht A seine Steuererklärung für das Jahr 09 beim Finanzamt ein. Im September 10 erhält er seinen Steuerbescheid und zahlt unverzüglich seine Steuer. Noch in demselben Monat erteilt das FA die Bescheinigung nach § 22 V.

Die A-GmbH und auch die AB-KG haben ihre Steuererklärungen für das Jahr 09 ebenfalls bereits im Mai 10 bei dem für sie zuständigen FA eingereicht.

Lösung: Die Veräußerung der Anteile durch A am 30.9.09 ist ein schädliches Ereignis, welches gem. § 22 I 1 die rückwirkende Versteuerung des Einbringungsgewinns I auslöst. Im September 10 sind alle Voraussetzungen für die Vornahme der Buchwertaufstockung nach § 23 II bei der übernehmenden A-GmbH erfüllt. Gleichwohl hat die Übernehmerin die Aufstockung im Wj. 09 vorzunehmen und erstmals vom Beginn des Wj. 09 an die AfA auf Basis der erhöhten Bemessungsgrundlage zu berechnen.

Fraglich ist nun, ob das am 1.4.09 auf die AB-KG überführte Grundstück noch an der Buchwertaufstockung teilnimmt oder nicht (zur Behandlung von zwischenzeitlich zu einem unter dem gemeinen Wert aus dem BV ausgeschiedenen WG vgl. auch Rn. 114). Nach der dargestellten herrschenden Meinung ist der Aufstockungsbetrag auf die WG zu verteilen, die zu Beginn des Wj. der schädlichen Anteilsveräußerung im BV der Übernehmerin vorhanden waren. Damit nimmt auch das Grundstück an der Buchwertaufstockung teil und nicht nur die A-GmbH, sondern auch die AB-KG muss rückwirkend ihre Steuerbilanz ändern, da hier der erhöhte Buchwert des bebauten Grundstücks fortgeführt wird. Folgt man hingegen der Auffassung von *Widmann* und der FinVerw, dann nehmen nur die WG an der Buchwertaufstockung teil, die zum Zeitpunkt der schädlichen Anteilsveräußerung noch im BV der Übernehmerin vorhanden waren. Zu diesem Zeitpunkt war das bebaute Grundstück jedoch schon aus dem BV ausgeschieden, und zwar zu einem unter dem gemeinen Wert liegenden Wert. Damit ist eine Buchwertaufstockung insoweit nicht möglich, der anteilige Aufstockungsbetrag entfällt und die Steuerbilanz der AB-KG bleibt unberührt.

Die hM führt somit zu für den Stpfl. positiveren Ergebnissen und erscheint auch praktikabler, da sich die Übernehmerin an die in der Schlussbilanz des vorangegangenen Wj. enthaltenen BWe halten kann und keine weiteren Korrekturen bzgl. etwaiger nach dem Bilanzstichtag ausgeschiedener WG vornehmen muss. Darüber hinaus könnte die Übernehmerin im Einzelfall auch Schwierigkeiten haben, den exakten Tag der schädlichen Verfügung zu erfahren. Die Bescheinigung nach § 22 V wird diese Angabe zumindest nicht enthalten. Auch vor diesem Hintergrund erscheint der Zeitpunkt zu Beginn des Wj. praktikabler.

cc) Antragspflicht. Der Antrag auf Buchwertaufstockung nach § 23 II 1 ist von der 94
Übernehmerin bei dem für sie zuständigen FA zu stellen. Eine besondere Form ist für den Antrag nicht vorgeschrieben. Er kann daher formlos und auch stillschweigend gestellt werden, zB durch Einreichung einer Bilanz, aus der der Erhöhungsbetrag bzw. dessen Auswirkungen ersichtlich sind (*Widmann* in W/M § 23 Rn. 606.1). Auch die Einreichung einer Bescheinigung nach § 22 V ist konkludent als Antrag zu werten.

Der Antrag ist grds. nicht fristgebunden (*Benz/Rosenberg* BB-Spezial 8, 2006, 51, 71. 95
Allerdings muss er naturgemäß zu einem Zeitpunkt gestellt werden, zu dem er verfahrenstechnisch noch berücksichtigt werden kann. Ist der Steuerbescheid des VZ der schädlichen Anteilsverfügung bereits bestandskräftig, ist die Berücksichtigung der erhöhten Abschreibungen nicht mehr möglich. Ggf. kann dann der Erhöhungsbetrag im Wege der Bilanzberichtigung in dem ersten Jahr vorgenommen werden, dessen Steuerbescheide noch änderbar sind (§ 4 II EStG), allerdings der Höhe nach gemindert um die Beträge und Abschreibungen, die sich bei einer korrekten Buchwertaufstockung im Jahr des schädlichen Ereignisses zwischenzeitlich schon gewinnmindernd ausgewirkt hätten (glA *Ritzer* in R/H/vL § 23 Rn. 72; aA *Widmann* in W/M § 23 Rn. 607).

b) Umfang der Buchwertaufstockung und Verteilung des Aufstockungsbetrags

96 Als Aufstockungspotenzial steht genau der Betrag zur Verfügung, der vom Steuerpflichtigen als Einbringungsgewinn I zu versteuern ist. Gem. § 22 I 3 ist das die um die Einbringungskosten gekürzte Summe sämtlicher im Zuge der Einbringung übergegangener stiller Reserven, vermindert um jeweils ein Siebtel für jedes seit dem Einbringungszeitpunkt abgelaufene Zeitjahr (vgl. hierzu eingehend § 22 Rn. 92 ff.). Sofern zwischen dem Gesellschafter, der den Einbringungsgewinn I zu versteuern hat, und der Übernehmerin keine (gute) Kommunikation besteht, erfährt der übernehmende Rechtsträger die Höhe des durch den Einbringenden nachversteuerten Einbringungsgewinns I und damit auch des ihm zustehenden Aufstockungsbetrages erst aus der Bescheinigung nach § 22 V. Allerdings fordert die FinVerw in UmwStE Rn. 23.07, dass sich die Höhe und die Zuordnung des Aufstockungsbetrages bereits aus dem Antrag ergeben müssen. Diese Anforderung ergibt sich so allerdings nicht aus dem Gesetz (so auch *Engers/Kröner/Kaeser* in FGS/BDI UmwSt-Erlass 2011, 484 f.; *Ritzer* in R/H/vL § 23 Rn. 68; *Schmitt* in S/H/S § 23 Rn. 38). Will die Übernehmerin diese Anforderung erfüllen, bleibt ihr nichts anderes übrig, als erst die Bescheinigung nach § 23 V zu beantragen und dann auf der Basis des mit dieser Bescheinigung mitgeteilten Betrages den Antrag auf Aufstockung zu stellen.

97 Der Einbringungsgewinn spiegelt die stillen Reserven wieder, die zum Einbringungsstichtag vorhanden gewesen und auf die Übernehmerin übergegangen sind. Dementsprechend sind für die Aufteilung des Aufstockungsbetrages auf die einzelnen WG exakt diese stillen Reserven bzw. deren Verhältnis zueinander als Aufteilungsmaßstab zugrunde zu legen (*Widmann* in W/M § 23 Rn. 622; *Patt* in D/P/M § 23 Rn. 136; *Benz/Rosenberg* BB-Spezial Heft 8, 2006, 51 (71); *Ritzer* in R/H/vL § 23 Rn. 139). Eine willkürliche Aufteilung des Aufstockungsbetrags ist somit nicht möglich. Darüber hinaus ist bei der nachträglichen Aufstockung der WG nach § 23 II dieselbe Aufstockungsreihenfolge zu beachten, die auch anzuwenden gewesen wäre, wenn von Anfang an ein über dem Buchwert liegender Wertansatz gewählt worden wäre (*Ritzer* in R/H/vL § 23 Rn. 88). Auf jedes einzelne WG (soweit noch vorhanden) entfällt somit exakt der Aufstockungsbetrag, der auch anzusetzen gewesen wäre, wenn die Übernehmerin in ihrer steuerlichen Übernahmebilanz einen über den Buchwerten liegenden Bilanzansatz gewählt hätte. An dieser Stelle ist dementsprechend auch die Streitfrage relevant, ob die Aufstockung nach der sog. Ein-Stufen-Theorie erfolgt, bei der der Firmenwert den anderen WG gleichgestellt und in demselben Umfang aufgestockt wird, oder ob – der bisher wohl herrschenden Meinung folgend – die sog. Zwei-Stufen-Theorie einschlägig ist, nach der zunächst die materiellen und immateriellen Einzel-WG aufzustocken sind und ein originärer Geschäfts- oder Firmenwert erst nachrangig zu aktivieren ist (sog. Residualgröße; vgl. eingehend zu dieser Diskussion § 20 Rn. 408). Folgt man der hM, so geht jeder Umstand, der zu einer geringeren Höhe des nachträglich zu versteuernden Einbringungsgewinns führt, zunächst zu Lasten einer Aufstockung des originären Geschäfts- oder Firmenwertes. Dabei ist es egal, ob der Einbringungsgewinn deshalb „gering" ist, weil bereits mehrere Jahre seit dem Einbringungsstichtag vergangen sind und der Einbringungsgewinn bereits um mehrere Siebtel zu mindern ist oder ob dies darauf beruht, dass nicht sämtliche, sondern nur ein Teil der erhaltenen Anteile schädlich veräußert worden ist.

Beispiel: Die A-GmbH bringt mit steuerlichem Übertragungsstichtag 31.12.14 ihren Betrieb zu Buchwerten in die B-GmbH ein.

Schlussbilanz der einbringenden A-GmbH vor der Einbringung

Aktiva	**BW**	**gemW**	**Passiva**	**BW**
Maschinen	1 000 000	4 000 000	EK	500 000
Patent	0	2 000 000	Verbl	500 000
FW	0	2 000 000		

Im Jahr 17 veräußert die A-GmbH sämtliche erhaltenen Anteile an der B-GmbH. Ermittlung des rückwirkend zu versteuernden Einbringungsgewinns I:

	€
gemeiner Wert des übergegangenen Vermögens	7 500 000
abzüglich Buchwert des steuerlichen Reinvermögens	500 000
stille Reserven zum Einbringungsstichtag	7 000 000
Gemindert um 2/7	2 000 000
Einbringungsgewinn I	5 000 000

Der Aufstockungsbetrag bei der B-GmbH beträgt somit 5 000 000 €. Gemäß der Zwei-Stufen-Theorie verteilt sich dieser Betrag anteilig auf die Maschinen und das Patent. Zu einer Aktivierung des originären Firmenwertes kommt es nicht.

		€
Aufstockungsbetrag Maschinen	(5 000 000 x 3/5)	3 000 000
Aufstockungsbetrag Patent	(5 000 000 x 2/5)	2 000 000
		5 000 000

Exakt dieselbe Aufstockung ergibt sich bei der Zwei-Stufen-Methode wenn die A-GmbH bereits im Jahr 15, also im ersten Jahr nach dem steuerlichen Übertragungsstichtag, einen Anteil von 71,428 % ihrer erhaltenen Anteile an der B-GmbH veräußert hätte. In diesem Fall hätte sich ebenfalls ein Einbringungsgewinn I von 5000 000 € ergeben

Gemeiner Wert des übergegangenen Vermögens	7 500 000
Abzüglich Buchwert des steuerlichen Reinvermögens	500 000
Stille Reserven zum Einbringungsstichtag	7 000 000
Schädlich veräußerter Anteil der erhaltenen Anteile 71,428 %	5 000 000

Auch hier wäre es zu keiner Aktivierung eines Firmenwertes gekommen. In beiden Fällen hätte sich somit für jedes einzelne WG exakt der Aufstockungsbetrag ergeben, der auch zu bilanzieren gewesen wäre, wenn gleich anlässlich der Einbringung von der Übernehmerin Werte bilanziert worden wären, die um 5 000 000 € über dem Buchwert des steuerlichen Reinvermögens des Einbringenden gelegen hätten.

Etwas missverständlich ist die Anmerkung von *Widmann* (in W/M § 23 Rn. 622), dass für die Ermittlung des Aufstockungsbetrags die stillen Reserven der WG zu ermitteln und mit so vielen Siebteln zu aktivieren sind, wie der Berechnung des Einbringungsgewinns I zugrunde liegen. Diese Aussage wäre nur dann richtig, wenn man die sog. Ein-Stufen-Theorie vertritt, dass der originäre Firmenwert gleichberechtigt mit den anderen Einzel-WG aufzustocken ist. Gerade diese Auffassung vertritt Widmann selbst jedoch nicht, sondern er folgt der herrschenden Zwei-Stufen-Theorie (vgl. *Widmann* in W/M § 23 Rn. 626). Tatsächlich geht aber – wie das oben dargestellte Beispiel zeigt – eine zeitanteilige Minderung des Einbringungsgewinn I zunächst zu Lasten des originären Firmenwerts. Es kann also bei Anwendung dieser Methode sein, dass es trotz einer Minderung des Einbringungsgewinn I durch Zeitablauf noch dazu kommt, dass die bilanzierten Einzel-WG bis zu ihrem gemeinen Wert aufgestockt werden.

Aufstockung führt zu einer Überbewertung. Grundlage für die Ermittlung des Aufstockungsbetrages sind die stillen Reserven, die einem WG zum Zeitpunkt der Einbringung innewohnten. Bei WG, die zwischenzeitlich einen besonderen Wertverlust erlitten haben, kann es daher durch die Aufstockung zu einer Überbewertung kommen. In einem solchen Fall ist für diese WG in der ersten Steuerbilanz, in der sich die Aufstockung zeigt, eine außerplanmäßige Teilwertabschreibung gem. § 6 I EStG auf den niedrigeren Teilwert vorzunehmen (*Patt* in D/P/M § 23 Rn. 136; *Benz/Rosenberg* BB-Special Heft 8, 2006, 51 (72)). Hierdurch kommt es zu demselben Ergebnis, das auch eingetreten wäre, wenn bei der Verteilung des Aufstockungsbetrages auf die einzelnen WG gleich die Bewertungsobergrenze des Teilwerts berücksichtigt und ein ggf. übersteigender Aufstockungsbetrag unmittelbar als Aufwand behandelt würde. 98

Zwischenzeitlich neu angeschaffte WG. In die Buchwertaufstockung einzubeziehen sind nur solche WG, die zum Einbringungsstichtag bereits vorhanden waren und auch mit zum Einbringungsgegenstand „Betrieb/Teilbetrieb/Mitunternehmeranteil" gehörten. Die WG müssen also mit auf die Übernehmerin übergegangen sein. Dies ist auch logisch, denn die 99 in diesen übergegangenen WG ruhenden stillen Reserven bilden den Aufteilungsmaßstab für einen eventuellen Aufstockungsbetrag. Dementsprechend sind WG, die bereits vor der Einbringung zum BV der Übernehmerin gehörten bzw. die erst nach der Einbringung von der Übernehmerin angeschafft wurden, grds. nicht in die Buchwertaufstockung einzubeziehen.

100 **Anteilige Kürzung steuerfreier Rücklagen.** Sind zum Zeitpunkt der Einbringung steuerfreie Rücklagen auf die Übernehmerin übergegangen, sind diese anteilig zu kürzen, sofern sie noch vorhanden sind (*Widmann* in W/M § 23 Rn. 622).

101 Fraglich ist, wie mit steuerfreien Rücklagen umzugehen ist, die zwar anlässlich der Einbringung auf den übernehmenden Rechtsträger mit übertragen, vor der schädlichen Anteilsveräußerung jedoch zulässigerweise von den AK zwischenzeitlich angeschaffter WG abgesetzt wurden. Einerseits sollen durch die nachträgliche Aufstockung gem. § 23 II alle stillen Reserven (anteilig) erfasst werden, die durch die Einbringung übergegangen und noch nicht durch einen Abgang der betreffenden WG anderweitig aufgedeckt worden sind. Andererseits sind nach dem steuerlichen Übertragungsstichtag von der Übernehmerin selbst angeschaffte WG grds. nicht in die Buchwertaufstockung einzubeziehen. Die steuerfreie Rücklage selbst kann aber auch nicht mehr anteilig gekürzt werden. Die betreffenden stillen Reserven würden daher „durch das Raster" fallen. ME sind daher in einem solchen Fall die nachträglich angeschafften WG, auf die eine steuerfreie Rücklage bzw. ein Investitionsabzugsbetrag übertragen wurde, in die Buchwertaufstockung mit einzubeziehen (ebenso *Förster/Wendland* BB 2007, 631 (636 f.)). Bei der Ermittlung des anteilig auf sie entfallenden Aufstockungsbetrags sind aber nur stille Reserven in Höhe der übertragenen steuerfreien Rücklage einzubeziehen.

102 Wurde die Rücklage zwischenzeitlich bereits erfolgswirksam aufgelöst, ist der auf diese Rücklage entfallende anteilige Aufstockungsbetrag als Betriebsausgabe abzuziehen (ebenso *Förster/Wendland* BB 2007, 631 (637)).

c) Auf nicht mehr vorhandene Wirtschaftsgüter entfallender Aufstockungsbetrag

103 Für eine Aufstockung nach § 23 II kommen grds. nur solche WG in Betracht, die durch die Einbringung auf den übernehmenden Rechtsträger übergegangen sind. Nach den in ihnen am Einbringungsstichtag ruhenden stillen Reserven bestimmt sich das Aufteilungsverhältnis des Aufstockungsbetrags. Je länger der Zeitraum zwischen der Einbringung und der schädlichen Anteilsveräußerung ist, desto wahrscheinlicher ist es, dass eine Mehrzahl dieser WG in der Zwischenzeit aus dem BV der Übernehmerin ausgeschieden ist. Für die auf diese WG entfallenden anteiligen Aufstockungsbeträge enthält das Gesetz keine exakte Regelung. § 23 II 2 ordnet lediglich an, dass an der Verteilung des Aufstockungsbetrages nur solche WG teilnehmen können, die zum Zeitpunkt der Aufstockung, also zu Beginn des Wj., in das die schädliche Anteilsveräußerung fällt (siehe hierzu die kontroverse Diskussion unter Rn. 93), noch im BV der Übernehmerin vorhanden sind. In seinem 2. Halbsatz bezieht § 23 II 2 dann allerdings trotzdem solche WG in die Verteilung des Aufstockungsbetrages mit ein, die in der Zwischenzeit **zum gemeinen Wert** aus dem BV der Übernehmerin ausgeschieden sind.

104 Nach den Ausführungen in der Gesetzesbegründung zu § 23 II (BT-Drs. 16/2710 v. 25.9.2006) ergibt sich folgende differenzierte Behandlung des auf ausgeschiedene WG entfallenden anteiligen Aufstockungsbetrags:

- Soweit das betreffende WG in der Zwischenzeit zum gemeinen Wert veräußert wurde, stellt der darauf entfallende Aufstockungsbetrag sofort abziehbaren Aufwand dar.
- Wurde das betreffende WG zwischenzeitlich zu einem unter dem gemeinen Wert liegenden Wert weiter übertragen (zB durch Einbringung zum Buchwert) ist weder eine Buchwertaufstockung noch der Abzug als Aufwand zulässig.

Die zum gemeinen Wert übertragenen WG sind also im Ergebnis in die Verteilung des Aufstockungsbetrages noch mit einzubeziehen, nur dass es bei ihnen natürlich nicht mehr zu einer Buchwertaufstockung kommen kann, sondern der auf sie entfallende Aufstockungsbetrag bei der Übernehmerin in dem betreffenden Wj. laufenden Aufwand darstellt. Demgegenüber ist der auf die unter dem gemeinen Wert ausgeschiedenen WG entfallende Aufstockungsbetrag steuerlich unwirksam und kann von der Übernehmerin nicht mehr geltend gemacht werden. Hierbei ist es irrelevant, was für ein Vorgang diesem Ausscheiden unter dem gemeinen Wert zugrunde gelegen hat und ob die Übertragung des WG mit steuerlicher Rechtsnachfolge erfolgt ist oder nicht. Selbst wenn der Rechtsträger, auf den das WG übergegangen ist, aufgrund der Geltung der steuerlichen Rechtsnachfolge in die Rechtsstellung der Übernehmerin eingetreten ist (zB in Fällen der Verschmelzung, Spaltung oder Einbringung), geht der anteilig auf das übertragene WG entfallende Aufstockungsbetrag nicht auf diesen Rechtsträger über. Diese Rechtsfolge ist zwar zu bedauern, sie ergibt sich aber unzweifelhaft aus dem Gesetzestext des § 23 II 2, der den Satz 1, welcher die Buchwertaufstockung für die Übernehmerin erst ermöglicht, insoweit für unanwendbar erklärt. Außerdem macht auch die oben zitierte Gesetzesbegründung unzweifelhaft klar, dass insoweit eine Weiterübertragung des Aufstockungsbetrags auf weitere übernehmende Rechtsträger nachfolgender Umwandlungen nicht gewünscht ist, denn insbesondere eine nachfolgende Einbringung zu Buchwerten wird als Fall genannt, der diesbezüglich als schädlich anzusehen ist (ebenso *Widmann* in W/M § 23 Rn. 618 f.; aA *Ritzer* in R/H/vL § 23 Rn. 122a sowie *Förster/Wendland* BB 2007, 631 (636); *Benz/Rosenberg* BB-Special Heft 8, 2006, 51 (72), die in den Fällen der steuerlichen Rechtsnachfolge gleichwohl den Übergang des auf diese WG entfallenden Aufstockungsbetrags auf einen übernehmenden Rechtsträger einer nachfolgenden Umwandlung für argumentierbar bzw. möglich halten).

Ein WG ist zwischenzeitlich aus dem BV der Übernehmerin ausgeschieden, wenn der Übernehmerin das wirtschaftliche Eigentum nicht mehr zuzurechnen ist (§ 39 II Nr. 1 AO). Die Übertragung nur des rechtlichen Eigentums unter Zurückbehaltung des wirtschaftlichen Eigentums ist somit unschädlich, da das betreffende WG der Übernehmerin dann steuerlich noch zuzurechnen und bei dieser auch noch zu bilanzieren wäre. Umgekehrt ist die Übertragung des wirtschaftlichen Eigentums ausreichend für ein Ausscheiden aus dem steuerlichen BV, und zwar auch dann, wenn das rechtliche Eigentum weiterhin der Übernehmerin zusteht (vgl. auch *Patt* in D/P/M § 23 Rn. 133). 105

aa) Übertragung zum gemeinen Wert. Der Hauptanwendungsfall des Ausscheidens eines WG aus dem BV zum gemeinen Wert ist die Veräußerung an ein anderes Steuersubjekt zu marktgerechten Bedingungen. Hierbei muss die Veräußerung nicht zwingend gegen Geld, sondern kann auch im Rahmen eines Tauschvorgangs erfolgen (§ 6 VI EStG). Dasselbe gilt für Übertragungen zum gemeinen Wert im Rahmen von Umwandlungsmaßnahmen (Verschmelzungen, Spaltungen, Einbringungen). 106

Ebenfalls zum gemeinen Wert aus dem BV ausgeschieden sind solche WG, die zwischenzeitlich verbraucht, wertlos geworden und verschrottet bzw. zum Zweck der Verschrottung zum reinen Materialwert veräußert (*Patt* in D/P/M § 23 Rn. 133; *Widmann* in W/M § 23 Rn. 613) oder im Rahmen einer Sachausschüttung an die Gesellschafter übertragen worden sind (*Widmann* in W/M § 23 Rn. 614). 107

WG, die unentgeltlich oder zu einem unter dem gemeinen Wert liegenden Preis an Gesellschafter übertragen worden sind, gelten gleichwohl als zum gemeinen Wert aus dem Betriebsvermögen der Übernehmerin ausgeschieden (*Patt* in D/P/M § 23 Rn. 134; *Förster/Wendland* BB 2007, 631 (636); *Ritzer* in R/H/vL § 23 Rn. 131). In Höhe des Differenzbetrages zwischen dem tatsächlich erzielten Preis und dem gemeinen Wert liegt eine verdeckte Gewinnausschüttung vor. 108

Ebenfalls zum gemeinen Wert scheiden zeitlich begrenzte Nutzungsrechte aus dem BV aus, deren Nutzungsdauer zwischenzeitlich abgelaufen ist, denn aus der Sicht des Nutzers haben diese Rechte zum Zeitpunkt ihrer Rückgabe einen gemeinen Wert von € 0 und zu diesem Wert verlassen sie das BV der Übernehmerin (*Förster/Wendland* BB 2007, 631 (636)). 109

110 Nicht eindeutig geregelt ist die Behandlung von WG, die zwischenzeitlich zufällig untergegangen sind bzw. zerstört wurden. Nach Auffassung der FinVerw (UmwStE Rn. 23.09) sind diese WG so zu behandeln, als seien sie zum gemeinen Wert ausgeschieden, so dass der anteilige Aufstockungsbetrag ebenfalls als Betriebsausgabe angesetzt werden kann (glA *Ritzer* in R/H/vL § 23 Rn. 123; *Patt* in D/P/M § 23 Rn. 133).

111 Fraglich ist, ob der Gesetzestext so auszulegen ist, dass auch Übertragungsvorgänge, die unter Beachtung der steuerlichen Bewertungsvorschriften nicht zum gemeinen Wert, sondern zum Teilwert durchgeführt worden sind, in die Kategorie der „unter dem gemeinen Wert übertragenen" WG fallen können mit der Folge, dass der auf sie entfallende Aufstockungsbetrag steuerlich irrelevant verfällt. ME dürfte dies nicht der Fall sein. Es ist unbestritten, dass Teilwert und gemeiner Wert zwei verschiedene Begriffe sind, die im Einzelfall auch betragsmäßig unterschiedlich ausfallen können. Gleichwohl repräsentieren beide Werte den Marktwert des betreffenden WG. Es gibt für ein WG eben nicht nur einen einzigen objektiven Marktwert, sondern dieser kann von Situation zu Situation variieren. Mit dem Kriterium in § 23 II 2, dass das WG „zum gemeinen Wert übertragen" worden sein muss, will das Gesetz mE lediglich zum Ausdruck bringen, dass es anlässlich des zwischenzeitlichen Ausscheidens zu einer vollständigen Aufdeckung der in diesem WG gebundenen stillen Reserven gekommen sein muss. Dieses Kriterium ist aber auch dann erfüllt, wenn ein Geschäftsvorfall aus steuerlicher Sicht mit dem Teilwert zu bewerten ist. Es kann nicht der Wille des Gesetzgebers gewesen sein, dass anlässlich einer Buchwertaufstockung nach § 23 II rückwirkend für sämtliche seit dem Einbringungsstichtag zum Teilwert durchgeführten Geschäftsvorfälle geprüft werden muss, ob der gemeine Wert des betreffenden WG im konkreten Einzelfall nicht ein paar Euro höher gewesen wäre (glA *Förster/Wendland* BB 2007, 631 (636) sowie UmwStE Rn. 23.09; aA *Patt* in D/P/M § 23 Rn. 134 sowie *Widmann* in W/M § 23 Rn. 615, die Übertragungsvorgänge zum Teilwert nur dann als von § 23 II 2 begünstigt ansehen, wenn der Teilwert im konkreten Einzelfall mindestens dem gemeinen Wert entsprach).

112 In die Kategorie der zum Teilwert durchzuführenden Geschäftsvorfälle gehören zB verdeckte Einlagen in eine andere KapGes (R 40 IV KStR).

113 **Überführung von WG in ausländische Betriebsstätten.** Streitig ist die Behandlung von anteiligen Aufstockungsbeträgen, die auf WG entfallen, die von der Übernehmerin in dem Zeitraum zwischen dem steuerlichen Einbringungsstichtag und dem Tag der schädlichen Anteilsveräußerung oder einer gleichgestellten schädlichen Verfügung in eine ausländische Betriebsstätte überführt worden sind. *Widmann* (in W/M § 23 Rn. 617) ist der Auffassung, dass der auf diese WG entfallende Aufstockungsbetrag nicht als Betriebsausgabe geltend gemacht werden kann, da die Regelung des § 23 II nur solche WG entsprechend begünstigt, die in der Zwischenzeit „zum gemeinen Wert übertragen" worden sind. Im Fall einer Überführung des WG in eine ausländische Betriebsstätte liege aber gerade kein Übertragungsvorgang vor. Demgegenüber argumentiert *Patt* (in D/P/M § 23 Rn. 134), dass das Gesetz insoweit eine „Veräußerung zum gemeinen Wert" fingiere und diese Fiktion auch für Zwecke des § 23 II 2 maßgebend sei. Ein Betriebsausgabenabzug wäre demnach insoweit möglich. ME ist danach zu differenzieren, wie die stillen Reserven anlässlich der Überführung der WG steuerlich behandelt worden sind. Hat der Stpfl. die aufgedeckten stillen Reserven im Jahr der Überführung sofort der laufenden Besteuerung unterworfen, dann wurde dieser Vorgang steuerlich tatsächlich wie eine Veräußerung behandelt und dies sollte dann im Rahmen des § 23 II auch entsprechend gewürdigt werden. Wurden die stillen Reserven hingegen in einen Ausgleichsposten nach § 4g EStG eingestellt, dann sind die stillen Reserven noch nicht in vollem Umfang versteuert worden. Ggf. wurde ein Teil der stillen Reserven aufgrund der ratierlichen Auflösung des Ausgleichspostens bereits versteuert. Solange der Ausgleichsposten aber noch existiert, sind nicht alle stillen Reserven versteuert worden. Gleichwohl muss der anteilige Aufstockungsbetrag in diesem Fall nicht verfallen. Anstelle eines Abzugs als Betriebsausgabe kommt

dann – entsprechend der Behandlung anderer steuerfreier Rücklagen – eine anteilige Kürzung des Ausgleichspostens in Betracht.

bb) Übertragung unter dem gemeinen Wert. In die Kategorie der WG, die zwischenzeitlich zu einem unter dem gemeinen Wert liegenden Wert übertragen worden sind, gehören alle WG, die aus dem BV der Übernehmerin ausgeschieden sind, ohne dass anlässlich ihres Ausscheidens alle stillen Reserven aufgedeckt worden sind. Grds. kann ein WG aus dem BV einer KapGes unter dem gemeinen Wert bzw. unter dem Teilwert nur dann ausscheiden, wenn hierfür eine entsprechende steuerliche Begünstigungsvorschrift in Anspruch genommen wird. Hierunter fallen auch alle Vorgänge, in denen das betreffende WG im Zuge einer Umwandlung nach dem UmwStG zu einem unter dem gemeinen Wert liegenden Wert auf eine andere Gesellschaft übertragen worden ist (glA *Patt* in Patt/Rupp/Assmann S. 165; *Widmann* in W/M § 23 Rn. 618; UmwStE Rn. 23.09; aA *Ritzer* in R/H/vL § 23 Rn. 122a; *Schmitt* in S/H/S § 23 Rn. 54, die sich im Fall der Weitereinbringung zu Buchwerten aufgrund der steuerlichen Rechtsnachfolge für einen Übergang des Aufstockungsbetrags auf den übernehmenden Rechtsträger aussprechen). 114

Darüber hinaus gehören auch die Übertragungsfälle zu dieser Kategorie, bei denen das betreffende WG nach den Regelungen des § 6 V EStG zu einem unter dem gemeinen Wert liegenden Wert auf eine PersGes übertragen worden ist, denn auch in einem solchen Fall ist das WG aus dem steuerlichen BV der Übernehmerin ausgeschieden und in das BV der PersGes übergegangen (ebenso *Patt* in D/P/M § 23 Rn. 135). Dies gilt unabhängig davon, ob das WG von der Übernehmerin in das Gesamthandsvermögen einer PersGes übertragen oder lediglich in das Sonderbetriebsvermögen bei dieser PersGes überführt wurde. Ist es allerdings zwischenzeitlich nach § 6 V 4 oder 6 EStG nachträglich zu einem Ansatz des Teilwertes gekommen, spricht sich *Ritzer* (in R/H/vL § 23 Rn. 122) zu Recht für die Erhaltung des Aufstockungsbetrages aus, wobei es irrelevant sein sollte (str., vgl. Rn. 111), ob der Teilwert dem gemeinen Wert entspricht oder leicht von diesem abweicht. Interessant ist in diesem Zusammenhang die Frage, wie der Sachverhalt zu beurteilen ist, wenn in der zeitlichen Abfolge zuerst ein WG nach § 6 V EStG zum Buchwert übertragen wird, danach eine Buchwertaufstockung nach § 23 II erfolgt, bei der der auf dieses WG entfallende Aufstockungsbetrag zunächst verloren ist, anschließend aber ein schädlicher Tatbestand nach § 6 V 4–6 EStG verwirklicht, der zu einem rückwirkenden Teilwertansatz führt, wobei die Rückwirkung über den Zeitpunkt der Buchwertaufstockung nach § 23 auf den Zeitpunkt der ursprünglichen Buchwertüberführung des WG nach § 6 V zurückwirkt. ME muss es in einem solchen Fall – ausgelöst durch den rückwirkenden Teilwertansatz nach § 6 V 4–6 EStG auch zu einer Berichtigung der zwischenzeitlich vorgenommenen Buchwertaufstockung nach § 23 kommen, mit der Folge, dass der auf das nunmehr zum Teilwert übertragene WG entfallende Aufstockungsbetrag als Betriebsausgabe geltend gemacht werden kann.

Nach dem Gesetzeswortlaut fallen auch zufällig untergegangene WG unter diese Kategorie der unter dem gemeinen Wert ausgeschiedenen WG (*Benz/Rosenberg* Das SEStEG, S. 205; kritisch hierzu und eine Geltendmachung des auf diese WG entfallenden Aufstockungsbetrags als laufenden Aufwand befürwortend *Ritzer* in R/H/vL § 23 Rn. 123). 115

d) Steuerneutralität des Aufstockungsvorgangs und bilanzielle Darstellung

Die Buchwertaufstockung nach § 23 II findet ausschließlich in der Steuerbilanz statt. Die Ansätze der einzelnen WG in der Handelsbilanz werden nicht berührt. 116

Steuerneutralität/Erhöhung des Einlagekontos. Die Buchwertaufstockung selbst darf sich im Jahr der Aufstockung nicht auf den steuerlichen Gewinn auswirken (§ 23 II 1). Vielmehr fingiert das Gesetz, die Sacheinlage sei zu einem in Höhe des Aufstockungsbetrags den Buchwert übersteigenden Zwischenwert (oder sogar gemeinen Wert) eingebracht worden. Der Erhöhungsbetrag führt somit zu einer Erhöhung des steuerlichen Einlagekontos (*Widmann* in W/M § 23 Rn. 631; *Förster/Wendland* BB 2007, 631 (636); 117

Schönherr/Lemaitre GmbHR 2007, 459 (463); *Dötsch/Pung* DB 2006, 2763 (2766); *Ley* FR 2007, 109 (116); *Ritzer* in R/H/vL § 23 Rn. 114; *Intemann* in Haase/Hruschka § 23 UmwStG Rn. 72; *Patt* in D/P/M § 23 Rn. 128). Zu diesem Erhöhungsbetrag gehört aber nur der Teil des Einbringungsgewinns I, der tatsächlich zu einer Buchwertaufstockung führt sowie der Teil, der sofort als BA abzugsfähig ist, nicht jedoch der Teil, der steuerlich unwirksam bleibt, weil die entsprechenden WG zwischenzeitlich zu einem unter dem gemeinen Wert liegenden Wert aus dem BV ausgeschieden sind (vgl. Rn. 104 und 114; ebenso *Widmann* in W/M § 23 Rn. 629; *Ritzer* in R/H/vL § 23 Rn. 115).

118 **Steuerlicher Ausgleichsposten.** Wird eine gesonderte Steuerbilanz erstellt, so ist – um eine Übereinstimmung der (nunmehr abweichenden) Steuerbilanz mit der Handelsbilanz zu erreichen – in Höhe des Aufstockungsbetrags gleichzeitig ein passiver steuerlicher Ausgleichsposten zu bilden, der „steuerliches Mehrkapital" darstellt. Ist in der Steuerbilanz ein aktiver Ausgleichsposten vorhanden, so ist dieser zunächst zu mindern (*Widmann* in W/M § 23 Rn. 627; *Ritzer* in R/H/vL § 23 Rn. 82; UmwStE Rn. 23.07).

119 **Erhöhungsbetrag entfällt auf Mitunternehmeranteil.** Handelte es sich bei dem Einbringungsgegenstand um einen Mitunternehmeranteil, erfolgt die Buchwertaufstockung in einer positiven Ergänzungsbilanz der Übernehmerin bei dieser PersGes (*Widmann* in W/M § 23 Rn. 640; *Patt* in D/P/M § 23 Rn. 138). Soweit die WG in der Zwischenzeit seit dem Einbringungsstichtag aus dem Gesamthandsvermögen der Mitunternehmerschaft zum gemeinen Wert ausgeschieden sind, ist der auf sie entfallende Aufstockungsbetrag ebenfalls in der Ergänzungsbilanz der Übernehmerin als laufender Aufwand zu behandeln (*Patt* in D/P/M § 23 Rn. 138). Zwar ist eine Ergänzungsbilanz eine rein steuerliche Korrekturbilanz der Gesamthandsbilanz und kann daher grds. nur Wertansätze zu solchen WG beinhalten, die sich im Gesamthandsvermögen der PersGes befinden. Gleichwohl gehört der sofort als BA abzugsfähige Teil des Erhöhungsbetrages in die Gewinnermittlung der PersGes. Es kommt daher nur eine Geltendmachung als Sonderbetriebsausgabe oder im Rahmen der Ergänzungsbilanz in Betracht. Eine Sonderbetriebsausgabe liegt begrifflich nicht vor. Eine Erfassung im Rahmen der Ergänzungsbilanz – quasi als außerplanmäßige Abschreibung – liegt daher eher nahe.

e) Zeitpunkt der Buchwertaufstockung

120 Die Aufstockung der Buchwerte erfolgt im VZ der schädlichen Anteilsveräußerung und nicht rückwirkend im Jahr der Steuerpflicht des Einbringungsgewinns (vgl. hierzu das Beispiel in Rn. 93. Die erhöhten Buchwerte bilden erstmals die Berechnungsgrundlage für die AfA desselben Wj.

121 In der Literatur ist allerdings streitig, wann genau im Jahr der schädlichen Anteilsübertragung die Buchwertaufstockung zu erfolgen hat, ob zu Beginn des Wj. oder exakt zum Zeitpunkt der schädlichen Verfügung über die erhaltenen Anteile. Die hM spricht sich für den Beginn des Wj. aus (*Ritzer* in R/H/vL § 23 Rn. 77; *Schmitt* in S/H/S § 23 Rn. 50; *Nitzschke* in Blümich § 23 Rn. 39; *Patt* in D/P/M § 23 UmwStG Rn. 140; aA *Widmann* in W/M § 23 Rn. 632; vgl. auch eingehend Rn. 93). Für Zwecke der Berechnung der sich aufgrund der Buchwertaufstockung ergebenden höheren Abschreibungen ist gem. § 23 III 2 ebenfalls auf den Beginn des Wj. abzustellen, in welches das die Besteuerung des Einbringungsgewinns auslösende Ereignis fällt.

f) Auswirkungen auf die AfA

122 Durch die Buchwertaufstockung erhöht sich die Bemessungsgrundlage für die AfA. § 23 III 2 ordnet für diese Fälle eine Anwendung der in § 23 III 1 für den Fall der Buchwert- bzw. Zwischenwerteinbringung geltenden Regelungen an (vgl. hierzu im Einzelnen Rn. 57). Das bedeutet, dass die AfA weiterhin mit denselben AfA-Sätzen von der nunmehr erhöhten Bemessungsgrundlage vorzunehmen ist. Dies führt dazu, dass sich die AfA-Beträge erhöhen und sich gleichzeitig die Abschreibungsdauer entsprechend verlängert. Dieses Verfahren kann im Einzelfall zu einer Überbewertung von WG und damit zur

Notwendigkeit von Teilwertabschreibungen führen (so auch *Widmann* in W/M § 23 Rn. 637).

3. Buchwertaufstockung nach Anteilstausch, § 23 II 3 (Einbringungsgewinn II)

Nach einem Anteilstausch gem. § 21 bzw. der Einbringung einer qualifizierten Beteiligung an einer KapGes im Rahmen des § 20 zu einem unter dem gemeinen Wert liegenden Wert, entsteht rückwirkend ein steuerpflichtiger Einbringungsgewinn II, wenn die Übernehmerin innerhalb des 7-Jahres-Zeitraums die erhaltenen Anteile veräußert oder einen der Ersatzrealisationstatbestände erfüllt (§ 22 II 1 iVm § 22 I 6 Nrn. 1–6) und es sich bei dem Einbringenden nicht um eine nach § 8b II KStG begünstigte Person handelt (§ 22 II 1). Das schädliche Ereignis kann also nach einem Anteilstausch nur durch die Übernehmerin selbst ausgelöst werden. Gleichwohl hat der Einbringende die auf den Einbringungsgewinn II entfallende Steuer zu entrichten. Es besteht hier aber zumindest kein Informationsproblem für die Übernehmerin, von dem schädlichen Ereignis zu erfahren, wie dies in manchen Fällen der rückwirkenden Entstehung eines Einbringungsgewinn I der Fall sein kann. 123

Rechtsfolge: nachträgliche Anschaffungskosten der eingebrachten Anteile. Soweit sämtliche Voraussetzungen erfüllt sind, erhöhen sich gem. § 23 II 3 bei der übernehmenden KapGes die AK der eingebrachten Anteile um den versteuerten Einbringungsgewinn II und damit mindert sich ein künftiger Veräußerungsgewinn. Wie der Einbringende den Einbringungsgewinn II zu versteuern hat – ob auf Basis des Halbeinkünfteverfahrens oder des Teileinkünfteverfahrens – spielt für die Höhe der nachträglichen AK keine Rolle. Diese ergeben sich vielmehr immer in Höhe des steuerpflichtigen Einbringungsgewinns II. 124

Sind die Anteile bereits von dem Einbringenden vor der Einbringung wertberichtigt und mit diesen niedrigeren Buchwerten übertragen worden, so tritt die Übernehmerin bezüglich etwaiger künftiger Wertaufholungen in die Rechtsstellung des Einbringenden ein. Es gelten dann für eine künftige Rückgängigmachung der Teilwertabschreibung die historischen AK des Einbringenden als Bewertungsobergrenze, die sich durch die Buchwertaufstockung nach § 23 II nicht erhöhen (ebenso *Ritzer* in R/H/vL § 23 Rn. 151). Ob die Wertaufholungsverpflichtung für den übernehmenden Rechtsträger auch in den Fällen gilt, in denen die Beteiligung im Rahmen eines qualifizierten Anteilstauschs nach § 21 in der Zeit vor dem 25.12.2008 übertragen worden ist, ist jedoch fraglich (vgl. eingehend Rn. 15, 35). 125

Entsprechende Anwendung des § 23 II 1. Gemäß § 23 II 3 HS 2 ist § 23 II 1 entsprechend anzuwenden. Das bedeutet: 126

- dass für die Buchwertaufstockung von der Übernehmerin bei dem für sie zuständigen FA ein entsprechender Antrag gestellt werden muss (vgl. hierzu eingehend Rn. 94)
- dass der Einbringungsgewinn II von dem Einbringenden versteuert worden sein muss (vgl. Rn. 82 ff.)
- dass die Entrichtung der Steuer durch Vorlage einer Bescheinigung des zuständigen FA nach § 22 V nachgewiesen worden ist.

Zeitpunkt der Buchwertaufstockung. Fraglich ist auch bei der Buchwertaufstockung von Anteilen, zu welchem Zeitpunkt exakt die Buchwertaufstockung zu erfolgen hat. Die hM stellt hier – ebenso wie bei der Buchwertaufstockung von WG, die nach § 20 übergegangen sind – in Anlehnung an § 23 III 2 auf den Beginn des Wj. ab (vgl. zu dieser Diskussion allg. Rn. 121; speziell zur Buchwertaufstockung nach Anteilstausch ebenfalls für den Beginn des Wj. plädierend *Ritzer* in R/H/vL § 23 Rn. 163). Damit ist – der hM folgend – der Beginn des Wj. auch der Zeitpunkt, zu dem zu beurteilen ist, ob die eingebrachte Beteiligung noch zum BV der Übernehmerin gehört. 127

Schädliche Veräußerung eines Teilanteils. Veräußert die Übernehmerin nicht die gesamte eingebrachte Beteiligung, sondern nur einen Teilanteil, so entsteht auch nur ein 128 anteiliger Einbringungsgewinn II (vgl. hierzu § 22 Rn. 226). Fraglich ist, ob sich die bei der Übernehmerin nach § 23 II 3 ergebenden nachträglichen AK der eingebrachten Anteile auf sämtliche eingebrachten Anteile beziehen oder nur auf den schädlich veräußerten Teilanteil. Aus meiner Sicht ist ausschließlich letzteres steuersystematisch richtig. Die nachträglichen AK mindern also in voller Höhe den Gewinn aus der schädlichen Veräußerung des maßgeblichen Teilanteils (ebenso *Patt* in D/P/M § 23 Rn. 127; *Ritzer* in R/H/vL § 23 Rn. 156). Dieser geminderte Veräußerungsgewinn unterliegt dann der Besteuerung nach § 8b II KStG.

129 **Folgen bei zwischenzeitlicher „Weitereinbringung".** Sind die eingebrachten Anteile von der Übernehmerin zwischenzeitlich bereits nach § 20 oder nach § 21 zu Buchwerten in eine weitere KapGes oder Genossenschaft eingebracht worden, so entstehen durch die rückwirkende Versteuerung eines Einbringungsgewinns II nachträgliche Anschaffungskosten sowohl für die ursprünglich eingebrachten (und mittlerweile weiterübertragenen) Anteile, als auch für die durch etwaige „Weitereinbringung" geschaffenen an deren Stelle tretenden Anteile. Dies ergibt sich aus dem Verweis in § 23 II 3 auf § 22 I 7 (so auch *Patt* in D/P/M § 23 Rn. 126; *Ritzer* in R/H/vL § 23 Rn. 173).

VI. Behandlung gewerbesteuerlicher Verlustvorträge des Einbringenden, § 23 V

130 Ein gewerbesteuerlicher Verlustvortrag iSv § 10a GewStG geht gem. § 23 V nicht durch Einbringung auf die übernehmende Gesellschaft über.

131 **Einbringender ist KapGes.** Dies bedeutet aber im Falle einer KapGes als einbringendem Rechtsträger nicht, dass die Verlustvorträge untergehen. Vielmehr verbleiben sie bei dem Einbringenden, der sie auch zukünftig noch nutzen, dh mit Gewinnen anderer Teilbetriebe verrechnen kann, soweit er die Grenzen des § 10a GewStG iVm § 8c KStG bzw. § 8 IV 4 KStG aF nicht durch eine schädliche Anteilsübertragung (§ 8c KStG) bzw. durch eine Zuführung überwiegend neuen Betriebsvermögens (§ 8 Abs. 4 KStG aF) überschreitet (*Schmitt* in S/H/S § 23 Rn. 103; *Ritzer* in R/H/vL § 23 Rn. 293). Eine Unternehmensidentität iSd § 10a GewStG ist bei KapGes nicht erforderlich (BFH v. 29.10.1986, BStBl. 1987 II, 310; *Schmitt* in S/H/S § 23 Rn. 103 mwN).

132 **Einbringender ist PersGes/Einzelunternehmer.** Handelt es sich bei dem Einbringenden um eine PersGes bzw. ein Einzelunternehmen richtet sich die Verlustnutzung nach den allgemeinen Grundsätzen des § 10a GewStG (Abschn. 66–68 GewStR). Soweit und solange nach diesen Grundsätzen „Unternehmer-„, sowie „Unternehmensidentität" vorliegt, können die Verluste mit den Erträgen späterer VZ der PersGes verrechnet werden. Handelt es sich bei dem Einbringungsgegenstand um den gesamten Betrieb, so ist das Kriterium der Unternehmensidentität bei der einbringenden PersGes allerdings regelmäßig nicht mehr erfüllt und der Verlustvortrag ist nicht länger nutzbar (*Widmann* § 23 Rn. 581). Wird allerdings nur ein Teilbetrieb eingebracht, so ist die Nutzbarkeit gewerbesteuerlicher Verlustvorträge des Einbringenden abhängig von der Frage, ob und in welchem Umfang der Teilbetrieb zur Verlustentstehung beigetragen hat. Der von dem übergehenden Teilbetrieb verursachte gewerbesteuerliche Verlustvortrag kann von dem Einbringenden nicht länger genutzt werden, da es insoweit an einer „(Teil-) Unternehmensidentität" mangelt (BFH v. 7.8.2008 DStR 2008, 2014; glA *Ritzer* in R/H/vL § 23 Rn. 279; aA *Widmann* in W/M § 23 Rn. 581). „Unternehmensidentität" bedeutet, dass der im (Verlust-)Anrechnungsjahr bestehende Gewerbebetrieb mit dem Gewerbebetrieb identisch sein muss, der im Jahr der Entstehung des Verlustes bestanden hat (ständige Rspr. BFH v. 16.4.2002, BFH/NV 2003, 81, mwN). Eine solche Unternehmensidentität leitet sich aus dem Wesen der Gewerbesteuer als Objektsteuer ab (st Rspr. BFH v. 16.4.2002, BFH/NV 2003, 81 mwN; *Kleinheisterkamp* in Lenski/Steinberg Gewerbesteuergesetz § 10a Rn. 5; *Güroff* in Glanegger/Güroff

GewStG § 2 Rn. 3). Diese Grundsätze wendet der BFH in st Rspr auf die Veräußerung eines Teilbetriebes mit dem Ergebnis an, dass die weitgehende Verselbständigung des Teilbetriebes die maßgebliche Rechtfertigungsgrundlage dafür bietet, Gewinne aus der Aufgabe oder Veräußerung eines Gewerbebetriebes nicht der Gewerbesteuer zu unterwerfen (u. a. BFH v. 1.6.1967 BFHE 89, 534). In dem genannten Urteil v. 7.8.2008 stellt der BFH klar, dass diese Betrachtungsweise auch bei der Beurteilung der Unternehmensidentität iSd § 10a GewStG anzuwenden ist. Im Ergebnis bedeutet dies, dass das Merkmal der Unternehmensidentität auch im Hinblick auf den jeweiligen Teilbetrieb zu prüfen ist. Damit stehen die Verluste, soweit sie auf den eingebrachten Teilbetrieb entfallen, nicht mehr für eine Kürzung von Gewerbeerträgen in späteren Erhebungszeiträumen zur Verfügung. Gleichwohl lässt der BFH einen unterjährigen Ausgleich von Gewinnen eines Teilbetriebs mit Verlusten eines anderen Teilbetriebs weiterhin zu (BFH v. 7.8.2008 DStR 2008, 2014). Diese Ungleichbehandlung der unter- und überjährigen Verlustverrechnung wird in einer Urteilsbesprechung von *Salzmann* kritisiert (DStR 2008, 2017). Die gesonderte Behandlung von Gewinnen und Verlusten einzelner Teilbetriebe wirft auch praktisch eine Reihe von Fragen auf. Der Verlust eines Teilbetriebes müsste am Ende eines VZ, soweit er nicht mit Erträgen eines anderen Teilbetriebs verrechnet werden kann, gesondert ermittelt und festgehalten werden. Mangels gesetzlicher Regelungen zur Feststellung von Verlustvorträgen von Teilbetrieben, wird die Ermittlung und Zuordnung der Verlustvorträge wohl erst im Jahr der Aufgabe bzw. Veräußerung des Teilbetriebes geschehen. Wie dieses dann zu erfolgen hat, brauchte der BFH in seinem Urteil nicht zu entscheiden, da die Parteien sich bereits im Vorfeld auf eine prozentuale Quotelung der Verlustvorträge geeinigt hatten. Da eine völlig selbständige Organisation mit eigener Buchführung für die Anerkennung eines Teilbetriebes keine zwingende Voraussetzung ist (R 16 (3) 2 EStR), kann die Verteilung der Verlustvorträge in den überwiegenden Fällen wohl auch nicht einfach aus den Jahresergebnissen der einzelnen Teilbetriebe der letzten Jahren abgeleitet werden. Mit der Problematik der Aufteilung von Verlustvorträgen einzelner Teilbetriebe war der Gesetzgeber bereits im UmwStG 1995 konfrontiert und hat damals die praktischen Schwierigkeiten erkannt. Deshalb hatte er im Falle der Spaltung in § 15 IV UmwStG 1995 eine Aufteilung der Verlustvorträge entsprechend des festgelegten Umtauschverhältnisses bzw. der gemeinen Werte der übergehenden Vermögensteile vorgeschrieben. Die Zuordnung des Verlustes pauschal nach rein wertmäßigen Gesichtspunkten hat aber zur Konsequenz, dass der Verlust keine sachliche Beziehung mehr zum verlustverursachenden Teilbetrieb hat. Eine solche Zuordnung des Verlustes würde der aktuellen Entscheidung des BFH widersprechen, da er in diesem Urteil ja über die „(Teil-)Unternehmensidentität" gerade versucht, eine Beziehung zwischen Verlust und Teilbetrieb herzustellen. Letztendlich wird dem Steuerpflichtigen wohl nichts anderes übrigbleiben, als den für die PersGes festgestellten Gesamtverlust im Wege einer sachgerechten Schätzung auf die einzelnen Teilbetriebe aufzuteilen. Für die Anerkennung einer solchen sachgerechten Aufteilung/ Schätzung durch die Finanzverwaltung wird der Steuerpflichtige wohl eine sorgfältige Analyse der Verlustursachen vornehmen müssen.

Mitunternehmeranteil. Wird ein Mitunternehmeranteil eingebracht, kommt es aus 133
Sicht der Mitunternehmerschaft zu einem Wechsel der Mitunternehmer, so dass der Verlustvortrag insoweit untergeht, als er nach dem allgemeinen Gewinnverteilungsschlüssel auf den einbringenden Mitunternehmer entfällt. Dies gilt auch, wenn der Einbringende anschließend mittelbar als Mitunternehmer beteiligt bleibt. Wird jedoch bei einer doppelstöckigen Struktur der unmittelbare Mitunternehmer gem. § 25 iVm § 20 in eine Kapitalgesellschaft formgewechselt, so bleibt der Verlustvortrag der Untergesellschaft erhalten, da in dieser Konstellation die Unternehmeridentität erhalten bleibt (OFD Düsseldorf v. 12.10.2000 GmbHR 2000, 1218; *Kleinheisterkamp* in Lenski/Steinberg GewStG § 10a Rn. 75; *Widmann* in W/M § 23 Rn. 581; *Ritzer* in R/H/vL § 23 Rn. 300; aA *Patt* in D/P/M § 23 Rn. 99, der die Einbringungsvorschriften analog anwendet).

134 **Folgen für den übernehmenden Rechtsträger.** Die Regelung des § 23 Abs. 5 hat ausschließlich deklaratorische Bedeutung, da auch ohne eine solche ausdrückliche Vorschrift eine Nutzung des Verlustvortrages des Einbringungsgegenstandes durch den Aufnehmenden, mangels Unternehmensidentität, nicht möglich wäre (BFH v. 3.5.1993 BStBl. II 1993, 616).

135 Soweit der übernehmende Rechtsträger eigene Verlustvorträge besitzt, kann er diese weiterhin in den Grenzen § 10a GewStG iVm § 8c KStG bzw. § 8 IV KStG aF nutzen. Zu beachten ist dabei, dass eine Einbringung eine Zuführung neuen Betriebsvermögens iSv § 8 IV KStG aF darstellt und diese im Fall einer Anwendbarkeit des § 8 IV KStG aF gem. § 34 VI 4 KStG noch bis zum 31.12.2012 schädlich gewesen sein konnte.

136 Die dargestellten Rechtsfolgen treten unabhängig davon ein, ob die Einbringung im Wege der Einzelrechtsnachfolge oder im Wege der Gesamtrechtsnachfolge erfolgt. Auch ist es unerheblich, ob die Einbringung zu Buchwerten, Zwischenwerten oder zum gemeinen Werten erfolgt.

VII. Rücklagenbildung bei Vereinigung von Forderungen und Verbindlichkeiten, § 23 VI iVm § 6 I und III

1. Entstehung eines Einbringungsfolgegewinns

137 Ein Einbringungsfolgegewinn ergibt sich, wenn Forderungen und Verbindlichkeiten zwischen dem übertragenden und dem übernehmenden Rechtsträger als Folge der Einbringung erlöschen (sog Konfusion) und die Forderungen und Verbindlichkeiten vor der Einbringung unterschiedliche Wertansätze aufweisen. Anders als bei kongruenter Deckung hat diese Konfusion zur Folge, dass in Höhe der Buchwertdifferenz bei der aufnehmenden Gesellschaft ein Gewinn entsteht (*Widmann* in W/M § 23 Rn. 520; *Schmitt* in S/H/S § 23 Rn. 105). Dieser Gewinn gleicht den vorangehenden einseitigen Mehraufwand des bisherigen Gläubigers durch die niedrigere Bewertung der Forderung wieder aus. Werden mehrere Betriebe eingebracht, die untereinander Forderungen und Verbindlichkeiten aufweisen, kommt es ebenfalls zu einem Erlöschen dieser Vermögenspositionen. Entsprechendes gilt, wenn aufgrund des Vermögensübergangs die Notwendigkeit einer Rückstellung entfällt (vgl. hierzu eingehend § 6 Rn. 5).

138 Die Gewinnrealisierung aufgrund einer Konfusion tritt stets beim übernehmenden Rechtsträger ein (*Widmann* in W/M § 23 Rn. 523; *Ritzer* in R/H/vL § 23 Rn. 305; *Patt* in D/P/M § 23 Rn. 150).

2. Besteuerung des Einbringungsfolgegewinns und Rücklagenbildung

139 Ein Einbringungsfolgegewinn unterliegt als laufender Gewinn grundsätzlich in vollem Umfang der Körperschaft-/Einkommensteuer, sowie der Gewerbesteuer (soweit sich der unterschiedliche Ansatz bei der Gewerbesteuer ausgewirkt hat)(*Patt* in D/P/M § 23 Rn. 150). Der Verweis des § 23 VI auf § 6 I gibt dem übernehmenden Rechtsträger die Möglichkeit (Wahlrecht), die steuerlichen Folgen dieses Konfusionsgewinns durch die Bildung einer den steuerlichen Gewinn mindernden Rücklage zu entschärfen. Diese ist dann in den auf ihre Bildung folgenden drei Wirtschaftjahren mit mindestens einem Drittel gewinnerhöhend aufzulösen.

140 Die Möglichkeit, diese steuerliche Vergünstigungsvorschrift in Anspruch zu nehmen, besteht unabhängig davon, ob die Einbringung zum Buchwert, Zwischenwert oder gemeinen Wert vorgenommen wurde (*Ritzer* in R/H/vL § 23 Rn. 305; *Patt* in D/P/M § 23 Rn. 150). Auch ist sie nicht davon abhängig, ob die Einbringung durch Einzel- oder Gesamtrechtsnachfolge erfolgt ist (*Widmann* in W/M § 23 Rn. 532).

141 **Missbrauchsregelung.** Zu beachten ist aber, dass § 23 VI auch auf die Missbrauchsklausel des § 6 III verweist. Das bedeutet, dass die Möglichkeit der Bildung einer Rücklage

rückwirkend entfällt, wenn der übernehmende Rechtsträger den Einbringungsgegenstand innerhalb von 5 Jahren nach dem Übertragungsstichtag in eine KapGes einbringt oder ohne triftigen Grund veräußert oder aufgibt. Folge ist dann, dass die Rücklagenbildung nicht zulässig war und der gesamte Einbringungsfolgegewinn mit Ablauf des Übertragungsstichtags zu versteuern ist. Bereits erteilte Steuerbescheide, Steuermessbescheide oder Feststellungsbescheide sind zu ändern, soweit sie die Bildung der gewinnmindernden Rücklage oder die Auflösung dieser Rücklage zum Gegenstand haben.

Siebter Teil. Einbringung eines Betriebs, Teilbetriebs oder Mitunternehmeranteils in eine Personengesellschaft

§ 24 Einbringung von Betriebsvermögen in eine Personengesellschaft

(1) **Wird ein Betrieb oder Teilbetrieb oder ein Mitunternehmeranteil in eine Personengesellschaft eingebracht und wird der Einbringende Mitunternehmer der Gesellschaft, gelten für die Bewertung des eingebrachten Betriebsvermögens die Absätze 2 bis 4.**

(2) **[1]Die Personengesellschaft hat das eingebrachte Betriebsvermögen in ihrer Bilanz einschließlich der Ergänzungsbilanzen für ihre Gesellschafter mit dem gemeinen Wert anzusetzen; für die Bewertung von Pensionsrückstellungen gilt § 6a des Einkommensteuergesetzes. [2]Abweichend von Satz 1 kann das übernommene Betriebsvermögen auf Antrag mit dem Buchwert oder einem höheren Wert, höchstens jedoch mit dem Wert im Sinne des Satzes 1, angesetzt werden, soweit**

1. **das Recht der Bundesrepublik Deutschland hinsichtlich der Besteuerung des eingebrachten Betriebsvermögens nicht ausgeschlossen oder beschränkt wird und**
2. **[1)]der gemeine Wert von sonstigen Gegenleistungen, die neben den neuen Gesellschaftsanteilen gewährt werden, nicht mehr beträgt als**
   a) **25 Prozent des Buchwerts des eingebrachten Betriebsvermögens oder**
   b) **500 000 Euro, höchstens jedoch den Buchwert des eingebrachten Betriebsvermögens. [3]§ 20 Abs. 2 Satz 3 gilt entsprechend. [4]Erhält der Einbringende neben den neuen Gesellschaftsanteilen auch sonstige Gegenleistungen, ist das eingebrachte Betriebsvermögen abweichend von Satz 2 mindestens mit dem gemeinen Wert der sonstigen Gegenleistungen anzusetzen, wenn dieser den sich nach Satz 2 ergebenden Wert übersteigt.**

(3) **[1]Der Wert, mit dem das eingebrachte Betriebsvermögen in der Bilanz der Personengesellschaft einschließlich der Ergänzungsbilanzen für ihre Gesellschafter angesetzt wird, gilt für den Einbringenden als Veräußerungspreis. [2]§ 16 Abs. 4 des Einkommensteuergesetzes ist nur anzuwenden, wenn das eingebrachte Betriebsvermögen mit dem gemeinen Wert angesetzt wird und es sich nicht um die Einbringung von Teilen eines Mitunternehmeranteils handelt; in diesen Fällen ist § 34 Abs. 1 und 3 des Einkommensteuergesetzes anzuwenden, soweit der Veräußerungsgewinn nicht nach § 3 Nr. 40 Satz 1 Buchstabe b in Verbindung mit § 3c Abs. 2 des Einkommensteuergesetzes teilweise steuerbefreit ist. [3]In den Fällen des Satzes 2 gilt § 16 Abs. 2 Satz 3 des Einkommensteuergesetzes entsprechend.**

(4) **§ 23 Abs. 1, 3, 4 und 6 gilt entsprechend; in den Fällen der Einbringung in eine Personengesellschaft im Wege der Gesamtrechtsnachfolge gilt auch § 20 Abs. 5 und 6 entsprechend.**

(5)[2)] **Soweit im Rahmen einer Einbringung nach Absatz 1 unter dem gemeinen Wert eingebrachte Anteile an einer Körperschaft, Personenvereinigung oder Vermögensmasse innerhalb eines Zeitraums von sieben Jahren nach dem Einbringungszeitpunkt durch die übernehmende Personengesellschaft veräußert oder durch einen Vorgang nach § 22 Absatz 1 Satz 6 Nummer 1 bis 5 weiter übertragen werden und soweit beim Einbringenden der Gewinn aus der Veräußerung dieser Anteile im Einbringungszeitpunkt nicht nach § 8b Absatz 2 des Körper-**

schaftsteuergesetzes steuerfrei gewesen wäre, ist § 22 Absatz 2, 3 und 5 bis 7 insoweit entsprechend anzuwenden, als der Gewinn aus der Veräußerung der eingebrachten Anteile auf einen Mitunternehmer entfällt, für den insoweit § 8b Absatz 2 des Körperschaftsteuergesetzes Anwendung findet.

(6)[3] **§ 20 Abs. 9 gilt entsprechend.**

[1] § 24 II 2 Nr. 2 und Satz 4 angefügt durch StÄndG 2015 v. 2.11.2015 (BGBl. I 2015, 1834). Zur Anwendung s. § 27 XIV.

[2] § 24 V neu gefasst durch Gesetz v. 21.3.2013 (BGBl. I 2013, 561).

Die aF lautete:

(5) Soweit im Rahmen einer Einbringung nach Absatz 1 unter dem gemeinen Wert eingebrachte Anteile an einer Körperschaft, Personenvereinigung oder Vermögensmasse innerhalb eines Zeitraums von sieben Jahren nach dem Einbringungszeitpunkt durch die übernehmende Personengesellschaft veräußert oder durch einen Vorgang nach § 22 Abs. 1 Satz 6 Nr. 1 bis 5 weiter übertragen werden und der Einbringende keinen durch § 8b Abs. 2 des Körperschaftssteuergesetzes begünstigte Person ist, ist § 22 Abs. 2, 3 und 5 bis 7 insoweit entsprechend anzuwenden, als der Gewinn aus der Veräußerung der eingebrachten Anteile auf einen von § 8b Abs. 2 des Körperschaftssteuergesetzes begünstigten Mitunternehmer entfällt.

[3] § 24 VI angefügt durch UntStRefG v. 14.8.2007 (BGBl. I 2007, 1912); zur Anwendung s. § 27 V.

Übersicht

I. Allgemeine Erläuterungen

1. Rechtsentwicklung

1 Zur **Rechtslage bis zum Inkrafttreten des UmwStG 1977** vgl. *Hübl* in H/H/R UmwStG 1969 Einf. Rn. 35, § 22 UmwStG 1969 Rn. 1–13b; *Herrmann* in H/H/R UmwStG 1977 Einf. Rn. 26, 35; *Glade/Steinfeld* Rn. 1283 ff.; *Schulze zur Wiesche* in H/B/N/B § 24 UmwStG Rn. 1 f.; *Söffing* in L/S/B § 24 UmwStG 1977 Rn. 1; *Fuhrmann* in W/M § 24 Rn. 12, 13.

2 § 24 UmwStG 1977 entsprach bei Inkrafttreten zunächst wörtlich der Regelung des § 22 UmwStG 1969. Durch das **StMBG** (BGBl. I 1993, 2310) wurde § 24 III 3 UmwStG 1977 mit Wirkung vom 1.1.1994 eingefügt. Mit dieser Regelung sollte nach dem Willen des Gesetzgebers sichergestellt werden, dass in Fällen der Einbringung zum Teilwert ein Einbringungsgewinn insoweit als laufender, nicht tarifbegünstigter Gewinn zu qualifizieren ist, als auf Veräußerer- und Erwerberseite dieselben Personen als Unternehmer oder Mitunternehmer beteiligt sind, somit wirtschaftlich gesehen ein „Verkauf an sich selbst" vorliegt (BT-Drs. 12/5630, 80).

3 Die durch das StMBG eingefügte Regelung hatte zu Kritik und Unklarheiten insbesondere bei der Frage des Umfangs der Begünstigung des Einbringungsgewinns geführt (*Streck/Schwedhelm* BB 1993, 2420; *Schultz* DStR 1994, 521; *Schiffers* DB 1994, 1470). Zur „Klarstellung" der mit dem StMBG beabsichtigten gesetzgeberischen Intention wurde Satz 3 im Zuge der Neufassung des UmwStG 1995 durch das **Gesetz zur Änderung des Umwandlungssteuerrechts** v. 28.10.1994 (BGBl. I 1994, 3267) neu gefasst. Er enthielt sodann eine ausdrückliche Verweisung auf § 16 II 3 EStG (AmtlBegr. zum UmwStG, Bericht des Finanzausschusses zu § 24, BT-Drs. 12/7945, 65). Das gesetzgeberische Ziel wurde jedoch auch mit der Neufassung nicht erreicht. So blieb nach wie vor unklar, ob im Fall der Einbringung sämtlicher Mitunternehmeranteile der jeweilige einzelne Mitunternehmer oder die Mitunternehmerschaft als Ganzes als Einbringender anzusehen ist. Der Wortlaut der Neufassung erlaubte sowohl die Annahme eines Einbringungsgewinns lediglich bezogen auf den Vergleich zwischen alter und neuer Beteiligungsquote des jeweiligen Mitunternehmers als auch bezogen auf den Vergleich der Beteiligungsquote der bisherigen Mitunternehmer an der neuen Personengesellschaft zur Beteiligungsquote an der alten Personengesellschaft (*Schaumburg/Rödder* § 24 UmwStG 1995 Rn. 18; *Breidenbach* DB 1995, 296). Erstmalige Anwendung fand § 24 III 3 UmwStG 1995 auf Einbringungen, die nach dem 31.12.1993 erfolgen, § 52 XIXa EStG idF des Art. 6 des Gesetzes zur Änderung des Umwandlungssteuerrechts v. 28.10.1994 (BGBl. I 1994, 3267).

Die in § 24 IV UmwStG 1977 enthaltene, durch die Neufassung des UmwStG v. 28.10.1994 lediglich aus redaktionellen Gründen geänderte Verweisung auf § 22, der die bis dahin in § 23 UmwStG 1977 geregelten sonstigen steuerlichen Auswirkungen beinhaltet, wurde durch das **Jahressteuergesetz 1996** v. 11.10.1995 (BGBl. I 1995, 1250) für Fälle der Einbringung in eine Personengesellschaft im Wege der Gesamtrechtsnachfolge um die Verweisung auf § 20 VII und VIII erweitert. **Erstmalige Anwendung** fanden die Regelungen idF des JStG 1996 auf den Übergang von Vermögen, der auf Rechtsakten beruht, die nach dem 31.12.1994 wirksam wurden, § 27 I UmwStG 1995 (s. auch BFH v. 19.5.1998 – I R 7/98, BStBl II 1998, 642). Dagegen war gem. § 27 III UmwStG 1995 neben anderen Vorschriften § 12 III idF des Gesetzes zur Fortsetzung der Unternehmenssteuerreform v. 29.10.1997 erstmals auf Umwandlungsvorgänge anzuwenden, deren Eintragung im Handelsregister nach dem 5.8.1997 beantragt worden war. 4

§ 34 I 3 EStG idF des **Gesetzes zur Fortsetzung der Unternehmenssteuerreform** v. 29.10.1997 ordnete ungeachtet einer steuerlichen Rückwirkung einer Einbringung in das Jahr 1996 oder das erste Halbjahr 1997 an, dass außerordentliche Einkünfte iSd § 34 II EStG einer natürlichen Person im Zusammenhang mit der Einbringung dem zweiten Halbjahr 1997 zuzuordnen und nach § 34 I EStG zu besteuern sind, wenn die Einbringung nach dem 31.7.1997 erfolgte.

Mit Schreiben v. 25.3.1998 (BStBl. I 1998, 268) legte die FinVerw den lange erwarteten, bereits für 1996 angekündigten Erlass zu Zweifels- und Auslegungsfragen des UmwStG 1995 (UmwStE 1995) vor.

Mit dem **Steuerentlastungsgesetz 1999/2000/2002** (BGBl. I 1999, 402) ergaben sich rückwirkend ab dem 1.1.1999 (§ 52 I EStG idF des StEntlG) wesentliche Änderungen der Besteuerung von Einbringungen in Personengesellschaften (s. auch *Haritz/Slabon* GmbHR 1998, 1159; *Neufang* DB 1999, 64).

Im Zuge dieser Änderungen wurde die Besteuerung von Veräußerungsgewinnen verschärft: Zwar bleibt der Veräußerungsfreibetrag gem. § 16 IV EStG entgegen den ursprünglichen Planungen erhalten, jedoch entfällt ab 1999 die Begünstigung außerordentlicher Einkünfte durch Besteuerung mit dem halben Steuersatz gem. § 34 I EStG aF. An die Stelle des halben Steuersatzes tritt eine sog. **Fünftel-Regelung.** Danach wird die Einkommensteuer auf die außerordentlichen Einkünfte auf unwiderruflichen Antrag hin gesondert berechnet. Zunächst wird die Einkommensteuer auf das verbleibende zu versteuernde Einkommen und einem Fünftel der außerordentlichen Einkünfte als auch allein auf das verbleibende zu versteuernde Einkommen errechnet. Das Fünffache der Differenz zwischen den beiden Einkommensteuerbeträgen ergibt die auf die außerordentlichen Einkünfte anfallende Einkommensteuer, welche der Einkommensteuer auf das verbleibende zu versteuernde Einkommen zugeschlagen wird (vgl. dazu *Wacker* in Schmidt § 34 Rn. 56). An die Stelle des halben Steuersatzes auf außerordentliche Einkünfte, welche die Offenlegung stiller Reserven deutlich entlastete, tritt eine **Progressionsmilderung.** Gem. § 52 XLVII EStG idF des StEntlG ist die Fünftel-Regelung ab dem Veranlagungszeitraum 1999 anzuwenden. In Fällen, in denen nach dem 31.12.1998 eine Einbringung mit zulässiger Rückwirkung erfolgt gelten die außerordentlichen Einkünfte als nach dem 31.12.1998 erzielt.

Wesentliche Änderungen hinsichtlich der steuerneutralen **Übertragung von Einzelwirtschaftsgütern** ergeben sich aus den §§ 6 V und 16 EStG (vgl. zur Rechtsentwicklung insoweit *Wendt* in H/H/R § 6 EStG Rn. 2 und *Wacker* in Schmidt § 16 EStG Rn. 2, 530 ff.).

Durch das **Gesetz über steuerliche Begleitmaßnahmen zur Einführung der Europäischen Gesellschaft und zur Änderung weiterer steuerrechtlicher Vorschriften (SEStEG)** v. 7.12.2006 (BGBl. I 2006, 2782) ist das UmwStG vollständig neu gefasst worden. Der Anwendungsbereich von § 24 wird nunmehr durch § 1 III Nr. 1 bis 4 definiert. Die zunächst vorgesehene Begrenzung des Anwendungsbereichs auf Personen (Einbringender oder aufnehmende Personengesellschaft) mit Ansässigkeit in einem EU-/

EWR-Staat ist im Rahmen des Gesetzgebungsverfahrens aufgegeben worden (vgl. Bericht des Finanzausschusses v. 9.11.2006, BT-Drs. 16/3369). Damit bleibt es insoweit bei der im UmwStG 1995 geltenden Rechtslage. Die Regelungen der §§ 24 I, III und IV sind inhaltlich unverändert übernommen worden. **§ 24 II** sieht nunmehr im **Gegensatz zur bisherigen Rechtslage** entsprechend der Änderungen in den übrigen Teilen des UmwStG vor, dass die aufnehmende Personengesellschaft als Grundregel das eingebrachte Vermögen mit dem **gemeinen Wert** anzusetzen hat und die **Bewertung von Pensionsrückstellungen** zwingend gemäß § 6a EStG erfolgen muss. **Auf Antrag** ist allerdings der **Ansatz des Buchwertes oder eines Zwischenwertes** möglich, soweit das Besteuerungsrecht der Bundesrepublik Deutschland hierdurch nicht eingeschränkt wird (BT-Drs. 16/2710, 42). Aufgrund der Neukonzeption der nunmehr im 6. Teil geregelten Einbringungsvorgänge und der damit verbundenen Aufgabe des Systems der einbringungsgeborenen Anteile wurde § 8b IV KStG für Neufälle aufgehoben. Bisher von § 8b IV KStG erfasste Fälle werden nunmehr in einem **neu eingefügten § 24 V** geregelt.

Mit Unternehmenssteuerreformgesetz **(UntStRefG)** v. 14.8.2007 (BGBl. I 2007, 1912) wurden die Regelungen zur Zinsschranke (§ 4h EStG, § 8a KStG) in § 24 VI durch Verweis auf § 20 IX aufgenommen (s. § 20 Rn. 713 ff.) zur Anwendung s. § 27 V (§ 27 Rn. 52 f.).

Mit Schreiben v. 11.11.2011 (BStBl. I 2011, 1314) – **UmwStE 2011** – hat die FinVerw mehr als fünf Jahre nach Inkrafttreten des durch das SEStEG vollständig neu gefassten Umwandlungssteuergesetzes, zu Zweifels- und Auslegungsfragen Stellung genommen (zur erstmaligen Anwendung s. UmwStE Rn. 00.01 ff.).

Durch das Gesetz zur Umsetzung des EuGH-Urteils vom 20. Oktober 2011 in der Rechtssache C-284/09 v. 21.3.2013 (BGBl. I 2013, 561) wurde § 24 V sprachlich an die Änderung des § 22 II 1 durch das JStG 2009 angepasst. Die Regelung trat am 29.3.2013 in Kraft.

Mit dem **Steueränderungsgesetz 2015** vom 2.11.2015 wurde § 24 II wesentlich geändert. Satz 2 wurde neu gefasst und dem Absatz wurde ein neuer Satz 4 angefügt (BGBl. I 2015, 1834) Aufgrund dieser Neufassung ist eine steuerneutrale Einbringung nur noch möglich, soweit die sonstigen Gegenleistungen bestimmte Grenzen nicht überschreiten. Die Neuregelung ist auf Einbringungen anzuwenden, bei denen der Umwandlungsbeschluss nach dem 31.12.2014 erfolgt oder der Einbringungsvertrag nach dem 31.12.2014 geschlossen worden ist.

2. Sinn und Zweck

5 Die im 7. Teil des UmwStG enthaltene Vorschrift des § 24 soll nach dem Willen des Gesetzgebers für ihren Anwendungsbereich im Interesse der **Erleichterung von Unternehmensumstrukturierungen** ein einheitliches und EU-konformes System für die steuerliche Behandlung von Einbringungsfällen schaffen, das Doppelbesteuerungen von stillen Reserven weitgehend vermeidet (BT-Drs. 16/2710, 25 ff. zum sechsten bis achten Teil „Allgemeines"). Dabei soll weiterhin sichergestellt werden, dass die im Zeitpunkt der Betriebseinbringung oder des Anteilstauschs aufgelaufenen und auf die Anteile an der übernehmenden Gesellschaft übertragenen stillen Reserven bei einer Veräußerung der Anteile innerhalb einer Sperrfrist letztlich im Zeitpunkt der Veräußerung der Anteile der vollen Besteuerung unterliegen (BT-Drs. 16/2710, 25). Mit Rücksicht auf die Fortsetzung der unternehmerischen Tätigkeit des Mitunternehmers und der dadurch bestehenden Möglichkeit zur Fortführung etwaiger stiller Reserven im neuen Betriebsvermögen sollen diese zunächst keiner allein durch den Übertragungsvorgang ausgelösten Ertragsbesteuerung unterliegen. Soweit sich dabei ein Anteil an den stillen Reserven von einem Mitunternehmer auf einen anderen Mitunternehmer verlagert, wird dies grundsätzlich vom Gesetz in Kauf genommen, um die Umstrukturierung zu ermöglichen (BFH v. 30.3.2017 – IV R 11/15, BFHE 257, 324). Die Vorschrift entspricht in ihrer Zielsetzung der

Vorschrift des § 20 über die Einbringung bei Kapitalgesellschaften. Eine wesentliche **Verschärfung gegenüber § 20** besteht bei Einbringungen aus dem Privatvermögen und bei Einbringungen zu Teil- oder Zwischenwerten zur Schaffung von neuem Abschreibungspotential durch Verweisung auf § 16 II 3 EStG.

3. Anwendungsbereich

§ 24 regelt ausschließlich die **Einbringung von qualifiziertem Betriebsvermögen** 6
in eine Personengesellschaft. Nach dem Wortlaut der Vorschrift sind lediglich die Einbringung eines **Betriebs, Teilbetriebs** oder **Mitunternehmeranteils** in eine Personengesellschaft erfasst und zwar mit der Maßgabe, dass der Einbringende Mitunternehmer der Personengesellschaft wird oder eine Aufstockung des bereits bestehenden Mitunternehmeranteils erfolgt (BFH v. 25.4.2006 – VIII R 52/04, BStBl. II 2006, 847; UmwStE 2011 Rn. 24.01 iVm Rn. 01.47).

Obwohl nicht ausdrücklich gesetzlich bestimmt, umfasst die Regelung auch die **Einbringung einer im Betriebsvermögen gehaltenen 100%-Beteiligung an einer Kapitalgesellschaft** (Rn. 36); diese gilt nach dem ausdrücklichen Wortlaut in der Gesetzesbegründung als Teilbetrieb (BT-Drs. 16/2710, 50; *Patt* in D/P/M § 24 Rn. 95; *Schmitt* in S/H/S § 24 75; *Fuhrmann* in W/M § 24 Rn. 284; *Ohde* in Haase/Hruschka § 24 Rn. 22; **aA** BFH v. 17.7.2008 – I R 77/06, BStBl. II 2009, 464 zum UmwStG 1995; kritisch *Rasche* in R/H/vL § 24 Rn. 42). Die **Finanzverwaltung** behandelt eine 100%-Beteiligung ebenfalls als Teilbetrieb (UmwStE 2011 Rn. 24.02, 15.05 f.) Ebenso fällt die **Einbringung eines Teils eines Mitunternehmeranteils** in den Anwendungsbereich der Vorschrift (Umkehrschluss aus dem Wortlaut von § 24 III 2; BFH v. 15.7.1976 – I R 17/74, BStBl. II 1976, 748; UmwStE 2011 Rn. 24.03 iVm Rn. 20.11; *Schmitt* in S/H/S § 24 Rn. 69; *Rasche* in R/H/vL § 24 Rn. 45).

Neben den Umstrukturierungsmaßnahmen im Wege der Einzelrechtsnachfolge umfasst 7
§ 24 auch die Umstrukturierungsmaßnahmen nach dem UmwG, die im Wege der (partiellen) Gesamtrechtsnachfolge unter Beteiligung einer Personenhandelsgesellschaft bzw. Partnerschaftsgesellschaft erfolgen (vgl. UmwStE 2011 Rn. 24.01 iVm 01.47; *Schmitt* in S/H/S § 24 Rn. 3). Mit Inkrafttreten des UmwG am 1.1.1995 und seiner Novellierung durch das Gesetz zur Änderung des Umwandlungsgesetzes, des Partnerschaftsgesellschaftsgesetzes und anderer Gesetze am 1.8.1998 wurden **Personenhandelsgesellschaften und Partnerschaftsgesellschaften** in den Kreis der **umwandlungsfähigen Rechtssubjekte** aufgenommen. Dementsprechend hat sich der Anwendungsbereich des § 24 auf diese Gesellschaftsformen erweitert (*Schmitt* in S/H/S § 24 Rn. 48).

Für die Anwendung des § 24 genügt die Einbringung in eine bestehende Personenge- 8
sellschaft, eine **Neugründung** ist **nicht erforderlich** (UmwStE 2011 Rn. 24.01 iVm 01.47; BFH v. 25.4.2006 – VIII R 52/04, BStBl. II 2006, 847). Auch die Begründung einer **atypisch stillen Gesellschaft** fällt in den Anwendungsbereich der Vorschrift (BFH v. 1.3.2018 – IV R 38/15, BStBl. II 2018, 587; v. 8.12.2016 – IV R 8/14, BStBl. II 2017, 538; v. 18.6.2015 – IV R 5/12, BStBl. II 2015, 935; *Patt* in D/P/M § 24 Rn. 36). Dies gilt auch für den Wechsel einer unmittelbaren Beteiligung an einer Personengesellschaft in eine atypisch-stille Beteiligung an dieser Personengesellschaft (vgl. *Fuhrmann* in W/M § 24 Rn. 67). Ob § 24 in analoger Anwendung auch die **„Ausbringungen"** gegen Minderung von Gesellschaftsrechten erfasst, ist umstritten (vgl. *Ley* in KÖSDI 2010, 16814; *Dietel* in DStR 2011, 1493; *Rogall/Gerner* in FGS/BDI Der Umwandlungssteuer-Erlass 2011, S 497 f.). Zumindest bei Ausscheiden des Gesellschafters gegen Abfindung mit einer Sachgesamtheit sollte für eine (analoge) Anwendung des § 24 jedoch kein Raum mehr sein, da hierauf die Realteilungsgrundsätze Anwendung finden sollten (vgl. für „Upstream-Abspaltungen" *Forst/Schaaf/Hannweber* in WPg 2018, 164; hinsichtlich einer alternativen Kettenumwandlung vgl. *Rogall/Belz* in Ubg 2017, 79). Hier würde ich noch das BMF-Schreiben

zur Realteilung zitieren, das nunmehr auch EinzelWG ausreichen lässt – a maiore ad minus.

9 Die **Begrenzung des Anwendungsbereichs** des § 24 wird durch § 1 normiert. Danach unterliegen die **Verschmelzung** von Körperschaften auf eine Personenhandelsgesellschaft und der **Formwechsel** einer Kapitalgesellschaft in eine Personengesellschaft sowie die **Auf- oder Abspaltung von Körperschaften auf** eine **Personenhandelsgesellschaft** ausschließlich dem zweiten bis fünften Teil des UmwStG. Gleiches gilt nach § 1 I Nr. 1 und 2 für vergleichbare ausländische Vorgänge.

10 Die subjektiven **Einschränkungen des Anwendungsbereichs des UmwStG nach § 1 auf in der Europäischen Union ansässige Gesellschaften** und natürliche Personen finden wegen § 1 IV 2 auf Einbringungen nach § 24 keine Anwendung. Daher können Einbringungen in Personengesellschaften grds. sowohl von nicht in der Europäischen Union ansässigen Personen als auch in nicht nach dem Recht eines Mitgliedsstaates der Europäischen Union gegründete Personengesellschaften nach § 24 zum Buchwert vorgenommen werden. Voraussetzung hierfür ist allerdings, dass das deutsche Besteuerungsrecht dadurch nicht beschränkt oder ausgeschlossen wird.

11 § 24 ist aufgrund der Regelung in § 1 IV auch auf Fälle anzuwenden, in denen eine von der **FusionsRL** erfasste Einbringung eines Betriebs, Teilbetriebs oder Mitunternehmeranteils nach ausländischem Recht als eine Einbringung in eine Kapitalgesellschaft qualifiziert, wenn die aufnehmende Gesellschaft nach dem Recht der Bundesrepublik Deutschland als steuerlich transparent anzusehen ist (Typenvergleich).

12 **Nicht von § 24 erfasst** sind

- **unentgeltliche Übertragungen** gemäß § 6 III EStG (UmwStE 2011 Rn. 01.47; zum Verhältnis von § 24 zu § 6 III, vgl. *Patt* in D/P/M § 24 Rn. 82; *Kulosa* in Schmidt § 6 Rn. 658 mwN),
- die **Überführung einzelner Wirtschaftsgüter** gem. § 6 V EStG (vgl. BMF v. 8.12.2011, BStBl. I 2011, 1279; zur 100%-Beteiligung an einer Kapitalgesellschaft s. Rn. 36; zum Verhältnis von § 24 zu § 6 V, vgl. *Patt* in D/P/M § 24 Rn. 82; *Kulosa* in Schmidt § 6 Rn. 710 mwN),
- der **Formwechsel** einer Personengesellschaft in eine Personengesellschaft (UmwStE 2011 Rn. 01.47; *Patt* in D/P/M § 24 Rn. 73; *Schmitt* in S/H/S § 24 Rn. 57),
- die **verdeckte Einlage** eines (Teil-)Betriebs, da in diesem Fall kein tauschähnlicher Vorgang vorliegt (UmwStE 2011 Rn. E 20.10; *Schmitt* in S/H/S § 24 Rn. 26; *Patt* in D/P/M § 24 Rn. 40),
- die **Einbringung eines (Teil-)Betriebs ausschließlich in das Sonderbetriebsvermögen,** da in diesem Fall keine Mitunternehmerstellung eingeräumt oder erweitert wird (*Patt* in D/P/M § 24 Rn. 44; *Schmitt* in S/H/S § 24 Rn. 25),
- die Übertragung von Einzelwirtschaftsgütern im Rahmen einer Einbringung (BMF v. 8.12.2011, BStBl. I 2011, 1279 ff.; *Patt* in D/P/M § 24 Rn. 45; *Schmitt* in S/H/S § 24 Rn. 82 ff.), da insoweit § 6 V gilt sowie
- die **Einbringung von Privatvermögen** (*Patt* in D/P/M § 24 Rn. 56 mwN).

Im **Überblick** stellt sich der **Anwendungsbereich** der Vorschrift im Wesentlichen wie folgt dar (vgl. auch UmwStE 2011 Rn. 01.47):

1. Umstrukturierungsmaßnahmen im Wege der **Einzelrechtsnachfolge**
   - Aufnahme eines Gesellschafters in ein Einzelunternehmen gegen Geldeinlage oder Einlage anderer Wirtschaftsgüter;
   - Einbringung eines Einzelunternehmens in eine bereits bestehende Personengesellschaft;
   - Zusammenschluss von mehreren Einzelunternehmen zu einer durch den Zusammenschluss neu entstehenden Personengesellschaft;
   - Eintritt eines weiteren Gesellschafters in eine bereits bestehende Personengesellschaft gegen Geldeinlage oder Einlage anderer Wirtschaftsgüter, wobei die bisherigen Gesell-

schafter – wirtschaftlich betrachtet – ihre Mitunternehmeranteile an der bisherigen Personengesellschaft in die neue, um den hinzutretenden Gesellschafter erweiterte Personengesellschaft einbringen (nach BFH v. 6.7.1999 – VIII R 17/95, BFH/NV 2000, 34 ist § 24 auch auf den Beitritt eines Gesellschafters ohne Sacheinlage, aber **mit Beteiligung am Kapital und am Gewinn** der Personengesellschaft anzuwenden;
- Aufstockung eines bereits bestehenden Mitunternehmeranteils (Kapitalerhöhung) durch Geldeinlage oder Einlage anderer Wirtschaftsgüter (UmwStE 2011 Rn. 24.07; BFH v. 25.4.2006 – VIII R 25/04, BStBl. II 2006, 847; *Schmitt* in S/H/S § 24 23; *Fuhrmann* in W/M § 24 Rn. 92; *Nitzschke* in Blümich, § 24 Rn. 29; **aA** *Rasche* in R/H/vL § 24 Rn. 9; *Patt* in D/P/M § 24 Rn. 26 mwN, aufgrund der als abschließend anzusehenden Regelungen des UmwStG);
- Einbringung des Betriebsvermögens einer Personengesellschaft in eine andere gegen Gewährung von Mitunternehmeranteilen an die Gesellschafter der übertragenden Personengesellschaft (vgl. *Fuhrmann* in W/M § 24 Rn. 39);
- Einbringung sämtlicher Mitunternehmeranteile der Gesellschafter einer Personengesellschaft in eine andere Personengesellschaft gegen Gewährung von Gesellschaftsrechten. Die aufnehmende Personengesellschaft wird damit Gesellschafterin der „eingebrachten" Personengesellschaft. In der Folge wächst deren Vermögen bei der aufnehmenden Personengesellschaft an und die eingebrachte Personengesellschaft erlischt (erweiterte Anwachsung vgl. *Fuhrmann* in W/M § 24 Rn. 40);
- Einbringung sämtlicher Mitunternehmeranteile der Gesellschafter mehrerer Personengesellschaften in eine neu zu gründende Personengesellschaft gegen Gewährung von Gesellschaftsrechten. In der Folge wächst das Vermögen der eingebrachten Personengesellschaften bei der aufnehmenden Personengesellschaft an und die eingebrachten Personengesellschaften erlöschen (erweiterte Anwachsung vgl. *Fuhrmann* in W/M § 24 Rn. 41);
- Übertragung des Betriebsvermögens von (mindestens) zwei Personengesellschaften auf eine durch die Übertragung neu gegründete Personengesellschaft gegen Gewährung von Mitunternehmeranteilen (vgl. *Fuhrmann* in W/M § 24 Rn. 35 ff. mwN);
- Einbringung eines Bruchteils eines Mitunternehmeranteils in eine Personengesellschaft gegen Gewährung eines Mitunternehmeranteils an der aufnehmenden Personengesellschaft;
- Einbringung einer 100 %-Beteiligung an einer Kapitalgesellschaft in eine Personengesellschaft gegen Gewährung eines Mitunternehmeranteils an der aufnehmenden Personengesellschaft. § 24 ist insoweit lex specialis ggü. § 6 V 3 Nr. 1 EStG (*Patt* in D/P/M § 24 Rn. 27, 81);
- Einbringung gegen Einräumung einer atypischen stillen Beteiligung (*Patt* in D/P/M § 24 Rn. 36; *Nitzschke* in Blümich, § 24 Rn. 28);
- Einbringung gegen Einräumung einer atypischen Unterbeteiligung an einem Mitunternehmeranteil (*Rasche* in R/H/vL § 24 Rn. 9);
- Änderung der Beteiligungsverhältnisse durch einseitige entgeltliche Kapitalerhöhungen im Rahmen von Mitunternehmerschaften (BFH v. 25.4.2006 – VIII R 52/04, BStBl. II 2006, 847; *Fuhrmann* in W/M § 24 Rn. 92; *Schmitt* in S/H/S § 24 Rn. 23; *Nitzschke* in Blümich § 24 Rn. 29; **aA** D/P/M § 24 Rn. 26; *Rasche* in R/H/vL § 24 Rn. 9).

2. Umstrukturierungsmaßnahmen im Wege der **Gesamtrechtsnachfolge**
   - Verschmelzung von Personenhandelsgesellschaften/Partnerschaftsgesellschaften auf Personenhandelsgesellschaften/Partnerschaftsgesellschaften nach §§ 2, 39 ff. UmwG im Wege der Verschmelzung durch Aufnahme oder durch Neugründung;
   - Spaltung von Personenhandelsgesellschaften/Partnerschaftsgesellschaften durch
     - Aufspaltung von Personenhandelsgesellschaften/Partnerschaftsgesellschaften auf Personenhandelsgesellschaften/Partnerschaftsgesellschaften nach §§ 123 I. UmwG;

- Abspaltung von Vermögensteilen von Personenhandelsgesellschaften/Partnerschaftsgesellschaften auf Personenhandelsgesellschaften/Partnerschaftsgesellschaften nach §§ 123 II UmwG;
- Ausgliederung von Vermögen auf Personenhandelsgesellschaften/Partnerschaftsgesellschaften nach §§ 123 III UmwG.

12a Zum Verhältnis zwischen § 24 UmwStG und § 6 III EStG sowie § 6 V EStG s. eingehend Rn. 115, 115a.

13 Liegen die Voraussetzungen des § 24 vor, ergeben sich im Überblick folgende **Rechtsfolgen:**

- Der **Wertansatz der eingebrachten Wirtschaftsgüter** hat in der Steuerbilanz der aufnehmenden Personengesellschaft einschließlich der Ergänzungsbilanzen für ihre Gesellschafter grds. **mit dem gemeinen Wert** zu erfolgen, § 24 II 1. Für **Pensionsrückstellungen** gelten gemäß § 24 II 1 2. Hs. zwingend die **Bewertungsregelungen des § 6a EStG. Auf Antrag** ist der **Ansatz des Buchwertes oder eines höheren Wertes** zulässig, wobei die **Grenze** insoweit der **gemeine Wert** bildet, soweit das deutsche Besteuerungsrecht nicht ausgeschlossen oder beschränkt wird (s. Rn. 102 ff.);
- Der von der Personengesellschaft in ihrer Steuerbilanz einschließlich der für ihre Gesellschafter aufgestellten Ergänzungsbilanzen **gewählte Ansatzwert gilt** für den Einbringenden **als Veräußerungspreis** (§ 24 III 1);
- Die **Freibetragsregelung des § 16 IV EStG** sowie die **Progressionsmilderung des § 34 I EStG** (s. Rn. 4) findet gemäß § 24 III nur Anwendung bei Ansatz des eingebrachten Betriebsvermögens mit dem gemeinen Wert und wenn es sich nicht um die Einbringung von Teilbetriebsanteilen handelt. Zur Einschränkung der Steuervergünstigungen durch § 24 III 2, 3 (Einbringung eines Teils eines Mitunternehmeranteils; Bildung gewinnmindernder Rücklagen nach §§ 6b, 6c EStG; Einbringungsgewinn enthält nach §§ 3 Nr. 40 1 Buchst. b, 3c II EStG steuerbefreite Gewinnanteile; Personenidentität zwischen Veräußerer und Erwerber – „Verkauf an sich selbst") s. auch Rn. 171 ff.
- Die **steuerlichen Auswirkungen** der Einbringung **bei der aufnehmenden Personengesellschaft** werden durch die Verweisung auf die entsprechenden Regelungen des § 23 I, III, IV und VI (Besitzzeitanrechnung, Abschreibungen, Bewertungsfreiheit, gewinnmindernde Rücklagen, Einbringungsfolgegewinn) in Abhängigkeit von dem auf Seiten der Personengesellschaft gewählten Ansatzwert sowie in Fällen der Gesamtrechtsnachfolge durch Verweisung auf § 20 V und VI geregelt. Ein Zinsvortrag nach § 4h I 5 EStG und ein EBITDA-Vortrag nach § 4h I 3 EStG gehen nach § 24 VI iVm § 20 IX nicht auf die aufnehmende Personengesellschaft über. Hinsichtlich der Gewerbesteuer greifen wie bisher die allgemeinen Regeln.

13a Daneben ergeben sich bei Anwendung der Vorschrift im Zusammenspiel mit anderen Normen uU unerwünschte Konsequenzen (vgl. *Patt* in D/P/M § 24 Rn. 223):

- Sind innerhalb von vier Jahren vor der Einbringung Wirtschaftsgüter nach § 6 V EStG in das Betriebsvermögen der aufnehmenden Personengesellschaft übertragen worden, ist rückwirkend auf den Zeitpunkt der Übertragung der Teilwert anzusetzen, da die Einbringung eine schädliche Veräußerung iSd § 6 V 4 EStG darstellt. Dies gilt nach BMF v. 8.12.2011, BStBl. I 2011, 1279, Rn 33 auch bei einer Einbringung zu Buchwerten (aA IDW, FN-IDW 2002, S 534, 541).
- Nach BMF v. 19.12.2018, Abschnitt VIII. 1, Rn. 26 muss bei einer Einbringung, soweit diese innerhalb von drei Jahren nach Abgabe der Steuererklärung der Mitunternehmerschaft für den Veranlagungszeitraum einer Realteilung nach § 16 III 3 EStG erfolgt, rückwirkend der gemeine Wert angesetzt werden. Grund hierfür ist, dass eine Einbringung der durch die Realteilung erhaltenen einzelnen Wirtschaftsgüter, wenn sie nach §§ 20, 24 UmwStG zusammen mit einem Betrieb, Teilbetrieb oder Mitunternehmeranteil erfolgt, eine Veräußerung iSd § 16 III 3 EStG darstellt. Dies gilt

unabhängig davon, ob die Buchwerte, die gemeinen Werte oder Zwischenwerte angesetzt werden.

- Auch soweit sperrfristbehaftete Anteile an einer Kapitalgesellschaft iSd § 22 I nach § 24 zusammen mit einer Sachgesamtheit in eine Personengesellschaft eingebracht werden, führt dies zu einer Veräußerung der sperrfristbehafteten Anteile und demzufolge zu einem nachträglichen Einbringungsgewinn I. Dies soll auch bei einer Einbringung zu Buchwerten gelten (vgl. *Patt* in D/P/M § 22 Rn. 32b, 41; UmwStE 2011 Rn. 22.02, 22.23; aA *Schmitt* in S/H/S § 22 Rn. 47; *Widmann* in W/M § 22 Rn. 28).
- Erfolgt die Einbringung nicht zu Buchwerten, ist bei Inanspruchnahme der Thesaurierungsbegünstigung nach § 34a EStG eine Nachversteuerung vorzunehmen (vgl. BMF v. 11.8.2008 – DB 2008, 1826, BStBl. I 2008 S. 838, Rn. 47).
- Erfolgt nach einer unentgeltlichen Übertragung eines Teilanteils eines Mitunternehmeranteils unter Zurückbehaltung wesentlichen Sonderbetriebsvermögens nach § 6 III 2 EStG innerhalb der Fünfjahresfrist eine Einbringung nach § 24 zum Zwischenwert oder gemeinen Wert, gilt diese als Veräußerung (vgl. BMF v. 3.3.2005, BStBl. I 2005, 458, Rn 13; *Kulosa* in Schmidt § 6 Rn. 668), mit der Folge des nachträglichen Verlustes der Buchwertverknüpfung nach § 6 III 2 EStG.
- Ist innerhalb von fünf Jahren vor der Einbringung die Personengesellschaft von einer Kapitalgesellschaft in eine Personengesellschaft umgewandelt worden, unterliegt ein durch den Ansatz des Zwischenwertes oder des gemeinen Wertes entstehender Gewinn nach § 18 III UmwStG der Gewerbesteuer. Diese ist nicht nach § 35 EStG auf die Einkommensteuer anrechenbar (UmwStE 2011 Rn. 18.07; *Schmitt* in S/H/S § 18 Rn. 54; *Pung* in D/P/M § 18 Rn. 39).

II. Tatbestandsvoraussetzungen, § 24 I

1. Begriff der Einbringung

Der sachliche Anwendungsbereich des § 24 wird durch § 1 III festgelegt. Durch die Auflistung der Vorgänge, die ein Einbringen iSd § 24 I von Betriebsvermögen auf die Übernehmerinbewirken, wird der Begriff der Einbringung insoweit erstmalig im UmwStG erläutert. Neben den Umwandlungen iSd des Umwandlungsgesetzes bzw. vergleichbarer ausländischer Vorgänge gilt § 24 nach § 1 III Nr. 4 nur für Einbringungen von Betriebsvermögen durch Einzelrechtsnachfolge in eine Personengesellschaft. Hierbei genügt für § 24 eine Einbringung in eine bestehende Personengesellschaft, eine Neugründung ist nicht erforderlich (*Fuhrmann* in W/M § 24 Rn. 349). **14**

Unter Personengesellschaft ist im Rahmen des § 24 nicht die zivilrechtliche Personengesellschaft nach deutschem Gesellschaftsrecht zu verstehen, sondern eine Mitunternehmerschaft in steuerlichem Sinne (*Fuhrmann* in W/M § 24 Rn 101).

Nach **hA** (stRspr. BFH v. 18.9.2013 – X R 42/10, BStBl. II 2016, 639; BFH v. 17.7.2008 – I R 77/06, BStBl. II 2009, 464; BMF v. 11.7.2011, BStBl. I 2011, 713; *Schmitt* in S/H/S § 24 Rn. 1; *Patt* in D/P/M § 24 Rn. 5) handelt es sich bei der Einbringung um einen **tausch- und damit veräußerungsähnlichen** (Arg. § 515 BGB) **Vorgang,** und zwar unabhängig davon, ob eine Mitunternehmerstellung erstmalig gewährt oder ein bereits vorhandener Gesellschaftsanteil erhöht wird (zur entsprechenden Anwendung des § 24 für die nicht an der Kapitalerhöhung teilnehmenden Gesellschafter vgl. BFH v. 25.4.2006 – VIII R 52/04, BStBl. II 2006, 847; BFH v. 7.11.2006, BStBl. II 2008, 545; BFH v. 20.9.2007, BStBl. II 2008, 265 und BFH v. 17.9.2014, BStBl. II 2015, 717; zur **hA** im Schrifttum vgl. *Schmitt* in S/H/S § 24 Rn. 23; *Fuhrmann* in W/M § 24 Rn. 92; **aA** *Patt* in D/P/M § 24 Rn. 26).

Auch die teilweise Überführung von Wirtschaftsgütern in das mitunternehmerische Betriebsvermögen der aufnehmenden Personengesellschaft im Wege der Nutzungsüber- **15** lassung, so dass erstmalig steuerliches Sonderbetriebsvermögen gebildet wird, oder durch bloße Verschaffung des wirtschaftlichen Eigentums, so dass steuerlich eine Zuordnung abweichend von den zivilrechtlichen Eigentumsverhältnissen beim wirtschaftlichen Eigentümer erfolgt, ist nach der **hA** und nach Auffassung der Finanzverwaltung gemäß § 1 III nach § 24 begünstigt (vgl. UmwStE 2011, Rn 1.43 und 24.05; *Schmitt* in S/H/S § 24 Rn. 34; *Rasche* in R/H/vL § 24 Rn. 58; *Fuhrmann* in W/M § 24 Rn. 290; **aA** *Patt* in D/P/M § 24 Rn. 15).

Erfolgt die Einbringung durch bloße Nutzungsüberlassung, ist jedoch die Rechtsprechung des BFH zur **Nutzungsüberlassung zwischen Schwester-Personengesellschaften** zu beachten, wonach die **mitunternehmerische Betriebsaufspaltung Vorrang vor der Qualifikation der Wirtschaftsgüter als Sonderbetriebsvermögen** bei der Betriebspersonengesellschaft hat (BFH v. 22.9.2011 – IV R 33/08, BStBl. II 2012, 10; v. 18.8.2005 – IV R 59/04, BStBl. II 2005, 830; v. 24.11.1998 – VIII R 61/97, BStBl. II 1999, 483; BFH v. 23.4.1996 – VIII R 13/95, BStBl. II 1998, 325). Von einer Personengesellschaft zur Nutzung überlassene Wirtschaftsgüter verbleiben demnach Betriebsvermögen der überlassenden und werden nicht zu Sonderbetriebsvermögen der nutzenden Personengesellschaft, wenn die überlassende (Besitz-)Personengesellschaft nicht selbst, sondern nur deren Gesellschafter (oder einige davon) beherrschend an der Betriebspersonengesellschaft (= Schwestergesellschaft) beteiligt sind. Dies gilt auch für eine Bruchteilsgemeinschaft als Besitzunternehmen (BFH v. 18.8.2005 – IV R 59/04, BStBl. II 2005, 830; BMF v. 7.12.2006, DB 2006, 2782, 2783). Handelt es sich bei den der Betriebspersonengesellschaft zur Nutzung überlassenen Wirtschaftsgütern um funktional wesentliche, gelten diese aufgrund Vorrangs der mitunternehmerischen Betriebsaufspaltung vor der Qualifikation als Sonderbetriebsvermögen daher als nicht eingebracht. § 24 kommt nicht zur Anwendung (vgl. *Fuhrmann* in W/M § 24 Rn. 184 ff.).

Die bilanzielle Zuordnung der vermieteten/verpachteten Wirtschaftsgütern zum Betriebsvermögen der Besitzpersonengesellschaft bei einer **mitunternehmerischen Betriebsaufspaltung** führt jedoch grds. nicht dazu, dass diese Wirtschaftsgüter ihre Eigenschaft als Sonderbetriebsvermögen bei der Betriebspersonengesellschaft verlieren. Die Eigenschaft als Sonderbetriebsvermögen der Betriebspersonengesellschaft kommt vielmehr während des Bestehens der Betriebsaufspaltung nicht zum Tragen. Es liegt während dieser Zeit **latentes Sonderbetriebsvermögen** der Betriebspersonengesellschaft vor, welches mit der Beendigung der Betriebsaufspaltung wieder auflebt, wenn die Betriebsgesellschaft zu diesem Zeitpunkt noch einen Betrieb unterhält (so BFH v. 30.8.2007, IV R 50/05, BStBl. II 2008, 129; v. 22.9.2011, IV R 33/08, BStBl. II 2012, 10; *Schulze* in W/M Anhang 16 Rn. 312 ff.; vgl. zur Bilanzierungskonkurrenz auch *Wacker* in Schmidt § 15 Rn. 536). Die Wirtschaftsgüter werden bei Beendigung nach § 6 V 2 Alt. 1 EStG zu Buchwerten aus dem Betriebsvermögen der (ehemaligen) Besitzgesellschaft in das Sonderbetriebsvermögen des Gesellschafters bei der (ehemaligen Betriebs-)Gesellschaft überführt.

16 Eine steuerneutrale Beendigung einer bestehenden mitunternehmerischen Betriebsaufspaltung ist auch nach § 24, zB durch Einbringung sämtlicher Mitunternehmeranteile der Gesellschafter der Besitzpersonengesellschaft in die Betriebspersonengesellschaft möglich, da die Besitzpersonengesellschaft aufgrund der Betriebsaufspaltung als eigengewerblicher Betrieb anzusehen ist (vgl. *Fuhrmann* in W/M § 24 Rn. 46). Handelt es sich bei den Wirtschaftsgütern des latenten Sonderbetriebsvermögens um funktional wesentliche Betriebsgrundlagen, setzt eine Einbringung zu Buchwerten jedoch voraus, dass diese Wirtschaftsgüter bei der Betriebspersonengesellschaft Gesamthands- oder Sonderbetriebsvermögen werden (vgl. *Röhrich* in EStB 2012, 142, 145).

17, 18 *(einstweilen frei)*

19 **§ 24 findet weder unmittelbare noch entsprechende Anwendung auf**

a) die **Einbringung einzelner Wirtschaftsgüter** sowohl aus dem Betriebs- wie dem Privatvermögen des Einbringenden (s. Rn. 20),

b) die **unentgeltliche (also verdeckte) Einlage** eines von § 24 privilegierten Einbringungsgegenstandes (s. Rn. 45),

c) die **Einbringung** eines von § 24 umfassten Einbringungsgegenstandes **ausschließlich in das Sonderbetriebsvermögen** der Personengesellschaft, an der der Einbringende bereits als Mitunternehmer beteiligt ist (*Patt* in D/P/M § 24 Rn. 44; *Schmitt* in S/H/S § 24 Rn. 25; FG Düsseldorf v. 30.4.2003 – 16 K 2934/01 E, EFG 2003, 1180, 1181, rkr.; UmwStE 2011 Rn. 24.05),

d) Einbringungen soweit **Ausgleichszahlungen in das Privatvermögen des Einbringenden** erfolgen (BFH v. 16.12.2004 – III R 38/00, BStBl. II 2005, 554; *Patt* in D/P/M § 24 Rn. 58), Dies gilt nach der Neufassung des § 24 II 2 jedenfalls soweit der gemeine Wert der Ausgleichzahlungen die festgelegten Grenzen überschreitet (s. Rn. 153 ff.),

e) den bloßen Gesellschafterwechsel (*Schmitt* in S/H/S § 24 Rn. 19; *Patt* in D/P/M § 24 Rn. 71 mwN; UmwStE 2011 Rn. 1.47),

f) die **unentgeltliche Aufnahme** einer oder mehrerer natürlicher Person(en) **in ein Einzelunternehmen** (§ 6 III 1 EStG),

g) den **Formwechsel** der Personengesellschaft in eine Personengesellschaft anderer Rechtsform, da es in diesem Fall an einem Übertragungsvorgang mit Gewinnrealisation fehlt (UmwStE 2011, Rn 1.47),

h) den **Eintritt einer GmbH** in eine Personengesellschaft **ohne vermögensmäßige Beteiligung** (BFH v. 20.9.2007 – IV R 70/05, BStBl. II 2008, 265; UmwStE 2011, Rn 1.47),

i) die **Gewährung einer Mitunternehmerstellung** und die **entgeltliche Änderung der Beteiligungsverhältnisse,** wenn die Gutschrift der Einlage ausschließlich in einer Erhöhung des gesamthänderisch gebundenen Rücklagenkontos oder des Darlehenskontos des Mitunternehmers besteht (s. Rn. 76, 77; anders bei Buchung auf ein Kapitalkonto, das die Beteiligung am Gewinn und Verlust, das Abfindungsguthaben und die Stimmrechte des die Kapitalerhöhung vornehmenden Gesellschafters widerspiegelt; BFH v. 29.7.2015 – IV R 15/14, BStBl. II 2016, 593; v. 25.4.2006 – VIII R 52/04, BStBl. II 2006, 847; BMF v. 26.7.2016, BStBl. I 2016, 684; *Fuhrmann* in W/M § 24 Rn. 91, 92; *Schmitt* in S/H/S § 24 Rn. 132; *Patt* in D/P/M § 24 Rn. 109; *Rasche* in R/H/vL § 24 Rn. 61).

Im Einzelnen:

Bei **Überführung von Einzelwirtschaftsgütern aus dem Privatvermögen eines Gesellschafters in das Betriebsvermögen einer Personengesellschaft** findet § 24 weder unmittelbare noch entsprechende Anwendung, da Einzelwirtschaftsgüter des Privatvermögens nicht zu den in § 24 I aufgezählten begünstigten betrieblichen Sachgesamtheiten rechnen. Vielmehr gilt: Erhält der Einbringende Gesellschaftsrechte als Gegenleistung für die Überführung, die dem Wert des Wirtschaftsgutes entsprechen, liegt ein tauschähnlicher Vorgang vor, der bei der Gesellschaft zu einem Erwerbsgeschäft und beim Einbringenden zu einem steuerpflichtigen Veräußerungsgeschäft führt, sofern das eingebrachte Wirtschaftsgut steuerverstrickt ist (zB wegen §§ 17, 23 EStG) (BFH v. 17.7.2008 – I R 77/06, BStBl. II 2009, 464; v. 24.1.2008 – IV R 37/06, BStBl. II 2011, 617; v. 19.10.1998 – VIII R 69/95, BStBl. II 2000, 230; BMF v. 11.7.2011, BStBl. I 2011, 713 und v. 29.3.2000, BStBl. I 2000, 462; *Patt* in D/P/M § 24 Rn. 56 mwN; *Schmitt* in S/H/S § 24 Rn. 40 mwN). Dabei ist eine Gewährung von Gesellschaftsrechten anzunehmen, wenn die Übertragung eine Erhöhung des Kapitalkontos bewirkt, das für die Beteiligung an den Erträgen und am Gesellschaftsvermögen maßgebend ist. Die Gesellschaft hat das eingebrachte Wirtschaftsgut dementsprechend mit dem gemeinen Wert anzusetzen. Die Aufstellung einer negativen Ergänzungsbilanz ist unzulässig (*Patt* in D/P/M § 24 Rn. 56). Sofern der Wert der eingeräumten Gesellschaftsrechte geringer ist als der gemeine Wert des eingebrachten Wirtschaftsguts, liegt in Höhe des gemeinen Wertes ein entgeltlicher 20 (tauschähnlicher) Vorgang, im Übrigen eine (verdeckte) Einlage iSv § 6 I Nr. 5 EStG vor (so BFH v. 17.7.2008 – I R 77/06, BStBl. II 2009, 464; BMF v. 11.7.2011, BStBl. I 2011, 713; *Kulosa* in Schmidt § 6 EStG Rn. 552). Erhält der Einbringende keine Gesellschaftsrechte, liegt in vollem Umfang eine (verdeckte) Einlage vor, für die ebenfalls § 6 I Nr. 5 EStG gilt (BMF v. 11.7.2011, BStBl. I 2011, 713; *Patt* in D/P/M § 24 Rn. 56; *Schmitt* in S/H/S § 24 Rn. 42). Einbringungen aus dem Privatvermögen eines Gesellschafters in das **Sonderbetriebsvermögen** der Gesellschaft sind stets Einlagen iSd §§ 4, 5 EStG (*Heinicke* in Schmidt § 4 EStG Rn. 360 Stichwort: Personengesellschaft).

21 Eine Einlage iSd §§ 4, 5 EStG ist auch gegeben bei Einbringung einer **im Privatvermögen gehaltenen wesentlichen Beteiligung an einer Kapitalgesellschaft iSv § 17 EStG im Wege der offenen Einlage** (BFH v. 24.1.2008 – IV R 37/06, BStBl. II 2011, 617; v. 19.10.1998 – VIII R 69/95, BStBl. II 2000, 230; BMF v. 17.7.2011, BStBl. I 2011, 713; v. 29.3.2000, BStBl. I 2000, 462; *Fuhrmann* in W/M § 24 Rn. 285; *Weber-Grellet* in Schmidt § 17 EStG Rn. 109) sowie bei einer Einbringung einer **im Privatvermögen gehaltenen 100 %-Beteiligung an einer Kapitalgesellschaft** (*Schmitt* in S/H/S § 24 Rn. 80 mwN; *Patt* in D/P/M § 24 Rn. 95). Als **Teilbetrieb** iSd § 24 gilt daher nur die im notwendigen oder gewillkürten Betriebsvermögen gehaltene **100 %-Beteiligung an einer Kapitalgesellschaft** (im Einzelnen s. Rn. 36; *Schmitt* in S/H/S § 24 Rn. 75 ff.; UmwStE 2011 Rn. 24.03 iVm Rn. 15.05, 15.06; *Patt* in D/P/M § 24 Rn. 97; **aA** BFH v. 17.7.2008 – I R 77/06, BStBl. II 2009, 464 zum UmwStG 1995; *Rasche* in R/H/vL § 24 Rn. 42). Eine hiervon abweichende Beurteilung folgt auch nicht aus der mit § 24 verbundenen gesetzgeberischen Intention, da insoweit lediglich Umstrukturierungsmaßnahmen innerhalb der Betriebsvermögenssphäre durch Aufdeckung und Besteuerung im Betriebsvermögen verhafteter stiller Reserven nicht behindert werden sollen (s. Rn. 5). In systematischer Hinsicht erschließt sich dieses Ergebnis zudem aus der amtlichen Überschrift des § 24 (Einbringung von …) und der Regelung in § 24 I. Auch hieraus ergibt sich, dass die Einbringung einer 100 %-Beteiligung nur dann § 24 unterfällt, wenn sie im Betriebsvermögen gehalten wird.

22 Eine **Einbringung** zu Buchwerten nach § 24 II 2 einer im inländischen Betriebsvermögen befindlichen 100 %igen Kapitalbeteiligung **in eine als transparent anzusehende ausländische Personengesellschaft** ist nur möglich, soweit die Besteuerung der in der 100 %igen Beteiligung enthaltenen stillen Reserven auch nach der Einbringung sichergestellt ist. Ist dies nicht der Fall, sind die in der Beteiligung enthaltenen stillen Reserven im Rahmen der Einbringung aufzudecken und zu versteuern (vgl. BT-Drs. 16/2710, Beispiel auf Seite 51; *Fuhrmann* in W/M § 24 Rn. 353, 357). Der BFH hat diese Frage im Rahmen des UmwStG 1995 offen gelassen und den Anwendungsbereich von § 24 mangels Vorliegen eines Teilbetriebs verneint (BFH v. 17.7.2008 – I R 77/06, BStBl. II 2009, 464).

23 Einen **Sonderfall** stellt die sog. (auch teilweise) **Einbringung auf Rechnung eines Dritten** dar. Soweit die Einbringung eigenen Betriebsvermögens entgeltlich auf Rechnung eines Dritten erfolgt, ist sie als Veräußerung zu behandeln (*Patt* in D/P/M § 24 Rn. 68; BFH v. 1.3.2018 – IV R 38/15, BStBl. II 2018, 587; v. 17.9.2015 – IV R 33/11, BStBl. II 2015, 717). Soweit die Einbringung unentgeltlich für Rechnung eines Dritten erfolgt ist hingegen § 6 III 1 EStG anzuwenden. Eine Einbringung iSv § 24 ist nur insoweit gegeben als die Einbringung auf eigene Rechnung des Einbringenden erfolgt und vollzogen wird, dh der Einbringende durch die Einbringung die Rechtsstellung eines Gesellschafters und Mitunternehmers der (neuen oder erweiterten) Personengesellschaft erlangt (BFH v. 12.10.2005 – X R 35/04, BFH/NV 2006, 521 ff.; v. 27.8.1997 – XI R 96/96, BFH/NV 1998, 1305; v. 8.12.1994 – IV R 82/92, BStBl. II 1995, 599).

Ebenfalls kein Einbringungsvorgang liegt vor, wenn ein Mitunternehmeranteil oder ein Teil eines Mitunternehmeranteils unentgeltlich auf einen Dritten übertragen wird. In diesen Fällen ist ebenfalls § 6 III 1 EStG anwendbar, so dass der Beschenkte die Buchwerte des Schenkers fortführen muss (*Fuhrmann* in W/M § 24 Rn. 164).

2. Gegenstand der Einbringung

Gegenstand der Einbringung kann entweder ein Betrieb, ein Teilbetrieb, ein Mitunternehmeranteil, ein Teil eines Mitunternehmeranteils, eine 100%-Beteiligung an einer Kapitalgesellschaft oder, unter gewissen Voraussetzungen, ein Einzelwirtschaftsgut (s. Rn. 46) sein. 24

a) Betrieb, Teilbetrieb

§ 24 I setzt die Einbringung eines **Betriebs** oder **Teilbetriebs** voraus. Eine Definition der Begriffe enthält das Gesetz nicht. Die in § 24 verwendeten Begriffe sind mit denen in § 20 inhaltsgleich, so dass grds. auf die dortigen Erläuterungen verwiesen werden kann (s. § 20 Rn. 61 zum Begriff „Betrieb“ und Rn. 89 zum Begriff „Teilbetrieb“). § 24 setzt voraus, dass der **Betrieb** im Ganzen, also mit seinen **wesentlichen Betriebsgrundlagen,** in das Gesamthands- oder Sonderbetriebsvermögen der aufnehmenden Personengesellschaft eingebracht wird (BFH v. 16.2.1996 – I R 183/94, BStBl. II 1996, 342; UmwStE 2011 Rn 24.03 und 20.06; *Patt* in D/P/P/M § 24 Rn. 9089 ff.; *Schmitt* in S/H/S § 24 UmwStG Rn. 58 ff.; zu Darlehnsforderungen als wesentliche Betriebsgrundlagen vgl. *Micker* in Ubg 2018, 490 und *derselbe* in Ubg 2018, 349, 355). Ein Wirtschaftsgut ist als wesentliche Betriebsgrundlage zu qualifizieren, wenn es seiner Funktion nach **(„funktionale Betrachtungsweise“)** – unabhängig davon, ob es stille Reserven enthält oder nicht – für den Betrieb unverzichtbar ist (*Rasche* in R/H/vL § 24 Rn. 46; *Patt* in D/P/M § 20 Rn. 63). Nach BFH v. 25.11.2009 – I R 72/08, BStBl. II 2010, 47 sind dabei alle Wirtschaftsgüter als funktional wesentlich anzusehen, die für den Betriebsablauf ein erhebliches Gewicht haben und mithin für die Fortführung des Betriebs notwendig sind oder dem Betrieb das Gepräge geben. Für diese Beurteilung ist grds. auf die Situation aus der Sicht des Einbringenden zum Zeitpunkt der tatsächlichen Einbringung („im Einbringungszeitpunkt“) iSd Übertragung des (wirtschaftlichen) Eigentums bzw. des Abschlusses des dinglichen Einbringungsvertrages abzustellen („zeitpunktbezogene Betrachtung“; BFH v. 9.11.2011 – X R 60/09, BStBl. II 2012, 638; v. 16.12.2004 – IV R 3/03, BFH/NV 2005, 879; *Schmitt* in S/H/S § 24 Rn. 59; UmwStE 2011 Rn. 24.06 iVm 20.13). Auch in den Fällen der **rückwirkenden Einbringung** kommt es für die Qualifikation als wesentliche Betriebsgrundlage und für das Vorliegen der (Teil-)Betriebseigenschaft darauf an, ob diese Voraussetzung im **Zeitpunkt** des Übergangs des wirtschaftlichen Eigentums vorlag (*Nitzschke* in Blümich, § 24 Rn. 265; *Schmitt* in S/H/S § 24 Rn. 59; *Patt* in D/P/M § 24 Rn. 91 unter Verweis auf § 20 Rn. 113; **aA** UmwStE 2011, Rn 24.06 iVm 20.14; *Fuhrmann* in W/M § 24 Rn. 248 insb. Fußnote 4). Bei zeitlich der Einbringung vorangegangener Übertragung einzelner wesentlicher Betriebsgrundlagen auf einen anderen Rechtsträger ist nach Ansicht der Finanzverwaltung die Rechtsprechung zum Gesamtplan zu beachten (UmwStE 2011 Rn 24.03 iVm 20.07; *Fuhrmann* in W/M § 24 Rn. 251 mwN; vgl. auch BFH v. 16.12.2015 – IV R 8/12, BStBl. II 2017, 766, wonach es ein neben dem Gestaltungsmissbrauch nach § 42 AO bestehendes oder darüber hinausgehendes Rechtsinstitut eines „Gesamtplans“ nicht gibt; v. 9.11.2011 – X R 60/09, BStBl. II 2012, 638, DStR 2012, 648 ff.; *Schmitt* in S/H/S § 24 UmwStG Rn. 6059; zur Gesamtplanrechtsprechung vgl. auch *Strahl* KÖSDI 2011, 17363–17371). Das Sonderbetriebsvermögen gehört zu den wesentlichen Betriebsgrundlagen, wenn es in funktionaler Hinsicht als solches zu qualifizieren ist (vgl. § 20 Rn. 63, 65, 78). 25

Auch eine **freiberufliche Einzelpraxis** ist – ebenso wie ein **Besitzeinzelunternehmen,** der **Betrieb gewerblicher Art einer Körperschaft des öffentlichen Rechts** oder der **wirtschaftliche Geschäftsbetrieb einer steuerbefreiten Körperschaft** – „Betrieb“ iSd § 24 und kann damit Gegenstand einer Einbringung sein (BFH v. 23.5.1985 – IV R 210/83, BStBl. II 1985, 695; v. 5.4.1984 – IV R 88/80, BStBl. II 1984, 518; v. 13.12.1979 – IV R 34/74, BStBl. II 1979, 239; *Patt* in D/P/M § 24 Rn. 89). Dies gilt ebenfalls für einen freiberuflichen Teilbetrieb (BFH v. 23.5.1985 – IV R 210/83, BStBl. II 26

1985, 695 mwN; *Schmitt* in S/H/S § 20 Rn. 122), eine Partnerschaftsgesellschaft (Rn. 83) und einen land- und forstwirtschaftlichen Betrieb (*Patt* in D/P/M § 24 Rn. 89). Eine Einbringung freiberuflicher **Büro-, Praxis-, Labor- oder Apparategemeinschaften** nach § 24 ist dagegen idR wegen Fehlens der gemeinschaftlichen Gewinnerzielungsabsicht, einer wesentlichen Voraussetzung für die Annahme einer Mitunternehmerschaft, nicht möglich (*Fuhrmann* in W/M § 24 Rn. 243; *Wacker* in Schmidt § 15 EStG Rn. 327; BMF v. 12.2.2009, BStBl. I 2009, 398).

27 „Betrieb“ ist auch ein **im Aufbau befindlicher (Teil-)Betrieb,** wenn die wesentlichen Betriebsgrundlagen vorhanden sind (*Patt* in D/P/M § 24 Rn. 91 unter Verweis auf § 20 Rn. 106 mwN; *Schmitt* in S/H/S § 20 Rn. 63; *Schumacher/Bier* in FGS/BDI UmwStE 2011, 273; *Ohde* in Haase/Hruschka § 24 Rn. 20; **aA** UmwStE 2011 Rn. 24.03 iVm Rn. 20.06 und Rn. 15.03), ebenso wie ein **verpachteter** (*Patt* in D/P/M § 24 Rn. 91 f.; *Fuhrmann* in W/M § 24 Rn. 242; BFH v. 1.4.2010 – IV B 84/09, BFH/NV 2010, 1450; v. 20.6.1989 – VIII R 100/86, BFH/NV 1990 oder **ruhender Betrieb** (*Fuhrmann* in W/M § 24 Rn. 242; s. § 20 Rn. 61).

28 Literatur und Rspr. verstehen unter einem **Teilbetrieb** in einkommensteuerlichem Sinne einen mit einer gewissen Selbständigkeit ausgestatteten, organisatorisch geschlossenen Teil eines Gesamtbetriebs, der für sich allein lebensfähig ist (stRspr. BFH v. 17.7.2008 – I R 77/06, BStBl. II 2009, 464 mwN; v. 11.12.2001 – VIII R 58/98, BStBl. II 2002, 420 mwN; *Fuhrmann* in W/M § 24 Rn. 264; *Wacker* in Schmidt § 16 EStG Rn. 141 mwN). Die Definition des Teilbetriebsbegriffs, die von der Rspr. im Rahmen des § 16 EStG entwickelt wurde, ist auch für Zwecke des § 24 maßgeblich (BFH v. 17.7.2008 – I R 77/06, BStBl. II 2009, 464 mwN; v. 11.12.2001 – VIII R 58/98, BStBl. II 2002, 420 mwN; *Patt* in D/P/M § 24 Rn. 91, 93; *Schmitt* in Schmitt/Schloßmacher UmwStE 2011 zu Rn. 24.02; *Rogall/Gerner* in FGS/BDI UmwStE 2011, 500; **aA** wohl UmwStE 2011 Rn. 24.03 iVm Rn. 20.06 und Rn. 15.02).

29 Für Zwecke des § 24 ist im Unterschied zum Teilbetriebsverständnis bei § 20 (s. § 20 Rn. 90, 97) auch nach der mit der Neufassung durch das SEStEG verfolgten Europäisierung des UmwStG nicht von der **Begriffsdefinition der Fusions-RL** auszugehen. Zwar enthält die Fusions-RL eine eigene Definition des Teilbetriebsbegriffs; allerdings umfasst der Anwendungsbereich der EG-FRL nicht (transparente) Personengesellschaften, sodass die Fusions-RL und damit auch der dort niedergelegte Teilbetriebsbegriff insoweit nicht anwendbar ist. Es ist mithin an der von der Rechtsprechung zu § 16 EStG entwickelten Begriffsbestimmung des Teilbetriebs unter Berücksichtigung der normspezifischen Besonderheiten des § 24 festzuhalten (*Rasche* in R/H/vL § 24 Rn. 41; *Patt* in D/P/M § 24 Rn. 91, 93; *Schmitt* in S/H/S § 24 Rn. 63; *Rogall/Gerner* in FGS/BDI UmwStE 2011, 500; BFH v. 17.7.2008 – I R 77/06, BStBl. II 2009, 464 mwN; v. 11.12.2001 – VIII R 58/98, BStBl. II 2002, 420 mwN). Danach ist Teilbetrieb „die Gesamtheit der in einem Unternehmensteil einer Gesellschaft vorhandenen aktiven und passiven Wirtschaftsgüter, die in organisatorischer Hinsicht einen selbstständigen Betrieb, dh eine aus eigenen Mitteln funktionsfähige Einheit darstellen“. Diese Voraussetzungen müssen im **Zeitpunkt** der tatsächlichen Einbringung iSd Übertragung des (wirtschaftlichen) Eigentums bzw. des Abschlusses des dinglichen Einbringungsvertrags gegeben sein (BFH v. 9.11.2011 – X R 60/09, BStBl. II 2012, 638; *Nitzschke* in Blümich, § 24 Rn. 264; *Schmitt* in S/H/S § 24 Rn. 59; *Fuhrmann* in W/M § 24 Rn. 266;). Maßgeblich ist die Perspektive des Einbringenden (*Patt* in D/P/M § 24 Rn. 91; *Schmitt* in S/H/S § 24 Rn. 99). Auf die Frage, ob die betreffenden Wirtschaftsgüter bei **quantitativer Betrachtungsweise** als „wesentlich“ zu qualifizieren sind, ob also erhebliche stille Reserven in diesen Wirtschaftsgütern ruhen, kommt es im Kontext von § 24 nicht an (*Patt* in D/P/M § 24 Rn. 90 unter Verweis auf § 20, Rn. 43 ff. mwN; BFH v. 20.11.2005 – VIII R 58/98, BStBl. II 2006, 176; **funktionale Betrachtungsweise; aA** funktional-quantitative Betrachtung *Rasche* in R/H/vL § 24 Rn. 36). Für die hier vertretene Auffassung spricht im Übrigen, dass im Gegensatz zu der Regelung des § 16 EStG, der Zweck des § 24 gerade nicht darin besteht, die Ver-

steuerung zusammengeballter stiller Reserven abzufedern, sondern im betrieblichen Bereich beabsichtigte Umstrukturierungsmaßnahmen unter Wahrung vollständiger Besteuerung stiller Reserven zu ermöglichen. Dem entspricht eine normspezifische Auslegung des Teilbetriebsbegriffs (*Patt* in D/P/M § 24 Rn. 91 unter Verweis auf § 20, Rn. 43 ff. mwN; *Schmitt* in S/H/S § 24 Rn. 59.; **aA** *Rasche* in R/H/vL § 24 Rn. 36).

Die vom Gesetz geforderte Einbringung eines (Teil-)Betriebs liegt nur dann vor, wenn auf den übernehmenden Rechtsträger alle Wirtschaftsgüter übertragen werden, die im Einbringungszeitpunkt zu den funktional wesentlichen Betriebsgrundlagen des (Teil-)Betriebs gehören („zeitpunktbezogene Betrachtung"). Werden daher vom Einbringenden im Zuge der Einbringung eines Betriebs oder Teilbetriebs Wirtschaftsgüter zurückbehalten, kommt es für die unmittelbare Anwendbarkeit des § 24 zum einen darauf an, ob die eingebrachten Wirtschaftsgüter noch die Merkmale eines Betriebs oder Teilbetriebs aufweisen, was nur dann der Fall ist, wenn es sich bei den eingebrachten Wirtschaftsgütern unter funktionalen Gesichtspunkten um wesentliche Betriebsgrundlagen handelt (BFH v. 9.11.2011 – X R 60/09, BStBl. II 2012, 638; v. 16.12.2004 – IV R 3/03, BFH/NV 2005, 879; v. 29.10.1987 – IV R 93/85, BStBl. II 1988, 374; s. § 20 Rn. 66 ff.). Zum anderen ist insbesondere im Zusammenhang mit der Veräußerung oder Entnahme wesentlicher Betriebsgrundlagen vor Einbringung der (verkleinerten) Sachgesamtheit die zeitpunktbezogene Betrachtung zu beachten (vgl. *Wendt* in FR 2018, 508). Unschädlich für die steuerneutrale Einbringung ist es, wesentliche Betriebsgrundlagen zeitlich vor der Einbringung unter Aufdeckung der stillen Reserven „auszulagern", wenn dies auf Dauer angelegt ist und sich deshalb nicht nur als vorgeschoben erweist (BFH v. 9.11.2011 – X R 60/09, BStBl. II 2012, 638; UmwStE 2011 Rn. 20.06 iVm FN 59). Die Zurückbehaltung einer wesentlichen Betriebsgrundlage, die als Folge der Einbringung zu einer Entnahme führt, ist nach Ansicht des BFH (BFH v. 19.11.2017 – I R 7/16, BFH/NV 2018, 810) für die Annahme einer steuerneutralen Betriebseinbringung nach § 20 UmwStG hingegen schädlich. Dies muss auch für § 24 UmwStG gelten und zwar selbst dann, wenn die wesentlichen Betriebsgrundlagen, ohne vorher ausgelagert zu werden, nach der Einbringung gewinnneutral einem anderen Betriebsvermögen des Einbringenden zuzurechnen sind (zum Dilemma der „juristischen Sekunde" bei der tatsächlich erfolgten Vorabausgliederung einer wesentlichen Betriebsgrundlage vgl. *Wacker* in DStR 2018, 1014; zur Ausgliederung von wesentlichen Betriebsgrundlagen in unmittelbarem Zusammenhang mit Einbringungen *Schmitt* in S/H/S § 24 Rn. 59, 101 f.). Fehlt es daran, liegt die nicht begünstigte Einbringung einzelner Wirtschaftsgüter vor (s. Rn. 44 ff.; § 20 Rn. 66 ff.). Bei Freiberuflern und Gewerbetreibenden, deren Betrieb maßgeblich durch die Arbeitsleistung des Inhabers geprägt ist, indiziert die Übertragung des Mandanten- oder Kundenstamms das Vorliegen der Einbringung eines Betriebs (*Fuhrmann* in W/M § 24 Rn. 245; *Patt* in D/P/M § 20 Rn. 96). „Eingebracht" sind dabei sowohl die in das zivilrechtliche Eigentum der Gesamthand überführten Wirtschaftsgüter als auch die Wirtschaftsgüter, die vor Einbringung in das Privatvermögen eines Mitunternehmers der aufnehmenden Personengesellschaft überführt werden, jedoch steuerlich als Sonderbetriebsvermögen zu qualifizieren sind (UmwStE 2011 Rn. 24.05; *Fuhrmann* in W/M § 24 Rn. 289; *Schmitt* in S/H/S § 24 Rn. 34; *Rasche* in R/H/vL § 24 Rn. 58; **aA** *Patt* in D/P/M § 24 Rn. 15 hinsichtlich der (erstmaligen Bildung) von Sonderbetriebsvermögen). Auch die teilweise vertretene Ansicht, wonach bei Einbringung nur des Umlaufvermögens und Verpachtung der übrigen Wirtschaftsgüter durch den bisherigen Einzelunternehmer, mangels Vorliegens eines tauschähnlichen Vorganges hinsichtlich der wesentlichen Betriebsgrundlagen § 24 nicht anwendbar sei, überzeugt nicht (vgl. auch *Niehaus* FR 2010, 1; zur Rechtslage vor SEStEG: *Schulze zur Wiesche* DB 1986, 1746). Die verpachteten Wirtschaftsgüter werden notwendiges Sonderbetriebsvermögen und damit Betriebsvermögen der Personengesellschaft. § 24 verlangt lediglich die Einräumung einer Mitunternehmerstellung, ohne dass deren Wert mit dem Wert der in das Gesamthandsvermögen eingebrachten Wirtschaftsgüter korrespondieren müsste. Eine Einbringung liegt nur dann nicht vor, wenn sämtliche Wirtschafts- 30 güter ausschließlich in das Sonderbetriebsvermögen übertragen werden, da es in diesem Fall sowohl an einer Veräußerung als auch an einer Sacheinlage fehlt.

Handelt es sich bei den eingebrachten Wirtschaftsgütern ausschließlich um **Umlaufvermögen** ohne dass eine Verpachtung der übrigen Wirtschaftsgüter erfolgt, spricht dies nach der maßgeblichen funktionalen Betrachtungsweise von vornherein gegen die Annahme einer wesentlichen Betriebsgrundlage (vgl. BFH v. 4.12.2012 – VIII R 41/09, BStBl. II 2014, 288). Bei den **Honorarforderungen** eines Steuerberaters handelt es sich folglich – im Gegensatz zum Mandantenstamm – nicht um eine wesentliche Betriebsgrundlage. Damit können diese Honorarforderungen im Rahmen der Einbringung einer freiberuflichen Einzelpraxis in eine Sozietät zurückbehalten werden, ohne den Buchwertansatz nach § 24 II 2 zu gefährden. Soweit die zurückbehaltenen Honorarforderungen nicht ausdrücklich in das Privatvermögen überführt werden, handelt es sich nach Ansicht des BFH um **Restbetriebsvermögen,** dessen Verwertung zu Einkünften nach § 24 Nr. 2 EStG führt (vgl. BFH v. 4.12.2012 – VIII R 41/09, BStBl. II 2014, 288; vgl. auch *Fuhrmann/Müller* DStR 2013, 848; *Fuhrmann* in W/M § 24 Rn. 337).

31 Bilden die eingebrachten Wirtschaftsgüter im Zeitpunkt der Fassung des Umwandlungsbeschlusses oder des Abschlusses des Einbringungsvertrages keinen Betrieb oder Teilbetrieb mehr, handelt es sich um die **Einbringung einzelner Wirtschaftsgüter.** In diesem Fall kann eine steuerneutrale Übertragung nur nach Maßgabe von § 6 V EStG erfolgen (s. Rn. 45). **§ 24 ist nicht entsprechend anwendbar** (*Schmitt* in S/H/S § 24 Rn. 98; *Patt* in D/P/M § 24 Rn. 1).

b) Mitunternehmeranteil

32 § 24 greift auch bei Einbringung eines Mitunternehmeranteils ein. Der **Begriff des Mitunternehmeranteils** entspricht dem in § 20 verwendeten Begriff (s. § 20 Rn. 120). Der Mitunternehmeranteil umfasst die gesellschaftsrechtliche Mitgliedschaft einschließlich der dinglichen Mitberechtigung am Gesamthandsvermögen sowie etwaiges **Sonderbetriebsvermögen** des einzelnen Mitunternehmers (*Fuhrmann* in W/M § 24 Rn. 270 ff.; *Wacker* in Schmidt § 16 EStG Rn. 404, 407). Dies folgt aus Sinn und Zweck des Instituts des Sonderbetriebsvermögens, mit dem die Gleichbehandlung von Mitunternehmer und Einzelunternehmer sichergestellt werden soll, da Wirtschaftsgüter des Sonderbetriebsvermögens beim Einzelunternehmer notwendiges Betriebsvermögen wären (BFH v. 31.8.1995 – VIII B 21/93, BStBl. II 1995, 890; v. 19.3.1991– VIII R 76/87, BStBl. II 1991, 636; *Wacker* in Schmidt § 16 EStG Rn. 407; *Patt* in D/P/M § 24 Rn. 94).

33 Die Einbringung eines Mitunternehmeranteils setzt voraus, dass der Einbringende auch die funktional wesentlichen Wirtschaftsgüter in das Gesamthandsvermögen oder Sonderbetriebsvermögen der aufnehmenden Personengesellschaft überträgt, die sich bislang im Sonderbetriebsvermögen der Personengesellschaft befunden haben, deren Mitunternehmeranteil eingebracht wird (§ 20 Rn. 148 ff.; UmwStE 2011 Rn. 24,05 und 24.03 iVm 20.10, 20.06; *Schmitt* in S/H/S § 24 Rn. 70; *Fuhrmann* in W/M § 24 Rn. 280; *Rasche* in R/H/vL § 24 Rn. 44; **aA** *Patt* in D/P/M § 24 Rn. 94: Anwendung von § 24 nur bei Einbringung ins Gesamthandsvermögen).

Bei **doppelstöckigen Personengesellschaften** ist aufgrund des § 15 I Nr. 2 2 EStG kraft gesetzlicher Fiktion ein Mitunternehmer einer Personengesellschaft (Obergesellschaft), die als solche an einer anderen Personengesellschaft (Untergesellschaft) beteiligt ist, auch als Mitunternehmer der Untergesellschaft anzusehen. Wird daher bei der Einbringung des Mitunternehmeranteils an der (zukünftigen) Untergesellschaft das vorhandene Sonderbetriebsvermögen nicht zugleich auf die Obergesellschaft übertragen, verbleibt es Sonderbetriebsvermögen des Einbringenden bei der Untergesellschaft, wenn es der Untergesellschaft weiterhin unmittelbar durch den Einbringenden und nicht durch die Obergesellschaft zur Nutzung überlassen wird. Diese gesetzliche Fiktion bezieht sich nicht nur auf das Sonderbetriebsvermögen I, sondern auch auf das Sonderbetriebsvermögen II (BFH v. 12.10.2016 – I R 92/12, BFH/NV 2017, 685). Da § 24 jedoch grds. die Einbringung aller wesentlichen Betriebsgrundlagen in das Betriebsvermögen oder Sonderbetriebsvermögen der **übernehmenden (Ober-)Gesellschaft** voraussetzt (s. den Wortlaut des § 1 III, IV), ist es zweifelhaft, ob § 24 in diesem Fall Anwendung findet (gegen eine Anwendung des § 24 *Patt* in D/P/M § 24 Rn. 94; *Rasche* in R/H/vL § 24 Rn. 44, zweifelnd *Schmitt* in S/H/S § 24 Rn. 72; *Fuhrmann* in W/M § 24 Rn. 280). Soweit der Einbringende hingegen das Sonderbetriebsvermögen zivilrechtlich auf die Obergesellschaft überträgt und diese das Sonderbetriebsvermögen der Untergesellschaft zur Nutzung überlässt, stellt dieses zwar Sonderbetriebsvermögen der Obergesellschaft bei der Untergesellschaft dar. Da das Sonderbetriebsvermögen aber zugleich auch gesamthänderisches Betriebsvermögen der Obergesellschaft wird, findet § 24 in diesen Fällen Anwendung. Dasselbe gilt, wenn der Einbringende zwar zivilrechtlicher Eigentümer des Sonderbetriebsvermögens verbleibt, dies jedoch der Obergesellschaft zur Nutzung bei der Untergesellschaft überlässt. In diesem Fall geht das Sonderbetriebsvermögen bei der Untergesellschaft dem Sonderbetriebsvermögen bei der Obergesellschaft lediglich vor. Zur Problematik der Zuordnung von Wirtschaftsgütern, die zwischen Schwesterpersonengesellschaften zur Nutzung überlassen werden, s. Rn. 15.

Kein Mitunternehmeranteil iSd § 24 soll ein im Betriebsvermögen des Gesellschafters 34
gehaltener Anteil an einer sog. **Zebra-Gesellschaft**, also an einer weder gewerblich tätigen, noch gewerblich geprägten Personengesellschaft, sein (vgl. *Schmitt* in S/H/S § 24 Rn. 67 mwN; *Wacker* in Schmidt § 16 EStG Rn. 405). Aus der Sicht des gewerbetreibenden Einbringenden kann es sich aber um einen Teilbetrieb handeln.

Mitunternehmeranteil iSd § 24 ist auch der **Teil eines Mitunternehmeranteils** (Um- 35
kehrschluss aus § 24 III 2; BFH v. 25.4.2006 – VIII R 52/04, BStBl. II 2006, 847; UmwStE 2011 Rn. 24.03 iVm Rn. 20.11; *Patt* in D/P/M § 24 Rn. 94; *Schmitt* in S/H/S § 24 Rn. 69; *Fuhrmann* in W/M § 24 Rn. 279). Für ihn gelten die vorgenannten Grundsätze sowie die entsprechenden Ausführungen zu § 20 sinngemäß (§ 20 Rn. 166–168). Umfasst der Teilmitunternehmeranteil auch **Sonderbetriebsvermögen,** das zu den wesentlichen Betriebsgrundlagen gehört, ist ein bei dessen Veräußerung entstehender Gewinn nur dann begünstigt, wenn auch ein entsprechender Bruchteil des Sonderbetriebsvermögens veräußert wird (BFH v. 10.11.2005 – IV R 29/04, BStBl. II 2006, 173; *Patt* in D/P/M § 24 Rn. 92).

c) 100 %-Beteiligung an einer Kapitalgesellschaft

Im Gegensatz zur Einbringung in eine Kapitalgesellschaft hat der Gesetzgeber auch in 36
der Neufassung des UmwStG im Rahmen des SEStEG die Einbringung einer 100 %-Beteiligung an einer Kapitalgesellschaft in eine Personengesellschaft nicht ausdrücklich geregelt. Ausweislich der Gesetzesbegründung soll § 24 jedoch auch die im Betriebsvermögen gehaltene 100 %ige Beteiligung an einer Kapitalgesellschaft umfassen (BT-Drs. 16/2710, 50) Dies entspricht auch der **hA** in der Literatur und der Verwaltungsauffassung (*Patt* in D/P/P/M § 24 Rn. 95; *Schmitt* in S/H/S § 24 Rn. 75; *Fuhrmann* in W/M § 24 Rn. 284; *Ohde* in Haase/Hruschka § 24 Rn. 22; UmwStE 2011 Rn. 24.02 iVm Rn. 15.05; **aA** BFH v. 17.7.2008 – I R 77/06, BStBl. II 2009, 464; kritisch *Rasche* in R/H/vL § 24 Rn. 42). Keinen eigenständiger Teilbetrieb bildet eine solche Beteiligung jedoch, wenn sie die Qualität einer funktional wesentlichen Betriebsgrundlage eines Betriebs, Teilbetriebs oder Mitunternehmeranteils hat und nicht nur eine wirtschaftliche Zuordnung besteht (*Patt* in D/P/M § 24 Rn. 95; *Rogall/Gerner* in FGS/BDI UmwStE 2011, 498; *Ohde* in Haase/Hruschka § 24 Rn. 22; UmwStE 2011 Rn. 24.02 iVm Rn. 15.06; **aA** stets Teilbetrieb *Schmitt* in S/H/S § 24 Rn. 75; *Neu/Schiffers/Watermeyer* GmbHR 2011, 729, 735).

Unter einer 100 %-Beteiligung ist das in einer Hand gehaltene **gesamte Nennkapital** 37
zu verstehen, wobei insoweit eigene Anteile der Kapitalgesellschaft ausgenommen sind (*Schmitt* in S/H/S § 24 Rn. 76; *Patt* in D/P/M § 24 Rn. 96; *Wacker* in Schmidt § 16 EStG Rn. 162). Von der Kapitalgesellschaft selbst im Zeitpunkt der Einbringung gehaltene

eigene Anteile stehen daher einer 100%-Beteiligung nicht entgegen (*Fuhrmann* in W/M § 24 Rn. 284).

38 Es muss sich aber nicht um eine Beteiligung im handelsrechtlichen Sinne nach § 271 I HGB (dauernde Verbindung) handeln (*Widmann* in W/M § 20 Rn. R848 mwN; *Wacker* in Schmidt § 16 EStG Rn. 162).

39 § 24 findet auch Anwendung, wenn sich die **100%-Beteiligung im Gesamthandsvermögen** einer gewerblich tätigen Personengesellschaft oder, vorausgesetzt, es handelt sich jeweils um Betriebsvermögen oder Sonderbetriebsvermögen, im Bruchteilseigentum der Gesellschafter der Personengesellschaft befindet (BFH v. 24.6.1982 – IV R 151/79, BStBl. II 1982, 751; *Patt* in D/P/M § 24 Rn. 96; *Schmitt* in S/H/S § 24 Rn. 77).

40 Eine im Betriebsvermögen gehaltene Beteiligung unter 100% stellt keinen Teilbetrieb iSd § 24 dar und schließt – im Gegensatz zur insoweit ausdrücklichen Regelung in § 20 I – die direkte Anwendung des § 24 aus. Diesbezüglich verstößt § 24 wegen Art. 10a III nicht gegen die Bestimmungen der FusionsRL (*Benz/Rosenberg* BB 2006 Special Nr. 8, 51, 74; *Rödder/Schumacher* DStR 2006, 1525, 1542). Es handelt sich dann um die Einbringung eines einzelnen Wirtschaftsgutes, auf die § 6 V EStG Anwendung findet (s. Rn. 45; *Patt* in D/P/M § 24 Rn. 98).

41 § 24 findet auch keine Anwendung auf die Übertragung einer wesentlichen Beteiligung iSv § 17 EStG oder einer 100%-Beteiligung an einer KapGes, die aus einem **Privatvermögen** stammt (*Patt* in D/P/M § 24 Rn. 97; *Schmitt* in S/H/S § 24 Rn. 80).

42 Bei **Treuhandverhältnissen** liegt eine Einbringung einer 100%-Beteiligung an einer Kapitalgesellschaft nur insoweit vor, als die Einbringung auch die Anteile umfasst, die sich im Gesamthandseigentum oder Bruchteilseigentum der Treugeber befinden, § 39 II AO (*Schmitt* in S/H/S § 24 Rn. 78). Dies gilt unabhängig davon, ob die Einbringung teils durch die Gesellschafter selbst, teils durch die Treuhänder erfolgt oder ob die gesamte Beteiligung von einem oder mehreren Treuhändern für einen oder mehrere Treugeber eingebracht wird.

d) Einbringung einer betrieblichen Sachgesamtheit gegen Mischentgelt

43 Als Einbringung gegen **Mischentgelt** wird eine solche verstanden, bei der der einbringende Gesellschafter neben der Gewährung von Gesellschaftsrechten auch eine sonstige Leistung **von der Gesellschaft** (zB eine Barauszahlung, die Übernahme einer Verbindlichkeit, die Einräumung eines schuldrechtlichen Darlehensanspruchs oder eines sonstigen schuldrechtlichen Anspruchs) erhält. Mit Urteil v. 18.9.2013 –X R 42/10, BStBl. II 2016, 639 hat der X. Senat des BFH entschieden, dass die Gewährung eines Mischentgelts bei der Einbringung einer betrieblichen Sachgesamtheit nicht zur Aufdeckung stiller Reserven führe, soweit die gesamte Gegenleistung den Buchwert der eingebrachten Sachgesamtheit nicht übersteigt. Mit diesem Urteil hat der BFH die sogenannte Einheitstheorie, die bei der Veräußerung von Betrieben zur Ermittlung des Veräußerungsgewinns angewandt wird, entsprechend auf Einbringungsvorgänge nach § 24 angewandt. Damit hat sich der X. Senat des BFH ausdrücklich gegen die auf Grundlage des Urteils des BFH v. 11.12.2001 – VII R 58/98, BStBl. II 2002, 420 vertretene Auffassung der FinVerw in UmwStE 2011 Rn. 24.07 gewandt. Der Gesetzgeber sah sich infolgedessen dazu veranlasst, eine Gesetzesänderung einzuleiten. Mit dem Steueränderungsgesetz 2015 vom 2.11.2015 (StÄndG 2015, BGBl. I 2015, 1834) ist § 24 II 2 deshalb neu gefasst worden. Die Möglichkeit zur Fortführung der Buchwerte oder zum Ansatz von Zwischenwerten besteht in den Fällen der Einbringung gegen Mischentgelt nunmehr nur, soweit die in § 24 II 2 Nr. 2 genannten Grenzen nicht überschritten werden. Nach Ansicht der FinVerw ist UmwStE 2011 Rn. 24.07 damit überholt. Es gelte nunmehr § 24 II S, 2 Nr. 2 (vgl. OFD Frankfurt v. 23.8.2016, S 1978 A – 43 – St 51; ebenso die **hA,** *Fuhrmann* in W/M § 24 Rn. 529.1ff; *Schmitt* in S/H/S § 24 Rn. 144a; *Patt* in D/P/M § 24 Rn. 62, 63). Für die Zeiträume vor Einführung des § 24 II S 2 Nr. 2 ist nach Ansicht der FinVerw das Urteil des BFH v. 18.9.2013 X R 42/10 weiter anzuwenden. Bei einer Einbringung gegen Mischentgelt

entsteht daher ein Gewinn nur insoweit, als die Summe der Gegenleistungen (gewährte Gesellschaftsrechte und andere Gegenleistungen) den steuerlichen BW der eingebrachten betrieblichen Sachgesamtheit übersteigt (OFD Frankfurt v. 23.8.2016, S 1978 A–43–St 51; *Fuhrmann* in W/M § 24 Rn. 540).

Mit der Ausweitung der Einheitstheorie auf Einbringungen von Sachgesamtheiten gegen **43a** Mischentgelt durch sein Urteil vom v. 18.9.2013 –X R 42/10, BStBl. II 2016, 639 folgt der X. Senat auch dem IV. Senat, der bei der Übertragung einzelner Wirtschaftsgüter im betrieblichen Bereich die sogenannte modifizierte Trennungstheorie mit einer vorrangigen Zuordnung des Buchwertes zum entgeltlichen Teil anwendet (s. hierzu Rn. 45). Danach kommt es im Rahmen der Übertragung zu keiner Gewinnrealisierung, soweit das Teilentgelt den gesamten Buchwert nicht übersteigt (vgl. *Kulosa* in Schmidt § 6 EStG Rn. 697). Der BFH hat sich damit sowohl bei der Übertragung von Sachgesamtheiten als auch bei der Übertragung einzelner Wirtschaftsgüter gegen Mischentgelt gegen die Auffassung der FinVerw gewandt. Diese möchte zumindest in den Fällen der Übertragung einzelner Wirtschaftsgüter nach wie vor die sogenannte strenge Trennungstheorie anwenden (s. hierzu Rn. 45; BMF v. 8.12.2011, BStBl. I 2011, 1279 Tz. 15 und Nichtanwendungserlass v. 12.9.2013, BStBl. I 2013, 1164). Nach dieser wird der teilentgeltliche Vorgang in ein voll entgeltliches und ein voll unentgeltliches Geschäft aufgeteilt. Die Aufteilung erfolgt dabei nach dem Verhältnis des eingebrachten Entgeltes zum Verkehrswert des übertragenen Wirtschaftsgutes.

Zuzahlungsfälle: Die in seinem Urteil v. 18.9.2013 – X R 42/10 für die Einbringung **43b** gegen Mischentgelt festgelegten Grundsätze sind nach der Rechtsprechung des BFH jedoch nicht auf Einbringungen zu übertragen, bei denen der Einbringende eine **Zuzahlung eines anderen (künftigen) Gesellschafters ins Privatvermögen** erhält. Der BFH ist der Auffassung, dass es sich insoweit um eine Kombination von Einbringung und Veräußerung von Betriebsvermögen handele, die zur (anteiligen) Aufdeckung von stillen Reserven führe. Der BFH begründet seine Auffassung damit, dass *„sich die Zuzahlung eines [neu eintretenden] künftigen Mitgesellschafters aus der Sicht des [einbringenden]) Altgesellschafters als Veräußerung eines Mitunternehmeranteils an einen Dritten darstellt, die von der Einbringung des Betriebs in die Personengesellschaft zu trennen ist"* (BFH v. 18.9.2013 – X R 42/10 BStBl. II 2016, 639). Dies soll nach dem BFH ebenfalls für Zuzahlungen gelten, die in ein **anderes Betriebsvermögen** (Sonderbetriebsvermögen bei der übernehmenden PersGes oder anderes im Inland steuerverstricktes Betriebsvermögen) des Einbringenden gelangen (BFH v. 17.9.2014 – IV R 33/11, BStBl. II 2015, 717 und v. 27.10.2015 – VIII R 47/12, BStBl. 2016, 600, vgl. auch *Patt* in D/P/M § 24 Rn. 62). Auch die FinVerw geht bei Zuzahlungen ins Privatvermögen oder in ein anderes Betriebsvermögen des Einbringenden davon aus, dass der Einbringende teilweise Eigentumsanteile an den Wirtschaftsgütern seines Betriebs veräußere und die veräußerten Eigentumsanteile für Rechnung des zuzahlenden Gesellschafters in das BV der PerGes einlege. Der durch die Zuzahlung entstehende Gewinn kann in diesem Fall nicht durch die Aufstellung einer negativen Ergänzungsbilanz neutralisiert werden (UmwStE 2011 Rn. 24.08, 24.09). Für den Gesellschafter, der die Ausgleichzahlung leistet, ist vielmehr eine positive Ergänzungsbilanz zu erstellen (vgl. auch *Patt* in D/P/M § 24 Rn. 58, Grundfall 3; zur Bestimmung, ob eine Zuzahlung in das Privatvermögen des Einbringenden vorliegt *Patt* in D/P/M § 24 Rn. 58, zur Abfolge von Einbringung und Veräußerung *Fuhrmann* in W/M § 24 Rn. 530).

Diese Ansicht des BFH und der FinVerw überzeugt, jedenfalls bis zur Änderung des § 24 durch das StÄndG 2015 (s. Rn. 153 ff.; *Fuhrmann* in W/M § 24 Rn. 521 mwN; *Patt* in D/P/M § 24 Rn. 62; *Nitzschke* in Blümich, § 20 Rn. 62 ff.). In Anbetracht des (neuen) Wortlautes des § 24 II 2 Nr. 2, der eine sonstige Gegenleistung ausdrücklich zulässt, ist es hingegen fraglich, ob an der vom BFH und der FinVerw vertretenen Auffassung festgehalten werden kann, oder ob hierdurch innerhalb der in § 24 II 2 Nr. 2 festgelegten Grenzen auch „echte" Zuzahlungen ins Privatvermögen oder in ein anderes Betriebsvermögen des Einbringenden einer vollständigen Steuerneutralität der Einbringung nicht entgegen stehen (s. vgl. hierzu Rn. 154a; *Fuhrmann* in W/M § 24 Rn. 529.1, 529.9).

Abzugrenzen von der Zuzahlung in das Vermögen des Einbringenden ist der Fall, dass ein (zukünftiger) Gesellschafter eine Zuzahlung in das **Vermögen der Personengesellschaft** leistet. Hier findet § 24 Anwendung (vgl. *Fuhrmann* in W/M § 24 Rn. 414).

e) Einzelwirtschaftsgüter

44 Nach seinem Wortlaut fällt die Einbringung einzelner Wirtschaftsgüter, welche nicht im Rahmen eines „Betriebs" oder „Teilbetriebs" in das Betriebsvermögen/Sonderbetriebsvermögen der übernehmenden Personengesellschaft überführt werden, nicht unter die Regelung des § 24 I (*Patt* in D/P/M § 24 Rn. 45; *Rasche* in R/H/vL § 24 Rn. 16). **Bis zum 31.12.1998** fand § 24 I unter bestimmten Voraussetzungen noch **analog Anwendung auf die Einbringung von Einzelwirtschaftsgütern**. Dies ist jedoch seit Einführung des § 6 V 3 ausgeschlossen (zur Rechtsentwicklung *Patt* in D/P/M § 24 Rn. 45). Zum Konkurrenzverhältnis zwischen § 24 UmwStG und § 6 III bzw. § 6 V EStG s. eingehend Rn. 115, 115a.

45 Die Übertragung einzelner Wirtschaftsgüter im betrieblichen Bereich ist **seit dem 1.1.1999** durch **§ 6 V EStG** geregelt. **§ 6 V 1 u. 2** EStG regeln die **Überführung** von einzelnen Wirtschaftsgütern zwischen Betriebsvermögen von verschiedenen **Einzelunternehmen desselben Steuerpflichtigen** sowie aus dem Betriebsvermögen des Einzelunternehmens in das **eigene Sonderbetriebsvermögen** und umgekehrt. Es handelt sich in diesen Fällen um Einlagen bzw. Entnahmen mit Buchwertfortführung; der Übergang passiver Wirtschaftsgüter ist unschädlich. Die Regelung gilt auch für Sachgesamtheiten, Betriebe, Teilbetriebe und Mitunternehmeranteile, soweit die grundsätzlich vorrangigen Vorschriften für die Übertragung betrieblicher Sachgesamtheiten – § 6 III EStG bzw. §§ 20 -24 nicht anwendbar sind (BMF v. 8.12.2011, BStBl. I 2011, 1279 Rn. 6, 12; *Kulosa* in Schmidt § 6 Rn. 681; *Niehus/Wilke* in H/H/R § 6 EStG Rn 1550; zum Konkurrenzverhältnis zwischen § 24 und § 6 V EStG bei der Übertragung einer 100 %-igen Kapitalgesellschaftsbeteiligung vom Sonderbetriebsvermögen in das Gesamthandsvermögen vgl. *Reiser/Schierle* DStR 2013, 113). **§ 6 V 3** EStG regelt demgegenüber die **unentgeltliche oder gegen Gewährung oder Minderung von Gesellschaftsrechten erfolgende Übertragung** einzelner oder mehrerer Wirtschaftsgüter

- aus einem Einzelbetriebsvermögen in ein Gesamthandsvermögen,
- aus einem Sonderbetriebsvermögen
  - in das Gesamthandsvermögen derselben oder einer anderen Mitunternehmerschaft oder
  - in das Sonderbetriebsvermögen eines anderen Mitunternehmers bei derselben Mitunternehmerschaft,
- aus einem Gesamthandsvermögen
  - in das Einzelbetriebsvermögen des Mitunternehmers
  - in das Sonderbetriebsvermögen des Mitunternehmers bei derselben oder einer anderen Mitunternehmerschaft.

Bei Vorliegen des Tatbestandes des § 6 V 3 ist sowohl im abgebenden als auch im aufnehmenden BV im Zeitpunkt der Übertragung des wirtschaftlichen Eigentums zwingend der BW anzusetzen. Eine wahlweise Teil- oder Vollrealisierung stiller Reserven ist nicht zulässig. Erfolgt die Übertragung hingegen teilentgeltlich (zB gegen ein Entgelt unterhalb des gemeinen Wertes des übertragenen WG) oder gegen Mischentgelt (z. B. bei Übernahme von mit dem übertragenen WG zusammenhängenden Verbindlichkeiten), ist der Vorgang in eine entgeltliche und eine unentgeltliche Komponente aufzuteilen. Die sogenannte Einheitstheorie wird bei der Übertragung von Einzelwirtschaftsgütern nur ganz vereinzelt vertreten (s. auch Rn. 43 in BFH v. 19.3.2014 – X R 28/12, BFH/NV 2016, 310). Die Aufteilung erfolgt nach Ansicht der FinVerw gemäß der sog. strengen Trennungstheorie. Dabei führt das Entgelt im Umfang der Entgeltlichkeitsquote (= Verhältnis zwischen der Gegenleistung (Teilentgelt) und dem Verkehrswert des übertragenen WG) zu einer Veräußerung und einer insoweit erfolgenden Aufdeckung vorhandener stiller Reserven. Die hierdurch eintretende Gewinnrealisierung kann nicht durch eine Ergänzungsbilanz neutralisiert werden (BMF v. 8.12.2011, BStBl. I 2011, 1279 Rn. 15; Nichtanwendungserlass v 12.9.2013, BStBl. I 2013, 1164; BFH v. 11.12.2001 – VIII R 58/98, BStBl. II 2002, 420; *Kulosa* in Schmidt § 6 Rn. 697 mwN; *Patt* in D/P/M § 24 Rn. 51). Der IV. Senat des BFH vertritt für eine teilentgeltliche Übertragung bei § 6 V 3 EStG demgegenüber die sogenannte modifizierte Trennungstheorie, wonach der BW nicht entsprechend der Entgeltlichkeitsquote aufgeteilt, sondern vollständig dem entgeltlichen Teil des Geschäftes zugeordnet wird (vgl. hierzu BFH v. 21.6.2012 – IV R 1/08, BFH/NV 2012, 1539; v. 19.9.2012 – IV R 11/12, BFH/NV 2012, 1880; zustimmend *Reis* in Kirchhof § 15 EStG Rn. 376a; *Levedag* GmbHR 2013, 673, 677). Die FinVerw hat die Anwendung der modifizierten Trennungstheorie auf die teilentgeltliche Übertragung von Einzelwirtschaftsgütern im betrieblichen Bereich gemäß der Judikatur des IV. Senates durch den Nichtanwendungserlass v. 12.9.2013, BStBl. I 2013, von der Entscheidung des X. Senats des BFH in dem Revisionsverfahren v. 19.3.2014 – X R 28/12, FR 2014, 752 abhängig gemacht. Dieses Verfahren hat der X. Senat des BFH, dem Großen Senat des BFH zur Entscheidung vorgelegt (GrS 1/16). Nach Erledigung der Hauptsache in dem Verfahren BFH v. 19.3.2014 – X R 28/12, BStBl. II 2014, 629 und Aufhebung des Vorlagebeschlusses ist der Rechtsgrund für eine Entscheidung des Großen Senates des BFH jedoch entfallen (Beschluss vom 30.10.2018; ausführliche Zusammenfassung hinsichtlich der Anwendung der Einheits- und (modifizierten) Trennungstheorie bei teilentgeltlichen Übertragungen auch bei *Niehus/Wilke* in H/H/R § 6 Rn. 1555 ff.).

Während die Anwendung der Einheitstheorie im Rahmen der teilentgeltlichen Übertragung einzelner Wirtschaftsgüter kaum mehr vertreten wird, ist diese bei der Einbringung von Sachgesamtheiten gegen Teilentgelt im Rahmen des § 24 insbesondere nach Ansicht des X. Senates des BFH entsprechend anzuwenden (s. Rn. 43a; BFH v. 18.9.2013 –X R 42/10, BStBl. II 2016, 639). In diesem Urteil hat der X. Senat des BFH ausdrücklich die in UmwStE 2011, Rn. 24.07 vertretene Ansicht der FinVerw abgelehnt, wonach für Einbringungen gegen Mischentgelt die strenge Trennungstheorie gelte. Durch die Änderung des § 24 II 2 durch das StÄndG 2015 hat der Gesetzgeber die Anwendung der Einheitstheorie auf die Gewährung sonstiger Gegenleistungen im Rahmen von § 24 zwar grundsätzlich ebenfalls anerkannt und damit die von der FinVerw vertretene „strenge" Trennungstheorie zurückgewiesen. Der vom X. Senat des BFH anerkannte Umfang, in dem eine Buchwertfortführung nach der Einheitstheorie möglich ist, wird durch das Gesetz jedoch erheblichen quoten- bzw. ertragsmäßigen Einschränkungen unterworfen.

Bei der Übertragung **betrieblicher Sachgesamtheiten** (Betrieb, Teilbetrieb, Mitunternehmeranteil) nach § 6 III EStG wird von der Rspr. und der herrschenden Lehre hingegen die **Einheitstheorie** angewendet (*Gratz/Uhl-Ludäscher* in H/H/R § 6 EStG, Rn. 1233 mwN; *Geissler* in H/H/R § 16 Rn. 75 ff.). Danach ist insgesamt von einer Unentgeltlichkeit eines Übertragungsvorgangs auszugehen, wenn das Entgelt nicht den BW der Sachgesamtheit übersteigt. Liegt das Entgelt über dem BW, handelt es sich insgesamt um einen entgeltlichen Vorgang. Vgl. hierzu Rn. 43a.

Die steuerliche Behandlung bei **Übertragungen von Wirtschaftsgütern zwischen** beteiligungsidentischen **Schwester-Personengesellschaften** ist umstritten (BFH v. 25.11.2009 – I R 72/08, BStBl. II 2010, 471 – keine Anwendung von § 6 V 3 EStG und daher Aufdeckung der stillen Reserven; ebenso BMF v. 8.12.2011, BStBl. I 2011, 1279; v. 29.10.2010, BStBl. I 2010, 1206, Rn. 18; *Patt* in D/P/M § 24 Rn. 48a mwN; **aA** BFH v. 15.4.2010 – IV B 105/09, BStBl. II 2010, 971 – der eine verfassungskonforme Auslegung des § 6 V 3 EStG dahingehend für zulässig erachtet, die Bestimmung auch auf Übertragungen zwischen Schwester-Personengesellschaften anzuwenden; ebenso *Kulosa* in Schmidt § 6 Rn. 702 mwN; *Niehus/Wielke* in H/H/R § 6 EStG, Rn 1447e). Mit Urteil vom 10.4.2013 – I R 80/12, BStBl. II 2013, 1004 hat der I. Senat des BFH seine Ansicht nochmals bekräftigt, dass § 6 V 3 EStG bei Übertragungen zwischen Schwester-Personengesellschaften nicht anwendbar ist. Da sich der I. Senat des BFH in diesem Revisionsverfahren – im Gegensatz zum IV. Senat – an einer verfassungskonformen Auslegung des § 6 V 3 EStG gehindert sieht, hat er das Verfahren ausgesetzt und mit Beschluss vom 10.4.2013 das BVerfG angerufen, um eine Entscheidung darüber einzuholen, ob § 6 V 3 insoweit gegen den allgemeinen Gleichheitssatz des Art. 3 I GG verstößt, als hiernach eine Übertragung von Wirtschaftsgütern zwischen beteiligungsidentischen Personengesellschaften nicht zum Buchwert möglich ist (DStR 2013, 2165; Az. beim BVerfG: 2 BvL 8/13; zu der zugrunde liegenden Frage der Reichweite des Subjektsteuerprinzips *Danz* FR 2018, 160 ff.).

46 Entsteht durch Zurückbehaltung eines Einzelwirtschaftsgutes (zB des Betriebsgrundstückes) im Zuge der Einbringung einer Sachgesamtheit eine mitunternehmerische Betriebsaufspaltung, findet § 24 grds. keine Anwendung, soweit das Einzelwirtschaftsgut eine wesentliche Betriebsgrundlage darstellt. Das Einzelwirtschaftsgut wird kein Sonderbetriebsvermögen bei der nutzenden (Schwester-)Personengesellschaft, sondern bleibt BV der überlassenden PersGes (s. Rn 15; UmwStE 2011 Rn. 24.05; *Patt* in D/P/M § 24 Rn. 90) § 24 ist hingegen **anwendbar**, wenn neben der Einbringung einer Sachgesamtheit in das Betriebsvermögen der übernehmenden PersGes, auch ein Einzelwirtschafsgut in das Sonderbetriebsvermögen der übernehmenden PersGes überführt wird. Dies kann dergestalt erfolgen, dass ein der einbringenden PersGes von mehreren Gesellschaftern überlassenes **Einzelwirtschaftsgut** von der einbringenden PersGes **zunächst zurückbehalten** und dann der aufnehmenden Personengesellschaft, an der die einbringenden Gesellschafter ebenfalls beteiligt sind, **unentgeltlich zur Nutzung überlassen** wird. Mangels Gewinnerzielungsabsicht entsteht keine mitunternehmerische Betriebsaufspaltung (vgl. BMF vom 19.4.1998, BStBl. I 1998, 583, Nr. 1), die zur Folge hätte, dass eine Einbringung des Einzelwirtschaftsgutes an den Grundsätzen der Bilanzierungskonkurrenz zwischen **Schwester-Personengesellschaften** scheitern würde. Das Einzelwirtschaftsgut wird vielmehr Sonderbetriebsvermögen bei der übernehmenden Gesellschaft. Es liegt auch keine Übertragung eines Einzelwirtschaftsgutes iSv § 6 V EStG vor, insbesondere keine Übertragung aus dem Gesamthandsvermögen einer Mitunternehmerschaft in das Sonderbetriebsvermögen derselben Mitunternehmerschaft oder einer anderen Mitunternehmerschaft, an der die Gesellschafter beteiligt sind (§ 6 V 3 Nr. 2 EStG). Schließlich ist auch keine Übertragung an einen anderen Steuerpflichtigen nach § 6 IV EStG gegeben, da Rechtsträger des Einzelwirtschaftsgutes dieselben bleiben. Diese Gestaltung ist vor allem interessant, wenn die Einbringenden neue Mitunternehmer aufnehmen und gleichzeitig das Eigentum an ihrem Grundstück behalten wollen (*Strahl* KÖSDI 2006, 15197, derselbe Ubg 2011, 433; *Patt* EStB 2016, 194).

47 **Kein Fall des § 24 I** ist die Übertragung einzelner Wirtschaftsgüter in das Betriebsvermögen der Personengesellschaft zur Erfüllung einer **Bareinlageverpflichtung.** Insoweit liegen mit der Veräußerung an die Personengesellschaft und der Begleichung des Kaufpreises durch Verrechnung mit der Bareinlageverpflichtung zwei selbstständige Rechtsgeschäfte vor (*Patt* in D/P/M § 24 Rn. 106 mwN). Sofern daher die Beteiligten die Regelung des § 24 in Anspruch nehmen wollen, sollte bereits in den Gesellschaftsvertrag der aufnehmenden Personengesellschaft eine Formulierung aufgenommen werden, wonach die Übertragung des Wirtschaftsgutes gegen Einräumung einer Mitunternehmerstellung oder aber im Rahmen der Einbringung eines Betriebs oder Teilbetriebs erfolgt. Anders liegt der Fall, wenn Bargeld oder andere Wirtschaftsgüter zur Begründung einer atypischen stillen Gesellschaft in das Vermögen eines Kaufmanns gem. § 230 ff. HGB eingelegt werden (*Patt* in D/P/M § 24 Rn. 36; *Fuhrmann* in W/M § 24 Rn. 61 ff.; *Schmitt* in S/H/S § 24 Rn. 21; HessFG v. 7.12.2011 13 K 367/07).

48 Gleiches gilt für die Veräußerung eines Wirtschaftsgutes an die Personengesellschaft, ohne dass im Gegenzug eine Verpflichtung zur Einräumung oder Erhöhung eines Mitunternehmeranteils besteht oder erfüllt wird (*Fuhrmann* in W/M § 24 Rn. 376 ff.). In diesem Zusammenhang fehlt es an einer Gewährung (ggf. weiterer) Mitunternehmeranteile, bspw. wenn die Vergütung für das an die Personengesellschaft veräußerte Wirtschaftsgut lediglich in der Übernahme von Verbindlichkeiten besteht (*Patt* in D/P/M § 24 Rn. 106 ff. mwN).

Bei **Zurückbehaltung von Wirtschaftsgütern** bleibt § 24 anwendbar, wenn es sich 49
nicht um funktional wesentliche Wirtschaftsgüter handelt (*Patt* in D/P/M § 24 Rn. 94; *Schmitt* in S/H/S § 24 Rn. 98 ff.; *Nitzschke* in Blümich, § 24 Rn. 41). Ob die **Zurückbehaltung einer** im Rahmen eines Betriebes oder Teilbetriebes gehaltenen **100%igen Beteiligung** bei Einbringung des Betriebes/Teilbetriebes die Anwendbarkeit des § 24 entfallen lässt, ist streitig (vgl. *Schmitt* in S/H/S § 24 Rn. 98; *Patt* in D/P/M § 24 Rn. 90 mwN). Handelt es sich bei der zurückbehaltenen 100%igen Beteiligung nicht um eine funktional wesentliche Betriebsgrundlage, dann ist deren Zurückbehaltung für den Buchwertansatz nach § 24 II 2 in jedem Falle unschädlich. Insoweit ist es unerheblich, dass es sich bei dieser Beteiligung selbst um einen eigenständigen Teilbetrieb iSv § 24 I handelt (vgl. BT-Drs. 16/2710, 50). Bei **Zurückbehaltung von** im Rahmen eines Betriebs/Teilbetriebs gehaltenen **Mitunternehmeranteilen** bleibt § 24 ebenfalls – unabhängig von der Frage der Qualifizierung als funktional wesentlich oder nicht – anwendbar, da es sich bei der Einbringung eines Betriebes/Teilbetriebs und der Einbringung von Mitunternehmeranteilen um jeweils gesonderte Einbringungsvorgänge handelt (UmwStE 2011 Rn. 24.03 iVm Rn. 20.12). Bei den **Honorarforderungen** eines Steuerberaters handelt es sich nicht um eine wesentliche Betriebsgrundlage. Daher können diese Honorarforderungen im Rahmen der Einbringung einer freiberuflichen Einzelpraxis in eine Sozietät zurückbehalten werden, ohne den Buchwertansatz nach § 24 II 2 zu gefährden. Soweit die zurückbehaltenen Honorarforderungen nicht ausdrücklich in das Privatvermögen überführt werden, handelt es sich nach Ansicht des BFH um **Restbetriebsvermögen,** dessen Verwertung zu Einkünften nach § 24 Nr. 2 EStG führt (vgl. BFH v. 4.12.2012 – VIII R 41/09, DStR 2013, 356; vgl. auch *Fuhrmann* in W/M § 24 Rn. 333, 337; *Fuhrmann/Müller* DStR 2013, 848; *Nitzschke* in Blümich, § 24 Rn. 41). Der IX. Senat des BFH hatte bereits mit Urteil v. 14.11.2007 entschieden, dass Forderungen, die im Rahmen einer Praxiseinbringung zurückbehalten werden, nicht zwangsläufig in das Privatvermögen des Einbringenden übergehen. Sofern der Einbringende nicht ausdrücklich eine Entnahme dieser Forderungen in das Privatvermögen erkläre, können diese auch als Restbetriebsvermögen behandelt und schrittweise eingezogen werden (BFH v. 14.11.2007 – XI R 32/06, BFH/NV 2008, 385; *Schmitt* in S/H/S § 24 Rn. 243).

3. Einbringender

§ 24 I ist gegenüber der Fassung im UmwStG 1995 ohne Änderung übernommen 50
worden. Die im Gesetzentwurf der BReg. (BR-Drs. 542/06 v. 11.8.2006) zunächst noch vorgesehene Beschränkung der Person des Einbringenden auf solche Personen, die in einem EU-/EWR-Staat steuerlich ansässig sind, ist im Ergebnis nicht in § 24 aufgenommen worden. § 24 enthält keine Bestimmung zu den subjektiven Voraussetzungen des einbringenden Rechtsträgers. Grds. kommen daher als Einbringender nicht nur alle inländischen oder ausländischen **natürlichen Personen**, sondern auch eine der in §§ 1, 2 KStG bezeichneten unbeschränkten oder beschränkten körperschaftsteuerpflichtigen **Körperschaften, Personenvereinigungen oder Vermögensmassen in Betracht,** denen eine der in § 24 aufgezählten betrieblichen Sachgesamtheiten zugerechnet werden kann. Zu den beschränkt körperschaftsteuerpflichtigen Einbringenden zählen vor allem inländische Betriebsstätten ausländischer Kapitalgesellschaften. Auch **Körperschaften des öffentlichen Rechts** und **steuerbefreite Körperschaften** können Einbringender iSd § 24 sein (*Schmitt* in S/H/S § 24 UmwStG Rn. 104; *Rasche* in R/H/vL § 24 Rn. 54; *Patt* in D/P/M § 24 Rn. 111; *Fuhrmann* in W/M § 24 UmwStG Rn. 359, 361).

51 Die Einbringung einer Sachgesamtheit nach§ 24 kann auch durch eine in- oder ausländische **Mitunternehmerschaft** erfolgen (*Schmitt* in S/H/S § 24 UmwStG Rn. 104 mwN; *Patt* in D/P/M § 24 Rn. 111; *Holzhäuser* in Bordewin/Brandt § 24 UmwStG Rn. 127, 128; *Fuhrmann* in W/M § 24 UmwStG Rn. 361, 367; vgl. hierzu auch BFH v. 21.6.1994 – VIII R 5/92, BStBl. II 1994, 856; UmwStE 2011 Rn. 24.03 iVm Rn. 20.03). Fraglich ist jedoch, wer in diesem Fall als Einbringender iSd § 24 anzusehen ist. Die Problematik stellt sich in gleicher Weise bei § 20 (s. § 20 Rn. 272 ff.). Richtigerweise ist Einbringender der Rechtsträger, dem die neu gewährten Gesellschaftsanteile zivilrechtlich – bzw. sofern hiervon abweichend – steuerlich zustehen (*Patt* in D/P/M § 24 Rn. 112 unter Verweis auf § 20 Rn. 169a mwN; *Rogall/Gerner* in FGS/BDI UmwSt-Erlass 2011, 499; *Hötzel/Kaeser* in FGS/BDI UmwSt-Erlass 2011, 319; *Schmitt* in S/H/S § 24 UmwStG Rn. 105; **aA** *Rasche* in R/H/vL § 24 Rn. 55). Dem hat sich die Finanzverwaltung angeschlossen (UmwStE 2011 Rn. 24.03 iVm Rn. 20.03). Wird die Mitunternehmerschaft, deren Betriebsvermögen eingebracht wird, hingegen infolge der Einbringung aufgelöst und geht unter, so stehen die Anteile am übernehmenden Rechtsträger den Mitunternehmern der einbringenden Personengesellschaft zu und diese sind als Einbringende zu qualifizieren (UmwStE 2011 Rn. 24.03 iVm Rn. 20.03; **hA,** *Patt* in D/P/M § 24 Rn. 112 unter Verweis auf § 20 Rn. 169a; *Fuhrmann* in W/M § 24 UmwStG Rn. 367 ff.; s. auch § 20 Rn. 274). Dasselbe gilt, wenn die Einbringung durch eine nicht gewerblich tätige vermögensverwaltende Personengesellschaft erfolgt oder die Personengesellschaft aufgrund des Betriebsübergangs nicht mehr als Mitunternehmerschaft anzusehen ist, da in diesen Fällen die Anteile gem. § 39 II Nr. 1 AO für Steuerzwecke stets den einzelnen Gesellschaftern zuzuordnen sind. Daher sind die einzelnen Gesellschafter und nicht die Personengesellschaft als Einbringende anzusehen (*Patt* in D/P/M § 24 Rn. 112 unter Verweis auf § 20 Rn. 169a mwN; *Hötzel/Kaeser* in FGS/BDI UmwSt-Erlass 2011, 319; *Rogall/Gerner* in FGS/BDI UmwSt-Erlass 2011, 499).

Eine Mitunternehmerschaften iSd § 24 ist sowohl die **betrieblich – also land- und forstwirtschaftlich, gewerblich und freiberuflich – tätige OHG und KG** als auch die **GbR,** die **EWIV,** die für Freiberufler geschaffene **Partnerschaftsgesellschaft,** die **atypische stille Gesellschaft,** die **atypische – auch stille – Unterbeteiligung** an einem Mitunternehmeranteil, der Mitunternehmerschaft **wirtschaftlich vergleichbare Rechtsgemeinschaften** (zB die eheliche Gütergemeinschaft, soweit ein Gewerbebetrieb zum Gesamtgut gehört und die Ehegatten als Mitunternehmer anzusehen sind; die Erbengemeinschaft, soweit Miterben den zum Nachlass gehörigen Gewerbebetrieb fortführen; die Miteigentumsgemeinschaft nach Bruchteilen) sowie die **verdeckte Mitunternehmerschaft** (*Rasche* in R/H/vL § 24 Rn. 48; *Wacker* in Schmidt § 15 Rn. 171).

52 **Partiarische Rechtsverhältnisse** begründen ebenso wie rein tatsächliche Beziehungen **(„faktische Mitunternehmerschaften")** keine Mitunternehmerschaft (BFH v. 13.7.1993 – VIII R 50/92, BStBl. II 1994, 282; v. 26.6.1990 – VIII R 81/85 BStBl. II 1994, 645; v. 22.10.1987 – IV R 17/84, BStBl. II 1988, 62; *Reiß* in Kirchhof § 15 EStG, Rn. 187, 188; *Bode* in Blümich § 15 EStG Rn. 221 f.; *Wacker* in Schmidt § 15 EStG Rn. 171, 280, 284).

53 Die **Mitunternehmerschaft** selbst und nicht der einzelne Mitunternehmer ist **als Einbringender** anzusehen, wenn nach den vertraglichen Vereinbarungen das gesamte Betriebsvermögen/Sonderbetriebsvermögen der Personengesellschaft gegen **Gewährung von Mitunternehmeranteilen an die Gesamthand** in eine andere Personengesellschaft eingebracht wird, und die einbringende Mitunternehmerschaft infolge der Einbringung nicht untergeht. Weitere Voraussetzung ist, dass die einbringende Mitunternehmerschaft nach der Einbringung als Mitunternehmerschaft weiterbesteht, weil sie zB entweder aus den Beteiligungen an den Tochterpersonengesellschaften (auch) gewerbliche Einkünfte erzielt und sie daher aufgrund von § 15 III Nr. 1 2. Hs. weiterhin als Gewerbetreibende anzusehen ist oder weil sie gewerblich geprägt ist (*Fuhrmann* in W/M § 24 UmwStG Rn. 368; *Schmitt* in S/H/S § 24 UmwStG Rn. 106; Rn. 12; *Patt* in D/P/M § 24 Rn. 112

unter Verweis auf § 20 Rn. 169a; *Rogall/Gerner* in FGS/BDI UmwSt-Erlass 2011, 499; UmwStE 2011 Rn. 24.03 iVm Rn. 20). Dies folgt insbesondere aus § 15 I Nr. 2 EStG, der für steuerliche Zwecke ausdrücklich die Mitunternehmerschaft selbst als Mitunternehmer einer anderen Mitunternehmerschaft qualifiziert. Zudem folgt für die einbringende Personengesellschaft aus der Übertragung ihres Gewerbebetriebs nicht zwingend ihre Auflösung. Ein Betriebsaufgabewille der Gesellschafter der Mitunternehmerschaft liegt meist erst mit Veräußerung oder mit Übertragung der als Gegenleistung erhaltenen, gesamthänderisch gebundenen Mitunternehmeranteile auf die einzelnen Mitunternehmer vor (BFH v. 21.6.1994 – VIII R 5/92, BStBl. II 1994, 856 mwN; *Schmitt* in S/H/S § 24 UmwStG Rn. 106; *Fuhrmann* in W/M § 24 UmwStG Rn. 369). Darüber hinaus stellt sich die Einbringung eines Betriebs in eine andere Mitunternehmerschaft gegen Gewährung von Mitunternehmeranteilen in rechtssystematischer Hinsicht als tauschähnlicher Vorgang dar (s. Rn. 20). Gegenstand des Tausches ist dabei aus der Sicht der Einbringenden der Gewerbebetrieb der Personengesellschaft und nicht der jeweils einzelne Mitunternehmeranteil. Dies folgt aus der – insoweit auch auf die Regelung des § 24 übertragbaren – Systematik des § 16 EStG, wonach wegen § 16 III 8 EStG die Vorschriften des § 16 I Nr. 1, III EStG Vorrang vor § 16 I Nr. 2 EStG hat (*Wacker* in Schmidt § 16 EStG Rn. 424).

In den Fällen der **Umwandlung** durch Verschmelzung und Spaltung nach dem UmwG 54
ist im Hinblick auf die Person des Einbringenden zu differenzieren:

Im Falle der **Verschmelzung** (§§ 2 ff., 39 ff. UmwG) geht die übertragende Personengesellschaft unter und erhalten die an ihr beteiligten Gesellschafter „Mitgliedschaften" von der aufnehmenden Personengesellschaft als Gegenleistung für das übertragene Vermögen. Steuerlich sind insoweit die Mitunternehmer der Personengesellschaft, deren Vermögen übergeht, als Einbringende iSd § 24 I anzusehen, da zum einen der übertragende Rechtsträger ohne Liquidation erlischt, zum anderen aufgrund des Untergangs des übertragenden Rechtsträgers und der mit § 24 verfolgten Zielsetzung – größtmögliche Flexibilität bei Umstrukturierungsmaßnahmen ohne Behinderungen durch Aufdeckung und Besteuerung stiller Reserven – nur noch die Gesellschafter des verschmolzenen Rechtsträgers als Einbringende in Betracht kommen (UmwStE 2011 Rn. 24.03 iVm 20.03; *Schmitt* in S/H/S § 24 UmwStG Rn. 107; *Patt* in D/P/M § 24 Rn. 28). Dieses Ergebnis steht auch in Einklang mit der Wertung des § 15 I 1 Nr. 2 2 EStG, wonach die Mitunternehmer der untergehenden Gesellschaft als (mittelbare) Einbringende zu beurteilen sind (*Schmitt* in S/H/S § 24 UmwStG Rn. 107; *Fuhrmann* in W/M § 24 UmwStG Rn. 99).

In **Spaltungsfällen,** die dem UmwG unterliegen, ist danach zu differenzieren, ob es sich im Einzelnen um eine **Aufspaltung, Abspaltung oder Ausgliederung** (§ 123 I, II, III UmwG) handelt:

– Der Fall der **Aufspaltung** ist gleich einer Verschmelzung zu beurteilen. Die übertragen- 55
de Personengesellschaft geht ebenfalls unter und die an ihr beteiligten Gesellschafter erhalten neue Anteile („Mitgliedschaften") an der aufnehmenden Personengesellschaft als Gegenleistung für das übertragende Vermögen, § 123 I UmwG. Auch hier sind die Mitunternehmer der übertragenden Personengesellschaft als Einbringende anzusehen (*Fuhrmann* in W/M § 24 Rn. 102; *Patt* in D/P/M § 24 Rn. 31).

– Bei der **Abspaltung** bleibt der übertragende Rechtsträger bestehen. Die Personenhan- 56
delsgesellschaft überträgt nur einen Teil des Vermögens auf eine andere Personenhandelsgesellschaft. Bei der Abspaltung erhalten ebenfalls die Gesellschafter der übertragenden Personenhandelsgesellschaft die als Gegenleistung für die übertragenen Vermögensgegenstände von der aufnehmenden Personenhandelsgesellschaft gewährten neuen Anteile („Mitgliedschaften"), § 123 II UmwG. Steuerlich sind auch in diesem Fall die Mitunternehmer der abspaltenden Personengesellschaft als Einbringende iSd § 24 I anzusehen. Diesbezüglich ist der Anwendungsbereich des § 24 weit auszulegen, da auch insoweit die handelsrechtlich normierten, innerhalb der Betriebsvermögenssphäre statt-

findenden Umwandlungsvorgänge nicht durch steuerliche Regelungen behindert werden dürfen. Dies wäre jedoch der Fall, wenn bei Abspaltungen der übertragende Rechtsträger und nicht dessen Gesellschafter als Einbringende angesehen werden, da es dann an der für § 24 erforderlichen synallagmatischen Verknüpfung von Leistung in Form eingebrachten Betriebsvermögens und Gegenleistung in Form der Einräumung einer Mitunternehmerposition fehlen würde. Aus diesem Grund sind Einbringende iSd § 24 auch bei umwandlungsrechtlicher Abspaltung der oder die Gesellschafter des übertragenden Rechtsträgers (*Schmitt* in S/H/S § 24 Rn. 108 mwN; *Patt* in D/P/M § 24 Rn. 32).

57 – In Fällen der **Ausgliederung** bleibt der übertragende Rechtsträger ebenfalls bestehen; allerdings erhält hier der übertragende Rechtsträger selbst Mitgliedschaftsrechte an der das Vermögen aufnehmenden Personengesellschaft, § 123 III UmwG. In diesen Fällen ist Einbringender iSd § 24 I aus den bereits o. g. Gründen die übertragende Personengesellschaft selbst (im Ergebnis ebenso *Schmitt* in S/H/S § 24 Rn. 108; *Patt* in D/P/M § 24 Rn. 32; *Fuhrmann* in W/M § 24 Rn. 103).

58 Die einzelnen Mitunternehmer und nicht die Mitunternehmerschaft insgesamt sind Einbringende, wenn sie ihre jeweiligen Mitunternehmeranteile an einer Personengesellschaft in eine andere Personengesellschaft einbringen (BFH v. 16.2.1996 – I R 183/94, BStBl. II 1996, 344 zitiert in UmwStE 2011 Rn. 24.03 iVm 20.03; *Schmitt* in S/H/S § 24 Rn. 110). Zur Abgrenzung zwischen Veräußerung des gesamten Gewerbebetriebs einer Personengesellschaft und Veräußerung eines Mitunternehmeranteils sind die einkommensteuerlichen Abgrenzungsgrundsätze im Rahmen des § 24 I ohne Einschränkung anzuwenden.

4. Aufnehmende Personengesellschaft

59 § 24 verlangt, dass die Sachgesamtheit in eine Personengesellschaft eingebracht wird. Aus dem Gesamtzusammenhang der Vorschrift, insbesondere aus der weiteren Voraussetzung, dass der Einbringende „Mitunternehmer der Gesellschaft" wird, ist zu schließen, dass nicht der zivilrechtliche Begriff der Personengesellschaft, sondern der ertragsteuerliche Begriff der Mitunternehmerschaft iSd § 15 I 1 Nr. 2 EStG maßgeblich ist. Aufnehmende Personengesellschaft iSd § 24 I kann daher jede Rechtsgemeinschaft sein, bei der die Gesellschafter als Mitunternehmer anzusehen sind (*Schmitt* in S/H/S § 24 UmwStG Rn. 112; *Rasche* in R/H/vL § 24 Rn. 47; *Patt* in D/P/M § 24 Rn. 99; *Holzhäuser* in Bordewin/Brandt § 24 UmwStG Rn. 115). Danach kommt als aufnehmende Personengesellschaft **jede Mitunternehmerschaft iSd § 15 I Nr. 2 EStG** in Betracht, insbesondere also

- die **OHG, KG, GbR** mit gewerblichem, land- und forstwirtschaftlichem oder auf eine selbständige Tätigkeit gerichtetem Zweck (*Fuhrmann* in W/M § 24 Rn. 341),
- die **EWIV** als Sonderform der OHG, sofern Gewinnabsicht zumindest Nebenzweck ist und die übrigen Voraussetzungen eines Gewerbebetriebs vorliegen (*Schmitt* in S/H/S § 24 Rn. 112; BMF v. 15.11.1988, DB 1989, 354; *Wacker* in Schmidt § 15 EStG Rn. 333),
- die **Partnerschaftsgesellschaft** als Sonderform der GbR inklusive Partnerschaftsgesellschaft mit beschränkter Haftung, PartGmbH (vgl. OFD Niedersachsen v. 26.10.2015, DB 2015, 2667),
- die **Partenreedereien,** die bis zum 24.4.2013 entstanden sind (*Wacker* in Schmidt § 15 EStG Rn. 374),
- die **GmbH & Co. KG**. Hierbei kann eine nicht gewerblich tätige GmbH & Co. KG jedoch nur aufnehmende Gesellschaft sein, wenn sie entweder gemäß § 15 III Nr. 2 EStG gewerblich geprägt ist oder wenn die übernehmende (Ober-)Personengesellschaft nach der Einbringung gewerbliche Einkünfte von der (neuen) Tochtergesellschaft bezieht (§ 15 III Nr. 1 2. HS EStG; vgl. *Patt* in D/P/M § 24 Rn. 99a; *Fuhrmann* in W/M § 24 Rn. 349). Nicht abschließend geklärt ist, ob eine gewerblich tätige GmbH & Co. KG auch dann übernehmende Gesellschaft iSd § 24 sein kann, wenn der Betrieb der GmbH

& Co. KG auf Rechnung und Gefahr von nur einem Mitunternehmer geführt wird, zB wenn der einzige Kommanditist alle Anteile an der vermögensmäßig nicht beteiligten Komplementär-GmbH hält (ablehnend *Patt* in D/P/M § 24 Rn. 99a; *Fuhrmann* in W/M § 24 Rn. 342; wohl zustimmend *Schmitt* in S/H/S § 24 Rn. 116 mwN; s. auch Rn. 63),

– die **atypische stille Gesellschaft** einschließlich der **GmbH & atypisch Still** (*Patt* in D/P/M § 24 Rn. 99; *Fuhrmann* in W/M § 24 Rn. 347; *Schmitt* in S/H/S § 24 Rn. 112; *Wacker* in Schmidt § 15 EStG Rn. 340; BFH, Urt. v. 18.6.2015 – IV R 5/12, BStBl. II 2015, 935),

– die **atypische Unterbeteiligung an einem Personengesellschaftsanteil** (*Schmitt* in S/H/S § 24 Rn. 112; *Fuhrmann* in W/M § 24 Rn. 348; *Patt* in D/P/M § 24 Rn. 99);

Zur **Einbringung in eine KGaA** durch Sacheinlage auf das Komplementärkapital, zB durch Verschmelzung oder Formwechsel einer Personengesellschaft in eine KGaA, vgl. *Patt* in D/P/M § 24 Rn. 37; *Fuhrmann* in W/M § 24 Rn. 116; *Schütz/Dümischen* DB 2000, 2446; *Farnschläder/Dornschmidt* DB 1999, 1923; *Schaumburg* DStZ 1998, 525 – Anwendung des § 24 insoweit der Mitunternehmer der übertragenden Personengesellschaft persönlich haftender Gesellschafter der KGaA wird; aA *Rasche* in R/H/vL § 24 Rn. 49 – Vorrang von § 20.

Personengesellschaft iSd § 24 kann auch eine nach ausländischem Recht errichtete 60 **ausländische Personengesellschaft** sein, wenn die Personengesellschaft nach deutschen Rechtsvorschriften als Personengesellschaft iSd § 15 I Nr. 2 EStG und damit nach einem **Typenvergleich** als Mitunternehmerschaft zu qualifizieren ist (*Schmitt* in S/H/S § 24 Rn. 117; *Rasche* in R/H/vL § 24 Rn. 50ff.; *Holzhäuser* in Bordewin/Brandt § 24 Rn. 121, 122; *Fuhrmann* in W/M § 24 Rn. 357). Unterhält die Personengesellschaft keine inländische Betriebsstätte und wird durch die Einbringung auch keine solche begründet, findet § 24 I zwar Anwendung, jedoch ist eine Buchwertfortführung nach § 24 II 2 wegen des Ausschlusses des deutschen Besteuerungsrechts idR nicht möglich (*Schmitt* in S/H/S § 24 Rn. 117; *Fuhrmann* in W/M § 24 Rn. 357).

Unerheblich für § 24 ist, ob die **Mitunternehmer** der aufnehmenden Personengesell- 61 schaft insgesamt oder teilweise **beschränkt steuerpflichtig** sind (*Fuhrmann* in W/M § 24 Rn. 357; *Schmitt* in S/H/S § 24 Rn. 118; *Patt* in D/P/M § 24 Rn. 99).

Die aufnehmende **Personengesellschaft** muss bei Einbringung als solche **noch nicht** 62 **bestanden haben** (*Patt* in D/P/M § 24 Rn. 100). Es genügt, dass sie erst durch die Einbringung errichtet wird, indem zB eine natürliche Person in ein Einzelunternehmen aufgenommen wird. Steuerrechtlich bringt der Einzelunternehmer hierbei seinen Betrieb nach § 24 I in die neu entstehende Personengesellschaft ein (*Schmitt* in S/H/S § 24 Rn. 115). Auch genügt es, wenn die Personengesellschaft erst durch die Einbringung zur Mitunternehmerschaft wird. Dies gilt insbesondere für eine bisher vermögensverwaltende Personengesellschaft, die erst im Anschluss an die Einbringung gewerbliche, freiberufliche oder Einkünfte aus Land- und Forstwirtschaft erzielt. Dies kann zB nach § 15 III Nr. 1 2. Alt EStG durch Einbringung einer gewerblichen Mitunternehmerbeteiligung erreicht werden, wenn die übernehmende Obergesellschaft danach gewerbliche Einkünfte aus der (neuen) Tochtergesellschaft bezieht. Dies gilt unabhängig von der Höhe der bezogenen Einkünfte (FG Baden-Württemberg v. 22.4.2016 – 13 K 3651/13, EFG 2016, 124, Rev. BFH: IV R 30/16). Bei abweichendem Wirtschaftsjahr genügt es für die „Abfärbewirkung" nach § 15 III Nr. 1 2. Alt EStG jedoch nicht, wenn der Obergesellschaft im betreffenden Kalenderjahr kein Gewinnanteil iSd § 15 I 1 Nr. 2 EStG zugewiesen wird (*Bode* in Blümich § 15 EStG Rn. 230; *Fuhrmann* in W/M § 24 Rn. 349).

Besteht die aufnehmende Personengesellschaft zivilrechtlich zwar aus mehreren Gesell- 63 schaftern, hat diese jedoch nur einen Mitunternehmer auf dessen Rechnung und Gefahr der Betrieb der Personalgesellschaft geführt wird, ist nicht abschließend geklärt, ob diese Personengesellschaft übernehmende Gesellschaft iSd § 24 sein kann (ablehnend *Patt* in D/

P/M § 24 Rn. 99a; *Fuhrmann* in W/M § 24 UmwStG Rn. 192, 342; wohl zustimmend *Schmitt* in S/H/S § 24 Rn. 116 mwN). Dies ist zB der Fall, wenn durch eine Treuhandvereinbarung der einzige Kommanditanteil von einem Treuhänder auf Grund einer wirksamen Vereinbarungstreuhand für den Komplementär gehalten wird (vgl. BFH v. 3.2.2010 – IV R 26/07, BStBl. II 2010). Im umgekehrten Fall liegt jedoch eine Mitunternehmerschaft vor (BFH v. 17.11.1987 – VIII R 83/84, BStBl. II 1993, 574; zum Treuhandmodell auch *Kraft/Sönnichsen* in DB 2011, 1936). Wendet man in diesem Fall § 24 nicht an, weil die „Ein-Unternehmer-Personengesellschaft" ertragsteuerlich wie ein Einzelunternehmen zu behandeln ist (vgl. BFH v. 3.2.2010 – IV R 26/07, BStBl. II 2010), sind die Wirtschaftsgüter des Gesamthandvermögens nach § 39 II Nr. 2 AO dem einzigen unternehmerisch beteiligten Gesellschafter (Mitunternehmer) zuzurechnen. Der zivilrechtliche Übertragungsvorgang bleibt dann ohne steuerliche Auswirkung, da es an einem steuerlichen Rechtsträgerwechsel fehlt (vgl. *Fuhrmann* in W/M § 24 Rn. 342; *Schmitt* in S/H/S § 24 Rn. 116 mwN).

5. Mitunternehmerstellung

64 Nach dem Wortlaut setzt § 24 I voraus, dass der Einbringende als Gegenleistung für die Einbringung von Wirtschaftsgütern Mitunternehmer bei der aufnehmenden Personengesellschaft wird. **Mitunternehmer iSd § 24 I** ist, wer aufgrund eines zivilrechtlichen Gesellschaftsverhältnisses oder eines wirtschaftlich mit diesem vergleichbaren Gemeinschaftsverhältnisses **Mitunternehmerinitiative** entfalten kann und **Mitunternehmerrisiko** trägt (BFH v. 3.5.1993 – GrS 3/92, BStBl. II 1993, 616; BFH v. 25.6.1984 – GrS 4/82, BStBl. II 1984, 751 mwN; v. 28.19.1999 – VIII R 66–70/97; BStBl. II 00, 183; v. 21.4.1988 – IV R 47/85, BStBl. II 1989, 722; zur Problematik der Mitunternehmerstellung bei Ketteneinbringungen vgl. *Bohn* in DStR 2018, 1265). Auf die **zivilrechtliche Stellung des Einbringenden** als Gesellschafter kommt es für § 24 nicht an. Entscheidend ist, dass der Einbringende in steuerlicher Hinsicht eine Mitunternehmerstellung erlangt (*Fuhrmann* in W/M § 24 Rn. 380; *Patt* in D/P/M § 24 Rn. 107; *Wacker* in Schmidt § 15 EStG Rn. 266 mwN; UmwStE 2011 Rn. 24.07).

64a Der Maßstab für eine ausreichende Mitunternehmerstellung und eine ausreichende Mitunternehmerinitiative leitet sich nach ständiger Rechtsprechung des BFH grundsätzlich aus den Rechten eines Kommanditisten nach dem HGB-Regelstatut ab (vgl. BFH v. 22.6.2017 – IV R 42/13, BFH/NV 2018, 265). Dies bedeutet bezüglich der Mitunternehmerinitiative und der hierfür erforderlichen Teilnahme an den unternehmerischen Entscheidungen, dass die Ausübung von Rechten, die den Stimm-, Kontroll- und Widerspruchsrechten eines Kommanditisten wenigstens angenähert sind oder die dem gesellschaftsrechtlichen Kontrollrecht nach § 716 I BGB entsprechen, in der Regel ausreicht (vgl. BFH v. 4.11.1997 – VIII R 18/95, BStBl. II 1999, 384). Mit Blick auf die erforderliche Mitunternehmerinitiative ist hierbei bereits die Möglichkeit zur Teilhabe an unternehmerischen Entscheidungen ausreichend, während eine tatsächliche Ausübung der Gesellschaftsrechte nicht erforderlich ist (vgl. BFH v. 22.6.2017 – IV R 42/13, BFH/NV 2018, 265). Von der Rechtsprechung bislang noch nicht geklärt ist hingegen die Frage, ob eine bestehende rechtliche Möglichkeit zur Ausübung der Mitunternehmerinitiative während einer kurzzeitigen Kommanditistenstellung bereits ausreicht, oder ob die Möglichkeit der Ausübung tatsächlich gegeben sein muss (bspw. bei einer Kommanditistenstellung lediglich für eine juristische Sekunde). Das erforderliche Mitunternehmerrisiko bedeutet hingegen die gesellschaftsrechtliche oder die wirtschaftlich vergleichbare Teilhabe am Erfolg oder Misserfolg eines Gewerbebetriebs, in der Regel durch Beteiligung am Gewinn und am Verlust, sowie an den stillen Reserven, einschließlich des Geschäftswertes, wenigstens bei Auflösung der Gesellschaft (vgl. BFH v. 16.12.1997 – VIII R 32/90, BStBl. II 1998, 480; v. 25.6.1984 – GrS 4/82, BStBl. II 1984, 751).

Bei Vereinbarung von **Treuhandverhältnissen** ist zivilrechtlich allein der Treuhänder Gesellschafter der Personengesellschaft, auch wenn der Treuhänder im Innenverhältnis nach Weisung des Treugebers und ausschließlich auf dessen Rechnung handelt (BFH v. 25.2.1991 – GrS 7/89, BStBl. II 1991, 691; *Wacker* in Schmidt § 15 EStG Rn. 296 mwN). **Mitunternehmer** iSd § 24 I wird jedoch wegen § 39 II Nr. 1 AO – ggf. neben dem Treuhänder (zB wegen unbeschränkter Außenhaftung bei Komplementärstellung) – **der Treugeber,** wenn der Treuhänder als Gesellschafter eine Rechtsstellung innehat, die ihn als Mitunternehmer erscheinen ließe, wenn er auf eigene Rechnung handeln würde, das Treuhandverhältnis steuerlich anzuerkennen ist und dem Treugeber aufgrund des Treuhandverhältnisses sowie sonstiger Abreden (zB Vollmacht) die Mitunternehmerstellung vermittelt wird (*Fuhrmann* in W/M § 24 Rn. 377; BFH v. 19.1.2016 – VIII B 75/16, BFH/NV 2016, 551; v. 3.2.2010 – IV R 26/07; BFH/NV 2010, 1035). 65

Eine Mitunternehmerschaft iSd § 24 I liegt – wegen § 39 II Nr. 1 AO – trotz des Fehlens zivilrechtlichen Eigentums hinsichtlich des Anteils an der Personengesellschaft oder eines zivilrechtlich vereinbarten Treuhandverhältnisses auch vor, wenn jemand aus anderen Gründen **wirtschaftlicher Eigentümer** des Personengesellschaftsanteils ist. Voraussetzung hierfür ist, dass ein Erwerber eine rechtlich geschützte Position erworben hat, die ihm gegen seinen Willen nicht mehr entzogen werden kann und Mitunternehmerrisiko und Mitunternehmerinitiative vollständig auf ihn übergegangen sind (BFH v. 1.3.2018 – IV R 15/15, BStBl. II 2018, 539). Dies ist zB bei schenkweiser Übertragung eines KG-Anteils mit der Maßgabe jederzeitiger einseitiger Veranlassung der Rückübertragung des Anteils ohne Angabe von Gründen der Fall (*Fuhrmann* in W/M § 24 Rn. 380; *Schmitt* in S/H/S § 24 Rn. 123; BFH v. 16.5.1989 – VIII R 196/84, BStBl. II 1989, 877). 66

Der Gesellschafter einer **EWIV** wird bei Vorliegen der übrigen Voraussetzungen Mitunternehmer iSd § 24 I, wenn die EWIV steuerlich wie eine Personengesellschaft iSd § 15 I Nr. 2 EStG zu behandeln ist. Hierzu bedarf es mindestens der Gewinnerzielungsabsicht als Nebenzweck und eines Gewerbebetriebs bzw. einer Betriebsstätte im Inland (*Wacker* in Schmidt § 15 EStG Rn. 333 mwN). 67

Die Gewährung einer Beteiligung an einer **Partnerschaftsgesellschaft** begründet bei Vorliegen der übrigen Voraussetzungen des § 24 I ebenfalls eine Mitunternehmerstellung iSd § 24 I. Auf die Art der erzielten Einkünfte – freiberuflich oder – bei Beteiligung berufsfremder Personen bzw. einer Kapitalgesellschaft – gewerblich – kommt es nicht an, da aufnehmende Personengesellschaft auch eine freiberuflich tätige Personengesellschaft sein kann (*Schmitt* in S/H/S § 24 Rn. 112; *Patt* in D/P/M § 24 Rn. 107). 68

Eine **atypische stille Beteiligung an der aufnehmenden Personengesellschaft** begründet eine Mitunternehmerstellung iSd § 24 I, wenn die Rechte des stillen Gesellschafters zumindest dem Regelstatut eines Kommanditisten entsprechen (Beteiligung an den stillen Reserven und am Geschäftswert bei Liquidation; BFH, v. 8.12.2016 – IV R 8/14, BStBl. II 2017, 538; *Schmitt* in S/H/S § 24 Rn. 124; *Wacker* in Schmidt § 15 EStG Rn. 341 ff. mwN, 350;). Die durch Gesellschaftsvertrag begründete Rechtsstellung muss nach ihrem Gesamtbild dem Typus des Mitunternehmers entsprechen (vgl. BFH v. 9.12.2002 – VIII R 20/01, BFH/NV 2003, 601; v. 6.7.1995 – IV R 79/94, BStBl. II 1996, 269). 69

Die Einräumung einer **atypischen Unterbeteiligung** am Anteil eines Mitunternehmers der aufnehmenden Personengesellschaft begründet eine Mitunternehmerschaft bei der aufnehmenden Personengesellschaft, wenn die Rechtsposition des Unterbeteiligten vertraglich so ausgestaltet ist, dass der Gewerbebetrieb der aufnehmenden Personengesellschaft mittelbar anteilig auch für Rechnung des Unterbeteiligten betrieben wird, oder die rechtliche oder tatsächliche Stellung des Unterbeteiligten der eines unmittelbar an der Hauptgesellschaft beteiligten Mitunternehmers in erheblichem Umfang angenähert ist (BFH v. 19.4.2007 – IV R 70/04, BFH/NV 2007, 1966; v. 6.7.1995 – IV R 79/94, BStBl. II 1996, 269; *Schmitt* in S/H/S § 24 Rn. 125; *Wacker* in Schmidt § 15 EStG Rn. 365 ff. mwN). 70

71 Die Einräumung einer Mitunternehmerstellung iSd § 24 I ist auch bei Übertragung oder Erhöhung des Anteils an einer **Erbengemeinschaft** mit betrieblichen Einkünften gegeben, da diese zum einen als mit einer Personengesellschaft wirtschaftlich vergleichbare Gemeinschaft anzusehen ist, zum anderen die Erben mit dem Erbfall „geborene" Mitunternehmer sind (BMF 14.3.2006, BStBl. I 2006, 253; BFH v. 5.7.1990 – GrS 2/89, BStBl. II 1990, 837; *Schmitt* in S/H/S § 24 Rn. 127).

72 Bei Einräumung einer Mitunternehmerstellung an einer **gewerblich geprägten Mitunternehmerschaft** iSd § 15 III 2 EStG findet § 24 ebenfalls Anwendung. Hauptanwendungsfall ist hier nach § 15 III Nr. 2 EStG die gewerblich geprägte **GmbH & Co. KG** (*Fuhrmann* in W/M § 24 Rn. 376; *Schmitt* in S/H/S § 24 Rn. 129; *Wacker* in Schmidt § 15 EStG Rn. 231).

Die **Einräumung einer Gesellschafterstellung an einer rein vermögensverwaltenden Personengesellschaft** fällt nur dann unter § 24, wenn die Gesellschaft gemäß § 15 III Nr. 2 EStG gewerblich geprägt ist (*Schmitt* in S/H/S § 24 Rn. 129, 130; zur **Zebra-Gesellschaft** s. auch Rn. 34) oder wenn diese wiederum an einer anderen gewerblich tätigen Personengesellschaft beteiligt ist, § 15 III Nr. 1 2. Alt. (*Fuhrmann* in W/M § 24 Rn. 376; BFH v. 18.12.1994 – IV R 7/92, BStBl. II 1996, 264).

73 Eine Mitunternehmerstellung iSd § 24 I kann auch an einer **verdeckten Mitunternehmerschaft** eingeräumt werden, vorausgesetzt, es liegt nach dem Willen der Parteien ein über rein tatsächliche Beziehungen hinausgehendes, zivilrechtliches Gesellschaftsverhältnis oder ein diesem ähnliches Rechtsverhältnis vor (*Wacker* in Schmidt § 15 EStG Rn. 171).

74 Die Einräumung einer **typischen stillen Beteiligung** oder **typischen stillen Unterbeteiligung** fällt mangels Einräumung einer Mitunternehmerstellung nicht unter § 24 I (*Fuhrmann* in W/M § 24 Rn. 376; *Schmitt* in S/H/S § 24 Rn. 128). **Anders** ist dies bei einer **atypisch stillen Beteiligung** oder bei einer atypisch stillen Unterbeteiligung (s. Rn 69 und 70).

75 § 24 I setzt **keine Einräumung einer bestimmten Mindestbeteiligungsquote** als Gegenleistung für die eingebrachten Wirtschaftsgüter voraus (*Patt* in D/P/M § 24 Rn. 107, 109; *Schmitt* in S/H/S § 24 Rn. 120; *Fuhrmann* in W/M § 24 Rn. 390; *Rasche* in R/H/vL § 24 Rn. 61). Größe und Bedeutung des dem Einbringenden gewährten Mitunternehmeranteils sind grundsätzlich ohne Einfluss auf die Anwendbarkeit der Vorschrift. Es genügt, wenn überhaupt ein Mitunternehmeranteil eingeräumt wird (BFH v. 26.1.1994 – III R 39/91, BStBl. II 1994, 458). Eine **Ausnahme** gilt nur **bei missbräuchlicher Gestaltung** iSd § 42 AO (vgl. hierzu BFH v. 18.10.1999 – GrS 2/98, BStBl. II 2000, 123 – **Zweistufenmodell**).

Wird eine GmbH in eine Personengesellschaft zur Bildung einer GmbH & Co. KG aufgenommen, so ist der Anwendungsbereich von § 24 I nicht eröffnet, wenn die GmbH nicht am Vermögen der „neuen" GmbH & Co. KG beteiligt ist. Zwar wird die GmbH unstreitig Mitunternehmer, allerdings fehlt mangels Einlage in das Vermögen der KG und mangels Einräumung oder Erweiterung von Gesellschaftsrechten an einem veräußerungsähnlichen Tatbestand, der die Anwendbarkeit des § 24 I rechtfertigen könnte (ganz h. M., UmwStE 2011 Rn. 01.47; BFH v. 20.9.2007 – IV R 70/05, BStBl. II 2008, 265; *Fuhrmann* in W/M § 24 Rn. 55; *Schmitt* in S/H/S § 24 Rn. 122, 25; *Rasche* in R/H/vL § 24 Rn. 60).

76 **Bilanziell** zeigt sich die **Gewährung der Mitunternehmerstellung** für den Einbringenden dadurch, dass das eingebrachte Betriebsvermögen **dem Kapitalkonto** des Einbringenden bei der aufnehmenden Personengesellschaft gutgeschrieben wird, das dem Einbringenden nach der gesellschaftsvertraglichen Regelung der übernehmenden Gesellschaft zusätzliche Gesellschaftsrechte (Beteiligung am Gewinn und Verlust, dem Vermögen und den Stimmrechten) vermittelt (*Fuhrmann* in W/M § 24 Rn. 384; *Patt* in D/P/M § 24 Rn. 109 mwN). Dies ist im Fall eines Mehrkontenmodells regelmäßig das Kapitalkonto I. Die ausschließliche Gutschrift der Einlage auf einem **variablen Eigenkapital-(Unter-) Konto**, auf dem neben Entnahmen auch Verluste gebucht werden (regelmäßig Kapital-

konto II), wurde von der FinVerw nach dem UmwStE 2011 Rn. 24.07 für die Anwendung des § 24 als unschädlich angesehen. Mit Urteil v. 29.7.2015 – IV R 15/14, BStBl. II 2016, 593 hat der BFH jedoch entschieden, dass die Übertragung einer Sachgesamtheit, deren Gegenwert allein auf seinem **Kapitalkonto II** gutgeschrieben wird, keine Einbringung gegen Gewährung von Gesellschaftsrechten iSd § 24, sondern eine Einlage darstellt. Dem hat sich die FinVerw mit BMF v. 26.7.2016, BStBl. I 2016, 684 mittlerweile angeschlossen. Daher kommt § 24 bei einer ausschließlichen Gutschrift des eingebrachten Betriebsvermögens auf einem **variablen Eigenkapital-(Unter-)Konto** nicht zur Anwendung (ebenso die ganz **hA**, *Fuhrmann* in W/M § 24 Rn. 389; *Patt* in D/P/M § 24 Rn. 109; *Rasche* in R/H/vL § 24 Rn. 61; hinsichtlich des Risikos der „verzögerten" Gegenleistung bei einer zeitnahen Ausübung eines Entnahmerechts bezüglich einer Gutschrift auf dem Kapitalkonto II vgl. *Mutscher* in F/M § 24 Rn. 77). Bei ausschließlicher Gutschrift auf einem **gesamthänderisch gebundenen Rücklagenkonto** ist der Anwendungsbereich des § 24 ebenfalls nicht eröffnet. In diesem Fall soll nach Teilen der Literatur die Buchwertfortführung jedoch aufgrund einer analogen Anwendung des § 6 III 1 EStG möglich sein (*Fuhrmann* in W/M § 24 Rn. 388; *Mutscher* in F/M § 24 Rn. 77 mwN). Eine Buchung ausschließlich auf dem **Darlehenskonto** stellt eine Betriebsveräußerung iSd § 16 I EStG dar. § 24 kommt in diesem Fall mangels Einräumung oder Erweiterung von Gesellschaftsrechten nicht zur Anwendung (*Schmitt* in S/H/S § 24 Rn. 131; *Patt* in D/P/M § 24 Rn. 59).

Eine **teilweise Erhöhung des festen Kapitalanteils und eine teilweise Gutschrift** auf einem variablen Kapital-(Unter-)konto (solange dies nicht als Darlehnskoto zu werten ist) und/oder einem gesamthänderisch gebundenen Rücklagenkonto stellt insgesamt eine vollentgeltliche Übertragung gegen Gewährung von Gesellschaftsrechten dar. § 24 findet Anwendung, da hierfür jedwede Einräumung einer Mitunternehmerbeteiligung ausreicht (s. Rn. 75; UmwStE 2011 Rn. 24.07; *Patt* in D/P/M § 24 Rn. 108; *Schmitt* in S/H/S § 24 Rn 132). Bei der Erhöhung des festen Kapitalanteils und Buchung auf einem „Darlehenskonto" ist hingegen eine Einbringung iSd § 24 gegen Mischentgelt gegeben (s. Rn. 76).

Nach einhelliger Auffassung findet § 24 I nicht nur Anwendung, wenn der Einbringende durch die Einbringung Mitunternehmer „wird", sondern auch, wenn der **Einbringende im Zeitpunkt der Einbringung bereits Mitunternehmer** der aufnehmenden Personengesellschaft ist und sein Mitunternehmeranteil durch eine Einbringung eines Betriebs, Teilbetriebs oder Mitunternehmeranteils weiter aufgestockt wird, dh eine Kapitalerhöhung erfolgt (vgl. UmwStE 2011 Rn. 24.07; *Fuhrmann* in W/M § 24 Rn. 91, 92; *Schmitt* in S/H/S § 24 Rn. 132; *Patt* in D/P/M § 24 Rn. 109; *Rasche* in R/H/vL § 24 Rn. 61). Der Wortlaut des § 24 ist hierbei so zu verstehen, dass die Altgesellschafter (einschließlich des die zusätzliche Einlage leistenden Gesellschafters) ihre Anteile in eine „neu gegründete" Mitunternehmerschaft einbringen. Auch im Fall der „erweiterten" Mitunternehmerstellung ist es erforderlich, dass die Einlage dem festen Kapitalanteil des Einbringenden gutgeschrieben wird, der nach der gesellschaftsvertraglichen Regelung der Übernehmerin dem Einbringenden zusätzliche Gesellschaftsrechte vermittelt. Insoweit gelten die Ausführungen zur bilanziellen Abbildung der Gewährung einer „neuen" Mitunternehmerstellung unter Rn. 76 entsprechend. 77

Nach Ansicht der Rspr., der FinVerw und der **hA** findet § 24 ebenfalls Anwendung, wenn die Aufstockung eines bereits bestehenden Mitunternehmeranteils nicht durch eine Einbringung einer Sachgesamtheit, sondern lediglich **durch Geldeinlage oder Einlage anderer Wirtschaftsgüter** erfolgt (sog. disquotale Kapitalerhöhung). Dieser Fall sei nicht anders zu beurteilen als der Neueintritt eines Gesellschafters in eine bereits bestehende Personengesellschaft, so dass aus Sicht der nicht an der Kapitalerhöhung teilnehmenden Gesellschafter § 24 Anwendung findet. Die nicht an der Kapitalerhöhung teilnehmenden Gesellschafter können durch einen Antrag auf Buchwertfortführung nach § 24 II 2 den Gewinn aus der anteiligen Veräußerung ihrer Mitunternehmeranteile durch die Erstellung negativer Ergänzungsbilanzen neutralisieren (vgl. UmwStE 2011 Rn. 1.47; BFH v. 25.4.2006 – VIII R 52/04, BStBl. 2006, 847; v. 17.9.2014 – BStBl. II 2015, 717; *Wacker* in Schmidt § 16 EStG Rn. 567; *Fuhrmann* in W/M § 24 Rn. 91, 92; *Schmitt* in S/H/S § 24 Rn. 23; *Mutscher* in F/M Rn. 64; **aA** *Patt* in D/P/M § 24 Rn. 26, nach dessen Ansicht diese Fiktion zu weit gehe, da im Falle der bloßen Änderung der Beteiligungsverhältnisse neben der zivilrechtlichen auch die steuerliche Identität der Mitunternehmerschaft bestehen bleibe). Für die zu verneinende Frage, ob diese Grundsätze auch dann gelten, wenn die Gesellschafter einer Personengesellschaft im Rahmen einer Kapitalerhöhung Einlagen nach Maßgabe Ihrer Beteiligungsquote tätigen und sich die Beteiligungsverhältnisse daher nicht verändern (sog. quotenwahrende Kapitalerhöhung) vgl. ausführlich *Diers/Diers* in DB 2017, 1053.

Ändern sich die Beteiligungsverhältnisse hingegen dadurch, dass ein Gesellschafter einen Teil seiner Gesellschaftsrechte (zB Gewinnbeteiligung oder Stimmrechte) gegen ein ihm persönlich zufließendes Entgelt überträgt, findet § 24 hingegen keine Anwendung. Es fehlt an einem Einbringungsvorgang in eine „neu gegründete" Mitunternehmerschaft. Der Vorgang stellt idR eine Veräußerung des Bruchteils eines Mitunternehmeranteils dar (vgl. *Wacker* in Schmidt § 16 EStG Rn. 567; *Patt* in D/P/M § 24 Rn. 80).

78 Auch setzt § 24 nicht voraus, dass dem Einbringenden **ausschließlich ein Mitunternehmeranteil** als Gegenleistung gewährt wird (Rückschluss aus § 24 II 2 Nr. 2; *Patt* in D/P/M § 24 Rn. 106; *Mutscher* in F/M § 24 Rn. 77; *Fuhrmann* in W/M § 24 Rn. 173 ff.). Erhält der Einbringende neben dem Mitunternehmeranteil auch **andere (Gegen-)Leistungen von der Personengesellschaft** (zB Geld, Wirtschaftsgüter der Personengesellschaft, Einräumung einer Darlehensforderung), hindert dies die Anwendung des § 24 nicht, wenn diese weiteren Leistungen die Grenzen des § 24 II 2 Nr. 2 nicht überschreiten (Einbringung gegen Mischentgelt vgl. OFD Frankfurt v. 23.8.2016, S 1978 A–43–St 51, Rn. 43a; *Patt* in D/P/M § 24 Rn. 106; Fuhrmann in W/M § 24 Rn. 521 ff.; *Schmitt* in S/H/S § 24 Rn. 139; *Rasche* in R/H/vL § 24 Rn. 62; UmwStE 2011 Rn. 20.08–20.12). Nach Ansicht des BFH und der FinVerw findet § 24 hingegen keine Anwendung, insoweit neben der Gewährung des Mitunternehmeranteils Zuzahlungen durch die anderen (zukünftigen) Gesellschafter in das Privatvermögen oder in ein anderes Betriebsvermögen des Einbringenden erfolgen (s. 43b; BFH v. 18.9.2013 – X R 42/10, BStBl. II 2016, 639; v. 17.9.2014 – IV R 33/11, BStBl. II 2015, 717 und v. 27.10.2015 – VIII R 47/12, BStBl. 2016, 600; UmwStE 2011 Rn. 24.08, 24.09). Zur Frage, ob an dieser Ansicht auch noch nach Einführung des § 24 II 2 Nr. 2 festgehalten werden kann, s. Rn. 154a.

Entspricht der Wert der eingebrachten Wirtschaftsgüter nicht dem Umfang der eingeräumten Gegenleistung, so kann dies zu einer vGA der einbringenden Körperschaft zugunsten der anderen Mitunternehmer bzw. zu verdeckten Einlagen führen (*Schmitt* in S/H/S § 24 Rn. 136 ff; *Patt* in D/P/M § 24 Rn. 84, 85; *Mutscher* in F/M § 24 Rn. 86; BFH v. 15.9.2004 – I R 7/02, BStBl. II 2005, 867; BMF v. 11.7.2011, BStBl. I 2011, 713). Zu möglichen schenkungssteuerlichen Konsequenzen, wenn es aufgrund der Einbringung zum Buch- oder Zwischenwert zu einer Werterhöhung in den personengesellschaftsrechtlichen Beteiligungen von Mitgesellschaftern kommt vgl. *Crezelius* in DStZ 2015, 399, 401.

79 **In Ausnahmefällen** besteht Anlass zur Prüfung, ob **missbräuchliche Gestaltung** vorliegt und die Anwendung des § 24 zu versagen ist (s. Rn. 158).

6. Art und Weise der Einbringung

a) Allgemeines

80 Die Einbringung nach § 24 I erfolgt in zivilrechtlicher Hinsicht entweder im Wege der Einzelübertragung der einzubringenden Wirtschaftsgüter, also im Wege der **Einzelrechtsnachfolge,** oder im Wege der **Gesamtrechtsnachfolge.** Dabei gelten für den ebenfalls

als Gesamtrechtsnachfolge zu qualifizierenden Fall der – einfachen – **Anwachsung gem. § 738 BGB** Besonderheiten (Rn. 90).

Bei Einbringung eines Betriebs, Teilbetriebs oder einzelner Wirtschaftsgüter (Rn. 44 ff.) gilt der Grundsatz der **Einzelübertragung.** Hierbei müssen sämtliche Wirtschaftsgüter einzeln nach den maßgeblichen sachenrechtlichen Vorschriften auf die Personengesellschaft übereignet oder an sie abgetreten werden (Grundsatz der Singularzession). **Grundstücksübertragungen** sowie die **Abtretung von GmbH-Anteilen** bedürfen zu ihrer Wirksamkeit stets notarieller Beurkundung, § 311b BGB bzw. § 15 GmbHG. Da die Übertragung von Grundstücken oder GmbH-Anteilen aufgrund der Einbringung in untrennbarem Zusammenhang mit der Übertragung der sonstigen Wirtschaftsgüter steht, erstreckt sich das notarielle Formbedürfnis auch auf die anderen Übertragungsakte. Die Übertragung von **Verbindlichkeiten** oder **Verträgen** bedarf der Zustimmung des jeweiligen Gläubigers bzw. des jeweiligen anderen Vertragspartners. 81

Gesamtrechtsnachfolge ohne sachenrechtliche Einzelübertragung ist bei **Umwandlung nach den Vorschriften des UmwG** gegeben. Bis zum Inkrafttreten der ab dem 1.1.1995 geltenden Neufassung des UmwG (BGBl. I 1994, 3210) konnte die Einbringung einer Personengesellschaft in eine andere Personengesellschaft nicht über eine Umwandlung nach dem UmwG und damit im Wege der Gesamtrechtsnachfolge erreicht werden. 82

Nach den Regelungen des UmwG kann eine **Personenhandelsgesellschaft** in der Rechtsform der OHG oder KG übertragender, übernehmender oder neuer Rechtsträger sein, §§ 1, 3, 39–45, 125, 135 UmwG. Bis zum 31.7.1998 war wegen des in den §§ 1 II, 3 UmwG idF v. 28.10.1994 normierten numerus clausus und des sich hieraus ergebenden Analogieverbotes die **Partnerschaftsgesellschaft** kein umwandlungsfähiger Rechtsträger iSv §§ 3, 124 UmwG. Im Zuge des am 1.8.1998 in Kraft getretenen Gesetzes zur Änderung des Umwandlungsgesetzes, des Partnerschaftsgesellschaftsgesetzes und anderer Gesetze v. 22.7.1998 (BGBl. I 1998, 1878) wurde auch die Partnerschaftsgesellschaft in den Kreis der umwandlungsfähigen Rechtsträger aufgenommen. 83

Damit erfolgt eine Übertragung im Wege der **Gesamtrechtsnachfolge** u. a. in folgenden Fällen.

- Verschmelzung von Personenhandelsgesellschaften auf Personenhandelsgesellschaften,
- Aufspaltung von Personenhandelsgesellschaften auf Personenhandelsgesellschaften,
- Abspaltung von Personenhandelsgesellschaften auf Personenhandelsgesellschaften,
- Ausgliederung auf Personenhandelsgesellschaften.

Entsprechendes gilt für Umwandlungen unter Beteiligung von Partnerschaftsgesellschaften.

b) Einbringung durch Verschmelzung

Eine umwandlungsrechtliche **Verschmelzung** kann gem. § 2 Nr. 1 UmwG auf eine bereits bestehende Personenhandels-/Partnerschaftsgesellschaft **durch Aufnahme** oder gem. § 2 Nr. 2 UmwG **durch Neugründung** erfolgen. Durch die Verschmelzung wird das Vermögen des bisherigen bzw. der übertragenden Rechtsträger(s) im Ganzen im Wege der Gesamtrechtsnachfolge auf die übernehmende Gesellschaft übertragen. Die Eintragung der Verschmelzung in das die übernehmende Gesellschaft führende Handels-/Partnerschaftsregister hat im Wesentlichen zur Folge: 84

- Übergang des Vermögens des übertragenden Rechtsträgers einschließlich der Verbindlichkeiten auf die übernehmende Gesellschaft;
- Erlöschen des übertragenden Rechtsträgers und Erwerb von Anteilsrechten an der übernehmenden Gesellschaft durch die Anteilsinhaber des übertragenden Rechtsträgers, § 20 UmwG;

Sowohl die **Verschmelzung durch Aufnahme** als auch die **Verschmelzung durch Neugründung** stellen in steuerlicher Hinsicht **Einbringungsvorgänge iSd § 24 I** dar, sofern die Anteilsinhaber des übertragenden Rechtsträgers Mitunternehmer der überneh- 85 menden Personengesellschaft werden. In beiden Fällen wird Betriebsvermögen in das Betriebsvermögen der übernehmenden Personengesellschaft gegen Gewährung von Gesellschaftsanteilen übertragen. Die Übertragung der Anteile an der übernehmenden Personengesellschaft erfolgt dabei zwar zivilrechtlich nicht an die – mit Vollzug der Verschmelzung untergehende – Personengesellschaft, sondern an deren Gesellschafter, § 20 UmwG. Die mit dem UmwStG verfolgte Zielsetzung der Ermöglichung steuerneutraler Umwandlungen der Unternehmensrechtsform gebietet jedoch die Anwendung des § 24 I auch auf Verschmelzungsvorgänge nach dem UmwG (*Wochinger/Dötsch* DB 1994 Beilage Nr. 14, 32; *Rödder* DStR 1995, 322).

c) Einbringung durch Spaltung

86 Entsprechendes gilt bei Einräumung einer Mitunternehmerstellung in Fällen der **Aufspaltung einer Kapitalgesellschaft oder Personenhandelsgesellschaft/Partnerschaft auf eine Personenhandelsgesellschaft/Partnerschaft** (s. Rn. 55). Gem. § 125 UmwG finden die Vorschriften über die Verschmelzung entsprechende Anwendung. Ebenso wie bei der Verschmelzung wird bei der Aufspaltung der übertragende Rechtsträger aufgelöst und erlischt, und seine Anteilsinhaber erhalten Anteile an der übernehmenden Personengesellschaft, § 123 UmwG.

87 Auch bei der **Abspaltung** von Vermögen einer Personenhandelsgesellschaft/Partnerschaft auf eine Personenhandelsgesellschaft/Partnerschaft greift § 24 I. Es handelt sich dabei um die Übertragung von **im Gesamthandsvermögen befindlichem Betriebsvermögen** der übertragenden Personengesellschaft in das Betriebsvermögen der übernehmenden Personengesellschaft. Mit der Abspaltung wird ein Teil des bisherigen (Gesamthands-)Vermögens der übertragenden Personengesellschaft im Wege der **Teilgesamtrechtsnachfolge** übertragen. Dabei bleibt die übertragende Personengesellschaft bestehen. Die als Gegenleistung für die eingebrachten Wirtschaftsgüter gewährten Mitunternehmeranteile werden den Mitunternehmern der übertragenden Personengesellschaft und nicht dieser selbst gewährt, § 123 II UmwG. Dies hindert nach Sinn und Zweck des § 24 dessen Anwendung jedoch nicht (s. Rn. 56). Die **Abspaltung von Sonderbetriebsvermögen** ist nicht denkbar, weil es sich bei dem im UmwG angesprochenen Vermögen der Personengesellschaft um deren gesamthänderisch gebundenes Vermögen handelt. Sonderbetriebsvermögen gehört zivilrechtlich jedoch niemals zum Gesamthandsvermögen (**aA** insoweit *Schaumburg/Rödder* § 24 Rn. 11). Soweit allerdings Sonderbetriebsvermögen einem abzuspaltenden Betrieb oder Teilbetrieb zuzuordnen ist, ist parallel zur Abspaltung die Einbringung des Sonderbetriebsvermögens zu vereinbaren und durchzuführen, da es ansonsten an der Einbringung eines Betriebs oder Teilbetriebs fehlt (zum (Teil-)Betriebsbegriff Rn. 28 ff.).

88 Bei der **Ausgliederung** bleibt der übertragende Rechtsträger ebenfalls bestehen, jedoch erhält hier der übertragende Rechtsträger selbst und nicht dessen Anteilseigner die im Gegenzug zur Vermögensausgliederung gewährten Anteile an der übernehmenden Personenhandels-/Partnerschaftsgesellschaft, § 123 III UmwG. Sofern der übertragende Rechtsträger in der übernehmenden Personengesellschaft eine Mitunternehmerstellung erhält, sind die Voraussetzungen des § 24 I bereits dem Wortlaut nach gegeben (s. Rn. 57).

d) Einbringung und Formwechsel

89 **Nicht unter § 24 I** fällt der **Formwechsel iSd §§ 190 II, 214 UmwG** (zB OHG wird zu KG oder umgekehrt) oder der **Formwechsel von Rechts wegen** (Strukturwandel zwischen GbR, OHG und KG; Bsp.: GbR wird OHG; wenn ihr Gewerbe nach Art und Umfang einen in kaufmännischer Weise eingerichteten Gewerbebetrieb erfordert; vgl. UmwStE 2011, Rn. 1.47; BFH v. 20.9.2007 – IV R 10/7, BStBl. II 2008, 118; *Patt* in D/P/M § 24 Rn. 73; *Schmitt* in S/H/S § 24 UmwStG Rn. 30; zum Wahlrecht der Gesellschafter einer Personengesellschaft zwischen identitätswahrender Fortführung der bisherigen Gesellschaft und identitätsaufhebender Umwandlung auf eine neu gegründete Per-

sonengesellschaft, wenn die identitätsbegründenden Merkmale im Wesentlichen erhalten bleiben, vgl. BFH v. 21.6.1994 – VIII R 5/92, BStBl. II 1994, 856; *Patt* in D/P/M § 24 Rn. 73).

e) Einbringung durch Anwachsung

Scheidet der vorletzte Gesellschafter aus einer PersGes aus, führt dies gemäß § 738 I 1 **90**
BGB zur **einfachen Anwachsung** des Vermögens der PersGes auf den letzten Gesellschafter. In diesen Fällen **scheitert das Eingreifen des § 24** grundsätzlich daran, dass durch den ausscheidenden Mitunternehmer keine betriebliche Sachgesamtheit gegen Gewährung einer Mitunternehmerstellung übertragen wird (UmwStE 2011 Rn. E 20.10). Insofern dem ausscheidenden Gesellschafter, der am Vermögen der PersGes kapitalmäßig beteiligt ist, eine Abfindung gewährt wird, liegt eine Veräußerung vor. Ein hierbei entstehender Gewinn ist entweder als Veräußerungsgewinn im Sinne von § 16 I EStG oder als Aufgabegewinn im Sinne von § 16 III EStG zu versteuern. Erhält der ausscheidende Gesellschafter bei der einfachen Anwachsung hingegen kein Entgelt, ist der Vorgang erfolgsneutral, da § 6 III EStG und das darin geregelte Recht zur Buchwertfortführung Anwendung finden (vgl. OFD Berlin v. 19.7.2002, FR 2002, 1151; BFH v. 10.3.1998 – VIII R 76/96, BStBl. II 1999, 269; *Patt* in D/P/M § 24 Rn. 14, 77; *Fuhrmann* in W/M § 24 Rn. 312; *Schmitt* in S/H/S § 24 Rn. 54; *Kulosa* in Schmidt § 6 EStG Rn. 654). Die einfache Anwachsung erfolgt im Wege der Gesamtrechtsnachfolge (str.; BGH v. 15.3.2004 – II ZR 247/01, DStR 2004, 1137; *Fuhrmann* in W/M § 24 Rn. 312; **aA** *Schmitt* in S/H/S § 24 Rn. 55; unklar die FinVerw in UmwStE 2011 Rn. 1.44, 1.47, 24.06).

Demgegenüber ist § 24 in den Fällen der **erweiterten Anwachsung** anzuwenden, wenn z. B. sämtliche Mitunternehmer ihre Mitunternehmeranteile in eine von ihnen neu gegründete, personenidentische andere PersGes durch Abtretung einbringen und dies – bei gleichzeitiger Vollbeendigung der untergehenden PersGes – zum Übergang des gesamten Gesellschaftsvermögens der untergehenden PersGes auf die aufnehmende PersGes im Wege der **Anwachsung gem. § 738 BGB** führt (UmwStE 2011 Rn. 01.47; *Schmitt* in S/H/S § 24 UmwStG Rn. 56; *Fuhrmann* in W/M § 24 Rn. 313; *Mutscher* in F/M § 24 Rn. 52, 58; **aA** *Patt* in D/P/M § 24 Rn. 14).).

7. Zeitpunkt der Einbringung, Rückwirkung

Erfolgt die Einbringung im Wege der Einzelübertragung, ist diese mit dem Übergang **91**
des wirtschaftlichen Eigentums an den einzubringenden Wirtschaftsgütern entweder in das Gesamthandseigentum oder aber in das Sonderbetriebsvermögen der aufnehmenden Personengesellschaft vollzogen (UmwStE 2011 Rn. 24.06 iVm Rn. 20.13–20.16; *Schmitt* in S/H/S § 24 Rn. 148; *Patt* in D/P/M § 24 Rn. 159; UmwStE 2011 Rn. 24.06 iVm Rn. 20.13–20.16). Maßgebend ist daher grds. der Tag, ab welchem die eingebrachten Wirtschaftsgüter von der aufnehmenden Personengesellschaft für eigene Rechnung geführt werden (UmwStE 2011 Rn. 24.06 iVm 20.13; *Patt* in D/P/M § 24 Rn. 159).

Bedeutung hat die Bestimmung des Zeitpunktes der Einbringung in verschiedener **92**
Hinsicht, so für das Bewertungswahlrecht nach § 24 II, für den Zeitpunkt, auf den eine Schlussbilanz und eine ggf. erforderliche **Eröffnungsbilanz** aufzustellen sind, für die **Entstehung und Höhe eines** steuerpflichtigen **Einbringungsgewinns,** für die **Zurechnung von Gewinn und Verlust** aus den eingebrachten Wirtschaftsgütern zur aufnehmenden Personengesellschaft, für die Frage, aus welchen funktional wesentlichen Betriebsgrundlagen die Sachgesamtheit besteht (vgl. hierzu auch Rn. 115a), für die Bestimmung der Restnutzungsdauer der WG, sowie ggf. für die **Entstehung eines Rumpfwirtschaftsjahres** bei einem eingebrachten Betrieb (Ende des Wirtschaftsjahres mit Einbringung, § 8b Nr. 1 EStDV) oder einer durch die Einbringung neu entstehenden Personengesellschaft (§ 8b Nr. 1 EStDV). Auch ist der Einbringende ab diesem Zeitpunkt Mit-

unternehmer der aufnehmenden Personengesellschaft (vgl. auch *Patt* in D/P/M § 24 Rn. 158).

93 Im Gegensatz zu den ausdrücklichen Bestimmungen in § 2 und § 20 V, VI enthält § 24 weder eine eigenständige **Rückwirkungsregelung** noch ein **Antragsrecht** entsprechend der Regelung des § 20 V. § 24 IV 2 verweist insoweit lediglich auf die Regelungen des § 20 V und VI und beschränkt die Rückwirkung nach seinem Wortlaut auf die Fälle der Einbringung im Wege der Gesamtrechtsnachfolge. Eine analoge Anwendung der §§ 2, 20 V, VI **bei Einbringung im Wege der Einzelrechtsnachfolge** scheitert am Vorliegen einer planwidrigen Regelungslücke. So hat der Gesetzgeber trotz der aus früheren Äußerungen zum UmwStG 1995 bekannten Problematik eine Regelung nicht getroffen. Eine **Rückbeziehung der Einbringung bei Einzelrechtsnachfolge** auf einen vor Vollzug der Einbringung liegenden Zeitpunkt ist damit in diesen Fällen **grds. nicht möglich.** Umfasst die Rückbeziehung allerdings nur eine **kurze Zeitspanne** von maximal 3 Monaten und dient sie lediglich der technischen Vereinfachung der Besteuerung, ist sie auch steuerlich anzuerkennen (BFH v. 14.6.2006 – VIII B 196/05, BFH/NV 2006, 1829; v. 21.3.2002 – IV R 1/01, BFH/NV 2002, 1083; *Patt* in D/P/M § 24 Rn. 160: ausschließlich zur technischen Vereinfachung, Zeitraum „deutlich unterhalb 8 Monate"; *Schmitt* in S/H/S § 24 Rn. 149: 4–6 Wochen; *Fuhrmann* in W/M § 24 Rn. 1444: bis zu 3 Monate; *Wacker* in Schmidt § 16 EStG Rn. 443: bis zu 3 Monate; nach UmwStE 2011 Rn. 24.06 soll bei „Vorgängen im Wege der Einzelrechtsfolge eine Rückbeziehung nicht möglich" sein). Im Übrigen bestimmen die Parteien den Zeitpunkt der Einbringung grds. auch für steuerliche Zwecke (vgl. hierzu auch BFH v. 21.9.2000 – IV R 54/99, BStBl. II 2001, 178).

94 Bei Einbringungen im Wege der Gesamtrechtsnachfolge ist nach § 24 IV 2 iVm § 20 V und VI auf Antrag eine bis zu achtmonatige Rückbeziehung des steuerlichen Übertragungsstichtages zulässig. Die Möglichkeit zur Rückbeziehung im Rahmen des § 24 umfasst daher insbesondere die **Umwandlungen nach dem UmwG** unter Beteiligung einer Personenhandels-/Partnerschaftsgesellschaft als übernehmenden Rechtsträger, da hierbei die **Übertragung** der einzubringenden Wirtschaftsgüter **im Wege der (partiellen) Gesamtrechtsnachfolge** erfolgt. Dies ist auch konsequent, da zivilrechtlich das Betriebsvermögen des übertragenden Rechtsträgers erst mit Eintragung der Umwandlung in das entsprechende Register der aufnehmenden Personengesellschaft übergeht (s. § 20 I Nr. 1, § 131 I Nr. 1 UmwG) und der Zeitpunkt der Eintragung von den Beteiligten nicht beeinflusst werden kann. Die Parteien des Einbringungsvertrages können den Übertragungsstichtag grds. frei wählen. Er darf bei der Anmeldung zum Handelsregister jedoch nicht mehr als acht Monate zurückliegen. Mit dem vereinbarten Übertragungsstichtag gelten die Handlungen des übertragenden Rechtsträgers als für Rechnung der übernehmenden Personenhandels-/Partnergesellschaft vorgenommen (vgl. *Patt* in D/P/M § 24 Rn. 162 f.; *Fuhrmann* in W/M § 24 Rn. 1450 ff.).

Ohne gesetzliche Stütze und daher jedenfalls für die Fälle abzulehnen, in denen die Anwachsung als Einbringung iSd § 24 beurteilt wird (s. Rn. 90), ist die Auffassung, eine Rückbeziehung sei nur für Einbringungen durch Gesamtrechtsnachfolge nach den Vorschriften des UmwG zulässig, jedoch nicht für Fälle der Anwachsung (wie hier: *Fuhrmann* in W/M § 24 Rn. 1452; **aA** UmwStE 2011 Rn. 24.06; *Patt* in D/P/M § 24 Rn. 163).

95 *(einstweilen frei)*

96 Erfolgt die Einbringung als **Kombination von Gesamtrechts- und Einzelrechtsnachfolge** (zB bei Einzelübertragung von Wirtschaftsgütern in das Sonderbetriebsvermögen neben der handelsrechtlichen Umwandlung) gilt die Rückbeziehung für den gesamten Einbringungsvorgang, also auch für die im Wege der Einzelrechtsnachfolge eingebrachten Wirtschaftsgüter (vgl. UmwStE 2011 Rn. 24.06; *Schmitt* in S/H/S § 24 Rn. 152; *Patt* in D/P/M § 24 Rn. 165).

8. Umsatzsteuer

a) Allgemeines

Die Einbringung von Wirtschaftsgütern, die beim Einbringenden das Unternehmensvermögen darstellen, in eine Personengesellschaft gegen Gewährung von Gesellschaftsrechten ist als tauschähnlicher Umsatz (Rn. 14 ff.) für den Einbringenden grds. ein steuerbarer Umsatz iSv § 1 I 1 UStG (BFH v. 13.11.2003 – V R 79/01, BStBl. II 2004, 375; v. 15.5.1997 – V R 67/94, BStBl. II 1997, 705; BFH v. 8.11.1995 – XI R 63/94, BStBl. II 1996, 114; Abschn. 1.6 II UStAE; *Knoll* in W/M Anh. 11 Rn. 89; *Rasche* in R/H/vL Anh. 9 Rn. 64; *Robisch* in Bunjes UStG § 1 Rn. 67, 70; *Nieskens* in R/D § 1 UStG Rn. 961 ff. mwN; *Rasche* in R/H/vL Anh. 10 Rn. 63 ff.). Die **Aufnahme eines Gesellschafters gegen Leistung einer Sacheinlage** stellt daher für den Einbringenden eine steuerbare entgeltliche Leistung dar. 97

Bezüglich der Frage eines Leistungsaustausches aus Sicht der Gesellschaft hat der EuGH in der Rechtssache KapHag Renditefonds (EuGH v. 26.6.2003 – C-442/01, UR 2003, 443) hingegen entschieden, dass eine Personengesellschaft bei der **Aufnahme eines Gesellschafters gegen Zahlung einer Bareinlage** an den Gesellschafter keine Dienstleistung gegen Entgelt iSv Art. 2 Nr. 1 der Sechsten Richtlinie 77/388/EWG erbringt. Der BFH ist dieser Rspr. gefolgt (BFH v. 1.7.2004 – V R 32/00, BStBl. II 2004, 1022) und sieht in der Aufnahme eines Gesellschafters in eine Personengesellschaft gegen Bareinlage ebenfalls keine steuerbare Leistung der Gesellschaft iSd § 1 I UStG. Auf die Frage der Steuerfreiheit nach § 4 Nr. 8 Buchst. f UStG kommt es in diesen Fällen daher nicht mehr an (vgl. Abschn. 1.6 II UStAE; *Robisch* in Bunjes § 1 UStG Rn. 69; *Nieskens* in R/D § 1 UStG Rn. 954 ff.; *Rasche* in R/H/vL Anh. 10 Rn. 68; *Knoll* in W/M Anh. 11 Rn. 91 ff.).

b) Einbringungen im Wege der Einzelrechtsnachfolge

Die Einbringung eines im Unternehmensvermögen gehaltenen Mitunternehmeranteils in eine Personengesellschaft ist aus Sicht des Einbringenden zwar gemäß § 1 I 1 UStG umsatzsteuerbar, aber nach § 4 Nr. 8 Buchst. f UStG umsatzsteuerfrei. Auf die Steuerfreiheit nach § 4 Nr. 8 Buchst. f UStG kann gem. § 9 UStG verzichtet werden. Dies ist allenfalls dann empfehlenswert, wenn die aufnehmende Personengesellschaft uneingeschränkt zum Vorsteuerabzug berechtigt ist (*Keuthen* in S/S/H E. Verkehrssteuern Rn 34; Abschn. 4.8.10 I UStAE; *Korn* in Bunjes § 10 UStG Rn. 48; *Koch* in UmwStG eKommentar § 20, Rn. 90; a. A. *Knoll* in W/M Anh. 11 Rn. 108 ff. unter Hinweis auf EuGH v. 26.6.2003– C-442/01, UR 2003, 443). Wird hingegen ein Mitunternehmeranteil gegen Gewährung von Gesellschaftsrechen in eine Personengesellschaft eingebracht, der vor der Einbringung nicht zu einem Unternehmensvermögen des Einbringenden gehört hat, ist die Leistung des Einbringenden nicht steuerbar. Das Halten einer Beteiligung an sich stellt keine unternehmerische Tätigkeit iSv § 1 I 1 UStG dar (*Keuthen* in S/S/H E. Verkehrssteuern Rn 34). Infolgedessen ist auch eine Zuordnung einer Beteiligung zum Unternehmensvermögen nur unter bestimmten Voraussetzungen möglich. 98

Demgegenüber erfüllt die Einbringung eines Betriebs oder Teilbetriebs aus Sicht des Einbringenden in den meisten Fällen die Voraussetzungen einer Geschäftsveräußerung im Ganzen und ist daher gemäß § 1 Ia UStG nicht steuerbar, unterliegt also nicht der Umsatzsteuer nach dem UStG (vgl. *Rasche* in R/H/vL Anh. 10 Rn. 65 iVm 49; *Keuthen* in S/S/H E. Verkehrssteuern Rn 32; *Knoll* in W/M Anh. 11 Rn. 138 ff.; *Nieskens* in R/D § 1 UStG Rn. 961). Eine Geschäftsveräußerung setzt voraus, dass ein Unternehmen oder ein in der Gliederung eines Unternehmens gesondert geführter Betrieb im Ganzen auf einen anderen Unternehmer zur Fortführung übertragen wird.

Dabei müssen die wesentlichen Betriebsgrundlagen eines Unternehmens oder eines in der Gliederung eines Unternehmens gesondert geführten Betriebs übertragen werden (Abschn. 1.5 I UStAE; *Knoll* in W/M Anh. 11 Rn. 112 ff.). Hierbei ist es jedoch nicht unbedingt erforderlich, dass alle funktional wesentlichen Betriebsgrundlagen der aufnehmenden Personengesellschaft übereignet werden. Es genügt auch, wenn einzelne funktional wesentliche Betriebsgrundlagen der aufnehmenden Personengesellschaft langfristig zur Nutzung überlassen werden und hierdurch die Fortführung des Unternehmens oder des gesondert geführten Betriebs gewährleistet ist (vgl. EuGH v. 10.11.2011 – Rs. C-444/10, UR 2011, 937; Abschn. 1.5 III 2 und 3 UStAE; BFH v. 4.7.2002 – V R 10/01, BStBl. II 2004, 662; *Keuthen* in S/S/H E. Verkehrssteuern Rn 32; *Rasche* in R/H/vL Anh. 10 Rn. 66). Zu berücksichtigen ist jedoch, dass die Nutzungsüberlassung selbst nicht von § 1 Ia UStG erfasst ist, sondern einen steuerbaren und ggf. steuerpflichtigen Vorgang darstellt (*Oelmaier* in S/R § 1 UStG Rn. 186). Werden die Wirtschaftsgüter unentgeltlich überlassen, liegt regelmäßig eine Entnahme aus dem Unternehmensvermögen des Einbringenden vor, die nach den allgemeinen Voraussetzungen des § 3 IIIa, IXa UStG zu einer steuerbaren unentgeltlichen Wertangabe führt (Abschn. 1.5 XIII UStAE).

Für umsatzsteuerliche Zwecke muss iE ein Übergang des gesamten lebenden Unternehmens, zumindest in seinen wesentlichen Grundlagen, in der Weise erfolgen, dass der Erwerber das Unternehmen ohne nennenswerte Aufwendungen fortführen kann (vgl. BFH v. 23.8.2007 – V R 14/05, BFH/NV 2008, 316; v. 28.11.2002 – V R 10/01, BStBl. II 2004, 662; Abschn. 1.5 I, IV 1 UStAE; *Knoll* in W/M Anh. 11 Rn. 118). Eine Geschäftsveräußerung im Ganzen liegt auch bei Veräußerung eines in der Gliederung des Unternehmens gesondert geführten Betriebs vor. Ein solcher ist gegeben, wenn der veräußerte Unternehmensteil wirtschaftlich selbstständig ist, dh für sich lebensfähig, nach außen hin in sich geschlossen ist und nach Art eines selbstständigen Unternehmens betrieben wird. Zudem muss das übertragene Unternehmensvermögen im Rahmen einer Gesamtwürdigung als hinreichendes Ganzes die Ausübung einer wirtschaftlichen Tätigkeit ermöglichen, und die vor und nach der Übertragung ausgeübten Tätigkeiten müssen sich zumindest hinreichend ähneln (BFH v. 25.11.2015 – V R 66/14, UR 2016, 232; Abschn. 1.5 VI UStAE; *Nieskens* in R/D § 1 UStG Rn. 1235 ff.; *Knoll* in W/M Anh. 11 Rn. 121.

Nach Ansicht des EuGH und der FinVerw kann die **Übertragung eines Gesellschaftsanteils** (wie etwa der Anteil an einer Kapitalgesellschaft oder Personengesellschaft) – unabhängig von dessen Höhe – nur ausnahmsweise einer nichtumsatzsteuerbaren Geschäftsveräußerung gleichgestellt werden. Dies gilt nur dann, wenn der Gesellschaftsanteil Teil einer eigenständigen Einheit ist, die eine selbständige wirtschaftliche Betätigung ermöglicht, und diese Tätigkeit vom Erwerber fortgeführt wird (Abschn. 1.6 IX UStAE; EuGH v. 30.5.2013 – Rs. C-651/11, UR 2013, 582; *Nieskens* in R/D UStG § 1 Rn. 1232 f.; **aA** *Englisch* in T/L § 17 Umsatzsteuer Rn. 181). Dies gilt auch bei **Einbringung einer 100 %-Beteiligung an einer Kapitalgesellschaft** (EuGH v. 29.10.2009 – Rs. C-29/08, Ur 2010, 107 und BFH v. 27.1.2011 – V R 38/09, BStBl. II 2012, 68 sind insoweit überholt).

Bei der **Realteilung** ist umsatzsteuerlich danach zu unterscheiden, ob es sich bei den übertragenen Wirtschaftsgütern um einen Betrieb oder Teilbetrieb handelt oder um einzelne Wirtschaftsgüter. Ist ein Betrieb oder ein Teilbetrieb übertragen worden, liegt insoweit eine nicht umsatzsteuerbare Geschäftsveräußerung im Ganzen nach § 1 Ia UStG vor (*Knoll* in W/M Anh. 11 Rn. 225, 228; *Krämer/Friedl* Beck'sches Handbuch Umwandlungen international, Rn 188). Die **Übertragung einzelner Wirtschaftsgüter** im Rahmen einer Realteilung ist ein umsatzsteuerlicher Leistungsaustausch. Soweit keine Befreiungsvorschrift eingreift, führt die Personengesellschaft mit der Übertragung von Sachen und Rechten steuerbare Lieferungen und sonstige Leistungen aus, die der Umsatzsteuer unterliegen. Die Gegenleistung der Gesellschafter besteht in der Aufgabe ihrer Gesellschaftsrechte (*Knoll* in W/M Anh. 11 Rn. 225 ff., *Krämer/Friedl* Beck'sches Handbuch Umwandlungen international, Rn 188).

c) Einbringungen im Wege der Gesamtrechtsnachfolge

Verschmelzungen, dh der Übergang des Vermögens als Ganzes auf einen anderen Rechtsträger unter Auflösung ohne Abwicklung unterliegen § 1 Ia UStG (, so dass der damit verbundene Leistungsaustausch nicht steuerbar ist (*Rasche* in R/H/vL Anh. 10 Rn. 8 ff. mwN; Nieskens in R/D § 1 UStG Rn. 967; *Robisch* in Bunjes § 1 UStG Rn. 74). 99

Bei **Spaltungen (Auf-, Abspaltungen, Ausgliederungen)** ist hingegen grds. von steuerbaren Lieferungen der Vermögensgegenstände gegen Verminderung des Gesellschaftsvermögens auszugehen. Somit ist in diesen Fällen ein umsatzsteuerbarer Leistungsaustausch gegeben, es sei denn, es handelt sich bei dem übergehenden Vermögen um einen „in der Gliederung eines Unternehmens gesondert geführten Betrieb" (vgl. *Robisch* in Bunjes UStG § 1 Rn. 75; *Nieskens* in R/D § 1 UStG Rn. 968 ff.; *Rasche* in R/H/vL Anh. 10 Rn. 20 ff, mwN). Die FinVerw übernimmt hierbei für die Feststellung, ob ein „gesondert geführter Betrieb" vorliegt, die ertragsteuerliche Beurteilung eines übertragenen Vermögensteils als „Teilbetrieb" (Abschn. 1.5 VI 4 UStAE, dies gilt jedoch nicht für „fiktive" Teilbetriebe wie zB der 100%ige Anteil an einer Kapitalgesellschaft).

Bei der **Anwachsung** nach § 738 BGB fehlt es aus Sicht der Gesellschaft bzw. des verbleibenden Gesellschafters an einem Leistungsaustausch im umsatzsteuerlichen Sinne, soweit der ausscheidende Gesellschafter in Geld abgefunden wird (*Nieskens* in R/D § 1 UStG Rn. 442, 959; *Oelmaier* in S/R § 1 UStG Rn. 87). Wird der ausscheidende Gesellschafter für die Hingabe der Gesellschaftsrechte von dem verbleibenden Gesellschafter hingegen mit Gegenständen des Unternehmens abgefunden, liegt ein grds. steuerbarer und steuerpflichtiger Leistungsaustausch vor. Die Steuerpflicht scheidet jedoch aus, soweit der verbleibende Alleinunternehmer den ausscheidenden Gesellschaftermit einem Teilbetrieb iS des § 1 Ia UStG, mit Gegenständen der in § 4 Nr. 8 UStG genannten Art oder mit Grundstücken, die nach § 4 Nr. 9 UStG steuerfrei sind, abfindet (*Oelmaier* in S/R § 1 UStG Rn. 87).

Aus Sicht des ausscheidenden Gesellschafters ist die Anwachsung nur dann umsatzsteuerlich relevant, wenn er Unternehmer ist und der aufgegebene Gesellschaftsanteil zu seinem Unternehmen gehört hatte. Erhält der Gesellschafter in diesem Fall eine Abfindung in Geld, ist dieser Umsatz steuerbar, aber nach § 4 Nr. 8 Buchst f. UStG steuerbefreit.

Zur **Realteilung** s. Rn. 98 aE. 100

III. Ansatz des eingebrachten Betriebsvermögens bei der aufnehmenden Personengesellschaft, § 24 II

1. Grundsatz

§ 24 II 1 ordnet an, dass die aufnehmende Personengesellschaft die eingebrachten Wirtschaftsgüter in ihrer Bilanz einschließlich der Ergänzungsbilanzen mit dem **gemeinen Wert** anzusetzen hat. Dieser bestimmt sich nach **§ 9 II BewG** (BR-Drs. 542/06; s. auch § 20 Rn. 415 ff. zur Bewertung im Umwandlungssteuerrecht vgl. auch *Haritz* DStR 2006, 977). Pensionsrückstellungen sind hingegen zwingend mit dem nach § 6a EStG zu ermittelnden Wert anzusetzen. Hierdurch soll vermieden werden, dass stille Lasten der Pensionsverpflichtungen infolge der Einbringung aufgedeckt werden. Diese Regelung entspricht damit insoweit den in §§ 3, 11 und 20 enthaltenen Ansatz- und Bewertungsvorschriften. Auf die entsprechenden Erläuterungen bei §§ 3, 11 und 20 kann daher verwiesen werden (§ 3 Rn. 437 ff., § 11 Rn. 130 ff., § 20 Rn. 18 ff.). 101

2. Buchwert- oder Zwischenwertansatz als Ausnahme

Gem. **§ 24 II 2** „kann" das übernommene Betriebsvermögen jedoch **auf Antrag** mit dem – nach steuerlichen Vorschriften ermittelten – **Buchwert** oder einem höheren Wert 102

(Zwischenwert), höchstens jedoch mit dem **gemeinen Wert** angesetzt werden, soweit das inländische Besteuerungsrecht für das eingebrachte Betriebsvermögen nicht ausgeschlossen oder beschränkt wird und der gemeine Wert sonstiger Gegenleistungen, die neben den Gesellschaftsrechten gewährt werden, bestimmte Grenzen nicht überschreitet (§ 24 II 2 Nr. 2) (vgl. *Schmitt* in S/H/S § 24 Rn. 208). Die Ausübung des Wahlrechts hat zum einen Bedeutung für die Ermittlung des Veräußerungspreises des Einbringenden nach § 16 I, II EStG. Nach § 24 III 1 gilt der Wertansatz bei der Personengesellschaft – resultierend aus den Ansätzen in der Gesamthands- und den Ergänzungsbilanzen – als Veräußerungspreis für die betriebliche Sachgesamtheit des Einbringenden und bestimmt damit die Höhe des Einbringungsgewinns. Die Tarifbegünstigungen nach §§ 16, 34 EStG können nur in Anspruch genommen werden, wenn die betriebliche Sachgesamtheit mit dem gemeinen Wert angesetzt wird (s. § 24 III). Zudem bestimmt der Wertansatz bei der Personengesellschaft das **Abschreibungspotential** für künftige AfA und hat Einfluss auf einen etwaigen späteren Veräußerungsgewinn bzw. –verlust der Anteile an der Personengesellschaft. Schließlich kann durch die Wahl eines über dem Buchwert liegenden Wertes eine **Verlustnutzung** beim Einbringenden erreicht werden. Indem die Wirtschaftsgüter mit einem Zwischenwert oder dem gemeinen Wert angesetzt werden, kann ein hierdurch entstehender Einbringungsgewinn genutzt werden, um diesen mit laufenden Verlusten oder mit Verlustvorträgen zu verrechnen, die uU ansonsten ungenutzt wegfallen würden.

102a Ein die Wahlrechtsausübung verhindernder **Ausschluss des Besteuerungsrechts** liegt vor, wenn ein vor der Einbringung bestehendes Besteuerungsrecht aufgrund der Einbringung vollständig wegfällt (vgl. *Fuhrmann* in W/M § 24 UmwStG Rn. 743). Eine **Einschränkung des deutschen Besteuerungsrechts** ist gegeben, wenn das vor der Einbringung bestehende Besteuerungsrecht aufgrund der Einbringung zwar nicht gänzlich ausgeschlossen wird, jedoch dem Wert nach – etwa durch die Anrechnung ausländischer Steuer – vermindert ist (vgl. *Fuhrmann* in W/M § 24 UmwStG Rn. 744). Zu weiteren Beispielen der Einschränkung des deutschen Besteuerungsrechts s. *Schmitt* in S/H/S § 24 Rn. 210. Nach den Regelungen in § 4 I 4 EStG und § 12 I KStG, die als Reaktion auf die **Aufgabe der finalen Entnahme- und Betriebsaufgabetheorie** durch den BFH (vgl. BFH v. 17.7.2008 – I R 77/06, BStBl. II 2009, 464) erfolgten, dürfte das Verbringen von Wirtschaftsgütern bzw. von betrieblichen Sachgesamtheiten ins Ausland stets eine Beschränkung des deutschen Besteuerungsrechts zur Folge haben.

102b Das StÄndG 2015 v. 2.11.2015 (BGBl. I 2015, 1834) hat § 24 II 2 um eine Nr. 2 ergänzt (zur inhaltsgleichen Regelung bei § 20 s. dort Rn. 362). Diese schränkt die Höhe der sonstigen Gegenleistungen ein, bis zu der eine Buchwertfortführung (und damit das Bewertungswahlrecht) möglich ist. Danach besteht das Bewertungswahlrecht nur, soweit der gemeine Wert von sonstigen Gegenleistungen, die neben den neuen Gesellschaftsanteilen gewährt werden, nicht mehr beträgt als

a) 25 Prozent des Buchwerts des eingebrachten Betriebsvermögens oder
b) 500 000 Euro, höchstens jedoch den Buchwert des eingebrachten Betriebsvermögens.

Unter dem Begriff des gemeinen Werts ist dabei der gemeine Wert iSd § 9 II BewG zu verstehen.

Die Änderung gilt gemäß § 27 XIV erstmals für Einbringungen, wenn in den Fällen der Gesamtrechtsnachfolge der Umwandlungsbeschluss nach dem 31.12.2014 erfolgte oder in den anderen Fällen der Einbringungsvertrag nach dem 31.12.2014 geschlossen wurde.

Die Neueinfügung des § 20 II 2 Nr. 4 als weitere Voraussetzung des Bewertungswahlrechts schränkt die Möglichkeiten einer steuerneutralen Einbringung eines Betriebs, Teilbetriebs oder Mitunternehmeranteils ein. Bislang war eine sonstige Gegenleistung, die neben den Gesellschaftsrechten gewährt wurde, stets bis zur Höhe des Buchwerts möglich, ohne stille Reserven steuerpflichtig aufdecken zu müssen (§ 20 II 4 aF).

102c Nach dem Wortlaut des § 20 II 2 Nr. 4 sind „sonstige Gegenleistungen", die neben den neuen Gesellschaftsanteilen gewährt werden, erfasst. Durch den Begriff der „Gegenleistung" wird die Notwendigkeit eines Kausalzusammenhangs zwischen der Einbringung und der gewährten Leistung stärker betont. Dies ist insbesondere bei Leistungen, die zeitlich vor oder nach der Einbringung gewährt werden, zu beachten.

Bei wörtlicher Auslegung der neuen Vorschrift schließt der Begriff auch Leistungen ein, die nicht die Merkmale eines Wirtschaftsguts aufweisen (*Ritzer/Stangl* DStR 2015, 849/856; *Ettinger/Mörz* GmbHR 2016, 154/158). Ob eine solche Auslegung zwingend ist, oder ob sich aus der Gesetzeshistorie, dem systematischen Zusammenhang mit anderen Normen weiterhin eine Beschränkung von Gegenleistungen auf Wirtschaftsgüter ableiten lässt, (so iE *Bilitewski/Heinemann* Ubg 2015, 513/515; *Richter* DStR 2016, 840/841; *Bünning* BB 2017, 171/174; *Ott* Stbg 2016, 111/114; ders. StuB 2016, 812/813; *Nitzschke* in Blümich, § 20 Rn. 84e), ist noch nicht geklärt.

Schuldner oder Gewährender der „sonstigen Gegenleistung" muss nicht zwingend die übernehmende Gesellschaft sein. Auch die Leistung eines fremden Dritten kann als solche qualifizieren und daher das Bewertungswahlrecht einschränken (vgl. *Ott* Stbg 2016, 111/114; *Nitzschke* in Blümich, § 20 Rn. 84 f.).

§ 20 II 2 Nr. 4 sieht für die sonstigen Gegenleistungen zwei Wertgrenzen vor („Schäd- **102d**
lichkeitsgrenzen"). Für eine uneingeschränkte Ausübung des Bewertungswahlrechts genügt es insoweit, dass eine dieser Grenzen eingehalten wird. Im Ergebnis ist also die Höhere maßgebend. Dies ergibt sich aus dem Wortlaut, der die beiden Grenzen durch ein „oder" anstelle eines „und" trennt. Dadurch ergeben sich Gestaltungsspielräume (vgl. dazu näher *Thomsen* FR 2017, 671/672; **aA** wohl *Bünning* BB 2017, 171/175, nach dessen Ansicht *„die Grenzen"* nicht überschritten werden dürfen).

Überschreitet der Betrag der sonstigen Gegenleistung die höhere der in § 20 II 2 Nr. 4 genannten Schädlichkeitsgrenzen, ist in Höhe des die Schädlichkeitsgrenze überschreitenden Betrags das Bewertungswahlrecht ausgeschlossen. Insoweit handelt es sich um eine entgeltliche Veräußerung des eingebrachten Betriebsvermögens, die zur (teilweisen) Aufdeckung stiller Reserven führt (modifizierte Trennungstheorie) (*Nitzschke* in Blümich, § 20 Rn. 84g; *Ott* Stbg 2016, 111/113). Die gennannten Grenzen sind für jeden Einbringungsvorgang zu prüfen. Ob ein oder mehrere Einbringungsvorgänge vorliegen, bestimmt sich nach der hier vertretenen Ansicht nach dem Einbringungsgegenstand, dh entscheidend ist, ob ein oder mehrere Einbringungsgegenstände (Betrieb, Teilbetrieb, Mitunternehmeranteil) vorliegen. Ist letzteres der Fall, können die Grenzen mehrfach in Anspruch genommen werden. Nicht entscheidend ist hingegen die Anzahl der Einbringenden.

Bei den zwei Schädlichkeitsgrenzen des § 20 II 2 Nr. 4 handelt es sich um eine relative **102e**
und eine absolute.

Die relative Grenze bestimmt sich in Abhängigkeit des Buchwerts des eingebrachten Betriebsvermögens. Danach darf der gemeine Wert der sonstigen Gegenleistungen, die neben den neuen Gesellschaftsanteilen gewährt werden, nicht mehr als 25 % des Buchwerts des eingebrachten Betriebsvermögens betragen (Buchst. a)). Unter dem Begriff des „Buchwerts" ist der Buchwert iSd § 1 V Nr. 5 zu verstehen. Auf den absoluten Betrag des gemeinen Werts der sonstigen Gegenleistungen kommt es nicht an. Insbesondere kann der gemeine Wert der sonstigen Gegenleistungen die absolute Grenze iHv 500 000 Euro übersteigen.

Nach der absoluten Grenze darf der gemeine Wert der sonstigen Gegenleistungen, die neben den neuen Gesellschaftsanteilen gewährt werden, nicht mehr als 500 000 Euro, höchstens jedoch den Buchwert des eingebrachten Betriebsvermögens betragen (Buchst. b)). Im Ergebnis wird die absolute Grenze von 500 000 Euro zusätzlich durch eine relative Grenze beschränkt, die an den Buchwert anknüpft. Insoweit ist es erforderlich, dass beide Grenzen kumulativ eingehalten werden.

Zur Stellung des **Antrags** auf einen vom gemeinen Wert abweichenden Wertansatz und **103**
damit zur Ausübung des Bewertungswahlrechts ist ausschließlich die **aufnehmende Personengesellschaft** berechtigt (BFH v. 9.12.2010 – VIII B 151/09, BFH/NV 2011, 437).

Der Einbringende ist an den Wertansatz der Personengesellschaft gebunden. Ihm steht kein Mitsprache- oder Vetorecht zu (vgl. *Patt* in D/P/M § 24 Rn. 16; *Ohde* in Haase/Hruschka § 24 Rn. 45). Da der Wertansatz der übertragenen Sachgesamtheit bei der übernehmenden Personengesellschaft darüber entscheidet, ob der Einbringende einen Veräußerungsgewinn bzw. –verlust realisiert (§ 24 III 1), empfiehlt es sich, in dem **Einbringungsvertrag** entsprechende Regelungen zum Wertansatz der eingebrachten Wirtschaftsgüter zu treffen und eine Verpflichtung zur entsprechenden Antragstellung zu bestimmen. Zwar entfaltet eine solche individualvertragliche Vereinbarung nur Rechtswirkungen im Innenverhältnis, sodass eine vertragswidrige Ausübung des Wahlrechts durch die Personengesellschaft steuerlich wirksam ist. Jedoch kann der Einbringende in diesem Fall zivilrechtliche Schadensersatzansprüche gegen die Personengesellschaft (und über § 128 HGB gegen deren Gesellschafter) geltend machen.

103a Der Antrag auf Buch- oder Zwischenwertansatz bedarf nach dem Gesetz keiner besonderen formellen Voraussetzungen. Das Wahlrecht kann daher auch formlos bzw. **konkludent** durch Einreichung der Schlussbilanz der übernehmenden Personengesellschaft, in der die (fortgeführten) Buchwerte der eingebrachten Wirtschaftsgüter ausgewiesen sind, ausgeübt werden (vgl. *Fuhrmann* in W/M § 24 Rn. 720; *Patt* in D/P/M § 24 UmwStG Rn. 120). Zur Vermeidung von Unklarheiten empfiehlt sich jedoch stets eine schriftliche Antragstellung, bei der – insbesondere beim Ansatz von Zwischenwerten – Angaben dazu gemacht werden, wie die Wertansätze der eingebrachten Wirtschaftsgüter ermittelt und auf den Abschlussstichtag fortgeführt wurden. Dies entspricht auch den Anforderungen der Finanzverwaltung beim Ansatz von Zwischenwerten (vgl. UmwStE 2011 Rn. 24.03 iVm Rn. 20.18 iVm Rn. 3.29; *Ohde* in Haase/Hruschka § 24 Rn. 49). Sofern inländisches (Betriebsstätten-)Vermögen in eine im Ausland ansässige Personengesellschaft eingebracht wird, ist der Antrag durch die ausländische Personengesellschaft bei dem für die Betriebsstätte zuständigen inländischen Finanzamt zu stellen (*Benz/Rosenberg* BB 2006 Special Nr. 8, 51 ff., 76).

104 **Der maßgebliche Zeitpunkt** für die Ausübung des Bewertungswahlrechts hängt von der Art der Gewinnermittlung der aufnehmenden Personengesellschaft ab (vgl. OFD NRW v. 9.2.2016, DB 2016, 383).

Ermittelt die Personengesellschaft den Gewinn durch Betriebsvermögensvergleich und erstellt sie für das Wirtschaftsjahr der Einbringung eine steuerliche Schlussbilanz, ist die Einreichung der steuerlichen Schlussbilanz der aufnehmenden Personengesellschaft beim zuständigen Finanzamt entscheidend (§ 24 II 3 iVm § 20 II 3; UmwStE 2011 Rn. 24.03 iVm Rn. 20.21). **Steuerliche Schlussbilanz** iSv § 24 II 3 iVm § 20 II 3 ist die reguläre Steuerbilanz iSv §§ 4, 5 EStG, in der das übernommene Betriebsvermögen erstmalig angesetzt wird bzw. hätte angesetzt werden müssen (vgl. *Fuhrmann* in W/M § 24 UmwStG Rn. 711; *Schmitt* in S/H/S § 24 Rn. 200). Anders als bei anderen steuerlichen Wahlrechten kann dieses Wahlrecht aufgrund der eindeutigen gesetzlichen Regelung nicht bis zur (formellen) Bestandskraft der auf der Schlussbilanz beruhenden Gewinnfeststellung ausgeübt werden (so bereits nach der Rechtslage vor SEStEG: BFH v. 9.12.2010 – VIII B 151/09, BFH/NV 2011, 437; v. 25.4.2006 – VIII R 52/04, BStBl. II 2006, 847).

Erstellt die aufnehmende Personengesellschaft auf den Zeitpunkt der Einbringung eine Eröffnungsbilanz und wechselt anschließend zur Gewinnermittlung nach § 4 III EStG, fehlt es an einer steuerlichen Schlussbilanz. Der Antrag ist in diesen Fällen nach Ansicht der Finanzverwaltung nur bis zur erstmaligen Abgabe der Eröffnungsbilanz zulässig (UmwStE 2011 Rn. 24.03).

Führt die aufnehmende Personengesellschaft die Gewinnermittlung gemäß § 4 III EStG zulässigerweise nahtlos fort, fehlt es sowohl an einer Eröffnungs- als auch an einer Schlussbilanz. Der Antrag ist in diesen Fällen bis zur erstmaligen Einreichung der Einnahme-Überschussrechnung beim zuständigen Finanzamt für das Wirtschaftsjahr der Einbringung möglich.

Nach ganz h. M. ist der **Antrag** nach Einreichung der Steuerbilanz nicht mehr änderbar und zudem auch **unwiderruflich** sowie bedingungsfeindlich (vgl. BFH v. 9.12.2010 – VIII B 151/09, BFH/NV 2011, 437, wonach die Wirksamkeit der Wahlrechtsausübung nicht unter der Bedingung steht, dass eine bestimmte vom Gesellschafter angestrebte einkommensteuerliche Folge eintritt; UmwStE 2011 Rn. 24.03 iVm Rn. 20.18 iVm Rn. 3.29; *Ohde* in Haase/Hruschka § 24 Rn. 48). Zur Frage der Rücknahme oder Anfechtung eines Antrags s. *Fuhrmann* in W/M § 24 UmwStG Rn. 722 ff.

Das **Bewertungswahlrecht** ist hinsichtlich der im Rahmen der Einbringung eines Betriebs oder Teilbetriebs eingebrachten einzelnen Wirtschaftsgüter durch die Personengesellschaft **einheitlich auszuüben** (vgl. BFH v. 4.5.2004 – XI R 7/03, BStBl. II 2004, 893; UmwStE Rn. 24.03 iVm Rn. 20.18 iVm Rn. 3.28; *Schmitt* in S/H/S § 24 Rn. 186; *Rasche* in R/H/vL § 24 Rn. 71). Dies gilt auch, soweit im Rahmen der Betriebs- oder Teilbetriebseinbringung Wirtschaftsgüter eingebracht werden, die nach der Einbringung **Sonderbetriebsvermögen** bei der aufnehmenden Personengesellschaft darstellen (vgl. BFH v. 4.5.2004 – XI R 7/03, BStBl. II 2004, 893 zur Rechtslage vor SEStEG). Soweit mehrere Betriebe oder Teilbetriebe eingebracht werden, kann das Wahlrecht für jeden Betrieb oder Teilbetrieb getrennt ausgeübt werden. Soweit jedoch ein Betrieb oder Teilbetrieb von einer Mitunternehmerschaft eingebracht wird, die nach der Einbringung fortbesteht, so liegt nur ein Einbringungsvorgang vor. Einbringende ist im diesem Fall die Mitunternehmerschaft selbst und nicht die einzelnen Mitunternehmer (vgl. UmwStE 2011 Rn. 24.03 iVm Rn. 20.03; *Patt* in D/P/M § 24 Rn. 117; *Fuhrmann* in W/M § 24 UmwStG Rn. 728). Wird hingegen die Mitunternehmerschaft infolge der Einbringung aufgelöst, sind die einzelnen Mitunternehmer als Einbringende anzusehen (vgl. UmwStE 2011 Rn. 24.03 iVm Rn. 20.03). **105**

Werden **gleichzeitig mehrere Mitunternehmeranteile** an derselben Mitunternehmerschaft eingebracht, sind die Einbringungen gesellschafterbezogen zu beurteilen mit der Folge, dass hinsichtlich eines jeden Mitunternehmeranteils ein gesonderter Einbringungsvorgang vorliegt. Damit kann für jeden Mitunternehmeranteil das Antragsrecht gesondert ausgeübt werden (vgl. *Fuhrmann* in W/M § 24 UmwStG Rn. 728). **Kein Zwang zur Einheitlichkeit** bei der Ausübung des Bewertungswahlrechts besteht bei der Einbringung von Wirtschaftsgütern verschiedener Betriebe oder Teilbetriebe (*Schmitt* in S/H/S § 24 UmwStG Rn. 198). **106**

Bei **Bilanzierungskonkurrenz** in Fällen, in denen die im Einbringungszeitpunkt als **Sonderbetriebsvermögen** zu qualifizierenden Wirtschaftsgüter Betriebsvermögen beim Einbringenden darstellen, hat gem. § 24 II die Bilanzierung im Betriebsvermögen der aufnehmenden Personengesellschaft Vorrang vor der Bilanzierung im Betriebsvermögen des Einbringenden, es sei denn, es finden die Grundsätze der Rechtsprechung zur Nutzungsüberlassung zwischen Schwester-Personengesellschaften Anwendung (dazu ausführlich *Winnefeld* in Bilanz-Handbuch, 5. Aufl. 2015, Kap. L Rn. 764 f.; allg. zur Bilanzierungskonkurrenz zwischen Sonderbetrieb und Eigenbetrieb *Wacker* in Schmidt § 15 EStG Rn. 534 ff., 600 ff.). **107**

(einstweilen frei) **108–111**

Das durch Antrag eröffnete **Bewertungswahlrecht** des § 24 II **gilt uneingeschränkt auch** in folgenden Fällen: **112**

- Der Einbringende oder ein bzw. mehrere Gesellschafter des Einbringenden sind **beschränkt steuerpflichtig,** und die Besteuerung etwaiger stiller Reserven bei späterer Realisierung ist sichergestellt. Letzteres ist auch gegeben, wenn der Einbringende durch die Einbringung beschränkt steuerpflichtig wird und die aufnehmende Personengesellschaft eine inländische Betriebsstätte unterhält. In diesem Fall ist der Einbringende mit den in der inländischen Betriebsstätte der Personengesellschaft erzielten Einkünften gem. §§ 1 IV, 49 I Nr. 2a EStG beschränkt steuerpflichtig. Die DBA weisen das Besteuerungsrecht idR insoweit dem Betriebsstättenstaat zu. Anders ist dies im Fall der

Steuerentstrickung bei Ausschluss oder Beschränkung des Besteuerungsrechts (s. Rn. 102a);

113 – Die Einbringung führt zu einem **Wechsel innerhalb der betrieblichen Einkunftsarten:** Einbringung von Sachgesamtheiten aus einem gewerblichen Betriebsvermögen – Einkünfte aus § 15 EStG – in eine Personengesellschaft mit Einkünften aus Land- und Forstwirtschaft, § 13 EStG, oder aus selbständiger Arbeit, § 18 EStG. Dieser Vorgang stellt keine zur Gewinnrealisierung führende Entnahme im einkommensteuerlichen Sinne dar, auch wenn eine spätere Besteuerung der stillen Reserven im Rahmen der GewSt. nicht mehr sichergestellt ist (BFH v. 14.6.1988, BStBl. II 1989, 187, 189; *Schmitt* in S/H/S § 24 UmwStG Rn. 210; *Fuhrmann* in W/M § 24 UmwStG Rn. 737, 738). Entsprechendes gilt im umgekehrten Fall der Einbringung von Sachgesamtheiten aus einem bisher Einkünfte aus Land- und Forstwirtschaft oder selbständiger Arbeit erzielenden Betriebsvermögen in eine Personengesellschaft mit Einkünften aus Gewerbebetrieb. Obwohl auch hier kein Zwang zum Ansatz des gemeinen Wertes besteht, empfiehlt sich die Aufdeckung der stillen Reserven, um eine spätere gewerbesteuerliche Erfassung auszuschließen (*Fuhrmann* in W/M § 24 UmwStG Rn. 738; *Glanegger* FR 1990, 470);

114 – Soweit neben der Mitunternehmerstellung eine **Zuzahlung oder sonstige Nebenleistungen** in das **Privatvermögen** des Einbringenden oder eines Dritten erfolgt, liegt nach Rechtsprechung und FinVerw ein von der Einbringung gem. § 24 getrennt zu beurteilender Veräußerungsvorgang vor. Dieser ist nach den allgemeinen ertragsteuerlichen Grundsätzen zu versteuern (BFH v. 12.10.2005, BFH/NV 2006, 521 ff.; v. 16.12.2004, BStBl. II 2005, 554; *Patt* in D/P/M § 24 Rn. 62). Ein entsprechender Veräußerungsgewinn kann nicht durch die Aufstellung einer negativen Ergänzungsbilanz vermieden werden (vgl. UmwStE Rn. 24.09).

115 **Konkurrenzverhältnis zwischen § 24 und § 6 III EStG sowie § 6 V EStG** (siehe zum Ganzen auch *Fuhrmann* in W/M § 24 UmwStG Rn. 196 ff.): **Keine Einschränkung** erfährt § 24 II **durch § 6 III EStG oder § 6 V EStG** (zu Zweifelsfragen bei § 6 V EStG s. BMF v. 8.12.2011, BStBl. I 2011, 1279). Zwar hat § 6 III EStG ebenfalls die Sachgesamtheiten Betrieb, Teilbetrieb und Mitunternehmeranteil zum Gegenstand, jedoch geht es im Anwendungsbereich von § 6 III EStG ausschließlich um die unentgeltliche Übertragung dieser Sachgesamtheiten, während Voraussetzung für die Anwendung des § 24 die Übertragung (Einbringung) gegen Gewährung von Gesellschaftsrechten ist. Während eine Einbringung im Rahmen von § 24 einen tauschähnlichen und damit entgeltlichen Veräußerungsvorgang darstellt, ist ein entsprechender Realisationstatbestand bei § 6 III EStG von vornherein ausgeschlossen. Hier gilt die Fußstapfentheorie. Da beide Regelungen unterschiedliche Tatbestandsvoraussetzungen haben, besteht zwischen ihnen kein Konkurrenzverhältnis (*Schmitt* in S/H/S § 24 Rn. 4). Dies schließt es allerdings nicht aus, dass ein einheitlicher Vorgang rechtlich u. U. aufzuteilen ist. Soweit zB ein Einzelunternehmen in eine neu gegründete Personengesellschaft unter unentgeltlicher Aufnahme weiterer Gesellschafter eingebracht wird, liegen nach der Rechtsprechung rechtlich zwei getrennt zu beurteilende Vorgänge vor: Soweit der Betrieb gegen Gewährung eines Mitunternehmeranteils an der Personengesellschaft eingebracht wird, ist § 24 UmwStG einschlägig. Soweit der Betrieb zum Zweck der unentgeltlichen Aufnahme weiterer Gesellschafter eingebracht wird, liegt ein nach § 6 III EStG zu beurteilender Übertragungsvorgang vor (vgl. BFH v. 18.9.2013 – X R 42/10, BStBl. II 2016, 639; BFH v. 12.10.2005 – X R 35/04, BFH/NV 2006, 521 ff.).

§ 6 V EStG regelt die Übertragung einzelner oder mehrerer Wirtschaftsgüter, ohne dass diese die von § 24 vorausgesetzten Qualitäten (Betrieb, Teilbetrieb, Mitunternehmeranteil) besitzen. Ein Konkurrenzverhältnis der Regelungen besteht daher grds. nicht (*Schmitt* in S/H/S § 24 UmwStG Rn. 4 mwN; *Patt* in D/P/M § 24 Rn. 46 ff.; zum Konkurrenzverhältnis zwischen § 24 und § 6 V EStG bei der Übertragung einer 100 %-igen Kapitalgesellschaftsbeteiligung vom Sonderbetriebsvermögen in das Gesamthandsvermögen vgl. *Reiser/ Schierle* DStR 2013, 113). Während im Anwendungsbereich von § 6 III EStG und § 6 V EStG **zwingend** die Buchwerte anzusetzen sind, eröffnet § 24 lediglich ein Wahlrecht der aufnehmenden Personengesellschaft, die aus einem anderen Betriebsvermögen eingebrachten Wirtschaftsgüter auch über deren (fortgeführte) Anschaffungs- oder Herstellungskosten bzw. dem letzten Bilanzansatz anzusetzen. Obergrenze bildet allerdings stets der gemeine Wert im Zeitpunkt der Einbringung (vgl. *Patt* in D/P/M § 24 Rn. 113). Anderes gilt bei **Einbringung von Wirtschaftsgütern aus dem Privatvermögen.** Hier findet § 24 II mangels Vorliegen der Tatbestandsvoraussetzungen des § 24 I – Einbringung von Betriebsvermögen – keine Anwendung. Dies gilt auch bei Einbringung einer im Privatvermögen gehaltenen 100%igen Beteiligung an einer Kapitalgesellschaft. In diesen Fällen findet § 6 I Nr. 5 EStG Anwendung.

Gestaltungsmissbrauch nach § 42 AO (Gesamtplan) bei der zeitnahen Veräußerung oder Übertragung einzelner Wirtschaftsgüter im Zusammenhang mit Einbringungen nach § 24: Voraussetzung für den Buchwertansatz nach § 24 II 2 ist, dass alle wesentlichen Betriebsgrundlagen der Sachgesamtheit auf die übernehmende Personengesellschaft übergehen. **Maßgeblicher Zeitpunkt** für die Fragen, ob a) eine nach § 24 I begünstigte Sachgesamtheit vorliegt und b) welche funktional wesentlichen Betriebsgrundlagen zu dieser Sachgesamtheit iSv § 24 I gehören, ist der Zeitpunkt der tatsächlichen (dinglichen) Einbringung (s. Rn. 29; BFH v. 9.11.2011, DStR 2012, 648 ff.; *Schmitt* in S/H/S § 24 UmwStG Rn. 59). Werden in engem zeitlichen Zusammenhang mit der Einbringung wesentliche Betriebsgrundlagen veräußert, übertragen (ausgegliedert) oder entnommen, ist nach Auffassung der Finanzverwaltung zu prüfen, ob hierin ein schädlicher Gesamtplan gesehen werden kann (vgl. UmwStE Rn. 24.03 iVm Rn. 20.07). 115a

Ein Gesamtplan ist regelmäßig dadurch gekennzeichnet, dass ein einheitlicher wirtschaftlicher Sachverhalt aufgrund eines vorherigen, zielgerichteten Plans „künstlich" zergliedert wird und den einzelnen Teilakten dabei nur insoweit Bedeutung zukommt, als sie die Erreichung des Endzustands fördern. Dementsprechend ist ein Gesamtplan zu verneinen, wenn wirtschaftliche Gründe für die einzelnen Teilschritte vorliegen und es dem Steuerpflichtigen gerade auf die Konsequenzen ankommt. Die Teilschritte haben insoweit eine eigenständige Funktion (so *Schulze zur Wiesche* DStR 2012, 1420, 1422). Nach neuerer Rechtsprechung gibt es ein eigenes Rechtsinstitut des Gesamtplans nicht. Kritische Fälle sind danach allein an § 42 AO zu messen, oder durch eine teleologische Reduktion der jeweiligen Norm des materiellen Steuerrechts zu lösen (so jüngst ausdrücklich BFH v. 16.12.2015 – IV R 8/12, BStBl. II 2017, 766; vgl. dazu auch ausführlich Rn. 25).

Für den Fall der **Veräußerung** einer wesentlichen Betriebsgrundlage wenige Tage vor der Einbringung eines Einzelunternehmens in eine Personengesellschaft hat der BFH die Anwendbarkeit des § 42 AO verneint, wenn die Veräußerung unter Aufdeckung der stillen Reserven auf Dauer angelegt ist (BFH v. 9.11.2011, BStBl. II 2012, 638; *Schulze zur Wiesche* DStR 2012, 1420, 1422). Dieser Ansicht ist zuzustimmen. Eine Veräußerung zum Verkehrswert, dh unter Aufdeckung der stillen Reserven, dient erkennbar nicht der Steuerminderung, welche Grundvoraussetzung für die Anwendbarkeit des § 42 AO ist.

Gleiches dürfte gelten, wenn in engem zeitlichen Zusammenhang mit der Einbringung eine wesentliche Betriebsgrundlage nach § 6 I Nr. 4 EStG unter Aufdeckung der stillen Reserven **entnommen** und ins Privatvermögen überführt wird. Auch hierbei fehlt es von vornherein an einer Steuerminderung.

Von besonderem Interesse dürften jedoch die Fallgestaltungen sein, bei denen im Vorfeld der Einbringung wesentliche Betriebsgrundlagen **nach § 6 V EStG zu Buchwerten** in ein anderes Betriebsvermögen des Steuerpflichtigen ausgegliedert werden. In der Entscheidung des BFH v. 2.8.2012, DStR 2012, 2118 hat der IV. Senat des BFH entschieden, dass der Gesellschafter einer Personengesellschaft seinen Mitunternehmeranteil nach § 6 III EStG steuerneutral übertragen kann, auch wenn er ein in seinem Sonderbetriebsvermögen befindliches Grundstück, bei dem es sich unstreitig um eine wesentliche Betriebsgrundlage handelte, zeitgleich und ebenfalls steuerneutral nach § 6 V auf eine andere Personengesellschaft übertragen hat. Hierbei hat sich der BFH gegen die Auffassung der Finanzverwaltung gewandt, nach der eine gleichzeitige Inanspruchnahme („Kumulation") von Steuervergünstigungen nach § 6 III EStG und § 6 V EStG nicht möglich sei (BMF v. 3.3.2005, BStBl. I 2005, 458 Rn. 7). Einen Gestaltungsmissbrauch vermochte der BFH durch die kumulative Inanspruchnahme von § 6 III und V EStG nicht zu erkennen. Damit dürfte auch im Anwendungsbereich von § 24 eine vorherige oder gleichzeitige Übertragung von funktional wesentlichen Betriebsgrundlagen nach § 6 V EStG auf ein anderes Betriebsvermögen des Einbringenden unschädlich für eine Buchwertfortführung nach § 24 II 2 der Sachgesamtheit sein, wenn die „Ausgliederung" der wesentlichen Betriebsgrundlage auf Dauer angelegt ist (vgl. hierzu auch *Schulze zur Wiesche* DStR 2012, 1420; *Wachter* DB 2013, 200; *Bohn/Pelters* DStR 2013, 281 sowie *Brandenberg* DB 2013, 17 „Abschied vom Gesamtplan"). Es existiert schließlich weder einen Rechtssatz, der es den Steuerpflichtigen untersagt, steuerliche Vergünstigungen (hier in Form von Buchwertübertragungen) kumulativ in Anspruch zu nehmen noch lässt sich hieraus eine missbräuchliche Gestaltung konstruieren. Für das Verhältnis von § 6 III EStG zu § 24 UmwStG hat der BFH das Nebeneinander beider Vorschriften (entgegen UmwStE Rn. 01.47) nunmehr ausdrücklich anerkannt (BFH v. 18.9.2013, DStR 2013, 2538).

Das BMF will die Entscheidung des BFH v. 2.8.2012 jedoch vorerst nicht anwenden und den Ausgang des Revisionsverfahrens I R 80/12 abwarten (vgl. BMF v. 12.9.2013, BStBl. I 2013, 1164). Diesem Revisionsverfahren liegt die Entscheidung des FG BaWü v. 19.7.2012 (BB 2013, 369) zugrunde, bei der eine Personengesellschaft (GmbH & Co. KG) an eine Schwesterpersonengesellschaft drei Tage vor ihrer Verschmelzung auf die Komplementär-GmbH Grundstücke zu einem Kaufpreis in Höhe der Buchwerte veräußert hat.

116 **Eine Gewinnermittlung nach § 4 III EStG** bei der aufnehmenden Personengesellschaft und/oder beim Einbringenden hindert die Ausübung des Bewertungswahlrechts nach § 24 II nicht (vgl. *Patt* in D/P/M § 24 Rn. 122 mwN). Der Wortlaut des § 24 II in „ihrer Bilanz" ist insoweit ungenau. Die im Gesetz vorgesehene Möglichkeit steuerneutraler Umformung eines Unternehmens ist nicht auf bilanzierende Steuerpflichtige beschränkt. Erforderlich ist jedoch grds., dass die aufnehmende Personengesellschaft auf den Einbringungszeitpunkt eine Eröffnungs- bzw. Einbringungsbilanz erstellt. Entsprechendes gilt für den Einbringenden, der danach von der Gewinnermittlung durch Überschussrechnung zur Gewinnermittlung durch Bestandsvergleich überzugehen und eine Einbringungsbilanz zu erstellen hat (vgl. *Patt* in D/P/M § 24 Rn. 122 mwN; zur Rechtslage vor SEStEG: BFH v. 13.9.2001, BStBl. II 2002, 287).

Die Aufstellung einer Eröffnungs- bzw. Einbringungsbilanz ist bei der **übernehmenden Personengesellschaft** schon deshalb erforderlich, um eine verbindliche Feststellung darüber treffen zu können, mit welchen Wertansätzen sie die eingebrachten Wirtschaftsgüter übernommen hat (s. auch FG Köln v. 17.3.2010 – 12 K 4494/07, BeckRS 2010, 26030337). Zwar werden sich idR Übergangsgewinn und Übergangsverlust bei – gewöhnlich nicht als willkürlich zu qualifizierender – Fortführung der Gewinnermittlung nach § 4 III EStG rechnerisch aufheben. Zu beachten ist jedoch, dass ein eventueller Übergangsgewinn zunächst bei dem Einbringenden festgestellt und im Fall mehrerer Einbringender auf diese verteilt werden muss, ein sich dann beim Wechsel zur Überschussrechnung ergebender korrespondierender Übergangsverlust jedoch sämtlichen neuen Gesellschaftern – im Zweifel nach Kopfteilen – zuzurechnen ist (BFH v. 13.9.2001, BStBl. II 2002, 287; OFD Hannover v. 25.1.2007, DStR 2007, 1037; OFD Frankfurt/M v. 19.9.2003, DStR 2003, 2074).

Beim Einbringenden ist der Übergang von der Gewinnermittlung nach § 4 III EStG zur Gewinnermittlung durch Bestandsvergleich nach § 4 I, § 5 I EStG idR bereits deshalb erforderlich, um einen Einbringungsgewinn nach § 24 III iVm § 16 EStG sowie den letzten laufenden Gewinn zu ermitteln (vgl. *Patt* in D/P/M § 24 Rn. 122). Die übernehmende Personengesellschaft kann nach der Einbringung wieder zur Gewinnermittlung nach § 4 III EStG zurückkehren (s. UmwStE Rn. 24.03).

Eine Ausnahme von der Erforderlichkeit, zur Gewinnermittlung durch Betriebsvermögensvergleich überzugehen, um eine Eröffnungs- bzw. Einbringungsbilanz aufzustellen, besteht dann, wenn sowohl der Einbringende als auch die aufnehmende Personengesellschaft ihre Gewinne bislang nach § 4 III EStG ermittelt haben und die Einbringung gemäß § 24 in vollem Umfang zu Buchwerten erfolgt (*OFD NRW* v. 9.2.2016, DB 2016, 383; vgl. auch BFH v. 11.4.2013 – III R 32/12, BStBl. II 2014, 242; *Strahl* Ubg 2011, 433, 435.). Wird auf die Eröffnungs- bzw. Einbringungsbilanz verzichtet, muss der Umfang des übertragenen Betriebsvermögens und der Buchwertansatz bei der aufnehmenden Personengesellschaft unmissverständlich durch entsprechende Aufzeichnungen dokumentiert werden (zu weiteren diskutierten Fallkonstellationen vgl. *Fuhrmann* in W/M § 24 Rn. 1041 ff.)

Der **Grundsatz der Maßgeblichkeit** der Handelsbilanz für die Steuerbilanz (vgl. allg. 117
Weber-Grellet in Schmidt § 5 Rn. 26 ff.) ist in der Neufassung des UmwStG durch das SEStEG konsequent aufgegeben worden. Ein Ansatz unterhalb des gemeinen Wertes ist daher auch dann zulässig, wenn das eingebrachte Betriebsvermögen in der Handelsbilanz der aufnehmenden Personengesellschaft mit einem höheren Wert angesetzt wird (vgl. UmwStE 2011 Rn. 24.03 iVm Rn. 20.20; *Patt* in D/P/M § 24 Rn. 119 mwN). Eine Verknüpfung des steuerlichen Ansatzes mit dem handelsrechtlichen besteht nicht (vgl. *Fuhrmann* in W/M § 24 UmwStG Rn. 769).

(einstweilen frei) 118

3. Buchwertansatz

Gem. § 24 II 2 darf die aufnehmende Personengesellschaft das eingebrachte Betriebs- 119
vermögen auf Antrag (s. Rn. 102, 103) mit dem Buchwert ansetzen. Eine **Definition des Buchwerts** enthält § 24 nicht. Stattdessen definiert **§ 1 V Nr. 4** einheitlich für das gesamte Umwandlungssteuergesetz den Buchwert als den „Wert, der sich nach den steuerrechtlichen Vorschriften über die Gewinnermittlung in einer für den steuerlichen Übertragungsstichtag aufzustellenden Steuerbilanz ergibt oder ergäbe". Damit ist eine **Unterschreitung des Buchwerts** ebenso unzulässig wie eine **Überschreitung des gemeinen Werts.** Diese Begrenzungen gelten für jedes einzelne eingebrachte Wirtschaftsgut (Grundsätze der Einzelbewertung und des Saldierungsverbots s. *Schmitt* in S/H/S § 24 Rn. 172; *Patt* in D/P/M § 24 Rn. 113, 115).

Folge der Einbringung zum Buchwert ist die Vermeidung einer Gewinnrealisierung 120
beim Einbringenden (s. Rn. 191 ff.). Ein dem Einbringenden zuzurechnender Übergangsgewinn wegen Wechsels der Gewinnermittlungsart kann allerdings trotz Buchwertansatz entstehen (vgl. BFH v. 13.9.2001 – IV R 13/01, BStBl. II 2002, 287; zur Ausnahme von der Notwendigkeit des Übergangs zur Gewinnermittlung durch Betriebsvermögensvergleich s. Rn. 116). Ob eine Einbringung zum Buchwert vorliegt, ergibt sich aus der Gegenüberstellung der Wertansätze in der steuerlichen Schlussbilanz des Einbringenden zu den Wertansätzen in der steuerlichen Eröffnungs- bzw. Einbringungsbilanz der aufnehmenden Personengesellschaft einschließlich der Wertansätze in ggf. aufgestellten Ergänzungsbilanzen. Unzulässig ist die **Unterschreitung des maßgeblichen Buchwerts** in der Eröffnungsbilanz der aufnehmenden Personengesellschaft, wobei maßgeblich der zusammenzufassende Wertansatz in Gesamthands- und Ergänzungsbilanz(en) ist (vgl. *Fuhrmann* in W/M § 24 UmwStG Rn. 789, 814 ff.). Sofern der gemeine Wert eines eingebrachten Wirtschaftsguts niedriger ist als der Buchwert, kann die Korrektur durch **Abschreibung auf den niedrigeren gemeinen Wert** in der Schlussbilanz des Einbringenden bei den betroffenen Wirtschaftsgütern vorgenommen werden, wenn die Voraussetzungen für eine Teilwertabschreibung nach § 6 I Nr. 1 S. 2 EStG (dauerhafte Wertminderung) vorliegen

(vgl. *Schmitt* in S/H/S § 24 Rn. 178). Wird von diesem Wahlrecht in der Schlussbilanz des Einbringenden kein Gebrauch gemacht, so hat der Ansatz des unter dem Buchwert liegenden gemeinen Werts durch entsprechende Korrekturen in der Ergänzungsbilanz der aufnehmenden Personengesellschaft zu erfolgen (vgl. *Fuhrmann* in W/M § 24 UmwStG Rn. 789, 790).

121 Enthält das eingebrachte Betriebsvermögen **steuerfreie Rücklagen,** kann die aufnehmende Personengesellschaft diese nur im Fall des Buchwertansatzes fortführen, da sie gem. §§ 24 IV, 23 I, III, 4 II 3, 12 III 1 hinsichtlich der Bilanzierung in die Rechtsstellung des Einbringenden eintritt; für die Bewertung von **Pensionszusagen** gilt gem. § 24 II 2 einheitlich § 6a EStG. Bezogen auf eine Ansparabschreibung nach § 7g EStG hat die Rechtsprechung entschieden, dass diese nicht mehr vorgenommen werden darf, wenn im Zeitpunkt ihrer Geltendmachung beim Finanzamt bereits feststeht, dass der Betrieb nach § 20 zu Buchwerten in eine Kapitalgesellschaft eingebracht wird (vgl. BFH v. 27.1.2016 – X R 21/09, BFH/NV 2016, 751 ff. auf der Grundlage des Beschlusses des Großen Senats v. 14.4.2015 – GrS 2/12, BStBl. II 2015, 1007). Die Entscheidung ist für Einbringungen in eine Personengesellschaft nach § 24 gleichermaßen von Bedeutung.

122 Für die **bilanztechnische Darstellung** der Einbringung zu Buchwerten gibt es auch nach Inkrafttreten des SEStEG **keine gesetzliche Regelung. Zwei Möglichkeiten** sind denkbar (s. Rn. 135 ff.):

a) In der Gesamthandsbilanz werden die Wirtschaftsgüter mit dem gemeinen Wert angesetzt; für den/die Einbringenden wird eine negative Ergänzungsbilanz aufgestellt. Diese Darstellungsweise führt dazu, dass die Handelsbilanz durch den Ausweis höheren Eigenkapitals geschönt wird („window-dressing", *Haritz* DStR 2009, 977). Diese Darstellungsweise wird in der Praxis überwiegend gewählt.
b) In der Gesamthandsbilanz werden die Wirtschaftsgüter mit den Buchwerten aus der Schlussbilanz des/der Einbringenden angesetzt, für den/die Einbringenden werden negative Ergänzungsbilanzen aufgestellt, für gegen Bareinlage in die Personengesellschaft eintretende Mitunternehmer werden positive Ergänzungsbilanzen aufgestellt. Ein Gewinn, der durch **Zuzahlungen in das Privatvermögen** des Einbringenden bei diesem entsteht, kann nicht durch eine negative Ergänzungsbilanz vermieden werden (BFH v. 16.12.2004 – III R 38/00, BStBl. II 2005, 554).

122a Zum Buchwertansatz bei Einbringung einer betrieblichen Sachgesamtheit gegen Mischentgelt s. Rn. 43, 43a.

4. Zwischenwertansatz

123 § 24 II gestattet der aufnehmenden Personengesellschaft den Ansatz des eingebrachten Betriebsvermögens mit einem über dem Buchwert liegenden Wert, ohne dass der gemeine Wert erreicht wird **(Zwischenwertansatz).** Die Regelung entspricht dem Grunde nach § 20 II (s. § 20 Rn. 405 ff.). Der Ansatz von Zwischenwerten empfiehlt sich insbesondere, um bestehende Verlustvorträge des Einbringenden mit einem Einbringungsgewinn nach § 24 III auszugleichen, die ansonsten ungenutzt blieben. Die übernehmende Personengesellschaft profitiert bei einem Zwischenwertansatz von einem höheren Abschreibungspotential.

Nicht ausdrücklich geregelt ist die Frage, ob die **Aufdeckung der in den eingebrachten Wirtschaftsgütern enthaltenen stillen Reserven** nach Belieben oder gleichmäßig erfolgen muss. Da eine beliebige Aufdeckung stiller Reserven Gewinnmanipulationen ermöglicht, die Einbringung einen anschaffungsähnlichen Vorgang von idR einer Mehrzahl von Wirtschaftsgütern darstellt und einkommensteuerrechtlich jedes Wirtschaftsgut mit seinen Anschaffungskosten anzusetzen ist, ist die Aufdeckung der stillen Reserven gleichmäßig für jedes Wirtschaftsgut vorzunehmen (BFH v. 24.5.1984 – I R 166/78, BStBl. II 1984, 747; BFH v. 22.6.1965 – I 405/61 U, BStBl. III 1965, 482; *Patt* in D/P/M § 24 Rn. 115; UmwStE 2011 Rn. 24.03 iVm Rn. 23.14 „... um einen einheitlichen

Prozentsatz aufzulösen."). Die FinVerw verlangt, dass bei der Aufstockung grds. sowohl das Anlagevermögen (einschließlich der vom Einbringenden selbst hergestellten immateriellen Anlagegüter) als auch das Umlaufvermögen berücksichtigt wird.

Nach bislang hA zu Einbringungstatbeständen vor Inkrafttreten des SEStEG konnten **123a** nach der sog. **Stufentheorie** ein originärer **Firmen-, Geschäfts- oder Praxiswert** sowie sonstige selbst geschaffene immaterielle Wirtschaftsgüter nur dann berücksichtigt werden, wenn die übrigen Wirtschaftsgüter bis zu ihren gemeinen Werten aufgestockt wurden, jedoch noch eine Differenz zu dem Wert bestand, mit dem das eingebrachte Betriebsvermögen bei der aufnehmenden Personengesellschaft angesetzt wurde (zur bisherigen Rechtslage s. UmwStE 2011 1998 Rn. 24.04 iVm Rn. 22.08). Nunmehr vertritt die FinVerw die Auffassung, dass sämtliche Wirtschaftgüter, also auch bislang nicht bilanzierte selbst geschaffene immaterielle Wirtschaftsgüter, mit einem einheitlichen Prozentsatz anzusetzen bzw. aufzustocken sind (vgl. UmwStE 2011 Rn. 24.03 iVm Rn. 20.18 iVm Rn. 3.25). Dies entspricht den allgemein anerkannten Grundsätzen der gleichmäßigen und verhältnismäßigen Aufstockung der Wirtschaftsgüter beim Zwischenwertansatz. Es besteht kein Anlass, einen originären Firmen-, Geschäfts- oder Praxiswert von diesen Grundsätzen auszunehmen (wie hier: *Patt* in D/P/M § 20 Rn. 207 mit einer Übersicht zum Streitstand sowie *Schmitt* in S/H/S § 24 Rn. 193). Die Vorschrift des § 5 II EStG findet hierbei keine Anwendung.

Entsprechendes gilt für **steuerfreie Rücklagen.** Diese sind beim Zwischenwertansatz ebenfalls um einen einheitlichen Prozentsatz aufzulösen (UmwStE 2011 Rn. 24.03 iVm Rn. 23.14 iVm Rn. 3.25).

Die vorgenannten Grundsätze gelten auch dann, wenn die Zwischenwertansätze ledig- **124** lich in der Gesamthandsbilanz der aufnehmenden Personengesellschaft erfolgt sind und diese Ansätze mittels Ergänzungsbilanzen auf den jeweiligen Buchwert zurückgeführt werden (*Schmitt* in S/H/S § 24 Rn. 188).

Die **Rechtsfolgen eines Zwischenwertansatzes** richten sich bei der aufnehmenden **125** Personengesellschaft nach **§ 23 I, III** (§ 24 IV – s. Rn. 194; § 23 Rn. 13ff.). Danach gelten § 4 II 3 und § 12 III 1. Hs. entsprechend. Die übernehmende Personengesellschaft tritt mithin grds. in die Rechtsstellung des Einbringenden ein **(Fußstapfentheorie),** wobei dies ausdrücklich auch die **Besitzzeiten eingebrachter Wirtschaftsgüter** umfasst. § 23 III modifiziert die Regelung des § 12 III 1. Hs. allerdings hinsichtlich der für die AfA maßgeblichen AK/HK (s. Rn. 194; § 23 Rn. 54ff.). Erfolgt die Einbringung im Wege der **Gesamtrechtsnachfolge** durch Umwandlung nach dem UmwG, führt dies bei Ansatz der eingebrachten Wirtschaftsgüter zu Zwischenwerten dazu, dass sich aufgrund entsprechender Anwendung von § 23 III die AfA nach § 7 I, IV, V und VI EStG nach den Anschaffungs- bzw. Herstellungskosten des Einbringenden zzgl. des Differenzbetrags zwischen Buchwert und dem Zwischenwert bemisst und bei den AfA gem. § 7 II EStG für bewegliche Wirtschaftsgüter des Anlagevermögens (sofern sie nach dem 31.12.2008 und vor dem 1.1.2011 angeschafft oder hergestellt worden sind) im Zeitpunkt der Einbringung an die Stelle des Buchwerts der Zwischenwert tritt (s. § 20 Rn. 405ff., 410).

Bilanztechnisch geschieht die Aufstockung in der Weise, dass zunächst festzustellen ist, **126** welche Wirtschaftsgüter in welcher Höhe stille Reserven enthalten. In diese Feststellung mit einzubeziehen sind auch ein originärer **Firmen-, Geschäfts- oder Praxiswert** sowie sonstige **selbst geschaffene immaterielle Wirtschaftsgüter** (s. Rn. 123a). Der Gesamtbetrag der stillen Reserven ist sodann gleichmäßig um den Prozentsatz aufzulösen, der dem Verhältnis des gesamten Betrages, um den die Buchwerte aufgestockt werden sollen, zum Gesamtbetrag der im eingebrachten Betriebsvermögen enthaltenen stillen Reserven entspricht.

Beispiel:

127

Einzubringendes Betriebsvermögen	Buchwert	Stille Res.	Gemeiner Wert
	€	€	€
Grund und Boden	100 000	200 000	300 000
Gebäude	10 000	40 000	50 000
Maschinen	40 000	60 000	100 000
Vorräte	50 000	0	50 000
	200 000	300 000	500 000

Die Buchwerte sollen um 150 000 € aufgestockt werden. Das Verhältnis des Aufstockungsbetrages zum Gesamtbetrag der stillen Reserven beträgt:
150 000: 300 000 oder 1: 2
Der diesem Verhältnis entsprechende Prozentsatz ist 50.
Damit ergibt sich folgender Ansatz bei der aufnehmenden Gesellschaft:

Grund und Boden:	€
bisheriger Buchwert	100 000
+ 50 % stille Reserven (50 % v. 200 000)	100 000
neuer Wertansatz	200 000
Gebäude:	
bisheriger Buchwert	10 000
+ 50 % stille Reserven (50 % v. 40 000)	20 000
neuer Wertansatz	30 000
Maschinen:	
bisheriger Buchwert	40 000
+ 50 % stille Reserven (50 % v. 60 000)	30 000
neuer Wertansatz	70 000
Vorräte:	
bisheriger Buchwert	50 000
+ 50 % stille Reserven (50 % v. 0)	0
neuer Wertansatz	50 000

128 Der Ansatz von Zwischenwerten kann aus betriebswirtschaftlicher Sicht im Einzelfall ggü. der Buchwertfortführung oder der Einbringung zum gemeinen Wert vorteilhaft sein (s. Rn. 123; zum Zwischenwertansatz bei Einbringung in eine Kapitalgesellschaft s. § 20 Rn. 405 ff.).

5. Ansatz des gemeinen Wertes

129 Im Unterschied zur Rechtslage vor SEStEG, wonach der Personengesellschaft ein Wahlrecht zum Ansatz des Teilwerts eingeräumt war, hat die aufnehmende Personengesellschaft nunmehr die eingebrachten Wirtschaftsgüter des Betriebsvermögens gem. § 24 II 1, 3 in ihrer Gesamthandsbilanz einschließlich etwaiger Ergänzungsbilanzen grds. mit dem gemeinen Wert anzusetzen. Der **gemeine Wert** bestimmt sich nach **§ 9 II BewG.** Danach wird der gemeine Wert durch den Preis bestimmt, der im gewöhnlichen Geschäftsverkehr nach der Beschaffenheit des Wirtschaftsgutes bei einer Veräußerung zu erzielen wäre, wobei mit Ausnahme ungewöhnlicher oder persönlicher Verhältnisse alle Umstände, die den Preis

beeinflussen, zu berücksichtigen sind. Zur Ermittlung des gemeinen Werts sowie zur Anwendung des vereinfachten Ertragswertverfahrens nach § 199 ff. BewG vgl. *Fuhrmann* in W/M § 24 UmwStG Rn. 638 ff.

Eine **Ausnahme** gilt lediglich für **Pensionsrückstellungen;** diese sind mit dem nach § 6a EStG zu ermittelnden Wert anzusetzen. Ein **selbst geschaffener Firmen-, Geschäfts- oder Praxiswert** und jedes andere selbst geschaffene immaterielle Wirtschaftsgut ist mitanzusetzen (BFH v. 4.5.2004 – XI R 7/03, BStBl. II 2004, 893; UmwStE 2011 Rn. 24.03 iVm Rn. 23.17; *Fuhrmann* in W/M § 24 UmwStG Rn. 661).

Sofern Wirtschaftsgüter im Rahmen der Einbringung nicht in das Gesamthandsver- 130 mögen der aufnehmenden Personengesellschaft übertragen werden und als **Sonderbetriebsvermögen** zu qualifizieren sind, müssen auch diese Wirtschaftsgüter in den jeweiligen Sonderbilanzen der Gesellschafter mit ihrem gemeinen Wert angesetzt werden, wenn insgesamt ein Ansatz zum gemeinen Wert erreicht werden soll (vgl. *Fuhrmann* in W/M § 24 UmwStG Rn. 682). Dies gilt jedoch nicht, wenn es sich bei den betreffenden Wirtschaftsgütern nicht um wesentliche Betriebsgrundlagen handelt und diese Wirtschaftsgüter außerhalb des Anwendungsbereichs von § 24 nach § 6 V EStG zum Buchwert übertragen werden können (s. Rn. 115, 115a zum Konkurrenzverhältnis zwischen § 24, § 6 III EStG und § 6 V EStG sowie zum Gestaltungsmissbrauch (§ 42 AO) / „Gesamtplan").

Umfasst das eingebrachte Betriebsvermögen auch **teilfertige Arbeiten,** sind diese auch 131 dann mit dem gemeinen Wert anzusetzen, wenn nach allgemeinen Gewinnermittlungsgrundsätzen eine Forderung nicht zu bilanzieren wäre (vgl. zur Einbringung zu Teilwerten nach der Rechtslage vor SEStEG: BFH v. 10.7.2002 – I R 79/01, BStBl. II 2002, 784; BFH v. 13.12.1979 – IV R 69/74, BStBl. II 1980, 239).

Der jeweilige **gemeine Wert ist Höchstwert.** Er darf in keinem Fall überschritten 132 werden, § 24 II. Dieser Grundsatz bezieht sich auf jedes einzelne eingebrachte Wirtschaftsgut. Es ist also nicht zulässig, etwa alle Waren oder geringwertigen Wirtschaftsgüter über dem gemeinen Wert anzusetzen und den überschießenden Betrag durch Ansatz der Buch- oder Zwischenwerte bei anderen Wirtschaftsgütern auszugleichen (Grundsätze der Einzelbewertung und des Saldierungsverbots s. *Ohde* in Haase/Hruschka § 24 Rn. 46). Der gemeine Wert ist auch dann Obergrenze, wenn der in der Schlussbilanz angesetzte Buchwert ausnahmsweise höher liegt, etwa weil der Einbringende als Freiberufler bislang zur Durchführung von Wertberichtigungen handelsrechtlich nicht verpflichtet war.

Rechtsfolge des Ansatzes zum gemeinen Wert ist, dass gem. §§ 24 II, IV, 23 IV die 133 eingebrachten Wirtschaftsgüter als im Zeitpunkt der Einbringung von der Personengesellschaft angeschafft gelten, sofern es sich um eine Einbringung im Wege der **Einzelrechtsnachfolge** handelt. Erfolgt die Einbringung im Wege der **Gesamtrechtsnachfolge** durch Umwandlung nach dem UmwG, führt dies bei Ansatz der eingebrachten Wirtschaftsgüter zu gemeinen Werten dazu, dass sich aufgrund entsprechender Anwendung von § 23 III die AfA nach § 7 I, IV, V und VI EStG nach den Anschaffungs- bzw. Herstellungskosten des Einbringenden zzgl. des Differenzbetrags zwischen Buchwert und gemeinem Wert bemisst und bei den AfA gem. § 7 II EStG für bewegliche Wirtschaftsgüter des Anlagevermögens (sofern sie nach dem 31.12.2008 und vor dem 1.1.2011 angeschafft oder hergestellt worden sind) im Zeitpunkt der Einbringung an die Stelle des Buchwerts der gemeine Wert tritt (s. Rn. 191, 195).

Sofern in den eingebrachten Wirtschaftsgütern **steuerfreie Rücklagen** enthalten sind, 134 sind diese zwingend aufzulösen und zwar unabhängig davon, ob die Einbringung im Wege der Gesamt- oder Einzelrechtsnachfolge vollzogen wird (vgl. UmwStE 2011 Rn. 24.03 iVm Rn. 23.17; *Fuhrmann* in W/M § 24 UmwStG Rn. 704).

6. Ergänzungsbilanzen

a) Allgemeines

135 Gem. § 24 II hat die aufnehmende Personengesellschaft das eingebrachte Betriebsvermögen in ihrer Bilanz unter Einschluss der Ergänzungsbilanzen für ihre Gesellschafter anzusetzen. Die Ergänzungsbilanzen enthalten Korrekturposten ausschließlich für steuerliche Zwecke (*Fuhrmann* in W/M § 24 Rn. 819; vgl. ausführlich zu Ergänzungsbilanzen *Bolk* DStR 2018, 424). Das **Recht zur Aufstellung einer Ergänzungsbilanz hat** nur die **aufnehmende Personengesellschaft** und nicht der Einbringende. Dies ergibt sich schon aus dem Wortlaut der Regelung („Die Personengesellschaft hat ... in ihrer Bilanz einschließlich der Ergänzungsbilanzen für ihre Gesellschafter ...") (vgl. auch BFH v. 25.4.2006 – VIII R 52/04, BStBl. II 2006, 847) und im Übrigen auch deshalb, weil die Mitunternehmerschaft als solche hinsichtlich der Ermittlung von Art und Höhe ihrer Einkünfte Steuerrechtssubjekt (Gewinnermittlungssubjekt) ist. (vgl. *Wacker* in Schmidt § 15 EStG Rn. 164 mwN). Ein **Veto- oder Mitspracherecht des Einbringenden** gegen den von der Personengesellschaft gewählten Ansatz besteht nach dem Gesetz nicht. Allerdings können (und sollten) sich die Parteien schuldrechtlich (zB im Rahmen des Einbringungsvertrages) in den vom Gesetz gezogenen Grenzen der Sicherstellung der Besteuerung stiller Reserven durch den deutschen Fiskus zu einem bestimmten Wertansatz verpflichten.

136 Ergänzungsbilanzen treten als **positive und** als **negative Ergänzungsbilanzen** in Erscheinung. Die Bilanzposten in positiven oder negativen Ergänzungsbilanzen enthalten **steuerliche Wertkorrekturen** zu den Bilanzansätzen der einzelnen in der Gesamthandssteuerbilanz der Personengesellschaft ausgewiesenen Wirtschaftsgüter. Ergänzungsbilanzen stellen damit im Verhältnis zur Steuerbilanz der aufnehmenden Personengesellschaft **Korrekturbilanzen** dar. Sie bilden zusammen mit den Wertansätzen in der Steuerbilanz der Personengesellschaft den für § 24 II u. III maßgeblichen Wertansatz.

Werden in der Gesamthandsbilanz die eingebrachten Wirtschaftsgüter mit einem über dem Buchwert liegenden Wert (gemeiner Wert oder Zwischenwert) angesetzt, kann ein Einbringungsgewinn durch eine **negative Ergänzungsbilanz** vermieden werden, in der die in der Gesamthandsbilanz erfolgten Wertaufstockungen bei den einzelnen Wirtschaftsgütern wieder rückgängig gemacht werden. Dies gilt **auch bei einseitiger entgeltlicher Kapitalerhöhung (disquotale Kapitalerhöhung),** die zu einer Änderung der Beteiligungsverhältnisse führt und bei der der für die nicht an der Kapitalerhöhung teilnehmenden Gesellschafter anfallende Gewinn aus der – anteiligen – Veräußerung ihrer Mitunternehmeranteile durch Aufstellung negativer Ergänzungsbilanzen neutralisiert werden kann (BFH v. 25.4.2006 – VIII R 52/04, BStBl. II 2006, 847; zu den Risiken im Kontext des § 24 *Diers/Diers* DB 2017, 1053 ff.).

Demgegenüber kann bei einem Buchwertansatz in der Gesamthandsbilanz für den Gesellschafter, der eine Bareinzahlung leistet, eine **positive Ergänzungsbilanz** erstellt werden, um die von ihm geleisteten Anschaffungskosten der Beteiligung wertgerecht abzubilden. Wird diese Werterhöhung in der positiven Ergänzungsbilanz nicht durch negative Ergänzungsbilanzen der anderen Gesellschafter ausgeglichen, entsteht ein Einbringungsgewinn.

Keine Ergänzungsbilanz ist erforderlich, wenn zB die Anschaffungskosten für den Erwerb des Mitunternehmeranteils mit den steuerlichen Buchwerten der von diesem Mitunternehmeranteil repräsentierten Wirtschaftsgüter übereinstimmen. Dies ist regelmäßig jedoch nicht der Fall (vgl. zum Ganzen auch *Fuhrmann* in W/M § 24 UmwStG Rn. 814 ff.). Vgl. zum Erfordernis von positiven und negativen Ergänzungsbilanzen bei Einbringungen iSv § 24 auch *Schmitt/Keuthen* DStR 2013, 1565.

137 Die **Funktionsweise** von positiven und negativen Ergänzungsbilanzen wird anhand folgender **Beispiele** deutlich:

Ausgangsfall: A unterhält ein Einzelunternehmen mit einem buchmäßigen Eigenkapital von € 10 000. In den Buchwerten der Wirtschaftsgüter sind stille Reserven in Höhe von insgesamt € 105 000 enthalten, die sich wie folgt aufteilen: Grund und Boden € 42000, Gebäude € 30 000, Maschinen € 18 000 und geringwertige Wirtschaftsgüter € 15 000. Das Unternehmen besitzt einen Firmenwert in Höhe von € 135 000. Der gemeine Wert des Unternehmens beträgt € 300 000. Die Schlussbilanz per 31.12.01 stellt sich wie folgt dar: 138

Schlussbilanz zum 31.12.01
Einzelunternehmen A

Aktiva			Passiva
	€		€
Grund und Boden	20 000	Kapital A	10 000
Gebäude	200 000	Rücklage § 6b EStG	50 000
Maschinen	90 000	Rückstellungen	90 000
Vorräte	100 000	Verbindlichkeiten	450 000
Forderungen	140 000		
Kasse	50 000		
	600 000		600 000

A gründet mit B und C eine OHG. Am Kapital und an Gewinn und Verlust sollen alle Gesellschafter zu gleichen Teilen beteiligt sein. A bringt sein Unternehmen in die Gesellschaft ein, B und C erbringen je eine Bareinlage von € 300 000 entsprechend dem wahren Wert des Einzelunternehmens.

b) Einbringung zum Buchwert

Die Eröffnungsbilanz der ABC OHG zum 1.1.02 hätte folgendes Bild: 139

Eröffnungsbilanz ABC OHG
zum 1.1.02

Aktiva			Passiva
	€		€
Grund und Boden	20 000	Kapital A	10 000
Gebäude	200 000	Kapital B	300 000
Maschinen	90 000	Kapital C	300 000
Vorräte	100 000	Rücklage § 6b EStG	50 000
Forderungen	140 000	Rückstellungen	90 000
Kasse	650 000	Verbindlichkeiten	450 000
	1 200 000		1 200 000

Die vorstehende Eröffnungsbilanz weist ein Verhältnis der Kapitalkonten von 1: 30: 30 aus und gibt damit den Willen der Gesellschafter nach gleichmäßiger Beteiligung an Kapital und Gewinn und Verlust der Gesellschaft nicht korrekt wieder. Zur **Erreichung der korrekten Wiedergabe der Beteiligungsverhältnisse** ist die Aufstellung von Ergänzungsbilanzen erforderlich. Dabei sind **zwei Möglichkeiten** der Darstellung denkbar. Zum einen die Beibehaltung der Buchwerte in der (Eröffnungs-)Steuerbilanz der aufnehmenden Personengesellschaft bei gleichzeitiger Anpassung der Kapitalkonten der Gesellschafter im Verhältnis der wahren Werte der eingebrachten Wirtschaftsgüter **(Nettomethode).** Zum anderen die Aufstockung des eingebrachten Betriebsvermögens bis zur

Erreichung gleicher Kapitalkonten, maximal jedoch bis zum gemeinen Wert des eingebrachten Betriebsvermögens **(Bruttomethode).**

140 **Alternative 1: Einbringung zum Buchwert mit Kapitalkontenangleichung**

Eröffnungsbilanz ABC OHG
zum 1.1.02

Aktiva			Passiva
	€		€
Grund und Boden	20 000	Kapital A	203 334
Gebäude	200 000	Kapital B	203 333
Maschinen	90 000	Kapital C	203 333
Vorräte	100 000	Rücklage § 6b EStG	50 000
Forderungen	140 000	Rückstellungen	90 000
Kasse	650 000	Verbindlichkeiten	450 000
	1 200 000		1 200 000

Die Kapitalkonten von A, B und C entsprechen in der Steuerbilanz der aufnehmenden Personengesellschaft nun zwar dem beabsichtigten Verhältnis gleicher Beteiligung. Allerdings hat A das von ihm eingebrachte Betriebsvermögen nicht mehr mit dem Buchwert, sondern mit einem um € 193 334 höheren Wert ausgewiesen, so dass sich für ihn gem. § 24 III in dieser Höhe ein Veräußerungsgewinn ergeben würde (Veräußerungspreis € 203 334./. Buchwert des eingebrachten Betriebsvermögens € 10 000). Da der Wert des eingebrachten Betriebsvermögens in der Bilanz der aufnehmenden Personengesellschaft einschließlich der Ergänzungsbilanzen für ihre Gesellschafter für den Einbringenden als Veräußerungspreis gilt, ist für A damit zur Vermeidung der Versteuerung eines Veräußerungsgewinns folgende negative Ergänzungsbilanz aufzustellen:

(negative) Ergänzungsbilanz A
zum 1.1.02

Aktiva			Passiva
	€		€
Minderkapital	193 334	Grund und Boden	28 000
		Gebäude	20 000
		Maschinen	12 000
		GWG	10 000
		Firmenwert	90 000
		Rücklage § 6b EStG	34 334
	193 334		193 334

Die in der Ergänzungsbilanz angesetzten Minderwerte entsprechen 2/3 der in den jeweiligen Wirtschaftsgütern enthaltenen stillen Reserven. Gleichzeitig wird deutlich, dass B und C dem A wirtschaftlich betrachtet jeweils 1/3, insgesamt also 2/3 der stillen Reserven des von A eingebrachten Betriebsvermögens „abgekauft" haben.

Bei B und C würde ein Wertansatz von jeweils € 203 333 in der Steuerbilanz der aufnehmenden Personengesellschaft die von ihnen eingebrachte Einlage von je € 300000 um je € 96667 zu niedrig wiedergeben. Zur Korrektur dieser Differenz zwischen Wertansatz des eingebrachten Wirtschaftsgutes und dem in der Steuerbilanz der aufnehmenden Personengesellschaft ausgewiesenen Kapitalkonto ist die Aufstellung folgender positiver Ergänzungsbilanzen erforderlich:

(positive) Ergänzungsbilanz B
zum 1.1.02

Aktiva			Passiva
	€		€
Grund und Boden	14 000	Mehrkapital B	96 667
Gebäude	10 000		
Maschinen	6 000		
GWG	5 000		
Firmenwert	45 000		
Rücklage § 6b EStG	16 667		
	96 667		96 667

(positive) Ergänzungsbilanz C
zum 1.1.02
wie B

Bei Zusammenfassung von Steuerbilanz der aufnehmenden Personengesellschaft und der Ergänzungsbilanzen für A, B und C wird deutlich, dass nunmehr das eingebrachte Betriebsvermögen in der Steuerbilanz der Personengesellschaft einschließlich der Ergänzungsbilanzen mit den jeweiligen Buchwerten angesetzt wurde.

Alternative 2: Einbringung zum Buchwert mit Aufstockung der eingebrachten Wirtschaftsgüter in der Steuerbilanz der aufnehmenden Personengesellschaft 141

Eröffnungsbilanz ABC OHG
zum 1.1.02

Aktiva			Passiva
	€		€
Firmenwert	135 000	Kapital A	300 000
Grund und Boden	62 000	Kapital B	300 000
Gebäude	230 000	Kapital C	300 000
Maschinen	108 000	Rücklage § 6b EStG	0
GWG	15 000	Rückstellungen	90 000
Vorräte	100 000	Verbindlichkeiten	450 000
Forderungen	140 000		
Kasse	650 000		
	1 440 000		1 440 000

Die in der Steuerbilanz der aufnehmenden Personengesellschaft ausgewiesenen Kapitalkonten für A, B und C entsprechen nun der von den Gesellschaftern gewünschten gleichmäßigen Beteiligung an Kapital und Gewinn und Verlust der OHG. Allerdings ergäbe sich für A wiederum ein Veräußerungsgewinn, da die eingebrachten Wirtschaftsgüter mit ihrem jeweiligen gemeinen Wert in der Steuerbilanz der aufnehmenden Personengesellschaft angesetzt wurden. Will A die Versteuerung dieses Gewinns vermeiden, muss für ihn folgende negative Ergänzungsbilanz aufgestellt werden:

(negative) Ergänzungsbilanz A
zum 1.1.02

Aktiva			Passiva
	€		€
Minderkapital A	290 000	Firmenwert	135 000
		Grund und Boden	42 000
		Gebäude	30 000
		Maschinen	18 000
		GWG	15 000
		Rücklage § 6b EStG	50 000
	290 000		290 000

Die in der Alternative 2 dargestellte bilanzielle Behandlung (Ausweis der gemeinen Werte in der Gesamthandsbilanz und Erstellung einer negativen Ergänzungsbilanz für den Einbringenden) ist die in der Praxis übliche Darstellungsweise, um einen Einbringungsgewinn zu vermeiden. Bei Zusammenfassung von Steuerbilanz der aufnehmenden Personengesellschaft und Ergänzungsbilanzen für die Gesellschafter ergibt sich, dass das eingebrachte Betriebsvermögen des A zum Buchwert angesetzt wurde und sein Kapitalkonto hierzu korrespondiert (Kapitalkonto A in der Steuerbilanz der Personengesellschaft € 300 000 abzgl. Kapitalkonto A laut Ergänzungsbilanz € 290 000). Gleichzeitig wird deutlich, dass die Aufstellung einer Ergänzungsbilanz für B und C nicht erforderlich ist, da deren Kapitalkonten in der Steuerbilanz der Personengesellschaft dem jeweiligen Wert des von ihnen eingebrachten Betriebsvermögens entsprechen.

Ein Ansatz der § 6b EStG-Rücklage in der Steuerbilanz der aufnehmenden Personengesellschaft ist nur bei Buchwertfortführung sowie – anteilig – bei Zwischenwertansatz möglich (s. Rn. 121). Die Sechs-Jahres-Frist des § 6b IV Nr. 2 EStG wird durch eine Einbringung nach § 24 unter Fortführung der Buchwerte nicht unterbrochen (vgl. BFH v. 9.9.2010 – IV R 22/07, BFH/NV 2011, 31).

142 Die aus Anlass einer Einbringung nach § 24 aufgestellten **positiven oder negativen Ergänzungsbilanzen** sind auch im Rahmen der künftigen Gewinnermittlung der Personengesellschaft zu berücksichtigen und **weiterzuentwickeln** (vgl. BFH v. 25.4.2006 – VIII R 52/04, BStBl. II 2006, 847; BFH v. 28.9.1995 – IV R 57/94, BStBl. II 1996, 69; UmwStE 2011 Rn. 24.14; *Schmitt* in S/H/S § 24 UmwStG Rn. 217 ff.). Da es sich bei den Ergänzungsbilanzen um Korrekturbilanzen für den jeweiligen einzelnen Gesellschafter handelt, wirken sie sich nicht auf die Gesamtgewinnermittlung der Personengesellschaft aus, sondern führen zu Gewinnkorrekturen bei den einzelnen Gesellschaftern. Allerdings können sich gewerbesteuerrechtliche Effekte ergeben: Da die Personengesellschaft selbst Schuldner der Gewerbesteuer ist, hat sie im Ergebnis die Konsequenzen aus der Vermeidung bzw. Ermäßigung eines Einbringungsgewinns durch Erstellung einer negativen Ergänzungsbilanz zu tragen. Für natürliche Personen als Gesellschafter ergibt sich eine gewisse Abmilderung der nachteiligen Effekte durch die Möglichkeit, die Gewerbesteuer nach § 35 EStG auf die Einkommensteuer anzurechnen (vgl. auch *Schmitt/Keuthen* DStR 2013, 1565; zu den gewerbesteuerlichen Auswirkungen von Ergänzungsbilanzen s. *Fuhrmann* in W/M § 24 UmwStG Rn. 824 und 888, 889 sowie *Fuhrmann* KÖSDI 2010, 16884).

143 **Gewinnkorrekturen** über Ergänzungsbilanzen bei den einzelnen Gesellschaftern wirken sich im Ergebnis auf die steuerliche Gewinnverteilung zwischen den Gesellschaftern wie folgt aus:

In einer negativen Ergänzungsbilanz vorgenommene AfA wirkt sich für den Gesellschafter gewinnerhöhend, in einer positiven Ergänzungsbilanz vorgenommene AfA gewinnmindernd aus (s. auch BFH v. 25.4.2006 – VIII R 52/04, BStBl. II 2006, 847; v. 28.9.1995 – IV R 57/94, BStBl. II 1996, 68; UmwStE 2011 Rn. 24.14). Wurden, wie im obigen Beispielsfall (s. Rn 138 ff.), korrespondierende positive und negative Ergänzungsbilanzen aufgestellt, gilt bei **Ausscheiden eines Gesellschafters,** für den die korrespondierenden Ergänzungsbilanzen erstellt wurden, Folgendes:

- Bei **unentgeltlicher Rechtsnachfolge** sind die Ergänzungsbilanzansätze wie bisher fortzuführen (*Schmitt* in S/H/S § 24 UmwStG Rn. 227);
- Gleiches gilt bei entgeltlicher Rechtsnachfolge im Wege der Umwandlung, Verschmelzung, Einbringung zu Buchwerten oder zu Zwischenwerten (*Fuhrmann* in W/M § 24 UmwStG Rn. 930);
- bei **Veräußerungsgeschäften im Übrigen** ist zu differenzieren: Bei **Ausscheiden eines Gesellschafters mit positiver Ergänzungsbilanz** tritt an die Stelle des positiven Kapitalkontos der vom Erwerber aufzuwendende Betrag. Dieser löst einen Veräußerungsgewinn aus, soweit er das Kapitalkonto in der Steuerbilanz der Personengesellschaft einschließlich Ergänzungsbilanz übersteigt (*Fuhrmann* in W/M § 24 UmwStG Rn. 933). Das in korrespondierenden negativen Ergänzungsbilanzen der verbleibenden Gesellschafter ausgewiesene steuerliche Minderkapital ist nicht gewinnerhöhend aufzulösen. Die negativen Ergänzungsbilanzen sind fortzuführen. Dabei sind Veränderungen aus der positiven Ergänzungsbilanz eines neu eintretenden Gesellschafters insoweit durch Anpassungen zu neutralisieren, wie dies im Falle einer Veräußerung zu Buchwerten an den neu Eintretenden der Fall gewesen wäre (vgl. *Fuhrmann* in W/M § 24 UmwStG Rn. 933 mwN zu anderen Auffassungen). Bei **Ausscheiden eines Gesellschafters mit negativer Ergänzungsbilanz** erhöht sich beim Ausscheidenden der Veräußerungsgewinn durch den Ansatz in der Ergänzungsbilanz. Ein in korrespondierenden positiven Ergänzungsbilanzen der verbleibenden Gesellschafter ausgewiesenes Mehrkapital ist nicht gewinnmindernd aufzulösen, sondern fortzuführen. Dabei sind im Fall einer negativen Ergänzungsbilanz des neu Eintretenden die dadurch erforderlichen Anpassungen zu berücksichtigen. (vgl. *Schmitt* in S/H/S § 24 UmwStG Rn. 220 ff.; *Fuhrmann* in W/M § 24 UmwStG Rn. 945).

c) Einbringung zu Zwischenwerten

Wird im vorstehenden Beispielsfall (s. Rn. 138 ff.) für A keine Ergänzungsbilanz aufgestellt, liegt insoweit eine Einbringung zum Zwischenwert vor, da bei zusammenfassender Betrachtung von Steuerbilanz der Personengesellschaft und Ergänzungsbilanzen von B und C die von A eingebrachten Wirtschaftsgüter lediglich mit 2/3 ihres jeweiligen Teilwerts in die Personengesellschaft eingebracht wurden. In diesem Fall hat A den durch die Aufdeckung von 2/3 der stillen Reserven entstandenen Veräußerungsgewinn als laufenden Gewinn zu versteuern (s. Rn. 171 ff.). 144

d) Einbringung zum gemeinen Wert

Setzt die aufnehmende Personengesellschaft das eingebrachte Betriebsvermögen mit dem gemeinen Wert an und werden weder positive noch negative Ergänzungsbilanzen für die Gesellschafter aufgestellt, liegt eine Einbringung zum gemeinen Wert vor (s. auch dazu Rn. 138. Bei dem dort erfolgten Ansatz mit dem gemeinen Wert in der Steuerbilanz der aufnehmenden Personengesellschaft handelt es sich nur deshalb nicht um eine Einbringung zum gemeinen Wert, weil dieser Wertansatz in der Steuerbilanz der Personengesellschaft bei der im Rahmen des § 24 II, III erforderlichen zusammenfassenden Betrachtungsweise von Steuerbilanz der Personengesellschaft und aufgestellten Ergänzungsbilanzen auf einen Zwischenwert bzw. den Buchwert korrigiert wurde). Auch in diesem Fall hat der Einbringende den durch die Aufdeckung der stillen Reserven entstandenen Veräußerungsgewinn zu versteuern (s. dazu näher Rn. 171 ff.). 145

7. Ausgleichsleistungen

a) Allgemeines

146 Soweit die Einbringung nicht zum gemeinen Wert, sondern **zum Buchwert oder einem Zwischenwert** erfolgt, entspricht das für den Einbringenden gebildete Kapitalkonto idR nicht den wahren Werten der eingebrachten Wirtschaftsgüter. Wäre das Verhältnis der Kapitalkonten der Gesellschafter in diesem Fall für den Gewinnverteilungsschlüssel und das Stimmrecht der Gesellschafter maßgeblich, käme es zu einer Benachteiligung desjenigen Gesellschafters, dessen eingebrachte Wirtschaftsgüter über hohe stille Reserven verfügen. Entsprechendes gilt für den Fall des Ausscheidens des betreffenden Gesellschafters oder der Liquidation der Personengesellschaft. Damit wird bei Einbringung zum Buchwert oder einem Zwischenwert idR ein Ausgleich der in den eingebrachten Wirtschaftsgütern im Zeitpunkt der Einbringung vorhandenen stillen Reserven unter den Gesellschaftern erforderlich.

b) Möglichkeiten des Ausgleichs

147 Für den Wertausgleich der stillen Reserven unter den Gesellschaftern sind verschiedene Gestaltungsmöglichkeiten denkbar. Diese Ausgleichsmöglichkeiten lassen sich im Wesentlichen unterteilen in Zahlungen in das Gesamthandsvermögen, Zuzahlungen in das Privatvermögen und Ausgleichsregelungen im Gesellschaftsvertrag. Die einzelnen Varianten können freilich auch miteinander kombiniert werden (s. zum Ganzen *Fuhrmann* in W/M § 24 UmwStG Rn. 410). Zu beachten ist jedoch, dass es – abhängig von der Art und Weise, wie der Ausgleich erfolgt – zu einer (teilweisen) Gewinnrealisierung kommt (vgl. Rn. 153 ff. sowie *Fuhrmann* in W/M § 24 UmwStG Rn. 461 ff. und 521 ff.).

Im Einzelnen:

148 – **Vereinbarung einer höheren Gewinnbeteiligung** bis zu dem Zeitpunkt, in welchem die höheren Gewinnanteile dem Betrag der nicht im Kapitalkonto wiedergegebenen stillen Reserven entsprechen (zB Gewinnvorab). Diese Lösung birgt das Risiko, dass im Falle von Verlusten kein Wertausgleich erfolgt und sich ein entsprechender Ausgleich verzögert oder gar nicht stattfindet. Zudem führte diese Lösung nach der Rechtsprechung zu einer Veräußerung und damit zu einer Versteuerung bei den überquotal berechtigten Altgesellschaftern (vgl. BFH v. 27.10.2015 – VIII R 47/12, BStBl. II 2016, 600; näher zu den daraus folgenden Konsequenzen *Fuhrmann* in W/M § 24 UmwStG Rn. 497 ff.).

149 – **Vergütung der stillen Reserven** bei deren Realisierung. Auch diese Gestaltung ist **wenig praktikabel,** da die stillen Reserven erfasst und fortgeführt werden müssen. Darüber hinaus können sich die Buchwerte der eingebrachten Wirtschaftsgüter zB durch nachträgliche Anschaffungs- oder Herstellungskosten nach Einbringung ändern (vgl. *Fuhrmann* in W/M § 24 UmwStG Rn. 421).

150 – **Beteiligung am Liquidationserlös** entsprechend dem Verhältnis der eingebrachten stillen Reserven im Wege der Vorwegzuteilung. Auch diese Gestaltung ist **wenig praktikabel,** wenn nicht die Liquidation zeitnah zur Einbringung erfolgt. Erfolgt die Liquidation – wie im Regelfall – erst nach etlichen Jahren, muss festgestellt werden, ob und ggf. inwieweit überhaupt noch stille Reserven vorhanden sind.

151 – **Gutschrift auf einem Darlehenskonto bei der Personengesellschaft**. Dadurch konnte im Anwendungsbereich des § 24 i. d. F. bis zum 31.12.2014 eine Gewinnrealisierung nach h. M. insoweit vermieden werden, als die Summe aus den Gutschriften auf den Kapitalkonten und dem Darlehenskonto den steuerrechtlichen Buchwert der eingebrachten betrieblichen Einheit nicht überschritt (**Mischentgelt,** s. dazu näher Rn. 43, 43a).

152 *einstweilen frei*

c) Ausgleichszahlungen im Besonderen

Erhält der Einbringende neben der Einräumung einer Mitunternehmerstellung eine Ausgleichszahlung für die Wertdifferenz zwischen der Höhe des Kapitalkontos und den wahren Werten der von ihm eingebrachten Wirtschaftsgüter und fließt diese **Zahlung in das Gesamthandvermögen der aufnehmenden Personengesellschaft** (möglich zB durch Gutschrift auf dem Kapitalkonto II, ggf. auch durch Gutschrift auf einer „individualisierten" gesamthänderisch gebundenen Rücklage – eine Kapitalrücklage, für die im Innenverhältnis vereinbart wird, dass sie allein dem Ausgleichsberechtigten zusteht, falls er aus der Gesellschaft ausscheidet oder die Rücklage aufgelöst wird), so findet § 24 uneingeschränkt Anwendung (BFH v. 16.12.2004 – III R 38/00, BStBl. II 2005, 554 *Schmitt* in S/H/S § 24 UmwStG Rn. 231). 153

Soweit ein Ausgleich durch andere Gesellschafter geleistet wurde und in das Privatvermögen des Einbringenden „floß", handelte es sich **im Anwendungsbereich des § 24 UmwStG i. d. F. bis zum 31.12.2014** um einen Veräußerungsvorgang, auf den § 24 grds. keine Anwendung fand (BFH v. 16.12.2004 – III R 38/00, BStBl. II 2005, 554; v. 21.9.2000, BStBl. 2001, 178; v. 8.12.1994 – IV R 82/92, BStBl. II 1995, 599; UmwStE 2011 Rn. 24.08; *Schmitt* in S/H/S § 24 UmwStG Rn. 141). 154

Nach der Neufassung des § 24 durch das StÄndG 2015 ist eine Gewinnrealisierung nicht zwingend, wenn der gemeine Wert von **sonstigen Gegenleistungen,** die neben den neuen Gesellschaftsanteilen gewährt werden, bestimmte Grenzen nicht überschreitet (s. dazu näher Rn. 102b ff.). Mit Blick auf die Entstehungsgeschichte und die Gesetzesbegründung (vgl. BT-Drucks. 18/4902, 51) dürften Ausgleichsleistungen der Gesellschaft in das Privatvermögen des Einbringenden (Mischentgelt) „sonstige Gegenleistungen" darstellen. Fraglich ist jedoch, ob der Begriff „sonstige Gegenleistung" auch Ausgleichsleistungen der anderen Gesellschafter in das (Privat-)Vermögen des Einbringenden („Zuzahlungen") umfasst. Wäre dies der Fall, bestünde ein größerer Gestaltungsspielraum für gewinnneutrale Einbringungen im Vergleich zur bisherigen Rechtslage. Dafür spricht der Wortlaut, der eine Beschränkung auf Zahlungen „auf Rechnung" der aufnehmenden Personengesellschaft (Mischentgelte) nicht enthält (so i. E. *Nöcker,* DB 2016, 72 ff.). Auch setzt § 24 keine Kongruenz zwischen dem Wert des eingebrachten Betriebsvermögens und der Höhe der eingeräumten Mitunternehmerstellung voraus. 154a

Allerdings spricht gegen ein solches Verständnis der Sinn und Zweck des Gesetzes und die bisherige Rechtsprechung (vgl. BFH v. 19.9.2014, IV R 33/11, BStBl. II 2015, 717; vgl. auch UmwStE 2011 Rn. 24.08 f.; *Fuhrmann* in W/M § 24 Rn. 423.1, 529.9). Danach soll auf eine Besteuerung nur insoweit verzichtet werden, als sie ansonsten wirtschaftlich sinnvolle Umstrukturierungen behindern würde. Dies setzt einen tauschähnlichen Vorgang auf Betriebsvermögensebene voraus. Erfolgen Ausgleichszahlungen jedoch nicht innerhalb der aufnehmenden Personengesellschaft, überwiegt insoweit der Charakter einer Veräußerung von betrieblichen Einheiten, der von § 24 UmwStG nicht erfasst ist.

Für die Frage, ob eine **Zuzahlung in das Privatvermögen** vorliegt, kommt es nicht auf die **formale Gestaltung** oder Formulierung der Beteiligten an (BFH v. 16.12.2004 – III R 38/00, BStBl. II 2005, 554; v. 8.12.1994 – IV R 82/92, BStBl. II 1995, 599). Maßgeblich ist eine wirtschaftliche Betrachtung. Infolgedessen stellen auch die **Übernahme oder Tilgung privater Verbindlichkeiten** des Einbringenden oder die Begründung einer Darlehensforderung des Einbringenden, die jederzeit realisierbar ist, Zuzahlungen dar (BFH v. 16.12.2004 – III R 38/00, BStBl. II 2005, 554; *Schmitt* in S/H/S § 24 UmwStG Rn. 140). 154b

Ein der Zuzahlung ins Privatvermögen gleichgestellter Fall liegt aber nicht schon dann vor, wenn in das Betriebsvermögen erfolgte Zuzahlungen später wieder entnommen werden. Eine Zuzahlung in das Privatvermögen mit Umweg über das Betriebsvermögen ist erst dann anzunehmen, wenn Zuzahlung und spätere Entnahme in einem sachlichen und zeitlichen Zusammenhang stehen (*Schmitt* in S/H/S § 24 UmwStG Rn. 145).

154c Nicht vollständig geklärt ist, ob **Zuzahlungen in ein anderes – der deutschen Besteuerung unterliegendes – Betriebsvermögen** wie Zuzahlungen in das Privatvermögen des Einbringenden zu behandeln sind. Maßgeblich für die Anwendung des § 24 UmwStG ist, dass das unternehmerische Engagement nicht beendet wird und eine etwaige Gegenleistung im unternehmerischen Bereich bleibt. Dies könnte dafür sprechen, Zuzahlungen in ein anderes Betriebsvermögen den Zuzahlungen in das Gesamthandsvermögen der aufnehmenden Personengesellschaft gleichzustellen.

Entscheidend dürfte jedoch sein, dass § 24 einen tauschähnlichen Vorgang voraussetzt, bei dem die Zuzahlungen neben der Gewährung neuer Gesellschaftsanteile als direkte Gegenleistung für die Einbringung der betrieblichen Einheit erfolgen. Daran fehlt es, wenn Zuzahlungen außerhalb der die betriebliche Einheit aufnehmenden Personengesellschaft geleistet werden. Unter diesem Blickwinkel macht es keinen Unterschied, ob die Zuzahlung in das Privatvermögen oder ein anderes Betriebsvermögen des Einbringenden erfolgt. Zudem besteht auch kein allgemeiner Grundsatz, dass Tauschvorgänge im betrieblichen Bereich grds. nicht zur Gewinnrealisierung führen (s. § 6 VI EStG). Infolgedessen sind Zuzahlungen in ein anderes – der deutschen Besteuerung unterliegendes – Betriebsvermögen wie Zuzahlungen in das Privatvermögen des Einbringenden zu behandeln (BFH v. 17.9.2014, IV R 33/11, BStBl. II 2015, 717; so auch *Fuhrmann* in W/M § 24 Rn. 423, 522).

155 Bei den die Ausgleichszahlung leistenden Mitunternehmern handelt es sich in **wirtschaftlicher Hinsicht** um Aufwendungen zur Erlangung oder Erweiterung der eingebrachten Wirtschaftsgüter. In **bilanzieller Hinsicht** sind geleistete Ausgleichszahlungen daher in einer für den Leistenden aufzustellenden **positiven Ergänzungsbilanz** zu erfassen und dort nach allgemeinen Grundsätzen auf die eingebrachten Wirtschaftsgüter zu verteilen (s. Rn. 123). Im Ergebnis erhöht sich damit der Ansatz der eingebrachten Wirtschaftsgüter bei zusammenfassender Betrachtung von Gesamthandsbilanz und positiver Ergänzungsbilanz um die Ausgleichsleistung.

156 Ein Veräußerungsgewinn entsteht, soweit die Höhe der Zuzahlung in das Privatvermögen die Buchwerte der anteilig eingebrachten Wirtschaftsgüter übersteigt (BFH v. 16.12.2004 – III R 38/00, BStBl. II 2005, 554; BFH v. 8.12.1994 – IV R 82/92, BStBl. II 1995, 599; aber BFH v. 21.9.2000, BStBl. II 2001, 178: **Tarifbegünstigung trotz Zuzahlung in Privatvermögen des Einbringenden bei Aufdeckung aller stillen Reserven;** ausführlich dazu *Fuhrmann* in W/M § 24 Rn. 540 ff.).

Insoweit liegt ein von der Einbringung nach § 24 getrennt zu beurteilender Veräußerungsvorgang vor, der nicht durch eine negative Ergänzungsbilanz neutralisiert werden kann (vgl. BFH v. 16.12.2004 – III R 38/00, BStBl. II 2005, 554; v. 8.12.1994 – IV R 82/92, BStBl. II 1995, 599; UmwStE Rn. 24.08 f.; *Schmitt* in S/H/S § 24 UmwStG Rn. 141; *Fuhrmann* in W/M § 24 UmwStG Rn. 521 f. mwN).

§ 24 II lässt die Aufstellung einer negativen Ergänzungsbilanz lediglich zur Neutralisierung eines durch den Ansatz des gemeinen Wertes oder eines Zwischenwertes bedingten Einbringungsgewinns zu, nicht jedoch zur Neutralisierung von Veräußerungsgewinnen aus der (anteiligen) Veräußerung von Wirtschaftsgütern (BFH v. 16.12.2004 – III R 38/00, BStBl. II 2005, 554; BFH v. 8.12.1994 – IV R 82/92, BStBl. II 1995, 599). Da eine der Ausnahmeregelung des § 20 III 3 entsprechende Regelung bei der Neufassung des Gesetzes in § 24 nicht aufgenommen wurde, findet insoweit die für § 20 angeordnete Durchbrechung des Grundsatzes der Versteuerung von Veräußerungsgewinnen im Zeitpunkt ihrer Entstehung auf § 24 keine Anwendung.

157 Liegt der Zuzahlung in das Privatvermögen eine Veräußerung eines Teilanteils an einem Mitunternehmeranteil zugrunde, unterliegt ein daraus entstehender Gewinn der laufenden Besteuerung (UmwStE 2011 Rn. 24.10; zur Rechtslage vor SEStEG: BFH v. 8.12.1994 – IV R 82/92, BStBl. II 1995, 599; BFH v. 14.9.1994 – I R 12/94, BStBl. II 1995, 407).

Das zur Vermeidung der laufenden Besteuerung von Zuzahlungen in das Privatvermögen praktizierte **Zweistufenmodell** (Beteiligung des neu eintretenden Gesellschafters zunächst mit einem Zwerganteil und in einem zweiten Schritt Veräußerung eines Teils des durch den ersten Schritt entstandenen Mitunternehmeranteils) hat die Rechtsprechung als Gestaltungsmissbrauch beurteilt (BFH v. 18.10.1999 – GrS 2/98, BStBl. II 2000, 123).

Im Übrigen ist, soweit die Voraussetzungen des § 24 I erfüllt sind, ist eine missbräuchliche Gestaltung iSd **§ 42 AO** auch bei extremem Unterschied zwischen dem Verkehrswert der eingebrachten Wirtschaftsgüter zum eingeräumten Mitunternehmeranteil nur in **Ausnahmefällen** denkbar. Entscheidend ist, ob aus den Umständen des Einzelfalls geschlossen werden kann, dass der Einbringende in Wahrheit die betreffenden Wirtschaftsgüter nicht gegen Einräumung einer Mitunternehmerstellung einbringen, sondern an die Personengesellschaft oder deren Gesellschafter veräußern wollte. Anhaltspunkt für die Annahme einer Veräußerungsabsicht ist, neben einem extremen Missverhältnis zwischen Ausgleichsleistung und eingeräumtem Mitunternehmeranteil, die Veräußerung des Mitunternehmeranteils in unmittelbarem Anschluss an die Einbringung. Gleiches gilt, wenn die Gegenleistung der übrigen Mitunternehmer für die Einbringung der betrieblichen Sachgesamtheit zwar insgesamt in das Betriebsvermögen der aufnehmenden Personengesellschaft geleistet wird, die Gegenleistung (idR Bargeld) aber unmittelbar nach der Einbringung durch den Einbringenden wieder entnommen wird. Bei wirtschaftlicher Betrachtungsweise handelt es sich hierbei um einen Kauf der betrieblichen Sachgesamtheit (*Schmitt* in S/H/S § 24 UmwStG Rn. 145, 146; *Fuhrmann* in W/M § 24 UmwStG Rn. 600 ff.; UmwStE 2011 Rn. 24.11). 158

d) Unterlassener Ausgleich

Grundsätzlich ist es Sache der Mitunternehmer, die jeweils gewährten Leistungen zu bewerten und ggf. als gleichwertig zu betrachten, so dass nicht jeder sich im Nachhinein als ungleichgewichtig darstellende Leistungsaustausch als unterlassener Ausgleich zu beurteilen ist. Allerdings kann ein fehlender Ausgleich des Mehrbetrags der stillen Reserven bei Vorliegen der übrigen Voraussetzungen **Schenkung-, Lohn-, Einkommen- oder Körperschaftsteuer** auslösen (*Fuhrmann* in W/M § 24 UmwStG Rn. 450 ff.; zur Schenkung bei disquotalen Einlagen im Rahmen von Einbringungen *Kowanda* ErbStB 2017, 138 ff.). Ob dies anzunehmen ist, ist eine Frage der im Einzelfall vorliegenden Umstände, insbesondere auch des Ausmaßes des unterlassenen Ausgleichs. Eine schenkungsteuerpflichtige Zuwendung kann in der **unentgeltlichen Übernahme eines negativen Kapitalkontos** liegen, wenn das negative Kapitalkonto nicht durch die anteilig auf den ausscheidenden Gesellschafter entfallenden stillen Reserven gedeckt wird und der übernehmende Gesellschafter auf seine Ausgleichsforderung verzichtet (wobei dies nach Auffassung von *Fuhrmann* nicht für das negative Kapitalkonto eines Kommanditisten gelten soll, da die Entlastung von einem negativen Kapitalkonto keine Zuwendung darstelle, vgl. *Fuhrmann* in W/M § 24 Rn. 454). Liegt eine Schenkung vor, führt dies bei dem Beschenkten nicht zur Erhöhung der Buchwerte der eingebrachten Wirtschaftsgüter. Vielmehr sind die Buchwerte der Wirtschaftsgüter in entsprechender Anwendung des § 6 III EStG fortzuführen. 159

(einstweilen frei) 160–163

IV. Die Auswirkungen des Wertansatzes beim Einbringenden, § 24 III

1. Allgemeines

Die Vorschrift erklärt im Wege einer **Fiktion** den Wert, mit welchem die aufnehmende Personengesellschaft das eingebrachte Betriebsvermögen in ihrer Steuerbilanz einschließlich etwaiger Ergänzungsbilanzen ihrer Gesellschafter angesetzt hat, als den maßgeblichen Veräußerungspreis des Einbringenden. 164

§ 24 III bestimmt weiter, dass die Freibetragsregelung nach § 16 IV EStG nur dann anwendbar ist, wenn es sich bei dem Einbringenden um eine natürliche Person handelt, die Einbringung mit dem gemeinen Wert erfolgt und es sich nicht um die Einbringung eines Teil-Mitunternehmeranteils handelt. Sind diese Voraussetzungen erfüllt, kann für den

Einbringungsgewinn zudem die Tarifermäßigung nach § 34 I, III EStG in Betracht kommen (s. 171 ff.).

165 Der Einbringungsgewinn entsteht grds. im Zeitpunkt der Einbringung, es sei denn, die Einbringung erfolgt mit steuerlicher Rückwirkung, dann ist letzterer Zeitpunkt maßgeblich (s. hierzu Rn. 93; *Benz/Rosenberg* BB 2006 Special Nr. 8, 76).

§ 24 III enthält auch nach Inkrafttreten des SEStEG keine ausdrückliche Regelung zur Ermittlung des im Zuge der Einbringung entstehenden Gewinns. Demgemäß erfolgt die Ermittlung eines Einbringungsgewinns des Einbringenden nach allgemeinen einkommen- bzw. körperschaftsteuerlichen Grundsätzen, § 16 II EStG, § 8 KStG. Dabei ist dem fiktiven Veräußerungspreis der Buchwert der eingebrachten Wirtschaftsgüter zzgl. sämtlicher mit der Einbringung zusammenhängender Kosten gegenüberzustellen. Der Buchwert ist auch maßgeblich, wenn eine aus einem Betriebsvermögen stammende 100%-Beteiligung an einer Kapitalgesellschaft Gegenstand der Einbringung ist. Stammt die eingebrachte Beteiligung aus dem Privatvermögen des Einbringenden, gilt § 6 I Nr. 5 EStG. § 24 ist insoweit nicht anwendbar, da die Vorschrift nur die Einbringung von betrieblichen Sachgesamtheiten umfasst.

Entnahmen und Einlagen sind bei der Ermittlung des Einbringungsgewinns zu berücksichtigen (vgl. *Schmitt* in S/H/S § 24 UmwStG Rn. 243; *Patt* in D/P/M § 24 Rn. 130; *Fuhrmann* in W/M § 24 UmwStG Rn. 1098, 1099).

Kein Einbringungsgewinn ist der im Zuge des Wechsels der Gewinnermittlungsart entstehende **Übergangsgewinn,** der als laufender Gewinn des Einbringenden zu beurteilen und damit nicht nach § 24 begünstigt ist (BFH v. 13.9.2001 – IV R 13/01, BStBl. II 2002, 287; *Schmitt* in S/H/S § 24 UmwStG Rn. 243 mwN; zum Erfordernis der Aufstellung einer Einbringungsbilanz s. Rn. 116 und zur Verteilung eines Übergangsgewinns vgl. *Fuhrmann* in W/M § 24 UmwStG Rn. 1039 ff. und 1064 ff. jeweils mwN).

§ 24 enthält keine spezielle Regelung zur **Stundung des Einbringungsgewinns,** so dass die allgemeinen Regelungen der AO gelten (*Patt* in D/P/M § 24 Rn. 134).

Da die Einbringung im Rahmen des § 24 für den Einbringenden als Veräußerung gilt, findet § 6b EStG auch auf Einbringungsgewinne nach § 24 Anwendung, so dass durch die Bildung einer § 6b-Rücklage die Versteuerung des Einbringungsgewinns hinausgeschoben werden kann (*Schmitt* in S/H/S § 24 UmwStG Rn. 243; *Patt* in D/P/M § 24 Rn. 135).

2. Ermittlung des Einbringungsgewinns

166 Für die Ermittlung des Einbringungsgewinns kann folgendes Schema herangezogen werden (nach *Patt* in D/P/M § 24 Rn. 130; s. hierzu auch *Fuhrmann* in W/M § 24 UmwStG Rn. 1008 und 1098).

	Veräußerungspreis (= Wertansatz bei der aufnehmenden Personengesellschaft)
–	Einbringungskosten des Einbringenden
–	Bilanzwerte in der Schluss- bzw. Einbringungsbilanz des Einbringenden
–	ggf. Freibetrag nach § 16 IV EStG
=	Einbringungsgewinn im engeren Sinne
+	Entnahmegewinn der ins Privatvermögen überführten Wirtschaftsgüter (= Teilwert./. Buchwert)
+	Gewinnzuschlag aus der Auflösung von Rücklagen anlässlich der Einbringung
=	Einbringungsgewinn im weiteren Sinne

Ein Entnahmegewinn nach vorstehendem Schema für Wirtschaftsgüter, die anlässlich der Einbringung ins Privatvermögen des Einbringenden überführt werden, kann nur für solche Wirtschaftsgüter entstehen, die keine wesentlichen Betriebsgrundlagen der übertragenen Sachgesamtheit darstellen. Andernfalls würde § 24 von vornherein keine Anwendung finden (s. Rn. 25). Werden neben der Gewährung von Gesellschaftsrechten Zuzahlungen der anderen Gesellschafter in das Privatvermögen des Einbringenden geleistet, handelt es sich insoweit um einen Veräußerungsvorgang, der getrennt von der Einbringung nach § 24 zu beurteilen ist (s. Rn. 154a).

Durch die **Möglichkeit der Aufstellung von Ergänzungsbilanzen** ergeben sich bei der Ermittlung des Einbringungsgewinns für den Einbringenden Besonderheiten im Hinblick auf die in den etwaigen Ergänzungsbilanzen ausgewiesenen Mehr- und Minderwerte. Folgendes Beispiel verdeutlicht dies. **166a**

Beispiel: A gründet mit B eine OHG. A bringt sein Einzelunternehmen (Buchwert € 100 000, gemeiner Wert € 200 000) in die OHG ein. B erbringt eine Bareinlage von € 200 000. **167**

Schlussbilanz Einzelunternehmen A
zum 31.12.01

Aktiva			Passiva
	€		€
div. Aktiva	100 000	Kapital A	100 000
	100 000		100 000

Eröffnungsbilanz A&B OHG
zum 1.1.02

Aktiva			Passiva
	€		€
div. Aktiva	150 000	Kapital A	175 000
Kasse	200 000	Kapital B	175 000
	350 000		350 000

Für B wird folgende Ergänzungsbilanz aufgestellt:

(positive) Ergänzungsbilanz B
zum 1.1.02

Aktiva			Passiva
	€		€
div. Aktiva	25 000	Mehrkapital B	25 000

Ohne Aufstellung einer Ergänzungsbilanz für A ergibt sich für ihn folgender Einbringungsgewinn:
Veräußerungspreis (Ansatz der eingebrachten Aktiva in der Steuerbilanz der A&B OHG zzgl. etwaiger Ergänzungsbilanzen)

	€
Steuerbilanz A&B OHG	150 000
+ Ergänzungsbilanz B	25 000
Zwischensumme	175 000
Abzüglich	
– Buchwert der eingebrachten Aktiva	100 000
Einbringungsgewinn A	75 000

1. Abwandlung: Sachverhalt wie zuvor mit Aufstellung folgender negativer Ergänzungsbilanz auch für A: **168**

(negative) Ergänzungsbilanz A
zum 1.1.02

Aktiva	€	Passiva	€
Minderkapital A	25 000	div. Aktiva	25 000

Mit Aufstellung der negativen Ergänzungsbilanz für A ergibt sich folgender Einbringungsgewinn:
Veräußerungspreis (Ansatz der eingebrachten Aktiva in der Steuerbilanz der A&B OHG zzgl. etwaiger Ergänzungsbilanzen):

	€
Steuerbilanz A&B OHG	150 000
+ Ergänzungsbilanz B	25 000
– Ergänzungsbilanz A	25 000
Zwischensumme	150 000
Abzüglich	
– Buchwert der eingebrachten Aktiva	100 000
Einbringungsgewinn A	50 000

169 **2. Abwandlung:** Sachverhalt wie zuvor, mit Aufstellung folgender negativer Ergänzungsbilanz auch für A:

(negative) Ergänzungsbilanz A
zum 1.1.02

Aktiva	€	Passiva	€
Minderkapital A	75 000	div. Aktiva	75 000

Mit Aufstellung der negativen Ergänzungsbilanz für A ergibt sich folgender Einbringungsgewinn:
Veräußerungspreis (Ansatz der eingebrachten Aktiva in der Steuerbilanz der A&B OHG zzgl. etwaiger Ergänzungsbilanzen):

	€
Steuerbilanz A&B OHG	150 000
+ Ergänzungsbilanz B	25 000
– Ergänzungsbilanz A	75 000
Zwischensumme	100 000
Abzüglich	
– Buchwert der eingebrachten Aktiva	100 000
Einbringungsgewinn A	0

169a Um einen Einbringungsgewinn des A zu vermeiden, erfolgt in der Praxis überwiegend folgende bilanzielle Darstellungsweise: In der Gesamthandsbilanz der übernehmenden Personengesellschaft werden die eingebrachten Wirtschaftsgüter mit dem gemeinen Wert angesetzt. Das Kapitalkonto des die Barzahlung leistenden B entspricht hierbei der von ihm geleisteten Zahlung in das Betriebsvermögen der Personengesellschaft. Das Kapitalkonto des A hat die gleiche Höhe wie die des B, da beide Gesellschafter zu 50 % an der Gesellschaft beteiligt sein sollen. Um einen Einbringungsgewinn bei A zu vermeiden, muss für ihn eine negative Ergänzungsbilanz aufgestellt werden, bei der ein Minderkapital in

Höhe der Differenz zwischen dem in der Gesamthandsbilanz und dem Kapitalkonto der Schlussbilanz des eingebrachten Einzelunternehmens ausgewiesen wird. Die Aufstellung einer weiteren Ergänzungsbilanz für B ist nicht erforderlich.

Beispiel: Sachverhalt wie zuvor. Ein Einbringungsgewinn von A soll vermieden werden, indem in der Gesamthandsbilanz die gemeinen Werte ausgewiesen werden und in einer negativen Ergänzungsbilanz bei A eine entsprechende Korrektur erfolgt.

Eröffnungsbilanz A&B OHG
zum 1.1.02

Aktiva			Passiva
	€		€
div. Aktiva	200 000	Kapital A	200 000
Kasse	200 000	Kapital B	200 000
	400 000		400 000

Für A wird folgende Ergänzungsbilanz aufgestellt:

(negative) Ergänzungsbilanz A
zum 1.1.02

Aktiva			Passiva
	€		€
Minderkapital A	100000	div. Aktiva A	100 000

Durch Aufstellung der negativen Ergänzungsbilanz für A wird ein Einbringungsgewinn vermieden. Eine Ergänzungsbilanz für B ist nicht erforderlich:

Veräußerungspreis (Ansatz der eingebrachten Aktiva in der Steuerbilanz der A&B OHG):

	€
Steuerbilanz A&B OHG	200 000
– Ergänzungsbilanz A	100 000
Zwischensumme	100 000
Abzüglich	
– Buchwert der eingebrachten Aktiva	100 000
Einbringungsgewinn A	0

3. Zurechnung, Einkunftsart

Ein zu erfassender Einbringungsgewinn ist derjenigen Einkunftsart beim Einbringenden **170** zuzurechnen, der das eingebrachte Betriebsvermögen zugeordnet war (*Schmitt* in S/H/S § 24 UmwStG Rn. 244; *Patt* in D/P/M § 24 Rn. 141). In Betracht kommen insoweit die Einkunftsarten Gewerbebetrieb, Land- und Forstwirtschaft sowie selbstständige Arbeit.

4. Besteuerung des Einbringungsgewinns

a) Einkommensteuer

Der Einbringungsgewinn unterliegt der Einkommensteuer, wenn der Einbringende eine **171** natürliche Person bzw. eine Mitunternehmerschaft ist, soweit an dieser natürliche Personen beteiligt sind. Handelt es sich bei dem Einbringenden hingegen um eine Kapitalgesellschaft, unterliegt der Einbringungsgewinn § 8 II KStG. Die Vergünstigungen nach §§ 16 IV, 34 I, III EStG finden hierbei keine Anwendung.

Für die Besteuerung des Einbringungsgewinns gelten grds. die allgemeinen Regelungen des EStG. Die Freibetragsregelung nach § 16 IV EStG ist anwendbar, wenn es sich bei dem Einbringenden um eine natürliche Person handelt, die Einbringung mit dem gemeinen Wert erfolgt und es sich nicht um die Einbringung eines Teil-Mitunternehmeranteils handelt (§ 24 III 2). Sind diese Voraussetzungen erfüllt, kann für den Einbringungsgewinn auch die Tarifermäßigung nach § 34 I, III EStG in Anspruch genommen werden. Dies gilt jedoch nicht, soweit der Einbringungsgewinn auf Anteile an Körperschaften, Personenvereinigungen und Vermögensmassen entfällt, deren Leistungen zu Einnahmen iSd § 20 I Nr. 1 EStG führen (dh insbes, Anteile an Kapitalgesellschaften) und das Teileinkünfteverfahren (vor 2009: Halbeinkünfteverfahren) gem. § 3 Nr. 40 1 Buchst. b iVm § 3c II EStG zur Anwendung kommt. Das Teileinkünfteverfahren findet im Rahmen von § 24 insbesondere dann Anwendung, wenn und soweit **a)** eine 100%-ige Kapitalgesellschaft oder **b)** ein Betrieb, Teilbetrieb oder ein Mitunternehmeranteil eingebracht wird und in dieser Sachgesamtheit Anteile an einer Kapitalgesellschaft enthalten sind (vgl. *Patt* in D/P/M § 24 Rn. 142; *Fuhrmann* in W/M § 24 UmwStG Rn. 1200 ff.). Etwas anderes gilt jedoch dann, wenn es sich bei den entsprechenden Kapitalgesellschaftsanteilen um einbringungsgeborene Anteile handelt. Diese werden vom Teileinkünfteverfahren nicht erfasst, wenn sie innerhalb der Siebenjahresfrist nach § 3 Nr. 40 4 Buchst. a EStG aF in die Personengesellschaft eingebracht werden, so dass ein entsprechender Einbringungsgewinn der Tarifermäßigung nach § 34 I, III EStG unterliegt (vgl: *Fuhrmann* in W/M § 24 UmwStG Rn. 1210 ff.).

172 *einstweilen frei*

173 **Keine Einbringung zum gemeinen Wert** liegt vor, wenn die aufnehmende Personengesellschaft die eingebrachten Wirtschaftsgüter zwar in ihrer Steuerbilanz mit den gemeinen Werten ansetzt, jedoch gleichzeitig (negative) Ergänzungsbilanzen für ihre Gesellschafter aufstellt, mit denen diese Ansätze ganz oder teilweise wieder rückgängig gemacht werden (s. Rn. 135 ff.).

174 Die Inanspruchnahme des Freibetrags nach § 16 IV EStG sowie der Steuervergünstigung nach § 34 I, III EStG ist von der **Aufdeckung der Gesamtheit der stillen Reserven einschließlich aller – auch selbstgeschaffener – immateriellen Wirtschaftsgüter** im Zuge der Einbringung abhängig (BFH v. 25.4.2006 – VIII R 52/04, BStBl. II 2006, 847; BFH v. 21.6.1994 – VIII R 5/92, BStBl. II 1994, 856; BFH v. 19.3.1991 – VIII R 76/87, BStBl. II 1991, 635; UmwStE 2011 Rn. 24.15; *Schmitt* in S/H/S § 24 UmwStG Rn. 243; *Patt* in D/P/M § 24 Rn. 145, 150; *Fuhrmann* in W/M § 24 UmwStG Rn. 1187).

175 Um die Vergünstigungen **der §§ 16, 34 EStG** bei einem Ansatz mit dem gemeinen Wert in Anspruch nehmen zu können, ist es daher erforderlich, auch die stillen Reserven in Wirtschaftsgütern, die vor Einbringung im **Sonderbetriebsvermögen** des Einbringenden standen und nach Einbringung Gesamthandsvermögen oder Sonderbetriebsvermögen der aufnehmenden Personengesellschaft werden, in vollem Umfang aufzudecken (BFH v. 25.4.2006 – VIII R 52/04, BStBl. II 2006, 847; BFH v. 21.6.1994 – VIII R 5/92, BStBl. II 1994, 856; BFH v. 19.3.1991 – VIII R 76/87, BStBl. II 1991, 635; UmwStE 2011 Rn. 24.15; *Schmitt* in S/H/S § 24 UmwStG Rn. 246; *Patt* in D/P/M § 24 Rn. 150).

176 Eine **besondere Einschränkung der Steuervergünstigungen für Einbringungsgewinne enthält § 24 III 3 iVm** § 16 II 3 EStG. Danach handelt es sich insoweit um nicht begünstigten laufenden Gewinn, als auf der Seite des Veräußerers und auf der Seite des Erwerbers dieselben Personen als Mitunternehmer beteiligt sind. Hierbei ist streitig, ob nach der Regelung des § 24 III 3 iVm § 16 II 3 EStG bei Einbringung von Mitunternehmeranteilen durch mehrere Gesellschafter einer Personengesellschaft ein Einbringungsgewinn in Höhe der Beteiligungsquote jedes einzelnen Einbringenden an der aufnehmenden Personengesellschaft anzunehmen ist (*Schmitt* in S/H/S § 24 UmwStG Rn. 245; *Breidenbach* DB 1994, 1212; *Endres* DStR 1998, Beilage zu Heft 17, 3; *Rödder* DStR 1995, 837) oder in der Höhe, wie es dem Verhältnis der nach der Einbringung bestehenden Beteiligung zu der vor der Einbringung bestehenden Beteiligung entspricht (so *Fuhrmann* in W/M § 24 UmwStG Rn. 1330; *Schiffers* BB 1994, 1469; *Wacker* BB 1998, Beilage 8 zu Heft 26, 29).

Die Ursache dieses Meinungsstreits scheint darin zu liegen, dass in der Diskussion nicht danach differenziert wird, ob es sich

a) um die Aufnahme eines Gesellschafters in eine bestehende Mitunternehmerschaft handelt oder
b) um die Einbringung von Mitunternehmeranteilen in eine andere, bereits bestehende Personengesellschaft.

Der Regelungsbereich von § 24 umfasst beide Fälle, obwohl zivilrechtlich völlig unterschiedliche Sachverhalte zugrunde liegen:

Im Fall a) wird die Aufnahme zB des Gesellschafters C in die zweigliedrige AB OHG **176a** (Beteiligung je 50 %) so behandelt, als würden A und B ihre Mitunternehmeranteile in die um C erweiterte AB(C) OHG (Beteiligung je 33 1/3 %) einbringen (BFH v. 6.7.1999 – VIII R 17/95, BFH/NV 2000, 34). Dem liegt jedoch in zivilrechtlicher Hinsicht ein Gesellschaftsvertrag (Aufnahme- oder Beitrittsvertrag) zugrunde, mit dem ein weiterer Gesellschafter in eine bestehende OHG aufgenommen wird. Die zivilrechtliche Identität der Personengesellschaft wird durch den Beitritt des Gesellschafters nicht geändert. Hierbei ist es unerheblich, ob die OHG unter ihrer bisherigen Firma (AB OHG) oder unter neuer Firma (ABC OHG) am Rechtsverkehr teilnimmt.

Geht es um die Frage, in welchem Verhältnis ein Einbringungsgewinn von A und B jeweils nach **§ 24 III 3 iVm § 16 II 3 EStG** nicht begünstigt ist, werden für den vorliegenden Fall insbesondere zwei Meinungen vertreten: **1.** Ein Ausschluss von 1/3, weil jeder Gesellschafter nach der Einbringung zu diesem Verhältnis an der „neuen" OHG beteiligt ist. **2.** Ein Ausschluss von 2/3, weil die Gesellschafter A und B zu diesem Verhältnis an der um C erweiterten OHG beteiligt bleiben und A und B insoweit „an sich selbst veräußern".

Unter Berücksichtigung der zivilrechtlichen und wirtschaftlichen Aspekte kann die richtige Lösung nur sein, dass bei A und B jeweils 2/3 des Einbringungsgewinns einen laufenden und nicht nach **§ 24 III 3 iVm § 16 II 3 EStG** begünstigten Einbringungsgewinn darstellen. Zivilrechtlich haben A und B durch die Aufnahme des C lediglich 1/3 „ihrer" OHG an C abgetreten. In Höhe von 2/3 sind sie nach wie vor an der bisherigen OHG beteiligt; insoweit hat sich die Identität der Gesellschaft nicht geändert, so dass der Einbringungsgewinn in dieser Höhe auf A und B selbst entfällt und damit von der Begünstigung nach **§ 24 III 3 iVm § 16 II 3 EStG** auszuschließen ist. Für dieses Ergebnis spricht auch folgende wirtschaftliche Kontrollüberlegung: Hätten A und B vor Aufnahme des C stille Reserven aufgedeckt, dann wären diese zu 100 % nicht begünstigter laufender Gewinn gewesen. Durch die Aufnahme des zu 1/3 beteiligten C kann sich der Begünstigungsausschluss daher allenfalls von 100 % auf 2/3 (und nicht auf 1/3) reduzieren, da die aufgedeckten stillen Reserven insoweit noch auf A und B entfallen.

Zu dem gleichen Ergebnis kommt man mit der wohl hA im Schrifttum, die auf das Verhältnis von neuer zu alter Beteiligungsquote abstellt: Neue Beteiligungsquote 1/3 x 2/1 alte Beteiligungsquote = 2/3 Begünstigungsausschluss nach **§ 24 III 3 iVm § 16 II 3 EStG.**

Im Fall b), bei dem bestehende Mitunternehmeranteile auf eine andere, bereits bestehen- **176b** de Personengesellschaft übertragen werden, wird – soweit ersichtlich – einhellig die zutreffende Meinung vertreten, dass sich der Ausschluss der Vergünstigungen gem. **§ 24 III 3 iVm § 16 II 3 EStG** nach der Beteiligungshöhe der einbringenden Mitunternehmer an der aufnehmenden Personengesellschaft bestimmt. Lediglich die Begründungen für dieses Ergebnis variieren (*Fuhrmann* in W/M § 24 Rn. 1336; *Schmitt* in S/H/S § 24 Rn. 248; UmwStE 2011 Rn. 24.15). Würden also in vorstehendem Beispielsfall A und B jeweils ihre 50 %-ige Beteiligung an der AB OHG in die Z KG einbringen, an der A und B jeweils zu 20 % beteiligt sind, dann würde ein Einbringungsgewinn in Höhe von jeweils 20 % von den Vergünstigungen nach § 24 III 3 iVm § 16 II 3 EStG ausgeschlossen sein; insoweit haben A und B jeweils wirtschaftlich gesehen „an sich selbst veräußert".

Soweit der Einbringungsgewinn auf das **Sonderbetriebsvermögen** des Einbringenden **177** entfällt, handelt es sich in voller Höhe um laufenden und nicht nach den §§ 16, 34 EStG begünstigten Gewinn (BFH v. 29.11.2007 – VIII B 213/06, BFH/NV 2008, 373; *Schmitt* in S/H/S § 24 UmwStG Rn. 248; *Fuhrmann* in W/M § 24 UmwStG Rn. 1347).

178 **§ 6b EStG** findet auf einen etwaigen Einbringungsgewinn nach § 24 III uneingeschränkt Anwendung, und zwar unabhängig davon, ob es sich um eine Einbringung im Wege der Einzel- oder der Gesamtrechtsnachfolge handelt (vgl. *Fuhrmann* in W/M § 24 UmwStG Rn. 1125, 1985 ff.; *Patt* in D/P/M § 24 Rn. 135; UmwStE 2011 Rn. 24.03 iVm Rn. 20.26). Soweit der Einbringende § 6b EStG in Anspruch nimmt, kann die Tarifermäßigung nach § 34 I, III EStG nicht in Anspruch genommen werden (s. § 34 I 4 EStG).

§ 16 IV EStG bleibt demgegenüber auf den Einbringungsgewinn anwendbar. Es ist allerdings die Grenze des § 16 IV 3 EStG ohne Berücksichtigung der Rücklage nach § 6b EStG zu berechnen (*Wacker* in Schmidt § 16 Rn. 586). Die Anwendung des § 6b EStG wird nicht dadurch ausgeschlossen, dass der Einbringende bereits an der aufnehmenden Personengesellschaft beteiligt ist oder der Einbringungsgewinn auf im Gesamthandseigentum der aufnehmenden Personengesellschaft stehende Wirtschaftsgüter übertragen wird (*Loschelder* in Schmidt § 6b Rn. 4: gesellschafterbezogene Betrachtungsweise; BFH v. 9.11.2017 – IV R 19/14, BStBl. II 2018, 575).

179 Mit der Neufassung des UmwStG durch das SEStEG ist das System der Besteuerung **einbringungsgeborener Anteile** aufgegeben worden und § 8b IV 1 Nr. 2 KStG aF ist weggefallen. Daher wurde § 24 mit § 24 V um eine dem § 22 II vergleichbare Regelung ergänzt (hierzu Rn. 204 ff.). Die Neuregelung gilt gem. § 27 I für alle Einbringungen und Umwandlungen, bei denen die Anmeldung zur Eintragung nach dem 12.12.2006 erfolgt ist. Für Altfälle sind die bisherigen Regelungen des UmwStG weiter anzuwenden (s. auch § 27 Rn. 11, 12). Nach § 21 I UmwStG 1995 gelten Veräußerungsgewinne aus der Veräußerung einbringungsgeborener Anteile als solche iSv § 16 EStG. Damit ist der Anwendungsbereich von § 34 EStG auf solche Veräußerungsgewinne innerhalb der 7-jährigen Sperrfrist eröffnet, da das Halbeinkünfteverfahren/Teileinkünfteverfahren hierauf keine Anwendung findet (BMF v. 16.12.2003, BStBl. I 2003, 786 Rn. 21). Findet die Veräußerung einbringungsgeborener Anteile nach Ablauf der Sperrfrist von 7 Jahren statt, ist wegen § 3 Nr. 40 1 EStG lediglich die Hälfte (ab 2009: 60 %) des Veräußerungspreises stpfl. und sind wegen § 3c II 1 EStG die Hälfte (ab 2009: 60 %) der im Rahmen der Ermittlung des Veräußerungsgewinns einzubeziehenden Anschaffungs- und Veräußerungskosten abzugsfähig. Ein Veräußerungsgewinn ist ein solcher iSv § 16 EStG (*Schmitt* in S/H/S § 24 UmwStG Rn. 253). Die nur hälftige (ab 2009: 60 %-ige) Besteuerung führt nicht zum Objektverbrauch iSv § 16 IV EStG. Bei Vorliegen der persönlichen Voraussetzungen des § 16 IV 1 EStG steht der dort vorgesehene Freibetrag von derzeit € 45000 dem Anteilseigner in vollem Umfang zu (wie hier *Schmitt* in S/H/S § 24 UmwStG Rn. 253; *Patt* in D/P/M § 24 Rn. 150). Erzielt der Steuerpflichtige einen Veräußerungsgewinn iSd § 16 I EStG, der sowohl dem Halbeinkünfteverfahren unterliegende als auch in voller Höhe zu besteuernde Gewinne enthält, wird der Freibetrag gemäß § 16 IV EStG für Zwecke der Ermittlung der nach § 34 I und III EStG tarifermäßigt zu besteuernden Gewinne vorrangig mit dem Veräußerungsgewinn verrechnet, auf den das Halbeinkünfteverfahren anzuwenden ist (**Meistbegünstigungsprinzip,** vgl. BFH v. 14.7.2010 – X R 61/08, BStBl. II 2010, 1011). Gleiches dürfte für die Rechtslage ab 2009 für die dem Teileinkünfteverfahren unterliegenden Gewinne gelten.

180 Bei Einbringung eines Mitunternehmeranteils an einer KG durch den Kommanditisten mit dem gemeinen Wert oder einem Zwischenwert können die verrechenbaren Verluste nach § 15a II EStG zunächst mit einem Einbringungsgewinn verrechnet werden (vgl. *Patt* in D/P/M § 24 Rn. 139 mwN). Dies gilt jedoch nicht für den Teil des Einbringungsgewinns, der auf die Einbringung von Sonderbetriebsvermögen entfällt. Da bei einer Buchwertfortführung kein Einbringungsgewinn entsteht, ist auch ein Abzug der verrechenbaren Verluste nicht möglich. Ähnlich der Unternehmer- und Unternehmensidentität als Voraussetzungen des gewerbesteuerlichen Verlustvortrags nach § 10a GewStG ist

Voraussetzung für die Verlustverrechnung nach § 15a EStG Subjekt- und Anteilsidentität (*Wacker* in Schmidt § 15a EStG Rn. 106). Aus diesem Grund können nicht ausgeglichene Verluste nur mit Gewinnen des bisherigen Kommanditisten verrechnet werden, die diesem im Rahmen der übernehmenden Personengesellschaft zugerechnet werden, soweit sie auf deren Beteiligung an der KG zurückzuführen sind. Eine weitergehende Nutzung der verrechenbaren Verluste ist nicht möglich. Insoweit ist keine (mittelbare) Anteilsidentität mehr gegeben (**hA**, vgl. *Fuhrmann* in W/M § 24 UmwStG Rn. 2159 ff.; *Patt* in D/P/M § 24 Rn. 199; *Wacker* in Schmidt § 15a EStG Rn. 238).

b) Körperschaftsteuer

Sofern der Einbringende körperschaftsteuerpflichtig ist, ist die Inanspruchnahme der **181** Freibetragsregelung des **§ 16 IV EStG** und der Tarifermäßigung nach § 34 I, III EStG nicht möglich. Zweck des § 34 EStG ist es, die als unbillig empfundenen Progressionswirkungen zu mildern, welche infolge einmaliger außerordentlicher Einkünfte auftreten (*Wacker* in Schmidt § 34 EStG Rn. 1). Wegen der körperschaftsteuerlichen Proportionalbesteuerung bestehen keine Billigkeitsgründe, die eine Anwendung des § 34 EStG erforderten.

Mangels Verweises oder entsprechender Anordnung durch das KStG ist die Steuervergünstigung nach § 35 EStG nicht anwendbar.

In **Organschaftsfällen** gilt: Erzielt eine körperschaftsteuerpflichtige Organgesellschaft **182** im Zuge der Einbringung einen Einbringungsgewinn, ist dieser bei Vorliegen der Voraussetzungen der §§ 14 bzw. 17 KStG dem Organträger zuzurechnen (*Fuhrmann* in W/M § 24 UmwStG Rn. 1144). In der Steuerbilanz der Organgesellschaft tritt an die Stelle der eingebrachten Wirtschaftsgüter die Beteiligung an der aufnehmenden Personengesellschaft bzw. die (anteiligen) Wirtschaftsgüter der aufnehmenden Personengesellschaft, die der Organschaft infolge ihrer Beteiligung steuerrechtlich zuzurechnen sind. Der Ansatz der Personengesellschaftsbeteiligung in der Steuerbilanz entspricht dabei der Höhe nach dem für die Organgesellschaft gebildeten Kapitalkonto in der Gesamthandsbilanz einschließlich einer etwaigen Ergänzungsbilanz.

c) Gewerbesteuer

Ist **Einbringender eine natürliche Person**, gehört der im Zuge der Einbringung **183** entstehende Einbringungsgewinn als aus einem tauschähnlichen Veräußerungsvorgang entstandener Veräußerungsgewinn nicht zum Gewerbeertrag iSd § 7 GewStG. Er unterliegt mithin nicht der Gewerbesteuer (BFH v. 15.6.2004 – VIII R 7/01, BStBl. II 2004, 754; *Schmitt* in S/H/S § 24 UmwStG Rn. 253; *Patt* in D/P/M § 24 Rn. 152; *Rasche* in R/H/vL § 24 Rn. 93). Dies gilt unabhängig davon, ob der Einbringungsgewinn aus einem Ansatz zum gemeinen Wert oder einem Zwischenwertansatz resultiert (BFH v. 25.4.2006 – VIII R 52/04, BStBl. II 2006, 847; *Schmitt* in S/H/S § 24 UmwStG Rn. 256; *Fuhrmann* in W/M § 24 UmwStG Rn. 1150 f. mwN).

Die Qualifikation des Einbringungsgewinns durch § 24 III 3 als laufender Gewinn erstreckt sich nicht auf die Gewerbesteuer (str.; wie hier: *Schmitt* in S/H/S § 24 UmwStG Rn. 256; *Patt* in D/P/M § 24 Rn. 153; **aA** BFH v. 15.6.2004 – VIII R 7/01, BStBl. II 2004, 754; UmwStE 2011 Rn. 24.17; *Fuhrmann* in W/M § 24 UmwStG Rn. 1151). Die Fiktion eines laufenden Gewinns hat – dem Willen des Gesetzgebers entsprechend – nur Bedeutung für die Begünstigung nach §§ 16 IV, 34 I EStG, nicht jedoch für die Gewerbesteuerpflicht.

Einbringungsgewinne, die im Zuge der Einbringung einer im Betriebsvermögen des **184** Einbringenden gehaltenen 100%-Beteiligung an einer Kapitalgesellschaft entstehen, unterliegen nicht der Gewerbesteuer, wenn die 100%-Beteiligung Bestandteil der Einbringung eines Betriebs oder Teilbetriebs ist oder wenn die 100%-Beteiligung vor der Einbringung Sonderbetriebsvermögen des Einbringenden darstellte und der Einbringende seinen gesamten Mitunternehmeranteil einbringt (*Schmitt* in S/H/S § 24 UmwStG Rn. 256). Demgegenüber soll Gewerbesteuer ausgelöst werden, wenn eine 100%ige Beteiligung isoliert eingebracht wird (*Schmitt* in S/H/S § 24 UmwStG Rn. 256; *Patt* in D/P/M § 24 Rn. 154). Dem ist nicht zuzustimmen: Wegen des Objektcharakters unterliegt der Gewerbesteuer nur das Ergebnis der Ertragskraft des werbenden Betriebs, dh der laufende Gewinn, hingegen nicht das Ergebnis aus der Aufdeckung der stillen Reserven anlässlich seiner Beendigung (BFH v. 25.4.2006 – VIII R 52/04, BStBl. II 2006, 847). Da auch bei der Veräußerung von Mitunternehmeranteilen eine partielle Betriebsbeendigung vorliegt, kann für die Einbringung (und damit Veräußerung) einer als Teilbetrieb zu qualifizierenden 100%-Beteiligung (hierzu Rn. 36) vom Sinn und Zweck der Regelung nichts anderes gelten (im Ergebnis auch *Fuhrmann* in W/M § 24 UmwStG Rn. 1171).

185 *(einstweilen frei)*

186 Ist **Einbringender eine Kapitalgesellschaft,** gehört der im Zuge der Einbringung entstehende Einbringungsgewinn als aus einem tauschähnlichen Veräußerungsvorgang entstandener Veräußerungsgewinn zum Gewerbeertrag iSd § 7 GewStG. Bei Kapitalgesellschaften sind wegen § 8 II KStG alle Einkünfte als Einkünfte aus Gewerbebetrieb zu behandeln.

Soweit § 8b II KStG eingreift, gilt dies auch für die Gewerbesteuer, da es sich insoweit um eine sachliche Steuerbefreiung handelt (*Schmitt* in S/H/S § 24 UmwStG Rn. 259; *Patt* in D/P/M § 24 Rn. 156).

187 Das UmwStG enthält keine eigenständigen Regelungen zum Übergang eines gewerbesteuerlichen Verlustvortrages nach § 10a GewStG. Der Übergang eines Gewerbeverlustes richtet sich daher nach den allgemeinen Grundsätzen des GewStG. Danach setzt der **Übergang eines** im Zeitpunkt der Einbringung bestehenden **gewerbesteuerlichen Verlustvortrages** Unternehmer- und Unternehmensidentität voraus. Nur derjenige ist zum gewerbesteuerlichen Verlustabzug berechtigt, der den Verlust in demselben Unternehmen erlitten hat (zur alten Rechtslage bereits BFH v. 14.3.2006 – I R 1/04, BStBl. II 2006, 549 zur Unternehmensidentität bei Organschaft; v. 16.4.2002, BFH/NV 2003, 81 zur Unternehmensidentität bei Schwesterpersonengesellschaft; grundlegend BFH v. 3.5.1993 – GrS 3/92, BStBl. II 1993, 616; R 10a.2 und 3 GewStR 2009). Wird ein im Rahmen von § 24 eingebrachter Betrieb oder Teilbetrieb von der aufnehmenden Personengesellschaft unverändert fortgeführt, ist die für den Verlustabzug erforderliche **Unternehmensidentität** idR gegeben. Allerdings ist der Abzug eines Verlustvortrages nach § 10a GewStG nach dem Grundsatz der **Unternehmeridentität** nur insoweit möglich, als der einbringende Einzelunternehmer am Gewinn und Verlust der aufnehmenden Personengesellschaft beteiligt ist (s. zum Ganzen *Patt* in D/P/M § 24 Rn. 202 ff.).

Bringt eine Personengesellschaft ihren Betrieb in eine andere Personengesellschaft ein, wird im Hinblick auf die Unternehmeridentität nicht auf die einbringende Personengesellschaft abgestellt, sondern auf die dahinter stehenden Gesellschafter. Diese sind „Träger des Rechts auf Verlustabzug“ (so R 10a.3 (3) S 1 GewStR 2009). Ein sich für die Mitunternehmerschaft insgesamt ergebender Fehlbetrag ist den Mitunternehmern gemäß § 10a S 4 GewStG entsprechend dem allgemeinen Gewinnverteilungsschlüssel ohne Berücksichtigung von Vorabgewinnanteilen zuzurechnen (R 10a.3 (3) S 3 GewStR 2009). Damit können Mitunternehmer der einbringenden Personengesellschaft den dort entstandenen Verlust bei der aufnehmenden Gesellschaft berücksichtigen, soweit sie an dieser beteiligt sind. Gliedert eine Personengesellschaft ihren Betrieb in eine Tochterpersonengesellschaft aus, gehen die gewerbesteuerrechtlichen Verlustvorträge hingegen grds. unter. Es fehlt an der Unternehmeridentität. Neuer Unternehmer, dh Träger des Verlustabzugsrechts, ist nach der Ausgliederung die Oberpersonengesellschaft. Zu berücksichtigen ist, dass der BFH in neueren Entscheidungen in Fällen der Begründung einer atypisch stillen Beteiligung einen Transparenzgedanken entwickelt hat (vgl. BFH v. 24.4.2014 – IV R 34/10, BStBl. II 2017, 233; v. 8.12.2016. – IV R 8/14, DStR 2017, 255). Ob und inwieweit dieser Gedanke auf weitere doppelstöckige Gesellschaftskonstruktionen zu übertragen ist, bleibt abzuwarten (s. dazu *Steger/Raible* DStR 2018, 287/290).

Bei Eintritt eines Gesellschafters in eine über Verlustvorträge verfügende Personengesellschaft, kann der vor dem Eintritt des neuen Gesellschafters entstandene Gewerbeverlust weiterhin genutzt werden, allerdings nur insoweit, wie er auf die Gewinnanteile der „Altgesellschafter" entfällt. Die absolute Höhe des zu berücksichtigenden Gewerbeverlustes ändert sich durch den Beitritt des Gesellschafters nicht (vgl. *Patt* in D/P/M § 24 Rn. 209; R 10a.3 (3) S 9 Nr. 2 GewStR 2009).

Im Rahmen der Einbringung von Mitunternehmeranteilen in eine personenidentische weitere Mitunternehmerschaft mit nahezu gleicher Beteiligungsquote und identischer unternehmerischer Betätigung ist der Abzug des gesamten Fehlbetrages des eingebrachten Betriebs möglich. Eine Kürzung des abziehbaren Fehlbetrags wegen einer geringfügigen Änderung der Beteiligungsverhältnisse ist unzulässig (hierzu BFH v. 27.1.1994 – IV R 137/91, BStBl. II 1994, 477).

Wird ein Einzelunternehmen während des gewerbesteuerlichen Erhebungszeitraums in eine den Gewerbebetrieb fortführende Personengesellschaft eingebracht, so standen der Personengesellschaft nach bisheriger Ansicht des BFH bei der Ermittlung des Steuermessbetrages sowohl der Abrundungsbetrag als auch der Freibetrag nur anteilig zu (vgl. BFH v. 26.8.1993 – IV R 133/90, BStBl. II 1995, 791). Diese Auffassung hat der BFH jetzt aufgegeben und für den umgekehrten Fall, dh das unterjährige Ausscheiden des vorletzten Gesellschafters aus einer Personengesellschaft, eine zwingende Aufteilung verneint (vgl. BFH v. 25.4.2018 – IV R 8/16, BStBl. II 2018, 484 unter Bestätigung der Vorinstanz FG Sachsen v. 13.1.2016 – 8 K 863/14, EFG 2016, 1107 n. rk.). Es spricht daher Einiges dafür, dass auch im Fall der Einbringung eines Einzelunternehmens eine Aufteilung des Abrundungsbetrags und des Freibetrags nicht zwingend ist.

(einstweilen frei) 188–190

V. Die sonstigen Auswirkungen der Einbringung bei der aufnehmenden Personengesellschaft, § 24 IV

§ 24 IV regelt die **sonstigen Auswirkungen der Einbringung** bei der aufnehmenden 191
Personengesellschaft durch Verweisung auf § 23. Zum Anwendungszeitraum der Regelung s. die Kommentierung zu § 27 Rn. 13 ff. Die Auswirkungen bei der Personengesellschaft nach der seit dem SEStEG geltenden Rechtslage sind davon abhängig, ob und in welcher Weise diese von dem ihr eingeräumten Wahlrecht nach § 24 II Gebrauch macht (s. hierzu Rn. 102 ff.) und ob die Einbringung im Wege der Einzel- oder Gesamtrechtsnachfolge erfolgt. Für die Besteuerung der aufnehmenden Personengesellschaft und ihrer Gesellschafter kommt es damit **entscheidend** auf den **Wertansatz** (Buchwert, Zwischenwert, gemeiner Wert) der eingebrachten Wirtschaftsgüter in der Steuerbilanz einschließlich der Ergänzungsbilanzen der Gesellschafter an (hierzu Rn. 101 ff.). Die Vorschrift des § 23 (iVm § 24 IV) findet bei Einbringungen wie folgt Anwendung: § 23 I hat eine Einbringung zum Buch- oder Zwischenwert zum Inhalt. § 23 III bezieht sich ausschließlich auf einen Zwischenwertansatz. § 23 IV 1 regelt die Einbringung zum gemeinen Wert bei Einzelrechtsnachfolge und § 23 IV 2 die Einbringung zum gemeinen Wert bei Gesamtrechtsnachfolge.

Buchwertansatz: Setzt die aufnehmende Personengesellschaft die eingebrachten Wirt- 192
schaftsgüter mit dem Buchwert an, verweisen §§ 24 IV, 23 I auf die entsprechende Anwendung der §§ 4 II 3 und 12 III 1. Hs. **Buchwert** ist nach der in § 1 V Nr. 4 für das UmwStG enthaltenen einheitlichen Definition „der Wert, der sich nach den steuerrechtlichen Vorschriften über die Gewinnermittlung in einer für den steuerlichen Übertragungsstichtag aufzustellenden Steuerbilanz ergibt oder ergäbe". Infolge des in § 23 I angeordneten Verweises auf § 4 II 3 und § 12 III 1. Hs. ist neben der **Anrechnung von Besitzzeiten** des Einbringenden zugunsten der aufnehmenden Personengesellschaft auch der generelle Eintritt in die steuerliche Rechtsstellung des Einbringenden angeordnet (s.

§ 23 Rn. 21 ff.). Damit tritt die übernehmende Personengesellschaft insbesondere hinsichtlich

- der Absetzung für Abnutzung,
- erhöhter Absetzungen,
- Sonderabschreibungen,
- der Inanspruchnahme einer Bewertungsfreiheit oder eines Bewertungsabschlags,
- der den steuerlichen Gewinn mindernden Rücklagen,

in die Rechtsstellung des Einbringenden ein (vgl. hierzu auch *Schmitt* in S/H/S § 24 UmwStG Rn. 266 iVm § 23 Rn. 20 ff.). Auch wenn die Wirtschaftsgüter bei der aufnehmenden Gesellschaft mit dem Buchwert angesetzt werden, handelt es sich dem Grunde nach um einen Veräußerungsvorgang, da dem Einbringenden im Gegenzug Gesellschaftsrechte eingeräumt werden. Die allgemeinen Folgen eines Veräußerungsgeschäfts für die betroffenen Wirtschaftsgüter werden jedoch durch die in §§ 24 IV, 23 I, 12 III Hs. 1 und § 4 II 3 angeordneten Rechtsfolgen verdrängt (vgl. *Rasche* in R/H/vL § 24 Rn. 101).

Die Buchwertfortführung hat auch zur Folge, dass die Grundsätze des formellen Bilanzzusammenhangs für die aufnehmende Personengesellschaft gelten. Daher hat die aufnehmende Personengesellschaft zB auch Bilanzierungsfehler zu berichtigen, die sich zwar vor der Einbringung ereigneten, deren Berichtigung aber im Jahr ihrer wirtschaftlichen Entstehung aus verfahrensrechtlichen Gründen nicht mehr möglich ist (HessFG v. 20.11.1996, EFG 1997, 544). Wurden die Anschaffungs- oder Herstellungskosten eines abnutzbaren Wirtschaftsguts des Anlagevermögens in einem bestandskräftig veranlagten Jahr nur unvollständig aktiviert, führt der Grundsatz des formellen Bilanzzusammenhangs zu einer erfolgswirksamen Nachaktivierung im ersten verfahrensrechtlich noch offenen Jahr (vgl. BFH v. 9.5.2012 – X R 38/10, BStBl. II 2012, 725 zur Bilanzkorrektur anlässlich einer Teilbetriebsveräußerung im Rahmen von § 16 EStG). Eine nachträgliche Änderung eines einmal gewählten zulässigen Bilanzansatzes (Bilanzänderung) ist hingegen als steuerrechtlich unzulässige rückwirkende Sachverhaltsgestaltung zu beurteilen und daher unzulässig (BFH v. 25.4.2006 – VIII R 52/04, BStBl. II 2006, 847; allg. zur Bilanzberichtigung: *Fuhrmann* in W/M § 24 UmwStG Rn. 988 ff.).

193 Sofern anlässlich der Einbringung positive oder negative Ergänzungsbilanzen aufgestellt werden (s. hierzu Rn. 135 ff.), sind diese in der Folgezeit korrespondierend zur Gesamthandsbilanz weiterzuentwickeln (**hA**, vgl. *Wacker* in Schmidt § 15 Rn. 464 ff. mwN; Rn. 142).

194 Setzt die aufnehmende Personengesellschaft das eingebrachte Betriebsvermögen mit einem **Zwischenwert** an, gilt die Verweisung auf § 12 III 1. Hs. mit der Maßgabe, dass

- die Absetzungen für Abnutzung oder Substanzverringerung gem. § 7 I, IV, V und VI EStG vom Einbringungszeitpunkt an nach den Anschaffungs-/Herstellungskosten des Einbringenden zzgl. des Differenzbetrages zwischen dem Buchwert der einzelnen Wirtschaftsgüter und dem Wertansatz der Personengesellschaft zu bemessen sind, § 23 III Nr. 1 und
- Bemessungsgrundlage für Absetzungen für Abnutzung gem. § 7 II EStG (sofern die Wirtschaftsgüter nach dem 31.12.2008 und vor dem 1.1.2011 angeschafft oder hergestellt worden sind) ab dem Einbringungszeitpunkt statt des Buchwerts der einzelnen Wirtschaftsgüter der von der Personengesellschaft angesetzte Wert ist, § 23 III Nr. 2.

195 Setzt die Personengesellschaft das eingebrachte Betriebsvermögen mit dem **gemeinen Wert** an, hängt die weitere steuerliche Behandlung davon ab, ob die Einbringung im Wege der Einzelrechtsnachfolge oder im Wege der Gesamtrechtsnachfolge nach den Vorschriften des UmwG erfolgt ist, § 23 IV. Bei **Einzelrechtsnachfolge** gelten gem. § 23 IV die eingebrachten Wirtschaftsgüter als von der Personengesellschaft im Zeitpunkt der Einbringung angeschafft mit der Folge, dass sich deren weitere steuerliche Behandlung nach allgemeinen Grundsätzen richtet (*Schmitt* in S/H/S § 24 UmwStG Rn. 271; § 23 Rn. 72 ff.). Erfolgt die Einbringung im Wege der **Gesamtrechtsnachfolge** nach dem

UmwG, verweist § 23 IV auf die entsprechende Anwendung von § 23 III, mithin die Regelungen bei Zwischenwertansatz. Dies hat zur Folge, dass – auch wenn die aufnehmende Gesellschaft das eingebrachte Betriebsvermögen mit dem gemeinen Wert angesetzt hat – sie im Falle der Gesamtrechtsnachfolge in die steuerliche Rechtsstellung des Einbringenden tritt.

Für einen **Einbringungsfolgegewinn** verweist § 24 IV über § 23 VI auf die entsprechende Anwendung von § 6 I, III. Dies eröffnet die Möglichkeit zur Bildung einer den steuerlichen Gewinn mindernden Rücklage (s. auch die Erläuterungen zu § 23 und § 6). 196

Hinsichtlich der **Rückbeziehungsmöglichkeiten** unterscheidet das Gesetz zwischen Einbringungen im Wege der Einzelrechtsnachfolge und Einbringungen im Wege der Gesamtrechtsnachfolge. In § 24 IV wird für Einbringungen im Wege der **Gesamtrechtsnachfolge** die entsprechende Geltung des § 20 V und VI angeordnet. Damit ist die bis zu achtmonatige Rückbeziehung von Einbringungsvorgängen in erster Linie bei Einbringungen nach dem UmwG, mithin bei Einbringungen unter Beteiligung von Personenhandelsgesellschaften oder Partnerschaftsgesellschaften möglich (Rn. 80 f., 94). Die Rechtslage im Hinblick auf die Möglichkeit der Rückbeziehung des Einbringungsvorganges entspricht damit sowohl den zivilrechtlichen Regelungen in Umwandlungsfällen (§§ 3, 17, 123, 125 UmwG) als auch den bei Kapitalgesellschaften geltenden steuerlichen Vorschriften, so dass auf die entsprechende Kommentierung zu § 20 verwiesen wird (§ 20 Rn. 585 ff.). Im Umkehrschluss aus den in § 24 IV fehlenden Verweisen auf § 20 V und VI im Falle der **Einzelrechtsnachfolge** ergibt sich, dass eine Rückbeziehung bei einer Einbringung im Wege der Einzelrechtsnachfolge grds. nicht möglich ist. In der Praxis wird jedoch eine Rückbeziehung von bis zu drei Monaten toleriert (vgl. *Fuhrmann* in W/M § 24 UmwStG Rn. 1444 mwN; zur Rückwirkung auch *Benecke* GmbHR 2012, 113 und *Schneider* NWB 2012, 484). 197

Für Gesamtrechtsnachfolgen ordnet § 24 IV mit Blick auf **Entnahmen und Einlagen** die entsprechende Geltung des § 20 V an. Danach bleiben diese in Rückbeziehungsfällen für die Ermittlung des Einkommens sowie des Gewerbeertrages unberücksichtigt. Obwohl nach dem Wortlaut von § 24 IV die Regelung auch für Einbringungen im Wege der **Einzelrechtsnachfolge** gilt, ist die Regelung uE insoweit nicht anwendbar mit der Folge, dass Entnahmen und Einlagen des Einbringenden im Zeitraum der Rückbeziehung nicht dem Einbringenden, sondern der aufnehmenden Personengesellschaft zuzurechnen sind (wie hier: *Fuhrmann* in W/M § 24 UmwStG Rn. 1452, 1462; *Patt* in D/P/M § 24 Rn. 171). Grund hierfür ist der Umstand, dass § 20 V 2 auf Kapitalgesellschaften zugeschnitten ist und eine vGA im Fall der Entnahme verhindern soll (*Fuhrmann* in W/M § 24 UmwStG Rn. 1462). Zur Behandlung von nichtabziehbarer **Schuldzinsen iSd § 4 IVa EStG** vgl. BMF v. 17.11.2005, BStBl. I 2005, 1019 ff., Rn. 32e iVm Rn. 9, 10; *Ley* in KÖSDI 2007, 15413). 198

(einstweilen frei) 199–203

VI. Schädliche Verfügungen über eingebrachte Anteile, § 24 V

Bei der Vorschrift des § 24 V handelt es sich um eine Missbrauchsvermeidungsvorschrift. Sie wurde durch das SEStEG neu in das Gesetz aufgenommen. Die Regelung wurde wegen der Neukonzeption des Einbringungsteils und der Aufgabe des Systems der einbringungsgeborenen Anteile mit der damit verbundenen Aufhebung von § 8b IV KStG aF eingefügt. Im Ergebnis erfasst sie die bisher von § 8b IV KStG aF geregelte Konstellation (vgl. BT-Drs. 16/3369, 32, näher Rn. 204a). Durch das Gesetz zur Umsetzung des EuGH-Urteils vom 20. Oktober 2011 in der Rechtssache C-284/09 vom 21.3.2013 (BGBl. I 2013, 561) wurde § 24 V sprachlich an die Änderung des § 22 II 1 durch das JStG 2009 angepasst. Inhaltliche Änderungen haben sich gegenüber der bislang geltenden Fassung dadurch nicht ergeben. 204

Die Regelung beinhaltet eine **siebenjährige Sperr- bzw. Haltefrist** für den Fall, dass der Einbringende keine nach § 8b II KStG begünstigte Person (also insbesondere eine natürliche Person oder eine Personengesellschaft, soweit an dieser natürliche Personen beteiligt sind) ist und es sich bei dem Gegenstand der Einbringung um einen Anteil an einer Körperschaft, Personenvereinigung oder Vermögensmasse handelt. Werden die eingebrachten Anteile innerhalb der Sperrfrist veräußert, ordnet § 24 V grds. rückwirkend die Besteuerung eines Einbringungsgewinns an (vgl. UmwStE 2011 Rn. 21 sowie *Kai* GmbHR 2012, 165, 173).

204a Die Vorschrift des § 24 V kommt zur Anwendung, wenn

- im Rahmen einer Einbringung nach § 24 I
- Anteile an einer Körperschaft, Personenvereinigung oder Vermögensmasse
- innerhalb eines Zeitraums von 7 Jahren nach dem Einbringungszeitpunkt
- durch die übernehmende Personengesellschaft
- veräußert oder
- durch einen Vorgang nach § 22 I 6 Nr. 1 bis 5 weiter übertragen werden, also
  - eine unentgeltliche Übertragung der Anteile auf eine Kapitalgesellschaft oder eine Europäische Genossenschaft stattfindet; § 22 I 6 Nr. 1
  - eine entgeltliche Übertragung der Anteile (Ausnahme: nachweisliche Übertragung iSv §§ 20 I oder 21 I oder vergleichbare ausländische Vorgänge zu Buchwerten) vorgenommen wird, § 22 I 6 Nr. 2
  - Auflösung, Abwicklung, Kapitalherabsetzung bei der Kapitalgesellschaft, an der die Anteile bestehen oder Ausschüttungen, Rückzahlungen aus dem steuerlichen Einlagekonto vorgenommen werden, § 22 I 6 Nr. 3
  - eine Ketteneinbringung vorliegt, § 22 I 6 Nr. 4
  - eine Einbringung nach § 20 I oder § 21 I oder aufgrund vergleichbarer ausländischer Vorgänge zu Buchwerten und die anschließende Veräußerung/Übertragung stattfindet (Ausnahme: nachweisliche Einbringung zu Buchwerten), § 22 I 6 Nr. 5

  und
- der Einbringende keine durch § 8b II KStG begünstigte Person ist **(schädliches Ereignis).**

Zu den Einzelheiten der vorgenannten Voraussetzungen siehe die Kommentierung zu § 22.

205 Sind die vorstehenden Voraussetzungen erfüllt, sind als **Rechtsfolge §§ 22 II, III sowie V bis VII insoweit** entsprechend anzuwenden, als der Gewinn aus der Veräußerung auf einen von § 8b II KStG begünstigen Mitunternehmer entfällt. Damit entsteht rückwirkend auf den Einbringungsstichtag für den Einbringenden ein Einbringungsgewinn II in Höhe des Unterschiedsbetrags zwischen dem Wert der eingebrachten Anteile im Einbringungszeitpunkt und dem Wertansatz der Anteile bei der Einbringung. Dieser als Einbringungsgewinn II zu versteuernde Unterschiedsbetrag verringert sich um 1/7 für jedes seit dem Einbringungszeitpunkt bis zum Zeitpunkt der Veräußerung abgelaufene Kalenderjahr.

Im Ergebnis soll mit der Regelung sichergestellt werden, dass es zu einer nachträglichen Besteuerung des Einbringungsgewinns dann kommt, wenn im Zeitpunkt eines der vorgenannten schädlichen Ereignisse stille Reserven aus den eingebrachten Anteilen auf von § 8b II KStG begünstigte Mitunternehmer entfallen. Den Regelungszweck verdeutlicht folgendes, an die Gesetzesbegründung angelehnte

Beispiel: Die natürliche Person A bringt am 1.1.2012 eine 100%-Beteiligung an der Y-GmbH nach § 24 UmwStG zum Buchwert von 50 000 € in die AB-OHG ein. Der gemeine Wert der Beteiligung beträgt 100 000 €. Gesellschafter der AB-OHG zu je 50% sind A und die B-GmbH. Am 1.1.2013 veräußert die AB-OHG die Beteiligung an der Y-GmbH an die C-GmbH. Der Kaufpreis beträgt 200 000 €.

Die Einbringung der Beteiligung zum Buchwert ist nach § 24 II zulässig. Die entgeltliche Veräußerung innerhalb des 7-Jahreszeitraums ist ein schädliches Ereignis iSv §§ 24 V, 22 II iVm I 6 Nr. 2. Damit findet in Höhe der Beteiligung der B-GmbH an der AB-OHG eine nachträgliche Besteuerung des Einbringungsgewinns auf den Zeitpunkt der Veräußerung wie folgt statt:

50 % von 50 000 € (gemeiner Wert der Beteiligung der Y-GmbH im Zeitpunkt der Einbringung abzgl. Buchwert im Zeitpunkt der Einbringung, also 100 000 €./. 50 000 €), mithin 25 000 € sind als laufender Einbringungsgewinn II zu versteuern, § 22 I 2. In dieser Höhe erhöht sich der Wertansatz der Beteiligung bei der AB-OHG, sofern die Steuer auf den Einbringungsgewinn entrichtet und dies durch entsprechende Bescheinigung nachgewiesen ist, § 22 V. Der in 2013 bei der AB-OHG entstehende Veräußerungsgewinn ist sodann unter Berücksichtigung des erhöhten Wertansatzes zu ermitteln. Im Beispielsfall ergibt sich ein Veräußerungsgewinn in Höhe von € 125 000 (Veräußerungspreis 200 000 € abzgl. ursprünglicher Buchwert 50 000 € abzgl. 25 000 € aus nachträglicher Erhöhung des Wertansatzes), der zu 50 % auf A und zu 50 % auf die B-GmbH entfällt und bei dieser gem. § 8b KStG zu 95 % steuerfrei ist.

VII. Kein Übergang des Zinsvortrags, § 24 VI

1. Anwendungsbereich

Durch das Unternehmensteuerreformgesetz v. 14.8.2007 (BGBl. I 2007, 1912) wurde 206
die sog. Zinsschrankenregelung nach § 4h EStG, § 8a KStG eingeführt. Danach ist der Betriebsausgabenabzug von Zinsaufwendungen begrenzt. Nicht abzugsfähige Zinsaufwendungen eines Betriebs können auf folgende Wirtschaftsjahre fortgetragen werden. Diese Zinsschrankenregelung ist erstmals auf Umwandlungen und Einbringungen anzuwenden, bei denen die Anmeldung zur Eintragung in das für die Wirksamkeit des jeweiligen Vorgangs maßgebende öffentliche Register nach dem 31.12.2007 erfolgt ist. Für Einbringungen, deren Wirksamkeit keine Eintragung in ein öffentliches Register voraussetzt, ist diese Fassung des Gesetzes erstmals anzuwenden, wenn das wirtschaftliche Eigentum an den eingebrachten Wirtschaftsgütern nach dem 31.12.2007 übergegangen ist (§ 27 V).

2. Nichtübergang des Zinsvortrags sowie des EBITDA-Vortrags

§ 24 VI iVm § 20 IX legt fest, dass der Zinsvortrag nach § 4h I 2 EStG des in die 207
aufnehmende Personengesellschaft eingebrachten Betriebs nicht auf diese übergeht (*Rasche* in R/H/vL § 24 Rn. 136). Dies wird damit begründet, dass der Zinsvortrag betriebsbezogen ermittelt werde und er dadurch eng mit dem zinsverursachenden Betrieb verbunden sei (BT-Drs. 16/4841, 50 und 82). Auch wenn der Fall der Betriebsveräußerung oder dessen Unterfall der Einbringung in eine Personengesellschaft/Mitunternehmerschaft vorliegt, bleibt der Zinsaufwand steuerlich unberücksichtigt (*Rasche* in R/H/vL § 24 Rn. 136). Gleiches gilt für den EBITDA-Vortrag nach § 4h I 3 EStG.

Achter Teil. Formwechsel einer Personengesellschaft in eine Kapitalgesellschaft oder Genossenschaft

§ 25 Entsprechende Anwendung des Sechsten Teils

[1] In den Fällen des Formwechsels einer Personengesellschaft in eine Kapitalgesellschaft oder Genossenschaft im Sinne des § 190 des Umwandlungsgesetzes vom 28. Oktober 1994 (BGBl. I S. 3210, 1995 I S. 428), das zuletzt durch Artikel 10 des Gesetzes vom 9. Dezember 2004 (BGBl. I S. 3214) geändert worden ist, in der jeweils geltenden Fassung oder auf Grund vergleichbarer ausländischer Vorgänge gelten §§ 20 bis 23 entsprechend. [2] § 9 Satz 2 und 3 ist entsprechend anzuwenden.

Übersicht

I. Allgemeines

1. Subjektiver Anwendungsbereich

1 Bis zum Inkrafttreten des UmwG 1994 gab es für die Umwandlung einer Personenhandelsgesellschaft in eine KapGes nur die Möglichkeit einer übertragenden Umwandlung (AG: §§ 40 ff. UmwG 1977; GmbH: §§ 46 ff. UmwG 1977). Abweichend hiervon sehen die §§ 190, 191 UmwG 1994 nunmehr die Möglichkeit einer formwechselnden Umwandlung vor, wobei dieser Weg allerdings zunächst nur Personenhandelsgesellschaften (OHG, KG) offenstand. Erst nach der Erweiterung des § 3 I Nr. 1 UmwG um die Partnerschaftsgesellschaft iSd PartGG v. 25.7.1994 im Jahre 1998 wurde auch § 25 durch das Steuerentlastungsgesetz 1999/2000/2002 (v. 24.3.1999 BGBl. I 1999, 402) um den Formwechsel der Partnerschaftsgesellschaft in eine KapGes erweitert. Bei der **Partnerschaftsgesellschaft** handelt es sich um eine spezielle Form der PersGes für die Ausübung bestimmter freier Berufe. Die Erweiterung geschah in der Weise, dass § 25 auf alle PersGes erstreckt wurde, für die ein Formwechsel in eine KapGes nach § 190 UmwG zulässig ist. Das ist neben den Personenhandelsgesellschaften nur die Partnerschaftsgesellschaft.

2 Durch das SEStEG wurde das Umwandlungssteuerrecht europäisiert. § 25 UmwStG aF wird jedoch im Prinzip ohne inhaltliche Änderungen fortgeführt. Lediglich der Anwendungsbereich wurde um im EU-/EWR-Ausland ansässige Gesellschaften erweitert. Darüber hinaus ist es nicht mehr erforderlich, dass sich der Formwechsel nach § 190 UmwG vollzieht. Vielmehr ist § 25 nunmehr auch anwendbar, wenn es sich um einen dem Formwechsel nach § 190 UmwG vergleichbaren ausländischen Vorgang handelt.

3 Wie auch die Vorgängerregelung erklärt § 25 für den Formwechsel die §§ 20–23 für entsprechend anwendbar, so dass der Formwechsel einer PersGes in eine KapGes steuerrechtlich weiterhin wie eine Einbringung sämtlicher Mitunternehmeranteile durch die beteiligten Gesellschafter behandelt wird. Das hat zur Folge, dass die Änderungen des SEStEG in den §§ 20–23 auch entsprechende Auswirkungen auf einen Formwechsel iSd § 25 haben.

2. Eigener Regelungsgehalt

4 In der Literatur wird diskutiert, ob § 25 überhaupt einen eigenen Regelungsgehalt hat oder ob die Vorschrift ggf. obsolet ist (vgl. auch *Patt* in D/P/M § 25 Rn. 2). Bereits durch § 1 III Nr. 3 wird für den Formwechsel der sachliche Anwendungsbereich des Sechsten bis Achten Teils eröffnet. Mit demselben Wortlaut, „…Formwechsels einer Personengesellschaft in eine Kapitalgesellschaft oder Genossenschaft im Sinne des § 190 Abs. 1 des Umwandlungsgesetzes… oder auf Grund vergleichbarer ausländischer Vorgänge…“, erklärt § 25 S 1 die §§ 20–23 für entsprechend anwendbar. Durch § 25 S 1 wird somit dieselbe Rechtsfolge für denselben Sachverhalt angeordnet. Ein darüber hinausgehender Regelungsbereich von § 25 S 1 ist nicht erkennbar.

5 Der Verweis auf § 9 S 2 und 3 in § 25 S 2 entfaltet hingegen einen eigenen Anwendungsbereich, da diese Vorschrift ansonsten für den Formwechsel nicht anwendbar wäre. Aufgrund dieses Verweises ist die formwechselnde Gesellschaft zur Aufstellung von zwei (Steuer-)Bilanzen (Übertragungs- und Eröffnungsbilanz) auf den steuerlichen Übertragungsstichtag verpflichtet. In der Fassung des UmwStG bis Ende 2006 war diese Notwendigkeit der Erstellung von **Steuerbilanzen** noch originär in § 25 geregelt. Handelsrechtlich sind hingegen keine Abschlüsse aufzustellen, da es zivilrechtlich nicht zu einer Übertragung von Vermögensgegenständen und Schulden kommt (BT-Drs. 12/6699, 136 ff.; FG München v. 23.3.2004 EFG 2004, 1334, bestätigt durch BFH v. 19.10.2005 – I R 38/04 BStBl. II 2006, 568). Die entsprechende Anwendung der § 9 S 2, 3 hat darüber hinaus Auswirkungen auf die steuerliche Rückwirkung und den steuerlichen Übertragungsstichtag. Dieser Verweis verdrängt aufgrund seiner Spezialität (lex specialis) den § 20 VI 3 (so auch *Patt* in D/P/M § 25 Rn. 40; *Benz/Rosenberg* BB-Special 2006, 51).

3. Rechtsnatur der formwechselnden Umwandlung nach § 25

6 Zivilrechtlich können nach §§ 190 ff. UmwG bestimmte Rechtsträger identitätswahrend eine andere Rechtsform erhalten. Dabei bedeutet identitätswahrend, dass der formwechselnde Rechtsträger in der „neuen“ Rechtsform weiterbesteht und an ihm die gleichen Anteilsinhaber wie bisher beteiligt sind. Der umzuwandelnde Rechtsträger existiert in all seinen rechtlichen Beziehungen weiter, er ändert mit anderen Worten nur sein rechtliches Kleid (BT-Drs. 12/6699, 72, 137; *Patt* in D/P/M § 25 Rn. 4).

7 **Steuerrechtlich** ist aber von einem **Rechtsträgerwechsel** auszugehen. Die kraft Gesetzes mit der Eintragung im Handelsregister eintretende Umqualifizierung von Gesamthandseigentum einer PersGes in Alleineigentum einer KapGes gem. § 202 I Nr. 1 UmwG stellt die Grundlage für die steuerrechtliche Fiktion des Rechtsträgerwechsels dar. Im Gegensatz zum Handelsrecht muss das Steuerrecht von einem Steuersubjektwechsel ausgehen, da die PersGes als solche mit ihren Einkünften nicht steuerpflichtig ist, sondern die einzelnen Gesellschafter. Die KapGes ist dagegen ein selbstständiges Steuersubjekt, so dass

steuerrechtlich ein Betriebsvermögenswechsel stattfindet (BFH v. 19.10.2005 – I R 38/04, BStBl. II 2006, 568; FG München v. 23.3.2004 EFG 2004, 1334).

4. Wesentlicher Inhalt der Vorschrift

8 § 25 ist die einzige Vorschrift des achten Teils des Umwandlungsteuergesetzes. Da beide Sätze dieser Vorschrift lediglich verweisen, ist der eigentliche Regelungsinhalt kurz:

- § 25 S 1 erklärt die §§ 20 bis 23 (Einbringungen in KapGes oder Genossenschaften) für entsprechend anwendbar.
- § 25 S 2 verweist wegen der bilanziellen Abbildung und der steuerlichen Rückwirkung des Formwechsels auf die entsprechende Anwendung der § 9 S 2 und 3.

II. Entsprechende Anwendung der §§ 20–23

1. Rechtsnatur des Verweises

9 Dem Gesetzeswortlaut ist nicht eindeutig zu entnehmen, ob § 25 eine Rechtsgrund- (Tatbestands-) oder eine Rechtsfolgenverweisung enthält. Zum Teil wird vertreten, dass es sich bei § 25 um einen Rechtsfolgenverweis handelt, so dass die Rechtsfolgen der § 20 und § 21 anzuwenden wären, ohne dass deren Voraussetzungen vorliegen müssten (*Boorberg/Boorberg* DB 2007, 1777).

Jedoch geht die hM (*Patt* in D/P/M § 25 Rn. 17; *Schmitt* in S/H/S § 25 Rn. 4; *Rabback* in R/H/vL § 25 Rn. 2) davon aus, dass es sich bei § 25 um einen Rechtsgrundverweis handelt. Folge ist, dass grundsätzlich die einzelnen Tatbestandsvoraussetzungen der §§ 20, 21 durch den Formwechsel erfüllt werden müssen. Durch die Verweisung werden lediglich die Merkmale des „Einbringens“ und der „Gewährung neuer Anteile an der übernehmenden Gesellschaft“ durch den Formwechsel ersetzt.

Der hM ist mE zu folgen, da nach dem Sinn und Zweck des Gesetzes die Umwandlung der PersGes der Einbringung des Betriebs, Teilbetriebs oder eines Mitunternehmeranteils gleichzustellen ist. Eine Einbringung iSv § 20 erfolgt grundsätzlich zum gemeinen Wert. Unter den Voraussetzungen des § 20 II Nr. 1–3 UmwStG kann die Einbringung begünstigt zu Buch- oder Zwischenwerten erfolgen. Eine solche Systematik der Begünstigung lässt sich im gesamten Umwandlungssteuergesetz finden (§ 3 II, § 11 II). Dabei knüpfen diese Begünstigungstatbestände stets an bestimmte Voraussetzungen bezüglich des übergehenden Vermögens an. Insbesondere muss das Vermögen später der KSt unterliegen und es darf kein Verlust des Besteuerungsrechts der Bundesrepublik Deutschland bezüglich der übergehenden Vermögensgegenstände eintreten. Soweit bei einem Formwechsel die Begünstigung der Buchwertfortführung ohne jegliche Anforderung an das übergehende Vermögen möglich sein soll, wäre dies mit der Systematik des UmwStG kaum vereinbar. Daraus folgt, dass § 20 mit seinen jeweiligen Voraussetzungen die Begünstigungsgrenzen des § 25 vorgibt. Dies hat zB Bedeutung für die Frage, ob auch die Einbeziehung von Sonderbetriebsvermögen in die Umwandlung erforderlich ist (dazu Rn. 30 ff.).

10 **GrESt und USt.** Mangels eines Übertragungsvorgangs bzgl. der WG des Gesamthandsvermögens der formwechselnden PersGes stellt der Formwechsel weder für die USt noch für die GrESt einen steuerbaren Tatbestand dar (FinMin BaWü v. 18.9.1997 DB 1997, 2002; BFH v. 4.12.1996 – II B 116/96, BStBl. II 1997, 661).

Bezüglich der GrESt ist jedoch darauf zu achten, ob innerhalb der letzten 5 Jahre bereits eine Grundstücksübertragung stattgefunden hat, die nach § 5 oder § 6 GrEStG privilegiert war. Der Formwechsel wäre insofern ein schädlicher Vorgang iSd § 5 III bzw. § 6 III 2 GrEStG und hätte zur Folge, dass die damalige Privilegierung rückwirkend wieder versagt wird.

2. Beteiligte Rechtsträger, §§ 25 S 1, 20 I 1

a) Inländische Personengesellschaft nach § 190 UmwG

Begünstigte Rechtsformen. Der durch das SEStEG geänderte Wortlaut des § 25 legt fest, dass die umzuwandelnde Gesellschaft – sofern es sich um einen inländischen Formwechsel nach § 190 UmwG handelt und nicht um einen vergleichbaren ausländischen Vorgang – nur eine PersGes iSd § 190 UmwG in der jeweils geltenden Fassung sein kann. Erfasst sind damit die Umwandlung von **Personenhandelsgesellschaften** iSd § 3 I Nr. 1 UmwG (OHG, KG) und von **Partnerschaftsgesellschaften** (§ 191 I Nr. 1 UmwG). Die Vorschrift knüpft damit, im Unterschied zum sechsten Teil des UmwStG, unmittelbar an einen gesellschaftsrechtlichen Tatbestand, nicht an einen steuerlichen Tatbestand (Mitunternehmerschaft) an. Dies bedeutet, dass § 25 ebenso wenig wie das UmwG die formwechselnde Umwandlung einer Mitunternehmerschaft, die nicht PersGes iSd § 3 I Nr. 1 UmwG ist, vorsieht. Wie bisher ist deshalb – im Unterschied zu § 20 – zB die **Freiberufler-GbR,** die nicht Partnerschaftsgesellschaft ist, vom Anwendungsbereich des Formwechsels ausgeklammert. Ebenso wird eine Umwandlung von **stiller Gesellschaft** oder **Unterbeteiligung** weder von § 190 UmwG noch von § 25 erfasst (*Schmitt* in S/H/S § 25 Rn. 11; *Rabback* in R/H/vL § 25 Rn. 23). Auch die Umwandlung einer **KGaA** fällt nicht unter § 25. Zwar kann die KGaA gem. §§ 226 ff. UmwG in eine AG formgewechselt werden, allerdings erhält der phG für seinen Mitunternehmeranteil keine Anteile an der entstehenden AG, sondern lediglich einen auf Geld gerichteten Auseinandersetzungsanspruch. Für die Anwendung des § 25 ist daher insoweit kein Raum (*Schmitt* in S/H/S § 25 Rn. 12; *Patt* in D/P/M § 25 Rn. 32; *Rabback* in R/H/vL § 25 Rn. 24). 11

Fällt eine formzuwechselnde PersGes unter § 190 UmwG, ist für die Anwendbarkeit des § 25 zusätzliche Voraussetzung, dass diese Gesellschaft auch eine steuerliche Mitunternehmerschaft ist (vgl. hierzu Rn. 22) und dass ihre Gesellschafter die Voraussetzungen des § 1 IV 1 Nr 2 erfüllen. Handelt es sich bei dem Mitunternehmer einer formzuwechselnden PersGes wiederum um eine PersGes, so kommt es bzgl. der Erfüllung der Voraussetzungen des § 2 IV 1 Nr. 2 auf deren Mitunternehmer an, wobei es in diesen Fällen ausreichend ist, wenn die Beteiligung an der formgewechselten Gesellschaft nach dem Formwechsel funktional dem inländischen Betriebsvermögen der Mitunternehmer-PersGes zuzuordnen ist, denn dann ist die inländische Steuerverhaftung gesichert und die Anforderung des § 1 IV 1 Nr. 2 Buchst. b erfüllt. In diesem letztgenannten Fall können die Mitunternehmer der Mitunternehmer-PersGes somit auch in einem Drittland ansässig sein. Erfüllt einer der Mitunternehmer diese Voraussetzungen nicht, dann hat dies nicht zur Folge, dass der gesamte Formwechsel nicht von § 25 begünstigt ist. Vielmehr sind nur die auf diesen Mitunternehmer entfallenden stillen Reserven anlässlich des Formwechsels aufzudecken, denn im Rahmen des § 25 ist jeder Mitunternehmer „Einbringender" (vgl. eingehend Rn. 23; ebenso *Patt* in D/P/M § 25 Rn. 15; *Schmitt* in S/H/S § 25 Rn. 18 f.). 12

b) Ausländische Personengesellschaft

Gem. § 1 IV 1 Nr. 2 Buchst. a aa) HS 1 iVm § 1 II 1 Nr. 1 kann es sich bei dem Ausgangsrechtsträger eines Formwechsels nach § 25 ebenfalls um eine ausländische Gesellschaft handeln, wenn diese nach dem sog. Typenvergleich aus deutscher Sicht als PersGes anzusehen ist, nach den Rechtsvorschriften eines Mitgliedstaats der EU/EWR gegründet wurde und sich ihr Sitz und der Ort ihrer Geschäftsleitung innerhalb des Hoheitsgebietes eines dieser Staaten befindet und die Gesellschafter die Voraussetzungen des § 1 IV 1 Nr 2 erfüllen. 13

Fraglich ist, ob auch ein **grenzüberschreitender Formwechsel** einer EU-/EWR-PersGes in eine EU-/EWR-KapGes unter § 25 fallen kann, denn das UmwG sieht keine entsprechenden Regelungen vor. § 190 UmwG ist unmittelbar nicht anwendbar, weil § 1 I UmwG hierfür erfordert, dass die beteiligten Rechtsträger ihren Sitz im Inland haben müssen. Gleichwohl hat der EuGH den grenzüberschreitenden Formwechsel mittlerweile 14 durch seine Urteile in den Rs. Cartesio (EuGH 16.12.2008 – C-21 0/06, BB 2009, 11) und Vale (EuGH 12.7.2012 – C 378/10, DB 2012, 1614) anerkannt. Nach dieser Rechtsprechung ist § 190 UmwG europarechtskonform auszulegen und analog anzuwenden. Dementsprechend ist auch die Formulierung des § 25 „...Formwechsel ... im Sinne des § 190 des Umwandlungsgesetzes ... oder aufgrund vergleichbarer ausländischer Vorgänge ...“ europarechtskonform auszulegen und der grenzüberschreitende Rechtsformwechsel in diesen Anwendungsbereich mit einzubeziehen. Dies entspricht mittlerweile auch der hM (*Patt* in D/P/M § 25 Rn. 7; *Arjes* in Haase/Hruschka § 25 Rn. 21; *Patt* in D/P/M § 25 Rn. 7).

c) Kapitalgesellschaft oder Genossenschaft

15 Die PersGes muss in eine der in § 191 II UmwG genannten Rechtsformen formgewechselt werden. Im Ergebnis kommen damit gem. §§ 190, 191 II UmwG iVm § 3 I Nr. 2 UmwG die GmbH, die AG, die KGaA sowie die eingetragene Genossenschaft als Zielrechtsträger in Betracht (vgl. dazu ausführlich § 20 Rn. 290ff.). Außerdem kann bei einem Formwechsel nach ausländischem Recht ebenfalls eine Gesellschaft ausländischer Rechtsform unter § 25 fallen, sofern diese Gesellschaft nach dem sog. Typenvergleich einer deutschen KapGes vergleichbar ist (vgl. § 20 Rn. 264).

d) Vergleichbarer ausländischer Vorgang

16 Durch die 2. Alternative des § 25 S 1 werden vergleichbare ausländische Vorgänge dem Formwechsel nach § 190 UmwG gleichgestellt. Die Vergleichbarkeitsprüfung umfasst sowohl die Rechtsfolgen des Umwandlungsvorgangs als auch die beteiligten Rechtsträger (Typenvergleich) (BT-Drs. 2710, 35; Näheres zum Typenvergleich s. § 1 Rn. 15ff.). Für eine Vergleichbarkeit mit dem Formwechsel nach § 190 UmwG bedeutet dies, dass ein Rechtskleidwechsel eines einzelnen Rechtsträgers ohne Vermögenstransfer stattfinden muss. Einige Autoren verlangen darüber hinaus, dass der ausländische Formwechsel für Zwecke der Vergleichbarkeit zu seiner Wirksamkeit einer Eintragung in einem öffentlichen Register bedarf (so zB *Patt* in D/P/M § 25 Rn. 11). Das würde bedeuten, dass solche Formwechsel, die nach dem Recht des Sitzstaates der Gesellschaft zB durch eine schlichte Änderung des Gesellschaftsvertrages ausgelöst werden können – dies ist zB in Frankreich der Fall – nicht unter den Anwendungsbereich des § 25 fallen. Begründet wird dies mit dem Verweis des § 25 S 2 auf § 9 S 3, der für Zwecke der Berechnung der 8-monatigen Rückwirkungsfrist auf den Tag der Anmeldung des Formwechsels zur Eintragung in das Handelsregister abstellt. ME kann eine solche Rechtsfolge aus diesem Verweis nicht gezogen werden. Zwar muss – wenn eine Anmeldung zu einem öffentlichen Register nicht erfolgt – ein anderer Stichtag für die Berechnung der 8-Monats-Frist herangezogen werden (es bietet sich dann der Tag der Wirksamkeit des Formwechsels an), das rechtfertigt aber nicht, dem ausländischen Vorgang seinem Wesen nach die Vergleichbarkeit mit dem deutschen Formwechsel abzusprechen. Die geforderte Vergleichbarkeit des ausländischen mit dem inländischen Formwechsel muss sich auf den wesentlichen wirtschaftlichen Gehalt beziehen und nicht auf die Art und Weise der zivilrechtlichen Umsetzung (ebenso im Ergebnis die Vergleichbarkeit bejahend *Benecke/Schnittger* IStR 2006, 765 (770); *Hahn* IStR 2005, 677 (679); *Hörtnagl* in SHS § 1 Rn. 50). Allerdings besteht hier eine Rechtsunsicherheit und daher sollte vor Durchführung eines solchen ausländischen Formwechsels, wenn in Deutschland unbeschränkt steuerpflichtige Gesellschafter involviert sind oder Teile des Betriebsvermögens in Deutschland belegen sind, vorab eine verbindliche Auskunft über die Anwendbarkeit des § 25 eingeholt werden.

3. Umwandlungsgegenstand

17 **Voraussetzungen des § 20.** Aus der obigen Auslegung als Rechtsgrundverweisung (Tatbestandsverweisung) ergibt sich, dass die Voraussetzungen des § 20 für einen steuerneutralen Formwechsel zu überprüfen sind.

Betrieb, Teilbetrieb oder Mitunternehmeranteil. Bei einem Formwechsel stellt sich die Frage nach dem „Einbringungsgegenstand". 18

Eine **gewerblich tätige** Mitunternehmerschaft hat immer (zumindest) einen Betrieb iSd § 20. 19

Die **gewerblich geprägte** Persges hat ebenfalls einen Gewerbebetrieb in diesem Sinne (s. auch Rn. 22). 20

Die formwechselnde Umwandlung einer PersGes in Form der „Einbringung eines **Teilbetriebes**" ist schon theoretisch ausgeschlossen, da eine Beschränkung der formwechselnden Umwandlung auf einzelne Vermögensgegenstände, die einen Teilbetrieb bilden, nicht möglich ist. 21

Mitunternehmeranteil. Zusätzlich zu der sich aus § 25 iVm § 190 UmwG ergebenden Bedingung an die Rechtsform der formzuwechselnden PersGes muss diese gleichzeitig auch Mitunternehmerschaft sein. Dies ergibt sich aus dem Rechtsgrundverweis des § 25 auf § 20. Die PersGes muss daher entweder eine gewerbliche Tätigkeit gem. § 15 II EStG ausüben oder nach § 15 III Nr. 2 EStG **gewerblich geprägt** (vgl. auch *Widmann* in W/M § 20 Rn. 3 und 88; *Herlinghaus* in R/H/vL § 20 Rn. 92; *Rabback* in R/H/vL § 25 Rn. 48; *Schmitt* in S/H/S § 25 Rn. 20) oder nach § 15 III Nr. 1 EStG gewerblich infiziert sein. Auch die Tätigkeit als Besitzgesellschaft im Rahmen einer Betriebsaufspaltung reicht für die Begründung eines Betriebs iSd UmwStG aus (vgl. auch § 20 Rn. 272). Ist eine PersGes allerdings rein **vermögensverwaltend** tätig (ohne gewerbliche Prägung), ist ein Formwechsel unter Anwendung der Begünstigungsvorschriften der §§ 25, 20–23 nicht möglich. Umfasst die Tätigkeit einer rein vermögensverwaltenden PersGes jedoch auch das Halten von Anteilen an einer KapGes, führt der Formwechsel einer solchen vermögensverwaltenden PersGes in eine KapGes/Genossenschaft insoweit zu einem Anteilstausch nach § 21 (*Schmitt* in S/H/S § 25 Rn. 33). Ob ein qualifizierter Anteilstausch nach § 21 I 2 vorliegt, beurteilt sich nach dem Umfang der von der formwechselnden PersGes gehaltenen Beteiligung (*Patt* in D/P/M § 25 Rn. 27). Darüber hinaus kann aber die für einen qualifizierten Anteilstausch erforderliche Beteiligungshöhe auch dadurch erreicht werden, dass die Gesellschafter zeitgleich oder zumindest in zeitlichem und sachlichem Zusammenhang mit dem Formwechsel weitere Anteile auf die entstehende KapGes übertragen (vgl. auch *Schmitt* in S/H/S § 25 Rn. 33). 22

Mitunternehmer als „Einbringende". Zusätzlich zu der Anforderung, dass es sich bei der PersGes um eine Mitunternehmerschaft handeln muss, ist darüber hinaus erforderlich, dass der jeweilige Gesellschafter Mitunternehmer ist, also Mitunternehmerinitiative entfaltet und Mitunternehmerrisiko trägt. Als Mitunternehmer kommen juristische Personen, natürliche Personen und auch PersGes in Betracht, wobei Letzteren, falls sie über ausländische Mitunternehmer verfügen, die Beteiligung abkommensrechtlich (funktional) auch zuzuordnen sein muss. Andernfalls kommt es auf die dahinterstehenden Mitunternehmer an. Außerdem müssen die Mitunternehmer die Voraussetzungen des § 1 II 1 erfüllen, also in der EU/EWR steuerlich ansässig sein (vgl. eingehend § 1 Rn. 52). 23

Analog zu § 20 könnte sich die Frage stellen, ob die Mitunternehmerschaft ihren Betrieb einbringt oder ob die Mituntnehmer ihre Mitunternehmeranteile in die KapGes einbringen, sog. gesellschafterbezogene Beurteilung. Jedoch stellt sich mE diese Frage im Rahmen von § 25 nicht. Im Fall des Formwechsels bringen stets die Mitunternehmer ihre Mitunternehmeranteile ein. Im Augenblick des Formwechsels erlischt die Mitunternehmerschaft, sodass dieser selbst keine Gesellschaftsrechte an der KapGes mehr gewährt werden können. Insoweit steht dies auch in Einklang mit der hM, die die Mitunternehmerschaft nur in den Fällen als Einbringende ansieht, in denen sie im Anschluss an die Einbringung weiter fortbesteht (UmwStE Rn. 20.03; § 22 Rn. 72 ff.). 24

Die sog. **Zebragesellschaft** fällt nicht unter § 25, da sie keine Mitunternehmerschaft, sondern eine vermögensverwaltende PersGes ist. Zwar halten die Gesellschafter ihre Anteile in einem Betriebsvermögen, wodurch es auf ihrer Ebene zu einer Umqualifizierung der Einkünfte kommt, hierdurch wird aber die Gesellschaft selbst nicht zu einem 25

Gewerbebetrieb (*Wacker* in Schmidt § 15 EStG Rn. 201) und die Anteile an dieser Gesellschaft sind keine Mitunternehmeranteile (BFH v 11.7.1996 – IV R 103/94, BStBl. II 1997, 39 (41); *Schmitt* in SHS § 25 Rn. 21).

26 **Passivposten des eingebrachten Vermögens nicht höher als Aktivposten.** Für den steuerneutralen Formwechsel dürfen die Passivposten in der aufzustellenden Schlussbilanz der PersGes deren Aktivposten nicht übersteigen. Dabei kommt es auf die Kapitalkonten jedes einzelnen Mitunternehmers inklusive der diesem Mitunternehmer zuzuordnenden Anteile an gesamthänderisch gebundenen Rücklagen sowie etwaiger Sonder- und Ergänzungsbilanzen an (vgl. auch § 20 Rn. 335). Das SonderBV ist hier aber nur insoweit zu berücksichtigen, als es auch tatsächlich mit auf die entstehende KapGes übertragen wird. Ist das so ermittelte Eigenkapital eines Mitunternehmers negativ, so kommt es für ihn in Höhe des Negativbetrags auch dann zu einer Aufdeckung stiller Reserven, wenn das Eigenkapital der PersGes insgesamt positiv ist.

27 **Atypische Unterbeteiligung.** Eine Unterbeteiligung an einem Mitunternehmeranteil setzt sich nach dem Formwechsel der PersGes an den Anteilen der entstandenen KapGes fort. Allerdings kommt es steuerlich für den Unterbeteiligten zu einer Aufdeckung stiller Reserven, da er selbst keine Anteile an der entstehenden KapGes enthält. Dieses Problem kann ggf. umgangen werden, indem dem Unterbeteiligten wirtschaftliches Eigentum an einem Teil der dem Hauptgesellschafter gewährten Anteile eingeräumt wird (vgl. hierzu eingehend *Patt* in D/P/M § 25 Rn. 25 mwN sowie *Rabback* in R/H/vL Rn. 14).

4. Einbeziehung aller wesentlichen Betriebsgrundlagen

28 Analog zu § 20 ist ein Formwechsel nur dann steuerbegünstigt, wenn mit dem einzubringenden Mitunternehmeranteil auch die wesentlichen Betriebsgrundlagen eingebracht werden. Eine Zurückbehaltung von wesentlichen Betriebsgrundlagen des Gesamthandsvermögens der PersGes ist zwar aufgrund der Vermögensidentität bei einem Formwechsel ausgeschlossen. Probleme können jedoch auftreten, wenn sich wesentliche Betriebsgrundlagen im Sonderbetriebsvermögen eines Gesellschafters befinden.

29 **Wesentliche Betriebsgrundlagen im Sonderbetriebsvermögen.** Zum Teil wird vertreten, dass es der Übertragung des Sonderbetriebsvermögens für einen steuerneutralen Formwechsel gar nicht bedarf. Die Vertreter dieser Meinung sind insoweit konsequent, da sie den § 25 als reinen Rechtsfolgenverweis sehen und für sie der „Übergang" des Betriebsvermögens keine Voraussetzung für einen steuerneutralen Formwechsel ist (s. Rn. 9).

30 Mit der hier vertretenen hM ist jedoch eine Folge der Annahme einer Rechtsgrundverweisung (Tatbestandsverweisung), dass das Antragsrecht des § 20 I 2 für einen Buchwert- oder Zwischenwertansatz nur gilt, wenn das Vermögen der umgewandelten PersGes **alle wesentlichen Betriebsgrundlagen** umfasst. Da das Sonderbetriebsvermögen eines Mitunternehmers zu seiner gewerblichen Tätigkeit gehört, rechnet es aus steuerlicher Sicht zum vom Formwechsel erfassten Betriebsvermögen der Mitunternehmerschaft (BFH v. 16.2.1996 – I R 183/94, BStBl. II 1996, 342). Werden wesentliche Betriebsgrundlagen des **Sonderbetriebsvermögens** zurückbehalten, sind die Voraussetzungen der §§ 20, 25 daher nicht erfüllt (vgl. *Rabback* in R/H/vL § 25 Rn. 52; *Patt* in D/P/M § 25 Rn. 23; *Schmitt* in S/H/S § 25 Rn. 5). **Bei dem betreffenden Mitunternehmer** wäre der Tausch der Anteile am Vermögen der PersGes gegen Anteile an der KapGes dann steuerlich gem. § 6 VI 1 EStG zum gemeinen Wert anzusetzen.

Fraglich ist, wie die Anforderung, dass die im Sonderbetriebsvermögen befindlichen wesentlichen Betriebsgrundlagen ebenfalls auf die entstehende KapGes übergehen müssen, zivilrechtlich umzusetzen ist. Erforderlich ist eine Übertragung der betreffenden WG im Wege der Einzelrechtsnachfolge in **zeitlichem und sachlichem Zusammenhang** mit dem Formwechsel auf die formwechselnde Gesellschaft.

Was hingegen als „sachlicher und zeitlicher Zusammenhang" anzusehen ist, ist nicht abschließend geklärt. Darüber hinaus stellt sich auch die Frage nach dem Bezugspunkt, zu dem ein zeitlicher Zusammenhang hergestellt werden muss. 31

Im Rahmen von § 25 muss sich der zeitliche Zusammenhang zwischen Einzelrechtsübertragung und Formwechsel mE auf den **Zeitpunkt der Handelsregistereintragung des Formwechsels** beziehen, auch wenn dieses Datum nur schwer vorhersehbar ist. In der Praxis bietet es sich an, das betreffende notwendige Sonderbetriebsvermögen bereits im Formwechselbeschluss im Einzelnen zu bezeichnen und zu regeln, dass diese WG im Zeitpunkt der Handelsregistereintragung des Formwechsels auf die entstehende KapGes mit übergehen (aufschiebend bedingte Eigentumsübertragung). So wird zum einen das Vorliegen der Tatbestandsvoraussetzungen in diesem Zeitpunkt dokumentiert und zum anderen wird der sachliche/rechtliche Zusammenhang hergestellt. Die formwechselnde Gesellschaft bucht dann handelsrechtlich die Vermögensgegenstände des Sonderbetriebsvermögens als laufenden Geschäftsvorfall ein, und zwar in dem Zeitpunkt, in dem sie die Umstellung von PersGes auf KapGes vornimmt (Eintragung HR). Steuerlich ist demgegenüber auch bezüglich des durch Einzelrechtsnachfolge übergehenden SonderBV die Rückwirkung gem. § 9 S 2 zu beachten, denn diese gilt auch für die Sonderbilanz des Mitunternehmers (*Rabback* in R/H/vL § 25 Rn. 84). Gleichermaßen gelten nicht auf den formwechselnden Rechtsträger übertragene WG des SonderBV zu diesem Stichtag als entnommen oder in ein anderes Betriebsvermögen überführt (*Patt* in D/P/M § 25 Rn. 43). Die WG des SonderBV sind somit bereits in der auf den steuerlichen Übertragungsstichtag aufzustellenden Eröffnungsbilanz der KapGes auszuweisen und damit rückwirkend ab dem steuerlichen Übertragungsstichtag als Betriebsvermögen der entstehenden KapGes zu behandeln. Der Formwechsel sowie die Einzelrechtsübertragung von WG des SonderBV stellt somit einen einheitlichen Vorgang dar, der insgesamt unter den Schutzbereich des § 25 fällt.

Zum Teil wird angenommen, dass die Übertragung der Einzelwirtschaftsgüter in zeitlichem Zusammenhang mit dem Umwandlungsbeschluss erfolgen muss. Das SonderBV geht dann also noch auf die PersGes über, um dann einheitlich durch die Eintragung des Formwechsels mit den WG des Gesamthandsvermögens zu BV der KapGes zu werden (vgl. *Patt* in D/P/M § 25 Rn. 24; *Schmitt* in S/H/S § 25 Rn. 20). Diese zeitlich vorgelagerte Übertragung von Einzelwirtschaftsgütern soll aber gleichwohl unter die Spezialvorschrift des § 25 fallen und damit zu Buchwerten möglich sein. Die Vorschrift des § 6 V 3, 6 EStG, wonach ein Formwechsel im Anschluss an eine Buchwertübertragung von Einzelwirtschaftsgütern als schädliches Ereignis anzusehen ist (Formwechsel stellt nach wohl hM einen „anderen Grund" dar: *Kulosa* in Schmidt, § 6 Rn. 715; *Schmitt* in S/H/S § 25 Rn. 32), soll also keine Anwendung finden und durch § 25 überlagert werden. Ich halte die Auffassung, dass die WG des SonderBV zeitlich vor Eintragung des Formwechsels noch auf die PersGes übertragen werden müssen, für nicht zutreffend. Für einen solchen Zwang ergeben sich aus der Systematik des Umwandlungssteuerrechts keine Anhaltspunkte. Zwar halte ich die zeitlich vorgelagerte – also in der Zeit zwischen dem Formwechselbeschluss und der Eintragung im HR stattfindende – Übertragung der Einzelwirtschaftsgüter auch nicht für unzulässig und teile die Auffassung, dass auch dies nach § 25 begünstigt sein müsste (ebenso *Schmitt* in S/H/S § 25 Rn. 20; *Rabback* in R/H/vL § 25 Rn. 51). Zur Absicherung empfiehlt sich dann allerdings die Einholung einer verbindlichen Auskunft, dass die Übertragung der Einzelwirtschaftsgüter unter § 25 und nicht etwa unter § 6 V EStG fällt. Soll die Einholung einer verbindlichen Auskunft aus Kostengründen vermieden werden, sollte die aus meiner Sicht sicherere Vorgehensweise einer Übertragung zeitlich mit der Handelsregistereintragung des Formwechsels gewählt werden.

In der Literatur wird vereinzelt auch die Auffassung vertreten, dass eine Übertragung der WG des SonderBV im Schutzbereich des § 25 auch noch nach der Handelsregistereintragung „unter Ausnutzung der steuerlichen Rückbeziehung" auf die bereits entstandene KapGes möglich sei (*Haase* StuSt 2005, 455 (456)). Diese Rechtsauffassung ist jedoch zweifelhaft und risikobehaftet, denn nach erfolgter Eintragung des Formwechsels wird sich in vielen Fällen das Vorliegen eines zeitlichen und insbesondere eines sachlichen Zusammenhangs der Einzelrechtsübertragung zu dem Formwechsel nur noch schwer argumentieren lassen. Eine derartige Vorgehensweise sollte daher nur in Erwägung gezogen werden, um „vergessene" wesentliche Betriebsgrundlagen des SonderBV nachträglich zu übertragen, um hierdurch ggf. die Steuerneutralität des gesamten Formwechsels zu retten. Allerdings kann es in der Zwischenzeit bezüglich des betreffenden SonderBV dann auch bereits zu einer Entstrickung – z. B. durch zwangsweise Überführung in das Privatvermögen eines der Mitunternehmer – gekommen sein.

32 Die Einzelrechtsübertragung von SonderBV muss nicht gegen Gewährung von Gesellschaftsrechten erfolgen. Wenn der sachliche und zeitlich Zusammenhang zum Formwechsel gewahrt ist, ist vielmehr wirtschaftlich ein einheitlicher Vorgang gegeben und die Tatsache, dass im Zuge des Formwechsels neue Gesellschaftsrechte gewährt werden, ist dann insgesamt ausreichend und gilt auch als Gegenleistung für die zeitnahe Übertragung des SonderBV (so auch *Rabback* in R/H/vL § 25 Rn. 51).

33 Bezüglich der Pflicht zur Übertragung von SonderBV ist mE davon auszugehen, dass diese sich nur auf die funktional wesentlichen Betriebsgrundlagen erstreckt und nicht auch die sonstigen wirtschaftlich zuordenbaren WG umfasst, welche nach Auffassung der FinVerw (UmwStE Rn. 15.02) ebenfalls zu dem durch die Fusionsrichtlinie geprägten Teilbetriebsbegriff gehören. Der Grund hierfür ist, dass der fusionsrechtliche Teilbetriebsbegriff keine fiktiven Teilbetriebe in Form von Mitunternehmeranteilen kennt. Die FinVerw hat sich zu dieser Frage bisher allerdings – soweit ersichtlich – nicht geäußert, so dass bei der Zurückbehaltung nicht wesentlicher, aber doch wirtschaftlich zuordenbarer WG des SonderBV, Vorsicht geboten ist.

34 Für die Übertragung des SonderBV gilt ebenfalls, dass für die Buchwertfortführung und die steuerliche Rückwirkung ein Antrag erforderlich ist (s. auch Rn. 37 bzw. 50). Wird ein Antrag auf Rückwirkung nicht gestellt, gilt der Tag der Handelsregistereintragung als steuerlicher Übertragungsstichtag (*Rabback* in R/H/vL § 25 Rn. 90).

35 Ausreichend für den Übergang der wesentlichen Betriebsgrundlagen des SonderBV ist nach hM, dass der formwechselnden Gesellschaft an diesen das wirtschaftliche Eigentum eingeräumt wird (vgl. auch § 20 Rn. 221).

Es wird zT die Auffassung vertreten, die Einbringung des Sonderbetriebsvermögens müsse in der Form des § 6 UmwG (notarielle Urkunde) erfolgen (*Schmitt* in S/H/S § 25 Rn. 20; aA *Rabback* in R/H/vL § 25 Rn. 51). In der Praxis wird dieser Anforderung regelmäßig automatisch dadurch Rechnung getragen, dass die Übertragung des SonderBV in den notariell zu beurkundenden Formwechselbeschluss aufgenommen wird. Gleichwohl teile ich die Auffassung nicht, dass dieser Form tatsächlich genüge getan werden muss, um eine Übertragung von Einzelwirtschaftsgütern in sachlichem und zeitlichem Zusammenhang mit dem Formwechsel durchzuführen. Bei § 6 UmwG handelt es sich um eine Formvorschrift für den handelsrechtlichen Formwechsel iSv §§ 190 ff. UmwG. Die Notwendigkeit der Übertragung wesentlicher Betriebsgrundlagen des SonderBV ist eine rein steuerliche Anforderung für die Steuerneutralität des Formwechsels. Zivilrechtliche Regelungen, wie zB besondere Formvorschriften, gibt es diesbezüglich nicht (glA *Patt* in D/P/M § 25 Rn. 24).

36 **Entnahme wesentlicher Betriebsgrundlagen vor dem Formwechsel.** Die einzige Möglichkeit zu verhindern, dass wesentliche Betriebsgrundlagen auf die entstehende KapGes übergehen, ist, diese vor dem Formwechsel aus der PersGes zu entnehmen. In Betracht kommt hier entweder eine Entnahme zum Teilwert in das Privatvermögen, eine Überführung zu Buchwerten nach § 6 V EStG in ein anderes Betriebsvermögen desselben Mitunternehmers oder eine Veräußerung zum Zeitwert. Zu beachten ist, dass die FinVerw in derartigen Vorgängen idR einen steuerlichen Gestaltungsmissbrauch in Form eines Gesamtplans sieht und dem Umwandlungsvorgang die Steuerneutralität versagt, weil nicht alle wesentlichen Betriebsgrundlagen auf die entstehende KapGes übergegangen seien (vgl.

UmwStE Rn. 20.07; glA *Patt* in D/P/M § 25 Rn. 26). Der BFH teilt diese Auffassung jedoch nicht. Er scheint vielmehr davon auszugehen, dass der Betriebsbegriff nicht zeitraumbezogen, sondern zeitpunktbezogen auszulegen ist und es daher für die Frage, ob ein gesamter Betrieb/Teilbetrieb/Mitunternehmeranteil übertragen worden ist, auf den Betrieb/Teilbetrieb/Mitunternehmeranteil ankommt, der im Zeitpunkt der Übertragung vorhanden ist. Dies wurde so bereits entschieden für eine unmittelbar vor der begünstigten Umwandlung durchgeführte Übertragung einer wesentlichen Betriebsgrundlage nach § 6 V in ein anderes Betriebsvermögen (BFH v. 2.8.2012 – IV R 41/11, BFHE 238, 135 zum Betriebsbegriff nach § 6 III EStG) sowie für eine unmittelbar zuvor zum Zeitwert veräußerte wesentliche Betriebsgrundlage (BFH v. 9.11.2011 – X R 60/09, BStBl. II 2012, 638). Die Unschädlichkeit der vorherigen Absonderung wesentlicher Betriebsgrundlagen gilt nach den Ausführungen des BFH zumindest dann, wenn die Überführung/Veräußerung der wesentlichen Betriebsgrundlage auf Dauer angelegt ist.

5. Antrag auf Buchwert- oder Zwischenwertansatz

Grundsätzlich hat die entstehende KapGes die WG mit ihren gemeinen Werten anzusetzen, §§ 25, 20 II 1. Sofern die in § 20 II 2 genannten Voraussetzungen erfüllt sind, kann sie jedoch auf Antrag auch die Buchwerte fortführen bzw. Zwischenwerte ansetzen. Dieses Bewertungswahlrecht kann für jeden Mitunternehmer getrennt ausgeübt werden (vgl. hierzu eingehend § 23 Rn. 12). Die nach § 20 II 2 erforderlichen Voraussetzungen sind die folgenden: 37

- **Sicherstellung der Besteuerung mit KSt.** Soweit der Formwechsel steuerneutral, dh zu Buchwerten, durchgeführt werden soll, muss das übergehende Vermögen später der KSt (nicht zwingend der deutschen) unterliegen (vgl. § 20 Rn. 320 ff.). Dieses Kriterium hat noch nichts zu tun mit der Sicherung des deutschen Besteuerungsrechts, sondern mit der Tatbestandsvoraussetzung, dass die übernehmende Gesellschaft eine nicht transparente Gesellschaft sein muss, die als eigenständiges Steuersubjekt einer Steuer unterliegt, die der deutschen KSt vergleichbar ist. 38
- **Erhalt des deutschen Besteuerungsrechts.** Soweit durch den Formwechsel das inländische Besteuerungsrecht an dem Betriebsvermögen der formwechselnden Gesellschaft verloren geht oder eingeschränkt wird, ist der Formwechsel nicht zu Buch- oder Zwischenwerten durchführbar (vgl. § 20 Rn. 341 ff.). 39
- **Positiver Bestand an Eigenkapital aus der Sicht jedes Mitunternehmers** (vgl. Rn. 26). 40

Keine Maßgeblichkeit der Handelsbilanz. Da zivilrechtlich eine Identität des Rechtsträgers gegeben ist, insbesondere keine Veräußerung von Vermögensgegenständen gegen neue Gesellschaftsrechte vorliegt, ist in der **handelsrechtlichen** Buchführung der KapGes eine **Buchwertfortführung** vorgeschrieben. Ein Bilanzierungswahlrecht besteht damit handelsrechtlich nicht. In formaler Hinsicht besteht auch kein Anlass zur Aufstellung einer Handelsbilanz zum Umwandlungsstichtag. 41

Vor Inkrafttreten des SEStEG war die FinVerw zunächst der Auffassung, dass das steuerliche Wahlrecht aufgrund der Maßgeblichkeit in Übereinstimmung mit der Handelsbilanz auszuüben sei (UmwStE 1998 Rn. 20.30). Es waren somit faktisch auch steuerlich die Buchwerte fortzuführen. Dieser Auffassung ist der BFH in mehreren Entscheidungen entgegengetreten (u. a. BFH v. 19.10.2005 – I R 38/04, BStBl. II 2006, 568) und die FinVerw hat sich schlussendlich dieser Rechtsprechung angeschlossen (BMF v. 4.7.2006, BStBl. I 2006, 445).

Das SEStEG enthält keine Vorschrift, die ausdrücklich die Maßgeblichkeit der Handelsbilanz für die Steuerbilanz in Umwandlungsfällen entfallen lässt. Die Gesetzesbegründung stellt jedoch klar, dass das Prinzip der Maßgeblichkeit der Handelsbilanz für die Steuerbilanz in Umwandlungsfällen generell aufgegeben wird (BT-Drs. 16/2710, 37). Das steuerlich bestehende Wahlrecht zwischen Buchwert, Zwischenwert und gemeinem Wert wird folglich nur in der Steuerbilanz ausgeübt, und zwar entsprechend § 20 II in der steuerlichen Eröffnungsbilanz der KapGes.

42 **Antragstellung.** Der Antrag auf Buchwertfortführung bzw. Zwischenwertansatz gilt mit Einreichung entsprechender Steuererklärungen sowie der Eröffnungsbilanz der entstehenden KapGes konkludent als gestellt (vgl. § 20 Rn. 365 f.).

6. Gegenleistung

43 **Gewährung neuer Anteile.** Im Gegenzug zur Einbringung der Mitunternehmeranteile müssen die Mitunternehmer neue Anteile an der KapGes erhalten. Diese Voraussetzung ist bei einem Formwechsel stets erfüllt. Ist das Eigenkapital der PersGes vor der Umwandlung größer als das bei der entstehenden KapGes vorgesehene Grund-/Stammkapital, ist der übersteigende Betrag in die Kapitalrücklage nach § 272 II 4 HGB einzustellen (IDW RS HFA 41, 8). Steuerlich ist dieser Betrag als Zugang zum steuerlichen Einlagekonto zu berücksichtigen (BMF v. 4.6.2003, BStBl. I 2003, 366 Rn. 6; *Schmitt* in S/H/S § 25 Rn. 26).

44 Eine Gewährung **sonstiger Gegenleistungen** ist nach dem UmwG bei einem Formwechsel nicht vorgesehen. Auch ist es nach hM nicht zulässig, der entstehenden KapGes in der Summe ein geringeres Eigenkapital zuzuordnen, als zuvor die PersGes ausgewiesen hat (vgl. IDW RS HFA 41, 7). Nur wenn die in dem Umwandlungsbeschluss bestimmten Anteile an dem Rechtsträger neuer Rechtsform für den einzelnen Anteilsinhaber zu niedrig bemessen sind, kann eine bare Zuzahlung nach §§ 196, 15 II UmwG verlangt werden. Zivilrechtlich ist es damit insbesondere nicht möglich, im Zuge des Formwechsels einen Teil des Eigenkapitals der PersGes in Darlehen zugunsten der Gesellschafter umzuwandeln.

45 **Steuerlich** sind demgegenüber zusätzliche Gegenleistungen denkbar. Kommt es also trotz der zivilrechtlichen Regelungen vor, dass Verbindlichkeiten der PersGes gegenüber dem Gesellschafter, die steuerlich dem Kapitalkonto zuzurechnen sind, nach dem Formwechsel als Verbindlichkeit der entstandenen KapGes gegenüber ihrem Gesellschafter ausgewiesen werden, so ist dies steuerlich unschädlich, soweit die Grenzen des § 20 II Nr. 4 nicht überschritten werden. Ein weiteres Beispiel war nach dem alten UmwStE 1998 (Rn. 20.42 ff.) – entgegen der herrschenden Meinung in der Literatur – die Pensionsrückstellung gegenüber dem Gesellschafter. Im UmwStE 2011 (Rn. 20.29) hat die FinVerw diesbezüglich jedoch ihre Position geändert und sieht in diesem Vorgang keine zusätzliche Gegenleistung mehr. Zu zusätzlichen Gegenleistungen kann es außerdem kommen, wenn zB nur ein Mitunternehmer Sonderbetriebsvermögen einbringt und dafür von den anderen Mitgesellschaftern eine Ausgleichszahlung erhält (*Patt* in D/P/M § 20 Rn. 168).

46 Die zusätzlichen Gegenleistungen werden entsprechend § 20 II 4 behandelt (vgl. § 20 Rn. 435 f.)

7. Rückwirkende Steuerpflicht/Einbringungsgewinn I, II

47 Gemäß § 25 sind nach dem Formwechsel die Regelungen des § 22 anzuwenden, wobei § 22 I insoweit Anwendung findet, wie durch den Formwechsel ein Betrieb oder ein Mitunternehmeranteil auf die entstehende KapGes übergeht und § 22 II einschlägig ist, soweit Anteile an anderen KapGes übertragen werden. Zur Frage, ob ein Formwechsel selbst ein schädliches Ereignis iSd § 22 ist, vgl. § 22 Rn. 56.

8. Entsprechende Anwendung von § 23

48 Kommt es innerhalb der 7-jährigen Sperrfrist des § 25 iVm § 22 zu einer schädlichen Anteilsveräußerung, kann die KapGes gem. § 23 eine Buchwertaufstockung vornehmen, soweit das Betriebsvermögen noch vorhanden ist, bzw. den entsprechenden Betrag als Betriebsausgabe geltend machen, soweit das Betriebsvermögen zwischenzeitlich zum ge-

meinen Wert aus dem Betriebsvermögen ausgeschieden ist, soweit alle übrigen Voraussetzungen des § 23 II erfüllt sind.

Gewerbesteuerliche Verlustvorträge der formwechselnden PersGes können gem. § 25 iVm § 23 V nicht auf die entstehende KapGes übertragen werden. Dasselbe gilt für Verluste nach § 15a EStG. 49

III. Steuerlicher Übertragungsstichtag

Handelsrechtlich wird der Formwechsel zum Zeitpunkt der Eintragung der neuen Rechtsform in das Register wirksam, § 202 I Nr. 1 UmwG. Der **steuerliche** Übertragungsstichtag bestimmt sich nach § 25 S 2 iVm § 9 S 2 und 3. Wegen des uneingeschränkten Verweises des § 25 aF auf den achten Teil des UmwStG war früher umstritten, welche Variante des § 20 VIII UmwStG aF auf den Formwechsel anwendbar war. Mit dem SEStEG hat sich der Gesetzgeber im Ergebnis der herrschenden Lehre und der Finanzverwaltung angeschlossen. Der steuerliche Übertragungsstichtag kann somit bis zu 8 Monate vor der Anmeldung des Formwechsels zur Eintragung in ein öffentliches Register (Handelsregister, Genossenschaftsregister, Register nach ausländischem Recht) zurückbezogen werden. Durch den Verweis des § 25 S 1 auf die §§ 20–23 insgesamt wird zwar auch auf die Rückwirkung des § 20 V 1 und VI verwiesen, jedoch ist der Verweis des § 25 S 2 auf § 9 S 2 und 3 der speziellere (*Rabback* in R/H/vL § 25 Rn. 89). Aus diesem Grund ist auch die steuerliche Rückbeziehung eines Formwechsels im Falle des qualifizierten Anteilstausches iSv § 21 (rein vermögensverwaltend tätige Mitunternehmerschaft mit qualifizierten Anteilen an einer KapGes), der grundsätzlich keine Rückwirkungsregelung enthält, möglich (glA *Schmitt* in S/H/S § 25 Rn. 41; *Patt* in D/P/M § 25 Rn. 42; *Mutscher* in Frotscher/Maas § 25 Rn. 54; aA *Widmann* in W/M § 25 Rn. 37). 50

Das Recht, den Formwechsel steuerlich zurückzubeziehen, steht den Mitunternehmern, anders als das Bewertungswahlrecht, nur einheitlich zu. Das bedeutet, dass der steuerliche Übertragungsstichtag für alle Mitunternehmer einheitlich festzulegen ist. 51

Erfolgen im Rückwirkungszeitraum Entnahmen oder Einlagen bei dem formwechselnden Rechtsträger, so ist auf diese § 20 V 2, 3 entsprechend anwendbar (so auch *Schmitt* in S/H/S § 25 Rn. 44; *Patt* in D/P/M § 25 Rn. 43; *Rabback* in R/H/vL § 25 Rn. 94).

Soweit in einem Fall mit Auslandsberührung das ausländische Recht andere Regelungen zur Rückwirkung trifft, ist § 2 III zu beachten, der gem. §§ 25 S 2, 9 S 3 anwendbar ist.

IV. Aufstellung einer steuerlichen Schlussbilanz, § 25 S 2

Der Verweis in § 25 S 2 auf die Sonderregelung des § 9 S 2 und 3 begründet für die umzuwandelnde PersGes ausschließlich für steuerliche Zwecke die Verpflichtung zur Aufstellung einer Steuerbilanz auf den steuerlichen Übertragungsstichtag, sowie für die KapGes die Verpflichtung zur Aufstellung einer Eröffnungsbilanz(s. dazu § 9 Rn. 37). Das Wahlrecht hinsichtlich eines Antrags zur Buchwertfortführung oder des Ansatzes eines Zwischenwertes gem. § 25 S 1 iVm § 20 II 1 bzw. § 21 I 2 steht der formgewechselten KapGes zu (vgl. Rn. 37). 52

Der Veräußerungs-/Einbringungs-/Formwechselgewinn errechnet sich zum steuerlichen Übertragungsstichtag aus der Differenz zwischen dem Ansatz des Vermögens aus der steuerlichen Eröffnungsbilanz der KapGes und dem Ansatz in der steuerlichen Schlussbilanz der PersGes. Die Kosten der Einbringung sind schlussendlich noch abzuziehen.

Neunter Teil. Verhinderung von Missbräuchen

§ 26 (weggefallen)

Zehnter Teil. Anwendungsvorschriften und Ermächtigung

§ 27 Anwendungsvorschriften

(1) [1]Diese Fassung des Gesetzes ist erstmals auf Umwandlungen und Einbringungen anzuwenden, bei denen die Anmeldung zur Eintragung in das für die Wirksamkeit des jeweiligen Vorgangs maßgebende öffentliche Register nach dem 12. Dezember 2006 erfolgt ist. [2]Für Einbringungen, deren Wirksamkeit keine Eintragung in ein öffentliches Register voraussetzt, ist diese Fassung des Gesetzes erstmals anzuwenden, wenn das wirtschaftliche Eigentum an den eingebrachten Wirtschaftsgütern nach dem 12. Dezember 2006 übergegangen ist.

(2) [1]Das Umwandlungssteuergesetz in der Fassung der Bekanntmachung vom 15. Oktober 2002 (BGBl. I S. 4133, 2003 I S. 738), geändert durch Artikel 3 des Gesetzes vom 16. Mai 2003 (BGBl. I S. 660), ist letztmals auf Umwandlungen und Einbringungen anzuwenden, bei denen die Anmeldung zur Eintragung in das für die Wirksamkeit des jeweiligen Vorgangs maßgebende öffentliche Register bis zum 12. Dezember 2006 erfolgt ist. [2]Für Einbringungen, deren Wirksamkeit keine Eintragung in ein öffentliches Register voraussetzt, ist diese Fassung letztmals anzuwenden, wenn das wirtschaftliche Eigentum an den eingebrachten Wirtschaftsgütern bis zum 12. Dezember 2006 übergegangen ist.

(3) Abweichend von Absatz 2 ist

1. § 5 Abs. 4 für einbringungsgeborene Anteile im Sinne von § 21 Abs. 1 mit der Maßgabe weiterhin anzuwenden, dass die Anteile zu dem Wert im Sinne von § 5 Abs. 2 oder Abs. 3 in der Fassung des Absatzes 1 als zum steuerlichen Übertragungsstichtag in das Betriebsvermögen des übernehmenden Rechtsträgers überführt gelten,
2. § 20 Abs. 6 in der am 21. Mai 2003 geltenden Fassung für die Fälle des Ausschlusses des Besteuerungsrechts (§ 20 Abs. 3) weiterhin anwendbar, wenn auf die Einbringung Absatz 2 anzuwenden war,
3. § 21 in der am 21. Mai 2003 geltenden Fassung *ist* [1)] für einbringungsgeborene Anteile im Sinne von § 21 Abs. 1, die auf einem Einbringungsvorgang beruhen, auf den Absatz 2 anwendbar war, weiterhin anzuwenden. [2]Für § 21 Abs. 2 Satz 1 Nr. 2 in der am 21. Mai 2003 geltenden Fassung gilt dies mit der Maßgabe, dass eine Stundung der Steuer gemäß § 6 Abs. 5 des Außensteuergesetzes in der Fassung des Gesetzes vom 7. Dezember 2006 (BGBl. I S. 2782) unter den dort genannten Voraussetzungen erfolgt, wenn die Einkommensteuer noch nicht bestandskräftig festgesetzt ist; § 6 Abs. 6 und 7 des Außensteuergesetzes ist entsprechend anzuwenden.

(4) Abweichend von Absatz 1 sind §§ 22, 23 und 24 Abs. 5 nicht anzuwenden, soweit hinsichtlich des Gewinns aus der Veräußerung der Anteile oder einem gleichgestellten Ereignis im Sinne von § 22 Abs. 1 die Steuerfreistellung nach § 8b Abs. 4 des Körperschaftsteuergesetzes in der am 12. Dezember 2006 geltenden Fassung oder nach § 3 Nr. 40 Satz 3 und 4 des Einkommensteuergesetzes in der am 12. Dezember 2006 geltenden Fassung ausgeschlossen ist.

(5) [2)] [1] § 4 Abs. 2 Satz 2, § 15 Abs. 3, § 20 Abs. 9 und § 24 Abs. 6 in der Fassung des Artikels 5 des Gesetzes vom 14. August 2007 (BGBl. I S. 1912) sind erstmals auf Umwandlungen und Einbringungen anzuwenden, bei denen die Anmeldung zur Eintragung in das für die Wirksamkeit des jeweiligen Vorgangs maßgebende öffentliche Register nach dem 31. Dezember 2007 erfolgt ist. [2] Für Einbringungen, deren Wirksamkeit keine Eintragung in ein öffentliches Register voraussetzt, ist diese Fassung des Gesetzes erstmals anzuwenden, wenn das wirtschaftliche Eigentum an den eingebrachten Wirtschaftsgütern nach dem 31. Dezember 2007 übergegangen ist.

(6) [3)] [1] § 10 ist letztmals auf Umwandlungen anzuwenden, bei denen der steuerliche Übertragungsstichtag vor dem 1. Januar 2007 liegt. [2] § 10 ist abweichend von Satz 1 weiter anzuwenden in den Fällen, in denen ein Antrag nach § 34 Abs. 16 des Körperschaftsteuergesetzes in der Fassung des Artikels 3 des Gesetzes vom 20. Dezember 2007 (BGBl. I S. 3150) gestellt wurde.

(7) [4)] § 18 Abs. 3 Satz 1 in der Fassung des Artikels 4 des Gesetzes vom 20. Dezember 2007 (BGBl. I S. 3150) ist erstmals auf Umwandlungen anzuwenden, bei denen die Anmeldung zur Eintragung in das für die Wirksamkeit der Umwandlung maßgebende öffentliche Register nach dem 31. Dezember 2007 erfolgt ist.

(8) [5)] § 4 Abs. 6 Satz 4 bis 6 sowie § 4 Abs. 7 Satz 2 in der Fassung des Artikels 6 des Gesetzes vom 19. Dezember 2008 (BGBl. I S. 2794) sind erstmals auf Umwandlungen anzuwenden, bei denen § 3 Nr. 40 des Einkommensteuergesetzes in der durch Artikel 1 Nr. 3 des Gesetzes vom 14. August 2007 (BGBl. I S. 1912) geänderten Fassung für die Bezüge im Sinne des § 7 anzuwenden ist.

(9) [6)] [1] § 2 Abs. 4 und § 20 Abs. 6 Satz 4 in der Fassung des Artikels 6 des Gesetzes vom 19. Dezember 2008 (BGBl. I S. 2794) sind erstmals auf Umwandlungen und Einbringungen anzuwenden, bei denen der schädliche Beteiligungserwerb oder ein anderes die Verlustnutzung ausschließendes Ereignis nach dem 28. November 2008 eintritt. [2] § 2 Abs. 4 und § 20 Abs. 6 Satz 4 in der Fassung des Artikels 6 des Gesetzes vom 19. Dezember 2008 (BGBl. I S. 2794) gelten nicht, wenn sich der Veräußerer und der Erwerber am 28. November 2008 über den später vollzogenen schädlichen Beteiligungserwerb oder ein anderes die Verlustnutzung ausschließendes Ereignis einig sind, der übernehmende Rechtsträger dies anhand schriftlicher Unterlagen nachweist und die Anmeldung zur Eintragung in das für die Wirksamkeit des Vorgangs maßgebende öffentliche Register bzw. bei Einbringungen der Übergang des wirtschaftlichen Eigentums bis zum 31. Dezember 2009 erfolgt.

(10) [7)] § 2 Absatz 4 Satz 1, § 4 Absatz 2 Satz 2, § 9 Satz 3, § 15 Absatz 3 und § 20 Absatz 9 in der Fassung des Artikels 4 des Gesetzes vom 22. Dezember 2009 (BGBl. I S. 3950) sind erstmals auf Umwandlungen und Einbringungen anzuwenden, deren steuerlicher Übertragungsstichtag in einem Wirtschaftsjahr liegt, für das § 4h Absatz 1, 4 Satz 1 und Absatz 5 Satz 1 und 2 des Einkommensteuergesetzes in der Fassung des Artikels 1 des Gesetzes vom 22. Dezember 2009 (BGBl. I S. 3950) erstmals anzuwenden ist.

(11) [8)] Für Bezüge im Sinne des § 8b Absatz 1 des Körperschaftsteuergesetzes aufgrund einer Umwandlung ist § 8b Absatz 4 des Körperschaftsteuergesetzes in der Fassung des Artikels 1 des Gesetzes vom 21. März 2013 (BGBl. I S. 561) abweichend von § 34 Absatz 7a Satz 2 des Körperschaftsteuergesetzes bereits erstmals vor dem 1. März 2013 anzuwenden, wenn die Anmeldung zur Eintragung in das für die Wirksamkeit des jeweiligen Vorgangs maßgebende öffentliche Register nach dem 28. Februar 2013 erfolgt.

(12) [9)] [1] **§ 2 Absatz 4 Satz 3 bis 6 in der Fassung des Artikels 9 des Gesetzes vom 26. Juni 2013 (BGBl. I S. 1809) ist erstmals auf Umwandlungen und Einbringungen anzuwenden, bei denen die Anmeldung zur Eintragung in das für die Wirksamkeit des jeweiligen Vorgangs maßgebende öffentliche Register nach dem 6. Juni 2013 erfolgt.** [2] **Für Einbringungen, deren Wirksamkeit keine Eintragung in ein öffentliches Register voraussetzt, ist § 2 in der Fassung des Artikels 9 des Gesetzes vom 26. Juni 2013 (BGBl. I S. 1809) erstmals anzuwenden, wenn das wirtschaftliche Eigentum an den eingebrachten Wirtschaftsgütern nach dem 6. Juni 2013 übergegangen ist.**

(13) [10)] **§ 20 Absatz 8 in der am 25. Juli 2014 geltenden Fassung ist erstmals bei steuerlichen Übertragungsstichtagen nach dem 31. Dezember 2013 anzuwenden.**

(14) [11)] **§ 20 Absatz 2, § 21 Absatz 1, § 22 Absatz 1 Satz 6 Nummer 2, 4 und 5 sowie § 24 Absatz 2 in der am 6. November 2015 geltenden Fassung sind erstmals auf Einbringungen anzuwenden, wenn in den Fällen der Gesamtrechtsnachfolge der Umwandlungsbeschluss nach dem 31. Dezember 2014 erfolgt ist oder in den anderen Fällen der Einbringungsvertrag nach dem 31. Dezember 2014 geschlossen worden ist.**

[1)] Redaktionelles Versehen des Gesetzgebers: kursives Wort müsste entfallen.
[2)] § 27 V angefügt durch UntStRefG v. 14.8.2007 (BGBl. I, 1912).
[3)] § 27 VI als Abs. 5 angefügt durch JStG 2008 v. 20.12.2007 (BGBl. I, 3150).
[4)] § 27 VII als VI angefügt durch JStG 2008 v. 20.12.2007 (BGBl. I, 3150).
[5)] § 27 VIII angefügt durch JStG 2009 v. 19.12.2008 (BGBl. I, 2794).
[6)] § 27 IX angefügt durch JStG 2009 v. 19.12.2008 (BGBl. I, 2794); geändert durch Gesetz v. 25.7.2014 (BGBl, I, 1266).
[7)] § 27 X angefügt durch WaBeG v. 22.12.2009 (BGBl. I, 3950).
[8)] § 27 XI angefügt durch Gesetz v. 21.3.2013 (BGBl. I, 561)
[9)] § 27 XII angefügt durch Gesetz v. 26.6.2013 (BGBl. I, 1809).
[10)] § 27 XIII angefügt durch Gesetz v. 25.7.2014 (BGBl. I, 1266).
[11)] § 27 XIV angefügt durch Gesetz v. 2.11.2015 (BGBl. I, 1834)

Übersicht

I. Allgemeines

1. Verspätete Anpassung des Umwandlungssteuerrechts

1 Mit Wirkung zum 1.1.1995 wurde das UmwG in Kraft gesetzt und damit das vormalige UmwG 1969 abgelöst. Beide Gesetze ermöglichten nationale Verschmelzungsvorgänge. Das UmwG 1995 eröffnete zudem die Möglichkeiten der Spaltung (Auf- und Abspaltung, Ausgliederung) und des Formwechsels. Nicht eröffnet wurde die Möglichkeit grenzüberschreitender Umwandlungsvorgänge unter Einbeziehung von Gesellschaften aus anderen Mitgliedsstaaten der EU. Die Begrenzung des UmwG 1995 auf nationale Umwandlungen steht im Widerspruch zu Art. 43 und 48 EG (EuGH v. 13.12.2005 – C-411/03, GmbHR 2006, 140 – *Sevic*).

2 In dem Urteil hält der EuGH fest, dass in den Anwendungsbereich der Niederlassungsfreiheit alle Maßnahmen fallen, die den Zugang zu einem anderen Mitgliedsstaat als dem Sitzmitgliedsstaat und die Ausübung einer wirtschaftlichen Tätigkeit in jenem Staat dadurch ermöglichen oder auch nur erleichtern, dass sie eine tatsächliche Teilnahme der betroffenen Wirtschaftsbeteiligten am Wirtschaftsleben des letztgenannten Mitgliedsstaates unter denselben Bedingungen gestatten, die für die inländischen Wirtschaftsbeteiligten gelten. Grenzüberschreitende Verschmelzungen wie auch andere Gesellschaftsumwandlungen stellen besondere, für das reibungslose Funktionieren des Binnenmarktes wichtige Modalitäten der Ausübung der Niederlassungsfreiheit dar und gehören damit zu den wirtschaftlichen Tätigkeiten, hinsichtlich derer die Mitgliedsstaaten die Niederlassungsfreiheit nach Art. 43 EG (jetzt Art. 49 AEUV) zu beachten haben. Die Begrenzung von Verschmelzungen auf rein nationale Vorgänge in Deutschland stellt einen Verstoß gegen Art. 43 und 48 EG (jetzt Art. 49 und 54 AEUV) dar. Im Ergebnis sind daher alle Umwandlungsmöglichkeiten, die das UmwG 1995 eröffnet, nach der EuGH-Rechtsprechung auch auf grenzüberschreitende Umwandlungen unter Einbezug von Gesellschaften iSd Art. 48 EG (jetzt Art. 54 AEUV) zu erstrecken (zu Gesellschaften aus EWR-Staaten, die nicht zugleich Mitgliedsstaaten der EU sind, s. § 1).

3 Die aus den Grundfreiheiten begründete Erstreckung der Verschmelzungsmöglichkeiten über die Grenze auf alle Gesellschaften iSd Art. 48 EG ist nicht davon abhängig, dass es entsprechende gemeinschaftsrechtliche Harmonisierungsvorschriften gibt (EuGH v. 13.12.2005 – C-411/03, GmbHR 2006, 140 – *Sevic*). Die Verpflichtung des deutschen Gesetzgebers und der Gerichte sowie Verwaltungsbehörden, Umwandlungen über die Grenze zuzulassen und zu ermöglichen, bestand und besteht unabhängig von der Verschmelzungsrichtlinie und deren Umsetzung in nationales Recht durch §§ 122a ff. UmwG. Entsprechendes gilt für Spaltungen hinsichtlich derer bisher keine EU-rechtlichen Regelungen bestehen. Fraglich ist jedoch, ob die vorstehenden Rechtsgedanken auch für den Formwechsel bruchlos übertragbar sind. Denn die Gründung einer Gesellschaft in ausländischer Rechtsform in Deutschland mit Sitz und Hauptverwaltung in Deutschland, die die Eintragung ihrer Hauptniederlassung in ein deutsches Register verlangt, dürfte nicht mehr von der Niederlassungsfreiheit gedeckt sein. Anstelle des Formwechsels in eine ausländische Rechtsform tritt daher in der Praxis die Sitzverlegung über die Grenze.

4 Der grundlegende Gedanke des Sevic-Urteils gilt auch steuerrechtlich. Wenn Umwandlungen steuerlich begünstigt sind, an denen nur nationale (deutsche) Rechtsträger beteiligt sind, so sind die gleichen Regelungen auch vor dem Inkrafttreten des UmwStG 2006 am

13.12.2006 anzuwenden, wenn an solchen Umwandlungen auch Rechtsträger aus anderen Mitgliedsstaaten der EU beteiligt sind. Dies kann in einzelnen Aspekten – sowohl handels- wie steuerrechtlich – zu Komplikationen und/oder Regelungslücken führen, die durch Rechtsfortbildung auch unter Bezugnahme auf das neu gefasste UmwStG 2006 und vor allem die Regelungen der FusionsRL behoben werden müssen.

5 In der Praxis dürfte die Anzahl derjenigen Fälle grenzüberschreitender Umwandlungen, die vor Inkrafttreten des neuen UmwStG vorgenommen worden sind, überschaubar geblieben sein. Denn die steuerliche Ungewissheit und der Mangel an Planbarkeit der steuerlichen Konsequenzen geboten aus Beratersicht den Rat, auf die nunmehr vorliegenden neuen Bestimmungen zu warten.

6 **Gesetzgeber war im Verzug.** Die FusionsRL EWG 90/434 wurde am 23.7.1990 verabschiedet und sah in Art. 12 vor, dass die Mitgliedsstaaten die erforderlichen Rechts- und Verwaltungsvorschriften zur Umsetzung der Richtlinie vor dem 1.1.1992 erlassen. Mit dem Steuerrechtsänderungsgesetz vom Februar 1992 folgte Deutschland partiell dem Gebot, die FusionsRL umzusetzen. Jedoch wurde nur die renzüberschreitende Einbringung von Betrieben oder Teilbetrieben bzw. Betriebsstätten oder von mehrheitsvermittelnden Beteiligungen an KapGes steuerneutral ermöglicht – die entsprechenden Vorschriften fanden sich zuletzt in § 23 UmwStG 1995. Nicht umgesetzt wurden vor allem die Regelungen über die grenzüberschreitende Verschmelzung, die sich in Art. 4 ff. FusionsRL fanden. Dies wurde seitens der FinVerw damit gerechtfertigt, dass keine zivilrechtlichen und gesellschaftsrechtlichen Voraussetzungen für eine grenzüberschreitende Verschmelzung gegeben seien.

7 Das *Sevic*-Urteil des EuGH verdeutlicht nun, dass diese Rechtfertigung für das gesetzgeberische Unterlassen der Umsetzung steuerlicher Regelungen für die grenzüberschreitende Verschmelzung unzutreffend war und ist. Es wird dem Gesetzgeber und dem BMF hier nicht unterstellt, die Rechtfertigung des gesetzgeberischen Unterlassens habe bereits 1992 als unzutreffend erkannt werden müssen. Der weitere Zeitablauf zeigt jedoch, dass spätestens im Jahre 2001 konkrete Vorbereitungen hätten eingeleitet werden müssen, um die FusionsRL v. 23.7.1990 – auch ohne die Änderungen, die sich aus der Richtlinie des Rates RL 2005/19/EG v. 17.2.2005 ergeben – in vollem Umfang zu implementieren. Denn am 8.10.2001 wurde die SE-VO verabschiedet, und in ihr war bestimmt, dass sie am 8.10.2004 in Kraft tritt. Eine der Möglichkeiten zur Bildung einer SE ist die Verschmelzung einer nationalen Aktiengesellschaft über die Grenze auf eine dort bestehende nationale Aktiengesellschaft. Damit waren die gesellschaftsrechtlichen Voraussetzungen für eine Verschmelzung zumindest von Aktiengesellschaften über die Grenzen geschaffen und damit gerade jene Bedingung, deren angebliche Nichtexistenz vorgeschützt wurde, um die Fusions-RL nicht umzusetzen, erfüllt.

8 Fadenscheinig ist in diesem Zusammenhang die Ausflucht, die Rechtsform der SE sei im Anhang zur FusionsRL von 1990 nicht erwähnt und deshalb sei kein Zwang gegeben gewesen, die Art. 4 ff. FusionsRL für die Verschmelzung von Aktiengesellschaften über die Grenze zur SE steuerrechtlich umgehend umzusetzen. Denn erstens steht eine jeweils nationale SE einer entsprechenden nationalen Aktiengesellschaft gleich, vgl. Art. 3 Abs. 1 SE-VO. Zweitens wurde mit der Richtlinie des Rates v. 17.2.2005 (RL 2005/19/EG) der Anhang zu Art. 3 Buchst. a FusionsRL auch ausdrücklich um die SE erweitert und den Mitgliedsstaaten aufgegeben, Buchst. a des Anhangs spätestens zum 1.1.2006 umzusetzen. Da die Bundesregierung an der Änderung der FusionsRL durch die Richtlinie des Rates RL 2005/19/EG v. 17.2.2005 beteiligt war, wird man sich nicht darauf berufen können, man sei im Februar 2005 überrascht worden und die Zeit zur Implementierung bis Ende 2005 sei zu kurz gewesen.

9 *Haritz*, Verfasser der Vorauflage dieser Kommentierung, hat dem BMF und dem Gesetzgeber in diesem Zusammenhang eine attentistische Haltung bescheinigt (GmbHR 2006, 143). Diese abwartende Grundeinstellung kann sich nun unter Umständen aus fiskalischer Sicht nachteilig auswirken, wenn nämlich die bisherigen, national anwendbaren Regelun-

gen für Umwandlungsfälle in der Zeit vor Inkrafttreten des neuen UmwStG auch auf grenzüberschreitende Vorgänge Anwendung finden müssen (*Dötsch/Pung* Konzern 2006, 258).

(einstweilen frei) 10

2. Einbringungsgeborene Anteile weiterhin von Bedeutung

Die Abs. 3 und 4 sind nur auf der Grundentscheidung des Gesetzgebers verständlich und einzuordnen, auf Grund derer das frühere System der Besteuerung einbringungsgeborener Anteile weiterwirkt. Einbringungsgeborene Anteile konnten letztmalig am 12.12.2006 originär entstehen. Durch Kapitalmaßnahmen, die unter der Herrschaft des UmwStG 2006 vorgenommen werden, können aber auch nach dem 12.12.2006 Anteile von einer Einbringungsgeborenheit neu erfasst werden (zu Einzelheiten s. Rn. 48 und § 21 aF Rn. 40). 11

Dies hat zur Folge, dass § 21 aF wie auch § 8b IV KStG aF und § 3 Nr. 40 S 3 und 4 EStG aF weiter anzuwenden sind. Irrtümlich wäre es darüber hinaus, wenn man annehmen würde, mit Ablauf der 7-Jahresfrist in den beiden vorgenannten Vorschriften würde sich das Recht der einbringungsgeborenen Anteile verflüchtigen. Denn § 21 UmwStG aF wirkt weiter und § 17 VI EStG bestimmt, dass einbringungsgeborene Anteile – auch wenn sie keine Beteiligung von 1 % oder mehr vermitteln – unter bestimmten Umständen bei Veräußerung oder gleichgestellten Rechtsvorgängen zu einer Besteuerung führen (zu Einzelheiten Rn. 34). 12

II. Die Anwendungsvorschriften im Einzelnen

1. Anmeldung zur Eintragung im Register

Die Abgrenzung zwischen der Anwendung des UmwStG 1995 und des UmwStG 2006 erfolgt gem. § 27 I und II durch die Anmeldung zur Eintragung in das für die Wirksamkeit des jeweiligen Vorgangs maßgebende öffentliche Register. Das UmwStG 2006 ist danach anzuwenden, wenn eine solche Anmeldung nach dem 12.12.2006 erfolgte. Das UmwStG 1995 ist anzuwenden, wenn eine Anmeldung bis zum 12.12.2006 (einschließlich dieses Tages) vorgenommen wurde. Öffentliche Register iSd Abs. 1 und 2 sind sowohl die inländischen Register (Handelsregister, Partnerschaftsregister und Genossenschaftsregister) wie die entsprechenden ausländischen Register. 13

Der Wortlaut, nach dem die jeweilige Gesetzesfassung auf Umwandlungen und Einbringungen anzuwenden ist, bei denen die Anmeldung zur Eintragung in das für die Wirksamkeit des jeweiligen Vorgangs maßgebende öffentliche Register vorgenommen wurde, kann zu Zweifeln dahingehend führen, ob unter der Formulierung „Wirksamkeit des jeweiligen Vorgangs" – jedenfalls bei Verschmelzungen und Spaltungen – der Vermögensübergang gemeint ist. Solche Zweifel sollten aber zurückstehen, sinnvollerweise ist damit der gesamte Umwandlungs- bzw. Einbringungsvorgang gemeint und daher ist – wenn mehrere Anträge auf Eintragung erforderlich sind – das Datum des ersten Antrags maßgeblich. 14

Einbringungen, sofern sie nicht Umwandlungsvorgänge im engeren Sinne darstellen, sind in vielen Fällen mit in ein Register eintragungspflichtigen Kapitalerhöhungsmaßnahmen verbunden. In diesem Fall kommt es auf den Antrag zur Eintragung der Kapitalerhöhung an. 15

2. Einbringungen ohne Eintragung in ein öffentliches Register

Für Einbringungen, deren Wirksamkeit keine Eintragung in ein öffentliches Register voraussetzt, ist gem. Abs. 1 S. 2 und Abs. 2 S. 2 der Übergang des wirtschaftlichen Eigentums maßgeblich. Geht das Eigentum an den eingebrachten Wirtschaftsgütern nach 16 dem 12.12.2006 über, so ist das UmwStG 2006 anzuwenden. Das Grundbuch kann zwar als öffentliches Register angesehen werden, Grundbucheintragungen sind jedoch nicht maßgeblich. Denn ansonsten würden in all denjenigen Einbringungsfällen, in denen Grundstücke zum Einbringungsgegenstand gehören, folgende Abgrenzungen eine Rolle spielen:

– Besteht das eingebrachte Vermögen aus Grundstücken und anderen Wirtschaftsgütern, käme es auf den Übergang des wirtschaftlichen Eigentums an.
– Besteht das eingebrachte Vermögen nur aus einem Grundstück, wäre die Eintragung im Grundbuch maßgeblich.

Eine solche Unterscheidung wäre nicht sinnvoll.

17 Typischer Fall für die Anwendung des UmwStG ab Übergang des wirtschaftlichen Eigentums ist die Sacheinbringung in eine PersGes, die im Wege der Einzelrechtsnachfolge erfolgt.

18 *(einstweilen frei)*

3. Rückwirkung

19 Die schuldrechtliche wie steuerliche Rückwirkung eines Vermögensübergangs oder eines Formwechsels wird durch die Anwendungsregelung des § 27 nicht berührt. Die steuerliche Rückwirkung nach §§ 2, 20 VI bzw. 24 V ist auf einen Zeitpunkt vor der Anwendung des UmwStG 2006 möglich, ohne dass es die Anwendbarkeit des UmwStG 2006 in Frage stellt.

20 Soweit es auf den Übergang des wirtschaftlichen Eigentums nach § 27 I und II ankommt und nicht auf den Antrag auf Eintragung in ein öffentliches Register, ist der tatsächliche Übergang des wirtschaftlichen Eigentums und nicht der uU nach den Rückwirkungsbestimmungen fingierte maßgeblich. Zudem setzt § 24 IV für die entsprechende Anwendung des § 20 V, VI voraus, dass der Vermögensübergang im Wege der Gesamtrechtsnachfolge erfolgt, so dass regelmäßig die Eintragung in ein öffentliches Register der Anknüpfungspunkt für die Abgrenzung des Anwendungsbereiches der Neu- und Altfassung des UmwStG ist.

III. Fortgeltende Vorschriften

1. UmwStG 1995 nicht aufgehoben

21 Durch das SEStEG 2006, BGBl. I 2006, 2782 wurde das bisherige UmwStG 1995 nicht aufgehoben, es ist weiterhin in Kraft, seine Anwendung ist jedoch durch § 27 der Neufassung auf die Zeit vor dem 13.12.2006 begrenzt. Darüber hinaus sind einzelne Bestimmungen der Altfassung aber auch nach dem 12.12.2006 anzuwenden, zu Einzelheiten s. nachfolgende Anm.

2. § 27 III Nr. 1

22 Danach ist § 5 IV UmwStG 1995 für einbringungsgeborene Anteile iSd § 21 I UmwStG 1995 mit der Maßgabe weiterhin anzuwenden, dass die Anteile zu dem Wert iSd § 5 II oder III UmwStG in der Fassung des Abs. 1 – also des UmwStG 2006 – als zum steuerlichen Übertragungsstichtag in das Betriebsvermögen des übernehmenden Rechtsträgers überführt gelten. Da das UmwStG 2006 keinen § 5 IV enthält, kann nur die Altfassung gemeint sein, auch der Hinweis auf § 21 I UmwStG kann nur die Altfassung betreffen, weil in der Altfassung die Definition der einbringungsgeborenen Anteile enthalten war, die in der Neufassung nicht mehr existiert.

23 Der Verweis in § 27 III Nr. 1 auf § 5 II oder III ist leicht überreguliert:

- Liegen die Voraussetzungen des § 17 EStG vor, sind automatisch auch bestimmte einbringungsgeborene Anteile mit erfasst. Denn für sie gilt § 17 VI EStG. 24
- Gehören die einbringungsgeborenen Anteile zu einem Betriebsvermögen, gilt unabhängig von der Einbringungsgeborenheit bereits § 5 III. 25

3. § 27 III Nr. 2

Nach § 27 III Nr. 2 ist § 20 VI UmwStG in der am 21.5.2003 geltenden Fassung für die Fälle des zwingenden Teilwertansatzes bei Ausschlusses des Besteuerungsrechtes (§ 20 III UmwStG – gemeint ist die Altfassung) weiter anwendbar. Im Wesentlichen geht es hierbei darum, die Stundungsregelung in § 21 II 3–6 UmwStG 1995, welche das Gesetz bei dem zwingenden Teilwertansatz vorsah, für weiter anwendbar zu erklären. 26

Angesichts des offensichtlichen Verstoßes von §§ 6 AStG, 21 II Nr. 2 UmwStG 1995 gegen die Niederlassungsfreiheit der Art. 49, 54 AEUV ist auch § 20 III UmwStG 1995 von dem Verdikt der EU-Rechtswidrigkeit erfasst. Dies gilt jedenfalls dann, wenn Einbringender iSd § 20 UmwStG 1995 eine natürliche Person oder eine Gesellschaft ist, die aus einem Mitgliedsstaat bzw. aus einem der übrigen EWR-Staaten stammt und in einem dieser Staaten unbeschränkt steuerpflichtig ist. In der Vergangenheit unterfielen solche Konstellationen oft den Regelungen des § 23 II UmwStG 1995, die Reichweite dieser Vorschrift war jedoch auf beschränkt körperschaftsteuerpflichtige EU-KapGes als Einbringende begrenzt. Auch erstreckte sich § 23 II UmwStG 1995 nicht auf Mitunternehmeranteile (3. Aufl., § 23 Rn. 122), so dass die Vorschrift insoweit keinen Ausweg aus der gemeinschaftsrechtswidrigen Besteuerung nach § 20 III UmwStG 1995 bot. Vor diesem Hintergrund lenkt § 27 III Nr. 2 von dem eigentlichen Problem ab: Der EU-Rechtswidrigkeit des § 20 III UmwStG 1995. Diese Vorschrift war bereits vor dem 13.12.2006 europarechtswidrig, sofern der Einbringende in den EU/EWR-Staaten steuerlich ansässig ist; die Vorschrift ist auch nicht durch weiter anzuwendende Stundungsregelungen in diesen Fällen zu retten. 27

4. § 27 III Nr. 3, IV

S 1 des Abs. 3 Nr. 3 ordnet die generelle Fortgeltung des § 21 in der am 21.5.2003 geltenden Fassung an. Einbringungsgeborene Anteile iSd § 21 I UmwStG 1995, die aus einem Einbringungsvorgang hervorgegangen sind, auf den das UmwStG 1995 oder dessen Vorgängerfassungen anwendbar waren, bleiben nach fortgeltendem § 21 UmwStG aF steuerverstrickt. Die wesentliche Ausnahme ist allein in der Abschwächung der Wegzugsbesteuerung des § 21 II 1 Nr. 2 UmwStG in der am 21.5.2003 geltenden Fassung zu sehen, für die § 27 III Nr. 3 S 2 eine Sonderregelung vorsieht (s. dazu Rn. 42 ff.). 28

Entsprechend bestimmt § 27 IV, dass die §§ 22, 23 und 24 V nicht anzuwenden sind, soweit hinsichtlich des Gewinns aus der Veräußerung der Anteile oder eines gleichgestellten Ereignisses iSd § 22 I die Steuerfreistellung nach § 8b IV KStG in der am 12.12.2006 geltenden Fassung oder nach § 3 Nr. 40 S 3 und 4 EStG in der am 12.12.2006 geltenden Fassung ausgeschlossen ist. § 27 IV ist daher eine Komplementärvorschrift zur Fortgeltung des § 21 UmwStG aF. Die Regelungen der §§ 8b IV KStG aF und 3 Nr. 40 S 3 und 4 EStG aF schließen in dem dort normierten 7-Jahres-Zeitraum die Anwendung des Halbeinkünfteverfahrens aus. 29

Wieder einmal schafft der Gesetzgeber eine Regelung, die in versteckter Art und Weise die Fortgeltung von belastenden Steuerrechtsnormen vorsieht, ohne dass der Rechtsanwender solche Vorschriften auf den ersten Blick in den aktuell wiedergegebenen Gesetzestexten finden wird. Ganze Jahrgänge von Absolventen des Steuerberaterexamens werden sich ähnlich wie mit der indirekten Fortgeltung des § 50c EStG aF damit anzufreunden haben, dass das Recht der einbringungsgeborenen Anteile aus § 21 UmwStG 30 aF uU über Jahrzehnte fortgilt und §§ 8b IV KStG aF sowie 3 Nr. 40 S 3 und 4 EStG aF noch für die Zeitdauer von sieben Jahren von Bedeutung ist.

31 Die Gesetzestexte der fortgeltenden Vorschriften sind im Zusammenhang mit der Kommentierung des § 21 UmwStG aF in diesem Kommentar abgedruckt (vgl. Anh. § 21 aF).

a) Fortgeltung von § 8b IV KStG aF, § 3 Nr. 40 Sätze 3, 4 EStG aF

32 Zur Flankierung der Fortdauer des Besteuerungsregimes einbringungsgeborener Anteile war es notwendig, § 8b IV KStG aF, der durch das SEStEG aufgehoben wurde, an versteckter Stelle eine Weiterexistenz einzuräumen. § 34 V KStG sieht vor, dass § 8b IV KStG in der am 12.12.2006 geltenden Fassung für Anteile weiter anzuwenden ist, die einbringungsgeboren isd § 21 UmwStG 1995 sind. Gleiches gilt für Anteile iSd § 8b IV 1 Nr. 2 KStG aF, die auf einer Übertragung bis zum 12. Dezember 2006 beruhen.

33 Auch § 3 Nr. 40 S 3, 4 EStG in der am 12.12.2006 geltenden Fassung – also in der Fassung vor Änderung durch das SEStEG – ist für einbringungsgeborene Anteile im Sinne des § 21 UmwStG 1995 weiter anzuwenden, vgl. § 52 IV 6 EStG.

b) Bedeutung des § 17 EStG idF des SEStEG

34 Aber auch nach Ablauf der sich aus den § 8b IV KStG aF und § 3 Nr. 40 S 3, 4 EStG aF ergebenden Sieben-Jahresfrist bleibt ein Sonderrecht einbringungsgeborener Anteile bestehen.

35 § 17 EStG idF des SEStEG sieht wie bisher vor, dass zu den Einkünften aus Gewerbebetrieb auch der Gewinn aus der Veräußerung von Anteilen an einer KapGes gehört, wenn der Veräußerer innerhalb der letzten fünf Jahre am Kapital der Gesellschaft unmittelbar oder mittelbar zu mindestens 1 % beteiligt war. Die Veräußerungsgewinnbesteuerung des § 17 EStG idF des SEStEG erstreckt sich nach dessen Abs. 6 auch auf Anteile, bei denen die Beteiligungsschwelle von 1 % nicht erreicht war, wenn

1. die Anteile auf Grund eines Einbringungsvorgangs im Sinne des Umwandlungssteuergesetzes, bei dem nicht der gemeine Wert zum Ansatz kam, erworben wurden und
2. zum Einbringungszeitpunkt die eingebrachten Anteile die Voraussetzungen von § 17 I 1 EStG erfüllten oder die Anteile auf einer Sacheinlage im Sinne von § 20 I UmwStG beruhen.

36 § 17 VI EStG in der Fassung des SEStEG bezieht sich daher einerseits auf den Anteilstausch – vorgenannte Nr. 1 in Verbindung mit der ersten Alternative der Nr. 2 – und zwar unabhängig davon, ob ein solcher Anteilstausch bis zum 12.12.2006 erfolgt ist oder nicht, und andererseits auf Anteile, die auf Sacheinlagen im Sinne von § 20 I UmwStG beruhen, die nach dem 12.12.2006 erfolgt sind – vorgenannte Nr. 1 in Verbindung mit der zweiten Alternative der Nr. 2.

37 § 17 EStG idF des SEStEG erfasst daher nur einen Teil der einbringungsgeborenen Anteile, diese Lücke füllt § 21 UmwStG 1995 auch über den Sieben-Jahres-Zeitraum hinaus aus: Einbringungsgeborene Anteile, die nicht die 1 %-Schwelle des § 17 EStG überschreiten, bleiben steuerverhaftet nach § 21 UmwStG 1995, sofern sie auf einer Sacheinlage der Vermögensmasse Betrieb, Teilbetrieb oder Mitunternehmeranteil fußen. Diese Interpretation des § 17 VI EStG idF des SEStEG basiert vorrangig darauf, dass in § 17 VI Nr. 2 EStG auf „§ 20 I UmwStG vom 7. Dezember 2006 in der jeweils geltenden Fassung" Bezug genommen wird und damit gerade nicht auf Altfassungen des Umwandlungssteuergesetzes mit den Einbringungsmöglichkeiten für Betrieb, Teilbetrieb und Mitunternehmeranteil. Für Einbringungsvorgänge, für die § 20 I S 1 UmwStG 1995 oder § 23 I–III UmwStG 1995 Rechtsgrundlage war, gilt daher auch in Zukunft nicht § 17 EStG idF des SEStEG, sondern allein § 21 UmwStG 1995 gegebenenfalls iVm § 8b IV KStG aF oder § 3 Nr. 40 S 3, 4 EStG aF.

38 Denn solche Einbringungsvorgänge – wenn sie denn zu (einbringungsgeborenen) Anteilen führen, die nicht die 1 %-Schwelle erreichen – sind nicht von § 17 EStG erfasst. Ist

die 1%-Schwelle des § 17 EStG erreicht oder überschritten, war bislang allgemeine Meinung, dass § 21 UmwStG 1995 Vorrang vor der Anwendung des § 17 EStG hat.

Dies dürfte weiterhin richtig sein für einbringungsgeborene Anteile im Sinne des § 20 I 1 UmwStG 1995 – Gegenstand der Einbringung waren Betrieb, Teilbetrieb oder Mitunternehmeranteil – bzw. für Fälle des § 23 I–III UmwStG 1995. Fraglich ist dies jedoch für Einbringungen nach § 20 I 2 UmwStG 1995 – Gegenstand der Einbringung war eine Kapitalgesellschaftsbeteiligung – bzw. für Fälle des § 23 IV UmwStG 1995. Für diese Fälle stellt sich die Frage nach dem Vorrang von § 17 VI Nr. 1 EStG in Verbindung mit der ersten Alternative der Nr. 2. 39

In diesem Zusammenhang ist vorrangig festzuhalten, dass § 20 UmwStG 1995 für Anteilseinbringungen bis zum 12.12.2006 als Höchstwert den Teilwert vorsah, nicht den gemeinen Wert. Selbst wenn bei Einbringungen von Kapitalgesellschaftsanteilen der Teilwert angesetzt worden ist und somit keine einbringungsgeborenen Anteile entstanden sind, ist nur dann, wenn Teilwert und gemeiner Wert einander entsprechen und vielleicht auch in dem unwahrscheinlichen Fall, wenn der Teilwert höher war als der gemeine Wert, sowohl das Entstehen einbringungsgeborener Anteile vermieden und zugleich eine spätere Anwendung von § 17 EStG ausgeschlossen worden. In allen Fällen der Buchwertverknüpfung bei Anteilseinbringungen bis zum 12.12.2006 sind jedoch sowohl die Anwendungsvoraussetzungen des § 21 UmwStG 1995 als auch des § 17 VI EStG eröffnet. Jedenfalls dann, wenn die eingebrachte Beteiligung die 1%-Schwelle erreichte oder überschritt und zudem die erhaltenen Anteile diese Schwelle nicht erreichten, dürfte von einem Vorrang des neueren Rechts – also § 17 VI EStG – ausgegangen werden können. Ansonsten bleibt es beim Vorrang des Rechts der einbringungsgeborenen Anteile mit seinen Besteuerungsfolgen in § 21 UmwStG 1995. 40

c) Ersatzrealisationstatbestände des § 21 II UmwStG 1995

Gemäß § 27 III Nr. 3 S 1 UmwStG ist § 21 UmwStG 1995 für einbringungsgeborene Anteile, die durch eine Sacheinlage unter Teilwert erworben sind, weiter anzuwenden. Dies bedeutet auch, dass § 21 II UmwStG 1995 weiter anzuwenden ist. Damit gilt weiterhin, dass ein Anteilseigner die Möglichkeit hat, die Besteuerungsfolgen des § 21 UmwStG 1995 auf Antrag hin herbeizuführen (§ 21 II 1 Nr. 1 UmwStG 1995). Auch die Auflösung, Abwicklung oder Kapitalherabsetzung führen zu den Besteuerungsfolgen einbringungsgeborener Anteile (§ 21 II 1 Nr. 3 UmwStG 1995). Ebenso ist die verdeckte Einlage einbringungsgeborener Anteile weiterhin steuerauslösend (§ 21 II 1 Nr. 4 UmwStG 1995). 41

Nur für die umstrittene Regelung des § 21 II 1 Nr. 2 UmwStG 1995 – Eintritt der Besteuerungsfolgen, wenn das Besteuerungsrecht Deutschlands hinsichtlich des Gewinns aus der Veräußerung der Anteile ausgeschlossen wird – sieht wiederum § 27 III Nr. 3 S 2 UmwStG eine Sonderregelung vor. Die entstehende Steuer wird gemäß § 6 V AStG in der Fassung des SEStEG unter den dort genannten Voraussetzungen gestundet, wenn die Einkommensteuer noch nicht bestandskräftig ist. § 6 VI, VII AStG idF des SEStEG ist entsprechend anzuwenden. 42

§ 6 V–VI AStG in der Fassung des SEStEG dürfte europarechtskonform sein. Das Urteil des EuGH in Sachen *Lasteyrie du Saillant* (v. 11.03.2004 – Rs C-9/02, DStR 2004, 551) kann nicht dahingehend verstanden werden, dass eine Wegzugsbesteuerung im Sinne einer Schlussbesteuerung generell unzulässig ist. Sofern eine Wohnsitzverlegung in einen Mitgliedsstaat der EU oder einen anderen Staat, auf den das Abkommen über den europäischen Wirtschaftsraum anwendbar ist, stattfindet, dürfen jedoch die Besteuerungsfolgen nicht sofort eingreifen, sondern sind bis zu dem Zeitpunkt einer tatsächlichen Realisierung des in der Beteiligung verkörperten Vermögenswertes zu stunden. An dieser Vorgabe orientiert sich die Stundungsregelung des § 6 V–VI AStG weitgehend. 43

Im Übrigen ist die Heilungsmöglichkeit für § 21 II 1 Nr. 2 UmwStG 1995 durch eine (nachträgliche) Stundung gemäß § 6 V–VII AStG idF des SEStEG für den Zeitraum vor 44 dem 13.12.2006, die womöglich mit der Formulierung „wenn die Einkommensteuer noch nicht bestandskräftig festgesetzt ist" angestrebt wird, sehr zweifelhaft. Eine nachträgliche Abmilderung der Besteuerungsfolgen des Wegzugs durch die Anwendung des § 6 V–VII AStG idF des SEStEG nimmt der Vorschrift des § 21 II 1 Nr. 2 UmwStG 1995 nicht den Makel des Verstoßes gegen die Grundfreiheiten. Der Gesetzgeber hat längere Zeit nach dem Urteil in Sachen *Lasteyrie du Saillant* verstreichen lassen, bevor er nun versucht, die Besteuerungsfolgen der Wegzugsbesteuerung im Umwandlungssteuerrecht nachträglich abzumildern, ohne in der Zwischenzeit auch nur im Geringsten auf den erkannten Verstoß gegen die Grundfreiheiten zu reagieren. Nur im Hinblick auf den früheren § 6 AStG aF wurde durch Verwaltungsanweisung versucht, die Europarechtswidrigkeit dieser Vorschrift abzumildern.

45 In Fällen des § 21 II 1 Nr. 2 UmwStG 1995 wurden die Steuerpflichtigen gezwungen, – gegebenenfalls auch kostenpflichtige – Rechtsbehelfe einzulegen. Es scheint deshalb gut vertretbar, von einer grundsätzlichen Europarechtswidrigkeit dieser Vorschrift bis zum 13.12.2006 auszugehen und die Vorschrift auf alle Wegszugsfälle bis zu diesem Zeitpunkt im Prinzip nicht anzuwenden.

d) Überspringen der Qualifikation als einbringungsgeboren, § 20 III 4 und § 21 II 6

46 Wird ein Betrieb, Teilbetrieb oder Mitunternehmeranteil in eine KapGes oder eine Genossenschaft als übernehmende Gesellschaft eingebracht und erhält der Einbringende dafür neue Anteile an der übernehmenden Gesellschaft, so ist für den Fall, dass das eingebrachte Betriebsvermögen auch einbringungsgeborene Anteile im Sinne von § 21 I UmwStG 1995 umfasst, in § 20 II 4 UmwStG etwas Besonderes bestimmt. Die im Gegenzug zu der Einbringung gewährten neuen Anteile – die erhaltenen Anteile – gelten insoweit, dass das eingebrachte Betriebsvermögen auch einbringungsgeborene Anteile umfasst hat, selbst als einbringungsgeboren iSd § 21 UmwStG 1995. Somit können auch nach dem 12.12.2006 neu ausgegebene Anteile erstmals als einbringungsgeboren qualifiziert werden. Die Vorschrift des § 20 III 4 UmwStG hat eine gewisse Parallele in § 13 III UmwStG 1995. Im Rahmen von Verschmelzungen wie auch von Spaltungen neu ausgegebene Anteile an KapGes wurden dort als einbringungsgeboren qualifiziert, wenn die im Rahmen der Verschmelzung oder Spaltung untergehenden Anteile ebenfalls einbringungsgeboren waren.

47 Die in Einzelheiten umstrittene Reichweite des Überspringens steuerlicher Qualifikationsmerkmale im Rahmen des § 13 UmwStG 1995 ist im Übrigen nunmehr durch § 13 II 2 dahingehend im Gesetz geregelt worden, dass grundsätzlich die Anteile an der übernehmenden Körperschaft (im Rahmen von Verschmelzungen und Spaltungen) steuerlich an die Stelle der Anteile an der übertragenden Körperschaft treten. Es können also auch im Rahmen von Verschmelzungen und Spaltungen neue einbringungsgeborene Anteile nach dem 12.12.2006 entstehen.

48 Die ausgeführten Grundsätze zu § 20 III 4 UmwStG gelten entsprechend im Rahmen des § 21 UmwStG. Dies ergibt sich aus § 21 II 6 UmwStG. Also auch ein Anteilstausch – ohne Ansatz des gemeinen Werts – führt dazu, dass die im Rahmen des Anteilstausches erhaltenen Anteile als einbringungsgeboren zu qualifizieren sind, wenn die eingebrachten Anteile ebenfalls einbringungsgeboren waren.

e) Mehrfachverstrickungen

49 **Einbringungsgeborene Anteile** iSd § 21 aF können Gegenstand (steuerneutraler) Einbringungen iSd §§ 20, 21 sein. Die aus solchen Einbringungen resultierenden erhaltenen Anteile in der Hand des Einbringenden stellen ebenfalls (neben den eingebrachten Anteilen) nach §§ 20 III 4 bzw. 20 II 6 einbringungsgeborene Anteile dar. Die 7-Jahresfrist des § 8b IV KStG aF beginnt jedoch nicht neu (UmwStE Rn. 27.05). Die Grundsatzqualifikation von Anteilen als einbringungsgeboren bleibt über den Ablauf der 7-Jahresfrist

hinaus bestehen, so dass auch nach dem 12.12.2013 – dem spätesten Zeitpunkt des Ablaufs der 7-Jahresfrist – weiterhin einbringungsgeborene Anteile iSd § 21 aF entstehen können. Dies gilt auch für eine Weitereinbringung der eingebrachten Anteile in eine weitere KapGes nach den Regeln des § 21 (UmwStE Rn. 27.11), so dass sich dann die Einbringungsgeborenheit auf drei Anteilsebenen bezieht.

Eine **Weitereinbringung** der **eingebrachten Anteile** nach dem 12.12.2006 (Rn. 49) erfolgt nach § 21, jedoch greift § 22 II 1 bei Veräußerung der weiter eingebrachten Anteile nicht ein, wenn eine solche Veräußerung innerhalb der ursprünglich in Gang gesetzten 7-Jahresfrist geschieht, § 27 IV (UmwStE Rn. 27.11). Bei einer Veräußerung außerhalb der ursprünglichen 7-Jahresfrist, aber innerhalb der (zweiten) 7-Jahresfrist des § 22 II – Einbringungsgewinn II – ist umstritten, ob der Einbringungsgewinn II ungemildert um die Siebtel – Regel p. a. der Besteuerung unterliegt – so UmwStE Rn. 27.12 – oder diese anzuwenden ist. Für die Ansicht der FinVerw kann angeführt werden, dass § 22 II eine rückwirkende Versteuerung auf den Zeitpunkt des zweiten Einbringungsvorgangs vorsieht und damit gerade eine Besteuerung innerhalb der ersten 7-Jahresfrist, die dann von besonderer Bedeutung ist, wenn ursprünglich Einbringender eine natürliche Person war. Dagegen spricht jedoch die überschießende Besteuerung und rechtlich, dass § 20 III 4 die Fiktion enthielt, einbringungsgeborene Anteile würden entstehen, so dass es nicht zu einer Rechtsnachfolge iSd § 23 I kommen kann (*Pinkernell* FR 2010, 568). 50

Bei **Weitereinbringung** der **erhaltenen Anteile** nach dem 12.12.2006, die eine natürliche Person aus der Einbringung einbringungsgeborener Anteile (vor dem 13.12.2006) erworben hat, nimmt die FinVerw an, dass die Veräußerung der aufgrund der Weitereinbringung erhaltenen Anteile dem Teileinkünfteverfahren unterliegt, wenn ursprünglich ein Fall des § 20 I 2 aF zugrunde lag (UmwStE Rn. 27.10). 51

IV. § 27 V

Durch das UntStRefG wurde in §§ 4h EStG, 8a KStG die Zinsschranke eingeführt. In §§ 4 II 2, 15 III, 20 IX und 24 VI wurden Kürzungen für den Zinsvortrag iSd § 4h I 2 EStG und Verlustvorträge normiert. Die die Besteuerung verschärfenden Vorschriften sind erstmals auf Umwandlungen oder Einbringungen anzuwenden, bei denen die Anmeldung zur Eintragung in das für die Wirksamkeit des jeweiligen Vorgangs maßgebende öffentliche Register nach dem 31.12.2007 erfolgt ist. Zur Auslegung dieser Abgrenzung s. die Parallele in Rn. 13 bis 15. 52

Für Einbringungen, deren Wirksamkeit keine Eintragung voraussetzt, kommt es auf den Übergang des wirtschaftlichen Eigentums an, s. dazu die Parallele in Rn. 16 f. 53

V. § 27 VI

§ 10 war ein kurzes Leben beschieden. Aufgrund der Abschaffung der ausschüttungsabhängigen KSt-Erhöhung gem § 38 KStG und der ratierlichen Fälligstellung eines Erhöhungsbetrages ist die Vorschrift überflüssig geworden. Sie ist letztmals auf Umwandlungen anzuwenden, bei denen der steuerliche Übertragungsstichtag vor dem 1.1.2007 liegt. 54

Abweichend von Satz 1 der Vorschrift ist § 10 jedoch dann weiter anzuwenden, wenn der Antrag nach § 38 XVI KStG idF v. 20.12.2007 gestellt wird. 55

VI. § 27 VII

§ 18 III 1 idF des Art. 4 des Gesetzes v. 20.12.2007, BGBl. I, 3150, ist erstmals auf Umwandlungen anzuwenden, bei denen die Anmeldung zur Eintragung in das öffentliche Register nach dem 31.12.2007 erfolgte. 56

57 Die von der FinVerw initiierte Rechtsänderung schreibt die bisherige Verwaltungsauffassung fest. Danach sollte der gesamte Auflösungs- oder Veräußerungsgewinn, auch soweit er auf das vor der Umwandlung bereits existente Betriebsvermögen des übernehmenden Rechtsträgers entfällt, der Gewerbesteuer unterfallen. Der BFH hat für die bisherige Gesetzesfassung hingegen entschieden, dass der Teil des Veräußerungsgewinns, der auf das Vermögen entfällt, das dem übernehmenden Rechtsträger bereits vor der Umwandlung zuzuordnen war, nicht der Gewerbesteuer nach § 18 III unterfällt (BFH v. 20.11.2006 – VIII R 47/05, BFH/NV 2007, 637). Durch die Gesetzesänderung wird wieder einmal der BFH überrollt; jedoch verdeutlicht die Gesetzesänderung auch, dass Umwandlungen vor dem 1.1.2008 hiervon nicht betroffen sind und somit bis Ende 2012 (Ablauf der Fünf-Jahresfrist des § 18 III) die durch das BFH-Urt. geschaffene Rechtslage von Bedeutung ist.

VII. § 27 VIII

58 Durch das Jahressteuergesetz 2009 v. 19.12.2008, BGBl. I, 2794 wurden §§ 4 VI 4 bis 6, 7 S 2 geändert. Die Neufassung ist erstmals auf Umwandlungen anzuwenden, bei denen § 3 Nr. 40 EStG in der durch Art. 1 Nr. 3 des Gesetzes vom 14.8.2007, BGBl. I, 1912, geänderten Fassung für die Bezüge iSd § 7 anzuwenden ist. Nach § 52a III EStG ist § 3 Nr. 40 S 1 und 2 EStG (idF v. 14.8.2007) erstmals ab dem Veranlagungszeitraum 2009 anzuwenden. Dies bedeutet, der steuerliche Übertragungsstichtag muss im Jahre 2009 oder später liegen.

VIII. § 27 IX

59 Der wesentliche Sinn des § 2 IV ergibt sich nur aus der Gesamtschau dieser Vorschrift mit der Anwendungsregel des Abs. 9. Eine in § 2 IV definierte Verlustnutzung an dem zurückliegenden Übertragungsstichtag (Ausgleich oder Verrechnung mit dem Übertragungsgewinn) scheidet aus, wenn ein schädlicher Beteiligungserwerb – gemeint ist offenbar ein solcher nach § 8c KStG (zu dessen teilweiser Verfassungswidrigkeit s. BVerfG v. 29.3.2017 – 2 BvL 6/11, DStR 2017, 698) – oder ein anderes die Verlustnutzung ausschließendes Ereignis nach dem 28. November 2008 und nach dem Übertragungsstichtag eintritt. § 2 IV gilt entsprechend gem. § 20 VI 4 bei Einbringung von Unternehmensteilen in KapGes und Genossenschaften.

60 §§ 2 IV, 20 VI 4 gelten nach § 27 IX 2 unter den dort genannten Voraussetzungen nicht. Es handelt sich insoweit um den Versuch, eine verfassungsrechtlich bedenkliche Rückwirkung zu vermeiden. Der „Ankündigungseffekt" zum 28. November 2008 (Beschluss des Bundestages) ist kaum nachvollzuziehen und es kommt daher eher auf die Veröffentlichung des Jahressteuergesetzes 2009 im Bundesgesetzblatt am 19.12.2008 an. Es handelt sich bei diesen Bestimmungen offensichtlich um Missbrauchsregeln. Art. 11 FusionsRL lässt pauschalierte Missbrauchsregeln jedoch nicht zu, wenn sie gegen die Grundsätze der Art. 4 bis 10d FusionsRL verstoßen. Ein Verrechnungsverbot von Übertragungsgewinn und Verlustvorträgen gehört aber nicht zum Kanon der Regeln in Art. 4 bis 10d FusionsRL. Dem deutschen Gesetzgeber steht daher wohl ein eigenständiger Gestaltungsspielraum zu.

61 **Schriftliche Unterlagen** über den später vollzogenen Beteiligungserwerb, über den sich Veräußerer und Erwerber spätestens am 28. November 2008 einig waren, fordert S 2. Hieraus ist zu schließen, dass keine wirksamen notariellen Verträge (zB über die Veräußerung von GmbH-Anteilen) am 28. November 2008 vorgelegen haben müssen, sondern die Einigung sich auch aus anderen Dokumenten ergeben kann.

62 **Gestaltung:** Wie *Sistermann/Brinkmann* (DStR 2008, 2455) aufzeigen, kann den Vorschriften der §§ 2 IV, 20 VI 4 gestaltend entgegen gewirkt werden. Veräußerungen von

wesentlichen, stille Reserven enthaltenden Wirtschaftsgütern an Tochterunternehmen des übertragen Rechtsträgers vor dem Umwandlungsstichtag führen nicht zur Verlustnutzung des Übertragungsgewinns und lassen die geänderten Vorschriften leerlaufen.

IX. § 27 X

Die Änderungen in §§ 2 IV 1, 4 II 2, 15 III, 20 IX resultieren aus der Umformulierung des § 4h EStG durch das Wachstumsbeschleunigungsgesetz, BGBl. I 2009, 3950, dort wird das „verrechenbare EBITDA", der „EBITDA-Vortrag" und der „Zinsvortrag" iSd § 4h EStG definiert. Diese neuen Begriffe werden in das UmwStG übernommen. 63

Die Erweiterung des Verweises in § 9 S 3 auf § 2 III und IV holt das Versäumnis nach, dass es bei Einführung des § 2 IV durch das JStG 2009, BGBl. I 2008, 2794 unterblieben war, die Anwendung des § 2 IV auch auf den Formwechsel einer Körperschaft in eine PersGes zu erstrecken. Ob es eines solchen Verweises – jedenfalls für Inlandsformwechsel – überhaupt bedurfte, kann jedoch bezweifelt werden, weil § 2 I und II unzweifelhaft, auch ohne dass es eines Verweises in § 9 bedarf, für einen solchen Formwechsel gilt. Hingegen zielte § 2 III auf „weiße Einkünfte" bei Auslandsumwandlungen (s. § 9 Rn. 5) und hat deshalb einen anderen Regelungsgegenstand als Abs. 4. 64

Durch Abs. 10 ist jedoch gesetzlich entschieden, dass § 9 S 3 mit dem erweiterten Verweis auf § 2 IV erstmals auf Umwandlungen und Einbringungen anzuwenden ist, deren steuerlicher Übertragungsstichtag in einem Wirtschaftsjahr liegt, für das § 4h I, IV 1 und V 1, 2 EStG idF des Gesetzes vom 22.12.2009, BGBl. I, 3950, erstmals anzuwenden ist. Gleiches gilt für §§ 2 IV 1, 4 II 2, 15 III und 20 IX.

Nach § 52 XII d 4 EStG ist § 4h I, IV 1 und V 1, 2 EStG idF des Gesetzes vom 22.12.2009 erstmals für Wirtschaftsjahre anzuwenden, die nach dem 31.12.2009 enden; also bei kalenderjahrgleichen Wirtschaftsjahren für das Jahr 2010. Bei kalenderjahrgleichen Wirtschaftsjahren führt eine steuerliche Rückwirkung auf den 31.12.2009 somit noch nicht zur Anwendung der neuen Regelungen. 65

Auf Antrag kann der Steuerpflichtige das verrechenbare EBITDA des ersten Geschäftsjahrs, das nach dem 31.12.2009 endet, um EBITDA-Vorträge der Wirtschaftsjahre erhöhen, die nach dem 31.12.2006 beginnen und vor dem 1.1.2010 enden, § 52 XII d 5 EStG. Dann sind aber die §§ 2 IV 1, 4 II 2, 9 S 3, 15 III und 20 IX sinngemäß auch auf das erhöhte verrechenbare EBITDA anzuwenden.

X. § 27 XI Dividendeneinkünfte bei Beteiligungen unter 10 %

Bei der Umwandlung einer KapGes in eine PersGes sind den Anteilseignern die offenen Rücklagen als Dividendeneinkünfte zuzurechnen, § 7. Hingegen ergeben sich aus § 12 II 2 keine Dividendeneinkünfte, sondern fiktive Veräußerungsgewinne. Soweit Dividendeneinkünfte im Rahmen von Umwandlungsvorgängen einer Besteuerung unterworfen werden, ist die Anwendung der Fassung des § 8b I KStG mit dessen Einschränkung durch § 8b IV KStG (keine Anwendung von § 8b I KStG auf Dividenden aus Streubesitzbeteiligungen von weniger als 10 % des Grund- oder Stammkapitals) durch das Gesetz vom 21.3.2013, BGBl. I S. 561, Regelungsgegenstand des Abs. XI. 66

Während § 34 VIIa. 2 KStG die zeitliche Anwendung von § 8b IV KStG idF des Gesetzes vom 21.3.2013 dahingehend normiert, dass es auf den Zufluss von Dividendeneinkünften nach dem 28.2.2013 ankommt, erweitert Abs. XI den Anwendungsbereich. Eine Anmeldung zur Eintragung des Umwandlungsvorgangs nach dem 28.2.2013 führt in die Besteuerung, in die Nichtanwendung von § 8b I KStG, wenn die Beteiligungshöhe weniger als 10 % beträgt. Dadurch wird § 2 I, II durchbrochen, insbesondere sind Um- 67 wandlungsvorgänge betroffen, bei denen Jahresabschlüsse zum 31.12.2012 zugrunde gelegt werden.

XI. § 27 XII Anwendung von § 2 IV 3–6

68 § 2 IV 3–6 zielt gegen Verlustausgleich von Gewinnen des übertragenden Rechtsträgers mit Verlusten des übernehmenden Rechtsträgers im Rückwirkungszeitraum, also der Zeitperiode zwischen steuerlichem Übertragungsstichtag und Eintragung des Umwandlungsvorgangs bzw. dessen sachlichem Vollzug. Die Regelungen sind erstmals anzuwenden für Umwandlungen und Einbringungen, bei denen eine (notwendige) Anmeldung zur Eintragung in das für die Wirksamkeit des Vorgangs maßgebende Register nach dem 6.6.2013 erfolgt. Bedarf es für die Wirksamkeit einer Einbringung keiner Eintragung in ein öffentliches Register, kommt es auf den Übergang des wirtschaftlichen Eigentums an den eingebrachten Wirtschaftsgütern an. Ein Übergang nach dem 6.6.2013 bewirkt die Anwendung von § 20 IV 3–6. Nicht als öffentliches Register iSd Regelungen ist das Grundbuch anzusehen, weil der nachlaufende sachenrechtliche Vollzug nicht konstitutiv für den Übergang wirtschaftlichen Eigentums ist.

69 § 2 IV 6, durch den die Anwendung des S. 3 bis 5 abgewendet wird, knüpft wiederum an den Zeitpunkt „vor Ablauf des steuerlichen Übertragungsstichtags" an und erfordert, dass übertragender und übernehmender Rechtsträger zu diesem Zeitpunkt handelsrechtlich verbundene Unternehmen iSd § 271 II HGB sind. Damit gelten die Einlage- bzw. Anschaffungsfiktionen des § 5 nicht für § 2 IV 6.

XII. § 27 XIII Kroatien-Steueranpassungsgesetz

70 Im Kroatien-Steueranpassungsgesetz v. 25.7.2014 (BGBl. I 2014, 1266) werden eine Vielzahl redaktioneller Anpassungen vorgenommen, für die keine gesonderte Anwendungsregelung gilt; die wichtigste dieser Anpassungen ist der nunmehrige Verweis auf die steuerliche FusionsRL 2009/133/EG.

71 Die zeitliche Anwendungsregelung von Abs. 13 bezieht sich allein auf § 20 VIII. Danach ist die Neufassung dieser Vorschrift erstmals bei steuerlichen Übertragungsstichtagen nach dem 31.12.2013 anzuwenden.

XIII. § 27 XIV Steueränderungsgesetz 2015

72 Durch das am 6.11.2015 in Kraft getretene StÄndG 2015 v. 2.11.2015 (BGBl. I, 1834) ist in den §§ 20 II, 21 I und 24 II die Möglichkeit begrenzt worden, sonstige Gegenleistungen bis zur Höhe des Buchwertes des eingebrachten Vermögens steuerneutral gewähren zu können.

73 Die Neuregelung geht auf eine Forderung des BRates zurück, der im Gesetzgebungsverfahren zum Zollkodexanpassungsgesetz v. 22.12.2014 (BGBl. I, 2417) entsprechende Anliegen formuliert hatte. Mit Protokollerklärung v. 19.12.2014 sagte die BReg. zu, sog. „systemwidrige Gestaltungen im Umwandlungssteuerrecht" mit einem Gesetzentwurf Anfang 2015 zu begrenzen. Die Neuregelungen zur Begrenzung der Gegenleistung bei Einbringungsvorgängen waren Gegenstand des Regierungsentwurfes des Protokollerklärungsumsetzungsgesetzes v. 27.03.2015 und sind schließlich durch das StÄndG 2015 verabschiedet worden.

74 Die Neuregelung ist auf Einbringungen anzuwenden, bei denen nach dem 31.12.2014 der Umwandlungsbeschluss (Gesamtrechtsnachfolge) erfolgte bzw. der Einbringungsvertrag (Einzelrechtsnachfolge) geschlossen wurde. § 27 XIV sieht damit die rückwirkende Anwendung der Neuregelung vor. Der Gesetzgeber ist der Auffassung, dass diese Rück-

wirkung verfassungsrechtlich zulässig sei, weil es infolge der Protokollerklärung v. 19.12.2014 kein schutzwürdiges Vertrauen in den Fortbestand der Rechtslage geben könne (BR-Drs. 121/15, S 58; ebenso *Pung* in D/P/M § 27 UmwStG Rn. 35; kritisch *Ritzer/Stangl* DStR 2015, 849, 858; *Gläser/Zöller* BB 2015, 1117, 1121).

Unter Berücksichtigung der jüngsten BVerfG-Entscheidung zur unechten Rückwirkung von § 7 S 2 Nr 2 GewStG (v. 10.4.2018 – 1 BvR 1236/11, DStR 2018, 731) ist bei § 27 XIV von einer **unzulässigen Rückwirkung** auszugehen. In jener Entscheidung hat das BVerfG nicht nur der Einbringung eines Gesetzesvorhabens in den BTag, sondern bereits dessen Zuleitung zum BRat vertrauenszerstörende Wirkung beigemessen, weil sich auch in diesem Falle „ein nach dem GG initiativberechtigtes Verfassungsorgan entschlossen [habe], ein Gesetzgebungsverfahren förmlich einzuleiten. Hierzu muss ein ausformulierter Gesetzentwurf als Beschlussvorlage vorliegen" (BVerfG, aaO, Rz. 152). Dem der damaligen Gesetzesinitiative vorausgegangenen Bericht der BReg an den Finanzausschuss des BTages, in welchem erstmals Änderungen in § 7 GewStG angedacht wurden (BVerfG, aaO, Rz. 15 f.), hat das BVerfG für die Frage des Vertrauensschutzes hingegen keine Bedeutung beigemessen. Vorliegend ist der Gesetzentwurf erst am 27.03.2015 dem BRat zugeleitet worden (BR-Drs. 121/15). Bei der Protokollerklärung v. 19.12.2014, auf welche der Gesetzgeber für die Rückwirkung von § 27 XIV abstellt, handelt es sich lediglich um eine politische Absichtserklärung und gerade keinen ausformulierten Gesetzesentwurf. Nach den Grundsätzen des BVerfG kann eine solche Erklärung keine vertrauenszerstörende Wirkung haben. 75

§ 28 Bekanntmachungserlaubnis

Das Bundesministerium der Finanzen wird ermächtigt, den Wortlaut dieses Gesetzes und der zu diesem Gesetz erlassenen Rechtsverordnungen in der jeweils geltenden Fassung satzweise nummeriert mit neuem Datum und in neuer Paragraphenfolge bekannt zu machen und dabei Unstimmigkeiten im Wortlaut zu beseitigen.

§ 28 ist wortgleich mit § 28 UmwStG aF, entsprechende Vorschriften finden sich in einer Vielzahl anderer Steuergesetze, sie sind inzwischen „üblich" (vgl §§ 204 BewG, 36 II ErbStG, 35c II GewStG, 33 II Nr 2 KStG). 1

Die Ermächtigung zielt im Wesentlichen auf die formale Gestaltung des UmwStG (und der hierzu zZt. nicht erlassenen Rechtsverordnungen). Unstimmigkeiten im Wortlaut sind nur offensichtliche Formulierungsfehler. Erlaubt ist es insbesondere, fehlerhafte Verweisungen auf einzelne Paragraphen, Absätze, Sätze oder Nummern zu korrigieren, die sich aus dem Gesetz selbst oder aus anderen Gesetzen ergeben. Gleiches gilt für die Berichtigung von Rechtschreibungs- und Interpunktionsfehlern. Inhaltliche Unstimmigkeiten einzelner Vorschriften untereinander dürfen durch die Bekanntmachungserlaubnis ohne parlamentarische Zustimmung jedoch nicht beseitigt werden. 2

ANHANG

§ 21 aF Besteuerung des Anteilseigners

(1) [1]Werden Anteile an einer Kapitalgesellschaft veräußert, die der Veräußerer oder bei unentgeltlichem Erwerb der Anteile der Rechtsvorgänger durch eine Sacheinlage (§ 20 Abs. 1 und § 23 Abs. 1 bis 4) unter dem Teilwert erworben hat (einbringungsgeborene Anteile), so gilt der Betrag, um den der Veräußerungspreis nach Abzug der Veräußerungskosten die Anschaffungskosten (§ 20 Abs. 4) übersteigt, als Veräußerungsgewinn im Sinne des § 16 des Einkommensteuergesetzes. [2]Sind bei einer Sacheinlage nach § 20 Abs. 1 Satz 2 oder § 23 Abs. 4 aus einem Betriebsvermögen nicht alle Anteile der Kapitalgesellschaft eingebracht worden, so ist § 16 Abs. 4 des Einkommensteuergesetzes nicht anzuwenden.

(2) [1]Die Rechtsfolgen des Absatzes 1 treten auch ohne Veräußerung der Anteile ein, wenn

1. der Anteilseigner dies beantragt oder
2. das Besteuerungsrecht der Bundesrepublik Deutschland hinsichtlich des Gewinns aus der Veräußerung der Anteile ausgeschlossen wird oder
3. die Kapitalgesellschaft, an der die Anteile bestehen, aufgelöst und abgewickelt wird oder das Kapital dieser Gesellschaft herabgesetzt und an die Anteilseigner zurückgezahlt wird oder Beträge aus dem steuerlichen Einlagekonto im Sinne des § 27 des Körperschaftsteuergesetzes ausgeschüttet oder zurückgezahlt werden, soweit die Bezüge nicht die Voraussetzungen des § 20 Abs. 1 Nr. 1 oder 2 des Einkommensteuergesetzes erfüllen oder
4. der Anteilseigner die Anteile verdeckt in eine Kapitalgesellschaft einlegt.

[2]Dabei tritt an die Stelle des Veräußerungspreises der Anteile ihr gemeiner Wert. [3]In den Fällen des Satzes 1 Nr. 1, 2 und 4 kann die auf den Veräußerungsgewinn entfallende Einkommen- oder Körperschaftsteuer in jährlichen Teilbeträgen von mindestens je einem Fünftel entrichtet werden, wenn die Entrichtung der Teilbeträge sichergestellt ist. [4]Stundungszinsen werden nicht erhoben. [5]Bei einer Veräußerung von Anteilen während des Stundungszeitraums endet die Stundung mit dem Zeitpunkt der Veräußerung. [6]Satz 5 gilt entsprechend, wenn während des Stundungszeitraums die Kapitalgesellschaft, an der die Anteile bestehen, aufgelöst und abgewickelt wird oder das Kapital dieser Gesellschaft herabgesetzt und an die Anteilseigner zurückgezahlt wird oder wenn eine Umwandlung im Sinne des zweiten oder des vierten Teils des Gesetzes erfolgt ist.

(3) Ist der Veräußerer oder Eigner von Anteilen im Sinne des Absatzes 1 Satz 1

1. eine juristische Person des öffentlichen Rechts, so gilt der Veräußerungsgewinn als in einem Betrieb gewerblicher Art dieser Körperschaft entstanden,
2. von der Körperschaftsteuer befreit, so gilt der Veräußerungsgewinn als in einem wirtschaftlichen Geschäftsbetrieb dieser Körperschaft entstanden.

(4) [1]Werden Anteile an einer Kapitalgesellschaft im Sinne des Absatzes 1 in ein Betriebsvermögen eingelegt, so sind sie mit ihren Anschaffungskosten (§ 20 Abs. 4) anzusetzen. [2]Ist der Teilwert im Zeitpunkt der Einlage niedriger, so ist dieser anzusetzen; der Unterschiedsbetrag zwischen den Anschaffungskosten und dem niedrigeren Teilwert ist außerhalb der Bilanz vom Gewinn abzusetzen.

VO über die gesonderte Feststellung von Besteuerungsgrundlagen nach § 180 Abs. 2 der Abgabenordnung

§ 10 Feststellungsverfahren bei steuerverstrickten Anteilen an Kapitalgesellschaften

(1) [1] Es kann gesondert und bei mehreren Beteiligten einheitlich festgestellt werden,

a) ob und in welchem Umfang im Rahmen der Gründung einer Kapitalgesellschaft oder einer Kapitalerhöhung stille Reserven in Gesellschaftsanteilen, die der Besteuerung nach § 21 des Umwandlungssteuergesetzes oder § 17 des Einkommensteuergesetzes unterliegen (steuerverstrickte Anteile), auf andere Gesellschaftsanteile übergehen (mitverstrickte Anteile),
b) in welchem Umfang die Anschaffungskosten der steuerverstrickten Anteile den mitverstrickten Anteilen zuzurechnen sind,
c) wie hoch die Anschaffungskosten der steuerverstrickten Anteile nach dem Übergang stiller Reserven sowie der mitverstrickten Anteile im Übrigen sind.

[2] Satz 1 gilt sinngemäß für die Feststellung, ob und inwieweit Anteile an Kapitalgesellschaften unentgeltlich auf andere Steuerpflichtige übertragen werden.

(2) [1] Feststellungen nach Absatz 1 erfolgen durch das Finanzamt, das für die Besteuerung der Kapitalgesellschaft nach § 20 der Abgabenordnung zuständig ist. [2] Die Inhaber der von Feststellungen nach Absatz 1 betroffenen Anteile haben eine Erklärung zur gesonderten Feststellung der Besteuerungsgrundlagen abzugeben, wenn sie durch die Finanzbehörde dazu aufgefordert werden. [3] § 3 Abs. 2 bis 4, §§ 4, 6 Abs. 1, 3 und 4 und § 7 sind sinngemäß anzuwenden.

Körperschaftsteuergesetz

§ 8b IV KStG aF

(4) [1] Absatz 2 ist nur anzuwenden, soweit die Anteile nicht

1. einbringungsgeboren im Sinne des § 21 des Umwandlungssteuergesetzes sind oder
2. durch eine Körperschaft, Personenvereinigung oder Vermögensmasse unmittelbar, mittelbar oder mittelbar über eine Mitunternehmerschaft von einem Einbringenden, der nicht zu den von Absatz 2 begünstigten Steuerpflichtigen gehört, zu einem Wert unter dem Teilwert erworben worden sind.

[2] Satz 1 gilt nicht,

1. wenn der in Absatz 2 bezeichnete Vorgang später als sieben Jahre nach der Einbringung stattfindet oder
2. soweit die Anteile nicht unmittelbar oder mittelbar auf einer Einbringung im Sinne des § 20 Abs. 1 Satz 1 oder § 23 Abs. 1 bis 3 des Umwandlungssteuergesetzes und auf einer Einbringung durch einen nicht von Absatz 2 begünstigten Steuerpflichtigen innerhalb der in Nummer 1 bezeichneten Frist beruhen.

[3] In des Fällen des Satzes 1 und 2 ist Absatz 3 Satz 3 auf Gewinnminderungen anzuwenden, die im Zusammenhang mit den Anteilen entstehen.

Einkommensteuergesetz

§ 3 Nr. 40 EStG aF

Steuerfrei sind …

40. die Hälfte

a) der Betriebsvermögensmehrungen oder Einnahmen aus der Veräußerung oder der Entnahme von Anteilen an Körperschaften, Personenvereinigungen und Vermögensmassen, deren Leistungen beim Empfänger zu Einnahmen im Sinne des § 20 Abs. 1 Nr. 1 gehören, oder an einer Organgesellschaft im Sinne der §§ 14, 17 oder 18 des Körperschaftsteuergesetzes oder aus deren Auflösung oder Herabsetzung von deren Nennkapital oder aus dem Ansatz eines solchen Wirtschaftsguts mit dem Wert, der sich nach § 6 Abs. 1 Nr. 2 Satz 3 ergibt, soweit sie zu den Einkünften aus Land- und Forstwirtschaft, aus Gewerbetrieb oder aus selbständiger Arbeit gehören. [2] Dies gilt nicht, soweit der Ansatz des niedrigeren Teilwertes in vollem Umfang zu einer Gewinnminderung geführt hat und soweit diese Gewinnminderung nicht durch Ansatz eines Wertes, der sich nach § 6 Abs. 1 Nr. 2 Satz 3 ergibt, ausgeglichen worden ist,

b) des Veräußerungspreises im Sinne des § 16 Abs. 2, soweit er auf die Veräußerung von Anteilen an Körperschaften, Personenvereinigungen und Vermögensmassen entfällt, deren Leistungen beim Empfänger zu Einnahmen im Sinne des § 20 Abs. 1 Nr. 1 gehören, oder an einer Organgesellschaft im Sinne der §§ 14, 17 oder 18 des Körperschaftsteuergesetzes. [2]Satz 1 ist in den Fällen des § 16 Abs. 3 entsprechend anzuwenden,
c) des Veräußerungspreises oder des gemeinen Wertes im Sinne des § 17 Abs. 2. [2]Satz 1 ist in den Fällen des § 17 Abs. 4 entsprechend anzuwenden,
d) der Bezüge im Sinne des § 20 Abs. 1 Nr. 1 und der Einnahmen im Sinne des § 20 Abs. 1 Nr. 9,
e) der Bezüge im Sinne des § 20 Abs. 1 Nr. 2,
f) der besonderen Entgelte oder Vorteile im Sinne des § 20 Abs. 2 Satz 1 Nr. 1, die neben den in § 20 Abs. 1 Nr. 1 und Abs. 2 Satz 1 Nr. 2 Buchstabe a bezeichneten Einnahmen oder an deren Stelle gewährt werden,
g) der Einnahmen aus der Veräußerung von Dividendenscheinen und sonstigen Ansprüchen im Sinne des § 20 Abs. 2 Satz 1 Nr. 2 Buchstabe a,
h) der Einnahmen aus der Abtretung von Dividendenansprüchen oder sonstigen Ansprüchen im Sinne des § 20 Abs. 2 Satz 2,
i) der Bezüge im Sinne des § 22 Nr. 1 Satz 2, soweit diese von einer nicht von der Körperschaftsteuer befreiten Körperschaft, Personenvereinigung oder Vermögensmasse stammen,
j) des Veräußerungspreises im Sinne des § 23 Abs. 3 bei der Veräußerung von Anteilen an Körperschaften, Personenvereinigungen oder Vermögensmassen, deren Leistungen beim Empfänger zu Einnahmen im Sinne des § 20 Abs. 1 Nr. 1 gehören.

[2]Dies gilt für Satz 1 Buchstabe d bis h auch in Verbindung mit § 20 Abs. 3. [3]Satz 1 Buchstabe a und b ist nur anzuwenden, soweit die Anteile nicht einbringungsgeboren im Sinne des § 21 des Umwandlungssteuergesetzes sind. [4]Satz 3 gilt nicht, wenn

a) der in Satz 1 Buchstabe a und b bezeichnete Vorgang später als sieben Jahre nach dem Zeitpunkt der Einbringung im Sinne des § 20 Abs. 1 Satz 1 oder des § 23 Abs. 1 bis 3 des Umwandlungssteuergesetzes, auf die der Erwerb der in Satz 3 bezeichneten Anteile zurückzuführen ist, stattfindet, es sei denn, innerhalb des genannten Siebenjahreszeitraums wird ein Antrag auf Versteuerung nach § 21 Abs. 2 Satz 1 Nr. 1 des Umwandlungssteuergesetzes gestellt oder
b) die in Satz 3 bezeichneten Anteile auf Grund eines Einbringungsvorgangs nach § 20 Abs. 1 Satz 2 oder nach § 23 Abs. 4 des Umwandlungssteuergesetzes er worben worden sind, es sei denn, die eingebrachten Anteile sind unmittelbar oder mittelbar auf eine Einbringung im Sinne des Buchstabens a innerhalb der dort bezeichneten Frist zurückzuführen.

[5]Satz 1 Buchstabe a, b und d bis h ist nicht anzuwenden für Anteile, die bei Kreditinstituten und Finanzdienstleistungsinstituten nach § 1 Abs. 12 des Gesetzes über das Kreditwesen dem Handelsbuch zuzurechnen sind; Gleiches gilt für Anteile, die von Finanzunternehmen im Sinne des Gesetzes über das Kreditwesen mit dem Ziel der kurzfristigen Erzielung eines Eigenhandelserfolges erworben werden. [6]Satz 5 zweiter Halbsatz gilt auch für Kreditinstitute, Finanzdienstleistungsinstitute und Finanzunternehmen mit Sitz in einem anderen Mitgliedstaat der Europäischen Gemeinschaft oder in einem anderen Vertragsstaat des EWR-Abkommens;

…

Übersicht

I. Allgemeines

1. Bedeutung der Vorschrift

1 Das Recht der einbringungsgeborenen Anteile gilt fort. Bestanden zum 13.12.2006 einbringungsgeborene Anteile iSd § 21 I 1 aF, so sind diese einer Vielzahl von Sonderregelungen unterworfen, deren Anwendung Kenntnisse des Rechts einbringungsgeborener Anteile voraussetzt. Deshalb wird § 21 aF hier weiter kommentiert.

Von besonderer Bedeutung ist die Qualifikation von Anteilen als einbringungsgeboren in folgenden Fällen:

- § 8b IV KStG aF, s. § 27 Rn. 32
- § 3 Nr. 40 S 3, 4 EStG aF, s. § 27 Rn. 33
- § 20 III 4, s. § 27 Rn. 46
- § 21 II 6, s. § 27 Rn. 46
- § 13 II 2, s. § 27 Rn. 47
- § 21 II aF

Nach §§ 20 III 4, 21 II 6 und 13 II 2 können auch nach dem 12.12.2006 einbringungsgeborene Anteile iSd § 21 aF neu entstehen bzw. diese steuerliche Qualifikation auf nach dem vorgenannten Stichtag entstehende Anteile übergehen.

2 § 21 aF setzt eine Einbringung nach § 20 I oder § 23 I bis IV aF oder einen Formwechsel nach § 25 aF voraus. Das **eingebrachte Vermögen** muss entweder Betriebsvermögen sein oder es muss sich um Beteiligungen an KapGes nach § 17 EStG oder

einbringungsgeborene Anteile handeln (aA möglicherweise BFH v. 19.10.1998 – VIII R 69/95, DStR 1999, 366 hinsichtlich wesentlicher Beteiligungen). Durch die Sacheinlage von Wirtschaftsgütern des Privatvermögens entstehen keine einbringungsgeborenen Anteile, auf die § 21 aF anzuwenden wäre (BMF v. 4.5.1993, FR 1993, 450); dies gilt jedoch nicht für einbringungsgeborene Anteile oder nicht wesentliche Beteiligungen, die innerhalb der Spekulationsfrist eingebracht werden (OFD Berlin v. 7.5.1999, GmbHR 1999, 833 mit Anm. *Haritz*; aA *Söffing* BB 1999, 1358: Anteile jeglicher Art). Auch verdeckte Einlagen führen nicht zu einbringungsgeborenen Anteilen (zur verdeckten Einlage von wesentlichen Beteiligungen s. BFH v. 11.2.1998, BStBl. II, 691 u. BMF v. 2.11.1998, BStBl. I, 1227).

Die aufnehmende KapGes darf das auf sie übergehende Vermögen bzw. die KapGes, die beim Formwechsel aus der PersGes hervorgeht, darf die auf sie übergehenden Vermögensgegenstände nicht zum Teilwert ansetzen. Durch eine **Einbringung unter dem Teilwert** gegen Gewährung von Gesellschaftsanteilen entstanden einbringungsgeborene Anteile. Eine Einbringung unter dem Teilwert führt zu einer **doppelten Steuerverstrickung stiller Reserven** – einmal auf der Ebene der aufnehmenden KapGes bzw. im Falle des Formwechsels auf der Ebene der KapGes, die aus der formwechselnden PersGes hervorgeht, und zum zweiten auf der Ebene des Gesellschafters dieser jeweiligen KapGes (krit. zur früheren gesetzgeberischen Grundkonzeption *Knobbe-Keuk* S 830 ff.). Mit Urt. v. 15.4.2015 (I R 54/13, BStBl. II 2017, 136) hat der BFH die Verdoppelung der stillen Reserven für mit dem GG vereinbar erklärt und eine Vorlage an das BVerfG abgelehnt. § 21 aF unterwirft die stillen Reserven in den Anteilen, die bei einer Einbringung oder einem Formwechsel nicht aufgedeckt wurden, im Falle der Realisierung durch einen Veräußerungsakt oder bei Verwirklichung eines Ersatztatbestands nach § 21 II aF, der Besteuerung auf der Ebene des Anteilsinhabers der KapGes. Durch die Steuerverstrickung der Anteile werden bei einer Realisierung darüber hinaus auch diejenigen Wertsteigerungen erfasst, die die Anteile erst nach der Einbringung erfahren haben.

Die Rechtsfolgen des § 21 aF treten unabhängig davon ein, ob die einbringungsgeborenen Anteile an der KapGes im **Betriebsvermögen** oder im **Privatvermögen** gehalten werden (BFH v. 29.4.1982 – IV R 51/79, BStBl. II, 738; BFH v. 27.3.1996 – I R 89/95, BStBl. II 1997, 225; UmwStE 1998 Rn. 21.11; *Rödder* in FS Flick S. 543, 544 mwN). Auch ist es unerheblich, ob es sich um eine Beteiligung iSd § 17 EStG handelt oder nicht. Ein Veräußerungsgewinn nach § 21 aF gilt als Veräußerungsgewinn iSd § 16 EStG. Liegen die einbringungsgeborenen Anteile in einem Betriebsvermögen, stellt § 21 aF eine den allgemeinen Gewinnermittlungsvorschriften vorgehende Spezialregelung dar. 3

Der **Veräußerungsgewinn,** der nach § 21 aF der Besteuerung unterworfen wird, bemisst sich nach unterschiedlichen Kriterien. Entscheidend ist, ob der Veräußerungstatbestand des § 21 I aF oder ein Ersatztatbestand des § 21 II aF eingreift. Veräußerungsgewinn iSd § 21 I aF ist die Differenz zwischen dem Veräußerungspreis nach Abzug der Veräußerungskosten und den Anschaffungskosten nach § 20 IV aF. Veräußerungsgewinn iSd § 21 II aF ist im Grundsatz die Differenz zwischen dem gemeinen Wert der Anteile und den Anschaffungskosten nach § 20 IV aF. 4

Für Zwecke der ErbSt genießen einbringungsgeborene Anteile keine Vorteile (*Haritz* GmbHR 1997, 208; *v. Rechenberg* GmbHR 1997, 814; *Piltz* ZEV 1997, 61; BFH v. 13.1.2005 – II R 37/03, BStBl. II, 360). 5

2. Zeitlicher Anwendungsbereich

Der zeitliche Anwendungsbereich des § 21 aF erstreckt sich auf alle Anteile an einer KapGes, die aus einer Sacheinlage oder einem Formwechsel vor dem 13.12.2006 hervorgegangen sind, ohne dass bei der aufnehmenden KapGes bzw. bei der KapGes, die aus dem Formwechsel hervorgegangen ist, die übergegangenen Wirtschaftsgüter mit dem Teilwert angesetzt worden sind. Es ist unerheblich, wann die Einbringung bzw. die Umwand- 6 lung erfolgte. Auch **zeitlich sehr lang zurückliegende Einbringungsvorgänge** unterliegen der Anwendung der Vorschrift.

Einbringungsvorgänge seit 1933 können zu einbringungsgeborenen Anteilen geführt haben (RFH v. 9.5.1933, RFHE 33, 276; RFH v. 12.4.1934, RFHE 36, 171). Hierbei ist jedoch für Vorgänge vor der Währungsreform 1948 zu berücksichtigen, dass fiktive Anschaffungskosten auf den 21.6.1948 gelten (s. zum Parallelproblem bei § 17 EStG *R. Schmidt* in H/H/R § 17 EStG Rn. 207). Bei ostdeutschen Gesellschaften wären die Anschaffungskosten zum 1.7.1990 aufgrund des DMBilG zu berücksichtigen. In früheren Jahren wurden Einbringungsvorgänge, die zu einbringungsgeborenen Anteilen führten, von der FinVerw nur lückenhaft in den Steuerakten dokumentiert und durch Formblätter festgehalten. Inzwischen dürften die neueren Einbringungsvorgänge und die formwechselnden Umwandlungen nach § 25 aF regelmäßig in Formblättern erfasst worden sein (vgl. FinMin Sachsen v. 15.3.1998 DStR 1998, 1753). Die Klassifizierung als einbringungsgeboren wirkt für Anteile an KapGes über Jahrzehnte und kann für die beteiligten Steuerpflichtigen zu unangenehmen und teuren Überraschungen führen (s. zu sog. Kellerakten der FinVerw und zu neuen Tatsachen iSd § 173 I Nr. 1 AO: BFH v. 11.2.1998 – I R 82/97, DStR 1998, 1214). Die Kenntnis von der Steuerverstrickung dürfte bei einer Vielzahl von steuerpflichtigen Anteilseignern fehlen. Die steuerberatenden Berufe gehen erhebliche Risiken ein, wenn sie die Entstehungshistorie von Anteilen nicht dahingehend überprüfen, ob diese nach § 21 aF steuerverstrickt sind. Beratungsstrategien, die sich alleine daran orientieren, ob die kritische Beteiligungshöhe iSd § 17 EStG erfüllt ist, sind nicht ausreichend. Das latente Steuer- und Haftungsrisiko gerade bei – lange zurückliegenden – Einbringungen, bei denen nicht die Teilwerte angesetzt wurden, ist groß (s. BFH v. 11.2.1998 – I R 82/97, DStR 1998, 1214). Bei § 21 aF handelt es sich – ebenso wie bei dem gem. § 52 Abs. 59 EStG aF heimlich fortgeltenden § 50c EStG – um eine Vorschrift, die hohe Haftungsrisiken für die steuerberatenden Berufsstände beinhaltet.

7 Es besteht keine generelle Möglichkeit, die Existenz von einbringungsgeborenen Anteilen und deren Anschaffungskosten in einem rechtsförmigen Verfahren festzustellen. Durch § 10 VO zu § 180 II AO wurde der Weg eröffnet, in speziellen Situationen ein gesondertes und einheitliches Feststellungsverfahren durchzuführen (s. dazu Rn. 147 ff.). Diese Vorschrift ist aber inzwischen wieder aufgehoben worden.

8 *(einstweilen frei)*

II. Einbringungsgeborene Anteile

1. Legaldefinition

9 Einbringungsgeborene Anteile sind gem. der Definition des § 21 I 1 aF solche Anteile an einer KapGes, die durch **Sacheinlage** nach § 20 I aF oder § 23 I bis IV aF erworben werden. Darüber hinaus handelt es sich aufgrund der Verweisung in § 25 S. 1 aF auf den achten Teil des Gesetzes auch bei im Rahmen eines **Formwechsels** entstehenden Anteilen um einbringungsgeborene Anteile, soweit die Mitunternehmeranteile unter dem Teilwert angesetzt werden. Es muss sich um Anteile an einer KapGes, also um Geschäftsanteile an einer GmbH, Aktien einer AG oder KGaA oder Anteile an einer diesen Körperschaften gleichgestellten EU-KapGes handeln. Die Sacheinlage, aufgrund derer die Anteile dem Einbringenden gewährt werden, darf zum Einlagezeitpunkt nicht zum Teilwert nach steuerlichen Kriterien bewertet worden sein. Vielmehr muss der Teilwert (§ 6 I Nr. 1 S. 3 EStG) unterschritten worden sein. Es ist unerheblich, ob die Buchwerte nach § 20 II aF fortgeführt wurden oder ein nach § 20 II aF erlaubter höherer Wert angesetzt worden ist, solange nur der Teilwert des eingebrachten Betriebsvermögens nicht erreicht ist. Bei einem Formwechsel einer PersGes in eine KapGes nach §§ 190 ff. UmwG sind die durch den Formwechsel entstehenden Anteile an der KapGes dann einbringungsgeboren, wenn die

KapGes das Betriebsvermögen in ihrer steuerlichen Eröffnungsbilanz nicht mit dem Teilwert ansetzt.

§ 20 I aF setzt voraus, dass neue Anteile gewährt werden. Werden neben neuen Anteilen auch andere Wirtschaftsgüter, die auch eigene alte Gesellschaftsanteile der übernehmenden KapGes sein können, als Gegenleistung hingegeben, so handelt es sich bei den als Gegenleistung hingegebenen Anteilen nicht um einbringungsgeborene iSd § 21 aF.

Nach dem Wortlaut des Gesetzes konnten einbringungsgeborene Anteile in folgenden Fällen entstehen:

– § 20 I iVm II aF **10**
  Einbringung eines Betriebs, Teilbetriebs, Mitunternehmeranteils oder von Anteilen an einer KapGes, wenn es sich im letztgenannten Fall um mehrheitsvermittelnde Anteile handelt.
– § 23 I iVm § 20 II 1–4 u. 6 aF **11**
  Einbringung eines Betriebs oder Teilbetriebs durch eine unbeschränkt körperschaftsteuerpflichtige KapGes in eine inländische Betriebsstätte einer EU-KapGes.
– § 23 II iVm § 20 II 1–4 u. 6 aF **12**
  Einbringung einer inländischen Betriebsstätte einer beschränkt körperschaftsteuerpflichtigen EU-KapGes in eine unbeschränkt oder beschränkt körperschaftsteuerpflichtige EU-KapGes.
– § 23 III iVm § 20 IV 1 aF **13**
  Einbringung einer in einem anderen Mitgliedstaat der EU belegenen Betriebsstätte im Rahmen der Einbringung eines Betriebs oder Teilbetriebs durch eine unbeschränkt körperschaftsteuerpflichtige KapGes in eine beschränkt körperschaftsteuerpflichtige EU-KapGes.
– § 23 IV iVm § 20 II 1–4 u. 6 aF **14**
  Einbringung von Anteilen iSd § 20 I 2 aF an einer EU-KapGes in eine andere EU-KapGes.
– § 25 iVm § 20 II aF **15**
  Bei einer formwechselnden Umwandlung nach der Vorschrift des § 190 UmwG einer PersGes in eine KapGes galt durch den Verweis in § 25 aF auf den achten Teil des Gesetzes § 21 aF entsprechend. Daher sind auch die Anteile an der KapGes, die aus der formwechselnden Umwandlung einer PersGes hervorgehen, nach § 21 aF steuerverstrickt, wenn die steuerliche Bewertung des Betriebsvermögens bei der KapGes nicht zum Teilwert erfolgte.

Die Möglichkeit, die Buchwerte fortzuführen oder nicht dem Teilwert entsprechende Werte anzusetzen, ist bei Einbringung nicht immer durch das Gesetz eröffnet. So schränkten § 20 III, § 25 iVm § 20 III und § 23 IV 2 aF das Ansatzwahlrecht in problematischer Weise ein und schreiben zwingend einen Teilwertansatz vor. Für die Einbringungsfälle des § 23 aF war der Wortlaut des § 21 I 1 aF zu weitgehend und die Vorschrift ist aufgrund der Regelungen der FusionsRL und nationaler Vorschriften nur eingeschränkt anzuwenden. **16**

(einstweilen frei) **17, 18**

2. Kapitalmaßnahmen: Erweiterung der Definition durch die Rspr.

a) Problemstellung

Entstehen einbringungsgeborene Anteile durch Gründung oder Kapitalerhöhung gegen Sacheinlage, werden stille Reserven gebildet. Die Bildung der stillen Reserven erfolgt auf der Ebene der KapGes und der Wert der Anteile an dieser KapGes wird ebenfalls durch die stillen Reserven beeinflusst. Insbesondere in den folgenden Fällen wird der Wert derjenigen Anteile, die nicht durch Sacheinlage entstanden sind, durch Einbringungen, die **19** steuerlich unter dem Teilwert bewertet wurden, ebenfalls für steuerliche Zwecke verändert:

20 – Bei der **Gründung einer KapGes** wird ein Teil des Kapitals durch eine Einlage, die nicht zum Teilwert bewertet wird, ein anderer Teil durch Barmittel gedeckt. Im Rahmen der Barkapitaleinzahlung wird kein oder kein den stillen Reserven entsprechendes Aufgeld iSd § 272 II HGB eingezahlt, so dass die Übertragung der stillen Reserven in der Sacheinlage, die nicht zum Teilwert bewertet wurde, nicht ausgeglichen wird. Im wirtschaftlichen Ergebnis führen die stillen Reserven zu einer Wertsteigerung auch der Anteile, die nicht gegen eine Sacheinlage, die unter Teilwert bewertet wurde, ausgegeben wurden.

21 – Ist eine KapGes durch Sacheinlage, die nicht zum Teilwert bewertet wurde, gegründet worden, führen spätere Kapitalerhöhungen mit **Bareinlagen ohne Zahlung eines hinreichenden Aufgeldes** ebenfalls zu einer Wertsteigerung der neuen Anteile, die im Rahmen der Kapitalerhöhung ausgegeben werden.

22 – Umgekehrt führt eine Kapitalerhöhung durch Sacheinlagen, die nicht zum Teilwert bewertet werden, bei einer bestehenden KapGes, die über keine den übertragenen stillen Reserven entsprechenden stillen oder offenen Reserven verfügt, zu einer **Wertsteigerung der Altanteile** der bestehenden KapGes.

23 – Bei Kapitalerhöhungen aus Gesellschaftsmitteln liegt der Verkehrswert der neuen Anteile im Allgemeinen über deren Nennwert, die in der Gesellschaft vorhandenen stillen Reserven gehen auch auf die neuen Anteile über (Rn. 36).

24 – **Formwechsel** nach § 190 ff. UmwG einer Personenhandelsgesellschaft oder Partnerschaftsgesellschaft in eine KapGes. Wird das Betriebsvermögen bei der KapGes nicht zum Teilwert angesetzt, führen **spätere Kapitalerhöhungen** zu einer Wertsteigerung der neuen Anteile, wenn die Kapitalerhöhungen ohne hinreichendes Aufgeld oder bei Sacheinlagen ohne Übergang entsprechender stiller Reserven erfolgen.

b) Historische Sicht der FinVerw

25 Die FinVerw vertrat in der Vergangenheit die Ansicht, dass der Übergang stiller Reserven, die durch Sacheinlagen iSv § 20 I aF entstanden sind, im Rahmen der Gründung oder Kapitalerhöhung (Bar- oder Sacheinlage) auf neue nicht durch Sacheinlage iSd § 20 I aF erworbene Anteile eine Gewinnrealisierung nach § 21 aF auslöst (BdF v. 16.6.1978, BStBl. I, 235 Rn. 66). Diese Auffassung stellte selbst nach Ansicht der FinVerw keine befriedigende Lösung dar, denn in einer Reihe weiterer Verwaltungsanweisungen wurden Ausnahmen zur Annahme einer Gewinnrealisierung zugelassen:

26 – Bei der Übertragung stiller Reserven auf Anteile, die zu einem inländischen Betriebsvermögen gehören, wurde erlaubt, dass der Anteilseigner einen entsprechenden Antrag auf Nichtbesteuerung stellt (BdF v. 8.3.1984, BStBl. I 223).

– Eine Gewinnrealisierung sollte auch entfallen, wenn bei einer Kapitalerhöhung keine neuen Anteile ausgegeben werden, sondern der Nominalbetrag bestehender Anteile aufgestockt wird (BdF v. 20.10.1986, BStBl. I 505).

– War eine Kapitalerhöhung aus Gesellschaftsmitteln nicht möglich, wurde eine Umwegfinanzierung gebilligt (BdF v. 17.8.1982, BB 1982, 1591).

27 *(einstweilen frei)*

28 Der BFH hat mit mehreren Urteilen vom 8.4.1992 (I R 128/88, BStBl. II, 761, 763 f.) die Annahme der Gewinnrealisierung abgelehnt und die **Wertabspaltungstheorie** entwickelt, nach der die Steuerverstrickung des § 21 aF sich auch auf Anteile oder Teile von Anteilen erstreckt, auf die stille Reserven im Rahmen von Gründungs- oder Kapitalerhöhungsvorgängen übergehen. Die FinVerw hat sich der vom BFH entwickelten Ansicht angeschlossen (BMF v. 22.1.1993, BStBl. I, 185).

c) BFH: Wertabspaltung bei Kapitalmaßnahmen

Die Rspr. des BFH beruht im Wesentlichen auf der Annahme einer Wertabspaltung bei Kapitalerhöhung. Ausgangspunkt ist das Urt. des BFH v. 8.4.1992 (I R 128/88 u. I R 160/90, BStBl. II, 761, 764). In diesem Urt. ging es darum, dass Geschäftsanteile an einer GmbH durch Sacheinlage erworben worden waren, bei der das eingebrachte Betriebsvermögen bei der GmbH nicht zum Teilwert angesetzt worden war. Nachfolgend erhöhte die GmbH ihr Stammkapital. Der Gesellschafter, der einbringungsgeborene Anteile hatte, nahm an der Stammkapitalerhöhung teil. Der BFH stellt darauf ab, dass dem Gesellschafter kraft seines bisherigen Geschäftsanteils ein gesetzliches oder vertragliches Recht zusteht, bei der Kapitalerhöhung junge Anteile im Verhältnis seiner Beteiligung zu beziehen (v. 8.4.1992 BStBl. II 761; v. 16.4.1991 BStBl. II 832; v. 20.2.1975 BStBl. II 505). Kommt es aufgrund eines Bezugsrechts bei einer Kapitalerhöhung zu einem Ausgabekurs, der unter dem Wert des Geschäftsanteils liegt, verlieren die alten Anteile an der KapGes im Wege der Wertabspaltung an Substanz, die zunächst auf das neu entstandene Bezugsrecht übergeht und sich sodann in den jungen Anteilen fortsetzt. Der abgespaltenen Substanz haftet die Steuerverstrickung nach § 21 aF an. 29

Die Wertabspaltung gilt sowohl in den Fällen, in denen Kapitalerhöhungen aufgrund eines Bezugsrechts von dem bisherigen Gesellschafter vorgenommen werden, als auch dann, wenn **Kapitalerhöhungen durch Dritte** erfolgen, auf die das Bezugsrecht des ursprünglich berechtigten Gesellschafters unentgeltlich übergeht. Bei diesen Dritten kann es sich sowohl um bereits vor der Kapitalerhöhung beteiligte Gesellschafter als auch um bisher nicht Beteiligte handeln. Entscheidend ist die Unentgeltlichkeit des Bezugsrechtsübergangs im Hinblick auf die stillen Reserven (BFH v. 8.4.1992 – I R 128/88 u. I R 160/90, BStBl. II, 761 u. 763). Soweit in den Urt. des BFH im Sachverhalt erwähnt wird, dass das Bezugsrecht nahestehenden Personen übertragen wurde, ist dies irrelevant, da es für die Erweiterung des Begriffs der einbringungsgeborenen Anteile nicht darauf ankommt, ob nahestehende Personen bezugsberechtigt sind. Ein unentgeltlicher Bezugsrechtsübergang ist dann nicht anzunehmen, wenn der bezugsberechtigte Dritte ein Aufgeld in die KapGes einzahlt, mit dem die vorhandenen stillen Reserven der KapGes abgegolten werden. 30

Der Wertabspaltung durch die unentgeltliche Übertragung eines Bezugsrechts steht der Fall gleich, dass **einbringungsgeborene Substanz unmittelbar und willentlich im erkennbaren Interesse** des Gesellschafters, der die Einbringung bewirkt hat, auf andere Anteile wechselt (BFH v. 8.4.1992 – I R 160/90, BStBl. II 763; v. 8.4.1992 – I R 164/90, BFH/NV 1992, 778). Das ungeschriebene Tatbestandsmerkmal des unmittelbaren und willentlichen Wechsels von Substanz im erkennbaren Interesse des Gesellschafters, der die Einbringung bewirkt hat, wurde vom BFH für die Fälle entwickelt, in denen von einer Abspaltung eines Bezugsrechts gesellschaftsrechtlich nicht ausgegangen werden kann. Dieses Tatbestandskriterium ersetzt die gesellschaftsrechtliche Begründung der Wertabspaltung in Form von Bezugsrechten durch eine wirtschaftliche Wertabspaltungstheorie. 31

Die Wertabspaltungstheorie erweist sich als tauglich für die **Lösung** einer Reihe **problematischer Fälle.** Diese ergeben sich dann, wenn unter fremden Dritten kaufmännisch ausgehandelte Geschäfte abgeschlossen werden, und dennoch bei objektiver Betrachtung ein Übergang stiller Reserven einbringungsgeborener Substanz vermutet werden kann. Hierbei kommen vor allem zwei Fallkonstellationen in Betracht. 32

In der ersten Fallkonstellation wird bei einer KapGes, an der einbringungsgeborene Anteile bestehen, beschlossen, das gezeichnete Kapital zu erhöhen. Zur Kapitalerhöhung werden fremde Dritte zugelassen. Die Altgesellschafter gehen irrtümlich (zB aufgrund ihrer subjektiven Markteinschätzung) von einem Wert der KapGes aus, der niedriger liegt als der objektive Verkehrswert. Die neuen Anteile sind nicht – auch nicht teilweise – einbringungsgeboren, denn das vom BFH entwickelte Kriterium des unmittelbaren und willentlichen Wechsels von Substanz von einbringungsgeborenen auf andere Anteile im erkennbaren Interesse des Gesellschafters, der die Einbringung bewirkt hat, ist nicht erfüllt. Zwar ist das Kriterium des unmittelbaren und willentlichen Wechsels von Substanz im erkennbaren Interesse des Gesellschafters, der die Einbringung bewirkt hat, für Fälle entwickelt worden, in denen gesellschaftsrechtlich ein Bezugsrecht mit einem besonderen Wert nicht angenommen werden kann. Das Kriterium ist dennoch zur Auslegung von Fällen der Wertabspaltung bei Bezugsrechten heranzuziehen. Dadurch wird vermieden, dass die FinVerw darüber richtet, ob kaufmännisch ausgehandelte Geschäfte steuerlich zu akzeptieren sind oder nicht.

33 Die zweite problematische Fallkonstellation der kaufmännisch ausgehandelten Kapitalerhöhung ist dann gegeben, wenn Neugesellschafter zur Barkapitalerhöhung zugelassen werden, die **kein oder kein hinreichendes Aufgeld** zahlen, die Altgesellschafter sich von der gesellschaftsrechtlichen Beteiligung der Neugesellschafter jedoch Vorteile versprechen. Die Vorteile können zB darin bestehen, dass die Neugesellschafter über Geschäftsverbindungen verfügen oder persönliche Erfahrungen haben, die der KapGes nützen können. In diesen Fällen können – teilweise – einbringungsgeborene Anteile bei den Neugesellschaftern entstehen, denn die Wertabspaltung in Form der Bezugsrechte erfolgt unentgeltlich und resultiert aus einem willentlichen Wechsel von Substanz im erkennbaren Interesse der Altgesellschafter, die die Einbringung bewirkt haben (FG München v. 30.9.1997 – 16 K 4577/96, DStRE 1998, 45, 47).

34 Im Fall von Kapitalmaßnahmen werden durch die Übertragung einbringungsgeborener Substanz auch nicht durch Sacheinlage entstandene **Anteile teilweise als einbringungsgeborene qualifiziert.**

35 Die vom BFH entwickelte **Grundformel** (BFH v. 8.4.1992 – I R 162/90, BStBl. II, 764) für die Berechnung des Anteils des Nominalbetrages einbringungsgeborener Anteile im Fall von Kapitalmaßnahmen lautet: Der Nominalbetrag einbringungsgeborener Anteile ergibt sich aus dem Nominalbetrag aller Anteile, multipliziert mit dem Wert der Anteile vor Kapitalerhöhung, dividiert durch den Wert der Anteile nach Kapitalerhöhung.

36 Auch im Fall der **Kapitalerhöhung aus Gesellschaftsmitteln** bietet die Wertabspaltungstheorie eine konsistente Lösung. Die aufgrund der Kapitalerhöhungen aus Gesellschaftsmitteln ausgegebenen neuen Anteile sind insoweit nach § 21 aF verstrickt, wie das Bezugsrecht auf einbringungsgeborene Anteile zurückgeht (UmwStE 1998 Rn. 21.16; BFH v. 6.12.1968 – IV R 174/67, BStBl. II 1969, 105).

37 Geht einbringungsgeborene Substanz auf Anteile über, die Dritten zustehen, drohten bereits früher nach Auffassung der FinVerw **schenkungsteuerliche Folgen** (BMF v. 15.3.1997, BStBl. I 350; krit. *Viskorf* DStR 1998, 150). Die Rspr. des BFH tendiert – jedenfalls bei Annahme eines einheitlichen Geschäfts – neuerdings auch zu einem schenkungsteuerlichen Zugriff. Hieß es früher noch apodiktisch, die als Folge einer Zuwendung an eine GmbH eintretende Erhöhung des Werts der Geschäftsanteile stelle keine Zuwendung an die (anderen) Gesellschafter dar (BFH v. 25.10.1995 – II R 67/93, BStBl. II 1996, 160; v. 9.12.2009 – II R 28/08, BStBl. II 2010, 566), und war die gemeinsame Gründung einer GmbH durch mehrere Personen und anschließende Einbringung einer KG durch einen Teil der Gründer noch nicht schenkungsteuerpflichtig (BFH v. 19.6.1996 – II R 83/92, BStBl. II 616), so war aus zwei Gründen trotzdem häufiger mit Schenkungsteuer zu rechnen:

38 – Werden Dritte zur Kapitalerhöhung bei einer GmbH zugelassen, die über wesentliche stille Reserven verfügt – dies dürfte bei Gesellschaften mit einbringungsgeborenen Anteilen häufig der Fall sein – und zahlt der Dritte kein adäquates Aufgeld, liegt eine Zuwendung der Altgesellschafter an die Neugesellschafter vor (BFH v. 20.12.2000 – II R 42/99, BStBl. II 2001, 454).

39 – Wird eine GmbH durch mehrere Personen gegründet und bringt in diesem Zusammenhang einer der Gründer sein Einzelunternehmen, das hohe stille Reserven hat, zu Buchwerten ein, wird ein einheitliches Rechtsgeschäft mit der Folge der Schenkungsteuer angenommen (BFH v. 12.7.2005 – II R 8/04, BStBl. II, 845).

§ 7 VIII ErbStG, der laut § 37 VII ErbStG auf Erwerbe anzuwenden ist, für die die Steuer nach dem 13.12.2011 entsteht, bestimmt nunmehr, dass als Schenkung auch die Werterhöhung von Anteilen an einer KapGes gilt, die unmittelbar oder mittelbar einem Bedachten durch die Leistung eines Zuwendenden an die KapGes bewirkt wird. 40

d) Beispiele

Für Beispielsrechnungen s. 3. Aufl. Rn. 40 ff. 41

(einstweilen frei) 42–44

e) Streitpunkte

Bei der Anwendung der Wertabspaltungstheorie gibt es differierende Auffassungen, und zwar im Wesentlichen zu den Problemen der Verhaftungsquote und Aufteilung der Anschaffungskosten. 45

Verhaftungsquote: Umstritten war, ob sich der Status der Einbringungsgeborenheit auf alle Anteile quotal bezieht, die bei Kapitalmaßnahmen von dem Übergang einbringungsgeborener Substanz infiziert werden, oder ob die Qualifikation als einbringungsgeboren einzelnen Anteilen in vollem Umfang zugeordnet werden kann. Die Antwort auf diese Frage ist bei einer teilweisen Anteilsveräußerung unter Gewinnrealisierung bedeutsam und hat wegen § 5 IV aF, der gem. § 27 III Nr. 1 fort gilt, Konsequenzen für eine spätere Umwandlung in eine PersGes. Für eine quotale Verstrickung aller Anteile spricht, dass stille Reserven auf alle Anteile in gleichem Maße übergehen (*Herzig/Rieck* DStR 1998, 102; BFH v. 28.11.2007 – I R 34/07, BStBl. II 2008, 533), es entstehen jedoch schwer lösbare Folgeprobleme. Die von der FinVerw und Teilen der Lit. vertretene quotale Aufteilung (*Probst* BB 1992, 1396; UmwStE 1998 Rn. 21.14) war deshalb in der 2. Aufl. abgelehnt worden (so auch *Herzig/Rieck* DStR 1998, 102). Nach der vorgenannten BFH-Entscheidung ist die Streitfrage jedoch abschließend gelöst. Die Annahme einer quotalen Verstrickung stützt sich konsequent auf die BFH-Rspr. zur Umverteilung von Anschaffungskosten bei Bezugsrechtsabspaltung (BFH v. 6.12.1968 – IV R 174/67, BStBl. II 1969, 105; v. 20.2.1975 – IV R 15/71, BStBl. II, 505).

Aufteilung der Anschaffungskosten: Unklar ist, ob es im Zuge der Übertragung einbringungsgeborener Substanz bei Kapitalmaßnahmen auch zu einer Neuverteilung der Anschaffungskosten kommt. Die hM und die FinVerw gehen davon aus, dass entsprechend der Rspr. zur Bezugsrechtsabspaltung (Rn. 45 und BFH v. 21.8.1996 – I R 75/95, BFH/NV 1997, 314; FG BaWü v. 17.2.1997 – 8 V 17/96, GmbHR 1997, 754; BFH v. 21.1.1999 – IV R 27/97, DStR 1999, 489, 494 = BStBl. II 638 – der erkennende IV. Senat ist jedoch nicht für § 21 aF zuständig) die Anschaffungskosten der durch Sacheinlage entstehenden einbringungsgeborenen Anteile auch teilweise auf diejenigen Anteile übergehen, die im Rahmen von Kapitalmaßnahmen als einbringungsgeboren infiziert werden (*Herzig/Rieck* DStR 1998, 103 mit Fallbeispielen; aA *Gerlach* BB 1998, 1506 mit ausführlicher Dokumentation der Rspr. und Lit.). 46

Die unterschiedlichen Auffassungen haben dann keine bedeutsamen materiellen Auswirkungen, wenn ein Gesellschafter seine gesamten einbringungsgeborenen und nicht einbringungsgeborenen, aber dennoch steuerverstrickten Anteile (zB nach § 17 EStG), zusammen veräußert. Relevant werden die Unterschiede in den Auffassungen vor allem dann, wenn Anteile anderer Gesellschafter durch Kapitalmaßnahmen zu einbringungsgeborenen Anteilen umqualifiziert oder Anteile eines Gesellschafters in verschiedenen Veranlagungszeiträumen veräußert werden (vgl. zum Parallelproblem bei § 17 EStG auch FG München v. 30.9.1997 – 16 K 4577/96, GmbHR 1998, 607).

Im Hinblick auf die fortgeltenden Altvorschriften § 8b IV KStG und § 3 Nr. 40 EStG und die dort normierten 7-Jahresfristen ist die Frage der quotalen Veräußerung immer dann von großer Relevanz, wenn einbringungsgeborene Beteiligungen zeitlich gestreckt veräußert werden. 47

(einstweilen frei) 48–50

f) Kritik

51 Der BFH macht es sich mit der schwierigen technischen Umsetzung der Interpretation des Rechts einbringungsgeborener Anteile einfach. Die Schwierigkeit der Aufteilung des späteren Veräußerungspreises auf einbringungsgeborene Anteile und nicht nach § 21 aF steuerverstrickte Anteile soll keinen relevanten Einwand darstellen, denn Einwendungen gingen entweder zu Lasten des Zwecks des § 21 aF oder des Steuerpflichtigen (BFH v. 8.4.1992, aaO). Der BFH ist von der theoretischen Richtigkeit der Wertabspaltungstheorie offenbar derart überzeugt, dass er das Argument mangelnder Praktikabilität nicht gelten lässt. Er berücksichtigt nicht, dass die maßgeblichen Beträge des nominellen gezeichneten Kapitals, die als einbringungsgeborene Anteile oder als nicht steuerverstrickt anzusehen sind, auf den Zeitpunkt der jeweiligen Kapitalmaßnahme zu ermitteln sind. Viele Jahre nach der Kapitalmaßnahme stattfindende Veräußerungen oder die spätere Erfüllung eines Ersatztatbestandes gem. § 21 II aF führen zu großen tatsächlichen Schwierigkeiten bei der Ermittlung der relevanten Werte. Darüber hinaus ist auch die anzuwendende **Wertermittlungsmethode** zweifelhaft und unbestimmt. Um die Gleichmäßigkeit der Besteuerung zu gewährleisten, wäre es notwendig, den jeweiligen Betrag einbringungsgeborener Anteile und nicht nach § 21 aF steuerverstrickter Anteile im Jahr der Kapitalmaßnahme gesondert festzustellen und nicht erst Jahre oder Jahrzehnte später in Diskussionen einzutreten, die aufgrund von Beweisschwierigkeiten in unbefriedigende Kompromisse münden oder in kaum entscheidbaren Finanzrechtsstreitigkeiten enden. In der Stellungnahme des Bundesrats zum Entwurf des JStG 1997 war deshalb ein gesondertes Feststellungsverfahren vorgesehen. Diese Initiative wurde vom Bundesrat anlässlich des Gesetzgebungsverfahrens zum Steuerbereinigungsgesetz 1999 wieder aufgegriffen und mündete in die Einführung des § 10 VO zu § 180 II AO (vorstehend abgedruckt nach dem Gesetzestext zu § 21 aF). Es ist in jedem Fall anzuraten, Unterlagen über die Bewertung zum Zeitpunkt der Kapitalmaßnahme langfristig aufzubewahren (*Patt/Rasche* FR 1995, 436).

52–54 *(einstweilen frei)*

g) Altfälle

55 Altfälle liegen bei Kapitalmaßnahmen vor, bei denen nach früherer Verwaltungsauffassung eine sofortige Besteuerung zu erfolgen hatte (Rn. 25). Nach geläuterter BFH-Rspr. ist jedoch keine sofortige Besteuerung im Jahr der Kapitalmaßnahme durchzuführen, sondern die Steuerverstrickung erstreckt sich auch auf nicht durch Sacheinlage unter Teilwert erworbene Anteile aufgrund der Wertabspaltungstheorie. Zu differenzieren ist zwischen Altfällen, bei denen die Besteuerung nach bisheriger Auffassung der FinVerw versehentlich oder bewusst unterblieben ist, und Altfällen, bei denen eine Besteuerung nach früherer Verwaltungsauffassung erfolgt ist.

56 **aa) Unterbliebene Versteuerung.** Ist die Besteuerung unterblieben – sei es versehentlich oder aufgrund von besonderen Verwaltungsanweisungen –, besteht **kein Vertrauensschutz** dahingehend, dass die Besteuerung nach den Grundsätzen der BFH-Rspr. im Zeitpunkt der Veräußerung oder der Erfüllung eines Ersatztatbestandes nach § 21 II aF zu einem späteren Zeitpunkt entfällt (*Patt/Rasche* FR 1995, 436). Der Steuerpflichtige kann sich nicht auf Verjährungsgrundsätze berufen, da ein Besteuerungstatbestand durch die Kapitalmaßnahme nicht erfüllt war und die Steuerfestsetzung deshalb auch nicht der Verjährung unterliegen konnte.

57 Soweit auf eine Besteuerung nach § 21 aF in speziellen Verwaltungsanweisungen (Rn. 26) verzichtet wurde, lag diesen Anweisungen eine nach neuerer Sicht unzutreffende Interpretation des geltenden Rechts zugrunde. Die FinVerw verzichtete auf einen Steueranspruch, der ihr nach heutigem Rechtsverständnis gar nicht zustand. Dieser Verzicht kann deshalb auch keinen Vertrauenstatbestand dahin schaffen, dass die spätere Tatbestandsverwirklichung nicht zu einer Besteuerung führt.

bb) Besteuerung ist erfolgt. Erfolgte aufgrund einer Kapitalmaßnahme eine **bestandskräftige Steuerveranlagung** auf der Basis der überholten Verwaltungsansicht, so sind die Anteile, die der Besteuerung unterworfen wurden, nicht mehr als einbringungsgeboren anzusehen. Aus Vertrauensschutzgesichtspunkten ist die FinVerw verpflichtet, an ihrer früheren Auffassung insoweit festzuhalten, wie die Steuer bestandskräftig veranlagt wurde. Eine Änderung oder Aufhebung des Steuerbescheids, der die Besteuerung aufgrund einer Kapitalmaßnahme festsetzte, kommt gem. § 174 I AO nicht in Betracht, denn es ist nicht ein bestimmter Sachverhalt in mehreren Steuerbescheiden zuungunsten des steuerpflichtigen Anteilseigners berücksichtigt worden. Vielmehr knüpfte die erste Besteuerung nach früherer Verwaltungsauffassung an die Kapitalmaßnahme an, zu einer zweiten Besteuerung kommt es aber aufgrund einer Veräußerung oder eines Ersatztatbestandes. **58**

Die BFH-Rspr. erlaubt hingegen eine doppelte Besteuerung. Das Urt. des BFH v. 10.11.1992 (VIII R 40/89, BStBl. II 1994, 222) berücksichtigt die aufgrund der unzutreffenden Verwaltungsauffassung erfolgte Besteuerung einer Kapitalerhöhung nicht und unterwirft den gesamten Veräußerungsgewinn noch einmal der Steuer. Aus dem Urt. wird jedoch nicht hinreichend deutlich, ob eine effektive Doppelbesteuerung für Teile des Veräußerungserlöses im konkreten Fall dadurch abgemildert wurde, dass hinsichtlich der gesetzeswidrigen Steuer auf die Kapitalerhöhung ein Billigkeitserlass gewährt wurde, wie er von der Lit. gefordert wird (*Patt* DStR 1996, 365). **59**

3. Unentgeltliche Übertragung gem. § 21 I 1 aF

Bei einer unentgeltlichen Übertragung der einbringungsgeborenen Anteile – einschließlich unbenannter Zuwendungen – tritt der Rechtsnachfolger in die Rechtsstellung des ursprünglichen Anteilsinhabers ein. Bei mehreren ununterbrochen aufeinanderfolgenden unentgeltlichen Übertragungen bleiben die einbringungsgeborenen Anteile nach § 21 aF steuerverstrickt. Der Rechtsnachfolger tritt auch in die Rechtsstellung bezüglich der Anschaffungskosten der einbringungsgeborenen Anteile ein. **60**

Im Falle einer **gemischten Schenkung** von einbringungsgeborenen Anteilen an einer KapGes ist der Übertragungsvorgang in einen entgeltlichen und in einen unentgeltlichen Teil nach dem Verhältnis des Verkehrswerts der einbringungsgeborenen Anteile zur Gegenleistung aufzuteilen (BFH v. 12.7.1988 BStBl. II 942). Soweit bei der gemischten Schenkung die Übertragung als entgeltlich anzusehen ist, liegt ein Veräußerungsvorgang nach § 21 aF vor. Hinsichtlich des unentgeltlichen Teils der Übertragung bei der gemischten Schenkung tritt der Rechtsnachfolger in die Rechtsposition des Übertragenden ein (FG Münster v. 18.12.1997 – 6 K 3973/95, EFG 1998, 769). Entsprechendes gilt bei einer Schenkung unter Auflage. Die Auflage muss dem übertragenden Anteilsinhaber oder einem von ihm bestimmten Dritten zugute kommen. **61**

Keine Anwendung findet die vom BFH für die teilentgeltliche Übertragung von Betrieben oder Teilbetrieben entwickelte **Einheitstheorie** auf einbringungsgeborene Anteile im Privatvermögen (zur Einheitstheorie s. BFH v. 10.7.1986 – IV R 12/81, BStBl. II 811). Der Zweck der Einheitstheorie, dem Erwerber eines Betriebs die Fortführung der Buchwerte zu ermöglichen, ist bei der Übertragung von Anteilen an KapGes nicht gegeben (BFH v. 17.7.1980 – IV R 15/76, BStBl. II 1981, 11). Dies gilt auch unter dem Gesichtspunkt, dass ein Gewinn aus der Veräußerung einbringungsgeborener Anteile als Gewinn nach § 16 EStG besteuert wird. Anderes gilt nur, wenn einbringungsgeborene Anteile im Rahmen der unentgeltlichen Übertragung von Betrieben übergehen. **62**

(einstweilen frei) **63, 64**

4. Umwandlungen bei Bestehen einbringungsgeborener Anteile

a) Umwandlung des Rechtsträgers, der Anteilsinhaber ist

65 Wird der Rechtsträger, der Anteilsinhaber der einbringungsgeborenen Anteile ist, umgewandelt und handelt es sich um eine Umwandlung, auf die §§ 3–19 anzuwenden sind, kann wie folgt unterschieden werden.

Wird bei Verschmelzung, Spaltung oder Formwechsel in der steuerlichen Schlussbilanz des übertragenden Rechtsträgers nach § 3 oder nach § 11 der gemeine Wert angesetzt oder sind die übergehenden Wirtschaftsgüter nach § 11 II 1 mit dem Wert der Gegenleistung anzusetzen, so liegt ein veräußerungsgleicher Vorgang vor. Der Ansatz des gemeinen Werts, früher des Teilwerts, bzw. der Ansatz mit dem Wert der Gegenleistung führt zur Besteuerung im Rahmen der Schlussbesteuerung des übertragenden Rechtsträgers. Dadurch verlieren die einbringungsgeborenen Anteile ihre Verstrickung nach § 21 aF.

66 Wird hingegen die **Buchwertfortführung** beschlossen oder werden die Wirtschaftsgüter in der steuerlichen Schlussbilanz des übertragenden Rechtsträgers mit Zwischenwerten angesetzt, bleibt die steuerliche Verstrickung nach § 21 aF erhalten. Der Ansatz von Zwischenwerten, die über den ursprünglichen Anschaffungskosten nach § 20 IV aF liegen, führt zur Erhöhung der Anschaffungskosten nach § 20 IV aF bei einer späteren Gewinnrealisierung nach § 21 aF.

67 Liegen die einbringungsgeborenen Anteile bei einem Rechtsträger, der steuerrechtlich als **PersGes** zu qualifizieren ist, fallen handelsrechtliche Umwandlungsvorgänge dieses Rechtsträgers nicht unter die Anwendung der Vorschriften der §§ 3 bis 19. Für solche Rechtsträger kommen vor allem folgende Umwandlungsfälle in Betracht:

– Verschmelzung einer PersGes mit einer anderen PersGes,
– Verschmelzung einer PersGes auf eine KapGes,
– Spaltung einer PersGes auf eine oder mehrere andere PersGes oder KapGes,
– Formwechsel einer PersGes in eine KapGes.

68 Bei allen diesen Umwandlungsvorgängen bleiben die Anteile, die der umzuwandelnde Rechtsträger in der Rechtsform der PersGes hält, einbringungsgeboren, es sei denn, die aufnehmende Gesellschaft setzt das auf sie übergehende Betriebsvermögen einschließlich der Anteile, die als einbringungsgeboren den Regeln des § 21 aF unterliegen, mit dem gemeinen Wert bzw. Teilwert an. Setzt der aufnehmende Rechtsträger Zwischenwerte an, bleibt die Steuerverstrickung nach § 21 aF erhalten, jedoch erhöhen sich die Anschaffungskosten iSd § 20 IV aF. Entsprechendes gilt für den Formwechsel einer PersGes in eine KapGes.

b) Umwandlung des Rechtsträgers, an dem einbringungsgeborene Anteile bestehen

69 Ein Rechtsträger, an dem einbringungsgeborene Anteile bestehen, konnte aufgrund der Definition der §§ 20 und 23 aF nur eine unbeschränkt körperschaftsteuerpflichtige KapGes iSd § 1 I Nr. 1 KStG aF oder eine EU-KapGes sein. Eine Umwandlung nach deutschem Recht kam nur für eine unbeschränkt körperschaftsteuerpflichtige KapGes iSd § 1 I Nr. 1 KStG nach den Regeln des UmwG in seiner alten Fassung in Betracht.

70 Bei **Verschmelzung** einer KapGes, an der einbringungsgeborene Anteile bestehen, **auf eine andere Körperschaft** und bei **Auf- und Abspaltung** von Vermögen einer KapGes auf eine andere Körperschaft galt bis Dezember 2006 § 13 III iVm I aF. Die erworbenen Anteile an der übernehmenden Körperschaft im Rahmen der Verschmelzung oder Spaltung traten an die Stelle der hingegebenen Anteile und sind somit einbringungsgeboren. Die hingegebenen Anteile gelten als zum Buchwert veräußert und die an ihre Stelle tretenden Anteile an der übernehmenden Körperschaft als mit dem Buchwert angeschafft. Bei diesen Umwandlungen konnte es sich um Fälle handeln, in denen ein Feststellungsverfahren nach § 10 VO zu § 180 II AO angeordnet werden kann. Dies hat sich nicht

verändert: § 13 II 2 besagt wiederum ausdrücklich, dass die Anteile an der übernehmenden Körperschaft steuerlich an die Stelle der Anteile an der übertragenden treten. Dies gilt auch dann, wenn zB bei Verschmelzungen von Körperschaften untereinander das übergehende Vermögen mit dem gemeinen Wert angesetzt wurde.

71 Bei **Verschmelzung, Auf- oder Abspaltung auf PersGes** sowie beim **Formwechsel einer KapGes in eine PersGes** gelten gem. § 5 IV aF, der im Übrigen fortgilt, einbringungsgeborene Anteile an der übertragenden bzw. formwechselnden KapGes als an dem steuerlichen Übertragungsstichtag in das Betriebsvermögen der PersGes mit den Anschaffungskosten eingelegt. Durch die Einlagefiktion zu den Anschaffungskosten, in denen sich die frühere Einlage unter dem Teilwert ausdrückt, wird es idR zu einem Übernahmegewinn iSd § 4 IV kommen. Die Besteuerung nach § 4 IV ersetzt sodann die Besteuerung nach § 21 aF. Durch die Verschmelzung, Spaltung oder den Formwechsel gehen die Anteile an der KapGes unter; die Qualifikation als einbringungsgeboren kann sich nicht auf die Anteile an der PersGes beziehen, die im Rahmen der Verschmelzung oder Spaltung übernehmender Rechtsträger ist oder im Rahmen des Formwechsels als PersGes fortbesteht. Ein Wechsel der Rechtsform einer KapGes in eine andere, zB von der GmbH in die AG, berührt die Steuerverstrickung der Anteile nach § 21 aF nicht.

72 Die Umwandlung einer ausländischen KapGes, an der einbringungsgeborene Anteile bestehen, kann jedoch unter bestimmten Voraussetzungen, insbesondere beim Wechsel in die Rechtsform der PersGes, als Veräußerungstatbestand behandelt werden (BFH v. 22.2.1989 – I R 11/85, BStBl. II, 794).

5. Einbringungen und Einlagen einbringungsgeborener Anteile

a) Einbringungen

73 Die Einbringung von einbringungsgeborenen Anteilen setzt nicht voraus, dass diese Anteile im Betriebsvermögen gehalten werden. Einbringender kann eine KapGes, eine natürliche Person oder eine PersGes sein. Eine Einbringung setzt keinen Umwandlungsvorgang iSd UmwG voraus. In Betracht kommen Einbringungen, für die §§ 20, 21 oder 24 (bzw. für die nach früherem Recht §§ 20 I 2, 23 IV oder 24 aF) anzuwenden sind bzw. waren, es sind also Einbringungen in Kapital- wie PersGes erfasst. Zu differenzieren sind die Rechtsfolgen, die für Einbringungen unter Anwendung des UmwStG 1995 und der jetzt geltenden Fassung des UmwStG zu verzeichnen sind.

74 **Frühere Rechtslage:** Wurde hinsichtlich der eingebrachten Anteile an der KapGes der Teilwert bei dem Aufnehmenden angesetzt, trat eine Gewinnrealisierung ein. Die Einbringungsgeborenheit der Anteile endete. Wurde jedoch der Buchwert fortgeführt oder ein Zwischenwert angesetzt, blieben die einbringungsgeborenen Anteile bei der übernehmenden KapGes oder PersGes weiterhin nach § 21 aF steuerverstrickt und waren als einbringungsgeboren zu behandeln. Bei einer Einbringung einbringungsgeborener Anteile nach den Regeln der §§ 20 I 2 oder 23 IV aF konnten wiederum einbringungsgeborene Anteile entstehen, wenn die Einbringung der einbringungsgeborenen Anteile nicht zum Teilwert erfolgte.

75 **Jetzige Rechtslage:** Werden nach §§ 20, 21 oder 24 in den jeweiligen Vorschriften begünstigte Vermögensmassen eingebracht und umfasst die jeweilige Vermögensmasse auch einbringungsgeborene Anteile iSd § 21 aF, führt eine Bewertung der jeweiligen Vermögensmasse zum gemeinen Wert zu einer Beendigung der Verstrickung der bislang einbringungsgeborenen Anteile nach § 21 aF. Der Gewinn ist realisiert. Erfolgt jedoch – wie regelmäßig – die Bewertung der eingebrachten Vermögensmasse nicht zum gemeinen Wert, sondern werden die Buchwerte fortgesetzt oder Zwischenwerte angesetzt, ist der Status der Einbringungsgeborenheit nicht beendet, s. §§ 24 IV, 23 I iVm § 12 III 1. Hs.: Der übernehmende Rechtsträger tritt in die steuerliche Rechtsstellung des Übertragenden ein. Zusätzlich gelten bei Einbringungen iSd §§ 20, 21 die erhaltenen Anteile – also die als Gegenleistung für die Einbringung ausgegebenen Anteile – insoweit als einbringungs-

geboren, wie das eingebrachte Betriebsvermögen einbringungsgeborene Anteile iSd § 21 aF umfasst. Hierbei ist nicht auf die Relation der Buchwerte der einzelnen Vermögensgegenstände des eingebrachten Betriebsvermögens abzustellen, sondern auf die nach betriebswirtschaftlichen Kriterien zu ermittelnden Verkehrswerte, die dem gemeinen Wert entsprechen sollten. Es kann also nach § 20 III 4 bzw. § 21 II 6 zu einer Entstehung neuer einbringungsgeborener Anteile kommen, die zugleich eine Verdopplung der Einbringungsgeborenheit darstellen.

76 Hinsichtlich der Sieben-Jahresfristen der §§ 8b IV KStG aF bzw. 3 Nr. 40 EStG aF entsteht keine neue Frist, sondern diejenige Frist, die durch die ursprüngliche Einbringung und das dadurch bewirkte ursprüngliche Entstehen einbringungsgeborener Anteile in Gang gesetzt wurde, wirkt auch für die nach § 20 III 4 bzw. § 21 II 6 neu entstehenden Anteile. Denn ansonsten würde die fiskalische Sperrwirkung der §§ 8b IV KStG aF bzw. 3 Nr. 40 EStG aF nicht nur für sieben Jahre ab Inkrafttreten der neuen Gesetzesfassung gelten, sondern die bereits längst von der Sieben-Jahresfrist der genannten Vorschriften befreiten einbringungsgeborenen Anteile könnten erneute Sieben-Jahresfristen auslösen.

b) Einlage nach § 21 IV aF

77 Die **Einlage** einbringungsgeborener Anteile in ein Betriebsvermögen **gem. § 21 IV aF** unterscheidet sich von der Einbringung einbringungsgeborener Anteile nach §§ 20 I 2, 23 IV oder 24 aF. Eine Einlage in ein Betriebsvermögen ist dann anzunehmen, wenn einbringungsgeborene Anteile aus dem Privatvermögen in das Betriebsvermögen eines Einzelkaufmanns oder einer PersGes überführt werden. Eine Übertragung von einbringungsgeborenen Anteilen auf eine KapGes hingegen unterliegt entweder der Besteuerung in Form des Ersatztatbestands des § 21 II Nr. 4 aF oder ist eine Einbringung iSd § 20 I 2 aF. § 21 IV aF ist lex specialis zu § 6 I Nr. 5 Buchst. b EStG und gilt unabhängig von der Höhe der Beteiligung. Bei einer Einlage in ein Betriebsvermögen sind die einbringungsgeborenen Anteile mit ihren Anschaffungskosten gem. § 20 IV aF bei dem Einzelunternehmen oder der PersGes anzusetzen. Ist der Teilwert im Zeitpunkt der Einlage niedriger als die Anschaffungskosten nach § 20 IV aF, so ist der niedrigere Teilwert anzusetzen. Der im letztgenannten Fall auftretende Unterschiedsbetrag zwischen den Anschaffungskosten gem. § 20 IV aF und dem niedrigeren Teilwert ist gem. § 21 IV 2 aF außerhalb der Bilanz vom Gewinn abzusetzen. Mit dieser Formulierung ist gemeint, dass der betriebliche Gewinn des Einzelunternehmens oder des einlegenden Gesellschafters der PersGes ohne Berührung der Gewinn- und Verlustrechnung um den Unterschiedsbetrag im Wirtschaftsjahr der Einlage gemindert wird. § 5 geht § 21 IV aF vor und verdrängt die Altvorschrift.

6. Entnahme aus dem Betriebsvermögen

78 Werden einbringungsgeborene Anteile aus dem Betriebsvermögen einer PersGes oder eines Einzelunternehmens entnommen, tritt keine Gewinnrealisierung ein, weil auch nach der Entnahme auf diese Anteile § 21 aF weiter anzuwenden ist (BFH v. 12.10.2011 – I R 33/10, BStBl. II 2012, 445; entgegen UmwStE 1998 Rn. 21.12).

79 Keine Entnahme aus Betriebsvermögen ist die Sachausschüttung von einbringungsgeborenen Anteilen aus dem Vermögen einer Körperschaft oder einer EU-KapGes. Hierbei handelt es sich um einen Gewinnrealisierungstatbestand.

III. Einbringungsgeborene Anteile in den Fällen des § 23 aF

80 Nach dem Wortlaut des § 21 I 1 aF erstreckt sich die Steuerverhaftung als einbringungsgeboren auch auf Anteile an KapGes, die der Einbringende nach § 23 aF erhält. Der Wortlaut des § 21 I 1 ist jedoch zu weitgehend und die Vorschrift ist aufgrund der Regelungen der FusionsRL und nationaler Vorschriften nur eingeschränkt anwendbar. Die Verdoppelung der stillen Reserven durch § 21 aF führt in Fällen des § 23 aF zu ungerechtfertigten Mehrfachbelastungen. Dies galt jedenfalls solange das mit der Niederlassungsfreiheit kollidierende körperschaftsteuerliche Anrechnungsverfahren von Bedeutung war. Darüber hinaus ist mE § 26 II 2 aF, der für Altfälle weiterhin Bedeutung hat, sicheres Anzeichen dafür, dass in den Fällen von § 23 II aF keine einbringungsgeborenen Anteile entstanden sind.

Darüber hinaus ist die seit langem umstrittene Frage der Verdoppelung stiller Reserven 81 bei einem Anteilstausch über die Grenze nach § 23 IV aF nunmehr vom EuGH entschieden (EuGH Urt. v. 11.12.2008 – C-285/07, Slg. 2008, I-9329 – A. T. gegen Finanzamt Stuttgart-Körperschaften). Art. 8 I, II FusionsRL steht einer Regelung entgegen, nach der ein Tausch von Anteilen dazu führt, dass bei den Gesellschaftern der erworbenen Gesellschaft der Einbringungsgewinn in Höhe des Unterschiedsbetrages zwischen den ursprünglichen Anschaffungskosten der eingebrachten Anteile und ihrem Verkehrswert besteuert wird, sofern die erwerbende Gesellschaft nicht den historischen Buchwert der eingebrachten Anteile in ihrer eigenen Steuerbilanz ansetzt.

IV. Gewinnrealisierung nach § 21 I 1 aF

1. Entgeltliche Veräußerung gem. § 21 I 1 aF

Veräußerung ist die entgeltliche Übertragung einbringungsgeborener Anteile an einer 82 KapGes auf einen anderen Rechtsträger (BFH v. 8.4.1992 – I R 128/88 u. I R 160/90, BStBl. II 761 u. 763). Das Tatbestandsmerkmal der Entgeltlichkeit ist nicht ausdrücklich in § 21 I 1 aF erwähnt. Da jedoch der Veräußerungsgewinn als Differenz zwischen Veräußerungspreis nach Abzug der Veräußerungskosten und den Anschaffungskosten der Besteuerung unterliegt, ist zwingend auf die Entgeltlichkeit zu schließen. Eine entgeltliche Übertragung liegt vor, wenn ein schuldrechtliches Verpflichtungsgeschäft erfüllt wird, bei dem – in Abgrenzung zur gemischten Schenkung – die Gegenleistung nach kaufmännischen Grundsätzen nach dem vollen Wert der hingegebenen Anteile bemessen wird.

Der steuerliche Begriff der Veräußerung umfasst das Verpflichtungs- und Erfüllungsgeschäft. Die Veräußerung ist erst mit dem dinglichen Erfüllungsgeschäft vollendet (BFH v. 22.9.1992 – VIII R 7/90, BStBl. II 1993, 228); in diesem Zeitpunkt ist der Besteuerungstatbestand erfüllt. Mit der Erfüllung des Besteuerungstatbestands entsteht der Veräußerungsgewinn bzw. -verlust. Die hierauf entfallende Ertragsteuer entsteht jedoch erst mit Ablauf des Veranlagungszeitraums.

2. Einbringungsgeborene und nicht nach § 21 aF verstrickte Anteile

Werden durch Kapitalmaßnahmen zuvor nicht einbringungsgeborene Anteile zu ein- 83 bringungsgeborenen, erfolgt eine quotale Verstrickung über alle Anteile, so dass im Ergebnis nicht bestimmt werden kann, ob ein bestimmter Teil eines Anteils nicht steuerverstrickt ist. Für Zwecke des § 5 IV aF, der weiter fort gilt, sind daher sinnvollerweise auch nur quotal verstrickte Anteile als insgesamt einbringungsgeboren zu behandeln.

Nur in Fällen, in denen bei Kapitalmaßnahmen keine Verstrickung von bislang nur 84 einbringungsgeborenen Anteilen eintritt, kommt es bei einer gemeinsamen Veräußerung oder Anwendung von § 5 IV aF zur Anwendung unterschiedlicher Rechtsvorschriften. Gleiches gilt, wenn für einbringungsgeborene Anteile teilweise der Antrag nach Abs. 2 gestellt wird (BFH v. 11.12.2013 – IX R 45/12, BStBl. II 2014, 578).

3. Gewinnberechnung

Veräußerungsgewinn iSd § 16 EStG ist nach § 21 I aF der Betrag, um den der 85 Veräußerungspreis nach Abzug der Veräußerungskosten die Anschaffungskosten nach § 20 IV aF übersteigt.

86 **Veräußerungspreis** ist, wie im Rahmen des § 17 EStG, die Gegenleistung – Zahlung, Übertragung von Sachwerten, Rechten und Forderungen –, die der Veräußerer vom Erwerber oder auf dessen Veranlassung von einem Dritten erhält. Bereits vor Veräußerung beschlossene Gewinnausschüttungen, die dem Veräußerer zustehen und nach der Anteilsübertragung an ihn ausgezahlt werden, sind nicht Teil des Veräußerungspreises, sondern Kapitaleinkünfte. Das Gleiche gilt für verdeckte Gewinnausschüttungen, die vor oder im Zusammenhang der Veräußerung – eventuell aufgrund einer Absprache mit dem Erwerber – an den Veräußerer vorgenommen werden. Hingegen sind Entgelte, die der Erwerber dafür aufbringt, dass ihm Gewinne zustehen, über die noch kein Ausschüttungsbeschluss gefasst wurde, Teil des Veräußerungspreises (BFH v. 21.5.1986 – I R 190/81, BStBl. II, 815).

87 **Veräußerungskosten** mindern den Veräußerungspreis. Die Kosten müssen vom Veräußerer getragen werden. Die Veräußerungskosten müssen in direktem sachlichen Zusammenhang mit der Veräußerung stehen. In Betracht kommen daher vor allem Anwalts- und Notariatskosten, Provisionen, etc. Problematisch sind Fälle, in denen der Veräußerer im Zusammenhang mit der Veräußerung Zahlungen erbringt, um von Ansprüchen freigestellt zu werden, so zB von Bürgschaftsverpflichtungen gegenüber Dritten oder von Einschusspflichten gegenüber der KapGes, deren Anteile veräußert werden. In Betracht kommen zB Rückforderungsansprüche wegen verdeckter Ausschüttungen. Auch der Verzicht auf bestehende Forderungen (Darlehen) des Veräußerers gegenüber der KapGes ist nicht unproblematisch. Denn in § 21 I 1 aF wird ausdrücklich auf die Anschaffungskosten nach § 20 IV aF Bezug genommen und dadurch der unzutreffende Eindruck erweckt, diese Anschaffungskosten seien ein unveränderlicher Betrag. Wären die Anschaffungskosten unveränderlich und stellen zugleich die Zahlungen des Veräußerers bzw. die Forderungsverzichte keine Veräußerungskosten dar, so wäre jedenfalls der nicht gewerblich tätige Veräußerer benachteiligt und der Sinn und Zweck der Vorschrift, den Veräußerungsgewinn als Gewinn iSd § 16 EStG zu versteuern, konterkariert. Daher sind Zahlungen und Forderungsverzichte des Veräußerers, soweit sie keine Veräußerungskosten sind, als zusätzliche Anschaffungskosten zu werten.

88 Die **Anschaffungskosten** bestimmen sich nach § 20 IV 1 aF, der auch im Rahmen von Einbringungen nach § 23 aF entsprechend anzuwenden ist. Die Anschaffungskosten können sich nach erfolgter Einbringung erhöhen oder vermindern (FG Nds. v. 13.1.1999 – II 319/96, EFG 1999, 431). Dies gilt sowohl für die Anschaffungskosten von einbringungsgeborenen Anteilen, die im Privatvermögen liegen, als auch für solche im Betriebsvermögen. Bei Betriebsvermögen werden die Anschaffungskosten – und deren Veränderungen – im Buchwert der Anteile fortgeschrieben.

89 Die wesentlichen Änderungsmöglichkeiten der Anschaffungskosten ergeben sich aufgrund folgender Konstellationen:

90 – Der steuerliche Buchwert der Sacheinlage ändert sich aufgrund einer Betriebsprüfung und im Wege einer Folgeänderung wird auch der Betrag der Anschaffungskosten angepasst.

91 – Auf Anteile, die einer Einbringung entstammen, wurde ein Gewinn nach § 6b EStG übertragen.

92 – Der Anteilseigner leistet aufgrund seiner Gesellschafterstellung Einschüsse in die KapGes, die als Einlagen zu werten sind, ohne dadurch weitere Anteile an der KapGes zu erhalten. Entsprechendes gilt für den Verzicht auf werthaltige Forderungen.

93 – Der Anteilseigner tätigt Zahlungen, um von Bürgschaftsverpflichtungen für die KapGes, an der er einbringungsgeborene Anteile hält, freigestellt zu werden (BFH v. 2.10.1984 – VIII R 36/83, BStBl. II 1985, 320). Nach Auffassung des BFH muss die Bürgschaft durch das Gesellschaftsverhältnis veranlasst sein. Dies ist der Fall, wenn sie kapitalersetzenden Charakter hat (BFH v. 24.4.1997 – VIII R 23/93, DStR 1997, 1807 zu § 17 EStG).

– Ausschüttungen aus dem steuerlichen Einlagekonto, mindern die Anschaffungskosten der Beteiligung (BFH v. 20.4.1999 – VIII R 38/96 u. VIII R 44/96, BStBl. II 1999, 647 u. 698). 94

95 Die Minderung der Anschaffungskosten kann sich bis zu einem Betrag von Null vollziehen. Die Gewinnbesteuerung einer Veräußerung nach § 21 I aF iVm § 16 EStG reicht als Rechtsgrund für die Anwendung der von der Rspr. entwickelten Grundsätze aus (BFH v. 29.3.2000 – I R 22/99, BStBl. II 508).

V. Gewinnrealisierung nach § 21 II aF

1. Allgemeines

96 Wird einer der vier Tatbestände des § 21 II 1 Nr. 1–4 aF verwirklicht, tritt die Rechtsfolge – Gewinnrealisierung der einbringungsgeborenen Anteile – auch ohne eine entgeltliche Veräußerung ein. Die Anteile verlieren ihre Verstrickung nach § 21 aF (UmwStE 1998 Rn. 21.07). Die Tatbestände des § 21 II 1 Nr. 1–4 aF stellen eine abschließende Regelung dar und sind einer Analogie nicht zugänglich (BFH v. 8.4.1992, – I R 128/88 u. I R 162/90, BStBl. II 1992, 761 u. 764). Mangels einer entgeltlichen Veräußerung wird in den Fällen des § 21 II 1 Nr. 1, 2 und 4 aF der fiktive Veräußerungsgewinn nach der Differenz zwischen dem gemeinen Wert der einbringungsgeborenen Anteile und den Anschaffungskosten iSd § 20 IV aF bemessen. Im Fall des § 21 II 1 Nr. 3 aF gilt eine besondere Regelung (s. Rn. 111 ff.).

2. § 21 II 1 Nr. 1 aF

a) Antrag

97 Die Gewinnrealisierung nach § 21 I 1 Nr. 1 aF erfolgt aufgrund eines Antrags. Der Antrag kann jederzeit und formlos gestellt werden. Die Gewinnrealisierung tritt mit dem Eingang des Antrags beim FA oder dem zukünftigen Zeitpunkt ein, der in dem Antrag genannt wird. Eine Rückbeziehung auf einen früheren Zeitpunkt ist unzulässig (BFH v. 5.3.1986 – I R 203/82, BStBl. II 1986, 625). Für die Entgegennahme des Antrags ist nach zu beachtender Auffassung der FinVerw das Wohnsitz-FA des Antragstellers zuständig (der BFH sieht in seinem Urt. v. 5.3.1986 – I R 203/82, BStBl. II 1986, 625 hingegen weitere Zuständigkeiten). Ein Widerruf oder eine Zurücknahme des Antrags ist jedenfalls dann ausgeschlossen, wenn der Antrag sofort Wirkung entfalten soll (BFH v. 31.5.2005 – I R 28/04, DStR 2005, 1311). Soweit bereits der Veräußerungstatbestand des § 21 I 1 oder einer der anderen Ersatztatbestände des § 21 II 1 Nr. 2–4 aF verwirklicht ist, entfällt das Recht einen Antrag nach § 21 II 1 Nr. 1 aF zu stellen.

98 **Antragsberechtigt** ist der Anteilseigner, der der Besteuerung nach § 21 I 1 aF unterliegen würde. Bei einer PersGes als Anteilseigner ist diese, vertreten durch die Vertretungsberechtigten, und nicht der einzelne Gesellschafter antragsberechtigt. Die Problematik, wer antragsberechtigt ist, ist mit der Frage verknüpft, wer Einbringender ist. Sieht man, vor allem bei der Einbringung von Teilbetrieben durch PersGes, den einzelnen Mitunternehmer als Einbringenden an, so ist auch dessen Antragsbefugnis folgerichtig. Diese Auffassung ist aber der Bilanzbündeltheorie verhaftet und daher als überholt abzulehnen.

99 Der **Antrag kann** auf einen oder einige der einbringungsgeborenen Anteile **beschränkt werden,** wenn der Antragsteller mehrere Anteile hat. Nicht möglich ist eine Beschränkung dahin, dass die stillen Reserven eines Anteils nur zu einem Bruchteil der Reserven aufgedeckt werden sollen. Hingegen darf sich der Antrag auf einen Teil eines einheitlichen einbringungsgeborenen Anteils beziehen (zutreffend FG München v. 30.9.1997 – 2 K 2259/94, GmbHR 1998, 148).

b) Zweckmäßigkeit

100 Die Zweckmäßigkeit des Antrags gem. § 21 II 1 Nr. 1 aF hängt von den **aktuellen und zukünftigen Besteuerungsfolgen** ab, die sich wiederum aus der steuerlichen Zuordnung eines einbringungsgeborenen Anteils zum Betriebsvermögen oder Privatvermögen ergeben.

3. § 21 II 1 Nr. 2 aF

101 Die Vorschrift ist das Pendant zu § 20 III aF. Gem. § 20 III aF hat die aufnehmende KapGes das eingebrachte Betriebsvermögen mit dem Teilwert anzusetzen, wenn das Besteuerungsrecht der Bundesrepublik Deutschland hinsichtlich des Gewinns aus einer Veräußerung der dem Einbringenden gewährten Gesellschaftsanteile im Zeitpunkt der Sacheinlage ausgeschlossen ist. § 21 II 1 Nr. 2 aF erfasst die Fälle, in denen das Besteuerungsrecht der Bundesrepublik Deutschland hinsichtlich des Gewinns aus der Veräußerung der Anteile nach Einbringung ausgeschlossen wird.

102 § 21 II 1 Nr. 2 aF hat zwei wesentliche Anwendungsbereiche, bei denen das Besteuerungsrecht der Bundesrepublik Deutschland entfällt:

103 – Ein DBA wird dergestalt geändert oder aber neu abgeschlossen, dass das Besteuerungsrecht für die einbringungsgeborenen Anteile im Ausland liegt.

104 – Der Anteilseigner wird beschränkt steuerpflichtig und hierdurch entfällt die Besteuerungsmöglichkeit der Bundesrepublik Deutschland (zu Wegzugsfällen *Klein/Rippert* IStR 2018, 26). Dem steht zB der Fall gleich, dass ein beschränkt Steuerpflichtiger seinen ausländischen Sitz dergestalt verändert, dass das Besteuerungsrecht entfällt.

105 Die meisten DBA, die die Bundesrepublik Deutschland mit wichtigen Staaten, in denen Investoren beheimatet sind, abgeschlossen hat, folgen dem OECD-Musterabkommen. Danach liegt das **Besteuerungsrecht** für die Veräußerung von Beteiligungen an KapGes **beim Wohnsitzstaat des Anteilseigners.** Bereits zum Zeitpunkt der Einbringung wäre nach § 20 III aF daher das Privileg der Buchwertfortführung nicht gegeben.

106 **Besteht kein DBA** mit dem Wohnsitzland des Anteilseigners und liegt deshalb das Besteuerungsrecht nach § 49 I Nr. 2 Buchst. e EStG bei der Bundesrepublik Deutschland, kann der Abschluss eines DBA zum Ausschluss des deutschen Besteuerungsrechts führen. Entsprechendes gilt für die Änderung eines DBA.

107 Bei dem **Neuabschluss bzw. der Änderung eines DBA,** durch welches das Besteuerungsrecht der Bundesrepublik Deutschland entzogen wird, kommt es für die Besteuerung auf den Zeitpunkt des Inkrafttretens des DBA an.

108 Verlegt eine natürliche Person ihren **Wohnsitz oder ihren gewöhnlichen Aufenthalt ins Ausland** oder verlegt eine Körperschaft ihren Sitz und ihre Geschäftsleitung ins Ausland, werden sie als Anteilseigner beschränkt einkommensteuer- bzw. körperschaftsteuerpflichtig. Weist ein mit dem entsprechenden Wohnsitz-/Sitzland abgeschlossenes DBA das Besteuerungsrecht danach dem Wohnsitz-/Sitzland zu, wird das Besteuerungsrecht der Bundesrepublik Deutschland iSd § 21 II 1 Nr. 2 aF ausgeschlossen. Die Wohnsitz-/Sitzverlegung ist dann Anknüpfungspunkt der Besteuerung. Besteht hingegen kein DBA, bleibt das Besteuerungsrecht der Bundesrepublik Deutschland gem. § 49 I Nr. 2 Buchst. e EStG dann erhalten, wenn es sich bei den einbringungsgeborenen Anteilen um Beteiligungen iSd § 17 EStG handelt. Dies ist aufgrund der Sonderregelung in § 17 VI EStG aber vielfach der Fall. Im Verhältnis zu § 6 AStG ist § 21 II 1 Nr. 2 aF lex specialis und verdrängt diese Vorschrift. Auch ein nur vorübergehender Aufenthalt im Ausland kann die Besteuerung auslösen (s aber *Klein/Rippert* IStR 2018, 26, 28, die bei einem vorübergehenden Wegzug nicht von einer Entstrickungsbesteuerung ausgehen). Ebenso löst der Übergang der Anteile durch Schenkung oder Erbschaft auf einen beschränkt Steuerpflichtigen unter bestimmten Umständen den Besteuerungstatbestand aus. Gewinnrealisierung tritt beim unbeschränkt steuerpflichtigen Zuwendenden ein.

Stehen die einbringungsgeborenen Anteile mehreren zur **gesamten Hand** zu, erfolgt die Gewinnrealisierung nur anteilig bei dem Gesamthänder, für den das Besteuerungsrecht der Bundesrepublik Deutschland hinsichtlich des Gewinns aus der Veräußerung der Anteile ausgeschlossen wird. **109**

§ 21 II 1 Nr. 2 aF erfasst nur Konstellationen, bei denen das Besteuerungsrecht der Bundesrepublik Deutschland nach Entstehen der einbringungsgeborenen Anteile entfällt; der Einbringungsvorgang als solcher wird nicht von den Besteuerungsfolgen des § 21 aF erfasst. Um die eklatante Europarechtswidrigkeit der Bestimmung abzuschwächen, ordnet § 27 III Nr. 3 S 2 an, dass eine Steuerstundung nach § 6 V AStG unter den dort genannten Voraussetzungen erfolgen soll (s. zu Einzelheiten § 27). **110**

4. § 21 II 1 Nr. 3 aF

§ 21 II 1 Nr. 3 aF ist gem. § 27 VI aF erstmals auf Vorgänge anzuwenden, die nach dem 31.12.1996 erfolgen. Wie der Begriff „Vorgänge" auszulegen ist, ist fraglich. Es erscheint zutreffend, auf den zeitlichen Eintritt der Besteuerungsfolgen und nicht auf uU vor dem 1.1.1997 liegende gesellschaftsrechtliche Beschlüsse abzustellen. **111**

a) Auflösung und Abwicklung

Die Rechtsfolgen des § 21 I treten bei zivilrechtlich wirksamer Auflösung und Abwicklung der KapGes, an der einbringungsgeborene Anteile bestehen, ein. Bei Konkurs soll die Eröffnung des Verfahrens und nicht ein Antrag auf Konkurseröffnung der frühestmögliche Zeitpunkt des Eintritts der Besteuerungsfolgen sein (BFH v. 24.6.1996 – VIII B 127/95, BFH/NV 1996, 842). Der Besteuerungstatbestand ist erst mit Auskehrung des Vermögens der KapGes an den Anteilseigner realisiert. Ein Gewinn fällt erst mit Beendigung der Abwicklung an, wenn sich die Auflösung über mehrere Veranlagungszeiträume erstreckt. Ein Verlust kann bereits in dem Jahr erfasst werden, in dem keine wesentliche Änderung des bereits ermittelten vorläufigen Verlusts mehr erwartet werden kann (OFD Berlin v. 16.12.1996, DB 1997, 955). **112**

Für die Ermittlung des **Veräußerungsgewinns oder -verlusts** iSd § 21 II 1 Nr. 3 aF sind jedoch nur diejenigen Teile des ausgekehrten Vermögens zu erfassen, die **nicht** die Voraussetzungen des § 20 I Nr. 1 oder 2 EStG erfüllen. **113**

Dies führt in vielen Fällen zu nur minimalen Veräußerungsgewinnen nach § 21 II 1 Nr. 3 aF oder gar zu einem Veräußerungsverlust. **114**

Wird das steuerliche Einlagekonto ausgekehrt, sind die Anschaffungskosten zu kürzen; eine über die Anschaffungskosten hinausgehende Auskehrung führt zu einem Gewinn iSd § 21 II 1 Nr. 3 (*Ott* DStZ 1997, 546; OFD Erfurt v. 12.2.1998, DStR 1998, 569). **115**

b) Kapitalherabsetzung

Setzt die KapGes, an der einbringungsgeborene Anteile bestehen, ihr Kapital herab und zahlt sie das frei werdende Kapital an den Anteilseigner zurück, kann es hinsichtlich dieser Kapitalrückzahlung zu einer Gewinnrealisierung nach § 21 kommen. Tatbestandsvoraussetzung ist eine handelsrechtlich wirksame Kapitalherabsetzung und die sich daran anschließende Kapitalrückzahlung. Der Besteuerungstatbestand ist erst mit der Rückzahlung endgültig verwirklicht. Kapitalherabsetzungen ohne Auskehrung, die zum Ausgleich von Verlusten erfolgen, lösen die Besteuerungsfolgen nicht aus. Der Besteuerungstatbestand wird außerdem nur dann ausgelöst, wenn die Rückzahlung nicht zu den Bezügen gehört, die als Kapitaleinkünfte iSd § 20 I Nr. 1 und 2 EStG anzusehen sind. **116**

Wurde bei der Kapitalherabsetzung das steuerliche Einlagekonto an den Anteilseigner ausgezahlt, mindert die Auszahlung die Anschaffungskosten iSd § 20 IV aF. Die Minderung der Anschaffungskosten ist die vorrangige Steuerfolge. § 21 II 1 Nr. 3 aF greift daher erst dann ein, wenn die Anschaffungskosten durch die Auskehrung auf Null reduziert werden. Bei der Minderung der Anschaffungskosten handelt es sich nur um einen Steueraufschub und nicht um eine Besteuerungslücke. **117**

5. § 21 II 1 Nr. 4 aF

118 Die Rechtsfolgen des § 21 I aF treten auch dann ein, wenn der Anteilseigner die einbringungsgeborenen Anteile verdeckt in eine KapGes einlegt. Die **verdeckte Einlage** ohne eine Gegenleistung durch Gewährung von Gesellschaftsrechten an derjenigen KapGes, in die die einbringungsgeborenen Anteile eingelegt werden, wird somit als effektive Veräußerung behandelt. Eine verdeckte Einlage ist dann anzunehmen, wenn die Übertragung der einbringungsgeborenen Anteile in das Vermögen der empfangenden KapGes ohne adäquate Gegenleistung erfolgt und die Einlage ihren Grund allein im Gesellschaftsverhältnis des Anteilseigners zu der die verdeckte Einlage empfangenden KapGes hat. Die eingelegten einbringungsgeborenen Anteile müssen das Vermögen der empfangenden KapGes erhöhen. Eine verdeckte Einlage kann auch in der Form eines (teilentgeltlichen) Rechtsgeschäfts erfolgen, zB als Kauf- oder Tauschvertrag.

119 Die Vorschrift wurde durch das StÄndG 1992 in das Gesetz aufgenommen. Es sollte die Lücke geschlossen werden, die durch die BFH-Rspr. entstanden war, nach der eine verdeckte Einlage einer wesentlichen Beteiligung nicht als entgeltlicher Vorgang und somit auch nicht als Veräußerung anzusehen ist (BFH v. 27.7.1988 – I R 147/82, BStBl. II 1989, 271).

120 Die Vorschrift ist unabhängig davon anzuwenden, ob die eingelegte Beteiligung im Privatvermögen gehalten wird oder Betriebsvermögen eines gewerblich iSd § 15 EStG Tätigen oder einer anderen Körperschaft ist.

6. Gewinnberechnung

121 **Veräußerungsgewinn** in den Fällen des § 21 II 1 Nr. 1, 2 und 4 aF ist die Differenz zwischen dem gemeinen Wert der einbringungsgeborenen Anteile abzüglich der Veräußerungskosten und den Anschaffungskosten nach § 20 IV aF.

122 Zu den **Anschaffungskosten** nach § 20 IV aF s. Rn. 88 ff. Zu den **Veräußerungskosten** s. Rn. 87. Jedoch dürften regelmäßig keine Veräußerungskosten iSd § 21 I 1 entstehen.

123 Der **gemeine Wert** der einbringungsgeborenen Anteile tritt gem. § 21 II 2 aF an die Stelle des Veräußerungspreises. Dabei ist auf den gemeinen Wert zum fiktiven Veräußerungszeitpunkt nach § 21 II 1 aF abzustellen. Der gemeine Wert von Anteilen an KapGes bestimmt sich nach der Legaldefinition in §§ 9–11 BewG. Nach § 11 I BewG sind Wertpapiere (Aktien), die am Stichtag an einer deutschen Börse zum amtlichen Handel, zum geregelten Markt oder zum geregelten Freiverkehr zugelassen sind, mit dem niedrigsten am Stichtag notierten Kurs oder, falls ein solcher fehlt, mit dem zuletzt innerhalb von 30 Tagen notierten Kurs zu bewerten (zu Stamm- und Vorzugsaktien s. BFH v. 28.5.1997 – II B 105/96, DStR 1997, 1163). Bei GmbH-Geschäftsanteilen und nicht notierten Aktien ist der gemeine Wert zunächst aus Verkäufen abzuleiten, die weniger als ein Jahr vor dem Bewertungsstichtag liegen. Hierbei bleiben jedoch im Einzelfall Verkäufe unberücksichtigt, die nicht im gewöhnlichen Geschäftsverkehr erfolgten (BFH v. 15.7.1998 – II R 23/97, DStRE 1998, 965). Lässt sich der gemeine Wert nicht aus Verkäufen ableiten, so ist er nach § 11 II 2 BewG unter Berücksichtigung des Vermögens und der Ertragsaussichten zu schätzen.

124 Traditionell wurde das **Stuttgarter Verfahren** als geeignete Schätzungsmethode zur Ermittlung des gemeinen Werts angesehen (BFH v. 9.3.1994 – II R 39/90, BStBl. II 394; v. 21.1.1993 – II R 96/91, BFH/NV 1994, 12). Die Rspr. hielt das Stuttgarter Verfahren auch auf dem Gebiet der Ertragsteuern für anwendbar, so zB für die Ermittlung des gemeinen Werts von GmbH-Anteilen nach § 16 III EStG, soweit dies nicht aus besonderen Gründen im Einzelfall zu offensichtlich unrichtigen Ergebnissen führt. Das Stuttgarter Verfahren ist im Bereich der Ertragsteuern erst dann nicht mehr anzuwenden, wenn es im

Hinblick auf die Gleichmäßigkeit der Besteuerung zu untragbaren Ergebnissen führt (BFH v. 17.5.1974 – III R 156/72, BStBl. II 1974, 626).

Von der FinVerw und Teilen der Lit. wird die Anwendung des Stuttgarter Verfahrens jedenfalls ab 1.1.1993 abgelehnt (UmwStE 1998 Rn. 21.06). Das Stuttgarter Verfahren sei wegen Ansatzes der Steuerbilanzwerte bei der Substanzbewertung unbrauchbar für die Ermittlung des gemeinen Werts als Veräußerungspreis iSd § 21 II 2 geworden (*Hübner* DStR 1995, 5; *Wacker* BB 1996, 2224; 1998, Beilage Nr. 8, 10). Die Kritik ist insoweit verständlich, als Divergenzen zwischen gemeinem Wert nach Stuttgarter Verfahren und Verkehrswerten, die nach § 21 I 1 aF als Veräußerungspreise der Steuer unterliegen, auftreten können. 125

VI. Besteuerungsfolgen

1. Gewinn iSd § 16 EStG

Ein Gewinn nach § 21 aF gilt als Veräußerungsgewinn iSd § 16 EStG und gehört damit zu den Einkünften aus Gewerbebetrieb. Dies gilt unabhängig davon, ob die einbringungsgeborenen Anteile, die veräußert werden oder den Ersatztatbeständen des § 21 II 1 aF unterliegen, Privatvermögen sind oder dem Betriebsvermögen eines Einzelunternehmers, einer Mitunternehmerschaft oder einer Körperschaft zuzurechnen sind. § 21 I 1 enthält eine Rechtsfolgenverweisung auf § 16 EStG. Die Vorschrift ist **lex specialis** zu den allgemeinen Gewinnermittlungsvorschriften, wie §§ 4–6 EStG und § 8 KStG iVm §§ 4–6 EStG oder § 17 EStG, die für Anteile im Privatvermögen von Bedeutung sind. 126

Diente das Betriebsvermögen, das unter Teilwert in eine KapGes eingebracht wurde, zur Erzielung von **Einkünften aus selbständiger Arbeit** oder aus **Land- und Forstwirtschaft,** so ist § 21 aF auch auf derartige einbringungsgeborene Anteile anzuwenden. Werden einbringungsgeborene Anteile veräußert oder nach § 21 II 1 aF entstrickt, die aus Vermögensübertragungen hervorgegangen sind, die sich auf Vermögen bezogen, das den vorgenannten Einkunftsarten zuzurechnen war, so sind entgegen dem Wortlaut der Vorschrift Veräußerungsgewinne nach §§ 18 III bzw. 14 EStG festzustellen. 127

Veräußert der Steuerpflichtige neben einbringungsgeborenen Anteilen noch weitere Anteile an der KapGes, die nicht nach § 21 aF steuerverstrickt sind, ist § 16 auf diese weiteren Anteile nicht anzuwenden. Etwas anderes kommt dann in Betracht, wenn die Beteiligung auch quotal nach § 21 aF verstrickte Anteile umfasst. 128

Für die Ermittlung der **Beteiligungsquote nach § 17 EStG** sind einbringungsgeborene Anteile mitzuzählen, auch wenn sie der Besteuerung nach § 17 EStG nicht unterliegen (BFH v. 10.11.1992 – VIII R 40/89, BStBl. II 1994, 222; zu Problemen des Verstrickungswertes *Crezelius* DB 1997, 195). 129

Liegen einbringungsgeborene Anteile im Gesamthandsvermögen von PersGes oder sind Anteilseigner atypische Innengesellschaften, die Gewinneinkünfte erzielen, ist der Veräußerungsgewinn bei der Mitunternehmerschaft zu erfassen und den einzelnen Mitunternehmern nach dem vereinbarten Gewinnverteilungsschlüssel gesondert zuzurechnen. Bei Gesamthandsvermögen, mit dem vermögensverwaltende Einkünfte erzielt werden, ist der Gewinn dem einzelnen Gesellschafter nach § 39 II Nr. 2 AO unmittelbar entsprechend seiner Quote zuzuordnen. 130

2. Anwendung des § 34 I EStG

Die **Steuerermäßigung** des § 34 I EStG wird nur dann gewährt, wenn der Veräußerer eine natürliche Person ist. Dies gilt auch, wenn die natürliche Person über eine PersGes/ Mitunternehmerschaft an den einbringungsgeborenen Anteilen beteiligt ist (BdF v. 16.6.1978, BStBl. I 235 Rn. 69). Sind neben natürlichen auch juristische Personen beteiligt, so ist nur auf den auf die natürlichen Personen entfallenden Gewinnanteil § 34 I EStG 131 anzuwenden (UmwStE 1998 Rn. 21.05). Die Steuerermäßigung wird auch dann gewährt, wenn der Veräußerer nicht die Gesamtheit seiner einbringungsgeborenen Anteile veräußert oder einen Antrag nach § 21 II 1 Nr. 1 aF nicht hinsichtlich der Gesamtheit seiner Anteile stellt.

3. Anwendung des § 16 IV EStG

132 Einbringungsgeborene Anteile, die auf einen Anteilstausch zurückgehen, ermöglichen nicht, den Freibetrag nach § 16 IV EStG in Anspruch zu nehmen.

133 Im Übrigen gilt es zu beachten, dass der seit 1996 aufgehobene § 21 I 3 aF weiterhin von Bedeutung sein kann.

134 Durch das JStG 1996 v. 11.10.1995 BGBl. I 1250, wurde § 21 I 3 aF gestrichen (BGBl. I 1388). § 27 V aF bestimmt, dass § 21 I idF des JStG 1996 erstmals auf Einbringungen anzuwenden ist, die nach dem 31.12.1995 erfolgen. Durch diese gesetzgeberisch nicht gelungene Anwendungsregelung gilt § 21 I 3 aF noch für viele Jahre fort (2. Aufl. § 27 Rn. 20). Die Vorschrift kann deshalb noch nach Jahrzehnten zu überraschenden Steuerbescheiden führen.

135 Auf den ersten Blick ist die Streichung von § 21 I 3 aF Folge der Änderung des § 16 IV EStG im JStG 1996. Die Neufassung ist gem. § 52 XIX a 2 EStG idF des JStG 1996 erstmals auf Veräußerungen anzuwenden, die nach dem 31.12.1995 erfolgen. Eine Veräußerung iSd § 16 EStG ist einer Veräußerung einbringungsgeborener Anteile nach § 21 strukturell vergleichbar. Die Streichung des § 21 I 3 aF knüpft gem. § 27 V aF aber nicht an die Erfüllung des Veräußerungstatbestandes an, sondern die Vorschrift des § 21 I 3 aF entfällt (nur) für Einbringungen nach dem 31.12.1995. Wann die Veräußerung stattfindet, ist unmaßgeblich, so dass auch in späteren Jahrzehnten die Veräußerung einbringungsgeborener Anteile noch dazu führen kann, dass § 21 I 3 aF anzuwenden ist, solange nur die Einbringung vor dem 1.1.1996 mit steuerlicher Wirkung (§ 20 VII, VIII aF) vorgenommen wurde.

4. Zinslose Stundung gem. § 21 II 3–6 aF

136 Die Möglichkeit der zinslosen Stundung der Steuer wird nur für die Gewinnrealisierung in den Ersatztatbeständen des § 21 II Nr. 1, 2 u. 4 aF eingeräumt. Gestundet wird nur die ESt oder KSt, nicht jedoch eine mögliche GewSt.

Die KiSt ist ebenso wie die ESt zu stunden. Voraussetzung der Stundung ist ein Antrag. In dem Antrag muss auch dargelegt werden,

– dass die geschuldete Steuer in jährlichen Teilbeträgen von mindestens jeweils 20% gezahlt werden wird,
  und
– dass die Entrichtung der jeweiligen Teilbeträge sichergestellt ist.

137 Der Steuerpflichtige hat, unabhängig von persönlichen Gründen der Härte oder Unbilligkeit im Einzelfall (§ 222 AO), einen Rechtsanspruch auf zinslose Stundung. Die FinVerw ist nur befugt zu prüfen, ob die Zahlung der Teilbeträge aus der Sicht des Fiskus sichergestellt ist. Sichergestellt ist die Zahlung idR durch eine Sicherheitsleistung (§ 222 S 2 AO). Bei geringeren Beträgen oder bei guter Bonität des Steuerschuldners kann auf eine Sicherheitsleistung auch verzichtet werden, wenn ein Ausfall des Steueranspruchs ansonsten nicht zu besorgen ist.

138 Die **Stundung endet** gem. § 21 II 5, 6 aF, wenn die Anteile innerhalb des Stundungszeitraums veräußert werden oder die KapGes, an der die einbringungsgeborenen Anteile bestehen, aufgelöst und abgewickelt wird oder das Kapital dieser Gesellschaft herabgesetzt und an die Anteilseigner zurückgezahlt wird (UmwStE 1998 Rn. 21.10). § 21 II 6 aF wurde durch das Steuerbereinigungsgesetz 1999 dahin ergänzt, dass Umwandlungen auf PersGes die Steuerstundung beenden. Damit reagierte der Gesetzgeber auch auf den

Beschl. des BFH v. 5.5.1998 – I B 24/98, DStR 1998, 1089, der inhaltlich dem Besteuerungswillen der FinVerw entgegenstand.

Die Höhe der gestundeten Steuer beträgt höchstens 80% der insgesamt nach § 21 zu ermittelnden Steuer, denn die erste Teilzahlung ist bereits mit der Fälligkeit der Steuer für das Jahr der Verwirklichung des Ersatztatbestands gem. § 21 II 1 Nr. 1, 2 oder 4 aF zu zahlen. 139

5. Anwendung des § 17 EStG

Auf Veräußerungsgewinne iSd § 21 I 1 sind die Bestimmungen des § 17, insbesondere Abs. 3, EStG nicht anzuwenden (BMF v. 4.5.1993, FR 1993, 450 und v. 15.2.1995, DStR 1995, 295). § 21 geht § 17 EStG vor (UmwStE 1998 Rn. 21.02). 140

6. Gewerbesteuer

Die FinVerw war, im Anschluss an den BFH, bisher der Auffassung, dass Gewerbesteuerpflicht in den Fällen des § 21 aF dann gegeben sei, wenn die Veräußerung des eingebrachten Betriebs, Teilbetriebs, Mitunternehmeranteils oder der Beteiligung der GewSt unterlegen hätte, falls das eingebrachte Vermögen direkt durch den Einbringenden veräußert worden wäre (BFH v. 29.4.1982 – IV R 51/79, BStBl. II 738; UmwStE 1998 Rn. 21.13). 141

Die Entnahme einbringungsgeborener Anteile aus dem Betriebsvermögen in das Privatvermögen wird – jedenfalls für Gewerbesteuerzwecke – als Veräußerung behandelt, und entsprechend den vorgenannten Grundsätzen kann GewSt entstehen. Nach hier nicht geteilter Auffassung des BMF liegt auch für Zwecke der ESt eine Gewinnrealisierung vor (Rn. 78). 142

Bei einbringungsgeborenen Anteilen an einer KapGes sind die Sondervorschriften des § 8b II, IV KStG aF zu beachten. Nach § 8b II KStG aF bleiben bei der Ermittlung des Einkommens einer Körperschaft Gewinne aus der Veräußerung eines Anteils an einer Gesellschaft oder bei deren Auflösung oder der Herabsetzung von deren Nennkapital außer Betracht. Dies gilt auch für die GewSt. Die Befreiung des Veräußerungsgewinns bzw. des Gewinns bei Auflösung der KapGes oder bei Herabsetzung von deren Nennkapital ist jedoch in den Fällen des § 8b IV KStG aF ausgeschlossen. 143

VII. Gewinnrealisierung durch eine Körperschaft des öffentlichen Rechts oder eine steuerbefreite Körperschaft gem. § 21 III aF

Einlagen iSd § 20 I aF können ohne Realisation von stillen Reserven unter den Voraussetzungen des § 20 III aF auch durch Körperschaften des öffentlichen Rechts oder steuerbefreite Körperschaften vorgenommen werden. Für beide Arten der Körperschaften gilt, dass Gewinne aus der Veräußerung von Anteilen an KapGes im Grundsatz nicht körperschaftsteuerpflichtig sind. Die Beteiligung an einer KapGes liegt nämlich nicht im Betriebsvermögen einer gewerblichen Betriebsstätte solcher Körperschaften. Für einbringungsgeborene Anteile trifft § 21 III aF, dessen Zweck es ist, auch die Veräußerung einbringungsgeborener Anteile durch die vorgenannten Körperschaften der Besteuerung zu unterwerfen, eine abweichende Regelung. 144

Werden durch eine Körperschaft des öffentlichen Rechts einbringungsgeborene Anteile iSv § 21 I aF veräußert oder tritt eine Gewinnrealisierung ohne Veräußerung nach § 21 II 1 aF ein, gilt der Veräußerungsgewinn als in einem Betrieb gewerblicher Art entstanden und ist damit der Besteuerung zu unterwerfen. Die Körperschaft des öffentlichen Rechts kann in den Fällen des § 21 II 1 Nr. 1, 2 und 4 aF die zinslose Ratenzahlung in Anspruch nehmen. 145

146 Durch das Steuerbereinigungsgesetz 1999 v. 22.12.1999 (BGBl. I, 2601) wurde in § 21 III Nr. 2 aF das Wort „persönlich" gestrichen. Der Ausschluss der Steuerbefreiung für Gewinne aus der Veräußerung einbringungsgeborener Anteile soll dadurch auch auf Fälle der sachlichen Steuerbefreiung ausgedehnt werden. Eine Anwendungsregelung für die Gesetzesänderung wurde nicht für erforderlich gehalten, da lediglich eine „Klarstellung" erfolgt sei (so BR-Drs. 475/99, 26). Zur Kritik s. 2. Aufl. Rn. 282.

Ist die Rückausnahme des § 8b IV 2 KStG aF erfüllt, so bleibt es bei der Steuerbefreiung nach § 8b II, III KStG; es kommt jedoch ein Kapitalertragsteuerabzug in Betracht.

VIII. Feststellungsverfahren gem. § 10 VO zu § 180 II AO

147 Durch das Steuerbereinigungsgesetz 1999 v. 22.12.1999 BGBl. I, 2601, wurde auch die VO über die gesonderte Feststellung von Besteuerungsgrundlagen nach § 180 II AO geändert. In § 10 VO wurde ein Feststellungsverfahren für steuerverstrickte Anteile an KapGes geregelt (§ 10 VO abgedruckt nach dem Gesetzestext § 21 aF). § 10 VO wurde zwar am 13.12.2006 aufgehoben, ist gem. § 11 S 3 VO jedoch weiterhin anzuwenden auf Anteile, bei denen hinsichtlich des Gewinns aus der Anteilsveräußerung die Steuerfreistellung nach § 8b KStG aF oder nach § 3 Nr. 40 S 3, 4 EStG aF ausgeschlossen ist. Zweck des Verfahrens ist die Erleichterung der Beweisvorsorge für Steuerpflichtige und FinVerw, wodurch größere Rechtssicherheit eintreten soll (s. BR-Drs. 475/99, 45). Das Feststellungsverfahren gem. § 10 VO soll auch auf **Altfälle,** die bei Inkrafttreten des Steuerbereinigungsgesetzes 1999 bereits verwirklicht waren, angewendet werden (BR-Drs. 475/99, 45).

148 Das gesonderte und bei mehreren Beteiligten einheitliche Feststellungsverfahren bei steuerverstrickten Anteilen an KapGes, insbesondere bei Anteilen, die der Besteuerung nach § 21 aF unterfallen, zielt nicht grundsätzlich darauf, die Anschaffungskosten iSd § 20 IV und § 21 I 1 aF zu ermitteln. Vielmehr ist nach § 10 I VO ein Feststellungsverfahren nur dann möglich, wenn **stille Reserven** von steuerverstrickten Anteilen **auf** sogenannte **mitverstrickte Anteile** übergehen. Dies ist bei Kapitalmaßnahmen möglich, nicht jedoch dann, wenn zB ein Einzelunternehmen in eine GmbH eingebracht wird, eine Personenhandelsgesellschaft formwechselnd in eine GmbH umgewandelt wird, oder alle Mitunternehmer einer Mitunternehmerschaft ihre Mitunternehmeranteile gemeinsam in eine GmbH einbringen, ohne dass gleichzeitig Bareinlagen Dritter getätigt werden bzw. Sacheinlagen vorgenommen werden, für die nicht die Wahlrechtsmöglichkeiten – Buchwert, Zwischenwert, Teilwert – des § 20 aF bestehen.

149 Der Begriff der **steuerverstrickten Anteile,** der früher nur in der Fachliteratur verwendet wurde, fand in § 10 VO erstmals Niederschlag in einem Text, der ein legislatives Verfahren durchlaufen hat. Der Begriff „mitverstrickte Anteile" war eine Neuschöpfung und bedarf der näheren Konkretisierung (zu den Problemkreisen in diesem Zusammenhang s. Rn. 45 ff.). In § 22 VII wird nunmehr der Begriff der mitverstrickten Anteile – außerhalb von einbringungsgeborenen – verwandt und die Wertabspaltungstheorie findet ihren gesetzgeberischen Niederschlag (*Schmitt/Schloßmacher* DStR 2009, 828).

150 Es ist zwar im Prinzip begrüßenswert, dass eine Möglichkeit besteht, in einem förmlichen Verfahren die Anschaffungskosten iSd § 20 IV aF festzustellen, damit in späteren Jahren kein Streit um die Höhe der Anschaffungskosten und damit die Basis für die Ermittlung eines Veräußerungsgewinns entsteht. § 10 VO greift aber zu kurz. Zwischen dem Entstehen einbringungsgeborener Anteile, deren veränderte Anschaffungskosten zu ermitteln sind, und dem Zeitpunkt, zu dem eine Feststellung angeordnet werden kann, können bereits viele Jahre vergangen sein, denn Anknüpfungspunkt für das Feststellungsverfahren ist nur der Übergang stiller Reserven von steuerverstrickten auf mitverstrickte Anteile. Es fehlt die Möglichkeit, bereits bei Entstehen von einbringungsgeborenen Anteilen die Anschaffungskosten rechtsförmlich festzustellen.

Fragwürdig ist außerdem eine Regelung in § 10 II 2 VO, wonach die Inhaber von einbringungsgeborenen Anteilen die Erklärung zur gesonderten Feststellung der Besteuerungsgrundlagen abzugeben haben, wenn sie von der Finanzbehörde dazu **aufgefordert** werden. Das Feststellungsverfahren wird nur durchgeführt, wenn dies die FinVerw für zweckmäßig hält (Ermessensentscheidung, s. BR-Drs. 475/99, 43). Bestimmende Faktoren der Besteuerungsgrundlagen brauchen den Anteils-Inhabern aber nicht bekannt zu sein; vielmehr werden die Besteuerungsgrundlagen in wesentlichen Teilen idR nur der KapGes, an der einbringungsgeborene Anteile bestehen, bekannt sein. Dies betrifft insbesondere den Wert der einbringungsgeborenen Anteile, der in vielen Fällen erst im Rahmen einer Unternehmensbewertung zu ermitteln sein wird. **151**

§ 10 VO verfehlt das Ziel der Herbeiführung von Rechtssicherheit. Die zuständige Behörde kann – muss jedoch nicht – das Feststellungsverfahren bei steuerverstrickten Anteilen anordnen. Die Ungewissheit über die Höhe der Anschaffungskosten bei einbringungsgeborenen Anteilen bleibt somit grundsätzlich bestehen. Auch ein einmal durchgeführtes Feststellungsverfahren schafft keine Rechtssicherheit, denn weitere Kapitalmaßnahmen, die mit einem Übergang stiller Reserven verbunden sind, machen die bestandskräftig festgestellten Besteuerungsgrundlagen obsolet, ohne dass der Bescheid offiziell aufgehoben wird. Die FinVerw kann deshalb auch nach der Durchführung eines Feststellungsverfahrens wiederum in die inhaltliche Prüfung über die Höhe der Anschaffungskosten nach § 20 IV aF eintreten. **152**

Beratungshinweis: Im Ergebnis ist jedem Anteilseigner, der über einbringungsgeborene Anteile verfügt, dringend anzuraten, gut dokumentierte Unterlagen über seine Anschaffungskosten iSd § 20 IV aF und über die Entwicklung der KapGes, an der die einbringungsgeborenen Anteile bestehen, insbesondere im Zusammenhang mit Kapitalmaßnahmen, aufzubewahren, um im Konfliktfall mit der FinVerw bei Veräußerung der einbringungsgeborenen Anteile den Nachweis über die Anschaffungskosten führen zu können. **153**

Sitzverlegung ins Ausland

Übersicht

I. Allgemeines

1 Bei der Sitzverlegung ist grundsätzlich zwischen der Verlegung des Verwaltungssitzes (geschäftliche Oberleitung) und der Verlegung des Satzungssitzes zu unterscheiden.

Für die neu eingeführten Rechtsformen der **SE und SCE** gilt nach Art. 7 SE-VO bzw. Art. 6 SCE-VO, dass ihr Verwaltungssitz und Satzungssitz immer im selben EU-Mitgliedstaat belegen sein müssen. Die Sitzverlegung ist hier nur in einen anderen EU-Mitgliedstaat möglich. Die rechtlichen Vorgaben sind in der SE- bzw. der SC-VO sowie – für in der Bundesrepublik Deutschland registrierte SE oder SCE – in dem deutschen SE- bzw. SCE-Ausführungsgesetz (SEAG/SCEAG) niedergelegt. Die steuerlichen Folgen ergeben sich aus § 12 I KStG.

2 Für die Sitzverlegung **nationaler Gesellschaften** ist allein das dt. internationale Gesellschaftsrecht maßgeblich, das derzeit nicht kodifiziert ist (s. aber den Entwurf zur Kodifikation des internationalen Gesellschaftsrechts; abrufbar unter www.bmj.bund.de). Für die steuerlichen Folgen der Sitzverlegung einer nationalen KapGes ist wie folgt zu unterscheiden:

– Erfolgt die **Verlegung der geschäftlichen Oberleitung in einen anderen EU-/EWR-Mitgliedstaat,** so gilt für die steuerlichen Folgen die Regelung des § 12 I KStG. Eine Besteuerung der stillen Reserven erfolgt dann nur in Fällen der tatsächlichen Entstrickung von Wirtschaftsgütern.

– Erfolgt lediglich eine **Verlegung der geschäftlichen Oberleitung in einen Drittstaat,** so kommt es darauf an, ob mit dem Drittstaat ein DBA existiert, nach dem die Gesellschaft in eben diesem Drittstaat als ansässig anzusehen ist – dann regeln sich die steuerlichen Folgen nach § 12 III 2 KStG. Erfolgt die Verlegung der geschäftlichen Oberleitung in einen Drittstaat, mit dem kein DBA besteht, so erfolgt eine Besteuerung der stillen Reserven nach § 12 I KStG nur dann, wenn auch Wirtschaftsgüter in den jeweiligen Staat verbracht werden und nach § 26 KStG, § 34c EStG das dt. Besteuerungsrecht durch das Anrechnungsverfahren beschränkt wird.

– Die **isolierte Verlegung des Satzungssitzes** nationaler KapGes zieht keine steuerlichen Folgen nach sich. Nur wenn auch die Geschäftsleitung wegzieht, kann es zu einer Besteuerung nach § 12 I oder III 1 KStG kommen, je nachdem, ob der Wegzug in einen EU/EWR-Mitgliedstaat oder in einen Drittstaat erfolgt. Da dies zivilrechtlich jedoch nicht möglich ist, wird auf diese Konstellation nachfolgend nicht weiter eingegangen.

3 Die Fälle des Zuzugs werden nachfolgend nicht behandelt (s. hierzu sowohl zu den zivilrechtlichen als auch den steuerrechtlichen Aspekten *Eidenmüller (Hrsg.)* Ausländische KapGes im dt. Recht).

4

	Sitzverlegung innerhalb EU/EWR			Sitzverlegung in Drittstaat		
	SE/SCE	Verlegung Satzungssitz nation. KapGes	Verlegung VerwSitz nation. KapGes	SE/SCE (Verlegung Satzungs- und Verwaltungssitz)	Verlegung Satzungssitz nation. KapGes	Verlegung VerwSitz nation. KapGes
Zivilrecht	Nur Satzungs- und VerwSitz zusammen	(-)	(+)	(-)	(-)	(+) (jdf. nach Kodifikation des int. GesR)

	Sitzverlegung innerhalb EU/EWR			Sitzverlegung in Drittstaat		
	SE/SCE	Verlegung Satzungssitz nation. Kap-Ges	Verlegung VerwSitz nation. KapGes	SE/SCE (Verlegung Satzungs- und Verwaltungssitz)	Verlegung Satzungssitz nation. KapGes	Verlegung VerwSitz nation. KapGes
Steuerrechtl. Folgen mit DBA	§ 12 I KStG	§ 11 (jedoch erst im Fall der tats. Auflösung)	§ 12 I KStG	§ 11 KStG (jedoch erst im Fall der tats. Auflösung)	§ 11 KStG (jedoch erst im Fall der tats. Auflösung)	§ 12 III 2 KStG
Steuerrechtl. Folgen ohne DBA	§ 12 I KStG	§ 11 (jedoch erst im Fall der tats. Auflösung)	§ 12 I KStG	§ 11 KStG (jedoch erst im Fall der tats. Auflösung)	§ 11 KStG (jedoch erst im Fall der tats. Auflösung)	§ 12 I KStG

II. Zivilrechtliche Vorgaben für die Sitzverlegung (Wegzug)

1. Rechtslage seit dem MoMiG

Lange Zeit umstritten war die Reichweite der europäischen Niederlassungsfreiheit für grenzüberschreitende Sitzverlegungen, für deutsche Gesellschaften umso mehr vor Inkrafttreten des MoMiG. Der EuGH hat in einer Serie von Entscheidungen hervorgehoben, dass es für die europarechtliche Zulässigkeit nationaler gesetzlicher Regelungen bezüglich Gesellschaften einen Unterschied macht, ob sie der Zuzugs- oder der Gründungsstaat aufstellt (*Daily Mail* [EuGH, Rs. 81/87]; *Centros* [EuGH Rs. C-212/97], *Überseering* [EuGH Rs. C-208/00], *Inspire Art* [EuGH Rs. C-167/01]; *Cartesio* [EuGH Rs. C-210/06], *Vale* [EuGH RS. C-378/10]; ausführlich Rn. 5 ff. der Vorauflage). Mit Streichung des § 4a II GmbHG bzw. § 5 II AktG durch das MoMiG wurde denn auch GmbHs und AGs die grenzüberschreitende Verlegung der Geschäftsleitung ermöglicht, die formwahrende Verlegung des Satzungssitzes blieb ausweislich der Hinzufügung „Ort im Inland" weiterhin ausgeschlossen (vgl. Rn. 12 ff. der Vorauflage). Zusammenfassend gilt, dass das Recht einer Gesellschaft und somit auch ihr rechtlicher Bestand vom Gesellschaftsrecht des Gründungsstaates abhängt, der Zuzugsstaat also einen rechtsformwahrenden Zuzug der Gesellschaft nicht an nationalrechtliche Anforderungen knüpfen kann. Der EuGH macht die unionsrechtliche Bewertung dabei maßgeblich davon abhängig, ob die Gesellschaft ihren Satzungs- oder ihren Verwaltungssitz ändert und davon, ob der Satzungssitz unter Beibehaltung des auf die Gesellschaft anwendbaren Rechts verlegt werden soll oder gleichzeitig die Gesellschaft in eine solche des Rechts des Zuzugsstaates umgewandelt werden soll (*Limmer* in Limmer, Handbuch der Unternehmensumwandlung, 3. Auflage 2016, S. 986 ff.). 5

2. Der grenzüberschreitende Formwechsel nach isoliertem Zuzug des Satzungssitzes

Jüngst präzisierte der EuGH in *Polbud* [EuGH Rs. C-106/16] den Anwendungsbereich der unionsrechtlich geschützten Niederlassungsfreiheit im Rahmen von grenzüberschreitenden Umwandlungen, konkret adressierte er ein rechtliches Hindernis von Seiten des Wegzugsstaates Polen. Der EuGH kam zu dem Ergebnis, dass auch der grenzüberschreitende Formwechsel von Gesellschaften innerhalb der EU mit isolierter Verlegung des Satzungssitzes von der unionsrechtlichen Niederlassungsfreiheit geschützt sei und dass nationale Bestimmungen, die einen solchen grenzüberschreitenden Formwechsel von nationalen Regelungen abhängig machen, gegen die Niederlassungsfreiheit verstießen.

Der Entscheidung lag folgender Sachverhalt zugrunde: Die polnische Gesellschaft mit beschränkter Haftung Polbud Wykonawstwo sp. zo. o. („*Polbud*") mit Sitz in Polen beschloss, ihren Satzungssitz nach Luxemburg zu verlegen, den Verwaltungssitz in Polen zu belassen und wandelte die Gesellschaft in eine Gesellschaft mit beschränkter Haftung nach luxemburgischemRecht um. Infolge der Verlegung ihres Satzungssitzes stellte die *Polbud* einen Antrag auf Löschung im polnischen Handelsregister. Das zuständige Registergericht wies den Antrag zurück, da die Gesellschaft die nach polnischem Recht für eine Löschung notwendige Liquidation nicht nachwies (Rz. 48). Der EuGH folgte nun dem Argument der Gesellschaft, indem er annahm, dass die nationale Regelung geeignet sei, die grenzüberschreitende Umwandlung der Gesellschaft zu erschweren oder zu verhindern (Rz. 51). Die Verpflichtung zur Liquidation nach polnischem Recht geht nach Ansicht des EuGH über das hinaus, was zum Schutz der Interessen der Gläubiger, der Minderheitsgesellschafter und der Arbeitnehmer erforderlich ist (Rz. 56, 59). Dass nur der Satzungssitz nach Luxemburg verlegt worden sei, ohne dass eine wirtschaftliche Tätigkeit in Luxemburg tatsächlich entfaltet würde, stehe dem nicht entgegen, denn der Wegzugsstaat könne die infolge der grenzüberschreitenden formwechselnden Umwandlung notwendig gewordene Löschung aus dem Register nicht abhängig machen von der nach nationalem Recht für eine Löschung notwendigen Auflösung (ausführliche Darstellung in: *Stelmaszczyk*, EuZW 2017, 890 ff.). Der EuGH unterwarf mit dieser Entscheidung nun auch den Sachverhalt der isolierten Verlegung des Satzungssitzes dem Anwendungsbereich der Niederlassungsfreiheit. Wenn der Zuzugsstaat einen isolierten Zuzug nur des Satzungssitzes zulässt, ist eine Sitztrennung auch nicht a priori rechtsmissbräuchlich (Rz. 60–64), sondern fällt in Verlängerung der *Centros*-Entscheidung [EuGH Rs. C-212/97] nicht lediglich beim Zuzug nur des Verwaltungssitzes, sondern nunmehr auch beim Zuzug nur des Satzungssitzes unter die unionsrechtliche Niederlassungsfreiheit [EuGH Rs. C-106/16 – *Polbud*] Rz. 38).

Damit erstreckt der EuGH die Niederlassungsfreiheit auch auf solche Fälle, in denen der Wegzugsstaat die Löschung einer vormals nationalem Recht unterliegenden Gesellschaft aus dem Handelsregister von nationalen Regelungen abhängig macht, die einer Verlegung auch nur des Satzungssitzes entgegenwirken. Damit gilt die Rechtswahlfreiheit auch für bereits bestehende Gesellschaften. Möglich ist damit auch ein grenzüberschreitender Formwechsel einer deutschen GmbH, bei dem auch das zukünftig für sie maßgebliche Gesellschaftsrecht gewählt wird (*Wachter* in NZG 2017, 1308, 1313).

Die **Sitzverlegung einer SE oder SCE** ist nur in einen anderen EU-Mitgliedstaat möglich und richtet sich nach den entspr. Vorschriften der SE- bzw. der SCE-VO, zusammen mit den jeweiligen Ausführungsgesetzen. Sowohl für die SE als auch für die SCE gilt, dass statuatorischer Sitz und Geschäftsleitung im selben EU-Mitgliedstaat belegen sein müssen, mithin die isolierte Verlegung des Verwaltungssitzes in einen anderen EU-Mitgliedstaat nicht möglich ist.

6 Die zivilrechtlichen Folgen einer **Sitzverlegung nationaler KapGes** hängen ganz wesentlich davon ab, ob der Staat, dessen Rechtsordnung die Gesellschaft untersteht, der Sitz- oder der Gründungstheorie folgt. Während nach der Gründungstheorie die Gesellschaft problemlos ihre geschäftliche Oberleitung in einen anderen Staat verlegen kann, da hinsichtlich gesellschaftsrechtlicher Fragen und somit auch hinsichtlich der Frage der Existenz der Gesellschaft allein das Recht des Gründungsortes maßgeblich ist und zwar unabhängig davon, ob die Gesellschaft am Gründungsort auch tatsächlich ansässig ist, unterbindet die Sitztheorie die Verlegung des Ortes der geschäftlichen Oberleitung. Nach der Sitztheorie findet nämlich auf die Gesellschaft das Recht des Ortes Anwendung, an dem sich ihre geschäftliche Oberleitung befindet. Konsequenz daraus ist, dass die Gesellschaft nach der Verlegung der geschäftlichen Oberleitung als nicht mehr existent zu behandeln ist, da sie nach dem Recht des Sitzstaates als nicht ordnungsgemäß errichtet

anzusehen ist (Überblick über die im einzelnen zur Behandlung der Verwaltungssitzverlegung vorgeschlagenen Theorien bei *Eidenmüller (Hrsg.)* Ausländische KapGes im dt. Recht, S. 4 ff.).

Die **Verlegung des statuatorischen Sitzes** ist sowohl nach der Gründungs- als auch nach der Sitztheorie **nicht möglich.** Da die Existenz einer dt. KapGes an deren Registrierung im dt. Handelsregister geknüpft ist, ist eine Verlegung des statuatorischen Sitzes zudem auch sachrechtlich nicht möglich. Daher beschränken sich die folgenden Ausführungen auf die Verlegung des Verwaltungssitzes (Die Vorschläge von *Engert* in Eidenmüller (Hrsg.) aaO, S. 129 ff. zur grenzüberschreitenden Verlegung des statuatorischen Sitzes sind hinsichtlich dt. KapGes bereits deshalb abzulehnen, weil § 4a GmbHG bzw. § 5 AktG einen inländischen statuatorischen Sitz verlangen. Darüber hinaus bietet das dt. Recht, entgegen *Engert,* keine Regelungen für einen solchen Vorgang. Auch das Gemeinschaftsrecht gebietet nicht die Einräumung der Möglichkeit zur grenzüberschreitenden Verlegung des statuatorischen Sitzes.). 7

Obwohl das internationale Gesellschaftsrecht in Deutschland bislang nicht kodifiziert ist, bestand lange Zeit weitestgehend Einigkeit hinsichtlich der Geltung der Sitztheorie, so dass sowohl der Zuzug als auch der Wegzug von Gesellschaften nach dt. Recht nicht möglich war. Erst der EuGH brachte Bewegung in das internationale Gesellschaftsrecht. Dieser hat vor allem in den Entsch. *Centros* (EuGH Rs. C-212/97, Slg. 1997, I-1459), *Überseering* (EuGH Rs. C-208/00, Slg. 2002, I-9919) sowie *Inspire Art* (EuGH Rs. C-167/01, NZG 2003, 1064) die Nichtvereinbarkeit der Sitztheorie bzw. genauer, der Rechtsfolgen der Sitztheorie mit Gemeinschaftsrecht festgestellt. Ließ sich über die Bedeutung der *Centros*-Entsch. noch trefflich streiten, stellte der EuGH in seiner *Überseering*-Entsch. klar, dass eine ausländische Gesellschaft unabhängig vom Ort ihres Verwaltungssitzes als Gesellschaft ausländischen Rechts anzuerkennen sei (EuGH Rs. C-208/00 *Überseering,* Slg. 2002, I-9919, 2. Leitsatz sowie Rz. 95). Seitdem ist im Grundsatz anerkannt, dass zumindest ggü. Gesellschaften aus EU/EWR-Mitgliedstaaten anstatt der Sitz- die Gründungstheorie anzuwenden ist und somit die Gesellschaft bei ordnungsgemäßer Gründung nach dem Recht des Gründungsstaats als solche anzuerkennen ist (so auch hinsichtlich US-amerikanischen Gesellschaften BGH v. 29.1.2003, NZG 2003, 531; BFH v. 29.1.2003, NZG 2003, 646), unabhängig davon, wo sich ihre Geschäftsleitung befindet. 8

Die Abkehr von der Sitz- hin zur Gründungstheorie ist nach ganz hM aber nicht nur auf Gesellschaften aus EU/EWR-Staaten, sondern auch auf Zuzugsfälle beschränkt. Möchte eine dt. Gesellschaft ihren Sitz ins Ausland verlegen, galt nach ganz hM weiterhin die Sitztheorie, so dass eine dt. Gesellschaft, die ihren Sitz ins Ausland verlegt, ihre Existenz in Form der Rechtsfähigkeit verliert (statt aller *Kindler* in MüKo, IntGesR, Rn. 525 mwN). 9

Begründet wurde dies damit, dass sich die oben genannten Urteile des EuGH allesamt auf Zuzugsfälle bezogen haben und der EuGH sowohl in *Überseering* als auch in *Inspire Art* ausdrücklich darauf hingewiesen hatte, dass es einen Unterschied machen kann, ob die Niederlassungsfreiheit durch den Gründungs- oder Zuzugsstaat beschränkt wird (EuGH Rs. C-208/00 *Überseering,* NJW 2002, 3614, Rz. 62; EuGH Rs. C-167/01 *Inspire Art,* NZG 2003, 1064, Rz. 103). Diese Aussagen wurden als Bestätigung des in der *Daily Mail*-Entsch. aufgestellten Grundsatzes gewertet, dass der Staat, nach dessen Recht die Gesellschaft errichtet wurde, auch über deren Existenz und damit deren Wegzugsmöglichkeiten entscheiden können müsse (*Spahlinger* in Spahlinger/Wegen (Hrsg.), Internationales Gesellschaftsrecht in der Praxis, S. 31 mwN). Der EuGH hat dies in der Rs. *Cartesio* bekräftigt: Die Niederlassungsfreiheit sei im Falle einer Sitzverlegung unter Wahrung der bisherigen Eigenschaft als Gesellschaft des Gründungs-/Wegzugsstaates nicht tangiert, da die (fortdauernde) Existenz einer Gesellschaft eine dem Gesetzgebungsermessen des Gründungs-/Wegzugstaates unterliegende Vorfrage gem. Art. 48 EG sei. Eine grenzüberschreitende Umwandlung, die zwingend mit der Auflösung und Liquidation einhergehe, schränke hingegen die Niederlassungsfreiheit ein (EuGH Rs. C-210/06, BB 2009, 11 ff. mit Anm. *Behme/Nohlen*). 10

11 Eine solche Differenzierung lässt jedoch die in der Sache überzeugendere Entsch. des EuGH zur Niederlassungsfreiheit außer Betracht, aus denen hervorgeht, dass die Verlegung des Ortes der Geschäftsleitung auch vom Gründungsstaat nicht mehr weiter verhindert werden darf. Während hinsichtlich der Entsch. *Lasteryie du Saillant,* bei der es um die Wegzugsbesteuerung natürlicher Personen aus Frankreich ging, die der EuGH als nicht mit der Niederlassungsfreiheit vereinbar ansah, teilweise argumentiert wurde, dass die Aussagen dieser Entsch. auf Gesellschaften nicht übertragen werden könnten (EuGH Rs. C-9/02, IStR 2004, 236), macht der EuGH in der Rs. *Marks & Spencer* unmissverständlich klar, dass es dem Gründungsstaat grds. untersagt ist, die Niederlassungsfreiheit einer nach seinem Recht gegründeten Gesellschaft einzuschränken (EUGH Rs. C-446/03, NZG 2006, 109 Rn. 31). Konsequent wäre nach der Entsch. in der Rs. *Marks & Spencer* somit eine Interpretation der Niederlassungsfreiheit durch den EuGH gewesen, wonach auch der Gründungsstaat den Wegzug einer nach seinem Recht errichteten Gesellschaft nicht verhindern darf. Auch wenn man aufgrund des besonderen Verhältnisses zwischen einer Gesellschaft und ihrem Gründungsstaat, dem sie ihre rechtliche Existenz verdankt, dem Wegzugsstaat weitergehende Beschränkungsbefugnisse als dem Zuzugsstaat einräumen möchte, ist dies nach den Aussagen in der Rs. *Marks & Spencer* allein auf Ebene der Rechtfertigung einer Beschränkung der Niederlassungsfreiheit möglich.

3. Verlegung des Ortes der geschäftlichen Oberleitung

12 Seit Inkrafttreten des MoMiG am 1.11.2008 (BGBl. I 2008, 2026) erübrigen sich Rechtsunsicherheiten im Zusammenhang mit der Verlegung des Ortes der geschäftlichen Oberleitung, sofern sie nach diesem Datum erfolgt (für den Zeitraum vor Inkrafttreten des MoMiG vgl. Rn. 6 ff. der 4. Auflage).

13 Mit Streichung des § 4a II GmbHG bzw. § 5 II AktG durch das MoMiG wird die grenzüberschreitende Verlegung der Geschäftsleitung ermöglicht, die formwahrende Verlegung des Satzungssitzes bleibt ausweislich der Hinzufügung „Ort im Inland" ausgeschlossen. Zwar haben die Normen als Vorschriften keine originäre Bedeutung für die Frage, ob der Gesetzgeber im deutschen internationalen Gesellschaftsrecht von der Sitz- oder Gründungstheorie ausgeht. Berücksichtigt man jedoch die Gesetzesbegründung zum MoMiG, so kann die Neufassung von § 4a GmbHG bzw. § 5 AktG nur dahingehend verstanden werden, dass der Gesetzgeber die Sitztheorie auch in Wegzugsfällen aufgegeben hat (etwa *Bayer* in Lutter/Hommelhoff GmbHG § 4a Rn. 15).

14 Eine entsprechende Anpassung des deutschen internationalen Gesellschaftsrechts sieht der Referentenentwurf eines Gesetzes zur Kodifizierung des internationalen Gesellschaftsrechts vom 8.1.2008 vor: Gemäß Art. 10 I EGBGB-E soll bei der Frage, welches Recht auf Gesellschaften Anwendung findet, das Recht des Gründungsstaates maßgeblich sein. Zwar stellt Art. 10 Abs. 1 Satz 1 EGBGB-E in erster Linie auf den Registrierungsort ab, doch stimmt der Registrierungsort regelmäßig mit dem Gründungsort überein, so dass auch hier von der Gründungstheorie auszugehen ist. Für die Adaption der Gründungstheorie durch den Gesetzgeber bereits durch das MoMiG spricht jedenfalls, dass in der Gesetzesbegründung hierzu keinerlei Hinweis auf die geplante Kodifikation des internationalen Gesellschaftsrechts enthalten ist, so dass unabhängig vom Schicksal des Referentenentwurfs **von der Sitztheorie** in Wegzugsfällen **Abstand zu nehmen** sein wird.

15 Hinsichtlich der Verlegung des statuatorischen Sitzes stellt Art. 10b EGBGB-E zwar deren grundsätzliche Möglichkeit fest, doch fehlt es an einer sachrechtlichen Ausgestaltung eines solchen Vorgangs, so dass auch **weiterhin** die grenzüberschreitende **Verlegung des statuatorischen Sitzes nicht möglich** sein wird.

16 Hinsichtlich der **Sitzverlegung** bei der **SE oder SCE** ist auch weiterhin allein die SE- bzw. SCE-VO, zusammen mit den jeweiligen Ausführungsgesetzen maßgeblich.

III. Steuerrechtliche Folgen der Sitzverlegung

1. Allgemeiner Überblick

Da allein die Verlegung des satzungsmäßigen Sitzes einer SE oder SCE sowie die Verwaltungssitzverlegung nationaler KapGes zivilrechtlich möglich ist, beschränken sich die folgenden Ausführungen über die steuerrechtlichen Folgen einer Sitzverlegung auf diese Konstellationen. Bei der steuerrechtlichen Behandlung von Sitzverlegungen stellen sich verschiedene Fragen. Zunächst ist zwischen der Besteuerung der Gesellschaft als Solcher und der GewSt zu unterscheiden. Eine Gesellschaft, die in der Bundesrepublik Deutschland keine gewerbliche Tätigkeit ausübt, kann nicht gewerbesteuerpflichtig sein, da die Gewerbesteuerpflicht an eine inländische gewerbliche Tätigkeit anknüpft. **17**

Hinsichtlich der körperschaftssteuerrechtlichen Behandlung der Sitzverlegung stellen sich eine Vielzahl von Fragen, wobei insbesondere die Behandlung stiller Reserven von praktischer Bedeutung ist. Als gemeinsamer Grundsatz der körperschaftssteuerrechtlichen Behandlung lässt sich festhalten, dass es stets um die Erhaltung des dt. Besteuerungsrechts und damit des Steueraufkommens geht. **18**

2. Aufdeckung stiller Reserven, § 12 KStG

a) Allgemeines

Die Regelung des § 12 KStG ist durch SEStEG v. 7.12.2006 (BGBl. I 2006, 2782; BStBl. I 2007, 4) eingeführt worden und ist Teil der durch dieses Gesetz eingeführten Regelungen zur Entstrickung. Bislang haben die FinVerw. sowie die Rspr. im Fall der Verlagerung steuerverstrickter Wirtschaftsgüter ins Ausland, wodurch diese der Besteuerung im Inland entzogen wurden, bei natürlichen Personen die „finale Entnahmelehre“ vertreten, wonach eine gewinnrealisierende Entnahme stets dann anzunehmen ist, wenn die stillen Reserven in dem Wirtschaftsgut der Besteuerung entzogen zu werden drohen (vgl. BStBl. I 99, 1076, Tz. 2.6.1). Da eine Entnahme bei Körperschaften nicht denkbar ist, konnte die „finale Entnahmelehre“ auf diese nicht übertragen werden. Das Körperschaftssteuerrecht kannte einen solchen allgemeinen Entstrickungstatbestand bislang nicht, lediglich § 12 KStG aF sah bei Verlegung des statutatorischen Sitzes oder der geschäftlichen Oberleitung die Realisierung stiller Reserven vor, sofern dies das Ausscheiden aus der unbeschränkten StPfl. bedeutete, doch galt dies nicht bei Überführung einzelner Wirtschaftsgüter. Auch die Einführung des § 6 V 1 EStG, der den Fall der Überführung von Wirtschaftsgütern von einem BV des StPfl. in ein anderes BV desselben regelt, löst das Problem der Entstrickung bei Körperschaften nicht, da auch bei mehreren Betriebsstätten die KapGes nur ein einheitliches BV haben kann. **19**

Um sämtliche Entstrickungssachverhalte zu erfassen, führte der Gesetzgeber durch das SEStEG mit § 4 I 3 EStG sowie § 12 KStG sowohl für natürliche Personen als auch für Körperschaften jeweils einen allgemeinen Entstrickungstatbestand ein. Der für natürliche Personen maßgebliche § 4 I 3 EStG nimmt im Grundsatz die Regelung der „finalen Entstrickungslehre“ auf, während § 12 KStG die Entstrickung bei Körperschaften regelt. Der Ausschluss oder die Beschränkung des Besteuerungsrechts des Veräußerungs- oder Nutzungsgewinns gilt dabei als fiktive Veräußerung bzw. Überlassung (Abs. 1) und die Sitzverlegung in Staaten außerhalb des EU- bzw. EWR-Raumes wird grundsätzlich als Liquidation behandelt (Abs. 3). **20**

Zwar regelt nur § 12 III KStG die Sitzverlegungsfälle ausdrücklich, doch gilt § 12 III KStG allein für die Verlegung des statuatorischen Sitzes oder der Geschäftsleitung in Staaten, die nicht der EU oder dem EWR angehören, wie der Wortlaut unmissverständlich deutlich macht. Hinsichtlich der Verlegung des statuatorischen Sitzes oder der Geschäftsleitung innerhalb der EU bzw. des EWR legt der Wortlaut des § 12 I KStG zwar nahe, dass **21** vom Regelungsbereich nur die Entstrickung einzelner Wirtschaftsgüter erfasst sein soll, doch ergibt sich der Umkehrschluss aus § 12 III KStG, dass § 12 I KStG auch für die Sitzverlegung innerhalb der EU bzw. des EWR Anwendung findet. Wäre der Anwendungsbereich des § 12 I KStG auf die Entstrickung einzelner Wirtschaftsgüter beschränkt, so liefe dies auch der Regelungsabsicht des Gesetzgebers zuwider, der einen umfassenden Entstrickungstatbestand schaffen wollte, da die Entstrickung von Wirtschaftsgütern im Rahmen einer Sitzverlegung innerhalb der EU bzw. des EWR gerade nicht von der Regelung des § 12 KStG erfasst wäre (so im Ergebnis auch *Frotscher* in F/M § 12 Rn. 26). Schließlich dient § 12 I KStG u. a. der Umsetzung der geänderten FusionsRL (RL 2009/133/EG), die gerade die Sitzverlegung einer SE oder SCE zum Gegenstand hat.

b) Verhältnis zu anderen Vorschriften

22 § 12 KStG steht in scheinbarer Konkurrenz zu **§ 4 I 3 EStG,** der die Entstrickung bei natürlichen Personen regelt und über § 8 I KStG grundsätzlich auch für Körperschaften gilt. Da § 4 I 3 EStG eine Entnahme fingiert, eine Entnahme dem KStG jedoch fremd ist, findet die Regelung des § 4 I 3 EStG auf Körperschaften schon gar keine Anwendung (*Holland* in EY § 12 Rn. 6; *Frotscher* Internationalisierung des Ertragsteuerrechts, Rn. 99).

23 Ebenfalls kein Konkurrenzverhältnis besteht zu **§ 1 III 9 AStG.** § 1 III 9 AStG enthält eine Konkretisierung des Fremdvergleichsgrundsatzes nach § 1 I 1 AStG und setzt im Fall des § 1 AStG Geschäftsbeziehungen zu einer dritten Person voraus. Im Fall des § 12 KStG fehlt es aber gerade an einer solchen Drittbeziehung, worüber auch die Fiktion der Veräußerung bzw. Überlassung in § 12 I KStG nicht hinweghelfen kann, da die Fiktion nichts über ein Verhältnis zu Dritten besagt (*Frotscher* in F/M § 12 Rn. 13).

24 Schließlich besteht auch keine Konkurrenz zu **§ 6 V 1 EStG,** der über § 8 I KStG auch auf Körperschaften Anwendung findet. Die Überführung von Wirtschaftsgütern in eine ausländische Betriebsstätte wird als Veräußerung bzw. Überlassung behandelt, so dass es sich hierbei schon gar nicht um eine Überführung handelt, weshalb der Tatbestand des § 6 V EStG nicht erfüllt ist. Gleiches gilt hinsichtlich der Sitzverlegung in Drittstaaten, die als Liquidation zu behandeln ist. Daneben gilt § 6 V EStG nur in den Fällen, in denen die Besteuerung der stillen Reserven sichergestellt ist, dies sei bei Überführung von Wirtschaftsgütern ins Ausland aber gerade nicht der Fall (so *Förster,* DB 2007, 72, 73).

c) Sitzverlegung in einen EU-/EWR-Mitgliedstaat, § 12 I KStG

25 **aa) Anwendungsbereich. Persönlich** gilt § 12 I KStG für **sämtliche Körperschaften,** der Anwendungsbereich ist also auch bei beschränkt stpfl. Körperschaften eröffnet. Dies folgt sowohl aus einem Umkehrschluss zu § 12 III 1 KStG, der das Ausscheiden aus der unbeschränkten StPfl. voraussetzt als auch aus Sinn und Zweck des § 12 I KStG, da auch lediglich beschränkt StPfl. in Deutschland verstrickte Wirtschaftsgüter haben können, indem sie eine Betriebsstätte in Deutschland unterhalten.

26 Auch der räumliche **Anwendungsbereich** für die Sitzverlegungsfälle ergibt sich aus einem Umkehrschluss zu § 12 III KStG, wonach für die **Sitzverlegung innerhalb der EU bzw. des EWR** ausschließlich § 12 I KStG maßgeblich ist.

27 Vom **sachlichen Anwendungsbereich** erfasst sind alle **Vorgänge, bei denen das dt.** Besteuerungsrecht **des Gewinns bei einer Veräußerung oder Nutzungsüberlassung von Wirtschaftsgütern ausgeschlossen oder beschränkt wird (Entstrickung)** (Aufzählung der Fallgruppen bei *Förster,* DB 2007, 72). Einer tatsächlichen Veräußerung oder Überlassung bedarf es dabei nicht, da in diesem Fall der Gewinn aus der Veräußerung oder Überlassung realisiert wird und in Deutschland bereits nach den allgemeinen Regeln versteuert werden kann. Entscheidend ist allein die Beschränkung oder der Entzug des Besteuerungsrechts des Gewinns aus einer möglichen Veräußerung oder Überlassung eines Wirtschaftsguts. Dies kann auch im Wege der Sitzverlegung erfolgen. (hinsichtlich der sonstigen von § 12 I KStG erfassten Sachverhalte s. *Frotscher* in F/M § 12 Rn. 16 ff.).

bb) Ausschluss oder Beschränkung des Besteuerungsrechts hinsichtlich des Gewinns der Veräußerung (Entstrickung). § 12 I KStG spricht allgemein vom Ausschluss oder Beschränkung des Besteuerungsrechts des Gewinns der Veräußerung oder Überlassung des Wirtschaftsguts. Entstrickung verlangt dabei stets, dass das Besteuerungsrecht der Bundesrepublik Deutschland hinsichtlich des Gewinns der Veräußerung oder Nutzungsüberlassung bestand (*Rödder/Schumacher* DStR 2006, 1481, 1484). Aufgrund eines – allerdings zu einem DBA-Sachverhalt erfolgten – BFH-Urteils (BFH v. 17.7.2008, I R 77/06, IStR 2008, 14) wurde und wird bezweifelt, ob durch die Überführung des Wirtschaftsgutes das deutsche Besteuerungsrecht überhaupt ausgeschlossen oder beschränkt werden kann (*Frotscher* in F/M § 12 Rn 24a ff.; *Köhler*, IStR 2010, 337). Dabei **genügt** die **abstrakte Gefahr der Beschränkung** des Besteuerungsrechts, so dass allein aufgrund der Möglichkeit der Anrechnung einer ausländischen Steuer von eine Beschränkung des dt. Besteuerungsrechts auszugehen ist (*Rödder/Schumacher* DStR 2006, 1481, 1484; abwägend *Frotscher* in F/M § 12 Rn 24a). Unbeachtlich muss dabei sein, dass nach § 34c II EStG die ausländische Steuer als Abzugsposten bei der Einkünfteermittlung abzuziehen sein kann, da die Ausübung dieses Wahlrechts im maßgeblichem Entstrickungszeitpunkt nicht bekannt ist. In Fällen der Sitzverlegung sind **verschiedene Konstellationen der Entstrickung** zu unterscheiden. 28

Bei der **Sitzverlegung einer SE oder SCE** endet deren unbeschränkte StPfl., da sich statuatorischer Sitz und Ort der Geschäftsleitung stets am selben Ort befinden müssen und sich somit beide Anknüpfungsmerkmale für die unbeschränkte StPfl. nach § 1 I KStG in Folge der Sitzverlegung im Ausland befinden. Das Ausscheiden aus der **unbeschränkten StPfl.** hat jedoch nur dann **Bedeutung,** wenn die KapGes **ausländische Einkünfte** hat, da sie mit ihren inländischen Einkünften in der Bundesrepublik Deutschland weiterhin beschränkt stpfl. bleibt. Aufgrund des Wegfalls der unbeschränkten StPfl. sind ausländische Einkünfte in der Bundesrepublik Deutschland nicht mehr steuerbar, weshalb eine Entstrickung von ausländischen Betriebsstätten zugeordneten Wirtschaftsgütern vorliegt. Lediglich wenn mit dem ausländischen Betriebsstättenstaat ein DBA mit **Freistellungsklausel** besteht, liegt **keine Entstrickung** vor, da ein Besteuerungsrecht schon gar nicht bestand. Darüber hinausgehend, hat die Verlegung allein des statuatorischen Sitzes keine steuerlichen Konsequenzen. 29

Hinsichtlich bislang dem dt. Stammhaus zugeordneter Wirtschaftsgüter hat die Sitzverlegung nur dann die Entstrickung zur Folge, wenn diese Wirtschaftsgüter der ausländischen Betriebsstätte als neuem ausländischen Stammhaus in Folge der Verlegung der Geschäftsleitung zugeordnet werden. 30

Verlegt eine dt. **KapGes** ihren **Ort der Geschäftsleitung** ins Ausland, bleibt sie aufgrund ihres inländischen statuatorischen Sitzes nach § 1 I Nr. 1 KStG **unbeschränkt stpfl.,** so dass eine Entstrickung hinsichtlich ausländischen Betriebsstätten zugeordneten Wirtschaftsgütern nicht eintritt. Anderes gilt jedoch bei Bestehen eines DBA aufgrund der „tie-breaker-rule“ des Art. 4 III OECD-MA, da die unbeschränkte StPfl. dann im Umfang zu einer beschränkten StPfl. „schrumpft“. Sieht das DBA mit dem ausländischen Betriebsstättenstaat hinsichtlich Gewinnen aus den im ausländischen Betriebsstättenstaat gelegenen Wirtschaftsgütern die Anrechnungsmethode vor, führt die Verlegung der Geschäftsleitung – wie bei der SE oder SCE – zur Entstrickung dieser Wirtschaftsgüter. 31

Für in der Bundesrepublik Deutschland befindliche Wirtschaftsgüter hat allein die Verlegung des Verwaltungssitzes zunächst keine Bedeutung, da § 12 I KStG ausschließlich auf den Ausschluss oder die Beschränkung des Besteuerungsrechts des Gewinns der Veräußerung oder Überlassung einzelner Wirtschaftsgüter abstellt. Erst wenn im Inland verstrickte Wirtschaftsgüter im Wege der Verwaltungssitzverlegung auf die ausländische Betriebsstätte mit übergehen, kommt es hinsichtlich dieser Wirtschaftsgüter zu einer Entstrickung, da das dt. Besteuerungsrecht zumindest immer beschränkt wird nach § 26 KStG, § 34c EStG, bei Geltung eines DBA aufgrund der „tie-breaker-rule“ des Art. 4 III OECD-MA sogar ausgeschlossen wird. 32

33 Sowohl bei der SE oder SCE als auch bei dt. Körperschaften ist die entscheidende Frage somit, inwiefern in der Bundesrepublik Deutschland befindliche Wirtschaftsgüter auch nach Verlegung des Ortes der Geschäftsleitung einer inländischen Betriebsstätte zuzuordnen sind. Voraussetzung hierfür ist, dass im Inland eine Betriebsstätte aufrecht erhalten bleibt.

34 Problematisch ist dabei, auf welchen **Betriebsstättenbegriff** abzustellen ist. Zwar dient § 12 I KStG auch der Umsetzung der FusionsRL, so dass der Betriebsstättenbegriff primär anhand der FusionsRL auszulegen ist, da diese jedoch keine Definition enthält, ist der Betriebsstättenbegriff anhand Sinn und Zweck der Regelung zu ermitteln. § 12 I KStG soll das dt. Besteuerungsrecht sicherstellen, das durch die eingangs dargestellten Möglichkeiten der Entstrickung gefährdet wird. Geht es bei § 12 I KStG um die Frage, welcher Betriebsstätte in welchem Staat ein Wirtschaftsgut zuzuordnen ist, ist primär auf den **Betriebsstättenbegriff des DBA** abzustellen (so die hM *Frotscher* Internationalisierung des Ertragssteuerrechts, Rn. 116; *Ritzer* in R/H/vL UmwStG, Anh. 5 Rn. 118). Besteht kein DBA zwischen dem Staat der übertragenden und der aufnehmenden Betriebsstätte, ist auf den Betriebsstättenbegriff des § 12 AO zurückzugreifen. Gerade für die Frage, wie der in Deutschland verbleibende „Rest" der Gesellschaft auszugestalten ist, um Wirtschaftsgüter durch Zuordnung zur dt. Betriebsstätte vor der Rechtsfolge des § 12 I KStG zu bewahren, ist die Bestimmung des Betriebsstättenbegriffs von Bedeutung, da der DBA-Betriebsstättenbegriff regelmäßig enger als der des § 12 AO ist. Im Gegensatz zum Betriebsstättenbegriff des § 12 AO genügt zB für die Annahme einer Betriebsstätte nach Art. 5 I OECD-MA ein bloßes Lager nämlich nicht (Art. 5 IV OECD-MA). Ebenso wenig genügt ein am Ort des statuatorischen Sitzes befindlicher Briefkasten (BFH BStBl. II 1998, 471, 472; EAS IStR 1999, 216).

35 Daneben stellt sich die Frage, wie der **Begriff des Wirtschaftsguts** iSv § 12 I KStG zu verstehen ist. Nach dem BFH sind Wirtschaftsgüter Vermögensvorteile, die einen realisierbaren Vermögenswert haben (BFH BStBl. II 1984, 723, 725). Hiernach kommt es nicht darauf an, ob es sich um Anlage- oder Umlaufvermögen, materielle oder immaterielle, selbst geschaffene oder entgeltlich erworbene Wirtschaftsgüter handelt (so auch *Frotscher* in F/M § 12 Rn. 20).

36 Problematisch erscheint, ob auch der **Firmenwert** als Wirtschaftsgut iSv § 12 I KStG zu erfassen ist. Von der hM wird der Firmenwert als Wirtschaftsgut iSv § 12 I KStG qualifiziert (OFD Ffm, Wpg 1985, 499; *Kolbe* in H/H/R, § 12 Rn. 21; *Holland* in EY § 12 Rn. 22; *Benecke* in D/J/P/W § 12 Rn. 33 jeweils zu § 12 KStG aF). Teilweise wird dem Firmenwert der Charakter als Wirtschaftsgut jedoch abgesprochen, da er nicht als Wirtschaftsgut einzeln übertragbar ist und bei Qualifizierung des Firmenwerts als Wirtschaftsgut, die durch dem im Firmenwert enthaltenen Goodwill ausgedrückten zukünftigen Gewinne, die außerhalb der dt. StPfl. erzielt werden, gewissermaßen einer doppelten Besteuerung unterworfen werden, indem diese Gewinne durch fiktive Realisierung des Firmenwerts vorversteuert werden (so *Olgemöller* in Streck KStG § 12 Rz. 5). Zunächst ist zu bemerken, dass es für die Frage, ob ein Wirtschaftsgut vorliegt, nicht auf die Einzelveräußerbarkeit ankommt (*Winnefeld* Bilanzhandbuch, C 310). Nichtsdestotrotz ist der Begriff des Wirtschaftsguts im Hinblick auf die von § 12 I Hs. 2 KStG vorgesehene Bewertung mit dem gemeinen Wert dahingehend teleologisch zu reduzieren, dass nur solche Wirtschaftsgüter erfasst werden, denen ein gemeiner Wert zukommen kann. Der gemeine Wert knüpft an die Einzelveräußerbarkeit eines Wirtschaftsguts an, was bei der Firma gerade nicht der Fall ist, weshalb die **Firma nicht als Wirtschaftsgut iSv § 12 I KStG zu qualifizieren** ist (so auch *Frotscher* in F/M § 12 Rn. 51, 103 f.; aA *Ritzer* in R/H/vL UmwStG, Anh. 5 Rn. 126). Am Verbot der Einzelveräußerbarkeit der Firma ändert sich auch dann nichts, wenn sich der Ort der Geschäftsleitung der KapGes im Ausland befindet und das am Ort der Geschäftsleitung geltende Recht eine von der KapGes losgelöste Übertragung erlaubt, da die Frage der Übertragbarkeit der Firma unter das Gesellschaftsstatut fällt und somit trotz ausländischem Verwaltungssitz weiterhin dt. Recht maßgeblich

ist, das eine von der KapGes losgelöste Übertragung der Firma untersagt (*Rehberg* in Eidenmüller (Hrsg.), Ausländische KapGes. im dt. Recht, S. 141 ff.; s. auch Art. 10 Abs. 2 Nr. 3 EGBGB-E des Entwurfs zur Kodifikation des internationalen Gesellschaftsrechts).

Aufgrund des weiten Wortlauts des § 12 I KStG stellt sich die Frage, ob auch **Verbindlichkeiten** als negative Wirtschaftsgüter unter diese Regelung fallen. Abgesehen davon, dass ein Auseinanderfallen des BW und des gemeinen Werts wohl allein bei Pensionsrückstellungen denkbar ist, macht eine Berücksichtigung von Verbindlichkeiten nur als „Verrechnungsposten" bei der Bewertung einer Sachgesamtheit Sinn. Da § 12 I KStG jedoch auf einzelne Wirtschaftsgüter abstellt, eine „Verrechnung" hier nicht stattfindet und es bei § 12 I KStG allein um den Schutz des Besteuerungsrechts der Bundesrepublik Deutschland hinsichtlich in ihrem Hoheitsgebiet entstandener Werte geht, fallen Verbindlichkeiten nicht unter den Begriff des Wirtschaftsguts iSv § 12 I KStG (so auch *Frotscher* in F/M KStG, § 12 Rn. 22 ff.; s. aber auch *Ritzer* in R/H/vL KStG, Anh. 5 Rn. 137). 37

Auch so genannte Konfusionsgewinne zB bei Anwachsen einer inländischen Personengesellschaft auf ihren ausländischen Gesellschafter dürften nicht von § 12 I KStG erfasst sein, wenn eine Verbindlichkeiten bei der Personengesellschaft entfällt. Die Besteuerung der Forderung des ausländischen Gesellschafters dürfte sich in diesem Falle vielmehr nach allgemeinen Regeln als Ertrag im SonderBV ergeben. 38

Schließlich stellt sich die Frage, **welche Wirtschaftsgüter zwangsläufig** durch die Verlegung des Ortes der Geschäftsleitung auf die ausländische Betriebsstätte **übergehen** und inwieweit hinsichtlich einzelner Wirtschaftsgüter Gestaltungsspielraum dahingehend erhalten bleibt, dass sie im Fall der Beibehaltung einer inländischen Betriebsstätte dieser zugeordnet und somit von der Besteuerung nach § 12 I KStG verschont bleiben. In diesem Zusammenhang ist vorweg zu nehmen, dass der bei der Zuordnung von Wirtschaftsgütern verwendete Begriff des Stammhauses (so zB BMF v. 24.12.1999 BStBl. II 1999, 1076, Tz. 2.4) ausschließlich den Ort der Geschäftsleitung meint. Da es sich auch beim Stammhaus als Ort der Geschäftsleitung lediglich um eine gewöhnliche Betriebsstätte handelt, hat der Begriff des Stammhauses keine weitere Bedeutung (*Frotscher* Internationalisierung des Ertragsteuerrechts Rn. 283; *Malinski/Wassermeyer* DBA, MA Art. 7 Rn. 240; *Blumers* DB 2007, 313). 39

Nach Auffassung der FinVerw. und der Rspr. sind Betriebsstätten diejenigen Wirtschaftsgüter zuzuordnen, die der Erfüllung der Betriebsstättenfunktion dienen (BMF v. 24.12.1999, BStBl. I 1999, 1076, Tz. 2.4; BFH v. 29.8.1992, BStBl. II 1993, 63). Dazu zählen vor allem die Wirtschaftsgüter, die zur ausschließlichen Verwertung und Nutzung durch die Betriebsstätte bestimmt sind. Der Betriebsstätte sind auch solche Wirtschaftsgüter zuzuordnen, aus denen Einkünfte erzielt werden, zu deren Erzielung die Tätigkeit der Betriebsstätte überwiegend beigetragen hat. Maßgeblich sind immer die tatsächlichen Verhältnisse und dabei insbesondere Struktur, Organisation und Aufgabenstellung im Unternehmen. Nach Auffassung der FinVerw. ist jedoch stets die Zentralfunktion des Stammhauses zu beachten (BMF v. 24.12.1999, BStBl. I 1999, 1076, Tz. 2.4), wonach folgende Wirtschaftsgüter idR dem Stammhaus zuzurechnen sind: 40

- Dem Gesamtunternehmen dienende Finanzmittel,
- Beteiligungen, wenn sie nicht einer in der Betriebsstätte ausgeübten Tätigkeiten dienen und
- bilanzierte und nicht bilanzierte immaterielle Wirtschaftsgüter wie zB Patente oder Lizenzen.

Hieraus folgern manche, dass im Fall der Verlegung der Geschäftsleitung die genannten Wirtschaftsgüter stets auf die ausländische Betriebsstätte mit übergehen (so zB *Ritzer* in R/H/vL UmwStG, Anh. 5 Rn. 124 ff.). Wie schon die FinVerw durch ihre einschränkende Formulierung „in der Regel" deutlich macht, ist die Annahme, dass die genannten Wirtschaftsgüter im Fall der Verwaltungssitzverlegung stets auf die ausländische Betriebsstätte als 41

Ort der Geschäftsleitung mit übergehen, so nicht haltbar. Legt man das Kriterium der funktionalen Zuordnung anhand der von der Betriebsstätte zu erfüllenden Aufgaben der Zuordnung der genannten Wirtschaftsgüter zu Grunde, werden diese Wirtschaftgüter oftmals dem Stammhaus zuzuordnen sein, da diese vom Stammhaus als zentrale Stelle des Unternehmens allen anderen Betriebsstätten zur Nutzung überlassen werden. Nicht mehr und nicht weniger sagt die FinVerw, indem sie ihre Aussagen durch die Formulierung „in der Regel" relativiert.

42 Hinsichtlich **Finanzmittel** ist darauf hinzuweisen, dass sich in ihnen regelmäßig keine stillen Reserven befinden, so dass diesbezüglich im Fall der Entstrickung keine Besteuerung zu erwarten ist.

43 Für die Praxis weitaus bedeutender ist die Frage, ob von der Gesellschaft gehaltene **Kapitalbeteiligungen** zwangsläufig auf die Betriebsstätte des neuen Verwaltungssitzes mit übergehen, da hierin erhebliche stille Reserven ruhen können. Unter Zugrundelegung der Zuordnung anhand der Funktion einer Betriebsstätte, muss es aber auch möglich sein, einer Betriebsstätte Holdingfunktion zuzuweisen. Die Kapitalbeteiligungen verbleiben bei der dt. Betriebsstätte, wenn dieser Holdingfunktion zugeschrieben wird, was voraussetzt, dass sie diese Funktion auch tatsächlich ausübt, wozu sie entsprechend sachlich und persönlich ausgestattet sein muss. Dies entspricht auch der Auffassung der FinVerw, wenn sie auf die Funktion der Betriebsstätte abstellt, da die Kapitalbeteiligungen dann der Ausübung der Tätigkeit der Betriebsstätte dienen, der Verwaltung von Kapitalbeteiligungen (so auch *Frotscher* in F/M § 12 Rn. 97; *Blumers* DB 2007, 312, 313 mwN). Zu beachten ist jedoch, dass der BFH in einem obiter dictum die Begründung einer Holdingbetriebsstätte abgelehnt hat (BFH v. 17.1.2003 I R 47/02, BFH/NV 2004, 771).

44 Doch auch wenn man mit dem BFH die Zulässigkeit einer Holdingbetriebsstätte ablehnt und Kapitalbeteiligungen auf die ausländische Betriebsstätte übergehen, was die Entstrickung zur Folge hat, führt dies grundsätzlich nicht zur Besteuerung nach § 12 I KStG. Nach § 12 I KStG gilt die Entstrickung eines Wirtschaftsguts als Veräußerung, demnach ist es auch nur konsequent, sie auch in sonstigen Gewinnermittlungsvorschriften als solche zu behandeln, so dass nach § 8b II 1 KStG der bei der „Veräußerung" von Anteilen an Körperschaften oder Personengesellschaften erzielte Gewinn bei der Einkommensermittlung außer Betracht zu bleiben hat (beachte aber § 8b III 1 KStG). Nichts anderes ergibt sich aus dem hinter § 12 I KStG stehenden Gedanken der Sicherung des dt. Steueraufkommens, da ohne die Verwaltungssitzverlegung aufgrund § 8b II KStG ein Veräußerungsgewinn niemals hätte besteuert werden können (so auch *Frotscher* Internationalisierung des Ertragsteuerrechts, Rn. 120).

45 Hinsichtlich **immaterieller Wirtschaftsgüter,** wie Patente oder Lizenzen muss an sich dasselbe gelten, wie hinsichtlich Kapitalbeteiligungen. Bei genauer Betrachtung liegt der Sachverhalt hier aber anders. Handelt es sich um ein immaterielles Wirtschaftsgut, das ausschließlich der Tätigkeit einer bestimmten Betriebsstätte dient, kann kein Zweifel daran bestehen, dass es auch dieser zugeordnet wird. Anders verhält es sich aber, wenn zB ein Patent von mehreren Betriebsstätten zur Erfüllung deren Aufgaben benötigt wird. Solche immateriellen Wirtschaftsgüter sind dem Stammhaus zuzuordnen, das die Patente den einzelnen Betriebsstätten zur Verfügung stellt. Anders als bei der Beteiligungsholding, der die ausschließliche Verwaltung der Kapitalbeteiligungen zukommt und diese Beteiligungen somit „notwendiges BV" zur Erfüllung allein ihrer Aufgabe darstellen, können immaterielle Wirtschaftsgüter, die von mehreren Betriebsstätten benötigt werden, nach der funktionalen Zuordnung keiner Betriebsstätte zugeordnet werden (anders zB *Hemmelrath* in Vogel/Lehner DBA Art. 7 Rn. 115). Lehnt man in einem solchen Fall der Mehrfachnutzung die funktionale Betrachtung der FinVerw. ab, da eine Lösung in einem solchen Fall nur mittels normativer Korrektur durch die Stammhausfunktion möglich ist (in diese Richtung *Blumers,* DB 2007, 312, 313 und 2006, 856, 857), kann nur auf die Entscheidung der Geschäftsleitung abgestellt werden, welcher Betriebsstätte sie das Wirtschaftsgut zuordnet, wie sie in der Buchführung ihren Ausdruck findet (*Malinski/Wassermeyer* DBA,

Art. 7 OECD-MA Rn. 241; *Frotscher* Internationalisierung des Ertragssteuerrechts, Rn. 123).

Schließlich ist auf die Auffassung *Kramers* hinzuweisen, nach der eine Beschränkung oder ein Ausschluss des Besteuerungsrechts im Fall der Überführung eines Wirtschaftsguts in eine ausländische Betriebsstätte nur bei Anwendung der direkten Methode denkbar sei (*Kramer,* DB 2007, 2338). Bei der direkten Methode wird eine Betriebsstätte als wirtschaftlich selbständige Einheit betrachtet, weshalb die Zuordnung von Wirtschaftsgütern zu einer Betriebsstätte zwingend ist. Hingegen wird bei der indirekten Methode der Gesamtgewinn des Unternehmens anhand eines Schlüssels aufgeteilt. Dies führe zu keiner Beschränkung des dt. Besteuerungsrechts hinsichtlich einzelner Wirtschaftsgüter, da der Veräußerungs- oder Nutzungsgewinn in den Gesamtgewinn eingehe und daher ein Teil des Gewinns der dt. Betriebsstätte zugeordnet werde, wie bei Verbleiben des Wirtschaftsguts in einer deutschen Betriebsstätte. **46**

bgesehen davon, dass die Argumentation *Kramers* im Fall der Verlegung des statuatorischen Sitzes der SE oder SCE und bei ausschließlicher Verlegung des Verwaltungssitzes in einen Staat mit dem ein DBA besteht (alle EU/EWR-Mitgliedstaaten) aufgrund der „tie-breaker-rule" des Art. 4 III OECD-MA stets versagt, ist diese Auffassung bereits deshalb abzulehnen, weil bei der indirekten Methode nicht gewährleistet ist, dass auch tatsächlich der im Wirtschaftsgut verkörperte gemeine Wert als Teil des Gewinns tatsächlich der dt. Betriebsstätte und damit dem dt. Besteuerungsrecht zuzuordnen ist, weshalb von einer Beschränkung des Besteuerungsrechts auch bei der indirekten Methode auszugehen ist. Doch auch aus systematischen Gründen ist die Annahme der Beschränkung des Besteuerungsrechts ausschließlich bei Anwendung der direkten Methode abzulehnen. Zwar leugnet *Kramer* nicht, dass auch bei der indirekten Methode die Zuordnung von Wirtschaftsgütern erfolgt, er verkennt dann aber auf Ebene der Gewinnaufteilung, dass sich bei Wahl des Verteilungsschlüssels die Zuordnung der Wirtschaftsgüter widerspiegelt, so dass auch bei der indirekten Methode das Besteuerungsrecht der Bundesrepublik Deutschland hinsichtlich solcher Wirtschaftsgüter zumindest beschränkt wird, die der ausländischen Betriebsstätte zugeordnet sind. Zudem müssen Gewinne aus der Veräußerung von Anlagevermögen vorweg der zugehörigen Betriebsstätte zugeordnet werden, so dass ein solcher Gewinn nicht in den aufzuteilenden Gewinn eingeht und damit im Fall der Zuordnung zu einer ausländischen Betriebsstätte das dt. Besteuerungsrecht zumindest beschränkt ist (so im Ergebnis auch *Frotscher* in F/M § 12 Rn. 25 f.; zur Bedeutung der Zuordnung von Wirtschaftsgütern bei der indirekten Methode *Frotscher* Internationalisierung des Ertragsteuerrechts, Rn. 287). **47**

cc) Ausschluss oder Beschränkung des Besteuerungsrechts hinsichtlich der Gewinne der Nutzung. Bezogen sich die bisherigen Ausführungen sämtlich auf die Fälle der Beschränkung des Besteuerungsrechts des Veräußerungsgewinns, stellt sich die Frage, ob die zweite Tatbestandsalternative von § 12 I KStG, die Beschränkung des Besteuerungsrechts hinsichtlich des Gewinns aus der Nutzung im Zusammenhang mit der Verlegung des Ortes der Geschäftsleitung ebenfalls Bedeutung hat. Dies ist der Fall bei Wirtschaftsgütern, die zwar einer dt. Betriebsstätte zugeordnet bleiben, der ausländischen Betriebsstätte als Ort der Geschäftsleitung aber zur Nutzung überlassen werden. Das Besteuerungsrecht des Veräußerungsgewinns bleibt zwar bestehen, doch sind die Gewinne aus der Nutzung des Wirtschaftsguts durch eine ausländische Betriebsstätte in der Bundesrepublik Deutschland zumindest nicht vollumfänglich steuerbar. Dies hat aufgrund des weiten Wortlauts von § 12 I KStG auch dann zu gelten, wenn die Nutzung an der inländischen Betriebsstätte trotz Nutzungsüberlassung an eine ausländische Betriebsstätte erhalten bleibt. Ein Beispiel hierfür ist der Fall, dass einer dt. Betriebsstätte weiterhin Patente o. ä. zugeordnet bleiben, die dt. Betriebsstätte diese aber dem nunmehr ausländischen Stammhaus zur Nutzung überlässt. Der im ausländischen Stammhaus aus der Nutzung erzielte Gewinn, unterliegt zumindest nicht vollumfänglich dem Besteuerungsrecht der Bundesrepublik **48**

Deutschland, weshalb eine Entstrickung hinsichtlich des Gewinns aus der Nutzung des Wirtschaftsguts vorliegt.

49 Geht man davon aus, dass einer im Inland verbleibenden Betriebsstätte die Finanzmittel zugeordnet bleiben können, stellt sich die Frage, ob die **Kapitalüberlassung an die ausländische Betriebsstätte,** als dem Ort der Geschäftsleitung unter § 12 I Alt. 2 KStG fällt. Da es sich bei Geldmitteln auch um Wirtschaftsgüter handelt, wäre § 12 I Alt. 2 KStG an sich einschlägig. Dies würde jedoch den Grundsätzen des Dotationskapitals widersprechen, wonach den Betriebsstätten anteilsmäßig das EK zugewiesen wird (BMF v. 24.12.1999, BStBl. I 1999, 1076, Tz. 2.5). § 12 I Alt. 2 KStG ist daher insoweit teleologisch zu reduzieren, als dass hiervon nur diejenige Kapitalüberlassung erfasst ist, die ein angemessenes Dotationskapital übersteigt (so *Frotscher* in F/M § 12 Rn. 44). Da das Gesetz jedoch keine solche Einschränkung vorsieht und derzeit keine Stellungnahme der FinVerw. oder Rspr. hierzu vorhanden ist, ist es steuerlich günstiger, Finanzmittel der ausländischen Betriebsstätte zuzuordnen, wenn diesbezüglich keine stillen Reserven vorhanden sind.

50 **dd) Rechtsfolge.** Nach § 12 I KStG gilt die Entstrickung als Veräußerung oder Nutzungsüberlassung zum gemeinen Wert, dh die Entstrickung wird wie eine Veräußerung oder Nutzungsüberlassung behandelt.

51 § 12 I KStG stellt die Fiktion der **Veräußerung und Überlassung** als gleichwertig gegenüber, so dass sich die Frage nach deren **Verhältnis zueinander** aufdrängt, da die Entstrickung auf Rechtsfolgenseite nicht gleichzeitig als Veräußerung und Nutzungsüberlassung gelten kann. *Wassermeyer* vertritt hierbei die Auffassung, dass dem StPfl. ein Optierungsrecht zukomme, er also die für ihn günstigere Fiktion wählen könne (*Wassermeyer* IStR 2008, 176, 178). Dabei geht er offensichtlich davon aus, dass die Entstrickung stets die Überführung in eine ausländische Betriebsstätte voraussetzt, indes gibt es aber auch Fälle, bei denen einer ausländischen Betriebsstätte ein Wirtschaftsgut zwar zur Nutzung überlassen worden ist, das Wirtschaftsgut jedoch weiterhin der inländischen Betriebsstätte zugeordnet bleibt (s. o. Anm. 48). Nur in diesen Fällen soll ausweislich der Regierungsbegründung die Fiktion der Nutzungsüberlassung zum gemeinen Wert erfolgen (BT-Drs. 16/2710, 31). Zur **Ermittlung des gemeinen Werts** ist dabei auf den Betrag abzustellen, der im gewöhnlichen Geschäftsverkehr Dritten gegenüber für die Nutzungsüberlassung berechnet würde. Zwar geht § 9 II 1 BewG bei der Wertermittlung vom Veräußerungspreis aus, doch kann die Wertung des § 9 II 1 BewG auf die Nutzungsüberlassung übertragen werden, da es auch hier um die Überlassung einzelner Wirtschaftsgüter geht.

52 Schließlich fragt sich im Zusammenhang mit der Nutzungsüberlassung, in welchem Zeitpunkt der gemeine Wert der Nutzungsüberlassung zu ermitteln ist. Man könnte auf den Zeitpunkt der Entstrickung, also der Nutzungsüberlassung an die ausländische Betriebsstätte abstellen. Dabei wäre zur Bestimmung des Nutzungswerts die Nutzungsdauer zu schätzen, mit der Unsicherheit einer späteren Nachversteuerung, wenn die Nutzungsüberlassung länger dauert, als ursprünglich angenommen.

53 Richtigerweise ist jährlich für die Zeitspanne der Nutzungsüberlassung der Wert der Nutzungsüberlassung zu ermitteln, da die Nutzungsüberlassung einen Dauerzustand darstellt, der sich, anders als die „Veräußerung" nicht in einem einmaligen Zeitpunkt erschöpft.

54 Bezieht sich die Entstrickung auf einen **Betrieb oder einen selbständigen Betriebsteil,** stellt sich die Frage, ob dieser **als Ganzes oder jedes übergehende Wirtschaftsgut für sich zu bewerten** ist. Dies hat vor allem Bedeutung für das Anlagevermögen, ist doch der gemeine Wert der einzelnen Bestandteile des Anlagevermögens oftmals geringer, als der Wert des Betriebs oder Betriebsteils bei einer Bewertung als Sachgesamtheit. Problematisch hierbei ist, dass ein Betrieb oder ein Teilbetrieb keinen gemeinen Wert hat. Hinsichtlich der Parallelproblematik im Umwandlungssteuerrecht, wo es regelmäßig um die Bewertung von Sachgesamtheiten geht, das Gesetz aber auch hier eine Bewertung zum gemeinen Wert vorsieht (§§ 3 I, 11 I, 20 II, 24 II UmwStG) wird vertreten, dass in diesem

Zusammenhang der gemeine Wert anhand des Gesamtwerts, der als Veräußerungspreis für die Sachgesamtheit, also dem Betrieb oder Betriebsteil zu erzielen wäre, zu bestimmen ist (*Rödder/Schumacher* DStR 2006, 1525, 1527; *Dötsch/Pung* DB 2006, 2704, 2705). Dies folge daraus, dass es bei Umwandlungsfällen stets um die Bewertung von Sachgesamtheiten gehe und eine Bewertung einzelner Wirtschaftsgüter im Umwandlungssteuerrecht nicht geboten sei.

Diese Auffassung ist indes abzulehnen, geht doch der eindeutige Wortlaut des § 12 I KStG unzweifelhaft von der Bewertung zum gemeinen Wert aus. Sachgesamtheiten haben jedoch keinen gemeinen Wert, da § 9 II 1 BewG von einzelnen Wirtschaftsgütern ausgeht. Eine Bewertung der Sachgesamtheit würde damit in klarem Widerspruch zum Wortlaut des § 12 I KStG stehen. Im Gegensatz zu den umwandlungssteuerrechtlichen Vorschriften, die von einer Mehrzahl von übergehenden Wirtschaftsgütern ausgehen (§§ 3 I 1, 11 I 1 UmwStG: „... die übergehenden Wirtschaftsgüter ...“; §§ 20 II 1, 24 II 1 UmwStG: „... das eingebrachte BV ... [ist] mit dem gemeinen Wert anzusetzen“), geht § 12 I KStG dem Wortlaut zu Folge von einzelnen übergehenden Wirtschaftsgütern aus. Schließlich kann dem Gesetzgeber kaum unterstellt werden, er habe die Entstrickung von Sachgesamtheiten im Rahmen des § 12 I KStG übersehen, weist er doch ausdrücklich auf die Notwendigkeit einer Regelung der Entstrickung bei grenzüberschreitenden Umstrukturierungen hin, wobei er auch die Möglichkeit der grenzüberschreitenden Sitzverlegung einer SE und SCE erwähnt (BT-Drs 16/2710, 25). Somit ist beim Übergang eines Betriebs oder Teilbetriebs auf eine ausländische Betriebsstätte jedes einzelne Wirtschaftsgut iSv § 12 I KStG (s. hierzu bereits Anm. 35 ff.) mit seinem gemeinen Wert zu berücksichtigen und nicht der Betrieb oder Betriebsteil als solches (so auch *Frotscher* in F/M § 12 Rn. 50). 55

Abschließend ist auf die Problematik der **Doppelbesteuerung im Fall einer späteren tatsächlichen Veräußerung** durch die ausländische Betriebsstätte an einen Dritten hinzuweisen. Da nun nach Inkrafttreten des DBA mit Liechtenstein mit sämtlichen EU-/EWR-Mitgliedstaaten ein DBA besteht und auch die „tie-breaker-rule“ des Art. 4 III OECD-MA gilt, stellt sich im Fall der Verlegung der Geschäftsleitung in einen anderen EU-/EWR-Mitgliedstaat die Frage der Doppelbesteuerung in der Bundesrepublik Deutschland mit Ausnahme der Verlegung der Geschäftsleitung nach Liechtenstein jedoch nicht. 56

§ 12 I KStG erfasst nicht nur Wegzugsfälle sondern alle Fälle der Entstrickung. Die Rechtsfolge der Entstrickung ist aber nicht in allen Fällen die Aufdeckung der Stillen Reserven, was folgendes Bsp. zeigt: Die inländische KG hat eine Forderung gegen ihren ausländischen einzigen Kommanditisten. Die Forderung ist auf den niedrigeren TW abgeschrieben. Scheidet nun der Komplementär aus der KG aus und wächst so das Vermögen der KG dem ausländischen Kommanditisten an, so entsteht ein Konfusionsgewinn. Eine Besteuerung nach § 12 I KStG scheidet jedoch aus, da hier der gemeine Wert nicht über dem BW liegt. 57

Hinsichtlich der im Zeitpunkt der Entstrickung realisierten stillen Reserven besteht stets die **Gefahr der Doppelbesteuerung,** wenn das überführte Wirtschaftsgut in der ausländischen Betriebsstättenbilanz zum BW und nicht zum gemeinen Wert fortgeschrieben wird. Eine diesbezügliche Regelung kann vom dt. Gesetzgeber jedoch nicht getroffen werden, da sie außerhalb seiner Regelungshoheit liegt. 58

ee) Bildung eines Ausgleichspostens, § 4g EStG. § 4g EStG räumt dem StPfl. auf Antrag die Möglichkeit ein, die Zahlung seiner aus § 12 I KStG folgenden Steuerschuld auf fünf Jahre zu verteilen, so dass ihm seine Steuerschuld faktisch gestundet wird, wobei lediglich 80 vH des durch § 12 I KStG entstandenen Gewinns gestundet werden, da bereits im Wj. der Entstrickung der Ausgleichsposten iHv 20 vH aufzulösen ist. Diese, ursprünglich nur auf die Entstrickungsregel des § 4 I 3 EStG Anwendung findende Stundungsregel, gilt seit Einfügung des § 12 I HS 2 KStG durch das JStG 2008 auch in den Fällen des § 12 I KStG. Die Vorschrift findet rückwirkend Anwendung, für nach dem 31.12.2005 endende Wj. gem. § 34 VIII 5 KStG. 59

60 Im Rahmen der Sitzverlegung einer SE oder SCE, bei denen stets statuatorischer Sitz und Ort der Geschäftsleitung gemeinsam zu verlegen sind, ist erwähnenswert, dass nach § 4g I 1 EStG nur ein unbeschränkt StPfl. den Antrag auf Bildung eines Ausgleichspostens stellen darf. Angesichts des Wortlauts des § 4g I EStG ist hierbei nicht maßgeblich, ob die wegziehende KapGes bislang in Deutschland unbeschränkt stpfl. war, sondern ob sie weiterhin unbeschränkt stpfl. ist. Fehlt es an der unbeschränkten StPfl., so fehlt nach § 4g I 1 EStG das Antragsrecht (ebenso, wenn auch mit anderer Begr. *Dötsch/Pung* DB 2006, 2648, 2651; *Frotscher* in F/M § 12 Rn. 57; aA *Förster* DB 2007, 72, 75). Für die bloße Verlegung der Geschäftsleitung dt. KapGes hat diese Einschränkung keine Bedeutung, da sie aufgrund ihres statuatorischen Sitzes in der Bundesrepublik Deutschland unbeschränkt stpfl. bleiben.

61 In sachlicher Hinsicht kann **nur für Wirtschaftsgüter des Anlagevermögens** ein **Ausgleichsposten** gebildet werden. Des Weiteren ist *Frotscher* der Ansicht, dass § 4g EStG nur den Fall der fiktiven Veräußerung erfasse (*Frotscher* in F/M § 12 Rn. 60). Bei der fiktiven Nutzungsüberlassung mache die Bildung eines Ausgleichspostens keinen Sinn, da bei Versteuerung der Nutzungsüberlassung nur der jährliche Nutzungswert zu versteuern ist, was der Bildung eines Ausgleichspostens und dessen Auflösung über fünf Jahre verteilt entspreche.

62 In räumlicher Hinsicht ist der **Anwendungsbereich** des § 4g EStG **auf die Überführung von Wirtschaftsgütern in sich in EU-Mitgliedstaaten befindliche Betriebsstätten beschränkt.** Da das Recht zur Bildung eines Ausgleichspostens Bedenken im Hinblick auf die Vereinbarkeit der Wegzugsbesteuerung mit der Niederlassungsfreiheit bei Seite schaffen soll, die Grundfreiheiten jedoch auch auf die EWR-Staaten Anwendung finden (EFTA-Gerichtshof, IStR 2005, 55), ist der räumliche Anwendungsbereich des § 4g EStG auf die Überführung von Wirtschaftsgütern in EWR-Staaten auszudehnen (so auch *Frotscher* in F/M § 12 Rn. 61).

63 Die Bildung des Ausgleichspostens hängt von einem **unwiderruflichen Antrag** des StPfl. ab. Dafür soll bereits genügen, dass der StPfl. in seiner beim FA eingereichten Bilanz einen Ausgleichsposten gebildet hat (so *Frotscher* in F/M § 12 Rn. 63). Dem ist zuzustimmen, hat das FA doch einem Antrag auf Bildung eines Ausgleichspostens stets stattzugeben, so dass ein selbständiger Antrag auf Bildung des Ausgleichspostens als reine Förmelei nicht gerechtfertigt ist. Für die nachträgliche Bildung des Ausgleichspostens gilt § 4 II 2 EStG. Der Antrag ist im Wirtschaftjahr der Entstrickung zu stellen (§ 4g I 3 EStG; *Frotscher* in F/M § 12 Rn. 63, 71).

64 Der **Antrag kann für jedes Wj. nur einheitlich für sämtliche Wirtschaftsgüter gestellt werden,** wobei der Ausgleichsposten nach § 4g I 2 EStG für jedes Wirtschaftsgut getrennt auszuweisen ist.

65 In den in § 4g II 2 EStG genannten Fällen ist der Ausgleichsposten vollständig aufzulösen:

- Das entstrickte Wirtschaftsgut scheidet aus dem BV des StPfl. aus (§ 4g II 2 Nr. 1 EStG),
- Das entstrickte Wirtschaftsgut scheidet aus der Besteuerungshoheit der EU-Mitgliedstaaten aus (§ 4g II 2 Nr. 2 EStG), wobei nach dem eingangs Gesagten ein Ausscheiden aus der Besteuerungshoheit der EWR-Mitgliedstaaten erforderlich ist oder
- Wenn die stillen Reserven des überführten Wirtschaftsguts im Ausland aufgedeckt werden oder nach dt. Steuerrecht hätten aufgedeckt werden müssen (§ 4g II 2 Nr. 2 EStG).

66 Tritt ein in § 4g II 2 EStG aufgeführtes Ereignis ein, hat der StPfl. nach § 4g V 1 EStG das FA hiervon unverzüglich in Kenntnis zu setzen.

67 In Durchbrechung des Grundsatzes der Maßgeblichkeit der Handelsbilanz für die Steuerbilanz ist der Ausgleichsposten als **Bilanzierungshilfe in Form eines passiven Ausgleichspostens** in der Steuerbilanz zu berücksichtigen. Da die Handelsbilanz keine bloß fiktiven Vorgänge berücksichtigen kann, ist in dieser nach § 274 I HGB bzw. IAS 12.15 ein passiver Steuerlatenzposten zu bilden (ausf. hierzu *Hoffmann* DB 2007, 652).

ff) Nichtanwendbarkeit von § 12 I KStG aufgrund DBA-Schutz. Im Rahmen der bisherigen Ausführungen wurde nicht berücksichtigt, ob der Anwendbarkeit des § 12 I KStG ein möglicherweise geltendes DBA entgegensteht. Dies wäre dann der Fall, wenn im Zeitpunkt der Steuerentstehung, also der Verwirklichung des Steuertatbestands des § 12 I KStG das Besteuerungsrecht der Bundesrepublik Deutschland aufgrund DBA ausgeschlossen ist. 68

Wassermeyer ist der Auffassung, dass § 12 I KStG immer dann keine Geltung erfahre, wenn ein DBA mit Freistellungsmethode hinsichtlich ausländischer Betriebsstättengewinne zwischen der Bundesrepublik Deutschland und dem Betriebsstättenstaat gelte (*Wassermeyer* IStR 2008, 176, 180), wobei dessen Ausführungen auf die Fälle der Entstrickung des Veräußerungsgewinns zu beschränken sind. Dies begründet er damit, dass der Tatbestand des § 12 I KStG erst in dem Zeitpunkt erfüllt sei, wenn das Wirtschaftsgut in der ausländischen Betriebsstätte ankomme, denn erst dann sei es der dt. Betriebsstätte nicht mehr zugehörig und entstrickt. In diesem Zeitpunkt genieße die KapGes jedoch bereits DBA-Schutz, weshalb im Fall der Geltung der Freistellungsmethode das dt. Besteuerungsrecht im Zeitpunkt der Tatbestandsverwirklichung ausgeschlossen ist. 69

Anderes wäre nur dann der Fall, wenn zwischen Entstrickung, als dem maßgeblichen Zeitpunkt der Tatbestandsverwirklichung und „Ankunft" in der ausländischen Betriebsstätte eine juristische Sekunde läge. Vergegenwärtigt man sich die Fälle, bei denen von einer juristischen Sekunde ausgegangen wird, so fällt auf, dass es sich hierbei stets um drei-Personen-Verhältnisse handelt (am anschaulichsten die „Übereignung ums Eck"). In diesen Fällen macht die Einschaltung einer juristischen Sekunde Sinn, da rechtlich eine Person dazwischengeschaltet ist, die es nicht einfach zu übergehen gilt. Vorliegend besteht jedoch lediglich ein – fiktives – zwei-Personen-Verhältnis, was mit den Konstellationen einer juristischen Sekunde nicht vergleichbar ist, weshalb die Annahme einer juristischen Sekunde zwischen Entstrickung und „Ankunft" in der ausländischen Betriebsstätte zu verneinen ist. 70

Wassermeyers Konsequenz aus der Geltung des Art. 23 A I OECD-MA (Freistellungsmethode), dass § 12 I KStG keine Anwendung finde, greift jedoch nur bei Entstrickung einzelner Wirtschaftsgüter. Für den Fall der Verlegung der Geschäftsleitung gilt diese Konsequenz nicht. Im Zeitpunkt der „Ankunft" in der ausländischen Betriebsstätte und somit auch dem der Entstrickung, befindet sich der Ort der Geschäftsleitung bereits am Ort der ausländischen Betriebsstätte, so dass die KapGes nach Art. 4 III OECD-MA aus DBA-Sicht im Staat der ausländischen Betriebsstätte ansässig ist. Somit findet die Freistellungsklausel allenfalls zum Nachteil des Ansässigkeitsstaates, nicht aber der Bundesrepublik Deutschland Anwendung. Im Fall der Sitzverlegung müsste nach *Wassermeyer* das Besteuerungsrecht der Bundesrepublik Deutschland jedoch unabhängig vom Bestehen einer Freistellungsklausel und damit auch die Geltung von § 12 I KStG ausgeschlossen sein, wenn ein DBA dem Ansässigkeitsstaat ein ausschließliches Besteuerungsrecht zuweist, wie dies zB Art. 13 V OECD-MA für die Veräußerung von Kapitalbeteiligungen vorsieht. Zwar handelt es sich bei der Entstrickung des Veräußerungsgewinns nur um die Fiktion einer Veräußerung, doch steht der Bundesrepublik Deutschland als dem Anwenderstaat die Kompetenz hinsichtlich der Bestimmung des Veräußerungsbegriffs zu und muss daher die Entstrickung des Veräußerungsgewinns konsequenterweise auch im Rahmen eines DBA als Veräußerung behandelt werden (vgl. zur Auslegung des Begriffs der Veräußerung sowie des Veräußerungsgewinns *Reimer* in Vogel/Lehner DBA, OECD-MA Art. 13 Rn. 3). 71

Sinn und Zweck von § 12 I KStG, die Sicherung des inländischen Steuerzugriffs sowie die Zielsetzung eines DBA berücksichtigend, steht ein DBA der Anwendung des § 12 I KStG jedoch nicht entgegen, da es um die Sicherung des inländischen Steuerzugriffs für in der Vergangenheit entstandene stille Reserven geht (*Lambrecht* in Gosch KStG § 12 Rn. 15). 72

73 **gg) Vereinbarkeit von § 12 I KStG mit Gemeinschaftsrecht.** Hinsichtlich der Vereinbarkeit der Wegzugsbesteuerung nach § 12 I KStG mit Gemeinschaftsrecht bestehen erhebliche Zweifel, da die Besteuerung der stillen Reserven die Sitzverlegung in vielen Fällen in erheblichem Maße einschränkt, wenn nicht sogar unmöglich macht.

74 Spätestens seit der *Marks & Spencer*-Entsch. des EuGH sollte kein Zweifel mehr daran bestehen, dass auch eine Wegzugsbehinderung eine Beschränkung der Niederlassungsfreiheit von Gesellschaften darstellt (vgl. den eindeutigen Wortlaut EuGH v. 13.12.2005 Rs. C-446/03 *Marks & Spencer,* DB 2005, 2788 Rn. 31; s. auch schon EuGH v. 11.3.2004 Rs. C-9/02 *Lasteyrie du Saillant,* IStR 2004, 236; aA *Frotscher* in F/M § 12 Rn. 106f. mwN unter Berufung auf die Entsch. *Daily Mail, Überseering* und *Inspire Art.* Dieser lässt jedoch die Aussagen in der Entsch. *Marks & Spencer* unberücksichtigt.).

75 Auch wenn man die Aufteilung der Besteuerungsbefugnis als Rechtfertigungsgrund anerkennt (so EuGH v. 13.12.2005 Rs. C 446/03 *Marks & Spencer,* DB 2005, 2788, Rn. 45) und damit die im Inland gebildeten stillen Reserven dem dt. Besteuerungsrecht unterstellt, erscheint die Verhältnismäßigkeit der Wegzugsbesteuerung auch bei Bildung eines Ausgleichspostens zweifelhaft. Denn auch die Regelungen des §§ 4g, 36 Abs. 5 EStG bleiben hinter den Anforderungen, einen Niederlassungsfreiheitsverstoß auszuschließen, zurück, da auch die gestreckte Besteuerung eine Schlechterstellung gegenüber der innerstaatlichen Sitzverlegung darstellt und somit für eine europarechtskonforme Gleichbehandlung nicht ausreichen dürfte (so auch *Beutel/Rehberg* IStR 2012, 94, 95; abgeschwächt *Kessler/Philipp* DStR 2012, 267, 272). Diese berechtigten Zweifel wurden durch das Urteil National Grid (EuGH, v 29.11.2011 – C-371/10, IStR 2012, 27) noch verstärkt, in dem der EuGH zwar die Aufteilung der Besteuerungsbefugnis als Rechtfertigungsgrund anerkennt (s. o.), aber gleichzeitig feststellt, dass dem Steuerpflichtigen ein Wahlrecht zwischen sofortiger Zahlung und Stundung bis zur tatsächlichen Realisierung der stillen Reserven gewährt werden muss (EuGH, v 29.11.2011 – C-371/10, IStR 2012, 27, Rn 73). Diese Stundung soll gegebenenfalls nur gegen Gewährung von Sicherheiten nach dem nationalen Recht erfolgen (Rn 74). Die Stundung der Besteuerung der im Inland gebildeten stillen Reserven bis zu deren tatsächlicher Realisierung stellt nämlich ein gleich wirksames Mittel zur Durchsetzung des Besteuerungsrechts, aber eine weitaus geringere Belastung für den StPfl. dar (in diese Richtung auch schon EuGH v. 15.5.1997 C-250/95 Futura Singer, FR 1997, 567; s. zur Nichtvereinbarkeit des § 12 I KStG mit Gemeinschaftsrecht ausf. mit Bezug zur neueren Rechtsprechung *Körner,* IStR 2012, 1; aber auch *Eickmann/Stein* DStZ 2007, 723, 726ff.; s. aber auch *Schwenke* DStZ 2007, 235, 239ff.). Der EuGH sieht im obigen Zusammenhang den Mehraufwand für die Finanzverwaltung, (wie hier bereits vorher vertreten) auch im Hinblick auf die EU-Amtshilferichtlinie als vertretbare Zumutung an (EuGH, v 29.11.2011 – C-371/10, IStR 2012, 27, Rn 77f.).

d) Sitzverlegung in Drittstaaten, § 12 III KStG

76 **aa) Allgemeines.** § 12 III KStG regelt den Fall, dass eine KapGes ihre Geschäftsleitung oder ihren statuatorischen Sitz in einen Staat außerhalb des EU- bzw. EWR-Raumes verlegt. Anders als § 12 I KStG knüpft § 12 III KStG nicht an die tatsächliche Entstrickung einzelner Wirtschaftsgüter, sondern allein an die Möglichkeit der Entstrickung aufgrund Verlegung des Ortes der Geschäftsleitung oder des statuatorischen Sitzes. Indem die KapGes in Folge der Sitzverlegung als aufgelöst gilt und § 11 KStG entspr. anzuwenden ist, liegt der Regelung des § 12 III KStG gedanklich die Sitztheorie zu Grunde, wobei die steuerliche Behandlung keinerlei Implikationen auf die zivilrechtlichen Grundlagen der Sitzverlegung hat. Es kommt dabei nicht auf die tatsächliche Entstrickung an, so dass auch solche Wirtschaftsgüter von der Liquidationsbesteuerung erfasst werden, die einer dt. Betriebsstätte auch nach der Sitzverlegung zugeordnet bleiben und damit in der Bundesrepublik Deutschland auch weiterhin steuerverstrickt bleiben.

bb) Anwendungsbereich. In persönlicher Hinsicht findet § 12 III KStG auf sämtliche Körperschaften, die in einem EU/EWR-Mitgliedstaat unbeschränkt körperschaftssteuerpflichtig sind, Anwendung. Dem Wortlaut zu Folge findet Abs. 3 zwar auch auf die SE sowie SCE Anwendung, doch kommt ihnen Mobilität ausschließlich innerhalb des EU-Raumes zu, so dass Abs. 3 auf die SE sowie SCE faktisch keine Anwendung findet. 77

In räumlicher und sachlicher Hinsicht gilt Abs. 3 für alle Sitzverlegungsvorgänge, die nicht unter Abs. 1 fallen, dh für sämtliche Sitzverlegungen in einen Staat außerhalb des EU- sowie EWR-Raumes. 78

cc) Tatbestand. Erforderlich ist stets die **Verlegung des Ortes der Geschäftsleitung oder des statuatorischen Sitzes in einen Drittstaat.** Hinsichtlich der Sitzverlegung deutscher Körperschaften ist allein die Regelung des § 12 III 2 KStG relevant. Nach § 12 III 2 KStG ist es erforderlich, dass die KapGes in Folge der Sitzverlegung aus der unbeschränkten StPfl. in einem EU- oder EWR-Mitgliedstaat ausscheidet. Solange die dt. KapGes jedoch lediglich ihre Geschäftsleitung ins Ausland verlegt, bleibt sie aufgrund ihres statuatorischen Sitzes in Deutschland unbeschränkt stpfl., so dass Abs. 3 S. 1 für deutsche Körperschaften keine praktische Bedeutung hat (vgl. auch *Holland*, EY § 12, Rn. 74). Nach Abs. 3 S. 2 genügt jedoch auch, dass die KapGes aufgrund eines DBA in Folge der Sitzverlegung als außerhalb des EU- oder EWR-Raumes ansässig anzusehen ist. Im Fall der Verlegung der Geschäftsleitung in einen Drittstaat ist dies nach Art. 4 III OECD-MA stets der Fall. 79

Es drängt sich allerdings die Frage auf, ob auch im Fall des Abs. 3 S. 2 das Ausscheiden aus der unbeschränkten StPfl. erforderlich ist, da dem Wortlaut nicht eindeutig zu entnehmen ist, inwieweit die Gleichstellung des Falls des Abs. 3 S. 2 mit dem des Abs. 3 S. 1 reicht. Richtigerweise ist Abs. 3 S. 2 so zu verstehen, dass für den Fall, dass die KapGes aufgrund DBA als in einem Drittstaat ansässig anzusehen ist, die Fiktion der Auflösung und anschließender Liquidation nach Abs. 3 S. 1 gilt. Ein anderes Verständnis würde dazu führen, dass die Regelung des Abs. 3 S. 2 hinsichtlich dt. Körperschaften leer laufen würde, da der Fall der Verlegung des statuatorischen Sitzes und des Ortes der Geschäftsleitung regelmäßig schon von Abs. 3 S. 1 erfasst wird (so wohl auch die Regierungsbegründung BT-Drs 16/2710, 31) und allein die Verlegung des Verwaltungssitzes dt. Körperschaften nicht von Abs. 3 S. 1 erfasst ist. 80

Schließlich fragt sich, **was zu gelten hat, wenn eine deutsche KapGes ihre Geschäftsleitung in einen Drittstaat verlegt, mit dem kein DBA abgeschlossen wurde.** Abs. 3 S. 1 läuft auch in diesem Fall leer, da sich der die unbeschränkte StPfl. begründende statuatorische Sitz weiterhin in der Bundesrepublik Deutschland befindet und die Gesellschaft mangels DBA auch nicht nach Abs. 3 S. 2 der Liquidationsbesteuerung unterworfen werden kann. Das abstrakte Abstellen zB auf das OECD-MA wäre systematisch verfehlt, stellt dies doch lediglich einen unverbindlichen Vorschlag dar. Gilt Abs. 3 S. 2 bei der Verlegung der Geschäftsleitung deutscher KapGes in einen Drittstaat mangels DBA nicht, so wird demnach in diesen Fällen auf Abs. 1 zurückzugreifen sein (s. hierzu ausf. Anm. 25 ff.). 81

dd) Rechtsfolge. Als Rechtsfolge sieht § 12 III KStG für den Fall der Sitzverlegung in einen Drittstaat die **Liquidationsbesteuerung nach § 11 KStG** vor. Diese Rechtsfolge stellt im Vergleich zur Regelung des Abs. 1 eine wesentlich größere Belastung dar, da durch die Liquidationsbesteuerung jeglicher Gestaltungsspielraum hinsichtlich der Zuordnung von Wirtschaftsgütern genommen wird. Es kommt nämlich nicht darauf an, ob ein Wirtschaftsgut einer dt. Betriebsstätte zugeordnet und somit in der Bundesrepublik Deutschland verstrickt bleibt. 82

Wie bei der Bewertung eines Betriebs oder Betriebsteil im Rahmen von Abs. 1, stellt sich hier die Frage, wie das Vermögen der KapGes zu bewerten ist. Da es sich lediglich um die Fiktion einer Liquidation handelt, ist die Gewinnermittlung durch Vergleich des Abwicklungs-Endvermögens mit dem Abwicklungs-Anfangsvermögens nach § 11 II KStG 83 nicht möglich, weshalb Abs. 3 S. 3 die Gewinnermittlung anhand des gemeinen Werts im Zeitpunkt der Sitzverlegung vorsieht.

84 Da der Betrieb einer KapGes als solcher keinen gemeinen Wert hat, wird teilweise der Ansatz des Veräußerungspreises, den ein ausländischer Erwerber für den Erwerb des Betriebs zahlen würde, gefordert (so noch zu § 12 I KStG aF *Olgemöller* in Streck KStG, § 12 Rz. 5).

85 Diese Auffassung ist jedoch aufgrund der eindeutigen Regelung des Abs. 3 S. 3, wonach auf den gemeinen Wert abzustellen ist, zu verneinen. Auch die Fiktion einer Liquidation spricht gegen die Bewertung des Betriebs als Ganzes. Im Rahmen der Liquidation geht es ausschließlich um die Verwertung des vorhandenen Vermögens, was eine Einzelbetrachtung der Wirtschaftsgüter erfordert (so noch zu § 12 I KStG aF; *Benecke* in D/J/P/W § 12 Rn. 31).

86 Hinsichtlich der Frage, ob auch der Firmenwert im Rahmen der „Liquidationsbesteuerung" zu berücksichtigen ist, ist auf die Ausführungen hierzu im Rahmen des Abs. 1 zu verweisen (s. o. Anm. 36). Zwar geht es hier um die Fiktion der Liquidation und bei Abs. 1 um die Fiktion einer Veräußerung, doch ist in beiden Fällen auf den gemeinen Wert der einzelnen Wirtschaftsgüter abzustellen, weshalb auch hier der Firmenwert unberücksichtigt zu bleiben hat.

87 Wenn argumentiert wird, dass § 11 KStG nur entspr. Anwendung findet und deshalb die besonderen Umstände einer Sitzverlegung bei Anwendung des § 11 KStG berücksichtigt werden müssen, zu denen insbesondere im Gegensatz zur tatsächlichen Liquidation die Fortführung des Unternehmens gehört, was die Berücksichtigung des Firmenwerts rechtfertige (so zu § 12 I KStG aF, der im Wesentlichen dem jetzigen § 12 III KStG entspricht: *Holland* in EY § 12 Rn. 79), bleibt unberücksichtigt, dass das Gesetz in Abs. 3 S. 3 unmissverständlich auf den gemeinen Wert abstellt, die Firma einen solchen jedoch nicht hat. Zudem ist im Vergleich zu § 12 I KStG aF in § 12 III 1 KStG von der Auflösungsfiktion die Rede, weshalb der Firmenwert auch bei Abs. 3 unberücksichtigt bleiben muss.

88 Schließlich stellt sich auch hier die Frage, wie die Doppelbesteuerung der durch die „Liquidation" bereits besteuerten stillen Reserven verhindert werden kann. Für den Fall, dass eine dt. Betriebsstätte erhalten und somit Wirtschaftsgütern in der Bundesrepublik Deutschland verstrickt bleiben, ist dies in der Konsequenz der „Liquidation" als „Neubegründung" der Betriebsstätte zu behandeln, was zur Folge hat, dass die bei der inländischen Betriebsstätte verbliebenen Wirtschaftsgüter mit dem gemeinen Wert anzusetzen sind.

89 Mit welchem Wert die Wirtschaftsgüter in der ausländischen Steuerbilanz anzusetzen sind, kann vom dt. Gesetzgeber mangels Regelungshoheit nicht beeinflusst werden. Eine Doppelbesteuerung würde nur insofern vermieden, als dass die Wirtschaftsgüter mit dem nach dt. Recht festgestellten gemeinen Wert angesetzt würden.

90 **ee) Nichtanwendbarkeit von § 12 III KStG aufgrund DBA-Schutz.** Hinsichtlich einer etwaigen Nichtanwendbarkeit von § 12 III KStG wegen DBA-Schutz, ist auf die Ausführungen im Rahmen des § 12 I KStG zu verweisen (s. o. Anm. 68 ff.). Hinzuweisen ist noch darauf, dass die Auflösungsfiktion des § 12 III KStG nur für solche Wirtschaftsgüter gilt, die auch der dt. Besteuerungshoheit unterliegen. Befinden sich Wirtschaftsgüter in einer ausländischen Betriebsstätte und besteht mit dem Betriebsstättenstaat ein DBA mit Freistellungsklausel, so hat § 12 III KStG auf diese Wirtschaftsgüter keine Auswirkungen, da es bereits am Besteuerungsrecht der Bundesrepublik Deutschland fehlt.

91 **ff) Vereinbarkeit mit Gemeinschaftsrecht.** § 12 III KStG verstößt nicht gegen Gemeinschaftsrecht, da von dieser Vorschrift ausschließlich Drittstaatsachverhalte erfasst werden und die Grundfreiheiten im Verhältnis zu Drittstaaten nicht gelten. Einzig bei Einschlägigkeit der Kapitalverkehrsfreiheit könnte anderes gelten (EuGH v. 10.5.2007 Rs. C-492/04 *Lasertec*, IStR 2007, 439).

3. Gewerbesteuerliche Folgen der Sitzverlegung

a) Allgemeines

Nach § 2 I GewStG unterliegt jeder stehende Gewerbebetrieb der GewSt, soweit er im Inland betrieben wird. Nach § 2 II 1 GewStG gilt die Tätigkeit einer KapGes stets und in vollem Umfang als Gewerbebetrieb. Aufgrund ihres Charakters als Realsteuer kommt es nicht auf den Ort der Geschäftsleitung oder des statuatorischen Sitzes an. Als weitere Voraussetzung für die Gewerbesteuerpflicht sieht § 2 I GewStG vor, dass das Gewerbe im Inland betrieben wird, mithin also die Unterhaltung mindestens einer inländischen Betriebsstätte. Hieraus wird bereits ersichtlich, dass im Ergebnis lediglich Erträge, die einer inländischen Betriebsstätte zuzuordnen sind, der GewSt in der Bundesrepublik Deutschland unterliegen. Daher sieht § 9 Nr. 3 GewStG die Kürzung des nach § 7 GewStG ermittelten Gewerbeertrags um den Betrag, der auf eine nicht im Inland belegene Betriebsstätte entfällt, vor. Wird eine Gesellschaft allein über ihren ausländischen Ort der Geschäftsleitung tätig, trifft sie in der Bundesrepublik Deutschland keine GewSt. Lediglich für den Fall, dass sie im Inland eine Betriebsstätte aufrecht erhält, unterliegt der dort erzielte Gewerbeertrag der deutschen GewSt. **92**

Da sich die Geschäftsleitung nach der Verlegung des Ortes der Geschäftsleitung in einem ausländischen Staat befindet, kann es sogar sein, dass in den Fällen des § 2 VI GewStG in der Bundesrepublik Deutschland in keinem Fall GewSt anfällt. Dies ist dann der Fall, wenn mit dem ausländischen Staat, in dem sich die Geschäftsleitung befindet, kein DBA besteht und im Rahmen der beschränkten Körperschaftssteuerpflicht die Einkünfte aus der dt. Betriebsstätte steuerfrei sind (§ 2 VI Nr. 1 GewStG), und wenn der ausländische Staat eine Befreiung von der dortigen GewSt vorsieht oder eine Steuer dieser Art in diesem Staat schon gar nicht besteht (§ 2 VI Nr. 2 GewStG). **93**

Die Befreiung von der GewSt nach § 2 VI GewStG erlangt in Zusammenhang mit § 12 KStG nur bei der SE bzw. SCE Relevanz, da im Fall der Verlegung des Ortes der Geschäftsleitung einer dt. KapGes diese in der Bundesrepublik Deutschland unbeschränkt stpfl. bleibt. **94**

b) Auswirkung eines DBA auf die GewSt

Da bereits nach nationalem Steuerrecht lediglich im Inland betriebene Gewerbebetriebe von der GewSt-Pflicht erfasst werden, erlangt die Vermeidung einer steuerlichen Doppelbelastung durch DBA bei der GewSt nur geringe Bedeutung. Gleichwohl erfassen die von der Bundesrepublik abgeschlossenen DBA idR auch die GewSt. **95**

Bei Vermeidung der Doppelbesteuerung durch DBA ist auf die Vorschriften über die Steuern vom Einkommen und vom Vermögen abzustellen, da die DBA bzgl. der GewSt keine eigene Regelungen enthalten (*Mössner* Steuerrecht international tätiger Unternehmen, B 491). Auf Fälle der Sitzverlegung übertragen bedeutet dies, dass lediglich dann in der Bundesrepublik Deutschland GewSt anfallen kann, wenn und soweit eine inländische Betriebsstätte bestehen bleibt und Gewinne dieser in der Bundesrepublik Deutschland versteuert werden dürfen. **96**

Da bereits durch § 9 Nr. 3 GewStG ausländische Gewerbeerträge unberücksichtigt bleiben, kommt den gewerbesteuerlichen Regelungen im DBA im Rahmen der Sitzverlegung nur für die Anforderungen an eine in der Bundesrepublik Deutschland verbleibende Betriebsstätte, die Voraussetzung für eine dt. Gewerbesteuerpflicht ist, Bedeutung zu. **97**

Die Befreiung von der GewSt nach § 2 VI GewStG findet bei Geltung eines DBA keine Anwendung.

4. Wegzug von Organgesellschaften oder Organträgern

Nach derzeitiger Rechtslage ist eine grenzüberschreitende steuerliche Organschaft in Fällen, bei denen dt. KapGes ihren Ort der Geschäftsleitung im Ausland haben, nicht möglich. Entsprechendes gilt für den Fall, dass eine SE als Organgesellschaft fungiert. **98**

99 WNach der Änderung des § 14 I Nr. 2 KStG durch das UntStRÄndG (BGBl I 2013, S. 285) legt dieser nun für den **Organträger** fest, dass sich der Ort der Geschäftsleitung nicht mehr im Inland befinden muss, die Körperschaft muss auch nicht mehr unbeschränkt steuerpflichtig sein, ausreichend ist nunmehr die Zurechnung zu einer inländischen Betriebsstätte. Dabei muss gem. § 14 I S. 1 Nr. 2 S. 7 KStG die inländische Betriebsstätte auch nach einem evtl. anwendbaren DBA der deutschen Besteuerung unterliegen. Somit wurde die Regelung für KapGes außerhalb der SE an die der SE angepasst (siehe dazu unten). Diese Neuregelung der Gesetzeslage machte den § 18 KStG überflüssig, dieser wurde im Rahmen des Änderungsgesetzes abgeschafft, sodass jetzt allein § 14 KStG maßgeblich ist (*Paintner* in DStR 2013, 217). (Siehe zur Rechtslage nach § 18 KStG noch so auch *Dötsch/Witt* in D/J/P/W KStG, § 18 nF, Rn. 7; abl. auch die Rspr. vgl. BFH v. 13.11.1991 I B 72/91, BStBl. II 1992, 263 v. 29.1. 2003 I R 6/99, BFH/NV 2003, 969; FG Köln v. 30.5.1990 13 V 300/90, EFG 1991, 152; v. 16.9.1998 13 K 1558/95, EFG 1999, 309; s. aber die Ausführungen zum rechtspolitisch verfehlten Ausschluss von unbeschränkt stpfl. Gesellschaften mit ausländischem Verwaltungssitz bei *Frotscher* in F/M § 18 Rn. 15). Im Ergebnis ist es nunmehr möglich eine Sitzverlegung ins Ausland ohne Auswirkungen auf die Organträgerschaft durchzuführen, solange eine steuerpflichtige deutsche Betriebsstätte verbleibt, der die Beteiligung zugeordnet werden kann.

100 Verlegt aber eine SE ihren Sitz, so kann sie weiterhin Organträgerin sein, sofern sie eine inländische Betriebsstätte aufrecht erhält. Stimmt die Firma der inländischen Zweigniederlassung mit der der SE überein und ist die Beteiligung an der Organgesellschaft der inländischen Betriebsstätte zugeordnet, sind die Voraussetzungen des § 18 KStG erfüllt, so dass eine bestehende Organschaft von der Sitzverlegung unberührt bleibt.

101 Verlegt eine **Organgesellschaft** ihre Geschäftsleitung ins Ausland, so verliert sie hierdurch die Fähigkeit Organgesellschaft zu sein, da sich nach § 14 I 1 KStG die Geschäftsleitung im Inland (nun aber nicht mehr der statuatorische Sitz, der sich nun im EU-Ausland befinden kann) befinden muss. Eine SE verliert auch im Fall der Sitzverlegung ihre Eigenschaft als Organgesellschaft, da sowohl statuatorischer Sitz als auch der Ort der Geschäftsleitung verlegt werden.

102 Schließlich stellt sich die Frage, welche **Folgen der Wegfall der Organträger- bzw. Organgesellschaftseigenschaft** hat. Nach § 14 I Nr. 3 S. 1 KStG muss der Gewinnabführungsvertrag, als Grundlage der Organschaft mindestens für die Dauer von fünf Jahren abgeschlossen sein und in diesem Zeitraum auch tatsächlich durchgeführt werden. Wird der Gewinnabführungsvertrag innerhalb dieser fünf Jahre beendet oder nicht fortlaufend durchgeführt, ist die Organschaft als von Anfang an unwirksam anzusehen. Lediglich die Aufhebung aus wichtigem Grund ist nach § 14 I Nr. 3 S. 2 KStG unschädlich. Der Wegzug des Organträgers oder der Organgesellschaft ist zwar für die Wirksamkeit des Gewinnabführungsvertrags ohne Bedeutung, doch fallen die Voraussetzungen der Organschaft wegen fehlender Organträger- bzw. Organgesellschaftseigenschaft aus oben genannten Gründen weg. In einem solchen Fall kann die Organschaft zwar nicht mehr durchgeführt werden, gleichwohl kann dies nicht die rückwirkende Unwirksamkeit der Organschaft zur Folge haben. Im Wegfall der Organträger- bzw. Organgesellschaftseigenschaft ist in Anlehnung an die Unschädlichkeit der Kündigung des Gewinnabführungsvertrags aus wichtigem Grund nach § 14 I Nr. 3 S. 2 KStG eine Beendigung der Organschaft aus wichtigem Grund zu sehen. Dies ist nur konsequent, gilt die Sitzverlegung nach § 12 III KStG doch als Liquidation und stellt die Liquidation einen wichtigen Grund iSv § 14 I Nr. 3 S. 2 KStG dar (*Dötsch/Witt* in D/J/P/W § 14 Rn. 222). Nichts anderes kann bei der Sitzverlegung innerhalb des EU- bzw. EWR-Raumes gelten, wenngleich hier eine Fiktion der Veräußerung oder Nutzung gilt. Auch Sinn und Zweck der Mindestlaufzeit von fünf Jahren gebietet kein anderes Ergebnis, soll durch sie lediglich ein häufiges Wechseln zwischen Organschaft und Nichtbestehen einer Organschaft verhindert werden. Die Gefahr eines solchen Wechsels besteht bei Wegzugsfällen gerade nicht, da hier die Eigenschaft als Organträger oder Organgesellschaft erlischt.

Erkennt man an, dass die Niederlassungsfreiheit auch für Wegzugsbeschränkungen relevant ist (s. o. Anm. 11), wäre ein anderes Ergebnis auch europarechtlich kaum tragbar. Müsste eine Gesellschaft fünf Jahre auf die Möglichkeit des Wegzugs verzichten, damit die Wirkungen der Organschaft nicht rückwirkend entfallen, so wäre dies innerhalb dieser Zeitspanne ein nicht zu rechtfertigender Entzug der Niederlassungsfreiheit. **103**

Der Organschaftsvertrag sollte zivilrechtlich in jedem Fall vorsehen, dass ein solcher Wegzug einen wichtigen Grund für die Kündigung des Organschaftsvertrages darstellt. **104**

5. Körperschaftsinterner Verlustausgleich

Findet bei der Organschaft ein Verlustausgleich zwischen zwei juristisch unabhängigen Personen statt, geht es im Folgenden um die Frage, inwiefern die Sitzverlegung Einfluss auf den Verlustausgleich zwischen der ausländischen und einer im Inland Aufrecht erhaltenen Betriebsstätte hat. **105**

Verlegt eine KapGes lediglich ihren Verwaltungssitz ins Ausland, ist sie weiterhin mit ihrem gesamten Welteinkommen in der Bundesrepublik Deutschland stpfl. Das Welteinkommen umfasst sowohl positive als auch negative Einkünfte. Grundsätzlich ist nach § 2 III EStG die Verrechnung sämtlicher Gewinne mit sämtlichen Verlusten möglich, für den Fall des Verlustausgleichs mit einer in einem Drittstaat belegenen Betriebsstätte sieht § 2a EStG aber eine Ausnahme vor. Nach § 2a I 1 Nr. 2 EStG können Verluste einer ausländischen Betriebsstätte nur mit Gewinnen aus Einkünften derselben Art und aus demselben Staat verrechnet werden. Ist ein solcher Ausgleich nicht möglich, weil zB die Verluste die Gewinne im relevanten VZ übersteigen, sieht § 2a I 3 EStG einen Verlustvortrag dahingehend vor, dass die Verluste in den folgenden Veranlagungszeiträumen mit den Gewinnen derselben Art aus demselben Staat zu verrechnen sind. **106**

Lediglich im Fall des § 2a II 1 EStG können ausländische Verluste mit im Inland angefallen Gewinnen verrechnet werden, doch ist hierfür erforderlich, dass die Verluste aus einer ausländischen Betriebsstätte stammen, die ausschließlich oder fast ausschließlich die Herstellung oder Lieferung von Waren, das Aufsuchen und die Gewinnung von Bodenschätzen oder sonstige gewerbliche Leistungen zum Gegenstand hat (mind. 90 vH des Betriebsergebnisses), was bei einer ausländischen Betriebsstätte, die als Ort der Geschäftsleitung dient, regelmäßig nicht der Fall sein wird. **107**

Bei Bestehen eines DBA mit dem Zuzugsstaat oder der Sitzverlegung einer SE oder SCE stellt sich die Frage der Berücksichtigung ausländischer Verluste regelmäßig nicht, da die SE oder SCE im Fall der Sitzverlegung im Inland allenfalls beschränkt stpfl. bleibt und im Rahmen der beschränkten StPfl. allein inländische Einkünfte, unabhängig davon ob positiv oder negativ, der dt. StPfl. unterliegen (*Frotscher* Internationales Steuerrecht, Rn. 531). Dasselbe gilt nach der „tie-breaker-rule" des Art. 4 III OECD-MA auch bei alleiniger Verwaltungssitzverlegung, da in diesem Fall ausländische Einkünfte in der Bundesrepublik Deutschland nicht zu berücksichtigen sind. Inwiefern im Sitzstaat eine Berücksichtigung von Verlusten einer dt. Betriebsstätte berücksichtigt werden können, ist Angelegenheit des im Sitzstaat geltenden Steuerrechts. **108**

6. Auswirkungen des Wegzugs auf die ratierliche Fälligstellung des KSt-Erhöhungsbetrags nach § 38 KStG

Scheidet eine KapGes durch Wegzug aus der unbeschränkten StPfl. aus, wird die KSt-Erhöhung aufgrund des unbelasteten Teilbetrags des EK 02 gem. § 38 IX 1 KStG zum 30. 9. fällig, der auf den Zeitpunkt des Wegzugs folgt. Dies gilt nach § 38 IX 3 KStG jedoch nicht, wenn die KapGes in einem anderen EU-Mitgliedstaat unbeschränkt stpfl. wird. Da ein Ausscheiden aus der unbeschränkten StPfl. in der Bundesrepublik Deutschland derzeit nur bei einer SE oder SCE möglich ist, beschränkt sich diese Regelung, abgesehen von den Fällen, in denen die unbeschränkte StPfl. aufgrund Verlegung der Geschäftsleitung als alleiniger Anknüpfungspunkt für die unbeschränkte StPfl. bei Aus- **109** landsgesellschaften endet, auf diese europäischen Rechtsformen. Erfolgt der Wegzug in einen anderen EU-Mitgliedstaat oder erfolgt die Vermögensübertragung auf einen in einem anderen EU-Mitgliedstaat unbeschränkt stpfl. Rechtsträger, gilt jedoch stets die Ausnahmeregelung des § 38 IX 3 KStG. Für den Ausnahmefall, dass § 40 V, VI KStG weiterhin Anwendung findet, s. nachstehend die Kommentierung zu § 40 KStG.

7. Steuerliche Folgen eines Wegzugs für die Anteilseigner

a) Allgemeines

110 Verlegt eine Gesellschaft ihren Sitz ins Ausland, sieht das dt. Steuerrecht in bestimmten Konstellationen die Besteuerung des Gesellschafters vor. Voraussetzung für eine steuerliche Belastung auf Gesellschafterebene, allein bedingt durch den Wegzug ist stets, dass in Folge der Sitzverlegung das Besteuerungsrecht der Bundesrepublik Deutschland der Gewinne aus der Anteilsveräußerung ausgeschlossen oder beschränkt wird. Verlegt die Gesellschaft ihren Sitz innerhalb der EU, hat die damit einhergehende Besteuerung der Gesellschafter freilich nur geringe Bedeutung, weisen doch alle DBA mit EU-Mitgliedstaaten, mit Ausnahme der DBA-Tschechien, Slowakei und (auch nach Abschluss des neuen DBA) Zypern, dem Ansässigkeitsstaat des Gesellschafters das ausschließlich Besteuerungsrecht von Veräußerungsgewinnen zu, so dass es an einer Beschränkung oder einem Ausschluss des dt. Besteuerungsrechts fehlt.

b) Natürliche Personen als Anteilseigner

111 Hinsichtlich der Folgen eines Wegzugs einer KapGes für natürliche Personen, die in ihrem Privatvermögen Anteile an einer wegziehenden KapGes halten, ist zu differenzieren, ob sie eine wesentliche Beteiligung halten oder nicht.

112 Hält der Gesellschafter weniger als 1 v. H. an der wegziehenden Gesellschaft, hat die Sitzverlegung der Gesellschaft für ihn keine unmittelbaren steuerlichen Folgen. Erst im Fall der tatsächlichen Veräußerung der Anteile können sich aus der Sitzverlegung Abweichungen der Besteuerung des Gesellschafters ergeben. Besteht ein DBA mit dem Ansässigkeitsstaat der Gesellschaft und weist dieses dem Wohnsitzstaat des Gesellschafters das ausschließliche Besteuerungsrecht hinsichtlich des Veräußerungsgewinns zu, ändert sich durch die Sitzverlegung nichts. Besteht jedoch kein DBA oder steht nach DBA auch dem Ansässigkeitsstaat der Gesellschaft ein Besteuerungsrecht des Veräußerungsgewinns zu, kann auch der Ansässigkeitsstaat der Gesellschaft den Veräußerungsgewinn besteuern, wobei die im Ansässigkeitsstaat zu zahlende Steuer dann auf die dt. Steuer anzurechnen ist. Für den Fall, dass ein DBA dem Ansässigkeitsstaat der Gesellschaft das ausschließliche Besteuerungsrecht zuweisen sollte, ist der Veräußerungsgewinn im Ansässigkeitsstaat der Gesellschaft zu versteuern.

Hieran ändert sich auch nichts durch die Einführung der Abgeltungssteuer hinsichtlich der Veräußerung von Anteilen an KapGes, die nach dem 31.12.2008 angeschafft wurden gem. § 20 II 1 Nr. 1 S. 1 EStG, da die Beschränkung oder der Ausschluss des inländischen Besteuerungsrechts hinsichtlich des Veräußerungsgewinns in § 20 EStG der tatsächlichen Veräußerung nicht gleichgestellt ist.

113 Hält der Gesellschafter zu irgendeinem Zeitpunkt innerhalb der letzten fünf Jahre vor dem Wegzug der KapGes mindestens 1 v. H. an der wegziehenden KapGes (wesentliche Beteiligung), sieht § 17 V EStG eine Besteuerung des Gesellschafters vor, wobei danach zu differenzieren ist, ob die Gesellschaft ihren Sitz in einen anderen EU-Mitgliedstaat oder einen Drittstaat verlegt.

114 Verlegt die Gesellschaft ihren Sitz in einen anderen EU-Mitgliedstaat, hat die Sitzverlegung nach § 17 V 2 EStG für den Gesellschafter keine unmittelbaren Folgen. Erst im Fall der tatsächlichen Veräußerung sieht § 17 V 3 EStG vor, dass ungeachtet eines bestehenden DBA (treaty override), die Anteilsveräußerung in der gleichen Art und Weise zu besteuern ist, wie die Anteilsveräußerung zu besteuern gewesen wäre, wenn keine Sitzverlegung

stattgefunden hätte. Dem sind in entsprechender Anwendung des § 15 I a 2 EStG gem. § 17 V 4 EStG gleichgestellt die verdeckte Einlage in eine KapGes, die Auflösung der KapGes, die Kapitalherabsetzung und die Ausschüttung bzw. Rückzahlung von Beträgen aus dem steuerlichen Einlagekonto iSd § 27 KStG. Dem Wortlaut zu Folge, ist bei der Gewinnermittlung auf den Zeitpunkt der tatsächlichen Veräußerung und nicht auf einen im Zeitpunkt der Sitzverlegung zu ermittelnden Wert abzustellen. Schließlich ist noch darauf hinzuweisen, dass § 17 V 2 EStG auch auf die Sitzverlegung in EWR-Mitgliedstaaten ausgedehnt werden sollte, um dem Vorwurf eines Verstoßes gegen den EWR-Vertrag zu entgehen.

Verlegt die Gesellschaft ihren Sitz in einen Drittstaat, sieht § 17 V 1 EStG im Fall einer **115** wesentlichen Beteiligung die Fiktion einer Veräußerung der Anteile zum gemeinen Wert vor, wenn durch die Sitzverlegung das Besteuerungsrecht der Bundesrepublik Deutschland beschränkt oder ausgeschlossen wird. Diese Entstrickungsregel stimmt im Wesentlichen mit der des § 12 I KStG überein, so dass auf die dortigen Ausführungen zu verweisen ist (s. o. Anm. 25 ff.) und im Folgenden lediglich die unter § 17 V 1 EStG zu fassenden Fallgruppen zu erörtern sind.

Besteht ein DBA mit dem Ansässigkeitsstaat der Gesellschaft und weist dieses dem **116** Wohnsitzstaat des Gesellschafters das ausschließliche Besteuerungsrecht zu, liegt weder ein Ausschluss noch eine Beschränkung des Besteuerungsrechts der Bundesrepublik Deutschland vor, so dass § 17 V 1 EStG in diesen Fällen keine Bedeutung hat. Ist der Veräußerungsgewinn aber auch im Ansässigkeitsstaat der Gesellschaft stpfl., liegt stets zumindest eine Beschränkung des Besteuerungsrechts der Bundesrepublik Deutschland vor, da die im Ausland gezahlte Steuer die dt. StPfl. zumindest im Wege der Anrechnung mindert und somit beschränkt.

Befinden sich die Anteile an einer wegziehenden KapGes im BV, gilt Ähnliches: Nach **116a** § 4 I 3 EStG wird der Ausschluss oder die Beschränkung des inländischen Besteuerungsrechts als Entnahme behandelt, es sei denn, es handelt sich um Anteile an einer SE oder SCE. In einem solchen Fall ist nach §§ 4 I 4, 15 I a EStG der Gewinn erst im Zeitpunkt der tatsächlichen Veräußerung bzw. in den nach § 15 I a 2 EStG gleichgelagerten Fällen zu versteuern.

Wie bei § 17 V 3 EStG ist hierbei für die Gewinnermittlung der Zeitpunkt der tatsächlichen Veräußerung maßgeblich. Zur Bildung eines Ausgleichspostens nach § 4g EStG (siehe Anm. 59 ff.). Zu beachten ist das Teileinkünfteverfahren nach § 3 Nr. 40 Buchst. a bzw. c EStG.

c) Körperschaften als Anteilseigner

aa) Geltung von § 12 I KStG. Aufgrund seiner weiten Formulierung, gilt § 12 I KStG **117** auch in Fällen, bei denen eine Entstrickung ohne unmittelbares Mitwirken und ohne Willen des StPfl. geschieht, so dass eine Entstrickung iSv § 12 I KStG auch beim Gesellschafter eintreten kann, wenn die Gesellschaft ihren Ort der Geschäftsleitung oder den statuatorischen Sitz verlegt und dies zu einem Ausschluss oder einer Beschränkung des dt. Besteuerungsrechts hinsichtlich des Veräußerungsgewinns führt. Hinsichtlich der Fallgruppen, die zu einem Ausschluss oder einer Beschränkung des dt. Besteuerungsrechts führen, ist auf die Ausführungen hinsichtlich natürlicher Personen zu verweisen, da diese identisch sind (s. o. Anm. 116).

Schließlich ist noch darauf hinzuweisen, dass § 12 I KStG in dieser Konstellation un- **118** abhängig davon Anwendung findet, ob die Gesellschaft, an der Anteile gehalten werden, ihren Sitz in einen EU- bzw. EWR-Mitgliedstaat oder einen Drittstaat verlegt, da dies nur für die Abgrenzung von § 12 I zu III KStG bei der Besteuerung der sitzverlegenden Gesellschaft Bedeutung hat.

bb) Besteuerung bei Anteilen an einer SE bzw. SCE. Nach § 12 I Hs. 2 KStG **119** findet die Ausnahmeregelung des § 4 I 4 EStG auch auf den körperschaftssteuerlichen

Entstrickungstatbestand Anwendung. Hiernach gilt die Veräußerungsfiktion des § 12 I KStG nicht für Anteile an einer SE oder SCE. Der Gesetzgeber schreibt in § 15 Abs. 1a EStG für solche Fälle allerdings vor, dass im Fall einer späteren tatsächlichen Veräußerung oder den nach § 15 I a 2 EStG gleichgestellten Fällen, ungeachtet eines entgegenstehenden DBA der dabei erzielte Gewinn in der gleichen Art und Weise zu besteuern ist, wie die Veräußerung der Anteile zu besteuern gewesen wäre, wenn keine Sitzverlegung stattgefunden hätte (treaty override). Zur Gewinnermittlung stellt der Gesetzgeber nicht auf den gemeinen Wert im Zeitpunkt der Sitzverlegung ab, vielmehr hat die Besteuerung so zu erfolgen, als ob keine Sitzverlegung stattgefunden hätte. Dies bedeutet, dass auf den tatsächlich erzielten Veräußerungserlös zur Gewinnermittlung abzustellen ist.

§ 40 KStG aF[1] Umwandlung, Liquidation und Verlegung des Sitzes

(1) **Geht das Vermögen einer unbeschränkt steuerpflichtigen Körperschaft durch Verschmelzung nach § 2 des Umwandlungsgesetzes auf eine unbeschränkt steuerpflichtige Körperschaft über, ist der unbelastete Teilbetrag gemäß § 38 dem entsprechenden Betrag der übernehmenden Körperschaft hinzuzurechnen.**

(2) **[1] Geht Vermögen einer unbeschränkt steuerpflichtigen Körperschaft durch Aufspaltung oder Abspaltung im Sinne des § 123 Abs. 1 und 2 des Umwandlungsgesetzes auf eine unbeschränkt steuerpflichtige Körperschaft über, ist der in Absatz 1 genannte Betrag der übertragenden Körperschaft einer übernehmenden Körperschaft im Verhältnis der übergehenden Vermögensteile zu dem bei der übertragenden Körperschaft vor dem Übergang bestehenden Vermögen zuzuordnen, wie es in der Regel in den Angaben zum Umtauschverhältnis der Anteile im Spaltungs- und Übernahmevertrag oder im Spaltungsplan (§ 126 Abs. 1 Nr. 3, § 136 des Umwandlungsgesetzes) zum Ausdruck kommt. [2] Entspricht das Umtauschverhältnis der Anteile nicht dem Verhältnis der übergehenden Vermögensteile zu dem bei der übertragenden Körperschaft vor der Spaltung bestehenden Vermögen, ist das Verhältnis der gemeinen Werte der übergehenden Vermögensteile zu dem vor der Spaltung vorhandenen Vermögen maßgebend. [3] Soweit das Vermögen auf eine Personengesellschaft übergeht, mindert sich der Betrag der übertragenden Körperschaft in dem Verhältnis der übergehenden Vermögensteile zu dem vor der Spaltung bestehenden Vermögen.**

(3) **[1] Geht das Vermögen einer unbeschränkt steuerpflichtigen Körperschaft durch einen der in § 1 Abs. 1 Nr. 1 des Umwandlungssteuergesetzes vom 7. Dezember 2006 (BGBl. I S. 2782, 2791) in der jeweils geltenden Fassung genannten Vorgänge ganz oder teilweise auf eine von der Körperschaftsteuer befreite Körperschaft, Personenvereinigung oder Vermögensmasse oder auf eine juristische Person des öffentlichen Rechts über oder wird die Körperschaft steuerbefreit, erhöht sich die Körperschaftsteuer um den Betrag, der sich nach § 38 ergeben würde, wenn das in der Steuerbilanz ausgewiesene Eigenkapital abzüglich des Betrags, der nach § 28 Abs. 2 Satz 1 in Verbindung mit § 29 Abs. 1 dem steuerlichen Einlagekonto gutzuschreiben ist, als im Zeitpunkt des Vermögensübergangs für eine Ausschüttung verwendet gelten würde. [2] Die Körperschaftsteuer erhöht sich nicht in den Fällen des § 38 Abs. 3.**

(4) **[1] Wird das Vermögen einer Körperschaft oder Personenvereinigung im Rahmen einer Liquidation im Sinne des § 11 verteilt, erhöht sich die Körperschaftsteuer um den Betrag, der sich nach § 38 ergeben würde, wenn das verteilte Vermögen als im Zeitpunkt der Verteilung für eine Ausschüttung verwendet**

[1] § 40 neu gefasst durch Gesetz v. 7.12.2006 (BGBl. I 2006, 2782) und **aufgehoben mWv VZ 2008** durch Gesetz v. 20.12.2007 (BGBl. I 2007, 3150); zur weiteren Anwendung s. § 34 XIII e Sätze 3 und 4 sowie XVI.

gelten würde. [2]Das gilt auch insoweit, als das Vermögen bereits vor Schluss der Liquidation verteilt wird. [3]Die Erhöhung der Körperschaftsteuer ist für den Veranlagungszeitraum vorzunehmen, in dem die Liquidation bzw. der jeweilige Besteuerungszeitraum endet. [4]Eine Erhöhung ist letztmals für den Veranlagungszeitraum 2020 vorzunehmen. [5]Bei Liquidationen, die über den 31. Dezember 2020 hinaus fortdauern, endet der Besteuerungszeitraum nach § 11 mit Ablauf des 31. Dezember 2020. [6]Auf diesen Zeitpunkt ist ein steuerlicher Zwischenabschluss zu fertigen. [7]Die Körperschaftsteuer erhöht sich nicht in den Fällen des § 38 Abs. 3.

(5) **Geht das Vermögen einer unbeschränkt steuerpflichtigen Körperschaft oder Personenvereinigung durch einen der in § 1 Abs. 1 Nr. 1 des Umwandlungssteuergesetzes vom 7. Dezember 2006 (BGBl. I S 2782, 2791) in der jeweils geltenden Fassung genannten Vorgänge ganz oder teilweise auf eine nicht unbeschränkt steuerpflichtige Körperschaft oder Personenvereinigung über oder verlegt eine unbeschränkt steuerpflichtige Körperschaft oder Personenvereinigung ihren Sitz oder Ort der Geschäftsleitung und endet dadurch ihre unbeschränkte Steuerpflicht, erhöht sich die Körperschaftsteuer um den Betrag, der sich nach § 38 ergeben würde, wenn das zum Übertragungsstichtag oder im Zeitpunkt des Wegfalls der unbeschränkten Steuerpflicht vorhandene Vermögen abzüglich des Betrags, der nach § 28 Abs. 2 Satz 1 in Verbindung mit § 29 Abs. 1 dem steuerlichen Einlagekonto gutzuschreiben ist, als am Übertragungsstichtag oder im Zeitpunkt des Wegfalls der unbeschränkten Steuerpflicht für eine Ausschüttung verwendet gelten würde.**

(6) **[1]Ist in den Fällen des Absatzes 5 die übernehmende Körperschaft oder Personenvereinigung in einem anderen Mitgliedstaat der Europäischen Union unbeschränkt steuerpflichtig und nicht von der Körperschaftsteuer befreit, ist der auf Grund der Anwendung des § 38 nach Absatz 5 festgesetzte Betrag bis zum Ablauf des nächsten auf die Bekanntgabe der Körperschaftsteuerfestsetzung folgenden Kalenderjahres zinslos zu stunden, soweit die übernehmende Körperschaft oder Personenvereinigung bis zum 31. Mai des nachfolgenden Jahres nachweist, dass sie bis zum Zeitpunkt der Fälligkeit keine Ausschüttung der übernommenen unbelasteten Teilbeträge vorgenommen hat. [2]Die Stundung verlängert sich jeweils um ein Jahr, soweit der in Satz 1 genannte Nachweis erbracht wird, letztmals bis zum Schluss des Wirtschaftsjahrs, das nach dem 31. Dezember 2018 endet. [3]Auf diesen Zeitpunkt gestundete Beträge werden nicht erhoben, soweit der in Satz 1 genannte Nachweis erbracht wird. [4]Die Sätze 1 bis 3 gelten auch bei der Sitzverlegung, wenn die Körperschaft oder Personenvereinigung in einem anderen Mitgliedstaat der Europäischen Union unbeschränkt steuerpflichtig wird. [5]Die Stundung ist zu widerrufen, wenn die aufnehmende Körperschaft oder Personenvereinigung oder deren Rechtsnachfolger**

a) **von der Körperschaftsteuer befreit wird,**
b) **aufgelöst und abgewickelt wird,**
c) **ihr Vermögen ganz oder teilweise auf eine Körperschaft oder Personenvereinigung überträgt, die in einem Staat außerhalb der Europäischen Union unbeschränkt steuerpflichtig ist,**
d) **ihren Sitz oder Ort der Geschäftsleitung in einen Staat außerhalb der Europäischen Union verlegt und dadurch ihre unbeschränkte Steuerpflicht innerhalb der Europäischen Union endet oder**
e) **ihr Vermögen auf eine Personengesellschaft oder natürliche Person überträgt.**

Übersicht

I. Allgemeines

1. Sinn und Zweck der Vorschrift

1 § 40 KStG ist Teil der Übergangsregelungen der §§ 36 ff. KStG für den Wechsel vom Anrechnungs- zum Halbeinkünfteverfahren. Ziel der Vorschrift ist es dabei, den unbelasteten Teilbetrag des EK 02 gem. § 38 KStG bei gesellschaftsrechtlichen Strukturvorgängen zu berücksichtigen. Aus diesem Grund soll der unbelastete Teilbetrag des EK 02 nach Maßgabe des § 40 I, II KStG im Fall des Vermögensübergangs im Wege der nationalen Verschmelzung (Abs. 1) oder Spaltung (Abs. 2) erhalten bleiben.

2 Sofern das Vermögen in den steuerbefreiten Bereich übergeht (Abs. 3) oder das Vermögen einer Körperschaft oder Personenvereinigung im Wege der Liquidation verteilt wird (Abs. 4), wird eine Ausschüttung fingiert mit der Folge der Körperschaftsteuererhöhung nach § 38 KStG. Dasselbe gilt bei der Vermögensübertragung durch grenzüberschreitende Umwandlungsvorgänge sowie der grenzüberschreitenden Sitzverlegung, die das Ausscheiden aus der unbeschränkten StPfl. zur Folge hat (Abs. 5). Erfolgt ein Vorgang iSd Abs. 5 innerhalb der EU, so ist die dabei entstandene KSt-Schuld unter den Voraussetzungen des Abs. 6 zinslos zu stunden, so dass im Ergebnis dieselbe Rechtsfolge wie bei nationalen Umwandlungsvorgängen erzielt wird.

2. Abschaffung durch das JStG 2008

3 Durch das JStG 2008 schaffte der Gesetzgeber die ausschüttungsabhängige KSt-Erhöhung ab und sieht nun die ratierliche Fälligstellung des KSt-Erhöhungsbetrags vor (vgl. die durch das JStG 2008 neu eingefügten Regelungen in § 38 IV-X KStG). Zu den Einzelheiten der ratierlichen Fälligstellung ausf. *Dötsch* in D/J/P/W KStG, § 38 Rn. 60 ff. Durch Umstellung auf die ratierliche Fälligstellung des KSt-Erhöhungsbetrags wurde auch § 40 KStG überflüssig und damit durch das JStG 2008 ebenfalls abgeschafft.

3. Fortgeltung in den Sonderfällen des § 34 Abs. 13e S 3 und 4 sowie des § 34 Abs. 16 KStG

Lediglich in den Fällen des § 34 Abs. 13e S 3 und 4 sowie des Abs. 16 KStG finden § 38 und § 40 KStG weiter Anwendung: **4**

- **§ 34 Abs. 13e S 3 und 4 KStG** regelt allein die Fortgeltung des § 38 KStG idF vor dem Inkrafttreten des JStG 2008 sowie des § 40 V, VI KStG. Dabei setzt § 34 Abs. 13e S 3 und 4 KStG voraus, dass vor Verkündung des JStG 2008 bereits eine Festsetzung der Körperschaftsteuererhöhung nach § 40 V, VI KStG erfolgt ist. Bedeutung kommt dieser Vorschrift allein in Fällen der Vermögensübertragung auf eine in einem anderen EU-Mitgliedstaat unbeschränkt stpfl. Körperschaft sowie im Fall der Sitzverlegung in einen anderen EU-Mitgliedstaat mit damit verbundener Beendigung der unbeschränkten StPfl. im Inland zu, da nur in diesen Fällen eine Weiteranwendung der § 38 sowie § 40 V, VI KStG aufgrund der Stundungsregel des § 40 VI KStG notwendig ist. **5**

Da derzeit allein die grenzüberschreitende Verschmelzung sowie ein Ausscheiden aus der unbeschränkten StPfl. im Inland im Wege der Sitzverlegung nur bei einer SE oder SCE sowie in den Fällen, in denen eine Auslandsgesellschaft ihre in der Bundesrepublik Deutschland gelegene Geschäftsleitung ins Ausland verlegt, zivilrechtlich möglich ist, beschränkt sich der Anwendungsbereich des § 34 Abs. 13e S 3 und 4 KStG auf diese Fälle. **6**

Nach **§ 34 Abs. 16 KStG** sind § 38 idF vor dem JStG 2008 sowie § 40 KStG auf Antrag für gemeinnützige Wohnungsunternehmen sowie steuerbefreite Körperschaften weiterhin anwendbar. Dieser unwiderrufliche Antrag ist nach § 34 Abs. 16 S 2 KStG spätestens bis zum 30.9.2008 beim zuständigen FA zu stellen. Ein Antrag auf isolierte Fortgeltung von § 40 KStG, losgelöst von der Fortgeltung des § 38 KStG idF vor dem JStG 2008 ist nicht möglich, da § 40 KStG auf die Regelung des § 38 KStG idF vor dem JStG 2008 aufbaut, so dass eine isolierte Anwendung nicht möglich ist. **7**

Unter die Ausnahmeregelung des § 34 Abs. 16 KStG fallen stpfl. Körperschaften oder deren Rechtsnachfolger, an denen unmittelbar oder mittelbar zu mindestens 50 Prozent jur. Personen des öffentlichen Rechts aus Mitgliedstaaten der EU oder des EWR oder Körperschaften, Personenvereinigungen oder Vermögensmassen iSv § 5 I Nr. 9 KStG, die also nach ihrer Verfassung und ihrer tatsächlichen Geschäftsführung ausschließlich und unmittelbar gemeinnützigen, mildtätigen oder kirchlichen Zwecken dienen (§§ 51–68 AO) alleine oder gemeinsam beteiligt sind, sowie Erwerbs- und Wirtschaftsgenossenschaften. Darüber hinaus ist erforderlich, dass diese Körperschaften oder deren Rechtsnachfolger ihre Umsatzerlöse überwiegend durch Verwaltung und Nutzung eigenen zu Wohnzwecken dienenden Grundbesitzes, durch Betreuung von Wohnbauten oder durch die Errichtung und Veräußerung von Eigenheimen, Kleinsiedlungen oder Eigentumswohnungen erzielen müssen. **8**

Daneben sind auch steuerbefreite Körperschaften antragsberechtigt iSv § 34 Abs. 16 KStG. **9**

Gem. § 34 Abs. 16 S 3 KStG müssen die eben genannten Voraussetzungen hinsichtlich der Körperschaften oder deren Rechtsnachfolger ab dem 1.1.2007 bis zum Ende des 18-jährigen Übergangszeitraums iSd § 38 II 3 KStG, also bis zum Schluss des Wj. 2019, bei vom Kj. abweichenden Wj. letztmals zum Schluss des Wj. 2019/2020, erfüllt sein. Fallen die Voraussetzungen nachträglich weg, ist der Teilbetrag des EK 02 auf den Schluss des Wj., in dem die Voraussetzungen für die Antragsberechtigung nach § 34 Abs. 16 S 1 KStG erstmals nicht mehr vorliegen, letztmals zu ermitteln und festzustellen, der dann aufgrund des Verweises des § 34 Abs. 16 S 5 auf § 38 IV bis IX KStG in den noch verbleibenden Wj. im Zeitraum des § 38 II 3 KStG ratierlich aufzulösen ist. **10**

Nach § 34 Abs. 16 S 7 KStG ist § 40 VI KStG idF vor dem JStG 2008 nicht anzuwenden. **11**

II. Verschmelzung (Abs. 1)

1. Regelungsbereich

12 § 40 I KStG behandelt ausschließlich die Fälle der **Verschmelzung von unbeschränkt stpfl. Körperschaften.** Im Fall der grenzüberschreitenden Verschmelzung besteht scheinbar eine Konkurrenz zu § 40 V KStG, der grenzüberschreitende Vermögensübertragungen zum Gegenstand hat. Abs. 1 setzt im Gegensatz zu Abs. 5 jedoch den Vermögensübergang auf eine unbeschränkt stpfl. Körperschaft voraus, so dass sich die Frage des Verhältnisses beider Regelungen regelmäßig nicht stellt.

13 Als übertragende Körperschaft kommt dem ausdrücklichen Wortlaut zufolge nur eine unbeschränkt stpfl. Körperschaft in Betracht. Bei der übernehmenden Körperschaft muss es sich ebenfalls um eine unbeschränkt stpfl. Körperschaft handeln.

2. Rechtsfolge

14 Unter den Voraussetzungen des § 40 I KStG wird der unbelastete Teilbetrag des EK 02 nach § 38 KStG dem entsprechenden Betrag der übernehmenden Körperschaft hinzugerechnet. Zwar legt der Wortlaut nahe, dass die Übernehmerin bereits einen „EK 02"-Topf haben muss, doch gilt Abs. 1 auch für den Fall, dass die Übernehmerin im Zeitpunkt der Vermögensübernahme keine eigenen „EK 02"-Bestände hat (*Dötsch* in D/J/P/W § 40 Rn. 7).

3. Verbliebener Anwendungsbereich

15 § 40 I KStG findet nur noch in den Antragsfällen nach § 34 Abs. 16 KStG Anwendung. Für den Fall, dass die übernehmende Körperschaft keinen Antrag iSv § 34 Abs. 16 KStG gestellt hat – unabhängig davon, ob sie die Voraussetzungen des § 34 Abs. 16 S 1 KStG nicht erfüllt oder lediglich von ihrem Antragsrecht keinen Gebrauch gemacht hat, ist der verbleibende Teilbetrag des EK 02, der nach Abs. 1 übergegangen ist, letztmalig festzustellen und gelten für ihn sodann die Regeln des § 38 IV bis IX KStG über die ratierliche Fälligstellung des KSt-Erhöhungsbetrages idF des Art. 3 des JStG 2008 mit der Maßgabe, dass für den Rückzahlungszeitraum nicht die 10-Jahres Frist des § 38 VI 1 KStG gilt, sondern die Rückzahlung bis zum Ende des nach § 38 II 3 KStG zu berechnenden Übergangszeitraums, also bis zum Schluss des Wj. 2019, bei vom Kj. abweichenden Wj. letztmals zum Schluss des Wj. 2019/2020, zu erfolgen hat. Da § 34 Abs. 16 S 5 KStG allein eine Modifikation des Zahlungszeitraums vorsieht, erfolgt die Fälligstellung des KSt-Erhöhungsbetrags auch hier gem. § 38 VI 1 KStG in gleichen Jahresraten.

III. Spaltung (Abs. 2)

1. Regelungsbereich

16 § 40 II KStG regelt den Vermögensübergang von einer unbeschränkt stpfl. Körperschaft auf eine andere unbeschränkt stpfl. Körperschaft im Wege der Spaltung (Auf- oder Abspaltung).

2. Rechtsfolge

17 Abs. 2 S 1 sieht dabei vor, dass der unbelastete Teilbetrag des EK 02 gem. § 38 KStG der übertragenden Körperschaft in demjenigen Umfang an die jeweils übernehmende Körperschaft weitergeleitet wird, welcher dem Verhältnis der übergehenden Vermögensteile zum ursprünglichen Vermögen der übertragenden Körperschaft entsprechend.

Dieses Verhältnis ist idR den Angaben zum Umtauschverhältnis der Anteile im Spaltungs- und Übernahmevertrag oder im Spaltungsplan zu entnehmen. Entspricht das festgesetzte Umtauschverhältnis jedoch nicht den wahren Wertverhältnissen, so sind nach Abs. 2 S 2 die gemeinen Werte der übergehenden Vermögensteile sowie das vor der Spaltung vorhandene Vermögen der übertragenden Körperschaft bei der Bemessung des Verhältnisses zugrunde zu legen. 18

Geht das Vermögen auf eine Personengesellschaft über, verringert sich bei der übertragenden Körperschaft der unbelastete Teilbetrag des EK 02 entsprechend dem oben dargestellten Aufteilungsschlüssel. 19

3. Verbliebener Anwendungsbereich

Im Fall der Spaltung gilt das zur Verschmelzung Gesagte (s. o. Anm. 15). Darüber hinaus ist es für die Anwendbarkeit des Abs. 2 unschädlich, wenn nur die übernehmende Körperschaft eine Körperschaft iSv § 34 Abs. 16 S 1 KStG ist und einen Antrag auf die Fortgeltung der §§ 38, 40 KStG gestellt hat. 20

IV. Vermögensübertragung in den steuerbefreiten Bereich (Abs. 3)

1. Regelungsbereich

Die Regelung des § 40 III KStG betrifft zunächst die Fälle des Vermögensübergangs im Wege der Verschmelzung oder Spaltung (Auf- oder Abspaltung) iSd § 1 I 1 Nr. 1 UmwStG von einer unbeschränkt stpfl. Körperschaft auf eine von der KSt befreite Körperschaft, Personenvereinigung oder Vermögensmasse oder auf eine jur. Person des öffentlichen Rechts. Aufgrund der durch das SEStEG erfahrenen Erweiterung des Abs. 3 S 1, gilt die Regelung des Abs. 3 auch für den Fall, dass eine bislang unbeschränkt stpfl. Körperschaft steuerbefreit wird. 21

2. Rechtsfolge

Als Rechtsfolge fingiert Abs. 3 S 1 eine Vollausschüttung abzüglich des Nennkapitals, so dass sich die KSt um den Betrag erhöht, der sich nach § 38 II 1 KStG im Falle einer Ausschüttung des verwendbaren EK im Zeitpunkt des Übergangs ergeben würde. 22

Indem Abs. 3 S 2 auf § 38 III KStG verweist, ordnet diese Regelung für den Ausnahmefall der Steuerfreiheit der übertragenden Körperschaft an, dass sich die KSt aufgrund deren unbelasteten Teilbetrags auch für die Übernehmerin nicht erhöht. Hierbei ist jedoch auch die Einschränkung des § 38 III 3 KStG zu beachten, wonach die KSt bestehen bleibt, soweit das übertragene Vermögen in einen stpfl. wirtschaftlichen Geschäftsbetrieb (steuerbefreite Körperschaft) oder in einen stpfl. Betrieb gewerblicher Art (jur. Person des öffentlichen Rechts) eingegliedert wird (durch Zuordnung als notwendiges oder gewillkürtes BV). 23

3. Verbliebener Anwendungsbereich

Hinsichtlich der Fortgeltung des Abs. 3 ist allein entscheidend, ob die übertragende Körperschaft eine Gesellschaft iSv § 34 Abs. 16 S 1 KStG ist und einen Antrag auf Fortgeltung des § 38 idF vor dem JStG 2008 und des § 40 KStG gestellt hat, da die Rechtsfolgen des Abs. 3 allein sie treffen. 24

V. Liquidation (Abs. 4)

1. Regelungsbereich und Rechtsfolge

25 Für den Fall der Liquidation einer Körperschaft bestimmt § 40 IV KStG im Ergebnis dasselbe wie Abs. 3 für den Vermögensübergang in den steuerfreien Bereich, d. h. die Auskehrung des Vermögens im Fall der Liquidation nach § 11 KStG wird so behandelt, als sei das Vermögen in diesem Zeitpunkt ausgeschüttet worden. Die KSt-Erhöhung tritt im VZ der Liquidation ein, der nach § 11 I 2 KStG drei Jahre beträgt. Nur wenn die Liquidation diesen dreijährigen VZ überschreitet, sind Vermögensauskehrungen, die das EK 02 gem. § 38 KStG betreffen, in diesem VZ KSt-erhöhend zu berücksichtigen. Dies gilt letztmals für den VZ 2020. Bei einem verlängerten VZ nach § 11 I 2 KStG, der über den 31.12.2020 hinausgeht, endet dieser VZ nach Abs. 4 S 5 zwingend mit Ablauf des 31.12.2020. Auskehrungen nach dem 31.12.2020 wirken demnach nicht mehr KSt-erhöhend gem. § 38 KStG. Schließlich erfolgt auch hier in Fällen des § 38 III KStG keine Erhöhung der KSt gem. Abs. 4 S 7 (s. zu § 38 III KStG oben Anm. 23).

2. Verbliebener Anwendungsbereich

26 Hinsichtlich des verbliebenen Anwendungsbereichs gilt das zu Abs. 3 Gesagte (s. o. Anm. 24).

VI. Hinausverschmelzung, Hinausspaltung und Sitzverlegung ins Ausland (Abs. 5)

1. Regelungsbereich

27 Die Regelung des § 40 V KStG sieht für Fälle der Hinausverschmelzung, Hinausspaltung sowie der Sitzverlegung ins Ausland dieselbe Rechtsfolge wie Abs. 3 vor. Die Interessenlage ist insofern vergleichbar, als dass sowohl in den Fällen des Abs. 3 als auch in den Fällen des Abs. 5 die Besteuerungsmöglichkeit hinsichtlich des unberücksichtigen Teilbetrags des EK 02 ausgeschlossen wird – im Fall des Abs. 5 jedenfalls dann, wenn der noch verbliebene Teilbetrag des EK 02 einer ausländischen Betriebstätte zugeordnet wird.

28 Die erste Alt. des Abs. 5 regelt die Vermögensübertragung von einer unbeschränkt stpfl. Körperschaft auf eine nicht unbeschränkt stpfl. Körperschaft im Wege der Verschmelzung oder Spaltung über die Grenze. Die zweite Alt. des Abs. 5 regelt den Fall, dass eine Körperschaft ihren statuatorischen Sitz oder ihre Geschäftsleitung verlegt und dadurch aus der unbeschränkten StPfl. ausscheidet.

29 In diesen Fällen sieht Abs. 5 dieselbe Rechtsfolge wie Abs. 3 S 1 vor, wobei der maßgebliche Zeitpunkt der Übertragungsstichtag (§ 2 I 1 UmwStG) bzw. der Wegfall der unbeschränkten StPfl. ist. Schließlich ist noch anzumerken, dass die Steuer in den Umwandlungsfällen stets auf Ebene der übertragenden Körperschaft entsteht, da die Vermögensübertragung nach Abs. 5 HS 1 als Vermögensausschüttung auf Ebene der übertragenden Körperschaft behandelt wird. Im Fall der Spaltung geht die entstandene KSt-Schuld anteilsmäßig auf die übernehmenden Rechtsträger (Aufspaltung) bzw. anteilsmäßig auf den übernehmenden Rechtsträger (Abspaltung) über.

2. Stundung in EU-Fällen

30 Ist die übernehmende Körperschaft in den Fällen der Verschmelzung oder Spaltung in einem anderen EU-Mitgliedstaat unbeschränkt stpfl. und nicht von der KSt befreit, wird die nach Abs. 5 entstandene KSt nach Abs. 6 S 1 zinslos gestundet, sofern bis zum 31.5. des der KSt-Festsetzung folgenden Jahres der Nachweis der Nichtverwendung des EK 02 erbracht wird. Die Stundung verlängert sich bis zu dem nach dem 31.12.2018 endenden Wj., sofern der Nachweis der Nichtverwendung jährlich bis zum 31. 5. erbracht wird (s. zum Nachweis der Nichtverwendung *van Lishaut* in R/H/vL UmwStG, Anh. 2 Rn. 68; *Dötsch* in D/J/P/W KStG, § 40 Rn. 57 ist der Meinung, dass dieser Nachweis nicht zu erbringen ist). Dasselbe gilt nach Abs. 6 S 3, wenn die sitzverlegende Körperschaft in einem anderen EU-Mitgliedstaat unbeschränkt stpfl. wird.

Erbringt die stpfl. Körperschaft diesen Nachweis nicht, ist die Stundung für den Zeitraum, für den der Nachweis hätte erbracht werden müssen, zu widerrufen (zur Frage, ob dabei ein Säumniszuschlag entsteht, wenn der StPfl. nicht unverzüglich über die Verwendung des EK 02 informiert *van Lishaut* in R/H/vL UmwStG, Anh. 70). Daneben ist die Stundung in den Fällen des Abs. 6 S 5 zu widerrufen. Dies sind namentlich die Fälle der Auflösung und Abwicklung der übernehmenden ausländischen Körperschaft, die Übertragung des Vermögens auf eine in einem Drittstaat unbeschränkt stpfl. Körperschaft bzw. auf eine Personengesellschaft oder natürliche Person oder Sitzverlegung, wenn dadurch die unbeschränkte StPfl. in einem EU-Mitgliedstaat endet sowie der Fall der Steuerbefreiung. **31**

3. Verbliebener Regelungsbereich

Sowohl Abs. 5 als auch Abs. 6 sind in den Fällen des § 34 Abs. 13e S 3 KStG weiter anzuwenden, und zwar unabhängig davon, ob ein Antrag gestellt worden ist (s. hierzu bereits oben Anm. 5). Daneben findet Abs. 5, nach § 34 Abs. 16 S 7 KStG jedoch nicht die Stundungsregel des Abs. 6 auf Gesellschaften iSd § 34 Abs. 16 S 1 KStG die den Antrag auf Fortgeltung des § 38 KStG idF vor dem JStG 2008 sowie des § 40 KStG gestellt haben, Anwendung. Da die KSt-Schuld nach Abs. 5 auf Ebene der übertragenden Körperschaft entsteht, muss auch diese die Voraussetzungen des § 34 Abs. 16 S 1 KStG erfüllen und den Antrag auf Fortgeltung des § 38 KStG idF vor dem JStG 2008 und des § 40 KStG gestellt haben. Erfüllt die übernehmende Körperschaft die Voraussetzungen des § 34 Abs. 16 S 1 KStG oder hat sie keinen Antrag auf Fortgeltung des § 38 KStG idF vor dem JStG 2008 und des § 40 KStG gestellt, gilt auch für sie § 34 Abs. 16 S 6 KStG (s. hierzu ausf. oben Anm. 15). **32**

Stichwortverzeichnis

Die fetten Ziffern verweisen auf die §§ des UmwStG bzw. des KStG (Anh.), die mageren auf deren Randziffern.